国家出版基金项目
NATIONAL PUBLICATION FOUNDATION

海上絲綢之路文獻集成

總主編 陳支平 陳春聲

民間譜牒編 1

主編 林楓

海峽出版發行集團
THE STRAITS PUBLISHING & DISTRIBUTING GROUP
福建人民出版社

「十三五」國家重點圖書出版規劃重大出版工程規劃項目

國家新聞出版改革發展項目庫入庫項目

國家出版基金資助項目

《海上絲綢之路文獻集成》編委會

《海上絲綢之路文獻集成》民間譜牒編

主編

林楓

副主編

方圓

參編人員

連天雄　何子沐　趙遠方　莫清洋　劉挺立　林東傑　張輝蘭　陳慧子

林瀚　柯麗玉　李科　張煜傑

《海上絲綢之路文獻集成》總前言

世界上任何一種文明，都是在與其他文明的交流與碰撞中不斷成長的。中華文明在與其他文明頻繁的交流碰撞中，不斷豐富發展，不斷綻放其魅力和光芒，爲人類文明的進步作出巨大貢獻。在兩千多年的中外文明交流歷程中，「海上絲綢之路」發揮了無可替代的橋梁和紐帶作用。

海上絲綢之路是古代中國通往外部世界的海上通道。「絲綢之路」的概念，由德國地理學家李希霍芬（Ferdinand von Richthofen）於一八七七年提出，原指中西陸上通道，因絲綢貿易而得名。一九〇三年，法國漢學家沙畹（Émmanuel-Édouard Chavannes）在《西突厥史料》中首先提出絲綢之路有陸、海兩條，「海上絲綢之路」的概念遂逐漸爲學術界所認同。

一

中國人海上活動的歷史相當悠久。浙江蕭山跨湖橋遺址出土的八千年前的獨木舟、船槳及其旁石錛，是中國最早的水運交通技術的見證。而福建平潭殼丘頭等遺址的考古發現，揭示了距今八千至六千年前，南島語族在中國東南沿海起源並藉由海上航行逐漸擴散的歷史。夏商時代，航海技術進一步提高，木板船的出現增大了運載量，風帆的發明改革了動力，加快了航行速度，使水上運輸和商品交換更爲便利。春秋戰國以降，中國的造船技術已達相當水準。《越絶書》提及吴國水師，大船長十丈，寬一丈五尺。漢代，在東南沿海作戰的水師樓船，高達十餘丈。天文學、地理學、氣象學知識的積累，使海中觀星、地文導航等近海航行技術逐漸成熟。造船、航海技術的進步，爲海上絲綢之路的開闢奠定了基礎。

從史料上看，中國與西亞、歐洲比較穩定的海上交往，應始於秦漢時期。秦代，已有海路北通朝鮮、日本。西漢時，已開通印度次大陸航路：從徐聞、合浦出發，環繞北部灣、中南半島，最遠可至已程不國（今斯里蘭卡）。據《後漢書·西域傳》記載，東漢延熹九年（一六六），「大秦王安敦（馬可·奥勒留，Marcus Aurelius，羅馬帝國皇帝，一六一至一八〇年在位）遣使自日南（漢郡，今越南境内）徼外獻象牙、犀角、瑇瑁，始乃一通焉」。大秦的使者，顯然是從海路而來的。中國精美的絲綢，已經成爲羅馬貴族争相擁有的稀罕之物。但需要指出的是，這個時期，海上絲綢之路僅爲雛形，陸路的重要性可能更大一些。中國與西亞、歐洲的海上貿易，也是接力式的，主要是借力於印度洋上的商賈。

六朝是海上絲綢之路形成的關鍵時期，中外交往的重心從陸地逐漸轉向海洋。因西北陸路不通，孫吴等南方政權更重視經營海路。爲與北方對峙，南方政權積極發展水軍，船舶的設計與製造取得很大進步。同時，天文導航技術的發展及航海經驗的積累，都爲海上絲綢之路的發展提供了良好條件。這時期的船隻，不再緊靠大陸，已可作近海航行。《太平御覽·地部》三十四引《扶南傳》中，出現了南海珊瑚礁的記載。廣州取代兩漢時期的徐聞、合浦，成爲對外交流的主要港口，外國人往來其間，屢見不鮮。當時與南朝通商的國家有波斯、天竺、獅子國（斯里蘭卡）、扶南（中南半島南部）、婆利（文萊）等，最多時有六十四個貿易使團經海路前來。許多域外高僧，浮海來華。如粟特人康僧會，取道印度和交趾，於吴赤烏十年（二四七）到建業（今南京），孫權爲其建建初寺，史稱此爲江南有佛寺之始。中國僧人西行求法，或循海道，或陸路西去，回程取海道。如東晉高僧法顯，沿陸路西行到印度後，從印度東海岸登船，經獅子國、耶婆提（今爪哇島或蘇門答臘島），抵山東回國。

隋唐以後，特别是鼎盛時期的唐朝，富庶强盛，對周邊各國具有强大吸引力。安史之亂後，西北邊境收縮，中國經濟重心逐漸南移，海上絲綢之路在中外交往方面的作用更加凸顯。榫卯接合、水密隔艙等技術，使中國海船的遠航能力大爲提高，具備了從獅子國向西横越阿拉伯海的能力。這時期，開闢了從廣州經馬六甲海峽進入印度洋，西入波斯灣、亞丁灣及紅海的航路，通往西方的海道，與通往新羅、日本的海道從此連接起來。廣州、福州、泉州、明州、揚州等城市，成爲重要的對外貿易港口。阿拉伯、波斯及猶太等域外商賈紛至沓來，廣州、揚州、泉州等城市出現外國人聚居的「蕃坊」。爲適應海上貿易的新形勢，唐王朝設置市舶使管理蕃舶進出及征税事宜。海外貿易和中外文化交流，自此不斷發展。

宋代，由於西北陸路爲西夏所阻，以及經濟重心南移，比以往任何一個朝代都更重視海外交通。特别是南宋偏安東南，疆土日蹙，爲增加財政收入，格外積極發展海外貿易。南宋通過市舶司獲得的税收，紹興年間已達兩百萬貫，約佔全國財政收入的百分之六，對宋代經濟社會的繁榮起重要作用。中國遠洋船舶所能用到的造船、導航和航海技術，到宋代大多成熟定型。特别是這一時期出現的磁羅盤（指南針），是遠洋航行技術上的重大突破，標誌着航海新時代的開始。宋代，海上絲綢之路全面取代陸路，成爲中外交往的主要通道。據成書於南宋嘉定、寶慶間的《諸蕃志》記載，宋代與中國通商往來的有五十八國，東至日本，南至印尼，西至北非摩洛哥，西南至東非索馬里沿岸。港口數量明顯增加，朝廷先後在廣州、杭州、明州（今寧波）、泉州、平江（今蘇州）、温州等地設立市舶司，專門管理海外貿易。

元朝建立後，元世祖忽必烈對海上事業充滿熱情，官方艦隊規模龐大，民間的船隻也數量驚人。一二五七年，有近兩萬艘船在明州、温州和台州登記，其中五分之一的船横梁長度超過三米。元朝繼承和發展了南宋時期業已成熟的導航技術、航海經驗和航行範圍。成書於元惠宗至正年間的《島夷誌略》，記述了南洋和西洋兩百多個地區的地理、風土、物産等情況，比南宋同類著作《諸蕃志》記載的地區數量更多。元代中外交往的頻度前所未有，中外使者、商人、旅行家、傳教士絡繹不絶地穿梭於陸上和海上絲綢之路上。十三世紀後半葉，海都、乃顔等宗王叛於西北，陸路時通時斷，海路對中外交往的意義更爲突出。元朝的使臣已經能够穿越印度洋、波斯灣、紅海和地中海，與遥遠的西歐建立起直接聯繫，並到達地理大發現以前世界所知的大多數區域。元世祖曾派遣亦黑迷失、楊庭璧、楊樞、麥術丁等使臣，遠航至印度、斯里蘭卡、忽魯謨斯（今霍爾木兹海峽）、刁吉兒（今北非摩洛哥坦吉爾）、木骨都束（今索馬里首都摩加迪沙）等地。出生於大都的畏兀兒（一説汪古人）拉班・掃馬（Rabban Sauma），行跡遠至巴黎、羅馬，並受法王腓力四世（Philip Ⅳ）、英王愛德華一世（Edward I）和教皇尼古拉四世（Nicolaus PP. Ⅳ）等君主禮遇。外國人入元仕宦、遊歷、經商、傳教者亦不鮮見。摩洛哥旅行家伊本・白圖泰（Ibn Battuta），周遊列國，曾航海至泉州，到廣州、杭州等地遊歷。意大利旅行家馬可・波羅（Marco Polo），一二七五年抵達上都（今内蒙古自治區正藍旗上都鎮），在中國遊歷十七年，訪問過中國的許多地方，後經海路回國。著名的《馬可・波羅游記》（*The Travels of Marco Polo*），在歐洲流行甚廣，影響極大。書中對東方最富庶國家中國的記載，引發了歐洲人對東方不可抑制的好奇心，對此後新航路的開闢産生巨大推動作用。

與宋元相比，明朝對海上貿易的態度有所改變。洪武年間，爲防止沿海反叛勢力私通倭寇，朝廷開始實行海禁：禁止民間私自出海；撤銷泉州、明州、廣州等處市舶司，限制外商前來。自洪武至隆慶年間，海禁實行了近兩百年之久，對中國的海洋事業産生很大消極影響。明成祖繼位後，命鄭和率領規模龐大的船隊出海遠航。從永樂至宣德初年，鄭和前後七次出洋，訪問了東南亞、印度半島、阿拉伯半島、東非的三十多個國家和地區，途經西太平洋與印度洋，總航程七萬餘海里。鄭和下西洋不但是中國航海史上的空前壯舉，也是世界航海史上的大事，對區域經濟、政治及文化發展都有巨大影響。鄭和之後，朝廷組織的大規模航海活動戛然而止。但民間的航海活動仍在繼續，當時的許多中國人，特别是福建、廣東沿海的百姓下南洋謀生，華商網絡和華僑社會開始形成。

鄭和下西洋停止後不久，歐洲人拉開了大航海時代的大幕。從十五世紀到十七世紀，歐洲的船隊縱横海上。十六世紀，西方殖民者開始向東方拓展勢力。這一時期，海上絲綢之路不僅與歐洲聯通，還延伸到美洲殖民地，世界市場開始形成，全球性的海洋貿易開始了。隆慶元年（一五六七），明朝部分開放海禁，民間海上商業活動不斷拓展，中國商品，尤其是絲綢，大量流入東南亞地區，進而隨着十六世紀末西班牙人開闢的從墨西哥到馬尼拉的航線，源源不斷地進入歐洲市場。

清兵入關之後，爲截斷東南沿海抗清勢力與從荷蘭殖民者手中收復臺灣的鄭氏的聯繫，嚴禁商民船隻私自出海，並頒佈更爲嚴酷的遷界令，將東南沿海居民内遷數十里，中國的海外貿易停滯將近二十年。康熙二十三年（一六八四），清朝下令正式開海，分别設立粤、閩、江、浙四大海關管理對外貿易。開海後，海上貿易量持續增長，但與明末相比，已經大爲衰落。乾隆二十二年（一七五七）以後，清朝開始實行「一口通商」政策，只開放廣州一口對西方通商，且由「十三行」壟斷進出口貿易，對海外貿易進行限制。這種閉關鎖國的政策，阻礙了中國與西方的接觸，使中國喪失了與世界同步發展的最佳時機，爲後來中國的百年積弱埋下伏筆。鴉片戰争、甲午戰争之後，中國陷入空前深重的民族危機，但中國仁人志士對中華民族復興之路的探索從未停止。

二

海上絲綢之路的形成及其發展，對中國和世界都産生了重大影響。

海上絲綢之路首先是一條商貿之路，並且從一開始就不是簡單的雙邊貿易，而是有沿線許多國家和地區參與的多邊貿易網絡。東西方提供商品和消費市場，沿線港口提供補給、中轉等服務，參與貿易的各方都是受益者。貿易的擴展，給海上絲綢之路沿線國家創造了新的機會，促進了商品的流通、財富的增長和文化的傳播，使相關國家和地區經濟更繁榮、社會更穩定，從而吸引更遠、更多的商人前來，由此形成良性循環，進一步推動區域的共同發展。

通過海上絲綢之路，中外商品、貨幣、物種等實現廣泛交流，有些甚至具有影響文明進程的力量。中國向世界貢獻了絲綢、陶瓷、茶葉、紙張、書籍、糖、金屬製品等産品，其中絲綢、陶瓷、茶葉影響最大。絲綢作爲奢侈品，深受西方上層人士喜愛。中國出口的生絲，還使世界許多地方的紡織業得以維持和發展。日本、孟加拉、波斯、歐洲都有許多絲織廠，專門以中國生絲爲原料織造絲綢。陶瓷也深受各國人士喜愛。在中國瓷器的影響下，世界各國的製瓷工業蓬勃發展。阿拉伯國家仿製中式瓷罎，波斯結合中國瓷器工藝創造出波斯陶器，泰國、越南、法國、德國、英國、西班牙等國也掌握了製瓷技術，並結合本國文化創新産品。茶文化傳播到世界各地，深入到從生活方式到思維理念的方方面面。從中國引入的茶道，經過長時間的演進，成爲日本文化的象徵之一。十七世紀以後，飲茶習尚風靡歐洲。隨着輸入量的增加，茶葉在英國由奢侈品轉變爲大衆飲品，飲茶成爲英國的一大文化傳統。英國人還將茶葉引種到印度、斯里蘭卡，使其成爲世界重要的茶葉出口國。

歷史上，中國主要通過海上絲綢之路獲得名貴木材（檀香木、紅木、樟木等）、香料、藥物、寶石、琉璃等各種珍奇物産。如早期通過陸路輸入中國的香料數量有限，極爲珍貴，連漢朝的皇后都不輕易使用。海上貿易興起後，産自南洋、印度、波斯等地的香料，被四方商賈大量販運至中國，香料由奢侈品逐漸轉變爲日常消費品。

錢幣是中國另一種影響很大的輸出品。東南亞海底的古代沉船中，經常發現數量可觀的中國銅錢。在歐洲人到來之前的一千五百多年裏，東南亞一直通行中國錢幣，是東南亞商品經濟發展的重要推力。馬來半島、蘇門答臘、爪哇等地的統治者還仿照中國錢幣式樣鑄造自己的錢幣，足以證明中國錢幣影響之深。

通過海上絲綢之路還實現了大規模的物種交流。如前文所述，中國的茶葉被引種到印度、斯里蘭卡，支撑起了當地的重要産業。域外物種對於中國同樣意義重大，它們豐富了中國的物種資源，促進了種植業的發展以及居民飲食結構的改變，影響了中國人的生活。在中國現有的農作物中，至少有五十餘種來自國外，其中大部分是通過海上絲綢之路引進的。如占城稻原産於越南，北宋時傳至福建並得到大規模推廣。明代以前，還有印度木棉（棉花）、波斯耶悉茗（茉莉花）、西域俱那異（夾竹桃）、拂林桧祗（水仙花）等植物通過海路引入中國。明清時期，番薯、玉米、馬鈴薯、向日葵、辣椒、番茄等美洲農作物紛紛傳入，至今仍在大面積種植。

海上絲綢之路是一條文明之路，促進了中西科學技術傳播和思想文化交流。中國的「四大發明」，是人類科學史上的光輝一頁，深深影響着整個世界文明的進程，而海上絲綢之路對其向外傳播起到了重要作用。如宋代的指南針能够準確測定航向而不受天氣影響，是航海史上的一項里程碑式發明，經阿拉伯傳到歐洲，推動其航海事業的發展。同樣的，通過海上絲綢之路，印度、阿拉伯和歐洲的科學技術也傳入中國。明代以前，婆羅門和回回的醫藥學就已傳入中國，豐富了中國醫藥學的寶庫；古巴比倫的黄道十二宫概念，印度的七曜曆法、天文算學，回回的天文學，促進了中國天文學的發展；回回的數學、地理學、化學和工程技術也紛紛傳入中國。新航路開闢以後，歐洲先進科學技術通過傳教士傳入中國，更開啓了中國科學技術史的新篇章。

文化的交流同樣是雙向的。南朝以降，域外僧人多循海道入華。僧人的往還，掀起中印文化交流的高潮。佛教與中國文化融合，形成中國化的佛教宗派，如天台宗、華嚴宗、禪宗等，還傳播到朝鮮、日本，産生廣泛影響。佛教之外，還有許多宗教通過海上絲綢之路進入中國，成爲海上絲綢之路所藴含的開放包容精神的生動例證。通過海上絲綢之路，中國不僅接納異域文化，也不斷向外傳播自己的文化。如漢字長期在日本、朝鮮、韓國、越南等國使用，至今仍有不可忽視的影響力。中國的文獻典籍大量流入東亞各國，形成一條通暢的「書籍之路」。中國的國家制度、政治思想，被移植到東亞各國，其影響一直持續到近代。中國的科舉制度不僅爲東亞鄰邦所複製和模仿，也「爲所有西方國家以考試録用人員的文官考試制度，提供了一個遥遠的榜樣」（《劍橋中國隋唐史》）。儒學爲東亞各國提供道德範本，還爲歐洲啓蒙時代的哲學家帶來思想啓迪。而佛教經過中國文化的滋養，更是對東亞各國的宗教文化産生深刻影響。由於海上絲綢之路的存在，東亞各國形成了相似的政治意識、禮儀風俗、價值觀念和文化特徵，構成了「漢字文化圈」的主體。

海上絲綢之路還是一條和平之路，中外交流在官方和民間的層面，主流都是和平友善的。中外政府的許多使節、高官甚至國王，成爲傳遞中外友誼的和平使者。如蒙古貴族孛羅，受命出使伊爾汗國，後留居波斯，受五代伊爾汗重用，曾協助伊爾汗國丞相拉施德丁（Rashid al-Din Hamadani）編纂中世紀史學名著——《史集》（*Jāmi'al-tawārikh*），成爲中國與波斯文化交流史上的重要人物。馬八兒（今印度泰米爾納德邦）王子不阿里，隨元使臣入華，先居泉州，後移居大都，曾官中書右丞等職，死後葬於泉州。暹羅王敢木丁（Ram Khamhaeng），於一二九四年、一三〇〇年兩度來華。浡泥（文萊）國王麻那惹加那乃（Maharaja Karna），一四〇八年率團隨鄭和船隊抵達南京，不幸去世，明廷禮葬於南京城南。蘇禄國王巴都葛叭哈剌（Paduka Pahala），一四一七年率團來華訪問，歸途染病去世，葬於山東德州。其王妃、王子及侍從十餘人居留守墓，後裔於清雍正九年（一七三一）以温、安二姓入籍德州。南京渤泥王墓和德州蘇禄王墓迄今尚存，成爲古代中外人民友好交往的象徵。

海上絲綢之路上，往來的更多是商人、工匠這樣默默無聞的普通人，同樣是傳遞友誼的重要力量。唐宋以降，阿拉伯人、波斯人、印度人、高麗人等紛紛通過海上絲綢之路來華定居。他們與當地華人和睦相處，交流融合，共同創造了中華文明的輝煌。明清時期，中國人不斷遷居海外，其中以下南洋者居多，不僅爲南洋各地帶去先進的生産技術，還帶去了中華的語言文字、宗教信仰、風俗習慣、文學藝術等。他們辛勤勞作，艱苦創業，與當地居民多能和睦相處，表現出中國傳統文化的平和、温良性質，也爲開發建設南洋作出重要貢獻。

海上絲綢之路完美展示了中華民族對外交往的優良傳統，體現出中華民族愛好和平的精神價值，是人類不同文明和平共處、相互尊重的偉大實踐和傑出典範。

三

與中國歷史研究的進程一樣，對海上絲綢之路的研究也經歷了從傳統到近代的轉型，並從單一走向多元。

在晚清社會轉型的背景下，中國的傳統學術面臨變革，其中邊疆歷史、地理尤其受到學者重視。梁啓超《中國近三百年學術史》總結清代學者整理舊學的成績時，稱「域外地理之興，自晚明西士東來，始知九州之外復有九州」，「海禁大開，交涉多故，漸感於知彼知己之不可以已，於是談瀛之客頗出於士大夫間矣。蓋道光中葉以後，地理學之趨向一變，其重心蓋由古而趨今，由内而趨外」。相比於起自東三省，經内外蒙古以迄西北、西藏的内陸邊疆研究，道光至同治間中外海路交通的研究稍顯寂寞。至清末民初，沈曾植在治西北史地之學的同時，兼治南洋、域外史地，利用對音、互證的研究方法，考證前代著述對於海上絲綢之路沿線國家地區地名的記載，所著《島夷誌略廣證》及《海日樓札叢》中相關部分，皆篳路藍縷，貢獻尤多，使得海上絲綢之路的研究逐步進入國人視野。

二十世紀二十年代至新中國成立前，中國學者在繼承本民族優秀史學傳統的基礎上，結合西方史學方法，借鑒日本明治維新以後研究中國乃至東亞史地的成果，逐步開展對海上絲綢之路的研究，取得了更爲卓越的成就，爲海上絲綢之路研究奠定堅實基礎。如張星烺先後翻譯兩種版本的《馬可·波羅遊記》，著成《歐化東漸史》，更以十數年的功力，自二百七十餘種漢文書籍和英、德、法、日等四十餘種外文書籍中摘録有關資料，編成《中西交通史料彙編》，並對其中某些地名和史事詳加考釋。馮承鈞師從漢學名家伯希和（Paul Pelliot），通曉多種外語，著有《西力東漸史》、《中國南洋交通史》，同時致力於歐洲漢學研究的迻譯，尤其是將法國漢學家沙畹、伯希和、烈維（Sylvain Lévi）、費琅（Gabriel Ferrand）等人研究中國邊疆史地的著作，系統譯成漢文，編成《西域南海史地考證譯叢》九編，加之所譯《在華耶穌會士列傳及書目》等，使我國以海上絲綢之路爲中心的中外交通史研究具備了與國際學界共同進步的基礎。在海上絲綢之路南洋研究、華僑研究方面，姚楠編譯《古代南洋史地叢考》、《十七世紀南洋群島航海記兩種》，所著《華荷經營臺灣史料》、《中南半島華僑史綱要》、《馬來亞華僑史綱要》等也較有影響。張維華在三十年代寫成《明史佛郎機呂宋和蘭意大里亞四傳注釋》（一九八二年重印時改名《明史歐洲四國傳注釋》），梳理明代海上絲綢之路的許多重要問題，四十年代又著成《明清之際歐人東渡及西學東漸史》（一九八七年再版時改名《明清之際中西關係簡史》）。鄭鶴聲以鄭和下西洋爲重點，研究明清時期海上絲綢之路的歷史，又系統整理明清、民國時期的史料，編成《六百年來中國與海外諸國關係資料彙編》。梁嘉彬研究清代的海外貿易，所著《廣東十三行考》憑藉商業家族文獻探討清代廣州的海外貿易問題。方豪所著《中外文化交通史論叢》、《中國天主教史論叢》等對於海上絲綢之路宗教往來的研究尤爲深入。楊志玖關於馬可·波羅來華的考證與研究，享有國際聲譽。

二十世紀上半葉，對於海上絲綢之路歷史文獻的搜尋，也已肇端。三十年代，向達在海外訪求文獻時，發現英國牛津大學博德利圖書館藏有《順風相送》、《指南正法》兩種海道針經，抄録回國，爲研究海上絲綢之路提供了寶貴資料。書中記述福建往琉球的航路，第一次出現「釣魚嶼」（即釣魚島）、「赤坎嶼」（即赤尾嶼）的名稱，是釣魚島自古歸屬中國的歷史明證。白壽彝於四十年代對泉州清浄寺石刻展開研究，較早將石刻材料與紙上材料相印證的方法應用在海上絲綢之路研究上，拓展了研究材料。

總體而言，二十世紀上半葉的海上絲綢之路研究，雖然專門從事的學者不多，較之其他領域稍嫌冷寂，但研究起點較高，基本與國際學界保持同步，無論史料拓展、整理，還是專題研究，均爲後來的海上絲綢之路研究啓導先聲。

中華人民共和國成立以後至一九六六年以前，在歷史唯物主義指導下，有關海上絲綢之路的研究有所進展，如張維華、朱傑勤、章巽、韓振華等關於海外交通、貿易的著述，均稱力作。在文獻整理與考古發掘方面，向達整理出《西洋番國志》、《鄭和航海圖》，並將之前自英國抄録的《順風相送》、《指南正法》予以整理，以《兩種海道針經》爲名出版。莊爲璣、吴文良等在泉州發現較多與海上絲綢之路有關的歷史遺蹟，並對其進行考證和研究，取得豐碩的成果。

改革開放以後，海上絲綢之路研究進入高速發展階段，不僅成立中國海外交通史研究會，創辦《海交史研究》、《南洋問題研究》等專業刊物，有關文獻的整理，也達到一個新的高度。如《中外交通史籍叢刊》收録的相關文獻，以及《鄭和下西洋資料彙編》等，均具備較高的整理水準。在基礎研究方面，《新編鄭和航海圖集》、《古代南海地名彙釋》等都具有承先啓後的意義。

八十年代末九十年代初，在聯合國教科文組織的推動下，海上絲綢之路研究走入更爲廣闊的全球化視野。一九八六年十二月，聯合國大會通過的「絲綢之路綜合研究」是「世界文化發展十年」重要文化活動之一，意在通過考察研究活動加强海上絲綢之路不同文明間的交流與對話。來自世界各國的專家乘坐考察船隻，於一九九〇年十月自意大利威尼斯啓航，一九九一年三月抵達終點日本大阪，中間訪問沿線十六個國家的二十一個港口及有關城市，其中包括中國的廣州和泉州。先後有來自二十五個國家的九十位專家參加不同階段的考察，其間在威尼斯等港口舉行過十七次學術討論會，約三百名學者參加研討會。

海外貿易是新時期海上絲綢之路研究的重點之一，如陳高華、吴泰《宋元時期的海外貿易》，關履權《宋代廣州的海外貿易》，李金明、廖大珂《中國古代海外貿易史》，李慶新《明代海外貿易制度》等，均從不同的角度，點面結合，對海上絲綢之路商品貿易進行深入研究。

研究視域的拓展，是新時期海上絲綢之路研究的一個重要特點，其中尤以考古發現和田野調查方面的成就較爲突出。繼七十年代泉州灣宋代古船出土後，我國水下考古持續發展，「南海Ⅰ號」、「碗礁Ⅰ號」、「南澳Ⅰ號」、「華光礁Ⅰ號」、「東海平潭大練島Ⅰ號」等自宋至清的古代沉船遺蹟陸續被發掘，推動研究走向縱深。在田野調查方面，通過對東南、華南地區相關民間契約文書、族譜家乘、中外文石刻碑銘等資料的深入調查研究，全面梳理海上絲綢之路上不同時期、不同社會群體雙向移民的歷史，以及隨移民遷徙傳播的宗教信仰等，極大地豐富了海上絲綢之路研究的內涵，擴張了支撑其研究的史料外延。

此外，香港、臺灣地區學者的相關研究，有林天蔚《宋代香藥貿易史稿》、孫葆《唐宋元海上商業政策》等，方豪赴臺之後所著《中西交通史》通觀陸上與海上兩條絲綢之路，尤其凸顯明清中西文化之間的交流。

對於海外文獻的迻譯和借鑒，是自開展海上絲綢之路研究以來即有的優良傳統。新時期在海外文獻的搜集、整理與迻譯方面，也取得豐碩成果。如法國學者戈岱司（George Coedès）編《希臘拉丁作家遠東古文獻輯録》，費琅編注《阿拉伯波斯突厥人東方文獻輯注》，阿拉伯人伊本·胡爾達茲比赫（Ibn Khordadbeh）的《道里邦國志》，佚名阿拉伯人的《中國印度見聞録》，意大利人鄂多立克口述的《鄂多立克東遊録》，荷蘭人威·伊·邦特庫（W.Y. Bontekoe）的《東印度航海記》，英國人博克舍（C.R.Boxer）的《十六世紀中國南部行紀》，摩洛哥人伊本·白圖泰的遊記等。進入新世紀以後，海上絲綢之路史料開拓又有新的進展，主要爲周邊漢文化圈國家以漢字書寫的文獻，以及海外華僑遺留文獻的發現與整理。前者如《韓國漢文燕行文獻選編》、《越南漢文燕行文獻集成》等，後者如《潮汕僑批集成》、《閩南僑批大全》等。

海上絲綢之路自概念提出以來，即是國際性的學術專題。除歐洲學者外，日本學者也取得了令人矚目的成就，出現了桑原騭藏《蒲壽庚考》、《東西交通史論叢》，藤田豐八《東西交涉史研究·南海篇》，藤田元春《上代日中交通史研究》，榎一雄《東西交涉史》，森克己《日宋貿易的研究》，三上次男《陶瓷貿易史研究》，矢澤利彦《東西文化交涉史》，岩村忍《十三世紀東西交涉史序説》，松浦章《清代海外貿易史研究》、《清代中國琉球貿易史研究》，濱下武志《近代中國的國際契機——朝貢貿易體系與近代亞洲經濟圈》，海野一隆《東西地圖文化交涉史研究》，榎本涉《九至十四世紀東亞海域與日中交流》等著作，以及宮崎市定、斯波義信著作中的相關部分。

海上絲綢之路研究是聚合各個學科的綜合性研究，不僅有歷史學、社會學、考古學等人文社會科學的研究者參與，還涉及航海、環境、海洋、軍事、國際關係、科技史等多個學科。多國家、多領域、多學科的學者不斷交流互動，促進了研究領域的拓展、研究視野的擴大、研究資料的挖掘，出現新的研究課題和方向，從而推動海上絲綢之路研究在深度、廣度方面不斷發展。

一個時代有一個時代的學術。二十世紀的海上絲綢之路研究成果，爲當前研究的開展奠定基礎，進入新世紀以來，又在研究方法、學術專題方面有所進展。但對於這項内涵豐富、外延廣闊的研究來説，仍有較大的探索空間。尤其在史料的拓展方面，需要做的工作還很多，這正是我們編纂《海上絲綢之路文獻集成》的旨趣所在。

四

歷史研究的進展，離不開史料的開拓。近代以來中國學術研究的發展，與殷墟甲骨、塞上簡牘、敦煌遺書、內閣大庫檔案、少數民族古文字等重大發現，有着密切的聯繫。絲綢之路的研究，由於敦煌吐魯番文書的發現，提供了大量的新史料，促使中古時期的歷史研究向更廣闊、更縱深的方向發展，形成國際性的顯學——敦煌學，並以文獻的多樣性、豐富性，還原出這一時期絲綢之路的歷史。中國學者在研究中不斷擴大對外交流與合作，更多地從世界的角度認識敦煌學，認識絲綢之路，從而加速了學科的發展。敦煌吐魯番文書自發現以來，經過數代學者的努力，陸續刊佈，至今已接近完全。整個二十世紀的中國中古史研究，在不斷深入挖掘、整理、利用敦煌吐魯番文書的歷史進程中發展，產生了大批高品質的研究成果。

海上絲綢之路的研究深度和廣度的延伸，同樣依賴於文獻的支撑。但海上絲綢之路史料分散，沒有像敦煌一樣保存大量歷史記録的遺存。如果僅僅依賴歷代正史、地理雜記的記載，對海上絲綢之路的認識將停留在平面上，對其從政治、經濟、社會、法律、民族、宗教、禮俗、語言、觀念、科技等各方面進行立體架構和認知，自然無從談起。在目前尚無類似殷墟甲骨、敦煌吐魯番文書、內閣大庫檔案一樣的重大發現情況下，惟有先將不同角度、不同形式、不同内容的文獻如涓涓細流匯於大海般聚集起來，再深入整理，方能對海上絲綢之路歷史文化的綜合性研究產生切實的推動和促進作用。因此，《海上絲綢之路文獻集成》的編纂、出版，本質上是扎實的、基礎性的史料發掘和整理工作。

《海上絲綢之路文獻集成》致力於史料的拓展和認識角度的延伸，將海上絲綢之路作爲立體的研究對象，進行整體性、多方位的考量，設立八個分編，收録大量文獻，以從不同側面彙集史料，供學界進行不斷深入的研究。

首先需要彙聚中國古代關於海上絲綢之路歷史的記録。因此設立「歷代史籍編」，專門收録記載古代海上絲綢之路歷史的史部著述，主要包括相關的地理雜記、方志、專志，有關海外交通、貿易、邦交、海防的政書，有關近代船政的奏議等。所收數百種史籍，構成研究海上絲綢之路最基礎的漢文文獻。

延綿兩千多年的漫長歷史，使得二十一世紀海上絲綢之路與歷史上的海上絲綢之路存在割不斷的聯繫。爲反映晚近以來海上絲綢之路的歷史面貌，以及近現代學者對其歷史文化研究的成果，專門設立「近現代文獻編」，與「歷代史籍編」共同承擔勾勒海上絲綢之路歷史文化風貌的功能。

隨着研究的深入，傳統的史籍記載已不能滿足歷史研究對於史料的需求，因而設立「歷史檔案編」，專門收録與海上絲綢之路相關的歷史檔案，包括清宫所藏與各國往來檔案，各地所藏華僑檔案、海關檔案等。檔案在史學研究中的重要性自不待言，正如内閣大庫檔案的發現、整理，使清史研究建立在全新基礎之上一樣，海上絲綢之路歷史檔案的搜集和整理，將進一步夯實和拓展海上絲綢之路研究的文獻基礎。

海上絲綢之路是融合多種文明的歷史複合體，其歷史書寫不應是僅以朝貢、邦交等傳統政治關係爲主體的單線方式，而應以運用社會經濟、物質文化、宗教信仰等多線書寫的現代史學方式進行。海上絲綢之路歷史上除國家間的往來外，更多的是民間貿易往來，其歷史具有極强的民間參與性。就像絲綢之路的歷史離不開絲綢、紙張、皮革貿易一樣，海上絲綢之路貿易也離不開陶瓷、茶葉、香料等商品。中國沿海地區尤其是與海外交往密切的福建、廣東等地，不僅保存着各類記載族人沿海上絲綢之路遷徙的族譜家乘，還存留大量記載商品貿易的包括契約文書、僑批等在内的民間文書；中國人在海外設立商號，積極從事國際貿易活動時，也存留下大宗原始的貿易文書。從這些不同時代的民間文獻中，可讀出海上絲綢之路在歷史中獨具特色的文化内涵。因此，《海上絲綢之路文獻集成》設立「民間譜牒編」、「民間文書編」，收録此類能够反映海上絲綢之路商品貿易、人員往來、社會文化情形的民間文獻。

海上絲綢之路在歷史上不僅形成諸多物質層面的歷史鑒證，在思想領域也有較多因交融而形成的文明成果。如晚明以來到中國傳教的耶穌會士，將西方宗教傳入中國的同時，積極適應中國的傳統社會，學習儒家思想，並對歐洲思想界産生了極大的影響。中國的民間信仰，如媽祖信仰等，也隨着華僑的遷徙傳播到世界各地。中國科學技術通過海上絲綢之路傳入異域，如中國傳統醫學傳入日本，形成「漢方」；中國發明的指南針或羅盤、牽星術，從海上傳入阿拉伯，再傳到歐洲。近代西方科學技術也經海路傳入中國，開啓了「西學東漸」的歷史進程。來華的西方人士努力學習、研究漢語及中國各地的方言，設計了用拉丁字母拼寫漢語的方法，編寫各種字典，成爲研究中外文化交流的極爲重要的史料。這些反映思想文化碰撞、科學技術交流、中外語言接觸歷史的文獻，則收入「科技與文化編」中。

誠如陳寅恪在二十世紀三十年代指出的：「敦煌學者，今日世界學術之新潮流也。」當前以海上絲綢之路爲代表的東西方交流史研究的國際化趨勢更加明顯，並成爲一種潮流，這不僅是全球史視角帶來的研究方法的轉向，而且在史料方面也有更廣闊的延展。就研究海上絲綢之路歷史而言，僅依靠漢文史料顯然遠遠不够，「西洋文獻編」、「東方文獻編」收録西方國家、東方國家的歷史記録，包括英文、法文、拉丁文、荷蘭文、西班牙文、意大利文、阿拉伯文、日文等，將之與漢文記載相對照，無疑能够起到擴大史料邊界的作用。

以上所述，即爲《海上絲綢之路文獻集成》設立八個分編的意義所在。對於海上絲綢之路這一重要課題而言，不能關起門來孤立研究，而要與國際學者在同樣的時代背景和視野下，站在歷史的高度，從多個向度、多種交叉、長久時段入手，如同陳寅恪所説「一時代之學術，必有其新材料與新問題。取用此材料以研求問題，則爲此時代學術之新潮流。治學之士，得預於此潮流者，謂之預流。其未得預者，謂之未入流。此古今學術史之通義，非彼閉門造車之徒，所能同喻者也」，知己知彼，協調創新，才能真正做出體現繼承性、民族性、原創性、時代性、系統性、專業性的研究成果。

總而言之，在「一帶一路」建設的大背景下，海上絲綢之路的文獻整理和研究方興未艾。我們期待，通過編纂《海上絲綢之路文獻集成》的努力，能够促進海上絲綢之路文獻發掘和整理工作，以廣闊的史料推動海上絲綢之路研究新高潮的到來。

《海上絲綢之路文獻集成》編委會

二〇一八年五月

《海上絲綢之路文獻集成》民間譜牒編導言

譜牒，又稱家（族）譜，是記録以血緣關係爲主體的姓氏家族世系繁衍、居地遷徙、重要事件、人物事跡、婚喪祀典、族規家訓等信息的文獻。從商周時代「奠繫世，辨昭穆」，到魏晉隋唐「别流品，備選舉，通婚姻」，再到宋元以降「考源流，明繫屬，敘支派，别親疏，俾知尊祖敬宗，和睦族黨」，譜牒承載着豐厚的歷史底藴，沉澱着濃重的家國情懷，是理解歷史、認識當代，觀察周邊、放眼世界的重要突破口。

海上絲綢之路的歷史具有較强的民間參與性，一般歷史研究所依憑的正史、實録、政書、檔案類文獻等往往於此語焉不詳，需要譜牒、契約等「民間文獻」來補充佐證。海上絲綢之路的重要參與者，諸如華人華僑、外來族裔，其遷徙、經商、拓荒、種植等活動，官修史志大多忽略或選擇性無視，而中國的福建、廣東、廣西、海南、浙江、江蘇、江西及日本、東南亞地區留存較多的民間譜牒，則對此多有記載。

據估計，海内外現存譜牒數萬種，其中一部分屬於涉僑譜牒。經過數百年的對外貿易與交流，加之頻繁的人口遷徙，海外華人華僑在海上絲綢之路沿線國家與地區聚居繁衍，安居樂業，並且與母國保持密切聯繫。因此，在國内祖居地和海外僑居地都保存有大量涉僑譜牒，國内主要存藏於東南沿海、港澳臺地區，國外則主要散佈於美國、日本、新加坡、馬來西亞、菲律賓、印尼、越南、泰國等地。目前，國内外各大文獻典藏機構較爲重視收藏涉僑譜牒，如閩、粤、浙諸省各類公藏單位業已開設重要的涉僑譜牒專藏，上海圖書館、美國猶他州家譜圖書館等所藏涉僑譜牒數量頗爲可觀，且各具特色。另外，海内外民間各姓氏私藏之譜牒，數量相當龐大且較多未曾公佈。

涉僑譜牒既有譜牒的共性，記録宗族繁衍播遷和生産生活的豐富内容；也獨具特性，記載族人海外奮鬥的事跡，並側面反映僑居地的社會狀況。因此，涉僑譜牒不僅是華人華僑追本溯源、敬宗睦族的重要線索，也是研究海上絲綢之路沿線國家與地區乃至全球歷史、社會、經濟的基礎史料之一。歷史上，海上絲綢之路主要涉及天津、山東、江蘇、浙江、福建、廣東、廣西、海南、臺灣等省區，尤其是從長江口直至珠江口的沿海一線，更是傳統中國與海外聯絡交往的主要區域。作爲一種開放性機制，海上絲綢之路以東南亞爲優先方向，向地理位置更遠的南亞、中東、東非、歐洲延伸。海上絲綢之路沿線各族群大都積極參與其中，有些族群移居中國，如泉州陳埭丁氏，其先係阿拉伯人，宋元時遷居泉州港，並改漢姓丁氏，與漢人通婚繁衍，形成獨具特色的回族聚居區；又如泉州蒲氏，其先亦係阿拉伯人，宋元時居泉州，成爲從事海上貿易之大族。這些外來族群與原居民族交流融合，其歷史在各自譜牒中多有記載。

在這個過程中，中國向海外移民的規模更大。海上絲綢之路開闢伊始，中國就有因貿易而「住蕃」者。自秦漢至鴉片戰爭前夕，不少中國人因經濟、政治、社會等原因，經由海上絲綢之路走出去，依靠海上絲綢之路生存，與海上絲綢之路息息相關。一八四〇年以後，一批批敢拼敢闖的中國人循着海上絲綢之路移居海外，逐漸在僑居地形成較大規模的華人社會。作爲海上絲綢之路的重要開拓者和經營者，華人華僑與祖居地有十分複雜的關係，亦與僑居地社會有具體而微的密切關係，爲數宏富的涉僑譜牒就是這一歷史的見證。涉僑譜牒的纂修者既有國内祖居地之族人，也有旅居海外之族人，還有許多則由二者共同組成，因此譜牒纂修名録中常列有本族主事裔孫、外僑董事裔孫之名。若纂修資金源自海外族人捐助，則譜牒多有强調僑居地族人遷居繁衍之信息，甚至附有僑居地後裔所編簡譜。

這些數十年乃至數百年前編成的譜牒，保存了許多古代海外地名：球琉吧、球流吧、交留吧，宋腳、宋卡，吉蘭丹、吉連丹，暹羅、安南、麻六甲、實叻、緬甸，星嘉坡、星架坡，北大年、萬加錫、三馬林達、荷屬泗水、勿裡洞、三寶瓏，仙打根、仙本那，等等。華人「往番」、「往吧」、「往巨」，於彼處開基立業，通婚繁衍，復又遷往世界各地。在海上絲綢之路延綿萬里的廣闊地帶，無論是山林墾殖、礦山開發、商港興建，還是一座座嶄新城鎮的崛起，無不凝聚着華人華僑「篳路藍縷，以啓山林」之血汗。華人華僑分佈於海外社會各個階層，工、商、士、農皆有，影響大者如近代海軍上將杜錫珪家族，菲律賓前總統柯拉松·阿基諾家族等。華人華僑中亦不乏「壯年出洋經商發達」，「移番邦生理財近萬金」，「往吧富翁」，他們擔任當地商會會長、中華學校理事長，分享着甲必丹、雷珍蘭、雷蘭諸般頭銜之榮耀。然而，備嘗艱辛、困頓流離甚至中途殂逝者更占多數，「洋船主失事」，「在船亡」，「往番亡」，「父子往吧故」，「三父子在暹亡」，「往商日本無回」，「商游吕宋卒其地」，「往番邦不回」，「舟覆」，「遭風」，「歿洋船内」，「遭洋匪亡」，「被賣豬仔」，「被人誘賣番作工」，諸如此類記載，譜牒中所在多有。他們遭受殖民者的欺凌侮辱，品嘗兩頭家的艱辛無奈，「兄弟隨母過南洋」，「夫歿原籍」，「妻死異邦」，看似輕描淡寫的三言兩語，隱藏著外出謀生、骨肉分離之辛酸苦楚。譜牒還記載了衆多族人葬身海外的信息，「卒於外洋」，「卒於南洋叻」，「葬南洋」，「葬南洋壬山」，「葬叻老塚」，「葬新加坡」，「葬外洋叻大巴窯」，「葬外洋叻」，「葬外洋石馬丁宜」，「葬吉隆玻」，「葬叻福建塚山」，「葬蚋卯」，「葬仙打根埠西甫架逢山吧内」，「卒星洲葬皇家塚右壹六四號」，客死異鄉之憾、眷戀故土之情潛藏其中。

旅居異域艱苦備嘗，不安與焦慮如影隨形，這使海外華人華僑積極進行制度或文化建設，竭力創造適宜生存發展的人文環境。這不只是單個華人華僑家族的求生選擇，更是廣大海外華人華僑群體保持團結的内在需求。他們以建立會館、建造公墓、建設中小學並推動華文教育等方式來凝聚族群，强化信仰，形成僑居地的華人華僑家族網絡。在涉僑族譜中，可以清晰地看到各個族群間的交流互動，既有密切的經濟聯繫，亦有婚姻方面的强强聯合，血緣與地緣關係組成了最初的移民網絡，也是海外華人華僑構建社會組織的基礎。在與異域異族的接觸、交往過程中，移民與土著的差别加重了華人華僑的僑居心態，相同的語言、文字、禮儀、宗教，以及與故鄉密切的經濟聯繫，則使華人華僑在僑居地建立起對「中華」的强烈認同。華人華僑踴躍參與僑居地與祖居地兩處的家庭、家族、地區甚至國家事務，既認可僑居地國家的統治，積極融入新的環境；也認可祖居地「中華」的傳統，甚至利用牢固的移民網絡推動僑居地與祖居地实现文化、習俗之融合。海外華人華僑的族群認同、區域認同與統治認同，既複雜多元又和諧統一。

華人華僑是開闢和建設海上絲綢之路的重要民間力量，爲海上絲綢之路繁榮作出了特有貢獻。首先，華人華僑直接參與了海上絲綢之路的貿易。華人華僑利用熟悉中國和僑居國經濟文化的優勢，長期在中國與海外各國之間從事長途貿易，也在海外各國之間進行貿易，通過從事貿易或相關行業，促進了海上絲綢之路的經貿繁榮。其次，華人華僑在海外進行開發創業。如果説華人華僑的商貿活動對海上絲綢之路起到促進作用，那麼衆多華人華僑在海外開發創業更爲其僑居國的蓬勃發展奠定了堅實的基礎，而涉僑族譜中關於華人華僑在海外創業的事跡在在多有。再次，華人華僑參與了航路的開闢。作爲一條海洋通道，海上絲綢之路必以航道探測、熟悉航線爲前提，華人華僑往來海内外，在長年的航海生涯中積累了豐富的航海經驗，爲海上絲綢之路安全航行和貿易往來作出了貢獻。

對於開展海上絲綢之路綜合研究而言，研究涉僑譜牒是一個極佳路徑，某種意義上或可謂一體兩面。涉僑譜牒内容豐富，價值珍貴，不僅是華僑史研究的重要資料，可提供問宗謁祖、求根尋源的文字佐證，更爲諸多領域研究，尤其是海上絲綢之路研究提供觸類旁通的史料。從涉僑譜牒入手，可以探究海上絲綢之路沿線華人華僑從業方式、生活方式的變化，可以梳理沿線國家、地區與中國的經貿、文化交往歷史，還可討論海上絲綢之路沿線的宗教信仰、民俗習慣等文化現象，探討沿線地區與中國交往的民間文化因素。而這些均離不開對譜牒的搜集與整理，在盡可能充分搜集整理相關譜牒的基礎上，採用宏觀與微觀、總體與個案相結合的方式开展研究，無疑具有重要的方法論意義。

早在二十世纪五六十年代，羅香林先生就依據福建泉州《蒲壽庚家譜》、廣東《南海甘蕉蒲氏家譜》等材料，撰成《蒲壽庚研究》一書。羅氏所著《中國族譜研究》中又有《族譜所見之中西交通與文化交流之關係》專篇。該篇運用福建泉州《林李宗譜》記載李贄先人李駑航海事跡，考證元大德間中國稱波斯灣一帶爲西洋，其登陸處即在忽魯謨斯；運用雲南昆陽《鄭和家譜》記載永樂七年鄭和第三次下西洋之奉差諸官員名額與所至諸國地名及敕書等，廣東香山《小欖何氏九郎族譜》記載何澤遠隨鄭和下西洋至錫蘭等地，廣東豐順《吴氏族譜》記載吴茂參亦曾追隨鄭和等，考證鄭和下西洋之官員組織。此皆中西交通史之重要問題，羅氏實開運用譜牒開展海上絲綢之路研究之先河。

大規模開展涉僑譜牒的搜集整理及相關研究工作，也始於二十世紀中葉。如厦門大學師生深入閩南僑鄉，借閱族譜，編成華僑史調查資料。當時涉僑譜牒的搜集整理，主要服務於華僑史相關問題的研究，包括出國人口數量、出國時間地點、出國原因、出國路徑、出國後生活、出國後與祖國關係等。在涉僑譜牒的搜集整理研究過程中，有兩個重要方面被有意無意地忽視：一是涉僑譜牒在華僑史及其延伸的華僑尋根問祖之外的價值；二是海外僑居地的涉僑譜牒，因其分散、搜集不易，在實際研究中並未得到應用。因此，相對於海内外涉僑譜牒文獻的可觀收藏，其整理與研究仍處於起步階段，有待完整、系統的研究和利用。

本編收録的譜牒，從經眼之閩、粤、浙、滬、桂、瓊等省市區公私機構收藏的近萬種譜牒中篩選而來，以一九四九年爲時間下限，按編纂年代先後編排。所收譜牒採用影印方式，弁以解題，簡要介紹譜牒之纂修者、主要内容、與海上絲綢之路的聯繫及版本情況等。各譜中所存不同時代家族後裔添加的註記等，盡量保留，以存原貌。編纂過程中，已在多家公藏機構目驗目其具史料價值的譜牒爲數不少，但由於種種限制，未能收入本編，則俟諸將來有機會時再收入《補編》。

林　楓

二〇二四年五月

《海上絲綢之路文獻集成》民間譜牒編總目録

第一册

〔福建晉江〕閩温陵晉邑滬江楊氏家乘十卷　〔清〕楊孚炳　楊柯煥纂修

〔福建華安〕碧溪楊氏家譜十卷（卷一至卷四）〔清〕楊一士纂修

第二册

〔福建華安〕碧溪楊氏家譜十卷（卷五至卷一〇）　〔清〕楊一士纂修

第一四册

［福建華安］沙建汰内林氏族譜不分卷　〔清〕佚名纂修

［福建南靖］梅林北龍社魏氏族譜不分卷　〔清〕佚名纂修

第一五册

［福建晉江］東石蔡氏二房長尚愛公派下家乘不分卷　〔清〕黄恩伯纂修

［福建晉江］潯海粘氏續修秉珂公派下私譜不分卷　〔清〕粘瓊林纂修

第一六册

［浙江慈溪］慈東費氏四修宗譜四十四卷（卷首至卷六）　〔清〕費承甫纂修

第一七册

［浙江慈溪］慈東費氏四修宗譜四十四卷（卷七上至卷一八下）　〔清〕費承甫纂修

第一八册

［浙江慈溪］慈東費氏四修宗譜四十四卷（卷一九上至卷二九）　〔清〕費承甫纂修

第一九册

［浙江慈溪］慈東費氏四修宗譜四十四卷（卷三〇至卷四一）　［清］費承甫纂修

第二〇册

［浙江慈溪］慈東費氏四修宗譜四十四卷（卷四二至卷四四）　［清］費承甫纂修

［福建晉江］安海倪氏汝泰房族譜不分卷　佚名纂修

第二一册

［福建厦門］石塘謝氏家乘三十一卷（世紀卷一至世紀卷三）

［清］謝果廩　謝邦忠等纂修

第二二册

［福建厦門］石塘謝氏家乘三十一卷（世紀卷四至世紀卷七）

［清］謝果廩　謝邦忠等纂修

第二三册

〔福建厦門〕石塘謝氏家乘三十一卷（世紀卷八至世紀一〇）

〔清〕謝果廪　謝邦忠等纂修

第二四册

〔福建厦門〕石塘謝氏家乘三十一卷（世紀卷一一至世紀卷一三）

〔清〕謝果廪　謝邦忠等纂修

第二五册

〔福建厦門〕石塘謝氏家乘三十一卷（世紀卷一四至世紀卷一五）

〔清〕謝果廪　謝邦忠等纂修

第二六册

〔福建厦門〕石塘謝氏家乘三十一卷（世紀卷一六至世紀卷一七）

〔清〕謝果廪　謝邦忠等纂修

第二七册

〔福建厦門〕石塘謝氏家乘三十一卷（世紀卷一八至世紀卷一九）

〔清〕謝果廩　謝邦忠等纂修

第二八册

〔福建厦門〕石塘謝氏家乘三十一卷（世紀卷二〇至世紀卷二一）

〔清〕謝果廩　謝邦忠等纂修

第二九册

〔福建厦門〕石塘謝氏家乘三十一卷（世紀卷二二至世紀卷二三）

〔清〕謝果廩　謝邦忠等纂修

第三〇册

〔福建厦門〕石塘謝氏家乘三十一卷（世紀卷二四至世紀卷二六）

〔清〕謝果廩　謝邦忠等纂修

第三一册

〔福建廈門〕石塘謝氏家乘三十一卷（世系圖卷一至世系圖卷二）

〔清〕謝果廩　謝邦忠等纂修

第三二册

〔福建廈門〕石塘謝氏家乘三十一卷（世系圖卷三至世系圖卷五）

〔清〕謝果廩　謝邦忠等纂修

第三三册

〔福建晉江〕鰲岱許氏族譜不分卷　〔清〕佚名纂修

第三四册

〔福建晉江〕西偏引西房份龔氏族譜一卷　〔清〕佚名纂修

〔福建南靖〕金山新村劉氏族譜不分卷　〔清〕佚名纂修

〔福建安溪〕二房參鎮羅黄氏族譜八卷首一卷存七卷（卷首至卷一上）　〔清〕佚名纂修

第三五册

〔福建安溪〕二房參鎮羅黄氏族譜八卷首一卷存七卷（卷一下至卷三上）　〔清〕佚名纂修

第三六册

〔福建安溪〕二房參鎮羅黄氏族譜八卷首一卷存七卷（卷三下至卷四中）　〔清〕佚名纂修

第三七册

〔福建安溪〕二房參鎮羅黄氏族譜八卷首一卷存七卷（卷五上至卷五中）　〔清〕佚名纂修

第三八册

〔福建安溪〕二房參鎮羅黄氏族譜八卷首一卷存七卷（卷五下至卷六中）　〔清〕佚名纂修

第三九册

〔福建安溪〕二房參鎮羅黄氏族譜八卷首一卷存七卷（卷六下至卷七下）　〔清〕佚名纂修

第四〇册

〔福建晉江〕塔江蔡氏族譜不分卷　〔清〕蔡景山纂修

〔福建漳州〕天寶浦里陳氏族譜不分卷　〔清〕佚名纂修

〔福建漳州〕鴻漸美許氏族譜不分卷　佚名纂修

第四一册

〔福建漳州〕潁川開漳族譜不分卷　陳禎祥纂修

〔福建漳州〕西洋坪吴氏祖譜不分卷　佚名纂修

〔福建南靖〕書洋吕厝吕氏家譜不分卷　佚名纂修

〔福建南安〕彭亭紫雲黄氏族譜七卷存六卷譜序一卷支圖二卷（譜序）　黄建亞　鄭維徹等纂修

第四二册

〔福建南安〕彭亭紫雲黄氏族譜七卷存六卷譜序一卷支圖二卷（支圖一至支圖二）　黄建亞　鄭維徹等纂修

第四三册

［福建南安］彭亭紫雲黄氏族譜七卷存六卷譜序一卷支圖二卷（卷一至卷二）

黄建亞　鄭維徹等纂修

第四四册

［福建南安］彭亭紫雲黄氏族譜七卷存六卷譜序一卷支圖二卷（卷三至卷四）

黄建亞　鄭維徹等纂修

第四五册

［福建南安］彭亭紫雲黄氏族譜七卷存六卷譜序一卷支圖二卷（卷五至卷六）

黄建亞　鄭維徹等纂修

第四六册

［浙江慈溪］慈谿鴻門童氏宗譜十七卷首一卷（卷首至卷一）　童賡年等纂修

第四七册

［浙江慈溪］慈谿鴻門童氏宗譜十七卷首一卷（卷二至卷三上）　童賡年等纂修

第四八册

［浙江慈溪］慈谿鴻門童氏宗譜十七卷首一卷（卷三下至卷四上）　童賡年等纂修

第四九册

［浙江慈溪］慈谿鴻門童氏宗譜十七卷首一卷（卷四下至卷五）　童賡年等纂修

第五〇册

［浙江慈溪］慈谿鴻門童氏宗譜十七卷首一卷（卷六至卷八）　童賡年等纂修

第五一册

［浙江慈溪］慈谿鴻門童氏宗譜十七卷首一卷（卷九至卷一一）　童賡年等纂修

第五二册

［浙江慈溪］慈谿鴻門童氏宗譜十七卷首一卷（卷一二至卷一五）　童賡年等纂修

第五三册

［浙江慈溪］慈谿鴻門童氏宗譜十七卷首一卷（卷一六至卷一七）　童賡年等纂修

［福建晉江］潘湖金墩黄氏廿四梱房族譜不分卷　黄金鐘纂修

第五四册

［福建南安］重修虹山彭氏族譜二十二卷首一卷（卷首至宗支圖卷三）　彭季榮等纂修

第五五册

［福建南安］重修虹山彭氏族譜二十二卷首一卷（宗支圖卷四至世紀卷三）　彭季榮等纂修

第五六册

［福建南安］重修虹山彭氏族譜二十二卷首一卷（世紀卷四至世紀卷七）　彭季榮等纂修

第五七册

［福建南安］重修虹山彭氏族譜二十二卷首一卷（世紀卷八至世紀卷一〇）　彭季榮等纂修

第五八册

［福建南安］重修虹山彭氏族譜二十二卷首一卷（世紀卷一一至世紀卷一三）　彭季榮等纂修

第五九册

［福建南安］重修虹山彭氏族譜二十二卷首一卷（世紀卷一四至世紀卷一八）　彭季榮等纂修

第六〇册

［福建安溪］丹山黄氏族譜九卷（卷一至卷四）　唐欽侯　黄進禮等纂修

第六一册

［福建安溪］丹山黄氏族譜九卷（卷五至卷七）　唐欽侯　黄進禮等纂修

第六六册

〔廣東番禺〕番禺芳村謝氏族譜六卷首一卷（卷五至卷六）　謝偉略纂修

〔福建晉江〕鰲頭陳慶宣派家譜不分卷　陳炎麒纂修

〔福建晉江〕溜江吴氏家譜不分卷　吴聲雷纂修

第六七册

〔福建安溪〕清溪竹塔李氏家譜不分卷　李永汭　李忠侯等纂修

第六八册

〔福建南靖〕南靖梅林磜頭村蘇氏族譜不分卷　蘇振纂修

〔福建南靖〕塔下張氏族譜不分卷〔一〕　張順良纂修

第六九册

〔福建南靖〕塔下張氏族譜不分卷〔二〕　張順良纂修

〔福建晉江〕温陵滬江魯東分派尤氏族譜不分卷　佚名纂修

第七〇册

［福建南安］南安霞錦洪氏族譜二十卷首一卷存十九卷（卷首至世紀卷四）　吴培奇纂修

第七一册

［福建南安］南安霞錦洪氏族譜二十卷首一卷存十九卷（世紀卷五至世紀卷七）　吴培奇纂修

第七二册

［福建南安］南安霞錦洪氏族譜二十卷首一卷存十九卷（世紀卷八至世紀卷一〇）　吴培奇纂修

第七三册

［福建南安］南安霞錦洪氏族譜二十卷首一卷存十九卷（世紀卷一一至世紀卷一三）　吴培奇纂修

第七四册

［福建南安］南安霞錦洪氏族譜二十卷首一卷存十九卷（世紀卷一四至世紀卷一六）　吴培奇纂修

第七五册

［福建南安］南安霞錦洪氏族譜二十卷首一卷存十九卷（世系圖卷二至世系圖卷四）　吴培奇纂修

第七六册

［福建南安］蓬島洪氏族譜不分卷　佚名纂修

［福建石獅］蓮江東林宗譜不分卷［一］　王慶麟纂修

第七七册

［福建石獅］蓮江東林宗譜不分卷［二］　王慶麟纂修

第七八册

［福建石獅］蓮江東林宗譜不分卷［三］　王慶麟纂修

［福建晉江］錦塘紫雲黄氏譜牒不分卷　黄瑞庭纂修

第七九册

［福建同安］銀同朝元門外張家族譜不分卷　〔清〕佚名纂修

［福建安溪］清溪魏氏族譜不分卷　佚名纂修

第八〇册

［浙江慈溪］慈東方家堰方氏宗譜七卷首一卷（卷首至卷一）　童成章等纂修

第八一册

［浙江慈溪］慈東方家堰方氏宗譜七卷首一卷（卷二至卷三）　童成章等纂修

第八二册

［浙江慈溪］慈東方家堰方氏宗譜七卷首一卷（卷四至卷七）　童成章等纂修

第八三册

［福建南安］芙蓉李氏族譜不分卷　李碩果　李引諏等纂修

［福建安溪］清溪蓬萊嶺美張氏宗譜十三卷首一卷（首卷至卷一）　張吉六　張緝熙纂修

第八四册

［福建安溪］清溪蓬萊嶺美張氏宗譜十三卷首一卷（卷二至卷三）　張吉六　張緝熙纂修

第八五册

［福建安溪］清溪蓬萊嶺美張氏宗譜十三卷首一卷（卷四至卷五）　張吉六　張緝熙纂修

第八六册

［福建安溪］清溪蓬萊嶺美張氏宗譜十三卷首一卷（卷六至卷七）　張吉六　張緝熙纂修

第八七册

［福建安溪］清溪蓬萊嶺美張氏宗譜十三卷首一卷（卷八至卷九）　張吉六　張緝熙纂修

第八八册

［福建安溪］清溪蓬萊嶺美張氏宗譜十三卷首一卷（卷一〇至卷一二）　張吉六　張緝熙纂修

第八九册

［福建安溪］清溪蓬萊嶺美張氏宗譜十三卷首一卷（卷一—三）　張吉六　張緝熙纂修

［福建南安］楊氏宗譜不分卷　張子卿纂修

［福建晉江］温陵晉邑古西吴氏疊軒公派下分支家譜不分卷　佚名纂修

第九〇册

［福建同安］銀同東溪陳氏族譜不分卷［一］　陳錫麟　陳修孟纂修

第九一册

［福建同安］銀同東溪陳氏族譜不分卷［二］　陳錫麟　陳修孟纂修

第九二册

［安徽繁昌］繁陽謝氏宗譜十二卷（卷一至卷三）　謝鴻軒纂修

第九三册

［安徽繁昌］繁陽謝氏宗譜十二卷（卷四至卷五）　謝鴻軒纂修

第九四册

［安徽繁昌］繁陽謝氏宗譜十二卷（卷六至卷七）　謝鴻軒纂修

第九五册

［安徽繁昌］繁陽謝氏宗譜十二卷（卷八至卷一〇）　謝鴻軒纂修

第九六册

［安徽繁昌］繁陽謝氏宗譜十二卷（卷一一至卷一二）　謝鴻軒纂修

第九七册

［福建晉江］紫溪分派晉江西門阮氏族譜不分卷　阮道修　阮道猷　阮玉壺纂修

［廣西容縣］容州封氏家譜十六卷首一卷（卷首至卷一）　封鶴君　封高萬　封祝祁纂修

第九八册

［廣西容縣］容州封氏家譜十六卷首一卷（卷二至卷五）　封鶴君　封高萬　封祝祁纂修

第九九册

［廣西容縣］容州封氏家譜十六卷首一卷（卷六至卷一〇）　封鶴君　封高萬　封祝礽纂修

第一〇〇册

［廣西容縣］容州封氏家譜十六卷首一卷（卷一一至卷一六）　封鶴君　封高萬　封祝礽纂修

本册目次

〔福建晋江〕閩温陵晉邑滬江楊氏家乘十卷

〔清〕楊孚炳　楊柯煥纂修

［福建晉江］《閩温陵晉邑滬江楊氏家乘》十卷，清楊孚炳、楊柯煥纂修。滬江楊氏居今福建省晉江市深滬鎮。初祖楊文仲爲四川眉州青神縣人，宋咸淳初出知泉州，卒於任，有一子留泉，迄四世姑山，元時卜居滬江，爲始遷之祖。明末清初，海氛頻起，族人漸散居各地。楊柯煥撰譜自敘云：「我楊氏溯自辛丑遷界以來，棄井離鄉，或托跡於他州，或占籍於别省，或流寓遠方，而尚不知其所止。」以遷廣東者爲多，亦有分居永春、福清、汀州、厦門、福州、漳州、南安等地者。清康熙間，楊氏以族人播遷異地，年深日久，將泛散無統，故蒐輯先世殘譜，考訂世系，纂爲此譜，記分派傳承尤詳。譜分十卷，卷一序、考略、記、凡例、字説、系圖等，卷二家傳，卷三傳贊，卷四内傳，卷五外傳，卷六附支，卷七仕宦恩録，卷八藝文，卷九祭産識、墓誌銘、壙墓山形圖，卷十族訓、跋文。卷七、卷八及卷九「祭産識」，僅具標目而無内容。滬江居晉江二十四澳之首，航海梯山，蓋貨財之藪，外出經商者亦多。是譜記第十世耀南「秋冬往蘇杭購奇貨，春夏則揚帆吕宋爲貿易，往往得厚貲以歸」。蓋以貿易時時往來於南洋，與遠赴南洋經商者有别。

據清康熙間抄本影印。

閩温陵晉邑滬江楊氏家乘目録

第壹卷

第貳卷

春山山

第叁卷

第肆卷

閩溫陵晉邑滬

康熙叁拾玖年歲次庚辰

十二世孫孚柄 柯煥 重修

十二世孫孚焞考訂

十三世孫道基 道坦 較正

十三世孫道至 道坊 印錄

徵譜序引

玉牒告修宗室演天潢之派家乘有作士庶敦人倫之原分雖不同情實無二所以眉山作譜油然生孝悌之心郎若庭堅合宗復爾連弟昆之誼譜牒旣尚于昔日纂修嚋忽於今兹念我楊氏爲西蜀青神之分派乃

初祖文仲之裔孫勳名著于司空世登臺閣文章盛于當代集傳見山咸淳之初出知泉郡仁風旣布身赴冥臺爰是一子留泉訖于四世考卜

滬江仁里濱海而人傑地靈
姑山肇基傳家則詒謀燕翼子以傳子宗復開宗
其若派分兩安雖復開再始之祖然而環居本
邑終並列昭穆之圖惟我滬江里居最比同厥
宗祀情誼乜親世篤忠誠追君子心於士達人
崇清儉紹名家族於東京修孝友而篤睦婣敦
詩書而說禮樂知識不入于蹊徑仁義時聞乎
淳風以故春及西疇處處人耕數畝膏焚丙夜
家家子讀五車代有辭學之才大年之文風未

遠世多龍文

勳業於鼎彝亦不至隕家聲於草莽或采泮水之芹濟濟文成博士或對彤廷之策彬彬身廁賢書或參憲題名將一方屏翰依稀垂豫州之績或司鐸學校坐明倫講幄相率著伯起之聲或繼起元戎推將門之有將或儕遊太學羨文士之能文持籌敢曰作賢豪往往追踪猗頓素封何必羨華膴每每上擬弦高肯堂構以相承紹弓裘而有永孰意海氛頻至因奉

旨以遷移鴻鴈仳離遂分踪於南北近栖故郡沐
聖恩浩蕩還定中澤之安遠託他州念安土重遷且
啓膴原之宇維桑與梓自西徂東元亮有辭誰
無歸田之感仲宣能賦空作登樓之思緬昔日
之鄉閭羣萃州處藹然而敦一本覩今兹之族
姓雖井散居渙然而各一方若不重輯譜圖難
免他日秦越推由來之始有本有源聯一體之
情同根同派重修有日次第告成顧叙樂事于
天倫雖屬一家筆削而闡累仁於

宗祖端穆

九鼎揄揚伏乞

錫以弁言一字等珠璣之貴因以彰及世德百代沐

華衮之榮敬陳蕪詞仰揮

史椽謹啓

十二世孫楊孚炳柯煥等仝頓首啓

滬江楊氏族譜序

余自乞休林下繼覽山川歲辛未汎舟五羊因周龍叟先生得交　楊子其章盖敦行篤學君子也龍友予連襟而　楊子與龍叟為中表誼在依葛傾盖如故遊覽之暇輙造其廬烹茶酌酒縱論書僉因得讀　楊子歷

試諸篇及近塲制舉義非獨擅時藝之長實具有經術之用爲余以爲異日掞藻

天庭直可黼黻

皇猷爲

邦家光乙亥再至綢繆益篤　楊子因爲述其祖居晉江濱海播遷之故宗

族仳離朝荆揚而暮羅豫遐歆董修
家乘合遠邇親疎而一之而未遑然
終不敢諉之他人任畀日書成敢丐
弁言以增榮寵余聞言而壯之而又
嘆其為孝子仁人不止敦行篤學已
也今冬初。揚子鄉書至余曰是必
為譜序來也發函覩題簽得徵譜序

引歷而讀之而知其祖之為
楊文仲司空公〻蜀人刺泉州有子留
泉而家焉傳四世
姑山公始卜居于滬江子孫蕃衍堂構
日開武鵬奮而搏青雲武鷹揚而受
節鉞蓋代多偉人焉而且人尚本務
家傳青緗無論累卒葬處敦詩書而

說禮樂即今方變化
無不家崇學而子讀書試觀　楊子
其章之入粵也甫成童而蚤失怙恃
與其　令昆艱辛拮据商者商讀者
讀其　令昆居積成家而　其章爲
諸生食廩餼名列潮陽珠水今復以
明經歲薦對策

形廷則其他可知矣故吾觀　楊子之為人而知其國族之盛之將必大振也　楊子修其家譜於以詒謀燕翼非仁人孝子之用心其孰能與於此何言之陶彭澤之與長沙公均出于大司馬胡為乎潯陽贈別忽發而為行路人之嗟大都緣先世玩忽譜牒

不修以隳名

穆之後先也即若會稽黄渥與分寧庭堅皆出於婺州由七世以上失其譜視年望相近復以兄弟合宗終不如瑯琊臨沂與晉陽太原疆域如此其睽遠族類如此其繁多然而一則自大中大夫有傳而爲始興公一則

自兗州刺史再傳而為尚書令彼此
昭穆烜然可攷先後世次灼然有稽
夫豈同朝通籍者比蓋亦其祖功宗
德累世淪洽故雖睽遠無間歷久彌
光也
楊子其有監於彭澤長沙之
分而猶恐蹈于會稽分寧之合而兢
兢焉慎之于其始乎已卜其必為卿

琊臨沂晋陽太原之克昌厥后任疆域睽遠而本支百世英賢蔚興終不失其世次昭穆之序也　楊子之詒謀燕翼顧不大哉雖然余更爲　楊子勉之楊氏自漢以來稱名族者惟東京爲最而要其所以三葉宰相四世三公者皆出于贈太尉寶救雀之仁

而閩西夫子又以清白傳為世德
楊子其為伯起之裔孚繩祖武而益
修其德東京名族將再盛于　楊子
之門繼序其皇之自有餘澤又何瑯
瑯臨沂晉陽太原之與為媲美也哉
皆
康熙歲次己卯葭月

賜同進士出身
予告中憲大夫通政使司左通政使
經筵侍班官前通政使司右通政使翰
林院提督四譯館太常寺少卿通政
司左右參議
內府光祿寺少卿年家世侍教生袁景
星頓首拜譔

楊氏家乘序

嘗聞之萬餘一本萬派一源水木如是其於人也亦然五帝三王無非出於黄帝之後千家百姓莫不始于生人之初而况一族之支派其來未遠而無道焉以萃其散合其分是忘水源木本之恩也聖人有憂之是以周

文武以仁孝治天下命大宗伯掌族氏之别以辨親疏明世系序昭穆蓋率天下以親親之道也後世師之而譜牒之法以興尊祖敬宗敦倫睦族於是乎係焉譜之作也顧不大哉然余謂均是譜也其作於隆平之日易其修于滄桑之後難何也隆平之日

居同鄉人同里出入相友歲時歡呼親踈無間也長幼有序也序次纂修不勞而自定耳至于滄桑之後或則東西矣或則南北矣遠彼樂國則安土而重遷隔于山川復情漠而難合而且彼此之不相聞生長之不及知非殫一番心力如修國史者之旁搜

博採未易以拜筆也今年春妹丈
漢侯楊君持徽譜序引揖余言曰寒
族自宋季
文仲公刺泉州一子留泉閱數世
姑山公隱處滬江海濱旋而生聚繁衍
分支各派者難以枚舉而皆代有英
豪世列仕籍無容僕數于君子之前

顧昔日羣萃闔處

播遷以來移徙他州者凡幾占籍異

省者凡幾余每慮其為秦越之漸計

惟重修家乘可以聯絡其間而年髦

矣無能為也茲家姪星章其章有志

獨肩其任余甚喜焉星章兄弟自幼

稺時遭遷界隨父卜居東粵星章經

商成立而其章博學能文雖僅卌歲
薦而志尚遠余向年到粵與家姪昆
仲聚首歲餘未嘗不對余欷噓嘆族
中之分處也而思有以合之是舉也
亦猶行昔之志也茲譜牒業將告竣
敢求序言弁其簡首寒族之光也余
聞妹丈語並讀引言不勝感奮之思

曰此敦倫睦族

其爲後世慮者深且遠而爲燕翼謀

者大以周矣且天之生物也使之一

本頒世不察隆平之日且聽其分居

錯處而相視如途人今　星章昆季

獨能於播遷之後不惜財力殫思畢

慮稽考源流以萃其散合其分是人

之所難者而　星章昆季之所易也
噫尔賢矣哉余雖未經謀面而挹其
光風景其大義寔可以振末流而挽
頹俗吾知仁孝既篤门祚自昌從山
衍子孫于千億興人中之麟鳳將紹
東京之名族而光大之而　其章者
以賈馬之才指日飛鳴為

朝廷之黼黻文豈特有功于家乘已也

余忝葭莩末樂觀其盛雖言之不文

請以爲左券

賜進士出身文林郎知湖廣常德府武

陵縣事辛酉鄉試同考試官年姻家

弟李爲觀頓首拜

壁序序文

貳叁

滬江楊氏族譜敘

國之興也必有賢良之臣出而輔之以黼黻太平家之興也必有仁孝子孫湛而振之以光大前業氣數雖有變更而所以維持于其間者則存乎其人臣子無忘于君猶子孫毋忘于祖弟自高曾數十傳以後支派繁衍

壁字序文

或仕或商擇土而居不無水源木本
之念欲稽其所自始知某也自某祖
分某派與某支合非有家乘其孰從
而知之滬江楊氏為晉江望族代有
簪纓自流離播遷所在都有余友
其章年兄則與　伯昆來粵開創成立
子姓雲蒸歲已卯　其翁以明經歲

薦名重蘭臺然未足以伸其志也因念播遷以來宗族散處恐異日忘其所自來不免有秦越之嗟爰肩修譜之任遡本源條支派立規例序昭穆盖我經傳採深思而後譜牒成郵函屬予一言以記之余蓋嘆　其翁之孝思篤惻族誼綢繆為不可及也憶

堂字序文

貳伍

予與　其翁同事筆硯時偶讀范文
正公義田記即翹然欲師其為人每
自負曰力有可為則尊祖睦族之事
胡可少也今觀修譜一節取千百年
之宗支疏而分之聯而合之地之遠
近世之久暫宛如指掌使非秉以至
公至慎之心鮮克當此而無歉也余

以為此特睍其脩家乘一節而已以
其翁之才豹變文蔚無書不讀無事
不能其作為文章直追六朝三唐而
上他日而入木天修國史始足以騁
其所長豈區區半豹云乎哉近即其
尊祖敬宗之意而知其詒謀燕翼固
深且遠也下武之六章曰昭茲來許

第二十五頁

戴陸

繩其祖武於萬斯年受天之祜請歌
咏以頌之
鄉進士文林郎知陝西鞏昌府寧遠
縣事年家眷同學弟顏建勳頓首拜
撰

楊氏族譜序

嘗思萬物本乎天人本乎祖物不祖而亦忘人明而物昧也人知有祖而亦忘天之為祖之近而天遠也夫祖之視天亦猶天之視祖吾之視祖亦猶吾子孫之視吾家後遠於親也乎夫家後之緣世姓譜於天地間哉夫亦得而忘也總是人之身頓無而已矣

蔡□亭序文

由一人之身而上之則為考焉為祖焉為曾焉為高焉由一人之身而下之則為子焉為孫焉為曾焉為元焉上之上之則至本也下之下之則至枝也如枝由本而分本因枝而茂此曾祖而上之也以孫支由祖而上之上之則至如至則至祖之祖如此西銘所謂大父母而民胞物與之理具是焉故曰事親之孝推之即事天之仁理一分

壁字序文

殊堂英甘歟　吾宗會之家貫江
人也於余為石友一門甫雅昆仲清美自遊
冰而從下榮於學聯輯吾家乘而
嘉吾先生伍菴為之引以吾家之至意
也年前而類大家乘之輯自六世之予搢
紳　吾宗之輯譜事雖而功信可吾宗
而也華源之孫曰王德之廉篤其襲祖

考之精神以聚子孫之精神而廣溥於華
也家乘之修名總是華族之舊也況值遭
滄之後正當滿族之時其人之散處地雖在
多搜其書之散軼更難於考訂而其章
以千里之不遠譜一家之史上之高曾祖考序
次昭穆之次之子孫曾元之名諱詳書不遺其難
不任其功而顯揚之其章高於人一

者登以是宗祠廣構墓藏敬宗睦
族之誼於彰而顯仁人孝子之心油然而
生庭階之間太和之氣直達于地於將好
楊氏宗支之典而嘗振之而業也
宗章學業良修縣庠名噪郡邑以積學
聲榮薦秋闈伊適一鶚沖其年方將之
為書室處寢以庇他日訪以孝子之心為

仁人之行以敬宗睦族之思廣而為民胞物
與之懷本報而尊祖尊之而報之事以孝人
人勸而交應下與人語於盡心是真儒於身
以補之　庚寅季春書於吾邑　庚寅書同學
同志校書季秋許也家譜之序予之寶榮
青麥為之引以弁　庚寅志
以述士史郭稼誌孫季家譜同學弟

序

族之有譜也何爲也哉說者謂列名氏序昭穆而且以著世族也予曰是則然也而不僅然也蓋將連踈而爲親合遠而爲近集散而爲聚具有親親之誼焉何言之人之生也莫不始于一本自一本而九族自九族分而枝葉于是錯出矣而復疆域以限之東西南朔以離之勢不至相視如秦越不止先民知其勢之必至于是也是以創爲家譜推其本之所自始列其支之所自分序其世次定其字派百世而遥四方

之隔而無不可以合也敦倫睦族莫大于此而一本之誼可以歷久而不衰然則譜之作也蓋可緩乎哉吾宗自播遷以來昔之羣萃而州處者今已四方居矣如不及時修譜以垂示來茲異日不知其支之所自分安知其本之所自始而欲求其合也胡可得也予念之久矣而寡學無文不足以勝修譜之役爰委其任于吾仲仲氏搜羅殘帙彙纂成編序次井然規例昭灼推其本而列其支凡爲親疎爲遠邇爲聚散皆得並書而其派南安同安浮橋以及山頭皆從同

猶惓惓于後之重輯焉是皆子之心也今而後可以合矣雖他州異省亦何異于羣萃而州處也哉子于是因有感夫世之合族者焉其人甫獵一第即遍走四方求所謂同姓者而與敘長幼昆弟之誼其歡欣愛洽不啻真手足而至于本支同氣反視之如途人抑何悖也吾願吾子孫蕃衍昌熾慎毋蹈世之合族而自遺其一本之族庶不負今日修譜之意也夫

十二世孫孚炳頓首識

自敘

余少時讀眉山蘇氏族譜引而即有重修吾家譜之思矣顧念年輕力微無徵不信思得博一科第請諸賢士大夫潤色之文以爲家譜光是以日事帖括未遑也今閱三十餘年於斯矣寒牕攻苦僅以明經歲薦命與心違徒增惆悵耳今年春伯氏呼余命之曰修譜之役子之任也子所以爲志則善矣設遭其遇又曰我有待是終子之身無修譜之日也余曰唯唯非敢然也當後生之時則尚其

志及將老之日則思垂空文以傳于後剏家譜之修所闕匪小也非垂空文者等耶蘇氏譜引不云乎情見乎親親見乎服服盡則親盡親盡而遂途人焉其所與相視如途人者其初兄弟也兄弟其初一人之身也又曰一人分而至于途人勢也吾無如何也先其勢而使至無忽忘焉可也嗚呼何其慮之周而計之遠也我楊氏遡自辛丑遷界以來棄井離鄉或托迹於他州或占籍於別省或流寓遠方而尚不知其所止在

皇恩浩蕩久已還定安集之而田宅既墟有歸者焉亦有未歸者焉其歸者固樂井里之樂其未歸者亦將啓新遷之宇吾恐東西朔南踵不相接而不相覿無俟再傳數傳而已將爲途人矣況乎譜之創自先世者嘉靖之間既火于倭寇順治之始再燼於海氛倘不及時纂輯且不知先世之所自來又安知後裔之所自衍其至于途人也誰之咎也爰是祗承兄命蒐輯殘篇并訂規例彙成譜牒其自 高祖以上至于 始祖 初祖吾不得而稔

之姑郎殘篇所存以誌水源木本之所由來
高祖以下凡我同根異派則一一悉依譜例而書
之所以立典則開來者以興起其孝弟之心如眉
山所云而已矣夫眉山之譜所以防其途人之漸
吾之譜則所以收其將至途人之勢而使其後之
終不至如途人者也觀吾之譜而存吾之意則勿
謂異省别州莫往莫來葢源流既合異地可以相
通異日儻如陶彭澤之過潯陽必不至發行路人
之嗟雖燕越而如一家矣而況居同鄉處同里祠

同宗分同派其油然生孝弟之心又當何如者耶
余願孝子慈孫惟思其初之爲兄弟其初之爲一
人之身則于是譜之作爲有功于後人矣

十二世孫柯煥頓首識

楊氏柯煥

璧宇自叙

卷伍

家乘攷畧

嘗攷周宗廟之制而得譜牒之法爲周制既立始祖之廟又推始祖所自出之帝祀之於始祖之廟而爲禘而以上不及爲至于祫祭之禮愛其所親則子姓兄弟羣昭羣穆咸在而不失其倫若是者何也世數既遠則不可以瀆一本所生則不可以渙也譜牒之法亦如是而已矣或以始封爲始祖或以始遷爲始祖而皆必書始祖自出之祖而皆不及始祖自出以上之祖此即周制始后稷禘帝嚳而以上不及之義

也或大宗或小宗或同根而異派或同派而再派例皆得書此又周制群昭羣穆咸在不失其倫之義也是故尊祖敬宗敦倫睦族譜牒之與宗廟原自相因是在孝子仁人之善存其意而已矣我滬江楊氏之譜亦幾經灰燼矣嘉靖間倭冦陷深滬司而殲焉方是時人且不克全其誰能保其譜閱萬曆而重修閱崇禎而又重修其修于萬曆者不得見而知之其修于崇禎者則聞　特南公與　于洛公纂輯　聯宇公　寶滿公叅閱吾父　漢隱公與　耻國公較正

而又有宰輔二水張老先生憲臺九台李老先生銓部碧湖家伯父皆以姻戚宗誼贈以弁言卷軸井然有條無何辛邜突遭海氛之變逃生救死之不遑而譜牒竟化爲烏有迄今追懷未嘗不嘆息痛恨於其時也越是辛丑濱海遷入内地井里既付之一炬子姓遂因而分離其不得如昔日之聚處已數十年矣而猶幸吾父在日指示其始祖之所由來與支派之所由分内而朞功緦服之親外而嫁娶姻婭之自皆有條理可稽余雖甫成童頗能記憶邇來又復蒐羅

童字家泉文略

叁柒

残篇廣索私誌則叔漢侯兄奇山承章邑章弟逵章
與有功焉因得考訂其世系序次其昭穆彙爲全編
益一如周之廟制而通之者也何言之遡我楊氏錫
姓其來遠矣遠者不可以瀆而始遷于滬江山頭則
姑山公也　姑山公而上則初三世祖初二世祖以
至　初祖司空文仲公公宋寶祐進士蜀眉州青神
人以工部侍郎出知泉州卒於官一子留泉因蒲壽
庚之亂變姓名隱民間痛前譜之再喪不能悉其所
終惟計自　文仲公閲四世　姑山公始卜遷而復

姓焉此　姑山公所以爲始祖而　文仲公爲始祖
自出之祖爲初祖也　姑山公生　烟山公　烟山
公生六子長　湖山公派分青嶼復派而東庭府城
靈水曾林次　前林公派分東路頭復派而司城三
春山公世居山頭復派而南安此同系譜牒者也四
拱山則派分同安五雁山則派分南安六則又派浮
橋居焉此譜所不及修吾不知先世以地隔難合而
置之抑譜牒遭燬之後昭穆既遠不復合耶吾又不
能不嘆息痛恨於其時矣而且各派之中又有往福

州入永春播遷之時復有或南或北者更僕難數但

註于譜系之下而不及修入郎如今現住滬江山頭

者幾何人原係春山公之派則又不知前世何因僅

書七世止而以後不與焉余不能起前人而問之則

亦姑闕之倘天假之緣俾予有力焉將必合拱山雁

山諸派而一之而況山頭之密邇忍聽其分而不合

也吾族子孫有與我同心者乎予其珥筆竢之嗚呼

譜牒之作所以合族而篤親親之愛則子姓兄弟群

昭羣穆咸在而不失其倫乃其所也而今之修入譜

牒者惟我湖山前林二派而又皆不能羣萃而州處則吾願我二派之子若孫念世系敦昭穆以不失一本之親是又在孝子仁人之善存其意而已矣子其重有望於後人哉詩曰子子孫孫勿替引之

十二世孫柯煥頓首識

滬江記

道泉州而南一望陂田上下蒼莽凡七十里許融萃於大海之濱曰深滬澳澳有司司有寨亦曰深滬司別稱滬江蓋一大都會也其都負山而遠水居山之麓在水之内此澳之所由名也既名澳矣又曰江亦猶晋邑濱海曰晋江也云爾其水之所遠者海也海之勢汪洋無際直通外國吾安得而知之其山則石壁也屹然特立懸百仞之高綿亘數里環護乎深滬之鄉蓋晋之名鎮也發祖於紫

帽分勢於清源逶迤迢遞夾日月二湖而趨福全所復由福全濱海逆上十有餘里突起高峰是爲石壁葢陡然壁立如壁也與石壁相對者關鎖也兩山拱峙如門而海之潮汐出入其間門之傍有小山浮于海如巨魚之泝流而上曰大嶼嶼皆石石有洞凡避亂者居之皆得以保全無害葢護滬江之羅山也好事者謂石壁由大嶼將與關鎖相連合爲仙人所識遂闕而爲門此則荒唐不可信者也關鎖山上有浮屠曰關鎖塔下有都會曰永

其間之秀壤相錯者則有關頭南濤許安梆山十
有餘鄉皆鷄犬之聲相聞而人居稠密室廬鞏麗
者惟滬江爲最蓋深滬之爲澳也居晉江二十四
澳之首航海梯山遐邇輻輳車轂擊人肩摩蓄貨
財之藪商賈所聚人以之比郡邑輒呼爲小泉州
而鄉之爲俗也其士貴經術而尚名教其民力勤
而畏法其市買無貳價其婦女守禮而勤女紅歲
時伏臘比閭族黨相與烹羊炰羔飲酒爲樂序長

幼別尊卑而未嘗郎於嬉蓋有太古之遺風焉是以時而天朗氣清偕二三同儕登石壁之巔極四海之望而見夫是鄉也踞名山跨巨海襟廈金而帶澎湖控霞陽而引安福近挹梧州之峰迴顧清紫之嶺玄天帝殿聳出清虛海印瓊樓俯臨地紀山巒環其拱北川澤紆而朝東於是俯瞰平原盱矚秀野執耒者耕也植杖者耘也騎而吹者牧也肩而唱者樵也道路之間往來不絕者賓也旅也

斯時也俯仰憑眺飲酒賦詩顧不樂哉然而感慨
係之矣猶是鄉也當隆平之時莫不快然自足而
追憶夫倭冦之爲亂也海氛之爲災也百十年之
間滄桑疊見而復加以沿海遷移宅榭灰墟田野
荒蕪轉于溝壑者不知凡幾散于四方者不知凡
幾人孰無情能無鴻雁之悲哉邇來
皇恩浩蕩展界二十有餘載矣還定安集皆有寧居
予想其堂構之新田野之墾民風之敦樸士品之

壁字滬江郎

肆貳

卓犖漁樵之自適其志婦女之各守其閨門之風

蓋必有遠勝夫昔者以見

聖化之洋溢厚且深也予雖未能言旋言歸以賞其

勝然而心之所懷景隨情生不得不爲之紀其首

末以示來許雖世殊事異而地靈人傑將必有進

而上之矣

十二世孫柯煥拜識

晋江有二十四澳其一曰深滬澳澳設巡檢司又曰深滬司人美其名復别號滬江予於滬江記言之詳矣顧滬江有七堡其一曰富厚富厚之爲堡也復分爲三鄉富厚港納青嶼而青嶼一名西頭蓋居三鄉之先爲滬江咽喉元首之區曰西頭者取乃眷西顧之意也環護三鄉者有五山皆從石壁分枝而下其中小而最秀者爲青嶼俗呼宫山鄉之名青嶼者以此而外與五山相會者則碧沙崙其徑數里堪輿家

壹

指爲五龜會長蛇云距滬江二十里許有龍湖湖水
之流也逶迤迢遞迴抱三鄉而始入于海海之潮汐
亦曲折從西山入與湖流滙蓋山川之勝尤三鄉之
所獨也予去鄉久矣其二鄉族姓不得而詳之矣而
居青嶼惟二姓無他氏我楊氏門族甲於鄉而乙爲
蔡而爲總三鄉而計之雖密邇于海而皆不事漁鹽
舟鮫之利耕者力諸原賈者列諸市而又多往來江
浙東粵之間以懋遷有無是以入多殷阜家鮮匱乏

自[illegible]
士通經學古以史漢唐宋爲宗父兄之教必先子弟
之率必謹焉其地瀉鹵其族勤儉其人士各安其分
不敢奢僭而爲非其婦女各守其規惟勤紡績而執
業凡冠婚喪祭醻酢往來率以禮恤孤問疾扶窮拯
艱而不流于偷其風俗大都如此嗟夫濱海經播遷
之後今之三鄉不知猶昔否也百堵之皆作室廬之
鞏麗雖曰猶有待也而古道尚在人心其士風民俗
概可知矣後有作者其將有感于斯文

[illegible]學青輿記

肆肆

十二世孫柯煥識

閩溫陵晉邑滬江楊氏家乘卷之壹

凡例 共叁拾貳則

一系圖須按大小宗法於烈祖始祖畫一總圖而後及支派圖倣流水格父上子下兄先弟後如盈科漸進之序俾觀者一覽而易知

一譜圖中先書始祖其初分派則書其派再始俾知分派之祖所自出至分派之中復有分派雖另錄于後仍附本派下冠本派于其上俾知支流之原屬于本源其震字孚字行現分派在遠

郡邑者尚望其歸回原籍未便另錄只於各名下註明以族後日重修方另紀其各房分派可也

一始遷之祖或起家之祖或初封爵土之祖爲始祖今譜始　姑山公謂其始遷滬江則爲我滬江之始祖也雖第三世弟昆各有分派而不敢稱始祖者從始遷也而必系爲再始者別分派之始也本有本支水有源流追本遡源仁人孝子之所用心云爾

一按第一世爲鼻祖所生爲子子之子爲孫孫之子爲曾孫曾孫之子爲玄孫玄孫之子爲來孫又曰耳孫來孫之子爲晜孫晜孫之子爲仍孫仍孫之子爲雲孫凡九世至十世以下皆以世次稱如十世則曰十世孫十一世則曰十一世孫自此以至百千世皆以此例通之

一譜牒之作所以重繼嗣也古者男子年十六謂之成丁按譜例亦年十六以上冠娶者方入譜系圖亦取成丁之義其年未登十六者只于父

母生子下註其名字待成丁書入圖內勿致混淆可也

一婦人不得與男子並入譜系圖蓋男子所以承先啓後系圖者系世次之圖也婦人從夫猶地從天舉天可以該地則夫可以該婦只於家傳本夫名下書其所從生及其名諱生卒塟所便可與本夫共傳不朽至若女子只於父母錄中註生女某其出嫁某人則别載外傳而外甥亦附焉所以别內外明甥舅中表之親也

錄中考周禮秋官司民掌登萬民之數自八月生齒以上皆書于版以詔司寇以獻于王王者登民數且自生齒以上爲望生民之多也況家譜乎祖父之愛孫子又豈特王者之愛民而已子孫其善體祖父之心哉

一祖宗父母生年月日時及卒葬年月日時墳墓處所山名坐向俱宜逐一記載于譜內家傳各名下或有墓誌銘及墳墓山形圖並錄于後卷

以備稽查庶年遠不至爲勢家所奪也

一子孫報本莫大于宗祠吾鄉因遭播遷之變祠宇灰燼自今以始有起家富厚者即亟仗義建立宗祠出其厚貲以爲首倡族中隨其家之有無輕重輔之萬勿爾我相推以誤報本大義

一宗祠祭祀之禮須以嫡長子嫡長孫主祭執爵古稱宗子是也庶子不得執爵長房或無嫡則次房之嫡主之又須是世傳俱嫡庶之嫡不得冒己爲嫡系長

墓祭亦然或庶子有官爵者不復列於衆子弟之列則許其卜日自祭自得主爵是亦顯祖尊宗之義也雖自祭主爵而趨蹌執事之人惟取之衆子弟不得及宗子以宗子原在執爵之列也至于燕私分胙則宗子尤亟加厚所以尊祖宗之嫡也

一宗祠之禮所以序昭穆也當春秋享祀之期子姓兄弟群昭羣穆咸在不失其倫不待贅矣但男子自七歲以上曉拜跪者皆許其與祭觀禮

使漸摩於禮敎之中分胙亦依成人例

一譜牒之作所以明長幼也譜內所書先孟次仲次叔次季不惟昭雁行之序亦以便子孫之系至于嫡子雖少而庶子長則先嫡後庶非故越其序也嫡可以承重庶不可以承重故也特宜於名下註明曰以嫡居先以庶居後則兄弟之分自明矣次嫡以下則仍依兄弟之序

一春秋重嫡配所以嚴名分也妻得稱娶稱妣繼娶者亦如之若妾雖出巨族亦不得稱娶稱妣

蓋妣者媲也媲美於父也妾不敢伉儷君子故也桓公初命曰無以妾爲妻無貴賤一也妾之子稱父之嫡曰嫡母歿則稱妣稱所生母曰生母歿亦稱所生母嫡子稱父妾曰庶母庶子各相稱其母曰衆母稱謂之間所關倫敘甚大不可不慎

一男子出仕凡在朝有正直公忠之名在外而政績彰著者自一命以上並宜錄其事蹟于傳贊以表其愛國忠君敬事勤民之德不然而依阿

• 差字乙列　律以

取容貪酷不仁雖高官顯爵並置勿錄惡其辱
于祖也凡我子孫須共勉之

一男子立身以孝弟忠信爲本文藝次之先賢云
士先器識而後文藝誠金石之語也苟居鄉有
才德超衆可以化家勵俗或安貧樂道志行可
嘉凡有裨於倫教者一善必錄爲之傳贊書之
傳贊編內以傳不朽所以勸善也

一男子有大德殊功行誼卓卓可傳者必爲之傳
贊固已至于婦人能克修婦道孝事翁姑善相

夫子夫節夫義進爲閨門法程者亦須采錄其
實行或贊或傳書之內傳以彰懿德且以爲家
訓之資也
一積善餘慶自當子孫繁衍或不幸無嗣不得養
他姓子爲己子所以防嬴呂之亂也宜立親房
之子爲嗣親房不得取之疏房疏房不得取之
族內以其爲祖宗一氣也可於名下書云嗣男
某仍於本生父母名下註云某男出與某爲嗣
若抱養他姓之子及後妻夾帶前夫之子爲子

達字乜州　五合

者皆不許濫附譜圖與宗傳內只於某人名下註養男某另立附支于後以別之吾宗伯叔以上吾不得而强之自今以後須從新立定例毋得溷蒙以僞亂眞

一立繼大義也所以似續妣祖也胞兄弟或堂兄弟子多者須仗大義命一子以嗣其後不可論其家財有無如校其有無而吝于命繼是無親愛手足之心而欲絶其後也天地祖宗必不庇祐宗子族長宜共正之使其命嗣而後止至其

立嗣不得私相授受並告明宗子族長次及族親啓祠告祖以定繼嗣父子之分所以明其出于公也

一立繼若取之疎房及族內者須告明宗子族長公同推舉或依親疎之序或擇賢能之子啓祠告祖立之明立嗣書將田園屋宇物業登明書內以昭傳授之公苟或瞞衆偏愛不應立而立身歿之後以致爭論甚至訟之公庭遺澤蕩覆雖得官府明斷所存幾何誰肯盡心塋祭者乎

·塋字尾列

是誹之咎也所見世人若此者多矣切宜愼之
而凡宗子族長亦須秉公萬勿貪賄任意可否
以誤人後天地祖宗在上鬼神在旁可不懼哉
一凡繼嗣須遵爲人子者爲人後之義稱嗣父母
曰家父母稱本生父母曰諸伯叔父母嗣父母
歿則服麤疏三年如生父子禮爲其本生父母
降服朞年爲其本生父母伯叔兄弟亦降一等
爲其嗣父母伯叔兄弟則加服如爲生父母伯
叔兄弟之制此遵家禮明訓無容多議也

本宗或有養他人子而冒己姓者既長爲之婚娶量其功勞撥手澤與之可也或暮年資其奉養有大孝義者錄其功績可也一依本宗叔姪兄弟名位稱呼不得以有才能功勞混入譜圖内均載附支錄中

一男子或有與他人爲子者若能歸宗譜宜錄之並入系圖

一婦人或有栢舟矢節在　聖朝例有旌表刱家譜而可遺之亦須旌之內傳以表其貞烈至于

上之　朝廷褒賞　皇恩旌表是又在其子若孫之摩厲駿發以圖報罔極之德也矣

一婦人不幸有改節者不得載生年日月及卒塟雖有敬戒之善亦不得錄葢婦人以貞一爲節一失其身則餘無足觀出則與廟絕胡爲乎錄之哉

一本宗女子有能盡婦道於夫家或孝敬或節烈可埀爲範者亦必紀之附于外傳以見本宗教化之澤也

一女子所嫁有干德違章犯卑行蔑者亦並附錄
于外傳非曰藉以光榮亦以見族類之貴之善
云爾

一凡命諱命字須摘其字樣與先代不同者方可
不得重犯祖諱禮曰入門問諱犯他人諱且不
可況犯先人諱乎明高皇太子謚懿文皇太孫
諱允炆太孫之子復名文奎及太孫即位又建
元曰建文燕王聞之訝曰胡重複至是夫國家
一理也命名之間可不慎哉

□避字凡例

伍叁

一譜行字行今預擬以十六字嗣後依譜亦倣此例于十六字之下衍而續之將瓜瓞緜緜歷天長地久本支源流如列眉指掌可攷而知也

一譜牒分東壁圖書府西園翰墨林一式十部分交各房賢而知書者收掌毋令風雨虫鼠蠹毀庶爲世守之孝不然毋論毀壞祖本孫枝難稽即曾魚亥豕後人亦何從作信譜也慎之毋忽

一譜牒創造於前須有繼述於後久不纂修則生聚敎誨時異勢殊無從稽考今後限三十年一

夫之古譜三十年而一世[illegible]謂之多譜者以昔
壯生者長亦幾更易矣欲勿修可乎脩則必擇
文行兼優者一人董之數人以副之務宜從公
秉筆毋徇私情毋詖異議庶幾國有信史者家
亦有信譜

一譜牒今雖僅分東壁圖書府西園翰墨林十部
嗣後子孫蕃衍或創立數十百千部隨時增訂
可也惟願子孫千億勿替引之

一凡重脩譜牒例須先列前人作者修者名諱于

[illegible]刊

伍肆

舊譜[illegible]某年某某人重修云云而後列書人[illegible]譜之人名諱于後令斯譜不先列前人者因前乘疊被灰燼忘其作者修者之人故耳其重修于崇禎間雖猶記憶而譜牒已被兵燹付之烏有不知規例若何若于譜首先列其名諱則遺已前之人故姑于家乘攷畧中述其名次以示不敢忘之意自今而後凡重修譜牒須遵譜牒例先列前修之人于前不可執此譜首書名爲口實也此係至公之論百氏修譜皆然非欲自爲

共參三尺於族中子孫集字之

十二世孫柯煥字炳識

二

辟字凡例

伍伍

名諱記

按生曰名死曰諱禮檀弓卒哭而諱孔疏曰古者生不相諱卒哭乃有神諱也是古人既死而後諱後世則生亦相諱矣何以知之臣子稱君之名曰聖諱雜記過而舉君之諱則起昔韓咸安王名忠語其子曰汝諱我是忌忠也忠可忌則我亦可忌也遂不諱忠按此則生亦曰諱由來舊矣蓋諱之爲言忌也避也忌犯其名而避之故曰諱也禮曰入門問諱又不特君父宜諱凡人皆諱也自稱則曰名稱人則曰諱此

謹與名之說也而尊之父之名其子也是所取焉申
繻曰名有五有信有義有象有假有類以名生爲信
以德命爲義以類命爲象取於物爲假取於父爲類
何謂名生如季友之名友也取其生之有文在手曰
友是也何謂德命文王之生也知其能昌大也故名
昌武王之名發也則知其能發兵以誅暴是也禱尼
丘而生宣聖其生也首象尼丘因名焉此類命之謂
也伯魚生適有饋鯉者因名鯉此假形於物之謂也
晉桓公生子曰同謂其與父同日取於父爲類之謂

也至蘇老泉之名其二子也曰軾曰轍而爲之說曰軾乎吾懼汝之不外飾也轍乎吾知免矣彼蓋預知其二子之終身而不勝丁寧反覆之意焉歷觀古來之命名是可以會通其義矣然晉穆侯之命太子曰仇命其弟曰成師是兆亂之道也故君子慎之何也名以制義義以出禮禮義之不立非所以爲訓也今世之命名也惟擇其字之美者而命之而不識古人命名之義故予爲之作名諱說

十二世孫柯煥識

字説

人之有諱也所以命其名也而其有字也卽因名而生也蘇長公諱軾字子瞻柳僕射諱公綽字孝寬是可知字與諱相因而起古今同然也夫字與諱相因而起是字原不離乎諱則有諱足矣而必加之以字者何也諱可以稱于人而不可以稱人故命名曰諱諱者諱也諱其名也諱其名而人無由稱則因而字之字既立則往來晋接交相稱謂而不來爾汝之羞矣夫爾汝輕賤之辭也欲人之不爾汝我而字我則

璧字字説

伍㑺

[illegible][illegible][illegible]其字之義載[illegible]禮二十冠而字解之者曰既冠而字敬其名也敬其名者責其實也郎吾俗之謂字曰表德是也年幼而命名方冠而命字其德未彰何可表也曰有所期也何期乎爾曰後生可畏焉知來者之不如今也期之者勸之也亦誡之也欲其不來爾汝之稱也正所以責其實而敬其名也孝子賢孫能深知其意而克自振拔斯德成名立可以不負乎所期而有光于名字將名字書之竹帛並垂不朽矣

十二世孫柯煥識

諱字行

道 拾叁世
起 拾肆世
于 拾伍世
中 拾陸世
爲 拾柒世
聖 拾捌世

之 拾玖世
宗 貳拾世
學 貳拾壹世
成 貳拾貳世
翊 貳拾叁世
世 貳拾肆世

興 貳拾伍世
國 貳拾陸世
有 貳拾柒世
光 貳拾捌世

命字行

人 拾叁世
士 拾肆世
可 拾伍世
則 拾陸世
公 拾柒世
卿 拾捌世

侯 拾玖世
伯 貳拾世
嘉 貳拾壹世
猷 貳拾貳世
允 貳拾叁世
升 貳拾肆世

昭 貳拾伍世
兹 貳拾陸世
來 貳拾柒世
奕 貳拾捌世

高祖以上諱字不一以致難稽今立諱行字行各一則則各十六字一代一字挨次取用雖歷代久

蓋[illegible]

故[illegible]其設十六字者何也

蓋余以十六字傳心法世無疆可以昌大夫傳世

皆傳心也進能治乾原相表裏齊家治國亦自相

則十六字之說上師古人辨以傳心者傳世云爾

後來予若孫重修族譜因是義而增衍之如太極

生兩儀之象則自一世以至千萬世承繼緜緜繁

衍將遍天下矣

諱行用在上一字字行用在下一字今人稱呼每

稱上一字曰某老曰某翁字行用在下一字者乃

以便人之稱呼亦以別同行之伯仲也此例既定

不得倒置改易以紊世次但由來書生考試每因

本譜未售多購別姓名獲解則譜雖或有時從權

其字則決不可易蓋譜不同而字同尚有可稽如

字行再易則無怪年遠之秦越矣凡我子孫毋廢

定訓　十二世孫柯煥識

昔周武王第三子叔虞之後伯僑自晉歸周封楊侯因以爲氏迨漢盛于東京楊姓遂蔓延于天下或以勲業或以名族或以忠貞或以廉潔或以名儒或以武功車載斗量不可勝紀越宋度宗初眉州之青神有文仲者以工部侍郎出知泉州卒于官一子留泉郎我滬江楊氏之所從出也世累仁積善歷元明以迄于今

瑩字原宗

閩三度晉邑[illegible]江楊氏家乘行祖之圖

○宋初祖司空諱文仲公

○初二世祖

○初三世祖

○姑山公

宋□□同□公諡文□□□□蜀之眉州青□人□□工部尚書汝明後進參知政事資政殿大學士贈少保諱棟公幼孤母胡夫人守節自誓教養諸子公遂於春秋淳祐間入太學兩試皆第一寶祐初登進士累官太常丞兼崇政殿說書每以積誠感動帝意官至工部侍郎兼國子祭酒度宗咸淳初出知泉州多德政吏民愛之博學善文章有見山文集行於世越數年卒於官一子留泉時因蒲壽庚作亂以城降元殺諸宗室及士大夫與淮人之在泉者公子變姓名托處民間終身不仕元再傳至姑山公始卜居晋之滬江山頭復其姓云

102

[illegible]

第一世

始祖姑山公

第二世

烟山公

第三世

湖山　派開本鄉青嶼 西頭鄉厝后

前林　派開東路頭

春山　派仍居山頭

拱山　派開同安縣 以下未及修譜

雁山　派開南安縣

六叔　派開浮橋官路 尾生一子仕忠 進士文林郎

辛亥年始祖系圖

陸叁

103

[illegible]一[illegible]文[illegible]遷[illegible]不始文仲公而
始[illegible]以公爲之後由遷滬江以前實始也始遷與始封孰重乃不
始始封而始始遷何也曰楊之有封爵不自文仲公始也郎公官
於泉卒於泉而獨一子留於泉則公之神必不留於泉況一子留
泉者復因蒲壽庚之亂變姓名隱晦不出再傳至姑山公始遷居
復姓以業其家而其一子與其子之子並不以名傳此姑山公之
所以得爲始祖也其不以名傳何也曰前譜於嘉靖間既燼於倭
寇之滄桑順治初復失於海氛之頻仍郎存一二殘篇只屬近代
又皆魯魚亥豕先君在日指示詳明亦僅記其爲文仲公之裔而
姑山公爲始遷之祖而已嗚呼灰燼之餘無從攷訂姑闕其名以

欣參稽亦時異世殊付之無可如何已耳昔蘇老泉修譜其引曰唐神龍初長史味道刺眉州卒於官一子留於眉眉之有蘇氏自此始而譜不及者親盡也彼亦於無可如何中姑存其祖之所自來此先賢史闕文之意也姑山公以始遷爲始祖固已而始祖所自出之祖系之以初祖何也曰列子云太初者氣之始也亦猶無極生太極之意此初祖之所以名也所以冠乎始祖之始木有本水有源尊之也夫既尊文仲公爲初祖則一子及其子之子雖不以名傳而必系之初二世祖初三世祖者所以著其世之次也名可以闕疑而世不可以闕次朱文公註大學章句于傳之五章闕其文而必列爲釋格物致知之義吾于是譜亦師其意而通之云爾尚後攷訂有徵而復書其名以垂來世是尤余之望也夫

十二世孫柯煥識

閩溫陵晉邑滬江楊氏家乘派青與長房湖山公再始系圖

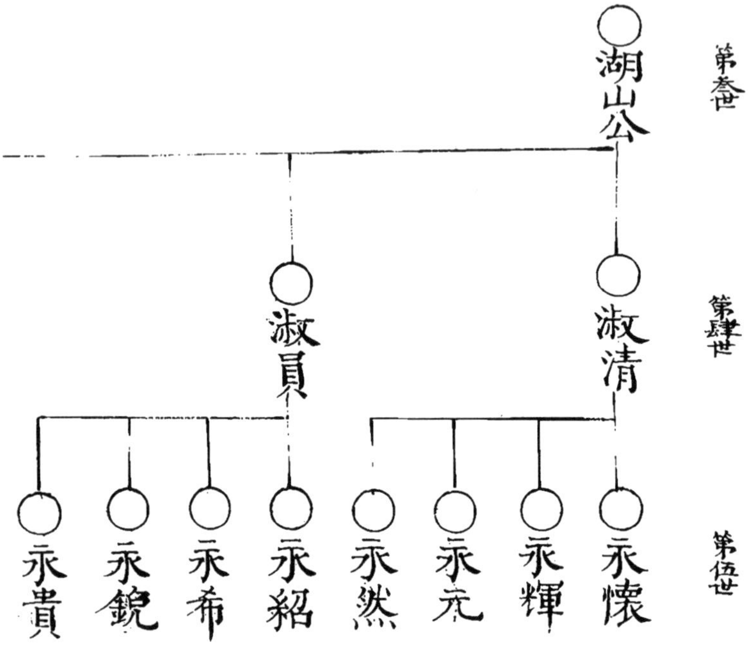

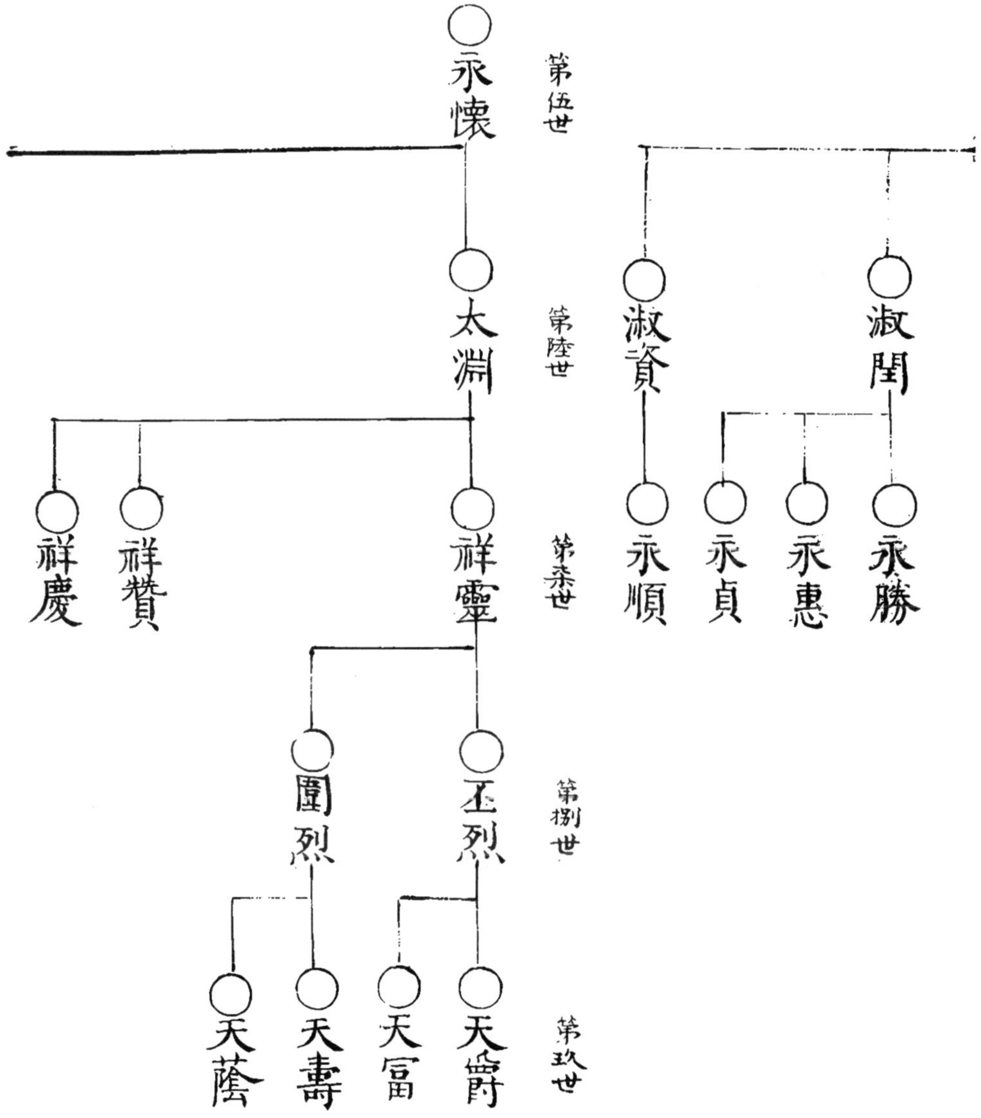
第伍世
永懷
第陸世
太淵
淑資
淑閏
第柒世
祥慶
祥贊
祥靈
永順
永貞
永惠
永勝
第捌世
閏烈
丕烈
第玖世
天蔭
天壽
天富
天爵

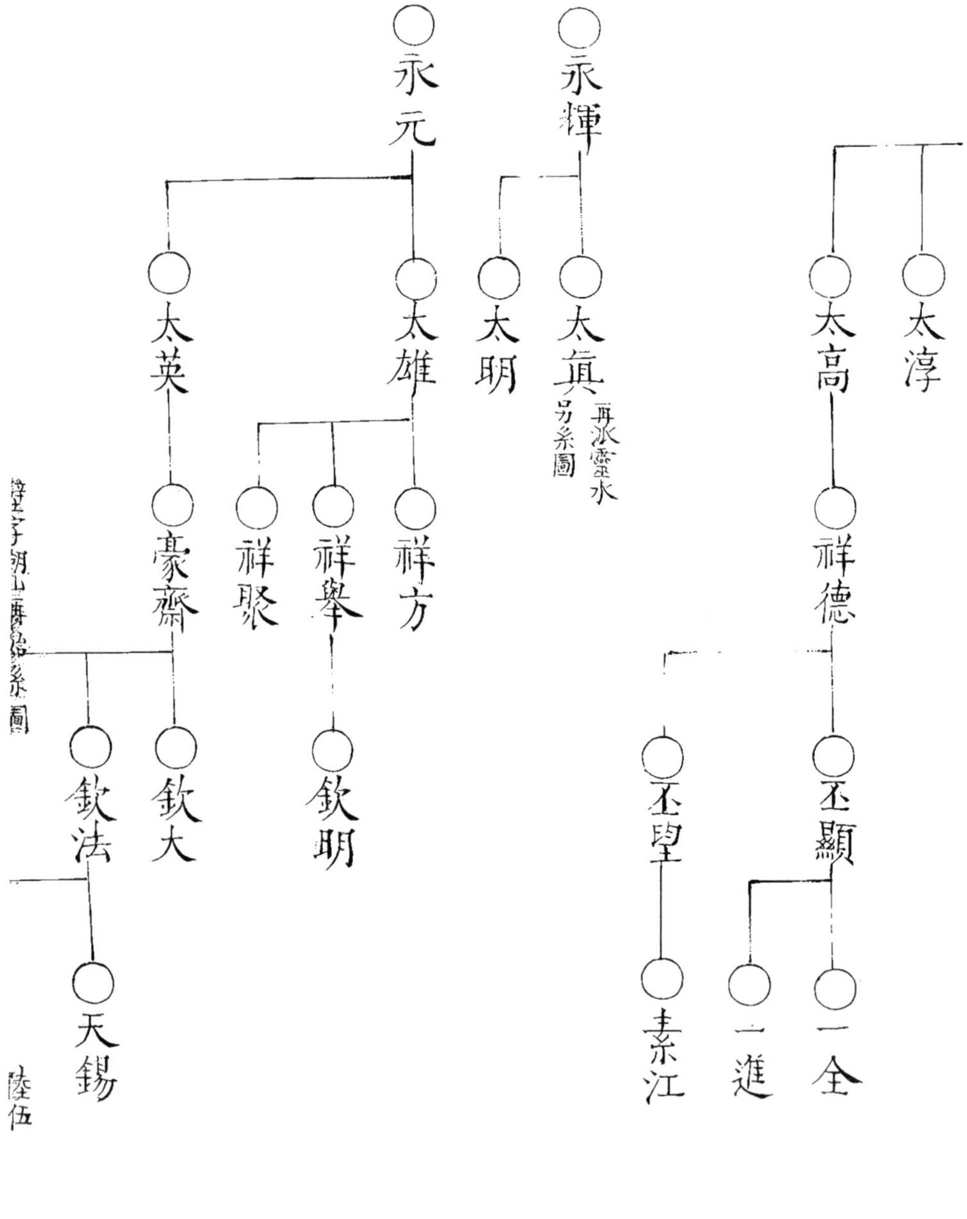
太淳
太高
祥德
丕顯
一全
一進
丕望
素江
永輝
太眞
再派壟水
另系圖
太明
永元
太雄
祥方
祥舉
欽明
祥聚
太英
豪齋
欽大
欽法
天錫

陸伍

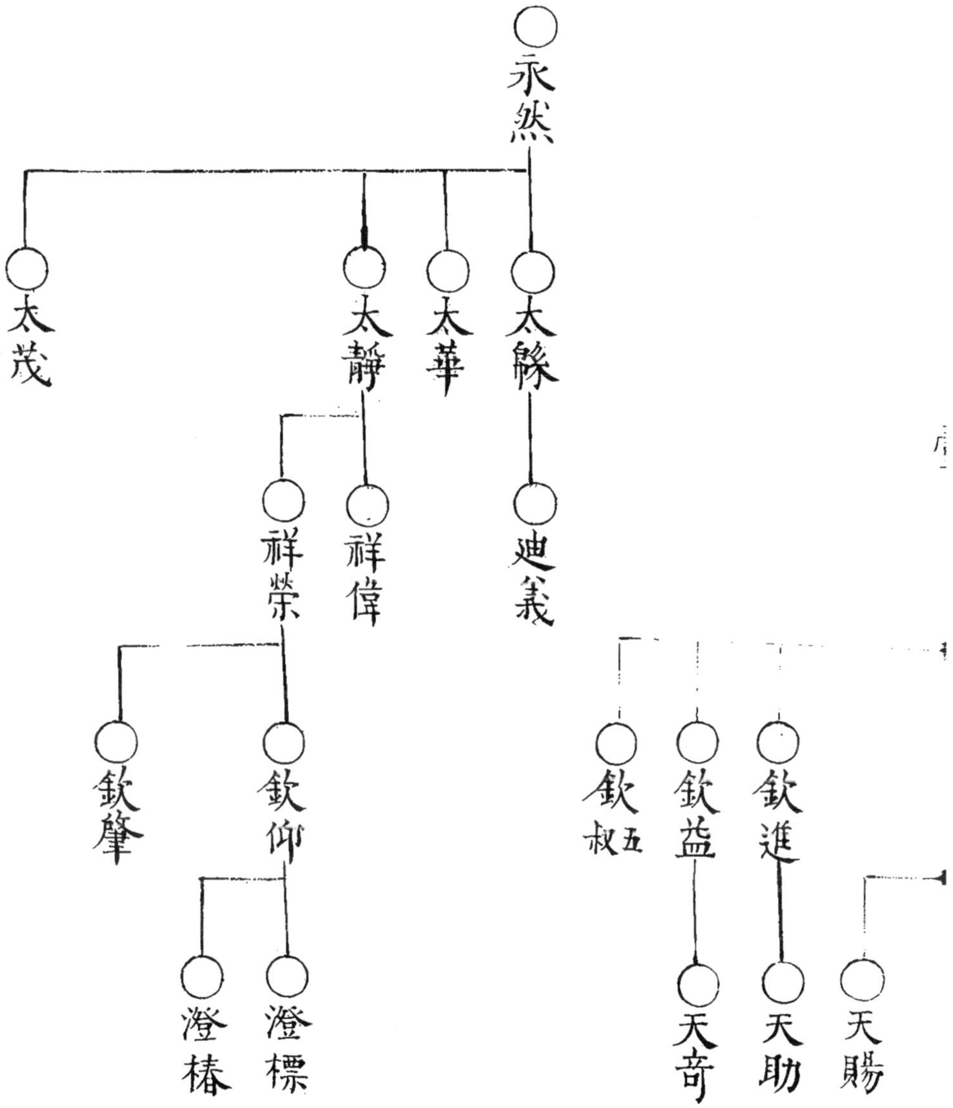
永然
太茂
太靜
太華
太緣
祥榮
祥偉
迪義
欽肇
欽仰
澄椿
澄標
欽叔五
欽益
欽進
天奇
天助
天賜

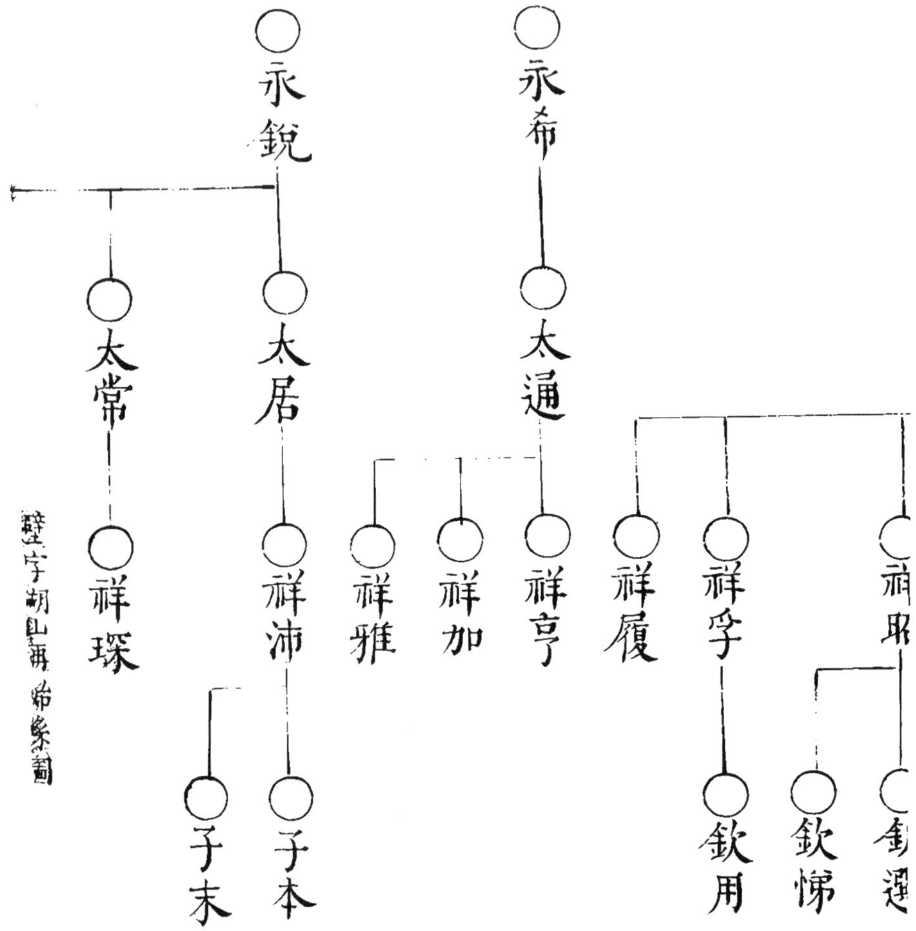

壁字胡山海 帰絲圖

陸陸

永貴

永勝

太崇

永惠

太環

祥富

欽厲

祥貴

欽賓

欽定

欽平

再派城内

另系圖

太琮

祥賢

欽元

欽順

澄名

澄宣

加富

第玖世
永順
天爵

第拾世
太和
太育
潤宗
新宗

拾壹世
祥拱

拾貳世
欽旺
欽仁
欽德
欽榮

拾叄世
勝寶
勝祖
勝全
勝謀
勝元
勝弼

1540
1553

- ○天富
  - ○居宗
- 天壽
  - ○奇宗
  - ○奇峻
- ○天蔭
- ○一全
  - ○失名
- ○一進
- ○素江
- ○天錫
- ○天賜
- ○天助
  - ○喬棟
  - ○喬樑

○天竒　○澄標　○澄椿　○澄名　○澄宣　○勝賓

○喬森　○喬潤

○震圭　○震殿　○震會　○震皓

壁字湖山海台系圖

○孚炳

○道尭　○道至　○道基

塗刪

喬逞

震琅

孚朝

柯煥

道垣

道垂

道堅

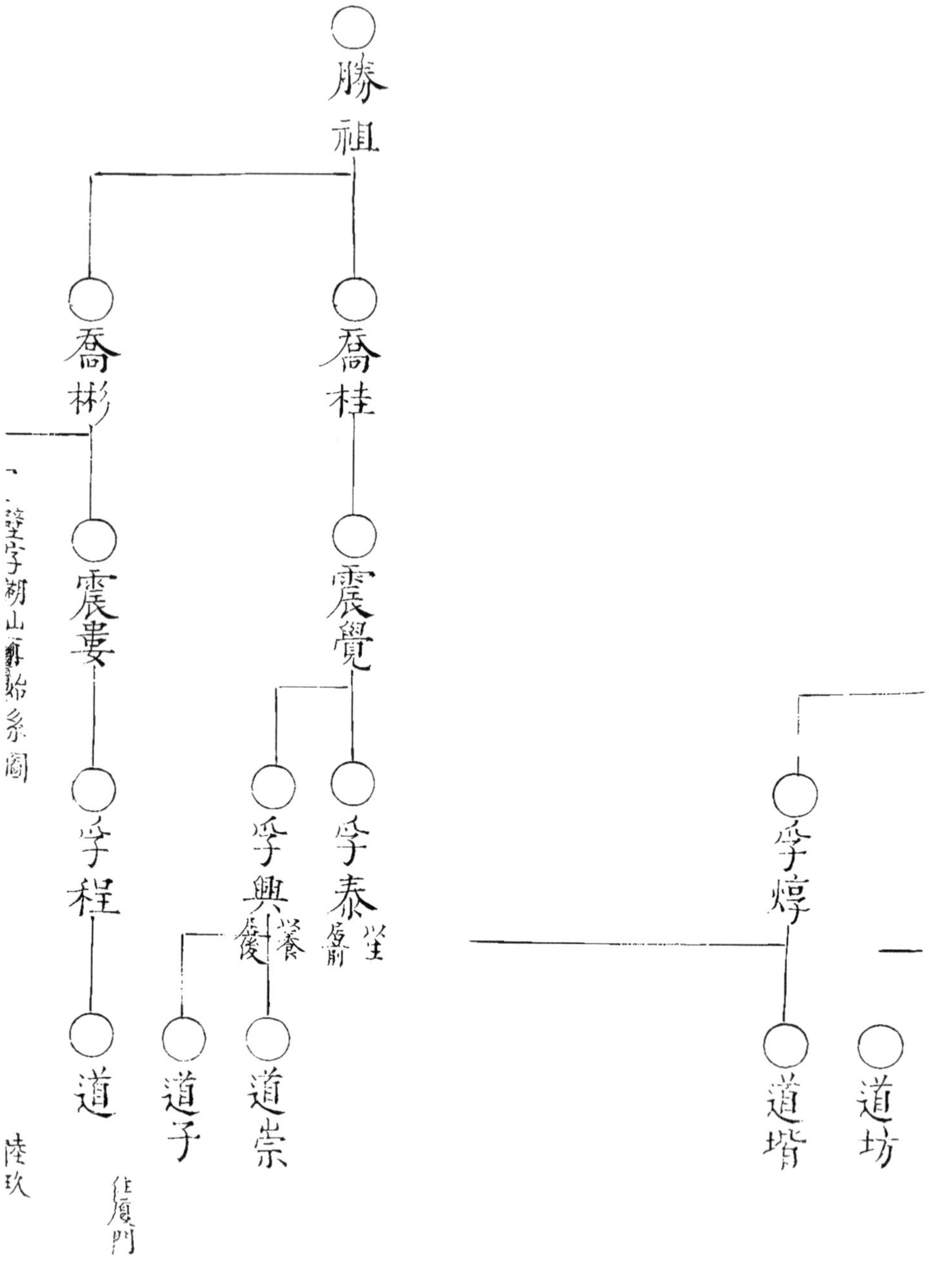
勝祖
喬桂
喬彬
震覺
震婁
孚泰
孚興
孚程
道崇
道子
道
住厦門
孚焞
道堦
道坊

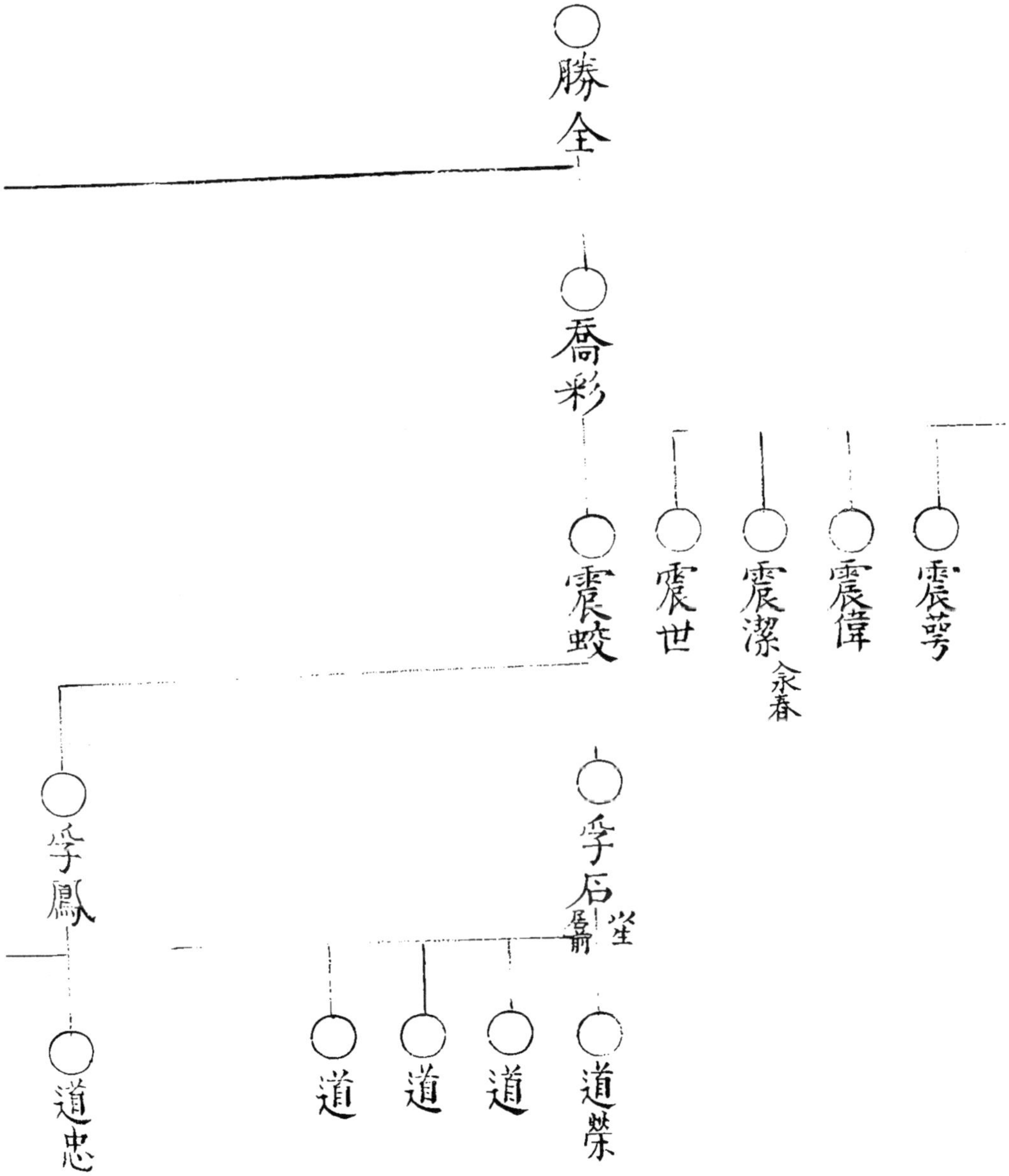

勝全
喬彩
震蛟
震世
震潔
永春
震偉
震萼
孚鳳
孚石
坐
[illegible]
道忠
道
道
道
道榮

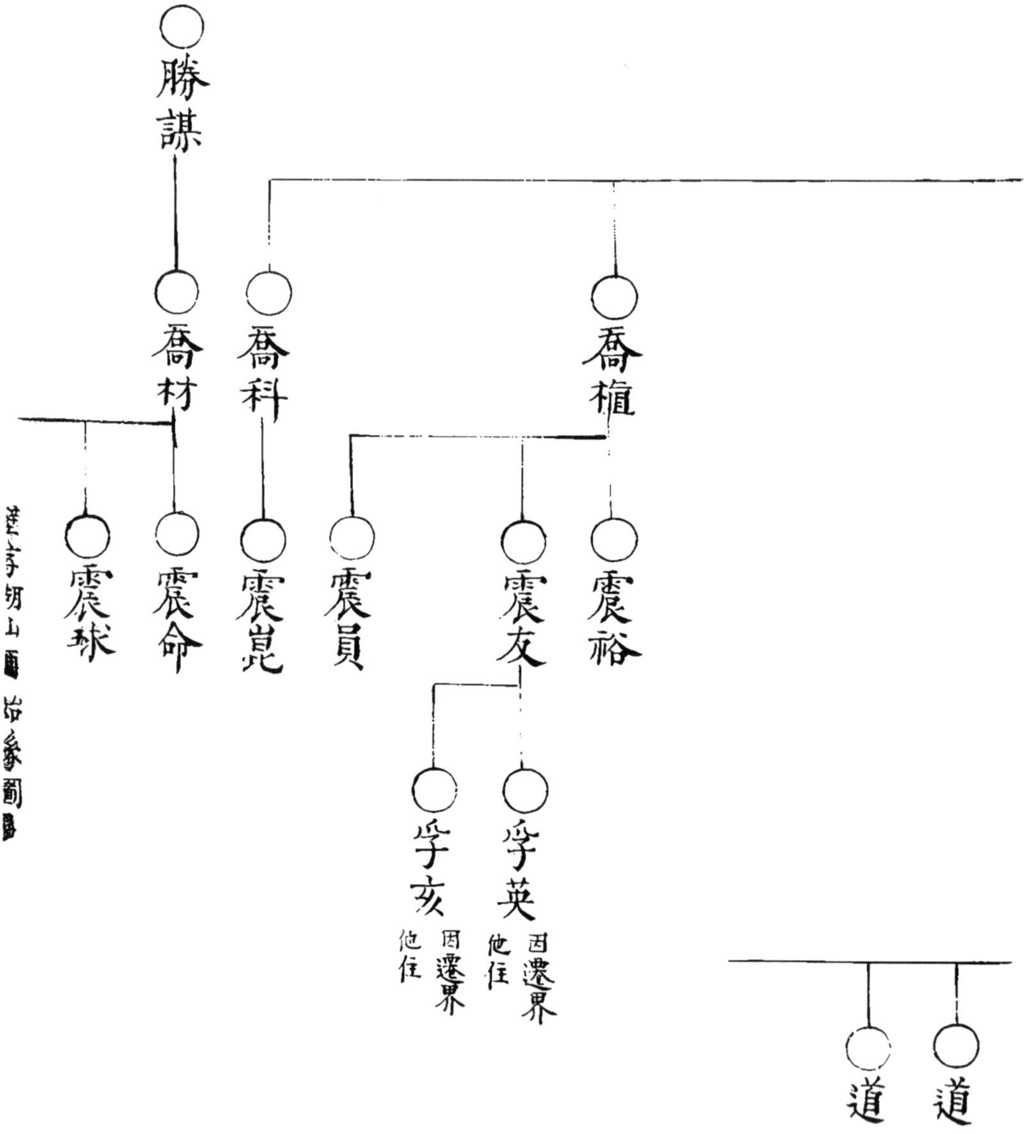
勝謀
喬材
喬科
喬植
震球
震命
震崑
震員
震友
震裕
孚亥
因遷界他往
孚英
因遷界他往
道
道

勝元　勝鄉

喬立　喬昂　喬郁　喬益　喬錄

震仕　震宋　震翊　震德　震忠　震模　震麟　震朋

孚聖　孚老

道坤　道成

拾叁世　道堯

拾肆世　起鵬　起鷗

拾伍世

拾陸世

拾柒世

璧字湖山蔡翁派系圖

○道至

○道基

○道堅

○道垂

○道垣

○道均

○起鶱

○道坊

○起鶴

〇道揩

○道崇

○起祐

○道子

○道榮

〇道

〇道

〇道忠

○道成

[illegible]

湖山再派靈水曾林系圖

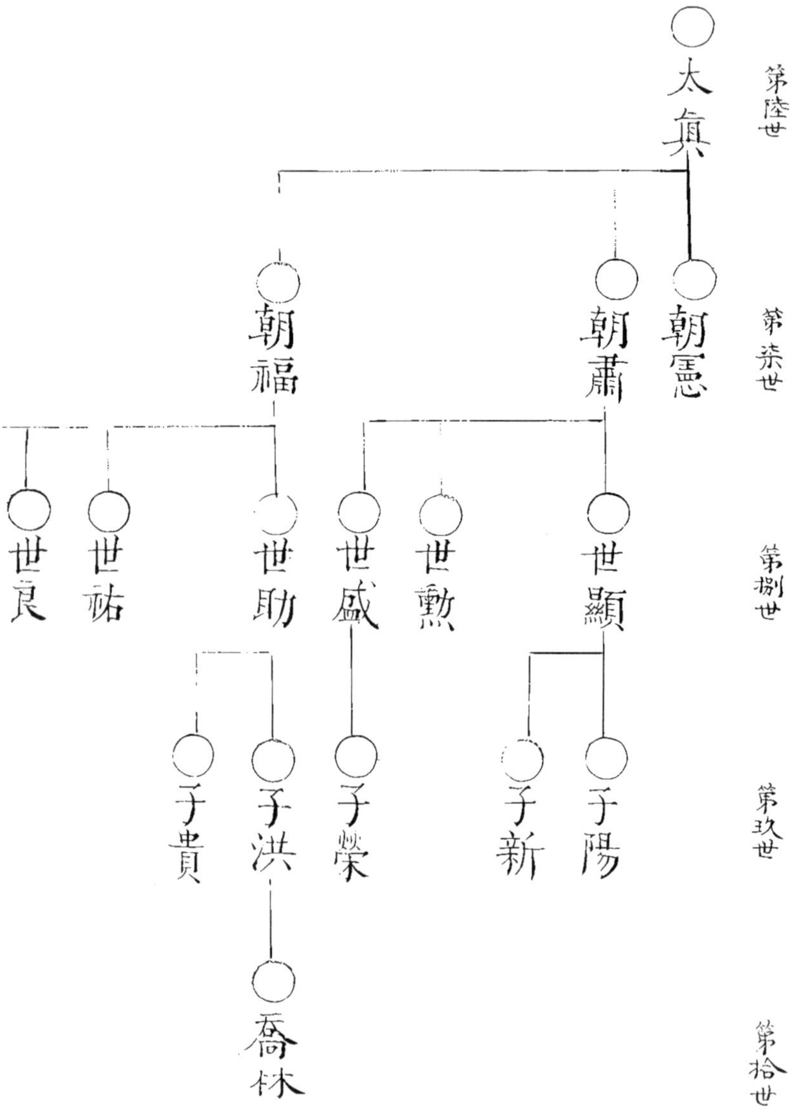

第拾世
○喬林

拾壹世
○震東　○震雅　○震祖

拾貳世
○世元　○孚鳳　○孚鸞

拾叁世
○道新　○道嘉　○道彬

拾肆世

湖山再派東庭系圖

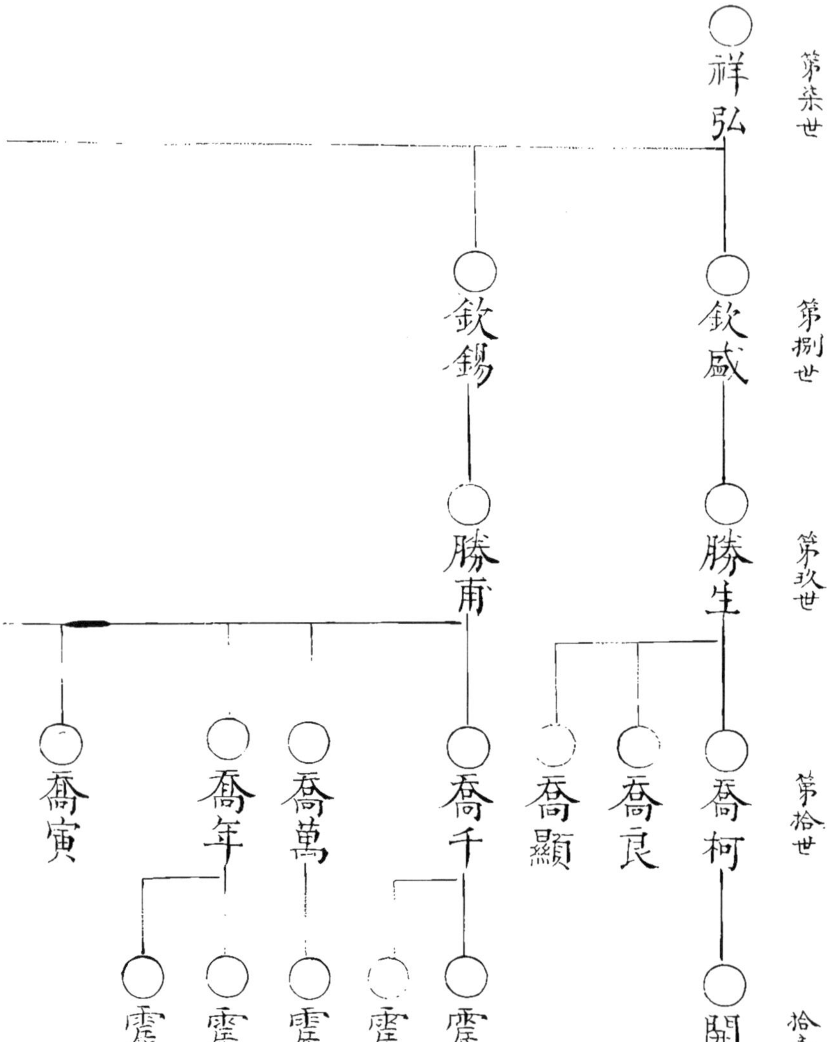
第柒世
祥弘
第捌世
欽咸
欽錫
第玖世
勝生
勝甬
第拾世
喬柯
喬良
喬顯
喬千
喬萬
喬年
喬寅
拾壹世
開型
震元
震吉
震龍
震潘
震倩

拾壹世　拾貳世　拾叁世　拾肆世　拾伍世

欽讓
心素
喬碧 往漳州爲子
喬柏
震儼
震載
震三
震杭
喬松
震福 上福州虎頭山

開型
震元
孚慶
道生
道得
道輔

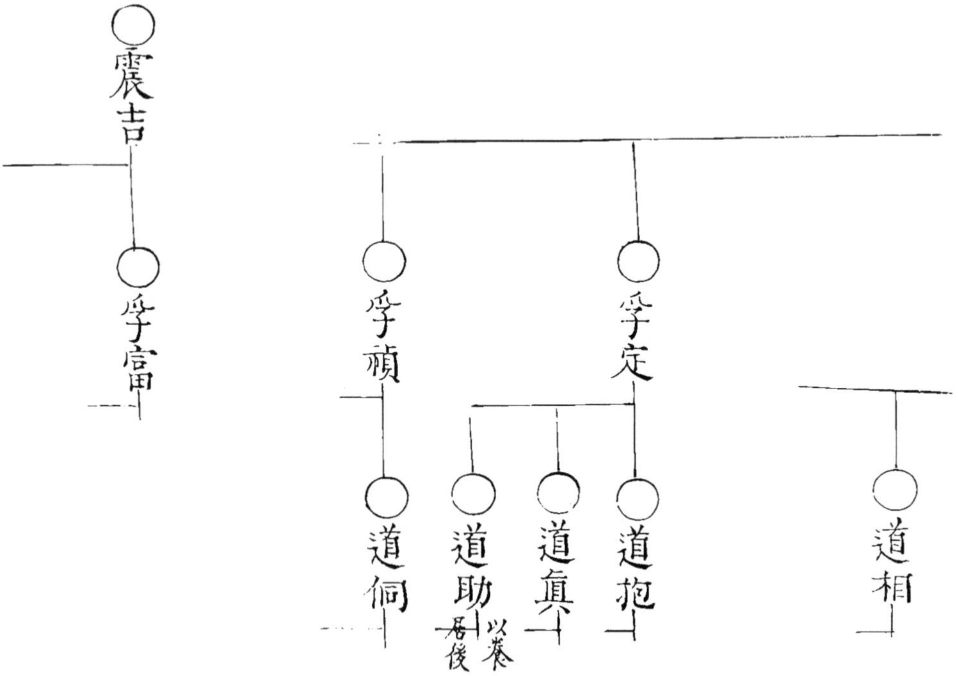

震吉
孚富
孚禎
道侗
孚定
道助
以養
居後
道眞
道抱
道相

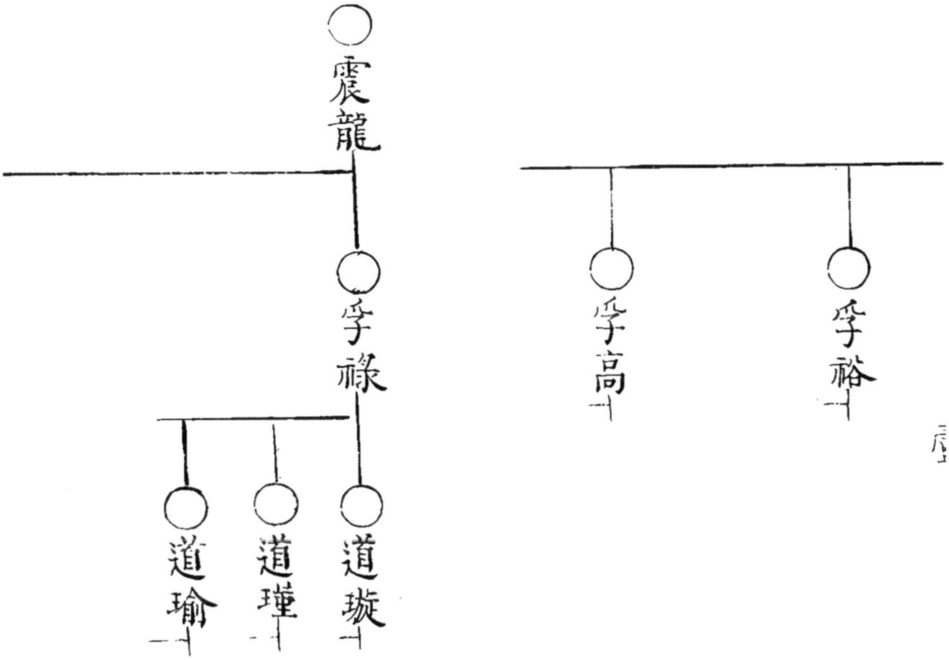
震龍
孚祿
孚高
孚裕
道璇
道瑾
道瑜

○孚德

○道珙

○震潘

○震倩

偉

○震儼

○震載

○震三

○震杭

○震福 上福州 虎頭山

湖山再派府城內系圖

第捌世　欽平

第玖世　乾曾　乾育

第拾世　見海　喬旦

拾壹世　榮寶

拾貳世　寅昌　日昌　贊昌

拾貳世　寅昌

拾叁世　道有

拾肆世　世英　圓英

拾伍世

拾陸世

□昌

道豫

歲英

于英

贈英

郁英

道益

賁昌

道壯 道晋 道屐

魁英 星英 輝英 瑞英 錦英

陸字湖山府城系圖

捌陸

道漸

閩溫陵晉邑滬江楊氏宗乘派東路頭貳房前林公再始系圖

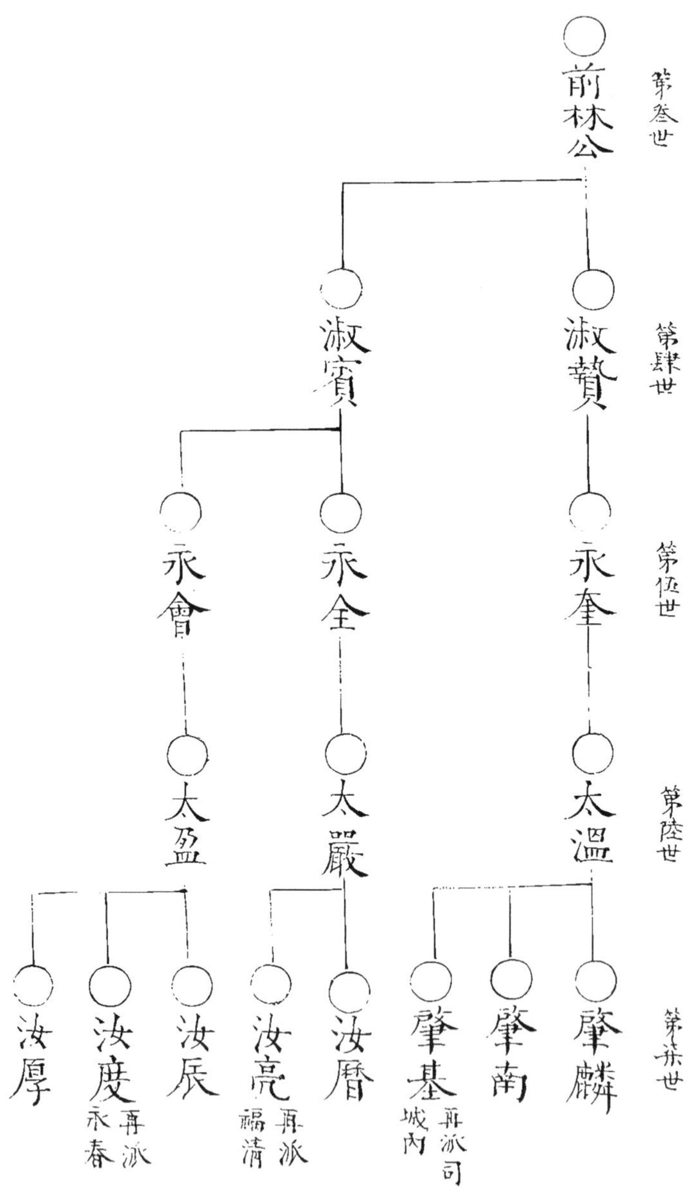

壁字前林再始系圖

捌柒

前林房八司院內系圖

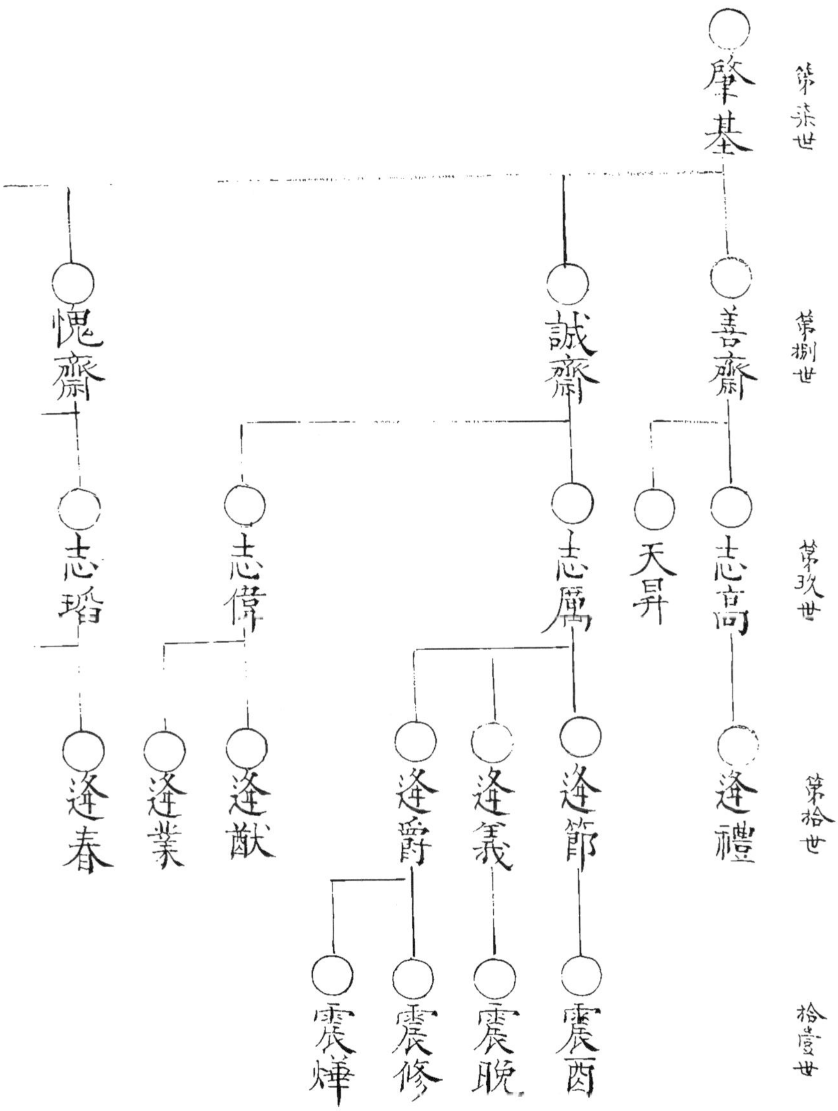
第柒世
肇基
第捌世
善齋
誠齋
愧齋
第玖世
志高
天昇
志厲
志偉
志瑫
第拾世
逢禮
逢節
逢義
逢爵
逢猷
逢業
逢春
拾壹世
震酉
震脫
震修
震燁

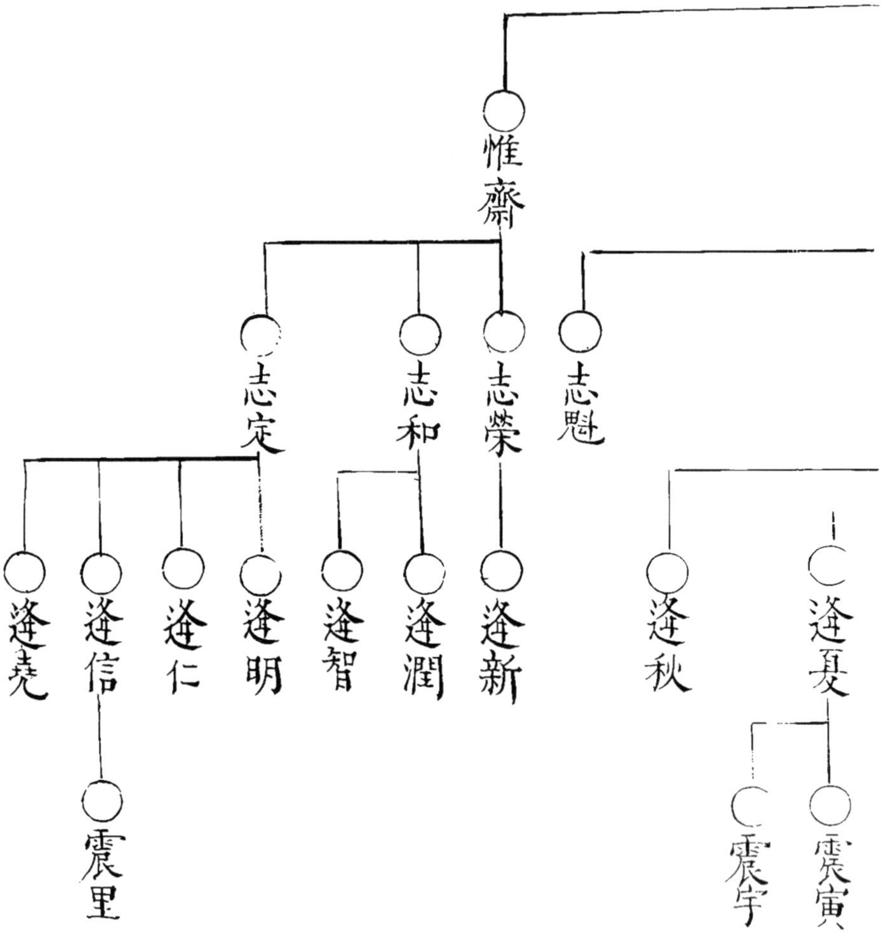
惟齋
志定
志和
志榮
志魁
逢堯
逢信
逢仁
逢明
逢智
逢潤
逢新
逢秋
逢夏
震里
震宇
震寅

拾壹世　拾貳世　拾叁世　拾肆世　拾伍世

- 震酉
  - 孚戌
  - 孚亥
    - 道祚
      - 起祖
- 震晚
  - 孚亚
  - 孚添　住廈門
  - 孚三　上湖廣寶慶府
- 震修
- 震烽
  - 孚賡
    - 道雅
      - 起哲
      - 起嶶
      - 起燕

孚廣

道瑞

道寶

道凱

道翰

起翼

孚虎

道贊

道寰

震寅

震宇

震里

孚景

開漳州東門街

道龍

聖公

明公

○道錫

閩温陵晉邑滬江楊氏家乘原派山頭叁房春山公系圖

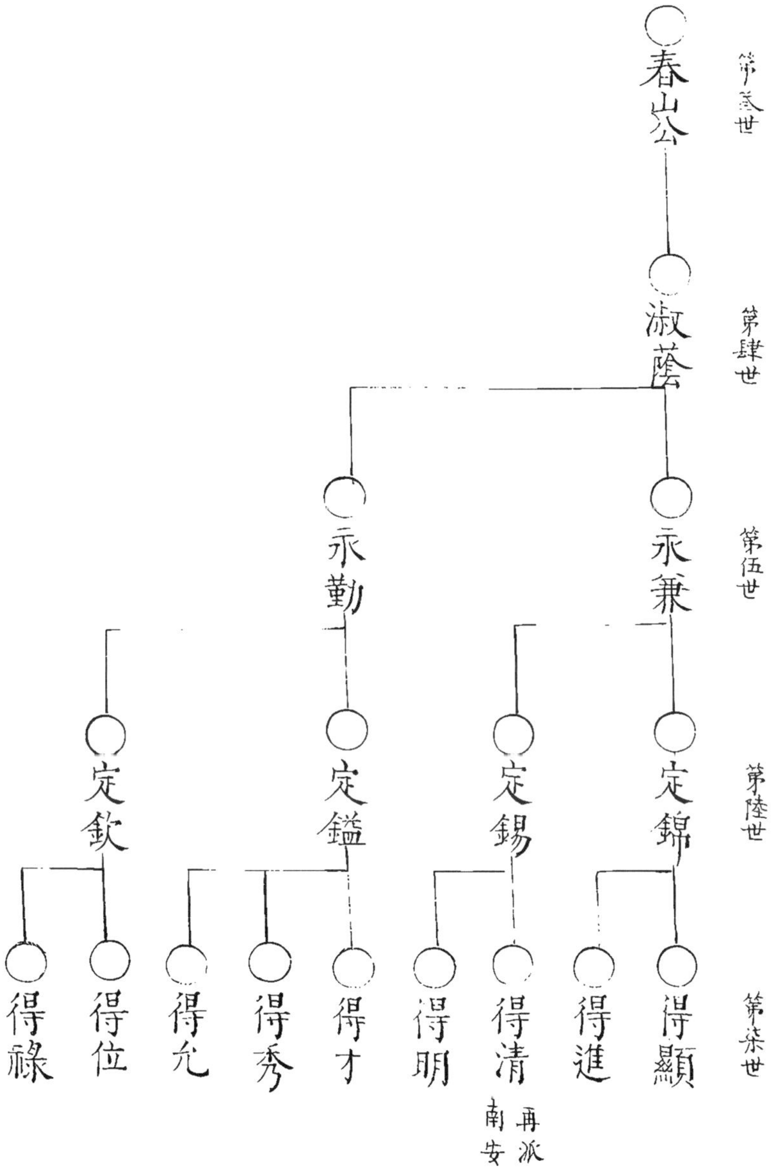

春山派南安再始系圖

- 第柒世 得清
  - 第捌世 澄榮
    - 第玖世 應萬
      - 第拾世 喬桐
        - 拾壹世 震子
        - 震
        - 震廷
    - 應宗
      - 喬相
    - 應會
      - 喬梓
    - 應魁

拾壹世　拾貳世　拾叁世　拾肆世　拾伍世

○澄華—○應賢

○澄富—○應龍

○澄貴

○震子

○震

○震廷

閩温陵晋邑滬江楊氏家乘卷之貳

十二世孫柯孚 煥炳 重修　孚焞考訂

十三世孫道基 道坦 較正　道至 道坊 印錄

家傳

按家傳者所以列世次昭穆之序也字諱配偶悉具生死塋兆必書觀之可以敦兄弟夫婦之倫起孝子慈孫之心焉自是本支百世子孫千億俱可不至續斷傳不難披卷而知之矣

〇第壹世

始祖考姑山公　諱致政　字淵齋　四月廿二日諱辰

始祖妣吳氏　謚正大　九月廿一日諱辰　墓合葬仙姑宮上

公初祖文仲公之曾孫始卜居深滄山頭民籍晉江縣十六都夜畐七甲户楊淵齋後改喬桂

男一　烟山

〇第貳世

烟山公　姑山公之子

妣許氏　墓合葬本鄉石壁山畑墩西畔坐北向南

男陸　長湖山　派開本鄉青嶼境西頭鄉土名厝后

七前林　派開東[illegible][illegible]

三春山　派仍居山頭

四拱山　派開同安縣　四子以下俱未及修譜

五雁山　派開南安縣

六叔公　派開浮橋官路尾　生一子仕忠　賜進士出身文林郎有孫逃入安溪山内

○青嶼湖山第叁世　長房

湖山公　烟山公長子　派開本鄉青嶼境西頭鄉厝后

妣許氏　墓合葬本鄉馬路山土名江畝樹坐乙向辛兼卯酉分金　康熙戊寅年二月初二寅時重修

男四　淑清　淑員　淑閏　淑資

◯湖山第肆世

淑清　湖山公長子

娶柯氏

男四　永懷　永輝　永元　永然

淑員　湖山公第二子

娶張氏

男四　永紹　永希　永銳　永貴

淑閏　湖山公第三子

娶洪氏

男二　永勝　永惠　永貞

淑資　湖山公第四子

娶鄭氏

男一　永順

〇湖山第伍世

永懷　淑清公長子　邑庠生

娶蔡氏

男三　太淵　太淳　太高

永輝　淑清公次子

娶施氏

男二　太眞　進贅十七都坑尾吳家有同襟丈招去五都靈水住　另記一傳

太明

永元　淑清公第叄子

娶陳氏

男二　太雄　太英

永然　淑清公第四子

娶吳氏

男四　太緣　太華　太靜　太茂

生　參將

永紹　字　淑員公長子　號毅齋　邑庠生

娶黃氏

男一　太允

永希　字　淑員公次子　號忠烈　歷任錦衣衛參將定國將軍

娶施氏　贈宜人

男一　太通

永銳　淑員公第三子

娶吳氏

男四　太居　太常　太環　太琮

永覺　淑闈公四子

娶氏

男

永勝　淑闈公長子

娶氏

男一　太崇

永惠　淑闈公次子

娶氏

男

永貞　永[illegible]公[illegible]子

娶　氏

男二　太洪　太和

永順　淑賓公子

娶王氏

男一　太育

○湖山第陸世

太淵　永懷公長子

娶蘇氏

[illegible]湖山家傳

第陸

男三　祥靈　祥積　祥慶

太淳　永懷公次子

娶氏

男

太高　永懷公第三子

娶黄氏

男一　祥德

太明　永輝公次子

娶許氏

男

太雄　永元公長子

娶丘氏

男三　祥方　祥舉　祥聚

太英　字號風亭　永元公次子　乳名四叔

娶　氏

男一　豪齋

太緜　永然公長子

娶施氏

辛巳年[illegible]山家書

男一　迪義

太華　永然公次子

娶　氏

男

太靜　永然公第三子

娶張氏

男二　祥偉　祥榮

太茂　永然公第四子

娶　氏

男

太允　字　號敦樸　永紹公之子

娶李氏　謚端慎

男四　祥弘　分基本里東庭居住　另記一傳

祥昭　祥孚　祥履

庠生

太通　字　號敦仁　永希公之子　邑庠生

娶劉氏

男三　祥亨　祥加　祥雅

太居　永銳公長子

望字朔山家傳

第柒

娶林氏

男一　祥沛

太常　永鋭公次子

娶朱氏

男一　祥琛

太環　永鋭公第三子

娶蔡氏

男二　祥富　祥貴

太琮　永鋭公第四子

娶陳氏　男一　祥賢
太崇　永勝公之子
娶氏
男
太洪　永貞公長子
娶氏
男一　本質
太和　永貞公次子

壁字湖山家傳

華刊

娶　氏

男

庠生　太　育　永順公之子　邑庠生

娶許氏

男一　祥拱

○湖山第柒世

祥　靈　太淵公長子

娶顏氏

男二　丕烈　圍烈

祥贊　太淵公次子

娶　氏

男

祥慶　太淵公第三子

娶　氏

男

守府

祥德　字太高公之子　號純忠　原授江西守備觀武將軍

娶蔡氏　謚慈德　贈宜人

男二　丕顯　丕望

祥方　太雄公長子
娶　氏
男
祥舉　太雄公次子
娶蔡氏
男一　欽明
祥聚　太雄公第三子
娶　氏
男

豪齋　太荧公之子
生　年七月廿五日
卒　年六月廿九日

娶蔡氏　謚慈順
生　年十一月初一日
卒　年二月廿一日

男五　欽大　欽法　欽進　欽益

欽　名尾五叔

迪義　太隊公之子

娶氏

男

祥偉　太靜公長子

娶氏

男

祥榮　字　太静公次子
號見庭

娶許氏

繼顏氏

男二　欽仰　欽肇

祥昭　太允公第二子

娶周氏　改節

男二　欽選　欽悌

祥孚　太允公第三子

娶陳氏

男一　欽用

祥履　太乞公第四子

娶氏

男

祥亨　太通公長子

娶氏

男

祥加　太通公次子

娶　氏

男

祥雅　太通公第二子

娶　氏

男

祥沛　太居公之子

娶許氏

男二　子本　子末

祥琛　太常公之子

娶　氏
男
祥　富　太環公長子
娶　氏
男一　欽厲
祥　貴　太環公次子
娶顔氏　謚敬德
男三　欽實　欽定　欽平　葬泉城内曾府巷　另記傳
祥　賢　太琮公之子

貳

娶陳氏 改節

男二　欽元　欽順　加富

本質　太洪公之子

娶　氏

男

祥拱　字耆翁　太青公之子　生　年　月　日　時

號古直　卒　年　月　日　時

妣常氏　時倭寇破司城妣觸石死節　生　年　月　日　時

數月倭始平遂失尸所　卒　年　月　日　時

考同男質軒公考妣合葬本鄉馬路山尾坐寅向申兼甲庚之原

人咸傳馬路尾楊家仄墓是也　又欽德公媽祔葬在左右墓手

男四　欽旺　欽仁　欽德　欽榮

○湖山第捌世

丕烈　祥靈公長子

娶曾氏

男二　天爵　天富

闉烈　祥靈公次子

娶莊氏

男二　天壽　天蔭

丕顯　祥德公長子

娶蔡氏　本鄉后山蔡天泰公之女

[illegible]

合[illegible]

繼　氏　岸内寬陽公之女

男二　一全　蔡出　一進　繼出

丕　望　字　祥德公次子　生　年　月　日　時
號屈山　卒　年五月初十日　時

娶林氏　諡慈儉　生　年　月　日　時
東路朝平林公之妹　卒　年拾月初五日　時

男一　素江

欽　明　字機子　祥舉公之子

娶　氏

男

欽　大　字日榮　豪齋公長子
名大伯

娶　氏

男

欽法 豪齋公次子

娶周氏 杜與人

繼　氏

男二 天錫 天賜

欽進 豪齋公第三子

娶林氏 福全人

男一 天助

欽益　豪齋公第四子

娶李氏　安溪人

男一　天奇

欽　字　名尾五叔　豪齋公第五子

娶　氏

男

欽仰　字公養　祥榮公長子

娶柯氏

男二　澄標　澄椿

欽肇　字公成　祥榮公次子

娶　氏

男

欽選　祥昭公長子

娶　氏

男

欽悌　字　號徐泉　祥昭公次子

娶　氏

男

言

欽用　字□夔　號紘軒　祥孚公之子

娶　氏

男

子本　祥沛公長子

娶　氏

男

子末　祥沛公次子

娶　氏

男

欽厲 祥富公之子
娶氏
男
欽賓 祥貴公長子
娶氏
男
欽定 祥貴公次子
娶氏
男

欽元 祥賢公長子
娶氏
男
欽順 字加有 祥賢公次子
娶吳氏 吳敦亨公之女
繼氏
男二 澄名 澄宣 俱繼出
加富 祥賢公第三子
娶氏

男

欽旺公　字　　祥拱公長子　生　年　月　日　時

號質軒　　卒　年七月十三日　時

妣吳氏　生　年　月　日　時

卒　年二月初五日　時

考妣合葬本鄉馬路山尾灰墓與父祥拱號古直公同壙坐寅向申兼甲庚之原

男四　勝寶　勝元（出嗣欽德公）　勝祖　勝全

女一

欽仁　字　　祥拱公次子

號我覲

娶　氏　合葬白穀墩

男一　勝謀

壁字湖山家傳　拾柒

首

欽德　字　祥拱公第三子　生加靖六年丁亥年四月初四日吉時
號逸軒　卒加靖卅辛酉年十一月初六日辰時

娶詹氏　謚肅順　生　年　月　日　時
卒加靖卅辛酉年十月廿六日申時
同葬馬路尾古亩公坟墓公祔墓左手妣祔墓右手

嗣男一　勝元　係欽旺公次子

欽榮　祥拱公第四子

娶　氏　合葬本鄉彌勒山前

男一　勝弼

○湖山第玖世

天爵　字乾祿　丕烈公長子　生　年　月　日　時
號南朝　卒　年十二月十八日　時

娶氏 官頭内坑人

繼氏 下沙頭允富公之女

男二 潤宗 新宗

天富 字乾良 丕烈公次子

娶氏

男一 居宗

天壽 字乾茂 丕烈公長子

娶氏

繼氏

男二　奇宗　奇峻

天蔭　字乾忠　闓烈公次子

娶　氏

男

一全　字乾章　丕顯公長子

娶呂氏　東安宫兜呂仲賓公之女

男一　失名　住后山樓仔候查詳再誌

一進　字乾登　丕顯公次子

娶　氏

男

素江　丕望公之子　卒于邵伯驛江邊　生　年　月　日　時　卒　年四月廿二日　時

娶　氏

男

天錫　字乾積　欽法公長子　生癸酉年　月　日　時　卒　年　月　日　時

娶　氏

男

天賜　字乾勳　欽法公次子　生丙子年　月　日　時　卒　年　月　日　時

娶　氏

男
天助　字乾亮　欽進公之子
娶吴氏　泉城内雙門前吴諱長寛公之女
男二　喬棟　喬樑
天奇　字乾琬　欽益公之子
娶氏
男
澄標　欽仰公長子
娶氏

男

澄椿 欽仰公次子

娶氏

男

澄名 欽順公長子

娶氏

男

澄宣 欽順公次子

娶氏

三頁

男

勝寶公　字乾玉　欽旺公長子　號貴吾　行大　生嘉靖癸卯年八月十六日吉時　卒萬曆丙辰年八月初五日辰時

妣陳氏　謚勤慈　后山一陽陳公之女　生嘉靖乙巳年六月十七日戌時　卒天啓乙丑年十月初一日酉時

考妣骸柩由泉遷粵于康熙甲申年八月廿五日申時合葬于南海縣沙尾堡沙涌村土名和順嶺岡坐乾向巽內兼戌辰外兼亥巳之原與　公之孫耻國公考妣同塋封居左之昭

男四　喬森　喬潤　喬逞　喬節

女二　大姑　二姑

儒林郎

勝祖　字乾美　欽旺公第三子　行三　號江泉　誥封儒林郎州司馬　生嘉靖癸丑年五月初七日辰時　卒萬曆辛亥年十一月廿二日丑時

娶陳氏　謚惠慎　封安人　同邑京濱十三陳公之女　生嘉靖乙卯年十月廿二日申時　卒万曆壬子年十一月十三日丑時

廣東人　考妣墓葬上砌坐東向西

男二　喬桂　喬彬

女五　大姑　二姑　三姑　四姑　五姑

勝全　字乾惠　欽旺公第四子　生加靖卅一壬子年三月初九日午時

號　行四　卒万曆廾庚申年三月初七日寅時　次

娶周氏　謚淑德　生加靖卅五丙辰年正月十六日子時

閫門周諱大公之女　卒天啟ニ壬戌年七月十五日亥時　以

考妣仝塟上崎山

男三　喬彩　喬植　喬科

勝謀　字乾周　欽仁公之子　生　年　月　日　時

名上伯公　卒　年　月　日　時

娶吳氏　后山　吳公之女　生　年　月　日　時

卒　年　月　日　時

男三　喬材　喬立　喬畢

女三

勝元　字乾首　欽德公嗣子　生嘉靖丙午年七月十七日申時

號厚軒　行二　卒萬曆丙午年六月廿四日辰時

娶吳氏　謚勤慈　生嘉靖癸丑年七月十三日寅時

本鄉富厚惠寬吳公女　卒崇禎己巳年八月廿八日吉時

康熙丁巳年五月廿七日卯時合葬于清源草邦鄉後山土名

埧壠山坐巳向亥兼巽乾之原

男一　喬郁

女四　大姑　二姑　三姑　四姑

勝鄉　字乾相　欽棠公之子　生　年　月　日　時

號懿吾　卒　年　月　日　時

娶　氏

男二　喬益　喬錄

○湖山第拾世

潤宗 字伯士 乾祿公長子

娶氏

新宗 字 號 乾祿公次子

娶氏

居宗 字 號 乾良公之子

娶氏

奇宗 字 號 乾茂公長子

娶氏

奇峻　字　號　乾茂公次子

娶　氏

失名　乾章公之子　移住后山樓仔

娶　氏

男

喬棟　乾亮公長子

娶　氏

男

喬樑　乾亮公次子

娶　氏

男

喬　森　字廷翀　乾玉公長子　生隆慶辛未年十一月廿五日吉時

號翼南　行大　儒醫　卒崇禎乙亥年二月十四日吉時

娶陳氏　生　年　月　日吉時

卒崇禎　年六月十四日吉時

男二　震圭　震殿　女二

喬　潤　字廷煥　乾玉公第二子　生萬曆甲戌年十月初三日酉時

號文敞　行三　業儒　卒萬曆乙巳年九月十四日未時

諡謹慈　生萬曆戊寅年十月十三日戌時

妣吳氏　深滬庵口直所吳公之女　卒順治庚寅年正月初八日卯時

考妣于康熙丁丑年秋並運來粵重殮骸棺於康熙庚辰年十一

月初八丙申日申時同特南公媽葬于南海縣沙丸堡沙涌鄉

展旗山麓土名金雞嶺坐壬向丙兼子午三分之原　有合壙

誌銘安在金雞內頂上灰壙外　金鷄嶺一名鳳凰岡一名出

室主字朝山家譜　貳叁

洞龍山脚右畔大松樹一根松下有片石蓋的小廟名祈雨廟
其廟只高貳尺許大如箕墳上只見草青不見爲廟

男二　震會　震皓

字廷柱　乾玉公第三子　生萬曆甲申年四月初四日吉時
號耀南　行十　卒萬曆癸丑年七月廿四日吉時

裔　逞

永寧衛人　生萬曆　年　月　日　時

娶黃氏　卒順治　年　月　日　時

公往呂宋貿易舟回犯澳丟沉船身故
妣葬風帽山

男一　震琅

字廷操　乾玉公第四子　生萬曆丁亥年六月廿三日巳時
號特南　行十三　卒順治甲午年四月初十日申時

裔　節

謚寬儉　生萬曆己丑年十二月初九日寅時
安平石磨潭人　卒崇禎戊辰年五月廿一日午時

妣吳氏

考妣飧骸棺同文厥公媽于康熙叁拾玖年庚辰十一月初八丙
申日丙申時卜葬在南海縣汐丸堡沙涌鄉長旗山藍尤土名金

雞嶺壬山丙向兼子午三分之原居布　有合壙誌銘詳記在
文敢公帙

男一　震曆

女一　端姑

典吏

喬桂　字廷璉　乾寀公長子　生　九月初十日吉時
號馭宇　行五　布政司典吏　卒　八月十三日吉時

娶林氏　諡勤愼　墓合寄馬路尾風亭　生　十二月初六吉時　卒　九月廿九日吉時

男一　震覺

女二

喬彬　字廷絢　乾寀公第二子　生　月　日　時
號質朗　行七　卒　月　日　時

娶吳氏　諡淑慈　生　月　日　時
薛坑覺峰吳公女　卒　月　日　時

墓葬

男五　震婁　震萼　震璋　震潔

震世

女一　英姑

喬彩　字廷錦　乾惠公長子
號耀獅　行八
生万曆〸壬午年三月廿四日子時
卒天啟〦丙寅年五月初三日巳時　〤〥

娶湯氏　諡順德
墓合葬本山坐未向丑
生万曆〸〣乙酉年九月廿五日卯時
卒順治〸〢乙未年四月十七日寅時　〧〡

男一養　震蛟

女二　推姑　玄姑

喬楦　字廷培　乾惠公第二子
號　行十一
生　年　月　日　時
卒　年　月　日　時

娶　氏

男三　震裕　震友　震員

女三　瑜姑　二姑　三姑

裔科　字廷甲　號春墀　乾惠公第三子　行十二　生　年　月　日　時　卒　年　月　日　時

娶陳氏　生　年　月　日　時　卒　年　月　日　時

男一　震崑

女二　順姑　治姑

裔材　字廷彥　號彬明　乾周公長子　行二　生乾隆壬申年　月　日　時　卒　年　月　日　時

娶陳氏　生　年　月　日　時　卒　年　月　日　時

氏　璧字湖山家傳

貳伍

男四　震命　震球　震仕　震宷

女三

裔　立　字廷權　號心畸　行四　乾周公第二子　生万曆乙亥年　月　日　時　卒　年　月　日　時

娶蔡氏

男三　震翊　震德　震忠

女一

裔　昂　字廷上　號彬軒　行六　乾周公第三子　生万曆戊寅年　月　日　時　卒　年　月　日　時

娶陳氏

男一　震模

女二 兊姑 胤姑

副將 喬郁 字廷則 乾育公之子 生萬曆己丑年十月十九日戌時
號于洛 行十五 卒崇禎癸酉年九月廿九日午時
晋邑庠生庠名瑞書後改諱士來授鄉總練營守備巡督廿四澳
陞金門鎮左都督副將未到任卒

娶張氏 謚孝懿 生萬曆庚寅年八月二十日酉時
卒康熙甲辰年二月初七日午時
霞行人官生及三張公第三女 明丁未探花中極殿大學士諱
瑞圖公功妹庚辰進士諱潛夫公功姑
墓葬

男一 震麟

女四 亥姑 二姑 來姑 志姑

喬益 字廷 乾相公長子 生 年 月 日 時
號玉壁 行九 卒 年 月 日 時
玉壁字湖山家傳

貳套

三頁

娶蔡氏

喬録　字廷瑾　號近壁　乾相公第二子　行十四　卒廣東塟香山縣烏石村

娶吳氏　葬赤廷山

男　一養　震明

○湖山第拾壹世

震圭　字開文　行名戍　翼南公長子　業儒

娶李氏　改節

震殿　字開皇　行名殿　翼南公次子

娶劉氏　改節

震會

字開先　文畡公長子　生萬曆庚子年三月十二日辰時
號思早　行名會　卒天啓癸亥年二月廿九日吉時
卒廣省埜北門外閩泉義山

娶陳氏

改節

震皓公

字開純　文畡公第二子　生萬曆甲辰年閏九月十五子時
號漢隱　行名白　業儒　卒康熙乙巳年十月初一日卯時
謚勤孝

妣林氏

生萬曆癸卯年正月十三日戌時
福全所次陽林公之女　卒順治辛丑年十二月十五午時
祖里因順治辛丑年奉　旨遷界卜居粵東省城西廂
考于康熙八年己酉四月十五日辰時葬於廣省城北門外卜里
許土名貴爐岡坐丑向未內兼癸丁丁丑丁未分金外兼艮坤
辛丑辛未分金之原　妣卒祖邑錦塘鄉迎運來粵重殮骸棺
於辛亥年十二月十九日未時合葬居考之左從地道尊右之
義有合壙誌銘安在墓碑石後　康熙卅八年己卯十一月廿
六庚申日卯時重修十二月初八壬申日巳時安碑

男二 嗣孚炳 柯煥

震琅 字開種 耀南公之子
號鍾田 行名琅
塟赤庭山

娶陳氏 福全宮兜人

男二 孚朝 孚春長殤

女一 正娘

震曆公 字開祚 特南公之子
號耻國 行名曆
生萬曆甲寅年八月十七日巳時
卒康熙辛亥年七月初五日丑時

妣許氏 諡勤懿
石龜 許公女
生天啓辛酉年閏二月十三丑時
卒康熙壬寅年正月初四日未時

公因順治辛丑祖里遷界移居惠來縣後卜居粵東省城西廂

考妣因先厝不吉重斂骸柩于康熙四十三年甲申八月念五壬辰日申時改塟于南海縣沙
九堡沙涌村土名和順崗岡坐乾向巽兼戌辰丙戌丙辰分金外兼亥巳庚戌庚辰分金
與公之祖貴吾公考妣同塋封居右

三頁

震璋　字開琦　行名璋　質朗公第三子

娶　氏

震潔　字開　行名潔　質朗公第四子　入永春縣居住

娶吳氏

男

震世　字開　行名細　質朗公第五子

娶　氏

震蛟　字開　號如崑　行名永　糴獅公養子　生萬曆庚申年正月初五日辰時　卒康熙壬午年　月　日　時

娶蔡氏　諡勤慈　惠來東隴翠冬蔡公次女　生天啟壬戌年十二月廿九戌時　卒康熙庚午年三月初九日申時

公開來潮州府惠來縣住

庶蔡氏 這適

考垄

妣垄惠來北門外打石山大路邊土地後坐坤向艮

男二 孚石 庶出 以生居先 孚鳳 嫡養 以養居後 女一 建[illegible]

震裕 字開餘 號 行名烏 廷培公長子

娶陳氏

震友 字開敏 行名酉 廷培公次子

娶許氏

男二 孚英 孚亥 二子俱因遷移不知流寓何處

震員 字 行名員 廷培公三子

壁字湖山家傳

貳玖

娶　氏

震　崑　字　行名孫　春墀公之子

娶尤氏

震　命　字開　行名命　彬明公長子

娶　氏

震　球　字開琢　行名球　彬明公次子

娶　氏

震　仕　字開　行名仕　彬明公第三子

娶　氏

震寀　字闕　行名子　[illegible]

娶氏

震翊　字開傅　行名翊　心時公長子　生　年　月　日　時　卒　年五月初五日巳時

娶侯氏　謚勤慈　西安人　生　年七月十二日辰時　卒　年二月廿九日吉時

男一　孚聖

震德　字開　行名德　心時公次子　未娶卒

震忠　字　行名忠　心時公第三子　未娶卒

震模　字開熙　行名模　彬軒公之子

娶侯氏　改節

[illegible]塋子胡山家專

震麟　字開麒　號漢侯　于洛公之子　行名賜　業儒　明天啓甲子年十月廿六巳時生

娶李氏　諡渠厚　鳳池諱妹公女　庚戌進士諱喬觀公從妹　生　年三月初三日吉時　卒康熙戊辰年八月廿五日吉時

繼陶氏　南海人　生順治辛卯年十二月初一日卯時生

男一　孚老　李出

女一　進娘　李出

震朔　字開有　行名天　近壁公養子

娶吳氏

男

○湖山第拾貳世

子　炳　字星章　漢隱公嗣長子　崇禎甲申年十二月廿五日酉時生

號旭東　行名孔

娶陳氏　諡儉敏　名二娘　廣生

晉邑京濬陳諱應宣公次女　生順治己丑年五月十六日巳時

卒康熙丁巳年四月十八日申時　收

庶陳氏　順德桂洲人　生康熙壬寅年七月初七日子時

卒康熙己卯年七月十一日申時

男　道堯　道至　道基　俱嫡出

道坪　道堅　道垂　俱庶出

儉敏陳氏墓葬于南海縣沙九堡沙涌村土名　順甍岡坐乾向巽內兼戌辰外兼亥巳蓋祔

于　貴吾公祉國公子孫堂内之右時在康熙四十三年甲申八月念五壬辰日申時也

女四　念娘　惜娘　寄娘　蔭娘　俱庶出

歲進士　柯　煥　字其章　漢隱公嗣次子　順治戊子年六月初九丑時生

號石峯　行名搏

庚辰科惠來縣歲進士候選儒學訓導

建寧明山家譜

娶張氏　晋邑侯山張諱懷琢公之女　名曼娘　順治壬辰年三月廿八日酉時生

庶張氏　南海人　康熙丁未年七月廿八日卯時生

男　道坦　庶出

女　惠娘　就娘　俱嫡出

孚朝　字行名厦　鍾田公長子

娶氏　政節

孚燿　字翙章　號奇山　耻國公長子　行名典　生崇禎辛巳年正月廿五日申時　卒康熙壬戌年六月廿四日寅時

娶曾氏　惠來曾諱應元公長女　名大娘　順治辛卯年十月十三日酉時生

娶　氏

子　興　字可章　開一公養子　行名興　以養居後　生天啓乙丑年六月二十日未時　卒康熙庚辰年六月廿一日酉時

娶鄭氏　謚慈理　誕厝人　墓塋　生崇禎庚辰年九月廿七日辰時　卒康熙辛酉年六月廿一日午時

男二　道崇　道子

子　程　字　開宿公之子　行名程　仕　爲副將　住廈門　陣亡

娶　氏

男一　程兄歿時尚幼今未知去向

子　石　字　震蛟生子　號雉巖　行名石　以生居前　開往德來縣

男

孚亥　行名亥　震友次子　因遷移不知流寓何處

娶氏

男

孚聖　字闈傳公之子　號行名闈　生崇禎庚辰年五月初九日辰時　卒康熙庚辰年十月廿三日丑時

娶林氏　安平人　順治丁亥年十二月初三戌時生

男一　道坤　長殤

女四　推娘　戌娘　曉娘　招娘

孚老　中殤　漢侯之子　行名老

嗣男一　道成

達字明山家專

第十三世道字行第十四世起字行子孫尚蕃衍于諸來未能探求序列
今將現在生長名諱統錄傳内仍註明係某房某人之子嗣後但有生
長至成童日俱可隨便附入以待後之修譜者照依前傳房分倫次重
新增紀冀我後昆用心修輯其毋忽

○湖山第拾叁世

太學 道堯 字峻人 星章長子 生康熙丙午年十月初四日午時
號希唐 行名斗 卒康熙辛巳年正月十二日午時
南海縣太學生候選州司馬

娶孫氏 行名英娘 康熙丙午年九月初十日酉時生
晉邑塔頭臨高縣二尹爲南孫公之女

男四 起鵬 起鶚 起鸞 中殤
起鶱 出嗣堂弟立人

女二 安娘 受娘

壁字湖山家傳

叁伍

道至　字載人　星章第二子　康熙己酉年九月十二日巳時生
號　行名爲

娶黃氏　謚恭淑　名申娘　安平諱維　生康熙庚戌年十月初七日寅時
禎公長女族姑文諱幼悟公孫女　卒康熙庚辰年三月十七日丑時
黃氏葬省城北門外貴爐岡坐甲向庚兼寅申之原

繼張氏　名巳娘
侯山字象斗張公女　康熙癸亥年三月廿六日巳時生

男

女　催娘　齊娘　好娘俱黃出

道基　字弼人　星章第三子　康熙癸丑年六月十九日亥時生
號　行名上

道堅　字　星章第五子　號　行名清　康熙丙寅年八月廿六日子時生

娶柯氏　名　安平韓國茂柯君　女　康熙　年　月　日　時生

男

女

道垂　字　星章第六子　號　行名紫　康熙己巳年八月初六日未時生

氏

男

壁字湖山家傳

卷柒

道坦　字[illegible]　長房長子　康熙乙丑年十月廿二日寅時生
號　行名寅

娶陳氏　名僅娘　康熙丙寅年八月廿九日戌時生
祖名庫　東安歲進士候選儒學陳諱奕捷公孫女南海太學生諱啟任君長女

男

女

道[illegible]　字[illegible]人　[illegible]　康熙戊寅年六月初二日[illegible]

娶陳氏　名妹娘　惠來[illegible]

嗣男一　起鶱

道坊　字禮人　號　羽章次子　行名二　康熙壬子年十二月初九卯時生

娶柯氏　名順娘　安平柯諱種英公之女　康熙甲寅年九月初八日辰時生

男　起鶴

女　靜娘

道堦　字　號　楚章長子　行名養　康熙壬申年七月初六日辰時生

[illegible]

氏

男

女

道崇　字可章長子　號行名崇

康熙庚子年正月二十日未時生

娶林氏　名永寧林文燦公長女

康熙戊申年三月十八日辰時生

男　天祐

女

道子　字可章次子　號行名子

生康熙戊申年四月初八日巳時

卒康熙丁丑年十一月廿三日未時

娶蔡氏　名杜嶼人

男

女

道榮　字　號　字石長子

氏

男

女

道勝　字　號　字石次子

氏

男

女

道祖　字　號　字石第三子

弋壁字湖山家傳

氏

男

女

道忠　字　號　孚鳳長子

氏

男

女

道昰　字　號　孚鳳次子

氏

男

女

道惠　字　號　孚鳳第三子

遷于月山家專

津載

氏

男

女

道成　字易人　漢侯嗣孫孚老嗣子
號德貞　行名恒郎
康熙戊午年十一月廿五日戌時生

娶黃氏　康熙壬戌年二月二十日卯時生

男

女

起鵬　字　號　峻人長子　行名來　康熙丁卯年五月初八日辰時生

娶陳氏

男

女

起鵾　字　號　峻人第二子　行名聰　康熙己巳年八月初十日申時生

氏

男

壁字湖山家傳　肆伍

霞

女

貝

起鸞

字

號

立人嗣子

行名達

康熙卅二癸酉年正月十六日申時生

肙

起鶱

字

號

立人嗣子

行名逵

康熙卅二癸酉年正月十六日申時生

貢

起鶴 字 號

禮人長子

康熙卌甲申年七月十二日巳時生

○湖山靈水曾林第陸世

庠生

太眞　字永輝公長子　公因進贅十七都坑尾吳家有襟
　　　號府庠生　　　文招去五都靈水遂卜居云

娶吳氏　坑尾人

男三　朝憲　朝肅　朝福

○湖山靈水曾林第柒世

朝憲　字　號樂疇　太眞公長子

娶李氏　謚克節

朝肅　字　號樂耕　太眞公次子

娶吳氏

貢

男三　世顯　世勲　世盛

朝福　字　號

娶黄氏

男四　世助　世祐　世良　世元

○湖山靈水曾林第捌世

世顯　諱欽積　朝肅公長子

娶顏氏

男二　子陽　子新

世勲　朝肅公次子

娶　氏

朝肅公第三子

世威

娶　氏

男一　子榮

朝福公長子

世助

娶林氏

男二　子洪　子貴

朝福公次子

世祐

娶　氏

[illegible]　月山寧木家專

世良　朝福公第三子

娶氏

世元　朝福公第四子

娶氏

○湖山靈水曾林第玖世

子陽　世顯公長子

娶氏

子新　世顯公次子

娶氏

子榮 世盛公之子 開去埠頭住

娶氏

子洪 世助公長子

娶氏 男一 喬林

子貴 世助公次子

娶氏

○湖山靈水曾林第拾世

喬林 字時若 號後溪 子洪公之子 生萬曆癸酉年四月初四日子時 卒己巳年二月十三日酉時

氏 壁字湖山曾林家傳 伍陸

娶蔡氏　諡貞儉　許蔡人　公塋家寮坐辛向乙　蔡塋赤店坐丁向癸　生萬曆己卯年二月初九日丑時　卒順治壬辰年七月廿八日戌時

男三　震東　震雅　震祖

三貝

○湖山靈水曾林第拾壹世

震東　號厚齋　字開山　喬林公長子　生戊辰年二月初五日酉時　卒癸丑年七月二十日卯時

娶吳氏　合塋下埔林山坐辛向乙

震雅　字開仁　號素齋　喬林公次子　生乙亥年十一月初二酉時　卒壬子年四月十四日巳時

娶林氏　合塋赤店坐丁向癸　生　年四月初二日申時

震祖　字開德　號心宇　喬林公第三子　生萬曆壬寅年七月廿三日辰時　卒順治癸巳年八月廿[illegible]日卯時

娶陳氏　諡淑勤　墓塋
莊頭人
生萬曆癸卯年十月初一日卯時
卒康熙辛酉年十二月初六酉時

男二　孚鳳　孚鸞

○湖山靈水曾林第拾貳世

庠生孚鳳　字元階　號朝陽　震祖公長子　行名鳳　邑庠生
生崇禎戊辰年七月廿六日辰時
卒順治辛卯年七月廿九日申時

娶莊氏

孚鸞　字元雝　號朝輝　開德公次子　行名鸞
己卯年九月十六日辰時生

娶曾氏　赤店仰台公次女
甲申年八月初五日亥時生

男　道新　道嘉　道彬

○湖山靈水曾林第拾叁世

塋字湖山曾林家傳

伍柒

道新　字周人　孚鸞長子　癸丑年十二月廿二日戌時生
娶張氏　前溝廷仰張公第二女　甲子年十月初五日丑時生
男
道嘉　字只人　孚鸞次子　壬戌年三月廿三日未時生
娶氏
男
女
道彬　字文人　孚鸞第三子　甲子年七月初二日寅時生
娶氏

男

女

塋字湖山曾林家傳

伍捌

○湖山東庭第柒世

祥弘（庠生）　字瑞齋　太乞公長子　生　年九月十八日午時
號質亶　府庠生　卒　年五月初二日　時

娶蔡氏　諡綜理　本鄉蔡釋之公妹　生　年六月初七日　時
卒　年八月廿二日　時

公分居東庭同在青嶼境內
墓在東海安山頂

男三　欽盛　欽錫　欽讓

○湖山東庭第捌世

欽盛　字　號　祥弘公長子　生嘉靖壬寅年五月十七日吉時
卒万曆癸卯年七月二十日戌時

娶林氏　生加靖甲辰年二月十三日巳時
卒万曆丙午年十月初五日吉時

男一　勝生

欽錫
字日饒　祥弘公次子
號少石　合塟上砌坐東向西
生嘉靖辛丑年七月二十日子時
卒萬曆壬寅年十二月十一日酉時

娶吳氏
謚守儉
施厝埭頭吳君青公女
生嘉靖丁未年三月廿七日寅時
卒大啓丙寅年四月初四日戌時

男一　勝甫

欽讓
字日松　祥弘公第三子
生嘉靖甲辰年九月十一日吉時
卒　年　月　日　時

娶吳氏
吳敦育公之女
生和諸巳酉年二月廿三日午時
卒　年　月　日　時

男一　心素

○湖山東庭第玖世

勝生
字乾道　欽威公之子
號步素　行名三
生万曆癸未年五月廿一日巳時
卒順治乙巳年二月十三日吉時

娶吳氏
生万曆乙酉年四月初七日吉時

男三　喬柯　喬良　喬顯

勝甫　字乾芳　欽錫公之子
號懷賓
生萬曆壬午年十二月初三日寅時
卒順治庚寅年十一月十六日辰時

娶陳氏　諡勤肅　合葬石路頭坐巳向亥
霞行人　府庠生諱夏公之女
生萬曆丙戌年正月初九日戌時
卒順治乙未年五月初六日巳時

男五　喬千　喬萬　喬年　喬寅
喬碧　徃漳州我容爲子

心素　字乾陽　欽讓公之子
號少嵋
生萬曆乙亥年九月十六日吉時
卒順治戊子年正月廿二日吉時

娶陳氏　諡孝淑
後山民可公之女
生曆丁丑年五月十一日吉時
卒順治乙酉年七月廿四日未時

男二　喬栢　喬松

○湖山東庭第拾世

湖山東庭家譜

三四

喬柯　字　乾道公長子　生　年　月　日　時
　　　行名鼎　卒　年　月　日　時

娶陳氏　諡　生　年　月　日　時
　　　後山中言公之女　卒　年　月　日　時

男一　開型

喬良　字　乾道公次子
　　　行名娘　開去惠安

娶　氏

男

喬顯　字　乾道公第三子　生　年　月　日　時
　　　號復濱　塟廣省閩泉義山　卒　年　月　日　時

娶　氏

庶　氏　改節
　　　廣東句安人

女二　長姑 嫡出 福生　卯姑 庶出 廣生

喬　千　字廷貴 號寶滿　乾芳公長子 行名千　生萬曆乙巳年二月廿一日卯時 卒康熙甲子年[illegible]月廿四日巳時

娶蔡氏　青陽舉人子誼叨叔諱斌公女　生　年　月　日　時 卒　年七月初十日　時

繼王氏　生　年　月　日　時 卒　年九月廿五日　時

繼林氏　永寧指揮諱昇林公之女 公墓埜本鄉後清山　生　年 卒　年十二月十八日　時

男二　震元 蔡出　震吉 繼出

女一

喬　萬　字廷顯 號寶榮　乾芳公次子 行名萬　生萬曆丁未年四月十八日寅時 卒順治戊子年六月十七日辰時

娶范氏　諡慈儉
閭頭溥仰公女
墓塋
生萬曆己酉年七月廿四日申時
卒順治乙未年四月十三日午時

男一　震龍

喬年　字廷祥　乾芳公三子
號寶華　行名年
生萬曆己酉年七月廿四日寅時
卒　年　月　日　時

娶張氏
畬下人
生　年　月　日　時
卒　年　月　日　時

男二　震潘　震倩
開去山東費縣

喬寅　字廷瑞　乾芳公第四子
號寶周
生万曆卅壬子年三月十六日亥時
卒　四月廿四日巳時

娶柯氏

喬碧　字
號
乾芳公第五子

娶　氏

男

裔　栢　號寶羽　字廷翰　乾陽公長子　行名環　生萬曆辛卯年正月十三日子時　卒　年十二月廿七日午時

娶陳氏　謚儉慈　後山仕育公女　生萬曆癸巳年六月初二日巳時　卒　年正月初五日戌時

男四　震儼　震載　震三　震杭

裔　松　字　號　乾陽公次子　行名亥

娶吴氏

男一　震福　開去福州府虎頭山

○湖山東庭第拾壹世

開型　諱　號　喬柯公之子

娶　氏

震元　字開陽　號聲雷　寶滿公長子　行名元　崇禎辛未年正月初七日辰時生

娶張氏　崇禎辛未年正月十四日丑時生

男三　孚慶　孚定　孚禎

女二　安娘　濯娘

震吉　字開陽　號聲起　寶滿公次子　行名吉　崇禎辛巳年十一月廿四日未時生

娶陳氏　石庫諱禮官公女　順治壬辰年八月廿一日丑時生

男三　孚富　孚裕　孚高

女二

震龍　字開乾　寶榮公之子
號雲琛　行名龍
生崇禎乙亥年二月廿九日辰時
卒康熙乙亥年十一月初四日丑時

娶蔡氏　崙上起賓蔡公次女
崇禎戊寅年八月十三日酉時生
公塋

男二　孚祿　孚德

女一　靜娘

震潘　字開齡　寶華公長子
號　行名潘
崇禎戊寅年五月初四日未時生

娶謝氏

男

[illegible]堂字明山[illegible]之[illegible]

震倩　字　號　寶華公次子　行名倩　遷界時住建寧後又移駐山東曹縣
娶　氏
男
震儼　字　號　寶羽公長子　行名儼
娶　氏
震載　字　號　寶羽公次子　行名載　卒於惠來
娶　氏
震三　字　號　寶羽公第三子　行名三　被海寇之難
娶　氏

震杭　字寶羽公第四子
　　　號　　行名杭

娶　氏

震福　字　　喬松公之子
　　　號　　遷界時移駐福州虎頭山

娶　氏

男

○湖山東庭第拾貳世

孚慶　字慶章　聲雷長子　順治辛卯年四月十六日亥時生
　　　號　　　行名走　　年　月　日　時生

娶李氏　竹樹霞孚清李公長女

男　道生　道得　道輔　道相

孚定　字殿章　聲雷次子　號　行名定
生順治癸巳年十一月廿叁日辰時
卒康熙乙亥年十二月初二日巳時

娶蔡氏　青陽蔡諱孝履君長女
康熙甲辰年十一月二十日丑時生

男二　道抱　道眞　養男一　道助以養居後

女三　德娘　金娘　蜀娘

孚禎　字貞章　聲雷第三子　號　行名霞
康熙甲寅年四月十六日巳時生

娶蔡氏　同鄉蔡扶上君次女
康熙戊午年七月十一日戌時生

男　道侗

孚富　字日章　聲起長子　康熙〢〡壬戌年十月十六日戌時生

娶氏

男

女

孚裕　字餘章　聲起次子　康熙〢〤乙丑年三月廿三日辰時生

氏

男

女

孚高　字遠章　聲起第三子　康熙〢〨己巳年八月初八日未時生

言

氏

男

女

孚祿　字均章　雲琛長子
號汝毓　行名平
康熙庚戌年三月初七日申時生

娶石氏　西安石諱應春公長女
康熙丁巳年六月廿九日巳時生

男　道璇　道瑾　道瑜

女

孚德　字達章　雲琛次子
康熙壬子年十月廿三日寅時生

娶施氏 石霞

康熙改庚申年十一月初九日酉時生

男 道珙

女

○湖山東庭第拾叁世

道生 字慶章長子

氏

男

女

[illegible]璧字湖山東庭家傳

陸宗

三貝

道得　字　慶章次子

氏

男

女

道輔　字　慶章第三子

氏

男

女

道相　字　慶章第四子

氏

男

女

道抱　字

殿章長子
行名抱

氏

男

女

道眞　字

殿章次子
行名眞

氏

男

女

道助　字殿章　養長子　行名助

氏

男

女

道侗　字貞章　長子

氏

男

一女

[illegible]月[illegible]

三房

道璇 字 均章長子

氏

男

女

道瑾 字 均章次子

氏

男

女

道瑜 字 均章第三子

氏

男

女

道琪　字達章長子

○湖山府城内曾府巷第捌世

欽平　字　號　祥貴公第三子爲輸納税糧之便族議舉公移居泉府城内曾府巷云

娶陳氏　謚貞烈

繼謝氏　謚慈慎　墓合葬本鄉白穀墪

男二　乾曾　乾育

○湖山府城内第玖世

乾曾　字　號素齋　欽平公長子　墓合葬東嶽羊角山

娶李氏

男一　見海

貢

乾育　字　號　欽平公次子

娶　氏

男一　喬旦

○湖山府城内第拾世

見海　諱　字　乾智公之子　墓仝塋東嶽山

娶蘇氏

男一　榮寶

喬旦　字　號　乾育公之子

娶　氏

○湖山府城內第拾壹世

榮寶　字　名祖居　見海公之子

娶吳氏　墓塟東岳山

男三　寅昌　日昌　贊昌

○湖山府城內第拾貳世

寅昌　字　號　榮寶公長子

娶許氏　改節

男一　道有

日昌　字　號　榮寶公次子

正齋成承事

娶林氏　墓仝塋東嶽彌勒宮前

男二　道豫　道益

贊昌　改諱繼宗　榮寶公第三子
號素山

娶柯氏

男五　道壯　道晉　道履　道成　出嗣漢侯爲孫

道漸

○湖山府城內第拾叁世

道有　字一桂　寅昌之子　順治癸巳年柒月初四日辰時生
行名一使

娶蔡氏　順治庚子年[illegible]月十[illegible]生

男三　魁英　星英　輝英

女一　寶娘

道晋　字熙第　贊昌次子　行名四使　康熙甲辰年　月　日　時生

娶曾氏

男　瑞英　錦英

道履　字熙聯　贊昌第三子　行名五使　康熙己酉年　月　日　時生

娶郭氏

男

道漸　字熙錫　贊昌第五子　行名八使　康熙辛酉年十一月初七日申時生

娶柯氏

男一　仁英

前林家傳 貳房

〇東路頭 前林第叁世

前林公 烱山公第二子

妣林氏 墓塟馬路山湖山公墓右畔坐乙向辛兼卯酉

男二 淑贊 淑賓

〇前林第肆世

淑贊 前林公長子

娶 氏

男一 永奎

淑賓　前林公第二子

娶氏

男二　永全　永會

○前林第伍世

庠生

永奎　字廷相　號　淑贊公之子　晋邑庠生

娶陳氏

男一　太溫

永全　淑賓公長子

娶洪氏

男一　太嚴　淑賓公第二子
永會
娶呉氏
男一　太盈
〇前林第陸世
太溫　永奎公之子
娶李氏
男三　肇麟　肇南　惠安庠生　庠名璉　肇基　分居司城內北門兜
太嚴　永全公之子

娶　氏

男二　汝曆　永會公之子　汝亮　原乘記卽福清五叔疑開去福清住

太　盈

娶　氏

男三　汝辰　汝度　開去永春縣上場住　汝厚

原乘至此只記肇基一人司内分支派餘俱不開列分記今從之

○　司内　前林第柒世

太溫公第三子行三　分居本深滬司城北門兜

肇　基

娶吳氏

男四　善齋　誠齋　愢齋　維齋

○前林司城内第捌世

善齋　諱　字　肇基公長子

娶陳氏

男二　志高　天昇

誠齋　諱　肇基公第二子

娶蔡氏

男二　志厲　志偉

女二

愢齋 諱 肇基公第三子

娶李氏

男二 志瑫 志魁

教授

維齋 諱麗 肇基公第四子 晉邑庠技貢生任汀州府教授

娶張氏

男三 志榮 志和 志定

○前林司城內第玖世

志高 字 善齋公長子

娶 氏

男一　逢禮

天昇　字　善齋公次子

娶　氏

志厲　字　誠齋公長子

娶　氏

男三　逢節　逢義　逢爵

志偉　字　誠齋公次子

娶　氏

男二　逢猷　逢業

[illegible]林同[illegible]家專

[illegible]

志琦　字　愢齋公長子

娶　氏

男三　逢春　逢夏　逢秋

志魁　字　愢齋公次子

娶　氏

志榮　字　維齋公長子

娶　氏

男一　逢新

志和　字　維齋公次子

娶氏

男二　逄潤　逄智

志定　字維齋公三子

娶氏

男四　逄明　逄仁　逄信　逄堯

○前林司城内第拾世

逄禮　字甫岳　志高公之子

娶氏

逄節　字甫忠　號明宇　志厲公長子　生乙丑年八月初三日吉時　卒丁巳年十月十九日吉時

娶陳氏　生　辛未年十一月初七日吉時

卒　甲辰年三月初八日吉時

男一　震酉

逢義　字甫信　號泉宇　志厲公第二子

娶　氏

男一　震晚

逢爵　字甫恩　號聯宇　志厲公第三子　生　辛巳年十一月十八日巳時

卒　辛卯年九月廿七日戌時

娶徐氏　謚勤慈　生　丁亥年十二月廿七日戌時

卒　丙申年七月初一日未時

墓在馬路上坐辛向乙

男二　震修　震燁

娶　氏

逢仁　字甫輅　志定公次子

娶　氏

逢信　字甫立　號心泉　志定公第三子　生萬曆戊寅年六月十四日丑時
卒崇禎己卯年五月三十日吉時

娶陳氏　生　年　月　日　時
卒　年十二月初三日吉時

男一　震里

逢堯　字甫舜　志定公第四子

娶　氏

○前林司城內第拾壹世

壁字前林司城家傳　劉肆

震酉　字[illegible]　[illegible]公之子　生　庚[illegible]年九月廿九日吉時

卒　丁丑年四月初六日酉時

娶蔡氏　生　甲辰年十一月十三日吉時

卒　戊子年五月十一日酉時

男二　孚成　孚亥

震晚　字　甫信公之子

娶氏

男三　孚丕　孚添　孚三

震修　字　甫恩公長子

娶氏

震燁　字開　甫恩公第二子　生　庚戌年六月十四日巳時

號賓宇　卒　丁酉年七月廿九日卯時

娶陳氏　諡淑慎　台山陳君起聰公之女　生　甲寅年四月廿二日吉時　卒　甲午年八月初十日卯時
墓葬本鄉金嶼關豆山坐坤向艮

男三　孚賡　孚廣　孚庇

震寅　字　甫伯公長子

娶氏

震宇　字　甫伯公次子

娶氏

震里　字　號心宇　甫立公之子　生　壬子年四月廿二日卯時　卒　戊戌年十二月十一日辰時

娶陳氏　諡慈順　生　卒　五月十五日吉時

[illegible]聖字繡林同城家譜　[illegible]

男一 孚景　女一 二姑

○前林司城内第拾貳世

孚成　字　震酉公長子　行名成

娶　氏

孚亥　字懷章　震酉公次子　行名亥　生辛未年九月廿七日亥時　卒庚辰年正月初八日酉時

娶王氏　己卯年五月初四日亥時生

男一 道祚

孚亚　字　震昶公長子　行名亚

娶　氏

孚溱　字　震晚公次子
住廈門

娶　氏

男

孚三　字　震晚公第三子　移駐湖廣襄陽府
行名三

娶　氏

男

女

孚賡　字承章　實宇公長子　崇禎丙子年四月廿六日亥時生
號　行名賡

卞　璧宇前林司城家傳

捌陸

娶李氏　晉林[illegible]公之女　[illegible]

男二　道雅　道翰　年　月　日　時生

參議孚廣　官諱承祖　賓宇公次子　號述菴　以校誠題授參議道　生戊寅年正月廿二日亥時

娶許氏　諡順儉　烏潯許而錚公長女　卒庚戌年三月廿二日亥時

繼鄭氏　諡順勤　福州人　生己卯年五月初一日丑時　卒辛酉年四月廿四日戌時

繼吳氏　年　月　日　時生

男　道瑞鄭出　道賓　道凱俱吳出

女一　許出

孚沱 [illegible]

娶蕭氏 城内惟[illegible]公之女 康熙己酉年七月十三日戌時生

男 道贊 道寰

女 甜娘

孚景 字行章 號 震里公之子 往漳州東門街住 生崇禎戊寅年四月廿一日丑時 卒康熙庚申年二月廿三日午時

娶洪氏 崇禎甲申年八月十六日酉時生

男二 道寵 道錫

女一 嘉娘 [illegible]

○前林司城内第拾叁世

道祚　字　字亥長子　壬寅年三月十八日辰時生

娶顏氏　京濱　公之女　甲寅年三月初八日辰時生

男　起祖

道雅　字　字賡長子　行名應　戊戌年十月十一日辰時生

娶石氏　西安石進榮公長女　丁未年十月初八日卯時生

男　起哲　起徽　起燕　起翼

女

娶　氏　[illegible]

男

女

道瑞　字　字廣長子

娶　氏

男

女

道寶　字　字廣次子

氏　壁字前林司城家傳

捌捌

娶　氏

男

女

道凱　字

李廣第三子

娶　氏

男

女

道寵　字　字景長子　行名六使　生于康熙癸丑年九月初七日寅時生　住漳州東門街　卒于康熙壬午年閏六月初三日丑時

娶董氏

男　聖公　明公

女

道錫　字景次子　行名朩使　康熙甲寅年十二月初一日辰時生　住漳州東門街

娶陳氏　名周娘　海澄青浦鄉諱朝錫公之女　生康熙庚申年二月廿七日卯時　卒康熙辛巳年七月三十日巳時

男

女

繼迭氏 名皇娘

男 起俊

女

氏

壁字前林司城家傳

玖拾

春山家傳之[illegible]

○山頭春山第三世

烟山公第三子仍住山頭

春山公

娶王氏

男一 淑蔭

○春山第四世

淑蔭

娶王氏

男二 永兼 永勤

氏

壁字春山家傳

○春山第五世

永兼　淑蔭公長子

娶施氏

男二　定錦　定錫

永勤　淑蔭公次子

娶李氏

男二　定鎰　定欽

○春山第陸世

廩生

定錦　永兼公長子

同安廪生

葬埔頭

娶　氏

男二　得顯　得進

永兼公第二子

進贅十八都晉東王家

定錫

娶王氏

男二　得清　開去南安　得明

永勤公長子

定鎰

娶吳氏

男三　得才　得秀　得乜

永勤公次子

定欽

建上字春山立家譜

玖肆

娶　氏

男二　得位　得毅

原乘山頭世次至此以後並不開列惟記得清公開去安南支派今從之

相傳山頭習染薄俗因不相投遂至分隔不入乘內今其子孫蕃衍每有願合之以復水源木本之舊越省未能姑書附此以聽後緣可也

○春山南安第柒世

得清　號江南　山頭定錫公長子　行三　開住南安縣西門社壇邊

娶李氏　進士李聲虎胞姑

男四　澄榮　澄華　澄富　澄貴

泰山南安第卅世

澄榮　得清公長子

娶林氏

男四　應萬　應宗　應會　應魁

澄華　得清公次子

娶　氏

男一　應賢

澄富　得清公第三子

娶　氏

男二　得位　得祿

原來山頭世次至此以後並不開列惟記得清公開去安南支派今從之

相傳山頭習染薄俗因不相投遂至分隔不入來內今其子孫蕃衍每有願合之以復水源木本之舊越省未能姑書附此以聽後緣可也

○春山南安第柒世

得清　號江南　行三　山頭定錫公長子　開住南安縣西門社壇邊

娶李氏　進士李諱鹿胞姑

男四　澄榮　澄華　澄富　澄貴

○春山南安第捌世

澄榮　得清公長子

娶林氏

男四　應萬　應宗　應會　應魁

澄華　得清公次子

娶氏

男一　應賢

澄富　得清公第三子

娶氏

男一　應龍　得清公第四子

澄　貴

娶　氏

〇春山南安第玖世

庠生 應　萬　庠諱勲 字乾着　澄榮公長子 晉江庠生

娶施氏

男一　喬桐

應　宗　字乾偉 行名烈　澄榮公次子

娶　氏

男一　喬相

應會　字乾熹　澄棨公第三子

娶　氏

男一　喬梓

應魁　字乾長殤　澄棨公第四子

應賢　澄華公之子

娶　氏

應龍　澄當公之子

娶　氏

[illegible]山南安家譜

久上

○春山南安第拾世

庠生　喬桐　字庠諱太登　乾着公之子　安溪邑庠生　行名桐

娶王氏

男三　震子　震　震廷

喬相　行名正　乾偉公之子

娶　氏

男

喬梓　行名觀　乾熹公之子

娶　氏

男

○春山安南第拾壹世

震子　字行名子　喬桐公長子

娶氏

男

震　字　喬桐公次子

娶氏

男

左都督
震廷　字行名亥　喬桐公第三子　原靖海侯標候選左都督

娶　氏

男

遷界之後彼此各不相通未及詳查姑依原來錄附于此以待後查自當增記幸勿忽略

閩溫陵晉邑滬江楊氏家乘卷之叄

十二世孫柯煥（字炳）重修　（字焞）考訂

十三世孫道基　道坦較正　道至　道坊印錄

傳贊

自七世以前譜牒燹遭兵燹傳贊無從稽查即七世以來亦僅存其一二自今以後父祖有德行可紀即附書于後可也

考自司馬氏作史記有傳有贊後世因之而家乘亦有傳贊蓋傳者所以傳其人之行事而贊者所以贊其人之德業也祖父之行事德業無論卓越宏偉者不可泯滅即一言一行之善亦必筆之于書請諸名公巨卿或傳或贊以誌不

朽此善則歸親之意也而亦因以開示子孫垂範奕世使知所奮興焉詩曰君子有穀詒孫子又曰駿惠我文王曾孫篤之

○青嶼湖山第柒世　長房

古直公慷慨重義濟人緩急爲人排解稱一鄉善士自永順公三世皆單傳至公而生四子孫枝蕃衍起家富厚人咸指爲積善餘慶云時值倭寇爲亂破司城死者塡壑公能軍率四子將突圍以出而妣常氏不能行患之妣恐累公觸石死以決公奔公父子遂

得保全無害倭既平公痛妣節不再娶蓋公之爲人也學具經綸胸有韜畧是以處變亂而不驚歷艱險而旋泰者也公寧僅一鄉善士哉

蔣光彦賛曰宣聖人嘗云有文事者必有武備今觀公之能軍保全四子于萬難一生之際益信武備之于人也大矣説者以不能弃生孺人爲恨而不見趙子龍之懐阿斗時耶將謂子龍不能善護主母亦迂儒之見耳

○湖山第捌世

賫軒公兄弟四人公居長業儒器度恢弘光拓父業兄弟怡怡出自天性生四子以仲爲弟欽德公嗣庭訓有方四子皆成立居積巨富人比之陶猗公濟人之饑扶人之厄縉紳先生慕其風者往往造廬樂與爲友講婚媾焉故仲子厚軒與宰輔二水張老先生爲姻三子江泉與憲臺九台李老先生爲姻門無俗士僞焉命諸子搆大廈壯麗冠諸鄉人爭榮之德譽偏郡邑迄今猶膾炙人口云

白毫菴張瑞圖贊曰富貴人所時有所難者前有

賢父後有肖子耳前有賢父則不患無承後有肖子則不虞無繼父作之子述之公其無憂矣乎而至其雁序雍穆義方善訓尤足儀型千古

○湖山第玖世

貴吾公爲人魁梧奇偉志節不羣事父母以孝處兄弟以和仲叔二弟經商于外而公與季居家凡課耕業宰家政公之力居多人謂有其弟之遠服賈不可無其兄之善總持眞所謂難兄難弟者是以居積致富兄弟均之承父命搆大廈兄弟同居無間言生平

樂施于隱人之惡揚人之善人咸戴其德而公不矜不伐仲叔二弟廣交遊而公惟玩山水樂琴書以自娛蓋彬彬有道學之風焉

白毫菴張瑞圖贊曰蓋聞國之興也外有開拓封疆之人而尤賴有綜理政治者以主持于内而後其興也勃然如蕭相國之于漢高是也夫治家猶治國也公之總持家政亦如是已矣而余猶多公之有善不伐有德不矜琴書自娛怡然山水間有退讓之風焉資公之治家以治國乎何有

厚軒江泉二公合傳

厚軒公雖出嗣叔父爲子於禮在降服之列而骨肉至情則猶一也是以二公經商終身共之皆爲粵東澳門之統領厚軒公坐幃幄居多往來江浙貿遷有無則江泉公任之江泉公嘗挾珠寶之杭州囬日絲絹滿室厚軒公曰繄誰之物何不送趙江泉公笑曰吾家物耳仍有黃白密藏囊底吾兄尚未之見遂發篋以歸兄兄大駭曰是何眞之多也從此奇贏日盛稱巨富焉一日江泉公爲人誣獄婣家九台李先生

時以進士爲部曹聞其寬爲江泉公急公援贈州司馬儒林郎特以　欽差到粵公事畢捧　誥勅冠帶入獄黃袍加身手扶以出諸當道驚惶請罪即時判釋其獄且厚禮焉公旣出遂與厚軒公作歸計諸當道遣兵役護送到家車馬僕從甚都古人謂衣錦還鄉其庶幾乎大抵厚軒公爲人敦厚周密江泉公爲人俠烈義氣二公蓋相濟以有成者也二公旣歸惟與伯氏季氏叙天倫之樂一堂藹如不媿因心則友云

李九台贊曰觀姻翁昆仲之相濟以有成也誰不羡之顧予每見世間兄弟當其微時無不共相拮据迨稍有餘財則有爾我之分厚薄之較而爭端起矣世風之不古可勝嘆哉若姻翁之于昆仲終始無間一堂和睦其亦可以風矣

○湖山第拾世

翼南公學舉子業數奇不偶去而學醫曰古人比醫于相業取其能濟世也男子苟能濟世何必取相位爲哉遂精岐黃術入有病藥至立効求醫者填門塞

户曰無暇晷于洛公内兄二水張宰輔薦于當道將辟之公曰國病入膏肓矣不可醫也閉門不出人咸笑之不數年而言果驗嗚呼人僅服其醫之良而孰知其托業葢有深焉者哉

確菴張潛夫贊曰世之爲醫者孰不曰吾以濟世也然學之不精適以害人比比如是葢醫者意也能神明其意而後能精其術公之醫其眞能神明其意而精其術者是之謂良醫故人無不濟也觀其國病數語其器識迥異豈俗之爲醫者所能窺

其萬一哉

文陬公有才智志量弘遠攻制舉藝有文聲自古直

公以來數世俱稱素封而公無紈袴氣日佩誦諸葛

公淡泊明志寧靜致遠二語曰大丈夫不當如是耶

年三十二賫志殁爲士者惜之昆季四人皆孝友每

有所獲及田園邸舍所收皆歸之父母庫不入私房

此文崔孝芬兄弟之流亞歟

白毫菴張瑞圖贊曰觀公昆季有財不私比之崔

孝芬信矣而獨惜夙志未售遽爲地下修文郎設

東字湖山青巔傳贊

假公以壽得遂其致遠之願其建立當不在諸葛
君下顧予三十二早歿公適合其年令人不能無
今古有道仁人之慨

耀南公才識超越不屑屑作田舍翁秋冬往蘇杭購
奇貨春夏則揚帆呂宋爲貿易往往得厚貲以歸歸
則貯之父母所不入私室歷十年皆如是兄弟四人
怡怡然無異色無間言嘗曰吾乘年少再涉風波數
載使弟兄皆成巨富予之願也不幸年甫三十呂宋
滿載歸來犯澳焉沉舟財散人亡嗚呼天胡不成公

之志抑惡其念之奢耶顧百行以孝悌爲先公之孝悌如是雖使居百萬之富必不視爲私囊物奢念亦何傷大約君子進步時便當作退步計不覺爲發一太息

白毫菴張瑞圖贊曰公昆玉四人伯氏托業岐黃仲氏專攻制舉而操奇贏術者公一人也觀公之志直欲成諸昆季巨富而後快雖天不從人願而友于之心俠烈之氣已貫于日月世之私貨財不敦手足之情者聞先生之風亦可以少媿矣

特南公敦厚周愼幼聰敏有異才弱冠卽能通會計
父祖搆大廈度其年雖少而堪肩大任遂委以司營
室之役凡購木石給工膳課工程皆經其手公從容
理之設施皆有次第具簿籍有綱有紀井然可觀期
年而屋成極壯麗牢固方嚴周密祖父及諸父皆喜
咸曰此殆少年老成者也異日聚國族於斯俱念子
之勞矣累世豐富無何兄櫂南公貿易呂宋犯澳烝
沉舟家遂少畜鼎革之後海氛頻仍歲辛卯大掠滬
江數世積累一空如洗而公年已髦惟安貧自樂日

携孫嘯遨樹下幾幾乎有陶弘景之致無他慮[illegible]四十二妣吳氏孺人謝世諸昆友多勸公續絃公終不從曰吾惟一子一女苟能克家足矣吾不願見爲後妻者苦吾兒女也識者韙之

確菴張潛夫賛曰嘗觀古之營立邑居皆委之大材大德之人故召伯營謝山甫營齊詩人歌之况公以弱冠而承營建之任雖職司不同而庀材課工則一獨惜公不獲展其林于家國此宜聖所以有牛刀之嘆也而至其叠遭變故安貧自樂頤年

失偶不續後妻又豈少有才德者所能及

于洛公多智識有膽畧髫年爲諸生試皆前茅而左諳武藝精弓矢崇禎間國將多事海氛頻仍一日賊船百餘艘將掠滬江一舟先近岸公踞西山巔辟易大呼連發三矢斃三賊賊太恐以爲神遂退舟事聞當道咸奇之曰此子能一身都是膽者也遂辟爲練營總佩都司劄巡督廿四澳以備海寇竊發公曰班生投筆封侯吾亦焉用毛錐子爲哉因應辟著武聲邊海以寧督撫上其功實授金門鎮副總兵官將之

漢隱公傳

漢隱楊先生諱震皓字開純泉之晋江人也蓋生而丰姿特異眉髮肌膚白如氷雪朱唇鳳眼宛若神仙中人幼聰穎倜儻有大志姻戚鄉先生莫不奇之學舉子業因明季多難之秋遂無意于功名淡然自足卓犖不羈甫週歲失怙母吳氏孺人鞠撫成立性至孝竭菽水以承歡年二十遵母命遊粤蓋思博甘肯之資以娛養其親也歲時間關往返不憚辛勤粤之士大夫欽其文章德行樂與遊日與談論古人商時

事導其說而行之者皆有救倒懸濟也
南海曲江英德三邑其德政之及人皆先生贊襄力
也鼎革之歲竹也現任南海尹付先生黃金二十顆
曰余宦囊只有此一家食指所關幸善護之先生攜
金避亂香山澳時兵燹紛紜親友多散先生自爲計
先生曰受人之托而因以爲利縱富貴何以立于天
地間事平之日持原金歸竹也竹也曰使予一家無
饑寒之患者漢隱先生也後稔知先生仗義之語益
敬先生親愛若手足凡治家涉世之事悉諮而後行

竹也之居積成巨富又皆先生有以成之也而先生
無德色守約自甘親友譏其拙而先生惟自樂也竹
也赴　銓選挈眷寄寓江南西馬上都托先生主持
家事先生代爲謹護有關夫子風江南都人士咸義
之投刺相邀請者無虛日而先生悉屏絶交遊待竹
也既歸而後與諸君子縱覽丘湖之勝人益欽其節遐
邇爭傳誦焉先生爲人剛直慷慨仗義疎財人有過
必盡言以相規内而朞功之親外而有服之戚絶繼
者必爲之設主奉祀日使神於我依歲時頻寄家財

分給家居之伯叔兄弟人有[illegible]緩[illegible][illegible]者而自奉則甚樸庭訓有方商者商讀者讀各因其材而篤焉少受伯父脈訣精岐黃之術曰此亦可以濟世矣世人賴以生活者難以屈指數而先生不較直惟授人以方使自購藥藥至皆愈間有酬者往往受飧反璧此又其邁種德之不可及者也余至粵先生已從赤松子遊矣粵人爲道先生之行誼恨不及相見徒爲之三嘆息今年令仲君從余遊遜志篤學作爲文章英英不肯寄人籬下他日當爲公輔之器居

久之知先生之爲人益稔仲君請余一言以紀之余不勝高山仰止之思因爲述其大槩云

贊曰先生之行誼嘖嘖人口俾余不具論論其軼事今世之爲醫者往往挾其長技以要厚貲使先生襲人蹊徑何難博金滿籯以遺子孫而惟萬種德于冥冥之中先生加於人一等矣國語曰上醫醫國其次醫人夫醫國醫人一理也惜也先生若卒舉子業叨科第庸詎知不紹關西夫子清白之遺風衍福壽康寧之脉于家國也哉

旹
康熙六年歲次丁未花朝龍溪後學年家眷晚弟
郭昌祚淑子氏頓首拜撰

漢隱公像贊

漢翁頭白異像天生其面亦白有如玉瑩我聞老子生而亦爾道德千言受於尹喜漢翁失怙受學於母畫荻丸熊毋德不朽漢翁舉業落筆成章遭時多故攺業岐黄嗟嗟漢翁使無識時達權之卓見即榮膺科目兄弟子姪何以濟乎勝國之禍變既濟人而壽

合貳

世亦保生而自羨與思邈而齊名同長桑而並傳孝
子賢孫文章燦絢恨我生之遲晚雖得覲紙上之儀
不得瞻先生之面
旹庚午長至
賜同進士出身通政使司左通政年家眷弟袁景星
頓首題

耻國公傳

鄉進士丙子科經元揀選知縣年家眷會姪

張淇頓首拜撰

耻國公年伯楊先生泉州晉江人也因故里奉
旨遷移來居惠邑十有餘載亏雖年幼已披拂其清
風矣歲乙卯先生猶子其章兄同亏入惠邑弟子員
年誼之交倍篤亏幸叨丙子鄉科而其翁亦登歲薦
因丐余立傳誼不能辭爲之輯其畧云先生諱震曆
字開祚至孝性成甫十三歲失恃哀毀骨立痛不欲
生鄉人美之事父色養無違衣綵衣娛高堂終父之
世無少懈家居濱海十畝之間桑田自樂非其力不

食蓋有餘孺子之風焉生平公以待人廉以持己鄉黨中多爲人排解往往卻厚賂不受曰寧食貧不義之財烏乎取所居華屋大廈兵燹之後諸昆弟艱于守約貪厚貲欲售而分之先生堅持不從曰若考作室既底法厥子乃弗肯堂書不謂之有後况祖父歷幾艱辛創成基業一朝而棄之其何以見先人于地下即饑餓以死不忍爲也衆迺止迨遷界之日園宅灰燼無餘諸兄弟多悔恨先生曰寧使有今日毋當日陷不孝之罪詒祖父羞其輕財仗義多類此其來

居惠邑也渾是一團和氣無少長皆樂與遊而文敬而無失恭而有禮鄉先生皆愛之重之爲其長君婚娶長子孫將家焉乃其翁昆仲迎養羊城是以吾惠少　喬嶽之望也蓋先生擧丈夫子四與其漢隱年伯先生友愛最篤曰古人分財無爾我敦手足也余多男子而使吾兄孑立手足之謂何爰割已愛以仲叔二子爲從兄嗣其章兄其叔者也命嗣之日二子尚幼幾忘其我生爾育也者夫家財並分世或有之有子平分僅先生一人而已古未見也居羊城日遊

一塗字明山書[illegible]

合律

雲山以自適高雷諸州皆有車塵馬迹焉所至之處咸相愛敬所謂到處有逢迎惟先生之風有以感之也先生爲人美不勝書余僅錄其大者異日其章年兄登翰苑之堂爲國家之鹽梅舟楫將以請於
朝旌先生之大義于青史以垂不朽又豈余小子之微言所能道其萬一哉

贊曰余觀世間人能知大義者鮮矣郎有稍自好往往利令智昏雖享萬鍾而大義既滅萬鍾究歸
可生也先生之大義姑無論其他即其不忍廢祖

居以厚殖命子嗣以篤友是大有關于名教者也
昔仲淹作嚴先生祠記有曰先生之風山高水長
余亦持此爲先生贈

耻國公像贊

矯異猶龍潔白如鶴不汲汲於富貴不靡靡以偷薄
接物以和守己以約推衣食以濟饑寒排患難而解
纏縛兄弟父子怡怡樂樂絶暮夜之餽遺披肝膽而
可托德厚流長門第弘擴遺影肖於毫端精神依然
磊落處士錚錚者誰稀壽耻國楊翁俯仰乾坤無怍

一壁宇胡山青與傳贊　合五

矣

旹庚午長至

賜進士出身中憲大夫通政使司左通政年家眷弟

袁景星拜題

閩温陵晉邑滬江楊氏家乘卷之肆

十二世孫 孚柄 柯煥 重修　孚焞 考訂

十三世孫 道基 道坦 較正　道至 道坊 印録

内傳

歷觀自古國家之興廢莫不先肇于閨門故周美太任太姒之德著于詩歌以示齊家之道于天下後世夫夫婦婦之道入倫之大綱自天子至於庶人一也先儒曰有夫婦而後有父子有父子而後有兄弟夫婦之道不正從未有能昌盛其

丟

家者余故于是譜立爲内傳之法凡婦德之足
爲閨門範者俱得書録于上以示子孫而齊家
治國可藉是以興矣

○青與湖山第柒世
古直公妣常氏孺人裕智識有節操嘉靖間倭寇攻
滬江司城三日城破孺人度不能免謂古直公曰君
可率四子突圍出吾死以殉勿以我爲念四子韋裾
不忍釋孺人麾之去曰事急矣遂觸石死公父子環

另賦右

磬盈城而公父子俱僉惟娥

之節烈直可垂之青史矣

○青嶼湖山第捌世

質軒公妣吳氏孺人性孝慈善相夫子痛姑氏之節

烈死于難不及躬奉滫瀡每春秋伏臘以及諱祭必

躬治內羞庶羞而涕泣奠之口率娣姒四人竭誠盡

敬以事翁翁甚孝之質軒公敎訓諸子甚嚴肅而妣

亦以嚴肅佐之于內每曰爲子之所以不肖者往往

父嚴而母姑息于愛多於父前爲其子文過飾非是

長

自害其子也是以四子克家材器成就大異衆人雖

公能訓實妣善佐有以成之也

○青與湖山第玖世

貴吾公妣勤慈陳氏孺人后山一陽公之女也幼習

内則有慧才貴而能勤富而能儉而善佐夫子以廣

施予樂爲善隣里鄉黨内族外戚有以緩急饑寒告

者無不立應人皆謂其生菩薩眞慈悲謝世之日預

自知命諸婦具香湯躬自沐浴諸婦訝之妣笑曰人

生我也山至可驚爲浴畢自衣新衣毯端坐而化满

室異香不散曾聞之爲審著生爲文死

○湖山第拾世

文陬公妣謹慈吳氏孺人本滬江直所公之女也性至孝貞而靜嚴而慈蓋婦道母道兼而備之者也文陬公早捐賓客去妣慟哭不欲生翁姑止之曰若不念我白頭二人與是藐諸姑乎蓋時長子方六歲次子尚在週年中也乃忍痛强起視飱稱未亡人者冰霜風雨四十五年如一日既數年叔耀南公呂宋沉舟盡喪家財家漸嗇妣處之晏如也手勤紡績以給

膏火課子讀書長子早殁次子漢隱公博學善文章
因明季世多事之秋不樂就功名惟栖遲衡門以自
適母曰世亂爲官難吾不汝責顧男兒須以四方爲
志遂命其遊粤漢隱公牽裾涕泣請留曰無人事母
母曰爾能有成以光爾父雖四方猶膝下也況爾婦
善事我何必子吾不作倚閭之望行矣勉乎哉故漢
隱公遊粤爲當道父母所尊師雖不自行作吏而仁
澤已徧于郡邑皆母有以成之也妣孀居時年二十
[illegible]

奔歸原任南海僕並部都

紅一闋以誄之詞曰

楊母孀居正時値青春年少誓志在栢舟冰節丹

懐日照任是霜寒更歳月殘燈紡績雙兒叫一心

心畫荻助書編和丸教　吾有母伊相肖勞鞠育

堅貞操矧仲君石友與余同調已矣婺星長闇淡

悲哉蝶夢空憑弔度千山杜宇更淒涼哀聲繞

特南公妣寬儉吳氏孺人生而聰慧素嫻姆教通曉

內則及笄歸特南公事舅姑朝夕修甘旨問所欲而

聿　璧字湖山　清與內弟

一　叄刪

敬進之柔色以溫之皆恒惻所將非貌爲承順者也
相夫子雞鳴誡旦勤女紅修婦職琴瑟靜好終其身
相敬如賓處妯娌相親愛有無共之憂樂同之亦如
公之于兄弟焉年四十卒一子一女特南公終身不
肯議再娶者勿忘妣之賢而尤恐人無如妣之賢云
爾

○湖山第拾壹世

楊母林太孺人傳

鄉進士吏部康[illegible]中[illegible]

衍氏頓首拜撰

勤孝林太孺人者吾友歲進士楊年兄其章母也余與其章志同道合非泛泛稱聲氣者比因得稔太孺人之爲人而樂爲之傳焉太孺人爲晋江福全望族之女少婉娩習内則歸楊年伯漢隱公公幼失怙奉母至孝而太孺人能體其心滑滫瀡奉甘旨未嘗少違顔色年伯學舉子有奇才知明季世之不可爲也不屑就功名徙倚衡門以供菽水母曰大丈夫明哲保身誠是也而亦胡爲乎長作田舍翁爰命遊粤年

聿壁字湖山青與内傳

叁玖

伯難之太孺人以養姑自任勸其行年伯既遊粤太孺人事姑愈誠愈慎雖年伯不忘其親歳時往返而晨夕侍養以悦姑者太孺人一人也如是者歷十有餘年如一日姑嘗語人曰吾有孝婦善事我吾無容作倚閭之望矣後姑歸仙籍年伯在粤未歸太孺人哀痛幾不欲生而衣衿含殮必躬必親棺槨漆木以精以美益以婦道代子責喪事周詳毋詒後悔不徒作兒女子悲泣態太孺人艱於子息勸年伯就粤納寵姬終無所出人多勸養他氏子輒應之曰非吾類

若母歸吾宗也于是獨建大義依親閩公中二子爲嗣馳書請命而後啟廟告族携歸而敎育之蕃在二子尚幼時也族人咸義之楊年伯居粵日多居家日少家中之事事無大小皆太孺人主持凡春秋禴祀諱辰享薦蠲蘋藻之誠無少懈內族外戚往來餽酢酌豐儉之宜無失禮而尤和于娣姒慈于子姪嚴內外之别慎禮義之防鄉里戚屬有急者輙賑貸之無德色年伯所有寄歸財帛即爲建置田産曰吾不敢以吾夫艱辛之物作等閒用也庶幾

華壁字湖山肖與內傳

鄉進士吏部揀選知縣年[illegible]

衍氏頓首拜撰

余友其章楊年兄既丐余爲其令先慈傳余已不辭鄙吝矣復爲其本生母勤懿許太孺人請余曰言之不文其可再乎然而有其姒復有其娣娣姒濟美不異二難敢不再爲一言以誌之乎余素聞晉江每稱石龜許姓者蓋右族也母爲石龜右族之女夙稱閨秀有顏家婦風于歸楊年伯耻國公竭佐餕之誠以奉舅修蘋蘩之敬以祀姑其天性然也崇禎末海氛

頻仍人無寧處室皆懸磬耻翁年伯于是時守剎自
甘日修菽水以承歡而母以十指之勤佐之辛卯歲
海寇大掠滬江時其章甫四歲母襁負以逃而手携
長子賊追至一刀從背劈下只聞捍刀格格聲刀飛
落地賊大駭驚退母遂脫人以爲有神明之助而母
亦云如見有赤面大刀者救之蓋母素敬奉關夫子
至誠所感往往有之而余則以爲其章之徵也他日
功名勳業其可量乎母于娣姒間最稱和婉伯氏漢
毫公未有子息伯姆林孺人以親序欲舉母子爲嗣

母欣然顧謂[illegible]國公曰吾有子四人何不與伯氏乎分在長者義不可出而季者尚在懷抱此二子我室自撫之仲叔二子頗聰穎必能克家可以歸之伯公從之伯姆大喜自是娣姒益篤憂喜共之諸昆弟以遭亂家窘欲變易先人大厦共分其財耻國公堅執不從事遂寢母與有力焉蓋惟恐其君子廢先人之業爲不孝子是以寧忍饑寒日勤紡績以佐衣食終其身無怨言聞者莫不欽其風焉辛丑遷界母與伯姆同入內地伯氏命長子歸迎伯姆入粤二母忽接

肇壁字湖山青與傳贊　肆貳

踵仙去殆生死不忍相離者于以見二母之爲娣姒非他人比也今其章昆玉四人俱占籍南海子孫蕃衍書香日興指日次第飛騰爲國家柱礎余能不景企母之德哉

贊曰世人命已子爲兄弟後者有之而皆鬚眉男子之事未聞婦人有忍割己愛者即有割愛一夔足矣而乃四子均分且曰中二子聰敏能克家顧以歸伯以視古者薛孟嘗分居奴婢取其老弱田廬取其荒頓器物取其朽敗者又加一等矣意母

閩溫陵晉邑滬江楊氏家乘卷之伍

十二世孫 學柄 柯煥 重修　學焞 考訂

十三世孫 道基 道坦 較正　道至 道坊 印錄

外傳

高祖以前親盡不載

按譜之有外傳者所以誌女子之所從適也誌女子之所從適則僅書爲某之女適某氏足矣而必首書曰某公娶某氏者何也所以著女子之所自出也女子或自嫡出或自庶出其出於庶者必并書其妾之氏厚其別也嫡雖無女子

之生必冠其嫡于庶氏之上尊嫡也而亦以明
其女之主于嫡毋也分也理也于是甥館以明
宅相斯彰可以敦婣睦之誼而擇配以賢亦足
以埀訓于無窮云

○青與湖山第捌世
質軒公娶吳諱　公之女
生女適后山陳諱　外甥

○湖山第玖世
貴吾公娶后山陳諱一陽公之女

長女大姑適潯江林號文陽　外甥

次女二姑適西頭蔡號英南　外甥

江泉公娶京濱陳諱十三公之女　庶氏廣東南海人

長女大姑適水門林諱　外甥

次女二姑適鰲頭李號向台進士第霞臺九台李公胞弟　外甥

三女三姑適南潯施名丙丈　外甥　龍叔　雙叔

四女四姑庶出適露竈蘇諱　外甥

五女五姑庶出適虎山周諱斌　明儒士出身光祿大夫御營前軍都督府左都督掛干城將軍印勤王死難賜謚忠孝

云璧字湖山青嶼外傳

外甥　文驥題授叅議道

乾周公娶后山吳諱　　公之女

長女適詹諱　　外甥

次女適朱厝　　外甥

三女適柯諱　　外甥

厚軒公娶富厚吳諱惠寬公之女祖井尾

長女適后山陳諱振宇　外甥方叔

二女適龜湖亭下陳諱十五官　外甥

三女適龜湖後廳洪諱殿左舉人號賛宇公從弟　外甥

四女 適石壽張 諱偉 遠[illegible] 公[illegible] 外甥

〇湖山第拾世

冀南公娶 陳 諱 公之女

長女 適南濤施 諱 外甥

次女 適施厝施 諱 外甥

特南公娶安平石磨潭吳 諱 公之女

生一女端姑適菴口吳 諱 元亮 外甥

馭宇公娶 林 諱 公之女

長女 適 桑 諱 外甥

[illegible]

陸肆

次女適　吳諱　外甥

質朗公娶薛坑吳號覺峰公之女

次女英姑適　林諱　外甥

躍卿公娶　湯諱　公之女

長女催姑適　詹諱　外甥

次女玄姑適壟殿下敕誥命柯諱光魁開基潮州惠來縣號開三縣旌鄉首

外甥宣庠生　潮惠來武庠　洋惠來庠生　澤惠來武庠　澎惠來國學　滋惠來國學

延培公娶

長女瑜姑適龜湖陳諱　外甥

次女　適[illegible]蔡諱　外甥

三女　適周諱　外甥

春塀公娶陳諱　公之女

長女順姑適　外甥

次女治姑適　外甥

彬朋公娶陳諱　公之女

長女　適　外甥

次女　適　外甥

三女　適　外甥

五
壁字湖山青與外傳

陸伍

[illegible]經公娶蔡諱　公之女　外甥

生一女適陳諱　外甥

彬軒公娶陳諱　公之女

長女免姑適陳諱　外甥

次女胤姑適許安黃諱　外甥奇

于洛公娶霞行張號及二公第三女官生明丁未探花中極殿大學士諱瑞圖號二水公功妹庚辰進士太史諱濬夫號確菴公功姑

長女亥姑適霞行張諱殷俊泉府庠生探花中極殿大學士諱瑞圖公胞姪

外甥　鼎命府庠生　基命

長女二姑適[illegible]顏[illegible]千官　外甥[illegible]

改適許安黃諱伸愷　外甥清老諱晉宗

三女東姑適龜湖洪名亞官　進士諱[illegible]守　洪[illegible]第　外甥

四女志姑適下輦曾諱元禮庠生　外甥福官

○湖山第拾壹世

鍾田公娶福全宮墘陳諱　公之女

生女正娘適富峯黃諱　外甥

漢侯公娶鳳池李諱崃公之女　康熙庚戌進士文林郎武陵縣知縣諱爲觀公從妹

生女進娘適后山陳諱祖觀　外甥

五　壁字湖山青藪外傳

陸陸

（一）[illegible]山[illegible]卷貳世

星章娶陳 諱德宣號光俊公次女 名二娘 廣生 庶陳氏 南海人

長女念娘 庶出 適泉城詹 諱毓珠 嘉靖乙丑進士刑部右侍郎贈尚書諱仰庇曾孫都察院都事諱洪陽公孫新會縣教諭署記公長男

外甥

次女惜娘 庶出 適英林洪 諱特達公第三男 諱起華

三女寄娘 庶出

四女蔭娘 庶出

其章娶侯山張 諱懷琛號淨岳公之女 名夏娘 繼母生

八女[illegible]娘適　吳[illegible]　[illegible]男

外甥　元棣　元楫

次女就娘適今南海祖海陽吳諱元簡現任太理寺司務前登仕郎國子監學正諱士俊公次男　誥封登仕郎國子監學正[illegible]慶[illegible]教授諱[illegible]仲孫

羽章娶惠來縣祖潮陽曾諱應元公長女名大娘

長女賢娘適安平黃諱廷璋南海貢生現任廣寧縣教諭　儒林郎州司馬諱士奇公次男

外甥

次女保娘適安平蔡諱景[illegible]處士諱荊揚公男

[illegible]璧字湖山青與外傳

陸柒

公甥

楚章娶塘東蔡諱大綱公第三女名平娘廣生

生女

孚聖娶安平陳諱　公之女

長女催娘適西安王諱　其五君長子外甥

次女戍娘適後山陳諱國棣　錫琢君長子外甥

三女曉娘適龜湖後宅林諱　闓閑君次男外甥

四女招娘適港汭陳諱　錫崇君次男外甥

○第拾世

俊濱公娶　　　　公之女　庶　氏南海人改節

長女　姑嫡出　適　　外甥

次女卯姑庶出　適安平宮兜黃諱幼悟　外甥　維楨　維聰

寶滿公娶青陽蔡諱斌公之女舉人子誼功妹

生女　姑　適溝頭蘇厝蘊號二山紫溪從姪孫　外甥　忍官

○拾壹世

聲雷公娶　張諱　之女

女　璧字湖山東庭外傳

長女安娘適青陽莊名偶官進士爾芳公從叔　外甥
次女濯娘適青陽蔡諱智官進士軍門諱侃公曾姪孫　外甥
聳起公娶后庫陳諱禮官之女
長女　娘適烏潯陳名挺官　外甥
次女　娘適杜嶼周名雙官明癸酉科舉人諱禹佐公從姪　外甥
雲探公娶崙上蔡諱起質公次女
生女靜娘適山尾蔡諱世熙君長男　外甥

○拾貳世

殷章娶青陽蔡諱孝履君長女

長女德娘適石龜許諱挨官文英公次子外甥

次女金娘適後山陳名秀官寧夏府中營諱聰賢功姪外甥

三女蜀娘適

三壁字湖小東庭外傳

其本生之姓所以防其歸宗之釁也吾宗伯叔

已往之迹不敢深求故始于父母生子名下註

明聊存分別之意自今以始須遵譜牒法入于

附支勿蹈呂嬴牛馬之誚我楊氏世德作求務

祥伊始願言勿覯此事但立法宜嚴不得不三

復于斯篇以質之後昆云爾

附支之法不可不嚴而閒亦有權衡通變處

假如衰暮之年或藉以將養慎終喪死克盡

其道而又墳墓家祭賴以血食不衰則移花

閩溫陵晉邑滬江楊氏家乘卷之柒

十二世孫字炳柯煥重修 字焞考訂

十三世孫道基道坦較正 道至道坊印錄

仕宦恩錄

三 壁字 仕宦恩錄

捌拾

閩温陵晉邑滬江楊氏家乘卷之捌

十二世孫 孚炳 柯煥 重修 孚焞 考訂

十三世孫 道基 道坦 較正 道垂 道坊 印錄

藝文

閩温陵晉邑滬江楊氏家乘卷之九

十二世孫孚炳柯煥重修　孚焞考訂

十三世孫道基道坦較正　道全道坊印錄

祭產識

候置產日開列規條

墳墓誌銘 無拘世代序次

司馬溫公曰古人有大勳德勒銘鍾鼎藏之宗廟其塋則有豐碑以下棺耳秦漢以來始命文士褒贊功德刻之于石亦謂之碑降及南朝復爲誌銘埋之墓中自此遂相祖習此墓誌銘所由昉也要之孝子奉其先立神主于祠廟歸骸魄于山塋其義等也顧廟有必祧之主而墓有不朽之骸墳墓之所係又其大者也前人埋誌銘于墓中乃預防千百世後之遷變得以存先

人　璧宇湖山青巖墓誌銘

瑯攸

人之遺跡不至于湮滅無稽其爲慮至深且遠也顧予謂既埋藏于墓中仍必録附于譜内使子孫歷世既遠者展卷而知先人墳墓之所在于以時其修理度其墓祭俾先人享血食于無窮則是録也亦大有功于後人矣并附墳墓山形圖于左卽不幸有遷變庶幾覽圖便知與墓誌銘可以相爲表裏惟在世世子孫之長存孝思其毋忽

按自來誌銘之體名士代撰之文則有銘若

[illegible]
姓名鄉貫生年卒葬及其官封世系而已近
世俗欲取雅觀自誌亦有銘予前稽考未至
不免從俗今後須遵誌銘原體庶不來誚墓
之譏

○湖山青嶼派　長房

○明顯祖考文陬楊公府君暨妣謹慈吳氏孺人
特南楊公府君暨妣寬儉吳氏孺人同兆墓
誌銘

祖考文敏公諱喬潤字廷煥號文敏　貴吾公次子
生於明萬曆甲戌年十月初三日酉時卒於明萬
曆乙巳年九月十四日未時享壽三十有二配
祖妣吳氏孺人謚謹慈生於明萬曆戊寅年十月
十三日戌時卒於　清順治庚寅年正月初八日
卯時享壽七十有三有子二人長諱震會年二十
四既娶未子而卒於粤次諱震皓郎我先考漢隱
公也孫男二人長字炳次柯煥惠來歲貢生曾孫
男六人道堯南海監生道至道基道堅道垂字炳

熉出者二元孫男五人起鵬起鶚起鸞起鶱起鳶

而起鷟出嗣爲　特南公曾長孫道均君之後元

孫女六人自尭出者三自至出者三爪瓞尚緜緜

云

祖考特南公諱喬節字廷操特南其别號也　貴吾

公第四子生於明萬曆丁亥年六月廿三日巳時

卒於　清順治甲午年四月初十日申時享壽六

十有八配　祖妣吳氏孺人謚寬儉生於明萬曆

乂壁字湖山青嶼派墓誌

玖壹

386

己丑年十二月初九日寅時卒於明崇禎戊辰年
五月廿一日午時享壽四十生男一諱震曆女一適
同里吳諱元亮公孫男有四長字燿年四十二仙
遊季字焞其仲字炳三柯煥自幼出嗣于　文敞
公次子　漢隱公蕃為其子者為其後也曾孫男
有三道均年三十歿於上下川之洋道坊字燿出
道堦字焞出曾孫女有二俱字燿出元孫男有二
起鶩道均嗣子起鵬道坊出元孫女有一道坊出
枝葉雲礽尚振振未艾

齋公傳十世至　祖考文陬公兄弟四人　公
居仲其季則　特南公也世居滬江之青嶼俗
名西頭薟滬江鄉之首也　文陬公爲人魁偉
奇特志量過人年三十二從赤松子遊　祖妣
栢舟矢志上事舅姑下鞠幼子以孝慈貞淑聞
特南公淵沉謹厚人咸推爲鉅人長者而　祖
妣孺人則端莊惠婉克相有家年四十謝世去
諸父多以續絃勸　公終不許曰毋使爲繼母

者若吾兒女爲也　王父兄弟四人俱友恭而
公仲季尤篤故　祖母妯娌亦相親愛無間言
皇清順治十八年辛丑吾閩濱海之區奉　旨
遷入内地而滬江梓里遂變爲灰燼時　父漢
隱公客於東粵炳等因相率入粵卜居羊城之
西廂而隸籍焉歲時念　王父母骸柩厝在故
都未獲安土不敢寧居爰於康熙丁丑歲轝迎
以來卜兹康熙庚辰年十一月初八日申時之
吉奉而合塟于南海沙涌辰旗山之金雞嶺

文敃祖考妣居左　特南祖考妣居右枕壬揖
丙兼子午三分之原自今以始地靈人傑世世
子孫環拜于山塋之下其尚敦一本之誼于無
疆哉
銘曰

惟我王父　怡怡雁行　惟我王母
娣姒雍雍　一堂和氣　王璨金光
自義率祖　卜兹壽藏　魄歸同兆
先志允康　惟山之吉　展旗之陽

金雞嶺上　瑞氣葱葱　惠我孫子

長發其祥

旹

皇清康熙三十九年歲次庚辰十一月朔越初八穀

旦孝襄事孫阿煥　孚炳　孚焞　曾孫道尧　道至　道基　道坊　道坦　道垂　道堅　道堦

元孫起鶚　起鵰　起鸞　起鵬　起鷙　起鵠等仝稽首勒石

○清先嚴漢隱楊公暨妣勤孝林氏合壙誌銘

先府君漢隱公諱震皓字開純姓楊氏閩泉晋江人

自先祖古直公世居滬江獅頭傳四世至于

祖考文質公舉文夫子二　府君居季生而齠髮鳳眼玉顏堂堂週歲喪父　吳氏母撫鞠成立性至孝有高志大節落筆成章間多遊粵令聞嘖嘖兼精醫術功德遠播者蓋難盡錄娶同郡福全林次陽公之女　先妣是也謚勤孝秉性孝慈堅正好義達理善佐　府君　順治十八年辛丑梓里奉　旨遷移　府君尚旅粵而　先妣卒于故鄉錦塘鄉越五年　府君亦卒羊城哀哉　府君舉大功第　恥國公仲叔二子幼育爲嗣長男孚

文璧字湖山青嶼派墓誌　玖肆

孔娶同郡　陳公俊之第二女已舉孫男二道濬
道淵皆幼次男孚說時聘同郡　淨岳張公之女
枝葉雲礽尚未有艾也　府君生　大明萬曆甲
辰年閏九月十五日子時卒　大清康熙乙巳年
十月初一日卯時享壽六十有二　先妣生　大
明萬曆癸卯年正月十三日戌時卒　大清順治
辛丑年十二月十五日午時享壽五十有九先
康熙八年己酉孟夏之望辰時窀　府君于粤城
之北曰貴爐岡者枕亚揖未兼癸丁兹　康熙十

年辛亥遷　妣靈骸來粤就于臘月十有九日未
時窆于　所君之域居左以旌同穴之誼地道之
說云扳慕呼號勒石以誌
銘曰父行圭卯母德鸞凰云胡南北各自壽藏貴爐
地吉父也域封維遷母兮共穴粤東冥宅耀矣
燕詒斯煌振振孫子億世名揚
誌内鄉名獅頭即西頭
大清康熙拾年歲次辛亥臘月　穀旦
孝男 孚孔 孚說 仝泣血稽顙勒石
孝孫 道濬 道淵 仝稽首拜

孚孔後改諱孚炳　道濬改諱道堯
孚說後庠名柯煥　道淵改諱道至

乙壁字湖山青輿派墓誌

玖伍

前漢隱公生卒碑[illegible]墓誌于左

先考漢隱公楊府君墓誌

先府君漢隱楊公諱震皓字開純系出閩泉晉邑之
滬江獅頭由先祖古直公傳五世至于祖芳文敏公
公舉丈夫子二長思早早没于粵先君居季生而鶴
髮玉顏目不遠視甫週歲而王父仙遊王母呉氏躬
身撫養至于成立性至孝有高志大節落筆成章而
吾母又能承其志以悦姑後遊粵以德行文藝蜚聲
粵之人士相與遊焉其慷慨好義剛直性成內外懿
親絕繼者為之設主奉祀使神有所依少時受伯父
冀南一脉訣遂得義農精蘊所藉以濟人者終其世
凡數十年毫不為俗所稱醫道而錙銖較計者也本
欲積累回鄉為諸先人安窀計歲辛丑
聖朝功令梓里逢遷有志竟不逮父生於萬曆甲辰
年閏九月十五日子時卒于康熙乙巳年十月初一
日卯時享年六十有二娶同郡福全處士次陽林公
之女及遭遷移父還孔田家省視迎母入粵不幸以
是年卒于晉邑之錦塘暫塋其里舉丈夫子三長幼

[illegible]

聘于約横張公之女背同郡人孫男斗尚幼茲己酉

孟夏之望日卜叅于羊城北門外之貴爐岡杭丑揖

未痛孔等碌碌無似叅不能成禮俚苟簡從事聊妥

先靈地下執紼扶柩痛貫心骨謹揮淚以誌不刋云

康熙八年己酉肆月十五日辰時穀旦孝男学孔学攀泣血勒石記

附記墓坐向　内用丑未丁丁丑丁未分

金外用丑未兼艮坤辛丑辛未分金

誌内学攀後改学説復庠名柯煥

誌内約横張公即淨岳張公

○明處士貴吾楊公暨　妣勤慈陳孺人墓誌銘

鄉進士吏部揀選知縣癸酉科舉人年會家晚生蔡洛頓首拜譔文

鄉進士吏部候選儒學教諭戊午科副榜年會家晚生李士鳳頓首拜篆額

歲進士吏部候選儒學教諭門晚生洪鵬頓首拜書丹

乙壁字湖山青與泳墓誌

玖陸

有明處士貴吾楊公溫陵晉江人星章昆玉之曾王父也諱勝寶字乾玉世居滬江青嶼鄉爲始祖姑山公九世孫質軒公長子隱德不仕惟樂琴書以自娛善事父母愉色婉容夙以孝稱仲叔遠服賈操奇贏而　公居家總持其綱紀人謂之難弟難兄而不知公率先雍睦怡怡天性蓋有深焉者也爲人恢弘大度樂與人爲善人多化於其德有王彥方之風焉扶人之危濟人之急施予不倦而終不矜伐同諸弟營建居室壯麗甲諸鄉遠邇榮其輪奂而公惟以不克堂構爲懼蓋滿而不溢殆古所稱淑人君子者耶

元配孺人陳氏滬江后山望族一陽公女嫺内則識大義滑滫瀡

以事舅姑警鷄鳴以勗夫子　公之孝友忠信樂善好施　孺人實有以相之聞其壽終之日沐浴更衣端坐而化夫　孺人素不佞佛而拈花微笑無異菩薩西歸則其生平之淑行懿德亦可概見矣　孺人與　處士公誰謂不足並垂于不朽者哉今其曾孫星章諸昆季占籍粵東之南海念　公二柩昔以故里播遷未得宅兆之安因遷來粵卜地于南海沙丸堡沙涌村之和順欝岡涓今康熙四十三年甲申八月念五壬辰日申時奉而合葬焉坐乾向巽兼戌辰之原益與　公之孫耻國公同塋封居左之昭云洛與星章之弟崴進士其章年會兄石友承誌銘之命不勝景仰之

（[illegible]字湖山青與泳墓誌

玖柒

懐因爲撮其槩而系之公生于明嘉靖癸卯年八月十六日吉時
卒于萬曆丙辰年八月初五日辰時　孺人生于明嘉靖乙巳年
六月十七日戌時卒于天啓乙丑年十月初一日酉時舉丈夫子
四翼南公文暇公耀南公特南公皆有賢譽振耀當時翼南公生
孫男二文暇公生孫男二長曰思早公次曰漢隱公即星章其章
之先大人也耀南公生孫男一曾孫男二其同塋貤國公則特南
公之所自出也兹曾孫爲漢隱公子者二孚炳柯焕惠來歲貢生
爲貤國公子者二孚燿享年四十二孚焞元孫爲孚炳出者六道
尭南海太學生享年三十六道至道基道坪坪未娶卒道堅道垂

爲柯煥出者一道坦爲孚燿出者二道均享年三十道坊爲孚焞

出者一道堦耳孫爲道堯出者三起鵬起鶚起鶩而鶩爲道均嗣

從今開創基業重興門第綿緜瓜瓞日以蕃盛矣銘曰

處士隱德　孺人娩光　生則齊眉　歿則同封　惟茲宅兆

南海之陽　沙涌其里　和順鬱岡　山川擁護　魂魄其康

祐爾孫子　千億斯皇

皇清康熙四十有三年歲次甲申八月念五穀旦

褎事曾孫柯煥孚炳孚焞元孫道坊道至道基道垂道坦道道道堅道道道堦耳孫起鶚起鵬起鶩仝稽首拜勒石

文璧字湖山青與派墓誌

玖瑚

〇皇清待贈耻國楊公暨妣勤懿許孺人誌銘

鄉進士吏部揀選知縣癸酉科舉人年會家眷姪蔡洛頓首拜譔文

鄉進士吏部候選儒學教諭戊午科副榜年會家眷姪李士鳳頓首拜篆額

歲進士吏部候選儒學教諭門孫洪鵬頓首拜書丹

耻國楊年伯先生晉邑滬江之青嶼人爲特南公之子貴吾公之孫蕃世以忠厚爲傳述者也余石友其章年會兄既以曾王父母誌銘屬余因其同封也復以爲請故并書而系之　先生諱震曆字開祚幼而倜儻長而卓犖性至孝十三失恃哀毀骨立而于高堂色養又能得膝下之歡心待人以厚持已以廉閭有排解往往

郄餽遺而弗受兵燹之後比户困窮諸從昆弟欲售先人巨廈而共分其直　先生堅持不可雖遷界之日園宅灰燼人多咎公而了無悔恨益追先人創業之艱而効其世守其孝思尤有深焉者矣　年伯母許太孺人爲晉江石龜右族之女夙稱閨秀于歸先生鷄鳴警旦孝事家翁而尤以不逮事姑爲憾歲時竭誠薦享僾然如有所見聞焉崇禎末海氛頻仍室如懸罄　先生脩敉水以承歡　孺人佐以十指之勤甘旨無缺至今猶在人口碑辛邪横遭海寇　孺人襁負穉子其章而逃以神助得脱故余前爲孺人傳特于此三致意焉以爲其章異瑞之徵也當　先生歐

[illegible]時　孺人實與有力是以終身食貧陶然相敬古稱少君孟
光其人者何多讓歟　先生與其兄　漢隱公友愛而　孺人娣
姒尤雍睦漢隱公艱於子息爰欣然割愛以仲叔二子爲漢隱公
嗣其敦倫仗義又豈易求之叔季之世哉自是親愛益篤無何歲
辛丑濱海遷入内地娣姒二人接踵仙去豈其生不相睽死亦不
相離者耶故里既墟　先生歷潮至粤卜居羊城之西廂未幾從
赤松子遊令子因遷　孺人柩以來合葬于西村幾三十年矣今
令子悔其時之少不更事卜地不祥懼魂魄之不獲其安乃以康
熙四十三年甲申八月念五壬辰日申時改葬于南海縣沙九堡

沙涌村之和順[illegible]岡坐乾向巽兼戌辰三分之原葬與
王父母同封而居其右聞之古人祀孫不祀子幽明一理諸令子
亦推其義而通之以安九原之靈云爾　先生生於明萬曆甲寅
年八月十七日巳時卒于清康熙辛亥年七月初五日丑時　孺
人生于明天啓辛酉年閏二月十三日丑時卒于清康熙壬寅年
正月初四日未時舉丈夫子四長孚燿享年四十二娶惠來曾諱
應元公長女四孚焞娶塘東蔡諱大綱公三女其次孚炳三歲進
士柯煥自幼出嗣漢隱公孫男三道均享年三十娶陳氏改節道
坊娶安平柯諱時逢公之女俱孚燿出道增未聘孚焞出曾孫
之

壁字湖山青巖泳墓誌

一起鷟道均嗣子孫女四孚燿出者二長適侯選州司馬黃諱士奇公次男諱廷璋廣寧縣儒學教諭祖安平人次適安平蔡諱荆揚公男諱景炎孚焞出者二尚幼曾孫女一尚幼道坊出出嗣男孚炳生孫男六人孫女四人曾孫男三人其一爲嗣道均曾孫女六人柯煥生孫男一人孫女三人雖曰爲人子者爲人後亦皆先生之所自衍也枝葉雲仍葢繩繩未艾矣銘曰

乾健坤順　相敬如賓　孝友雍穆　並垂千春　卜兹宅兆
祖孫同墳　實惟南海　沙涌之村　和順欝岡　水滙山峋
地靈人傑　孫子振振

皇清康熙四十有三年歲次甲申八月念五壬辰穀旦

襄事　承重嗣曾孫起鷟稽顙拜
不孝男孚焞泣血稽顙拜
朞服孫道坊道堦稽首拜　全勒石

降服出嗣男孚炳柯煥率孫道至道基道堅道坦道垂曾孫起鵬起鵾仝稽首拜

○皇清待贈楊門顯妣儉敏陳氏孺人墓誌銘

先嫂孺人儉敏陳氏晉江京濱人與我滬江爲隣父光俊公商于粵娶東官尹氏以順治己丑年五月十六日巳時生孺人婉娩靜淑秉姿聰慧刺繡組紃不學而能光俊公與先大人交最厚同居羊城之西廂遂聯姻以　孺人歸我　伯兄諱孚炳字星章于歸以來適丁先大人喪哭泣盡哀襄祭葬必慎必誠蓋其孝謹之

之璧字湖山青嶼派墓誌

百零[illegible]

于天性然也兄經商多外出　孺人主持家政有紀有綱無不當吾兄意煥既冠佐吾兄爲及時婚娶娣姒親睦同居共爨和無間言煥苦志鷄窗每與同人結文會不時過從款賓之需屢爲供饋無缺以故余得以縱其力於文章附諸名儒之後雖命蹇數奇浮沉場屋而猶以明經歲薦對策　彤廷應廣文銓選皆　孺人有以造之也訓諸子慈而濟以義方五六歲即委余教督焚膏繼晷不恤勤勞將冀諸子以大成也無祿以康熙丁巳年四月十八日申時終于内寢享年二十有九吾兄痛其不克壽終義不再娶雖恐爲後母者荼毒其子而實　孺人賢德雖死猶生有所不能忘

晉矣舉丈夫子六　孺人生者三道堯南海太學生娶唐仲諱

二尹孫諱達可公之女晉江塔頭人年三十六卒道至娶安平黃

諱維楨公長女繼娶侯山張諱星耀公第三女道基娶侯山張諱

興謂公長女繼娶蘭潯吳諱復崑公第六女爲庶出者三道坪未

娶卒道堅聘侯選州司馬安平柯諱國茂公第二女道垂未聘女

四俱庶出長適原任新會縣儒學教諭詹諱龍公長男諱毓珠晉

江嘉靖乙丑進士刑部右侍郎贈尚書諱仰庇公元孫次適英林

洪諱特達公第三男諱起華三許字侯山張諱興謂公次男諱宗

華四尚幼孫男三起鵬聘南安蘇內陳諱元楷君第三女起鵾

之璧字湖山青與泳墓誌

白家藏

鶱未聘俱道堯出而鶱出爲從姪道均嗣孫女六道堯出者二未
受聘道至出者三長許字安平顔諱克忠公長男諱鍾璜次未受
聘三許字瀛洲王諱廷章君長男諱世恭道基出者一尚幼雲礽
繼起尚振振未艾兹卜塟于南海縣沙九堡沙涌村之和順爵岡
坐乾向巽兼戌辰三分之原祔于曾祖墳塋前堂之右蓋同日祔
葬時在康熙四十三年八月念五日申時之吉也焕承兄命誌其
世系德槩刻而掩諸幽且以俟諸子成名請諸巨翰作文以表其
隧抑聞之凡爲人子者自誌其先則不銘焕於孺人爲嫂叔即爲
之銘也可銘曰

女子淑貞　壺𢡟是式　雖遜大年　慶餘善積　卜兹佳城

祔祖之側　水秀山明　左右護翼　仰莫丹書　永賁冥宅

祐爾後昆　子孫千億

歲進士吏部候選儒學夫弟楊柯煥稽首拜謹誌

太學生吏部候選州同知弟啓禎稽首拜書丹并篆額

杖期夫楊孚炳稽首拜

皇清康熙四十三年歲次甲申八月念五壬辰穀旦

齊衰杖期承重孫起鵬

襄事哀子道至　道堅　道基　道垂等泣血稽顙拜仝勒石

期服孫起鵷出嗣孫起鶱仝稽首拜

乙壁字湖山青嶼派墓誌

百零叁

閩溫陵晉邑滬江楊氏家乘卷之拾

十二世孫 孚炳 柯煥 重修 孚惇 考訂

十三世孫 道基 道坦 較正 道至 道坊 印錄

族訓

父兄之教不先則子弟之率不謹每見不法子弟縱肆無所忌往往蕩覆不悛終日即使倖存亦爲鄉黨所不齒此無他大都姑息之愛所釀成而亦族無明訓以範圍羈束之使至于此也故予不揣鄙陋用立族訓規條書于家乘之末以垂範奕世願我族中子孫俱宜書之座右勿視爲具文而忽之

一五倫之中莫大于父母罔極之恩終身難報百行之道惟孝爲
先爲人子者不可不知也顧世俗無人不知爲子之宜孝而往
往不能以盡孝者大抵惟見其父母之有不是處耳羅仲素論瞽
瞍底豫而天下定云只爲天下無不是底父母嗚呼人人能以
父母爲是而有不孝者未之有也而至于事父母儀節内則所
載甚詳學之自有餘師故不贅示
一兄弟同爲父母所生分形連氣之人宜宜友愛顧方其幼也食
同案衣傳服學連業遊共方日相親愛及其壯也則日疎何也
大都各妻其妻各子其子或因婦言而起釁或因田宅以相爭

甚至訟之公庭蕩廢家産未嘗占得少許便宜而已先失其手足何其狂悖之甚也昔蘇瓊爲太守百姓有兄弟爭田積年不斷者瓊諭之曰天下難得者兄弟易求者田地假令得田地失兄弟心如何因而淚下百姓慚悔分異十年復還同住嗚呼安得爲官者盡如蘇太守人亦當知所自省耳苟能時念姜伯淮之共被李孟元之讓田陳潁川之閨門雍睦家司徒之昆季相事如父子斯兄弟之友愛其庶幾乎

一人子之于父母屬毛離裏天性之恩人皆有之至于伯叔則有間矣而不知伯叔與父同根而生一體所分其情最篤故昔人

稱猶父猶子謂其去父母未遠也昔柳仲郢事其叔公權如事其父公綽身爲京兆尹出遇公權於通衢下馬端笏立公權暮歸必束帶迎候馬首而崔孝芬兄弟奉叔母李氏亦若事所生旦夕溫凊出入啓覲家事巨細一以咨决此皆孝義之最著者也夫人孰無伯叔茍能推事父母之心以相及則由是而諸父由是而九族皆可以興恭順惇睦之愛矣族中子孫其永念之

一宗族雖衆其初兄弟也其初一人之身也世人不察每視宗族如路人吾不知其何解也今訂本宗之法彼家事均饒者餽遺酬酢有往有來不待贅囑而自相親睦矣間或有煢獨無告殘

疾困窮之人各房須量濟衣食勿令失所范文正公曰宗族於吾固有親疎以祖宗視之均是子孫固無親疎也苟祖宗之意無親疎則饑寒者吾安得而不恤也吾顧族中子孫師而行之不然是亦祖宗之罪人也矣

一凡爲子弟須令各事其事不可游手游食或士或農或工或賈各因其材而篤之若使游手游食則無所不爲浪蕩之子爲禍匪淺不可不誡也周禮嚴游民之罰風俗醇厚歷久不衰自其法不行是以民多游惰而盜賊頻興良有由也凡我族中欲爲良民須自戒游手游食始言之似迂實關至理尚其勉諸

一凡士農工商宜各事職業勤力守分不可怠荒不可怙侈敬姜之訓曰民勞則思思則善心生逸則淫淫則忘善忘善則惡心生是則人之怙侈多由於怠荒二者恒相因也柳清直誡其子弟曰余見名門右族莫不繇祖先忠孝勤儉以成立之莫不繇子孫頑劣奢傲以覆墜之成立之難如登天覆墜之易如燎毛嗚呼膏粱子弟驕奢淫佚不旋踵而立敗自昔爲然近見有家不肖者父祖畧有錙銖之積或自己驟獲百千之金妄思效顰輙自怙侈美衣豐食賭錢挾妓疏遠正人親昵匪類不數年間强者或流而竊盜弱者或流而乞丐汚祖辱宗莫此爲甚吾宗

祖上以來世皆儉勤樸實苟子弟有不勤職業不安本分荒耽酒色奢侈嫖賭父兄督責不悛則宗子族長共率而懲艾之改而後止如終不悛族人共棄之且書其過惡于譜以暴之雖孝子慈孫不許改也祖父垂誡不厭諄詳子孫承訓須宜刻骨

一士子爲四民之首修之于家獻之于國其學行最不可不端學行端而後德器成德器成而後爲有用之士昔人謂草野具經綸是也董子曰正其誼不謀其利明其道不計其功此正本清源之學也諸葛武侯曰非澹泊無以明志非寧靜無以致遠此有守有爲之學也范文正公曰士當先天下之憂而憂後天下

之樂而樂此以天下自任之學也歷觀古人皆有可師而要之先器識後文藝爲士子之主本而後理會其氣象循蹈于規矩敦厚周慎嚴誡浮華此學行之最優者也不然者雖有文名如唐之四傑豈享爵祿之器哉

一凡人之智愚邪正莫不始于幼穉初學之趨向易曰蒙以養正聖功也聖人之垂敎誠深且遠矣横渠張先生曰敎小兒須要安詳恭敬今男女從幼便驕惰壞了到長益凶狠家文公大年家訓曰童穉之學養其良知良能當以先入之言爲主如日記故事所説孝弟忠信禮義廉耻等人等事早晩告之使其曉此

道理久之成熟德性若自然矣陳忠肅公曰幼學之士先要分
别人品高下何者是聖賢所爲之事何者是下愚所爲之事使
其知所向背去取古人于初學之年教之如此其嚴是以至于
成人德器成立便有作用今每見世人于子弟幼時任其驕惰
放佚日與下流等輩征逐嬉遊口不道正言耳不聞正語迨習
與性成不可救挽無怪其愈趨愈下敗檢辱身做不得好人雖
在子弟間或有殊才異慧僥倖取功名富貴而源本既喪未有
能忠君愛民者况此又千不得一之事一日暴十日寒多轉而
流于卑下父兄之教子弟可不慎之于初哉

合璧字族訓

百字堂訓

一男子治外事女子治内事各不相侵此夫婦之正家道所以興隆也每見世間女丈夫恃其聰明才能操丈夫之權而主張之其夫唯唯諾諾不敢與爭甚至刁撥其夫離間骨肉兄弟其毒不可勝言柳仲塗父承翰官至監察御史每旦望訓誡諸婦曰人家兄弟無不義者盡因娶婦入門異姓相聚爭長競短分門割户患若賊讐皆汝婦人所作男子剛腸者幾人能不爲婦人言所惑若等寧有是耶諸婦惴惴不敢爲不孝事柳氏家門因此日興然余則以爲大丈夫須自有主宰勿聽婦人語勿委婦人權正其身以立刑于之化彼婦雖巧終不得施不然安得人

人如柳承翰爲家翁日嚴其教訓耶而爲人婦者亦須自修婦道如桓少君之于鮑宣其庶幾乎易曰無攸遂在中饋書曰牝鷄司晨惟家之索此千古龜鑑也

一閨門内外出入不可不嚴每見世間女僧巫嫗往往出入人家詐誘婦人彼婦人佞佛信邪者衆未有不受其籠絡者甚至浸漬日深語言投契或入僧寺拜佛或往道家作福污穢之聲漸不可聞此無他皆由男子治家不嚴任女僧巫嫗往來出入以至于此耳凡爲男子者宜嚴立禁約不許尼巫到門而又往往有牙婆等輩先爲之援引一并俱宜拒之此治家之最要着君

合 壁字族訓

百壹玖

子須愼之于其早毋貽後悔

一男女婚姻不可不愼須審其家之世系勿貪人富貴以致失身于匪類古聖人設教特重婚姻之始逆家子不取亂家子不取世有惡疾不取夫取婦且不可况女子之嫁所托以爲天者乎而要之婚姻論財夷虜之道惟擇其德以相配合而已司馬溫公曰凡議婚姻當先察其壻與婦之性行及家法何如勿苟慕其富貴壻苟賢矣今雖貧賤安知異時不富貴苟爲不肖今雖富盛安知異時不貧賤婦者家之所由盛衰也苟慕一時之富貴而娶之彼挾其富貴鮮不輕其夫而傲其舅姑養成驕妬之

性異日爲患庸有極乎借使因婦財以致富依婦勢以取貴苟有丈夫之志氣者能無愧乎安定胡先生曰嫁女必須勝吾家者勝吾家則女之事人必欽必戒娶婦必須不若吾家者不若吾家則婦之事舅姑必執婦道二公之論古今至言惟在擇配者遵而行之

一冠婚喪塟惟稱家之有無與其厚聘盛粧而後嫁娶不如男女及時之爲愈與其備物備儀而後窀穸不如先人落土之爲安而或有家貧之甚舉措艱者則各房宜共鳩財力以幫助之范堯夫且以故人助麥舟柳仲郢亦爲孤貧資裝嫁况宗族一

本而可不相恤乎惟願吾宗人人仗義其毋吝一爲先人卜擇宅兆不可不愼亦不可奢求每見世人貪圖大富貴之地至數十年不能塟其親者有既塟以爲不吉一掘未已至再至三者有因買地至訟棺未入土而冢已蕭條者有兄弟數房惑于房分優劣之説執拗相爭至于有地而不肯塟者積年累歲或至延及孫曾在孫曾之仁孝者尚知卜地葬埋不然往往爾我相推置之度外此種通病難以枚舉大都爲堪輿家所誤也不知死人以土爲安但得其地無風吹水刧蟲蟻之害斯可矣葢塟者乘生氣也惟原其脉絡之所從來審其形勢之

所止聚有水以界之無風以散之然後乘地中之正氣以養死者之留骨俾常温煖不速朽腐死者體魄安則子孫之受其氣以生者因之發福乃理之自然不可有心以覬其效之必然也凡人孰無父母皆當體察此意期于速得安土爲是萬勿誤聽堪輿之說以蹈世人通病

余璧字族訓

百十貳壹

楊氏家乘跋

庚辰之秋余叒　其翁持家乘命予作序
余自媿不文退謝久之但憶　其翁先尊
漢隱太姻翁與先君爲石友當先君宰南
海曲江英德時惠民善政　太姻翁贊勷
之力居多　鼎革初先君宦橐復賴護藏
完趙得以生活起家是　太姻翁之造就
先君者匪淺鮮也先君在日晨夕必踵

全壁字跋文

[illegible]

太姻翁門商論家政時事一日不見則飯不下咽余時尚幼雖目見其往來過從之綢繆而未知其情之真以篤也由今思之悵芳蹤之既遠追向往之甚深而猶幸其翁與余自少同學筆研數十年如一日見其翁如是 太姻翁也而其翁伯氏又與家潛溪叔父世誼逮姻友誼親情倍加敦篤余繼不文聊書數言附跋家乘

後　其翁知敘其官以余為鄉乎夫
其翁學本朱程才兼賈馬雖屢躓場屋非
戰之罪也今以夙學歲薦亦稍見其一斑
矣彼重修其家乘祇小試其作史之才而
其敦倫睦族尊祖敬宗之思蓋有深焉者
何也自我故郡瀕海丁遭禍之變　其翁
昆仲隨其　先尊占籍南海而其族之東
西各散者又不一其人別省他州異日雖

無胡越之感　其翁之為是役也蓋將使近者不疎而遠者亦合木有本水有源爾猶是月映萬川同歸于一非仁人孝子之用心其孰能與於此哉且細閱　其翁之譜昭穆有序親疎有等條規例既名分之井然立訓辭後親愛之無已祖功宗德一善必書婦道母儀片節皆錄觀斯譜者直可以生孝弟之心興敦睦之行固非但合

遂通親蹤而曰萬派一源萬孫一本而已

也異日者　其翁取高第推其仁人孝子

之心爲忠君愛國之心銘勳鼎彝垂名青

史吾知楊氏之家乘且大有光而余尔與

有榮施也夫

鄉進士吏部揀選知縣同學年姻家姪

唐蘇瀛頓首拜跋

百貳伍

跋

余之重修是譜也蓋歷經退遜不敢而又不得不為其不敢者以學識之淺恐不足以勝其任獨念自辛丑播遷以來枝棲各別無論地州異省情難相屬即結茅故里者亦不能如昔日之相親相友余每重以為憂此譜之不得不為也有此不得不為之責爰是不辭愚劣訂為是編分別後先第次卷帙首系圖所以推本始別支派明世系也次家傳所以序昭穆逸世數著本支也而且正其配偶明其嫡庶以及生卒

墳塋皆于家傳書之盖家傳一篇尤譜之最詳且重者也而凡男子之有德行可師才能可表勳業建于朝廷忠孝着于家國者書之傳贊婦人之於脩婦道主母儀孝事翁姑善相夫子慈祥淑慎節烈幽貞者書之内傳皆所以闡揚世德垂示子孫使知所以作求而光大之其女子則書之外傳而女壻外甥附焉所以著甥舘宅相之義也兇另立附支一傳者所以防吕嬴之亂而亦不失存宗之嗣非故嚴其别也恩録藝文皆有関於明訓墓誌山形又家係乎孝思故

並歸之而至族訓一編又大有關於脩身齊家之道
保世滋大之旨教書之不[illegible]是為首
篇凡例雖同開譜牒之端緒而所言者寔具有尊祖
敬宗敦倫睦族之至意此皆作者苦心揆之天理
度之人情準古酌今無偏無黨雖言之不文而立之
有法心寔無愧即以質之天地覆之祖宗庶幾可告
無罪然孔聖作春秋且曰知我罪我則是譜之作也
余亦安敢望人之不我罪哉請以正之
諸父兄弟　十二世孫柯煐頓首拜跋

〔福建華安〕碧溪楊氏家譜十卷（卷一至卷四）

〔清〕楊一士纂修

〔福建華安〕《碧溪楊氏家譜》十卷，清楊一士纂修。碧溪楊氏居今福建省華安縣豐山鎮碧溪村。開漳始祖統公，唐高宗時移家於漳，後世轉徙數地，至宋崇寧間，聳漢始遷於碧溪，爲開基祖。是譜由楊氏十三世益齋始作，十九世賀卿繼而修之，二十三世振北、二十四世一士續增，迭經數修，於世系支圖，增至三十世。首爲序、凡例，其後别爲家規、里居、家廟、祀田、墳山、墳墓、世系圖、世系録、文獻録、雜記十卷。楊氏族人自清康雍朝以後，遷居臺灣及外邦者極夥。如楊宗第三子遷臺灣，其所生二子，乾隆間偕母移居臺灣；仁忠之子移居臺灣，卒葬當地。楊梛乾隆間卒於外邦，曾於海外生子。其餘裔孫葬外邦者，亦所在多有。據清嘉慶間抄本影印。

碧溪楊氏家譜序

夫家之有譜猶國之有史也
系哉要必有以為之本者乎，
㠯叙宗亦以睦族㠯比頃
於楊氏之譜可以徵世德
於漳自　始祖十五

署弗完然其家世相[illegible]　濟濟有
宦族風而邑里翕然歸重士　德之徵
愈久而愈昌而熾耶迄今[illegible]世孫　益
齋先生領　京闈鄉薦任[illegible]俞[illegible]
菴先生登正統戊辰進[illegible]紀之[illegible]
乃慨世遠之或替[illegible]　樹恩吾觀
丁氏譜

牒之脩吕維繫其族人而世次本支咸若
引貫而弗容少紊其規慮不既深遠乎哉
夫聖人尊祖而敬宗正統以收族植人道
也故忘而弗識者薄也冒而強附者恥也
叁吕自耀者陋也悖而胥賊者離也斯大
戒也已是故君子立仁以本親軌物以辨
分飾行吕明志溥愛以洽恩是故遠一
思邇而能別纘而能述群而能匕
楊氏家譜

此四者故情篤而倫昭澤延而久、備矣楊氏競爽而時實為多賢譜之、夫、諸有進於是欲予於楊氏為姻婭且雅有同年契故義其事而樂敘云

弘治元年戊申秋七月既望

賜進士第光祿大夫正治上卿太子少保

南京戶部尚書年眷弟踈菴潘榮序

吾家先世居霞城之東北隅至有宋間
我
十五公始遷於此碧溪之濱生四子長曰
彥俟次曰　彥譁三曰　彥伯四曰
彥理　譁與　理俱無嗣　彥俟擢紹
興十五年進士第本支多顯居貴傳之
十二世以元末　國初逃亂分散毋
於攷或有隣居同姓者多欲竊

可恨也哉然亦未敢以譜牒扳果有如是亦郭崇韜之流豈不有愧狄公耶　彥伯一派子孫頗盛至是時亦多散失復舊居者惟　先大父從兄弟二人焉頗以譜乘遺失而支圖尚存從弟文纘共議纂輯成編遠邇詳畧一無所改於其所可知者錄之其不知者不敢穿鑿附會今世而下仍繼綿綿井

然不紊使不圖見則支派日多而涣雖
泯沒益漸於前矣唯吾子孫寶之續之
以無負吾兄弟作譜之意云

十三世孫益齋衡謹識

楊氏譜

續修家譜小序

譜之作也自　益齋公始也訁之修也自　賀卿公止也益齋丁明初譜牒失於兵燹支圖尚存故以上所誌多未備賀卿之去　益齋未遠也繼而修之不過三四世迄北又八世矣未有修者支愈蕃派愈衍生而娶卒而塟或遷或仕或絶或綿益棼乎其不可紀也　父參溪憂之議給族兄振瀾紙筆令先查録乃修飾而纂輯之振瀾窶甚舌耕為活遇迍邅凡十餘年藁本未成一病不起亟令胠其篋取而藏之修輯匪異人亨而　父以患眼倦勤　命北纂修北無似惴惴然懼不克膺兹任也庚寅元旦族伯　天錫叔　得水偕諸長老諄諄面命詞至懇意至亟遂有誼不容辭者夫人壽嚐窮理倘稍有得猶思著一議立一説以示來世况譜譜先人之德善功烈聲名于不朽而名不因以附

楊氏家言

乘稽新録振瀾未完之藁多草率　賀卿所修見矣所據者賴有　眉叔私鈔之本全與否不敢知甘誤字有待訂正者亦不少頃自以世遠人遐無從採索於無可稽者闕之其有可稽者不憚求詳附會臆度舉無所用而猶欲以一二補前乘之所未及也遐稽近考日夕焦勞白髮乍生何嘗叨五堇前人有知庶諒苦衷也

乾隆三十五年庚寅復月望日

二十三世支孫振北識

楊氏家譜　小序

六

續增家譜小序

我碧溪家譜昔歲庚寅經　先嚴之纂修上下數百年間使世系支圖炳然可據纖悉細微昭然備具信乎當日先大父及族伯叔祖任　先嚴以修譜誠為稱職而於譜之修洵有功于　幽明可以遠接　先賢作譜之心源近開後人修譜之捷徑矣第譜牒所関甚鉅舊譜載遇甲之歲應為一修迄今三十有餘載竟未有能舉行者良可慮也歲癸亥族叔　振榮弟　秋光姪　夢元以繼脩家譜命一士埶無可諉誼不容辭爰出而續之其規制凡例悉依　先嚴手本不敢稍有所異于世系支圖二十八世之下增至二十九世止于生娶卒葬則自庚寅冬季起己甲子年冬季止其間遇有添一按字及之一烏圖皆所增固以示别亦以明事有變易時有先後

楊氏家譜

雖有忝于　前人作譜修譜之至意而經營
匪不勞矣幸而癸亥科試第三即獲食餼安知非
之默佑也耶後之有志者于斯譜也其善寶之慎修之
所顧望也夫
嘉慶九年甲子臘月望日
二十四世支孫一士謹識

碧溪楊氏家譜凡例

一秩叙世系一世至五世五世至九世横列為圖盖自高祖以至玄孫統緒相承昭穆有序世嫡子孫特聯於父祖之下者重宗祀也伯仲叔季次第書之一覧可知玄孫以下十世至數十世雖百世之遠依此書法可也

一家傳某位下諱某字某號某行若干娶某官某氏女生卒年月日壽若干塟某山子某某仕某官女適某鄉某人與夫平生言行大槩出處行事之實或遷居某處亦因以附見焉

一譜中無子者位下明書無嗣若有昭穆相應承者明書于下其乞養異姓之子紊亂宗支者不録

一譜中所書之人下殤中殤者不書或上殤而夭歿或未娶而早卒或老死而無嗣者各附其下不得削去其名

一善盖一家乃一家之善士也非時宦蹟顯著者録之

楊氏家譜

行可以表率宗族亦當採而書之家傳一以彰厥美
及其人亡則詳入于家賢傳本傳不必復載

一先世所遺　制勅乃　朝廷盛典不敢不録其序記詩文多有關
于父祖言行之寔亦不可闕也故録之以徵文献

一每十歲一修譜皆遇甲年以為定式然記事准至年前十二月而
止其下年正月以後凡有生卒昏塟等事不得增入俟續修時書
之如造册例

一修譜不拘宗子支子但有志者皆可為之如曰責在宗子假使不
好筆墨将如之何支子之賢者其忍坐視之哉

附凡例

一世系以　仕休公為一世祖回漳自　公始也而我碧溪私譜則
以　聳漢公為一世祖碧溪開基自　公始也以　聳漢公為一
世則　盂齋　敦勵齋　直庵列祖當為十三世然自　仕休公

一一家之乘各備一家規訓有宗　列祖豈無明訓明初　先賢定有格言傳流已久致為散失良可悼嘆今則以祖宗之心為心撰述家規計八則俾後人有所遵守焉

一譜中所書自一世起至二十八世止十五世以上並依　益齋公原本十六世至二十世雖修于　賀卿公而上猶未備下多不全蓋五代相見多半現存之人也今則自十六世迄二十三世生娶卒塟行寔俱各完備其二十四世間有一二現存之人者俱留空白以俟補錄可免後來再修其二十三世以下續而修之猶尚有待也

一家乘散失于元末再失于　國初賴有眉叔手鈔之本幸而獲存蓋修者难藏者尤难今則分為三部每部四本擇各房中知書子祖之人交之令其收貯慎守毋得褻漫至其子孫無甚識字一擇房親之賢者交之毋得秘匿致有遺失慎之慎之

楊氏家

碧溪楊氏家譜凡例畧

碧溪楊氏家譜目錄

十

碧溪楊氏家譜目錄畢

十一

碧溪楊氏家譜卷第一

家規

一敬祖宗物本乎天人本乎祖不敬祖宗猶水之自塞其源木之自撥其本未有能支蕃而派衍者祖坟不可不巡視祖祠不可不肅清而最重者又莫如祭吾家先世祀事惟隆歲時朔望饋奠必虔歷久而後难為維也今訂元宵及春秋二分為祭期先期一日當事者盡志備物仍具柬達知尊長主祭及年少執事之人屆期衣冠入廟奠獻自序立至辞神主祭者必盡其誠執事者必極其恪蓋祖宗與孫子氣血本自相通吾之精神萃即祖考之精神萃冥〻之中有寔式憑之者否而奉牲奉盛神弗饗也

一合族属里有相賙之誼鄉有相助之風豈同源共本而可不聯恩愛我碧溪聚族而與黄仇北與宗隣南與鍾梁交逼三面俱敵尤〻為族一日不和外侮随至左支右詘难以自立矣然族

楊氏家譜　卷第一家規　白石

者由強弱明強弱明而後疆界生分支別派樹之仇敵

知同此一本所生彼菀此枯循環靡定且如我族有自恃強盛族類不數年而倏焉以滅矣有積弱受欺慘無所控一再傳而忽焉以盛者惡盈好謙固天道然也戒之哉毋恃強而凌弱毋恃衆而暴寡急則相濟患則相恤如是則族誼敦而族本固外侮消而族勢益盛矣

一重詩書斯文為家族之元氣故子孫雖愚猶必課以經書俗人重丁財謂有丁與財何必讀書不知族無詩書元氣已盡頑梗成風犯乱成俗縱有丁財未有不亡者蓋斯文興而後丁財盛斯文盛而後丁財可以不替念之哉立志宜堅用功宜篤待師不可不豐處友不可不厚見名士必須禮貌遇寒儒應加憐恤昔吾先人廣置書田厚設油租亦惟此詩書為要務今雖先澤已遠而家法可師亦烏可棄詩書而不事哉

一敦禮讓父兄之教不先子弟之率不謹今族有族長房有房長凡欲其教誨而約束之也而所以教之者莫先于禮讓禮讓明而後父子有親長幼有序強不犯弱衆不暴寡胥由此也平時不能教訓臨事何能約束是故一族之內有剛方正直者立以為族長一房之內有忠厚純謹者舉以為房長朝夕聚會嚴加訓迪稱謂不容假借糊塗坐立必循尊卑序次居家以孝順為先處族以和睦為尚礼讓成風習俗醇美族乃熾昌其有頑梗兇悍敢為子侮慢尊長欺凌孱弱及為匪害人生端取禍不聽訓誨不遵約束族房長明正其罪神入祖祠重板責懲或敢抗違禀官究治以一警百勿畏強暴勿涉阿私是又為尊長者之責也

一憐孤寡窮民無告厥類有四而尤可矜可哀者莫先孤寡故　朝廷有旌表之典族党有憐念之情而憐之者不持無敢侮無敢欺也少孀居矢志靡他自甘淡泊者族房長會衆酌議年給一

林氏家訓

成其節所有遺孤共為撫字百凡事故務從寬免或敢山
懲至于孤長節成純潔無疵闔族老幼須更加礼貌爲
一恤死喪族之相為也喜相慶憂相吊而最急者莫如死喪世俗于婚則
賀之于喪則不相聞問非也人必有財而後娶妻縱不具礼相賀自
能完婚惟死喪之咸一當貧窶之家借貸無门歛葬無具時日忙迫
不容姑待即或素稍足食而变起臨時亦且徬徨莫措當茲急切苟
得些少相助豈不十倍常時今即無論親疏但聞有喪通族即日各
具賻儀不拘厚薄隨家所有親送有喪者之家令得預先辦理及時
歛葬卒哭之後無論貧富俱不用備酒申謝亦不必頒胙饅頭粿可
也以此為例礼尚往来族無才舉之喪至于零丁孤苦不幸身故旁
親窮乏無力歛葬族房長勸饒足之家捐助少許付其旁親從泊葬
理不在此例
一擇董事族無公貲常变無資故察費所餘積貯為公以備不虞而出納

之權在于董事董事不得其人侵漁之弊生分散之端起矣今就各房中擇家資稍裕年富力强公慎勤敏者舉爲董事凡十二人作三閻閻四人輪年辦理而董事諸人必先于元旦族衆齊集宗廟中之時對祖立誓不敢吞肥以杜疑謗值年四人令各領錢三千文爲信不得推諉早晚二冬所收租穀照時價發糶米戶本族人非現艮不得强糴糶之日即將現收艮兩若干仝家長貯櫃封鎖所有短欠限一月滿收討明白如數貯鎖不許挪移侵用致有違約藏櫃必擇人輪年鎖匙則家長分收有應用公事董事之人仝家長開櫃面取封鎖如故一年費用若干餘存若干登記在簿訂元宵次日將賬簿并錢共十二千文交下閻董事之人董事會仝家長開櫃驗明所存艮數然後將賬簿一一細查倘有侵漁花造之弊公仝柏出坐賠外仍加斥責嗣後不許復充董事如真心爲祖毫無所侵宜共獎賞之恨造言訕謗者家長聞知會衆斥非以警後來

[illegible]

一禁傷祖水有源木有本而深維本源者惟在孝子慈孫不肯二爲孽有悖祖忘宗而不恤者抑知入而傷礼是自傷其子孫也乙今所聞我族先前所有呑肥公貲及墾鑿祖山傷害坟墓盜献强隣致淤侵佔者不再傳悉滅絕無遺固祖宗有靈所以示警也夫圖目前之利不顧祖宗貽害一族所得無幾自取滅絕亦何益哉乃貪暴頑疲之輩不知所鑒墾鑿侵冒爲害不一族衆容忍莫思阻止爰會全家長立約垂禁無碍処所倘有墾园欲輕的税不許私相授受至有關係之処不准妄墾私侵如有不遵稟究不貸嗟乎族生此孽乃家門之不幸祖考之罪人照約辦理或呈官究処或公革不許入廟是家長之責也自茲以後遇有兇暴之徒傷祖害宗無論約字存否依此家規会衆究革毋得徇縱

右家規八則乃保族之要遵而行之在正直家長今之家長類多推諉不任事勢家大族建有家長田櫸族中方正之人收掌

十四

租稅辦理公事良足法也

碧溪楊氏家譜卷第一終

楊氏家譜　之一家規

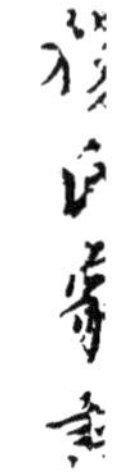

碧溪楊氏家譜卷第二

里居

源自董鳳梁崗歷大帽小帽穿田而過為水分流山逶迤起伏由赤山岩過塗門巷挺為寨山經洪坑嶺過陳道山東而下為虎過崙聳而峙為石鼓山復東而起分為三台山社建其下鄉號遊仙里標九龍社名碧溪內分四隅曰青雲頂曰珠湖曰龍塢曰璁田明為龍淵保 國朝隸浦西保前乎此者浦南未設社亦為市自涼亭頭以至南園市肆相聯曰店前街曰店仔尾舟車商賈人物絡繹而雲頂珠湖衡宇相望璁田龍塢屋舍連翩以故碧溪獨居龍淵一保然而社非一姓與楊平分者前後兩類與楊雜处者有鄒與劉而吳前山之吳鄭后山之鄭東山邊之梅亦皆瓜分一隅自成氏族其餘附居散处是不一姓此吾家先人所以或分住于廻龍山新倉尹壠或散居于東洋水吼油車後也明季逃乱里社荒墟定鼎以來漸次興復猶幸我族日蕃異姓日替迄今里居屋舍

[illegible]言

閘有異族附居首尾寥寥幾家猶松栢下草耳夫山川靈淑鍾々

吾族類莫逼処此自今以始楊氏之熾昌當何如也誌里居

居址

城北祖舍　今無存

碧溪新居　見在

一所坐落迴龍山東至鄒均一屋西至楊宜富屋南至路北至园分盖一十四座坐向不同

一所坐落沙姑宅東至鄒光照屋西至楊應元屋南至路北至山分盖四座坐向不同

一所坐落倉下山東至本宅大池西至鄒光照屋南至路北至山分盖一十座坐向不同

一所坐落庵邊東至顏希華屋西至大路南至顏希武屋北至希華园分盖四座坐向不同

一所坐落店前街東至本宅石碑路西至凉亭頭南至溪北至觀音前楊家
园分盖八座并祠堂二座俱坐癸向丁

一所坐落後池東至顏大夏屋西至田南至大池路北至山尾园分盖六
座坐向不同

二所坐落新倉及尹壠分盖八座坐向不同

以上舊譜原誌明季之乱燬壞変葺土名至界多不可復識已以今考之迴龍山即長巷上杉仔山下一片园地是也新倉尹壠悉為坟山庵邊住屋建置移易迄無可據店前街俗呼庵前街一片成园旧址無存亦無可考沙姑宅後池二所坐號詢之故老無有識者惟倉下山分盖十座即今志名公私一带住屋是也然亦改易創造非復其旧已今特存之不敢妄為削去者俾後人知建置沿革之定

國朝建置新居

社分兩龍一從倉下山斜而下一從迴龍山低而入依倉下山

者自長巷左起至土樓邊止依迴龍山下之龍建坐者自鄒厝埔起

至店仔尾园止統而言之社有四區曰青雲頂俗呼新倉頂自長巷

左下至大厝自鄒厝埔下至本宅大宗兩邊相向是也曰龍塢自崎

巷頭至碧雲宮土樓一帶住屋是也曰珠湖自樓后至新厝及對面

大池上一帶住屋是也曰瑰田自梨仔园至店仔尾向東一帶住屋

俗呼田邊后是也分而言之主名不一隨時变易

倉下山長巷左有同姓楊章楊陣等公屋一座兩進帶左右護屋曠地坐

北向南俗呼下浦尾（按曠地今文佩公派現築祖祠一座三間）過曠地為郭家地原佃同異

姓起蓋棋盤屋一座坐北向南右有護屋数間前有池俗呼新倉頂公厝

（按郭家物業今盡賣楊宅執掌）公厝之左有屋一列　文儼公給佃同姓楊江楊地等

起蓋納租坐東向西俗呼公厝邊　隔一巷有屋一列五間坐西向東與

公厝邊之屋相背　文儼公新建三間在下エ二间文侃公派碩光所築也俗呼張厝间　隔一巷有屋两座東西相對中留曠埕張家所築康熙间張建張奇等祖父糾合諸張盖築土樓廹傷彥伯公祖坟族衆出阻勢將械鬪乃改築住屋两列相向不許高大今俗呼為張厝　張厝之前曠地一片文儼公給佃楊江房親楊妲起盖住屋一座三間坐東向西　曠地外小池上旧有天錫公書館一座今廢　其與張屋相連西向者為迎和私屋一座三间　過小巷為碧津公旧屋一座三進帶右邊廢護屋地一小片坐北向南前臨天錫等水池俗呼天寶厝　厝左屋地一片見在為園旧直菴公第也後為霞城張家所得今則志名買還　園邊住屋一列志名派下所築坐西向東其左一座两進坐北向南與大宗相對志名所建俗呼楼仔旧誌節菴宗祠一座三间在進士坊後此也　楼仔之左為廷昌派公屋一座两進坐北向南與教諭房楊思光住屋相對俗呼厝旧傳瑩卿公出仕起盖第宅高大宏麗俗人稱曰大厝明季為

國初改築規制淺狹而里人猶沿其稱焉　大厝之左屋地一片埔相對見在為園簡生派所掌　園上壟倉下山处有書館一座簡生讀書処也額曰一枝栖傳為顏繼祖書云今廢　園左大池之上有破屋一座兩進帶左右護厝地坐北向南瑞鳳所置俗呼大池旁（按今已杜賣珠湖派公掌）破屋之左旧有土樓一座今廢為園其上有小屋三间瑞鳳長子所築坐北向南旁有新屋一座兩進润卿派向寧私置新屋之左一座三间則兩公派公屋也三屋並列俗統呼土樓邊

廻龍山下小路右旁有光香書館一座三间坐西向東俗呼廟仔頂　其前有福德祠一间坐南向北俗呼新倉頂廟仔（按甲寅年八月二俱被水損壞）　廟仔之右有天錫菓園土垃古屋地也　園右住屋一座兩進帶左右護屋坐南向北廷佐廷袮二派公屋俗呼新倉頂　護屋之右屋地一片見在為園天錫所掌　園右曠地一小片相隣接界汝韜一派所掌　曠地之右一

座西進帶右邊護屋照墻坐南向北廷祚一派所居俱呼新倉項　過而
右一座三間帶廠頭圍墻廷策派下所居坐南向北俗呼祠堂邊　隔巷
一座三進帶左右護屋懿卿與嚴卿次子洒夫合建坐南向北俱呼祠堂
邊　巷右一座三進帶右邊護屋照墻碧津公所建呼曰祠堂邊別呼天
寶厝坐南向北護屋迫近小宗雍正間用公貲買其屋而折之左旁稍寛
迨後屋燬又用我文儼祖公銀承買前後共買四分之三餘一分為翠卿
公派所謀獲人議欲公建新小宗崇祀長二三房私祖相持未決　按乾隆
壬子公築小宗一座西進坐　向　過而右為文儼公祖祠一座西進
坐未向丑即小宗家廟也　隔一臂為大宗坐丁向癸一座西進　大宗
之右一座二間帶廠頭圍墻坐南向北為思光住屋屋右近路処小書館
一座二間俱思光築　過路而外有屋兩列南北相向汝韜派金生所建
也　金生屋後一座三間帶廠頭圍墻宮坑房揖公所築坐東向西　過
而左一座三間帶圍墻廷祚派亢使所建坐東向西與揖公住屋同[illegible]

路下　石路之上有屋一列坐西向東间数不等乃思光旧屋債區以作居住内雜張屋兩间（按今盡為振晃書館）張屋之下有書館一座三间帶左右私軒各三间用大圍墙士志所建坐北向南自思光住屋至士志書館俗呼崎巷頭旧名凉亭頭　士志書館之前有関帝君公园一坵园前一座小屋三間坐北向南鳳棲所掌（按今已壞）　從右而上為大宗右肩之後有関帝庙一座三间坐北向南俗呼関帝館　庙下新屋一座三間帶厰頭圍墙廷俊私建坐北向南　俊屋之左一座三進坐北向南邦重新建二屋俱呼関帝館前　邦重新屋之左為廷俊袖园﹅下為路為曠地為菜园柚园（按曠﹅地园地内今已築室三座坐向不同）　园前有碧雲宫一座兩進帶净室三间　碧雲宫左有上帝宫一间俱坐乾向巽　上帝宫左上有小宗一座帶右邊小屋四间坐乾向巽文侃公二房派所建（按甲寅被水損壞其地基盡賣允敦起盖坐向）　祠後住屋一列坐溪向楼上為角使住宅下為火生住宅　過而為楼大小四十六间坐北向南俱係我族居住　楼之左上截一座三间坐東向西文蘭

所建下截一座三间帶左邊小屋五间坐東向西繼祖所建與樓右之屋同呼樓邊　繼祖小屋之後為陳家园按园今為振晃住屋坐艮向坤　园上左偏有書館一座兩進帶左右私軒坐癸向丁祖邦策所建也　書館之左一座五间坐壬向丙亦祖邦策建　五间之前為埕為园园下向西有新屋一座兩進帶左右護屋坐寅向申父参溪所建　護屋之左為士志菓园過為立勳袖园袖园之旁為北祖园俗呼店仔尾　祖园西段中隔小路一段坐西向東内塟祖考妣坟一首坐酉向卯號南园　园左為立勳父坟坐酉向卯　坟左之上為立勳住屋一座兩進帶左右護屋坐西向東俗呼尾厝　尾厝之左為繩瑞屋地過而左一座三间為劉先住屋坐西向東

劉屋後园上一座三间帶右邊護屋坐溪向山并左邊坐南向北小書館繩瑞建書館之下住屋一列坐南向北前屬異姓今俱歸楊　其前為园园中一座三间坐南向北得春買自曾姓按今為丙光住屋坐西向東　得春住室之前為鄭家屋兩座十间南北相向内三间帰族人憲郎　坐[illegible]之

下另有鄭屋三间亦蔥执掌按今還鄭　鄭屋之後為異姓公屋劉家执也坐
西向東棋盤築乾隆庚寅閏五月圯于水　公屋之後有得春書館一座
间數不等士按書館已賣吾祖执掌其與書館並列之地乾隆癸丑年间吾父築室両列南北相向　公屋之左一座
五间坐南向北曾吉等公屋也　其前有屋一座両進保生新建坐西向
東　保生屋前為曾家园〻外偏右処有立勳园一垃内屋一座三间向
東山　立勳屋左有巷曰東井巷上有园曰梨仔园内築書館一座四间
坐北向南邦楝所掌　园左有福德祠一间坐西向東按甲寅年被水圯壞　祠後
一片菓园志名業也按今园内焭光築室一座三间坐向　园西有住屋一座三间坐南向
北邦仲所建　過而左祖屋一座三進帶両邊護屋後坐金奎山前對倉
下山下有寶珠池一讓公與兄一讓公合建俗呼新厝　新厝之左一座
両進帶左邊護屋坐南向北篪伯遺下見與童鄭二姓居住按今其孫贖回居住
其左為繩茂园〻脊上住屋一座繩茂所建　茂屋之左有巷爲過巷大
路之间大榕樹一株大數十圍高參天為社蔭木不計其年下建福德祠

一座坐東向西　祠后一座三小间并前大三間一座坐西向東繩緑所建　祠前書館一座兩進坐西向東長蔚所建按書館右邊今標光築室一座五间前向上樓左邊小書館一座祖邦策所建坐北向南按今為允敦書館改坐南向北舘後為志名書館兩座六間南北相向按向北三间今賣允敦起蓋書館一座三间坐午向子其向南三间偏左秣生新築書館一座三間坐　向　背後洋觀亦築住屋三間坐北向南其後為園號顏曆埔　園墻之東一座三间坐西向東篪伯孫偶生所築按今已賣巨川起蓋住屋　自榕樹下福祠至此統呼樓後

以上所載新居列圖于後以便考據久遠之後沿華不同惟願修者著其新存其田勿漫削去　振北誌

四景　珠池曉影　浦橋春香　東山掛月　碧水來風

川澤

里隨龍之水分東西兩條東條從水分流山后而出歷石龜東洋下至坛頭吳陂二坑轉為水港入于吳前坑分兩支滙于東井窟經九曲

杉　而

會港與龍安水乳水磨坑等諸小澗合流出港口　橋達于溪西條分[illegible][illegible]
流社前而出歷烏岩陂頭芹霞至于后塘過鵲橋沿馬坂至油車后狗骨
巷下出達于溪　東條出水分流山後其源稍短然隨龍而來遠社而出
勢無所分而條從水分流杜前而出其源甚長然至玉蘭坂即從浦尾港
達于溪矣惟一片水田隨龍而下至油車後出口未爲全美乾隆初族人
有將水口塡塞爲園者杜以不利共出而阻之今尚未能清掘依旧出一
大築也

吳陂坑　在吳陂山下有橋

水港　在吳前山下

吳前坑　吳前橋之下

東井窟　在璁田東井巷下

大窟　在東井窟水路口之下

三角池　在南園之右

九曲港在東山下

水磨坑在龍女山下

浦仔港在浦仔山之下

相會港在九曲港之下三龍相湊而澗合流

港口在相會港下上有名橋

實珠池即珠湖澗而長池中有石圓如珠所產之蚌剖之多有小珠又清晨臨池有吳山倒影云

宮前池在龍塢碧雲宮前小而淺

樓前池築樓時掘土為墻因以成池故老傳跡池所以制火理或然也

庵前街窟在樓前池之下

青雲頂池在社中天寶層前其上有小池二口社爲掌心窩不利開鑿相傳跡処之土可爲磁器因初掘賣成池至甚深有水流出紅如血數月乃止地脉傷已

油車后窟在本社后狗背巷下小而深社龍養蔭之地也切戒不可填塞

月眉池在新倉山下祖墓前今塞爲田雍正初族人訓使將池旁祖田獻典黄仇族莫能阻后士志出貲贖田耕掌

林氏譜

橋梁道路

里社之隆替無所徵，徵之于橋梁道路。有明之初，一橋一徑砌築完固，故其時科甲興而財穀盛。沿及明季，修理未遑，而橋則猶是，路莫非石，猶存前代之制焉。国朝以來，漸以圮壞，未有能修者。迄康熙末，遂有良心斲喪之徒，不恤其後，擅收路石，砌园築屋，恃強橫爲，族莫敢言。自是以後，彼此效尤，弗能禁也。嗚呼！数百年來之規制蕩然無遺，而碧溪之凌夷衰微亦已甚矣。豈道路之廢興亦自有数，故若輩猶得晏然無恙耶？今日族勢方昌，而樂善好施尚少其人，即欲募衆修理，復有恃强之人造言阻撓。嗟乎！以無後之輩不足與議，一二有志之士同心恊力，不辭劳怨，則橋梁道路之成不日，而里社之興隆爲有機已。

福橋　在東津天妃廟前，乾隆丁亥年重修，詳見東亭福橋記。

生子橋　在東坂邊山脚顏竹軒先生墓道左下。相傳文侃公派升公艱嗣，旁求石板築爲小橋以便往來，後生二子。乾隆丁亥重修。

港口橋　在相會港之下田制低下溪水少漲人病于涉乾隆丁巳年　父参溪偕叔潤夫族兄鳳樓募衆修造增高三尺餘行者便之

浦仔橋

流井橋　在寨山下乾隆初坑水衝决橋没于沙　越乾隆丙寅父参溪與鄰社黄天財　捐私貲重修

坛頭橋　在坛頭山下

吴陂橋　在吴陂山下

吴前橋　在吴前山下坑上

池口橋　在賓珠池之下

溝口橋　在賓珠池之上　顔厝埔囝下　社内諸水　從此出口是橋以便往来亦以束水口

橋頭巷小橋　橋南有巷每霖雨時滑不可行旧有石板一條在廷瑞园頭上接港口橋下接廷瑞园值巷中泥濘人從小橋往来岸上之路達于東坂邊當廷瑞時橋存路通行人甚便瑞既没其子弗率毁断板石將岸路為园不數年一片园址尽為他人所得存此以為毁橋断路者鑒

東洋石路　自東洋庵前起至坛頭橋止　今廢

吴陂洋石路　自吴陂橋起至獅毬山止　今自吴陂橋至坛頭橋見存三分之一過坛頭橋片石無存

鄭后山石路自吴陂橋下起至土楼邊止見存十分之一

大池田石路自大池頭起至横石路止廢

横石路自池口橋起至石崎頂止今自池口橋至吴前橋一片石路見存吴前橋以上片石無遺

璁田石路自池口橋右起至港口橋頭止無存

大池上石路自土楼邊起至大厝前小宗旧埕止無存

小宗前石路自卸厝埔起至崎巷頭止見存十無二三

碧雲宫後石路自崎巷頭下起至石碑前大路止無存

庵前街石路自油麻頭起至港口橋止見存下池仔頭起至店仔尾福祠邊一節餘俱廢

浦仔洋石路自龍女仙山下起至港口橋止今自港口橋頭起至浦仔橋片石無存過浦仔橋或存或否崎嶇坎坷

以上諸路造自明初砌石完備康熙甲寅里人建楼折金奎寨不足因取遠地路石為基亦擾攘间權变之謀然子附社諸路片石無動迄康熙末強暴並起石靡有遺大雨時行到処泥濘過吾里者莫不

歎息痛恨相沿至今卒未有大有力者出而修之也吾父　參溪有志修造而力苦不逮惟值里社中有贏餘公貲即建議購石修路擇其尤要者而先之公貲不足乃勸近路各园主照丈貼費一二年来漸次修理雖于前制未能十復其一而循跡以往道路之修已有其基已若夫同心者多捐貲鳩工不吝財力所有道路可不日成也北日望之矣

新造道路

一路自崎巷頭金生屋角起至小宗家廟前止長石双板計用石七十餘丈乾隆戊子冬用碧雲宫公貲造

一路自大池頭起至横石路止長石单板乾隆戊子冬造計用石二十丈公貲造

一路自店仔尾福德祠前起至橋頭巷上止長石双板計用石二百四十丈乾隆庚寅夏造其費碧雲宫公貲出一半近路各园主出

橋路

一路自溝ㄷ橋頭起至井仔崎自土樓邊井下起至竹脚止長石[illegible]一[illegible][illegible]

用石三十丈乾隆庚寅夏公賫造

一路自三角池尾起至立勳坟界止用石十六丈長石单枚乾隆庚寅夏

父私賫造

卷第二畢

廿四

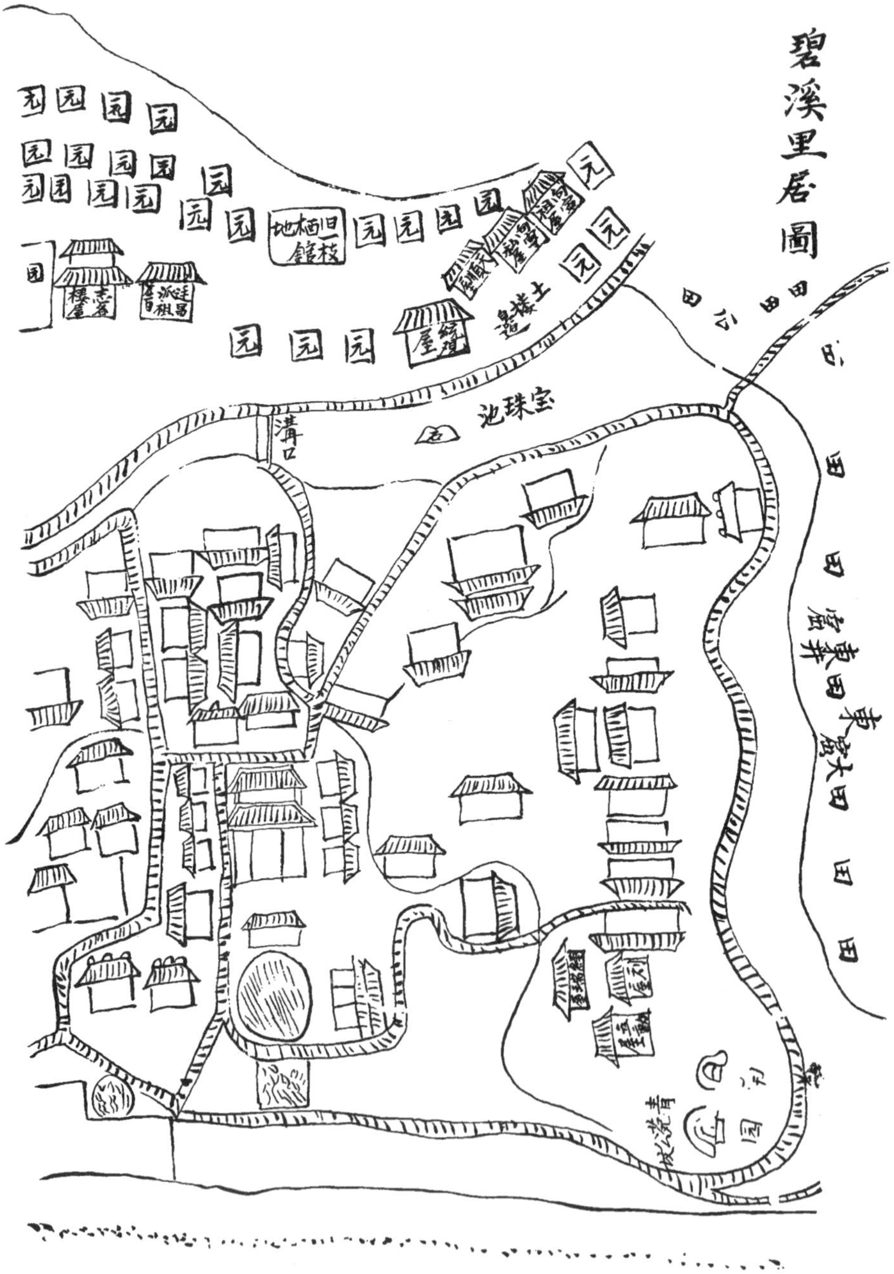
碧溪里居圖
宝珠池
溝口

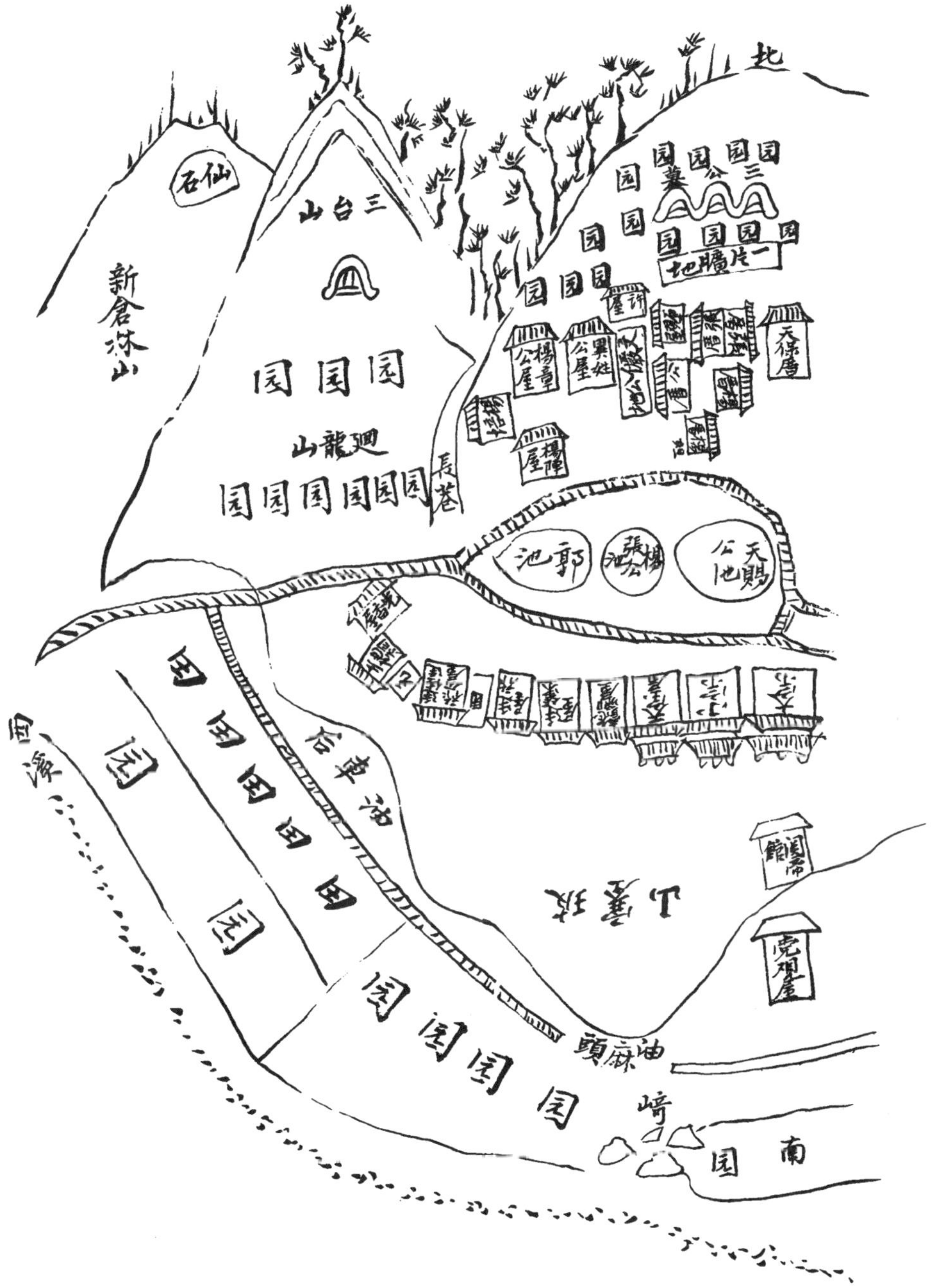

廿五

碧溪楊氏家譜卷第三

家廟

君子將營宮室宗廟爲先族之有廟以妥　先靈而合族屬也宋元之時規制邈矣莫考有明之初創置遞增前誌詳之明季兆乱星散式微廟以廢迄　本朝移易建立前代遺址蕩然無餘　賀卿公所載諸　先廟欲求其处故老無存已不可復識已

家廟位次之圖

祖考　祖妣　棹

高祖考　高祖妣　棹

曾祖考　曾祖妣　棹

考　妣　棹

香案

茅沙

又言

大宗家廟謀建未定神主在益齋正寢之堂中奉

高曾祖禰自朴叟以上凡四龕

小宗家廟在本宅進士坊前凡五間二座奉

素軒敦勵齋闇人非齋神主凡四龕其　素軒既入大宗此小宗不得重

祀也明矣但以大宗家庙創建未就以

素軒爲所生之父重本始之意也

直庵大夫乃吾家繩武之祖惜乎清白無遺本房子孫奔食移居莫能

承祀是姑迎而并祀于此看後有賢子孫當別立家庙歸而祀之可也

以上共五龕作　龍亭于樑上以藏

勅命嘉靖　年　月　日重建創始于闇人先生立在敦勵齋正寢之東

以地窄狹非齋先生乃遷本處涼亭頭又以族人祭拜遠近不均續遷

于此爲一鄉之中皆諸伯叔與吾父遲齋協成之力也

節庵宗祠二座三間在本宅進士坊後
悼軒宗祠三間一座在本正寢之東
懋直齋先生宗祠一座三间在本正寢之東
　以上家廟宗祠賀卿公所誌今已悉廢其録之而不敢畧者用
　存其蹟俾後人知建置变易之故

新建家廟

陶洋祖廟一座両進坐北向南帶左右護庙住屋在長泰人二里陶洋社
盧厝后　先時　令問公兄弟開基泰邑築室于苏凡二十有六間
令望公設教州校徙居霞東再傳復遷碧溪世居陶洋者惟令問公
一派沿至萬曆年间盧族势焰方横就埕前池地填塞築屋高大廹
傷嫡派孫子乃謀將房屋折卸建立祖庙盧復恃焰威阻勒令縮入
折低嫡派式微支房遠住莫能敵也故旧庙一座三间立冈當門厝
前埕僅有五丈之地中奉

樹□家記

世祖仕休公二世祖令問公令緒公令望公餘皆陶洋本房　列祖輒
隆乙亥歲將修祖廟費無所徵吾父參溪乃與高瀨雪美斤廍諸房
商議捐貲協修祔主配享我碧溪前後計出私貲三百餘員而以
尚寶卿子俊公　敦勵齋公配享其中訂每歲小寒日為祭期分設丑
席各房長依次就位行禮恭祭祭畢會食以齒為序緣盧仇倚恃嵎
強佔爭埕地為腦每祭日打掃前埕必欲列械較鬧附居者莫敢窩
遠者畏禍嗣是或祭或缺亦靡有常矣

祭祀請主之圖

陶洋配享祖　棹
令問公　棹　香
仕休公　棹　毡　案　毡　毡　毡
令望公　棹
真寧公
子俊公
敦勵齋　棹

大宗家廟一座兩進在本社青雲頂玻寨山下小宗右坐丁向癸兼未丑廟以玻寨山為後倚以倉下山之麓為近案迴顧大帽小帽並峙子前東山吳山拱向于右旧大宗地也旧大宗不知建自何年一座三間帶圍墻比今制偏于右進而前不得其氣亦不得其局　國初圮壞未修至康熙癸未年間乃與浦美銀塘豊山及丹山諸房改作而營建之徙于中縮而入後湊山脊前親堂局一座兩進嚴〻翼〻特失之高濶未為合法耳內作神座三中座三層上層奉祀

肇世祖啟源公暨配趙孺人神主二位中層奉祀長二三房　列祖神主三位下層奉祀長房長長房二二房祖三房長〻房三五位顕祖神主其有爵配享私主則分列于左右兩座之中左邊另有神龕一座奉祀碧溪私房　列祖列宗即旧大宗原祀　神主也訂每歲冬至合祭五房輪流當事先期宰牲請戲百物具備費用照房找科屆期長房主祭次三四五分獻祭畢依房合餕以齒為序我碧溪

楊氏家譜

奉　列祖則于元宵及春秋二分備物恭祭焉

中龕奉祀神主之圖

肇世顯祖考啓源楊公

肇世顯祖妣端肅趙氏

丹山　二世二房顯祖考坳德楊公　妣勤淑趙氏

碧溪　二世長房顯祖考發漢楊公　妣孺人蔡氏

豐山　二世三房顯祖考珹甫楊公　妣孺人王氏

浦美　長房二顯祖考[illegible]翁楊公　妣靜[illegible]張氏

丹山　二房顯祖考烈庵楊公　妣孺人陳氏

碧溪　長房長顯祖考節齋楊公　妣蔡氏謝氏

豐山　三房長顯祖考景玉楊公　妣孺人趙氏

銀塘　三房二顯祖考譽海楊公　妣孺人陳氏

右神主十位以長幼為序長房居中次房居左三房居右[illegible]時

成議定規不得有異

左龕長房配享圖

成都府教授真儒公
奉議大夫承祖公
朝散大夫汝南公
尚寶司卿子俊公
勅封户部主事義芳公

浙江麗水尹逢齋公
浦美
奉政大夫述公
奉議大夫直庵公
鄉進士教諭益齋公
杏林
贈文林郎朴翁公
杏林
雷州府儒學政公
中憲大夫瑩卿公

草坂
忠靖校尉應中公
鄉進士求誠公
龍南主簿碧波公
杏林
鄉進士兵部郎中慎庵公
鄉進士亂坤公
浦美偽爵
萬户候襲爵雲軒公

以上神主十八位作三層奉祀俱長房有爵

列祖

右龕三房配享之圖

豐山三房長文林郎廣東韶州府曲江縣知縣毅庵公

銀塘三房二祖考誥授榮祿大夫廣西鎮守潯州叅将府廷舉公

豐山三房長文林郎廣東慶州瀧水縣知縣豐江公

右神主三位同一層奉祀

碧

碧溪私龕神主圖

彥伯公暨妣陳氏 蔡氏

光璧公

資政公暨妣張氏

國銘公暨妣蔣氏

敏永公暨妣柯氏

茂積公暨妣謝氏

四十三使公暨妣吳氏

國瑤公暨妣蔡氏

素軒公暨妣林氏

真養公暨妣陳氏

彥明公暨妣陳氏

進晟公暨妣廿上

逸軒公暨妣陳氏 康氏

私龕神主十三位作三層奉祀

楊氏家譜

大宗冬至奉主就位圖

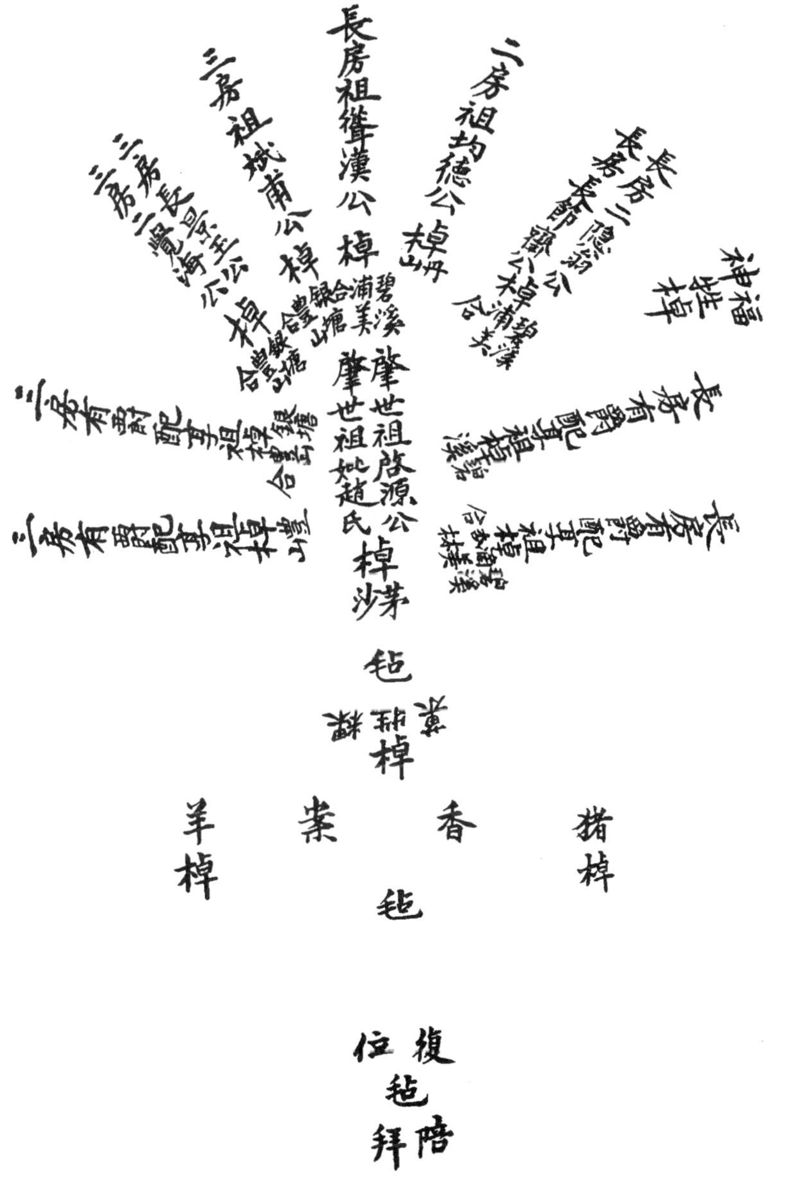

碧

三十

楊氏宗譜　碧江

右祭棹十隻每棹祭品十六件并紅柑共十七品碧溪房棹額二隻七分浦美房棹額一隻七分豐山房棹額二隻七分丹山房棹額一隻二分銀塘房棹額一隻七分合共十席其值年當事加辦之席不在此數

祭畢會食各依其房棹額分坐惟前一席恭祭　肇世祖席銀五房均出每房各擇家長二人坐食不得參越碧溪房棹額二隻七分該二十七人坐席二人赴前席另五人與浦美房五人合坐一席餘二十人分為兩席其杏林房隸碧溪房凡席銀什費定例貼銀四分之一以二十七人之額計之該六人半坐席或六人或五人各隨其便毋容過執至于登科洲年貼祭費一大員或来或否順其自然草坂配享有主數十年不来祭拜貼費置之不論可也

大宗春秋二分私祭奉主圖

左配國瑞公 四十三使公棹 右配國銘公

貞表公棹 配逸軒公

彥伯公棹 配茂積公

光璧公棹

茅沙

毡

資政公棹 配敏永公

孝明公棹 進戚軒公 配事乘公

香案

毡

復位

毡

陪拜

毡

桂巖家言

冬至五房合祭僅獻中龕　列祖及左右二龕配享諸　祖而我琴
溪私龕十三位　祖先不與爲故于元宵及春秋二分將祭小宗光
祭大宗元宵則遍祭私龕中龕及左龕本房配享　列祖主多席少
不庸奉主就位但于讀祝文時一一恭請秩然有序惟春秋二分專
獻私龕十三位　祖先其中龕及左龕配享諸　祖既合祭于冬至
又遍祭于元宵可以不與爲既專獻矣必須奉主就位方為式禮席
有六牲醴以享司土六席以獻十三位　祖先
光壁公專設一席居中　彥伯公一席居左配以　茂積公　資政公一
席居右配以　敏永公　四十三使公一席居左次配以　國瑤公
國銘公　彥明公　進晟公一席居右次配以　素軒公左下一席獻
真養公配以逸軒公以孫配祖者何父子不同席幽明一也席數如是
配法自應如是若夫族愈昌席倍增隨時變通可也

小宗家廟一座兩進在青雲頂坡寨山下大宗之左坐未向丑兼坤艮旧
一座三進向吴前山康熙初改造兩進易未丑向以油麻頭之崎為
後鬼以倉下山之麓為前案距大宗只一丈餘兩座並列湛興家謂
後倚勝于大宗堂局遜之相傳原欲立丁癸兼未丑急于改造因移
向以就日焉其界後直上至士志朝俊等園埒直長　丈東至
楊思光園西至士志孫安生園横濶　丈一片荒埔為小宗大
宗腦地嚴約不許墾園冲傷庙前有埕盖石與大宗埕一片相連石
埕之下一片土埕東至楊思光園埒西至碧津公破屋埕地土埕之
下有條石路〻之下為溝〻旧在瑩卿公住屋埕下瑩卿顕達遂改
移于此為溝上有曠地一大片西至數生炎生園埒北至志名公私
住屋埕地東斜狭為往来之路茲地及腦地比来屢被本派孫子藉
园侵越雖會衆立礌定界尚有不肖之徒混佔不止有志之士鳩衆
公華以警強梗固　祖宗之所佑也庙設神龕一座上層崇祀

十三世祖敦勵齋公暨妣孜順陳氏二位神主次層奉祀　十四世長二三房顯祖考妣六位神主三層奉祀十五世祖考妣神主八下層奉祀十六世祖考妣神主凡十一位

小宗家廟神主位次之圖式

敦勵齋公

孜順陳氏

長房祖妣洪氏胡氏

長房祖闇人公

二房祖妣吳氏陳氏

二房祖節庵公妣鄧氏

三房祖簡軒公

三房祖妣林氏

贛軒公暨妣宋氏

國真公暨妣洪氏

遲齋公暨妣林氏江氏

國珪公暨妣吳氏

國貴公暨妣涂氏

敦睦公暨妣涂氏

敦睦公繼妣歐氏林氏

國制公

貢卿公暨妣林氏

餘卿公暨妣鄭氏

賀卿公暨妣李氏蔡氏

潤卿公暨妣鄭氏林氏

冲卿公暨妣袁氏

后塘公暨妣鄭氏

翠卿公暨妣林氏

懿卿公暨妣郭氏

巖卿公暨妣葉氏

瑞卿公暨妣洪氏

澤卿公暨妣吳氏

右奉十三世　祖至十六世　祖立神主二十有七位計
祖考妣共五十二位其位次以房分爲序長房居左二房居中三房居。
右立廟以來成議定規永以爲式後來罔敢移越其二十七主中有
現在乏嗣者亦列于旁以時配享不敢毁棄所謂有其舉之莫敢廢
也

小宗旁龕配享伯叔祖位次

國任公暨妣謝氏
國霨公暨妣顏氏
國聘公暨妣陳氏
國玉公暨妣顏氏
國麟公暨妣王氏
國美公暨妣黄氏
國仕公暨妣葉氏
國守公暨妣魏氏

應卿公暨妣蕭氏侯氏
壽卿公暨妣謝氏
茂卿公暨妣陳氏
節卿公暨妣戴氏
鳳卿公
郁卿公暨妣黄氏
良卿公暨妣郭氏
積卿公暨妣鄭氏
善卿公暨妣高氏
必卿公暨妣林氏
有卿公暨妣林氏
敬卿公暨妣郭氏
慎卿公暨妣鄭氏
會卿公暨妣黄氏
安卿公暨妣李氏
德卿公暨妣李氏

道卿公暨妣李氏
嚮卿公暨妣周氏
珉公
静卿公暨妣黄氏
春卿公暨妣林氏
嘉卿公暨妣吴氏
景秀公
希卿公暨妣陳氏
桓公暨妣方氏
進卿公暨妣林氏黄氏
寶卿公暨妣鍾氏
芳卿公暨妣詹氏
立卿公暨妣沈氏
天衢公

右計　伯叔祖考妣共七十有四入作神牌一奉祀寢室内左旁每
元夜春秋二分别設二席于龕前侯獻　十三世祖　十四世祖畢
以次分獻于各房　列祖及　伯叔祖
以伯叔祖配享于旁何曰既乏奉祀之人不忍聽其餒而也僅及二
代之伯叔祖者何曰庙中奉祀神主上自十三世祖　敦勵齋公始
下至十六世卿一輩止則配享亦如之諸伯叔祖前未有入庙配享
者今必特設一龕于左者何曰十五世諸伯叔祖　敦勵齋公之孫
十六世諸伯叔祖　敦勵齋公之曾孫也當日者藹藹肅肅或逮事
或不逮事皆　敦勵齋公之所顧而樂者也今也不祀忽諸祭奠不
及精魂無依揆之　敦勵齋公之心必有大不忍者況中龕奉祀神
主如國制公顓軒公貢卿公澤卿公者俱已無嗣而配享不異胡獨
于此七十四位伯叔祖考妣而遺之乎故必特設一龕奉祀　配享于
理為協非敢妄舉也礼以義起雖前人未之有可無泥也

小宗春秋祭祀奉主就位圖

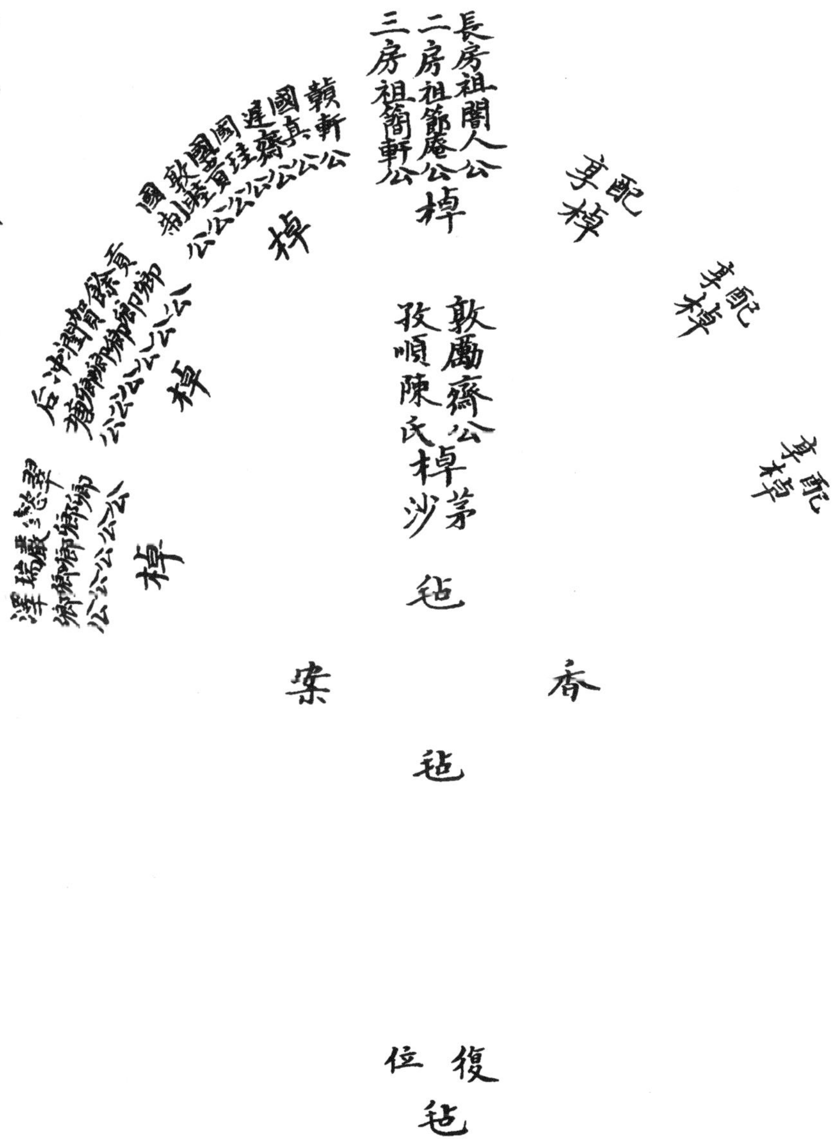

右祭席八前一席專献

十三世祖敦勵齋公十四世長二三房列祖合為一席十五世八位神主合為一席十六世十一位神主分為兩席餘三席恭献左龕配享伯叔祖考妣七十四位神主族姓蕃衍祭席倍增因時制宜可無泥于此圖

元宵及春秋二分每祭共十四席六席設于大宗八席設于小宗

文儼祖公銀辦十三席　文侃公派辦一席祭畢合族以食　文侃公派合坐席　文儼祖派長二三房孫子每家一人赴席不得有加惟六十以上及有前程之人與年少讀書奔走執事者隨人數多寡坐席不拘口分之例永以為規亦敬老尊賢之意也

坊

皇都舊翼坊一座在本処店前街為益齋京闈登鄉舉立正統十四年兵亂燬于火遺蹟尚在原誌

店前街今呼庵前街近店仔尾土地祠邊有華表石基一小店即此坊也

進士坊一座在本宅小宗家廟前　景泰四年知府謝騫為直庵立原誌

縣誌載明正統間為楊紹立在二十三四都已廢

世美坊一座在小宗家廟門首　為快然居士益齋直庵立嘉靖丁未知縣林松為遷齋碧波重修原誌

乾隆壬午年續修邑誌補入此坊因增承祖瑩卿二位今縣誌載世美坊為宋進士楊汝南知州楊承祖明進士楊紹舉人楊衡楊瑩卿立在二十五都現存

進士坊旧誌不言燬廢是賀卿修譜時其坊尚在而世美坊則重修未久者也明季二坊俱廢遺址無存故老相傳倉下山志名私屋前古井邊有一坊即進士坊也又井上有屋地一片傳為直庵第云

多賢坊一座在霞城南市頭　嘉靖庚戌知府盧璧為瑩卿等立原誌

此坊縣誌不載未詳

楊氏家譜

牌

祖孫名宦牌一宋紹興乙丑科進士古田尹鄉賢名宦祖楊汝南
恩補朝奉大夫知梅州太守鄉賢名宦孫楊承祖立

進士牌一賜進士第漳州府武陵陳洪謨為
宋紹興乙丑科進士古田尹楊汝南

世恩堂牌一

進士牌一賜進士第中憲大夫漳州府知府謝騫為
正統戊辰科進士戶部郎中楊紹立

父子司徒牌一誥封戶部廣東清吏司主事父楊義芳
正統戊辰科進士奉議大夫戶部郎中子楊紹

上五牌在小宗寢室前

百代瞻依牌一在寢室內

天府登賢牌一　欽差福建巡海道副使柯喬爲
嘉靖己酉科中式第六十九名楊瑩卿立

皇都奮翼　漳州府龍溪縣丞署縣事顧祖承爲
宣德壬子科順天中式舉人楊衡立

萬里青雲牌一　賜進士第漳州府推官聶應科爲
萬歷戊子科中式舉人楊廷禧立

上三牌在拜庭簷前

文魁牌一　欽差提督軍務兼巡撫福建地方都察院右僉都御史鄒維璉爲
崇禎癸酉科中式舉人第十八名楊繩坤立

右牌在拜庭

明經牌一　提督福建學政户科掌印給事中汪新爲
乾隆癸巳科鄉薦中式第一名楊廷儀立

右牌在前進之左

選魁牌一　欽命都察院左副都御史提督福建學政吳玉綸爲
乾隆乙巳科鄉薦中式　恩貢元楊振北立

右牌在前進之右

世美牌一　在前進正中

唐官河東玉鈐衛昭信校尉楊諱統

建寧郡屬邑簿楊諱重卿

周昭武軍節度使鎮潭壽閩楊諱觸

宋任殿中丞楊諱仕休

淳化壬辰第一甲進士宣奉大夫上柱国黎城開国男楊諱令問

祥符甲寅登服勤詞學科奉礼郎太常寺太祝楊諱令緒

嘉祐丁酉勅封泰嶽先生楊諱令望

治平丙午試明經科第十三調寧州節推改判常州楊諱光璧

誥封從政郎楊諱聳漢

紹興乙丑科進士任古田縣尹楊諱汝南

誥封朝散大夫楊諱冥

朝奉大夫梅州太守楊諱承祖

恩授承德郎楊諱承禮

恩授迪功郎楊諱敏永

奉議大夫尚寶司卿楊諱子俊
廣東程鄉尉楊諱思恭
新懷主簿楊諱思安
恩授主簿楊諱思讓
恩授承德郎楊諱公錫
元四川成都府學教授楊諱真儒
明誥封承德郎户部主事楊諱義芳
宣德壬子科應天中式舉人任贛榆教諭楊諱衡
正統戊辰進士户部郎中總督德州等処糧賦楊諱紹
恩授登仕佐郎楊諱羅
浙江麗水尹楊諱國賢
龍南主簿署雷州府知府楊諱景哲
莆田巡司楊諱景洛
嘉靖己酉科中式舉人任永州府通判楊諱瑩卿
萬曆戊子科中式舉人楊諱廷禧
崇禎癸酉科中式舉人楊諱徵坤
乾隆癸巳科鄉薦中式貢元楊諱廷儀
以上三十位錄在世美牌内
乾隆乙巳科鄉薦中式　恩貢元楊諱振北
以上二位係嘉慶甲子年增入

楊氏宗譜　　碧溪

進士牌一在前進之左為今問公立

楊氏家廟牌一在小宗大門上

寢室前柱聯一對木板金字題

祠北源流清白透龍江出色

堂前花木本支亘鳳曆長春

聯自建廟以來即有之不題名字應是明初 先賢所作

小宗門柱聯一對木刻青字題

宗代名賢世澤

清朝甲第人家

是聯亦作于明代但有自誇之語又清朝兩字在前人只是泛用耳今為

本朝名號則不宜用乾隆丙辰 父參溪因取而藏之

艽

神壇

碧雲宮一座兩進帯右旁浄室三間圍墻二重坐乾向巽奎山前朝珠水右繞前埕之下曠地一片曠地之外水窟一口窟上有園高與埕並局勢圓緊　宮在龍塢之右不知建自何年康熙庚子歲有地師廖殿揚謀易乾巽為艮坤向里人從之前臨溪水蕩無関攔里以不利越乾隆丙子冬燬于回禄遂群然有興復旧址之謀歲丁丑即僉舉董事勸捐得千餘金延汀師楊秀山相其形勢詳定高下淺深数月而宮以成其規模壯偉宏麗視前制為倍勝焉　父参溪有記

後殿崇祀

三寶佛神像　清浄法行經云佛道三弟子震旦教化註云儒童菩薩彼稱孔子浄光菩薩彼稱顔回摩訶迦葉彼稱老子震為東方日出之処故以東国為震旦国又梵語佛陀達摩僧伽即三寶也

正中崇祀

清水祖師神像

祖師永春縣小姑村陳姓法名　普足號昭應廣惠慈濟善利大師

慶曆七年正月十三日生幼出家于大雲院長結庵于高泰山闡大静山有上人具圓滿覺遂往事之道成還庵用其師之言延勸造橋梁数十以度往來後移庵住麻章山為衆請雨如期皆應元豐六年清溪大旱便村劉氏謀請而至雨即霑足乃于張岩山築屋數架名之曰清水岩延　菩薩而居爲岩屋草創凡三經营乃稍完潔其徒弟楊道周明于岩隈累石為二窣堵臨崖距壑非人措手有陰相之功爲劉氏有公銳者从不茹葷堅持梵行　菩薩與之相悅一日公銳至輙囑以後事仍言形骸外物漆身無益說頌訖端然坐逝享年五十七歲寔建中靖國元年五月十三日也遠近畢集瞻禮讚嘆越三日神色不異鄉人乃運石甃塔築亭于岩後刻木為像而祀之

右節鈔陳浩然重修清水寺誌

後殿左旁崇祀

保生大帝

海澄青礁宋郡守莊夏記畧云侯姓吳名本生太平興國四年不茹葷受室業醫以全活人為心按病授藥遠近皆以為神景祐二年卒争肖像祀之虔寇入民相率請于侯賊酋長死因肇造祠宇慶元間勅為忠顯開禧二年漳属有警忽有忠顯旂幟之靈賊不敢入一方賴以保全事聞封英惠侯

後殿右旁崇祀

高陳二大王神像

左廊崇祀

仙姑神像

何仙姑零陵市人女也呂純陽以一桃與之僅食其半自是不飢頗能談休咎老而尸解　又趙道一仙鑑云純陽所度者趙姑名何者也有仙姑何姓者開元中羽化合在純陽前　又道家有勤氏仙姑

右廊崇祀

楊氏家譜

伽藍神像 正字通云伽藍神名世傳蜀漢壽亭侯及天台智者大師受戒今為伽藍

上帝宮一座一间在碧雲宫埕前左偶坐乾向巽乾隆乙亥建年内崇祀

玄天上帝康趙二元帥神像

關帝君宮一座三间在玻寨山园内廷俊新屋後坐癸向丁康熙初建

天妃宮一间带前庭在東坂山渡頭大樟樹邊坐癸向丁宮後左右有石磊〻前有小石橋歲久傾壞或有過而墜者皆無恙名曰福橋　宫建于康熙初越乾隆丙戌间橋壞而宫亦圮族人捐金修理其地狭隘不得高濶規模仍旧石器瓦水俱属新創人添石橋三板橋下及

埕一帶砌石牢固久遠名曰東津亭　父參溪爲記立碑亭左

妃莆田人宋巡檢林愿女也幼時談休咎多中長能坐席乱流而濟厥後常衣朱衣飛翻海上里人祠之雨暘禱應宣和癸卯給事中路允廸使高麗中流震風神降于檣得無恙還奏賜號順濟紹興開福景定間屢顯靈破賊歷加封號元以海漕効靈賜額靈濟明永樂间封爲護国庇民妙靈昭應弘仁普濟天妃

迴龍山下福德祠一座　祠一間在光香館邊坐油車后向倉下山

珠湖福德祠一座　祠一间在楼后大榕樹下長蔚書館前坐東向西

璁田后福德祠一座　祠一间在梨仔园之左前向東山下爲路之下爲坑

林氏家譜

南園后福德祠一座　祠一间在庵前街之末今俗呼后厝后坐西向東　福神背書萬歷四年知祠之建自萬歷初旧制以石柱架築如神龕僅容塑像乾隆丁亥圮于洪水越戊子改建擴而大之爲一间

碧雲宮邊福德祠一小座　祠以石架君石蓋低而小僅容塑像坐巽向乾

觀音廟一座　廟一小间在龍塢楼后右角

萬安亭在東坂邊鵠頂山下負山濱溪形勝爲最　亭古碧雲庵族人崇祀保生大帝处也明季庵廢地以荒越康熙年间族人志名就此培築虚墩吾父　參溪有志建立厲壇未得其处惟此地實峰環向珠水逆朝允爲萬古馨香乃出私貲而購之越乾隆丙戌復捐私貲募衆建立亭成命曰萬安以萬魂安居于此祀之者萬衆咸安也詳見

參溪萬安亭記

碧溪

樓

土樓一座三層大小四十六间三街一门在龍墘小池上坐北向南 樓旧為顏家祠堂地明季祠廢顏姓式微里人以金奎寨乏水受困因購其地折金奎寨石基建樓于此額曰金奎保障即金奎寨旧額也經始于康熙甲寅歲築未及半時有流賊數千號太子住大帽嶺刼掠溪北居民里人藉以藏身賊不能害甲寅以後海棼未靖草竊嘯聚為党不一而我碧溪猶賴於樓以保全焉

寨

洪坑嶺寨在獅形山之上不知建自何時據蹟而論元末先人避乱本姓之坡寨為賊所破明季避乱于金奎之寨順治年间為賊所困則此寨當是宋末元初建遺址尚存今俗呼寨園山

坡寨在本社廻龍山之下油麻頭崎上今小宗腦后元末為賊所破流

林氏家譜

成塋積骨如山故其下有巷名曰狗骨以狗在此齧骨也殺傷未盡
者星散奔逃族以邱墟惟節齋公與真養公復旧居爲
故老傳聞歲當除夕有流賊數千經過寨首將往上游無叔掠意寨人不虞放砲諠
譟賊駭異回攻殺傷無遺僅存節齋媽蔡氏匿身死屍之下獲免時節齋公以解顔
料往有回至興化聞宗族盡誅無遺乃復娶謝氏媽以歸又云賊爲倭寇未知信否據
益齋世系序云彥佚子孫以元末国初逃乱分散無所于孜彥伯一派頗盛至是時亦
多散失復旧居者惟先大父從兄弟二人爲益齋事遠謝氏媽果有破寨盡殺之事
必熟悉無遺何當日修譜並不叙及僅云逃乱分散恢復旧居狄窃意先人避乱未
必盡居此寨々雖破亦未必盡殺乃止傳聞之說容有未定

金奎寨在東坡山絶頂高峙雄鎮形勢險固第上乏水泉难爲持久之計
順治末有賊艘數百逆水而上寨人見之放起火砲賊怒從浦美登
岍蜂擁圍寨断絶水道旬日之间寨中缺水乏食幾破時有海上賊
首與族人有姻戚誼偵知飛馬喝散群賊四潰圍以解越康熙甲寅
乃折寨石基移建土堡于本社之龍塢

卷第三終

碧溪楊氏家譜卷第四

祀田 附書

有宗廟則必有祭祀有祭祀則必有嘗田故椒𩜹資于地財疏數準諸天道古之制也惟我先世歲取豐裕祀事孔明春而禴秋而嘗歲有定式朔而饋望而薦礼特加隆彬彬乎士大夫家風焉　國初海氛之後祭寢以憹業亦以減然供祭之需尚多贏餘洎康熙末詩書澤微祭祀礼廢年收嘗税按房均分強者并弱者恨廟中　列祖忌祭而已祭之日冠衣不整拜跪不修鄙悖之辞諠譁不已品物菲惡尤不可言甚至化紙徹饌莫知上香献酒者父　參溪嘗言少時入廟观祭感而歎曰祖遺嘗業如此其厚孫子祭献如此簡褻冥冥中時怨時恫未有不傾覆者也當事聞而斥之相視而笑竟無慚愧色未五稔黄仇禍發祀田典盡書曰繼嗣自是廢忌祭者又有年嗚呼雖氣運亦人事也吾父志圖興復而告而莫聽率而莫從又毫無所藉越乾隆丁巳歲幸撥芹香乃喚　長角天塲叔斗三淵夫

樓[illegible][illegible]計

兄鳳樓振冕等日夕計議訂春秋二分為祭期[illegible]始每祭十席
席十六品届期衣冠入庙主祭與祭秩然有序灌献祝嘏燦然有文祭畢
合族以食家一人科分金八十文年六十以上及有前程者概免尊高年
重有德也時物價稍平一席值七百文席十人坐計可伸千文除雜費外
寔歛錢三百餘文兩祭合飲艮一兩貯為公嘗至次年春祭會食之時乃
勸令稍裕者捐穀助公好祖者少下自一斗上至五斗得粟不滿四石合
所歛席艮共有五兩藉此生放冀復嘗業當是時無知者詆之稍有識者
猶或笑其為迂也然未数年已得三十餘金先贖本処大池及田未幾復
贖八斗樓地租越乾隆丙寅[北]能代父劳時積見貲又百餘金矣六人乃
自領私橐鼓衆協贖八斗後嶺等処嘗業長房式微分文莫出惟二三房
念祖者数人而已其法十两以上全年給領租谷一石六斗所有佃艮俱
充公貲公貲有餘令各隨多寡領去扣粟不得刁难越六年辛未即罷科
席費例至庚辰私貲領訖計復嘗業九百両書田百二十両外此應用公

事及建置產業亦不下千金嗟乎創可能也守為难守可能也已廢而能復者為难當經劃伊始頑梗难馴有不肯粒出者有不肯赴席者有食畢逃去任討莫何者迨協贖以後公貲漸裕即有忘祖不肖之輩侵漁無由造言訕謗謂六人歷年呑肥公貲百餘兩鼓動族人分散公業復有短欠公項忿討肆惡藉端而辱而此六人者始焉不辞勞瘁繼焉不恤怨讟盡心竭力終始如一以五兩之貲復千金之産上下二十年间如取携然不可謂非祖宗之靈亦不可謂非族人之福也後之人體祖宗建置之心念前此興復之苦慎擇董事恪遵規禁公業裕而歲祀隆詩禮敦而族姓衍不彬彬乎無愧士大夫家風也哉

慈、

林氏宗譜

祭田

快然居士祭田

一苗田一段坐落八都月港泥尾庵等处受種三石年科租谷四十石小

今各房子孫輪取 今廢

敦勵齋祭田

一苗田二段坐落二十五都碇内八斗等处受種乙十二石年科租谷陸

十石大到溪 碇内即今后嶺

一苗田一段坐落本处新倉受種陸斗年科租谷八石小

一苗田一段坐落本处赤壠受種弍斗年科租谷二石一斗大今廢

一苗园一段坐落浦尾等处受種一石年科租錢弍千叁百文

今本房子孫輪取以供祀事今廢

閤人祭田

一苗田一段坐落二十五都汰内受種三石年科到溪租谷二十石大

一苗園二段坐落松州浦尾等処受種六石零年科租錢一十四貫弍百五十文綿花七十八斤麻祖二石六斗油祖一十五斤共帶民米一大石零今本房子孫輪取供歳事今俱廢

節庵祭田

一苗田二段坐落蕉岩沙建等処受種四石年科到溪租粟三十石大今本房子孫輪取以供歳事今廢

以上祭田賀卿公原誌不知廢自何時越今僅存二十五都入

龍嶺保八斗後崙二処田種年供

敦勵齋公祭費餘額積公建置

楊氏家言　　敦石

生員田

敦勵齋公遺後生員田

一苗田二段坐落寨坂烏岩等処受種六石年科入宅租穀陸拾石大

一苗园二段坐落金沙杏林等処受種三石年科租錢一十貫今係曾孫

應卿瑩卿共取以資讀書之費今廢

闇人遺後生員田

一苗田二段坐落盧畔山貫等処受種七石年科到溪租谷伍十石大帶

安溪縣民米捌斗正今廢

一苗园一段坐落金沙受種三斗年科租錢一千文今係應卿自取以資

讀書之費今廢

書田者祖考鼓勵孫子讀書之具與祀田並重我　敦勵齋公創
置田园計種九石至優渥也當應卿瑩卿時其業俱存以後不知
廢自何時变自何人迄　本朝雍正三年僅存寨坂保下隔湾田
種七斗值黄仇之禍亦經出賣丹山房楊壯观契價銀七十兩內
明書文儼祖書田字樣蓋族衆寓意取贖故短價出售聞壯观時
欲增艮十兩求棄書田兩字族人不許其殆祖牖其衷未喪斯文
欤當吾父掾芹時尚未言贖至此與叔斗三先後入泮乃图向贖
時公貲未裕因議各出私貲協贖俟公貲饒時始付公贖壯观已
逝其子有據贖之意爰延伊房尊長議処自知理當還贖但欲求
多給銀兩念其清淡原契價外增給與銀伍十兩共一百二十兩
取贖以恤貧乏亦以全和氣也私贖在乾隆甲戌年越己卯庚辰
歸公取贖畢本房孫子入泮照今收租永以為例族姓蕃衍斯文
有漸振之機增加建置培植人才祖考之所願今日之切務也

祀田 祖遺及新建產業

真儒公嘗园

一墾园四段大小坵數不等坐落本山獅形前寨山洪坑頭等処年科租
　錢一千二百八十文為大宗冬至祭費

素軒公嘗業

一苗园二段大小坵數不等坐落官坑山清文四畝年科租錢二千六百
　四十文公收為大宗冬至祭費

敦勵齋公嘗業 八斗後嶺二処田段

一庵邊坷墘上截受種四斗年科租谷六石八斗

一大湖田一段受種一斗年科租谷五斗

一新田一段年科租谷一斗

一庵前厝地年科租谷二斗

以上佃林吳生全年納谷七石六斗飯二頓雞二隻米七升一管

一庵前車路下坷坵田種三斗年科租谷六石一斗　飯二頓雞二隻米六升

一杉坪尾田一片受種三斗年科租谷六石　飯二頓雞二隻米六升

一菜园一段租谷三斗

一庵邊坷墘下截田種四斗年科租谷六石八斗　飯二頓雞二隻米七升

一庵前車路下坷坵田種三斗年科租谷六石一斗　飯二頓雞二隻米六升

一魚塘隔田種一斗年科租谷一石一斗　米一升

一坷坵并魚塘隔共種二斗五升年科租谷四石一斗　飯一頓雞一隻米四升

一水路田一段大小　坵年科租谷一石六斗大（此田共租谷原折三石二斗大[illegible]　東少山于十一分去一半）

楊氏家譜

一牛舌崙田一片受種六斗年科租谷十一石　飯三頓半雞三隻半米十一升

一坑坪及寨仔脚共田種一斗年科租谷一石四斗

一岩仔前牛舌崙尾新田一段受種一斗常新墾田埔一片年科租谷乙石二斗

一碓仔后嶺邊田一段年科租谷二斗　以上共飯半頓米三升

一庵前厝地租二斗

一横坑仔上坑坪大片共種五斗年科租谷七石　飯三頓雞三隻米七升另生雞一隻粿一盤

一石祖仔崩田及礦隔路口竹林脚蝦谿尾牛舌崙尾等處共受種三斗年科租谷二石八斗　飯半頓米三升

一番黍坪田種二斗年科租谷一石八斗　飯半頓米三升另晚冬生雞一隻粿一盤

一楓仔脚新建田種三斗年科租谷六石八斗帶撥耕呂嶂菜园仔租二斗　飯二頓雞二隻米七升

一魚塘隔田種三斗年科租谷五石二斗　飯頓半米五升

一岩仔前四分之二共田種三斗年科租谷四石乙斗　飯一頓米五升

一岩仔邊厝地年科租谷三斗

一寨仔山脚田一坵受種一斗年科租谷乙石　米一升

一杉坪尾上楓仔脚田種三斗年科租谷五石六斗　飯頓半米五升半

一松仔脚厝地仔等处田種二斗年科租谷三石四斗　飯一頓米三升

一杉坪尾蕉仔脚石峽仔松仔脚等处共受種斗半年科租谷一石一斗　飯半頓米一斗

杉田寶記　　　　　　　　　　契　浮

一松仔脚崩田受種一斗年科租谷一石四斗　飯折錢一百米一斤

一松仔脚并石峡仔共受種一斗年科租谷一石四斗　飯錢一百米乙
升半

一横坑仔樟仔脚石粗仔共受種四斗年科租谷五石二斗　飯一頓半
米五升

一松仔脚崩田一段年科租谷二斗

一坑坪坑邊石上并大石下等处新田受種一斗年科租谷六斗

一杉坪嶺塔仔脚大石下簡脚等处年科租谷二斗

一杉坪尾下楓仔脚田種三斗年科租谷六石五斗　飯二頓早冬生雞
一隻粿一盤

一楓仔脚新建田種三斗年科租谷七石

一樓地十八間年科租谷四石三斗每间三斗五升　佃八斗異姓

一竹山一所坐落八斗坑底每班税艮八大員

以上所記諸田俱在祖山八斗内惟楓仔脚田種六斗係新建餘俱

敦勵齋公遺下乾隆丙寅贖回年科租谷乙百乙十九石六斗五年一換佃单佃艮每石乙錢如無欠租不妄起耕亦不妄增租遵祖例也

一瓦窑前田一片受種六斗年科租谷七石六斗

一高墘仔田一段受種二斗年科租谷二石九斗

一坑仔頭田一段受種一斗年科租谷一石五斗　共飯二頓半米十一升

一下水尾田一片受種四斗年科租谷七石七斗帶新識坪仔邊田一片受種一斗年科租谷五斗　飯錢四百二十文米八升

一下水尾田一丘受種四斗年科租谷七石二斗　飯錢四百四十文米
七升
一深壠坪仔邊田一丘受種三斗年科租谷四石八斗　飯錢二百八十
文米五升
一深壠坂仔邊田一丘受種三斗年科租谷四石八斗　飯錢二百八十
文米五升
一深壠坂仔邊田一丘受種三斗年科租谷四石八斗　飯錢二百八十
文米五升
一壁仔邊田一丘受種四斗年科租谷七石　飯頭半米四升半
一茭荖邊田一丘十四坵受種三斗年科租谷四石四斗　飯一頭米四
升
一中路仔上坂仔田一所受種四斗年科租谷六石帶下水尾田一段受

五拾

種五升年科租谷三斗　飯頬半米六升

一上水尾茭茇坵田一坵受種二斗年科租谷四石二斗

一上水尾路上田一所受種二斗年科租谷四石二斗

以上田段俱在后嶺共科租谷六十七石九斗丙寅年贖回規例如八斗

一浦田一坵坐落寶珠池邊受種二斗帶寶珠池一口　祖遺　地字六十三号伍分六厘二毛五絲

一嘗田一坵受種一斗五升坐落東洋崎下年科租谷五石四斗大

一嘗田一段受種一斗五升坐落沈林邊大小　坵年科租谷五石　斗

一嘗園一段大小六坵坐落倉下山三公墓前年科稅良四大員　地字八十八号弍分四厘

一　穀　祀田　碧

一嘗園一段大小四坵坐落廻龍山下年科稅良六大員
一嘗園一坵受樜種四百坐落胡陽　彥明公坟前年科稅錢乙千文
以上新建
一公屋三間坐落張厝后帶張厝前壙地池仔各十二分之四
一地基一片坐落公厝邊帶三公墓園下壙地及公厝邊廁池四口年科
地租銀共

祖户楊儲卿全年粮額三両八錢二分三厘乾隆廿八年龍濟廟朱公收
去粮銀二錢五分七毛實存額三両五錢七分二厘三毛楊卿户内
粮良并官坑山壆園四畝共乙両四錢零乙毛乾隆廿七年收入楊
儲卿户内全年共入縣四両九錢七分弍厘三毛官内各房附徵乙
両三錢三分乙厘除外該完三両六錢四分零五毛官

闇人公嘗田

一菑田二段坐落八斗山與　文儼祖嘗田相錯年科租谷十四石大今

長房孫邦重贖回私收

節庵公嘗田

一菑田四段坐落八斗山與　文儼祖嘗田交錯年科税谷八石八斗大

今二房孫公贖分收

簡軒公嘗田

一菑田二段坐落八斗山與　文儼祖嘗田交錯年科租谷九石大今羣

鄉泒贖回私收

楊氏宗譜

文儼祖遺下書田

一畝田一段坐落寨坂保寮頭社后下陽灣受種七斗年科租谷二十乙石九斗大今本派孫子入泮照分收租年帶廿三四節楊尚廉花白楊永盛官銀六錢零六厘

后嶺田粮條

玉字一百零二号佃曾成耕三十五坵配畝二分八厘七毛五絲左至溝右至張章田前至山后至林受田坐后嶺高墘下則業主劉坎帶楊宅大祖配廿三四都八啚楊卿户

玉字一百零三号佃曾成耕七十二坵配畝五分七厘五毛左后至康茂陸田右至溝前至山坐后嶺高墘下則業主劉坎帶楊宅大祖配楊卿户

玉字一百零八号佃陳玉三十五坵配一畝二分九厘三毛七絲五忽左前至康茂陸田右至黃朝盈田后至趙劝田坐后嶺深　下則業主劉坎帶楊宅大祖配楊卿户

玉字一百零九号佃何勤五十九坵配畝八分六厘二毛五糸左后至趙惟田右至坑前至黃朝盈田坐后嶺深壠業主刘坎帶楊宅大祖楊卿户

玉字一百十一号佃趙惟七十二坵配畝七分一厘八毛七糸五忽左至山右至陳再田前至陳文田后至馬馮田坐后嶺深壠業主刘坎楊卿户

碧溪　祀田

楊田總計

玊字一百十四号佃趙唯六十坵一畝一分五厘左至林庚田右至何勤田前至馬馮田后至坑坐后嶺井仔口業主刘坎配楊卿户

玊字一百十五号佃林庚四十九坵配六分九厘左至山右至趙唯田前至馬馮田后至吴盛田坐后嶺井仔口業主刘坎楊卿户

玊字一百十六号佃吴盛一百四十坵一畝七分二厘五毛左后至山右至坑前至趙唯田坐后嶺水尾業主刘坎楊卿户

上八條共七畝三分零二毛五糸

八斗山田粮條

崗字三十四号四十坵二分八厘七毛五糸東至山西至坑南至陳掌田北至曾華田坐礦隔朱公緣田　楊卿户

崗字三十六号佃李郡十五坵二分八厘七毛東西北至山南至曾華田坐礦隔朱公緣田　楊卿户

二條係文徽祖捨為龍濟庙朱公香火田乾隆廿八年收去今不在祖户内

崗字五十号佃石興卅三坵九分二厘東至圳西至鄭安田南至小路
北至莊喜田坐車路下 業主楊刈 楊卿户
崗字五十四号佃鄭安四十四坵九分二厘東至石興田西至張猛田
南至柯三田北至莊喜田坐車路下業主楊刈楊卿户
崗字五十五号佃潘石十九坵三分四厘五毛東北至路西南至坑坐
嶺仔邊 業主楊向潤 楊卿户
崗字五十六号佃張猛六十四坵九分二厘東至鄭安田西至坑南至
柯三田北至梁雅田坐伯公前 業主楊向潤 楊卿户
崗字五十七号佃潘雅卅四坵九分二厘東至張猛田西至坑南至坑
北至莊喜田坐伯公前 業主楊懿嚴 楊卿户
崗字五十八号佃張猛二十坵一分九厘五毛東至山西至坑南至張
愷田北至坑坐坑仔邊 業主楊仰楊卿户
崗字五十九号佃張猛十坵一分一厘五毛東北至山西至坑南至張

愷田坐大石脚 業主楊向潤 楊卿户

崗字六十号佃石興十二坵一分一厘五毛東北至山西南至鄭宗田坐寨仔山 業主楊懿嚴 楊卿户

崗字六十二号佃鄭莊潤九十坵二畝三分東至路西至山南至鄭安田北至埔坐巖仔前 業主楊刈 楊卿户

崗字六十三号佃詹雅一百三十五坵三畝六分八厘東至路西至石興田南北俱至張猛田坐杉坪業主楊刈 楊卿户

崗字六十四号佃張猛十六坵一分一厘五毛東西南俱至山北至張玉田坐杉坪 業主楊晋 楊卿户

崗字六十五号佃柯三十一坵一分一厘五毛東南北俱至山西至路坐杉坪業主楊懿嚴 楊卿户

崗字六十六号佃王閏三十五坵九分二厘東至溝西至路南北至柯三田坐杉坪 業主楊刈 楊卿户

崗字六十七号佃柯三廿四坵三分一厘五糸東至坑西南至山北至
羅瑞田坐坑坪　業主楊懿嚴　楊卿户
崗字六十八号佃柯三四十五坵九分二厘東南至山西至坑北至羅
瑞田坐坑坪　業主楊懿嚴　楊卿户
崗字六十九号佃羅瑞三百坵二畝四分五厘東至路西至山南至溝
北至車焰田坐塔仔　業主楊剡　楊卿户
崗字七十一号佃方元廿五坵一分七厘二毛五糸東南至曾炎田西
至坑北至荒埔坐坑坪　業主楊向潤　楊卿户
崗字七十九号佃方五六十二坵二畝四分九厘五糸東南北至路西
至張猛田坐庵邊坷墘　業主楊剡　楊卿户
崗字八十一号佃鄭衆三百零五坵四畝八分三厘東西南至坑北至
埔坐相仔樹脚　業主楊剡　楊卿户

以上十九條共二十二畝六分七厘二毛五糸

楊氏簿記

崗字三十五号六分五厘五毛

崗字八十号六分五厘五毛　楓仔脚

新墾粮額

官坑山墾园四畝

杉仔山后园二坵　乙分

杉仔山后园二坵　乙分

杉仔山后园二坵　二分二厘七毛

獅形山不等坵　七分八厘

獅形后不等坵　一分三厘一毛

新建粮條

地二百七十六号八分七厘五毛　沈林邊　未收

碧溪

国家出版基金项目
NATIONAL PUBLICATION FOUNDATION

海上絲綢之路文獻集成

總主編　陳支平　陳春聲

科技與文化編 1

主編　王揚宗　葉農

海峽出版發行集團
THE STRAITS PUBLISHING & DISTRIBUTING GROUP
福建人民出版社

「十三五」國家重點圖書出版規劃重大出版工程規劃項目

國家新聞出版改革發展項目庫入庫項目

國家出版基金資助項目

《海上絲綢之路文獻集成》編委會

《海上絲綢之路文獻集成》科技與文化編

科技卷

主　編

王揚宗

參編人員

龍向洋　連天雄　何　涓　趙遠方

王廣超　陳慧子　劉銀偉　曹　鈺

高牧原　張雪峰

文化卷

主　編

葉　農

副主編

陳恩維

參編人員

張煜傑　連天雄　莫清洋　張輝蘭

劉挺立　李　科　陳　敏　陳文龍

《海上絲綢之路文獻集成》總前言

世界上任何一種文明，都是在與其他文明的交流與碰撞中不斷成長的。中華文明在與其他文明頻繁的交流碰撞中，不斷豐富發展，不斷綻放其魅力和光芒，爲人類文明的進步作出巨大貢獻。在兩千多年的中外文明交流歷程中，「海上絲綢之路」發揮了無可替代的橋梁和紐帶作用。

海上絲綢之路是古代中國通往外部世界的海上通道。「絲綢之路」的概念，由德國地理學家李希霍芬（Ferdinand von Richthofen）於一八七七年提出，原指中西陸上通道，因絲綢貿易而得名。一九〇三年，法國漢學家沙畹（Emmanuel-Édouard Chavannes）在《西突厥史料》中首先提出絲綢之路有陸、海兩條，「海上絲綢之路」的概念遂逐漸爲學術界所認同。

一

中國人海上活動的歷史相當悠久。浙江蕭山跨湖橋遺址出土的八千年前的獨木舟、船槳及其旁石錛，是中國最早的水運交通技術的見證。而福建平潭殼丘頭等遺址的考古發現，揭示了距今八千至六千年前，南島語族在中國東南沿海起源並藉由海上航行逐漸擴散的歷史。夏商時代，航海技術進一步提高，木板船的出現增大了運載量，風帆的發明改革了動力，加快了航行速度，使水上運輸和商品交換更爲便利。春秋戰國以降，中國的造船技術已達相當水準。《越絶書》提及吴國水師，大船長十丈，寬一丈五尺。漢代，在東南沿海作戰的水師樓船，高達十餘丈。天文學、地理學、氣象學知識的積累，使海中觀星、地文導航等近海航行技術逐漸成熟。造船、航海技術的進步，爲海上絲綢之路的開闢奠定了基礎。

從史料上看，中國與西亞、歐洲比較穩定的海上交往，應始於秦漢時期。秦代，已有海路北通朝鮮、日本。西漢時，已開通印度次大陸航路：從徐聞、合浦出發，環繞北部灣、中南半島，最遠可至已程不國（今斯里蘭卡）。據《後漢書·西域傳》記載，東漢延熹九年（一六六），「大秦王安敦（馬可·奥勒留，Marcus Aurelius，羅馬帝國皇帝，一六一至一八〇年在位）遣使自日南（漢郡，今越南境内）徼外獻象牙、犀角、瑇瑁，始乃一通焉」。大秦的使者，顯然是從海路而來的。中國精美的絲綢，已經成爲羅馬貴族争相擁有的稀罕之物。但需要指出的是，這個時期，海上絲綢之路僅爲雛形，陸路的重要性可能更大一些。中國與西亞、歐洲的海上貿易，也是接力式的，主要是借力於印度洋上的商賈。

六朝是海上絲綢之路形成的關鍵時期，中外交往的重心從陸地逐漸轉向海洋。因西北陸路不通，孫吴等南方政權更重視經營海路。爲與北方對峙，南方政權積極發展水軍，船舶的設計與製造取得很大進步。同時，天文導航技術的發展及航海經驗的積累，都爲海上絲綢之路的發展提供了良好條件。這時期的船隻，不再緊靠大陸，已可作近海航行。《太平御覽·地部》三十四引《扶南傳》中，出現了南海珊瑚礁的記載。廣州取代兩漢時期的徐聞、合浦，成爲對外交流的主要港口，外國人往來其間，屢見不鮮。當時與南朝通商的國家有波斯、天竺、獅子國（斯里蘭卡）、扶南（中南半島南部）、婆利（文萊）等，最多時有六十四個貿易使團經海路前來。許多域外高僧，浮海來華。如粟特人康僧會，取道印度和交趾，於吴赤烏十年（二四七）到建業（今南京），孫權爲其建建初寺，史稱此爲江南有佛寺之始。中國僧人西行求法，或循海道，或陸路西去，回程取海道。如東晉高僧法顯，沿陸路西行到印度後，從印度東海岸登船，經獅子國，耶婆提（今爪哇島或蘇門答臘島），抵山東回國。

隋唐以後，特别是鼎盛時期的唐朝，富庶强盛，對周邊各國具有强大吸引力。安史之亂後，西北邊境收縮，中國經濟重心逐漸南移，海上絲綢之路在中外交往方面的作用更加凸顯。榫卯接合、水密隔艙等技術，使中國海船的遠航能力大爲提高，具備了從獅子國向西横越阿拉伯海的能力。這時期，開闢了從廣州經馬六甲海峽進入印度洋，西入波斯灣、亞丁灣及紅海的航路，通往西方的海道，與通往新羅、日本的海道從此連接起來。廣州、福州、泉州、明州、揚州等城市，成爲重要的對外貿易港口。阿拉伯、波斯及猶太等域外商賈紛至沓來，廣州、揚州、泉州等城市出現外國人聚居的「蕃坊」。爲適應海上貿易的新形勢，唐王朝設置市舶使管理蕃舶進出及征税事宜。海外貿易和中外文化交流，自此不斷發展。

宋代，由於西北陸路爲西夏所阻，以及經濟重心南移，比以往任何一個朝代都更重視海外交通。特別是南宋偏安東南，疆土日蹙，爲增加財政收入，格外積極發展海外貿易。南宋通過市舶司獲得的税收，紹興年間已達兩百萬貫，約佔全國財政收入的百分之六，對宋代經濟社會的繁榮起重要作用。中國遠洋船舶所能用到的造船、導航和航海技術，到宋代大多成熟定型。特別是這一時期出現的磁羅盤（指南針），是遠洋航行技術上的重大突破，標誌着航海新時代的開始。宋代，海上絲綢之路全面取代陸路，成爲中外交往的主要通道。據成書於南宋嘉定、寶慶間的《諸蕃志》記載，宋代與中國通商往來的有五十八國，東至日本，南至印尼，西至北非摩洛哥，西南至東非索馬里沿岸。港口數量明顯增加，朝廷先後在廣州、杭州、明州（今寧波）、泉州、平江（今蘇州）、温州等地設立市舶司，專門管理海外貿易。

元朝建立後，元世祖忽必烈對海上事業充滿熱情，官方艦隊規模龐大，民間的船隻也數量驚人。一二五七年，有近兩萬艘船在明州、温州和台州登記，其中五分之一的船横梁長度超過三米。元朝繼承和發展了南宋時期業已成熟的導航技術、航海經驗和航行範圍。成書於元惠宗至正年間的《島夷誌略》，記述了南洋和西洋兩百多個地區的地理、風土、物産等情況，比南宋同類著作《諸蕃志》記載的地區數量更多。元代中外交往的頻度前所未有，中外使者、商人、旅行家、傳教士絡繹不絶地穿梭於陸上和海上絲綢之路上。十三世紀後半葉，海都、乃顔等宗王叛於西北，陸路時通時斷，海路對中外交往的意義更爲突出。元朝的使臣已經能够穿越印度洋、波斯灣、紅海和地中海，與遥遠的西歐建立起直接聯繫，並到達地理大發現以前世界所知的大多數區域。元世祖曾派遣亦黑迷失、楊庭璧、楊樞、麥術丁等使臣，遠航至印度、斯里蘭卡、忽魯謨斯（今霍爾木兹海峽）、刁吉兒（今北非摩洛哥坦吉爾）、木骨都束（今索馬里首都摩加迪沙）等地。出生於大都的畏兀兒（一説汪古人）拉班·掃馬（Rabban Sauma），行跡遠至巴黎、羅馬，並受法王腓力四世（Philip Ⅳ）、英王愛德華一世（Edward Ⅰ）和教皇尼古拉四世（Nicolaus PP. Ⅳ）等君主禮遇。外國人入元仕宦、遊歷、經商、傳教者亦不鮮見。摩洛哥旅行家伊本·白圖泰（Ibn Battuta），周遊列國，曾航海至泉州，到廣州、杭州等地遊歷。意大利旅行家馬可·波羅（Marco Polo），一二七五年抵達上都（今内蒙古自治區正藍旗上都鎮），在中國遊歷十七年，訪問過中國的許多地方，後經海路回國。著名的《馬可·波羅游記》（*The Travels of Marco Polo*），在歐洲流行甚廣，影響極大。書中對東方最富庶國家中國的記載，引發了歐洲人對東方不可抑制的好奇心，對此後新航路的開闢産生巨大推動作用。

與宋元相比，明朝對海上貿易的態度有所改變。洪武年間，爲防止沿海反叛勢力私通倭寇，朝廷開始實行海禁：禁止民間私自出海；撤銷泉州、明州、廣州等處市舶司，限制外商前來。自洪武至隆慶年間，海禁實行了近兩百年之久，對中國的海洋事業産生很大消極影響。明成祖繼位後，命鄭和率領規模龐大的船隊出海遠航。從永樂至宣德初年，鄭和前後七次出洋，訪問了東南亞、印度半島、阿拉伯半島、東非的三十多個國家和地區，途經西太平洋與印度洋，總航程七萬餘海里。鄭和下西洋不但是中國航海史上的空前壯舉，也是世界航海史上的大事，對區域經濟、政治及文化發展都有巨大影響。鄭和之後，朝廷組織的大規模航海活動戛然而止。但民間的航海活動仍在繼續，當時的許多中國人，特別是福建、廣東沿海的百姓下南洋謀生，華商網絡和華僑社會開始形成。

鄭和下西洋停止後不久，歐洲人拉開了大航海時代的大幕。從十五世紀到十七世紀，歐洲的船隊縱横海上。十六世紀，西方殖民者開始向東方拓展勢力。這一時期，海上絲綢之路不僅與歐洲聯通，還延伸到美洲殖民地，世界市場開始形成，全球性的海洋貿易開始了。隆慶元年（一五六七），明朝部分開放海禁，民間海上商業活動不斷拓展，中國商品，尤其是絲綢，大量流入東南亞地區，進而隨着十六世紀末西班牙人開闢的從墨西哥到馬尼拉的航線，源源不斷地進入歐洲市場。

清兵入關之後，爲截斷東南沿海抗清勢力與從荷蘭殖民者手中收復臺灣的鄭氏的聯繫，嚴禁商民船隻私自出海，並頒佈更爲嚴酷的遷界令，將東南沿海居民内遷數十里，中國的海外貿易停滯將近二十年。康熙二十三年（一六八四），清朝下令正式開海，分别設立粤、閩、江、浙四大海關管理對外貿易。開海後，海上貿易量持續增長，但與明末相比，已經大爲衰落。乾隆二十二年（一七五七）以後，清朝開始實行「一口通商」政策，只開放廣州一口對西方通商，且由「十三行」壟斷進出口貿易，對海外貿易進行限制。這種閉關鎖國的政策，阻礙了中國與西方的接觸，使中國喪失了與世界同步發展的最佳時機，爲後來中國的百年積弱埋下伏筆。鴉片戰争、甲午戰争之後，中國陷入空前深重的民族危機，但中國仁人志士對中華民族復興之路的探索從未停止。

二

海上絲綢之路的形成及其發展，對中國和世界都産生了重大影響。

海上絲綢之路首先是一條商貿之路，並且從一開始就不是簡單的雙邊貿易，而是有沿線許多國家和地區參與的多邊貿易網絡。東西方提供商品和消費市場，沿線港口提供補給、中轉等服務，參與貿易的各方都是受益者。貿易的擴展，給海上絲綢之路沿線國家創造了新的機會，促進了商品的流通、財富的增長和文化的傳播，使相關國家和地區經濟更繁榮、社會更穩定，從而吸引更遠、更多的商人前來，由此形成良性循環，進一步推動區域的共同發展。

通過海上絲綢之路，中外商品、貨幣、物種等實現廣泛交流，有些甚至具有影響文明進程的力量。中國向世界貢獻了絲綢、陶瓷、茶葉、紙張、書籍、糖、金屬製品等産品，其中絲綢、陶瓷、茶葉影響最大。絲綢作爲奢侈品，深受西方上層人士喜愛。中國出口的生絲，還使世界許多地方的紡織業得以維持和發展。日本、孟加拉、波斯、歐洲都有許多絲織廠，專門以中國生絲爲原料織造絲綢。陶瓷也深受各國人士喜愛。在中國瓷器的影響下，世界各國的製瓷工業蓬勃發展。阿拉伯國家仿製中式瓷罎，波斯結合中國瓷器工藝創造出波斯陶器，泰國、越南、法國、德國、英國、西班牙等國也掌握了製瓷技術，並結合本國文化創新産品。茶文化傳播到世界各地，深入到從生活方式到思維理念的方方面面。從中國引入的茶道，經過長時間的演進，成爲日本文化的象徵之一。十七世紀以後，飲茶習尚風靡歐洲。隨着輸入量的增加，茶葉在英國由奢侈品轉變爲大衆飲品，飲茶成爲英國的一大文化傳統。英國人還將茶葉引種到印度、斯里蘭卡，使其成爲世界重要的茶葉出口國。

歷史上，中國主要通過海上絲綢之路獲得名貴木材（檀香木、紅木、樟木等）、香料、藥物、寶石、琉璃等各種珍奇物産。如早期通過陸路輸入中國的香料數量有限，極爲珍貴，連漢朝的皇后都不輕易使用。海上貿易興起後，産自南洋、印度、波斯等地的香料，被四方商賈大量販運至中國，香料由奢侈品逐漸轉變爲日常消費品。

錢幣是中國另一種影響很大的輸出品。東南亞海底的古代沉船中，經常發現數量可觀的中國銅錢。在歐洲人到來之前的一千五百多年裏，東南亞一直通行中國錢幣，是東南亞商品經濟發展的重要推力。馬來半島、蘇門答臘、爪哇等地的統治者還仿照中國錢幣式樣鑄造自己的錢幣，足以證明中國錢幣影響之深。

通過海上絲綢之路還實現了大規模的物種交流。如前文所述，中國的茶葉被引種到印度、斯里蘭卡，支撑起了當地的重要産業。域外物種對於中國同樣意義重大，它們豐富了中國的物種資源，促進了種植業的發展以及居民飲食結構的改變，影響了中國人的生活。在中國現有的農作物中，至少有五十餘種來自國外，其中大部分是通過海上絲綢之路引進的。如占城稻原産於越南，北宋時傳至福建並得到大規模推廣。明代以前，還有印度木棉（棉花）、波斯耶悉茗（茉莉花）、西域俱那異（夾竹桃）、拂林棕祇（水仙花）等植物通過海路引入中國。明清時期，番薯、玉米、馬鈴薯、向日葵、辣椒、番茄等美洲農作物紛紛傳入，至今仍在大面積種植。

海上絲綢之路是一條文明之路，促進了中西科學技術傳播和思想文化交流。中國的「四大發明」，是人類科學史上的光輝一頁，深深影響着整個世界文明的進程，而海上絲綢之路對其向外傳播起到了重要作用。如宋代的指南針能够準確測定航向而不受天氣影響，是航海史上的一項里程碑式發明，經阿拉伯傳到歐洲，推動其航海事業的發展。同樣的，通過海上絲綢之路，印度、阿拉伯和歐洲的科學技術也傳入中國。明代以前，婆羅門和回回的醫藥學就已傳入中國，豐富了中國醫藥學的寶庫；古巴比倫的黄道十二宫概念，印度的七曜曆法、天文算學，回回的天文學，促進了中國天文學的發展；回回的數學、地理學、化學和工程技術也紛紛傳入中國。新航路開闢以後，歐洲先進科學技術通過傳教士傳入中國，更開啓了中國科學技術史的新篇章。

文化的交流同樣是雙向的。南朝以降，域外僧人多循海道入華。僧人的往還，掀起中印文化交流的高潮。佛教與中國文化融合，形成中國化的佛教宗派，如天台宗、華嚴宗、禪宗等，還傳播到朝鮮、日本，産生廣泛影響。佛教之外，還有許多宗教通過海上絲綢之路進入中國，成爲海上絲綢之路所藴含的開放包容精神的生動例證。通過海上絲綢之路，中國不僅接納異域文化，也不斷向外傳播自己的文化。如漢字長期在日本、朝鮮、韓國、越南等國使用，至今仍有不可忽視的影響力。中國的文獻典籍大量流入東亞各國，形成一條通暢的「書籍之路」。中國的國家制度、政治思想，被移植到東亞各國，其影響一直持續到近代。中國的科舉制度不僅爲東亞鄰邦所複製和模仿，也「爲所有西方國家以考試録用人員的文官考試制度，提供了一個遥遠的榜樣」（《劍橋中國隋唐史》）。儒學爲東亞各國提供道德範本，還爲歐洲啓蒙時代的哲學家帶來思想啓迪。而佛教經過中國文化的滋養，更是對東亞各國的宗教文化産生深刻影響。由於海上絲綢之路的存在，東亞各國形成了相似的政治意識、禮儀風俗、價值觀念和文化特徵，構成了「漢字文化圈」的主體。

海上絲綢之路還是一條和平之路，中外交流在官方和民間的層面，主流都是和平友善的。中外政府的許多使節、高官甚至國王，成爲傳遞中外友誼的和平使者。如蒙古貴族孛羅，受命出使伊爾汗國，後留居波斯，受五代伊爾汗重用，曾協助伊爾汗國丞相拉施德丁（Rashid al-Din Hamadani）編纂中世紀史學名著——《史集》（*Jāmi'al-tawārīkh*），成爲中國與波斯文化交流史上的重要人物。馬八兒（今印度泰米爾納德邦）王子不阿里，隨元使臣入華，先居泉州，後移居大都，曾官中書右丞等職，死後葬於泉州。暹羅王敢木丁（Ram Khamhaeng），於一二九四年、一三〇〇年兩度來華。渤泥（文萊）國王麻那惹加那乃（Maharaja Karna），一四〇八年率團隨鄭和船隊抵達南京，不幸去世，明廷禮葬於南京城南。蘇禄國王巴都葛叭哈剌（Paduka Pahala），一四一七年率團來華訪問，歸途染病去世，葬於山東德州。其王妃、王子及侍從十餘人居留守墓，後裔於清雍正九年（一七三一）以温、安二姓入籍德州。南京渤泥王墓和德州蘇禄王墓迄今尚存，成爲古代中外人民友好交往的象徵。

海上絲綢之路上，往來的更多是商人、工匠這樣默默無聞的普通人，同樣是傳遞友誼的重要力量。唐宋以降，阿拉伯人、波斯人、印度人、高麗人等紛紛通過海上絲綢之路來華定居。他們與當地華人和睦相處，交流融合，共同創造了中華文明的輝煌。明清時期，中國人不斷遷居海外，其中以下南洋者居多，不僅爲南洋各地帶去先進的生産技術，還帶去了中華的語言文字、宗教信仰、風俗習慣、文學藝術等。他們辛勤勞作，艱苦創業，與當地居民多能和睦相處，表現出中國傳統文化的平和、温良性質，也爲開發建設南洋作出重要貢獻。

海上絲綢之路完美展示了中華民族對外交往的優良傳統，體現出中華民族愛好和平的精神價值，是人類不同文明和平共處、相互尊重的偉大實踐和傑出典範。

三

與中國歷史研究的進程一樣，對海上絲綢之路的研究也經歷了從傳統到近代的轉型，並從單一走向多元。

在晚清社會轉型的背景下，中國的傳統學術面臨變革，其中邊疆歷史、地理尤其受到學者重視。梁啓超《中國近三百年學術史》總結清代學者整理舊學的成績時，稱「域外地理之興，自晚明西士東來，始知九州之外復有九州」，「海禁大開，交涉多故，漸感於知彼知己之不可以已，於是談瀛之客頗出於士大夫間矣。蓋道光中葉以後，地理學之趨向一變，其重心蓋由古而趨今，由内而趨外」。相比於起自東三省，經内外蒙古以迄西北、西藏的内陸邊疆研究，道光至同治間中外海路交通的研究稍顯寂寞。至清末民初，沈曾植在治西北史地之學的同時，兼治南洋、域外史地，利用對音、互證的研究方法，考證前代著述對於海上絲綢之路沿線國家地區地名的記載，所著《島夷誌略廣證》及《海日樓札叢》中相關部分，皆篳路藍縷，貢獻尤多，使得海上絲綢之路的研究逐步進入國人視野。

二十世紀二十年代至新中國成立前，中國學者在繼承本民族優秀史學傳統的基礎上，結合西方史學方法，借鑒日本明治維新以後研究中國乃至東亞史地的成果，逐步開展對海上絲綢之路的研究，取得了更爲卓越的成就，爲海上絲綢之路研究奠定堅實基礎。如張星烺先後翻譯兩種版本的《馬可·波羅遊記》，著成《歐化東漸史》，更以十數年的功力，自二百七十餘種漢文書籍和英、德、法、日等四十餘種外文書籍中摘録有關資料，編成《中西交通史料彙編》，並對其中某些地名和史事詳加考釋。馮承鈞師從漢學名家伯希和（Paul Pelliot），通曉多種外語，著有《西力東漸史》、《中國南洋交通史》，同時致力於歐洲漢學研究的迻譯，尤其是將法國漢學家沙畹、伯希和、烈維（Sylvain Lévi）、費琅（Gabriel Ferrand）等人研究中國邊疆史地的著作，系統譯成漢文，編成《西域南海史地考證譯叢》九編，加之所譯《在華耶穌會士列傳及書目》等，使我國以海上絲綢之路爲中心的中外交通史研究具備了與國際學界共同進步的基礎。在海上絲綢之路南洋研究、華僑研究方面，姚楠編譯《古代南洋史地叢考》、《十七世紀南洋群島航海記兩種》，所著《華荷經營臺灣史料》、《中南半島華僑史綱要》、《馬來亞華僑史綱要》等也較有影響。張維華在三十年代寫成《明史佛郎機吕宋和蘭意大里亞四傳注釋》（一九八二年重印時改名《明史歐洲四國傳注釋》），梳理明代海上絲綢之路的許多重要問題，四十年代又著成《明清之際歐人東渡及西學東漸史》（一九八七年再版時改名《明清之際中西關係簡史》）。鄭鶴聲以鄭和下西洋爲重點，研究明清時期海上絲綢之路的歷史，又系統整理明清、民國時期的史料，編成《六百年來中國與海外諸國關係資料彙編》。梁嘉彬研究清代的海外貿易，所著《廣東十三行考》憑藉商業家族文獻探討清代廣州的海外貿易問題。方豪所著《中外文化交通史論叢》、《中國天主教史論叢》等對於海上絲綢之路宗教往來的研究尤爲深入。楊志玖關於馬可·波羅來華的考證與研究，享有國際聲譽。

二十世紀上半葉，對於海上絲綢之路歷史文獻的搜尋，也已肇端。三十年代，向達在海外訪求文獻時，發現英國牛津大學博德利圖書館藏有《順風相送》、《指南正法》兩種海道針經，抄録回國，爲研究海上絲綢之路提供了寶貴資料。書中記述福建往琉球的航路，第一次出現「釣魚嶼」（即釣魚島）、「赤坎嶼」（即赤尾嶼）的名稱，是釣魚島自古歸屬中國的歷史明證。白壽彝於四十年代對泉州清浄寺石刻展開研究，較早將石刻材料與紙上材料相印證的方法應用在海上絲綢之路研究上，拓展了研究材料。

總體而言，二十世紀上半葉的海上絲綢之路研究，雖然專門從事的學者不多，較之其他領域稍嫌冷寂，但研究起點較高，基本與國際學界保持同步，無論史料拓展、整理，還是專題研究，均爲後來的海上絲綢之路研究啓導先聲。

中華人民共和國成立以後至一九六六年以前，在歷史唯物主義指導下，有關海上絲綢之路的研究有所進展，如張維華、朱傑勤、章巽、韓振華等關於海外交通、貿易的著述，均稱力作。在文獻整理與考古發掘方面，向達整理出《西洋番國志》、《鄭和航海圖》，並將之前自英國抄録的《順風相送》、《指南正法》予以整理，以《兩種海道針經》爲名出版。莊爲璣、吴文良等在泉州發現較多與海上絲綢之路有關的歷史遺蹟，並對其進行考證和研究，取得豐碩的成果。

改革開放以後，海上絲綢之路研究進入高速發展階段，不僅成立中國海外交通史研究會，創辦《海交史研究》、《南洋問題研究》等專業刊物，有關文獻的整理，也達到一個新的高度。如《中外交通史籍叢刊》收録的相關文獻，以及《鄭和下西洋資料彙編》等，均具備較高的整理水準。在基礎研究方面，《新編鄭和航海圖集》、《古代南海地名彙釋》等都具有承先啓後的意義。

八十年代末九十年代初，在聯合國教科文組織的推動下，海上絲綢之路研究走入更爲廣闊的全球化視野。一九八六年十二月，聯合國大會通過的「絲綢之路綜合研究」是「世界文化發展十年」重要文化活動之一，意在通過考察研究活動加强海上絲綢之路不同文明間的交流與對話。來自世界各國的專家乘坐考察船隻，於一九九〇年十月自意大利威尼斯啓航，一九九一年三月抵達終點日本大阪，中間訪問沿線十六個國家的二十一個港口及有關城市，其中包括中國的廣州和泉州。先後有來自二十五個國家的九十位專家參加不同階段的考察，其間在威尼斯等港口舉行過十七次學術討論會，約三百名學者參加研討會。

海外貿易是新時期海上絲綢之路研究的重點之一，如陳高華、吴泰《宋元時期的海外貿易》，關履權《宋代廣州的海外貿易》，李金明、廖大珂《中國古代海外貿易史》，李慶新《明代海外貿易制度》等，均從不同的角度，點面結合，對海上絲綢之路商品貿易進行深入研究。

研究視域的拓展，是新時期海上絲綢之路研究的一個重要特點，其中尤以考古發現和田野調查方面的成就較爲突出。繼七十年代泉州灣宋代古船出土後，我國水下考古持續發展，「南海Ⅰ號」、「碗礁Ⅰ號」、「南澳Ⅰ號」、「華光礁Ⅰ號」、「東海平潭大練島Ⅰ號」等自宋至清的古代沉船遺蹟陸續被發掘，推動研究走向縱深。在田野調查方面，通過對東南、華南地區相關民間契約文書、族譜家乘、中外文石刻碑銘等資料的深入調查研究，全面梳理海上絲綢之路上不同時期、不同社會群體雙向移民的歷史，以及隨移民遷徙傳播的宗教信仰等，極大地豐富了海上絲綢之路研究的内涵，擴張了支撑其研究的史料外延。

此外，香港、臺灣地區學者的相關研究，有林天蔚《宋代香藥貿易史稿》、孫葆《唐宋元海上商業政策》等，方豪赴臺之後所著《中西交通史》通觀陸上與海上兩條絲綢之路，尤其凸顯明清中西文化之間的交流。

對於海外文獻的迻譯和借鑒，是自開展海上絲綢之路研究以來即有的優良傳統。新時期在海外文獻的搜集、整理與迻譯方面，也取得豐碩成果。如法國學者戈岱司（George Coedès）編《希臘拉丁作家遠東古文獻輯録》，費琅編注《阿拉伯波斯突厥人東方文獻輯注》，阿拉伯人伊本·胡爾達茲比赫（Ibn Khordadbeh）的《道里邦國志》，佚名阿拉伯人的《中國印度見聞録》，意大利人鄂多立克口述的《鄂多立克東遊録》，荷蘭人威·伊·邦特庫（W.Y. Bontekoe）的《東印度航海記》，英國人博克舍（C.R.Boxer）的《十六世紀中國南部行紀》，摩洛哥人伊本·白圖泰的遊記等。進入新世紀以後，海上絲綢之路史料開拓又有新的進展，主要爲周邊漢文化圈國家以漢字書寫的文獻，以及海外華僑遺留文獻的發現與整理。前者如《韓國漢文燕行文獻選編》、《越南漢文燕行文獻集成》等，後者如《潮汕僑批集成》、《閩南僑批大全》等。

海上絲綢之路自概念提出以來，即是國際性的學術專題。除歐洲學者外，日本學者也取得了令人矚目的成就，出現了桑原騭藏《蒲壽庚考》、《東西交通史論叢》，藤田豐八《東西交涉史研究·南海篇》，藤田元春《上代日中交通史研究》，榎一雄《東西交涉史》，森克己《日宋貿易的研究》，三上次男《陶瓷貿易史研究》，矢澤利彦《東西文化交涉史》，岩村忍《十三世紀東西交涉史序説》，松浦章《清代海外貿易史研究》、《清代中國琉球貿易史研究》，濱下武志《近代中國的國際契機——朝貢貿易體系與近代亞洲經濟圈》，海野一隆《東西地圖文化交涉史研究》，榎本涉《九至十四世紀東亞海域與日中交流》等著作，以及宮崎市定、斯波義信著作中的相關部分。

海上絲綢之路研究是聚合各個學科的綜合性研究，不僅有歷史學、社會學、考古學等人文社會科學的研究者參與，還涉及航海、環境、海洋、軍事、國際關係、科技史等多個學科。多國家、多領域、多學科的學者不斷交流互動，促進了研究領域的拓展、研究視野的擴大、研究資料的挖掘，出現新的研究課題和方向，從而推動海上絲綢之路研究在深度、廣度方面不斷發展。

一個時代有一個時代的學術。二十世紀的海上絲綢之路研究成果，爲當前研究的開展奠定基礎，進入新世紀以來，又在研究方法、學術專題方面有所進展。但對於這項内涵豐富、外延廣闊的研究來説，仍有較大的探索空間。尤其在史料的拓展方面，需要做的工作還很多，這正是我們編纂《海上絲綢之路文獻集成》的旨趣所在。

四

歷史研究的進展，離不開史料的開拓。近代以來中國學術研究的發展，與殷墟甲骨、塞上簡牘、敦煌遺書、内閣大庫檔案、少數民族古文字等重大發現，有着密切的聯繫。絲綢之路的研究，由於敦煌吐魯番文書的發現，提供了大量的新史料，促使中古時期的歷史研究向更廣闊、更縱深的方向發展，形成國際性的顯學——敦煌學，並以文獻的多樣性、豐富性，還原出這一時期絲綢之路的歷史。中國學者在研究中不斷擴大對外交流與合作，更多地從世界的角度認識敦煌學，認識絲綢之路，從而加速了學科的發展。敦煌吐魯番文書自發現以來，經過數代學者的努力，陸續刊佈，至今已接近完全。整個二十世紀的中國中古史研究，在不斷深入挖掘、整理、利用敦煌吐魯番文書的歷史進程中發展，産生了大批高品質的研究成果。

海上絲綢之路的研究深度和廣度的延伸，同樣依賴於文獻的支撑。但海上絲綢之路史料分散，没有像敦煌一樣保存大量歷史記録的遺存。如果僅僅依賴歷代正史、地理雜記的記載，對海上絲綢之路的認識將停留在平面上，對其從政治、經濟、社會、法律、民族、宗教、禮俗、語言、觀念、科技等各方面進行立體架構和認知，自然無從談起。在目前尚無類似殷墟甲骨、敦煌吐魯番文書、内閣大庫檔案一樣的重大發現情況下，惟有先將不同角度、不同形式、不同内容的文獻如涓涓細流匯於大海般聚集起來，再深入整理，方能對海上絲綢之路歷史文化的綜合性研究産生切實的推動和促進作用。因此，《海上絲綢之路文獻集成》的編纂、出版，本質上是扎實的、基礎性的史料發掘和整理工作。《海上絲綢之路文獻集成》致力於史料的拓展和認識角度的延伸，將海上絲綢之路作爲立體的研究對象，進行整體性、多方位的考量，設立八個分編，收録大量文獻，以從不同側面彙集史料，供學界進行不斷深入的研究。

首先需要彙聚中國古代關於海上絲綢之路歷史的記録。因此設立「歷代史籍編」，專門收録記載古代海上絲綢之路歷史的史部著述，主要包括相關的地理雜記、方志、專志，有關海外交通、貿易、邦交、海防的政書，有關近代船政的奏議等。所收數百種史籍，構成研究海上絲綢之路最基礎的漢文文獻。

延綿兩千多年的漫長歷史，使得二十一世紀海上絲綢之路與歷史上的海上絲綢之路存在割不斷的聯繫。爲反映晚近以來海上絲綢之路的歷史面貌，以及近現代學者對其歷史文化研究的成果，專門設立「近現代文獻編」，與「歷代史籍編」共同承擔勾勒海上絲綢之路歷史文化風貌的功能。

隨着研究的深入，傳統的史籍記載已不能滿足歷史研究對於史料的需求，因而設立「歷史檔案編」，專門收録與海上絲綢之路相關的歷史檔案，包括清宫所藏與各國往來檔案，各地所藏華僑檔案、海關檔案等。檔案在史學研究中的重要性自不待言，正如内閣大庫檔案的發現、整理，使清史研究建立在全新基礎之上一樣，海上絲綢之路歷史檔案的搜集和整理，將進一步夯實和拓展海上絲綢之路研究的文獻基礎。

海上絲綢之路是融合多種文明的歷史複合體，其歷史書寫不應是僅以朝貢、邦交等傳統政治關係爲主體的單線方式，而應以運用社會經濟、物質文化、宗教信仰等多線書寫的現代史學方式進行。海上絲綢之路歷史上除國家間的往來外，更多的是民間貿易往來，其歷史具有極强的民間參與性。就像絲綢之路的歷史離不開絲綢、紙張、皮革貿易一樣，海上絲綢之路貿易也離不開陶瓷、茶葉、香料等商品。中國沿海地區尤其是與海外交往密切的福建、廣東等地，不僅保存着各類記載族人沿海上絲綢之路遷徙的族譜家乘，還存留大量記載商品貿易的包括契約文書、僑批等在内的民間文書；中國人在海外設立商號，積極從事國際貿易活動時，也存留下大宗原始的貿易文書。從這些不同時代的民間文獻中，可讀出海上絲綢之路在歷史中獨具特色的文化内涵。因此，《海上絲綢之路文獻集成》設立「民間譜牒編」、「民間文書編」，收録此類能够反映海上絲綢之路商品貿易、人員往來、社會文化情形的民間文獻。

海上絲綢之路在歷史上不僅形成諸多物質層面的歷史鑒證，在思想領域也有較多因交融而形成的文明成果。如晚明以來到中國傳教的耶穌會士，將西方宗教傳入中國的同時，積極適應中國的傳統社會，學習儒家思想，並對歐洲思想界産生了極大的影響。中國的民間信仰，如媽祖信仰等，也隨着華僑的遷徙傳播到世界各地。中國科學技術通過海上絲綢之路傳入異域，如中國傳統醫學傳入日本，形成「漢方」；中國發明的指南針或羅盤、牽星術，從海上傳入阿拉伯，再傳到歐洲。近代西方科學技術也經海路傳入中國，開啓了「西學東漸」的歷史進程。來華的西方人士努力學習、研究漢語及中國各地的方言，設計了用拉丁字母拼寫漢語的方法，編寫各種字典，成爲研究中外文化交流的極爲重要的史料。這些反映思想文化碰撞、科學技術交流、中外語言接觸歷史的文獻，則收入「科技與文化編」中。

誠如陳寅恪在二十世紀三十年代指出的：「敦煌學者，今日世界學術之新潮流也。」當前以海上絲綢之路爲代表的東西方交流史研究的國際化趨勢更加明顯，並成爲一種潮流，這不僅是全球史視角帶來的研究方法的轉向，而且在史料方面也有更廣闊的延展。就研究海上絲綢之路歷史而言，僅依靠漢文史料顯然遠遠不够，「西洋文獻編」、「東方文獻編」收録西方國家、東方國家的歷史記録，包括英文、法文、拉丁文、荷蘭文、西班牙文、意大利文、阿拉伯文、日文等，將之與漢文記載相對照，無疑能够起到擴大史料邊界的作用。

以上所述，即爲《海上絲綢之路文獻集成》設立八個分編的意義所在。對於海上絲綢之路這一重要課題而言，不能關起門來孤立研究，而要與國際學者在同樣的時代背景和視野下，站在歷史的高度，從多個向度、多種交叉、長久時段入手，如同陳寅恪所説「一時代之學術，必有其新材料與新問題。取用此材料以研求問題，則爲此時代學術之新潮流。治學之士，得預於此潮流者，謂之預流。其未得預者，謂之未入流。此古今學術史之通義，非彼閉門造車之徒，所能同喻者也」，知己知彼，協調創新，才能真正做出體現繼承性、民族性、原創性、時代性、系統性、專業性的研究成果。

總而言之，在「一帶一路」建設的大背景下，海上絲綢之路的文獻整理和研究方興未艾。我們期待，通過編纂《海上絲綢之路文獻集成》的努力，能够促進海上絲綢之路文獻發掘和整理工作，以廣闊的史料推動海上絲綢之路研究新高潮的到來。

《海上絲綢之路文獻集成》編委會

二〇一八年五月

《海上絲綢之路文獻集成》科技與文化編導言

甲

十五至十六世紀的地理大發現改變了傳統的海上絲綢之路格局，也爲中國與歐洲的往來開辟了新航路。達·伽馬（Vasco da Gama，一四六九—一五二四）開辟東方新航路不久後的一五一四年，第一個葡萄牙人來到廣東東莞縣所轄屯門島（今屬香港特別行政區）。從一五五三年起的百餘年間，從里斯本出發到澳門成爲歐洲到中國的主要航綫。之後，歐洲天主教傳教士也隨着商船來到中國。一五八二年，意大利耶穌會士利瑪竇（Matteo Ricci，一五五二—一六一〇）來華，先至澳門，次年到廣東肇慶。利瑪竇是將西方科學輸入中國的開創者，編繪了第一幅中文世界地圖《山海輿地全圖》，製作過天球儀和地球儀，與徐光啓合譯的《幾何原本》前六卷（一六〇七）則開啓了西方科學在中國傳播的新紀元。他確定的「學術傳教」路綫，爲後來一些來華耶穌會士所仿效和遵循，客觀上開啓了明清之際西學在中國的傳播之路。

一

明末清初由歐洲傳教士輸入中國的西方科技，主要集中在天文學及數學等方面。一六一三年，比利時耶穌會士金尼閣（Nicolas Trigault，一五七七—一六二八）奉命回歐洲，隨即在意大利、法國、德國、比利時、西班牙、葡萄牙等國募集新書和科學儀器，預備在北京建立圖書館。一六一八年四月，金尼閣帶着七千餘部圖書和二十餘位傳教士從里斯本出發，於次年七月抵達澳門。七千餘部西書中，科學和宗教類書籍佔大多數。這些書籍暫存於澳門，後來有不少進入内地。一九三八年，北平天主教北堂整理藏書樓時，發現了七千餘部中殘留的數百册，内容涵蓋神學、哲學、數學、天文學、物理學、法學等，其中有哥白尼（Mikolaj Kopernik，一四七三—一五四三）的《天體運行論》和開普勒（Johannes Kepler，一五七一—一六三〇）的《哥白尼天文學概要》等經典科學著作。

與金尼閣一同來華的耶穌會士，有瑞士人鄧玉函（Johann Schreck，一五七六—一六三〇）、意大利人羅雅谷（Jacques Rho，一五九三—一六三八）、德國人湯若望（Johann Adam Schall von Bell，一五九一—一六六六）、葡萄牙人傅汎際（Francisco Furtado，一五八七—一六五三）等，他們是明清之際著名的傳教士學者，參與了一些重要科學著作的翻譯工作。在徐光啓、李之藻等中國官員和學者的支持下，中西學人展開合作，先後編譯《西學凡》、《職方外紀》、《寰有詮》、《地震解》、《名理探》、《遠鏡説》、《遠西奇器圖説》等重要著作。

李之藻晚年將一些譯書彙編爲《天學初函》刊行，分爲理編和器編。其中器編收録有《幾何原本》、《同文算指》、《圜容較義》、《勾股義》、《渾蓋通憲圖説》、《天問略》、《泰西水法》等。《天學初函》在明末流傳很廣，使許多西學譯作免於失傳。

鄧玉函與王徵合譯的《遠西奇器圖説》（一六二七），取材於十六至十七世紀歐洲科學家韋達（François Viète，一五四〇—一六〇三）、斯蒂文（Simon Stevin，一五四八—一六二〇）、阿格里科拉（Georgius Agricola，一四九四—一五五五）以及伽利略（Galieo Galilei，一五六四—一六四二）等人的著作，内容清晰，結構嚴整，附有參考文獻、使用方法和插圖解説，是中國科學史上首部充滿近代氣息的著作。鄧玉函還著有《泰西人身説概》二卷（一六四三），介紹西方解剖學和生理學知識，曾引起中國人的極大興趣。

明末耶穌會士參與的最重要的科學工作是《崇禎曆書》的編譯。一六二九年，崇禎帝批准了徐光啓提出的修訂曆法的計劃。是年十一月，曆局正式成立。在編纂過程中，曆局聘請龍華民（Nicholas Longobardi，一五五九—一六五四）、鄧玉函、羅雅谷等來華傳教士參與譯書，編譯或節譯哥白尼、伽利略、第谷（Tycho Brahe，一五四六—一六〇一）、開普勒等著名歐洲天文學家的著作。編譯工作歷時五載，於一六三四年完成。全書共四十六種一百三十七卷，以西法爲基礎，主要内容包括天文學基本理論、天文表、星圖、天文學中計算必備的數學知識、天文儀器知識和中西各種度量單位換算表等。然而，編成後並未用來編曆。入清後，湯若望將《崇禎曆書》删改爲一百零三卷，連同所編的新曆本一起進呈清廷，得以頒行。刪改後的《崇禎曆書》改稱爲《西洋新法曆書》，並據以編製新曆即《時憲曆》。至此，中國曆法史上的一次重要改革終於完成。

一六六九年，康熙帝任命比利時耶穌會士南懷仁（Ferdinand Verbiest，一六二三—一六八八）爲欽天監監副，負責曆書推算。平定三藩之亂時，南懷仁爲清軍監製了適於山地作戰的西洋大炮，還爲此撰寫《神威圖説》，介紹製造西洋火炮技術。南懷仁最重要的貢獻是督建北京觀象臺。在受命編訂康熙九年曆法後，他上疏建議按新式樣製造儀器。新式儀器於一六七三年製成。南懷仁又撰寫《新製靈臺儀象志》十六卷，解釋儀器的製造、使用以及相關科學知識。

受南懷仁影響，法國國王路易十四（Louis XIV，一六三八—一七一五）向中國派遣洪若翰（Jean de Fontaney，一六四三—一七一〇）、李明（Louis le Comte，一六五五—一七二八）、劉應（Claude de Visdelou，一六五六—一七三七）、白晉（Joachim Bouvet，一六五六—一七三〇）、張誠（Jean-François Gerbillon，一六五四—一七〇七）等所謂「國王數學家」，攜帶各種天文、數學儀器和書籍共三十箱，於一六八八年二月到達北京。爲招攬更多傳教士來華，康熙帝又遣白晉回國。一六九八年，白晉攜雷孝思（Jean Baptiste Régis，一六六三—一七三八）、巴多明（Dominique Parrenin，一六六五—一七四一）等十名法國耶穌會士抵達中國。洪若翰於一六九九年返法，一七〇一年攜杜德美（Petrus Jartoux，一六六八—一七二〇）等八人來華。

康熙帝中晚年召集傳教士和中國學者編修了一套包容律、曆、數各種學問在內的科學著作，這套叢書被定名爲《御製律曆淵源》，包括《律呂正義》（一七一四）、《曆象考成》（一七二二）、《數理精蘊》（一七二三），總計一百卷。全書由康熙帝審閱定稿，雍正元年（一七二三）刊印完畢。通過編修這部叢書，康熙帝希望讓中國掌握有關知識，擺脱對西方傳教士的依賴。但由於這套叢書注重實用性，反不如明末《崇禎曆書》先進。不過，其中幾部書流佈較廣，對清代的科學，特别是數學產生了廣泛而深遠的影響。清嘉道年間，中國數學人才輩出，成果頗多，超越前代，與此不無關係。

康熙帝晚年，禮儀之爭引起他對傳教士的警惕，繼任的雍正帝則嚴厲禁止傳教，乾隆帝更是對科學知識没有興趣。十八世紀西方科學正蓬勃發展，其在中國的輸入和傳播却陷入低谷。乾隆間編譯的重要科學著作有戴進賢（Ignatius Kegler，一六八〇—一七四六）主持的《曆象考成後編》十卷（一七四二）。該書引入開普勒等人的研究成果，修正第谷體系，拋棄小輪體系，改用地心系的橢圓運動定律和面積定律，向近代天文學邁進了一步。戴氏的助手和繼任者劉松齡（Ferdinand Augustin von Hallerstein，一七〇三—一七七四）主持修訂《靈臺儀象志》，完成了《儀象考成》三十卷（一七五二）。其中的星表是以一七二五年美國修訂再版的弗拉姆斯蒂德（John Flamsteed，一六四六—一七一九）星表爲底本，又經中國實測而編訂的。

二

十八至十九世紀初，西方在數學、天文學、物理學、化學、地學、生物學等各個領域快速發展，歐洲的工藝技術也發生巨大變革，包括紡織機械的革新、蒸汽機的發明和改進。在短短一百年間，歐洲的科學和工業已經遠超彼時的中國。

十九世紀西學東漸史上，新教傳教士充當類似明末清初耶穌會士的角色，天主教傳教士則退居次要地位。新教是近代歐洲宗教改革運動中，脱離羅馬天主教而產生的宗教組織。進入十九世紀，新教各差會紛紛派遣傳教士來華。一八〇七年九月，英國倫敦會傳教士馬禮遜（Robert Morrison，一七八二—一八三四）到達廣州。與明清之際的天主教耶穌會士相比，新教傳教士比較世俗化。早期來華的新教傳教士主要活動於廣州、澳門和南洋等地，他們大多服務於西人商團，並不公開其傳教士身份，爲站穩腳跟，嘗試辦學、行醫、辦報、翻譯著述等。

新教傳教士介紹西方科技知識的書籍，較早的有郭士立（Karl Friedrich August Gützlaff，一八〇三—一八五一）於一八三三年在廣州出版的月刊《東西洋考每月統記傳》。內容以中西歷史、地理、新聞和宗教議論爲主，有少量篇幅介紹西方天文學、自然史和工藝技術，其中部分內容後被魏源收入《海國圖志》。此刊後遷至新加坡出版，一八三八年停刊。

十九世紀較早在中國傳播西方科學知識的是所謂「醫師傳教士」。爲滿足培養醫學助手之需，他們開始編譯醫學和科學著作。合信（Benjamin Hobson，一八一六—一八七三）和瑪高温（Daniel Jerome MacGowan，一八一五—一八九三）是較早以翻譯著作知名的醫師傳教士。

合信一八三九年來華，先後在澳門和香港主持醫師布道會的醫院。一八四八年，在廣州西關外金利埠開設惠愛醫館。他首先翻譯了介紹西方解剖學和生理學的著作《全體新論》，刊行後大受讀者青睞。一八五七年，合信到上海主持倫敦會的仁濟醫館。此後，他同中國學者管嗣復合作，先後翻譯《西醫略論》、《婦嬰新説》和《内科新説》三種，均由上海墨海書館刊行。一八五四年，合信在廣州出版《博物新編》一書，次年在上海重印。《博物新編》啓發和推動了近代科技知識在清末的輸入和傳播，是中國近代科技史上極具影響力的著作之一。

十九世紀後期，以著述知名的傳教醫師有美國人嘉約翰（John Glasgow Kerr，一八二四—一九〇一）、德貞（John Dudgeon，一八三七—一九〇一）等。嘉約翰長期主持廣州博濟醫局，與學生編譯的醫書多達三十四種。德貞是英國倫敦會傳教醫師，長期主持北京施醫院，譯有《西醫舉隅》（一八七五）、《全體通考》（一八八六）、《脱影奇觀》（一八七二）、《藥材通考》（一八九七）等。此外，美國傳教醫師柯爲良（Dauphin William Osgood，一八四五—一八八〇）譯有解剖學著作《全體闡微》（一八八〇），博恒理（Henry Dwight Porter，一八四五—一九一六）譯有生理學著作《省身指掌》，洪士提反（Stephen Alexander Hunter，一八五一—一九二三）譯有《萬國藥方》

（一八九〇），英國傳教士醫師稻惟德（Arthur William Douthwaite，一八四八—一八九九）譯有《全體圖説》（一八八一）、《眼科指蒙》（一八八七）等。這些譯作流佈較廣，對現代醫學在清末的傳播起到一定作用。

據英國傳教士偉烈亞力（Alexander Wylie，一八一五—一八八七）統計，截至一八六四年，新教傳教士共出版中文著作五百二十九種，其中科學著作二十種，醫學著作十三種。這二十種科學譯著中，多數是内容淺顯的小册子，只有墨海書館翻譯出版的幾種科學譯著，具有較高水平。這些著作的刊行，使中國對西方近代科學知識的了解達到新的水平。

墨海書館是英國倫敦會在中國的出版機構，一八四三年創建於上海，館主麥都思（Walter Henry Medhurst，一七九六—一八五七）是一位博學的傳教士，在物色到偉烈亞力主持館務後，他們與李善蘭等中國學者開始翻譯西方科學著作，至一八六〇年，完成《續幾何原本》、《重學》、《代數學》、《代微積拾級》、《談天》、《植物學》等科學著作的譯述工作。偉烈亞力還與王韜合譯《西國天學源流》、《格致新學提綱》、《重學淺説》等書，刊登在《六合叢談》和《中西通書》中。墨海書館譯作在内容的科學性、譯文的準確性等方面都可與徐光啓、利瑪竇在明末翻譯的《幾何原本》等名著相媲美，而系統性則超越前人，它們在中國近代科學史上的影響不可低估。

十八世紀六十年代洋務運動興起後，清政府成爲引進西方科學技術的主力。隨着一些新式工業企業、新式學堂的開辦，特别是設立江南製造總局翻譯館、派遣留學生赴歐美，引進西方近代科學技術的規模遠超前代，引進方式也更加多樣。在此期間，有些傳教士脱離教會，直接服務於清政府官辦的新式機構，如傅蘭雅（John Fryer，一八三九—一九二八）、金楷理（Carl Traugott Kreyer，一八三九—一九一四）在江南製造總局翻譯館擔任口譯，丁韙良（William Alexander Parsons Martin，一八二七—一九一六）長期任京師同文館西學總教習等，在清末翻譯科學書籍和推進科學教育等活動中發揮了重要的作用；有的人在教會學校中從事科學教育，如狄考文（Calvin Wilson Mateer，一八三六—一九〇八）、潘慎文（Alvin Pierson Parker，一八五〇—一九二四）等編譯多種科學教材，培養了不少人才；有的人從事文字宣傳工作，如林樂知（Young John Allen，一八三六—一九〇七）主編《萬國公報》，李提摩太（Timothy Richard，一八四五—一九一九）擔任廣學會總幹事，通過創辦的全國性組織——益智書會和廣學會，在編譯科學教科書、宣傳科學等方面，做了不少工作。

益智書會成立於一八七七年，最初名爲「學校教科書委員會」，由丁韙良主持出任主席，韋廉臣（Alexander Williamson，一八二九—一八九〇）、狄考文、林樂知、傅蘭雅等爲委員。該會目的在於爲新建教會學校編譯教科書。傅蘭雅擔任總編輯的十八年是益智書會在傳播科學知識方面取得成績最多的時期。在此期間，編譯出版八十餘種圖書，半數以上是科學書籍，數量上僅次於江南製造總局。它們絕大多數用作教科書，其中傅蘭雅翻譯的《格物圖説》叢書、狄考文編譯的數學教科書和赫士（Watson McMillan Hayes，一八五七—一九四四）編譯的物理學教科書較爲重要。

美國傳教士狄考文於一八六六年在登州創辦養蒙學堂，後來發展爲登州文會館，並以科學教育著稱。狄考文主張用中文授課，所用教材大都自行編譯。這些教材經過反覆修訂，於十九世紀八十至九十年代經益智書會出版後，大受讀者歡迎。狄氏參與編譯的《筆算數學》（一八九二）、《代數備旨》（一八九一）、《形學備旨》（一八八五，幾何學教材）等譯作對清末普及數學教育和中國數學採用國際通行的符號起到重要作用。狄考文在登州文會館的同事赫士編譯了《新編對數表》（一八九一）、《聲學揭要》（一八九三）、《熱學揭要》（一八九七）、《光學揭要》（一八九七）。這些書大都依據英美流行的初等教科書翻譯，內容簡明扼要，書後附有英漢術語對照表，讀者稱便。

此外，艾約瑟（Joseph Edkins，一八二三—一九〇五）翻譯的《格致西學啓蒙》十六種也值得一提。這是應中國海關總税務司赫德（Robert Hart，一八三五—一九一一）之邀而譯的，一八八六年由海關總税務司署印行。這套書大多根據英國麥克米倫公司出版的「科學初級系列」原本譯出，原書著者都是當時英國首屈一指的科學名家。

清政府最重要的譯書機構是江南製造總局翻譯館。該局是清末第一家大型兵工企業，創辦於一八六五年。一八六八年，經徐壽提議設立翻譯館，聘請中西人士專事翻譯西方科技著作。一八七一年起，該局出版了許多科技譯作，成爲清末傳播西學的重要機關。徐壽是江蘇無錫人，一八六七年四月任江南製造總局委員。他認爲如能把西方科技各門類的著作擇要翻譯，供人學習研究，就能造就一批中國自己的科技人才。一八六八年六月，翻譯館正式成立，這是十九世紀下半葉中國譯書最多、質量最高、影響最大的科技著作編譯機構。

翻譯館初創的十年間譯書最多且最重要，以科學、機械、工藝製造、軍工和時政類爲主。科學類譯作如《金石識別》、《地學淺解》、《光學》、《聲學》、《電學》、《化學鑑原》及續補編、《化學分原》、《代數術》、《微積溯源》等，都譯自英美流行的教科書或專著，其中大都是第一次將西方科學中相關學科的知識系統地介紹到中國來，也有些是爲已經譯介過的著作提供了更好的譯本。《汽機發軔》、《汽機新製》、《造船全法》、《開煤要法》、《西藝知新》、《製火藥法》等機械、礦冶、軍工類譯書，則與當時製造總局的軍工生産和新興的自强事業直接相關，如有關蒸汽機、造船和航海的譯書即與當時的仿製輪船和海防需要密切相關。

一八六八至一九一二年，該館共刊行譯書一百八十三種、地圖兩種、譯名表四種、連續出版物四種，共計一百九十三種。此外還有八種譯書由他處刊行，四十種已譯未刊之書。總計譯書二百四十一種。

江南製造總局翻譯館是清末洋務運動時期中國唯一的專門譯書機構，通過譯書，徐壽、華蘅芳、徐建寅等譯者成長爲中國第一批具有近代科技知識的專家。更多讀者則由閱讀譯書受到近代科學技術知識的熏陶，不少人後來成長爲新式人才。中國近代知識分子，從洋務運動時期的先知者，到維新變法運動中的康有爲、梁啓超等人，再到二十世紀初追求新學新知的青年革命者，在他們開眼看世界的過程中，都曾經歷過學習江南製造總局譯書的階段。

一九〇二至一九〇四年間的學制改革以及一九〇五年徹底廢除科舉制度，將翻譯歐美、日本科技書籍與新式教科書推向高潮。其中，由嚴復主持、學部審定科編纂的《物理學語彙》（一九〇七）和《化學語彙》（一九〇七），除部分音譯術語外，大多參考了日譯科學術語。此後，大量的日譯漢字詞彙引入中國學術文獻，取代了先前墨海書館、江南製造總局和嚴復等人的譯名。今天許多通用的基本科學詞彙大都由此而來。

從中國近代科學教育的發展歷程來看，推行新學制是一個分界線。此前雖也有一些新式學堂進行了科技教育，但爲數甚少，屬於實驗性質。一九〇四年起，科學教育納入中國基礎教育體系，使中國讀書人普遍接受了一定科學知識教育。自此，中國的知識階層逐步建立起近代科學觀念。儘管引進世界先進科學技術始終是發展中國科學的重要任務，但現代意義上的「科學傳播」，已不能用從明末到清末的「西學東漸」來涵蓋了。因此本編收録的科學譯著以清末爲界。

三

十五、十六世紀地理大發現以後，西人東來，傳統的海上絲綢之路開始面臨新挑戰，中國的絲綢、瓷器等産品以前所未有的規模流入歐洲與美洲，西方科技亦經由歐洲的耶穌會士傳入中國，與傳統儒家文化發生碰撞與交融，形成中西科技交流史上的一個高潮。鴉片戰爭之後，古老的中國在西方列强的侵略下淪爲半殖民地半封建社會，救亡圖存的歷史任務促使中國知識分子開眼看世界，在繼承海上絲綢之路寶貴遺産的基礎上，更加主動探索富國强兵之道，在艱難曲折中融入世界歷史的洪流。因此，通過回溯明末至清末的西學東漸歷程，更能看清海上絲綢之路的發展脈絡與走向。

晚近以來，明末至清末的西學東漸成爲中外學術界研究的熱點之一。尤其是明末清初西學東漸史，受到的關注較多，研究成果豐碩，相關史籍和專門文獻的整理蔚爲大觀。近些年來，上海、北京、梵蒂岡等西學東漸文獻重要收藏地的許多文獻，都以標點整理或原書影印等形式出版。如《天學初函》、《崇禎曆書》、《律曆淵源》等重要科技文獻，已一版再版。各種選編叢書也已出版不少。相比之下，清末西學東漸的文獻體量更大，但近年除江南製造總局的譯作影印過一些外，其他晚清科技譯作多不爲專門領域之外的學者所知。

有鑒於此，本編以晚清科技譯作爲主，基本不收明末清初西學東漸文獻。僅《幾何原本》一種，爲保持文獻完整性，在收入李善蘭和偉烈亞力合譯的《幾何原本》後九卷同時，也收入徐光啓和利瑪竇合譯的《幾何原本》前六卷。

本編收録的晚清科技譯著，以鴉片戰爭後新教傳教士編譯的譯作爲始，以清末推行新學制時期湧現的大量新教科書爲終。由於文獻數量多，本編主要選擇具有代表性的譯作，或傳播較廣、影響較大，或內容上有一定特色，涵蓋如下類别：一，早期通商口岸如上海、寧波、福州出版的譯作，特别是上海墨海書館所出譯作；二，洋務運動時期的譯作，以京師同文館、上海江南製造總局爲主，兼收上海益智書會、總税務司署等所出譯作；三，清末推行新學制前後約十年問的部分編譯教科書，主要是譯自日文的教科書。這類從日文轉譯過來的譯作從內容、詞彙到裝幀形式等方面都有很大變化，對中國現代學術範式的形成影響深遠。由於數量龐大，加之條件所限，擇選的譯作難免有掛一漏萬之弊，衷心希望得到讀者的批評指教。

乙

自十六世紀中葉葡萄牙人入居澳門以來，隨着不斷往來於東西之間的商船，中外文化交流日益頻繁。作爲雙向的東西方文化交流過程，「西學東漸」和「中學西傳」相輔相成，促進了不同文明之間的互鑒互融，推動了人類文明的進步與發展。近代以來，西方人持續譯介以儒家經典爲代表的中華典籍，編寫出版了大量漢語研究著作，中國文化也由此對西方社會産生了深遠影響。

一

一五九〇年前後，西班牙傳教士高母羨（Juan Cobo，一五四六—一五九六）翻譯的明代倫理學著作《明心寶鑑》，開啓了來華傳教士（尤其是耶穌會士）翻譯和傳播中國典籍的過程。從十六世紀中葉至二十世紀初，整個翻譯和傳播過程歷經多個階段。

十六世紀中葉至十七世紀八十年代前後，意大利、西班牙、葡萄牙籍天主教傳教士是翻譯與傳播的主力。明末來華耶穌會士羅明堅（Michele Ruggieri，一五四三—一六〇七）、利瑪竇是中國典籍翻譯的開創者。羅明堅「四書」西班牙文譯本手稿是學界目前已知的中文典籍西譯最早譯本，也是中西交通史上具有里程碑意義的譯作。之後的金尼閣、殷鐸澤（Prospero Intorcetta，一六二五—一六九六）等完成了「四書五經」等儒家經典的翻譯。

進入十七世紀八十年代，致力於打破葡萄牙保教權的法國耶穌會士逐漸成爲翻譯與傳播中國典籍的主力。以一六八七年法國五位「國王數學家」抵華爲分水嶺，此前以意、葡等國耶穌會士爲主導，即「西學東漸」；之後確立優勢地位的法國耶穌會士成爲傳譯的主力，即「中學西傳」。法國耶穌會士在中國經典的譯介上用力頗多，並以歐洲「中國知識代言人」的身份與啓蒙思想家們就中國問題保持長期通訊，歐洲人亦得以更直接地了解中國古代文化。萊布尼茨（Gottfried Wilhelm Leibniz，一六四六—一七一六）通過與耶穌會士白晉的通訊，獲得有關《易經》象數方面的知識，促使他將《易經》與其所設想的二進位進行比較，從而發表二進位論文。

在這些譯作中反映出的，中國人憑藉自身理性與道德修爲成功實現個人幸福的生活模式，激發了伏爾泰（Voltaire，一六九四—七七八）、魁奈（Franois Quesnay，一六九四—一七七四）、狄德羅（Denis Diderot，一七一三—一七八四）、洛克（John Locke，一六三二—一七〇四）、沃爾夫（Christian Wolff，一六七九—一七五四）等歐洲知識分子進一步了解中國甚至崇尚中國理性文明的渴望。

十九世紀之後，英美基督教新教傳教士開始成爲中國經典傳譯主力，同時還出現一批專業學者投身於此，譯介更爲廣泛，研究也更爲深入。個中翹楚首推理雅各（James Legge，一八一五—一八九七），這位從傳教士漢學到專業漢學過渡階段的代表性人物，在其《中國經典》（*The Chinese Classics*）和《中國聖書》（*The Sacred Books of China*）中，系統完成儒家「四書五經」及《道德經》、《莊子》等道家經典的英譯。在一個多世紀之後，其譯作仍被聯合國教科文組織視爲中國典籍的標準譯本，是歐美世界了解中國傳統文化的重要媒介之一。

此外，這一時期漢學學術刊物，如《中國叢報》、《中國評論》、《遠東雜誌》、《通報》等，對中國儒家典籍西譯亦有較大貢獻。

延續十九世紀歐洲專業漢學打下的深厚基業，以衛禮賢（Richard Wilhelm，一八七三—一九三〇）和顧賽芬（Séraphin Couvreur，一八三五—一九一九）爲代表的漢學翻譯家，在二十世紀上半葉依舊佔據中國儒家典籍西譯的高地。與此同時，西方漢學大師輩出，群星閃耀。沙畹（Édouard Chavannes，一八六五—一九一八）及其弟子伯希和（Paul Pelliot，一八七八—一九四五）、馬伯樂（Henri Maspero，一八八三——一九四五）等爲代表的法國漢學，福蘭閣（Otto Frank，一八六三—一九四六）、佛爾克（Alfred Forke，一八六七—一九四四）等爲代表的德國漢學，均在世界范圍内產生深遠影響。

二

語言是文化的載體，兩者關係之密切不言而喻。美國語言學家薩丕爾（Edward Sapir）説：「語言的背後是有東西的。並且，語言不能離開文化而存在。所謂文化就是社會遺傳下來的習慣和信仰的總和，由它可以決定我們的生活組織。」不論是語言還是文化，往往都不會是孤立存在的。歷史上的海上絲綢之路，其貿易的往來、文化的交融、科技的傳播，都離不開語言的接觸。

漢語與其他語言、漢文化與其他文化之間的交流自古便十分頻繁，漢文文獻中不乏對其他民族語言的記載，如東晉法顯《佛國記》：「從此西行所經諸國，類皆如是，惟國國胡語不同。」這些早期的記載，多是中土與西域各國不同語言間的接觸。至於東亞與歐洲的語言接觸，學界一般將其起始定於十六世紀耶穌會士赴日與來華，但這並不是説在此之前東亞與歐洲根本没有往來，只是此前没有可考的反映漢語與歐洲語言接觸的歷史文獻。

起初，西方商人和傳教士多以南洋爲通道接觸中國人。十六世紀四十年代，耶穌會創始人之一沙勿略（Saint Francis Xavier，一五〇六—一五五二）由南洋至日本、中國，歐洲語言與漢語之接觸由此發軔。一五八二年，利瑪竇、羅明堅獲准進入中國内地。兩人合作編撰的《葡漢辭典》，是世界上首部歐洲語言與漢語的雙語辭典。一六二六年，法國傳教士金尼閣所著《西儒耳目資》在杭州刊行。該書係目前所見最早、最完整的一部用羅馬字母記録漢語語音體系的著作，基本擺脱中國傳統韻書反切注音的束縛，成爲近代西洋人研究中國音韻學的發端。

晚清是中西文化交流史上的重要時期，傳教士、漢學家群體爲解決漢語語音學習問題，創製了多套拼音系統，並依據西方語言學的傳統做法對官話等各方言進行整理研究，編寫雙語對照詞典及各類口語、書面語教材。利用這些文獻，我們得以完整歸納十九世紀漢語各方言的語音系統，從而研究這些方言詞彙、語法的歷史演變。

中國古代的語言研究較側重於語義與音韻，對詞法與句法的系統性研究較少。一般認爲，一八九八年至一九〇〇年出版的《馬氏文通》標誌着漢語語法學的正式創立。作者馬建忠早年研究西學，一八七六年留學法國，精通英法語文及希臘文、拉丁文，《馬氏文通》亦廣泛參考拉丁語法，求其所同所不同者。如果我們將目光投向域外，可知在馬氏之前，西方傳教士、漢學家、外交家已通過各種途徑表達了對漢語語法的認識。

十六至十九世紀西方人所構築的漢語語法體系自始至終都帶着「拉丁化」的烙印。《漢文經緯》、《華語官話語法》、《中國言法》等多認爲漢語有形態變化，名詞有主格、賓格、屬格、與格、呼格、離格、工具格和方位格等，動詞的時態亦可分不定時態、有定現在時、完成時、過去時和將來時等。除此之外，也有人着眼於漢語語法特性，對漢語詞類、詞序等進行研究。西人來華之初，其語法著作以文言爲主體，由於傳教對象多是平民百姓，之後研究和推廣白話口語的語法著作大量出現，漢語語法研究經歷了一個從削足適履到求同存異的過程。

就近代傳教士漢語語言著作的内容而言，詞典類最多，其次爲課本，語法類較少。所編詞典都是雙語詞典，詞條大多以漢字或羅馬字寫出，再用英文、法文、西班牙文、葡萄牙文、德文或荷蘭文等釋義，其中用英文和法文釋義的佔絶大多數。這些著作所面向的讀者群體不斷擴大，由最初的來華傳教士拓展至在通商口岸工作生活的外國海關人員、醫生、商人等。

漢語自古以來就有雅言與方言之分，漢語發音常因地而異。一般而言，現代漢語方言可分爲官話、吴語、湘語、贛語、客家話、粤語、閩語等七大方言區，有些方言内部的差異甚至大於歐洲諸語之間的差異。早在十七世紀，傳教士們就有意識地爲漢語方言進行分區，並開展方言記録和研究工作。

官話舊指明清以來以北方話爲基礎的共同語，是漢語中分佈最廣、使用人口最多的方言。因在官場中通用，故有此稱，官話的英文Mandarin亦是對中國官史的稱呼。由於在政治、經濟、文化、歷史等各方面的影響，官話又幾乎可以説是漢語的同義詞。萬濟國（Francisco Varo，一六二七—一六八七）所著《華語官話語法》，於一七〇三年出版，是目前已知世界上第一部漢語語法專著。詞典方面，巴黎外方傳教會所編《華西官話漢法詞典》記録十九世紀後期西南官話，一八九三年於香港出版，極具語料價值。

除了官話，漢語各方言的詞典、課本亦爲數不少。游汝傑先生研究指出，西洋傳教士所撰漢語方言學著作涉及吴、閩、贛、粤、客五大方言，包括以下地點方言：上海、寧波、杭州、温州、蘇州、台州；福州、厦門、汕頭、海南、潮州；建寧、廣州、三江、東莞、澳門、順德、新會；嘉應（今梅州)。其中，西方人士與廣東、福建沿海接觸最久，對粵語、閩語的研究最多，著述最豐。

閩方言主要通行於福建、廣東、臺灣三省，按其語言特點可大致分爲閩南、閩東、閩北、閩中和莆仙等五個方言片。其中，又以閩南方言分佈最廣，在新加坡、菲律賓、印度尼西亞等東南亞華人社群中有廣大影響。西方傳教士最早接觸的中國文化亦爲在南洋地區傳佈的福建(閩南)文化，所學漢語即閩南方言「福建話」。麥都思編《福建方言字典》，論及福建方言拼寫、聲調、文白異讀等，書後有按部首排列的漢字索引，對其後的閩南話字典的編纂影響很大。高德(Josiah Goddard，一八一三—一八五四)編《英漢潮州方言字典》、斐姑娘(Adele Marion Fielde，一八三九—一九一六)編《汕頭方言初階》則是記録閩南方言潮汕片的代表。福州話是閩東片的代表方言，與之相關的詞典及課本有麥利和(Robert Samuel Maclay，一八二四—一九〇七)與摩嘉立(Caleb Cook Baldwin)合編的《福州方言拼音字典》，以及摩嘉立所編《榕腔初學撮要》等。

粵方言流行於廣東、廣西以及香港、澳門，海外華人華僑中也有很大一部分人使用。英國傳教士馬禮遜編《廣東省土話字彙》於一八二八年在澳門出版，係西方傳教士所編首部粵方言字典。另外，美國傳教士裨治文(Elijah Coleman Bridgman，一八〇一—一八六一)編《廣東方言讀本》，清代洋務運動代表人物之一唐廷樞撰《英語集全》等，都是粵語研究的重要著作。

吴方言主要分佈在上海、江蘇東南及浙江大部分地區。近代西方人對吴方言的記録和研究多圍繞上海話展開。艾約瑟《上海方言口語語法》系統記録開埠初十年上海縣城方言的語音，還將上海話與官話、閩語及上海周邊地區方言進行共時性比較。《上海方言教程》是卜舫濟（Francis Lister Hawks Pott，一八六四—一九四七）所編上海話初級口語教材，在當時的蘇滬地區有較大影響。

此外，中國人治外文者，亦不乏其人。劉智《天方字母解義》是一部專門説解阿拉伯字母起源及其字形、含義的著作。唐廷樞《英語集全》分類收詞，係公認的中國首部漢英詞典。《英文漢詁》是嚴復爲英語初學者所編寫的英語語法書，同時還是中國第一本完全横排的書，也是最早使用西式標點符號的漢語著作，在很多方面引領風氣之先。

晚清時期西方人所編寫的語法專著、雙語詞典、方言課本等漢語語言著作，是中西語言接觸史的重要組成部分，其中保存的鮮活的近代漢語語料，拓展了漢語本體研究的空間，值得進一步搜集和整理。因此，本編還收録了伴隨着海上絲綢之路的往來，因中外語言接觸而産生的歷史文獻。

總之，本編所收有關海上絲綢之路的科技與文化文獻，均經嚴格篩選，具有較高的史料與學術價值。各書之前冠以簡要解題，以資參考。由於條件所限，尚有部分文獻未能收録，將來條件成熟時擬再出《補編》，予以完善。

王揚宗　葉　農

二〇二四年五月

《海上絲綢之路文獻集成》科技與文化編總目録

科技卷

第一册

第二册

第三册

第四册

第五册

第六册

算式集要四卷　〔英〕哈司韦辑　〔英〕傅蘭雅口譯　〔清〕江衡筆述

算式解法十四卷　〔美〕好司敦　開奈利著　〔英〕傅蘭雅口譯　〔清〕華蘅芳筆述

算術條目及教授法二編　〔日〕藤澤利喜太郎著　王國維譯

決疑數學十卷首一卷（卷首至卷七）　〔英〕傅蘭雅口譯　〔清〕華蘅芳筆述

第七册

決疑數學十卷首一卷（卷八至卷一〇）　〔英〕傅蘭雅口譯　〔清〕華蘅芳筆述

幾何原本十五卷　〔古希臘〕歐几里得撰　〔意〕利瑪竇口譯　〔明〕徐光啓筆受

〔英〕偉烈亞力口譯　〔清〕李善蘭筆受

第八册

形學備旨十卷開端一卷　〔美〕狄考文選譯　〔清〕鄒立文筆述

代形合參三卷附一卷（卷一至卷二）　〔美〕羅密士撰　〔美〕潘慎文譯　〔清〕謝洪賚筆述

第九册

代形合參三卷附一卷（卷三至附卷）　〔美〕羅密士撰　〔美〕潘慎文譯　〔清〕謝洪賚筆述

代數術二十五卷首一卷　〔英〕華里司輯　〔英〕傅蘭雅口譯　〔清〕華蘅芳筆述

代數備旨不分卷〔一〕　〔美〕狄考文選譯　〔清〕鄒立文　生福維筆述

第一〇册

代數備旨不分卷〔二〕　〔美〕狄考文選譯　〔清〕鄒立文　生福維筆述

代數學〔一〕　〔美〕宓爾撰　〔清〕謝洪賚譯

第一一册

代數學〔二〕　〔美〕宓爾撰　〔清〕謝洪賚譯

第一二册

大代數學講義八卷（卷一至卷四）　〔日〕上野清編纂　王家葰　張廷華譯

第一三册

大代數學講義八卷（卷五至卷八）　〔日〕上野清編纂　王家英　張廷華譯

第一四册

三角數理十二卷　〔英〕海麻士輯　〔英〕傅蘭雅口譯　〔清〕華蘅芳筆述

八線備旨四卷　〔美〕羅密士撰　〔美〕潘慎文選譯

第一五册

對數表一卷　〔美〕路密司編　〔美〕赫士口譯　〔清〕朱葆琛筆述

八線對數簡表一卷　〔清〕賈步緯校述

圜錐曲線説三卷　〔英〕艾約瑟口譯　〔清〕李善蘭筆述

第一六册

圓錐曲線一卷　〔美〕路密司撰　〔美〕求德生選譯　〔清〕劉維師筆述

代微積拾級十八卷　〔美〕羅密士撰　〔英〕偉烈亞力口譯　〔清〕李善蘭筆述

微積溯源八卷　〔英〕華里司輯　〔英〕傅蘭雅口譯　〔清〕華蘅芳筆述

第一七册

物理推原一卷　〔法〕羅第愛撰　〔清〕李杕譯

格物質學十卷附一卷　〔美〕史砥爾撰　〔美〕潘慎文譯　〔清〕謝洪賚筆述

第一八册

形性學要十卷　〔法〕迦諾撰　〔比〕赫師慎輯　〔清〕李杕譯

第一九册

近世物理學教科書九卷正誤表一卷　〔日〕中村清二著　〔清〕學部編譯圖書局譯

物理學新教科書　〔日〕中村清二著　杜亞泉述

第二〇册

物理學三編（上編）　〔日〕飯盛挺造編纂　〔日〕藤田豐八譯

〔日〕丹波敬三　柴田承桂校補　王季烈重編

第二一册

物理學三編（中編）〔日〕飯盛挺造編纂 〔日〕藤田豐八譯
〔日〕丹波敬三 柴田承桂校補 王季烈重編

第二二册

物理學三編（下編）〔日〕飯盛挺造編纂 〔日〕藤田豐八譯
〔日〕丹波敬三 柴田承桂校補 王季烈重編
物理學一卷 〔清〕直隸學校司編譯處編纂

第二三册

重學二十卷（卷一至卷一〇）〔英〕胡威立撰 〔英〕艾約瑟口譯 〔清〕李善蘭筆述

第二四册

重學二十卷（卷一一至卷二〇）〔英〕胡威立撰 〔英〕艾約瑟口譯 〔清〕李善蘭述
重學淺説一卷 〔英〕偉烈亞力原譯 〔清〕王韜筆著
重學圖説一卷體性圖説一卷 〔英〕傅蘭雅著

第二五册

電學十卷首一卷（卷首至卷四）　〔英〕瑙挨德著　〔英〕傅蘭雅口譯　〔清〕徐建寅筆述

第二六册

電學十卷首一卷（卷五至卷一〇）　〔英〕瑙挨德著　〔英〕傅蘭雅口譯　〔清〕徐建寅筆述

第二七册

電學圖説五卷　〔英〕傅蘭雅譯

通物電光四卷附圖一卷　〔美〕莫耳登撰　〔英〕傅蘭雅口譯　王季烈筆述

聲學八卷（卷一至卷三）　〔英〕田大里著　〔英〕傅蘭雅口譯　〔清〕徐建寅筆述

第二八册

聲學八卷（卷四至卷八）　〔英〕田大里著　〔英〕傅蘭雅口譯　〔清〕徐建寅筆述

聲學揭要不分卷　〔美〕赫士口譯　〔清〕朱葆琛筆述

光學二卷附視學諸器圖説一卷　〔英〕田大里輯　〔布〕金楷理口譯　〔清〕趙元益筆述
光學圖説二卷　〔英〕傅蘭雅譯

第二九册

光學揭要二卷　〔美〕赫士口譯　〔清〕朱葆琛筆述
熱學圖説二卷　〔英〕傅蘭雅譯
熱學揭要不分卷　〔美〕赫士口譯　〔清〕劉永貴筆述
水學圖説二卷　〔英〕傅蘭雅譯

第三〇册

化學鑑原六卷　〔美〕韋而司撰　〔英〕傅蘭雅口譯　〔清〕徐壽筆述
化學鑑原續編二十四卷　〔英〕蒲陸山撰　〔英〕傅蘭雅口譯　〔清〕徐壽筆述
化學鑑原補編六卷附一卷（卷一至卷四）　〔英〕傅蘭雅口譯　〔清〕徐壽筆述

第三一册

化學鑑原補編六卷附一卷（卷五至附卷）　〔英〕傅蘭雅口譯　〔清〕徐壽筆述

化學分原八卷　〔英〕蒲陸山撰　〔英〕傅蘭雅口譯　〔清〕徐建寅筆述

化學考質八卷附表一卷　〔德〕富里西尼烏司著　〔英〕傅蘭雅口譯　〔清〕徐壽筆述

第三二册

化學求數十五卷附表一卷　〔德〕富里西尼烏司著　〔英〕傅蘭雅口譯　〔清〕徐壽筆述

第三三册

化學指南十卷（卷一至卷五）　〔法〕畢利幹著

第三四册

化學指南十卷（卷六至卷一〇）　〔法〕畢利幹著

第三五册

化學闡原十五卷首一卷（卷首至卷四）　〔法〕畢利幹口譯　〔清〕承霖　王鍾祥筆述

第三六册

化學闡原十五卷首一卷（卷五至卷九）　〔法〕畢利幹口譯　〔清〕承霖　王鍾祥筆述

第三七册

化學闡原十五卷首一卷（卷一〇至卷一五）　〔法〕畢利幹口譯　〔清〕承霖　王鍾祥筆述

第三八册

談天十八卷附表一卷　〔英〕侯失勒撰　〔英〕偉烈亞力口譯　〔清〕李善蘭删述

天文淺説一卷　〔美〕薛承恩譯著

天文圖説四卷　〔英〕柯雅各撰　〔美〕摩嘉立　薛承恩譯

西國天學源流一卷　〔英〕偉烈亞力口譯　〔清〕王韜著

第三九册

天文揭要二卷　〔美〕赫士口譯　〔清〕周文源筆述

星學發軔十六卷　〔美〕羅密士撰　〔英〕駱三畏口譯　〔清〕王鎮賢等筆述

八星之一總論一卷　〔英〕李提摩太撰　〔清〕鑄鐵盦譯

第四〇册

地理全志不分卷　〔英〕慕維廉撰

地理初桄不分卷　〔美〕卜舫濟譯著

第四一册

地學指略三卷　〔英〕文教治口譯　〔清〕李慶軒筆述

地學淺釋三十八卷（卷一至卷一二）　〔英〕雷俠兒撰　〔美〕瑪高温口譯　〔清〕華蘅芳筆述

第四二册

地學淺釋三十八卷（卷一三至卷二八）　〔英〕雷俠兒撰　〔美〕瑪高温口譯　〔清〕華蘅芳筆述

第四三册

地學淺釋三十八卷（卷二九至卷三八）〔英〕雷侠兒撰　〔美〕瑪高温口譯　〔清〕華蘅芳筆述

地勢略解不分卷　〔美〕李安德著

第四四册

全體通考十八卷圖二卷（卷一至卷七）〔英〕德貞譯

第四五册

全體通考十八卷圖二卷（卷八至圖卷下）〔英〕德貞譯

第四六册

全體闡微六卷（卷一至卷四）〔美〕柯爲良口譯　〔清〕林鼎文筆述

第四七册

全體闡微六卷（卷五至卷六）〔美〕柯爲良口譯　〔清〕林鼎文筆述

省身指掌九卷　〔美〕博恒理著

體學易知不分卷　〔美〕貫德美著

第四八册

植物圖説四卷　〔英〕傅蘭雅譯

實驗植物學教科書不分卷　〔日〕三好學著　杜亞泉譯述

動物學新編一卷　〔美〕潘雅麗撰

第四九册

最新動物學教科書不分卷　〔日〕大森千藏著　〔清〕戴麒譯

動物學不分卷　〔美〕白納撰　〔清〕黄英譯

第五〇册

西醫略論三卷　〔英〕合信著　〔清〕管嗣復同撰

醫理略述二卷　〔清〕尹端模筆譯

第五一册

法律醫學二十四卷首一卷附一卷　〔英〕該惠連　弗里愛撰　〔英〕傅蘭雅口譯　〔清〕趙元益　徐壽筆述

第五二册

西藥大成十卷首一卷（卷首至卷五之二）　〔英〕來拉　海得蘭撰　〔英〕傅蘭雅口譯　〔清〕趙元益筆述

第五三册

西藥大成十卷首一卷（卷五之三至卷一〇）　〔英〕來拉　海得蘭撰　〔英〕傅蘭雅口譯　〔清〕趙元益筆述

萬國藥方八卷（卷一至卷二）　〔美〕洪士提反譯

第五四册

萬國藥方八卷（卷三至卷五）　〔美〕洪士提反譯

第五五册

萬國藥方八卷（卷六至卷八）　〔美〕洪士提反譯

第五六册

化學衛生論四卷　〔英〕真司騰撰　〔英〕傅蘭雅口譯
居宅衛生論不分卷　〔英〕傅蘭雅輯
幼童衛生編不分卷　〔英〕傅蘭雅譯
衛生要旨不分卷　〔美〕嘉約翰口譯
保全生命論一卷附一卷　〔英〕古蘭肥勒撰　〔英〕秀耀春口譯　〔清〕趙元益筆述

第五七册

器象顯真四卷　〔英〕白力蓋輯　〔英〕傅蘭雅口譯　〔清〕徐建寅删述
運規約指三卷　〔英〕白起德輯　〔英〕傅蘭雅口譯　〔清〕徐建寅筆述
測地繪圖十一卷附一卷　〔英〕富路瑪撰　〔英〕傅蘭雅口譯　〔清〕徐壽筆述
行軍測繪十卷首一卷圖一卷　〔英〕連提撰　〔英〕傅蘭雅口譯　〔清〕趙元益筆述
繪地法原一卷圖一卷　〔美〕金楷理口譯　〔清〕王德均筆述
畫形圖説一卷　〔英〕傅蘭雅著

文化卷

第六三册

易经　〔英〕理雅各編譯

第六四册

道德經　莊子　〔英〕理雅各編譯

第六五册

諺語叢話　〔英〕沙修道編譯

漢文詩解　〔英〕德庇時編譯

第六六册

華語官話語法　〔西〕萬濟國著

漢語劄記　〔法〕馬若瑟著

漢文啓蒙　〔法〕雷慕沙著

第六七册

漢語官話語法 〔法〕巴贊著

西漢同文法二卷（卷一） 〔法〕童文獻著

第六八册

西漢同文法二卷（卷二） 〔法〕童文獻著

第六九册

漢文指南二卷（卷一） 〔法〕儒蓮著

第七〇册

漢文指南二卷（卷二） 〔法〕儒蓮著

第七一册

漢文經緯 〔德〕甲柏連孜著

第七二册

中國言法　〔英〕馬士曼著

第七三册

通用漢言之法　〔英〕馬禮遜著

漢語語法札記　〔德〕郭士立著

第七四册

漢語語法　〔德〕羅存德著

漢語官話口語語法　〔英〕艾約瑟著

第七五册

上海方言口語語法　〔英〕艾約瑟著

天方字母解義　〔清〕劉智撰

英文漢詁　嚴復撰

第七六册

辣丁中華合字典 〔葡〕江沙維編

第七七册

字聲綱目 〔法〕加略利編

第七八册

中英文專有名詞詞表 〔英〕師惟善編

華西官話漢法詞典〔一〕 〔法〕巴黎外方傳教會編

第七九册

華西官話漢法詞典〔二〕 〔法〕巴黎外方傳教會編

第八〇册

廣東省土話字彙 〔英〕馬禮遜編

第八一册

英華分韻撮要［一］　〔美〕衛三畏編譯

第八二册

英華分韻撮要［二］　〔美〕衛三畏編譯

第八三册

英語集全六卷（卷一至卷三）　〔清〕唐廷樞撰

第八四册

英語集全六卷（卷四至卷六）　〔清〕唐廷樞撰

第八五册

福建方言字典［一］　〔英〕麥都思編

第八六册

福建方言字典［二］　〔英〕麥都思編

第八七册

厦英大辭典　〔英〕杜嘉德編

第八八册

厦荷大辭典［一］　〔荷〕佛蘭根　赫萊斯編

第八九册

厦荷大辭典［二］　〔荷〕佛蘭根　赫萊斯編

英漢潮州方言字典　〔美〕高德編

第九〇册

福州方言拼音字典［一］　〔美〕麥利和　摩嘉立編

第九一册

福州方言拼音字典［二］　〔美〕麥利和　摩嘉立編

第九二册

客法大辭典　〔法〕賴嘉禄編

第九三册

中文會話及凡例　〔英〕馬禮遜編

中文對話　〔英〕麥都思編

第九四册

速成漢語　〔美〕丁韙良編

語言自邇集　〔英〕威妥瑪編

第九五册

榕腔初學撮要　〔美〕摩嘉立編譯

第一〇〇册

新關文件録〔二〕　〔美〕夏德編

文件自邇集七卷　〔英〕威妥瑪編

本册目次

博物通書不分卷

〔美〕瑪高温譯述

《博物通書》不分卷，美國瑪高温譯述。瑪高温（Daniel Jerome MacGowan，一八一四—一八九三），美國浸禮會傳教醫師，一八四三年來華，著有《日食圖説》、《航海金鍼》，創辦《中外新報》。是書係參考西文資料而成，據電氣立論，介紹西方電報技術及其原理，分六章，依次爲引言、電氣玻璃器、電氣五金器、吸鐵石氣、電氣連吸鐵、電氣通標。卷首有實驗示意圖四十餘幅。前五章述電磁理論及多種電磁實驗所需器材、步驟、注意事項等。第六章闡明電報通信之技術、設施，並據漢字結構及筆畫新創一套中文電碼，爲最早之中文編碼方案。末附咸豐元年（一八五一）曆日對照表、道光二十九年（一八四九）商船數。此爲首部介紹西方電磁知識、電報通信技術之中文譯作，刊行不久即傳入日本，所譯術語如「電氣」、「電報」、「電信」等多沿用至今。據寧波市天一閣博物院藏清咸豐元年刻本影印。

咸豐元年正月鐫

真神堂在寧城西門虹橋頭
耶穌會堂在東門內大街上

博物通書

耶穌降世一千八百五十一年

西醫士瑪高温譯述

耶穌會士西醫瑪高溫
寓浙江寧波府城北門
外愛華堂講道勸人戒
藥治病最惡鴉片毒人
即中國所禁者也其具
必求解可來本堂療治

三言眞詮

孫奭言天惟一神 見淵鑑類函

宋孫奭言天惟一神其謂天即神乎非也彼蒼蒼者亦一物耳有造之者乃　神也其謂天上惟有一神此說則是蓋天地萬物　神所造獨一無二至尊無對爲造化主居天地先自然而有無始無終無所不在聰明正直全善全美故能化成萬有覆育羣生是謂　神宇宙一切皆由之出藉非　神宇宙何有易

曰易有太極是生兩儀兩儀生四象四象生八卦是言易中有此象耳今人不察以爲天地萬物皆本太極誤矣俗言混沌初開乾坤始奠以爲乾坤由混沌來試問混沌何自來乎其說無根又言盤古分天地盤古云者猶言太古上古不知誰何之詞必求其人以實之則鑿矣總之此　神之事非世人所能測度而知故　神以默示啟迪具見新舊遺詔二書是書傳自古猶太國其本文係希伯來字及希臘字繙譯

爲難善讀者畧其文而求其義則於宇宙之眞宰造化之根柢詳審確當而立身行道有所依據矣

子夏曰四海之内皆兄弟也見下論

子夏有言四海之内皆兄弟也其說甚是蓋天下萬國之人本皆一父母所生當始　神造成天地萬物乃造一男一女天下古今之人皆其所生然則四海之内同一始祖何莫非兄弟乎又推始祖之所自出獨一　神實我天父人亦知當孝父母愛兄弟矣而

不明此義則不能大其量盡其道必先明此義俾知當孝天父從其命敬其事不敢有別神之拜又知推己及人愛人如己視天下如一家方謂克盡其義故耶穌降世諄諄勸人以全心全力孝敬　神且愛隣如己爲律身之要書言人之大倫有五尚矣然此言事人之道非事　神之道當加事　神於五倫上以　神爲諸王之王在天之父且愛護我世人皆非人所能及者又人能知此一神而事之則其人之待

人。必能廓然大公。無彼此之別。而四海之內。皆成兄弟矣。

孔子曰有朋自遠方來不亦樂乎見上論

孔子曰。有朋自遠方來。不亦樂乎。此言君子。交盡天下。得相觀而善之樂也。今有一人。爲我同類。自極遠特地而來。其道德品行。迥非人所能及。我當如何樂接之乎。其人爲誰。卽

耶穌。

神之子。爲愛我故。自天上來。人豈可不樂接之。夫人皆知神道福善。而欲

行善邀福又知己不足恃故藉諸友友不足恃故藉諸神　耶穌　神子降世視我如友教我眞道贖我諸罪俾可倚之而去惡行善免禍邀福生爲天國之民死獲天堂之福不是之信而又誰信不是之倚而又誰倚莫大之樂蓋在於是奈何人情愚昧指天地爲神而不究天地所自造且崇天竺佛教瞎拜泥木而欲倚之以求福免罪噫謬矣儒者恥一事之不知博物窮理固所不廢修身立命奈何昧昧乎故因論

電氣而冠此三言以爲勸

博物通書

四

電氣通標序

西洋新法。凡通信移文。雖數千里。一刻可至。此寶貴之要法也。無論國政民事。皆所必需。今欲詳明其理。先從電氣立論。高明者即此細究。自能知之。第一章。引言。第二章。電氣玻璃器。第三章。電氣五金器。第四章。噏鐵石氣。第五章。電氣連噏鐵石。第六章。通標。此博物之事。不關　耶穌聖教。予奉　救主耶穌之道。渡重洋五萬餘里來此。以覺世拯靈。勸人爲事。見東土八士。博稽典墳。鮮究物理。故旁論及之。覽者卽此以窮造化之妙。則可。以爲　耶穌之道在是。失之遠矣。

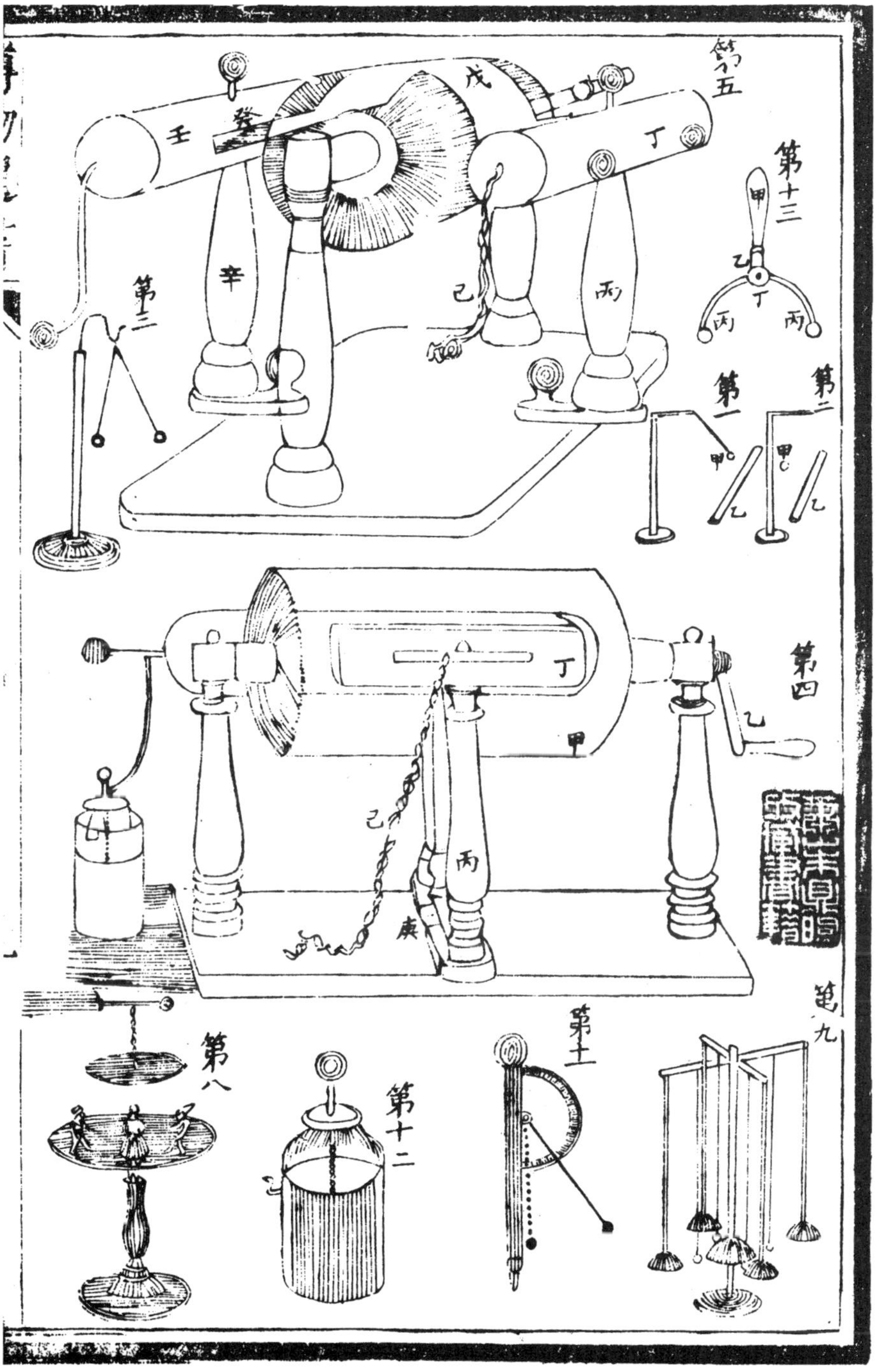
第十五
戊
壬
癸
丁
辛
己
丙
第十三
甲
乙
丁
丙
丙
第三
第一
第二
甲
乙
甲
乙
第四
丁
甲
乙
己
丙
庚
第八
第十二
第十
第九

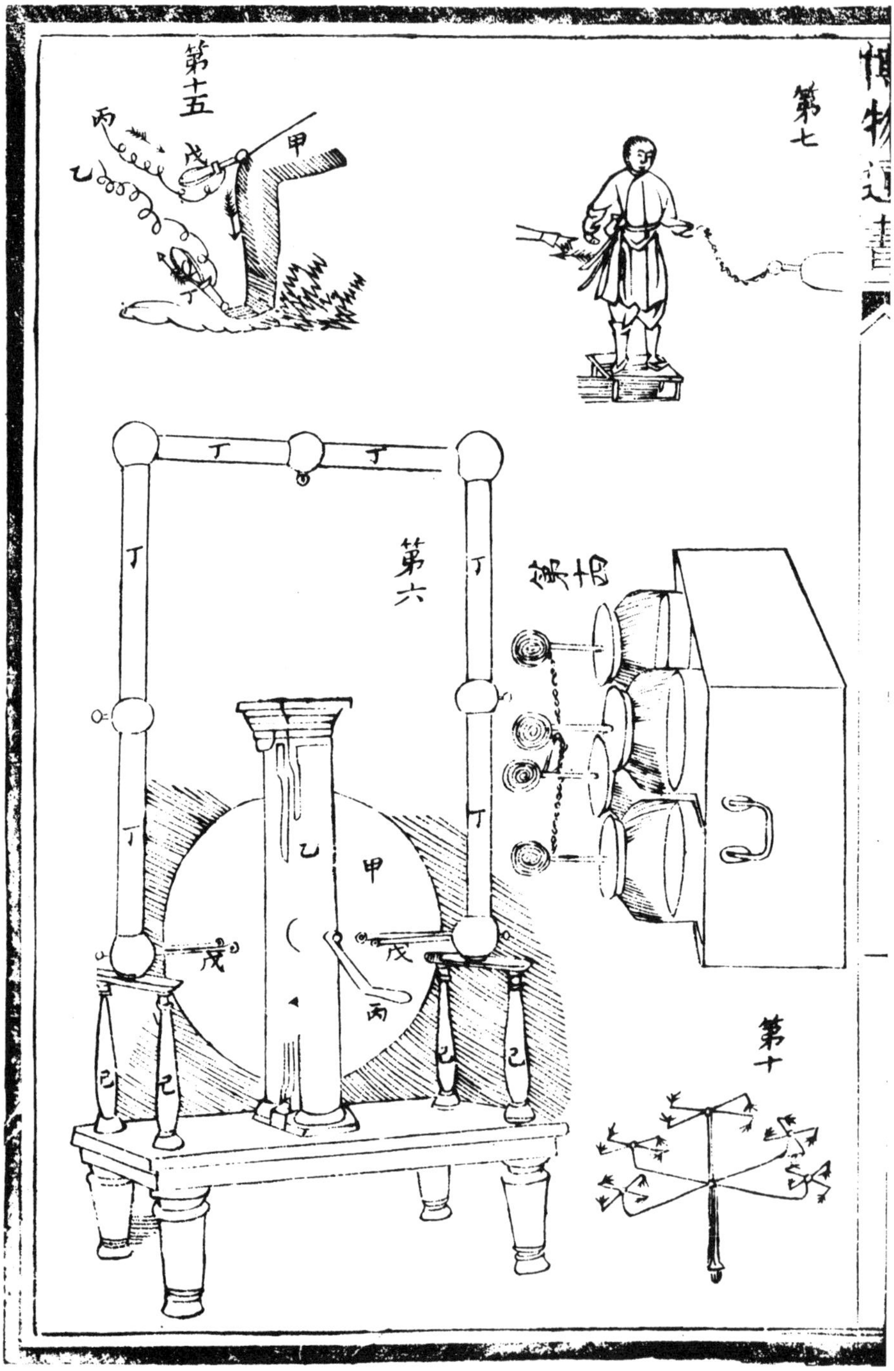
第十五
甲
乙
丙
丁
戊
第七
第六
甲
乙
丙
丁
戊
己
第十

第十七

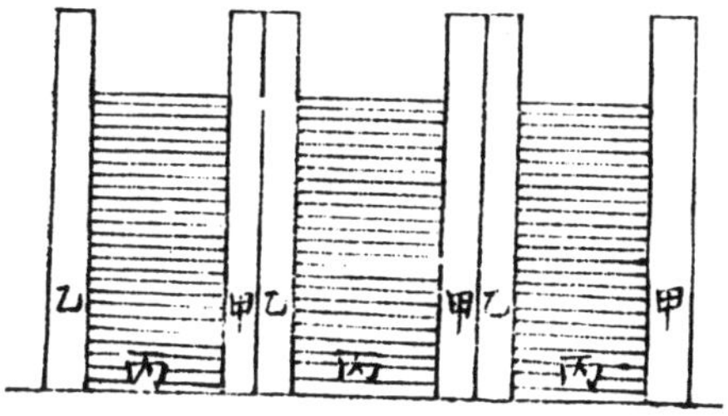

第十六

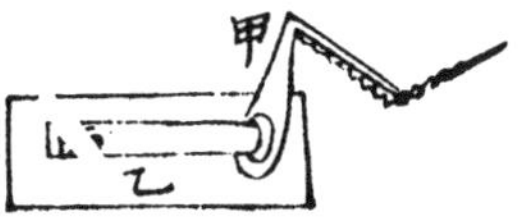

第十八

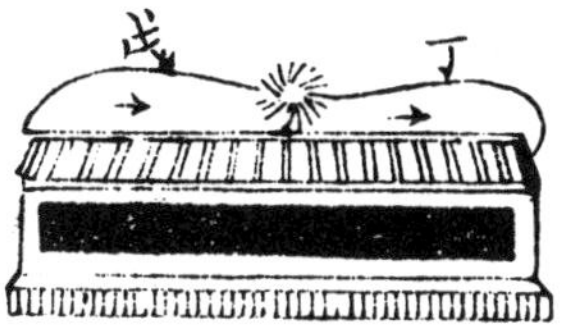

第廿

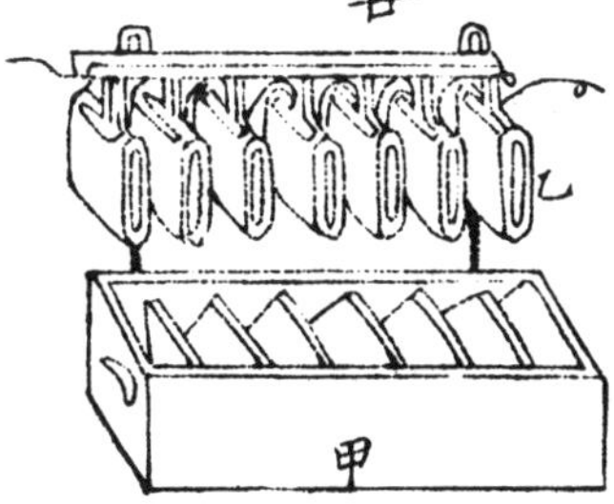

第廿五

第二十四

第十九

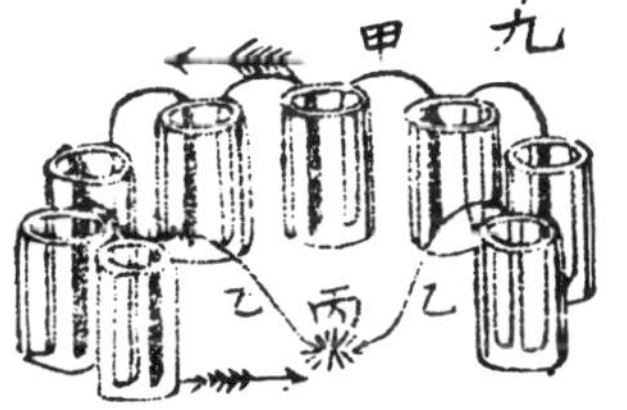

第廿一

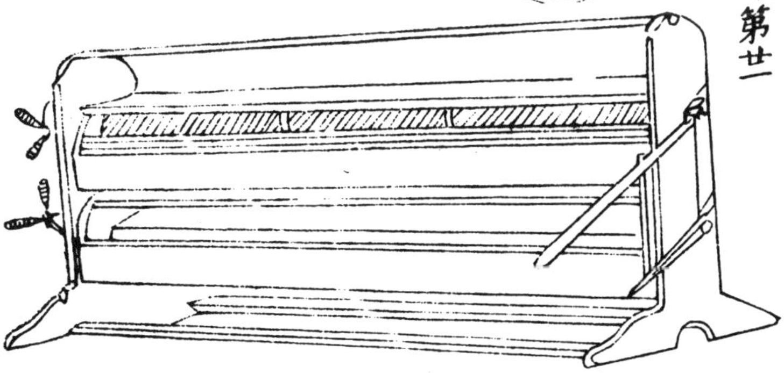

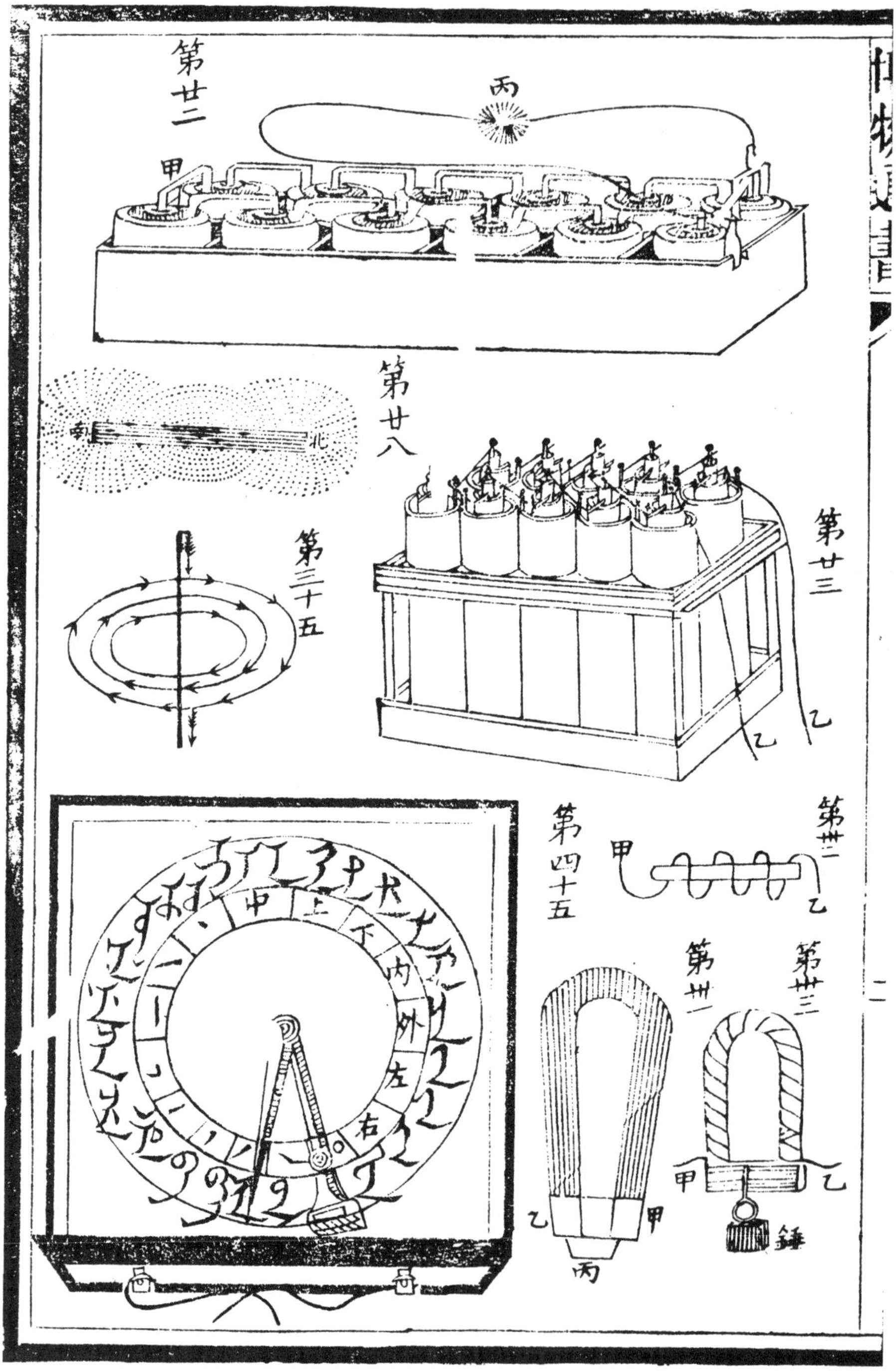
第廿二
丙
甲
第廿八
南
北
第三十五
第廿三
乙
乙
第四十五
甲
上
下
内
外
左
右
甲
乙
甲
乙
丙
甲
乙
錘

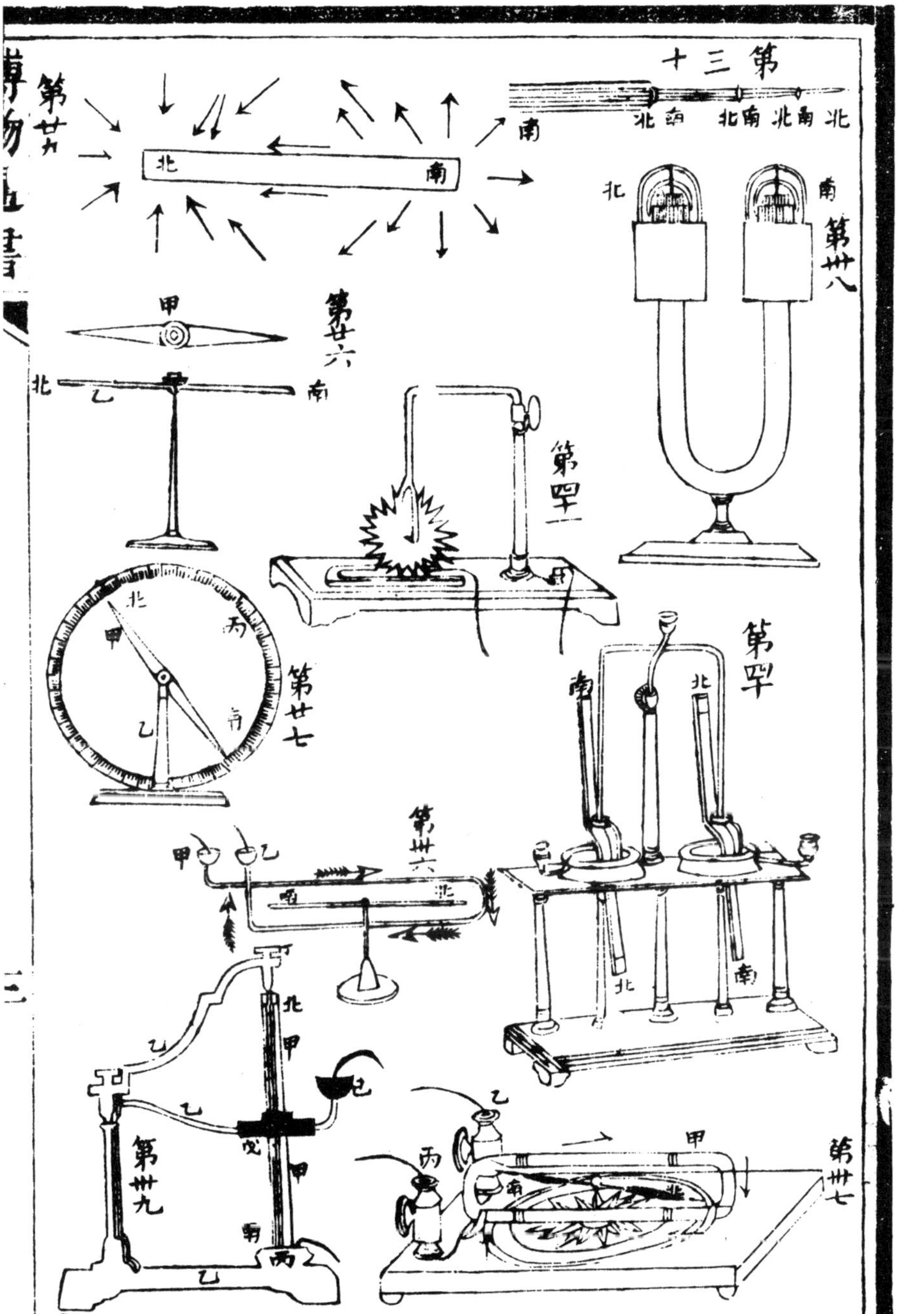
第三十
北
南
甲
乙
丙

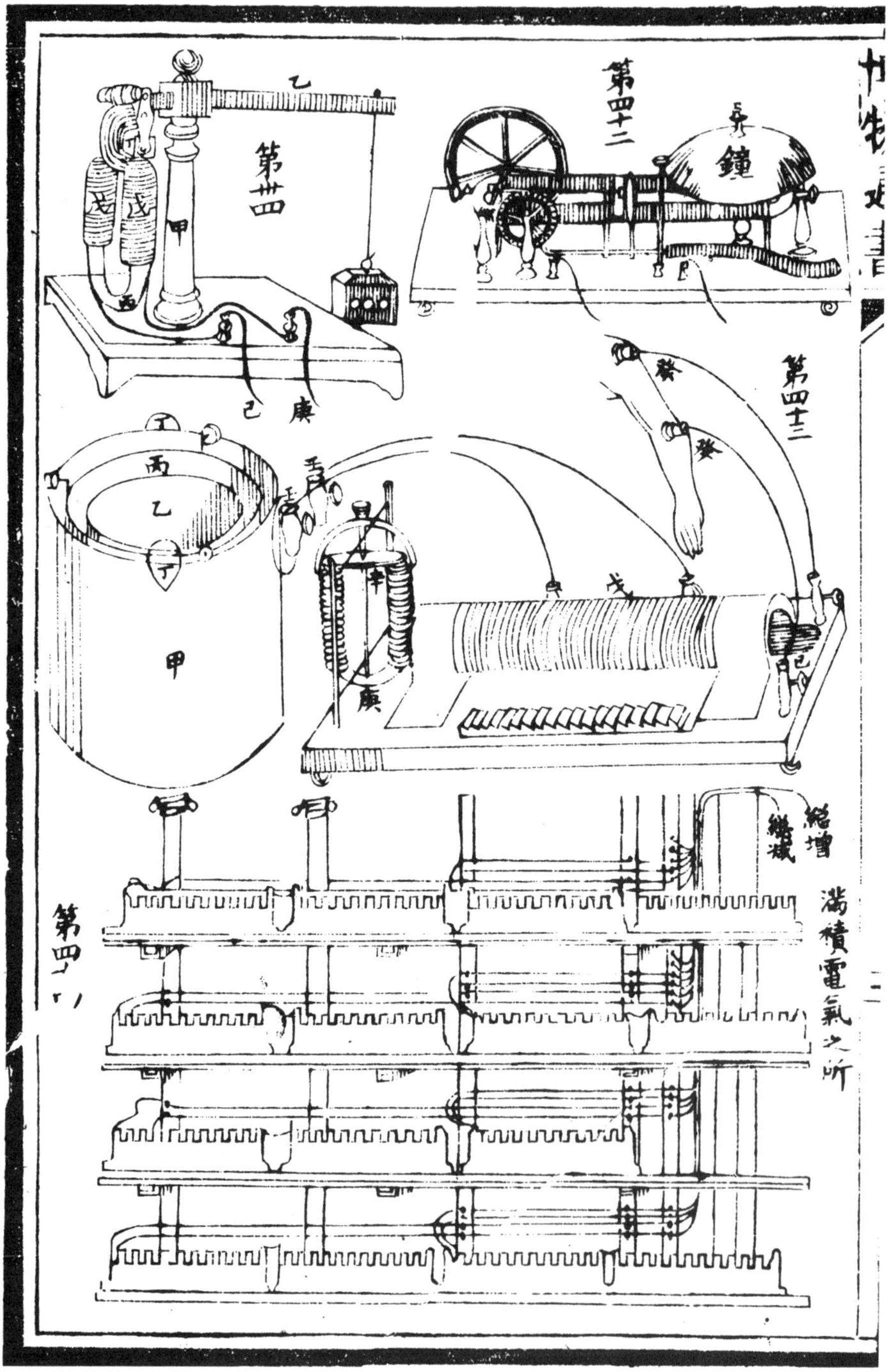
第卌
第四十二
鐘
第四十三
滿積電氣之所

第一章 引言

雷電之氣、磅礴乎宇宙萬物、一氣流通、無有勿具、然有隱有顯、隱者、如五金、木、炭、水、烟、蒸氣、冰、雪、凡帶濕者、是也、顯者、如琥珀、玻璃、紫針、石硫磺、樠、玉、絲、皮等、是也、琥珀用燥羊毛摩擦一邊、此摩擦處、便能拾芥、就是電氣發出、似磁石噏鐵一般、他如玻璃與一切顯物、皆能噏棉花、片紙、及他輕物、且一噏之下、即便推開、復噏復開、乃電氣自彼物、引至此物、一噏一呼、一合一開理之自然今作圖以明之甲是棉花用線弔在架上乙是琥珀或玻璃經摩擦者第一圖是棉花被琥珀上電氣噏來第二圖是棉花被琥珀上電氣推開電氣自琥珀傳入棉花至棉花與琥珀之電氣均齊而後止倘弔第二棉花與第一棉花相近則電氣又自第一棉花呼噏傳入第二棉花亦如之蓋萬物之有電氣原屬周體均齊今摩擦以攪動之使聚於一處則此處之電氣較本原爲增而他處之電

氣較本原爲減。然後用引物以引之。以隱物引電氣易。以顯物引電氣難。試將片金。近其增處。則所聚之電氣入金。是謂引有餘。可名電氣增。將片金。近減處。則片金之原電氣。反交入減處。是謂引不足。可名電氣減。此物之電氣增。彼物之電氣減。兩者相近。以減引增。亦必至均齊而後止。假如立一竿子。上作鉤形。以二線懸二棉花。勢必並垂。若以一棉花。近着經摩擦之玻璃。俾引入電氣。則必分開。如第三圖。此等小試法人人可爲。然非極燥令熱。則不驗。

第二章　電氣玻璃器

積電氣法。須用機器。見第四五圖。用玻璃筒。大徑尺者一。中洞外圓。兩頭作木樞。含其口。置於架上。一樞有曲柄。可搖之。使玻璃筒運轉。如圖。甲是玻璃筒。乙是曲柄。再以玻璃竿一枚。竿上置皮包一個。着玻璃筒左。紫布一片。蓋玻璃筒上。連於皮包。以便摩擦。竿下立脚處。作小推漕。釘以旋釘。令可進退移動。以爲摩擦輕重之節。皮包後掛鏈一條。如圖。丙是玻璃竿。丁是皮包。戊是紫布。已是鏈。庚是推漕。又以玻璃竿一枚。竿上橫置銅管一個。或以木爲之。外貼錫箔。要兩頭圓渾無稜。全身光滑無疵。旁設銅梳一張。梳背着於銅管。梳齒置向玻璃筒右旁。相離寸許。如圖。辛是玻璃竿。壬是銅管。癸是銅梳。以上諸件。均須斷濕極燥。用時。以白鉛二分。錫粉一分。用火鎔化攪勻。加水銀少許。俟冷。加猪脂一點。如膏藥。敷於皮包。即緊搖玻璃筒使與皮包相摩擦發出電氣則玻璃之電氣增皮包之電氣減致電氣透入梳齒積於銅管因流齒尖銳電氣易以引入銅管渾圓電氣難以透出又因其着脚玻璃竿玻璃顯物引電氣難所以銅管內之電氣聚而不洩是謂獨在亦名大引又一法如第六圖以圓玻璃平板一片如甲兩邊以皮包緊夾如乙中作樞柄以轉玻璃片如丙則電氣從旁釘傳入於架丁爲架戊爲釘再以玻璃竿爲架脚令氣不

洩。成其獨在如巳。其法與五圖同。獨在者何。以隱物引得電氣增積。加於顯物之上。或懸於顯物之下。四旁無隱物相近。則因上下之顯物引電氣難。而此隱物之電氣。無由得洩。故曰獨在。

第一試法　一人立玻璃櫈上。玻璃引電氣難。其人爲獨在。一人立地上。地亦能引電氣。其人非獨在。以櫈上人。執皮包下之鏈。其電氣歷鏈與皮包。玻璃筒至大引。則其人之電氣爲滅。地上人以指節觸大引。

有彈指聲并一星白光發出。若以一鏈。掛大引。俾地上。人執之。電氣自檯上人。歷皮包玻璃筒大引至地上人。必致均齊。若以檯上人。執大引之鏈。則其人連大引。可比大引之一肢。電氣即增積於其身上。地上人。以指節觸其指節。亦有彈指聲并一星白光發出。如以手執其手。亦必致於平齊。如第七圖。若二人俱在玻璃檯上。一人以一手執鏈。連大引。一人以一手執鏈。連皮包而復以一手。彼此相接。必各有大抽搐。

大彈指聲。及一星白光發出。因其電氣一增一減。大異於平常也。但二人俱在櫈上。共執一鏈。即不見有此。以電氣相等也。有二戲耍法。可驗上文呼吸開合之理。其一見第八圖。用二銅板。上板連大引。下板在桌上。中置小木人。或紙人三四。其上板電氣欲由小人傳入下板。呼吸開合。是故小人竄上落下。如跳舞狀。至上下電氣均齊而後止。其二見第九圖。直豎一玻璃竿。橫置十字銅架。於其上。以銅鏈懸數鐘。以絲線懸數球相間。復以大引之鏈。置架上。則電氣入鐘。可吸其球。時時作搖鈴聲。

第二試法　見第十圖。立一銅架。一幹四枝。各加卍字於其上。令可旋轉。其五卍字。皆尖其端。以大引之鏈連其幹下。則電氣自大引來者。必由卍字尖出。出而與外氣遇。故卍字必退轉。如風車一般。如在黑暗處。每尖有小白光發出可見。

第三試法　欲知大引內電氣幾何。有量度法。見第十一圖。直立一銅竿。竿旁。設半象牙匾。圈上畫一百八十分。又對象牙圈之半。懸一針於竿。以棉花裹小球。置針端。平時。針常垂於竿旁密點處。若以竿連大引。則電氣在竿。而竿旁垂針。必被呼吸開合跳動。視其跳及象牙圈之第幾分。便知電氣力量幾何。

第四試法　用玻璃瓶貯電氣法。見第十二圖。一玻璃瓶。用錫箔。裏外裹貼。蓋以片木。再用一銅竿。穿木蓋。直至瓶底。竿上作小銅圈。接大引之鏈。則電氣自

銅竿入瓶內之錫、因其外爲玻璃所裹、電氣不能出、
故瓶內之錫爲電氣所獨在、若人以一手執玻璃瓶、
以一手執銅竿上圈、必有大抽搐、若中間相連幾人、
其抽搐亦同、與上章所言一人手執皮包下之鏈、一
人手執大引上之鏈、一理、蓋銅竿及瓶內之電氣增、
而玻璃瓶外裹錫之電氣減也、若另以一銅鉗、鉗銅
竿上圈、與瓶外裹錫處、則電氣自鉗、傳至瓶外之錫、
而電氣均矣、其鉗之式、見十三圖、甲是木柄、乙是以

玻璃鑲柄、阻電氣之入柄、丙是銅鉗、丁是銅鉗之樞、活動可以開合、又十四圖、連排數瓶、貯一箱內、以鏈連銅竿上圈、使電氣會聚、與十二圖同、但彼少而此多耳、

又電氣治病法、見第十五圖、甲是人脚病瘋者、乙是皮包下銅鏈、丙是大引下銅鏈、丁戊是兩枚玻璃柄、一枚以銅接皮包下鏈、一枚以銅接大引下鏈、醫生以兩手執兩玻璃柄、不自抽搐、以一鏈端着病人膝

上。以一鏈端。着病人大拇指。其電氣由一邊入。由一邊出。圖上三枝箭。所以指明入出之道。凡圖內有所指示。皆作箭以明之。

要知天上雷電。何自而發。請言其故。雲是有電氣在者。假如一片雲有電氣增。一片雲有電氣減。兩片雲相近。其電氣出彼入此。有光與聲逆出。光卽是電。聲卽是雷。何以知之。試以甚長苧麻線一條。上端放一紙鳶。下端繫一鐵竿。用濕繩縛鐵竿於桂上。適遇片雲低垂。有電氣增者。其電氣由紙鳶引至鐵竿。人觸之卽驚起。有聲響光亮出來。要小心。防殺人。若用一架。如第三圖。以絲線弔一棉花。近其鐵竿。亦呼吸開合。與上玻璃器同。如房屋防雷電爲害。須立一鐵竿。上出於屋少許。下入於土少許。以備之。若船桅防雷電爲害。亦立一鐵竿。上出於桅少許。下入於水少許。以備之。蓋鐵善引電。電氣入於竿頭。直落竿下。屋與船。俱可無害。如人在野。遇雷雨。不可奔避樹下。因樹高易引電電隨樹落至與人齊即透入於人葢以人引電較樹尤易也然能伏身着地則較立爲穩矣春秋書震夷伯之廟左氏以爲有隱慝焉此未必然好人亦有被震死者何况於廟甞見有一種魚一邊有電氣增一邊有電氣減若人以兩手按其兩邊即着驚起來亦一奇也

第三章　電氣五金器

五金爲電氣隱者而用之爲引却易如銀與鉛皆無

味者。而以片銀置舌上。以片鉛置舌下。含之。卽有鹹味。且略覺熱。又如割一蛙腿。去皮不去骨。置銅板上。再以片鉛。一頭置腿上。一頭置銅上。此腿卽掙動起來。或用蚱蜢腿。亦如之。見第十六圖。甲是蚱蜢腿。乙是銅板。丙是鉛片。凡此皆五金電氣所爲也。至於製器之法。其一。見第十七圖。連排木箱數口。箱內左邊倚鉛板一塊。如乙。右邊倚銅板一塊。如甲。中間置酸藥少許。如丙。其酸藥微化左鉛。發出電氣。交右銅板。

左鉛爲滅。右銅爲增。而第一箱右銅之電氣。又透入第二箱左邊之鉛。如此遞相交傳。則首箱之左鉛爲甚滅。而末箱之右銅爲甚增。見十八圖。以銅線一條連首箱之左鉛。如戊一條連末箱之右銅。如丁。兩線端相遇。即透出聲光。令人驚起。與上玻璃器同。其一見十九圖。以玻璃甑。或甆甑。亦連排數十。每甑內中置酸藥。左倚鉛板一片。右倚銅板一片。又以銅綫連首甑之銅板。於次甑之鉛板。如甲。如此遞連至末甑。

則首甑左鉛是減末甑右銅是增各拖一銅線於外如乙兩線相遇如丙亦有聲光迸出與前法同又一法見二十圖作一木箱內分小間置酸藥於箱中如甲以銅一片合其兩頭令中虛可橫插鉛片於銅內間以小木使不斜倚列綴於蓋下如乙小者分數十間蓋可手舉大者分數百間如二十一圖須設杠以舉蓋此法較上二法爲尤便也又一法大者見第二十二圖小者見第二十三圖用玻璃甑內貯鉛筒又

內以可沁之甆器。貯白金於中。連置數百。以大箱貯之。每甑以銅絲。自本甑之白金。連於次甑之鉛筒。如甲。亦置酸藥於中。拖銅線於外。如乙。是法力二十倍於常。其首末二銅線相對處。如丙。火光發出。烈於紅日。人不閉目近之。即瞎。中置至堅之物。立即燒化。雖置水內。亦然。然以繭絲裹其端。即成獨在。人執之不礙也。此與口含銀鉛作鹹味一理。皆電氣所爲也。又以鉛箔一張。紙經鹹水者一張。銅箔一張。相間積疊。

亦發小電氣。其用鹹紙。即酸藥意。又西法能作塗金。極薄。亦以此爲之。

白金。非銀也。乃五金之外。另是一種。頗爲寶貴。葢金共有四十餘種。原不止於五也。即華人所稱五行。謂萬物皆由之化生。其說亦誤。西人究物類之元質。爲數五十有六。五行原不足以盡之。而五行之內。亦有非元質者。予因論電氣。姑舉一二以明之。土有多種。隨在考之。知其必有一金一氣所合而成。如石灰礬石青鹽鹼泥等置電氣增減二線之間必分其金至增一邊分其氣至減一邊可以知之水乃二氣合成見第二十四圖以玻璃瓶貯水以木蓋蓋之入增線於左入減線於右瓶內之水即分爲兩一多一寡一向增線一向減線又如第二十五圖用一大玻璃甑穿二穴於底以寸銅二緊塞之半入穴內半在穴外外半各有一孔一含減線一含增線內半亦各有一孔各含短白金一條又於大玻璃甑內並覆二小玻

璃瓶。於二短白金條上。貯水滿甑。水即變氣。入二小玻璃瓶。一分向增線。二分向減線。而水不見矣。急以蓋蓋二小玻璃瓶。而反之。可分貯二氣。後另以法。并合二瓶之氣。可仍爲水。如華人說。水土各有神在。何以任人分合若是。若云造水土者爲神。則　眞神獨一者是。故人當舍無根之浮言。而信有據之實跡矣。

第四章　吸鐵石氣

大凡鐵。有二氣存焉。但平時。隱而未現。若將二氣分

開一氣向這邊一氣向那邊就是南極氣北極氣與吸鐵石同其用有四一平指南北二側照高低三呼吸開合四動氣交鋼鐵

第一平指南北用吸鐵一條較其首尾輕重適均用爲指南針或以線懸其上或以竿頂其下必中如第二十六圖甲是針側形中嵌一瑪瑙圈作小淺孔以容竿乙是針平形置於竿上令旋轉如意一端指南卽其南極一端指北卽其北極舟人用之以度大洋

但不能正指南北。有差於東。有差於西。隨地殊異。其差也。日久日多。西人究此。不過二百年。未知歷幾久。當差幾度也。

第二。倒照高低。如第二十七圖。甲是一條指南針。如前式。而穴其中。乙是一條直板。鋸其上半成一縫。可容針。置針其間。用樞釘貫其穴。令可上下轉動。丙是一銅圈。分三百六十度。大約當赤道處。是平。離赤道南北。愈遠愈見高低。然不能正對度分。南較高北較低其差亦因時而殊。與平盤同。故須隨時考究。於其兩端加減輕重。以爲準也。

第三呼吸開合。如第二十八圖。中置吸鐵一條。上盖紙一張。以鐵沙鋪紙面。當吸鐵兩端。鐵沙皆成旋文形。又第二十九圖中置吸鐵一條。四圍多置鐵針向之。近吸鐵兩旁之針。皆直。其近兩端之針。亦作旋文形。如以兩片板。浮水面。一片置鐵一條。一片置吸鐵一條。人執吸鐵近之。則鐵來。人執鐵近之。則吸鐵來。

可知鐵固就吸鐵。吸鐵亦就鐵。若用兩條吸鐵。以南極引南極。以北極引北極。必皆推開。若南極引北極。北極引南極。卽皆吸合。如第三十圖。以一條吸鐵引一枚鐵釘。鐵釘引一枚小釘。小釘引一枚針。其南北極皆順。故皆吸合。若有一不順。卽皆推開。蓋兩釘及針。旣與吸鐵相連。卽得其氣。皆成吸鐵。皆有南北極。若與吸鐵分開。其氣隱去。如平常釘針一般。如將一片吸鐵。打爲兩片。或十數片。至如鐵沙一般。每片每粒。莫不各有南北極。二十八二十九圖針沙。各成旋文。職是之故。但素鐵得氣易而難久。故吸之即顯離之即隱。不若鋼鐵之得氣稍難。而能久也。

第四。動氣交鋼鐵。吸鐵石有兩般。有生成者。是石有做成者。是鐵。其做成之鐵。比生成之石。力量尤大做法。用鋼一條。以生成吸鐵石南極。自鋼條中間摩至上頭。二十次。遂成其北極。再以吸鐵石北極。自鋼條中間。摩至下頭。亦二十次。遂成其南極。以後另做吸鐵可不用生成吸鐵石但以此鋼如法爲之其力不減一些分外加多蓋未得其氣原是隱既得其氣便是顯所以卽有玻璃紙片隔之而仍相翕合有如第三十一圖無論直鐵彎鐵俱可做得而彎者比直者尤佳但彎者甲之北極與乙之南極相並須以丙之片鐵約束其口則其氣常存又如以一條鐵橫懸日久必一頭向南一頭向北遂成吸鐵若以一條鐵直懸日久在赤道以南則上頭是南極下頭是北極在

赤道以北者反是皆成吸鐵即以鐵鎚多鎚鐵條其鐵條上也有些吸鐵氣就是一條呆鐵遇着電氣也顯出吸鐵氣來五金電氣能發吸鐵氣見三十二圖中置鋼鐵一條外繞銅線電氣從甲乙出入繞鋼經過則鋼鐵即爲吸鐵且耐久又三十三圖以彎鋼鐵一條繞以銅線其甲乙兩端經電氣出入頃刻即成吸鐵所約束之鐵亦牢固堪垂重且可漸加分量又三十四圖以絲線密紮銅絲即以銅絲厚紮彎吸鐵

又以片鐵含於彎吸鐵之口以爲約束再以增減兩銅線插於彎吸鐵兩邊則所含片鐵甚固雖以重權墜之而不能脫甲是柱乙是秤丙是彎吸鐵丁是所含片鐵戊是絲線裹銅絲以紮之者己是增線庚是減線凡此皆五金電氣能發吸鐵氣之證也然呆鐵能成吸鐵吸鐵亦變呆鐵假如有一條吸鐵本是顯若用鎚鎚之其氣便隱或自高墮下其氣亦隱或以火燒其北極或北極遇着電氣增其氣皆隱而無用

又製吸鐵不論虛實、蓋其氣在邊、故實不加多虛不加少、

第五章電氣連吸鐵

通標之理、與電氣吸鐵氣相連、人知雷電能打亂指南針、致或隱或反、嘉慶二十二年間、西洋人深究其理、將五金電器上增減兩銅線、平接於指南針上、增線在南、減線在北、則針之北極必轉而向西、接於針下、必轉向東、若接於針旁、則無東西之移、但向減線

之針端稍低、或以減線在上、增線在下、增線在上減線在下、直接於針腰、針俱不動、如移而北、或移而南、則上減下增者、先吸後開、上增下減者、先開後吸、其理何也、蓋針之南北極、欲繞增減二線而旋、却又左右不同之故、試以銅線直立、如第三十五圖、上增下減、其針左旋、反之而上減下增、針必右旋、又如三十六圖中、是指南針、甲乙是電氣增減兩線、電氣自增線入、自減線出、針即隨之而移、又三十七圖中是指南車上有針甲是以銅絲紮成一圈、令厚貯電氣成獨在者、乙丙是受增減兩線處、電氣往來針亦隨之而旋、與上同、又如第三十八圖、倒竪一彎吸鐵於其向上兩脚中、作小凹、令可立針、另作一夾銅罐、罐體圓直、洞其中、可貫吸鐵之脚、底其周可置酸藥於其裏層、跨一銅梁、罐套於彎吸鐵之一脚、梁駕於小凹之針上、令可旋轉、又以白鉛作一圈、長如銅罐、差小、亦跨一銅梁於其上、圈套於夾銅罐外層之內裏層之外。其梁亦用一針。駕於銅鑵之梁上。令可旋轉。銅鑵爲增。鉛圈爲減。一左旋。一必右旋。此線繞針旋之明証也。又如第三十九圖。甲是吸鐵。上下皆尖。乙是架。丙是小碗。立吸鐵之脚。丁是一蓋。蓋吸鐵之頂。戊是一夾銅鑵。洞其中。以貫吸鐵。底其周。以置水銀。另於吸鐵之旁。作一小曲尺鉤。入水銀鑵。己亦是一碗。自戊生出。以盛水銀。若以增減二銅線。分置丙己。則吸鐵。即旋轉不已。銅線順置。則吸鐵順旋。銅線反置。

則吸鐵反旋。若曲吸鐵之腰。令上下皆直。中間平横。於横處上下。各作小凹。以受架之上下二針。順逆並插兩吸鐵。於架之兩夾銅鑵中。餘如上法。吸鐵亦旋轉不已。順者順旋。逆者逆旋。如第四十圖。此又針繞線之據也。又如第四十一圖。用一平板。作一小漕。漕內置水銀。漕旁置彎吸鐵。於一邊立一竿。竿上作曲鈎倒垂。岐其端。含一齒輪。碾於漕。若以一電線置漕。以一電線置竿。或鈎其齒輪亦旋轉不已。順置順旋。

反置反旋、作通標、須用鐘、如第四十二圖、對置兩彎吸鐵、繞以密線、加以電氣、能致他物活動、與上諸法同、但此器以鐘表機器、故亦能令鐘自鳴、又以此五金電氣、連吸鐵石、尚有一器、可治瘋病、如第四十三圖、用一銅瓶、體圓而直、若甲、中有心、如瓶而小、貯酸藥少許、若乙、另作鉛圈、套於瓶內心外、若丙、圈上作三木鈎、掛於銅瓶之邊、若丁、又以銅絲十餘丈、皆密繞以絲、即以銅絲、繞成小筒、若戊、筒內貯鐵絲百餘枚若巳又仰置一彎吸鐵亦以絲紮銅絲紮其兩股若庚又以筆置一約束之鐵於彎吸鐵之上令活動若辛二壬線是使金電氣與吸鐵氣至約束之鐵致旋轉二癸線一屬增一屬減醫生用以置病人身上電氣由此入彼出與前玻璃器法同

第六章 電氣通標

高明者讀以上諸說可知通標之機矣茲論作通標法假如欲自廣東通信北京則於廣東置一滿積電

氣之所、如第四十四圖、彙各減線、爲一總減線、又彙各增線、爲一總增線、兩總線、皆以絲密紮、令其氣獨在、雖相近、不被引去、不然、則漏洩無用、一線在上、一線在下、直通至北京、而合爲一線、即自廣東至北京又轉而自京回廣、二線實一線也、又於北京置一指南針、於上下二線之中、增線在上、減線在下、電氣上來下往、針必轉西、增線在下、減線在上、電氣下來上往、針必轉東、若兩線皆斷、電氣無由來往、而針如故矣所以必於廣東發線之處並斷二線另作機器於斷之間令可離合移換一人手之而甚便則此線之屬增屬減操之自我而彼針之轉東西無不如意亦可置針於上下二線之中以爲準若欲自北京通信廣東亦卽此線用之換器不換線也若恐彼人失於守管則可以鐘呼之如上第四十二圖令彼聞之可執簡而往也至於通字之法西人以二十六字母排連成字假如針一東向爲第一字母一西向爲第二

字母。二次向東。爲第三字母。二次向西。爲第四字母。以此推之。固自易易。今新法。又有用一圓板。周列二十六字母。穴其中。容樞加針。如鐘表之面。令針常隨電氣旋轉。在彼以斷法。止其電氣。俾在此者。觀其針停何母。便知何字。輯續成書。又一法能以染色傳彼。又一法。能以印板字傳彼。皆事甚奇。而法甚瑣。殊難筆述。竊謂中華楷書。如側勒努趯。策掠啄磔。凡八晝。其畫。或在中。或在上下。或在左右。或在內外。凡七處。

又加圈以離句。共十六分。先須彼此定約。針一向東爲上。一向西爲下。一東一西爲內。一西一東爲外。二東爲左。二西爲右。二東一西爲丶。二西一東爲一。二東二西爲丨。二西二東爲勾。三東一西爲㇀。三東二西爲丿。三西一東爲㇀。三西二東爲乀。三東三西爲中。三西三東爲○。假如欲傳永字。先作一東。令顧上。次作二東一西。令丶。又作二西一東。令一。又作三東三西。令顧中。又作二東二西。令丨。又作二西二東。令勾、又作二東、令顧左、又作三東一西、令一、又作三東二西、令丿、又作二西、令顧右、又作三西一東、令丿、又作三西二東、令丶、便成永字、餘可類推、或作一圓板、周列十六分、中容針旋轉、而視其所指、亦可、又如大清國書、字母二十有五、酌加變換、應亦可爲、今擬第四十五圖、以俟高明斟酌、至於歷路安置銅線之法、在西土、自京都至各大邑、多有火輪車道、卽於道旁安置、每二十丈、立一短竿、以爲表記、自英吉利至佛蘭西中間有海約濶百里今以一木空其中連貫銅線繫石沉水以渡彼岸故兩國常聲聞相通其費用大都出於錢會凡君上民間欲通信者必出資付會會可得利本足則減其資彼此兩便故人皆樂爲之有人陳說本意欲自美理哥通至英吉利雖隔洋萬里要亦無不可爲著中華之大誠得此法聯絡十八省則　朝廷不慮四境之遠閭閻不覺九閽之高商賈可知各處貨物之貴賤行旅可知家鄉親戚之

安否。雖土地相違迴絕。而信音瞬息可通。蓋自月輪至大地。七百二十千里。電氣之迅。即一秒間過之者。且一百四十四千里。古人云。恨無縮地法。與君親相語。不謂通標。固具此法。其故何歟。是有二義。其一非電氣循線。而自此往彼也。蓋雖一線之微。寸寸節節。無不自具此氣。但不得其引。則隱。得其引。即寸寸節節。自顯其氣。故不捷而速。有如是焉。其一。感通之理。凡有餘。必濟不足。其不然者。有以阻之也。苟無顯物。

以阻其氣。則雖止一增線。自廣東至北京之遠。而無減線以接之。其氣亦必自地而歸於減線。故英佛遞標僅用增線。知此二義。則知造化之妙。而通標諸法。不足奇矣。又有彼此互接之理。假如此器之增線。與此器之減線相遠。而與彼器之減線較近。則此增必遞入彼減。或彼器之增線。與彼器之減線相遠。而與此器之減線較近。則彼增亦遞入此減。故有渡河不用線之法。假如河濶一里。於此岸置一積電之器。施增線於左。施減線於右。二端相去。必二里許。於彼岸置一積電之器。施增線於右。施減線於左。二端相去。亦二里許。則此岸增線之電氣。必就近渡江。而接於彼岸之減線。而彼岸增線之電氣。亦就近渡江。而接於此岸之減線。由是推之。施線百里。以渡九十里之河。應無不可者。總之有是理。則有是法。究其理而法可知矣。雖然。究其理。而不究理之所自出。知其法。而不知法之爲可用。則亦何益之有哉。

叙

西曆紀年。以　救主耶穌降世爲記。上數至造人之始。凡四千零四年。假如漢高卽位。爲　耶穌前二百零三年。夏禹卽位。爲　耶穌前二千二百零五年。下數至今。爲　耶穌一千八百五十一年。歲十二月。以冬至後十日爲元旦。正三五七八十十二月。各三十一日。四六九十一月。各三十日。二月二十八日。凡三百六十五日。每七日。一安息日。每歲凡五十二日。或五十三日。每日二十四點鐘。每點六十分。每分六十秒。自夜半至日中。十二點。自日中至夜半。復十二點。因地繞日行。三百六十五日。五點四十八分。五十一秒強。一周。故四年而閏一日。四百年而少一閏。閏日常加於二月。此西法也。中法。又因月繞地行。三百五十四日。八點四十八分。三十七秒。而十二周。故三年閏一月。十九年而有七閏。是書日出入分秒。皆就寧波推算。浙江以西。一帶皆同。南北。則各視北極出地

度分而異至於晝夜適均之地惟赤道下竟年無殊自此南北愈遠愈差當隨時隨地推之

安息日即禮拜日或稱主日中華憲書所載房星虛昴四宿所值之日　眞神十誡第四條曰宜守安息日以成聖之六日之間可勞而作諸工但第七日乃爾　上主神之安息日於是爾自己連子女僕婢畜牲并門內之客俱不可作何工也夫六日內　神造天地又造海與所載

之萬物於第七日安息故　神稱祝安息日而
成聖之也

中正西二
月大月

				日出 卯正	日入 酉
初一	戊子	初一		三刻七分	二刻三分
初二	己丑	初二	安息	三刻六分	二刻四分
初三	庚寅	初三		三刻五分	二刻五分
初四	辛卯	初四		三刻四分	二刻六分
初五	壬辰	初五		三刻四分	二刻七分
初六	癸巳	初六		三刻三分	二刻八分
初七	甲午	初七		三刻三分	二刻九分
初八	乙未	初八		三刻二分	二刻十分
初九	丙申	初九	安息	三刻一分	二刻十一分
初十	丁酉	初十		三刻	二刻十二分
十一	戊戌	十一		二刻十四分	二刻十三分
十二	己亥	十二		二刻十三分	二刻十四分
十三	庚子	十三		二刻十二分	三刻
十四	辛丑	十四		二刻十一分	三刻一分
十五	壬寅	十五		二刻十分	三刻二分
十六	癸卯	十六	安息	二刻十分	三刻三分
十七	甲辰	十七		二刻八分	三刻四分
十八	乙巳	十八		一刻七分	三刻五分
十九	丙午	十九		二刻六分	三刻六分
二十	丁未	二十		二刻五分	三刻七分
廿一	戊申	廿一		二刻四分	三刻八分
廿二	己酉	廿二		二刻三分	三刻九分
廿三	庚戌	廿三	安息	二刻一分	三刻十分
廿四	辛亥	廿四		二刻	三刻十一分
廿五	壬子	廿五		一刻十四分	三刻十二分
廿六	癸丑	廿六		一刻十三分	三刻十三分
廿七	甲寅	廿七		一刻十二分	三刻十四分
廿八	乙卯	廿八		一刻十一分	酉正
廿九	丙辰	初一		一刻十分	酉正
三十	丁巳	初二	安息	一刻九分	酉一分

博物通書

中二西三月大月	安息	日出卯正	日入酉正
初一戊午初三		一刻八分	二分
初二己未初四		一刻七分	三分
初三庚申初五		一刻五分	四分
初四辛酉初六		一刻四分	四分
初五壬戌初七		一刻三分	五分
初六癸亥初八		一刻二分	五分
初七甲子初九	安息	一刻一分	六分
初八乙丑初十		一刻	七分
初九丙寅十一		十四分	七分
初十丁卯十二		十三分	八分
十一戊辰十三		十二分	九分
十二己巳十四		十一分	十分
十三庚午十五		十分	十分
十四辛未十六	安息	九分	十一分
十五壬申十七		八分	十一分

	安息	日出卯	日入酉正
十六癸酉十八		正七分	十一分
十七甲戌十九		正五分	十二分
十八乙亥二十		正四分	十二分
十九丙子廿一		正三分	十三分
二十丁丑廿二		正一分	十三分
廿一戊寅廿三	安息	正	十四分
廿二己卯廿四		三刻十四分	十四分
廿三庚辰廿五		三刻十三分	一刻
廿四辛巳廿六		三刻十一分	一刻一分
廿五壬午廿七		三刻十分	一刻一分
廿六癸未廿八		三刻九分	一刻二分
廿七甲申廿九		三刻八分	一刻二分
廿八乙酉三十	安息	三刻六分	一刻二分
廿九丙戌三十一		三刻五分	一刻三分
三十丁亥初一		三刻三分	一刻三分

中三酉四 月小月

日期		日出卯	日入酉正
初一戊子初二		三刻二分	一刻三分
初二己丑初三		三刻一分	一刻四分
初三庚寅初四		三刻	一刻四分
初四辛卯初五		二刻十四分	一刻五分
初五壬辰初六	安息	二刻十三分	一刻五分
初六癸巳初七		二刻十二分	一刻六分
初七甲午初八		二刻十分	一刻七分
初八乙未初九		二刻九分	一刻八分
初九丙申初十		二刻八分	一刻九分
初十丁酉十一		二刻七分	一刻十分
十一戊戌十二		二刻六分	一刻十一分
十二己亥十三	安息	二刻五分	一刻十一分
十三庚子十四		二刻四分	一刻十二分
十四辛丑十五		二刻三分	一刻十三分
十五壬寅十六		二刻二分	一刻十三分

日期		日出卯	日入酉正
十六癸卯十七		二刻一分	一刻十四分
十七甲辰十八		二刻	一刻十四分
十八乙巳十九		一刻十四分	一刻十四分
十九丙午二十	安息	一刻十三分	一刻十四分
二十丁未廿一		一刻十二分	二刻
廿一戊申廿二		一刻十一分	二刻
廿二己酉廿三		一刻十分	二刻一分
廿三庚戌廿四		一刻九分	二刻一分
廿四辛亥廿五		一刻八分	二刻二分
廿五壬子廿六		一刻七分	二刻三分
廿六癸丑廿七	安息	一刻六分	二刻四分
廿七甲寅廿八		一刻五分	二刻五分
廿八乙卯廿九		一刻四分	二刻五分
廿九丙辰三十		一刻三分	二刻六分

中四月大　西五月

中曆	干支	西曆	安息	日出	日入
初一	丁巳	初一		卯一刻二分	酉二刻七分
初二	戊午	初二		一刻一分	二刻七分
初三	己未	初三		一刻	二刻八分
初四	庚申	初四	安息	十四分	二刻九分
初五	辛酉	初五		十三分	二刻十分
初六	壬戌	初六		十三分	二刻十一分
初七	癸亥	初七		十二分	二刻十一分
初八	甲子	初八		十二分	二刻十二分
初九	乙丑	初九		十一分	二刻十三分
初十	丙寅	初十		十分	二刻十三分
十一	丁卯	十一	安息	十分	二刻十四分
十二	戊辰	十二		九分	三刻
十三	己巳	十三		九分	三刻
十四	庚午	十四		八分	三刻一分
十五	辛未	十五		七分	三刻二分
十六	壬申	十六		卯七分	酉三刻二分
十七	癸酉	十七		六分	三刻三分
十八	甲戌	十八	安息	五分	三刻三分
十九	乙亥	十九		五分	三刻四分
二十	丙子	二十		四分	三刻四分
廿一	丁丑	廿一		四分	三刻五分
廿二	戊寅	廿二		三分	三刻五分
廿三	己卯	廿三		二分	三刻六分
廿四	庚辰	廿四		二分	三刻六分
廿五	辛巳	廿五	安息	一分	三刻七分
廿六	壬午	廿六		一分	三刻八分
廿七	癸未	廿七		一分	三刻八分
廿八	甲申	廿八		卯初	三刻九分
廿九	乙酉	廿九		卯初	三刻九分
三十	丙戌	三十		卯初	三刻九分

中五月小	酉六月		日出 卯前	日入 酉正
初一 丁亥	三十一		一分	三刻十分
初二 戊子	初一	安息	一分	三刻十分
初三 己丑	初二		一分	三刻十一分
初四 庚寅	初三		一分	三刻十一分
初五 辛卯	初四		一分	三刻十二分
初六 壬辰	初五		一分	三刻十二分
初七 癸巳	初六		一分	三刻十二分
初八 甲午	初七		一分	三刻十三分
初九 乙未	初八	安息	一分	三刻十三分
初十 丙申	初九		一分	三刻十四分
十一 丁酉	初十		一分	三刻十四分
十二 戊戌	十一		一分	三刻十四分
十三 己亥	十二		一分	酉後
十四 庚子	十三		一分	酉後
十五 辛丑	十四		一分	酉後一分

			日出 卯前	日入 酉後
十六 壬寅	十五	安息	一分	一分
十七 癸卯	十六		一分	一分
十八 甲辰	十七		一分	一分
十九 乙巳	十八		一分	一分
二十 丙午	十九		一分	二分
廿一 丁未	二十		一分	二分
廿二 戊申	廿一		一分	二分
廿三 己酉	廿二	安息	一分	二分
廿四 庚戌	廿三		卯初	三分
廿五 辛亥	廿四		卯初	三分
廿六 壬子	廿五		卯初	三分
廿七 癸丑	廿六		卯初一分	三分
廿八 甲寅	廿七		卯初一分	三分
廿九 乙卯	廿八		卯初一分	三分

中六酉七
月小月

日期	安息	日出卯	日入酉後
初一丙辰廿九	安息	一分	三分
初二丁巳三十		一分	三分
初三戊午初一		二分	四分
初四己未初二		二分	四分
初五庚申初三		二分	四分
初六辛酉初四		三分	四分
初七壬戌初五		三分	四分
初八癸亥初六	安息	四分	四分
初九甲子初七		四分	四分
初十乙丑初八		五分	四分
十一丙寅初九		五分	四分
十二丁卯初十		六分	三分
十三戊辰十一		七分	三分
十四己巳十二		七分	三分
十五庚午十三	安息	八分	二分

日期	安息	日出卯	日入酉後
十六辛未十四		八分	二分
十七壬申十五		八分	二分
十八癸酉十六		九分	一分
十九甲戌十七		九分	一分
二十乙亥十八		十分	酉正
廿一丙子十九		十一分	酉後
廿二丁丑二十	安息	十一分	酉後
廿三戊寅廿一		十二分	三刻十四分
廿四己卯廿二		十二分	三刻十四分
廿五庚辰廿三		十三分	三刻十三分
廿六辛巳廿四		十三分	三刻十二分
廿七壬午廿五		十四分	三刻十二分
廿八癸未廿六		十四分	三刻十一分
廿九甲申廿七	安息	一刻	三刻十一分

中七月大　西八月

日期	日出卯	日入酉正
初一乙酉廿八	一刻一分	三刻十分
初二丙戌廿九	一刻一分	三刻十分
初三丁亥三十	一刻二分	三刻九分
初四戊子三十一	一刻三分	三刻八分
初五己丑初一	一刻四分	三刻七分
初六庚寅初二	一刻四分	三刻六分
初七辛卯初三　安息	一刻五分	三刻六分
初八壬辰初四	一刻六分	三刻五分
初九癸巳初五	一刻六分	三刻四分
初十甲午初六	一刻七分	三刻四分
十一乙未初七	一刻七分	三刻三分
十二丙申初八	一刻八分	三刻二分
十三丁酉初九	一刻九分	三刻一分
十四戊戌初十　安息	一刻九分	三刻
十五己亥十一	一刻十分	二刻十四分
十六庚子十二	一刻十分	二刻十三分
十七辛丑十三	一刻十一分	二刻十二分
十八壬寅十四	一刻十一分	二刻十一分
十九癸卯十五	一刻十二分	二刻十分
二十甲辰十六	一刻十三分	二刻九分
廿一乙巳十七　安息	一刻十三分	二刻八分
廿二丙午十八	一刻十三分	二刻七分
廿三丁未十九	一刻十四分	二刻六分
廿四戊申二十	一刻十四分	二刻五分
廿五己酉廿一	一刻十四分	二刻四分
廿六庚戌廿二	一刻十四分	二刻三分
廿七辛亥廿三	一刻十四分	二刻二分
廿八壬子廿四　安息	二刻	二刻一分
廿九癸丑廿五	二刻	二刻
三十甲寅廿六	二刻一分	一刻十四分

…書

中八酉九日出
月小月　卯

日期		日出卯	日入酉正
初一乙卯廿七		二刻二分	一刻十三分
初二丙辰廿八		二刻三分	一刻十二分
初三丁巳廿九		二刻四分	一刻十一分
初四戊午三十		二刻五分	一刻十分
初五己未三十一	安息	二刻六分	一刻九分
初六庚申初一		二刻〃分	一刻八分
初七辛酉初二		二刻七分	一刻七分
初八壬戌初三		二刻七分	一刻六分
初九癸亥初四		二刻八分	一刻五分
初十甲子初五		二刻八分	一刻四分
十一乙丑初六		二刻九分	一刻三分
十二丙寅初七	安息	二刻九分	一刻二分
十三丁卯初八		二刻十分	一刻
十四戊辰初九		二刻十分	十四分
十五己巳初十		二刻十一分	十三分

日期		日出卯	日入酉正
十六庚午十一		二刻十一分	十二分
十七辛未十二		二刻十二分	十一分
十八壬申十三		二刻十三分	九分
十九癸酉十四	安息	二刻十三分	八分
二十甲戌十五		二刻十四分	六分
廿一乙亥十六		二刻十四分	五分
廿二丙子十七		三刻	三分
廿三丁丑十八		三刻	二分
廿四戊寅十九		三刻一分	一分
廿五己卯二十		三刻二分	酉正
廿六庚辰廿一	安息	三刻三分	三刻十四分
廿七辛巳廿二		三刻三分	三刻十三分
廿八壬午廿三		三刻四分	三刻十二分
廿九癸未廿四		三刻四分	三刻十一分

博物通書

中閏八月小　西十月

日期	安息	日出 卯	日入 酉
初一 甲申 廿五		三刻五分	三刻十分
初二 乙酉 廿六		三刻五分	三刻九分
初三 丙戌 廿七		三刻六分	三刻八分
初四 丁亥 廿八	安息	三刻六分	三刻六分
初五 戊子 廿九		三刻七分	三刻五分
初六 己丑 三十		三刻七分	三刻三分
初七 庚寅 初一		三刻八分	三刻一分
初八 辛卯 初二		三刻八分	三刻
初九 壬辰 初三		三刻九分	二刻十三分
初十 癸巳 初四		三刻十分	二刻十二分
十一 甲午 初五	安息	三刻十一分	二刻十一分
十二 乙未 初六		三刻十一分	二刻十分
十三 丙申 初七		三刻十二分	二刻九分
十四 丁酉 初八		三刻十二分	二刻八分
十五 戊戌 初九		三刻十三分	二刻七分

日期	安息	日出 卯正	日入 酉
十六 己亥 初十		三刻十四分	二刻六分
十七 庚子 十一		卯正	二刻五分
十八 辛丑 十二	安息	一分	二刻四分
十九 壬寅 十三		一分	二刻二分
二十 癸卯 十四		二分	二刻一分
廿一 甲辰 十五		三分	二刻
廿二 乙巳 十六		三分	一刻十四分
廿三 丙午 十七		四分	一刻十三分
廿四 丁未 十八		五分	一刻十二分
廿五 戊申 十九	安息	六分	一刻十分
廿六 己酉 二十		七分	一刻九分
廿七 庚戌 廿一		七分	一刻八分
廿八 辛亥 廿二		八分	一刻七分
廿九 壬子 廿三		八分	一刻六分

中九月大　西十一月

西十一月	干支	中九月		日出卯正	日入酉
初一	癸丑	廿四		九分	一刻五分
初二	甲寅	廿五		十分	一刻四分
初三	乙卯	廿六	安息	十分	一刻三分
初四	丙辰	廿七		十一分	一刻二分
初五	丁巳	廿八		十二分	一刻一分
初六	戊午	廿九		十二分	一刻
初七	己未	三十		十三分	一刻
初八	庚申	三十一		十四分	十四分
初九	辛酉	初一		十四分	十三分
初十	壬戌	初二	安息	一刻	十二分
十一	癸亥	初三		一刻一分	十一分
十二	甲子	初四		一刻一分	十分
十三	乙丑	初五		一刻二分	十分
十四	丙寅	初六		一刻三分	九分
十五	丁卯	初七		一刻三分	八分
十六	戊辰	初八		一刻四分	八分
十七	己巳	初九	安息	一刻四分	七分
十八	庚午	初十		一刻五分	六分
十九	辛未	十一		一刻六分	六分
二十	壬申	十二		一刻七分	五分
廿一	癸酉	十三		一刻八分	五分
廿二	甲戌	十四		一刻九分	四分
廿三	乙亥	十五		一刻十分	四分
廿四	丙子	十六	安息	一刻十一分	三分
廿五	丁丑	十七		一刻十二分	三分
廿六	戊寅	十八		一刻十二分	二分
廿七	己卯	十九		一刻十三分	二分
廿八	庚辰	二十		一刻十四分	二分
廿九	辛巳	廿一		二刻	一分
三十	壬午	廿二		二刻一分	一分

中十月小 西十二月	日出卯正	日入酉
初一 癸未 廿三 安息	二刻二分	一分
初二 甲申 廿四	二刻三分	酉初
初三 乙酉 廿五	二刻四分	酉初
初四 丙戌 廿六	二刻五分	酉初
初五 丁亥 廿七	二刻五分	酉初
初六 戊子 廿八	二刻六分	酉時
初七 己丑 廿九	二刻七分	酉時
初八 庚寅 三十 安息	二刻八分	酉時
初九 辛卯 初一	二刻九分	酉時
初十 壬辰 初二	二刻九分	酉時
十一 癸巳 初三	二刻十分	酉時
十二 甲午 初四	二刻十分	一分
十三 乙未 初五	二刻十一分	一分
十四 丙申 初六	二刻十一分	一分
十五 丁酉 初七 安息	二刻十二分	一分
十六 戊戌 初八	二刻十四分	一分
十七 己亥 初九	二刻十四分	一分
十八 庚子 初十	三刻	二分
十九 辛丑 十一	三刻一分	二分
二十 壬寅 十二	三刻二分	二分
廿一 癸卯 十三	三刻二分	二分
廿二 甲辰 十四 安息	三刻三分	三分
廿三 乙巳 十五	三刻四分	三分
廿四 丙午 十六	三刻四分	三分
廿五 丁未 十七	三刻五分	三分
廿六 戊申 十八	三刻五分	四分
廿七 己酉 十九	三刻六分	四分
廿八 庚戌 二十	三刻六分	四分
廿九 辛亥 廿一 安息	三刻七分	五分

博物通書

中十一月大　西正月

日	干支	西曆	備註	日出卯正	日入酉
初一	壬子	廿二		三刻七分	五分
初二	癸丑	廿三		三刻八分	五分
初三	甲寅	廿四		三刻八分	六分
初四	乙卯	廿五		三刻九分	六分
初五	丙辰	廿六		三刻九分	七分
初六	丁巳	廿七		三刻九分	七分
初七	戊午	廿八	安息	三刻十分	八分
初八	己未	廿九		三刻十分	九分
初九	庚申	三十		三刻十一分	十分
初十	辛酉	三十一		三刻十一分	十分
十一	壬戌	初一		三刻十二分	十一分
十二	癸亥	初二		三刻十二分	十二分
十三	甲子	初三		三刻十二分	十三分
十四	乙丑	初四	安息	三刻十三分	十四分
十五	丙寅	初五		三刻十三分	十四分

日	干支	西曆	備註	日出卯正	日入酉
十六	丁卯	初六		三刻十三分	一刻
十七	戊辰	初七		三刻十三分	一刻一分
十八	己巳	初八		三刻十三分	一刻一分
十九	庚午	初九		三刻十三分	一刻二分
二十	辛未	初十		三刻十三分	一刻二分
廿一	壬申	十一	安息	三刻十三分	一刻三分
廿二	癸酉	十二		三刻十三分	一刻四分
廿三	甲戌	十三		三刻十二分	一刻五分
廿四	乙亥	十四		三刻十二分	一刻六分
廿五	丙子	十五		三刻十二分	一刻七分
廿六	丁丑	十六		三刻十二分	一刻七分
廿七	戊寅	十七		三刻十二分	一刻八分
廿八	己卯	十八	安息	三刻十二分	一刻九分
廿九	庚辰	十九		三刻十二分	一刻十分
三十	辛巳	二十		三刻十一分	一刻十一分

中十二月大	西二月	安息	日出卯正	日入酉
初一壬午	廿一		三刻十一分	一刻十二分
初二癸未	廿二		三刻十一分	一刻十二分
初三甲申	廿三		三刻十分	一刻十三分
初四乙酉	廿四		三刻十分	一刻十三分
初五丙戌	廿五	安息	三刻九分	一刻十四分
初六丁亥	廿六		三刻九分	二刻
初七戊子	廿七		三刻九分	二刻
初八己丑	廿八		三刻九分	二刻一分
初九庚寅	廿九		三刻八分	二刻一分
初十辛卯	三十		三刻八分	二刻二分
十一壬辰	三十一		三刻八分	二刻二分
十二癸巳	初一	安息	三刻七分	二刻三分
十三甲午	初二		三刻六分	二刻四分
十四乙未	初三		三刻六分	二刻五分
十五丙申	初四		三刻五分	二刻六分
十六丁酉	初五		三刻四分	二刻七分
十七戊戌	初六		三刻三分	二刻八分
十八己亥	初七		三刻三分	二刻九分
十九庚子	初八	安息	三刻二分	二刻十分
二十辛丑	初九		三刻一分	二刻十一分
廿一壬寅	初十		三刻	二刻十二分
廿二癸卯	十一		二刻十四分	二刻十三分
廿三甲辰	十二		二刻十三分	二刻十四分
廿四乙巳	十三		二刻十二分	三刻
廿五丙午	十四		二刻十一分	三刻一分
廿六丁未	十五	安息	二刻十分	三刻二分
廿七戊申	十六		二刻九分	三刻三分
廿八己酉	十七		二刻八分	三刻四分
廿九庚戌	十八		二刻七分	三刻五分
三十辛亥	十九		二刻六分	三刻六分

道光二十九年洋商至中國各口船數

至廣東共三百三十一船　英吉利二百十八船合省國卽花旂七十五船荷蘭二十一船佛蘭西四船大呂宋二船他國共十一船

至上海口共一百二十七船　英吉利八十九船合省國二十五船荷蘭二船他國共十一船

至厦門福州兩口共一百三十二船　英吉利六十七船合省國三船大呂宋十一船荷蘭六船廣艇三

十五船

博物新編三集

〔英〕合信著

《博物新編》三集，英國合信著。合信（Benjamin Hobson，一八一六—一八七三），英國倫敦會傳教醫師，一八四八年至廣州，在華期間創辦醫院，編譯《全體新論》、《西醫略論》等。是書系統介紹西方物理、化學、天文、地理、生物等知識，凡三集。初集分地氣論、熱論、水質論、光論、電氣論諸篇。其「地氣論」首次介紹近代化學知識，如氫氣、氧氣之製法，硫酸、硝酸、鹽酸之性質；「水質論」介紹元素理論；「熱論」述蒸汽機之原理及應用；「電氣論」述電氣之特性、通電之法及功用等。二集介紹近代天文學知識，其中提及一八四六年新發現之海王星。三集動物略論，介紹動物知識。各篇皆附圖示。此爲綜合性科技讀物，所涉頗廣，且能反映西方科學新進展，傅蘭雅《江南製造總局翻譯西書事略》谓：「利瑪竇諸人著格致書後，越有二百餘年，此時内泰西格致大興，新理迭出，而中國尚未之知也。故一獲此書，猶之忽過二百年而與此新理相覿面。」故於推動近代科技知識在中國之傳播頗有助益。據中國國家圖書館藏清咸豐五年（一八五五）上海墨海書館刻本影印。

博物新編

咸豐五年新鐫

博物新編

江蘇上海墨海書館藏板

博物新編初集目錄

博物新編一集 目錄 一

電氣論

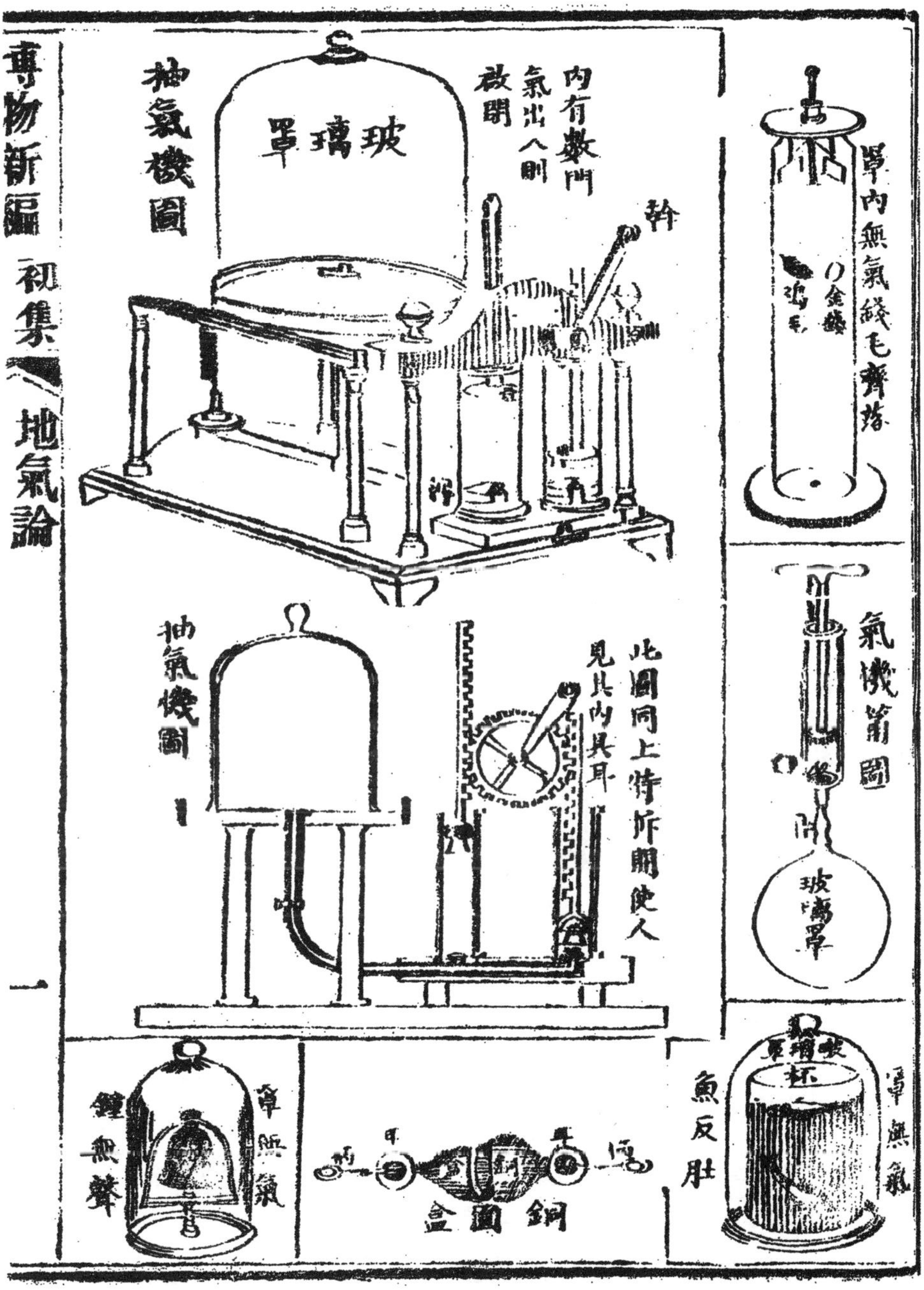
博物新編　初集　地氣論
一
抽氣機圖
玻璃罩
内有數門
氣出入則
啟閉
幹
罩内無氣錢毛齊落
金錢
鴻毛
氣機筩圖
玻璃罩
抽氣機圖
此圖同上特斥開使人
見其内具耳
鐘無聲
罩無氣
銅圓盒
魚反肚
玻璃杯
罩無氣

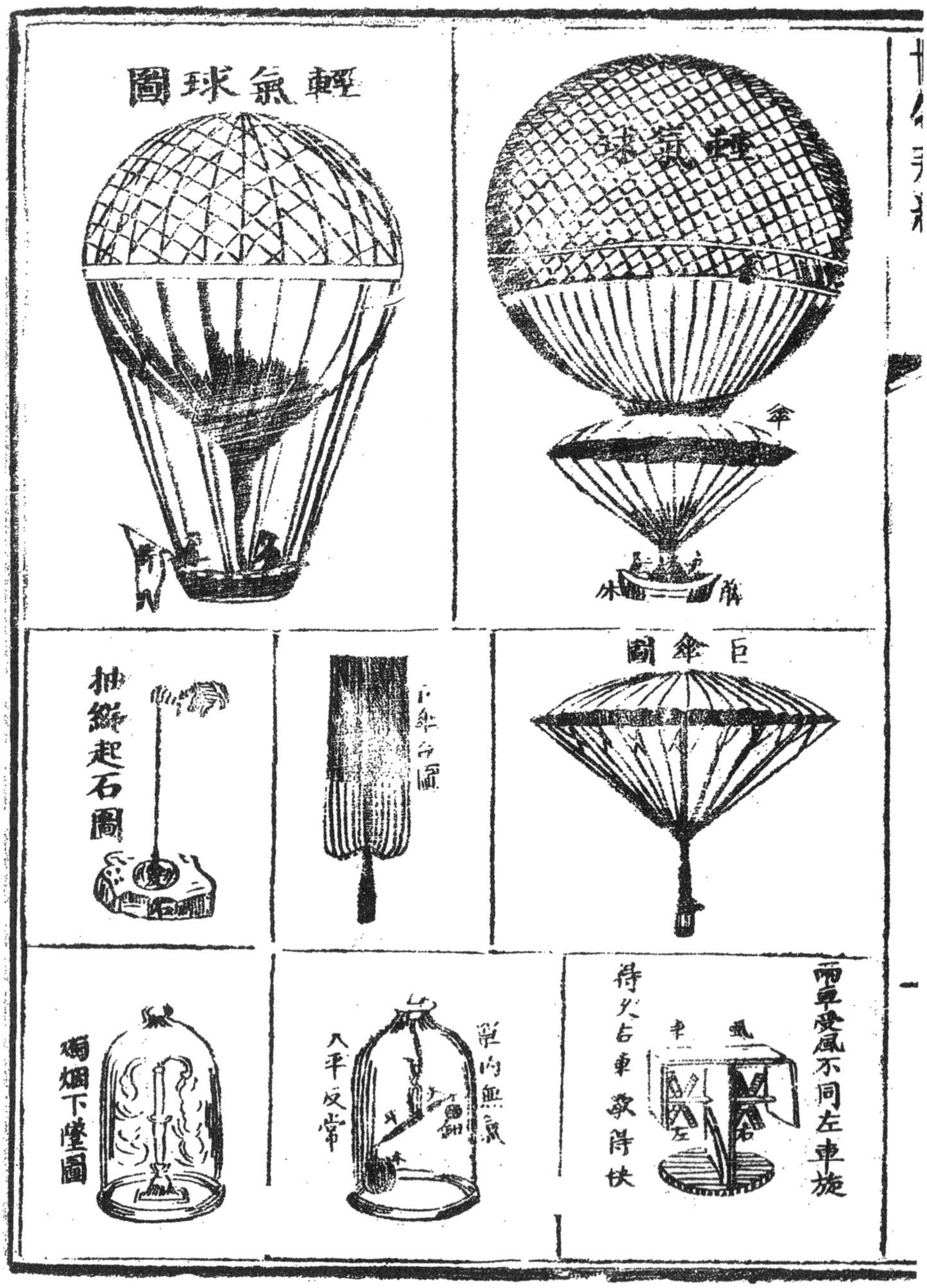
輕氣球圖
輕氣球
傘
抽絲起石圖
巨傘圖
燭烟下墜圖
罩內無氣
兩車受風不同左車旋
左
右

風雨鍼

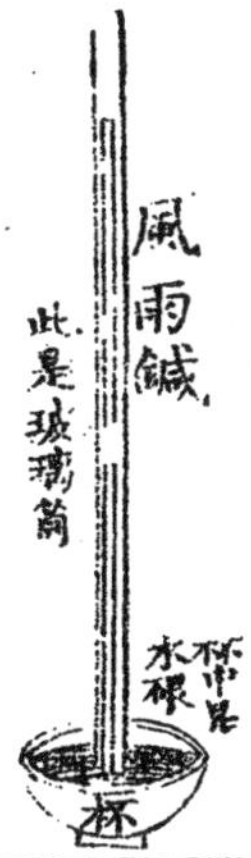

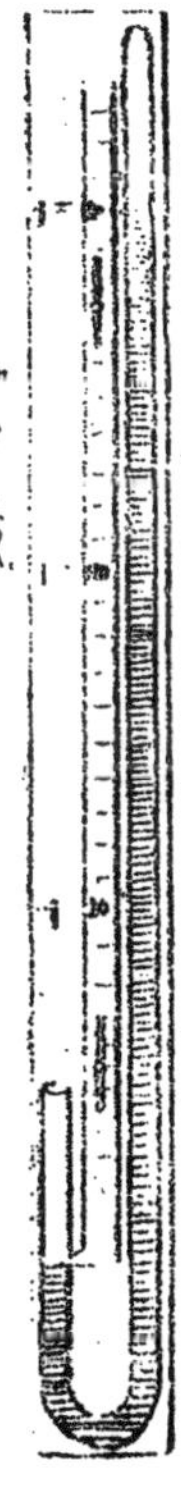

風雨鍼

三款見熱論

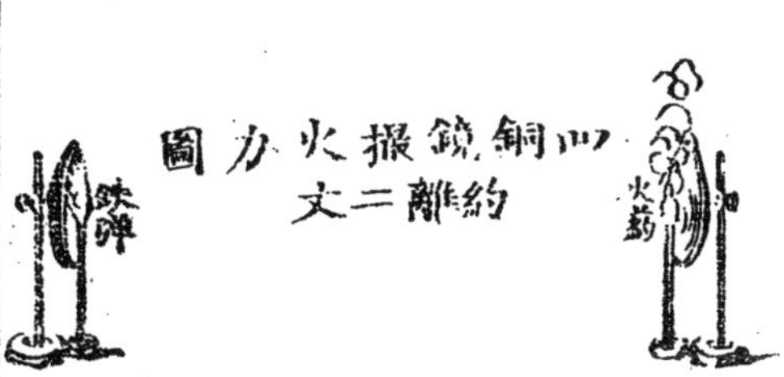

凹銅鏡攝火力圖
約離二文

見熱論

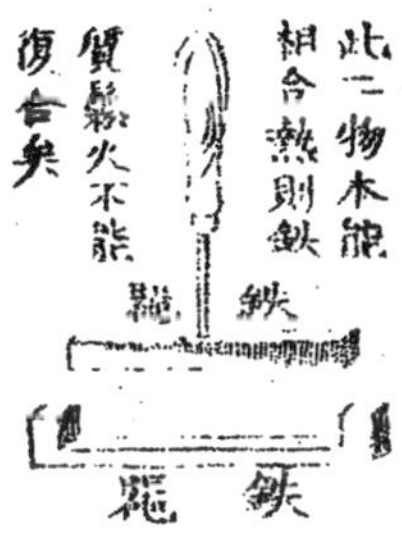

見熱論

時辰鐘墜砣

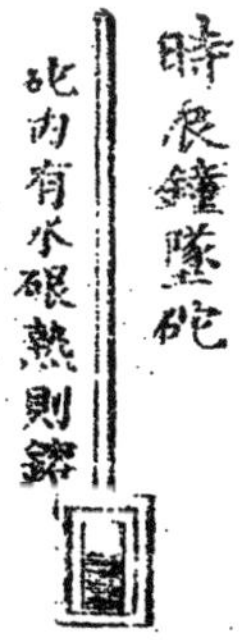

風雨表

寒暑鍼圖

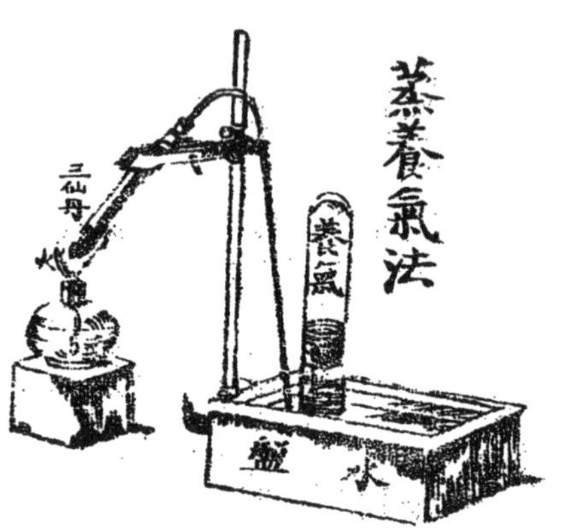
蒸養氣法
三仙丹
火
養氣
水盤

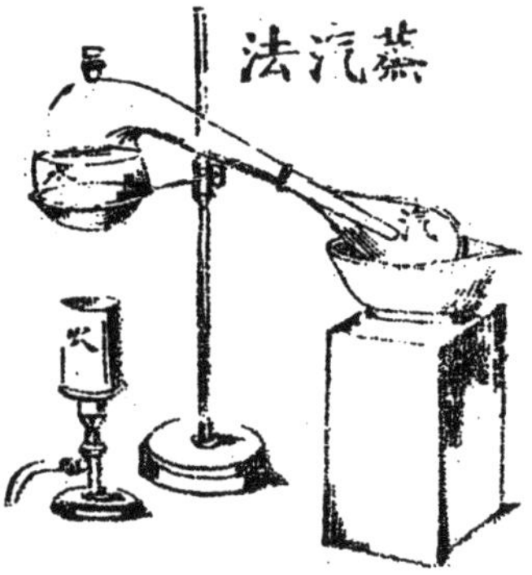
蒸汽法
火

瓶滿以养氣用
鐵線
火點鐵線甚光明

取淡氣法

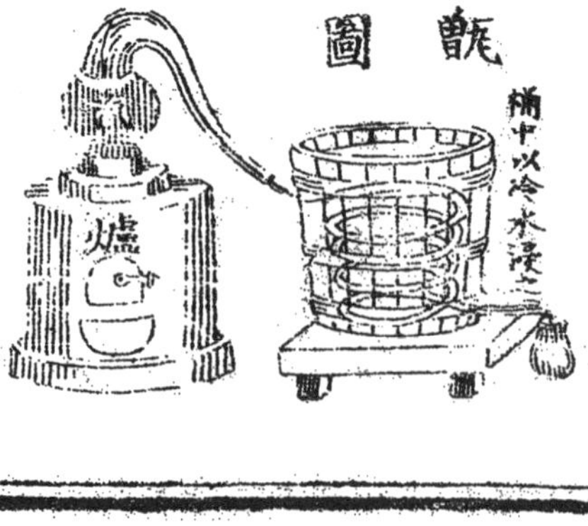
甑圖
桶中以冷水浸之
爐

煤窟燈籠圖
煤窟甚多炭氣遇火即焚
燈籠須用鐵的因鐵接熱
易而散熱亦易也

博物新編初集

地氣論

英國醫士合信著

大地體圓如橙、其外有氣以環遶之、如蛋白之包裹其黃也、自地而上、高約一百五十里、人物皆處其中、若魚類之在水、魚賴水以長、人藉氣以生、魚不能離水、人不能離氣、其理相同、第其爲氣有數種、合而言之曰生氣、分而言之曰養氣、曰淡氣、曰濕氣、曰炭氣、皆可以法較辨之、是氣雖無形無味、其實乃地上一物也、氣之爲色青而藍、凡晴空無雲、仰望蒼然者、乃氣之色、非天之色、氣愈遠愈高、則其色愈藍、愈近愈薄、則其色愈淡、淡甚則玲瓏不見時遙望遠山見藍影模糊亦氣之色如觀滄海水深則色綠愈深則色蒼其理亦此耳顧其爲氣與地上雜物之氣不同蓋雜物之氣乃日蒸水濕而成生氣則肇自開闢有天地即有是氣矣然是氣之力其勢甚重比如四方一寸番人一寸唐尺八分番以十二寸爲一尺自地起上至氣盡處計其壓下之力勢重一十五磅一十一兩六錢爲一磅如以十五磅之物壓之人爲氣所包羅而不覺氣壓之重者則因上下週圍均同如水之渾浸身體人自不覺其勢耳試將氣與水及水銀互較均以四方一寸爲度水高三十四尺以番尺計水銀高三十寸以番寸計氣高上至盡處三者其力悉敵西國風雨鍼之變亦因較此而知也惟水之力人能散之而

不能縮之氣之性、人能散之使開、復能逼之使縮、風鎗之類是也。今將氣力之據著言於後、凡以兩物相並之處密貼無隙、勿使洩氣則兩物可以粘連不脫、西國孩童用一牛皮大如人掌、以繩繫皮背、以水濕皮底、然後將皮底貼於石上、以掌壓之、務使相粘之處外氣不能入、則皮與石相連、可以抽繩而起石、或用一茶盃、以水滿之、將一厚紙蓋於盃上、用手略壓少頃、使水與紙相連、無隙洩氣、則倒持其盃、水亦不出、何也、是因相貼之處無氣、而上下週圍被外氣所壓托故也。今試用一小樽、以口噏出樽中之氣、可使樽粘於唇舌之間、或用一米筒、以少紙焚於筒中、使火推出筒中之氣、急將筒口附於身上軟肉之處、則筒粘於肉上、亦卽此理。嘗有棺匠相戲、使其伴入棺偃臥、試將其蓋以掩之、少選力拔其蓋不能起、大懼、無所措手、遇有識者、急令以鑽鑽穿數孔、使外氣透入、然後能移其蓋、見其人昏迷偃臥、良久方蘇、蓋棺中生氣已被其人吸盡、而呼出之氣、內外冷熱輕重不同、故其蓋爲外氣所壓伏也。比如有玻璃盃兩個、一大一小、大者滿載以水、然後倒持小者以盃口向水而內之、則小盃之中水不能入、是其內有氣拒水之故、然近地面則其氣厚而力大、去地漸高則氣漸薄而力減。西域有人乘輕氣球以凌空者、嘗攜兩樽至空際、然後以木栓塞之、至地時將一樽倒持入水、水入樽中者半、又將一樽與地面之氣互相較驗、見其質性無少差異、特其力稍薄耳。

地上生氣中分數類比如以生氣一擔、其內有養氣二十一斤、淡氣七十九斤、二氣常相調和、頤養萬類、養氣者有養物其性濃烈、故必有淡氣以淡之、濃淡得宜、方為中和之氣、炭氣者、其性有毒、與炭同類、一出于人之呼吸、一出于火之焚燒、在生氣中不過千分之一、凡有血肉之類、獨吸炭氣則死、惟草木花卉則反藉炭氣為茂、欲知其理者請看全體新論。（此書本館有刻）若濕氣則以陰晴為多少、不能以一例而定。

氣機筩（或稱為抽風之器）

筩以銅為之、形畧如水筩、（粵東方言曰水槍）其法即中華風鎗抽風之具而機巧過之，但風鎗抽氣使入，機筩抽氣使出，用法特稍反耳。西國自有氣機筩之法，博物者日以測氣，漸知地氣之大用。嘗用一玻璃圓罩罩于桌上，以機筩抽出罩內之氣，內以鳥獸，鳥獸立斃；內以鱗介，鱗介漸死；內以花，而花不開；內以火，而火熄滅；內以鐘鼓，擊撞無聲；內以磁石，攝鐵無力；內以流螢，而不見光；內以火藥，而不焚爇；內以熱物，而熱不能傳；內以杯水，而水急化氣。然更有奇異于此者，凡欲秤氣質之輕重，驗氣性之舒縮，試氣勢之壓托，測氣力之功用，皆可以此法辨之。比如用玻璃樽一個，將氣機筩抽出樽內之氣，然後以戥秤驗，必較未抽氣之樽輕減數分，此秤氣之據也。若用一樽，以木桎塞固其口放入玻璃罩裡然後以機筩抽出罩內之氣則木栓突然彈出蓋因罩內空虛無氣不能壓托木栓故樽中之氣溢出以散補其外焉。又用一樽倒持其口置之水面水不能入苟以機筩抽出樽中之氣水即射入以盈其缺凡豬羊膀胱有水則脹無水則扁人所同見若放出其水用線細繫其口置之罩內以銀錠壓之然後用機筩抽出罩內之氣則膀胱復脹銀錠跌下是膀胱之扁乃外氣壓之若使外無氣壓則其內畧有微氣亦必舒散欲出故重物亦不成力此氣舒縮之據也。又將一金錢一鷄毛同置于玻璃罩頂以機筩抽出罩內之氣然後放之則金錢與鷄毛一時齊下蓋金錢體重理應跌快鷄毛體輕理應跌慢、乃一時齊下者因無外氣壓托之故、又用一鉛錘、其重二錢、用一木塊亦重二錢、一置于天平盤左、一置于天秤盤右、則二物必均重無偏、若將天秤置之罩內、然後以機筩抽出罩內之氣、則木塊必偏重下垂、何也、是因鉛錘體小、木塊體大、彼此受外氣壓託之力不同、若無氣可壓託、故體大者重、又以銅製一圓盒、必須上下均大、若橘柚之破邊、然盒之底面皆製一圓環耳柄、比如盒內直徑闊約六寸、則盒外每邊周圍皆有二十八寸登方、每一寸登方應受外氣壓托之力一十五磅、今以二十八寸登方疊算、應受氣力四百二十磅、以盒之體其大不過如橘若使內外有氣、雖孩童亦可隨意闔合、若使以機筩抽出盒內之氣、則勇夫亦不能開之、何也、皆盒內本無氣、而盒外每邊四百二十磅氣之力、得以壓之也、開之之法、必須以繩懸掛盒之上環、其下環則以四百二十磅之物墜之、務使其力相敵、方可開離、是一定之理焉、其初識是理之人、曾以銅製一大盒、直徑闊三尺、將機筩抽出其氣、持獻于王、王命二十馬繫而牽之、其盒亦不能開云。又燒一燭、置于玻璃罩內、俟燭熄滅、烟必上騰、若抽出罩內之氣、烟亦下墜、又以四方玻璃礶、放于玻璃圓罩之內、以機筩抽出罩內之氣、則方礶立即迸碎、若獨抽出方礶之氣、方礶亦自迸碎、彼二物均以玻璃爲之、然方者碎而圓者存、何也、蓋方物四面着力、圓物旋轉自如、此化工之妙造、凡日月星辰地球皆爲圓體、亦此理也、此氣勢壓托之據。若以鼠雀放入罩裡、以機筒抽出其氣、鼠雀亦必喘死、又以線繫蝴蝶懸于罩中、則蝴蝶四圍飛撲、將機筒抽出罩內之氣、蝶雖振翅而不能飛、復放氣入、始能飛撲如常、凡柑橙苹菓之類、摘下日久、則皮殼縮皺、若放入罩裡、以機筒抽去其氣、則橙菓復脹如新摘時、緣菓外無氣、而菓中本來之氣溢出、故耳、又魚類腹中皆有氣胞、故能浮游水面、若以杯水養魚一尾、將杯放入罩裡、然後抽出罩裡之氣、則魚漸反肚向天、是因杯外無氣、而水中之氣散補于外、令其內胞元氣欲出無路、故內胞發脹異常、魚若不能當、必無力而反肚矣、此氣力功用之據。

風雨鍼

風雨鍼者，以玻璃製一小筩，大如筆管，長約二尺五寸，上塞下通，筩中以平滑爲貴。另製一圓甌，大如茶盃，先以頂淨水銀一兩（水銀不淨，內于甌中，即不應驗），再將玻璃筩實以水銀，然後插入甌裡，則筩中水銀與甌裡水銀相連，豎而直之，筩內水銀定必瀉下數寸，自與地氣之力相稱，乃將筩甌縣于板上，畫刻度數，以驗之，視水銀高低，爲風晴雷雨之候，百不失一。蓋地氣乃流動之物，或輕或重，或升或降，隨時更改，風雨鍼之能自行上落者，實因筩內水銀之上空無氣入，而甌中水銀能被外氣逼壓，故隨其輕重以或升或降也。然一升一降不過二寸四分，西國風雨鍼之例、以三十度爲平和、或風雨雷雪之時、則有二十九度者、或二十八度者、或過三十度者、各方氣候、每日更變不同、水碮升降、亦少差異、以地球而論、在赤道之中、水銀升降最少、赤道進南進北、水碮升降無常、故驗雨驗風、不能以一例而定、是在善用者之能隨地辨氣耳、茲以西國較準之候、暑列於左、若在中國製造風雨鍼、必須測較中國之氣候、因西國分寸度數、與中國不無少異也、

一凡夏天水碮暑降、必報風雨、水碮大降、不報大風、必報大雨、水碮降甚、則主大颶、水碮驟降、多主甚雨、或報大雷、若酷暑之時、水碮下降、定有迅雷、

一凡春秋冬三季、水碮驟降、則報烈風、或報大颶。

一凡冬天水銀上升、必報暴冷、冷極仍升、則報釀雪、雪時水銀下降、則報雪消、久旱水銀驟降、必報雨、雨時仍降、則主颶。

一凡水銀下降、必報有雨、雨時水銀驟升、則晴不久、驟升而仍有雨、方得久晴、若天晴之時、水銀略降、當有微雨、降甚而慢、不報大雨、則報大風、或升降不定、則晴雨不時、在風雨之後、北風送爽、天有漏光、水銀漸上、必大晴霽。

凡人攜風雨鍼登山、可知山之高數、比如在山頂、水銀低降一寸、此山高平地千尺、嘗有人乘輕氣球凌空、水銀低降八寸、以此推算、殆高一十二里矣、西國有禮拜堂樓高四百尺、風雨鍼比平地常低四分、蓋生氣離地漸遠、其力漸薄、不能如在平地壓逼之重也。

風雨鍼之爲用、其功甚大、海客農夫、當以是爲至寶、揚圖有善識風雨鍼之人、從無漂寥漏芽之事、海船有善識風雨鍼之客、從無檣折帆沉之慘、有某船駛行南洋、時日將夕、天色清明、空無纖翳、舟子唱晚、管絃甚樂、忽聞船主疾呼收帆、舟子領命而竊怪之、整理甫畢、颶風大起、船蕩欲覆、幸無檣帆重累、以是獲免、實賴風雨鍼早報之力也、前數十年、葡萄牙國又名西洋地大震、屋宇盡行傾塌、附近鄰國亦皆震動、未震之前、風雨鍼降三寸之下、此爲最大之報兆矣。

寒暑鍼

寒暑鍼者以玻璃爲筒長數寸許狀如筆管上通下塞下有圓胆中貯水銀其入水銀之法先以燈火炙熱圓胆則筒中之氣漸行散出乃以指頭掩壓筒口俟圓胆復冷卽將筒口蘸入水銀之中然後移開指頭水銀卽由筒口走入胆裡務以滿至半筒爲止再以燈火炙熱圓胆令水銀受熱上升升滿筒中卽以吹筒向火吹鎔其口（如打銀匠以吹筒向火鎔銀之法）再俟筒體復冷水銀復降如初方可懸於板上畫刻分寸以驗寒暑蓋水銀質性淨柔遇熱則鎔而上升遇冷必凝而下墜以英國寒暑鍼分寸而論佛蘭西國分寸不同（此係隨人意測較）凡河冰水結之時水銀行至三十二分行漸高天時漸熱若論粤省風氣嚴寒行至四十分盛暑行至九

十分、英國風氣嚴寒行至二十餘分、盛暑行至七十六分、近赤度各國風氣爲最熱、盛暑有行至百分者、南極北極風氣爲最冷嚴寒有行至無分者、以人身本熱而論九十六分爲平和、一百十二分爲病熱、以水質而論滾酒之熱一百七十六分、滾水之熱二百一十二分、滾水銀之熱六百分、他如炕麵煏爐四百分、焚物之熱一千分、熱之最甚者也。

風論

地氣受日熱之蒸、輕而上騰、他處之氣流動以補其缺、謂之曰風、如渫盤心之水、盤旁水即流動以塡其空也、其行有徐有疾、日夜不停、一時（每兩點鐘爲一時辰）而行六里者、人物不覺、水雲不動、時而行三十里者、和暢宜人、水紋烟捲、一時而行百里者、松竹有聲、一時而行百五十里者、芙蓉飄水、一時而行二百里者、飛燕斜退、一時而行二百五十里者、人不耐吹、一時而行三百里者、蓬飛茅展帽落塵颺、一時而行四百里者、萬竅怒號、海波淜湃、一時而行五百里者、船沉屋爛、樹拔牆傾、一時而行六百里者、草木皆摧、鳥獸多死、飛砂走石、物無完膚、此風勢之大畧、隨在皆然者也。若在赤道迤北三十度內、四季常吹東北、迤南二十七度內、四季常吹東南、恆年不易、是因赤道永與日近、其氣受日熱上升、南北二方之氣、時常流動以補其缺、而地球向東左旋、地氣乃輕浮之物、不能隨地體速運、故其氣斜向西而流也假使赤道之海並無陸地阻隔可以一帆順駛轉地一週今海客在赤道海之南北名其風爲恒信風（俗又呼爲貿易風）皆以其四季不易之故然其風在水面則然若在陸地則不然如中國（指粵江浙諸南省）印度國緬甸國暹羅國越南國皆在赤道迤北三十度之內而暑天則吹南風寒天則吹北風何也蓋赤道迤北多陸地地面之氣熱于水面之氣且夏季北極朝日其地爲尤熱熱則氣輕而上升故海風自南來補其缺若冬季則南極朝日北極陰寒故朔風自北而來以補其空（至赤道四五度而止朔風不過南半球也）此夏南冬北之原由也海外諸島地處赤道之中自巳至酉常吹海風自戌至辰常吹陸風亦因晝日陸熱于水故風從水至夜時

水熱于陸故風從陸來皆此理也

養氣　又名生氣

養氣者中有養物人畜皆賴以活其命無味無色而性甚濃火藉之而光血得之而赤乃生氣中之光物西人有數法以取之者其一用一玻璃長筩內三仙丹于其中以火炙之即有養氣升出聚于筩內試以生物大有可觀

輕氣　或名水母氣

輕氣生于水中色味俱無不能生養人物試之以火有熱而無光其質爲最輕輕于生氣十四倍每一百寸登方其重三釐而已西人製取之法有二其一用鉄筒一個筒中實以鉄碎炕之

以火便有濕汽走入筒中其濕汽之內原有養氣一分輕氣二分養氣遇熱即蝕入鐵質輕氣遇熱即透筒而出若接以樽確可以留而待用其一將大樽一箇貯以清水浸精錡數片（鉄片亦可）入磺强水隙覘調之亦有輕氣升出西國輕氣球多以此法製造

淡氣

淡氣者淡然無用所以調淡生氣之濃者也功不足以養生力不足以燒火其取之之法以玻璃樽貯水少許浮之以盃燒片紙于盃中則養氣爲火所化樽中只剩淡氣而已又法用銅筒一個實以銅碎炕如取輕氣之法亦有淡氣升出

炭氣

炭者何、煙煤之質、火爐之餘氣、之最毒者也、究其所自來、乃養氣經用之後、混毒氣于其中、質養氣之無精英者、其質爲最重、重于生氣三數倍、其取之之法、用化石數片、以清水浸于樽中、調以鹽强水、（解見下篇）自有炭氣升出、或用石灰調磺强水、亦有之、凡人呼出之氣、亦曰炭氣、燒灰爐所出之氣、亦曰炭氣、密聚不通風、皆足以殺人、嘗有一老屋、中有枯井甚深、後井之工、入者輒死、初疑爲毒妖、有博物者、知其內有炭氣緾、試以火、火立熄滅、遂設法以引生氣、入者始無恙、蓋久無居人、其炭氣質重、下墜而不散故也、西國之寶、以金鋼石爲至貴、其體堅莫能陷、然亦

請炭之凝質焉耳

炭輕二氣

輕氣之性易燒、炭氣之性光焰、合二氣而焚之、則火色清白而明、勝於焚膏點蠟、實用大而價廉、以是西人有賣氣爲生涯者、近日英吉利、佛蘭西、花旗等國、皆有賣氣之行、行內設一大爐、中貯煤炭、四圍熾火以焗之、煤炭受熱、則氣上騰、爐上設數銅筩、引導其氣、氣至筩口、即以火點其端、光明如數十燭、以筩接筩、可引數里、凡城中道路、皆引筩點氣、以代燈火、輝煌如晝、幾疑不夜之城、在彼貴家行店、亦莫不接筩貫氣、用照房廊、正是日暮不須傳蠟燭、而輕煙已散入五侯家矣。

磺强水　又名火磺油

製有二法、一用磁罌一個、罌頸鑲以長玻璃筩、內置青礬于罌中、以火焫之、即有磺烟水由玻璃筩滲出、又法以鉛作一密爐、爐底貯以清水、焚硝磺于爐中、使硝磺之氣重墜入水、然後將水再行蒸煉、一如蒸酒甑油之法、務使水汽盡行升散、則所存者、是爲磺强水矣、其質如油、以清而無色爲貴、味極酸辛、力能傷肉爛物、

硝强水　又名火硝油

製法用火硝一斤、硫磺一斤、同放于玻璃瓢內、以炭火炕其瓢底、即有硝磺汽由瓢嘴而出、接之以罐、使汽冷凝爲水、是名火

硝油、其性烈甚、滴物即焦灼黃色、力能鎔化水碾、

鹽強水

製法用清水生鹽同放于玻璃瓢中、另用玻璃管貯蓄磺強水、使其滲漬而落、因入之太急、恐瓢體迸裂、以慢火炕炙瓢底、令其化汽升出、冷而凝水者是也、性味最烈、可化五金、

輕氣球（輕氣詳見上文其質十四倍輕于地氣故名）

輕氣球以綢緞爲之、大如廈屋、飾以膠漆、用大繩結網、纏罩其外球之下、懸一巨傘、傘之下、懸一藤床、大者可容二三人、小者亦容一人、床中備載風雨鍼、寒暑鍼、時辰鈸、千里鏡、羅經、沙袋、飲食器具什物、球之頂有窻球之足有門、皆機巧活動、特用以

放氣者、臨用之時、納金於氣行之商、獨買輕氣、氣商遂着伴以密桶運氣而至、于是將氣放入球中、務以球體將滿爲度、試球時、先將巨纜繫住球脚、試可、乃斬纜以升、漸升漸高、直出浮雲之上、俯視山川城郭、竟不見人、御風橫行、頃刻百里、英國有慣乘球者名曰琪連、胆志最壯、以霄漢爲熟路、雖婦穉亦識其名、他凌空至高者一十三里、住空至久者歷五時辰、嘗于夜間縱球上升、懸數百燈籠于藤床之下、在地觀者如見德星聚空、在球東望、夜半即見日出、而下視塵寰、猶漆漆然暗深不測也、又嘗乘疾風橫行、雲遊三國、懸五千里、由英吉利越海而南、過佛囒西、入日耳曼國、亦數時耳、以平常風勢而論、大約一時辰可行一百里、或百二十里、大風吹送、有一時而行二百五十里者、亦有行至三百里者、間有順風吹去忽然轉風吹回者、故球上必帶風雨鍼、以驗氣候、固所以防暴颶、亦所以測高下也、凡乘球之人、必須胆大心靈、精通算法、深明氣性、方無錯悞、蓋地面之氣勢重而力厚、離地漸遠、則其力漸薄、不能壓托球體、而球中輕氣漸舒、愈舒愈脹、脹甚必裂、故是時須急開竅、畧洩球中輕氣、方可無虞、大約球在空際、欲其升則撤去袋中之沙、欲其下則畧洩球中之氣、或升或下、皆可任意施爲、但不能以原處起、而仍下于原處耳、然下至地時、必須拋錨放碇、以止其勢、因球中猶有餘力、恐球于地面縱橫飄轉、而爲林木牆石所擊、西國于縱球之先、必預日傳字通知各處、招人聚看、凡欲登場觀者、每位或收洋銀半圓、或收二錢、愈出愈巧、實天下之奇觀、而世間之最險者也、惟其事雖涉險戲、仍屬有用、或藉以測風雲雷雨、或藉以鏡管探藥、或藉以察地繪圖、嘗有某甲乘球上升、初見地上有雨、上一二里、則見雷、再上一二里、則見雪、又上一二里、則見日光晴明、空無纖翳、而下視層雲、密佈白如綿、有時見雨雲相觸、卽覺電閃雷轟、又上數里、則天地一色、無物可見、而其人則呼吸窒息、寒冷淒涼、頭脹耳聾、百般煩惱、莫可名狀、所帶飛禽小類、半已喘死籠中、是知上氣之力漸薄、而不足以養生矣、又有某乙乘球、攜白鴿飛禽于藤床中、藤床之下、再懸一傘、傘下復懸一笠、笠中載一小犬、升至半空、以刀割斷床下之傘、小犬墜、傘漸落漸低、不意大風暴發、大傘乘風復起、往球畔、小犬望去驚鳴、似求援救、後風息、傘落、犬得無恙、又放白鴿、鴿亦不敢飛動、推之使下、如石墜空、將近地面、乃能振翼旋飛、可知上氣之薄、亦不足乘毛羽之輕、又有某丙身爲裨將、與敵對營而陣、不知敵勢虛實、遂乘球探望、約以舞旗爲號、比至敵營、敵兵望空發鎗、高不能及、某丙于空指揮軍兵、望旗進擊、大敗敵軍、又有某甲與某乙同作一球、于藤床下復懸一傘一笠、甲在上層、乙在下層、升至空中、高約四里、特斷下層、使之一上一下、詎料下層傘不能開、猛墜而落、乙死如泥、甲球亦兀然上升、起如箭急魂魄驚飛、良久始定、乃能放球慢落、幸不至死。又有某丙在空際割去氣球、欲以傘乘風而下、不意制傘之繩偶斷其一、藤床偏墜左右擺簸、某丙驚甚欲絕、至地時昏不能語者數日、此乃制傘之險、人不樂觀然、亦製作不精所致、茲將球起之理、略言于後。

西國氣球之始、原以火氣上升、若中國之孔明燈然、但火氣之理不過升散球內之氣、藉外氣以揚托之、是其力有限而勢有盡也、後博物者以此推測、頓悟以重氣升輕氣、必如水力之浮木、遂專心作氣、果得製取輕氣之法、試與地氣相較、覺輕于地氣者數倍、于是因氣製球、內輕氣于其中、縱之使升、竟飄然上舉、愈思愈精、初試以禽、再試以獸、皆能如法升降、然後試之以人、現製球之最大者、其中直徑闊約三丈五尺、以番尺計以四圍上下均算、共得一萬二千尺、若滿以生氣、其重一千六百磅、滿以輕氣、其重只得二百磅、以一千六百磅之力、必能升浮二百磅之輕、故能另載器具什物、若不開放球中之氣、任其自行消滅、可以留空三日而後下焉。

物質物性論

世人以可見者爲物、以不能見者爲氣、孰知氣卽爲物、物卽爲氣、其理却有可憑信者、夫宇宙之內、由氣而化成爲物、由物而復化爲氣、凡物成物敗、曾不能滅其質、但目力不及見、人自以爲完盡耳、比如拾一山石、磨之使幼、雖極幼而微、亦不能盡其質、又如貯水一甑、滚之以火、雖極滚而乾、因變爲氣、亦不能滅其質、推而類之、則人畜金木菓穀、亦莫不然、此固造化之道也、若考夫物之本性、不外二理、一爲牽合之性、一爲推拒之性、牽合推拒解見下文牽合者、如金質牽合金質、漸成而爲金、水質牽合水質、聚成而爲水、牽引之力大、則其物力堅、牽引之力小、則其物力柔、計其極小之物、堅而韌者、莫如金箔、若以一金箔鍍一銀線、浸以硝强水、則銀質鎔化、鏡以顯鏡、便見一絕小金筒、柔而韌者莫如蛛絲、二錢之重、可引長八百里、他如有生命之[illegible]、其絕小者、合數千之多、不如一沙之大、然以顯微鏡窺驗、見每虫皆有身首頭足臟腑飲食行動一如牛象是爲極微之物其至大者無如日月地球眾星亦莫不具有牽引之性月輪旋地地力牽引月輪則月輪循行不亂月力牽引地球則潮水隨月而長地球旋日日力牽引地球則地球圜運不息或說地球若不爲日力所引則必直行而去凡地上山水人物皆互相牽引其力若在空中以墜砣吊繩而下近山之處見墜砣必偏近于山近屋之處見縋砣必畧近于屋又凡洋船失水其船板桅纜初則逐浪漂流漸則聚浮一處雖茫無涯岸亦必同聚海心此乃牽引之據也然究其牽引之力若物質平滑則牽引牢固試以二玻璃片貼合一處勢必難于開離却是何故蓋世物之質雖極堅密平滑以顯微鏡看之

見其內外皆有小竅大約竅愈小則牽引之力愈大試于樹上摘脫一葉則斷處必有水汁溢出是因葉根內有小管故能牽引水質而使之上行也若夫物質推拒之性則惟熱爲然（熱性傳散故能使物推拒參看熱論便知其理）〇凡世物之川不外動靜兩端動之則行靜之則止既行而不能驟止當止而不能驟行亦物之原性也夫馳車驟馬之時車驟停則輪敗馬驟止則蹄蹶人物皆然試將大炮向空彈擊見其礮子初起甚捷漸上漸慢極而落漸落漸快快極至地猶有餘力故能旋滚撞觸良久方休是爲動之本性職其事者度其性量其力自能百發百中無不擊西國有某甲巧識物性動靜之奧精擊刺善射法某乙置平果于甲

子頭上戲之曰聞君善射敢于百步外射頂平果不傷乃子頭乎某甲應弦射之矢發貫果其子猶嘻然勿覺又有富人常乘駿馬遨遊街市好于人隊中馳馬驚衆會有諸馬性者作牧語以喝之馬聞驟止富人覆跌馬前市人皆噱然又有貴公子嘗駕小車出遊策馬馳驟自矜車疾適與大輿撞撞小車覆轍公子翻蹄車前乃倚父勢具控于官官廉得其情謂之曰小車撞大車公子仆于前大車撞小車公子仆于後罰使賠值以飭大車公子慚沮而歸又有船主自誇其艇嘗謂有水手上桅失足適當風利船急傾跌船尾水中聞者莫不竊笑又有初識地球旋運之理以為乘輕氣球停空可以環觀萬國不知地面有生

氣籠絡眾類、地運而人物亦運、如車行而人亦行、船駛而人亦駛、蓋世物動性、其勢永直、附物而行者、其勢亦隨之而直、故坐舟車者、當止而行、人必跌後、驟行而止、人必仆前、因受附之物行、其所附之物不得不行也、然物行動之遲速、又關乎地氣攔阻之故、有以長薄鋼條置于玻璃盒内、以機筩抽出其氣、經三晝夜、鋼條猶振動不休、若在盒外、其動不過半刻耳、凡作舟車筒炮鐘錶諸行動之器、皆宜熟考物之動性、果得其理、物無不妙、惟其動之之法、有難以言語形容者也。

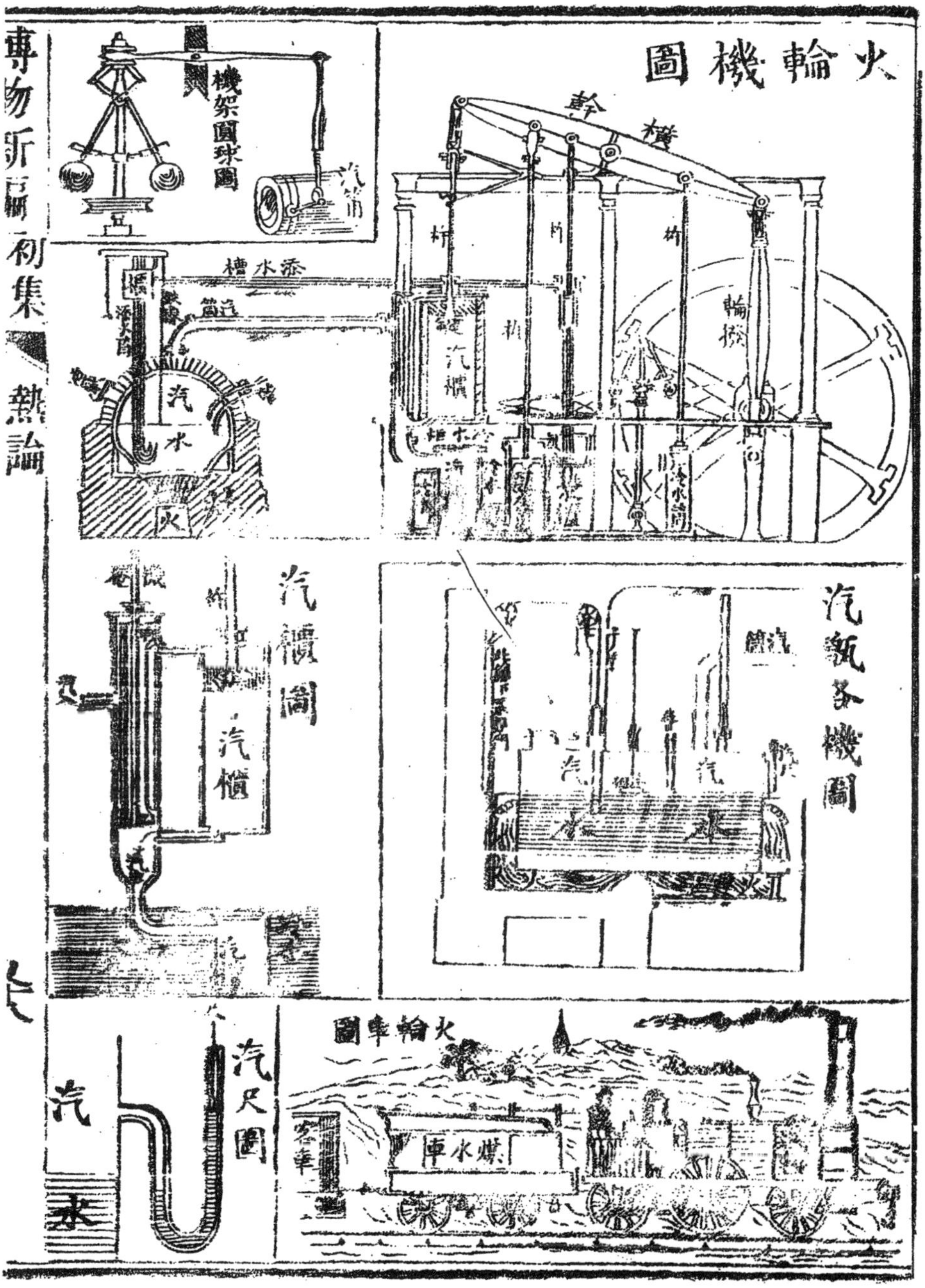
博物新編初集
熱論
火輪機圖
機架圓球圖
添水槽
橫幹
汽櫃
汽
水
火
汽櫃圖
汽甑各機圖
汽尺圖
火輪車圖
煤水車
客車

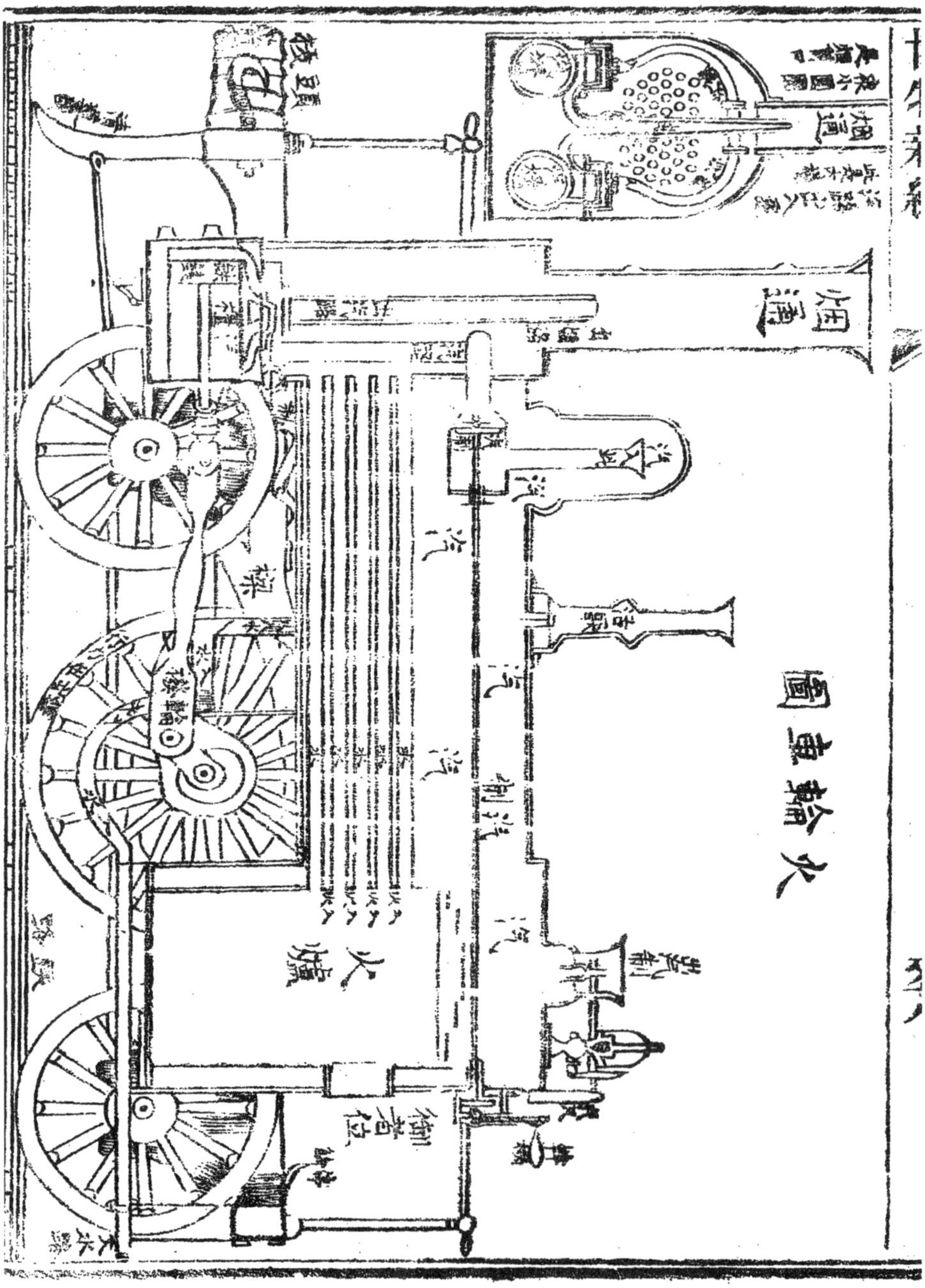
火輪車圖

熱論 熱有大用而無形質謂之物者特借字以立說耳

熱乃世上最要之物萬類皆賴以生發者使地無熱人類不成其爲人物產不成其爲物但其爲用無形無質而見慣渾閒人自不察其理耳西國博物之士推窮其故分爲六等一日日熱二日火熱三日電氣熱四日肉身熱五日化成熱六日相擊熱六熱出處各有不同而其功用則一也日熱者其熱來自太陽與光並行而不悖光射所至熱卽隨之其勢能透淸水玻璃其功能長養生類萬物是用爲最鉅火熱者其熱起于焚燒之氣與光並起而不能並射燈光所及熱不隨之其數爲無量其力能燼物然不能透玻璃淸水之中是勢爲最鉅電氣熱者乃地與氣感發

而成臆空擊擊則爲電雨人能用物料以製之或用機器以攝之其行爲最捷瞬息萬里肉身熱者乃人畜魚虫血肉之本熱其勢爲有限其性爲無光與日火電同理而不同功化成熱者乃萬物變化而成如醫家成函三質遞變實質水質氣質解理下文之類相擊熱者乃二物相擊而成如鑽燧取火敲石取火之類共爲六熱總論其性實能傳而不能滅比如燒熱鐵一塊置之庭中則左右物件必沾其熱漸傳漸遠漸遠漸微務必傳勻而後已如庭中有十物以天干爲次第甲物中有百分熱必傳五十分于乙物乙物得五十分必傳二十五分于丙物丙得二十五分必以其半傳于丁丁又以半傳于戊戊又以半傳于己勢必遞傳

以均此爲熱之本性歷以寒暑無較試而知之又如以滾水一瓶中置一二冷物少頃則冷物必與滾水同熱此皆熱性相傳之據也但各物之質剛柔不同有易傳者有難傳者有傳久者有傳暫者若以一鐵球一石球同時放入火中同時鉗出置之水內則鐵球先冷于石何也乃鐵性接熱易而出熱亦易也又用鉛一兩牛乳一兩石粉一兩三物同以火煮之則鉛熱先于粉粉先于乳又同時取出浸于三碗水中則三水各不同熱牛乳之水爲最石粉之水次之鉛水又次之何也是三物受熱多少各有不同故也世物以五金傳熱爲最易木石玻璃傳熱爲甚難若以鉄柱與木柱同焚人能把握木柱外端而不能持鉄

柱外端是爲難傳易傳之據若服用之物蚕絲傳熱爲最易其次爲麻布其次爲棉布其次爲呢絨皮裘傳熱爲最難狐皮貂貛爲上兎皮羊皮次之雀茸又次之故隆冬霜雪之候服之可以禦寒然人人知其功能禦寒而不知其非特禦寒也乃難傳熱也何也蓋人身本熱常得寒暑鍼九十六分若隆冬嚴寒天時地氣有冷至三四十餘分者則皮膚身內之熱不能散之熱散傳于外欲與天時地氣相均故必須着難傳熱之服以保護之如熱茶之以棉管罩護其壺而不使茶之熱洩散于外也如以爲不然試于隆冬嚴寒之時赤身披掛金片重甲厚裏數層可覺身體温煖乎抑覺身體冰僵乎大金性易于傳熱必不能使身體

本熱之無傳、是雖厚服于層、熱有去路也、惟棉毛傳熱爲難、則皮膚本熱洩散不易、故外雖寒而內煖、兹更驗他據以證之、凡嚴寒之時、以手摸鐵器則僵、以手摸羊毛則煖、其故何也、實因地上生氣甚冷、鐵質本熱已散傳于氣中、手一着鐵、鐵即攝傳手中之熱、以補其缺、凡手上着處、本熱不足、故覺疼冷異常、惟羊毛性難傳熱、雖使地氣極冷、亦不易傳于外、故本熱具在、可以着手不驚、蓋不須藉手之熱以沾補其缺也、若以薄鉄一片、呢絨一塊、同置于焗爐之中、署歇少時、則手可以拈絨、而手不能拈鉄、可知鉄與羊毛傳熱難易之據。又以一木片、一鉄片、同放紙上、以炭火乘之、則木片必先燒化、以鉄性易于接熱而反燒遲何也蓋接熱易其出熱亦易火力未足燒其堅惟木質輕鬆而柔接熱難而出熱亦難接足自然燒其質是接熱固分難易而燒力尤別剛柔也以此推論是熱之爲性必傳若使不傳則人物永熱斷無消長之期矣然其力旣能傳是雖無質無形仍爲宇宙間一物自當與冷不同夫冷猶淡也熱猶味也淡本虛無有味則形之冷本虛無有熱則形之是冷無物而熱有物如淡無物而味有物也或疑熱乃地氣所變化果爾則有氣始有熱無氣卽無熱矣西人嘗以氣機筩現氣論抽出瓶中之氣置熱物于瓶內其熱仍不增減便知熱與氣本屬兩物猶以味調水而水與味本屬兩物也或疑熱乃火中之氣果爾則有火

始有熱、無火卽無熱矣、何以兩手搓擦則熱生、腐物濕遍亦熱生、火于何有、螢火光虫不焚物、鹹汐野燐不焚物、熱于何有、便知熱非火中之氣、乃聚熱合光可燒物者、始呼爲火耳、顧知熱與光原各自成其爲物乎、然光之爲物人能見之、熱之爲物身能覺之、二物在日則並行、人所習見、二物在器亦並行、人多未悟、二物在色亦並行、人尤未悟、凡世上器物瑩滑可鑒者、可以返照其熱、比如庭中置一火爐、爐口向南、則爐中之光與熱勢必直射而南、凡北面對爐而坐者、覺耳赤面熱者理也、設有東面坐者、使人持銅鏡向火斜照之、則火熱必隨鏡光而轉射面東之客、是熱與光在器並行之故、又以銅鑄兩凹鏡圓大如鑼、闊約一尺八寸、磨使瑩滑、光可鑒物、一懸東壁、一懸西壁、兩鏡相照、約離二丈、將熱水一罐、置於東鏡之前、離鏡約數寸許、以寒暑鍼置于西鏡之前、亦離鏡數寸許、則寒暑鍼自能隨熱水升降、或於東鏡前置一燒紅鐵彈、西鏡前置以火藥、火藥立即焚燒、此皆瑩物能返照外熱之據、蓋光射直行、熱性亦隨光直行、光射返照、熱性亦隨光返照、凹鏡撮合光射成一尖樞、熱亦隨光成一尖樞、則尖樞之處聚熱甚盛、故能足其焚燒之力、猶如以凸玻璃照日、日光透玻璃而下、亦必撮合成一尖樞、可於尖樞處立能取火、但日熱能透玻璃、火熱不透玻璃、若以玻璃當中隔之、則東鏡之熱、即不能射于西鏡之前矣、西國某港炮臺前曾用大鏡攝取日熱、燒彼敵船、又五金工匠、亦有用大鏡（徑闊二尺四寸、所映尖樞闊三分）攝日代煤、以鎔鐵錫等物、此日火兩熱、穿透所由分也、凡竹夫人、手爐、鑪錫、煖婆、錫茶壺之類、皆以瑩滑爲貴、取其有返照之功、自能傳散外熱耳、物色亦然、五色以黑色接熱爲最多、白色接熱爲最少、西人曾用五色呢絨、蓋于雪上、以日晒之、其白色呢絨之下、雪鎔甚少、黑色呢絨之下、其雪盡鎔、緣色白可以返照其熱也、故物之瑩而白者、久視令人傷目焉、（若使天下之物盡皆白色、則人人當有青盲之病、化工使草木青蒼、固所以護養人目也、）

三質遞變○三質爲何、虛質、實質、浮質也、各氣爲虛質、堅物爲實質、水類爲浮質、天下萬類、不外三質、而三質皆有本熱在其內、虛質之熱爲最多、浮質次之、實質又次之、此是化工使然、但成物之後、人自不覺其熱、若必欲窮其究竟、必須毀敗其質、使變他物、方能測之、比如實質欲變浮質、必須以法加增實質之熱、浮質欲變虛質、再須加增浮質之熱、是實質添熱則爲浮、浮質添熱則爲虛、虛質減熱反爲浮、浮質減熱反爲實、此化工之妙理也、夫冰爲實質、水爲浮質、氣爲虛質、若欲以冰化水、必須使熱入冰、更欲以水化氣、再須以熱入水、是實質添熱變爲浮、浮質添熱變爲虛之據。或欲使氣復爲水、必須減少氣中之熱、如春寒則雨至、夜寒則露落、此皆地面濕氣上升、遇寒而化爲水也、凡日蒸湖海之水上騰于空、夜間地面之氣寒冷、復凝爲水、故樹葉底面皆有水滴粘着、是之謂露、所以養草木之生又如蒸酒之汽上升甑頂有冷水槽故蒸汽至甑頂即化爲酒亦皆此理或欲使水復爲冰更須減少水中之熱如寒天河水凝冰露結爲霜之類是也五金亦然如鐵爲實質加以火熱鎔爲浮質更加以熱漸化爲氣若當鉄鎔之際減去火熱漸復實質木石亦然木爲實質火熱燒之半化爲氣半化爲灰再以火熱逼其灰灰亦漸化爲氣石質亦然燒以火熱或化爲脂或化爲灰再添以熱終化爲氣若以水入石灰則灰水相合散出其熱熱散之後復爲實質如石肉類亦然肉死而加以熱則肉化爲氣若能不使熱入不使洩氣可以恆存不朽義羅斯國地近北極寒冷異常冰雪四時不消水銀凝結如錫迤北之境多

冰山四面玲瓏瑩冷可畏、嘗遇酷熱、冰山崩陷、中有死獸、形狀古特、其形如象、而大于象、骨肉鮮新、熊羆爭聚食之、邊卒馳報其王、王使名臣往驗、蓋二千年物也、遂收其骨、存諸內府、至今傳爲古器云、凡寒天肉食可留旬日、熱天肉食隔宿變穢、亦即此理、又凡賣冰之家、必以木屑灰糠、藏于密室、送冰之時、必用絨氈棉胎包裹、方不消鎔、亦取糠屑絨棉、難傳外熱故耳、

凡天下萬物、各有本熱、得之則長養生息、失之則變化原質、胎生者得熱則孕、卵生者得熱則孵、（鴨不鵝者、火焙亦出）蟲如濕生化生、亦莫不藉熱以成其生、故花果草木、皆待春煖甲爭、冰雪雨水、亦待春暖消長、蓋因萬物得熱、則其本體即行發大、不論生物死

物皆同一理、但物質堅實、其大也少、物質輕鬆、其大也多、人身肉性熱天則肌膚豐滿、冷天則肌膚縐瘦、竹木之質、熱天則紋理潤澤、冷天則紋理疎縮、金石亦然、比如銅箱鐵盒、燒熱其蓋則鬆、銀線鐵尺、燒紅其質則長、水性亦然、天冷則海乾池下、煮滚則水溢湯濆、此皆得熱發大之據、然得熱貴乎內外均平、上下相稱、方能不壞本質、如烹水熬膠、鑊下火力太烈、以致膠水下熱上冷、勢必轟然破甑、水漿迸濺、嘗有熬骨膠者、用銅鼎固封其口、力鼓風箱、以催火熱、不知熱汽傳散、欲出無由、遂令銅鼎轟裂、立殺數人、又有鐵匠圍爐鑄炮、堀模未乾、傾瀉鐵汁、爆然散激、鐵匠數十斛死爐前、斯人若識熱性汽勢之烈、容有是乎。凡凍玻璃近火自裂、正因其外質受熱發大、致令牽逼內質之故、若熱玻璃入水自裂、乃因其外質減熱縮小、而內質仍然熱大、不能同時均稱、皆此理也、大地亦然、間有火山崩陷、海揚地震、實因地中有火、熱氣散出、故有石燼砂灰飛蒙于附近之處、西人推算地中之熱、比如持寒暑鍼入地四十五尺、則水銀升高一分、入地愈深、熱勢愈盛、深至三里、必熱于地面百分、深至六里、熱如沸水、深至三十里、熱如鐵汁、深至百里、以中國里計萬物皆鎔、佛囒西國、鑿一深井、入地一千七百九十四尺、以番尺計閱七年成工、汲出之水、熱于常水三十一分、以此推測、是地中之熱、固可以數而算者、凡冬季嚴寒之時、昆虫鳥獸多入地成蟄、皆爲避地面冷氣、特隱土中而接地熱、是化工使之自衛其生也。

或問地心與太陽皆是烈火、上蒸下炎、萬類當爲焦物、乃冬冷而夏熱、萬生得以晏然處其中、顧有說乎、曰地球圜日側倚而行、三百六十五日爲一週、夏季北極朝日、南極向外、故赤道以北皆覺夏熱、冬季南極朝日、北極向外、故赤道以北皆覺冬寒、吾人俱居赤道以北、自覺冬冷而夏熱、永與南極不同時、四季暑往寒來、實因離日遠近之故耳、若地心之火、深隔百里、且土質傳熱爲最難、又何慮夫焦物乎、然日之爲功雖大、顧其熱間亦有害于人者、凡地土卑污、日蒸其氣、即爲毒、感之多有疫癘之災、又凡炎夏天時、露行于赤日之下、每有腦疾血熱之病、是其害固由于日、而自保又在乎人也、或曰熱之爲熱、土質難傳、吾知之矣、而水質接熱各有多少不同、亦有據乎、曰水質與氣質固自不同、而水之爲質、亦各有不同、夫水質接熱必滾而後化汽也、當水滾化汽之時、以寒暑鍼探之、其熱二百十二分、油酒亦水質也、酒滾其熱一百七十六分、油滾其熱三百一十六分、水硍滾其熱六百六十二分、各香油化汽、其熱不過數十分、凡搽薄荷香油、卽覺皮肉寒涼、乃借屬木是各物均爲水質、何肉之熱以消化其質、殊非袪肉內之風也以接熱變化各有不同乎、此因其稟賦之質有輕浮、故其受熱之量有多少、夫地氣壓下之重、其力勝于水、若水中不足二百一十二分之熱、即不能滾、兩人嘗用清水半甑、以大玻璃罩密而蓋之、將氣機筒吸上抽出水面之氣、使罩內無氣可壓其水、接熱七十二分、即能上滾、又嘗烹茶于高山之上、水滾尤快于地面之時、皆因上氣之力漸薄、其壓下之勢亦少遜矣、有糖商某公生理最盛、每歲煮糖柴炭亦費數十萬金、其煮糖之法、火候過少糖難滾、而味劣、火候過多、糖滾急而底焦、因思水滾之熱二百十二分、糖滾之熱二百二十卜分、遂于糖房外設一氣車、隨煮糖時車出房內之氣、果得減火滾糖妙法、由是每歲多賺二十萬金、因而倍價領牌、不許他人尤效、壟斷居奇數十年、幾與王侯埒富、其糖名官糖、味至今猶膾炙人口云○或曰熱為功大、胡爲乎來。奚自而去。可得聞歟。曰。熱之爲用。散之則彌于空。聚之則藏于物。取之無禁。用之不竭。是造物主之無盡藏也。如火之爲熱。人能取之。而不知其來。滅之而不知其去。有野人畋獵爲生每積柴薪火以自溫彼處獼猴候人散去便炙其餘火火盡即羣散而遯雖旁有餘柴曾無加柴添火之智蓋天不欲其貽火之害也造造而化化。有有而無無。自開闢以來。萬物均無增減。即如江海之水。日蒸則爲汽。爲雲。遇冷則爲雨。爲露。由雨露而復凝爲水。水性潤下。入土積爲泉源。泉混混。川江達滄海。由海出重洋。升降循環。曾不出離大地之外。古今絡繹。何有虧損涓滴之微。淼淼者如是。其他可類推矣。

蒸汽論

汽者水受熱逼上升為氣之謂飄揚于生氣之中其性散而不聚若以鐵器困束其質其舒散之力烈如火藥愈束愈烈無物可以當之故西人用火蒸水節取其汽以代人力凡火輪舟車之屬亦皆賴此以運其輪焉茲將其理畧言于後○凡水登方一寸受熱化汽之後必須一千七百寸登方之位始足容之西人以玻璃製一方筒內清水一寸于筒底水面置以木塞令其上落自如勿使洩汽然後以火滚之水漸化汽則木塞漸高盡化為汽則木塞高至一千七百寸而止此係以筒內徑難算若以冷水澆其筒外使筒中之汽受冷復凝為水水漸凝則木塞漸低低至原位其水復仍如舊可知一寸之水能化一千七百寸之汽若

以一千七百寸之廣逼壓而爲三數十寸則其發散之力爲何如耶夫地氣壓下之勢其力一十五磅一十一兩六錢爲一磅十五磅乃中國十一斤三兩也水足二百一十二分之熱方能滚化爲汽凡言熱之分數皆以英國寒暑鍼計算是汽之本力亦爲一十五磅使水加熱則汽力亦加由此遞算水熱二百五十分汽力應爲三十磅水熱二百七十二分汽力應爲四十五磅水熱二百九十分汽力應爲六十磅汽質既能以鐵筒束之使縮汽力又能以火熱加之使大彼火輪舟車安得不快駛如鳥飛如魚躍乎是故火輪船有二百力三百力一千力等號二百力者如駕二百馬之力一千力者如駕一千馬之力英國火輪船之大者自艏至艄長約三百二十五尺

闊約四十三尺、深約三十二尺、（俱以番尺計）其快如駕一千二百馬力、每一時辰能行一百零六里、曾在英國駛行埃及國、悉一萬二百里、只九日耳、李白之千里江陵、視此猶爲慢程、

火輪車○利于水者、既有火輪船之法、利于陸者、又有火輪車之奇、其法大同而小異、特水所以載舟、有水即能行船、故火輪船周遊列國、無往不利、惟陸路則有山川高下之險、火輪車必須藉鐵軌以引之、鐵軌者、以土石砌一長路、路上鑄鐵埒以銜車輪、平直如線、塡坑谷、掘邱陵、山之大者、劈隧道以透之、港之深者、建橋梁（或鐵或石）以濟之、工程浩大、每一車路、動費數百萬金、且一路必置二鐵軌、一導以往、一導以回、令二車無相撞之虞、

埒中禁止行人、不放牛馬、數里設一望臺、臺上豎旗爲晝號、懸燈爲夜號、車中人望旗燈爲安危、若前途有險、則懸紅燈紅旗以警之、御者即制汽轆輪以住、若觀旗燈色白、則竟縱輪以過、疾行如飛、人在車上臺中者、彼此幾不能認面目、其絶快之車每一時辰能行四百二十里、盡一晝夜、共行五千零四十里、以萬里之路、只兩日之程、汽之爲用大矣、現在英京有五車路通行四方郡邑、間遇朝廷有事、報以電函（見電函論）、數刻則舉國皆知、或欲召集籌謀、駕彼汽車、鎖日而諸臣畢覲、然而車行太疾、道路不無險阻、故平常定限、每時辰以行一百八十里、起至二百五十里止、凡過埠邑通衢、例必停輪少頃、因以傳貨信而搭賓客不無少需時暑故也、其車式前輛為汽櫃、備載煤水機器鍋者坐之、後牽三數乘、分上中下三等、下等裝載貨物、中等平人坐之、其價為稍廉、上等則狀若亭臺、書樓椅桌、器用畢具、鋪設華麗、坐臥安適、遨遊嬉玲瓏、煤烟不到、其價為最貴、車中人憑欄遠眺、所見山村境色、廿數千里、時或探入隧道、昏黑如夜、少頃復光、而已透數里之深洞、山東之客、倏而為山西之人矣、車中不賭博、不讙閙、不穢語、不吸烟、犯例者罰、車價先收、後升實價不二、付貨計值取盈、不賒不減、車期限時起發、逾刻不候、誠客商來往之最便、而貨物寄措之就章者也、凡牛羊牲口鮮魚皆附火輪車 茲將舟車之機器、擇列于後、汽機之勢有二、一曰高機、一曰低機、高機器少而煤多、其費亢大而行疾、因水汽入櫃、用畢卽放而出之、低機器多而煤少、其行疾而不險、蓋以汽作工、復使汽爲水、可以節減煤柴故也、凡高機之船、花旗多用此法、然一不謹愼、每有甑裂殺人之患、英國向有例禁、車准用高機、船只用低機、故火輪以英船爲最穩、下所擇錄、亦低機之器焉、

水甑○甑以鐵爲之、方圓大小不一、其形甑蓋與甑底相連密不洩汽、其旁有小戶、可容人入、所以洗驗甑內、其底亦有孔釁、所以放水出海、凡停泊之時、例必開放甑中之水、是時水隨汽出、亦藉以洗滌甑內、蓋之頂有汽筩一條、中通而直、橫屈向前、所以通引水汽、蓋之前有管二枝、

一上二下、下者插入水中、上者離水數寸、管之口、均有斡鏍、可開可閉、所以驗水深淺、蒔開上鏍管中噴汽、開下鏍管中噴水、是爲得宜、若兩管均爲噴汽、是知水淺、即須添水以和之、或兩管均爲噴水、知是水多、又須減水以平之、因水多而汽弱行緩、水少防甑裂殺人、甑之後有活脈一件、常與汽力較合輕重、比如其甑可受六百力、其活脈亦有六百力以脈之、若過六百力以上、則活脈力不及壓、自然展開以洩甑汽、特爲此者、實恐汽力過度、頓令甑體迸裂、而人不及覺察也、汽箱之側、有管孔插鐵線一枝、線之下端、繫以平板、浮於甑中水面、水滿則內板浮高、而鐵線亦高、水下則木板浮低、而鐵線亦低、視鐵線高低爲甑水添減之度、鐵線上端、撑貼添水櫃門、若甑中水乾、則木板低浮、櫃門漸開、使水由添水筩入甑、添水筩者、在鐵線之後、小于汽筩者有半、其筩在甑上透蓋而入、所以添水入甑者。

汽櫃○櫃體圓而長、有甲乙兩機罨、皆能開合自如、櫃頂當中貫鐵杵一條、杵之上端、連于橫幹、杵之下端、鑲鐵鍵一鏁鐵鍵與櫃內圓徑脗合、可上可下、密不漏汽、狀如救火水櫃之心水汽從甲罨而入、力推鐵鍵以上、則鐵杵橫幹均從而上、水汽從乙罨而入、力推鐵鍵以下、則鐵杵橫幹亦隨而下、其法上汽自甲罨入櫃、下汽從乙罨出漕、下汽由乙罨入櫃、上汽由甲罨出漕、互相出入、以推鐵鍵上下。

冷水櫃○櫃體圓長、小于汽櫃、其中有鐵杵鐵鏈、一如汽櫃之樣、但鐵杵繫于橫幹、次節藉橫幹上落、以爲抽引之機、（抽引海中冷水）櫃中常蓄冷水、以浸汽漕、因汽漕透櫃而過、遇有冷水凍其漕體、則漕中水汽立凝爲水、凝水之後、其勢尚熱、即由汽漕倒行而上、復彎于前、聚于添水櫃中、直與添水筩相接、熱水由是瀉入甑中、（若添冷水于滚水之中、其滚必止、今用熱水添入、其法爲尤妙）其實甑內滚水受熱化汽、由汽作工、工畢復化爲水、由水復歸于甑、輪轉不竭、而未嘗有所耗散也。

火爐○爐在甑下、焚以煤炭、（柴亦可）爐旁有鐵門、以通生氣、門開則火猛、門閉則火慢、火猛則甑水易乾、故甑水之面浮以片木、木上貫以鐵杆透甑頂而出、復屈下與爐門相繫、比如甑水乾下、則浮木亦從而下、浮木漸下、必漸牽連鐵杆、鐵杆牽連爐門則爐門漸閉、而火慢、自不防有火炎水涸而甑裂之虞、又法以機架繫兩圓球、置之甑側、另有汽筩連于機架、汽出觸架、則兩球渾然旋轉、汽愈猛、則球轉愈急、即有鐵線牽閉汽門、自然使火汽均得其宜。

脂櫟（）各機器樞紐關捩甚多、以鐵鑽鐵、輪轉不息、必致相擊成火、故每機之上必製一銅甌、甌底穿數小孔、使其滲洩脂油以滑之、即御者脂軒之法、以火輪船而論、每日亦費油千餘斤、

輪撥（）以一鐵繫于橫幹右端、名曰鐵撥、橫幹與鐵撥相隨上

下其輪齒旋轉之機皆賴鐵撥以推動之也

汽尺○以鐵製一彎筒一端與甑汽相通一端向外灌水銀于彎中插以木尺刻以度數若內汽猛甚則水銀為汽所推由內漸移以出漸出則木尺漸高仿如銅漏時尺報更之法識其事者每望尺以驗汽勢猛弱大約尺過某度是為險報必須瀉甑中之汽焉

汽掣○汽筒之內有一機鍵凡欲舟車停輪即以手扭其柄則機鍵乍閉水汽即改路而由外筒出矣

以上機器皆所以運動鐵輪由此法而觸悟其心思巧中生巧有紡紗織布鑄火輪以代人力者有以火輪耕田渫水者

有以火輪打銅鑄鐵者、百工手藝、多以此法代助人力、一人而兼百人之工、一日而收一月之利、是皆取資乎汽、汽之爲功大矣哉、然汽之來由于水、而水之滾由于煤、以西國火輪汽具、晝夜不息、日費煤以數千萬計、智者遠慮、各思設法以代之、近有以火炙熱地氣、令其舒縮、以運輪撥者、其法比水汽尤爲便捷、實功大而費廉、現有一新船用地氣以運輪撥者、然尚未盡其法、十數年後、凡彼舟車機器、當有用地氣而盡廢水汽者矣、

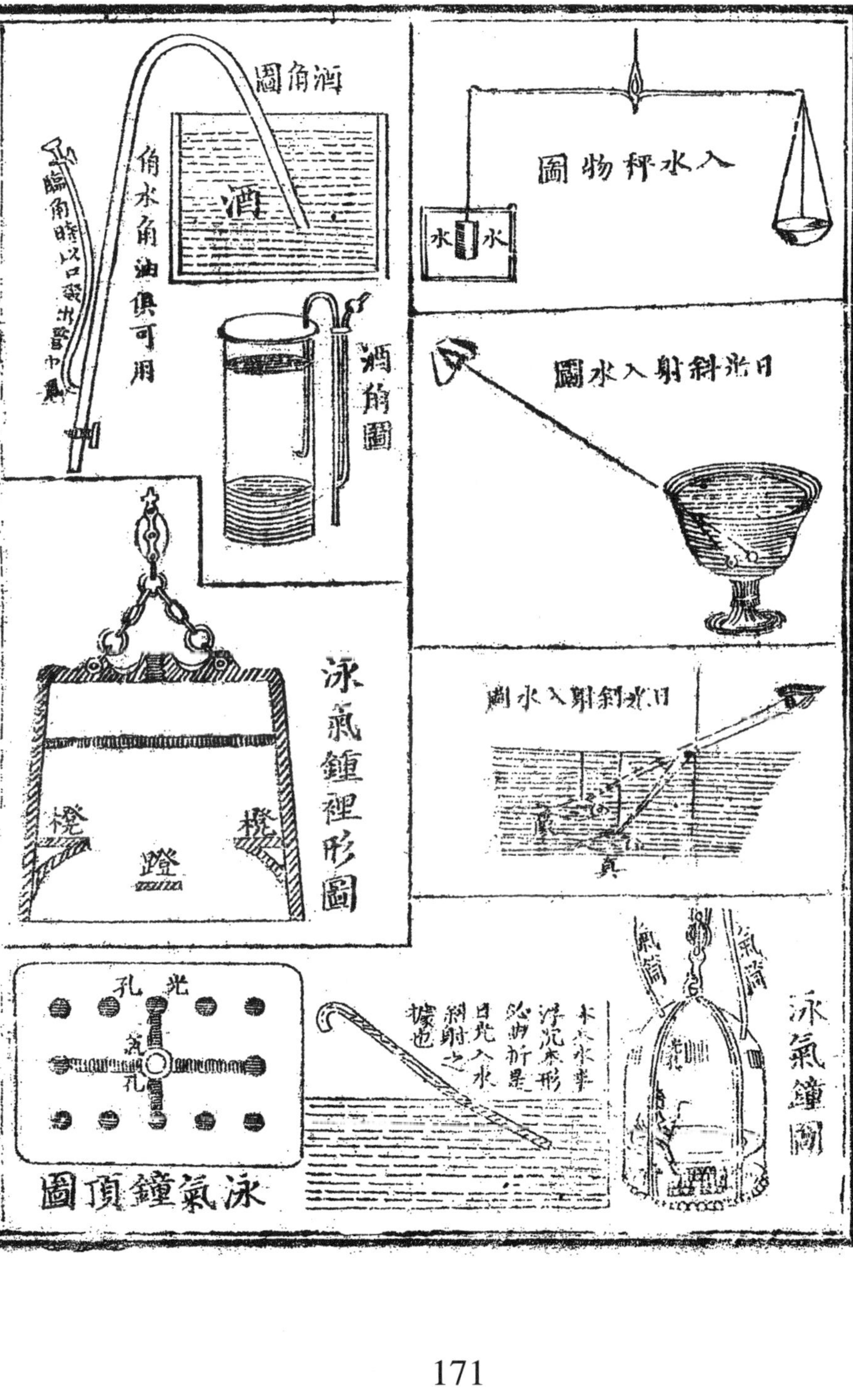
酒角圖
酒
酒角圖
入水秤物圖
水
水
日光斜射入水圖
日光斜射入水圖
真
泳氣鐘裡形圖
櫈
櫈
蹬
泳氣鐘圖
氣筒
氣筒
光孔
氣孔
泳氣鐘頂圖
木入水半浮沉本形必曲折是日光入水斜射之據也

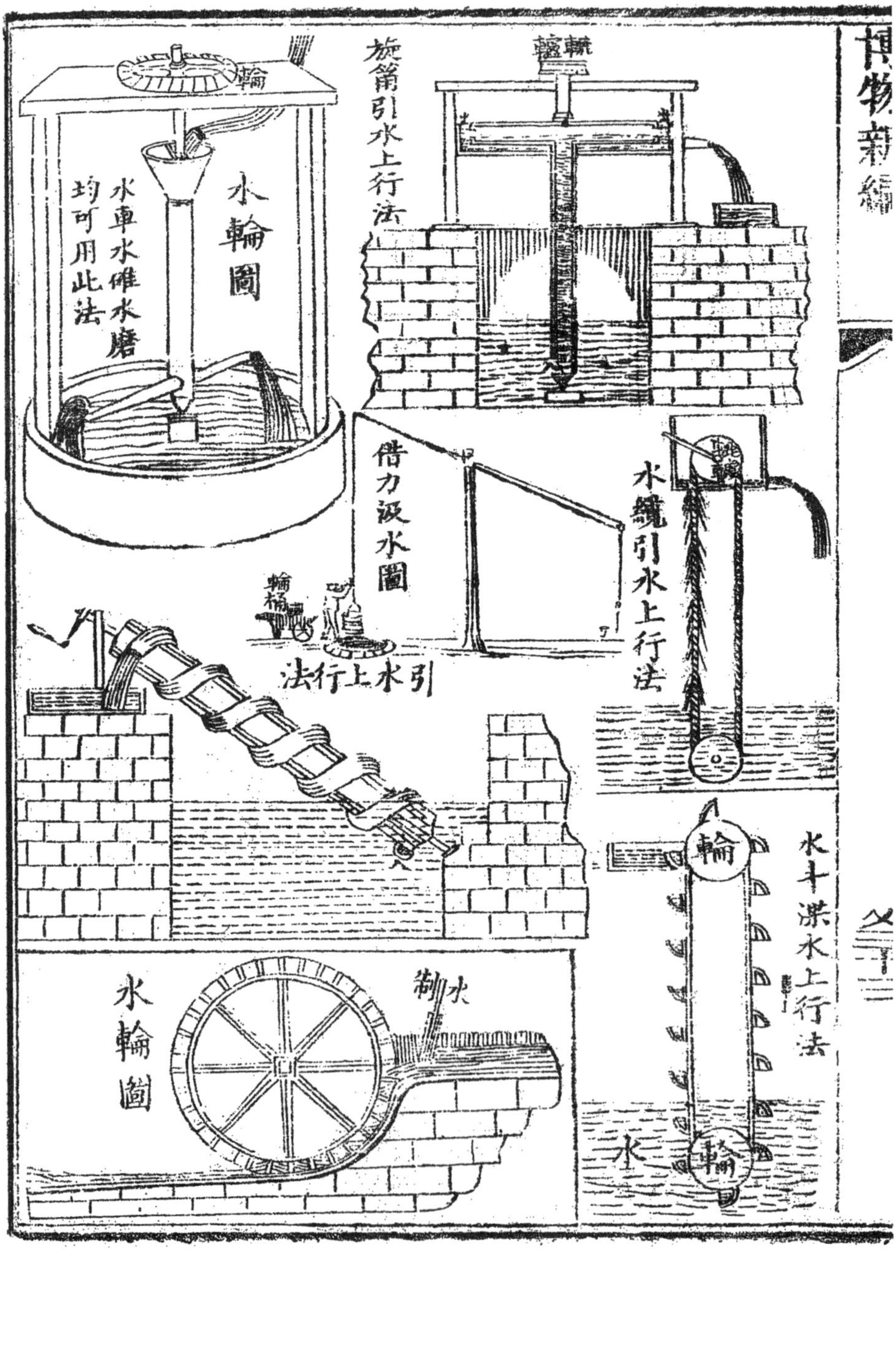
博物新編
輪
水輪圖
水車水碓水磨均可用此法
借力汲水圖
引水上行法
水輪圖
水
輪

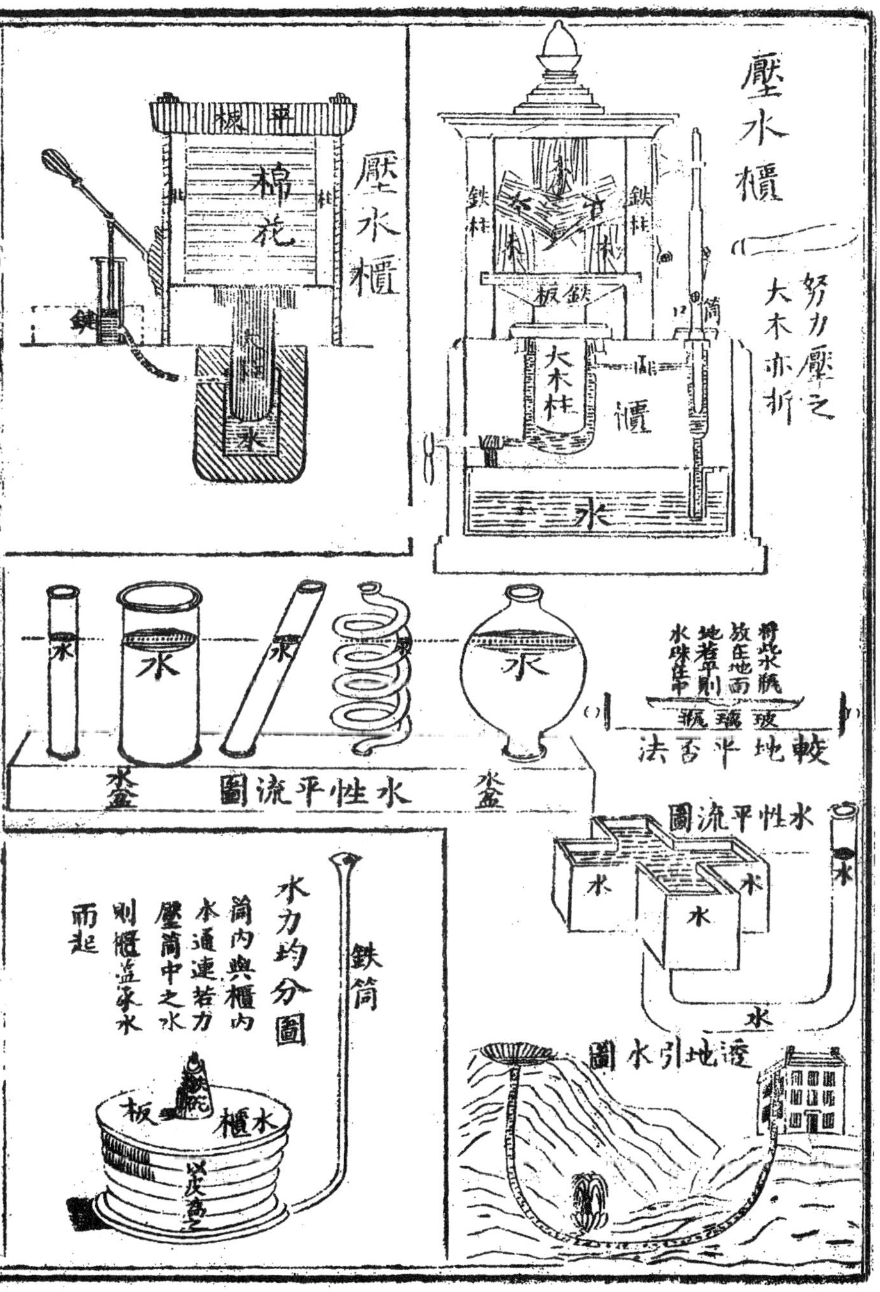
平板
棉花
柱
壓水櫃
壓水櫃
努力壓之大木亦折
鉄柱
鉄板
大木柱
櫃
筒
水
水性平流圖
將此水瓶放在地面地若平則水珠在中
玻璃瓶
較地平否法
水性平流圖
水
透地引水圖
水力均分圖
筒內與櫃內水本通連若力壓筒中之水則櫃盖承水而起
鉄筒
板
水櫃
以皮為之

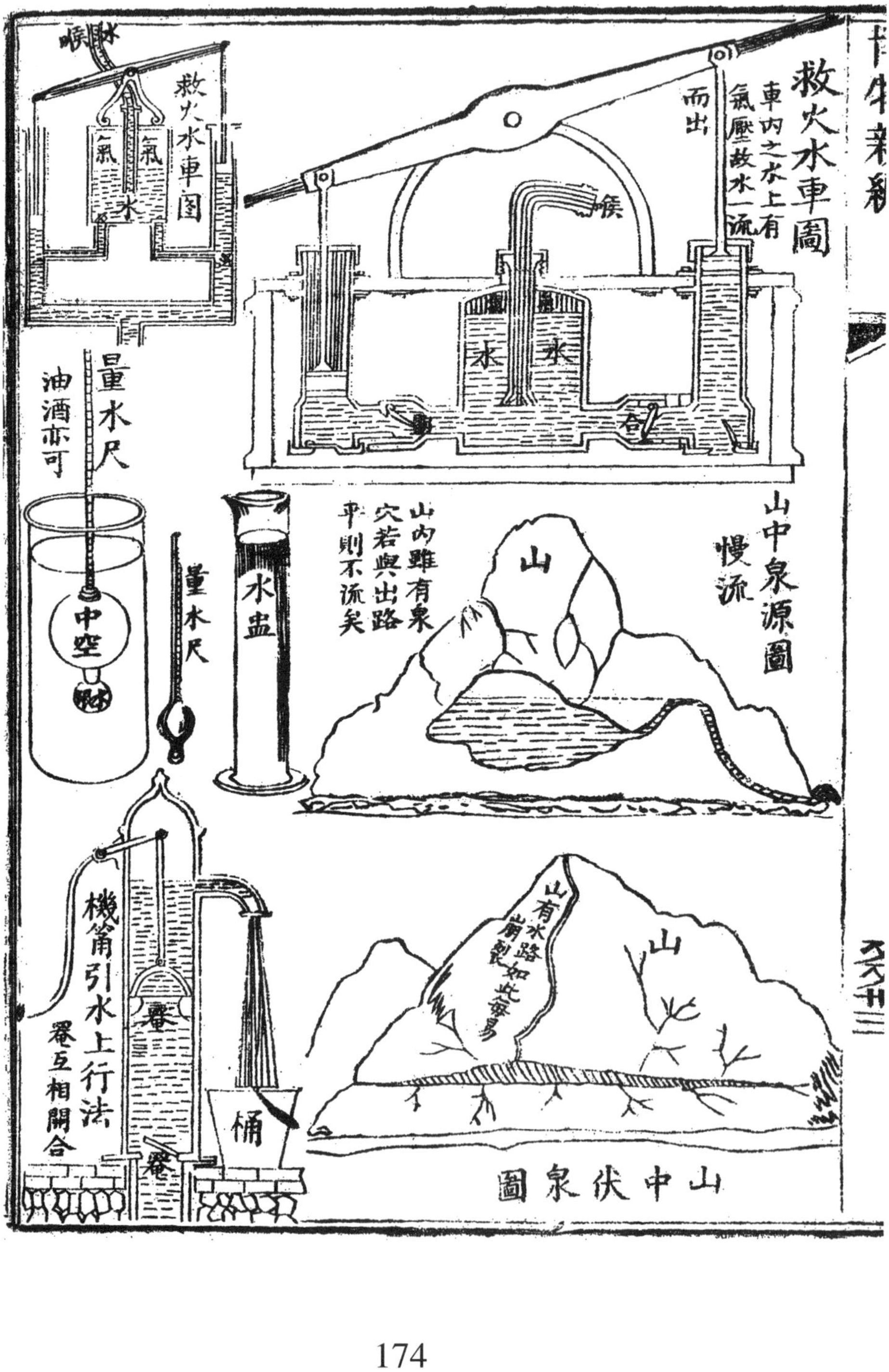
救火水車圖
車內之水上有氣壓故水一流而出
喉
合
水
水
救火水車圖
氣
氣
水
喉
量水尺
油酒亦可
中空
量水尺
水盅
山中泉源圖
慢流
山內雖有泉穴若與出路平則不流矣
山
機筩引水上行法
罨互相開合
罨
罨
桶
山有水路崩裂如此容易
山
山中伏泉圖

水質論

天下之物元質五十有六萬類皆由之以生造之不竭化之不滅是造物主之冥冥中材料也泰西博物者遇物必求其理遇理必窮其極見一物之內有數質會合而成者有十餘質會合而成者間有一質自成其爲物者雖品物繁形然皆不出于五十六種之外如人身之質得五十六種之十四水質得五十六種之二鐵石爲五十六種之一均能用法以分之何也蓋各質之能會合以成爲物皆因稟賦宇宙中和之熱故失熱則萬物不成形熱極則萬物敗其質熱亂則各質分其類如烈火能化物質電氣能分水質此其據也惟究其成物形體本性有三一

為堅性、二為水性、三為氣性、氣性之理、前文既已論之、茲特論其水性之理焉。

水之為性、浮而散者也、其質乃二氣融會而成、養氣為三分之一、輕氣得三分之二、以電機器即能分之、見下電氣論其勢能均力、其壓下之力愈深愈重、不論其闊、其性為平流、萬河之水必流于海、因地高海低、欲平其流也、雖數千里皆能應動、假如以鐵製一長筒、遠連千里、滿之以水、試以物壓其兩端、動此則彼應、動彼則此應、有如堅物之能以兩端齊應也、如以一長杉、推其上端、則下端亦進、牽其下端、則上端亦退、雖萬里之長、自一時而應、然是之謂兩端齊應。但堅物之質、必隨其自然之性、不能使其上下齊端、惟水質之性爲平流、不以遠近而易其性、比如一筒之水、長約數里、其兩端上下例必一線平均若此端水高三尺彼端亦必三尺或此端筒窄容水少彼端筒闊容水多視兩端相較亦必一線平流如或以數筒插于盤中一方一圓一大一小一斜一曲注水于盤然後視筒中水面亦必一線平流此乃水之浮性也惟其平流之性人皆見之而其均分之力人多不及知之者西人每製水架以夾壓棉花紙料其法以厚鐵作一大櫃櫃中容大木柱一條使與櫃內脗合上落自如勿使洩水櫃頂四隅以鐵柱篤一平板櫃之底通引一鐵筒彎屈于櫃外之側直出而上約與櫃體齊高注水于筒務以櫃與筒中皆浸滿爲度然後放棉花各物在木柱之上合人以鐵鍵塞入筒口努力壓之假如筒中徑

闊一寸、櫃中徑闊千寸、則貯雖壓下之力百斤、其櫃中每寸之力亦百斤、斤共十萬斤之力、因筒中水力可均分于櫃內之水、故木柱承水而起、將所夾之物、密逼而實、如鐵矣、是借少力以制多、用一人之力、即如百人之力、皆賴水勢有均分之力也。

水質之重、與他物各自不同、譬如以一寸方平而論、黃金重于水十九倍、水銀重于水十三倍、鉛重十一倍、銀重十倍、銅重八倍、鐵重八倍、錫重七倍、玻璃三倍、石重兩倍半、鹽重二倍、血重一倍、乳重數分、尿重數分、凡物重于水者、入水即沉、若輕于水者、雖油酒黃蠟之類、亦必浮于水面、西國有驗酒尺、以定酒味、故酒家無假冒之弊、亦因藉水而知也、有某王給兼金百兩使匠製一器皿器成並無減耗王恐其假而無法可驗有識者告以較水試之王遂以他金百兩投于水盤刻痕記水然後易以金器果見水痕高溢頓知其中有夾銅呼匠責之匠亦拜服蓋金質堅小水痕必下銅質鬆大水痕必高理所當然又凡以釐戥秤物得五錢六分在水中秤之必得三錢六分可知水力之重與地氣亦有不同蓋一尺方平之水秤得一百兩一尺方平之氣只得八錢而已。

漕運○騾馬之力貨車皆藉以牽之但陸牽爲難水牽爲易比如在陸能牽一敦之重（二千二百四十磅爲一敦）在水可牽三十敦之多西國出外經商人搭火輪車貨搭漕運馬其法鑿地爲平河（作平河之）

（法每一里低一寸地球之體圓故也）因水深數尺、闊僅能旋舵、深僅能載舟、然地有高低偏陂、斷不能一路平夷、故有上漕下漕之別、當上下交界之處、以木閘隔蓄其水、其法在下漕之頭、連設兩閘、約離十丈、其中名曰轉漕、兩閘之內、皆設機竇一、通上漕、一通下漕、凡運船由上漕至此、即開上漕之竇、俾水注入轉漕之中、使上漕與轉漕平流、然後開上閘、渡船入轉漕之裡、復將上閘塞閉、乃開下竇以放轉漕之水、水漸低、則船亦漸低、低至下漕平流而後止、于是開放下閘、使船由轉漕平出下漕而去、乃將下閘復閉如初、此是由上渡下之法、若運船由下漕至此、暫開下閘、使船游入轉漕之中、然後開上竇以納上漕之水、水漸入轉漕、則運船漸高，高至與上漕平施，乃開上閘以出上漕而去。此是由下渡上之法，實藉轉漕以爲上落之機，每渡耗水無多，足以長年而不絕，法亦善矣。○又西國磨麵、舂粉、紡紗、織布，多用水碓、水磨、水車、水機之類。

人身肉質原重于水，但肺體輕鬆，故能與水相輕重。彼習于水、勇于泅者，固不慮有溺河水厄之患，而家居不識游泳之子，亦當知其身之能與水質相浮也。夫人常失水沉船之際，心驚胆震，手忙足亂，落水之後，鼻疼眼花，耳鳴氣促，浮沉數四，血脈頓息，即不能救。苟平時不習泅泳者，遇有水厄落水，即仰面向天，手足勿撑，身體勿動，暫忍辛苦，自然仰浮水面，斷不沉沒。雖覺耳鳴心震、亦勿驚慌、但念鼻出水面氣可呼吸自不致死、任其隨流漂汆、或當遇有救者、若于此時舉手撑足勢必愈動愈沉、蓋不諳泅泳之人必不能强舉而使之浮也、有不信者可于淺水之河令人手托背脊、放于水面自能仰浮身體、其口眼鼻三處皆凸然露出、惟覺耳内稍有不安耳、西國洋客每帶浮木以備不虞、若有危急、即將浮木繫于胸前自能浮泅水面、洋船有水手墮水、船主即拋擲浮木以救之、

凡有鐵壁瓦器、其中滿水、投一爆竹、响發而瓦器乍裂、此爲水力均分之據、蓋炮响亦熱化汽欲出而瓦質不能箍束其力故也、凡畢巴木桶插以竹筒注水滿之略吹口氣于筒中、

桶亦驟裂山崩之理亦然實緣山骨中行水窖無路可出間遇風雨飄壓入水之道致驟然崩陷誠無關于地運災祥之數識理者自當明之

泳氣鐘 泳猶行水中也

泳氣鐘以鐵鑄之所以載人入水而作工者凡水深三十四尺可與地氣之力相敵故以空盃倒覆入水則盃空浸水中緣盃內有氣其力能與水力相敵此水所以不能入也泳氣鐘亦倣此法而爲之取其水不能入則入自可于水底作工其鐘高約五尺鐘口闊約八尺鐘之頂開四窗以透光嵌以玻璃密不洩水鐘之旁設一機竅氣出則開水入則閉鐘之內頂有數鉤所

以懸掛應用器物鐘之內旁有兩凳所以坐人臨用時先使工人坐于鐘內然後在船旁以纜放縋而下或在水中或在水底以三十四尺而止若過三十四尺則水力大于氣力水漸浸入鐘裡又須添氣以敵之務使氣力與水力相均但鐘內咫尺之地容氣不多而工人在內呼吸其氣易壞若不更換新氣工人必局死鐘中其更換之法船上人以氣機筩扭攝空中之氣放入桶裡將繩繫桶縋至鐘旁每桶之底另貫一皮筒以導氣者倘工人自覺呼吸不安卽將皮筒牽入鐘裡拔去其塞則桶中新氣敎然噴射而鐘中壞氣台由機竅散出于外矣凡海水澄清日光下照[illegible]亦[illegible]工人在鐘內欲傳言[illegible]

鏑以報之言語多者則書片板以浮之船上人皆俯耳凝目以俟守焉西人採珠撈寶建橋下石皆賴乎此彼慣習此技者雖竟日亦不覺悶云。嘗有洋舶失水有以此法下海撈取財物所得甚多孜孜不捨夜繼以燭海底奇魚怪鱉望光遙集吮手嗅足似欲吞噬其人大恐扣鏑甚急舟子聞聲起之魚鱉逐入而上將至水面紛然散去自是不復有夜作焉。

却水衣

印度國有大樹膠汁甚多採取製煉可作器用其質堅韌水火不能傷刀鋸不易入條長一寸引之可長尺餘放之復縮如故恆久不變不壞實無他物可比粤俗呼為象皮西人襪帶腰帶

多以此物爲之、如水衣亦以此造、其衣自頭至足、密無縫隙、脫之儼然人殼、肥瘦皆合、穿着左右腋下各出一筒以透生氣、兩目鑲玻璃以透光、凡欲入海作工、穿以此衣、則水不能入、腰纏鉛錠、足着鐵靴、則水不能浮、落至水底、卻將腋下兩筒搭入泳氣鐘裡、自有生氣以通呼吸、可入水中半日、動作如常、西國水戰前用此法以鑿敵船、若網珊瑚採珠寶、尤爲妙用、然間有淹死水中者、是因腋筒細屈、不能通氣故也。

海水論

地球之大、週圍九萬里、陸得四分之一、水居四分之三、小者爲河、大者爲海、茫無涯涘者爲洋、在東爲東洋、在西爲西洋、滬如山湧水天一色遙望無垠四方通達可以遍遊列國航海之客隨處必縋探其底有深三千尺者四千尺者更有五千尺者若過五千尺以上則無法可使測探雖以重大之物亦必爲水所沖激其物遂隨水底斜流以去然據理推算其至深之底亦不出二十里之上且其底並非坦如平陸必有深淺高低之形如山之有頂有谷海中島嶼即爲水國山峯也佛蘭西有天文士考測水勢彼說若使海水多加四分之一則平地全行淹浸或少減四分之一則大江變爲涌溝小河盡成旱陸雨雪露潮不足滋長則人民不生草木焦枯矣在大海之外永有常流之水自東而西週年不易所謂眾水朝東者非是其理蓋因地球向

東旋轉水質浮游不能隨地急運故近赤道之海多轉而西流也凡洋船往來必藉風力若使船近常流適無風駛每爲常流所漂多被擱石船壞又有急湍數處旋瀾激箭險勢莫憑鯨鯢悞入亦不能出正是山角旋風海角旋流皆爲海客之憂矣若論其壓下之勢則在深而不在闊每一寸登方之水深二尺力一磅深四尺力二磅深百尺力五十磅水愈深則壓下之力愈大若將一四方玻璃空樽以木固塞其口將繩縋入海中落至百尺樽立碎裂又將一圓玻璃空樽亦以木固塞其口縋落二百五十尺之下漸覺重墜異常取出看之見樽塞依然封固而樽中水滿何也蓋海底之水爲上水所壓伏其力尤大而木塞

亦爲水所逼縮故水得以乘隙而入也凡有船隻貨物沉溺海中若淹沒太深必被上水所壓其勢甚重（木爲水壓水盡浸入木中）斷無妙法可以起撈之者間有善泅角了入海太深亦無力可以湧下以昇死者有之相傳外洋漁父皆在淺狹澄灘以網釣魚鱉緣潭淵深極魚類亦不能生云。洋海之水味苦而鹹近赤道之海爲尤鹹每二十四斤之中定有生鹽一斤西國博物者考較其質比如以五百分而論水質得四百七十八分生鹽得十三分元明粉二分半灰物一分嗹呢沙五分半若以鹹淡分較其力勢必海鹹力重河淡力弱洋船在淡河重載貨物一出鹹海船底輕浮尺許若在外洋已覺船勢太重一入淡河船必沉溺

博物新編

海客不可不知也、西方有大湖曰死海、其水爲最鹹、大小水族、皆不能生、其力爲最重、砂礫可浮、人溺不沒、相傳古爲蠻國民類甚惡、激犯天怒、上帝以硫火滅之、夜間似聞鬼哭、土人目爲魔地、好事者羣往覘伺、日落後奇聲大作、如嘯如號、莫不悄悲肅恐、跡之聲在樹間、至今相戒不敢夜宿于其處云云。

山水○水以源泉爲最淡、以雨露爲最潔、人民賴以飲之、若其汲取之法、脩綆轆轤、猶非善計、英國地土高亢、泉脈極深、井非百尺不見水、以是商賈有賣水之局、在附城高處、鑿池蓄水、天旱水涸則以火輪車取淡河之水、車以銅筩遞引而下、每家分接喉管透地入室、大家三數管、小家一兩管、每管口、皆製斡鍵、轉之則開、水出、如注、抑之即止、洗用不竭、一室之內、左右逢源、莫不家滋戶潤、歲底按水給值、路上絕無挑水之夫、而烟戶萬千、永無涸鮒西江之患、利洵溥矣。又大家皆有圊廁、上設水管、下置圓窬、關捩巧妙、觸機自滌、亦以銅筩透地、引出在通渠、總滙而達于河、皆爲水局職司其事、歲底給發工資、以是路無穢物、化臭腐爲神奇、人皆有林逋不能之概、眞屬大小兩便也。

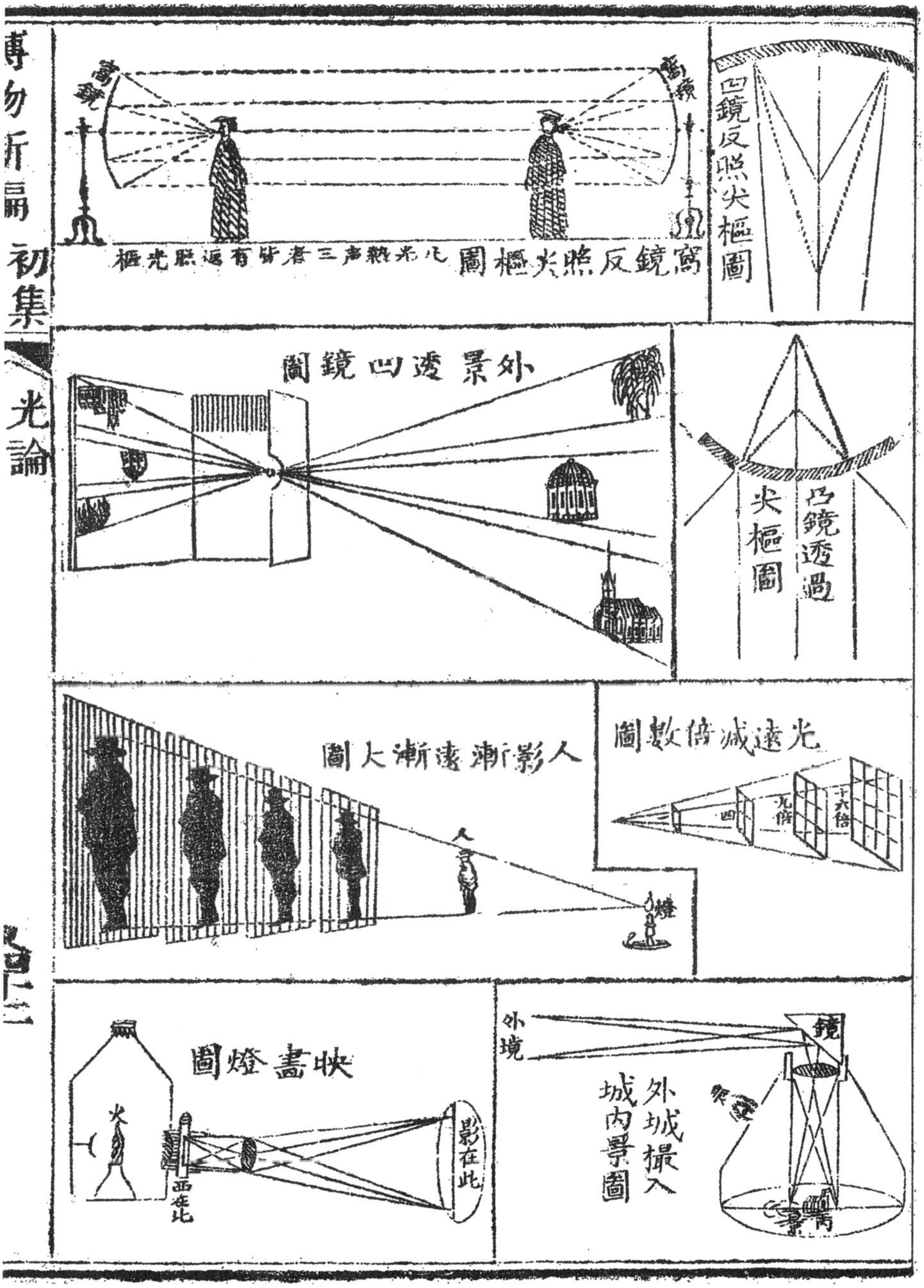
博物新編
初集
光論
卷二
窩鏡
窩鏡
窩鏡反照尖樞圖
凡光熱聲三者皆有返照光樞
凸鏡反照尖樞圖
外景透凹鏡圖
凸鏡透過尖樞圖
人影漸遠漸大圖
人
燈
光遠減倍數圖
四
九倍
十六倍
映畫燈圖
火
畫在此
影在此
外境
鏡
外城撮入城內景圖
景

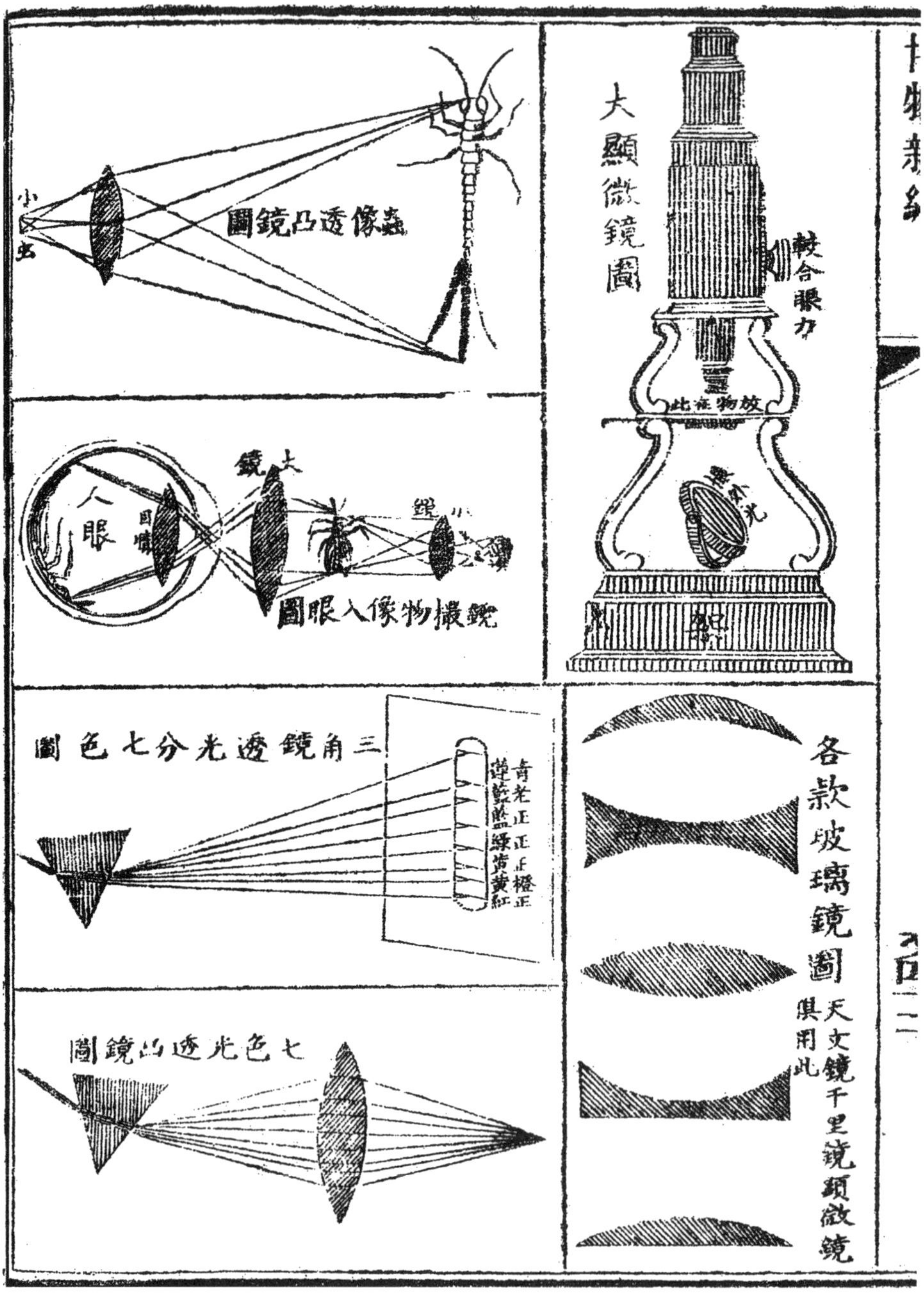
蟲像透凸鏡圖
小蟲
大顯微鏡圖
較合眼力
放物在此
鏡攝物像入眼圖
人眼
目睛
大鏡
小鏡
三角鏡透光分七色圖
七色光透凸鏡圖
各款玻璃鏡圖
天文鏡千里鏡顯微鏡俱用此

光論（以光爲物特借字面立論耳）

光與熱同理而不同物、熱之爲物、人身百體皆能覺之、光之爲物、萬生有目始能見之、有萬物而不設光、物亦不形、其爲物有光而不設目、光自無用、其爲光照物、必藉乎光、用光必須乎目、光目互相應用、此造物之深意也、西國博物之士、推考其理、遂悉光之爲用、亦爲宇宙間一物、於是分其性、別其色、詳其用、一切顯微鏡、千里鏡、日鏡、夜鏡、眼鏡、攝景鏡、映畫鏡、皆因其法而製焉、其天文、畫法、物質、物像、並賴其器而得其精焉、茲將其理畧言于後、夫光之爲物、最爲微薄、其源有六、一曰日光、二曰火光、三曰燐光、四曰鹹沙光、五曰螢光、六曰電光、六光以火日爲正光其性輕清無質其勢直射而捷惟透玻璃清水明物勢必曲折斜射而過若以凸玻璃照之光射透過即撮合成一尖樞此乃斜射之據也光之為用凡照瑩滑潔白之物勢必返照光之為色其數有七合則為白分為紅為橙黃為正黃為綠為藍為老藍為青蓮若將一大房四圍封密獨留一小孔遂以三面玻璃條塞之則光射透玻璃而入房中之壁光分七色其下正紅光其上橙黃光再上正黃光再上正綠光再上正藍光再上老藍光至上青蓮光試以寒暑鍼放在黃藍綠各光之中無甚變動試放入紅色光處鍼內水銀即行上升可見日熱寓于紅光之內矣又有染物顏料日曬即能變色者以之放在紅黃綠

各光之中均不能變試放入青蓮光處其色頓改可知變色之力寓于青蓮光色中矣又以各色之物試之比如以墨放于綠光之中墨色亦綠放于紅光墨色亦紅放于黃光墨色亦黃又以紅石放于綠光之中石色變綠放于黃光石色亦黃放于紅光其石鮮艷異常由此類推是天下之物並皆無色不過借日光之色返照以爲色耳比如樹葉色綠而樹葉本來無色乃葉質專接日光之綠返其色于人目之中故見葉綠又如硍硃色紅而硍硃本來無色乃硃質專接日光之紅返其色于人目之中故見硃紅他如雜色之物乃雜接日光之色故見色雜白色之物不接日光盡將其色返照于人故見色白黑色之物盡接

日光不能返照故無色可見猶如以五色之物置之黑房是均無色可見也凡燐火螢火皆青色萬物照之色亦青亦同此理若夫日光之色種種皆備各隨物質之宜接之則爲色返之則爲白盡接則爲黑日光之妙妙無量焉○日光返照之理尤爲變幻凡蝃蝀海市蜃樓空船空橋日暈月暈日再午白數輪日落復出月重輪空中巨人等類皆爲日光返照並不關乎災祥神仙異兆如虹蝀月暈習見不奇海市巨人少見多怪其實皆同此理人特未之思耳夫明鏡照物萬像皆入鑑中明鏡照光光射必能返照以鏡接鏡可引百里是人所同知共見者惟地氣之性亦然凡日蒸江湖濕氣上升或爲嵐靄或爲雨霧遇風

即散遇冷即凝凝于空中如玻璃之壓水硯上可以照日月星辰之像下可以照山川林宇之景氣凝厚密則其像愈真氣凝參差則其景愈幻幾處分凝一物可照數影遠近相引萬里可至目前茲將西人目擊而有據者譯數條于後

空中巨人

某甲與某乙登山晚眺甲曳杖乙攜籃雲樹蒼茫夕陽繞巘指顧間忽見空中有巨人二前者荷大物後者提巨梃揚手躡足意似不良甲乙駭極踉蹌疾走巨人追逐數武而沒遍告村人莫知其怪有智勇者結隊登尋數日無跡一夕薄暮巨人復現數如前衆各皆注目視之頓悟乃己影也蓋雲氣冷凝于空日

光返照如壁受影甲乙方攏未暇詳察焉旣空中船像○其將軍者奉命往北極窮覓地址父子各駕一船深入冰海或先或後父子相失駛尋數日兩不能遇忽見空中有行船帆檣旗幟歷歷在目其子視之乃父船也遂依空船進駛果與父所此乃空氣凝結上下相照之理○

海市蜃樓○華人以海市爲蜃氣幻影以山市爲神仙幻境若果爲蜃不應有于山若果爲仙終有現乎夜何以不聞有燈燭山市夜光海市而必現于無風有日之白晝乎是海之爲市非蜃山之爲市非仙其實皆濕氣凝空日光返照所致也者故其爲像有城郭焉有村落焉有樓臺焉有林木焉有山川焉人馬

鷄犬、無微不照、由明而暗、由暗而沒、以湖海之氣爲最多、有數見者、有偶見者、有向上者、有向下者、有相對者、有相背者、皆就其地氣天時而然。

空橋○北極之地、夜間多有幻光、有現如長石橋者、有現如弓影者、有一光環者、有數光環者、在冬至後夏至前、有名北曉者、初起于天邊、形如咻爽、漸升于天頂、宛似光環、豪芒散射、或隱或現、此乃地中能然之氣、騰燒于上故也。

日暈月暈○地上之氣、騰聚空中、日光直射、則爲日暈、月光直射、即成月暈、近地則見大、遠地則見小、亦風雨之先象也。日月重見者、乃空中濕氣、凝結如鏡、一鏡照一象、十鏡照十象、西國有時見七日者。理所必然、無足探怪、故重見之後、相繼而下者、非雨則雪焉。日再午者、日側復中之謂、乃浮雲遮掩、值日下民不見其體、是時當中適有濕氣明結、遂接照日體之象、仰而望之、宛若正午在天、心如懸鏡中庭、雖左人右物、其象亦必在中庭也、日落復上、皆同此理、蓋所見者其象、所不見者其體。有某公閉門謝客、擇人而會、門門藏鏡、遞傳外像、有叩戶者、公即窺鏡認客、省却往返之疑、彼客在門外、而其象已達中庭矣。

虹霓。虹霓者、乃空中雨氣映照日光而成、形分七彩、即日光之本色也、朝西而暮東、常與日相對照、有現一道者、有現兩道者、三道四道亦間有之、或以為龍形而分雌雄、或以為神物能

吸飲食此皆滑稽之言君子勿道

光射之速○地體之大外圍八萬七千二百里一晝夜輪轉一週快亦極矣若以飛鳥較之日夜不息亦須二十一日始能飛繞一週惟光射之速一瞬即能匝遍實無快物可比西國博物之士嘗以天文算法推計地球與日輪相去三萬三千二百五十萬里日光之來八昏呢（一百二十昏呢為一時辰）即到地面驟聞者必疑是怪誕之語孰知却有實據可憑信者乎夫地球圍日而行三百六十五日旋一週木星亦圍日而行四千三百八十日旋一週地球之外有一月輪木星之外有四月輪凡朔望圓缺虧蝕之理彼此皆同地球旋日軌道猶如麵工旋磨圓徑圓徑四面

均圓軌道亦一體均圓軌道之東離日三萬三千二百五十萬里軌道之西之南之北亦然天文士每當地球與木星行至日輪之東即以大鏡窺測木星之月輒見其月均有虧蝕遂將其蝕既復圓時刻一一誌之迨後木星在日輪之東地球在日輪之西又再以大鏡窺之則見木星之月虧蝕如時而復光遂不如時比昔同在日輪之東者已遲十六暋晱矣何也蓋木星在日東地球亦在日東是相去一千四百兆里若木星在日東地球在日西則相去更遠實多六百六十三兆里乃地球離日兩倍之數焉夫以兩倍之數便見其光遲十六暋晱是一數而為八暋晱可知已矣此以木星之月返照其光于人目而言緣返

照之速即光行之速也

光射斜直○光性本直射而行惟透玻璃清水則物勢必畧折斜射而入漁叟蜑民須識此理凡澄江水靜游魚可數若下網于所見之處必不得魚因斜視水底之物不能與眼界一線直入在所見之象必須斜離數寸方是物之真位凡須視深淺爲多少欲知此理可將一厚大銅錢放于碗中退行數步直望碗内務使錢爲碗邊遮掩與眼恰不相見然後令人注水碗中初見錢邊漸注漸見注滿則全錢現矣夫光射直行則錢爲碗邊所隔若碗中有水光射至水即斜折而入故能引現錢形此一定之理也大地之外週圍有生氣包裹高約一百五十里日光

自天空直射、一入氣內、亦必折射而來、凡吾人所見日月星辰、决非本來定位、應亦如水之覩魚乎。

光分遠近○日之爲光、彌散于宇宙之內、近日則其光愈猛、遠日則其光漸淡、西人推算光隔一尺明減四倍、光隔二尺明減九倍、每尺以一三承算、火光亦然、大地離日三百三十二兆五億里、尚且光明如是、若得與日爲鄰、不知光作何狀、化工妙造、匪夷所思。

鹹汐光○洋海之水、味鹹而苦、中有光物、擊之即發亮如螢、青似硫磺火色、黑夜蕩槳、星點紛飛、風起潮生、浪花如爆、夜半海防遙發炮彈丸、激水走金蛇、亦壯觀矣。

燐光○凡叢葬塚纍之地、與夫林木陰濕之藪、黑夜每出燐光、華人謂為鬼火、其實惡有鬼哉、不過腐尸青葉受日熱蒸漏化腐為氣而然耳、此乃自焚之氣、日間亦有人自不見耳、其為色也、青綠而慘、照人照物、皆作淡金色、有一顆燐燐散為千百顆者、有長聲謖謖如松下風者、亦足駭人耳目、西國有好奇之士、嘗于發燐處插物為記、日間往驗、見其處有氣泡湧出、微細如塵、坐觀其側、薄暮漸有光氣、愈黑愈明、行近捉之、燐頓離人咫尺、人行亦行、人止亦止、竟莫能近、遂極力追赶、瞥然散滅、而回視故所、一顆依然、頓悟其為人氣所逼、乃屏息慢步、彳亍而前、內紙燐中、不焚、而膩若黐、自膠凝也、著嗅之、有腐氣、又試內硝磺藥引、始能燃熱蒸化焉、或說燐內有鬼、而鬼聲斷無是理。

虫光○蟲類之光、皆爲血液所生、其性有毒、而無熱、玩之足以爛肉、山居夜行之客、常須慎之。

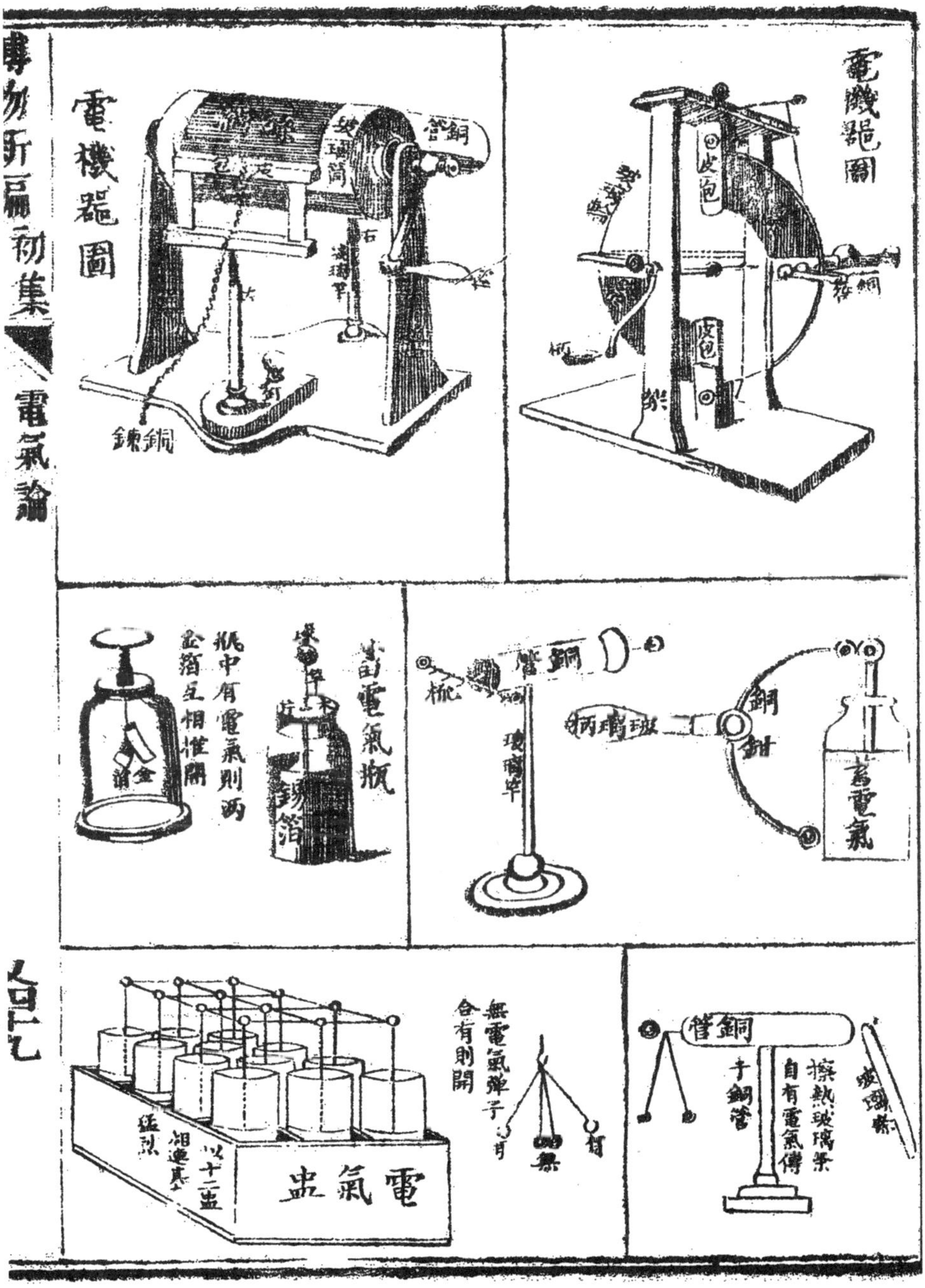
博物新編初集
電氣論
電機器圖
銅管
玻璃筒
皮包
玻璃竿
銅鍊
電機器圖
皮包
絲
電氣瓶
錫箔
瓶中有電氣則兩金箔互相推開
金箔
銅管
玻璃竿
玻璃柄
銅鉗
蓄電氣
電氣盅
無電氣彈子合有則開
銅管
擦熱玻璃條自有電氣傳于銅管
玻璃條

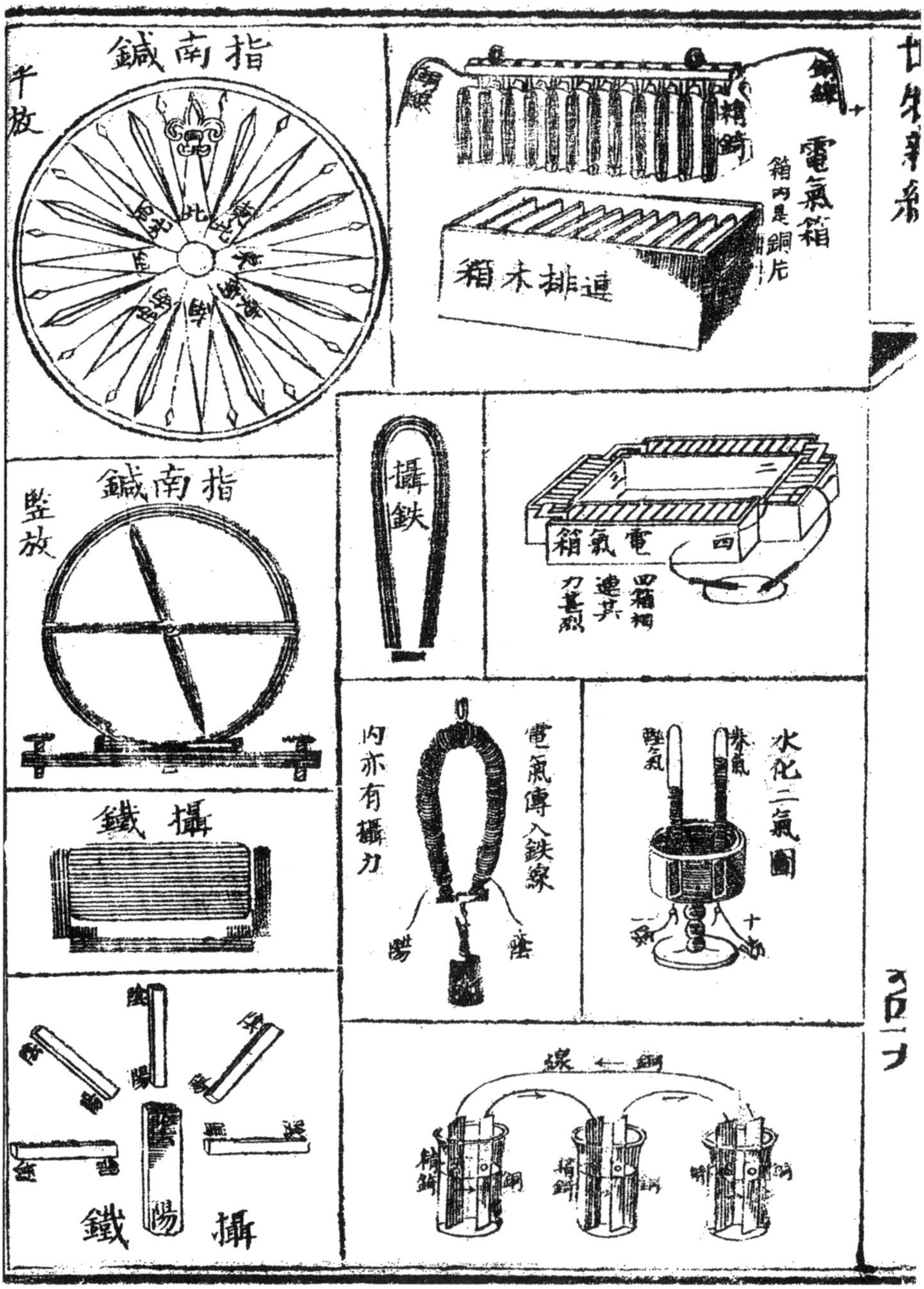
指南鍼
平放
指南鍼
豎放
攝鐵
電氣箱
箱內是銅片
連排木箱
攝鐵
電氣箱
四箱相連其力甚烈
電氣傳入鐵線
內亦有攝力
水化二氣圖
銅線
攝鐵

電氣論

大地之體有氣曰電、雜賦於流形之內、無物不有、無時不然、與生氣絕不同、類聚動則爲雷爲火、靜隱則散藏於密、其本原之質、內具陰陽二性（陰陽者非牝牡雌雄之義）、得造化中庸之道、不偏不倚、無過不及、若器物之中、一爲孤陰、一爲獨陽、則陰者必合於陽者、陽者必合于陰者、務必彼此會合、一氣調和、如天空二雲、一爲電陰氣、一具電陽氣、二雲相近、勢必陰陽傳引、轟擊發聲見火、呼爲電、聞聲呼爲雷、此乃電氣陰陽不和之據也、然傳引電氣、各物不同、有易傳者、有難傳者、易傳者如五金木水炭汽冰雪之類、難傳者如琥珀玻璃紫梗硫磺松香石玉絲皮之類、凡易傳之物、一遇電氣、瞬息可傳萬里、若難傳之物、雖隔玻璃小片亦不能過、西人有作電氣之法、理奇而用大、有藉以傳通音信、有藉以醫治瘋癱、有藉以引燒火炮、有藉以製作器物、功難盡述、其製之之法、用清水一盃、入礦強水少許、強水、又名火油、其料分三等、一爲礦強水、二爲硝強水、三爲鹽強水、詳見上文、然後放一銅片、一精錡、精錡之質類似白鉛、出自外國、于其中、則精錡與水同化、即有電氣發出、若以鐵線與銅片相連、電氣自傳于鐵線之間、以鐵引鐵、傳遞無窮、試以物觸其端、即有光點射物、的然作響、如指彈甲、其一製、一連排木箱、每排左插一精錡、右插一銅片、中放礦強水少許、其精錡爲強水所蝕、亦有電氣發出、傳于銅片之中、每排遞相交傳、則首排精錡電氣爲減、是名爲陰、末排銅片電氣爲留、是名爲陽、即于首末兩片各繫一銅線、以手各執一線、使其兩端相遇、則有聲光透出、令人遍體驚顫、又法、以玻璃盅連排數十、每盅左置精錫、右置白銅、中貯鹽水、以銅線遞相傳引、一如前法、另于首尾兩盅各拖銅線于外、其力比上法猛二十倍、若兩端相值、以炭髮引之、光如烈日、近看足以傷目、或將至堅之物放于光中、立即燒化、金鋼石爲至堅、亦即燒化、雖置水內亦然、惟以鹼絲裹其端、電氣即不能過、人手執之、亦不防礙、又法、用一玻璃筩、長約尺餘、大七寸許、中洞外圓、兩頭作木樞、含其口、置于架上、一樞有曲柄、可搖動輪轉、另立一玻璃柱、柱上繫以皮包、包後掛一銅鍊、此鍊要拖至地、所以引地之電氣、置此玻璃筒左、筒上蓋以絲綢、使筒旋轉、可與皮包相摩擦、柱下立脚處作小推漕、貫以旋釘、令進退移動自如、以爲摩擦輕重之節、又用一玻璃竿、竿上鑲一橫銅管、兩頭圓渾無稜、全身光滑無毫、傍設銅梳一張、梳背着于銅管、梳齒置向玻璃筒右、相離分許、臨用時、以精錫二分、錫粉一分、水銀六分、合而鎔化、俟冷成末、調以猪油、敷于皮包、然後搖動玻璃筒、則與皮包緊相摩擦、則電氣隨之而過、其玻璃之電氣爲增、是名爲陽、皮包之電氣爲減、是名爲陰、由是透入梳齒、積聚于銅管之間、蓋因梳齒尖銳、電氣易以引入、而玻璃竿不傳電氣、所以銅管之電氣聚而不洩、是爲獨陽、名曰大引、又法、以一玻璃輪、徑尺二尺許、厚約二三分、上下夾以皮包、包側鋪以綵紬、中作樞柄以轉之、則電氣聚于輪旁銅管、其所聚之處、亦曰大引。若掛一鍊于大引上、某甲以右手執之、其皮包後之鍊、某乙以左手執之、某甲左手與某乙右手相觸、電氣卽從之而過、聲光並出。甲乙一時抽搐、遍體酥麻、若加以百人千人亦然。或用一玻璃瓶、以錫箔裡外裹貼、(裹瓶身之半)蓋以木片、用一銅竿自蓋插至瓶底、竿上作一小銅球、(圓如金頂樣)以大引之鍊接之、則電氣由銅竿透入瓶內錫箔、而其外爲玻璃所隔、電氣不能洩散、故瓶內之錫爲電氣之獨陽。若人以一手執瓶外錫箔、以一手觸銅竿上球、卽覺渾身顫搐、蓋銅竿及瓶內之電氣爲陽、而瓶外裹錫之電氣爲陰、內外陰陽無由傳和、故藉人身以爲傳引之路也、如另製一銅鉗鏤玻璃爲柄、鉗之兩端亦各有一銅球以手把握鉗柄令上球與瓶頂之球相觸、令下球與瓶外所裹之錫相觸、則瓶中電氣可由銅鉗傳出瓶外之錫而其人不覺搐搦矣、此因鉗柄製以玻璃故電氣不能透人而過是之謂電機器。西國有傀儡之戲亦以電氣爲之者、其法用二銅版、上版連大引、下版安桌上、中置紙人物數事、手舞足蹈大有可觀、蓋因上版電氣欲由紙人傳入下版或推或引必令電氣上下均齊而後止、其推引之理詳現下文、又有用一橫杆、掛于大引之下、杆之兩端以鍊懸兩銅鈴、杆之正中以絲線以乾爲貴懸一銅鈴、鈴之內以銅鍊引連于地、鈴之側、另以絲線懸兩彈子以間之、電氣自大引傳落旁鈴、旁鈴擺引彈子、既引復推、傳于中鈴、由中鈴鍊子下傳于地、彈子一推一引、與鈴相觸、擊其聲玎玎然、如人撼鈴焉、又有立一銅架一直幹、四圍橫枝各如乙字、於其上皆尖其端、令可旋轉、以大引之鍊接于幹下、則電氣自大引來者、必由乙字尖端洩出、故乙字自行退轉旋、如孩子風車、若置之黑暗處、所每尖皆噴白光、火點爍若星球然、此皆為玩耍之具、未若通傳信息之為要且奇也、英吉利京與佛蘭西京遠隔千餘里、自有製造電氣之法、兩國間問數刻、即通談、如覿面計、亦妙矣、其法在英京建一電氣局、佛京亦建一電氣局、局中各設一電機器、彼此以鐵線相傳自英國運至佛國在陸則附于火輪車道以絲棉等物纏紮之百步立杆每站設喉以接綜引在海（此海約闊百里）則縋沉于底製樹津筒套而護之歷久不銹不壞其機器之側設鐘鈴以報聲機器之上設羅輪以報字羅輪者斲滑木為圓板環列二十六字母（西國文字獨用二十六字母疊切成文）中鑿圓孔容樞銜鍼如時辰鐘錶之面令鍼可隨電氣旋轉又法以彎鐵作機棙藉電氣作點畫亦為報字妙法凡臨用之時先使電氣撞鐘為號聽者知有事報遂執筒而往隨鍼指寫稍續成書快如口授近年泰西邦國多于本轄部遍設電氣機局王事則省却驛傳之煩商賈有速知貨價之利一勞永逸朝野賴之予聞中國有隔壁敵語之法誠

以此法施之電氣機局首傳取音次傳取韻合音韻二字以爲反切切出△字即扣鐘聲斷其平仄一扣爲平二扣爲上三扣爲去四扣爲入字字不離乎平上去入聽者自能按鐘聲而知其所指矣又法或刻字爲羅輪內層寫二十四音外層寫三十二韻中銜兩鍼大鍼指韻小鍼指音另用一長鍼指平上去入其法更捷此皆電氣傳信之計也然尚有奇于此者如華人以金木水火土爲五行謂萬物皆由之化生以西人考究物類之元質爲數五十有六五行原不足以盡之即如五行之內亦有非爲元質者今舉一二畧言於後夫土之爲物雜色甚夥隨在考之每見多有一金一氣相合而成試以石灰或礬石或青礬

或鹼等以水融化置之電氣陰陽二線之間必分其金在一邊
分其氣在一邊令人一目瞭然（胆礬之中有紅銅有酸料若以電氣二線試之亦各分爲一邊）
又水質之中亦二氣相合而成若以玻璃筒貯水塞以木拴入
電氣陽線于左入陰線于右筒內之水即化爲兩一多一寡一
向陽線一向陰線又法將一大玻璃盅底穿二穴各以寸銅而
貫塞之半入盅內半在盅外外半各有一孔一含陽線一含陰
線內半亦各有一孔均含短黃金一條另覓二小瓶並覆于盅
裡黃金條上貯水（以清爲貴）滿出水即變氣隱聚于二瓶之內一分
向陽線二分向陰線而水悉然不見矣若以二蓋掩其瓶而反
之可以分貯二氣不散不壞後再以此法撮合二瓶之氣復能

成水如砂、又有用電氣製鍊字畫銅版之法、其有舊樣者即以白蠟印舊樣爲模、若作新樣者、即以白蠟撿成一版、畫工用刀筆劃刻山水人物于蠟版上、畫成之後、再以黑鉛屑薄糝劃痕、乃用鐵線一條、長約二三尺、一端穿插蠟版、一端穿繫鋅數片、復用清水兩盤、一浸蠟版、一浸鋅錆、精錆之盤調以强礦水、蠟版之盤撒胆礬浸之、鋅錆爲强水所化、即有電氣發出、由鐵線傳遞于胆礬水中、胆礬被電氣所逼、礬質漸化、即有紅銅結積于蠟版上、礬盡加礬、水涸添水、紅銅漸積漸多、三數日後、銅版厚結二三分許、取出刮去白蠟、則銅版錚錚鏗然、如爐鑄琴然、如劍鐫凹凸成章、幾疑其有鬼斧神工之妙也。又有某醫院時值剖驗死者試以電氣陰陽二線觸其筋絡僵尸手撐足擂突然起立睜眼聳鼻嚼齒張唇狀貌獰惡生徒皆掩面却走再試以豬首牛頭亦皆蠢動可畏由此推論可知地上萬物皆有電氣在其內特未得其法則隱而不顯人自不覺耳。

夫電氣之性有陰有陽或推或引其理甚奧當其傳也必引之使近犯其性也必推之使離緣其爲性陽合陰爲和陽合陽爲犯陰合陽爲和陰合陰爲犯凡物無大小必有電氣電氣無大小自具陰陽故雖然一物由陰而陽必有陰陰相遇由陽而陰必有陽陽相遇此所以有和必有犯有近必有離也然亦有陰陽各別終近而不相離者如五金傳引電氣以鐵性爲最易蓋

鐵中元質、自能分傳電氣陰陽之性、故磁石亦能吸攝鐵物、實因磁石本質分稟電氣陰陽之性、非如他物須然稟受、且其中具有鐵質、是彼此均能分別電氣陰陽、所以一遇即能相引而不相犯、有不信者、可將琥珀片或玻璃條、用乾燥羊毛摩擦一邊、此磨擦處便有電氣發出、即能攝吸毛髮棉花片紙及他輕物、彷如磁石吸鐵之力、但一吸即推、復吸復推、必致調和而後止、惟以紫梗與玻璃相較、紫梗推物則玻璃吸物、玻璃推物則紫梗吸物、勢必互相推吸、然皆不能分其孰陰孰陽、或以鐵針經磨磁石者、兼以木片浮放水中、定必一端向北、一端向南、蓋北屬陰而南屬陽故也、凡羅盤指南鍼亦為此理、指南鍼者乃用鋼柱一條、中分兩端、以一端磨取磁石陽氣、約磨二十次則其勢指北、一端磨取磁石陰氣、則其勢指南、既磨之後、此鋼遂成吸鐵、其力尤勝磁石、嗣後有欲製造指南鍼者、便可以此鋼磨之、其氣永不消減、蓋鋼之元質、未得磁石為引、則電氣隱而不現、既得其引、便長續而不能復收矣、鐵質則不然、氣至則吸、氣過卽止、但製造吸鐵之初、其鋼宜彎而不宜直、因直鋼防其兩端走氣、若用彎鋼、須另以片鐵約束其口、使其氣環行不絕、可以久藏不變、最忌火燒水漬、或跌擲敲擊、或陰陽相犯、此皆吸鐵之法也、凡以一鐵條橫懸日久、自然一端向北、一端向南、遂成吸鐵、又以鐵條直懸日久、在赤道以南、則上端屬陽為指南、下端屬陰為指北、亦成吸鐵、若在赤道以北者反是、又以鐵鎚鎚擊鐵條、也有些小吸氣發出、此皆電氣陰陽之據也、致若電氣推引之理、即以吸鐵便能試驗、凡以吸鐵一條、其後引鐵釘一枚、鐵釘之後引小釘一枚、小釘之尾、引鐵針一枚、順其陰陽相引、故皆串行粘着、蓋針釘皆得吸鐵陰陽之氣使然、若將一釘驟行倒置、則衆釘立即推離、又法以吸鐵兩條相並、順其陰陽之性則引、倒其陰陽之性則推、又法桌上置一吸鐵、以紙蓋之、糝鐵沙于紙上、當吸鐵兩端、鐵沙皆成旋文形、又法中置吸鐵一條、四圍多置鐵針、向之近吸鐵兩旁之針、皆直、其近兩端之針、亦作旋文形、蓋吸鐵之端為陰、則衆針相近之處必為陽、其向外之端必為

十牛新編

陰、眾針以陰端犯陰端、故相推而為旋文形也、又以木板兩片、浮于水面、一板置一常鐵、一板置一吸鐵、人另執一吸鐵近之、則常鐵來、執一常鐵近之、則吸鐵來、若執吸鐵引吸鐵、必須以陽端引陰端、或以陰端引陽端、方能粘攝、如以陽近陽、或以陰近陰、必相推開、此乃電氣推引之據、西國航海之客、莫不深識此理、彼渡數萬里重洋、綠水茫茫、歷盡天涯海角而弗迷者、亦憑羅盤一指南針而已、凡船上鉄器多及雷震之時指南針每亂行、第羅盤在赤道之時、其針平指南北、若離赤道漸北、則其針漸敧于北、漸北則漸敧漸低、及抵北極、其針敧極而直豎、若由赤道漸南、其針亦漸敧乎南、及抵南極、其針亦敧極而直豎、故洋船羅盤必于針旁墜銷以稱其敧也惟究其敧之之理實因大地圓渾如球中有無量電氣攝吸山川人物使之不散不亂渾如宇宙間一大磁石北極爲負陰南極爲負陽亙古不紊即如指南針小物亦當與地相陰陽不能以其指南遂實作爲陽端蓋地之南極爲負陽而鍼之本質應爲陰端方合陰陽相引之理。

西人製電氣之初尚未知與天空雷電同性有博物者當密雲雷電時以麻線放一紙鳶線尾以鐵匙繫之見線上麻絲條條直豎試以指節觸其線端果有星火爍指遍體搐顫遂將機器較驗歷試不爽後有某公亦以紙鳶量度雷電欲知其氣勢幾何偶因失察竟被震死以是西國有避雷之法各于樓房屋背

插鐵針一枝、自針脚以鐵條引出牆外、直透入地、其鐵線之外以玻璃護之、不使鐵線與牆壁相著、不爾是欲避之而反引之耳、使針尖攝引雷火由鐵條而落、則人畜屋器、可免震擊之患、凡戰艦檣桅、亦用鐵線引使入水云云。

大洋之淵、有電氣魚、形如鰻鱔、或名木勺鯆、人若以手把提、魚怒振尾、即有電氣發現、令人遍體驚顫、彼藉此以自衛、飢蛟饞鱷、莫敢近焉。

博物新編一集終

博物新編二集目錄

天學新編　目錄

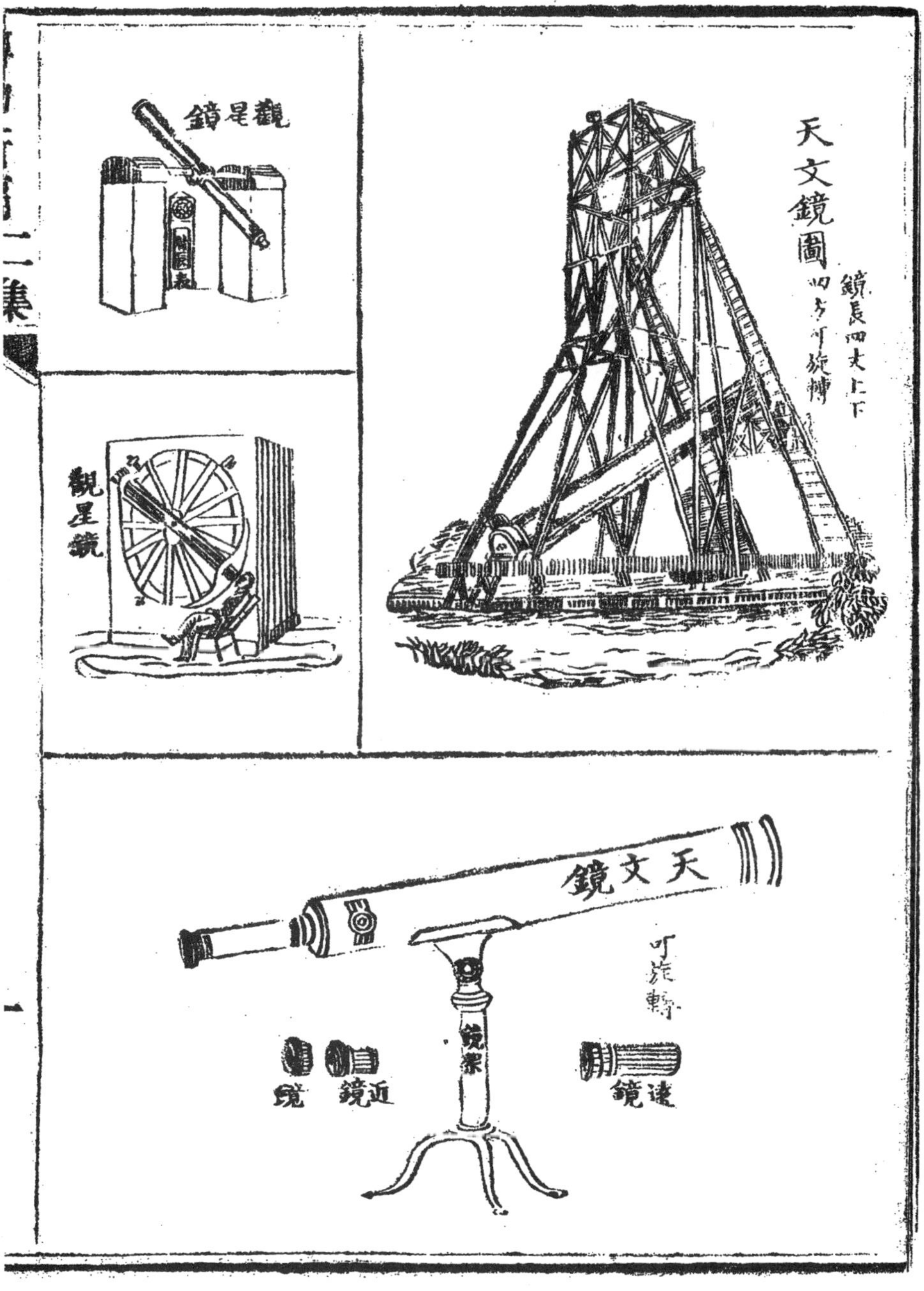
觀星鏡
觀星鏡
天文鏡圖
鏡長四丈上下
四方可旋轉
天文鏡
可旋轉
鏡架
近鏡
遠鏡

博物新編

一

日光入氣斜射圖

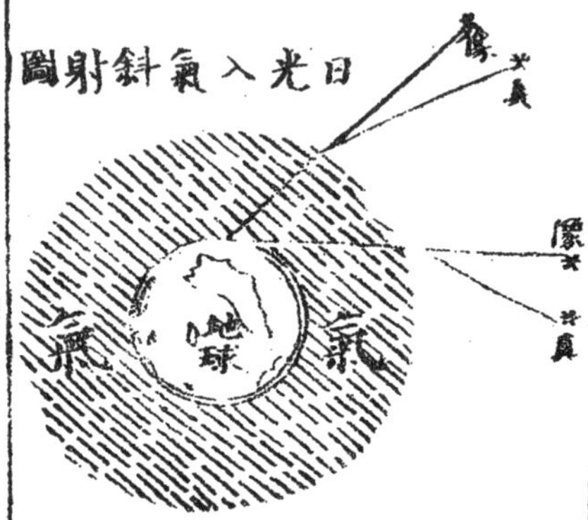

月中形迹图

光的是山形黑的是山影

天河衆星图

用千里鏡所見如此

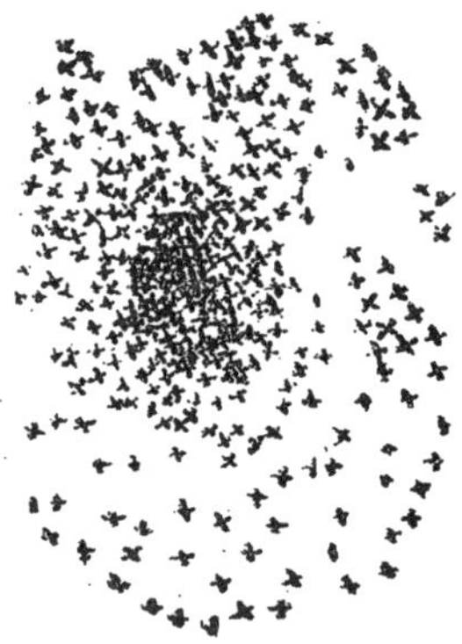

地球形像图

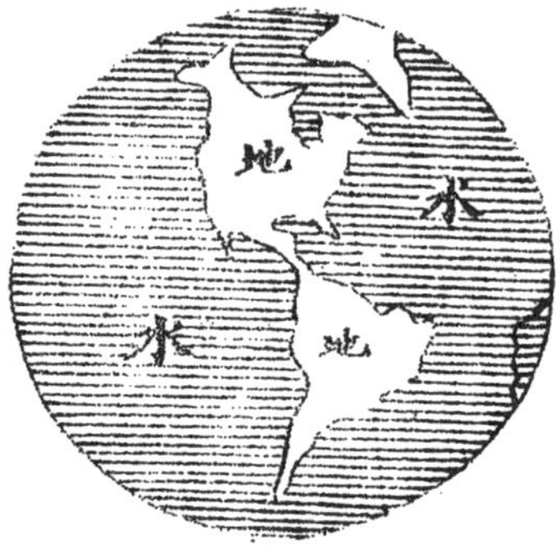

我見月有形迹若人在月中亦見我地如此形像

前千餘年之時人知有其地者只三洲南北二境之地

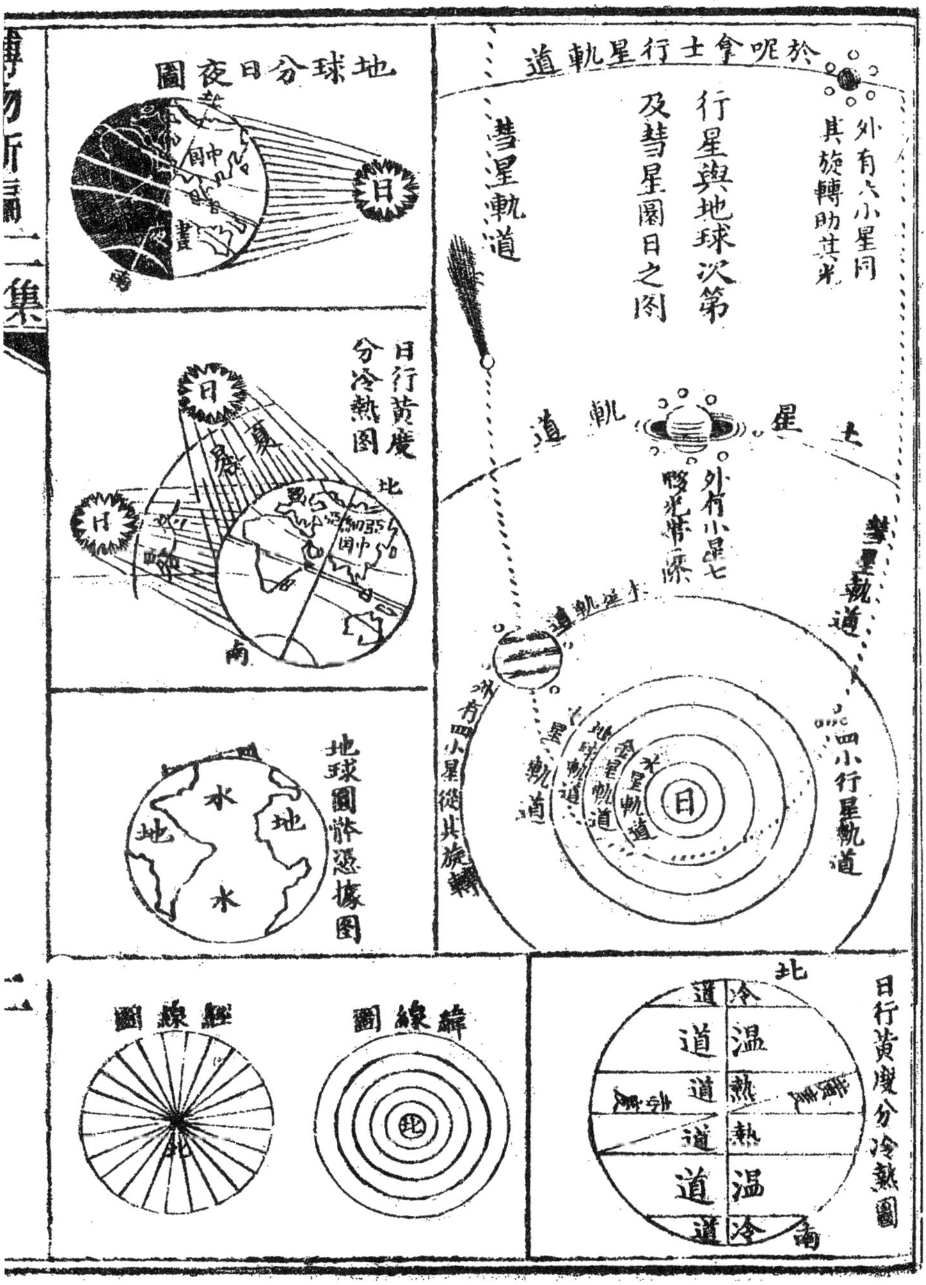
地球分日夜圖
日
晝
夜
中國
日行黃度分冷熱圖
日
夏
北
南
地球圓體憑據圖
地
水
行星與地球次第及彗星圈日之圖
於呢拿士行星軌道
外有六小星同其旋轉助其光
彗星軌道
土星軌道
外有小星七繞光帶際
木星軌道
外有四小星從其旋轉
四小行星軌道
火星軌道
地球軌道
金星軌道
水星軌道
經線圖
緯線圖
日行黃度分冷熱圖
北
冷道
溫道
熱道
熱道
溫道
冷道
南

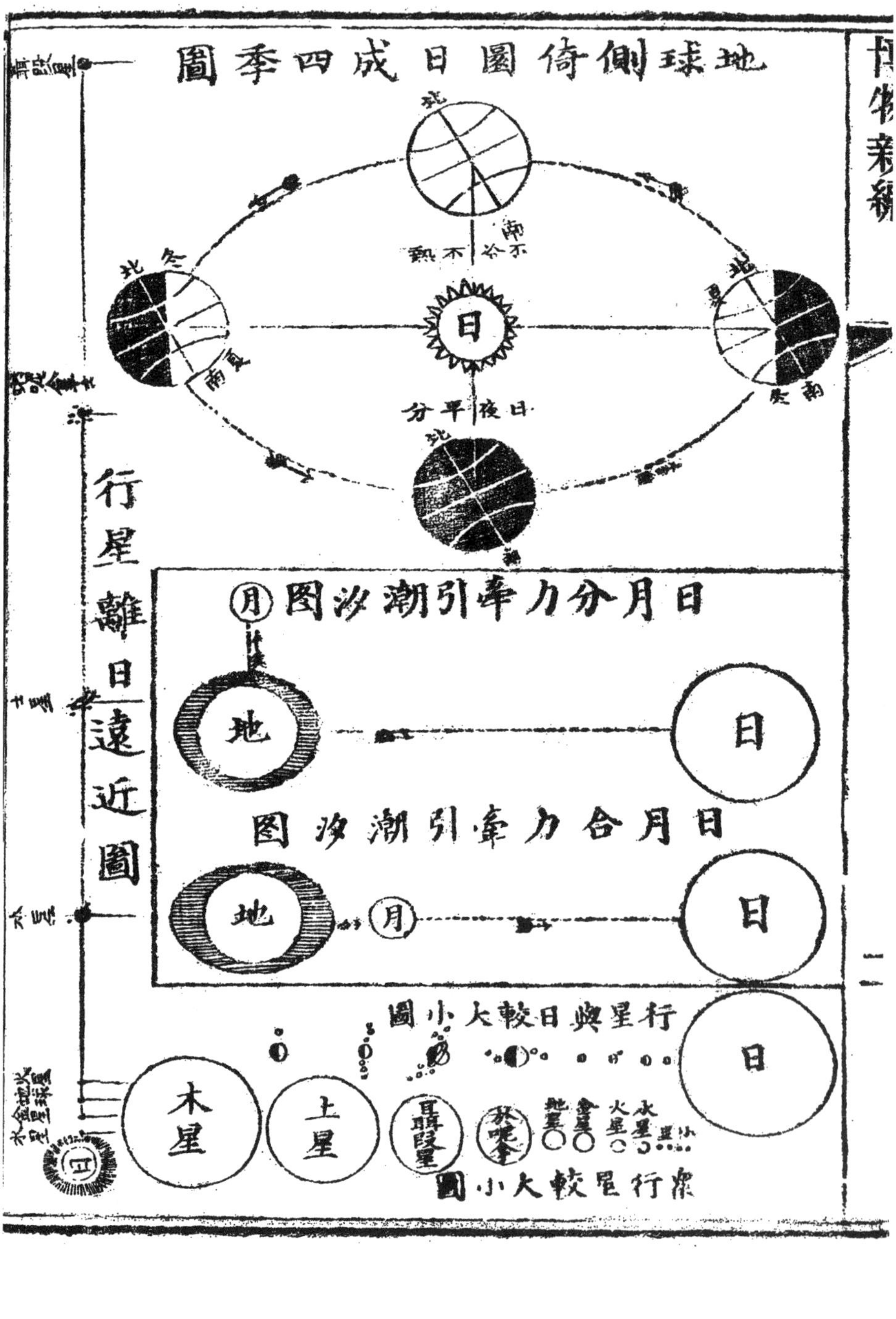
地球側倚圖日成四季圖
日
日夜平分
行星離日遠近圖
日月分力牽引潮汐图
地
月
日
日月合力牽引潮汐图
地
月
日
行星與日較大小圖
日
木星
土星
衆行星較大小圖

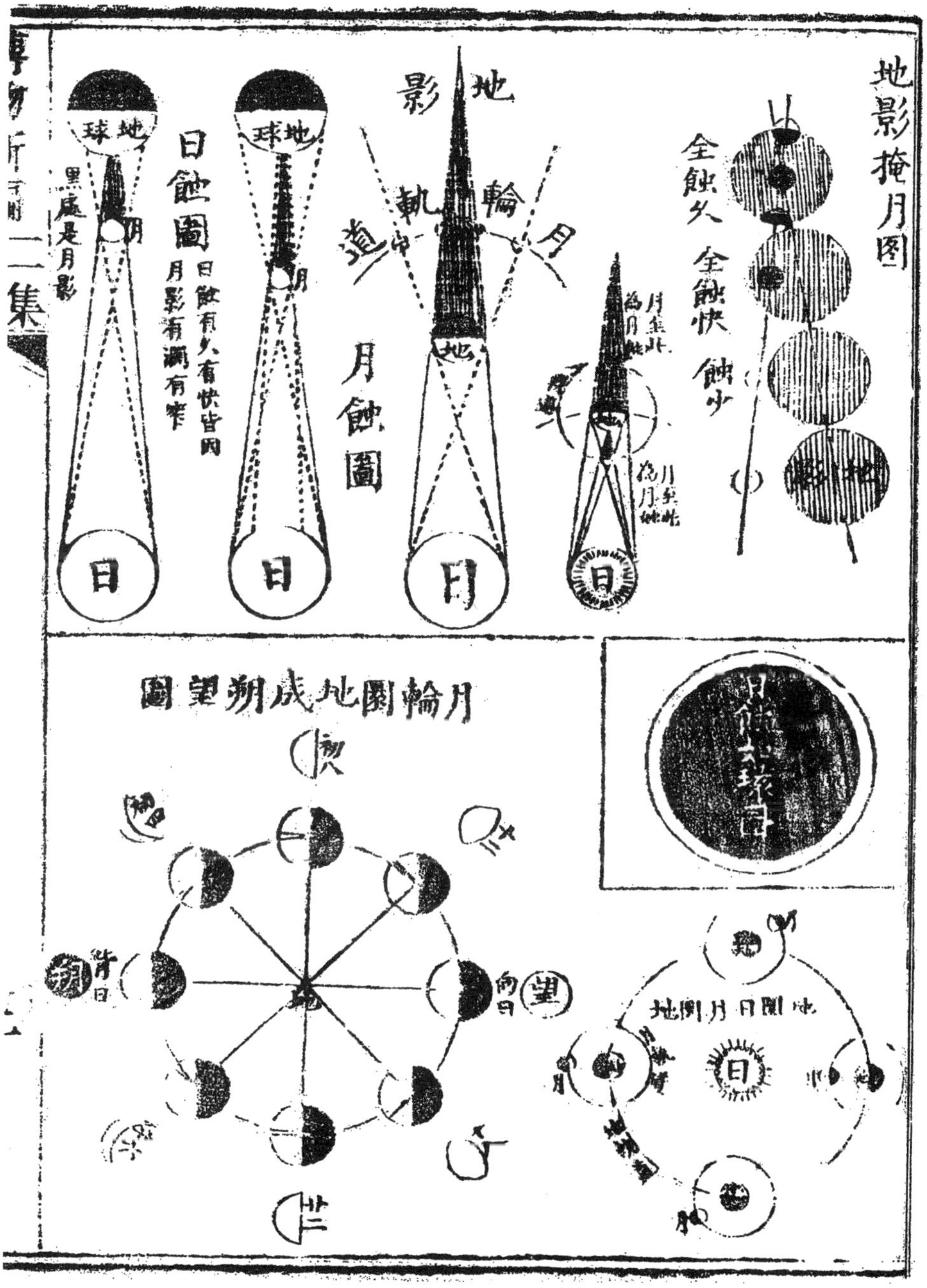
地球
黑底是月影
月
日蝕圖
日蝕有久有快皆因月影有濶有窄
日
地影
月輪軌道
月蝕圖
地
地影掩月圖
全蝕久
全蝕快
蝕少
月輪地圖成朔望圖
朔
背日
望
向日
日

彗星圜日異形图

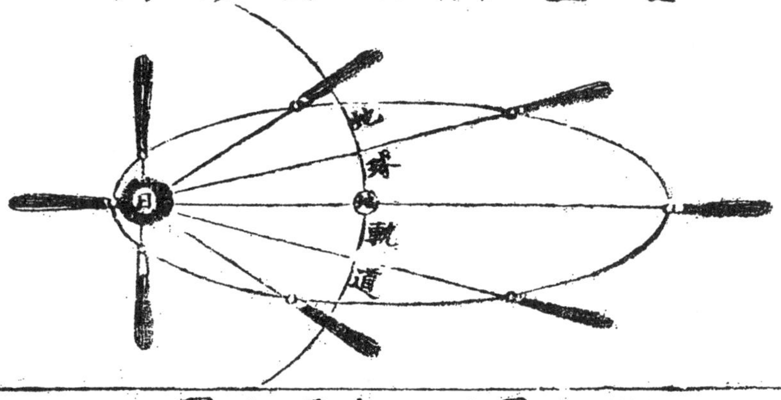

四小星行圜木星之图

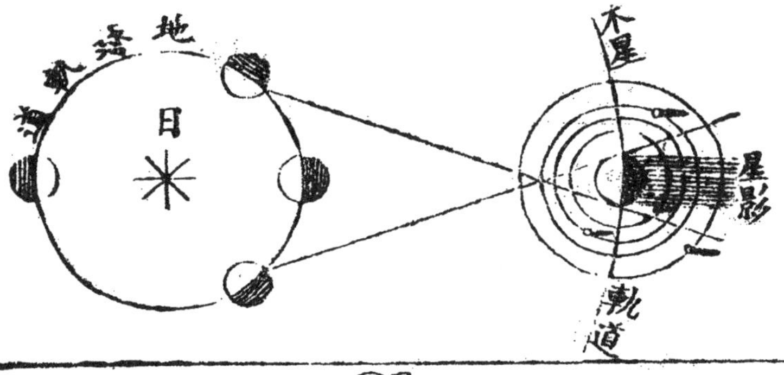

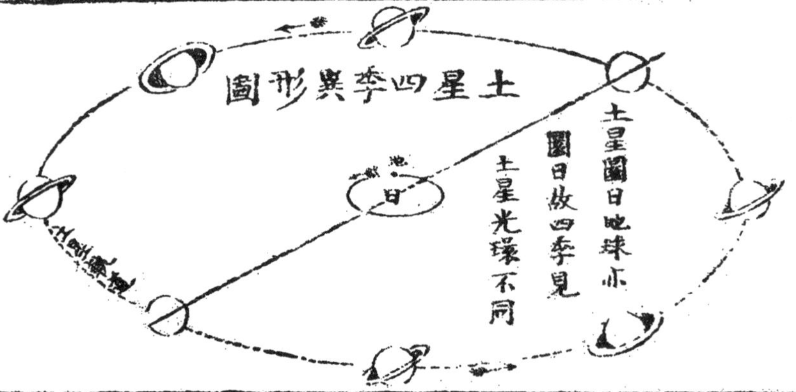

木星形体及四行小星之圖

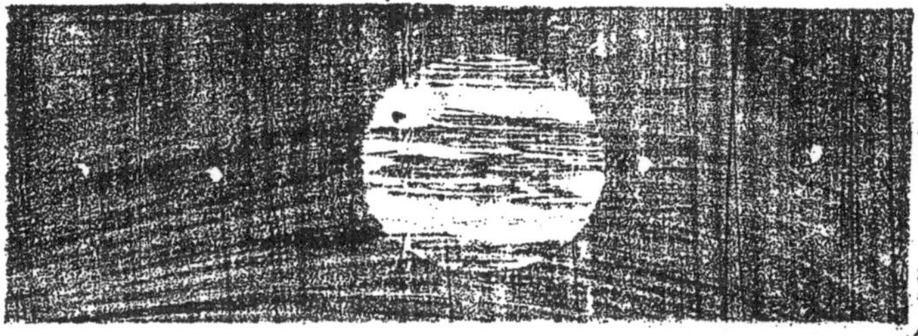

星中黑點乃小星過度

彗星之圖

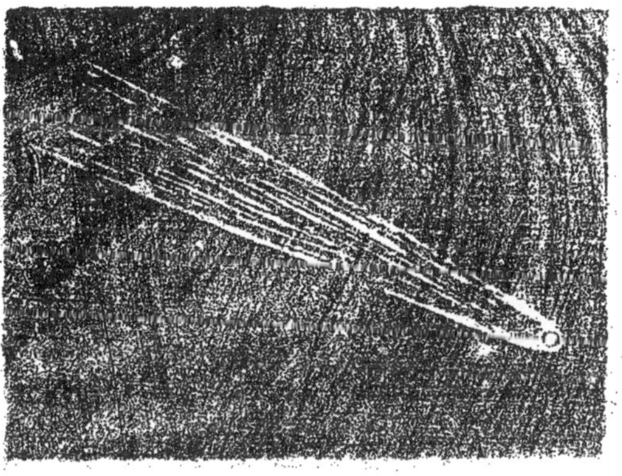

在道光十五年見

金星如月盈缺之圖

火星將晶之圖

金星圍日行成盈缺圖

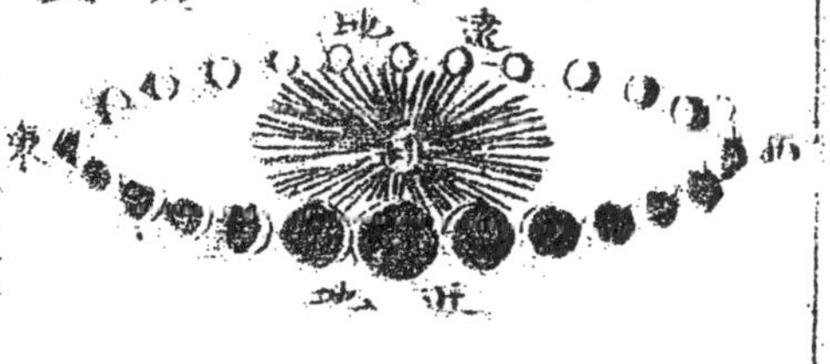

平見土星圖

北斗拱辰圖

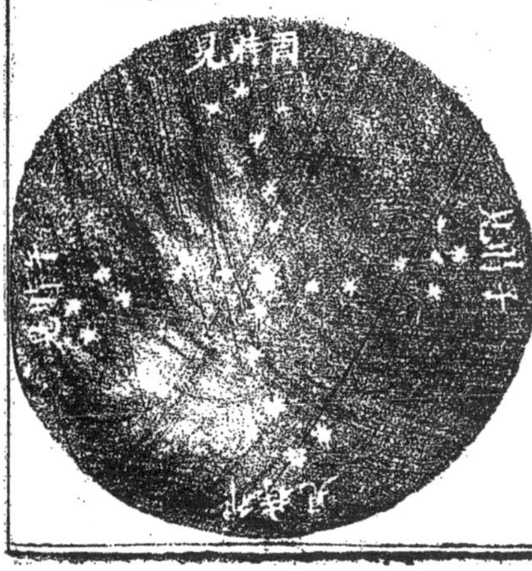

南方十字星圖

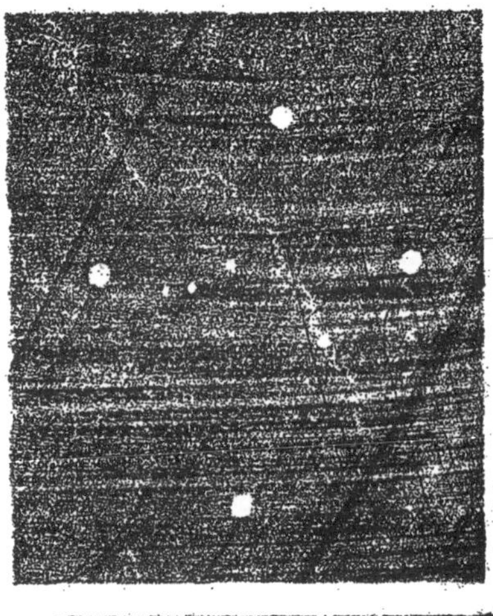

天文畧論

英國醫士合信著

天文之學、由來舊矣、然古人皆謂天圓地方、日月星辰圜行於大地之外、推步者各以管窺爲是、著述者自以臆斷爲能、無從知有地球圜日之理、自前明嘉靖二十年、泰西天文師名嘉利珂者、始造窺天大千里鏡、具見日月五星體象縮百千萬里之遙、瞭如指掌、由是夜觀日算、遂深悉日月星辰轉運之奇、後經各國星士互相考証、分較合符、其法果有眞據而不可易、自此愈推愈精、講天文者、並皆以是爲宗、據西士自入太學之後、經史而外、靡不旁搜天文地理之書、其意蓋謂人生覆載之間、當知覆載之所以造彼蒼浩蕩、日月何以光懸、星宿何以羅伏、地球何以圜運不停、歲序何以亙古不紊、靜言思之、必知有一造化真宰、默主於冥冥之中、所謂天無耳而聽者、真宰聽之、天無目而視者、真宰視之、舉凡在天垂象在地成形者、莫非真宰之所形象之由、是遠取諸物、近取諸身、何莫而非真宰之所化所造、則朝乾夕惕、君子興敬畏之心、而俯察仰觀、小人凜鑒臨之念、敢謂談天說地爲迂濶哉、因擇要而淺近者、譯述數篇、名曰天文畧論、雖管窺蠡測、不足以禪高深、而飲水思源、亦爲勸善之一道云爾、

地球論

古人俱以地在天下、平大不動、四方之極、地邊是海、浩渺遠連天際、人見每早太陽東升、西刻西沒、夜見太陰亦然、但未思此日月從何來往、若問海底有何物扶承、地底有何物基址、皆不能知、各人比擬不同、迄今尚無定論、殊不知地之形體非坦非方、却是團圓如橙、確有實據可考而知者、今若有人立於海岸遙望海水、必見水面畧圓、有不信者、可於大河之濱、側低其頭、平看對岸、則對岸之屋艇人物、皆不得見、惟見對岸之高山大樹、此是何故、却因水面微圓而凸、却被凸處遮隔我目故也、又如人立於海岸、送一大船開行、當船近之時、一眼卽見全船之物及船去稍遠、則不見船身、而猶見船桅、去再遠、則船桅不見、而只見其桅旗、後去更遠、則船旗亦不見矣、嘗有人以千里鏡在山頂望海、遇有船到、亦必先見桅旗、漸近始見桅、更近而後見船、倘若水面平夷、遠望理應先見粗大之物、則來船應見身、次見桅、而後見旗、今小旗在高、而先見、船身在下、而後見、可知海面圜凸之據矣、昔有西人駕大船在廣東開行、向西直駛、歷涉數月、竟回廣東、此可見地體團圓、可以東西週行無礙、如螻蟻旋行橙子、不須轉首、即能運繞一週、又有某船向北直駛、將至北極、便不見南極星辰、蓋南極之星、却被地體遮蔽、如蟻在橙蒂、即不見橙底之物故也、又將是船駛行南極、所見所歷亦同但南北二極以半年爲日半年爲夜冰雪長年不消故無從窮究其地然南北有極而東西無極地之圓體可知矣又凡月蝕之時必見一圓渾黑影遮掩月光蓋是時日月二輪相對照地形適在中央是日光照出地影遮蔽月色之故觀其影圓則其體必圓可無疑義矣

晝夜論

地球之體圓如橙南北有極而東西無極北極向上南極向下每日自轉一週由東左旋向日則光背日則黑是爲晝夜地球直徑約中國二萬七千六百九十二里外圍約八萬七千一百九十二里每晝夜輪轉一週是一時辰約走二千餘里或問我

世人戴天履地、却不曾覺地體旋動、其理何歟、答曰、人在地上、如在船中、地轉而人不覺動、猶船行而人不覺去、仰望見星辰西邁、即舟行覺岸移之理、且地體極大、轉動有常、日夜不息、圓習慣自然、又安能覺有轉動之時乎、或曰、地體自轉成晝夜、何轉始成年歲、答曰、日輪常居中、地球與衆行星圍日而轉、軌道各有遠近、圍行各有遲速、地之軌道、直徑六百七十二兆餘里、每一時辰、地行四十七萬六千里、每三百六十五日二時七刻、圜行日外一週、此一年之數也。

行星論

蒼天衆星羅列、或動或伏、雖老星士莫能指數、如二十八宿北斗七星、天乙、紫微之屬，亙古不動。西國天文師以千里鏡窺測，共知有十餘行星，皆有軌道，圍日而行，者地球與行星亦在其內焉。最近日者為水星，其次為金星，其次為地球，其次為火星，其次為嘁士咐小星，次為嗯厘士小星，次為嚩拉士小星，次為珠那小星，次木星，次土星，次聶崼星，是為離日最遠。日輪常居其中，十餘星次第圍繞行之，實以日輪為樞紐之位。此十一星中，惟木星至大，土星次之，於呢嗙上又次之，地球又次之，金星又次之，火星又次之，水星又次之，均已詳列圖中。茲約論其概，假想地球離日十分，水星則四分，金星七分，火星十六分，木星五十二分，土星一百分，聶崼星則一百九十六分。天文家言日大於地一百三十萬倍地大於水星十四倍地大於金星少許地大於火星三倍土星大於地一千倍木星至大大於地一千四百倍聶叚星大於地八十倍此皆以天文算法推計者○

日離地遠近論

日在衆行星之中光明五色温煖和煦能化生萬物雖其外地球並行星遠近運行遲速不同然皆繞制於日故不能混亂世俗謂日月星宿皆麗於天說本不經蓋地球小於日一百三十萬倍比如人能日行一百五十七里若要行日一週天文士推算必須一百六十年之久方能行遍衆行星雖大然合爲一處較日仍小五百倍或疑論日過大因何看之甚小殊不知日離

地球有三萬三千二百五十萬里之遠其理本難罕譬而喻也天下至快者莫如炮彈五刻能及一千七百五十里若由地球起行雖炮彈亦須二十一年二百四十五日方纔到日若火輪車日行一千六百八十里總不停息計其數亦俟五百四十七年方到日邊如此則日地相離甚遠又安能見日體之大哉。

日體圓轉論

天文士常用大千里鏡窺看日面遙見其中有跡痕初見在日面之東窄小而暗數日間即見其跡在日中濶大而明旬日後則其跡到日西又復窄小而暗迨十三日其跡漸不能見十三日後又復見其跡在日東以此推測則日體當圓如球何也蓋

日體若扁、則其形跡必不能轉換、且不能由西轉東、是因其形跡、即知其本體二十六日自轉一遍矣、現據天文士說、謂日之形跡、有大小方圓斜角不等、計其至小之跡約濶一千里、其大跡必過千里以上云。

做做地球經緯法論

地球之體、週圍八萬七千一百九十二里、直徑二萬七千六百九十二里、天文士作地球法、先以木斵一圓球、中心貫通、立一轉軸、以上爲北極、以下爲南極、球面中畫一横帶、帶之上名北半球、帶之下名南半球、又任南北二極中帶左右均分爲三百六十度、以此推算、每度應約二百四十二里二分、週圍積算共六得八萬七千一百九十二里又作地球之面寫成度數以南至北之度為經東至西之度為緯以中帶之北為北緯中帶之南為南緯緯度濶狹皆均不經度則近中帶之處濶近南極北極之經則漸狹凡算緯度必由中帶起數若算經度則隨各國之位起算也。

各國土地人物不同論

天文士用大船經遊各國察明各國經緯之數然後畫成萬國地圖其船遊至各國得識各度土地人物風氣之不同近中帶之間則春夏秋冬四時多熱並無冰雪亦無冬至夏至晝夜長短之別人物之色多黑樹木豐隆高大枝葉濃密百果蕃植而

美鳥獸高大而烈若離中帶漸遠則熱少冷多直抵南北二極便有冰山冰海四時恒不消滅焉

四大洲論

東半球一帶地方由東北至西南直路三萬五千餘里分爲三大洲一名亞細亞一名歐羅巴一名亞非利加亞細亞界內至大之國爲中華次則俄羅斯國次則印度天竺國今爲英吉利屬部另有衆小國未能備列是爲第一大洲歐羅巴界內有英吉利國葡萄雅國佛蘭西國瑞典國西班雅國荷蘭國阿理曼國是爲第二大洲亞非利加界內有英吉利屬國另有衆小國類多黑人所居在東半球之南又有大地名呶荷蘭（又名澳大利）長

八千四百里，濶六千三百里，方域各雜之人居多近北極之間。海洲羅列，各自成國，是爲第三大洲，在西半球地方，自爲一洲，一名北亞美理駕，一名南亞美理駕，二地相連，自北至南二萬九千餘里。北亞美理駕界內有花旗合衆國，另有墨息哥及滴些士二國，今亦降爲屬部，亦有數處屬英吉利所轄。其南亞美理駕界內大小國數正多，筆難盡列。在東西兩球之界有太平洋海及大西洋海，以分隔之。大西洋海東西一萬零五百里，南北長三萬五千里。東洋之海爲至大，約居地球之半，自東徂西，長三萬五千里，南北長二萬八千五百里。若全球分作四份，實地一而海三焉。

萬國人民論

或論世界上萬國人民之繁、亦有數否、昔有遊方博士、合計天下人民、大約有九百兆、即一百萬萬之數、分而算之、亞細亞約有五百餘兆、歐羅巴約有二百餘兆、亞非利加約有五十八兆、南北亞美理駕共約四十二兆、每年中死去之人、約有二十五兆、每日約死六萬八千之數、一時之久、約死二千八百五十之數、若算三十二年之中、世人新舊相乘、殆將一總變換矣、所謂功名花上露、富貴草頭霜、爭甚麼豪強、智力逞甚麼驕傲、兇頑總宜及早回頭、洗心滌慮、崇造化之真宰、獲福無窮、指偶像之邪神、莫迷誘惑、則生行真道、死享永福、豈不美哉。

地球亦行星論

地球之轉動有二、一是自轉、一是圍日、自轉成晝夜、圍日成四季、人初不明其理、自前明嘉靖二十年、西國有天文師名加剛阿者、稟賦聰明、初識地球轉動圍日之數、著書問世、人皆謂其謊誕不經、有司遂繫於獄、後得衆天文士參究其理、始知眞實不虛、乃釋而敬之、自是談天者悉宗其學、夫地球與諸行星圍日而轉、則地球亦屬一行星、比如有人立在金星之上、在彼望去、亦當見地球如一顆金星、因地球與金星相隔甚遠、而遠望之物、大者見小、乃自然之理、且地球與衆行星皆爲無光之物、必須籍借日光、則彼此相望、有必同理、即如水星金星有時行到日輪與地球相對之中世人必見此二星無光但見有一黑影透日而過所謂日中有黑子者乃二星剛及過日之朔吾人適見其背日之處所以無光可見以此益知地球與衆行星必借日光而地球亦與衆行星同列但彼此本體各有大小不同耳○

地球繞日成四季論

或聞地球轉動之說固執不信因看中國通書所論四餘七政謂日輪繞地以地球中帶爲赤道冬至則日影躔南二十三度半而回謂之黃道限夏至日影躔北二十三度半亦謂之黃道限躔道往來在天則分三百六十五度有奇在地則以中帶上

下四十七度爲限、分爲二十四節、存三月以天上月圓爲準、月圓之數、每年有多、則以三年積閏爲月、夏至日近則熱、冬至日遠則冷、春分秋分日夜均長、以爲準據、然七政通書頒行雖久、但可推測中國一隅之數、實未識全球爲圜之理也、夫中國在地球赤道之北、廣東偏北二十三半、京都偏北四十度、所以見日影常射於北、豈知南半球之地、有日影常射於南、及冬熱夏冷、顧與中國不同者乎、今特繪成四季圜日圖式、附於篇首、閱者誠能按圖推度、自知日晷有南北之殊、夫地球圜日、非正對日也、其體常敧而不豎、有如斜倚之燈、南北二極、各離企線偏側二十三度半、今圖中之光影是春分、蓋地球形體雖敧、但交春分節候、赤道黃道交接、日在天中、地球一轉、萬國均同、故天下皆知分春爲洽暖平和之候、圖中之左影是夏至、此時北半球向日中帶北二十三度半日影直立、此爲北半球之黃道限也、故北方諸國多熱、且見日光高懸晝長夜短、而是時南半球則與之相反焉、圖中之暗影是秋分、此時亦是赤道黃道交接、日在天中、故萬國亦是洽暖、相等日夜均長、圖中之右影是冬至、此時北半球諸國離日較遠、又爲南半球所隔、故日光斜照而多寒、是爲中帶南二十三度半日影直立、此南半球之黃道限也、南方諸國此時必發熱、如北半球夏至之時、所謂南北寒熱相反、皆以此、夫地球不轉、則日夜不分、地球不圓日而轉則歲序不成，圜日而地球不側，則寒暑不易，寒暑不易，則中帶之國恒熱，南北之國長寒，人民草木皆各不安其生矣。是故赤道之在天地，均以中帶爲定位，而黃道限內有四十七度爲日影四季往來之差，此所以有交接之處也。

月輪圓缺論

天上日月星辰，與地相近者，莫如太陰。世人見日月東升西墜，疑日月皆圍地而行，雖似是而實非也。夫日輪居中，永不行動，地球則圜遶而行之，月輪又圍地球而行之。地球行，而月輪亦隨之而行。請觀天文圖，自明其理。蓋圖中之圈是日位，日位外之大圈，是地球圜行之軌道；地球外之小圈，是月輪圜行之軌道。月行軌道一周，即中國一月之數，而西國則未及一月也。西國月份有二十八日，有三十日，有三十一日，所以與中國不同，都因以太陽行度計月故也。天文士計月輪圜地之遠，每日約行二十六萬八千八百里，每點鐘約行八千零五十里。地球環日一週，月輪即環地十二週有零。望日地球在中，日月東西相對，月面全接日光，是以見月輪光圓如鏡。朔日是日月交會，乃月輪在中，地日東西相對，在地球不能見其朝日之光，只見其背日之處，所以不見月體有光，蓋月體惟一邊得接日光故也。迨夫初二、初三日，月輪漸行，約離日輪十二三度，人即見月體西邊露光一線，其上弦兩角向東。洎初四日，漸離日輪十八九度，人見月體光似蛾眉。初六七日，月行漸東，約離日輪數十度人見月體光華漸潤及初八日則月體顯露半光此時乃離日九十度也十二三日月光過半周離日百數十度彷如甌上覆碗之形至十五日光滿一輪乃月體左右皆離日位一百八十度矣是時日落月上遙遙相對過此以往則月輪漸西光華漸減至二十二三日半夜月出光復減半至二十六七日早晨見月兩角向西成下弦直至三十日又復與日輪交會地面不能見其光由是週而復始亙古不亂計其圓行地球一週實得二十七日三時四刻四十三分一時辰以刻每刻六十分若與日輪交會一次必須二十九日六時四十四分因月行而地球亦行月再追行數十度過其自行軌道之數方能交會所以必

多兩日八時有零譬之時辰鐘錶其長鍼行而短鍼亦行長鍼必過五分乃能與短鍼交會也地球圍日之軌道星士判作十二分每月循行一分故圍日一週即合西國一年之數而月之光暗則十二次有零但中國以月圓爲例此三年必須一閏五年又須再閏始合其期亦猶西歷之有閏日焉耳夫閏日乃以太陽行度紀年閏月則以太陰行度作歲雖月份閏法各有不同而歲序紀綱則無少差異此所謂不約而合也天文士測算月輪與地球相隔之數實得中國八百四十萬里比如有一火輪車每時能行一百四十里日夜不停亦須一年零四月方能直抵月邊予聞唐明皇嘗於中秋夜遊月宮此乃無稽之誕語

且或稱道士洪都客、或稱術師葉法善、或稱仙人羅公遠、以是益知其誣矣、

月輪本體論

世人看月似與日體同大、豈知日月之大小甚不相同、有星士推算、必須六十兆月輪之數、聯作一堆、方可比一日輪之大、世人見月體如日者、實因月近而日遠也、月體週圍一萬三千九百六十八里、直徑七千六百三十里、西人用千里鏡窺看、見月上有高山深窖巖谷盤石之形、當其半黑之時、遥見其中有火山三座、另見有數光點、此必是月中山頂、因其高出、得先接月輪之光、現在各天文師均想月中有山無海、其山之高低大小

皆能用法量影而知、惟海之有無、尚未得實據可驗、或疑月外當有生氣包羅月中當有人民居住、此皆臆度之言未可據信、西國有天文士現製一大千里鏡身長五丈一尺二寸闊四尺八寸、用架高懸看月甚眞、但不能見有人民樹木、倘月上果有人居、則彼亦當見日地星辰圓運與我等世人所見相同、蓋在月見地、猶在地見月、彼此均有朔望圓缺之形、但彼見我地球當十三倍大於我們所見彼月耳、然以理數推論、月中斷不能生長人物、因月輪本體每月自轉一回、見其一邊永遠向地、是月面本無晝夜之理、西士每以大鏡窺認月中形迹、見其永不改換、是知其無晝明夜晦之時、則吳剛伐桂嫦娥奔月皆爲烏有之詞好事者可爲釋然矣或曰月有光華乃接日光反照於地而地亦接日光是能反照於月平日然凡初三四日月光未滿每見月旁有一圓線光影此即地球反照之光也

月蝕定例論

世人未識天文每逢月蝕妄說太陰遭難爲蟾蜍吞咽日蝕爲人君失德垂象示警家家擊鼓鳴鑼燒火吹角朝廷亦用幣於社伐鼓於朝互相喧救中西各國自古皆然亦無謂之極矣夫日月交蝕本有一定之期日蝕爲月影遮地月蝕爲地影遮月所遮之處人視不見其光比如有人拈一黑實之物掛在燈前則物後必有一影我地球本是黑實之物一邊朝向日光在地

後亦當有一黑影射出試看日月交蝕圖便知其理圖上之圓圈是日中圈爲地球下圈爲月輪地球外之點線是月輪圍地之軌道地後尖長黑痕是地球背日之影月在望夜適爲地影所蔽月面不接日光是爲月蝕或問每月皆有望夜何以月不常蝕蓋月輪軌道與地球軌道並非平直倘使平直則每望必蝕惟蝕有定期者因其軌道高低斜隔五度二軌相交處有如剪較之形必待月輪行至交軌之中與日地同一直線方被地影掩月是以有蝕久蝕快及小蝕全蝕之分實緣二軌道皆是撱圓形式若地影斜掩交軌十二度月行正過交軌之中是爲全蝕而久須待兩時而後復圓或離數度則雖全掩亦不久

蝕、離度漸多、則所蝕漸少、若離至十二度以外、月體竟不能被蝕矣、凡初蝕之時、必由東起、地影入月、軌道約計二萬一千里有奇、月體徑濶實七千里、是月體小於地影、將及兩倍、西人算月離地八百四十萬里、日大於地、日光能斜包於地影之後、是以地影尖長、初大漸小、只射二千九百四十萬里而沒、假使地與日體同大、則地影平遠無極、月之蝕也、各國皆同、因北半球均與同夜、而地影均與同見、較之日蝕、自當有別、蓋日蝕必在朔日、乃月輪行至地道交軌之上界、月體遮掩日光、是爲日蝕、圖中之上圈爲日、中圈爲月、下圈爲地球、地球外之點線、是月輪圜行之軌道、月行至此、其影適及於地、人在影掩之處、必不能見日體光華但月體小於地地體又小於日月影必不能掩全地所以日蝕之久必不過四分之時且各國所見不同有見全蝕者有見小蝕者有能見者有不能見者皆因就地就影而然計其蝕多蝕少則以月行交軌遠近爲算若月離交軌十六度即不見蝕每遇初虧例必由西邊而起在他方月影不掩之處亦必見日色微黃其在掩蝕之內則有昏黑如夜者間有四圍仍露光環者是因月遠影小而然前數十年西洋國嘗見日蝕暗如深夜星辰現露鳥仆獸伏不知者必謂爲大變之凶而其國則民安世泰迄無應兆蓋日月交蝕會有定期無關於世事災殃之警凡能知月地行度之遲速二軌交接之遠近用法

推算、雖千百年皆可預知、現據星士計說、每歲日蝕必有二次、多者五次、月蝕每歲多不過三次、大約每年日蝕三月蝕二、爲常論、其多者、間有一年日五蝕月再蝕而已、但日蝕人不恒見、月蝕則人人共見云、

潮汛隨月論

朝潮晚汐、汛不愆期、長以三時、退以三時、華人皆謂爲天地之氣呼吸所致、而不知乃月力攝引之所致也、夫攝引之勢、日力爲最大、月力爲次之、而潮水必隨月而長者、實因月輪與地球爲最近、則其攝引之力亦近、力大而遠則弱、力小而近則雄、是爲一定之理、故月出潮長、月落潮低、無時而不相引而行、無閒

而不同時而見凡月正天心之時潮水引動必過三點鐘而長滿迨過一日月輪行遲十三度潮水必遲長三刻及過兩日月遲二十六度水又遲長六刻月漸遲則潮長亦遲遲至一週而復始或曰潮水乃月力所引何以朔望倍大於常乎曰朔望之候乃日月交會是日月合力並勢攝引是以潮長更滿必過三日而始定及至初九廿三之後日月分力則滿不如前蓋月勢攝引之力十分日勢攝引之力三分此時卻減三分之力故也或曰月到天心則潮長何以朝潮晚汐一日而二回乎曰水性乃浮游之物遇流於地球之外月力攝引一邊勢必分動其四圍之水所以有數分引動歸前必有數分退流於後地球上下

必有兩潮相對而長、凡在洋海之外每遇朔望潮勢必高七八尺、內河有山石沙洲阻隔較之外洋少低三二尺、設使地球不能行動、或月輪無力、不能引攝水勢、則海水常平而不流、或使月能引攝、而水勢不能流動、則水勢必堆一處而不移、夫水不動不移、日久必成臭穢、人民將有疫疾死亡之憂、造化主設此以滌蕩之、亦人世之大用也、

水星論

衆行星之大小遠近、及光明運行、俱各不同、水星之體、比別行星爲最細、其軌道則與日輪爲最近、約離一萬二千九百五十萬里、星體直徑一萬一千二百里、外圍三萬五千一百八十五

里半、每十二時零五分、星體自轉一週、每八十七日廿一時辰
四刻二十五分、圜行日外一週、每年與地球軌道交會三次、其
自行軌道、橢圓而長、或與日近、或與日遠、近時則離十七度、遠
時則隔二十九度、運行至日輪之西、則早間見之、纔見而日輪
隨出、運行在日輪之東、則薄暮見之、纔見而日輪隨落、是常被
日氣所射、得見殊難、須待春秋日氣微黃、始能遇目、天文師用
大鏡細窺其像、見其光潔如月、時缺時圓、定知是藉假日光、渾
同月道也、西國星士推說、水星圜日、近於地球七倍、彼接日光、
當亦七倍多於地球、若在星上看日、必大於世人所見七倍、其
星質堅實、則兩倍於地、凡當水星與地球交會、是時并日輪同

一直徑、即見星體橫行日面、顯如黑點一顆、此可見星體本無光焰之據矣。

金星論

金星之色最嬌、其光照及地球、離日一百三十八兆里、星體直徑二萬七千三百里、大小與地球差等、軌道在水星地球之中、橢圓一千五百一十九兆里、與水星相隔一千零八千五萬里、離地球至近之時、約計九百四十五萬里、除月輪之外、金星與地球爲最近、星士用大鏡細看、遙見星體有迹痕、測知每十一日四刻二十一分自轉一週、在星上過一晝夜、約短於地球三十五分、其運行之速、每一時能行二萬八千里、每二百二十四日八時圜行日外一週、其星體頗似月輪、仍有上弦下弦、光滿光半之形、其偕離日約在五十度之內、夜見在西、名曰長庚、比衆星爲最早、朝見在東、號曰啟明、不久即見日出、實一星而數名、當其與日地交會之時、即見有一黑子貫日、是乃此星之形體也、貫日之躔木星亦有、英國前一百零九年十二月初九早晨曾見金星透日而過、黑子顯綴日中、彷彿金盤之載彈、星士按其日而算其將來、已預知其再會之數、現有天文師測看此星之體、疑有生氣包羅其外、星上當有山川人物、果爾、則彼在星上望日、當如我世人所見兩倍云云。

火星論

火星一名熒惑、離日五百零七兆五十萬里、其圍日軌道、三千零五十兆里、離地球軌道一百七十五兆里、星體直徑、一萬四千七百里、外圍四萬五千五百里、每十二時辰零三十九分自轉一週、每六百八十七日圍行日外一週、是火星之一年、比地球一年多十月也、當其遠隔地球之時、遙見其星體極小而微、直待其運行近地、則其體大如木星、見其光有深紅之色、故名之曰火星、天文士以大鏡窺看、謂星上有黑迹頗眞、彷如地涯海角之象、比別星為尤現尤多、細辨其形、象地涯者、土爲微紅、象海角者、水爲淡綠、因想星外必有生氣圍繞、且其迹有轉換、則星中必有晝夜寒暑之分、其世界作何狀、其人物作麼生、不敢定論者焉。

小行星論

火木二星軌道之中，有數小行星，此數星大小相仿，其體自轉，及直徑長闊幾何，均未能測實，緣數星皆乖角不圓，而本體亦微小難稽故也。疑此數星原是一顆大星，乃被彗星相值掃破所致，又疑其星體自行迸裂，散一爲數顆，二說均屬有理，未知孰是。

木星論

木星一名歲星，乃行星之最大者，約離日輪一千七百三十二兆五十萬里，其軌道與地最近之處，亦離一千四百兆里，星體直徑三十一萬一千五百里外圍九十七萬六千五百里圓日桃道二萬二千五百兆里每四時四刻五十五分自轉一週是一時約轉二十萬零三千里每十一年零三百十五日圓行日外一回其體有黑氣三四道類如縧帶纏腰恒與日輪平對前數百年有星士名嘉利阿者初作大千里鏡窺見木星之旁有小光三點東二西一初疑爲定位小星次晚再看見三點均在木星之西十晚再看只見兩點在東十三晚再看則見四點㷀然西三東一十五晚再看又見四點在西平正相離由是每晚所見不同始知爲圜行木星之小星即如圜行地球之月輪也遂定其名呼爲木星月輪其運行或遲或速時近時遠俱是由

西轉東亦有朔望圓缺薄蝕之時乃預推其數刊刻成書俾行船海客藉以測算地球經緯之數近日涉重洋者能於四望無涯之際而知爲某經某度其功甚亦大矣或問木星四月輪比地球月輪其大幾何是合木星四月便大於地球之月十三倍耳○

土星論

土星一名塡星離日三千一百五十兆里星體直徑一十七萬六千五百里大於地球九百數十倍每一時辰能行十四萬七千里五時四刻自轉一週每二十九年五月一十五日圜行日外一週離日更遠其行愈遲仿似定位經星光色微小是時人

望頗難見星之外另有七月輪或遠或近其至近者十一時辰四刻運行星外一週其至遠者七十九日三時四刻運行星外一週七月輪均有朔望薄蝕與木星月輪地球月輪彼此同理若預算其掩蝕時刻亦可助行船測計經度之法西士以大鏡窺看七月輪之外又有光帶二道纍纏星體內帶約濶七萬里外帶約濶二萬二千五百里內外二帶相離五千九百五十里內帶離星體七萬里二帶之體當與星體同為實質並借日光以輝土星現據天文士說謂帶上有凸角之形視其凸角或前或後便知二帶亦是環星而運者大約五時四刻旋轉一週

嘫呢搏士星論

唉呢㹂士者、行星之新名、昔人實未知有是星、乾隆五十六年、西國天文師始行查定是星、比前所論諸行星軌道爲最遠、眼目甚難得見、必待清夜無月、晴空無雲、方能以千里鏡照而看之、其色光似粉藍、直徑十二萬二千五百里、大於地球八十倍餘、離日六千四百四十兆里、每三萬零五百八十九日圍行日外一週、實遠於地球十九倍、彼得日輪光熱甚少、倘星上亦有人民居住、造化主必當有別法以輝煖之、此星之體、其外有六月輪圍遶而行、至近之月輪、五日十時四刻、圍星一週、至遠之月輪、五百零七日八時、圍星一週、至此星之本體、會否自轉、尚未有實據可騐、天文士愈考愈深、久後當有知者、現在有星士

新窺一行星比北星爲尤大尤遠新名曰尋艮星直徑一百五十萬里大於地球二百五十倍每一百六十六年圜日一週其餘未得知也

彗星論

彗星爲怪異之星有首有尾係像其形而名之曰掃把星又名攙搶星前古未知其理眾以爲有水旱刀兵之兆其實皆有軌道循還了不關乎人事興衰之理西士分爲三等一曰有鬚彗星以其先日而出其尾在前二曰有髮彗星以其對日而行尾光散後三曰有尾彗星其光長芒直射如尾並是繞日而行軌道橢圓而長來去方向不定忽然而來近日一過忽然而去莫

知所適、有數十年一見者、有數百年一見者、有千餘年一見者、來時常以其頭向日、其尾向後、及至日邊、其尾光大而長、離日漸去、尾漸短小、離去愈遠、則全不見尾、前一千九百一十三年、遇日全蝕、晝晦如夜、因見日傍有大彗星、又前一千六百八十年、英國夜見大彗星、其尾在天穹窿一百度之內、星士以量天尺度之、計長一百十二兆里、又嘗見彗星尾長一百兆里、濶十五兆里、以此推測、彗星之頭、必是堅實之物、但其尾輕虛而透光、曾見星尾遮掩北斗七星、尚能見七星朦朧之像、是知其尾輕虛無疑矣、或疑其頭亦非堅實之物、乃星頭接受日光、遂分光及其尾、是頭尾亦爲輕虛之物、有星士測思彗星近日熱於洪爐百倍、乃被日火攻鎔、星質化而爲氣、故望之如鬚如尾、又有人言星尾亦是日氣、是各人設想不同、皆無確實之証、彼蒼浩蕩、人豈能測日月星辰之質爲何物哉、或曰彗星之來或數日而去、或數月而去、其理云何、曰是軌道之不同、此來去之有速慢也、前康熙十九年所見彗星、其近日之時、離五十二萬五千里、每一時辰行七百萬里、或算五百七十五年圓日一週、若此數果眞、則後四百零六年便能再見、又康熙二十一年、西國見一彗星、天文士算其軌道七十五六年一週、後乾隆二十四年果得再見、又道光十五年亦得再見、每見必三月之久、其軌道約遠於啖呢獰土星兩倍有餘、又嘉慶十六年所見彗星、亦三月而沒。彗星之數甚多，古今曾見者，約八百宿。畫工繪記其形者，亦百數。以來再見，可以按圖辨認。另有細小彗星，用千里鏡亦難見其形狀者，以星士逐晚窺天，每年皆見，但其形小而暗，來去不時，故難測度其數耳。有人常憂彗星猝近地球，使全地立成灰燼，蓋因其迫日而過，受日火之熱必烈，且其行運絕疾，不帶日火燒地，則攝引海水泛溢，民人定無生理。或解之曰：彗星近地球之險有一，其不能近地球有二百餘兆之安，以安多而憂險一，亦可以無憂矣。噫，其亦杞人之儔歟。

經星異見論

夜看天空，見光點密佈穹窿之上，不運不動者，是爲經星。在赤道所見與南北二極所見不同在南極所見與北極所見亦不同是爲異見凡人住在地球中帶必見衆星東上西落所見南北二極之星常與地平若住在北方之地見北斗由東北直上天空約移數十度畧轉西北而漸低似常綴佈于地面之上遙望北極星辰則永不動搖覺衆星或上或落環拱而轉若低望南星則見其上行不高似近地面横循而過隨過卽隨落而已南方之人則所見反是。

經星位遠論

經星之至光大者莫如天狼一星乃衆經星之最近地者也然雖最近以天文士推算實遠於日輪數十萬倍離地約一百三

十八萬里、譬如大炮彈子、一時能飛三千三百六十里、計七百萬年亦未能飛至此星之位、是以地球軌道行近此星之時、終不見此星有畧大畧明之餘、此乃相隔極遠所致、凡用大千里鏡窺看行星、月輪必大於目力所見數倍、若看衆定位經星、則反覺其小、惟見其光色畧明於常而已、衆經星以天狼爲近地、除天狼之外、尚不知幾何千萬、其遼遠無極者、又豈人力之所能算哉、天道之大、曷其有極、覩上帝之妙造、神能誠有不可思擬者焉。

衆星合論

星分七等、多光而大者爲第一等、其數約十五至二十之間、第二等約有五十餘宿、第三等約有二百宿、第四等約有五百宿、第五等約有五千宿、第六第七等其數甚多、若以眼力觀望、倘能指數、以千里鏡看之、則密如沙屑、如晴明之夜、遙望天空有白氣一道、中國名爲天河、西國呼爲乳道、皆未深悉其理、若以大千里鏡窺看、只見無數小星攢聚一所、有星士嘗於鏡中定睛細算、約一點鐘之久、見天度所過小星數逾五萬、若擧天河之大、不知其數之爲何如矣、（北斗七星之中有無數小星）張騫乘槎之事、後世附會其詞、訛傳天河有水可通、遂使名人智士皆信其悮、恨無一大鏡、以破斯人之惑耳、或曰、經星與行星如何分別、行星與日輪如何遠近、亦有說乎、曰、經星乃定位之星、每夜雖見

東出西落、惟其疏密度位、亙古不移、若行星則時近時遠、或在
日東、或在日西、以此必知是圍日而行、致若離日遠近、尤易分
辨夫地球與諸行星並皆圍日、每見金水二星時與日會、竟直
跨日而過、是二星乃近於地球之據也、地球與諸行星皆借日
光、而金水二星則有圓缺如月、餘星則光滿不虧、是知金水二
星在地球軌道之內、餘星皆在地球軌道之外、內近而外遠、準
有理數以推算之者、致若經星遠近度位之數、在中國以二十
八宿分野、在西土則分定八十宿名、以界限天球、北半球三十
有六、南半球三十有二、黃道內一十有二、每一宿位之內、其相
連者、有大有小、或少、或多、或合數十為一名、或合數百為一名、

皆取諸其像而會意以名之亦取習推步者易識而易記云爾

博物新編
三集
胎生類
鯨

卵生類

博物新編　三集　一

鱗介類

昆虫類

博物新編三集

英國醫士合信著

鳥獸略論

天下昆蟲禽獸、種類甚多、人知其名而識其性者、計得三十萬種、其有脊骨之屬、一爲胎生、二爲卵生、三爲魚類、四爲介類、四類之中、以胎生爲最靈、西人分其類爲八族、一曰韋族、如犀象豕馬是也、二曰脂族、如江豚海馬鯨鯢是也、三爲翻芻族、如牛羊駝鹿之類、四爲食蟻族、如穿山甲之類、五爲錯齒族、如貂蝟兎鼠之類、六爲啖肉族、如猫獅虎獺豺熊之類、七爲飛鼠族、如蝙蝠之類、八爲禺族、如獼猴之類、各種各族、皆有自然之性、如蜂之釀蜜作窠鳥之作巢鼉置魚鱉之覓水生鰤蛛蠶之吐絲作繭均出于本原之智不教不學不減不增惟獸類始有練習原智者蓋因其五官妙用各有所長如鹿兔善聽貓虎善嗅獼猴善覺食肉類善視莫不愈老愈靈若蛇耳善聽梟鷹目能望遠亦終不能以本原之質而加以習學之智也夫天之生物各適其宜魚浮以胞魚游以翅鳥飛以翼翮翺翔以背毛鷓鴣之能游泳以其掌也鶴鷺覓食于水頭足長也蝙蝠無足不能行地則有翼端懸掛之鉤象類頸短不能俯仰自有鼻端拾掇之指鹿牛食草而難化則有反芻之胃雀鳥食穀而乾澁則有胵膆之能蛛食蠅蚋而不能飛自能出絲以網之鷹隼食肉而無

齒牙自有嘴爪以攫之、鷄鴨生而能食脫殼即行、鳥雛生而必餵哺、有齒喙、綿羊無自衛之能、夜識歸欄而宿、烏賊防他魚之噬、險則噴墨而蒙蔽、遇虎狼聳毛、指箭蜂出螫敵、蘋螢如針、蚱蜢為飛鳥之糧、特出隱遁而保命、蛇蝮乃長軀之物、毒隨牙發、以攻仇、他如螺壳蝌鉗、莫不有護身之法、是皆化工使之自衞、其生者、某地有飽鼠、腹有外胎、胎有數乳、產後育子于其中、一遇險厄、母即藏子逃逸。又外海多鯊魚、其腹恆餓、覓食無已時、然其口在肚下、見有人者落水、必須反身乃能吞噉、善泅泳者、每能持刃以伺刺之、嘗有某甲入海、遇鯊追逐、急不能避、竟被吞噬半身、某乙大怒、隨即入海刺鯊、格鬭良久、乃殺鯊而上、共剖鯊腹某甲半身尚在遂將兩半合而葬之嗚呼海有鯊鱷山有虎狼天曷生乎此蓋禽獸蕃殖日積月多若不相殘相殺勢必逼人無地必不得已而有虎鱷焉皆爲化工之深意所謂無物而不合世用者此也

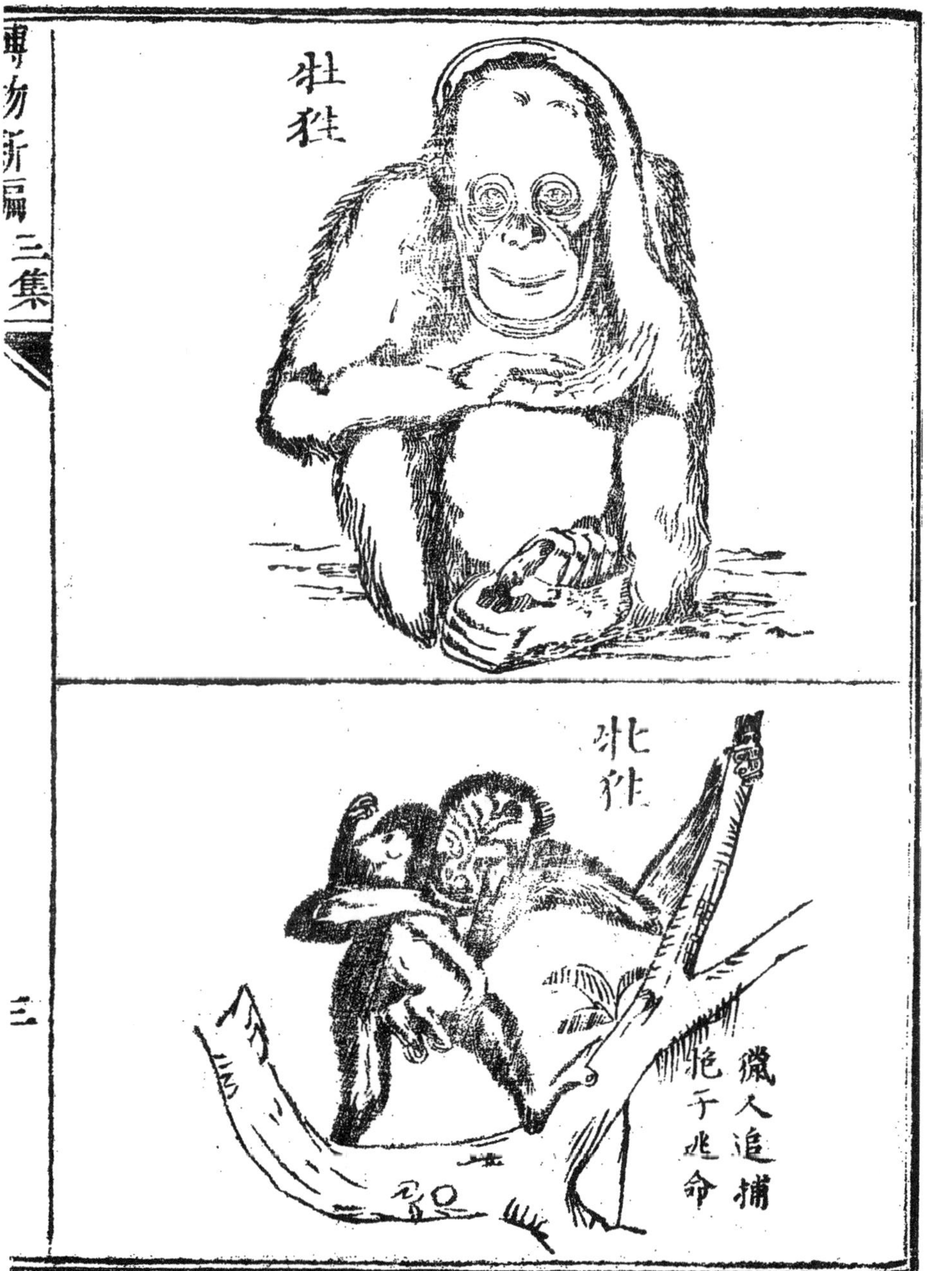
博物新編　三集
三
牡猩
牝猩
獵人追捕
抱子逃命

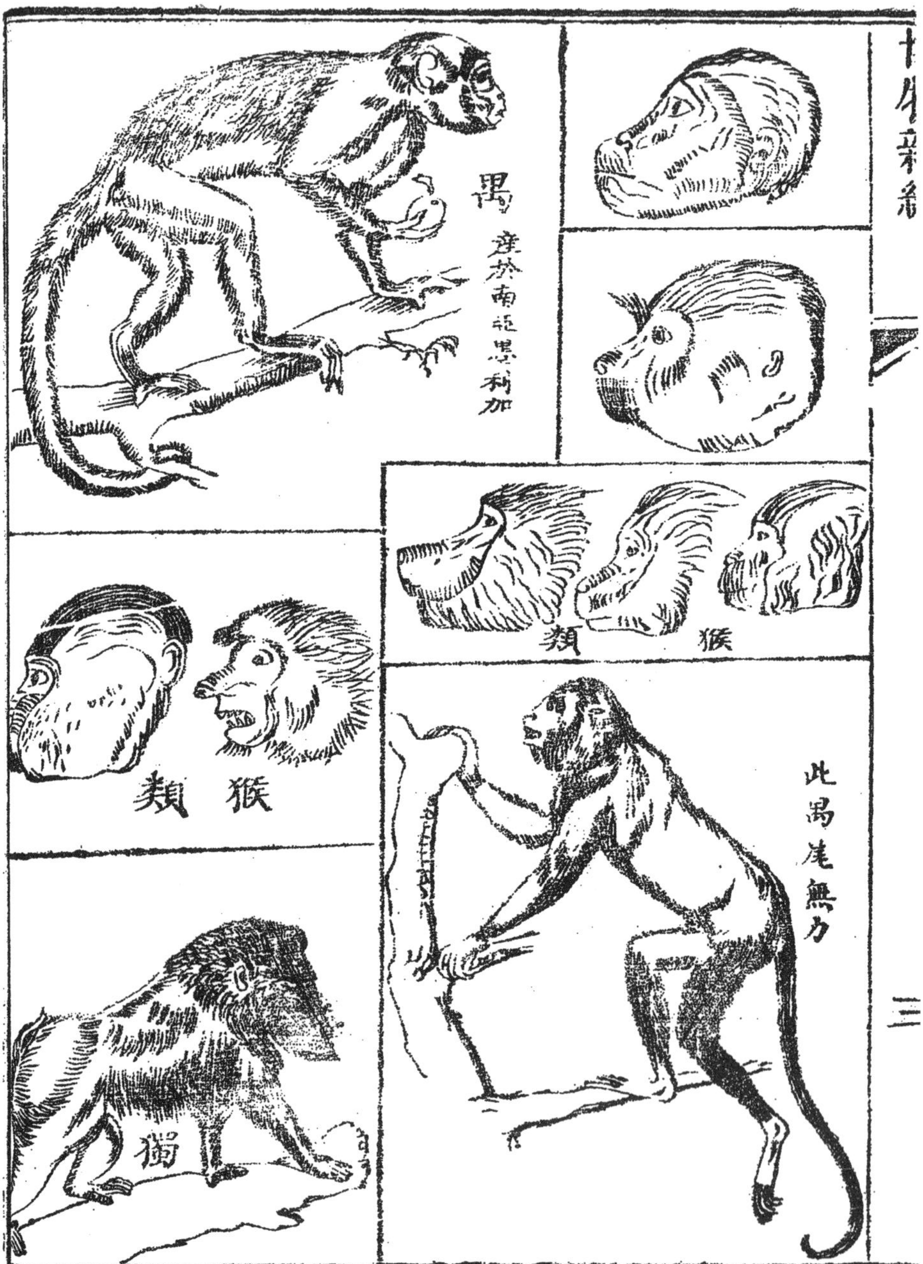
禺
產於南亞墨利加
猴類
猴類
獨
此禺尾無力

猴類

猿、猴、狙、狖、同類而異名、曰胥童、曰巴兒、曰山公、曰野賓、曰蒙頌、曰斯𧴀、曰果然、曰狌狌、曰狒狒、曰猢猻、曰㺑、曰玃、曰獨、曰禺、其號雖不勝屈、西國則別其種為三、長尾者一種、短尾者一種、無尾者一種、其性狡猾、喜跳舞、視諸獸為最靈、猴雖靈而畏人、若不畏人、人當受其大害、食菓棲林、哀鳴長嘯、扳條過樹、捷若飛禽、足短臂長、頰有兩嗛、尾大而長者為禺、能以尾端捲木、懸身作翻空舞、尾短而頭大者為獨、狀惡性頑、面長如犬、鼻孔連唇、眼深眉凸、齒大嗛長、力強性妬、怒則以手抓撲牧者、妬則以手扼殺同類、所謂獨一呼而猿散者此也、尾長而仰鼻者為狖、髯多而鬣長者為㺑、此二類類鼬、無尾而身長者爲猩猩、類如人長、四五尺、上下三十二齒、兩頰無嗛、胸濶胃凸、鼻無樑、指有黑甲、兩爭相對、每于林中以枝葉作小屋、嘗有獵人入山、見一牝猩抱兒覓食、彈以火鎗、直中其胸、猩負痛、緣木撫兒、怒號、吐血瀕死、力擲其兒于高枝之杪、遂昏絕倒地、兒抱枝悲叫、殊堪惋惜、獵人自後不復操此業焉、西國博物院、內有欄籠、專畜猴屬、種類甚多、小者如鼠、大者如豕、教以跳作、觀者忘倦、其性愛熱而惡寒、產於赤道附近諸國、若携往北方嚴寒之地、三四年間、多以肺疾而死、亞墨利加南州、其類甚繁、山園果木熟、時多竊掠一空、其竊之法、先使一老猴登高瞭望、然後聯羣列隊而立、登木摘果者數猴、與次遞傳、頸刻盡其一樹、又顧而之他、時遇園丁巡獲、老猴疾呼報警、一鬨而散、無蹤影、惟老猴忍報、歸巢之後、衆猴共撲殺之、其狡猾如此、所謂猿狖晚成猾、其亦偷果之胥小乎、

博物新編
三集
象
犀

駕重之駝
海馬
齒如象可作羅
冰
冰
冰
冰
水

象論

象與豕同類、其種有二、一產于亞細亞州、一產于亞非利加州、長約一丈、身高七尺、力勝九馬、頭大耳長、目小頸短、不能俯首飲食、不能轉盼顧後、鼻長五尺、準端生一小指、所以拾發芥粒、口外戴牙七尺、口內大牙數齒、粗澁如磨、初生五歲、齔換一次、自後永不退脫、俗傳每歲更換、穴地藏齒、皆爲謬語、其聲清越、細不驚人、四足穩重、蹄有五趾、孕胎二十月而生、奶在前蹄之後、每產一子、三年一乳、野象易孕、家象難胎、子飲乳時、搭其鼻于背、壽長百有餘歲、毛疏皮厚、彈丸亦難透入、色有黑白二種、喜食樹根木葉、捲鼻拔樹、如農圃以手拔蔬、根深蒂固者、先以貳牙挖拔搖動、夜則羣處深林、熱則浮泅河澗、出入成羣、每羣有王、或數十、或數百、擁隨其後、莫不遵循法服、王行亦行、王止亦止、穉子行縋牝母、即以鼻捲抱而前、羣象過河、並皆以鼻仰伸求面遠望、見者幾疑中流肉柱、登岸之時、王先探地鬆實、務得實地、乃呼羣躋、升見有陰林、王以貳牙拂拔樹木、重條疊纈分折成逕、遂以此爲巢穴、時遇牝牡則至、便出林呼吁、引類若遇象王期至、必逐諸隊而客合林中、既定、乃能復聚、彷若有尊卑之分焉、凡獵戶捕象、多俟其期、而誘以計、其捕之之法、或當要路挑挖陷阱、上塡草木、以坑之、象陷坑中、初則甚怒、繼則甚飢、獵者按日擲草塡坑、承飢馴導、象感飼食之德、日漸以馴、十餘日後便與家象聯羣不復知有山林之念又法候野象牡期慾熾即放馴牝誘使迷惑象奴（看象之人）匿伏暗陬伺其親狎忘機潛以大繩索繫蹄足困教使馴乃釋索而制以奴凡欲乘騎駕載或作工牽物象奴出聲㢈不貼耳從聽行道之時奴持鐵鞭跨坐頸項逆命則刺其耳西域（印度等國）戰仗必用使抬炮灘行擱淺必命使推舟其馴良靈敏實為諸獸之冠但不可故激其怒怒則報復嘗有一成衣店諸縫工圍牀製服適有過象止于其門象偶置鼻于縫牀之上縫匠戲刺以針象忍痛不怒隨路吸含穢水比返即以穢物噴噀縫人舉市皆大笑又有一怒象性烈而狂逸欄逃出路人皆懼走內一婦忘抱其兒衆各為婦驚

憂、以爲必死于象、迨象行近、反以鼻抱兒置于路石之側、衆問其故、蓋婦以賣茶爲生、每遇象過、必以餘茶飼象、故象怒亦能記其德也、又有某奴、慣撻象性、象怒殺之、奴婦抱子哭訴于象曰、吾夫屈身作牧、只爲家貧、今汝逞此狠毒、使吾母子無所依歸、汝既殺其父、請並殺其子、話畢、委兒于象下、象俯視良久、以鼻捲兒置坐項間、意欲以兒代父作牧、後象主果任其兒、其象亦比前較馴云云、亞非利加國、有荷囒獵戶兄弟三人、皆以捕象採牙爲業、後以此致富、將欲歸享治任、既畢、更獵一圍以快餘勇、不料反爲象困、莫敢急難、遂被捲却一人、拋擲半空、復以兩齒接承其腹、斯人竟貫胷死焉、夫象之爲獸、龐然大物、乃爲牙故而戕其生、亦事之殘忍者、至若暹羅之事象、又爲詐僞之愚、均可慨矣、暹羅國重佛、敬白象爲神、謂善人之死、魂居其中、每獻食物、載以金銀碗盆、惟恐褻瀆獲罪、其俗陋如此、

犀論

犀之爲獸、小于象而大于牛、身長九尺六寸、體之週圍亦如之、類有兩種、一爲獨角、一爲雙角、生于鼻準之上、有長一二尺者、眼小而深、耳向上、如驢、皮黑而厚、頸股多皺皺、刀鎗箭銃皆不能入、上唇長如馬、下唇短如牛、腹大足短、耳鼻善聞、飽則游泳水中、怒則猛進無退、所向樹木摧折、虎狼辟易、蓋恃其體重而力雄、故以頭撞爲鬬格、所居與獅虎同山、每行必豨狗如豕然

其性畏蠅蚋、每滚泥淖爲護身計、獨角犀產于越南、暹羅、印度、等國、雙角犀產于亞非利加州、每胎一子、數年一孕、所食惟草蔬樹根、咬齧極多、且其性頑而蠢、此化工不欲繁廣其類也、土番獵犀之法、二人各跨一馬、一在其後、一馳其前、犀見即止、將欲作勢、後人急以刀剶其足筋、犀遂倒落、乃從而殺之、由是貨其皮角、一犀約得數十金、取其皮作馬鞭、取其角作杯盞、嚌嚕俗用其屎牙皮蹄作藥、用其角解五毒、効驗殊非、有貴公子家藏犀角玩器甚多、雕鏤精巧、有辟塵却暑消毒等號、價重千金、然屢試不驗、猶珍若珠寶、亦金鋼石爲佛牙之流歟、

天竺古稱佛國、死物奉事土偶木石、生物奉事走獸飛禽、風俗

爲最陋、其絶誕者、莫如謂祖死化牛一節、彼俗父母將死、即擇白牛一犢、名僧徒誦經禮拜、立爲聖牛、給以殊食、配以數牝、日則縱游里巷、夜則引處美欄、糞溺街衢、不敢怒踐、踏園圃、不敢嗔責、事死如事生、敬牛如敬父、富紳鉅族、恬不知羞、相習成風、牢不可破、拙亦極矣。

博物新編　　八

大獅　產于亞非利加　獸中之王

獅巢乳子　見蛇發怒

牝虎啣兒

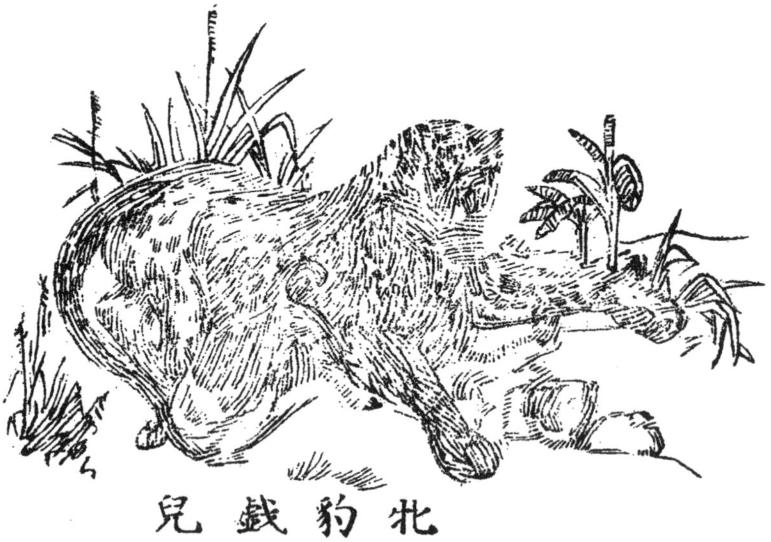

牝豹戲兒

虎

豹

博物新編
獅
北極之羆
乙

虎類論 內載獅子

獅、虎、貓、豹、大小同類、其性貪殘、所食惟肉、捉攫跳躍、利用爪牙、其爪伸縮如意、其牙交錯如剪、掌有軟胞、登高躍下、惟不痛楚、脣有橫鬚、知疼覺癢、凡入林穴、試可乃進、前腿大于後、擒捉生物、必躍而殺之、力勢甚雄、人畜皆懼、除貓之外、家養不馴、其類以獅為最大、產于亞細亞亞非利加二州、身長四尺、高三尺餘、自首至尾、共長八尺、面毛疏短、鬃鬣彬長、怒則竦豎、鬃鬣狀貌獰惡、威伏百獸、虎豹亦為所制、色麻而黃、目圓而大、晝伏夜出、瞳人長豎、饑伺飽眠、或居山林巖穴、或處茅葦叢中、日間覓食、伏水濱以俟渴獸、夜間覓食、俯地大吼、聲如遠雷、麋鹿聞之莫不驚走撞遇必爲所食乳獅鬣短如虎懷胎四月而生每生三四子乳牡獅相哺育飲乳週歲卽離母覓食乳期既屆便有數牡爭雄交合之時吼如雷怒乳產子後其性甚猛牡獅莫之敢攖凡捉牛擒馬皆背負以走舊歲一踔牛馬脊骨亦裂所殺多猛獸餒極始啖人既食人肉自後則喜啖人獸之弱者每爲所攫人類之肉喜嚙黑奴飢能數日不食渴必每日一飲嘗有黑奴牽牛飲水忽見澗中露二巨眼注視不瞬牧奴細認知是餓獅竊幸有肥牛供食當不爲其所殘遂釋牛疾走獅竟銜牛逐之牧奴緣木登避獅蹲守樹下仰望流涎盡一晝夜始奔泉以去牧奴乘機走歸獅復至故所攝跡直抵其門次日乃離而去焉西國博物

園有一馴獅常與牧者狎戲牧者擘啟獅脗直抵頭于獅口之中觀者莫不股慄後牧者死獅甚悲呼數日亦斃云羅馬國古例凡罪人當死必置下牢以飽獅腹嘗有老僕得罪其主主使囚諸獅牢以餒之獅嗅視良久掉尾搖頭似甚親愛王問其故乃數年前嘗爲之拔刺云云

虎論

虎身高三尺首尾長約七尺黃背黑紋兆色純白尾毛黃黑相間齒牙尖銳爪利如鐮性黠而殘不激而怒喜戕生物禽獸聲能振物驚人力能負牛疾走一胎四五子孕四月而生牝虎愛戀其兒牡虎置而不顧產于亞細亞州之南以印度新嘉坡蘇

門若立爲最多前五十年印度虎患甚劇英吉利官遍出賞格以招虎師擬以擒獲一虎謝銀數元一年之内遂費庫帑七萬五千餘元虎患自是一息然終不能絶滅其類近年旅客樵夫倘亦有遭其害者印度有武弁方食忽被巨虎啣負而去正危迫間猛悟腰有佩刀遂竭盡精力刺其心虎果應手而斃竟得生還若蘇門答立之俗甘受虎害而莫之敢除每謂祖宗之魂附于虎體故殺之者則子孫不昌以是虎患日增莫或寧處嘗聞彼處獼猴甚多一見虎來即攀于樹虎至樹下睜目咆哮衆猴驚落如果印度國擒虎之法或以樹膠濃糊落葉密排于草地之上中置小狗虎聞吠聲即來攫食膠葉遇爪則粘虎被糊

口眯目愈動愈多、竟不能脫、獵戶遂斃而剸之、又法、以竹織一疎籠、入臥其內、并攜一犬、虎至撲嗅、即以銳矛透櫃刺之、又法以木桶作鞍、駕于象背桶中置火鎗長矛、二三人伏于其內、直抵巢穴、象助以足、人則以鎗、一日之間、常有獵十餘虎者、節度醫生、每貴其皮骨作藥、然亦不見其効焉、

豹論

豹身高二尺餘、首尾長五尺、肚白背黃、班駁可愛、其性畏人、喜啖小獸、力能上樹、跳躍甚疾、類有數種、不一、其名中有一類、可教畋獵、小者餵以熟食、可使馴如家貓、大者教捕鹿麋、可使畋如獵犬、俗謂虎生三子必有一豹、其說非是、

二

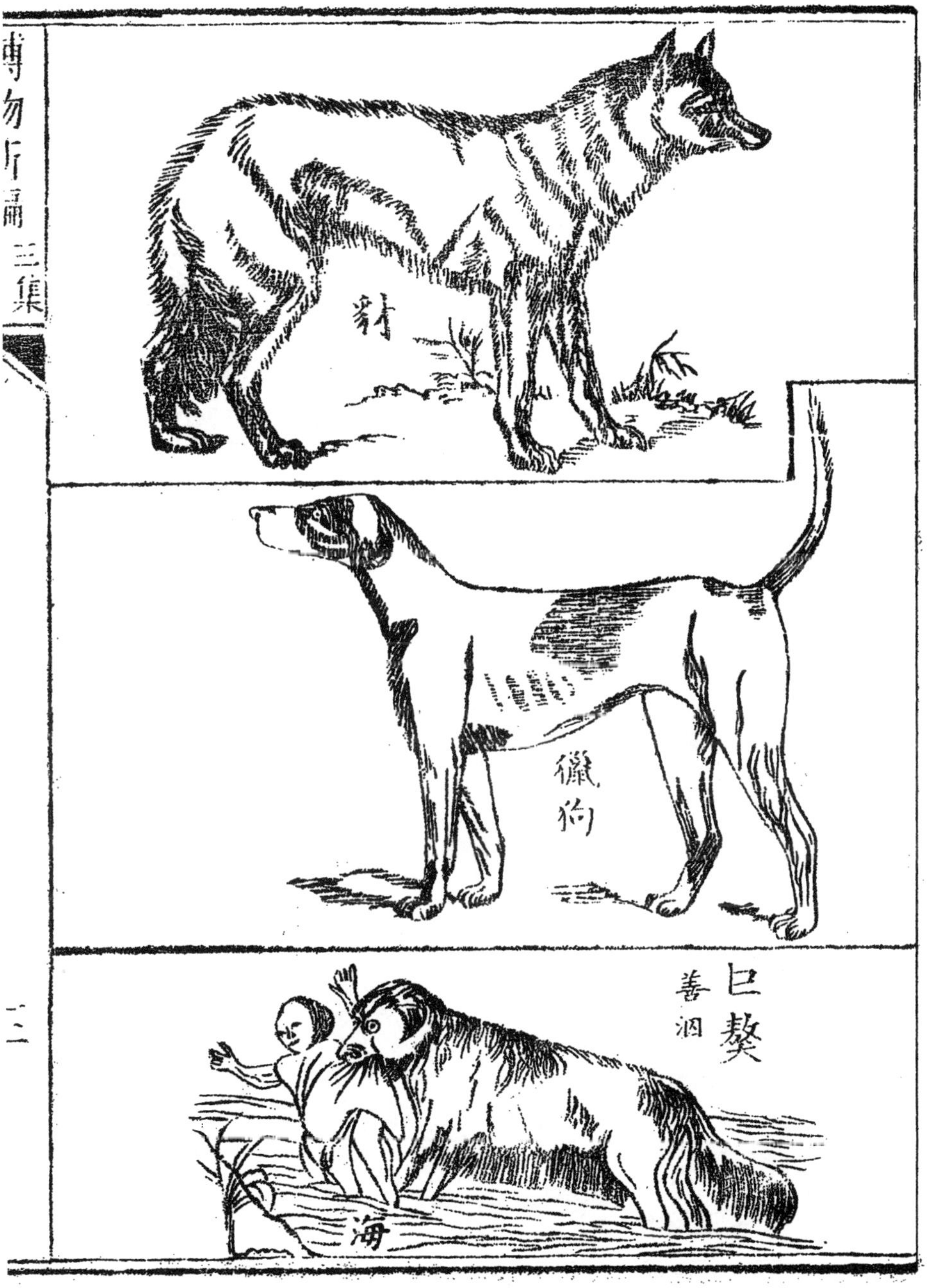
博物新編　三集
豺
獵狗
巨獒
善泅
海

狐
巨獒救人
雪山
熊
產子深山
熊
野貓
豪狗

犬類

豺狼、狐、犴、皆犬之屬、類分善惡、性有剛柔、惟犬尾捲上、豺尾下垂、微有差別、孕胎六十三日而生、產後十日開眼、四月出齒、兩年長定、牝牡交合、飲食哺乳、則彼此皆同、豺狼之性暴而猶常聯羣以捕麂兔、色有黑白二種、身高二尺、長約三尺、每乳八九子、性頗畏人、飢極亦噬人、獵者或放鷹攫其目、然後殺之、嘗有一賈客、駕馬車入山、路遇羣狼尾其後、似有吞噬之意、客大恐無所為計、忽憶車內有長繩、乃結數索懸于窗外、羣狼疑是網罟、遂皆散去、前數十年、英吉利國豺狼甚多、民不聊生、王乃捐金立約、有能獻一豺舌賞銀數元、十餘年後、豺狼之跡遂絕、今人竟有不識其狀者、俄羅斯國地近北極、其冷異常、豺狼最盛、曾有數馬兵同行、羣狼出而繞之、各以火鎗彈斃百餘隻、狼猶圍繞不散、迨彈藥盡、終爲狼所噬殺、其慘毒如此、又有婦人與三子歸家、路遇餓狼數百、繞車左右、婦知不可脫、擲幼子于車外、以飼之、初意其得肉則止、但狼多肉少、不得食者仍隨繞不離、婦再擲一子于外、而狼隨如故、又再擲一子、狼始少息、乃策馬抵家、夫見子死、婦歸、怒其忍心、即持大斧劈殺其妻、事聞于官、竟將其夫繫獄、後遇恩赦釋之、狼之爲害、類多如此云○

犬之爲類、小者爲犬、大者爲狗、絕大者爲獒、類分十餘種、毛分十餘色、諸獸爲最馴、其用爲最大、西人愛若義僕、有育以牽車

二

者有育以牧羊者有育以救人者有育以守夜者有育以捕盜者有育以畋獵者有育以拘贊者北極荒莫之野綿亘數百里隆冬雪深數尺一望平如銀海過客無路可尋必須藉犬車作指南否則有顛躓迷途之險是名車犬其用一也又喘吐國與噫吠哩國交界之處有峻嶺曰啲噴橫枕數千餘里兩國貿遷之客渡嶺者絡繹不絕然嶺逕崎嶇風霜甚苦道上行人每感寒瘴忽覺迷惓遂懨懨昏睡路隅俄而六出紛飛竟為雪葬或半途遇雪擁路不前進退維谷僵趺坑窟富而仁者乃于嶺頂建一蘭若多畜巨獒以救之纏毡彩于獒身懸樽酒于獒項嗾使四出獒隨嗅隨行覺雪裡有人獒即挖爬出之蹲守其側俟

人醒飲酒穿衣，獒始返去，人皆凍死，獒即奔報其主。有一靈獒，曾活二十二人，好事者捐金鑄鐶以鉗其頸，環鐫文字以紀其功云。又有乳母抱小孩立橋觀望，兒在懷間喜躍，失手傾墮水中，傍有巨獒躍從而下，泅啣救之，是爲靈獒，其用二也。又西國多牧羊爲生，或數十爲羣，或千百爲羣，日牧于山，夜宿于野，育數犬以爲巡邏，時或亡羊，即嗾犬指使尋覓，萬無一失，是爲牧犬，其用三也。又一種名曰血犬，其鼻善嗅，遇有偷兒入室，主使嗅其足跡，雖百里外亦能追躡獲之。曾有亡羊之家，牧者使犬嗅欄跡賊，犬且嗅且行，果獲賊于鄉村數十里外。又有海寇數艘，中有巨獒，賊出行劫，獒亦登岸攫羊，經數晝夜，羊羣死者甚多每囓羊腰而食其胸後設法以鳥鎗斃之又有醫士入城診脈路遇跛犬呼引之歸試以藥敷治其足數日尋愈旋使返其主家後年餘犬另引一跛者徑造醫院搖尾求醫再以藥治之使愈乃戢耳並行而去又有醫士偶行郊野忽有巨獒隨諸其後醫士作聲呼喝獒仰目搖尾如認故主忘轄奇之同行數里倏有數賊拔刀攔路醫士嗾獒噬賊賊衆披靡遂獲免而歸擬欲留養此獒獒終遁去又佛蘭西俗尚皮鞋好以墨膠磨使瑩潤以是路有擦匠爲人磨擦靴鞋者嘗有貴紳徒行拜客偶污其靴遂出數錢使匠代擦及行數武靴復污如前再擦再污莫知所自乃留心瞻顧見一小犬頻來繞攏頓悟乃匠使之者紳

喜其慧遂以多金購而獲之後攜犬往英吉利一日忽失所在蓋犬已搭火輪船回國歷萬里重洋而尋故主矣西國之犬暑天每有瘋病人被咬傷即作犬聲十死八九故西俗定例暑夏須用竹笠籠犬口否則捕殺勿問正爲此耳犬之服役于人其用甚大實難盡述天下萬國有人即有犬不以寒暑而絕其類固天之所以衛人也

熊羆論

熊有黑白僟三種鼻厚而長多產于北方嚴寒之地以山巖樹穴爲巢爪長而利力能挖地作窖走以四足行以兩足其勢甚雄每用前足攏殺生獸性頗畏人皮可作裘脂油可作燈燭能

治風濕髮鬚、腸可糊窗明如玻璃、筋可作線、紉如麻苧、喜食樹根、野菓尤嗜蜜汁、饑極則食肉飲血、冬至必入地成蟄、類與熊同、而體細於羆○羆為北極最大之獸、高約四尺、長七八尺、毛色純白、獨行不羣、力能以兩手抱馬而行、在山攫野獸、入水捕海狗獸狗、絕蹟則食蔬、每產二子、性甚慈愛、人捉其子、母必冒險尋覓、人殺其母、子則依戀哀呼、上樹如貓、以爪爬行、下樹如人、以足先落、履冰踏雪、行走如常、實獸類中之靈動者也、嘗有洋船入北、泊于山下、適有牝羆引子覓食、舟人擲肉誘之使近、遂以火鎗擊其一子、牝羆呼戀不去、乃並其母而殺之、或謂羆為熊之雌者、非

博物新編　三集

三

山馬

家驢

野驢

馬論

家中六畜、皆有用于人、而服役之良、則以馬為最、敎之戰、敎之耕、敎之畋獵、無不如意、其性少悍、其力雄豪、有肝無膽、常不畏怯、駒以四歲長定、年不過三十而死、平居喜群、不喜獨、覓食相讓、不相爭、呼吸以鼻、喘口不張、睡少醒多、食草入胃、不齝嚼、蹄踢兩耳先反向、天下之馬、以亞喇伯為最良、身高八尺、日行千里、其土人伏野馬之法、二三人以繩索其頸、駕以鞍勒、一人騎而縱之、俟其跑躍既倦、然後馳敎以歸、半日之間、野馬遂成家馬、英吉利、佛蘭西、皆取購焉、英國近多鬪馬之戲、其賭最豪、爽勝負于一場、動以番銀百萬、其絕快之馬、每瞬睨可跑三里、時一辰可跑三百六十里相馬以鼻孔大、四蹄壯、毛滑、皮薄、爲良選馬以善跑爲上善獵次之、騎駕耕駝又次之、然渡嶺登山則又不如驢騾之便驢體小身其性耐駝步驟從容不忙不迫從不停蹄久勞無病騾則次驢亦馬其力尤勝西域用驢皮作靴鞘鼓或製紙以書券契數百年字不磨滅傳聞亞非利加深山之中產有花驢一種皮紋斑駁如虎駿駛捷速獵捕甚難若得之以爲騎乘當勝王粲之落敘白驢矣

駱駝論

駱駝其狀甚異頭似羊而無角口似兔而崩脣身高六尺蹄有兩甲（兩甲分岐處甚淺）口內上門牙二下門牙六另有貳牙二齒尖利如虎怒則咬人脊上肉鞍隆高尺許瘦甚則平如牛馬有雙鞍者有單鞍者其色蒼褐紫黃類分數種其性忍耐力能負重致遠常駝日行八十里快駝日行三百里壯者可負千斤劣者亦駝數百人欲鴐載駝卽屈足跪受重足其力卽起若重過其力雖鞭撻亦不起行每胎一子孕十一月而生哺週歲而止乳其壽不過五十年水氣能臭十餘里每交春季毛茸毬脫長者可織氈絨滑不畏濕其糞乾可代煤其溺製可作藥其肉甘美其

乳甜滑，產于沙漠之地，性耐熱而惡寒。亞細亞州之西，以波斯、土耳其、伊犂、後藏、埃及等處爲最多，亞墨利加、歐羅巴無之。其腹能忍饑，時能數日不食；其胃能禁渴，常能數日不飲。胃中另有水脬，能貯淸水十餘斤，自備其用。嘗有賈客乘駝遠出，渴極欲死，遂殺駝剖胃，取水自救。其食喜啖荳麥，尤嗜棘刺，美而貴者價值二百餘金。凡平原曠野，數日不見垠倪，必須藉駝之力。沙漠土番謂駝爲陸舟，以其有負荷乘騎之功故也。然其性雖忍耐，若無端加以鞭楚，則必有報復之智。曾有暴客御駝甚虐，駝忍怒不變，俟夜深人靜，乃就主榻碎嚙其衣。適幸暴客他出，次早駝見主歸，知計不遂，乃氣而死云云。

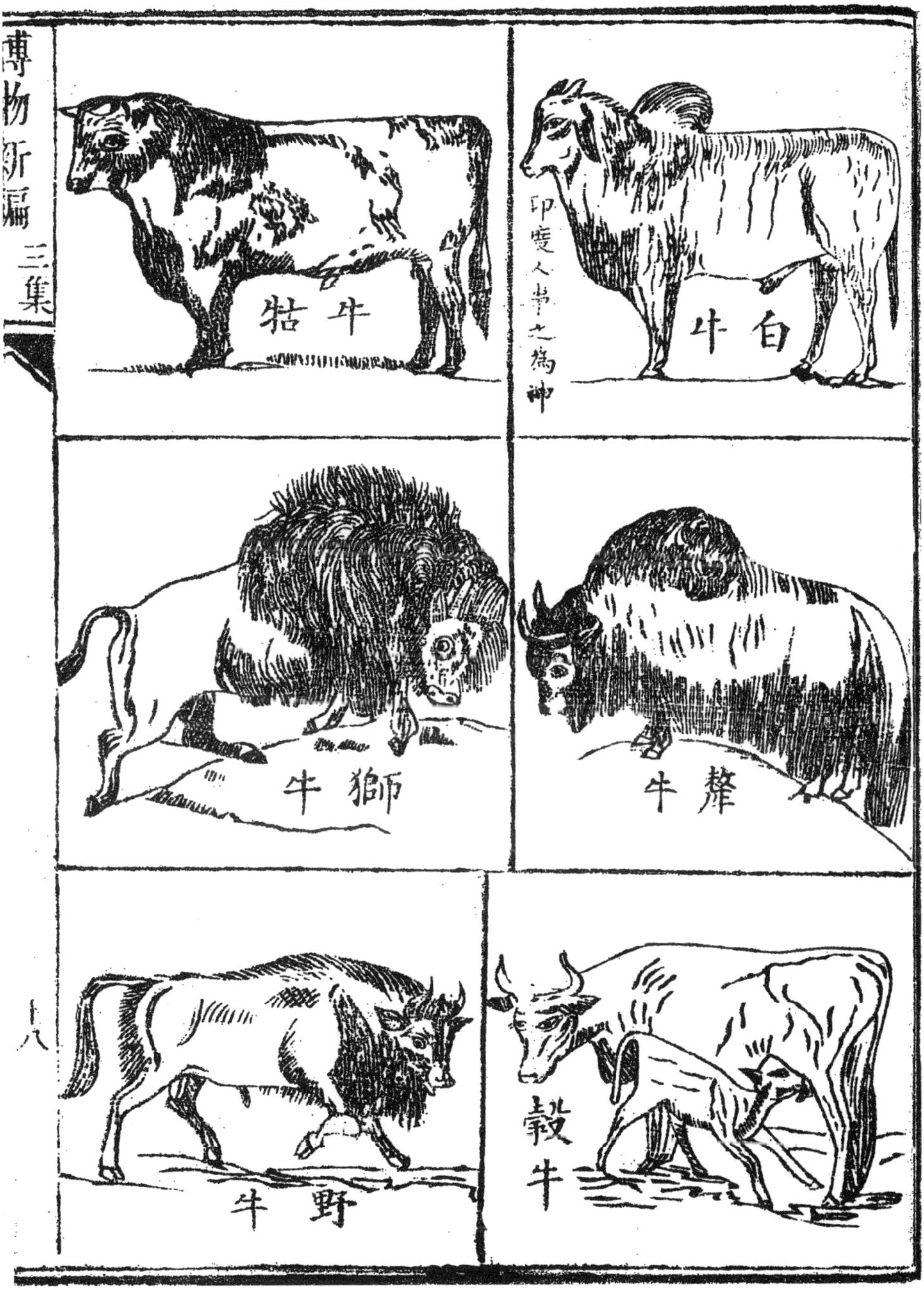
博物新編　三集
十八
牯牛
白牛
印度人崇之為神
獅牛
犛牛
野牛
穀牛

金錢鹿
圍鹿
綿羊
山羊

北極人用以牽車
麋

麋

之獵猢
中國無名

齝獸論

食草之獸甚多、反芻出嚼各類、有牛羊駝鹿性蠢而馴、不殘生物、胆怯而懦、自衛無能、腹有四胑、胑有百葉、首有兩角、各有用材、其腸二十八倍長于身、其牙粗濶如磨、而不銳、肉甘可作脯乳汁可作酪、肉食中之上品者也、類各十數種、種種有奇形、牛類則有水牛、黃牛、封牛、犀牛、猗牛、犛牛、羊類則有山羊、草羊、綿羊、羚羊、鹿類則有麞鹿、麝鹿、麋鹿、鹿類雖偪指計、名犛牛產于後藏、身黑尾白、毛長如氂、胃有牛黃、可作藥、西域有白羊、肉甘無比、毛長盈尺、春後則剪其毛以織絨、冬至復長、長如舊、西域有麟日之獵、獨豹文而驢足、身高于人、項長八尺、自首至蹄高逾丈五、食蔬不食葷、翹其首高樹可攀、捲其舌人枝可折、目能顧後瞻、前身勢易仰、難俯、胎一年而子生、產于野而難捕、誠爲麋類之特、夫鹿爲北方之產、其性耐寒、北人藉以作工、凡牽車負荷于冰雪之上、有非牛馬所可及者、且其筋可作弦、骨可作器、角可熬膠、皮可製服、故北諺曰、家有五百鹿、錢財必豐足、殆勝于南人黑牡丹矣。

胎生魚論 鯨魚

魚類皆卵生、鯨鯢江豚則胎生、口有鼻而腹有肺、胸有乳而皮無鱗、不能涵淹海底、須刻必出水面呼吸生氣、是水族中之一種、未可與鱗介比類也、北溟有魚、其名爲鯤、雄曰鯨、而雌曰鯢、色黑如牛、眼細如馬、身有毛而時脫、耳有孔無輪廓、頰骨如網、無牙嚼食、一種亦有牙其喉器大口濶如房、喉嚨極小、飢則張口以撞魚蝦、游則成羣、以吹波浪、以鼻噴水高二十餘丈胎一歲而生、鯿長一十有二尺、乳一年而長、經二十餘年而始大、母性愛子、依傍同游、呼吸有聲、鯨鬧數里、每一沉潛入水深數百丈、每一浮起呼吸約八九息、皮內有纖脂一層深約十尺、嘗有一孤鯨、誤入淺港西人殺而量之、自首至尾長七丈六尺、胸濶十四尺四寸、頭長十七尺六寸、脊骨六十二椎、脇骨每邊十四肋、每肋長九尺六寸、翅長一丈、尾尖橫濶一丈八尺、骨重三十五敎、每敎五百二十五担肉重八十五敎、骨肉皮血共重二百四十九敎、脂油約得三十敎、水族衆類、固以鯨魚爲最大、即地上衆生、亦當以鯨魚爲最大矣、然莊子謂鯤之大、不知其幾千里、蓋亦滑稽之言耳、近年英吉利花旗國人、多以打鯨取油爲業、其人駕大船漂游北海、日使人上桅以千里鏡窺探、見有鯨起、即放數三板艇追尋、每艇七八人、備帶繩纜鈎標等事、捍槳直至魚所、密伺鯨起、即以鈎標力刺其項、鯨負痛帶標而沉、標落而繩亦落、既落復起、既起復標船旁落繩之處、使二人定睛守著、一澆水、一持刀、並恐繩落急而激熱成火、又恐繩有阻而連船亦沉、則持刀者割新繩而使之離落去也、夫鯨雖巨物、困極則倦、倦極則浮、由是縱艇隨其所之、各以鎗刃刺之、使斃、海水盡赤、乃以繩纜繫帶于大船之旁、剝其皮、掘其脂、漁父各躡釘履而入、往來搬運、脂盡始離而去焉、有一漁船曾殺四十四鯨、前後獲利以數十萬計、據云鯨之力在尾、奮怒一掉、則船爲之破、而艇爲之沉、亦險矣哉、

博物新編

二十

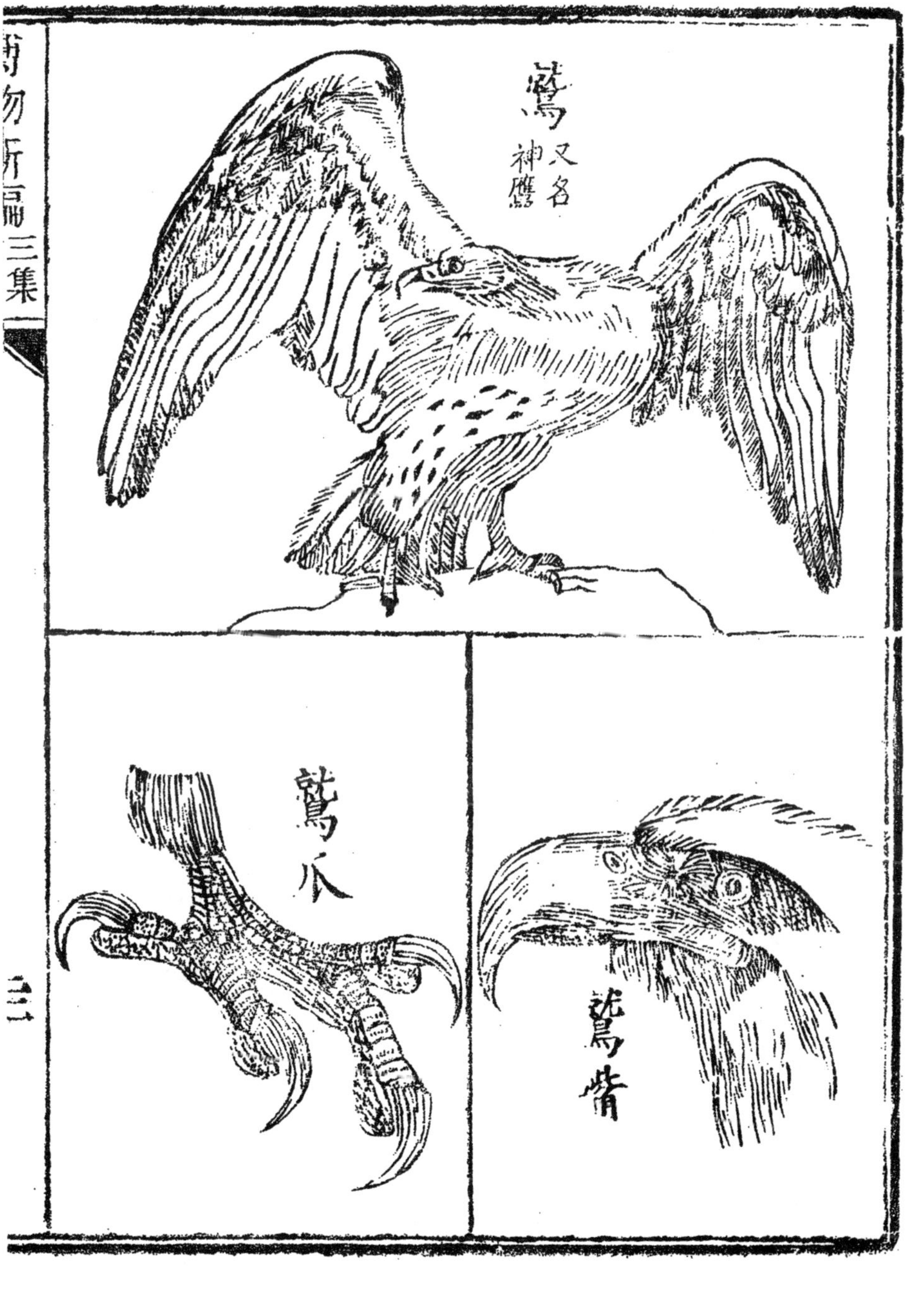
博物新編　三集
鷲 又名神鷹
鷲爪
鷲首

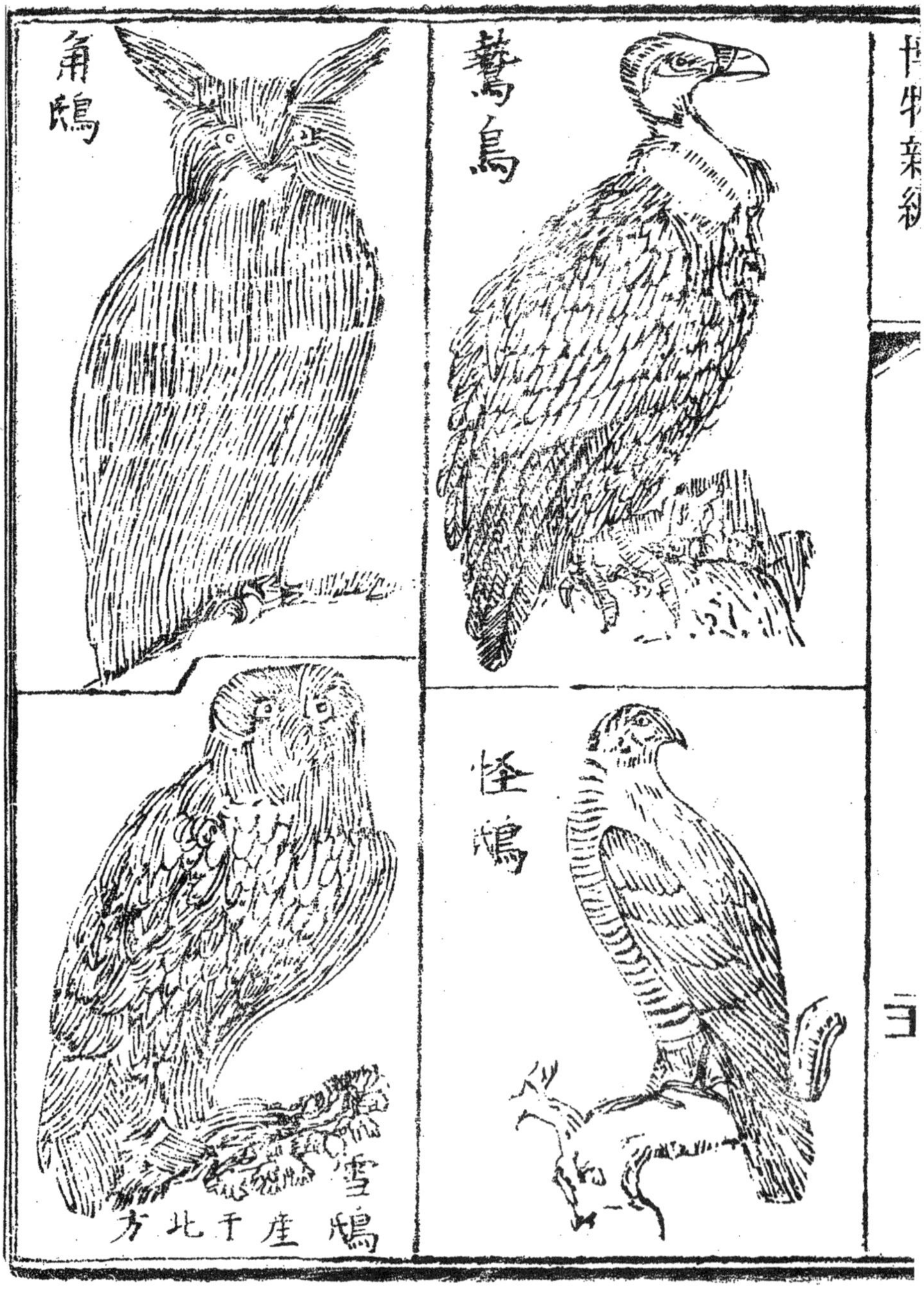
角鴟
鷲鳥
雪鴟
産于北方
怪鴟

鷹類論

鷹有數種、鳥中虎也、所食惟肉、嘴爪甚雄、翼長能高飛、目利鼻善嗅、有一類產于熱地、專食死尸腐肉、名曰鷲鳥、項上無毛、項下有茸領、狀若披肩、身長三尺、翼長八尺、遍體毛羽甚密、性耐痛而難死、每餵子則吐餌而哺之、天竺人死不葬、常浮于海、以飽鷲腹、飢鷲恆飽啖而不能飛、又有一種、產于冷地、性能耐寒、自嘴至尾四尺、以長橫展兩翼幾及一丈、目惟最靈、能視日不眩、嘴有曲鉤不利于作巢、每攫禽畜魚鱉肉食、鮮而不食腐、足力甚大、常能抓物高飛、生蛋則于崖巉之上、抱之、名曰神鷹、曰鶚、曰鷂、曰隼、曰鵰、曰鳩、曰虢、皆為一類、惟以狀類大小別其名、嘗有孩子在山邊要玩、忽遇巨鵰抓之而去、飛至半空、猶聞孩子呼叫、其母痛切骨髓、遙視巨鵰置兒于絕巘之上、巖巉千仞、莫可如何、中有勇者極力扳緣、竟至半山而返、其母急不自顧、遂披茅履險、直抵山巔、果見其兒臥于骨朶之中、血衣模糊、悲啼欲絕、乃懷抱而下、果獲生存、又有一種曰鴞、曰鴟鴞、曰角鴟、耳善靜聽、目善視、夜飛快無聲、專食鼠兔、日間則伏于樹孔破屋之中、夜深鳴啼、聲如擊鼓、聽之令人心恐、俗謂病者聞聲必死、縱有靈驗、當亦偶然之事、斷非一鳥可能嚇人命者、然其聲慘而哀、平人猶不樂聞、而況于病體昏沉之時乎、凡田場穀倉之處、又須藉此以除鼠耗、是又鳥中之尤用者。

博物新編　三集
服假駝鳥以
捉真駝鳥
駝鳥
産于南洋州島
三

鸛雀
長三尺餘產于亞非利加
髻鶴
鶴類
西人呼為火烈鳥
亞非利加鸛雀

無翼禽論

禽本有翼翔空者爲飛禽走地者爲家禽惟一種有羽而無翼者產于沙漠曠野之地嘴鈍無力日食穀實果蔬頸腿並長蹄有二趾如駝健步疾走馬不能及怒觸以蹄用踶踢遇物狙逐即以足抓砂石力擲于後勢如炮礟弓彈受者輒傷味鈍日大毛片鬆茸性頗頑鈍有一種產于亞非利加州土名駝鳥毛甚珍貴一羽可值數金每歲成羣一雄而數雌皆同巢棲宿一巢常有數十卵三十起至六十止抱四十日而雛生或云其卵乃借日熱而成不須翼抱其巢邊另有數十卵雛出即啄而自養之一卵之重約得七十餘兩殼瑩白而硬可以製盃土人獵之之法或騎駿馬而馳射之或服其毛殼而近捉

之鳥身約高七八尺養使馴熟可以騎代騾馬又一種曰鴯鶓產于嵩羅巴澳大里亞波羅洲之地足有三趾比駝鳥而路細身高五六尺一巢七八蛋其行走食物與駝鳥同聞有骨髻類如朱頂鶴又一種土名鴞騑獨產于澳大里亞前十餘年人始識有是鳥喙邊鬚豎如蟹觜尖而長嘴有錢鉤如釣頭細目小足長走疾夜出覓食遇光則盲不見物足踢之力甚猛喜食蚯蚓土人取其肉作饌味與雞鶩而鮮野

涉水鳥

鸛鶴之屬頸足皆長利于涉水其類有數種大小長短不一其形每于水濱伺啄魚蝦嘴長而利魚體雖滑亦莫能脫

格物入門七卷（卷一至卷四）

〔美〕丁韙良撰

《格物入門》七卷，美國丁韙良撰。丁韙良（William Alexander Parsons Martin，一八二七—一九一六），美國長老會傳教士，一八五〇年來華，一八六五年受聘爲京師同文館教習，一八九八年任京師大學堂總教習，撰有《格物測算》、《西學考略》等。是書爲同文館教材，係廣搜泰西群籍，採其易明而有實效者，輯録而成。凡七卷，依次爲水學、氣學、火學、電學、力學、化學、算學，意在由淺及深，漸次而進。全書取問答形式，前六卷詳述各類物理、化學概念，附圖介紹實驗裝置、實驗過程、科學現象及原理等；末卷爲水、氣、光、力四學之提問及解答。書中多有眉批，以標其綱目。又以所述物理、化學知識較爲豐富，且簡明易曉，遂爲清末影響較大之自然科學著作，先後增訂爲《增訂格物入門》、《重增格物入門》，並傳入日本。據中國國家圖書館藏清同治七年（一八六八）京師同文館刻本影印。

戊辰仲春月鐫

格物入門

京都同文館存板

格物入門　卷一　水學

格物入門序

宋學格物不庠所格何物㠯為物物而不物於物也然而治漢學者時復左宋而右漢烏虖日月麗天江河行地之兩家者上下千古卒未有㠯相勝顧未稔學者致力何如耳泰西之學確摯銳勒不哂夸父而恥不愚公

所謂有弗學學之弗能弗措有弗問問之弗知弗措有弗思思之弗得弗措有弗辨辨之弗明弗措有弗行行之弗篤弗措者輒於泰西乎見之惜其語言文字中國不能通我

國家握符闡珍宣風重譯思有㠯大無外之規而廣見聞之所不及於是

乎有同文館之設而延西士教習其中　冠西丁教師與焉　冠西博通强記來中國久能華言迺者綜所學西學之水學氣學火學電學力學化學算學歷著之華文里質其詞搆為問答說所未喻豁之㠯圖承口講㠯手畫洵明白而易曉學者於此玩索而有得焉亡論示漢宋學何等其要則內而析理外而利用非空言也鄉也觀於洴澼絖之事蓋其淺焉者已

大清同治七年青龍在箸雝執徐律中太簇之月揚州董恂撰

二

序

泰西之學始於利瑪竇之東來迨後南艾諸公擴而充之益見詳備然所言者天文歷法於格物窮理之說未之詳也余頃待罪閩中因公至廈門晤米利堅人雅裨理廣見博聞之士也能作閩語余暇輒引與長談於泰西各國古今形勢粗知大畧至格物之學未暇及也至同治五年奉

一

旨陞見派在總理各國事務衙
門行走管理同文館事務
因而識　冠西丁君　冠
西學問淵博無所不通著
有格物入門一書屬余為
序余受而讀之皆聞所未

聞且一一可以見之實事
與他人之馳騖元虛其語
卒不可究詰者蓋判然矣
大清同治七年仲春
五臺徐繼畬拜手序

凡例

一格物之學源於開闢太初之人始出兩間環覗萬物究其性情別其名目斯爲格物今人戴高履厚內我外物日與庶類以接爲搆雖不學不思亦終於與知與能者略悉一二然非專心研究焉得貫串維繫而掌天地之秘鑰以啟宇宙之寶藏乎

一泰西之興格物久矣而近代尤隆尙也各國設庠序以課之錫爵以勞之遐邇徧搜互相爭先蓋富强之策在是已苟以中華士林之衆輒與之廣誠志乎窮理精藝之學其誰可及哉

一是書之作由美國敎師丁韙良來茲中土蒙
王大臣延爲同文館敎習昕夕思維利國便民莫急於格物於是蒐羅泰西羣書譔爲考覈采其易明而有實濟者編成七卷由總理各國事務大臣批閱因
命付之剞劂云

一是書次序由淺及深自水火發端而電力化算各學相繼問以出題答以破題條分縷析文義惟求明徹不事艱深仍恐辭句有未適者即經大興生員李光祐河間貢生崔士元襄之潤色脫稿後復蒙　大司
馬董　加之　斧政云

一學者諳其理習其事二者並進方覺工夫有味而實效可望然每舉一端器具材料務臻精審否則試之不驗如此而依次諳習七卷可謂得門而入矣

一卷中偶有洋里洋尺等語華尺十寸爲洋尺十四寸一分中華三里爲泰西一里卽洋里也

一卷中所加眉批凡皆標其綱領立片言以居要亦以釐定其眉次也

第一卷水學

第二卷氣學

上章論天氣

第三卷火學

上章論熱氣

第四卷電學

上章論乾電

中章論溼電

附論磁石

第五卷力學目錄

第六卷化學目錄

第七卷算學目錄

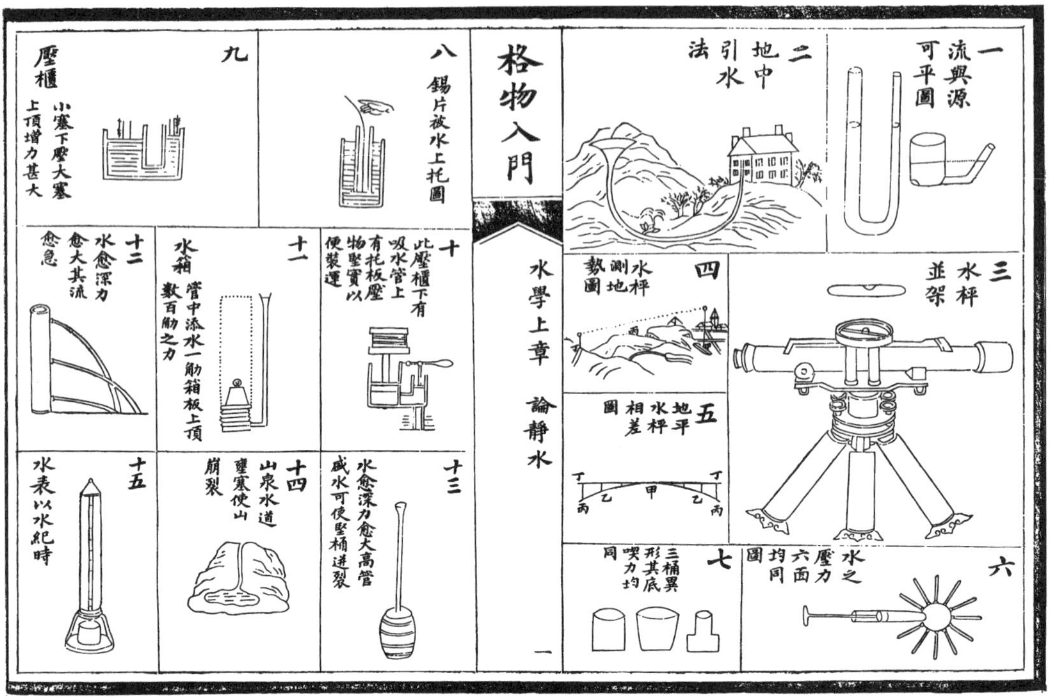
格物入門
水學上章　論靜水
一
一 流與源可平圖
二 地中引水法
三 水秤並架
四 水秤測地勢圖
五 地平水秤相差圖
丁 乙 甲 乙 丁
丙 丙
六 水之壓力六面均同圖
七 三桶異形其底喫力均同
八 錫片被水上托圖
九 壓櫃
小塞下壓大塞上頂增力甚大
十 此壓櫃下有吸水管上有托板壓物堅實以便裝運
十一 水箱
管中添水一觔箱板上頂數百觔之力
十二 水愈深力愈大其流愈急
十三 水愈深力愈大高管盛水可使堅桶迸裂
十四 山泉水道壅塞使山崩裂
十五 水表以水紀時

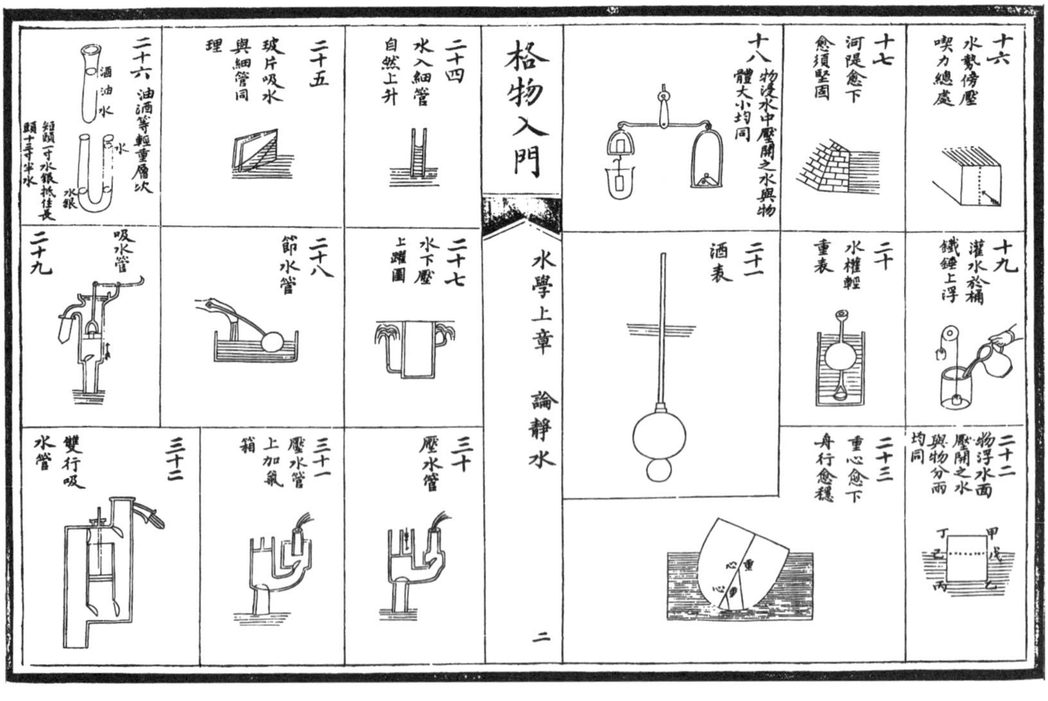
格物入門
水學上章　論靜水
二
十六 水勢傍壓喫力總處
十七 河隄愈下愈須堅固
十八 物浸水中壓開之水與物體大小均同
十九 灌水於桶鐵錘上浮
二十 水權輕重表
二十一 酒表
二十二 物浮水面壓開之水與物分兩均同
甲 戊 乙 丙 己 丁
二十三 重心愈下舟行愈穩
重 心 心
二十四 水入細管自然上升
二十五 玻片吸水與細管同理
二十六 油酒等輕重層次
酒 油 水 水銀
短頭一寸水銀抵住長頭十寸半水
二十七 水下壓上躍圖
二十八 節水管
二十九 吸水管
三十 壓水管
三十一 壓水管上加氣箱
三十二 雙行吸水管

格物入門

水學下章　論流水

三十四　救火水龍車

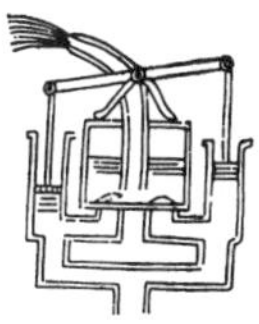

三十三　救火水龍

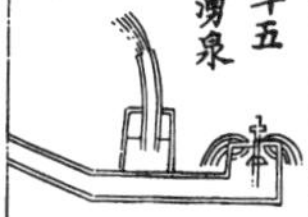

三十五　自湧泉

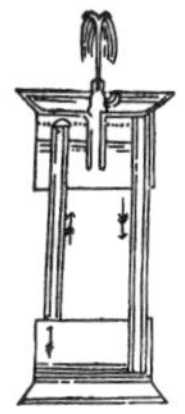

三十六　噴水馬

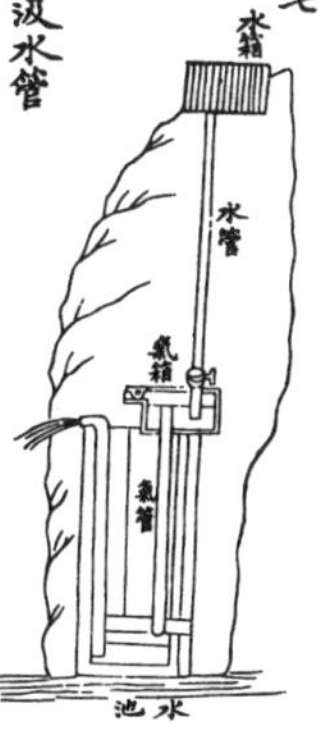

三十七　自行汲水管

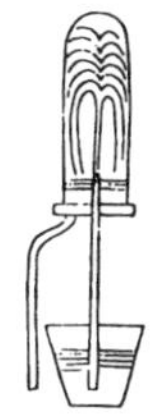

三十八　噴水狗

三十九　自流井地勢圖

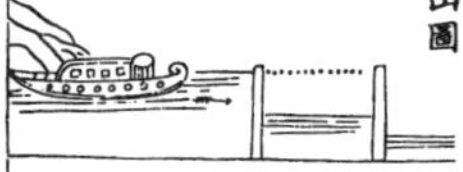

四十　行舟過山圖

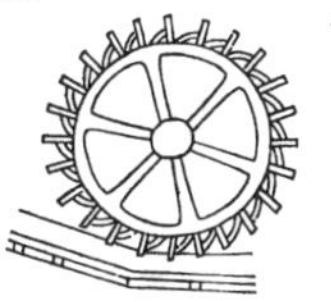

四十一　下流水輪

四十二　上冲水輪

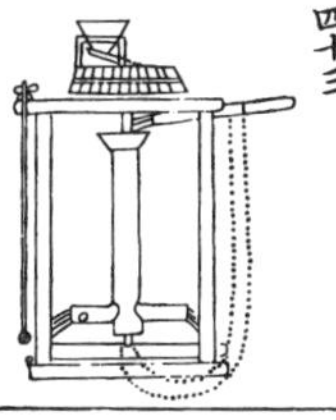

四十三　無輪水磨

四十四　攪水龍　曲管一轉水自上流

格物入門

水學下章　論流水

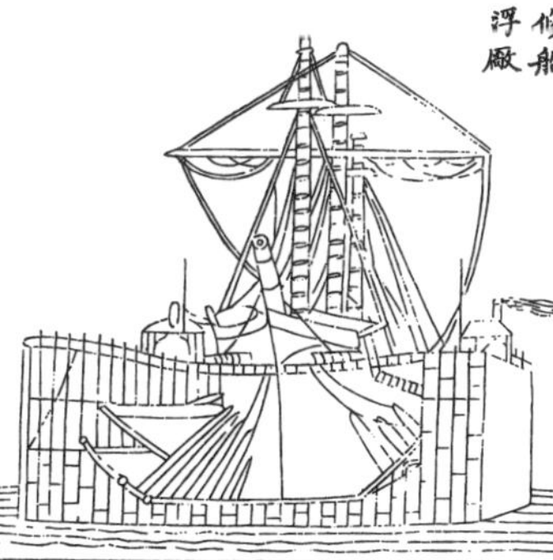

四十五　修船浮廠

四十六　橋上水道　引水上橋以渡行舟　因江河相接之處地勢高下懸殊然又未便設閘故以此橋濟之

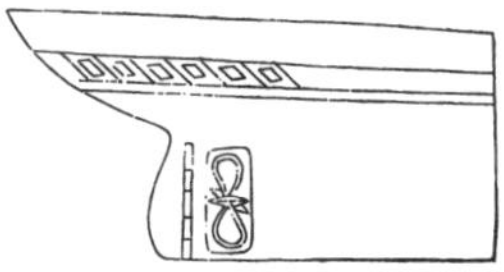

四十七　火船暗輪　理如螺絲

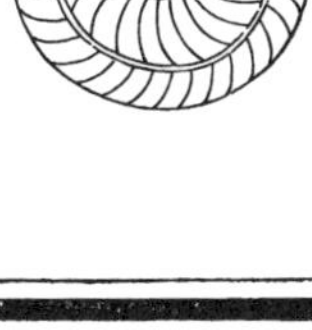

四十八　水磨臥輪

第一卷水學

上章論靜水

一 問何爲水學

答所以講求水性以利民用

問共分幾類

答水學有二一論靜水一論流水

涓滴相吸

問水之涓滴有相吸之力否

答水雖清活流通易散易聚然其涓滴之至細者亦有相吸之力也其證有二

問其一何也

答如草上之露一滴一點其圓活與珠相似又若清水灑於乾地其涓滴之細者亦能暫聚不散且成圓形皆其相吸之力使然也

五 問其二何也

答取極細小鍼擦乾放於水面即能浮而不沉緣其體質甚輕不能壓開水之吸力故耳若金石之類體質堅重故入水即沉儻將金石研細亦能浮於水面同此理也

水與氣不同漲縮者少

問水之外尚有何物流動

答油與水銀等亦能流動如水即與水同理惟氣雖能流動其性與水迥異不能同類蓋氣易於漲縮水則漲縮者少耳

問水與氣之漲縮何法試驗

答用一竹管以活塞堵住兩頭復以箸推其一塞即能移動下行蓋管中之氣縮故也推力愈加其塞愈進迨塞子出時必訇然有聲其氣驟漲故也若管中盛水而推上面之塞即不能下行迨下塞出時亦不能有聲以水不甚能漲縮耳

問以金球試之何如

答西人嘗以金製成空球實以水融冶極嚴以極重之

物壓之令扁水由金體透出如汗足見水之不能多縮也

問以玻璃瓶試之何如

答以玻璃瓶盛滿淡水用木塞嚴沉於海內百尺之深其塞即被海水壓入瓶內儻其塞太緊不能壓入海水亦必由瓶身透壓而入淡水即有鹹味矣非有微縮外水豈能壓入哉

十 問以銅管試之何如

答以銅管盛滿淡水塞嚴每方寸之塞上壓以四萬五千觔之物其管中之水不過少十二分之一耳亦見

水之不能多縮也、

（水學三綱）
問水學大綱有幾、
答有三、一則靜水之面必平而不側、二則水之壓力不僅向下四面皆同、三則水勢愈深壓力愈大、此三綱之大略也、

（推論第一綱）
問第一綱之理何法試驗、
答用一茶壺將水貯滿、水在壺中與在壺嘴者高下必相齊也、復以一管置壺中、一管置壺嘴、兩處蓋嚴、以水灌之、壺中之管其水高至何處、壺嘴之管其水亦必高至何處也、此流與源可平之驗、但不能高過於

源頭耳、見第一圖

問流與源可平、按此理設有何用、
答其用雖多、而最著者有二、卽引水入城、行舟過山是也、行舟過山見下章

（引水之法）
問引水入城何如、
答西國按此理使水自流入於比屋之內、於城外山泉橫置鐵管、引水達於城內、分布街巷、以及各家、雖樓高數層、亦能流入、蓋由墻垣之中、均設鐵管、四通八達、如樹榦生枝、曲折流通、無不達到、且數家之中、必留餘地栽植花木、名爲公園、以備遊憇、除日用炊飲外、凡澆灌樹木、洗涮街道、源源接濟、洵屬取之不竭、用之靡窮、樓樹亭臺、罔不頻頻澆洗、以致花木青葱、通衢潔淨、旣免汲取之累、又鮮回祿之災、其利用爲何如哉、見第二圖

十五 問古人引水何法、
答古時羅馬國人極稱聰敏、其引水過山谷也、以石塊壘成橋式、若溝洫然、因而導之、使水達於用處、洵屬拙工、假令早知此理、以灣曲鐵管埋於地內、則水由地中行、人工物料省減多多矣、

（海水凸出形同球面）
問海水平否、

答海面乍看俱以爲平、不知水面居中實屬凸出、故舟自遠來、先見桅杪、後見船身、可知爲凸處所掩、蓋地形如球、水覆於上、則其形勢亦不能不與球同、然水面若僅數里之寬、則視之似平也、至於器中注水有限、其凸處微渺難測、卽竟以爲平也可、

問地勢旣如球形、水流何分上下、
答較球面高凸爲上、較球面低凹爲下、故山上之水必趨下流也、至於洋海四圍距地中較遠、適如球面、無所爲高低、故平而不流、

（以水秤測）
問水秤何物、

量地勢

答以玻璃管盛水吹出氣泡管若微側則泡向上行必得其平而後居中不動此名水杯若盛以火酒尤妙西國多用之一名酒杯見第三圖

問水杯何用

答今之造屋宇掘河道凡欲得其平者莫不用之如兩處相距甚遠用三角木架置管卧於其上復加千里鏡務令均平於兩處各立高竿以鏡覷之卽可辨其高低而不爽也假如不知甲處之水可流於丁處則將杯架置於居中丙處於甲丁二處各立高竿長短務令均齊先於甲處覗準畫一記號復於丁處覗準

畫一記號若此竿記號之上較彼竿多二尺則知此頭地勢必高二尺也儻於山中鑿通道路較準高低卽以此法平之見三四圖

三十

問以水杯測量與地球之圓勢相差否

答水杯之苗頭旣平且直矣而地球又復中高儻其地相去過遠其閒恐與水杯不符必須於一里內計算低以二寸有半方得其平蓋地球之面如圖中甲乙丙然千里鏡取平之道卽甲丁之直綫若其道係十里之遙則丙與丁必相差二尺有五矣故必須除此二尺五之數方知水能自甲處流於丙處見第五圖

推論第二綱

問第二綱所言水之壓力不僅向下上下四面皆同此理何法試驗

答以脬盛水而壓之則一脬俱能鼓起而上下四旁一般脝勁矣此水之壓力分寄六面四圍上下皆同之驗也又以汲筩上加空球周圍有孔活塞向裏一送不僅向塞之孔有水流出其周遭各孔水齊外躍也見第六圖

水力下壓

問水下壓之力何法測量

答欲知下壓之力須量器底之大小與水之淺深卽可知之假如三桶一面濶於底一面狹於底一面底如

一雖三桶各異而其底皆同則其受壓之力亦必相同如以六面方尺之器貯水令滿其重必有七十六觔又如桶底二尺水深三尺以二數相乘二三得六卽與六尺之水相同重四百五十六觔見第七圖

水力上托

問水勢向上倒壓之力何法試驗

答其法有三

問其一何也

答用竹管下繫以脬將水盛滿浸於水中則管中之水必與所浸之水面相齊其脬己下沉矣儻低於水面若許則脬反上冲此水力倒壓之一證也

壓櫃水箱

二十五 問其二何也

答用兩頭通之玻璃管下托以一分厚之錫片用繩繫之上通於管以手執之沉於水中一寸有奇鬆其繩其片即能不墜以水有上托之力也錫比水重十倍有奇故須沉於水中一寸有奇始不墜也見第八圖

問其三何也

答仍用玻璃管內注水銀管之上口以指按之水銀雖自下口流出必不能盡總存少許在內此天氣托之耳復將玻管沉於水中若內有水銀一寸則沉於水中十三寸有奇雖開上口水銀亦不流出此水力上

托之故也水銀比水重十三倍有奇故沉於水中須十三寸有奇此皆水力倒壓之驗也

問水之壓力六面皆同此理何用

答按此理可造一器名爲壓櫃狀如二桶相連一大一小桶中各用活塞貯水令滿以小桶活塞壓之則大桶塞蓋自能頂起如此桶大於彼桶十倍則上頂之力必加十倍如大百倍其力亦加百倍凡麻縷絲絮等物欲壓堅實以便裝載則大桶之上須加托板其上再加懸板以物置於兩閒而壓之便於包裹裝運多多矣見九圖十圖

問水箱何物

答與壓櫃相似上下俱用木板中以皮爲之傍豎高管通於箱灌以水則上板自能頂起水一觔即能頂起數百觔之物蓋管愈細力愈大故也假如管粗方寸箱長六尺濶五尺則爲三千寸管中水滿以三千觔之物置於箱上復以一觔水添入管中即能將三千觔之物頂起也見十一圖

問壓櫃與水箱活蓋頂起快慢何如

答增力倍數愈多頂起愈慢也與第五卷力學所論之理相同即如傍管方寸箱蓋方尺雖增力百倍然須百寸之水方能

頂起一寸也若一寸之水亦能使蓋上頂不過百分之一耳

推論第三綱

三十 問三綱所言水勢愈深壓力愈大此理何法試驗

答其法有三

問其一何也

水深力大

答以高桶貯水其旁連鑿數孔則第一孔初流時不如第二孔之力大遞而下之一孔不如一孔之力大也見十二圖

問其二何也

冲迸堅桶

答以木桶上置鐵管粗方寸長十尺灌水令滿上達於

管復以數觔水添入管中管高若干卽如水深若干其桶必至迸裂冲催之力有如此者 見十三圖

問其三何也

答以空玻璃瓶軟塞塞口沉於海水深處其塞必壓入瓶內儻用方瓶必至壓碎皆水愈深力愈大之驗也如船在海中損壞沉至深處雖碎木亦不浮起蓋水壓入木使之沉重故也

問水之壓力更有何證

催裂高山

答山或崩裂多以爲不祥不知亦水力催壓之故耳如山泉外流傍洩則不爲害儻水道壅塞不能側出歷

時旣久積水愈深則其力愈大故能令石摧山裂足見水之壓力無窮矣 見十四圖

水力傍壓

三十五 問水傍壓之力何法測量

答傍壓之力係由水面至水底漸漸加增絕長補短其力如盡聚於上下之間設水深八尺則其傍壓之力卽如四尺深之水向下而壓也欲算其力須將水深淺尺寸折半與盛水之器傍面尺寸相乘卽可知矣如器傍有四十方尺水深十尺則傍壓之力卽足二百尺之分兩共有一萬五千六百觔若有高桶形如木柱所盛之水雖不甚多然傍壓之力卽與一般深之水池相同故桶之高者底宜多箍船隻喫水愈深船底愈宜堅固也

壓力總處

問水傍壓之力總在何處

答略如物之分兩總歸於重心然欲知此處所在惟於水之淺深尺寸分而爲三二分在上一分在下叉左右均分二綫相交之處是也有如水寬四尺深九尺將水面左右均分於此處落綫一条垂至水底此壓力總處卽在綫內離水面六尺離水底三尺之所也見十六圖

問前言水愈深力愈大茲言水力總聚於上下之間豈

非自相矛盾

答非也設有方器以水貯滿其傍面仍屬愈下愈吃力也若有一面不堅以獨木撐之則必須若上文所言壓力總處方能穩固如偏上偏下皆有冲決之患也

築隄

問水愈深力愈大此理何用

淸水

答凡修治河道堆築隄防若知此理則使隄岸愈下愈寬方能堅固而無決患所係豈淺鮮哉若水磨之來源淺小必蓄水使深從最下之處放出則水力大而合用矣亦有夜間積水以供白晝之用者皆取水深力大之故也 見十七圖

浮沉之故

問、物之落水浮沉何故、

答、物之落水也較水重則沉、較水輕則浮、輕重與水同、則在沉浮之間、

四十 問、物浮水面與壓開之水分兩相比如何、

答、兩下相比分兩均同、欲驗其理有二法焉、

問、其一何也、

答、以壺貯水、水與嘴平、試以木球置水中、則水必自壺嘴溢出、權其水之分兩必與球同、

問、其二何也、

答、以錫盃放於天枰盤內、復以錫塊大小形式適可放

於盃內者繫於盤下垂於桶中、務以砝瑪較平、桶中注水則錫塊上浮而失其平矣、又以水注滿錫盃則兩頭復平、即將盃中之水傾出權之、可知壓開之水與盃中之水無異也、見十八圖

以水測量輕重

問、物浮水面輕重何法測量、

答、將壓開之水計算分兩、即知物之輕重矣、故丈量船底吃水若干、即可知載物之分兩也、

問、物沉水中輕重若何、

答、物在水中權其輕重、較在陸地必輕、以水力上托故耳、

問、此理何法試驗、

答、以一繩兩頭各繫稱錘、懸於木棍之上、一錘懸空、一錘垂於桶底、復以水灌桶中、其錘遂浮、因水力上托、故較空中之錘為輕也、又如人所不能舉之石、於水中即易移動、亦此理也、見十九圖

油酒比水輕重

問、油酒水銀等物比水輕重若何、

答、油酒較水輕、水銀較水重、

問、何法試驗、

答、其法有二、一以玻璃瓶、先灌以油、次灌以水、則水沉油下、又灌以火酒、則浮於油上、再以水銀入之、則沉

於水下而落底矣、此各物輕重之層次也、見二十六圖

問、其二何也、

答、以玻璃瓶貯鉛丸若許、將瓶放於水中、則瓶口與水面差齊、僅能不沉、若移置水銀中、則其瓶高浮於面、若置油酒中、則竟沉矣、此亦可驗各物之輕重也、

問、欲較各物輕重以何為則、

答、物有輕重、因質有鬆緊之故、欲較其輕重、須以水為則、即可得其準矣、石較水重二三倍、鐵重八倍、銅重九倍、銀重十倍半、鉛重十一倍有奇、水銀重十三倍

各物比水輕重

水權

有半黃金重十九倍有奇、白金重二十二倍、此係萬物中之最重者、最輕者淡氣、（淡氣見化學章內）較白金輕至二十四萬倍白金出自西國、較金銀體質堅重、不以爲通寶、惟以之造極貴重之器皿、取其堅也、蓋其體質之固、雖遇强水、（强水能化五金見化學）亦不致損壞耳、

五十 問各物比水輕重倍數何法計算、

答試有物重二兩、以水權之、僅重一兩五錢、則知此物較水重四倍矣、蓋其同體之水重五錢故也、若水中權一兩、則是比水重一倍、蓋其同體之水重一兩故也、凡物先以天枰稱之、再以水權權之、將二數比較、

即知較水輕重若干矣、

問油酒等物以水權量應用何法、

答以玻璃瓶權其輕重、盛以清水、於水齊處畫一記號、復權之除去玻瓶分兩、便知水重若干、將水傾出、以油酒灌入、與先之記號相齊、又權之、其物之輕重可知矣、假如瓶重二兩、盛水後共重八兩、盛以油共重七兩、其瓶中之水必六兩、油必五兩也、可知此油較水有六分之五矣、其他諸物、亦可以法權之、即知比水之輕重矣、

問金銀珠寶等物、以水權其輕重應用何法、

輕重表

答畧如上文所載、以天枰稱物、下試以水之法、其理係物沉水內、所差分兩與一體大小之水分兩不差也、有如一寸之鉛、權其輕重、復於水內權之、必差一寸水之分兩、蓋其壓開之水一寸耳、而水之上托者、則有一寸之力、此水中稱物之法、即謂之水權、

問油酒與水比較何如、

答不論金銀銅鐵一塊、於水內權之、復於油酒內權之、於水中所差之分兩、乃其同體之水也、於油酒中所差之分兩、即其同體之油酒也、將前數分後數、乃其物與水相比輕重之倍數也、即如有玻璃一塊、於水

中權之、其輕重差二兩、沉於硫磺汁內、即差三兩、計此二物、一二兩、一三兩、將前數分後數、得一有半也、可知磺汁較水重倍半矣、（磺汁即磺强水）

問以水權較量金銀等物何如、

答可辨金銀之眞僞、即如黃金之輕重、應有一定之數、金錢大小、亦有一定之規、以水權之、若其體較輕、則知其中有僞、若其體過大、亦知其中有僞也、

五五 問輕重表何物、

答與水權同理、而其用爲尤便、以鐵条上劃度數、兩頭上下有盤、中有玻璃球、先以砝瑪置上盤、沉於水中、

畫一記號、計其分兩、將砝瑪取出、易以所稱之物、儻其物稍輕、必加砝瑪、使仍沉於故處、再將所加之分兩除去、卽知其物之分兩矣、復將其物放於下盤、而於上盤加以砝瑪、使仍沉於記號之處、除去所加分兩、卽其物在水之分兩也、見二十圖

問、輕重表何用、

答、所以比較各物之輕重、以水爲則、卽以水權之也、假如須用十兩砝瑪、表方沉於水內、上盤之物加以三兩之瑪、方足、則知其物爲七兩重也、再以其物放於下盤、則須加以四兩之瑪、知於水內稱之、必輕一兩、

止有六兩也、因其壓開之水亦重一兩、而其物比水實重七倍也、其餘可以類推

問、水與油酒以輕重表權之、其法何如、

答、以十兩砝瑪、放於上盤、視表沉水幾許、又放油酒內、其瑪可用八兩、將前數分後數、卽油酒較水輕重之倍數也、

酒表

問、酒表何用、

答、以驗酒之厚薄也、係玻璃球上有長桿、劃以度數、或以小瓶盛鉛丸爲之、亦可、表置酒中、酒若醲厚、則體輕而表沉、若薄劣、則體重而表浮、蓋酒之美惡、視攙

申論浮沉

水之多寡爲準焉、酒精與水較之、其分兩乃十分之八也、西方常用之火酒、係酒水各半、以表較之、與水之輕重、蓋十之九耳、火輪船每以此法辨水之鹹淡、因蒸釜水甚鹹、則積鹽過多而有碍耳、見二十一圖

問、物之沉浮若何、

答、凡物沉浮水中、壓開之水、輕重必與物同、上文詳之矣、若以甲乙丙丁之木、浮沉水內、則戊乙丙已卽是壓開之水、與甲乙丙丁之木、分兩相同也、見二十二圖

六十

問、鐵器能浮、何故、

答、其所以能浮者、以中空不實、四圍壓開之水多故耳、西人以鐵之堅實、遠過於木、多以之造舟、蓋此理耳、

問、物浮水面、其重心何在、方穩而不側、

答、凡物浮水、重心愈低、其物愈穩、故舟中載物、必以重者置於艙底、輕者在上、儻重心在形體中心以上、每至傾仆、必重心在形體中心之下、始能穩固也、見二十三圖

問、赴水帶何物、

答、以皮製成囊形、吹氣令滿、繫脅下、卽能入水不沉、舟桿遭風損壞、身有此物、可免沉溺之災、

問、物浮在海、較河溪若。
答、凡物浮於海易於河者、海鹹水重故耳、貨船在海較之在河、吃水必淺少許、計三十五尺中少一尺也、又如人浮水銀之上、其輕與落葉之在水相似、雖欲沉溺而不能也、

細管吸水

問、細管吸水若何、
答、以極細之玻璃管一頭浸水中、水自上達、管愈細上達愈高、此等細管西方謂之毛孔管、見二十四圖

六十五 問、此理何法試驗、
答、以玻璃二塊、一邊相合、一邊微開、下面浸水中、其裡

面之水、必較外面高出若許、其形畧如初月、蓋二面相近之處、其狹儼若細管、此理同也、見二十五圖

六十六 問、推廣其理、尚有何物相似、
答、海絨以及沙土滲水、蠟燭吸油、皆此理也、又如草木之生長、其漿汁上潤、人畜之血液、分佈肢體、皆賴其間細管相吸之故耳、

卷一水學上章凡六十六問

第一卷水學

下章論流水

水躍高低

一 問、水自桶中向上流躍、高低何如、
答、桶之側面破一小孔、入以曲管、使水向上流躍、孔愈下則上躍愈高、若更無風氣別物阻礙、自能與桶中水面相平也、見二十七圖

水流疾徐

問、水自桶中流躍、疾徐若何、
答、正如以物向空擲去、脫手時必快、後則漸慢、及至落下、初落時必慢、後則漸快、迨將落地、亦與初脫手時無異也、流躍之水、能與水面相平、落下將盡處、其快亦與水之初躍不殊、故水之旁流快慢、正如物之落

下一般、二者事異而理同也、

問、水自器中流出、疾徐多寡若何、
答、兩孔高下不同、其水流出快慢相較、正如二處深淺之方根、假令二處之水、一深二十五尺、一深十六尺、其流快慢、以四與五相比、蓋四乃十六之方根、五乃二十五之方根也、故上孔之水流出四斗時、下孔即流出五斗矣、又如一深六十四尺、一深百尺、以八與十相比、蓋八乃六十四之方根、十乃一百之方根也、故上孔流出八斗時、下孔即流出十斗、其餘可以類

水表　節水管　提水管

推見前十二圖
問以水紀時何法
答以銅管高數尺盛水令滿下有小孔令其適於十二時內流盡查看於第一時內流出若干於管外畫一記號作爲度數再查再畫惟水流漸慢其度數節節較短迨十二時則水流適盡須再灌再流此名水表西國古時曾用之因不如今之鐘表合用故置之中國之銅壺滴漏亦此理也見前十五圖
五 問水自孔中流出與管中流出疾徐若何
答置橫管於桶側其水流出較自孔中流出者必快蓋

自孔流出者散漫不齊似有阻滯故稍慢有管則約束水勢使之緊溜劃一故快
問節水管何物也
答其法製一木球浮於水面球以鐵條爲柄入通水管中管內置合頁與球柄相聯桶中水淺則球低落而合頁自開水自流灌桶中漸流漸緩球亦隨水漸起迨水流滿足則球高浮而合頁自閉隨流隨止皆無需人力也見二十八圖
問井不甚深汲水何法方便
答凡深不及丈之井用一竹管豎立井中管內上安活

吸水管　壓水管

塞其上有柄可以使之上下底有上開合頁若向下一按則合頁自開水流入管向上一提則合頁自閉而水流躍矣此物名提水管
問井深丈餘汲水何法方便
答井若過深提水不如吸水便須置長管再加合頁如吸氣管然吸氣管詳氣學其活塞合頁一如提水管之式將塞一提天氣吸盡將塞一按則水爲天氣所壓逆流而上此名吸水管井雖三丈亦足使水上達因天氣與三丈之水同其輕重故也見二十九圖
問壓水管何物

答管豎井中上有二岔一岔有上開合頁一岔上安活塞兩岔底口通下管處亦有上開合頁將塞一提則下面合頁開而水吸入矣一按則下合頁閉上合頁開而水流躍矣若以此法雖數丈之高亦能使水上
十 躍也見三十圖
問壓水管上加壓櫃何如
答將流水管放大上安活塞托板即成壓櫃矣塞蓋上頂用水必多而下管自能吸入較前只用壓櫃爲用尤便矣見前十圖
問壓水管上加氣箱何用

答設無氣箱水雖外躍不過跳跳然與斷綫相似不能聯絡無間也惟用氣箱使水流入而箱中之氣自縮後雖塞子不動其氣漲開即能催水流躍源源不絕矣但恐爲時過久其氣用盡無力催水仍如未加氣箱一般水復節節流出不能踴躍連續矣見三十一圖

問倘有何法催水方能盡善

雙行水管

答以三管相連左管下長以通水右管上長以出水中安活塞管内共置合頁四枚上下各二均向右傍開其塞一提則左邊下面合頁開水吸入矣向下一按則右邊下面合頁亦開而水過右管矣左管水若注滿則從上邊合頁開處流過蓋上閉則下開下閉則上開水無刻不傍注上流自能接連不斷也此物較提水壓水等管爲用尤便而一提一按皆能使水上流故名雙行吸水管見三十二圖

問水龍何物也

救火水龍

答專爲救火而設與壓水管之理相同其式儼如壓水管二架相連上加氣箱其首有横梁可以俯仰若天枰然左邊一仰則右邊管内合頁即開水吸入矣右邊亦然蓋水催氣縮漲開時自能令水流躍也箱中

之氣若縮至一半漲開即可使水躍起三丈有餘雖大厦高樓亦能達到矣復設皮管二條一可引遠水達於用處一可穿房越戶引水曲折而行二物與水龍相附最利於用又有用火輪催水者火輪見第二卷不需人力爲用尤便見三十三四圖

問自湧泉何物

自湧泉

答於流水處用厚板兩邊壅起若隄其長丈餘在下流盡處高起若門字形内安活塞可以上下如門之啟閉然又於中間置氣箱一个上有水管下有合頁水流緊溜則門塞自然向上而閉水旋流入氣箱而門塞下落箱内氣漲即催水從管外躍此流則彼止彼流則此止時止時流皆無需人力也見三十五圖

十五

問噴水馬何物

噴水馬

答其物亦能令水自然上躍數日不停法用二箱蓋令極嚴一上一下中隔數尺用二管一左一右以撐隔之在第一箱上安放水槽中置一管通於第一箱内離底不遠其右管自水槽達於下箱亦離底不遠其左管自上箱達於下箱口内先將水由中管灌於上箱又自水槽灌入右管使水達於下箱則二箱之氣俱縮矣及漲開時自能催水由中管直躍而上管中

水力汲水

噴水狗

有螺絲合頁可以啟閉、如箱內水多、雖終日亦涓涓不絕因管之上口、可飾獸形以美觀、故名俗名西洋水法、卽此類也、見三十六圖

問、按此理造汲水器具何如、

答、澳國礦窰因水淹浸、以人工汲之費力、火輪汲之費煤、遂以水力與積氣之法汲水、甚便、法用三箱、上箱蓄水、中係氣箱、下箱之底有上開合頁、使水入箱、復有三管、第一長數丈、由水箱通於氣箱、離底不遠、取其水深力大也、第二管由氣箱達於下箱、使氣壓水面、便由第三管上躍外流也、又設螺絲合頁三枚、一在水管之下、所以截水、一在氣箱之下、以洩水出、一在氣箱之上、以放氣入、除合頁啟閉須人管理、餘皆不勞人力也、見三十七圖

問、噴水狗何物也、

答、用玻璃罩蓋令極嚴、中置一管、入於罩內數寸、側置一管、外露較長、先以水灌入罩內半滿、再使罩口向下、將中管入水桶內、則罩內之水由側管流出、罩內漸空、天氣壓於桶中水面、便由中管逆流而入矣、見三十八圖

問、泉源流水何故、

自流井

答、或沙土滲濕、或山谷地勢坐窪、愈漲愈滿、積少成多、其實皆本於雨也、雨詳下卷

問、自流井何也、

答、與泉源之理相同、因地勢窪下、四圍沙土蓄水、總歸一處、忽得上達之路、自然流躍、實因源頭高之故、卽上章流與源可平之理也、西人詳審此理、細察地勢、鑿自流井、泉必須極深、或五十丈、一百丈、二百丈不等、卽如法國京城人衆蕃庶、其一井足敷合城之用、埃及國距河較遠、耕耨者稀、嗣因掘得自流井以資灌溉、遂致變荒野爲沃壤、其利用爲何如哉、

問、自流井何處可掘、烏得知之、

答、通曉地理、察看地勢、卽可知之、如四圍有山、或二面有山、居中之地、必屬窪下、雖地面視之似平、而地中形勢實如釜底、以四圍山根漸低也、且地面之下沙石泥土、層疊相間、聚水如澤、從此而深掘之、自流井可得矣、有時平原之地、渺不見山、而地面居中仍有窪下之處、可掘自流井也、惟此等地勢未易預知、須多鑿井以試之、見三十九圖

問、井若極深、何法穿掘、

答、以粗大之鐵鑿、加以長柄而舂之、縱遇堅硬磐石、亦

能剗削使盡且鑿尖係中空其碎石舂入卽能提之
而上復置寬大鐵管節節放入以防泥水侵混川省
穿掘鹽井與此同法
問井極深則水熱何也
答若一二百丈深之井其水多熱以地中有火故也溫
泉卽此理耳
問西國油井何如
答與上文所言自流井相同但彼水而此油耳此等油
井必與煤窰相近蓋煤所生聚之處其下多有油也
卽如中國川省有火井其理與油井相同蓋地中之

油化而爲氣遇火輒然故名火井惟在有識者洞悉
物情熟參地脉斯得之矣豈怪誕不經之事哉美國
油井已有數百之多國中盡以代燭但不可食耳
問行舟過山何法
答水性就下自然之理也若河道依山地勢高低不平
則高處之水時趨於下其流易淺舟行阻滯矣須於
從高就下處所節節設閘蓄水使之滿盈閘設閘門
以司啓閉舟行至此則啟閘以洩上游之水水勢高
浮舟能逆流而上再將下游閉住復啟上游則水又
高浮舟亦逆流而上如是各閘相同舟若拾級而登

弉　行舟過山

故水程亦能越山度嶺也若蓄水只爲防淺則須用
提板數層隨用洩之可矣見四十圖
三五 問水輪何用
答造一轉輪設有機關藉水力旋運凡碾轂鋸木一切
豚磨動盪等事皆可用之有豎輪有卧輪豎輪其法
有二有水從輪上而流者有水從輪下而流者如水
源過小蓄水使深從下放出則壓力大而合用矣水
源若大則度其地勢從上澆下亦能合用亦有水輪
置於急溜之中卽能運動堪做諸工尤簡便矣見四
十一二圖

問卧輪其法何如
答以豎管長丈餘使水灌入由四面斜輻沖入輪邊邊
內設有層層水斗水力沖催自能轉運其管愈長其
力愈大其轉愈急見四十八圖
問無輪水磨何物
答以磨置於木架之上磨下安一長柄下設活槽托住
以便旋轉柄外以管束之上口若斗便於灌水下口
設一橫管兩頭各有小孔一向裡一向外管之上口
使水流入水勢湍急由二孔反正流出因水力相拗
之故自能將柄運動則磨亦隨之而轉矣童子以葦

水輪　無輪水磨

噴水船

水碓

攪水龍

船廠

管一横一豎吹氣使轉亦此理也見四十三圖

問此理何解

答儻將二孔塞住則横管兩頭吃力惟均自然不動迨一面開孔則水力洩矣其無孔一面壓力仍在故儼若推動然是以旋轉耳

問此理更有何用

答邇來英國按此理造火輪兵船一隻祗一輪隱於船身旁有二管水由船底而入因轉輪之力催水由二管使出水勢湍急向後而洩卽能令船前進如將管內機關調動亦能令船退後也

三十 問水碓何物

答轉輪二具同在一軸一輪在水藉水力以旋轉一輪有齒轉運踏動碓尾一起一落如人之登碓然舂米打鐵鑿石等事均可用之浙西多以之碎石爲磁器

問攪水龍何物也

答西國古時所用澆地器具也以鐵管曲之使盤繞於長軸之上一頭置水中於岸上持其柄而轉之水自循環圜繞而上其實水仍順性流下所以能上者因旋轉之故如提之上升也見四十四圖

問巨舟修理船底何如

浮廠

水流高低

波浪之理

答於依近海港之處掘一深坑將大船隨潮水放入俟潮退水涸後將口門閘住已在陸地也

問修船浮廠其式何如

答狀如船底以鐵爲之極寬大堅固係雙層中空取其能浮也如欲修理某船卽將浮廠吸水使入漸漸下沉至合用處爲止然後將船隻使入浮廠再以吸水管將水吸盡其廠便高浮將巨舟托起儼如陸地矣且吸水管係用火輪之力吸入吸出俱甚便捷能將極大巨艦不過一時之久高浮於水面皆不勞人力也見四十五圖

問地勢高下須差幾許水方可流

答水之大小淺深有別也水深則地勢雖一里內低不過一寸仍可流也因貼地一層雖有高低阻礙而在下之水已能墊平故上層之水趨下較快若水淺則被河底阻礙必須高低差多方能流快至溝渠應於每里內高低須差二三尺方能流通

三五 問海上波浪其理何如

答浪前行非水前流也不過水面改換形勢耳推原其故係因風壓水面力有重輕力重則水被壓而低下其旁自然高起風之傳力而過遂現波浪之起伏正

如以繩繫而搖之、則見起伏如波浪、亦傳力使然耳、若極大之浪、其高處與凹處差至五六丈、二浪低凹之間相距五六十丈、其行動極快、雖水不與之俱行、而上下起落之勢力大無窮、故巨舟遇之、若不勝其顛仆也、

船輪之式

三十六 問船輪何式爲妙、

答其式有二、曰明輪、曰暗輪、明輪之周遭輻板與槳無異、惟初擊水面之板、稍覺費力、且不能令船前行、但能令船上躍、其出水之板、亦覺喫力、因從水中掘出、亦不能令船前行、只能令船下按、惟恃入水後之板、

如劃槳然也、若船身有時歪斜、則一輪出水無力、一輪入水深而費力、均有砠碍、至暗輪隱於船尾舵前、則無此弊、因形同螺紋、西國名爲螺絲輪、其軸順而輪橫、盡入於水、一經旋轉、能令船身前進、決不費力、

見四十七圖

卷一水學下章凡三十六問二章共一百二問

附第一卷之後

水學雜問 此雜問無答、蓋欲學者用心練習格物之理也

一 問鐵釜能浮於水面何故、

問巨石被流水沖滾如輕物何故、

問鐙中欠油、往往有加添水者、其理何也、

問人之溺水、甫斃輒沉、日久反浮、何也、

五 問魚腹中有氣泡、能收能放、因而隨意浮沉、其理何也、

問西國沿海等處、設有救生船、其首尾均置鐵箱、雖漏而不沉、其理何也、

問古時有王令以黃金製冠、工甫竣而疑之、旋有博物

之士、以冠浸於水、驗其有銅、且權其多寡、其法何如、

問毛紙滲水、礬紙不滲水、何故、

問書若平放水上、則滲濕不多、若豎浸於水、則滲濕漸高、其理何解、

十 問河岸之草、較爲茂盛何故、

問京北平原之地、有溫泉焉、水之上湧極多而熱、水自何來、其熱何故、

問壓櫃大塞四十方寸、小塞二方寸、以十四觔之力按之大塞上、頂喫力若干、

問大塞一百寸、小塞五寸、以三十觔之力按之、大塞上

頂其力若干、
問有桶盛滿水深五尺桶底四方尺喫力若干、
十五 問如水深一丈桶底五尺喫力若干、
問水箱上面二方尺傍管水高四尺其力相抵若干、
問如上面五尺傍管五尺其力若干
問有閘門寬五尺深六尺喫力若干
問如寬一丈深一丈喫力若干
二十 問如以木挺撐住第一閘門壓力總處何在、
問第二閘門壓力總處何在
問有玻璃瓶重三兩盛滿水重九兩盛酒重八兩酒與

水相比輕重若何
問有物重三兩沉於水重二兩五與水相較輕重若何、
問水愈鹹愈重有物沉於鹹水稱之差五兩沉於清水
稱之差四兩二水相較輕重若何、
二十五 問有木浮於水四面二尺喫水一尺五寸此木與水輕
重若何、
問此木觔兩若干、
問有船於水面量之絕長補短寬一丈長四丈載以煤
喫水多一尺其煤應得若干、
問閘門鑿孔較水面低四尺其水外流疾徐若何、

二十九 問閘孔較水面低六十四尺其水外流疾徐若何、

格物入門

卷二
氣學

第二卷氣學

上章論天氣

中章論蒸氣

下章論音聲

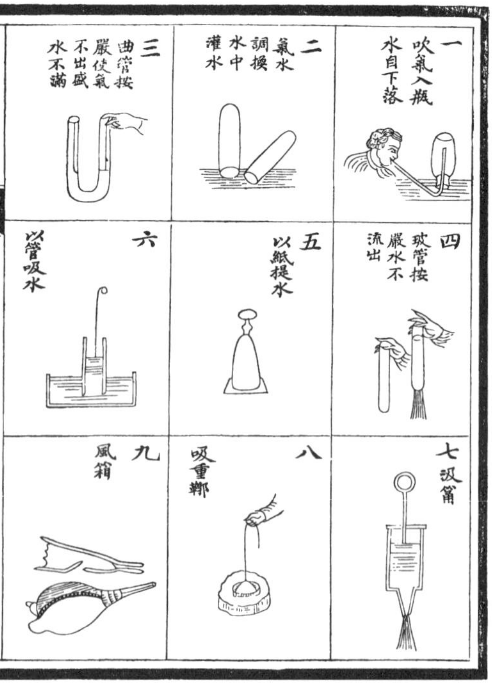

格物入門

氣學上章　論天氣

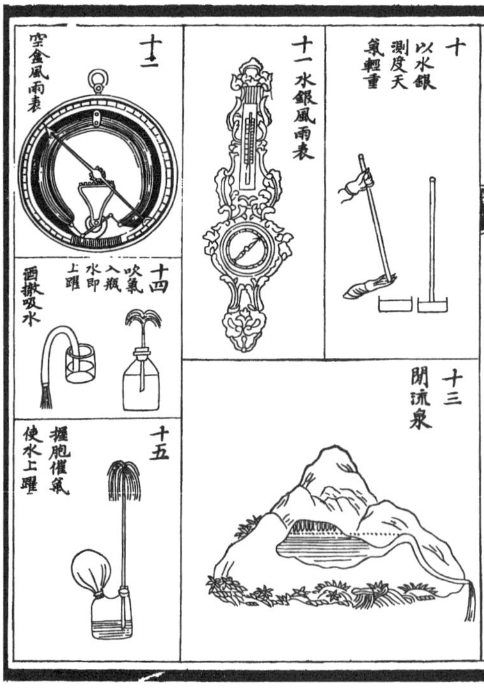

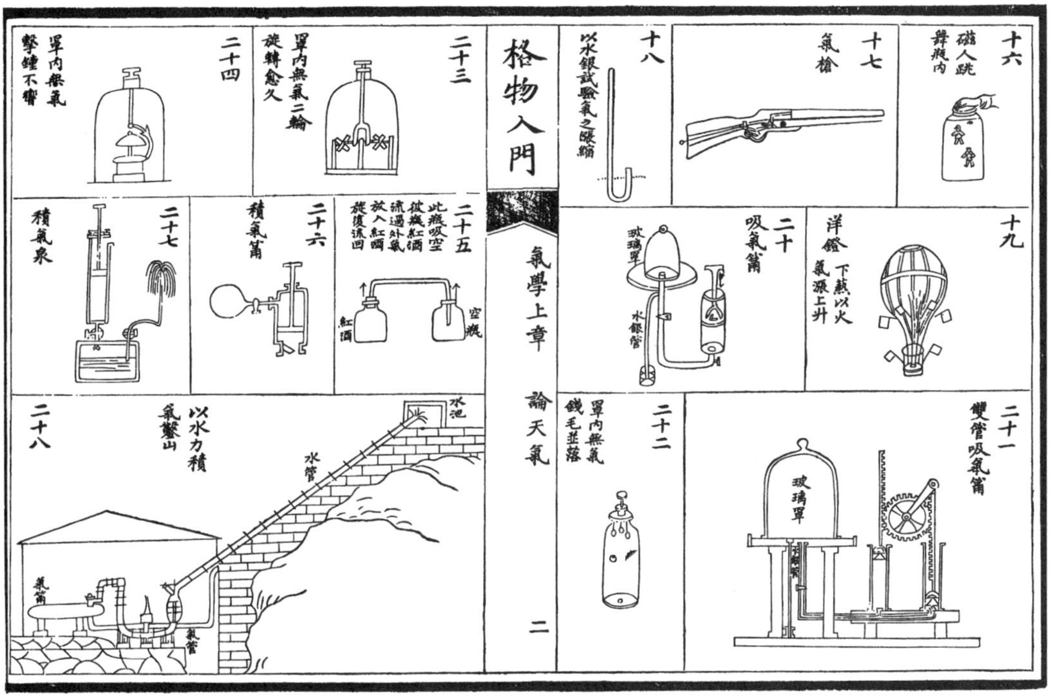
格物入門
氣學上章　論天氣
二
十六
磁人跳
躍瓶內
十七
氣槍
十八
以水銀試驗氣之漲縮
十九
洋鐙
下爇以火
氣漲上升
二十
吸氣筩
玻璃罩
水銀管
二十一
雙管吸氣筩
玻璃罩
二十二
罩內無氣
錢毛並落
二十三
罩內無氣二輪
旋轉愈久
二十四
罩內無氣
擊鐘不響
二十五
此瓶吸空
彼瓶紅酒
流過外氣
放入紅酒
旋復流回
紅酒
空瓶
二十六
積氣筩
二十七
積氣泉
二十八
以水力積
氣鑿山
水池
水管
氣筩
氣管

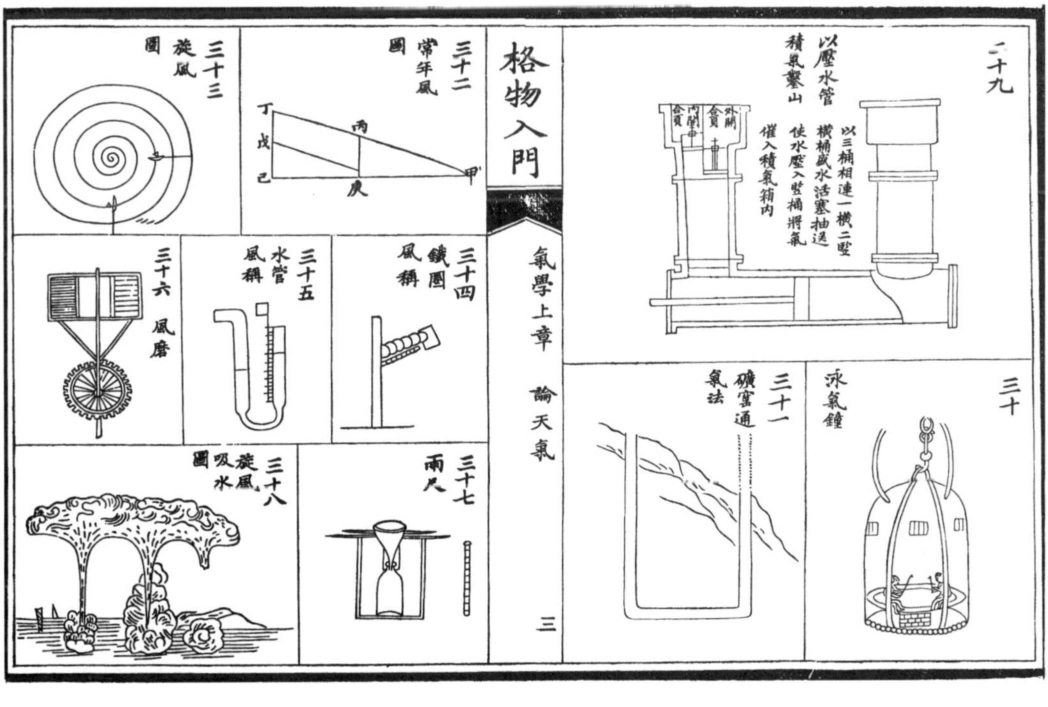
格物入門
氣學上章　論天氣
三
二十九
以壓水管
積氣鑿山
以三桶相連一橫二豎
橫桶盛水活塞抽送
使水壓入豎桶將氣
催入積氣箱內
外關
合頁
內關
合頁
三十
泳氣鐘
三十一
礦窰通
氣法
三十二
常年風
圖
丁
丙
戊
己
庚
甲
三十三
旋風
圖
三十四
鐵圈
風稱
三十五
水管
風稱
三十六
風磨
三十七
雨尺
三十八
旋風
吸水
圖

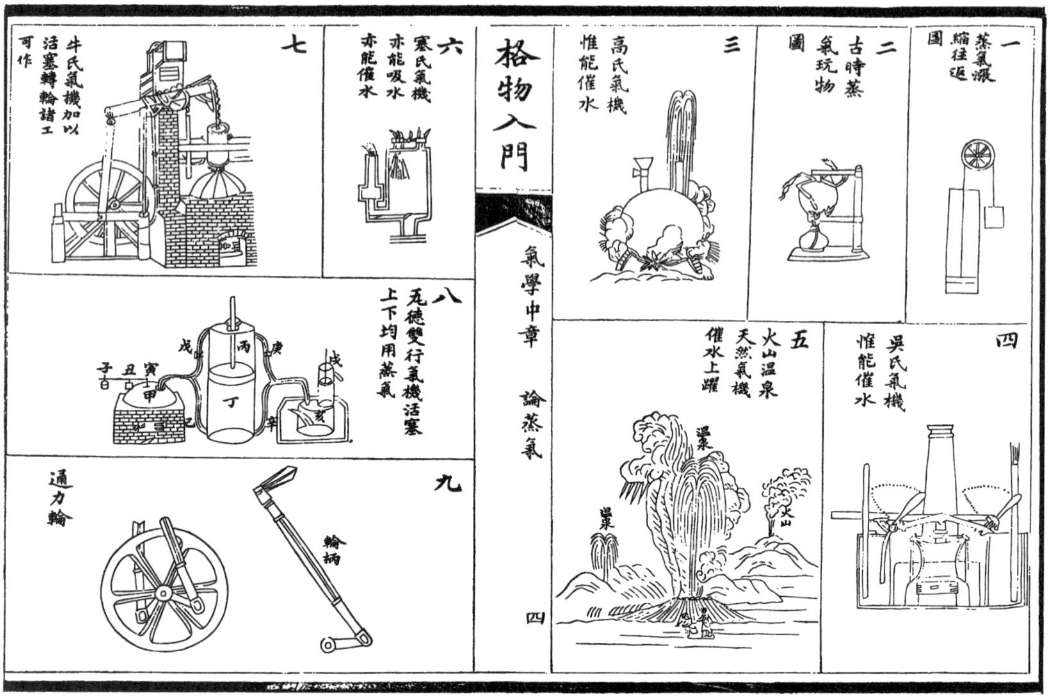
格物入門
氣學中章　論蒸氣
四
一　蒸氣漲縮往返圖
二　古時蒸氣玩物圖
三　高氏氣機惟能催水
四　吳氏氣機惟能催水
五　火山温泉天然氣機催水上躍
温泉
火山
六　塞氏氣機亦能吸水亦能催水
七　牛氏氣機加以活塞轉輪諸工可作
八　瓦德雙行氣機活塞上下均用蒸氣
子　丑　寅　甲　乙　丙　丁　戊　庚　辛　亥
九　通力輪
輪柄

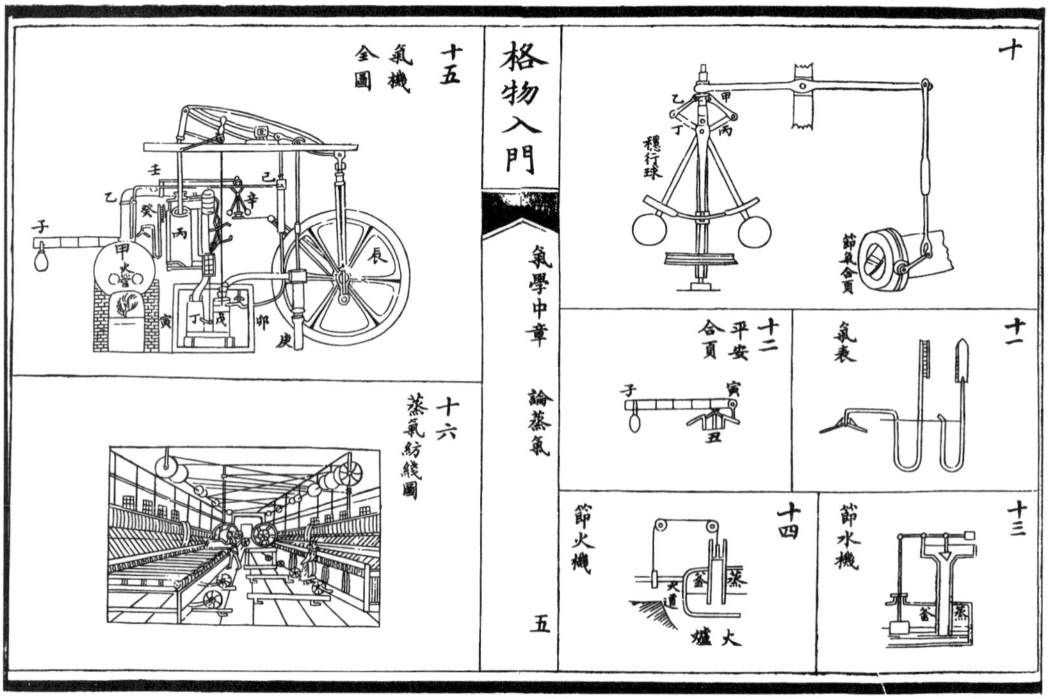
格物入門
氣學中章　論蒸氣
五
十
甲　乙　丙　丁
穩行球
節氣合頁
十一　氣表
十二　平安合頁
子　寅　丑
十三　節水機
釜　蒸
十四　節火機
釜　蒸　火道　火爐
十五　氣機全圖
子　甲　乙　丙　丁　戊　己　庚　辛　壬　癸　寅　卯　辰　火管
十六　蒸氣紡綫圖

十七 蒸氣織布圖

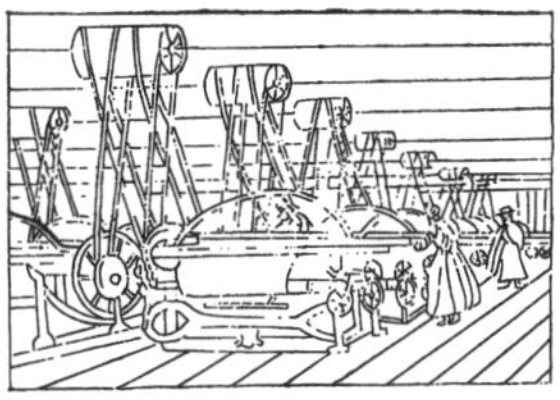

十八 馬車鐵道

十九

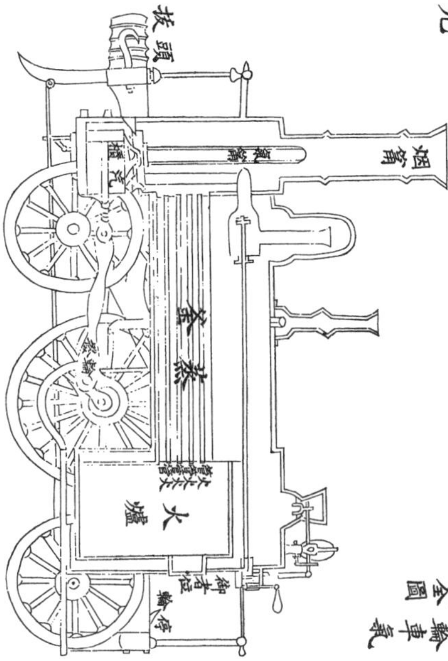

火輪車氣機全圖

二十 火輪車行路圖

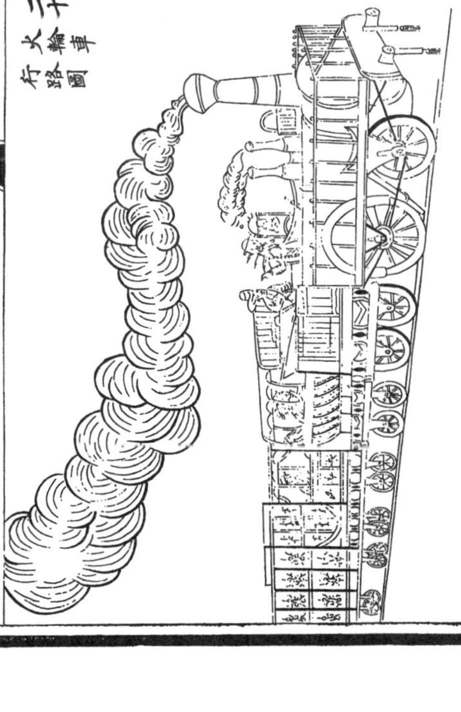

二十一 火輪車鐵道穿山而過圖

二十二 火輪船

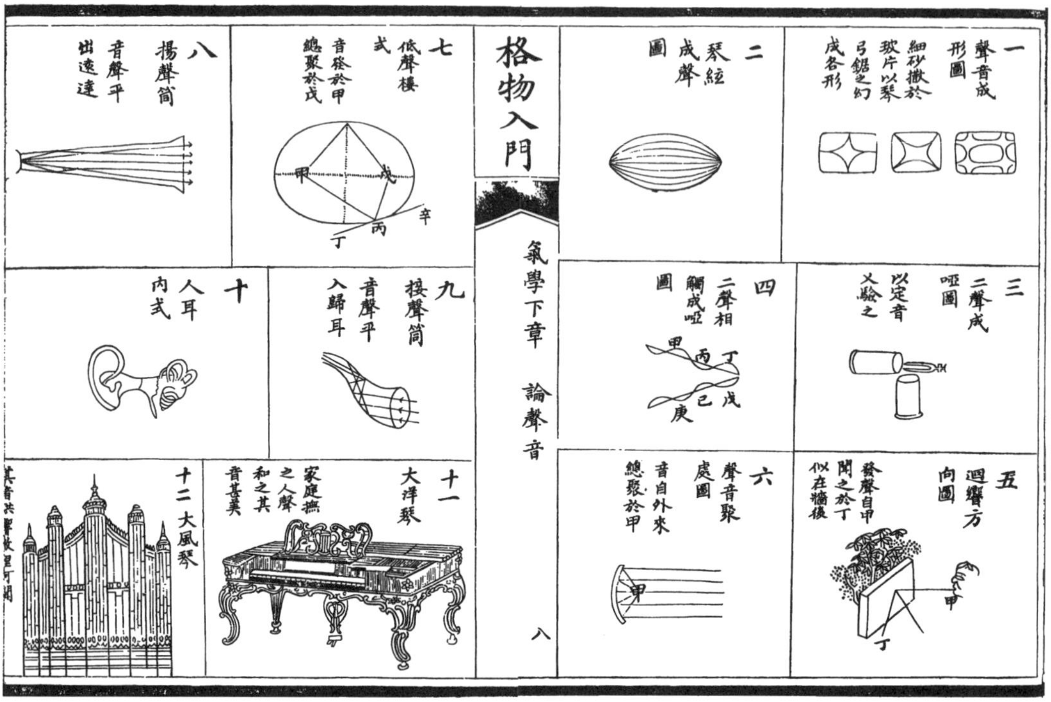

天氣高厚亦有限制

天氣有形質

第二卷氣學

上章論天氣

一 問、天氣高厚何如、

答、俗以為天氣高厚、不可限量、至格物家推測、天氣一層包裹地球、漸高漸稀、約計二百里、或作一百五十里之厚、靜則謂氣、動則為風、

問、天氣僅有如此高厚、烏得知之、

答、測天文家考察星宿運行一週、由古及今、從無快慢差別、是知星際空虛、無氣阻之也、且由地上升、天氣漸漸稀薄、推測至此數、應有窮盡、

問、氣係自然漫散之物、何以能有限制、

答、凡物之有質者、莫不有相吸之力、氣至極薄、其吸力雖少、亦足抵其散漫之力、故有限制也、

問、天氣之有無形質、烏從知之、

答、氣雖視之不見、然耳可聞、而膚可捫也、試以木板搖動如扇、即覺被風阻礙、而動盪喫力矣、且風能轉磨行船、大則拔樹掀石、鼓盪萬物、苟非實有形質、焉能如是哉、

五 問、更有何據、

答、其多寡可量、其輕重可稱、而且不能與他物共處、

其分兩可稱

問天氣如何可稱

答用一瓶口旁有螺絲塞蓋將氣吸盡置天枰上較對平準後開其塞則瓶反偏重以天氣入瓶之故也足見天氣亦有分兩人自不覺

不能與他物並處

問天氣不能與他物並處何謂也

答凡有形質者二物之體不能並居一處即如擊釘入木須開容受之隙天氣亦然雖無微不入亦須有容受之地也

問天氣與水能共處否

答水雖亦無微不入仍不能與天氣共處也欲驗其理

有數法焉

以水驗之

問其一何也

答以玻璃瓶倒沉於水水雖入瓶不能上至瓶底以瓶中有氣阻之也如以輕木小片置於瓶中使浮水面尤易見瓶中之水低於瓶外之水也

十 問其二何也

答以水盛滿玻璃瓶中倒置水內復以曲管插入瓶口以氣吹之其瓶內之水自向下落蓋氣催之也見第一圖

問其三何也

答以二玻璃瓶其一盛水令滿倒置水中復以空瓶亦倒置水內二口相並再將空瓶微側二口相合則空瓶之氣自能達於有水之瓶其瓶中之水亦能灌入空瓶也此水中灌水頗有可觀見第二圖

問其四何也

答用曲管以指按嚴一頭以水灌之其水不能並滿兩頭以氣阻之也如去指則兩頭之水自能平滿因管中之氣被水催出也見第三圖

天氣輕重

問天氣與水輕重若何

答方尺之天氣若不冷不熱稱之爲一兩五錢有奇方尺之水重一千二百一十六兩氣之輕重與水較之

蓋八百分之一焉

問物於天氣能浮何故

答物浮空中與浮水中其理一也雲能浮空者蓋與天氣較輕也

天氣下壓

十五 問天氣下壓何故

答物有輕重蓋被地所吸也天氣亦然天氣下壓而人不覺者以內外之氣均同也欲驗其理有數法焉

問其一何也

答用管貯水以指杜其下口忽令倒懸水不盡流出者以天氣倒壓上托之故也見第四圖

吸物之理

問其二何也、
答以有底玻璃管盛水令滿口向下水亦不能卽流俟
天氣進入少許卽有一點氣泡上升水卽流出一滴
也、
問其三何也、
答以玻璃盃盛滿水用堅厚濕紙蓋嚴陡然倒懸水亦
不流蓋天氣托之也、見第五圖
問其四何也、
答用竹管入以活塞如汲筩然將管一頭置水中拔塞
令上則水亦隨之而上以天氣下壓之也或不信其

故則以木桶上覆活蓋中鑽一孔復安一管用力壓
蓋水卽入管上行與入汲筩無異足見管中拔塞水
卽隨之上行實天氣下壓之也見第六第七圖
二十 問吸水管之理何解、
答亦因天氣壓於水面使水流入管上行與上文同理
耳、見水學下章
問吸重鞹何物也、
答用圓皮數寸居中有繩以水蘸溼其皮蓋於木墩石
墩之上按令極嚴不使稍有透氣之處漸提其繩皮
下之墩雖重數十觔自隨之而起此亦天氣上托之

故耳、皮以水溼者、非水有黏力也、因皮與木石緊連、
則天氣無從入矣故可驗天氣倒壓上托之證、見第八圖
問風箱之理何解、
答合頁有二、一於箱底內開、使氣可入、一於箱嘴外開、
使風可出機械外抽則箱內空虛而氣壓入矣機械
內送則風由箱嘴出矣迨其復抽則合頁閉住火灰
使不得入西國以皮爲之上下木板不用機械抽送
一起一落氣自入而風自出雖極小者有之便於炊
爨也人之呼吸胸膛起落與此同理、見第九圖

以水銀測度天氣

問天氣下壓之力何法度量、

答以三尺長之玻璃管、一頭無孔滿灌水銀、以指緊按
之而倒置於水銀桶中移開其指而管中水銀自然
矗立較桶中水銀向上二尺一寸三不落此天氣壓
於桶中水銀之面故也可知二百里之天氣與二尺
一寸三之水銀同其輕重矣見第十圖
問天氣與水銀之輕重尚有何法比喻
答假令水銀桶上加以極嚴之蓋上鑿二孔、一孔以三
尺長之管灌滿水銀如前法入於桶內、一孔若能以
二百里長之管入於桶中則彼管水銀亦能有二尺
一寸三不落也如將長管去其一段則彼管水銀必

預知風雨

落下一節、至此管段段去盡、則彼管水銀、亦節節落完矣、惜二百里之長管、不能造而施之耳、然天氣下壓之力、確有此理可知也、若管中盛水、則必須三丈（係二丈八尺九寸有奇）因二百里之天氣、與三丈之水、同其輕重、故吸水管只能吸三丈之水也、若放於水銀內、只能吸至二尺一寸三、亦此故耳、

廿五 問、天氣有輕重之別、何故、

答、因有深淺厚薄之時、故其壓力不能常常相同也、譬如水之在海、潮長則水深、潮退則水淺、天氣亦然、似有潮汎之長退、波浪之起伏、畸重畸輕、故管中水銀

隨之升降也、

問、起風何故、

答、如海中之有川溜也、海有稍低之所、則水向之而流、天氣有淺薄之處、則氣向之而聚、動盪而爲風矣、

問、落雨何故、

答、天氣厚重、則雲必高浮、故不雨、天氣薄輕、則雲必低垂、故落雨、（風雨詳於末章）

問、風雨表何物、

答、其理與上文所言度量天氣輕重之法無異、惟管之上口無孔、管外畫成度數、下面之水銀盛於皮袋、便

測量高低

於攜帶也、因天氣之輕重、以考驗風雨、故名、至於表外所計風雨陰晴之度數、不能處處皆同、蓋天氣地勢有改易也、故用表於某處、應於本地試準、畫度方能應驗無差、若航海用之、切不可拘定風雨陰晴之字樣以爲準則、以常易地之故也、大抵無論用於何處、若明其理而熟悉之、自能有準、總之水銀升則報晴、水銀驟降則報烈風、如水銀漸降、時久應預防風雨、迨風雨既至、水銀雖上升、風雨未必卽止、然水銀升高而定、則風雨不久可知矣、（見第十一圖）

問、預知風雨其理何如、

答、覩管中水銀忽然低落若干度、則知大氣輕淺、如地之低處聚水、是欲起風矣、若水銀低落漸漸、時久則知氣輕雲墜、是欲降雨矣、

二十 問、風雨表海上何用、

答、航海行舟、若遇颶風陡起、猝不及防、實屬危險、有此則先時考驗、預爲之備、而舟楫可以無虞、各國往返履海如通衢、端賴此表多多矣、

問、風雨表山上何用、

答、漸高之處、天氣漸輕淺矣、故攜此表上山、山愈高則水銀愈下、以度數考之、可知山有幾許之高也、

空盒風雨表

問不用水銀可造風雨表否

答邇來西國有人製得一種風雨表不用水銀惟以鋼條其式畧如時辰表內有吸空之盒盤以鋼條不使外氣透入惟恃此條抵敵天氣之壓力隨其輕重漲縮有針與之相聯可以旋轉盤面畫有度數查針運行之度即知天氣之重輕而驗風雨矣隨身攜帶甚便見第十二圖

測量高低宜慎天變

問以風雨表測量地勢高低宜慎何事

答宜防天氣寒暑陰晴也蓋陰晴偶變其輕重即無準則而難以之測量地勢至於寒暑則於水銀表測量

高低大有妨礙蓋水銀既隨寒暑漲縮即難以其漲縮辨天氣之輕重雖無水銀之空盒表亦有礙也因鋼盒鋼條隨寒暑有軟硬漲縮之別耳其慎有二一測地兩處須於同時一須附用寒暑表以便參看將所差冷暖之數除去始免訛錯若升高山較平地冷多矣前法宜亟講也（其算法詳見末卷）

天氣漸高漸薄

問山上天氣較平地輕薄情形何如

答平地煮水高山煮水以寒暑表試之即知在山之滚水不如在地之熱甚因天氣下壓之力輕水易滚沸也瑞士國有人住極高山上炊糧不易熟天氣輕之故也必於釜上加蓋其炊始熟以水氣不出亦如天氣壓之也又如釜水正在滚沸蓋之水即不滚亦水氣倒壓之故人登極高之山便覺頭悶膚脹亦因天氣較輕而體中之氣偏重故脹滿不安耳

下壓分兩

問天氣下壓分兩幾何

答四圍各方一寸高二十一寸三之管盛滿水銀則二十二觔（十三兩）天氣既同此均重可知方寸所壓之天氣二十二觔（十三兩）若將地球周圍包裹二百里厚之天氣通盤核算儼如二十一寸三之水銀海包裹地球一般亦可推測而考其分兩也共計五百萬萬萬噸十

六石為一噸也

問人物不致被天氣壓斃何也

答人物皆有孔竅以通氣體中之氣與外壓之氣相敵勻稱故不覺其重也如魚之在水然亦體中之水與體外之水勻稱也試以茶壺用紙蓋嚴其紙必平若於壺嘴以口吸出其氣則紙必下凹以壺中之氣不敵外壓之氣也再以極薄木板蓋桶甚嚴用吸氣管將桶內之氣吸盡其板必被壓裂亦內氣不敵之故耳

酒撤開流

問酒撤吸酒使能自流何解

泉同爲一理

答、酒撤形同灣管、一頭長、一頭短、以短頭插入酒器、吸之、卽流不盡不止、若究其理、蓋長頭之酒、較短頭偏重、天氣壓力惟均、惟管中之酒不均、如天枰、然重頭必低落也、假如管粗方寸、則兩頭各有天氣下壓廿二觔十三兩、若將曲管二口向上、此頭盛水三觔、彼頭盛水五觔、各以指按嚴、使二口向下、此時兩頭與廿二觔十三兩下壓之氣較之、長頭除五觔、餘賸十七觔零、短頭除三觔、餘賸十九觔零、此頭多二觔之力、故能使酒外流也、見十四圖

問、閒流泉何解、

答、山中有泉、忽流忽止、按時不差、人以爲異、不知卽天生酒撤也、蓋山中空處蓄水漸滿、卽由旁隙外流、儼如曲管、水盡則止、水滿又流、爾雅云、泉一見一否爲瀸、卽時流時止之泉也、見十三圖

天氣漲縮

問、天氣漲縮、何法試驗、

答、用玻璃瓶盛水半滿、塞中入以小管、下達於水、吹氣滿足、水自由管躍出、高濺數寸、蓋吹時使其氣縮、不吹則立時漲壓水面、故使水上躍也、見十四圖

四十

問、其二何也、

答、將茶壺蓋嚴、中間置細管豎立、復將牛脬吹臌、縛於壺嘴之上、力握其脬、則壺中之水、自由管外躍也、見十五圖

問、其三何也、

答、用有嘴玻璃瓶、形若茶壺、盛水蓋嚴、瓶嘴縛以吹臌牛脬、以空心小磁人二个置瓶中、力握其脬、則磁人下沉、放手則上浮、屢握不止、則瓶內磁人跳舞不休也、見十六圖

問、其四何也、

答、以空瓶倒沉於水、或繫以小塊銅鐵、或稍灌以水、使瓶口向下、若沉若浮、不能翻覆、若按至水底、則不能浮矣、因壓力大而瓶中之氣縮故也、

問、氣槍何物、

答、卽如上章試水漲縮之法、以竹管塞住兩頭、以箸力出其塞、訇然作響、若放槍然、故名、儻以銅鐵製造精巧、亦能傷犬鳥之屬、法以雙管、一盛氣、一盛鉛丸、柄有積氣箭、催氣使入機關、發動鉛丸、放出與火藥無異也、究不如火藥之力大耳、且積氣入管、亦不甚速、故不甚見用、見十七圖

力愈大氣愈縮

問、力愈大則氣愈縮、何法試驗、

答、以方寸銅管、內置活塞、用廿二觔十三兩之物壓之、其塞

必至管之中腰復加以廿二觔十二兩則下至三分之二共加至六十八觔零則下至四分之三大抵上壓之力每加一倍則管中之氣亦縮一倍至管中之氣漲開之力與上壓之力適相同也

四五 問其二何也

答法國瑪畧者欲驗其理以曲玻管一支一頭短一頭長將短頭塞嚴以水銀少許灌入使兩頭之氣隔而不通再以水銀灌之使上至短頭一半氣已縮一半矣而長頭之水銀必至二十一寸三乃與天氣之壓力無異也因壓力加倍故短管之氣縮一倍也見十八圖

天氣輕重層次

問天氣愈高愈輕何法測量

答升高十里天氣即減一半再升十里再減一半每升十里每減一半如此計算以至於盡蓋升高十里之處每方寸天氣壓力十一觔六兩二十里每方寸壓力五觔十一兩三十里每方寸壓力二觔十三兩四十里每方寸壓力一觔六兩五

隨冷熱漲縮

問天氣於冷熱何如

答凡物遇寒則縮遇熱則漲至氣之漲縮較他物尤甚欲驗其理有數法一焉

問其一何也

答用牛脬吹至半臌紮其口置火旁漸熱漸漲熱甚則爆裂矣

問其二何也

答以酒盃覆於水盆以熱水澆之即有氣泡由盃而出因氣熱而漲之故

五十 問其三何也

答以紙少許然著置盃中手掌按嚴迨其既熄手起而盃亦隨之不落因盃中之氣被火催出外氣不能復入內氣漸涼漸縮如吸空然外有天氣托之故不落

也今之把火罐醫病者與此同理耳

問其四何也

答有玩物名洋鐙以紙製若球形中爇以火俟氣熱而漲則輕而能起漸升漸高直達雲際御風而行望之若星又俗製走馬鐙所以能旋轉不已者亦熱氣漸漲上升而催之使然耳見十九圖

天氣火輪

問天氣火輪何物

答常用之火輪咸藉水汽之力邇來有人設法只用天氣緣其漲開之力較水汽為尤大以之印書推磨鋸木等事尤省尤便惜不能用於行船耳因其器具過

吸氣筩

重也、

問吸氣筩何物、

答二百年前布國俄陀者所做筩中置活塞筩底有外開合頁側面有嘴置內開合頁如欲吸氣將嘴入於器之口內必須甚嚴卽下按其塞則筩底合頁外開而筩中之氣出盡矣上提其塞則側面合頁內開將氣吸入筩中矣再按則側面閉住下面復開氣由筩底而出矣再提之則餘氣亦吸出矣先是俄陀欲試之因以鐵製空球兩半吻合甚嚴將氣吸盡雖三十馬力不易開之也迨轉其螺絲開一小孔其球自啟、

足徵吸氣之效亦可驗天氣之壓力矣、見二十圖

問雙管吸氣筩何如、

答用雙管者以吸氣尤爲便捷也用二活塞上有鋸齒中設轉輪亦有鋸齒與彼齒互相錯翻輪設把柄持而搖之則二活塞上下提動矣、見二十一圖

玻罩試驗

三十五

問玻璃罩何用、

答以小桌中鑿一孔上覆玻罩孔置曲管達於吸氣筩內將罩內之氣吸空爲用甚多也卽如以熱水置罩內立時滾沸有藥水名磺精置罩內雖冷亦沸葡萄柿子之類雖微乾皺置罩內卽隆然若鮮牛脬紮口置其中卽能脹膨以小鳥投之不能飛起二鈴懸其中搖動不聞響聲以鷺毛並銀錢於罩內投之二物一齊落下且點火不然以上各理皆可以此罩試之、

見二十二二十三二十四二十五圖

問附用水銀管何義、

答度量氣之盡否也以長玻管下口置水銀礶內上口通於玻罩管外畫以寸度若罩內之氣吸出幾許管內水銀卽上升幾許若罩內之氣吸盡則管中水銀上升至二十一寸三矣以天氣壓力無內氣敵之也、

見前二十圖

氣車

問氣車何物、

答以鐵管長數里內極光滑加以活塞使不透氣聯有小車兩頭均有火輪吸氣筩將氣吸出則活塞被外氣所壓直至彼頭車亦隨之而去回路亦然英國倫敦曾經製造此車雖亦敏捷只堪裝載輕小之物惜無甚大用耳、

積氣筩

問積氣筩何物、

答與吸氣筩相似而其用相反此係將氣催入器中惟筩底合頁內開側面合頁外開方能合用其合頁若吸氣筩之式亦可須將盛氣之具置於筩底方能催

氣使入耳、此物與氣槍相附而行、蓋以此催氣使入氣槍、則放出倍有力矣、見二十六圖

積氣泉

問積氣泉何物、

答西國酒肆用此使酒自能流躍也、酒池之上、加以積氣筩、有管使通櫃外、由氣筩將氣放入、壓於酒面、將管內羅絲合頁一開、酒被氣催、卽由管外躍也、見二十七圖

積氣開山

六十 問積氣稠密、既有大力、有大用否、

答近來有人新創妙法、以積氣之力破石鑿山、

問此山在於何處、

答在法國意大利之間、直上直下、計算高十里、闊二十五里、因火輪車過山、須灣曲繞道數百里之遙、遂立意穿山鑿道、既平且直、來往便捷、一日之程、數刻可過矣、

問穿山車道何法鑿通、試詳言之、

答西國鑿山常法、係鑽石爲孔、實以火藥轟之、能令堅石催裂、然石面鑽孔若干、頗費人工、近來試得新法、用積氣之力以代人工、復用水力以催氣、法用鐵箱十數、寬大堅實、下置轉輪、便於運動、以數丈高之鐵桶引水灌入、旁有活塞提動、藉水壓力催氣入箱、機關發動、將氣催足、運於用處、機關又發、氣卽放出、將數十鐵鑿一齊擊入石面三寸餘深、訇然若礮、按此法開山、每日約可攻透三尺餘也、茲之穿山者將近三年、功已及半、係意大利境內、法國亦捐助焉、此法頗善、然非研究水氣二學、烏足知之、見二十八二十九圖

積氣入水

問泳氣鐘何物、

答以鐵爲之、形畧如鐘、上有玻璃以透光、中空如室、可容二三人、有扳槅可置器具、以長鍊放入水底、可做諸工、或因舟溺水底撈物、或因石阻礙行舟、入水鑿之、見三十圖

問此理何解、

答其理有二、水與氣不能並處、一也、其二乃積氣筩之理也、其鐘漸下、則水漸入矣、然不能上至鐘頂、卽上文天氣不能與水共處之理、儻入水時久、恐氣敗無力養生、須置二管、一通外氣使入、一放餘氣使出、人在其中、甫能照常呼吸、如入水三丈、水卽入鐘至半矣、因外氣只堪與三丈之水相抵也、若再深入、須積氣愈多耳、

論風

起風之故

六十五 問起風之故、上文畧言之矣、若究其理何如、

答因冷熱不均、卽起風也、較熱之處、其氣卽漲、漲卽輕

輕卽上升而他處之氣卽向此處吹聚以補其空缺也

問其理何法試驗

答於室中生火使熱門窗之上破一孔門檻之下亦破一孔秉燭依於上孔則其焰外吹依於下孔則其焰內吹若室內極熱驟然啟戶以燭火於上下試之亦然又如火爐之下須有透孔儻塞住不通則火必漸熄因熱氣上升無冷氣以補之也又或門外焚燒薪木火勢猛烈則在下之氣四圍向之而聚亦其驗也

通氣於礦窨

問按此理有何法使外氣通於礦窨

答於山坡高低不平之處掘二井通於礦窨之內一在高處爲深井一在低處爲淺井其下通聯夏日外氣自深井而入自淺井而出冬日外氣自淺井而入自深井而出欲究其故因淺井之上與深井相差數尺此數尺天氣夏日較地氣輕故上升冬日較地氣重故下壓見三十一圖

近赤道通南風

問近赤道之處其風何如

答赤道之北恆有北風赤道之南恆有南風

問此何故也

答赤道一帶寬四十七度日臨其上天氣常熱而上升

十七

南北之氣向之而吹以補其空如大火之聚風也

問其風由正北正南否

答否均由東北東南偏西吹也

問此係何故

答因地球向東旋轉赤道居中離地心比南北二極較遠故其旋轉較兩極爲倍速地上包氣一層亦隨地而轉惟兩極之氣往東旋轉不如赤道之速故向赤道遷移其氣落後遂致所差之度數偏西也見三十二圖

問圖式何解

答甲爲北極巳爲赤道庚係居中丙庚爲丁巳之半在

巳之氣東旋較庚處速加一倍庚處之氣直往南吹旣東旋較遲不能至巳必落至丁巳之間戊處也是以庚戊之道斜而偏西此論北風南風亦然

問此等風另有何名

答西國謂之通商風蓋因海上行舟藉此風卽有定向赤道兩旁三十餘度常有此風行舟趁之過海便於貿易故名

風有冬夏易向

問中國南省海濱之地冬多北風夏多南風何故

答與通商風之理相同也冬日因北方無熱處故風向南吹夏則日行照於北方地多沙漠較熱故向北吹

海外更有數處亦有此等隨冬夏易向之風也

風有早晚易向

問海濱之風早間由岸吹於海晚間由海吹於岸何故

答惟南方有之蓋緣陸地聚熱退冷較海水爲速日照於海水有返照如鏡熱氣映回過半故其熱遲陸地則其熱全受故速早間陸地退熱亦速較海爲冷故風向海上吹也晚間陸地較海爲熱故風向陸地吹也若南北大風連日不止則此風被捲故不多見耳

風多無定向

問風之方向能按地之冷熱算定否

答不過計其大畧而已因風氣極輕最易流動設遇阻礙即改道矣風在海洋往往遇岸遮阻風在陸地常

常被山蔽攔若在江湖河漢之間恆隨水道也

風南北循環

問赤道兩旁風盡向之而吹有回路否

答由高處空際而回也蓋赤道熱甚則兩旁冷風向之吹聚迫氣熱而上升便由空際吹回兩極循環無已時也上文所言門上之風外吹門下之風內吹亦此理耳

旋風

問旋風何故

答不論對面旁面兩風相遇即成旋風也若水之急溜總匯之處必有旋渦或舟行逆水而上其後亦多旋渦至風遇阻礙多成旋風但不如二風相遇之勢大耳

旋風有二

問旋風有幾許之大

答凡有二種一雖不寬闊但旋轉甚速其力便大故能拔樹壞垣俗謂羊角風是也一雖極寬大而旋轉不速或數百里千餘里者不等海面有之撼動波浪損壞巨舟即颶風也且旋風無論小大必皆左旋故有一定方向見三十三圖

避旋風之法

八十

問海上颶風何以避之

答初起時人恆不覺爲旋風也迨爲時既久見風無定向或一晝夜四方旋遍是知爲旋風矣惟揆度風勢

內外不論方向遇風當頭輒改道橫衝而過如此節節向外漸出層圍庶脫危險近年以來甫知颶風即大旋風也又知避患之法依此而行救護船隻無算見前圖

風行疾徐

問風吹疾徐若何

答一點鐘行五里者微風也行五十里者疾風也每方尺有一觔之力一點鐘行百里者大風也每方尺四觔之力行二百里者即颶風矣每方尺有十七觔之力極大之颶風一點鐘行三四百里每方尺有五十觔之力拔樹傾舟勢亟猛烈也

風稱二式

問風稱何物
答所以測量風力也以鋼條盤繞一頭釘於木架一頭置方尺之板條旁設有直木畫成度數以板向風風力吹迴若干條卽退迴若干度也 見三十四圖

問更有何式
答以玻璃曲管一頭如鶴頸有口向外所以受風一頭上直外畫度數管中灌水則二管之水均平迨彼管受風水必下退此管之水上升視其度數便知分兩矣惟二管通連之處此段必須較細取其水不生濤而有準也 見三十五圖

風磨二式

問風磨何物
答藉風力以舂穀碾油汲水鋸木等事也宜置高處其力乃大其式不一有用布帆受風如玩物中風車之式使其趁風而轉卽能運磨而作諸工矣有用木板受風者設一豎軸下有機關遮住一邊露出一邊卽能旋轉矣 見三十六圖

論雨

落雨之故

八十五 問落雨之故何解
答本於河海也水見熱化汽升至雲際颺至岸上遇冷則縮復化爲水此卽下章所論水氣遇冷熱漲縮之理也

問此理何法試驗
答以釜煮水上加懸板水遇熱則化汽上升至板上遇冷復縮而成水滴滴下注或釜上以布懸之汽升布濕力握其布水卽溢出亦如氣縮成雨耳

雨源由海

問雨皆原於海否
答其本原固出於海惟降於陸地之水不能一時全注諸海也卽如有人計算英國每歲雨水由河注海者不過十分之一耳其餘仍化氣上升蓋河道有若干水歸於海海水卽有若干雨降於陸地以補其不足循環不已也

計算雨數

問雨水多寡何法計算
答以器承受卽知當時之雨數如此積算便知一年之中此處落雨之數矣卽如英國京都歲中得雨一尺七寸俄國京都得雨一尺三寸意大利得雨二尺六寸葡萄牙得雨八尺八寸印度京都得雨八尺四寸南亞美利加某處得雨一丈九尺八寸

雨尺

八十九 問量雨之器何如
答以方尺之器鐵爲裏衣承受雨水復以方寸之管外畫分寸度數如將器內雨水灌入管中設高一尺便知得雨一分蓋方尺之器百倍於方寸之管也 見三

十七圖

卷二氣學上章凡八十九問

第二卷氣學

中章論蒸氣

一 問、何為蒸氣、

答、乃煑水滾沸化出之汽也、

與水氣有別

問、與水氣何別、

答、水不熱而化為氣、謂之水氣、極熱而化為氣、謂之蒸氣、水氣由於自然、運行空中、作雲下雨、蒸氣藉乎製造、惟憑火力運動器機、初非二氣也、因冷熱以易其名耳、

蒸氣四綱

問、蒸氣大綱有幾、

答、大綱有四、

問、其一何也、

答、熱有大力、冷旋失之、

五 問、其二何也、

答、其氣愈熱、其力愈大、

問、其三何也、

答、其氣愈稠、其力愈大、

問、其四何也、

答、水須被壓、始能極熱、

驗第一綱

問、第一綱之理何法試驗、

答以有底鐵管盛水少許內安活塞將管置火上俟水熱氣漲即將其塞頂起移置冷水內則管中氣縮其塞落下矣是熱則有力冷旋失之一往一還運動器機皆賴此也

驗第二綱

問第二綱之理何法試驗

答仍以前管入水少許遇火則盡化為氣能將活塞上頂愈熱則氣愈漲而力亦增然不如加水之增力多耳昔有人使氣熱至一千四百度試之其力不過五倍於天氣計每方寸八十七觔有奇一夫之力已足相抵可見第因熱而增力仍有限制也

驗第三綱

問三綱之理何法試驗

答復以前管入水少許使盡化氣視其上頂之力幾何復入加倍之水使盡化氣則上頂亦有加倍之力若加之不已其力無窮矣嘗有人按此法加至百倍於天氣者如二百十二度煑水始能滾沸因較勝於天氣之力也復加三十八度則氣愈稠愈漲其力加倍再加十八度則力至四倍積漸加至五百一十度力增五十倍矣

驗第四綱

問四綱之理何法試驗

答以玻璃罩將天氣吸空置水於內煑之至七十二度不待溫而滾沸矣蓋無天氣壓之也若移於罩外則不滾矣以天氣復壓於水面也俟二百十二度甫能滾沸以後火雖加烈水不增熱惟化汽而已如釜上加蓋勿令氣出其氣倒壓水面則積熱漸稠而力加大矣

水化蒸汽漲甚力大

問水之化汽能漲幾倍

答除天氣壓力之外若無阻礙能漲至一千七百倍也假如以方寸玻管注水一寸上加活塞勿令透氣與寒暑表相附下然微火其塞未見上行惟見表內水銀漸漸升上迨至二百十二度即止而活塞上升矣管內之水漸少若少百分之一塞即上行十七寸如

水盡化汽須上至十七丈方止也見第一圖

問管中寸水生力幾何

答天氣壓力每方寸廿二觔十二兩則活塞上頂之力亦應與之相抵也足見寸水化汽之力能使廿二觔十二兩之重物上至十七丈高矣

驗蒸汽之力

問寸水有此大力更有何驗

答仍以前管須十七丈之長管內寸水化盡則活塞上至十七丈矣再上懸滑車以長索繫廿二觔十二兩之鐵錘彼頭連於塞上移管離火漸冷惟見管中之汽化

爲水珠、迨其熱退盡、則管內空虛、將見活塞被天氣所壓下行、其水珠隨之歸併到底、仍復寸水之原、能將鐵錘上升十七丈也、見前第一圖

述蒸汽之用

十五 問、蒸氣既有大力、其用何如、

答、其用極多、如印書、汲水、推磨、鋸木、紡織等事、均足以代人工也、至運車行船、尤爲捷便、其速異常、

古人以之驚愚

問、蒸氣有力可用、古人知之否、

答、但知有力而已、如滚水在釜、若蓋嚴不令透氣、必至迸裂也、歐羅巴北方古時崇一神像、怒則雷震而雲興、當時多敬畏之、嗣有智者因神像中空有孔、究得

其隱係以像代釜、中注以水、下爇以火、迨熱稠力大、便將塞子催出、訇然作響如雷、氣由孔出、油然雲作矣、漢武帝時、希臘國有希羅者、昉造蒸氣機、不過玩物耳、初不知適於用也、

問、其式何如、

古人以之爲戲

答、有釜圓圖若球、其上有孔、橫通二管、十字形、或數管亦可、管之兩端、背面各有一孔、釜中水熱、則氣由管孔四面洩出、催動氣機、旋轉不已也、與上卷水學中無輪水磨、並吹葦使轉之理相同、當時既未究其理、復不知其用、現今有用之氣機、與此式彷彿者有之、見第二圖

後人始用

問、氣機之有用、創自何人、

歷述有用之機

答、難以定論也、英法二國、各有創始之說、據法國傳記云、本國高斯者、於明末首創此法、

高氏氣機

問、高氏之法何如、

答、有釜如球、上安二管、通於釜底、一灌水令入、一催水使出、下爇以火、迨蒸氣壓於水面、便能催水上躍也、如此管或曲或長、則水能隨勢遠到矣、見第三圖

二十 問、高氏之事何如、

答、攷法國傳錄、高氏究得此法、緣思推廣其用於國政

大有裨益、爰因某相爲之居閒延獻、某以無用置之、高屢乞不已、觸某怒、遂囚之、昔何氏献璧、身遭刑創、而屢瀆不休、卒得見重爲王者寶、嗚呼、被褐懷玉、誰識廊廟之才、緣木求魚、難遂經綸之志、若高氏雖遭數奇、而其法卒傳於世、猶爲厚幸也夫、

吳氏氣機

問、英國氣機昉自何人、

答、有吳斯德侯遭亂囚獄、因茶壺煮水、偶見壺蓋頂起、由是悟得蒸氣之力大可用也、出獄後試以蒸力將鐵砲乍裂、遂創氣機之法、

問、吳氏之法何如、

天然氣機

答滾水釜兩旁各有水桶、上皆有管、達於釜內水桶各竪長管通於桶底不遠以出水也、復有橫管引水入桶合頁一開、蒸氣即入水桶、催水由管上躍矣、此與高氏之法無異、惟用於礦窰只能催水外流、不能吸水入桶、旋有塞氏所造之法、見第四圖

問有天然蒸氣機否、

答火山恒有熱水硫磺碎石湧出、皆蒸氣之力催之也、北氷洋海島中有著名火山、山麓有極大温泉、間流間止、其流也上躍數十丈、噴氣若雲霧、激響如雷霆、誠天下之奇觀、非人力所能及也、若推究其故、因山

中之火遇水而成蒸氣、別無出路、遂致壅塞積聚、壓於水面而催水上躍、氣盡則止、氣滿復流、此天然蒸氣機與高吳二家之氣機催水同理也、見第五圖

塞氏氣機

問塞氏之法昉自何時、

答康熙年間英紀一千六百九十八年有塞法利者、偶因飲酒時銅壺置火上、其酒滾沸將盡、蒸氣極濃、遂以壺嘴倒浸冷水內、旋見水由壺嘴逆流而上、盛滿酒壺、因而設法以蒸氣汲水、

三十五 問水逆流而上何故、

答因壺內蒸氣見冷水復化為水、壺內空虛、又因外面天氣下壓之力、遂令其水逆流入壺以補空隙、

問塞氏所作之法何如、

答蒸釜與氣箭俱以鐵為之、復以鐵管相連、氣箭另有二管、一下通井水、一旁出使水外流、均有上開合頁、氣箭之上又有二管、亦有合頁、須以手開合、一通氣管使蒸氣入箭、一放冷水入於氣箭、蓋蒸氣入箭、便催天氣外出、冷水入箭、蒸氣便化、箭內空虛、井水被天氣下壓、遂由管中逆流而上、如冷水之逆入壺嘴也、迨蒸氣復入、即催水外出、縱極高亦能達到、於礦窰汲水甚為簡便、見第六圖

問塞氏與吳氏之法其理何異、

答吳氏之法藉蒸氣漲開之力以催水、塞氏之法係藉天氣下壓之力以吸水、蓋吳氏原於氣滿、壺蓋上頁、塞氏原於氣空吸水入壺、其理雖異、而其用則同也、

牛氏氣機

問以蒸氣轉運火輪創自何人、

答英紀一千七百五年間、有牛國民者、變通氣機、亦藉天氣壓力添一轉輪、堪作諸工、較吳塞所為尤便、法用蒸釜氣箭均以鐵為之、有管相通、氣箭中置活塞、塞柄上設橫梁、隨之俯仰、蒸氣由釜灌入、則催使活塞上行、迨冷水灌入、蒸氣化水、箭內空虛、天氣下壓、

令活塞下行橫梁俯仰運動轉輪無已時也惟機器之上合頁二處啟閉需人初有童子司其事因好嬉戲厭之思得一法以機代人而得以自便其法將合頁之柄以索繫於橫梁之上隨俯仰而自能啟閉矣由是又省一夫之力也見第七圖

問牛氏氣機尙有病否

答其病有三一則耗費熱氣一則其力有限一則運行不速

三十 問何以耗費熱氣

答每放冷水入於氣筩使氣化水不免令氣筩復冷蒸

氣遇冷便失熱而力消因而熱氣耗費須多用煤薪

問何以其力有限

答因活塞下行全賴天氣壓力每方寸僅十七觔半故牛氏氣機之力不過此數

問何以運行不速

答活塞下行僅賴天氣壓之不能甚速活塞上行因蒸氣遇冷而力消亦不能速

問以後有能除此三病者否

瓦德氣機方爲盡善

答有瓦德者童年嬉戲以器煮水勾股畫地習以爲常師長呵斥人多笑其迂弗顧也及長才敏過人洞察

牛氏氣機之弊數年研究思欲除之終能設法補其不足至今所用火輪機關仍瓦德之模式也

問瓦德之法何如

答於氣機之上加添多件而最要者有二一則於活塞之上再加氣管令蒸氣復催活塞下行不必賴天氣矣一則另設水箱引蒸氣入箱化水不必放水於氣筩免致遇冷力消如此則氣筩常熱其力更大而其用更省不但將活塞頂上亦將活塞催下往返均賴蒸氣故又名雙行氣機見第八圖

雙行氣機

三十五 問雙行氣機圖式請詳言之

答甲乃蒸釜丙丁乃氣筩亥係水箱戊己係兩岔氣管均有合頁使蒸氣通於活塞之上下庚辛亦係兩岔氣管亦均有合頁使餘氣洩出入於水箱而化戊係汲水管加於水箱之上使熱水外流如加管引之使仍流回蒸釜則熱水化氣更速較添冷水省而捷矣

氣管合頁自能啟閉

問氣管之合頁何用

答共四枚左右各二庚己關則戊辛開蒸氣由戊入於丙處令活塞下行卽催丁處之氣由辛放入水箱而化戊辛關則庚己旋開蒸氣由己入於丁處使塞上行將丙處之氣由庚催出見水而化活塞上下不休

其柄通於輪軸、使之轉運迅速有力矣、

添水入釜不需人力

問、添水入釜啟閉合頁需人力否、
答、均不需人力也、氣機自能爲之、因有吸水管下通水源、上與橫梁相聯、隨之俯仰、便可汲水入釜矣、又有節水管、節水管詳見水學章內 啟閉限制、不至有乾溢之虞、吸水管之柄復有鋸齒、隨之上下、能將氣管合頁互相啟閉、

通力輪

問、通力輪軸何如、
答、軸上有柄與橫梁相連、隨之俯仰、惟軸柄只有上下之力、不能橫行、爲力有限、故加極重極大之鐵輪、使

隨上下之勢運轉、便生出大力矣、輪之二面各有軸柄一橫一豎、因橫柄提動有力、俟其轉直、則彼頭之豎柄又易而爲橫矣、互相有力可用、故其輪旋轉無已時也、見第九圖

穩行球

問、穩行球何物、
答、係豎軸一根、下置輪盤、繞以皮条、聯於通力輪軸之上、軸之兩旁有機關鐵条二根、各綴鐵球一枚、重數十斤、大輪旋轉、拽動皮条、其盤軸卽隨之旋轉、轉愈速、其球離軸愈遠、則力均而行穩、不致有遲速之謬矣、見第十圖

節氣合頁

問、節氣合頁何用、
答、於氣筩與蒸釜相連之管內、安一合頁、遇直則閉、遇側則開、其管外有橫柄、以鐵環通於穩球之上、復加甲乙丙丁四条相連、其形斜方、四隅俱活、可以上下、如輪行甚速、則二球颺遠、而鐵環下移、則彼頭橫柄升高、提直而合頁閉、節止蒸氣不得入矣、迨輪行較慢、則二球依近、而鐵環上起、彼頭下垂、低側而合頁開、旋放蒸氣入於筩矣、如此節制、無過與不及之弊、斯運行惟均矣、見前圖

氣表

問、氣表何用、

答、以灣曲鐵管一、一頭通於蒸釜、一頭上直、外畫度數、管中兩頭灌以二十一寸三水銀、如釜中無氣、則管中水銀兩頭均平、若蒸氣入管、則此頭水銀被氣壓落、彼頭水銀必上升矣、上升一寸、卽十七兩之力也、升至十六寸、卽十七觔也、可知蒸釜內每方寸喫力十七觔矣、統計其數、知共有若干力也、見十一圖

平安合頁

問、平安合頁何用、
答、預防蒸釜之迸裂也、其法在丑有上開合頁、子寅爲秤桿、橫架於合頁之上、在寅有機關、聯於釜上、在子有錘、蒸氣隨用、便有節度、假如蒸釜每方寸能喫力

一百觔、祇用五十觔之力、即將秤錘放在五十觔之度數、若蒸氣過此力大、則合頁自開、餘氣洩出、倘無此物、則蒸氣力大、其釜恐致迸裂、甚屬危險、有此可保無虞、故名平安、見十二圖

節水機

問節水機何用、

答有引水高管、通於蒸釜、去底不遠、上有活塞、與橫梁相連、橫梁彼頭有木墩、浮於蒸釜水面、水多則木墩上浮、此頭活塞落下、水入漸緩、甚至塞住、水不得入、釜內水少、則木墩隨之而下、此頭活塞上提、引水便速、且多矣、蓋使釜水節制、而無乾溢之虞、與前卷節

水管同理也、見十三圖

節火機

問節火機何用、

答有管通於蒸釜上、以滑車鐵綀懸錘、垂於管之上口、彼頭以綀懸鐵板、通於爐之火道、如火大氣稠、釜水由管上升、將錘浮起、而鐵板下垂、火道截住、若火小氣微、釜水由管下退、錘亦低落、而鐵板提起、火道復通、如此節制、火無盛衰之慮矣、見十四圖

記數輪

四五

問記數輪何物、

答另一巧機、加於氣機之上、以計大輪轉運之數也、法用計數鐵牌、鎖於鐵盒之內、輪轉一周、即撥動一數、層累加增、雖久不紊、此係瓦德所造、先是瓦德所造之氣機、用於礦窰、省煤無算、約以節省三分之一酬之、惟為數甚鉅、察核需人、因思得此法、便於稽核、嗣火輪兵船、亦用此物、計火輪運行之數目、以定行程之多寡、

氣機全式

問氣機全式、請詳言之、

答甲乃蒸釜、內有鐵管、通火使水易熱、乙為氣管、丙係氣筩、丁係木箱、復有吸水管三具、俱隨橫梁俯仰、各司其用、在戊係將氣化之水、吸過在己、係將熱水引回蒸釜、在庚係將冷水汲入水箱、辛乃穩行球、壬為

節氣合頁、癸係氣表、子為平安合頁、寅卯為積水池、半蓄冷水、半蓄熱水、辰則通力輪運轉者也、見十五圖

機分二種

問火輪有高度機、低度機之分、何如、

答因蒸氣之稠稀而分之也、氣稠力大、其表內度數即高、氣稀力微、其表內度數即低、故名

高度機

問高度機何如、

答蒸氣熱至二百五十度、較釜水初沸加倍、有力熱至三百度、其力便加四倍、上文已畧言過、假如二機、其一、蒸氣熱至二百五十度、力足百馬、其一、蒸釜小一

半必熱至三百度方足百馬之力故船釜均小多用高度機甫能氣稠力大而速也但其氣隨用放出未免耗氣費煤且釜小氣稠恐致迸裂危險可畏也

低度機

問低度機何如

答釜內冲催之力既小則不致危險而蒸氣又能化爲熱水引回釜中則熱氣既省而煤亦不費其蒸釜大則每方寸㬦力小矣然通計其力仍大也故洋船多用此機

五十問氣機之力以何爲則

答以馬力爲則或一百馬力二百馬力以至於一千馬力者有之

觔水之力

問觔水化汽其力幾何

答有拉德那者格物有名會計算之據云一觔水化汽漲開之力足將三十七噸之物頂起一尺三十七噸（十六石爲一噸）即五百九十二石也若一石重之物亦能升起五百九十二尺也

問拉氏計算火輪車行鐵道五觔水化汽生力幾何

答五觔水化汽於鐵道之上其力足將二噸重之物運至三里之遙時不過二分也若用馬力須四匹計時半刻之久若照前計算五百觔水便將二百噸之物運至三百里

石煤之力

問一石煤燒水化汽生力若干

答煤窰內常以一石煤燒水及其化汽之力能將五百噸拽起至一百尺高即一百馬儘一日之力也

氣機初興有妨工業

問氣機製造一切省人力何如

答省力多多矣先是以之紡織一具氣機每日作成可抵千餘人之力蓋紡車織機爲數雖多而一具氣機皆能使其運動故爲力無窮也於是凡紡織之家恐專用氣機有失業待斃之懼遂聚衆滋擾拆毀氣機彼時雖官法亦難禁矣

氣機通行衆民有益

問凡業紡織者竟受其害否

答氣機通行以後不惟無害且有大益其法初興未免有多人另圖生計然從此衣服布疋等物價値頓減且自火力一作而百業俱隆如挖煤開礦打鐵造橋行船運車修造輪車鐵道各事用人極多因火輪舟車易至遠方載貨運糧無不便捷以致民衆較前尤爲富足

氣機織紡貿易豐盛

問今時西國以氣機織紡者幾何

答即如英國業此者有數十萬人所織布疋洋呢羽毛綫紗等物無遠弗届不獨本國利益無窮即凡通商

各國亦加豐盛皆賴其機如此也否則國中雖盡人業此而織成之物亦難若是之多也氣機之爲用大矣哉

火力代紡之由

問以火力代紡創自何人

答英國有阿克來者素貧業修髮匠每以五行之物研究其理爲樂因思創一自行不止之器探索數年迄未成就而本業就荒益形貧乏爰見鄰衆業織者甚繁而紡工不及益思昉造機器以代人工其妻見其試作機巧終日若癡屢戒弗聽恚甚毀其諸具阿離妻而造如故迨厥功告成試之靈巧不啻人工一具

氣機足抵百夫之力由是通行而致小康焉旋聞於君主以其創法甚善且能裕國便民錫爵銜勞之見十六圖

火力代織之由

問以火力代織昉自何人

答英國教師克德來者素有名望而家道素豐傳道之餘施醫濟世火輪紡既作論者以紡多而織少有此盈彼絀之虞克思火力既能代紡變通其器定能代織由是專心致志昕夕苦思往來蹀躞心摹而手畫之嗣因事繁辭職而志愈專壹迨十餘歲後機器始成試之靈敏異常而家業已消乏矣旋與富翁偕夥鳩工起造大廈廣置氣機爲久遠計乃工甫竣而遽遭回祿遂致家貲蕩然此譏人嫉忌之陰謀也克無所倚賴以硯田爲生然其所造氣機由此遠播國富民豐旋聞於君上亟嘉奬之酬金三萬以爲養老之資溯自立志之初至此已廿四寒暑矣耗去家財不下十萬克嘗謂火力無窮人苟擴而充之必能運行舟車也斯言今已驗矣見十七圖

火輪車之由

問火輪車何由而作

答先是英國山中凡窰礦內將重物裝運海口係以鐵造成道路駕車仍賴馬力雖有火輪氣機不過以之

汲水提升重物而已迨嘉慶五年間有人始造氣機輪車遂用火力以代馬

鐵道之式

六十

問鐵道之式何如

答於車轍兩邊各置大木須極堅固大木之上釘以凸出鐵条而車輪周圍有凹槽與鐵条相合如逗筍然可以速行無礙一馬可拽多車惟不如火輪之力大而速也美國各城多有此等車道因人烟稠密火輪車未便駛行仍用馬車而車中整潔如室或來或往有一定車道從無爭先落後之虞至山坡形勢下趨之地亦有此等鐵道以數車相連裝運重載趁其山

勢自然下趨、便將空車由彼路帶回、如此循環不已、不勞馬力、亦不藉氣機也、見十八圖

火輪車之式

問、火輪車其式何如、

答、較馬車大而堅、其輪以鐵爲之、一車可裝數百石、數十車啣尾而行、首設氣機、次載煤薪等物、以備供給、餘或載物坐人、客車可容數十人、修飾整齊、飲食起居、如處家室、見十九圖

其行甚速

問、火輪車行動、其速何如、

答、極速者、一點鐘能行二百里、載重者、一點鐘僅行七八十里、尋常客車、一點鐘行百餘里、見二十圖

其費甚省

問、火輪車較馬力何如、

答、英國有二城、相去三百里、火輪車載客二百四十人、並其行李、五點鐘可以往回、用煤不過四噸、計值銀十五兩、倘以馬車爲驛、送客如前、至速亦須二十四點鐘、車二十乘、需馬千餘、方能替代接濟、其費亦多矣、

火輪過山

問、火輪車能行山路否、

答、若高下不甚懸殊、尚可駛行、如上高坡、另有山行輪式、上有鋸齒、車道鐵条亦有鋸齒、兩相逗筍、便能節節而上、下趨亦然、若極高之山、不能繞越、即穿山鑿成道路、以便行車、見二十一圖

創作之人

六十五

問、火輪車昉自何人、

答、英國德微底者、於嘉慶五年間、創造未善、嗣有斯提反筍者、父子相繼造之、因合用而通行焉、初其父於煤窰專司火輪氣機之事、貧甚、擬赴外國謀生、因乏資中止、閒修造鐘表以自給、旋見運煤以馬、費用浩繁、而德氏火機又未盡善、遂變通而更易之、其子幼時讀書、即志好格物、不惟火力氣機、爲之不倦、尤嗜電氣爲戲、電氣見卷四 嘗以其父乘騎、以電擊之、幾斃、其父怒責、而好如故、迨道光七年、某處修造鐵道、僉稱

有能造鐵馬者、以千金酬之、父子造成、試之、一點鐘行九十里、人奇之、號爲火箭、由是火輪車傳廣、而鐵道亦多矣、其子總司其事、核計修道之費、七千萬磅、三兩爲一磅 嗣聞於君上、錫爵勞之、辭弗受、

火輪船

問、火輪船其式何如、

答、船底之式、與他舟無甚異、惟設有轉輪、有在旁者、有在尾者、有藏底不見者、其爲用一也、行江河者無帆檣、行洋海者有帆檣、見二十二圖

問、其大小何如、

答、小者長不過二三丈、大者長數十丈、其中裝飾華麗、

創作之力

儼若富室載客千餘人裝貨數萬石

問其速何如

答風平浪靜之候一點鐘行六十里常行一點鐘三十里即此核計每日可行七八百里中國海口由天津至廣東按程計之須行二三月之久若輪船不過七八日可至矣用常行海船由英國至美國須一二月之久若輪船不過十日之程且他舟非風順則有阻而輪舟無論風之有無順逆均無甚阻滯也

問火輪船昉自何人

答乾隆末年蘇格蘭有塞明噸者造小輪船一具於湖

間載客往來以爲游戲嘉慶五年復造稍大者於江中爲他舟往來帶江之用以其迎風逆水行無碍也惟機器未能盡善旋廢之彼時美國富拉噸者於法國京城興造輪舟國主那波倫見而稱許謂此舟一作天下大勢因之丕變矣旋以行未甚速亦廢置不用而富氏恆心不易措資返國於紐約克又製輪舟一具時人笑其癡迨嘉慶十年其功始竣入水試之多延顯者共載以爲游娛於江河之間舟忽停滯不行客有誚其拙者有懼其險者富慰之曰毋懼亦勿病也爰搜其弊而理之其行如故傍岸居民見其迎風逆水行之無礙且能迅速夜間火光發耀駭以爲怪羣逃避之自是輪舟興起矣

火輪舟車西國甚多

七十 問至今火輪舟車西國多否

答西土大國皆有之也航海輪舟多於英國江河輪舟多於美國五十年以來美國陸續興造已有一千三百餘號江河水道通長計四萬三千里火輪車道共計九萬六千里各城各邑莫不有輪舟與鐵道聯絡不絕也

七十一 問中國若用火輪舟車利用何如

答海口各處已有輪舟往來俱知其利益矣若於各省

陸路通衢開設火輪車道自此往來販運合四境而通其有無爲利甚溥而且便宜復用輪船施之於江河往來貿易既便且速較常裝運省用無算且無需時日躭延或遇某處年饑速於運糧自足接濟或値盜賊頓發迅速行兵不待蔓延立時可以撲滅嘗見盜源未清每致釀成巨案非故爲養患也實因聞警徵兵途路限之時日延之餉需悞之古人云兵貴神速若出其不意攻其不備如迅雷之不及掩耳何盜不臧何敵不克茲苟以輪車出師不啻亞夫之用兵從天而降也如是則一彪勁旅可作干城又何必隨

地設防多此糜費既卻妖氛堪臻靜謐咸賴舟車迅速之力也斯利用爲何如耶

卷二氣學中章凡七十一問

第二卷氣學

下章論音聲

問音聲從何而起

答耳內有脆骨蒙蔽如鼓外有輪廓收束接受外物相觸天氣動盪颺至耳內而成聲

天氣颺聲

問天氣颺聲何法試驗

答玻璃罩內置自鳴鐘吸盡天氣鐘雖擊而不聞聲是知地上雖有極大聲音斷難達於星月之際以無天氣颺之也

問天氣之稠稀與聲音之大小相涉否

答放些須天氣入於罩內則微聞其鐘有聲氣愈稠聲愈大也天熱則氣稀大聲講話便覺費力天冷則易亦此理也在極高山上放槍其聲不過如拍手然若在北極之黑道二人相去三里之遙尚可通語言也因天冷氣稠之故耳

颺聲快慢

問天氣颺聲疾徐何如

答冷則稍速熱則微遲若中和之候一秒內有九十六丈可通也其疾徐與聲音之大小無涉雖極微之聲與巨雷相較快慢一般也惟聲音之大者能及遠耳

颺聲遠近

五

問發聲之遠近可算否

答比如放炮見光後若五杪始聞其聲卽知有四百八十丈又如電光後十杪始聞雷聲便知雷發之處相距九百六十丈若一杪內以百丈計之亦不甚懸殊且易於核算雷近可危遠則無礙矣

問聲音之大小隨發聲之遠近其理何如

答聲音漸遠漸小漸近漸大若究其理則聲音之大小正如其地之遠近尺寸成方倒比也卽如近一半大四倍遠四倍卽小十六倍矣至若光亮熱氣電氣並地球之吸力莫不從成方倒比之理也（成方倒比見火學下章）

問天氣颺聲能聞幾許之遠

答風之順逆有別地與海亦有別因地不平而有礙海水平而無礙也如海平風順大砲之聲有聞至六百里之遙者西印度海島有火山對岸爲荷蘭屬地相距九百餘里火山爆開之聲有時聞於對岸

他物亦能颺聲

問除天氣以外更有他物颺聲否

答有颺聲較天氣尤勝者有不逼聲音者凡物一擊便顫者莫不逼聲音也

問最能颺聲者何物

答水木鐵石等物是也卽如人在水中以二石相擊浸耳於水內聽之較之平地聲音更大有極長大木以耳貼其一頭嚴緊一頭或以指甲刮之其音卽達於耳非藉木達之不聞也如以鐵箸懸以索而撞之其聲原不甚大若以繩之兩端令入耳杜嚴復撞之則音如巨鐘矣人或重聽聞樂不眞以鐵條啣於口中一頭置樂器之上其音由口入耳聞之甚響矣

問按此理醫士造何器具

答西醫有物名聽肺木以堅木爲之長不過尺遇患肺疾者一頭依於病者胸次醫者枕其一端而聽之隨聽隨移審其呼吸辨其部位可知病者肺閒致疾之大小重輕矣

不颺聲之物

問不颺聲者何物

答如泥砂鉛綿等物是也凡物一擊不顫者皆不能颺聲耳

發聲之由

問物之有聲因其體有微動何法試驗

答有手捫而知者有目見而知者有因他物被感而知者巨鐘之撞也以手捫之覺其微戰而震動至手捫之頃其音必稍有礙也琴絃彈動往返神速所以有聲若胡琴弓子拉動雖不甚著力視其絃亦微顫也極薄之玻璃盃盛以水以指蘸溼於盃之四圍邊上刮之卽聞有聲且見盃中之水戰戰然動也或以鐵

鉗夾玻璃片以琴弓鋸其邊卽有聲若琴其微動處不易見也如以細砂撒於玻片之上將見倏聚倏散變幻可觀矣見第一第二圖

聲音高低之故

問物之動盪於聲音高低何如

答快則音高慢則音低過慢則無音過快亦無音也卽如琴絃於一杪內至少往返十五六次方出甚低之音尙能和諧若再慢過此則其聲斷而不聯亂而不和矣甚至於無音如一杪內快至四萬六千餘次尙可成聲再快過此則人不能聞矣或有禽獸之較人耳尤聰者於甚低甚高之音均能聞之也

問高低與大小其義相同否

答不同也卽如風聲雖大其音則低雷聲雖大其音亦低海水沖擊石岸其澎湃之聲亦愈大愈低若秋蟬蟋蟀等類聲雖高而音仍小故不能聞於遠處女子之聲音較男子雖小而仍高故謂之尖音

十五 問聲音之高低隨物動之快慢何法試驗

答設一轉輪上有鋸齒以箸按其齒而徐撥之則旋轉慢而聲亦低其輪齒亦如貫珠可數漸快則齒若相連而聲不斷矣若極快則鎔成一片而聲愈高矣破盌釘整以鑽打眼初慢而聲低漸快而聲漸高亦其驗也

問以琴絃試驗何如

答繩索放鬆則彈之無聲緊則成聲不過音低而動慢耳愈緊則音愈高而跳動愈快琴絃亦如是也故琴有軸柱可緊可鬆以定音之高下耳

問鬆緊之外復何以定音之高低

答音之高低又隨絃之長短粗細蓋短細動快而音高粗長動慢而因低也笙簫之管長短粗細理亦相同

問琴絃每快一倍其音高低何如

答高八音卽如絃長若干以之折半則動快加倍而音

高一倍矣

音分有八

問琴絃幾許長短始分八音

答其長短相較如四十八四十五四十三十六三十二三十二十七二十四之數以此八數共分八音

二十 問八絃動止疾徐何如

答與其長短相反如二十四二十七三十三十二三十六四十四十五四十八之數是謂四十八之絃如動二十四次其二十四之絃卽動四十八次也餘可類推

類分有三

問八音中分有幾種

答分有三種卽將以上之數相比如二十四與二十七分三是九與八也三十二與三十六分四亦九與八也四十與四十五分五亦九與八也三十與二十七分三是十與九也四十與三十六分四亦十與九也三十二與三十分二是十六與十五也四十八與四十五分三亦十六與十五也以上各數卽各絃與其下最近之絃相比之數假如第一第四第六等絃皆動八次則第二第五第七等絃卽動九次第二第五動九次第三第六卽動十次第三第七動十五次第四第八卽動十六次

問此三種有何名目

答第一第四第六名爲大音第二第五名爲小音第三第七名爲半音至第八音如四十八與二十四相比其數加倍故謂之重音

中西同律

問中國七音與西國八音合否

答無不合也因第八音卽第一之重音故仍與七音等耳卽如中國七音宫商角徵羽五音加之半徵半羽共成七音正如西國大音小音亦是五音合之二半音亦成七音祇多一重音耳

音分十層

問聲音高低分有幾層

答以八音爲一層自最下之音至最上之音共有十層疾徐差至一千有二十四倍如女子之聲音較男子差八音是高一層也極好樂器不過包括六層耳

聲音相觸消滅

三五

問二聲成啞何法試驗

答以口底均大之玻璃盞置几上復以定音乂横於上而彈之則其音自盞中迴響再以前式玻盞横向乂口將聞其音忽斷忽發矣見第三圖

問此理何解

答因二盞之氣動盪相觸故滅其音也如二浪成平二光成暗之理耳見火學下章如圖中甲丙丁係此盞氣動

之勢戊己庚係彼盞氣動之勢若丙巳二處之勢相觸則勢消而音忽斷矣丁戊二處之勢旋離則勢起而音忽發矣見第四圖

應聲之故

問山谷迴響若應聲然何也

答與日光返照畧似因天氣颺聲遇高大之物阻礙聲音觸回愚人或以爲仙殊屬可笑

迴響之遲速

問聲音返回其速何如

答聲音之出也旣於一杪內九十六丈其往返之候自應加倍比如大河對岸有高牆在彼砲聲迴響計須六杪便知其河約三百丈闊也

問對面高牆須離幾許之遠方成迴響
答至少須四丈八尺方聞迴響蓋一杪分作十小分一小分內往返九丈六尺故對岸之牆至少須離四丈八尺之遠而聲音往返纔一小分耳祇能辨一字之迴響再近則不能辨矣以音之往返太速前聲與後響幾若相合不過微聞音亂耳若离九丈六尺則有二字之迴響可聞蓋每加四丈八尺斯能多聞一字之迴響也

迴響之方向

三十 問音若對牆斜出迴響何如
答假如牆在北人在南出聲若直向則迴響亦直回出

音若偏西則迴響必偏東出音愈西迴響愈東惟往返之度數不爽耳如二人离立前面有牆中間復有牆隔之令曲折以通聲音則此處出音在彼聞之如在對面牆後也此與光之直射返照二角均勻同理見第五圖

迴響之聚處

問牆若周圍圓式迴響何如
答音之迴響皆聚於中心如居中出聲則周圍迴響一齊俱到其音大而眞若出音之處稍偏則迴響不齊而亂矣假如牆係凹鏡之式形如球皮則對之出聲音必歸於一處山勢偶有此形者至圓式之牆其聚音處所上下如直綫一般高下聞聲無異茲之凹式其聚音之處祇在居中一點正如凹鏡聚光成火之所故於此聞聲倍覺加大若圖中音自外來總聚於甲是也見第六圖

問牆式周圍橢圓迴響何如
答若橢圓形式則有二中心矣在此中心發聲在彼中心聞之甚悉即如圖中甲戊爲二中心自甲發聲至丙必迴響至戊蓋按橢圓之理甲丙丁與戊丙辛二角必定均勻故也故丙處無論向何處挪移其迴響必歸戊處也見第七圖

低聲樓

問有按此式造屋者否
答以此式造屋雖低聲語言亦能聞之甚悉西國古時有君代烏者虐民實甚按此式造獄囚禁多人而於獄中聚音之處設密幕潛身竊聽有語涉不軌者輒置重典至今其地遺蹟尙存西人相傳爲代烏耳云邇來西土亦有按此造室者名低聲樓因此處雖低語卽可達於彼處也或高聲語言而在旁者反不如在彼頭聞之悉耳見前圖

傳聲管

問傳聲管何物
答西方高樓大廈多有銅管隱於牆內從上曲折達於

下室主人由管傳諭僕婢聞之若覿面然而在旁之客不聞也

揚聲筒

三五 問揚聲筒何物

答形類號筒而口敞航海多用之能使聲音遠達而不散亂雖在旁不聞其音可達數里海舟相遇以此傳言不必攏船矣舟工上桅理帆舟師在下通言亦用此物或遇大風颺聲遠處則散亂不眞有此則無慮矣（見第八圖）

接聲筒

問接聲筒何物

答與揚聲筒相似而其用相反如二人在遠處交談彼以揚聲筒傳言此以接聲筒接之入耳則聞之若近矣如以揚聲筒倒置耳上亦可接聲此物多為重聽而設式若喇叭而曲以之對面接談聞之甚響不須大聲疾呼側耳傾聽矣（見第九圖）

問氣之動靜於音理何如

答天氣無論動靜皆能颺聲然上文所言颺聲疾徐迴響方向等皆取氣之靜而言蓋風順則颺聲稍快風逆則颺聲稍慢且遇風之時則迴響度數不能有準故凡此必乘無風試之方驗

耳為接聲

問耳之能聞於音理何如

答人工製造之樂器莫能及也耳外口敞若接聲筒然內蒙薄翅如鼓復生細筋若絃通於腦髓使虛靈有覺而能知因薄細未堅外生最硬之骨以衞之尤恐枯乾受音不亮翅內又生水液潤之復有氣管達於口後通氣以助之至獸畜之耳輪有能於活動者聲音無論何向發來俱能轉而迎受也（見第十圖）

口為發聲

三九 問口之出聲於音理何如

答與笙簫之理相似而尤妙者也葢氣嗓分為兩節上節大下節小二節相接之處生薄翅如笙之簧氣出則動盪而成聲鬆緊隨意以收放音聲之高低上文所言音之最佳者高低能分十層（八音為一層）一音又分上中下則共計二百四十音均由一口而出此但論喉嚨也至唇舌能分音辨字以至於數千均可以意為之發乎自然造出口而成聲他人以耳接受遂能領會其間賴天氣以颺之三者若合符節足徵造物之妙用玄之又玄者也（考音律為樂藝也辨字音為韻文也茲之所論惟講求音聲之所以然而畧究其底理耳）

皆賴天氣

卷二氣學下章凡三十九問三章共二百問

氣學雜問

問、煙霧上升、何故、

問、風吹房瓦自煙筩下撲、使煙倒出、何故、

問、鳥比天氣體重、仍能上騰、何故、

問、小兒吹氣泡內外皆氣、何以始而上升、少選卽落、

五、問風雨表之水銀隨時隨地致有高低、吸水管能吸水有高低否、

問、若於某處水銀低一寸、其水卽應低若干許、

問、於某山頂水銀高十五寸每方寸被天氣所壓分兩若干、

問、以天氣積之於五尺之筩其漲開若每方寸有十八觔之力、以此氣盛於一尺之筩其力何如、

問、若盛於三尺之器其力何如、

十、問吸氣筩水銀高十五寸、罩內之氣較外氣稠稀若何、

問、蒸氣之力自何而生、

問、蒸氣機分有數種、其理何別、

問、夜間聞聲較白晝更淸、何故、

問、雜亂之聲與樂聲何以分別、

氣學雜問凡十四

格物入門

卷三
火學

一 驗物遇熱則漲圖
鐵球冷過鐵圈 熱則漲而不過

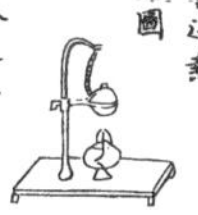

二 鐵塊冷則入缺 熱則漲而不入

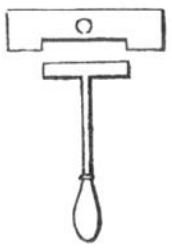

三 自均鐘擺四季無差 以鐵鉛配之

四 自均鐘擺 以水銀節之

五 寒暑表 以水銀為之

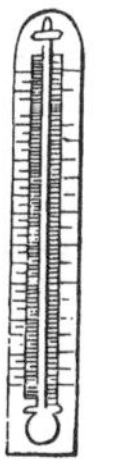

六 寒暑表 以氣為之

七 雙頭寒暑表

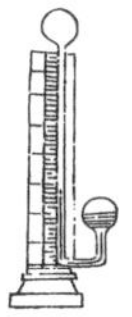

八 同上

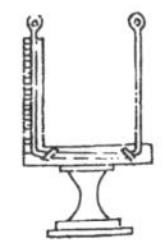

九 熱表 以鏡系為之

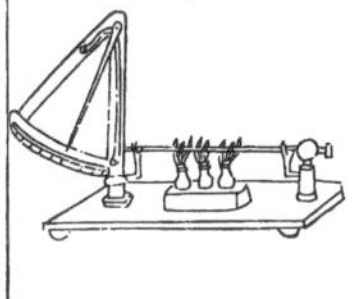

十 凹鏡聚熱生火

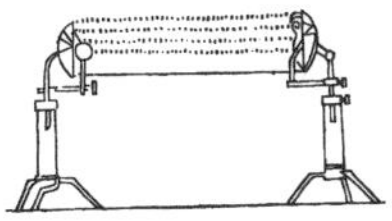

十一 測熱量之法

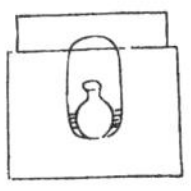

十二 同上

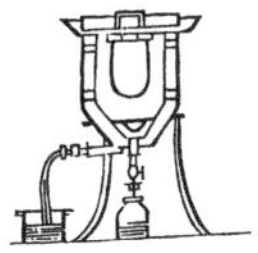

十三 冰使水沸

格物入門

火學下章　論光

一　光行疾徐圖

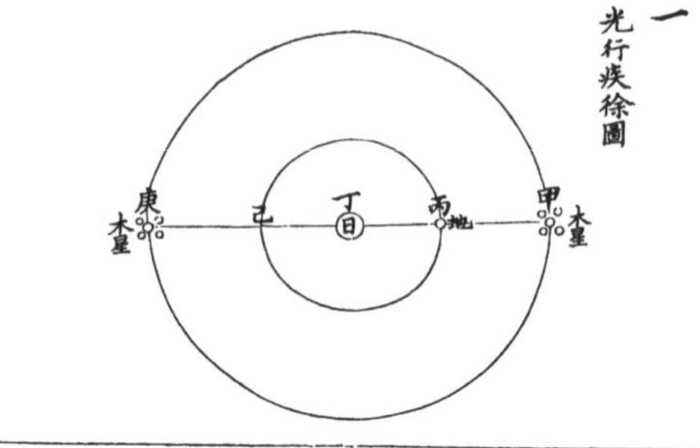

二　光按遠近分大小圖

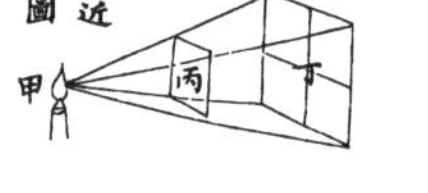

三　以影之淺深分光之濃淡

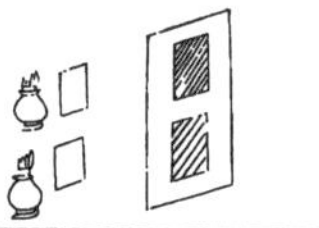

四　以明暗辨光圖

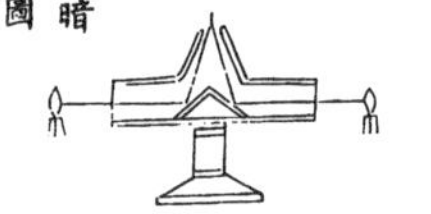

五　以減影辨光圖

六　返照方向圖

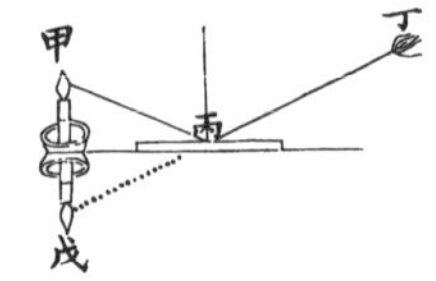

七　樹影水中倒置圖

八　直射返照二角均勻圖

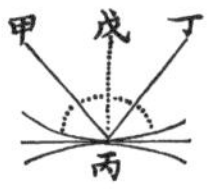

九　側鏡照物影側加倍圖

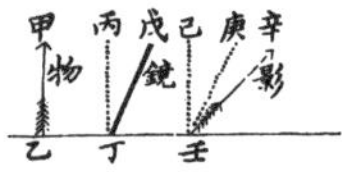

十　平鏡交照圖

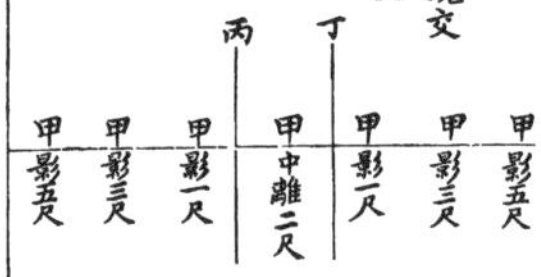

十一　傳影筩

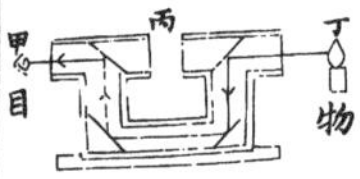

二

格物入門

火學下章　論光

十二　凹鑑返照圖

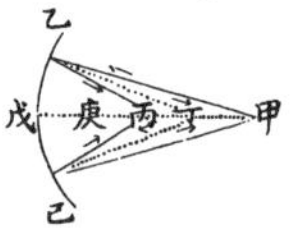

十三　凹鑑成影圖

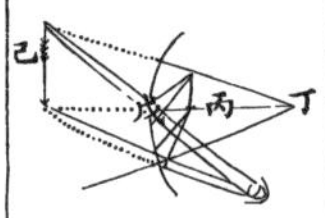

十四　奇鑑成影圖

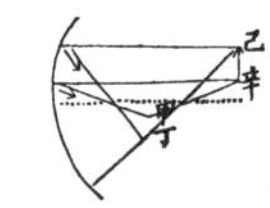

十五　直竿斜入清水視似被折

十六　錢在水底似浮而見

十七　光被折方向圖

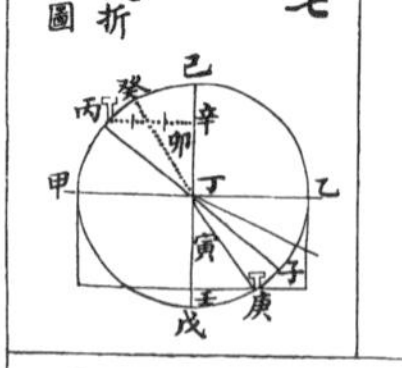

十八　比物折光之力

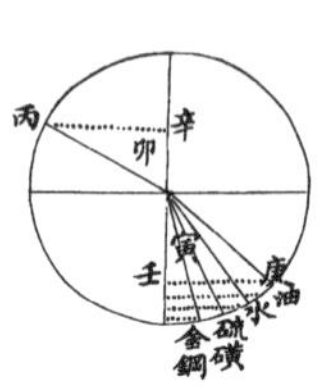

十九　分影鏡

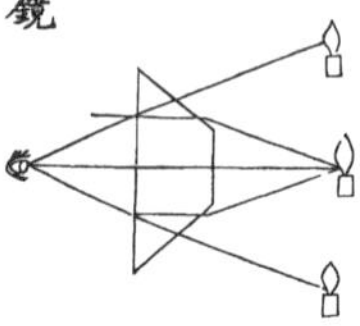

二十　透鏡各式

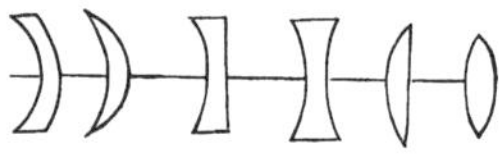

二十一　凸鏡視物放大圖

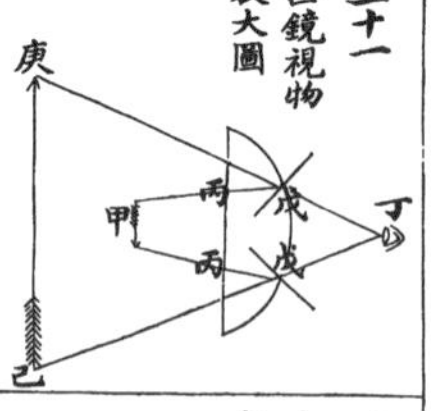

二十二　凸鏡成影圖

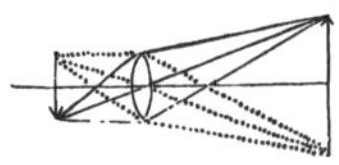

二十三　大鏡取火圖

二十四　雙面凹鏡

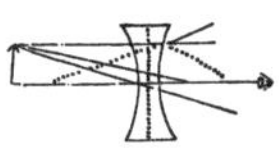

三

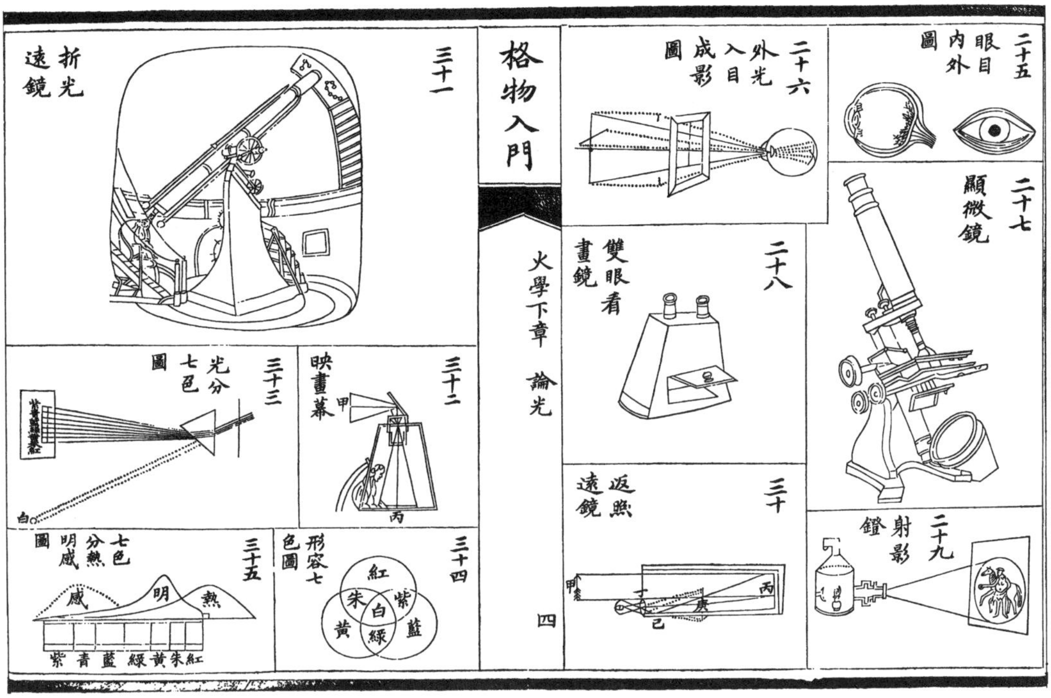
二十五 眼目內外圖
二十六 外光入目成影圖
格物入門
火學下章 論光
四
二十七 顯微鏡
二十八 雙眼看畫鏡
二十九 射影鐙
三十 返照遠鏡
甲 丙 庚 己
三十一 折光遠鏡
三十二 映畫幕
甲 丙
三十三 光分七色圖
白
三十四 形容七色圖
紅 朱 紫 白 黃 藍 綠
三十五 七色分熱明感圖
感 明 熱
紫 青 藍 綠 黃 朱 紅

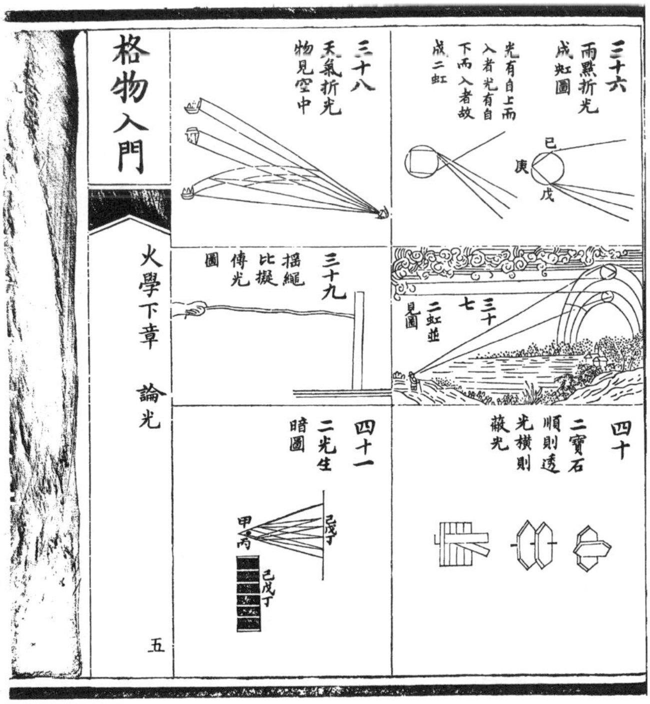
格物入門
火學下章 論光
五
三十六 雨點折光成虹圖
光有自上而入者光有自下而入者故成二虹
己 庚 戊
三十七 二虹並見圖
三十八 天氣折光物見空中
三十九 搖繩比擬傳光圖
四十 二寶石順則透光橫則蔽光
四十一 二光生暗圖
甲 丙 戊 丁 己 戊 丁

第三卷火學

上章論熱氣

熱氣不可無

一 問熱氣何物、

答視之無形聽之無聲其體微渺難測然其用可知其理可究蓋熱氣散布於萬物無此則風不動水不流、人物不生草木不長天地皆塊然死物矣故體物而不可遺者也、

溯其來源

問熱氣來源有幾、

答熱氣隱具於萬物之中其顯也來源有四有由日而生者有由電而生者有二物摩擊而生者有二物相

合變化而生者、

問電之生熱何法試之、

答放電氣過細小鐵絲其絲便熱電氣若多其絲可然如燭詳見電學樹木房屋被雷擊起火亦其驗也、

問摩擊生熱何法試之、

答以手相摩覺熱冶匠擊砧其砧亦熱鑽木取火擊石取火皆其驗也、

五 問物之變化生熱何法試驗、

答冷水澆於石灰而生熱物之潮濕腐爛而生熱人之飲食呼吸化爲血液而生熱皆其驗也、

熱顯爲火無熱則冷

問熱與光相離否、

答二者雖係並生然不必相依也無光之熱有之無熱之光亦有之且二者並行之時亦可設法以分之即如火光以玻片隔之光透而熱阻矣以鐵片隔之熱透而光阻矣惟日光與火光稍異以玻片隔之光熱並透也、

問火係何物、

答熱之尤顯者也物之熱極必有光二物相合變化而生火即如柴薪生火因風中之養氣與木中之炭精相合而生火也至鐵石亦能藉火煨紅但其本質不

能生火耳、

問既有熱氣亦有冷氣否、

答物較手冷則手之熱氣入於物因手之熱減少故覺冷物較手熱則物之熱入於手而手之熱增加故覺熱以此而論只有一熱而已無熱即冷則冷非另一物也明矣即如光之爲物無光則暗非光之外另有一物名暗也、

問井水冬温夏冷何也、

答地之厚實其冷熱非如天氣之隨時變遷故井水無甚相差以寒暑表試之冬之水不温夏之水亦不冷

熱令物漲

也實因天氣有變遷耳以水較夏日之天氣則覺冷
以水較冬日之天氣則覺温也
十 問物之遇熱則漲何法試驗
答牛脬紮口置火旁則凸熱甚必裂以玻璃瓶盛冷水
畫一記號置熱水中則瓶中之水立時漲起或以熱
水浸瓶入以冷玻璃塞則瓶口微漲可以深入迨瓶
冷則塞緊而難出矣甚至瓶或緬碎一以小瓶口繫
石塊浸於水底若沉若浮迨以熱水澆於水面則其
瓶上浮以瓶內之氣遇熱而漲也又如鐵圈有鐵球
適可穿過球熱則不得過矣總之無論流動堅實之

物遇熱均漲斯皆淺近之驗也見第一圖
問鐵遇熱則漲何如
答以鐵造舟橋其漲縮分度須預計之否則有損若鐵
板接處過緊閒不容髮遇熱必至凸起釘亦拔出惟
稍留縫隙甫免漲裂又如塊鐵適堪入於空缺之處
熱則不能入矣既入之後熱亦不能出矣見第二圖
問物之遇冷熱漲縮有別否
答各物體質不同故漲縮亦分多寡如將白鉛金銀銅
鐵等物浸於氷水加熱至二百十二度則三尺二長
之白鉛漲一寸銀五尺二寸銅五尺八寸黃金六尺

防冷熱鐘擺

八寸鐵八尺白金一丈一尺皆漲一寸也至酒精則
漲九分之一油漲十二分之一水漲二十三分之一
水銀漲五十五分之一
問自鳴鐘擺条遇冷熱漲縮恐礙時刻何法預防
答其法有二一作成一架令擺条居中上下兩旁俱用
鐵条中間以白鉛二条於擺之左右鉛条之上有鐵
橫梁其鉛聯於下而不聯於上鐵遇熱漲則下墜鉛
遇熱漲則上提再將度數搭配均勻自無礙矣其二
擺錘中空如盃盛以水銀若擺条熱漲下墜則錘內
水銀遇熱上升配合均勻令其重心有定不移亦無

礙矣見第三圖第四圖

寒暑表式

問寒暑表何物
答以之量度冷熱也亦因物隨冷熱漲縮之理以水銀
酒精天氣等製之耳

以水銀造之

十五 問以水銀造寒暑表何如
答用細玻璃管下如球形中盛水銀令見熱漲滿其管
將氣催出上口杜嚴將球置於結氷冷水內視水銀
縮至何處畫一記號以三十二計之再將球置滚水
內視水銀升至何處又畫一記號以二百十二度計
之兩處冷熱相差一百八十度矣即於中間畫一百

髮倫表

八十分度此英美常用者因髮倫海創之故又名髮倫表見第五圖

問水凍結冰既係三十二度此數何自算起

答鹽與雪調和即化水較冰冷三十二度也故由此算起其法以表置鹽雪中視水銀退至極下之處於此畫圖名極冷圈然尤有冷者北極相近之處表中水銀再下退三十餘度者有之若退至四十度則水銀亦結冰矣此水與水銀結冰之冷相差七十二度也

以酒精造之

問以酒精造寒暑表何如

答其外式與水銀表無異酒精易於漲縮不能成冰故

於極冷之地以之造寒暑表較水銀尤愈

以天氣造之

問以天氣造寒暑表何如

答用玻璃管與水銀表無異惟開其上口將球置熱水中令氣漲出一半或將氣吸出復將此管倒浸於清水礶內水即上流入管其上球遇熱則氣漲而水下退遇冷則氣縮而水上升於冰水滾水中即定成度數矣水須染紅便於察看惟熱退冷升與水銀表相反耳且尙有弊端不僅因冷熱上下天氣恒有重輕變易壓於水面使管中之水隨其升降畧如風雨表然見第六圖

問雙頭表何如

答以玻璃管兩頭有球此頭盡盛天氣彼頭半氣半水若二球冷熱不差水至何處畫一記號其冷熱度數由此而分如此球冷則氣縮而水漲彼球冷則氣縮而水退設有二物冷熱微差以此試之毫釐不爽也見第七第八圖

百度表

三十 問百度表何如

答其理與前無異也惟有分度之不同耳自結冰之冷起至滾水之熱止分爲百度其五十度即髮倫表之一百二十二度其餘按此可算矣法俄二國多用之

自記表

問自記寒暑表何用

答人或寢息或無暇看表有此可知極冷極熱之時矣

問其式何如

答以玻璃筩盛以酒精上口有管屈曲而下復折回而上上口有玻球管中盡盛水銀兩邊管中置小玻璃二片上嵌鐵絲如翼能上而不能下遇熱則彼管水銀上升即將玻片托起迨水銀遇冷而退其玻片因兩翼撑住不能隨之俱下也遇冷則筩中酒精縮退而此管水銀亦上升其玻片亦浮起不退可知極冷極熱之度數矣如欲玻片退下以磁石引之自隨之

熱表

物固冷而漲者有之

而落矣、

問熱表何物、

答熱至二百度以上、則酒精化爲氣矣、六百度以上、則水銀亦化氣矣、至此則寒暑表無用、故設法另造熱表、雖二三千度無碍也、

問其式何如、

答以長鐵二枚、一正一倒、懸於三角木架之上、其上畫以度數、復以鐵条一頭與針尾相依、下爇以火、鐵条遇熱微漲、便將針尾觸動、移開少許、其針尖觸動彼針之尾、而彼針之尖、即移開更多、假如先移之針尖、

格物入門　卷三　火學上章　論熱氣　七

較其針尾移多十倍、則後移之針尖、較先移之針尾移多百倍、以此計之、可知熱之度數矣、然其式不一也、有人以黃土燒条、下爇以火、遇熱則乾而縮、與鐵相反、而同用、究不如鐵条之準耳、見第九圖

三十五 問遇冷熱漲縮、凡物皆然否、

答物性大都如是也、間有流動之物、化爲堅形、冷至結冰、反覺微漲、

問此何物也、

答水漸冷漸縮、至結冰之候、驟然漲開九分之一、如九寸水結成一尺冰是也、其力甚大、雖堅器亦能損傷、

熱氣發散

若石隙結冰、雖巨石亦能迸裂、銅鐵之類、亦如是也、遇熱則流動、及遇冷成堅、其形體必稍漲大矣、

問此理何用、

答以銅鐵鑄印板等器、融冷傾入器模、迨其漸冷微漲、雖模中之一點一畫、無微不到、毫無欠缺、此適用之小焉者也、至水之凝冰、若不微漲、則大地易形矣、冬日之江海、水面結冰如蓋、其下之水、冷在三十二度之內、所以護之、使不致全然結冰、而春融亦易、設使水之遇冷則縮、與他物同、則江海結冰、必退縮而下沉、層層結冰、積久不化、地上從此無水、人物皆殭矣、

格物入門　卷三　火學上章　論熱氣　八

故物有常情、以明不易之定理、而物有變態、益顯造化之權宜、並行不悖、並育不害、無非造物之妙用、以適羣生也、顧可習焉不察哉、

問熱氣發散、其理何如、

答物中莫不有熱氣也、惟分多寡耳、熱之於物、畧如水之於海、海有低凹之處、水即向之而流、以補其缺、又如風在空際、遇薄稀之處、則鼓盪之矣、即如置熱鐵於冷鐵之上、冷鐵漸熱、而熱鐵漸冷、少頃則二鐵之冷熱均矣、亦若水平不流耳、又如二鐵均重、其一較熱二十度、令二鐵相依、熱氣若不於空中漫散、則此

鐵之熱、必減十度、彼鐵必加十度也、若彼鐵大一倍、則加熱五度矣、足見天地間之熱氣自古及今、不增不減、彼盈則此絀、彼絀則此盈、循環不已也、

問熱氣發散共有幾類、

答其類有三、曰引、曰射、曰返照、物與物相依、將熱引過者、謂之引熱、在空中發散、如光之遠射者、謂之射熱、氣觸物而回者、謂之返照、

熱氣引散

三十 問物之引熱同否、

答不同、其引熱之疾徐、有大相逕庭者、引熱甚速之物、名爲引者、不引熱之物、名不引者、假如鐵条長雖數寸、彼頭置火中、此頭立卽炙手、引熱速之故也、若木条雖一頭然著、手持亦不覺熱、不引熱之故也、

問引者類皆何物、

答五金與水並堅實之土石、

問不引者類皆何物、

答木炭棉毛皮革並水與氣、

問何以辨之、

不引熱則暖

答冬日以手捫之、覺冷則知其爲引者矣、因將人身熱氣引出甚速故耳、若手捫不覺其冷、其爲不引者可知矣、如金石水土之類、捫之覺冷也、棉毛炭木之類、捫之若覺煖也、

問衣分冷煖何故、

答亦引不引之分也、不引之物、葛不如棉、棉不如羊毛、羊毛不如皮革、非皮革中藏火氣也、因將人身之熱氣禦住、勿使外散、人第知禦外之寒、使不入、實則錮內之熱、使不出耳、若以金屬爲裏衣、貼肉著之、必致凍殭、引熱外散之故、不依皮肉著之、仍可覺温、因中有天氣也、蓋天氣動時、將熱揚散、天氣靜時、使熱暫留、故裹衣寬則稍煖、職是故耳、

引熱不分上下

三五 問熱氣分於上下否、

答俗謂火炎上者、以爲火性使然耳、其實天氣托之、熱氣不分上下也、試以鐵条一頭置火中、無論火之上下、其熱一也、

問熱既無分上下、水與氣在上受熱易、在下受熱難、何解、

答水實不引熱、惟在火上、其熱速者、以水遇熱則漲、漲則輕而上浮、將冷水換下、熱則又升又換、故快、若在火下、則水上一層雖熱、但不能移下而調換之、故慢、如以玻璃瓶盛水、內置黑豆炭屑之類、下爇以火、將見熱水由中上升、冷水從旁繞下、黑屑隨之上下、歷

歷如環甚可觀也如氷在水上則水冷易氷在水底則水冷慢事異而理同也天氣亦然故在爐上者較爐旁為倍熱天氣上升之故耳

熱氣外射

問熱氣外射其理何如

答與光相似故愈遠愈散如遠近兩處之熱即按兩處遠近成方倒比之數（成方倒比見下章）比如離火二尺較離火四尺之處即熱四倍如十六與四數倒比也

熱氣返照

問熱氣返照其理何如

答亦與光相似凸鏡對日然物光聚於一處而甚明熱聚於一處而甚烈也此光與熱之相連者耳設無光

之熱亦能使之聚於一處凹鑑置於鍱爐之前雖不見光而中心即覺甚熱蓋熱之聚亦如光也有一類凹鑑能令光返照平行若二鑑遙遙相對此中心置火藥少許彼中心置煨紅鐵丸少頃火藥即然矣見第十圖

問物之粗細毛光與熱之發散有涉否

答大相懸殊也即如鐵之外面若係粗糙其熱更易發散然於返照則無多蓋發散與返照之力寔相反也易發散者必碍於返照易返照者必碍於發散其理然也

物之受熱易則失熱亦易

四十 問地與水之熱氣發散相較何如

答地之熱氣發散較水尤速故南方海濱早間風由岸吹於海晚間風由海吹於岸也（詳見氣學上章）

問物之受熱與發散相較何如

答相同也凡物易於受熱者亦易於發散上文所言地土是也如以二鐵一粗一光並置爐前其粗者受熱必速移開後其冷亦速是知物之善於返照者必不易於受熱也

色熱相涉

問物之顏色於熱氣有涉否

答黑色既於光之返照無多則於日之返照亦無多故

易於受熱白色易於返照故受熱較慢欲驗其理以氷二塊大小均勻一以黑布包之一以白布包之並曬日中黑布之氷其化必速故夏日多著白衣也又以雙頭寒暑表一頭包以黑布一頭包以白布曬日中可知黑布較熱矣

問物有三形何也

答曰堅形曰水形曰氣形堅形者體質堅實而不能流動者也水形者體質活潑而流動者也氣形者體質虛浮而上升者也

以熱化形

問此三類能變形否

其法有二

答能互相變化者居多如水之凝而爲冰蒸而爲氣是
也
四十五 問何法令其變形
答其法雖多而常用者莫如以熱氣化之也
問物以熱氣變化何如
答其法有二一熱氣加增一熱氣減少
問加增熱氣何如
答熱氣能令萬物漲開上文言之矣其所以漲開之故
因熱氣能入於物之體質使其微質漸離以解其相
吸之力故令堅實之物化爲流動之物再加熱氣卽

使流動者化爲虛氣卽如冰化爲水水化爲氣硫磺
化水化氣爉油化水化氣雖鐵之堅硬亦能化水化
氣也
問熱氣減少何如
答其微質相吸之力既爲熱解迨熱氣減少則其吸力
漸復微質漸聚故氣冷凝水水冷結冰餘若爉油硫
磺鉛鐵等類亦可謂之結冰也儻有極冷之地常見
冰結如石則不知有水矣設有極熱之地鉛鐵等類
悉化爲水亦不知有冰矣
五十 問令堅實之物化爲水需熱多寡何如

答物質各有不同故其變化有難易之別卽如令冰化
水須三十二度爉油九十二度硫磺二百三十二度
銀一千八百七十度黃金二千度鐵二千八百度以
上各物既化復凝爲堅亦此度數祇有熱氣長退之
分耳卽如水冷至三十二度結冰冰熱至三十二度
化水也
問令流動之物化爲氣需熱多寡何如

變化各物其熱不一

答令水開化氣須熱至二百十二度磺精滚沸化氣祇
須七八十度且有氣壓之則需熱便多無氣壓之則
需熱較少欲驗之俟水滚加蓋則止沸矣非極熱不

滚因其化出之氣不能外散而壓於水面也去蓋則
氣散出雖不加熱而亦沸復以吸空之玻罩以水置
其中不待熱而滚沸矣以磺精置其中雖天寒令水
結冰而磺精亦能滚沸因無氣壓之也其實無論天
氣冷暖凡流動之物莫不有化氣者也卽如冬日之
水亦漸散濕亦漸乾不過所化之氣無多耳
問若不用熱氣亦令各物化形何如

無熱化形熱自增減

答令堅實之物化水化氣本應加熱若干如勉强造作
熱反減少若干也令氣化水水化堅實之物本係減
熱若干若勉强施爲熱反增加若干也葢熱有隱顯

物化而熱自減

强令各物變化其或隱或顯似有減增耳

問强令實物化水化氣熱自減少何法試驗

答其法雖多而易述者四

問其一何也

答食鹽與雪俱係堅實之物調和一處立時盡化爲水其水較本物尤冷能令水結冰因本物之熱自減與用熱氣化若干物其分度無甚懸殊也

問其二何也

答以水銀表之下頭用磺精浸透之棉包裹置於吸空罩內其磺精因化氣散開甚快將見表內水銀下退俄頃成冰

五十五 問其三何也

答以二盤一上一下以架隔之上盤盛水下盤盛磺精並置吸空罩內其磺精立卽滾沸因化氣而散能退熱成冷以致上盤之水結冰

問其四何也

答用水亦能令水結冰以玻璃管兩頭有球彼頭有小孔此頭盛水置火上燒滾將天氣催出再將彼頭小孔杜住埋於鹽雪中則管中之氣凝水球中之水化氣氣已散而無所阻礙故速冷而易於結冰

物化而熱自增

問强令氣化水水化實熱氣自增何法試驗

答其法亦多而易述者三

問其一何也

答將壺水燒滾氣從壺嘴而出懸盆於壺嘴之上以之承氣卽凝爲水點其盆漸覺微熱以寒暑表試之熱與壺水所差無幾其熱卽水氣凝結而餘溢者也

問其二何也

答生石灰浸以冷水水卽滾沸人以爲燒石成灰火氣在內沃以水則火氣出矣而不知熱氣係由水所出也水與灰凝變形而爲堅實熱自生矣

六十 問其三何也

答以鉛置於磺强水內亦能滾沸如水之遇灰是熱氣亦由磺水而出也

各物喫熱其量不同

問物之喫熱多寡何如

答物之熱量各有不同變形放大則喫熱愈多變形使小則喫熱較少卽如冷鐵一塊由大而擊之使小則熱矣以天氣入於鐵管一頭杜住一頭以塞驟擊之亦能熱也昔以此法取火者有之蓋凡物由大而變小其本熱卽有餘溢出矣由小放大其本熱卽不足矣正如以皮盃盛水令滿四圍用力收小則水有餘

氷令水滾

而外溢、若將皮盃放大、則水亦欠缺矣、
問物之熱量多寡何法試驗、
答其一以二瓶大小相若、一盛水、一盛水銀、並置爐前、
少頃試之、水銀之熱較水加倍、葢水喫熱多之故也、
問其二何也、
答以前二瓶、一盛水一兩、一盛水銀一兩、並浸於滾水
中、俟熱、又置於氷穴中、將見水瓶之外化出之水、較
水銀瓶外多三十倍也、葢以大小相比、水較水銀喫
熱加倍、以輕重相比、水較水銀喫熱加三十倍也、見
十一十二圖

問其三何也、
答一升水熱至百度、一升水熱至五十度、和之、係熱七
十五度也、若以一升水銀熱至百度、一升水熱至四
十度、和之、止熱至六十度、可見水銀失熱四十度、只
能令水加熱二十度、此亦水喫熱加倍之驗也、如以
一觔銅熱至三百度、浸於一觔水熱至五十度者、水
只加熱至七十二度、可見水喫熱較銅加十倍矣、葢
銅失熱二百二十八度、止能加水二十二度之熱也、
六十五
問以氷開水何法、
答以玻璃瓶貯水、使開、塞住瓶口、移之離火、則水不滾

冬夏冷熱之故

矣、以氷水澆於瓶口肩下、其水立即滾沸、惟瓶之下
半須以布包之、勿令氷水澆上方驗、見十三圖
問此理何解、
答瓶內之水不滾者、其故有二、離火則熱氣減少、一也、
蒸汽壓於水面、二也、氷水澆之、則瓶內之汽遇冷凝
結、水上空虛、故熱氣雖少、仍可滾沸耳、
問冬夏之冷熱懸殊何解、
答其故有二、一夏令日照於頂、其光直下、冬令日偏於
南、其光斜射、一夏則日長、積蓄之熱、較夜間發散之
熱尤多、冬則夜長、發散之熱、較晝間積蓄之熱尤多、

故冷熱不同、
問日光直照較斜射尤熱何解、
答直照則光多、斜射則光少焉、且日光之入天氣也、直
則近、斜則遠、氣雖薄稀、於日光亦畧有遮阻、其斜射
之路徑長而較遠、故冷至早晚與正午、冷熱不同、亦
此理也、
問既云日長則熱、夜長則冷、何以夏至後日漸短而仍
漸熱、冬至後夜漸短而仍漸冷、何解、
答雖夏至後漸漸日短、而仍較夜長、故日間所聚之熱、
較夜之所散更多、是以漸熱、冬至後雖漸漸夜短而

仍較晝長、故夜間所散之熱、較晝之所聚尤甚、是以漸冷、

五帶冷熱之故

七十 問、地球之五帶、冷暖懸殊何解、（五帶者赤道之熱帶一南北黑道之冷帶有二赤黑之間温帶有二）

答、與冬夏早午之理相類也、蓋日行雖有南北之移、總不出乎熱帶、由上向下直照、故熱至赤道之左右、日光斜射、故温、黑道以外、日光斜甚、以至於不照、故冷、

各地冷熱之故

問、各地之冷熱、除南北度數、更有何解、

答、或因風雨之多寡、或因距海之遠近、或因沙土有別、最要者在地勢之高低、

問、地勢高低、何以遂分冷暖、

答、假如日曬於牆壁、近之則暖、離遠則冷、因光熱返照故也、地球亦如是耳、日光之熱、返照發散、其近地一層之氣、受熱較多、離地漸遠之氣、受熱漸少、故極高之山、無論冬夏南北、山巔恒積雪也、當赤道之高山、由麓及巔、草木蔬果、逐層之應冷暖而生者、與由赤道遡南遡北横察無異也、則一山之上、備五帶之氣候、可一覽無餘矣、

結冰之高

問、在各地結冰之高低何如、

答、近二極之處、雖在平地、冬夏均有積雪、漸離二極、則須小山、方有積雪、及至温熱二帶、則非極高山上、不常見積雪也、卽如圖中甲丁爲二極、丙係赤道、由甲晝綫至丙、必漸漸高起、此卽各處山頂結冰之冷、則丙與甲丁、其冷惟均、此綫卽名恒雪綫、於赤道結冰之冷、約須十里高也、至於各地、南北度數相同、其熱不能均同耳、（各地之氣候 見十五圖 地理書詳之）

凝露之故

問、露水何解、

答、非出於地也、掘土乾而知之、亦非降自天也、未作雲而信之、究厥來由、係近地一層氣內、所有之濕、因夜間熱氣發散、凝結而成者、正如嘘氣於玻片、卽成水點、又如冰水盛於磁器、將見器外有水點如汗、此水點非由器中溢出也、亦非自天下降也、蓋由器外之濕、遇冷凝結而成耳、故青草樹葉甎石鐵器等物、易於藏露者、因較他物冷故也、霜亦同理、

地中之火

問、地中有火、何以知之、

答、各國有温泉火山、並有時地震、皆足爲據也、蓋地中之氣、偶塞不通、卽令地震、正如壺中煑水、將嘴塞住、必頂蓋上動也、掘地漸深、漸冷、以至於十丈、因日光之熱、入地不過如是之深耳、由此深掘、則又漸熱、每五丈增一度、故百丈之井、皆爲温泉、從此推算、至百

地中之熱

力熱互生

里之深則盡爲火矣、
問地中之火何自昉也、
答格物家推測以爲地球當創造之始由氣凝聚而成、初時極熱後漸温冷始容人物生於其上則五行之物火爲先也、
問地中之熱歷久不致減少何以知之、
答昔有人慮及地球歷久漸冷將來必致人物凍殭眞不啻杞人之憂天矣儻地球漸冷則必積漸縮小而運行較前必速度數自有差別乃博物之士參天測地於三千年來稽算晝夜運行時刻古今不爽是知地中之熱由古及今決無減增以後亦定無減甚之日可喻矣蓋地中之熱冬日減散夏日增益均賴日光以補之不偏不倚無過不及故致中和則天地位而萬物育造化之妙用如此夫、
問遞來力熱互生之論何謂也、
答格物家或云熱氣非物也不過五行之微質能於動盪發見即熱熱即有力也於是窮究其理知若干熱生若干力物之動有若干力又生若干熱則力與熱相生適均也英國儒里者核算一觔水加一度熱生出之力足起一觔石至七十七丈二尺之高若令一

力原於日

熱有二說

觔石由七十七丈二尺之高墜下生出之熱足使一觔水熱至一度此熱與力相生適均之驗也、
問物之下墜生熱何以驗之、
答物之下墜若不甚高則生熱無多故不覺也天有隕石望之如流火生熱故耳非其石本熱因下墜之勢使然也而墜地之後其熱尤甚鐵匠擊砧便覺砧熱火輪車陡然停止輪下必生火焰皆其驗也、
八十 問若按此理地上凡物之力本原由何而生、
答生於日也日不獨爲光之原因熱生於日故亦爲力之本也水流有力因熱氣不致凝結風動有力因熱氣使能漲升蒸汽有力雖藉人爲實由於日因日煖而草木生始有柴薪之可用至煤出山中亦草木之精凝聚而生者也（詳見化學）人物之力皆由本體之熱而生惟食物始能生熱而所食之物莫不由日煖而生、故力之本原在日也、
問熱氣二說何也、
答一以熱爲一物稀而不可搏輕而不可權然有大力其多寡可量也一以熱氣非物乃物之微動相延而傳者也、
八十一 問二說孰是、

答難辨也俱有證可憑但不能包括全備耳卽如以熱爲物之說以爲熱能浸透各物令漲若水然至强令其物忽縮則熱復顯見若水之被壓而出也如謂熱氣非物烏能若是哉至以熱爲非物之說則與辨光之非物無異光有二說見下章有如音聲然天氣動盪觸耳則聞聲則聲不過爲氣之顫非若委矢由遠而至也通音則賴天氣通熱則另有一種玄氣充塞兩間光熱電三者皆本此玄氣也此說似是然茲以熱氣而反復推論之似仍以爲一物之較便也

卷三火學上章凡八十二問

第三卷火學

下章論光

一 問光學所論者何

答言究察光性便能製造各鏡且能解明眼目所以能視之理知萬物中光之功用極大也

明源分類

問光之發源有幾

答日爲大源故名太陽恒星亦有自發之光與日無異相去太遠故不甚明月與各行星藉日光之返照而明至地上之物則有火光電光二種更有一種冷光如燐火俗名鬼火螢火明珠之類則共有五種矣

問按光而論物分幾類

答分爲四類有自明者有借光而明者有透光者有不透光者

光行極速

問光行遲速若何

答一杪內能行十九萬二千洋里約中國六十萬里比音聲快九十萬倍

五 問光行如此之速何由知之

答木星有小星四个隨之而行畧如月之隨地而行名爲木星之四月其中常有繞於木星之後被遮不見者木星離地至近之候以千里鏡查其出没之時刻

星光射地仍需時久

若干更俟木星離地至遠復查其出没總加多十六分之數木星之極遠極近兩下相去一十九千萬洋里葢由黄道之寬濶充實於其間太陽旣居黄道之中便知日光須八分始能至地即一杪内行十九萬餘洋里也見第一圖

問圖式何解

答曰在丁爲居中地球在丙内圈爲地球運行之道外圈爲木星運行之道木星在甲離地最近在庚則離地最遠光自甲至丙若干度數光自庚至丙比自甲必加十六分所加之時刻因其道相去加遠所加之

道路丙已是矣葢庚丙與甲已相去無殊也光過已丙旣須十六分由丁至丙自需其半明矣

問極遠之行星其光至地需時幾何

答離日較地遠三十倍共核需四點鐘也

問最近之恒星其光至地需時若干

答須三年有奇也

問若其光忽滅立時能知否

答亦需三年方知也葢光之射畧如水之流假如西省河決水雖立涸而河達東省必需時日方見水涸因其地遠而水流未盡也最遠之恒星其光至地需年

光之濃淡隨其遠近

若干不能稽算其間亦有算出者需數百年也由此則天之廣大畧可知矣

十　問目力所及與星之準位有差否

答其光縱快旣需若干時刻方送入目迨目之甫見則星已易地矣畧如馬上放槍耳甫聞聲而馬已馳過矣即如木星離地最遠之候其光至地需時三刻此三刻中木星已行數萬里之遥天文家必詳究核也

問光之濃淡隨其遠近其理何如

答光愈近愈大即如燈燭離物四尺其光若干再近二尺光即大四倍矣因光之本性發散故也如圖内之

式甲係燭光丙處去燭一尺置方尺之板丁處離燭二尺置方二尺之板則方尺之板能遮蔽燭光令方二尺之板全身黑暗是光之濃淡如其遠近尺寸成方倒比也成方倒比詳見下文聲音熱氣香氣與地球電氣之翕力等類若均勻發散無所阻碍其濃淡亦如遠近之數成方倒比也見第二圖

問遠近尺寸成方倒比何意也

答假如甲丙丁離燭二尺四尺八尺此三處之光即如四與十六並六十四之數倒比故甲處之光比丙處濃四倍較丁處濃十六倍也

三法試之

問、光之濃淡、何法試驗、

答、其法有三、

辨影之深淺

問、其一何也、

答、以影之深淺分之也、如油酒燈各一、中隔以板、令二光不淆、再以二板遮之、使其影射於壁上、由影之淺深、便分光之濃淡、復將濃者移遠、令二影淺深維均、卽按遠近成方倒比之理、其濃淡之倍數可算矣、見第三圖

分光之明暗

十五 問、其二何也、

答、以光之明暗分之也、卽如圖中以木作筩、兩頭相通、

中以三角木隔之、兩面俱以白紙鋪之、上管有孔、以便目視、二光置於兩頭、射於紙上、由上孔窺之、易辨二光之明暗、復以遠近移之、俟其均勻、仍以前法算之、知其濃淡之分矣、見第四圖

以滅影度之

問、其三何也、

答、以滅影分之也、以光置几上、隔之以物、令影射於壁、再以一光於隔物之外照之、則壁影漸淡、移近其光、寖至影滅而後已、則二光相抵、惟均矣、以遠近成方倒比之理計之、可知其濃淡矣、化學中常以此法較量各物之光、見第五圖

光之返照測度方向

問、光行之路、曲直何如、

答、光惟直行、遇物返照、改道仍是直行、故但能曲折、不能灣繞耳故射箭放槍、必將苗頭對準、務令丸矢中其目視之處、亦見光之直行也、

問、光之返照方向何如、

答、直射返照、二角均勻、

問、此何謂也、

答、如圖內以面鑑平放於地、甲丙丁係燭光照於鑑面、返照入目、便見其燭倒於戊處、甲離地愈高、則戊入地愈深、蓋甲丙與丙丁二綫其斜無異也、則丙處左

右二角均勻矣、無論其鑑何形、理無殊也、卽如有平凹凸三鑑、放於丙處、光自甲照於丙、皆返照于丁、而丙處左右二角無異也、見第六第八圖

水影倒置

二十 問、樹映水中、其影倒置何故、

答、其故無他、亦因直射與返照二角均勻故也、與上文平鑑映物之理無殊、閱圖中光路顯而易見也、樹根離水不高、故其影在水不深、樹頂離水較高、故其影入水較深、所以看成倒植、見第七圖

問、影有何別、

答、有因光被遮而成暗影者、有因光返照而成明影者、

問、目之視物、方向何如、
答、目既藉光而能見、則光自何向入目、目卽從何向視物、卽如樹影自水面返照、其光上而入目、目卽下見樹影在水、皆係直路也、總之物之返照光之曲折、視之方向正如音聲之返響、雖聞其響、不知其聲從何來也、

論照鏡

問、鏡分幾類、
答、共分二類、照鏡透鏡是也、照鏡爲鑑、
問、照鏡分有幾種、
答、共分三種、曰平、曰凹、曰凸、

三十五

問、各鑑之有光心、何謂也、
答、卽聚光成影之所也、有光聚鑑前而成影者、卽謂光心在前、有成影似於鑑後者、卽謂光心在後也、可因目之所見、儼若聚光於後也、

平鑑返照

問、平鑑之光心何在、
答、雖云在鑑之後、然無定所也、物離鑑前若干遠、影入鑑後亦若干深耳、按此理、物立鑑前、鑑如立放、其影自應豎立、鑑若微側、其影之側必加倍、如戊丁爲鑑面、有物在甲乙、必成影於辛壬、其影比鑑加倍之側、蓋因辛壬已之角、較丙丁戊之角加倍度數、明矣、側至四十五度、其影便卧、側至九十度、其影便倒、故水面映物、必倒置也、見第九圖

數鑑交照

問、以平鑑二面、一橫一豎、照物皆成雙影、何也、
答、因此鑑之影、返照於彼鑑、彼鑑亦然、故成雙也、若二鑑之開其角愈小、則交照多而成影愈衆、如以平鑑三面相合、成三角形、置筩內、物映其間、交照共成六影、若其物微動、則幻影殊多、俗有戲具萬花筩、卽此理耳、
問、左右二壁、皆列平鑑、人立兩間、其影若何、
答、如兩隊兵丁排列、人影層見迭出、漸遠漸淡、因二鑑

返照交互不已也、卽影在鑑後與物在鑑前遠近無異之理耳、如丙丁爲二平鑑、相去二尺、有物居中、在甲照於丙鑑、其影深入一尺、返照於丁、必深入三尺、又返照於丙、必深入五尺、丁鑑交照亦然、餘可類推、若箱內二面列鑑、以花卉等類置其中、窺之燦爛堆錦、甚可觀也、見第十圖

傳影筩

問、傳影筩何物、
答、玩物也、雖以鐵石等物間其中、儼如透亮、係以灣曲之筩、內置平鑑四面、如圖內兩頭筩中二鑑上下相對、側放、上筩中間開口、若目在甲、燭在丁、居中丙處、

夾以鐵石木板等類、視之仍見其燭、因傳影入目、若透筩直過、然再將筩之下體遮住、不知者以爲筩中有力能破堅物、殊不知曲徑相通之故也、有人按此理造屋、多置照鏡傳影、客立門屏之外、主人於室內己窺見矣、見十一圖

凹鑑返照

三十、問凹鑑之光心何在、

答若係球皮之形、則循其裏邊凸出畫成圓式、如成球形、圖中在丁、鑑軸左右相近之平光、必聚於丁戊之中、是爲大光心也、蓋星宿極遠之物、其光平行、必聚於是、儻其物漸漸移近、則其光心漸漸移遠、不論物

在何處、考其成影之所、即按上文所言二角均勻之理畫綫、可算矣、即如丁戊爲鑑軸、其物在甲、光照於乙、則按甲乙丁之分度、畫丁乙丙之角、其光必歸於丙也、惟凹鑑之式不一、設非球皮之形、則體殊而理異矣、見十二圖

問凹鑑之返照、其影何如、

答鑑面在戊、中心在丁、丙在半截、放物於丙戊之間、則其影深入而放大、儼如在鑑之後、若移其物於丙處、則其光返照平行、不聚、故不成影、如移於丁丙之間、則見其影在丁以外、如移在丁以外、則其影反在丁之內矣、見十三圖

問何法試驗、

答如然燭放近鑑面、則見其影於鑑之後、漸移至中心、其影漸大、若移至半截處所、忽不成影、若在半截之處以外、中心以內、便見其影於中心以外、移燭中心以外、便見其影於中心以內、不論鑑式若何、凡於鑑前成影者、其物其影二處可以互換、物在此則影在彼、物在彼則影在此也、見前圖

問凹鑑何用、

答天文鏡多用凹鑑以照星宿、又能返照燭光、令室中

分外明亮、海濱或有危險之所、則設高塔、然巨燭、名爲光塔、設有凹鑑、以燭置大光心、令其光返照平行、可遠射而倍明、亦有用以聚熱燒物、融化金類者、若火鏡然、惟火鏡光透於後、凹鑑光聚於前耳、

問奇鑑何物、

答亦凹鑑也、以物置於鑑之對面、高過人身、上面遮蔽、令人不見其物、而其光返照、能在兩間空中成影、儼若物懸鑑前也、惟須煙氣稠密、則物影藉此附麗以顯現、如在雲霧中也、即如有箭一支在巳辛、返照成影、乃在甲丁、見者咸以爲異、且有繪奇鬼之狀、使現

室中、爲駭人計者、不知者以爲幻術、寔凹鑑之所爲耳、見十四圖

凸鑑返照

三五問凸鑑何用、

答惟散光而已、常見堂宇懸燈、上綴金球、四面皆如凸鑑、使光遍於室耳、

問凸鑑光心何在、

答在後面、與凹鑑相反、如前十三圖、兩面皆可返照、則凹鑑之背面、儼爲凸鑑、其凹鑑係有物在丙、成影在已、若凸鑑則有物在已、成影在丙、二鑑適相反也、

問凸鑑返照其影何如、

答其影如在鑑後也、咸較本物收小、

光之被折測度方向

問光之能折何法試驗、

答以竹竿一半斜入水中、將見其影如中折然、非竿折乃光折耳、竿之折處、必向上灣曲、再試以洋錢一枚、置於空桶之底、側面旁觀、錢爲桶邊遮蔽不見、注以水、則錢若浮而能見矣、非錢浮也、因光出水中被折灣曲、而達之於目耳、是以溪水有清澈見底者、望之似淺、而探之實深、職是故耳、見十五十六圖

問光透物之輕重者、其理若何、

答大抵其物愈重、則光折愈多、惟油與酒、雖較水輕、而折光仍多、故水上有油或酒、以竿入之、則如兩處中折然、

四十問光透物被折方向何如、

答竿斜入水、如向上中折、已言過矣、實因光之出水入氣、向下而折也、如圖中有物在庚、其光直射至癸、如灌以水、光至水面、被折至丙處、則人見其物在子處矣、蓋已戊係居中一條直綫、若無水則寅卯二角、自應均勻、有水則光離直綫、向外灣曲、而卯角更大、總之光入輕物、則離直綫而灣、光入重物、則近直綫而灣、出水入氣入輕物也曲氣入水入重物也見十七圖

問、物有力折光、何法度量、

答直將寅卯二角相比、即可知之、蓋二角雖不均勻、其分度自有定數、比如庚壬係寅角之正弦、丙辛係卯角之正弦、將二綫尺寸比較、即知折光之力、若丙辛之綫係四尺、光入水、則庚壬之綫必三尺也、若入玻璃、必係二尺六寸六分、若硫磺金剛、其折光之力更大矣、見十八圖並參看十七圖

問分影鏡何物、

答、假如玻璃有一面平、四面側、其平處光係直射、故看成一物、至側面則光斜入而灣、斜出而又灣、四面之

光俱歸入目所以看成數物、按上文所言光入重物、
則近直綫而灣入輕物則離直綫而灣如將側面各
畫直綫圖式尤易見光出入之路也、見十九圖

論透鏡

問透鏡何物
答卽透光之玻璃也形有數種有二面平者有數面平
而相合者有一面凹者有一面凸者有二面凹者有
二面凸者有一面凹一面凸者雖用玻璃爲鏡居多、
然凡透光之物皆可爲之、見二十圖
問凸鏡視物何如、
答視物放大顯微鏡遠鏡皆用之、

凸鏡透光

四十五 問此何故也、
答如圖中單面凸鏡有物在甲光照于丙于丙畫直綫、
光便近直綫而灣至戊處于戊畫直綫光便離直綫
而灣至丁處故目在丁而視其物如在庚已也所以
放大丁角比甲角大若干卽視其物大若干也惟因
光路相交故看物倒置、見二十一圖
問雙面凸鏡視物何如、
答單面凸鏡看物既大至雙面凸鏡愈放大矣、
問雙面凸鏡更有何用、
答聚光聚熱卽火鏡也、

火鏡焚物

問火鏡之理何如、
答光熱並行故能聚光卽能聚熱凸鏡之所以聚光者、
以折光使歸一處耳以細小之物置於凸鏡此面之
光心其影透過玻璃便見放大日光於彼面照滿凸
鏡透過玻璃便見收至此面之光心而小明甚熱甚、
蓋一尺之光聚於一寸之地其明其熱均加百倍故
小鏡能焚柴薪大鏡能冶金類其大者逕三四尺置
於架上以便轉移曩者養淡二氣交燒之法未作以
前火之極熱者以此爲最化學家恒以之煆煉各物、
問火鏡取火其鏡熱否、

答不然蓋日光透過玻璃至彼面始聚於一處極熱而
生火故不熱也如以冰製成大式凸鏡亦能取火昔
有人於北極相近之地以冰鏡取火土人見之駭甚

凹鏡透光

五十 問凹鏡視物何如、
答看物收小與凸鏡正相反也至察考折光之路其法
亦與凸鏡相同、見二十四圖

論眼目

問眼目與顯微鏡有何相似、顯微鏡詳見下文
答目中亦有雙面凸鏡係脆骨生成如水晶然較水晶
尤爲透光鏡照外物射光成影聚於目後之底、見二
十五圖

問目中何物接受外影

答目內靠後之底有極細筋絡如織成一片薄皮然外物聚影其上達於腦髓故使虛靈有覺而能見也見二十六圖

問目中有水何用

答在凸鏡前後皆有水前淸後綠其用有二一係滋潤眼睛充滿不癟一係折光與凸鏡相同

問白睛何物

答係一層厚皮亦不透光用以四圍遮蔽令光不得亂入如顯微鏡之有筩然

五十五

問黑睛何物

答係透亮之皮四圍邊上有細筋聯絡可以放收如光大則收小如光小則放大使光聚而能見也如猫睛晝夜迥不相同亦黑睛放收之故耳

問物成影於目何法試驗

答既度其理應如是也設將初死之牛目取出揭其目底之皮映日而窺之其臨死所見之物儼然成影也昔有人用照畫之法將凶死新屍目中之影照出即可考察致死之由亦驗尸之一法也

問目中成影只係一物抑係多物

答如鏡之照物然巨細畢見毫髮無遺凡一時所見者無不悉留於目中也故無論高山大澤草木之茂衆庶之繁俱收小而能容以及至微至小渺若塵沙之物無不呈象於目底隨心所欲可以一覽無餘是百體之中眼目為最奇洵造物之妙之又妙者矣

問眼鏡助視其理何也

答目中生成凸鏡其光心適在眼底外物成影於此故能見之甚明若其鏡太凸則成影之光心近而不至於底故視物模糊不甚眞切愈遠愈然此近視眼須以凹鏡抑其有餘也儻目中凸鏡稍扁則成影之光

心應遠而出於目底之後故視物多昏近而益昏此花眼須以凸鏡補其不足也

目辨大小

問目之視物其大小何以辨之

答因外光入目成角其角之大小由物之相離遠近而比之也第由目中成角之度數不能一定知其物之大小因物近目則角大物遠目則角小故雖小能蔽大也蠅蚋飛近或誤為鷹鸇心不在焉故耳可知視物在心不專在目也至分辨大小遠近須自幼習慣揆度熟練始無錯訛不然猶謂日近長安遠也

畫分遠近

六十

問畫家限於紙幅能分遠近何故

暗中視物

答卽揆度外光入目成角之理並悉察由心視物之情故雖方寸紙幅可作宇宙巨觀卽如寫物書景遠則小而模糊近則大而眞切背陰則暗向陽則明謂畫家有胸中邱壑是也又如連壁之上畫以物形近觀之亂不成形及於較遠處望之則物形畢肖矣大抵西國畫師均善勾股算法故其技彌精耳

問獸之夜間視物魚之水中視物其理何如

答無論人畜黑睛俱能隨光之明暗以放大收小故人於暗室窺物陡然巨燭其目似覺微痛因不能立時收小而蔽光也目之視暗人不如畜畜又不如夜間

善捕之獸如猫睛夜間則放大圓形正午則收小若綫此人所共見者至魚在水中因光之入水無多魚目大而凸出是以收光易見人按此理遂設法於夜間水中均能視也夜間以鏡如千里鏡然有筩收束外光不得亂入又使目前之光總歸入目故視物倍明若水中視物則因光少水面返照奪目是以不見

水鏡測海

法以長筩下口置玻璃入於水面自上口窺之雖深處有物亦能見也此理同上如以泳氣鐘於水內作工先以此鏡窺探則覓地良易而魚鼈珍寶胥見之矣此名水鏡

論顯微鏡

問顯微鏡何物

答能將微渺之物放大顯露眞切令視者見之也如滴水莖草目覩如無物者及以此鏡窺之將見若許小蟲蠕蠕而動誠無微之不顯矣見二十七圖

問其鏡何如

答卽凸鏡也有用一鏡者有用兩鏡者有雙眼者有單眼者看畫鏡與顯微鏡理同而力小耳見二十八圖

問顯微鏡之力何法計算

答凡視至微之物大約離目五寸能看眞切再近則反模糊矣若用凸鏡使光歸於鏡前成影其影離鏡半寸則放大十倍離鏡一分則放大五十倍此指濶狹而言若論通體方寸則十倍係百倍五十倍係二千

五百倍也

問顯微鏡有何益處

答令人增廣識見雖至微至渺之物目不能見以鏡窺之似另有世界又可察看物之體質分辨優劣等類

問用顯微鏡可決疑獄否

答西國有殺人逃逸者其所佩小刀沾染血跡詢之以牛血對或疑之持刀質於明識者知爲人血嚴鞫之廉得其情賴顯微鏡考察之力也

論射影燈

問、射影燈何物、
答、將畫影射於壁上、使人視之、物旣放大、且極生動、
問、其式何如、
答、用鐵燈籠閣其戶、令光不得外耀、上有煙筩出氣、使之灣曲、不能露光、在旁有管凸出、管嘴有雙面凸鏡、如諸葛鐙然、管中有縫隙、以綵色繪成花卉人物之形、於玻璃片上、夾入其中、使影放大、射於壁上、顯而易見、玻片四圍、必須漆黑、惟畫處透光、射影始能明顯、但畫必倒置、其影乃正耳、見二十九圖
問、射影燈何用、

答、除照畫於壁、使人悅目外、又能照出日月星辰之圖、令其運行旋轉活潑、如在空際、故談天家多以此法形容之也、

論遠鏡

七十

問、遠鏡何物、
答、能將極遠之物影放大、若近易於窺測、小遠鏡名千里眼、看地上諸物、大遠鏡名千里鏡、又名天文鏡、看天上日月星辰、
問、其式何如、
答、或大或小、其理雖同、其式不一也、其常用之小者、係一筩中玻璃鏡四枚、理與顯微鏡相似、但鏡不甚凸、

相離亦稍遠耳、有一筩中凸鏡二枚者、一在近目之處、一在筩底、有單管者、有雙管者、其雙管者、令人二目共視一物、益眞切矣、
問、大遠鏡其式何如、
答、其式有二、一係用凹鏡返照、名返照遠鏡、一係用凸鏡二枚直窺、名折光遠鏡、設有房宇高架、加之機關、隨意運動周視、甚有安設轉輪法、条略如自鳴鐘之式者、隨星宿之運行、漸漸轉移、雖終日視之、不至易位也、

返照遠鏡

問、侯氏返照遠鏡、其式何如、

答、有四尺寬凹鏡在丙、與丁相去四十餘尺、藉星光返照、成影於巳、更有凸鏡於丁、復折星光、將影放大、使歸於目、則見其影在庚、邇來英國伯爵羅斯者、造返照遠鏡尤巨、其凹鏡係六尺、成影之處去鏡五十四尺、筩內濶七尺、長五十六尺、重十四噸、十六石爲一噸 見三十圖

折光遠鏡

問、美國最大之折光遠鏡、其式何如、
答、其大凸鏡厚十五寸、成影處相去二十二尺六寸、有小凸鏡十八枚、調換用之、力小者放大一百倍、力大者足放大二千倍、其鏡筩重五千觔、置於架上、俱設

三光形狀

論照畫

輪機、如欲改換方向、一手便可轉移也、見三十一圖

七五 問、大遠鏡看恆星何如、

答、恆星本有自發之光、雖看之其光較大、而不甚眞切、至星際白雲河漢、用鏡窺之、則皆星也、顆粒分明、歷歷可數、

問、看行星何如、

答、行星因本無光、不能奪目、故望之眞切、卽如木星、土星天王星、皆有小星數个、如月隨之而行、土星更有二帶纏繞、式如雙環、亦奇觀也、火星之南北二極、白如雪之返照、意其上定有風霜雨雪、如地球然、金星

於周歲中、若月之每月盈虧消長也、

問、看月何如、

答、如小地球然、有高山幽谷、惟不見有水、蓋緣初七八等日、月弦望之似平、迨以鏡窺之、其弦若鋸齒然、便知其中無湖海之大澤也、

問、看日何如、

答、日面有黑子、目視偶能見之、若用鏡窺之、則人人可見、且能繪其形狀、計其多寡、因而知日亦旋轉如磨、並計算其運行之時刻、

問、映畫幕何物、

其法漸精

照畫傳眞

答、映物之影而描繪之也、四圍設幕、令遮蔽亮光、室中黑暗、頂上開小窗、隔以透鏡、其上又斜覆照鏡、如有物在甲、其影卽返照至丙、人卽按影繪之、見三十二圖

八十 問、今之照畫者何法、

答、凡有色之物、被光久照、多至退色、此人所共知者也、至有藥數種、見光變色、惟精於化學者知之耳、按此理數十年前、法國有人創照畫之法、先將銀片置箱中、以海藍見化學薰之、於映畫幕中將物影映於銀片之上、其藥感光成影、然取出視之不見也、以水銀氣

薰之、影卽顯現、復以磺鹻水洗之、則常存而不滅矣、嗣有人設法照於玻璃或紙上、閒有易用他藥者、而其理一也、

問、照畫之法何益、

答、畫工之技、肖乎物也、然精心結搆、設色渲染、未能得其彷彿者、比比然矣、何如照畫之簡而眞哉、傳眞遺像、雖年遠猶見其人、人君高拱深居、豈能徧歷斯土、舉凡宇宙所有、無不可入畫圖、加以顯微鏡窺之、恍若親臨其地、則深宮端拱、可作蒐苗獮狩觀矣、至官民有此、亦足以廣見聞而資多識、如游美景、小焉者

照畫印字

耳西國每遇獄囚蒙宥必照其像而存諸案牘儻怙惡不悛再犯易於緝捕矣至極大之用則在照字如印板然名人筆跡照成神氣宛然儻印用極多更有簡便之法有石名吃墨石以一種墨水書字於紙貼於石上少頃墨字吃入石中復以墨水刷之其有字處沾墨無字處不沾與凸板無異也任刷印若干無模糊之患若用蠅頭細楷極小字樣筆不能書卽以照畫之法令其收小成影映於紙上細如無物以顯微鏡窺之便見放大而眞切矣

光分各色

問各物之有各色何解

答色亦由光化成者也蓋白光本含各色因物而分物有能返照此色不能返照彼色者如紅黃藍綠等色因有紅黃藍綠之光返照故也至白色之物其光均係返照故成白色黑色之物全不返照故成黑暗

中西同義

問光有幾色

答西國分紅朱黃綠藍青紫七色中國分青黃赤白黑五色然西國七色大端不過紅黃藍三色而已其餘皆二色相合而生之也至中國之五色白爲日光之本色無光則黑除白黑二色亦三色也惟中國以青爲本色西國以藍爲本色耳

白光分爲七色

問光分七色何以試之

答封閉門戶令外光由一小孔透入以三稜玻璃一条遮蔽其孔光透玻璃照於壁上卽分七色也如以紙放壁前光在紙上仍分七色再以三稜玻璃一条遮於紙前則紙上之光復爲白色蓋光本含七色各色破折多寡不等故透玻璃而分爲七色也

七色復爲白

八十五

問七色合而爲白更有何法試驗

答其法有二一用七色細砂於舂臼中研勻仍爲白色一將轉輪之邊依次按度畫成七色若令轉運極速但見一片白色而已

問光之各色分合繪圖形容何如

答畫三圈一上二下連貫如環各據中心無稍偏倚各圈邊上皆有二圈之中心上紅左黃右藍三圈相共居中之所係紅黃藍三色合成卽爲白色其三圈之內尚有三處係二色合成紅黃爲朱黃藍爲綠紅藍爲紫推之紅綠合而成白藍朱成白黃紫成白故名相成之色至紅黃藍謂之正色朱綠紫謂之間色見三十四圖

問光之各色更有何別

答其別有三蓋以其熱以其明以其感而別之也卽如

論虹蜺

七色之內熱氣惟紅爲甚黃爲最明至於感應化物則不如藍青紫三色也圖中略形容之見三十五圖

問虹爲何物

答玻璃之能分光者以其有厚薄之殊耳不僅玻璃能分光也他如透光之物製成薄片均能現出各色即如有石名千層紙能顯各色天氣亦能顯出各色如以平面玻璃二塊重疊相依其中即現各色因天氣在中有厚薄之分也水亦能分各色如雨後積水以鐙盞油一滴令浮水面即顯各色又童子以雨水和松香等藥吹出氣泡亦具五色可觀皆質薄透光之

故至落雨之後或日光在東薄雲在西水點返照便成各色而爲虹與薄片照光分出各色同一理耳

雨點分光

問雨點成色更有何解

答如圖中圓圈爲雨點光由已而入被折至庚由庚返照自戊而出被折分爲七色丁戊爲紫光丙戊爲紅光蓋紅光被折少紫光被折多故也一點如此點點如此日照之際滿天爲七色光惟不能迸歸入目耳至形灣若弓非實有此形也因目力所見如此即如蒼蒼之天望之四圍若蓋亦非天之本形可知矣見三十六圖

二虹並見

九十

問有時見有二虹一上一下一明一暗何也

答蓋光之入雨點有自上而入者有自下而入者故分上下也自上而入者返照一次被折二次是爲正虹自下而入者返照二次被折二次是爲副虹其上虹色淡者因光多返照一次始送入目故也見三十七圖

虹有定方

問何時何方始能有虹

答無雨無日無雲則不成虹正南方亦無虹也因日光不能對照之故而在正北方亦少假如冬令日行偏南儻午間雨後北方亦能射影成虹也天頂居中之所亦不成虹故多在東西午前在西下晚在東其形

灣曲者因目視有遠近之故耳月下亦間有成虹之時惟其影淡而不明其理一也

問除雲能成虹尚有何處可見

答瀑布冲激之所下濺如雨上蒸若雲儻遇日光映射常見成虹也又火輪船上出水汽遇冷凝結如雨日光映之每見有虹隨之而行可知虹並非天地之淫氣亦無關乎吉凶也

空中成影

問物在地上空中成影何解

答亦天氣折光之故也昔有父子二人各駕一舟於北

氷洋之海面二舟相距百里其子見父舟忽在空際一正一倒駭以爲怪而其理易解也卽如物之折光隨其體質之稠稀耳假如海面忽有一層温和之氣而在上一層氣尤稠密略如懸鏡無異物光入其氣而折之則自人望之其影儼在空際映於下氣如物影在水故倒置而成雙也見三十八圖

隔瓶倒影

問此理何法試驗

答玻璃瓶內灌以稠糖水復灌清水以紙書大字隔糖隔水窺之字體俱正也隔糖與水相合處窺之其字便倒矣此因稠稀折光有多寡之故耳見三十八圖

海市蜃樓

九十五 問海市蜃樓何物

答洋面之上忽有城市樓閣人物車馬之形遙望歷歷如繪有倏起倏滅者有許久始滅者此爲海市近海處頗多而山東蓬萊以及西國意大利海面亦常見之至蜃樓之說俗以爲海中有物名蜃噓氣幻成樓閣之形其實與海市之理相同耳

陸地假水

問此理何解

答與上文所言空中懸影無異也或對岸有城市村落遙望不見忽海上之氣偶有厚薄一時折光各異卽見其影在空也類如陸路郊行平原曠野之地遙望

忽現江河之狀且有車馬人物俱甚高大俗以爲地中風水使然不知亦折光放大之故耳

光有二說

問以光爲有質者其說何也

如水有源

答以爲日星等光均自物而發如水之有源也彼江河之水無涓滴之細不由源頭漸漸流出光之質雖微渺亦無一點不由日星而發現也

問以光爲無質之說何謂也

光由微氣

答以爲光之遠射如聲音之遞傳必有所賴以行之聲音藉風飈送有種至微之氣異乎天氣充塞兩間不獨透過天氣凡水與透亮之物均能透過靜則爲暗動則爲光

問此種微氣係由臆度抑有實據否

答議者謂空中若有微氣則星宿運行自應阻礙何以古今來天文家測量星度未見稍差此何故哉而說者以爲此等微氣質極微渺何能阻星宿之巨體至彗星質薄若雲曾經考出二星行度有差至數日之久者是知空中定有阻滯斯爲微氣之據而已

二百 問按是說也光之遠射其理何如

答據云光若有質則照於地上幾千萬年聚少成多應有積蓄矣今則不然卽爲無質可知惟賴空中微氣

似水揚波

而傳非若水之流走實若水之揚波蓋水若動移則必易地水之波浪雖有起伏仍在原處也

光之無質實有證驗

問此理更有何法形容使之明顯

答以粗大長繩一頭繫於柱持其一頭而動搖之則如波浪之起伏直達於彼頭非此頭之繩至於彼頭力送之耳故光行之速如彼感而此應然確有此理可知也見三十九圖

透光寶石反致阻光

問按此理有何異事可徵

答有種透光寶石名杜瑪林如以二石順而疊之光透如常若一順一橫則光阻而暗若究其理蓋因微氣

動盪而爲光其石中隱具紋理如木絲然光由紋隙而過二石順依則微氣仍可動盪而成光若一順一橫則微氣礙於動盪不能發光故阻暗也見四十圖

二光相合反致成暗

問其二何也

答二光相合則益明盡人而知之矣有時二光相觸反滅而爲暗如於暗室紙窗之上穿一針孔令日光射入映於壁上以銅絲一条橫遮小孔之內其影映壁放大若干惟其影不一黑白相間若究其理正如二聲成啞詳見音學二浪成平蓋二浪相並本應加高乃此浪之起正值彼浪之伏故相並而反成平水也見四十一圖

光音相似

問光與音聲相似何如

答不第二光成暗二聲成啞相似也光之有七色聲之有七音亦且同數而同理即如音由天氣而發光亦由空中之微氣而發天氣動盪之疾徐分爲七色按各色疾徐之數可綜核之如前圖已戊丁俱係暗處其間皆明處二處離物所差即光浪之長也各色之光均可按此而計之其長短如二十五二十四二十二二十一十九十八十七之數此自紅光算起至紫光爲止其光浪愈短動盪愈疾即如紫光動盪二十

五次紅光動盪十七次矣其餘仿此蓋以一寸分而爲一百萬小分紅光之浪佔二十五小分紫光之浪只佔十七小分也須以顯微鏡考之見前圖

論冷光

百廿 問冷光何也

答如燐火螢火明珠之類上文已言之矣朽木腐草亦常見之潮溼之所遇有朽骨亦有之即俗名鬼火是也實物化之濕氣耳有種藥名光藥磨之輒亮置瓶中搖之亦能發光南方海面夜間波浪激動若火焰然因水中有小蟲類螢體中隱蓄光藥故動盪而爲光也

冷光實有微熱

問冷光實無熱氣否

答因熱氣甚少故謂冷光其寔亦微有熱氣也腐草朽木濕潮等物變化亦能生微熱以極細寒暑表試驗可知或以冷光藥日曝之俟熱置暗處則發光若先以光葯令熱雖曝裂日亦不發光因體冷始能受光也若夜光璧先置氷上曝於日雖亦發光倏滅而已旋以璧浸於熱一百度之水中則又發光繼而又滅取出俟冷仍浸水中卽無光矣若水熱較前加倍則璧又發光有多物日曝令熱置暗處則發光者不可枚舉是知冷光亦與熱相係也

光照直斜冷暖有别

百七 問早晚與正午夏日與冬令冷暖差甚何也

答日光斜射被天氣阻礙較直照尤多上章略已言過且光之直照則地受光滿足漸斜則受光漸少迨斜至四十五度則受光不過一半幾至九十度則所受之光殆盡故冷暖懸殊

卷三火學下章凡一百七問二章共一百八十九問

火學雜問

一 問設若太陽忽滅或地球失道離遠太陽將見地上情形若何

問古人初時由何而得火其理何如

問火石生火其理何如

問冬時手冷以口呵之輒熱茶湯過熱以口吹之輒凉其故何也

五 問正月買酒精二十升存至六月多至二十一升其故何也

問一室之內有毡衣有鐵器以寒暑表試之其冷熱無

殊也以手捫之則毡似暖而鐵似冷何故

問風吹覺凉何故

問以溫水洗面覺凉何故

問水既不引熱衣濕則覺冷何也

十 問熱既不分於上下天氣又不引熱一室之內在上之氣熱在下之氣冷何也

問寒暑表離火一尺若升高六十四度移至離火八尺將升若干度

問髮倫表之一百度爲百度表之若干度

問禦冷暖衾多用湯壺盛以熱水何不用鐵煨熱暖之

此係何故、
問北海島冷並無同度之大洲之極冷南海島熱亦無
同度之大洲之極熱何也、
十五 問張家口距京師偏北無幾冬時冷甚何也、
問霜之下降其理何也、
問地震何解、
問天之殞石初落必熱何故、
問熱氣雖分多寡不分輕重何法試驗、
二十 問冬令雨雪浸入石隙及遇冷成凍能令巨石迸裂何
故、

問輿匠加輪上鐵箍必須煨紅而加之何故、
問或曰有人目力甚大能透石而見何以辯此言之謬、
問或曰有人目能灣曲而視雖牆隅不能阻之何以辯
此言之謬、
問以鑑照容易左爲右易右爲左何故、
二五 問平鑑放平於地則人影顛倒何故、
問以物遮鐙影射於壁近鐙則影大離鐙則影小何故、
試繪圖形容之、
問望月較星加大何也、
問日月出入之時望之似大及中似小其故何也、

問透鏡之使物放大收小如照鏡然其故何也、
三十 問白光能分七色何故、

火學雜問凡三十

格物入門

卷四

電學

第四卷電學

上章論乾電

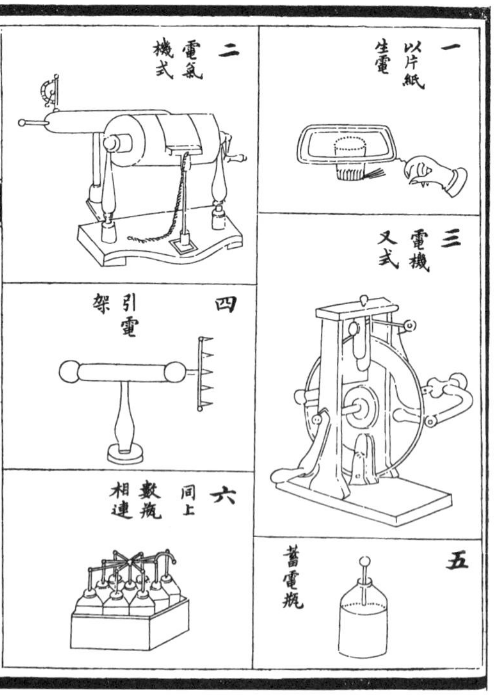
一 以片紙生電
二 電氣機式
三 電機又式
四 引電架
五 蓄電瓶
六 同上數瓶相連

電學上章　論乾電

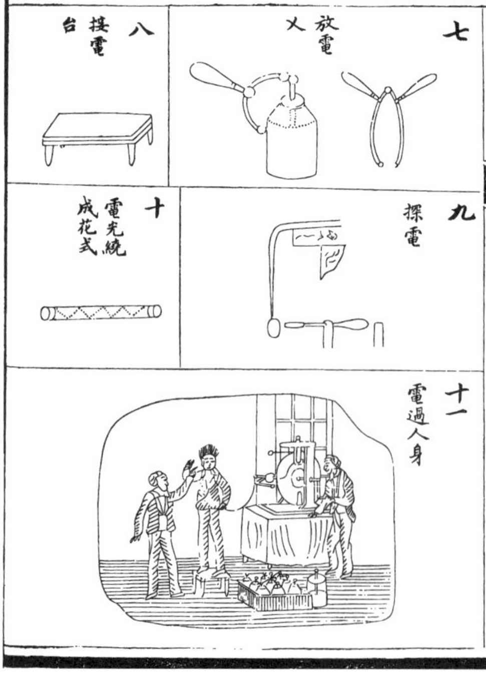
七 放電叉
八 接電台
九 探電
十 電光繞成花式
十一 電過人身

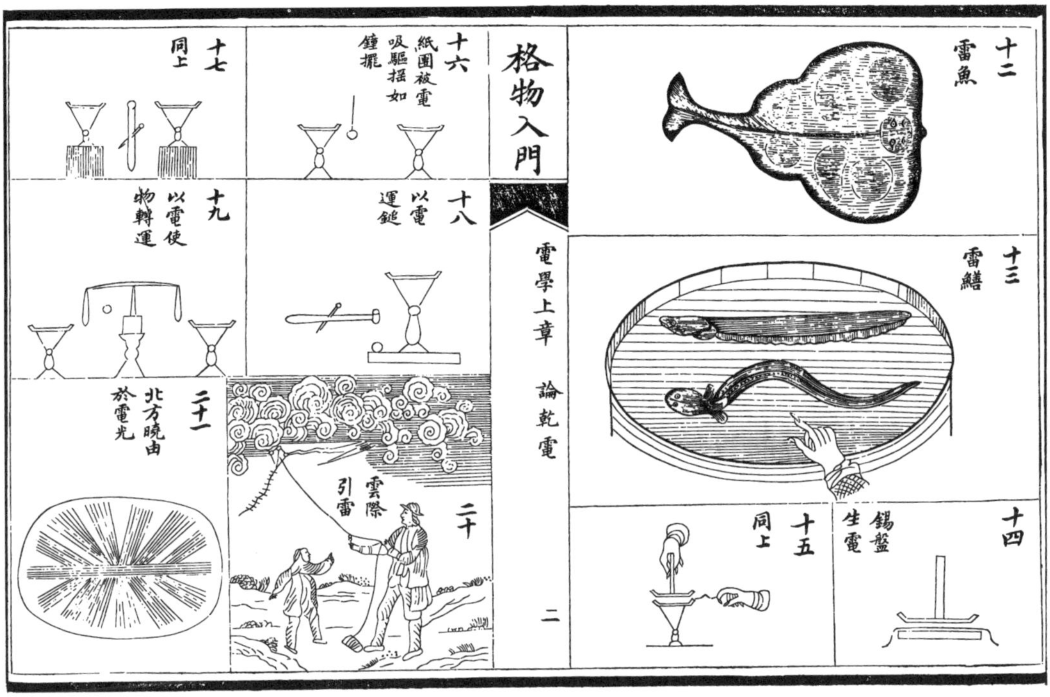
格物入門
電學上章　論乾電
二
十二 雷魚
十三 雷鱔
十四 錫盤生電
十五 同上
十六 紙圈被電吸驅搖如鐘擺
十七 同上
十八 以電運鎚
十九 以電使物轉運
二十 雲際引雷
二十一 北方曉由於電光

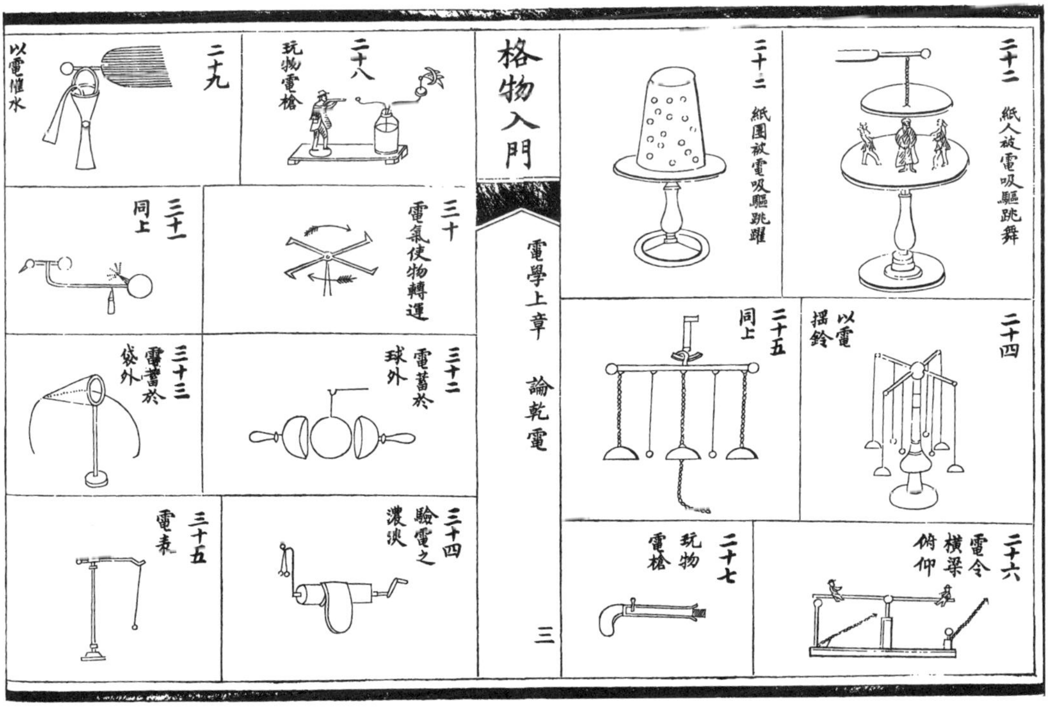
格物入門
電學上章　論乾電
三
二十二 紙人被電吸驅跳舞
二十三 紙圈被電吸驅跳躍
二十四 以電搖鈴
二十五 同上
二十六 電令橫梁俯仰
二十七 玩物電槍
二十八 玩物電槍
二十九 以電催水
三十 電氣使物轉運
三十一 同上
三十二 電蓄於球外
三十三 電蓄於袋外
三十四 驗電之濃淡
三十五 電表

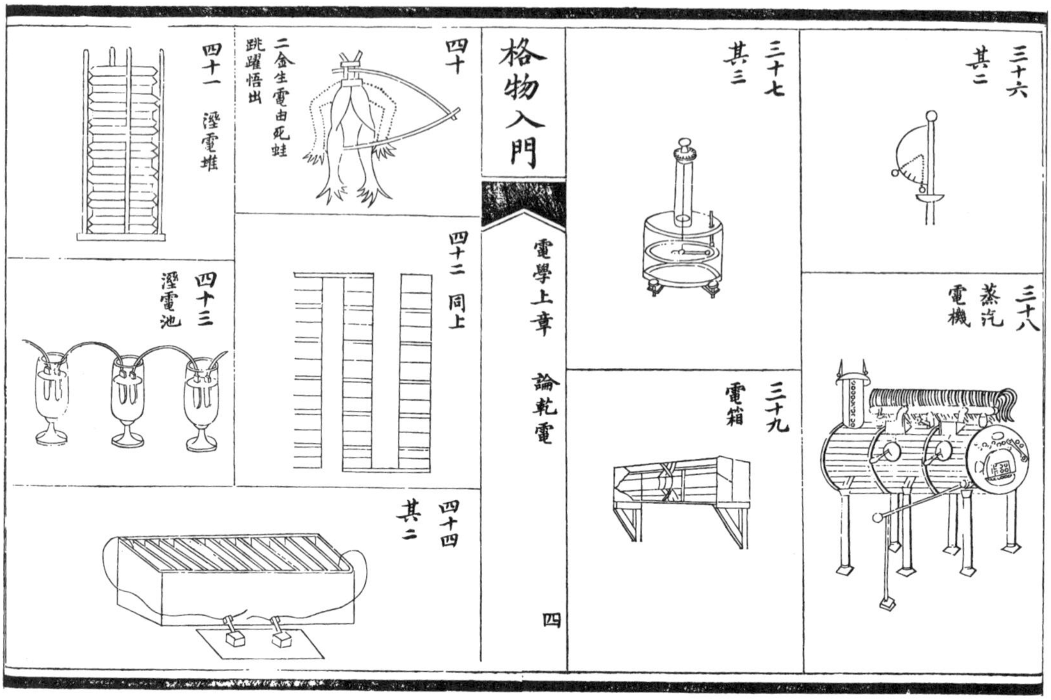
三十六 其二
三十七 其三
三十八 蒸汽電機
三十九 電箱
格物入門
電學上章　論乾電
四
四十 二金生電由死蛙跳躍悟出
四十一 溼電堆
四十二 同上
四十三 溼電池
四十四 其二

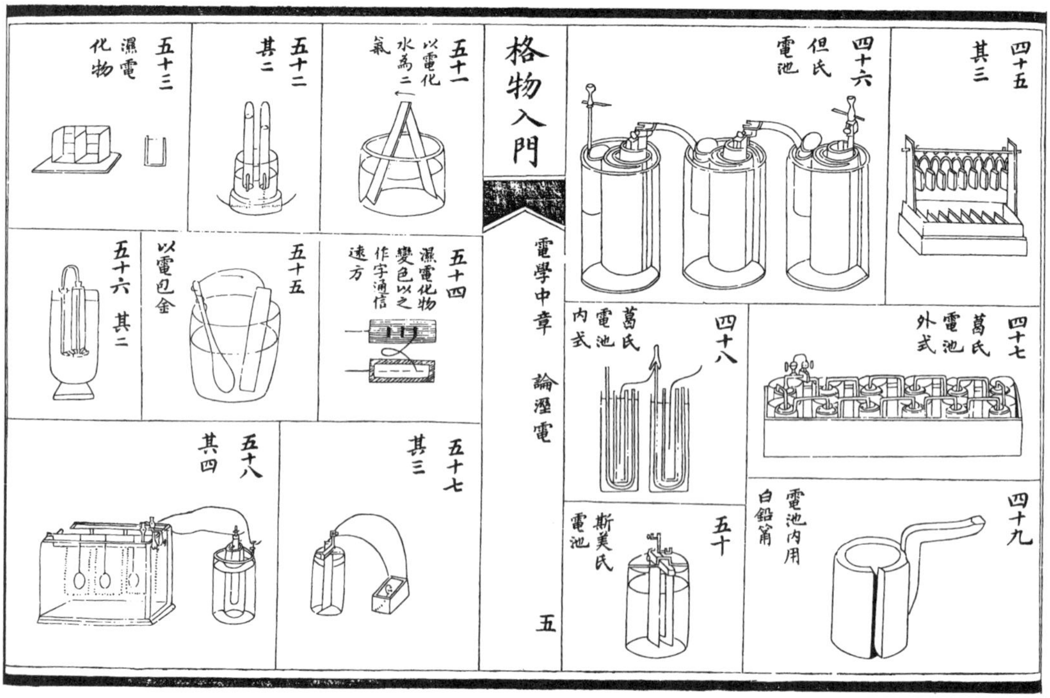
四十五 其三
四十六 但氏電池
四十七 葛氏電池外式
四十八 葛氏電池內式
四十九 電池內用白鉛筩
五十 斯美氏電池
格物入門
電學中章　論溼電
五
五十一 以電化水為二氣
五十二 其二
五十三 濕電化物
五十四 濕電化物變色以之作字通信遠方
五十五 以電包金
五十六 其二
五十七 其三
五十八 其四

五十九　電化銅板

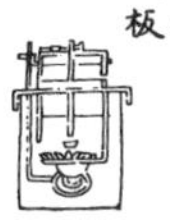

六十　電氣吸鐵

六十一　螺絲圈　同上

六十二　電秤

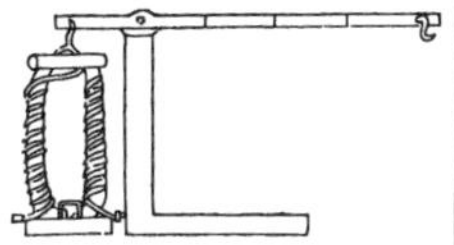

六十三　馬掌吸鐵　直條吸鐵

六十四　磁石吸鐵力在兩端

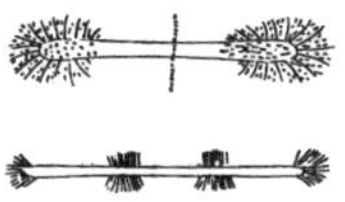

六十五　磁氣運行以鐵屑形容之

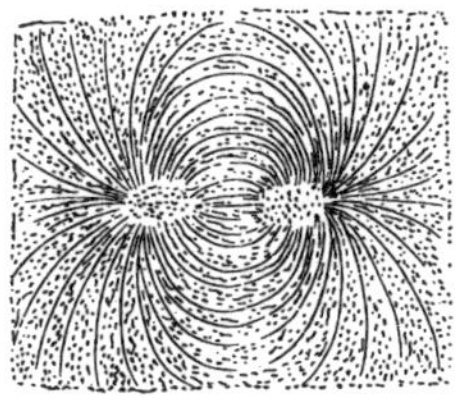

六十六　磁石吸力離中漸大

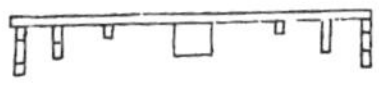

六十七　二極異同圖

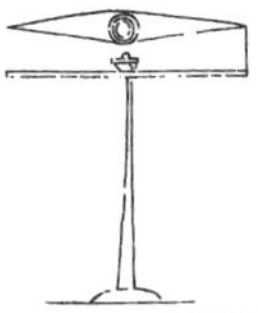

六十八　其二

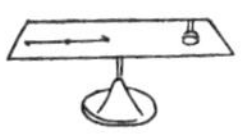

六十九　其三

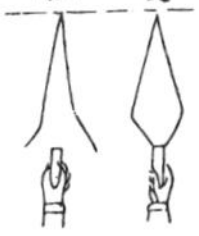

七十　磁石傳力圖

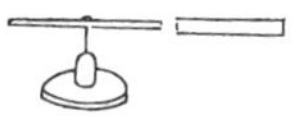

七十一　磁石吸驅圖

七十二　磁氣於地球東西運行令鍼指南北圖

七十三　電氣運行電極與地極不同圖

七十四　定北鍼偏下圖

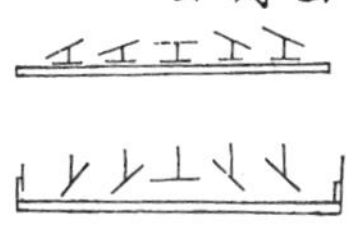

七十五　定北鍼偏東西圖

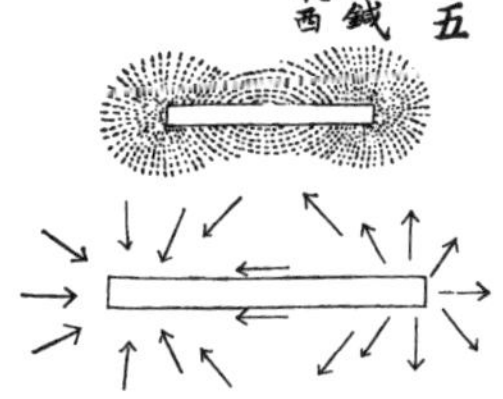

七十六　定北羅盤

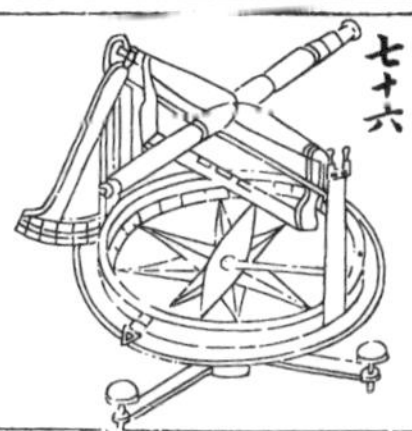

七十七　無極鍼

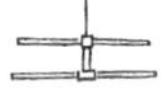

七十八　電報吸鐵

七十九　電報機式磁鐵豎立

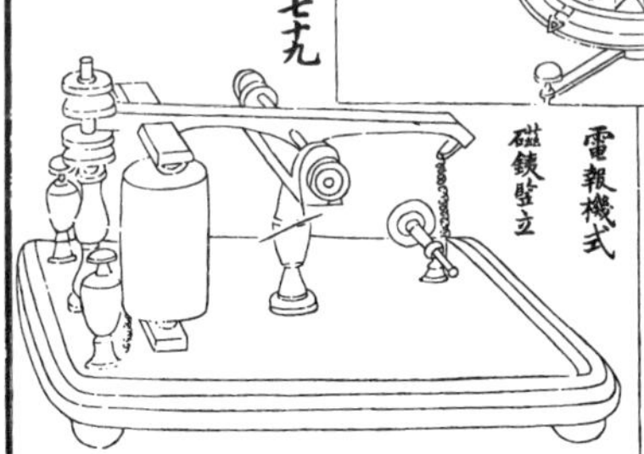

八十　電報機式磁鐵平臥

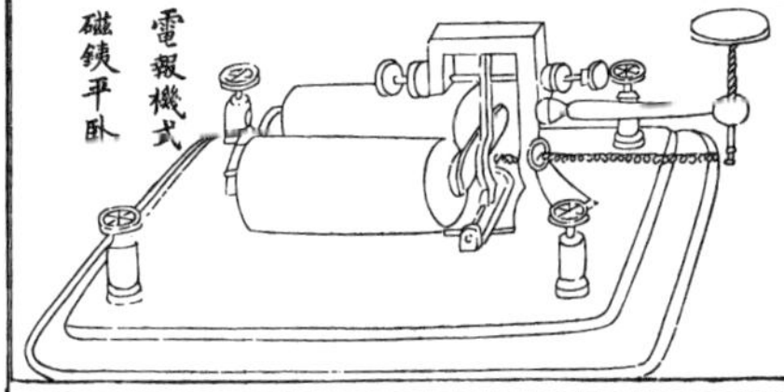

八十一 副磁鍼並畫字機

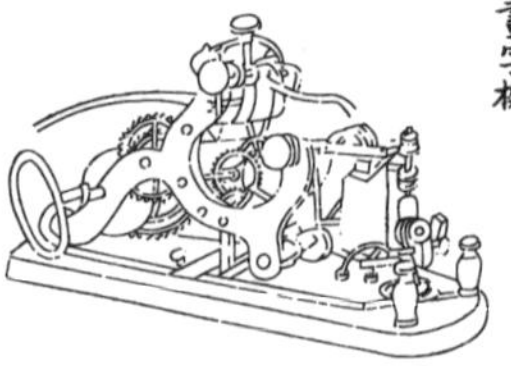

八十二 電鈴

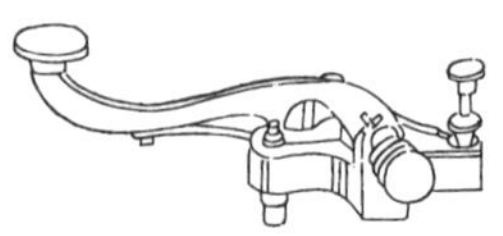

八十三 電報印字機

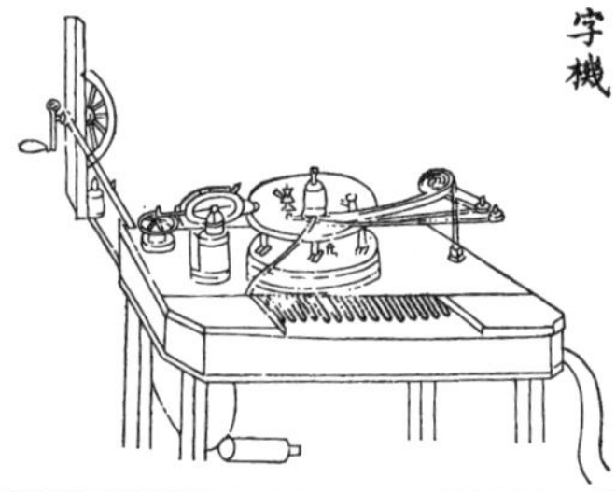

八十四 電報指字機

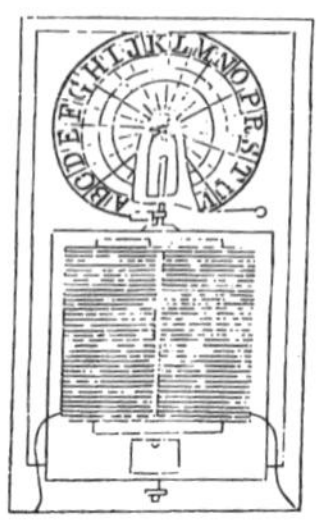

八十六 電纜端首

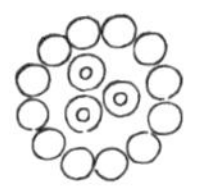

八十五 海底電纜

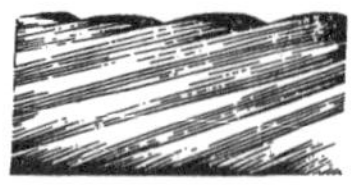

八十七 電鐘背式 其面有文紀時有鍼指字

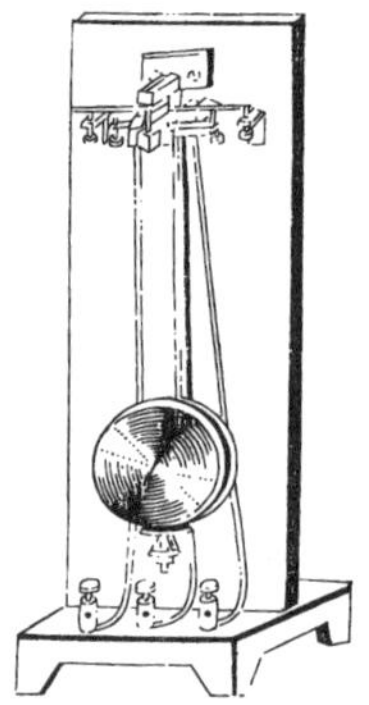

第四卷電學

上章論乾電

雷電一物

一 問電學所論者何也、

答雷電發於雲際人第知掣光爲電傳響爲雷其實一物而已若能究其所以然之故不獨設法可免雷擊之患且有大用即如以電氣療病代炬照野鑄製印板通信遐方是也

電氣隱伏於萬物

問電氣何物

答萬物中具有微妙之氣運行不已往返神速此電氣也

問何以謂之電氣

答此氣隱伏於萬物之中其尤顯者則爲雷電、

電分乾溼

問電分幾種

答分爲二種由乾而生者曰乾電由溼而生者曰溼電、此特舉其大概而言亦有乾電不由乾而生者溼電不由溼而生者

乾電由指摩而顯

五 問電氣隱具於物何法試驗、

答其法甚多畧述數四、

問其一何也、

答人髮猫皮暗中以手拂之常見發光且聞爆響此電

氣發出之驗也、

問其二何也、

答以玻璃一塊揩令乾温以碎紙近之即被玻璃吸起此玻璃中電氣發見也琥珀揩熱可吸燈草中國以此法辨琥珀之眞僞始而西國名電氣爲琥珀氣繼而知爲電氣仍以此名之至西方常用之火漆亦能如是均有電氣使然耳、

問其三何也、

答木箸一支兩頭各揷輕木輭塞以絲綫中懸使平復以玻璃琥珀或火漆揩熱近輭塞而引之箸即隨之

轉運矣、

問其四何也、

答鐵盤置於玻璃盞上以粗紙一張火上煨熱以手揩之鋪於盤上於去盤邊半分之處以指引之將見有一粒火星入於指矣復將此紙一提一落皆有火星隨之而出也葢萬物均有電氣在內惟有多寡之殊與發見之難易耳見第一圖

地中有電

十　問地中有電氣何以知之

答乾電機有鐵鍊下垂於地引地中之電氣上通於機也若將鐵鍊離地則電氣立絶此係明驗故雷之擊物不僅由雲而下亦有由地而上者易曰雷在地中職是故耳、

論乾電機

問乾電機何物、

答所以收聚電氣而使之發動也製造機式則有精粗大小之懸殊矣、

問常用之電機其式何如、

筩輪以生電

答以玻璃爲筩或輪兩頭有軸可使轉動傍設立柱上置皮墊靠於玻筩皮上有紬一片覆於筩上復有鐵鍊下通於地持軸柄而轉運之令玻璃筩將皮墊磨熱電氣爲玻璃所吸隨鐵鍊而上於引電架可蓄於

器用時一齊發動也若以白鉛屑與錫屑水銀和之敷於皮墊之上尤爲利用見第二三圖

架以引電

問引電架何物、

答以鐵筩橫架於玻璃柱上一頭有鐵齒如鈀依近於電機之玻璃筩使之引電達於架上玻璃柱者防電入地因電氣不能過玻璃也其玻璃筩若轉運時即見有火星入如鐵齒如以指近之聞有爆聲矣見第四圖

瓶以蓄電

問蓄電瓶何物、

答玻璃瓶內外俱以錫屑爲衣瓶口及肩外敷火漆以

木爲蓋、上加銅条爲柄、穿蓋而通於瓶內、下接銅鍊垂於瓶底、銅柄之首與引電架相依、電氣引入瓶中、蓄於錫衣之上、迨蓄滿後、以指按其銅柄、即有爆聲、如有電瓶五六、上以銅絲聯絡、儻將電氣一齊放出、能令人遍體震動、儼若小雷所擊也、見五六圖

放電叉

十五 問放電叉何物、

答、狀如火剪、以銅爲之、玻璃爲柄、所以截電不入人身、以叉之一端按於電瓶之銅柄上、叉之彼頭依於電瓶之外錫衣上、則電氣放出而爆然作響矣、見第七圖

接電台

問接電台何物、

答、係四足木几也、足以玻璃爲之、使電氣不得歸地、如欲聚電於物、將物置於台上、以引電鍊依之、電氣便聚於物矣、若人立台上、手持引電鍊、則電氣入身、將見其髮豎立、以指近其耳鼻等處、皆有火星迸出、且聞爆響也、以西國煤氣鐙近之、可以然著、見第八圖

問蓄電瓶置於接電台上、不能盛受電氣、何也、

答、因其外面與地隔斷故也、如有人立其傍、手按瓶外、則電路通而能盛電矣、

問何爲二極、

答、二氣之所聚是也、蓋二氣名分陰陽、陽氣聚於陽極、陰氣聚於陰極、欲令隔斷不通、則電氣不能放出矣、須以引電之物、使由此極達於彼極、則電有路而氣可達矣、

易製電機

問易製之電機、其法何如、

答、以玻璃瓶去底、入以木軸、兩頭出於瓶外、悉敷火漆、其細蓋皮墊鐵鍊、悉如上文所言之式、再將小瓶盛水、塞內嵌以銅絲、下通於水上、依玻瓶令其軸轉運、亦可積蓄電氣、此易爲之法也、或以硬木板一塊架於玻璃瓶之上、亦易爲之接電台也、

二十 問錫盤機何如、

答、係錫盤一具、用西國火漆爲柄、以厚紙煨熱揩之、鋪於几、置盤其上、以指近盤邊、將見有火星入指、提其柄而一起一落、又見火星隨之也、見第十四圖

電氣二說

問電有二說何也、

答、有謂一氣者、有謂二氣並行者、

一氣分多寡

問一氣之說何也、

答、以電氣如光如熱、無光則暗、無熱則冷、電氣之散布於萬物者、若水之平也、偶聚於一物者、如水之盛於器也、放出者亦如水之流行、熱之發散耳、

二氣分陰陽

問、二氣之說何也、
答、以電有二種陰陽相交、二氣并生也、卽如物係薄片、則陽生於上而陰生於下、若係長式則陽生此頭而陰生彼頭、如二面兩頭以鐵絲相連、則二氣合而均平矣、故放出電氣係二氣並放、一往一來至空中、雷電則陽聚於雲際陰聚於地中、電瓶蓄氣則陰聚於內陽聚於外、非二氣烏能如是、

問、各說何恃爲證、
答、宗一氣之說者、謂電氣放出若水之流行、天氣颺聲可以測度方向、卽如以燭焰試之若風吹隨向然、非

一氣流行烏能若是、宗二氣之說者、以爲紙条錫片之類皆沾陽氣則離、皆沾陰氣亦離、非有物於其間沖催之焉能如是、至蓄電於器、其陰氣亦能積蓄、而度其多寡、則非陰陽不分可徵矣、且觀火星之自電機而發入於他物、其物若相距數寸、則火星於出入之時較明、居中一段似暗、以其爲二氣往來相會之所也、至電氣之穿紙成孔、係二面凸出、非二氣烏能如是、

二說難辨

三五 問、二說孰是、
答、難言也、蓋一氣之說在先、厥後始有創爲二氣之說者、一倡百和、羣起而宗之、然今之博物家、仍有師前說者、愚按其說近理、簡而易明、雖以之考究電氣、似有難解者、蓋緣我輩知識淺鮮未能透澈耳、若謂陰陽二字、不過卽有無而言、卽如凸爲陽、凹爲陰、明爲陽、暗爲陰、奇爲陽、偶爲陰、微分名目則可、儻謂實有陰陽二氣、一往一來、斯眞不可解矣、如曰一氣遠傳而神速、若力之透物、光之遠射、音之傳響、尙可思議、彼二氣往來之說、愚以爲無是理也、

物以引電分類

問、能引電者何物、
答、五金之屬爲最、若水與木炭、生物之皮肉亦可引電

也、

問、不引電者何物、
答、類如琥珀、火漆、松香、玻璃爲最、若金剛鑽、透光寶石絲紬、羽毛、紙革、天氣與木之乾者、亦不引電也、

問、不引電者何用、
答、凡欲聚電氣者、卽以此物托之、使電氣不得引散、又能護衛人身俾免雷震之患、

試電有無

問、探電何物、
答、其式不一、擇易爲者述之、以燈草團裹以金箔懸以絲綫、或以西國火漆製成細条、下接錫箔一片、使之

下垂彼頭依於几上見第九圖

三十 問此物何用

答試電氣之有無辨電氣之陰陽如以探電二条將揩熱之玻璃摩其錫片使之相近則二錫必離拒而不合復以火漆摩其二片亦如是也若以玻璃摩其一火漆摩其一則二片相吸合於一處矣

問此理何解

答各物因電氣之多寡有殊遂分陰陽即如玻璃爲陽火漆爲陰玻璃摩之俱感陽氣故二物離火漆摩之俱感陰氣故二物亦離至一感玻璃爲陽一感火漆

爲陰故二物相吸而合也可見受同氣則離受異氣則合

辨其陰陽

問辨電氣之陰陽者何如

答即如上文所言也以粗紙手揩之初不知其爲陰陽也先以火漆摩其錫片復以紙近之則錫片拒離可見粗紙爲陰以玻璃如法試之則粗紙與錫片相吸矣若以二紙重疊而揩之復以探電分試即知上紙爲陰下紙爲陽二紙稍近必相吸也從可知一物之中間有二氣蓋由其地而分之耳或謂下紙依物而氣微足上紙離物而氣微歉故異

問諸物分列陰陽其序何如

答即如絲紬較火漆爲陽較玻璃爲陰以探電易分也至他物亦如是凡二物相摩而生電必一受陰氣一受陽氣也如電氣機玻筩爲陽皮墊爲陰至若猫皮玻璃鳥翎羊毛粗紙絲紬火漆硫磺此八物皆有定序各物俱較其上爲陰較其下爲陽即如玻璃大概爲陽然以猫皮揩之探電試之則爲陰矣

二氣並生

問陰陽二氣並生何法試驗

答以銀匙横架於玻璃之上一頭依於探電之錫片一頭依於火漆則電氣傳遞而過所受之氣相同以火

漆近此錫片則必離拒若銀匙之兩頭如圖中各留空隙則錫片不能沾火漆之陰氣而陽氣遂聚於錫片之上欲究其故蓋二氣相翕也若兩頭不留空隙則其氣散而不聚如留空則氣不得散故專聚於一物也蓄氣瓶之内陰外陽亦同此理凡以此物摩熱生電遂近彼物雖中隔以不引之物而彼物亦能生電惟此陽則彼陰此陰則彼陽耳此謂二氣並生也

見前九圖

電氣發光作聲

三十五 問雷電之有聲何解

答因爆開震動天氣故也故先見電光後聞雷響以光

行較速耳
問雷電之發光何也
答因電氣透過天氣甚速如敲石取火故見光也
問何法試驗
答其法有三
問其一何也
答凡物與電機緊連則電氣之入不見也若相離少許
則見有火光入物知光係由天氣而見也
問其二何也
答以玻璃管兩頭各入銅絲中隔少許電氣由銅絲放

入將見有火星跳過甚明且有起伏之勢若將天氣
吸出一半銅絲相離稍遠則火星微淡若將天氣吸
之殆盡則見火光散而愈淡矣足見天氣阻礙而生
光也
四十
問其三何也

電花美觀

答以玻璃細管外加錫屑曲而繞之兩頭有銅桿與錫
相接復以玻璃管束之電氣放入即見火光曲繞如
電掣金蛇也亦因錫珠相間中有天氣故發光耳若
在玻璃片上以錫屑製成花字之形覆以玻璃片電
氣放入亦由花色而見火光也見第十圖

雷氣劈物

問雷電之劈物何解
答因使物中之氣驟漲故也欲驗其理以木為凹字形
入以木球下留空處以二鐵条入於空處上通於引
電架二条對處微留空隙迨電氣一過便將木球催
之躍出矣

電氣生火

問電氣生火何法試驗
答以松香屑撒水上放電氣過水松香即然燒矣以之
燒火藥亦可須以鐵二条中間濕繩放電過之火藥
即能然矣若祇以鐵引之不能燒也此因電之過鐵
太速有濕繩則蓄之故然或以放電义之一端置棉

紙之類按於電瓶之銅柄义之彼頭依於瓶外錫衣
則電氣過而棉紙然矣若易紙數層則電氣一過爆
然有聲紙上穿成小孔

電燒金類

問電氣燒鐵何法試驗
答以電瓶數具將氣一齊放出使過細小之鐵絲即然
燒矣蓋鐵絲細小則電有阻礙故熱極而然燒若究
其故電之過鐵絲儼如氣之出管也管若寬大則無
阻礙管如細小必有礙而摩擠之矣是以生熱耳
問以電氣焚燒金箔何如
答以金箔夾於乾紙若以數瓶之氣放出則金箔燒灰

而紙如故如金箔夾於玻璃之中電氣一過則金箔融於玻璃之上不啻膠漆若絲綫包金電氣過則金成灰而綫無恙

以電穿物成孔

四五 問以電穿物成孔何如

答以小瓶盛油塞住有鐵絲下通於底旁外以放電火隔瓶按於鐵絲之首電氣一過玻璃成孔矣若紙片木片均能成孔也

以電震人

問放電震人何如

答一手按於電瓶之銅柄一手按於瓶外錫衣則以身爲電路迫氣放出此身便覺震動若數瓶相連其震

愈甚假令一人右手按於銅柄一人左手按於錫衣中有多人各以手相接電氣一過齊覺驚震

問電槍何物

答玩物也係以電氣放槍如打鳥之勢電瓶蓋上加以兩岔銅条此岔之端繫以紙鳥製一木人執槍對彼岔之端放電入瓶其鳥因氣催之力儼若飛翔電氣放出則見火星入槍且聞訇然有聲而彼頭之鳥自落矣見二十六二十七圖

度量電氣

問電表何物

答所以度量電氣之多寡也其式不一茲述三種其一以絲綫二条懸燈草團二枚如探電之式使依有電之物電少則二團微離電多則二團遠颺矣其二以鐵柱揷於引電架之上傍懸鐵鍼有活機可以轉動外加半圈如弓形上畫度數針上揷以燈草團離開鐵柱若干即可按其度數計電之多寡也其三以大玻璃筩上以銀綫橫懸鐵針於筩內針尖有燈草團以金箔包之筩內周圍畫有度數亦可試電也見三十四三十五三十六圖

起風催水

問以電起風何如

答以鐵条揷於電架条上尖銳反手依近覺有微風此

電催氣使然也以燭火依之立滅

五十 問以電催水何如

答多以電氣放入盆水其水必跳躍四散如以帶梁鐵筩盛水下有小孔漏不過涓滴掛於電架機關運動則氣入而催水下注矣再以酒撒入筩便見水由曲管外流四散甚急蓋電氣驅之也見二十八圖

問以電吸紙何如

答以鐵臺通地置紙人數四其上復懸鐵盤接於電架機關轉動便見紙人上下跳舞不休以玻璃罩接於電架使內蓄電氣遂覆之於几中置紙團若干上下

滾躍如以錫盤機閘紙圜鐵鍼於其中便能搖如鐘擺或使鐵鎚上下運動如擊物然見十六八九二十一二十三圖

搖鈴運物

問以電搖鈴何如

答十字形之鐵条横於玻璃柱上四端以鐵練懸鈴復以絲綫各懸鐵丸與鈴相近鐵条接於電架便見鐵丸被電吸來驅去與鈴相擊矣或以横鐵下懸鈴丸數枚如前式惟居中一鈴懸以絲綫下有鐵練垂地亦易爲之法也室中有此可以防雷蓋聞鈴聲而知空中有電氣矣見二十四二十五圖

問以電使物轉運何如

答以十字形之鐵条使平各首俱有曲尖一順左旋下樞紐可以轉運使接電架便能旋轉不止因電氣由尖放出驅之使然也亦有以大小紙球揮于尖上形容星宿之運行者昔人以爲電氣既能使物轉動定能驅使機關製造一切以代人工俄國有人以濕電行舟頗效惟費大而力小今而知電氣無甚大力非蒸汽可比不能代作諸工也見十九三十三十一圖

蒸汽生電

問以蒸汽生電何如

答蒸汽機運行之候以電表試之知所生之電氣不少也嗣有專以汽機生電者法以蒸釜外包木板使不易令旁有平安合頁以防危蒸釜平安合頁均詳見氣學中章上加細曲之管數十通於蒸釜俱有合頁可以齊啟齊閉蒸汽一出電氣便生復以木箱之內密排銅釘依近曲管將見電光過入銅釘也雖生於蒸汽仍係乾電蓋蒸汽一過細管如摩揩然故因而生電也見三十八三十九圖

電蓄於物之外

問電蓄於物於外而不於內何法試驗

答鐵球以絲繩懸之球上蓄滿電氣復以二半球皮合於球外旋移之試以電表則球上電氣全無盡蓄於球皮之外矣見三十二圖

問其二何也

答以鐵圈上加布袋貫以絲繩兩端盡露於外圈柱下墊玻璃使隔斷電氣不得入地將電放入布袋試之氣在外也以繩牽之使其袋翻轉試之電仍在外也見三十三圖

電有濃淡

問電蓄於物其濃淡何如

答物之外廓愈大則電氣愈淡愈小則電氣反濃欲驗其理亦有法焉

問何法試驗

機器所造與雷電無異

答以鐵輪軸上加薄鐵片裹之數層使之加厚軸上懸以電表輪上放滿電氣則電表之二團離不甚遠足見物加大而電反淡矣及將鐵片放開則二團遠颺足見物小而電反濃矣見三十四圖

問人造之電氣與雷電有異否

答無異也美國博士富蘭林者因見電氣放出有光爆開有聲運行神速且能隱聚水中穿物成孔又能發火多則害命冶金均與雷電無異以爲電氣與雷必係雷同之物於是設法試驗

雲際引電

六十　問富氏試驗之法何如

答以紙鳶一名風箏上有鐵齒如因電架然用麻綫放於空中手持處接以絲綫以防引雷麻絲相接之處墜一鐵匙俟紙鳶高接於雲便見麻綫周圍之亂絲蓬蓬豎立卽知電氣引下以手近於鐵匙便見有火星入手旋以此法蓄之於器迨其放出發光爆響然物與所造之電氣無異也緣富氏之胆大心細識廣學精人咸服其高見且知電氣與雷電初非二物也見二十圖

須防危險製器宜慎

問若效富氏所爲亦於空中引電有危險否

答危甚雖有不引電之物用之以防雷擊第恐稍有疎

畧性命攸關也卽如俄國京都有博物者聞富氏此舉效其所爲而思欲過之於是造以巨器蓄電欲多如前法引之迨器中蓄電已滿偶近器之銅柄火光陡發轟然有聲震腦而斃驗之電係由首擊入穿足透出不惟襪碎履裂室之門戶亦損壞焉因空際之電引下蓄多卽與霹靂無異也嗟乎以博物之功而遽戕生命皆其不慎之過也可不謹哉英國有博物者亦以此法試之紙鳶已放於雲際將電漸漸引下蓄滿二器恐過多則溢而爲患思欲解其索使下逼於地手持之頃忽覺遍體震甚幸未傷生耳故於空際引電法須盡善宜用銅絲纏繞之綫其下必須兩端銅綫使通蓄電之器其一端接以絲綫仍不可手持繫於石柱木柱復於電器之外設鐵条通地離蓄電之器寸許若電太滿而外溢可過鐵条引之入地庶保無虞矣

防雷衛室

問富氏此舉何用

答雷能擊物多以爲怪故遇迅雷有畏之者自富氏引電以後咸知雷卽電氣擊與不擊皆有定理由是創法保衛屋宇俾免雷震之患

問其法何如

答以數丈長之鐵条、一頭埋於地中、一頭出於屋脊之上數尺之高、上有岔齒、以銀包其尖、恐生銹也、如遇雷電、即隨鐵条下入於地、而人畜房宇可保無虞、此名防雷鐵、西國層樓高屋與海上巨艦、多有此物、惟舟中係以鍊爲之、由桅而下垂於海、引雷入水也、

問以此法防雷、何物宜慎、

答銅鐵之屬俱能引電、故防雷鐵之周圍、切不可與金類相依、恐引雷入室也、無論以鐵釘木釘聯壁、須用牛角玻璃之屬爲圈箍之方、免引雷之患、造者慎之、

防雷衛身

六十五 問人在外遇雷、何處宜避、

答高樹之下、高竿之傍、高山之巔、均不宜也、因高物與雲相近、故能引雷、俗以爲雷擊高物、謂天忌之也、

問在室遇雷、何以避之、

答不宜倚柱依壁、因雷擊屋宇、必隨墻壁而下也、亦不宜前後窗牖洞開、使風穿室而過、雨時天氣皆濕、或恐雷電隨濕而引入也、

問遇雷時、衣服器用應何如、

答衣以紬絹爲佳、若紬冠絲履、雷自不能由上下而擊之矣、總之不論何衣、以乾爲貴、如立乾木之上、四旁天氣皆乾、則無慮雷矣、金類切宜遠、鐵器不可持、鐵傘不可握、

雷患無多

問雷應畏否、

答若見電光之後、良久始聞雷聲、便知爲甚遠、見氣學下章不必畏也、雨尚未降、亦無足畏、因其隨濕而下也、且天下之衆林林總總、而遭雷震者、甚屬寥寥、即以上文所言防雷之法、兼之激發天良、不作惡事、自無患矣、

問夜間北方忽有光亮、俗謂之天開眼、何解、

北方曉由電返照

答冬夜多有之、近北方各處電氣聚於薄雲之中、發見返照、遙望如北方有日將出也、西人謂之北方曉、見二十一圖

龍掛由電

七十 問黑雲下垂、海水上升、俗謂龍掛、此理何解、

答此雷氣聚於雲際海水之中、兩處相吸使然也、其後必有颶風疾雨隨之、航海舟楫遇之、誠屬危險、或以巨砲擊之、則電氣散矣、

生物發電

問生物體中有自然之電氣否、

答莫不有之也、祇在隱見之分耳、即如猫之電氣、不第揩皮能見、若使近於面而拂之、覺有微風然、至電之最多而易於發見者、莫如雷魚、

雷魚生電

問雷魚何如雷鱓、

答、魚身隱具電氣、捫之輒發、小則震體、大則傾仆、甚至傷生者有之、生於洋海、形體甚扁、鋪遊於水、漁人捕之手覺麻木、因不知電氣使然、卽名之曰麻魚、見十二圖

雷鱓生雷

問、雷鱓何如、

答、產於江湖淡水、狀同鱓魚、小者三二尺、大者丈餘、其電發動、有時立斃生物、藉此自衛、亦賴此捕食、南亞美利加多有之、土人捕之、勿敢遽近、先以羣牲驅之入水、俟其電氣放盡、旋捕之、無能爲矣、而牲畜間有擊斃者、見十三圖

問、是魚之生電何如、

天生電機

答、此理未易詳究、惟剖而視之、體中有脆骨若干、如鼓形然、異於他魚、意卽天生之電氣機耳、英國有捕得雷魚者、身長四尺、重七十三磅、十二兩爲一磅剖之、共得鼓形脆骨一千一百八十二具、其電之放收、任其自便、儻腦髓破壞、則不能放矣、因脆骨通於腦也、人攖之、輒以電拒、連放則憊、放甚則殭、愚以爲人之精神、亦與電氣相涉也、

魚身雲際電無二致

七十五 問、是魚之電氣、何以知其與雷電相同、

答、暗處可以發光、惟不甚大耳、以鐵器按之、氣卽隨之而上、人身便覺震動、若以鐵物依近、時久、其鐵卽沾氣吸物、如吸鐵石然、故毫無疑義矣、

三輕相連

七十六 問、電與光熱相涉否、

答、三者相連、若非一物、幻形亦定爲親屬也、彼熱之生光、光之含熱、茲不復贅、至電亦生光生熱、光熱亦能生電、足見三者之互相生發矣、若究其性、則與他物迥異、凡物莫不有重輕、惟此三者、無輕重之可權、而自爲一類、故謂之三輕、夫電與光熱、充塞乎兩間、散布於萬物、或隱或顯、體物而不可遺、設非一本、烏能如是哉、

卷四電學上章凡七十六問

二金交感因生濕電

第四卷電學

中章論濕電

一 問、濕電原於何物、

答、二金交感成爲濕電、若以二金浸於強水、（強水詳則見化學）交感成氣更速、由濕而生、故名濕電、

問、濕電何用、

答、其用甚多、而最要者三、包金鑄製印板、一也、醫病、二也、造法通綫報信遠方、三也、（法通綫卽電報詳見下章）

問、始製於何人、始得於何事、

答、西人之究乾電也、昉自希臘人、知琥珀內蓄磁氣、可以吸物、（已見上章）其究濕電也、緣意大利人嘎喇法尼者、偶以二金置於死蛙腿上、見陡然跳躍如生、知有所感、由是究得之、愚按是二金者、必用飯之刀乂也、彼處素食田雞、卽蛙屬耳、從來極大物理、類由瑣事悟出、要在有識者之悉心探索也、（見四十圖）

問、二金生電、應用何金爲佳、

答、凡金屬二者相合、均能生電、惟有優劣之殊耳、西國白金與白鉛最佳、因白金罕而見珍、故易紅銅、亦合用也、

五 問、二金之生濕電、何法試驗、

電堆電池

答、其法甚多、姑擇其近者言之、卽如以白鉛放於舌下、復以白銀置於舌上、漸以二金之邊相依、口內覺有惡味、此濕電之可以口嘗者也、再以白鉛白銀各一条、啣口內、靠左右頰外、露若象牙然、復以彼頭相合、在暗室卽見發出火光、此濕電之可以目覩者也、

問、令濕電生、多應用何法、

答、其法有二、一名電堆、一名電池、

問、何爲電堆、

答、以紅銅白鉛各數片、大如掌、二金成偶、以強水浸透之厚紙、間於其中、層疊堆起、復以銅絲二条、一頭壓於最下之白鉛、一頭壓於極上之紅銅、再令兩頭相接、則電生而運行於銅絲之上矣、若以銅絲之兩端使之微離、則火光見矣、或人以手持其兩頭、電由身過、其人便覺震動、此名電堆、（見四十一四十二圖）

問、何爲電池、

答、以木桶盛強水、內置紅銅白鉛各一条、上以銅絲聯之、則電生而運行其上矣、如以玻璃器盛強水尤妙、（見四十三四十四四十五圖）

問、電堆電池、創自何人、

答、始於意大利之佛爾塔者、先是嘎氏以爲蛙腿之躍、

係由物體而生電佛氏以爲由金而生電於是考其所以然之故得悉二金遇濕而生電屢試無訛因而創造電堆嗣因電堆有未便之處復得一法以木爲長箱中以銅鉛間之盛以强水再於箱蓋之下嵌以銅鉛各片用時浸於水內電卽生出是爲電池

十 問佛氏電池尚有病否

答因其銅片易於生銹爲時不久其電漸少故每用必須刮磨考其所以生銹之故因水被電分化養淡二氣淡氣歸銅養氣與鉛復歸於銅遂致銅片之外掛鉛一層只如一金不復成二金矣

但氏電池

問此病何法除之

答其法不一也於道光十六年間英國但氏者設法旣用二金復用二水以礬銅水盛於玻璃筩內以紅銅片捲若筩式入之復以鹽强水盛於瓦筩內以白鉛条竪其中入於銅筩之內用瓦器者取其質鬆易濕而通電二水不至淆亂斯鉛爲水化不得附於銅矣如數池相聯則以此銅接於彼鉛其餘仿此見四十六圖

葛氏電池

問葛氏電池何如

答亦用二金二水其一係礬强水和淸水而成其一爲硝强水盛於瓦器不用紅銅以白金小片垂於水內其白鉛片圈作筩形對口之處離而不合復以水銀敷外使不易化也黨白金珍罕以木炭一段代之亦能合用若數池相聯卽仿上文之式見四十七四十八四十九圖

斯美電池

問斯美氏電池何如

答仍以白金白鉛惟用一水係淸水十分和礬强水一分以之包金最佳見五十圖

電極電路

問何爲二極

答濕電由紅銅歸於白鉛運行往復銅鉛二物卽名二極蓋銅爲陽而鉛爲陰也凡金屬生電自分陰陽自

有二極

十五 問何爲電路

答濕電運行之道路也或隨銅絲鐵綫或過强水皆在電路之中也有去路有回路其路不同從陽極而出至陰極而入或從陰極而出至陽極而入假如銅絲由此頭起仍回此頭止則電氣不得運行必由此頭達於彼頭斯電氣循環不已也如截斷銅絲間之以不引電之物則電路隔而不通矣惟水與潮溼之土亦可爲電路能引電歸原也

問濕電之發光何法試驗

答電氣若多則電路有微離之處即見火星爆出如兩頭以木炭將見火光更大矣因此設法代炬照野詳見下文

問濕電於水中發光何法試驗

答電路銅絲之兩頭均敷水銀一層離開少許則火光倍明雖在水中亦能見之足見電光非水之所能滅矣即燭焰中試之亦顯見也

問濕電然火何法試驗

答以銅絲爲電路復以鐵絲數寸兩頭接於電路之銅

絲若鐵絲極細且短則熱甚迨電氣多即光亮如然燭矣銀絲亦可爲之因其引電俱不若銅絲之速似稍阻滯故較熱至紙棉火藥之類均能以電過鐵絲而然之也若電路以粗大鐵綫爲之中接細短鐵絲亦能然燒

問此法何用

答防守海口營壘以火砲沉於水底或埋地中以銅絲爲電路復以鋼絲數寸接於銅絲之中以通火藥以千里鏡窺敵人至其地便將電氣放出火藥然而地雷震矣雖百里之遙均能用之蓋限於目力之所能及也

問濕電之化水爲氣何法試驗

答其法有二其一以玻璃盃盛清水入磺水少許以紅銅白鉛各一豎於盃內上以銅絲聯之電氣便生見水上起小泡無數此淡氣出矣其鉛片漸漸消化蓋養氣尅之耳見五十一圖

問其二何也

答以玻璃盆盛清水入磺水少許復以白金絲二條由盆底通入再以玻璃筩二箇注滿前項之水罩於金絲之上下通電路便見筩內氣泡上升久之漸漸盡

化爲氣移開試以火其能然者爲養氣其不然者爲淡氣量其多寡養氣倍於淡氣也化學所論水係養淡二氣合成此以濕電可驗矣見五十二圖

問電氣之分化諸物何法試驗

答與化水爲氣相同也即如有藥名磺銅係磺强水與養氣銅合成者以之置於桶中以銅鉛二片一通電池之陽極一通陰極電路既成將見磺銅漸漸還原仍化爲磺强水與養氣銅二物也養氣銅旋化爲純銅因淡氣與之並生合養氣復化爲水耳

問其二何也

化物變色

答有藥名海藍與勃達撒或謂即鹹砂也和之加以豆粉盛於水箱中隔為二各有銅絲通於兩極電路既成其藥還原海藍歸於陽極水易藍色陰極之水不變色也詳見化學 見五十三圖

問其三何也

答以木板銅板各一皆與電綫相連木板包以錫箔敷漆數投於銅板上鋪藥水浸透之紙藥係布國藍與鹹砂合成者復以銅絲一頭按於錫箔一頭按於藥紙電氣運行藥紙感之而變黑色兩頭並行便畫黑直遇過漆電絕則仍為白紙又因此設法以漆寫字達至遠方彼

處藥紙現出白字見五十四圖

三十五 問電之分化諸物其理何解

答昔英國化學士達微者見電能化水為二氣因思水似純一之物尚能分而為二可見凡物人見為純一者未必不雜也於是以電池試之是知有多物雖以火煆之仍為原體以電分之儼為二物矣即以勃達撒置於二極之間立時便化其養氣由陽極而出見有滴滴點點之碎金歸於陰極此金雖於水中亦能自然發火蓋水中養氣與之相合也雖以冷氷摩之亦能生火各種土類均可以此法分之便知其中有金矣俗以為土生金實金生土耳達微云凡二物合成之物均能分為二質者一歸陽極一歸陰極也又曰各種原質所以能合成各物者以此質含有陰電彼質含有陽電按上文二氣相吸之理合而成之也故仍以電之陰陽二極分之可析而為二矣物之分合詳見化學

以電融金

問以電融化金屬何法試驗

答其法甚多而易者有二

問其一何也

答以玻璃盃盛喫銅礦水礦强水能化金屬經化銅之水故名會以銀匙

白鉛分豎左右上以銅絲聯之則濕電生矣將見水內之銅漸聚銀匙之上包裹一層也見五十五圖

問其二何也

答玻璃管下口繫以牛脬內盛喫金强水置礦水桶內以白金絲一頭置管中以白鉛条豎於桶令二金相聯則濕電生而管內融金包裹白金之上矣見五十六圖

問此理何用

答以之包金鑄製印板等事

以電包金

三十 問以電包金其法何如

電鑄印板

答如銅板之上有凸出人像浸之於礦銅强水箱內上加銅絲通電池之陰極復以銅片浸水中上加銅絲通於陽極電路既成將見水中之銅漸聚於像上包裹一層矣惟銅像之周圍須以蠟包護祗令其像外露彼頭銅片漸漸消化以補水中之不足可用之不竭矣見五十七五十八圖

問以電鑄製印板其法何如

答如上文所言包金之法惟須加厚將其像剝下可爲模以鑄他像若鑄印字之板以桶盛喫銅礦水復以寬大之玻璃管下口以牛脬蒙住內盛强水置前桶

中離底隔起少許以白鉛条豎於管內桶底以鐵絲曲盤墊於牛脬之下上與白鉛相接將印板置鐵墊上濕電生出水內融金聚於板上便成銅板矣惟先以凸字木板以蠟印之即係凹字以蠟板入桶而成電化銅板仍爲凸字也西國以此法易木板爲銅板者衆矣邇來中華上海亦仿此法以木化銅可垂久遠永無模糊散朽之虞也見五十九圖

電氣吸鐵

問電氣與吸鐵之氣相同何法試驗

答其法有二其一以鐵条曲之若提梁之式復以絲綫纏繞之銅絲繞於鐵条之上銅絲兩頭接於電池之兩極電路既成電氣運行鐵条之上再以鐵条數寸橫置其下便能吸住此電氣儼如磁石也若銅絲一頭離開電池則鐵条落下矣電氣若多即重物亦能吸起或以乾紙包裹銅絲亦可用之見六十圖

問其二何如

答以銅絲繞作空圈即名螺絲圈以兩頭接於兩極電路成而電氣運行銅絲之上以鐵鍼入圈內少頃取出便能吸鐵且能定方向若指南鍼也見六十一圖

問以電懸物其法何如

答懸螺絲圈兩頭接於兩極則電行其上以鍼置圈內便能中懸若電池大而絲圈寬則電多而力厚雖數

百觔之重物亦能懸之

電秤

問電秤何物

答以鐵梁銅絲如前兩頭接於兩極惟鐵梁之兩足向上復有橫梁上聯秤鉤其秤有架可以俯仰彼頭掛以秤錘其橫梁被電吸住以錘權之可知電力多寡能吸重若干也見六十二圖

電鐘

問電鐘何物

答以電紀時也其式不一理則相同或以電氣之吸驅運行擺条或以磁鐵之橫梁一吸一放運行機關甚

有以數十數百鐘電綫相連使之齊鳴者

以電代炬

問以電代炬何如

答乾電濕電均能發光其理畧已言之曩不過製之悅目耳未知大用也厥後俄國君主之園囿於冬夜幸宫人數百作遊氷之戲遂以濕電造巨鐙照遠如晝光雖明而所費鉅民間不堪用之邇來英國有人設法以濕電代炬光多而費省其法用磁鐵旋轉如磨濕電運行其上旋速電多其光倍明望之似日有以之照畫者謂較日光尤勝由人力施爲無陰雲之阻也愚謂電既隱伏於萬物定能設法令其顯見將來無論何處均可以電代炬也

以電醫病

問以電醫病何如

答既知電氣能隨筋絡運行意與精神相類定能療病也試之果效由此崇尚特甚以爲百病可療且謂電氣既能穿骨透髓必能引藥入人臟腑爰設法以藥餌盛於玻管放電過藥而入腹遂謂藥味送入矣既免服劑之勞又獲取效之速濟世良方莫善於此相沿日久以訛傳訛嗣有明哲之士力白其非電之能療疾者須對證耳不過關乎精神筋絡者大抵可醫至送藥入腹之說斷無是理電之過藥也電自電而藥自藥耳電與藥兩不相關如謂藥已送入受益與服劑無殊設遇噎膈等證食不下咽何不以電送食俾得度命耶噫謬矣

問電氣醫病實益何在

答實益有三一在運行於筋上也感之精神雖死物能令活動如生一在細管催水隨血絡運行以通脉發汗也一在便於用也卽如疾在一臂一脛若按方服劑未免全體胥受藥力且恐有益此損彼之虞至以電醫病惟就患處治之較內服外敷簡而速矣

四十

問以電能醫之證何如

答暴絶之證類如水溺夢魘酒醉懸梁爲時不久均可挽救蓋以電通氣而生之也又如耳聾失音目發清光頭疼牙疼腦氣筋疼腰節骨病存傷筋絡食不消化大便秘結中風不語麻木不仁體僵發挺左癱右痪半身不遂羊癇瘋以及婦女產難經血不調以上各證均能治之須將陰陽二極置於病者之要穴若鍼灸然甫能獲效邇來西土有以此專門名家者蓋愈求愈精耳是知乾電濕電均能療病

卷四電學中章凡四十問

磁石大用

附論磁氣 磁石吸鐵之氣同於電氣故附論之

一 問磁石何物

答一名吸鐵石有自然生於鐵礦者係生鐵與養氣合成望之似石故名磁石有出於人力造成者係以輭鐵故名磁鐵 見六十二圖

問磁石何用

答最大之用定方向也洋海之中茫茫大澤有時既無岸島不覩日星藉此不致迷途海角天涯任其往復矣

問磁石吸鐵始知於何時

答西國自上古時已知之矣因其不第吸鐵且能傳力於熟鐵使之沾有磁氣亦能吸鐵故西國古時以之譬擬善人取其能感化也爰藉吸力製釣魚引鳥水中戲具

問磁石定方向始知於何時

答嘗考中華指南車之作始於周公迨宋世西國始以之定南北之向愚按此法自中土流傳之也西人賴此履海遊歷各國明初始過西洋覓得亞美利加大洲旋入東洋歷經東來水道遂與中華印度由是通好交易往來皆賴磁石導之耳

磁石吸鐵

五 問磁石之吸鐵何法試驗

答此盡人而知之也然尚有可述者三

問其一何也

答以長条之磁石置鐵屑中少頃提出則見石之兩端吸鐵甚多居中若不吸然 見六十四圖

問其二何也

答以紙平鋪於磁石之上加之鐵屑手彈紙邊使鐵屑震動將見層層紋理圓轉若地球圖中經緯之式 見六十五圖

問其三何也

答以長条之磁石中懸架之復以鐵塊若干於兩頭盡處雖數塊相連亦能吸起漸近居中吸鐵漸少蓋其力由首至中以次而殺也 見六十六圖

磁石定向

問磁石之分南北何法試驗

答以長式磁石浮之水面兩頭自向南北居中或以綫索懸之或以鍼鋒托之均如是也中國謂指南以其昉於指南車耳西國謂指北因航海每視北辰爲定向耳似異而實同也蓋鍼有兩端一指南一指北茍各執一端而言若風馬牛之不相及也人之首鼠兩端膠柱鼓瑟者觀此鍼可以悟矣

十

二極之異同

問二極之異同何如

答與電氣無殊異則相吸同則相驅

問此理何法試驗

答以磁鐵二条其一居中懸之復以其一依近試之如南極對北極則吸之使轉若南對南北對北則驅之轉也又如北頭上加鐵屑以南近之則鐵屑吸過此異則吸之理也以北近之則鐵屑落下此同則驅之理也若將磁鐵分爲細小之段各有南北二極也見六十七六十八六十九圖

傳授吸力

問磁石之傳授吸力何法試驗

答鐵条中懸令磁石之南極對鐵条之北極則其南極亦能吸鐵若磁石離之稍遠則鐵条如死不能吸鐵矣若以鐵条依於磁石之上順摩數次則得力微覺時久也鐵愈輭其得吸力愈易若將鐵燒紅置磁石上片刻旋投於水使之速冷斯得力堅固見七十圖

問磁石之失力何也

答常用則其力加日久不用則其力漸漸消滅有因擊觸硬物而失力者若將磁石燒紅其力全失矣

吸驅有解

問磁石之吸驅何解

答其説不一或曰內有陰陽二氣層層相間如北頭第一層屬陰則南頭末層爲陽故吸驅不同也或曰因有自然之電氣圍繞磁石故能吸驅如以銅絲爲電路作螺絲圈懸之不第吸驅若磁石亦自然指南指北豈非磁石之上有自然之電氣運行與電路無殊

十五

乎見七十七十一圖

問磁石之指南北何解

答因地球之大無非一大磁石也地皮之上有電氣圍繞他物不覺惟磁石覺之如輕物之被風吹可知風之方向也定北鍼若順放於電綫則必易向而横如

以木爲地球之式按居中赤道以銅絲纏繞放電過之復以定北鍼順依其上亦必易向而横或曰磁氣之生於地球因各處冷熱不同也蓋地之旋轉向日則熱背日則冷故磁氣順日運行由東而西令鐵鍼横指南北耳見七十二圖

磁氣運行於地球

問磁氣運行於地球之上更有何據

答其一以鐵条按南北方向置久自能吸鐵或窗槅之鐵条若係南北方向日久亦有磁氣正如鐵条被磁氣圍繞卽有吸力也其二磁氣運行之路考查可得而知也其三每逢北方曉天開眼時指南鍼必亂而

電極與地極不同

有礙、

問、磁鐵所指方向係正南正北否、

答、於正北正南稍有乖離、蓋定北鍼所指、非地之北極也、係另有一處名爲電極、北電極於赤道七十度之北、一百十四度之西、自英國京都倫敦算起南電極於赤道七十二度之南、一百二十五度之東、見七十三圖

問、地球之電極如何查考、

答、因鐵鍼無論懸之托之、兩頭均平、復傳之磁氣、立見其北頭下沉、側而不平矣、地愈北趨、愈偏下側、迨至七十度之處、則其鍼直立矣、若南旋則漸漸而平、及

近赤道平而不偏、又南趨則南頭下沉、迨至七十二度亦直立矣、其鐵鍼直立之處、卽爲電極、鐵鍼兩平處、卽爲電氣之正緯、

問、電極既於七十度北、七十二度南、試問地球周圍一遭、俱係電極否、

答、不能也、惟有二處在北、二處在南、地極爲奇、電極成偶也、其南北度數、既由鐵鍼偏下而得、其東西度數、卽由鐵鍼偏左右而得、卽如美國之馬日頓鐵鍼偏西八度五十一分、於三盧驛鐵鍼偏東十度四十七分、便知不偏之道、必在二處之間也、是爲電氣之正經、亦係圍繞地球一遭、所過之境、卽可由鐵鍼之偏東偏西考之、至電之正經、與南北二圈相交之處、卽爲電極、或謂電極卽於地球極希之所是也、見前圖

定北鍼偏上下

二十

問、定北鍼偏下何法形容、

答、長条磁石以數鍼懸於其上、或托之亦可、其居中一鍼、必與兩端俱平、左鍼必左側、右鍼必右側、愈偏愈側、迨至兩端盡處、鍼必直立、此處正如電極也、見七十四圖

定北鍼偏東西

問、定北鍼之偏東偏西何法形容、

答、亦如前法、惟移鍼於石側而試之、將見居中之鍼、亦

與兩端俱平、左鍼左側、右鍼右側、到頭則横矣、又如以長条磁石覆以紙、上加鐵屑、以手彈令震動、將見變成紋理、如地球經綫之式、因電氣之運行於磁石者如是、其運行於地球亦然、見七十五圖

問、定北鍼之方向、亘古不移否、

答、有漸漸改易也、人雖不知其故然、所差之分度、仍可考查、卽如於一千六百年間、在倫敦鍼偏東四度半、厥後六十年、鍼指正北、以後復漸漸偏西、迨至一千八百十八年間、偏西竟至二十四度、從此以後、漸漸復原、由是觀之、地球之電極、由漸遷移、周而復始、往

還一次約計四百餘載，且定北鍼尙有每日之改移，從朝至暮夏日差至十九分，冬日差至七分，因隨天氣之冷熱，不過所改在微渺之閒耳，然必須細心體察也。航海舟楫惟恃此鍼爲眼目鄉導，某處險阻，某處島嶼，儻差之毫釐，斯謬之千里，闔船生命寄託此鍼，可不謹歟。

無極鍼

問無極鍼何物。

答兩頭相同之磁鐵是也，兩頭旣同，便不分南北，故名無極。或以磁鐵二条顚倒併爲一条，或以二条顚倒居中安一横梁懸之，均不能指南北矣。夫他鍼欲其

指北，而是鍼獨不然者，用之以試各物咸受磁氣之多寡也。見七十七圖

航海羅盤

二十四 問海舟所用之羅盤何如。

答以圓式之盤，中懸指北鐵鍼，上加玻璃罩，復有水杯與遠鏡俱懸於架，斯舟雖搖動而盤自平穩矣。見七十六圖

卷四電學中章後附論磁氣凡二十四問，連前共六十四問

第四卷電學

下章論電報

一 問濕電之用何爲最大。

答通音信也，故名千里信，又名法通綫，又名電報。

問能通信於幾許之遠。

答可通於千萬里之遙，惟需千萬里長之銅絲鐵綫以爲電路，方能達到。

通信極速

問通信遠處需時幾何。

答旣稱電報，係以之爲號，迅如疾雷，雖路有遠近，無或後先遲早之可分也。惟路若極遠，須分數節以次遞

傳，均用機關，未免稍需時刻，然雖萬里迢迢，當日可得回信也。

電之疾徐

問電氣運行疾徐何如。

答乾電濕電或有快慢之殊，實難論定，惟電之透過各物則有疾徐之不同，因物之於電莫不有阻滯，然亦有阻滯多寡之分，即如電過銅絲較鐵絲快多矣。過鐵絲有於一秒內行至二萬洋里者，過銅絲有於一秒內行至二十八萬洋里者，較光行尤速也。

試驗之法

五 問電行如此之疾何法試驗。

答英國惠子敦思得一法，以數百里之電綫於去路回

路之間各留空隙令電光過此發見以便考查無如千里之遙其往返甚速似一齊發光然有非目力之所能辨其先後者遂以大鏡平置於電綫空隙之下電光過時返照於上上懸平板若輪令其轉運極速看二光之方向即可度其先後所差之分度矣蓋將一秒分作百小分設若二光先後祇差一小分目視斷不能辨假令大輪外廓於一秒內能轉一百丈則是每丈佔一小分二光之相差必係一丈其疾徐由此可算矣此將極短之時刻使之放長以便從容稽核也

放炮擊鐘爲號　印字寫學通言

問電報通信亦如放砲爲號否

答非也以電放砲或爲信號或發地雷上章言之矣至於通信或使擊鐘以敲數達意若空谷傳聲然或此處指字即由彼處顯出藉字傳言儼如晤對或此處隨意寫畫彼處筆跡相符悉由各式機關運用精巧下文歷歷詳之

問電報何處用之

答邇來西土各國均有之也一國之中各城各鎮俱設鐵綫電路四通八達分布經緯故無論遠近隨時可通音信

爲益極大

問電報通信何益

答或遇盜潛逃通信各方可以迅速緝獲或海口驟起颶風通知各口以便先期預防軍令傳於遠方能於速秘如城邑被困寄信神速隨時救護不至失陷既有電報通信復以火輪載兵雖窵遠若附近遍國如一家保國安民爲益綦大格物爲治平之本不其然哉至若上諭邸報播諸遠方即處邊隅如居輦轂之下矣

因漸而興

問電報始於何時

答非由一人非出一時遂致若是之精巧也係各國多

士歷有年所探賾索隱考究而得之先是電氣之引於金類知之者衆矣美國富氏因而創造防雷鐵時在中國乾隆間各國學士由是奮發研究電學思以電爲號此電報之昉也

電力八種

十

問以電爲號何如

答其法不一意電能發光因以之爲號電能發熱因以之爲號電能化物變色因以之爲號電能震人因以之爲號電能蓄瓶因以之爲號電能吸驅輕物因以之爲號電能感動指南鍼因以之爲號電能吸鐵因以之爲號電有八力生出八法無不可爲號者然亦

電報八法

初與多弊

分優劣焉
問以上八法創作者何如
答初造時雖不甚精可畧述以爲證足見西土各國之士研究電性創造電報用心艮苦矣如一千七百七十四年間法國里氏以電能吸驪鐙草因以爲號閱十三載碑丹氏以電蓄於瓶因以爲號閱七載布國來兹以電能發光因以爲號復有𤰞氏者以電發熱能煨紅白金細絲因以之燒紙成點成畫以爲號一千八百有九年日爾曼人索馬凌以電能化水因而變化字母閱十一年法國安氏以電能感動指南鍼因以爲號荷蘭底喜爾以電能震人因以爲號閱十六載美國賢禮氏以二電路相聯其力加倍因使運鎚擊鐘爲號閱一歲英國惠子敦者復以磁鐵運鍼指字美國莫爾斯亦以磁鐵畫直徧字嗣有意大利人嘎色利者因電能變色創造電報於遠處描畫寫字
問以上諸法中多有用之不久者何也
答或因通信極慢或因窮於變化或因糜費材料難以通遠即如來兹以電發光而爲電報法以錫屑粘於玻片而作字母須二十五塊且有數目字樣十塊共

漸用漸精

其力由吸鐵

需電綫三十五条以通之電過某綫即顯某字因在暗室字㦯電光顯而易見惟銅絲多而費用繁不易爲也索馬凌以電化水見字之法亦需電綫若干安氏用綫至六十条之多至底喜爾以電震人爲號需綫十条以十指各按其一此處某綫放電彼處某指便覺微震以數定字藉以通言諸法因未盡善故難垂久遠惠子敦初造電報不過用綫五条厥後日爾曼人高斯設法祗用綫二条爲往返之路嗣有石氏者惟用一条其回路之綫可免較之若干綫去必須若干綫回節省多多矣以後惠氏莫氏等立法最精由是通行其法旣省且速故至今遵之
問電綫惟用一条能辨許多字樣何解
答先是精化學者數家究得一法以電造磁鐵雖由一綫微傳電氣能令磁鐵有極大之吸力惠莫等旋因此法以電運行梔鍼鐵筆多字由是化出
問電造磁鐵運行梔鍼鐵筆其理何解
答磁石之吸鐵盡人而知之矣然以鍼近之第能吸而不能放也至以電造之磁鐵則能吸起放下隨意指揮運用如臂指故電報之妙用悉由一吸一放而生猶夫蒸氣機之運行由於一漲一縮耳見七十八圖

十五

問磁鐵何以旋吸旋放也

答以銅絲作螺絲圈使電過之便能吸鐵上文已言之矣鐵条置圈中藉氣吸鐵電通即有力電止則失力電路通塞皆由乎人於此而啟閉之則彼頭亦如是開合也加以巧妙機關遂能製成各用蓋此感而彼應不啻音響之傳聞矣

電報磁鐵

問電報磁鐵何式

答以至純熟鐵造成灣形如馬掌之式或製二柱下聯横鐵柱上以絲綫裹成之銅絲纏繞電路乃通惟柱鐵若稍有攙雜則類乎磁石祗能吸而不易放也上

有横条似無齒鐵鈀鈀頭離柱首不遠鈀柄彼頭下聯繞絲鐵条能於伸縮電路通則磁鐵將鈀頭吸住其柄仰電路閉則磁鐵將鈀頭放離因彼頭之鐵条下縮其柄俯如此隨電路之啟閉以爲俯仰其勢便活矣二柱横卧者亦有之理相同也見七十九圖

電鑰

問啟閉電路以何式機關

答有物名電鑰專司啟閉也以銅爲之狀類如意其柄中間下聯銅釘係電之來路復露釘頭於端頸之下係電之去路與電路之首可離可合鑰柄托以輭条能於伸縮以指按其柄則銅釘與電路合移指則鑰柄被輭条托起與電路離矣電路之通塞既賴電鑰則彼頭之吸放全靠此物轄之至彼頭無論擊鍾寫畫長短疾徐任我所爲也見八十二圖

副磁鐵

問副磁鐵何用

答其式與正磁鐵無異因電氣之力漸遠漸衰至於數百里數千里之遥即不足以運行機關矣故在彼更設磁鐵副之另需電池電路迨此處電氣達到即有輕巧機關使通於副電路致副磁鐵有力以運動各機也美國國學總管賢禮氏創作此法於中國道光十六年間以之遠處擊鐘爲號又莫爾斯用此於遠

方畫直寫字見八十一圖

畫直機式

問莫爾斯以電畫直其機式何如

答副磁鐵上之横梁通有銅柄可以俯仰彼頭豎有鐵筆電路通則横梁被吸銅柄上仰筆按於紙上因紙行動故畫成一直電路閉則横梁被放銅柄下俯筆即離紙矣至畫之長短任意爲之由長短以辨字母由字母以編語言遂通音信其紙条上有輪軸捲舒甚捷故用之靡窮日爾曼石氏先造一法與此相類惟用墨水滴於紙上恒有模糊之弊不如鐵筆之善見前圖

三十問似此畫字傳言恐難甚速

答極速也與人手寫字無異如久久習慣不必書於紙也即聽鐵梁傳響如聞其聲便解其語不啻覿面交談矣並可以筆照錄之

印字機式

問以電報印字其法何如

答其法不一而美國郝氏之法甚便以櫃若洋琴然中有銅絲若干上聯字母下接電路其上復有活字印板中藏字母與電路相通如此處將某字一按則彼頭活字應機而出印跡於紙可由字而傳言矣往返皆然且能便捷有一時之久傳至五千言者郝氏於

道光二十年起二十六年止專功於此者六載其機始成見八十三圖

寫字機式

問以電報寫字其法何如

答近有意大利人嘎色利者創得一法以電報達於遠方作字法以藥水浸透之白紙電氣過之登時變色兩頭各有銅板爲几上有鐵筆一齊運行此頭以筆作某字形彼頭之筆如之因紙上敷藥電氣過之而變色字形顯露矣邇來在法國有人以此法於遠處立約畫押以爲信據者不必遠勞跋涉也愚按此法用於中國最妙因西國二十六字母有難爲中國之文字者有此則無字不傳矣嘎氏此法與上章以電化物變色同理惟另設巧機使能畫黑字耳

指字機式

問以電報指字其法何如

答畧如羅盤之式周遭寫以字數均有活機盤心復設鐵鍼電路通鐵鍼運行不已電路閉鐵鍼立時止住如此處將某字活機一按則彼處盤鍼便指定某字不動蓋電路於此處忽絕故也此物可以之傳字切音編成中國言語以通信報見八十四圖

不可少者有五

問電報機式不一所不可少者何也

答電池以生電也電路以通電也電鑰以開合其路也

磁鐵以運其機也副磁鐵以助其力也五者皆備而電報乃成

申論電池電路

三十五問何式電池合用

答有用但氏者有用葛氏者詳見上章蓋合玻筩二金二水爲一具應用電池若干具視其路之長短送信之遠近以爲則無論數具或數十具以銅絲聯之一處即爲一電池也電路雖長其正電池不過一處惟中途有接信之處若驛站然該處設有電機必有副電池以濟之故電路若長其中節節設駆應需副池不少矣

池有正副

路有來回

問何式電路合用

答自電池之白金起至遠處復回至白鉛止皆電路也蓋此二金乃二極也去路自陽極回路歸陰極電始運行儻以回路之電綫移於白金之陽極則不運行矣遠去之路須以銅鐵絲作成電路至回路無論多遠不必用綫自能於地中而回也

地爲回路

問以地爲回路何解

答初造電報時不知地中自有回路無論遠近俱以雙条電綫爲往返之路嗣有石氏者思藉火車鐵道以爲電路屢試不驗究其弊悉因鐵道近地電氣入地

而散之故也因思電氣既喜入地地卽通電於是以此頭陽極與彼頭陰極皆埋於地試之頗效由此費用節省多矣迄今用之者均係單綫電路也惟兩頭電綫須聯銅片而埋地宜深必達於潮濕之處方驗蓋濕能引電也

銅絲鐵絲用爲電綫

問應用何等電綫

答以引電而論鐵不如銅故以先皆用銅絲惟以銅爲極長之路其費較多其質脆而易於折壞今之陸路電報其長路盡以鐵絲爲之厚約二分外敷以漆所以禦潮濕而防銹壞至電報信局之室內仍以銅絲與外之鐵絲相接因銅絲可用細小圈繞移動甚便且室中所用無幾不必較其値也

防電氣散漫

問電路中恐電氣散漫何以防之

答房中銅絲或纏以絲綫或纏棉綫以蠟裹之或包以樹膠至室外鐵絲敷之以漆原防銹壞亦可防電之散漫更將鐵絲懸於木柱勝地中多矣因天氣乾時不引電也惟鐵絲接木之處須隔以玻璃方妥然雖如此小心防備陰雨連綿仍是散漫以鐵絲盡濕濕能引電也故落雨時於較近處節節通信極遠之所未易達到甚而至於近處亦有時難通者

防雷電入室

問遇雷電與電報有礙否

答常有患也輕則損壞機器重則震動傷人蓋鐵絲在外遇雷電斯引入室矣雖震斃者少亦不得不預爲之備若陡見室內電機動勢改常便知雷電將引入矣急以細絹套手摘下房內銅絲電綫使於戶外鐵絲接聯遣而散之可保其不入室矣更有防雷鐵可用法以鐵条托於電綫之下中隔以紙下通於地若通信之電不能透紙也如遇雷電便能破紙隨鐵而入於地矣

海底通信

問電報之路遇有江海何法濟之

海底電纜

英美二國海底通信

答、江河狹處、隨橋梁以濟之、若洋海遼濶、須沉電綫於海底以通之、惟鐵絲之外、加以錫皮、以防水浸電散、或包樹槳亦可、此種樹槳由南海覓得、其樹極多、而流溢之槳凝結堅若牛皮、又如錫之可以融化、水不能透、電不能過、永不朽壞散爛、易得而値賤、遂以之包裹鐵絲、爲水底電路、英法相隔之所、海面一百餘里、即以此法、於海底通信、意大利距埃及二千餘里、中途有數處海島、遂以此法、由數島直達埃及紅海南口、距印度二千餘里、亦由海底電報通信焉、

問、海底電報其式何如、

答、陸路不過單條鐵綫耳、用於海底、則需數條以至於十數條編成巨纜、即名電纜、陸路不用銅絲、海底用之、間於鐵絲之中、取其通電較易、至堅固則有鐵絲衛之也、有用一條銅絲者、有用數條銅絲者、蓋電纜雖一、中間若干銅絲、即可於同時通若干信報也、惟各條銅絲單包樹槳方合用、至電纜通身有包以錫者、有包樹槳者、欲長久堅固、須較粗大、然其費甚鉅也、見八十五八十六圖

問、邇來英美二國海底通信、其事何如、

答、二國相距約萬里、大洋迤北畧狹、中有二島、一在東

萬里長纜三修始成

名阿爾蘭、一在西名牛芬蘭、又名新著、二島相距五千餘里、洋海之淵深不下數十里、若以鐵絲電路沉之、勢必折斷、因美國有人曾於大洋中查探淺深、知北邊一帶水勢較淺、深不過二三里、遂於咸豐八年沉以電纜、首報即謝上帝默佑之恩、蓋如此難爲之舉、而竟成功、豈人力所能爲哉、二報兩國君主、以禮修問、迨通信時、第一信即英法於天津海口與中國修好立約之事、惜哉通信不過月餘、電纜遽壞、如此大用如此鉅款、成功匪易、而一旦摧殘、豈巧奪天工、竟爲造物之忌耶、

問、若大電路廢棄、二國甘心否、

答、未已也、曾經一月之用、遂謂此法頗效、惟須電纜製之極精、以防損壞之弊、爰是重修電纜、較前精益求精、不惜鉅款、於同治四年告成、以電纜載於巨舟沉之、先是數年前英人以鐵製造火輪巨舟、長六十丈、空船喫水約三丈五尺、嗣因體巨而用繁、遂等諸廢棄、姑置之、際茲萬里電纜、非他舟所勝、此舟載重而穩、故用之、盛纜若天預爲之備者、大洋之中、若能遙望巨舟沉纜之景、意者類蜘蛛之吐絲歟、誠奇觀大觀也、不料舟駛中流、纜忽中斷、而海底已沉之纜百

般打撈不起吁洵敗興哉返棹而回

海底斷纜失而復得

三十五 問事又敗於垂成二國之士由此灰心否

答前失全局尚無退志此猶得半何遽灰心遂悉心探討察知其弊由於放纜之機關重復修整並添造失去之纜功及一年迨同治五年孟夏風平浪靜之候於是再行出洋放纜此次機關靈巧便捷異常每日隨行隨放至三四百里之遙於中途駛行之際時由電報寄信而回蓋電纜雖屈盤於舟電氣之運行無異也迨第十四日抵牛芬蘭島而大功告成二國仍舊通聲氣焉由是言旋及至大洋於上年失纜之所

擬設法覓之爰考其度數之定所未旬日間將舊纜勾起與舟中所備之餘纜相接放至海底且行且放復抵牛芬蘭又成一電路矣試思茫茫大澤以萬里長之巨纜而沉溺之幸無危險阻碍洵屬難得能於海洋既失之物詳其地勢而旋得之尤屬難之又難者矣夫以格物之士窮究有年始獲電學之妙法而二國之衆竟能恆心銳志不惜重帑務底於成可謂任重而道遠矣亦可知凡天之挫而抑之者正其勉而堅之者也

一纜未足

問海底電報西洋止此一處足用否

東洋電路

答未已也國事既繁而商民之事尤衆豈電纜二具之所能勝哉惟恃一處通信司其事者居奇專擅斯信費必昂二國偶或失和或一國有故電報有阻中止不獨本國不利即東西二半球之各國胥受其害又兼西人因見司電報者獲利甚鉅亦欲效之邇來會議另設電路由美國南方過大西洋直達法國復由美國西疆過大東洋直達俄國通法國之海底電纜與上文相類茲不復贅至通俄國之電路較長越地較多且近中國疆域須詳述之先是十餘年前有擬爲此舉者適值英美海底電纜中斷意大洋過深之

故耳復思大東洋雖濶處有寬至三萬里者然未有西洋之深且俄美之間洋面有較狹處所中有小島數十節節接聯此舉似屬可行乃因地近北方天氣嚴寒居民寥落擬於中途隨地設兵司衛其事道由美國金山口迤北越美國三省英國一省俄國一省計陸路四千餘里西入於海歷各島達黑龍江口約水程萬餘里於黑龍江岸達卡克圖復計陸路二千餘里迨二國西洋電纜重修妥協此舉中止

前則暫停繼又復行

復思地遠事繁不如多加一路電報之可恃也遂復鼓興重修約數載之間可以告藏若使電路分岔達至中國

電報鉅欵公帑民捐

電報四奇空中電見以之通信

電報奇迹先時可知

則二半球無論何國均可於當日通信往返也
問電報之造於西國其鉅款何出
答國家將有事於某地發帑造纜軍行之時隨行隨放
以便中途奏報君主又便於將帥傳令故軍至某處
則電報立時可通復有出商民立會公議捐資而成
者至海底之電纜雖經費浩繁亦出商民之捐辦因
與國有裨二國主亦贊助焉至電報所通之信設官
監查於公事無碍較郵驛傳書費用節省無算矣
問電報最奇之處何如
答其一係能用自然之電氣通信也每際冬令北方曉

時電氣於空中發見較多遇電綫輒隨之而行於電
池所蓄之濕電有阻且因兩路電氣其機便亂故向
來北方曉之時電報必暫停止因思空際之電既能
有害定能有利蓋逆之而爲我阻順之而必爲我用
也爰屏電池之濕電專用空中之電試之頗驗後每
值北方曉恒以之通信焉北方之忽曉也昔人偶見
羣驚駭異乃今人因以爲用洵屬奇談
問其二何也
答瞬息之間通信遐方已不可測矣不知尤有先時可
得信者卽如此處某日午刻有何事故彼處於是日

滴水生電通信海涯

萬里取火

辰刻卽能得信先知此事之最奇者然確有實理可
據也卽如由東以電報通信於西均能如是設由西
而東得信反覺稍遲以地球東旋向日之故耳
四十 問其三何也
答傳信於極遠需電甚多始能運行晝字之機關也不
知雖極少之電亦能遠達美國賢禮氏於道光十年
間以硝強水一滴如珠爲電池復以銅鉛二鍼尖浸
入上通電綫達於數十丈之外由地而回能感指南
鍼使之動也邇來有人以有底之戒指圈盛滿強水
作爲電池由海底電纜通信於英國

四十一 問其四何也
答電過海底於彼岸生火也海底電纜大工甫成有英
國富翁至報局詢之曰若由彼處電來極多令火星
發見需値幾何司事者以六百金對翁頷之少頃火
星顯見翁以煙管對火吸之果能然著遂解囊付値
而去夫以管煙吸火其値似鉅然取火於萬里之外
路經海底頃刻頓然雖竭府庫之貲恐難辦此也

卷四電學下章凡四十一問三章共一百八十一問

附電學雜問

一 問電學何自而作、

問乾電以何法蓄之使可震人、

問電分乾溼何謂、

問電分陰陽何謂、

五 問電氣二說何如、

問機器之電與雲雷之電相類何以知之、

問生物體中有電何以見之、

問偶遇迅雷何法防之、

問溼電漸興從何創始、

十 問電堆電池各種何如、

問以電分水鎔金各法何如、

問溼電與乾電相類何以知之、

問電報漸興從何創始、

問昔人有急務設法速報遠信皆不如電報何也、

十五 問電報各種何如、

問中國若用電報以何機爲便、

問指南針何物何用自何而創、

十八 問磁石之氣與電氣相類何以辨之、

電學雜問凡十八則

国家出版基金项目
NATIONAL PUBLICATION FOUNDATION

海上絲綢之路文獻集成

總主編　陳支平　陳春聲

民間譜牒編　2

主編　林楓

海峽出版發行集團
THE STRAITS PUBLISHING & DISTRIBUTING GROUP
福建人民出版社

本册目次

〔福建華安〕碧溪楊氏家譜十卷（卷五至卷一〇）

〔清〕楊一士纂修

碧溪楊氏家譜卷第五

墳山

山川之廣狹關家族之隆替　十五公肇基山川區域廓乎翔已元季逃亂分散致多遺失迄明之中坂復殆盡沿及　國朝甲寅之後族以不競為隣制佔雍正初隣愈橫佔彌甚鳩衆較阻械鬭傷命雖部斷歸還而山皆屬我園多屬彼園日闢山日削可憐山上無邊冢半盡強橫鋤掘中是皆不肖孫子私墾献賣致滋影藉混侵迄今献者絕矣墾者復生廓清未逮禁止莫何觸目傷心祇增忉怛有志之士計圖波復以保　先塋嚴加約束以杜献賣　祖宗佑之永昌厥後有必然者誌墳山

寨山在碧溪之北距社二里許由塗門巷東峽而起頂上寬平元初　先人於此築寨避難遺址尚存俗呼金城圍東與扶搖楊私山接連憑寨墻基為界西一面直下至田南一面俗呼流井橋山南折西下挺

碧溪

為獅形山北迤而西為洪坑嶺東一峡過陳道山圍內有园一帶給
佃浦美唐葉圍下有园一片給佃玉蘭坂黄豹内埜
國資公坟（甲庚）　源泉公曁妣黄氏附男福公壽公坟（甲圍庚內）　新陽公曁
妣馬氏坟（甲圍庚內）　振公妣林氏坟（卯酉）繼妣陳氏坟（卯圍酉內）　潮公曁妣吴氏
坟（辛圍乙內）　鑛公妣趙氏坟（甲庚）　學公妣戴氏坟（甲庚）　挺公坟（卯酉）　在公
坟（甲庚）　禹公坟　崔公坟（甲庚）　晚公妣潘氏坟（卯酉）　升公妣陳氏
坟（甲庚）　崇公妣林氏坟（卯酉）　富公坟（甲庚）　聘公坟（艮坤）　鵬公坟（辰戌）
儒公坟（甲庚）　族公妣方氏坟（乙辛）　標公妣張氏坟（卯酉）　普公坟（甲庚）
乾公坟（乙辛）　北公妣姚氏坟（改遷）　莘公妣宗氏坟（甲庚）　載公妣張氏
坟（癸丁）　認公妣張氏坟（卯酉）　偶公妣陳氏坟（乙辛）　鵬公妣馮氏坟（卯酉）
甲公妣宗氏坟（丙壬）　創公繼妣戴氏坟（午子）　塲公坟（卯酉）　明公坟（卯酉）
渊公坟（卯酉）　朋公坟　令公坟　逌公坟　鏡公坟妃
錦公坟（午子）　院公妣張氏坟（乙辛）　向公坟（甲庚）妣詹氏坟（甲庚）　梁公坟

五十二

武二妣宗氏坟乙辛　標公坟乙辛　卿公坟卯酉　茅公坟卯酉　溪公妣
梁氏坟卯酉　濟公坟申圍寅內　柳公妣宗氏坟卯酉　異公妣鍾氏坟癸丁
華公妣李氏坟卯酉　習公妣宗氏坟丁癸　會公坟甲庚　侃公繼妣林
氏坟甲庚　飽公坟甲庚

流井橋山即寨山南面下有橋名曰流井俗因以名山左隣扶搖楊祖山
以劈裂大石及分水山溝為界右連獅形山陽一分水溝正面直下
至田上有節菴公嘗园四坵雍正間有塋鄉裔孫私行給責隣社黃
珩致令混墾坵数不等後又有黃比籍買扶搖山地越界強墾左邊
一片盡為所佔族兄振基出控縣主吳諱宜爕堂訊斷還未還黃比
黃千擬責未責案懸十有餘載竟無如何恨哉內塟
都公妣宗氏暨婦節孝趙氏坟一首乾巽定公妣鍾氏坟一首乾巽

甚公坟一首壬丙
獅形山即寨山南折西下之山旧名坛頭緣節齋公墳號獅形以後遂呼
獅形山而坛頭之名移于應坑之東矣山分三面南北西直下至田
右折而南低伏平窊為獅毬帶下挺員峰迴抱為獅毬山祖墓右上
向南有园一片亦佃唐葉耕作内瘞
節齋公暨妣蔡氏坟艮坤　綬公坟祖墓側　儘公暨妣林氏坟艮坤　彌公
坟　璞公坟庚申　實卿公坟亥巳　七慶公妣鄭氏丑未　冲卿公妣袁
氏節齋公墓右邊艮坤　瑩卿公副妣嚴氏午子　球公妣黃氏坟乾巽　蓋夫公暨
妣張氏坟乾巽　東陽公坟　東陽公妣張氏坟壬丙　時雍公坟丙壬
熥公坟亥巳　潔公坟甲庚　推公妣戴氏艮坤　宗公妣尹氏卯酉　福公
妣黃氏甲庚　雲起公妣黃氏坟甲庚　良公坟丙壬　文英公坟癸丁
超公暨妣王氏坟艮坤　鞏公坟山下近田巽乾　樵公妣陳氏坟丑未　專公坟午子

茂璟公坟巳亥　眉叔公坟　潤公妣林氏坟庚甲　騁公妣李氏坟丙壬

寶公坟寅申　灼公坟癸丁　浮公坟癸丁　鐘公坟午子　章公坟乙辛　洞

公坟午子　苗公妣姚氏　芬公妣吳氏午子　雍公妣林氏坟　○郎

公坟艮坤　淵公妣黃氏坟乾巽　海公繼妣黃氏坟巳亥　臨公坟　貽

公坟巽乾　麗公妣蔡氏坟　丁公坟亥巳　渺公妣鄭氏坟子午　傑公

坟丙壬　隱公坟巳亥

洪坑嶺即寨山右支迤北而西東一峽開三面復東過陳道山社龍東脈處也峽為南北往来要道高而崎故石[illegible]峽之間有亭焉今廢南北俱下至田西一帶與陳道山分流水山溝為界西北面一帶墾园給佃后塘趙強興南面近田墾园俱佃唐葉公内塋

澤卿公暨妣吳氏坟癸丁　球公坟甲庚　正藹公妣李氏寅申　啟明公

暨妣魏氏坟辛乙 汝韜公坟辛乙 碧津公暨妣陳氏坟丙壬 君伯公
妣陳氏坟未丑 廷金公坟丙壬 廷昌公妣張氏庚甲 烇公坟辛乙
招公妣柯氏坟丙壬 楚公坟癸丁 妣嚴氏坟申寅 會樞公坟丁癸 壬公妣
林氏坟坤艮 丁公妣謝氏坟酉卯 玨公坟丁癸 雲起公坟未丑
永公坟 遠公妣鍾氏坟卯酉 八公妣 氏坟辰戌 妙公妣譚氏
坟子午 統公坟丁癸 樵公坟酉卯 拔公坟酉卯 巧公坟酉卯 蔡公坟
酉卯 記公妣林氏坟丑未 謨公暨妣盧氏坟丙壬 邊公妣方氏坟
基公妣王氏坟申寅 有公妣李氏坟巳亥 愷公坟申寅 妣林氏坟巽乾
審公妣宋氏坟戌辰 準公妣鍾氏坟巳亥 元公坟巽乾 眼公坟丁癸
貴公坟 倦公坟午子 岳公坟乾巽 才公繼妣呂氏巽乾 壽公妣林
氏坟乾巽 八公坟巽乾 迎公妣 氏坟 天錫公妣鄭氏坟巽乾 溫
公坟巽乾 嚴公坟坤艮 妣趙氏坟丙壬 課公妣薛氏坟丑未 純公坟庚甲
照公妣黃氏坟坤艮 殿公坟丁癸 角公妣陳氏坟丁癸 亢公坟丙壬

五十八號

奎公坟丁癸　琛公坟丁癸　潭公妣林氏庚甲　威公坟巳亥　登公坟坤艮
榔公妣戴氏坟戌辰　公議公坟壬丙　妣鄭氏壬丙　繼妣許氏　塋與公議合　〇禹
公妣盧氏坟坤艮　講公坟子午　邊公坟亥巳　妣方氏坟　敦公坟
奄公坟申寅　純公妣顏氏坟庚甲　武二公坟亥巳　英公坟午子　拔公
坟壬丙　德公坟庚甲　博公妣林氏坟丑未　錫公坟巽乾　角公坟丁癸
衍公坟壬丙　舣公坟巳亥　敎公坟戌辰　政公妣郭氏坟巳亥　巷公坟
壬丙　勅公坟巳亥　砥公坟酉卯　秉公坟　研公坟辛乙　砄公坟壬丙
每公坟壬丙　脉公坟辰戌　強公坟巽乾　景公坟寅申　郭公妣趙氏坟
子午　榔公坟丙壬　習公坟巳亥　侃公妣何氏坟卯酉

獅毬山從獅形山右折而下一跌聳起迴抱獅形祖墳護虎過崙之峽員
如毬因名焉上接獅形山低而狭號獅毬帶周圍俱下至田内塋

楊氏宗譜　卷之

國圭公暨男冲卿公坟丙壬　廷金公妣郭氏坟艮坤　已公坟在鄉毬蒂
壬公坟坤艮　次公妣張氏坟　諧公坟　鶚公坟申寅　香公妣黃氏
坟壬丙　琴公坟壬丙○聳公坟午子　苗公坟戌辰　坦公坟艮坤　別公妣
黃氏坟寅申　存公坟坤艮

石鼓山由陳道山虎過崙東而起高秀奇特為社主山其上大石磊磊方
員有態右一支低而下為尹壠山左一支東而過為應坑山皆以護
衛社龍也周圍旱园坵數不等山之存未有一半北與浦美族人隣
界頂上平坦之處及西面墾园四小坵立字歸還給佃坑內張宗耕
作納稅四坵之下有园之一坵典自張宗付其自耕南面近湖向東有
园二坵小而長附黃园之下翠卿公派權生所墾也左邊東峽過應
坑處旧屬石鼓俗呼御母腰內有墾园三坵本社楊果所佃耕也其
餘之园西一帶至滿床牙笏祖墳邊南一帶至杉仔山巷皆非我掌

蓋甲寅以後族弱隣強或献或佔石鼓與尹壠二山尤甚收復方員
予日望之矣内窆　守卿公妣馬氏坟亥巳　参公妣郭氏坟乾巽
笏臣公暨一男尭公坟辛乙　文喬公妣薛氏坟子午
秋公妣童氏坟壬丙　逺公坟亥巳○創公坟未丑

尹壠山一名橡林石鼓山之右支也上連石鼓山西與浦美楊張二家分
界東南兩面直下至田是山旱园過半　国初族人式微或献或侶
园俱仇有侵掘至　十五公墳邊連及埕下乾隆初向清定界立礚
為據左肩之上存有园一小垃原佃坑内張嵒耕作餘园多未收復
南一面為尹壠口明季　文侃公一派孫子聚族于此今廢為园為
坟歷掌無異然亦半為仇所掌矣可若何内窆
碧溪肇基祖十五公暨妣宜人蔡氏坟庚甲　廸功郎敏永公坟乾巽
璺公坟　嚴卿公妣葉氏坟癸丁　俯卿公妣林氏坟子午　明夫公坟子午
一諒公暨妣李氏坟在平埔癸丁　援肖公妣林氏坟祖墓下辛乙　碩公坟子午

京公坟乙辛妣許氏巽乾　已公妣戴氏崑嵩　閑公妣張氏坟辛乙　德公
坟亥巳　幼公妣蔡氏康坟下子午　○樞公妣盧氏坟乾巽　種公坟戌辰　攘公
坟壬丙　光公坟酉卯　旋公坟亥巳　台公坟癸丁　悦公坟辰戌　牛公妣
王氏坟乙辛　威公妣黃氏坟子午

應坑山石鼓左支山也分山南為應坑山北為獅母應坑之東斜而曲為
獅母山右拒俗呼坛頭山周圍俱下至田内有黃姓之园比来族人
漸次收復有易畫之机焉内塋　國珪公妣吳氏坟戌辰
國資公妣陳氏坟戌辰　三慶公坟　瑩卿公副妣劉氏暨男光塘坟乾巽
珪公坟　朝銓公妣鄒氏坟坤艮　烷公坟坤艮妣潘氏坟坤艮　覞公坟壬丙
賽公妣陳氏坟申寅　及予公妣蕭氏坟戌辰　戊公妣李氏坟巳亥
維範公坟癸丁　甲公坟壬丙　癸公坟丙壬　仁公坟申寅　團公坟亥巳

六十

都公坟丙壬　縄瑞公妣黄氏坟丁癸　洽公坟卯酉　高公坟甲庚　文七
公坟　煖公坟艮坤　壮公継妣林氏坟　薊山先室吳氏坟丁癸
○昆公妣盧氏坟艮坤　北公坟巽乾

坛頭山即應坑東面其麓曲而北為獅母山右拒下有石橋曰坛頭因以
名山周圍俱下至田内塋　文侃公坟乙辛　明夫公継妣王氏
坟艮坤　惜公妣李氏坟巽乾　都公妣陳氏坟壬丙　参公坟甲上丁癸
魁公坟巽乾　海公妣黄氏坟乙辛　白公妣羅氏坟　賑公妣何氏坟辰戌
和公坟寅申　創公妣王氏坟巳亥　課公坟在頂上丁癸　○碩公坟甲庚　海公
坟甲庚　政公坟

獅母山由石鼓山東峡而起與應坑山同脳異面東峡処原属石鼓山界
今俗呼獅母腰〻之南狭而窄為山溝中有　節庵公嘗固一片腰

之北寬而濶新墾有園一片坵数不等現未成業東北西三面俱下
至田内塋　貢卿公暨妣林氏附男顯宗坟丁癸　濶卿公繼妣林
氏坟丁癸　一讓公暨妣陳氏坟酉卯　鎾公坟乾巽　次公坟坤艮　世榮
公繼妣王氏庚甲　仰嵐公繼妣林氏坟丁癸　恩沾公坟申寅　鍋公妣
張氏坟坤艮　文盛公坟丁癸　興公坟巽乾　諸公妣林氏坟丙壬　結公
坟甲乾未丑　基公坟未丑　白公坟丁癸　衆公坟庚甲　文旭公
暨妣薛氏坟坤艮　繩茂公坟庚甲　篆公坟申寅　眉叔繼妣温氏申寅　武公
妣盧氏午子　相公坟坤艮　坤公坟　異公坟　□壽公坟巳亥　保公
坟酉卯　出公先室黄氏坟申寅　雁公坟　奪公坟巽乾　歎公坟　樞
公坟坤艮　泰公坟子午　皇公坟壬丙　言公妣林氏坟辰戌　象公坟
時公坟　路公先室康氏坟坤艮　寧公坟坤艮　芬公坟未丑　茅公繼
妣林氏坟丁癸　泰公先室黄氏坟未丑　盧公妣王氏坟未丑

三台山由石鼓山東峽而起三峯並峙為社主山中峯特聳俗呼杉仔山低而入右轉廻顧社建其中山北一帶族人種使所鑿龍脉崩壞議補未補山南一帶族段擴等所鑿秀氣剝盡禁止弗止今則泊的公税以防盜賣而闔族命脉悉係亦山不可姑聽有志之士宜急起而共維持爲内壅

佾卿公坟辛乙　守卿公坟坤艮　廷昌公維妣陳氏坟丁癸

龍坎公妣鄭氏坟癸丁　賽公坟甲庚　君初公暨妣許氏癸丁　鳳公

鋌公暨妣林氏坟巳亥　鉉公坟巳亥　康公坟子午　妙公坟丙壬

妣張氏巽乾　湘公坟巳亥　雍公坟丙壬　秀公坟丁癸　妣劉氏坟丙壬

飛公坟巽乾　卣公坟卯酉　雜公妣鍾氏坟巽乾　管公妣陳氏坟壬丙

督公坟亥巳　爍公妣黄氏坟巳亥　萬公坟　營公坟癸丁　封公坟卯酉

段公妣吕氏坟午子　快公坟辰戌　水公妣郭氏坟巽乾　郎公妣王氏

坟甲庚　振公妣周氏坟辰戌　榜公坟巽乾　聽公坟乾巽　朗公坟庚甲

仕公坟酉卯　養公坟丑未　栢公坟丑未　欽公妣吴氏坟寅申　段公坟丑未

劉公坟　達公坟巳亥　娥公坟　逸公坟辰戌　閏公坟巽乾　汝公
坟辛乙　賤公坟丁癸　柿公坟子午　狗公先室王氏坟巳亥　化公坟甲庚
冉公坟乙辛

新倉林山在杉仔山之右寬而平象為大金頂上一石高而員旧名石鼓
文儼祖于山之麓築倉建屋後遂呼為新倉林而以石鼓為仙石左
連杉仔山周圍俱下至田　文儼公墳下有嘗园四坵雍正間族衆
給賣簡軒公派士志公批約不許变賣他姓妄掘傷祖續復鳩衆結
約不許就山埊墓壑囯傷害祖墳後之人宜知所凛為內埊
文儼公暨妣陳氏坟丑未　簡軒公暨妣林氏附男国清公坟子午
国玉公坟癸丁　国美公坟暨妣黃氏丑未　国貴公坟丑未　鏇公坟甲庚
葛公坟辰戌　○虎公坟酉卯　劉公繼妣　氏丙壬　鎮公暨妣趙氏坟乙辛
牛公坟辰戌　若公坟乙辛　藜公先室何氏坟卯酉

倉下山俗呼平尾山在杉仔山左南低而下地寬平建屋立宅幾社之半轉而東為鄧后山迤而北為吳陂山〻盡為園無復曠土秀氣減矣內塋口　彥伯公暨妣陳氏蔡氏坟〻分三堆俱坐丑向未俗呼三公墓

金峯山俗呼金雞山高峙雄鎮関鎖龍江上游為社捍山分支劈嶺周圍約四里許與族人思光分掌絕頂寬平明季吾　光人築寨其上　國初移建土堡于社之龍鵠寨以廢西南濱溪一帶統號東坂邊南迤而下為榕仔嶺折而東為陳家林正東曰東坂后惟寨圍及向北一崙猶存旧名曰金雞崙曰金雞湖左連東坂山鵝項崙右與海澄蘇家分界下至田內塋　誥封戶部主事義芳公暨妣宜人紀氏坟　賜進士戶部郎中直菴公坟辰戌　麗水尹國賓公副妣江氏坟　逢慶公坟下金雞湖　增公暨妣王氏坟乙辛　支衍公坟未丑　震茂公妣

林氏家譜　　　卷二

劉氏丙壬　鳳公坟巳亥　瑶公坟未丑　建公妣林氏坟巳亥　月公坟丁癸

斐公妣戴氏坟巽乾□叅溪公坟巽乾　鄧公暨妣黄氏坟癸丁　語公

坟丁癸

東坂邊山金奎山西南諸崙總名分金雞崙橄欖湖邊一崙直下至溪為

鵝項俗呼鵝荳仔概謂之東坂邊下有亭族建以祀鄉厲公上塋

國銘公坟辰戌　進晟公坟辰戌　啓陽公坟巳亥　振公坟巳亥　篪伯公

暨妣黄氏坟遷　鋭公坟卯酉　錫公暨男栢公坟甲庚　八公坟乙辛

及公妣戴氏坟巽乾側室王氏坟乙辛　午公妣鄭氏坟丙壬　王公妣黄

氏坟　曾公坟　猛公坟辰戌　得公坟辰戌　千公坟午子　東公

坟癸丁□滄海公坟午子　甲公坟午子　湛公妣林氏坟　林公坟午子

舜公坟　旋公妣姚氏坟午子　恪公坟　盧公坟丙壬　雲公坟巳亥

阮仔山即横山右支迴抱塗崎巷之峡與羅経穴山相隣别崙内塋

實吾公暨妣許氏坟卯酉　圻公暨妣鄭氏坟乙辛　旺公坟辰戌　準公
坟卯酉　臣公坟　秋公継妣陳氏坟　岱公坟壬丙　妣林氏坟乙辛
眷公坟酉卯　添公坟乙辛　楚珩公坟亥巳　性公坟
文英公妣盧氏坟甲庚　口肇公坟　降公妣蔡氏坟艮坤　雲公暨妣
林氏坟　全公坟申寅　奮公坟卯酉
犂跡后山即横山左支行龍過吴前山処旧統名横山後分塗崎恭上一
嵛向西為横山以横山左支北面為犂跡后比来族人于山開墾前
人坟域残壊不知凡幾矣内塋
彦理公坟下破墓　主簿思安公坟坤艮　文瑞公坟思安公墓右　正芬公妣
氏坟壬丙　支芬公坟　文英公坟山獅形改塋　禧公妣蕭氏坟卯酉　狀公坟申寅
掌公妣王氏坟艮戌　聽公妣林氏坟乾巽

官坑山一名鯉魚山在官坑社后山内園垅鱗疊大小不等清文四畝歷

[illegible]　卷五　坟山　[illegible]

佃官坑族人係覌子孫仗其看守祖坟東面一帶直下至田北面有
坟三首坟左有园一片與黄接壤憑园埒為界坟下至田上至山尖
南一面下至田上至山尖光前批給李姓葬坟一穴菻僅掌至李坟
左臂憑小路為界西二帶屬黄山脊之上混掌過半緣係覌附近黄
姓時下聽其侵越不敢向阻又匿不報知相沿既久姑共相安内葬
素軒公暨妣林氏祖坟一首坐丁向癸　益齋孫庠生拔公坟祖墓側
慶公妣鍾氏坟祖墓下新葬
螃蠏壠山在大帽后社山后大小五崙曰蠏股曰中崙曰柑斗林統名螃
蠏山南與黄家山相接憑脊分水為界北與林家山相接憑山坑為
界東與磜田尾陳家山相接憑脊分水為界西面一帶直下至田中
崙之上有园一片其下有田二坵公佃直菴公派祖生耕掌内葬
廣公坟一首甲庚　降公坟一首柑斗林

狗窟壠山在螃蠏山前大帽后社之右兩崙相連中束一腰有條小路腰
下為湖一片成田間隔兩山因統呼為隔仔山其倚南一崙小而灣
俗別呼隔仔灣南至黄家山西下至許家园地北上連本山隔仔崙下
至湖底田東面一片直下至田俗呼鞍尾坑右與黄家分界左與本
山宗林后相連倚北一崙大而平仍旧名隔仔山北至宗家山园南
一帶上連本山之隔仔灣崙下至田西一帶亦至田東面一帶直下
至田右連鞍尾坑左至宗家山俗呼宗林后内壅

秋舍公坟　秋舍公妣林氏坟隔仔下鞍　榮昆公坟癸丁

仕傑公坟隔仔鞍尾壬丙　榮珍公坟巳亥　妣吴氏坟倒騎龍坐壬向丙　姪珠公附

壅左邊　淑公妣林氏癸丁　縣公坟壬丙　文公坟宗林后　允公坟宗林后

珠公妣黄氏厝后　淑公坟丁癸

虎塲壠山一名赤岩山在螃蠏山之后相去半里許今俗呼赤山仔山有
三崙中一崙高出諸峯　直菴公退隱時築岩其上故名岩山岩下

塋直菴妣宜人吳氏坟一首明季海梦有陳姓于封塋腦后盜塟坟
穴正派星散莫知較阻沿及乾隆六年修理封塋陳姓出阻正派莫
何族天耀天錫根基等出控疊批不准時有得春者在公門中為縣
主　所信任親賫勅書呈詞入后衙叩乞批准查究陳族俱罪托銀
塘趙庭芝趙連茹求处賠禮謝罪惟我所命具呈和息山皆楊掌相
安已久後有嫡派楊灼等貧乏不堪就中崙批給丹山楊彭光塟坟
詎陳捏造偽約上下分掌陳管上楊管下瞞控前主吳仰衙勘訊陳賄衙
衵詳縣主批斷彭起扦灼追價窮乏無措遭此拘押苦楚情寔可憫
族伯博观亦抱義憤與予赴縣呈控翻案疊遭批斥予心未愿自控
憲司俱批不准後粘　直菴公勅命遺書三叩府憲蔣批示抄批赴
縣控理呈縣批准立吊契約人等順逢往勘自是楊灼免差拘押予
亦不復具控非憚煩事有妨碍又非一人所能為也內塟
誥封宜人吳氏坟　世榮公妣陳氏坟坤艮　富公坟艮坤　寶公妣

六十五

林氏坟寅申　和公妣蔡氏坟艮坤　秘公妣陳氏坟艮坤

宋岩山俗呼鼠仔山在和睦社前　益齋公一派子孫世掌近有鍾姓藉
園混侵正派式微弗能阻也內塋
益齋公暨妣張氏坟壬丙　琳公妣洪氏坟子午　挹公坟寅申　陽公妣李
氏坟壬丙　興祖公妣宋氏坟壬丙

浦仔山在東坂邊浦與龍女仙山相連益齋公派下世掌內塋
湯公坟一首丑妣朱氏坟卯酉　里公坟艮坤

東山在本社璁田后之東興仁公遺下國徵派世掌五傳至孫在將山变
賣今為興榮公派長蔚志名合掌內塋

樓□譜　巷□

國徽公坟甲庚　國任公妣謝氏坟甲庚　梧公坟　顯宗妣　氏坟巽乾

調字公坟巽乾妣林氏坟甲庚　玉虎公暨妣林氏坟甲庚　椿公妣李氏

坟卯酉　□潤夫公妣梁氏坟甲庚　桓公坟卯酉　堄公坟

東洋山在東洋内與東洋崎山相對興仁公派下世掌内塋

興仁公暨妣胡氏洪氏坟丑未　国賓公坟癸丁妣林氏坟艮坤　七慶公

坟乙辛　螯公坟癸丁妣蔡氏坟寅申　行以公坟山頂寅申

用林山俗呼王厝墓山只一面與劉分掌上至尖下至田興仁公遺下暹

齋派執掌内塋

敬夫公坟寅申妣　氏坟甲庚　龍献母徐氏坟一首

龍女仙山與浦仔山水吼山相連東峡而下為水磨坑山二山原為国巫

公派世掌六傳至碧水將山变賣為國圭公派所掌內莝
希叔公坟水磨山号鯉魚　庚公坟龍女仙庙仔邊〇材公暨妣林氏坟戌辰　選公繼妣
林氏坟甲庚　權公坟酉卯　澤公坟癸丁　薫公　妣陳氏坟癸丁　轉公
坟丙壬

油鞍山與東山相連分向南一帶為宗林口国賓公派下世掌今半轉手
內莝
象公坟一首　得春公坟　藩公妣　氏坟俱油鞍
天耀公坟酉卯　妣陳氏坟丙壬　天燁公坟酉卯　奕煒公妣林氏坟庚甲
吉公妣趙氏坟丑未　楊公暨妣吳氏坟　仲霖公妣梁氏庚甲〇標公
繼妣盧氏坟午子　佩公坟午子

蛇仔頭山即東山之麓大浦陂之上国賓公派世掌今半轉手內莝
天柱公妣陳氏坟子午　艮公妣陳氏坟巽乾　栢公繼妣顏氏坟艮坤
天燁公妣鄭氏坟　沃公坟艮坤〇藩公坟乾巽　潤夫公坟　立人

公坟

宋林山旧名蓬林山與龍女仙上相連其向東処又呼水吼山賀卿派世掌内塋

國需公坟妣顏氏坟（两穴相離十步）　壽卿公坟（寅申）　賀卿公暨妣吳氏李氏孫天柱裔孫我合塋一坟

補天公妣林氏坟（乙辛）　仰嵐公坟（巽乾）

甚公妣葉氏坟（子午）　禄公坟（艮坤）　軟公坟（巽乾）　沙公坟（癸丁）　絲音妣

鍾氏坟　考公坟　栁公繼妣黄氏坟（乙辛）

羅經穴崙在橫山之右與阮仔山相鄰国賓派下所掌今半轉手

烏石壠山俗呼雞角壠在廿三四都橫山李社后一面西崙坐東向西后一帯俱至呂李鍾三家园前一帯至田至坑溝右一帯至分水坑底左一帯就頂上循崙脊直下至路上狭下濶一片园坵鱗疊與異姓

山園揆壤憑埒為界界内錯有異姓園二坵混掌已久姑與相安内塋　節菴公坟乙首坐辰向戌號蜜婆穴坟左一崙續塋宣公妣呂氏侈公妣黃氏新坟二首俱坐乙向辛　祖坟右肩項上有园四坵原佃何集坟后平項之上有园一坵横山李長退佃清還立字為炤坟左一崙旱园重疊坵数不等原佃王理迨後王理外出何集身故所有山内园坵盡佃横山李總生耕作年納税艮一六員另銅錢四百八十文歷年国貴公国圭公二派輪收納節菴户园畝

御史嶺在廿三四都松州保嘉靖九年買自松州陳啓還東西南至陳家山北至坑古契猶存乾隆廿四年有近地詩平社林邦傑邦恩邦英於左邊塋坟一穴侵越山界較阻備艮四員托公親林琨观楊錫观懇求念有瓜葛之誼許其安塋結約立牆嗣后不敢移易混侵約字現存内塋節菴公妣陳氏坟一首坐丁向癸　左肩有坟一首古廢坟

樓氏家譜　　　玉浮

舉人林山在洪坑嶺下后塘社之後山勢斜長俗呼蛇仔形周圍俱下至
田旱园大小不等坵内塟
節菴公妣吳氏墓　潤卿公暨妣鄭氏坟巽乾　正芬公坟乾巽
熥公妣康氏坟卯酉　煜公暨妣林氏坟艮坤　琀公坟丁癸　推公坟壬丙
兩公坟寅申　發公妣黃氏坟丙壬　忍公坟午子　雲起公側室丁氏坟子午
榔公妣姚氏坟未丑　和公妣洪氏坟坤艮〇偶公坟乾巽　經綸公坟丙壬妣
游氏坟乙辛　和公坟寅申　敦公妣詹氏坟癸丁　改公妣林氏坟寅申
順公妣曾氏坟艮坤　勇公坟艮坤　興公坟丑未　暨公妣吳氏坟丑未
晉公坟艮坤　應公妣張氏坟艮坤
石崎山在石崎后興書洞山相連一謙公遺下内塟補天公坟一首坐辛
向乙

班占壠山在長泰人一里待詔亭下虎坑上塋一譙公暨妣張氏坟一首
　坐乾向巽

東洋山在東洋內與国賓公祖山相鄰內塋簡生公妣柯氏坟一首坐艮
　向坤。敀公坟癸丁

白面墓山志名派所掌內塋。奕公妣詹氏坟亥巳　廠公暨繼妣張氏坟
　丑未　常公坟甲庚　妍公坟亥巳　鶴公坟酉卯　茶公妣方氏坟　巢
　公坟乾巽　應公坟　懿公坟艮坤　茂公坟子午　寮公妣陳氏坟癸丁
　汲公坟子午　潭公坟辛乙　樵公妣李氏坟辛乙　俊公坟卯酉

觀石山大山向東一帶之山是也志名派所掌内塋
朱公妣莊氏坟庚甲　文公妣陳氏坟寅申　水公坟寅申

東洋崎山在观石山之北内塋正龍公暨妣蘇氏坟一首坐巳向亥

橫山在塗崎巷之上與書洞山陽巷分界右為阮仔山羅經穴左為犁跡
后山原係興仁公一派世掌康熙丙戌間邦策公買為私山内塋
文裔公坟一首坐卯向酉

大山在橫秋内用林山之上大小不等崙邦策公建置内塋
〇參溪公妣康氏坟壬丙副室吳氏坟　玳谷公坟丑未　逸真公
坟癸丁　升甫先室蘇氏坟癸丁

吳前山在倉下山之東明代有吳姓聚族其下因以名吳今瑩卿派與懿
卿嚴卿二派合掌內塋
瑩卿公暨妣鄭氏坟辛乙亥丙　廷昌公暨妣盧氏男簡生坟坤艮　烜公暨
妣陳氏坟庚甲　巧公妣林氏坟丙壬　騰公坟乙辛　弼公暨妣陳氏甲庚
福公坟鼠仔尾　忍公妣蔡氏坟丁癸　宣公坟赤壠內
懿卿公暨妣郭氏坟在赤壠丙壬　支蕃公暨妣李氏坟卯酉　午公坟丙壬
恩公坟　寬公妣昌氏坟乾巽　賈公坟　韓公坟甲庚　朮公坟酉卯
悅公坟乙辛　壯公妣趙氏坟鼠尾丙壬　振基妣趙氏坟○提公妣章氏
坟丑未　容公坟

下菴山俗呼膠留天在烏岩內大帽嶺下大小崙數不等翠卿公所遺下
也工塋坟墓壘壘先前有批給泰邑工园沈塋坟一穴迨後沈家起

遷將坟穴轉賣𨾏仇黃天培沿至培子黃夬等恃強橫掌所塟坟穴
一崙山地將翠卿派所揷松苗掘起天锡赴縣禀究准訊在案夬托
公親張彔光鄭專吉求處約黃坟上下楊不得塟坟沖傷其山地松太
芷草仍歸天锡等掌管黃不得混爭具呈和息有案內塟
汝韜公妣林氏坟乙辛　造佐公坟丑未　鉉公妣黃氏坟癸丁　栢公繼
妣鍾氏坟辛乙　備公暨妣李氏坟乙卑　葛公暨妣陳氏坟卯酉
慶公坟艮坤　翰公坟壬丙　德公妣鍾氏坟卯酉　雜公坟卯酉　建公
坟　○亢公妣林氏坟癸丁　緫音公坟甲庚

書洞山俗呼猪撞山在横山之后與石崎山相連內塟國清公妣歐氏坟
一首坐丙向壬○匡公妣梁氏坟艮坤　絲公坟巽乾　任公坟午子　遜
公坟午子　潘公坟庚甲　隐公妣吳氏坟丙壬　楊公坟午子

員山仔在東洋崎邊寬公遺下振瀾兄弟所掌

糞箕湖崙在赤壠山橫路下俱振瀾掌內塟

○邦策公繼妣洪氏坟丙壬　眷公坟丁癸

曾集

卷第五終

以上所載諸山俱遠祖遺下及私房歷掌確據者其餘一卯一崙附在外地非坟墓所關不能備録即所誌諸坟亦紀所最著尚能詳悉無所遺誤惟頋後之人訂正而加詳焉

乾隆庚寅五月既望振北誌

按坟山所以紀坟墓也一所載諸山當先嚴修譜遠近新旧之坟俱詳考備列毫無遺漏越今三十有餘載不肖屯承而增之次第體製悉依旧式不敢稍異于其間第念時有先後名有互同瑩者不少恐有相混之虞今將一士之所增入者列之于图外非特示别于當時亦俾後之人易于考稽云尔

嘉慶甲子臘月一士謹誌

碧溪楊氏家譜卷第六

墳墓

魂氣歸天形魄歸地故宗祧以棲神宅穸以藏魄陰之有墳墓猶陽之有室廬也子孫有闔廬守而修之不願為他人得夫人而知之也 祖考所居之處一聽其廢壞而曾莫之省憂忍乎有宋肇基世將三十代更四朝先人邱墓屈指難數而一派相承祭掌無異者十亡二三孫子忘祖之罪萬無可逭然不特為加詳世遠年湮之後雖有好祖之之儒亦將何所據以考而知乎誌坟墓

始祖殿中丞仕休公墓在長泰陶洋之浮山仔與古老窑社相隣府誌載楊中丞墓此也墓用石砌坐丙向壬題曰仕休楊公墓坟圍之内有大樟樹一株坟埕之下曠地一小片陶洋房所建置執掌也曠地左右有盧家屋右邊盧屋之后復立石碑墓道為記其左邊房屋地基

林氏家譜

草棚一片至田為界則碧溪房用私費買目盡稡也山雖低小而平
地起凸鳳山前峙溪水左流居然形勝之區

二世祖勅封泰嶽先生令望公墓在長泰彰信里洪山之麓坐乾向巽形
如伏虎犀山來朝墳下有市名曰陳巷市有鄭坟坟圈之内有樟一
株遮蔽明堂未為全美旧以石砌坟雲月為碑高六尺濶丈無刻字
歲久圯壞石基罕存乾隆丙戌年重修碑仍旧 圈臂用灰砂砌築其
費雪美房均科

三世祖常州判官光璧公墓舊譜殘缺未詳所在

四世祖誥封從政郎聳漢公暨妣安人蔡氏墓在本處祖山尹壠尾橡林
坐庚向甲名師黄叠畔所扦開大陽溝用一堆土掩無墓碑坟墩高

潤不用灰石砌築七百餘年如故邑山前拱石鼓左峙三台右聳為雙童講書案師讖曰牙笏滿床塋未幾長子汝南登進士第嗣後孫子多居顯貴世共以為推官地云坟左之园為黄所得侵掘日近坟下山地為黄混鑿前無埕地乾隆十二年仝公親趙連茹到山理會立礌定界可無侵掘之患而埕前坪下近田處尚有黄园四小坵未能收買方員亦一大弊也至於祖坟左肩頂上有貌园一小坵原佃坑内張昂耕作所税無幾亦微有碍龍脉然與黄隣界一抛荒勢必為彼掘盡故姑留為园爲嚴約佃人毋得妄掘破腦可也茲坟関係匪輕有志孫子宜共致意焉

五世祖彦伯公暨妣陳氏蔡氏墓在本社倉下山坐丑向未大帽后擁珠水横流奎峯拱抱全社之局為坟所用應亦疊胖先生所扦坟有三墩並列無圈臂石碑中一堆土為彦伯公坟左右二堆為陳蔡二祖

妣坟孰左孰右舊譜不載俗呼三公墓公行居三也墓左右前后共園六坵公佃本派孫天眷耕作税艮四大員坟前园下曠地一大片左至溝右至巷路下至張許本家住屋一帶憑坪為界每冬末公給同異姓盖築樵部徵税五錢中又有菜园二坵亦的公税四分曠地張亦有分界限未詳

五世伯祖賜進士朝散大夫汝南公墓在吳林山之原坐壬向丙今俗呼牛林山是也舊坟砌磚久而圮壞未有祭者後緣吕姓契買吳家山地串謀族孽混寫至界鄉賢坟山悉在界內　北父參溪偕叔淵夫查知忽較吕自知誤易寫契書定界清還隨募衆修理用　文徽祖艮砌灰立碑題曰賜進士德雲楊先生墓墓前后左右有园共十餘坵族人暨生所墾并為清出歸公令其年納税錢七百文內抽三十文貼納楊卿户新墾粮額餘供祭坟之用每冬後當事辦祭品二席各房長及知書識理者恭行祭掃税費不足依坐席人數照分科貼

五世伯祖彥諄公墓在祖山犁跡后遷厝二十三四都前园山

五世叔祖彥理公墓在犁跡后破墓下

六世祖資政公墓在二十三四都前园山

六世伯祖誥封中散大夫冥公暨配宜人蔡氏墓前譜不誌據本社碧雲宮後題石碑云有宗宜人蔡氏墓道寶慶丙戌朝奉大夫楊承祖立距宮后墻一丈有古塚一首當即蔡氏墓也

七世祖茂積公墓附厝二十三四都前园山

七世伯祖茂實公墓在前园山

七世伯祖朝奉大夫梅州太守承祖公葬六十八都荆林未詳

八世祖奉議大夫尚寶司卿子俊公墓原葬犂跡后康熙年間遷葬前园山之麓坐壬向丙兼子午圍臂砌石左邊有小石亭即司土也對面有社俗呼坛仔頭　是山計共祖坟五首明季海禁族人星散近地山佃盜献昌娃葬坟族莫知阻自是藉坟混掌別號昌厝山土人沿之不復呼前园山矣乾隆十六年有昌旺生园佃龍經社林庶倚恃嵎強越界混墾侵及后圍前埕右臂巡知較阻具控批着鄉保查覆旺托伊姻戚洪坑社甘起观邀扶搖族人釧观調処結約執炤祖墓外圍左至右橫濶四丈九尺五寸前至后直長八丈七尺立碣定界嗣後不敢侵掘其餘祖坟憑族譜神主祭掌不得混佔約字現存

八世伯祖新懷主簿思安公墓在橫山中崙即犂跡后

九世祖迪功郎敏永公墓在本山尹墘尾湍床牙笏之右坐乾向巽俗呼下墓　墓以磚砌無石碑前對松仔山離十五公坟約　十餘丈乃十五公坟旁支側脈右偏之下故呼下墓

九世伯祖承德郎公錫公墓未詳

十世祖四十三使暨妣吳氏墓在長泰人一里史院山之麓坐申向寅號倒地風旂　墓有雲月石碑無刻字

十世叔祖十官人墓開基白石壟處未詳

十一世祖元成都府教授真儒公墓在陳姿陌山未詳

十一世伯祖真瑞公墓在大智院山未詳

十二世祖國瑶公墓在車坑山 未詳

十二世祖國銘公墓在本山東坂林坐辰向戌號蝦形 東坂林金奎寨下檄欖湖左旁一崙斜下濱溪土人呼為鵝項是也墓一堆土無圖壁石碑寶峰環向珠水逆朝蓋形勝也旁有土墩並列相去不過數米舊傳為進晟公墓云

十三世祖彥明公坟在二十三四都寨坂保胡隔山坐壬向丙胡隔后塘社對面山也墓無石碑圍壁皆土年久頹平僅存形跡 國初海禁有附地林姓就墓埕前盜塟坟穴高大壅廹族人逃乱星散莫知較阻續左右肩上俱為他姓塟坟兩旁夾剝餘正中腦地一小片長而方俗以為腦脉乾隆二年有芹霞宋姓就腦為园栽種蔬菜延知較清勢將械鬬詩懼清還自後不敢混 迄三十年後有宋詩服姪竊

掘坟脳山皮查知向斥托伊族人宗〃覌求処别取山皮填補方員仍復認罰衆怒乃息盖此地命脉攸關不得不如是嚴切也坟埕偏左有园一坵受種四百土名上厝池上東至趙家园西至林家坟墩南至趙家园北至祖坟埕地及宗家坟埕乾隆三十三年用銀伍拾大員向后墻趙順照求買保园坟埕不惜厚價惟願後人慎之重之

十三世祖進晟公墓在東坂林坐辰向戌　墓一堆土無碑記旧譜載東坂林中畚不言與國銘公墓相隣今考其地两墩並列相去只一丈故老相傳一為國銘公一為進晟公而孰左孰右未有能辨之者光芳有言左為國銘公右為進晟公盖聞之朝俊云

十四世祖真養公墓旧譜失誌未詳所在

副嚴氏墓在獅形山坐午向子兼丙壬　土坟無碑

十九世祖潤卿公暨配鄭氏墓在舉人林山坐巽向乾兼巳亥　墓以土築有石碑鐫名

繼室林氏墓在獅母山坐丁向癸兼未丑　墓以土築無石碑

十九世祖沖卿公墓與父　國珪公合塋獅毬山坐丙向壬

配孺人袁氏墓在獅形山坐艮向坤　墓以土築無石碑在　節齋公墓右相隣並列只隔一臂

十九世祖翠卿公暨配慈淑林氏墓在浦口社前塗山後壠坐丁向癸

墓圍臂土築石碑題碧溪翠卿楊公妣慈淑林氏墓乃隆慶四年買自浦口社魏道長早園二坵就中營塋祖坟一首左臂之外剩园二

乙六　坟墓

碧　溪

坵右臂之外剩园二坵歷佃魏碧耕作看守今佃表親張玉生坟埕之下有陳园二近附埕偏左处原有陳坟一首康熙五十九年用艮十六両向陳孙陳恬等求買方員二坵至界自南而北直長量明五丈自東而西上一坵横長四丈八尺下一坵横長三丈有餘各老契炳據雍正十三年有隅棍張檀張琴等就坟前埕下第二坵[illegible]地佔栽桔樹朝後出阻遭其肆辱投明地保即将赴縣控究檀等惧罪乃移樹清還今并給付張玉生耕作坟近巨族制害無已乾隆十四年間園臂崩壞天錫募房親修理築灰而嵎惡張齊朋等恃強横阻凌辱百端後托伊婿鄭国榮懇求張朋等兄弟始准仍旧填補不得砌石築灰遠近莫違忍耐相安巡視祭埽不容或缺也

十九世祖懿卿公暨配郭氏墓在吳前山后赤墘口坐丙向壬　墓以土築豕而近田無石碑

十九世祖嚴卿公暨配葉氏墓在尹壠山坐癸向丁　墓圍臂灰築有石碑勒名號仙人舞袖乃　十五公坟右旁凹窩処也

十九世祖佾卿公墓在杉仔山后坐辛向乙　墓以土築無石碑

配勤㴱林氏墓在尹壠山坐子向午　土坟無碑

十九世祖守卿公墓在杉仔山后坐坤向艮　土坟無碑詢其玄孫師覌不知其穴矣 光芳云佾卿公坟一堆土在富中守卿公坟在右邊弦墘稍下其埕下復有土坟一首立石碑乃長房感現祖坟也

配勤慎馮氏墓在石鼓山坐亥向巳兼乾巽　坟以土築有石碑題祖妣馮氏墓

十九世祖萬[illegible]　妣順德柯氏墓在長泰白粧山坐　向

楊氏家譜　卷六　坟墓　阜

[illegible]

十九世祖尊祥公暨配陳氏繼室陳氏墓在長泰坛坂山坐乾向巽土坟無碑

十九世祖文傑公暨配江氏　未詳

十九世祖仕傑公墓在大帽后隔仔鞍尾坐壬向丙　土坟無碑

卷第六終

分壹

世系總圖

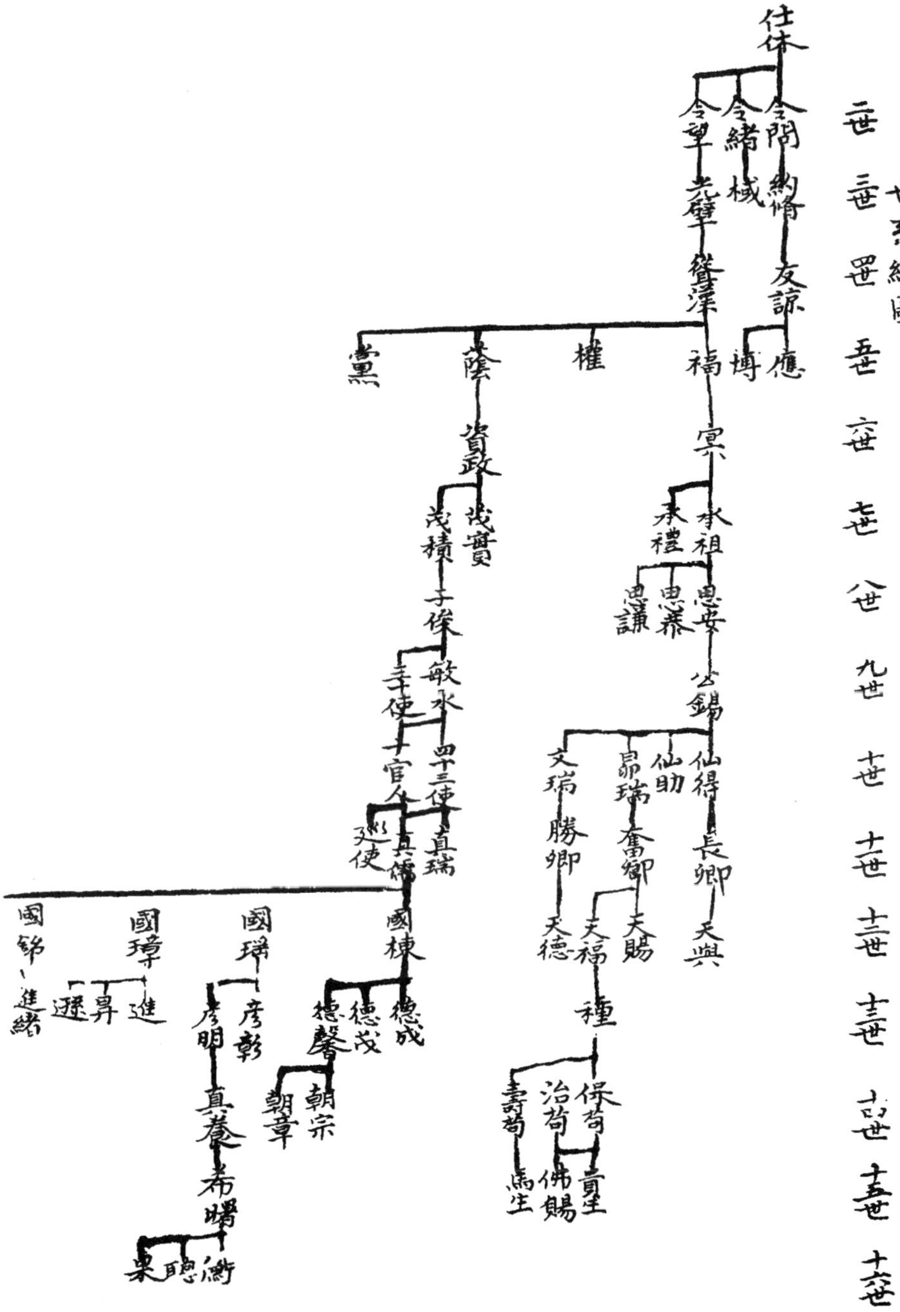
二世 三世 四世 五世 六世 七世 八世 九世 十世 十一世 十二世 十三世 十四世 十五世 十六世
仕休
令問 令緒 令望
約脩 棫 光璧
友諒 發澤
應 博 福 權 蔭 黨
承祖 承禮
省政
茂賓 茂積
思安 思恭 思謙
子傑
必錫
敏水
仙得 仙助 昂瑞 文瑞
長卿 奮卿 勝卿
天興 天賜 天福 天德
種
保苟 治苟 壽苟
佛賜 馬生
真瑞 真儒
國棟 國璘 國璋 國錦
德成 德茂 德馨
彥彰 彥明
朝宗 朝章
進 昇 遷 進緒
真養
希曙

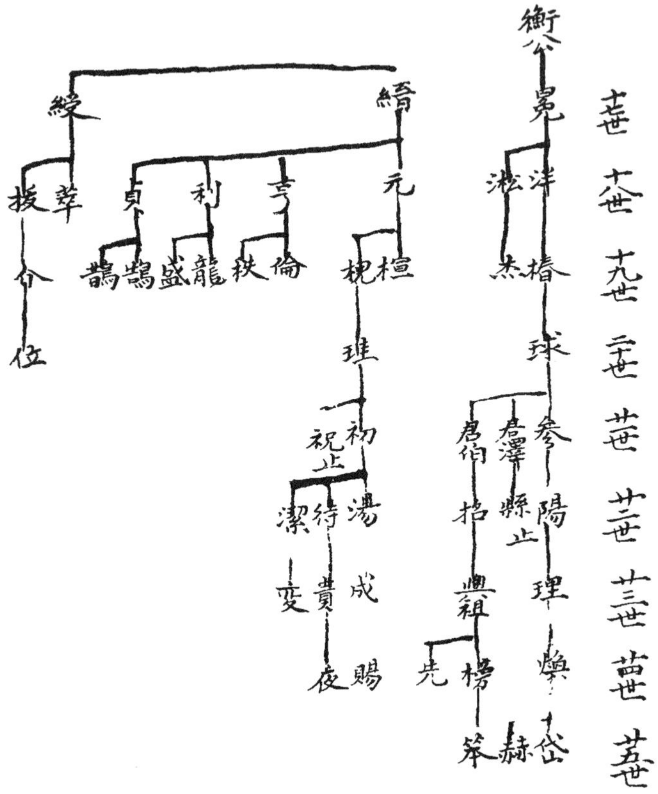
十七世
十八世
十九世
二十世
廿一世
廿二世
廿三世
廿四世
廿五世
衡公
晃
洋
淞
椿
杰
球
參
君澤
君伯
陽
縣止
捐
理
豐祖
煥
榜
先
岱
赫
笨
縉
綬
元
亨
利
貞
萃
援
檀
槐
倫
扶
龍
盛
鴞
鵲
介
位
理
初
祝止
湯
待
潔
成
貴
变
賜
彼

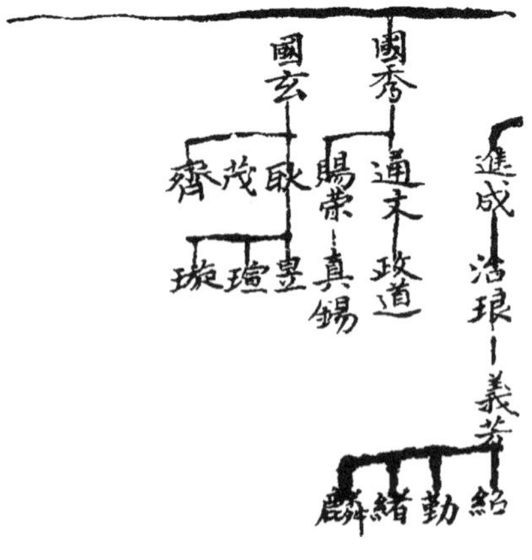
國香
國玄
進成
通末
賜崇
耿
茂
齊
浩琅
政道
真錫
璺
瑄
璇
義若
紹
勤
緒
麟

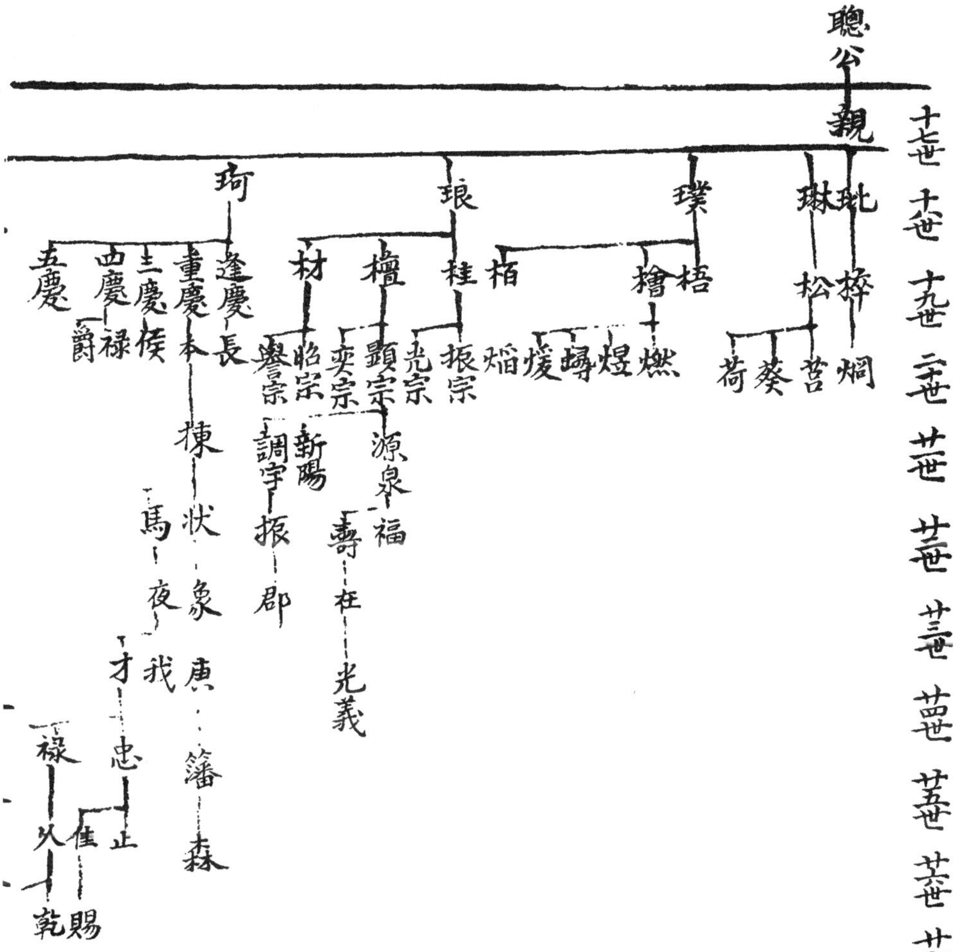

十七世
十八世
十九世
二十世
廿一世
廿二世
廿三世
廿四世
廿五世
廿六世
廿七世
聰公
親
玭
琳
璞
琅
琦
梓
松
梧
檜
栢
桂
檀
材
逢慶
重慶
三慶
四慶
五慶
烱
莒
葵
荷
燃
煌
㷧
煖
熘
振宗
光宗
顯宗
奕宗
昭宗
譽宗
長
本
倭
祿
爵
源泉
新賜
調宇
福
壽
振
郡
在
光義
棟
狀
象
賡
籓
森
馬
夜
我
才
忠
止
佳
賜
祿
从
乾

弍

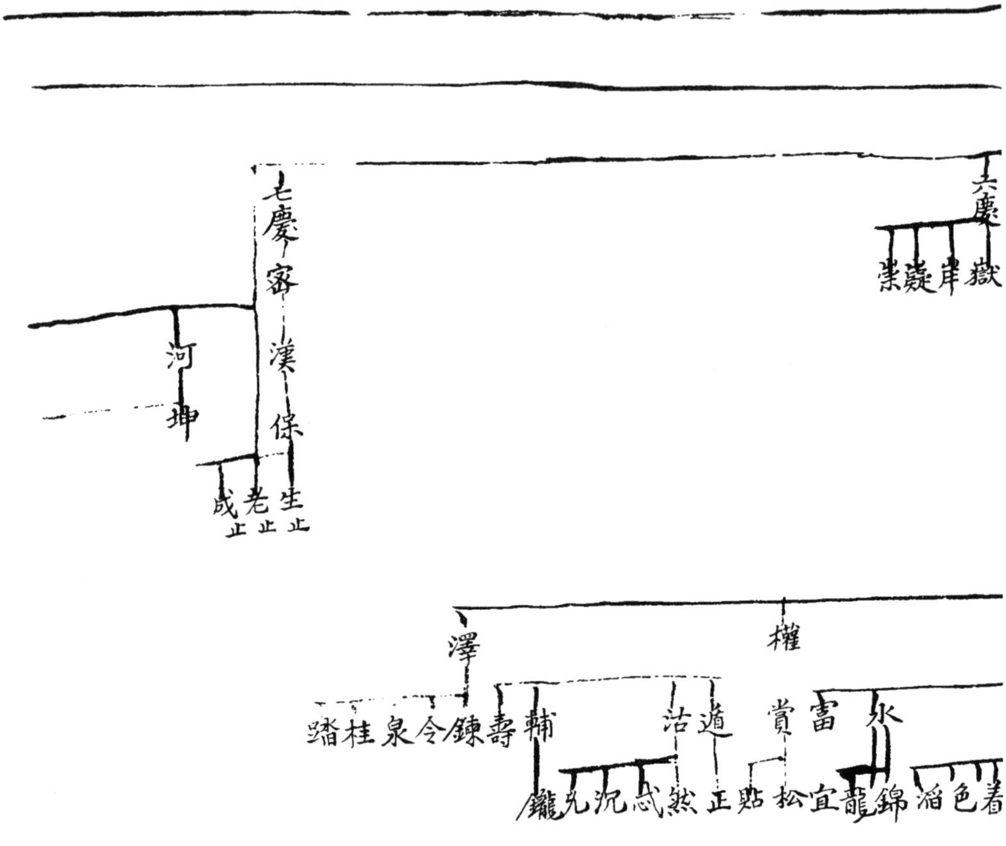

六慶
嶽
岸
七慶
容
漢
保
生 止
老 止
成 止
河
坤
權
澤
水
富
賞
追
治
輔
壽
鍊
令
泉
桂
踏
着
色
錦
龍
宜
松
貼
正
慾
沉
允

卷七　世系圖　十三世至十七世

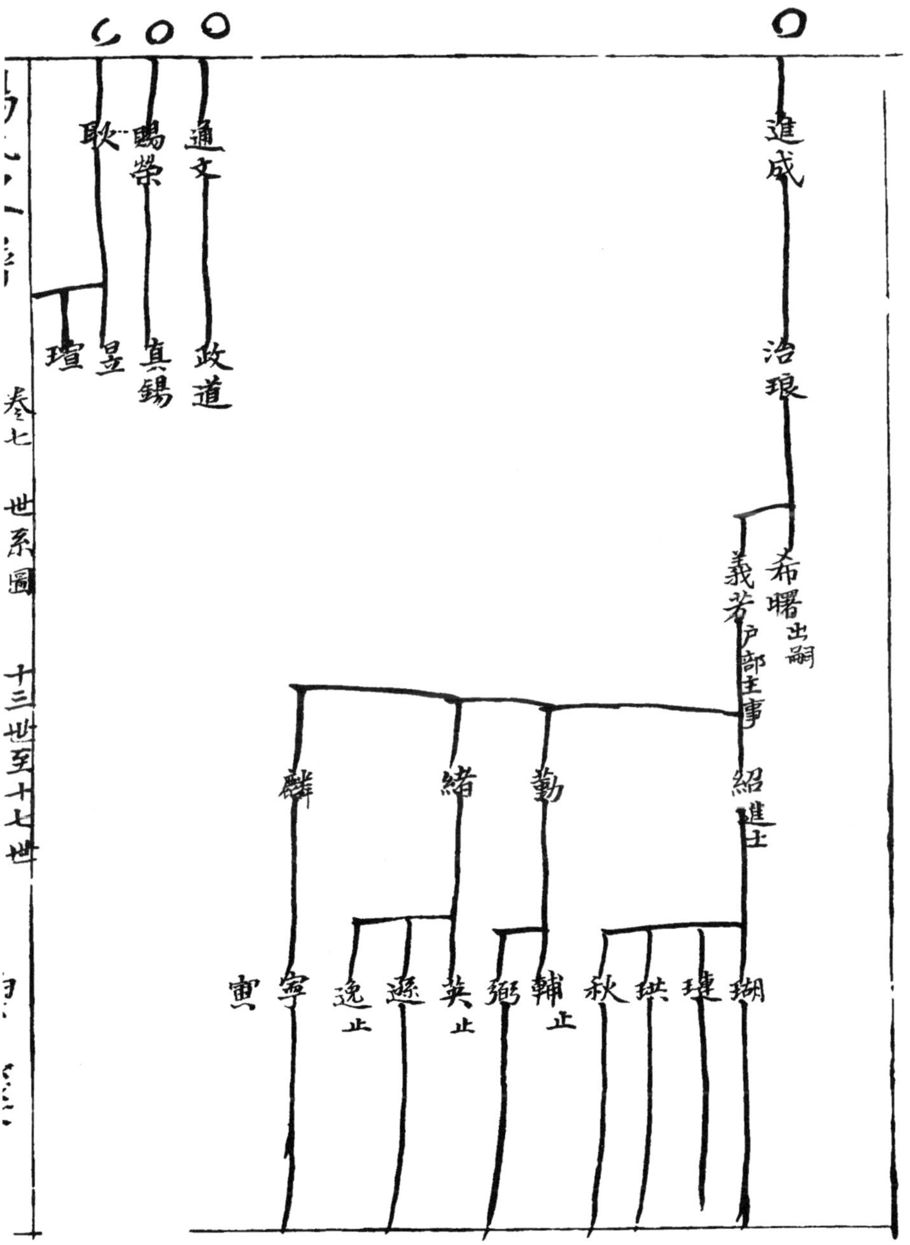

三

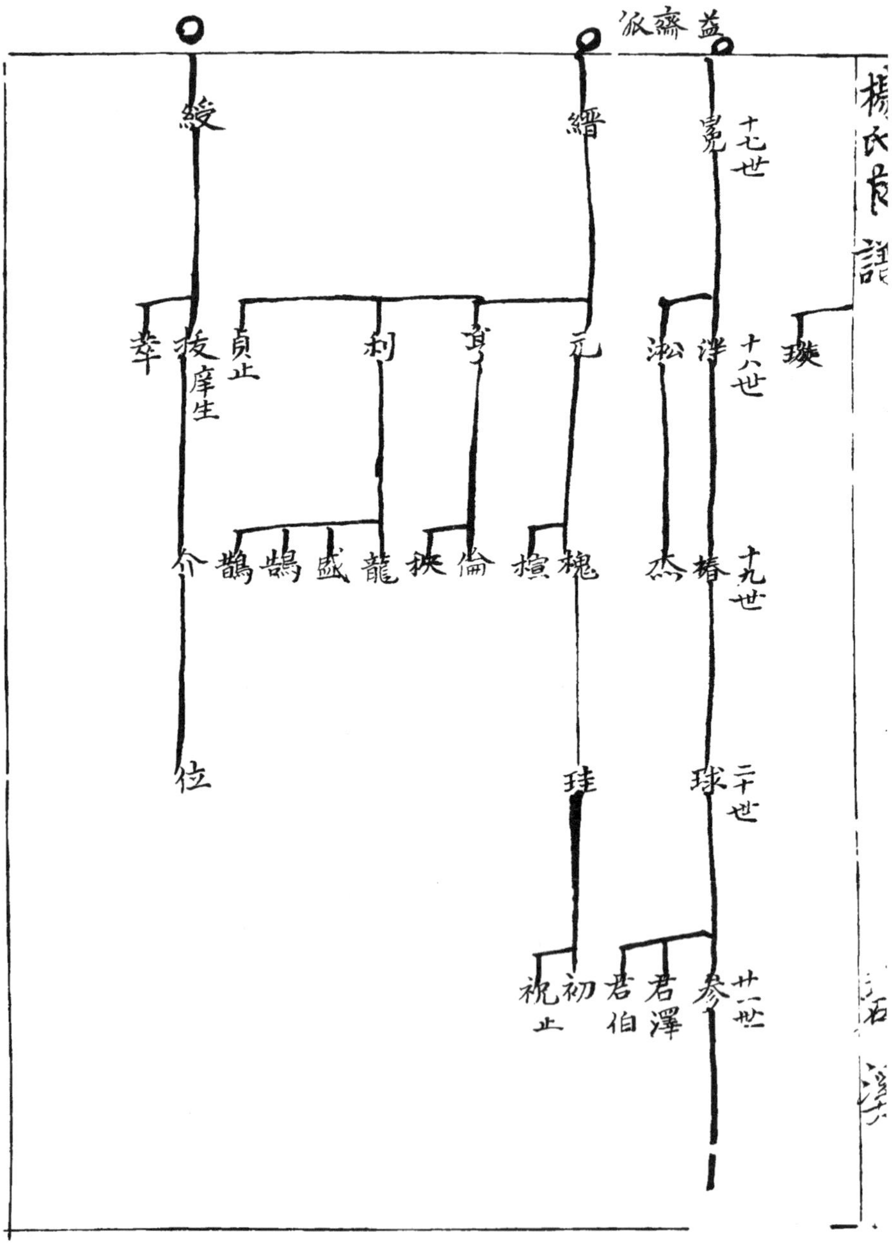
益齋派
十七世
十八世
十九世
二十世
廿一世
綏
縉
萇
萃
接
庠生
貞
止
利
貢
元
淞
洋
璣
介
鵲
鴟
盛
龍
挾
倫
檀
槐
杰
椿
位
珪
球
祝
止
初
君伯
君澤
參

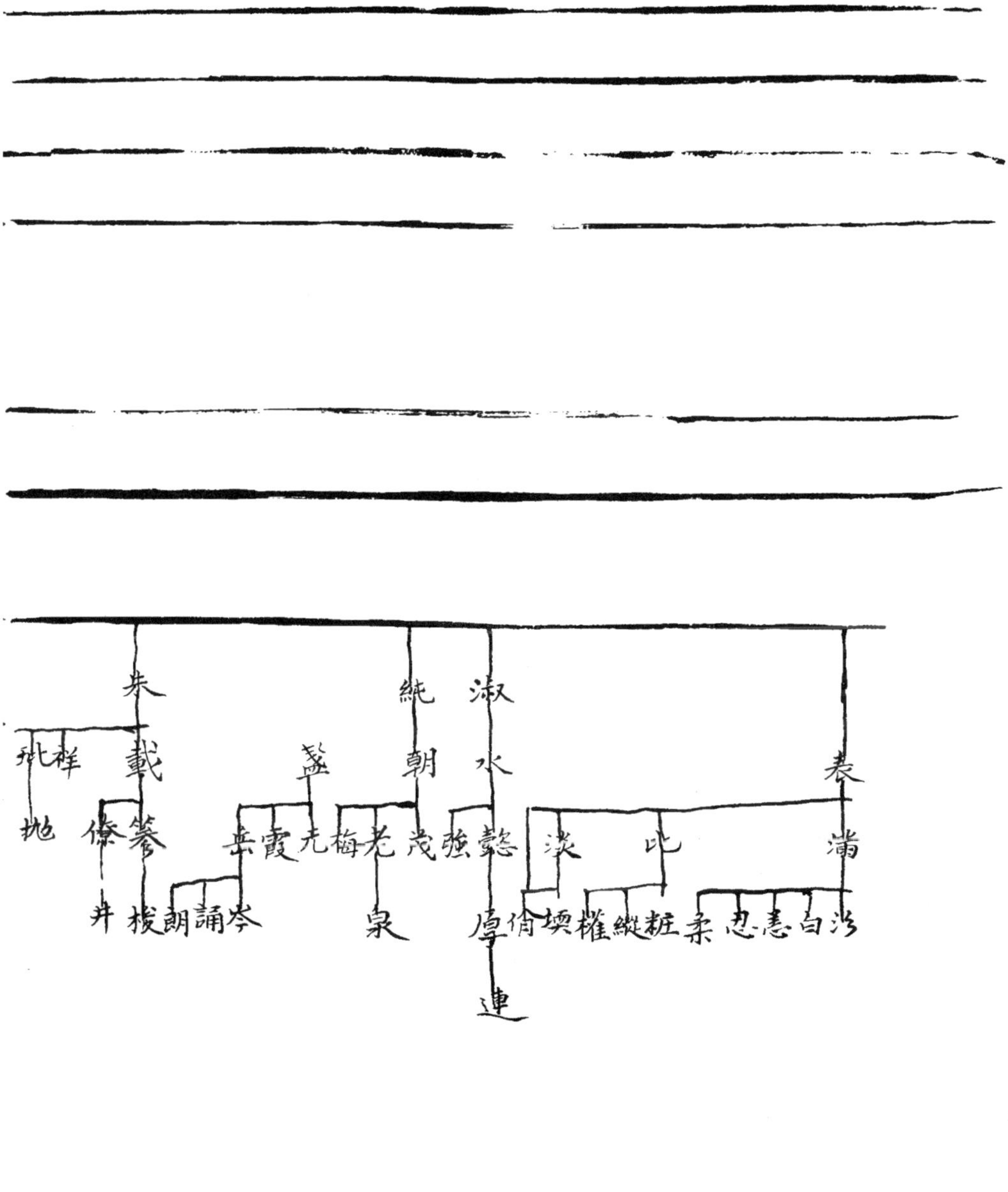
朱
純
淑
載
朝
水
表
湍
祥
霞
允
梅
茂
強
懿
淡
比
井
朗
誦
岑
泉
連
櫂
縱
粧
柔
憲
白

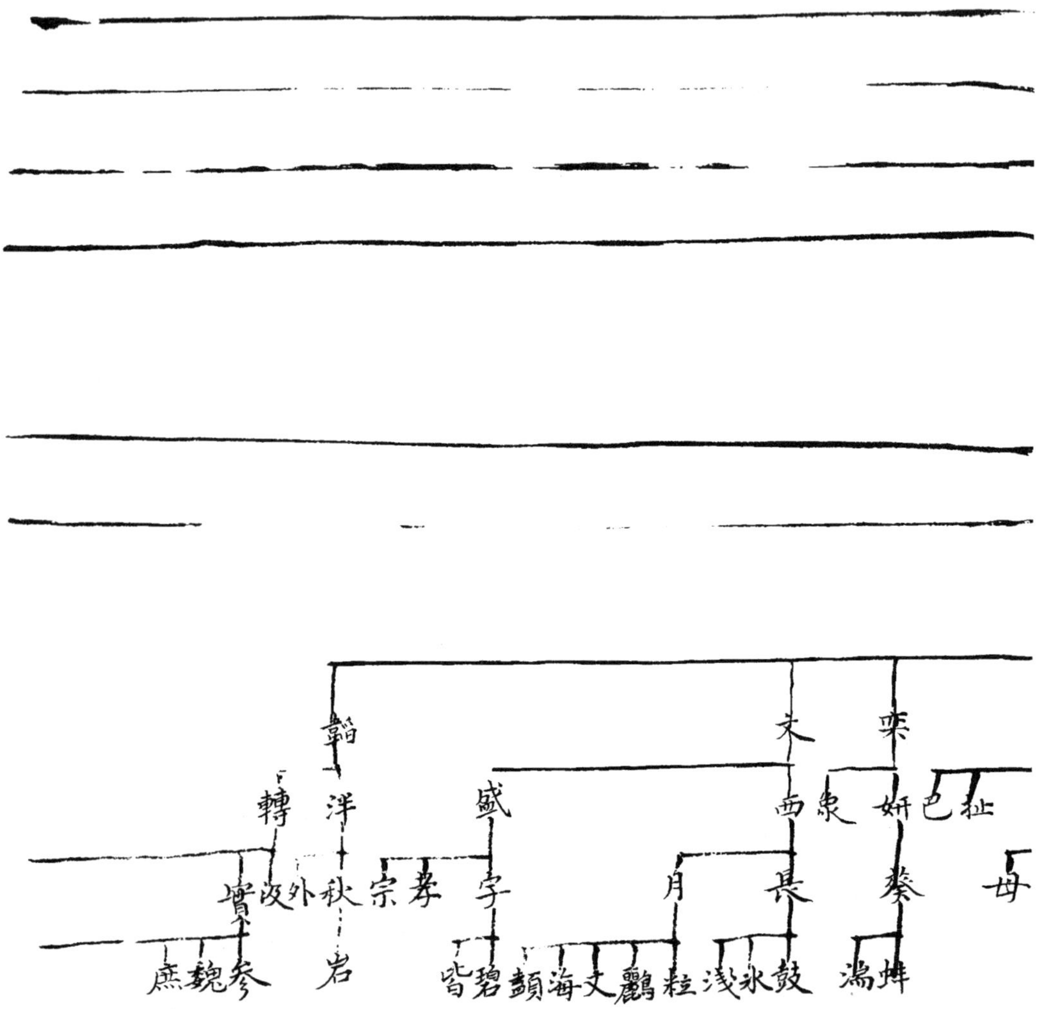
栾 文 韜
扯 色 妍 泉 西 盛 洋 轉
毋 葵 長 月 字 孝 宗 秋 外 汲 實
蚌 潙 鼓 氷 淺 粒 鸝 文 海 顉 碧 皆 岩 參 魏 庶

正龍
炯
巧　覞　禎　叅
答　科　寧　雲起　德　福　宣
侯　湘　渭　洽　統　正
蔥　親　澤　聽　湛　奪　堂　順　賢　改
南山　畠　蕢止　蕙止　徒止　肯止　江　容　富　咏　服　僑　総　存　足
柱　瀹　官　滚　敲　汐
抱

五号

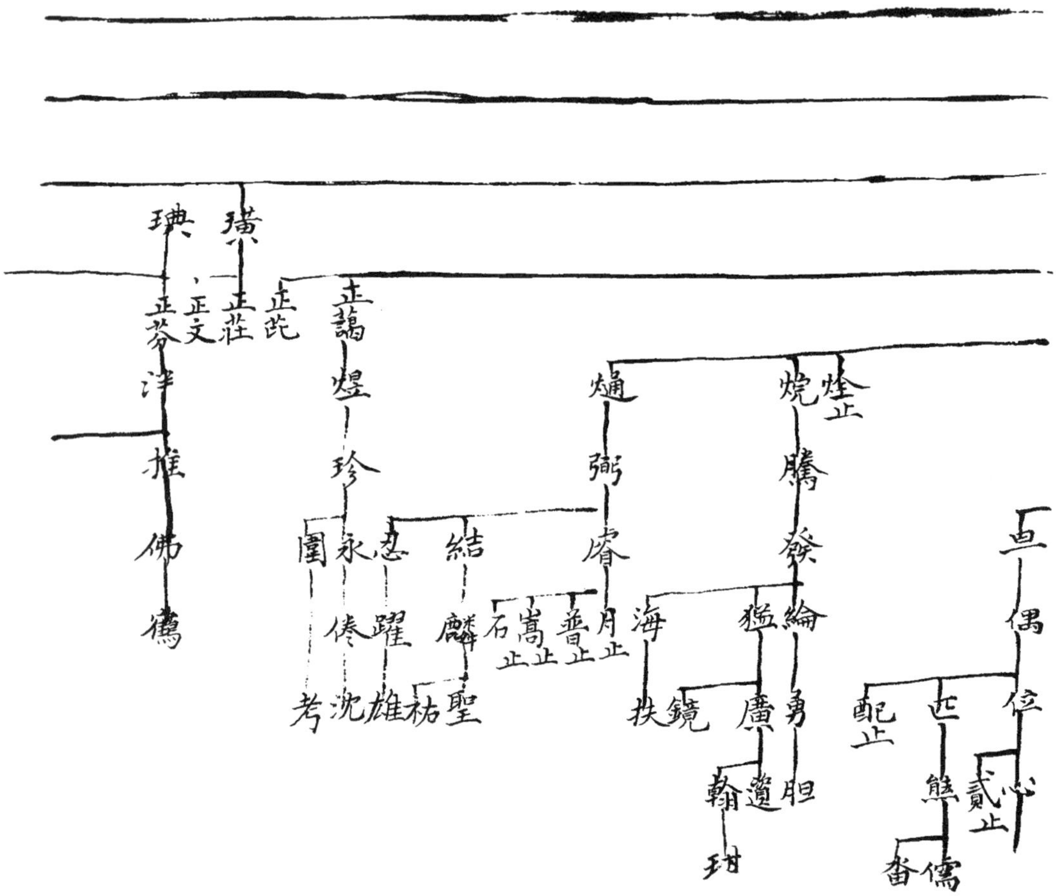
璜
瑛
止莊
正文
正芬
止玭
止藹
洋
摧
佛
儁
煌
珍
永
園
俢
考
沈
忍
躍
雄
結
麟
聖
枯
熗
㢸
睿
月止
普止
嵩止
石止
烇止
烷
騰
發
綸
猛
海
勇
胆
廣
遺
翰
鏡
扶
亘
偶
位
配止
心
貳止
熊
儒
畬

琚止

蘭　葉

尚　逺　漢

泰

廣　良　然　圭

講　松　椰　和　邊　富止　佑　信　奄

通　鄒　錦　健　院　向　聆　瑞　奥　娘　武　第止　宛止　喜止　圏

客　巷　晚　魚　簇　旦　卬　杉　乾　壬止　傳止　泉　二　杉　垄止

添　壽　膾　深

六

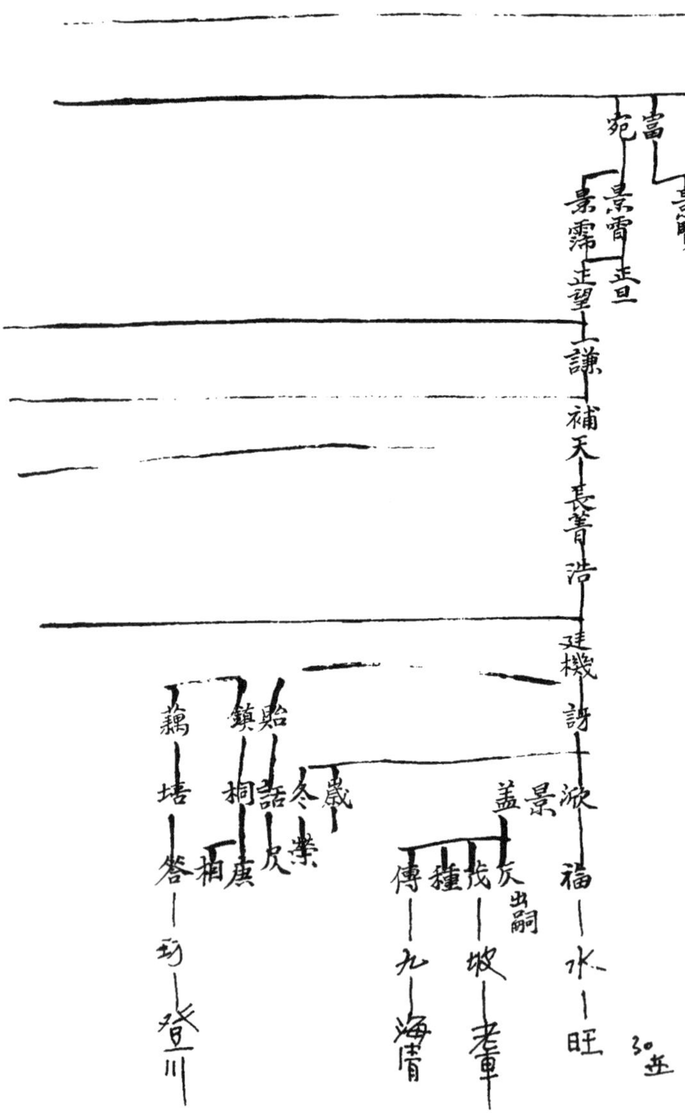
寶
景壽
正芳
正萃
景元
正芊
正萬
景秀
富
景賢
宛
景霄
正旦
景霈
正望
謙
補天
長善
浩
建機
誘
派
福
水
旺
景
蓋
灰
出嗣
茂
坡
種
傳
九
海清
歲
冬
業
貽
語
鎮
桐
庚
楠
藕
答
振
京
旺
高
漢
掌
妙
敦
隨止
曾
攀

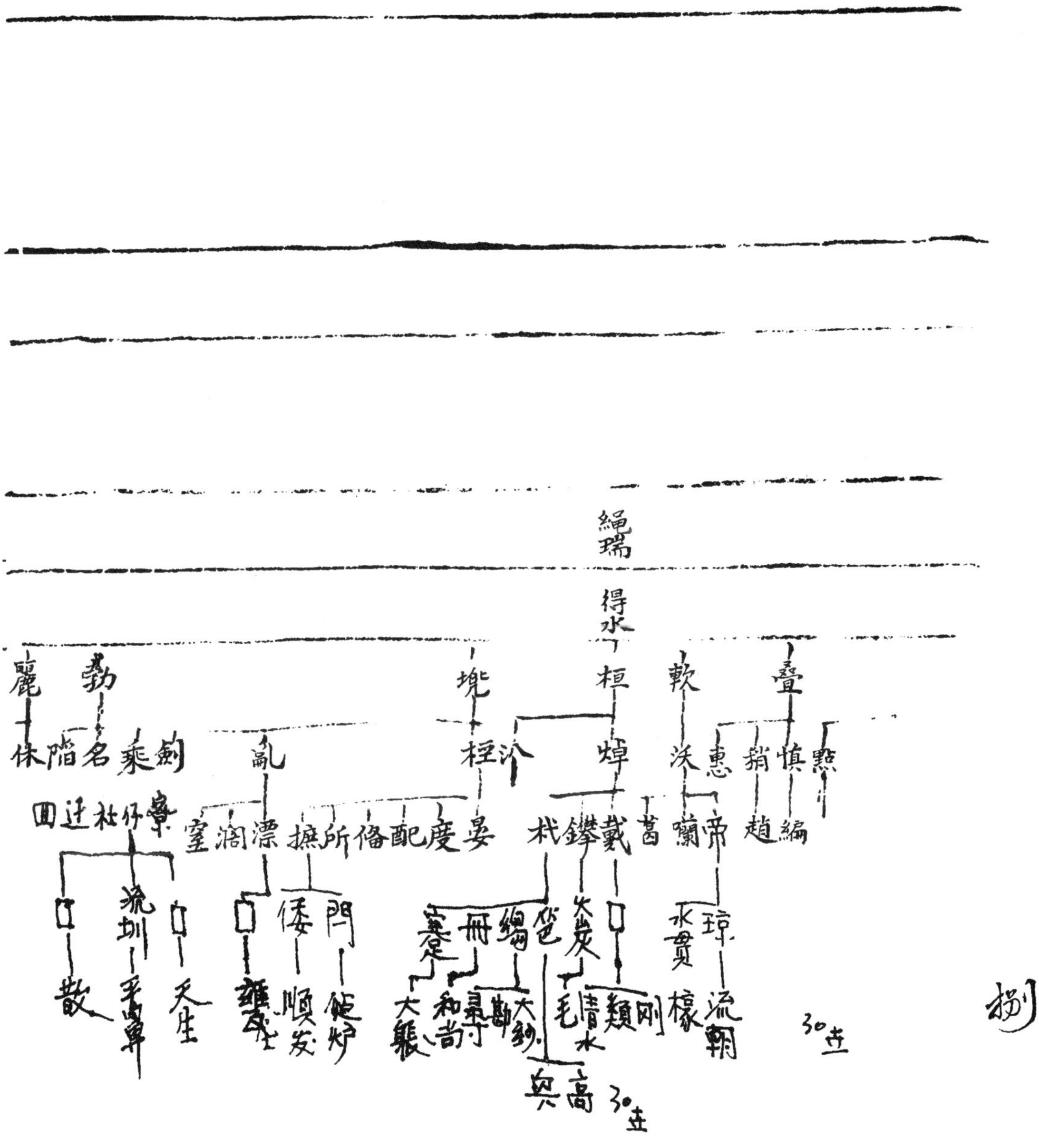

綿瑞
得水
麗 勤 垸 桓 軟 疊
休 階 名 乘 劍 亂 桯 汃 焯 沃 惠 指 慎 熙
畐 迁 社 仔 稟 窒 淌 漂 摭 所 侮 配 度 晏 枎 鑻 戴 菖 嚩 帝 趙 編
婁 門 冊 琼 流
散 天生 順安 毛 類 剛 椽 流朝
大䘵 和尚
奥高 30立
30立

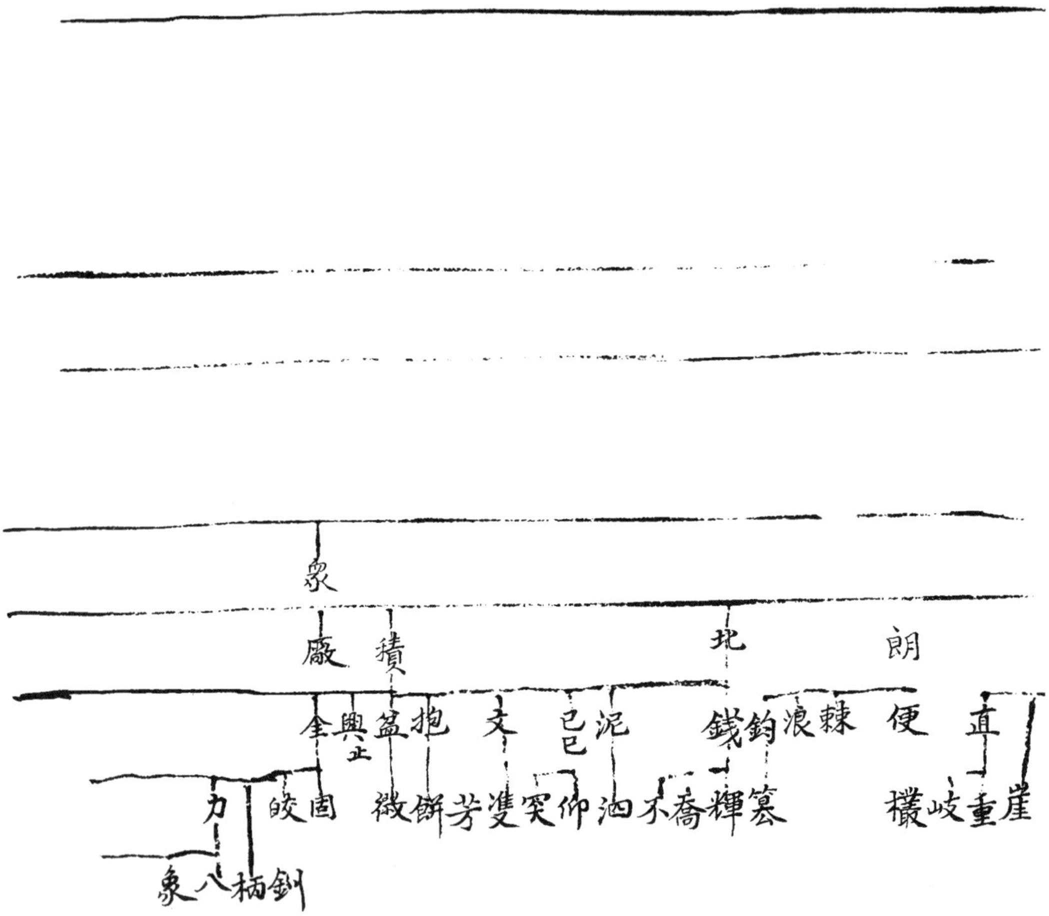
家
廠 積 北 朗
全 興 益 抱 文 巳 泥 錢 鈞 浪 棘 便 直
力 皎 固 微 餅 芳 雙 突 仰 洄 不 喬 輝 篡 欖 岐 重 崖
象 八 柄 釗

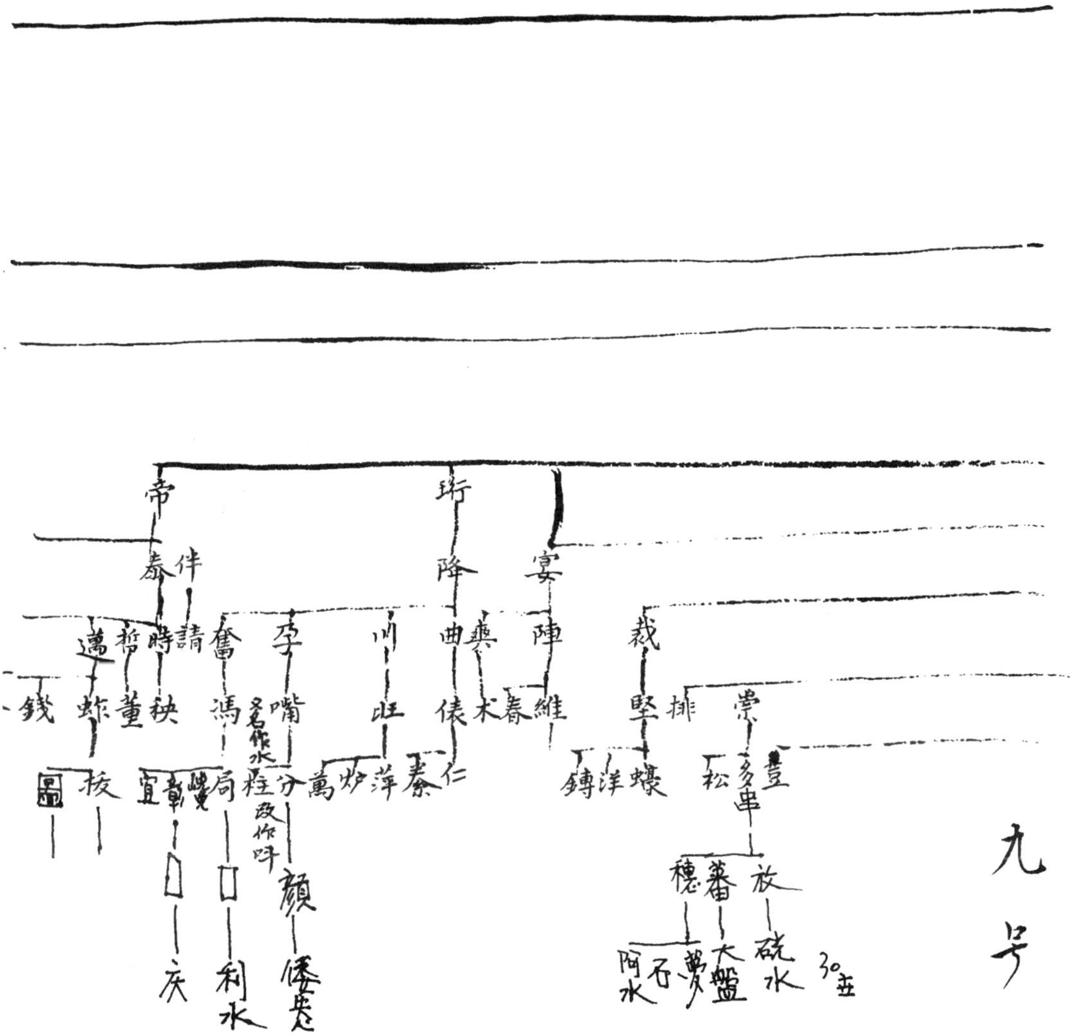

帝
衍
泰
伴
降
宴
邁
哲
時
請
奮
李
川
曲
爽
陣
裁
錢
蚨
董
秧
馮
嘴
旺
俵
木
春
維
堅
排
按
宜
局
分
萬
萍
秦
仁
洋
松
多串
名作水
改作吽
顏
衣
蕃
庆
利水
硫水
大盤
石
阿水
九号

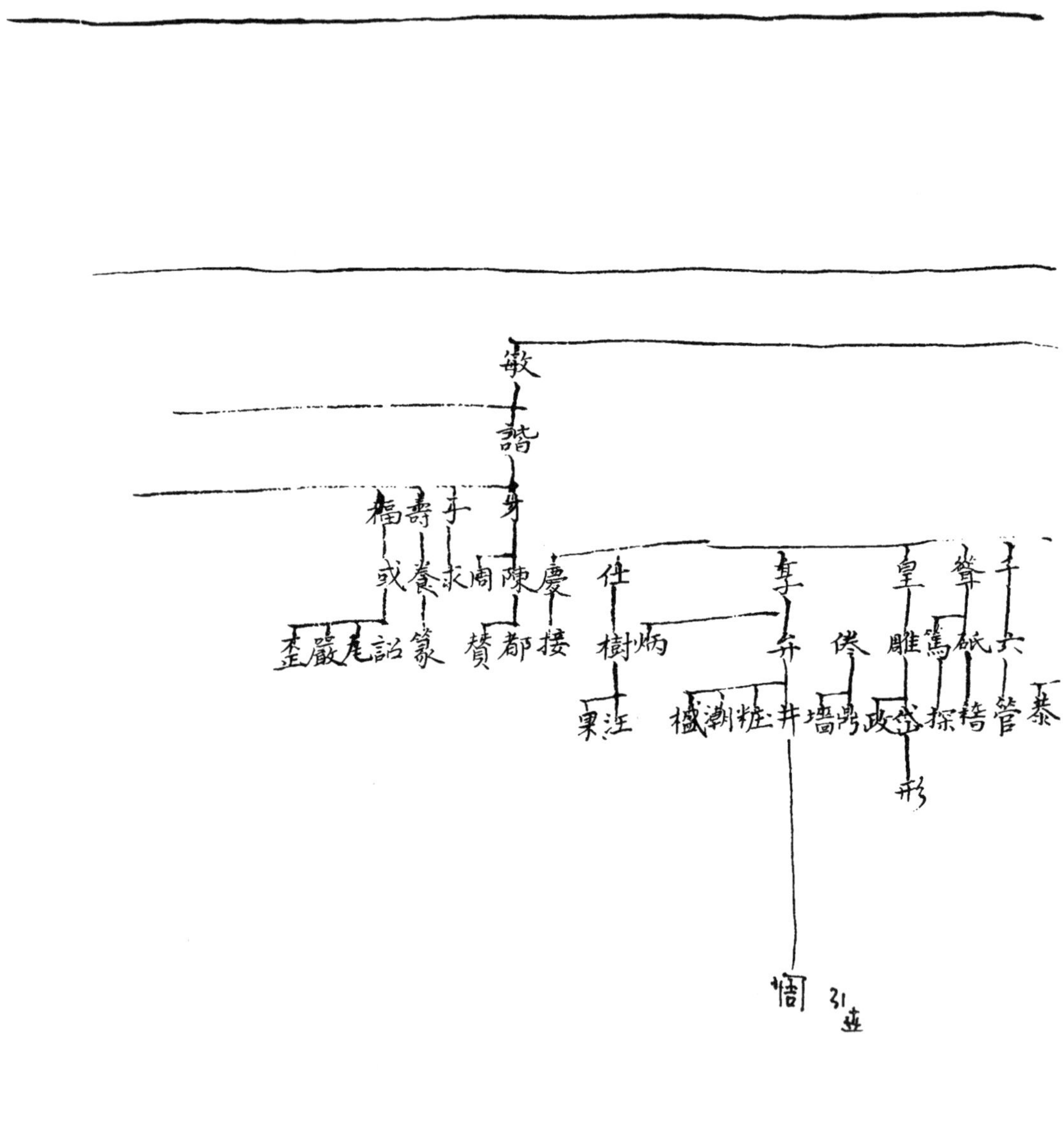
敏
諧
福壽
或養求周陳慶仕享皇千
嚴詔篆贇都接樹炳倈雕篤六
果注潮井政探管恭
彤

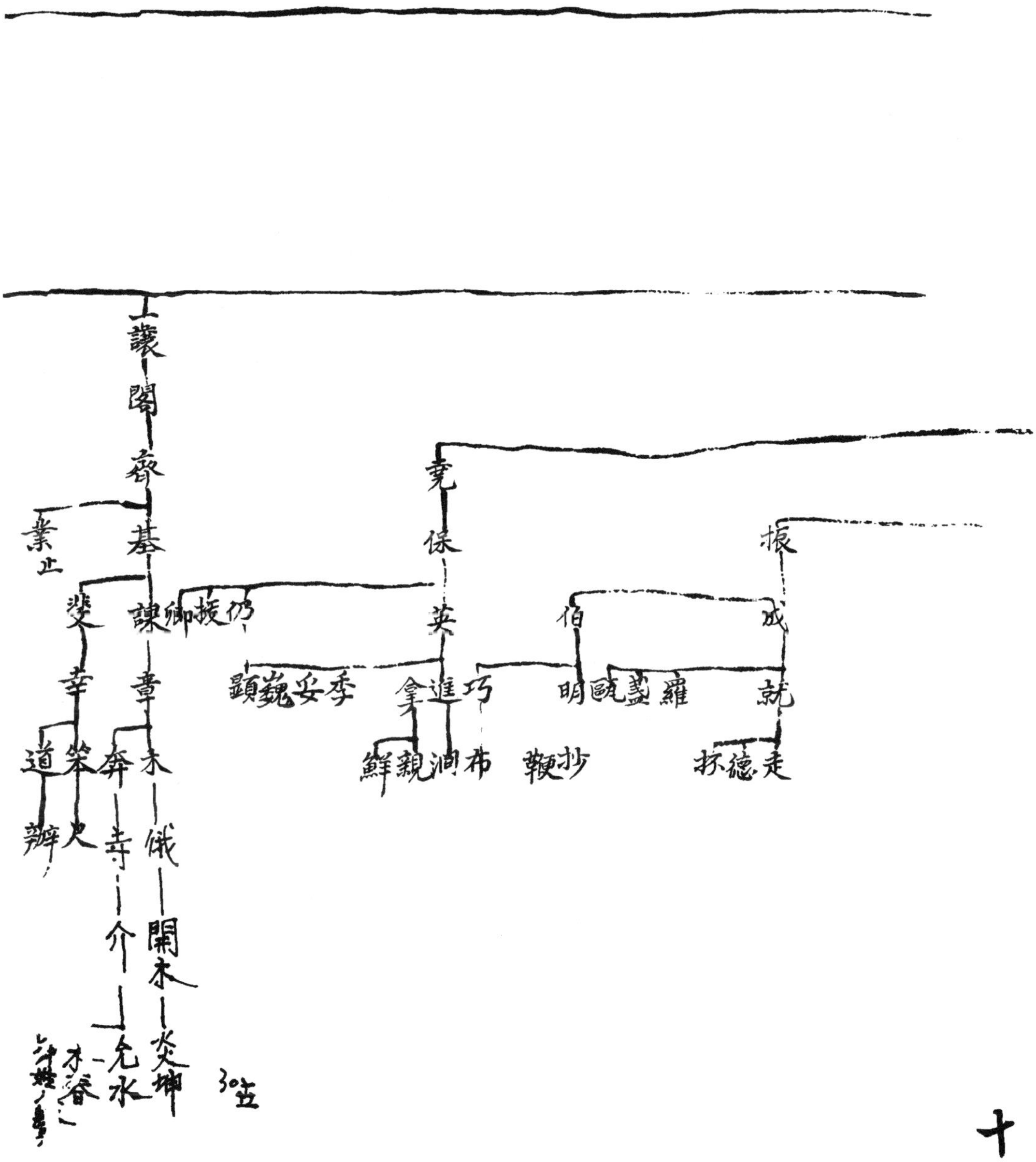

十

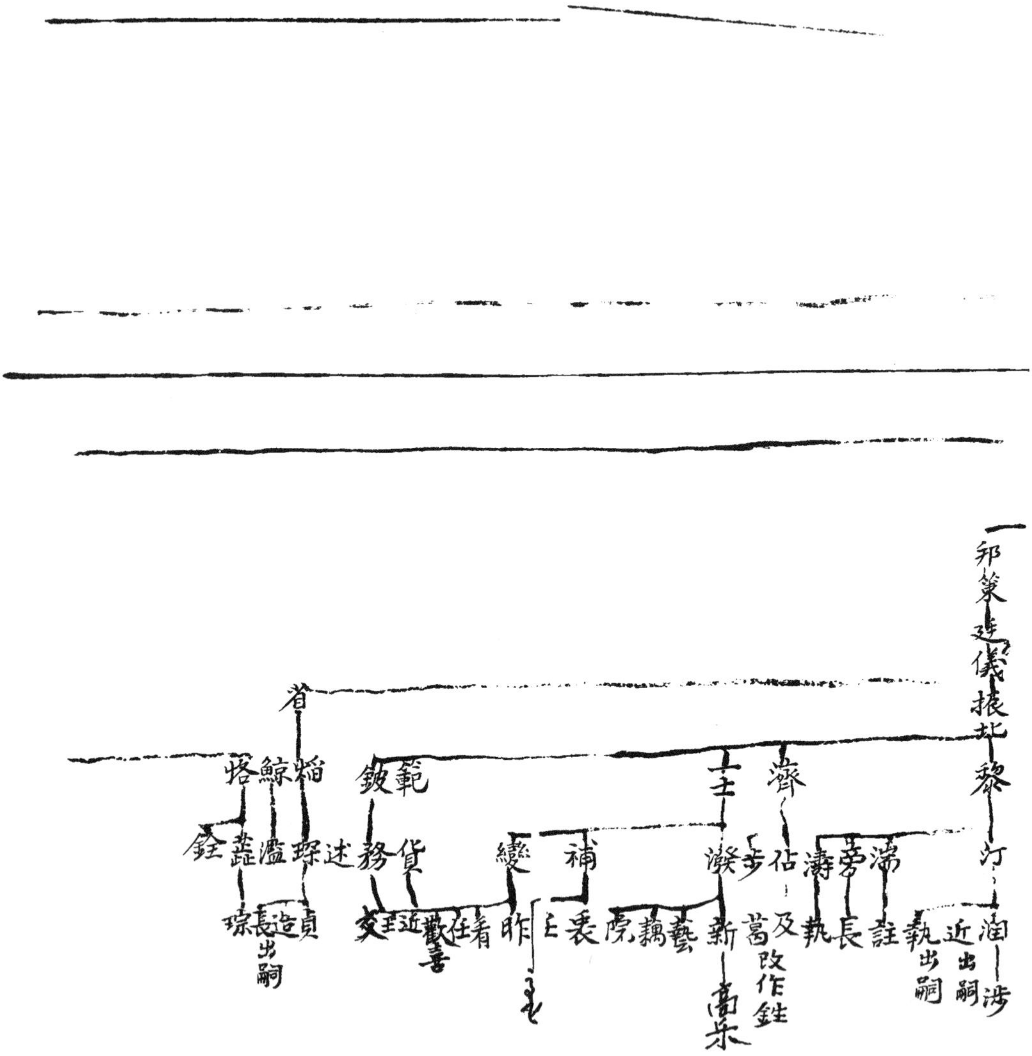
黎
汀
註
長
近出嗣
及
改作鉒
新
藝
補
範
貨
務
述
鯨
濫
近出嗣

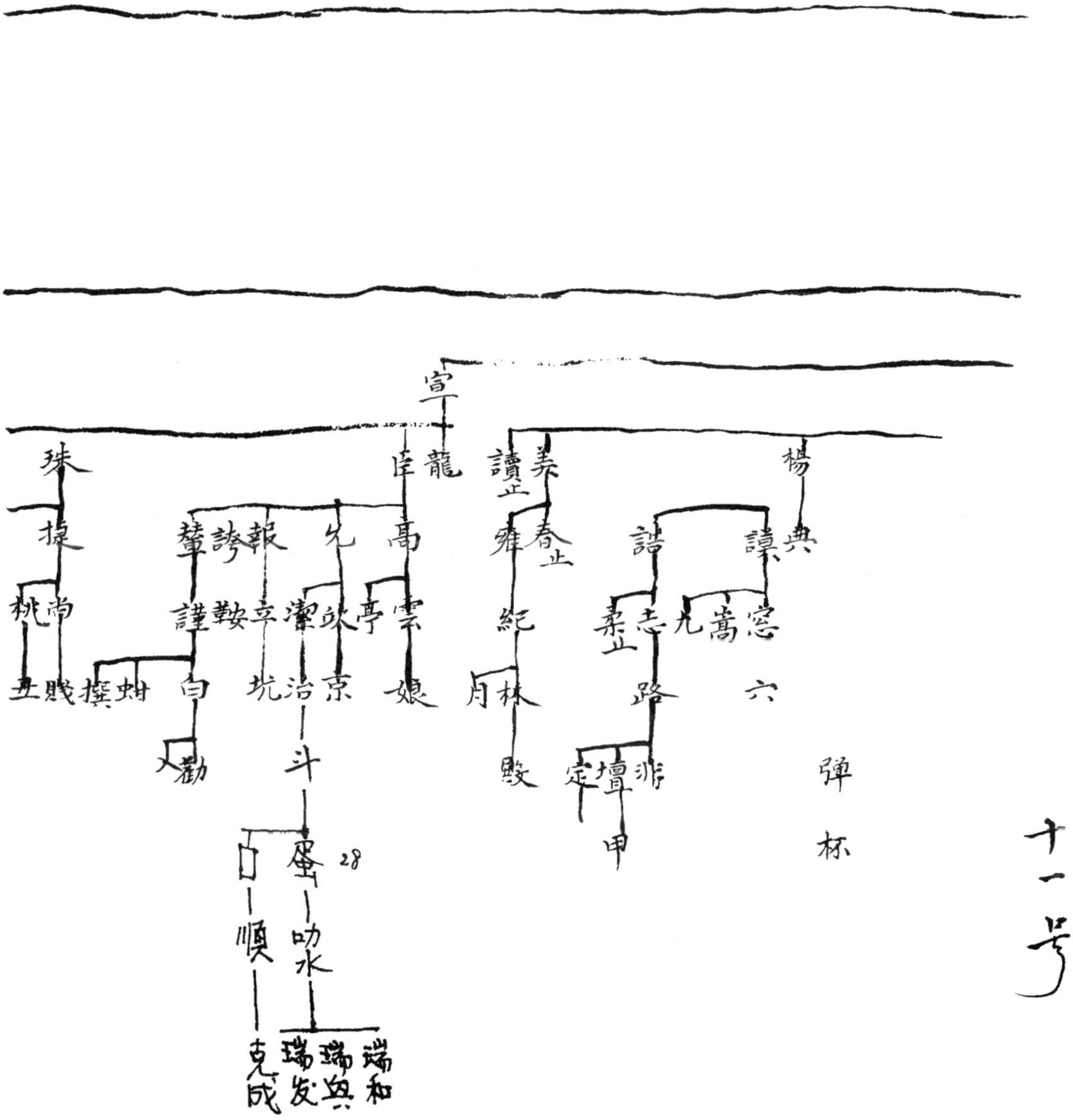

宣
珠
龍
羡
楊
報
允
高
春
典
桃
尚
立
亭
紀
志
嵩
白
京
娘
月
林
路
六
勸
斗
定
非
彈
甲
杯
28
順
克成
瑞發
瑞興
瑞和
十一号

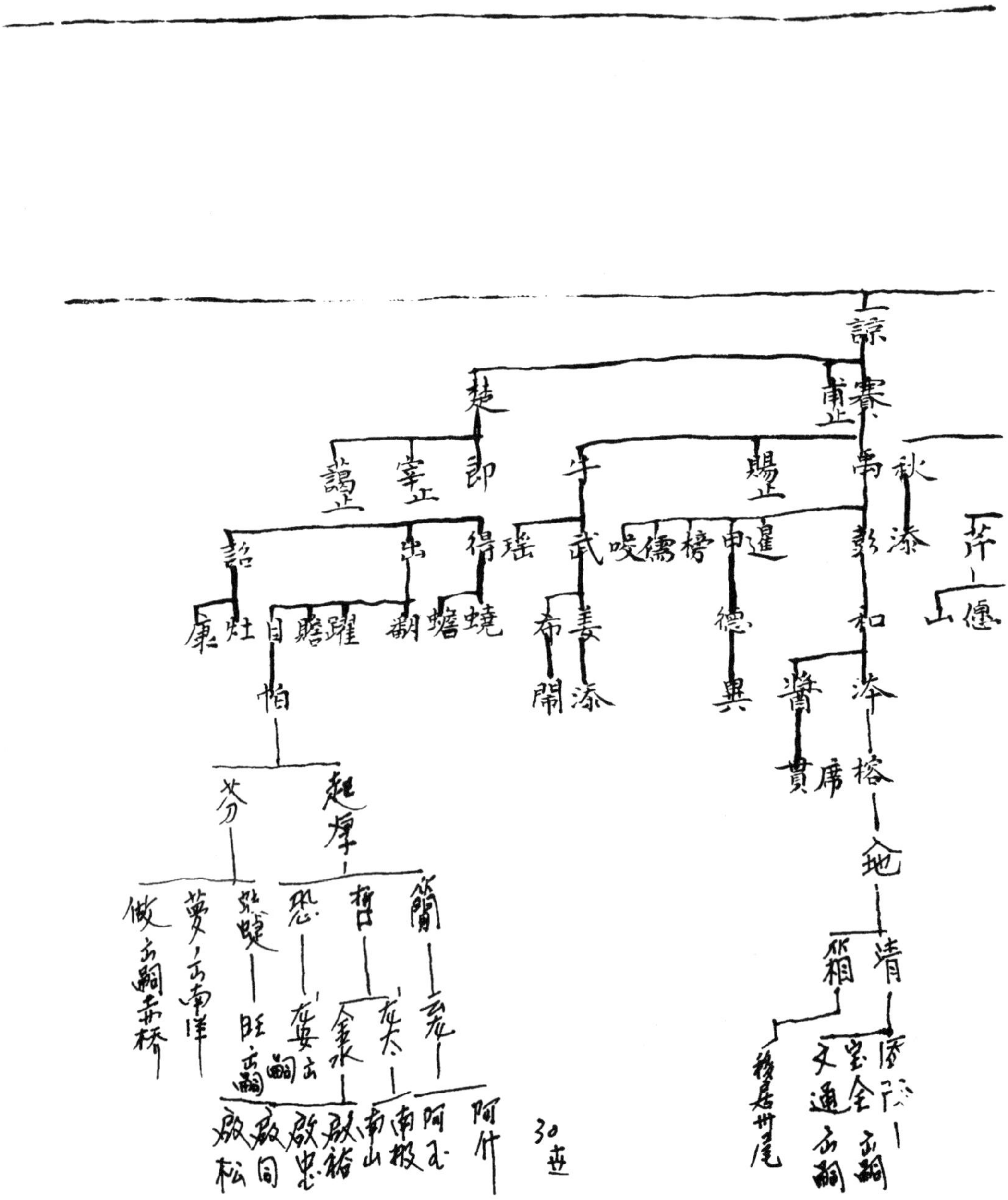

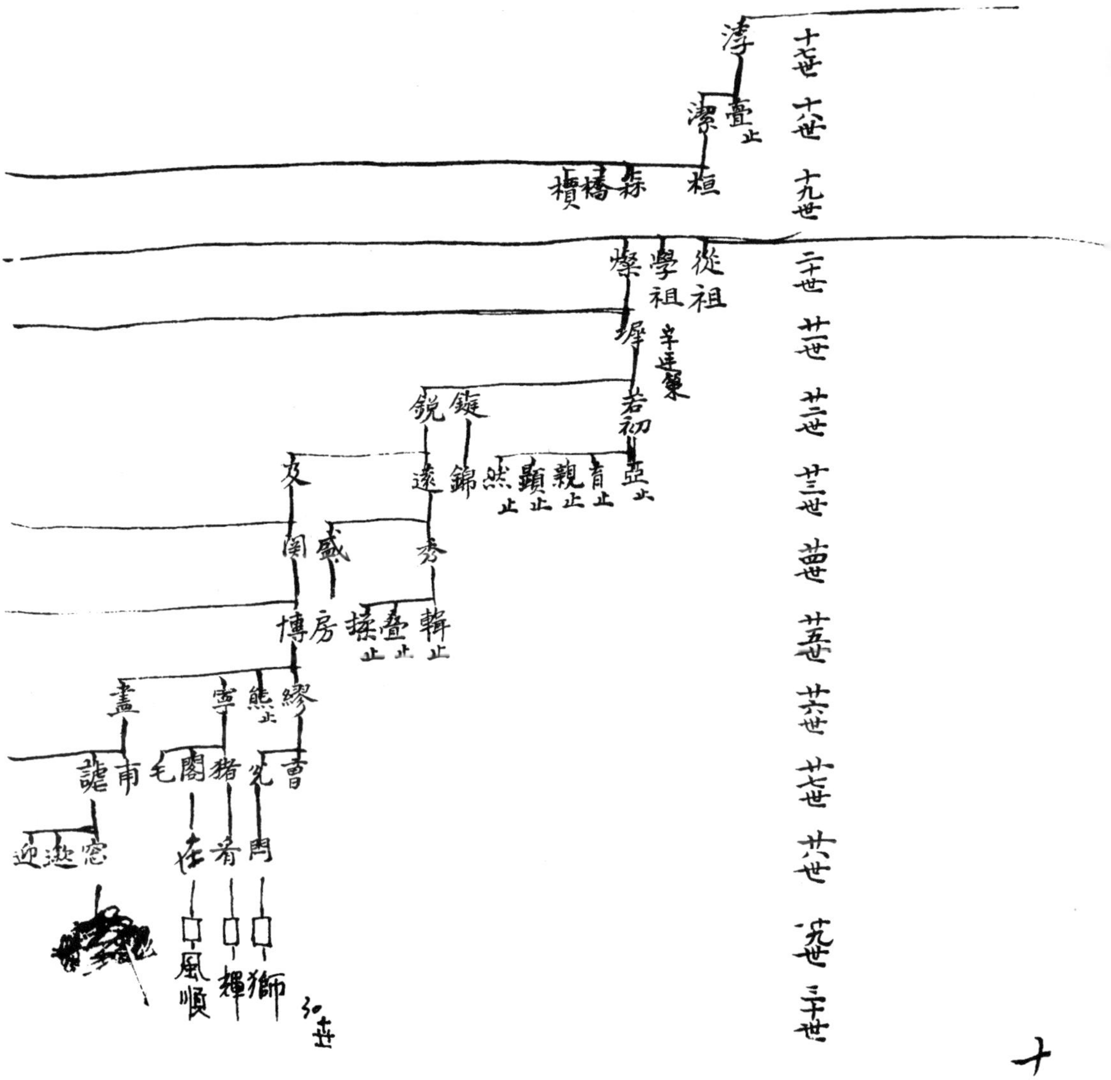
十七世 淳
十八世 潔 亶止
十九世 植 森 橋 櫝
二十世 從祖 學祖 燦
廿一世 屏 辛廷桀
廿二世 若初 鏈 銳
廿三世 亞止 育止 親止 顯止 然止 錦 遂 爻
廿四世 秀 盛 閏
廿五世 轄止 疊止 揉止 房 博
廿六世 繆 熊止 亨 畫
廿七世 曹 光 豬 閣 毛 甫 詎
廿八世 再 肴 佳 窓 遊 迎
廿九世 □ □ □
三十世 獅 輝 風順
以上

十二

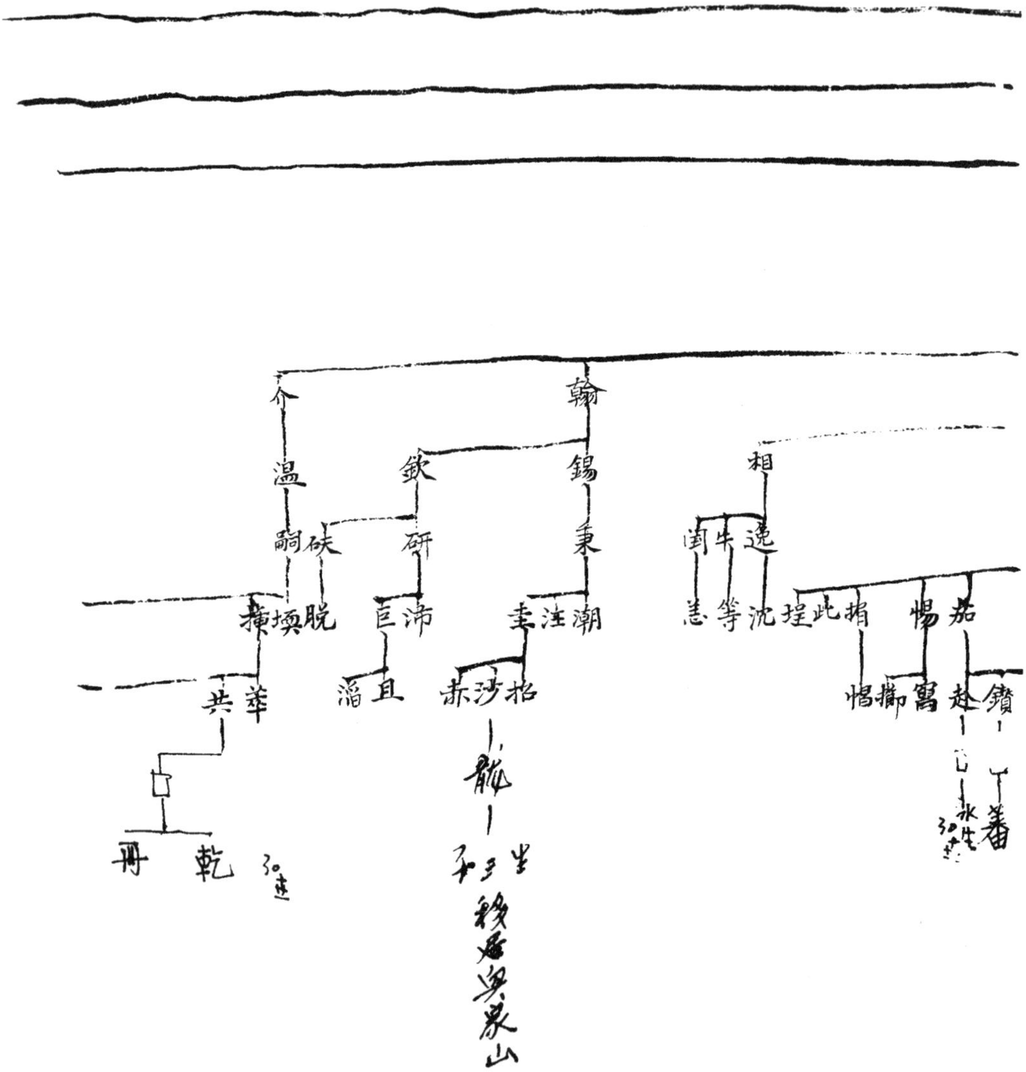
介
翰
溫
欽
錫
相
研
秉
逸
潮
沆
共
乾
龍
山

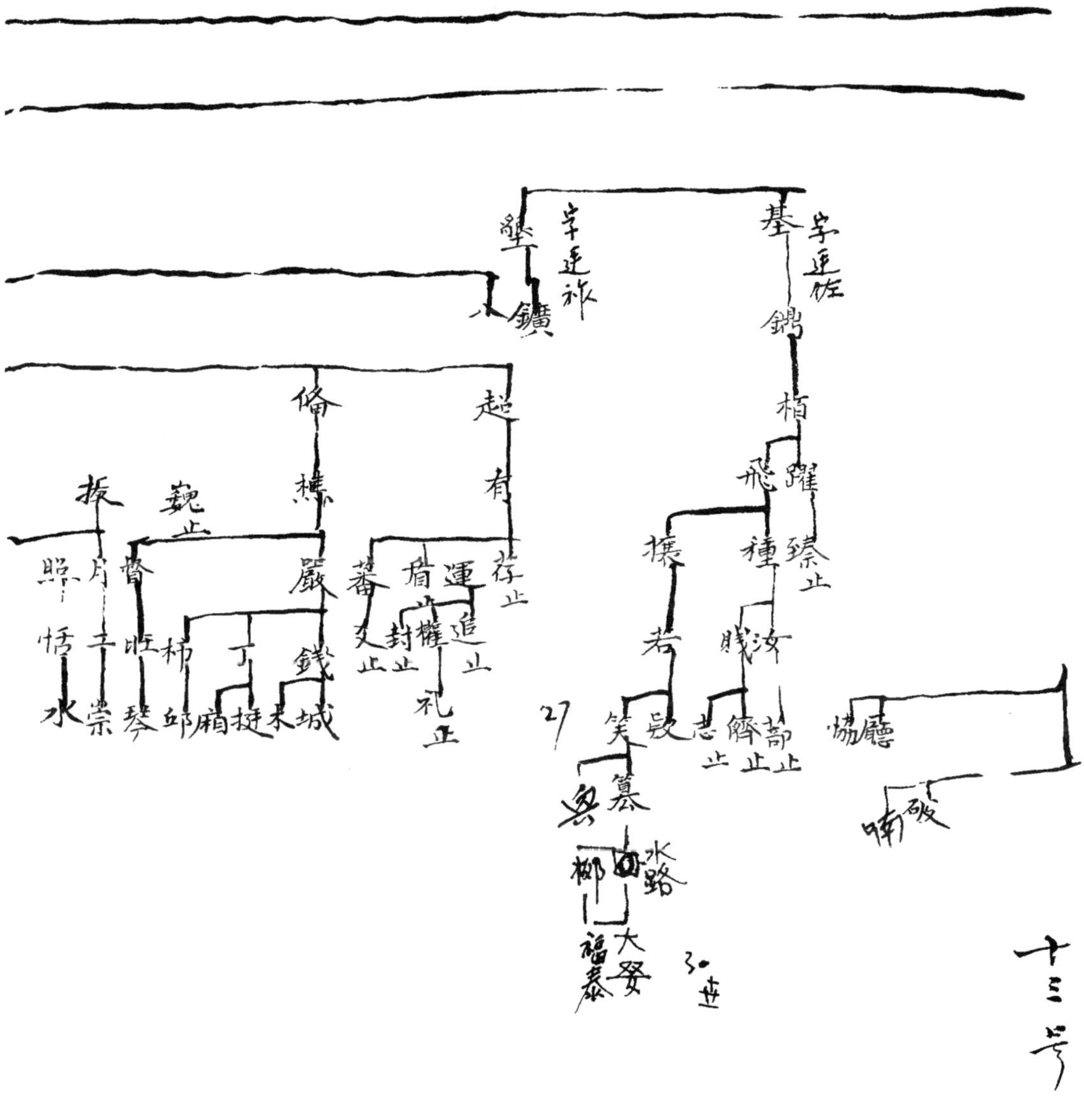
基 字廷佐
字廷祿
鏌
鍋
栢
躍
飛
種
孫止
起
倫
有
存止
運
追止
權
封止
礼止
巖
錢
城
桺
丁
郎
琴
崇
水
悟
照
振
魏止
協
破
大
福
十三号

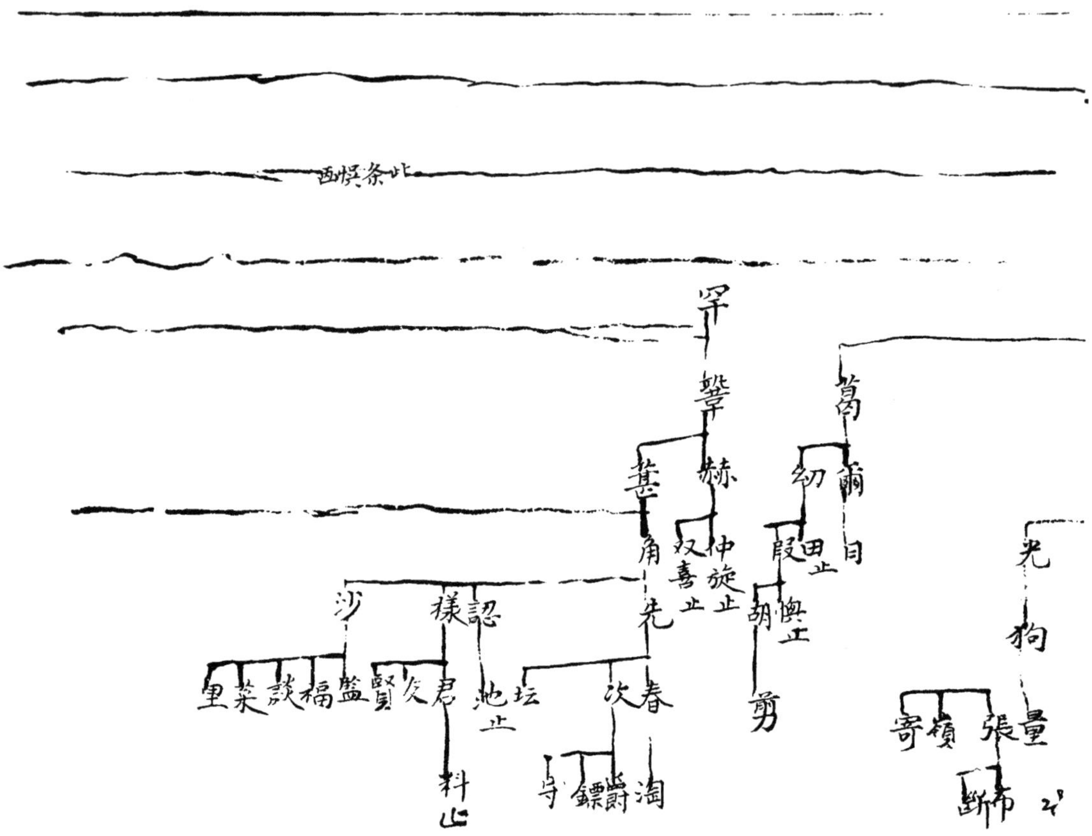
罕
甚
赫
角
先
春
次
坛
池止
認
沙
監
福
里
君
賢
料止
淘
仲旋止
双喜止
幼
白
殷
田止
胡
勇
光
狗
量
張
寄

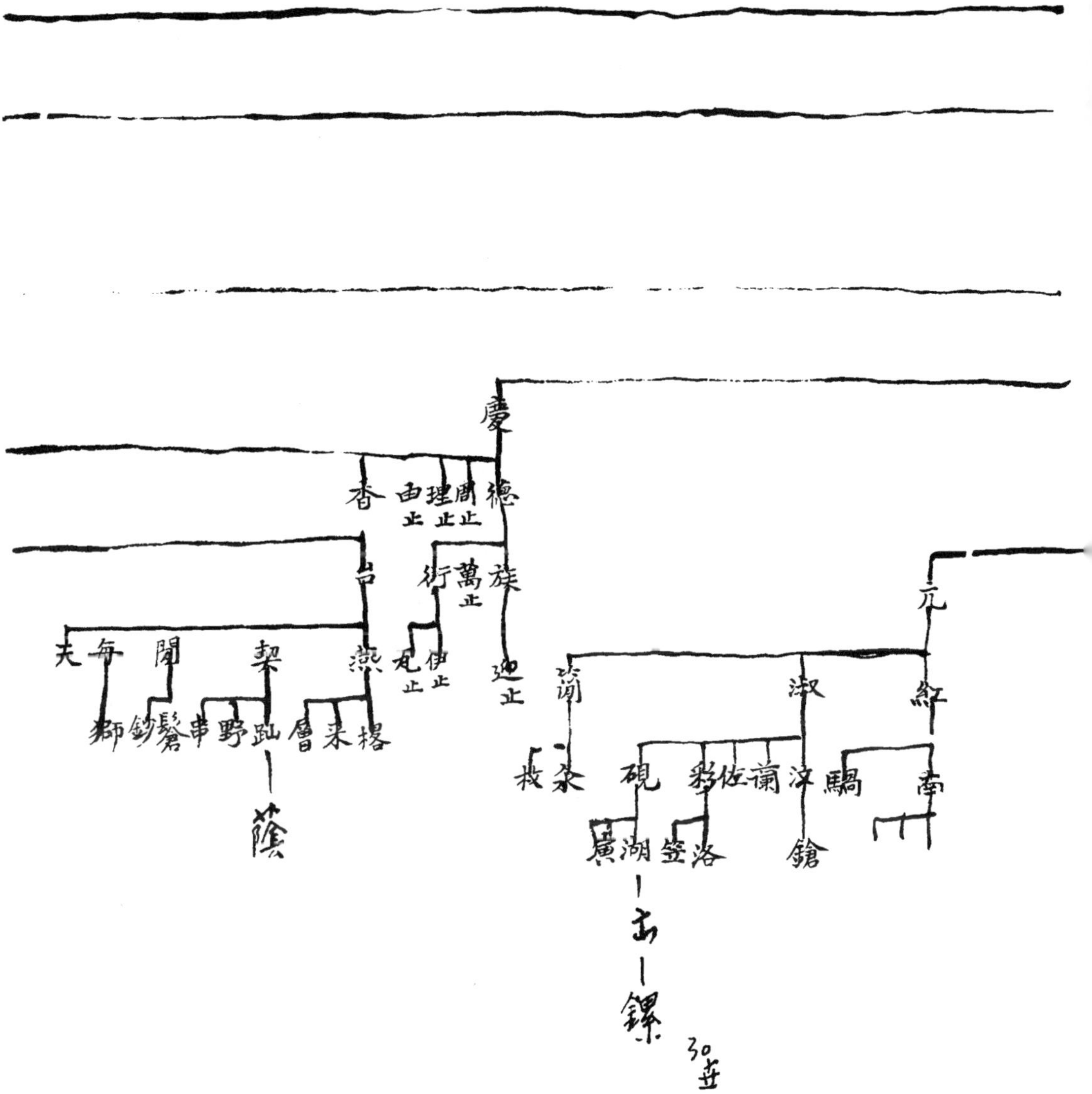

慶
德
杏
理
止
止
止
萬
止
台
每
閏
契
伊
止
止
止
淑
紅
硯
湖
洛
鎗

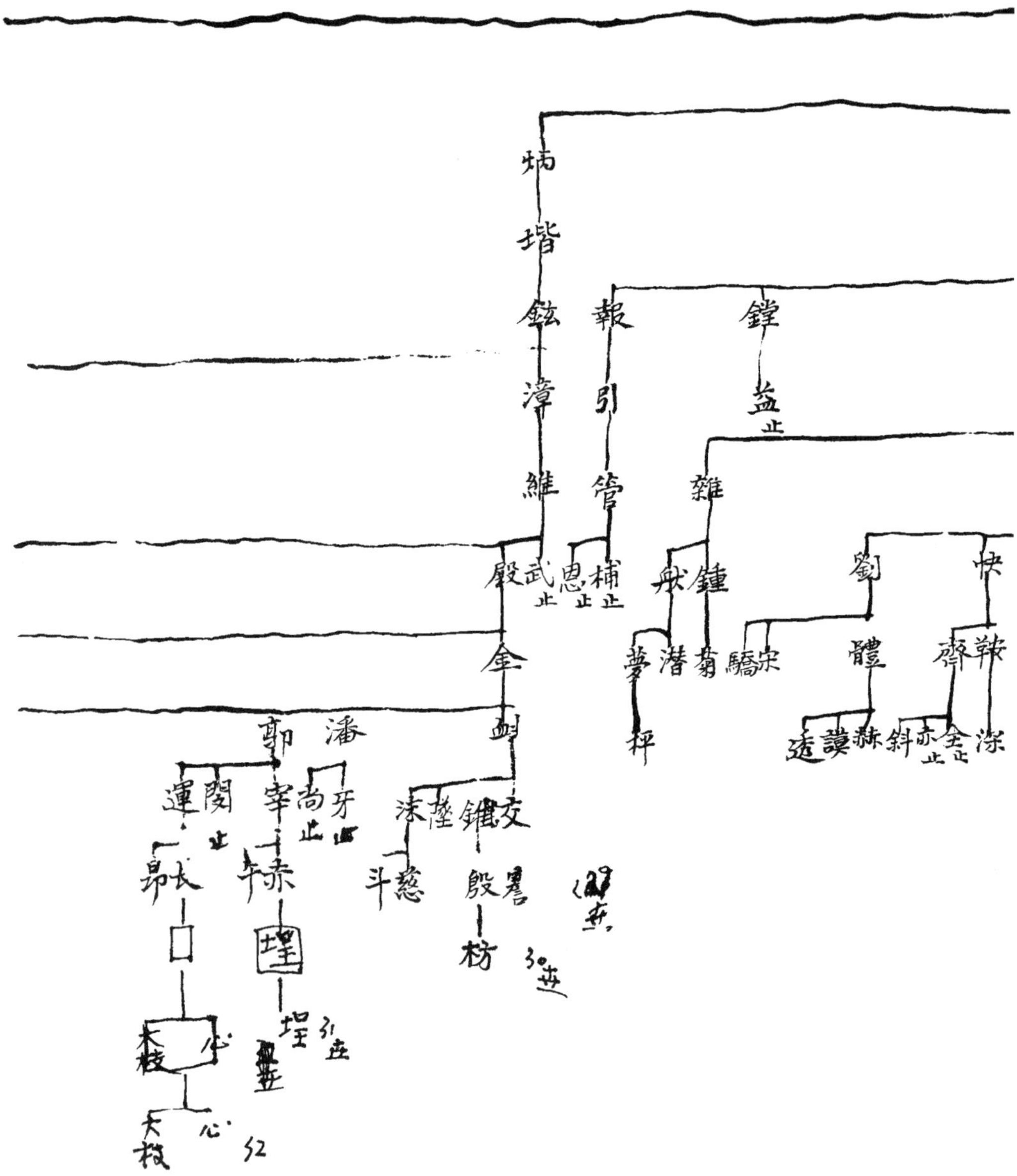

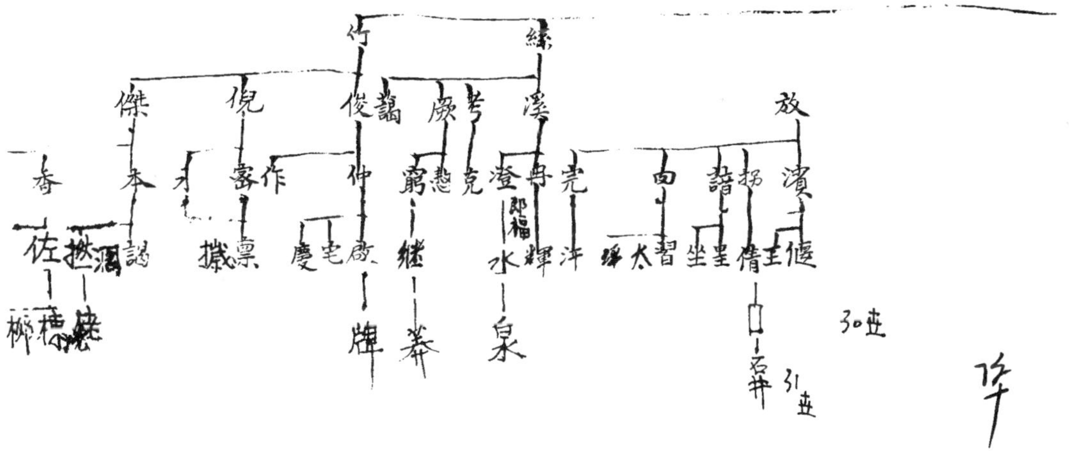
竹
溪
放
傑
倪
俊
本
作
仲
克
澄
演
慶
宅
啟
水
泉
智
佐

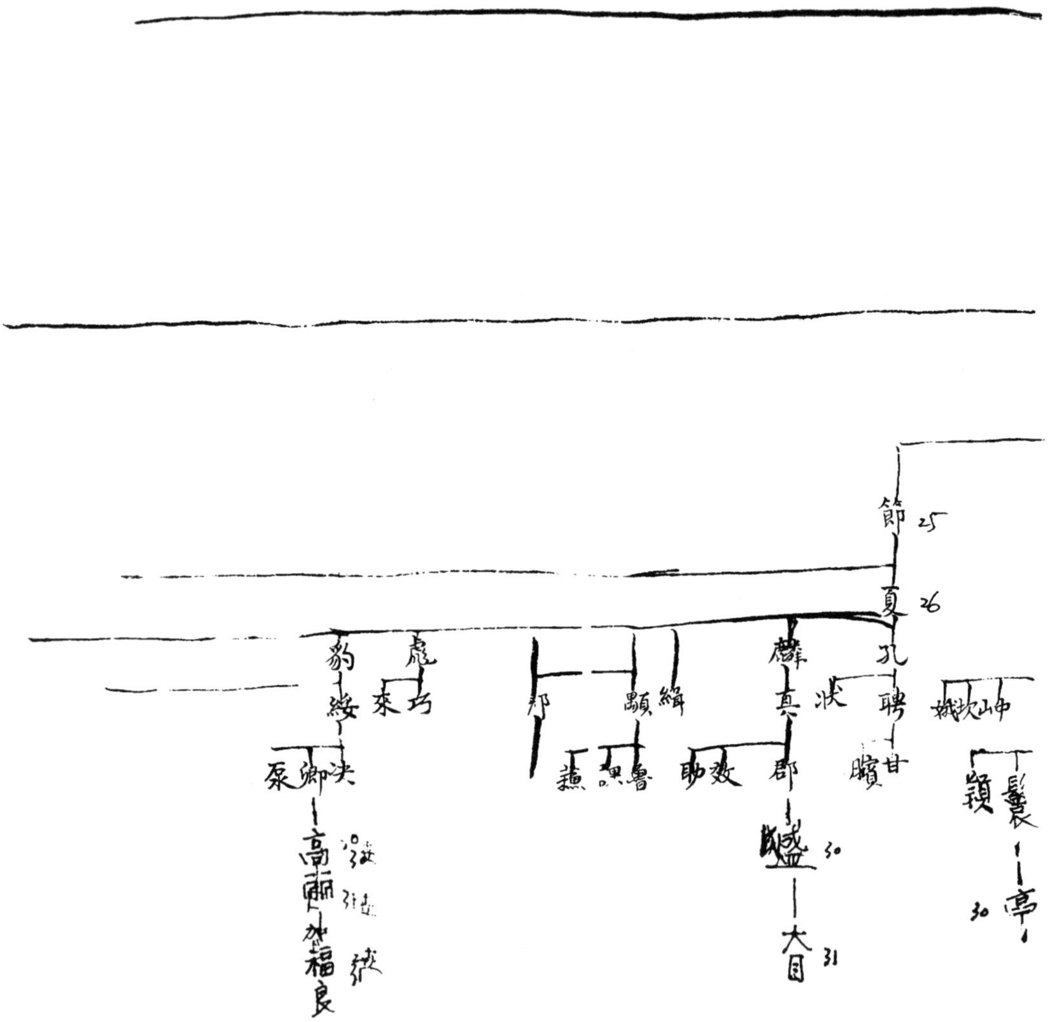
節 25
夏 26
孔
聘
甘
狀
真
郡
盛 30
大目 31
數
助
魯
顯
緝
巧
來
綏
決
卿
高
福良
亭
30

四家伙
長 夏
次 軒
三 化
四 芬

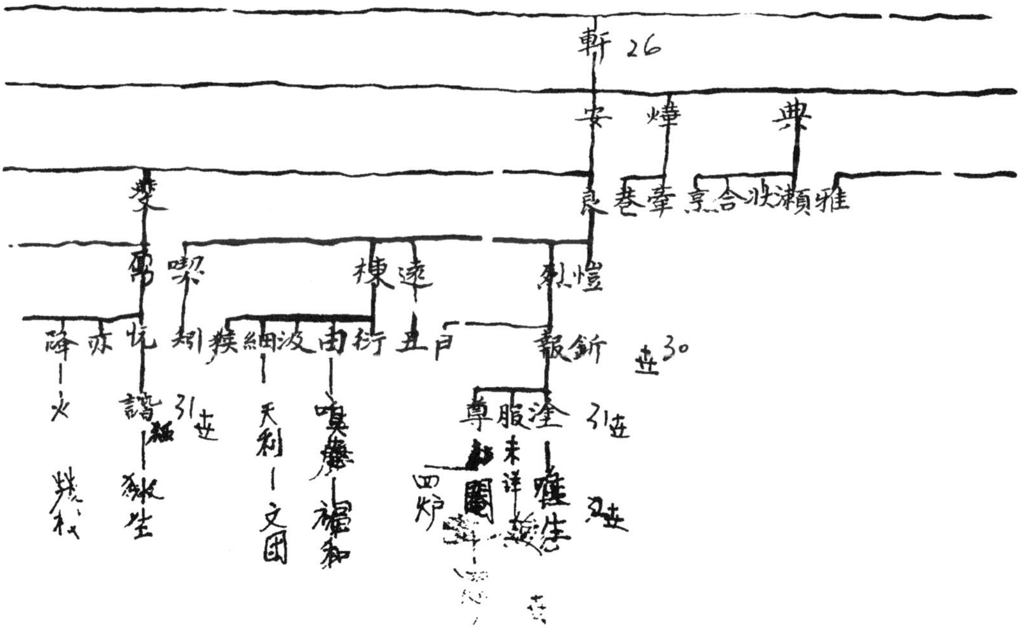

十六号

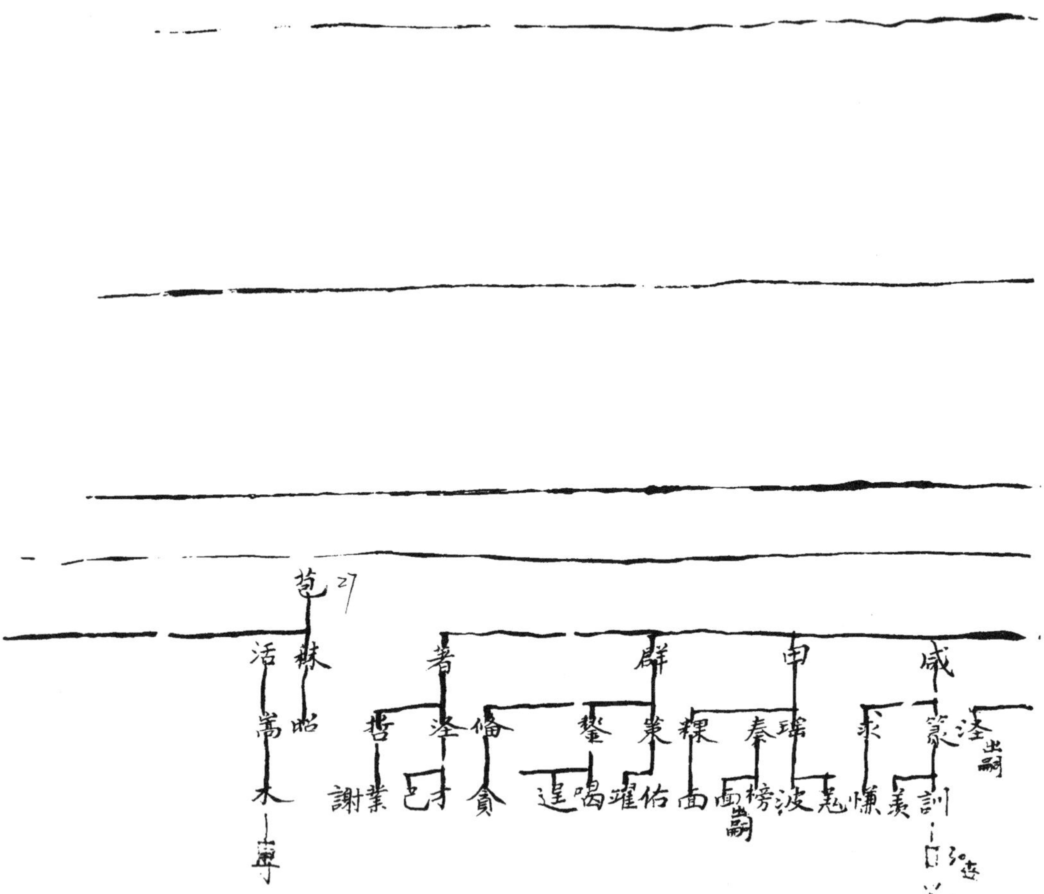
活
林
著
群
申
咸

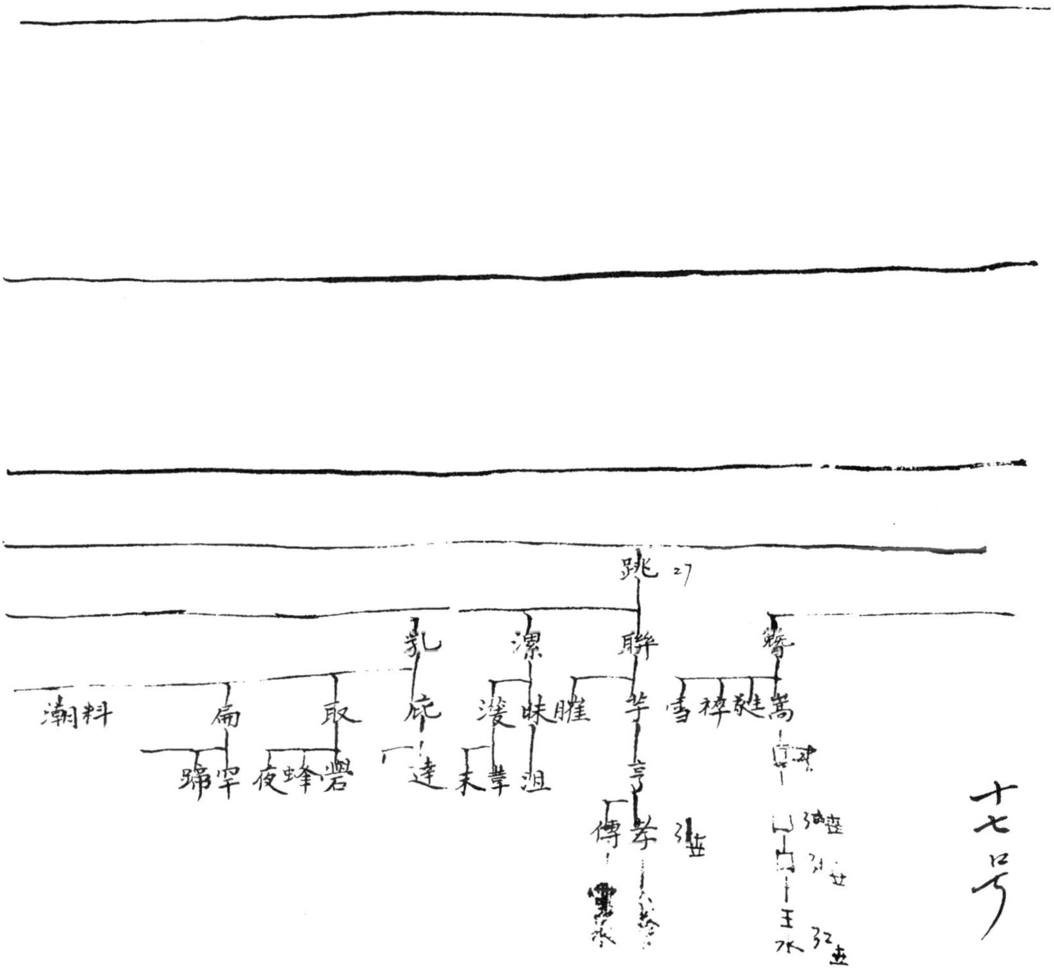
跳
聯
潔
嵩
雄
梓
雪
芋
味
湲
取
扁
料
潮
亨
傳
沮
末
達
蜂
夜

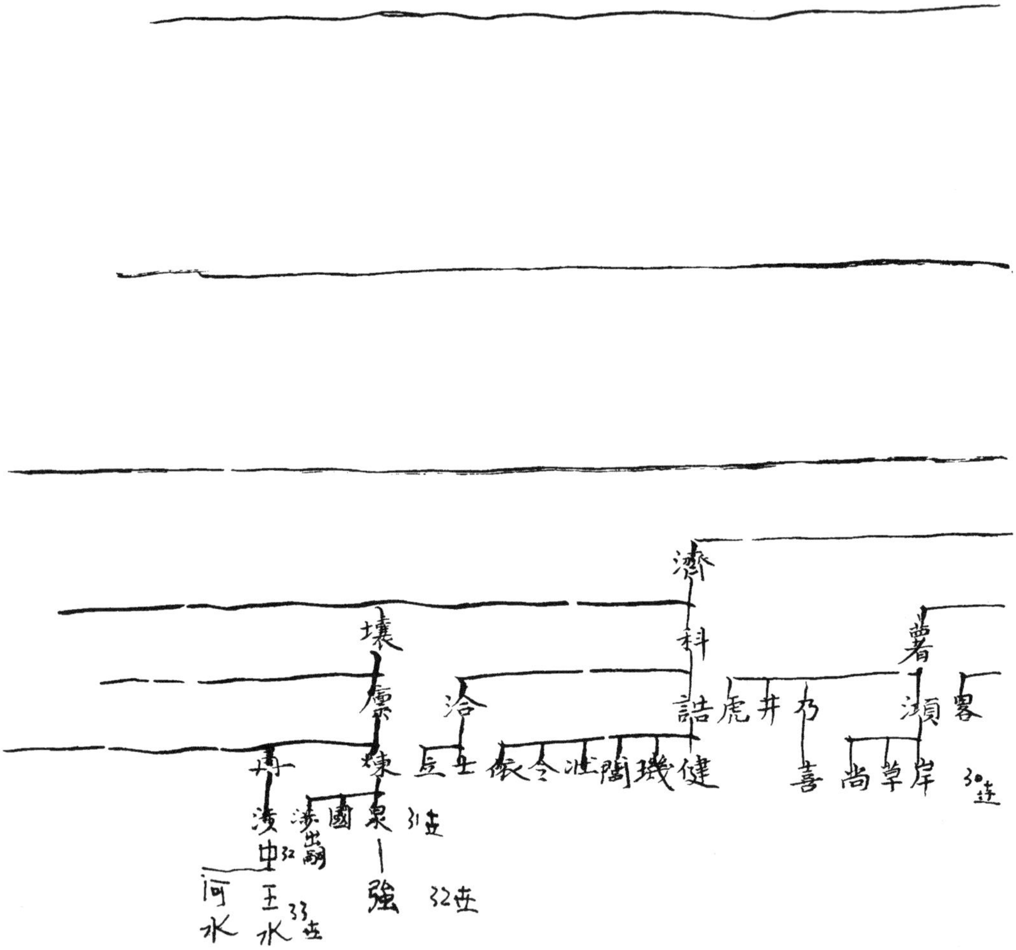
濟
科
詁
虎
井
乃
喜
著
須
客
尚
草
岸
30世
壤
洽
健
璣
國
涉出嗣
泉
31世
強
32世
中32
河水
王水
33世

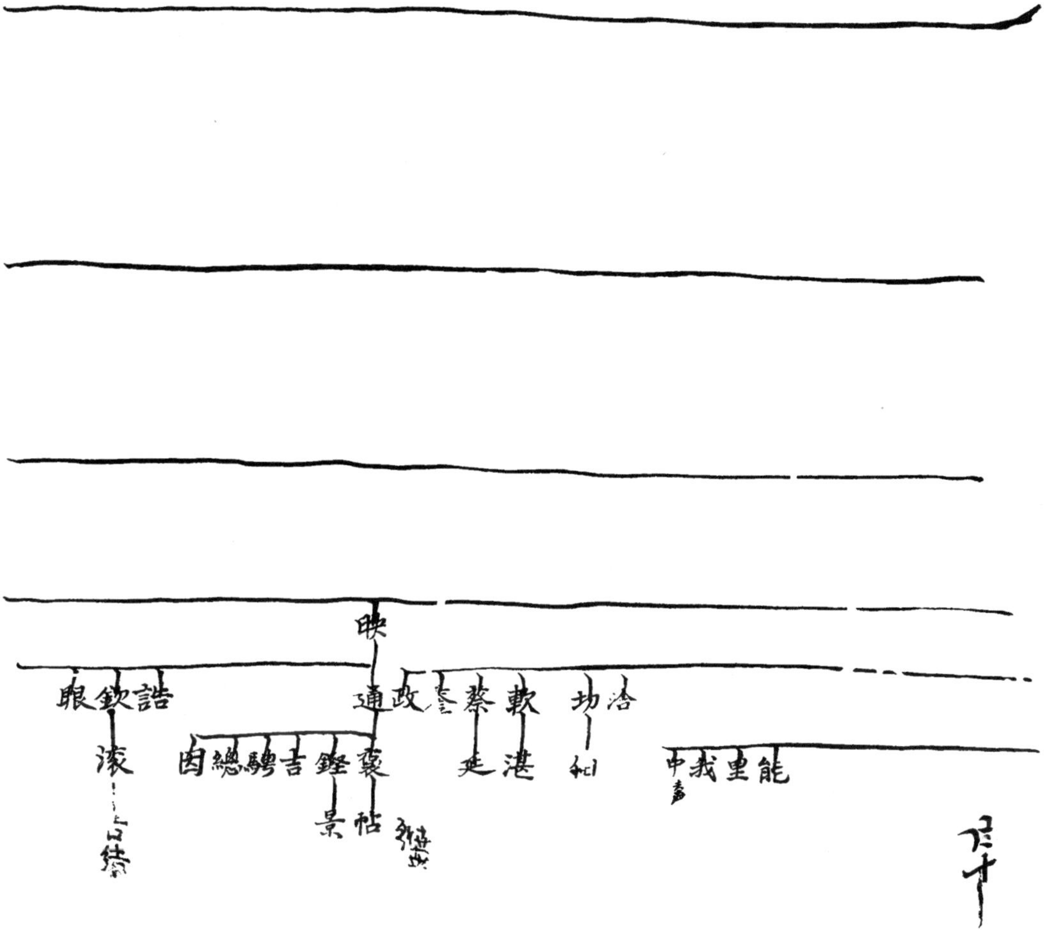
映
欽
誥
通
政
蔡
洽
滚
吉
銓
景
延
港
里
能

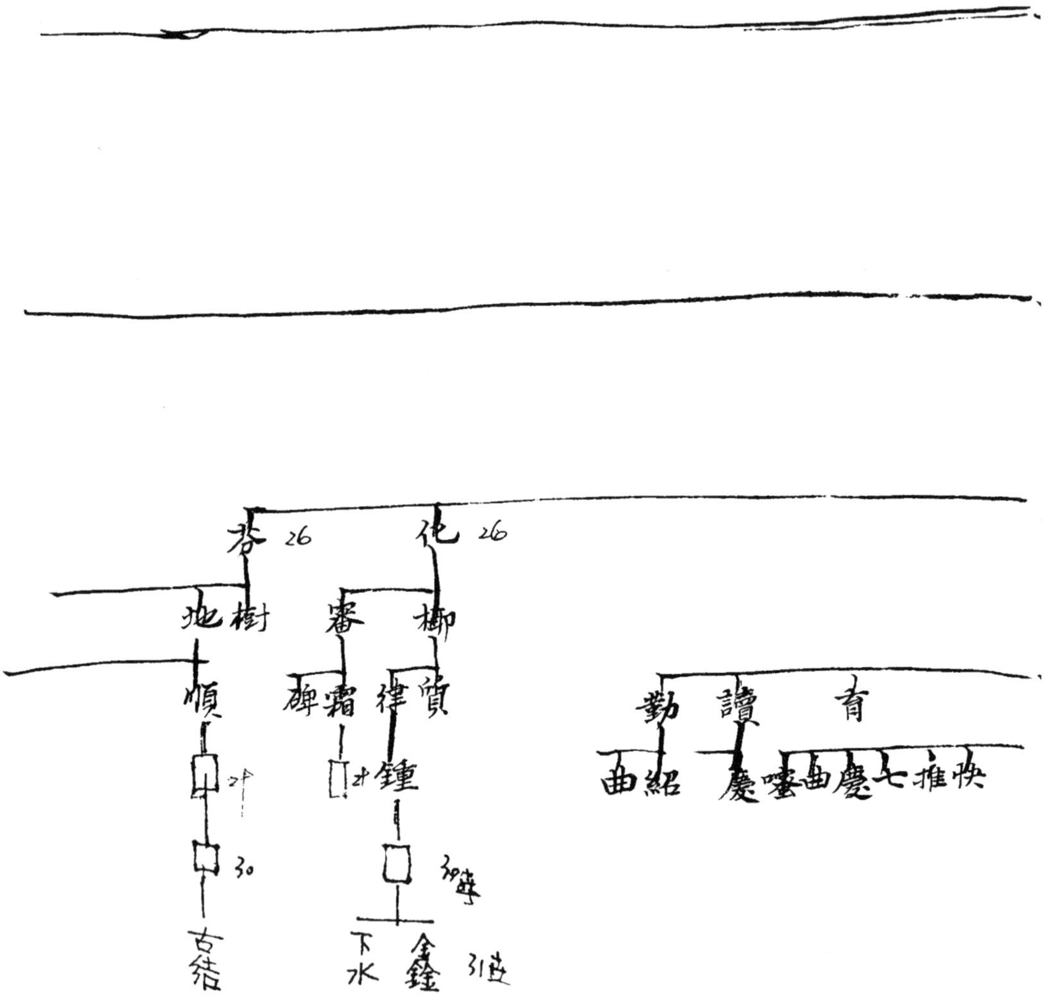
岑 26
佗 26
地 樹
審
順
霜 律
鍾
勤 讀 有
曲 紹 慶
曲 慶 七 推
下 水

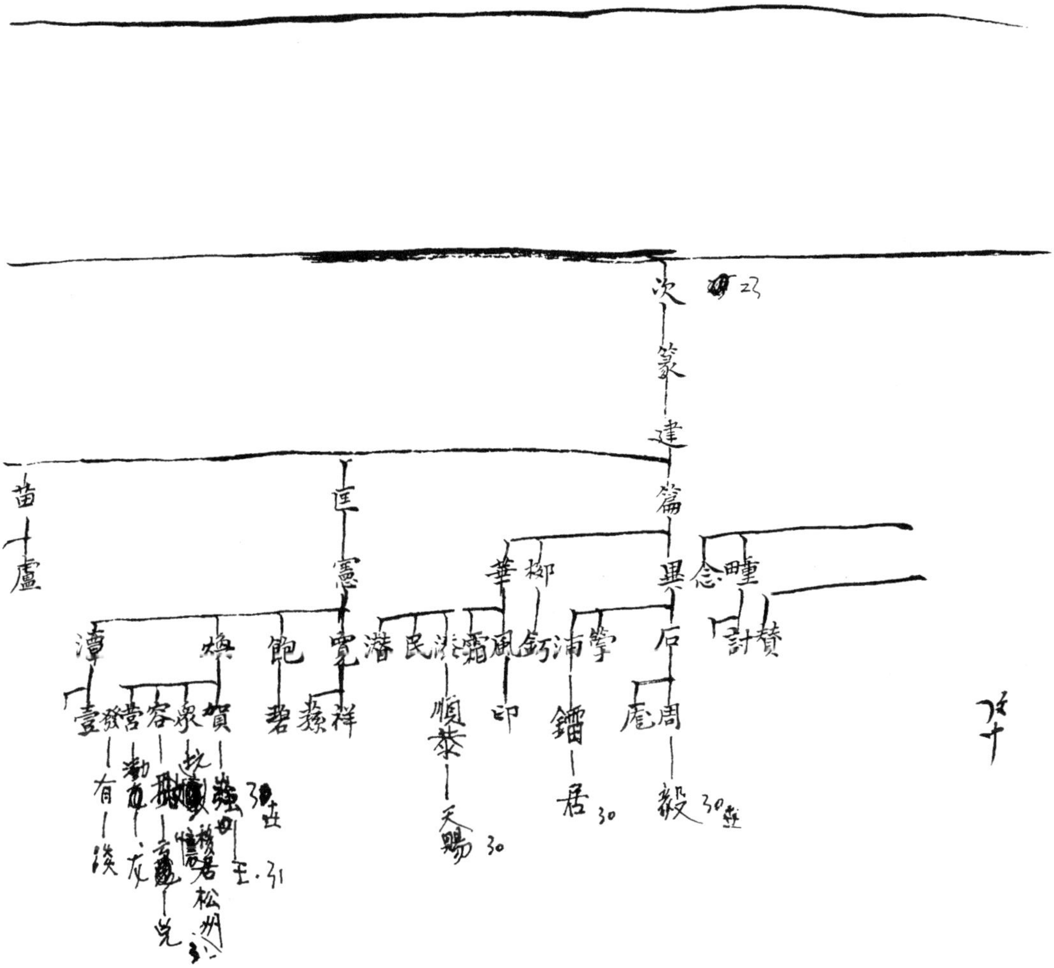

次
建
苗
盧
憲
篇
華
柳
念
讚
潭
飽
祥
潛
民
霜
印
鍾
周
有
順
天賜 30
居 30

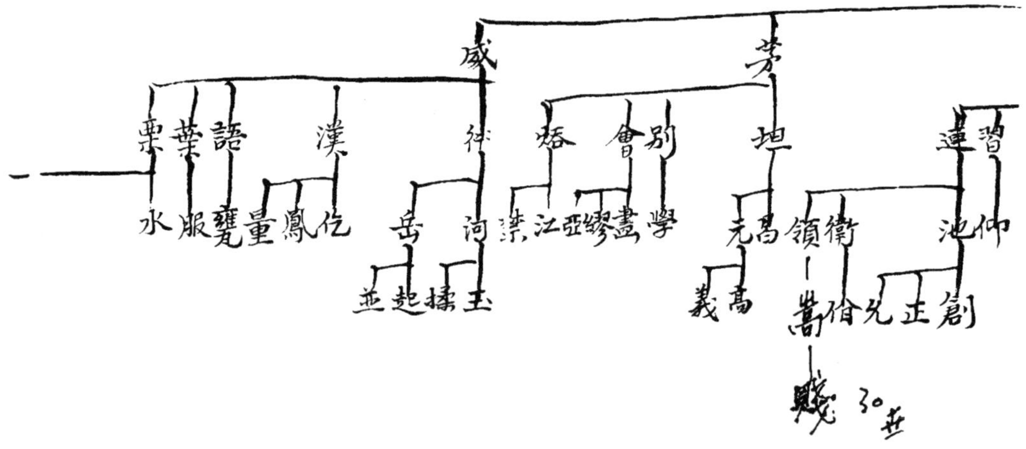
成
芳
語
漢
會
別
地
連
習
水
服
量
鳳
岳
河
江
學
領
衛
池
仰
起
義
高
允
正

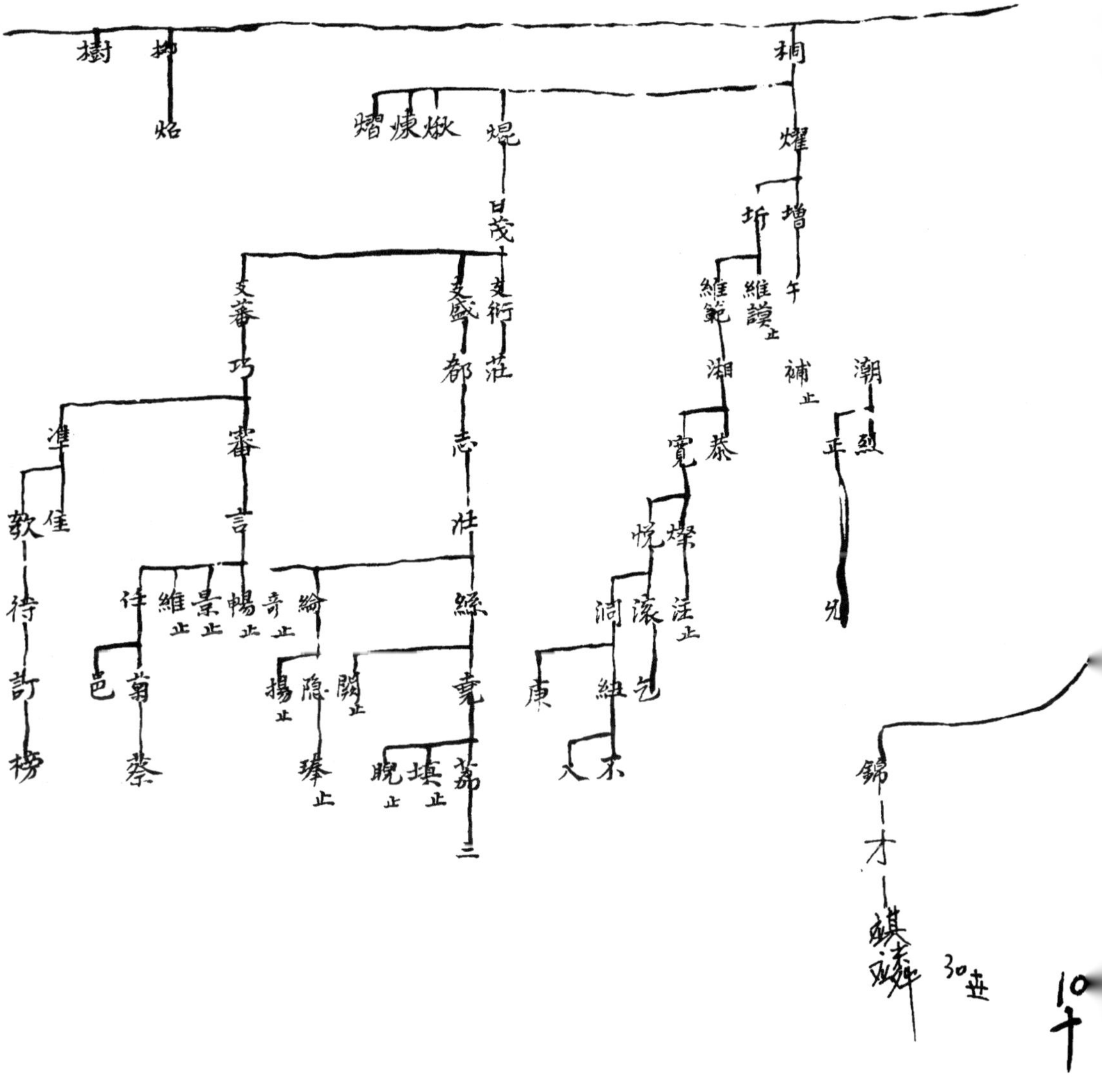
樹
焔
熷
煉
焿
焜
耀
增
圻
昃茂
午
維範
維謨止
文番
文盛
文衍
巧
都
莊
湘
補止
潮
準
審
志
泰
寬
正
佳
言
壯
悅
埰
伍
維止
景止
暢止
奇止
綸
綜
泗
滾
洼止
邑
菊
揚止
隱
闕止
竟
康
紐
乞
欽
待
許
榜
棻
琫止
晥止
填止
荔
三
入
不
錦
才
30
10

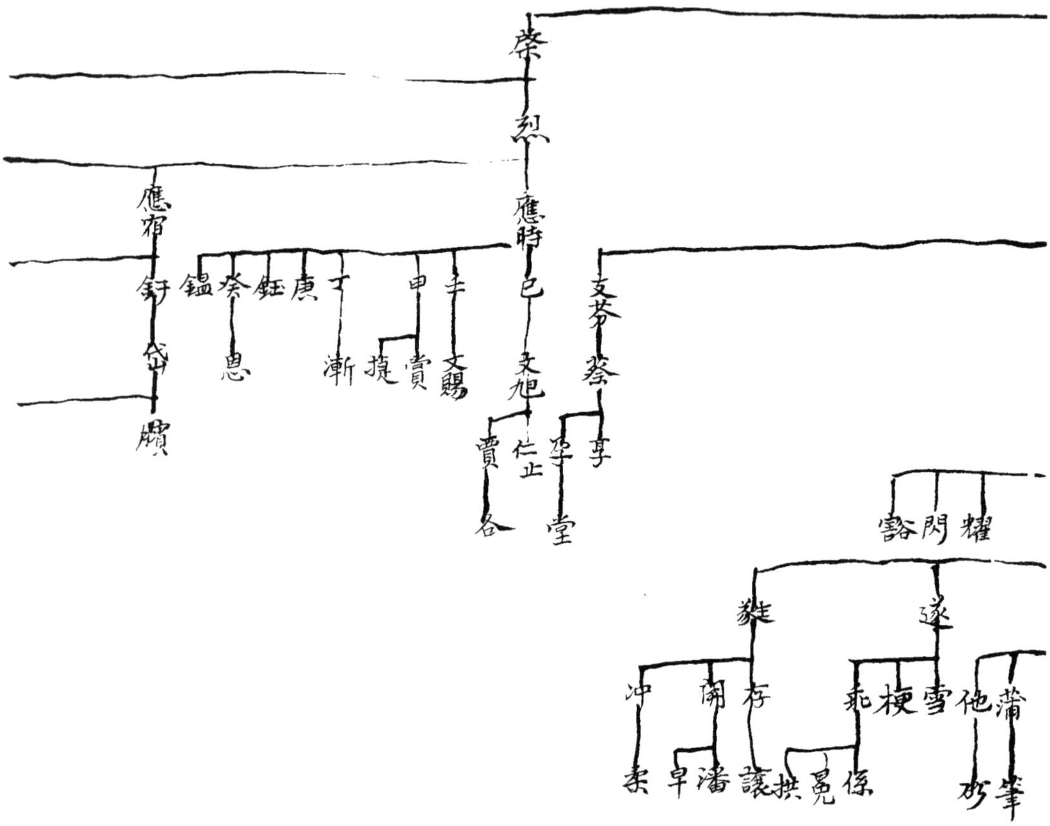
榮
烈
應時
應宿
釬
岱
鎰
癸
鈺
庚
丁
甲
壬
己
息
漸
提
賞
文賜
文旭
仁止
賈
各
文芬
享
堂
豁
閃
耀
遂
冲
開
存
乖
梗
雪
他
蒲
早
潘
讓
拱
冕
筆

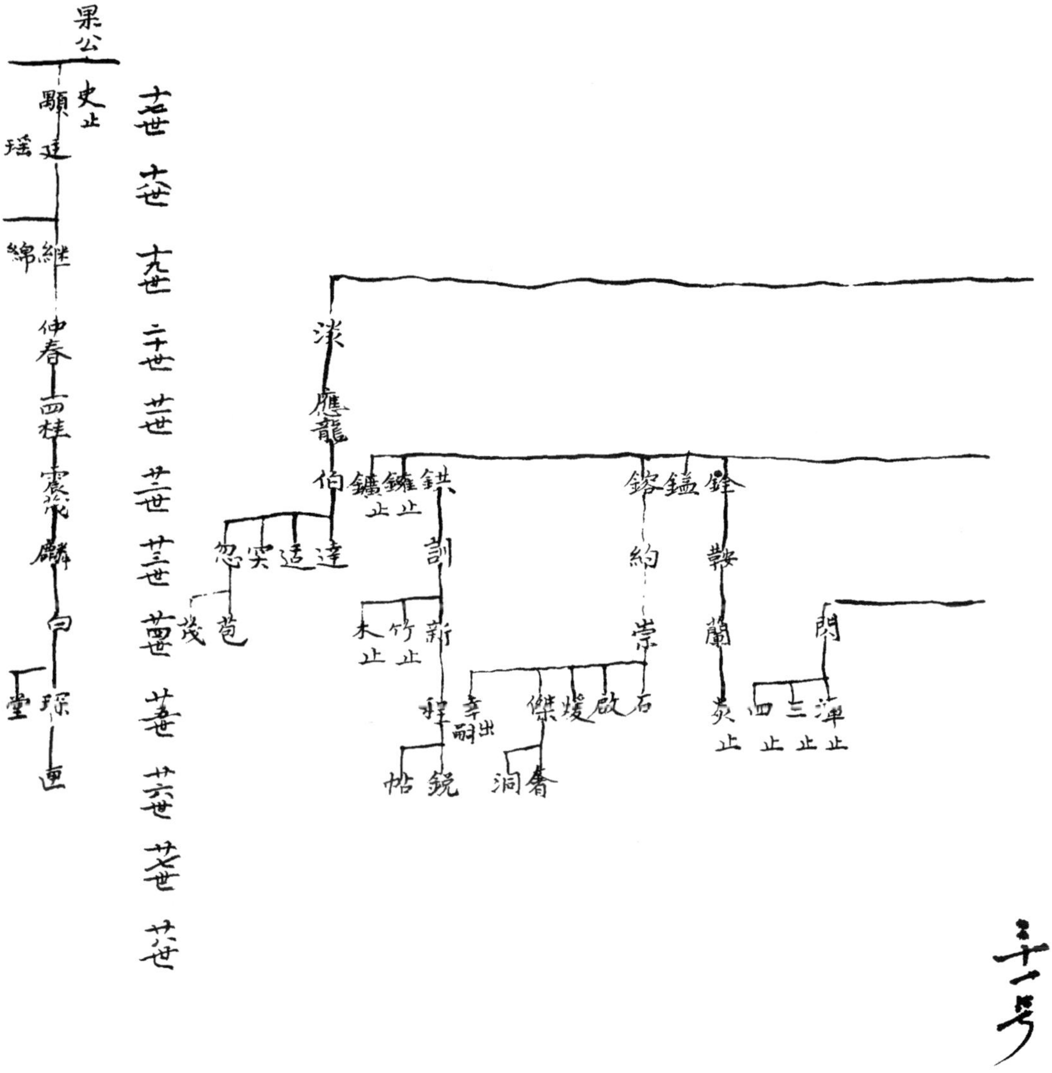

果公
史止
顒
廷
瑶
継
綿
仲春
四桂
震茂
麟
白
琛
堂
亘
十七世
十八世
十九世
二十世
廿一世
廿二世
廿三世
廿四世
廿五世
廿六世
廿七世
廿八世
淡
應龍
伯
達
适
実
忽
苞
茂
鑛止
鏻止
鉷
訓
新
竹止
木止
程
幸嗣出
銳
怡
鎔
鎰
銓
約
崇
石
啟
煖
傑
耆
洞
鞍
蘭
燊止
閔
淮止
三止
四止
二十一号

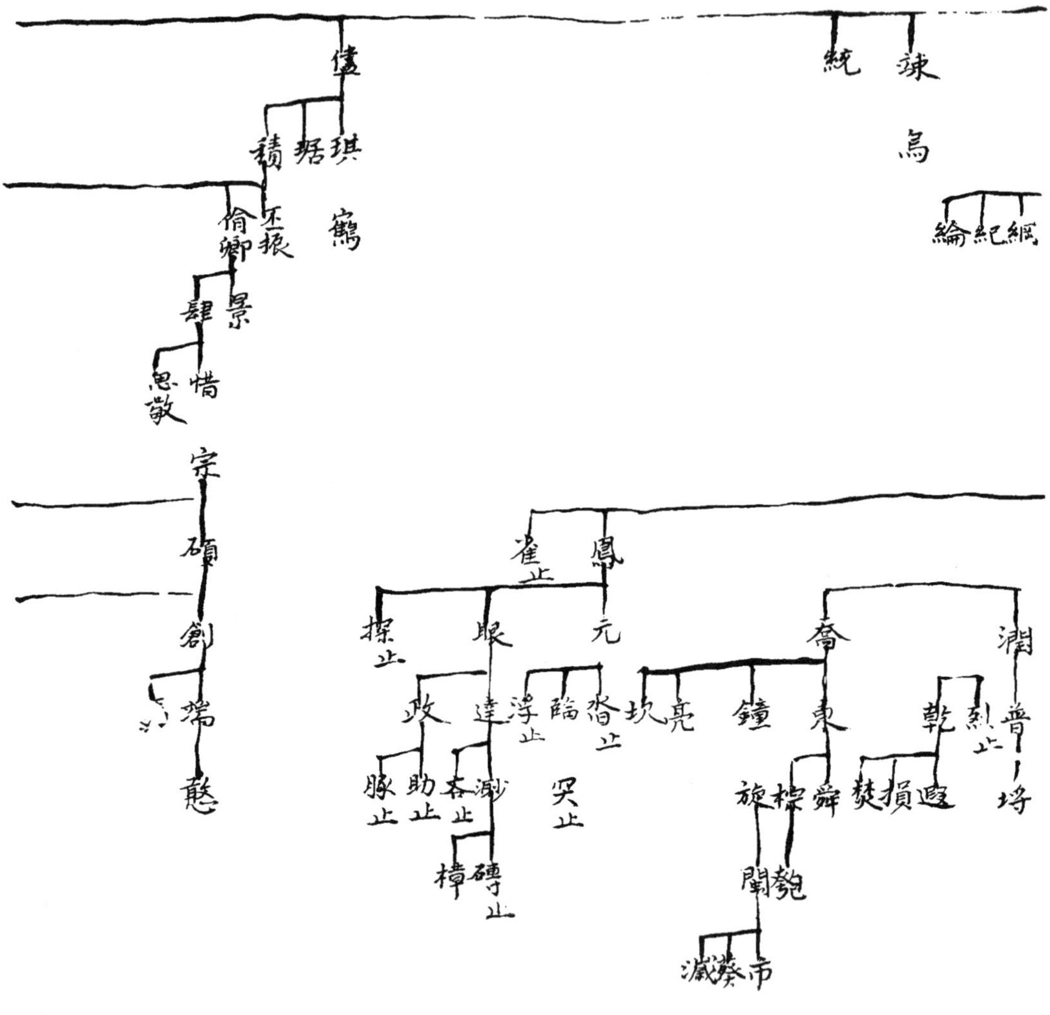

儘
琪
璐
積
鶴
不振
倫卿
景
肆
惜
思敬
宗
碩
劉
端
懋
統
諫
烏
綸
紀
綱
鳳
崔止
元
眼
探止
政
達
浮止
臨
省止
助止
豚止
杏止
渺
哭止
樟
磚止
坎
亮
鐘
喬
潤
東
乾
烈止
普
旋
標
舜
燮
損
遐
埒
闈
懿
市
癸
瀛

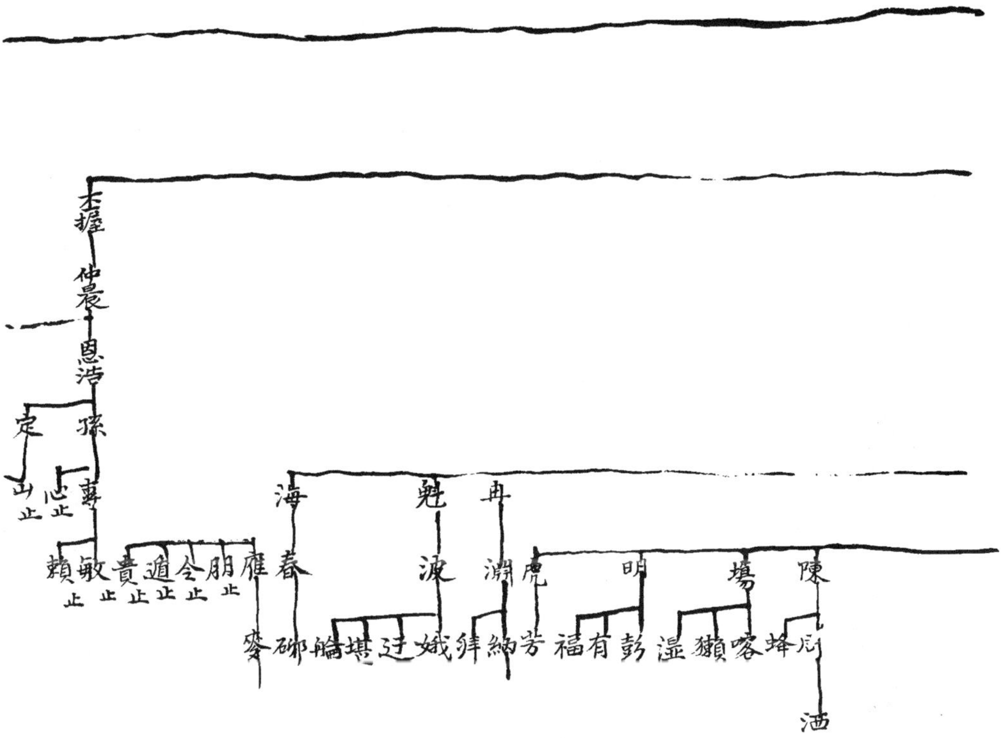
握
仲晨
恩浩
定
孫
山 止
心 止
專
賴 止
敏 止
貴 止
遒 止
全 止
朋 止
雁
春
海
魁
冉
液
湯
虎
明
場
陳
麥
砌
輪
堪
迂
娥
絆
納
芳
福
有
彭
湿
獺
喀
蜂
洒

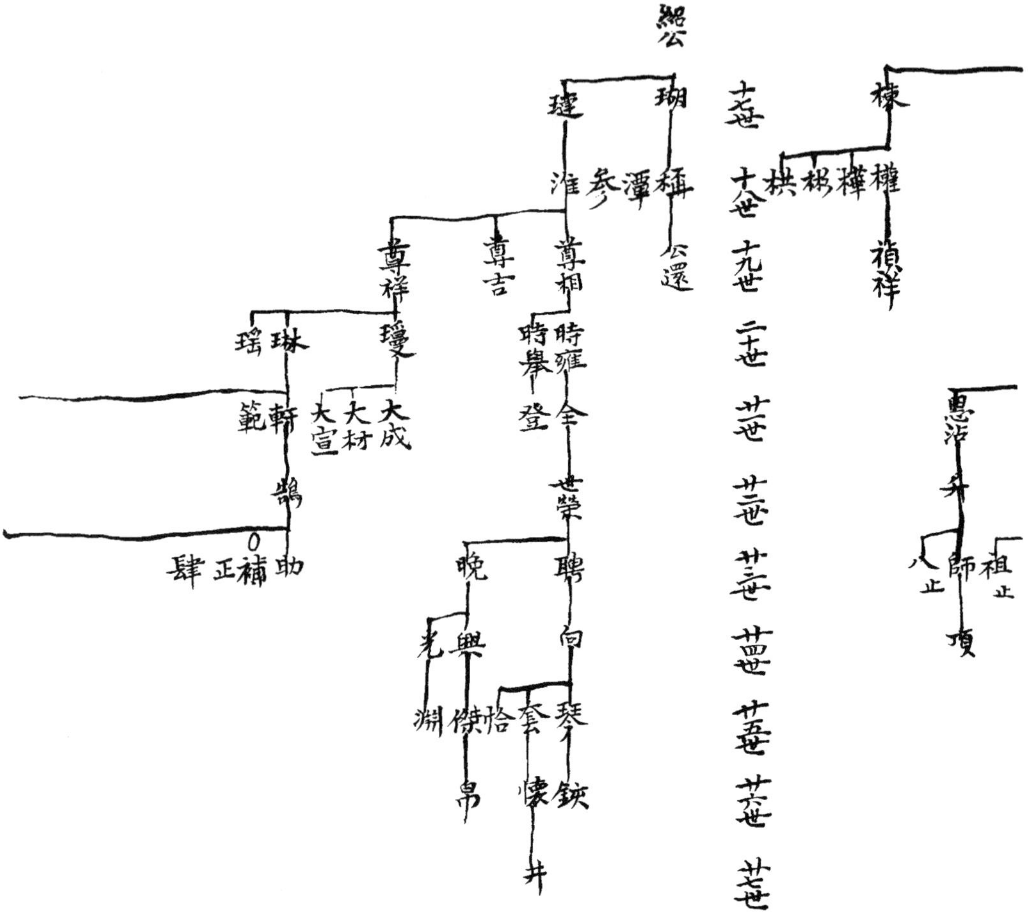

十七世
十八世
十九世
二十世
廿一世
廿二世
廿三世
廿四世
廿五世
廿六世
廿七世
棟
權
樺
栶
栱
禎祥
紹公
瑚
璉
種
潭
叅
淮
公還
尊相
尊吉
尊祥
時雍
時舉
全
登
世榮
聘
晚
白
興
光
琴
套
恰
傑
淵
鋏
懷
帛
井
瓊
琳
瑤
大成
大材
大宣
軒
範
鵲
助
補
正
肆
思治
昇
師
八止
祖止
頂

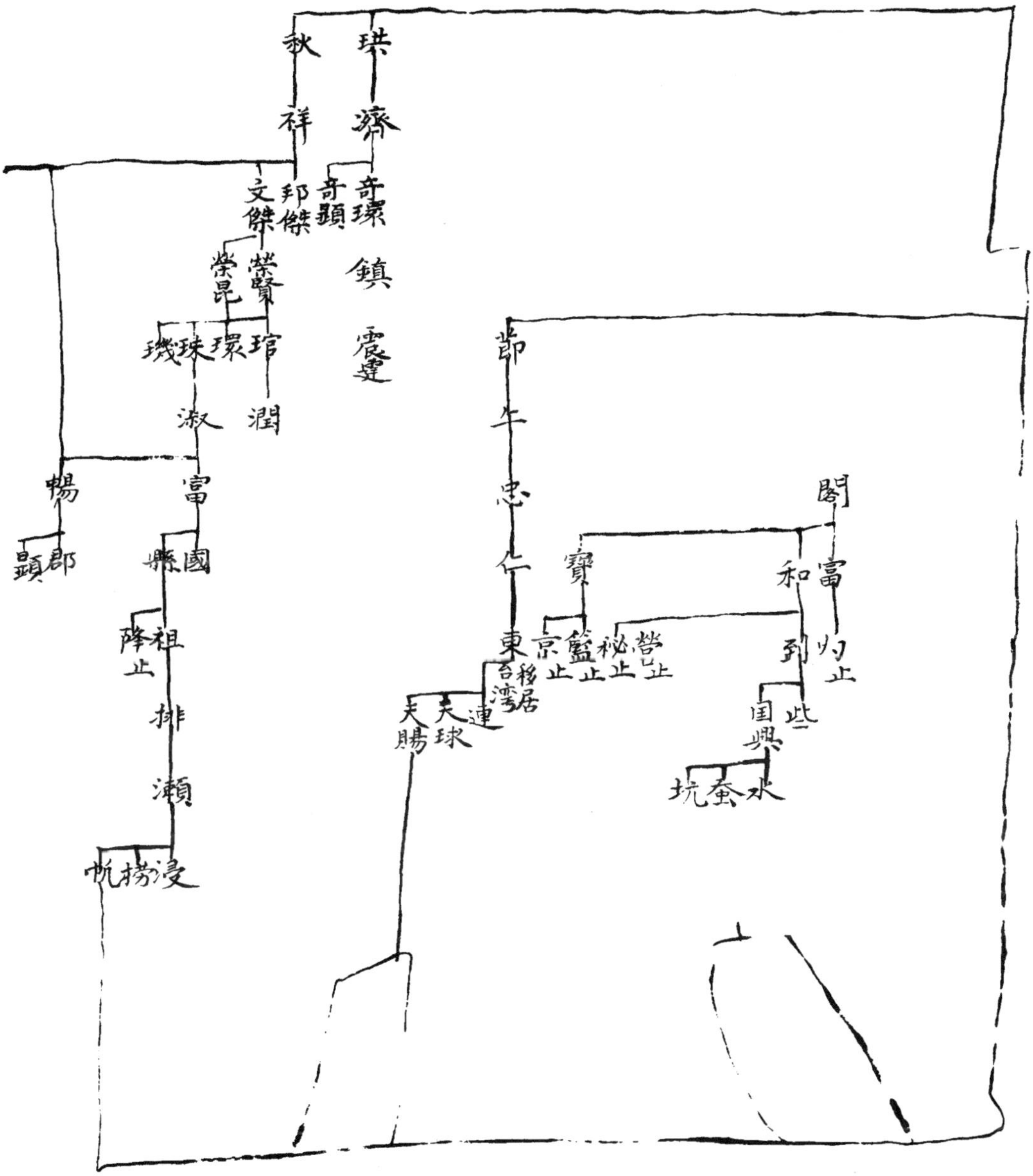

珙
秋
濟
祥
奇環
奇顯
邦傑
文傑
鎮
榮贊
榮昆
琯
環
珠
璣
潤
淑
暢
富
郡
顯
國
祖
降止
排
瀨
漫
帆
節
午
忠
仁
東
移居台灣
連
天球
天賜
閣
富
灼止
和
列
此
國興
水
蚕
坑
寶
京止
藍止
秘止
營止

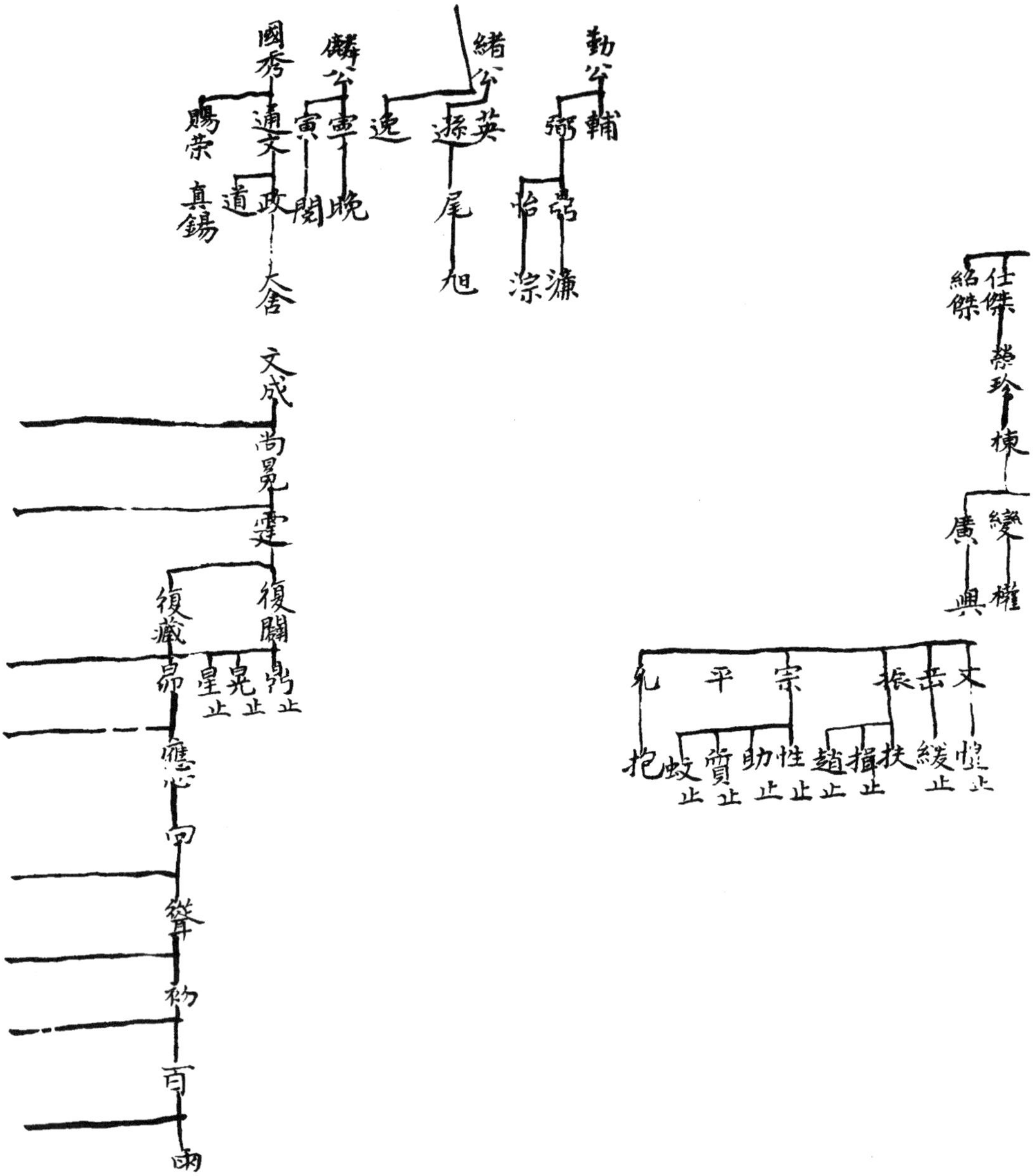
勤公
輔
濂
淙
緒公
英
尾
旭
逸
麟公
晚
寅
國秀
通文
政
大舍
道
賜
崇
真
錫
文成
復闢
復藏
止
止
止
仕傑
紹傑
棟
權
廣
興
文
宗
平
扶
性
助
質
止
止
止
止
止
止
止
止

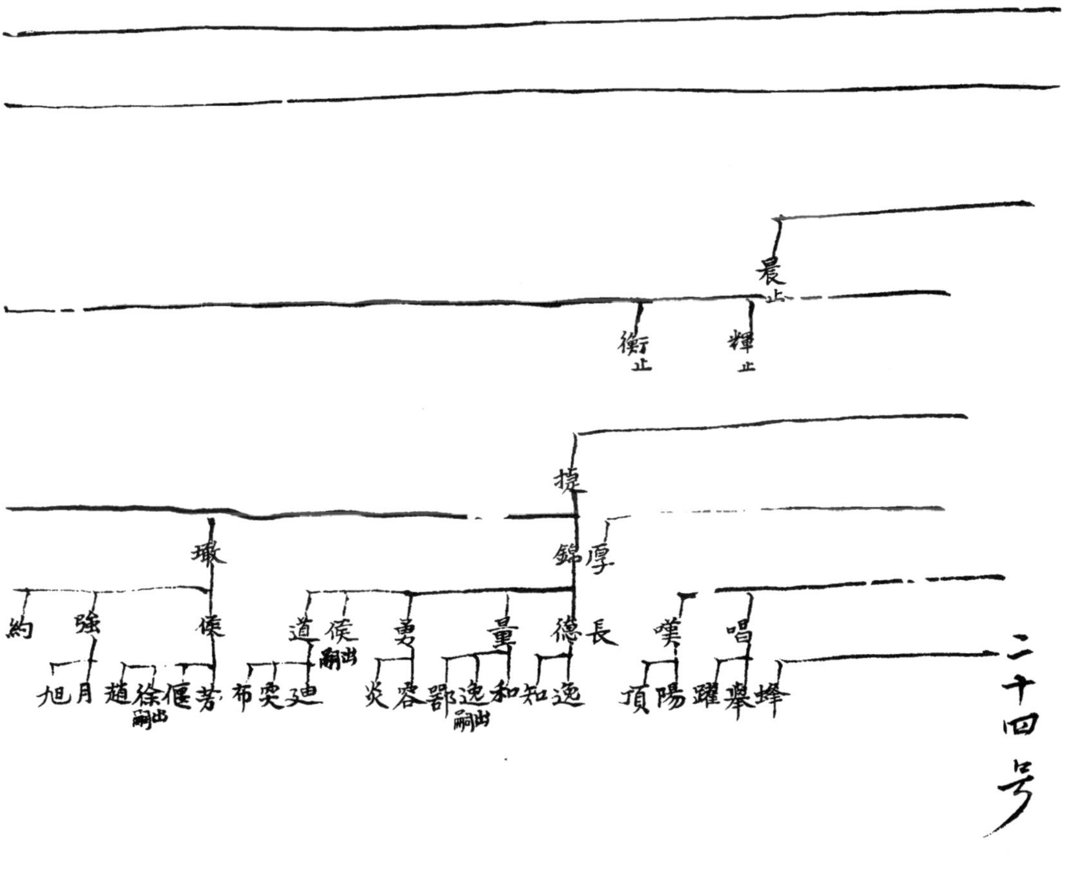

晨 止
衡 止
輝 止
提
璥
錦
厚
約
強
傑
道
侯 嗣出
勇
量
德
長
嘆
唱
旭
月
趙
徐 嗣出
偃
芳
布
奕
廸
炎
容
郘
逸 嗣出
和
知
逸
頂
陽
躍
舉
蜂
二十四号

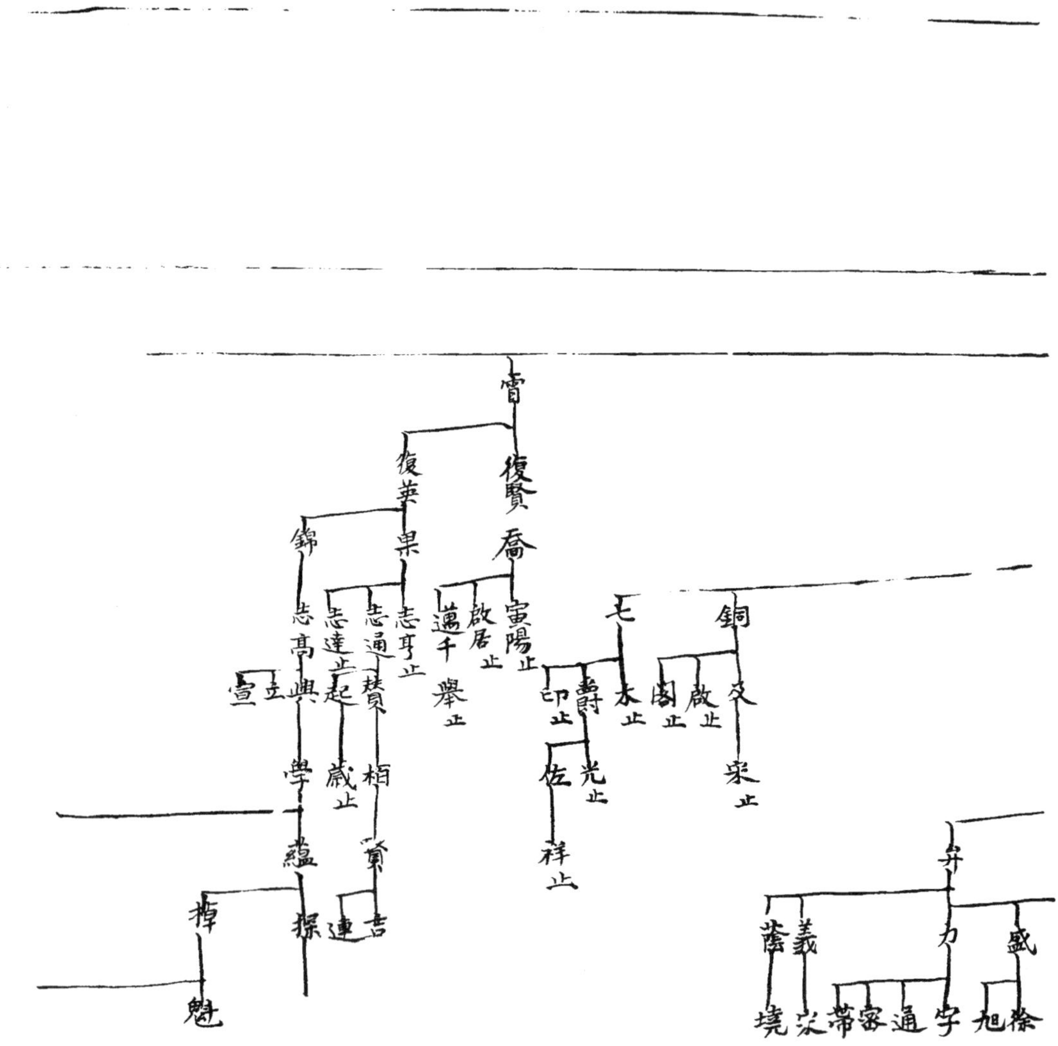

復華
復賢
錦
果
喬
志高
志達止
志通
志亨止
邁千
啟居止
寅陽止
七
銅
宣
立
興
起
賛
舉止
印止
爵
木止
啟止
文
學
崴止
栢
佐
光止
宋止
蘊
祥止
探
連
吉
義
力
盛
魁
通
旭

尚舉
希康　天継止
希周　世綿　孔盛　良
希亮止

尚美
時潔止
時遵止
澄泗止

丰
族　嵩
禰
蔚　讓

廿一世　堦

廿二世　鋐

廿三世　漳　次（南園始祖）　潮

廿四世　維　蒙　愷　烈　正

鞍　出嗣後居鰲頭　門

節　自己詳旧　且

崇　立　生四子詳旧　樓里始祖　譜

建

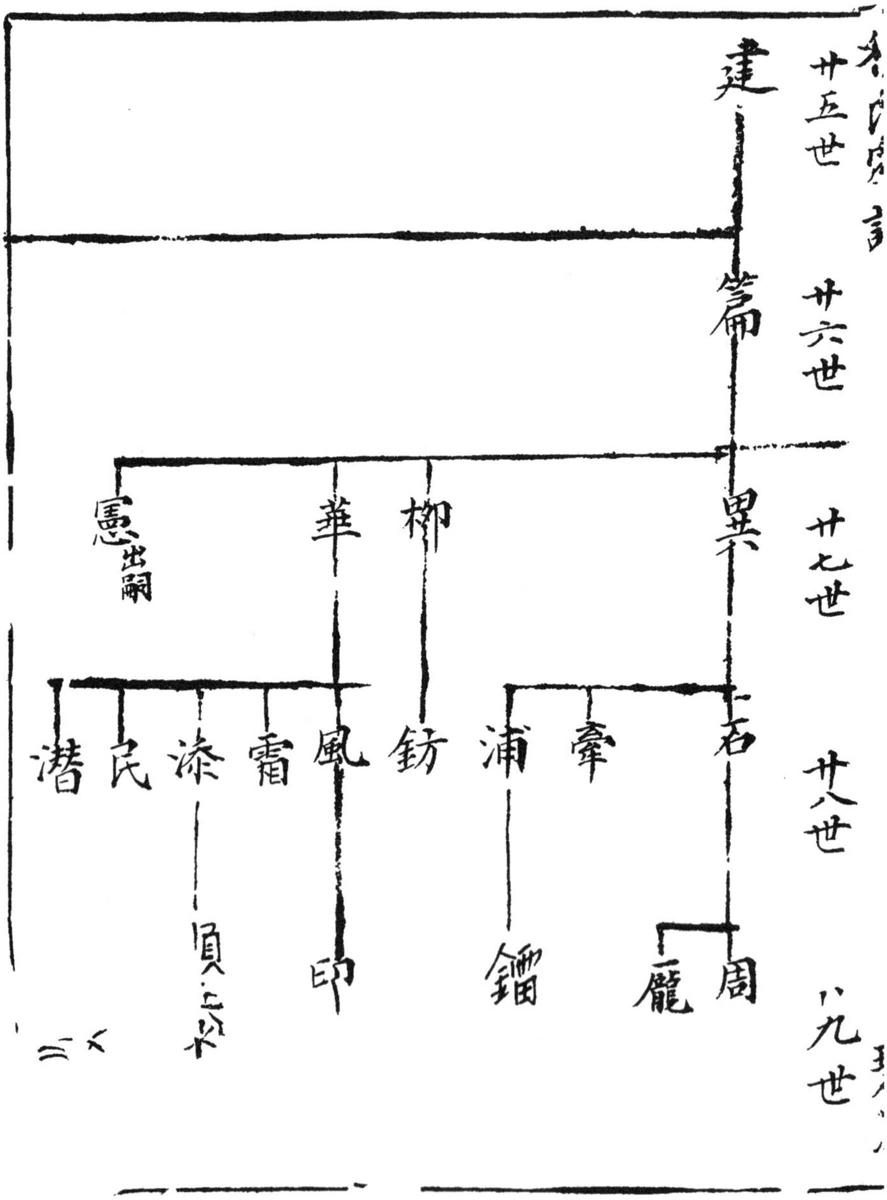
廿五世
建
廿六世
篇
廿七世
異
柳
華
憲出嗣
廿八世
右
牽
浦
鈁
風
霜
添
民
潛
廿九世
周
麗
鐳
印
員

房九叔之屬

匡

憲

寬　飽　煥

〈路五房頭〉

祥　蘇　德早卒　碧　賀　衆　容　营　法

自五六

苗

盧　習　連

漳　仰　池　衢

壹　朋　叁　庶　梓　創　正　允

茅

坦

昌　亢

領

義　向

蜓　俗呼

細

養

合　入贅

學

嵩

碗

台

林氏族譜　卷[illegible]

萬　我出嗣

別學生

會書起

禁出嗣

學出嗣

鏳　上[illegible]

亞

栝　衍　漢

戚

汗　禁　和　岳　佗　鳳　量

千　沱　強　王　操　起　吒

廿九世

周　龐　印

三十世

卅一世

語　葉　栗

卅二世

甕　服　水　錦

才 出嗣其彝　胎　勿

祥　較　錢　上声

蔴　竹　竹　出嗣

碧　丁

賀　巖　𡈽　止

　　抶

　　頊

衆　坑　懷　移居松洲

容

撤 一子

帕

丁 出嗣

述

箳

營　發

勷　此　魁　書　有

龍　紅紀　溪生

壹　許　叁　庚 出爲鄭姓后

富　雍　百 出嗣　希　卯 下韦　軟　粤

梓　横
濕 出嗣
每
創　梓
正　全
允
佾
治　性
硫
嵩　贱　曲

學合養細蜓高義萬生赵

楊氏家譜 卷七 世系圖 廿五世至三十世

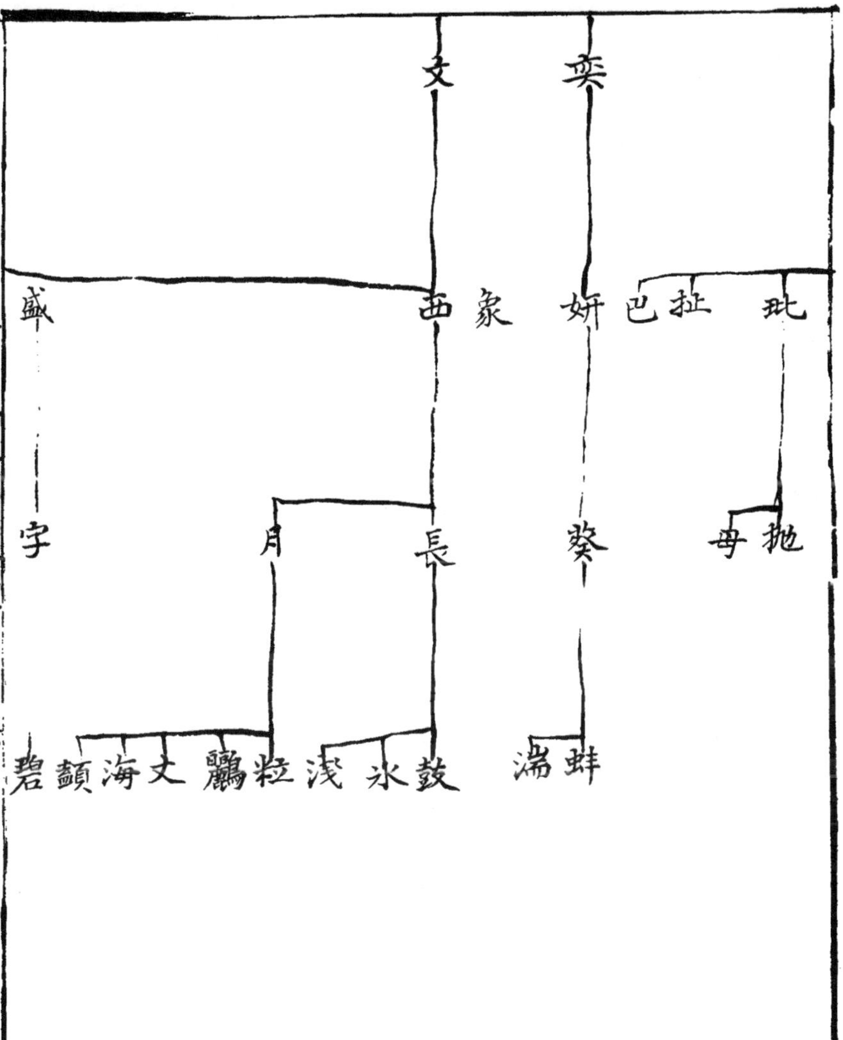

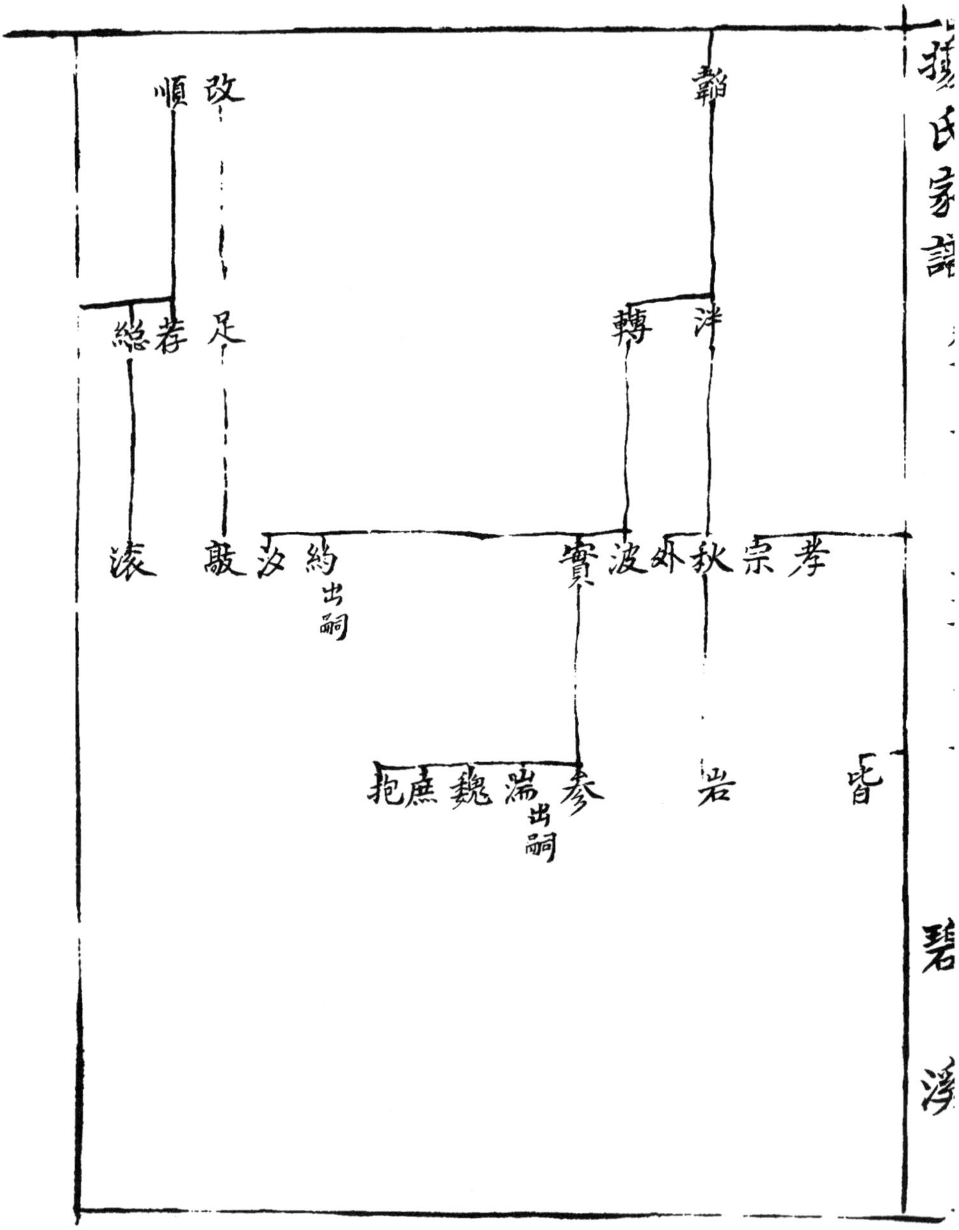
氏家譜
碧
溪
韜
洋
轉
順
改
荐
足
總
孝
宗
秋
外
波
賓
約
出嗣
汐
敢
滚
晋
岩
参
端
出嗣
魏
庶
抱

文儼公長房派

廿五世　籓　忠　祿　權

廿六世　森　止（出嗣）　止止　佳　久　水　富　賞　遒　活

廿七世　賜　乾　着　邑　滔　錦　龍　宜　松　貼　正　煕

廿八世

廿九世

卅世

二房派

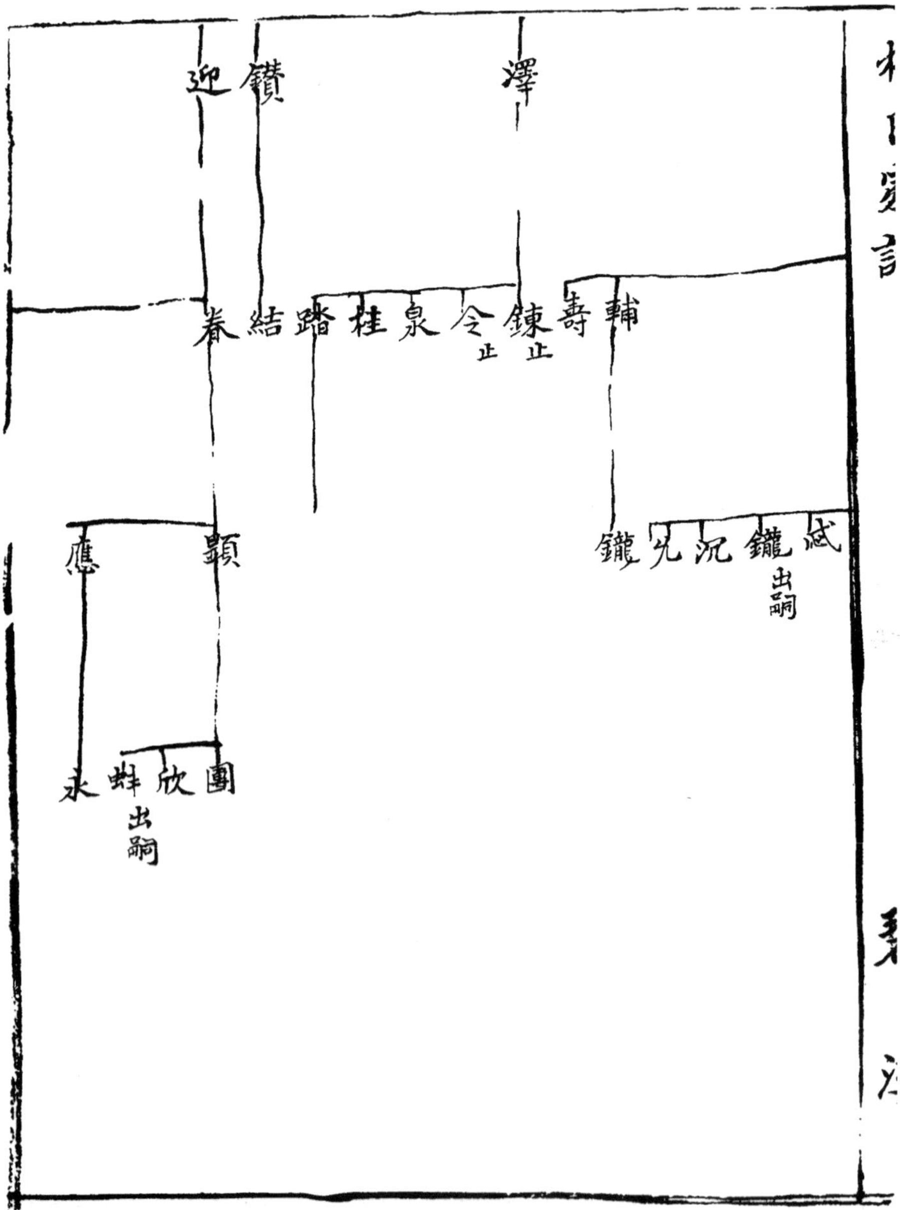

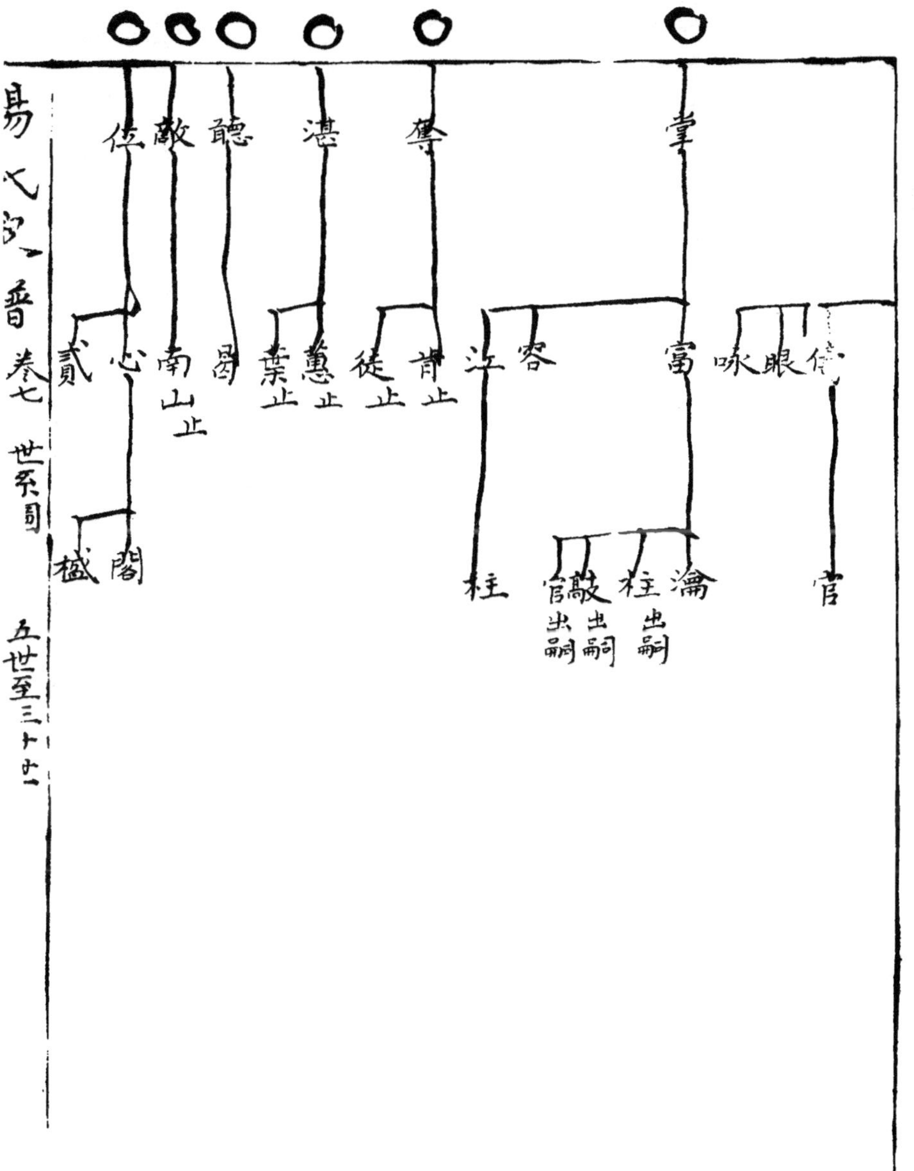
易七公譜
卷七
世系圖
五世至三十六
位
敵
聽
湛
尊
掌
貳
心
南山止
昂
葉止
蕙止
徒止
肯止
江
容
富
咏
眼
信
楹
閣
柱
官出嗣
敞出嗣
柱出嗣
瀹
官

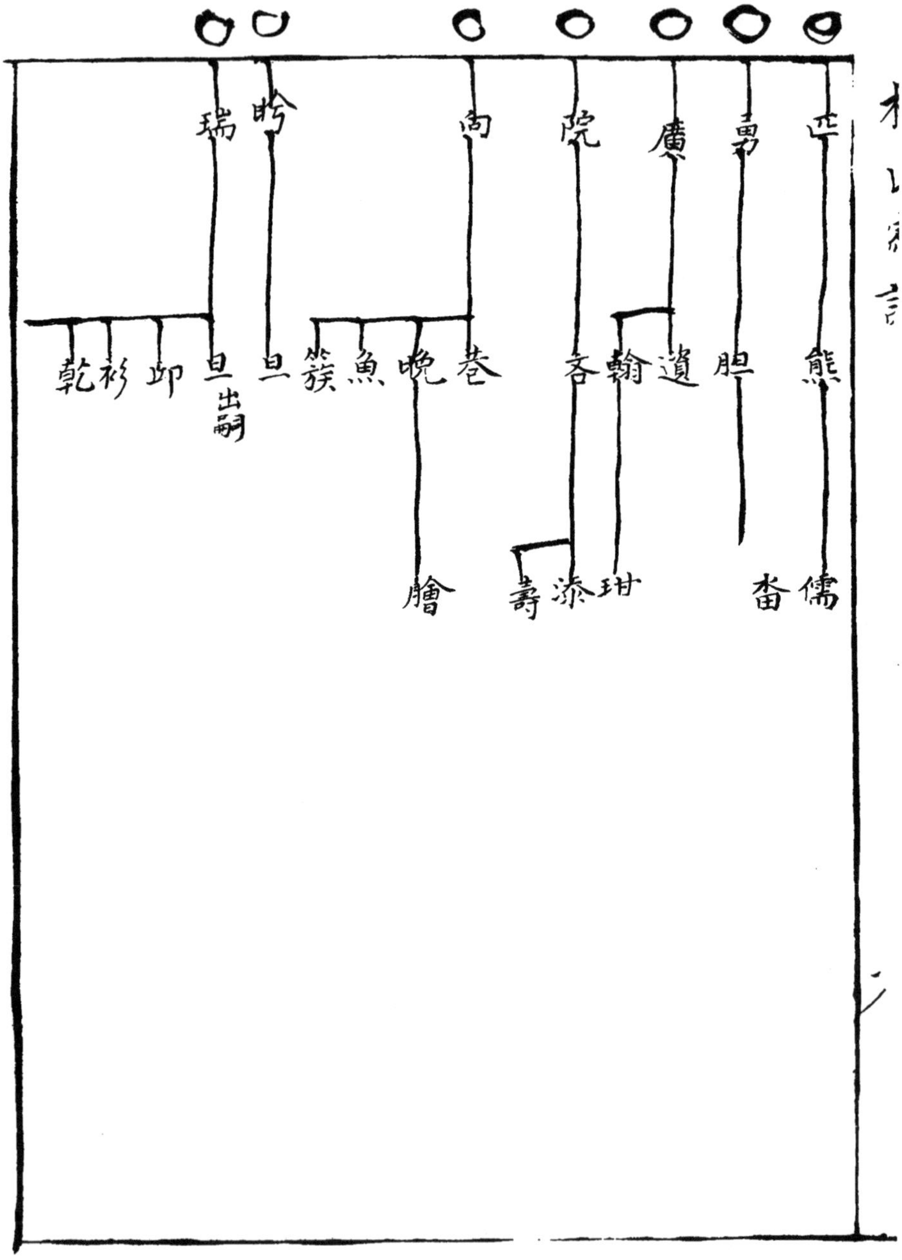
瑞
尚
廣
乾
旦
出嗣
旦
魚
晚
翰
遺
熊
壽
添
儒

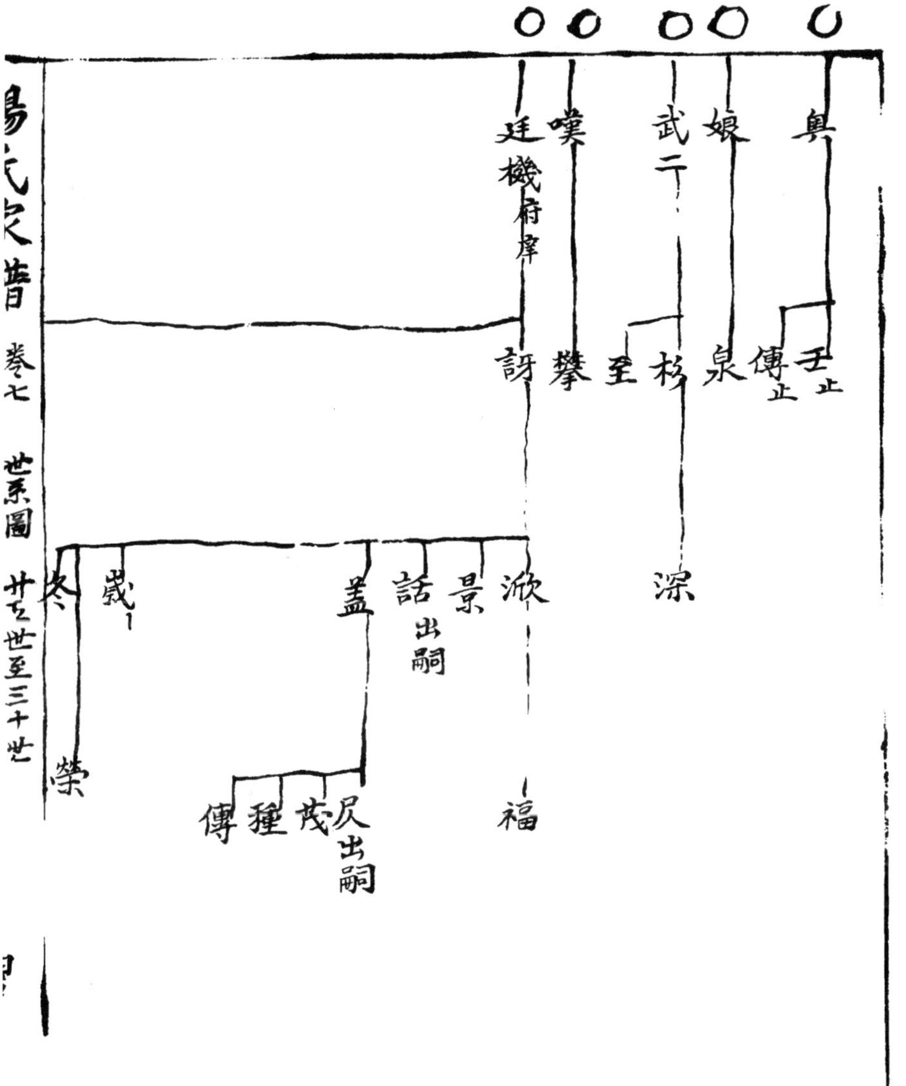
楊氏家譜
卷七
世系圖
廿七世至三十世
興
壬 止
傳 止
娘
泉
武二
杉
深
至
嘆
攀
廷機
府庠
訪
潄
福
景
話
出嗣
盖
尺
出嗣
茂
種
傳
歲
冬
榮

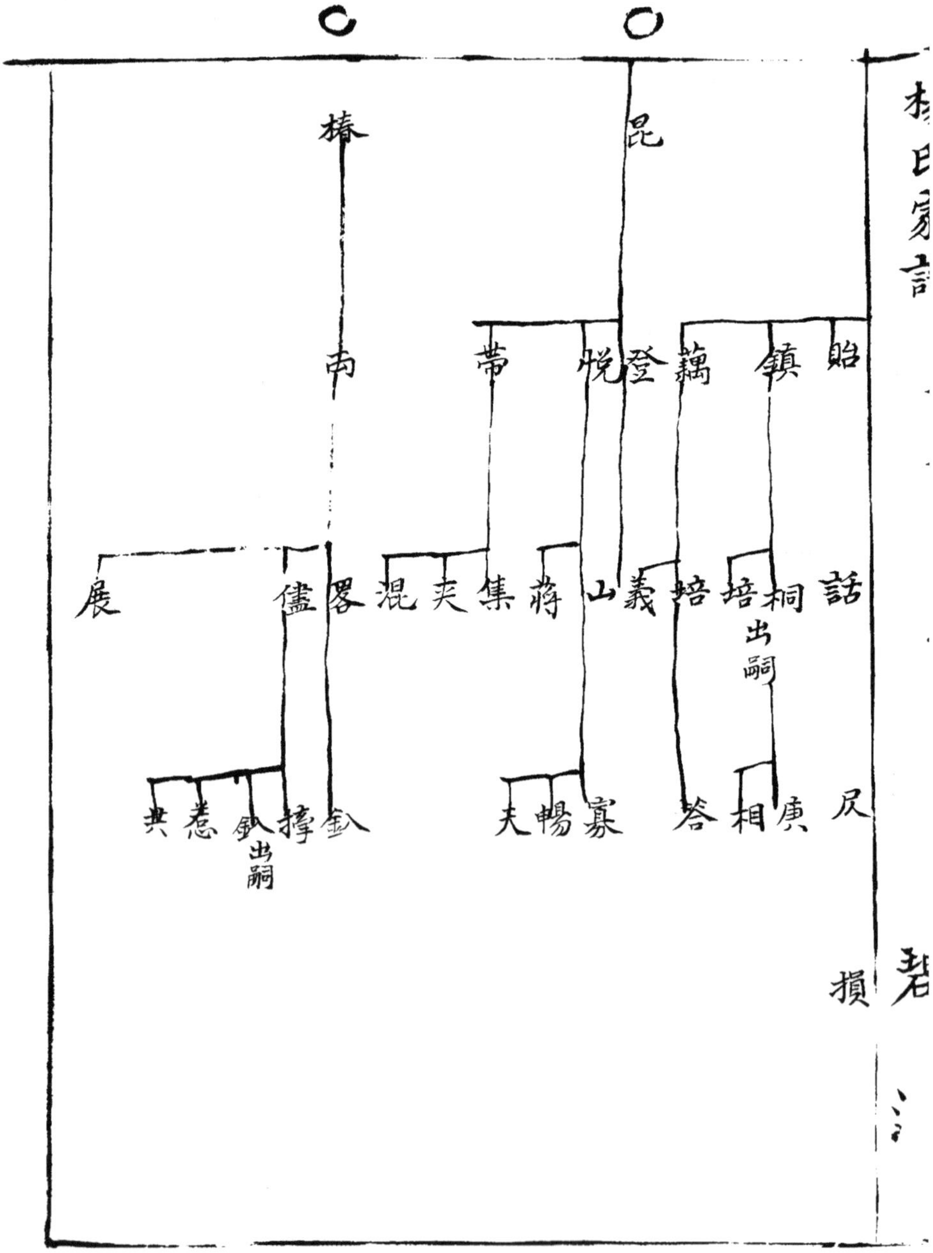
椿
昆
丙
帯
悦
登
藕
鎮
貽
展
儘
罯
混
集
山
義
培
培
桐
出嗣
話
出嗣
暢
答
相
庚
尺
損

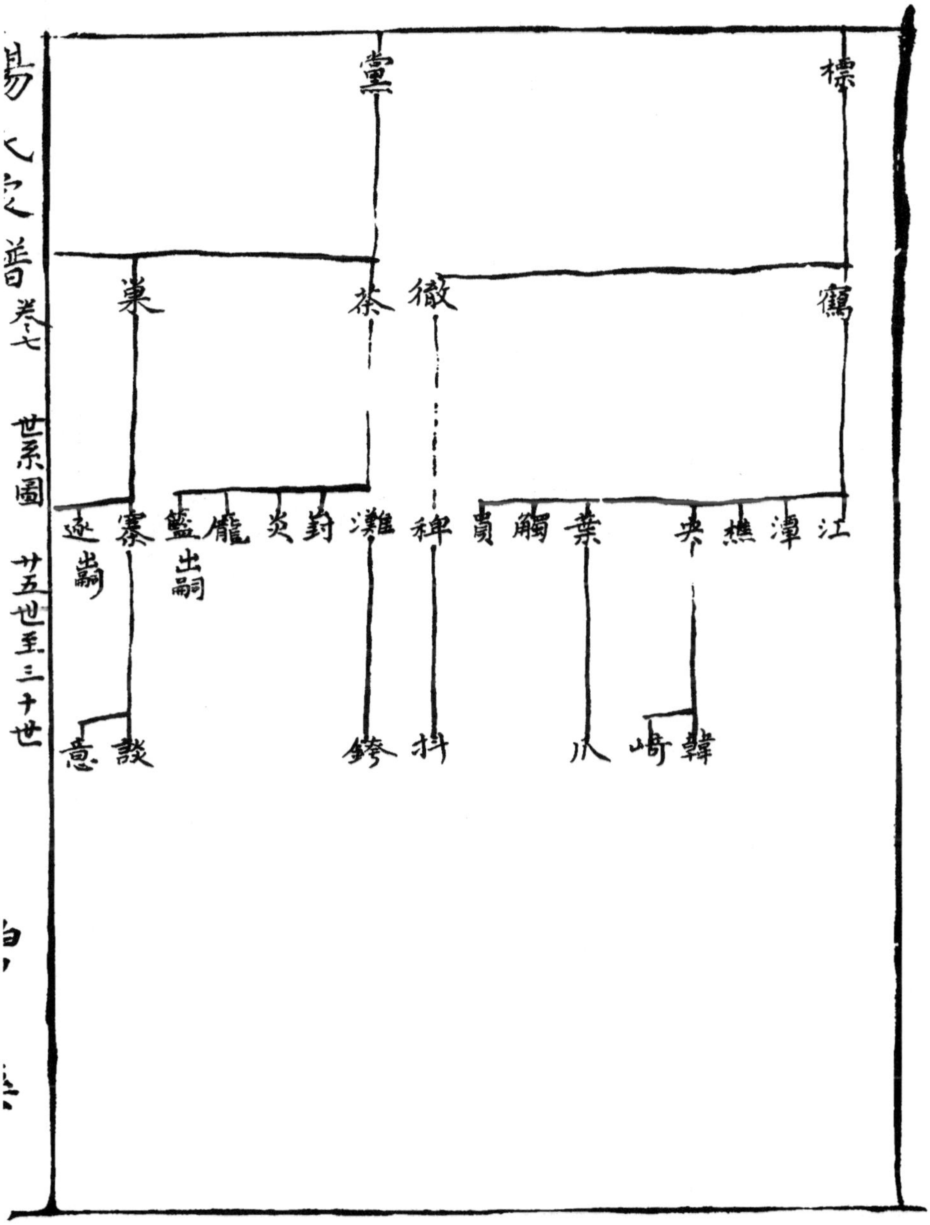
棠
標
巢
茶
徹
鶴
逵 嗣
寨
鑑 出嗣
龍
炎
對
灘
稗
貴
觸
葉
奕
樵
潭
江
意
談
鏟
抖
仈
崎
韓

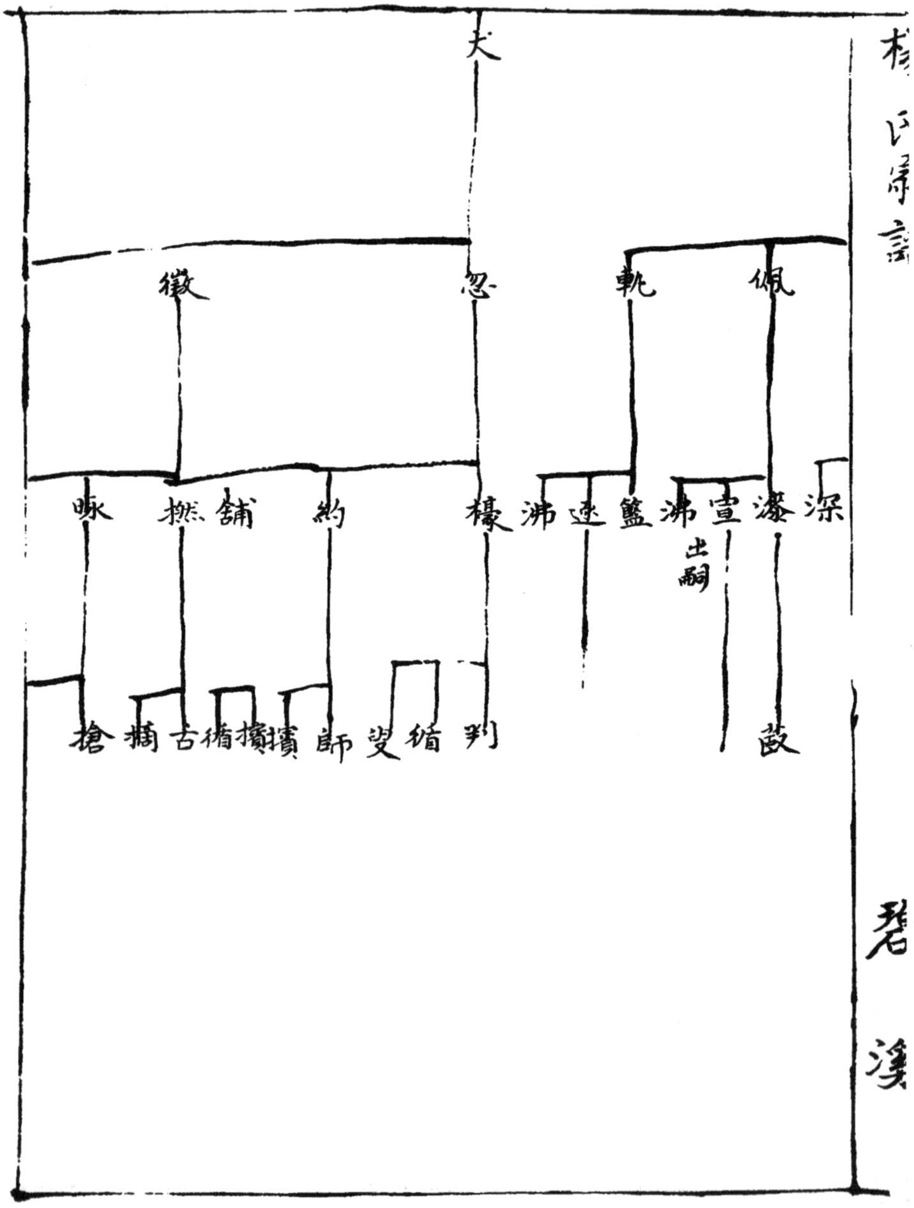
楊氏家譜
碧溪
大
徽
忽
軌
佩
出嗣

得水 府庠

勳　疊　欽　梪

塢　韡　蒋　威　書　點　慎　稍　惠　沃　焯　沭

票　鸞　鑒　編　趙　帝戴　嚾　戴　鏷　枆

挄　勃

湉止　焯出嗣　桎　亂　劍　爽　名　汃出嗣　陷

晏　度　配　備　所　撫　漂　瀾　室

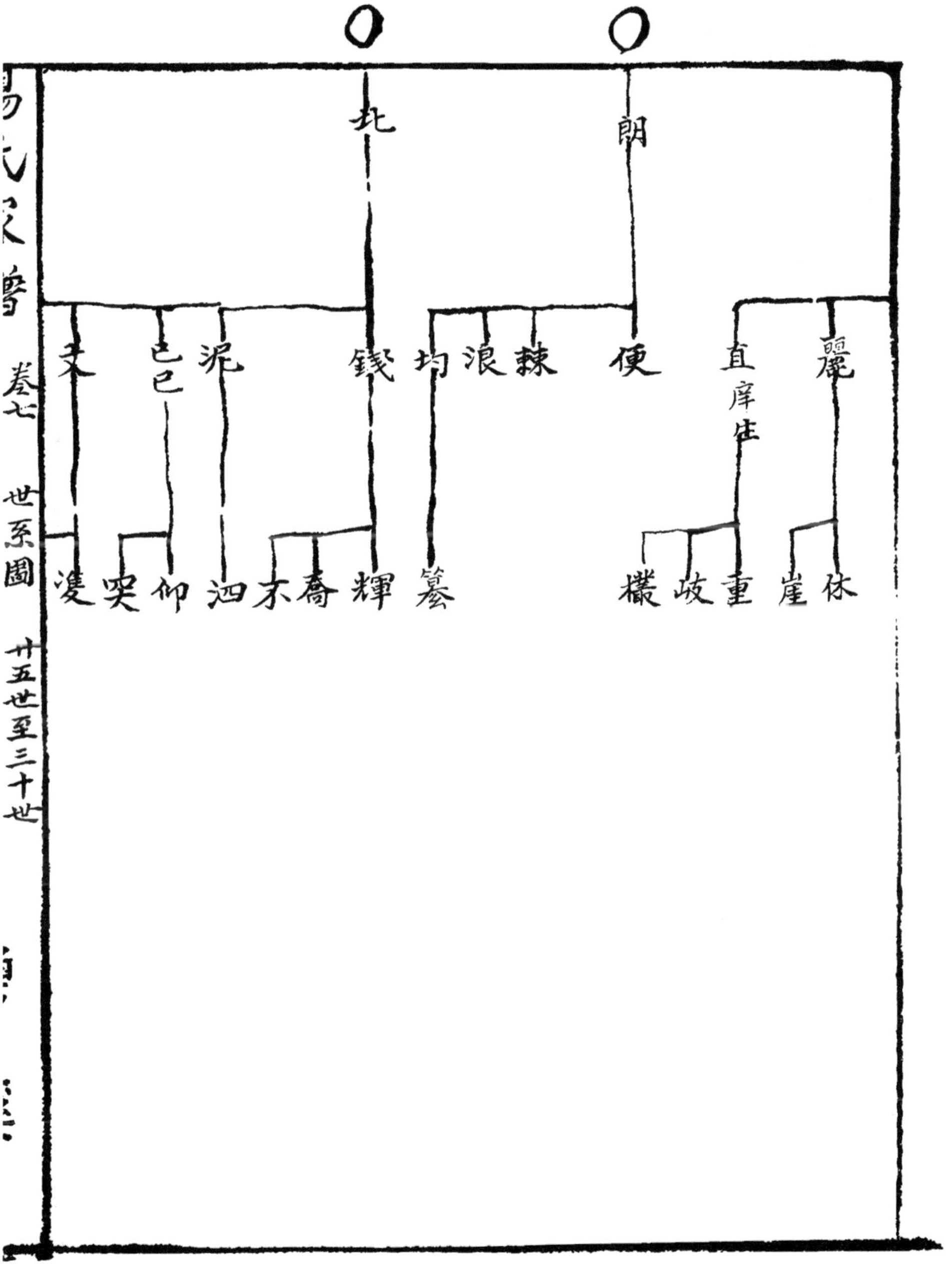
〇
〇
朗
北
麗
直
庠生
便
辣
浪
均
錢
泥
已
巳
文
休
崖
重
岐
欉
鋆
輝
喬
不
泗
仰
突
湲

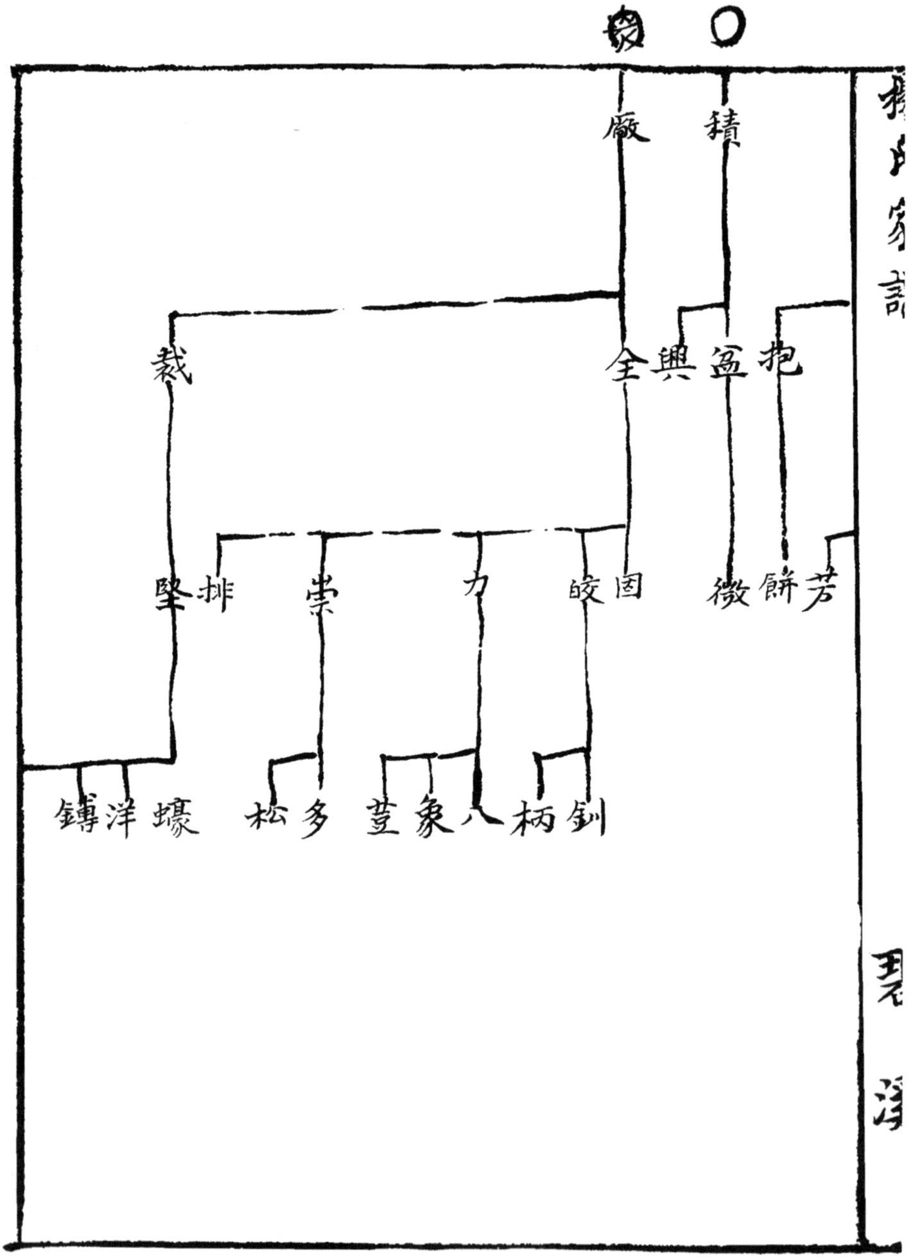
厥
積
裁
全
興
盈
抱
堅
排
崇
力
皎
固
微
餅
芳
鎛
洋
蠔
松
多
荳
象
八
柄
釗

仕　慶　陳　養　或　成

樹　接　都　贊　篆　詒　冗　嚴　丞　就　羅　益

汪　泉　走　德　抔

楊氏家譜

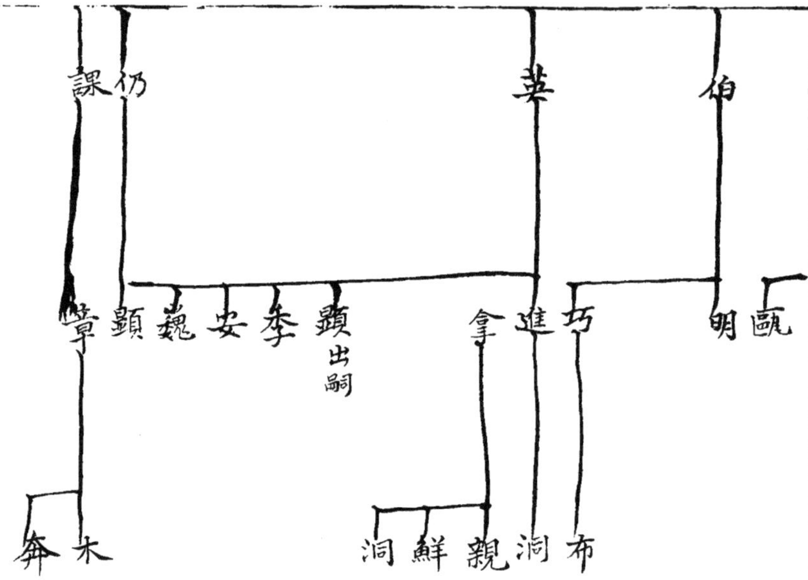

碧溪

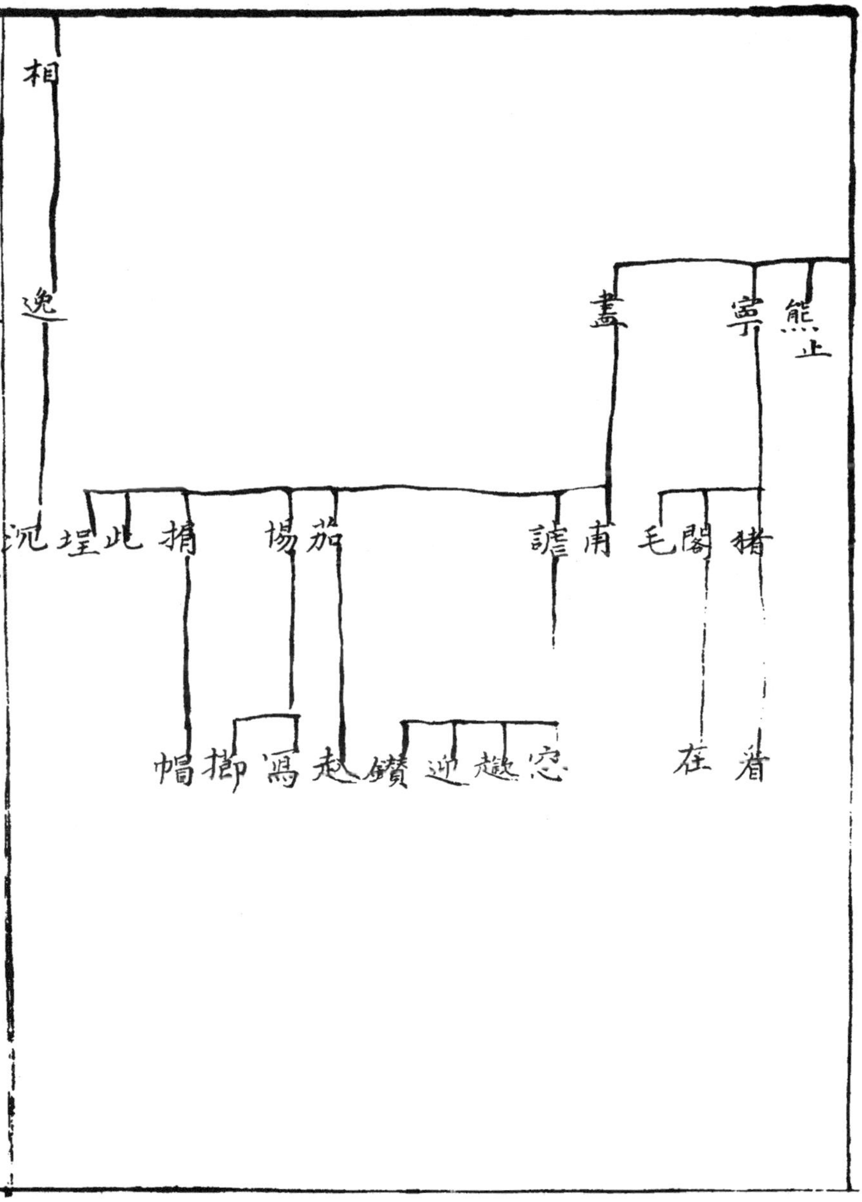
相
逸
畫
寧
熊 止
沉
埕
此
捐
場
茄
諠
甫
毛
閣
猪
帽
揤
碼
赵
鐨
逆
趟
窓
在
看

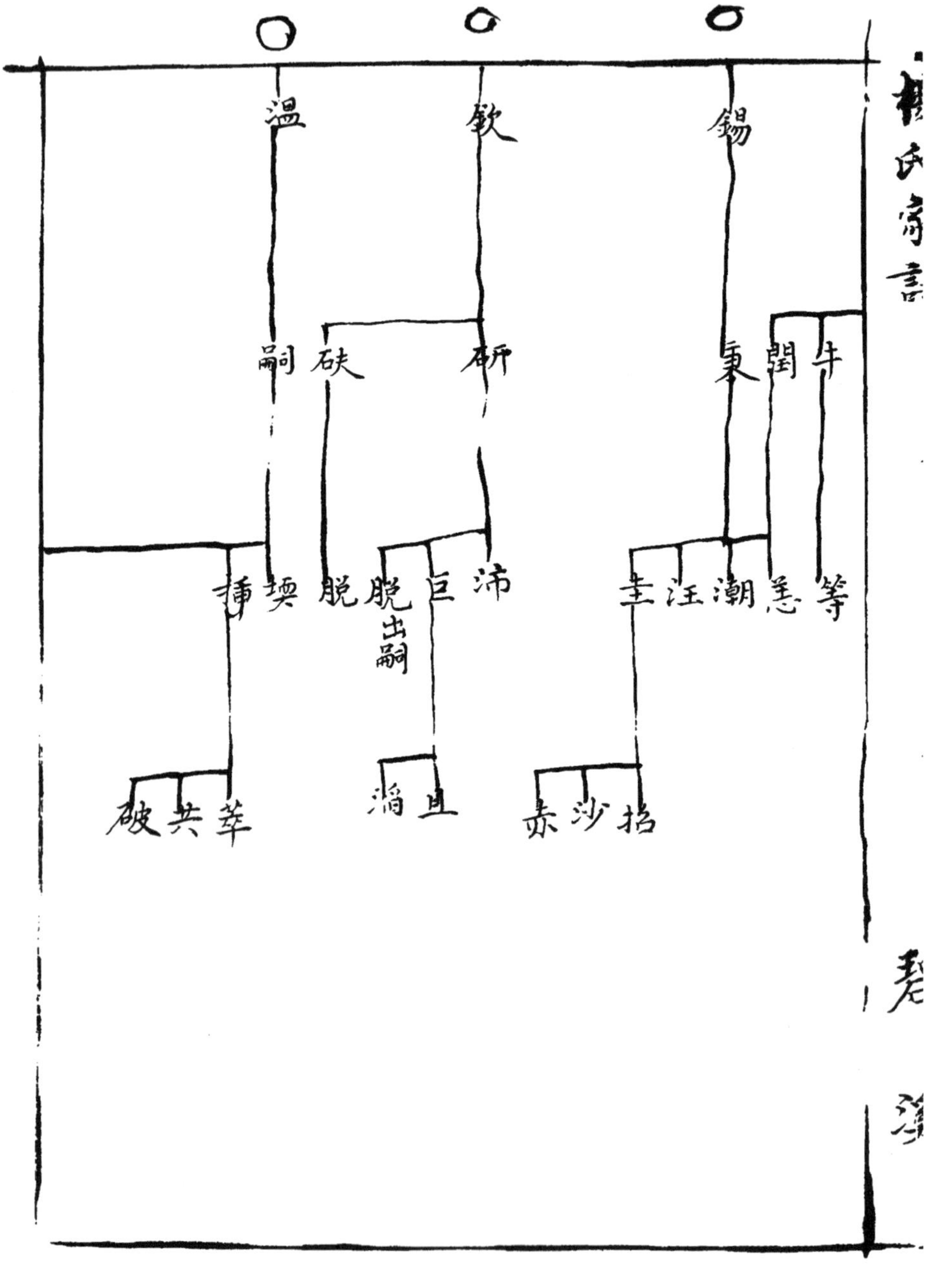
溫
欽
錫
嗣
砄
研
東
閏
年
挿
㻊
脫
脫出嗣
巨
沛
圭
汪
潮
恙
等
破
共
華
滔
旦
赤
沙
招

廿十

嚴　蕃　運　擭　種

寸　錢　文　封止　權　追　若　賤　汝

城出嗣　挺　木　城　禮止　笑　欸　志　濂　部止　協　廳

磚　篡

楊氏家譜

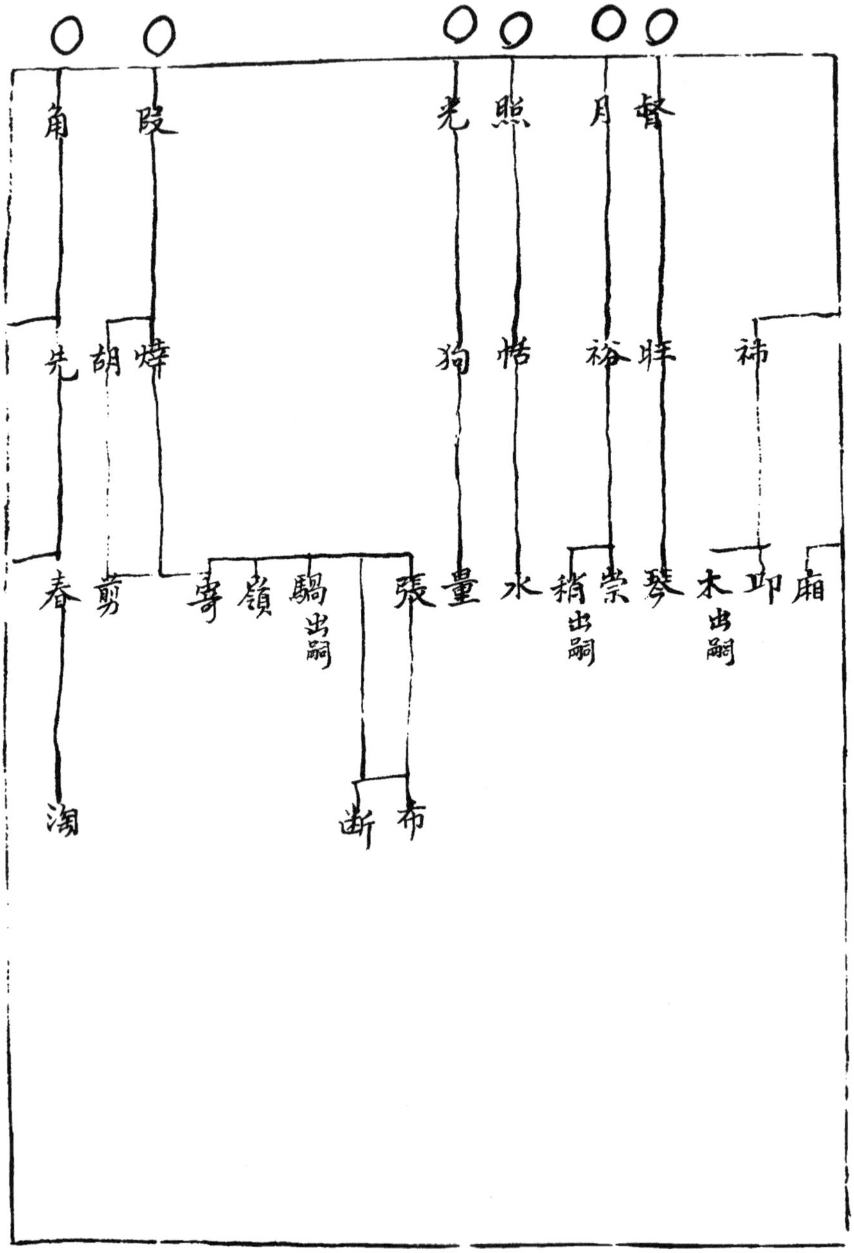

卷 之

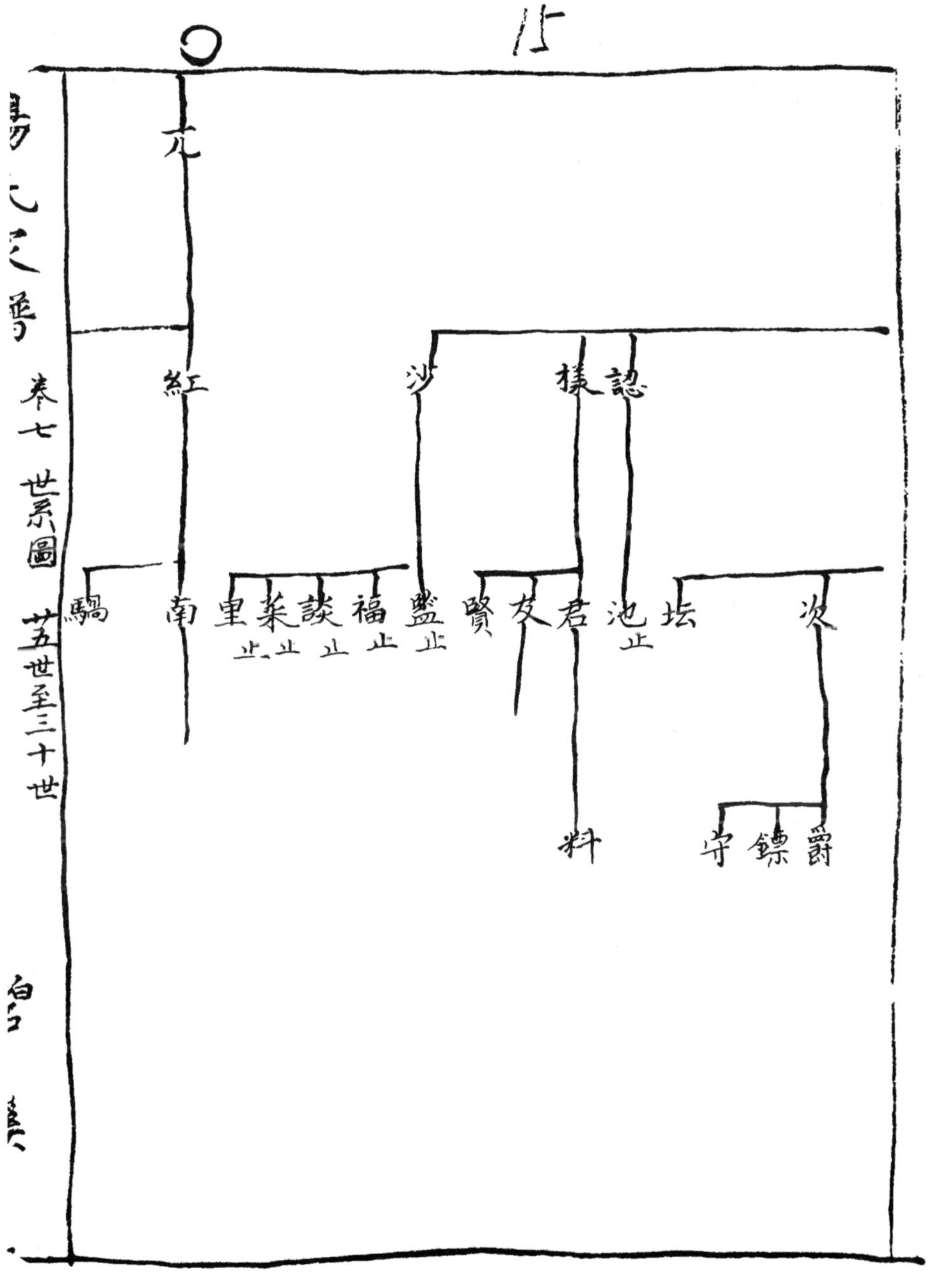
楊氏之譜
卷七
世系圖
廿五世至三十世
亢
紅
沙
様
認
騶
南
里
枈
談
福
盐
賢
友
君
池
坛
次
止
止
止
止
止
止
料
守
鏢
爵

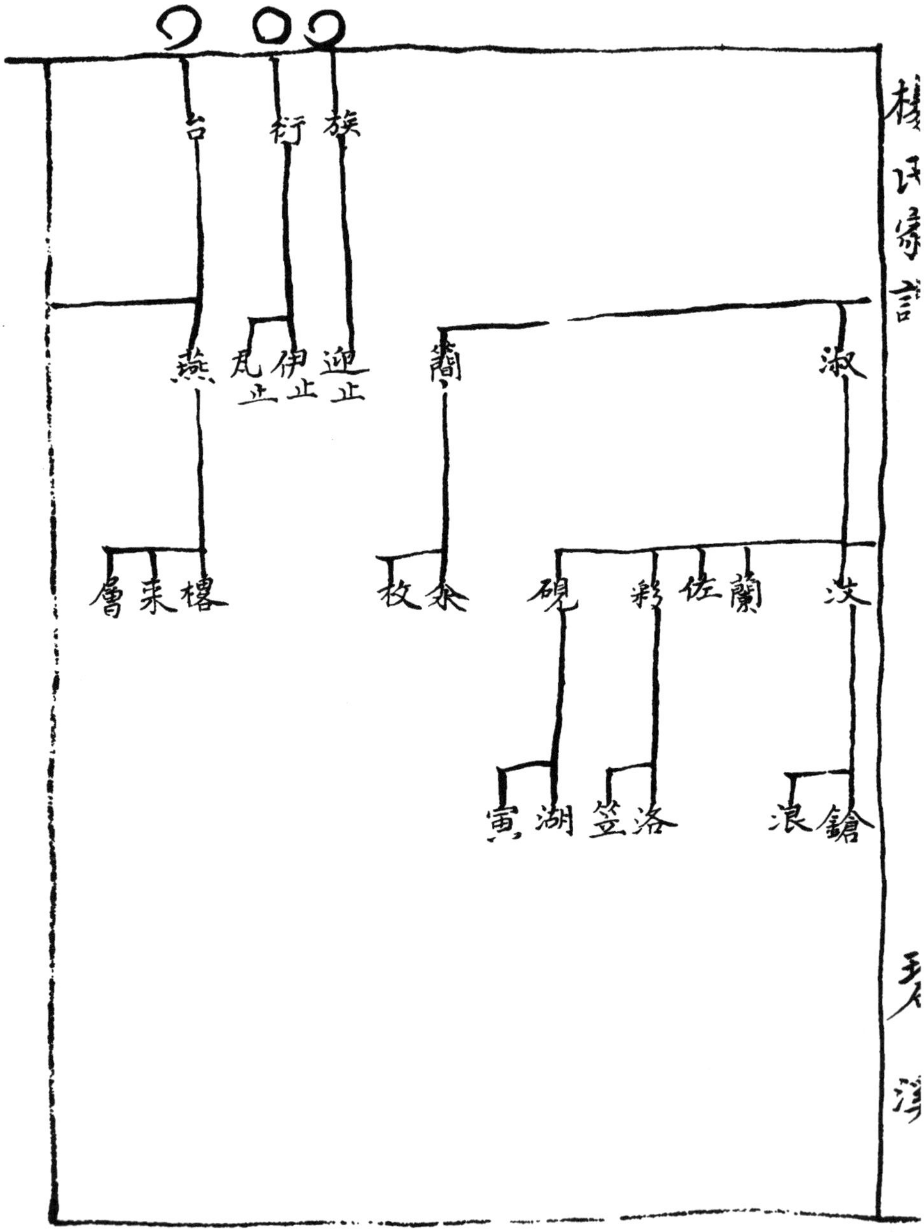
台
衍
族
燕
凡 止
伊 止
迎 止
淑
樓
来
枚
余
硯
彩
佐
蘭
汝
寅
湖
笠
洛
浪
鎗

楊氏家譜　卷七

世系圖

廿五世至三十世

竹　絲

俊　藹　欣　考　溪　放

仲　竊　愸　克　克（出嗣）　澄　冉　完　冈　諳　揚　濱

宅　啟　輝　沂　習　騰　借（出嗣）　倩　主　[illegible]

林氏家譜

節

夏

孔

騁　鷟　玖　岫　香　力出嗣

甘　麐

傑　倪

本　才

謁　潤

容　作　客出嗣

稟

慶

楊氏家譜　卷七　世系圖　廿五世至三十世

豹　彪　麟

雅　綏　耒　巧　邦　顒　聘（出嗣）　緝　真　狀

康　卿　決　蘊　課　魯　勆　鱟　郡

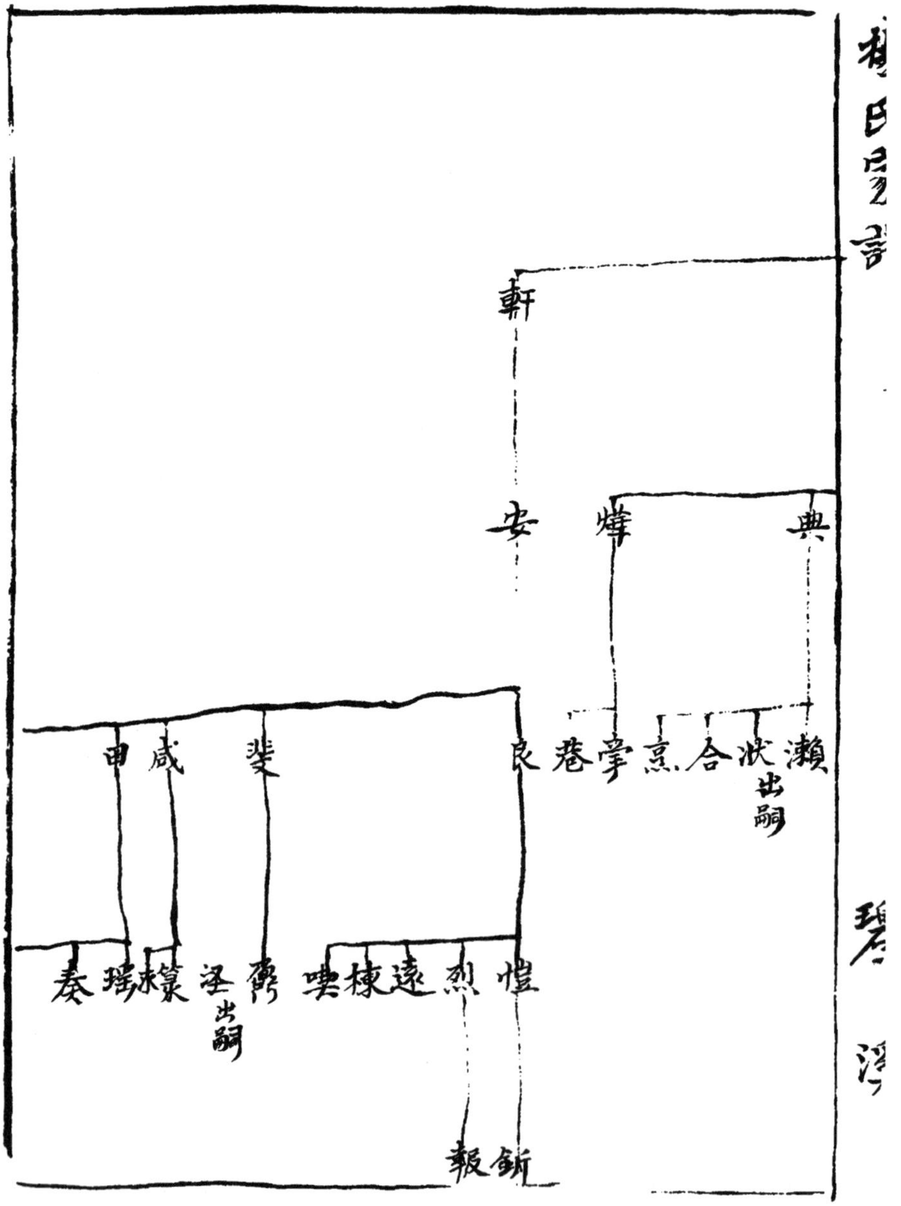
軒
安
典
烽
瀨
洑
出嗣
合
京
掌
卷
良
斐
咸
田
愷
烈
遠
棟
喫
儕
浧
出嗣
褱
琭
奏
銜
報

碧溪楊氏家譜　卷七　世系圖　廿五世至三十世

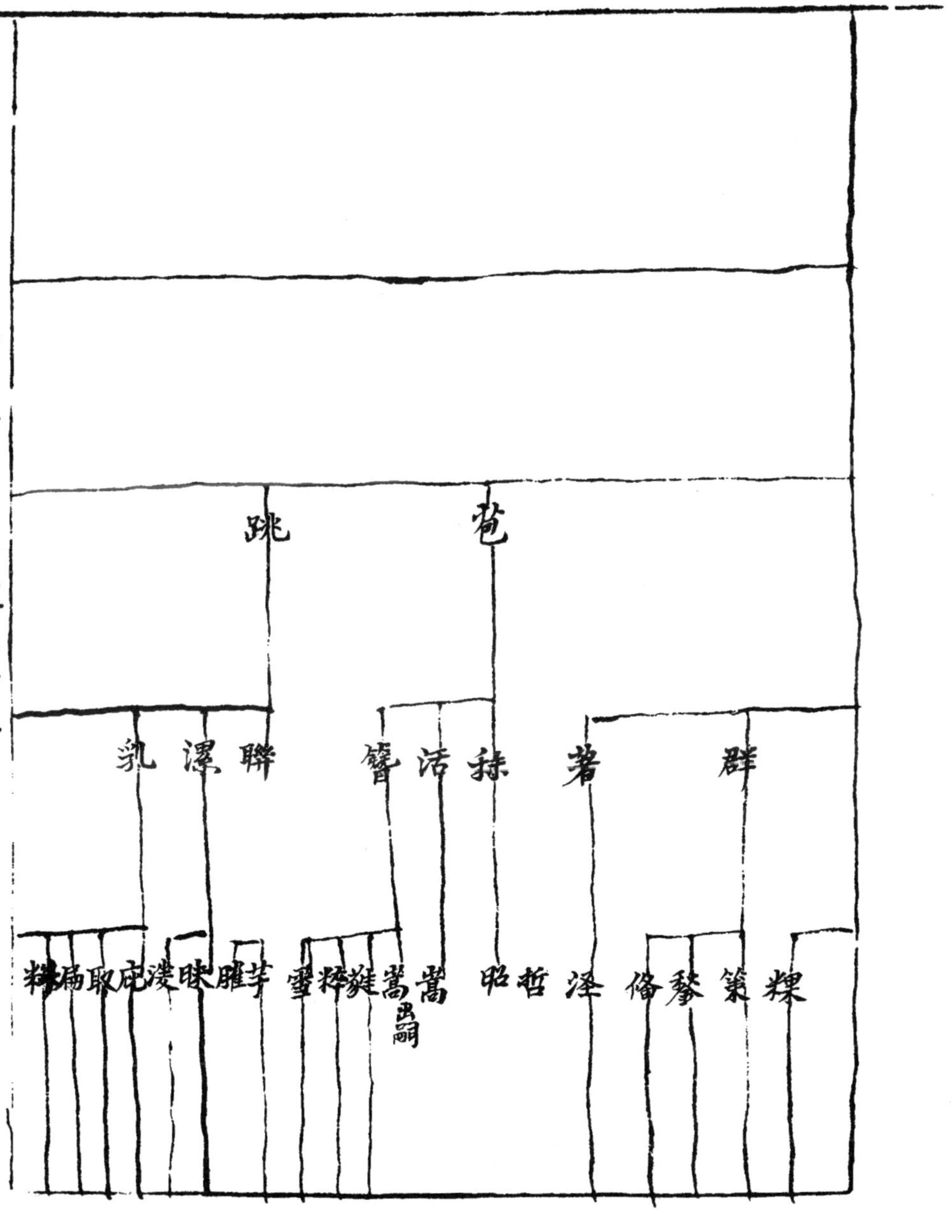

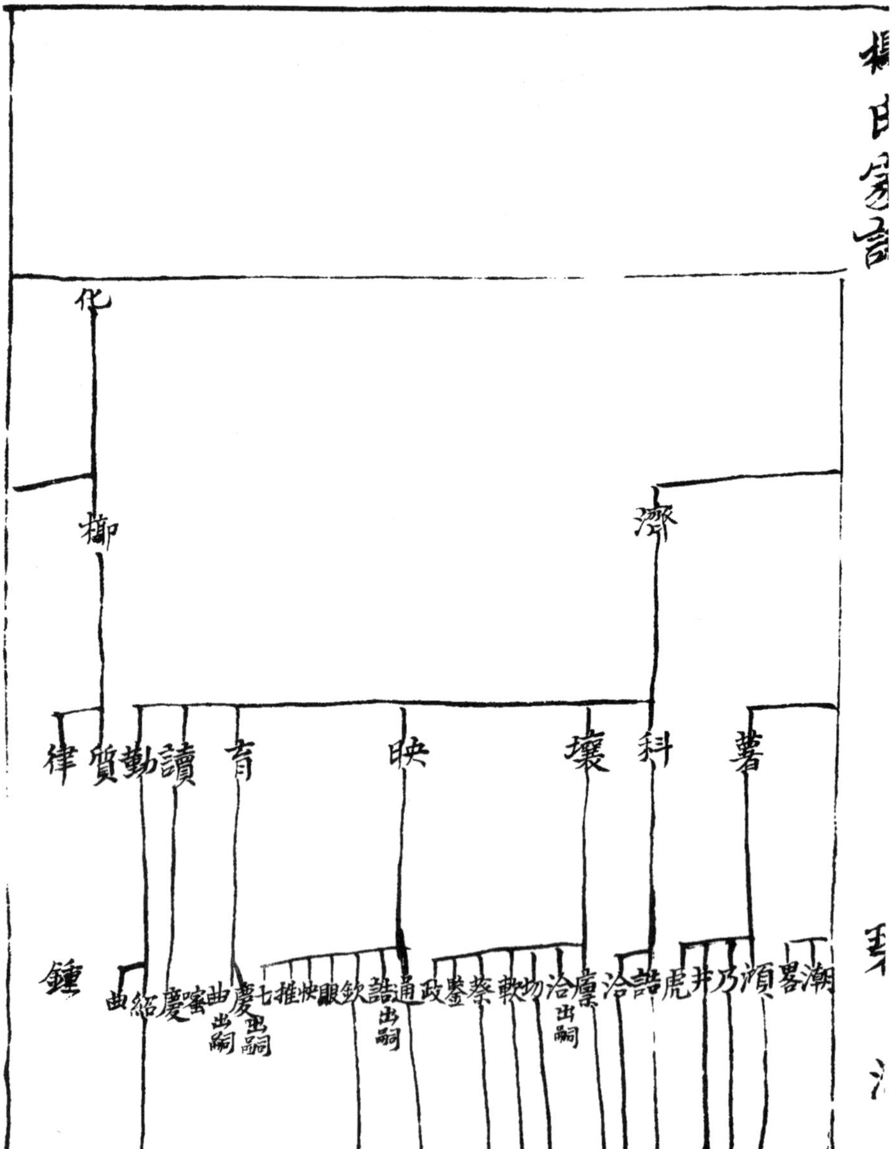
化
律
質
勤
讀
育
映
科
著
鍾
出嗣
出嗣
出嗣
出嗣

楊氏之譜　卷七　世系圖　廿五世至三十世

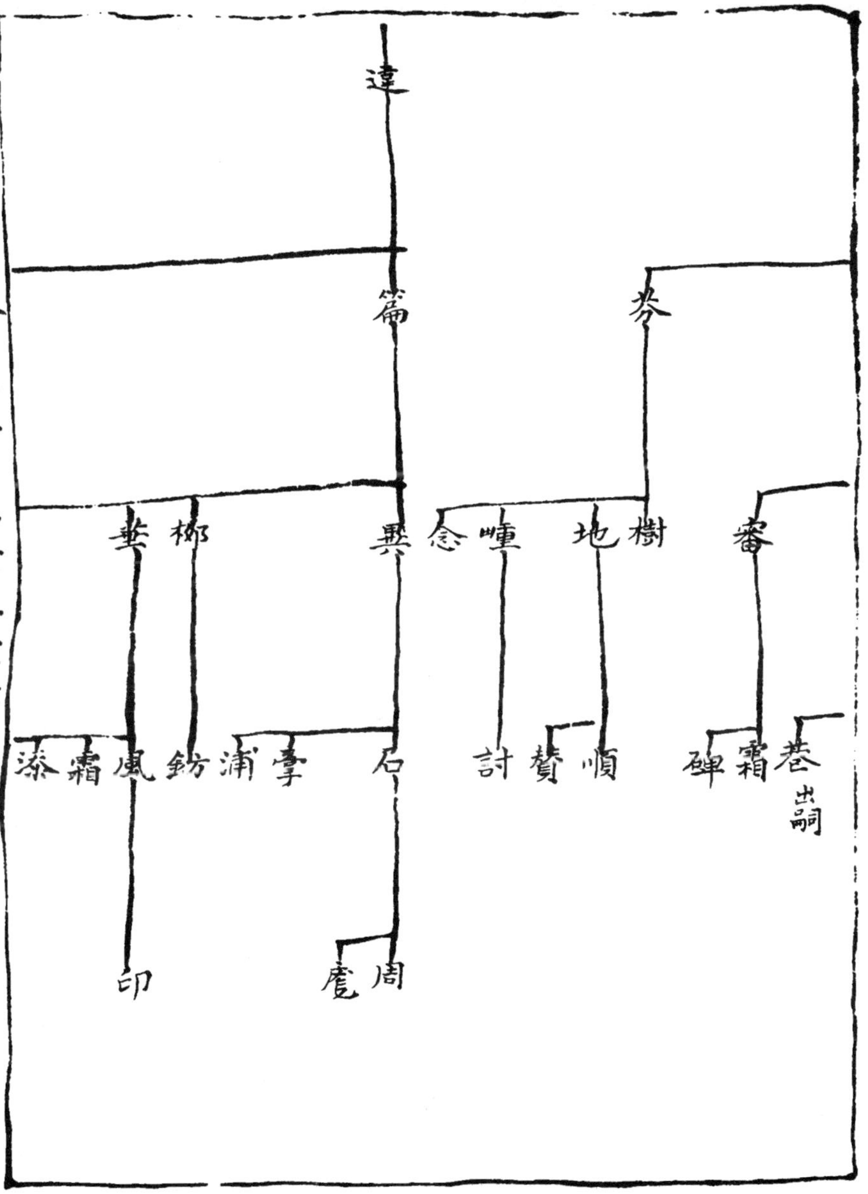

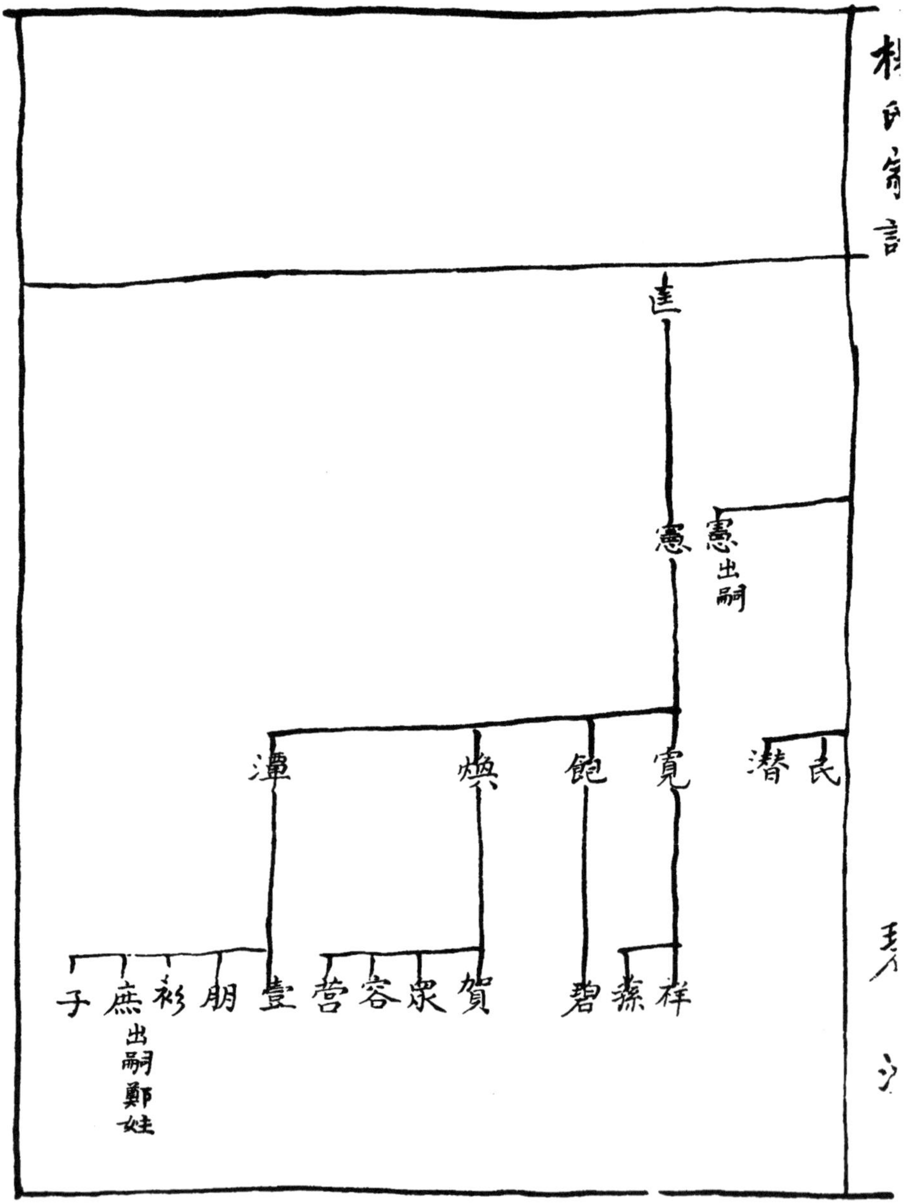
達
憲
憲出嗣
民
潛
寬
飽
煥
潭
梓
蒸
碧
賀
泉
容
营
壹
朋
彬
庶
出嗣鄭姓
子

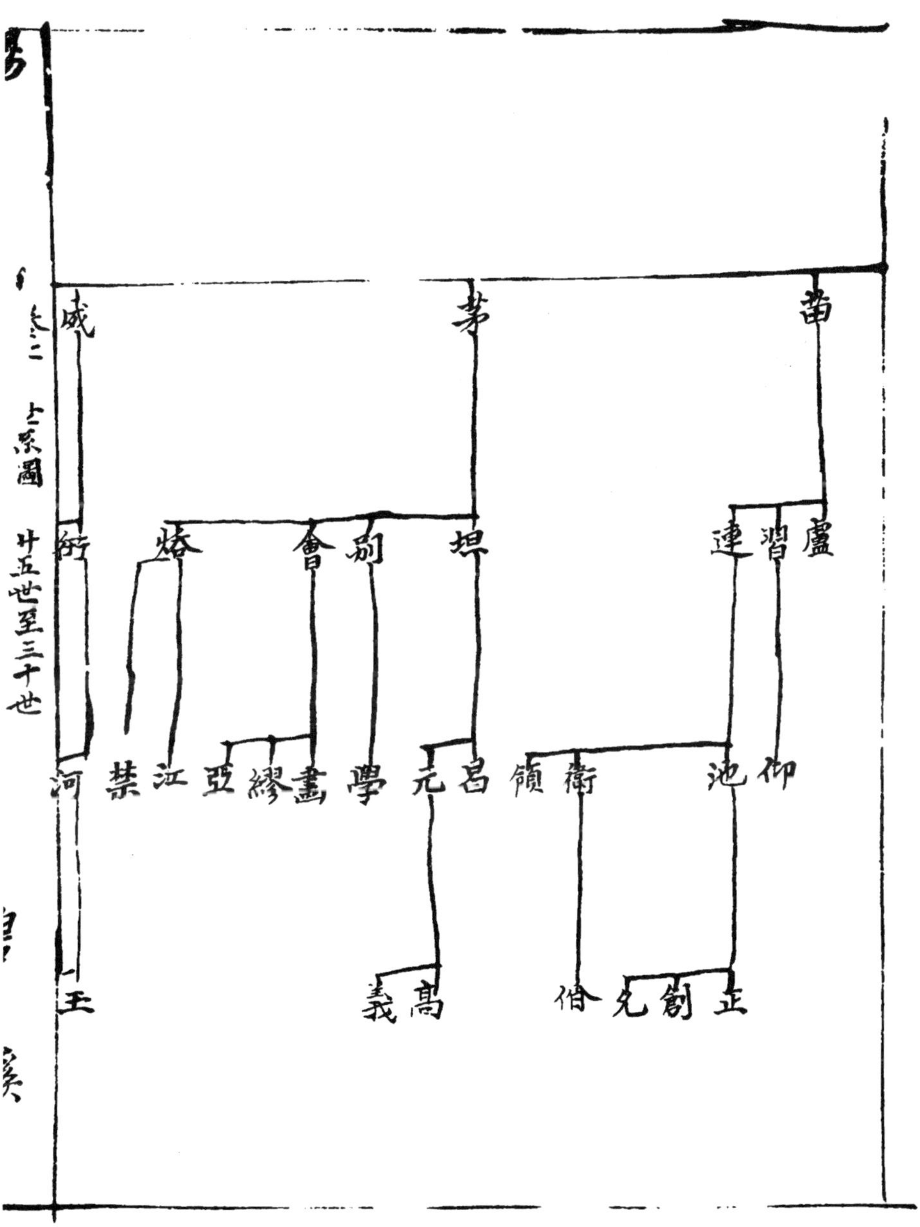
卷二 世系圖 廿五世至三十世
成
茅
甾
衍
烙
會
刷
坦
連
習
盧
河
禁
江
亞
繆
畫
學
元
呂
傾
衛
池
仰
玉
義
高
佾
允
創
正

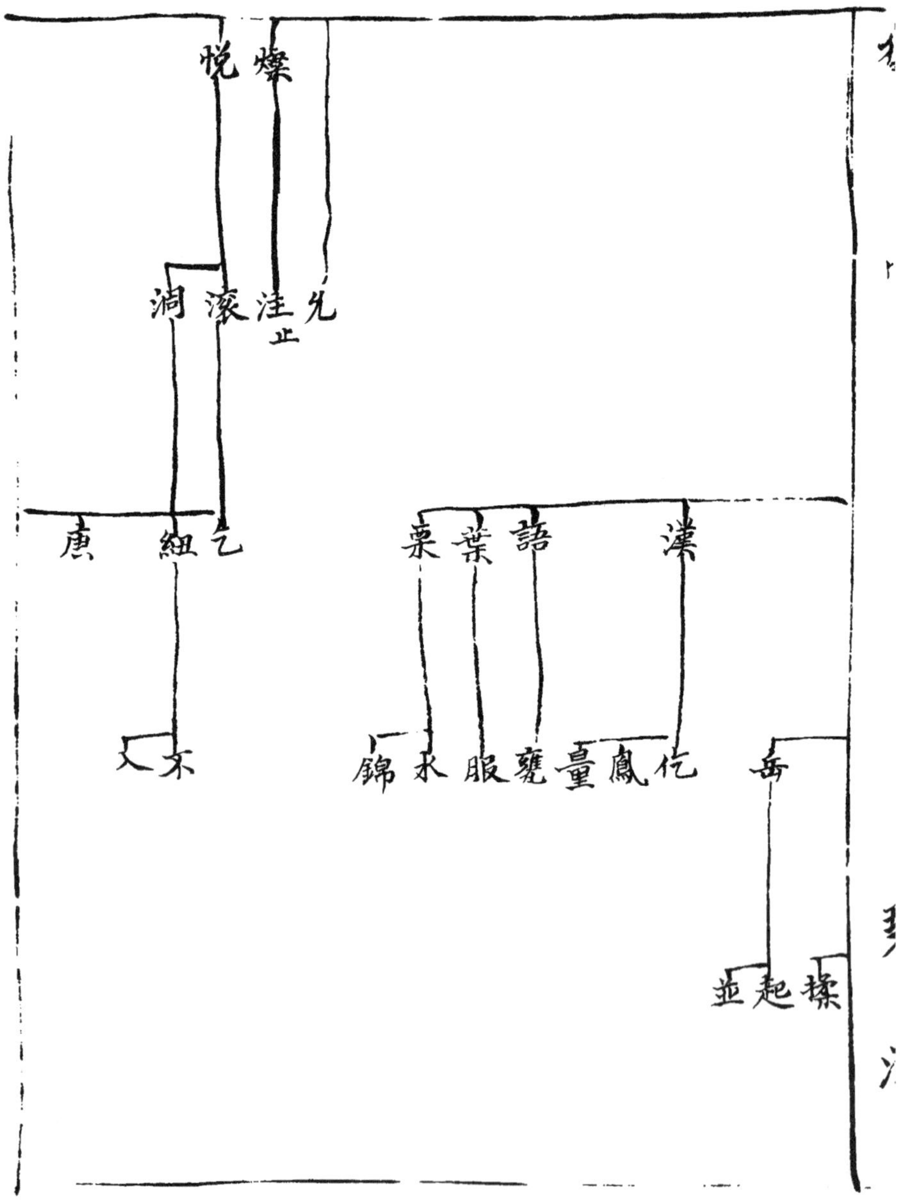

悅 燦
洞 滚 注 允
止
唐 紐 乙
粟 葉 語 漢
文 木 錦 求 服 甕 量 鳳 仡 岳
並 起 揉

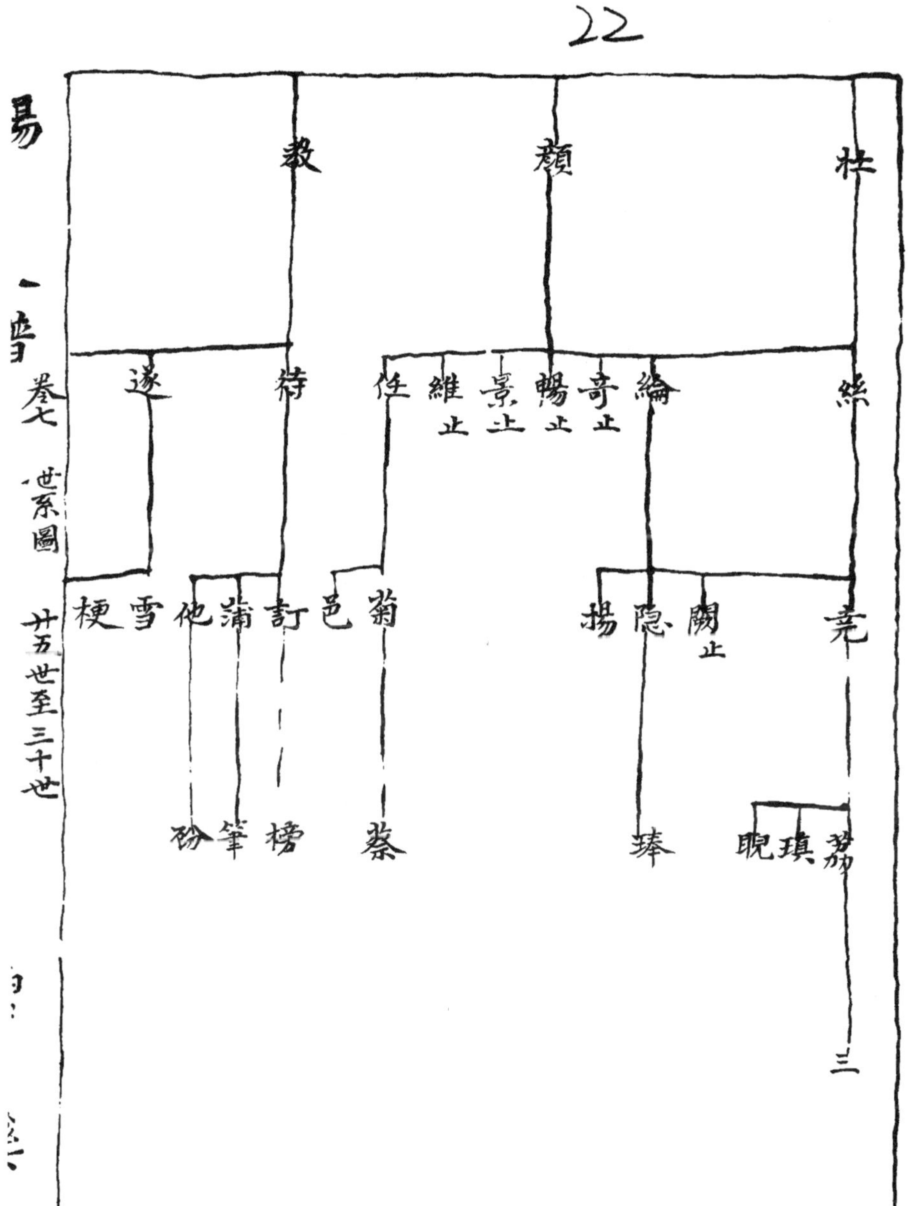
22
楊
卷七
世系圖
廿五世至三十世
教
顏
杜
遂
特
任
維止
景止
暢止
奇止
綸
絲
梗
雪
他
蒲
訂
邑
菊
揚
隐
闕止
尭
玢
筆
榜
棻
捧
睍
瑱
荔
三

文侃公派

傑　程　琛　普　乾

奢　澗　銑　帖　亘　埒　埒（出嗣）　遐

鐵（出嗣）　蓰

乖　存　閘　冲

係　冕　拱　讓　藩　早　柔

楊氏宗譜　卷七　世系圖　廿五世至三十世

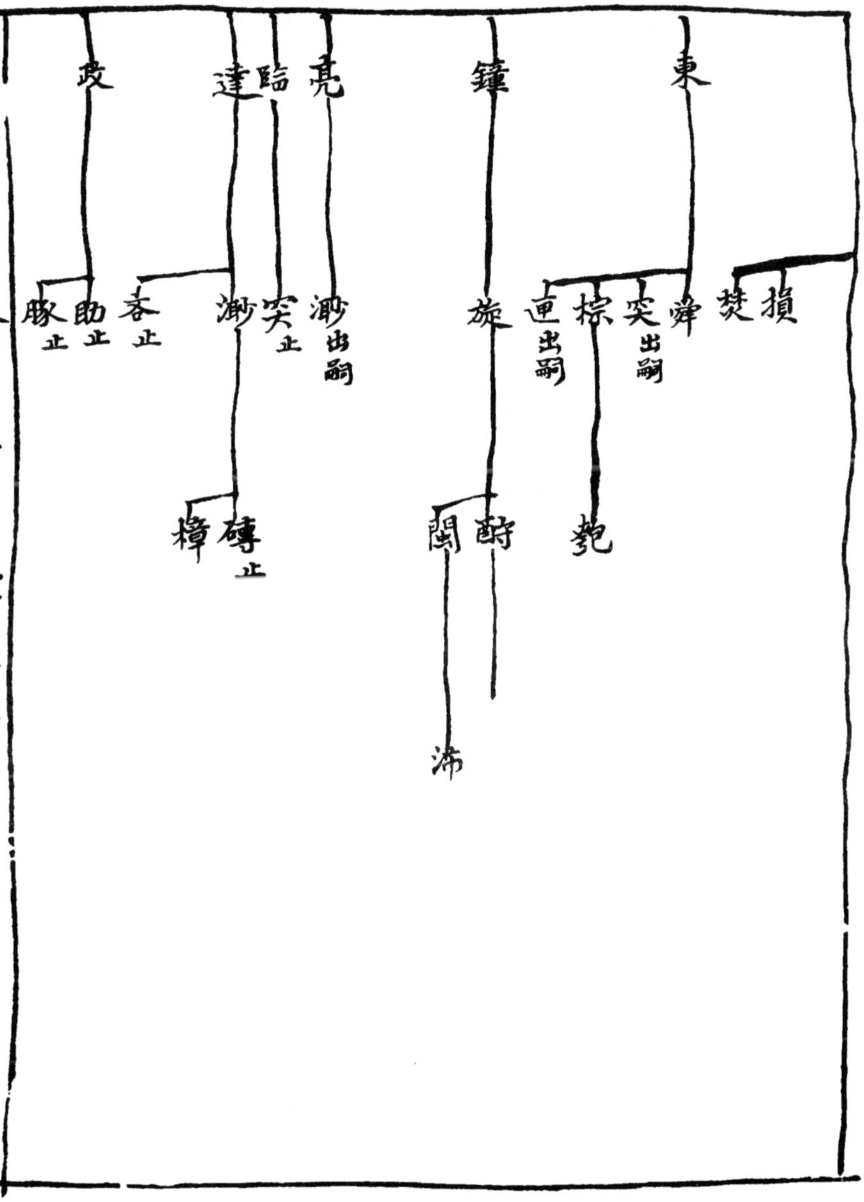

直庵公派

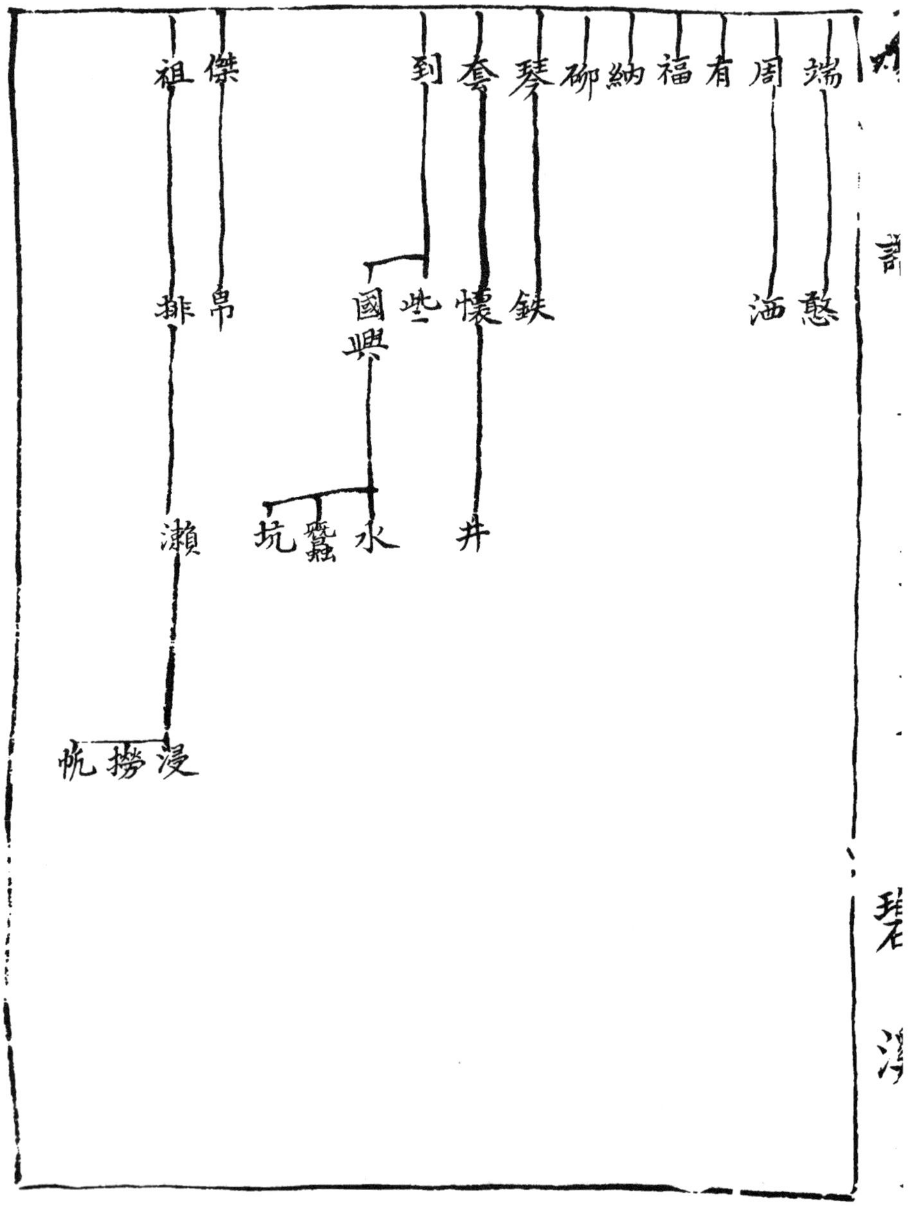

蚊

東

連

夫球

夫賜

卷七終

碧溪楊氏家譜卷八

世系録

開漳始祖統公光州固始人唐官河東玉鈐衛昭信校尉高宗顯慶七年奉
朝命從將軍陳政帥閩越三年總兵討廣寇陳謙戰没于陳子孫皆
襲蔭武職防禦邊寇撫綏新民因家于漳（殘統公至守固公凡十一世元季譜帙盡燬直齋修譜時已無可考矣）
守固公統公之十一世孫也值永春留從効作亂公以卑職弱兵為主帥
程斌出拒不克羅其族殺存子一重卿
重卿公守固公子官建寧郡屬邑簿與郡守蜀人偉公會有同宗之誼從
効作難公在建寧獲免閩宗族被誅孤特無助不敢回漳且虞留氏
有不軌之謀乃隨建守偉入蜀立貫於山西之潞州黎城縣生子䚢
䚢公重卿公子周世宗中以曾累薦官昭武軍節度使生子仕休

一世

回漳始祖仕休公官宗殿中丞天聖元年回籍塋長泰陶洋之浮山坐丙

向壬生子三令問令緒令望

二世

令問仕休長子登淳化壬辰第一甲進士歷職方員外郎選任防禦甘宿
等處要害邊境時北虜寇邊公剿除之奏功遷宣奉大夫上柱國黎
城開國男三上疏乞歸故土天聖元年奉旨回漳賜璽書褒寵者三
進階光祿大夫食邑五百户賜老歸致仕擇居長泰陶洋壽七十六
而終孫友諒曾孫博俱登進士第詳見陶洋家譜

令緒仕休次子祥符七年登服勤詞學科初試清沁令天禧三年改觀察
判官乾興元年由奉禮郎進太常寺太祝明道三年致仕壽七十四

令望仕休三子字子振文學節行推重于世志不願仕郡守方公慎延教
州校門人林曼等十二人聯登進士榜嘉祐丙申年安撫使李熙勉
以教育有功奏越明年丁酉封泰嶽先生卒年七十二㘸長泰彰信
里之洪山坐乾向巽生子光璧

三世

光壁令望長子由陶洋徙居霞城英宗治平丙午試明經科第十三調寧州節推改判常州致仕享壽六十有六生子聳漢

四世

碧溪開基始祖諱聳漢號十五公世居霞城東北隅崇寧間遷北溪之濱距城三十里許地名碧溪以長子汝南貴勅封從政郎塟本處尹壠尾橡林山坐庚向甲配蔡氏合塟于左生子四福權蔭黨墳係黃疊胖先生所扦號曰弃笏滿床疊胖精于堪輿所識多驗人呼為妙應先生云

五世

福改名汝南字彥侯號快然居士十五公長子擢紹興乙丑科進士初任贛州教授改廣州仍前職後以祭酒楊椿薦改知古田縣致仕晉階朝散大夫壽七十有四塟吳林山之原坐壬向丙生子一冥行實詳家賢傳

林氏家譜

權字彥諄十五公次子塟犂跡后遷塟前園山　無嗣

蔭字彥伯號不倚先生十五公三子文行與怏然居士齊重于時配陳氏
繼蔡氏合塟倉下山坐丑向未俗呼三公墓生子一資政

黨字彥理十五公四子塟犂跡后破墓下無嗣

六世

冥號月溪居士彥侯子以子貴贈中散大夫配蔡氏生子二承祖承禮塟
處前譜不誌據碧雲宮後石碑題有宋宜人蔡氏墓道寶慶丙戌朝
奉大夫楊承祖立則蔡氏當為冥公之配承祖公之母舊傳近碧雲
宮後墻有灰壙乙首坐艮向坤當即蔡氏墓也

資政彥伯子塟前園山生子二茂實茂積

三

七世

承祖字慶襲冥長子以祖澤補官初調邑之理曹歷循之推幕俱有善蹟
攝守惠陽得代送迎餽遺一無所受廣憲王滲聞其廉能薦除新州
尋知撫州年五十即丐祠塋埔荆林配　氏生子三思安思恭思讓
詳見家賢傳

承禮冥次子以祖澤受職名列縣誌

茂實資政長子塋前園山

茂積資政次子附塋前園山配　氏生子一子俊

八世

思安慶襲長子任新懷主簿配　氏生子一公錫塋横山中崙

思恭慶襲次子任程鄉尉　無嗣

思讓慶襲三子仕主簿　無嗣

子俊茂積子仕奉議大夫尚寶司卿塋前園山之麓坐壬向丙兼子午配

楊氏家譜　卷八　世系圖　七世至十世　碧溪

氏生子二敏永三十使

九世

公錫思安子仕承德郎配　氏生子四仙得仙助昴瑞文瑞

敏永子俊長子仕廸功郎配　氏生子二四十三使十官人塟尹壠山尾

坐辛向乙俗呼下墓

三十使子俊次子

十世

仙得公錫長子配　氏生子一長卿

仙助公錫次子

昴瑞公錫三子生子二奮卿勝卿

文瑞公錫四子附塟橫山祖墓右

四十三使敏永長子配　氏生子真瑞真儒合塟史院山之麓坐申向寅

十官人敏永次子移居白石配　氏生子二巡使

十一世

長卿仙得子生子一天與

奮卿昴瑞長子生子二天賜天福

勝卿昴瑞次子生子一天德

真瑞四十三使長子葬大智院山

真儒四十三使次子任四川成都府教授學行推重于時誨廸諸生有法

受其教者多所造就秩滿告歸川士懷之配林氏生子六國棟國瑶

國璋國銘國秀國玄卒葬陳姿陌山

十二世

天與長卿子

天賜奮卿長子

天福奮卿次子生子一種

天德勝卿子

國棟真儒長子生子三德成德茂德馨

國瑶真儒次子葬車坑山生子二彦彰彦明

國璋真儒三子葬朴山邊生子三進昇遜

國銘真儒四子葬東坂林坐辰向戌俗呼蝦形生子二進緒進晟

國秀真儒五子生子二通文賜榮

國玄真儒六子生子三耿茂齊

十三世

種天福子生子三保茍治茍壽茍

德成國棟長子

德茂國棟次子

德馨國棟三子配　氏生子二朝宗朝章

彦彰國瑶長子無嗣

彦明國瑶次子葬胡隔山坐壬向丙兼寅　生子一真養

24

進國璋長子

昇國璋次子

遜國璋三子

進緒國銘長子以上四公無嗣

進晟國銘次子字伯直配林氏葬東坂林中崙坐辰向戌生子一治琅

通文國秀長子生子　政道

賜榮國秀次子生子一真錫

耿國玄長子生子三昱瑄璇

茂國玄次子無嗣

齊國玄三子無嗣

十四世

保苟種長子生子二貴生佛賜

治苟種次子

楊氏家譜

壽苟種三子生子一馬生

朝宗德馨長子

朝章德馨次子

真養行八彥明子配陳氏無出以從子暮生為嗣

治琅字全中號節齋伯直子元順帝戊子年生明洪武二十年丁卯二月廿一日卒塋坛頭山坐艮向坤配蔡氏無出娶謝氏號貞慎順帝丙申年十一月十三日生正統戊辰十二月十一日卒生子二暮生　嗣出泰生

政道通文子

政公字碩環正統丙辰歲貢任雷州府教諭生洪武己巳年九月初三日辰時卒景泰丙子年正月初八日寅時配　氏諱娘字淑巽生洪武己卯年八月十八日亥卒六明丙戌年十二月廿二日戌時合塋赤壠內山坐　向　生子一大舍

真錫賜榮子

昱耿長子

瑄耿次子

璇耿三子

十五世

貴生保苟長子

佛賜保苟次子

馬生壽苟子

暮生字希曙號素軒行五全中長子出継真養洪武十二年己未四月廿九日生九歲而父殁生母謝氏實鞠成之比長以耕讀為業克勤克儉而貲積饒裕當是時先人之遺澤雖隆而祚胤衰薄至希曙公兄弟出統緒賴以不墜云正統十一年丙寅四月十一日酉時卒葬官坑山坐丁向癸兼未丑配洋山林氏號德儀洪武十二年己未七月十二日酉時生正統十四年己巳十一月十八日午時卒合葬官山生子三衡聰果女一適鄒宜讓

泰生字義芳以字為名號烈庵行六全中次子生五歲而父殁與兄暮生賴母謝氏鞠養成立為人尚義崇節鄉之人或有病其矯抗者居家

杉[illegible]言

孝弟其愛子也不以姑息專督之業書後果以長子貴勅封承德郎
戶部廣東清吏司主事生洪武十六年癸亥五月初三日申時卒天
順六年壬午八月初二日戌時壽八十配漳浦縣磁竈山紀氏號順
德勅贈太安人生卒失記合葬金雞山坐　向　生子四紹勤緒麟

右自四世至十五世凡皆益齋直菴之筆其間生卒葬娶甚多缺畧接公序世系云支
圖尚存譜乘遺失所不知者不敢附會蓋取其信也今亦概仍其旧不敢務為穿
鑿然竊有可怪者真養公當元末之亂生卒葬或無所記節齋公卒洪武二十年
年僅四十配蔡氏生卒與節齋公先後相去亦必無多而生卒葬獨遺焉至謝氏媽享
年九十有三公所逮事王母也記其生卒而葬處亦畧而不誌何欤　振北誌

十六世

衡字文佩號益齋希曙長子少好讀書善屬文長從里辟充郡庠弟子員
勵志力學不意為主司所挫黜援例充應天府吏員曾不色慍謂人
曰少年登科古人以為不幸今日之黜豈非幸耶益自策勵志不少衰
或有從而笑之者公不恤也正統六年辛酉京闈大比乃以吏員入

試遂中式馬士類壯之授程鄉儒學訓導故臨清縣如前官
陞積榆教諭秩滿致仕生于永樂癸未四月十三日午時卒
于成化己丑閏四月十三日戌時配霞城縣后張氏號貞淑
合葬宋林山生子三冕縉紱冕張出縉紱副室袁氏出女五
長次張出三四五袁出長適溪環林次適長泰薛三適岢山
宋四適下洋洪郁申次子伯厚五適林

聰字文儼號敦勵齋希曙次子永樂庚寅正月十九日戌時生天
性勤敏飭躬勵行正家教子皆有法度閨門之間内外整肅
昆季義讓怡怡如也善創善守先業益以充拓焉成化己酉
正月廿五日戌時卒享年五十有六配金沙陳氏號孜順勤
相夫嚴教子可為女式永樂壬辰七月初九日巳時生成化
己亥四月十九日午時卒合葬新倉石鼓山之原坐丑向未
生子三親寵淳女二長適廣讀蔡廷振次適桃源御史惠公

弟庠生陳子玉

杲字文侃號逸軒希曙三子永樂乙未三月十七日卯時生弘治丁未二月十四日未時卒享年八十有三塟應坑口山配宋氏繼陳氏生子宓顯宗出諫統陳出儘楝側室康氏出女二適霞城朱

紹字文纘一字廸元號直菴義芳長子幼岐嶷穎悟舉動如老成人稍長從學顏大夏先生之門已而充邑庠生與庠中諸豪雋日切磋學益精粹甲子以易經領鄉薦戊辰會試登進士第授戶部廣東清吏司主事考績進階承德郎奉　命總督德州等處粮賦陞奉議大夫本部郎中致仕居官清嚴人不敢干以私永樂丁亥五月十八日申時生弘治庚戌七月初三日申時卒享年八十有四行實詳家賢傳塟金雞山之麓坐辰向戌配泰邑董溪頭吳氏號貞順　勅封宜人塟虎塲

八

壠之赤岩山坐　向　生子三瑺璉珙女一適戶部侍郎謝
璉之子次妾王氏子一名秋
勳字廸敏義芳次子配　氏生子二輔弼
緒字廸裔義芳三子配　氏生子三英遜逸
麟字廸輝義芳四子配　氏生子二寧寅

十七世

晁字大儀號朴叟文佩長子配林氏號勤誠無出副室蔡氏生子一泮石氏生子一淞女八適未詳朴叟偕林氏合塟本處破寨園坐艮向坤生卒年月俱闕

縉字大紳文佩次子配黃氏生子四元亨利貞

綬字大用文佩三子號芳圃守恒配南山李上舍之女生子二拔葬附塟坵頭山節齋墓側

親字興仁號碧溪闇人文儼長子宣德乙卯三月廿五日戌時生

正德丙寅七月廿八日申時卒享年七十有二配霞城胡氏
諱表官字明端號淑正正統庚申三月廿八日卯時生成化
壬辰六月十八日卯時卒生子二玭琳女二長適宗通判球
公姪世表次適東城外義官林朝章繼室翰林洪氏號懿行
婦德可方生正統丁卯八月廿三日戌時卒弘治己酉六月
廿八日戌時生子四璞琅珂瑜女一適開元寺前黃長史
公姪朝烈與闔人合葬東洋山之原坐丑向未副室郭氏生
子一巽女一適漳浦大坑陳參議與公子茂隆生卒葬未詳
胡氏亦葬東洋山之原坐丑向未

寵字興榮號節菴文儼次子正統戊午十二月廿七日生早歲充
郡庠一試遂得廪以義舉見挫遇例納粟　恩授將仕佐郎
九品散官經書創置不歉乃兄而氣誼文章尤令人稱頌弗
替弘治壬戌三月初二日卒享年六十有五葬橫山烏石隴

坐辰巽向戌乾娶廣讀鄒氏字徽靜號閫範生子正統二年丁巳八月初五日辰時卒弘治十年丁巳二月廿一日辰時塟霞城南門外塘北山坐辛向乙副室吳氏謚端惠生天順丁丑正月十二日子時卒成化癸卯十一月初六日酉時塟洪坑嶺內舉人林坐寅向申副室陳氏生成化己丑二月十三日酉時卒嘉靖元年壬午五月十六日未時嘉靖十一年壬辰十二月廿四日午時塟御史嶺之阿坐丁向癸生子六寬鄒出實官吳出寶富宛陳出女三長次鄒出長適湖廣副使陳公宏侄朝謙次適漳州衛指揮碩泰三陳出適鄒光照

淳字興雅號簡軒文儼三子有元宗才造化限之三十二而卒生於正統七年壬戌十二月初八日巳時卒成化十年甲午十月十三日寅時娶林氏號慈節豊山通判定公姪孫女孀居三十餘年純節無疵正統九年甲子二月初三日丑時生正

[illegible]　碧　溪

德七年壬申二月廿九日卯時卒合葬石鼓山勵敦勵齋墓
左坐癸向丁生子三疊潔女二長適香洲魏濱國次適桃源蔡
克賴

史字興質文侃長子無嗣

顒字孚質文侃次子配藕氏生子二廷瑤

竦字喬質文侃三子配　氏生子一烏

統字君質文侃四子無嗣

儘字興固號牧齋文侃五子生成化十三年丙申十月十六日
時卒嘉靖二十年癸卯十月廿四日女時嘉靖四十三年二
月廿七日丑時葬坛頭獅形山坐艮向坤深九尺娶溪環林
氏生成化十一年乙未九月初八日未時卒嘉靖　年
月十二日巳時合葬牧齋之塋生子三琪琚積女三長適顏
鳴鸞次適扶搖許三適

棟字興隆文侃六子娶南靖蔣氏 繼室曾氏陳氏生子四 權樟彬
蔣出栱曾出生卒塋未詳

瑚字伯謩廸元長子配劉氏生子三稱潭參女一適墨溪戴生卒
塋未詳

璉字伯器廸元次子生宣德九年甲寅三月廿四日丑時卒弘治
十二年己未四月十五日寅時塋長泰白粧山坐坤向艮配
洪氏號閨慎生正統三年戊午九月初十日酉時卒弘治
甲寅年正月初四日塋未詳生子二淮海

琪字伯尊廸元三子配　氏生子一濟

秋廸元四子字景成生天順九年丁丑三月十八日酉時卒弘治二

林氏家譜

年巳酉七月十五日巳時塟大帽右陽仔山坐北向南配林
氏塟陽仔下生子一祥

輔字伯贊廸敏長子 無嗣

弼字伯忠廸敏次子號德軒頗諳詩禮善訓童蒙疏水自安不求
於世生成化戊子年五月十二日戌時卒正德戊寅年四月
十八日辰時配林氏生子二咢恰塟獅形山中崙

英字愈貞廸裔長子 無嗣

遜字愈綏廸裔次子配 氏生子一尾

逸字愈安廸裔三子 無嗣

寧字伯固廸輝長子配 氏生子二晚閱

寅字伯寬廸輝次子餘未詳

十八世

泮字國雍大儀長子娶梧蒼蔣氏生子一椿女三長適魏啟餘未詳

淞字國濟大儀次子娶鄭氏繼陳氏生子一杰鄭出

元字國善大紳長子娶溪環林氏生子二槐楦女四　餘未詳

亨字國義大紳次子娶雍氏生子二倫袟女一適戴喬昂餘未詳

利字國禮大紳三子娶豊山林氏生子四龍盛鵲鵠　餘未詳

貞字國智大紳四子娶林氏餘未詳

拔字國喬號淳齋大用長子以書經補府學生員累試弗利年二

十八而卒附葬素軒墓側配馬氏長史環公姪孫女生子一

介女二長適後坑林萬春次適長泰蘸士攀

莘字國詹號禾　大用次子配陳氏無嗣

玭字國任號非齋興仁長子以易經充郡庠弟子員應試二次弗

林□□詩　　碧□詩

利值淘汰例時削籍者五十餘人非齋與馬遂杜門不出雅意山林配霞城謝氏號順慈侍郎璉公姪女合塋本處東山邊坐甲向庚無嗣以弟璞三子梓為嗣女二長適郭太守舒姪孫丕奕次適蔡侍御果公姪文英

琳字國需號悼軒興仁次子配顏氏吏部尚書定肅公玄孫女生子一淞女一適東山副使熒公姪孫生員黃岳悼軒年三十二卒顏氏孀居三十餘年屏脂粉寡言笑鄉族賢之卒時年六十有二同塋水吼山陽穴有餘十步坐向不同

璞字國聘興仁三子成化癸巳十二月十六日生娶陳氏瓊州府通判炎公孟女生子四檜栢梓梧梓出繼長兄國任為宗子女三長與三陳出次側室　氏出長適霞東義官盧君標次適生員鍾榮三適溪環林通判侄孫緄瑞卒嘉靖卅九年庚申十月十八日申時塋獅形山坐庚向甲

琅字國徵號蕙軒興仁四子成化丙申年五月十六日生嘉靖四十年辛酉六月初六日辰時卒塟東山坐甲向庚配芹山宗氏義官瀚之女生子三桂檀材女三長適鴻塘李道雲次適鄒宗禹三適天寶陳訓導鳳翼子汝泯

珂字國賓號遜齋興仁五子成化己亥三月初十日生以字為名充邑庠復字觀光卒業成均歸隱不復謁選邑大尹史公立誠愛之如兄弟嘉靖己亥恩授廸功郎浙江麗水二尹越壬戌年六月初五日戌時卒塟東洋山坐癸向丁配林氏諱巽字賢英謚惠勤文山方伯同公侄孫女成化壬寅九月初一日辰時生二十于歸婦道無愧嘉靖辛卯九月十三日戌時卒壬辰年九月十五日塟東洋山之原坐艮向坤參政林公魁為誌銘側室江氏嘉靖元年壬午三月三十日寅時生萬曆十二年甲申五月廿二日戌時卒崇禎二年七月十三日塟

林氏家譜　　　　　　　　璞溪

金雞山坐丙向壬生子七逢慶重慶三慶四慶林出五慶六
慶七慶江出女四俱林出長適侍郎富公姪魏泗次適侍御
源公曾孫沈壯三許婚舉人陳師曾十六而亡四適生員林一桂未年而逝
瑜字國玉號慤直齋興仁六子成化癸卯三月初三日生嘉靖己
亥三月初六日辰時卒塋新倉山坐癸向丁配顏氏貴州吏
目俊公女中年沒繼長泰歐氏湖廣副使輝公女生子三天
成顏出天相天衢歐出女四長次三顏出四側室　氏出長
適吳太守孜公姪孫文熒次適石　碼洪爾瞻三適生員黃甫
四適寨頭陳
異字國麟興仁七子弘治壬子十月十五日生娶王氏漳州衛栢
揮定公女生子二榜桂女二長適長泰劉日順次適天寶蔣
文泗
寬字國美號厚菴興榮長子弱冠充府庠命與時仇累試弗利值

淘汰例與從兄國任俱在例中時論稱屈公則了無難色課
子讀書亦見有就晚年終受祿養配東山黃氏蜀憲副使爕
公姪女合塋石鼓山坐丑向未吳大守仕典狀其行生子三
景哲景福黃出景洛副　氏出女一適墨溪均州守孫通判
戴品厚菴移居漳城今子孫俱在城居　賀卿公原誌
實字國真號坦齋行五興榮次子配洪氏下洋右族女也號慈惠
生子一應期一三長適京府照磨魏傑孫加傳次適黃以讓
三適江東吏目四子
宦字國貴行六興榮三子娶涂氏常山令雍公五女年四十六卒
塟新倉敦勵齋墓右生子四瑛璜珙涂氏出珉副倪氏出女
八長次二五六涂出四七八倪出長適鴻塘徐溥次適陳琳
三適陳良謀四適李五適郭安恆六適長泰葉
竇字國仕行七興榮四子年四十四卒配霞城葉氏孀居無玷生

楊氏家譜　璞

子四景壽景元景亨景秀附葬御史嶺母坟左側

富字國守行八興滎五子娶魏氏侍郎富公姪女生子一景賢

宛字國珪行允興滎六子號敬齋弘治壬戌年正月初十日生嘉靖四十一年壬戌四月廿八日為海邊流賊所害追尋無踪越五月廿七日於東坂邊後陳家林覓得屍首認明荷包服色得辨真骸收入骸礶遂葬陳家林之宮仔邊大石旁坐庚向甲有墓誌同埋雍正九年九月三十日午時偕長子沖卿合葬獅毬仔坐丙向壬配吳氏諱二姐太守孜公孫女生弘治十五年癸亥六月初五日巳時卒萬曆二年甲戌二月廿五日丑時追萬曆十六年十二月十九日寅時葬應坑山坐戌向辰兼乾巽生子二景霄景霈

亹興雅長子字國制葬尹隴山早卒

潔字國清號敦睦齋興雅次子平心率物和氣襲人雅耽經籍老

以下

而不猒成化乙未年二月廿五日寅時生嘉靖戊戌年正月
廿二日寅時卒附塟簡軒墓右坐子向午兼癸丁配涂氏常
山仝雍公姪女成化乙未年十一月十四日辰時生正德巳
巳年十月初六日未時卒塟於上鄭坐乙向辛生子二桓森
女一適陳丕範繼室長泰歐氏副使孫女弘治三年庚戌十
二月初九日巳時生隆慶二年戊辰十一月廿四日巳時卒
塟横秋之書洞山坐丙向壬生子三橋桐桀女一適寶慶府通
判王公耀十子廷慶副室林氏生子三櫝柳樹

廷字國朝号質長子配陳氏生子五繼綿綱紀綸餘未詳
瑶字國恩号質次子配宋氏餘未詳
烏字國史喬質子配　氏餘未詳
琪字國琛興固長子配鄭氏生子一鵬女二長適烏嶼吳顯光
適荔支林陳家生卒塟未詳

珸字國鎏興固次子配謝氏無嗣女二餘未詳

積字國資興固三子正德九年甲戌五月十六日未時生萬曆四年丙子八月初九日辰時卒萬曆三十八年十一月十九日丑時塟應坑山坐戌向辰配陳氏謚勤慈生正德十四年己卯十二月十八日寅時卒萬曆廿六年戊戌正月十八日巳時合塟應坑山生子四丕振丕　俏卿丕握

權字國宜興隆長子娶渌氏生子一禎祥

樺字國燦興隆次子配蔡氏餘未詳

彬興隆三子未詳

栱興隆四子未詳

稱字如猷伯譽長子配吳氏御史玭公妹生子一公還

潭字如澄伯譽次子未詳

參字如淵伯譽三子未詳

淮字如川伯器長子配郭氏生子三尊 相尊吉尊祥移居長泰[illegible]
　孝里甘棠墘生卒葬無考
海字如深伯器次子未詳
濟字如成伯尊子配劉氏生子二奇環奇顯餘未詳
祥景成子配　氏生子四邦傑文傑仕傑紹傑餘未詳
昂字國重伯忠長子配鄭氏生子一濂餘未詳
怡字國和伯忠次子配李氏生子一淙餘未詳
尾字國成愈緩子配　氏生子旭未詳
晚字朝佩伯固長子配　氏生子一名闕
閔字朝質伯固次子未詳

十九世

椿國雍長子配　氏生子一球餘莫考
杰國濟子未詳

林氏宗譜

槐字朝卿國善長子配香洲張氏生子一珪

楦字政卿國善次子配陳氏未詳

倫字明卿國義長子娶鄭氏無嗣鄭改節

秩字信卿國義次子配顏氏未詳

龍字雲卿國禮長子配林氏未詳

盛字世卿國禮次子配何氏未詳

鵲國禮三子未詳

鵲國禮四子未詳

介字恴卿國喬子配王氏無子側室　氏生子一位餘無考

梓字應卿一字寔卿號後溪國聘三子出繼國任為宗子弘治十五年壬戌六月十八日申時生嘉靖丁亥年以易經充縣庠文學見推累試弗利嘉靖三十七年戊午三月初七日巳時卒塟獅形山坐亥向巳配蕭氏生子一烱女二

松字壽卿國需子生正德元年丙寅五月初十日丑時卒嘉靖二十八年己酉七月二十八日巳時娶後坑侯氏侍御由公孫女繼謝氏霞城右族也生子三菖侯出葵荷謝出女三俱謝出壽卿塟水吼山坐申向寅侯氏謝氏未詳

檜字茂卿國聘長子生正德二年丁卯正月十二日子時卒嘉靖四十年辛酉五月二十日未時配天寶陳氏員外璜公侄女生子四燃煜燡燰女四長適陳有度次適陳積福三適下洋洪家四未詳

栢字節卿國聘次子娶長泰戴氏都察院右僉都御史時宗侄女生子焔文一 餘未詳

梧字鳳卿號菊軒鈍夫行五國聘四子早卒塟東山邊

桂字郁卿國徽長子娶黃氏蜀憲副熒公侄孫女生子二振宗兒宗女三 餘未詳

林氏家譜

檀字貢卿號遯川國徽次子生正德四年己巳九月廿三日辰時卒嘉靖四十年辛酉六月初六日配林氏邑庠生一桂之姊生正德四年己巳十月廿三日卒萬曆廿一年癸巳十月廿七日巳時享年八十有五與公合葬獅母山坐丁向癸生子四顯宗奕宗昭宗譽宗女三長適霞城太守舒公孫郭廷琛

材字良棟國徽三子配郭氏未詳

逢慶字吉卿號補非國賓長子弘治甲子年八月廿三日生嘉靖四十年辛酉八月十六日丑時卒葬金雞山坐　向　配鄒氏生子一長女一適長泰王冲惠

重慶字賀卿號居竹子國賓次子充益府生員才高學博命與時違杜門不出惓惓以敬宗收族為己事修世系集文獻使後之人有所紹述功固在孟齋下也生正德辛未年十二月初九日辰時卒萬曆己亥年十月十六日丑時葬宗林口水吼

山坐申向乙深一丈六尺娶吳氏無出繼李氏諱英娘生正德十一年丙子七月廿一日午時卒萬曆二十四年丙申八月二十日戌時無出與賀卿合塟副室蔡氏諱岱姐生嘉靖四年乙酉閏十二月廿七日戌時卒萬曆三十三年乙巳七月十五日丑時塟油鞍山坐乙向辛生子一立本女一適天寶蔣

三慶字積卿國賓三子充益府生員生正德庚辰年七月初二日卒嘉靖四十年辛酉六月初六日辰時塟應坑后坐 向配鄭氏參議和公孫女生子一候女二長適海澄陳通判仝公孫次適南靖生員陳秉元

四慶字善卿國賓四子充益府生員生嘉靖甲申年十一月十五日卒萬曆辛巳年三月廿一日亥時塟未詳配高氏南波進士琅公女生子二禄爵女二長適東門袁履愼次適縣前蔡

應宷

林氏家譜

五慶字必卿國賓五子嘉靖辛丑七月廿七日生配林氏生子三
名俱闕女二生卒遷塟無考
六慶字有卿國賓六子生嘉靖癸卯年八月廿七日娶溪園林氏
生子四岳岸嶷崇餘未詳
七慶字餘卿號梅崖國賓七子生嘉靖廿四年乙巳十月初六日
午時卒萬曆四十六年戊午九月廿六日寅時遷塟東洋磜
碇仔山坐乙向辛配鄭氏諱二姐謚勤順知縣要公女生嘉
靖廿四年乙巳六月初七日戌時卒萬曆二十年壬辰四月
初八日未時塟坛頭山坐未向丑穴深九尺生子二密鰲女二
天成字敬卿國玉長子生正德庚辰年正月初一日娶知縣郭廷
用之妹生子二時拱時摽女二餘莫詳
天相字慎卿國玉次子生嘉靖六年丁亥十二月初十日娶赤嶺
鄭氏麗水知縣臨公第三女公任太平驛驛丞餘未詳

天衢字　卿國玉三子嘉靖癸巳六月初五日生餘未詳
榜字會卿國麟長子娶山尾黄氏餘未詳
柱字安卿國麟次子娶李氏生子一春
景哲字俊卿號壁波國美長子弱冠充府學生員以父命援例入
胄監授廣東雷州府照磨抵職未朞年當道嘉其能令視郡
篆嘉靖辛卯丁丑艱歸癸巳起復改授貴州黎平府仍前職
己亥陞江西龍南主簿配魏氏侍郎富公孟孫女繼南靖林
氏生子二正根正枝側室出女三長魏出適歸善仝琳公孫黄
河次適桃源陳
旧誌生子二名闕世系圖有正根正枝之名應為補入
景福字德卿國美次子配西山李氏子一正源塋塘北山坐乙向
辛與祖母鄒氏墓相對
旧誌不云生子正源世系圖有之特為補入

楊氏家譜

景洛字道卿國美三子三任茅田司巡檢配漸山李氏樂昌尹增
之女生子四正萌正芽正苗正芑
旧誌生子二正萌正芑世系圖於正芑上有正芽正苗二人亦為補入
應期字瑞卿國真子配洪氏生子二咸夬餘未詳
瑛字瑩卿以字為名復字以純號后塘國貴長子正德甲戌年十
月廿八日生嘉靖丁酉以詩經充府學生員越己酉鄉試中
式第六十九名任永州府通判致仕家居卒萬曆乙巳年三
月十五日辰時配鄭氏麗水尹孟女生正德丙子年　月
日　時卒隆慶壬申年七月十一日申時合葬本處上
坑尾山坐午向子生子二正華正萼女二適未詳副室劉氏
生子一正藹又副嚴氏生子二正蘢正芘劉葬應坑山嚴氏
生嘉靖己亥年九月初七日丑時卒萬曆癸丑年三月初四日
午時葬獅形山坐午向子兼丙壬

璜字鬻卿號亦塘國貴次子配周氏生子二正莊正文女二餘未詳
珙字潤卿號左山國貴三子生嘉靖壬午年正月初十日戌時卒
萬曆甲辰年八月十三日巳時娶鄭氏武舉桐公女諱裕娘
生嘉靖甲申年四月初四日寅時卒嘉靖甲子年九月十六
日子時合塟洪坑嶺內舉人林坐巽向乾兼巳亥生子三正
芬正蘭正葉繼室林氏生嘉靖丙戌年八月十三日戌時卒
萬曆丙辰年十二月初九日酉時塟獅母山坐丁向癸
珉國貴四子無嗣
景壽字靜卿國仕長子娶黃氏生子二正芳正萃餘未詳
景元字春卿國仕次子娶溪環林氏生子二正芊正萬
景亨字嘉卿國仕三子娶吳氏霞城右族也餘未詳
景秀國仕四子未詳
景賢字希卿國守子配陳氏未詳

景霄字冲卿國珪長子生嘉靖　年　月　日　時卒
年正月十三日　時雍正九年九月三十日子時仝父
國珪公合葬獅毬山坐丙向壬配袁氏鄉進士文遴公從妹
生嘉靖四年乙酉六月初九日子時卒嘉靖四十年辛酉五
月初十日巳時萬曆二十年十二月廿八日寅時葬獅形山
節齋公墓右坐艮向坤生子二正旦正望

景霈字澤卿國珪次子生嘉靖丁亥年十一月十四日辰時卒嘉
靖戊午年二月初六日辰時娶吴氏母家女也生嘉靖丁亥
年三月十二日酉時卒嘉靖丁巳年二月十六日午時萬曆
廿四年丙申正月初五日壬申卯時合葬洪坑嶺山腰坐癸
向丁公媽俱於嘉靖四十年遭盜燒屋骸柩火葬無嗣

桓字擇卿國清長子弘治己未十二月十五日生娶方氏繼蔡氏
生子二從祖學祖俱側出餘未詳

森字翠卿行三國清次子正德戊辰年十二月初一日生隆慶巳
巳年三月廿六日卯時卒娶溪環林氏謚慈淑生于正德戊
辰年　月　日　時卒于嘉靖四十年辛酉六月初六
日合塟浦口社前塗山後壠坐丁向癸生子二燦炳女一
橋字莛卿號盱江行四國清三子年二十四卒配溪環林氏通判
泰公孫女繼黃氏生女一 無嗣
櫝字寶卿行五國清四子娶鍾氏生子一 名闕未詳
桐字懿卿行六國清五子號見溪正德十三年戊寅十月十七日
亥時生嘉靖四十五年丙寅十一月初一日子時卒壽四十
九配霞城郭氏義官輝公次女字慎節生于正德戊寅年六
月廿八日申時卒于萬曆戊戌年十一月二十日申時壽八
十一合塟吳前山后赤壠口坐丙向壬生子五燿焜燉煉熠
女二

林氏家譜　　　　碧溪

柳字芳卿國清六子娶詹氏生子一 昭

樹字立卿國清七子娶長泰沈氏生子一 名失

傑字嚴卿國清八子生嘉靖六年丁亥十月二十日亥時卒萬曆四十四年丙辰正月三十日酉時壽九十配霞城葉氏生嘉靖八年己丑七月二十日卯時卒萬曆四十三年乙卯十月十七日戌時壽八十七合塟尹壠山坐癸向丁號曰仙人舞袖內用丙子丙午分金外用庚子庚午生子二 烈 淡

繼字續卿國朝長子娶翁氏生子一 仲春

綿國朝次子年十九卒 無嗣

綱國朝三子 未詳

紀國朝四子 未詳

綸國朝五子 未詳

鵬字程卿國琛長子娶陳氏 未詳

丕振國資長子 未詳

佾卿行三國資子塟杉仔山后生卒年月莫辨配林氏謚勤淑
生嘉靖乙卯年四月十二日巳時卒崇禎四年五月廿八日
午時塟尹壠口山坐子向午生子二景肆

丕握國資子字守卿號四塘生嘉靖壬子年八月廿八日午時卒
崇禎辛未年四月廿七日酉時塟杉仔山后坐坤向艮配馬
氏謚勤淑生嘉靖癸亥年五月初五日午時卒崇禎元年六
月二十日寅時塟石鼓山坐亥向巳兼乾巽外兼壬丙生子
一仲晨

禎祥國宜長子 未詳

公還如献子 未詳

林氏家譜　　　　　　玖　次

尊相如川長子生卒葬未詳配柯氏生正德元年十一月廿三日
卯時卒隆慶四年十一月十六日巳時葬長泰白𥓳山坐
向　生子二時雍時舉
尊吉如川次子未詳
尊祥如川三子生正德十一年九月廿一日戌時卒萬曆廿六年
三月廿七日寅時葬長泰坛坂山坐乾向巽配陳氏生正德
十五年三月廿三日亥時卒嘉靖三十四年九月初五日
時合葬坛坂山生子二璦琳繼室陳氏字慈懿生嘉靖五年
五月初八日戌時卒萬曆廿四年十一月廿一日卯時合葬
坛坂生子一瑶
邦傑祥長子未詳

文傑祥次子弘治五年壬子四月十六日寅時生嘉靖三十三年
甲寅十二月十六日　時卒葬未詳配江氏生子二榮賢榮
昆

仕傑祥三子號仕侃正德十二年丁丑三月十二日亥時生萬曆
二年甲戌十二月廿六日酉時卒葬隔仔藪尾壬山配　氏
生子一榮珍

紹傑祥四子　未詳

奇環如成長子配洪氏生子一鎮

奇顯如成次子娶陳氏未詳

濂國重子未詳

淙國和子　未詳

旭國成子　未詳

朝佩子　名失未詳

林氏家譜

二十世

球椿子生嘉靖三十四年乙卯十二月廿四日寅時卒萬曆四十四年丙
辰五月十二日巳時葬洪坑嶺坐甲向庚配黃氏生萬曆五年丁丑
十月　日午時卒順治五年戊子五月十五日辰時葬獅形山坐乾
向巽兼巳亥生子三参君澤君伯

珪槐子生萬曆元年癸酉七月廿七日子時卒天啟七年丁卯五月初二
日戌時葬應坑后山坐癸向丁兼子午配鍾氏生萬曆十五年丁亥
九月廿三日丑時卒崇禎十五年壬午三月廿六日酉時生子二和
祝葬未詳

位惠卿長子未詳

烱應卿子未詳

昔字秀夫壽卿長子娶郭氏霞城右族也餘未詳

癸字忠夫壽卿次子配劉氏繼顏氏四會尹寶公姪孫女餘未詳

正芊春卿長子
正萬春卿次子
正旦字周夫謚東陽冲卿長子生嘉靖二十年辛丑正月初一日午時卒
萬曆三十六年戊申四月初七日卯時葬獅形山坐　向　配芦行
夾口張氏名大娘謚淑德生正德十六年辛巳六月二十日巳時卒
萬曆元年癸酉九月廿一日丑時萬曆十七年三月十三日寅時葬
獅形山坐壬向丙無嗣神主題一謚奉祀
正望字望夫謚啟明冲卿次子生嘉靖廿七年戊申七月十六日丑時卒泰昌
元年庚申十二月廿二日辰時崇禎七年十月十一日卯時葬洪坑
嶺寨山坐乙向辛兼卯酉號曰美女遮羞娶港内魏氏諱二娘生隆
慶五年辛未十月廿三日酉時卒崇禎六年癸酉二月十七日午時
與公合葬生子三一謙一讓一諒
從祖擇卿長子

林氏家譜

學祖擇卿次子

燦諱汝晦字燦 大號碧川翠卿長子生

卒萬曆廿一年癸巳二月廿六

九年庚寅十六、六日酉時

時合葬藕木大山中崙一

炳諱汝韜字 夫號碧汪

時卒萬曆三十二

酉卯配溪環林氏

萬曆三十六年

堦

煋諱尚惠字筐 天號貫吾懿娘

正月廿三日未時生萬曆七年

配 二娘謚 生嘉靖二

廿一世

叁球長子生萬歷廿五年丁酉十二月初十日亥時卒康熙[illegible]
月廿七日葬霞坂佛仔水埔坐北向南配林氏諱書
七年己酉正月初七日卯時卒康熙五年丙寅閏
葬霞坂下平埔坐西向東生子一陽

君澤球次子生萬歷三十九年辛亥十月初二日辰時
酉七月十七日[illegible]時葬霞坂佛仔水埔配[illegible]氏生[illegible]

君伯[illegible]二子生萬曆四十二年甲寅十月十二日申時[illegible]
三月初[illegible]日[illegible]未配陳氏生卒失
十六年十[illegible]月初一日[illegible]時葬洪[illegible]嶺[illegible]

初桂長子[illegible]
年癸亥五月[illegible]
四月廿[illegible]日未時[illegible]

[illegible]

大

上頭巾壠日

祝珪次子無嗣

源泉乳名志章乞長子

巳丑十二月初六日 未時壽人

初六日卯時卒順治五年戊子九

勾坐甲向庚兼卯酉生子二福壽石

新陽章夫次子生萬曆六年戊寅十二月廿三巳子

卯四月廿七日未時配馬氏謚慈淑生萬曆八年庚

辰時卒順治三年丙戌十月初一日午時同夫附葬囯嶺

寨墻内凹腦天財坐甲向庚兼卯酉 無嗣

調字章夫三子生萬曆十一年癸未五月初十日子時卒 順 十

十月十五日申時附葬東山邊媽顏氏墳坐巽向乾兼巳亥

萬曆廿四年丙戌三月初三日 寅時卒于崇禎五年壬

二

日午時塟東山園坐甲向庚兼卯酉生子一振

英諱棟字文隆號天敦夫之子以詩經充府庠剛方不畏權勢遇不平事無論疏戚輙為人出氣宗族倚以為庇生萬曆廿二年甲午十月十六日辰時卒順治十四年丁酉八月初十日巳時乾隆九年附塟水吼山坐辛向乙兼戌辰配陳氏諱嬰娘謚淑生三年己未八月十七日丑時卒順治十八年辛丑五月初十日卯時康熙十年十二月初七日塟蛇仔頭山坐子向午生子二狀馬

漢字廷臣容長子配　氏生子保餘莫考

河容次子配　氏生子二良餘莫考

朝銓字廷真號蘭臣藝之子　卅八年庚子三月十五日辰時卒康熙四十四年乙酉四月二十五日巳時塟長泰人一里寮頭之佳泥山坐甲向庚配鄭氏生萬曆四十一年癸丑十月廿七日未時卒康熙二年癸卯八月初五日申時塟應后坐坤向長兼申

林氏家言

澍女一潛娘適山邊姚家

儒賜時拱子配　氏生子二友頌孕餘無考

厚字寬仁為春長子生萬曆廿一年癸巳九月廿四日辰時卒順治四年

丁亥十月十五日巳時[illegible]本山蔡姐嶺路邊坐丁向癸配陳氏

生萬曆廿二年甲午　月廿九日未時卒順治十六年己亥三月廿

九日酉時葬烏礁本山土名營埭南頭崕坐丁向癸兼亥丑生子四

蔭梁開合 住居烏礁

均為春次子 未詳

迃奏乳名叁字夢得號澹齋誠夫之子生嘉靖四十三年甲　月廿一日

午時卒天啟七年丁卯七月初七日巳時順治七年扦葬果亭院內

後湖山坐辛向乙兼酉卯配吳氏諱一娘生于萬曆五年丁丑四月

廿三日午時卒〃順治九年壬辰之變九月初九日寅時臨難殉義

甘死西湖之境壽七十六傷哉康熙七年招魂與公合葬生子二〃棫

川

友住城

緑乳名五字廷金益夫長子生隆慶五年辛未二月十四日辰時卒崇禎六年癸酉九月三十日巳時葬洪坑嶺坐壬向丙兼子午配鄭氏諱哥娘生隆慶六年壬申十一月十九日申時卒順治九年壬辰十月十八日巳時葬獅毬山坐艮向坤生子二甲戊癸

綱字廷昌號宣四冠帶恩崇善七益夫次子秉性嚴毅教子有方生萬曆十六年戊子二月十三日寅時卒順治九年壬辰十月初十日午時配盧氏鎮海吏部化鼇公胞妹諱美娘謚懿淑生萬曆十四年丙戌十月十五日子時[illegible]之無忝懿行[illegible]本宗祠置有鐘鑼等器原公收貯除夕公令取備出元旦之用鑼為稻糠所埋一時忘記尋覓不出公怒盧氏懼是夕竟縊于房時萬曆四十年壬子十二月廿九日戌時年二月七合葬吳前山坐艮向坤生子一震繼室陳氏諱二娘生萬曆廿四年丙申六月初四日子時卒順治八年辛[illegible]二月[illegible]

杉[illegible]家言

九日酉時葬杉仔山后坐　向　生子一參禎娶繼室[illegible]生[illegible]曆
廿八年八月十六日申時卒崇禎十五年壬午十月廿四日酉時葬
洪坑嶺坐甲向庚
烸諱廷光字海若永夫長子生萬曆廿七年己亥二月廿七日亥時卒康
熙八年己酉七月初一日巳時葬吳前山坐甲向庚兼卯酉配陳氏
諱裕娘生萬曆三十三年乙巳七月廿一日巳時卒康熙廿五年六
月十二日子時合葬吳前山生子一巧
烇永夫次子生萬曆廿八年庚子十月初七日巳時卒崇禎二年己巳七
月廿八日寅時葬洪坑嶺坐乙向辛無嗣
烷謚勤朴永夫三子生萬曆三十三年乙巳十一月初七日卯時卒康熙
十四年乙卯十月初九日巳時葬應坑口坐坤向艮兼丑未配潘氏
諱晏娘謚貞恪生萬曆三十九年辛亥七月三十日巳時卒康熙二十
二年癸亥三月初五日午時葬應坑口坐坤向艮兼申寅生子一燔

熥號仰按永夫四子生萬曆三十六年戊申八月廿三日亥時卒順治九
年壬辰六月初九日辰時葬獅形山坐亥向巳兼壬丙配唐氏諱
娘生萬曆三十八年庚戌閏三月二十日辰時卒崇禎十七年甲申
二月廿五日未時葬舉人林坐卯向酉兼乙辛生子二自巖旬獄
煜藹夫之子生　年　月　日　時卒崇禎　年三日　一四日迫
康熙廿三年十二月初五日未時扦葬舉人林坐艮向坤兼丑未配
林氏謚貞淑生萬曆戊申年九月初四日巳時卒康熙庚戌年閏十
月初十日亥時與公合葬生子一珍
洋字廷黌號樂水為馨夫之子生萬曆十一年癸未十一月廿九日丑時卒
隆武二年丙戌八月十七日酉時葬水吼洋尾土名下井鯉魚山坐
申向寅兼庚甲娶　氏一卒無考子三推兩逸
漢蘭夫長子配　氏子一添
拫蘭夫次子字莘英謚素直生萬曆廿六年戊戌六月初四日戌時卒順

林氏家譜

治十八年辛丑五月廿四日巳時塟東坂邊山脚坐巳向亥兼丙壬
配林氏諱五娘生萬曆二十八年庚戌卒崇禎十二年己卯十二月
十六日申時塟獅形寨后坐卯向酉兼甲庚生子一京繼室陳氏諱
純娘生萬曆四十二年甲寅七月廿七日辰時卒康熙十八年己未
八月十三日巳時塟獅形寨后坐卯向酉兼甲庚生子二旺衛高
一謙字勝予謚德軒望夫長子生萬曆十八年庚寅三月廿二日戌時卒
順治十七年庚子八月廿五日未時配張氏諱好娘謚勤淑生萬曆
廿九年辛丑五月廿二日寅時卒康熙十三年甲寅十月十二日子
時康熙廿六年合塟長泰人一里待詔亭下班占壠山坐　乙向巽兼
戌辰生子二郘閲
一讓乳名二爹字振明謚純樸望夫次子生萬曆二十年壬辰拾壹月初
三日未時卒康熙七年戊申八月廿六日巳時配陳氏諱　娘謚勤
慈生萬曆三十一年、癸卯七月廿五日丑時卒康熙十七年戊午九

月初二日巳時合葬獅毋山頂崙坐酉向卯公善創建而不自私媽
尤能善相云生子二閣宣女二長引適泰邑庠生李初官次盡適庠
生鄒香官

一諒乳名六字廷貞謚樸直望夫三子生萬曆三十八年庚戌二月初八
日未時卒順治十三年丙申十月廿二日酉時配霞坂李氏諱是娘
謚勤淑生天啟二年壬戌八月十六日辰時卒康熙四十四年乙酉
五月初五日午時乾隆四年合葬尹壠山上坐癸向丁兼丑未生子
三賽甫楚女一勸適扶摇李家

墀字廷策號繼周汝晦長子生嘉靖戊申年八月十五日卯時卒萬曆丁
巳年七月十八日午時配許氏謚肅順生嘉靖壬子年十月十三日
辰時卒萬曆己未年八月十七日　時康熙壬子年十二月十一日
合葬祠堂后園邊坐甲向庚生子三若初鋌鋭

基字廷佐號肇明汝晦次子生嘉靖四十四年乙丑二月初六日卯時卒

林陳□譜

萬曆二十年壬辰十二月廿八日　時崇禎十年三月十三日酉時
葬下菴山坐丑向未配張氏謚慈良生隆慶三年己巳六月十八日
巳時卒萬曆三十五年丁未閏六月廿八日巳時葬白岳墓山坐
向　生子一鍋

鑾字廷祚號開字汝晦三一　生隆慶元年丁卯七月廿五日巳時卒弘光
元年甲申二月初九日戌時壽八十葬本處油麻頭坐甲向庚配陳
氏生隆慶三年己巳十一月初九日卯時卒順治五年戊子十月十
三日亥時與公合葬生子五鑛八罕鏜報

堦字繼名汝韜子生嘉靖三十九年庚申十二月廿九日辰時卒萬曆四
十三年乙卯五月廿九日午時配　氏諱玉娘謚順慈生嘉靖二十
六年丁巳三月初四日未時卒天啟二年壬戌五月十一日丑時合
葬金鷄山中崙之麓坐乙向辛生子一鉉

增字廷挺篤夫長子配蔡氏生子一仟餘未詳

六

圻字廷寀號泮芹篤夫次子生隆慶三年己巳七月初四日未時卒萬曆廿六年戊戌六月初七日辰時年三十塟橫秋山今呼阮仔山坐辛向乙配沙建鄭氏諱嬰娘謚貞孝生隆慶四年庚午八月廿六日戌時卒萬曆三十五年丁未六月初十日巳時年三十八與公合塟生

子二維謨維範

坦諱日茂字廷平潛夫子以詩經充南靖縣庠生隆慶二年戊辰二月十五日未時生崇禎十二年己卯二月初四日寅時卒壽七十二塟本處后壁園坐甲向庚配許氏謚勤順生隆慶五年辛未十月十四日子時卒萬曆二十年壬辰十月初十日巳時與公合塟繼室魏氏生辛失記正月初一日辰與媳婦許氏合塟破寨后坐寅向申兼甲

庚生子四支衍支盛支番支芬長許出

應時乳名三號及予碧津長子生萬曆十六年戊子三月初六日巳時卒

康熙四年乙巳正月十四日辰時塟大山後坐巽向乾配黃氏謚勤

林氏家譜

順生萬曆十　年庚寅十二月廿一日亥時卒崇禎十年丁丑九月十五日巳時塟東洋山坐癸向丁兼丑未繼室蕭氏諱官娘謚慈順生萬曆廿七年己酉九月十七日辰時卒康熙廿九年庚午十月二十日未時塟應抗口些戍向辰生子八已壬甲丁庚鈺癸黃出鎾蕭氏出

應宿字仰嵐碧津次子生萬曆廿一年癸巳三月初十日寅時卒順治九年壬辰十一月初十日未時塟水吼山坐乾向巽配霞城錢衮將孫女謚慎慈生萬曆二十年壬辰九月初六日寅時卒萬曆四十八年庚申八月初九日午時生子四釬銓鎰鎔繼室林氏諱女娘謚順淑生萬曆廿四年丙申三月廿五日丑時卒順治九年壬辰十月廿一日辰時生于三鉷鏞鐄與錢氏合塟白面墓坐癸向丁兼子午副林氏名帛娘生崇禎五年壬申四月廿七日巳時卒康熙三十四年乙亥九月廿六日巳時塟獅母山坐丁向癸

七

應龍酒夫子配　氏生子伯

西桂乳名攀謚素樸文侃公派下祖父神主失火無所考以昭穆之序推之應為仲春之後然亦未敢遽定為仲春之子也譜牒不修越今八世若此者不少可勝嘆哉公生于萬曆廿六年戊戌閏六月初四日寅時卒順治甲午年十一月十一日辰時葬霞城西廂外[illegible]山坐卯向酉兼甲庚配許氏謚慈勤生萬曆廿四年丙申卒隆武二年丙戌七月廿六日酉時葬霞城外登高山坐寅向申兼甲庚生子一震茂

惜明夫長子生天啟七年丁卯五月三十日亥時卒康熙十八年己未十月初三日未時折葬[illegible]坐巳向亥兼乾巽配李氏諱在娘謚勤慈生崇禎十一年戊寅十二月初一日寅時卒康熙五十二年癸巳六月廿二日巳時葬坛頭園坐乾向巽生子一宗

思敬明夫次子生崇禎十年丁丑十月十八日戌時卒順治十四年丁酉三月十四日戌時葬汰內大山邊嶺脚坐丑向未　無嗣

林[illegible][illegible]書

恩　旭夫長子　未詳

恩浩旭夫次子乳名二使生萬曆四十四年丙辰十二月廿二日亥時卒
康熙四十一年壬午正月十六日未時葬犂壁金坐辰向戌兼乙辛
配孫氏諱仲娘謚慈勤生崇禎二年己巳二月廿七日卯時卒康熙
三十三年甲戌五月十四日申時葬犂壁金坐巽向乾兼辰戌生子
二孫定女一[illegible]適福清林家

恩沾乳名都旭夫三子生崇禎五年壬申四月十四日子時卒康熙三十
五年丙子三月初六日未時葬獅母山坐申向寅兼庚三分配陳氏
諱添娘生崇禎十年丁丑十一月初十日卒康熙十七戊午九月
三十日子時康熙癸亥十二月初九日葬壇頭橋墘坐丙向壬生子
一　升

賓　生子强　無嗣

壬戌九月十八日未時塟石崎后坐辛向乙配龍徑林氏諱新官謚温恭生崇禎四年辛未三月初十日申時卒康熙三十六年丁丑四月初三日午時康熙丙戌年九月初六日酉時塟水吼之蓬林山坐辛向乙生子二丈昂女一妍適浦頭梁

閔諱亂墀字笏臣謚敦朴一讓次子生崇禎九年丙子十月初二日子時卒康熙四十四年乙酉二月廿一日午時塟石鼓山尾坐辛向乙兼辰戌配陳氏諱饌娘謚慈勤生崇禎辛巳年七月廿一日未時卒康熙戊戌年十月廿三日己時塟應坑后山坐坤向艮兼申寅生子二諧尭女二長佐適后坂嚴次映適松州鐘郎庠生坤之母也

閣諱亂震字玉虎號玉峯居士謚忍直一讓長子丁明之季不事舉子業以詩書自娛每園中結茅屋數椽生卧無常著有明季小史一卷大父嘗誦以示予欲求其書佚不可見惜哉生崇禎三年庚午十一月廿五日寅時卒康熙廿八年己巳六月十二日　時配寨坂林氏

楊氏家譜　　　碧溪

諱哲官鄉進士夢弼公堂妹謚勤淑生崇禎二年己巳二月廿二日
申時卒康熙三十五年丙子七月廿六日午時乾隆九年十月廿
日合葬東山腰坐甲向庚兼寅申生子四齊揚美讀女一環適泰邑
廣坑大路口吳王官
宣諱亂坎謚朴直一讓次子生崇禎戊寅年十一月十九日寅時卒康熙
乙酉年五月十六日巳時配鄭氏諱科官謚懿行生崇禎己卯年九
月二十日未時卒康熙辛卯年十二月十一日戌時葬東山下坐
向　生子四龍臣朱秋女一萃適柳坑柳姜官
賽諱亂祉謚錫爾一諒長子生崇禎戊寅年七月十三日午時卒康熙己
巳年十一月十三日亥時葬杉仔山后坐甲向庚兼卯酉配浚尾陳
氏諱晉官謚慈淑生順治辛卯年正月廿八日戌時卒乾隆辛酉年
八月廿四日卯時壽九十一葬坛頭湖底坐甲向寅兼庚甲生子三
禹賜午女二長鸞適浦美唐柳官次圭適渡頭黃固官

午

友廷奏次子 無嗣

甲廷金長子謚信直生萬曆二十二年十月初四日亥時卒順治辛卯年五月十七日辰時配戴氏諱引官生萬曆二十二年五月初二日未時卒順治辛卯年六月初二日戌時合塟后壁倉下山坐庚向甲生子一魁

戌廷金次子字亂墀謚剛毅生於萬曆三十六年戊申七月初一日亥時卒于康熙十一年壬子十一月初八日戌時配李氏諱鸞官生子萬曆庚　年四月二十九日巳時卒于康熙十三年甲寅十一月十五日戌時合塟應坑口山坐巳向亥兼丙壬生子三長麟次歲三彩

癸廷金三子 無嗣

震廷昌長子諱亂坤字世能號簡生儀表奇偉穎悟過人年十八充郡洋弟子員二十三登崇禎癸酉榜第十八名舉人所居書齋顏公繼祖匾曰一枝栖與浙陶艾園先生及同邑諸名賢賡和盈軸有細徑斜

林氏家譜

穿花氣靜疎簾高捲鳥聲通之句而其詩佚不可見　公為大學士
林諱釬公所器重與結為姻功名可立致也詩值海氛晉京無路未幾
本朝定閩壬辰之变欠餓圍城釋圍之日匍至鶴台家女宗娘欣喜饋
食一咽而逝惜哉生萬曆三十九年辛亥十一月十一日辰時卒順
治九年壬辰十月十一日未時附葬吳前山坐辰向坤配鄒氏賜進
士又鄒公姪女諱璇官謚端肅生萬曆三十九年辛亥十二月十九
日亥時卒康熙二十二年癸亥六月初三日午時葬東洋山坐艮向
坤生子五洪建禄禧宣女一宗官適大學士林諱釬公第五公子歲
進士林澤

參廷昌次子字亂垣號徽生謚純穆生天啟元年辛酉五月廿九日巳時
卒順治十八年辛丑八月廿二日辰時葬坛頭山坐丁向癸兼午子
配文圃郭氏鄉進士逵羽公妹諱純官謚孝淑生天啟二年壬戌十
一月十三日辰時卒順治四年丁亥八月廿九日未時葬石鼓山坐

牛

八謚敦確廷祚次子生萬曆辛丑年四月初二日戌時卒順治辛卯年正月廿九日戌時塟東坂邊坐乙向辛配陳氏生萬曆戊申年十一月十三日午時卒康熙癸亥年十一月廿三日午時塟洪坑額坐戌向辰兼乙辛生子三超備葛女一房適磜頭童

罕謚　廷祚三子生萬曆三十三年乙巳十一月廿七日酉時卒順治十五年戊戌十二月十一日戌時配上坪郭氏生萬曆三十九年辛亥九月初三日　時卒康熙元年壬寅二月初十日辰時生子二犟慶女一外適上坪郭

鍠廷祚四子娶　氏生子一益　餘未詳

報廷祚五子娶　氏生子一引　餘無考

鉉字世貫號玉予謚朴直繼名之子生萬曆七年己卯十一月十六日時卒萬曆四十五年丁巳五月十五日申時塟杉仔山后坐巳向

配黃氏諱金官謚勤淑生萬曆七年己卯卒順治五年戊子十二月

楊氏家譜

十五日午時塟下菴山中崙坐癸向丁兼丑未生子三漳次潮
午諱麟長增之子生卒失記塟吳前山坐南向北配陳氏塟獅形壠內
巽向乾生子一補
維謨廷寀長子無嗣
維範字世鑄號則甫廷寀次子生萬曆廿四年丙申八月初八日巳時卒
崇禎元年戊辰十一月初六日辰時塟應坑后右鼓山之上坐癸向
丁兼丑未生子一湘女一瓦配　氏改適
支衍號綿甫廷平長子生萬曆十八年庚寅九月廿二〻子時卒崇禎六
年八月廿九日亥時塟東坂邊山坐未向丑配許氏謚慈順生萬曆
廿四年丙申七月初五日辰時卒弘光元年乙酉正月廿八日辰時
與姑魏氏合塟生子一莊
支盛謚質素廷平次子生萬曆廿一年二月二十日子時卒天啟二年三
月初二日葉獅母山坐丁向癸生子一都配改適

巳亥配謝氏諱酉官謚純淑生天啓元年六月初八日午時卒康熙
七年十月初五日午時葬洪坑嶺内坐卯向酉生子一漸
庚及予五子生泰昌元年庚申十一月初九日卒崇禎十一年戊寅正月
十八日葬杉仔山坐子向午配許氏生萬曆四十八年卒崇禎十一
年戊寅無嗣葬失記
鈺及予六子生天啟二年四月初七日午時卒崇禎十二年八月十三日
未時葬洪坑嶺坐癸向丁配林氏生天啟二年十一月初五日申時
卒崇禎十五年三月二十日酉時無嗣葬失記
癸謚侃素及予七子生天啟三年癸亥卒順治九年壬辰癸巳三月十六日戌
時葬應坑口山坐丙向壬兼巳亥配鄭氏生天啟七年卒康熙四年
八月初十日寅時生子一恩葬失記
鎾及予八子生崇禎十二年己卯卒康熙二年癸卯葬獅毋山坐乾向巽
兼戌辰配段遣無嗣

釬乳名學謚肖嵐仰嵐長子生萬曆四十四年七月十四日辰時卒順治
十四年十一月廿五日未時塟失記配戴氏諱輝官生萬曆四十五年
三月十四日申時卒康熙廿二年五月十三日未時塟洪坑嶺內中
崙坐甲向庚兼寅申生子一岱

銓乳名次謚質烈仰嵐次子生萬曆四十五年十二月十四日酉時卒康
熙三十九年十月二十日戌時塟獅毋山坐坤向艮配張氏諱啟官
生天啟五年十二月初七日戌時卒康熙三十二年五月廿四日酉
時塟獅毬山坐　向　子一鞍

鎰仰嵐三子無嗣

鎔乳名仁字麟士仰嵐四子生卒失記塟應坑口坐申向寅配郭氏謚惠
淑生天啟六年十一月初六日未時卒康熙十一年九月廿一日戌
時塟失記生子一約

鉷乳名長字國柱號君庇仰嵐五子生崇禎元年十一月十二日卯時卒

卒

康熙三十五年十二月初一日卯時配趙氏諱歐官謚慈勤生崇禎
元年二月初五日辰時卒康熙十三年九月初五日戌時生子一訓
葬俱未

鏞謚質烈仰嵐六子生崇禎五年正月廿三日酉時卒康熙廿三年十月
廿五日申時葬新倉林坐甲向庚兼卯酉 配林氏無嗣

鐄乳名挺仰嵐七子生崇禎十年五月十九日戌時卒順治九年十二月
廿五日辰時葬獅形內坐卯向酉無嗣配改適

伯應龍子生卒葬娶俱無可考生子四達造冥忽

震茂乳名妹號應青西桂子生天啟六年二月廿六日寅時卒康熙五十
五年三月初四日丑時葬 未配 劉氏諱鸞官生崇禎三年十一月初
一日酉時卒康熙五年九月廿二日子時葬東坂邊山頂坐丙向壬
生子三麟鳳雀繼室陳氏謚慈淑生崇禎己卯年卒康熙戊午年九
月十二日葬東坂邊山之麓坐丙向壬兼午子

林氏宗譜　　　　　　　　　　　　　　[illegible]

宗惜長子生康熙十三年甲寅十二月廿七日未時卒乾隆十三年戊辰
五月十四日辰時葬牛林口犁壁金山坐乙向辛兼辰戌墓面乙辛
兼卯酉配杏林尹氏諱揆官謚淑慈生康熙二十年辛酉八月初八
日未時卒乾隆十六年辛未七月十一日未時葬獅形后山腰坐卯
向酉兼乙辛生子四碩冉魁海亣一腰邊郭坑郭孝官

倦俏鄉派配　氏生子典　餘未詳

孫良謚朴直恩浩長子生康熙三年甲辰六月廿八日午時卒雍正十三
年乙卯五月二十日未時葬犁壁金山坐巳向亥兼巽乾配陳氏諱
貴官謚勤淑生康熙二十年六月十九日寅時卒康熙五十二年六
月十九日卯時葬犁壁金坐巳向亥生子二專心女一清邊班山社

定謚勝侯恩浩次子生康熙八年己酉五月廿九日子時卒雍正四年丙
午二月廿五日丑時葬杉仔山后坐卯向酉兼乙辛配松州鍾氏諱
白官謚慈惠生康熙乙丑年四月十二日子時卒雍正甲寅年四月

十四日未時塟犂壁金山遷塟流井橋頭山坐乾向巽兼亥巳生子

二山祖

升謚懷德恩沽子生康熙三十一年四月廿六日巳時卒雍正五年九月

廿六日戌時塟牛林口犂壁金山坐未向丑配陳氏諱珠官生康熙

己未年五月初三日巳時卒乾隆三十一年丙戌八月初　日　時

塟寨圍山坐甲向庚兼卯酉生子二師八女三長适浦頭梁次魏

适吳浦三帕适東磨石盧

强賓之子 外出無嗣

世榮(宗)全子生萬曆三十九年辛亥十二月二十日丑時卒康熙八年己酉

四月初六日寅時塟長泰方城里芝坑社板石鞍下坐子向午兼癸

丁配陳氏諱惜官生萬曆廿九年辛丑五月十三日辰時卒康熙三

年甲辰四月十七日未時塟赤山前坐坤向艮兼寅申生子一聘繼

室王氏諱儉官生萬曆三十七年己酉九月初二日巳時卒康熙十

六年丁巳十一月十一日戌時塟獅母山坐庚向甲子一晩

鵲軒長子生萬曆三十五年丁未四月十九日戌時康熙二年癸卯九月廿九日巳時卒塟獅毬山坐申向寅兼坤艮配薛氏諡慈淑生萬曆三十七年巳酉九月二十日午時卒康熙廿九年庚午十一月初四日丑時塟長泰旌孝里楊坪山路橫溝下坐艮向坤兼丑未生子五

助補正肆閣

午鄭子配　氏生子一中（生卒莫考）

潤宗安子（無嗣）

淑宇志善號德一宗朋子生萬曆廿三年八月二十日丑時卒弘光元年乙酉二月十六日寅時塟狗窟林坐丁向癸配溪環林氏諱崔官生萬曆三十七年七月初八日寅時卒康熙廿一年十月十九日巳時塟本山隔仔坐癸向丁生子二富暢

慶諱志端宗平長子生萬曆四十三年十月初八日巳時卒順治五年九

[illegible]

月廿二日酉時塟塝蝌股山坐壬向丙兼亥巳配　氏生子一權

廣宗平次子字存所生萬曆四十七年四月十八日巳時卒順治六年四月十七日巳時塟蝌股山坐甲向庚兼未生子一興 遷詳

二十三世

里文賓子生康熙庚戌年二月十八日丑時卒雍正戊申年八月廿三日未時塟浦仔山坐艮向坤兼丑未配下坂李氏生康熙廿二年九月二十日子時卒乾隆十九年三月廿六日卯時塟浦仔山坐艮向坤生子一焕女二長適浦西陳次適下坂李

毕

興祖招之子生康熙三十二年二月初六日丑時卒乾隆十一年三月廿九日巳時塟獅毋山坐巽向乾兼巳亥配芹霞宋氏諱甚官生康熙三十四年二月十七日酉時卒雍正十三年閏四月二十日未時塟宋岩鼠仔山坐壬向丙兼亥巳生子二榜先女一

成湯之子移居泰邑配黃氏生子一賜

貴侍子生康熙癸未年十一月初一日午時卒乾隆甲戌年九月初四日丑時塟洪坑嶺內坐向未詳配陳氏生卒失記塟浦仔山尾生子夜

鑾潔之子　無嗣

在世民子諱有德謚敬齋生順治九年十一月廿三日戌時卒康熙六十年十二月廿四日丑時塟洪坑嶺生甲向庚兼卯酉以族人之子公議為嗣

郡振之子　無嗣

象爽煌長子諱昺新字振袁謚寬質生順治十一年十月廿五日寅時卒

林氏家譜　瑞溪

康熙四十年九月二十日酉時塟油鞍山湖上坐巽向乾兼巳亥配
玉蘭坂黃氏諱維官謚勤淑生順治十八年十月廿一日辰時卒康
熙四十三年二月廿三日卯時偕賀卿公合塟水吼山生子三庚我
材女二長遯適鰲浦吳次降適渡東胡 我出嗣

昔奕煌次子無嗣

夜奕煒子生康熙元年正月十八日亥時卒康熙三十八年三月初二日
未時塟番邦配改適以從子我為嗣

生保長子

老保次子

成保三子 俱無嗣

吉良之子生卒塟無考娶光洋趙氏諱輕官生康熙廿五年十月初五日
亥時卒雍正四年十月初四日午時塟宗林山坐丑向未兼癸丁生
子二廣遂 俱出為他姓後

聽仲霖長子移居上樟社生順治己亥年八月初一日丑時卒雍正己酉年九月廿九日子時葬詳未配吳氏生康熙丁未年十一月十一日巳時卒雍正乙巳年三月初三日巳時葬灣橋郊厝山坐甲向庚生子三義綬偕女二長嘆適鄭次順適郊

智仲霖次子字天耀謚弘直遇事敢為毫不頗忌生康熙十五年六月廿四日申時卒乾隆十六年十月初九日卯時壽七十六葬宗林山尾坐酉向卯兼庚甲配陳氏諱信官生康熙三十三年五月十二日巳時卒雍正六年五月初九日申時葬宗林山坐丙向壬兼午子生子二沃廸

佛仲霖三子字天烨生康熙廿四年十一月十七日酉時卒乾隆五年正月十五日申時葬宗林口坐酉向卯兼庚甲配白沙鄭氏諱漸官生康熙三十三年正月十二日丑時卒乾隆　年　月　日　時葬　坐　向　生子三炳感斗女一適浦頭梁

遜希叔子字子言配洪氏改遷子一碧餘無考

印生之麟長子生卒塟無考配　氏生子二英宗富宗

斗生之麟次子諱克哲生順治十三年正月初六日午時卒康熙三十四年六月十五日辰時塟南門外內寮日照岩之麓坐子向午兼壬丙配郭氏諱愿官生順治十七年十月廿三日酉時卒雍正五年閏三月十七日巳時偕婦陳氏合塟內寮日照岩對面水响洞口坐申向寅兼坤艮生子一元住霞城

魁甲之子配　氏生子一窓餘無考

麟戊長子塟獅毬山無嗣

歲戊次子卒臺灣無嗣

彩戊三子塟舉人林以旒、姪繼祖為嗣

洪蘭生長子早卒無嗣

建蘭生次子無嗣

禄簡生三子諱仕錚字鸞南謚精玄生崇禎九年十二月廿三日酉時卒
雍正五年五月初十日午時壽九十二葬后壁山尾坐乙向辛配海
澄妣小姐諱攀舍謚孝慈生崇禎九年十二月初八日午時卒康熙
壬寅年十二月十九日辰時葬東洋塗門巷口坐甲向庚兼寅申無出
繼室唐氏諱乾官謚勤慈生崇禎丙子年五月十四日丑時卒康熙
甲子年九月初九日酉時葬水吼山坐巳向亥生子一廉女一適上
坪卻覕官

禧簡生四子字重甫生崇禎十二年九月廿四日寅時卒康熙壬寅年五
月十四日辰時配蕭氏生崇禎十二年二月十七日寅時卒康熙壬
寅年八月十六日巳時合葬犁跡后坐酉向卯無嗣女二長適進士張
文位胞姪武庠申官次適磜頭童生官

宣簡生五子諱仕鐵謚弘毅生崇禎十四年八月十五日辰時卒乾隆二
年八月廿三日未時壽九十六葬赤壠口坐坤向艮兼未丑配呂氏

庠生南官親姑諱埔官謚崇德生順治十一年九月十八日未時卒
雍正三年七月廿八日未時葬横山烏名壠節菴公墓左邊山崙坐
乙向辛兼卯酉生子二正統 女三長貴適黄道坑黄包官次在適和
睦社宋旺官三盡適玉蘭坂黄松官
福字誠甫參長子生崇禎癸未年四月十一日辰時卒康熙丁丑年八月
十五日亥時葬鼠尾山坐丁向癸配黄氏諱復官生康熙八年二月
廿二日未時卒雍正五年七月廿六日辰時葬獅形山坐卯向酉生
子一洽
德參次子無嗣
雲起禎長子充靖邑庠生以一等一名補廪不拘禮法有晉人之風爲生
順治辛卯年十月十二日寅時卒康熙丁亥年十一月二十日未時謚
質彬葬洪坑嶺坐丑向未配黄氏諱孚官謚勤淑生康熙壬子年五
月廿八日丑時卒康熙己卯年八月十四日戌時葬獅形山坐甲向

寧諱雲騰稹次子
庚生于渭副室白石丁氏名集娘生康熙十五年十月十六日　時
卒乾隆十六年七月初四日巳時塟擧人林山腰坐子向午生子　相

旦巧次子生康熙丁亥年六月初二日　時卒雍正癸丑年六月初二日
答巧長子卒于番邦無嗣
科覎之子　無嗣

發諡敢恪騰子生康熙十四年十一月十一日未時卒乾隆乙丑年正月
酉時塟番邦以次姊儼娘之子偶生為嗣
初二日巳時塟牛林內山腰坐亥向巳兼壬丙配黃氏諱假官生康
熙廿九年九月初九日子時卒乾隆十九年四月廿八日卯時塟擧
人林坐丙向壬生子三經綸猛滄海女二長良適湖邊吾舜官次推

楊氏家譜

適芹霞宗約官

膺字祖進弼長子移居海滄生康熙九年二月十三日寅時卒乾隆十七年二月十八日葬海滄獅頭面前坐坤向艮配浦美張氏諱爺官生卒葬未詳生子四月嵩魯碩女二長惠適海澄柯皇官次乾適崎巷林佳官

結字祖武號君賓弼三子移居東門外市後生康熙二十年十月初六日卒乾隆辛巳年十一月初五日申時葬獅毋山坐未向丑配市后游氏生康熙癸酉年九月初八日申時卒乾隆庚辰年正月初八日戌時葬市后長廟坐庚向甲子一玉麟女一恬適流崗王家

忍字祖寬弼四子生康熙廿八年二月廿四日辰時卒乾隆廿八年十月十七日戌時葬舉人林坐午向子配廈門蔡氏生康熙三十六年二月初十日丑時卒乾隆卅一年十一月初五日巳時葬吳前山坐癸向丁生子一躍女一用適白礁玉球官

卅

永謚質朴胤昌長子生康熙四年三月廿八日辰時卒康熙五十四年二
月初八日午時葬洪坑嶺坐　向　配戴氏遼改生子一倏
團胤昌次子生康熙九年五月廿七日卒康熙三十八年九月廿九日未
時葬應坑后山坐亥向巳　無嗣
佛推之子以堂姪鶴爲嗣
廣丙長子　無嗣
良丙次子生順治六年三月初九日申時卒康熙五十九年五月十八日
寅時葬獅形后坐丙向壬兼午子配鸕鷀坂里蔡氏諱蔭官生康熙
己酉年十月廿三日午時卒乾隆丁卯年六月初五日申時葬獅形
後坐丙向壬生子四講松擲和女一晏適山兜陳
王丙三子字文皇謚朴直生順治十五年八月廿一日酉時卒雍正九年
八月十二日卯時葬杉仔山坐寅向申兼艮坤配埤頭黃氏諱惜官
謚慈慎生康熙十八年十月廿五日卯時卒乾隆十年六月廿八日

林氏族譜

寅時塟東坂邊山工坐甲向庚生子四邊鶴嗣出富繼祖嗣出

妙胤用子字嘉榮生康熙癸卯年五月廿五日午時卒康熙癸巳年八月十七日午時塟杉仔山后坐丙向壬兼午子配譚氏諱秀官謚勤淑生康熙二十年三月初十日午時卒乾隆二年七月十六日未時塟洪坑嶺內坐午向子生子二敫隨女一味適浦南曾家

掌旺之子無嗣

漢胤高子無嗣

然添之子生康熙　年　月　日　時塟舉人林坐壬向丙配李氏生康熙　年　月　日　時塟赤壠口坐癸向丁生子四祐信鄰淹鄰出為他姓後女二長適下樟次適寨坂林

艾諱長菁謚剛朴匠光長子生順治九年四月廿四日丑時卒康熙四十四年七月初十日午時塟和尚山大石下坐甲向庚兼寅申配王蘭坂黃氏諱　官生順治丁酉年四月十七日寅時卒康熙丁酉年九

月初四日申時塟許山鞍坐庚向甲兼卯酉生子一浩女四長叟適沙建李家次富適石碼吳結官三求適泰邑林水官四畏適陶洋盧祺官

昂匠先次子諱長蔚謚純仁欽賜頂帶修職郎持躬謹厚有含容之量享壽最永生順治十六年己亥八月十九日亥時卒乾隆十三年十月初二日卯時配龍徑林氏諱瑾官謚懋惠婦道可方生順治十五年戊戌十二月初八日未時卒乾隆四年己未五月初七日申時乾隆十三年十一月廿六日酉時合塟長泰人一里松羅山坐酉向卯兼辛乙内用辛酉分金生子五記選衆珩帝女二長尊適嚴溪頭陳陽官次飽適松洲鍾宅官

諧勞臣長子謚純朴生順治己亥年六月廿二日子時卒康熙庚寅年七月十五日午時塟獅毬仔山坐　向　配林氏諱唐官謚懋惠生康熙十四年十月廿六日寅時卒乾隆十年九月廿四日亥時塟獅毋

山坐丙向壬生子六才子壽福保嗣出振女二長燦適鄭頴官次昭適
長嶺魏家
堯笏臣次子謚質直生康熙三年閏六月初九日辰時卒康熙四十七年
十月初五日午時附葬石鼓山坐辛向乙配　氏改適以胞弟第五子
保生為嗣女鳳適鄭家
文喬乳名齊謚勤朴玉虎長子生順治六年己丑八月十八日辰時卒康
熙四十二年癸未六月廿一日卯時葬本處橫山裡坐卯向酉兼乙
辛配長泰南門薛氏諱集官謚淑慎生順治八年辛卯十月十六日
丑時卒乾隆四年己未正月初八日巳時葬石鼓山坐壬向丙兼子
午墓面坐子向午兼壬丙生子三基業塡女一恬適杏林尹家
楊諱文耀謚元璋玉虎次子績學有素値賄賂公行寒儒沉鬱激而往番
竟卒于異域惜哉生順治丁酉年十一月初三日子時卒康熙丙子
年十二月廿七日子時雍正八年次子謨運儎回家葬沈林山配蔡

氾吳氏明經苞官胞姊諱愷官謚貞順生康熙癸卯年十月十三日時卒乾隆戊辰年十月二十日午時遷公嶺礶與吳氏合塋白面基　崙坐　向　生子三典謨誥女一轉適陶洋盧澤官

美諱文英字儁人謚懿德玉虎三子生順治辛丑年四月初三日亥時卒雍正乙巳年八月十八日酉時塋　配陶洋盧氏鄉進士金奏胞祖姑諱嘆官謚慈淑生康熙庚戌年二月十三日酉時卒乾隆壬申年正月十九日午時塋獅形山坐　向　生子二雍春

讀玉虎四子　早卒無嗣

龍胤坎長子生順治十四年十一月廿一日申時卒康熙廿八年十月十九日寅時無嗣塋詳未

臣胤坎次子諱文實謚原直生康熙三年十二月廿一日亥時卒乾隆二年十月廿四日午時塋阮仔山坐酉向卯兼辛乙配李氏諱勸官生康熙二十年正月十五日酉時卒乾隆七年十月廿六日酉時塋本

處橋頭園坐　向　生子五高允報誇葷女三長乹適白沙鄭選官
次谿適東磨石盧家三宜適金沙陳
朱胤坎三子諱文彩生康熙九年九月十四日未時卒康熙四十九年七
月廿八日　時葬番邦配趙氏改適生子二提勤招公之魂葬東坂邊坐乙向辛
秋胤坎四子諱文傑生康熙十八年七月初三日子時卒雍正元年十一
月十五日午時葬番邦配童氏諱東官謚淑勤生康熙廿七年十二
月廿八日酉時卒康熙四十七年十月十三日卯時葬石鼓山尾坐
壬向丙生女二洪懿俱適漳平繼室陳氏諱信官謚柔順生康熙二
十年月日詳未卒乾隆十年二月十五日子時葬阮仔山之麓坐丙向
壬生子一添
禹胤祉長子諱文煒生康熙辛酉年十二月廿三日辰時卒乾隆廿七年
十月初六日未時葬獅形山坐乙向辛兼卯酉配盧氏諱服官生康
熙丁丑年九月初四日巳時卒乾隆戊戌年閏六月十四日亥時葬

毕

寨脚洪坑嶺湖内坐艮向坤兼丑未　外兼寅申生子六鵬暹甲榜儒吹

女猜適芹霞宋汶官

賜胤祉次子無嗣

午胤祉三子生康熙丙寅年十月初九日午時卒乾隆乙亥年七月初九

日巳時葬　配鄭氏諱讓官生康熙癸未年六

月初六日午時卒乾隆戊子年六月十一日卯時葬東坂山坐丙向

壬兼巳亥生子二武瑶女順適許健官

郎胤祺長子諱文蘭生康熙乙亥年十月廿九日午時卒乾隆三十五年

三月初七日未時葬獅鬼后坐艮向坤兼寅申配王氏諱梓官生康

熙四十四年乙酉八月初四日　時卒乾隆五十九年甲寅十月廿

三日申時葬杉仔山后坐甲向庚兼卯酉生子三得出詔女二長有

適白沙鄭次蘇適水分流蔡家

宰胤祺次子無嗣

林氏家譜

譪胤祺三子無嗣
亞若初長子
育若初次子
親若初三子
顯若初四子
然若初五子俱無嗣
錦肖州子無嗣
遠世英長子諱茂潤謚猷瑞生天啟癸亥年十月十八日亥時卒康熙廿
三年四月十八日辰時葬石鼓山坐亥向巳兼壬丙配松洲鍾氏諱
譽官謚孜勤生崇禎六年四月十六日未時卒康熙五十四年三月
十五日未時葬洪坑嶺坐酉向卯兼辛乙生子二秀盛
及世英次子諱茂璟字人玉謚時雨生崇禎二年己巳七月十八日丑時
卒康熙五十三年甲午四月初六日子時乾隆二年葬洪坑嶺坐巳

向亥兼巽乾配長泰古倉戴氏諱珂官謚悫懿生崇禎八年乙亥四
月初四日卯時卒康熙三十三年癸酉七月十六日辰時康熙四十
四年改葬東坂邊坐巽向乾兼辰戌穴內兼巳亥生子三閑翰介女
二長斷適嚴溪頭陳槐官次再適田裡王文範副室王氏名信娘生
天啟丙寅年九月初八日亥時卒康熙庚辰年正月廿四日戌時葬
東坂邊山坐乙向辛兼卯酉生亥球適霞苑太學生李文晃

栢諱大成字漢臣錫予以詩經充府庠生萬曆乙卯年十一月初六日辰
時生康熙丁巳年十二月初七日辰時卒與父合葬東坂邊配吴氏
諱郡官生萬曆己未年十二月三十日未時卒弘光元年四月十四
日巳時無出繼室蕭氏無出繼室松洲鍾氏諱進官生天啟元年四月十
六日寅時卒順治八年六月初十日未時葬下庵山大石下坐辛向
乙無出繼室霞城西橋顔氏諱良官生崇禎三年六月十七日未時卒
康熙廿九年八月初八日子時葬蛇仔頭山腰坐艮向坤生子二躍

楊氏家譜　卷八　世系録　廿三世

楊氏家譜

龍飛龍女榜適霞城戴申官

超八長子字茂澍謚朴直生天啟丁卯年九月初一日辰時卒康熙己卯年九月十五日亥時葬獅形山坐艮向坤兼丑未配王氏諱寬官謚勤淑生崇禎三年七月十一日戌時卒康熙廿八年十二月十二日未時與朴直合葬子一有

備八次子謚朴勤生崇禎己卯年正月十四日子時卒康熙壬申年八月初十日午時葬下菴山坐乙向辛兼卯酉配扶搖李氏諱惠官生崇禎十二年八月十八日辰時卒康熙三十八年四月廿三日辰時與朴勤合葬生子三樵巍拔女一省適林贊公

葛八三子生崇禎十六日正月十一日酉時卒康熙十八年七月廿五日子時葬新倉林邊坐辰向戌兼巽乾配山頂陳氏諱淑官生順治十一年丙申五月十五日午時卒康熙二十年六月廿四日午時葬下菴山坐卯向酉兼乙辛生子二爾幼

肇罕長子諱于澄號清止生崇禎十七年二月初三日亥時卒康熙三十六年閏三月廿二日未時葬獅形山后坐巽向乾兼辰戌配銀塘趙氏諱掉官生崇禎十五年七月十九日辰時卒康熙三十二年十二月廿二日未時與夫合葬生子二郝甚女貌適松洲鍾

慶罕次子謚惠朴生順治十年五月十五日辰時卒康熙四十七年八月初三日子時葬下菴山銀錠頭坐艮向坤兼寅申配松洲鍾氏諱就官謚勤慈生順治十七年十月十九日巳時卒康熙四十四年三月初一日亥時葬官坑山坐丁向癸生子六德周李由香什女一釵適上嶼魏家

益鍾之子 無嗣

引報之子配游氏適改生子一管

漳世貫長子諱進表謚厚道生萬歷廿九年十二月十三日巳時卒康熙十三年二月初十日　時葬店仔尾坐　向　配蔡氏無出繼室程氏

諱高官謚勤儉生萬曆三十九年十二月十三日亥時卒順治十五
年戊戌四月十六日卯時葬下坂新橁崙坐甲向庚無出副室　氏生
子一維邊別

次世貫次子諱進文謚秉直生萬曆三十二年九月初五日申時卒康熙
十二年三月初八日巳時配林氏諱德官謚勤淑生萬曆　五年
十二月廿二日未時卒康熙十四年九月廿二日亥時合葬山尾園
坐庚向申子二篆愷

潮世貫三子諱進紳生萬曆三十九年十一月廿四日酉時卒崇禎十年
七月十一日未時配吳氏名仍官謚慈敏生天啟三年八月廿五日
未時卒順治十八年五月初八日未時葬洪坑嶺金城園內坐辛向
乙生子二列正

補午子葬后壁園娶蔡氏無嗣
則甫子乳名萃號德興謚三楚生萬曆四十八年九月初九日巳時卒

康熙元年九月十二日巳時配禹洲莊氏諱留官謚淑儉生崇禎三
年十一月初三日丑時卒康熙三十二年八月十六日酉時塟俱未生
子二恭寬女敏達上店陳文官歲進士鵬飛丑
莊文衍子無嗣
都支盛子謚賞卯生天啟元年十月初八日申時卒康熙六年二月二十
日寅時塟獅母山坐壬向丙兼亥巳配許霞泉氏諱會官謚勤節生
崇禎五年九月初八日午時卒康熙五十五年十二月初五日辰時
塟寨山流井橋頭上坐乾向巽兼亥巳子一志
巧支蕃子謚朴素生崇禎八年三月廿七日戌時卒康熙廿九年十二月
十一日未時塟洪坑嶺坐卯向酉兼甲庚配林氏諱淑官謚慈勤生
順治丙戌年正月廿三日寅時卒康熙乙未年六月廿三日午時塟
吳前山坐壬向丙兼子午生子二審準女三長遠達松洲鍾錦官次
勤達浦口張三儉達長泰下房林

楊氏家譜　[illegible]

蔡支芬子生順治四年月日失記卒康熙廿五年九月初三日未時塟洪
坑嶺坐辰向戌兼巽乾生子孕配　氏改適
旭己之子謚朴素生崇禎六年二月廿九日未時卒康熙三十五年四月
初八日未時塟獅母山坐坤向艮配薛氏諱福官生崇禎五年二月
初七日未時卒康熙四十三年十月廿七日丑時與夫合塟生子二
仁賈
文賜慶昌子卒于番邦　無嗣
賞申長子　無嗣
捷甲次子　無嗣
恩癸之子塟吳崩山　無嗣
漸諱文鴻丁子卒于番　無嗣
岱釬子謚世傳生崇禎七年十月廿七日申時卒康熙十二年十月廿九

平

日酉時塟阮仔山後坐丙向壬配林氏諱昵官生崇禎七年二月二
十日寅時卒康熙四十三年四月十八日戌時塟吴前山后坐辛向
乙兼酉卯生子二臏韓女一適聖院
鞍銓子字期舍卒于番邦配　氏子一蘭
約鎔子生卒塟詳未配適改生子崇
訓鉄子諱昇耀謚純直生順治十二年正月廿二日子時卒乾隆六年二
月十五日酉時塟東洋崎頂坐丁向癸兼午子配蔡氏諱貢官生順
治十五年十一月廿一日辰時卒雍正七年四月廿三日卯時塟公
厝后园坐癸向丁生子三新竹木女二長節適霞城錢日官次裹適
汰内蔡述官
達伯長子配嚴氏移居后坂
适伯次子無嗣
实伯三子無嗣

忽伯四子生卒失記葬東山邊坐甲向庚配改適生子二苞茂女二長適東磨

石盧家次臂適本社童盛官

麟震茂長子諱廷祥字玉尺謚文友生順治甲午年十二月初九日寅時卒康熙庚午年四月廿五日未時葬牛林口山坐寅向申兼坤艮配劉氏諱長官謚節順生順治癸巳年十二月初九日酉時卒康熙丙戌年九月初十日午時與夫合葬生子三白潤喬女二長拱適上坪

次湳適長泰

鳳震茂次子諱廷瑞生順治十五年九月廿八日丑時卒乾隆八年八月十七日酉時葬金雞山之麓坐巳向亥兼丙壬配張氏諱借官生康熙九年八月十二日卯時卒雍正八年二月十八日戌時葬杉仔山后坐巽向乾兼巳亥生子三元眼探女二長仍適泰邑張林前謝陀官次敎適漳城吳蜚官

雀震茂三子諱廷喜謚純朴生順治十八年九月初七日子時卒康熙四

以

十五年六月初三日申時葬獅形山坐甲向庚配改適生女一和適
浦頭梁榜官無嗣
碩宗長子諱文玉生康熙四十一年三月廿九日丑時卒乾隆壬午年四月
初十日子時葬尹壠口山坐子向午配泰鳳口陳氏諱概官生康熙
五十年十月初九日酉時卒乾隆五十七年八月十一日未時葬本
社坛頭山坐庚向甲兼申寅生子五創陳塲明虎女一伴適杏林呂
清官
冉宗次子生康熙四十七年九月十二日丑時卒雍正六年十一月十五
日亥時葬犂壁金山坐卯向酉以三弟之次子淵為嗣
魁宗三子諱登科生康熙五十一年正月十八日未時卒乾隆十三年正
月廿二日子時葬坛頭山園中坐乾向巽兼亥巳配莊氏改適生子二
波淵淵出嗣女二長鉞適蓬萊鄭次叙
海宗四子生康熙五十四年九月十五日辰時卒乾隆三十七年七月十

七日　時塟坛頭山坐康向甲兼酉卯配埤頭黄氏生雍正甲辰年
三月十六日酉時卒乾隆辛巳年八月十八日未時塟坛頭山坐辛
向乙生子雁鵬今適女寬適渡東李継室黄氏諱益官生雍正丁未
年十一月十七日巳時卒乾隆壬子年閏四月十一日酉時塟獅形
寨山后坐巳向亥兼丙壬子春貴女一陸適

典倦之子 無嗣

專孫良長子生康熙丙戌年七月廿五日亥時卒乾隆戊子年五月廿五
日申時塟獅形后坐午向子配　氏生康熙　年　月　日
時卒　年　月　日　時塟　坐　向　生子二敏
賴女一適大幅后許

心孫良次子 往番

山定長子 往臺

祖定次子 無嗣

昭十

師升長子生康熙　年　月　日　時卒乾隆　年　月　日　時
時塟　坐　向　配　氏　生康熙　年　月　日　時
卒　年　月　日　時塟　坐　向　子一　頂

八升次子生康熙辛丑年卒乾隆三十年塟洪坑嶺湖坐乾向巽　無嗣

聘世榮長子諡質朴生天啟五年十一月十九日未時卒康熙五十三年
八月廿九日子時塟甘斗林中嵛坐寅向申兼甲庚配　氏諱從官
諡勤慈生崇禎元年七月十三日午時卒康熙三十三年九月初三
日巳時塟洪坑嶺坐申向寅兼庚甲生子一　向

晚世榮次子生順治甲申年六月十九日巳時卒康熙戊子年三月十七
日子時塟方城里嶺脚土名福塲山坐甲向庚兼卯酉配蘓雪潘氏
諱勸官生順治己丑年九月十九日　時卒康熙壬戌年正月廿二
日卯時塟獅形山坐卯向酉兼乙辛生子二興光

助鵠長子塟虎仔山

楊氏家譜　　碧溪

補鵠次子塟草坂山

正鵠三子塟云山

肆鵠四子俱無嗣

閣鵠五子生順治八年二月廿五日酉時卒康熙廿五年正月初五日亥

時塟旌孝里新嶺下林下坐子向午兼壬丙配陳氏生順治十三年

八月初四日酉時卒康熙四十七年八月三十日子時與夫合塟生

子三富和寶

中午之子配　氏生子一仁移居臺灣北路尾仁生子東

富淑長子謚侃毅生崇禎三年五月十七日亥時卒康熙四十一年九月

十七日卯時塟寨圍山坐甲向庚配張氏諱煞官生順治丙戌年七

月廿一日酉時卒康熙五十八年二月初一日巳時塟本處隔仔山

坐壬向丙兼子午生子二國縣

暢淑次子生崇禎甲戌年正月初八日卒　丁丑年五月廿五日未時塟

半

未詳配郭氏生子二郡顯

權慶長子 無嗣

興廣子諱日盛生順治六年正月初四日戌時卒康熙四十四年七月十七日巳時葬大帽后隔仔湾厝地园坐甲向庚兼卯酉配方氏諱嘆官生順治甲午年四月廿六日酉時卒乾隆辛酉年五月十四日戌時葬蕭坑内坐卯向酉兼甲庚生子六文岳振宗平允

二十四世

煥里子生康熙丁亥年九月十五日未時卒乾隆甲申年三月廿六日卯時葬浦仔山坐艮向坤配　氏生子三岱赫笨笨出嗣

榜興祖長子生卒葬失記以服姪笨為嗣

先興祖次子

賜成之子住長泰

夜貴之子止

公議有德子諱重雁生康熙乙酉年五月十一日巳時卒乾隆廿七年四月廿二日　時葬洪坑嶺坐丙向壬配鄭氏生康熙丙戌年四月初七日戌時卒乾隆二年二月十七日辰時葬未詳繼室許氏生女二無嗣

庚振表長子諱酉明生康熙十九年六月廿九日酉時卒康熙戊戌年十二月廿五日寅時葬龍里山前坐卯向酉配小銀塘李氏諱默官生康熙廿六年十一月初一日丑時卒乾隆三年七月十五日申時葬

樸府宗

羅經穴山坐寅向申生子藩女二長足適到瀨廖次用適霞苑李家

官

材根裒次子諱邦重生康熙乙亥年二月十一日戌時卒乾隆三十九年

九月廿七日午時塟水吼山坐戌向辰兼辛乙配溪環林氏諱兼官

生康熙辛巳年十二月十九日丑時卒乾隆壬子年五月初五日子

時與公合塟生子四忠祿權澤女二長適渡東李次適扶搖李

我夜子生康熙庚午年卒康熙丙申年合塟賀卿公坟內無嗣

義聽長子諱岡浮生康熙廿六年六月二十日巳時卒康熙五十九年二

月初二日辰時塟上樟坑柄內坐子向午娶鄭氏改適生子一南女娥

適鄭次漸適李

緩聽次子生卒塟詳未配張氏生子一加

偕聽三子配黃氏生子三從助章女二幼聞

沃天耀長子諱元春生康熙五十七年　月初八日巳時卒乾隆十三年

咩

十一月初七日子時塟蛇仔頭坐艮向坤兼寅申配林氏適改生子二

鑚豔圭一壬

廸天耀次子無嗣

柄天燁長子無嗣

感天燁次子生雍正乙巳年　月　日　時卒乾隆　年　月

日　時塟　坐　向　配　氏子七

斗天燁三子無嗣

碧子言之子幼随毋洪氏别適一派神主遺失生娶卒塟一無所考長回

祖籍無娶以族人之子洒為嗣

英宗印生長子無嗣

富宗印生次子無嗣

元斗生子諱元提生卒塟詳未配陳氏諱柗官生康熙廿九年十一月初七

日丑時卒雍正八年三月三十日酉時與姑郭氏合塟水吼洞口生

楊氏家譜

子二諱周泰玉

窓魁子配　氏生子二盛昂　餘無考

繼祖彩子　往番

熏士鏘子諱志名生康熙丁未年九月十九日未時卒乾隆戊辰年十一
月十三日午時塟東山邊坐甲向庚燕卯酉娶何氏月餘而逝四月
初一日忌辰塟白面墓坐壬向丙繼室李氏諱甫官生康熙十一年
五月十三日子時卒雍正十年十二月廿八日丑時合塟東山邊生
子八迎提淑純朱奕文韜女二長萬適石寨黃雷次敬適霞東葱園
庠生陳寅

二
鏘長子諱瑞端生康熙廿一年正月初四日寅時卒乾隆四年十一
六日巳時塟番邦配鳳梧王氏諱燕官生子二啟賢女二長昭
卯程官次適水流宋
上康熙己巳年十月廿四日卯時卒乾隆三十三年

收十

十二月初四日辰時葬洪坑嶺崎下坐癸向丁兼子午配松洲鐘氏
諱葛官生康熙　年　月　日　時卒乾隆　年　月　日
時葬　坐　向　兼　生子五順掌奪湛聽女劉適寨坂林
洽誠甫之子諱承笏謚朴直生康熙廿七年十二月廿六日未時卒乾隆
八年九月廿三日丑時葬應坑口田上坐酉向卯兼庚甲配寮里王
氏諱成官生卒葬詳未生子一澤女一酉適本社鄭陳官
渭雲起長子謚純厚生康熙廿七年九月初三日亥時卒康熙五十三年
四月廿九日巳時葬台灣無嗣
湘雲起次子生康熙四十二年七月十九日辰時卒雍正十年閏五月十九日葬
杉仔山后坐巳向亥兼丙壬配戴氏改適生子一親女邁適上山陳
侯雲騰子移居漳城配　氏生子葱
偶旦子謚純朴生康熙辛丑年八月廿九日戌時卒乾隆丙午年閏七月
初十日午時遷葬蛇仔形坐乾向巽兼亥巳配陳氏諱腰官謚慈勤

楊氏之譜　卷八　世系錄　廿四　笑

林氏宗譜

生雍正庚戌年十一月初十日午時卒乾隆丁酉年二月初四日寅
時葬寮園山坐乙向辛兼辰戌生子三位匹配嗣出女四長雪適寮頭
方次（尊敬）旱適后塘趙才官三適銀塘趙尹官四適下樓陳偽官
經綸發長子謚順德生康熙丁酉年七月十五日巳時卒乾隆丙申年九
月廿三日丑時葬舉人林坐丙向壬兼巳亥配市後游氏諱端官生
康熙辛丑年八月二十日未時卒乾隆甲寅年六月十三日未時葬
蛇仔形山坐乙向辛兼卯酉生子一勇
猛發次子生雍正庚戌年十一月初九日巳時卒乾隆丙戌年正月初八
日辰時葬東坂山坐辰向戌配林氏諱盡官甘心守節養子成人
生乾隆丁巳年四月廿八日吉時卒嘉慶己巳年九月三十日亥時葬蛇仔形寅申兼甲庚生子二廣鏡
海發三子生雍正甲寅年正月二十日巳時卒乾隆戊申年六月十九日
巳時葬東坂邊[illegible]同子兼丙壬配莊氏改適生子扶
月祖進長子
嵩祖進次子

普祖進三子

碩祖進四子四人俱無嗣

玉麟乳名旺祖武子配市后游氏生子三聖子由女一適補尾陳

躍祖寬子生康熙戊戌年卒乾隆丙辰年塟未詳子一雄

倦永之子生康熙丙戌年十二月廿四日寅時卒乾隆己丑年十一月廿九日子時塟洪坑嶺崎邊坐子向午配赤橋黃氏諱約娘謚恭惠生康熙庚寅年十一月初八日戌時卒乾隆甲子年十一月廿一日巳時塟雞角壠祖山坐乙向辛兼辰戌即節蕃公墓左之山生子二沈

考居橫林社

鶴佛子卒番邦無嗣

講良長子字明善生康熙戊辰年十二月廿四日丑時卒乾隆癸巳年五月初九日未時塟洪坑嶺后坐午向子兼丙壬配玉蘭坂黃氏諱蘭娘生康熙乙酉年三月廿七日寅時卒乾隆丁亥年三月廿六日寅

林氏家譜

時葬獅形后坐卯向酉兼甲庚生子三通鄧向嗣出女一倩適大帽后
許家
松良次子生康熙辛未年七月十八日寅時卒乾隆乙亥年六月初八日
午時葬犂人林坐巳向亥兼丙壬配下坂郭氏諱金娘生康熙己丑
年十二月初六日戌時卒乾隆甲戌年七月初四日寅時葬犂人林
坐乾向巽生子三錦健院女二二罕綴
椰良三子諡清歌生康熙己卯年七月十八日申時卒乾隆甲申年六月
初十日卯時葬番邦娶姚氏諱欽娘生康熙甲午年十月初六日丑
時卒乾隆十六年四月初一日亥時葬犂人林坐未向丑無出以兄三
子向爲嗣次子盼不成人又番邦生子瑞
和良四子諡純朴生康熙丙戌年十一月廿三日寅時卒乾隆五十二年
九月廿六日巳時葬蛇仔形坐寅向申兼艮坤娶浦頭梁氏諱匕娘
諡勤淑生康熙五十五年二月初三日辰時卒乾隆十四年十月初

四日子時葬舉人林坐坤向艮生子二奧梁

邊王長子諱光芳字茂林生康熙丁丑年十二月十一日亥時卒乾隆辛卯年十月廿六日巳時葬洪坑嶺坐巳向亥娶寮頭方氏諱煥官生康熙　年　月　日　時卒乾隆　年　月　日　時葬洪坑嶺坐　向　生子二武第女一箴適芹霞宋箴官

富王三子　無嗣

佑然長子娶莊氏生卒葬俱失記生子三寵喜洒　洒出嗣

信然次子娶　氏生子

麟然三子　出為他姓後

奄然四子生乾隆庚申年六月初四日寅時卒乾隆丁未年三月初七日巳時葬洪坑嶺坐寅向申娶張爵政生子園

敦妙長子生康熙　年　月　日　時卒乾隆　年　月　日　時葬洪坑嶺坐　向　兼　　娶詹氏諱怏官生康熙癸巳年九

林氏宗譜　翠湾

月十五日　時卒乾隆丁未年十月十七日子時塟蛇仔形坐癸向
丁兼丑未生子三嘆尚曾尚出継女二長牙適大帽后許家次盡適
芹霞宋奴官
随妙次子　無嗣
浩長菁子諱継祖謚簡質生康熙十六年六月十六日寅時卒乾隆十一
年十二月廿三日丑時塟尾林山坐巳向亥兼丙壬配東磨石盧氏
諱美官生康熙丙子年八月初六日申時卒乾隆己卯年十二月初
三日子時合塟尾林山生子二樞昆
記長蔚長子謚崇毅胆力過人當雍正三年隣仇黄姓強墾祖山時積弱
已久族無敢阻者公鳩聚族衆身先摧鋒族氣以振迫後致傷人命
結訟公庭受苦刑毫無所悔謚之曰毅信不誣也生康熙壬戌年十
月初八日酉時卒乾隆庚申年九月初一日未時塟淡坑山坐寅向
申兼庚甲娶聖院林氏諱容官生康熙壬申年十月初五日子時卒

乾隆乙亥年正月初十日寅時塟洪坑嶺坐未向丑生子四椿標黨
火女二長藝適松洲太學鍾登山次從適攀鱗鄉進士何其芬姪恒
官
選長蔚次子諱繩瑞黄仇之禍偕兄若弟率先赴適不少畏縮後為族長
無所私生康熙丁夘年六月初二日未時卒乹隆戊子年十月初一
日子時塟和尚山眠牛山尖后坐辰向戌兼乙辛配竹仔園黄氏諱
招娘謚慈淑生康熙辛未年十一月廿九日丑時卒康熙乙未年七
月初九日午時塟應坑山坐癸向丁兼子午生女坦適康山陳壹官
繼室龍徑林氏諱勸官生康熙壬申年七月初二日丑時卒乾隆甲
午年正月初二日巳時塟龍女仙坐甲向庚兼寅申生子四續朗北
積女一在適松洲鍾两官
衆長蔚三子諱　　謚敦實懷抱利器屈于牖下數限之也生康熙庚午
年八月初五日亥時卒康熙己亥年十月初四日午時塟獅毋山之

楊氏家譜

魔坐庚向甲兼寅申配寨頭董氏諱保官孀居二十載純節可嘉生
康熙乙亥年十月初三日酉時卒乾隆己未年二月廿四日戌時塟
獅母山坐申向寅兼庚甲生子二儆宴
珩長蔚四子諱缃綠謚惇確生康熙癸酉年十二月十七日　時卒乾隆
甲午年二月廿二日戌時塟石埠磕虎形山坐（起遷未塟）向　兼　配山
頂陳氏諱錦官謚淑配生康熙己卯年十月十三日卯時卒乾隆丙
午年正月廿九日酉時與夫合塟子二降伴
帝長蔚五子諱繩茂為祖不惜身家黃仇之禍屢受重刑卒保其身祖實
佑之生康熙丙子年十月三十日亥時卒乾隆三十四年八月十五
日巳時塟獅母山坐庚向甲兼申寅配浦美陳氏諱軟官生康熙
年　月　日　時卒乾隆　年　月　日　時塟
坐　向　生子七泰千聳皇事士慶
才諧長子生康熙甲戌年十月十一日戌時卒乾隆丙戌年二月十一日

坤

子時塟狗窩林乍寅向申配本社劉氏諱讓官生康熙癸未年　月
日　時卒乾隆癸亥年十月十一日申時塟橫秋尾坐　向
生子二陳周女欽適寮頭方欽官繼室呂氏塟洪坑嶺坐乾向巽
子諧次子生康熙丙子年卒乾隆戊辰年正月初三日丑時塟洪坑嶺田
上坐乾向巽兼亥巳娶詹氏改適生子一求女一適后塘張家
壽諧三子生康熙戊寅年八月廿七日亥時卒乾隆丁酉年十一月十四
日未時塟獅母山坐巳向亥兼丙壬娶山庭林氏諱秀娘生康熙庚
寅年九月廿二日未時卒乾隆戊子年八月十六日戌時塟洪坑嶺
坐巽向乾生子一養女二長娟適童家次滿適寮仔周家
福諧四子生康熙壬午年十一月初五日午時卒乾隆巳未年十一月十
八日巳時塟番邦以姪棫為嗣
振諧六子生康熙己丑年正月廿二日未時卒乾隆庚寅年九月廿八日
未時塟陳鐘塚坐卯向酉兼甲庚娶寮仔周氏諱昭官生康熙庚子

年正月三十日申時卒乾隆甲辰年十二月廿七日午時葬杉仔山后坐辰向戌兼乙辛生子三成栢棫嗣出女四長簪適　家次適古溪胡興官三適　家四畫適山后胡倦官

保諧五子與弟堯爲嗣生康熙乙酉年三月廿八日酉時卒乾隆壬辰年六月十八日丑時葬獅母山坐酉向卯兼庚甲娶本社鄭氏諱異娘生康熙丙申年五月廿二日卯時卒乾隆丙午年五月初九日午時葬蠏股山坐卯向酉兼甲庚生子四英仍拔卿女二長釵適浦頭梁羨官次聽適攀鱗何斗官

基文喬長子諱邦範字元傑謚柔遠生康熙壬子年十月三十日寅時卒康熙癸未年十一月十二日子時雍正九年八月廿一日酉時葬獅母山坐未向丑兼坤艮配泰邑西門王氏庠生三儔官胞妹副舉人有良胞姑諱默官生康熙壬子年正月廿九日戌時卒乾隆甲戌年十二月廿五日申時葬洪坑嶺坐甲向庚兼寅申生子二課斐女一

卆

肯適銀塘陳家

業文喬次子　早卒

塡文喬三子諱邦策字幼方號青苑謚莊恪少勵志力學誠篤嚴毅為朋儕所敬憚遭家煩劇三十學稼鋭意課子朝負耒夜横經口講指畫達旦忘疲吾父　參溪之學得力於　王父者為多即　北猶時受其提命也然自以不得讀書為已憾將易簀猶誦少所讀詩古文詞教諭林公煜區贈義方可式乾隆十四年例授頂帶鄉飲大賓布政使司德區贈德醇行美生康熙十八年己未九月廿七日　時卒乾隆廿一年丙子十二月廿七日未時壽七十八葬本社尾南園坐酉向卯蕭辛乙配亭頭郭氏諱惠官謚徽閫婦道母儀兩無所忝生康熙廿一年壬戌正月十二日卯時卒乾隆六年辛酉五月廿九日申時合葬南園生子一唱女二長作許配松洲庠生鍾坤未于歸而逝次厥適泰瀛山太學生蔡聯遠繼室海澄河角洪氏諱勤官謚寛慈生

楊氏家譜

康熙四十三年甲申六月十六日巳時卒乾隆四十六年辛丑正月
初六日寅時葬赤壠山坐壬向丙 無出

典文耀長子 無嗣

謨文耀次子諱邦棟謚純直生康熙三十一年辛未十一月初四日子時
卒乾隆十二年丁卯二月十二日戌時配陶洋盧氏諱超娘生康熙
壬申年九月十三日辰時卒乾隆三十三年十月三十日未時祔公
合葬洪坑嶺坐壬向丙兼亥巳生子四窓嵩志九志出嗣女二長姜
適松洲鍾侃官次止適銀塘庠生趙庭芝孫喬官

誥文耀三子諱邦詔任番邦生康熙甲戌年　月　日　時娶郭氏諱
瑞官生康熙四十一年卒乾隆二年四月十六日辰時葬三宝壠生
女　副氏生子一桑以胞兄三子志為長子

春為文英長子生康熙乙亥年十二月廿二日申時卒雍正甲寅年十二
月廿三日酉時葬阮仔山坐卯向酉娶李氏 改適 生女一咸適康山陳

雍文英次子諱邦和謚朴直生康熙戊子年　月　日　時卒乾隆丙辰年二月初五日戌時葬杉仔山后坐丙向壬兼巳亥配霞城林氏諱意官生康熙丁亥年六月廿四日辰時卒雍正壬子年十一月廿三日酉時葬　生子一紀

高文實長子諱邦傑生康熙戊寅年八月初四日巳時卒乾隆壬午年十一月十三日丑時葬獅毋山坐庚向甲配塗塔呂氏諱理官謚生康熙　年　月　日　時卒嘉慶　年　月　日　時葬　坐　向　生子二雲亭女四長清適浦頭梁彪官次罕適烏岩吳若官三斷適光洋趙含官四騪適本社童傳生

允文實次子諱邦仲生康熙辛巳年九月十九日子時卒乾隆壬午年八月廿九日卯時葬白面墓坐艮向坤配本社鄭氏諱雙官生康熙　年　月　日　時卒　年　月　日　時葬　坐　向　生子二欽潔女三長雅適瀛山蔡償官次慎適龍徑林家

樓氏家

三粉適白沙鄭逸官
報文實三子諱邦儉生康熙乙酉年五月十四日戌時卒乾隆已卯年十
月初七日申時葬獅母山坐午向子配后寮山余氏諱吟官生康熙
年　月　日　時卒乾隆　年　月　日　時葬阮仔
山坐　向　生女一銀適山后胡家以繼子立為嗣
誇文實四子諱邦仁生康熙　年　月　日　時卒乾隆　年
月　日　時葬　坐　向　娶玉蘭坂黃氏生康熙　年
月　日　時卒乾隆　年　月　日　時葬　坐
向　生女二長適浦南許君官次適劉家子一鞍
華文實五子諱邦依生康熙　年　月　日　時卒乾隆　年
月　日　時葬　坐　向　配寨坂林氏諱顯官生康熙辛
丑年七月初三日未時卒乾隆丙戌年十月十一日丑時葬阮仔山
坐丙向壬生子一謹女二長約適甘棠墘陳家次潜適金沙陳家

竿

提文彩長子諱得春字云三生康熙甲申年十月初四日午時卒乾隆已卯年二月廿八日午時葬油鞍山坐　向　配浦口張氏諱僭官生康熙　年　月　日　時卒乾隆　年　月　日　時

生子二尚桃女一响適石碼陳提官

芹文彩次子諱邦輝生康熙丙戌年五月十二日辰時卒乾隆庚午年九月初九日申時葬臺灣娶宋氏改適生子二愿山女一艮適下井

添文傑子生康熙癸巳年正月十九日吉時卒乾隆庚申年閏六月初八日酉時葬阮仔山坐辛向乙無嗣

鵬文煒長子生康熙甲午年七月廿七日巳時卒乾隆戊子年二月十九日巳時葬寨山园坐辰向戌配馮氏諱占娘生康熙庚寅年　月　日　時卒乾隆己酉年十一月初六日辰時葬寨園湖山坐卯向酉

蕉乙辛以繼子和為嗣

暹文煒次子生康熙丙申年十月廿九日未時卒乾隆壬申年正月廿九

林氏家譜

日子時塟番邦子起
甲文煒三子生康熙戊戌年九月十八日辰時卒乾隆己酉年六月初三
日亥時塟東坂山坐午向子兼丙壬娶宗氏諱清官生雍正丙午年
八月廿四日亥時卒乾隆己酉年八月廿四日巳時塟寨圍山坐丙向
壬兼午子以繼子德為嗣
榜文煒四子生康熙辛丑年二月廿一日午時卒乾隆壬寅年五月廿八
日巳時塟杉仔山坐巽向乾兼辰戌
儒文煒五子生雍正元年癸卯卒乾隆廿四年己卯閏六月二十日午時
塟寨圍山坐甲向庚兼卯酉
咬文煒六子住番邦
武文達長子生康熙　年　月　日　時卒乾隆　年　月
日　時塟　坐　向　娶東磨石盧氏生雍正辛亥年十一月
廿七日酉時卒乾隆庚辰年五月初一日巳時塟坛頭湖向坐午向

华

子生子一姜継室徐生子一希
瑶文達次子生雍正已酉年六月廿六日辰時卒乾隆丙戌年五月十四
日巳時葬金雞湖坐未向丑娶宋氏改適生女一
得文蘭長子諱邦芝次樾德生雍正辛亥年八月十七日亥時卒乾隆甲
戌年七月十五日子時葬東坂邊坐巽向乾以胞姪蟯蟾為嗣
出文蘭次子謚　生乾隆丙辰年四月十一日辰時卒嘉慶壬申年正
月初二日戌時葬寮仔崎尾坐乙向辛兼卯酉娶本社黄氏諱順官
生乾隆乙丑年十月初三日未時卒乾隆丁未年十二月三十日寅
時葬獅毋山坐申向寅兼坤艮子翻女月適康山陳亮官次爱適
継室后塘趙氏諱德官子躍暹目黄氏生子蟾出嗣
詒文蘭三子生乾隆戊午年十一月初三日巳時卒乾隆庚戌年四月初
一日未時葬赤壠内羅経山坐乙向辛兼卯酉娶和睦社宋氏諱様
官生子三灶曉出嗣康女二長恥適陳家次妹適銀塘趙僚官

秀為茂潤長子諱俊甫謚朴直生順治己亥年十月廿五日申時卒雍正
乙巳年十二月二十日辰時塟杉仔山后坐丁向癸配林墩劉氏諱
淑官生康熙癸卯年八月廿九日吉時卒乾隆丁巳年五月廿三日
亥時塟杉仔山后坐丙向壬生子四輯登房揲房出嗣
盛茂潤次子諱俊傑卒于番邦以兄第三子房為嗣
閑茂璟長子諱朝佐謚叶雝生康熙甲辰年四月廿七日亥時卒康熙辛
巳年二月初八日寅時塟番邦配開元口張氏諱斷官謚節儉生康
熙甲辰年二月初三日卯時卒乾隆丙辰年十月十一日辰時塟满
床牙笏墓右坐辛向乙兼戌辰生子二博相女一煖適洛濱呂總鎮
　伯爺孫月舍
翰茂璟次子諱朝俊性純厚處族党無所忤生康熙七年戊申十二月初
八日丑時卒乾隆八年癸亥十二月廿五日酉時塟下菴山坐壬向
丙兼亥巳配泰邑古老窟盧氏諱昂官謚勤慈生康熙十年辛亥十

烊

二月初一日辰時卒康熙五十年辛卯三月廿五日巳時雍正九年
九月廿九日改塟人一里内池社山坐丁向癸兼未丑生子二錫欽
女二長迎適斷蛙池吳蔭官次聯適洛濱鄭申官

介茂璟三子諱朝魁字眉叔頗明義理雅重水源木本將之臺灣即旧譜
鈔録成卷藏之家篋越數年旧譜遺失所據以知本源者賴有眉叔
之本在亦有功于祖者也生康熙乙卯年正月初二日巳時卒乾隆
癸亥年三月十二日未時塟獅形山坐　向　配泰邑西湖劉氏諱
佑娘謚貞勤生康熙丙寅年九月廿七日亥時卒康熙癸巳年七月
十六日戌時塟人一里内池社山坐午向子兼丁癸生子一溫　繼室
溫氏生康熙壬戌年三月初三日卯時卒乾隆丁亥年正月初三日
巳時塟獅毋山坐申向寅

躍

大成長子諱懷德生康熙丙午年九月十六日亥時卒雍正戊申年十
一月初七日巳時塟浦仔崎頭坐壬向丙配泰邑西門王氏諱振官

楊氏家言　卷二

生康熙庚戌年五月廿四日戌時卒乾隆壬戌年正月初八日酉時
與子臻合塋東洋山尾坐艮向坤兼寅申生子一臻女二長適石碼
劉荅官次免適金沙王沃官
飛天成次子字光輝謚純直生康熙壬子年八月初三日申時卒乾隆丙
寅年五月廿六日子時塟杉仔山后園中坐巽向乾兼辰戌配康山
陳氏諱從娘生康熙丙寅年八月廿四日亥時卒乾隆三十年四月
廿六日卯時塟新倉山后坐巽向乾生子二種攘
有茂澍子謚敦實生順治庚子年四月初四日辰時卒雍正癸卯年二月
廿三日未時塟嶺尾埒內池仔頭山坐艮向坤兼寅申配扶磘李氏
諱仁娘生順治戊戌年四月十七日未時卒乾隆戊午年十一月廿
九日午時塟洪坑嶺坐亥向巳兼巽乾生子四荐運盾蕃女五長雪
適塔兜戴廷官次珊適下柄張東官三仲適李進使四畏適金沙陳
登官五極適聖院吳梅官

苐卒

樵備長子諡質朴生康熙元年九月二十日午時卒康熙四十七年六月十三日未時塟洪坑嶺内坐卯向酉兼甲庚配汰内維洋陳氏諱坤官生康熙十年十月十八日卯時卒雍正七年十月廿五日巳時塟獅形之左肩上坐丑向未兼癸丁生子二嚴督女二長應適張山黄訓官次絨適白沙鄭晃官

巍備次子卒於番邦無嗣

扳備三子諡敦朴生康熙十八年九月廿二日卯時卒康熙五十三年八月初八日子時塟洪坑嶺坐卯向酉兼甲庚配林氏諱進官生康熙甲子年九月二十日亥時卒雍正甲辰年十一月初八日巳時塟

生子三月照光

爾萬長子生康熙乙卯年六月廿三日午時卒康熙庚子年四月十七日巳時塟番邦子一日

幼萬次子諡朴直生康熙己未年六月廿　日未時卒康熙己亥年九月

梯□家譜　王□　渭□

十九日未時塟番禺配瀛山蔡氏諱　官生康熙廿八年九月十三
日未時卒乾隆廿八年四月十九日未時塟尹壠山坐子向午生子
二田段女一桃適岙林蔡教官

郝翚長子移居烏礁配曾氏生卒塟俱未詳生子二仲旋雙喜

甚翚次子諱功智謚貿烈生康熙甲寅年五月廿六日寅時卒康熙辛丑
年二月十六日未時塟獅形山坐壬向丙兼子午配葉氏諱轉官生
康熙戊辰年十一月十四日亥時卒乾隆辛卯年四月初三日丑時
塟宗林山坐午向子兼壬丙生子二角亢

德慶長子諱士英切於為祖負傷赴鬬仇甚畏之生康熙庚申年十月二
十日辰時卒乾隆戊子年五月初四日辰時塟尹壠山坐亥向巳配
浦頭梁氏諱修官生康熙甲子年十二月初五日子時卒乾隆三十
年三月初四日亥時塟下菴山坐卯向酉生子三族萬行女二長汶
適官林后陳陶官次騰適后塘趙集官

卯

周慶次子早卒無嗣
李慶三子早卒無嗣
由慶四子生康熙壬申年八月十二日午時卒康熙庚子年正月初一日
酉時葬杉仔山后坐卯向酉配林氏改適無嗣
香慶五子諱士馨生康熙甲戌年十一月初一日申時卒乾隆丙申年三
月十七日未時葬本社破寨后坐寅向申兼甲庚娶玉蘭坂黄氏諱
希娘生康熙丁丑年二月廿五日辰時卒乾隆辛酉年九月初二日
申時葬獅毬山坐壬向丙兼亥巳生子台劉女盼適山頂陳斗生繼
室張氏諱實官生康熙壬申年七月十四日吉時卒乾隆丙　年十
月十二日午時與士馨附葬子快
雜慶第六子諱士元生康熙戊寅年九月十四日戌時卒雍正乙卯年五
月廿七日申時葬下蘇山坐卯向酉配松洲鍾氏諱美官生康熙戊
子年二月廿七日寅時卒乾隆己未年八月廿一日午時葬杉仔山

林氏家譜

坐巽向乾兼巳亥坐子鍾般

管引子謚純朴生康熙三年九月十七日巳時卒康熙五十九年九月

二日酉時塟東坂邊坐向詳未配山頂陳氏生康熙十□年卒康熙

十年塟杉仔山坐壬向丙生子一補繼室　氏適改子一恩

維進表子諱文槐謚純朴生順治八年辛卯九月二十日辰時卒康熙四

十六年丁亥十二月十五日寅時配吳氏諱平官謚勤慈生順治十

二年乙未十二月初六日丑時卒康熙四十六年丁亥正月初五日

卯時合塟相會港園坐酉向卯兼辛乙生子三武殿節女四長瓊適

錢澤官次適松洲鍾共官三弁適戴墘戴鵠官四命適上坪郭尊官

篆進文長子謚純朴生崇禎十四年八月初二日辰時卒康熙十七年五

月二十日酉時塟獅毋山坐申向寅配宋氏諱罕官生順治元年三

月初七日未時卒雍正五年六月初五日午時塟店仔后坐乙向辛

生子一建

愷進文次子謚質直生順治四年三月十七日寅時卒康熙廿五年閏四月廿五日卯時葬洪坑嶺外獅形坐寅向申配林氏諱親官生順治五年五月十一日午時卒康熙十八年十一月廿六日丑時葬洪坑嶺坐乾向巽生子一榮

烈潮長子甲寅之變為賊虜去年十餘歲矣

正潮次子幼喪父母出為鰲頭門徐家後生五子追念所生父母乏嗣臨終致囑頎以五男鞍歸紹宗支鞍不從命自以次男允回籍復姓奉祀潮公

泰文湘長子諱邦柱早卒無嗣

寬文湘次子諱邦棵生順治九年四月十八日酉時卒康熙四十七年四月初一日戌時未葬配榜頭昌氏鄉進士道清姊諱名官謚慈惠生康熙五年七月廿三日寅時卒乾隆九年七月二十日卯時葬吳前山上坐巽向乾兼巳亥生子二燦悅女二長若適霞城鄭繼美次罔

林氏族譜　卷之

邊何厝何葵舍

志文都子諱繩祖字伯武處士生順治十三年五月初八日申時卒康熙廿七年十月初三日戌時葬獅母山坐　向　配銀塘趙氏諱官娘謚貞孝年二十二堅心守節孀居六十載無罅隙可議縣誌為之立傳生康熙六年二月初七日巳時卒乾隆十四年正月十八日亥時與姑宗氏合葬寨山流井橋頭坐乾向巽兼亥巳子一壯

審文巧長子謚純朴生康熙五年八月廿八日戌時卒康熙四十七年二月十二日戌時葬番卯配芹霞宗氏諱勸官生康熙十年三月十三日酉時卒乾隆二年七月十一日巳時葬洪坑嶺坐辰向戌兼乙辛生子一言女曰邊松洲鍾羽官

準文巧次子謚朴直生康熙十年正月初五日酉時卒康熙六十年六月廿三日酉時葬阮仔山坐酉向卯兼辛乙配松洲鍾氏諱完官生康熙十六年四月廿五日吉時卒乾隆廿六年七月十七日丑時葬洪

糾

坑嶺下坐亥向巳兼　生子五佳敖耀閔谿女招適金沙王永官
享蔡長子無嗣
孕蔡次子生康熙廿一年八月十九日亥時卒雍正九年四月廿二日酉
時塟長春橫山腰社溪仔岸坐丙向壬娶　氏改適生子二長堂次
俱寄居他族
仁文旭長子無嗣
賈文旭次子生康熙五年九月廿九日酉時卒康熙六十年二月初六日
午時塟吳前山坐　向　娶　氏改適生子國
牘岱長子無嗣
韓岱次子謚純直生康熙十三年六月初三日寅時卒雍正九年六月廿
六日戌時塟吳前山后上坑尾坐庚向申兼申寅配水流宋氏諱紀
官生康熙十九年十月初三日酉時生子四澤炎三四炎出嗣
蘭鞍之子卒番邦以從姪炎為嗣

楊氏家譜

崇約之子謚剛直生康熙十二年八月廿一日吉時卒雍正七年十一月十五日申時塟台壁園配林氏諱樊官謚肅慎生康熙廿八年十一月初三日吉時卒雍正六年九月十四日申時塟獅形台坐卯向酉薰甲庚生子五石啟煖傑幸嗣幸〔出〕女二長受適龍徑林川官次適郭

新為文訓長子謚元奎生康熙三十三年八月初十日申時卒雍正五年閏三月十四日酉時塟大帽〔台〕隔仔柑斗林坐寅向申薰甲庚適玉蘭坂黃氏諱如官生康熙三十七年九月廿九日巳時卒乾隆廿九年正月廿九日申時塟蛇仔形山坐戌向辰生子一程女二長藕適陴頭黃叚官次含適本社黃居生

竹文訓次子塟墘頭寨橫山崎無嗣

木文訓三子謚元喬生康熙四十九年八月初七日酉時卒康熙六十一年十一月廿四日酉時塟吳前山水港上坐卯向酉無嗣

芭忽長子

糾

茂忽次子 無嗣

白廷祥長子諱石鄰 謚行素生康熙十七年八月初八日寅時卒雍正七年十月十九日亥時葬獅毋山之麓坐丁向癸兼午子配海澄羅氏諱廷官生康熙二十年十二月初四日辰時卒乾隆十八年八月十日　時葬坛頭山坐　向　生子三 琛乾堂 乾出嗣 女二長媛適龍徑林家次用適文圃郭桓文

潤廷祥次子諱石峻字君澤生康熙二十年四月初五日未時卒雍正四年六月十三日未時葬于海配林氏諱伴官生康熙廿三年十月廿六日辰時卒康熙四十八年二月初八日亥時葬洪坑嶺坐庚向甲兼申寅無出 繼室鵲橋黄氏諱張官生康熙廿六年十月初五日丑時生子二普烈、平 俱早 以長兄次子乾為嗣女二長英適瓊美呂次奪適東磨石盧

喬廷祥三子諱石居生康熙廿七年二月初二日　時卒乾隆戊辰年四

月廿一日酉時塟水吼園坐甲向庚配松洲鍾氏諱甚官生康熙卄
六年九月廿九日午時卒乾隆　　年七月廿三日　　時合塟水吼
園生子四東鍾亮坎女二長栖適銀塘趙輔官次省適趙粜官
元廷瑞長子生康熙卄六年十二月初九日寅時卒乾隆十年八月二十
日寅時塟獅形后湖裡坐乾向巽兼亥巳配龍營陳氏諱楚官生康
熙三十年十月初九日酉時卒雍正十三年五月初一日巳時塟水
吼下井仔坐巳向亥兼巽乾生子三蹈臨浮女文適土樓寨蔡籃官
眼廷瑞次子生康熙三十年四月十四日卯時卒乾隆七年十一月十四
日巳時塟洪坑嶺坐癸向丁配何氏諱端官生康熙三十八年十月
二十日吉時卒雍正十三年十月三十日子時塟坛頭山坐戌向辰
兼乾巽生子二達正女要適賞坑鉚由官
探廷瑞三子無嗣
創碩長子生雍正九年十月十七日酉時卒嘉慶元年十月廿三日酉時

纵

塟石鼓尾園坐乾向巽兼戌辰配行山王氏生乾隆庚申年四月廿
一日卯時卒乾隆辛巳年五月初十日巳時塟坛頭山坐亥向巳兼
子端継室渡東杜戴氏諱近官生雍正癸丑年十月初三日午時卒
乾隆辛亥年八月廿五日卯時塟獅形后坐午向子兼丙壬生子馬
陳碩次子生乾隆丙辰年二月廿六日丑時卒乾隆丁酉年八月初六日
寅時塟呉坡墩坐未向丑兼坤艮配林氏諱綴官生子二周蜂女一
佳適何坐山官
塲碩三子生乾隆己未年正月廿一日丑時卒乾隆己酉年二月十三日
申時塟寨園湖山坐卯向酉兼甲庚配林氏諱春官生子三喀獺湿
女一萬適康山陳家
明碩四子生乾隆壬戌年八月廿七日未時卒乾隆戊申年五月二十日
卯時塟寨園山坐卯向酉兼甲庚配張氏諱和官生子三彭有福女
二長維適黃棗饒家次皆適下店林令官

卷八　世系録　廿四世

虎碩五子生乾隆丙寅年七月廿九日酉時卒乾隆己酉年十月初十日巳時葬仙石脚坐西向東配陳氏適改生子芳女雅適芦墘嶺張鐵官

淵冉子生乾隆丙寅年三月初五日卯時卒乾隆己酉年四月初八日未時葬寨圍山坐卯向酉兼甲庚配黃氏諱清官生乾隆壬申年十一月初五日卯時卒乾隆乙卯年三月初一日卯時葬獅形山坐乾向巽兼亥巳生子二納拜女汰適山兜陳白官

波魁子生乾隆己未年　月　日　時卒嘉慶　年　月　日時擬配王氏諱清官未娶而逝迎主奉祀生乾隆癸亥年正月廿四日卯時卒乾隆戊寅年十一月初一日亥時葬洪坑嶺再配梁氏生乾隆　年　月　日　時卒嘉慶廿　年　月　日　時

春為海長子生乾隆丙寅年正月十四日巳時卒乾隆丁未年七月初八日未時葬獅形后山坐坤向艮兼申寅娶黃氏生子卿黃氏節改

华

雁海次子生乾隆庚午年九月十四日丑時卒乾隆癸丑年十月初十日
卯時葬獅毋石揀下坐乾向巽配張氏諱系官生乾隆丙子年五月
初八日丑時卒乾隆甲辰年三月廿六日辰時葬犁壁金坐卯向酉
生子麥女桃適太邑縣内謝美官繼室郭氏生乾隆丙子年正月十
三日巳時卒乾隆庚戌年八月十七日未時葬寨圍山坐　向 無出

朋海三子生卒葬失記

令海四子生卒葬失記

適海五子生乾隆乙酉年卒嘉慶丁巳年八月初二日子時葬寨圍山

貴海六子生乾隆丁亥年五月廿六日巳時卒乾隆辛丑年三月十二日
午時葬犁壁金山坐乙向辛兼卯酉 俱無嗣

敏專長子

賴專次子 俱無嗣

頂師之子 無嗣

林氏宗譜

向聘子生順治十六年正月初十日吉時卒康熙廿七年七月廿五日

時塟寨山園内坐艮向坤兼丑未配李氏諱沛官生康熙五年十二

月初二日亥時卒雍正五年七月廿二日未時塟寨園獅形山後坐

丙向壬兼巳亥生子三琴套恰

興晚之子生卒失記塟泰邑方城里嶺脚虎頭山坐　向　配改適生子

一傑　住泰南楼

光晚次子字道衢生康熙庚申年三月初一日辰時卒乾隆元年二月廿

四日辰時塟方城里嶺脚竹林下坐乙向辛兼卯酉配黄氏諱列官

生子一淵　住長泰

富閣長子生康熙十四年七月廿三日未時卒康熙四十九年七月廿二

日辰時塟岩仔山直巷媽墳下坐艮向坤兼丑未配陳氏改適生子爵

和閣次子生康熙十九年五月初四日戌時卒乾隆十二年六月十九日

寅時塟坛頭橋兜坐申向寅兼庚甲配隔兜蔡氏諱銀官生康熙癸

紀十

亥年三月廿七日辰時卒乾隆十九年閏四月十四日寅時葬赤岩山坐寅向申兼艮坤生子三到營秘女一敘適林口王家

寶閣三子生康熙廿四年九月二十日酉時卒雍正八年十一月十九日子時葬獅形山坐寅向申配泰下坂林氏諱潛官生康熙三十五年二月初六日亥時卒乾隆三十一年六月二十日酉時葬赤岩山坐寅向申生子二籃京女朝適霞苑李家

仁忠之子移居臺灣生康熙四十年二月廿二日丑時卒乾隆四十四年十月二十日巳時葬臺灣上淡水三角埔山坐壬向丙配天寶浣氏名咏官生康熙四十五年卒乾隆五年十一月初一日酉時葬廿一都南山保西方金塚坐北向南生子東

國富長子無嗣

縣富次子生康熙癸丑年七月初三日寅時卒康熙壬寅年七月廿一日酉時葬大帽后隔仔內坐壬向丙兼子午配陳氏諱寛官生康熙六

易氏宗譜　卷八　世系錄　廿四

楊氏家譜　　琵[illegible]

五年八月初三日吉時卒雍正二年甲辰六月十六日亥時葬湖坑

山坐甲向庚兼寅申生子三祖議降議出嗣女二長適許張官次適水

流宋家

郡暢長子

顯暢次子

文日盛長子生康熙癸丑年六月初二日巳時卒康熙壬辰年正月初二

日丑時葬大帽后狗窟林坐乾向巽配林氏諱儉官生卒葬未詳生子

愷女二長適銀塘陳監官次適鵲橋黃羅官

岳日盛次子諱維嵩生康熙十五年八月廿四日吉時卒雍正五年六月

初十日卯時葬洪坑嶺内坐巽向乾兼辰戌配宋氏生康熙庚午年

二月初八日寅時卒康熙辛卯年三月初十日午時葬筆仔后坐庚

向甲兼酉卯繼室鄭氏諱陳娘生卒葬未詳生子緩女一適阿車林

李家適後改

振日盛三子生康熙癸亥年五月廿六日亥時卒雍正乙　年七月初三日寅時塟臺灣配寮頭方氏諱肯官生卒塟未詳生子四扶抱植嗣

揖趙女艷適寮頭方伯牙

宗日盛四子生康熙廿八年十二月廿六日酉時卒乾隆十年八月初一日未時塟螃蟹山脚坐寅向申兼甲庚配玉蘭坂黃氏諱悦官生子四性助質蚊女腰適長泰人

平日盛五子無嗣

允日盛六子生康熙乙卯年正月十三日卯時卒康熙乙亥年十二月十五日子時塟官林後坐乾向巽兼亥巳配許氏適改以兄子煥爲嗣

二十五世

岱煥長子

赫煥次子俱無嗣

笨榜子無嗣

楊氏家譜　卷八　世系錄　廿五世

楊氏家譜

籓康子生康熙丁酉年十二月十七日吉時卒乾隆乙巳年十二月十六
日卯時葬畲仔頭山坐乾向巽兼戌辰配陳氏生雍正甲寅年八月
十一日巳時卒乾隆乙酉年六月廿五日丑時葬油藪山坐　向
生子二森止　止出嗣
忠邦重長子諱廷靖字行以生雍正乙巳年六月十五日申時卒乾隆戊
子年十一月十二日申時葬東洋山頂坐寅向申兼甲庚配吉洋林
氏諱湛官生　　年　月　日　時卒嘉慶廿　年　月
日　時葬　　坐　向　無出以堂兄次子止爲長子又子佳
禄邦重次子諱漳興生雍正六年十一月廿三日辰時卒嘉慶七年十一
月廿七日巳時葬宋林山坐坤向艮配扶搖李氏諱厭官生
年　月　日　時卒嘉慶　　年　月　日　時葬
生　向　兼　　生子三久水富女一汀適溪環林輪官
櫂邦重三子生雍正八年十一月廿七日子時卒嘉慶四年二月十三日

纮

酉時葬水吼仔山坐酉向卯兼辛乙配鄭氏諱汝官生　年
月　日　時卒嘉慶　年　月　日　時葬　坐
向　兼　生子五賞迺活輔壽女一鞘適鰲浦吴丙官
澤邦重四子生雍正十一年二月初七日申時卒乾隆六十年十月初二
日戌時葬龍里仙蓊頂坐癸向丁兼丑未配本社張氏諱幼官生乾
隆　年　月　日　時卒嘉慶　年　月　日　時葬
坐　向　兼　生子五練令泉桂踏女嫂適攀麟何家

南義之子
加菱之子
從階長子
助階次子
章階三子
鑽沃長子娶泰邑蕭宅鄭氏諱　官生子結
艷沃次子
七感子娶張氏無出

木[illegible][illegible]譜

洒碧子無嗣
詳周元長子
泰玉元次子
盛宓長子
鼎宓次子俱無嗣
迎為志名長子生康熙癸酉年正月初七日申時卒乾隆丙戌年三月初
七日辰時塟糞箕湖山尾坐乾向巽兼亥巳配鄭氏諱微官生康熙
戊寅年十一月十六日寅時卒雍正甲辰年八月廿一日卯時塟白
面墓山坐艮向坤生子春暨女潤適龍營陳琴官繼室黃氏諱好官
生　　　　　　　　卒乾隆癸酉年十月三十日寅
時塟洪坑嶺坐　向　生子普贊女隨適霞洲黃瓊官繼室曾氏
提志名次子諱廷璽勇力過人雍正三年與仇械鬬獨當數十人負重傷
瀕於死毫無畏縮生康熙丙子年九月廿八日酉時卒乾隆戊午年
十二月初一日辰時塟番邦配井東章氏諱潛官謚淑慎生康熙丙
子年七月廿二日巳時卒乾隆戊申年十月初二日巳時塟吴前山

[illegible]

終

坐丑向未生子二長表女二長適石碼劉 汪官次適溪尾戴

淑志名三子諱廷鎔生康熙已卯年二月廿九日丑時卒康熙辛丑年七
月十七日亥時葬臺灣配銀塘陳氏諱料官謚慈順生康熙庚辰年九
月 日 時卒乾隆乙卯年二月廿九日亥時葬東洋壠內坐巽向
乾兼巳亥二十孀居純節無瑕名列縣志享壽九十六生子一水

純志名四子諱廷如竭力禦仇勇與兄匹生康熙庚辰年十月初十日寅
時卒雍正乙卯年十月十九日午時葬洪坑嶺坐甲向庚兼寅申配
本社顏氏諱偉官謚勤儉生康熙辛巳年十日廿五日辰時卒乾隆
丙午年閏七月十七日酉時與公合葬生子二 朝盈女二長安適官
古林楚官次厭適賞卿武庠生鄒士旗

朱志名五子諱廷端偕兄禦仇為火器所傷裹血復鬭仇為退卻生康熙
甲申年五月廿七日辰時卒乾隆丙申年九月廿四日卯時葬吳陂
鞍坐乾向巽兼亥巳配園坪莊氏謚慈勤生康熙丙戌年正月初一

楊氏宗譜 卷之八 世

日卯時卒乾隆戊戌年十二月初二日巳時葬觀石尾坐庚向甲兼
酉卯生子五再常玭扯巴女二長僋遣芹霞宗別官次慝適洛濱鄭
珩官

奕志名六子諱廷奎生康熙四十四年二月十八日戌時卒乾隆二十四
年十月十四日子時葬白面墓山坐癸向丁配湖邊詹氏謚順惠生
康熙壬辰年八月十五日未時卒乾隆丁未年十一月十四日亥時
葬白面墓山坐亥向巳兼壬丙生子二妍象女一

文志名七子諱廷璋生康熙戊子年丑月廿二日辰時卒乾隆辛未年十
月初三日未時葬應坑山坐　向　配浦西陳氏諱良官謚令德生
康熙乙未年十月初四日戌時卒嘉慶戊午年四月初二日未時葬
觀石尾石學班山坐寅向申兼甲寅生子二西盛女一金適宗家

韜志名八子諱朝範字君畧生康熙辛卯年十一月十三日寅時卒乾隆
戊辰年十月初七日子時葬浦仔山坐　向　兼　配陳氏諱雅

官生康熙丙申年八月廿三日寅時卒乾隆丁酉年十一月十五日
巳時塟浦仔山坐癸向丁兼丑未生子二泮轉安華遷鰲浦吳

改瑞 端長子謚和順生康熙辛卯年正月廿四日吉時卒乾隆辛丑年九
月廿三日巳時塟東洋山坐癸向丁兼子午娶林氏生雍正丙午年
六月初八日未時卒乾隆壬寅年九月廿三日巳時塟蛇仔形坐寅
向申兼艮坤生子一足女二

賢瑞 端次子卒番邦無嗣

順統 長子生雍正元年十月廿四日戌時卒乾隆甲申年九月十五日巳
時塟東洋山坐丑向未兼艮坤配曾氏諱錐官生雍正戊申年五月
十六日未時卒乾隆癸卯年十一月十三日巳時塟蛇仔形坐艮向
坤兼丑未生子五存總傳眼咏眼出嗣

掌統 次子生雍正戊申年　月　日　時卒嘉慶甲子年十月　日
時塟　坐　向　兼　配鳳梧王氏諱儀官謚勤和生雍

林氏家譜　[illegible]瀛

正戊申年六月初一日未時卒嘉慶庚申年十一月三十日卯時葬
犂跡后坐戌向辰兼辛乙生子三富容江女清適
奪統三子謚朴直生雍正辛亥年　月　日　時辛乾隆丙午年九月初
三日午時葬獅毋山坐巽向乾兼巳亥配李氏改適生子二宵徒
湛統四子配寨坂林氏諱欽官生乾隆癸亥年　月　日　時卒乾隆戊
申年七月初五日未時葬東坂邊山坐南向北生子二蕙葉
聽統五子謚觀行生乾隆壬戌年正月初一日寅時卒乾隆乙卯年五月
十一日酉時葬杉仔山坐乾向巽兼亥巳配龍徑林氏生乾隆十六
年八月十一日巳時卒乾隆戊申年七月初八日酉時葬犂跡後坐
巽向乾兼辰戌生子曷
敵洽子生卒葬未詳配蔡氏生卒葬未詳子南山眼
親湘之子
蒽候長子

位偶長子生乾隆丙寅年七月十六日巳時卒嘉慶元年六月初二日戌

時葬番邦娶張氏改適生子心式

匹偶次子諱廷僚字若夫生乾隆戊寅年　月　日　時卒嘉慶癸酉

年　月　日　時葬　坐　向　兼　娶本社鄭氏諱玉

官生乾隆　年　月　日　時卒　年　月　日

時葬　坐　向　兼　生子一熊

配偶三子出為林姓後

勇經綸子謚明智生乾隆壬戌年八月初八日巳時卒嘉慶元年八月廿

九日寅時葬舉人林坐艮向坤兼丑未娶芹霞宋氏諱蕉官生乾隆

年　月　日　時卒　年　月　日　時葬　坐

向　兼　生子一胆女謙適芹霞宋紗官

廣猛長子生乾隆　年　月　日　時卒　年　月　日

時葬　坐　向　兼　娶改適生子二遺翰

鏡猛次子生乾隆甲申年二月十五日未時卒乾隆辛亥年十一月十三
日申時塟獅形后坐巳向亥兼丙壬

扶海之子

聖玉麟長子早卒

子玉麟次子娶陳氏諱改官

由玉麟三子

雄躍子往番

洸倰長子

考倰次子

通講長子娶寨坂林氏早卒生卒塟俱未詳 無嗣

鄉講次子生卒塟未詳無嗣

錦松長子生雍正丙午年十月廿五日午時卒乾隆己丑年九月十七日
寅時塟獅形后田墘山坐午向子兼丙壬

健松次子生卒葬未詳

院松三子生卒葬未詳娶海澄張氏諱含官生乾隆辛酉年八月初八日
日午時卒乾隆己亥年十月廿五日巳時葬寨圍山坐乙向辛生子吝

向榔長子諡士春生乾隆癸亥年八月廿一日酉時卒乾隆戊申年五月
十九日戌時葬寨圍湖底山坐甲向庚兼卯酉娶湖濱詹氏諱概官
生乾隆戊辰年八月初四日戌時卒乾隆辛丑年十二月初七日酉
時葬洪坑嶺寨圍湖坐甲向庚兼寅申生子二嬌晚女一繼室林氏
生子二魚簇

聆榔次子不成人生乾隆乙丑年十一月初八日吉時卒乾隆甲午年十二
月初二日午時葬洪坑嶺碕脚坐北向南以三弟長子旦為嗣

瑞榔三子娶莒宋氏諱銀官生子旦出嗣卯衫乾

奥和長子生乾隆戊午年七月廿五日丑時卒乾隆丙午年三月十九日寅時葬蛇仔形坐丑向未兼艮坤
娶本社鄭猷官生卒葬未考生子二壬傳女一適冻橋黄

世系録　廿五世

梁梁和次子生乾隆丙寅年八月初八日寅時卒乾隆壬子年正月十一
日未時葬寨圍山坐北向南娶張氏改適生子泉
武二邊長子謚乃文生雍正己酉年十一月廿二日丑時卒嘉慶壬戌年
五月初十日寅時葬洪坑嶺后山坐巳向亥兼丙壬娶宋氏生雍正
乙卯年正月十一日酉時卒嘉慶辛酉年十月十八日辰時葬寨圍
湖园埔坐乙向辛兼卯酉生子二衫至
第邊次子早卒
窕佑長子俱無嗣
喜佑次子
嘆敦長子生卒未詳葬獅毋山娶詹氏改適生子攀
曾敦次子
樞繼祖長子諱國等改名廷機字珍甫一字斗三少授業于父參溪穎悟
敏達年二十八以易經由南靖撥入府庠多機智善圖謀積公貲以
復嘗業大有力焉惜一生多疾二十餘年書生僅得而與鄉試享年
不永徒賫恨以没也生康熙甲午年十月初五日巳時卒乾隆戊子

年十二月初五日酉時塟寮仔山以上旧誌後改塟獅毋山坐坤向艮兼
申寅配泰邑陶洋盧氏庠生祺官女鄉進士金奏堂妹素行可嘉生
康熙五十三年十一月廿九日巳時卒乾隆五十三年八月初二日
戌時遷與公合塟改向未丑兼丁癸生子四詡貽鎮藕女一粹適攀
鱗太學生何調元之子森官

昆繼祖次子諱廷順生康熙五十八年已亥十月初六日巳時卒乾隆廿
二年丁丑十一月十七日寅時塟獅毋山坐　向　配東磨石盧氏
諱勉官生康熙辛丑年　月廿一日午時卒乾隆已酉年六月三十
日午時塟應坑内坐坤向艮兼未丑生子登悦帶女二長丹適龍營
陳探官次佳適下店社林帶官

椿為記長子生康熙五十五年六月初十日巳時卒乾隆十八年二月十
六日　時塟番邦配渡東李氏諱孫官謚慈淑生康熙丙申年正月
廿一日巳時卒乾隆已未年九月初八日未時塟東山邊改葬允林

山坐　向　兼　　生子一両女一憮適寮頭方

標記次子諱廷美生康熙五十年十一月廿五日子時卒嘉慶元年十月
廿二日亥時塟寨園山坐乙向辛兼卯酉娶浦頭南張氏諱順官早
卒塟寨山中崙坐卯向酉繼室東磨石盧氏諱瀾氏官生康熙六十
一年十一月廿九日卯時卒乾隆四十年四月十三日巳時塟油鞍
崙坐午向子兼丁癸子二鴛徹

黨記三子諱廷俊生雍正乙巳年　月　日　時卒嘉慶　年　月
日　時娶浦美陳氏諱畏官生雍正乙巳年十二月十三日申
時卒嘉慶六年八月初三日辰時合塟龍里仙山坐癸向丁兼丑未
生子四茶菓佩執

火記四子諱廷傑生雍正戊申年二月廿四日申時卒嘉慶丙辰年正月
十三日未時塟狗窟林坐甲向庚兼卯酉娶銅青陳氏諱饌官生
年　月　日　時卒嘉慶　年　月　日　時塟寨

卆

園山頂坐　向　兼　　生子五忽徵敕疊軟女二長坐適泰邑張
文官次對適浦南張家
續繩瑞長子諱得水字潤夫少　業吾　父参溪廓然有大志比壯累試
弗售勵志不衰往鶖髻山徵夢得一兆自以為利于臺灣籍遂束裝
潛往一試果進臺灣府學第　名再試一等前列將食餼值有歸籍
之例不得補鈌遵例歸籍充本郡庠性率直無偽飾痛嘗業之不復
殚心竭力積貲贖田任怨詈而不頋諸凡有關于　祖事者尤無不
與吾　父悉心協力焉以上旧誌生康熙丁酉年十月廿六日丑時卒嘉
慶戊午年十二月廿三日酉時塟畬仔頭山坐東向西配浦頭梁氏
諱草官生康熙六十年十一月廿三日亥時卒乾隆戊申年十月十
五日巳時改塟東山脚坐甲向庚兼酉二分生子五桓㤇勃麗悻女
二長親適浦美陳義生次及適長泰溪園張湛官
朗繩瑞次子諱廷彥生康熙五十九年十月初三日亥時卒乾隆四十六

年十二月初六日卯時葬杉仔山后坐庚向甲娶浦西陳氏諱定官
生雍正八年八月十九日卯時卒嘉慶元年十月廿八日寅時葬坂
尾壠园上坐乙向辛兼卯酉生子四使棘浪均女彩適后塘趙家
比繩瑞三子謚元掰生雍正甲辰年十二月初四卯日時卒乾隆乙巳年
四月廿九日卯時葬獅母山應坑园上坐乾向巽兼戌辰娶泰邑山
邊姚氏諱詣官生雍正甲辰年正月十三日吉時卒乾隆庚午年八
月初一日酉時改葬金奎山脚田上坐午向子繼室林氏諱茅官生
雍正八年九月十九日子時卒嘉　　年　　月　　日時
積繩瑞四子生雍正丁未年正月廿三日寅時卒乾隆己丑年六月廿六
日寅時葬赤壠口坎

28

敞衆長子諱廷榮生康熙乙未年八月廿一日卯時卒乾隆庚戌年十月
十四日子時塟白面墓坐丑向未兼艮坤娶赤橋黃氏諱貌官生康
熙丙申年八月初三日子時卒乾隆甲子年八月十二日申時塟白
面墓山坐丑向未生子二全裁繼室張氏諱專官生康熙乙酉年
月　日　時卒乾隆庚子年正月廿八日辰時與公合塟無出
宴衆次子謚義直生康熙戊戌年閏八月初六日巳時卒乾隆乙未年
二月初一日寅時塟獅形㘭坐南向北娶和睦社宋氏諱好官坐雍
正丁未年三月初九日申時卒乾隆丁亥年四月廿三日未時塟獅
毋山脚坐未向丑生子二陣興女品適史院林龐官
降繩緑長子謚元宗生康熙壬寅年二月初四日午時卒乾隆乙卯年五
月二十日酉時塟大帽㘭坐甲向庚兼卯酉配瀛山蔡氏諱隨官生
康熙壬寅年四月廿七日卯時卒嘉慶己未年十一月十三日申時

林氏家譜

葬阮仔山坐坤向艮兼申寅生子四曲川孚奮女二長瑱適浦美陳
淵官次緘適浦南陳究東
伴繩綠次子生雍正丁未年六月十七日酉時卒乾隆丙子年八月十五
日　時葬臺灣娶后塘趙氏諱快官苦節自甘為人所難後窮因無
依適改生子一請女敬適后塘趙潮官
泰繩茂長子謚通理生雍正甲辰年六月十三日卯時卒乾隆丁酉年十
一月廿九日酉時葬獅母山坐子向午兼壬丙娶鰲浦吳氏諱極官
生　年　月　日　時卒嘉慶甲子年五月　日　時
葬　坐　向　生子四時哲邁六出嗣　女孟
千繩茂次子生雍正己酉年正月初三日丑時卒乾隆乙丑年五月廿七
日巳時葬東坂邊鵝項仔坐午向子以兄子六為嗣
聳繩茂三子謚廣賢生雍正己酉年十二月十九日辰時卒乾隆乙卯年
三月十二日丑時葬獅毬仔山坐午向子兼丁癸娶山北蔡氏諱素

官生雍正　年　月　日　時卒嘉慶　年　月　日　時葬　坐　向　生子砥篤女一

皇繩茂四子諡剛直生雍正辛亥年六月廿九日申時卒乾隆庚戌年十
月廿三日巳時葬獅毋山坐壬向丙兼亥巳娶陳氏諱和官生
年　月　日　時卒嘉慶　年　月　日　時葬
坐　向　生子二雕倭女二長平適浦頭梁次適龍徑

享繩茂五子諡敬誠生雍正甲寅年九月十五日寅時卒乾隆辛丑年七
月三十日午時葬浦仔山坐東向西娶渡東李氏生子弁女鳳改節
生子美炳女金適龍坑后董鳳適龍徑

仕繩茂六子諡真朴生乾隆丙辰年七月十八日子時卒乾隆乙巳年八
月初一日卯時葬杉仔山腰坐酉向卯兼辛乙娶方氏改節生子樹女一

慶繩茂七子諡元德生乾隆戊午年九月十四日寅時卒乾隆戊申年六
月十六日午時葬浦仔山坐艮向坤兼寅申娶改適子接女寀適龍徑

陳才長子葬台灣娶梁氏生雍正乙巳年五月廿八日午時卒乾隆四年

碧溪

丙子年二月十一日酉時塟横秋内坐寅向申生子二都賛

周才次子生雍正丁未年十一月廿四日午時卒乾隆丁卯年四月廿二

日未時塟冨林园尾坐寅向甲

求子之子

養壽之子生乾隆三年四月十七日亥時卒乾隆五十三年四月十八日未時塟杉仔山坐丑向未娶（改適）生子彔

或福之子生乾隆甲戌年　月　日　時卒道光癸未年　月　日

時娶龍徑黃氏諱　官生乾隆　年　月　日　時卒道

光　年　月　日　時公塟　坐　向　兼　黄

氏塟　坐　向　兼　生子四詔㐫嚴歪女儉

成振長子生乾隆　年　月　日　時卒　年　月　日　時

塟　坐　向　兼　娶鍾氏諱　官生乾隆　年　月

日卒嘉慶　年　月　日　時塟　坐　向　兼

生子四就羅盛歐女二長適大木李次適石井許

廿

伯爲振次子生乾隆甲子年三月廿五日戌時卒嘉慶六年九月二十日
戌時葬杉仔山坐丑向未兼艮坤娶本社許氏諱　官生子二明巧
女賞適浦頭梁家
英保長子生乾隆丁巳年六月十三日申時卒乾隆戊申年十二月十六
日未時葬洪坑嶺山坐子向午兼癸丁娶詩平林氏諱　官生子六
進拿顯嗣出季妥巍女二長量適長泰西坛戴篸官次適浦頭梁
仍保次子年二十八歲卒于番邦以兄子顯爲嗣
扳保三子生乾隆己巳年正月初二日　時卒乾隆丁未年九月初五日
申時葬洪坑嶺山坐丙向壬兼巳亥娶改　適生女二長柔適何家次
賞適岩仔邊
卿保四子生乾隆甲戌年四月廿四日卯時卒乾隆辛亥年十一月十四
日寅時葬獅形后坐卯向酉兼乙辛
課邦範長子謚敦誠生康熙癸酉年十二月十二日子時卒康熙壬寅年

八月十一日未時瘞坛頭山頂坐丁向癸兼未丑配秦横洋薛氏諱
爾官生康熙甲戌年七月廿四日辰時卒乾隆庚午年七月初十日
未時瘞洪坑嶺祖墓下田墘坐未向丑兼丁癸生子一章文歆適本
社張續官

斐邦範次子謚敦厚生康熙丁丑年六月廿四日巳時卒雍正乙卯年十
二月廿一日巳時瘞吧城東門外新塚配白粧戴氏諱儀官生康熙
丁丑年六月十八日子時卒乾隆乙丑年六月廿四日巳時瘞金雞
山坐巽向乾兼辰戌以族人之子幸爲嗣生女崔適寨頭董邊官

唱邦策子諱廷儀字舜階號参溪少穎悟遵父訓長從遊周祖貽戴苺塘
兩先生咸物色之年三十四以禮記入浦學限於籍坐扣除越明年
入本籍時分五塲考試入兩塲皆提焉三試得廩丁毋艱又十年乃
食餼院試屢拔前矛鄉試兩薦叅三備叅溪之秀士泰之名儒多出
其門性剛直無私曲凡益祖利族之事言無不盡爲無不力當是時

青衿不嗣詩禮就湮嘗業已廢祀事不修　公出而振之鳩衆積公
勵族讀書修祖塋設歲祀不數年間嘗田悉復芹藻聯香而崑山妙
質豐城寶氣方蔚蔚乎其未可量也　祖先欲使　公扶植綱常栽
造後進故其功名坎坷如是然年近古稀志猶未艾安知龍頭之不
終屬老成耶配詩茂康氏諱鸞官欽天監士度公女賜進士孟侯公
之姪孫女也性慈孝嘗值姑疾中夜焚香祝天願減壽與姑人無有
知者生子二郁省女一家適泰邑南門儒士薛際泰以上振瀾原誌
公生康熙四十二年癸未七月廿九日亥時卒乾隆五十二年丁未
八月廿三日戌時享壽八十有五充乾隆癸巳年歲貢葬金奎山之
上坐巽向乾兼辰戌丙辰丙戌分金妣生康熙四十一年壬午三月
初九日巳時卒乾隆四十四年己亥五月十二日未時享壽七十有
八塟橫秋尾大山腰坐壬向丙內子午兼壬丙外壬丙兼　副室
吳氏名桂姐生康熙戊戌年八月十五日午時卒乾隆己巳年五月

初七日未時塟横秋尾壠底大山脚坐壬向丙兼亥巳無出

窓邦棟長子諱楚珩字達四謚顥壬曠達不群府試嘗取拔第二名臨院試得疾勉強進塲不得名鬱〻以死生康熙甲午年十一月十三日申時卒乾隆癸亥年四月三十日辰時塟阮仔山坐巳向亥兼巽乾娶金沙王氏適改生子一初六女一艮適許茂康錦官

嵩邦棟次子早卒無嗣

四九邦棟三子塟番邦

志邦詔長子卒于番邦子一路

柔邦詔次子早卒塟番邦

紀雍之子塟臺灣娶張氏適改生子二林月

雲邦俊長子生雍正壬子年三月十九日寅時卒乾隆乙卯年五月初二日酉時塟阮仔山坐西向東娶林氏生卒失記與公合塟子粱

亭邦俊次子

華

欽邦仲長子生卒考未葬　坐　向　娶梁氏生卒未考葬　坐
向　生子一京女一愛

潔邦仲次子生乾隆　年　月　日　時卒乾隆　年　月
日　時葬　坐　向　兼　娶劉氏改適生子一治

立邦傒子葬番邦娶東磨石盧氏諱　官生子　坑女一省

鞍邦仁子葬台灣

謹邦傒子謹　生乾隆己巳年　月　日　時卒道光　年　月
日　時葬　坐　向　娶浦頭梁氏諱錠官謚
生乾隆　年　月　日　時卒道光　年　月　日
時葬　坐　向　兼　生子三白甜撰

尚得春長子生卒葬考未壽八十餘娶城內程氏諱　官生乾隆　年
月　日　時卒嘉慶　年　月　日　時葬
坐　向　生子賤女招適后塘

桃[illegible]　琴[illegible]

桃得春次子生乾隆丙子年　月　日　時卒嘉慶　年　月

日　時塟　坐　向　生子一　女一

愿芹長子

山芹次子　倶卒塟台湾

和為鵬之子娶　氏生子沐將晋女閃遶洲尾鍾

德為甲之子生乾隆乙酉年八月初二日寅時卒嘉慶三年二月廿四日

寅時塟洪坑嶺口圳上坐甲向庚兼卯酉無娶子異

起榜之子早卒

姜武長子生乾隆辛未年九月廿六日吉時卒嘉慶庚申年十月初五日

辰時塟杉仔山頭坐巳向亥兼巽乾娶遶改子添

希武次子生乾隆三十一年二月廿九日申時卒嘉慶六年五月初九日

戌時塟滿床山坐癸向丁兼丑未無娶子開

蟯得長子生乾隆己亥年　二月初七日申時卒嘉慶庚辰正月初五日

卆

戌時葬寨圍平坐乙向辛兼卯酉娶　氏改適子惡
蟾得次子卒葬番邦配宋氏改適子淮
翙為出長子娶埤頭黄氏諱轉官生子淮出嗣
躍為出次子娶浦頭梁氏諱翠官
暹為出三子娶詩枰林氏諱錫官
目出四子生乾隆癸丑年十月廿二日卯時卒嘉慶己巳年十月十四日
戌時葬杉仔林山尾坐乾向巽兼戌辰未娶子帕
康詺次子娶本社許氏諱　官生子惡出嗣
灶詺長子
輯俊甫長子
疊俊甫次子
樑俊甫二子卒番邦
房俊傑子以上四人俱無嗣

朩

博朝佐長子諱文淵生康熙三十年七月廿九日丑時卒乾隆三十六年
七月初十日亥時葬沈林山坐丁向癸兼午子配柑園林氏諱厚官
生康熙壬午年九月初六日戌時卒乾隆丙午年三月初一日辰時
葬洪坑嶺后坐未向丑兼坤艮生子四繆熊寧盡女一璇適蔵溪頭
陳侃官

相朝佐次子諱文涵生康熙甲戌年八月初十日寅時卒乾隆廿五年閏
六月三十日未時葬獅母山坐坤向艮兼申寅配銀塘陳氏諱省官
生康熙丁酉年正月廿二日巳時卒乾隆壬子年十月廿一日戌時
葬石鼓山尾坐子向午兼癸丁生子三逸牛閏女三長胆適后塘趙
次楚適康山陳三愌適赤橋黃

錫朝俊長子諱天錫字文煥雅重詩書念切祖事萧仇之禍往反榕城不
辭勞瘁迨後積公貲復祭田無不盡心協力其在私房也粒積創置
計公貲不下千餘金皆其所經營創始者惜家資清淡有志莫遂又

性不詭隨往〻為服親所制其忍耻受辱尤人所難：康熙乙亥年正月初四日子時卒乾隆壬辰年十一月初六日午時葬洪坑巔山坐乾向巽兼亥巳配本社鄭氏諱𨚫官生康熙甲申年十月廿七日寅時卒乾隆庚辰年五月初一日未時葬洪坑巔坐乾向巽兼亥巳生子秉女二長眷適霞城黃苞官次環適甘棠墘陳劇官

欽朝俊次子諱天寵字文彩生康熙己丑年十月十六日戌時卒乾隆庚子年二月初十日巳時葬泰地人一里內池山坐乾向巽兼亥巳娶鰲浦吳氏諱綴官生雍正乙巳年十二月十四日卯時卒乾隆甲寅年八月初三日未時葬杉仔山后坐寅向申兼甲庚生子二研砆女三長廩適赤橋黃次雅適泰邑王三佳適寮仔周

温眉叔子諱文和生康熙五十年五月十二日戌時卒乾隆廿三年五月初十日亥時葬洪坑巔坐乾向巽兼亥巳配康氏生康熙五十八年二月二十日吉時卒嘉慶三年六月十四日酉時葬石獨內池坐未

楊氏家譜　　琚　溪

向丑兼丁癸子一嗣
臻躍子生康熙辛夘年十一月十五日丑時卒乾隆十一年七月廿八日
寅時與毋王氏合塟東洋山坐　向　無嗣
種飛長子生康熙甲午年十一月廿七日亥時卒乾隆辛丑年七月初九
日酉時塟湍床山坐戌向辰娶龍營陳氏生雍正辛亥年四月初一
日吉時卒乾隆庚辰年九月廿七日子時塟石鼓尾園工坐乾向巽
生子二汝賤
攘飛次子生康熙庚子年五月廿六日辰時卒嘉慶庚申年三月十七日
未時塟尹壠山坐壬向丙兼子午娶龍徑林氏早卒生雍正甲寅年十
一月廿九日申時卒乾隆戊寅年七月廿八日申時塟杉仔山后坐
向　生子一若
荐有長子卒番邦無嗣
運有次子生康熙辛未年五月初十日丑時卒雍正乙巳年十一月十五

訓

日戌時葬番邦娶戴氏生康熙丙子年十二月廿三日時卒乾隆乙
未年十一月廿五日辰時葬杉仔山坐卯向酉兼乙辛生子三追權
對女深適龍營陳
盾有三子卒番邦無嗣
番有四子卒葬番邦娶海澄縣浦頭陳氏諱詰官生子一文任海澄
嚴樵長子諱廷馨生康熙癸酉年十二月二十日寅時卒乾隆丙子年八
月廿七日午時葬洪坑嶺坐艮向坤配趙氏諱湿官生康熙乙亥年
十月廿九日亥時卒雍正壬子年十二月初二日酉時葬洪坑嶺下
坐壬向丙生女二長學適芹霞宋次愴適福清林以房姪錢為嗣繼
室林氏諱獸官生子二丁柿女一用適赤橋黄
督樵次子生康熙庚辰年七月初六日戌時卒雍正六年十月十四日戌
時葬杉仔山坐亥向巳子一旺
月椪長子生康熙甲申年十一月初一日辰時卒雍正三年七月三十日

林氏家譜　[illegible]

寅時葬東坂邊坐丁向癸兼午子以三弟之子裕為嗣
照抜次子生康熙戊子年三月廿九日巳時卒乾隆甲子年七月廿七日
亥時葬橋頭浦园坐丙向壬外坐巳向亥兼丙壬娶坡頭黃氏諱右
官生康熙甲午年正月初十日午時卒乾隆己未年三月十七日午
時葬洪坑嶺亭前坐艮向坤兼寅申繼室山后徐氏諱應官生子一
怙
光抜三子生康熙壬辰年正月廿三日寅時卒乾隆庚子年正月初三日
子時葬尹壠尾山坐酉向卯兼庚甲娶金沙王氏諱玭官生康熙六
十一年壬寅七月廿四日吉時卒乾隆六十年乙卯十月廿三日酉
時葬横秋尾坐辰向戌兼乙辛生子二狗裕出嗣　女偕適蓬萊鄭
日爾之子住番邦
田幼長子無嗣
段幼次子生康熙甲午年正月初六日未時卒乾隆戊戌寅三月廿二日

未時葬杉仔山坐丑向未兼癸丁娶呂氏諱得官生雍正己酉年九
月廿七日未時卒乾隆辛巳年二月初二日辰時葬杉仔山后坐午
向子兼丁癸生子胡又以姊子煥為長子繼室林氏諱芽官生雍正
壬子年七月初一日卒乾隆丙戌年七月十三日葬杉仔山后崙田
墘坐卯向酉兼甲庚

旋瑚長子無嗣

雙喜瑚次子葬烏礁娶郭氏改適無嗣

角萇長子諱廷英謚敦睦生康熙乙酉年八月廿二日亥時卒乾隆丙午
年十一月十五日戌時娶盧營陳氏諱早官生康熙丙戌年十二月
廿五日子時卒乾隆己卯年七月十七日子時與公合葬洪坑嶺内
中崙坐癸向丁兼子午生子四先認榛沙女一勸適金沙陳東官

亢萇次子生康熙乙未年十二月廿八日亥時卒乾隆乙酉年十月初三
日戌時葬洪坑嶺坐壬向丙兼子午娶詩平林氏諱戴官生康熙戊

楊氏家譜

戌年八月廿二日亥時卒乾隆乙巳年八月初十日寅時葬下庵山
大崙下左崙坐癸向丁兼丑未生子三紅淑簡女三長乙適銅青陳
旋官次招適陂頭武庠黃贊官三榮適泰邑董溪頭庠生董廷選
族
士英長子生康熙乙酉年十二月　日巳時卒乾隆丁酉年九月初五
日巳時葬滿床山坐亥向巳兼壬丙娶寮頭方氏諱在官生康熙庚
寅年七月十九日酉時卒乾隆戊辰年二月廿五日巳時葬寨圍山
脚坐乙向辛生子一迎女二長蚊適泰山仔張苞官次罔適龍徑黃
萬士英次子生康熙丁亥年卒乾隆　卯年葬杉仔山后無嗣
衍士英三子生康熙戊戌年四月十九日吉時卒乾隆己酉年七月初一
日申時葬洪坑嶺坐丙向壬兼巳亥娶渡東黃氏生雍正壬子年正
月十三日寅時卒乾隆丁未年九月十六日酉時葬杉仔山坐癸向
丁兼子午生子二伊瓦
台為香長子生雍正元年癸卯六月十八日申時卒乾隆辛亥年五月廿

卒

一日辰時塟尹壠山坐癸向丁兼子午娶松洲鍾氏諱嘆官生雍正
己酉年八月初八日亥時卒嘉慶癸亥年三月初八日寅時塟東洋
山坐辰向戌兼乙辛生子五燕契閑每天女一然適浦南圩鄭淮泗
快為香次子生雍正戊申年二月初三日巳時卒乾隆丙戌年六月二十
日午時塟杉仔山后坐辰向戌娶溪環　氏生　年　月
日　時卒嘉慶　年　月　日　時塟　坐　向
生子鞍齊
劉香三子生雍正癸丑年　月　日　時卒乾隆庚子年十二月廿五
日卯時塟杉仔山坐　向　娶班山劉氏生乾隆庚申年八月十一
日寅時卒乾隆庚寅年七月廿七日寅時塟尹壠口山坐巽向乾兼
辰戌生子體女一適　繼室　氏諱綉娘生乾隆庚申年七月
十一日吉時卒乾隆丙申年七月十一日寅時塟青丫林坐丙向壬
兼巳亥生子驕又子衆

楊氏家譜　　[illegible]

鍾爲雛長子生雍正丙午年六月十三日亥時卒乾隆乙未年七月初十
日未時塟新倉林坐卯向酉娶寨坂林氏生子菊齊出嗣
猷雛次子生雍正辛亥年三月十三日丑時卒嘉慶癸亥年七月廿八日
子時塟洪坑嶺坐亥向巳兼乾巽娶盧氏生乾隆已未年二月十七
日戌時卒嘉慶壬戌年正月廿八日辰時塟應坑后山園坐申向寅
兼庚甲生子二潛夢女二長适浦頭梁次适

補管長子
恩管次子俱無嗣
武文槐長子生康熙乙卯年八月十四日戌時卒康熙甲戌年九月初八
日未時塟東坂邊坐乙向辛無嗣
殿文槐次子諱士竒生康熙辛酉年五月十七日巳時卒康熙丁酉年七
月初十日亥時塟洪坑嶺坐癸向丁兼子午配緑江李氏諱蔭官生
康熙甲子年正月廿五日卯時卒乾隆已巳年六月初五日未時塟

洪坑嶺坐癸向丁兼子午生子三金綵竹女一光適鰓塘趙福官
節文槐三子諱士志謚敦確生康熙己巳年正月廿五日巳時卒乾隆癸
巳年十月廿九日寅時塟東坂邊山天后宮之左坐癸向丁兼子午
配玉蘭坂黃氏諱徽官謚溫惠生康熙三十二年癸酉九月十一日
子時卒乾隆三十五年庚寅八月廿四日卯時與公合塟生子四夏
軒化芬女一淡適坑尾呂紀官
建篆之子諱立勳生康熙丙辰年八月廿九日午時卒乾隆庚辰年二月
初十日卯時塟下庵山坐辛向乙兼酉卯娶寨坂林氏諱昭官生康
熙壬戌年三月十七日丑時卒乾隆庚辰年正月初八日未時塟金
雞崙坐巳向亥兼巽乾生子五篇匡苗茅威女二長笑適后坑林詳
官次欣適岙口莊壽官
榮愷之子無嗣
燦邦樑長子諱鳴鵬生康熙甲戌年七月初一日子時卒雍正壬子年二

月初五日申時塟番邦娶玉蘭坂黄氏諱祥官生康熙甲戌年二月
二十日亥時卒雍正丙午年四月十七日午時塟杉仔山后尹壠口
坐巳向亥兼丙壬生子一注女一憓適龍徑陳藹官
悦邦様次子諱鳴鶴字君喜切於為祖黄仇之禍甘受苦刑生康熙丁丑
年三月十九日申時卒乾隆丙辰年二月廿四日子時塟吴前山腰
坐乙向辛兼卯酉外坐卯向酉兼乙辛配坑美吕氏諱玉官生康熙
丙子年五月廿一日酉時卒　　年　月　日　時塟
坐　向　兼　生子二滚洞女一灘適榜頭昌欣舍賜進士天
錦功婿
壮志之子諱希周謚純弘生康熙戊辰年五月廿六日丑時卒雍正癸丑
年九月廿二日酉時塟番邦娶銀塘趙氏諱白官生康熙辛未年十
二月十五日亥時卒雍正癸卯年九月初四日酉時塟風仔尾山坐
丙向壬兼午子生子二綵綸女一曁適寮仔周祖

卒

言審之子生康熙壬申年月日時失卒乾隆甲戌年七月初八日巳時塟
洪坑嶺嵜脚坐戌向辰娶林氏諱欵官生康熙辛巳年二月初七日
辰時卒乾隆庚子年七月初一日酉時塟獅母山坐辰向戌兼乙辛
生子四暢景維任女二長畏適本社鄭奪官次葉適龍徑林訓官

佳為準長子生雍正三年為祖山與仇械鬪擬流廣東濂州合浦縣因立
春焉

教準次子謚朴直生康熙丙戌年十月十九日子時卒乾隆丙申年十月
三十日子時塟洪坑嶺后坐辰向戌兼乙辛娶泰之上獅林氏諱貺
官生康熙乙酉年十二月十二日酉時卒乾隆丁酉年十二月廿一
日辰時塟鼠仔尾山坐坤向艮兼未丑生子四侍遂錢出嗣甤女一束
適泰

耀準三子娶　氏週年而氏殁遂移居臺灣

閔準四子

鎔準五子 俱住臺湾

堂孕長子 外居

孕次子 外居

國賈之子娶

潭閣長子卒葬番邦娶横山林氏諱宣官生康熙戊戌年正月十七日亥

時卒乾隆癸亥年六月十七日卯時葬洪坑嶺坐甲向庚兼寅申生

女一 益 無嗣

三閣三子

四閣四子

炎蘭之子

石崇長子卒葬番邦

啟崇次子卒葬番邦 以上俱無嗣

煖崇三子生康熙丙申年八月初一日巳時卒乾隆丙辰年十月十六日

竿

酉時塟應坑后坐坤向艮兼申寅 無嗣
傑崇四子移居龍徑社 娶李氏生卒塟俱無考生子二奢洞
程新之子生康熙年月卒塟失記娶横山李氏諱貽官亦失記生子二銳帖
琛石鄰長子生康熙辛卯年四月十六日丑時卒乾隆丁亥年八月初三
日午時塟洪坑嶺下坐癸向丁兼子午娶遷改生 女賴遣崩溪梁以堂
姪匣為子
堂石鄰次子 移居台湾
普石峻長子生康熙己亥年四月初五日未時卒乾隆甲子年二月廿四
日戌時塟獅形后寨山坐甲向庚兼卯酉娶遷改生 女想遣后塘趙以
姪埒為子
乹石峻次子生康熙辛丑年十二月初十日戌時卒乾隆丙戌年十一月
初五日酉時塟寨園山坐乙向辛兼卯酉娶山頂陳氏諱早官卒塟台湾
生子四埒出嗣 遐損焚女一明遣浦頭梁暢官

烈石峻三子

東石居長子生康熙庚子年六月十二日辰時卒乾隆庚寅年三月廿一日未時葬東坂邊改葬坐向未詳娶樵前林氏諱恰官生雍正癸卯年月日失記卒嘉慶甲子年月日葬未詳生子四舜哭出嗣棕匣出嗣女一適銀塘趙

鐘石居次子生雍正丙午年十一月初七日酉時卒乾隆己卯年九月十八日寅時葬獅形山坐午向子道光年間豎碑題管籥楊公改丁癸兼午子娶康山陳氏諱貌官青年孀居矢志靡他其婦德更有可稱謚貞壽生雍正辛亥年十月初十日子時卒嘉慶二十年十一月初六日丑時葬獅形山道光十三年九月用金罐遷葬洪坑嶺后第二崙腳田仔邊坐丁向癸兼未丑庚午庚子分金生子一旋女一忍適松洲鍾家

亮石居三子生雍正己酉年月日時失記塟臺灣娶銀塘趙氏生雍正十三年十二月廿九日未時卒乾隆三十六年三月十八日辰時塟獅形前外圹山坐癸向丁兼丑未生子一 渺出嗣

坎石居四子諱大鶴字伯水生雍正壬子年月日時失記卒乾隆年失十二月初三日時失塟番邦以姪女之子酬爲孫

踏元長子卒于番邦 無嗣

臨元次子生康熙辛丑年八月廿五日申時卒乾隆戊戌年五月初二日未時塟獅形山坐北向南娶林垙陳氏諱喜官生雍正庚戌年九月廿五日寅時卒乾隆丁酉年八月十八日寅時 無出 與夫合塟以從子冥爲子

浮元三子生雍正丁未年七月十八日未時卒乾隆庚午年九月廿七日酉時塟獅形祖墓左邊坐癸向丁無嗣

達眼長子諱尊三生雍正乙巳年八月初七日丑時卒乾隆丙午年十月

廿八日未時塟杉仔山后坐巳向亥兼巽乾娶牛路鄭氏諱畏官生
雍正乙卯年正月初一日巳時卒嘉慶庚申年十月十六日子時塟
尹壠山坐乙向辛兼卯酉子渺香

政眼次子生雍正戊申年十月吉日申時卒乾隆丙申八月廿七日申時
塟坛頭山坐西向東娶芳州郭氏諱井官生雍正乙卯年十二月廿
四日巳時卒乾隆辛丑年八月十五日申時塟寨圍洪坑嶺坐亥向
巳兼乾巽生子助脉

端創長子生乾隆廿四年六月初三日子時卒乾隆六十年十月初四日
午時塟犁壁金頂后园坐午向子兼癸丁娶董氏(改適)生子一憨

馬創次子生乾隆　年　月　日　時卒嘉慶　年　月　日
時塟　坐　向

周陳長子娶寮仔周氏諱隆官生乾隆　年　月　日　時卒嘉慶
年　月　日　時塟　坐　向　兼　生子一洒

卦

淵光之子

約富子生康熙丁亥年十一月十一日寅時卒乾隆甲申年六月初九日
丑時塟獅形山坐癸向丁兼子午無嗣

到和長子生康熙　年　月　日　時卒乾隆　年　月　日
時塟赤山仔坐　向　兼　無娶子二壁国興

營和次子生康熙丁酉年十月十一日卒乾隆戊辰年八月十九日巳時
塟杉仔山后

秘和三子志雅行純生　年　月　日　時卒乾隆　年
月　日　時塟　坐　向　娶泰甘棠墘陳氏諱奪官早逝生
乾隆丙辰年七月初九日午時卒乾隆辛巳年十月十七日申時塟
赤岩山坐艮向坤

籃寶長子無嗣

京寶次子

東仁之子居臺湾生雍正八年十一月廿六日酉時娶台湾蔡氏名宋官
生雍正十三年四月十八日未時漳泉之变東為泉民所殺餘皆無
恙生子三長連次天球三天賜俱居台湾
祖縣長子生　年　月　日　時卒乾隆　年月日
時葬　坐　向　娶龍營陳氏生　年月日
時卒乾隆　年　月　日　時葬　坐　向　生子一
排女一
降縣次子早卒
愷文之子生康熙庚辰年十一月初四日巳時卒乾隆十年正月十四日
酉時葬未詳娶宋氏改適無嗣
緩〻之子無嗣
扶振長子住台湾
揖振次子無嗣

趙振三子 無嗣

性宗長子生康熙甲午年六月初十日卯時卒乾隆十八年三月廿八日

塟阮仔山 娶張氏 改適無嗣

助宗次丿 無嗣

則宗三一 ⼆台湾

女 氏生子二乾隆己丑年偕其母移居台湾

江台湾

也

碧溪

二張

輔權四子娶渡頭黃氏諱貞官生乾隆　年　月　日　時卒嘉慶
年　月　日　時塟　坐　向　子鑣繼室　氏諱
官生子一
壽權五子
煉澤長子早卒
令澤次子早卒
泉澤三子
桂澤四子
踏澤五子
結鑽之子
七之子
眷迎長子諱大受謚乃西生康熙戊戌年七月初七日吉時卒乾隆癸卯
年六十七月日寅時塟冀箕湖坐癸向丁兼子午娶霞城徐氏諱在官

生雍正甲辰年八月十二日酉時卒乾隆辛丑年七月十七日巳時
塟鳳形山坐乾向巽兼戌辰子二顯應
暨迎次子生康熙辛丑年二月廿五日戌時卒乾隆甲申年六月十四日
申時塟鳳形邊坐乾向巽娶厦門吳氏生雍正甲辰年十一月初九
日酉時卒乾隆辛丑年十月十六日巳時塟舉人林蛇仔形坐丑向
未兼艮坤生子二秦昇女一霜適芹霞宗聘官
普迎三子諡昭成生雍正丁未年四月初九日未時卒乾隆乙卯年二月
初九日酉時塟舉人林祖媽墓邊中畚坐艮向坤兼寅申娶寨頭蔡
氏生　年　月　日　時卒嘉慶　年　月　日
時子二蔡約
贊迎四子生乾隆庚申年五月十二日亥時卒乾隆[illegible]卯年七月十三日
酉時塟觀石尾路下坐庚向甲無嗣
長為提長子早卒

之
孫

表提次子諱振正謚　生雍正己酉年　月　日　時卒嘉慶
年　月　日　時遷葬東山邊坐　向　兼　娶前浦林氏逝
生雍正甲寅年卒乾隆甲申年十八月廿九日巳時葬白面墓山改葬
蛇仔形坐　向　兼　生女二長幼適浦頭梁晋官次景適銀塘
趙家副室林氏名春桃生乾隆　年　月　日　時卒嘉慶廿
年　月　日　時葬三公墓邊園坐　向　兼　生于三瀨比
淡
水淑子謚純直生康熙己亥年九月十二日午時卒乾隆甲午年九月廿
一日巳時葬觀石尾坐寅向申兼甲庚娶郭氏逝生康熙壬寅年十
二月十七日巳時卒乾隆乙酉年四月廿八日巳時葬杉仔山坐巽
向乾生于三懿強蔡嗣出女一此
朝純長子謚熙烈生雍正庚戌年二月廿一日子時卒乾隆庚子年三月
十七日未時葬浦仔山坐壬向丙兼亥巳娶大帽后許氏諱姜官生

楊氏四人譜　　碧　溪

林氏宗譜

乾隆壬戌年八月廿五日酉時卒嘉慶庚申年六月廿九日辰時塟
東洋崎邊坐艮向坤兼丑未生子二茂老女三長適渡東黃次適浦
梁三適溪環林又以胞姪梅為嗣
益純次子諱振爵諡瑞徽生雍正癸丑年十二月十四日子時卒乾隆辛
亥年二月初四日卯時塟大帽后山坐甲向庚兼寅申娶芹霞宗氏
諱選官生乾隆　年　月　日　時卒嘉慶　年　月
日　時塟　坐　向　生子四元霞岳梅嗣出女一兄適泰塗楼
寨庠生蔡
再朱長子諡斯可生雍正辛亥年　月　日時失卒乾隆乙卯年又二月廿三日
未時塟寮仔崎山坐辰向戌兼乙辛娶本社張氏薛時官生雍正辛
亥年十二月廿八日寅時卒乾隆申甲年十月廿九日巳時塟寨山
坐癸向丁兼子午生子二豢僚女一
常朱次子生雍正甲寅年正月初四日子時卒乾隆丁酉年九月初七日

子時塟白面墓坐甲向庚兼寅申　無嗣
玭朱三子生乾隆己未年正月十一日亥時卒乾隆丁未年四月廿五日
未時塟華對娶宋氏生乾隆六年四月廿四日巳時卒乾隆五十二
年十月初八日戌時塟吴陂湖仔底坐　向　生子二抛丑
扛朱四子塟仙石尾　無嗣
已朱五子
妍奕長子生乾隆戊午年月日時　失卒乾隆戊申年六月初五日午時塟
白而墓坐亥向巳兼壬丙娶渡頭黄氏生乾隆己未年十月十一日
未時卒乾隆癸丑年十月二十日丑時塟白面墓下坐亥向巳兼乾
巽生子一葵
象奕次子生乾隆乙丑年十月初九日酉時卒乾隆辛丑年五月廿七日
巳時塟師毋山　無嗣
西文長子娶香洲廖氏諱㦤官　生乾隆甲子年八月初五日亥時卒乾隆

[illegible]

丁酉年九月初九日未時

威文次子諡侃直生乾隆甲子年八月廿三日午時卒乾隆癸丑年八月

初三日塟寮仔崎山坐丙向壬兼午子娶浦頭梁氏諱粹官生乾隆

年　月　日　時卒嘉慶廿三年　月　日　時塟

坐　向　生子三字孝宗女二長適前浦林次適赤橋黃

洋鰠長子生乾隆己未年塟番邦娶秦坂林氏諱蒼官生乾隆壬戌年九

月初九日寅時卒乾隆五十三年十一月初九日子時諡慈惠塟浦

仔山坐丑向未兼癸丁生子二秋外

轉鰠次子生乾隆壬戌年五月廿九日戌時卒乾隆庚子年四月　丁九日

辰時塟水吼仔山坐丙向壬兼巳亥娶霞城許氏諱蔭官生子四汲

寔約出嗣汐

足改之子以從姪敲為子

福

孝順長子塟台灣
總順次子娶姚氏遺改子滚
儔順三子生乾隆戊寅年　月　日　時卒嘉慶　年　月　日
時塟　坐　向　以堂姪官為子
眠順四子早卒
咏順五子生乾隆辛巳年　月　日　時卒嘉慶庚辰年　月　日
時塟　坐　向　娶山邊梁氏諱勸官
富掌長子生乾隆庚辰年　月　日　時卒嘉慶　年　月　日
時塟　坐　向　娶園坑林氏諱英官生乾隆　年
日卒嘉慶　年　月　日　時塟　坐　向　生子
四　滄官嗣出　柱敲俱出嗣
容掌次子生乾隆甲申年正月廿六日辰時卒嘉慶丁巳年八月三十日
午時塟吳　前山坐北向南丙寅分金

卷八　世系錄　廿六世

楊氏家譜　　碧湖

江掌三子生乾隆　年　月　日　時卒嘉慶　年　月　日

　時塟　坐　向　以姪枉為子

背奪長子

徒奪次子

蕙湛長子

葉湛次子　四人俱無嗣

舄聽之子

山敲之子　無嗣

心位長子

貳位次子塟他鄉

熊匹之子娶本社黃氏諱益官生子儒畓

胆勇之子

遺廣長子

六

翰廣次子娶国坑林氏諱　官生子甜
吝為院之子生乾隆　年　月　日　時卒嘉慶庚辰年　月
日　時塟　坐　向兼　娶　氏諱　官生子二添壽
巷向長子生乾隆乙酉年十二月初二日丑時卒乾隆戊戌年八月廿四
日酉時塟洪坑嶺坐丙向壬兼午子
晚向次子娶　氏諱　官生子膾
魚向三子早卒
簇向四子早卒
旦盼之子娶　氏
卯瑞長子
衫瑞次子
乾瑞三子
壬興長子生乾隆二十年六月十七日寅時卒嘉慶六年二月十六日卯

卷八世系録　廿六世

時葬獅母山坐西南向東北

傳興次子早卒

泉梁之子

衫武二長子娶　氏生子深

奎武二次子早卒

訝廷機長子諱振穆生乾隆辛酉年六月十八日辰時卒乾隆辛亥年十一月初二日巳時遷葬赤山仔坐丑向未兼艮坤娶浦頭梁氏諱妍官生乾隆丙寅年正月廿四日酉時卒嘉慶庚申年十一月十五日酉時遷葬羅經穴山坐艮向坤兼寅申生子六漱景話嗣拙盖歲冬

貽廷機次子諱振謀生乾隆丙寅年十一月二十日酉時卒乾隆辛卯年正月初九日亥時葬獅形后坐巽向乾兼辰戌娶宗氏改適以長兄第三子話為嗣

鎮廷機三子生乾隆庚午年九月廿二日亥時卒乾隆癸卯年九月十三

日戌時塟新倉林山坐乙向辛兼卯酉娶后塘趙氏諱遠官生乾隆
乙亥年九月廿五日辰時卒嘉慶己未年十一月廿一日亥時與夫
合塟生子二桐培　出嗣女一埒適詹㥁官

藕廷機四子生乾隆丙子年月日時　失　卒乾隆己丑年八月十二日巳時
塟東坂邊山脚坐丁向癸兼午子以三凡次子培為嗣

登昆長子生乾隆庚申年閏六月廿四日丑時卒乾隆己丑年十月廿八
日戌時塟洪坑嶺坐艮向坤娶何氏　改適　子一義女限適

悦為昆次子生乾隆辛未年五月二十日酉時卒嘉慶庚申年閏四月初
二日未時塟湍床山坐辰向戌兼巽乾娶流崗王氏諱品官生子二
山蔣女二長適赤橋黄𭘾官次招適本社鄭来生王氏生乾隆
年　月　日　時卒　年　月　日　時塟　坐
向　　　無

帯昆三子生乾隆　年　月　日　時卒　年　月　日

君　浮

時瘞　坐　向　兼　娶渡東黃氏諱格官生乾隆
年　日　時卒　年　月　日　時瘞
坐　向　生子三集其混
雨椿之子謚　生乾隆　年　月　日　時卒　年
日　時瘞赤山仔坐　向　兼　娶大帽后許氏諱曲官生乾隆
丁　年十月十九日子時卒嘉慶戊寅年六月廿八日辰時瘞橫山
坐辛向乙兼酉卯生子畧儘女三畏適龍徑林次適松洲鍾三適銀
塘趙
鶴標長子生乾隆　年　月　日　時卒嘉慶　年　月　日
時瘞　坐　向娶浦頭梁氏諱麥官生乾隆丙寅年月日時
供穴卒乾隆甲辰年三月初五日未時瘞白面墓湖尾坐酉向卯
兼辛乙生子四江潭樵央繼室陳氏諱　官生乾隆　年　月
日　時卒　年　月　日　時瘞　坐　向　兼

生子三葉觸員

徹標次生乾隆　年　月　日　時卒　年　月　日

時葬　坐　向　兼　娶浦頭梁氏諱敎官生乾隆　年

月　日　時卒嘉慶　年　月　日　時葬　坐

向　兼　子一稗　女二長適洲尾鍾次適后塘趙

荼黨長子生乾隆己巳年　月　日　時卒嘉慶　年　月　日

時葬　坐　向　兼　娶寮頭方氏諱忸官生乾隆十四

年六月廿九日巳時卒乾隆五十九年七月初八日午時葬白面墓

山尾坐戌向辰兼乾巽生子五灘對炎尾藍出嗣　女一恚適寨坂林

鏃官繼室　氏

巢黨次子生乾隆甲戌年十一月十四日丑時卒嘉慶元年八月廿六日

巳時葬白面墓山坐乾向巽兼亥巳娶梁氏生子寨笛出嗣　女巧適

何家改嫁生子深

佩黨三子生乾隆戊寅年十二月初六日寅時卒嘉慶己未年七月十八日酉時葬油鞍山湖坐午向子兼癸丁娶黃道坑曾氏諱梭官生乾隆　年　月　日　時卒道光　年　月　日　時葬　坐　向　兼　生子三漆宣沸出嗣

軌黨四子生乾隆辛巳年十一月十七日未時卒乾隆丙午年十月初九日戌時葬水磨坑山坐申向寅兼庚甲娶李氏　改適生女　適坑尾呂家以胞姪藍笛沸為嗣

忽火長子諱　謚　生乾隆丙子年八月初二日巳　時卒道光五年十一月初六日未時葬吳前山坐艮向坤兼丑未娶浦西陳氏諱令官謚　生乾隆辛巳年三月廿六日酉時卒道光癸未年八月廿五日子時與夫合葬吳前山生子三櫟約鋪

徵火次子諱　謚　生乾隆庚辰年　月　日　時卒道光　年　月　日　時葬　坐　向　兼　娶龍徑林氏諱

九

官謚　生乾隆　年　月　日　時卒道光十九年　月
日時葬　坐　向　兼　生子六爕脉塢礡薦咸女嵩
遣佷塘趙妙官

敎火三子謚　生乾隆乙酉年九月廿五日卯時卒乾隆甲寅年十二月
廿二日子時葬洪坑嶺崙坐亥向巳兼壬丙娶洞青陳氏諱節官生
子二晝熙

疊火四子謚振興生乾隆庚寅年九月廿二日午時卒道光二十年四月
廿六日申時葬獅母山坐坤向艮兼申寅娶和睦社宋氏諱盡官生
乾隆庚寅年四月十二日午時卒嘉慶丙寅年正月初四日戌時葬
石崎頂坐寅向申兼甲庚子佾稍繼室張氏諱甚官生乾隆庚子年
六月初一日巳時卒嘉慶戊辰年三月廿三日巳時葬相林山頂坐
戌向辰兼辛乙繼室洛濱鄭氏諱　官生子二惠

軟火五子謚　生乾隆癸巳年九月十九日寅時卒嘉慶癸亥年七月

初二日　戌時塟宋林　崎尾园坐乹向巽兼亥巳娶銀塘趙氏諱嗟官生
乾隆　年　月　日　時卒　　年　月　日　時塟
　坐　向　兼　生子一沃
桓得水長子諡良玉生乾隆丙寅年二月廿一日寅時卒乹隆乙未年十
二月廿四日辰時塟東山邊坐卯向酉兼甲庚娶黄氏改適以胞姪
　焯汃為嗣
垙得水次子諡　　生乾隆戊辰年八月初二日辰時卒嘉慶丙辰年十
一月初七日　時塟東山坐　向　兼　娶陳氏諱祝官生乾隆
乙亥年六月十九日　時卒嘉慶戊午年十月十九日亥時塟和尚
山坐丙向壬兼巳亥生子四峭焯出嗣桱亂女一得適溪環張家副
　室名米花生工劍又子乘明水
勃得水三子諡　　生乾隆癸酉年　月　日　時卒道光　年　月
日　時塟　坐　向　兼　娶溪园張氏諱地官生乾

十

隆　年　月　日　時卒道光　年　月　日　時謚

塟　坐　向　兼　生子三名汃出嗣陷

麗得水四子謚　生乾隆丁丑年　月　日　時卒道光巳亥年二

月　日　時塟　坐　向　兼　娶青安蔡氏諱剣官生

乾隆三十二年九月初三日未時卒嘉慶四年五月初十日巳時塟

獅形山右邊坐北向南生子二休崖繼室黃氏無出

㭬得水五子諱直字立人謚英敏胆智異人充邑庠生惜為壽所限莫酬

志願生乾隆壬午年九月初九日辰時卒嘉慶壬戌年八月十三日

寅時塟畲仔頭坐卯向酉娶王氏諱廣官謚　生乾隆　年

月　日　時卒道光　年　月　日　時塟　坐

生子二重岐女一適泰邑

便朗長子謚　生乾隆　年　月　日　時卒嘉慶　年　月

日　時塟　坐　向　兼　娶盧氏諱　官生子二欉

世系錄　廿八世

碧　溪

籸音(下平)女一珠適寨坂林家

㯙朗次子生乾隆　年　月　日　時卒嘉慶　年　月　日

時塟　坐　向　娶浦頭梁氏諱　官生乾隆　年　月

日　時卒嘉慶　年　月　日　時塟　坐　向

生女一適潭口趙家

浪朗三子生乾隆　年　月　日　時卒嘉慶　年　月　日

時塟　坐　向　無娶

均朗四子謚　生乾隆　年　月　日　時卒道光　年　月

日　時塟　坐　向　兼　娶溪园張氏諱金官謚

生　年　月　日　時卒　年　月　日

時塟　坐　向　兼　生子一篡

錢地長子謚　生乾隆甲戌年　月　日　時卒嘉慶　年　月

日　時塟　坐　向　兼　娶瓜塘陳氏諱貌官　乾隆

裁厰次子諱振智謚　生乾隆辛酉年九月廿一日子時卒嘉慶丙子年十一月十六日巳時塟水吼仔山坐東向西兼辛卯辛酉分金娶詩平林氏諱喜官生乾隆己未年十二月十一日子時卒嘉慶甲戌年六月初一日寅時塟水吼仔坐艮向坤辛丑辛未分金生子一堅

陣宴長子謚　生乾隆　年　月　日　時塟　坐　向　兼　娶本社曾氏諱紗官生乾隆　年　月　日　時卒嘉慶　月　日　時塟　坐　向　生子四維朮出嗣汪出嗣春女一參適山后胡

奭宴次子生乾隆　年　月　日　時卒嘉慶　年　月　日　時塟　坐　向　子朮

曲降長子生乾隆乙丑年正月初一日亥時卒乾隆己丑年二月廿七日申時塟洪坑嶺坐癸向丁兼丑未娶改適子俵

川降次子謚　生乾隆丙寅年十二月廿二日丑時卒乾隆丙午年閏

七月廿八日丑時葬石崎頂坐辛向乙兼酉卯娶詩平林氏諱凤官

生乾隆　年　月　日　時卒道光　年　月　日　時

葬　坐　向　兼　生子二旺俵出嗣女一良适詩平林

孕降三子謚　生乾隆戊寅年　月　日　時卒嘉慶　年　月

日時　遷葬油鞍山頂坐　向　兼　娶渡東許氏諱湛官

生子二嘴馮出嗣女三長适竹仔圍黄次适赤橋黄三适梧蒼烏垢蒋

家嘴後改作水

奮降四子生乾隆壬午年十月二十日丑時卒乾隆庚子年七月廿八日

丑時葬阮仔山坐酉向卯兼庚甲子馮

請伴之子無嗣

時泰長子生乾隆戊寅年十一月初七日亥時嘉慶壬戌年六月初一日亥

時卒葬阮仔山坐酉向卯兼庚甲子秧

哲泰次子生乾隆　年　月　日　時卒

接 為慶之子

都 陳長子　贊 陳次子 俱卒葬台灣　篆 養之子 早卒

詔 或長子

尾 或次子娶史院林氏諱　官生子

嚴 或三子

歪 或四子 早卒

訖 成長子諡　生乾隆　年　月　日　時卒嘉慶　年

日　時葬　坐　向　娶蔣氏節改生子走德杯女二長

適赤橋黄次幼適銀塘趙偃官

羅 成次子

盞 成三子　甌 成四子 俱早卒

明 伯長子娶姚氏諱艮官生

年　月　日　時卒

年　月　日　時葬　坐　向　生子三抄鞭

和 日貴、壽 孝 源

巧伯次子謚 生乾隆 年 月 日 時卒道光十九年 月

日 時葬 坐 向 娶赤橋黃氏諱斟官生子布 女

進英長子 生乾隆癸未年 月 日 時 坐 向 娶改適子洞

辛嘉慶 年 月 日 時葬

拿英次子 生乾隆乙酉年 月 日 時 坐 向 娶改適生子親鮮洞

卒嘉慶 年 月 日 時葬

季英三子

妥英四子

嶷覞英五子

顯仍之子

章隸之子生康熙丁酉年十月初二日子時卒乾隆丁卯年七月初四日

申時葬獅形右角坐乙向辛兼卯酉娶胡氏改適子二木奔

韋斐之子謚 生雍正 年 月 日 時卒乾隆 年

月 日 時葬芋林尾坐 向 娶安海王氏諱佳官生

卒

年　月　日　時卒　年　月　日　時塟

坐向　薰　生子三第道奔出嗣女二長恕適粧灶陳次適渡東茅家

郁廷儀長子諱振北字蓟山一字少豪號玳谷英敏絕倫淹博群書甫弱冠即見知于　冠山吳督學壯年食餼每值科歲試輙奪幟冠軍才名與吾　師並重儕輩中至比為蘇家父子云中間秋闈備卷薦卷雖屢賞議而竟不獲一售何其數之奇耶乙巳春例充　恩歲貢克娛吾　師老境蓋亦庭除罕覯之遇也生平未嘗疾言遽色臨事懸決成敗無毫髮爽為宗族所倚重手著有四書典要歷代列國世譜兩集藏于家所欵授生徒類多知名士令嗣君一士復見知于督學鹿泉　趙公亦足徵其家學淵源有自矣嗚呼予於　先生忝屬世誼親炙有年故用能約舉其行畧以誌不忘云爾 右節録鄉進士世伯陳騰飛先生軸文

公生雍正三年乙巳十二月初七日丑時卒乾隆六十年乙卯四月十七日未時享壽七十有一是年十二月十九日巳時塟大山裡内

向癸丁兼丑未外向丑未兼癸丁俱用庚子庚午分金娶紫泥吳氏
諱端官謚恭順南京參將蓁公曾姪孫女生雍正甲辰年八月廿五
日巳時卒乾隆戊辰年八月十九日亥時葬應坑山坐癸向丁兼丑
未生女靜適龍徑林箴官繼室光洋趙氏諱燦官謚溫惠太學生趙
孟曜公胞姊生雍正八年庚戌十月廿三日丑時卒嘉慶二十三年
戊寅七月初四日酉時享壽八十有九葬大山羊林尾坐寅向申兼
艮坤旁孫附葬于右生子五藜濟蕚範鈹女一汶適溪環林浪官

省廷儀次子諱振京字邁東又字日三謚逸真好學蘊藉為先　大父所
器命竟不逢時知已莫遇遂以字畫徜徉肆志焉生雍正十三年乙
卯七月初七日午時卒乾隆五十二年丁未十月十二日戌時葬大
山癸丁復遷葬本坡左支坐丑向未兼艮坤娶銀塘太學生趙連茹公女
諱推官謚恭儉生乾隆丁巳年七月十八日子時卒嘉慶己卯年四
月廿三日　丑原葬大山道光十七年用金罐遷葬金奎山坐巽向乾兼

辰戌生子四焔騎恪弾女三長益配溪環林崇官次詞適洛濱陳麗
官三質適芹霞宗瓚官
六楚珩子生失記卒乾隆廿八年五月二十日戌時塟獅毬仔山坐申向
寅庚申分金卒早以從姪壇為嗣
路志之子謚　生乾隆庚午年　九月　日　時卒道光　年
月　日　時塟　坐　向　兼　娶許茂康氏諱琪官生
乾隆乙亥年正月十三日丑時卒嘉慶元年九月初六日酉時謚清
貞塟獅毋山坐坤向艮兼未丑生子四　非壇出嗣定殿出嗣女一量適芹
下宋繼室黄氏
林紀長子生乾隆廿八年八月廿一日酉　時卒嘉慶二年七月廿一日戌
時塟東坂邊鵝項仔坐午向子兼丁癸娶　改適　以從兄路之子殿為嗣
月紀次子不知去向
良為雲之子　生卒塟失記無嗣

京欽之子生乾隆卒嘉慶年月日時葬俱未考

治潔之子生乾隆餘未考卒嘉慶丁巳年八月三十日午時娶逢改生子斗

坑立之子早卒

臼謹長子娶龍徑林氏諱　官生子勸入

紺謹次子娶赤橋黃氏諱　官生子慈

撰謹三子娶浦南曾氏諱罕官生子傳

賤尚之子　丑桃之子俱早卒

沐和長子娶本社黃氏諱　官生子榕

醬和次子生乾隆己酉年十二月十九日巳時卒嘉慶丁丑年十一月初九日午時葬獅毬仔山坐壬向丙兼亥巳娶節改生子一春

異為德之子早卒

添為姜之子娶蔡氏諱蘭官生子利

鬧為希之子

淮蟾之子

十七世

惡蟯之子

烏康寧之子

阮為暹

帕為目之子

繆博長子生雍正乙巳年四月二十日卯時卒乾隆甲辰年七月廿九日未時葬沈林山坐未向丑兼坤艮娶石碼曹氏諱珠官生乾隆 午年三月廿八日戌時卒乾隆甲午年正月初一日巳時葬赤隴山园坐乾向巽兼戌辰生子二曹免女一適浦頭梁

熊博次子早卒

寧博三子生乾隆已未年十月十一日寅時卒嘉慶已未年七月廿八日午時葬獅母湖脚坐坤向艮兼申寅娶 氏生子豬囝毛女一適松洲鍾

盡博四子生乾隆辛酉年 月 日 時卒嘉慶 年 月 日時葬寨圍山坐 向 娶芹霞宋氏諱 官坐乾隆 年 月

日　時卒嘉慶　年　月　日　時塟　坐　向

生子七甫讘茄惕捐此埕女一八遷

逸相長子生乾隆癸亥年十二月廿五日寅時卒乾隆乙卯年七月初八

日寅時塟杉仔山坐辰向戌兼巽乾娶　氏生子沉

牛相次子生乾隆乙丑年八月二十日巳時卒嘉慶己未年十月十三日

未時塟新倉林坐辰向戌兼乙辛娶王氏生乾隆己丑年月日時失

卒嘉慶丁巳年二月初一日巳時塟尹隴底坐乙向辛兼卯酉生子

一等

閏相三子生乾隆己巳年六月初四日寅時卒嘉慶戊午年五月初二日

未時塟杉仔山脚坐巽向乾兼辰戌娶遷改生子一恙

秉天錫子生雍正丁未年三月初六日丑時卒乾隆壬辰年九月十六日午

時塟洪坑嶺坐　向　娶　王氏諱享官生雍正癸丑年五月十

三日寅時卒嘉慶癸亥年三月十九日未時塟　坐　向　生

十八展

子三潮汪圭

硏天寵長子生乾隆丙寅年五月廿六日寅時卒嘉慶六年十月十三日未時葬洪坑嶺坐乙向辛兼卯酉娶赤橋黃氏諱　官生子三沛臣

脫出嗣

硃天寵次子生乾隆庚午年三月十一日申時卒乾隆辛丑年八月初一日巳時葬洪坑嶺坐丙向壬兼午子以兄第三子脫為嗣

嗣温之子娶王氏諱潤官生乾隆戊寅年九月十五日丑時卒嘉慶三年五月廿四日丑時葬石燭仔內池山坐酉向卯兼辛乙生子三堧捧

廳女碧達渡東黃繼室　氏生子協

汝種長子生乾隆庚午年八月廿二日子時卒乾隆五十七年九月初一日寅時葬杉仔山后坐辛向乙兼酉卯娶　改適生子一蔚

賤種次子生乾隆丁丑年月日時失卒嘉慶己未年十一月廿六日時失遷葬杉仔山后坐　向　娶陳氏生乾隆丁亥年閏七月廿二日戌

時卒嘉慶丙辰年九月廿二日卯時葬應坑山坐辛向乙兼酉卯生
子二 儕志
若揀之子生乾隆丙子年四月十七日戌時卒乾隆壬子年閏四月十五
日未時葬新倉林坐乙向辛兼卯酉娶大帽后許氏諱　官生子二
欵笑
追運長子卒番邦無嗣
權運次子娶　氏生子禮女一許配仇家公華不許入廟
封運三子生雍正甲辰年卒乾隆丙戌年葬杉仔山坐東向西
文番之子卒早
錢嚴長子生乾隆丁巳年八月廿三日寅時卒乾隆庚子年九月十九日
未時葬番邦以胞姪誠木為嗣
丁嚴次子生乾隆癸亥年八月廿二日戌時卒嘉慶壬戌年九月十二日
丑時葬獅形山坐亥向巳兼壬丙娶浦南圩許氏諱　官生乾隆壬

申年十月十五日辰時卒嘉慶辛酉年二月廿四日未時葬橫秋尾
坐寅向申兼甲庚生子三挺城出嗣厢女二長吉適青安蔡次来適芹
霞宗

柿嚴三子生乾隆丙寅年十月廿一日巳時卒嘉慶元年十一月十五日
子時葬杉仔山园坐子向午兼癸丁娶陳氏諱鍊官生乾隆辛巳年
七月十五日酉時卒乾隆丁未年五月初三日戌時葬杉仔山后坐
向　繼室　改節生子二卯木出嗣

旺賢子生康熙辛丑年正月十三日丑時卒乾隆壬午年正月十三日未
時葬番邦娶周氏改適生子一琴女壘適許家

裕月之子生乾隆己卯年六月十九日亥時卒嘉慶癸亥年五月十四日
亥時葬擴秋尾坐巽向乾兼巳亥娶林氏改適生子二崇稍出嗣

恬照子生乾隆　年　月　日　時卒　年　月　日　時
葬　坐　向　娶陳氏改節生子一水

代比適詰

狗光子生乾隆　年　月　日　時卒嘉慶　年　月　日

時塟　坐　向　娶王氏生乾隆辛未年五月初七日戌時卒

乾隆甲辰年二月初八日卯時塟柃仔山后坐巳向亥兼丙壬生子

三量張騆[illegible]女儉適芦墘嶺張家繼室黃氏生子嶺嵜

撰段長子無嗣

胡段次子娶寨頭董氏諱　官生子莭女　適潭口趙

先角長子生雍正癸丑年　月　日　時卒嘉慶　年　月　日

時塟　坐　向　兼　娶和睦宋氏諱孰官生

年　月　日　時卒嘉慶　年　月　日　時塟

坐　向　兼　生子三春次坛女箕適金沙陳

認角次子生　年　月　日　時卒乾隆　年　月　日

時塟　坐　向　娶張氏諱表官生乾隆癸亥年五月廿五

日午時卒乾隆甲申年六月初四日辰時塟寨山坐卯向酉生子一

池女咏

様角三子諱振崇謚　生乾隆庚申年六月廿五日未時卒嘉慶甲戌
年三月三十日辰時葬刺仔山坐癸向丁兼丑未娶芹霞宗氏諱淡
官生乾隆十三年七月十五日酉時卒乾隆甲辰年正月十四日卯
時改葬横秋尾山坐庚向甲坐于三君友賢女二長公達下陳劉次
達張家

沙角四子生乾隆九年三月初二日寅時卒嘉慶三年六月初三日巳時
葬宗林国頭坐丁向癸兼未丑娶寮頭方氏諱珠官生乾隆十二年
九月十一日亥時卒乾隆五十六年十二月廿二日酉時葬洪坑嶺
坐乙向辛兼卯酉生子五鑑福談莱里

紀元長子生乾隆　年　月　日　時卒嘉慶　年　月　日
時葬　坐　向　兼　娶詩平林氏諱領官生乾隆
年　月　日　時卒嘉慶　正　月　日　時葬

[illegible]　居　浮

坐　向　兼　　生子南騧女欽遣寮頭方甲官

淑亢次子娶龍徑林氏諱妙官生子五汶蘭佐彩硯女赤遣龍徑林傣官

鵤亢三子生乾隆　年　月　日　時卒嘉慶　年　月　日

時葬　　坐　向　娶郭坑郭氏諱　官生子二余枚女一葱

遣浦頭梁福官

迎族之子

伊衍長子

瓦衍次子　三人俱無嗣

燕台長子娶　氏諱　官生子樛来層女久遣銀塘趙

契台次子娶　氏諱　官生子乢獅出嗣野串

閒台三子生乾隆士午年　月　日　時卒嘉慶　年　月　日

時葬　坐　向　娶　氏諱　官生子二鬈鈔女

每台四子生乾隆甲申年七月十六日巳時卒嘉慶辛酉年八月十一日

廿一

酉時葬洪坑嶺后坐丙向壬兼午子娶節改生女二長 適
次 適　以胞姪獅為嗣
天台五子
鞍快長子生乾隆癸未年 月 日 時卒嘉慶 年 月 日
時葬 坐 向 娶 氏生子一深女一適龍普陳
瘵快次子娶盧氏諱 官生子全亦斜
體劉長子娶 氏諱 官生子赫謨透
宋為劉次子
驕劉三子
菊鍾之子早卒
潛献長子早卒
夢献次子娶 氏生乾隆 年 月 日 時卒嘉慶 年 月
日 時葬 坐 向 生子一枰

楊氏家譜

碧溪

金殿長子謚剛朴生康熙乙酉年七月初一日卯時卒乾隆甲寅年十月初四日巳時葬本社青雲頂園坐癸向丁兼子午娶蓬萊鄭氏諱劉官謚懿淑生康熙戊子年正月廿五日卯時卒嘉慶己未年九月初三日巳時與公合葬生子四緋籓鄭放女一全適蓬萊鄭泉官

緋殿次子謚純厚生康熙辛卯年正月初三日亥時卒乾隆丙午年正月廿八日巳時葬下庵山田上坐甲向庚兼寅申三分娶松洲鍾氏諱探官謚敬淑生康熙丙申年八月十二日寅時卒乾隆丙午年八月廿五日巳時葬宋林山坐西向東生子四溪考厥藹女一雪適泰廣坑吳諱官

竹殿三子諱鳳棲誠實無偽剛直不阿少與弟振冕偕叔斗三潤夫授業吾　父參溪痛曾業之久廢共議復之若心積貲任勞任怨業甫贖而鳳棲遽逝何　祖宗之不佑耶然人雖沒而功不沒命之修短何足論哉以上旧譜原誌生康熙五十三年甲午三月十五日寅時卒乾隆十七

年壬申七月初六日巳時塟獅形后寨山石下坐甲向庚兼卯酉娶
后坂嚴氏諱貌官生康熙庚子年十月初四日卯時卒乾隆乙酉年
三月十八日午時塟在大帽后蟹股山坐申向寅兼　生子三俊
倪
傑

夏士志長子謚寬柔生康熙乙未年十月初九日卯時卒乾隆丁未年九
月十三日午時塟赤壠山坐壬向丙兼亥巳娶翁見王氏諱吟官生
康熙丁酉年五月廿五日未時卒乾隆丁未年三月十九日寅時與
公合塟生子六孔麟彪豹典煒女一管適銀塘趙

軒士志次子諱振晃字如霞謚昂直善謀創計弘遠積公貲贖祭田可謂
盡心竭力迨後分年董理與子共事出入毫無所侵嘗與子議建祠
宇於霞城使天祿其年同心協力公業寧有涯哉以上卌譜原誌生康熙己亥
年三月十一日未時卒乾隆辛巳年八月初九日酉時塟新倉林山
下園裡坐丑向未兼癸丁娶郭坑洲黃氏諱敘官謚貞肅生康熙庚

子年八月二十日辰時卒嘉慶甲子年五月十八日辰時葬泰地山
后社前雞籠山赤號走馬跑鞍坐壬向丙兼亥巳丁巳丁亥分金生
子四安苞跳濟女箴遣何厝何籌官

化士志三子謚德仁生康熙壬寅年十月初三日寅時卒乾隆癸丑年九
月初十日戌時葬杉仔山后坐甲向庚兼卯酉娶渡東李氏諱參官
謚淑慎生雍正丙午年十月廿八日戌時卒乾隆丁卯年七月廿二
日午時葬油鞍山頂坐卯向酉生子一㯉繼室浦頭梁氏諱泰官生
年　月　日　時卒嘉慶　年　月　日　時葬
寨山園坐　向　兼　子一審

芬士志四子諱振華字亦芳生雍正癸丑年正月廿九日吉時卒嘉慶壬
戌年七月廿八日寅時葬獅母山坐未向丑兼丁癸娶鰲浦吳氏諱
愿官生應雍正乙卯年八月十三日子時卒乾隆辛巳年二月廿九日
未時葬獅形后坐午向子兼丙壬生女一守逵史阮林繼室劉碑萱

氏諱水官生乾隆　年　月　日　時卒　年　月
日　時葬　坐　向　兼　生子四樹地唾念女一定適
泰溪坂仔林
篤建長子生康熙庚辰年三月三十日卯時卒乾隆辛未年十一月初十
日亥時葬水吼橋頭坐卯向酉娶本社李氏諱𡟯官生康熙壬午年
正月十六日辰時卒乾隆乙巳年十一月廿二日寅時葬寮仔崎尾
坐甲向庚兼卯酉生子四異柳華憲嗣出女二長儉適芹霞宋琫官次
理適古溪胡情官
匡建次子生康熙乙酉年二月初六日申時卒乾隆甲戌年六月十九日
午時葬宋林园裡坐庚向甲娶浦頭梁氏諱昭官生康熙甲申年九
月十三日寅時卒乾隆壬辰年八月廿七日未時葬書洞山坐艮向
坤兼丑未子憲
笛建三子生康熙丁亥年九月十三日午時卒乾隆乙未年十月十七日

林氏家譜

巳時葬獅毬仔坐戌向辰兼乾巽娶山邊姚氏，生康熙庚寅年十二
月十二日吉時卒乾隆庚寅年正月十七日酉時葬獅形山坐　向
生子三盧習連女一　適后塘張訝官

茅建

四子生康熙辛卯年七月二十日辰時卒乾隆己亥年正月十九日
辰時葬寨園山坐卯向酉兼乙辛娶和睦社宋氏諱坤官生康熙壬
辰年十月初六日未時卒乾隆甲戌年五月廿三日酉時葬寨山坐
甲向庚生子坦別女二長秀適龍徑林推官次喜適茾霞宋湖官繼
室蘭林林氏諱珠官生康熙己亥年十一月十一日未時卒乾隆丙
申年四月十九日辰時葬獅毋山坐丁向癸兼未丑生子會婚

威建

五子生康熙癸巳年十二月初六日午時卒乾隆庚辰年十一月廿
四日卯時葬洪坑嶺坐亥向巳娶王蘭坂黃氏諱旁官生康熙丙申
年七月廿四日卯時卒乾隆丁酉年十一月廿九日戌時葬尹壠底
坐子向午兼癸丁生子五衍漢語葉粟女一惜適后坑庠生林樹珠

允鞍之子回繼為瀚公曾孫
注樑之子生康熙甲午年二月十二日吉時卒乾隆年月日時失記葬杉
仔山 無嗣
滚悅長子諱振瀾幼穎敏善屬文家貧以教讀事母養弟無所謟譜序將
修囑其鈔録稿本未完而公辞世生妻改適幼子出鬻何命之哀也
生康熙己亥年八月初八日巳時卒乾隆戊子年十月廿八日辰時
葬赤壠山坐亥向巳兼壬丙娶王氏改適生子二長乞隨母出 次豐山出繼族親
女一適石碼嚴溪頭陳
洞悅次子生雍正己酉年十一月二十日辰時卒乾隆丙戌年十一月二
十日寅時葬獅形后坐午向子兼丙壬娶林氏改適生子二紐庚
緣希周長子諱振基字亦珍生康熙己丑年九月十五日寅時卒乾隆辛
卯年五月初二日申時葬書洞山坐巽向乾兼巳亥娶銀塘趙氏諱
慈官生康熙戊子年十二月初六日未時卒乾隆己丑年十二月十

六日申時塟吳前山上坑頭坐丁向癸兼未丑生子亮闕

綸希周次子生康熙癸巳年六月十八日辰時卒乾隆辛丑年十月廿六日寅時塟狗窟林山坐巽向乾兼辰戌娶龍徑林氏諱蕙官生康熙丙申年九月初五日亥時卒乾隆丁巳年五月初二日酉時塟狗窟林坐巽向乾兼辰戌生子二隱楊女二

奇希周三子早卒

暢言長子卒番邦無嗣

景言次子早卒

維言三子早卒

任言四子生乾隆庚申年十月十二日卯時卒嘉慶癸亥年四月十八日未時塟書洞山坐午向子兼丁癸娶林氏生子菊色

待教長子生雍正庚戌年十二月初七日亥時卒嘉慶己未年五月十二日亥時塟上坑尾坐午向子兼丁癸娶后菴李氏諱檜官生子三訂

蒲他女二長適浦南張次適大帽后許
遂教次子生雍正壬子年八月廿一日巳時卒乾隆辛丑年十月初四日
未時葬塗崎后書洞山坐午向子兼丁癸娶寮仔曾氏諱儉官生
年　月　日　時卒嘉慶　年　月　日　時葬
坐　向　兼　生子三雪梗乖女一愛適黃洋陳任官
維教三子生乾隆　年　月　日　時卒嘉慶　年　月　日
時葬　坐　向　兼　娶福清張氏諱胡官生子三存開
冲女二長擁適黃洋陳僯官次梅適赤橋黃
奢傑長子
洞傑次子
各之子
銳程長子娶　氏
佔擢之子早卒

運琛幼子早卒
埒晉之子娶陳氏生子永意貴
遐乾長子娶鄭氏
損乾次子娶莊氏生子義
焚乾三子娶陳氏生子瓚璣 以上四人俱移居台湾
舜東長子生乾隆乙丑年六月十八日辰時卒乾隆壬辰年十二月十七
日寅時葬東坂邊山坐東向西
棕東次子娶林氏諱佳官子匏
旋鐘之子謚順德生乾隆壬申年六月十七日午時卒嘉慶廿二年六月廿七日
午時葬和睦社山园坐甲向庚兼卯酉娶下楼仔姚氏諱成官謚勤慈生乾
隆丁亥年十一月初一日酉時卒嘉慶庚申年十二月十八日未時
遷葬獅形山坐壬向丙兼亥巳生子一閩女一錦適松洲鐘

渺達長子生乾隆　年　月　日　時卒嘉慶　年　月　日
時葬　坐　向　娶鄭氏諱趁官生乾隆庚辰年七月十三
日寅時卒乾隆辛亥年七月廿四日未時葬寨園山獅形邊坐子向
午兼壬丙生子二磚樟
㵘為達次子生乾隆甲午年正月初一日巳時卒嘉慶丁巳年八月三十
日午時失水無葬無嗣
助政長子早卒
脉政次子生乾隆丙戌年六月十七日未時卒乾隆庚戌年九月廿六日
未時葬洪坑嶺坐戌向辰兼辛乙無嗣
憨端之子
洒周之子
有長子
有次子

卷八　世系録　廿六世

福之子

納之子

砌之子

鉄琴之子

懐奁之子娶国埒金氏生卒葬俱失記生子一井女一遠芦墩乾嶺張

帛傑之子

些到長子早卒

國興到次子娶許氏諱　官生子水蚕坑

排祖之子生乾隆　年　月　日　時卒嘉慶　年　月　日

　時葬赤山仔坐　向　兼　娶官林后陳氏生乾隆　年

月　日　時卒　年　月　日　時葬　坐　向

兼　生子一瀨

連東長子生乾隆廿一年五月十八日戌時娶台湾人簡氏名任官生乾

𡨴長子生乾隆庚辰年　月　日

明　日

時塋　坐　向　娶改適生女二長月　胡　月

何家次適

赤橋寨頂黃家

佳忠次子生乾隆廿五年九月三十日卯時卒嘉慶六、、

水吼仔园上坐亥向巳兼乾巽娶何氏改適生子一賜

火祿長子謚　生乾隆　年　月　日　時卒　年　月

日　時塋　坐　兼　娶渡東黃氏諱良官生乾

隆　年　月　日　時卒　年　月　日　時塋

坐　向　兼　生子乾着色滔女一端適溪環林家，出嗣

水祿次子生乾隆丙戌年五月廿六日午時卒嘉慶元年八月廿五日丑

時瘞水磨坑山田上坐坤向艮娶溪環林氏諱淡官生乾隆　年

月　日　時卒　年　月　日　時瘞　坐

向　兼　生子二錦龍

富祿三子生乾隆丁酉年二月廿六日寅時卒嘉慶庚申年十月廿四日

酉時瘞油鞍后湛坑裡坐亥向巳兼　娶衡林甘氏諱忍官生于

二着宜

賞權長子生乾隆廿七年十二月廿七日酉時卒嘉慶　七

酉時瘞水吼山坐乾向巽兼戌辰娶林氏遣改生　女一

甫灌次子生乾隆三十年四月廿七日辰時卒嘉　月十一日卯

時瘞水吼山坐酉向卯兼庚甲娶鄭氏改　正　月　日

槐朋女　一烈惑鑑出嗣

行山王氏諱　日

三

隆三十四年十月十九日午時

天球東次子生乾隆三十二年三月廿九日午時

天賜東三子生乾隆三十九年八月廿一日辰時

二十七世

賜佳之子

乾乂長子

色乂次子

滔乂三子

錦水長子娶史院林氏諱　官生子慊長乞

龍水次子娶王氏諱諳官生子麟師

着富長子娶石井許氏諱賞官生工蔡

宜富次子

松閃長子　帖閃次子　暢閃三子

正遹之子

然活長子

忒活次子

沉活三子

允活四子

鑨輔長子娶　　氏生子

輔次子

顕眷長子生乾隆戊辰年二月初三日巳時卒乾隆乙巳年二月廿二日

未時葬　坐　向　娶山后胡氏生乾隆　年　月　日
卒　年　月　日

時諱賴官葬　坐　向　生子三團欣蚌出嗣

應眷次子生乾隆庚午年三月初四日寅時卒乾隆乙卯年十一月初一

日午時葬白面墓坐西向東娶后塘張氏諱卑官生乾隆乙亥年正

月十八日巳時卒乾隆辛丑年五月十一日巳時葬蛇仔形坐艮向

作

坤蕉寅申生子一永

秦暨長子生乾隆　年　月　日　時卒　年　正　月　日

時塟　娶浦南黃氏諱儉官生乾隆甲戌年二月

廿六日辰時卒乾隆辛丑年九月廿一日丑時塟獅母山坐未向丑

蕉坤艮生子一用繼室烏岩黃氏諱竗官

昇暨次子生乾隆乙亥年十一月廿六日亥時卒乾隆乙卯年三月廿三

日子時塟牛林裡坐　向　娶適改生子一搀

蔡普長子早卒

約晉次子娶郭坑山后王氏生子更寸

湍表長子娶石碼下南坂劉氏諱信官生子五　汾白漾思柔　女三　燦適銀

塘次三俱適芹霞

比表次子生乾隆　年　月　日　時卒道光　年　月　日

時塟　坐　向　娶泰邑曰庄王氏諱健官生二莊繼

林氏家　　東洋

權八

淡表三子娶浦頭梁氏諱　官生子塽

懿水長子生乾隆乙丑年十一月十三日丑時卒乾隆已巳年閏四月十
五日辰時葬白面墓坐艮向坤兼寅申娶改遷生子一厚

強水次子生乾隆戊辰年二月廿八日未時卒乾隆丙午年閏七月廿三日
時葬洪坑嶺坐乾向巽娶改節

茂朝長子生乾隆辛巳年　月　日　時卒乾隆辛丑年三月初三日子
時坐白面墓坐子向午兼癸丁

梅朝次子

元盛長子

霞盛次子

岳盛三子娶砯灶陳氏諱僭官生子岑誦朗女汝適上蔡山墘蔡　官

參再長子生乾隆　年　月　日　時卒　年　月　日　時

卅十

塋　坐　向　娶渡東李氏諱嫖官
寮再次子生乾隆　年　月　日　時卒　年　月　日
時塋　坐　向　娶下內社陳氏生乾隆辛丑年八月
十一日午時卒嘉慶丑戌年正月初九日辰時塋白面墓坐癸向丁
兼丑未無嗣
拋玭長子
母玭次子
揆姸之子生乾隆　年　月　日　時卒嘉慶甲子年　月　日
時塋　坐　向　以從姪棒湍為嗣
長西長子生乾隆　年　月　日　時卒　年　月　日
時塋　坐　向　娶杏林呂氏諱彩官生子三鼓氶浅女
一達浦頭梁
月西次子娶藍邑坂頭黃氏諱讌官生子粒驪撞　海
昜七欠　公之八　綠廿七卅　皂　奚

字盛長子生乾隆　年　月　日時卒　年　月　日

時塟　坐　向　娶湖濱詹氏諱侃官生子二碧皆

孝盛次子

宗盛三子

秋泮長子娶黄氏諱升官生乾隆　年　月　日　時卒

年　月　日　時　塟　坐　向　生子岩女二長適

芹下宋翰官次適長泰董溪頭

外泮次子早卒

汲轉長子生乾隆乙酉年正月二十日丑時卒嘉慶丁巳年八月三十日

午時塟𡇼面墓坐丁向午兼癸丁娶改適

實轉次子娶前浦林氏諱娥官生子参端出嗣魏庶部

汐轉三子

敲足之子

三十八

滾為總之子

官疇之子

瀹富之子

柱江之子

各心長子

心次子

心三子

如熊長子娶 氏生子

慝熊次子

為熊三子

旱長子

旱次子

旱三子

廿八世

世三來

廿七世

昜氏究 燕

[illegible] [illegible]

林氏家譜　　　　　　　　　　孝　派

胆之兮

添吝長子

吝次子

晚長子

晚次子

淑訝長子諱　　諡　　生乾隆癸未年　月　日　時卒

年　月　日　時塟　坐　向　兼　娶攀麟何氏諱

官生子一福女一可適芹下宋三陽

景訝次子生乾隆丙戌十一月十二日未時卒乾隆壬子年閏四月二十

五日卯時塟洪坑嶺后坐申向寅兼坤艮以胞侄尺為嗣

蓋訝三子諱大用諡　生乾隆丙申十一月十二日酉時卒道光巳亥年

八月十三日卯時塟許山安坐戌向辰兼辛乙娶史院林氏諱錦官

生子尺出嗣茂種女適泰邑王家

歲訏四子謚　生乾隆　年　月　日　時卒道光　年　月

日　時塟　坐　向　兼　娶何氏諱芹官生子䞇

冬訏五子謚　生乾隆　年　月　日　時卒道光　年　月

日　時塟　坐　向　兼　娶　氏諱告官子二

榮養

詁貽之子生乾隆　年　月　日　時卒　年　月　日

時塟　坐　向　以胞姪尺為嗣誤記

桐鎮之子生乾隆　年　月　日　時卒　年　月　日

時塟　坐　向　兼　娶節改生子庚相

培藕之子乾隆　年　月　日　時生卒　年　月

日　時塟　坐　向　娶改適生子

義登之子早卒

山悅長子生乾隆　年　月　日　時卒嘉慶　年　月　日

[illegible]系　十七世　[illegible]

卜塋キ　坐　向　娶節改生子寡暢天

蔣悅次子早卒

集帶長子

夷帶次子

混帶三子

晷西長子

儘西次子謐　生乾隆　年　月　日　時卒　年　月

日　時塋　坐　向　兼　娶銅青陳氏諱水官生乾

隆　年　月　日　時卒嘉慶　年　月　日　時塋

坐　向　兼　坐子撑釗女　遵芹下宋繼室渡東李氏諱

玉官生子二　萇　共

江鶴長子早卒

潭鶴次子生乾隆庚寅年八月廿四日辰時卒嘉慶癸亥年五月廿四日

忤

子時葬白面墓坐辛向乙兼戌辰娶（適改）女一適小銀塘仔王家

樵鶴三子生乾隆　年　月　日　時卒嘉慶　年　月　日

時葬失記娶渡東李氏諱紗官生乾隆癸巳九月廿四日寅時卒嘉

慶壬戌年十二月廿四日戌時葬白面墓坐辛向乙兼酉卯

央鶴四子生乾隆　年　月　日　時卒　年　月　日

時葬　坐　向　娶詩平林氏諱秀官生乾隆　年

生子韓崎

月　日　時卒　年　月　日　時葬　坐

葉鶴五子生乾隆　年　月　日　時卒道光　年　月　日

時葬　坐　向　兼　娶后房鍾氏諱　官生子擾

觸鶴六子娶　生子

員鶴七子生乾隆　年　月　日　時卒道光　年　月　日

時葬　坐　向　兼　娶梁氏改節子

昌　山　来　廿七以　白　奚

稗爲徽之子娶樟公山后徐氏諱　官生子
灘茶長子生乾隆　年　月　日　時卒嘉慶　年　月　日
時葬　坐　向　娶改適生子鍔
蔚茶次子生乾隆　年　月　日　時卒　年　月　日
時葬　坐　向
炎茶三子生乾隆　年　月　日　時卒道光　年　月　日
時葬　坐　向
庵茶四子娶　氏諱　官生子畨
寨巢長子娶交碑頭　氏諱色官生子設嚅漢緩
深爲巢次子娶　氏生子千改節
漆佩長子謚　生乾隆　年　月　日　時卒道光庚寅年　月
日　時葬　坐　向　兼　娶内林頭黃氏諱刊官生
子三敀彥呵女一柔適何家

泗泥之子娶　氏諱　官生子

仰巳長子娶竹仔圍黄氏諱　官謚　生　年　月　日

時卒　年　月　日　時塟　坐　向　兼

生子二磚

哭巳次子

霜文長子

餅抱長子

風文次子

喊抱次子

徽為盈長子　早卒以堂姪配為嗣

喬盈次子娶　氏諱　官

固全長子生乾隆　年　月　日　時卒　年　月

日　時塟尹壠山坐　向　娶改適女一適光洋趙苑官

皎全次子謚　生乾隆甲午年　月　日卒道光　年　月

日　時塟　坐　向　兼　娶后塘趙氏諱美官生子劍柄

君漢

力全三子謚　生乾隆丙申年　月　日　時卒道光　年　月
日　時塟　坐　向　兼　娶泰邑坂頭黃氏諱秀官
生子三八象荳女一適坂頭黃亘官
崇全四子謚　生乾隆　年　月　日　時卒道光　年　月
日　時塟　坐　向　兼　娶龍徑黃氏諱綏官生乾
隆　年　月　日　時卒　年　月　日　時塟
坐　向　兼　生子二多松女一適山后胡家
排全五子早卒
堅栽之子諱剛德娶浦頭梁氏諱擯官生子蠓陽尚正女一適龍徑林
維陣長子生乾隆　年　月　日　時卒道光　年　月　日
時塟　坐　向　兼　娶史院林氏諱衫官生子二
女一適下尾趙
春陣次子

宣佩次子生　年　月　日　時卒道光　年　月
日　時葬　坐　向　娶改適生子耀
籃執長子生卒葬未記
笛執次子娶　氏諱　官生子興　女　適芦营陳家
沸執三子
櫞忽長子字伯材娶金沙陳氏諱蔭官生子判紈出嗣叟尹酕六
約忽次子娶樟公山后徐氏諱英官生子師擯出嗣善
鋪忽三子生乾隆五十四年三月初九日寅時卒嘉慶十二年六月廿一日
巳時葬宗相山坐亥向巳兼乾巽以胞姪擯紈為嗣
撚徵長子娶溪環林氏諱　官生子吉
㖸徵次子謚　生乾隆三十四年　月　日　時卒道光巳亥年　月
日　時葬　坐　向兼　娶浦南圩張氏諱　官生
子五搶

楊氏族譜　　春浮

塢徽三子娶蕪坑吳氏諱　官生子巒

滛徽四子娶坑尾呂氏諱　官生子

荐徽五子娶渡東李氏諱　官生子

威徽六子娶浦南張氏諱　官謚　生嘉慶　年　月　日　時

卒道光十九年　月　日　時葬　坐向　子

晝敕長子娶浦頭梁氏諱　官謚　生　年　月　日　時

卒道光　年　月　日　時葬　坐向　兼　生子

七鑿　繼室　氏

點敕次子娶浦頭梁氏諱　官生子廉

佾為叠長子娶渡東李氏諱　官生子現

稍叠次子娶　氏諱　官生子趙

惠叠三子娶洛濱　氏生女

沃軟之子謚　生乾隆　年　月　日　時卒道光　年　月

廿一

日　時瘞　坐　向　兼　娶金沙陳氏諱用官生子

二㘓葛女一

焯桓長子諱傳宗配龍徑林氏未娶而卒迎主奉祀繼室松州鍾氏諱牙

官生子戴鑻栰　又子璧女一適龍徑林家

汎桓次子娶蘓坑吴氏諱　官生子

峭垙長子早卒

桯垙次子謚　生乾隆　年　月　日　時卒道光　年　月

日　時瘞　坐　向　兼　娶吴浦吴氏諱秀官生子

六晏嗣出度配嗣出倫所曲

亂垙三子娶竹園黄氏諱　官生子瀾室租　女　適溪園林

劍垙四子早卒

乘為垙五子生　年　月　日　時卒　年　月

日瘞　坐　向　娶節改祔主題

杜氏家譜　　青洋

明水為𠈌六子娶　氏諱　官

名勃長子早卒

陷勃次子娶浦南郭氏諱　官生子

休麗長子生乾隆　年　月　日　時卒　年　月　日

時葬　坐　向

崖麗次子娶水滔宋氏諱白官生子　女

重直長子娶梁氏以堂姪晏為子

岐直次子

欉便長子娶　氏諱　官生子

粎音下平　便次子

串根之子娶芹下宋氏諱　官生子

聯輝錢長子娶本社張氏諱　官生子　女　適芹下宋

不錢次子娶　氏諱　官生子

小

术爽之子
俵曲之子娶　氏諱　官生子仁蔡老
旺川之子生乾隆　年　月　日　時道光十　年　月為廣坑吳
姓擄酷斃命屍尚未歸娶華山李氏諱懇官生子萍萬博女二長適
內陵鄒家次適芹下宋
水孚之子生乾隆甲辰年　月　日　時卒道光四年甲申八月廿三
日　時塟石埠磕虎形山坐　向　娶松州鍾氏諱鳳官生子二
分㕷
馮奮之子娶泰縣內翁氏諱才官生子局巉彰宜追漸
秧時之子
董哲之子生　年　月　日　時卒道光　年　月　日
時塟　坐　向　娶梁氏生子梁改
蚱為邁長子娶州尾鍾氏諱雪官生子拔漢

碧溪楊氏家譜　卷八　世系録　廿七世

碧　溪

楊氏家譜

錢邁次子娶內城烏氏諱溪官生子再
恭邁三子娶詩平林氏諱清官生子標塔品
管六之子
稽砥之子早卒
探篤之子
岱雕長子娶芹下宋氏諱順官生子彤
正雕次子
咢倦長子
墻倦次子
砵倦三子
井弁長子
粧弁次子
潮弁三子

三十七

槭美長子

閏美次子

别美三子

意炳長子

炳次子

果樹長子早卒

汪樹次子娶　　氏諱温官生子浦様

知樹三子

走就長子娶寨坂林氏諱妹官生子擁色

德就次子娶前浦林氏諱　官生子

杯就三子

抄明長子娶松州鍾氏諱　官生子

鞭明次子主嘉慶　年　月　日　時卒道光　年　月　日

書乙之集卷八　世系録　廿七世　旨　系

時失塟[illegible]

明三子

布巧長子

反巧次子

尾長子

尾次子

洞進之子

親拿長子

鮮拿次子

木章長子　卒塟台湾

奔章次子娶吳浦吳氏諱心官

桊辛長子生乾隆丙戌年　月　日　時卒　年　月　日

时塟　坐　向　兼　娶松州鍾氏諱怨官生子二尺偉

女

道幸次子生乾隆　年　月　日　時卒　年　月　日

時塟　坐　向　兼　娶黄氏生子辦節改

藜振比長子諱一輝字然明以字為謚生乾隆十九年正月十二日丑時

卒道光十二年四月廿六日巳時壽七十九塟大山芋林尾坐卯向

酉兼甲庚娶何厝社何氏諱拾官謚貞淑生乾隆十八年癸酉三月

廿六日申時卒乾隆五十三年戊申三月廿九日酉時塟新倉林山

祖墓右邊坐卯向酉兼甲庚生子三汀湍佔出嗣女彬適金沙陳緯官

邑庠生陳封即其長子也継室石碣沈溪頭郭氏諱椂官謚純和生

乾隆乙酉年八月十八日未時卒嘉慶癸亥年十月十六日酉時後

遷塟石鼓山坐午向子兼丙壬生子二旁陶

濟振比次子諱汝漢字百泉謚長源生乾隆丙子年九月初四日巳時卒

林氏家譜　　聚[illegible]

乾隆庚戌年五月初五日巳時塟寨園落龍山腰坐甲向寅兼坤艮
娶天保大寨邑庠生韓遇龍公女諱澤官謚貞静生乾隆乙亥年八
月初七日酉時卒道光六年六月初五日辰時塟吳前山后坐庚向
甲兼申寅生子二佔步

崿振北三子諱一士字升甫別字吉川乾隆乙卯八泮嘉慶乙丑食餼道
光壬午充嘉慶庚辰恩貢娶霞東田豐在邑庠生蘓夢熊公次女諱
雍官謚謙默生乾隆己卯年十二月初六日丑時卒乾隆戊申年十
一月廿三日戌時原塟大山嘉慶辛未年十二月用金礶遷塟虎場
山俗呼赤山仔坐丑向未兼癸丁坐子漈補繼室城內后河戴氏諱
雅官謚柔嘉生乾隆丁丑年十月廿二日丑時卒道光甲午年九月
十四日巳時塟大山裡坐午向子兼丙壬生子變女珠適銀塘趙
街舍

範振北四子字錫九以字為謚生乾隆壬午年正月十二日　時卒道光元年

辛巳四月初一日　時塟泰地山后社前古山鞍隔仔坐癸向丁兼
未丑娶泰縣內南門薛氏崇安縣儒學薑公次女諱檜官生子一貨
女那適大坑社趙月官
鈹振比五子諱先斗字顯裁生乾隆乙酉正　月　日　時卒道光丁
酉年十一月　日　時塟　坐　向　兼　娶坑尾太學
生呂通公女諱廉官謚柔淑生乾隆丁亥年正月廿五日未時卒嘉
慶戊寅年十一月十七日巳時塟大帽后蝌股山坐甲向庚兼卯酉
生子二務述副室名採蓮生子一羨女一
焰振京長子謚汝明生乾隆癸未年八月十二日午時卒道光壬辰年十
月廿九日酉時娶下州楼黃氏諱尚官謚慈儉生乾隆辛巳年十一
月廿八日亥時卒道光壬辰年十一月十六日申時與夫合塟大山
坐卯向酉兼甲庚生子三琛銓嗣出杯嗣出女羞適何厝
騎振京次子諱　生乾隆丁亥年十二月初六日子時卒嘉慶廿五年

楊氏宗譜　　碧石　派

十一月廿五日子時塟大山坐癸向丁兼子午娶水流宗氏諱奈官
謚恭良生乾隆戊子年正月十一日辰時卒道光戊子年七月廿六
日丑時塟大山坐子向午兼癸丁生子二蕊出嗣滋女載遣
恪振京三子生乾隆庚寅年八月二十日子時卒乾隆甲辰年六月十六日
午時塟東坂小鵝項頂坐午向午以胞姪蕊銓為嗣
弹振京四子謚朴實生乾隆乙未年正月初二日辰時卒道光庚寅年七
月十六日午時塟大山坐乙向辛娶浦南圩黃氏諱素官謚慧烈生
乾隆庚戌年九月廿六日子時卒道光元年五月廿六日午時塟大
山坐癸向丁繼室何厝社劉氏諱金官謚　生　年　月
日　時卒道光　年　月　日　時塟大山坐　向　子林
壇六之子生乾隆　年　月　日　時卒嘉慶　年　月　日
時塟　坐　向　娶改節生子甲又子
非路長子生乾隆　年　月　日　時塟　坐　向
卒嘉慶　年　月　日

定路次子娶許茂陳氏諱 官生子
殿林之子娶吳浦吳氏諱 官生子
斗治之子
勸臼長子
入臼次子
臼三子
恙甜長子
概甜次子
傳撰長子
撰次三子
曹繆長子早卒
兄繆次子生卒塋未考娶鄭改子
猪為寧長子娶 氏諱 官生子

皇 吳

國寧次子娶　氏諱　官生子在
毛寧三子
甫盡長子生乾隆丙甲年正月十九日巳卒嘉慶丁巳年八月三十日巳時葬澥床山坐乾向巽兼亥巳
謔盡次子娶　氏諱　官生子沁
茄盡三子生乾隆　年　月　日　時卒道光　年　月　日
　時葬　坐　向　兼　娶　氏諱　官生子一赵
惕盡四子娶　氏諱　官生子
廍盡五子　氏諱　官生　年　月　日　時卒
　年　月　日　時葬　坐　向　繼室　氏諱　官
生　年　月　日　時卒　年　月　日　時
葬　坐　向　繼室　氏諱　官
此盡六子娶　氏生子
埕盡七子

沉逸之子　早卒
等斗之子　早卒
恙閏之子
潮秉長子生乾隆己卯年八月廿四日子時卒乾隆己酉年十二月廿一
日子時塟尹隴口坐巳向亥兼巽乾
汪秉次子　早卒
圭秉三子娶　氏諱　官生子沙赤
沛研長子生乾隆庚寅年八月廿七日巳時卒嘉慶丙辰年十一月廿五
日寅時塟丑隴山坐乙向辛兼卯酉
巨研次子生乾隆　年　月　日　時卒　年　月　日
時塟　坐　向　娶　氏諱　官生子二　且滔
脫砆之子
堧嗣長子生乾隆乙未年九月十四日　時卒嘉慶丁巳年八月三十日

林[illegible]

午時塟洪坑嶺坐乾向巽兼亥巳

挿嗣次子娶　氏諱　官生子

廳嗣三子娶吳浦吳氏諱　官

協嗣四子

蔀汝之子

儕賤長子

至賤次子

欵若長子娶何氏諱　官

笑若次子娶和睦社宋氏諱　官生子串

禮權之子

城錢長子

木錢次子

挺丁長子生乾隆　年　月　日　時卒

春[illegible]

州

時塟　坐　向　娶適改

廂丁次子

卯柿長子生　年　月　日　時卒　年　月　日

時塟　坐　向

類為柿次子

崇二之子

水恬之子

量狗長子生乾隆壬辰年十月十四日丑時卒嘉慶丁巳年八月三十日

午時塟杉仔山前坐　向

張狗次子娶角青張氏諱糸官生子布綴

嶺狗三子

寄狗四子

剪胡之子

春先長子娶龍徑陳氏諱鷄官生乾隆　年　月　日　時卒

树白齊訓　　　　　　　　　　　君深

年　月　日　時塟　坐　向生子淘女肖達芹下宗

維官

次先次子娶梁氏諱有官生子爵鏢守

坛先三子生乾隆　年　月　日　時卒　年　月　日

時塟　坐　向

池認之子早卒

君樣長子娶華山李氏諱聘官生子燎

友樣次子娶卑頭黃氏生子

賢樣三子

鑑沙長子早卒

福沙次子早卒

談沙三子生乾隆戊戌年八月初一日午時卒嘉慶庚申年九月廿四日

丑時塟寨山脚園頭坐乙向辛兼卯酉

萊沙四子早卒

里沙五子

南紅長子娶后塘道氏諱成官生子槙

騶紅次子

汶淑長子生乾隆　年　月　日　時卒　年　月　日

時塟　坐　向　兼　娶龍程林氏諱　官生子鎗

蘭淑次子

佐淑生子生乾隆　年　月　日　時卒　年　月　日

時塟　坐　向

彩淑四子娶　氏諱　官生子鹿笠賢乾幹

硯淑五子娶　氏諱　官生子湖寅

汆籣長子

枚籣次子

樛燕長子生乾隆戊申年九月廿二日巳時卒嘉慶辛酉年十一月廿九
日丑時葬尹隴底坐乾向巽兼戌辰
來為燕次子娶蒲頭梁氏諱　官生子
層燕三子
獅契長子
野契次子
蒽閒長子娶松州鍾氏
閒次子
⿱龍是每之子
為每次子
深鞍之子娶何氏諱仁官生子
齊之子
赫體長子

謨體次子

透體三子

鮮金長子謚純直生雍正癸丑年　月初九日卯時卒嘉慶己未年十月

二十日卯時葬和尚山坐申向寅兼庚甲娶康山陳氏諱惜官謚

生　年　月　日　時卒　年　月　日

時葬　坐　向　兼　生子四交錐隊沐女二長適阜頭

黃膾官次

潘金次子謚宜正生乾隆丙辰年四月廿六日卯時卒乾隆癸丑年八月

初六日寅時葬猪撞山坐申向寅兼庚甲娶銀塘趙氏諱接官謚

生　年　月　日　時卒　年　月　日

時葬　坐　向　兼　生子牙尚女惠適浦南張朱定

郭金三子謚　生乾隆戊午年　月　日　時卒嘉慶　年　月

日　時葬　坐　向　兼　娶銀塘趙氏諱漸官謚慈

林氏家譜　　君洋

慎生乾隆庚申年十月十二日丑時卒嘉慶丁巳年七月廿四日辰時塟洪坑嶺后坐午向子兼丙壬生子三宰閔運女二長適芹下朵次適下尾趙繼室詩平林氏無出

放金四子謚　生乾隆　年　月　日　時卒　年　月日　時塟　坐　向　兼　娶吳浦吳氏諱信官謚勤慾生乾隆丁卯年三月十七日亥時卒嘉慶庚申年十月十二日卯時塟和尚山大湖裡坐甲向庚兼寅申生子五彬揚諳向完

溪絲音長子諱若湖謚　生乾隆　年　月　日　時卒年　月　日　時塟　坐　向　兼　娶浦頭梁氏諱釗官謚　生乾隆壬戌年正月十八日卯時卒乾隆庚戌年六月二十日戌時塟寨圍山坐卯向酉兼乙辛生子三冉澄克出嗣女媛適龍徑林翰官

考絲音次子生乾隆壬戌年正月十八日卯時卒乾隆庚寅年六月二十

日戌時葬宋林山坐南向北以胞姪克為嗣
厥綠音三子謚　生乾隆癸酉年七月初四日巳時卒嘉慶己未年十
月初二日酉時葬和尚山大湖裡坐甲向庚兼卯酉娶長泰謝厝謝氏
諱專官生子二　窮
藹綠音四子
俊鳳樓長子謚素質生乾隆辛酉年七月十七日子時卒乾隆己酉年十
月廿七日辰時改葬白面墓山坐卯向酉兼乙辛娶塗樓蔡氏諱改
官生乾隆　年　月　日　時卒道光　年　月　日
時葬　坐　向　兼　子伸女三長適洛濱鄭次適龍徑
陳三適公坪陳副室　氏名愛春生乾隆　年　月　日　時
卒道光　年　月　日　時葬　坐　向　兼　生
子寮出嗣竹
俔鳳樓次子謚純直生乾隆癸亥年十一月初五日辰時卒乾隆戊子年

楊氏家譜

八月十九日辰時葬湍床牙箣右邊田上坐乾向巽兼亥巳以姪寄

才為嗣

傑鳳樓三子謚文成生乾隆戊辰年十月廿九日巳時卒嘉慶己未年十

月十九日卯時葬獅形后坐丙向壬兼巳亥娶龍徑陳氏諱　官生

子六本才嗣出岬香坎鵝女譓適泰上蔡山墘蔡美官

孔夏長子謚清泉生乾隆丁巳年十月廿三日丑時卒乾隆乙卯年六月

十四日寅時葬　　坐　　向　　無娶以胞姪聘狀為嗣

麟夏次子諱起祥謚　　生乾隆庚申年　　月　　日卒　　年

月　　日　　時葬　　坐　　向　　兼　　娶泰龍坑后董氏諱

省官謚勤慤生乾隆乙丑年七月廿三日未時卒乾隆己酉年十月

十三日申時葬墩仔尾坐庚向甲兼酉卯生子五真緝聘出嗣顒邦繼

室　　氏無出生乾隆　　年　　月　　日　　時卒嘉慶　　年　　月

日　　時葬　　坐　　向

彪夏三子諡畏仲生乾隆壬戌年十二月十七日戌時卒嘉慶辛酉年五
月廿六日巳時葬墩仔尾坐庚向甲兼酉卯娶樟公山后徐氏諱娟
官生子二巧來女二長適沙建鄭次適鵲橋黄

豹夏四子諱炳文字蔚其諡純厚生乾隆丙寅年五月廿六日寅時卒乾
隆　年六月初八日申時葬石硿仔坐甲向庚兼卯酉娶泰龍坑
后董氏諱煥官生乾隆　年　月　日　時卒　年
月　日　時葬　坐　向　兼　生子二綏雅女一適
芹下宋討官

典夏五子諡　生乾隆　年　月　日　時卒　年　月
日　時葬　坐　向　兼　娶山后胡氏諱紗官諡
生乾隆　年　月　日　時卒　年　月　日
時葬　坐　向　兼　生子四瀨狀嗣出合亨女一適龍
坑后董

棣[illegible][illegible]諱　[illegible][illegible]

燁夏六子謚　生乾隆戊寅年　月　日　時卒道光　年　月

日　時塟　坐　向　兼　娶樟公山后徐氏諱

對官生于幸巷

安振冕長子諱允敦字起仁謚德懋少失怙事母孝長善居積志雅尚書

詩每延名士以課于姪宗族韙之于嘉慶元年　恩授登仕郎頂帶

榮身生乾隆辛酉年八月廿一日辰時卒嘉慶辛酉年九月廿八日

申時原塟泰地郭墘埔　改塟金奎山之巔坐　向　兼

娶浦頭山邊社梁氏諱詞官生于六良斐咸田犁著

奄振冕次子諱起讓謚克勤生乾隆甲子年三月十九日丑時卒乾隆辛

亥年六月十六日寅時塟東洋内董家水鈂山坐壬向丙兼子午娶

詩平林氏諱宜官謚淑慎生乾隆　年　月　日　時卒道光

年　月　日　時塟　坐　向　兼　生子三

抹活簪

𨁽振冕三子諱起恭謚克恭生乾隆丁卯年十月初二日寅時卒乾隆乙卯年正月初一日子時葬泰地山后社胡家門口山石墩坪坐坤向艮兼申寅丁丑丁未分金娶樟公山后社徐氏諱仁官生子四聯漯乳海下腔著女一適瓊美吕門官

濟旧譜作除振冕四子諱巨川字用舟謚德運善營家討居積累萬充太學生以娛老年蓋亦人傑也生乾隆己巳年十月十八日　時卒嘉慶癸酉年七月十一日子時葬水吼仔后頭山坐艮向坤兼未丑丁丑丁未分金娶埔尾陳氏諱温官謚惠順生乾隆庚午年九月十一日卯時卒嘉慶己未年九月初九日酉時葬泰地人一里福全社墩仔頭山坐巳向亥兼巽乾生子三科壤映副室　氏名花姐生子三育讀芹

榔化長子生乾隆丙寅年八月廿四日戌時卒嘉慶元年九月十一日寅時葬洪坑嶺坐壬向丙兼子午娶芹下宋氏諱拖官生乾隆丙子年九月初四日未時卒嘉慶丁巳年十一月初三日卯時葬寨園山坐

卯向酉蕉甲庚生子三賈律巷（嗣出）女一適

審爲化次子生乾隆癸酉年　月　日　時卒道光　年　月

日　時塟　坐　向　蕉　娶簡頭山詹氏諱恥官生乾

隆　年　月　日　時卒　年　月　日　時塟

坐　向　蕉　生子二霜阜女一適

大樹振華長子早卒

地振華次子生乾隆庚寅年　月　日　時卒　年　月

日　時塟　坐　向　蕉　娶王氏諱　官生子二順贊

女　適

喠振華三子生乾隆　年　月　日　時卒　年　月

日　時塟　坐　向　蕉　娶　生乾隆　年　月

日　時卒　年　月　日　時塟　坐

向　蕉　生子二討

念根華四子 早卒

巽篇長子生康熙庚子年十一月廿一日巳時卒乾隆庚辰年十一月廿四日卯時葬獅母山坐巳向亥娶松洲鍾氏諱媚官生雍正癸卯年三月初十日酉時卒乾隆乙未年閏十月十八日酉時葬寨圍山坐癸向丁兼子午生子三韋石普女二長倫適泰南門薛朋官庠生有鉍毋次提適金沙陳家

椰篇次子生 卒 失記葬台灣娶白粧戴氏諱草官生雍正庚戌年八月廿六日卯時卒乾隆丁亥年五月廿六日巳時葬洪坑嶺崎下坐辰向戌生女一適芹下宋繼室長福黄氏諱約官生雍正癸丑年正月十五日午時卒嘉慶丙辰年十月十八日巳時葬相林山園尖坐卒向乙子一鈁

華篇三子生乾隆 年 月 日 時卒 年 月 日時葬 坐 向 兼 娶渡東李氏諱灸官生乾隆已

未年二月初二日酉時卒嘉慶丙辰年十一月廿四日戌時葬寨園
山坐卯向酉兼乙辛生子五清霜添民潛女一損達溪園林
憲匡之子謚　生乾隆庚申年六月廿二日戌時卒乾隆戊申年十月
初六日丑時葬和尚山坐庚向甲兼酉卯娶許下宗氏諱文官生乾
隆　年　月　日　時卒　年　月　日　時葬
坐　向　兼　生子四寬飽煥潭女一順適泰東門朱鎮官
盧苗長子生雍正癸丑年十二月廿七日酉時卒乾隆庚戌年十二月初
二日卯時葬東埕山鵝項后坐丙向壬兼午子娶王氏生乾隆辛未年
三月廿八日卯時卒乾隆己亥年八月廿七日酉時葬獅母山坐未
向丑兼丁癸
習苗次子生乾隆丁巳年　月　日　時卒乾隆乙未年十二月廿七日
寅時葬洪坑嶺山尾坐亥向巳兼丙壬娶宋氏生乾隆庚午年九月
十三日子時卒乾隆乙未年十二月廿三日寅時葬寨園山坐丁向

癸薫未丑生子一仰

連苗三子謚　生乾隆十二年二月初十日戌時卒嘉慶二年八月三

十日午時塟寮仔社后半嵴囯坐酉向卯兼辛乙娶浦南陳氏諱

官生乾隆　年　月　日　時卒　年　月　日

時塟　坐　向　兼　生子三池衛領

坦為茅長子生乾隆庚申年正月初三日午時卒乾隆癸卯年五月十八

日辰時塟獅毬山坐艮向坤兼丑未娶和睦社宋氏諱厭官生乾隆

年　月　日　時卒　年　月　日　時卒

年　月　日　時塟　坐　向　兼　生子二昌

元女一適龍徑

別茅次子生乾隆　年　月　日　時卒　年　月　日

時塟　坐　向　兼　娶赤橋黄氏諱現官生乾隆戊

辰年　月　日卒嘉慶辛酉年正月十四日戌時塟獅毬山坐寅

楊氏家譜　　　　　　[illegible]

向申兼甲庚

會苐三子謚　　生乾隆丙子年四月廿四日辰時卒乾隆戊申年十一

月二十日酉時葬獅形后寨山坐甲向庚兼卯酉娶赤橋黃氏生子

畫節改生子禁學緇亞

焙苐四子生乾隆　年　月　日　時卒　年　月　日

時葬　坐　向　兼　娶洲尾鍾氏諱萍官生乾隆

年　月　日　時卒　年　月　日　時葬

坐　向　兼　以繼子江為子

術威長子生雍正乙卯年　月　日　時卒嘉慶　年　月　日

時葬　坐　向　兼　娶何厝何氏諱月官生乾隆乙

丑年十月初二日午時卒乾隆辛卯年四月初九日寅時葬洪坑嶺

坐酉向卯兼辛乙生子河女緘適赤橋黃氏繼室休氏諱親官生乾

隆庚午年四月廿七日未時卒乾隆乙未年十一月十六日巳時葬

寨園山坐甲向庚兼寅申生子茁
漢威次子生乾隆庚申年九月初一日丑時卒乾隆乙卯年九月初一日
卯時葬横山园坐艮向坤兼寅申娶東山戴氏諱乃官生乾隆
年　月　日　時卒　年　月　日　時葬
坐　向　兼　生子三佗鳳量女一
語威三子生乾隆甲子年四月十四日子時卒乾隆己酉年八月初七日
辰時葬東坂山荔支湖坐丁向癸兼午子娶適改生子一麂
葉威四子娶　氏生乾隆　年　月　日　時卒　年　月
日　時葬　坐　向　兼　繼室　氏
秉威五子生乾隆丁丑年　月　日　時卒道光　年　日　日
時葬　坐　向　兼　娶　氏生子水錦
乞根瀾子娶　氏生子
紐洞長子娶崇頭方氏諱讌官生子不入

楊氏家譜　卷八世系錄　廿七世

庚洞次子娶黃氏改適生子一老
尭振基長子諱允峻性孝順母久病傾家服藥數月不安寢席宗族賢之
生乾隆己未年十月廿一日未時卒嘉慶庚申年十月初十日辰時
惜也奸貪詐偽貽害宗族流死他鄉塟處莫考娶郭氏生卒塋失記
生子三琳瑱晲
閑為振基次子早卒
隐綸長子生乾隆壬戌年七月廿八日子時卒乾隆辛亥年八月初九日
亥時塟獅形山坐巳向亥兼丙壬娶吳氏諱草官生乾隆甲子年十
月廿一日卒乾隆壬寅年八月二十日未時塟書洞山坐丙向壬兼
巳亥生子一琫
揚綸次子生乾隆丙寅年正月初六日亥時卒乾隆庚子年九月初七日
亥時塟書洞山坐午向子兼丁癸
菊為任長子娶　氏

邑任次子

訂待長子生乾隆　年　月　日卒　年　月　日　時

塟　坐　向　兼　娶邊改生子一榜

蒲待次子生乾隆　年　月　日　時卒　年　月　日

時塟　坐　向　兼　娶林氏生子一筆

他待三子生乾隆　年　月　日　時卒　年　月　日

時塟　坐　向　兼　娶節改生子一

雪遂長子生乾隆甲申年三月廿六日寅時卒乾隆壬子年十二月廿一

日酉時塟東坂山坐巳向亥兼丙壬娶節改

梗遂次子早卒

乖遂三子生乾隆　年　月　日　時卒　年　月　日

時塟　坐　向　兼　娶　氏生子三傑冕拱

存継長子生乾隆己丑年十一月十八日巳時卒嘉慶辛酉年九月廿四

林□□譜　□□

日未時葬鄉毬仔蔕坐坤向艮兼申寅娶赤橋黃氏諱潛官生乾隆
年　月　日　時卒　年　月　日　時塟
坐　向　兼　生子讓

開繼次子生乾隆　年　月　日　時卒　年　月　日
時塟　坐　向　兼　娶金沙陳氏諱　官生乾隆
年　月　日　時卒　年　月　日　時塟
坐　向　兼　生子二籓早

冲繼三子生乾隆　年　月　日　時卒　年　月　日
時塟　坐　向　兼　娶　氏生子

鋭為鋭之子
永埒長子居台湾
意埒次子
實埒三子

義貢之子

賛楚入長子

璣楚楚入子以上俱居台湾

匏為棕之子早卒

酧為旋長子出嗣為坎之孫謚清和生乾隆己酉年五月初六日子時卒

嘉慶戊寅年十一月三十日未時塟東坂山鵝項仔項坐午向子兼

丙壬子沛

閏旋之子娶芦營陳氏諱敬官生子沛出嗣棻濊出為他姓後

磚渺長子早卒

樟渺次子

井懷之子早卒

水國興長子娶　氏諱　官生子

坑國興次子

[illegible]

瀨排之子生乾隆　年　月　日　時卒　年　月　日

時葬　坐　向　兼　娶陳氏改適生子浸

二十八世

慊錦長子

長錦次子

乞錦三子

清和錦四子

麟龍長子

思龍次子

三龍三子以上住居吳家山

沉之子

鑨之子

團顕長子娶　氏

欣顕次子

蚌顕三子出嗣

永應之子

川秦之子生乾隆　年　月　日　時卒道光　年　月　日

時葬　坐　向　娶汰内林氏生乾隆　年　月　日

時卒道光　年　月　日　時葬　坐　向　生子一

摁女一適何厝

榛昇之子娶黄氏生子

更約長子

丁約次子

汾滿長子娶塗楼林氏諱箕官生子族曹

白滿次子娶芹下宋氏諱順官生子尚

林氏家譜

漾湍三子

忍湍四子

柔湍五子

粧為比長子娶　氏生子

縱比次子娶　氏生子

榷比三子

八比四子

淡長子

淡次子

淡三子

淡四子

淡五子

學懿之子娶芦氏生子連

吟岳長子

誦岳次子娶芹下宋氏諱香官生子

朗岳三子

詳葵長子

湍葵次子

鼓長長子早卒

氷長次子娶衡坑　氏生子迄委

浅長三子娶浦頭梁氏生子

粒月長子生嘉慶丁巳年　月　日　時卒道光庚寅年　月　日

時塟觀石尾坐　向　兼　娶銀塘趙氏生子三

驪月次子早卒

丈月三子娶芹下宋氏　生子擭

海月四子娶溪園林氏生子

磕月五子

碧字長子

皆字次子

岩秋之子早卒

參實長子

湍實次子出嗣

魏實三子

庶實四子

鄭實五子

福淞之子娶囯坑林氏諱香官生子概

及景之子娶芹下宋氏諱愛官生子損嗇

茂盖長子娶陳氏諱蔭官生子潘

種盖次子

门歲之子

榮冬長子娶　氏

養為冬次子

庚桐長子娶　氏

相桐次子

答培之子

寡山長子娶　氏

暢山次子

天為山三子

釗畧之子生嘉慶　年　月　日　時卒道光　年　月　日

時葬　坐　向　娶松州鍾氏生嘉慶　年　月　日

時葬卒道光　年　月　日　時葬　坐　向　生子

二量舵

[illegible]

𢯱為儘長子娶溪園林氏生嘉慶　年　月　日　時卒道光
年　月　日　時瘞　坐　向　生女一適松州鍾家

惹儘次子娶吳浦吳氏

共儘三子

韓央長子早卒

崎央次子娶崩溪梁氏生子

擾葉之子

遇為觸長子

觸次子

員之子

稗長子娶　氏生子

稗次子

稗三子

棹四子
稗五子
鈐灘之子
杕炎之子
畓龐長子娶　氏生子
龐次子
談寨長子
嘴寨次子
漢寨三子
緩寨四子
千深之子
與畓長子
畓次子

第三子
毆漆長子
彥漆次子
漆三子
耀宣長子
鬥宣次子
林宣三子出嗣
判椽長子娶洛濱陳氏諱　官生子
曳椽次子
尹椽三子
[illegible]椽四子
六椽五子
師約長子娶芦營陳氏諱　官生子

善約次子

擯鋪長子娶內林鄭氏諱　官生子

純鋪次子娶前浦林氏諱　官生子

舌撚長子娶龍徑林氏

撚次子

撚三子

搶脉長子娶溪園林氏

脉次子

脉三子

脉四子

脉五子

巒塢長子娶

塢次子

曾

美

⿰言茸長子
⿰言茸次子
諎三子
⿰言茸四子
荐長子
荐次子
荐三子
為威之子
鐙
書長子
民
書次子
妒
書三子
振
書四子
書五子

畫六子

畫七子

廉　點長子

　　點次子

　　點三子

現　侚長子

　　侚次子

　　侚三子

趙　稍之子

囒　沃長子娶蕪坑姜氏

蔦　沃次子

戴　焯長子娶芹下宋氏諱　官生子御鈞

鐢　焯次子娶何氏生子

穆[illegible]房　美[illegible]　[illegible]

杙焯三子娶詩平林氏諱　官生　年　月　日　時卒道光

年　月　日　時塟　坐　向

璧為焯四子

汎長子

汎次子

汎三子

汎四子

汎五子

度桱長子

圻桱次子

桱三子

澗亂長子

室亂次子

鄒亂三子
亂四子
亂五子
陷長子
陷次子
崖之子
晏重之子
欃長子
欃次子
篡之子
輝長子
輝次子
輝三子

曾
美

輝四子

輝五子

不之子

樸　泗長子

昌　泗次子

請　泗三子

富　泗四子

磚　仰長子

仰次子

配　徵之子

釧　皎長子

柄　皎次子

八　力長子娶　氏子

家力次子娶　氏子
荳力三子娶赤橋黄氏
多崇長子娶　氏
私崇次子
蠓為堅長子娶興家山余氏諱　官生子
陽堅次子娶山邊梁氏諱　官生女
堅三子
堅四子
維長子
中維次子
萍旺長子娶龍徑林氏諱　官生子
萬旺次子
博旺三子

木[illegible]　春[illegible]

仁俵長子娶何氏

桊俵次子

老俵三子

俵四子

分水長子娶赤橋黃氏諱　官生子

𠮩水次子娶松州鍾氏諱　官

局馮長子娶浦南圩石氏生　年　月　日　時卒道光

年　月　日　時塟　坐　向

皃馮次子

章示三子

宜馮四子

馮五子

馮六子

述鈠次子生　年　月　日　時卒　年　月　日
時塟大山坐癸向丁兼丑未
羨鈠三子
琛焔之子娶浦南圩吳氏諱鹿官生　年　月　日　時卒道
光庚寅年　月　日　時塟　坐　向　兼　生子
三貞適長出嗣
濫駟之子生乾隆癸丑年　月　日　時卒道光　年　月　日
時塟　坐　向
蘢恪長子娶寨坂林氏諱歐官生　年　月　日　時卒道光
庚寅年　月　日　時塟　坐　向生子宗女因遷康山陳庶
官次　遷渡東李家
銓恪次子生嘉慶　年　月　日　時卒　年　月　日
時塟　坐　向

[illegible]

杯彈之子娶竹仔園黃氏諱番官生嘉慶　年　月　日　時卒道

光　年　月　日　時葬　坐　向

甲壇之子

定長子

定次子

定三子

殿之子

門兄之子

淵棍之子

在國之子

沁諱長子娶　氏生子

諱次子

諱三子

諱四子

謳五子

趚茄之子

𠖁 惕長子

惕次子

帖 惕三子

磨為廚長子

蟯廚次子

变此之子

沙為圭長子娶　氏生子龍

蕉為圭次子

赤圭三子

且巨長子

[illegible]

滔巨次子

萃捷長子

共捷次子

破捷三子

喃捷四子

串笑長子

興笑次子

笑三子

城之子

叩之子

布張長子

斷張次子

太春之子早卒

爵次長子
鏢次次子娶　氏生子
守次三子
悰君之子早卒
友之子
南長子
南次子
南三子
鎗汶之子娶浦
麃彩長子
笠彩次子
賢彩三子
靴彩四子

諫彩五子
湖硯長子
寅硯次子
　來長子
來次子
蔭趾之子
深之子
杰鮏長子生乾隆戊寅年　月　日　時卒　年　月　日
　時塟　坐　向　蕙　娶詩明林氏生乾隆　年　月
　　日　時卒　年　月　日　時塟　坐　向
　蕙　生子一謇女二長適　次適
錐鮏次子生乾隆　年　月　日　時卒　年　月　日
　時塟　坐　向　娶節改子殷

隊衅二子
湪衅四子娶　氏諱儉官生子葱斗
牙為潘長子早卒
尚潘次子生乾隆　年　月　日　時卒　年　月　日
時塟　坐　向　娶改適
牽郡長子生乾隆　年　月　日　時卒道光庚寅年　月　日
時塟　坐　向　兼　娶赤橋黄氏諱　官生子二策午
女二長適赤橋黄次適水流米
閔郭次子早卒
運郭三子娶　氏生子長
彬放長子娶　氏生子偃王女二長適　次適
扬放次子早卒以姪倩為嗣
諳放三子娶渡東李氏諱春官生子倩出嗣騰坐

楷　碧　淳

肉放四子娶張氏諱　官生子習太坪
完放五子
冉溪長子生乾隆癸未年正月初十日巳時卒乾隆甲寅年四月廿九日
子時葬杉仔山后坐乙向辛兼卯酉娶適改生子輝
澄溪次子早卒
克考之子
良厥長子娶赤橋黃氏諱　官子鼈
爲厥次子娶　氏諱　官生子繼
作爲俊長子娶塗樓林氏諱說官生子啟宅慶女一適詩廳黃家
作俊次子生乾隆　年　月　日　時卒嘉慶　年　月　日
時葬　坐　向　兼　娶節改
寄爲倪長子生乾隆　年　月　日　時卒　年　月
日　時葬　坐　向　兼　娶趙氏生子二稟摵

方侃次子生乾隆　年　月　日　時卒道光　年　月　日
時葬　坐　向　兼　娶張氏生子
本傑長子娶渡東李氏諱悅官生乾隆　年　月　日　時卒道光
年　月　日　時葬　坐　向　兼　生子謁潤
[illegible]傑次子娶　氏生子
[illegible]傑三子娶　氏生子
坎傑四子娶
鰲傑五子
聘孔長子生乾隆　年　月　日　時卒道光　年　月　日
時葬　坐　向　兼　娶山后　氏諱　官生子二　廿臏
洑孔次子
真麟長子生乾隆　年　月　日　時卒　年　月　日
時葬墩仔尾坐　向　兼　娶赤橋黃氏諱閣官生子三　郡黌
卷八　世系錄　廿八世

助
緝麟次子早卒
騆麟三子娶浦美陳氏諱曉官生子魯課藴莫
邦麟四子娶　氏生子燥答
巧彪長子娶州尾鍾氏諱誦官
來彪次子早卒
綏豹長子娶山后徐氏諱炙官生子括卿
維豹次子早卒
〻典長子
合典次子娶本社鄭氏諱　官生子鏹
亨典三子
韋燁長子娶　氏
苍燁次子娶　氏生

飽憲次子生乾隆三十四年五月十四日午時卒嘉慶元年十一月十七
日亥時葬寨圍山脚坐甲向庚兼卯酉娶寨坂王氏諱紉官痛夫早
逝矢志靡他黑夜出亡莫尋其踪傷哉子碧
飽憲三子娶上章　氏諱矜官生子鶴種客營　女
四子娶溪园林氏諱凤官生子壹咽祕庶梓女
仰習之子早卒
池連長子娶寮仔周氏諱　官生子創正允女
衛連次子娶　氏諱　官生子
領連三子
昌坦長子早卒
元坦次子娶渡東黄氏諱然官生子島義萬
書會〻〻丁娶梧蒼蔣氏諱　官生子標
桀為會〻〻丁娶詩朋林氏諱　官生子

學為會三十

鰡為會□子

亞為會五子

江為婚之子娶　氏生子

河衍長子生乾隆　年　月　日　時卒　　年　月　日

時葬　坐　向　兼　娶逵改生子二王揉

岳衍次子生乾隆　年　月　日　時卒　　年　月　日

時葬　坐　向　兼　先配張氏未娶而卒迎主奉祀

繼娶渡東李氏諱瀊官生乾隆　年　月　日　時卒

年　月　日　時葬　坐　向　兼　生子二起屹

女一適芹下宋

佗漢長子

鳳漢次子　俱早卒

重漢三子

[illegible]語之子隨母出嫁生卒塟未考
水為粟長子娶　氏
錦粟次子
繼長子
世次子
蔡蓶之子
林竞長子娶　氏生卒塟俱失記繼室節改生子一彩
璌竞次子
睍竞三子　俱早卒
榜訂之子
必蒲之子
砀他之子
傺乖長子

卷八　世系錄　廿八世

冕乖次子

拱乖三子

讓存之子

籓開長子

早開次子

柔沖長子

塘沖次子

[illegible]之子

鐵長子

秉昆子出為他姓後

浸瀨長子

瀨次子

瀕三子

梁董之子

扳蚱長子

漢蚱次子

恭長子

恭次子

恭二子

恭四子

錢之子

行岱長子

岱次子

浦汪長子

様汪次子

汪三一

卷八　世系録　廿八世

汪四子
走長子
走次子
尺策長子娶　氏生子
偉策次子
辦道之子娶　氏生子
汀藜長子生乾隆丁酉年九月　日　時卒道光　年　月　日
　時葬橫山　祖墓后右邊坐庚向甲兼申寅娶龍徑林氏諱劉官
　生子三潤近嗣出執嗣出女四長甫適芹下宗鉄官次適興家山陳茂官
　三愛適赤橋黄四適芹下宗
澔藜次子生乾隆辛丑年　月　日　時卒嘉慶　年　月
　日　時葬洪坑嶺后坐　向　兼　娶赤橋黄氏諱親官生乾隆
　年　月　日　時卒道光　年　月　日　時葬

坐　向　兼　　生子一註
旁藜三子生乾隆壬子年　月　日　時卒道光　年　月
日　、時附葬大山芋林尾祖母趙氏之右娶浦南圩陳氏子長
陶[illegible]　子生嘉慶庚申年　月　日　時卒道光　年　月　日
紹　時葬大帽后　坐　向　兼　以胞姪執為嗣
佔濟長子生乾隆甲辰年　月　日　時卒　年　月　日
時葬　坐　向　兼　娶泰邑庠生啟昌戴公女諱德
官生　年　月　日　時卒道光　年　月　日
時葬　坐　向　兼　子及
少濟次子生乾隆庚戌年　月　日　時卒道光　年　月　日
時葬　坐　向　兼　娶橋仔頭圩樓內李氏諱鶴官生
年　月　日　時卒道光　年　月　日　時葬
坐　向　兼　生子三銓及匾及出嗣
昜　寅　[illegible]　世系錄　廿八世　自[illegible]　[illegible]

潑一士長子諱渠消娶泰地井東社章氏諱潔官生子新藝鵜院女三長銀
適銀浦趙紅官次　適康山陳　官三玉適赤橋班山黃南官
補一士次子諱周仲娶天寶市陳氏諱管官生子表壬飛女四長適赤橋
班山黃　官次仙適龍徑林　官三上適銀塘趙四市適松州鍾
變一士三子諱維誠娶鰲浦吳氏諱娘官邑庠生吳彩彰胞妹生子祚看
任歡條女五長蟒適吳浦吳雪官次桂適松州鍾　官三賞適芹下
宋我官四　適崩溪梁五　適芹下宋
貸範之子諡　生乾隆庚戌年十一月　日　時卒道光　年
時原塋大浦園今遷塋店仔尾園坐甲向庚兼寅申娶芹下宋
諱迎官生乾隆　年　月　日　時卒嘉慶　年　月
日　時塋石碇仔王家山脚园内坐　向　兼　繼室陳氏諱
猛官子二近玉女一異適芹下宋忠官
務鈹長子渡頭黃坑黃氏諱擇官子文

日　時葬洪坑嶺坐　向　兼　娶銀塘趙氏諱有官生女輕

達銀塘趙　官以胞姪嵩為子

籌芭、三子娶淘内陳氏諱量官生子嵩出（嗣）繼（上平音）粹雪女

聯（上平音）跳長子娶吳浦吳氏諱順官生子芋頡（上平音）女

兆次子娶何厝　氏諱幼官生子沫湊女

（恒）（毋下）跳三子諱文雅字淑卿性行溫和孝友可風娶康山陳氏諱生官謚

縱柔生乾隆丁未年七月廿六日戌時卒嘉慶丁丑年四月十八日

寅時葬浦仔魚滘山脚坐卯向酉兼乙辛生子二庇取繼室石井許氏諱

得官生子扁（儲）料潮

著跳四子娶詩廳黃氏諱惠官謚從淑生乾隆庚戌年五月十七日辰時

卒嘉慶己卯年閏四月初七日卯時葬宗林山園坐丁向癸兼未丑生子

須繼室山后胡氏諱員官生子乃井

科巨川長子謚步墀生乾隆甲午年十一月廿一日寅時卒乾隆癸丑年

楊氏家譜　卷八　世系錄　廿八世

十月廿九日巳時原塟石空山迁塟人一里郭林前社憑坑后壁坐
辰戌向戌辰兼辛乙無娶以胞姪詰洽為子
壤巨川次子諱帳字繡敷善繼父志善貽孫謀潤屋榮身兼而有之娶
內林社鄭氏諱賞官生子廩副室郭氏名春姐生子洽嗣出切春姐生
乾隆　年　月　日　時卒嘉慶　年十月二十日　時塟
在待扶石坐　向　兼　副室　氏名琴姐生子碖監副室
氏名菊姐生子蔡正
安巨川三子諱文彩字耀彰弱冠習武一試成名萬里鵬程拭目可俟娶
璞峯陳氏諱登官生子通詰嗣出副室　氏名添姐生子欽眼生
年　月　日卒道光　年　月　日　時塟寮仔山坐　向　兼
副室　氏名香姐生子快推亡失　年　月　日　時
育巨川四子娶金沙陳氏諱柔官生子慶曲俱嗣出生
誠巨川五子謚文禮生　年　月　日　時卒　月

良允敦長子諱蕓元字弼卿少習舉子業府縣屢試前矛厄于時運不克
　一售因充太學榮身論其生平則緼藉風流令人可愛也娶浦頭社
梁氏諱曉官生子愷烈宛女瑞適浦頭梁適官副室陳氏名香姐生
子棟醔

良允敦次子字達卿生乾隆癸巳年　月　日　時卒　年
月　日　時塟　坐　向　兼　娶康山陳氏諱嫖官
　生子二麃泾女言適下洲黃益友

咸允敦三子字澤卿配銀塘趙氏未于歸而逝迎主奉祀繼室瓊美呂氏
諱旨官生乾隆　年　月　日　時卒　年　月
日　時塟未　生子篆女燕適紅坑戴能官　室　氏　生子球

甲允敦四子字在鄉生乾隆庚子　月　日　時卒嘉慶　年　月
　日　時娶瓊美鄉進士呂嘐玉公胞姪女孫諱姸官生乾隆
年　月　日　時卒　年　月　日　時合塟水孔

皇

□□宗譜　梁□

仔黃林橋頭坐丑向未兼癸丁生子三瑤奏粿

犀光敦五子生乾隆甲辰年　月　日　時卒　年　月

日　時塟泉洋內金雞山坐　向　兼　娶山邊梁氏諱儉官生

乾隆　年　月　日　時卒　年　月　日　時塟

宋林山坐　向　兼　生子策繼室石碼　氏生子鏊

著光敦六子生乾隆庚戌年　月　日　時卒嘉慶　年　月

日　時塟未　娶銀塘趙氏諱當官青年孀居事姑不怠撫養兒女不

闻憒謈聲洵閭內芳範也子二淦哲女二長準適霞城東門外田仔

墘鄭　官次啓下

秫苞長子生乾隆　年　月　日　時卒　年　月　日

時塟　坐　向　兼　娶塗楼林氏諱擁官生子昭愛

活苞次子字有源恬靜勤學豪無俗慮惜天限其年莫酬素志誠令人代為

痛傷也生乾隆辛丑年正月十五日寅時卒嘉慶丙寅年十二月

水長子

二十九世

水次子以上五條主事公派

揺用之子

旅汾長子

東汾次子

禹句之子

連應之子

迄水長子

偉水次子

淺之子

粒長子

[illegible]次子

立三子

碧

昊

攘文之子

衵之子

捐
㞋長子

㞋次子

茂之子

量
鈫長子

舺
鈫次子

之子

畬之子

荆之子

師之子

擯之子

純之子

長運之子
偃彬長子
一彬次子
丨另之子
子
□諳次子
習肉長子
太肉次子
坪肉三子
跅肉四子
輝冉之子
鼈為艮之子
繼窮之子
丨丨丨丨丨

卷八　世系錄　廿九世

曾

美

村　之長

啟仲長子早卒

宅仲次子娶　氏生子

慶仲三子

禀𥨊長子早卒

撼𥨊次子

魁刀長子

顔刀次子

湯本長子娶　氏生子

子

未本三子

岫之子

香之子

坎之子

甘[illegible]長子

[illegible]聘次子

郡真長子娶　　氏生子楚

黨真次子

三子

[illegible]真長子娶　　氏生子

課[illegible]子

蘊顥三子

萁顥四子

燥邦長子

答邦次子

邦三子

括[illegible]　　氏

林[illegible]　基[illegible]
卿[illegible]　氏
綏三子
鏃合之子
巷之子
愷夢元長子原配墁尾呂氏未娶而卒迎主奉祀愷謚　生乾隆己酉
年　月　日　時卒嘉慶　年　月　日　時塟
向　蕉　繼娶華山李氏諱美官生子一　女罕娘適長泰
小銀塘王家
次子娶汰内陳氏諱娥官生子報　女
[illegible]夢元三子娶国坑林氏諱轉官
[illegible]夢元四子娶松州鍾氏諱　官生子
鬰夢元五子
爲[illegible]之子生　年　月　日　時卒　年　月　日

時塟嶺墘尾社后　　坐　向　兼　　娶浦頭梁氏諱　官子三

忼翼降

彔咸長子娶南塘李氏諱罔官子

𢔶𢔶次子

子生　　年　月　日　時卒　　年　月　日

時塟　　坐　向　兼　　娶何厝何氏諱　官生子

入子娶芹下宗氏諱　官生子

一子

策羣長子娶芹下宗氏諱悅官生子

鍪羣次子

倫羣三子

泾著長子娶　　苜何氏諱　官

著次子

世　次　十九

今　十九世

以抹次子娶

嵩活之子娶溪園林氏諱　官

縺篩長子

粹簪次子

一子

長子生　年　月　日　時卒　年　月　日

時葬　坐　向　兼　娶詩廳黃氏諱　官生子亨

子

長子娶沙建鄭氏諱　官

溌潔次子

砶乳長子娶芹下邑庠生宗鶴年公孫女諱　官

収乳次子

儲乳三子

料乳四子

潮乳五子

消長子娶泰邑坂頭黄氏諱拳官生子四岸草工醬

子

薯三子

四子

誥　子娶大坑趙氏諱　官生子

洽科次子娶下州楼黄氏諱料官生子續立

廪惟黄長子娶内林社林氏諱仙官生子煉副室　氏生子再里副室　氏生子

切惟黄次子娶芹霞社衆氏諱惠官生子百

碕惟黄三子娶下洲楼黄氏諱喜官生子湛

蔡惟黄四子

日

丁娶、吳氏諱　官生、

欽文粉　子

耿文輝三子

育之子

芹之子

鍾爲質之子

子

之子

十早卒

右次子

印風之子娶　氏

祥寬長子娶　氏諱　官生子

蓀寬次子

御戴長子

鈞戴次子

戴三子

為鑻長子

鈙次子

為八長子

為八次子

為象之子

蠔之子

萍之子

分之子

辨之之 時

潤汀之子 十二 嘉慶丑年 月 日 時卒道光 年 月 日

廿六五廿 一 卷八 一 廿九世

皇 兰八

葬　湖

[illegible]

土大山坐向兼　娶扶搖李氏諱誦官生子恬 改郎

詚湍之子娶溪園林氏諱我官

長之旁之子

執陶之子娶芹下邑庠生宋超倫公次女諱欵官生子

及佔之子

鉎步長子娶詩予林氏諱言官生子

傴　[illegible]子生道光　年　月　日　時卒道光　年　月　日

時葬　坐　向

長子娶龍徑林氏諱敬官生子関東

藝潑次子

藕潑三子

院潑四子

悉補長子

壬補次子
纛補三子
祚變長子
[illegible]子
[illegible]子
[illegible]
條變五子
近貨長子娶詩平林氏諱悦官生子
玉貨次子
交務之子
貞琛長子
逵琛次子
宗愡之子
[illegible]

卷八世系錄　廿九世

[illegible]

謦交之子娶　氏

之子

汋長子

斗洙次子

箓宰長子

午宰次子

世系録

開漳始祖統公光州固始人唐官河東玉
鈐衛昭信校尉高宗顯慶中奉朝命
從將軍陳政師閩越三年總兵討廣
寇陳謙戰没於陳子孫皆襲蔭武職
防禦邊寇撫綏新民因家於漳統公
至守固公凡十一世元季譜帙殘缺
當益齋直菴修時譜已無可考矣
守固公統公之十一世孫也值永春留從
効作亂而以卑職弱兵爲主帥程斌

出拒不克羅其族殺存子重卿
重卿公守固公子官建寧屬邑簿與郡守
蜀人偉公會有同宗之誼從効作乱
公在建寧獲免閩宗族被誅孤特無
助不敢回漳且虞留氏有不軌之謀
乃隨建寧偉入蜀立貫於山西之潞
州黎城縣生子觸
觸公
重卿公子周世宗中以息畧薦官昭
武軍節度使生子仕休
一世

四世

三世

先壁令望長子由陶洋徙居霞城英宗治平丙午試明經科第十三調寧州攸判常州致仕享壽六十有六配趙氏生子聳漢

碧溪聳基始祖諱聳漢號十五公世居霞城東北隅崇寧間遷北溪之濱距城三十里許地名碧溪以長子汝南貴勅封從政郎塟本處尹壠尾檬林山坐庚向甲配蔡氏合塟於左生子四

五世

福權蔭黌墳係黃疊胖先生所扦號曰芽笏滿床疊胖精於堪輿所識多驗人呼為妙應先生云

福改名汝南字彥侯號快然居士十五公長子擢紹興乙丑科進士初任贛州教授改廣州仍前職後以祭酒楊椿薦改知古田縣致仕晉階朝散大夫生子冥亦贈中散大夫孫承祖撫州知州曾孫思安新懷主簿思恭程鄉尉玄孫公錫承德郎詳在旧譜并家賢傳

六世　七世

權字彥諄十五公次子詳在旧譜

蔭字彥伯號不倚先生十五公三子文行與怏然居士齊重於時配陳氏繼蔡氏合塋倉下山坐丑向未俗呼三公墓生子資政

黨字彥理十五公四子塋詳在旧譜無嗣

資政彥伯子塋前园山配張氏生子二茂實茂積

茂實資政長子塋前园山

茂積資政次子附塋前园山配謝氏生子

八世

一子俊

子俊茂積予仕奉議大夫尚寶司卿塋前
园山之麓坐壬向丙兼子午配　氏
生子二敏永三十使

九世

敏永子俊長子仕廸功郎配柯氏生子二
四十三使十官人塋尹壠山尾坐辛
向乙俗呼下墓

十世

三十使子俊次子

四十三使敏永長子配吴氏生子真瑞真
儒合塋史院山之麓坐申向寅

十四世

進緒國銘長子無嗣

進晟國銘次子字伯直配林氏塟在東坂

　邉林中崙坐辰向戌生子治琅

真養行八彥明子配陳氏無出以從子暮

　生爲嗣

治琅字全中號節齋伯直子元順戊子年

　生明洪武二十年丁卯二月廿一日

　卒塟坛頭山坐艮向坤配蔡氏無出娶

　謝氏號貞烈元順帝丙申年十一月

　十三日生明正正統戊辰年十二月

十一日卒生子二暮生泰生暮生出繼於真養公泰生誥封戶部主事詳見舊譜

十五世

暮生字希曙號素軒全中長子出繼於真養洪武十二年己未四月廿九日生九歲而父歿生母謝氏實鞠成之比長以耕讀爲業克勤克儉而貲積饒裕當是時先人之遺澤至隆而祚亂衰微至希曙公兄弟出統緒賴以不墜生正統十一年丙寅四月十一日酉時卒葬官坑山坐丁向癸兼未壬

十六世

配洋山林氏號德儀洪武十二年己未七月十二日酉時正統十四年己巳十一月十八日午時卒合葬官坑山生子三衡聰果女一適鄒宜讓

衡字文佩號益齋希曙長子正統辛酉舉人授程鄉臨清二縣儒學訓導陞楨榆教諭詳見旧譜

聰字文儼號敦勵齋希曙次子永樂庚寅九月十九日戌時生天性勤敏飭躬勵行正家教子皆有法度閨門之間

內外整肅昆季義讓怡怡如也善創善繼先業益以充拓焉成化己酉正月廿五日戌時卒享年五十有六配金陳沙氏號孜順勤相夫嚴教子可爲女式永樂壬辰　月初九日巳時生成化己亥年四月　廿日午時卒合塟新倉石鼓山坐丑向未生子三親羅淳女二長適廣讀蔡廷振次適桃源御史陳　公弟庠生陳子玉

果字文佩號逸軒布暑三子詳見旧譜

十七世

親字興仁號碧溪閤人文儼長子配胡氏繼洪氏合塟東洋山之原坐丑向未生子四詳見旧譜

寵字興榮號節菴文儼次子恩授將仕佐郎塟橫山烏石壠坐辰巽向戌巽配鄒氏塟霞南塘北山坐辛向乙副室吴氏塟舉林人坐寅向申副室陳氏塟御史嶺坐丁生子六詳見旧譜

淳字興雅號簡軒文儼三子有亢宗才造化限之三十二而卒生於正統七年

壬戌十二月初八日巳時卒成化十年甲午十月十三日寅時娶林氏號懿節豐山通判定公姪女孀居三十餘年純節無疵正統九年甲子二月初三日丑時生正德七年壬申二月廿九日卯時卒合葬石鼓山敦勵齋墓左坐癸向丁生子二璽潔女二長適香州魏濵國次適挑源溱乞賴

十八世

璽興雅長子字國制葬在尹山早卒

潔字國清號敦睦齋興雅次子平心率物

和氣襲人雅毓經籍老而不厭成化乙未年二月廿五日亥時生嘉靖戊戌年正月廿二日亥時卒附塟簡軒公墓右坐子向午兼癸丁配涂氏號肅勤常山令雍公姪女成化乙未年十一月十四日辰時正德己巳年十月初六日未時卒塟於上鄒坐乙向辛生子二桓森女一適陳丕範繼室長泰縣副使孫女歐氏弘治三年庚戌十二月初九日巳時塟橫秋之書

洞山坐丙向壬生子三橋桐榮女一
寶慶府通判王公耀十子廷慶副室
林氏生子三櫝榔樹

十九世

桓字擇卿國清長子弘治己年十二月十
五日生娶方氏繼蔡氏生子二從祖
學祖 旧譜云未詳

森字翠卿行三國清次子正德戊辰年十
二月初一日生隆慶己巳二月廿六
日卯時卒娶溪環林氏謚慈淑生一
正德戊辰年　月　日　時卒

於嘉靖四十年辛酉六月初六日合
塟浦口社前塗山後壠向癸坐丁[illegible]
子二燦炳女一
橋字進卿號盱江行四國清三子年二十
四卒配林氏繼黃氏生女一無嗣
櫝字寶卿行五國清四子娶鍾氏生子名闕未詳
桐字懿卿行六國清五子號見溪配郭氏
合塟吳前山后赤壠口坐丙向壬生
子五詳見旧譜益府庠生
柳字芳卿國清六子娶詹氏生子一焰旧譜未詳

尌字立卿國清七子娶沈氏生子名失未詳

榮字嚴卿國清八子配葉氏合葬尹壠山坐癸向丁內丙子丙午分金內庚子庚午分金生子二詳見旧譜

二十世

桀諱汝晦字㷡夫號碧川翠卿長子配沈建鄭氏萬曆三十六年戊申正月十一日午時合葬蘊木大山中崙下湖坐庚向甲兼申寅生子三揮湛塈詳見旧譜

炳諱汝翰字　夫號碧涯翠卿次子生嘉靖十四年乙未七月二十日未時卒

廿一世

萬曆三十二年甲辰十月廿三酉時
葬洪坑嶺坐乙向辛兼酉卯配溪環
林氏謚慈儉生嘉靖十四年乙未六
月廿九日亥時卒萬曆三十一年癸
卯四月十六日子時葬下菴山坐乙
向辛生子一塔

塔

字繼占汝韜子生嘉靖三十九年庚申
十二月廿九日辰時卒萬曆四十三
年乙卯五月廿九午時配　氏諱玉
娘生嘉靖三十六年丁巳三月初四

日未時卒天啟二年壬戌五月十一日丑時合塟金鷄山中崙之麓坐乙向辛生子一鉉

廿二世

鉉

鉉字世貫號玉宇謚朴直繼召之子生萬曆七年己卯十一月十六日巳時卒曆四十五年丁巳五月十五日申時塟杉仔山后坐巳向亥配黃氏諱金官謚勤淑生萬曆七年己卯辛順治五年戊子十二月十五日午塟下菴山中崙坐癸向丁兼丑未生子三漳

廿三世

次潮

漳世貫長子諱進表謚厚道生萬曆廿九年十二月十三日巳時卒康熙十三年二月初十日　時塟在店仔尾坐　向　配蔡氏無出繼程氏諱高官謚勤儉生萬曆三十九年十二月十三日亥時卒順治十五年戊戌四月十六日卯時塟下坂新樟崙坐甲向庚無出副室　氏生子一維

次世貫次子諱進文謚秉直生萬曆三十

二年九月初五日申時卒康熙十二年三月初八日巳時配林氏諱德官謚勤淑生萬曆四十五年十二月廿三日未時卒康熙十四年九月廿二日亥時合葬山尾園坐庚向甲子二

篆愷

潮世貫三子諱進紳生萬曆三十九年十一月廿四日酉卒崇禎十年七月十一日未時配吳氏諱仍官謚慈敏生天啟三年八月廿五日未時卒順治

廿四世

十八年五月初八日未時塋洪坑嶺金城園内坐乙向辛生子二列正

維進

表子諱文槐謚純朴生順治八年辛卯九月二十日辰時卒康熙四十六年丁亥二月十五日寅時配吳氏諱平官謚勤慈生順治十二年乙未十二月初六日丑時卒康熙四十六年丁亥正月初五日卯時合塋相會港園坐酉向卯兼辛乙生子三武殿節女四餘詳旧譜此公即樓里旧學埼頭三落大厝之祖

篆進文長子諡純朴生崇禎十四年八月
初二日辰時卒康熙十七年五月二
十日酉時塟獅毋山坐申向寅配宗
氏罕官生順治元年三月初七日未
時卒雍正五年六月初五日午時塟
店仔后坐乙向辛生子一建

愷進文次子諡質直生順治四年三月十
七日寅時卒康熙卅五年閏四月廿
五卯時塟洪坑嶺外獅形坐寅向申
配林氏諱親官生順治五年五月十

一日午時卒康熙十八年十一月廿
六日丑時葬洪坑嶺坐乾向巽生子
一榮

列潮長子甲寅之變爲賊虜去不知去向

正潮次子幼喪父母出爲鰲頭門徐家後
生五子追念所生父母乏嗣臨終致
囑願以五男鞍歸紹宗支詳在旧譜

廿五世

建篆之子諱立勲生康熙丙辰年八月廿
九日午時卒乾隆庚辰年二月初十
日卯時葬下菴山坐辛向乙兼卯酉

配林氏諱昭官寮坂社女生康熙壬
戌年三月十七日丑時卒乾隆庚辰
年正月初八日丑時葬金雞崙坐巳
向亥兼巽乾生子五篇匡苗茅威女
二長笑適后坑林詳官次欣適岳口
莊壽官

榮愷之子無嗣

廿六世

篇建長子生康熙庚辰年三月三十日卯
時卒乾隆辛未年十一月初十日亥
時葬水吼橋頭坐卯向酉娶本社李

氏諱㜆官生康熙壬午正月十六日
辰時卒乾隆乙巳十一月廿二日寅
時塟寮仔崎尾坐甲向庚兼卯酉生
子四異柳華憲出嗣女二長倹適芹下
宗琫官次理適古溪胡情官

匡建

次子諡克明生康熙乙酉年二月初
六日申時卒乾隆甲戌年六月十九
日午時塟宗林園底坐庚向甲娶浦
頭梁氏諱昭官諡敬慎生康熙甲申
年九月十三日寅時卒乾隆壬申年

八月廿七日未時塟書洞山園底坐
艮向坤兼丑未以長兄四子憲爲嗣
苗建三子謚　生康熙丁亥九月十三
日午時卒乾隆乙未十月十七日巳
時塟獅毬仔坐戌向辰兼乾巽娶山
邊姚氏諱　官生庚寅年十二月十
二日　時卒乾隆庚寅年正月十七
日酉時塟獅毬仔坐　向　生子三
盧習連女一適后塘張諱官
茅建四子謚　生康熙辛卯七月二十

辰時卒乾隆己亥正月十九日辰時
塟寨圍山坐卯向酉兼乙辛娶和睦
社宗氏諱坤官謚　生康熙壬辰
十月初六日未時卒乾隆甲戌年五
月廿三日酉時塟寨圍山坐甲向庚
生子坦别女二長秀適龍徑林推官
次喜適芹下宗湖官繼室蘭林林氏
諱珠官謚　生康熙己亥年十月
十一日未時卒乾隆丙申四月十九
日辰時塟獅毋山坐丁向癸兼未丑

生子二會恬
威建五子謚　生康熙癸巳年十二月
初六日午時卒乾隆庚辰年十一月
廿四日卯時葬洪坑嶺坐亥向巳娶
玉蘭坂黄氏諱旁官生康熙丙申年
七月廿四日卯時卒乾隆丁酉年十
一月廿九日戌時葬尹壠底坐子向
午兼癸丁生子五衍漢語葉粟女一
惜適后坑庠生林樹珠
巽篇長子生康熙庚子年十一月廿一日

巳時卒乾隆庚辰年十一月廿四日卯時葬獅毋山坐巳向亥娶松洲鍾氏諱媚官生雍正癸卯三月初十日酉時卒乾隆乙未閏四月十八日酉時葬寨圍山坐癸向丁兼子午生子三牽石浦女二長倫適泰南門薛朋官庠生有鉍毋次摐適金沙陳栁篇次生卒失記葬台灣娶白粧戴氏諱草官生雍正庚戌年八月廿六日卯時卒乾隆丁亥五月廿六日巳時葬洪

坑嶺崎下坐辰向戌生女二適苧下
宗継室長福黄氏諱約官生雍正癸
丑正月十五日午時卒嘉慶丙辰年
十月十八日巳時塟宗林山園坐乙
向乙子一鈁
華篇三子生乾隆　年　月　日
時卒　年　月　日
時塟　娶渡東李
氏諱炎官生乾隆巳未三月初二日
酉時卒嘉慶丙辰年十一月廿四日

戌時壅寨園山坐卯向酉兼乙辛生
子五清霜添民潛女一損適溪環林
憲匡之子謚振元行一生乾隆庚申年六
月廿二日戌時卒乾隆戊申年十月
初六日丑時壅和尚山坐庚向甲兼
酉卯配芹下宗氏諱杖官謚慈孝生
乾隆壬戌年五月初六日巳時卒道
光元年九月初六日申時壅和尚山
員山仔坐艮向坤兼丑未生子四寬
飽煥潭

盧苗長子生雍正癸丑十二月廿七日酉
時卒乾隆庚戌十二月初二日卯時
塟東坂邊鵝項后坐丙向壬兼午子
娶王氏生乾隆辛未年三月廿八日
卯時卒乾隆巳亥年八月廿七日酉
時塟獅毋山坐未向丑兼癸丁

習苗次子生乾隆丁巳年　月　日
時塟洪坑嶺山尾坐寅向巳兼丙
壬娶宋氏生乾隆庚午九月十三日
子時卒乾隆乙未十二月廿三日寅

時葬寨圍山坐丁向癸兼未丑子生
一仰

習苗
三子謚　生乾隆十二年二月初
十日戌時卒乾慶二年八月三十日
午時葬寮仔社后半崎園坐酉向卯
兼辛乙娶浦南陳氏諱　官謚
生　年　月　日　時
卒　年　月　日　時
葬　坐　向　兼　生子
三池衢領

坦爲茅長子生乾隆庚申正月初三日午

時卒乾隆癸卯五月十八日辰時塟

獅毬山坐艮向坤兼丑未娶沂睦宗

氏諱厭官生卒　塟　生

子二元昌女一適龍經

別茅次子生卒　塟　娶赤橋

黃氏現官生乾隆庚辰年　月　日　時卒嘉慶辛酉年正月十四日戌時塟獅毬山

坐寅向申兼庚甲

會茅三子謚親友生乾隆丙子年四月廿

四日辰時卒乾隆戊申年十一月廿

日酉時塟洪坑嶺崎邊坐癸向丁兼
午子娶赤橋黃氏単官謚東心生子
書改節又生子四禁學錙亞生乾隆乙
酉十月廿三日辰時卒道光戊申十
月十八日丑時塟宗林山坐辛向辛

恬茅四子生乾隆卒　塟　娶洲
尾鍾氏萍官生卒　塟
以來子江爲子又以禁爲子

衍威長子生雍正乙卯年月日
時卒年月日

時娶何氏月官生乾隆乙丑十月
初二日午時卒嘉慶辛卯四月初九
日寅時塟洪坑嶺坐酉向卯兼辛乙
生子河女絨適赤橋黃繼室林氏親
官生乾隆庚午四月廿七日未時卒
乾隆乙未十一月十六日巳時塟寨
園山坐甲向庚兼寅申生子岳

漢威
次子生乾隆庚申九月初一日丑時
卒乾隆乙卯　月　日　時塟橫
山園坐艮向坤兼寅申娶東山戴氏

乃官　生辛　塋　生子

三佗量鳳女一

語威三子生乾隆甲子年四月十四子時

卒乾隆己丑八月初七日辰時塋東

坂山荔支湖坐丁向癸兼午子娶改適

生子一麓

葉威四子生辛　塋　娶　氏

生卒　塋　繼室

栗威五子生乾隆丁丑　月　日

時卒道光　月　日

時塟　坐　向娶　氏　生卒

於於　塟　生子水錦

石異長子生　年　月　日

時卒　年　月　日

時娶　改適　生子二周尾

牽異次子

浦異三子二人俱卒台

鈁爲柳之子早卒

風華長子生乾隆廿八年十月初一日子

時卒嘉慶六年四月廿八日亥時塟

和睦社前市仔山坐艮向坤兼寅申
娶寨頂方氏持官生乾隆壬戌七月
廿一日午時卒乾隆乙卯十一月廿
三日午時塟水吼山園坐卯向酉生
子印
霜章次子
添章三子
民章四子俱早卒
潛章五子
寬謚際猛憲長子生乾隆丙戌年十一月

十六日巳時卒嘉慶丁卯年十月廿五日亥時配浦南圩張氏諱湛官謚懿美生乾隆癸巳年二月初十日辰時卒道光辛卯年十一月廿二日卯時合塟相林山黃牛生白馬坐丁向癸兼午子丙午丙子分金生子三祥蔡德女一恭適浦頭梁焘官

飽謚居安噩次子生乾隆己丑年五月十四日午時卒嘉慶丙辰年十一月十七日亥時塟寨圍山脚坐甲向庚兼

卯酉娶王氏幼官謚慈心生乾隆癸巳年十二月初八日戌時卒嘉慶己未年二月初一日戌時子碧

煥謚成章憲三子輕財重義敦宗睦族與吾　父繡敷情意交孚如胞兄弟凡有益宗利族即與吾　父朝夕從事絕無一點懈怠是可為後人訓者也生於乾隆癸巳年九月廿九日未時卒於道光丁酉年十月三十日巳時塟在獅格日月林坐辛向乙兼酉卯

丁酉丁卯分金娶上章曾氏諱粉官
生子五賀衆容營發女二長萍適芹
下宗愷官次近適本社鄭庚官
潭謚清靜憲四子生乾隆　年　月
日　時　咸豐　年　月　日　時
娶　社　氏謚　生乾隆
年　月　日　時卒咸豐甲寅年
三月十　日　時公塋　坐
向　兼　妣塋　坐
向　兼　生子五壹朋叁庶出嗣梓

女

仰習之子早卒

池連長子生卒年年月月日日時時塟

娶竂仔周氏諱官生卒年年月月日日時時塟生子三創正允

女一憴適本社鄭鍾官

衛連次子生卒年年月月日日時時塟

娶氏生卒年年月月日日時時塟生子三佾治碗

領連三子娶氏諱官生子六嵩學合

養細蜒

昌坦長子早卒

元坦次子娶淒東黄氏照官生子三高義

萬

學爲別之子以侄生爲嗣

晝會長子娶吴倉蔣氏諱　官生子一起

女

鏐爲會次子娶　氏　官生子二上舉

亞爲會三子娶　氏　官生子二生出嗣副

江爲桰長子娶　氏　官生子二千沱

禁爲梧次子娶　氏　官生子强
和衍長子娶　改適　生子玉揉
岳衍次子生　卒　塟　先配張
氏未娶而卒迎主奉祀繼室淩東李
氏濫官生子二豈圯
佗漢長子
鳳漢次子
量漢三子
甕語之子
粄葉之子

永爲栗長子

錦栗次子娶　氏生子　才胎

周石長子

寵石次子

印風之子

祥寬長子娶青安蔡氏諱力官生子三較

　錢竹出嗣女一惜適銀塘趙　官

蓀寬次子無娶以胞侄竹爲子

碧爲飽之子無娶以從侄丁爲子

賀煥長子諡栄宗謩居積與父贊勷克成

家業者也生嘉慶甲子年正月廿九日卯時卒道光乙巳年十月十四日戌時壽四十二塟嶺兜尾坂尾山坐辛向乙兼酉卯内癸酉癸卯分金娶本社鄭由官之女諱香官生子三嶷枚頡女一自幼適龍徑林

衆煥次子諡誠朴生嘉慶戊辰三月初三日巳時卒道光庚子年十一月三十日巳時享壽三十二塟相林崎尾園裡坐申向寅兼庚甲庚申庚寅分金

娶龍營社陳氏諱果官生子三坑簿
述
容煥三子娶樵田尾陳氏謚謹守諱咏官
生嘉慶乙亥年四月廿八日子時卒
咸豐辛亥年八月廿七日巳時塟相
林内坐亥向巳兼巽乾丁亥丁巳分
金生子三撤帕丁出嗣継室芹霞吳氏
諱品官
營煥四子諱光健謚思誠頗明義理於宗
族之事亦嘗與理數年每以我　簡

軒公派下嘗業不建宗祀不立坟塋
不修日益憔悴乃募衆公議稍定規
模而忽以疾逝惜哉惜哉生嘉慶戊
寅年十月十三日戌時卒咸豐癸丑
年七月初二日申時壽三十六葬在
寮仔崎尾坐丙向壬兼午子娶榜山
社庠生黃金公之女諱姜官生子三
衡此魁女一適得適浦南坪張
子娶鰲浦吳氏諱果官生子　書

直至慶己未年十二月
二日辰時卒道光庚戌年十月廿
五日辰時葬黃牛生白馬山脚坐未
向丑兼坤艮娶松州鍾氏諱　官生
子富濕
評潭次子湖邊林氏諱蜂官生一雍
百嗣出女
叄潭三子娶州尾鍾氏寶官生子四崙卯
軟暑
梓潭四子娶碑頭　氏鸞官生子　橫濕

出
嗣每

危池長子娶二水社　氏諱用官子庚

正池次子子金

允池三子

佾衛長子

治衛次子娶張山黃氏

官

義昌之□

高元長子

萬元次子

生學之子

赵書之子

上貂長子

舉鰡次子

副亞之子

千江長子

沱江次子

強禁之子

玉和長子早卒

揉和次子

起岳長子

云次子

箕三子
水之子

三十世

較祥長子娶鄧濱鄭
錢祥次子
竹蓀之子
丁碧之子
嵡賀長子諱克川字川之知書識理
木本水源之道切於好祖者也

[illegible][illegible]長子

湿壹次子

雍評之子

鼐叁長子

卯叁次子

卅鍾氏諱鏢官生子

家賢傳

快然居士淳誌列傳

楊汝南六房侯龍溪人也擢紹興十五年進士第初郡守李彌遜奇其材勉就宏詞科中書以其文崛奇不署至是登第初調贛州教授改廣州仍前職其文変入雅淳以六經為法往〻変化有態度嘗撫詩春秋中庸要旨著経說三十篇以授學者仍表進于朝祭酒楊椿覽之曰真今之師範也用薦改知古田縣以教化為先務修學舍置學田日講學考德勵業務臻成效用是古田學者入試南宮與對大廷多居首選縣有安福橋汝南造之君子謂其得為政之體惜其官正于古田其施未究也汝南有志學古者初筮以廉平公勤為四字符而佩服行之故隨所至而皆有聲嘗與高東溪相友善間嘗扁其所居堂曰不欺又自號快然居士蓋人惟不欺則仰不愧俯不怍心自快然此其學為有本也其文章亦稱重于時平居不出户外履常滿焉如傳侍郎顏尚書皆嘗授業門人卯審象嘗裒次其

文成集留丞相正為之序云孫承祖自有傳

莆田周瑛 己丑進士四川左布政使

快然居士行實

公諱汝南字彥倏別號快然居士其先光州固始人唐高宗顯慶中公之始祖曰統者官河東玉鈐衛昭信校尉奉朝命從諸衛將軍陳政戍閩越三年揔兵討廣寇陳謙戰沒于陳以武功兼佐陳帥建置郡邑隸于朝子孫皆襲蔭武職防禦邊寇撫綏新民因家于漳東龔芳美代有其人迨十二世祖曰守固公以卑職弱兵為主帥程賛拒逆帥留從効不尅罹其族殺殆盡猶存公之十三世祖曰重卿公官于建寧郡屬邑簿與郡守蜀人同姓曰韋公會有同宗之好及宗族被誅回則零丁尚憲留帥有不軌之謀乃隨去守偉導其入蜀立貫潞州黎城縣十四世祖曰觸周世宗中以曾累薦入官北武軍節度使鎮渾毒閣十五世祖仕休公任殿中丞十六世祖曰令問宋太宗淳化三年壬辰登第一甲進士歷職方員外郎奏勅

防禦甘宿等處要害邊境時北虜寇邊公勦除之奏功遷宣奉大夫上柱國黎城開國男三上疏乞歸故土天聖元年奉旨田漳州賜璽書褒寵者三進階光祿大夫食邑五百户賜老歸致仕壽七十六而終御賜塋祭大弟令緒真宗祥符七年登服勤詞學科初試清池令天禧三年改觀察判官乾興元年轉奉禮郎尋進太常寺太祝明道三年賜致仕卒年七十有四季弟令望字子振文學節行見稱不願仕郡守方公慎從延教州校門人林曼等十二人聯登進士第嘉祐丙申年安撫使李啓勉以教育有功奏越明年丁酉封泰嶽先生壽七十二長子光璧英宗治平試明經科第十三仕調寧州節推改判常州致仕壽六十六而終乃公大父也子聳漢公移居于城北公之皇考也公幼聰敏不凡叅政孫公覽其文喜曰他日必名家延教諸子弟未幾高宗紹興十五年乙丑登進士第調贛州教授再調廣州教授改秩福州古田令聳漢先生以公貴封從政郎喜公繼志述事光前裕後乃儆餘資構屋五間三座闢國池于東城外二里許大街

坊公署前北向前堂後寢廊廡庖湢有所以為義學置南溪楓田車鰲白埕良田二庄受種二十餘石年科租稅千餘斛隸于義學擇名儒教育其鄉邦家族之子弟與師生共主之歲除輸錢粮外餘皆以為膳以為束禮紙筆正經學費郡守李公扁其堂曰德雲書舍聳漢公卒配孺人蔡氏因古田治不爽前令尉連死十餘員于官盖烟瘴之侵人也乃繪塑佛像祀于塾之後堂僧捨誠敬道者主之焚修丐公保全于歸公聞之毋命不移迎就養果得安康享福官祿累以母老上疏乞歸終養給與二十二年廷議准致政奉毋同居第頹隘乃别築室于净惠院之庄已逾年毋卒公居喪勉休禮制時士大夫哀之期而合塟于考之左地名鱉坑號九龍鄉喪服制終優遊田里詩酒自樂手不釋卷享年七十有四而終厥嗣一諱冥號月潭居士克孝謹以子貴贈中散大夫承王毋命所置義田義學仍師生共掌之實皆其族子孫曜翁斗室四休香泉盤阿列士植扶其綱常焉追入　皇明庵燬于回祿鄉人偕主僧移佛祀于公署之後堂其公署官

以為接官迎送之所因此歸附版籍乃以接官亭為籍編東嘗廂一圖坊長田粮一十[illegible]石零帯租坐地前庄以僧清岩行童林赤仔掌之未幾有例歸併常住籍除田粮撥入于開元寺燈局其庵雖存似為虛空噫吁前人創立致意之善一旦泯焉良可惜哉蓋聞公初領調學科尚書顏公師魯詩送之有曰向來手筆驚燕許從此科名冠鄭陶鄭聘陶輸皆詔學科之第一人也及教贛廣摭詩中庸春秋要旨著經說三十篇授于學者仍表進于朝祭酒楊公椿覽之田真今之師範也即剡薦改秩知古田為政先教化崇學校謁先聖殿宇及講堂齋廡皆湫隘乃節縮浮費越明年一新之又置學田增廣教育日詣學與諸生質疑問難考德勵業亹亹不倦嗣長者南宮魁廷對解福而升舍選舉幡而至闕廷者俱不乏人又造安福橋六百丈以瀕涉者初筮仕即以廉平公勤四字誓于神故所至以廉勤稱與廬陵誠齋以節義相勉郡人高東溪相友善所居堂扁曰不欺故自號快然居士歸居講學戶外屨常滿傳侍即顏尚書皆游其門為文章

楊氏家譜　卷六

本乎六經有體度門人邱審象裒為集丞相魏国留公序之謂其語意清新有驪人典則孫承祖襲公遺陰補官朝奉大夫從子仕訓謹俱藹〻肅〻曾孫思安恭謙皆以文學科第為顯宦名儒榮耀昌大其以之德業該博難以悉錄用述其梗槩以示苗裔便其覌覽焉予與楊氏有姻婭之雅故為按居士旧諸採摭為傳附于文献錄之後

霞城陳雕 甲午鄉進士南京国子學正 仕終常州教授

朝奉大夫梅州太守承祖公傳漳誌列傳

承祖字慶襲六南之孫也以祖澤補官初調邕之理曹断獄得情郡守稱賞再調循之推幕郡政多所裨益改知安溪縣勞心撫字去之日邑民遮道及再倅循陽父老迎而相語曰是前日清嚴推官也攝守惠陽得代送迎餽遺一無所受廣憲王涔首以廉吏為薦除知新州尋知撫州赴闕奏事以二廣便宜極言之上嘉納年方五十即丐祠既歸家與傳侍郎伯成孫少卿昭先陳封守經為真率會作亭于城北扁曰歸耕中一堂扁曰畝畆不忘君一時題咏甚富糾曹趙維為之記子思恭程鄉尉思安新懷主簿

論曰昔者戰国之世皆以喬木為故国孟子獨非之以為故国之稱在世臣而不在喬木也推此則所謂故家者亦可得而言矣盖今所謂故家者皆曰有世官之謂也予謂非世官之謂有世德之謂也若宋時顏定肅後之有二仲楊汝南後之有承祖孫昭先後之有叔謹皆世德相承綿綿不墜可謂能世其家矣故吾論故家于漳竊于是乎有取焉　翠渠周瑛

楊氏家譜

尚寶司卿子俊公傳

公諱子俊曾祖為不倚先生曾伯祖即古田令快然居士也嘗受學于從父撫州承祖以節義文章自勉真率會諸賢達目為阮家仲容端平間以義行薦歷奉議大夫尚寶卿年六十三致仕歸田以詩禮課其家族子敏永襲蔭廸功郎曾孫真儒亦以文學薦受成都教授即今益齋直庵兩先生皆公裔也世德相承後先媲美其貽謀之遠亦可見

鄭　和　雲南參議

成都教授真儒公傳

生有宋之末雅意潛修學行為時所重迨世祖滅宋即杜門不出而身隱而名益彰至元間以文學薦受成都教授廣勵造就得川士心秩滿告歸川士相率遠送無不嗚咽流涕者昔快然居士設教贛廣閩師範聞于朝若公者可謂克繩家學矣

諸為古之遺也夫

敦勵齋公傳

公諱聰字文儼號敦勵齋布曙次子鄉進士衡之六世也當先業式微之餘不事舉子業而飭躬勵行正家教子俱有法度昆季之間義讓怡怡從兄直庵解組歸田家無擔石公周恤之如一家事所置嘗田書田累以萬計雖不獲存其半然越今十餘世猶盡藉其餘澤以光前而裕後其創垂為弗可及也已

碧溪闇人府君傳

公為人敦朴居家勤儉和不苟同貞不絕俗而創置有聲先後族人鮮儷之者每戒諸子毋驕肆得罪鄉閭故終身少有罹于法者皆公之貽也尤以尊祖敬宗為先務立祠堂置祭田凡遇忌祭朔望雞鳴即衣冠先謁弟姪遲至者見之皆為惶汗直庵公官貧家居凡衣食喪塟一事之如父邦族重之至今稱公之德不衰是可謂富而好禮闇而日章者也慶非敢誣

楊氏家譜　　碧溪

蓋聞之鄉議云

節庵公傳

公諱麗字興榮號節庵敦勵齋次子也植性端嚴遇事敢為早歲入郡庠一試遂得廩後以義舉見推士類屈之遲例納粟授將仕佐郎遂屏棄世務專以詩書課子孫迨後嫡孫景哲以冑監授主簿庶孫瑩卿以鄉薦任通判自是以來掇芹登科代有其人皆公裔也旧謂公創建垮其兄豈知公之所貽謀者固不在是耶

敦睦齋公傳

公諱潔字國清號敦睦齋簡軒次子簡軒以三十三歲捐世遺公在妊彌月而生甫六歲而長兄亶復繼逝越十四郎克任家事矣為人敦朴和易好讀書誦古文字諸族屬無親疏恤貧拯難恆不遺力席前人之業而益恢拓之可謂克家之子又其度量包容猶不可及

八

厚庵公傳

公諱寬字國英號厚庵弱冠充郡庠值沙汰法與從兄玭俱落例中人咸枉公浩然無愠色家居以孝順稱凡族人有分争不決者必曰須厚庵来至則帖然平居尤善賢〻如趙南溪洪碧湖林白石楊見湖李漸山盧墨溪諸先達皆其所素厚者晚歲與同志結為白社會若上虞鄭司訓深浦江陳司訓潔新淦林二尹瑛及處士陳郡涵輩歲時往還歌咏倒觴以終天年

遲齋公傳

公諱珂字國賓以字為名充邑庠生復字觀光卒業成均　恩授浙江麗水縣二尹與鶴峯蔡先生相友善覌鶴峯書云區〻自弱冠時與執事契厚者不覺俱白首矣又云每有碧溪雪夜之興當有秉舟之時志同道合為何如也不知其人視其友鶴峯諱烈侍御果公子也退隠鶴鳴山興布衣陳先生為前明理學之唱而與公契好則　之為人亦可信矣

碧波公傳

公諱景哲字俊卿號碧波甫弱冠充府庠以父命入胄監授廣東雷州府照磨署郡篆三閱月後陞江西龍南主簿才學名于世所與遊者皆名公卿如三山蔡公經龔公用卿浦邑葉公亹泰邑戴公時宗邑人吳公仕典其尤契厚者將之任到處餞送詩文盈箱翩翩乎一時之名儁也

后塘公傳

公諱瑛字瑩卿以字為名復字以純號后塘嘉靖丁酉以詩經入府庠越己酉領鄉薦繼登進士榜限于額為主上所裁已而悔之乃時授湖廣永州通判秩滿致仕優游田里生平少所建白大抵純謹自持不矜才負氣以自表異者

簡生公傳

公諱亂坤字世能號簡生瑩卿之曾孫也少登巍科為大學士林公釬所器與結為姻功名易如反掌矣壬辰之变久餓[illegible]城享年不永何数之奇也然當是時吾家之世澤稍替势豪覬圖實逼處此迨公崛起群爲挈家以去公之所関于家族者鉅矣

楊氏宗譜

十

節孝邑誌

趙氏官娘適楊繩祖年二十二夫卒自經兩次皆不死遂立志撫孤備極酸楚邑人吳鐘為之傳

陳氏料娘楊廷肅妻名載邑誌尚未立傳

以上諸傳或從郡誌鈔入或名人所作其有註明者曰譜所載其不繫作者姓氏則續修時所補也

振北誌

勅命　現存

奉

天承運

皇帝勅曰国家任户部以户口田賦金帛之重而置屬特詳俾各分理一方必得恭慎勤敏之士乃克稱厥任尒户部廣東清吏司主事楊紹發身賢科擢屬地官歷年既久式克勤慎是用進尒階承德郎錫之勅命以示褒榮夫朕正治官以責庶務之實尒其益懋廉慎以稱任使尚有顯秩需爾後効欽哉

勅曰朕惟人子之孝皆欲顯其親故羣臣之任職者必有推恩之命所以體其心而勸孝也尒户部廣東清吏司主事楊紹之父義芳克成厥子用舉其官宜錫寵榮以示褒顯兹特封為承德郎户部廣東清吏司主事尒其祗承毋忝嘉命

勅曰夫親之愛其子與子之孝其親者莫不欲貴之斯皆本于天性是以

楊氏宗譜　卷[illegible]

君之體臣必因所欲而推恩焉爾戶部廣東清吏司主事楊紹之母
紀氏夙茂德善兼隆母道致有賢子顯庸于時質厥所由宜隆褒贈
是用贈為安人服此榮恩昭于永世
勑曰夫婦人之大倫故朝廷推恩羣臣命必及之戶部廣東清吏司 主事
楊紹之妻吳氏克相其夫亦特封為安人祗服榮恩永光閨閫

勑命

景泰三年十二月十六日

之寶

十三

存稿

夜宿龍頭　汝南公

江流如箭路如梯夜泊龍頭煙靄迷雨角孤雲天一握曉光不覺玉繩低

又

江上數峯攢壁立林間一閣碍雲行凭欄朗誦昌黎句寸碧双增遠目明

福壽林塘　承祖公

乘興登臨弗杖藤絶巔未已覺身輕新開竹徑從風入小坐松崗待月生

丹青模寫費毫端此景居然兩寺間半嶺松陰观鶴憩一泓雪影照人顔

及時行樂恐無地何事歸休始買山多謝好風吹妙語西湖處士棹舟還

歸耕亭

決意歸耕景最佳貫珠門外足生涯數祿卜築欣成趣一水通流不府車

負郛有田宜穲稏達城何處不荷花柴門半掩誰來往幸有隣僧可覓茶

不忘君堂

一官落拓幾星霜身遠朝廷心不忘屢奉黃書叨試郡何慙白首未為郎
雲山縹緲如招隱花木欣榮亦向陽感激光皇曾賜對至今朝服帶天香

舊邑誌載楊承祖者楊汝南之孫也除知梅州年五十以祠祿歸
卜別墅于介保福隆壽西山間扁以福壽林塘又作亭于城北稻
田數區荷塘十里扁曰歸耕中一堂扁獻亩不忘君糾曹恬軒趙
維記

碧溪土號　益齋公

溪水長流晝夜弗已澄々不波一碧千里諸山外環金雞冥起周原膴
膴自天開矣我十五公聿來胥宇爰卜允臧爰闢基址世曰鱟坑碧溪
便是

歸田自述　直庵公

碧溪々上是吾家解組歸來兩鬢華終老不愁無地着清名常畏有人誇

徑存松菊任遊賞家剩琴書若富奢今日始知閒逸好市朝多少事如麻

又

科甲登來二十年平生咬菜恐欺天幸賢子弟皆相識門外何人敢獻田

輓雲南叅議鄭誠庵先生

漳土儲英誕我公來宣南服奏膚功同年正擬聯床雨半夜俄驚落木風
朝士思賢應不替邊夷感德自無窮紫薇有種深培植佇看傳芳花滿叢

畲郡侯張公 璝書

仰惟

大人道巍德尊位高望重仁政覃敷恩威廣被化日多賣劍之民夜月息吠村之犬所謂身斯道而濟斯民者也六邑黎元何其幸歟亦以

申明

聖朝鄉飲典禮詢及寒微誠滄海無遺珠之歎也荷蒙皇華臨門光動川嶽雲翰載牘喜溢蓬華此愚生紹之萬々感激弗勝也自惴固陋不

林[illegible]答[illegible]

堪應召重惟

尊命頗念有如春風之披拂玉燭之照臨至期祇承惟謹專此奉復乞

容拜禮

題文獻錄後

吾家始祖居城北十五公来隱碧溪有宋兒孫科甲起大明昆季仕名齊

前朝初国困兵燹罷詰遺文半闕迷拾錄存蒲成小集相承珍守要知圭

碧雲宮記

參溪廷儀

碧之鄉紀勝者四其迤西北而居最上曰雲頂中面北而匯清潤曰珠湖自湖轉東而下曰璁田其南瀕龍江曰龍塢古有碧雲宮在焉宮不知昉自何代憶　先承州重新柱聯知明嘉靖間嘗一修也明季又燬而葺之不黝堊不丹艧或曰昭其儉也或曰董事者肥其橐里之譚者猶斷斷然

国初數更兵燹宮寖以就荒越康熙庚子歲衆毀而更之易南北為東西向初未利也繼以多蟻訖乾隆丙子冬里有積薪于簷者宮遂災于回祿不四十年間而成毀倏爾雖曰人事豈非地勢使然哉次年春首事某某等與余慕衆重建延汀師楊秀山定基師以旧址南向面奎峰而環珠水允為宮刹形勝因相其勢而構之陰陽不亢深淺適宜其規模壯偉堅麗直堪以萬世斯預知神靈長赫而里福無疆也其費衆捐白金千員罰積薪者百六十員用人之力積三千八百工噫後之人思位向經營之苦財力耗費之多其可不相與愛護哉諸凡貯薪藏貨及槲布索綯者必重

其罰甚有結廬衝壓衆共毀之于其工之竣也爰勒石為記旹乾隆丁丑葭月穀旦

萬安亭記

厲之有祀由来舊矣古有泰厲公厲族厲之文有明推而廣之自兩京王国以及郡邑鄉閭因厲設壇各有等差　皇朝規制精詳　仁恩淪浹其於祀厲之典尤為隆重頒郡縣之厲有司歲時致祭懇惻恭誠而鄉之人有不盡祀鄉之厲者嗚呼是蓋不知祀之之典為甚重而諸厲之窮苦為可衆也夫人魄降魂升其死一也或寢處廟居千秋血食或草卧沙眠不祀餒而豈不傷哉　儀憫其孤苦欲築祠以祀之而未得其處營營者蓋已有年矣幸占是地適為族人虛坟以金償其築費而購之歲丙戌即募衆捐貲擇吉興建始於復月竣於嘉平其匠資器料計約百金而地窄山廹鑿石砌基用人力積三百三十工此固衆人拮据之苦協成之勞而儀之拮而勸之者戴星出入凡經五旬體亦以瘦矣祠成而以命其亭曰萬安

以萬魂安居於此而祀之者萬衆咸安也且是亭擅溪山之勝爲靈秀之區而可以避風雨息勞疲需濟涉供遊覽亦有爲類各安之意是則斯亭之命名洵不虛矣或訊是祠淺狹所容屬主無幾不知君子行其心之所安盡其分之所得爲者而已郡縣諸壇其能悉容郡縣之厲乎且人之欲善誰不如我々容其所可容其不可容者人自有以容之也常見鄉之人立一廟祀一神猶邀其福庇况合衆神而祀一廟其靈爽又有倍於尋常者誰不蒙其福庇誰不思所崇祀乎是故君子動其悽愴之心衆人存其祈報之意或倡或和或推或挽而窮鄉僻壤各設厲祠於以推　聖朝之德意補幽冥之缺憾而闢福田於無疆也斯不亦休哉

東亭福橋記

龍江之湄奎山盤踞下有東津亭崇祀　天后尊神亭之左有小橋爲所以代濟涉通往來也旧制頗爲簡畧亭寢交溜承之以木久而腐蠹殆盡又橋連亭基非石砥柱橋圯而亭亦傾過者欹足側身每惧顧壓其頹廢

[illegible]

可勝道哉儀甚憫之因思古之君子功在天地利在四方區〻一亭一橋在余祖山之麓斯匪異人任也歲丁亥偕弟廷機邀諸長老謀更新之一朝勸捐得百六十金即諏吉興工于田制悉埽而更之凡亭基橋址溜槽悉用堅石而尾木亦擇精良蓋但謀堅緻壯麗初不恤費之多工之夥也經始于秋季告竣于仲冬用人之力計七百三十工過而覽者煥然改观咸歸美于余族抑知砌築牢固黝堊鮮新則固族人同心之為也而心乎人心俾翰財効力慨然而不吝嗇〻而忘疲者微天后之靈詎及此哉爰勒之石昭神貺亦以著人和也　乾隆丁亥仲冬穀旦

白石祠堂記

事之美者其成不易福之鉅者其發必遲我家白石宗祠蓋幾經創建而後成者也　先叔祖諱十官人公生於碧溪少而岐嶷大父尚寶卿諱子俊公甚寵異之而性喜恬逸慵接冠蓋往〻遨遊海島遂擇白石之勝而居之始者草創肇基未有祠宇四傳至　三龍公方以所居堂充為廟

寢歲久湮圮　東林公復益以庭除廓如也其地枕巍嶂而襟大江左右奇石峨然環抱前有清池平野方田着印帶水橫玉而天柱文圃晃翠諸山莫不駢青獻秀爭効靈奇蓋北江之形勝于斯為最此所文人蔚起而家室殷盈也　國朝康熙間族孏古制卑陋改而張之高曠已甚遂使七十餘年來斯文不振財穀銷耗嗚呼廟制之得失關家族之盛衰堂構盖可忽乎哉儀誼戚情殷勸族人更改者屢矣歲己丑裔孫其等雅志與復慨然並肩其任即擇吉廷師參酌形制益前之卑陋而損後之高亢陽調陰協視初建而加精斯所謂事美而成之甚艱而自今以始俾熾俾昌其福之鉅而發于遲者寧有既歟其費捐自私主配享計用白金千餘員工始于良月竣于嘉平蓋子孫歡趋恐後之力也既落成爰計祭期于春冬其祼獻儀文器數記之所不能詳者固已別載于家秉已抑猶有慮者今人世漸遠情漸疎甚且強弱相淩秦越相視此即潔粢豐盛神弗饗也記曰尊祖故敬宗敬宗故收族凡本

支百世宜聯為一體庶可蒸太和于族光存德馨于神靈李文貞公有云以父母之心為心則天下無不友之兄弟以祖宗之心為心則天下無不和之族人文勤公敬書于庙以勉族人是可以為法矣若夫庙棲神靈尚期静穆凡鄉閭祭賽歌舞宜就神宫毋得入庙騷擾至各房私主惟春冬配享凡忌辰亦不得入庙私祭酣飲讙呼其有仍前汙穢雜堆農其百物者則共舉而燒毀之毋得阿縱夫庙制考于今古宗法期于親睦祠宇矢于肅清以嘉魂魄至孝也以敦族屬至仁也所宜並鐫于石而永矢弗諼

乾隆己丑歲嘉平穀旦

中元蘭盆會勸捐序

蓋聞反壤理枯聖仁軫無歸之骨荐馨祀厲王政矜乏主之魂句沙彌日歷慈悲鴈堂尤思普濟花而鹿苑共聞香国之香果成雞園同沐化城之化故西聖開心南贍闢厄而蘭盆布澤幽府騰懽茲值地官赦罪之期遭逢尊者度親之際俯念窮魂枵腹吸露餐風更憐寒魄裸身眠沙卧草爰

募檀那修蘭盆之勝會因禮華籤奏梵天之唄音一瓣心香頓使慈航宝
筏拯重泉之苦海百千膜拜更令慧日祥雲融永夜之樂區爾乃甘露四
沾衆飢飽賜旃檀廣庇百苦棲寧遂消祟厲於清時永廸吉康於泰運百
爾君子苟捐仁祠之貲便造福利之田凡我同人誰無痌瘝之心寧吝錙
銖之捨竊撰鄙詞聊以弁首

珠湖宗祠記

本祠自三台起頂而来此為老穴良崗玳瑁祖宗高揀雲霄回顧有情且
奎峯為樂杉山為案襟珠湖而帶龍江洵漳北之勝區也腦上前為盧墳
有國師周文樵者斷其骨朽而遷之云此為陽居科甲蟬聯之地但恨餘
地悉屬我家無由覬圖耳我　高祖一讓公窃聞而鬻之由偏集全聚腋
成裘初不惜價值之高亦不論築費之繁嗚呼　公之創是業心良苦矣
抑聞構築之時　高祖妣造酒食以供工匠身不離廚灶者歲餘又何劳
也室成有日矣方募兄弟同居顧同居惟高伯祖高叔祖弗屑也時高伯

棣國翁言　琴溪

祖羈旅外方坐享成利絶不與其劳術者推論房分又云次不如長我
高祖恬如也且謂同胞之親何論勝負嗚呼以　高祖之饒富力自足以
建此而必公之於兄弟且不計術者勝負之言此則友愛之情根於天性
聞其風者孝弟之心可以油然而生矣本宅三進前進蔽遮堂案秀氣湮
沒兩邊扶室各設花廳冰亭亦多纏煞美錦之製弗遇良工可勝惜哉是
以初年顛頓奕葉未興儀每觀祖室未嘗不嘆先　高祖之苦心营建竟
誤於庸師也幸一二長老頗信余言共謀更改於乾隆癸巳春請廖李如
先生裁製先即削平前進高築門楼俾龕中窺見案山顛脊又深剥埕地
令几上俯瞰珠水澄泓蓋山水之靈秀鍾於是矣扶室廳亭折為直巷以
通其氣兩進東西房開启門出入致其潔以祛其煞後胎臃腫削為羅圈
一層砌石以致其堅花臺水溝深廣各如其法規制亦誠善矣廖師云極
制之妙必去邊房縮小地基数尺廣開翼巷此則發福無量今但如此修
改亦覺雲裔熾昌甲于溪北有断〻然者然事創始难守成易當更制之

初疑者過半加以與師嫉謗流言儀之遺斥辱者雖悉述矣要之嶶福之日然後是非以定夫乃知周国師之高眼廖七八生之妙手而先　高祖與儀前後作述苦心經營方共推為不祧之祖也祠安二龕前尊後卑公約賜鄉歲三進士以上及有大功于祖者准附前龕配享其捐納貢生吏員不與焉祠中不許什置器物倉床及行凶礼等項對面宅基亦係房親物業只許築堂舍相對不得旁構扶室宛如直箭射傷宗祠雖圓脊亦必為害此所當預妨于後也

乾隆癸巳復月

天寶厲壇萬善堂記

考周禮春官之屬旁招以茅堂贈無方此聖人與民同患所以祀厲［游］而消災沴也嗣後戴記祭法爰有泰厲公厲族厲之文有明推而廣之又有大厲国厲郡厲邑厲鄉厲之名各因地設壇致祭其所由来旧矣迨我

皇朝禮制精詳

枋内家譜

仁恩翔洽其于祀厲之典尤為隆重頒京省郡縣之厲　官司歲時享祀毋致餒而惟鄉村固陋有不盡祀鄉之厲者嗚呼是未知其典為甚重而諸厲之窮苦為可哀也夫人均之死耳或庙居寢処血食千秋或草卧沙眠不祀終古豈不痛哉　儀深憫之爰于奎山之麓築萬安亭以祀之俾里閈残魂有所依歸窃自心慰焉然以其局于一方猶然抱歉每遇鄉鄰長者輙勸以隨地築壇于以推廣

聖朝之德意共補幽冥之缺憾其諄諄而相勗者亦已有年矣壬辰春天寶諸紳士鄉耆聞風慕義共謀于市中構築厲祠此誠盛事也方闢地經始　大總憲蔣公前任汀漳龍道行部訪聞嘉其義舉特捐廉俸五十金并賚序文勸捐于時董事者戴君維靖韓君堯年柯君光朝洸君繼善秉仁陳君文川等各自捐金數十員仍不憚遠涉勸捐鳩工召匠戮力營建工未竣而財告匱諸董事向儀言曰子好行善事必樂成人之美盍少佽焉　儀乃自取教案捐金六員又代勸戚友協

捐約有八十員亦集腋成裘之一助也其規制甚是宏廠而進莊嚴扶以旁室神座僧舍廓如也工始于壬戌朱夏竣于癸巳蘭秋計所捐金一千　百員適與築費相當而以嘉魂魄群厲悉安爰額曰萬善堂亦猶郡南之萬善寺漳北之萬安亭也是則推解之惠及于冥漠向之草卧沙眠者易以庙居寢処不祀終古者子以血食千秋功補造化歡騰泉壤豈不休哉夫窮鄉僻壤立一壇祀一神猶為之捍災名祥弭萃千萬神于一室有不長為之呵護乎行見燐火狐涙悉化為甘雨和風而民康物阜長獲盈寧之慶永免疾疫之災然後知設壇以祀者之為功甚鉅也此固董事者之績抑亦協建者之功爰將捐題爵秩姓氏并所捐金若干數鐫之貞珉以並垂于不朽

南浦天后宮記

天后飛昇海島功在澤國故自有宋迄我

皇朝屢錫褒封而凡瀕海邦邑市鎮皆立庙崇祀典至隆矣北溪自華封

楊氏家譜

抵福河水程幾二百里而浦南當上下輻輳之衝亦一大市鎮也向
于奎山之麓面市築宮扁曰海甸楊靈凡舟艤来往日以千計上經
灘瀨之險下歷風濤之壯無有失者盖　神之靈昭昭也歲久宮壞
廷儀募衆更新頗覺壯麗但以其地稍狹每逢
天后萬壽商民具樂稱觴籩俎紛沓难以悉容市中耆老黄夢熊　陳嫣恩
等謀再築宮于市末有陳基向儀商度者稔矣乾隆甲午復月爰鳩
衆具呈備請　公臺　公督水師素崇
天后即捨店基二片并捐俸金百二十員于是士民商賈咸向義捐題不
浹旬得白金一千三百員遂諏吉營建木石鐫刻甚是精巧而築費
適與捐數相當經始于乙未朱夏告竣于杪冬清祀奏樂落成扁其
關曰南浦宮二宮相對合祀一神左之右之而在不測斯彌顯　尊
神之靈而水陸商民賴以永庇將必聯俎豆于千秋也爰將捐金爵
秩姓氏并所捐若干數鐫諸貞珉以竝垂于不朽

重修廣慶宮記 浯南

玳谷 捩北

浦南旧溪北沙島也　國初　一等海澄公黃始設市々有廣慶宮　公爵捐貲市民協建以崇祀　帝君者承平百餘年廛肆稠密舟車絡繹貨賄殷繁為郡邑一大市鎮　帝君靈異顯屢馨香俎豆益蓁隆焉而宮久就圮未有修者歲己亥市之民相與議更新之規制仍旧基址增高其木石堅緻壯麗較前倍加經始于月日越月日告成靡白金　百　十兩捐者無所吝董其事者無所私休哉人心固　神之靈而公爵之德也書于石爰以廣德而慶休云

乾隆己亥年嘉平月穀旦

東山崇壺堂記

郡東南濱海之區有壺與焉厥姓曰吳漳望族也宋元明以来文武科甲節烈名賢炳載誌乘指不勝屈無庸贅及東山吳氏壺與分派也明嘉靖間倭乱肇昌公偕吳配孺人戴氏聿胥宇焉公生二子長官生公分居石鎮

楊氏之譜

次龍生公世居東山瓜綿瓞衍凡數傳矣明季海氛迯散于姑蘓漳平一東寧者已莫得其詳十一世孫拔萃公充臺灣弟子員憫其支派星散世序缺畧遐稽旁考輯成私譜以肇昌公為始祖龍生公為二世祖下至十五世世系明而昭穆辨惟姑蘇漳平東寧各派弗獲詳焉夫別子為祖繼別為宗礼也肇昌公自壺輿啓宇東山宜為始祖龍生公繼肇昌公者也是宜為宗然尊祖故敬宗敬宗故收族譜修矣而宗祠未建非所以昭尊敬也吳君国榕幼失怙厥考△公志亟興建天不假年賫恨以歿當易簀時諄〻囑其孺人楊氏曰人生須念水源木本余素欲建立祠宇妥侑先靈今已矣汝其善撫兒曹苟克繼余志則含笑夜臺矣楊氏　北族姪女也少而孀居操守堅白訓子有方每以夫命最国榕〻亦以繼志述事為己任而力不能逮因輟舉子業肇牽遠服先致養焉歲庚子歸自東寧囊槖稍裕即慨然捐貲唱率換人建立祖祠〻肇昌公卜築旧廬也歷年既久朽蠹頹壞殆不可修治材鳩工因其址而更築之為一座一進環以前墉

棟宇巍峩輪奐華美上自始祖二世祖下逮各房配享列祖序以昭穆咸奉祀焉猗歟休哉非因榕之善繼志安有如此心偉宏麗俎豆馨香俾来燕而来寧乎經始于乾隆　歲　月落成于歲月良材甓石丹雘黝堊費靡千金亦綦繁已吁水有源木有本源遠者流長本深者末茂由壺溪而之東山其流長矣由東山而衍石鎮姑蘇漳平東寧其末茂矣登斯堂也群昭羣穆奉牲奉盛應慨念于譜之所由序堂之所自成而目擊崇壺之額尤屢念夫本源相與篤敬愛子勿替也是為記

募建洪坑嶺亭疏

蓋聞汪洋洶湧不資略彴之功巖嶭險巇必有停留之處故五里為短十里為長處信城外趙公聿建一杯羊腸徑中蘊子重興九曲賞心紀勝捉月留芳由来尚已惟我碧溪之北祖山脊峙相連中有洪坑崔崒為嶺山腰之上旧傳一亭興不知其何年毀或云于近代遺址僅存野蔓頹垣莫識荒烟遂使肩摩度越停舍莫從且其躡屐攀躋小坐為往山風送雨冷

根[illegible]家言　　　碧[illegible]

侵征客之膚永日流金炎熱販夫之骨斯仁人所共憫亦志士有同悲者

也　庵住持僧　偕其方之善信議重建夫新亭請　祖山之麓別

卜寬坦之區構築為亭屬祠于後稽之旋党僉曰願施第攸介攸止無庸

長者地金而是短是還必籍檀那鼎力旅嶺以北號稱名鄉宰官善士必

多發慈悲之心宏願濟之念者開金錯之囊如雲咸集運神工之朮不日

覌成南去北來旅土即為極樂雪霏柳媚此間何減晚香劉大夫可以携

酒而来鄭將軍豈必褰衣而去哉謹疏

名人贈送詩文

壽遲爾詩　　養齋林浩長史

賦歸林下老閑身高壽荣躋過八旬紅日三竿春睡足黄花萬朶趣成真鄉評齒德稱今世我爱情懷似古人七子七孫同戲綵歡聲雷動滿堂春

又　　文坡鄭衷知縣

天寶飛峰碧水流閒生高士擅清修錫荣為顯成均業適志隨歸麗水舟暮景蒐裘声價重多男綵服老懷酬全膺五福遲来好陸地行仙任白頭

又　　西源鄭復知縣

碧溪有仙跡仙源一何深遲翁山中人仙子相追尋棄官如脱屣携友来高吟春草池邊梦良稼原上收玄猿隱深樹白鶴横中洲今日為君壽〻壽如陵卯

送碧波之京詩　龍江别意圖詩　　碧湖洪異廣東叅議

老我相逢仕路中渭城杯酒祝東風碧溪自古源流遠黄屋于今曉日紅

林日寬詩　琴　潔

志得何須猜祿薄功成不必論官崇年來駟馬重式處蔦梓思私竟不容

同前　白石林魁

閒居謝塵鞅日月忽已馳俯仰十餘春双鬓亦已絲聞君朝天去相送漳江湄君行顏色好壯志應在茲努力樹良圖莫負清明時

又

聖人繼洪祚群賢起如雲楊子漳南彥飄飄朝至尊君行高如天萬里良已勤願學鸞鶴遊遠彼鳧鷖群

同前　東山黃琳知縣

馬首向天北祥光映五雲楓宸拜新命先声衆共尊清風吹幕府王事應獨勤自期知不小當與古人群

同前　上坂王進太學

紫劍蒼琴萬里行雷陽芳譽達神京月明後夜相思処應唱陽関第四声

二

送碧波之任雷州詩　　三山蔡經 兵部尚書

粵南開象郡十里接鯨波海近日光早山深雲氣多片帆今獨遠五嶺爾應過朔雪江亭暮悠悠奈別何

同前　　龜峰葉萱 漳浦人河南參議

客邊送客難為別杯酒相看雪半消燕山風笛三更靜海国雲帆萬里遙莫厭家察妨展足誰知元伯賴和調珠厓赤子天王土好把循良答聖朝

同前　　三山龔用卿 丙戌狀元

君去雷陽路十千朔風飛雪正紛然過家且喜丹霞便回棹還經碧水邊到處魚鹽好墟市可人烟景足神仙政閒試訪萊公竹比似甘棠孰後先

同前　　同安楊逢春 觀察院

太學一經擅往年亦行應不負清銓郡中簿領看剸劇嶺外薦書豈靳賢況有羅浮梅共笑那無何遜句堪傳獨憐鄉国知君旧不盡離情一悃然

賀遲齋臺壽進一詩　　晴崖戴品（平樂府通判）

抱藝當年碧水遊，文章德業出人頭。養高林壑甘懷玉，試劍廷都裕猷猷。
叨拜君恩官八品，行看海屋壽千籌。百齡駸駸欣強健，蘭桂階前日倒蕕。

賀益齋壽旦詞有引　　三山鄭華（程鄉教諭）

寅審吾庠同寅文佩楊先生閣下家世清漳龍溪望族，自幼穎悟超凡，讀書談道大有進益，乃正統紀元以鄉貢進士拜今職，能以道化人，循循善誘，故諸生多悅從之。今歲癸亥首夏之吉，適逢華誕，余忝僚寀，目覩喜事，寧無一言以賀之乎？因歌樂府小詞一闋，用率諸生庸致賀忱，希粲笑覽，幸甚。詞曰：

時屬清和，律當中呂，閩西盛裔方生，早登科第，拾艾取功名。職拜儒官清貴，文章富，儀式羣英，樂叱上，談經講道，道學繼朱程。

遼今逢四一，正當強仕，富貴年庚，展華筵，銀屋寶鴨香清，珠履盈門濟濟，齊相祝，壽算山平。他年褒榮膺秩滿，陞職侍皇明。

右調滿庭芳

賀参溪採芹詞　　菁城傅名世貢士

虎渡迤北達龍潭山見巍峩水色藍潙洲鉅儒此中出紫陽座間位置一継跡豪俊日挺生屈指難窮宋與明是惟地氣多靈異舞鳳蟠龍饒蒼翠碧溪形勝正居中背水面山勢更雄梁岡支派最奇闢分来恰作賢人宅楊氏處此代有声快然居士早著名無禄中間遭变乱登楼獨自哀三桀書詩禮樂豈終熸司徒継居家復振自此流傳百許年踵武惟願子孫賢舜階立志佳不惑道自南来學在北為文直欲駕子雲上稽五典忝三墳率祖攸行真不愧数奇每落卞和泪今日知已獲王良冀北之野騰龍驤會見鵬搏從此始扶搖直上九萬里　　右碧溪行

祝参溪先生七一壽序

漳名山川溪北為最高峯聳峙蜿蜒数百里流而在下淵涵澄深故人文學士多出其間而世綿澤遠者莫如碧村有宋以来先賢　今聞楊公暨友諒博三世成進士嗣汝南承祖〻孫相継名宦鄉賢具載

杉□家譜　玫□

郡志迄明則有直庵后塘公科第蟬聯凡五人參溪先生即其苗裔
也翁今年適杖国歲選明經以癸巳秋七月念九為花甲重週之辰
里党戚族莫不稱觴上壽余與先生有邢侯之誼接舅氏耒書請贈
一言溯未除史館時得先生文沉深博茂出入史漢根柢六經童試
先後受知督學両次以籍限抑置咨嗟追　力堂周公摟漳校溪邑
得重塲疊卷遂一中雙鵰合諸前此可見定評越庚午春　葛公澤
园科試拔前矛第二充廩自是鄉闈屢備屢荐歷同考賞識累艰于
遇雖未登解榜然聲名已埽海内都人士咸折節焉所教授生徒獲
名者履滿户外其嗣君振北亦食餼有年通闈先生耄期不倦壯志
未銷見有江左名儒沈長洲先生晚載隽知游登大位且為
天子門生故人先生殆接踵其後欸夫足于内者勢不能終潛發于中者
光不可自掩連城之璧豈長閟于巖阿徑尺之珍斷無埋乎塵坋理
所固然無足疑者矧先生立身制行卓然表見于世迥非近今所及

當
尊君在日素患衰病先生朝夕不離惟積貯脩金市參藥以進
至寢病終畧無少怠其先世墳塋自近及遠俱出己力营為絲毫不
假親屬復改築宗祠恢復祖蒸書田鄉有無祀者則設厲壇以歸其
主見枯骨必瘞埋之至所經橋梁道路圮者葺之廢者興之以利行
人若此者善不勝紀人第謂先生好義樂施不知其為蘊蓄深積
學有素文章經濟蓋兼而有之矣方茲芝蘭競茁玉樹盈庭克紹前
徽爰繩祖武將所謂名山川鍾靈毓秀盡萃于斯曷其有極哉余遠
寓京邸燕閩相距弗獲聚晤然轉瞬甲科預卜龍頭老成振翮聯飛
即于鳳凰池上親炙緒論深所願望余重先生文併倫悉本末遂珥
筆郵寄以介先生壽若夫詩古文詞賡歌載咏連篇累牘自有諸君
子在

賜進士出身翰林院檢討監察御史愚表弟藍應元拜撰

楊氏家譜

碧溪

贈孟齋之任贛榆教諭序

霞城周宣太僕寺卿

仕以行道不得大行于天下者有司之職耳有司之職若俎豆而軍旅不諛轉輸而刑罰不與其行也一善其澤也一事其澤大行者古之宰相乎今之公侯燮理館閣啓沃憲臺糾察士類古之宰相可以大行者也六卿雖分職治事然位高望重其大行不難者也是故不能堯舜其君者非大行也不能堯舜其民者非大行也非大行則祿之而已于道何有不若有司司之行為愈也有司之行者若承流為順之則易逆之則激激則慮患之不暇道可行乎道不可行不若講之為愈也講之以淑諸人以傳諸後者惟師儒乎師儒正其衣冠坐講席之上立諸生于館下曰古之人堯舜其君也古之人堯舜其民也古人燮理而陰陽和古人啓沃而庶事康古人糾察而百度舉諸生知其要乎講而不知其要則有害人心術不若不講之為愈也講而知要則學之者有方心術以正而道以明是則雖未大行而其所以大行者在是矣楊先生文佩得其所以大行者乎先生吾漳宿

楊氏家譜　卷九　贈序

楊公[illegible]詩　　　　　　　　蔡　澄

儒幼入郡庠早領鄉薦歷程鄉臨清二邑訓導其所學者堯舜之道其所講者堯舜之道越十數年今得擢教諭于贛榆又將以講是道矣況贛榆乃海寧之屬者者孔子嘗遊于孔望山而問剡子州人必知尊師之道夫為師者能以道自任而人又知尊之則道益顯矣吾知堯舜君民之言噭噭于講席之上唯唯于堂館之下氣象悠然自適其視有司之汲汲于小補者豈不瑣瑣哉先生將之任鄉之士大夫俾余言之以華其行余故書此以送之

益齋先生像贊　　　　　　霞城涂璉茂才

以汝為儒耶其中則吏以汝為吏耶其歸則儒擢巍科投刀筆司教鐸擁皋比萿芹香百里桃李萃公門所謂奮翼渢池而喬遷于木者與

收

辟雍友天下士落葉剥枝倒糟棄醨仰鑽未獲思之又思事倍功一掩卷太息始若有得我欲用世不忍道屈志大位卑趑趄躊躇千金既捐一秩不叙揣摩世变厚泊何似煙霞膏盲白首永矢更有隱意彼衆不知衆趋我避衆取我棄衆辯我訥衆嚴我恕衆先我後衆險我夷實維命齋之意

月洲子曰遲齋知道乎天行健維遲故常也地勢坤維遲故章也君子之修維遲故强也商書曰昭假遲遲言修德也今遲齋晚有别駕之命自天而遲齋不变其遲且終隐矣則夫遲遲之澤延于孫子者未艾也是為記

寄遲齋書

蔡鶴峯先生侍御果之公之子

區區自弱冠時與足執事契厚者不覺俱白首矣歲月如流良可慨嘆惟執事諸事遂意百福駢臻共喜共慰區區衰朽已甚每有碧溪雪夜之興當有乘舟之時耶無任景仰跡承合即下顧兼承華翰清惠喜當何如感當何如敬此具謝不一

皇　奚

寄遲齋書

四峯林約禮 貢士丈山人方伯進卿之子

久缺晤心甚懸〻聞得小掌珠幾能笑語極喜極慰不卜抱弄在何日也久欲覌黄疊胖所扦厥祖十五公墳以占手段去年之約諒在今冬矣欲得其鄉先達陳公睢所撰汝南公行實或載于家譜或載于文獻録之後萬希檢付一閱并覌高門累葉英賢文物不出五日即當璧完不敢損失也比望至祝勿吝是祈

送碧波之任雷州照府序

戴時宗太僕寺少卿

古之為郡者得自辟其所從事其為從事者非一時名士之選則其道相同而志相合者也守雖尊郡之政從事得而可否之守所謂可從事以為否守所謂否從事以為可故工下相成而政出有經及其弊也下以私交上以樹黨而其害也滋甚我朝稽古建官革辟舉之制凡百執事一屬諸吏部如今之照磨猶古郡從事也其職典郡之文籍郡之刑名錢穀興廢建置得以按其牘而伺其姦朝夕序立偕守一堂之上或時以事請守必降而禮之監司視郡群吏庭謁則次守以進縣令丞以下事以上官禮故上下有章政亦用和及其弊也循官制而廢賢智嚴公法而棄私恩守日益尊從事日益卑守所頤指氣使如奔走屬吏然甚至從事之篆守并籍而掌之則所謂照磨者特寄空名而已規之古制其意愈遠此則法行之弊非法弊也予姻楊生俊卿謁文選吏部為雷州照磨予以俊卿之材儁年少而志銳固非甘于從事者時為俊卿惜也今之雷守為予友楊汝忠

杉[illegible]賀詩　孝[illegible]

氏汝忠廉静而慕古恭勤而好壬而與俊鄉共里閈同學校同姓族又同得非所謂道相同而志相合者耶設使汝忠得如古辟吏亦焉能遇合如此耶夫守之政舉則從事得以奉職守之政不舉則從事舉其職為喜事為干上以俊卿之材而遇吾汝忠之賢其必有以存今之制而復古之道矣予為俊卿致私賀而併寓吾汝忠以為何如也

送碧波之任黎平序　東渠陳遷

昔我皇明受命薄海内外咸屬疆宇黎平古荆襄流裔控制南夷氏蠻最居要害迨我聖朝漸被治化其衣冠典禮文物彬彬與上国齒郡乏聪磨今年冬銓曹以楊子補之命下僉疑楊子愀然不楽楊子畧無芥蔕見于顔色予喜謂之曰是可以道天下者失天下有畿甸要荒勢也皆王土也居人皆王臣也猶人之一身有心腹手足為一身之爱者可有所擇乎為天下爱者何獨不然乎夫近而民其安與殆近而吏能與不任民易訴于其上上易察于其清則郡邑有司不敢昏緣為奸遠而離輦轂数萬里視

郡邑之吏其尊如天其威如雷霆有所抑屈含于其心而已矣復何告焉
故遠之民尤欲得人以撫之也仕者顧以遐邇内外為欣戚擇仕者以遐
邇内外為稱否甚非容保天下之道也遐邑之流離困踣不知近者將何
所賴也廣右滇南例以為遠朝廷優異者不復官于此吾未悉其所謂也
楊子嘉靖九年嘗從事雷陽矣抵職未期年當道嘉其能令視郡篆三閱
月仁者知其愛爲智者覌其理爲彊者服其守爲未幾以外艱帰留者號
泣遮道真有古人攀轅卧轍之風今黎之民雷之民也楊子之黎他日黎
人德之吾知當不異于雷乎楊子之賢夫有所受之也厥祖汝南承祖為
朝散朝奉大夫子俊公為尚寶司卿紹公為户部尚書郎其官業政声多
于朝著縉紳間楊子承烈揚休尚未艾也詩曰無念爾祖聿修厥德言廣
孝也書曰率乃祖之攸行昭乃辟之有又言廣忠也楊子之行勉乎哉

朴山林梅 進士 浦人 郎中 漳

送碧波之任龍南主簿序

戊戌秋余督漕還京止于彭城時則碧波楊子亦領運綱邂逅于濉泗之

上聯舟楊慰劳楊子色喜曰自吾之有兹役凡再越寒暑矣始出牂牁歷沅湘涉洞庭彭蠡之險遡長江而抵徐淮出沒于危波怒濤之中手掉神悸而心不寧者屢矣幸而不犯于漂沒以有今日計自今而濟而漯而衛而潞河奚啻蹄羊腸而履康莊耶余應之曰是固當喜今天子聖明歷追古制作舟車方物尽予輿圖臣工効劳百神默佑休兹惟懷相與尽歡而別踰年夏皇木輦輸京師先是楊子之官亦自黎平遷為贛州龍南主簿贛于漳為接壤風土殊相類簿佐令也得與令相可否事鄉人在都者咸為之喜楊子曰自吾之司幕職居雷陽入夜郎于兹十年矣雖処荒裔近黎俗然政皆郡刺史下理之吾受畫諾稽行文字已矣故稱職而心無累簿有民事徵需財賦戢止寇攘將迎之劳簿書期会之煩朝夕惧弗共協〻焉又如向者舟楫風波時也朴山子曰是固當惧今天子留心民事慎重郡縣之職而財用困于誅求姦宄潛于隱伏簿與有攸責焉其尤雅者上官劳午遠近奔趋候顏色小不戢恣其威折辱之否則牽制之以繩墨

俾鬱〻不可騁而猾黠舞智執持短長故曰是固當惧然天下之敗于忽而成于惧子之領運京師水陸幾萬里大木數千章連筏而上厥惟艱哉一旦得以集事雖憑恃寵靈無他患然所以固維紼慎避就戒丁力嚴章程服重持艱以臻成績皆惧心有以成之也簿之職掌有常而莅之有道龍南為邑不過數里而賦易集竊有撫治諸公專制于上而姦不生且地僻不患于伏謁之劳事簡不病于公移之叢積運此心而治之畢力在公視事計過不朝夕寧政成譽起旌擢有期是惧者所以為喜之地吾聞之操心危而慮患深故達必世之所謂賢人君子也楊子庶幾于是矣浦溪陳子華喜曰是足以贈楊子之行矣遂書以為序

江東別意圖詩序　梅溪吳仕典

少府楊君倩卿予友也學博而行高才通而意穎切于用有年矣嘉靖中興諸賢彙征君由胄監拜官雷州府幕下未幾以外艱歸守制家居踰三年服闋行當改選天曹鄉士夫以君哀未忘有不色喜欣然往之意且惜

其奔走弗寧無以張厥志也製為別意圖詩以餞其行友人林君待恩以予與君非一日之雅者比請序以紀厥情追者未第時讀書君家尊甫厚庵公蓋樂善主人其一時師友主賓日夕過從切磨之勤至于今可追而憶者也追余歸自衡陽越十載君始拜今官蒞政雷陽半載餘而尊甫遽棄榮養君辭為永感人矣世事之紛化歲月之雲遷家国忠孝之異宜顯晦行止之異道每若笑哭之不同形亦時為爾已矣是故古之君子可仕可止可久可速不必仕不必不仕不必仕則不忘親不必不仕則不忘君不忘親則孝不忘君則忠士而至不忘親不忘君為則亦為往而非盡我之地哉昔者子夏除喪而見子夫子與之琴彈之不成聲作而言曰先王制礼不敢過也崇伯子之三過門不入巫馬期之出入戴星與夫墨突之不得黙夫固有攸見也耶由是言之則諸公今日別君之情又豈尋常愛君之意也已哉君試讀諸公之作惕然以典則來日拜命服采贊化翊治宣政和民或推孝為忠或移忠于孝事上也接下也正已格物也皆求以

尽夫我存心愛物於克有濟吾道行矣豈曰位卑職拘有不遇于時制于長吏之嘆云乎哉楊君懋諸懋諸

怡庵説

有遺不貳之老曰怡庵怡庵無所不怡而不能言其所怡也今之滎陽子而請説未有以應命也已而族子東山浩然司塾子怡庵之門為之申其請蓋力言怡庵蒼顏白髮鶴齡龜算精完而氣淑神安而體舒于時言〻于時語〻于時行〻于時止〻爾游爾休無拘無慮有如嬰兒有如仙侶怡庵于身無所不怡也碧溪之勝楊氏世家焉先文人快然居士汝南鳴宋直庵紹出負題名正統中皆名進士有風節蓋爵衡登賢科至怡庵發祥于長子舉人瑩卿經綸蘊藉登第指日是將致推封之榮為怡庵事親孝因心則友昆仲異母也分財厚讓從兄麗水丞國賓者敦大人也日夕相與歡愛龍南簿景哲則從子也子孫族屬詩書執礼仁讓孝敬怡庵于家無所不怡也于人無求于物無忤笑談可親德言可慕鄉党州閭無怨

梧[illegible][illegible]言　碧[illegible]

無悪山村城聚以遨以遊怡庵于世無所不怡也高士晉江張月洲天衢氏命之曰怡庵信乎其怡〻也滎陽子曰子之言美矣夫怡庵家世之遠福德之厚皆天之所以怡〻庵者其天質之淳龐性行之真率則怡庵之有以自怡也雖忘言可也從而強言之不已贅乎窃怪夫人之自小其心也則百物皆病鵶鼠入室荊棘塞途慊然而不怡也亦衆矣惟心大則百物皆通是故柔條茬苒高枝扶踈細鱗潛泳脩翼翔飛百物之怡也春日載陽薰風時來秋水澄碧寒泉藏温四時之怡也廓然太虚块然太和浩〻乎廣運無心而成化天地之怡也天地四時百物之道備之于人〻未始不怡也而人之自貽伊戚自小其心者也今怡庵之怡也殆将與群生者伍大塊者似葛天無懷之民不為先崇桑希夷之儔不為後其為怡也不已廣乎然則雖昌言之可也故為之説子以宣暢其怡心焉

嘉靖辛酉仲春之月穀旦鄉進士文林郎知樂清昌山瀧水致政滎陽子鄭復希純書于西源草堂

贈遲齋得長孫序

白石林魁

天下之情孰不在于富貴而秉彝好德之天抑孰不在于賢然而富貴者未必賢賢者未必富貴故兼之者為難惟夫富矣而貴貴矣而賢備是三者而復有子孫以大其後則世間見之是非德之所積者深而天之佑之者厚其何以至是碧溪楊先生國賓氏其殆若人者歟先生家世業儒科第相望昆季子姓蜚英士林厥考闇人公諱興仁尤著德四方君幼雋異充邑庠弟子員賓興于太學以家政繁殷且樂于桑梓而不欲仕常自誦曰與其祿而受羈絆不若耕以自適與其達不能濟時不若隐以全志遂築室讀書不復謁選旧歲長孫始生先生喜曰是祖宗之餘慶將大我楊氏爰奉生之日月告祠堂命之名曰長當是時先生年未登五十是孫首出蓋長子之長孫也易之泰曰君子道長克昌之期于是乎在親友林伯同盧君標輩相率稱賀而命言于余余辱先生交久且厚今復有姻婭之雅其能已于言耶予嘗觀于海矣見其波濤浩淼浮天浴日天下之寳莫

楊氏家譜　　琴溪

不生于其中然而海不能以自大也江河爲之源也又嘗觀于山矣見其峰巒重叠形勢萬狀天下之宝莫不生于其中然而山不能以自高也崐崘爲之脉也又嘗觀于天下故家矣見其子孫相繩雲礽奕葉欣燃之引遠而益大蘭桂之茂久而彌芳然非其子孫之自盛也父祖之德爲之本也楊氏自祖宗以來忠厚立德于躬爲葉久矣先生以明粹之資篤學勵行慎勤于事而心切氷兢施惠于人而面無德色盖先生之勤法祖宗以爲師祖宗之積至先生而益著是以年方曷盛而孫枝發荣不惟家庭之内喜氣春生而閭里之間亦懽声雷動是豈可以幸致乎哉予故述楊氏之所固有推人情之所甚欲斯其福之所未艾探其源之所自來以復伯同且告楊氏他日是孫成立將泝祖宗之遺澤必有指而教之者曰若之何而富若之何而貴若之何而賢先能守先緒而弗墜而復修德以濟之所謂富貴而賢者將兼之以永厥世而諸君贈言之意亦楊氏之宝矣

贈懋直齋得二郎兆禎兆祥弄璋序

泰和李溥 鄉進士漳學教授

予領命來漳司郡教僅五載稔聞漳之風土民俗樂善向義有古人之風原其所自皆由紫陽朱夫子過化之功以故習尚相承至于悠久而弗替也適在講暇有旧門生宋君世表率衆執幣詣予請曰吾漳自古稱為文獻之邦凡有吉慶皆令集以相賀生有姻弟楊君国玉乃碧溪官族之裔曾伯父直庵由進士任地官正郎致仕国玉其猶子也昆季有七克紹先業架造創置冠乎一鄉国玉年幾四十未有嗣息今年春正月朔庚寅嫡配始有懸弧之慶越四日癸巳側氏又有弄璋之喜今幾週晬矣漳之親旧相與製軸以賀願祈先生肯作焉予愧泠職素與楊君未識荊第以宋生固請辭弗獲姑援筆而告之曰夫物速成則疾亡晚則善終朝花之草夕而零落松栢之姿隆冬不衰草木尚然而況于人乎且人生天地間使居有美宅產有良田而下無妻子之樂不過煢獨而已耳予聞楊君樂善好施與人無忤且承父業積累有素宅皇而產厚兄友弟恭鄉鄰和睦里

杉氏家譜　卷九　序

碧溪

開之中推為善人誠敦朴之士也夫天道福善而禍淫今国王善積厥躬而天自默之相俾之中年有子拔茅連茹相継誕生国家將與禎祥之兆于此光萌正所謂明珠出于老蚌而能先照萬里者也自茲以往將見二郎由孩提而脫襁褓八歲而入小學養之以正使知愛親敬長隆師親友之道十五而入大學使之明格致誠正修齊治平之理夙夜惟勤留學勵先先人以登巍科居顯要為国家之柱石以踵地官之芳躅殆未可量也脫使蒙養弗端長益浮靡雖學亦不固不重不威而人皆忽易之未免為鄉人之歸而已兆禎兆祥二郎有知當味斯言幸自勉不息以無負區區命名之意然後可

厚庵行状

吴仕典

公諱寬字国美世居龍溪二十三四都之碧溪厚庵其别號也公生而謦
岐德性謙厚最鍾父母愛甫弱冠補郡學弟子員當道考較恆異等文鋒
頴如也時遣行沙汰法公與從兄玭俱落例中人咸枉公浩然曰陳太卯
王彥方豈科第耶家居事父節菾以孝稱九善順孺人意旨既而父母継
殁公哀毀骨立喪塟具以礼不苟事々弟五妹三俱未婚嫁咸先後悉力
處分待族人有恩有義凡族人有分事不决者必曰須厚庵来至則帖若
祖伯文纘進士歷官户部郎中歸貧甚公每給以衣食至卒喪塟多已辦
父妹二一適廣讀蔡廷振一適桃源陳子玉俱無嗣卒公皆舁歸塟視户部
為隆其事先祭祀必豐潔嵗時朔望必叅辰忌必哭其平居尤賢善賢々
如趙南溪洪碧湖林白石楊見湖李漸山盧墨溪諸縉紳皆素所厚者其
事上如武陵陳都憲新安潘郡憲為郡時見必礼待役必奏功无私求謁
馬娶東山黄氏蜀憲副姪女居無忤色中年殁哀念不復娶子三長景哲

卷九　行狀

次景福又次景達責以讀書哲學成命援例入冑監授雷州府照磨娶婦魏氏刑部侍郎富孫女福娶西山李氏太學生世祚女達娶漸山李氏樂昌尹增女女一適同邑均州守孫郡庠生戴品孫男尚幼孫女二一適歸善尹孫黃河一適同邑方一幼甥男爲晚歲與同志結為白社会若工虞鄭司訓深浦江陳司訓潔新淦林二尹瑛處士陳君涵輩歲時往還莫不倒觴而止于庚寅六月初七日申時卒于正寢以今年十二月十七日塟于碧溪石鼓山之原與吾有知己之雅故為之狀云時嘉靖辛卯臘月望日

敦睦齋像贊

月洲張天衢

端拱肅恭兮貌古而蒼遺腹之孤兮邦族之良秉心淵塞兮旣庶且蕃終自敦睦兮旦評于鄉有子七人兮彼揚方將晚而嗜學兮銘牖與觴庶幾遐齡兮好德攸長僅尒下壽兮一疾考終安得青雲兮爰發幽光

敦睦齋墓誌銘

碧溪処士楊公既卒之六年歸塟有期諸孤因其從兄弟生員小壻瑩卿氏持狀来請余銘余曰嘻余帰休里居久荒筆硯又適有遷塟先君之議匆匆方自惧罪咎之弗遑而敢亍銘人之墓為其改圖諸卿復再拜為之請益力曰吾先伯实賴茹請用托于不朽忍啬一銘俾我從兄弟抱恨以終身乎吁有是哉余雖未公面其忍以無言辤邪按公諱潔字国清號敦睦世居碧溪代有名德高祖全中曾祖希曙俱隐德弗耀創垂可継祖文儼席蔭澤家政斬然生三子㒹仁㒹榮㒹雅雅號簡軒為公考幹蠱克家教諭益齋公衡郎中直庵公紹渠伯父也公母豊山林氏為通判定姪女首生亹年甫十二簡軒公以三十有三捐世矣于時公為四月遺孤在姙至彌月林氏梦人饋一羊果遂生公实成化乙未盖羊年也亹不幸十八早卒公始六歲知從母教及年十四即克任家事矣公為人敦朴和易好讀書誦古文字席　人遺業而益恢拓之家道雖饒裕而其衣服堂構素

如也孝友篤至慕親不衰其事伯父恭謹以勤諸族屬無親踈恤貧拯難恒不遺力子姪有貧困不能自存者收養之視若己子建祠堂立祭田修牌坊以示奉先勸後之意歲時朔望祀事必恭樂善好客接士君子尤親而有禮嘗聞泰邑貞烈婦則樂道而稱揚之見鄰里有鰥寡可哀者自出棺木收卹之橫逆侵加悪少肆侮輒包容不計曾策馬山行俗童無知呼其名亦付之一嘆畧無少介意人服其量至有田家遇災癘公欲入僕曰不可竟自斷其不能相染入視爲其人夜見怪物逃去病因以愈人咸嘖嘖嘆異此又其厚福之明驗歟余謂厚其福者當必豐其天年乃以嘉靖戊戌春正月終于正寢享年僅六十有四豈造物之不可測耶抑將留有餘不盡者以遺子孫耶遠近聞者咸哀思之至欲為之籲天而無由其與身沒而名踣又為人所厭鄙者雖享壽百年何如哉嗚呼是其可銘也已吾聞其時泉南月洲張天衢先生適在西賓其曰敦睦旌之也恐或未足以盡之也身配氏徐常山令雍姪女生子二曰桓曰森繼配氏歐湖廣副

使輝孫女生六三曰橋曰桐曰檠側室氏林生子三曰櫝曰柳曰樹桓娶同邑方氏繼娶桃源蔡氏皆旧族森娶溪园林氏橋亦娶林通判泰孫女繼娶庠生黄焕次女橋英鋭有志不幸先卒櫝娶鍾氏桐娶龍瀛郭太守舒姪孫女柳娶詹氏樹未聘檠聘霞城葉氏女二長淥出適西陵陳丕範次歐出適長泰宋慶府通判王耀十子廷慶孫男四燦炳燿煒女孫凡五俱尚幼於癸卯冬十二月念七日諸孤將奉柩窆于碧溪之新倉山祖塋之左祔于厥考妣之右皆丑而面未云因為之銘曰　於維斯人遺腹之身貽後式裕不教而與爰有積德亂子振〻厥亂維何以似以承厥卜云吉水碧山新樂哉斯邱以怡其神

赤山鄭臨　鄉貢進士浙江麗水縣知縣

遲齋孺人林氏墓誌銘

孺人姓林氏諱巽字賢英故郡庠生兼山祐之孟女方伯訥齋先生同之從姪女也生有淑質幼言動不苟舉父母尤鍾愛之不欲以配庸俗子年十五方許婚于碧溪楊君国賓楊邑著姓世以積德行義為業而貲產之厚雄于一方孺人年二十始歸于事舅姑孝處妯娌和閨門之内藹如也楊君游泮庠孺人秉内政貞順勤慎事非有舅姑夫子之命雖甚宜不獨裁楊族食無慮千指稱賢婦必以孺人為先正德戊辰楊君以貢士上春官當卒業成均頗以家事為慮孺人曰丈夫志四方子惟勉為忠與孝以無負国家養士之恩至于家事巨細妾奉君之所欲為决不使君有後憂故楊君在太學得專志文業而孺人時以家慶致千里之音楊君雖遠在京師顧家問如左右旦夕及守選家居孺人不以貴而廢勤富而廢儉董内人紡織以身先之楊君暮年家益裕孺人有力為平生好施與濟貧恤孤勸相不怠而自奉朴素不事華靡粒粟尺帛不忍暴殄惟以賓客之奉

饗祀之禮必亟豐潔常訓諸子不得以驕侈墜家声初蕙山既沒外弟選逵猶未成立孺人愛翼深至有人所难能者仲妹嫁南靖韓氏孺人友愛尤篤韓氏嘗為予言其詳予與楊君交莫逆今復為葭莩之親方望登楊氏之堂望孺人之懿範不謂其遽下世矣按狀孺人生于成化壬寅九月初一日卒于嘉靖辛卯九月十三日享年五十生子四長曰逢慶次曰重慶三四皆以慶序長娶鄒氏次娶吳氏三擬婚鄭叅議和孫女四婚高進士琅女女亦四長適魏泗刑部侍郎富公姪次適沈侍御源公孫曰壯三許配御史陳遷子師曾不幸近夭四尚幼孫男二曰長曰會逢慶等將以壬辰年九月十五日奉孺人之柩葬于東陽之原坐艮向坤銘曰

碧溪洋洋楊斯居文山峩峩林斯儲楊林配合鸞鳳如子孫滿堂父母娛胡為中閨忽云殂溪流黯黯沉明珠鄉人揮泪眼則枯東陽風雨白楊呼玄宮在爲萬世思

白石林魁廣東叅政

輓厚菴詩　柳川吴鳳翔　龍溪縣丞上海人

大化歸根一氣收，百年塵夢竟悠ミ。心游太古真堪範，傳列高人孰可逑。
馬鬣雲封還造化，牛崗地煖卧春秋。一身積累覃休遠，仰見流光玉樹稠。

輓敦睦齋詩　畏齋王廷和　長泰人貢士知東流縣

敦睦為人世共称，誰期未老夢休醒。功名無意雖云頤，嗜學終身有敦能。
結髮終身應笑侍，續絃堂上斷和鳴。兒孫滿眼多英俊，佇看恩光賁九京。

長泰薛澄　吏目

壽夭原来不自由，平生履歷出人頭。全家教澤千般義，七子恩深萬斛愁。
龍去鼎湖雲色暗，鶴歸華表月空浮。思蒙愛厚情难盡，為泣西風萬古秋。

潛夫顏尊用　壽官

先生清隱碧溪濱，寵辱無驚寄此身。四月遺孤承祖德，生平敦睦重鄉人。
椿楦獨長一枝老，蘭桂于今萬葉春。追想儀容难復見，哀吟未就淚沾巾。

輓遲齋孺人林氏詩

霞東魏擧貢士仕訓導

大家子女士夫妻淑德芳傳草木知王母有因留腐脇梁鴻無復見齊眉
萍花色改魚初恨梅子心酸鳥亦悲一点芳魂如有在案前匆吝鑒濡維

霞南顔棟訓導

楊家有婦德如何仍柳風模去不多南澗方臨堂上藻東陽已伐墓中柯
白雲迷斷芙蓉梦青鳥驚忙薤露歌修短從来天數定壁間安得尽雛窠

霞西蔡佾教諭

爰剑何從淚滿眶慧勤今已梦仙鄉哀声有意追黄鳥遺恨無言到白楊
林下清風應不泯表中明月更堪傷後人再上雲山梦海色秋容萬里荒

桂林袁肫仁訓導

雞窗曉坐思忙然訃報伊家泣断絃龍腦已隨盧扁没鳶膠空入老陶編
碧溪景色還依旧萬里歌声自可憐念我當時曾鼓缶幾回為却着薑辛

天寶陳鳳至楊陽教諭

一柱清香酒一樽，輀前揮淚祝芳魂。令名儘可當盧氏，淑德何曾讓少君。
龍起碧溪弓尚在，鶴離青海笛空聞。年来駐馬東陽路，野草連天臥石麟。

霞東吳鎮 生員

文山自古有佳人，淑行于今羨慧勤。秋露終沾芳藻地，夕陽已照杏花村。
鳳凰屏上容光杳，鸚鵡杯中口澤存。抱却東蜀投馬鬣，一天風雨淚沾巾。

金陵王韋

慕萱詩 輓厚庵儒人黃氏

梵〻失恃恨無涯，故托宜男想淑慈。雨露垂枝增日淚，風霜鼓葉動時思。
稚將甘旨供芳質，空有班衣對美容。佇待褒封旌大孝，龍章光徹夜臺輝。

同安黃偉

慈萱殞北堂，追慕幾星霜。手線和愁斷，花容入夢香。月昏双淚眼，江曲九回腸。試問東流水，争如此恨長。

梅溪吳仕典

萱花昔菲芳，北堂饒春光。悲風奄殞落，俯仰若迷方。路米不復負，手線看

猶故天地若高深哀號竟難訴悠ミ不可追晨昏空自擢罔極不能報厎
用此生為淒雨春晝咽寒霜秋夜冽此生有時盡此恨何時滅

謝奇

西風飄落北堂萱何事衰麻積淚痕日落清猿啼宰木天寒白鶴弔高原
長波不盡古今恨寸草應悽天地恩斗祿博來無養処幾多愁思奪詩魂

盱江何僎

花蝟梁園鶯林班斕笑舞對春陰西風一夜吹鵑鳩叫破堂前寸草心

松滋劉昌

西風昨夜起庭陛為想萱花折玉枝無復堂前尋淨影何緣屋後見幽姿
柴門日落誰倚為鳩杖年來孰任笞相對班衣不成舞幾番和淚寫新詩

泉安吳昂

西風吹雨洒空庭斷送護花一夕零甘旨有懷追社飯淚痕和夢遶思亭
芙蓉剝落漳江冷苔蘚行侵磴石銘惆悵海門東去水此情應與共悽ミ

七

刈

慕萱卷序

吉陽黄芳　進士吏部郎中前太平府同知

根于性之謂情飾乎情之謂文情暢于有餘文生于不足子之于親至情也情動乎内則欝勃泄越如春萌之向榮驚濤之走壑濆如沸如不可遏抑故曰情暢于有餘因其所觸宣之使揚疏之使達飲食歌舞以樂生醫藥禱祠以　疾哀麻擗踊壑埋齋祭以終死事皆有歎于内而益致其文者也然時移地易隨在興慕景觸而情愴精極而神会發于声引于歌倡而和之以極其曲折悠揚之变是亦文爲耳矣故曰文生于不足古之人不以外誘易天性之好斯情至而文亦至爲然而所謂文者于今固有間矣龍溪楊生景哲之母宦游也賢而有懿訓楊生所以事之亦曲尽爲楊生之上胄監也辞而出其返也哭而入罔極之懷邈然無酹爺廼託諸藝流衰詞導哀以播敭幽馨蓋即其所有餘而達之于文使無不足所謂長歌之哀過于痛哭者矣雖然情内也文外也措諸身者其文实彰諸言者其文虚情不副文是曰崇僞孟子言舜五十而慕情也嗚呼情至而文在

卷九　鞔序

其中矣楊生試思之

楊氏家譜卷第十
雜紀

卷之

雜紀

八
州

政公

吾家自有宋肇基歷元而明雖支分派别溯本窮源一也第元末之难族人星散復旧居者惟真養公與治琅公從兄弟二人當是時孤時無助友爱倍加真養公乏嗣治琅公即以長子希曙公出继為其有散处他鄉不念桑梓者置之不録先人所傳無異詞也　北賡修譜之任旁稽遠考不惮求詳偶閱族叔祖思光所藏六代祖復英公遺書云自承高祖教諭公徙于漳之观前復于鄉之碧溪家世業儒由来者遠用慨然有感也政公以明經任雷州府教諭生于洪武已巳年適當有明之初意元末之乱祖若父徙居霞漳观前數傳而後子若孫回居祖家族人因是别為观前楊猶碧津公徙居天寶厥後回祖今人猶呼為天寶房也謹按旧譜真孺公仕元任成都府教諭生六子長国棟次國瑶三国璋四国銘五国秀六国玄元時人也国秀生二子長通文次賜荣于賜荣則載曰生子一真錫于通文則不曰生子幾而僅曰生子政道遍查前後書法　生子或一或二或三

楊氏家譜

碧溪

四五六俱各大書詳明不敢脫畧恐一人單生一子而名有兩字不時為之記曰生子一後之人將以兩字之名而謬以為生子二者亦僅曰生子政道皇益齋直庵修譜移居在外者不暇求詳是一是二亦有疑而未定歟抑公幼以兩字為名長充邑庠特以首字為名歟益齋時既不為之求詳至賀卿續修興政公一派挾有仇恨又豈肯為之求詳耶且近如秋舍公直庵公庶子也益齋初修家譜未及收譜錄賀卿續修竟遂置之不錄非見直庵遺書何以知其一派與吾同源哉夫有元一代碧溪之楊悉屬真孺公之派不幸逃亂分散無所于攷而政公之徙于漳之觀前也適當其時其為真孺公之派可無疑也況吳林東坂邊祖山後皆有分允其可據者乎今于總圖則以政公為通文長子道公為通文次子子五世圖世系錄則仍旧曰政道通文子蓋疑者闕之亦不敢妄為改移云

二

秋舍公

旧譜不載公為直庵四子乾隆六年公遺派與璉公派争掌螃蠏壠山地時有公之裔孫扶者持出直庵公所遺書有次妾王氏之子楊秋六云詞句古奥字跡奇崛非後人所能偽則公為直庵庶子可無疑也考公之生在天順元年直庵公年五十一矣豈立妾生子在作譜之後至賀卿修譜復遺而不録欤即或以為抱養者不録亦不應并副室王氏而亦置之不録以是知公之生在作譜之後而修譜者之多疎失也茲故時為補録而詳為之辨云

佾卿公

振淵稿本載公為国資三子生嘉靖九年卒嘉靖四十年考国資生正德九年至嘉靖九年止十七歲国資妣陳氏生正德十四年至嘉靖九年僅十二歲未有十七歲十二歲而即生子三者且佾卿次子肆公生萬曆卅三年豈有嘉靖四十年已卒之人復能生子之理予查佾卿神主生卒並

雜紀

無字跡惟有行三及卒于元年數字可會配林氏生卒塋字跡明白而振瀾又以嘉靖乙卯為辛卯一字之差相去二十五年以是知振瀾之誤也又考国資公暨配陳氏祔主俱載孝子丕振奉祀餘無名焉古重長子題主類多如是然未知振瀾當日又何所據直以為国資生子四長丕振次闕名三佾卿四丕揑其殆执佾卿神主有行三之説因遂以已意度之耶不知古人之行有合男女数者有統大功兄弟數者不可执一論也

春公

旧譜載国麟公生子二長會卿次安卿安卿生子春春公以後無所于孜焉當振瀾錄譜時有烏礁順光来云他係文儼公長房派曾祖厚公曾叔祖均公均公未詳所之厚公生四子長蔭居烏礁即順之大父也次梁移居浯嶼三開四合合無嗣開生子月振瀾信之遂繫厚公為春公之子而于其一派詳為之錄迨予修譜細為之校窮有疑焉疑其果為春公之後則必奉祀春公方為有據胡春公之生娶卒塟彼槪不知也因令其將一

三

派祖先復為鈔錄以便考校據其所錄有楊七爹神位春爺公神位而失娶卒塟俱闕又中遺安鄉公一位豈厚公兄弟移居烏礁祖上神主遺置祖家後来孫子不溯本源但憑口傳追憶有不能悉詳欤夫国麟公為閩人公七子春公為国麟公之孫爺之所錄適相符為振瀾之所據可謂不誣欤然地非絶遠數代不相往来亦大可怪也今第詳悉載十圖不詳誌于世系錄至梁公移居浯嶼抑又遠而难徵矣姑存其名以後亦不詳載于圖也

西桂公

公諱攀文侃公之裔也世居霞城　國初海禁家室残破子應青徙居同安　康熙初回籍居碧溪祖先神主燬于兵燹迄無可考以昭穆之序推之姑繫為顯公派仲春公之子固前人不修譜牒之通也然應青既無高曾神主不思詳誌名號以示孫子又未聞口傳的係何派何祖而但知為文侃公派毋亦自忘其祖耶今其遺派私建宗祠自顯公至仲春公設立

楊氏宗譜　雜記　皇　奠

楊氏家譜　　　碧溪

神主一派相承亦權時之道也

直庵公遺書

子孫但我一生

居官無分毫貪漁于鄉里每以不能致君澤民為已憾　致　惟　民也

以此清白貽子孫其所遺不亦厚乎今計我所有尚有瘦山三所可以種

松栢地基一片可以架巢穴次妾王氏之子楊秋並無以我錙銖之利亦

撥與秋掌管為業雖爾諸兄　廢田業比爾山地為利固相倍佰然古人

尚有以国相讓者況爾諸兄所　田業　無存乎哉所願于爾者克勤

克儉以培植家声勿使我為後人有房杜之笑為爾勉之

今將山所開具于后

山一所坐落虎塲壠內外　山一所坐落狗窟壠并地基一片

山一所坐落塝蠏壠　右付庶子秋掌管

成化十八年二月　日立撥付人楊紹

傳述

汝南公每試輒夢人以油沃其首榜出即無名至紹興乙丑榜即不敢就寢夜闌聞牖下僕睡中呻吟急呼之云夢二人扛油甕自樓而上來覓主人見主在坐執而沃之我夢中與爭耳公聞之大悵及觀榜有名第其名上有油跡盖寫榜時秉燭吏所汙也事載文苑彙雋

四

横坑山八斗嘗業控案 詳見天錫手鈔原本

八斗嘗業原祖九十石歷來十月冬取稅康熙三十六年有小坑社劣監鄒日知圖佔祀業謀買佃人吳判即吳衣文六月冬小稅六十石十月初五日族人到地收租日知倚恃嵎強將租奪去楊峦楊廷楊玉桼赴府縣以勢藐功令計佔祀產告鄒日知鄒奇鄒運鄒嚴林表鄒心杕伇等干証劉愿吳棟保長楊坤十月廿一日縣主田批准拘查承行吏房高畧官差石弘十月廿三日府憲衛批准查承刑房曾克讓差孫惕十二月初六日楊峦等赴府具稟遵依投到取保候審行縣仼提府批准投到各取保而劉愿吳棟為日知所壓不敢出身來城投到峦等復以勢截佃証懇天差拘稟縣十二月初七日縣批歲暮暫停十二月十一日赴府具保狀八斗庵佃証則刘愿黄張許

寅年正月廿八日縣批原差速拘審天卿復具禀帖并楊巒訴詞赴府催審府批候審奪戀牌三月十四午堂審臨審有事批仰經歷司審明詳報三月十六日楊峦等赴經歷司紀具禀午八日批准吊質越廿二日質審四月初一日詳府

紀經歷詳府看語

看得漳屬原有田骨田皮之名而歲出之租因亦有大小之稱在業主謂之骨於租曰大在佃戶謂之皮於租曰小今吊驗鄒日知之文契及上手之繳連俱註有帶楊宅大祖一語鄒日知所買六月小稅其為佃戶之田皮無疑矣至於根祖一說究亦不可考其從來然既云現奉憲禁革除則日知所買契內忍申明之不暇何以亦有帶楊宅大祖之一語而佃戶又肯輸納之怨後且邑 、人何以不言而日知以總買之主遂為之弄舌操戈耶日知雖計佔未兒而斯時之藉口根祖或以為將來之襲取之亦未可料也獨是楊峦並無文契然祖業無契卅儘有之况納粮有票而編審有丁似又不得二二協峦多求也若乃搶租審無証佐止有保長楊坤供見有三十多人問各佃户云討租夫討租不須多人而多人則不似討租然総無確據未可懸斷、再查日知買税係康熙二十八年立契而收租又僅始自去年洎訊厥由則云因將此税曾典名下客歲方贖付日知豈凡事豫則立而愿寫契于九年之先耶其间实又不知作何伎倆矣但各佃暨呉衣文倶云日知買税是实合令兩造各取各税然卑職不敢擅便合就呈詳

衛府憲批断

據詳楊峦等掌業納粮有票編審有丁即鄒日知買契内亦寫明帯楊姓大祖一語則此田為楊姓祖業無疑矣至于根祖之久禁奉憲行日知何得擅買佃户之小租而反以逆旨叛憲具訴殊屬不合姑念此田業主收十月之税佃户收六月之税成例已久免其深求但已經告發若復准兩主收税則仍是根租名目必致日后争端仰于呉衣文名下追銀給還二

知將日知買契追燬以斷葛藤俱遜釋繳

揭帖

具揭人楊峦楊廷楊玉蒔揭得逆惡猷監鄒日知圖佔惡欵鄒日知者穴于北溪小坑屠宰土棍也乘戊午之变負嵎交冦四盗得不義財自念罪悪貫盈必有自焚之災遂裝猴戴冠糞市草監得護身符以肆嚇鄉里雖朞功之親不恤也去歲抄掠伊姪家財田契窩妾穢唆被寡嫂趙氏憲控批府幸本府廉明按法究治惜未及詳部褫草耳夫何憲筆未乾狠胆復熾窺峦等有祀業一所坐伊穴側中有佃人私耕六月乙冬租稅遂興襲虢之想托中親姚璞就呉衣文買契甫入虎手遂據隴滅蜀將峦之晚冬帶米正租乙尽劫空嗚呼日知既厠監列始雖屠宰今已儒冠矣豈有數百載先賢祀產配米石冊編審有丁而令此輩平空撲佔者乎甯控本府蒙批經廳鄧明詳報暨本府批奪定案看語開列于左

府案已定縣案猶未斷結四月十五晚田縣主省回十七早峦蒔以

七

冐匿佑殺（魚口）民冤具催縣批着原差速拘審日知不敢赴審潛于八月初三日赴總督具控初五日批府斷果屬不公尚有司道可訴田租小事勿得卄瀆八月初七日又控布政司批赴該府具訴日知不愿八月廿九日赴布司再控批仰漳粮廳查報時朝佐在省查知此事寄信来家鸞宗眉叔隨即往省見朝佐與扶揺宗親武魁諱鳳官相商求潘鮮元作詞粘府批斷着語赴布按二司具控布司批既非由根經府斷明如果抗霸抄批赴該府呈究按司批乘誌載銘府斷又定何物銅臭敢行抗法抄批赴府呈究鸞甫等粘批赴府具稟批即拘究府差前往小坑前嶺拘拿犯夥日知奔竄無𨑨鸞甫率族親百餘人到前嶺林表家中將原叔之租奪回在船郊窖聞知糾眾執械擁住八斗楓仔脚横路上族人偵知齊回八斗庵邊赴敵人抱公忿一以當百窖烏合之眾不敢交鋒窖姪郊秉乃出劝鮮日色將盱各自退回自是日知契燉價領家産破尽不能翻控矣

可民稟帖

治下廩膳生員楊天卿茲有懇者卿先世伯祖楊汝南登紹興十五年進
士理學鄉賢載在漳誌當時塋祀田三十畝于横坑山麓築室構廟鐫詩
石額自宋訖今魯靈巋然其田晚冬為業主正租輸課供祀早冬則付佃
自收以為耕作工覔先賢忠厚之遺有如是也故從來賦歸本户而佃無
掛粮世〻相守無有異也此豈白享根租者所可比乎何卿日知恃監慣
横今年甫買佃户早冬工覔之私租遂謀滅數百載祀業之田主党影覇
叔其晚冬租雖緑林巨冠亦不是過今 上文禁革根租如日知所買此
佃家六月冬之租是也蓋以其徒有取利絶無徵課私充公詘有害業佃
未聞有載粮正税而可鹿指為根租變乱黑白混行強佔者也此乃施之
厮僕亦勢不行況先賢祀産乎寒族式微已甚欺淩不一如是此尤其可
怪嘆者今敝族厚誣倶已取保而被尚挨延不到日以虚詞覘望此中情
偽概可見矣伏祈 老世伯臺存憫敝族祖澤杯棬迅吊伊上手買衣文

四

81

及户册保册查訊契斥言可折日知之理屈詞窮自得情于庭鞫之下矣
事關先賢祀產不得不冒昧瀆陳懇賜威靈迅審鋤奸俾先世鄉賢不至
若敖之鬼不特闔族被德而冥感亦啣結于靡涯矣臨稟不勝惶悚之至
內附楊蛮訴詞一帋

災禍

碧溪自有宗肇基廟宅坟山由来旧矣明末　國初族人星散式微而仇隣玉蘭坂黄家孽焰方熾屢受凌削每就祖山之麓強壟爲园族人畏威含羞忍辱莫敢出阻而蜂毒日盤竟于雍正三年五月十六日鳩党百餘徑到新倉林杉仔山洪坑嶺等処肆行強壟開掘剥鑿祖坟幾难保矣于是長幼痛心切齒入廟哭誓执械阻毆鄰仇奔竄無地訂恨在心四処截殺而我家子弟激于義憤一以當十有攻即應每毆必勝仇益不愿徑率三百餘猛各执精械蜂擁杉仔山頂廹臨喊殺時八月初八日也親族遠不及救鳩眾只有百餘役高我低炮石如雨而人争死敵踰塹上衝者數次自辰至未相持不相下也俄而汛防諭止乃退自是仇胆漸喪族威愈振壚塲樵徑被我截毆迨無寧時矣越九月初七日仇復鳴鑼党眾擁殺社后族再抵敵相持半日仇不能進又不敢退乃懇求赤橋黄帮助斯時也仇住杉仔山我新倉下山相隔一溝以百餘疲乏之眾戰數百漸至之

五

兇交鋒數次竟㞢々勝為來幾日暮匿作赤橋一夥由杉仔山后踰倉下山后來兩邊夾擊勢不可支曳戈南退一二顛仆之人百孔千瘡瀕于死奮而人抱公憤同心戮力裹血復戰仇不能當紛々若鳥獸散追至馬坂之外斷黃掌之足莫敢回首接戰者噫始何其橫今何其怯也然械殺之事止搆訟之禍興由縣至院三年之後乃能定案公業耗費幾乎無餘矣今將府縣看語鈔錄示後

六

縣審黃掌命案詳府看語

漳州府龍溪縣魏彪　審看得楊子楊帝與黃掌素無仇怨因洪坑嶺山塲近在碧溪社兩家爭墾角較雍正三年九月初七日黃掌黃創等到碧溪社后毆傷楊子楊帝之胞叔楊德兩人奔救叔命黃掌刀戳楊帝左腿帝遂奪刀回砍黃掌右腿肚一裂掌拾石塊回打楊帝違中楊子楊子刀砍黃掌右脚踝骨斷掌之胞弟黃創負至浦洋地方逾時殞命初八日據鄉保陳啟太稟報尸子黃令具控到縣　卑職驗傷通報奉檄飭審集犯研訊楊德果有傷痕其楊子楊帝皆為救叔情急致傷黃掌俱各不刑自訊合依共毆人因而致死者以下手傷重者絞律楊子砍斷黃掌右脚踝應擬絞監候楊帝砍止一裂有兇器而無重傷合依餘人杖一百其餘各犯訊由楊子楊帝一時救叔情迫原無主令在塲之楊昂楊寧楊智楊俟楊成楊德興扑訟之楊芳均應重杖惟楊昂楊寧年俱老邁楊德受傷請從寬免其楊純楊達桐碩訊未在塲應與供明之保長陳啟太與抱病不

到官之鄉保楊迺陷隨省釋至兵丁吳助等係百総黃錦聞黃楊互鬭徒
手而来諭止並非楊家勾引亦未擒拿黃掌所有短小廢壞鳥鎗訊據楊
子供稱是臺匪時地方團練未経追繳棄置公屋彼時不過擺在社口恐
嚇黃家並未曾放　卑職驗非兵器查未傷人姑免深求兵丁刘塘驗無傷
痕除將互鬭縛兵并兵丁吳助等　案即觧外先將黃掌命案招觧再查
洪坑嶺據鄉保陳啟太供稱实係楊家之山且有楊家祖坟在上則其爲
楊山可知是否允協　憲臺親訊定奪再有楊妙命案奉　憲飭併觧茲
因時當歲暮　憲限綦嚴合將審過黃掌命案先觧其楊妙命案容即續
觧合併声明

縣審楊妙命案詳府看語

漳州府龍溪縣魏彪　審看得楊合控告黃超等主兇黃旺等殺死伊族
凡楊妙一案緣合極貧無賴罔顧法紀與同姓之楊芳時常往来雍正三
年九月初九日合至芳家以黃家族大墾傷祖塚而九月初七日族人楊

子殺死黃掌勢必藉命強壑莫可適抑祖墓將不能保子孫何以為人合合憂慮令瞯楊姓公銀盡付楊芳收用頓起不良迎机献策指有揀居碧溪社之楊妙黃病將死子幼無知可以圖賴黃家索金百兩甘下毒手芳當椎心泣血之時慨然允諾擲金五十兩付與楊合又許公祖二十担併付錢六百文給賞紅綢合受金而歸是日黃昏糾仝忿恨黃家之楊佳受刃助勢秉妙子楊籃在外碰入楊妙草棚妙方卧床合先殺傷楊妙之顋門鼻梁廹脅楊佳助殺妙之項心額顱在肋時即殞命抬尸至楊照廁邊將楊照小屋放火假作黃家放火抄搶殺死楊妙模樣次日合又冒認妙為胞兄誣告黃超等到縣　卑職通報奉檄飭審集犯研訊顏右招出实情楊合楊佳楊芳無從狡辯俱各自認不諱查楊合以兇手而為苦主計毒而巧雖付良出自楊芳而定計献謀实由楊合若非楊合指示垂死之楊妙楊芳住居城中何由而知其為首惡無疑且楊芳之聽謀意在頓祖而楊合之設心意在謀財　除誣告人死罪未決者杖一百流三千里輕罪不

議外楊合：依謀殺人造意因而得財者斬律楊合應擬斬監候楊佳而
為塈傷租莨凡所之楊芳尚未得財但為楊合廹脅從事合依從而加功
者絞律楊佳應擬絞監候楊芳同謀而不同行合依從而不加功者杖一
百流三千里律楊芳應擬杖一百流三千里各犯先經取有確供因時值
封篆未遑鮮審隨據禁卒王成于雍正四年正月初二日報明監犯楊合
患病卑職已將楊合供招通報各　憲續于本年正月初五日楊合病故
又經通報是楊合已遭冥誅可見天道不爽干証顏右除受枉法贓十兩
應杖九十輕罪不議外合依誣佐之人故行誣証者減罪人罪二等律擬
照楊合斬罪減二等杖一百徒贓銀十兩合依彼此俱罪之贓照追入官
楊籃年方十二訊未知情應無庸議楊寧楊悅楊才出手仇人黃令所告
並無確証訊無計焚知情之事且楊佳已經自認放火則楊寧等均属無
干楊照楊光皆年幼無知楊合之刀丢棄在楊成墻内係楊成年老之父
聞响拾得楊成因黃掌命案原差鎖押並不知情應與供明之楊老楊㦏

黄令併鄉練陳必捷黄日章等概請省釋其黄超黄旺等訊之楊佳供稱
九月初九日並無一人到社顯屬圖賴均應開釋但係原調被告批解數
名以備登答是否允協解候　憲臺親訊察轉令取罪名
一名楊佳年二十四　一名楊芳年五十一　一名顔右即陳暹年三十二

耿太府批駁

查楊妙既卧病三年伊子楊籃現年僅十二歲此外如並無親人同居安
能度日練總陳必捷等既于九月十三日禀明情由何該縣九月十七日
通報命案又不敘入所稱血跡從楊妙房中而起之處該縣曾否親往驗
明又稱詢之異姓以及楊老所供者俱無確人可指而楊老僅供楊合為
疏族是不過服盡之人何陳必捷等竟指為同姓異籍該縣若非嚴訊楊
合安肯自認謀死作何起出做彩紅綢所得銀五十兩又何以分厘無存
楊佳復係何人既無分銀何故帮殺種種未明案關重情務須確實不便
以察訪定案仰速拘到楊芳等虚衷研訊併究原禀陳必捷等確供是謀

杉亿委詳

是故妥擬怡解朱將楊合醫治務痊仍候轉報併候各　憲批示繳

縣審棫問詳府看語

龍溪縣知縣魏彪　審看得黃楊二姓務鬪一案緣洪坑嶺山平土可耕有居民黃斗黃徒黃媽報墾山園同族黃藕黃漂黃曉黃面黃佑黃對黃掌黃創黃武等併力合作而楊寧楊昂等以侵佔山場有傷祖塚起而阻撓八月初八日方欲互鬪差役偵知稟報即遣丁典史諭止解散九月初五日楊寧繼子楊廳往浦南圩糴米撞遇黃武向廳取討米錢致相爭鬪時有黃檀黃鬪黃萬黃尊黃斗黃徒黃鴿黃臏楊福楊候楊珩楊悅各祖伊族百總黃錦帶兵解散初七日黃斗黃徒黃藕黃臏黃萬黃鴿黃武黃面黃佑黃對黃掌黃創黃檀黃尊等荷鋤負耒復往墾山楊德出而阻墾致相鬨鬧趕至碧溪社后時有營兵二十人往諭斗等將德扛毆仆地楊子奔救胞叔楊德致傷黃掌殞命掌弟黃創以吳助左袒楊子扭至祠堂欲同見官林冥等五人意欲討回吳助與助皆往次日黃創同黃斗等扭

助到縣实等隨助稟告 即將助等六人移歸營伍曾隊顏慶稟報把總陳童以致詳咨憲案奉檄飭究 卑職 除將黃掌楊妙二命案律擬招解外再加研訊緣由黃家蠻山起衅恃強欺弱其八月初八日尚未成鬪九月初五日兩姓皆提圩之人黃武向楊麗索討未償以致角較各無損傷惟初七日斗等往蠻爭鬪致有黃掌楊妙二命案本應律擬但念斗等皆褸鋤襤褸之夫其鬧蠻猶屬務本力穡之事扭兵吳助訊由黃劇病傷慘動族姓予以不應重杖亦足蔽辜而楊妙实非黃姓之所殺且初九日並無一人到彼可否從寬將為首之黃斗黃徒黃藕黃臏黃篤黃鴿各從重枷責其黃漂黃曉黃面黃對黃佔黃武黃檀黃鬧黃尊黃媽黃秋等各予重杖黃萬兩目俱帶殘疾黃掌之子黃令雖同鬧蠻初七日訊未在場掌弟黃劇念伊兄死黃趨等不與鬧蠻訊與主令情由实係楊合誣告圖陷一族概請摘釋楊麗場楊湢楊衍楊悅圩場格鬪亦應杖儆楊侯擬于黃掌命案杖罪無得重科不約束之族長黃便黃捷楊臣楊卯等念其年邁概請泊責

林卢行詁　　　　　　　　　　　　　　控　淡

至營兵顏慶所轄□家百餘人各持鐮鏈牌鎗細兵淩辱毆傷刘唐莊莘
訊之鄉保陳啓大等僉供二姓同日並無百餘人亦無軍器刑訊黃斗等
極口稱冤刘唐莊莘驗無重傷概免深求俱明之鄉保鍾尚達鄭福當時
隨即報明營汎陳啓太住居離遠不及劝阻應與諭止之兵丁莊莘等槩
請省釋洪坑嶺山楊氏應塟祖塚應歸照旧掌管嗣后不許黃姓開墾再
起衅端楊廳名下追欠米錢一百文給付黃武收領奉取失察職名年職
當日秀丁典史再三諭止邀恩免開是否允協解候　憲臺親訊察轉為
此除批差押赴告收外

府審楊妙命案申詳司院看語

漳州府耿審看得龍溪縣通報楊合控黃趂等致死楊妙一案該縣拋練
總陳必捷等另稟并楊老楊惧控詞審明係楊合見楊芳收用楊姓公良
獻策窩殺楊妙圖賴黃家楊芳擲銀五千兩併給紅綢楊合糾仝楊佳殺
妙殞命將楊照小屋放火假作黃家放火抄搶殺死誣告將楊合依謀殺

人造意擬斬楊佳依加功擬絞楊芳依不加功擬流楊合取供後病故將楊佳等同原詞有名犯証人等招解前來內干証顏右一名解到未審病故閩縣監內取具圖結另報隨吊現犯同另案解到之楊麗楊成等併提供出楊奴親子楊鎰及楊㥯反覆細訊查陳必提等原稟稱詢之異姓咸稱楊奴病床又楊老原詞稱無人敢言及供內聽見圩裡人說等語皆無確據今細訊陳必提等稱有楊奴鄰居林白告知而下手之楊佳亦供明鄰居有漁身林白楊㥯又供出有贊姆告伊楊家許良之說是已確有來歷再訊楊佳殺人之情不待嚴訊供認不諱但縣審楊合傷楊奴顱門鼻梁二処楊佳殺傷頂心類顱左肋三処今據楊佳堅供楊合先殺楊奴顱門奴即身死合又砍奴二刀令佳亦砍二刀好驗多傷只認傷奴頭顱左肋二処又縣審楊佳供楊奴睡在床上楊合扶他起來先把他顱門一刀等語今訊奴子楊鎰稱楊奴沒有甚麼大病日間起來那晚小的跑時楊楊奴返坐在門限上沒有睡再細詰之楊佳方始供明初九晚進去時楊奴

明

站在床頭尿桶放尿湯合先進去轉身楊合就把刀迎面砍在頭上顖門
跌倒死去是煞死楊奴係多傷情節已無疑議矣惟楊芳給良之处縣審
因祖山坟墓傷残恐致死黄掌復被乘势開壟聽楊合設計去殺楊奴把
公良付與楊合等語今訊楊芳稱伊住府城與碧溪楊姓不是一族因来
城和伊祖房與黄家互言將良伐交伊収管又稱良子是楊悅楊躍拿出
等語而卑職亦疑楊家通族之事不應楊芳一人主意殺人然訊之楊籃
自楊奴死後即隨楊合至芳家居住迄今解省芳猶令伊子楊博帶籃同来
希圖告狀併今不認楊老為堂兄則情弊顯然且吊到各案内之楊姓人
等咸稱楊芳主意先賣公田後逐家派良又稱當初為争山即是楊芳叫
出来告的費了良又弄出人命来又與楊合謀出這事被累大小都恨楊
芳等語莫不痛心切齒則芳之經収伐良與包訟又實再質之楊悅堅稱
楊躍並不在家遍訊楊廳等反楊佳以至楊籃亦稱楊躍係看地理外出
衆口如一則楊悅安得同躍拿良[illegible]買囑楊合殺人明係楊芳一身所做之

渡船案　康熙初長尉亦右

乾隆己未年二月初五日族人

登船錫將船移開世祿跌水二

黃色黃珍黃胆等縣主李云　係角口

啓春楊澤和陳士元等同日具稟批已批楊世祿

稱丟貨水中是　即去查處可也二月十八日世祿逆貨奏憐追

究再控批云前已批明不必再瀆嗣是黃錫赴縣亦以負嵎藉嚇謀保杜

騙架控批已批陳啓太稟飭令查處世祿募泰民唐景戴貞華等六人于

三月初八日以違例包渡奏憲究禁呈控府憲王祿續于廿三日自控府

憲祿一詞三十日批應賠與否聽地保查處可也唐景等公呈久不批示

乃于三月廿八日叩請查發越四月初七日即批叙明原詞情節呈奪

月十三日即將原詞投遞批仰龍溪縣查究報午間批發晚間王府憲已

擬卯矣先是祿控府憲王不准隨于四月十三日赴道具控復于十五日

蔴坂黃錫渡船

包渡逆剥殃

保練鄉保陳

批准今　稟

楊氏家譜　卷　紀　自　奚

楊公旁詳　　龍溪

蒙叔赴府公呈兩次並無批發追南靖縣徐署理府事復以違禁包渡橫
抽害民具控徐太府批云黄色等藉渡需索阻留貨物以致推陷落水不
法已極本應立拿究處姑亟出示嚴禁自是祿不後出控矣

徐府尊告示

署福建漳州府正堂加一級徐　為違禁包渡橫抽害民事據龍溪縣人
楊世祿具告前來詞稱溪邑浦南圩渡十邑來往萬民交商皆由此渡前
有地棍梁黄楊錐典等包載橫抽蒙首　道憲阿及　府憲趙訪拿枷
責勒石禁革各　案近有地棍黄色橫珍黄胆等倚　天　通地保私
將憲碑推滅復行包載凡遇圩期每人過渡索錢
一木加小民無從告究此二月初　　　挑
一八命籠杜住不許登岸

兵九月初五在浦南圩場相爭則始于小

檀黃尊黃斗黃徒黃藕黃鴒黃贖黃篤黃秋小

場至于細打兵丁則黃創為首各犯犯內惟黃翺

隨行餘皆帮仝扭縛而下手毆兵者乃未到案

黃創供因兵丁吳助趕散了人致伊兄黃掌在

祠堂要告官等語參之黃掌命案內各供總緣當日兩姓俱認楊德已被

打死故楊智往訴汛兵而黃斗等亦欲跑逃吳助等到地時祗信楊德之

毆死未悉黃掌之受傷黃創安得以袒護楊姓為詞即使兵丁果有袒護

致死黃掌之處亦只須鳴官無擅行拿兵細縛之理則黃姓之恃強不法

一夫兵丁原以彈壓地方聞有打架事情到地約束乃其應當之事若

私敢將兵丁細打是將來不服追喚拒敵官兵之事從此滋長矣除

廳等并黃開黃媽所犯爭毆照依縣擬各予重杖外細打官

司差人勾攝公事聚眾中途打奪因而傷差人者之

碧溪

俗亦不為過但念黃掌已經身死應否援南門
以開自剎將為首黃創下手毆兵之黃肯黃錦黃暹
三
縛兵之黃斗黃徒黃藕黃臏黃蛤黃曉黃漂黃篤黃時点
黃尊黃面黃佔黃秋枷號兩月滿日俱重責四十板出自　憲裁
昂楊寧俱係年老因山被佔出名控縣並無在場争阻黃超黃縱係
為楊合誣告人命于本案內並無主令情事俱無庸議再黃姓尚敢細打
兵丁則非鄉保之力可能約束鄉保陳啟太等亦應免議兩姓家長該縣
既詳係年老明屬充認亦無庸又擬泊責應行另選家長約束楊姓設立
二人黃姓玉蘭坂赤橋兩処約有千丁應設立八
落舉報鄉望統容卑府另行查報碧溪社後一帶
會不許黃姓再行強墾黃武所祿楊廳欠伊米伐
庸追給除楊成楊悅二犯于楊妙命案內批解
一并解赴

国家出版基金项目
NATIONAL PUBLICATION FOUNDATION

海上絲綢之路文獻集成

總主編 陳支平 陳春聲

科技與文化編 2

主編 王揚宗 葉農

海峽出版發行集團
THE STRAITS PUBLISHING & DISTRIBUTING GROUP
福建人民出版社

本册目次

格物入門七卷（卷五至卷七）

〔美〕丁韙良撰

格物入門　卷五

格物入門

卷五
力學

第五卷力學目錄

上章論力推原

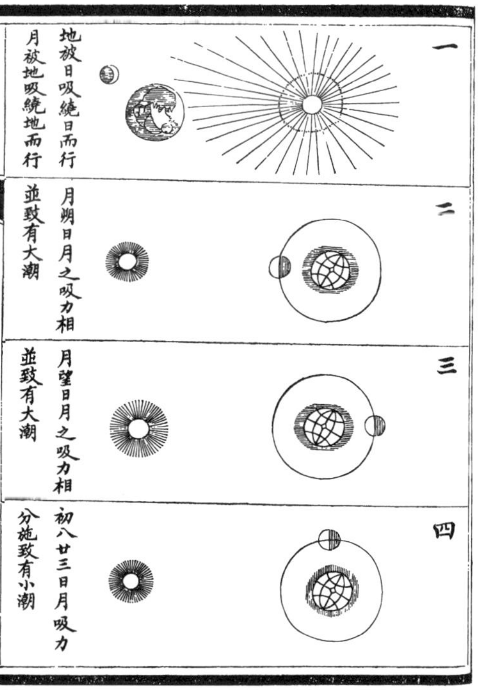
一
地被日吸繞日而行
月被地吸繞地而行
二
月朔日月之吸力相
並致有大潮
三
月望日月之吸力相
並致有大潮
四
初八廿三日月吸力
分施致有小潮

力學上章　論力推原

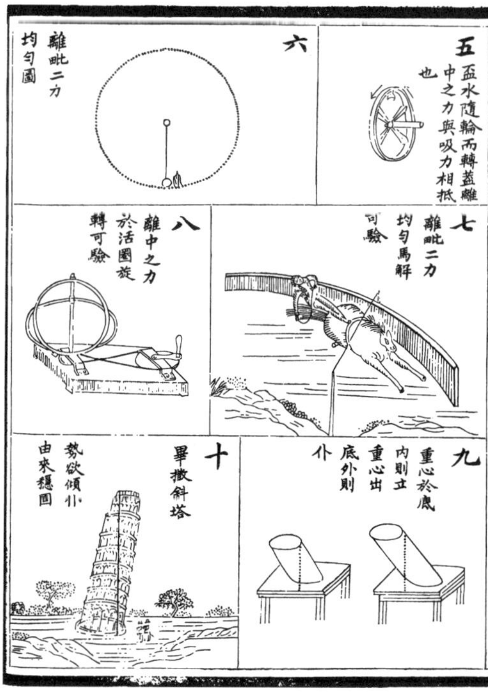
五
盂水隨輪而轉蓋離
中之力與吸力相抵
也
六
離毗二力
均勻圖
七
離毗二力
均勻馬解
可驗
八
離中之力
於活圈旋
轉可驗
九
重心於底
內則立
重心出
底外則
仆
十
畢撒斜塔
勢欲傾仆
由來穩固

格物入門

力學下章　助力器具

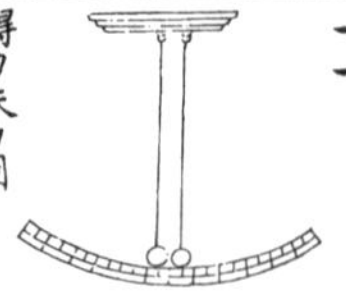

十一　得力失力圖

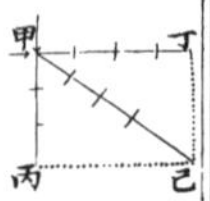

十二　分力合力圖

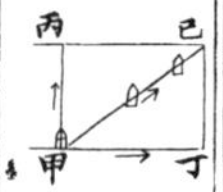

十三　渡船過河圖

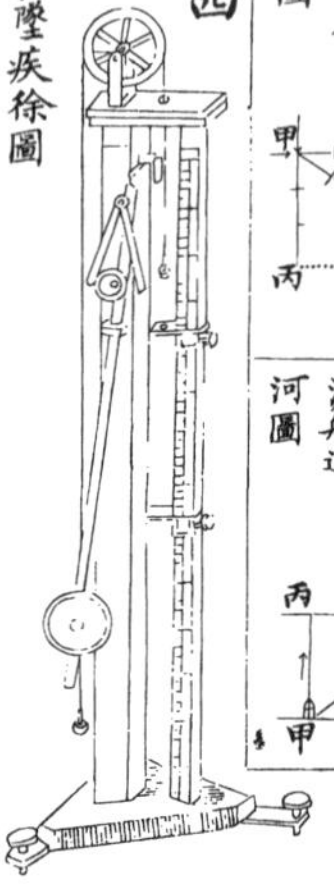

十四　物墜疾徐圖

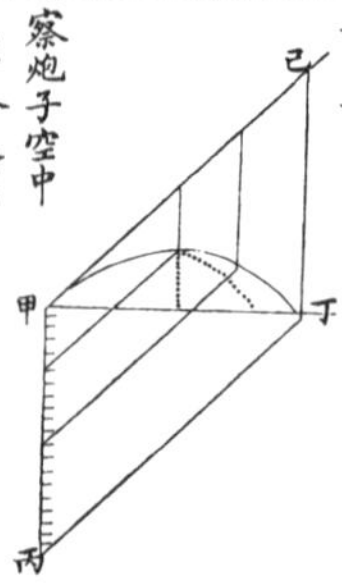

十五　察炮子空中應行路逕圖

十六　炸炮轟城圖

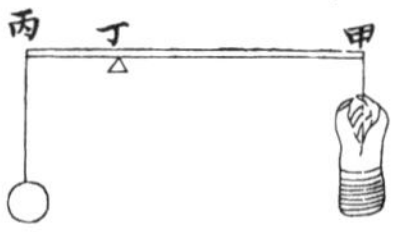

十七　槓桿靠頭在中圖

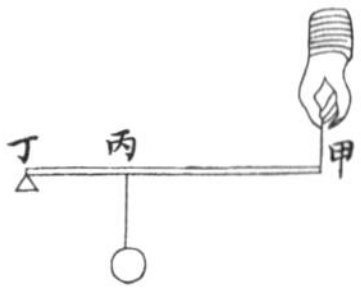

十八　槓桿重物在中圖

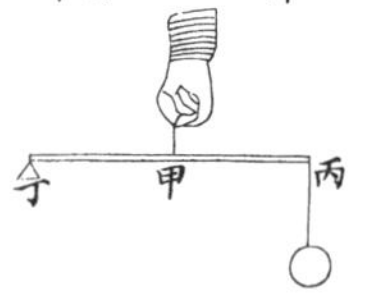

十九　槓桿用力在中圖

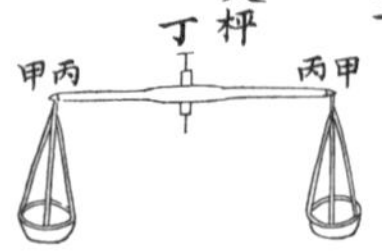

二十　天枰

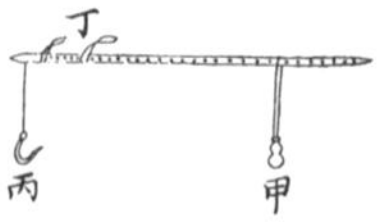

稱

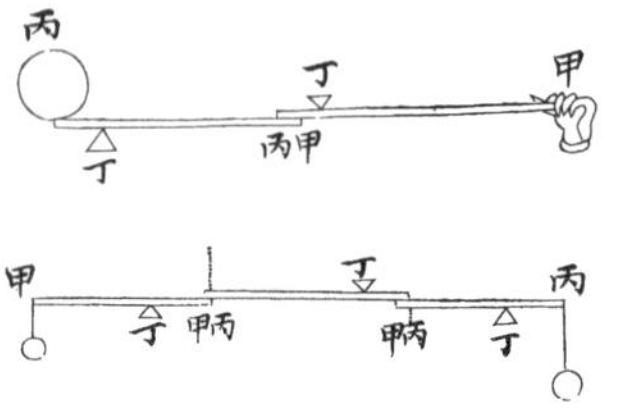

二十一　數槓相連圖

格物入門

力學下章　助力器具

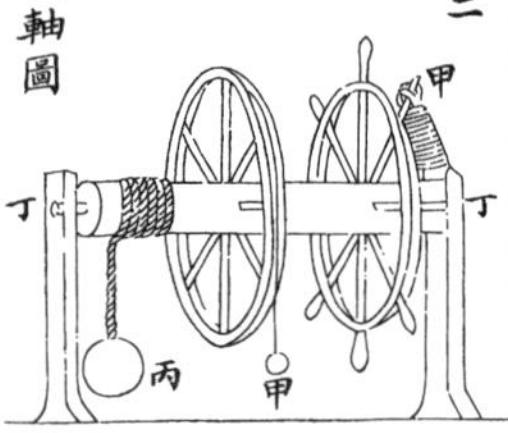

廿二　輪軸圖

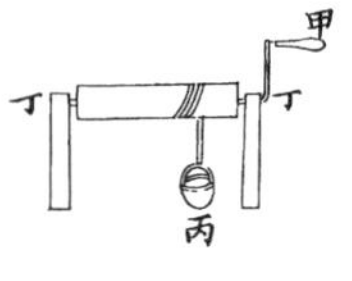

廿三　軸柄如輪圖

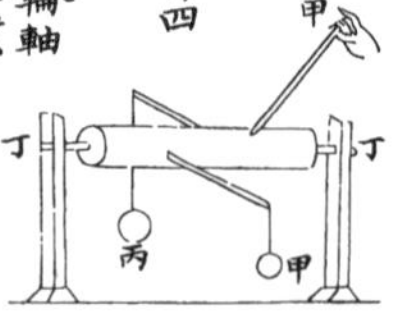

廿四　輪軸如槓桿圖

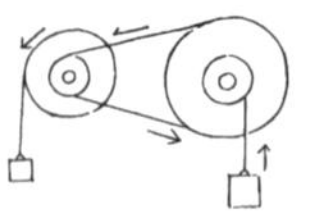

廿五　輪軸以皮条相連圖

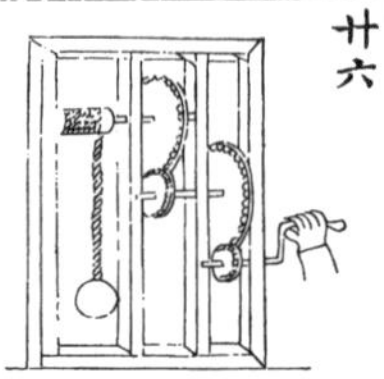

廿六　輪軸以鋸齒相連圖

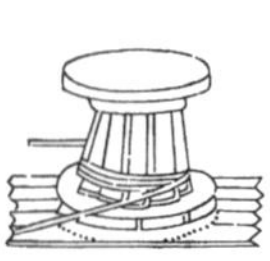

廿七　攪關如輪軸圖

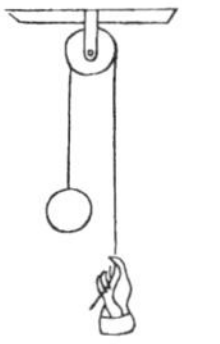

廿八　死滑車圖

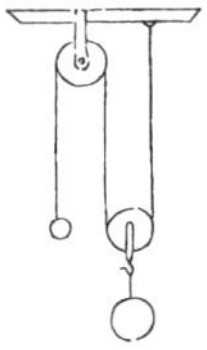

廿九　活滑車圖

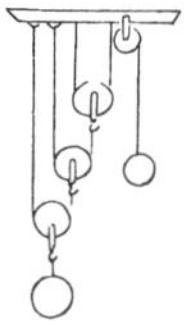

三十　滑車相連圖

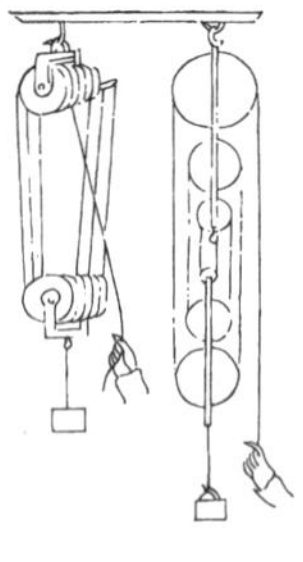

三十一　滑車四槽數帀如數輪圖

三十二　滑車自拽上升圖

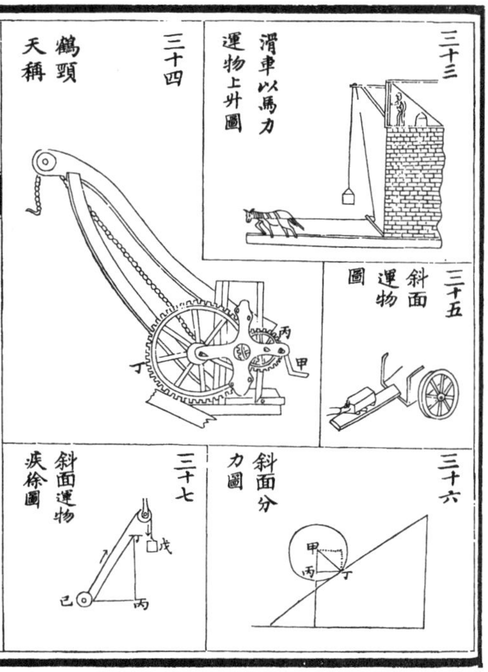

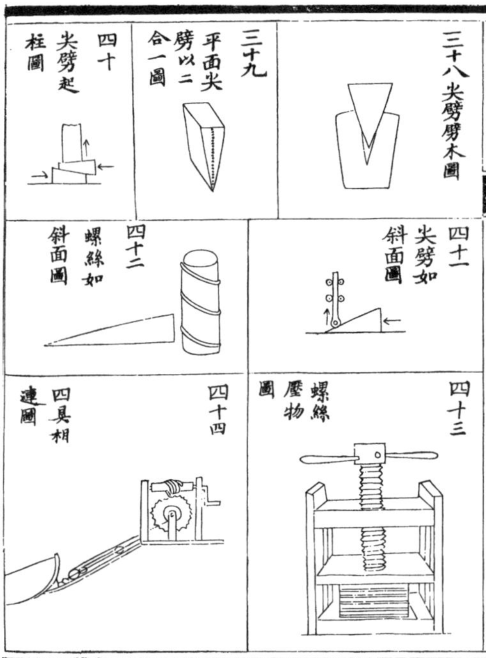

第五卷力學

上章論力推原

一　問力學所論者何

答論物之動靜也

問何爲力也

答凡物之動靜改易皆力爲之也物之動者非力不靜物之靜者非力不動

論物之行止

問何謂動也

答凡物易地卽謂之動

行之速

問物之行動快慢何以度量

答以路之多寡時之長短而比之也卽如一馬一時能

行二十里一馬一時能行四十里此馬便較彼馬快一倍矣

動力

五　問物之行動其力何法度量

答將其分兩與其快慢相乘卽知之矣假如以十觔之石擲六十步以二十觔之石擲三十步同一力也葢十與六十相乘得數六百二十與三十相乘亦得六百如使二人以此二石對面擲之二石相觸必致中止而一齊落地力相抵之故耳

問此理何用

力可變通

答重物徐行輕物疾行力既均同卽可借之隨意變通或以輕物而運重或以重物而施輕互有功效也卽如槓桿起動千觔巨石此一頭用力百觔下壓一尺彼一頭之石上移一寸其力維均此施力速而呈效緩者也又如巨輪被流水沖轉運磨之輪重一萬觔磨重五百觔輪轉一帀磨轉廿次其力維均此施力緩而呈效速者也善用機關以通其力均此理耳詳見下章

漸動漸靜

問物之靜而動動而靜不能立時改易何也

答因非力不易也力須散布於體內甫有功效故行止

均不能陡然必由漸致然於細小之物不如巨重之物易見也

問此理何法試之

答以厚紙托於指上加錢一枚若慢移其紙錢亦隨之而動驟擊之則紙落而錢如故也木板上壓鐵砧將板緩移鐵亦隨之動也以錘驟擊其板則板行而砧不動車之動也忽止人必仆車之靜也驟行驂必絕玻片緩擊之則碎火槍鉛丸過之則成孔而片如故門扇微動之則移鉛丸過之亦成孔而門不動惟所擊之處喫力而他處似乎不覺均由力未散布之故耳

被載借力

問被物所載而借其動力者何也

答人物皆載於地與地偕行地球運行極速人物隨之急於礮子因其未易地故莫之覺也蓋被物所載無不借其動力而借動者如人在舟中舟行而人不動人之乘馬馬駛而人則未行於舟於馬相附而行其人之動力難辨也離舟離馬則易見矣卽如舟行極速人由桅杪墜下必落至桅底從無落至舟後者此人之於空際前移與舟行之速一也馬之馳也人驟攧起仍坐鞍上不致移坐鞍後者以其躍間前移與

馬行之速亦一也故馳馬演劇者純於馬上躍繩以呈其技巧耳見圖

力熱互易

問以力止動物其力歸於何處

答化爲熱氣也以熱氣之多寡卽可度量其力矣

問此理何法試驗

答如以手擦物因有滯礙便覺熱矣此力化熱氣也又如擊釘許久錘釘皆熱同此理耳

問力化熱氣熱復生力否

答二者互相變化也有熱氣若干便生力若干卽如燒煤一觔能運物幾何皆可核算也詳見火學上章

物不分於動靜

問物有分於動靜否

答無分也物之靜也苟無以撓之則必常靜物之動也苟無以碍之則必常動此物之故態亙由於自然也

問物之靜似乎自然物之動常見費力何也

動有三阻

答物之動者其碍有三一礙於地球之吸力再礙於天氣之阻撓三則與物相摩多有礙也凡依物而運行者雖極光滑亦有阻滯否則恆無定止之時欲其靜也反致費力矣星宿運行空中因無阻礙故毋或早遲正此理耳

無自行之器

問恆行永無停止之器人能爲否

答不能也曾經多人研思窮究造成極巧極精之物雖能運行數年之久終有停止之時爲此蕩產廢業者有之惜乎其能造靈機妙樞而未悉其理也葢地上之物非力不行然因上文三者之阻撓必有停息之候與空中之物非力不止一理也

物力有三

問物之原質自有何力

答其力有三曰交感曰吸引曰驅散物投於物而分合變化謂之交感（詳見化學）物之由離而合者爲吸引物之由合而離者爲驅散

問此三力何用

答宇宙內物力似有萬屬卽如星宿之運行有力洋海之波濤有力江河之動流有力風氣之吹噓有力火之生熱有力五行之變化有力若究其原要不外此三者也

問何謂也

答星宿之運行日之吸力也洋海之潮汛月之吸力也江河之流與風氣之吹地之吸力也且原質所以合而成物者亦因其相吸之力也火之生熱有力葢使原質相離也至五行之變化皆由交感也（詳見化學）

物之漲縮

問物之漲縮何也

答物之縮也或因有力自內吸者或因有力自外逼者物之漲也皆因自內有力驅而散之也大抵如物之熱而漲冷而縮耳

問物之能縮者何也

答因其體鬆也如棉木質輭之物體有空隙人能見之若鐵石堅硬之物體中亦有空隙惟由顯微鏡能見之也故俱能縮耳

物之輭硬

問物分輭硬何故

答因吸驅之力而已驅力勝吸力則散而輭如天氣如蒸氣是也吸力勝驅力則凝而硬如冰如金是也吸

力驅力均勻則流而不散聚而不凝不輭不硬如水如油是也

物之輕重

問物分輕重何故

答因被地球所吸也

論地球吸力

問地球之吸物其理與磁石吸鐵相同否

答不同也磁石吸鐵別具一理電學中已詳之矣夫萬物之本性無不相吸惟其力之大小按其體質之多寡耳

問吸力按體質之多寡何謂也

答體質多寡與形體之大小不同也蓋形體雖大之物

而體質仍寡者有之因物之形體係至微之點合而成之也物之原質雖至微之點莫不有吸力其力皆屬均勻惟體重之物因體稠而微點多故吸力大體輕之物因體鬆而微點少故吸力小也卽如寸水化爲尺餘之氣其本體之微質無所增加故其吸力亦無所增加也

物之升降

問物之墜地何故

答亦被地球所吸也因物小而地球大故物向之而去如洋海中人駕小舟以纜接大舟而挽之小舟必漸移近大舟若未動然與此相似也假如有物大與地球相等離不甚遠必互相吸動其力維均矣

問物之離地上升何故

答亦地之吸力使然也如天秤然此頭重而降則彼頭輕而升其升其降初無二致煙霧之上升雨雹之下墜蓋一較天氣輕一較天氣重故耳物於水之浮沉亦然不第下墜沉底爲吸力卽上行高浮亦吸力也因一尺水較一尺木被吸力大故下行而壓木使上耳凡物之自然升降同一力也

二物相吸

問二物吸動相逢之處何法測之

答物之相吸既按其體質多寡體重者其行遲體輕者

其行速則各物所行之遠近必按其體質之重輕反比也卽如二舟在平洋彼此對拽此舟如較彼舟大一倍其相逢之處必依大舟相近一倍設二舟相距三百步大舟只行百步小舟已行二百步矣

問二物懸於空中未見相吸使併一處何也

答此物小難勝地球之吸力也因地之吸力但使物下墜不使横行相逢然其力漸遠漸殺若能離地極遠則吸力極微二物相逢必歸併一處矣

問此理何法形容

答以磁石二依近懸之必歸併一處二石之上復加重

物則不能歸併矣蓋其相吸之力不敵地之吸力也

吸力通例

三十　問地之吸力近則大遠則小何法測量

答其理與測量光之遠近大小相似如在二處其吸力之大小卽按其遠近成方倒比也（成方倒比詳見火學下章）

物之輕重按地心遠近

問二處之遠近何自量起

答自地球之中心也蓋地之吸力總歸此處耳

問離地遠近輕重應有差別否

答宜有之也卽如二十觔重之物離地球中心遠過一倍不過五觔而已儻百觔之物離地心加遠十倍不過一觔耳此卽上文所言成方倒比之數也

問離地數百數千尺物之輕重仍不見有差別此何故耶

答人之以高下計者不過以地面而論至算吸力寔以地心而言夫地心相去一萬數千里之遙卽微有數丈之差仍於一萬數千里似無增減也烏能畸重畸輕哉

始論吸力

問地之吸力其說起於何人

答創其說者英國博物之士牛董也其人素尙格物研學精微有所見聞探原索本或日偶見樹果墜地因而悟及吸力之理謂非地力相吸其果必不墜也

三十五　問地之吸力功用何如

答功用綦大也因有吸力遂令萬物各得其所按體之輕重均有次序從無紊亂離散之弊地球圓形因吸力海水包之地運空際因吸力天氣裹之設無此力則輕重上下不分萬物離而不合無復有寰宇矣

問地之吸力能及幾許之遠

月被地吸繞地而行

答畧如光之射無遠弗屆也然光之遠近可計時刻而吸力則無分早遲惟漸遠漸小耳不獨地上之物被其所吸卽月之繞地運行亦因被吸而然也（見第一圖）

問地旣吸月月亦吸地否

答亦吸地也惟較地之吸力差多耳按成方倒比之理可算也

地被月吸致有潮汐

問月之吸地何以爲證

答海之潮汐可證也

論潮汐

問何以見潮汐爲月所致也

答究潮汐之所以然實無他解復思潮之長退恆隨月之運行此顯而易見盡人而知之者也牛董嘗以地與月之輕重遠近測量其事其理正相符合

四十　問以月之吸力解潮汐之理何以言之

向背皆潮

答、假令地球盡爲水球、則水面被吸、必致高起、按輕重遠近而計之、宜向月高至五尺、如五尺之高浪、隨月而行、自東而西也、見第二圖

問、水向月高起、背月何如、

答、背月之處、亦高起也、若祇向月而高、則一晝夜閒止潮一次矣、晝夜既有二潮、是知月在上一潮、月在下亦潮、

問、背月高起、致有潮汎、何解、

答、其理似深、然細究之、亦不外吸力也、比如水球之上下共分若干層、最上之一層、向月被吸數尺、次層卽

上移較少、層層如此、則最下之一層向月挪移最少、似落後拽長然、蓋被吸不如他處之多、而亦凸起也、畧如水珠下墜、勢若兩頭拽長、亦此理耳、地球盡水、固應如是、而陸地不過四分之一、其有水之處、自宜爾爾也、卽體質堅硬、亦爲月之所吸、惟一齊挪移、故陸地不見於水面顯之耳、

問、地近海岸、甫見潮汎、何也、

答、因岸有以比其高低也、茫茫大澤、一片汪洋、頃閒微高、自難分辨、如海中有山島之類、亦易辨也、

日亦成潮

問、日亦吸水成潮否、

答、日星均吸海水也、星或小而極遠、吸力可以不計、且四面均有多星、其力相抵而消、故有若無、日雖去地極遠、緣其體質極大、故其吸力可以綜核、向日之水、應高二尺、背日亦然、與上文向月背月同理、

潮分大小

四五 問、日之吸水成潮、於何徵之、

答、潮之大小差池、可以爲憑也、日月若不并行、則晝夜應有潮汎四次、惟日致之潮小而難見、至日月並行一面、或分行對面、斯二潮歸併而更大矣、朔望之大汎、職是故耳、潮汎逐日漸大漸小、亦由於日月之分合也、

大潮之故

問、月朔日月并行一面、應有大潮、至月半日月分行相對、何以亦有大汎、見第二第三圖

答、與上文向月背月水高同理也、向日背日亦然、故二潮合而爲大汎、卽如月之吸力、令水凸起若干、月朔復加日之吸力、斯水必加高、此理易明、至月半日在對面、如此扯彼拽、然則水球自應加長、故亦爲大汎也、

小潮之故

問、小潮何解、

答、朔望有大潮、由日之助月耳、至日横在傍、差至九十度、其力不足以助月、故每月之初八二十三、均有小

潮是也蓋祗憑月吸耳見第四圖

潮汎疾徐

問潮汎之行疾徐何如

答潮既對月背月而如浪凸起則隨月而行必一晝夜有奇周行地球以此計之是一時行二千洋里矣第潮浪於淵海之中如搖繩揚波然雖波之凸處前行而水不易地也且海面凸處甚濶潮不過數尺之高故舟行遇之而不覺至近岸淺處催水前流成爲急溜快者有一時行至百二十里者有行數十里者蓋緣就淺就深有無阻礙便分疾徐耳

潮汎高低

問潮汎高低何如

答洋海之中大潮不過七八尺小潮不過五尺至近海之處因岸畔曲折不能逕達其勢相逼遂致其流急而其高加倍有時數浪相逢高至數丈者而於由海入江之門戶往往如此浙江錢塘大潮即此故耳

月不失位之故

五十 問地球較月體重數十餘倍何不吸月墜地

答若非月之運行不已勢必墜地矣

問運行使不下墜何法試驗

答以小桶盛水繩繫而揮之若轉輪然其水不致外溢者以運行之力足與吸力相抵也或設一轉輪以小盃盛水繩繫於輪令轉極速其水亦不溢也如將繩陡然斬斷而其盃仍隨輪運轉不致墜落也見第五圖

論離中毗中之力

問離中毗中之力何謂也

答物之運行非有力吸引之必直行而不偏此離中之力使然也其圍繞旋轉非有力撥送之必歸至圈中此毗中之力使然也二力必須均勻始能不離不毗旋轉不已也下文論力之分合亦發明此理耳

問離中毗中之力須必均勻何法試驗

答繩繫鐵錘懸之高處用力送之錘爲繩引不得直行向前必改道由上而轉下矣如撥力小則錘必半途

而墜撥力過大則繩絶而錘馳矣必須其力惟均乃能周而復始也蓋繩引即毗中之力撥送即離中之力耳見第六圖

地不失位之故

問日之較地大百萬倍地球何不被日吸移

答亦因其離中毗中之力均勻故也蓋地球周圍繞日而行疾徐自有一定如過快則離中之力大必離日而遠行至極冷幽暗之所矣過慢則毗中之力較勝必向日漸近有太熱融爇之患矣今者地球與各行星均能隨日運行旋轉不已無或離或毗之患蓋因造物之主宰將其輕重疾徐並道路之遠近互相配

合毫釐不爽也見前第一圖

五十九問此理與車馬行動何以相涉

答以車轉彎旋繞行之太快則恐致翻覆以馬旋繞奔騰則騎者必須向内斜倚稍偏以敵其離中之力故火輪車之鐵道每於繞轉之處必須外邊稍高裏邊稍低亦似向内稍稍斜倚此所以防其離中之力也見第七圖

地形如匾球之故

問此理與地形何以相涉

答地形如球而南北稍匾以直徑論之則南北不如東西之大欲求其故亦離中之力使然也蓋地自西至

東日轉一遭其偏南偏北之區離樞紐較近故旋轉不快向赤道之處離樞紐較遠是以旋轉極速而離中之力大矣其形勢東西稍長南北較縮謂地形如匾球卽此故也

問此理何法形容

答譬如以膠泥摶為球形中間貫以木箸搓其木箸令之旋轉極快將見膠泥漸展而漲兩頭附箸之處必漸縮小其形卽與地球相肖又如以數尺鐵條彎之作圈立地撥之橫轉團旋極快其形眩目成圓將見左右外撐而凸上下成為匾形此又其驗也見第八圖

論重心

問中心與重心何以分別

答中心者形體之中也重心者輕重之中也

問物必倚於重心方能平穩何方試驗

答以木箸居中擔於指上自能平穩以兩頭均勻故也若一頭包金必致偏側須依近金頭方得其平或以木板居中擎於指上若其板一角較厚亦必偏側必依近厚角方能平穩以重心異於中心也

重心偏則不穩

六十問物之重心必於其底上下相對方能立穩何法試驗

答以甎一方可使立住者以其形體方正重心直在底

上也若微側則仆矣蓋地球之吸力如直綫繫於其中而下牽之儻其物底濶雖令欹斜不至仆倒者以重心被吸方向不出底外也凡物欲知其立穩與否須考其重心所在由上至下畫一直綫綫在底內必穩綫出底外必仆西國意大利有斜塔高數十丈自下望之如欲傾倒登其上而俯瞰之傾仆之勢益覺可駭然數百年來依然堅固蓋造此斜塔以為奇觀其重心仍不出於底外也見第九第十圖

問有以盛水之器驗重心者何如

答春秋時魯廟中有欹器貯水之半則穩而平當其空

中而欹欹之中固有重心之所在貯水之半而平平之中又移一重心之所在也以水滿貯則傾覆出之此又過其重心然也

問此理於人之行路驗之何如

答或行或止必賴兩足方穩足離寬則愈穩矣一足獨立必不甚穩以其底不寬也嬰兒之學步也往往傾仆者非盡由於力弱亦因不知相稱失其重心故耳

問物之懸也何以能穩

答若倚其重心而懸之固能穩也蓋地球之吸力總歸於重心耳如所倚之處稍偏左右其物必擺搖不定

漸搖漸緩以至於靜於此而察之知其重心上下相對故能穩靜耳

測重心之法

問物之重心何法測之

答按上文所言之理將物懸起一角由懸處上下畫一直綫再易一角復畫直綫如物係薄片則二綫相交之處即重心所在也若其物有五六面須將各角依次懸起盡畫直綫計其直綫理宜相交之所即重心也

六十五

動物三綱

問物之動有三綱何也

答凡物之動若無外力阻礙直行不偏常行不止一也外力不分於物之動靜莫不有功效二也凡用力於物其物必有力相抵與所受之力均勻三也

推論第一綱

問第一綱之理何法試驗

答以物擲於空際本應直行而其物必灣曲而下者以地力相吸之故也本應常行不止因天氣阻礙他物相摩故停止耳假令人能升高至於天氣盡處施放火礮又加力數倍則其鉛丸毫無阻礙不至漸慢雖亦被吸而灣不過如球皮之形可以周而復始圍遶地球永無停息矣雖此事斷無而此理確有也

推論第二綱

問第二綱之理何法試驗

答當停舟之時以鉛丸由桅上墜下計其時刻若干俟行舟復墜鉛丸時刻與前無異此外力不分於動靜也停舟時鉛丸墜至桅底行舟時亦墜至桅底葢舟前行亦令鉛丸前行此下墜與前行二力莫不有功效也地球雖運行不已而地上萬物之動盪即如地球未行然亦此理耳

推論第三綱

問第三綱之理何法試驗

答以指按於桌上便覺有力與指相抵用力愈大抵力亦愈大也又如雀鳥飛空兩翼鼓動天氣上托之力相抵惟均舟楫在水前行輪棹撥動其水之抵力亦

惟均也、此凡用力於物、其物必有力相抵、與外力均勻之驗也、

問、有人以重物壓腹、復以鎚擊物、其人能勝、此理何解、

答、即傳力失力之理也、有力之士、頭足依地、以腹向上、如橋式、以三百觔重之鐵砧壓於腹、令人以二十觔之鐵鎚擊其砧、觀者駭然、據理而斷、無難明也、比如所用之力、足使二十觔之鎚、行至三尺、迨落於砧上、不過令鐵砧下行二寸耳、喫力有限、故其腹柔而能受、若全讓二寸、毫不費力、若祇讓一寸、亦惟喫力一半而已、

七十、問、宇宙內之力、能加減否、

答、不能也、宇內之力、自古迄今、雖有分合改易、而絲毫不得加增減少也、即如舟楫、由陸地高坡、牽挽入水、初行甚速、迨入水漸慢、以至停住、水阻之也、其舟失力若干、其水必得力若干、舟之停止、水必動流、惟漸遠漸覺微茫、其力歸於漫散而已、若能將其漫散之力綜而計之、必與其舟初動之力惟均也、

問、此理何法形容、

答、以鉛丸二枚、其重相等、並懸一處、下加半圈、如仰弓、畫以度數、以此丸移遠若干度、使之觸動彼丸、視其移動若干度、便知此丸失力幾何、彼丸得力幾何矣、見第十一圖

論物相觸

問、二物相觸、其理何如、茲論無羅力者、至有羅力之物、詳見下文

答、若同其方向、必相附而行、即以二物之動力相合、復以二物觔兩相合而分之、可悉其快慢矣、若對面相觸、亦相附而行、即以二物之動力所差、復以二物觔兩分之、亦可悉其快慢矣、即如二鉛丸輕重惟均、一在一秒內行一百丈、一在一秒內行二百丈、若順而觸之、一秒內必俱行一百五十丈也、若對面觸之、一秒內俱行五十丈矣、即上文所言用力若干、必有力相抵也、

測砲子之疾徐

問、此理何用、

答、即如火槍之鉛丸、放出之快、難以目力度之、縱知鉛丸能及若干遠、仍不知放出之勢也、惟以長繩懸木而擊中之、則鉛丸入木、力催木動幾何之遠、傍設度數、即可算而知之、如木重八百兩、被觸後一秒行至四尺、即知其動力有三千二百兩矣、若一兩重之鉛丸、知於一秒內、可行三千二百尺也、車船相觸之勢、亦可按此而計之、

斜觸觸回二角均勻

問、物之斜觸、其理何如、

答、必相離而改道斜行也、相觸相離、二角均勻、卽二物空中相逢亦如是耳、試以木球向壁斜擲、其觸回之勢、必二角均勻、正如光之返照、音之迴響也、惟有躍力者然

有無躍力相觸有殊

問、物之相觸、其有無躍力何別、

答、無躍力之物、旣遇則必相附而行、有躍力之物、旣遇則必相離、或此物較彼物爲慢、至倒行者有之、與靜物相觸、小則慢、大則返、等則止、

闡明躍力

十五 問、物有躍力何謂也、

答、物之擲地而上躍者有之、不能上躍者亦有之、卽如以石丸與鉛丸試之、石丸能躍、鉛丸則不躍也、察石丸仍係圓形、鉛丸則扁矣、蓋石丸雖擊地時亦令暫縮、惟立時復原、故能躍也、凡物微質、莫不有空隙、或壓或擊、令其空隙收小而緊、若有驅力、仍復原形、卽有躍力、若無驅力以復原形、卽無躍力、竹角之可以爲弓、以其旣彎能復原也、天氣之可以爲槍、以其旣縮能復原也、至物之有無躍力、大相懸殊、然躍力十分滿足之物、幾乎未有也、絕無躍力之物、亦幾乎未有也、

有躍力者相觸之理

問、有躍力者、二物相觸、其理何如、

答、最有躍力者、其縮張之力無異也、如二物相等、逆觸之、必致二物分回、其往返之快慢一也、若順觸之、則慢者易爲快、而快者易爲慢、其動力互換也、若一動一靜相觸、則靜者動、而動者靜矣、如以石丸數枚相連、首粒動則末粒行、居中者皆未易地、因其大小相等、故將動力粒粒相傳、至末粒如初粒也、總之二物相觸、不拘有無躍力、此所失爲彼所得、惟有躍力者、則所失所得之力、較之無躍力者加倍耳、蓋其相觸而縮、旣有若干力、及其反張回躍、加一倍故也、卽如鉛丸二枚、一杪內一行十丈、一行六丈、以二者順觸相附而行、一杪內只行八丈、是其力之所差、此則減半、彼則加半、至於試之石丸、其快者轉以爲慢、慢者轉以爲快、蓋其動力所差、此丸則失一半、彼丸則得一半、反張回躍、此丸又失力若干、彼丸又得力若干、故所得所失、有躍力者較之無躍力者加倍焉、以其動力互相換也、如前者行六丈、後者行十丈、旣觸之頃、在前者行十丈、在後者行六丈也、

論力之分合

問、假如二人用力、惟均共施於一物、一自北、一自西、其物所行之方向何如、

二力合一

答、其物必向東南而行也、卽第二綱二力俱有功效之理耳、如此力令物自甲南行、應至丙處、彼力令物自

甲東行應至丁處、逆二力齊施、物必從中向東南而行、逕至已處、與南至丙東至丁一般遠耳、因二力相合、莫不有功效也、凡二力並施、使一物行動者、俱可按照此理、計其應行之路、蓋一力係甲丁之路、一力係甲丙之路、二力合成、即甲已之路也、其所行即方形之斜綫耳、見十二圖

問、此理於何見之、

答、於船之渡河常見之也、若水溜甚急、不能一直逕過、必被流下沖斜牽而過、由甲處開行、至已處上岸也、此二力、一係人力、一係水力、惟水力愈大、斯沖下愈

遠耳、見十三圖

星宿運行之故

問、此理與星宿運行何涉、

答、星宿之旋行、週而復始、無此則幾無可解、有此則推衍有據、夫各行星之運動、莫不均由二力所制、若其力單施、一僅使之前行、一僅使之下墜、惟二力相合、則不獨一直前行、亦不獨一直下墜、只可從中循斜綫而行、緣其方向時刻改易、於是變成彎綫、週而復始、月之繞地、地之繞日、及一切行星之運動、皆係二力合一所致、其下墜之力、吸力也、其前行之力、由於造物之初、而人不能深究其蘊也、

一力分二

問、一力分二何如、

答、與前二力合一相反也、即如有物自已往西北至甲、其向北之力、即爲已丁、向西之力、即爲已丙也、見十二圖

藉風航海之理

問、此理於何見之、

答、於船之藉風航海常見之也、無此、則只駕風順驅、有此、則不拘順逆、皆可前行、若順驅者、固恃風力不分、惟有直行、無稍向旁漂漾、其或風自旁吹、則風帆必斜張以接之、風力於是分施、一乃令船向前、仍可直行、一乃令船向旁、漸欲漂漾、蓋旁風橫吹、向前之力

僅施一半、若其風從船頭旁逆吹來、向前之力、僅施少半、若從對面直逆吹來、則向前之力盡失矣、然雖其船向前力少、向旁力大、全恃船形頭銳體長、尙可前行、不至隨風漂漾、蓋船旁之水力、與旁風之橫力相抵也、嘗見來往二船、共借一風者、職此故、即如一船往北、一船往南、借在東風、則北船風帆偏南、風力分而向南颺之、南船風帆偏北、風力分而向北颺之、至其風帆如何掉動、以借風力、水手皆知之、特莫知其所以然耳、

二力一用

問、以二力爲一用、費力否、

論物之墜地

因輕重有疾徐

答假如移物由己至西北一人直向西北推之自省力也若二人之力一向北一向西自費力矣其物雖仍能至甲而二人之力既非順施一力係丙巳一力係甲丙二綫相合較甲己加長故二力並施一横一直較一力之順用爲費也見十二圖

問物之墜地有因輕重分疾徐否

答以輕重言之其義有二一係以同類之物而較之如一觔鐵與十觔鐵是也一係以不同之物較之如堅石與輭木是也昔人以爲執一物而言重者墜必速嗣經嘎里留力白其非復登塔以物試之遂知同類

之物無論大小重輕其下墜無分疾徐也以兩物較之恆見輕者墜緩重者墜速究之實緣天氣之阻礙耳故一物而易形卽有差別鉛丸與鉛片異矣蓋凡物莫不爲地所吸其吸惟按物之高下不論重輕是以下墜應無疾徐之別如將玻璃內天氣吸空以鵞毛洋錢並墜之必一齊落下也見氣學

漸快之故

問物之墜地何以漸快

答因地之吸力時刻無閒如牽之使下也故下墜漸快耳

仝圭

下墜之理

問物之墜地漸快何法測量

答計一秒內下墜尺寸幾何由此卽可推算矣若無風氣阻礙則凡物於一秒內可墜一丈四也細放係一丈三尺七寸於第二秒內必較第一秒其快加倍第三秒較第二秒快又加倍餘可類推總之物之下墜於數秒內欲算其尺寸若干卽將秒數成方與第一秒落下之尺寸相乘斯得之矣

問物之下墜於第二秒較第一秒其快加倍烏得知之

答第一秒之疾徐也其始必慢其終必快若絕長補短計其快慢之均勻必於一秒之中至第二秒雖地之吸力中斷亦必較第一秒下行加倍也

比疾徐之法

問若以鉛丸由高塔下墜三秒內落下幾何尺寸

答三三成方卽九數也與一丈四相乘應得十二丈六也蓋第一秒內應落一丈四因其漸快則二秒內卽令地之吸力中斷亦下墜加倍應二丈八也然地之吸力無間故加丈四是第二秒得四丈二也第三秒內若地之吸力中斷亦較二秒加倍應五丈六惟地之吸力無間故仍加丈四是第三秒應得七丈也通共計算三秒內應墜十二丈六也

墜物架

問物之墜地漸快何法形容

答製一木架上有小輪易於轉動其上加以絲綫兩頭

有錘二、錘均重則輪不轉動、儻微有偏重則下墜、復設鐘擺一杪往返一次以便紀時、架柱之上畫以度數以考尺寸、假如二錘各重六觔半、此錘加重一觔必下行漸快、第不若空中墜下之疾耳、蓋空中一杪內應下墜丈四、此一觔之砝瑪移動共核十四觔之物則於一杪內應下行一尺、於二杪下行四尺、於三杪下行九尺、雖較空中下墜爲慢、然易於考察、其理無異也、卽上文所言將杪數成方與第一杪落下之尺寸相乘、於此可驗也、見十四圖

其疾徐之通例

問計物之下墜何法簡便

答揆度其理、復以上文之法試之、便知物之下墜其杪數如一二三四、則每杪下行尺寸如一三五七、每杪之疾徐如所落尺寸、其落下尺寸總數卽如一四九十六等數、餘可類推

九十 問物之下墜五杪內應墜若干遠

答五五二十五與一丈四相乘、卽三十五丈也

擲物上行之理

問以物上擲、其快慢何如

答與物之下墜理同而事反也、蓋上行愈快其升愈高、故其下墜亦愈快也、及其復回落地、則與其脫手上行之時無殊也、故上升所至末杪卽與復回初落之杪分寸相等、依次而增至於臨落之一杪、正與初升之一杪分寸亦相等也、其上升時初快而漸慢、下墜時初漫而漸快、正以相反、來去之分寸時刻適以相符、故上升之數卽由此而推、譬如以物上擲、適六杪復回墜地、上下時刻既已相符、卽知其高至十二丈六也

遞減之差

問物之上擲其快遞減何如

答其物於空中無論上行下墜之時皆被地吸、當其下墜加快若干、必其上行亦減快若干、卽如一物橫擲一杪內可度九丈、則三杪內自得二十七丈、若從高

擲而下之、則因地之吸力順施漸快、必加以十二丈六尺、共得三十九丈六尺、若由卑擲而上之、則因地之吸力逆施漸慢、必減下十二丈六尺、僅得十四丈四尺高也

平擲落下

問物之平擲其落下時刻何如

答與由上墜下無異也、卽如於高塔以砲平放、同時砲子下墜、其橫放之鉛子遠及十數里落下、與由高下墜之鉛子時刻一般也、卽第二綱二力俱有功效之理耳

測砲子遠近高低

問凡物向空斜擲、其所行之道何如

答本應一直向前因地之吸力無間故漸漸彎曲也循彎綫而上復循彎綫而下

九十五 問如放砲空中其鉛丸應行之道何法測量

答雖有數法而擇其易者論之如砲位在甲苗頭對已畫平綫至丁又下畫直綫至丙從此直綫起在每丈畫綫與甲已相平又從甲已在每丈之高復下畫直綫此二綫相逢之處即鉛子之路逕也見十五圖

問苗頭既向空中其鉛子應行之路何能畫綫

答在平地量左右與空中量上下無異也即如砲子落於丁即按苗頭高下度數畫甲已之綫按上文所言之法可查鉛丸應行之路矣並能測其離地幾許之

高也見前圖

苗頭高低

問放砲苗頭應如何高低方能達遠

答按算學測量應高四十五度葢直上爲九十度此數正在直平之間若依地平放稍低則爲地阻漸高漸遠以至於四十五度能達最遠過此漸高漸近若高至直上直下與地之吸力相爭仍落原處而已究之離地面若干度與離直綫若干度其鉛子落下一般遠近也惟因天氣阻礙按此試之未免稍有乖舛然常行砲力不外此理儻力最大而行甚疾須較此度數微低方準

問炸砲轟城能達幾許之遠

答常用者不過十餘里有準極大砲力間有達至二十里之外者惟據高勢自能遠達也見十六圖

砲子被天氣所阻

問砲子能行幾許之速

答極速者甫脫砲口一杪內能行二百丈縱令火藥加多其速亦不過如是葢砲子愈速天氣之阻礙愈多而相抵之力愈大如以扇搖風緩搖之似無礙也漸快則微覺氣阻極速則阻甚至於折損者有之此相抵之驗也大凡物行漸疾天氣阻礙之力亦漸加而較速迫其所增之力與其相阻之力惟均則雖加力

不能復增快也計其阻礙之力即按其疾徐成方如十觔火藥能及若干遠若令遠至加倍需藥四十觔若令遠至四倍需藥一百六十觔是也

一百 問除砲火之外更有何物與此同理

他物亦有所阻

答無論空中水中所行之物均按此理也即如輪船之火力必須勝於水之阻力其船乃可前行舟行之緩也力雖小而分流讓之似不甚阻漸疾漸阻迫極速則濤湧而阻若堅物須大力破之又如以手探水緩入之似不覺其阻驟擊之若木石然人之泅水也緩

入亦不甚礙儻由高處驟落則如墜木石之上甚至損體傷生至天氣雖較水尤柔亦有此理可證也如砲子放出依人而過雖未侵體而其人仆殞驗之無痕俗以爲砲子熱吸之故或謂火藥有毒之故皆非也蓋砲子太疾將天氣逼壓如堅物然無暇分讓故力大而斃命也

雖行甚疾仍有限制

問物行之疾亦有限制否

答凡空中水中行動其物漸快其相阻之力旣以漸加而較速久之勢必均勻其物不能再加速也即如於深海墜一石塊必漸下漸速而其水力之相阻亦漸

漸加增及墜至於數百丈之深石之墜力不勝阻力二力均勻故石不復再加速矣惟以後遲速適中而均勻下沈海底而已天之隕石其石入天氣下墜被天氣所阻亦然至於人所製造其行動遲速更有限制

極速則費大而危甚

問人造之器機行動更有限制何謂也

答無論何等巧妙器機其疾仍有限制也一在糜費浩繁一在勝力有限即如舟車槍砲悉藉火力欲速一倍須加火藥柴薪四倍至極速之候火力已甚大矣尤欲速之又速其糜費何所底止舟車砲位雖以堅鐵爲之迫沖催之力加至數十百倍總有迸裂之患物力非無窮也而自人用之應有自然一定之節度欲强過之勢必不能若謂其質加厚其力堅固在我也不知亦有定限假使逾限雖加粗厚亦無所益即如鑄砲一事砲膛空洞處若大過十四五寸其鐵雖使加厚亦不能不出毛病法人曾鑄砲能放尺八彈丸及放至第九次即致崩裂

問理旣如此何法試驗

答曾有人以十八觔之砲子用火藥六觔大木爲標準試之擊入木者四十二寸以藥三觔入木三十寸以

藥一觔入木十五寸較其疾徐六觔藥之砲子一秒內行一千六百尺三觔藥之砲子一秒內行一千一百四十尺一觔藥之砲子一秒內行六百五十六尺

火藥數種

問火藥何物

答係硫磺焰硝木炭合而成者恒用之於槍砲也尤有數種火藥以他料製之其力較大惟按上文所言火藥雖加而砲子之力仍有限制無甚大益且因費鉅不如用硝磺之藥爲佳也

問火藥之力何如

答以藥入於槍砲筩中每方寸有一萬五千觔之力故

力由化氣

槍式宜省藥力

槍砲之出路壅阻或至炸裂

問火藥有此大力何故

答因藥粒見火化氣顆顆驟漲也故火藥須分顆粒不得混成一塊亦不得細若塵砂而砲藥較槍藥顆粒尤須粗大以其用藥多而透火速也（造火藥之法詳見化學）

百七 問槍式何如始能及遠

答其長短以藥力在內用盡爲度其鉛丸脫口而出甫能直行而及遠儻較短則藥力於出口後猶勁勢將鉛子爆散而無準其丸須與槍筩大小適合微有空隙斯漏火洩氣而力消矣邇來有用尖頭鉛丸者其

後微有凹形藥力爆開使其丸漲滿槍口無漏洩之弊筩中復有螺絲繞槽令鉛丸出口後旋轉而行直而尤準能及三四里頗驗（製造火器自有他書此因論力而及之耳）

卷五力學上章凡一百七問

力具分類

論槓桿

槓桿三種

第五卷力學

下章助力器具

問何謂助力器具

答人力所不能勝者運以機關即能勝矣至機關之式不一雖不可枚舉而推測其理要不出此六者如槓桿斜面輪軸滑車尖劈螺絲是也巨石重物人不能移則用槓桿舟車裝載重物須置斜面井中汲水則以輪軸重物提上則以滑車或劈大木或起巨石則以尖劈如用壓力則以螺絲且六者之中復分二類槓桿斜面爲首其餘四者皆由是而生也均可以木

爲之而他物亦可惟須其式相合耳

問以上六者分用合用何如

答分之而各有其用合之而其用尤妙其力愈大凡奇妙機關莫不由此六者合而成之也

問槓桿何物

答不過一長木而已惟須有倚所則巨重之物均可以之挪移而不費人力也

問倚所應在何處

答無定在也蓋槓桿有三處與緊倚所所在一也重物所在二也用力之處三也三者互相調換有倚所在

計力通例

倚所在中

中一頭重物一頭用力者有倚所在彼重物居中此頭用力者有倚所在此重物在彼中間用力者槓桿遂分三種

五 問其力何法測量

答槓桿分作兩頭需用之力與需動之物正如兩頭長短之尺寸倒比也即如此頭較彼頭長一半用力可省一半三種均歸此例也

問倚所在中何如

答倚所在中兩頭長短均勻則用力與重物分兩自宜均勻無所省力矣若倚所偏近重物則此頭長而需

短而需用之力大反費力矣總之彼頭尺寸以此頭用之力小即省力矣若倚所偏近用力之處則此頭尺寸分算即得需用之力也 見十七圖

問何謂也

答假使槓桿長有丈二倚所去重物四尺以八分四應得二數便知此頭所用之力較彼頭有加倍功效也如重物若干需用之力一半足矣若倚所離物三尺以九分三應得三數則此頭之力如加三倍矣故省力三分之二也若倚所離重物半尺則力加二十三倍因一丈一尺五係二十三箇半尺也餘可類推

重物在中

問重物在中何如

答亦此法也蓋槓桿之兩頭仍從倚所量起即如圖中丈二槓桿重物中間離靠二尺甲丁為一頭丙丁為一頭其需用之力六分之一也如此頭一觔便抵彼頭之六觔耳 見十八圖

用力在中

問用力在中何如

答仍用此法自倚所量起也如圖中甲丁為一頭丙丁為一頭甲丁相離二尺丙丁相去丈二需力加六倍是反費力五倍矣與上文理同而事反也此等槓桿不甚多用惟不得已而為之耳 見十九圖

十 問兩頭彎曲不直其力何法測量

答曲直無所涉也其力全在上文所言三處相距之遠近耳故算兩頭之長短不必循其彎式惟據直而量其遠近斯得之矣於臂膊之屈伸可驗之

稱桿之理

問除移重物槓桿更有何用

答其用不一即如壓物令堅實權物知輕重蓋天秤與稱皆槓桿也天秤之倚所居中砝瑪即力與所權之物分兩均勻若稱則倚所偏近重物錘即力也故雖小錘可權重物所畫觔兩度數亦按上文測量需力之理至有所用多物隱具槓桿之理人自習焉不察

耳見二十圖

自來槓桿

問肢體之中有近似槓桿者否

答如人之下頦臂膊亦槓桿也口嚼重物耳前開合之處即倚所也頦上聯筋用力處也若手持重物臂膊伸平則倚所在肩後大筋用力在中均為第三種槓桿也

數具相連

問以數槓相連何如

答愈省力也即如丈二槓桿二具此槓倚所在中離重物二尺則力加五倍矣復以此槓之長頭為重物將彼槓之短頭為力按於其上如倚所亦離二尺又加

力五倍二槓合用共加力二十五倍也見二十一圖

問數槓連合其力何法測量

答與單用一理惟將各槓短頭相乘長頭相乘其長頭總數以短頭總數分之即知其加力之倍數矣如圖中二二得四十十為百以百分四為二十五倍是也

十五

省力需時

問以槓桿運重物其快慢何如

答與其所省之力相反也省力愈多運動愈慢即如丈一槓桿以倚所離重物一尺則用力百觔可以運行千觔重物此力加十倍矣然長頭行十尺短頭止行一尺故此頭需時十倍方行十尺若倚所離物半尺需時二十倍也故積時若多雖萬觔之物一夫之力可使在山矣

論輪軸

問輪軸何物

答輪與軸相合也軸有繞索可懸重物輪上亦有繞索使之運動拽物上行見二十二圖

問若無轉輪軸上加柄若轆轤然何如

答其理無異也其柄繞行儼若轉輪之運動柄繞一周正如輪運一轉也見二十三圖

問輪軸何用

答以之汲水或礦窖之內運升土石重物以及行舟起

錨等事

與槓桿同理

問輪軸與槓桿何以相似

答如將其柄按平靠頭在丙重物懸於丁用力在甲則甲丁儼成槓桿矣不過較槓桿為活可以周圍運行不已故甲丙愈長丙丁愈短則其力愈大如甲丙長一倍力增一倍假如有輪較甲丙大一倍其間輻條數十及其轉動恆有一輻如甲丙丁然是如數十槓桿循環不已也故輪較軸大一倍亦力增一倍輪輻之尺寸以軸輻之尺寸分之斯得之矣見二十四圖

二十

問何為輪輻軸輻

答由輪之中心直至輪邊是輪之半徑尺寸也自中心畫一直綫如車輻然是爲輪輻將軸鋸開一片如小輪然由中心至邊亦可名輪輻因特别之故名軸輻

計力通例

問輪軸之力何法測量

答與測量槓桿之力同理輪輻正如槓桿之長頭軸輻如槓桿之短頭長頭尺寸以短頭尺寸分之便知增力幾倍矣即如轆轤四寸柄長尺八柄爲輪輻轆轤半徑尺寸爲軸輻以十八分二爲九是增力九倍也

數具相連

問輪軸數具相連何如

答其力愈增矣與數槓連合其理相仿也

問數輪相連其力何法測量

答以各輪輻尺寸相乘各軸輻尺寸相乘以此數分彼數斯得之矣如大小二輪相聯以大輪懸重物小輪用力大輪輻三尺六軸輻三寸小輪輻尺八軸輻二寸先以軸輻相乘二三得六再以輪輻相乘又得六百四十八復以六數分之便知增力一百有八倍也見二十五圖

問輪軸數具相聯何法

答其法有二其一以寬皮帶由此輪通過彼軸此輪轉動則彼輪亦隨之而轉其二輪軸之上皆有鋸齒犬牙相錯互相牽制此輪運轉則軸上之齒撥動彼輪令隨之運轉矣見二十六圖

三十五

問舟中所用之輪軸何式

答以大木一段其下有軸可以轉動置於船頭之上俗名攪關周圍有孔可插槓桿以便用力運行軸上繞以巨纜起錨運舟兼起重物見二十七圖

論滑車

問滑車何物

滑車二種

答亦轉輪也外加繩索以起重物有死活之分死者不能移動活者可以上下移動

問以死滑車起物能省力否

答不能也因於輪上繞以繩索此頭懸物彼頭用力重物若干分兩需用若干力也蓋重物與用力均倚於一輪之上不如輪軸之用力於輪重物倚於軸也設若軸與輪大小相等亦無所爲省力矣滑車亦如是耳死滑車原無所省力惟重物藉之有倚八力漸施得便耳見二十八圖

計力通例

問活滑車省力幾何

答重物隨滑車漸漸升起則滑車兩旁二繩均勻㨿力如百觔之物彼繩㨿力五十觔此繩㨿力五十觔則省力一半矣見二十九圖

數具相連

問以滑車數具相連何如
答愈省力矣惟以死滑車加於活滑車之上省力仍不過一半若以活滑車二具相連則省力四倍矣總之視重物所倚之繩索若干條便知加力若干倍也見三十圖

三十 問滑車若有凹槽數道繩繞數帀何如
答不過如重疊滑車耳繩繞一帀卽為一滑車其理無異也如圖中一木之上繩繞三帀重物懸於六索可知力增六倍矣見三十一圖

以滑車升高

問以死滑車懸椅人坐其上自拽卽能上升何解

答若他人拽之靠一條索力無省也惟自拽之係二索喫力正與活滑車無異省力一半矣蓋二索喫力惟均此頭偏重彼頭自然上升也見三十二圖
問滑車以馬力運物升高何如
答若層樓之上堆運重物則於樓門之外上下俱用滑車以索懸物而馬拽之升高人在樓上取置甚便也以重鎚擊樁亦用此法拽起任之自下也見三十三圖

鶴頸稱

問鶴頸稱何物
答卽天稱也中國常用之天稱不過亦槓桿之理加以高架以便升起重物而易地若西國天稱係軸輪與槓桿聯合其上狀如鶴頸極長卽名鶴頸稱可以左右移動頂設滑車上加鐵練繞於軸上大輪之外復有小輪其外有柄持柄運動力大無窮能將巨舟移置陸地西國又有水中天稱置於舟中設有火輪機關往來海口移動重物速且便也西人欲造塔於高處或因地有未便先將塔於平地造成復用天稱提置高處見三十四圖
問其力何法測量
答以軸輪滑車二法相合而計之也如甲丙丁三輪軸相連甲乃外柄長一尺軸厚四寸上有鋸齒嚙於第

二輪上如法計之力加五倍矣第二輪尺寸同前亦力加五倍二五相乘已加二十五倍矣迨第三輪尺寸加倍則力加十倍以十數與二十五相乘是二百五十倍也則柄上一人獨手用力百觔可起二萬五千觔之物矣復加活滑車其力又加一倍若再加滑車練索則加力無窮也

論斜面

三十五 問斜面何物
答以板側置便於運重是也若道途之側者車馬由之漸至高處亦斜面之理耳見三十五圖
問其力何法測量

答以其長高相比也其長短尺寸若干即以其高下尺寸分之假如車高三尺側板六尺以二百觔之物置其上用力百觔即可運動是省力一半也

釋其用明其理

問此理何解

答設有重物須起數尺如無物倚靠用繩拽之則物重幾何需力幾何也若以側板則省力矣板愈側力愈省也如重心在甲靠處在丁則甲丁係側板之力按上章分力之理分爲甲丙丁丙二力蓋丁丙係傍托之力甲丙係上擡之力二力合成甲丁之力故板愈直則甲丙之擡力愈小迨其板直竪則甲丙無擡力

矣板愈側則丁丙之托力愈小迨側至平放則丁丙無托力矣故其物穩立不動按此理道路或平或側所費所省之力可計也見三十六圖

省力需時

問以側板起物快慢何如

答如上文所言板愈平側其力愈省而物起愈慢即如重物在己稱錘在戊稱錘下墜則重物隨板上行若重物直上則物至丁錘必至丙矣惟側板較直綫加長故稱錘須下墜過丙其物方能至丁側板較丙丁加長一半則稱錘必須多下一半其力省一倍矣故力愈省物行愈慢也見三十七圖

問如側板長七尺高二尺省力若干

答仍從前法其長短尺寸以高下尺寸分之即如七分二是三有半也便知用此板加力三倍半則一觔可抵三觔半矣

論尖劈

四十　問尖劈何物

答亦斜面也有雙面者有單面者如以單面尖劈放平橫釘於重物之下使之漸高亦如上文之使物隨板上行耳但前文係物隨板而行此係木依物而入理同而事異也見三十八圖

釋其用明其理

問尖劈何用

答劈分木石掀起重物

問以雙面尖劈劈木何如

答如以單面尖劈二具平面相合也見三十九圖

問以尖劈掀重物何如

答以單面尖劈二具倒合左右並進則其物直上而不偏若起屋柱是也見四十圖

計力通例

問其力何法測量

答與斜面一理也以劈之長短尺寸用厚薄尺寸分之假如長一尺厚二寸則加力五倍厚一寸加力十倍蓋尖劈之厚薄即斜面之高下也見四十一圖

論螺絲

四十五、問螺絲何物、

答其式圓形周圍有紋旋轉如螺、亦與斜面同理、

問何法試驗、

答以紙剪作斜面之形寬頭捲於筆管之上周遭卽螺紋也、見四十二圖

問螺絲何用、

答其用不一、以之代釘尤便由漸而入不致裂木、又可隨意出入活便多矣、更以之造壓物器具、見四十三圖

計力通例

問其力何法測量、

答旣與斜面同理、則周圍一轉卽一斜面也、不過如斜

面接連之耳、故螺絲一轉卽斜面之長短、螺紋之疎密卽斜面之高下、周圍尺寸以疎密尺寸分而得之、如周圍一尺、螺紋一寸、則加力十倍、螺紋半寸、則加力二十倍、

問其上加柄何如、

答其理仍無異也、不過多增一槓桿耳、直如槓桿與斜面聯合、其力甚大也、欲算其力、卽將其柄周圍繞行之尺寸、作爲螺絲周圍之尺寸、故柄愈長力愈大也、見前圖

力具合用

五十、問助力器具合而用之何如、

答無不可聯合也、或二者合成、或三四合成、或六者合成、要在擇地而用之、故器機之巧、皆由各具合而成之也、卽如設法能使一夫之力拽巨舟於陸而修理之、於架設轆轤、其柄較長、其軸上有凸出螺紋、下設輪軸、輪邊有鋸齒與螺紋相嚙、軸上繞以繩索、下貫滑車、以繫於舟、復設側板下托船底、將轆轤轉動、而舟自拽上、此係四者合成、欲測其力、卽如上文所言之法也、見四十四圖

省力需時以時兌力

問助力器具所省之力從何而生、

答從其行動時刻快慢而生也、蓋力愈省行愈慢、係以

時兌力耳、

問何謂也、

答卽如槓桿起物、短頭愈短、則物行愈慢、斜面運物、其板愈平、則力愈大、然必須加長、則物起亦慢、至尖劈起物亦然、螺絲則紋愈密力愈大、然須繞轉多而是亦慢矣、卽如輪軸軸愈細力愈大、亦須迴繞多而是亦慢矣、至於滑車若懸索數條、則須拽過數尺、其物始上升一尺、此力愈大行愈慢、以時兌力之謂也、夫人力有限而時刻無限、急則迫而力少、緩則分而力多、是誠在我矣、彼百鈞之物、豈一夫所勝哉、使其分

而運之、不過往返需時耳、如遇囫圇重物、難於分運、則以助力器機、酌而用之、自有慢中功效也、觀器機之助力無窮、似無不可移之重物矣、要之省於力費於時也、

六種歸二

問、以上力具、總歸於幾、

答、按其形而目之、則分而爲六、按其理而論之、則合而爲二、槓桿斜面是也、輪軸、滑車、與槓桿同理、尖劈螺絲、與斜面同理

以輪通力

問、藉自然之力、運行器機、何以通之、

答、大抵以輪通力也、卽如藉流水之力、使輪旋轉、用以

運磨鋸木等事、藉風吹之力、亦需轉輪藉蒸汽之力、亦需轉輪、有物專爲擊樁而設、係藉蒸汽地吸之力、亦以轉輪通之、將重鎚拽上、驟然放下、其力甚大也、至鐘表之轉輪雖多、其用無他、惟取通力而已、或藉鋼條張開之力、或藉鐘錘下墜之力

鐘表動無快慢是以紀時

五十五 問、鐘表紀時何理、

答、以其動盪有一定之疾徐也、玆於鐘表機關、固不詳論、惟因其力本於自然、動有節度、取其與力學相涉而畧言之也、

問、紀時最準者何物、

答、星辰也、以其運行毫無紊亂、早晚顯見、俱有一定之時、至於日晷能定時刻、皆因日之運行有定也、

問、古人何以紀時、

答、以水火紀時、卽如銅壺於若干時、滴漏若干水、又如然燭於若干時、燒去若干長、與今之更香畧似、然均不若鐘表之準耳、

其力有二

問、鐘表憑以何力、

答、其力有二、一藉地球之吸力、一藉鋼條之張力、

問、藉吸力何如、

答、鐘擺之搖動、無或快慢、係賴地之吸力也、鐘錘下墜

而重、所以助擺之不足、亦藉吸力也、

六十 問、以擺條爲自鳴鐘、昉自何人、

答、四百年前、意大利人嘎里叓者、於禮拜堂靜坐、偶見懸鐙擺搖不定、往返無差、因而悟得以擺爲鐘之理、

鐘擺之理

問、鐘擺之理何如、

答、其理有二、擺條一起一落、高低均勻、一也、所行之道、無論長短、須時刻無殊、二也、

起落高低均勻

問、其一、何以言之、

答、如以鉛丸自側板下滾、愈下愈疾、若更有側板相對、則其丸上行、必漸上漸緩、然亦應上至等高也、惟因

由此過彼必改道有觸而失力且二板之上均有摩揩阻礙故難上至若干高設若二板之下相連如半圈之式則鉛丸上下均無觸阻再能光滑無滯又無風氣等物阻撓自應往返無已時也如分力之理一力分二一竪一橫則物置側板其直墜之勢乃側板之高也其平行之勢乃側板之底也故其下滾至地之候其速與直墜至地無異上文曾言物之下墜與上行其力均勻是以物由側板下滾仍應由側板上行若干高也

問此與鐘擺何涉

答理相同也若以其丸懸之即鐘擺也其往返搖動正如半圈之式若無阻礙必上下均勻搖之不止矣

問其二何以言之

其道長短時刻無殊

答蓋半圈之形其高處如直上直下其低處似平所行之道愈長必向上愈高而下墜之勢疾故上行亦快所行之道愈短必向上較低而下墜之勢緩故上行亦慢是以合而計之時無甚差更有曲線名擺線者可使鐘擺毫無差別

鐘擺之用

六十五

問鐘擺究屬何用

答定時專在此也其餘輪軸機關不過計其擺搖之次數耳即如一杪內往返一次每次放輪一齒輪共六

十齒外露小鍼其鍼轉一遭爲一分如以數輪相聯各運其鍼或紀時刻或紀年月俱由此類推也

鐘錘之用

問錘助鐘擺何義

答鐘擺無力運鍼復因擺條或被天氣阻礙或因所倚之樞紐漸漸摩揩以致失力漸緩須墜以錘上聯轉輪輪齒翻於擺條之上撥之鐘擺本應漸緩有錘助之便不失力上輪本應漸快有擺節之自能從容則擺錘相抵也此一錘之用再加一錘不過爲擊鐘耳

隨長短有疾徐

問擺條長短於其疾徐何如

答長則慢短則快須按重心計之擺墜上移則重心較近而短搖動快矣擺墜下移則重心較遠而長搖動慢矣二擺之長短即按其搖動之時刻成方而比之即如一杪動一次計若干長欲於二杪動一次須加長四倍三杪動一次須加長九倍

隨高低有疾徐

問鐘擺搖動有隨時隨地之改易否

答銅鐵之類隨冷熱漲縮故冬令短而快夏令長而慢因而不準有法預防已見上文見火學上章若至極高之處斯離地中漸遠吸力較小故擺行稍慢如近南北二極因離地中稍近吸力較大故擺行微快

問以鐘擺驗地球之形何如

答地形非正圓南北二極稍狹畧如橘式於赤道穿球度之較南北大至八十里係二十六洋里故赤道離地中較遠四十里是以擺條於赤道應較南北二極行動稍慢曾有法國人以有擺之鐘至北極相近之海島考知其條須加長一分甫能有準

無擺無錘之鐘表

七十 問自鳴鐘有擺而無錘憑以何力

答有鋼條屈盤其張開之力以助鐘擺使之不停亦如錘之力也

問鐘表之無擺無錘者何如

答其力由法條而生又有擺輪搖動以節之若非往返

轉動必致漸快而不準

本力有三

問助力器具本藉何力

答既云助力則第能幫扶本器自無力也惟藉器外之力而助之至本原之力其類雖多要歸於三卽死物之吸驅與生物自具之力也

死物吸驅之力

問死物之吸驅何謂也

答五行之質皆爲死物其力多由吸驅而生卽如電氣能運行筆椗以通音信力由吸驅也水之就下有力可使轉輪運磨造作一切究之亦由吸力也其所以就下之故因地之吸力使然設無吸力水必不流矣風有大力能行舟渡海亦由吸驅蓋其輕而升爲驅重而降爲吸也蒸汽有大力運行各類機關以代人工馬力亦由驅散蓋火生熱使水化氣沖催之力生乎此也人能藉重物之分兩以助其力亦歸於吸也若非被地所吸斯無分輕重矣是知死物之有力運器均不外此二種也

生物自具之力

問生物自具之力何謂也

於血驗之

答神妙難言也人第知有此力而不知其所以然卽如人身之血液約二三十觔之多百體之内半刻運行一周而巨絡之血流如矢儻破一孔不啻水法之出

管激流跳濺則其力可由斯會悟矣蓋由方寸之心君一翕一闢而生之者也至於心不過彈丸之肉何以遂能翕闢若是實難測其端倪第知爲生氣使然耳血液之周流恃乎絡而肢體之運動則藉夫筋筋由腦髓發源分布百體四肢之伸屈悉本虛靈所指揮雖有重物念甫動而手卽能持是力原於心不過以四肢爲助力之器具而已夫生物自具大力以及萬物之力各協其宜洵屬莫之爲而爲者豈非造物之陶融而默運之哉

於筋驗之

力在善用

七十五 問此三力可隨意用之否

答由近及遠無不可用也惟在知識之淺深耳卽如人身本有其力雖野人亦能用之但不如練習家之善用耳迨教化微開擴而充之人力繼以畜力騾馬之迅速駝象之任重是也推之用水風之力甚至於行舟楫運機關嗣知火力尤爲利用人畜之力有限而水風與火之力無窮也彼野人雖衆惟知自用其力如羣牲何如格物明察之家驅役五行之爲力無限耶

器能助力不能生力

問助力器具能生力否

答雖云省力其實不能生力也器具均屬死物或藉之

使人力可通於外或藉之令天地之力爲我所用所謂助力者通力也若無此具雖天地之力甚大則梗塞而不爲人用矣卽如萬觔巨石人力所不能勝用槓桿則易於移動蓋巨石之重而難移者因地力吸之也人以槓桿長短在我任意拖爲以身壓之是藉槓桿以善用地之吸力也餘可類推器具均不能生力而宇內所有之力亦不能增減惟因器具可善用之故碑公云智乃力也

力能預儲以待用時

問人既善用物力能預儲以待用否

答亦智者能之也或漸蓄大力緩緩用之或驟積大力漸漸用之或漸蓄驟用均無不可也

問此理何法試驗

於水驗之

答其法甚多姑舉一二卽如築隄蓄水或漸放或驟洩均有大力可用也其傾瀉之勢若決江河沛然莫之能禦不過由小小來源積漸而蓄之耳此於水驗之也

問其二何也

於地之吸力驗之

答如以石擊樁滑車之上繫巨石緩緩拽起陡放而擊之上慢而下快力若甚大不知無論上下其力惟均上拽人力也下擊地之吸力也蓋將人身之力節節

積蓄以變易地之吸力耳假如一拽祇有十觔之力百拽卽蓄力千觔矣此於地之吸力驗之也

問其三何也

於物之張力驗之

答卽如自鳴鐘之上絃其錘上快而下慢然其上其下力亦維均此將大力積蓄由漸放出也又如鐘表之無錘者力由鋼條之屈盤此於物之張力驗之也

計力之法

問計算物力以何爲則

答以一觔之重起一尺之高爲則卽如一夫之力足將十觔重物起至一丈之高一秒一起由朝至暮約五時之久一馬之力足將五十五觔重物起至一丈一

杪一起、斯較五人之力尤多矣、總之、欲算各力、卽將起重若干、與需時若干、互相較量、斯得之矣、

計力通例

問測量物力、何法計之、

答將起重之分兩、與上升之尺寸、二數相乘、便知物力之總數矣、

問何法試驗、

於車馬驗之

答以繩懸二百觔重物、視其繩緊若干、復以此繩爲重車之驂、令馬拽之、如其緊與前無異、便知此馬用力不過二百觔也、行地若干遠、與將二百觔升若干高、一般、卽如用二百觔之力、行遠十丈、亦能將二萬觔

之物、起高一尺也、

問如此計之、究有何用、

計力之用

答如有煤窰、深六十丈、有煤二百觔、不知需力若干、始能拽上、以二數相乘、卽十二萬也、一馬之力、於一杪內能起五百五十觔高一尺、是一分內、能起三千三百觔矣、以此數分十二萬、爲三倍有奇、便知每分由窰內起二百觔、需三四馬力也、故以火輪機器爲之、亦須以此數計其大小、又如火輪車重二十五噸、一點鐘行三十洋里、其鐵道之摩揩阻礙有二百觔、欲知此車有若干馬力、先將其一分內行若干尺寸、以此數與二百觔相乘、復以三千三百觔分之、便知有十六馬力也、

摩揩之理

八十五

問鐵道之摩揩、其理何如、

答其理有二、其一、所用之力、必與其阻礙相稱、力勝阻則行、阻勝力則止、其二、其物加重若干倍、其摩揩阻礙亦加若干倍、故欲計力數、須統阻礙而核之也、

問二物相摩、何以有阻、

答因物體毛光之不同也、雖極光滑之物、以顯微鏡窺之、亦有高低不平、若鋸齒然、故相齧而阻、

問摩揩阻礙、何以防之、

答凡物同、則摩益甚、以其一般體質、不平之處、如逗筍然、故造機器之輪軸、必兼用二種材料、二物相摩而滯、以油潤之、因其能將微隙墊平、故耳、凡物平摩面愈狹、阻愈小、若轉輪過物、輪愈大、斯阻愈小、

摩阻有益

問摩阻既致費力、尚有益否、

答雖覺費力、實能助力也、設無摩阻之理、則力無所施矣、卽如馬行於冰、蹶滑而不能引重、火輪車道結冰、則輪雖轉而不得前行、若無摩阻之理、則手不能持、人不能立、建室植基、亦必不固、而萬物將失所矣、

問諸材之力、何法試驗、

材力不同

答各種材料其力大相懸殊製造機關頗有干涉故格物家必以各料悉心試之即如以五金爲長條厚不滿分鉛條懸二十七觔黃金懸一百五十觔白銀懸一百八十七觔白金懸二百七十四觔紅銅可懸三百觔鐵懸五百五十觔以各木製成長條厚一寸黃楊之力最大能勝一萬四千觔印度硬木次之懸一萬二千觔生鐵照此式不過懸一萬六千觔若鋼條能勝十一萬四千觔復以金木石各類以重物壓之較其勝力若干則以生鐵爲最

物形與力相涉

九十 問諸材之形狀關乎其力否

答甚有關涉也即如薄片之形平放則易曲易折若橫而立放則堅固而難損此理易明人所共曉至被壓如屋梁之類兩頭不如居中之喫力也雖兩頭尖狹居中粗闊亦一般勝力然各料不論何式實心不若中空之勝力尤大也

空管之式致能勝力

問空管勝力此理何用

答近來西國之爲巨室者多係鐵柱薄而空中省料而勝力英國依近有小島其間海港闊一百五十丈以鐵爲空管橋濟火輪車也其內式如空管高二丈五尺火輪車數十相連而過重有二百八十噸其橋管下壓而灣不足一寸美國北方有英之屬地中隔大江闊六里亦以鐵管橋爲火輪車道

於物驗之

問此理於何物驗之

答五穀草本貴在子粒不在莖也取莖之勝穗而受風耳故雖空其中而仍有力人畜之骸骨禽鳥之翎毛俱空中者取其輕而有力也因格物漸精始喻空圓有力之故而造物已先我而爲之矣

卷五力學下章凡九十二問二章共一百九十九問

力學雜問

一 問物之行曰快曰慢其義何也

問物之有動力何謂

問物有動力何法計之

五 問一力而令物有慢快何法變通

問物之動靜何爲自然

問物之動而止似乎自然何也

問其動而止其靜而動何故

問馬忽止人過馬頭向前而仆馬忽奔人落馬後何也

問以笤帚蘸水向上旋轉其水四圍飛濺何也

十 問石磨旋轉過快多致碎裂其故何也

問地球日轉如磨設若忽然加快數倍其上所著人物將見何如

問地繞日年轉一遭設其運行加快所行之道將見何如

問令地不離道人不離地其力何在

十五 問物有分兩勝之頗覺費力何也

問物之輕重相殊何也

問輕物墜地不如重物之快何也

問若能以巨石移近月輪能復墜地否

問物離地高低其分兩有增減何也

問百斤之物移至數千里之高稱之仍屬百斤毫不相差何也

三十 問地既圓形海水仍能蓄爲四瀆不致流散何故

問日上日下何義也各處之上下相同否

問以泥石重物裝入倉底船乃平穩何故

問以車載薪其勢過高則車易於翻覆者何也

問常行不止之器人力不能爲何故

三十五 問星宿運行未見漸遲何故

問水工誇其船快曰曾有人自桅頂墜下船已駛過人竟落水此言何以辨其非

問水工誇能曰曾於海中適値風息便設風箱吹帆前行此言何以辨其非

問若曰使風箱向後吹其船即向前行其言較爲近理何故

四十 問人不能自提其鞾連身同起離地何故

問二船迎頭相觸較之一動一靜其勢更危何也

問二船同一方向一時行六十里一時行四十里其相觸之勢若干

問二力相合之理與星宿運行何涉

問一力分二與船之航海何涉
三五 問直上放槍其丸逾十杪方回能高至若干尺寸
問物之墜地疾徐何法計之
問物之上擲疾徐高低何法計之
問物之平擲循彎綫而下何也
問鉛丸砲子其力何法度量
四十 問風氣之阻礙何如
問天氣既能作槍究不如火藥之便何故
問三百斤之物二人擡之其一力弱只任百斤須使物
離肩若干遠近

問輪大八尺軸大一尺當增力幾倍
問輪軸數具相連首輪七尺其軸二尺二輪八尺其軸
一尺三輪九尺其軸三尺當增力幾何
問活滑車四具連以一索當增力幾何
四五 問牆高一丈一人能將百斤之石直拽而上若用四丈
之側板極滑無阻能起若干分兩
問有螺絲其柄長三尺其螺紋相離三寸當增力幾何
四七 問火輪車裝貨六十噸一點鐘行一百里能抵若干馬
力

力學雜問凡四十七則

格物入門

卷六

化學

第六卷化學目錄

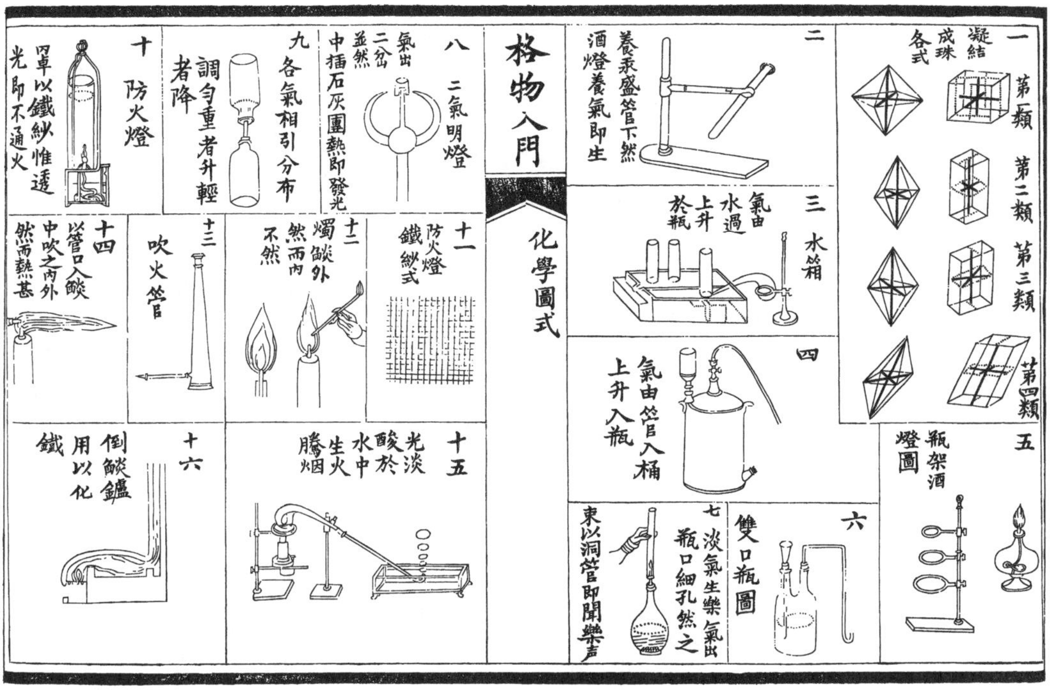

第六卷化學

美國丁韙良著

第一章論物之原質

化學大旨

一問、化學大旨安在、

答、究察萬物之體質、調和交感、分之而得其精一之原行、合之而化成庶類、察萬物之變化而研究其理、以調攝其微質、故名化學、

辨物異同

問、化學專攻何事、

答、究察凡物之體質、而辨其異同之所以也、即如煤之爲煤、石之爲石、各類若明見矣、然不用化學工夫察其體質、則不能知煤之所以爲煤、石之所以爲石也、夫乳與血相近而相異、水與油雖相似而實相敵、惟遂於化學者能明其故、如槪令萬物同一質、則化學幾無用矣、要之萬物體質既爲各異、必究察其所異所同、直湊單微、乃能深通其變化、不拘水與氣流動與虛浮、金石堅硬之物、草木木本肉與骨各種之體質皆化學所宜逐細究察也、

分其純雜

問、究察體質、自何爲始、

答、須即一物察其由來、果係純一無雜、抑係數種合成、即如金銀木炭等類、各具一質、水則含二質、糖則含三質、磬則含四質、蛋白則含六質、所以若者爲純一

之物、若者爲攙雜之物、須分之逼清、乃入化學之門徑也、

究其變化

問、萬物之變化何謂也、

答、物分死生動靜、時變靡常、皆爲原行之質、運行不息、合之而成形、分之而歸原、人苟究其的確而詳推之、則不第略知變化之端緒、且能分之合之而法造化之元機也、

五

問、物之變化何以故、

答、萬物之變化、雖謂自然、仍係力爲之、如力學所論靜則非力不動、動則非力不靜、化學亦然、物之改易莫

不由力使然、第非同一力也、蓋其微質交感分合而化、非力使然、其誰與歸、力學所論者、力自外施也、化學所論者力由內生也、力學論物之渾圓、化學論物之微質、

交感分合

問、微質分合變化、由於何力、

答、皆由交感也、或被三輕所感、或緣同類互感、或係異類交感、均按其本性之異同、

三輕所感

問、被三輕所感何謂也、

答、物之變化、多由光熱與電氣三輕所致、蓋此三者徧透萬物、或隱或顯、令之易性變形、如物之體質、或堅硬、或流動、或虛浮、多感於熱主之也、草木之生長、被於光主之也、微質分合變化、憑空結體、多因電氣主之也、三者皆屬化學、爲其繁縟、已另卷分類詳之、

論物之體用

問、物之本體、人能知否、

答、謂知之亦可、謂不知亦可、物之本質精微、難測、雖知原質分類若干、究之第能識其皮毛、未能澈其底蘊、故但知其用、而未詳其體、因其體以用而著也、

物之所同

問、凡物所不可離者何也、

答、雖極細極微之物、人所不能見者、亦有大小形體、雖至薄至輕之物、人所不及量者、亦有輕重分兩、斯爲

物之不可離者耳、惟光熱電三項、無侵佔之地、無重輕之分、因無體質、故不在此例也、外凡有體質之物、莫不以輕重例之、

十

問、凡物所在、他物能共之否、

答、物之至微者、既有大小之形體、卽有託體之定在、能與物依、不能與物竝之也、卽如鍼鋒入木、必有隙、汗毛出肉、必有孔、二物不能共處已見水學

物之所異

問、物之所異者何也、

答、性也、有此物卽有此性、卽如水之所以爲水、火之所以爲火、各因其性而已、

問、何爲物之性、

答、人以五官所能知者是也、即如物之大小輕重輭硬漲縮燥溼聲色臭味等類、雖微質細藐、至於目不及見者、無一不各含其本性、及其合而成形、則顯然矣、

原質細藐

問、物之原質極細極藐、於何見之、

答、常見以黃金一釐、打成薄片、作數千葉、分而爲數十千萬星、猶得了了分別覩之、又以靛藍一粒、置缸水中、則無一點一滴不融浹、而有其色、此細藐之見於色者也、以明礬一粒、置缸水中、俟其化開、亦無一點一滴不融浹於其味、此細藐之見於味者也、以一劑

麝香、置之屋中、氣騰一室、此細藐之見於臭者也、蓋皆由其原質分之無算耳、

似合未合

問、原質合而成形、何如、

答、雖曰合、實未合也、目見之、手捫之、似乎渾合無間矣、不知其質相離而不相攙、相依終不相入、蓋其體雖堅密、以顯微鏡窺之、則鬆疎有間也、銅球過鐵圈、熱之則不過、冷之則過者是也、蓋漲則微點相離、縮則微點相近、堅實之物尚且如此、他可知矣、如以長頸玻瓶盛水、以其口倒置水中、只容一點氣泡入之、則水不外流、乃天氣下壓之故、復用玻罩罩之、以吸氣筒吸氣漸出、水則漸下、瓶內氣泡漸大、至數十百倍、然其原質初無加增也、不過微點相離、虛壘而成耳、此又可見之據也、其微質相離、乃熱氣使然、其相合也、乃本有之吸力使然、

微質相吸之例

問、原質既因吸力成形、其力施及遠近何如、

答、亦按體相加按離相減也、惟此微質極細極藐、故相吸之力、有不能達至寸中萬分之一者、試以玻片黏天平之底、低近水面、但隔毫忽、水力即不能吸、若捺之黏水、則陡然吸住、法瑪雖加若干、亦不起也、或曰此因溼而黏、試以水銀、其能吸天平之底、亦如之、金

砂鐵屑等物、質極乾燥、必不自黏、試以鎚運力擊之、頓黏成塊、此無他、擊之縮而聚、故相吸不復相離、是知物之大小相吸、同一力也、惟小者其力僅令微質結聚成形、大者其力直可縮日月運星辰而成天地也、

推求原行

問、分之而得其原行、何如、

答、其法不一、最常用者火力也、試以草木骨肉之類、以火燒之、有數分化烟上騰、化氣散漫者、有數分燒作灰燼存鑪底者、可知其質非純一無雜矣、火力所不能分者、或能以電氣分之、電氣所不能分者、或以他

原行與五行不同

物攙和交感分之、若其物經火不變、經電氣不變、經日光不變、卽經肉身醞釀之亦不變、此其物之爲質、必精一無雜、純乎其純者也

問試之於水何如、

答水爲五行之一、依古以來目爲質之最純者也、今一經溼電分爲養淡二氣、而二氣雖經火經電或他物攙和交感、皆不復能分也、可知二物實爲精一之原質、

問試之於石何如

答以花石一塊、瑩潔無玷、似爲純一無雜之物、然以烈火爇之、則分爲二物、炭氣與石灰是也、緣此二物亦非純一、又能分化、蓋石灰經溼電、卽分爲養氣與石精、炭氣以他物感之、則分爲養氣與炭精、二者皆不復能再分也、故爲原質

問所謂原質卽五行否

答金木水火土、中國以爲五行、水火風土、西方以爲四行、皆不爲原質、推而進之、尚有本原也、水則分爲二氣、火則二氣相合而生熱、木係水風土三行合成、土亦可分爲二物、惟金有數種不得分者、祇可謂原行、而已、

配合成物如筆畫成字

問原質各種之爲多寡何如、

答有常見者、有罕見者、不能以一物兼也、故二行合成者有之、三行合成者有之、及一二十種合成者亦有之、其常見最多者、不過十數種、如四氣（卽養淡硝鹽之氣也）五金硫磺光藥炭精石精、互相配合、化生水風草木沙石等類、

問原質相合成物、何以方之、

答略如筆畫相合成字也、撇點橫竪捺鉤轉挑、分合配搭爲數萬字、應用無窮、物之兼二三質者、如十土工字之類、其含質較多者、如壽字、畫數亦不出八法之外、又如洋文數十字母、千變萬化、配合成語、旣諳熟其字母、則不但知其現有之文、卽未有之字樣、亦可生新不窮、誠能於化學推求原行、不但能明於習見之物、亦能造作未經見聞之新類、以補化工之窮也、

命名有法以彰原質

問各質配合、何以命名、

答素以各物之名、或因其地而目之、或憑其貌而稱之、實於本質無涉、如明礬靑礬、其質迥異、而皆以礬目之、磁石花石有鐵石之分、仍皆以石目之、核其名目、未免混同、蓋不求甚解之弊、不獨中國爲然、卽西國亦如是也、化學指物、若槪從俗稱名、不惟不典無據、

盎且難免悞配、故乾隆年間法國拉瓦泄者、思索得法、隨各物之配合而定其名、觀其命名字樣、斯物之原質一目了然矣、

自拉氏始各國遍行

問、拉氏定名之法何如

答、彼以各種原質號以字母、其質配合而生他物、遂以字母配合彰明之、如西國以養氣爲 O、淡氣爲 H、則 HO 即爲水、以 S 爲硫磺、SO^3 即爲磺强水、蓋磺之一分與養氣三分合而成之也、若 $2HO$ 則爲水兩點、餘皆倣此、因此法明簡切當、凡西方各國文字雖多不同、而獨至化學、悉從兹目、現擬編中仍以此法命名、庶可了了、各質字母、詳見下文、

二質配合漢文可名

問、各質配合、更有何法定名、

答、二質配合者最多、養淡硝鹽之四氣、硫磺炭精等及金屬、此中凡有二質相合者、以漢文二字配合名之亦可、如養氣與黑鉛相合、成紅色顏料、可名養鉛、與鐵相合、可名養鐵、與銅與水銀相合、即名養銅養汞、鹽氣以其色綠又名綠氣硝氣硫磺炭氣等、與他物相合、亦如此定名、其合成不止二物者、只可以數別之、

原質分類

二五 問、所有原質其類若干、

答、志在化學者、以各物試之煆煉分化、求其若者質屬攙雜、若者質本精一、其不復分化者、皆以爲原質、至今計六十二種爲原行、第罕見少有者過半、無庸詳述、特選其要者四十餘種、列於左、胥由左遞右、依次目以洋文、並註漢文名目、猶恐西國舊有物類各名不盡可記、復擇每名之內、一二字母爲號、而綫註其音、其字不過十數、務須諳熟、蓋化學書中莫不以之爲號者、更註以西國碼子、排比鱗次、總期中西漢洋閱之醒目、用之較便、至所註原行、則前四名爲氣類、次中間六名、並第三十四十二名爲雜類、餘皆金類、此爲分別備及之、

原行總目

西名	華名	字	音	西名	華名	字	音
OXYGEN	養氣	O	俄	IRON	鐵	Fe	肥意
HYDROGEN	淡氣	H	希	COPPER	銅	Cu	悉烏
NITROGEN	硝氣	N	尼	COBALT		Co	悉俄
CHLORINE	鹽氣	Cl	悉里	NICKEL		Ni	尼愛
CARBON	炭氣	C	悉	TIN	錫	Sn	思尼
SULPHUR	硫磺	S	思	LEAD	黑鉛	Pb	彼避
PHOSPHORUS	光藥	P	彼	ZINC	白鉛	Zn	昔尼
BORON	硼精	B	避	BISMUTH		Bi	避愛
SILICON	玻精	Si	思愛	MERCURY	水銀	Hg	希治
IODINE	海藍	I	愛	GOLD	黃金	Au	阿烏
POTASSIUM	灰精	K	給	SILVER	白銀	Ag	阿治
SODIUM	鹻精	Na	尼阿	PLATINUM	白金	Pt	彼低
CALCIUM	石精	Ca	悉阿	ANTIMONY		Sb	思避
ALUMINUM	礬精	Al	阿里	ARSENIO	信石	As	阿思
MANGANESE	蒙石	Mg	米治	FLUORINE		F	肥

原行總目

西名	字音	西名	字音	西名	字音
BARIUM	Ba 避阿	STRONTIUM	Sr 思而	MAGNESIUM	Mg 米治
PALLADIUM	Pa 彼阿	RHODIUM	R 而	IRIDIUM	Ir 愛而
TELLURIUM	Te 低意	TUNGSTEN	W 徵	CHROMIUM	Cr 悉而
LITHIUM	L 梨	SELENIUM	Se 思意	BROMINE	Br 避而

習練字母

洋數	
一	1
二	2
三	3
四	4
五	5
六	6
七	7
八	8
九	9
十	10

HO	淡養二氣相合成水
CO^2	炭一養二合成炭酸
NO^5	硝一養五合成硝酸
HCl	淡鹽二氣合成鹽酸
CaO	石精與養氣合成石灰
CaO,CO^2	石灰與炭酸合成花石
$SO^3,2HO$	磺酸加水二分爲常
KO,NO^5	養灰與硝酸合成鹽硝
ZnO,SO^3	養白鉛與磺酸相合

按洋字洋碼並用、蓋以字彰明物之原質、其類若何、其瑪則指各質多寡、其寫於字後者、祇屬一質、如 O^5 乃養氣五分也、其寫於字前者、則指數質合成一物、而與他物相合者、如 2CaO 乃石灰二分也、若用 ⊥ ⊤ 則代加減二字、以其攙雜何物、或可加於內、或須除於外、至於用 = 則代同字、謂此物與彼物體質相同者、如 $FeS \perp HO = FeO \perp HS$ 乃磺鐵加水同洋鐵加磺淡也、復列數式於左、學者宜肄習之、

光淡氣爲 PH^3

阿嚰呢爲 NH^3

喜氣爲 NO

食鹽爲 NaCl

蔗糖爲 $C^{12}H^{11}O^{11}$

分化易質下標一式

H…Cl=CaCl
X
Ca‥O=HO

原質相合異同有別

問、化學工夫有二、何也、

答、即分合者是、如水分爲二氣、二氣復合爲水也、此無他、復其故態耳、而火藥之有力、軍中施用、强水之所感、金屬可鎔、皆非嚮來固有之物、乃由化學推闡而生也、至其工夫精妙、可使物之極臭變爲極香、芬苾襲人、能令水質變爲輕氣、可駕人升空、儼若騰雲、能令黑碟化成燈火、可代明燭、化學之爲化、不勝枚舉也、此二種工夫、時習不休、既分各物而得其原行、又復合之、錯綜生新、添增妙製也、

問、原質相合、其義有二、何也、

答、其一乃同類相合、積小成大、而所成之物、純一不雜、無所爲變化、如磺氣凝結爲磺、乃質之純者也、其二乃異類搭配、交感變形、易性而化生他物、養淡配合生水、乃質之異者也、

同類相合

問、微質同類者相合、何如、

答、或結爲堅硬之物、其質確鑿不移、如甎石壘成垣牆、或聚成流動虛浮之物、其質活潑無息、如兵卒次序、可疎可密、排爲隊伍、

問、物有堅硬流動、何以使之然、

答、皆因其相吸相驅之力而然、吸力勝驅力、則爲堅硬、

驅力勝吸力則爲虛浮、吸驅維均則爲流動、如水銀之質不離不合是也、察其驅力蓋由於熱氣使然、凡物各含熱氣、惟分多寡、而按熱之增減爲漲縮也、於火學上章詳之

異類相合

問、微質異類者相合、憑以何力、

答、亦吸力也、惟其力由交感而生、正如語云類聚羣分耳、其合也有難易之情、愛惡之别、卽如以物之數種並置鑪內、其所惡者自然離拒、其所愛者自然相合而化生他物、非若上文同類相吸者、只能結連而不能化其質也、

變形易性

問、交感相合所成之物何如、

答、其性必與本質迥異、故謂之變化、顏色臭味與燥溼剛柔之不同、要皆變形易性、甚至毒與毒者相合、則轉不毒、不毒與不毒者相合、反致有毒也、

色變

問、其變色者何如、

答、硫磺其色淡黃、水銀其色月白、以二者入鑪攙和烹之、則成朱、非由二色相攙而成、乃由二物相合而生也、又如銅色本紅、硝强水透亮無色、合之則爲深藍、又海藍與黑鉛相合、則成黃色、木炭與硫磺相合、其本色全失、而清明如水、

形變

問、其變形者何如、

答、卽如金類體稠而質重、有與淡氣合而化爲氣類者、目不能見也、鹽氣本性虛浮、見水銀反相合而易爲堅實之體、

味變

問、其變味者何如、

答、養硝二氣本無味、及其交感而合、化爲硝强水、味極酸、飲之則毒、摩之則皮肉糜爛、又木炭淡氣養氣皆無味也、可以化成有味者三種、樹漿味甘如醴泉、一也、藕粉味澹比蓮子、二也、紅白糖味甜如嗛山之雪、三也、

臭變

問、其變臭者何如、

答、鹽氣本臭、與鹻相合而成鹽、無臭可聞、木炭與淡氣本無臭、及其相合、則生許多馥郁之香、不啻羣花蕊也、卽如玫瑰油香櫞油等類、僅爲二種相合、並無他料、硝氣亦無臭可聞、與淡氣相合、則成鹿角油、其香濃腴之甚、

問、物之相合而生熱生光生電、何以見之、

答、如以甬水與磺强水調和、卽熱如湯沸、鹻精見水卽然而生光、以金二種浸於强水、卽生電氣、蓋由於水之分化也、總之此三輕隱居萬物、遇物相合變化而

生焉、

相合攙和有別

問、物之相合與其攙和、何以別也、

答、其相合者則易性而成他物、如養淡二氣之成水也、其攙和者、則二質初無改易、此爲此而彼爲彼、如鹽糖之於水、各存其性焉、不待藥料徵驗、但嘗則辨之、非若二氣之於水、全失本性、必設法分化、始知其中含有二氣也、總之物有相合、惟其本體之分兩仍存、其餘則迥異矣、

相合五則

問、物之相合、其則有五、何也、

答、其同類者皆同質、一也、凡物各質、其分兩有恆限不

變、二也、二質交合、分兩若干、與他物交合、亦必按其分兩、三也、此質與彼質相合、分兩若有數層、則其多寡必按數遞增、四也、二物若皆係合成、互相交合、亦必按其本質相合之總數而合、五也、

第一則

問、第一則何謂也、

答、同類者皆同質、一物推求其質、凡同類之物、卽不事推求、亦知其然、

第二則

問、第二則何謂也、

答、凡物各質相合、其分兩有恆限不變者、如水係養淡二氣合成、按其輕重、則九分之內、淡氣得一、養氣得八、分兩有恆、確乎不變、否則水亦不能爲水也、蓋化成各物各質之分兩、皆有定數、卽如食鹽分化、三十五兩有半爲綠氣、二十三兩爲鹻精、推之硫磺十六、水銀一百零一、合而爲硃、非若物之攙和、不拘多寡也、若不按分兩、強爲製合者、非旋成旋壞、卽屬過於靡費、蓋物之相食、自有定限也、不如順其自然之性、搭配材料、其物可成、而其料則可省、

第三則

問、第三則何謂也、

答、二質相合、分兩若干、與他物交合、亦必按其分兩、如硫磺與養氣相合、其磺得十六、養氣得八、鐵與養氣

相合、鐵得二十八、養氣得八、夫養氣旣然得八、卽知磺之應得十六也、試之而果然、又如水中養氣得八、淡氣得一、與他物相合、養氣分兩較淡氣總加八倍、鐵加二十八倍、硫磺加十六倍、炭精加六倍、硝氣加十四倍、

第四則

問、第四則何謂也、

答、此質與彼質相合、分量若有數層、則其多寡必按數遞增者、卽如養淡二氣、不但相合而成水、亦相合而成 HO^2 水中養氣得八、則此物之養氣可得十六、乃加倍也、又如淡氣與炭相合生油氣 C^4H^4 亦生嗇氣 CH^2 惟

第五則

嗇氣所含較油氣尤加倍也、更如養氣與硝氣相合、生藥五種、其一養氣得八、其二得十六、其三得二十四、其四得三十二、其五得四十、乃五倍也、

問、第五則何謂也、

答、二物若皆係合成、互相交合、亦必按其本質相合之總數而合者、卽如水合淡氣一分、養氣八分、其總數爲九也、水與他物相合、必按此數、又如炭精六分、與養氣十六、合成炭氣、炭氣與他物相合、其分兩有二十二、乃適符其總數也、

原質相合有定數

問、原質相合分兩有定數、何解也、

答、或謂原質各種微點相合、亦確有定數、卽如硝氣一點、可與養氣一點相合成物、積而與養氣兩點三點至五點、依次合而成物、遂爲五種、

問、相合分數、於其輕重何如、

答、論輕重其義有三、卽如棉一斤、鐵一斤、其分兩等也、仍謂鐵重棉輕、蓋彼則體稠而緊、此則體浮而鬆故也、至於各質相合之分兩、則亦因其微點有輕重也、如養氣一點、較淡氣一點重八倍、故按八數相合、鐵重二十八倍、按此數相合、餘可類推、已將原行配合之定數、臚列上文、

微點成顆粒有定式

問、微點相合成形、更有定例否、

答、物之質不但以色臭味而分、其結成顆粒、多有定式、强名曰珠、細察可辨、或四面、或八面、或十二面、各面或方、或三角、或正、或斜、皆有定形、似以勾股算成、可按之徵驗分類也、

問、物之成珠、於何見之、

答、如水面薄氷、紋理縱横、不範而合、椀水結氷六出、雨點結雪花亦六出也、又如金剛鑽及各種水晶、其形雖不一、究不能出定模之外、雖海岸細沙、用顯微鏡窺之、多有定式、食鹽白糖以及各種有顆粒者、類皆如此、細窺其狀、皆有一定之形、胎於生初、此以知大造之化物、析爲微藐、無不始終曲肖、有條不紊也、

問、各質須如何始能結珠、

答、以熱化之爲水、蒸之爲汽、漸次令冷、其微點幻成各形、或以藥化之、晾而成珠、亦如海水晾成鹽也、故有按一法成珠者、有能兼三法成珠者、如硫磺見熱化水、冷而成珠、蒸爲汽、冷而成珠、以藥和而化之、晾冷亦成珠、各金類以藥化之、復以他藥投之、或經電氣過之、卽可成珠、間有自成珠者、熟鐵變生鐵、如同壞爛、察其體質、已幻成珠形、

成珠分類

問、物之成珠何以分類、
答、雖曰成珠、不過借字而已、蓋其面率皆平而不圓、其類有四、欲分別以肖其狀、則以三線爲式、一豎二橫、皆穿中相交、其線長短如一、相交皆係直角、則爲第一類、豎線長二橫線均勻、其角皆直、爲第二類、豎線長、二橫線均勻、銳角相交、爲第三類、豎線長、二橫線與豎線銳角相交、爲第四類、金剛石明礬生鉛歸第一類、金屬多半歸之、硫磺海藍歸第三類、硼砂水晶信石與氷歸第四類、一物成珠、或有二式、則謂雙形、二物成珠、其形相肖、則爲同形、見第一圖

分合有序強弱相尅

問、物之分合次序何如、
答、物有分強弱者、如彼物既與此物相合、遇有更強之物、則離彼與此合焉、若油與灰汁合而成胰、見磺強水、則灰汁離油轉與磺合是也、法國都氏、曾將諸物按其交感強弱開列定爲次序、即如磺硝鹽醋四種強水、並炭氣俱能與鹻相合、特其交感之力漸弱、上下遞減、是炭不如醋、醋不如鹽、鹽不如硝、硝不如磺也、按此皆有相生相尅之理、若洞知其序、融會貫一、斯分化之故、體物之功、思過半矣、然其序雖大概如此、又不可過於拘泥、蓋各質交感、或因冷熱燥溼之有別、而其序亦有參差之處、如灰精木炭皆感於養氣、冷灰精能尅炭而奪其養氣、熱則炭旋尅灰精奪其養氣、

物被電氣分合

五十 問、物之感電氣與否、於其分合者何如、
答、電之令物分合、即如令水分爲二氣、令二氣復合爲水、上文已言之矣、英國達徽氏、以電氣試之土類、各分二質、試之鹽類、亦分二質、此歸陽極、彼歸陰極、達徽氏因念物之原質、皆可以陰陽序之、其具陽電者、歸之陰極、具陰電者、歸之陽極、異類相吸、故也、其相合而成物、雖爲交感、實爲陰陽二電相吸而已、原質

相合成形、其胎始亦由此故、

達徽氏論電氣化物

五十一 問、達徽氏此說是非何在、
答、簡而易明、以之推測、則諸物變化、似乎無不可解、然尚有未周徧者、蓋電氣所不能分者有之、而其所能分者、非先化爲水、亦不能分也、且非確爲二質合成、亦不能分之、至其稍雜包含原質數種、則不能感電而分陰陽也、

化學上章計凡五十一問

氣有數種

昔人未知

按量相合

第六卷化學

第二章論氣類

一問、氣類何謂也、

答、與天氣相類、亦輕清而易於漲縮、火學所論物有三形而氣與焉、有加熱而化者、有自然而有者、有他物交感而生者、其常見者、如養淡綠（卽鹽氣也）、硝諸氣、更有炭精硫礦光藥海藍等化成者、

問、化學之論氣類、自何爲始、

答、古之配藥煉金、惟目所及見者是求、儻視之弗見、卽置不論、故每不知化學之要端也、至乾隆年間、英國

嗶咽利始究得養氣、方知天氣以外有氣也、隨後多人煆煉究察、集思廣益、續得各種氣類、而嗶氏創始肇端、則其大有功於化學之門也、

問、二氣相合、多寡何如、

答、其分兩皆有定數、上文已言之、或可權其輕重、或可量其多寡、然量之較便、蓋光藥與養氣配合、其量均同、淡硝綠炭四氣與之配合、其量加倍、水氣亦加倍、阿嚀呢並鹽强氣、其量皆四倍、欲以之配合、依分兩權之、不如按倍數量之也、分兩相同者、號以口、分量加倍者號以田、等而上之號之增添率此、（口讀方、田讀二方）

量氣之法

見水而變入水而隱

論養氣

問、量之以何器爲便、

答、用箱盛水令滿、以玻瓈瓶沉入、倒提令瓶口勿出水面、而瓶腹高竪、則瓶腹之水猶在也、是乃天氣下壓之故、另以曲管由水向上入瓶、氣由管上升、則瓶腹之水漸縮落下、而氣不出焉、箱之兩旁應有槅板、可以安放瓶具、盛各氣以待臨時施用、惟有數種氣見水卽變者、須以水銀代水也、（見第二圖）

五、問、氣之見水而變者、何謂也、

答、有與水氣相合而變者、有與水中之養淡二氣相合而變者、有見水卽冷而凝者、更有潛入水中而隱、一

若被水所食者、遇此等氣、雖滿瓶覆於水面、頃刻若無水、卽上升補空、至水能食氣、按各氣多寡之量不同、有多至數百倍者、

問、養氣何物、

答、萬物中要物也、風水火均賴以生、人物均賴之呼吸、故名養氣、其質爲原行、其數八、其字。、其重卜8（以天氣爲一千、後做此）、其量口、徧地有之、多物含之、天氣按分量十分之二爲養氣、海水按輕重九分之八爲養氣也、金類土類多半與之配合、總計地球之體、養氣居其半、人物之體、養氣居過半、然雖如此之多、究不能現成、

必須以物分化而出之

煉養氣之法

問、養氣於何法可得、

答、有許多金類本與養氣配合皆可以火烹之、養氣蒸蒸上騰其最易者以養氣汞與硃相似 HgO 盛於玻璨管內、下然燈火炙之其藥色本紅立可變黑養氣蒸於管之上頭、無色可見汞砂化爲水銀沉至管之下頭此乃嗶氏煉養氣之法但汞砂貴而難得耳、又法以曲項玻瓶盛綠氣養灰 KOClO5 烹以火、使其長項自水上彎入另瓶之口如上文盛氣之法是已用綠氣灰較養氣汞爲價廉也瓶式見第二圖

以養氣養火

問、養氣之養火、何法試驗、

答、養氣既生若然木吹滅其燄、以其紅燼探入管中即便復然、一如死而復生者借使然燭罩以玻瓶下口封嚴密不通風則燭燄必漸微而滅蓋養氣燒盡另無以養之故也、

以養氣然物

問、以養氣然硫磺與光藥、何如、

答、用硫磺一塊插燭臺上爇鐵點之即然、復以玻瓶盛滿養氣罩之更覺放大光明火燄紫藍其熱極甚也、又用光藥一塊滲令自乾不可擦之恐其發火傷人、盛於小杯放燭臺上爇鐵點之玻瓶養氣罩之火則光燄逼人每熾罩器爆裂熱甚故也其藥若微溼偶濺玻器上往往致損壞焉

問、以養氣然鐵何如、

答、用大瓶盛滿養氣以極細鐵絲曲盤入塞、藨以硫磺點之令著懸塞瓶內其鐵絲即然如燈草一般硫磺光藥本易然火助以養氣其火更烈鐵不易然助以養氣則騰燄殊勝益見養氣之養火也、試驗以上三種皆宜擱放水盤之上防其落火

其然物養火之義

問、以瓶中養氣然物、與空中然之何以異、

答、無他爲瓶中之養氣純而空中之養氣雜也、蓋風中

硝氣不能養火其養氣不過十分之二、然其火雖有微有烈不拘瓶內瓶外若干養氣總生若干熱氣也如以木炭化冰養氣瓶內燒之冰融雖快而瓶之外其冰消融正與瓶內相等也、

問、養氣之能養火何解也、

答、察其所以無非與他物相合化而生熱、即如養氣燒鐵則與鐵相合比及火滅都成灰燼、仍可將此灰燼復原分出養氣與鐵、總之凡物交感變化率皆生熱熱甚則明而有光即謂之火非另有一物名火也

試其養火

問、無養氣則火不生何法試之

答然燭於几以玻罩覆之久之火微漸至於滅罩內反覺水點浸潤此因風中之養氣與燭中之淡氣合而生水也按其所以能然者養氣與炭精淡氣等相合所以滅者養氣漸少故火漸微以至氣盡火無賴而不然以他燭入之亦立滅耳

試其養生

問無養氣則物不生何法試之

答以杯覆鼠時久則斃復入以他鼠亦頓斃氣盡之故也蓋生命由於氣養正如火之賴氣而生耳又玻瓶倒沈水中入以曲管以口含之按嚴鼻孔由管內呼吸將見瓶中之水吸則起而呼則落初時氣息無異迫為時既久便覺氣悶若不接連及覩瓶水雖起落如前不見氣少然生機則斷也蓋養氣已吸之出硝炭二氣復呼之入故氣敗而不清爽此時以生物投之立斃以火餞入之立滅古井深坑欲入則投火試之即此故耳

呼吸之故

十五

問人物賴呼吸以養生何也

答因食物中有炭精消化津液釀為血脈出入心竅通過肺經遇養氣相合而熱如火之爇炭也既合則為炭氣如炭之灰燼敗而無用故催之使出復將養氣換入一呼一吸寤寐不已肺經之吐納正如橐籥之吹火也

草木呼吸與動物相反

問草木亦有呼吸否

答草木之呼吸與動物相反也一則動物之肺在內草木之肺在外國風所謂其葉肺肺者實象形也蓋葉之筋紋肌理有氣出入若呼吸然且其所用之氣與動物相反木既本乎炭精恆賴炭氣培養而炭氣中之養氣反成無用而放出是知草木之生不獨賴本根之滋潤亦藉夫枝葉之呼吸也

玻瓈湖海動植並生

問此理何法試之

答如盆卉一株以玻瓶貯水倒覆其上曝日中將見水上有氣泡浮起此養氣由葉而出也又以玻瓶盛水半滿入以金魚封閉瓶口不久俱斃養氣喫盡之故也如以青菜之類投之雖閉瓶口而魚得不死因葉中之養氣補之也而魚類呼出之炭氣足養青菜故均可得生如淡水為池以蓄魚鼈之類復以淡水中所生之蔬菜配之覆以玻蓋若別有天地而均賴以生鹹水池中以海中鱗介投之配以海中蔬菜亦得生存西國按此理有造玻瓈樓宇者頂槅夾牆胥注水養鱗介萍藻坐室中如在海藏晶界者然

炭養互換

問兩間生物均賴養氣何以其氣無缺而生物不息也

答因草木呼出之養氣足以補之也、草木賴炭氣而生、故人物呼出之氣不見有餘、吸入之氣自無不足、人物草木互賴以生、此造物配合之妙也、至草木晝間呼出純屬養氣、夜間卽雜有炭氣、人處林莽中宵往往遇毒生疾、職是故耳、

養氣所化依類別之

問、養氣化成之物類皆何如、

答分爲三類、以味別之、卽如與他物相合、酸其味者有之、遇草藍則變紅、鹹其味者有之、遇草紅則變藍變綠、遇酸味則合成鹽類、味無鹹無酸者亦有之、如水與喜氣、此氣嗅之令人狂笑不休詳見下文、不但清淡無味、且不能變

色、草藍草紅草汁本色其類雖多遇酸鹹皆可互變、

論淡氣

二十 問、淡氣何如、

答亦原行也、其數一、其字H、其重以、其量四、其多幾與養氣埒、蓋與養氣相合成水也、草木禽獸之體各旣含水、卽亦包函淡氣、西方稱之爲水母、旣無色無臭、且爲氣類之最輕者也、

煉淡氣之法

問、淡氣於何法可得、

答水旣爲HO、本有數法可得之、惟由水得之較便、卽如以溼電過水、其水立可分化二氣、皆可盛之於瓶、上文備言之、此乃其一也、

問、其二何也、

答用灰精木灰之精也之豆粒許、以紙包之、從水箱入瓶、旣輕於水、體固上浮、與養氣相合、則淡氣自然放出、升於瓶內、未化以前、瓶內二物爲HO與K、卽水與灰精也、旣化、卽爲H與KO、乃養灰與淡氣也、瓶內之水若以草藍染之、則變爲綠、而養灰之成、從可證驗、

問、其三何也、

答以鐵分水是也、鐵熱則養氣與合、而淡氣放出、以鐵生之較灰精不次之也、且價廉而法更便、以煅紅之鐵條淬之於水、沸騰之頃、卽有氣泡上浮、以瓶收貯

驗之、則淡氣也、以蒸氣代水、槍管代鐵條亦可、蓋蒸氣過管、其養氣入鐵而生鏽、其淡氣出槍口、可貯於瓶、未化則爲HO與Fe、乃水與鐵也、旣化則爲FeO與H、乃鐵鏽與淡氣也、

問、其四何也、

答置水於雙口瓶內、由此口入碎塊白鉛與磺強水少許、養氣與白鉛相合、淡氣由彼口曲管放出、可盛於他器、不可少留風氣、恐二種攙和、觸火爆裂、涉險也、瓶式見第六圖

二五 問、淡氣何用、

以之作氣毬

答、其用甚多、而最著者二、乃裝氣毬以成飛車、然烈火以鎔金屬也、

問、氣毬何物、

答、所謂飛車也、以紬絹製成、圓如大毬、盛輕氣令滿、即可上升、下綴座位、形如小舟、人便乘之遊行空際、儼若騰雲、至其所以上升之故、因毬中氣輕、不敵外面天氣壓托之力、畧如天枰、重則下墜、輕則上升也、上文所言洋燈、亦同此理、惟洋燈然火、氣漲而輕、此則本為輕氣、用有二種、最輕者淡氣、易得者煤氣也、

問、二氣上升之力何如、

答、淡氣較天氣輕十四倍、天氣一尺、其重一兩、若淡氣一兩、足盛十四尺、而天氣上托之力有十三兩矣、故氣毬徑丈五、有一千七百四十尺之氣、可盛其上托之力、即一百觔、毬徑三丈、即有數百觔、可勝煤氣輕於天氣、不過十分之一、三四丈之毬、盛一萬六千尺之氣、方可上托一百觔也、

問、氣毬何用、

答、初不過玩物耳、近時交兵、用以窺探敵人營壘、然須下繫纜索、使毬升高、停於空際、用千里鏡窺之、如登高山俯視一切也、至氣毬行路往來、不能如車馬聽人馳驅、只可隨風而行、不惟所至之地難以預定、儻遇狂風、吹至海外、實屬危險、乘毬者惟有一策可防此虞、將毬內輕氣漸漸放出、則毬自漸漸落下矣、

以之生烈火

問、以淡氣生烈火何如、

答、淡氣與養氣交合、點之以火、光雖不亮、而其力則熱甚、若以二管由下分通二氣、上至中間合為一管、二氣滃然同出、用火點之、必烈極而生燄、金屬最剛者、遇之即鎔、土石等物入之、或焚而為灰、或化之如水、銅鐵入之、如然燈草、白金乃鑪火不能化者、經此冶之、即可融而成汁、此器有大用、名為二氣火管、

二氣明燈

問、以淡氣作燈何如、

答、淡氣獨用則無著、與養氣並然、亦不甚明、仍可因熱作燈、即如以之然鐵、熱極生明、非氣之明、乃鐵之明也、惟然鐵生明、不如用石灰一團、置於二氣交合之處、點之以火、則光如皎日、射眸而眩彩焉、西國用照大厦、或郊外照野、名為二氣明燈、見第八圖

問、養淡二氣交合生有何物、

答、生淡水 HO 生養水 HO^2 淡水常見之水也、惟在河在井者、不免土石攙雜、獨雨水與水之蒸而凝者、乃為最純、化學配藥、水之不純者、往往無效、至養水則為難

得罕見之藥係養氣之倍足者故名

以火生水

問以火生水何如

答以玻瓈瓶盛滿淡氣堵以木塞塞中以細管通入氣由管出然之以火再以玻管束於細管之上將見玻管四圍潮溼如吹氣結於玻窗也且聞細聲如樂蓋養淡二氣爆開之聲斷續可聽若以雙口瓶代管則淡氣從此口而入水液從彼口而出如霧露之聚少成多也

論硝氣

問硝氣何物

答與養氣和而成風按其分量硝氣爲十分之八故宇

內硝氣之多惟次於養淡二氣均關至要蓋無硝氣則不能成風人物無賴以呼吸草木之體質人物之骨肉皆含此氣碟炭金石等類其中亦有之然不如硝之多也因硝而生故名硝氣其數十四其字N其重刈其量田

煉硝氣之法

問硝氣於何法可得

答其法有二以鮮肉盛於玻瓶灌以硝强水烹之一也惟照此法而生硝氣不免涉雜莫如於風中取之蓋風中具有硝氣十分之八去其養氣即純賸硝氣此第二法也

去養存硝

問養氣如何可去

答將風中養氣焚盡是也欲焚之則淡氣硫磺酒精光藥均可用須焚於器內不使通外氣至滅時則知養氣盡也所賸者爲硝氣若用淡氣則與養氣相合生水自然下流若用硫磺酒精光藥等於水盤上焚之所生雜氣便入水而消淨惟硝氣浮水面仍存於瓶內如此去養氣最靈者光藥最便者酒精

不毒致死滅火可然

問養氣既去硝氣何如

答色味臭俱無火入之則滅生物入之則斃然非硝氣之毒也乃其中無養氣可恃以作呼吸如水中溺死

亦非水之毒也皆因養氣閉住呼吸不通耳火入硝氣雖滅然硝淡二氣攙和從管中放出點火即著仍恃風中之養氣也蓋淡養相合生水硝養相合生硝强氣天之作雷電氣閃過空中總令些硝氣與養氣相合生硝强氣往往雷後聞其臭焉

硝養相合五種

問硝氣合成者何物

答與養淡皆合其與淡氣合者茲不具論至其與養氣合成者列有五層 NO NO^2 NO^3 NO^4 NO^5 夫 NO^5 即爲硝强水也

硝酸

問硝强水何如

答視之如水無色而透亮其數五十四其重較水加一

半嗅之則腥嘗之則酸捫之則皮肉皆爛除黃金白金外其他金屬無不可銷融者故名之强水又因味酸名之硝酸至各種强水味酸者多故皆以酸名

問此皆以何法試驗

答聞其臭亦無所忌然非和以水則不可嘗草藍之色見之變紅羊毛沾之變黑以銅鐵鉛各物細屑入之則銷但見黑氣卽 NO^4 騰上而强水發熱也

四十一 問硝强水於何法可得

答以膽形玻釜盛磺强水 HO,SO^3 並火硝 KO,NO^5 二物分量均勻熬之則磺酸離水與 KO 相合硝酸離 KO 與水相合而

爲 HO,NO^5 成氣蒸上入瓶冷則凝結未化則爲 KO,NO^5 HO,SO^3 既化則爲 HO,NO^5 KO,SO^3

喜氣

問喜氣何物

答卽養硝二氣均勻相合 NO 是也人嗅之狂笑其數二十二其字 NO 其重較風氣加一半其量四

問於何法可得

答以硝强水與阿嚩呢盛於玻釜則化爲 NO HO 卽喜氣與水也蓋阿嚩呢熱則其淡氣三點與强水之養氣三點合而成水三點餘賸兩點硝氣兩點養氣彼此均勻則分量相合爲 NO

問此氣何用

答以水攙和則酩醸如酒飲之能提振精神惟不如純吸其氣爲尤快也吸之令人狂笑揚手麾肱狀類瘋顚必須扶持按住恐其縱恣傷人也吸後少停則亦旋復安靜如故儻此氣稍有未純則傷肺家吸之當愼也可盛以油透細囊計容一二升許

風中硝氣

問硝氣與風何涉

四十二 答硝氣乃一百分之七十九幾乎十分之八

問風中更有何氣

答有養氣二分炭氣少許與硝氣攙和而成非交感相

合所化蓋養仍養硝仍硝也風中更有水氣並阿嚩呢少許

風中各質

問風中各質何益

答風中各質皆爲有用多寡相稱卽如養氣所以資呼吸也但純吸養氣久必傷生由火氣過重吸之身熱焦灼故有硝氣攙和令之澹泊此硝氣之用也至炭氣則培養草木水氣除化雨外復與呼吸消息相通清而潤肺阿嚩呢亦能培養草木肥潤土地此皆配合得當也足徵造物者化化之妙

散布均勻

問風中各氣輕重不一緣何不分上下

答、風中之體質無論高處低處總有此數種炭氣雖重、亦能上升硝氣雖輕亦可下沈其故無他乃二氣相引之理耳

二氣相引

問、此理何法試驗

答、炭淡二氣輕重相差二十二倍各盛一瓶上下顛倒用之以二口相對更以管貫二口之中以通其氣則炭氣雖重而在下必漸升入上瓶淡氣雖輕必漸降而入下瓶蓋彼此相引也欲驗之以石灰水入在上之瓶其水立白如乳可徵炭氣之在焉以養氣少許入在下之瓶則可然之以火亦徵淡氣之在焉見第九圖

問、二氣相引之理何益

答、不但使天氣體質配合均勻即地上各氣生時立見相引而散則夫太和翔洽之中能使有損者無害有益者皆沾其利

弄

問、二氣輕重若有差別相引易地其例何也

答、其替換也則輕者多重者少欲驗之當用玻管於上頭塞以體鬆乾土盛淡氣置水盤上淡氣即透土而出風氣透土而入惟不如淡氣之多故水升而上補其缺若用瓶盛滿養氣罩於管上則水將上升三寸是淡氣出四寸養氣只入一寸也養氣較淡氣重十六倍四爲十六之方根大凡二氣替換其多寡皆按輕重之方根也

論鹽氣

問、鹽氣何物

答、與鹻精相合成鹽與土類攙和者居多草木生物之體質亦胥含之其色綠故又名綠氣其數三十五有半其字 Cl 其重 IIXX° 其量 Ⅲ

煉鹽氣之法

問、鹽氣於何法可得

答、以黑蒙西音也石 MnO_2 盛玻釜灌以鹽強水 HCl 炙火令其微熱則氣上騰養淡二氣相合成水餘賸蒙精與鹽氣鹽氣一半與蒙精相合尚留一半可裝瓶待用其

未化則爲 MnO_2 HCl 其既化則爲 Cl+HO MnCl 鹽氣吸之傷肺宜愼毋薰散室中惟磺精酒精化氣吸之可解製此物時須開窗放其氣味

色臭輕重

問、其色臭輕重何法試驗

答、如以瓶既盛滿其氣當日中用白紙隔墊瓶背窺之則見綠色透亮其臭如海藻海苔其重較天氣加倍有餘可從瓶中傾出如水水冷則吸之熱則否所以水箱中須用熱水也水食此物色味臭皆與鹽氣同爲有用之藥材勿使見光恐變而壞由光能令鹽淡二氣相合養氣放出也

愛水怕光

與金屬相合

問、鹽氣與金屬相合、何法試驗、
答、以鹽氣盛瓶、復以唵的嚤呢研細入之、搖其瓶、卽然而出火、蓋鹽氣與之相合故也、黃金紅銅入鹽氣、雖不能然、亦熱甚而化、

與淡氣相合

三十五問、鹽淡二氣之相愛、何法試驗、
答、以二氣多寡均同、於闇室中攙和、嚴蓋其瓶、不使見光、則不能合也、開啟其罩、一見日光、轟然作響、相合甚速、或以電氣過之、以火投之、皆可使合、既相合、則成鹽强氣、草藍入瓶、則變紅、又紙滲蘸松油、投入鹽氣、自能騰燄、生鹽强水與炭、其瓶則如薰挂燈煤、蓋

松油係炭精與淡氣合成者也、

退色解臭

問、鹽氣何用、
答、布之漂白、用此蓋顏料見之、多退色而變白、須使微溼、方效、又藥名鹽灰、係鹽氣與石灰合成、漂白倍於鹽氣、漂白洋布、先浸以鹽灰水、後提以井水少加硫磺水揉之、按此不但漂之使白、一切油墨之汙、亦可滌之使淨、用之不宜太釅、恐布受傷也、
問、鹽氣更有何用、
答、乃最能解毒之品也、居室有惡臭、或屍氣、用鹽灰粉和以熱水、少加强水、則鹽氣散薰一室、毒與惡臭盡解矣、

鹽酸

問、鹽强水於何法可得、
答、其法有二、以鹽淡二氣相合、一也、以食鹽與磺强水多寡惟均、以火烹之、二也、欲煉之、則置二種於玻釜、復以水分量相等三分之一、灌於玻釜三分之二、盛之瓶內、以接其藥、加火少選、鹽淡二氣卽相合而蒸上、為鹽酸、遇水則凝為强水、無水則不凝、散之為氣、餘賸磺𪉈未化、則為 $\frac{NaCl}{HO,SO_3}$、既化則為 $\frac{HCl}{NaO,SO_3}$、因食鹽易得、故常用此法、
問、鹽酸氣之愛水、何法試驗、

答、以瓶盛滿此氣、倒置於水、水卽上升、因其能食之也、以盈尺之水、能食四百餘尺之鹽酸氣、若以草藍染瓶水、立卽變紅、以火入之、則立滅、
三十六問、此物何法徵驗、
答、以硝銀投之、其銀與鹽氣相合而沉、其色白、見阿嚤呢、卽行消化、見硝强水、不能化也、

硝油火藥

問、鹽硝二氣相合者、生何物、
答、鹽氣三點、與硝氣一點相合、成 NCl_3、偶觸之爆轟猛烈、比一切火藥更甚、用鹽氣與阿嚤呢相合、四兩雨水三斤和之、盛大盤中、盤底承以錫盆、以瓶盛鹽氣倒

懸令口入水正在錫盆之上水既吸入瓶中則見黃
色濃汁滴錫盆上狀類油然滴訖取出錫盆以木棍
蘸油點其藥即行爆開盆亦折毀若係玻盆更當粉
碎造此物時宜倍加謹慎他器沾之人指觸之恐有
不測也

鹽氣與各質相合

六十二 問鹽氣更與他物相合否
答原行各質無不與之相合成物其要者已見上文餘
則無庸複論

化學二章凡六十二問

附論數種

一 問與氣類相近者何物
答炭礦硼精石精海藍等本非氣也或熱而化爲氣或
與他物相合而化爲氣故於氣後附論之

論炭精

問炭精何物
答五行之木也上與養硝二氣相攙爲風下與土類相
和成石成煤在田野成草木此炭精也乃萬物所不
可離者其數六其字c

純者三種

問其純者何如
答其形有三金剛鑽一也筆鉛二也作筆鑲木中即懷鉛握槧是也木

炭三也

金剛實炭

問金剛鑽與炭相類何以知之
答此爲白彼爲黑此爲貴彼爲賤此爲人手所成而易
製彼爲出於自然而難得初視之似乎迥異詳究之
實則體同夫金剛爲質最硬古人無法使變雖研之
爲粉鍛之以火仍爲金剛視爲不變不壞之至寶實
不知可易爲至賤之物以養淡火管焚之即化爲炭
人或云有法令之復原第未見以炭造金剛也

筆鉛亦炭

五 問筆鉛與炭相類何以見之
答其質柔色黑如鉛實非鉛也因他物交感而化與炭

無異可見本質乃炭精也

燒炭之理

問燒炭須屏出天氣何也

答炭冷則不感於養氣熱則交感最速見風斯化成炭氣而散矣故燒炭者或用土蓋或掘地窖燒之使雜氣能出而養氣不得入否則化氣而散也炭不熱則與養氣不合未易朽敗所以打木樁者先將所埋尺寸焚燒其皮成炭下入地中雖經水浸耐久不壞也

令物變色變臭

問炭之令物變色變臭何如

答顏料見木炭多有變色者然木炭不如骨炭之靈所以製糖之法先用蔗漿熬成稀糖以骨炭軋粉盛袋

濾之濾過者晾冷其白皎如霜雪油漿有時變臭以碎炭濾之亦可復原

炭氣

問炭氣何物

答炭精與養氣相合而成者也其數二十有二其字 CO_2 其重〤〤其量四風中有之水中有之花石漢白玉蛤蠣殼等皆有之燒草木薰灼則出之物之壞爛人之呼吸亦生之

問於何法可得

答其法有二一則合而得之一則分而得之用木入養氣焚之其炭與養氣相合成炭氣似乎不見增多然其分兩則加重矣此乃合而得之也又如以漢白玉花石等灌以鹽強水其石即如沸湯化開炭氣遂出即可盛之於瓶此乃分而得之也未化則爲 $CaCO_3$ HCl 既化則爲 $CaCl$ CO_2

試有數端

問其色臭味等何法試驗

答礦水出氣亦可聞之炭氣入水尺水能食尺氣有餘泉水之有光而味甘者蓋和以炭氣也灌兩水於炭氣瓶中搖而嘗之則可試驗草藍見炭氣微變紅火入之則滅既比天氣重加倍有餘即可倒其瓶傾之如水人雖不見有物若傾於爐上爐即滅矣倒於石

灰水上水即變白如乳生物入之則死蓋煤毒即此也人若納管於石灰水中噓氣則其水變白由所呼之中自有炭氣毒耳若將人囚於無罅小屋歷時不久必斃蓋養氣吸盡本身之炭氣出而爲毒也又以一瓶炭氣罩鮮花枝葉之上曬日中歷二三時此瓶雖再入以火火不滅再入以灰水水不變白足見炭氣已被枝葉花朵吸盡彼空中天氣歷久不壞者皆因宇內之草木將一切炭氣陸續吸之耳

炭淡相合

問炭淡相合何如

答多般相合所成不一可詳者有二曰重炭淡曰輕炭

淡、

炭淡重氣

問、其重者何物、

答、其數二十八、其重〩〧〨、其字 C^4H^4、而其量口、盛於瓶內、從口點火則四照生光、煤氣所以明者、緣此氣在內故也、與養氣攙和則爆開、與鹽氣相合則成汁如油、故又名油氣、

問、此氣於何法可得、

答、以酒精與礦强水攙和熱之、即生焉、未化則爲 $C^4H^4, 2HO\ HOSO^3$、既化則爲 $C^4H^4\ HOSO^3 \cdot 2HO$

炭淡輕氣

問、其輕者何物、

答、即䆐氣也、其數八、其字 CH^2、其重〥〥〥、其量田、在沮洳之區、由水草荒穢而生、攪之其泡上浮、以火點之即然、與養氣攙和則爆開、礦窯中常有此氣、見火爆開、極難防禦、昔時英國煤窯常經此患、傷人千百、雖極旺煤窯、化爲火山、後有達微氏者、精於化學、造術制之、火患從此僅見矣、

達微氏防火燈

十五、問、其法何也、

答、達微氏悉知火燄不通細管、其管雖至短、火不能透而出也、因製極細鐵絲燈罩、密若罘罳玲瓏、萬孔有類紗然、其光不隔、其火不與罩外煤氣交通、試之靈驗、後遂各利賴之、可知小中有大用也、見第十圖

問、其理何也、

答、細孔即如細管、細管之不傳火、皆因鐵能引熱、即能散熱也、按煤氣必極熱至紅、始著、隔之以籠、則熱寄鐵絲、外氣入籠、只著於內、而火不延於外也、欲驗之、則以鐵絲細紗覆於燭燄之上、其燄不透、覆於煤氣燈之上、氣透而燄不透、點火於上、則上面亦著、又以鐵絲卷成管形、罩於爉心之上、其燄遂滅、無他也、乃鐵絲引散其熱之故耳、見十一圖

燈燭生光之理

問、燈爉之光、原於何物、

答、皆因其油包函淡氣、炭精二者、熱則化氣、更熱而著、其淡氣與養氣交合而生熱、其炭精因受熱而發光、有如二氣明燈之理、燈燄一團、分三層、其外層最熱、中層最明、內層不熱不明、蓋與外氣未接、故不能著、試以細管由上插入、其氣由管透出、去燈燄雖遠、可點火即著、以燄中有未焚之氣也、若以細管吹天氣入燄、則當中之氣亦著、內外俱然、熱甚、故有用此法吹燈火鎔化金屬者、見十二十三十四圖

煤氣然燈

問、煤氣何物、

答、煤中燒出、非純一之物、乃炭淡所生輕重二氣、與他

物攙和而成、可代燈燭、蓋軟煤中有油性、故點之卽著火發亮如燈燭也、西國大城皆有公局造氣施用、其法置大管於地中、以通煤氣、由大管歧出中管、四接曲通、可佈滿城街巷民居、又接以稍細之管、過牆穿屋穴頂棚直下、其端則分小岔、周圍平排向外、各口有簧、運機開閉、開則氣出、而種以火、揚輝吐燄、過於燈燭、不但民居公廨用之甚便、卽通衢小巷、明如星月之聯輝、其利甚溥、而價則廉焉、

造煤氣之法

問、煤氣於何法可得、

答、用軟煤足有油性者、置於鐵釜烹之、氣蒸而出、以大

器盛水接之、轉以彎曲鐵管、盛石灰與水、氣過之濾淨、炭氣雜類、便貯器中待用、除煤氣以外、生有煤漿、其黑如漆、並阿嚤呢、皆有用之物也、其餘賸之煤、仍可供鑪冶物、與燋炭無異、故其料皆無可棄焉、

論硫磺

三十、問、硫磺何物、

答、原行之一、與銀銅鉛鐵等相合者有之、火山產純硫磺、地中亦偶生、石膏係硫磺與石灰相合者、動植之體率皆含之、銀匙入蛋白則變黑、以有磺在也、顏料經磺氣變色者居多、其數十六、其字 S、其數十六、蒸為氣、極熱時其量口、稍冷則不過三分之一、

與養氣合生二物

問、其與養氣相合者何如、

答、成有二物、其一卽 SO^2 乃氣也、用之漂白布疋、退去濃色、且可防物之變臭、其二卽 SO^3 乃磺强水是也、各種强水此惟最要、以其能鎔化金屬、除黃白二金、一切賓銀水銀銅錫、皆可以磺水食之、且硝鹽各種强水非此則不易得也、

磺酸

問、磺强水於何法可得、

答、青礬煮而成之也、青礬須先曬乾、盛瓦缶煮之、磺卽蒸氣、氣又凝水、乃磺强水、其不凝者 SO^2 乃磺氣也、未化則為 $FeOSO^3$、既化則為 Fe^2O^3,SO^2 SO^3,HO、復烹之、其水耗散、結堅物如

白蠟、乃純 SO^3 卽乾磺酸也、

問、磺酸之愛水、何法試驗、

答、以瓶盛過半、開放其塞、瓶中少頃自滿、因空中水氣入之也、白糖豆粉以籠橺置磺强水上、能將溼氣吸出、令乾、若灌水入磺强水瓶、立見沸騰、如煎水使開者然、

火藥

問、火藥造以何料、

答、其類不一、其料不同、惟槍砲所用、係磺硝炭三種配合而成、百分之內、硝得七十八、磺得其十、炭得十二、各質務須精純、研細調勻、拌水令溼、擣合成一、搏之

為餅晾乾復研為粉旋又晾使極乾用之橫則爆開而有力用之豎則轟砸而致遠蓋見火便化為炭硝磺各氣驟漲至千數倍故能衝摧堅物遠揚威力至何人創造未究其詳惟按其先出自中國宋南渡以前傳至西方從此西人棄絕弓矢皆用槍砲然槍砲雖猛以之交戰究不似血刃屠戮之多故火藥之作期於人生不為無益者也

論光藥

三五 問光藥何物

答與石類土類相合地中有之動植含之與石灰相合者成骨其體如蜜蠟最愛養氣非沈藏水底必致出火其燄熱極而明故名光藥其數三十二其字 P 其重〣〡其量ロ

煉光藥之法

問於何法可得

答以牲畜各骨及蟹鼇骨亮焚之如燒石灰碾細末以磺強水和之歷數時加水濾之餘賸磺灰質類石膏濾下之水復以木炭末和之盛於鐵鍋溫焙候乾又入白墟燒之極熱則光藥化為氣由墟冒出上收以器則凝為堅質

光藥與養氣合生數種

問光藥與養氣相合何如

答成為四種卽 P^2O PO PO^3 PO^5 也皆毋庸詳

光藥與淡氣合生一物

問光藥與淡氣相合何如

答只成一物卽 PH^3 也法以養灰光藥攙和加水少許熬之光淡氣則由水起泡其泡見風卽然如星點瞬息自破化為白煙臭成篆縷旋繞而上騰此氣微毒人不可吸之見十五圖

硼精

問硼精何物

答與鹻相合成硼砂與養氣相和成硼強水冷則凝如鹽顆因其能化鐵鏽銅鏽故可作銲藥

玻精

三六 問玻精何物

答與土類相合成火石成堅砂此物在土如炭精之於木其字 Si 與養氣相合為石酸 SiO^3 其味澀酸質如白砂與鹽形相類與養灰相合為玻璃 KO 多則玻璃見水卽化如冰消石酸多則玻璃堅硬

論海藍

問海藍何物

答海草海茸有之鱗介亦有之泉水亦間有之色黑如鉛氣現紫藍為極上之藥材以治項間氣癧最靈其數一百二十六其字 I 其重8其量田

煉海藍之法

問於何法得之

答以海草焚之其灰被熱而化結塊如石須研細浸水由水化者過半內有物四種食鹽鹽灰炭鹻藍鹻晾

之淺盤水自散開、其餘三種各結成塊、餘賸為藍𧀮、盛於玻釜與礦強水黑蒙石和而烹之、藍藥蒸騰而上、凝結而下、

徵驗海藍

問、此藥何法徵驗、

答、以色臭辨之、或以豆粉徵之、其粉和水、用海藍和燒酒入之、即與粉相合變藍色而沈底、瓶中藍水若加熱即失其色、因海藍蒸氣而上也、若仍以瓶投入冷水、其藍色自復、緣又結而下沈也、

海藍與他物相合

三四 問、海藍與他物相合何如、

答、與淡氣相合成淡藍強氣、乃 HI、與白銀相合成 AgI、其色黃、與鉛相合則為海藍鉛、乃 PbI、其色金黃、與水銀相合成海藍汞、乃 HgI、其色紫紅、與白金水相合、即變大紅、與養氣相合、成養藍強氣、乃 IO^6、與硝氣相合、成一種火藥、NI^3、欲製之、則以海藍與阿摩呢攙和、以紙濾之、藥隔紙上、置於磁盆、以爇鐵爇之、下轟成孔、而四週不碎、又海藍與光藥試各以一塊置盆上、一觸即相合發火而著、

二章附論數種凡三十四問

第六卷化學

第三章論金類 鎔冶五金中國素知篇內無庸詳論

一 問、金類何謂也、

答、金銀銅錫以外、物之相類、其質純一無雜者、四十二種、其攙和而成者、不計其數、原行多半為金、宜乎中國論五行、以金冠其首、

原行多半屬金

金類所同者

二 問、金類所同者何也、

答、皆能返光、故創之發采、皆能引熱、故易熱而易冷、皆能引電、故電報之通信遠方、胥賴乎此、

金類所異者

三 問、金類所異者何也、

答、其色分淺深、質分輕重、以熱化者分難易、有可抽為絲者、有可鎚為片者、有可灑為粒者、有淬水愈剛、煉火愈柔者、其更與他物交感、各有不同、因為犂然分別之、

與他物交感

四 問、金類與他物交感何如、

答、金屬與養氣好合者居多、能生熱發光、亦即能然、惟其最可寶者、如金銀等、則與養氣無大交感、所以不能然也、金屬與硫磺炭精鹽氣海藍等、有自來相合者、有借人力配搭者、

論灰精

五 問、灰精何物、

答、亦金屬也、其與養氣相合者、藏於土石、土有此則肥、無此則瘠、草木賴之以生、木灰中有之、因其出於灰、故名、其數三十九、其字 K、

灰中生金

問、灰精於何法可得、

答、有物名灰珠、類鹻、自木灰煉出、本係養炭二氣與灰精合成、放電氣過之、則分化還原、而得其純、以灰珠攙和木炭、烹而出之、亦可、蓋養氣入炭、炭氣即散、餘賸之灰精乃純、此灰中生金也、

水中生火

問、其物何如、

答、其色潔白、見風則變、蓋與養氣相合而長鏽、質輭如

蜜蠟、極冷則脆、熱則化而爲水、再熱則蒸而爲氣、其輕能浮、擲水面則著、置冰上亦自能出火、蓋與養氣交感故也、欲裝存之、必以絕無養氣之瓶、防其觸著也、

問、灰珠於何法可得、

答、以木灰盛於大桶、底旁留罅、先裹以布、包灌水濾之、水則濾出桶底之罅、帶有灰汁、用鍋熬之、冷則結爲灰珠、乃 $KOCO^2 2HO$ 也、或以之入藥、作胰子、作玻璨、皆用之、

灰精生硝

問、硝鹽何物、

答、乃硝强水與灰精相合而成、土中生之、可用以醃肉、與礦炭攙和、可作火藥、已見上文、

論鹻精

十　問、鹻精何物、

答、與綠氣相合成鹽、與土石攙和者有之、草木體中有之、惟海中草蔬生此較多、六畜體中有之、故牧豢中亦稍雜食鹽、欲得其質之純、必須精以熬煉、其法與烹煉灰精相同、其數二十三、其字 Na、

合水分化

問、其物何如、

答、其色潔白帶紅、其質輭如蜜蠟、熱則化爲水、再熱蒸爲氣、較灰精稍重、仍可浮水、若以一塊置冷水之上、雖不能著火、亦感於水中養氣、使水分化也、其水若

熱、則鹻精必發火、

問、硝鹻何物、

答、乃硝强水與養氣鹻合成、土中自來有之、多用之以煉硝强水、

問、鹻珠何物也、

答、乃常鹻之純者、與灰珠相同、即爲 $NaOCO^2 IOHO$ 也、以之漂白布疋、作胰子、作玻璨、作藥材、洗衣服、蒸饅頭、皆用之、多產於挨及國水賣之區、惟經熬煉、質乃純一、濱海居民、往往取海草燒煅濾成之、與煉灰珠相同、或以礦强水和以食鹽而生 $NaOSO^3$、攙和碎炭烹之、則爲 NaS、復攙

石粉烹之、則爲質專純、

論阿摩呢

問、阿摩呢何物、

答、雖非金類、因與上文二金相同、於此略言之、其數十七、其字NH_3、

十五 問、於何法可得、

答、煉煤氣之時、其淡硝二氣相合、多生阿摩呢、爐中燒骨成炭亦生之、但其質不皆純耳、昔人烹鹿角以生之、和之以水、故名鹿角酒、

問、其物何如、

答、其質屬氣類、其臭甚烈、聞之提振精神、以滷砂和生

灰、即出此氣、水能食此氣五百倍、若以瓶盛滿此氣、倒置於水、則氣入水而水反上吸入瓶、

論石精

問、石精何物、

答、與養氣相合成石灰CaO、石灰與炭氣相合成漢白玉等石$CaOCO_2$、若純一者、則屬難得、罕見、其色潔白、其數二十、其字Ca、

問、石灰緣何煅成、

答、蓋因其石乃石灰與炭氣合成、經熱炭氣即散、餘膩石灰、即石精與養氣合成者也、

問、石膏何物、

二十 答、乃磺强水與石灰相合、即$CaOSO_3$也、

問、石灰與他物相合何如、

答、與炭氣相合成漢白玉等石、與磺强水相合成石膏、與光强氣相合成骨、

論礬精

問、礬精何物、

答、與他物相合成明礬、於黃土膠泥中每有之、其數十三、其字Al、與養氣相合成顆而生寶石、可見寶石與土相類、如金剛之於炭也、

論白鉛

問、白鉛何物、

答、與養炭二氣相合成石$ZnOCO_2$、與硫磺相合成石ZnS、皆可

煅煉、其數三十二有半、其字Zn、

問、於何法可得、

答、與養炭相合成石、即以其石和碎炭烹之、炭氣經熱即散、其養氣與炭相合、復生炭氣而散、其白鉛蒸氣而出、見水而凝、若以磺鉛石入鑪燒紅、其磺燒盡、養氣與鉛相合、則磺白鉛易爲養白鉛也、須如前法、和以碎炭烹之、蒸之、方可純一、

問、白鉛何用、

答、傾鑄方片、打造器具、用代陶瓦、與紅銅攙和成最堅之黃銅、與紅銅搭配浸於强水、則生溼電、作電報大

用之、

論黑鉛

問、黑鉛何物、
答、卽常鉛也與硫礦相合成石者最多與炭氣相合成石者差少皆可以火鎔化其數一百零三其字 Pb、
問、與養氣相合成何物類、
答、合一分養氣則爲鉛黃此物與油同煎作膏藥頗佳、鉛三養四則爲紅色黃丹可入顏料造玻瓈和以鉛黃則更覺光明、
問、與炭氣相合何如、
答、結爲濃汁略如白油或以其純素或與他料攙和變

多般顏色可飾棟宇、

論鐵

問、鐵本何如、
答、地中本有自然之鐵與養炭礦相合者隨處有之其數二十、其字 Fe、
問、於何法可得、
答、與養氣相和成石二種、一黑一紅、黑者類吸鐵石、不拘紅黑則以之與碎炭攙和皆可融冶至其與炭氣相合者大抵與土攙和成石則鎔化更難必先研碎方可烹之置於高鑪中以風箱鼓烈火其鐵乃融化可鑄但以冷風吹火不如以烘熱之鐵管接風箱以

吹之、熱過六七百度、其炭則可省四分之三、

生鐵煉熟

問、熟鐵於何法冶成、
答、生鐵內含炭質去盡其炭卽爲熟鐵欲去之則置於倒燄鑪中（鑪式見圖）化之以鐵條攪之但見藍色火燄在上卽炭是也炭盡鐵凝復攪之則結成顆粒略如粗砂摶之成團用鐵碾碾成條件再經煅煉擲以鐵鎚折疊多次自然成熟隨式造器應手得心矣（見十六圖）

熟鐵化鋼

問、以熟鐵變化成鋼何法、
答、以生化熟必去其炭氣以熟化鋼反須增加炭氣法宜布鐵條排比之嚴覆碎炭使其層層相隔盛於火

箱之內冶之隔日鐵條雖未鎔化而煨烘候久已食其炭百分之二此猶屬等常之鋼也必欲得其精純當從新另化折疊成塊復以鐵碾碾之大鎚擲之擲冶多次所謂百煉鋼化爲繞指柔也比及成刃趁其出冶淬水投油發硎新試自見鋒鋩銛利也、

論銅錫

問、銅本何如、
答、自然銅間或有之但礦窯中與他物攙雜者多卽如與硫礦攙和爲礦銅與炭氣相合爲炭銅皆可融煉而得其純質其法毋庸詳也其數三十一、其字 Cu、
問、與礦强水相合何如、

答、磺强水食銅、卽可化爲銅綠、其色藍綠、其味酸澀、用處最廣、入藥材、染衣裳、充顏料、作電氣銅板等、

問、錫本何如、

答、其自然而純者罕見、與養氣相合成石者多、乃 SnO_2 也、見水風則少生鏽澀、用盛酸汁、亦不易壞、雖非甚貴、而打造飲食各器甚便、或以之包鐵、則鐵不生鏽、明淨適用、卽俗謂馬口鐵也、其數五十九、其字 Sn 、

論銀

三五 問、銀本何如、

答、有自然銀質頗純者、有與硫磺相合者、有與黑鉛相合者、

問、銀質每雜何法可得其純、

答、以銀砂投硝强水中、卽化水色變綠、蓋雜有銅質也、及銀質化盡、餘賸黑砂少許、卽金也、濾出之水、攙食鹽調和强水、便成銀鹽、以鹽晾乾、入火化之、卽分爲二物、食鹽純銀各一也、其數一百零八、其字 Ag 、與硝酸相合成硝銀、乃最佳之藥、

問、銀與鹽氣海藍等相合何如、

答、結成鹽類、見光變黑、照畫作圖者多用之、

徵銀之法

問、白銀何法徵驗、

答、其顯者不難明辨、惟隱於他物、卽無其色、但有其質、必須用藥與之交感、乃可徵驗、卽如銀入硝强水、便化而不見、如鹽之入水也、另以磺淡氣攙之、銀則現而沈氐其質、雖黑仍可煉而爲純銀、

論水銀

問、水銀何物、

答、礦窯偶產其純者、惟與硫磺相合成硃砂者居多、冷至下數四十度、則結冰、熱至上數八十度、則漸化爲氣、至六百度則沸、如滾湯、此升煉之候也、氣甚毒、吸之致病、瓶藏宜固也、其數一百、其字 Hg 、

四十 問、於何法可得、

答、以硃砂和鐵屑攙石炭烹之、則蒸而爲氣、迨其結聚、

色則銀也、而流動若水、故名又名汞精、

問、與養氣相合何如、

答、成有二物、一黑一紅、汞二養一 Hg_2O 爲黑、汞一養一 HgO 爲紅、皆入藥材作顏料、（汞字當作水銀用）

問、與鹽氣相合何如、

答、亦成爲二物、汞精二鹽氣一 Hg_2Cl 乃最佳之藥、汞精一鹽氣一 HgCl 乃最酷之毒也、此毒可以蛋白解之、蓋與交感相合也、

問、水銀何法徵驗、

答、和以𨥥珠、盛玻管蓋之下、然烈火、其物若眞爲水銀、

便蒸氣上升、結於管端冷處、

論黃金

問、黃金原於何物、

答、自然金多由砂石揀汰而出、往往粒大如豆、至由水晶等石礙淘得者、須經煉化、不論見水見風、皆不變色、惟硝鹽二酸攙和、黃金入之易質而化、如糖之入水也、其數九十八、其字 Au、二酸攙和能化黃金、故名爲王強水

論白金

四五 問、白金何物、

答、其白如銀、貴與金等、質堅難化、煅煉作器、最爲精妙、除王強水外、各種強水不能食之、鑪火不能化之、惟二氣火管可以銷鎔、攻化學者以爲盤盂、作煉藥器

具、其物產於俄國、各金屬惟白金分兩最重、其數九十八、其字 Pt、有種體鬆白金、養淡並入之、其金自發熱、二氣與之相合、生火生水、迨冷、其金如故、夫他物感各氣而發熱、概有改變、惟此感養淡發熱不變、冷則復原、大爲奇異、

論信石

問、信石何物、

答、俗名砒霜、煉得其精、爲金屬、其色潔白、惟易生鏽、熱之直化爲氣、不能化水、如他金、其數七十五、其字 As、

問、其與養氣相合何如、

答、成有二物、乃 AsO_3 與 AsO_5 也、皆爲氣類、

問、與硫磺相合何如、

答、亦生二物、乃 AsS 與 As_2S 卽雄黃雌黃也、皆入藥材、亦可作顏料、信石與銅相合、則爲綠色顏料、信石所生各質皆毒、曾有三人煉之、薰其氣而死、宜慎防之、

論鹽類

問、金類與酸類相合生何物、

答、生鹽類也、

五十 問、何謂鹽類、

答、其物甚多、而總名爲鹽、蓋與食鹽相似、非其色味之肖、乃各質配合式樣有相同也、故均以鹽名、查食鹽係綠氣與鏀精配合而生、二物一屬酸、一屬金、凡由

酸類金類配合而生者、於化學中統名之曰鹽類、間有數物雖無金類爲底、以質稍同、亦歸鹽類、卽如阿嚤呢雖非金類、與綠氣相合亦可成物、與食鹽彷彿、乃爲 NH_4Cl 也、金屬各種、於礦窯中未經煅煉者、其粗質爲鹽類居多、煉之乃得其純金、

鹽類二種

問、鹽類爲種幾何、

答、其種有二、一名純底、一名雜底、

問、其一何也、

答、鹽類之純底者、乃金之純者爲底、與酸類相合而成也、卽如鏀精與綠氣相合生鹽、與養氣相合生鏀金

銀等與綠氣海藍光藥各酸相合、皆生純底之鹽類、

按此則鐵繡亦鹽類之純底者、蓋其底乃鐵也、與養氣合而爲繡、

問、其二何也、

答、其底爲金類、與他物攙雜、則謂之雜底、即如石灰與磺酸合成石膏、爲雜底之鹽類、蓋石灰係金屬一種名石精、與養氣相合而生、即非純底也、漢白玉亦歸雜底鹽類、亦爲石灰與炭氣合成、至硝鹽亦然、蓋養氣灰精與硝酸合成也、

論酸類

問、二物相合成鹽、其一總歸酸類何也、

答、蓋與他物交感而生鹽類者、大概爲酸類、如磺硝鹽光醋各種强水是也、惟有多物、雖無酸味、仍歸酸類者、緣其或與純底、或與雜底相合而生鹽類也、即如炭氣並無酸味、仍生鹽類多許、

徵酸類之法

問、酸類之無味可嘗者、何以徵之、

答、有一法最稱靈便、不拘其物爲水爲氣、立可徵之、乃用草汁藍色者入之、則變紅、即知其水其氣歸爲酸類、皆可與他物相合而生鹽也、

論蛤利

問、有物名蛤利者、其類何如、（即西語名阿蛤利者）

答、與酸類相反、其味辛辣者多、與酸類相合、則彼此相食而消、酸味辣味俱無、有本於草木者、有本於氣者、即如鹻珠本土、灰珠本草木、阿嚀呢則本之氣、亦皆蛤利、（蛤利又名鹹類）

徵蛤利之法

問、爲蛤利者何法徵之、

答、大概其味可辨、惟不如以草之紅汁感之、其色立變藍綠、便知其物爲蛤利、可與酸類配合、至用草汁以徵蛤利與酸類、但以紅藍紙之顏料屬草本者、斯可徵驗、

化學三章共五十六問

第六卷化學

第四章論生物之體質

動植皆生

一、問、生物何謂也、

答、由本而生、自藐小而漸長、各能緜其類者、則不第人畜之動者爲生物、卽草木之植者亦生物也、

其體爲原質合成

問、其體質何以成之、

答、亦係各原行配合者、蓋生物自具生力、奧妙難測、本大造化工所賜、於渾浩中默以順承選擇各質合成變化、卽如巨木由細孽而生、下吸土中之質、上吸風中之氣、久則干霄合抱、大至十圍、若統究其體質、則

數分爲土類、金類、數分爲水類、氣類、然使其本初無一粒之胎息、植其根芽、則雖有各質湊合攙和、必不能憑空有是木也、至其運行各質、憑以何力、則不可剖析其端、第曰此固生生之力也、故化化本於生生、

化本於生

其質不一須辨異同

問、既詳原質各種、何必另察生物之體質、

答、亦上章辨物異同之理也、蓋生物之體、不能盡同一質、動植萬類、性材各異、按化學分剖、卽知其所異所同、何者包含何質、雖不能憑空煉成其物、然確有所以培養生物者、用之於動物、則使百體各資培補、用之於草木、則知生植各合土宜、故西國不第以化學

調劑飲食、配合藥材、且能參助農田、使荒土變成沃壤、

其質變革化生新類

問、原行各質、化入生物之體、其變革何如、

答、槪以合成新物多種、非生物體內自爲運化、則無法代以成之、蓋雖煉之以鑪火、究不如動物融之以胃腸、草木息之以根柢、

五、問、生物之體內合成者、類皆何物、

答、卽如草木之體、有糖有膠有粉有油、含蘊其中、動物之體、有血有乳有髓有液有肉有骨、人能毀其體解之出之、必不能合成各質、倣其形而更造之、

緣生物而造之

問、人以生物之質而造者何物、

答、其類有二、生物體內結成者、一也、生物體內未嘗結成、需人力以生物所出之材配搭而成者、二也、

問、二者何謂也、

答、其自來結成者、卽如動物之血液骨肉、草木之有膠汁油粉、或破之、或軋之、可得現成、其未嘗自來結成者、卽如酒精等類、必須熬煉而成、更有藥料香料無數、其質本於草木、尚須成之以熬鍊、

生物之常質

問、生物之體中原質何者最多、

答、炭精並養淡硝三氣最多也、更有硫磺光藥鹽氣鐵

液灰精鏀精石精等類不少、

問、其體中炭精爲多、何以見之、

答、不拘物之動植者、置於鑪中屏風而燒之、皆可成炭、於此驗之、

四者變化多種

十　問、炭淡養硝之四種、焉生多類、

答、蓋其相合之式不一、卽如四畫能化多字、又如蔗糖樹膠、一則味甘、一則味澹、其質仍同、均爲炭十一點養淡各十一點相合者、香櫞油松油、係炭五養四合成、雖爲同質、仍非同一物也、其所異者、乃其質排列之異也、如土大二字皆三畫、更有數種、爲炭淡二質合成、其多寡雖均、其物仍異、如炭淡重氣則爲C^4H^4、以油蒸氣則爲C^8H^8、火油之精則爲$C^{16}H^{16}$、鯨油之精則爲$C^{32}H^{32}$、此中各質按倍遞加、如筆畫重者、寫雙木爲林、三木爲森之類、

養生之質總分二類

問、人物食以養生、其養生之質何也、

答、其類雖多、而總分有二、其含硝氣者一也、其不含硝氣者二也、

不含硝氣者四種

問、其不含硝氣者何物也、

答、分有四種、其一爲樹膠、其二爲木汁、其三爲粉子、其四爲糖汁、皆係炭精與養淡二氣合成、而究之惟水炭而已、

樹膠

問、樹膠何物、

答、破開樹皮、流出漿凝爲膠、各樹所出臭味各異、然體質均同、蓋上文所云排列不同也、大凡樹膠爲CHO三行合成、雖曰樹膠、不盡爲樹所出、乃牲牧之青草、人食之糓糧、並皆含此、

問、樹皮更出何物、與樹膠相似、

答、有物類同松油者、雖形狀與膠相似、而試之迥異、不但臭味可辨、更有一法可徵驗之、樹油投入酒精、卽化、樹膠投之則不化、水中或有樹膠、灌以酒精則沉底、惟水中有樹油、雖灌酒精、亦不沉也、

木汁

十一　問、木汁何物、

答、乃乾木之質也、化而得之、卽謂木汁、不第樹中有之、葦茇菱蕨蔴枲皆有之、而棉花含之最純、係爲CHO三行合成、

問、此物於何法可得、

答、以碎布或麻繩入磺強水浸之數時、卽變如膠黏、以水調和濾之、加石粉除磺強水、復濾之、則純爲木汁、若不加添石粉、養之踰時、水開則化糖、按此如茇菱麻棉等類、皆可煉化成糖、其收入牲畜腹中醞釀消

融約其變化亦無殊此故能養其生也

以木汁造火綿

問此物更有若何變化

答可以之化成火藥卽如以磺硝二種强水均勻調和便生熱如湯沸俟其涼後以棉花浸透用玻璃條攪之踰半晌取出擠乾以活水滙洗以去二酸勿使稍留其味於鑪上漸烘除溼復曬之令乾便成按此造之極易然須謹愼不可擠聚一團不可近火不可觸擊恐其烘烈傷人也此謂火棉乃 $C^{12}H^{10}O^{7}+3NO^{5}$ 合成

火棉之用

問火棉何用

答以代火藥也搏成小團捶擊之有聲火棉一條點以

熱鐵便從頭徹尾然之極快以火棉少許置於火藥之上點之則棉著而火藥不著蓋棉著甚快較火藥力疾三倍以之裝槍砲其分兩較尋常火藥只可用三分之一不第棉花可化火藥卽亂麻碎縷以及木屑樹皮胥可造之

粉子

問粉子何物

答乃食物中之細液也百穀皆含此質凡在草木無不具之西國以麥麵爲之南海以草根爲之如藕之成粉南方更有大樹類棕櫚者體鬆汁濃土人往往取以造粉此數種粉子各具臭味體質皆同

問於何法可得

答磨麥爲粗麵浸水俟其發酸斯麵中雜質感酸而化其未化者惟二種一粗一細乃渣滓與粉子也可傾入布包以水濾淨或以稻米磨麵浸水若和之以鹻則其雜質感鹻而化餘賸粉子與渣滓也粉子沖以滚水則稠濃如粥以涼水則不能化也

糖

問糖何物也

答不拘草木動物製取甘汁皆可爲糖唐時西番僧教蔗汁分數種故皆以糖名總分二類有可釀成酒者有不可釀成酒者卽如甘蔗高粱葡萄牛乳皆可熬糖釀酒亦有數物雖

可熬糖不可釀酒者蔗糖爲 $C^{12}H^{11}O^{11}$ 合成樹汁菜根之糖亦同之葡萄之糖則爲 $C^{12}H^{12}O^{12}$ 合成或 $C^{24}H^{24}O^{24}$ 雖爲極乾仍含水在蜂蜜質亦相同乳糖則爲 $C^{12}H^{14}O^{14}$ 可充藥材

含硝氣者三種

問食物之含硝者類皆何物

答其物有三乃蛋白肉膠乳膏是也此三種不第動物生之卽植物中亦有之惟植物所生者質同而形稍異據其異者言之則爲六據其同者言之則爲三

蛋白

問蛋白何物

答不但鳥屬生之卽動植體中亦莫不含其質遇金類之生鹽者便相合而凝結故人被銅綠水銀等毒者

立吞蛋白、卽可解之、

〔肉膠〕問、肉膠何物、

答、合成筋肉則爲質堅固、生則血液中逼如水分絡會經、死則凝而成塊、以木棍攪鮮血、有膠黏者而出之、卽此也、用麥麵裹以布包、沈水揉捺出其汁粉、餘賸則爲麵筋、除其渣滓、仍有膠黏、爲糨子、質亦同也、

〔乳膏〕三十五 問、乳膏何物、

答、乳中有水有油、更有白質名乳膏、俟乳汁發酸、其乳膏卽凝而成塊、可分而出之、

〔三者質同而形異〕問、此三物含以何質、

答、皆係炭精與養淡硝三氣合成、其質俱同而體仍異、蓋百分中五十五爲炭、二十二爲養、十六爲硝、七爲淡、其內有硫礦光藥少許、無庸計算、此三種與上文無硝之四種交感、令之釀成酒醋、

〔各質功用生熱生肉〕問、以上所言食物各質何用、

答、其含硝氣者、皆以養血脈、其無硝氣者乃用以生熱、蓋風中養氣吸入肺家、通血脈、徧週百體、遇炭精合爲炭氣、遇淡氣則合而爲水、皆生熱氣、正如以炭淡若干與養氣焚燒一般、呵氣入石灰水中、其水變白、可知其中有炭氣也、呵氣對鏡、則鏡面凝溼如霧、可知養淡二氣於腹中先已化水也、人之一身有若鈞鑪、呼吸爲風、以扇其火、食物爲炭、以養其燄、

問、無硝之各質除生熱外、更有何用、

答、在腹中化成油也、其壯盛肥胖者、無他、惟炭淡變化使之然耳、若長餓則此油漸消入血、補其食之不足、故多食則肥、少食斯瘦、總之飲食中其有硝氣者成肉、其無硝氣者生熱、凡物含此二質者、皆可以養生、其但含一質者、僅可佐食、故血肉之品不如菽粟之良正也、

〔交感生酒醋〕問、其含硝氣者、與不含硝氣者交感生有何物、

答、生酒醋各類、卽如葡萄之汁、殊甘、趁其時猶暑熱、置桶中使與風通、不逾時便見氣泡上浮、乃炭氣也、不復有甘味、蓋其糖質已變酒精故耳、

〔須酵令醞釀〕三十六 問、獨以糖和水、其不化酒精者何也、

答、蓋與草木之汁不同也、彼草木之汁、不僅含糖與水、更有一物、與糖交感、令之化爲酒精炭氣、此物名酵、其質則爲養淡炭硝並硫礦光藥合成、與蛋白質相似也、草木之有甘汁者、本含之、故可釀爲酒醋、惟糖與水本來無此、故不能醞釀以成也、

問、以麥麴釀酒、其理何如、

酒精純雜

答、亦此二類变感糖化酒精是也蓋麥可熬糖、麥亦釀
酒非此則彼各依法而得之然糖酒不能並出也當
其造酒備糟料投麴蘖其中自具酵性自能醞釀惟
加以陳酵則釀之益速
問、以水和糖加麴何如
答、糖水雖自不醞釀被麴变感亦成酒精與炭氣若以
玻瓶於熱室中試之則可接其炭氣而驗之也炭氣
既散其水可蒸於釜中令氣升騰集液下流而爲酒
精則糖化酒是也
問、酒精如此而生純否

答、總有水質在內若以灰珠入酒用木棍攪之少頃而
酒精上浮水即下沉可以曲管吸酒精盡使流出餘
其水質在內吸出者仍雜有水即用生石灰置器中
澆酒其上滲之令乾更入鍋蒸之上覆以甑則酒精
蒸上凝爲純液蓋稍餘之水質盡賸石灰中也酒精
之純者其色透亮其臭極香易散爲氣熱至一百七
十三度即開雖極冷不凝氷飲之則毒其字 $C^4H^6O^2$ 其重
〧〩〇、按燒酒大概水與酒精參半至葡萄酒黃酒等則
酒精不過百分中之五六沽酒者試酒低昂驗其堆
花起沫以其中攙有炭氣也

礦精

問、礦精何物、
答、與酒精相類其字 C^4H^6O 其重〧〡〣、熱至九十七度即開、置
三十五、玻罩內雖極冷亦沸如滾水蓋散爲氣也
問、此物何用
答、吸之少許則提神多吸則醉人令之熟睡手足俱麻
痛癢不覺西國醫士欲開刀去瘤割癰破膈膜取癥
瘕防患者不能忍痛每令吸之則殊無所苦實爲天
賜良藥助醫活人功難殫述惟吸之過甚則有礙也
問、於何法得之
答、以酒精與礦强水分兩均勻攙和烹之有種香氣蒸

出凝而爲水即礦精也其實不雜一毫礦質因礦强
水造之故名見火即著與風攙和觸火則爆開猛烈
所以造此者宜逐處小心
問、以酒精變醋何如
答、以之和水加硝少許於熱室中稍使通風少頃變酸
蓋養氣入之而淡氣放出故也

鹽精

問、鹽精何物
答、與礦精相似惟含鹽氣故名其字 C^2HCl^3 較水更重易散
爲氣吸之止痛較礦精更妙惟收藏當分外小心蓋
稍貽錯悞較礦精致害尤烈也

問、於何法可得、

答、以酒精不足一兩、綠氣石灰即 CaO,Cl 四兩、水二十四兩、置於玻釜烹之、鹽精凝結沈至水底、復和以鹻水、其藥較水重、沉底、水可吸出、餘賸之藥、以生石灰滲之、再烹而蒸之、其質即純、酒精、礦鹽三精、皆取其精力深妙名之、非謂其精一也、

草酸

問、草酸何物、

答、多物之總名也、概出於草木、經他物交感、與礦硝炭鹽各酸相似、故總名草酸、一種爲 $C^8H^4O^{10}+2HO$ 合成、其餘爲質相同、特稍有多寡之別耳、

草鹹

問、草鹹何物、

答、亦多物之總名也、與蛤利相似、大概爲毒草所出、其味苦、與各種强水交感相合、故名、用之得當則爲極妙之藥、用之不當則爲極酷之毒、即如嘰那與鴉片精者皆是、

嘰那治瘧

按嘰那即爲星格那樹汁熬成、善治瘧疾、推求其質、則爲 $C^{20}H^{12}O^2N$ 合成、與礦酸相合成鹽類、色白體輕如麵、治瘧疾之妙品也、

鴉片精止疼止瀉

至雅片精則從洋藥煉成、推求其質、則爲 $C^{35}H^{20}O^6N$ 合成、不過其各質與嘰那多寡不等耳、與鹽酸醋酸相合爲藥、出從黑土、色白如霜、藥性酷毒、而止疼止瀉、寔爲天生妙品、鴉片中概含此質、第此艮藥也、非艮穀也、乃紈袴者流、爲其提振精神、嗜之以開心恣樂、遂至真元久耗、羸瘦日增、破業亡身、迷惑愚極、此有心人深爲悼惜者也、洋藥者、即罌粟汁也、

油分二種

問、油分幾種、

答、不拘出於動植、總分二種、即難散與易散者也、欲辨之、則以其油染紙、其難散者、恒多凝滯而有跡、其易散者、見熱即乾燥而無痕、

其難散者

問、油之難散者何如、

答、如牛羊油、芝蔴油是也、熬之製之、有冷後結塊者、有冷後質稠者、非分化不騰爲氣、然皆含二質、一稠一稀、有法可分而出之、以其稠者蘸燭、以其稀者點燈、

西國以黑煤熬煉清油、復化爲白蠟、備造燭之用、

以難散者作胰

問、油須如何、方可作胰、

答、必其難散者也、蓋易散者、見熱即化、若以作胰、總須二物合成、乃油與蛤利之鹹者是也、如木灰與鹻皆歸蛤利、皆可與油爲胰、用之澣衣、而滌垢盪汙、奏功甚捷、凡油鹹所合、總名之曰胰、至其或可浣濯、或不可用以浣濯、視其在水化與不化耳、從胰中可分煉二物、乃油酸油甘也、皆造藥材、均爲炭淡養之三質多寡合成、

其易散者

問、油之易散者何如、

答出自草木者多而草木之有香味槪含此質其類與松香薄荷油等欲造之以釜煑其物令氣上升而出見水即凝其油分輕重有浮於水面者有沈於水底者色臭各有不同然皆含稠稀二質稠者狀如樟腦即樟油之凝結者也

易散者分三種

四十五 問油之易散者分幾種

答按其本質分爲三種只爲炭淡二質合成如松油香橼胡椒等油爲第一種乃炭淡養三質合成如丁香肉桂玫瑰等油爲第二種其或含以上各質復含硝磺少許如葱蒜之類油者是爲第三種

顏料三種

四十六 問生物體中出顏料何如

答出顏料者其名甚夥大概易於變色者多就令見他物不變見酸鹻二類終當變而退色所以不如土石金類之顏料耐久也按光學之三色總分三種紅黃藍是也其紅者如胭脂紅花膏之類西國最豔之紅色出自小紅蟲研碎其黃色多屬樹皮草根如黃蘗芩連山梔之類至其藍者惟靛青爲最推求其質則爲炭淡養硝即 $C_{16}H_6O_2N$ 合成可使變白如霜其白者多一分淡氣見風則復爲藍色竊思此一分淡氣與風中之養氣相合作水氣而散也凡四十六問

附化學總論

化學輔佐醫道

一 問化學於造藥治病其益何如

答大凡有是病即有是藥以醫之第難冀其不習而知也必由格物以致其知搜尋林野察辨草木窺度砂石設法試驗方譜各品之性情以療各癥之標本然至多方猜料必此藥始可治此病則萬殊中勢難奏效惟依化學深究病根顯露分明藥則確需何品復分化其料審其體質之交感而知其足可致效之由即如病由血薄便知其血所缺何質於他物有之者借以培補假令血中短鐵液則化鐵入藥以益之腸

胃發酸則以鹻類感之腸胃發苦則以酸類感之總之化學專在交感配合就其鑪中交感何如即知胃內之交感亦復如此故西國儲藥材莫不準化學而造製之

分化配藥

二 問化學於金石各藥固有大益於草藥亦有益否

答化學大功固在煅煉金石雖不專爲藥材仍得佳品無數非由化學無從得知然其審察一切草藥工夫亦非淺鮮蓋必以之分條析縷而知各藥之中何者何用何品含有何質多寡即如前明時有人害瘧疾卧溪旁不起渴甚就溪飲其疾豁然頓愈覘溪旁有

樹名星格那者、其葉多落水浸之、飲時故覺微苦、因悟病愈之由、以後人遂採取此樹之皮葉、蓄作藥材、各國通行、嗣有攻化學者、將此樹皮葉煉之分化、而得其精審其靈應何在、不但此藥純淨可服、並察及他物包含其質者、故每得草藥一種、必賴化學以究其性、觸類旁通、或配他料而生之、或於他物而求之、是以調和相濟、應痊若神焉、按星格那即雞那也

解毒救命

問、於解毒救命、化學之益何如、

答、與配藥治病相同、惟解毒之品、需靈丹為便捷、既知所中之毒、何由便按化學各物變感而解之、蓋解之

無他、不過與其毒物配合變感、各消散其力焉而已、略如牲畜腹疾生蟲、蝕其腸胃、陡入以蟲所喜食之藥、其蟲便就藥舍其腸胃、即投以下瀉殺蟲之品、化學之解毒、大都類此、以其毒所喜好者、配合下之、合則解、下則愈、是毒轉不毒、而見害者旋以平焉、

驗屍徵毒

問、欲驗屍徵毒、化學之益何如、

答、最為靈驗、其有被毒而死者、不拘何毒、皆可徵驗、故西國人有驟死情形可疑受毒者、必須報官、延素攻化學醫師、開剖胃家、細檢驗其病之所在、即以各種藥材變感而徵之、若數日之內、有受毒者、驗之而根追其由、施毒者固不能脫免、即延至數月、情形以徵驗而顯露、人知施毒亦難脫免、故敢於以毒害人者絕少、中國有洗冤錄、以蒸驗體骨為要、西國化學中有專為辨毒驗屍之書、

與煉丹相涉而仍相異

問、今之化學與古之煉丹、何以異也、

答、同本而異名、子母相屬也、惟彼所圖者窄小、而此所求者廣大、彼所用之法為粗拙、而此所用之法為精細、彼所論之理為淺陋、而此所論之理為深奧、彼乃求利已而終無所得、此則不求而得、可徧以利人、

同本而異名

問、同本而異名、何以言之、

答、化學之興、抵今未及百年、而以先歷一千四百餘歲、西國事鑪火者不無其人、追溯中國、自秦漢以來、以鑪火煉藥者代亦不乏、夫數萬人煅煉金石、至百千年之久、而謂其盡屬虛妄、毫無所得、決無此理、雖點石成金未見眞術、然於其鎔冶金屬、煅煉藥品、總有所傳、即如煉丹之大旨、西方或得之中國、而西之煉術、不專以火、亦究得各種强水、而近世復增各種氣類、則化學本於煉丹、而所造愈備也、

所求者適異

問、其所求者何以異也、

答、古之煉丹、惟得不死之藥、而長命、得黃白之術、而致

富是求化學則舍此二者但求知而已故於萬物中無不究其體質察其底蘊其或略識造化之秘機則較之重寶爲更貴較之服靈丹御風爲更快其初興化學者志蓋遠且大矣彼求藥點金而不解求知者宜乎局於窄小也

其法不同

問其法何以異也

答古之煉丹擇地設鑪以占山嶽之精秀按時煉火以邀星宿之靈感而其採藥配材恒以五行列之即使服月芒餐朝霞未嘗得其元精也至今之化學則自求原質爲始既煉而得各種之原行知其変感性情或合而生新或分而還原皆有物有則理爲昭然

其理各別

問其理何以別

答煉丹者視金屬皆爲同質若可互相變換其賤者升爲黃金其貴者降爲鉛鐵又謂皆由本種而生於地中滋長成形如精之合二五結胎成體者然惟深於化學者視金屬各質本爲迥異雖可互感決無互換之理鉛中得銀蓋銀本與鉛攙雜硃中得汞硃砂本與水銀合成其或以之配丹藥煉黃金者總由藥中本含此質無所謂互易其體也蓋金屬各類非自有本而生乃與天地同出各得一偏獨完其質不類動

植之有胎卵耔種而生者夫六畜蕃息可養之無窮五穀苗畬可穫之無盡特金屬質靜經取用而漸銷未見其旋採旋生而補其缺則聚之散之分之合之皆可惟不能得其本而種之蓋無此理也

其效有殊

十 問其理法既異其奏效何如

答煉丹之術幸譸張爲幻本無足據至於化學不屑求長生仍使羣倫足以延生蓋究得藥材佳品可以療疾深悉體骨各質配合飲食足以養之分辨各氣之有損益者使人知戒愼資培補其不求化金以聚黃白惟調和各質配合新類皆利民用蓋知多金非福但以養萬物者溥之萬物人無夭札庶類恬熙乃眞福也西方諺所謂以貪求神點物成金有金無米終以餓死何若抑私心以本大公取粗材煉其精質使萬物無不利用天地爲府庫而物類皆珍寶也化學之功顧不足述哉

國興化學

問西國之興化學其法何如

答前者西土攻金丹皆爲秘訣私傳未見有於庠序公然作課者只見國法每有禁止者以其挾私術恒詐人也至化學則不復求金丹傳秘訣志趨所在公正光明而國法不第不禁抑且溥之閭閻每於庠序設

民事化學

位專講化學設鑪備器以徵驗其理使學者不特耳聞且得目覩其變化而後信心親炙以從事焉故其入學少年雖攻格物算學各種亦莫不並講化學以明其理而間有專心致志以之爲業者亦不少焉

問民間專事化學何如

答專事化學者有二等其一乃富而多貲無庸更依他業其財足備各料且從容得暇專心喜好欲創造新物新式以得其名其二則依託爲業肆力專精以工其術因於通都大邑相地立館按術造藥儼然貿易以得利焉此皆與人旣爲有益而於已或借以廣譽

借以資身嵇叔夜之煅於樹下嚴君平之設肆蜀都兩均無礙其高致云

料不易備

問欲攻化學者須備以何料

答若庠序中設館以專習化學或民間開局以造藥材則其料須備數千種而所費不貲至於有好之者隨其間暇得時分化徵驗則藥料數十種差足用矣且此數十種自能煉造過半費用便可省焉

要者可得

問須以何者爲本

答其最要大用者如礦强水硫礦𥖄鹽硝鹿角片石灰硼砂石膏等皆爲易得之物

湊合多種

問以之造他藥何如

答以礦强水和食鹽而蒸之則生鹽强水和硝而蒸之則生硝强水蒸醋則生醋强水醵醋亦可當此强水欲造礦强水則以硫礦與羊油分兩均勻爇而升之然法雖便而其質不如按氣類所論造之爲純也此四種强水於分化各物大有功用焉

問其他料易造者類皆何如

答阿摩呢蒸人尿之經久變臭者即得之蒸鹿角造之亦可灰珠由木灰之汁爇成欲造養灰即KO以灰珠入開水化之復以生石灰和涼水少許入之俟雜質

皆沉其上浮者乃養灰與水即KO與HO也欲造青礬則以鐵投礦强水中待其食盡則成顆粒欲造甘鉛則以碎鉛入瓶醋中俟其食盡而酸味胥化甘甜欲造硝銀則以碎銀投入硝强水化之於大盤上晾乾復烹之俟其藍色變黑便和水而濾之石灰與石膏於化學中皆有大用隨在有之然欲現造少許則以蛤蠣壳或雞蛋壳燒之可得生石灰以石粉投入礦强水俟其酸味盡時即成石膏僅此數種固爲不備然於変感分化而驗化學之理不無裨益

精術必由師授

問欲攻化學煉藥者只按書理而不從師可否

答、欲略知數分則可、欲精造其術則不可、蓋僅按成書、雖大理可明、而其法之精妙者難得、即如其用器應若何合式其用料或純或雜各色之優劣不同種種皆由師授製煉多方、故當讀書以明其理、從師以得其法、方獲實效、然或限在遠方靡可師從只自據所見聞竊爲煅煉第悉心究察耐煩試驗必亦默覺其工夫醰醰有味、而於格物之學得門而入亦漸有進焉、

習化學以明理

十八

問習化學者其於明理何如、

答、利不如理也、化學雖具萬利、示人採用一切品類、弗

啻點之成金、而其最大之益、究在明心、蓋人生兩間所見所觸無非物也、即一物而窮之、則萬化各有其理、各有其益、即萬物總而觀之、雖析之曰萬、實本數十種之原行、誠能以此原質隨其變化萬殊、則於物性無不透徹、而俯察仰觀、若窺清水之見底、且知天地雖出於混沌、其原質無所淆亂、實屬先天自有之主宰、心懷好生、預備各質足成天地、如人之造屋宇、必先經營各材、令之各種適用、無所盈虧、不以有餘而浪費、不以少匱而闕如、始恍然於天地非塊然之死物也、亦非各質各具一帝、乃萬物貫串而然、蓋主持大造、惟由無聲無臭之上帝一以理之、即易所謂神也者、妙萬物而爲言者也、

附化學總論十八問

卷六化學共四章並附論總論通計凡二百六十七問

附化學雜問

化學雜問凡十七則

格物入門

卷七
算學

第七卷算學目錄

第七卷算學協助格物

小引

此卷既以算學協助格物固非專論算學也蓋自有他書專論之矣孫子算經九章算術梅氏叢書皆有可採究不如英國偉烈續增利氏幾何原本並偉烈氏所作數學啟蒙代數代微積等部爲詳備而易明至於本卷第四章論計算力學欲稍爲加詳則有艾約色所著之重學在焉然恐各種算學讀者未曾諳熟相應略附數條以分別書中所有名目云

一整數若帶有奇零或以子母分數或以小數計之假

如五零四分之一即寫 五$\frac{一}{四}$ 或 五·二五 皆同蓋以橫線分子母用小點別整小之數

一各數之加減乘除者用 ⊥ ⊤ ✕ ÷ 以代字此數較彼數小則用＜較彼數大則用＞相等則用＝即如 六⊥四＝十 六⊤四＝二 六✕四＝二四 六÷四＝一$\frac{一}{二}$

以數字合一字則於左右用（）謂之開弧如 （六⊥四）✕四＝四〇

餘照此式

一所謂代數即以字代數用春夏秋冬及天干地支是也義與數學相同而其用爲更廣蓋以數而沾沾計算不免挂一漏萬若使以代數則一字兼包多數故格物而無代數難臻精細即如 甲⊥丙＝丁 甲⊤丙＝己 甲✕丙＝庚 甲÷丙＝辛 若甲爲六丙爲四則丁爲十己爲二庚爲二十四辛爲一個半皆與上式同隨意換他數亦無不可

一至以某數自乘如 甲✕甲 即寫 甲² 謂之成方如 甲✕甲✕甲 即寫 甲³ 謂之三乘毋論若干次皆準此若以甲而求甲謂之開方甲即爲方根以√爲號或寫甲$^{\frac{一}{二}}$字亦可他皆準此

一至於各數相比則以∶當比字以∷當如字如 甲∶丙∷子∶丑 由此比例更可推及多式如 甲⊥丙∶丙∷子⊥丑∶丑 甲⊤丙∶丙 如 子⊤丑∶丑 [illegible] 又本字左

端加·代'次'字如 力∶速∷·力∶·速 是且可以比例變成等數蓋 甲✕丑＝丙✕子 甲＝$\frac{丙✕子}{丑}$ 故既知其三即可得其四也若所比二數同增同減而其比例仍無所異則以⋈字號之如 甲⋈丙

一至於幾何則比線之長短角之分度積之大小寡之多寡角有三種謂銳謂直謂鈍即∠ ∟ ⌞ 是也二線相交對角總等如✕左右皆銳上下皆鈍者是且毗連二角合成二直角蓋上邊銳鈍相合與✕二直角等明矣其上下左右四角相合即爲四直角蓋✕✕其角共合無殊若畫圓線復以二橫線交穿其中即分四段與各角相稱故以弧度其角某角之間其圓

線即謂之弧以直線連弧之兩端謂之弦一週爲三百六十度有八線名爲割圜八線句股中常用之線也圖列左方以備觀覽

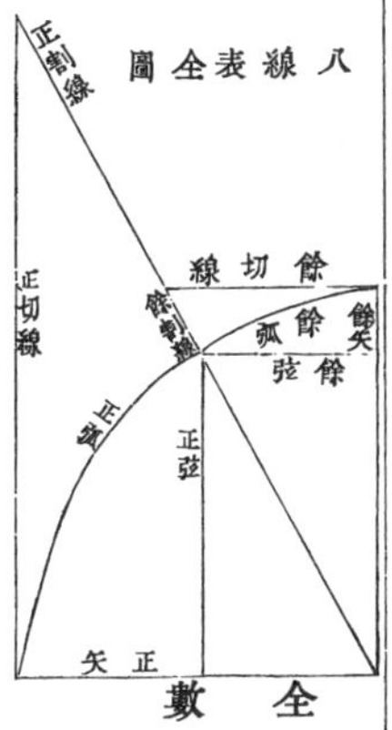

一圓錐四線亦當熟悉即圓線橢圓拋物線雙線是也蓋圓錐與底平割之成圓線與軸斜割之成橢圓與邊平割之成拋物線雙錐以一面逼割之即成雙線也圖列左方以備觀覽

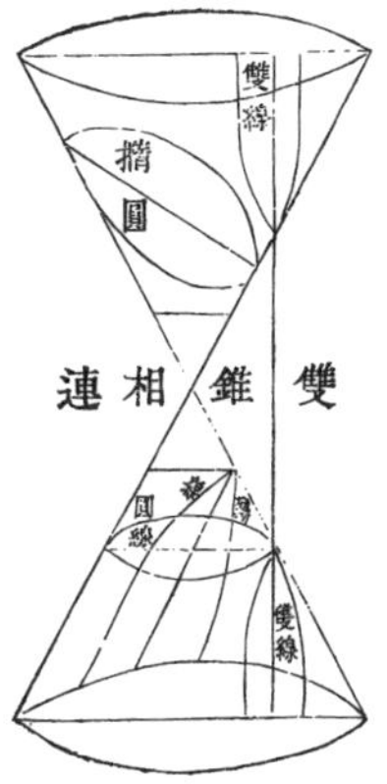

壓櫃計其力

第七卷算學協助格物

上章測算水學

美國丁韙良著

一、問壓櫃之力何法計算、

答、以小塞與大塞相比便知力加幾倍以子爲小塞方積丑爲大塞方積、所用之力爲春、所得之力爲秋

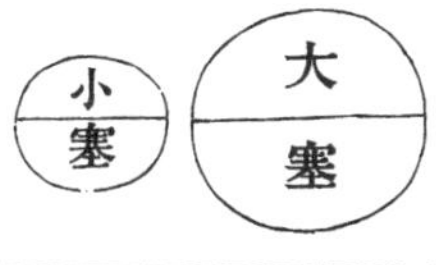

則 丑：子：：秋：春

秋＝丑春／子

若子爲五寸、丑爲百寸、春爲十觔、

則 秋＝百寸×十／五寸

所得之力二百觔也、

其塞若方形、以其二邊相乘、即得其方積、若係圓形、其方積無容計算、蓋圓面相比、即如其半徑成方、故量各塞之半徑而自乘之、即可代其方積、法較便也、

推其理

問、壓櫃生此大力、其理何解、

答、即力學所論大小二力變通之理、蓋動物之力、即以其輕重疾徐相乘而得、如小塞下行十寸、大塞上行一寸、其力惟均、顧其力愈省、大塞愈慢、所謂以時兌力也、若寅爲小塞之速、卯爲大塞之速、

則卯丑＝寅子　$\frac{丑}{子寅}$＝卯　以子爲十、丑爲百、則卯爲寅十分之一也、

故小塞須下十尺、大塞方起一尺、

水面自平之故　問、水面必平、何以辨之、

答、若甲丙爲水面、其重心在壬、以戊己之板、斜壓左邊、則水必高起於右邊、其重心卽至辛、忽去其壓板、其水卽高於左而低於右、重心卽移至庚、水忽左忽右、上下如起波然、其重心反覆易位、水漸次就平、重心仍定於壬、是

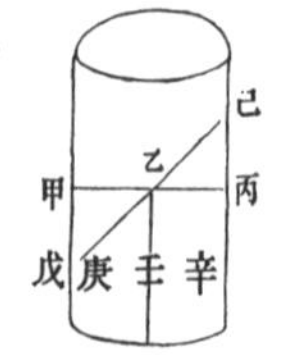

知水面固自平也、

平而不平　問、云水面自平、何謂也、

答、卽謂其如地球之平也、目覩似平、以度測之則凸如球面、地球四分之一、旣被水所蓋、則水面亦球面也、所謂水面自平、謂其各處距地心遠近相等也、

計其所差　五　問、海面與平線所差、何法計算、

答、每里所差、約計二寸、蓋每洋里計八寸也、以春爲二處相距若干洋里、秋爲高低所差尺寸、則其計算之恒式乃爲 秋＝$\frac{二}{三}$春^{二} 畫圓圈爲球面、甲丁爲球徑、丙丁爲平線、則高低所差乙己也、戊丁與乙己等、乙丁若相

距不遠、則弧弦無分、而戊乙丁之三邊形、與甲乙丁相同、戊丁:乙丁::乙丁:甲丁 卽 秋:春::春:甲丁 則 秋＝$\frac{春^{二}}{甲丁}$ 然一洋里旣

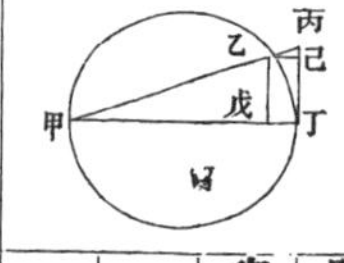

爲五二八〇尺、地徑復爲七九一二洋里、則 秋＝$\frac{春^{二}(五二八〇)^{二}}{甲丁(五二八〇)}$＝$\frac{春^{二}(五二八〇)}{七九一二}$ 故 秋＝$\frac{二}{三}$春^{二} 比如春爲一個洋里、則與平線所差乃八寸、卽中華六寸、始知以水平開河通水、每里須低二寸、水面始平、須再低一二寸、水始可流、

水之下壓　問、水下壓之力、何法計算、

答、總按其深淺尺寸也、設若戊己爲桶、水直立、水面在甲乙、若均分數層、則第二層所壓比第一層加倍、第四層下壓比第二層加倍、故其器若直立、其水下壓之力、卽與其淺深相稱也、其器若斜立、其理亦同、卽如以戊己之器、斜至丙辛、則須再添水、始能使水面與前同高、水旣加添、其下壓之力、亦應準之加添、惟其水偏倚丁辛之斜旁、而其下壓之勢較輕、其桶愈斜、水之偏倚愈甚、而其下壓之力究無異

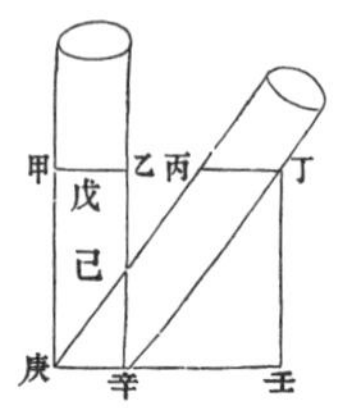

也、皆與其水深淺相稱耳、故二桶一正一斜、下面之水由底相通、其斜桶得水雖多、二器之水面仍舊高低如一、蓋其下壓之勢均也、

水之旁壓

問水旁壓之力何法計算、

答與上文計算下壓之力無異也、蓋水旣爲渾浩流通、則其壓力不僅向下、六面皆同、水深五尺、其桶底喫力卽有五尺之水、底旁喫力亦如之、蓋其深淺等也、其旁不拘直斜、喫力無殊、側桶之旁丙辛雖長、其喫力不過如丁壬之直線耳、

水之壓力按深遞加

問水之壓力按深遞加何如、

答按乘法層次也、蓋此處較彼處深若干倍、其以上之水卽加重若干倍也、今將其數核算標之於左、

水深尺寸	二尺	四	八	十六	三十二	六十四	一百二十八
每尺所受壓力	二觔一五	四三〇	八六〇	十六一千四	三十二二千四	六十四四千八	一百二十八九千七三

按此、如器高十三丈、盛水至滿、其器之底、每方尺喫力幾乎萬觔、是知水深作隄塘而禦之難也、物之入水亦如是喫力、故小魚不能下至極深、惟鯨鯤大魚、被漁人叉攙、每引線縱而直下至三四里、數其力概可想也、

由重心計壓力

問水之壓力自何處算起、

答自重心也、比如甲丑爲器、盛水至甲巳、則庚辛壬癸子各處所喫之力、卽乙庚乂庚、丙辛乂辛、丁壬乂壬、則其壓力統計卽此各數共合也、然此卽與其方積重心深淺相乘均等、如其方積爲春、其重心深淺爲秋、則計其喫力者恒式如左、

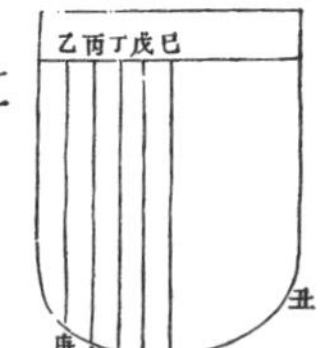

丁乂丁壬丄丙乂丙辛丄乙乂乙庚乂庚

二春＝乂秋

故方器盛滿、其旁喫力準其底一半也、

四旁並底所喫之力、卽其水之觔兩三倍也、

多寡相抵

問曲管兩頭粗細不等、而水面仍不分高低、其理何解、

答蓋其下壓之力、惟按深淺而已、按其壓力固可辨之、惟比其動力而辨之更明、設甲乙丙爲管盛水、兩頭雖分粗細、其水殊無高低、水自甲口而入、自丙口而出、則管之細處力以狹逼水出更急、蓋流之疾徐與其管之粗細相反、甲爲此口之方積、丙爲彼口之方積、其水在甲之速爲子、在丙之速爲丑、則丙：甲＝子：丑而子甲＝丑丙也、動力旣均、若無水由外添入、兩頭必平而不流也、按此理、則丙頭水雖甚少、甲頭水雖較多、仍可相抵

亦可設法使之托起極重之物、蓋與頂起粗頭之水

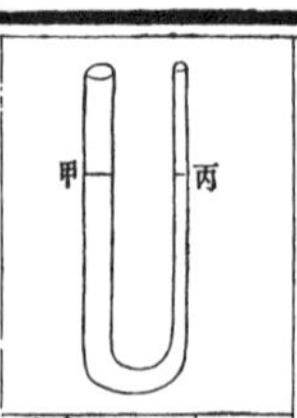

無異也、壓櫃之生力、卽出於此、而人以獨手執壓櫃之柄、可增力於無窮、水之通力有如是也、

水權之理

問、以水權物、其理何如、

答、無非比其體質輕重也、蓋物體輕重不一、果欲較之、必須準度、故以水爲則、卽如以寸金之分兩爲實、寸水之分兩爲法、以此約彼、卽知金較水重十九倍有餘、其比水輕重、卽謂之水權、至其恒式、則 分兩寸金二水權

以水權物

問、物浸水中而權之、其理何如、

答、所失分兩、與若干水無殊也、蓋有甲乙丙丁之物在水、其上之水爲甲戊己丁、卽其水下壓之力也、然其上托之力、卽乙戊己丙之水、以此減彼、則僅賸甲丙之水、卽其上托之餘力也、夫所失分兩、既與若干水相等、在水外權之、復在水中權之、以此約彼、卽可得其水權、蓋比寸物寸水、不過比同體之分兩也、其物較水輕、則必加重物同浸而權之無難計也、

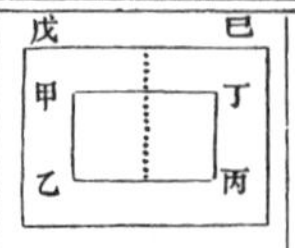

問、流動之物、以水權之、其法何如、

答、其法有二、比如油、以重物先沈其中而權之、復沈水中而權之、以前數爲實、後數爲法、約之便得、此其一法也、按上文應以油水尺寸均匀、而比其輕重、第須先量其尺寸、而後權其觔兩、不若以重物浸而權之、理同而法簡也、蓋其油中所失觔兩、比水中所失觔兩、正如油之輕重比水也、

問、其二何如、

以高低分輕重

答、二物並盛於曲管中間、隔住令其不相攙和、則其輕重、卽與高低轉比也、設如甲丙丁爲曲管、盛水於甲、盛酒於丁、其水較酒重、水面卽比酒較低、以水之尺寸爲春、水之

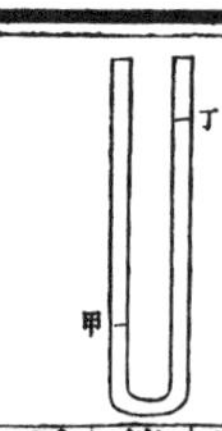

分兩爲子、以酒之尺寸爲秋、酒之分兩爲丑、則 子∶丑二秋∶春 故 $\frac{子}{丑}$二$\frac{秋}{春}$ 以此數約彼、卽得其水權也、

沈浮之理

十五、問、物之浮於水、其理何也、

答、所壓開之水、與其物輕重相等、其物若干分入水中、以春代之、若干分浮水上、以夏代之、二者皆被水上托、其下沈上托二力相抵、若移開其物、則其原處立卽被水塡滿、此水尺寸同與春同、其被水所托、復與其物同、故重與春夏等、以秋代之、則 夏丄春二秋 寸水之重爲子、寸物之重爲丑、是物之重、通計爲 (春丄夏)ㄨ丑 其壓開之水、卽 春ㄨ子 則 二(春丄夏)ㄨ丑 故 春丄夏 春ㄨ子二丑 是知其物與

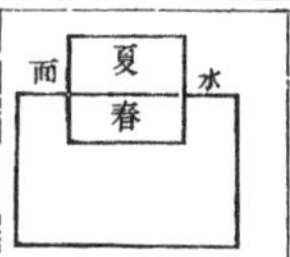

所壓開之水、即如其同體之分兩轉比也、

以水量物

問、物之下沈上浮、其力何法計算、
答、以其物之輕重、與所壓開水之輕重相比、二數所差、即其下沈或上浮之力也、若其物之分兩爲子、其水之分兩爲丑、其物較水輕、則其上浮之力、即爲丑丅子、物較水重、則其下沈之力、即子丅丑、彼或船沈海底、設法令之上浮、即按此式計算出之也、

問、以水計算物之大小何如、
答、於水中權之、即所壓開之水是也、如金石等物、其形不正、欲量其登方尺寸、甚爲不易、不如浸之於水、權

之、其所失分兩、即其同體之水也、一尺一寸之水、輕重既知、其統計尺寸不難悉、爲權算、又如冰山浮水、量其入水幾何、即可計其登方尺寸、亦可知其輕重、

查甜水一尺、重計七十六觔、若海水則約計七十八觔、

水流疾徐

問、管水滿流、疾徐何如、
答、其疾徐、即如其粗細轉比也、設若甲丙二管相接、水自甲入、既曰滿流、非加快、即不能自丙而出、丙較甲細若干、則丙中之水、較甲中之水流速若干、以甲丙皆爲橫節方積、其水過甲之速爲子、過丙之速爲丑、則甲:丙::丑:子

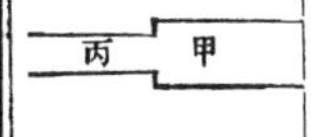

測算江河

問、江河之水疾徐多寡何法測算、
答、必總其疾徐寬狹深淺而算之也、若水流管中、其倚於管邊者有所阻礙、其流覺慢、故不如管心之流速也、江河復如斯、河涯河底、水流不如河心之急、故此三處、必須查核其疾徐、而絕長補短、即如察知河心之水、每刻流四里、河底流三里、河涯流二里、則統計其流爲三里也、若每分時、其速統計爲十丈、其深統計爲一丈、其寬爲五十丈、以三數相乘、即知其每分流水五百丈登方也、

水自孔流

問二十、水自器旁小孔流出、疾徐何如、
答、其疾徐、即按其孔上之水深淺方根也、設若甲丙爲高桶、盛水恆滿、旁有庚己二孔、則庚孔之上、有甲庚之水、己孔之上、有甲己之水、正如細管

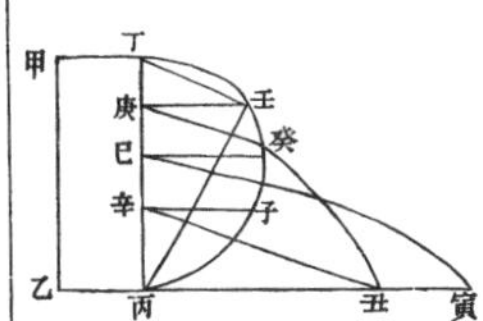

與粗管相接、自甲庚之粗管注入之水、與自庚孔所出之水相等、而其動力亦等、甲己粗管中動力、與甲寅細管中之動力復等、以春爲甲庚水之分兩、秋爲甲己水之分兩、申爲庚孔之疾徐、酉爲己孔之疾徐、則庚孔所流之水爲春乂申、己孔所流之水爲秋乂酉、以二數相比、

則己丁：庚丁∷酉乂秋：申乂春然各孔所流多寡、必按其疾徐、申乂春／酉乂秋
式中春秋、卽可換申酉、則己丁：庚丁∷酉：申故己丁：庚丁∷酉：申卽知各孔之疾徐、
正如其深淺之方根、其出水之多寡亦復如是、設其
孔一於水下十六尺、一於水下六十四尺、則此出水
較彼加倍、蓋如八四二數之方根也、

水之倒躍

問、其水旁出而上躍、高低何如、
答、以管插桶旁、向上彎曲、若無風氣阻礙、則水應上躍
至與其面平高相埒、蓋己甲：庚甲∷酉：申有物自丁下墜至庚至己、

其所行尺寸、卽按其疾徐之成方、見下文力學、是知各孔
流水之疾徐、卽與物之下墜若干尺寸等、然能以其
下墜之力上擲之、必升至故處、其力始盡、故水自彎
管倒湧、應至水面平高、其理同也、按此理、水自高處
灌於輪上、不如蓄之使深、自低處放出之力大、蓋自
低處而出、其速不啻下墜、復少風氣阻礙故也、

水面下退以之記時

問、桶水旁流、水面漸漸下退、疾徐何如、
答、卽按其孔之深淺方根、蓋水面下行疾徐、隨其外流
之疾徐故也、夫水面下行、猶物上擲、其速卽按所行
尺寸方根、其物上行漸慢、水面下行亦漸慢、其物每
杪上行之尺寸、卽如七五三一之陽數、水面下行亦
如此數、其桶若高式上下如一、鑽孔只容其水十二
點鐘流盡、按陽數層次畫成其度、漸下漸近、卽可以
之記時、蓋式水畫之、按單數倒用而計之、初無二致、
水表之理卽此、
問、隨流隨添、使桶水恒滿、自孔外流者多寡何如、
答、乃加倍也、假令不復以水自外添入、則桶水漸虛、孔
流漸慢、如物之上擲而漸慢也、然桶若恒滿、所入與
所出相等、則壓力無差、孔流均速、正如物之上行而
均速也、查物之上行均速、比物之上擲而漸慢者、所

行尺寸加倍、故桶水外添、使之常滿、自孔噴流、亦必
加倍之多也、見力學

水自旁躍

問、其水旁躍遠近何如、
答、以水深爲圓徑、自孔橫畫直線、割圓、其水躍出、卽應
加倍於此線之尺寸也、蓋水自庚流、較物墜至庚、其
急加倍、則其物至庚時、其水流之尺寸必加倍、卽庚丁二
水落至地也、與物自庚落地時等、其物墜至庚時爲
春、自庚墜至丙時爲秋、
則丙庚：庚丁∷秋：春然已見春時水流、庚丁二則

物行水中愈速愈阻

以此代春秋時所流、必丙丑也、蓋其旁躍落地、必至此處、卽以丙丑代秋、未知其幾何、則由其比例而計之、蓋

√丁庚∶√庚丙∷二√丁庚∶丙丑

丙丑＝二√丁庚∧丁庚⁄庚丙

二＝∧丁庚×庚丙

二＝庚壬

蓋上下之三角形同類、以句股相比、

丁庚∶庚壬∷庚壬∶庚丙

則

庚壬＝二丁庚×庚丙

是知水之旁躍、卽庚壬橫線之加倍也、二孔若離桶底桶面相均、則旁躍亦均、孔適居中、則旁躍最遠、蓋庚壬卽爲圓之半徑也、

二十五 問、自孔旁躍水、循何等之線而下也、

答、旣被壓力旁催、復被地之吸力下引、卽循曲線而下、若更考其曲線爲何等、便知其爲拋物線、蓋擲物空中、所行之線、與此無異也、拋物線見下文測算力學、

二十六 問、平面之物橫行水中、被水阻礙、何如、

答、其被水阻礙、卽按疾徐之成方也、蓋其物行、掣水俱動、而水所得之動力、必爲其物所失、以春爲水之分兩、以子爲其動之疾徐、以秋爲動力、則 秋二春×子、 然其物之行愈速、卽所排擠壓開之水愈多也、則 春⋈子 故 秋⋈子² 是知水之阻礙、卽按其物之疾徐成方、其物不甚疾、此理卽可驗也、若行之極速、則阻礙遞加更大、按此則舟之行水、定有限制、欲行之異常加速、實爲費力、蓋以火輪機合馬力二十匹、令舟每點鐘行十二里、合馬力一百八十匹、其舟始克行三十六里、是速加三倍、其力必加九倍故也、

卷七算學上章凡二十六問

第七卷算學協助格物

第二章測算氣學

吸氣筒

問、吸氣筒所吸每下遞減何如、

答、卽按乘法層次遞減也、設其筒所容爲單所容十分之一、則第一下必出氣一分、第二下必出所餘賸之氣一分、第三四下皆如是、故列成圖式、餘可類推、觀第二第三行、數雖遞減、永無窮盡、卽知單內之氣總留少許、必不能盡出之也、

擊數	每擊所出	每擊所餘	統計所出
一	$\frac{一}{十}$	$\frac{九}{十}$	$\frac{一}{十}$
二	$\frac{九}{百}$	$\frac{八一}{百}$	$\frac{十九}{百}$
三	$\frac{八一}{千}$	$\frac{七二九}{千}$	$\frac{二七一}{千}$
四	$\frac{七二九}{萬}$	$\frac{六五六一}{萬}$	$\frac{三四三九}{萬}$
五	$\frac{六五六一}{十萬}$	$\frac{五九〇四九}{十萬}$	$\frac{四〇九五一}{十萬}$

天氣下壓

問、天氣下壓分兩何法計算、

答、以水或水銀稱之、皆可、水則二丈九尺、與天氣均重、其水於桶底每方寸下壓若干、卽按上章計算便知每方寸被天氣所壓若干、然以水稱之、不如水銀之便也、水銀較水重十三倍半、水被天氣壓托高起二丈九尺、水銀高起二尺一寸四分、以十三有半乘之、（細核之爲十三零百分之五十七）則幾與前數無差、其水銀底積方寸上下如一、則重計廿二觔有奇、可見天氣下壓之力每方寸亦廿二觔有奇、

風雨表細差格

問、風雨表細差何法計算、

答、設若甲丁爲表管之上節、乙丙爲度數格、每寸分十、戊己爲細差格、每格較前小十分之一、水銀高至庚

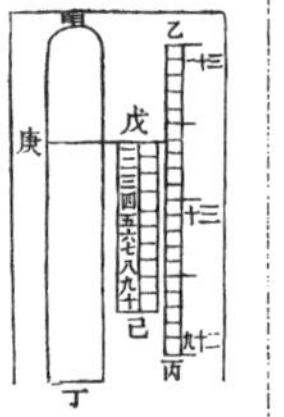

戊、卽爲三十寸三分有奇、欲知其奇若干、便將細差格上移至戊、下排至二格平處、卽第八格、便知所奇乃百分之八、則三〇三八爲正數也、表內水銀高低天下無甚差別、其常不過寸之三四分、是天氣之輕重、天下相同、至其忽變則有差、至三四寸者、卽爲預報風雨、不可不細察也、（風雨表度數皆按洋尺）

風雨表測量高低

問、以風雨表測量高低何如、

答、攜之上升、則水銀漸退、若不甚高、每升八十七尺、（卽華尺七丈四）水銀下退寸之一分、此其大概也、然天氣愈高愈輕、水銀所退隨高漸少、欲細爲覈算、其法頗煩、不如空盒風雨表爲便也、以此表測量高低、其式如左、於此處其分度爲甲、於彼處其分度爲丙、二處高低所差爲丁、

則 丁＝$\frac{甲丅丙}{甲丄丙}$乂五二四〇〇

按此數爲洋尺、惟天愈高愈冷、苟不計算、恐致訛謬、以此處熱氣分度爲子、彼處熱氣分度爲丑、改訛之數爲寅、則 寅＝一丄$\frac{子丄丑丄八三六}{九百}$ 卽爲二處高低所差之正數也、凡二處所差高低不過三千尺、皆可按此式

計算若高過三千尺、則應層層相繼、而算之可也、按右式用空盒風雨表雖爲更準、然以水銀表按之測量高低未嘗不可、蓋雖稍有訛謬、數千尺中所差不過數尺數寸而已、

測算天氣輕重

五　問天氣較水銀輕重若何、

答升高八十七尺、水銀既下退一分、則一分之水銀足抵八十七尺之氣也、是一寸之水銀足抵 萬○四四○ 寸氣、水則較水銀輕十三倍半有奇、以此數約彼、

卽 $\frac{一三·五七}{一○四四○}$ ＝ 七六九 此水較天氣重七百六十九倍也、

統計其分兩

問天氣包裹地球一層、統計分兩若何、

答天氣下壓既如二尺一寸之水銀、則其分兩統計正如二尺一寸深之水銀海、包裹地球、海形若球皮、欲計其分兩、其式如左、水銀之高爲丙、地球半徑爲甲、其圓比徑爲卯、其全體爲春、

則 春 ＝ $\frac{三}{四卯乂甲^{三}}$ 水銀全體爲夏、則 春⊥夏 ＝ $\frac{三}{四卯(甲⊥丙)^{三}}$ 以此減彼、卽餘體球皮乃

夏 ＝ $\frac{三}{四卯(甲⊥丙)^{三}}$ ⊤ $\frac{三}{四卯乂甲^{三}}$

則

＝ 四卯(甲^{二}丙⊥甲丙^{二}⊥$\frac{三}{丙^{三}}$)

然丙較甲甚小、其第二三元卽可不計、則

夏 ＝ 四卯甲^{二}丙

若配以數、卯爲三·一、甲爲二一六萬尺、丙爲二尺一寸、

則

夏 ＝ 四乂(三·一)(二一六萬)^{二}乂(二·一)

卽爲

一二一四九二二二四○○

萬尺乃水銀之立方尺寸、每尺約計千觔、以此乘前數、可得天氣全體之分兩、

問天氣稠稀上下若能均勻、其高若干、

答卽以天氣與水銀輕重轉比而計之也、如以寸水銀較寸天氣重一萬零四百四十倍、天氣卽比水銀高若干倍、則爲二萬一千九百二十四尺、乃十二里有

奇、不及大山之高、大海之深也、與水比之、總計體質、
亦不如水之多也、而天氣一層雖究不如此之薄、與
地之厚比之、不過如極薄之翼也、

天氣漸高漸薄

問、天氣漸高漸稀、遞減層次若何、
答、若升高之路、按加法遞加、則天氣之稠、必按乘法遞
減、設若天氣分爲無數層次、其稠下層爲甲、次層爲
乙、三層爲丙、在地面其壓力爲子、下層之上壓力爲
丑、次層之上壓力爲寅、則下層之重、即子丁丑、次層之重、
即丑丁寅、其輕重復如稠稀、蓋按馬氏之例、天氣愈壓愈
縮、其尺寸與壓力反比、

則甲：丙∷子丁丑：丑丁寅
然天氣之稠稀、亦按其被壓之分兩、
則甲：丙∷丑：寅
子丁丑：丑丁寅∷丑：寅
子寅丁丑寅＝丑二丁丑寅
子寅＝丑二＝丑丑
故子：丑∷丑：寅　按倍遞減也、層層皆必
如此、即如升高至二十里、其天氣之稠、不過四分之
一、升至四十里、其稠只十六分之一、餘可類推、其式
如左、

升高里數、按恒數遞加、	天氣之稠按倍遞減
二十	$\frac{四}{一}$
四十	$\frac{十六}{一}$
六十	$\frac{六四}{一}$
八十	$\frac{二五六}{一}$
百里	$\frac{一〇二四}{一}$
百二	$\frac{四〇九六}{一}$
百四	$\frac{一六三八四}{一}$
百六	$\frac{六五五三六}{一}$
百八	$\frac{二六二一四四}{一}$
二百	$\frac{一〇四八五七六}{一}$

天氣高有界限

問、天氣之高、有界限否、
答、按上文遞減層次無盡、則天氣雖愈高愈薄、亦該無
盡、然至極薄之處、其相驅之力少、被地之吸力與空
中之冷相抵、故不復漫散、判然有界限也、是知星宿
之間、空然無物、故運行無阻、出沒無差也、
十問、若能掘井通至地心、其內天氣之稠若何、

天氣愈低愈稠

答、必按倍遞加、蓋與升高相反也、下至百里、其稠如水、
百五十里、則重如黃金、
問、前有法國人駕飛車、攜風雨表上升、見其水銀漸退、
僅賸十二寸、其上下天氣多寡若何、
答、按洋尺表內水銀在地面應高三十寸、僅賸十二寸、
則其上賸天氣五分之二也、
蓋十二＝$\frac{五}{二}$×三〇也、
問、計高至結冰、按南北度數、所差若何、
答、離地上升、愈高愈冷、故無論南北、最高山頂、常年積

恒雪線

雪、惟赤道之下、熱氣最盛、離赤道或南或北、熱氣漸次差少、故他處不必如赤道下之高、始可常年積雪也、若細爲查核、則恒雪線自赤道以南以北、漸低而下、直近二極、即不離平地、圖中甲丙丁爲地面、其上之碎線、即恒雪線也、計其高低、標之於左、

南北度數	○度	十	二十	三十	四十	五十	六十	七十	八十
恒雪線高低	一千一十二丈	一千○七六	九百七九	八百二八	四百四四	四百四七	三百六二	二百○十	九丈

天氣中含水氣

問、天氣中含水氣多寡何如、

答、愈熱愈多也、理應如此、蓋水愈熱愈化爲氣、且天氣愈熱愈稀、故其間容水氣愈多也、是以凡有熱風遇冷風、天氣即縮、水氣即凝而雨下也、在三十二度、天氣若干、水氣只爲一五○一、至九十三度、則爲二十一、是天氣愈熱、水氣按倍遞加甚速、冬令雖加熱十度、水氣所加無幾、惟至夏日忽加熱十度、則水氣所加極多、故夏日忽作炎蒸、每致暴雨

計吸水管之力

問、吸水管用力若何、以下水管數段、似應屬之水學、茲歸氣學、以其力由天氣也、

答、雖賴天氣下壓、所用之力、仍與提水管無異、即與其水

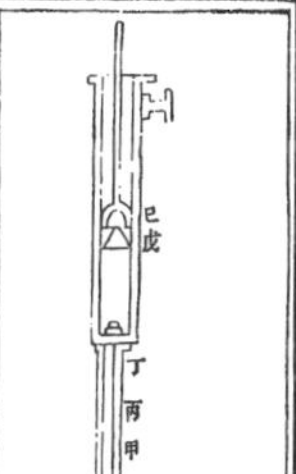

之觔兩等也、蓋水上升二丈九尺、無非氣之下壓、有若干觔兩、上移其塞、即上提天氣若干觔兩也、夫上提管內之氣、管外之氣、於是下壓、令水隨塞而上、故所用之力、即與上提若干水無異也、此理所必然者、復可以測算證之、以甲丙尺寸爲子、水所以升至丙、惟管中之氣漲入戊已、其漲力即二九丅子、乃其活塞被氣上托之力也、活塞被天氣下壓之力爲二九、蓋天氣足以壓托二丈九尺之水、輕重與之均勻、以此數減彼、

即二九丅(二九丅子)二子

其餘贌壓力、本與水之上升尺寸無差、故吸管中之氣、與上提若干水、其力無差、是知吸水管、並不省力、惟用力之法較便也、

計提水管之力

問、提水管用力若何、

答、既曰提水、則塞上之水、與活塞等件、一並若干重、須用若干力也、圖中吸水管之上節、即提水管也、若水深、則二者兼用爲便、

計壓水管之力

十五 問、壓水管用力若何、

答、較提水管少省、蓋提水必須活塞鐵條等件、一並上

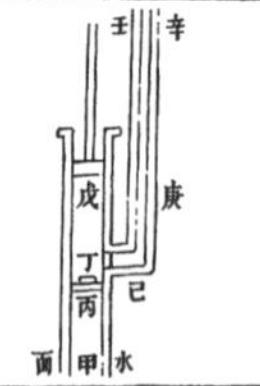

提、而壓水管則活塞等件、自然下壓爲用、有分兩若干、卽助力若干也、壓水管下節、常與吸水管相連、茲無庸再計、以其上節之活塞等件分兩爲寅、活塞之半徑爲辰、週圍比徑倍數爲卯、尺水之重爲已、正管中水高尺寸爲子、須用之力爲春、其水於旁管之高爲丑、下壓之力爲秋、計其上提之力、

則 $春二辰^{二}乂卯乂子乂己丄寅$ 欲計其下壓之力、

則 $秋二辰^{二}乂丑乂己丅寅$ 若知其水高尺寸、活塞徑線分寸、並活塞等件分兩、卽可以數計之、卯卽三·一四、寅卽七六、連吸帶壓、其力

卽 $春丄秋二(子丄丑)乂三.一四辰^{二}乂七六$、蓋上下寅之加減對消也、水龍之力、卽按此計算、

計蒸氣之力

問、蒸氣之力遞加若何、

答、氣愈熱、力愈加、氣愈稠、力愈大、其力卽按二者遞加、

其力按熱遞加

問、其力按熱遞加何法計之、

答、以水銀高下相抵而計之也、其按熱力加、所有層次、列之於左、夫氣中無水、故稠稀如一、惟因熱而加力也、

蒸氣熱至法倫表若干度數	能抵水銀若干寸數	蒸氣熱至法倫表若干度數	能抵水銀若干寸數
三十二	○·二○	六十	○·五十二
三十五	○·二二	六十五	○·六十·
四十	○·二六	七十	○·七十二
四十五	○·三十	七十五	○·八十五
五十	○·三六	七十八	○·九十四
五十五	○·四十三	八十	一·○一

式按洋尺

七、

其力按稠遞加

問、蒸氣按稠稀加力若何、

答、水熱至二百十二度、化氣則漲至一千七百倍、此除天氣以外、無所被壓、雖加以烈火、其水不增熱、惟化氣而散也、若煮水壓之、不令氣散、水與氣皆可增熱、斯其加熱加稠、至於四百十九度、氣比水漲、不過三十七倍、至五百度、其漲不過水之加倍、則水若干尺寸化氣、不過尺寸加倍而已、其氣如此之稠、如此之熱、漲力甚險、幾乎與火藥相等、蓋若忽然放出、必漲至六百五十倍、若煮水能壓之、勿令稍漲、至熱極則寸水化而爲氣、其力足抵一里半高之水銀、每方寸受力、幾乎三萬觔也、其力遞加、層次標之於左、

按蒸氣熱至法倫表若干度數、能抵天氣之壓力

若干倍數、

熱表度數	天氣倍數	熱表度數	天氣倍數
二百十二	一	三百八十七	十四
二百五十	二	三百九十三	十五
二百七十五	三	四百十八	二十
二百九十三	四	四百三十九	二十五
三百〇七	五	四百五十七	三十
三百二十	六	四百七十三	三十五
三百三十一	七	四百八十六	四十
三百四十一	八	四百九十九	四十五
三百五十八	十	五百一十	五十
三百七十四	十二		

卷七算學第二章凡十七問

光按遠近等差

第七卷算學協助格物

第三章測算光學

按第三卷火學論熱論光茲祇測算光學因熱氣發散直射返照皆與光學同餘無庸計算

問、光之濃澹按遠近等差若何、

答、按其遠近成方反比也、蓋光性直射四週散開布置均勻、若知其遠近、計其多寡、即無所難、如設燭於甲、

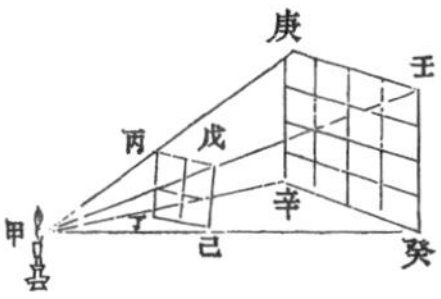

以方板小塊置於丁、即遮大板之在辛者、蓋其光按甲癸甲辛之線直射故也、若移開小板、其光盡照大板、不過散而較澹耳、復以小板移近燭光隔之、則其光全歸小板而較濃、是若則濃若則澹、

即按二方之反比明矣、其光於己癸二處之濃澹、以子丑代之、

則 子:丑::壬癸^2:戊己^2 然甲戊己、甲壬癸之三邊形既爲相類、則 甲癸:甲己::壬癸:戊己 故 子:丑::甲癸^2:甲己^2 即二處之濃澹、如其遠近之成方反比、

是也、是以其方板離光少許、其光卽隨減若干、離至加倍、其光不過四分之一、離遠四倍、只賸十六分之一、至離八倍、則僅賸六十四分之一、若移近加倍、反爲加濃四倍、移近千倍、加濃百萬倍、故距太陽三百萬里、其光比地上十萬倍也、復移近之、其明其熱、更當何如哉、

離物稍遠明似無差

問、光之濃澹、既隨遠近、大有差別、及目視物、似無甚差者、何也、

答、蓋因其物愈遠、愈覺收小、亦按成方反比之例也、依圖言之、目在甲注視壬辛方板、則光由板上返照入目、若小板近目、光卽滿蔽、蓋其板小四倍、若近目加倍、障之必嚴、光雖四散、而僅賸四分之一、其明固無差、若移近十倍、其光卽減少百倍、物影亦收百倍、而其明無差也、若空然無氣阻蔽、則實有此理、然天氣略能阻光、視物漸遠漸覺模糊、其等差詳於下文測算　夫目之

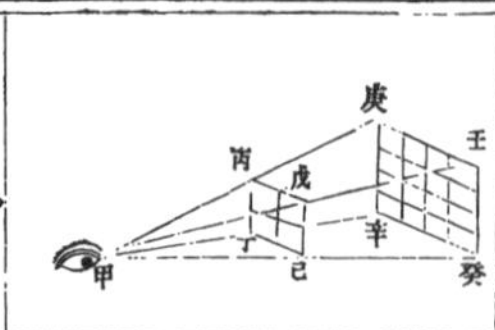

觀物、與藉光視他物、確有分別、蓋其觀雖略遠、明則不差、藉光讀書、稍遠卽難明徹、皆由其濃澹按成方反比也、二者事反而理同、

天氣阻光令明漸殺

問、天氣若能稠稀均勻、其阻光令明漸殺、等差何如、

答、其漸殺等差、按乘法遞減也、比如天氣一層若干厚、稠稀均勻、以平面分爲無數薄層、光透上層、所減阻爲$\frac{寅}{一}$所出爲$一\,丅\,\frac{寅}{一}=\frac{寅丅一}{寅}$　其透第二層、復失其$\frac{寅}{一}$、卽$\frac{寅丅一}{寅}\times\frac{一}{寅}=\frac{寅丅一}{寅^{二}}$　其透第二層而出者、卽$\frac{寅丅一}{寅}\,丅\,\frac{寅丅一}{寅^{二}}=\frac{(寅丅一)^{二}}{寅^{二}}$　其透第三層而出者、爲$\frac{(寅丅一)^{三}}{寅^{三}}$餘可類推、則各層之光、按乘法遞減、其式如左、

一層	二層	三層	四層
$\frac{寅丅一}{寅}$	$\frac{(寅丅一)^{二}}{寅^{二}}$	$\frac{(寅丅一)^{三}}{寅^{三}}$	$\frac{(寅丅一)^{四}}{寅^{四}}$

率皆如此、以入每層之光爲實、以$\frac{寅丅一}{寅}$爲恒法、乘之卽入次層之光、所謂按乘法遞減、光透體質稠稀均勻之物、皆按此理也、

平鏡返光之理

問、光之照於平鏡面、其返照何如、

答、其來光若平、其返光亦平、其來光或散或聚、其返光之散聚亦皆然、

光平來平返

五　問、於平光何以辨之、

答、假如甲乙戊已爲二線平光、其返照亦必平、蓋甲乙辛、戊已辛二角既均、則丙乙壬庚已壬、二角亦均、二角既均、二線必平、

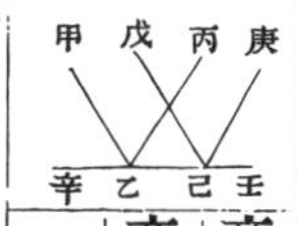

問、二線平光、若不同一平面、其返照平否、

答、仍然平也、設甲乙戊已不同一平面、與乙已各垂直線、則甲乙丁之面、與丙乙已庚之面

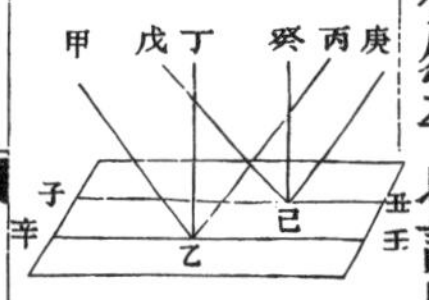

相切於丙乙、甲乙戊已本係平線、丁乙癸已亦平、則甲乙丁、戊已癸、二角等、此四線兩兩相平、則甲乙丙、戊已

庚二面亦相平、二面被丙乙已庚之面所切、其所切之線亦相平、癸已庚、丁乙丙、二角即等、癸已庚既與戊已癸等、則丁乙丙與甲乙丁亦必等、乙丙即爲甲乙返照之路、與已庚相平也、

光之聚散返照亦然

問、其光照於平鏡、或散或聚、其返照何如、

答、其返光之散聚、即與來光相同也、設有光二線、自甲照於乙已、返照於丙庚、則甲乙甲已相離度數若干、乙丙已庚相離度數亦若干也、自甲垂線至丁、引乙丙使與甲丁相接、則甲乙戊與丙乙壬等、丙乙壬與

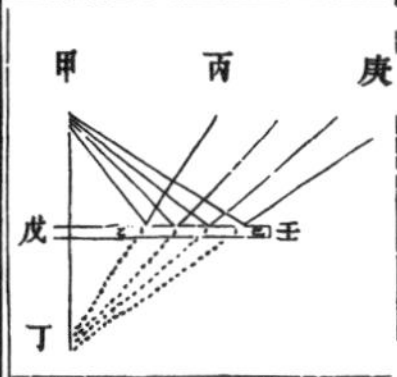

戊乙丁亦等、故甲乙戊、戊乙丁、三角相同、其句爲戊乙二形共之、則甲戊戊丁二股亦等、故乙丙已庚之光返照方向、正如自丁而發、相離度數與自甲而發無異、故其來光之眞源、距鏡若干、即其返光之虛源、亦入鏡若干也、至於二線之光相聚而照、欲究其返照方向、即與此論相反也、即如二光自丙庚而發、照於乙已、其返照必歸至甲、相斜度數、與歸至丁無異也、

凹鏡返光之理　鏡面如球　聚光半徑之中

問、凹鏡形若球面、平光照之、返照何如、

答、其光距鏡軸不遠、則所聚光心、於鏡面鏡心居中、蓋

以甲爲鏡心、癸爲光線、經甲而照於戊、其必返照至癸、若更有平光自壬照於乙、其必返照於丙、蓋甲乙丙、甲乙壬、二角相等故也、於乙畫庚已之切線、二光既平、則甲乙壬、乙甲戊二角必等、而乙甲戊與甲乙丙亦等、夫三邊形二角既等、其相對二邊必等、是知

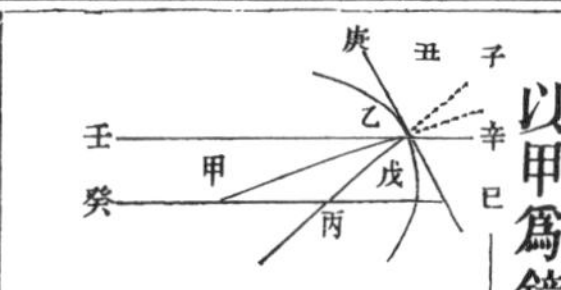

甲丙與乙丙等、然甲乙已、甲乙庚皆直角、除甲乙丙、甲乙壬、則丙乙已、壬乙庚等、壬乙庚、丙已庚復等、故丙乙已亦等、而丙乙丙已之二邊均長、若二光相離甚近、則弧切無差、丙已即無異於丙戊、既與丙乙等、

與甲丙亦等、故其光心卽在居中也、

問若平光照鏡距軸稍遠其返照何歸也

答其光必聚於與鏡同中之球面也蓋其光之照於鏡軸相近者既歸半徑之中則凡有平光照於他處者亦歸半徑之中光心各點合成球面是也如圖中光照於戊相近既歸至丙其平光或離稍遠卽返照成光心於丁丙巳之各點多點合成一線多線合成球面、

鏡面若拋物線返光皆平

十問鏡形若拋物線其平光返照何如、

答皆歸中心也其鏡若球形平光與鏡軸相近者必統

歸一處卽半徑之居中若離軸稍遠則不盡一處惟

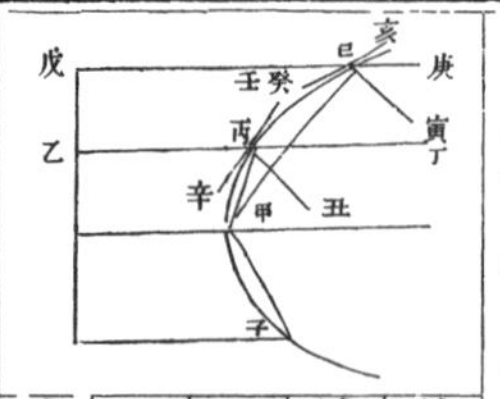

鏡形若類拋物線平光照之無論離軸遠近皆歸一處以子丙巳為鏡面庚巳丁丙為二線平光則二線光必返照於甲蓋按拋物線之理凡線與軸相平者與切線交成角必等則丁丙壬與庚巳亥等其來光之角等反照之角亦等丑丙甲與寅巳甲等則丁丙庚巳二光必返照於甲餘可類推卽知平光莫不歸於甲或設燈光於甲其返照必平行不散故能射遠海涯建造光塔每用拋物線鏡職是故也、

平鏡成影之理

問物於平鏡成影其影見若何、

答其物距鏡若干、其影卽入鏡若干、其影與物均大、且

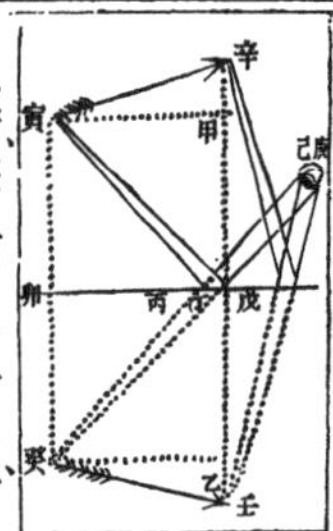

其物與鏡成角若何其影成角亦相等、如圖中寅辛為物、寅端卽見於癸按上文第六問癸卯與寅卯等辛端見於壬而壬戊辛戊等寅辛二端之間各點皆然莫不見於壬癸之間則其物距鏡若干其影必入鏡若干明矣壬戊既與辛戊等而壬戊癸辛戊庚又等則各邊各角皆等影與形均大至其與鏡成角

若何晝寅甲癸乙二線與鏡面相平則辛甲乙壬等壬癸乙甲寅辛之三角形必相肖故壬癸乙甲寅辛二角等其物若直立其影卽顛倒相對其鏡若與地相斜四十五度而其物與地相平則影必直影形與鏡面成角相等也、

影形方差度

問其影自平鏡重返相差度數若何、

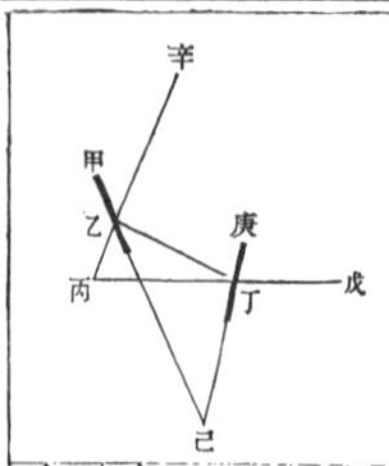

答二鏡成角若干度其來光返光二線成角加倍也如物在辛二次返照卽影現於戊戊丙辛是影形所差方向卽謂方差度而加倍於甲巳庚蓋

丙乙己與甲乙辛等、甲乙辛與丁乙己亦等、因直照返照二角均勻也、丙乙丁即丙乙己加倍也、戊丁庚丙丁己等、丙丁己復因直照返照二角均勻、即與乙丁庚等、乙丁戊即加倍於乙丁庚、其等數之式如左、

丙乙丁＝二丁乙己

乙丁戊＝二乙丁庚

戊丙辛丄丙乙丁丄乙丁丙＝乙丁戊丄乙丁丙

因三角共合二直角故也、

去乙丁丙、則

戊丙辛丄丙乙丁＝乙丁戊

戊丙辛＝乙丁戊丅丙乙丁

＝二乙丁庚丅二丁乙己＝二乙己丁

故

戊丙辛＝二甲己庚

則影形相差度數加倍於二鏡也、

問、按此理鏡依軸轉、影動何如、

答、其鏡旋移若干度數、影必旋移加倍、蓋一鏡折轉其軸、即與其故位成角、與二鏡無異、故鏡與物對立、影亦直立、鏡旋移四十五度、直立即成平臥、平臥反成直立、與上第十一問之理同、

問、按此理造有何器、

答、此乃紀限儀測天之器也、以平鏡二面、一靜置一動轉、相斜成角、此接星光而彼接返光、其重返成影、所差度數加倍、即如鏡轉二十度、方見星於地平、便知星高四十度也、故重返星光四十五度之器、即可測量九十度也、

平鏡影形大小比例

十五 問、物與鏡平、其影形大小與鏡相比何如、

答、其鏡之大小比其形、如返照一線之長、比直照返照二線之共數也、設甲乙爲鏡、其物在戊丁、影在己庚、

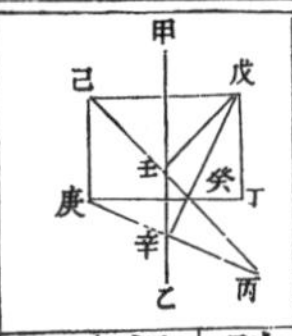

則壬辛上下之鏡無涉、祇以壬辛與戊丁相比、以己壬庚辛二線引至丙、

則

壬辛∶庚己∷丙壬∶丙己

庚己戊丁均、壬己復與壬戊均、故

壬辛∶戊丁∷丙壬∶丙壬丄壬戊

壬戊爲直照之光、丙壬爲返照之光、丙己爲直照返照二線共合、其理即驗也、丙壬若爲丙己之半、壬辛即爲戊丁之半、故平鏡與人身高一半、即能現全身、使本人自見之、至他人亦見之、移遠即不全見、若移近、其

鏡雖更小、亦能全見、蓋目近影大、以小鏡現大物、即按此比例也、

凹鏡聚熱之理

問、以凹鏡聚熱何如

答、其大者於光心聚熱極甚、雖金類之最堅者、皆可鎔化、古有博物士阿幾密底者、以凹鏡返光燒燬羅馬國兵船、按其必非現時所謂凹鏡者、蓋鏡面如拋物線如球皮者、其光心離鏡不過數尺、想其所謂凹鏡者、乃平鏡數十面相合、使光聚一處、仍可遠射、法國步方氏曾試之、以方平鏡一百五十餘面、砌成瓦式、使之中凹、嚴絲合縫、以之焚燒物件、雖離物二百五十尺之遠、仍可聚火燒之、

釋折光之理

問、光之透物而被折、其理何如、

答、二物體質若有稠稀分別、其光自此入彼、必被折回、改移方向、其內外二角正弦、恒有定比、即如寅辰丙辰二光線、於辰透水、其一即折至戊、其二即折至巳、比例如左、

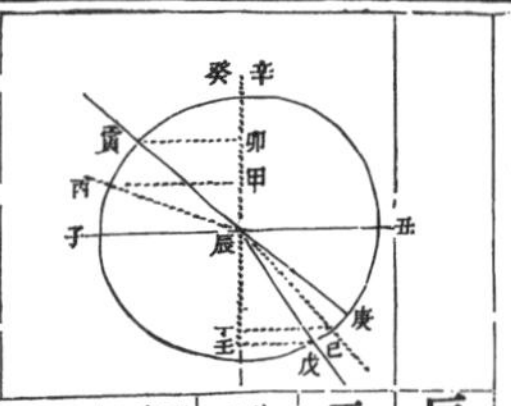

甲丙：巳丁：：寅卯：壬戊

即內外二角之正弦、恒有定比也、

無論自何度而入皆然、欲驗之、則以器如球形、盛水半滿、其上開鑽小孔、只容一線之光入水、即可量其內外二角之正弦而比之也、自天氣入水二角之正弦、即如四：三、入玻璨、即如三：二、入硫磺、即如二：一、蓋各有折光之力不同也、以內角之正弦為一、論水則外角之正弦即一·三三、論玻璨則為一·五、此謂折光之力也、至光之直照、左右皆成直角、則其外角正弦為無、故不論其透何物、皆不被折、惟有斜入則被折也、其各物折光之力、即標於左、

鉛丹	二·九七
紅鋯	二·五六
金鋼鑽	二·四三
光藥	二·二二
硫磺	二·一五
水晶	一·五四
琥珀	一·五四
玻璨	一·五三
橄欖油	一·四七
明礬	一·四五
磺硝各酸	一·四一
酒精	一·三七
水	一·三三
氷	一·三〇

驗折光之法

問、以三棱之物試驗折光之理、何如、

答、以其物作成三棱形、一面與地平、一棱向下、即謂折光之角、有光於丙入、被折至庚、出而復折至辛、以丁丙辛庚二線引至子、則庚子癸即為其方差度、其折光度以春代之、二角若小、相比即如其正弦、以上文所說內外二角相比、

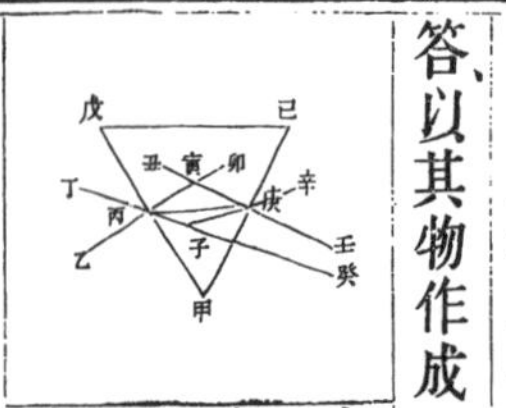

則

卯丙子：卯丙庚：：春：一

蓋

卯丙子＝丁丙乙、

故也、

卯丙子丅卯丙庚：卯丙庚：：春丅一：一

則

庚丙子：卯丙庚：：春丅一：一

至光出比例相同、

故

丙庚子：丑庚丙：：春丅一：一

二式合之、則

庚丙子丄丙庚子：卯丙庚丄丑庚丙：：春丅一：一

然

庚子癸＝庚丙子丄丙庚子

卯寅庚＝卯丙庚丄丑庚丙

則

庚子癸：卯寅庚：：春丅一：一

寅丙甲庚之四邊形、其內之四角既合爲四直角、而其左右二角既皆直角、

則

二直角＝丙甲庚丄丙寅庚

二直角＝卯寅庚丄丙寅庚

卯寅庚＝丙甲庚

以此易彼、則

庚子癸：丙甲庚：：春丅一：一

春丅一＝$\frac{丙甲庚}{庚子癸}$

其鏡若玻璨、

春＝$\frac{二}{三}$一

庚子癸＝$\frac{二}{丙甲庚}$

則方差度、卽爲折光角之半也、欲得某物折光之度、卽量其方差角、以折光角約之而加一、

光透平鏡出入相平

蓋

春＝$\frac{丙甲庚}{庚子癸}$丄一

問、有物二面相平者、光透之而被折、何如、

答、其出路與其入路必相平也、蓋光之入也、雖被折改道、至其出也而被折、則復回原向、與其出路仍然相平、設若丙辛爲玻璨一塊、二面相平、一線之光於辰而入、自寅而出、則寅己必與甲辰相平、蓋於辰寅二點各垂直

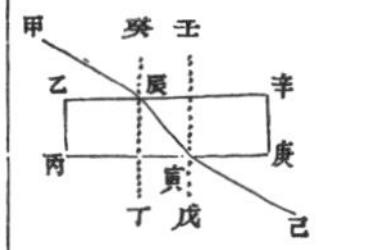

線

則

丁辰寅＝辰寅壬

兩邊折光度既等、則

丁辰寅正弦：甲辰癸正弦：：辰寅壬正弦：戊寅己正弦

然

丁辰寅＝辰寅壬

故

甲辰癸＝戊寅己

光之入路與出路、既與二平面相交成角均等、則二線必相平明矣、

凸鏡影形大小比例

二十

問、以凸鏡視物、其大小何法計算、

答、其物之大比影之大、正如物之距鏡比其影之距鏡也、蓋庚戊辛甲戊乙二形相類、

凸鏡光差度

比例既如此至其方積則影形相肖卽相比如其離

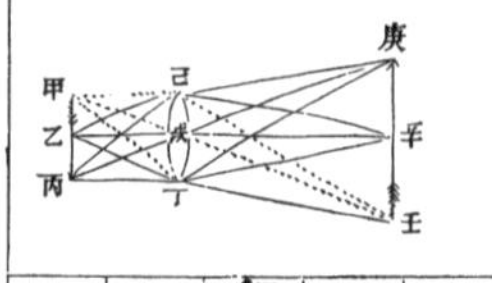

卽有 庚辛：甲乙：：辛戊：乙戊 故 庚壬：甲丙：：辛戊：乙戊 其物之徑與其影之徑

鏡遠近成方故其物離鏡愈近其影愈見方大也此無關鏡之大小惟二鏡之面若不均凸其折光不同其影形遠近大小之比例亦自不同矣

問凸鏡不盡聚光於一處何也

格物入門　卷七　算學三章　測算光學　三八

答因其光透之而被折分度不等設若壬寅爲凸鏡光

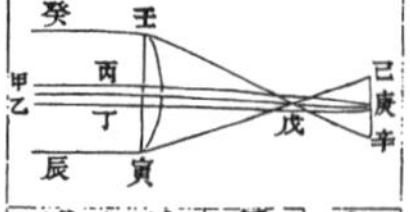

自甲乙透之既離中不遠則交凸面幾成直角而聚於庚其光自癸辰與凸面相交愈斜被折愈多卽聚於戊相較而散至己辛凸鏡成影當中卽明外邊稍覺模糊職是故也庚戊謂光差度其鏡若一面平一面凸光自平面而入則其差度卽爲其鏡之厚薄四倍半若光自凸面而入則差度只有一倍有奇故用此等鏡者凸面應向其物至雙面凸鏡其差度則倍半有餘按此則鏡質極薄而遮其外邊使光從中透影乃眞切不致模糊

其鏡面如球皮當中折光則少四週折光儘多故此等鏡單用不能無光差惟算學家已究得他式可無其弊蓋鏡面如撱圓或如雙線之式則其光盡聚一處可不散矣雙線圖附撱圓詳於下文

雙線鏡式

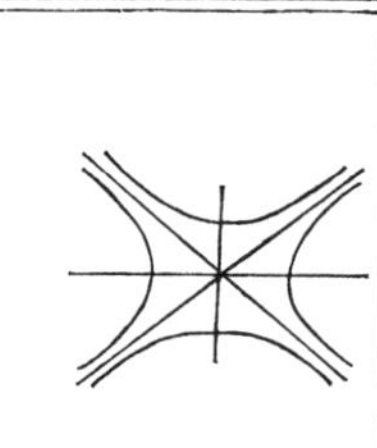

雙線圖式上下左右相對成雙而四線之內任舉一皆名雙線也

問鏡面如撱圓式者應如何方使光線盡歸一處

撱圓鏡式

答其撱圓二心之相距比其長徑如內角正弦比外角正弦則光盡歸一處也

格物入門　卷七　算學三章　測算光學　三九

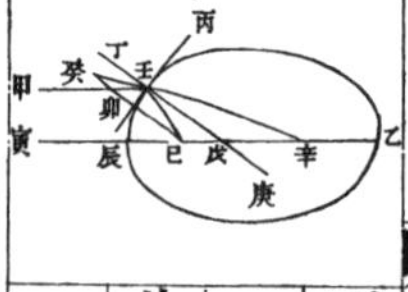

此卽 辛己：辰乙：：內角正弦：外角正弦 設光自甲照壬與長徑相平自壬畫線通二心復畫丙卯切線再畫丁庚癸巳與丙卯正交

則 ∠卯壬巳 = ∠丙壬辛 蓋按撱圓之理勿論其切線於何處此二角恒等

卽知壬卯癸、壬卯己皆爲直角、則壬卯左右之（癸壬卯＝辛壬丙）三邊形均等、而（癸壬＝己壬）夫（乙辰＝己壬⊥辛壬）蓋由橢圓之理也、故（乙辰＝癸辛）以此易彼、則（正弦外角：正弦內角∷癸辛：己辛）丁庚癸己旣相平、辛壬戊、辛癸己二形相類、

則（癸辛：己辛∷壬辛：戊辛）然（正弦外角：正弦內角∷正弦辛癸壬：正弦辛壬戊∷壬辛：戊辛）蓋二邊相比、如其對角正弦、故也、

且旣（正弦辛壬＝正弦寅壬）而（壬戊寅＝丁壬甲）故（正弦甲壬丁：正弦辛壬戊∷壬辛：戊辛）然光自甲照於壬、甲壬丁、卽其未折之角、辛壬戊卽其旣折之角、其光卽該自壬折至辛、勿論照於何處、皆該如此、是知其光盡歸一處也、

月牙鏡式

問、上節辨鏡之外面折光、其被裏面復折、恐致差誤、何法防之、

答、令其裏面如球皮、外面如橢圓、其聚光卽無差也、蓋

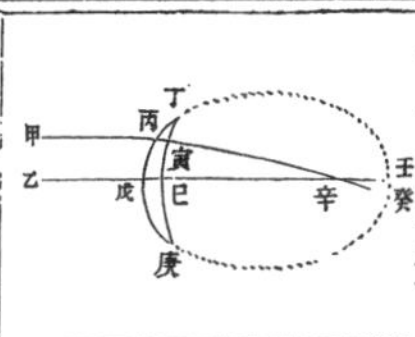

橢圓鏡之折光、前已辨明、茲則以其裏面如球不折光、復推論之、設若丁庚係此等之鏡、隨其外面畫成橢圓、復以辛爲中、隨其裏面畫成圓線、按上節甲丙之光被外面折向鏡心、光自丙而入、便被折、自寅而出卽不被折、因丁巳庚係圓線之弧、其中在辛、故凡線自外向辛者、皆與其切線正交、是以丙寅之光不被折而仍

歸至辛、誠能按此式造鏡、則其光必盡聚一處、而影現眞切、祇以此式之鏡、難以磨成、故窺遠顯微等鏡、仍式球面、惟另須設法、以防其散光差度、卽如以大小二鏡配合得當、則其差度相消矣、（鏡之內外曲線不同、卽謂月牙鏡）

光色之故

問、各物之有各色者、由於何故、

答、由於其體質、能分析光之各種、令若者存而若者返、所存者卽變化而不再爲光、所反者入目其物始見、返一色之光者有之、並返數色之光者有之、不但見紅黃綠之各色、一物而兼數色者亦有之、至其返光

之故、或由於其微質粗細排列不同、蓋化學常見無色之物攙和而生色、且其有色者隨冷熱而變其色、甚至一物隨厚薄變色者亦然、始知色外而體內、色變而體常也、

物隨厚薄變色之理

二十五 問物之隨厚薄變色者何以見之、

答於水沫起泡常見五采、小兒嬉戲常以水和松香吹之提之、漂作水毬、不但輕而上浮、而其外面眩發五采、更有雲母千層石等物、自然分爲極薄之片、呈現各色、此皆物之菲薄成色者也、至於水毬、其厚薄漸移、其色隨時變遷不定也、

驗薄物變色之法

問以玻璨鏡驗之何如、

答牛董曾以二鏡驗之、用此之凸面壓於彼之平面、其相接之處、遂見其光層層圍繞現出各色、壓之愈緊、色圈現出愈多、其居中相依之處微黑、外見各色、近則明、遠則澹、

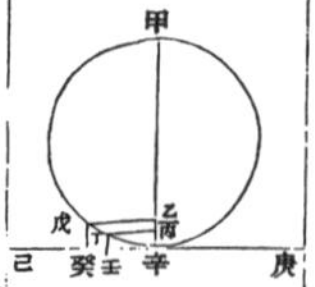

漸至於白、牛氏謂其所以現色者、惟因二鏡之間有氣一層、中邊離有近遠、氣即漸分厚薄、其所以層層圈成各色、蓋因凸面如球皮也、牛董量其各圈之徑、知其成方相比、如一三五七各數遞加、且二鏡之間層氣之厚亦如是遞加、蓋以凸鏡之面畫成圜式、則甲辛爲其直徑、以辛癸辛壬爲色圈之半徑、丙辛乙辛爲各層之厚率、

辛乙×乙甲＝乙戊^{二}

辛丙×丙甲＝丙丁^{二}

則

辛乙×乙甲：辛丙×丙甲∷乙戊^{二}：丙丁^{二}

然乙辛丙辛二元、比甲辛甚小、即可以甲乙甲丙換甲辛、則

辛甲×辛丙：辛甲×辛乙∷丙丁^{二}：乙戊^{二}

此二率共一元、即可去之、而其比例如左、

辛丙：辛乙∷丙丁^{二}：乙戊^{二}

按此即可計算各層之厚薄、按牛董計算天氣其厚若不及寸中之$\frac{三}{百萬}$即不返光而無色、天氣厚過$\frac{七三}{百萬}$並返各色而爲白、其厚於二數之間者、擇色而返之、即見色有不同、水與玻璨等物、莫不歸此理、而其數各有不同、故見極薄之物、即可由其色辨其厚薄也、夫返光之色如此、至透光即其相成之色也、即如凸鏡所倚之處、對面視之

則白色圈、則外邊反見黑、其色圈以透光而見者、各層之厚薄、即按二四六之陰數、返光而見者、其厚即按一三五之陽數也、

卷七算學第三章凡二十六問

第七卷算學

第四章測算力學

論吸力

問、地球之吸力、按遠近等差若何、

答、二處之吸力相比、即如二處距地心之成方反比也、

吸力通例

蓋地既球形、其吸外物、正如一球之體、盡在地中、故測算吸力、必自地心而起、夫吸力既本地心而散布六面、其離開地心愈遠、力則愈少也、其漸遠漸殺、必按遠近成方反比之例、設地心在甲、其力四週散布、如光之普照然、於己癸二處、以二面相平而接之、則其力自甲而發、正如甲戊壬甲己癸之各線、而丙己癸庚二方所受之力相等、以光比之、有光自甲發、則丙己之方小、而其光濃、癸庚之方大、而其光澹、二方所受之光、終覺無差、蓋丙己足以遮癸庚也、吸力亦然、丙己所受之力、散布於癸庚、而二方所受之力無殊、然舉各方一寸、其吸力正與二方之大小相反、若其遠者所受之力為春、其近者所受之力為秋、則 春:秋::戊己^2:壬癸^2 然甲戊己、甲壬癸二形相類、則 戊己:壬癸::甲己:甲癸 戊己^2:壬癸^2::甲己^2:甲癸^2 故 春:秋::甲己^2:甲癸^2 是知

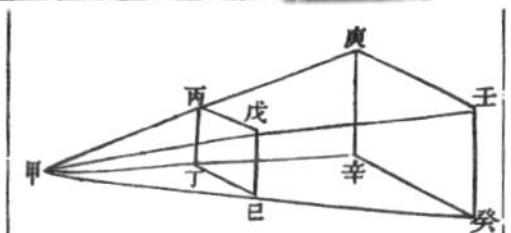

物離地漸高漸輕之例

二處之吸力相比、即如二處距地心之成方反比也、

設有物離地如月之高、其重較地上應 $\frac{一}{三六〇〇}$ 蓋 $半徑：六十半徑∷一：六十$

則 $春：秋∷(一)^{二}：(六十)^{二}$ $春二秋\times\frac{一}{三六〇〇}$ 故三千六百觔之物、祇重一觔、

問、升高若干、物較輕若干、何法計算、

答、亦按其離地心遠近成方反比之例也、其離地心較地面數倍則易算、若不足一倍則有奇零、而計之稍煩、設地心在甲、地面在己、物於己分兩爲秋、於癸分兩爲春、

則 $春：秋∷甲己^{二}：(甲己⊥己癸)^{二}$ 以地之半徑爲子、其物所升之路爲丑、則 $秋：春∷(子⊥丑)^{二}：子^{二}$ $∷子^{二}⊥二子丑⊥丑^{二}：子^{二}$

若丑較子極小、丑方必更小、不計可也、則 $秋：春∷子^{二}⊥二子丑：子^{二}$ $∷子⊥二丑：子$ $秋：秋⊤春∷子⊥二丑：子⊥二丑⊤子$ $∷子⊥二丑：二丑$

$秋⊤春二\frac{二丑\times秋}{子⊥二丑}$ 假如丑爲洋里之半、則 $秋⊤春二\frac{一\times秋}{四〇〇〇⊥一}$ $二\frac{秋}{四〇〇一}$ 是知升至三百

丈之高、其物減重不過四千分之一

空球之內無所吸移

問、設地爲空球、置物空中、其被吸若何、

答、毋論其居正中、或居偏旁、其被吸之力必爲均勻、故定而不移也、設戊丙庚己爲空球、置物於甲、以平面於甲、分球爲兩段、則各段爲無數圓錐、於甲顛倒相合而成、正如丙甲丁、巳甲庚、頂於甲、底於球面、其底既甚小、可視之爲平面、其方積即如其徑方、丙丁、巳庚、既爲甚小、

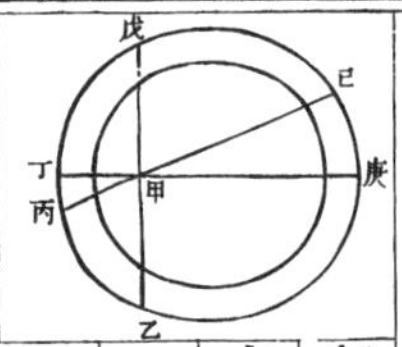

則可以 $甲丙二甲丁$ $甲庚二甲己$ 甲

之左右二角既均、則丙甲丁、巳甲庚、二形相類、故 $甲丙^{二}：甲己^{二}∷丙丁^{二}：庚己^{二}$ 吸力既如其質、二底之質、若爲春夏、則 $春：夏∷甲己^{二}：甲丙^{二}$ 以甲丙 $甲丙：甲己∷丙丁：己庚$

爲子、甲己爲丑、則 $春：夏∷丑^{二}：子^{二}$ $春\bowtie丑^{二}$ 二形之吸力、若爲寅卯、則 $寅：卯∷春：夏$

$寅\bowtie春$ 復如遠近成方反比、則 $寅：卯∷丑^{二}：子^{二}$ $寅\bowtie\frac{春}{丑^{二}}$ 上文則 $春\bowtie丑^{二}$ 故 $寅\bowtie\frac{丑^{二}}{丑^{二}}$ 不論

物入地漸深漸輕之例

丑之大小卽無異、二錐如此、其餘盡然、是知物置空中離球面無論遠近、被吸之力無異、故定而不移也、

問、物於地內、其被吸若何、

答、其被吸之力、如其距地心之遠近正比、設其物居地心則六面被吸均勻、而其物定也、若居偏旁則其以外之地吸力相消、故其所受之力、惟自內而發、漸近地心則受力漸少、故物從外面墜地、雖愈近愈重、若

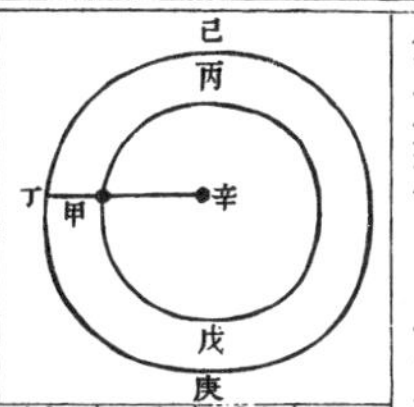

能入地向地心、愈近則愈輕也、至於地心則分兩全無、假如其物在甲、按上節所論、已丁庚一層正如空

球之皮、吸力對消、而其物惟受丙甲戊一球之力、正比則按質之多寡、反比則按遠近成方、

故 $力 \bowtie \frac{質}{(半徑)^{二}}$ 然一球之質、卽按其半徑之立方、則 $質 \bowtie (半徑)^{三}$

故 $力 \bowtie \frac{(半徑)^{三}}{(半徑)^{二}}$ $力 \bowtie 半徑$ 是其吸力、正按其離中遠近、若能鑽孔通地心、置物其中、移下一半、則較輕一倍、其升高反加分兩亦復如此、

論動靜

物行平速之例

五、問、設物平速而動、其路若干、

答、其路必按時、速相乘、蓋其速卽其一杪內所行杪數、愈多、其路亦愈多、故以二者相乘而得之、卽如每杪物行四丈、則十杪必行四十丈、其恒式卽爲 $路 = 時 \times 速$ 則 $時 = \frac{路}{速}$ $速 = \frac{路}{時}$ 若此物 $路 = 時 \times 速$ 則他物之時速、與路亦然、故 $\dot{路} = \dot{時} \times \dot{速}$ 加點以別之、則 $路 : \dot{路} = 時 \times 速 : \dot{時} \times \dot{速}$ 故 $路 \bowtie 時 \times 速$ $時 \bowtie \frac{路}{速}$ $速 \bowtie \frac{路}{時}$ 路

若有定限、則 $時 \bowtie \frac{一}{速}$ $速 \bowtie \frac{一}{時}$ 卽時速反比也、凡平速而行者、其速其時其路、莫不準此而計也、

問、物之動力何法計算、

答、由質速相乘而得也、蓋其微質二點均大、而其力或有異、惟因其行有遲速之分、其衆點共合亦然、

故 $力 = 質 \times 速$ 設彼物質速與此不同者、則 $\dot{力} = \dot{質} \times \dot{速}$ 故 $力 : \dot{力} = 質 \times 速 : \dot{質} \times \dot{速}$ 故 $力 \bowtie 質 \times 速$ $質 \bowtie \frac{力}{速}$ $速 \bowtie \frac{力}{質}$ 若質有定數、則 $力 \bowtie 速$ 若有定速、則 $力 \bowtie 質$ 若質與速反比、其力可計、凡動物之力、速與質互相連涉、莫不準此

物行漸速之例

而計也、

問、物之動、若施力不已、其理若何、

答、若無阻礙、其必漸加速也、蓋用力使物動者有二、陡力與恆力是也、力之陡施於物、雖一霎之間、亦必令之平速而行、若恆施於物、則如以陡力時時相繼、其行自然加速也、欲計其加速若何、則以其時分爲杪忽、其力之恆施於每杪每忽而施之無異也、設有二物均重者、受力同時、則 速:速::力:力 若其力同、而其時不等、則 速:速::時:時 故 速:速::力×時:力×時 是知 速∝力×時 即如一車以二十五觔之力、推至十杪、一車以十八觔之力、推至七杪、及至末杪、二車之速、即如二百五十、與一百二十六相比、此則幾乎加倍於彼也、

平速而行以四邊度之

問、物之以平速而動者、以面積度之何如、

答、其所過之路、即可以四邊形度之也、蓋 路=時×速 然圖中

四邊形、其方積 =甲壬×壬癸 以壬癸爲速率、而甲壬爲時率、其等數即與上同、如其物自甲至壬、須有四杪、第一杪 則 路=甲乙×甲丙 二杪 路=丙丁×丙戊 其三其四皆然、合之則四杪之 路=壬癸×甲壬

漸速而行以三邊度之

問、物行之速、按次遞加、以面積度之何如、

答、以三邊形度之也、設有物自甲行至戊、時有四杪、每杪加速均等、第一杪時爲甲乙、速爲乙己、

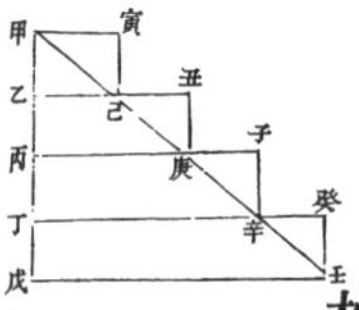

路=甲乙×乙己

各杪之路相比、即如乙寅丙丑丁子戊癸各形之積、蓋每杪加速、如己丑庚子辛癸各線之加長、四杪之路、統計爲四形共合、即甲戊壬癸寅之形也、然此爲五個三邊形合成、若以每杪分忽而其速每忽遞加、則甲壬以外之四形極小、若其速遞加無間、甲壬以外各形收小殆盡、惟賸甲戊壬之三邊形而已、

其積 二＝壬戊×$\frac{\text{二}}{\text{甲戊}}$ 是知物之速若漸加、其路即可以三邊形

度之、若以末速而行等時、其路必加倍於前、

墜地加速之例

十、問物之墜地、其速按次遞加、其理何如、

答、其路即按時成方、或按末速成方、或按末速與其時相乘、設若物自甲墜、以甲戊比其時、地之吸力既無間斷、其所過之路、即如甲戊丙之三邊形、所墜之時若爲甲乙所過之路、即甲乙丁之三邊形、若甲戊甲乙爲其時、戊丙乙丁即爲其末速、若比其面積、

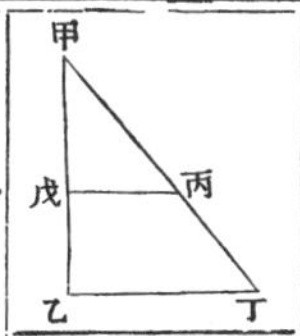

則 甲戊丙積:甲乙丁積::甲戊²:甲乙² 又 ::戊丙²:乙丁² 如 甲戊×戊丙:甲乙×乙丁 故 路:路::時²:時²::速²:速² 由此比例則 時⋈速 較比

各線、亦應如此、

蓋 乙甲:甲戊::乙丁:戊丙 既然 時²⋈路 若其時按加法遞加、如一二三四各時

末速即按乘法遞加、而爲一四九十六、其路亦如此、

其按次所過之路、即一三五七、蓋

四－一＝三

九－四＝五

十六－九＝七

上擲減速之例

問、物之上行、其速遞減何如、

答、即與物之下墜相反也、故其路其時其速、皆與上節之數相反、

平速加速相比

問、物之下墜若干時、若以末速平行若干時、其後路與前路相比何如、

答、必加倍也、以甲戊比其下墜之時、以戊乙比其平行之時、以戊丙爲其下墜末速、則其漸速之路、可以甲戊丙之三邊形度之、其平速之路、可以戊乙丁丙之四邊形度之、然二形均底等高、則此之面積、即加倍於彼

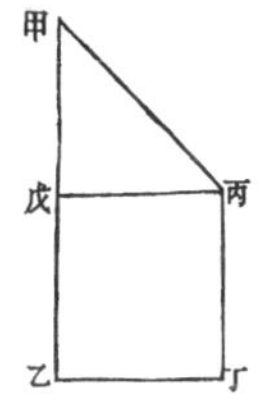

也、以代數彰之、

則漸速之 路＝甲戊×$\frac{\text{戊丙}}{\text{二}}$ 平速之 路＝戊乙×戊丙 亦加倍也

計物之下擲

問、物之下擲、何法度之、

答、物以某速某時下擲、欲計其所行之路、即將其平速應行之路、復加其自墜之路也、若其時爲甲乙、初速爲乙丙、則其平速所行之路、即應以甲乙丙戊之四邊形度之、然其被

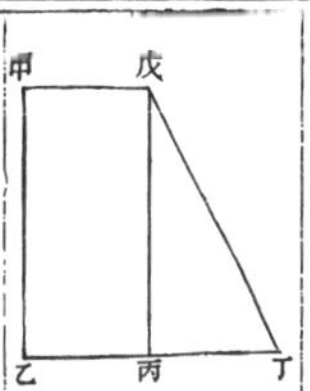

地吸而漸速、所加如丙丁、其因漸速而加之路、乃戊丙

丁之三邊形也其共路卽可以二形共合度之、

其爲平速之

路＝甲乙乂乙丙

其漸速之

路＝戊丙乂二丙丁

共

路＝甲乙乂乙丙丄戊丙乂二丙丁

計物之上擲

問、物以某速上擲何法度之、

答、卽以其初速所應行之路復以其所應自墜之路減之二數之較卽其上行之路也若其初速爲甲丁、而甲己爲其所應墜之時、始得此速則丙丁之時其以初速能

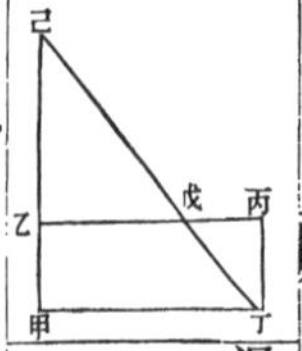

過之

路＝甲丁乂丙丁

其丙丁之時、所有自墜之

路＝丙丁乂二丙戊

除此、卽賸甲乙戊丁之四邊形若以初速而行甲己之時、路自應加倍於自墜、

以自墜爲則

十五 問欲計物之上擲下墜以何爲則、

答、卽以其初杪所墜之路乃丈四稍差、其初杪所落若爲寅、其末速卽爲二寅、

則

路∶寅∷時²∶(一)²

路＝寅乂時²

路∶寅∷速²∶(二寅)²

路＝速²/四寅

速²＝四寅乂路

速＝二√寅乂路

一∶時∷二寅∶速

速＝二寅乂時

時＝速/二寅

按此比例、墜物之路速時皆可計也其時有定數、則其末杪所行之路按上文第十問可查若時無定數、欲計其臨末數杪之路、則以卯爲杪數除之

卽爲時丅卯

路＝寅乂(時丅卯)²

卯杪之

路＝寅乂時²丅寅乂(時丅卯)²

欲計其共路、若下擲之其所共之

路＝時乂速丄寅乂時²

若上擲之、其所共之

路＝時乂速丅寅乂時²

論力之分合　二力合一

問、二力並用於一物、其物行何如、

答、二力之多寡與方向若以四邊形之相連二邊比之、其物所行之路、必爲對角線也設其物於甲彼一力足令之北行至丁、此一力足令之東行至乙、按五卷所論皆有功效、其物必北行與甲丁等、必東行與甲乙等、卽循對角線而行至丙也、此乃二力合一、蓋一力如甲丙者順施其功效與此二力之交用者無異也、

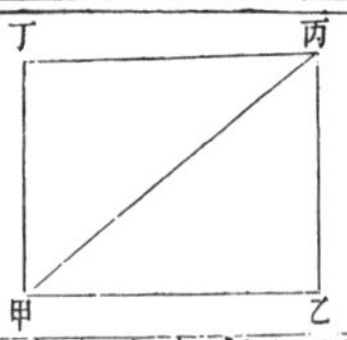

路經對角

問、其物之至丙已明其路必經甲丙之線何以言之、

答、卽以其四邊形分爲同類之小形無數、其物必經各

形之對角、即循甲丙之線而行、是也、蓋各形既為相類、如 $甲己:甲乙$ $甲庚:甲癸$ 其物必經癸寅、寅乙二線相交之處、其與各形皆然、既皆同類、其相交之處即在甲丙之線、故其物循對角線而行也、

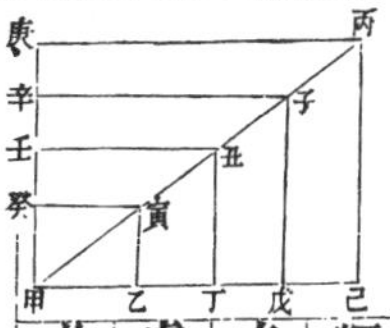

問、二力施於一物、各力單用足令之行過三邊形之一邊、若併用、其物將行何如、

答、必遵其第三邊而行也、蓋前圖甲己之力單用、足令其行至己、甲庚之力足令之行至庚、上文已見、二力併用、其物即行至丙、是其驗也、

三力合一

問、三力並施、其相合若何、

答、如有物在甲、甲戊甲己甲乙之三力並施、其物必循甲丙而行、蓋甲戊甲己二力合成甲丁、甲丁甲乙復合成甲丙、然丙丁與甲乙等、戊丁復與甲己等、甲戊丁丙之四邊

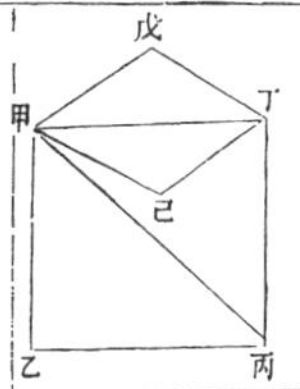

其三乃為三力、所餘之一邊、即三力合成者也、

數力相合

問、數力並施、其相合之理若何、

答、按其各力若以多邊比之、邊數較力數多一數、則其數力相合、可即其一邊而比之也、蓋以上文之理推而廣之、甲戊戊丁二力合成甲丁、甲丁丁丙合成甲丙、甲丙丙乙合成甲乙、此四力合一、而以五邊形度之也、總之其力數不論多少、可以多邊形比之、蓋其多邊形可分

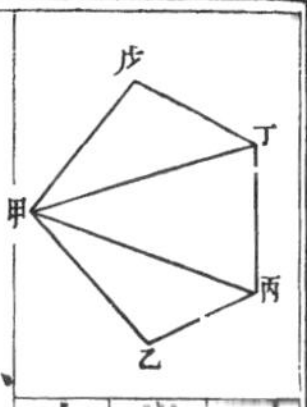

為三邊形也、不論自何角而起、以一邊比一力之多寡方向、則其餘賸之邊、必比其總力之多寡方向、各邊長短、比物行之疾徐亦然、

物循曲線之故

問、物被二力所動、惟一力漸增、物將行之若何、

答、必循曲線而行也、然曲線其類不一、故其線為若何、究須視其力之加增若何而定、即如物擲空中、必循曲線而行、蓋以甲乙比其擲之之力、甲己為地之吸力、其物必循甲庚丁之曲線也、蓋經過丙庚戊庚各線交接之處故耳、如上文物受二力而循對角線之論同也、其向乙而擲、本應平速而行、

計擲物之路

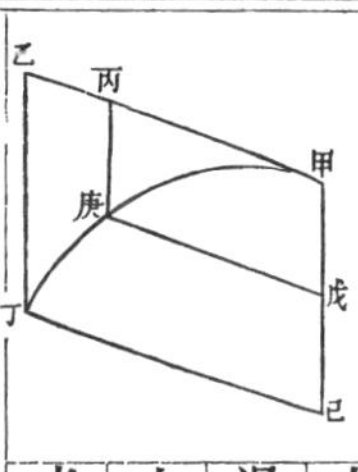

則 $甲乙:甲丙::時:時$ $甲乙^{2}:甲丙^{2}::時^{2}:時^{2}$ 既物之墜 $路 \propto 時^{2}$ $乙丁:丙庚::時^{2}:時^{2}$ 故 $乙丁:丙庚::乙丁^{2}:甲丙^{2}$ 則 $丙庚 \propto 甲丙^{2}$ 圓錐所割有線與此同理、名拋物線、蓋物擲空中、若無風氣阻礙、莫不循之而行也、

以一力分數力

問、以一力分為數力、其理若何、

答、與數力合一相反也、假如甲戊爲一力、就之而畫成

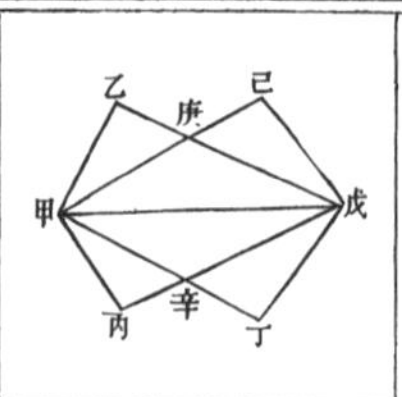

三邊形勿論若干、則此一力可分爲二、如各邊之成對者、各力又可復分析至於無窮、故一力任分若干、任何方向皆可也、

問、以一力分二、使方向有定度、大小有定比、其法何如、

答、其法不一、而理俱同、即於下文表明數種、

一力分二直角相交

問、以某力分二、直角相交者、其法何如、

答、須以某力爲徑、而畫圜線、以度其所求之二力也、假如甲丁爲某力、以之爲徑、而畫甲乙丙丁之圜線、以

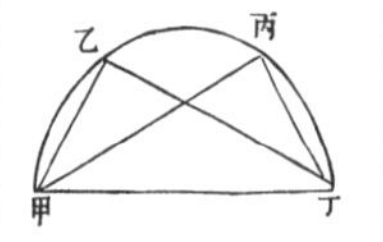

線之一點、如丙如乙者、與甲丁二端連之、即可得其二力、蓋其所成之角、既爲半圜之半所度、即爲直角、是半圜之內、各對之線、無不合式也、

一力分二任成何角

問、以一力分二、使成某角、其法何如、

答、以其一力爲弦、畫圜線、可容某角之負、此線之點、與

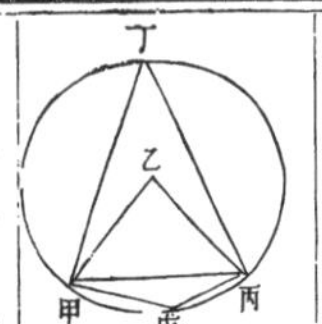

二端連之是也、假如甲丙爲某力、須分爲二、依一百三十五度相交者、其負角即爲四十五度、則以甲丙爲弦、而畫圜線、可容甲丁丙之角、復以圜線之中心、與兩端相連

則 $甲丙^{二}=甲乙^{二}\perp丙乙^{二}$ $二甲乙^{二}=甲丙^{二}$ 故 $甲乙=\frac{甲丙}{(二)^{半}}$ 此即其圓之半徑、按此畫圜、則

甲戊丙戊必爲所求之二力、蓋其正角、一百三十五度也、

一力分二恒得定數

三五

問、以一力分二、使二者恒合定數、其法何如、

答、以某力爲二心所距、某數爲長徑、畫成撱圓、則以撱

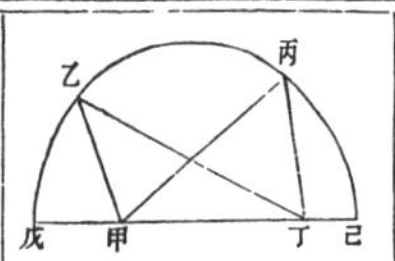

圓勿論何點、與二心相連、其二線即爲所求之二力也、假如甲丁爲某力、戊己爲某數、則以戊己爲長徑、畫撱圓、勿論甲乙乙丁或甲丙丙丁各對之線、皆爲所求之二力、皆能合成戊己、故也、

問、以一力分二、使二力所差、恒爲定數、其法何如、

答、以某力爲雙線之軸、連二心者、某數爲雙線之相距、

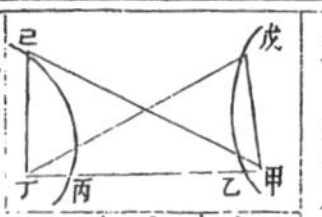

按此畫成雙線、則勿論何點、與二線相連、各對之線、皆爲所求之二力也、蓋甲己與丁己之較恒爲甲乙此雙線之理也、

施力方向與功效相涉

問、數力並施、其方向與其功效相涉否、

答、若同向順施、則其功效、即如數力共合、若同向而逆施、則其功效、即如其數力之較也、若銳角相交、則仍有相助、若直角相交、則無阻無助、若鈍角相交、則相抵而有阻、設有甲乙之力、復有甲戊甲己二力相等、若甲己甲乙

並施、其功效比甲戊甲乙更大、蓋甲丙之對角線比甲丁之對角線稍長故也、其角愈小、其線愈長、及至其角既盡、

則 甲丙＝甲乙丄乙丙
＝甲乙丄甲己 其

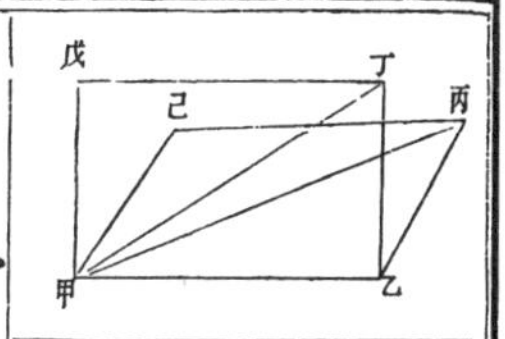

角若大、至一百八十度、則 甲丙＝甲乙丅甲己 餘皆在二數之間、甲己

或加或減、皆視其角爲銳爲鈍之別、

問、有甲丙丁戊己五人、以滑車起物、各牽一繩、其方向

甲與丙差二十度、丙與丁差十九度、丁與戊差二十一度半、戊與己差二十五度、其共力何如、

答、按次以各繩方向相繼畫線、其線之長短、與各力相稱、兩端連之、即其共力也、假如圖中甲丙丁戊己爲五繩、即與各繩相平、畫丙甲丁丙等線、合之、即成甲庚、乃其共力也、庚甲丙之角、四十六度三十三分十秒、五人共力方向、即在丁戊二繩之間、所費之力一百二十三

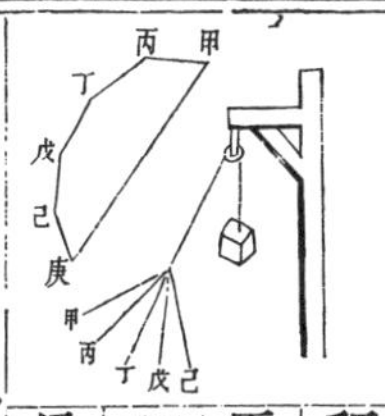

問、設有三力、其大小次序、如三邊形之各邊者、並施於一物、其物將行何如、

物受數力而定之例

答、其物將定而不移也、蓋甲乙甲丁、既足令其物至丙、丙甲之力、適足相抵、故三力如甲丁丁丙丙甲者、並施於一物、其物必定而不移也、然丙甲之力、若向丙而施、即助而不抵、其物動加倍也、風箏之定於空中、蓋緣三力相抵、即地之吸力、

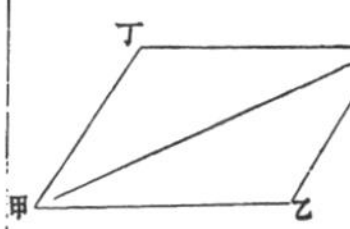

風之吹力、繩之牽力也、以此理擴而充之、則數力若大小與次序、如多邊形之各邊者、並施於一物、其物亦定而不移也、蓋其多邊形、能分爲三邊形、而其數力總合爲三也、

數力自數面總合爲三

三十 問、數力若不同面、而並施於一物、其分合何如、

答、其力數與方向、勿論若干、皆能合爲三力、互相正交者也、設若甲戊爲某力、畫甲己甲丙二線直角相交、復畫庚甲與丙甲己之面正交、其必與二線正交、自戊垂戊丁之直線、而成甲丁戊庚之四邊形、並甲乙丁辛之四邊形、甲戊之力、即可分爲甲庚甲丁、甲丁復能分爲甲乙乙丁、乙丁既與甲辛等、是甲戊一力、分爲甲乙甲辛甲庚三力、互相正交者也、夫某點各面總分八個直角、某力於其一角、既能分爲三向、其力數無論於何角、皆能如此分合也、

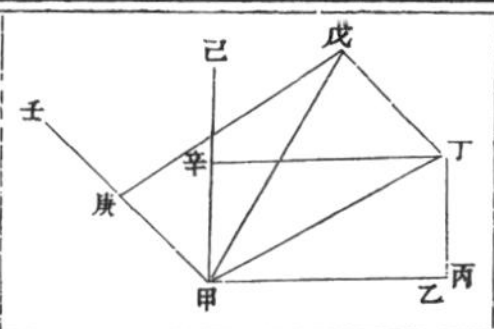

論重心

分兩似盡聚重心

問、物之倚於重心者、正如其分兩盡聚於重心、何也、
答、蓋因其形體無論大小、其倚於重心仍能平定、假如丙丁爲二枚鐵丸、其重均等、被無重直竿橫貫相連、則竿之中必爲其重心也、蓋二丸倚之而定、則甲所受之力卽丙與丁相合之分兩、與盡

聚於甲無殊也、

察二物之重心

問、二物被直竿相連、其重心安在、
答、其重心必距二物、如其分兩反比也、假如丙丁戊辛爲管、於辰子分爲兩段、卯癸爲各段之重心、繫繩索懸定、設二段復合爲一、則與各重心𢍫力無涉、既合

爲一、其重心卽在乙、居中之處、以二繩繫於二重心而懸之、或以一竿於大重心而托之、殊無少異也、

然 壬寅∶丑寅∷卯乙∶乙癸 大段∶小段∷ 正若分兩盡

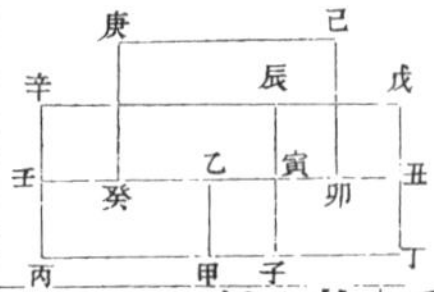

聚於卯癸二處、故重心距二物、如其分兩反比也、

察數物之重心

問、有數物貫以無重直竿、其重心何法察得、
答、祇以數物兩兩比之、而得各對之重心、復以各重心兩兩相比而歸一也、卽如戊己二物、按分兩反比、而計其重心在庚、復以之與甲相連、亦按反比之例、計

之、則甲庚之重心卽在丙、更以丙乙相連、按反比而計其重心、卽在丁、故丁爲諸物公共之重心也、

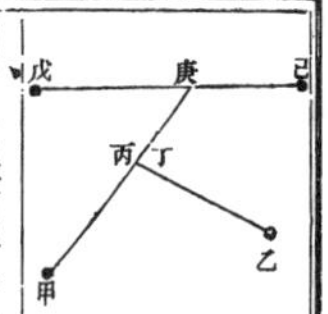

測三邊形之重心

問、三邊形之重心何在、
答、引線自頂至底、分底爲兩半、其重心卽在此線、離頂較離底加倍也、蓋丁爲庚己之中、卽此線之重心也、勿論若干線與此相平者、皆爲甲丁均分、甲庚己之三邊形、卽被之均分、而其重心在此線明矣、若乙爲

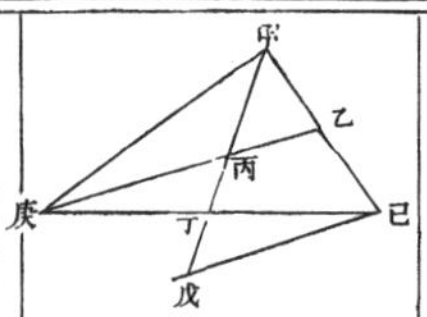

甲己之中、三邊形之重心、必在甲庚之線、所以丙爲

重心、蓋二線相交之處也、既得其重心、欲得其高低、便畫戊己與庚乙相平、而引甲丁至戊、
既然 己乙＝乙甲 則 戊丙＝丙甲 庚丁丙、戊丁己、二形復相等、蓋其一邊二角皆等也、故 戊丁＝丁丙 而 丁丙＝丙甲 卽重心之離頂加倍於其離底也、

三五

測多邊形之重心

問、多邊形之重心、何法可得、
答、分之爲三邊形、既按上節察得各形之重心、復按第

芸問、察其公共之重心也、卽如甲乙丙丁爲各三邊形之重心、以直線兩兩相連、而按反比之例、度其重心之所在、則總歸於戊也、

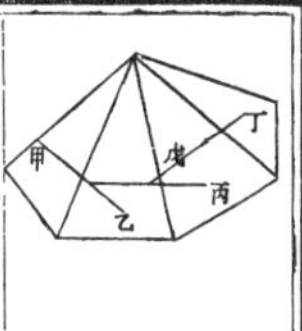

二物動而重心靜

問、二物若循直線、毋論離毗、而其速按輕重反比、其重心必不動、何也、

答、丙丁二物、重心在甲、向甲而行、其速與輕重反比、則動力均勻、此行至庚、彼行至戊、則 丙庚∶丁戊 如 丙甲∶丁甲、若相離而

行亦如此、故重心定而不移也、

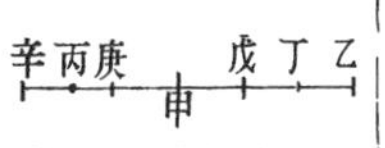

一物動而重心隨

問、設有二物、一靜一動、其動者圍繞而行、其重心遷移何如、

答、動物循何線而行、其重心亦必循同類之線而行也、設若甲壬二物、其重心在戊、甲居定所而不移、壬行至辛、則其重心必行至丁、蓋其重心離二物、旣按輕重反比、

論物之相觸

無躍力而順觸

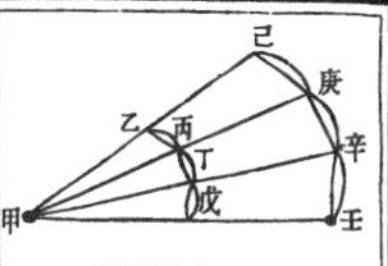

則 丁辛∶甲丁∷戊壬∶甲戊 其物若行至庚己、亦復如此、戊丁丙之線、卽與壬辛庚之線同類、

問、二物同向相觸、觸後其動何如、

答、其物若無躍力、必相附而行、欲知其速、則以二物之動力合之、復以二物之質約之是也、設有丙丁二物、其速爲子丑、其動力相合、卽爲 丙子丄丁丑、旣觸之後、其動力

爲 $(丙丄丁)×速＝丙子丄丁丑$ 故 $速＝\frac{丙丄丁}{丙子丄丁丑}$ 若丁本靜、$速＝\frac{丙丄丁}{丙子}$ 若二物皆動、則丙所減之速、卽 $子丅\frac{丙丄丁}{丙子丄丁丑}＝\frac{丙丄丁}{(子丅丑)×丁}$ 丁所得之速卽爲 $\frac{丙丄丁}{(子丅丑)×丙}$

無躍力而逆觸

問、二物逆行相觸、觸後其速何如、

答、將二物之動力所差、復以二物之質約之、卽可得也、蓋觸後、其動力、卽二物未曾相觸其本動力之較也、以此減彼、

則 $\text{丙子丅丁丑}=(\text{丙⊥丁})\times\text{速}$ 故 $\text{速}=\frac{\text{丙⊥丁}}{\text{丙子丅丁丑}}$ 丙所失之速即爲 $\text{子丅}\frac{\text{丙⊥丁}}{\text{丙子丅丁丑}}=\frac{\text{丙⊥丁}}{(\text{子丅丑})\times\text{丁}}$ 丁所得之速、即爲 $\frac{\text{丙⊥丁}}{(\text{子丅丑})\times\text{丙}}$ 若二物質速皆等、則由上式 $\text{速}=\text{無}$ 二物皆靜也、

且 $\text{丙子}=\text{丁丑}$ 而 $\text{丙}:\text{丁}::\text{丑}:\text{子}$ 故二物逆觸、其速若與輕重反比、其動力必相消而二物皆靜也、

有躍力而相觸

四十 問、若二物皆有躍力而相觸、其得速失速何如、

答、其所得所失、皆與無躍力之物加倍也、蓋物之有躍力者既觸而縮、力有若干、其漲力亦與之等、其無躍力者、按上文丙 $\text{失速}=\frac{\text{丙⊥丁}}{(\text{子丅丑})\times\text{丁}}$ 其有躍力者、則丙 $\text{失速}=\frac{\text{丙⊥丁}}{(\text{子丅丑})\text{二丁}}$ 觸後其 $\text{速}=\text{子丅}\frac{\text{丙⊥丁}}{(\text{子丅丑})\times\text{二丁}}=\frac{\text{丙⊥丁}}{(\text{丙丅丁})\times\text{子⊥二丁丑}}$ 丁之 $\text{速}=\frac{\text{丙⊥丁}}{(\text{丁丅丙})\times\text{丑⊥二丙子}}$ 二物若無躍力而逆觸、則丙 $\text{失速}=\frac{\text{丙⊥丁}}{(\text{子⊥丑})\times\text{丁}}$ 若有躍力而逆觸、丙即 $\text{失速}=\frac{\text{丙⊥丁}}{(\text{子⊥丑})\times\text{二丁}}$

觸後疾徐互易

問、有躍力之物相等、觸後其速互易何也、

答、既曰相等、則 $\text{丙}=\text{丁}$ $\text{丙丅丁}=\text{無}$ $\text{丁丅丙}=\text{無}$ 按上節之式、觸後、丙之 $\text{速}=\frac{\text{丙⊥丁}}{\text{二丁丑}}=\frac{\text{二丁}}{\text{二丁丑}}=\text{丑}$ 丁之 $\text{速}=\frac{\text{丙⊥丁}}{\text{二丙子}}=\frac{\text{二丙}}{\text{二丙子}}=\text{子}$ 是二物之速互易也、若以其逆觸之式推之、則丙之 $\text{速}=\frac{\text{丙⊥丁}}{\text{丅二丁丑}}=\text{丅丑}$ 丁之 $\text{速}=\frac{\text{丙⊥丁}}{\text{二丙子}}=\text{子}$ 丙之速既爲丅丑即所謂負也、而其物乃回行、丁之速既爲⊥子、則二物不但易速、且易向也、然此物若本靜、則彼物靜、而此即動也、

論助力器具

問、槓桿之力何法計之、

答、其力與重物、即如兩臂長短反比也、設二物懸於庚辛二端、而倚定於甲、則甲爲其重心明矣、按上文物離重心、如輕重反比、即可平定

計算槓桿之力

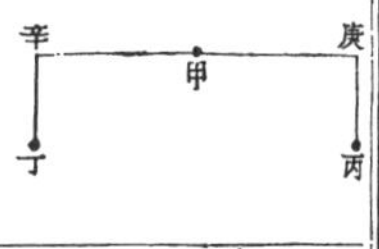

是 甲庚：甲辛∷丁：丙 ∷重物：力 丁乂甲辛＝丙乂甲庚 乃兩臂所任之力也、若數物倚一桿而定、卽將各物距倚所、與其分兩相乘、其在左者左合之、其在右者右合之、二數必等也、無論其倚所何在、皆歸此例、故槓桿之三種、其實皆同、至於數槓相連、其理亦同、不過此槓之力所爲彼槓之重物、故合而計之也、

問、力與槓桿、若非正交、何法計算、

答、按其方向畫線自倚所復畫二線與之正交者、若二

力相比、如二線之反比、其槓卽平定、假若甲丙甲辛爲槓之二臂、被戊丙庚辛二繩所牽、畫甲乙甲壬與二繩方向正交、復引甲至丁、設左邊牽力爲戊丁、便以之分爲戊己、己丁之二力、則戊己既與丁壬相平、不能使槓桿轉運、惟旁施於倚所、其轉運之力、只賸己丁、然彼臂若有均力於壬相抵、其槓卽定而不轉、

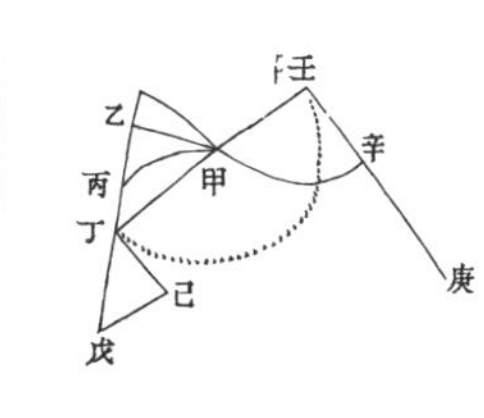

則 力：力∷戊丁：丁己 然 戊丁：丁己∷甲丁：甲乙 故 力：力∷甲壬：甲乙 則二力相比、卽如其方向距倚所之反比也、

問、其倚所所受之力、何法計之、

答、卽按二力方向相交之處、距倚所遠近是也、蓋自壬乙引二線至癸、畫甲寅與壬癸相平、則寅甲癸、甲癸壬二角等、若以甲癸爲半徑、畫圜線甲乙、卽爲甲癸乙之正弦、甲壬卽爲甲癸壬、或寅甲癸之正弦、

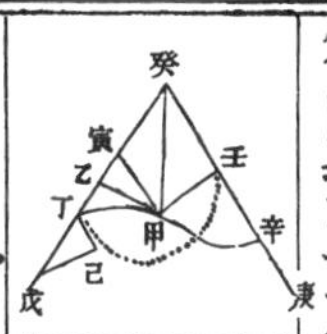

然 寅癸：甲寅 ∷ 寅甲癸弦：寅癸甲弦 ∷ 甲壬：甲乙 故 力：力∷寅癸：甲寅 甲寅 寅癸 卽爲二力 甲癸 卽二力合成、故所受之力、按倚所距方向相交之處也、

計算輪軸之力

四十五 問、輪軸之力、何法計算、

答、其力與物如輪輻軸輻反比、卽可平定、蓋軸心於甲、用力於丁、懸重於戊、戊甲丁儼爲槓桿、甲戊甲丁卽爲二臂、

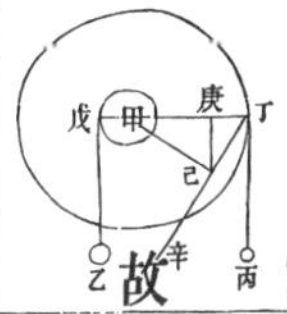

故 力：重∷甲戊：甲丁 力乂甲丁＝重乂甲戊 是力與重如輪軸二輻反比、卽可平定也、

問、若用力方向與輪輻斜者、何法計算、

計算滑車之力

答、二力相比、即如其方向距軸心反比也、蓋上文第四十三問、力與槓桿斜用、亦此比例、即如丁辛爲繩、牽之則力較重物如甲戊比甲己、即如軸輻與用力方向之距中相比也、

問、滑車之力何法計算、

答、滑車既不同式、即不同例、所同者惟其繩索繞樞紐以通力也、

問、死滑車其力何如、

答、無所省力也、惟其施力方向較便而已、設滑車於丁以起物、則憑丙甲一索、兩端均緊、輿力無殊、故力無

所省也、力與重皆既倚索、則無論滑車何式、隨繩索而揆其鬆緊、其力即無難計算也、

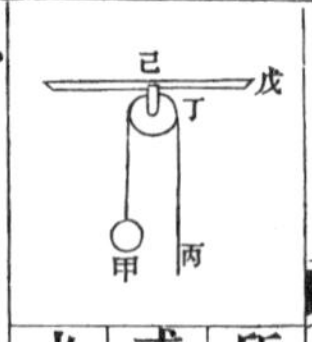

問、活滑車省力何如、

答、其滑車倚於數索、重物之分兩、亦分倚數索也、假如丁爲滑車、丙爲重物、用力於甲、則丙隨丁而上、分倚左右二繩、故省力有一半也、數具相連、若同貫一繩、則滑車以上、繩索分若干條、是其力爲增加若干倍也、即 力＝重/索數

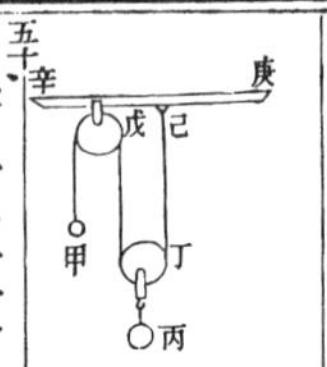

問、若滑車數具相連、各懸一索、以繩貫之、其力何法計算、

答、即除其一具、餘賸若干、以二自乘若干次、而乘其力也、假如乙丙丁庚四具、各懸於橫梁、貫之一索、用力於戊、則庚索輿力加倍於己、丁復輿力加倍於庚、丙則加倍於丁、乙則加倍於丙、故一觔於戊、可起十六觔於甲、總之若卯爲具數、 重＝力×(二)卯

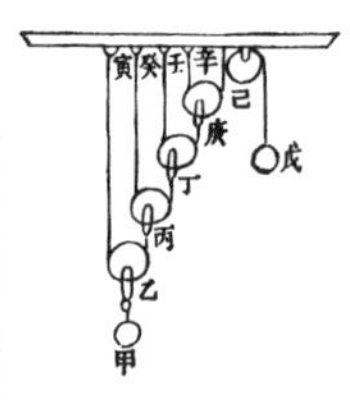

問、若數具相連、各有另繩下繫於重物、其力何法計算、

答、具數若干、以二自乘若干次、以其數減一、而乘其力也、假如丙丁各繞一繩、繫於重物、懸錘於寅、則丙勝

力爲二寅、丁勝力爲四寅、勿論若干、皆以此例遞加、則 重＝寅＋二寅＋四寅 總之索數爲卯、除錘即得其力之所增、 重＝寅×(二卯－一)

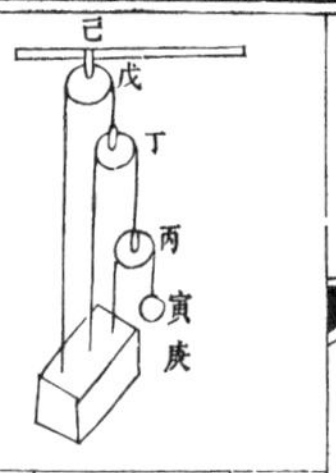

問、繩索左右方向均斜、其力何法計算、

答、其力較重物、如半徑比加倍斜角之餘弦也、即如以索自丙繞辰而繫於庚、以丙辰庚辰二線引至卯、以辰卯度其力、即分爲卯甲辰甲二力、辰甲既與地相平、爲無用、

計算斜面之力

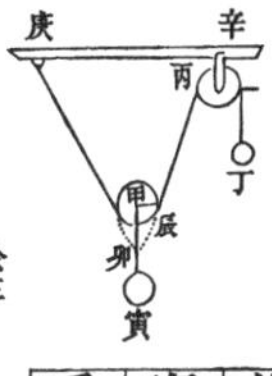

惟賸卯甲可以起物、庚辰之索分力亦然、實數惟有卯甲、故二索共數二卯甲也、以辰卯爲半徑、則卯甲即爲甲卯辰之餘弦

故 力：重：：辰卯甲餘弦×二：半徑

問、斜面之力、何法計算、

答、其力重相比、如面與地力與倚處垂線所成二角之正弦也、設若戊壬爲斜面、甲丙二物以繩相連而定、所以能定、惟因三力相抵、即二物之重力與斜面之

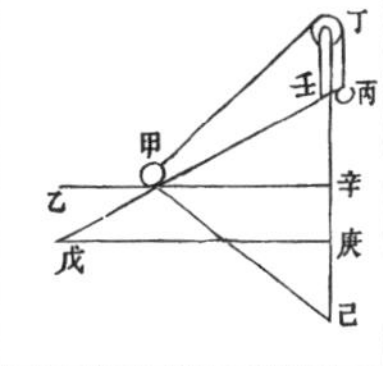

抵力是也、其物既定而不移、三力必成爲三角形、各力如各邊相比、

故 力：重：：丁甲：己丁 各邊既如對角之正弦、

則 力：重：：甲己丁正弦：己甲丁正弦

力：斜面勢：：甲丁：甲己

如 甲己丁正弦：甲丁己正弦

然 甲已丁＝庚戊丁

庚戊丁即面與地所成之角、己甲丁即力與倚處垂線所成之角也、

問、若用力與斜面相平、其力何法計算、

答、只以斜面之長高相比而得之、蓋三力悉如丙戊庚、之三邊、

故 力：重：：丙庚：戊丙

力：斜面勢：：丙庚：庚戊

力與重、正如其面之長高相比也、所用之力與斜面之抵力、復如面之高底之長相比也、若力面相平、其力最省、若力與底平、其面之奧力最多也、

計算螺絲之力

問、螺絲之力何法計算、

答、即將其螺紋疏密與螺絲週遭尺寸相乘、是也、蓋螺絲儼與斜面同理、螺紋遶軸斜旋而上、自一週圍繞多匝、正如斜面數具相繼也、以紙剪成斜面式樣、纏

繞於筆管、即可變爲螺絲形像、螺絲若單用、

則 力：重：：螺距：螺週 復加之以柄用力於庚、

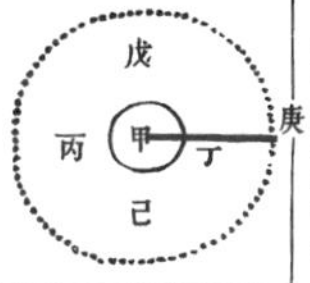

則 力：力：：甲庚：甲丁

：：柄路：螺週

故 力：重：：螺距：柄路 此其恒式也、

力×柄路＝重×螺距

$力=\frac{重\times螺距}{柄路}$

此四率內若知其三、其第四即可計得、無論以之上起下壓、所得之力、比所用之力、正如柄端所過之路、比螺紋之相距、故紋愈密、柄愈長、力即愈大也、

計算尖劈之力

問、尖劈之力、何法計算、
答、若二面均長、其力比重、如其厚比長也、假如有重石

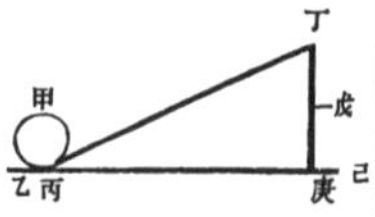

於甲、以劈下入而起之、儼如以其石隨斜面
而上、故力重相比、與斜面無異也、然斜面之
力與底相平、比重、即如面之高比底之長也、
至雙面劈、若二面均長、即爲單面二具合成、
故力與重如厚長相比也、
如 丙庚∶庚丁 故 厚/長＝力/重 則劈愈薄愈長、其力即愈大也、

問、若二面不均長、其力何法計算、
答、若力與阻、皆歸一處、則力比阻、如其首之厚比二面
之共長也、假如用力爲庚甲、抵力爲甲丁

甲乙、三力相消、則其三力相比、如三邊形
之各邊也、
故 丙己∶己戊∷阻∶力 丙戊∶己戊∷阻∶力 故 丙己丄丙戊∶己戊∷阻丄阻∶力、即如其首之厚、比二面之共長也、若二
面均長、則力比阻、如其厚之半、比其一面之長、明矣、

問、若力與阻、不歸於一處、所得之力、何法計算、
答、以三力各分爲二、其於劈首順施者、與其於劈面逆
施者、等劈即能定、其順者逆者、必正向劈首、其逆者
多寡、必如其距用力方向反比也、假如壬子爲
力、申亥爲阻、分爲卯亥、申卯、申卯與面平、即無所阻、卯亥
復分爲辰亥、卯辰、一橫一縱也、彼面亦然、若壬子與
丙戊、卯辰等、其劈自定也、然須二阻多寡相比、如
其方向距用力方向之反比也、否則劈將偏而不定
也、

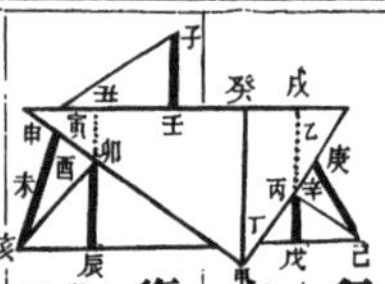

若 丙戊丄卯辰＝壬子 而 丑壬∶壬戊∷丙戊∶卯辰 其劈即能定、其力須復增以進之也、

六具之通理

五十九
問、所論器具六種、何資而助力、
答、惟其爲逼力、非能生力也、其所以能逼力者、惟因物
之動 質∝力 又 速∝力 蓋 質×速＝力 設復有物 質×速＝力 如二物力等
則 質×速＝質×速 而 質∶質∷速∶速 故二物之速、如其質之反比、其力即等
也、最小之力、可移至大之物、惟其大物必行較慢、此

理六種皆同、即如槓桿若能增力數倍、此頭較彼頭所過之路亦必數倍、輪軸增力若干、輪邊較軸邊加速若干、滑車增力數倍、繩索須牽拽數尺、重物始行一尺、斜面亦復如此、蓋墜一錘、以牽重物、其物於斜面升高一尺、其錘必下行數尺、至螺絲重物起移一層、其柄必運轉一週、劈須尖薄、始有大力、然愈尖愈薄、起物必愈慢也、此皆所謂以時兌力、然力本有限、若緩爲籌算、繼之以妙機、洞元測微、鉤深致遠、即可增於無窮也、

第七卷算學四章凡五十九問

格物探原六卷

〔英〕韋廉臣撰

《格物探原》六卷，英國韋廉臣撰。韋廉臣（Alexander Williamson，一八二九—一八九〇），英國傳教士。初至上海，後至山東，勤於著述，是廣學會前身同文書會主要發起者之一。居滬期間，於《六合叢談》發表《真道實證》系列文章，爲其編譯《格物探原》之始。後又在林樂知主辦《教會新報》和《萬國公報》連載此書第一至三卷。一八七六年合編爲三卷本，一八八〇年擴充爲六卷本。此六卷本各卷前均有目録。卷一爲地理學、生物學等自然科學内容；卷二至卷六涉及化學元素、化學實驗、天體運動、動物分類與形態、微生物、植物形態與光合作用等。前二卷有大量插圖，直觀展示動植物形態、人體結構、天體運動軌跡等。據中國國家圖書館藏清光緒間刻本影印。

格物探原

上元葛牲題

格物探原

凡例

一自易言大哉乾元、萬物資始、又云乾天也、世之儒者、遂以天爲上帝、不知非也、上帝者、以穹蒼爲居所、日月星辰爲明宮、地球爲別館、其奧妙之創造、皆布滿二者之中、今所著書、正如小兒對客指點堂室陳設、使知主人之榮耀耳、

一上古之世、中國聖人、咸識上帝之榮耀、詩書所載、如昭事上帝、明昭上帝、及蕩蕩上帝等、不能枚舉、後之學者、數典而忘其祖、或以太極當之、又或信道家者流、以玉皇爲上帝、則尤荒謬之甚矣、是書所云正堯舜禹湯文武周孔所稱之上帝、非世俗所謂上帝也、亦由古及今、薄海內外、獨一無二之上帝、非但爲西國上帝也、歷述創造之意、歸美一尊、正欲作引路人、導中華人士、仍回中華古

道云爾、

一上帝全知全能、至聖至神、正孔子所謂成功文章巍煥難名者、後生小儒、井觀管窺、烏能測其萬一、茲所論列、姑就所得諸見聞者言之、欲人知至高至大臨之在上質之在旁者、乃普天下人之父、其愛普天下人、亦與慈父之愛子等焉、

一是書所稱上帝、與別本所稱天主天父真神者同、均此獨一無二之大主宰也、

格物探原目錄

首卷

格物探原

論天地第一

人生斯世、上戴天、下履地、上則日月星象、下則山海萬物、娛心悅目者、不可勝計、獨吾人爲萬物之靈、主理萬物、故當詳求世間凡有之物之體質性情、與夫利用之實、夫而後吾可以取萬物而用之、而萬物皆以供吾之利益、不然、則是持家者、不識其產業如何、器用如何、服役如何、將何以治理而督率之乎、不惟如此、不能主理乎萬物、必爲萬物之僕、不能役使乎萬物、必爲萬物所用、茲余不要侈談天地萬物、細究格致工夫、但欲人知世間凡物內、各有意義存焉、有意義必有無量無限之主宰、創造之、措置之、則上帝是也、比如人遙見一輪船、必知其船不能自然而有、非出自海、非降自天、必有人作成、見其船之前後形狀、便於駛行、帆檣舵錨鐵纜、便於旋轉、必知作此者之具有聰明、更細査其機器水櫃、鐵擺吸水筒、如許鐵輪、彼此牽引、下有鐵梁橫臥、首出舟尾、外撥水輪、愈觸悟於心、知造此者之具大智慧、舟之後有廚廡器具精潔、肴饌豐美、舟之前有華屋、飯堂、客堂、寢室、浴室、舟之面懸有小艇三五、以備舟有損壞、可資以濟、風雨表、寒暑表、指南針、上下設有三層千里鏡、大小水龍機器及拯溺器具、不一其名、亦不一其物、皆多爲儲置、以備損缺、作此者不惟具大智慧、抑且愛人無已、不惟愛人、抑且具拯救之至意焉、更試觀其坐椅鋪墊、牖戶幔帳、地設華氈、壁懸名畫、種種陳設、光耀奪目、入其中者、心曠神怡、是又作此者之樂於資人興勝也、吾人生於斯世、居止甚宜、五穀百果、可以足食、絲綿布帛毛皮、可以足衣、五金可以足用、馬牛驢駝、可以服役、石可築室、木可爲舟、時序有常、寒暑不紊、晝有日照臨化生、夜有星月燦布森列、外此可觀者、山海樹木花草等、花有香有色、木亦有香、鳥有好音、各極宜人、又人患疾病、有脈是以示人不惟如此吾人身內各具才能自行醫治勿藥而效觀此可知世界早有一聰明愛人之主宰爲之創造之倘非主宰之愛人則世可以無樂土花草可以無香色飲食穀果可以臭惡爲其俱屬格外也今俱無此謂非主宰愛人之至意乎或謂無極生太極一動一靜化生萬物此實不然假如有人謂吾不能造此輪船吾亦未見有造之者是殆自然而然有者言誠然乎否假如有人謂銅鐵鉛木各有性情各有力量能自作斧鑄鋸錯槌鉗等器絲棉麻枲各具材質能自作繩縷布帛等此數者合力併作能自成一輪船其信乎否假如有人謂輪船能自生一小輪船日益增長亦自成一大輪船應之者曰此言輪船自然而然有者之實據然乎不然果其如此則無極太極生此輪船必具有無量智慧無量聰明爲其不但作一輪船並能予輪船以智能技巧令自生一輪船也或謂土產五穀如人首生髮又見萬物化生謂此世宙

生生不已、無何始初、亘古以來、自然而然、若是其然乎否、人皆可以白土搏爲雞卵、假如有人更能作卵白卵黃、並作種子、置於卵內、令產雛雞、孰巧孰拙、不難立辨、如謂其產雛雞之卵、自然而然、非有造成之者、豈非大愚人乎、東洋有能撚紙成球、擲於水面、登時脫出、或爲船、或爲人、或爲水鳥、諸凡類此、不可勝計、非具有巧妙、烏能有此、又如野雞卵最小、然內兼有骨肉毛血、眼喙爪翅、羽毛彩色等質、偎於母雞翅下、迨後產育、體質純全、羽毛華彩、作此者豈不具有無限無量之智巧乎、假如有人謂此卵、乃野雞所產、苟無雞、何有卵、雞實有聰明、雖然雞生卵、卵生雞、上而推之、必有根本、根本則上帝、雞本生活、然非自能生活、賴上帝生活、凡物皆有根本、皆有意義、有意義、必出自智慧、故凡天地萬物、必有開首創造之者、

論物質第二

格致家察世間萬物、知係六十二元質配成、元質者、獨爲一質、一成不易、無他質雜其中、亦無可更化、其中有四十七爲金類、十三爲非金類、六十二不恒用、恒用者十三、而動植諸物、則又僅用四質成之、四質維何、曰炭氣、曰濕氣、曰養氣、曰淡氣、凡植物之花葉、動物之骨肉、皆合此四質成之、有間用硫磺及燐二質者、其偶也、動植之類甚繁、而僅用四質、其法維何、曰易一位置、卽易一物、如木之位置、爲淡養濕炭、肉之位置、爲淡濕養炭、骨之位置、爲濕養淡炭、乳之位置、爲養濕淡炭、又如血爲濕淡炭養、卵白爲淡濕養炭、又有僅用二質者、如水爲濕養、有僅用三質者、如糖爲淡濕養、此六十二元質、配成萬物、猶西國之二十六字母、配合成言、如 able 則爲能、bale 則爲包、lalde 則爲帖、恒用者約六萬言、此外亦成六千萬餘言、既二十六字母、足爲六千萬餘言、則六十二元質、尤能成無數萬物、二十六字母能否自行配合、成爲語言、或成爲一卷書、吾知其必不能也、然則六十二元質、非有具極智慧者、配成之、焉能成世界萬物、朱子云、理與氣合、便能知覺、此不可解、理是死物、亦屬空虛、焉能作爲、無人不能成一卷書、六無上帝詎能成世界一物、

論地球形勢第三

地球形圓、亦屬扁圓、與柑子等、山原高下不平、亦與柑子外殼等、其據有三、一如船自遠來、先見桅稍、再近漸見篷帆、再近乃見船身、二如月蝕時、月中黑影、卽地之影、如地球非圓、不能出此圓影、三則人能繞地球行、余嘗自中國開船、西行至英國、又西行至美國、仍西行至日本、回至中國、地球之圓、無復疑矣、人每日見太陽東升西墜、非眞如此、乃因地球一日一轉而然、証據甚多、今試舉其一言之、太陽大於地、計一萬萬三百八十四千四百七十二倍、假如人欲周圍烤一平果、其將令屋宇輪轉、抑令平果輪轉耶、此足証地球繞太陽、非太陽繞地球也、人之

所見特自爲其迷耳
地球之圓、有如許意義其一爲省地故、蓋圓則容受人物、比方者較多、且方則不能輪轉、人亦不能圍繞而行、地面有水有陸、陸地分有五大洲、亞細亞、歐羅巴、亞非利加、亞美利加、澳大利亞、五大洲形勢、南面俱係尖削、其餘小者亦多類然、如此形勢具大利益、蓋以南面多暑、故令其依近洋海、以劑溫涼、以資雨露、其尖削東面俱有海島、西面則無、爲朝陽暖氣較西爲便、又東半球大洲、東西橫列、西半大洲、南北縱列、縱列者地氣兼大冷大熱、微冷微熱、凡宇內所產之物、亦皆具備、其形勢南北極長、東西甚窄、左右洋海中有大河、無沙漠、皆可種植、橫列者約六七分去海甚遠、故熱則極熱、冷則極冷、曠野沙漠很多、其近海大國、各有大河、中國有黃河、洋子江、西河、滿洲有黑龍江、松花江、大遼河、高麗有哀江、安南有瀾滄江、暹羅有湄南河、緬甸有怒江、伊犁有瓦底河、印度有恒河、印度河、故亞細亞東南、近海諸國、地氣宜人、亦土產維備、歐羅巴洲三面距海、各國皆有大河、其尤奇者、海股內入洲之內、外各地距海俱相彷彿、南去赤道亦遠、地氣温涼、其土產養生諸物、內俱火多水少、足以益人氣力、故此洲人民力量胆氣較多、身體亦較高大、山東高麗兩處、人民亦是如此、爲亦三面距海故也、亞非利加洲、東西廣大、內僅尼祿一備西兩大河、故自近海諸國以內、無甚著名國度、地面不平、有高有下、若平則必無江河水流、雨後水瀦成湖、缺水之區、田畝無以資灌漑、若山高相等、亦有不宜、雨後水亦一時齊歸入海、雨前無水、雨後無水、故地球高山不等、或二百尺、或三百尺、或四百尺、或三千尺、五千尺、二百尺者水竭、二百四百尺者續之、二千三千尺者水竭、五千尺者續之、不但此也、尤有奇者、地面上至八千尺、四時皆雪、其之高山、亦恒有積雪、五千尺者水竭、雪爲日融、水仍續流、此長江大河之所以不涸也，非惟不涸，炎夏霈水孔多，水亦漲溢，爲此故洋子江每歲自端陽後日漲一日，黃河、松花江二水，亦係如此，所以各大洲內，俱有高山幾坐。又地面若平，無高山，或山高相等，佳景不生，無可遊玩，鳥獸亦無潛身巢穴。

論土宜第四

地面之上，其質有肥磽泥沙鬆緊之不同，其色則爲青爲黃爲赤爲白爲黑，故其土產所宜亦異，或宜穀，或宜棉，或宜果蔬草木，其草木亦各有宜，如花櫚、鐵櫚二木，堅緻異常，而剖析甚易，此南方所宜，而北方無之；白松產于北方，而南方無之。

論石

地中之石類不一，所異者珍奇石類，其在地中，質甚柔，出于地面，受空氣則日硬一日，山東出一硯石，其入地深者俱柔而潤，近地面者俱硬而燥亦其據也又一種石曰灰石所係匪淺假如無此灰石石類雖廣無以築室五金皆土所產外復有釬如土產缺此凡金屬雖巧工亦不能匠成一器掘地四圍如許層次泥土不能存水惟沙存水故掘井見沙層如下係泥層即見水來

論山第五

山愈高其上愈冷上至三百五十尺以寒暑表測之增寒一度如地面上北行二百里相同上至千丈五穀不能生祇餘樹木再上無大樹木再上凡物不生祇餘積雪東半球大嶺東西橫列極大者有四有南北縱列者其小者也亦不多見西半球大嶺南北縱列有東西橫列者其小者也亦不多見要之無問何嶺兩面各異一係陡面一係坡面橫列者陡面向南坡面向北東半球高山自五千丈至二萬八千尺其極高者在赤道北三十度至三十五度自北冰洋至此山巔約八千里自此

山巔，南至印度平原，計一千三百三十里。歐羅巴洲極高山，在赤道北四十七度，自波羅的海至此山巔，計一千五百里。自此山巔至以大利平原，三百三十里。阿非利加極高山，在赤道南一度，自地中海至此山巔，計萬有千里。自此山巔至南方平原，二千里。此其間上帝美意存焉。山巔俱在熱道，自北冰洋向南漸熱漸高，雖其中有高下不等者，然大畧如是，故人不患暑，足以生活物畜，穀蔬亦皆賴以長養。亞細亞高山，其坡面大于陡面約五倍。假如坡陡南北易置，北方地氣本冷，山高益冷，人必以寒死；向南愈下，地氣本熱，地勢亦熱，人必以暑死。山之小者，坡陡亦各兩面，上帝措置地勢，無非益人。于目前亦可會悟，如南山陡面向北，坡面向南，蓋以朝陽廣闊，便人居止，亦增穀果。如南北易置，人不耐寒，五穀果蔬亦難茂密。遼海、金、復、蓋等州高山亦係陡于西北，而坡于東南，南風醞釀，雨露長養，氣候溫和，故其東南諸地土產稼穡甚饒、而又甘美、亞美利加高山、南北縱列、俱在大洲、西面距海不遠、北亞美利加、極高山巔、東去大西洋海、五千三百五十里、西去太平洋海、二千六百里、中亞美利加極高山巔、東去大西洋海、七千七百三十里、西去太平洋海、一千里、南亞美利加偏北、極高山巔、東去大西洋六千一百里、西去太平洋、二百三十三里、其偏南極高山巔、東去大西洋、五千三百五十里、西去太平洋、六百七十里、其陸面俱向西、其坡面俱向東、每日地面、從早至暮、迎受太陽、其資太陽長養之力殊多、又太陽上升、熱力漸增、地面自東而西、勢亦愈高、若陸坡東西易置、山巔在東、致阻太陽利益、南亞美利加、在赤道甚熱、山亦最高、西去洋海亦甚近、故氣候得以溫涼調劑、又東半球、高大平原甚多、西半球多極長山谷、山約居三分之一、谷約居三分之二、故西半球、土產甚饒、而不稼亦美、樹木之暢茂高大、尤屬地面罕見、此皆東半球之所不及者也、觀此諸事

倘非至聖至善之主宰爲之措置、而能如是乎、

論空氣第六

人在氣中、一如魚在水中、人上望氣爲青天、魚在水仰望、想亦有其天氣之清者、每百分中、淡氣七十九、養氣二十一、其大概每千分中、淡氣七百八十八、養氣一百九十七、水氣十四、炭氣一、其厚薄不同、由地以上十里厚減一半、二十里餘四分之一、三十里餘八分之一、五十里餘三十分之一、蓋因近地一分之氣、廣至五十里、上散爲三十分之地、百有五十里、則薄之至矣、或謂氣至此止、或謂不止、直入太陽、此說近是、氣亦有分量、每方寸氣約重十二斤、每人約占二千方寸、氣計下壓之力、二萬四千斤、何爲不覺、因人身內、亦受此氣、漲外漲壓之力適均、故也○氣之高大、爲生風、故蓋氣能吸水氣成雲、風能推雲送至天旱之處、降雨以滋養萬物、尤便浮海舟楫往來、非風不行、赤道以北、風恒東

北、赤道以南、風恒東南、西人謂之貿易風、爲於行海甚便故也、外又有常生之風、如中國冬日風常西北、夏日風常東南、至於城鎮市肆、惡臭逼人、風能散之、人不染疾、諸如此用、未易悉數。○氣之高大、亦能令太陽火力、隨氣四散、不能直入、若氣不如此之高、恐太陽烘力足以化人。氣之多、亦令地暖、若氣不如此之多、地必過冷、人不易生、假如人登高山、愈上亦愈冷、其高山積雪、亦久不融、此確據也、氣亦無微不入、鱗族皆食養氣、如空氣不能入、則鱗族不生、草木土石、亦皆資空氣以成質、則亦皆空氣之所能入矣。○氣之配合更爲妙奥、假如空氣畧爲加厚、則人之呼吸較難、足以病肺、亦心之動靜太緩、血脉不能流通、身體必死、假如空氣再爲淡薄、心之動靜必急、血脉亦急、身體發熱、則亦死矣、假如空氣中、養氣若多幾分、人與萬物之心、動靜必太促數、皆無能生、假如養氣三十、淡氣七十、石必粉碎、不能築室、草木之葉皆萎、凡金屬皆鏽、凡血氣者如皆祇有養氣、世界人物、與凡土木金石等形諸類、皆要火灼淡氣炭氣、均足毒人毒物、若者增三分二分、人物俱受毒死、再如養氣淡氣、如有顏色、空氣亦必有色、則木不成質、菜蔬多水、不能成熟、人不能食、凡有血氣者之血、皆不成赤色、不能生肌膚、再如空氣倘有氣味、人畜亦必皆死、人物吸養氣入肺、合飲食精液入血、以成骨肉、其有不宜者、隨呼吸出之、即爲炭氣、此炭氣毒甚、亦多甚、人物何堪、上帝令草木吸之、蓋草木最宜炭氣、非此無以成質、草木吸炭氣、復吐養氣以資人、彼此循環、互相爲益、炭氣最重、養氣略輕、淡氣又輕、水氣極輕、假如空氣中最下炭氣、其次養氣、其次淡氣、最上水氣、人居最下、必受毒死、上帝能令四氣彼此呼吸、上下勻配、有一確証、人終夜閉戶、炭氣定多、一啟戶則炭氣即出、養氣即入、不待風來、又空氣諸質、乃爲許多流質、其質極小、凡有聲音、皆由流質遞傳、如遙聞鎗砲、必先覩其烟、非响之後於烟也由其經過相去之地也可知必有送此响者、設空氣略厚、流質擁擠、聲音受阻、其來也必遲、設空氣再薄、流質太疎聲音不能傳遞、合觀諸妙、謂非造物主愛民之至意哉、

論水第七

水之清者、乃一分濕氣、八分養氣合成、其大概如江河湖海泉源、統計之內亦兼有餘質幾分、孟子云民非水火不生活水之所係重矣大矣、沐浴飲饌、茶湯酒醴、陶人摶埴文人楮墨、皆水之功居多、不特此也、人物體質統計之、水居四分之三地面之水亦約居四分之三、中國俗語論地亦云、三山六水一分田、尤奇者水如有味、或類酒、或類醯、或類藥、人不能飲或烹為茶、或釀為酒、其茶與酒之甘旨、無可嘗試、其或有色則善毒莫辨、易致傷人、其或加濃、不能無微不入、草木土石不能資以生成堅緻、其釀為氣也、亦復艱澀、火輪舟車與凡火輪機器、皆不易用、

上帝造水皆無此弊、恩何溥歟○就海而論、海底地勢高下不齊、與陸地略同、其深淺約自十有二里至十有五里不等、假如海面水勢增高半里許、恐世宙只餘高山、增高五里許、則陸地沒於水中、人物皆無居止之所矣、假如洋海或再減小、其蒸氣必少、雨露亦少、百穀蔬草不實人苦荒旱、又洋水質鹹、非鹹則無以持久、萍生味臭、人易患病、且鹹亦不凍、不凍乃可永久不變、其尤奧妙者、上帝令日月呼吸海水以成潮汎漲落之勢、當日月同度、合力吸引、或日月相對、合力吸引、能令水高、潮必大、若日月相距九十度、則力分而潮小、故朔望潮大、兩弦潮小、潮汎極大利益、則漲入河口、可通舟楫、尤希奇者、洋海中亦有河流、其最要者、大西洋海中有大江一條、如中土洋子江略同、其發源於赤道、多受太陽蒸而成熱、西流於墨西哥、又東北入英之西海、而北而東、又西南迴流附歐羅巴及英國兩海濱而行、乃英國所賴以存者、如無此江之煖和煦地面則地必嚴寒幾類冰洋中國都城在赤道北四十度英國在赤道北五十一至六十度以中國都城之冷較之知英國無此熱江之爲尤寒矣太平洋復有一河距中土不遠亦發源於赤道其水亦溫依台灣東東北流過琉球國至日本國之東洋復東北而流此亦大有賴於日本日本緯度在中國北其地氣較中國北土亦暖其更要者冬日風恒東北西南舟楫甚爲阻礙賴有此河縱迎隨風前往亦可日行百里外此洋海河流甚多茲不具述皆可於他書考之至於陸地之河幾徧地輿有大有小其流有遲有速其爲利益足供人飲食沐浴灌溉田園城市村落諸凡污穢賴爲洗滌以及水磨工匠造作紡織諸機器等皆資夫水以代人力○宇内萬物體質大凡遇冷而縮小遇熱而漲大其縮也較重其漲也較輕人之身體經寒則拘受暖則伸亦其據惟水獨異寒極而漲而大如瓶水凍甚瓶必爲冰漲裂池水凍甚中必

突起、禮所謂水澤腹堅者是也、其分量亦較輕、故浮而不沉、假令水凍而縮而小而重、必下沉至底、每夜加增一層、日復一日、湖海江河皆填塞如平原、雖炎夏不能融化、世宙萬物、必以冷死、至哉上帝多方益人、他物皆順而成之、惟於水則反而用之、以利世人、○地面有雨則有出口之河水、水流入洋、常帶有動植諸質、融爲渣滓、成爲鹽質、陸地有湖、若爲河流出入、則其水永淡、若匯衆流而瀦之、則其水亦鹹、可煑爲鹽、故遠海諸區、上帝皆置有大湖、專納河流、積成鹽質、以資民生、如亞細亞亞非利加亞美利加諸大洲中間、倘無大湖、則鹽無由出、人之飲食失調、人不能居其地、盡成廢土矣、且人不但用淡水鹹水、上帝更令地出湯泉、或溫或熱或沸、內俱有許多藥質、其大概硫磺質居多、皆足以供人沐浴、醫人體疾、謂非上帝愛人之至哉、○濕氣養氣二者皆能燃火、幾類於油、其合而成水、性卽頓反、萬無能燃之理、前論空氣云、祗一養氣世界所有之物、皆要火灼、假如上帝將濕養二氣之水分開、江河湖海、皆類爲油、世界即登時火灼矣、故新約書有云、世界末日、上帝出一言令世界火焚、當即如此、

論皮相第八

凡有血氣之物、其大概分爲四屬、曰羽屬、曰毛屬、曰鱗屬、曰介屬、其各屬又各有異、如羽之屬鷄與鶩異、毛之屬羊與牛異、豕與犬與貓異、而蝟尤異、鱗之屬鯉與鱔異、介之屬龜鱉與蚌蛤異、其各屬皮相、各有意義、爲與各土各體合宜、彼此不可移置、設以牛羊之毛移於犬豕、犬豕之毛移於雞鶩、雞鶩之羽移於鯉鱔、鯉鱔之鱗移於蚌蛤、再以蚌蛤之殼移於鯉鱔、鯉鱔之鱗移於雞鶩、雞鶩之羽移於牛羊犬豕、其俱能生乎、倘無聰明之主宰、恒爲之主理、吾知其必有傾矣、惟人之皮相獨異、內亦有意義、爲其可以衣也、其在寒處者增之、其在熱處者減之、倘人

生羽毛、必不宜於熱地、爲此故無問地之冷熱、時之寒暑、惟吾人無不合宜。羽毛鱗介之屬、不惟飾體、亦以護體、如刺蝟魚鱉飛禽等、如披盔甲、如持刀兵、亦有獸實披鎧甲、如一兵將者、西人名曰阿馬底羅、狀類豕、無細毛、其毛堅硬如龜甲、逐節分披、如人之鎧甲、活轉適體、其在首尾者圓而小、幾類魚鱗、在脊者略大而方、皆足以自衛、又有箭豬、無長牙利爪、亦不善走、上帝予以絕妙衛體之毛、其毛如箭、在首及後身尤長、倘遇何惡物當前、全體掉轉、首足伏地、毛箭四圍張護、振振有聲、時或出一毛箭、傷斃其物、爲惡物或齧其毛箭、其斷鋒直入內腹、不復能出、其毛之管、內空而質甚堅、色間黑白、西人常用以代筆書字、亦用以畫、亦用作編籃枝幹、實爲美觀、鼠之中有最異者曰鼢鼠、常居地中、由地中通穴道行、其穴道之面高起一線、曲折如蚓之行跡、內有其居止處、則多一突、鼠之形狀希奇不具論、其穿穴前行、倘遇石或貓犬等、欲

回身、穴細無可掉轉、須倒退、如其毛向後生、退行則逆其毛、是爲不
宜、如其毛向前生、前行則逆其毛、亦不宜、故其毛向上而直、或進或
退、均無不宜、且居在泥塗、多濕而冷、如其毛與犬類、難禁寒濕、乃其毛
厚如極細氄毛、亦多油、故不畏寒、而亦利水、皮亦甚堅、刀不易入、石不
易傷、此物頗有需用、爲其穴地令土脈鬆活、收入空氣、以資長養、殆生
成之耒耜也、獸之類、如貓如虎、又皆有鬚、其鬚能有知覺、尤有善用、爲
虎貓等善探穴捉生物、如穴小而強入、或不能復出、必致之死、故其左
右之鬚、闊與身等、每遇一穴、先以鬚試其廣狹、而後無慮、澳大利亞洲
有野獸三兩種、又爲奇異、最大者名剛葛鹿、四足前短後長、不能平行、
恒跳躍、食草萊、與山貓等、其壯者身體較大、自首至尾末、長約七尺、重
約二百斤、牝者生子、產期極促、子初生時、甚軟弱、不能運動、與凡畜子
大異、乃其母之腹外生一兜、其子生、卽置於兜內、稍長、或出兜、或入兜、

各適其意其餘一二種亦類於此凡畜屬上帝欲令其煖又皆令其皮膚內生脂脂所以護內之煖氣令不外出極北之畜脂亦愈厚故熊貂鯨鯢等其脂最厚爲皆極北之所產也尤奇者羽毛屬夏脫秋生冬更酕毛物不能衣亦不需衣或脫或生亦如衣之隨時增減然又如衣之更換一襲然每一莖羽毛又創造希奇與花草禾麥之挺生迥異其皮膚內有孔穴如天生模範小大形式一定不易中有羽毛穴孔初生而彌其孔穴是爲翮管管底有孔吸血以資養羽毛其管先生如筍再長漸壯血皆滿管及羽毛成管底孔閉血亦枯乾映視之如有枝幹此其事凡三異一爲模範一如鎔金一令發生況一禽之羽毛不齊或厚或薄或短或長其用殊異其色更相間成文倘非有具極智巧無可擬議之主宰預爲經營安能有此又毛屬之毛不入水者脊多腹少如狐狼山貓等是也入水者腹多脊少如海虎水獺海螺等是也入水之禽羽

管下皆有氄毛、如水鴨等是也、不入水者無之、水禽之小者、其氄毛色黑、蓋色之能禦寒者、惟黑爲最、其大者非黑、爲其血氣之力足也、大抵禽獸之毛色、皆與所産之土地相宜、其大者獸如虎豹、禽如鷹鶚、有不合於土色、爲其力足自護、至其小者、如山貓等、如百齡鶴鶉等、與其所産之土色、不爽絲毫、蓋令人目迷、並令凶惡之禽獸目迷、而爲之保護也、此又豈非上帝之美意哉、假如有人欲作成一飛禽皮毛、甚非易事、爲其緊要者有五、其一欲輕、其二欲堅固、其三欲粘連、其四欲利水、其五欲煖、輕則不能堅固、堅固則必重、不粘連則不能利水、亦不煖、試即一羽毛驗之甚悉、其翎管之下皆空、空故輕、又甚堅、其上非空、亦輕亦堅、毛甚粘連、如撥而開之、仍復合、不惟如此、亦鬥縫如木板之有簣縫然、亦相挨壓、如布瓦穚、故雨不能入、可以利水、可以禦寒、其翅外有長翎、便於高飛、如挽舟之棹、尾有長翎、便於掉轉、如小舟之尾棹、亦兼舵之用可以令舟旋棹倘非有一無限聰明之主宰預爲籌畫其能有此乎假如有人將一野雞羽毛盡行拔出令人再爲拔上其能位置妥當令其顏色相宜如本來生成者否吾知其必不能也此其事之小者尚不能况其大者乎

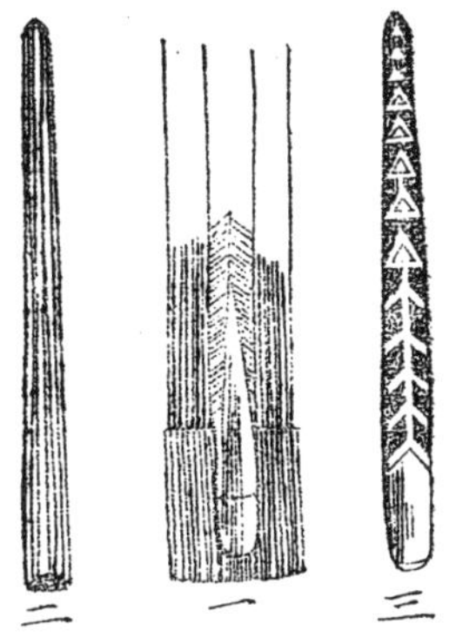

毛管

鼴鼠

阿馬底羅

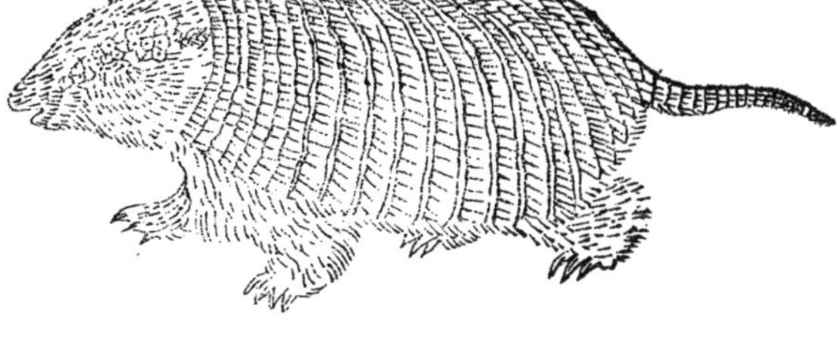

剛葛鹿

箭猪

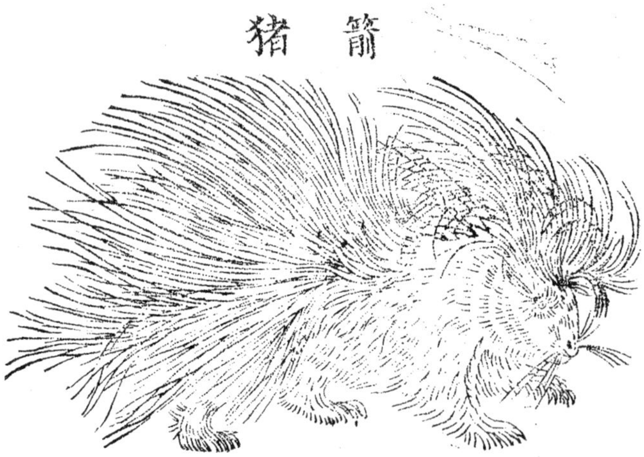

論首第九

凡物之首與喙，各有意義，或能生擒活物，或能穿土爲穴，或擣樹木食哈虫，飲木漿，或食草，或食穀，或齧核仁，或撈水物，或辨五味，或呼吸叫號，或相觸鬥，用自衛護，無不相宜。如虎狼狐犬，唇薄而捷，皆能生擒活物，牛則唇厚而博，能茹多草，羊馬則善嚙萌芽，馬牛羊之舌長而粗澀，豕能掘土覓食，虫豸田鼠，俱能穿地爲穴，皆賴其喙以爲用，假如牛之唇，或類豕，或類犬，必不能生。獸之類，惟象爲尤奇，其首極大極重，如其頸復長，則首不能舉，故其頸短，頸短則首不能及地，亦不便掉轉，其何以飲食，故其鼻獨長，且伸縮如意，運轉自然，幾類於手，可以下拾草芥，可以上攀木葉，鼻之末復有一物，類如指，按之鼻端，可以拾微物，如針如刺，亦能拾之，鼻有二孔，通入腦，能吸多水，可以自飲，可以澡身，噴而出之如雨霧，昔有剖一死象鼻者，視其內之筋絡，具有四萬條，故其運動自然無不能爲亦具有聰明西國有一裁縫方工作時適有一象至自牖伸其鼻於案上裁縫以針刺其鼻端而戲之象從容而去吸水滿鼻從容而來再伸其鼻入室內噴而出之裁縫懼而逃幾乎遭溺復有長牙二約六尺餘其重約自六十斤至百五十斤能作兵刃殺人物能掘樹木令倒而食其木葉犀牛大類於象而差微體亦極重脛亦甚短無角無長鼻無甚物可以自衞上帝令其鼻生一角極長大甚鋒利性喜水宜藪澤長於鬥能敵象而勝之昔印度人取其角作醫藥或有毒物以其角試之角必汗飲食或有不宜實於角內卽沸溢或以冷水注於角內攪以鐵箸水變色可療疾印度東南有一島曰爪哇地產野豕左右頰各有長齒二向上而其末內勾其睡時不臥而立將其左右齒掛於樹木以懸其首猿猴喜食果而凡果皆宜柔條猿猴上攀不能穩固而足食亦復手不能携上帝令其頰下生袋如人之有囊橐然故可

以懷果以備移時之需、亦以飼其子孫、亞非利加洲產一獸、喜食蟻、身體極大、無以足食、生一長舌、約三尺餘、其舌有味、爲蟻所慕、每臥於大樹下、隱其體於木葉中、伸其舌於外、待蟻集濃厚、卷而食之、又一獸中土無之、西人名曰知兒拉夫、其在獸之中、體極高、無與比者、約二十尺、食反嚼、性質約在鹿與駱駝之間、其外貌類如極高馬匹、最喜食極高木葉、故其頸極長、尤奇者其舌伸縮如意、愈伸而其末愈細、能伸長若干、纏繞木枝折下而食其葉、此亦亞非利加洲產也、凡畜之齒類有三、一門齒、利於噬、左右椎齒、利於掣裂、後則食齒、食齒不同、有甚利者、亦有不利者、類如旋磨、上下齒相宜、有絕無齒者、即食虫豸者、是爲其無需齒也、有齒二類者、門齒食齒、如山貓松鼠家鼠崗𪕟豕等、門齒極長、亦甚利、雖木工銛刃無以過之、又希奇者、人物齒牙生成不易脫、則不復生、此諸畜類其門齒日漸增長、爲其嚙堅硬易致損、非日長則日銷、假如其下門齒脫落、其上門齒無對、而又逐日漸長、必致齒床受損、不食而死、牛羊之齒二數俱不足、其胃之內、分有四處、幾如四胃等、可以助齒力之不足、芻入胃後、能反嚼、象惟食齒、齒力不足、亦非逐漸增長、易致傷敗、乃其齒之後、每有新齒生來、舊齒傷落、卽前挨入舊齒地、後復有新齒生焉、虎狼熊犬門齒不大、惟齒則大而甚利、善掣生物、凡物畜之齒不同、有宜芻者、若牛羊類、有宜穀者、若鼠類、有宜肉者、若犬類、惟人則無不兼、故食無不宜、凡人初生、齒小而齒床亦狹、及其長也、齒床日闊、其齒則一成不易、然則當小時其齒亦小、食多不宜、上帝令其初生之齒、及時脫落、而巨齒重生、極爲密緻焉、

象

犀牛

野猪

知兒拉夫

論首　第十

飛禽之喙、與走獸甚異、形式不同、體質不同、非骨非肉、乃别爲一質、特意造化、類如人之指甲、無數形式、各形式俱甚相宜、雀之喙甚小、其末甚細、凡何細物、皆可拾食、凡何粟粒、皆可以斷、鷹鶚食雀、喙之末下勾、有力而甚利、其剔食骨肉、如人之用刀匕然、又一類其喙交錯、有大力、雖甚堅果核、力能斷之、若夫專食虫豸者、其喙長而末細如針、遇小虫豸、刺而食之、無一逃、又有飛禽極小、其羽毛色色俱備、飛禽之可觀者、惟此爲最、其性喜食花蕊之蜜漿、食此頗艱、蓋無間或草或木、一花不足架一禽、乃上帝令其生極長翎翅、能於空氣中自行佇立、蜜漿釀於花心、不破似無以得此漿、上帝不令有損於花、故令其生一極細喙、蜜漿産於熱地、蕊極長、此禽之喙亦極長、花蕊非直、此禽之喙亦非直、又有花蕊下垂、如倒懸者、此禽喙亦向上微曲、可翻飛仰而食之、水禽之喙尤爲奇、喙之內有如鋸齒者三四行、實非齒、別有意義、爲其可以出入水漉水物而食之、凡水禽股甚高、喙極長、形各不同、有微上曲、有微下曲、有兩折曲、有寬闊如小舟者、喙之內各有刺、能銜生魚、魚不能去、最奇者塘鵝、頷下生一袋、類如猿、其體質大類像皮、能大能小、鼓縮如意、得魚即入袋內、其袋約容大魚二十尾、飛禽之頸亦甚長、蓋凡禽脊尾皆有油管、內生多油、施洗羽毛、足令滑澤爲美觀、亦復利水、惜無操作之手、爪亦復不利用、故特予一長頸、令其首及油管、日吮其油而洗刷其羽毛焉、

鱗屬之喙、形狀無算、咸各相宜、請試舉其一二、鷺鷥之爲類不一、或爲白、或爲藍、又有別具一奇形者、其取名曰公子帽、性猛悍、善水行、甚速、凡有所遇、或水族、或陸地人物、無不喜食之、假如其喙與凡鱗族同、恐水族幾無存者、上帝令其喙生頷下、翻身仰上、方能就食、故其就食、須

延時刻、凡遇之者、皆有暇以避之、舟子恐此情形、故有時失足誤溺、倘遇此魚、追食潛身水底、抽刀刺魚之背、如此者三四、而魚即斃、劍魚之喙、鋒利似劍、其取食也剌之、有俗名針魚者、喙長而細如針、想亦其流亞歟、又有俗呼為大筒魚者、其喙如一筒、筒之末係柔皮、善貼物、凡有所遇、以喙貼之、項下氣一鼓、即吸而入、蝦有長鬚二、善捉物、其極大者、前有上下二甲、下甲甚堅亦甚利、其用之幾類剪刀、又奇者印度河產一魚、體甚圓、其全體如一飛禽首、名曰禽首魚、性喜食蠅蚋、其遇蠅蚋於空中、或草葉上、自其口噴滴水向蠅蚋擊而食之、如用小鎗砲然、土人常活畜之、為小兒玩、小兒有時鉗一蠅蚋、遙而示之、彼即出滴水擊食之、復有魚口能作管、能噴如許水落空中、擊羣飛虫取而食之、至於鱗屬之齒牙、約皆向內側生、不與凡物同焉、總之萬物之首、皆與其體質、與其食物、與其所產之地、均無不宜、故或居地面、或居地中、或居空氣、或居水際、各自適焉、人之體立上下一直、故首上擎於脊、物畜横行、故首横懸於脊、人以手飼口、故鼻高於口而亦外出、物畜則其口外出、鼻多內縮而亦甚小、觀猿猴類可悉、假如人以口取食、則觸其鼻矣、凡居地中之畜、其口尖細、爲其穿穴、如田鼠類是、鱗屬又甚異、水族亦資養氣以生活、前論空氣云養氣亦能入水、然吸水中養氣較難、故上帝令鱗屬之口、內有肉唇幾行、善吸養氣、其吸水入口、過肉唇而養氣即爲所吸焉、

格物探原　論首　第十

嘴交錯

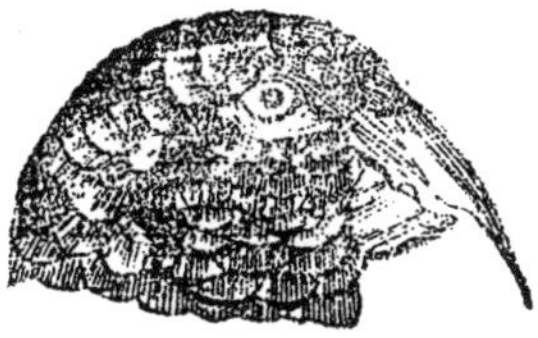

七

二鳥圖

四鳥頭

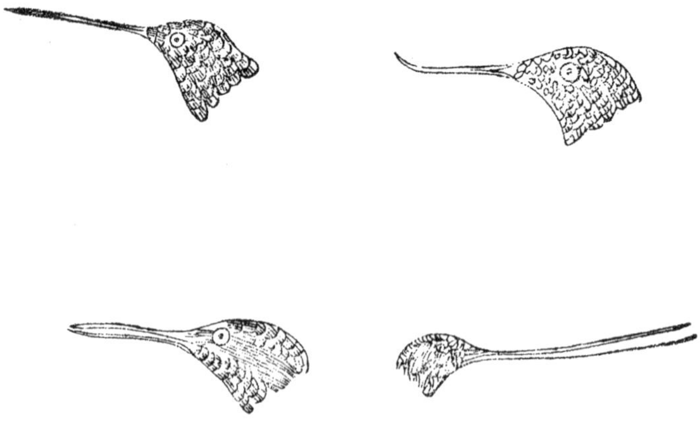

大筒魚

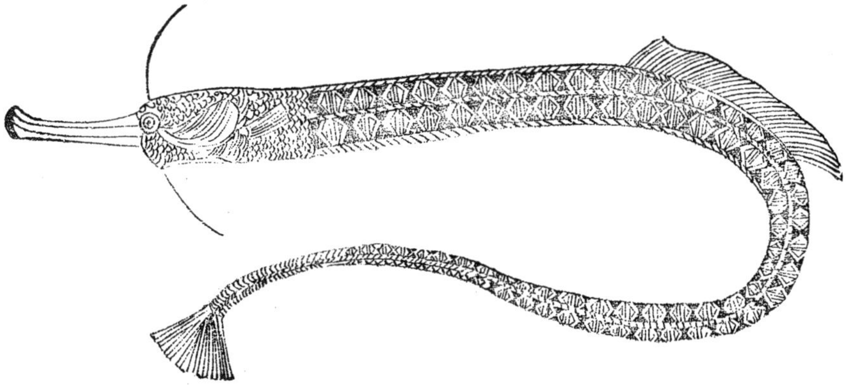

翁首魚

針魚

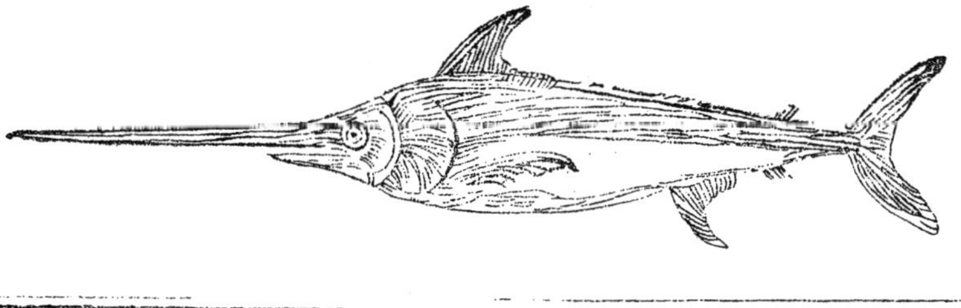

塘鵝

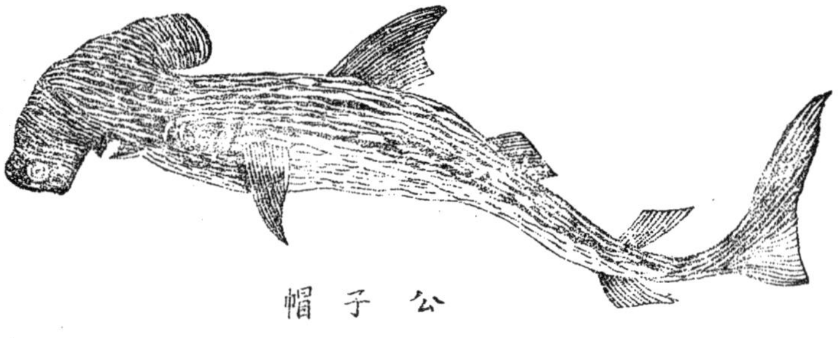

公子帽

駱駝胃一塊

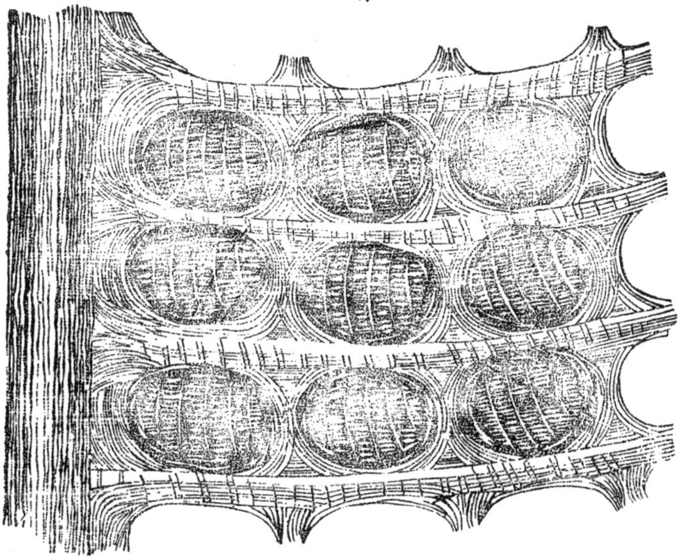

論咽喉胃腸第十一　並圖

首之附近者、內有咽喉、各物皆異、悉數難終、要各中其用焉、人之飲食、自上而下、順而易、故咽喉之內滑、馬牛等俯首飲食、乃自下而上、如其喉內仍滑、食何以入、故其喉內澀、不惟如此、其喉內有肉筋、連環如螺絲、食入喉內、逐層縮入、漸次至腹、喉內通胃、各物類不同、其最奇者莫如駱駝、駝之胃分為二、一受食物、一受水、受水之胃類如袋、食之時、水胃閉其口、飲則開、水胃凡十二行，如衆小袋層布，其飲水先足一行，旁有細管，引至二行，逐次引足十二行，即不飲矣。飲水一次，可十餘日不需飲，蓋渴則擠一袋之水以潤之，復渴復擠，其奇妙如此。世宙有沙漠，俗名旱海，或至千餘里地少水，若無此駱駝之奇妙，人不能行。且駱駝不惟能自携水，亦所食無多，亦不慮缺食，則以駱駝皆有肉脊聳起如峰，或單或雙，其內皆脂，倘沙漠無芻，脂能鎔入體中以自養。此豈非上帝極爲經營妥協，令行沙漠無人之境，故西人號駱駝爲旱海之舟。○人之飲食無不宜，凡各食物無問體質凡幾，入胃後化爲一質，再入腸復化爲一質，有如乳腸之表有如許細管，僅與毛髮比，使胃腸內之乳共入脊，再由脊而上，於項於背之間與血管遇，遂並血入心，後由心而散於全體，其血茲不具論。論乳之作用於全體也何如，作骨，作肉，作腦，作心，作肺，作肝，作胃，作腎，作筋絡，作齒牙，作眼睛，作毛髮，作指甲等，此如一舟，具有木鐵篷帆繩索等、其孰能據有一質以成如許體質耶、不惟如此復作口涎鼻涕眼淚耳蠟毛孔之汁、骨節之油、如車轄之有脂膏然、又作眼睫食管、氣管、腸胃胞膜等、津液、肝胆汁、甜肉汁、乳汁等、凡此諸質、或厚或薄、其味或苦或甜、或辛或酸、或鹹或淡、皆自食物生來、夫黍粱可以釀酒、麻豆可以爲油、如無人存心積慮、勞力成功、安能有酒、安能有油、乃究有宿學名儒、令人心信從、然無上帝早爲經營人之臟腑、此飲食自能成此如許作用、有是理乎、其尤奇者、胃之內各具有天然津液、有無限能力、宇內藥號萬千、無一具此力者、如酸之屬化一物、鹻之屬化一物、至胃之所受、或爲穀、或爲肉、或爲蔬、或爲菓、津液無不化之、其有不化者、獨一生物焉、蓋津液如化及生物、則亦化及胃矣、人有時誤食生蟲、入口即斃、故胃之津液、仍復化之、至於胃與腸、恒有蟲生焉、爲其既生、故不爲津液化、惟藥乃化之、且同一津液、同一飲食、其養成各人物形體、各相宜益無少舛錯、如人如犬、可同一食物、人自成人之官骸、不能有犬之一體、犬亦自成犬之皮毛、不能有人之一體、卽人與人男女老幼、未嘗不同一食物、乃其形體亦各異焉、此皆由胃中津液化力而來、其化力人不知覺、人自作人工、津液亦自作其工、人不能兼理其事、令其時而作時而息、其果孰主之者、是爲上帝、非上帝詎能無少誤乎、然則世人不惟賴上帝而足食、亦且賴上帝而能化此食矣、外此之功用則爲腸、芻難消化、故草食之畜其腸長、肉易消化、故肉食之畜其腸短、其極長者則莫若鹿、昔美國有殺一牡鹿者、其腸長至九十有六尺、羊之腸長於身體二十倍、虎之腸長於身體三倍、鷹鶚之腸直而無曲折、人則無不宜食、故腸之長短亦適宜、尤希奇者、更有妙用焉、畜皆橫立其腸平臥、人則豎立其腸直下、飲食逐層下墜、慮其迅速無以資養身體也、故人之腸內有大紋縐阻滯食物、緩爲融化、此豈自然而然有者、而

且逐日飲食逐日銷磨亦宜日久益滑恐食仍速下乃俱未有此吾固知其極聰明創造身體之主宰者爲之也

論形體 第十二 並駱駝蝙蝠圖

駱駝圖

大蝙蝠圖

凡有血氣者之形體、亦各相宜、獸有蹄與陸宜、魚有翅與水宜、鳥有翼與氣宜、人皆知之、尤有奇者三兩、足悟其中有美意焉、鳥之骨皆無髓而空、假令其骨與獸等、羽毛雖豐、不可以高飛、其皮膚內復有如許極小風胞、亦便於空起、再如鳥之生育、或為獸之胎生、亦復不便、故上帝別具一創造法、令其生卵、卵不能齊生、寖長寖生、其一起之卵俱生、即翼伏之、及期而雛產焉、生卵之數亦有差、野禽自二至十餘不等、家禽之卵多生、蓋為人之喜食之也、至其足有為爪者、有為掌者、大抵恒陸居者皆為爪、善水者皆為掌焉。○鱗屬之體、各與其所產之水所食之物宜、其骨與禽與獸亦異、假如魚為獸之骨、患於重、或為鳥之骨、患於大、故上帝復異其骨、亦甚堅固、非僅此也、其脊內復有風胞、能自大小、亦居脊之中適於用、如在前或在後、俱不宜、亦與鳥之風胞異、在鳥者小、在魚者大、

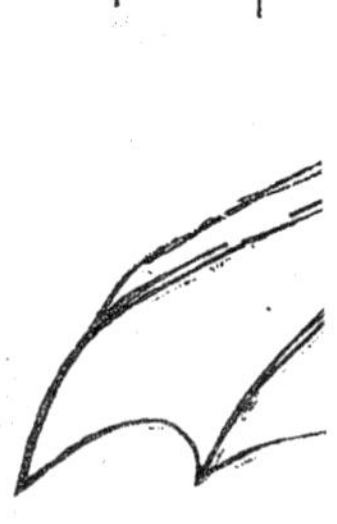

鳥不能自爲主、魚則鼓閉自主之傷其風胞、魚必下沉不能浮、其間有無風胞者、則如此目魚常潛水底、浮水不高、魚亦卵生、味美者卵之多無可數、其惡者頗爲減少、○獸之體凡百、首尾股趾、各各適宜、其有意義者、莫如蹄爪、如人手足之有指甲、一能取物、一能行路、如手無指甲、則攫取不便、如足無趾甲、則步履維艱、余曾見人足趾傷去趾甲、步艱於行、幾似跛者、人固如此、獸亦宜然、野獸食生物、皆爲爪、牛羊蹄皆分、馬不分蹄、蓋分蹄則不復善走、其最奇者、莫如駱駝、沙漠難行、凡畜皆不宜、惟駱駝宜、蓋其蹄內凹、爪外出、入沙穩固、故其行沙漠如堅平路等、貓之蹄更有一奇、底生氄毛、其行無何動靜、故善擒生物、令其不知覺也、亦有非禽非獸、似禽似獸、不走而飛、胎生不卵、能帶子雛、凡物不食、惟食空氣中之蝱蟲等、體有細毛、口有齒牙、俱與鼠同、是爲蝙蝠、有小有大、小如小鼠、大者翅展橫約長有五尺、有美觀者、有兇惡者、不宜地面、不宜土中、不宜樹木、惟恒居空氣、空氣何以能居、上帝令其大指首屈如鈎、幾堅如鐵、欲栖息則鈎自懸焉、騐其形體、可悉其體骨間架、比於人而微差、有胸、有脅、有脊、有股、有臂、有肘、有膝、有膝蓋小骨、亦有五指、大指短而有鈎、其餘四指極長、而分排如雨蓋之梁、亦有皮連各指後及足尾、以爲其翅、尾善掉

蝙蝠骨圖

轉、如掉舟之舵、如圖、日入而出、覔食空中、昏夜之間、目明不足、最宜者其耳、善伺飛蟲動靜、耳有大而長者、如兎、亦有短而小者、皆細薄如膜、耳短慮聽不足、乃其鼻準向上外出、善取臭味、能於空氣中、跡飛蟲而食之、如犬之能跡走兎然、其指則更極靈覺、投石擊水、有紋旋開、空氣中蝱蟲飛動、此氣亦爲之動、有如水之旋紋、指能探空氣紋動、知蟲之或遠或近、或前或後、或左或右、捉取之無遺、亦復不能有觸、或石

或木或線、索等、冬日氣寒、空無蟲生、蝙蝠亦不食而蟄於老屋或枯木凡幽暗之處有分蟄者、有合蟄者、泰西有人曾遇蟄蝠二團、枚數之、一則百八十有五、一則六十有三、其蟄凡六閱月、迨蝱蟲生、蟄卽起、其最喜食者惟蚊、蚊生多之處蝠亦生多、此又大益人矣、總之凡血氣之物、各具知識、各中役用、皆所以益人、如犬能守夜、善伺動靜、貓能伺鼠、夜作巡捕、雞能司晨、善辨昏曉、服役於主、不待指揮、馬牛突背、可以服軛引重、羈靮鞭轡、亦驅策如意、其大小亦宜、假如犬或大如牛馬、可以食人、牛馬或小如犬、乘亦不宜、號物之數萬萬、各具各妙、悉數難終、要無一物虛置、無上帝之美意也、

論骨第十三　並圖

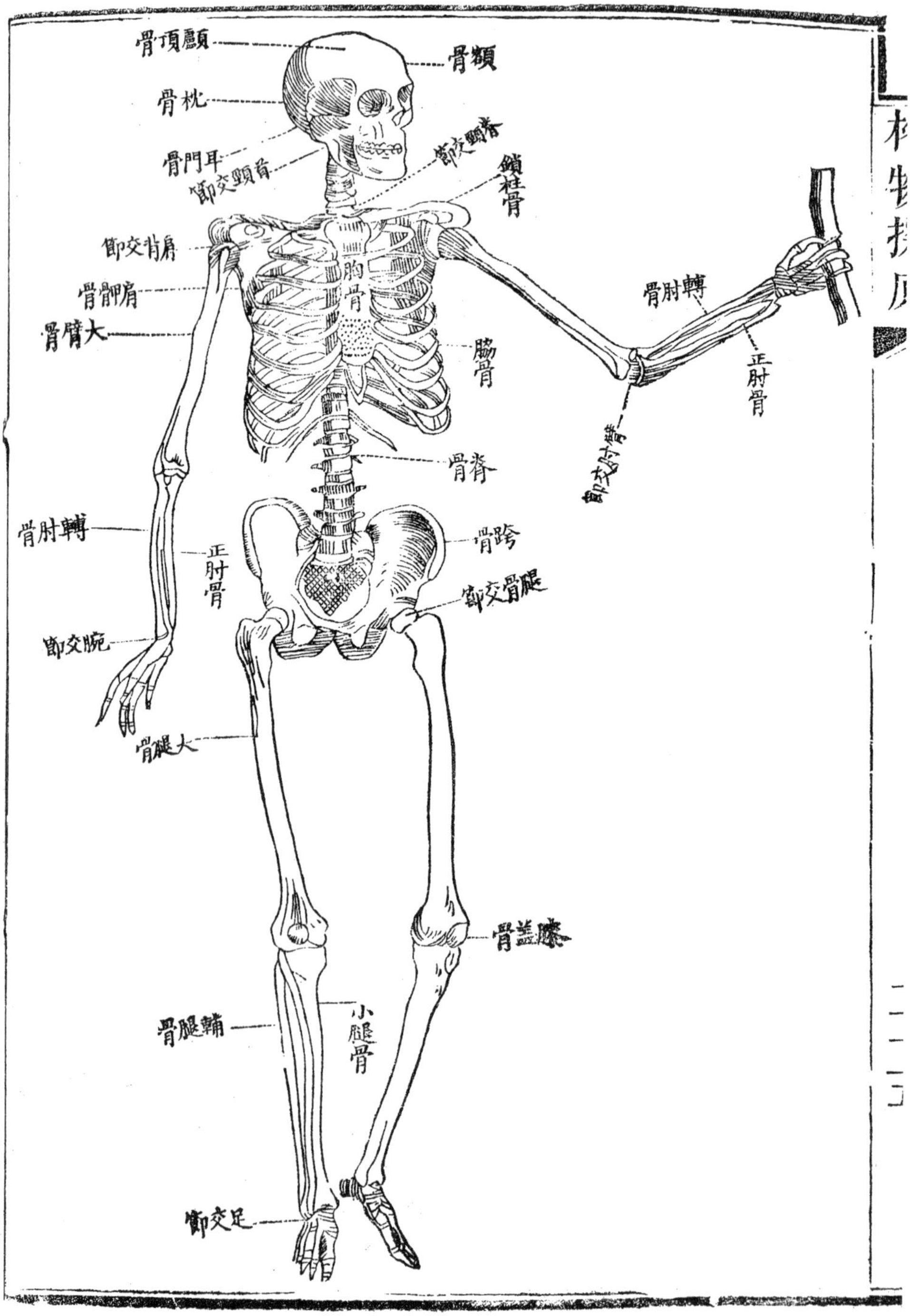
顱頂骨
額骨
枕骨
耳門骨
脊頸交節
脊頸交節
鎖柱骨
肩背交節
肩胛骨
大臂骨
胸骨
脇骨
轉肘骨
正肘骨
脊骨
轉肘骨
正肘骨
跨骨
腿骨交節
腕交節
大腿骨
膝蓋骨
輔腿骨
小腿骨
足交節

世有至巧至妙之匠，令其匠成一人之形，能坐，能立，能行，能馳，能俯，能仰，能左右顧盼，能登梯攀樹，能拾，能取，能擒，能縱，能舉，能扛，能負，能戴，能作金石土木諸工，能爲舟子漁人，能耕作紡織，能自保護，能自書數，能視能聽，能思能慮，能自飲食，融化，資養身體，復能自行產育，亦別無所予，惟予以土，予以水，予以空氣，予以五穀果蔬魚肉，其果孰能爲之者乎，此土水空氣五穀果蔬魚肉等，能自成此人否，究惟上帝能之，上帝每歲約匠成此人三百萬餘，有能造木偶者，即欲其立，甚難，須煩思慮，蓋欲立須下體闊大，下體闊大，則一推即跌，不復能振，惟人則不然，可以正立，可以斜立，可以足前後立，可以隻足榮立，亦可以首戴重物，亦可以戲玩如貫梯走索等，蓋以身體疾速輕重，能自適宜，其要者爲骨，統體之骨，除牙齒指甲外，大小凡二百五十有六，首之骨上下截分爲二，其上爲腦骨，腦骨之內，即爲腦，腦之於人也，爲性命之原，腦有損則聰悟失、亦爲性命憂、故腦骨所以庇其腦、必須固甚如櫝然、故腦骨有八、其大者六、名分爲四、其在額曰額骨、額之後左右有二骨曰髗頂骨、最後骨曰枕骨、髗頂骨下左右二骨曰耳門骨、其骨何爲有六、有上帝愛人之至意焉、假如腦之骨統爲一、一受擊觸、則全腦骨痛而腦有損傷、體亦因染癱瘓矣、腦骨有六、受擊者痛、餘則否、詎非良法美意歟、又六骨處有不合、或不甚固、乃其六骨外刃皆如鋸齒、其縫合俱係交錯、內亦有脂、交錯之縫甚固、無可究分、惟一法可驗、以黃豆實於腦骨內、埋置土中、豆漲而自開焉、又腦骨圓而不方、如城闉然、如圓橋然、蓋圓之較方爲固也、嬰孩初生、腦骨柔而且軟、六骨亦非甚合、此爲易產故、亦爲其觸跌損傷、或裂或凹、無甚艱險、若成人受其損傷、必致於死、蓋齡愈長而腦骨亦愈堅、乃上帝於此更有妙用焉、令腦各頁、分爲二頁、內亦生脂、凡三行、其外行比如木、其內行比如磁、其中行則比如極堅牛皮、故其受擊時、痛雖不能無、而其內之腦不能動搖、蓋髫齡時知慮無多、腦之功用尙微、成人則心思詣力、都歸腦用、故上帝更有此妙用以庇護之、其下爲面骨、面骨凡十有四云、其次則爲脊、脊之骨如爲一、則梗不能俯、不能仰、不能運轉、則是石橛、則是木樁、俗有嗤人爲樹樁者、殆卽謂此、故上帝令一脊共三十三小骨、各小骨皆孔穴、其連屬爲一長孔筒、三十三小骨連屬之縫、又皆有孔向內、凡物有孔者堅、故脊骨甚堅、亦尙有用、脊骨有髓上入腦、周身筋絡、皆由脊內孔入而直上繫於腦、三十三骨各節之間、又各有脆骨、柔而且軟、此有意爲其便於踴躍、如無此則踴躍時痛難忍、殆爲以骨觸骨也、脊骨亦非直、凡三曲、亦有意、如其直則頂或受擊、痛必至尾、惟其非直、故擊自頂來、痛至首曲而止、再下無痛、觸自尾閭、痛至下曲而止、再上無痛、三十三骨向內、左右又各有外出之骨、形如杵、突其首、乃爲縮結左右肌膚、如牖戶之上下各有外樞縮於牆令其固故人周身之肌膚亦甚固其尤希奇者脊之上有交節骨二一在首與頸之間與合頁等令首便於低昂外束以肌膚以合於寸尺首檠於脊較重於前腦後復有大筋絡以維繫之蓋微此則首亦不能上昂一在頸與脊之間如磨心令首便於左右此殆如大千里鏡之機能自上下能自運轉焉　以上各有圖誌

胸膈第十四　並圖

胸膈所以護心肺乃心肺之安宅最爲緊要如有損傷則心與肺俱損傷故須固亦須活能鼓能縮能上能下如此然後適於用而亦爲美觀是造此者之具有良法焉試詳論之上下胸骨居中形如劍其上首如圓領合於項左右脅骨圍護各十二支七支貫於胸骨其次四支遞次減小左右鬥角不貫胸骨次一支半護脊不及腹左右脅

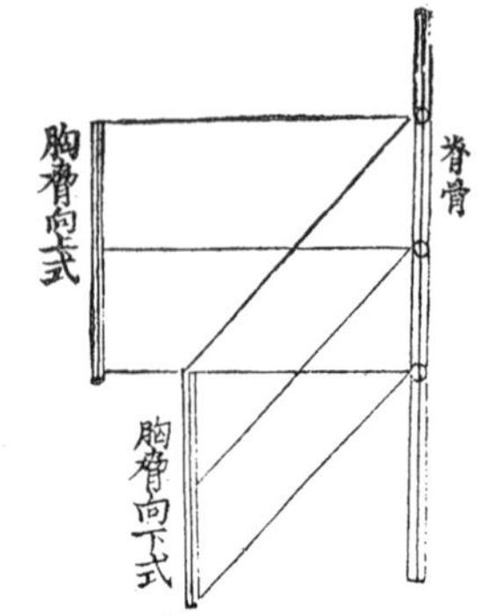

骨極堅、出自脊骨、皆中節縫、前貫胸骨左右凡十有四支、故足以架護心肺、如梁木之能架屋宇焉、極爲堅固、各脅骨貫胸貫脊各節、亦斜而不平、蓋平則不便呼吸上下、故統胸脅諸骨、皆極活而無一死、如一極奇風箱、吸則諸骨向上而胸脅鼓大、呼則諸骨向下而胸脅縮小、一吸一呼、內之炭氣出而外之養氣入焉、

脊骨三面

肩胛骨頗爲希奇、此格外物、措置於肉之間、無別用、爲二臂楮柱、如無此則臂不適於用、

瑣子骨令二臂方正、亦令二臂楮出、不附於頸而致碍、

臂之股大而固、其形其用、極適其宜、肘之骨內外有二、一用以反屈、一用以運轉、惟一則不足、其外骨與臂如合頁交節、不與腕交節、其內骨與腕合頁交節、不與臂交節、二骨兩端亦互相交節、爲橫合頁式、便於運轉、腕之外則手、手之骨凡二十有七、蓋其用實多、骨亦不復能減也、

上股之骨更爲巨、乃全體之冠、骨之上首外

杵臼內相連之筋

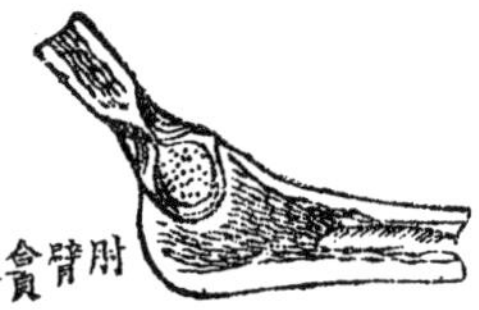
肘臂會貫交節中分式

出、一骨形如杵而內曲、下股亦有二骨、類於肘、足乃二十有六骨合成、其形凹下凸上、堅固而善立運動而甚活、以猿猴之足較之可悉、　脛骨小而圓、形如錢、尤爲固蓋所以護二骨關之筋絡也、

至全體之交節極多、各極奇妙、亦各相宜如匠作一極奇機具、何節何機何材、各極美備、全體骨交節、有如頸骨、脊骨、舌根骨、下牙床骨、指骨、掌骨、腕骨、肘骨、臂骨、跨骨、臀骨、尻骨、尾骶、尾閭骨、股骨、膝骨、足趾骨、足跟骨、足掌前後骨、不一、其名不一、其用不一、其妙茲不畢述、請略舉其恒用者凡三、如合頁者一、如杵臼者二、一直一橫、其一、上臂骨之首圓而大如杵、瑣柱骨之首凹而小如臼、此有意爲其可以上可以下、可以內可以外、運轉如意活之至、假如瑣

桂骨之臼大臂骨之杵小則臂不能舉其二自肘至腕有正肘輔肘二骨其交節亦兼杵臼合頁二者故肘可以反屈可以圓轉腕亦隨之如缺一不可其三則股骨股骨之首不直向內歛亦如杵而小其跨骨之臼則大蓋以其無庸上舉也又有意蓋令其下體寬大而固而美觀亦令二股中離便於行且令二股踴躍跨與股相觸痛能止如其直則有觸痛必下及足尤奇妙者合頁交節外有二筋交束作十字式故其骨不外出其杵臼交節內連以極堅之筋不能割裂不能擊觸蓋以圓臼外覆刀觸俱無自而入且臼內無空氣故臼外空氣下壓之力甚多令杵臼永為依附而莫可分離　二百五十有六骨其交節亦約二百餘交節多而骨散宜艱於行動亦易疼痛易損傷故法又有最奇者三其一交節二骨各有脆骨如鑲物然軟而堅二骨可無損其二緊要骨節中有一物堅如牛皮令二骨不相磨礪此如護車輪者之用牛皮等火

輪舟車、亦各有此、其三各骨交節皆有胞膜、胞膜日生脂膏、凡脂膏無與比者、此如輪船機軸需油孔急上懸油壺、點滴不息、爲此故凡骨交節、咸足適用、或二十年、或三十年、或四十五十以及百年不毀、假如此肘運傳一時內可周至千百、積至百年而仍如故、此則比諸金石之堅美、較勝千萬焉、

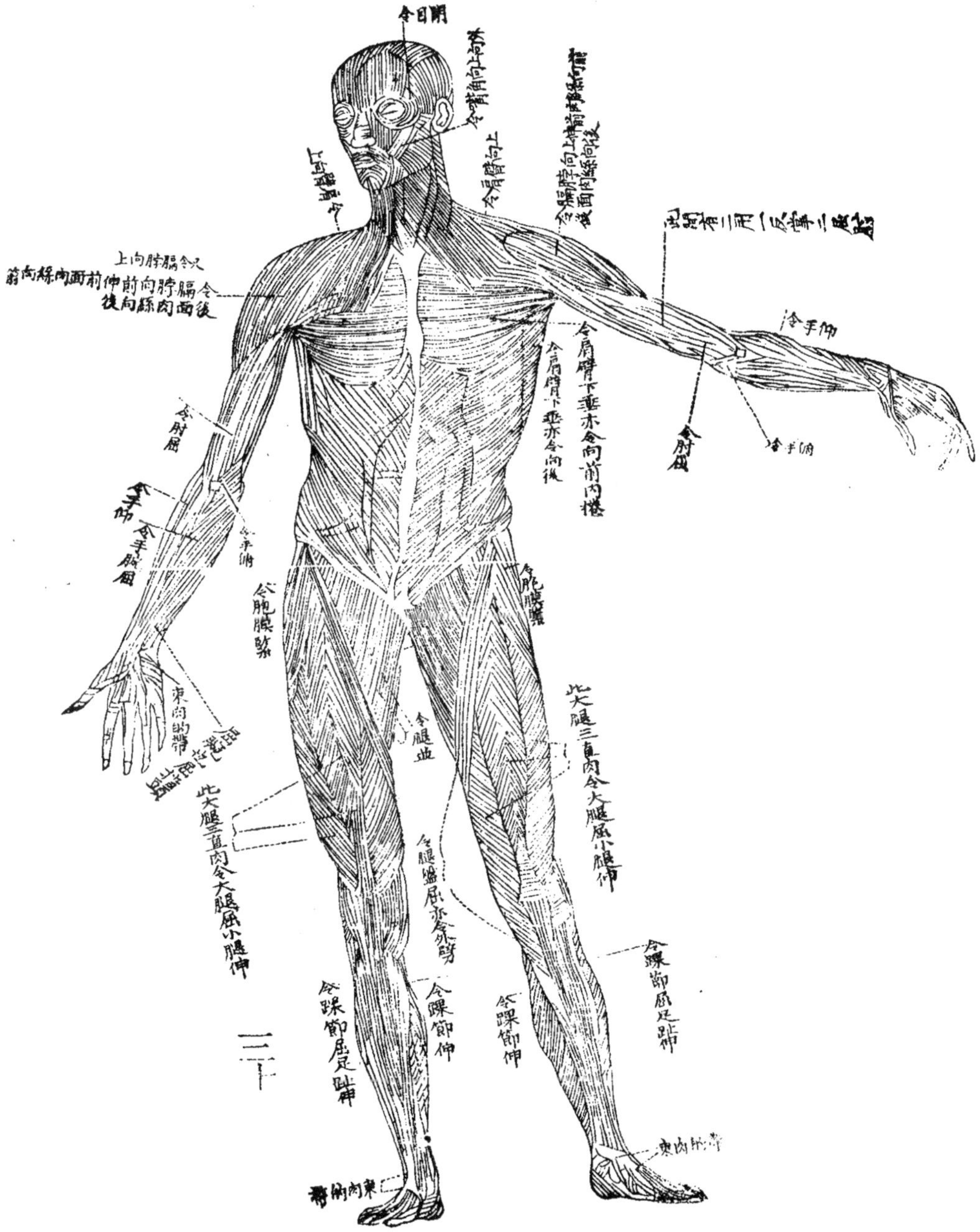
令目閉
令手伸
令肘屈
令手伸
令手腕屈
令手腕
令肘屈
令腿曲
令踝節伸
令踝節伸
令踝節屈足趾伸
令踝節屈足趾伸
此大腿三直肉令大腿屈小腿伸
此大腿三直肉令大腿屈小腿伸
束肉筋帶

三十

筋肉第十五　並圖

木偶中有一極善運動如傀儡者、其內架乃如許線索維繫、令其善運動受驅使、此線索各有意義、無一虛置、況有極善運動之傀儡所萬萬不足與比者、如吾人身體內之筋肉、其有意義更不可測矣、無極巧妙之匠、無此善運之偶像、無至聖神之上帝、愈無此極靈活之身禮、　骨之外有肉、人皆思全體之肉爲一物、復極軟弱、不知巨細乃分若干段、段各具一形式、逐段布置、合而成此身體如圖、圖

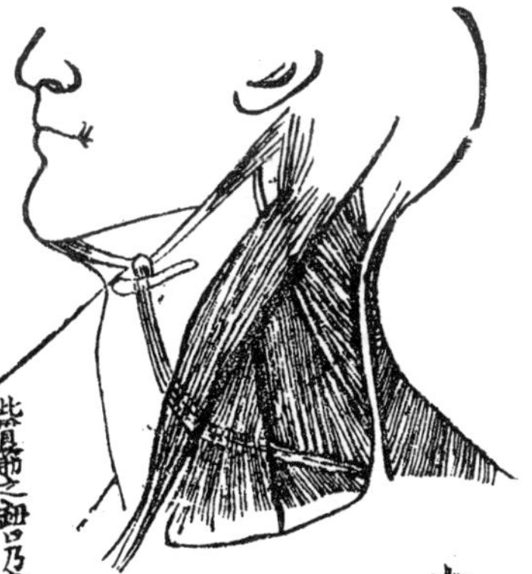

此是筋之細目乃旁面圖

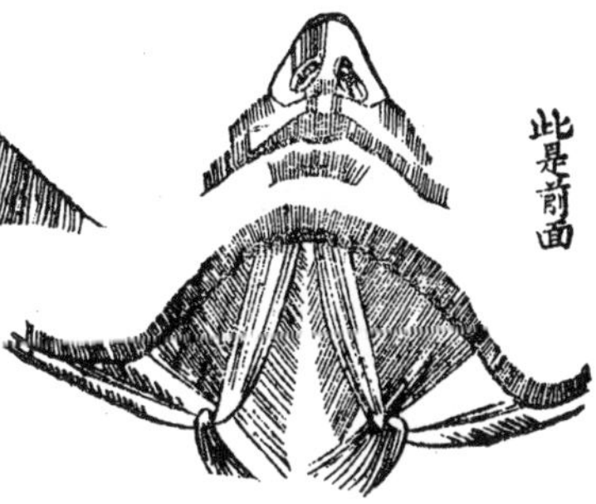

此是前面

卽皮內之肉形、凡身體之肉、俱係兩兩相對一令體伸、一令體屈、皆腦氣筋爲之驅使其兩者對置非或前或後則一左一右、如此則各體乃相稱乃美觀、假如右腮肉內之腦氣筋死、則口必偏而向左、至其與身體爲依附也

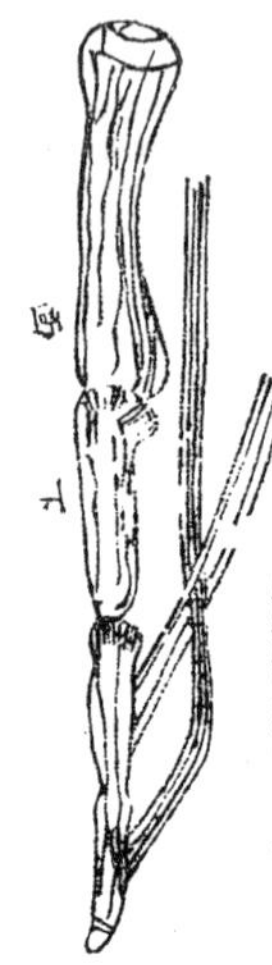

此運指之筋小筋貫大筋者

體伸則肉舒縮、體屈則肉積起中間、其相對之肉、亦各相依附、爲伸爲屈、合身體無傾跌之處、此如鋸木之工、一推一挽、彼此互爲依附者然、　各筋肉與各交節各極合宜、如交節爲合頁式、如肘如膝、皆爲平直、筋肉亦平直、如交節運轉爲杵臼式、筋肉亦斜而不直、

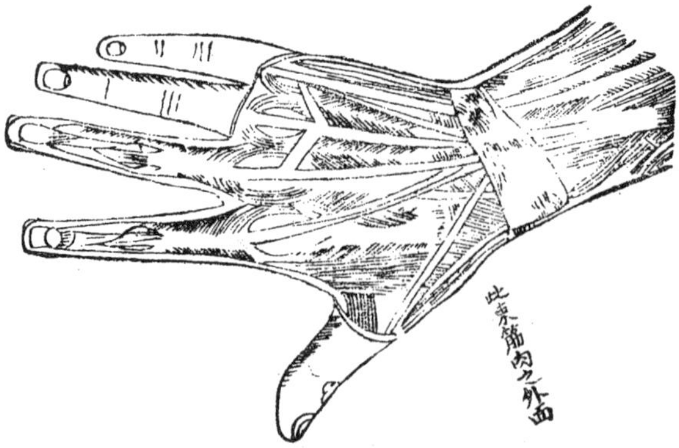

此手筋肉之外面

如頸如臂如股皆可驗之如圖假如臂與股筋肉平行則不善運轉肘與膝筋肉斜置則用無所宜　筋肉極多各依其位各効其用無相奪倫計全體之筋凡四百四十有六有小有大有正有斜有纏繞者有橫貫者外復有細如髮者有大筋肉包細筋有細筋貫入大筋出入流動者四百四十有六各適各宜無碍其位無悞其工無慁其痛倘非具極聰明之主宰早爲經營措置允當未有此也　身體之運動有合於重學之理如秤桿然桿分三點曰力點重點倚點加力之處爲力點所憑之處爲倚點加重之處爲重點倚點偏於重點則重點之力加而力點之動速倚點偏於力點則力點之力加而重點之動速身體之倚點俱偏於力之一端以力言之須多增加或疑創造身體者之幾爲誤置不知一端力加乃一端能速能速乃運動身體之最爲緊要者也詎有誤乎爲此故運動身體之肉大約咸與交節相近運臂肘之肉卽近在膂

之前後運股之肉、即近在跨骨前後如圖、其上臂交節爲倚點、運臂之肉、即加力點、跨骨交節爲倚點、運股之肉、即加力點、皆其上甚短、其下甚長、故手足之持行、莫速如之、亦有近於交節甚不宜者、如運指之肉近指交節、則指必太鉅、不適於觀、運趾之肉近趾交節、則不適於履、故生人之主宰、置運指之肉於肘、運趾之肉於下股、運目之肉亦置於腦後如圖、此其中有二微妙、皆爲適用、皆爲美觀、　肉之末、即爲筋、牽連手足者是、但手足或反掌上屈、恐手足腕之筋突起如張弓之絃、雖外束以皮膚、其力不足、故創造世人之主宰、使外又有肉一段、束此筋絡、極爲堅固、每筋皆貫此肉、錯落布置、如編織然、在手者一、在足者二、並束及掌、有似人之束以帶者、如圖、因知此肉非自然而有、無極太極理氣等、更不能生、必創造世人具極聰明之主宰預爲之備也、　心肺腸胃、時恒運動、其餘各體、亦無不然、人不能主理此事、其運動或遲或速、心肺等亦復不能自爲運動、果孰主宰是乎、是惟上帝、故人不惟賴上帝而有食、賴上帝而化食、亦且賴上帝而能運動、西國有一人身體爽健、無何疾病、惟目皮之腦氣筋死、不能張目、欲張目須撥以指、煩苦無似、是可知非有上帝、恒爲主理、人皆煩苦無爲爽健者矣、　凡各筋肉各極奇妙、此上所言、乃其大略也、試細述其緊要者二、兩口之開合、惟下牙床之或上或下、其上似易、其下實難、果何法以處此、假如有筋自下頦之中牽至胸前、引牙床下甚便、而於首甚不便、蓋如此則首不復能左右、引牙床下之筋肉、必宜於首、故此甚難、上帝有法、置牽牙床之筋肉於耳後、但此又爲牽牙床向後、上帝復置二筋於前頸左右、筋之首皆爲鈕口、其耳後之筋肉下貫入鈕口、再向上而繫於下頦之中、如圖、故耳後之筋肉突起、卽令牙床下引、此非有貫之者、其能自貫之乎、詎非奇妙歟、　各手指屈伸運動、骨節凡三、各指有大筋一、至指之中節復有小筋貫大筋而出於指之末、大者運中節、小者運末節、其貫處如刀割之縫如圖、足乃更加希奇、則大筋貫小筋焉、二筋皆介指趾圓而適於用、比如手指能書能數、能琴能畫、能遲能速、以及凡百工藝、其爲用無窮、要皆其如許筋絡之運動使然　數肉合而成舌、舌之靈捷更不可言、一字一音、平上去入、皆須如許筋絡運之、舌音之亮徹與否亦係於筋、口誦心維、讀書而講貫古今、舌之運動、一時中可成千百計筋之大者、皆可悉之、皆能計之、尚多極細而無可數者、皆適其用、無悞一工、外此復善歌詠、聲之長短高下輕重、俱能適宜、亦用以食、統率齒牙、亦用以嘗、善辨五味、不爽毫釐、飲食與語言異、歌詠與飲食復異、至辨味與飲食言語歌詠、乃更異、究惟此一舌之微、兼理此四功用、幾如一人兼四殊異之工、亦讀亦耕、亦冶亦弓、倘非有主宰是者、預爲措置、一舌之微、詎能兼此功用、

論食第十六　並圖

太西國有奇妙火輪機具、能自打麥、亦自能播之、自能乾之、復自磨之、既成爲粉、粗者細者、極粗極細者、各注各處、無或淆亂、粉之所至、水亦至之、點滴緩引、乃自調之壓之、亦有利刃割爲饅首、或大或小、俱由人意、亦或作爲餅餌、割成方圓形式、兼施以花樣印號、終以火齊熟而出之、是一機器之用、入之者麥、而出之則爲饅首餅餌焉、復有機器、能以草或敝衣、自行碎割、自行水煮、分其粗者細者、各出一路、歸於平坦、壓以圓軸、由端及末、紙遂以成、割以大小、亦各由人、粗者細者、色色俱備、一器之用、一日之間、紙幅之出者無算、復有印書機器、形類風琴、其前皆按指之機、後有如許活字活板、各與機應、指按某機、某字卽自行出湊板孔、逐字逐行、砌成語言文理、版完其一、用機移置、復易一板、仍如前法、板完墨至、機自刷之、墨完紙至、機自鋪之、機自印之、亦自摺而去之復有織造機器、予以綿花自彈自紡自織自染所出之布、粗者細者、華采者、色色俱備、均各由人外此機具甚多、悉數難終、苟無智巧之人、役其心志細爲經營、無以成此機器、無小心監理此機器者、必致失機

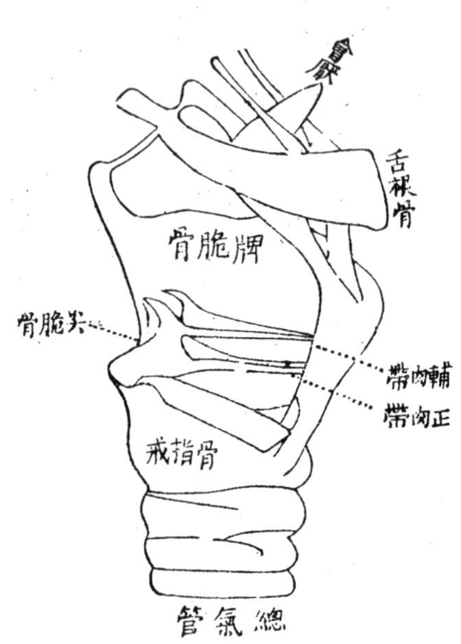

悞事、莫竟其工、究此極奇之機器終不能與吾人之身體比飲食養育身體、身體驅用飲食、亦似紡成如許巨細筋絡毛髮、織成如許皮膚指甲、飲食本柔弱、亦成此堅硬骨幹、亦成此口涎鼻涕眼淚耳蠟毛孔之汗、骨節之油、以及臟腑等如許體質、詎非無量無限之奇妙歟

故欲究此飲食、奚以周行全體、成此如許功用、手取食物、至口牙骨鬭唇接入之、齒牙粗嚼、牙床大肉助嚼舌端抵腭、逼物入喉、喉斂逼物過

氣管口食管接物入胃而消化食管內有連環紋如螺絲食物入管逐漸緩行非速下胃化物三功用互助一運動勻轉令化二生津液令化三本熱令化水先吸入微絲管餘在胃中化爲糜幽門開糜入小腸與胆汁甜肉汁勻合勻合後歷各質盡變此時分別精液渣滓精液色白如乳衆微吸液管攝吸精液經腸膜之核衆管合爲總液管上脊骨之前精液由脊骨中自行向上內有如許戶扇如人傾跌戶自閉精液不能回直至左頸通迴血管入運行之血渣滓經闌門入大腸由大腸傳出外復有肝胆脾腎膀胱等亦復有如許不及悉載統而計之體質不一位置不一功用不一要其中各有良法美意如欲考究詳明可參閱醫書如現欲細論吾人全體內外恐十易春秋功有不足故撮舉一二令人知上帝之恩愛已耳　食物入口無水則舌乾不能知味有生水之穴左右各三如井三眼無涸時其名曰核核在口不便故在後一在左

右耳孔之前曰耳下生水之核核有管圓徑如麥長約二三寸由腮肉內直貫八上牙床骨由中食齒運水入口一在左右下牙骨之下曰牙骨下生水之核一在舌底左右曰舌底生水之核二核之管差小至舌

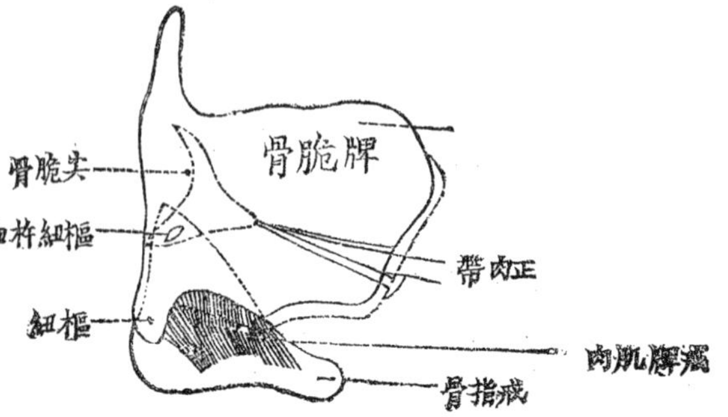

底左右各匯爲一運水入口六核之水不同功用亦異耳下之核水淸主於消化其餘水濃主於膠滑　又有難焉者口之下爲喉喉有氣管食管二者食管居後專納飲食氣管居前專司呼吸最不宜飲食物雖少許必致咳嗽凡飲食物必經氣管之口果奚以越之氣管口有戶扇比於木葉時恒竪立名曰會厭食物過此則會厭掩蓋氣管口食物既入仍自開之此爲總氣管下通於肺與其餘諸管皆甚異其餘管之質皆肉皆柔或啟或閉如

食管受食物則開不受食物則閉總氣管有如許脆骨圓如玦逐層排列如圖此有意蓋令其不能縮閉乃能呼吸自如亦非全圓附食管之面缺少許如缺月亦柔弱不然則有得食物管之口有一器主發聲音如一樂器然爲脆骨四爲肉帶二三肉帶前後橫牽脆骨中成三角形如圖有樞紐牽肉帶動搖肉帶緊而短則聲高鬆而長則聲低脆骨節縮短則聲高舒長則聲低聲之高下皆能與笙琴簫管之樂器曲應不惟如此虎嘯猿啼鶯歌燕語雞鳴犬吠牛號馬嘶各妙一音惟人則兼擅其長無不能仿獨一肉帶出之樞紐轉之其奇妙烏有盡哉　總氣管乃兩大氣管合成兩大氣管入左右肺如圖分爲衆氣管再分爲微氣管微氣管根於氣胞氣胞合而爲肺肺體滿佈胸脅形下闊上銳下界滿抵膈肉外圓滑質輕鬆有胞膜胞膜翻轉附脅骨翻轉處爲氣血管所從入入後支派愈分愈多肺大葉分左三右二小葉極微而多小葉

皆有氣血二管如圖、氣管居中、血管左右、一脈管、一迴管、爲此故紫血入

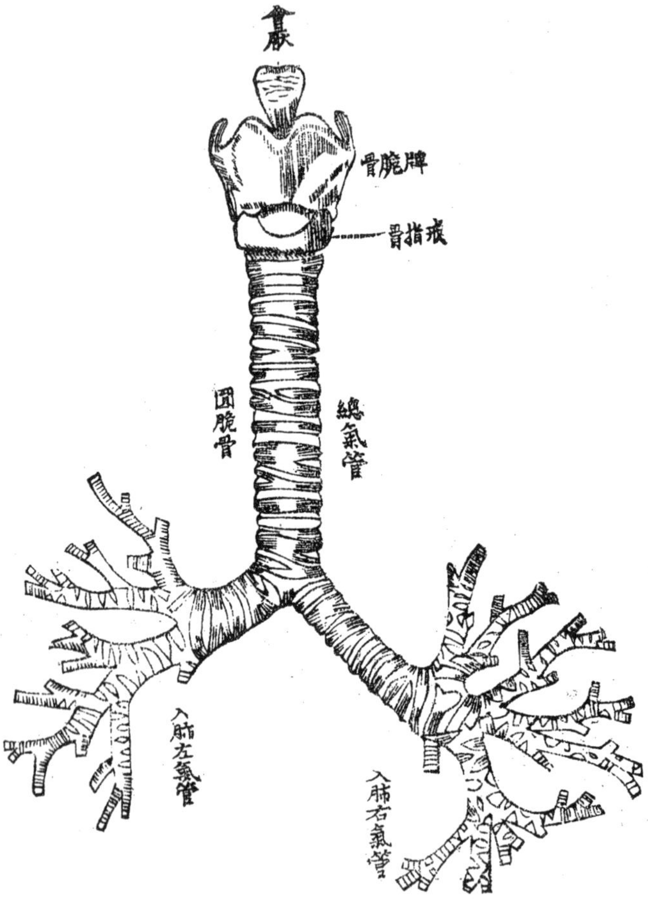

肺至氣管與養氣遇、仍化爲赤肺主呼吸、出炭氣、接養氣能容生氣如許呼吸遲速、與心相應一呼一吸心躍者四、躍與呼吸非入自主、心肺功用、生命倚賴心肺相通如斯、肺之微妙如斯、非有具極聰明之主宰、預爲經理、奚以有此

論血第十七 並圖

飲食精液、化而爲血、色赤、此爲正血、由心之左下舍發源、出總脈管、流佈周身、資養全體、漸行漸變、迨至微絲管、入迴血管、變爲紫、由迴血管運行至心之右上舍、轉入下舍、復轉入肺、仍變爲赤、回心之左上舍、入左下舍、由總脈管而再出之、往來運行、不絕如環、其出自總脈管、直行至四肢之末、必有送此血者、其畢此功用、返入迴血管、亦必有促之返者、是爲極難、中洲城鎮、市肆通衢、咸有溝渠、流其汚穢、入於河海、泰西不惟有此、各城市內地中各有溝渠、內置大磁器筒、續連不斷、外引清水以便日用、通衢大筒埋置地中、中衢小筒、幽巷極小、推之各屋各室各牆壁、各置水管、與通衢之筒小大牽連、雖層樓高閣、亦各置之、令水上行、亦有出水之管之筒、由內及外、亦小大牽連、直達江河、比如寢室之內、設有沐浴等盤、盤之底活孔、啓閉由人、壁有水管、管端活機、亦啓

閉由人晨起沐浴引水至盤沐浴畢則啓其孔塞污水由別管而出絕不費力莫便如之故凡有城市之區均置磁筒二處一引水入一引水

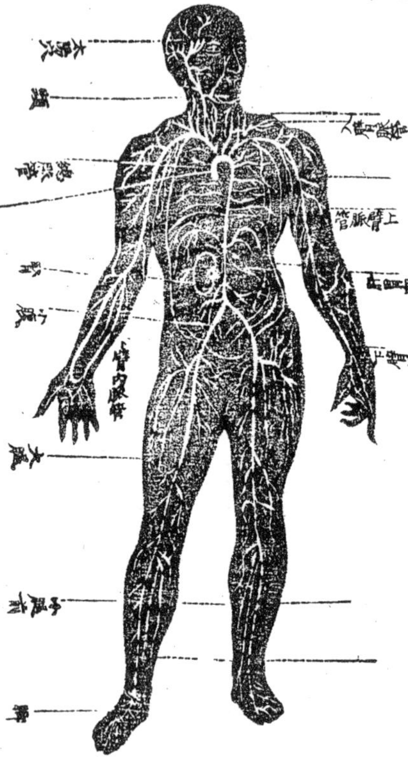

出此有似吾身之血管有二一爲脈管一爲廻管焉凡城市地勢不齊如地勢高谿前後逼近山陵水可自來亦可自去如地屬平原無甚山峻嶺水之或入或出不能自爲流通故泰西凡有城市咸製極大水龍機器勉制水入亦勉制水出此有似吾人之心能令脈管廻管之二血通流往來泰西水法因近無佳水有引水於百里外者有引水於

三百里外者、更有引水於八百里外者、知水龍機器之大用、則知人心之大用矣、雖然、猶有說、假如無至聰至明之人、心領神會、熟悉輿地情形、繪圖示衆、命作溝渠、置磁筒於衢、於巷、於室、水管口活、置機軸出水入水、二者俱備、奚便如此、無一聰明更有加者、製爲火輪機器、勉制水之出入、其筒管溝渠、亦仍屬乎虛、然則無至靈至活之上帝、措置吾身內之脈管、廻管、與吾之心、不能自有、亦不能自行作爲、無聰明者經營創造、無此引水之功、彼無極太極與理與氣與動與靜之絕無知識者、奚以作此身體、蓋身體之微妙、視水法爲尤奇矣、

總脈管根於心、散入全體、如樹木然、有木有幹有枝、其木較大、愈上愈分而亦愈細、血之初出甚多、入管由巨而入細頗難、故血乃由心逼出、亦每經一旁支管、即分其旁出、管非堅必致裂、故脈管係胞膜五層、其外一層、乃如許肉絲結成、次二層如象皮、能自伸縮、次三層較薄、有橫紋如環、次四層五

層薄如紙，柔如綿，管之內光滑之至，其外二層，厚薄不等，其一層厚則二層薄，二層厚則一層薄，總脈管逼近於心，其如象皮之層極堅極厚，伸縮自然，此其意有二，一令血運通適宜，假如脈管堅硬如木，血之行也突而無漸，其盈也速，其涸也亦速，故令其伸縮以合於疾徐，其二能自伸縮，乃所以助血流通，廻血管倒行，乃由小入大，血行漸多，管亦漸大，至心愈大，偶有割裂，所係尚淺，蓋以廻血管之末血甚少，無促行之心，其行也亦較緩，脈管則不然，血出自心極多，亦心促之出，其行極速，無可攔阻，遇有割裂，易致於死，護此脈管最爲緊要，故上帝生人，令脈管居內，廻管居外，不惟如此，其在脅骨內面各有衞路，藏此脈管，指骨左右亦各有衞路，藏此脈管，故雖割指及骨，苟無損於骨，即無損於脈管，亦有二骨夾護脈管，堅如二石者，如手足腕是，亦有骨有孔穴，令脈管貫入者，如下牙床骨是，廻血無逼入之心，奚自流通，且廻管半多自下而上其流通更奚自乎法有二一廻血管能令廻血自行滋入如用一薄片之糖或鹻入水少許立行上潤一心胞鼓縮能吸廻血上行如水龍之引水上行然脈管廻管凡緊要之節內各具有戶扇自啓自閉故血自前行不能中回雖身體反轉傾跌俱無妨礙二管幾徧周身試以針刺之無問或手或足或耳目雖一針鋒之隙血無不立見焉此其實據也

論心第十八 並圖

心居胸之左偏如肉圜然長約五寸圓徑三寸有五分其大略每人心小大各如每人之拳平闊向上尖銳向下有孔竅運行周身之血如水龍機器之能運水同血之資養身體色赤迨運至體末返入廻管則變爲紫中有炭氣有毒質不合於用故心之功用有四其一令紫血歸肺化毒蓋肺吸空氣呼炭氣與凡毒質令出故廻血入肺與養氣遇仍變

爲赤其二令既化之正血回其三令血入心之左下偏其四令血出心運行周身功用有四須分四舍故心膈肉居中心分左右左右心略不

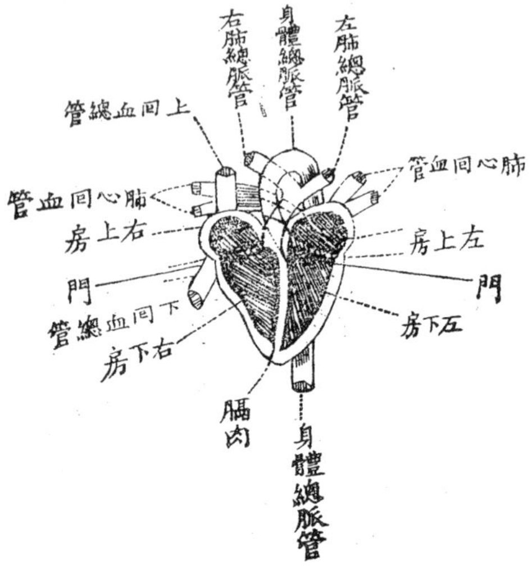

相通亦分上下上爲上舍下爲下舍四舍具備小大亦宜右上舍無別職惟受紫血逼入下舍故其舍差小其力亦微右下舍逼紫血入肺功用大故其舍大力亦大左上舍亦小亦無別職惟受赤血逼入下舍左下舍逼血運行周身功用極大故其舍甚大其肉甚厚亦甚堅四舍凡八口在上者四主受血在中者二主通血在下者二一逼血入肺一逼血入全體血之出入由心之舒縮縮令血出舒或令血復入惟口不足故口各有戶血每一出戶自閉

血出不能復入戶、奇甚亦固甚、形式亦異、扇或兩亦或三、兩者對置、三則三角置焉、如圖、心爲運血妙器、心舒縮逼血入總脈管、總脈管支分

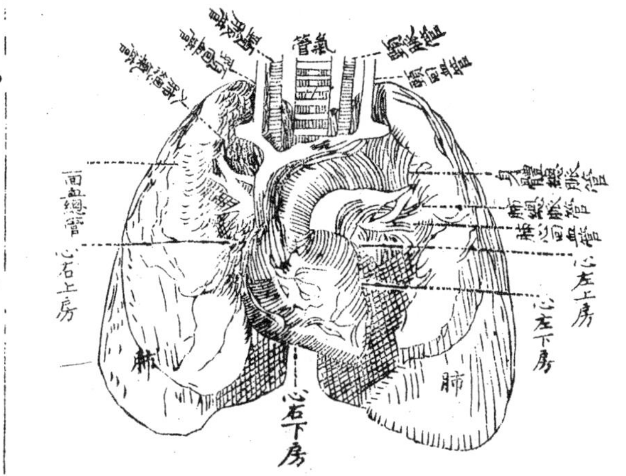

血佈全體、運行之力在心肉、此心肉與全體肉皆異、有如許肉絲交互束縛、類如螺絲、故有如許能力、足以逼血出舍、一舍之血、約重一兩、一時中爲舒爲縮、約各八千、是出入血各八千兩、共運行血五百斤、周身之血重約二十斤餘、其運行周身、一時中約二十五周、按鐘表約五分時一周全體、自項至踵、牙骨指甲、俱一更換新舊之血、詎非奇與歟、謂人如此、若推及物、如極大之象與鯨與鰲等、血更無算、其總脈管圓徑一尺、血之運行亦極速、是足見心之力之爲無窮矣、　心之所係緊要如

是須有庇護之物，故其外有胞膜，極爲堅固，極有能力，胞之內，心之外，亦有水些須，穩置此心，令其運動適宜。心內舒縮不息，計一日十二時中，約八萬六千四百回，一歲共計三千一百五十三萬四千，積至七十八十以至百年，晝夜不息，此心之機器仍然適用，豈不奇哉。孰主宰是，人固不能令其或遲或速，則惟上帝主之，然則人果不惟賴上帝而食，亦賴上帝運動，敢不恭敬上帝，讀書明道，順其明命也哉。

論腦第十九　並圖

人孰不聞電報一事乎，聞之者又孰不驚之奇之譽之弗遑也乎。泰西諸國及印度國皆有之矣，各國大路及火車鐵路，左右植有木柱，牽連銅線凡二，以通電氣往來，線之圓徑約二三分許，凡城池市鎮徧置之，鎮連州邑，州邑連郡，郡連省垣，省連京師，此其常也。其有城鎮廣大，人民稠密，商旅輻湊，則電報直達京師，無煩轉遞，出入京師電線無算，此其外也，凡大城垣內，無問官衙賈肆，火輪車舟公司，以及凡百會所，亦各置電報通達，以便音信，此猶傳遞也。千萬里遙，亦可以晤對焉。如人居偏隅，欲通語都會之人，必由城垣，別有司電機者，代爲語之。如地屬通衢，欲與都會之人言，則直兩人自相與語矣。此猶陸路也。海亦有之，其銅線頗巨，紐爲二索，裏以象皮，外復束以銅絲，防其鏽也。沉於海底，達於兩岸。歐洲各海皆然。通外邦者，則由英至印度，印度至香港，香港至上海，上海至日本，日本至俄國，俄國復由陸路至英。其最大者，則英美間之西洋海，其海甚深，路甚遠，約萬里餘，復無旱島接應，一線直達之。凡此電機，萬事適宜，最要者省約工程，一歲可竟二歲三歲之工，是令人年齒增高，如人生七十，可竟百五六十年之工，是亦享百五六十之壽矣。至於國都，大臣聚會，公議新政，讀書講道，開出新機，咸卽通各電機，別有司新聞者，各於電機器旁，琱筆登記，夕而論定，朝而新聞徧

揚通國、又或遇有盜賊逋逃、即於各電機報之各路要之緝獲無遺、或

全身腦氣筋圖

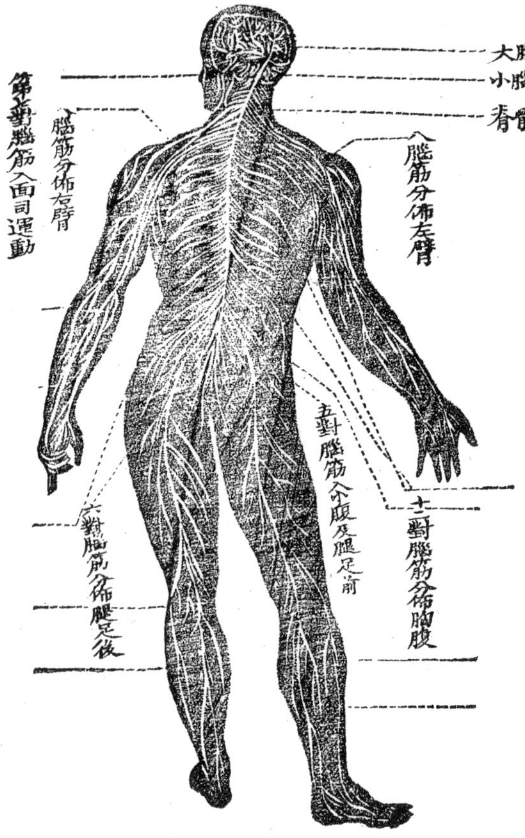

逆知其所附之火輪舟車、即於其舟車之所往達以電報、早有司稽察者、伺其舟車之至、就而執之、更爲便捷、故泰西盜賊幾息焉、此又電機之功用也、自古不乏明哲之人、格

致之學、而電學一事、從未之前聞、百年以前、有明哲者頗睹端倪、前五十年、有明哲者續爲擴充其理、由此究電學者增加許人、約前三十年而電報出、用尚未奇、此後年多一年、亦日精一日、以迄於今、電學之出也如此其艱、功用如此其鉅、究不知此事早具於吾人之身、自有生民以來、無一人之體、非此電氣之流動者、電報之銅線、在人卽爲腦氣筋、各國之都會、在人卽爲腦、都會之總電路、在人卽爲脊髓、總路之旁出小路、在人卽凡腦氣筋之路、總路旁之城垣驛站、在人卽周身之百節、腦氣筋分佈全體、無體不有、其質非筋非肉非脆骨、並與骨之髓異、別爲一質、特意造成、柔而色白、形圓如管、有小有大、分派如繩如線如絲、各分外內、外爲胞膜、內亦名髓、最爲緊要、每管之髓有二、一司知覺一司運動、咸通於腦、統名之爲腦氣筋、凡腦氣筋之屬於體末者若干、其通於脊、通於腦者、亦如之、周身內外共腦氣筋若干、其在腦亦如之、如佈於手之腦氣筋五十、上至肘復五十、入而合之、是一管有百腦氣筋、再上至臂復五十、入而合之、是一管有百五十矣、愈上筋愈增多、管亦愈大、通歸於脊入腦、或問脊與腦之爲地無幾、奚以容此如許氣筋巨管、曰腦氣筋入脊入腦、逐漸縮細、如織縷然、故凡周身之腦氣筋總歸入腦、如電報之線、無問地之遠近大小、咸達王都、此腦氣筋髓之分司知覺運動、知覺者遞信入腦、運動者載命而出、此如指受針刺、知覺者通於腦、腦通於靈魂、靈魂遂感動腦、指揮運動者運指閃避、目有所覩、知覺者通於腦、卽令運動者運足前行、背有痛癢、知覺者通於腦、卽令運動者運指爬搔、腦氣筋髓或千或百、共一胞膜、管各有條而不紊、假如二百四十有九知覺筋髓遞信入腦、腦亦令二百四十有九之運動筋髓載命以出、必不能用二百四十有八或二百有五十者、其部位蓋纖毫不易云、外有皮膚、其何受傷、卽何腦氣筋通知於腦靈魂、俱可明析、會有人鼻梁皮腐、醫者割其額皮拖移於鼻、人試以手搔摩其鼻、其腦覺仍在額、不識爲鼻、及其痊痾已定、則方知其爲鼻矣、腦氣筋之流通、最爲迅速、其間不容呼吸、凡各筋髓、各効各用、知覺者不司運動、運

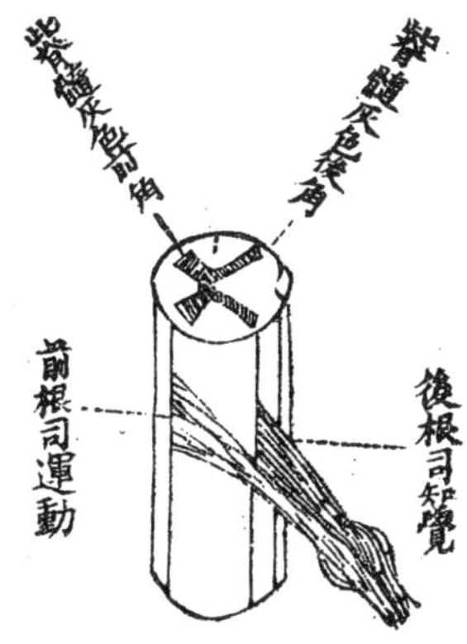

此腦氣筋之前後根

動者不司知覺、司視者不復司聽、司味者不復司聲、假如一知覺髓所司之路、一時中受傷者二三兩段、亦三兩信通入腦、靈魂能悉傷者皆爲何所、假如、知覺髓從中斷、劃其上受傷、腦能悉之、其下受傷、則腦不能悉、運動髓從中斷、劃其上運動如故、其下則不能、此如電報之銅線旣壞、則電無由通、知覺者壞、運動者尙足用、運動者壞、知覺者尙足用、故疾病之軀、有其體能運動而莫知痛癢、亦有其體能知痛癢而莫可運動者、周身之腦氣

筋通於脊骨左右共三十有一對、八對分入全臂、十二對分佈胸腹、五對入小腹及腿足前、六對分佈腿足後、每支入脊骨分爲前後二根、前根較大、主司運動、後根微小、主司知覺如圖、証據殊多、舉一而足、假如斷割前根、其下之體皆不能運動、尚知痛癢、斷割後根、其下之體皆不知痛癢、尚能運動、西國曾有人於兎試之、外尚有入腦者凡九對、其一入鼻司聞香臭、其二入目睛司觀美惡、其三其四其六入眼肉司運動、其五分前中後三大支、前首支由眼窠上骨孔而出、分佈於首、中次支由眼窠下骨路而出、分佈於面、亦分小支入上牙床、散佈上齒、後三支入下牙床、分佈下齒、由外孔出、分佈下頦、又分一支入舌、三支俱司知覺、其七分二支、一入耳內司聽聲音、一出耳門下分佈面部司運動、此支若壞、則目與口俱歪、其八傍氣喉而下入心肺與胃司運用、其九入舌司運動及辨五味、　由是而上則爲大腦小腦之蒂、即脊髓之首、長約寸有四分寸之一如圖最爲緊要係人性命如有損傷人立死其功用助左右脊骨外之二筋司肺呼吸司心運動司飲食下行司助氣管聲音凡全腦氣筋之知覺髓皆由此通入腦運動髓服役於腦皆由此而出此如工官部司國度與地器具再上則爲小腦如圖司全體筋肉假如知覺髓有報彼能思度用何筋肉令人坐立行馳俯仰工作再上則爲大腦如圖司知覺痛癢司五官之用司思議論斷西國曾有人將一鴿割去其大腦鴿尚生活飼則食觸則飛若不動之則如睡此可知大腦專司覺悟不司消化運動矣又將一鴿割去其小腦鴿亦生活然不能飛反其背於地亦不能轉此可知小腦專司運動不司覺悟矣亦曾用他物試之皆然腦與脊髓與腦氣筋三者皆相連互應大小腦與腦蒂三者亦相連互應其連接之縫各有路有橋統歸入大腦蓋大腦乃靈魂之座如王者主理一國凡百機務皆由王命大腦小腦之蒂分

有前後左右、有如許盤曲之網互相扶持、如五官之耳目手足皆兩者、相資、豈非奇奧歟、更奇者大腦主持萬幾、工力艱鉅、不能恒用、故上帝令人晝勤夜眠、所以息其腦也、然寢寐之間、亦須呼吸運動心肺、消化食物、故有腦蒂主理此事、無煩大腦功用、至若寢臥、不能獨偏一面、亦須反側、假如體受搔摩擊刺、爲痛爲癢、具有法妙、自能撥之、自能避之、

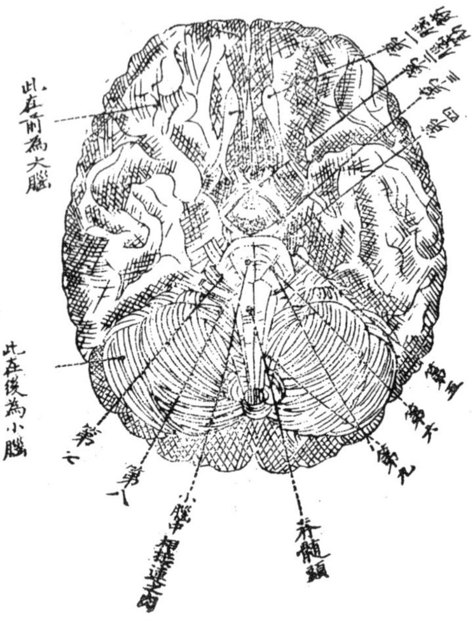

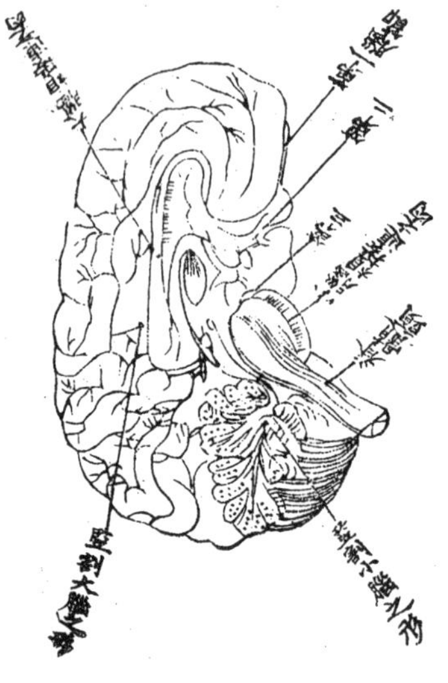

一不須腦、又有無關於腦有極便之功用焉、假如腦指揮運動髓令足行走、及其至也、腦令其止、此其起止之間、無關於腦、乃足自行耳、比如木石諸工、時恒操作、皆無煩腦爲主理、比如人偶然傾跌、自能出手架護身體、猝而燈燭撲目、自能合目避光、亦非腦主、蓋腦氣筋入脊、各有孔穴、分爲前後二根、其後根有一處畧加粗大、如一小胞、如圖、胞內具有奇能、知覺髓報至、需入腦不需入腦、胞能權衡、如不需入腦、胞卽指揮運動髓前行、胞如小衙、衙內有忠厚司理、事屬微末、權能自主、無煩上聞、故凡寢臥反側手足操作行走等諸微功用、皆由於此、臟腑等皆時恒運動、如運動倚人、則不復生活、如運動皆倚於腦、腦亦損傷、故上帝令左右脊骨外、又各有附骨之筋、如二索下至尾閭、二者交接、索各有結二十有九、各與腦通、一一如一小腦然、如圖、乃臟腑百節筋所由出、其功用與腦蒂互濟、每筋皆有知覺運動二髓、通入結內、結卽運動臟腑百節、如食物入胃、其知覺髓通入結、結即命運動髓助胃化物、食物漸次而下、各各如此、肝胆等內其理亦然、凡腦與脊皆有包護之物、與不可測、其外為骨硬而固、其內有胞膜三層、一曰外胞膜、堅韌略厚、緊附於骨、二曰夾膜、內微有水、故腦與脊髓、如浮於水、三曰內胞膜、附於髓、細膩而潤、是皆所以包護腦脊、無令損傷、此腦與脊、乃周身腦氣筋之根本、腦氣筋不能自然而生、蓋以其數無算、如繩如線如絲、部位毫

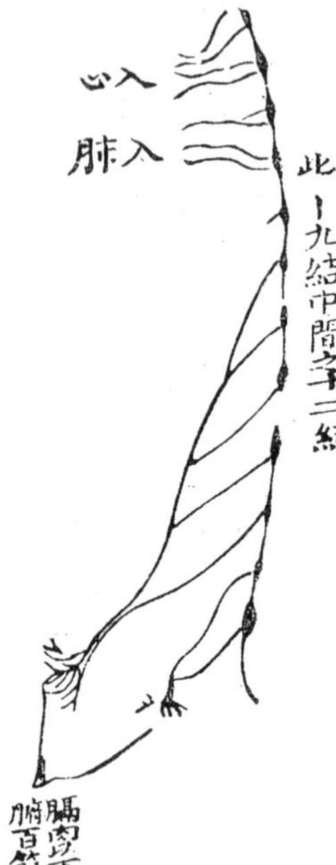

釐不爽、倘非具無量智慧、無量能力、預為經營、逐條逐位、手為布置、奚如是宜、奚如是奇、然則無聲無臭之上帝、鴻恩大德、吾人日賴之不容少間、可不深思

誠事寅畏敬恭也哉、

論目第二十　並圖

人身具全體骨骸、各適各用、筋肉牽連運動、無不合宜、血脈運行周身、腦氣筋驅使如意、可謂美且備矣、然外無五官、幾爲廢體、此數者、莫能行走、莫能操作、前無所覩、後無所見、莫能保其身體、不知美惡、不分香臭、不辨五味、不別聲音、將須臾之福樂、皆無靈魂位居體內、固不能由皮膚內而外有所見、皮膚亦復不能知美惡、分香臭、辨五味、別聲音、職此者、須外有純粹之機器、各具一機、各司一用、故上帝復予人以各色之機器、則五官是也、然猶有難焉者、蓋以一官必三者合宜、體質合宜、功用合宜、遠近合宜、三者一有不宜、舉爲虛置、此如旅舍中、有扁其額曰三益者、一爲主益、一爲旅益、一爲輿馬夫益、三者一有不益、則客路多悞、故人之五官亦有三者、彼此互宜、目之腦氣筋必與目宜、目必與光宜、一有不宜、則視不明、耳之腦氣筋、必與耳宜、耳必與氣宜、一有不宜、則聽不聰、鼻與舌亦如之、五官之用、舉爲奇妙、愈究而愈微奧、其尤奇者更莫如目、靈魂欲睹萬象、須資乎牖、目乃其牖也、假如目爲玻璃透鏡、甚不宜、蓋以凡透鏡各具一成不易之中樞、如目爲透鏡、其中樞適二十尺之遠近、如減爲十有九尺、或增其尺爲二十有二三、則其目必致昏花、而莫能明晰、且所見之象、必光芒四出、二透鏡重置、可無光芒、如千里鏡是然、二者在首不合、且透鏡亦透熱、太陽火力可以入腦、損傷腦筋、透鏡亦滯而非活、復不能旋轉應用、透鏡不宜、其餘者尤不宜、惟水宜、然極難措置者、水上帝具有法妙、令吾人之目、完全無缺、凡用皆宜焉、目睛爲球、厚若西尺之寸、有圓、前有目胞、後有目窠、胞之內皮曰罩睛皮、其皮體質輕薄、光明柔潤、罩睛皮之內、有明角罩、體似角而甚明、凸如罩、所以透光而見萬物者、目睛球凡三層、外層曰白殼質

甚堅韌、乃如許筋絡交結而成、所以護球者、中層曰血絡黑油衣、位白

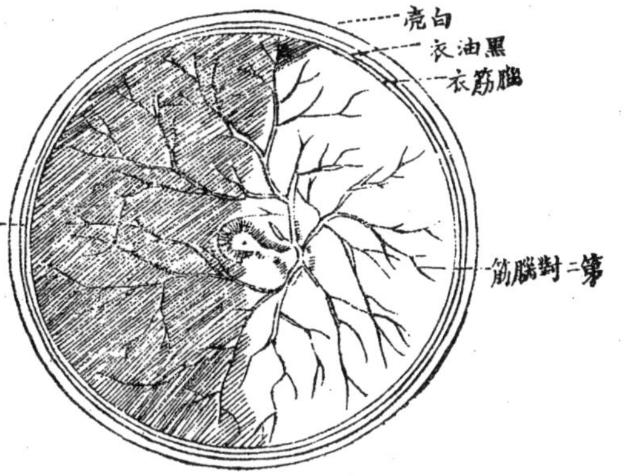

殼之內、質乃一片薄衣、有如許血絡、周匀於白殼之裡、上有黑油如濃墨然、所以收聚外入之光而不散者、內層曰腦筋衣、在睛球之內、質柔而亮、甚爲微薄、根由於腦、散貼於黑油衣

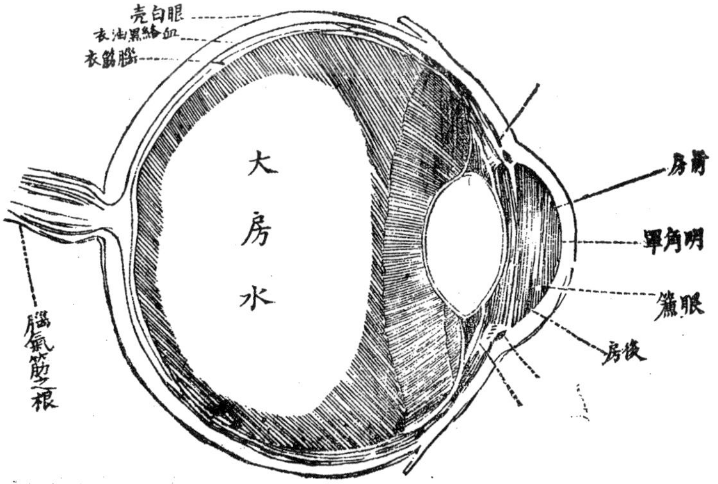

之上、此衣一壞、即有青盲之疾、油衣之內、又有曰隔簾者、形如圓簾垂

於水內、其中有孔、爲瞳人、前後有清水、曰前房水、後房水、簾薄甚、亦有腦氣筋及血絡、又有細微肉絲二層、內層絲圓紋、外層直紋、故隔簾能自大小、比如視太陽烈火、光芒奪目、隔簾卽收縮以避之、或入於黑暗、則又自開大以取光、各國人隔簾之色不同、或爲黑、或爲藍、或如灰、或如棕、惟瞳人則必黑、愈黑愈明、若瞳人黑滅、或停滯不活、目將壞矣、其內則睛珠、如稠結明膠一粒、體圓而扁、向外稍平、向內圓凸、與隔簾稍離一罅、有薄明胎衣包之、衣內微有清水、此所以收束外物之象合小、使恰及腦筋衣之上者也、外此則爲水分有三房、在明角罩之內爲前房、過隔簾孔後、勻浸目珠之前、爲後房、二房之水至清、所以導明角罩所透之象、入於目珠者、其充滿睛球之內、前至睛珠、後至腦筋衣、曰大房水、其水似明淨稀膠、劃而仍連、所以導目珠束聚之象至腦筋衣、而轉達於腦者、白殼四圍、有直肉四片、外連睛珠之半、尾連骨窠之內、其

在上者牽睛向上以視高其在下者牽睛向下以視低在內者牽睛內入在外者牽睛外出又有運睛之肉上下二條其上一條由目窠底之

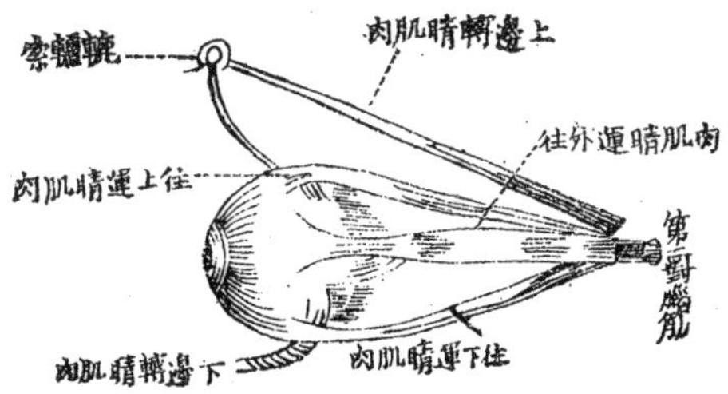

上出至目稜上骨之缺有筋勾之如轆轤之索其肉乃曲轉向目外角能令目睛轉入向鼻有圖其下一條粘連白睛近目外角之外其尾橫粘眼稜下骨能令目睛轉出又有棉脂勻填目窠骨內質極柔軟令目運轉輕便肥人脂多故目常滿瘦人脂少故目常深又有目系前牽睛球過目窠骨孔兩系交貫入連於腦眼球向外平正相對其根皆曲向於中如二菓並蒂者外此則淚核外目角之骨窠有一核其質非肉非脂長約五分餘闊三分餘上凸下凹有淚管七透出上胞之裡與外目角相近約二分許淚由之出如淚不生則目即失其光澤而無所

用、又有左右入淚管、內目角上下有二孔、接淚入管、二管之末相通、近鼻有淚囊、大如小豆、囊之下、有單管、通入鼻、淚由二管入囊、囊滿由單管入鼻、若淚生太急、孔不能接、或管孔閉塞、淚不能入、則流於面矣、其用之也、由物象映於目、而目系達於腦、但目之司視、必藉乎光、光之射氣常直、惟透入玻璃清水、則變爲曲射、欲明其理、將一厚大銅錢、置於盌中、退行數武、至不見錢而止、令人以水漸緩向盌注之、初見錢邊、漸見錢半、及水滿注、則全錢見矣、蓋以光常直射、故錢爲盌掩、入水則曲射斜出、直達於目、此自然之理也、惟目亦然、明角罩形圓而凸、物象透之、必略束小、攝入前房之水、其水甚清、故又能束斂其象、過隔簾之孔、與後房之水、而入於目珠、過此則又束小而尖、合成一中樞、使尖樞恰至腦筋衣、即能見也、如欲細究其微、有博物新編、可參閱之、玆不爾縷、所冀者、創造生人之主宰、實預精深於萬物之理、光學理、視學理、重學理流質理流形理曲射理無不預具於主宰無極太極能有此識乎不惟如此而且具有深心蓋有希奇者凡七其一目窠乃七骨合成位置安協其二眉毛如屋簷廈睫毛翳蔽塵沙目胞上下揩拭目睛其三淚

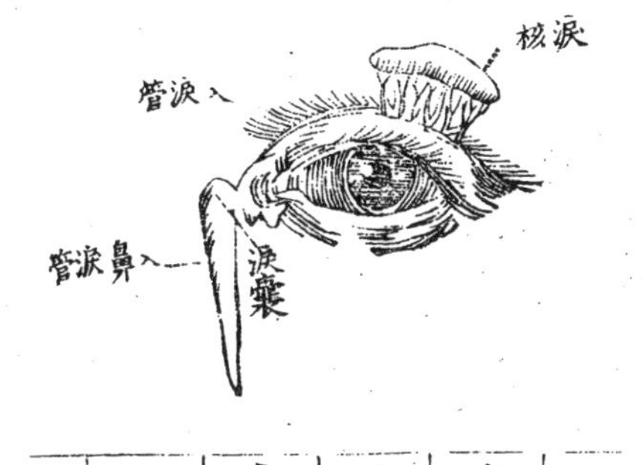

核淚管入淚管三者此如人家貯蓄淸水以供日用外有溝渠出流汚水其四運睛向鼻外無可牽其運睛筋肉尾連目窠之內出目稜上骨有筋鉤如轆轤之索能自牽睛向鼻其五隔簾體圓遇光大則縮小光小則放大其縮小放大圍圓均齊假如人以繩索作一圓圈試伸縮之偏長偏闊甚易四圍伸縮均齊甚難其六目睛之衣凡三睛內之水亦三厚薄位置咸宜毫釐不紊如其一加厚或其一再薄均有損傷其七凡外物之象舉能圖畫於腦筋衣之上或遠或近或大或小纖毫無遺其在至近至微之物燭照明晰

遠而千頃之畝、其入目中不過與一粒粟比、其千頃中之屋宇樹木山水人物禽獸花草、或動或靜、或大或小、凡各萬萬、無不畢現於一粟粒中、而且並悉其工作、悉其形體、悉其顏色、曾有人抉一牛之目睛、置一

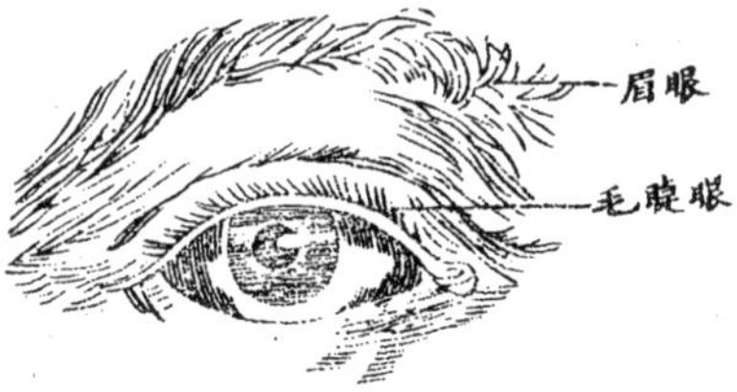

空洞透光穴內、後映以紙、其外之物象、成千累萬、無一不現於紙幅之中、此實據也、無極太極、能作此否、作此之主宰、不惟精其理、用其心、而且具大才能、於極堅骨內、作一孔穴、約分許、以通淚管、理與氣能作此否、而且更具巧妙、如千里鏡之為希奇、必經聰悟者、如許思慮、如許工能、令吾人視遠為近、顯微鏡希奇尤甚、乃令人能視目所不能視之微小物、復有洋片鏡、能令平面畫圖凸起如生、千里鏡不能兼顯微鏡之用、顯微鏡不能兼千里鏡與洋片鏡之用、惟人之目、則無不兼長、時而作千里鏡、倏忽之間、體質更換、即為顯微鏡、

亦倏忽更換，復爲千里鏡，詎非奇妙歟。更可異者，此奧妙之目，乃作成於幽暗無光之地，蓋小兒初生，目明完全，豈不可悟上帝之爲神奇無可測，無可量，敢不敬恭乎。如詩篇百三十有九章云，爾造我躬，神妙莫測，爾之經綸，無不奇異，是我所知，須美爾兮，我在母胎，受造甚巧，骨骸潛長，皆爾所知兮，我猶爲胚，爾目見之，我尙未生，凡百之事，咸爾所定，錄之於册兮，上帝兮，爾垂念我，美意良殷，不勝寶貴兮，如欲稽察其數，多於塵沙，及予警醒，尙憶爾恩兮。

論耳第二十一 並圖

人生別無奇奧，祇完一目，已足識上帝無限無量之神奇，況外此之奇奥者無算，一一皆載上帝之神奇，即皆上帝之明徵，五官之耳，亦一奇奥也。耳者司聽之官，中有機竅，以接聲氣，聲由觸氣而生，氣能傳遞聲音，蓋以空氣乃如許流質合成，動其一質，質與質觸，遂次傳遞，如豎一

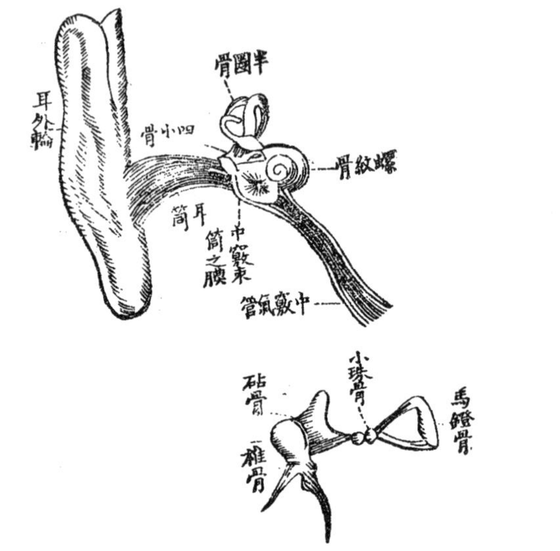

連排木板、或十或八、力推其一、必自逐推到底、如無空氣、即無聲音、西國曾有人置一响鈴於玻璃瓶中、觸機自鳴、用機器抽出瓶中之氣、但見鈴動、不聞聲音、再設法放氣入瓶、鈴聲如常、此其據也、聲之傳於氣也、四面均齊、如投石水中、有圓紋散出四面如一、空氣被觸、亦有圓紋、與水等紋至於耳、耳即有聞、氣動愈速、聲音愈高、動稍緩、聲微低、氣有觸斯鳴、觸之整齊其次第、則聲之出也悅耳、如作樂音、觸之非整齊其次第、則無好音、而止餘一响、各一觸法、各一聲音、不可移易、竪觸之有定音、橫觸之有定音、旁觸之、斜觸之、上下觸之、亦各有一定音、凡此各異之聲音、

入於耳、耳能立辨其聲音爲何、觸之如何、斯亦奇矣、其部位分外中內三竅、耳外有耳輪、以接聲氣傳入外竅、其竅外有脆骨、內連耳門堅骨、合成一筒、如圖、深約寸許、闊二分許、向前微曲而入、內生茸毛膩蠟、以防虫入、亦以資其滋潤、至耳膜爲界、其膜有二層夾疊、乃外竅之皮、及中竅之衣、相倚而成、斜入向裏、外凹內凸、西人稱爲耳鼓、以其形似也、中竅內常有氣、又有四骨極小、一名椎骨、形如鐵工之椎、附中竅之間、柄尾垂下、近接耳膜、二名砧骨、形如椎鐵之砧、與椎骨相接、亦有砧尾垂下、三曰小珠骨、形如小珠、四曰馬鐙骨、甚似、而幾小珠骨近接砧骨之尾、馬鐙骨橫放、其環接連小珠骨、其踏掩於耳竅內之膜孔、四骨皆遞相連貫、如圖、中竅內復有四孔、其一、連耳外竅、至耳底膜爲界、其二、連耳內竅、內有薄膜、即馬鐙骨所掩處、其三、微下、連螺紋骨之外口、有膜閉之、其四、斜向於前、有管透入食喉之側、內鼻孔之後、無膜遮掩、可

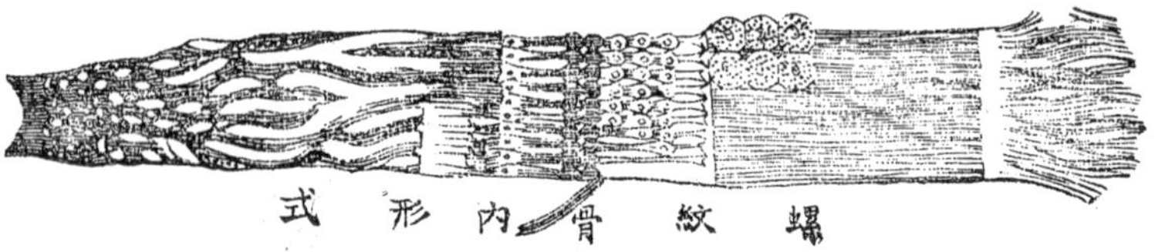

螺紋骨內形式

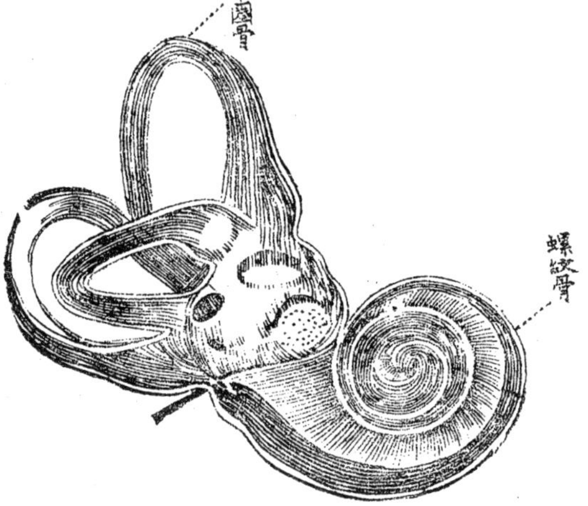

以通氣、故名之謂中竅氣管、如圖、內竅爲收聽之府、其中歧路甚多、玆分三處、其一、如三角形、强名之曰三角房、其二爲半圓骨管、其管凡三、一豎二平、其三卽螺紋骨、形如旋螺、在三角房中、其骨內之法妙、如八音琴等、一一相擊、布置逐行微妙、有適圓者、有六面者、如蜜蜂壁相倣、如圖、閱者愼勿忽諸、共有七孔、皆各相通達、俱有柔膜胎衣、周

布於內膜中有水膜亦皆腦氣筋散鋪其上乃七對腦氣筋之支所由出其功用由聲入外竅感動耳膜耳膜傳椎骨椎骨傳砧骨砧骨傳珠骨珠骨傳馬鐙骨馬鐙骨傳內竅水膜感動腦氣筋腦氣筋接衆聲遞於腦腦遞於靈魂而知之其詳具載博物新編大約耳亦有希奇者凡七其一外耳輪善收攝聲音入內凡血氣者之耳形各不同要爲各血氣物之益人之耳其形式位置亦皆爲吾人之益其二外竅筒內有旋紋聲音易入其三筒之內口有膜緊束與鼓之皮同膜內有筋二條鬆緊如意平時較鬆欲審聽則緊此如鼓皮鬆則聲微緊則聲高其四中竅內四骨接連觸動一一相應皆預爲經理措置妥協以遞聲音其五螺紋骨半圜骨如置號筒內有如許小管皆爲易傳聲音水中亦能傳聲假如有人潛於水底擊石作聲其聲視在空氣中較大實質之物傳聲音尤速尤大假如以繩繫鐵觸之作聲約幾許大再以繩端附耳其

聲必外加數倍、或兩人對坐、相離數尺、中間以數尺之木或鐵、一自一端擊之、一自一端聽之、計其聲大幾許、再以耳貼於木或鐵聽之、其聲亦外加數倍、故上帝予人耳中諸骨、皆爲易傳聲音、如更其骨之體質、與其骨之形式、均有不宜、此蓋特意造化、如有損傷、則聽而不聰、其六、中竅氣管、外通至耳膜內、達入咽喉、乃所以通達空氣、最爲緊要、假如耳內無空氣、外之空氣壓力獨重、耳膜不勝、必致破裂、有空氣而無氣管以出入之、氣有定限、經熱則氣必漲大、經寒則氣必收縮、一漲一縮、耳俱有損、再如耳內之氣或爲水、或爲汁、則四骨亦滯而不活、亦阻滯耳膜而不靈、此如鼓無入氣之孔、則外之空氣必致有損於鼓、其七、腦氣筋散布於內竅柔膜之內、一一恰當應用、凡耳內司傳聲音之機器、皆遞於腦氣筋、而莫不洞悉、何其奇妙若此、蓋天下聲音、類號萬萬、悉數難終、海之吼嘯、風之吹噓、雷之震作、雨之淅瀝、草木之擊觸、泉石之冲激、飛禽之語、走獸之音、薨薨之蟲、喞喞之虫、六畜中牛號馬嘶、鷄鳴犬吠、各不相襲、至於人聲、男女老幼各異、萬國各異、人人各異、外此尚有不可勝計者、如金工木工石工、其操作之聲音各異、車馬之音、鞭弭之音、鎗砲之音、又各異、樂音中、鐘磬鑼鼓笙竽簫管琴瑟琵琶箏絃等又各異、若夫人語錯雜中、招來之聲、喝逐之聲、化導之聲、斥責之聲、怒者之聲、喜者之聲、慕者之聲、懼者之聲、哭者之聲、歌者之聲、讀者之聲、耕者之聲、漁者之聲、樵者之聲、紡者之聲、織者之聲、各異、其人各異、其遇各異、其業皆各異、其聲、其入於耳、條分縷晰、不爽毫釐、不惟如此、其聲之來也、或遠或近、或前或却、亦無不立辨、祇此三竅中至微之孔、能辨此如許極異之聲音、其希奇為何如乎、

論鼻口手 第二十二章 並圖

萬物各具、萬物之臭味、各臭味、皆根於各萬物之油、血氣之臭、土木之

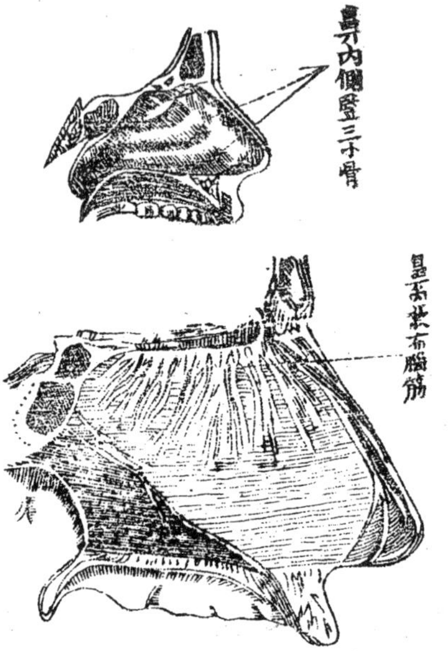

臭、花草之臭、皆各藏於其油之內、凡各臭味、能令人易辨其物之體質、與其物之功用、亦令人能知某地宜有某物、某地無之、有臭味致人患疾、有臭味致人歡娛、臭味美足以補足人之精神、令人外增健爽、臭味惡、足以傷敗人之脾胃、令人不思飲食、如無法能辨此臭味之善惡、是於人生不便、故上帝予人以鼻、雖擅此長、味係油內至微之物、出於各油之中、入於空氣、人在氣中來往、足以察識、如法有可以令空氣出入者甚宜、故上帝置人之鼻於氣管之上、能令此空氣呼吸往來、取味甚易、假如鼻生於頷、或生於旁、能辨臭味、莫能清晰、惡臭足以害人、故鼻居於面、如王城之門、防避全體、所入皆知、其部位希奇、內外可

分爲二段內外皆有二孔鼻有如許血管脉管亦有腦氣筋三等最要緊者其辨味之腦氣筋支分最多鼻竅寬大聞臭愈靈惜爲地無幾竅皆相仿故上帝令鼻乃三小骨側竪排列合成有圖中有空隙足容腦氣筋如許有圖地雖無幾孔竅疎闊辨味甚易外復有捲骨孔穴亦有腦氣筋散布鼻之取臭其上較勝於下故欲深取臭味須吸氣上入又鼻內乾則不復知味故上帝令鼻竅內之皮皆能生水以潤之呼吸空氣防有虫入故內又生毛以阻之至於辨飲食之味是在口舌之官數肉合而成舌亦左右可分爲二中高一線向內分爲二支如乂字式左右面有如許尖粒尖粒分有大中小三等其大者或八或十不等在舌之後向外布列如人字形每一粒中凸外有盤有似一杯覆於杯盤者中等尖粒較多散布全舌形圓而色紫其附於舌之根較細出舌面則大其上又各有小尖粒生之其小者極多約居三分之二每粒出舌一

本數莖、類如草同、其部位由舌根向外、逐行排列、與極大者同一布置、

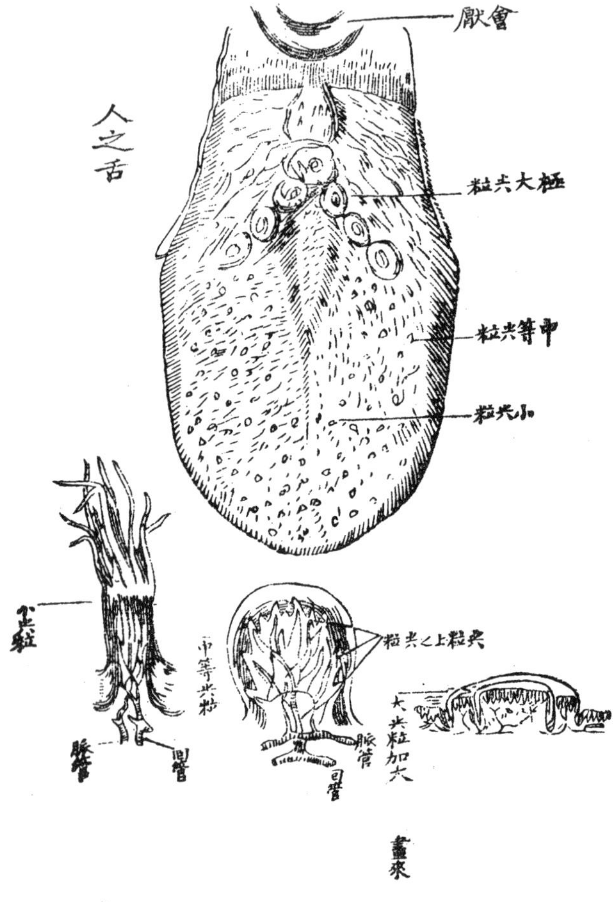

而色則白、有全圖、凡尖粒內、皆有脈管迴管腦氣筋三者、舌尖粒之下、有核甚多、上有覆皮一行、極爲靈巧、亦有脈管迴管甚多、左右各有腦氣筋三等、一命舌運動、二自舌旁入舌尖、三自舌根入極大尖粒、皆司嘗味、舌乾不能

知味、故有如許核、所以生水潤舌、飲食入口、舌能分其五味、亦分其或濃或淡、亦辨其可飲食與不可飲食、假如舌不知味、則不思飲食、人將死矣、故舌尖粒不惟令人飲食、實令人生活、余前論筋肉、曾及舌之功用無算、此上帝為人經營、作人妙用、假如人用此舌說謊呪詛、斯有罪惡、假如人用此舌讚諛偶像、罪惡益重、如余可贈人以佩刀、其人若用以傷人、或用以傷余、宜乎不宜、故人以舌干上帝律、讚諛無稽之鬼神、上帝震怒之、外此則莫奇於手、周身皮膚皆分內外之異、其在內者曰真皮、在外者曰薄皮、有圖、真皮恒存、其故薄皮常生常脫、真皮知覺粗細滑澀冷熱硬軟、薄皮庇護真皮、如真皮外無庇護、則身體知覺太甚、雖衣服不可着、如人身體偶被火傷、其傷處必不勝按摩、馬駒初試鞍韂、踶齧不安、皆其據也、故上帝令外生薄皮、所以遲鈍其真皮之知覺、如周身之薄皮、其薄厚相等、亦有不宜、為於外物之體質不能覺悟、詳

悉、故上帝令人指尖之外皮極薄、內皮亦略較勝、故指之知覺外物特

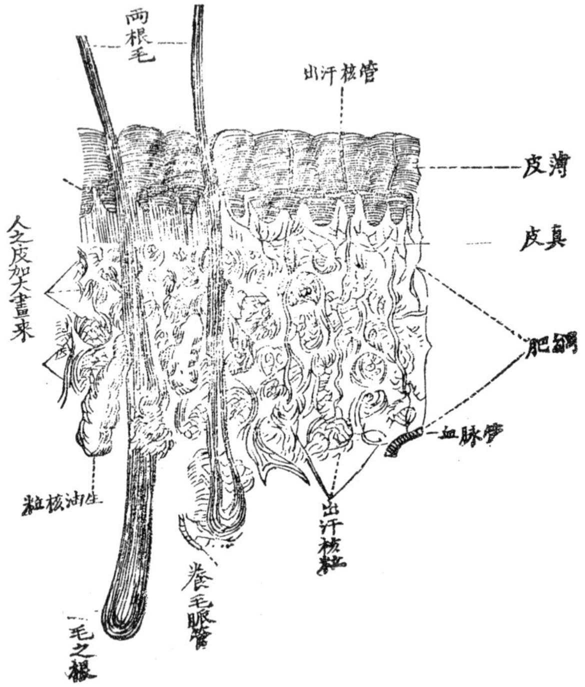

詳、眞皮生如許極微極細尖粒、透出薄皮以上、有如極細之絨、在指尖手掌逐行排列、每尖粒中、皆有血管、亦皆有腦氣筋、雖至微之物一經挨摩、尖粒皆知、假如有絨一幅、其上之絨毛、一一皆活、實能知覺凡所過之物、人以顯微鏡窺指掌之面、見其上之尖粒、一一皆細於此絨極善於

用、手之功用無算、未可悉數、人皆知之、今試撮舉其一二、假如指尖柔

弱。雖一微物不能拾取。故上帝予以指甲足以扶持指力拾取凡鉅細之物。此指甲非骨非肉非何物。乃即外層之薄皮凝聚而成。與薄皮同一體質。奧何可言。假如此薄皮凝結於掌於肘。不惟無益。且適足為累。拇指與其餘四指。一一皆可對用。如人指如足趾。亦幾為廢體矣。總之五官不惟一一奧妙。而且更有一奇者。其功用愈用而愈精。愈出而愈奇。如舟子行海。恒察遠岸遠山。其目能視遠。較勝於人。梓人鐫刻書畫。其目能視至小之地。亦較勝於人。耳亦如是。更夫恒伺昏夜。其耳亦長於聽。野人山居。常聞鳥獸之音。其耳亦較勝於人。樂師潛心驅耳學樂。耳尤非人所及。假如百樂器齊作。其耳能一一分析。若者為何。若者為何。非特此也。一有舛誤。耳能審辨。某器毫釐有弊。耳能察出。整理如故。鼻亦如之。野人能用其鼻跡尋可食可獵之獸。與其仇讐之人。或半日。或一日。如犬之能跡走兎同。醫恒用樂鼻分藥物。較人甚易。舌亦如之。

中國上洋漢鎮福州等處茶師能分茶等五十六十判其茶之優劣斷

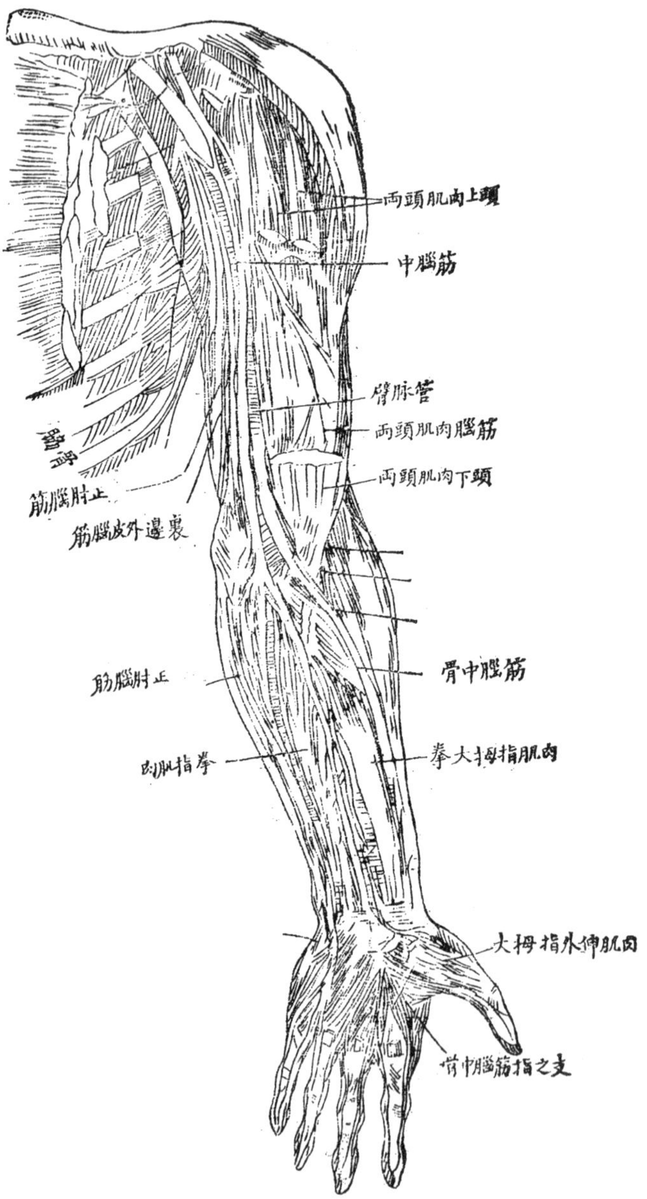

定價之低昂四民之中各理各業其手亦隨其操作之業日精一日而

國聾者、能以手讀書、其書字跡皆凸起紙面中國聾者能以手賭博、其賭具亦皆鐫凹凸形、中西聾者、又皆能以手分各顏色、又有女聾能以手分五色線縷、刺繡五紋、尤有奇者、凡五官有缺、必有一官較勝、如聾者耳必善聽、聾者目必善視、啞人格外聰慧、凡此皆不能自然而有、有愛人之主使之然者、蓋上帝創造之物、與人之創造者大異、由人創者、皆有定限、有日損無日益、如千里鏡如鍾表、如凡器用皆然、由上帝創者、乃能用出無窮、愈用愈奇、然五官仍一形器耳、皆不能自主、由靈魂主之、乃靈魂役用之器具、假如人之五官、視當前者、愈爲增美、靈魂之用、亦愈增多、五官有限量、靈魂無限量、千里鏡愈精、眼界愈遠、日月星辰凡在天者、舉可洞晰、用顯微鏡、凡最隱微、亦莫不呈露、如上帝予人之目如千里鏡、或如顯微鏡、吾之靈魂、亦自可以見日月內之所有、亦自可以察目不及見之微物、惟耳亦然、有機器附於耳、聽能極遠、如上帝予人以如此之耳、亦自能遠、上帝無所不能、能予人之耳目視聽若此吾知倚賴耶穌、得救升天、復生之時、更換靈體、吾人皆自能視至遠之物、自能聽至遠之音、其樂無極、受福無疆、

格物探原首卷終

小引

中洲江甯府城垣下有漢時敗塔一座明成祖皇帝龔而成之名聞域外爲中土之冠其塔之樓凡九層面則八方基圍百有二十尺高十丈階十二級愈上愈殺其內之階級螺旋而上凡百有九十至其絶頂計自地平度至絶頂得二百九十有一尺磚無大小堅與石等皆外飾琉璃兼綠紅黃白四色簷厦九層瓦皆綠簷角皆懸有響鈴凡百五十有二外復綴以燈籠百二十有八頂覆以銅瓦中立一柱高三十尺以鐵線螺旋圍其外上擎以風磨銅圓頂光如日月計十有九年而成貲費三百三十一萬三千九百七十有八千塔之旁建一釋子寺院圍廣十里廟宇鱗次層疊美輪美奐花木宜人僧等無算各按時誦經說法凡有自遠來觀者無不艷羨贊歎不置惜遭髮逆焚毀基址僅存及余至其地久爲坍平惟餘古磚瓦礫顛倒錯亂余因來往審視考其古磚形

之形質大小某層宜某一一咸合乃由此鳩工砌築塔既告竣又建寺觀度其僧人各守其職焉此可作此地球喻地之較塔體勢工程加增萬萬無可名言究之察此地輿知上帝亦爲預定其形體亦預定其中萬物之體質性能亦預定各元質之形體乃以成此天地萬物其寺內僧人如世宙諸動物各歸其地各司其事無預定此僧等之事者恐舉寺失序無預措此世宙之萬物者亦必不免淆亂失次假有人謂此一名塔乃由無極太極理氣陰陽動靜等自然化出其孰能信之而不歎笑也哉試驗此地輿之廣大奧妙措置妥協其中之萬物皆互相扶持更不能謂其由無極太極等無識無知之物而來矣

二卷

畢説

格物探原

上帝非太極第十二

靈魂説第十三

上帝必有

昔有童子遊於家園、忽見初生花苗、排列成字、乃已姓名也、大異、趨告其父、父曰、此自然而成、不足驚異、子不信、曰、此必非自然、因請父同往觀之、父又曰、此自然而成、不足驚異、子終不信、父乃笑曰、生汝時戲為之耳、因告之曰、天地萬物、亦非自然而成、皆上帝所造也、旣見花苗成姓名、卽知驚異、不知汝身臟腑筋骨血脈肌膚耳目口鼻手足、無一不可驚可異也、若自然而成、非至巧之主經營之、則汝目將生於背、汝耳將生於腹、汝之手足諸體、將一切位置失宜矣、然而統地球之人總計之、不可勝數、而五官四肢、皆生當其處、各適於用、鮮見誤置者、非上帝經營之能如是乎、汝不見水之魚陸之獸氣之鳥乎、魚有翅與水宜、獸有蹄與陸宜、鳥有翼與氣宜、何以蹄不生於鳥、翼不生於魚、翅不生於獸何以魚不產於陸獸不產於氣鳥不產於水設有魚而無水有獸而無陸有鳥而無氣其俱能生乎又不見地偕諸行星之繞日月之繞地乎軌道之大小行度之遲速亙古不變若驛使按站而行握算之士豫推之不爽分毫夫驛使人也能自動且必有遣之者行星與月無知覺非能自動更必有使之者可知矣昔希臘人號世界爲高斯馬斯言其次序井井也羅馬人號世界爲門士士言其奇巧可愛也凡此皆有上帝之據焉汝其識之童子大喜躍舞而去　人當遨遊之際偶入不相識之家見几上有字焉必不曰自然而成而曰主人能握管也又觀諸字聯合成章文理兼優即知主人有才能文也夫作爲文章與造有知覺之萬物及靈明之人類孰難孰易見文章不可云諸字自然相合而成見物與人顧可云自然而生無上帝之創造耶

上帝惟一

上帝惟一、不能有二、設云有二、以虛空無盡界言之、必有一限爲此上帝與彼上帝所分之界、以古今無盡時言之、必有一日爲前上帝與後上帝相禪之時、或分界或相禪、則是有限量、有窮盡、不爲純全矣、非純全必非上帝、觀前卷諸章、可知萬物本有心而作、立意而爲、心惟一意亦惟一、故知創造天地萬物之上帝惟一、天地者、最大巧器也、萬物者、無數輪軸機捩、互相資藉以成其用者也、其命意所在、僅一耳、如表之命意在測時、機之命意在組織也、若二上帝造之、則命意或有不同矣、然嘗徧游地球之面驗之、任至何處、地心之吸力同、磁石之南北向同、海中覓得新島、其人物草木鳥獸形狀無不同者、凡風雨霧露霜雪雷電、潮汐往來、晝夜昏明、統地球無或異者、禽魚獸畜類至多矣、而脊骨之根原同、昆虫不一矣、其體之大端同、然此特驗之地球耳、推廣之日與恒星定位同、行星繞日軌道橢圓同、行星自轉有兩極同、其面各有晝夜寒暑、其外各包以大氣又同、行星有月者、其繞星之行法又同、不惟如此、恒星與日亦皆圓轉不滯、其行法同、其發光同、其光分七色同、行星與地其旋繞之軌同、凡行星恒星日與地球、其體質又無不同、地球有向心力離心力、行星皆有、恒星亦皆有之、近驗諸身、遠驗諸天、命意無二、故知無二上帝也　鳥有翼以飛於氣、氣與翼相善也、假如空氣或爲加厚、或爲再薄、必不宜於翼、則知造翼者即造氣者也、魚有翅以游於水、水與翅相善也、假如水或爲加濃、或爲再淡、必不宜於翅、則知造翅者即造水者也、推之光與目、聲與耳、香與鼻、味與舌、氣與呼吸之肺、無不相合、亦無不相善、則知皆源出於一也、物倦而思息、即有夜、夜則萬籟俱息、所以安萬物、常晝不夜、人必苦勞、常夜不晝、人必苦悶、夜而聲喧、雖息不安、一上帝爲之、無他上帝擾之、故一切能恰當也、鳥獸夏則希革、冬則氄毛、冬夏生於黃赤道之斜倚地球之腰爲赤道、其繞日之軌爲黃道冬則日在赤道南赤道北之地多寒夏則日在赤道北赤道北之地多暑寒暑生於日而鳥獸之毛應之故知大至日與定星行星小至鳥獸之一毛皆受成於一上帝也上帝愛人故萬物必與人相稱設馬小如羊人何以騎牛大如象人何以取乳貓大如馬勢必食人鷹大如牛必取人哺其子人體太重入水難泅必溺死若體太輕略不禁風莫能安我故曰上帝只一若有二則物各造焉能一一相稱哉禮曰天無二日民無二王國無二主家無二上而烏得云有二上帝哉聖經云本末初終惟我是操我外別無上帝又云永生主也者如爾爲獨一眞上帝此之謂也　動植諸物皆以胞體積成不特此也其生之例有若符節之合者如圖甲爲植物之一種由種子生莖莖生諸葉各有一定位置葉吸炭氣漸長頂作一花旁作一花至結子而萎乙爲動植之合物由卵生莖莖生諸芽亦各有一定位置芽長成諸活物各

有胃能食、而其蒂仍附於莖、物各有鬚、頂物鬚分生、餘皆總生、又旁有二物同蒂者、其一形獨異、此與頂物皆若植物之花也、此物中有生卵者、生卵後乃萎、丙爲動物、於春時由卵生一虫、其體生一細芽、芽漸長復變爲虫、而前虫消盡、如此遞變至末變爲二、有雌雄、乃不復變交而生卵、

二卷第一章圖

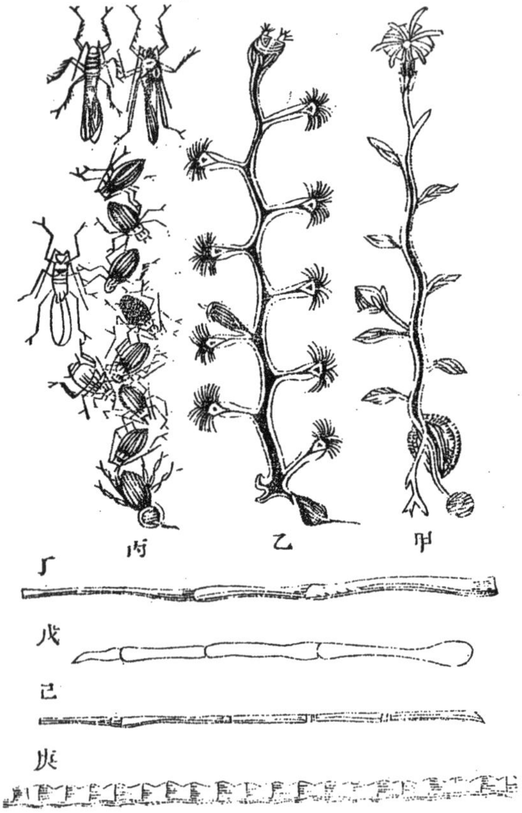

諸虫中惟末二虫及第八虫有翅、亦如植物之花、丁爲榛葉之莖、戊爲一種猴之指骨、己爲竹身、庚爲一種蛇之脊骨、其有節皆同、觀此見動

植之源本一上帝　一家之主曰長、一國之主曰君、天地萬物之主曰上帝、而上帝較家長國君則大異焉、家長治家、必藉子弟衆僕助之、國君治國、必設文武百官助之、上帝則無不在、無不知、無不能、人之思慮行爲、皆能見、不須神明助其考察也、不必羽士緇流疏牒禀報也、不必諸神襄其勞乏也、陰陽萬物、無不持載、無不覆幬、四時錯行、日月代明、萬物並育而不相害、道並行而不相悖、此天之所以爲大也、蓋天地萬物在上帝掌握、如衆微小彈丸在人掌上、凡彈丸上所有、其人無不見之、假如其上有能言者、其人自能聽之、無煩倩人助理、故屬在天有何天使、有何靈慧者、屬在地有何人、上帝俱能自行主理、論語云、死生有命、富貴在天、諺曰、謀事在人、成事在天、若釋道二教之神、則皆無足憑信焉、或曰、二教之神、果無足憑信、何皆敬而拜之、曰、古之人智巧者少、偶有一二非常人、必羣起而崇敬之、如華陀之醫、關帝之忠、玉帝之慧皆一時爲人所推，致傳之後世，祟祀不衰，人君又從而封之，愚民競拜而媚之，皆以爲此濯濯有靈也，不知彼人也，我亦人也，同此骨肉之身，皆有生死，我轉拜彼，不亦謬乎，更有見日月電光，聞風霜震撼，不知皆上帝主之，乃變色而駭，相謂曰，此皆各有一神，宜拜之也，然神不可見，遂造木偶而拜之，此又愚之至者，夫木偶有目不能見，有耳不能聽，有口不能言也，設能見能聽能言，則當人拜之時，彼必曰，若輩毋拜我，我無靈也，蓋我乃一段朽木，當匠人造我時，其餘諸段皆分散，或作椅榻，供人坐臥，或爲柴薪，供人爨飧，我此一段，偶用作像耳，設當日材不合式，則或爲柴薪，或爲椅榻，皆不可知，若輩何爲拜我耶，且拜木偶者，不特大愚，亦復大惡，何也，拜木偶者，其心中已蔑視上帝，以爲上帝若木偶，非無所不在，因而不畏，敢於行惡矣，且以頌揚上帝者頌揚木偶，尊敬上帝者尊敬木偶，是令木偶竊上帝之榮也，假如造一木偶，尊爲國王使衆事之、而不遵國王法令、則必坐以妖妄、罪無赦矣、以此觀之則背上帝而崇木偶者、罪當何如耶、人皆欲目見上帝、遂作木偶、又不知萬物乃上帝所主、故每物造一神、如火神水神風神財神竈神之類、又有拜古人求福免禍、信之不疑、而不知開罪降祥者、皆上帝主之也、是故孔子曰、獲罪於天、無所禱也、昔上帝垂誡曰、余而外不可別有上帝、毋雕偶像、天上地下水中百物、勿作象像之、毋拜跪、毋崇奉、以我耶和華即爾之上帝、斷不容以他上帝匹我、惡我者、禍之自父及子至三四世、愛我守我誡者、福之至千百世、舊約出埃及記二十章三至六節 中國久忘上帝而不事、今旱蝗頻見、兵革四起、民不聊生、皆上帝降禍、所望勿事偶像、悔改前非、專奉上帝、庶天心克享爾、凡行星恒星日與地球、其體質大約皆同、有可驗者、格致家察諸流質、知其極熱之時、各出一定之光色、假於何焰中見有如何光色、知其中有何流質、日乃一極大火球、有格致者、創

月亮

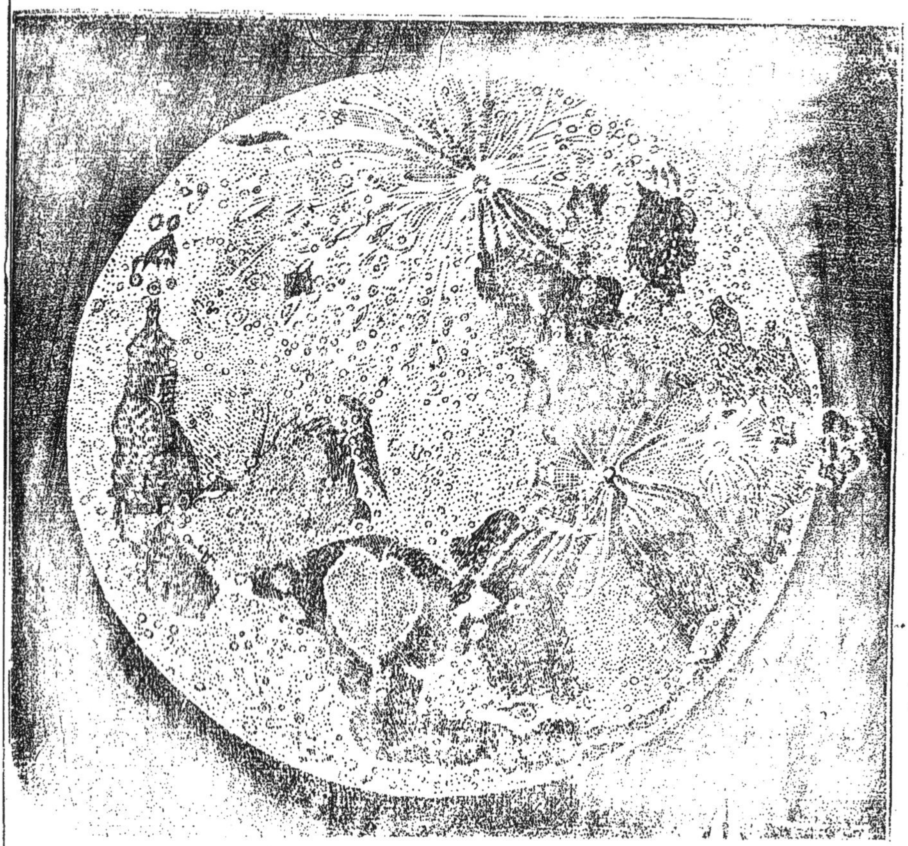

一極奇機器，用以試日，已測得日中所有之質十有五，其一鈉，其二鐵，其三鎂，其四鋇，其五銅，其六鎳，其七鈣，其八鉻，其九鎘，其十輕氣，其十有一鈦，此皆決其實有者，其十有二金，恐亦有

之其十有三鎴其十有四鉀其十有五鈸三者尚未測定亦用以試諸星之體質室宿二已測得者有三其一鏀其二鉄其三鎮天狼星已測得者有四其一鏀其二鉄其三鏔其四輕氣織女一已測得者三其一鏀其二鉄其三鏔北河二亦測得有三其一鏀其二鉄其三鏔勝測天之器精而益精不但可以測日與諸星之質且有此諸質亦可以測其餘衆星亦必有此諸質矣至月與地球之面亦畧同見其有山有谷火

火星

黑者為海
白者為陸
其上一極
白點為雪

山尤多有圓明之火星與地乃更同測之有氣有雲有海有陸陸色見紅海色見綠其亦有寒暑短長不齊春日約百有九十有一日有四時夏日約百有八十有一日秋日約百有四十有九日有四時冬日約百有四十

有七日冬亦有雪何以知之冬日在其極端見有極白之點至春漸消夏則無之冬仍如初如圖一其色黑者爲海白者爲陸其極白點爲雪其海之中間暑如地中海之一形其旁則暑如西洋海此可知上帝不惟造此地球亦造此日亦造此月亦造此星近驗諸身遠驗諸天命意無二故知無二上帝也

上帝至大　第三章　並圖

人欲知一王之尊大奚似須先識其國度之廣闊奚似官長之衆寡如何民數多少如何經綸若何榮耀權勢若何威嚴至若上帝巍巍乎高而無上大莫能名論其國度天地萬物在其中日月星辰在其中仰視天空凡目之所及見與目之所不及見者無不爲其覆育而又光華復且彰其恩德而又風雨雷霆顯其赫怒而又天使環列供其役使如風如火力無不能權無不統烏乎測其榮耀烏乎測其威嚴試以地言之

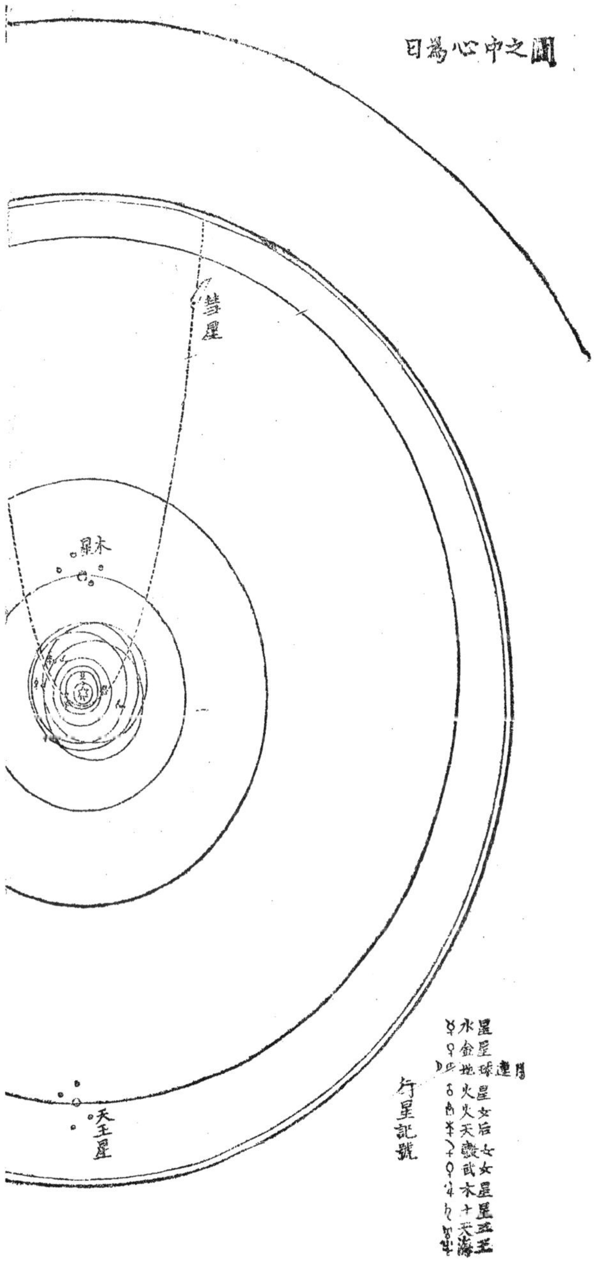
圖之中心為日
彗星
木星
天王星
行星記號
水星
金星
地球連月
火星
火女
天后
穀女
武女
木星
土星
天王
海王

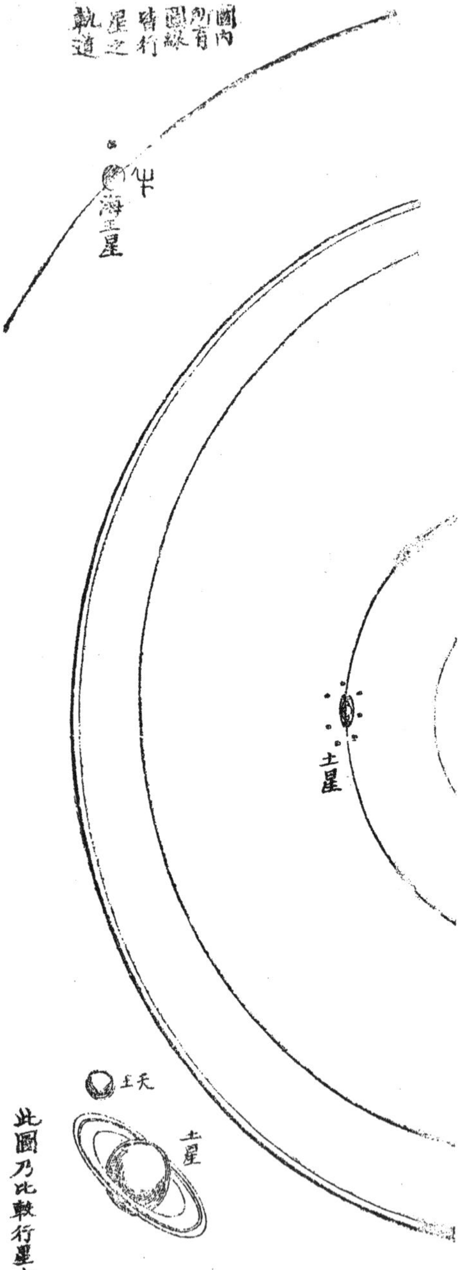
圖內所有圓線皆行星之軌道
海王星
土星
天王
土星
此圖乃比較行星大小之差
水星
金星
地球
月亮
火星
火女
天后
穀女
武女
木星

吾人世居本貫、足不越鄉國、目不睹遐方、圍於生長之區、已爲耳目之所不能周、皆自視其土地爲大、亦有崇山、亦有峻嶺、行越高山、亦有廣大平原、即如華人籍隸山東者、省分亦爲大矣、中華統十有八省、允矣大哉、究之十有八省之大、較之地球乃極小焉、統地球陸地、以開方里計之、共五萬一千二百有五十萬、水之方里共十有四萬五千有六百萬、統地球水陸、共計方里百有九十六萬八百五十萬、十有八省計方里者十有三百四十有八萬、僅得地球陸地三十有八分之一、合僅得水陸百四十有六分之一耳、地球周圍計八萬餘里、其直徑二萬六千六百里、乃一行星圍繞太陽、其同繞太陽者、外尚有行星十一、如圖、最近日者爲水星、其二爲金星、其三爲地球、其四爲火星、其五爲火女、其六爲天后、其七爲穀女、其八爲武女、其九爲木星、其十爲土星、其十一爲天王星、其十二爲海王星、外復有極小之星一百有九、茲不具載、火女天后穀女武女四星較小亦不復論請論其大者水星圍圓三萬二千有五百里其直徑一萬零六百六十有六里金星圍圓七萬有八千里其直徑二萬有六千里火星圍圓四萬有一千里其直徑萬有三千六百六十有六里水星圍圓八十有七萬里其直徑二十有九萬里計大於地球千有三百倍有四月繞之土星圍圓七十有九萬里其直徑二十有六萬三千三百三十有三里計大於地球千餘倍有八月繞之又有光環二層如二帶然天王星圍圓三十有五萬里其直徑十一萬六千六百六十有六里計大於地球八十倍有四月繞之海王星道光二十有五年始經查出其直徑十二萬二千有六十里圍圓三十有六萬六千百有八十里計大於地球九十九倍見有一月繞之至其繞日之遠近水星距日萬有一千七百九十七萬六千六百六十有六里金星距日二萬二千零四十三萬三千三百三十有三里地球距日三萬

零四百七十六萬六千六百六十有六里、火星距日四萬六千四百三十七萬六千六百六十有六里、火女天后穀女武女四星、約距日九萬二百有四十萬里、木星距日十有五萬八千五百六十四萬三千三百三十有三里、土星距日二十有九萬零七百十有一萬六千六百六十有六里、天王星距日五十有八萬四千二百八十三萬六千六百六十有六里、海王星距日九十有一萬五千四百二十三萬六千六百六十有六里、諸行星繞日之軌道、皆橢圓、非平圓、其距日時之遠近、不無參差、茲特舉其中數言之、日居中樞、合諸旋繞之行星之大、不足以當之、其直徑二百九十有四萬里、圍圓八百八十有二萬里、計大於地球百有二十六萬倍、此諸行星之大者八、小者百一十有三、與日連屬、共成一團、皆倚此日旋繞、倚日有光、倚日以成晝夜、四時寒暑、各無妨礙、外此倘有恒星如許、一一皆如此日、各有行星繞之、亦皆各成一團、此如許恒星未可悉數有心焉者分天空之界逐夜察之其已見者七千有五百萬焉蓋天文家測恒星之法有二其一劃裂星之界限其界限内之衆星形狀奚似即以定其主名其二分列星之等級其極大者列爲一等次二等次三等逐次遞降共分爲十有三等外此復有如許星氣實皆無數星光遠莫能測視莫能明故望之若氣天河亦衆星也其視之如河者此如千萬燈燭極遠視之惟見明光一派莫辨其爲燈燭及其向前漸近或窺以千里遠鏡則辨之不難故以極精遠鏡視天河衆星亦皆能一一測之此外再爲推之恐復有無數星光遠而一毫莫辨者諸恒星之最近地球者名曰南門其距地六十萬萬萬里此爲一等計大於日體二千萬倍豈不大哉其二等較此尤遠料亦更大凡視愈小者星愈遠孰能測天空之大哉法有可以略曉者人皆知聲之來也如行路然如遥聞鎗砲先睹其烟而後聞其聲測量之計一分時約行

四十里、光之行也較聲音乃更速、計一杪中行六十有五萬里、假如有人能飛行天空、如光之速、計一杪有四分杪之一可至於月、八分時可至於日、五十有二分時至木星、一時中至天王星、至最近地球之恒星須三年、至織女星須十有二年、有三十日、至二等恒星約須二年、至三等者約須三十年、至四等者約四十有五年、至五等者約六十有六年、至六等者約九十有六年、至七等者約百有八十年、至十一等者約四千年、復極遠者約五萬有一千年方能至之、由此推之、莫能綜數、而此一人者飛行如此其速、其去地漸遠、視地愈小、計半時許已不復見、有地球矣、計一時許視日之大小、僅如一恒星、比凡繞日之行星、此時皆無所見、由此外行、視日逐漸愈小、亦至於不復見有日矣、其時視一等恒星則大如日、等二等恒星亦逐漸增大、及至十三等者、矚視天空、恐復有如許恒星、森列在上、蓋上帝國度無限無量也、凡各恒星行星、亦必有血氣者靈秀者居焉、此有可據者、其一、地面地中、凡有孔穴、以及幽暗之所、俱有血氣之物、故此極大極美麗之衆星、不能無血氣者生焉、其二、不惟有血氣者、亦必有靈秀類與世人似者、如無此靈秀者、則無恭敬頌揚上帝者、上帝亦無何榮耀、但有血氣者不能爲此、其三、吾人乘舟海面、遥見他舟其上有篷帆桅旗等、與吾所乘之舟同、知其舟中必有人、必有貨物、亦與吾之乘舟同、舟愈大人必愈衆、此定理也、然則此極小之地球、既有如許人物、如許財用、彼如許榮耀之衆星、豈能空虛絶無所有哉、更有證據之最要者、聖經云、上有天使萬萬、此天使來往天空、恭承上帝、順其明命、天使不一、有有位者、有執事者、有秉權者、恐各一星、有一等靈慧者居於其上、一一皆彼此恭敬頌揚上帝、然則無數之衆星、乃眞無數之天地萬物、合爲一大國度、上帝之國度、如此其大、供役之天使、如此其衆、上帝乎、詎非至大無外歟、

上帝全能第四章　並圖

一人之力不爲少、百人聚集、力足以引重大、千人聚集、尤足以引極大重物、宇宙人類萬萬、如此萬萬人聚集合併、其力復何重大之不勝、此萬萬人之力併而爲一、其力之量、非人所能思、非人所能言、然而人之力非由人、乃由人之心、心之運用非人自主、人固不能令其或動或止、或遲或速、則惟上帝主之、故人之力實皆由上帝而來、馬之力甚多、萬馬之力、能引無限之物、假如併宇內之馬之驢騾牛象虎豹熊獅以及凡百獸屬、與夫飛禽水族等之力、細心計議、孰能測度此衆力之大、其有幾何哉、究此衆血氣物之力皆由其心、心之運用皆由上帝、其心所運用之力、亦皆倚上帝而有、五穀百菓草木蔬菜、歲歲發榮滋長、亦具有力量、此其力亦不屬衆植物等、則亦皆上帝之力焉、江河水流能載舟運舟、其在中華有黃河大西河洋子江松花江黑龍江、外此之溪水支流無算、世宙萬國、有萬國之大小河流、其孰能挽其流而回之、或法有可以壅塞之障蔽之而不使之流、中土官家、皆知築黃河之堤、防水橫溢、甚不爲易、勞如許力、耗如許財、終不能無橫溢之災、至於海潮之漲也、孰能却之使退、其退也、孰能牽之使漲、蓋無問何水之力、皆不在水、舉由上帝、風之力可以推雲、可以落木、可以旋磨、可以行舟、大能揚沙飛石、拔樹壞屋、若將舉世萬國所有之風力、併而爲一、則此風之力、恐世宙不足當其一噓也、火輪舟車、力能迎風前行、合中華泰西火輪機器、其力詎不云多、此火輪機器之力、由於水氣、水氣由於火、火由於煤、煤之力亦非自有、倚上帝而有、雷電之力更無限量、尤極迅速、雷聲大震、令人悚懼、屋宇震撼、雷火殺人、猝不及覺、電報通信、頃刻萬里、皆其據也、此其力皆上帝出之、萬萬人之力屬上帝、血氣物之力倚上帝、五穀草木等之力由上帝、水力風力煤力電力無不出於上帝、然則上帝之力、萬無可思議、無可測度矣、然此諸力、尚不足以言上帝之力焉、太初之時、上帝未需一物、能自創造天地萬物、預令高山突出、其高或一里、或五里、或二十里、咸皆由上帝之意、或令大地震動、高原傾陷、亦或傾陷島嶼、亦令島嶼突出、滄海桑田、頃刻變遷、此其力烏有底止哉、不惟如此、地球周圍、計八萬餘里、詎非大歟、併山海屋宇樹木人物等、詎非重歟、究惟上帝能令其自轉、一日一周、如人手撚一泥丸、又不惟如此、并令其繞日運行天空、計一時中行四十五萬三千有六百里、一分時行三千七百有八十里、其餘諸行星、有較地速、有較地遲、水星一時行七十二萬九千零六十有六里、金星一時行五十三萬三千三百三十有三里、諸行星繞日之遲速亦異、水星繞日約八十有八日一周、金星繞日一周約二百二十有四日八時、地球繞日一周計三百六十有五日三時、火星繞日一周約六百八十有七日、火女繞日一周約千有三百二十有五日九時、天后繞日一周約千有五百九十有二日八時、穀女繞日一周約千有六百八十有一日四時、武女繞日一周約千有六百八十有六日六時、木星繞日一周約四千有三百三十有二日六時、土星繞日一周約萬有七百五十有九日三時、天王繞日一周約三萬有六百八十有六日八時、海王繞日一周約六萬有一百十有八日、是其年歲之短長甚異、水星一周歲約不足地球四分歲之一、金星一周歲約不足地球三分歲之二、火星一周歲幾地球歲之二、木星一周歲約地球之十有二年、土星一周歲約地球之三十年、天王一周歲約地球之九十年、海王一周歲約地球之百有八十年、其自轉之晝夜亦不同、水星金星地球火星、其晝夜一周約皆十有二時、木星晝夜一周約不足五時、土星晝夜一周約五時有四分時之一、諸行星繞日與其自轉、皆自西徂東、繞行星諸月、亦自西徂東、惟土星之月自東而西、

星氣圖

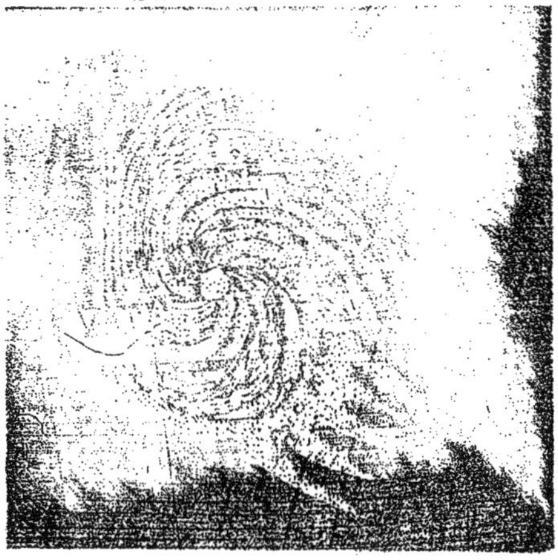

月繞地行八十萬里，逐月一周，木星諸月，其一距木星與月地之距略同，計一日有九時一周木星，其二一周木星計三十六時有半，其三一周木星計七日二時，其四一周木星計八日八時，統計其見月之時，有時或一，亦或二或三或四，其繞木星較月之繞地甚遠，蓋木星倍於地千有三百，其一繞木星一周，尚不足二日焉，土星之月有八，其一計十有一時餘一周土星，其二計一日四時有半一周，其三計一日十有一時一周，其四計二日九時一周，其五計四日六時餘一周，其六計十有五日十一時有半一周，其七計二十有一日三時有半一周，其八新經查出，計七十有九日約四時一周，天王之月四，其一計二日有

六時一周、天王星其二計四日約二時一周、其三計八日八時有半一周、其四計十有三日五時有半一周、海王星之月、初測得其一、計五日十時有半一周、海王星日與恒星亦行天空、日牽引諸行星與月、一時中計行九萬六千里、有恒星名大角者、一時中計行百三十三萬有六千里、亦牽引其行星與月、豈非大力歟、　恒星內多雙星互繞、亦有二雙星互繞者、如圖、其上雙星互繞一周計千年、其下雙星互繞一周計二千年、二雙星互繞大周計百萬年、此等星已測得者六千、其中能見其行者七百、獅星界內軒轅十二計千有二百年軌道一周、女星界內太微左垣上相計六百二十有九年軌道一周、天津二計百有七十有八年一周、天津增二十九計四百五十有二年一周、貫索五計百年一周、貫索增七計二百八十有六年有二百餘日一周、宗人四計八十年百有二十日一周、下台二計五十有八年有九十日一周、貫索增三計

二雙星互繞圖

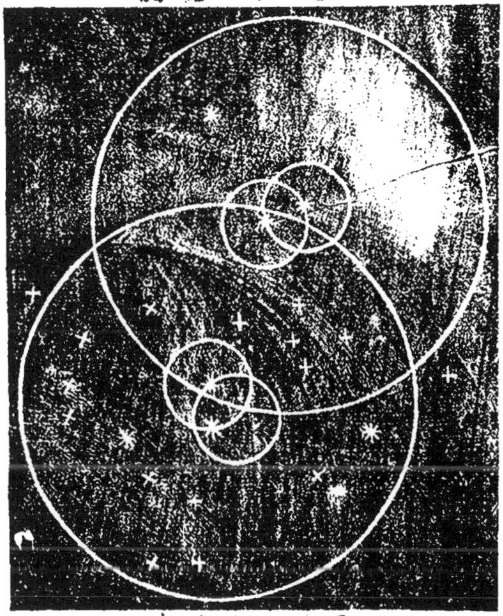

圖線即星道也

四十有三年百有六十日一周、天紀二計三十有六年一周、水位四計六十年一周、南門二計七十有五年一周、酒旗三計八十有二年一周、凡此諸恒星、皆目力之所不及見、用精遠鏡察之始見、並見天津增二十九雙星相距百四十有二萬五千萬里、雙星大小不一、有一等共十等或十二等者、色亦不同、有赤有紅有藍有綠有黃有白、試舉一二言之、王良三其大者色白、其小者色赤、軒轅增二十二、其一色紅、其一色綠、凡居其行星者、其見二太陽之互爲升降、白者西沉、赤者東升、赤者西沉、白者復東升、紅者西沉、綠者東升、綠者西沉、紅者復東升、景色鮮妍、實爲樂國、又赤道南十字架星之左近有百星、多有色者、色各不同、有紅者二、綠者二、深綠者二、淡綠者三、其有色在藍與綠之間者一、此如各種寶石、齊現天衢、光彩奪目、洵奇觀也、亦有星色無定者、天狼星古測之色紅、今測之色綠焉、凡此日月恒星行星而外、復有彗星、恒隱而忽見、光或甚巨、異於常星、皆目爲災異、人俱畏之、雖智者亦不免焉、今始知其恒行、與繞日諸星同理、其隱也、非真隱也、蓋去地球甚遠而莫能見也、其首之體勢、亦與諸行星同、色白而無紅極熱、有小有大、小者繞日一周計三年有九十日、又有五年百有八十日一周者、有六年百有八十日一周者、有七年百有八十日一周者、此二者當卽於現年見之、復有七十有六年二百有七十日一周者、嘉慶十有五年有一極大彗星、繞日一周計三千年、道光廿二年彗星、其周日計十萬年、咸豐六年彗星、其周日計有二千一百年、咸豐八年之彗尾闊三十萬里、咸豐十一年之彗尾長六千六百六十有六萬里、道光廿二年之彗尾長三十七千三百三十有三萬里、首闊三萬七千三百三十有三里、康熙十八年之彗、計一時行八十萬里、彗星如此其巨、其行如此其速、其與行星與日與恒星皆不能自行、皆上帝使之行、日恒星牽引諸行星彗星、亦繞天空之一大中樞、是為上帝之座、天堂之中、此萬萬衆星、皆賴上帝空懸、皆賴上帝運行、此可以識上帝之力無限無量矣、不惟如此、聖書云、萬物以之而造、無論在天在地、有形無形、有位執政權力者、皆以之造、而歸向之、上帝之子先萬物、萬物以之恒存、（哥羅西人書一章十六十七節）世人如能悔罪改過、信賴耶穌、敬畏上帝、上帝可以莫大之力、庇佑斯人、保羅云、若上帝佑我、誰能敵我、（羅馬八章三十一節　亦可參閱約百記三十七八九章）

上帝全智全仁　第五章　並圖

天下無無本之事物也，無能力者，無何能力者能由之出，無榮耀者，無何榮耀者能由之顯，不具大用，無復有用者之能生，自無心意，無復有心者之能爲，血氣之物各異，知覺然知覺非自物來，由造物者而來，靈秀之人各有智略，各現才能，然聰明才能非由人爲，由生人者爲之，故凡宇内萬有之奇，其始也，無不一一原於上帝，前云萬萬人之力不爲少，皆爲上帝之力，今亦可云萬萬人之聰明不爲少，亦有不同，或明於學，或明於農，或明於技藝，或明於書數，或明於植物，或明於化學，或明於政治，或明於天文日月星辰之大小輕重，或能度之，或能衡之，又或明於電氣，凡各聰明皆非自然而有，人不能自有，亦復不能傳之，父師蓋以人之聰明有較長於父師者，有大異於父師者，有父師所一不能知，子弟深知之悉者，此可知人人之聰明皆由上帝之意以爲敷錫，各適各宜，各擅各長，自太初以降，所有生民之聰明，皆錫自上帝，宇内萬萬人之聰明，皆予自上帝，舉世日約生人萬餘，此萬餘人之聰明，亦皆賚自上帝，飛者走者蝡蝖者，血氣類皆具聰明，亦皆由上帝而來，外此復有如許天使，星星內亦各有如許靈慧，皆莫不賴上帝而能具此聰明，豈非上帝之智慧，至於無可名言哉，觀於一人之作爲，可以識一人之性情智能，故格於天地萬物，不惟令人知上帝有心而作，亦早貢上帝之全智全仁焉，蓋以凡所創造萬物，其體無不宜，法無不奧，用無不合，試以凡有血氣者言之，其形體皆如出一形式，然莫完如人，至萬物之形體，其與人相去也，非近非遠，要其內之大略，則皆無二意焉，皆有首有脊有胸有脅，皆有四肢，凡各肢體，皆與其所居之土宜事宜一一恰合，人之四肢，其前爲手，其餘諸血氣物，有類於人者，有異於人者，或皆爲手，或皆爲蹄，飛者則前爲翎，潛者則前爲翼，其小大長短，皆由上帝經營妥協，以各適其用，其最要者爲首，試先爲比擬觀之，凡血氣物

之知覺聰明其所倚賴者有二一係於腦之大小一係於腦之體質紋縷精粗腦大而腦之體質精細約皆聰明腦大而腦之體質則粗聰明

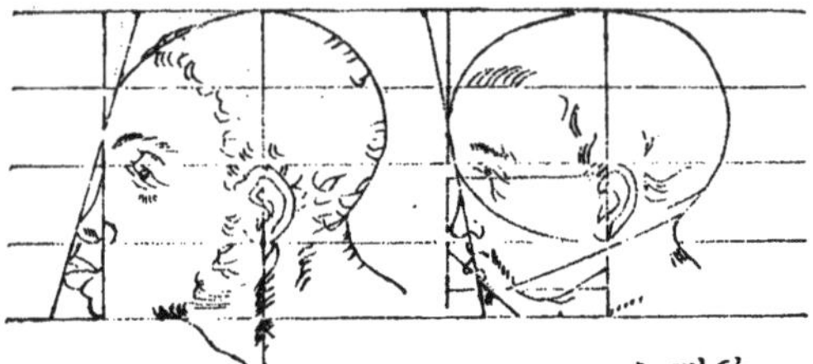

較小腦小而腦之體質復粗聰明極小人之腦其體質約皆相彷至於腦之大小則專視乎腦骨以爲衡而智愚可立判焉蓋度其首可以測其腦法自耳孔適中前至鼻準之下畫一橫線復自額中下至唇前畫一直線度二線曲角之度數多寡卽腦之大小以定歐洲人之曲角由八十五度至九十餘度不等其南海島人之曲角七十度黑人之曲角亦七十度如一二圖狌五十六度至六十度不等猿三十度至六十五不等犬三十有五牡羊三十馬二十有五人皆知唇出準縮頷俯皆大愚人卽黑人是猿猴較黑人唇復出準復縮

額復小大較猿唇尤出、準亦縮、額尤小馬較犬尤甚飛禽較畜喙更長準乃無、額極小、魚較飛禽乃更小非惟小大可度、輕重亦可權之人之腦其重計身體三十有六分之一、象之腦其重計身體五百分之一、馬之腦其重計身體十分之一、大約鱗族之腦重三錢有一分爬虫之腦重兩有五錢四釐有餘、羽族之腦重九兩有四錢六釐有餘獸畜之腦重十兩有七錢一分人之腦重五十有五兩有五錢有六分此皆其中數之大畧也、假如血氣物之聰明皆與人等、人不能治理之、役使之、人必無以生存、假如血氣物之聰明皆各相同、亦有不宜、如犬之聰明如馬、孰爲守夜、如馬之聰明如犬、孰爲引重、貓之聰明如犬、孰爲伺鼠、故上帝創造萬物、一一各具一定之聰明、各中其用、各適其宜焉、其次則爲目、人之目在前、能前視、亦頗能左右視、野獸之目、凡食生物者、如虎如豹如熊如狼等、目俱近前、蓋爲其追取食物、專宜前視、亦爲其兇惡勇猛無或易傷之者固無須兼顧左右犬之目微向外馬之目在左右面角至柔馴如鹿如兎等其目較犬馬等又微向外睛亦大亦凸出於面此蓋令其自行保護爲有何兇惡野獸或在前或在左右或在後皆得覷之復有一極異者知兒拉夫之目生於首之左右適中睛亦大而高凸如圖三此其用不惟視前視左視右亦視後與視前同故獵者獲此甚難　羽族之目亦爲奇妙目窠孔幾居首之大半睛亦大而圓而凸大房水差少

第三圖

眼簾不一各具各色有甚足觀者其目皮分爲三在外者二在內者一二者一在上一在下大約羽族閉目皆目下皮上合目上皮止而不動驗家鷄可悟惟鴟鴞等其目在前目皮上下俱動閉目則上下湊合上有睫毛下則無之鴕鳥上下俱有睫毛鸚哥則有上下有睫毛者其目

之內皮奇妙特甚時而用亦時而否其不用也則摺向於內其用之有筋肉牽引令其舒放障蓋目睛有似於簾如圖四可以驗其半焉若不

第四圖

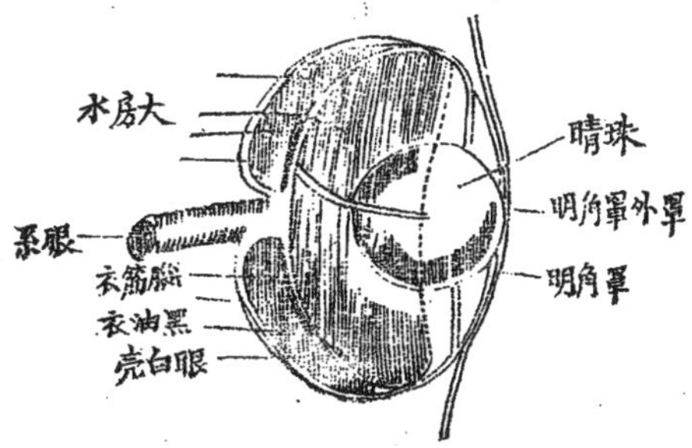

第五圖

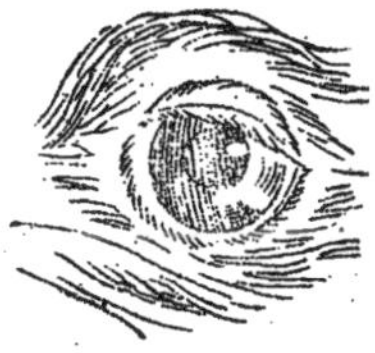

第六圖

用則自行回摺幾類象皮其皮微有透光有最要之用二乃大相懸殊其一用以揩拭睛珠潔淨無翳以足其明其一用以翳蔽炎光無傷於目以防其患此雖極微細物能令目視清明亦令目光收斂鷹之屬其目之部位較家鷄微向內明角罩可以短長伸縮與千里鏡同故其飛極長空幾於人不能見然雖地面極小之物彼則明足以察之亦有鷹能用其內之目皮護視烈日毫無畏縮如人以着色玻璃視

日光炎俱退，無少異焉。　水族外無目皮，居於水，洗濯甚宜，淚無膚，故淚核、淚囊、淚管皆無之。明角罩較羽族微平，亦有罩睛皮，薄之至。其白殼堅且厚，間亦有爲骨者。睛球體圓，乃如許絲縷上下屈曲排列，如鋸齒交互，如圖五。有西人用顯微鏡察其盤曲之線，加大，寫來作圖明之，如圖六。每線之曲折萬有二千，其睛球之線五百萬縷，每一睛球中線之盤折共六百二十有五萬焉。眼房水與羽族畜類皆大異，究與水極爲適宜。　目不活轉，不適於用，人皆知之。昆虫之目皆不活轉，然何以其能視也？上帝具有妙法，彰其無限無量之智慧榮耀焉。蓋以其造此昆虫等之目，較凡有血氣物之目，意外希奇，其理異，其措置之法異，其長於視亦異。有二目者，有十有六目者，有用一物爲者，有兼衆物爲者，有目與面平類於人者，有凸出面平外者，有等蛛體小而紅，其目有二蜑，高擎於外，如二花蕊。奚爲有此？蓋以其身體多生毛髮，如其目與面平一無所視將爲虛置復有一等蠍者目不在前乃在頂如二角此爲何蓋以其首不能舉故在前不復能視在頂則四顧皆宜焉昆虫屬之目睛非渾然一體乃如許六而小圓體合成玆圖其一段以明之如圖七每一小圓體皆適於用視能見能視前視左視右合爲一目睛球其小圓體之位置數目不等視以顯微鏡可悉有西人名曰千脚蛇者其目中之小圓體二十有八其目乃三角形平向下銳向上小圓體由下

第七圖

而上逐層布置其下一層凡七其二層凡六由此而五而四而三而二而一又有蛇之目小圓體位置形式如花一朶其花樣者色紅花之後色黑花亦或綠或紫復有色色相間者有蛇目中之小圓體措置一行者亦有二行三行四行者亦有措置十字形者有三角形者有方者圓者有外大方四行措置中小方四行措置者亦有前二三角形後二

方者、亦有前一大方左右復二行小圓體合共三目者、凡此指不勝數、至其數目之異、馬蟻目中之小圓體其數五十、青蠅目中之小圓體已可恐者五千、蜻蜓目中之小圓體萬有二千、小圓體各頂生一毛、足以護目、不受塵埃、龍蝦與蟹目亦皆六面圓體合成、龍蝦目中之小圓體二千有五百、各一六面圓體實各一完全之物、實各一目睛、然則青蠅之目可云八千、龍蝦之目可云五千、蜻蜓之目可云二萬有四千矣、或有問於余曰、青蠅等一微物耳、奚必具此如許目睛、有何益用、二者得無過乎、詎非徒滋事歟、曰非也、乃上帝隨意施其靈妙、顯其智巧、亦示人皆知凡物無問小大、無不蒙上帝之愛、故莫不予以純全之體焉、新約書云爾髮亦且見數、見馬太傳福音書十章三十節蓋同此理也、

至於血氣者之耳、部位形式、各有意義存焉、人之目生於前、耳生於旁、蓋以人之聰用視宜面前、聽宜左右、人之耳不甚大、亦不能運動、牲畜之耳、皆能運動、向前向

後或向上下均隨意便凡食生物之獸如虎如狼如獅如熊等耳俱不大羊與鹿與兎之耳俱大實又大莫如兎其耳能竪立善取聲音馬之耳差有希奇內有如許毛交接嚴密一欲其煖一阻外物之入蓋以其耳孔闊也馬實善聽聲音乘馬時見其耳時向前時向後時一向前一向後據此足徵其有力善走不疲其睡則耳一向前一向後防人物之害也假如昏夜有如許馬或騾逐隊聯羣馳驅於路其在前者耳皆向前其在後者耳皆向後其在中者耳皆向左右各中其宜互相稽伺蝙蝠之耳有極大者體亦極薄亦適觀亦靈巧善運動英地有蝙蝠一種其耳極長眠則摺之而挾於翼下　羽族外無耳輪蓋以其往來空氣中飛行迅速耳有外輪則不勝寒亦觸風受阻故其耳惟有一孔外護以毛向後緊掩其收攝聲音甚易非如耳輪之形假如內耳輪之部位如此則不易收取聲音矣鴟鴞晝伏夜出目不能司視故其耳孔大

內孔尤大，有二薄皮外護，皮外生毛，晝則閉，夜則大開，故善取聲音，無一遺漏，雖一毛髮一花草之動，亦莫不悉之。　有謂水族無耳者，非也，有之矣，究以其居於水，無甚益用，幾於不見，沙魚之耳能見之，飼錦魚者呼於池上，能招之來食，是其耳之據也，西國有一富豪性喜畜魚，有巨池於園內，畜魚甚多，欲飼以餌，每以響鈴喚之，則皆來就食，又一畜魚者，池有巨魚一尾，能呼其魚名，令之來食，鱷魚半居水半居陸，其耳頗難措置，為宜於水者不復宜於陸，宜於陸者不復宜於水，乃上帝全智無所不能，令其耳外有覆幕如門戶然，能自開合，其在陸則啓其戶以當外耳輪，攝聚聲音而入之，故凡有音聲皆知，其在水則閉其戶，潛行水際，水一不能入焉。　昆虫之耳較水族為奇，蛇有耳實善聽，尤喜樂音，赤道地產巨蛇，人欲捉之，鼓樂器之音，蛇即出聽，因掩而殺之。外此則為鼻，前曾詳及在人者矣，今更即物言之，凡血氣物之鼻，壁亦與人同、究之各血氣物之鼻各一形狀、各與其土宜性質相濟、鼻各有二孔、閒以脆骨、內有柔皮恆濕潤、皮內藏有如許腦氣筋血脈管、皮愈

第八圖

第九圖

闊大、知覺愈靈、乃面之爲地無幾、鼻固不能甚鉅、智哉上帝、法有可以闊其皮者、令其摺於鼻孔、如上書之摺子畧似、故鼻孔之爲地雖小、皮面殊增、足容如許腦筋空氣等、其摺法不一、有卷摺者、莫若綿羊甚爲適觀、如圖八、有平摺者則鯢之類、如圖九、若展其皮而度之、見有白二十方寸、是二孔之內、具有二百有四十方寸地矣、其大如是、是能無長於辨味乎、牛馬之鼻孔較闊、皮亦增多、能知味、亦善用之、其有所往、不惟倚其目、亦賴其鼻以爲用、假如昏夜之時、有牛或馬逸於荒野、彼能自返其主、蓋以其鼻能善知方向、東西南北、一無或誤、亦以其

鼻能善體百味、西國會有瞽目之馬、時恒服駕於路、有停車之地凡幾、每至其地自行駐足、無煩御者呵令、與明目者無異、鹿之鼻較牛馬頗又擅長、北方氣寒、恒有積雪、每三五尺一望無垠、人無所見、惟鹿能知積雪之中某地爲陸、某地有水、某地有蘚、其善體味如是、獵者獲之甚難、故跡鹿者必逆而行、防其鼻也、又奇者遇積雪時、鹿就蘚似難爲於雪中覓蘚、則其口其鼻俱沒於雪、奚以呼吸、至哉上帝具如許法妙、令其目內角下通於鼻、亦下通於口、故口鼻皆沒於雪、而目即代其呼吸、焉駝之鼻更具奇能、沙漠之地、人畜恒缺水、彼能味水於三五里之外、導人之路、救人之喝、犬之鼻伶俐尤甚、能跡狡兎、能跡頑獮、假如其跡一走兎之踪、或復有走兎踪越而過之、彼能一一悉之、知其去來、西國有犬能跡人之踪、知其主之味、如其主由外入、犬皆至其前、不惟識其面、必且齅其主之足以詳審其主之味、踴躍追隨如此、故其主遠出無間或入百人中、或入千人中、其犬皆能跡而隨之、泰西多高山、每遇積雪時、有迷途僵臥者、有犬常尋其中、跡其人而引之歸焉、 其次莫要於脊、凡脊骨之形狀、與脊骨之節數、皆不能一致、故其形有大有小、數亦或多或寡、皆與凡物之性質習氣相宜、如此而同之、令走獸之脊與羽族同、羽族之脊與昆虫同、昆虫之脊與鱗族同、皆極不合、因此故四屬血氣之物、脊骨亦分爲四、不惟如此、其四屬脊骨中各一血氣之物、亦各有異焉、試

第十圖

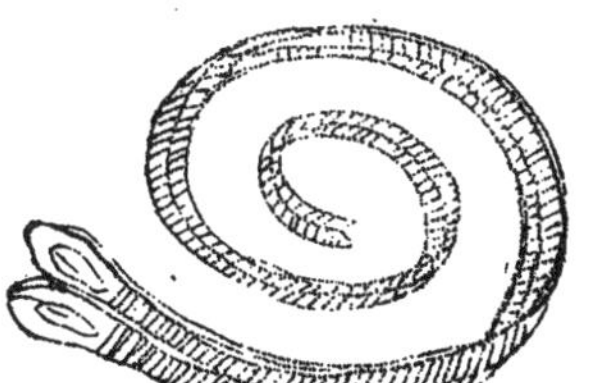

分脊骨爲五、先列其數於左、

	一頸骨	二背骨	三腰骨	四尾骶	五尾閭	共
人	七	十二	五	五	四	三十三
走獸長尾猿	七	十二	七	三	三十一	六十

獅	七	十三	七	三	二十六	五十六
駝	七	十三	七	五	八	四十
象	七	二十	三	四	二十七	六十一
䴢紐芬蘭犬	七	十四	五	四	十八	四十八
鯨	七	十五	九	一	二十七	五十九
羽族　鷗	十五	七	〇	十三	六	四十一
燕	十三	七	〇	十	七	三十七
駝	十八	九	〇	十九	九	五十五
鶴	十七	十	〇	十五	六	四十八
大鵝	二十三	十一	〇	十六	八	五十八
昆虫　龜	九	十	〇	三	二十	四十二
蠍虎	六	二十一	二	二	一百五十	一百四十六

蟒	○	三百二十	○	○	一百零二	四百二十二
火蠑蛇	一	十四	○	一	二十六	四十二
水族鱸	○	二十一	○	○	二十一	四十二
	○	十五	○	○	十六	三十一
鰍	○	十九	○	○	三十四	五十三
鰻鱺	○	六十	○	○	一百零二	一百六十二
鯊	○	九十五	○	○	二百七十	三百六十五

至於脊骨之各節，凡人與物，其外形大約相仿，圖見前卷十三章，乃其在人者如[illegible]則其一節也，各節骨中皆洞穴，逐節連屬，中成一筩，骨節之多，蓋爲其易於運動也，各節骨有大端，皆向內，則令其全脊堅固，其外出之尖骨凡三，在左右者各一，乃所以縮結左右之肌膚，令其牢固，其上出之尖骨，所以縮結其首之筋絡，牲畜首重頸長，其脊背上出

之尖骨甚長而欵向於後令其向後有力、足以維繫其首、驗駝圖可悟、羽族則左右外出之尖骨極長、蓋以其飛行在翼、左右無長骨、則脊骨不堅、全體皆弱、其脊骨亦非甚活、有似一骨者、所以足其力、以架護其羽翼焉、鱗族之脊骨頗有異、其各節小骨、上下面皆凹、若此者逐節骨皆實着、奚以運動、乃其各節之內、各一襯墊之胞、胞內有津液、亦軟亦活、擠其前則偏於後、擠其左則偏於右、故鱗族之脊、靈活之至、上下左右、咸隨其意、且其脊骨上出之尖骨尤長、如圖十、所以側立其體、令能行速、行速故於水宜、不從可識上帝之仁智乎、　凡血氣物、其最與人近者爲猩、驗圖可悉、其遠人不遠焉、如圖十有一、凡人具何骨骸、猩亦具何骨骸、其微有不同者、爲與猩之性質、與猩之習氣相宜、其頷甚平、令人知其聰不如人、口闊於人、上下有虎牙各二、唇甚厚、頦甚短、臂肘甚長、下垂過膝、亦有下及於足者、膝股無腹、手較人闊而長、足亦爲手、

十一圖

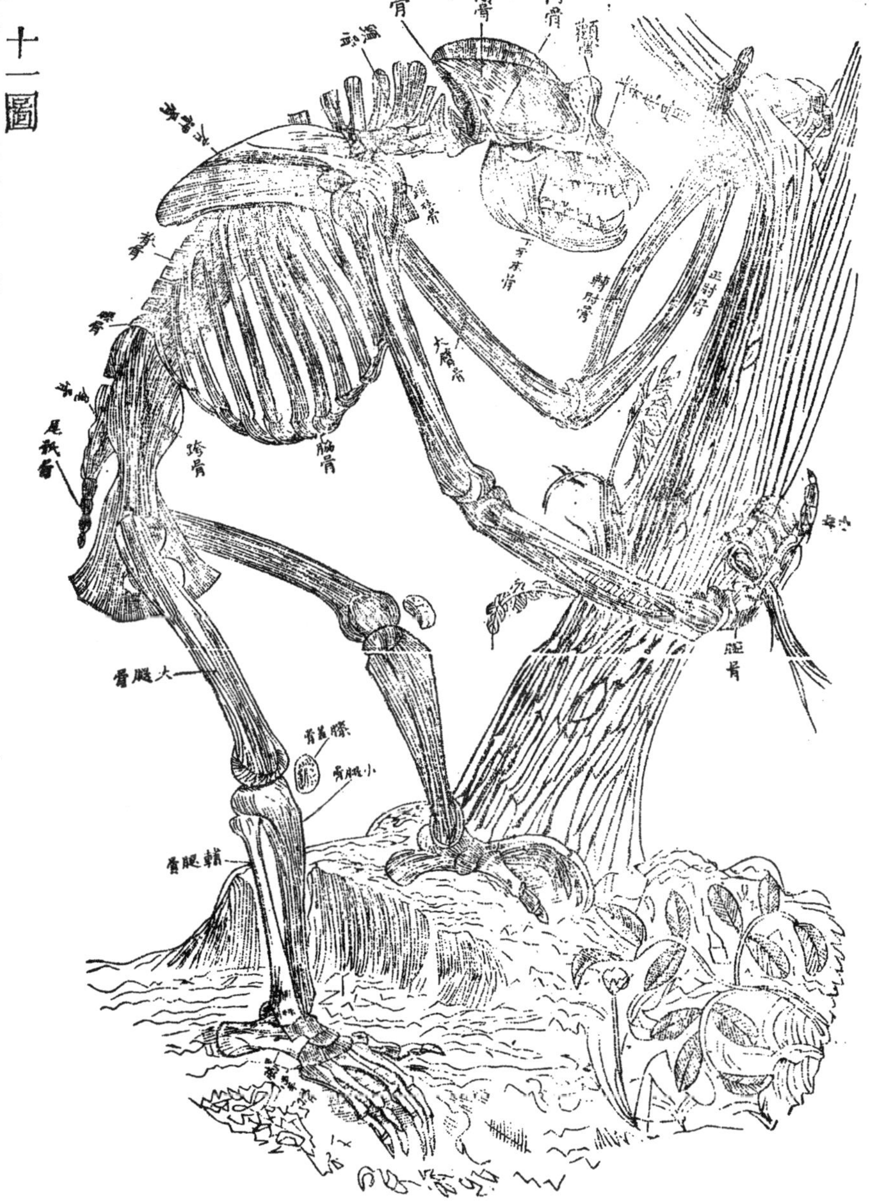

足拇趾亦長、亦與足四趾互相爲用、適用如手、猩實具有四手也、此奚以故、蓋以其不居地平、恒於茂林結巢如鳥、亦攀行林木、較馬尤速、計一時中行八十里者有之、力大於人、有木爲三人四人所不能折者、彼折之如折一枝、性甚猛、嗜殺人、假如乘獵者於不覺、既殺其人、復輕折其鎗具、有四手猶未足者、外復有長尾亦適用如手、可以攀援林木、遊行身體、攫取自如、如圖

圖十二

十有二、猩有微小者、能服豢養、能習教訓、曾有畜之者、教以操臼習擣

麥搗稻等藝、亦教之戴水、一狌戴水誤墜水器、器碎狌哭之甚、亦教之司爐火炙肉、火墜知以手拾入肉、熟知報主人、亦有畜一狌者、教之登几坐食、善用刀叉杯匙、食飲幾類於人、如需物有缺、彼能以法指揮侍者、侍者時或偶拂其意、彼卽奮然起怒、捉其人齧而仆之、猿之類極多、有有膝者、能帶食物、亦有無者、尾亦或有或無、手皆有四、蓋亦以其居恒林木也、性最伶俐、人皆知之、宇內號物之數萬萬、有供人役者、如犬馬等、有供人食者、如牛羊雞豚等、有供人悅耳目者、如禽鳥花卉等、至於猿、尤可教之戲玩、供人解頤、詎非上帝愛人之至智乎、其與人稍遠者、亦實遠而非遠、猿之屬手皆有四、猿屬之外別無一手、惟四足、蓋以其恒行地平故也、各四足、亦與其各性質各習氣合宜、再試驗之於駝、如圖十有三、其黑者爲肉、白者爲骨、前二股比如人之臂肘、猶有異焉、則取宜於行路也、大臂骨甚短於肉、內藏而不露、肘骨位移於臂、有正

十三圖

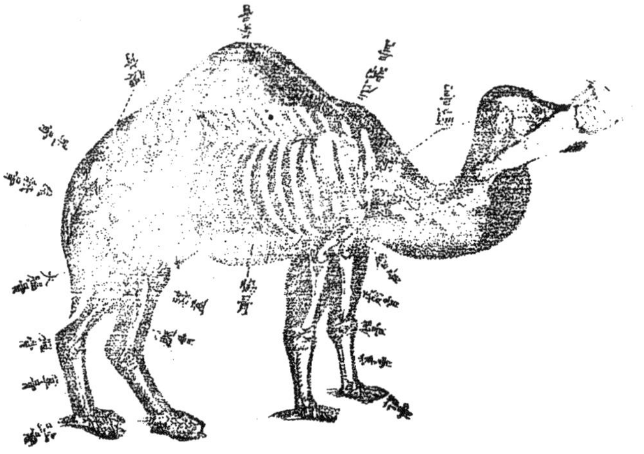

肘、無輔肘、二者合爲一、葢輔肘骨所以運肘、肘運轉則不堅、故無之、膝卽人之腕、膝下股卽人之掌、背五骨合爲一骨而加長、蹄卽人之五指合爲二、其大腿骨亦短而藏於肉、小腿輔腿二骨、亦合爲二、而移位於上膝、亦卽人之足腕、下腿骨卽人之足背骨、合爲一蹄、亦卽人之足五趾合爲二、其餘諸畜之趾、有三有四、亦有五、類於人者、又有異、二足者如人如鳥、人之足須闊大、鳥之爪亦長闊、不如此則行立不穩、四足者則無慮此、凡物任何重大、柱以四足、雖小亦穩、畜皆四足、

行易穩固、故其足皆小、假如其四足甚大、足必重、則不捷、行必不速、故凡畜之賴善走以避何兇惡者、足皆甚小、其行也皆倚其蹄趾、如鹿之

十四圖

十五圖

後腿、其膝骨卽人之足腕骨、小腿骨卽八之足背骨、合爲一蹄、卽人之足四趾合爲二、其足拇指移於膝而甚短、其行立非以全趾、惟以其趾之尖末、卽在人之趾甲、如圖十有四、如此乃小乃輕、乃便捷、故行無如其速者、馬之體較鹿甚重、如分蹄趾、力有不足、故上帝令其四趾合爲一蹄、其拇趾亦移於膝而甚短、如圖十有五、如此者亦小亦輕亦便捷、乃更壯、非上帝之至智、孰能爲此、　凡畜之能行、又皆倚其後之腿力居多、後之腿長、皆有力善走、前之腿用力無多、其要乃所以撐柱其體、故觀於凡畜之善走者、皆其後之腿長、

十六圖

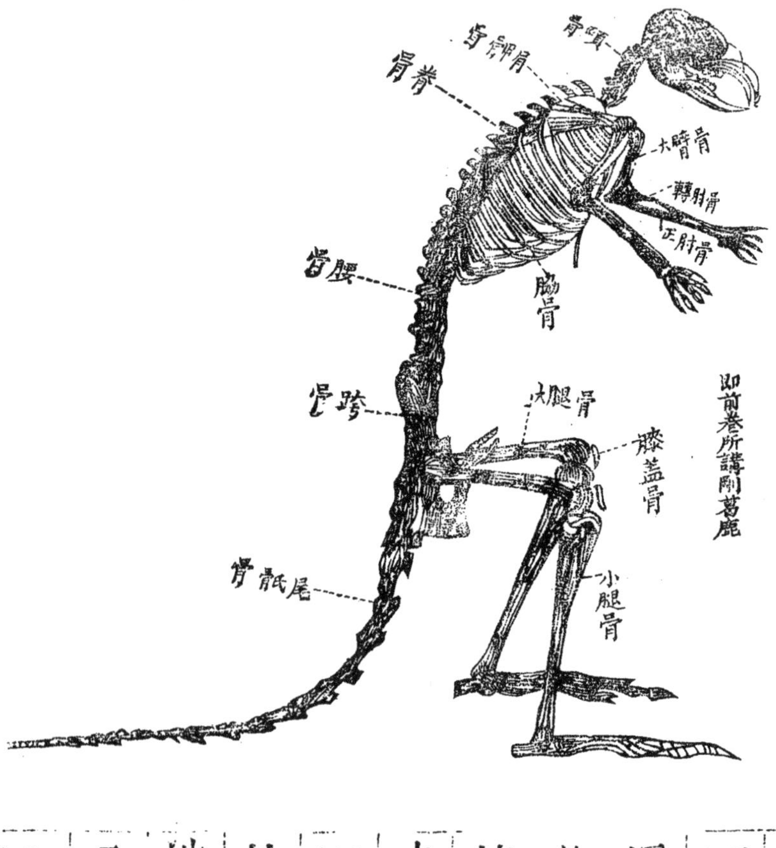

如鹿如馬如兎等可驗有異焉者莫異於知兒拉夫、其前之腿高於後者若干、行不能速、威威嚴嚴、似有按於矩步方行、其首高於地約二十尺、附地就蒭維艱、故上帝令其食宜木葉、亦高於地約二十尺焉、復有行不履

地平踴躍而行者、厥名剛蔦鹿、有何草木叢條、彼皆躍行、其上其後之腿幾倍長於前、自膝下半屈而着於平地、乃如人之足掌足趾咸着於地同、其前之腿有正肘輔肘二骨、亦有五指、差類於人、如圖十有六、試更詳一普天物之大莫與鯨者、北地嚴寒、産有異物、體極大、爲宇內萬物之冠、計其體長六十尺者有之、七十八十尺者有之、百尺者有之、圍圓三十尺或三十有五尺、首長十有五尺、高十有二尺、闊八尺、宛然如一廬舍、居於水、實非魚、莫大之物、究其食物、乃極小者、不食肉、不食魚、不食草菜、其所食之物、實極軟弱、而其力又無何物與之敵、口闊無比、亦甲於宇內萬類、無一齒牙、飲水無鼻、縱竭西江、亦不入腹、産子哺乳、亦不棲息於陸、體大而輕、而又色黑無光澤、究足出明光萬萬、其名何名、名之曰鯨、其心其肺與牲畜同、血熱而非冷、亦與牲畜同、無魚之水腮、亦胎生不卵、有乳以飼其子、此莫大熱血之物、産於嚴寒之地、何其不以寒死、體大而無魚之風胞、其浮於水也何以、其入水甚深、下及十里、由十里而上之、水壓力太重、何其體竟無損、人試思之、法有何可以煖其體、亦浮水疾速、亦能抵壓力、事實難也、毛無益、衣尤無益、然人不能爲之、上帝能爲之、上帝乃無所不知、上帝以一物免此三者之難、是爲其脂、脂所以爲萬物煖、鯨之脂於骨皮之間、周身皆約二尺、此所以煖其體者、殊更勝於毳毛、脂亦較輕於水、油水調和、油恒在上、水恒沉下、此其據也、有如許之脂、浮水甚易、脂亦柔軟如象皮等、可大可小、入水極深、受重壓力、體可縮小、而內無一損、故上帝以一物而作此三難事焉、其居也恒於水、不於陸、亦食水物、鯨無水腮奚以食於水乎、啓其口而水並入之、不令之漲而死乎、無慮也、厥口無一齒、惟如許細而黑而長之骨質、與牛羊角近似、由內而外、逐行密排、內行較短、中行甚長、外行亦短、短或四尺、長或十有五尺、逐行骨皆生有微毛、每鯨只約三

十七圖

百行其喉乃甚小、一拳之大亦莫能容口有此如許排骨、喉如此小、食何以果腹歟、此又具見上帝之智焉、鯨別無食、惟食水母、水母小大如許形狀、鯨啓其口入之萬萬、其口內之骨有類如篩、閉口逼其水出而吞其物焉、口既閉而水奚自出乎、水不因而內入乎、又非也、閉其口亦閉其喉、逼水上行至上腭、有極大胞二、胞底有孔、水由之入、復啓口取食而水再入之、奚不仍由之出、則以其孔內上覆柔皮、入水自行冲而啓之、回則冲而閉之、故可由之入不復仍由之出、水滿其胞、則擠其胞之水、由

鼻之二孔噴而出之、高若干尺、蓋其鼻之二孔向上也、爲此故凡有食時、不能不浮水面以洩其二胞之水、又凡血氣者之血、皆分有赤血紫血、紫血非受空氣、無以歸赤、不宜於用、鯨亦如此、然居於水而無水腮、奚以資空氣歟、紫血溢於心肺、不免於死、無赤血運通周身、亦不免於死、乃法有可以大其回管焉、其左右肺亦容紫血如許、心後脊前有地、皆如許脈管層纍盤曲、其時浮水面、納空氣入肺、化紫血爲赤血入心、心逼赤血入如許盤曲脈管而滿之、乃仍潛於水底、待行血之脈管空、回血之回管實、再起而浮焉、一潛一浮、時約一刻、亦或二刻、然則其上下於水、最爲緊要、故以其能上浮而生、又復具一極奇事、凡魚類尾皆側立、爲其行乃前後、鯨之尾則平横、爲其行乃上下、非惟平横、亦且大、其極大者寬約二十尺、展而度之、見有百方尺、又凡水族入水、水不入其耳乎、不入其鼻乎、爲皆有孔穴也、疑類於人、則非也、水族之耳若鼻、皆有覆幕向後如活戶其入水即掩其戶出水則啓之鯨之目尤小亦居首之後然足適用三歲一孕初生子長十尺或十有二尺不等初生有齒牙無排骨有齒乃能食乳及長斷乳齒脫而排骨生焉鯨實利用於民乃亦上帝愛人之意焉其脂能作有用之油排骨可作雨蓋之梁其牙床大骨西人有用作戶外框者泰西每歲捕鯨者有如許人曾有一鯨衡重四十有二萬斤大約鯨體長六十尺計煉清油三萬三千有六百斤其身體之骨亦微與人同有首骨脊骨其二翅骨即在人之臂肘與手其尾骨即在人之兩股骨合爲一如圖十有七甚有力善行水計其緩行一時三十里疾行一時八十里尾棹所擊倘遇小舟而損之裕如

羽族之骨異於人實亦具有人之體焉如圖十有八有腦骨頸骨胸骨脅骨肩髀骨脊背骨鎖桂骨臂骨肘骨肘臂交接骨尾骶骨在人之指骨即爲禽之羽骨尖末在人之下股即爲禽之上股在人之

足掌骨，即爲禽之下股，在人之足趾，即爲禽之爪，羽族初出卵，腦骨柔弱易分析，既長成則堅硬，各頁腦骨，皆縫合無間，無可分，幾爲一骨，與在人者同，羽族皆小其首，易於飛也，其覓取食物，別無所用，惟恃其喙，有上喙鈎下喙者，如圖十有九，有曲起如在人之鼻梁者，如圖二十，有直者，如圖二十有一，有上喙包下喙者，如圖二十有二，有直而尤長者，如圖二十有三，有寬闊者，如圖二十有四，皆按其性與習與其所食者

十八圖

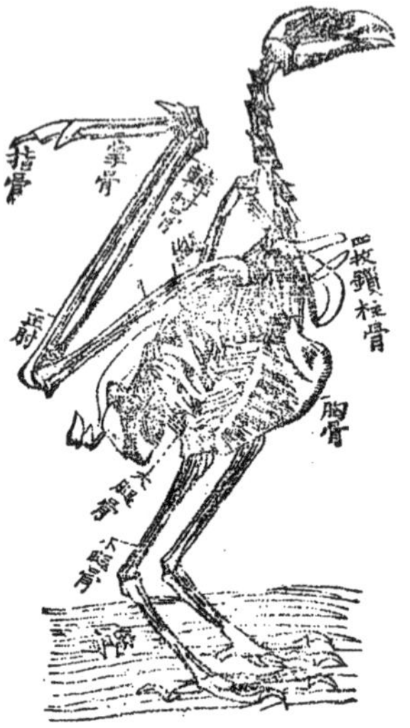

十九圖

二十圖

二十一圖

二十二圖

二十三圖

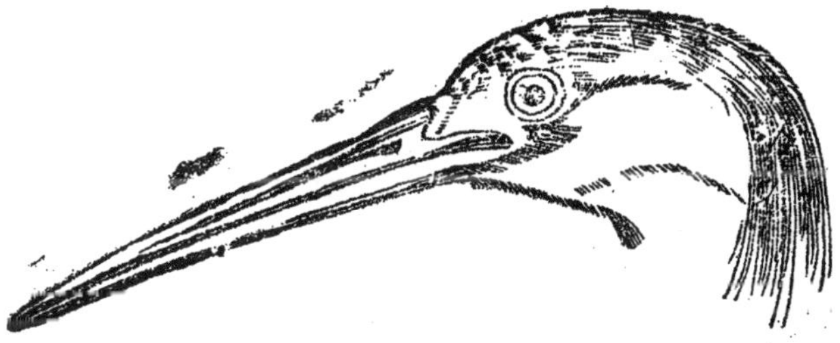

二十四圖

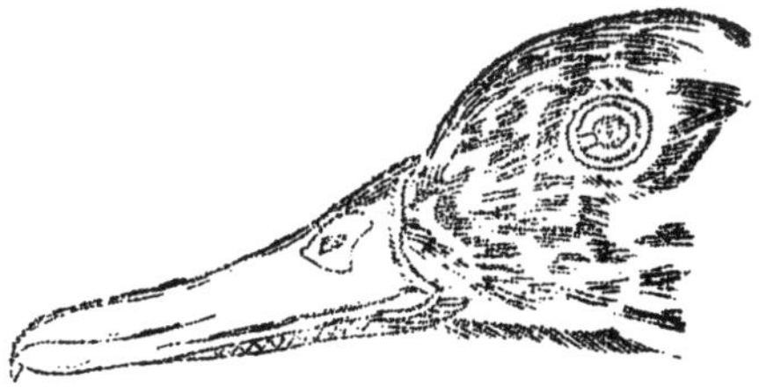

二十五圖

二十六圖

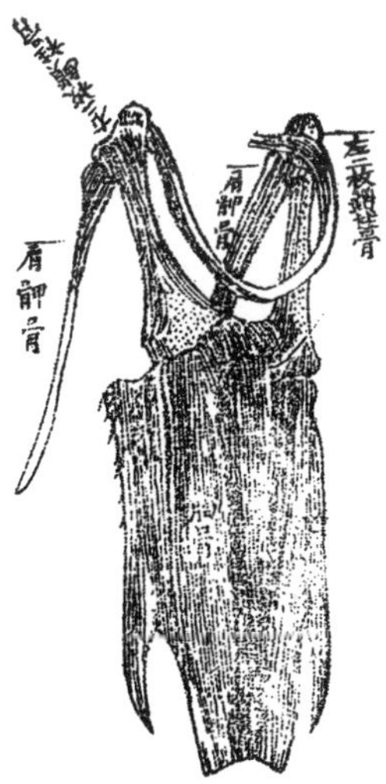

二十七圖

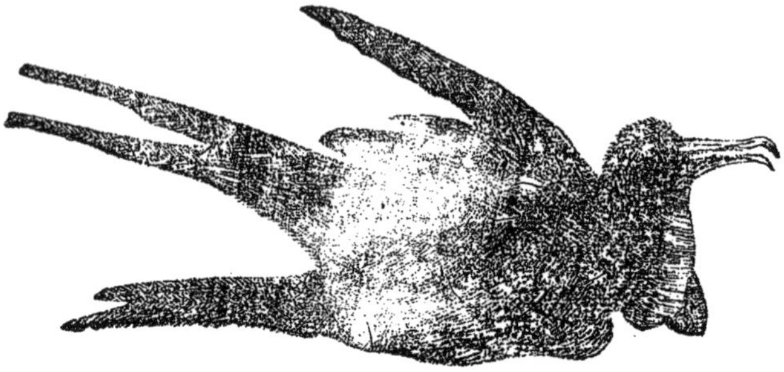

二十八圖

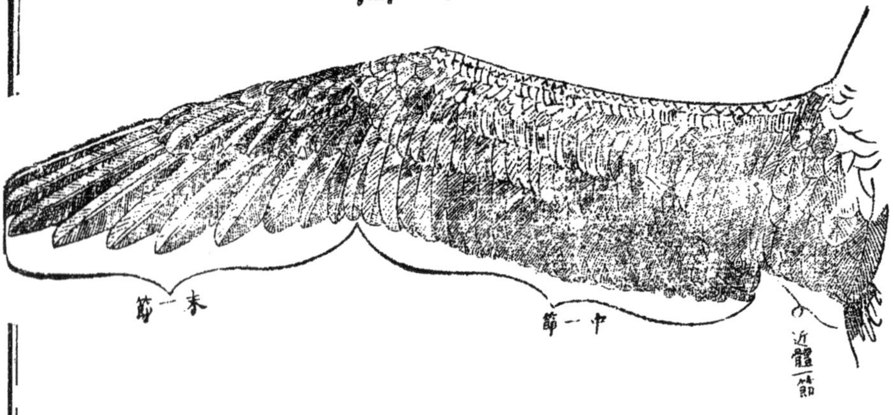

咸宜、頸之短長、依其體之高低、亦各與其性習宜、比如水禽類、腿頸俱長、如圖二十有五、蓋於水取活物、宜爽利、就食於水甚難、乃其頸更柔而善爲運轉、頸之左右具二筋絡、甚靈活、妙於用、羽族之脊背、多爲一骨、蓋以

助其羽翼之力也其有暫飛不久恒行地面者脊骨亦多而動活與他族類同至於胸骨在人與畜皆平形似於劍假如羽族之胸骨亦如人畜胸骨其近胸骨處皆爲脆骨羽族如此勢復不行蓋以脆骨力有不足故其脅骨前後惟一聯胸骨甚堅不惟如此各脅骨中又各有小骨橫連以架護之如柵欄之有橫梁串連者同若此不惟近脊近胸者堅其在中亦堅之至矣人與畜鎖柱骨左右各一如欲飛行將必脫離全體廢矣故上帝造羽族左右鎖柱各二骨其上一骨甚堅其下一骨亦微曲凸以隨其體肩胛骨在人則平羽族乃圓而曲而長有似在人之臂肘如圖二十有六胸脅如彼肩胛如此又助以鎖柱四骨故此勢不復能飛爲易受空氣之阻力也故上帝予羽族之胸骨有似於火輪舟式中成側鋒胸骨外復有側出之薄骨一故能利於空氣不受其阻身體健勁飛行甚易非上帝之仁智安能有此有一禽西人號謂戰艘更

為希奇、不潛水際、不浮水面、亦不棲息於波濤之上、一飛萬里、晝夜不停、奚以飛能久遠若此、上帝予以極奇之物、於其頷下置一極大風袋、呼吸空氣、內通於肺、能鼓能縮、咸由其意、其骨內亦空、而又長甚輕甚、有此風袋、而又佐以空而且長且輕之骨、故其飛行天空、毫不着力、有似一羽之輕、逐風搖颺、如圖二十有七、雖然骨幹皆宜、使外無羽翼、而能飛乎、必不能也、鳥固重賴有羽翼矣、然而猶有難焉、空氣薄而流動無常、不能浮載物無可着、非如行陸者地面可着、行水者水面可浮、法有何能令之飛乎、詎不為難、太西諸國嘗有精明者、勞如許心思、費如許計議、延如許時日、思欲造二羽翼、一試飛行、現有一人係明道之儒、曾作成兩翼、置於左右二臂、欲一奮飛、偏囑其友人來觀之、乃自上層樓飛空而下、竟墜平地、折其兩股、身受重傷、蓋事實難也、究惟上帝無所不知、無所不能、故有無數羽族、飛行天空、或上或下、或遲或速、無不宜者、前曾詳及飛者之骨、皆無髓而空、亦皮膚內有如許風胞、胞皆空氣、且其外有羽毛、玆復欲究其身體、奚以與空氣宜、行於空氣奚以易、欲行空氣、事莫要於却空氣向後、移身體向前、如此、又莫要於大其羽翼、然猶未爲足也、如羽翼大而非活、後可以却空氣、前亦受空氣之阻、故鳥之羽翼皆活甚、能平能側、一平一側、一面資空氣之力、一面卽避受阻之氣、故飛行向前、最爲迅速、此如舟子棹舟、側其棹以施力、回棹則平之、羽族之爲類不一、其倚於空氣久暫亦異、有恒居於空氣者、其食宜蟲、亦游生於空氣之中、故自早至暮、或食或遊、時恒飛行、是恒以空氣爲居者、如燕之類是、有恒居平地上者、非遷移巢居、或避何危險、無時飛行、則雀與雉之類是、亦有共天運循環、因寒暑轉移、冬則自北而南、飛行極遠、春則由南而北、亦飛行極遠、能融其脂以資養其身體、就食無幾、無問或晝或夜、時恒於飛者、則鴈之類是、復有居洋海中者、

二十九圖

無晝無夜、於飛不已、其或有止息、則惟就食鱗族、暫浮水面、既食而仍如故、飛亦有恒浮水面、或潛於水以覓食者、要之無問各類、其羽毛形體皆與、其各性與習宜焉、其羽翼亦不一、其形有三角而長、三角而促、有三角而正、有三角而斜、凡能行遠越江海者、羽翼尤長而狹、間亦微有闊者、羽端皆有尖鋒、鴈之兩羽、有展闊約十尺、或十有四尺不等、鷹之二羽展闊約有十有四尺、其長也爲何、蓋愈長則外撥之方面愈大、其資空氣之積面亦大、且愈長則外撥之力愈大、其資空氣之力亦愈大、故飛行得力、能速而能久、蓋與重學之理同也、羽翼約分爲三節、如圖二十有

八乃膈之羽、其近體之節、羽毛柔弱、中節羽毛微剛、亦甚粘連、約六七行、其上一行較小、漸次加大、至末行極大、其末節甚大、亦堅亦輕、亦具有力量、約四五行、亦在上者小、以下漸次加大、亦展如摺扇、其羽數大約皆十莖、按重學理、末重者最難於運動、羽翼皆輕其末、故運動甚易、且羽管皆空、故輕而且堅、其上之莖非空、其體質亦輕、此皆其善舉之由也、羽翼闊大、體宜較小、亦形須前銳、乃不受阻於空氣、羽也體也形也、又各得其宜如此、然如舟無舵、亦用有不足、故外復有橫展之尾、以轉掉其身體、可以上下、可以左右、如圖二十有九、乃翔鷹盤空之勢、其羽其尾、皆可驗之、此數者各相宜益、彼此扶持、故來往天空、莫便如之、

　羽族不惟一飛、須亦行立、既已具有羽翼、勢不能足復有四、故兩其翼者亦兩其足、兩足不置於中體、行立不穩、然居中實難、蓋羽族之形體分殊、有長者短者闊者狹者、頸亦短長互見、其前後伸縮時恒活轉、

要無慮也各異其禽各異其腿無乎不宜試畧舉其一二鷹鷂之腿適

三十圖

居體中以其體立前高後下斜而非平有腿偏於後體者以其體乃竪立如圖三十鴨之腿適居後體取其宜於浮水亦爲其體立竪前腿居後掌移前按重學理其中心不出於掌是亦仍在體中也故行立如故羽族復有一奇具徵上帝之仁智焉林木經風移動無常鳥借其枝必宜牢固且亦枝棲宿焉奚爲莫墜人與畜皆無以棲宿於其上也上帝具有法妙予其爪有幾筋絡與體維繫當其枝棲任其身體或向前或向後皆能牽引爪之筋絡令其爪握緊固如此故飛禽皆無或役其心力蹲居枝上自然而然穩固之至詎非奇歟復有飛禽三四不等能立以一爪極固而穩亦無勞其心無用其力亦能棲宿其法維何大腿骨

之下端空洞甚深小腿骨之上端本與上腿骨合頁交節不但便於行且欲立則合頁斂爲尖鋒插入上骨之空洞如一孤柱立而不屈其外之一足復橫架於孤柱之中以扶助之如圖三十有一詎非上帝之仁智歟　格致家

三十一圖

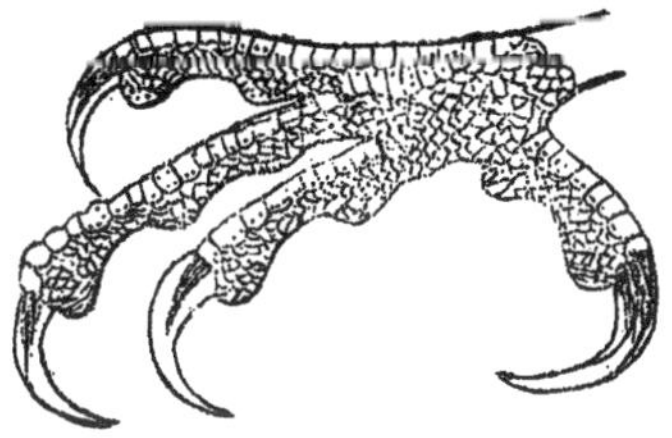

三十二圖

按羽族之首之足分其類爲六有食生物者如鷹如鶚等其上喙鈎出下喙兩喙之末上一齒鋒下一尖銜齒銜縫合故撕裂有力喙之上端有堅韌之皮其知味之鼻高出其上如圖十有九爪甚堅而亦甚利爪之根亦微具有皮聯合如圖三十有二此其一也二則雀之屬其類殊多喙長

而上亦微凸如圖二十八爪分爲四在外者二緊相毗連在内者二兩爲

三十三圖

三十四圖

搗木鳥爪

三十五圖

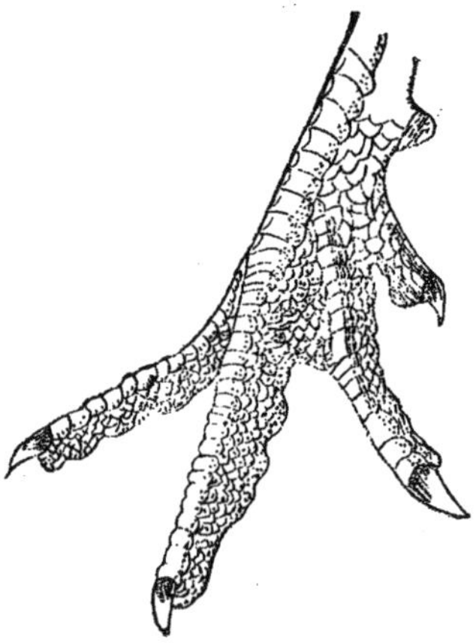

分列如圖三十有三其三則攀木上行如搗木食虫者是喙長而直如圖二十有一爪二向前一向後如圖三十有四家雞野雉類則其四也首微重飛不能久喙上包下如圖二十有三鼻之二孔外覆柔皮爪有五長者三短者一極短者一皆鈍而不利爪之皮皺高顯逐節歷歷有似於婦女之戒指者如圖三十有五其五乃水禽如鷺鷥類首小頸長身短喙則極長如圖二十有三腿長而不毛爪向前者三厥後惟一

蓋有四焉，如圖三十有六。至若其喙寬大，上較下微長，上下亦微交錯，

三十六圖

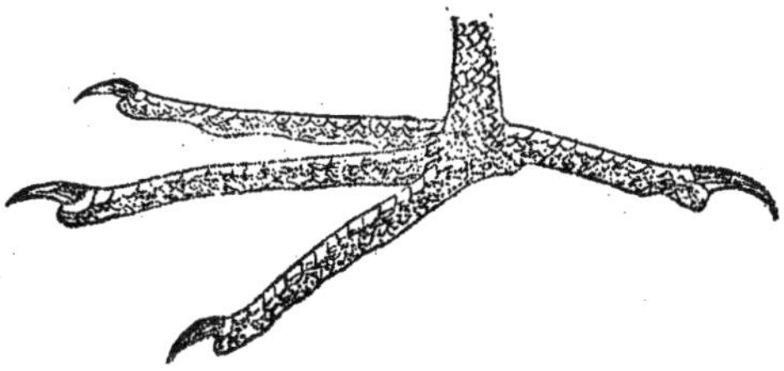

三十七圖

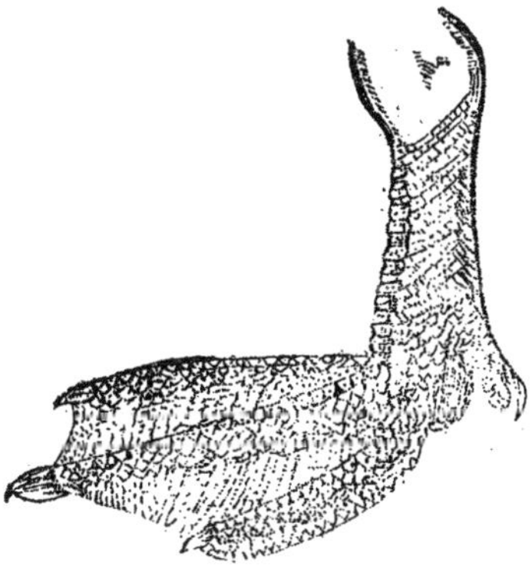

能嗽水出入，覓食水物，如圖二十有四。爪有四，三者連爲掌，一在後，甚小，爪甚足觀，宛如魚鱗，如圖三十有七。腿稍向後，易於行水，不易於行陸，故此等陸行，皆無可觀。此則其類號爲六者也。統而論之，皆足以明上帝之仁智，不惟愛人，亦愛萬物。古有尼尼微城，其人始犯罪惡，後能悛悔，上帝不滅其邑，非徒有人，兼有牲畜，約拿書記上帝詔約拿云：尼尼微大邑，幼稚不識左右者不下十二萬，亦有

羣畜我能不宥之乎（約拿書四章末節）

論魚 并圖

有有心者細究夫鱗族醜類亦可以識上帝無量之仁智焉前曾言及造化羽族遊行空氣最爲不易造化鱗族遊行水際更有難焉者蓋以水較空氣質益加厚阻礙益甚水亦無空氣奚所資以生活且水亦寒冷非能衣著以煖其體慮無不死於寒者而又目之爲用不宜於水耳與鼻以孔穴爲用水亦皆得而入之假如有人從未見魚於水或予以水令其造一動物寄居水際自能遊行自能分取水中養氣吸以自養亦能視能聽能聞其能乎否雖使智竭力窮吾知其必不能也究惟上帝能之上帝每日約造成鱗族萬萬種類俱全其生之奇異凡十一魚之形體非方非圓亦非平橫且無項頸入水而水爲之開其行於水莫易如之一則魚之鱗次其滑無比與水毫無阻礙其二鱗之根本皆有

出油之孔，時出其油以澤其鱗，其孔有能見者，有不能見者，視以顯微鏡皆得悉之，其四鱗族無肺，外有水腮，腮如許行，啓閉如意，具有奇能，能分水與水中之養氣，出其水而獨吸其中之養氣，以化其回管之紫血而爲正血，故魚能居水，與人之居於空氣者無異，其五魚之脊骨與飛者走者大異，飛者走者其脊骨節皆一臼一杵，魚則二臼相連中墊以胞，故其運轉活動之至，其六脊骨下各一空氣長胞，能鼓能縮，由此以上下於水甚便，其七左右有翼，在前者二，如人之臂肘，在後者二，如人之二股，其在脊者或一或二，形各有異，後有尾亦與羽族異，羽族平放，魚則豎立，如挽舟之棹，撥水尤宜，如一圖，其八鱗族心無四舍，舍止二，其血較人物皆冷，人之血其熱度九十八，故入水必冷，無以生活，魚之血冷，與水差等，約自三十六至五十度，與水相宜，故居宜於水，其九魚之齒皆欵向內，而亦甚利，蓋以其捉食水族，防其滑也，其十魚之生

第一圖

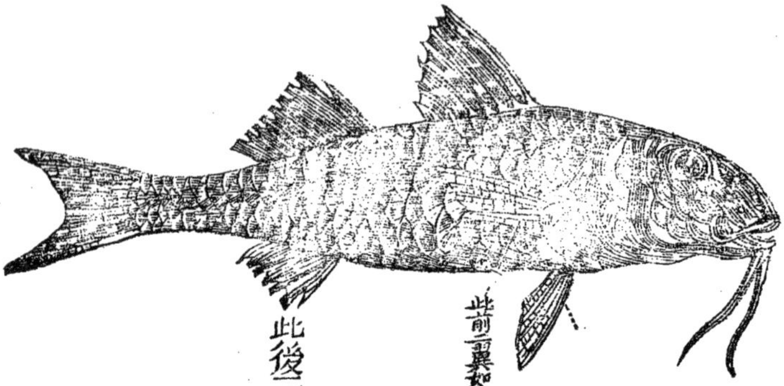

卵、其故有二、一爲行水胎孕不便、二爲人賴鮮食、飛禽亦食之、其同類亦食之、以多爲貴、故魚之卵實多、此足証上帝仁愛之心之實爲無量矣、西國有人、留心稽查一魚生卵共若干數、曾於西歷四月四日剖視一鯉、其重二斤餘、其卵數二十萬三千一百有九、五月末鯉重六斤、卵六十萬、鯉重十斤、卵七十萬、於十有二月二十有三日、見鱖之卵三百六十八萬六千七百有六十、於三月十有四日、驗一比目魚、其重二斤、其卵一百三十

五萬七千有四百、於六月十有八日、驗一鮁、重斤二兩、其卵五十四萬六千六百八十有一、於四月五日、驗一䱀、重斤有半、其卵二萬八千三百三十有二、於四月二十有五日、驗一鱸、重四斤、其卵四萬九千三百有四、於五月二日、驗一竹鐵魚、重十兩、其卵八萬一千五百八十有六、於三月二十有一日、驗一鯡、重二兩、其卵三萬八千二百七十有八、於六月十有三日、驗一撻沙、重斤、其卵十萬零三百六十有二、於五月二十有八日、驗一鯇、重斤、其卵三十八萬三千二百五十有二、鱗族生卵之數、已約略可悉矣、　鱗族外無耳輪、從無見其耳者、究能聽、據有二、余曾見漁於湖者、打槳擊水、能令衆魚聞聲遠行、驅而納之網罟、又見富者畜魚於池、將飼以食、振以鈴、令其來食、皆就之、彼蓋以其口司聽也、鼻亦無準梁、祗見二孔、能知味、其孔內有膜、善阻水、水不能入、目無活蓋、而睛凸出、有罩睛皮、與水相宜、故能視也、　印度國及亞非利加西界每淫雨凡汗下積水皆有魚土人捉取之皆以爲魚與雨同降自天乃天賜之食西國人初入其地見其魚不知其來也何自亦不解其故其旁近亦無何湖及何江河雖細心究考終莫測之每至雨時必出視之雨中有魚否又無據後掘地深至尺五或二尺忽見有僵魚納諸水圉圉洋洋活潑生魚亦游亦食亞非利加洲有地每歲不雨之月恒久土受風日燥而堅硬其三月雨時積水之區見有此魚甚多皆味美可食前咸豐十年英都

第二圖

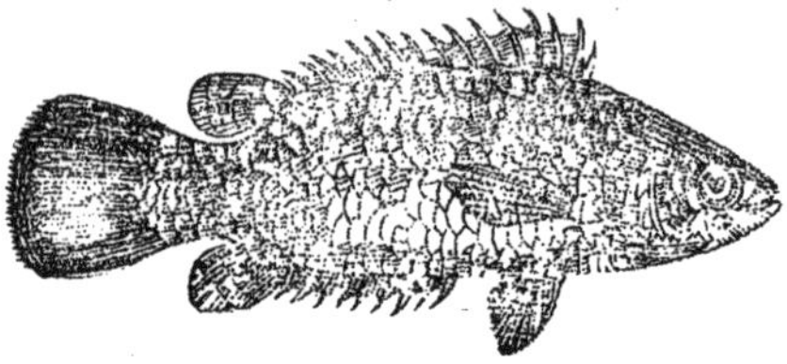

陸行援樹之魚

城倫敦有人得其友贈土塊四如四土塊其贈書云將此土塊納諸八十三度熱水之中延時幾許視其如何如其言而行之爲時無多塊即散見有四物如四巨繭浮於水面其一日見一繭動脫而爲魚次日脫

出二魚至三日脫出一魚而死此可知鱗族不惟生於湖海雖無湖海之區魚亦生焉　印度復有魚能離水行路亦善援樹木如三圖法以

第三圖

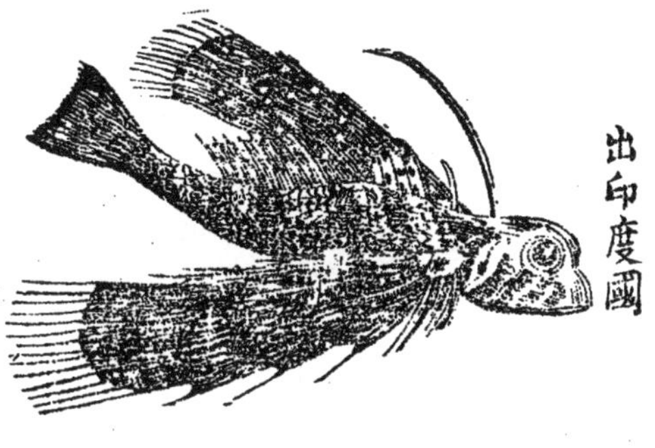

其腹下鬣刺木上行逐節前移五六日不入水不致死土人携此魚售於印度京城五百餘里約五日魚尚生其魚善鬥假如以鏡取其影彼見其鏡中之影體立頳或黃或綠跳躍而欲擊之戲玩者每以此魚入村落以壯野人觀瞻暹羅產此魚甚多土人各畜之以備鬥玩與華人畜鬥者幾似有格物先生曾驗其魚之水腮幾類駱駝之胃其腮內有胞如許行容如許水魚出水後即倚其胞之水點滴以待時需是令其腮苟濕潤水足用矣此其離水之故歟　鰭之屬亦

第四圖

飛魚出大西洋

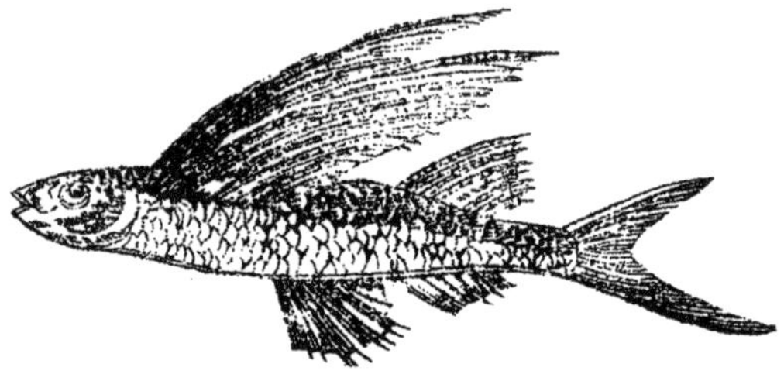

有能行陸者、假如汙下、水有惡穢、或有不足、彼能尋水於異地、陸行而去、有似於蛇、故凡汙下時有鱔魚、並非人爲置之、實乃自行而至耳、　復有魚翼能飛行、其出於海面、近者飛能三百尺、遠者飛至六百尺、則俗名燕子魚者是、如三四圖、　復有奇魚、體有電氣、善用之、凡有擊觸皆斃、俗即以電魚名之、電魚之類不一、其已得悉者凡七、類於鱔者一、類於鰟者種有四、類於黑魚者一、其七則體圓而伸縮自如、能鼓其氣而大之、其兇惡莫若類於鱔者、尾無刺、體亦無鱗、長自六尺至八尺、如五圖、南亞美利加多有之、產於湖亦產於小大河流、其電之出也、可擊人斃馬而致之死、造物主之予斯奇能也、蓋有二用

第五圖

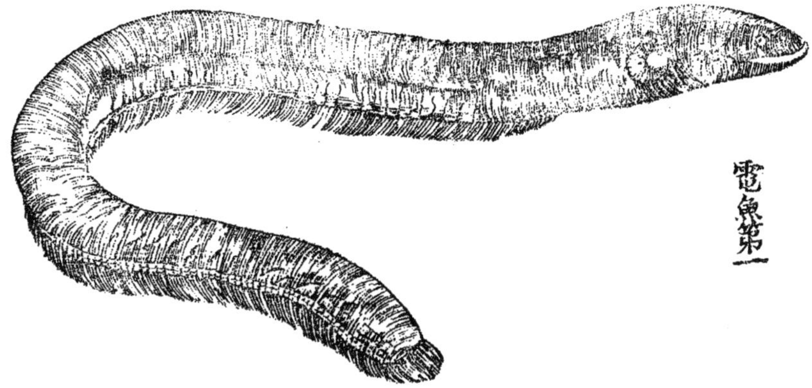

電魚第一

焉、一用以避何兇惡、庇護身體、擊斃敵讎、一用以擊食水族、魚雖稍遠、電亦能至、魚過而斃之、其斃一魚、發電尚微、假如人欲捉取、令其動怒、愈觸而怒愈甚、電氣之出

第六圖

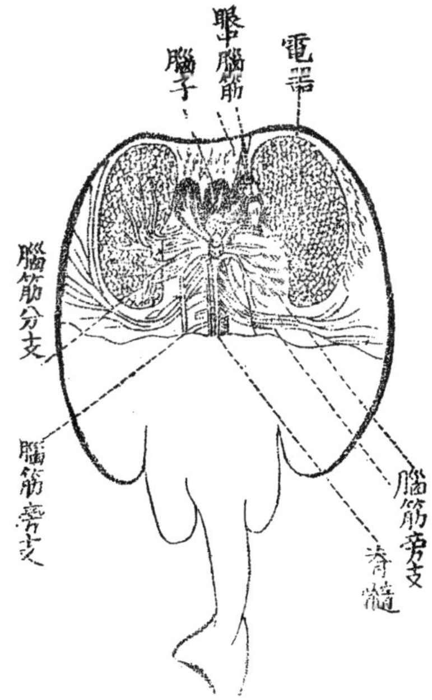

也、雖人馬觸之而亦斃、幸其電發時、約一刻身體困憊、無能爲、何故土人欲取此魚、設有定術、其地產野馬如許、先驅其馬羣而入於水、馬入

第七圖

第八圖

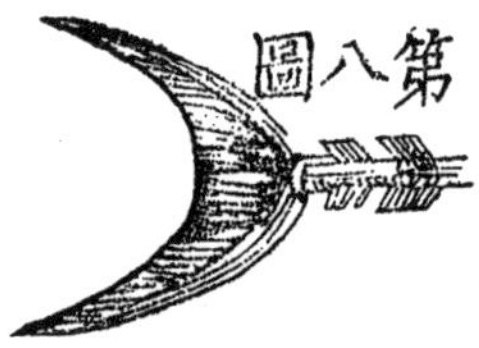

第九圖

水、魚怒甚、魚發電、馬用踶、彼此觸鬥、人於岸側、大聲疾呼、昂首舉手以助其威、約其時足、則驅出其馬、以索繫、不刺殺之而引於岸上、電魚之類有七、其發電之機器亦有七、如六圖、乃其二也、其首之左右有物形類蜂房、乃電氣之所藏、如人着以手、時卽臂肘麻木、毫無知覺、其利用如此、鱗族之類雖多、格物家按其種可分爲六、其一口上下無牙床骨、無首骨、無脊骨、前後無左右二翼、亦無心、有血如水、無何色、其二體狹而長、無牙床下骨、無脊骨、首皆脆骨、腮爲空囊、鰓後

左右多有小孔凡七、以放其入口之水、如七圖、其三全體直脊、有鱗、前後具左右二翼、脊亦有翅、有腮、如八圖、有水腮、有心血、亦爲赤、此種亦可分爲五、五者之內、爲無腮無算、其四全體皆爲脆骨、鱗多生、色尾尖削如劍、口其五首脆骨合爲一、無可分、如一甌、口生頷下、腮左右孔各五、形如刀劃、尾偏剪一長一促、如九圖、其六後之左右翼、較他魚爲向後、其六首骨可分、有牙齒、下骨、無脊骨、有腮、有心、有前後雙翼、有鱗、此則其說居土中者也、如十圖、

第十圖

上帝仁愛 第六章

前言上帝仁智純全、其言上帝之仁之事、中有上帝之智存焉、其言上帝之智之事、中有上帝之仁存焉、仁也智也、無可分也、茲復就上帝之

仁而獨申之余嘗謂天下萬物、皆有心而作、非惟有心、乃俱喜發於善心而作也、蓋凡血氣物、皆有善意存焉、無問造物之法、與凡物之五官百體、並其內之臟腑等、不惟各各相宜、乃實為各物資其福樂、此有據、大凡生於天地之間皆[illegible]物、無物不福、無物不樂、試言之、炎夏氣燠、虫飛往來、上下遊玩、逍遙自適、蜂入花林、忙採花蕊、蟬鳴樹杪、時餐風露、極之鳶飛戾天、魚躍于淵、皆極其娛、犬之稚、馬之駒、牛之犢、羊之羔、貓之子、兔之雛、皆生而喜跳躍、馬牛服役、時而奔走、時而休息、意甚適然、非為苦之、亦以樂之、[illegible]此諸類、其好為戲玩、非有所為也、蓋歡娛之意、洋溢乎身體、自不能不踴躍而時出之、有格物先生、察及萬物、無問何物、未見一物內會有何物令其物不能自適、亦未見物之全體內有何胞膜、與何津液傷其體、亦無何管出何惡物、流入臟腑、致令有損、亦無骨與骨兩相摩兩損者、全體內外、無大無小、概無一毛髮之微、彼與、此互相爲難者、雖疾或生之、乃災自外至、或飲食、或氣味、非由本體之內生、此如寇自外來、干戈擾攘、本非門內事也、余竊願覽此書者、存心揣摩、每一血氣物、其身體內外、具有官骸多少、肌膚多少、腦氣筋血脈管如許、然後可以識上帝至大之仁爲何如矣、然豈但已哉、蓋不惟身體內外之物、各具美意、各皆純全、處處相宜、毫無舛錯、此外各物、各有所食、亦各中其宜、各臻美備、上帝預具衆食以養萬物、毫無吝惜、蓋綽有裕如、茲不能悉舉、試詳其一二、穀之每粒、歲約生粒萬有八百、至萬有一千二百、高粱一粒、每歲約生粒四千有六百、芝麻每粒歲約生粒千有二百、每魚歲生魚如許、鷄每歲生卵若干、魚之卵數、前已舉其大畧、今不復陳、人事有何貨殖、孰獲此巨息歟、不從可識上帝之仁乎、如此凡各物不同之食物、有穀屬果屬蔬屬魚屬肉屬、各各無算、幾如上帝作爲主人、肆筵設席、凡有血氣者、爲賓爲客、各如其分量以爲頒賜、品味無極、亦悉數難終、且凡物之食、亦有意念不及者、近北極之地、時恒積雪、非有往來通衢、人欲出用一物、類如楯牽於雪上、亦無旅舍、亦無以携牲芻、故不能牽以馬牛、時或用犬、其恒用者獂羊、獂羊牽其楯必以力、力不足則不行、芻不足則無力、奚以求其芻歟、乃上帝早備其芻以供其羊焉、積雪之下有芻類於石英、與其羊之性質極宜、食之胖而有力、冬令殊多、故其羊有芻、行旅往來、凡隨所至、皆可以含可以止焉、復有奇者、羊於雪中就芻、其鼻其口皆沒於雪、奚以呼吸、乃上帝令其目中有隙、內通於喉、就芻時目乃代爲呼吸、其蹄趾分爲二如牛、而靈便自如、其行於雪則平鋪其趾、行於堅平則竪立之、且又不惟體純全、食豐足、各物亦各予以披體之物、有氄毛者、有羽毛者、有鱗甲者、春脫而薄、秋生而厚、各極適宜、人則無此、爲其聰慧、遷徙靡常、無往不宜、故有絲棉可以爲衣、皮毛可以爲裘、夫身內之物必完、飲食亦有必備、拔體於外、非必用者、非上帝之至仁、固不能有此身外之虛縻也、而又不惟此也、凡各物外亦各予以爪牙蹄角毒尾毒鬚、令各自保護、亦各各純全、推其意有二、一令馴柔者畏避兇惡、一令凶惡者捉食馴柔、或謂何爲有此物至相食、增物痛楚、余早謂渺小世人、無以深明
上帝之奧、無已則有一焉、物之馴柔者、恐未解痛楚、西國嘗有教士、於亞非利加、猝遇一獅、撲倒於地、將欲食之、忽其友至、擊斃其獅、由此獲救、謂其友云、被獅一擊、知覺頓失、故吾思獸相捉食、蓋以電氣令其莫知痛楚、而後食之、其二則獸類衆多、不宜久存於世、非以相食死、則必以疾病死、死於疾延時日、多痛楚、相食而死、甚速、痛苦無多、而又不惟此也、凡物外體之色澤、大約又皆與其所居之土宜相仿、如兎如狼如鸛等、皆可驗之、虎豹之皮、混於林木、有熊產近北極、地恒雪、其熊亦白如雪、狐亦有類於雪者、兎遇雪時、其毛色亦近似之、飛禽亦然、色澤亦

與居土宜、如百齡鵪鶉沙雀與隹等是、雉伏草莽、亦難辨之、惟魚亦然、比目魚鰟魚等、沉伏海底、幾類於沙、蛇亦類此、與草與木色略相彷、昆虫乃更甚、其在花草樹木生而各如其所托之物無異、絲毫莫辨、此實上帝之仁普無疆、蓋亦非無所用也、而上帝之仁乃更有可言者、兎有一種穴居地中、其相近有如許窟如一苑囿、假如有犬入其窟、彼即旁逸、其牝者欲生子、不於故穴、爲其過寒、亦爲其牡者時欲傷其子、且爲鼬鼠類可入而食之、故其子將生、外擇一地作其巢窟、勞心費時、亦甚希奇、其穴斜入地約三尺餘、復旁斜而上之、約去地面三寸、再旁出而平穴之、然後拔其毛鋪墊其中、以生其子、其去地面三寸者、蓋以空氣可入得資以生活、其子生、母兎出穴、塞其穴之外口、或一日二日、薄暮一返其穴、以飼其子、其出入亦無何味、故犬亦不能跡之、有格物先生、嘗驗其事、方母兎入穴、引犬過其穴口、犬不能、翌朝出其穴、亦無何味、犬亦不復知之雉類之體其出味尤多犬狐等皆能尋其味蹤跡之究之雉類皆於草莱中築其巢遺其卵偃伏而生其子犬狐蝟狼不擇地而皆有其奚以避之自人言之萬無可避乃上帝法有奇奧令母雉此時不出其味犬狐等無由知其所在而蹤跡之亦有驗其事者先認一偃伏雉巢外蔽以木葉草莱乃引一田犬相近其巢約四五尺許來往其旁犬一不能知此以見上帝之仁無所不至焉如無此法妙恐雉類無一存者至若人之身體大抵爽健者多時而疾病其暫也快適其常也昔有人疾甚劇瀕於危後復愈謁其友言及病危獲愈乃天之恩感念不絕友問其年曰四十有五友問四十有五年中疾來凡幾曰前無疾病或爲兒時有之不復記憶此四十年來疾不再生友曰爾今疾日無幾而愈感恩上帝爾之無疾已四十餘年得謂不感恩上帝乎人人皆忘其日月歲時無何疾病無何艱難皆所以顯著上帝之仁愛視令人

疾而愈者實爲加多矣、不宜逐日感上帝恩乎、然此仍未足概上帝之仁也、凡物體無不完、食無不足、披體無不宜、色澤無不符、已不能不謂造物主之仁愛無限無量、乃更有其無量者、凡物皆以舌司味、能辨其食宜、凡食物各有味、大約分爲五、曰苦曰辛曰酸曰甜曰鹹、實乃無算、各一食物各一味、享其味者受其福、故凡物不惟動作受福、飲食亦受其福、畜牲則飲食時多、牛羊時食、其不食時則反嚼、自生至死、其食時約居十之七、是其一生受福亦十之七矣、至人則有聰慧、讀書稽古、締結友朋、來往笑談、計議思量、更不但飲食有福、外復有娛目者、種類殊多、色澤不一、如禽鳥花草山海等、皆爲人與萬物儲其喜樂焉、假如上帝之仁有未至、物物可以一其味、花草可以一其色、宜乎否也、則以上帝之仁無疆、故物物味無可數、色無定限、令凡血氣者好樂無央、雖然體完矣、食足矣、披體相宜、享味美備、無一不合、假如統地球面、非有不易之法律、勢亦不行、如春秋易序、四時缺晷、日之出沒無定時、運行無常道、時而出於午、時而出於卯、一日而八、一日而不八、一日煖、一日寒、一日明、一日暗、百備俱全、而惟此數端莫之堪、若何、幸上帝之仁無可名言、故時序遞嬗、寒暑相推、日之出沒有常、晝夜有恒、或明或暗、或雨或雪、無一錯亂、嘗讀使徒行傳云、上帝善視人、雨降自天、果生以時、賜我贏糧、喜溢於心、如是証己爲上帝矣、讀詩篇百有四而愈知之、新約書內每云上帝乃仁、詎非誠然歟、然則上帝之恩從可識矣、如人之髮莫之能數、如海之沙莫之能量、天不足擬其高、地不足擬其厚、而其大亦莫之與京、日有新象、時載其不勝載之恩而出、無從繪圖、但仰觀天象、上帝之恩見焉、俯視輿地、上帝之恩見焉、遠睇山海、近驗身家、上帝之恩莫不洋溢、假如蒼海爲墨池、青天爲楮、草木皆管、舉世生民皆善書、欲書上帝之仁、雖使竭蒼海之墨池、禿世宙之草木、自東極至於西極、偏書青天之楮、而上帝之仁、其不及書者、尚測之無可測焉、況又有莫大之恩、則降生獨子、代人贖罪、以救辜恩負義之人、其愛斯世如此、倘能悔悟信賴耶穌、上帝將復降聖神、感化人心、洗滌惡念、爲之重新、令其純美無疵、復歸性初、預立天堂、永享福樂、非上帝之仁愛無限、孰能有此、

上帝無所不在第七章　並雹圖　雪圖

造器之地、必有工師在、則生物之地、必有上帝在、星辰羅布、動植繁衍、皆上帝所造、故上極層霄、上帝在焉、下窮九泉、上帝在焉、日光酷烈、雪氣嚴凝、皆上帝所爲、故赤道之處、上帝在焉、兩極之地、上帝在焉、氣滋虫鳥、水育魚蝦、皆上帝所生、故颶風迴旋、上帝在焉、波濤洶湧、上帝在焉、之數者、各有明文、粗載其略、已悉於前、而未及悉者、惟雪之與雹、爲尤奇、茲圖其形類以明之、試驗之一圖、如雕如鏤、如琢如磨、花樣時新、

雹圖

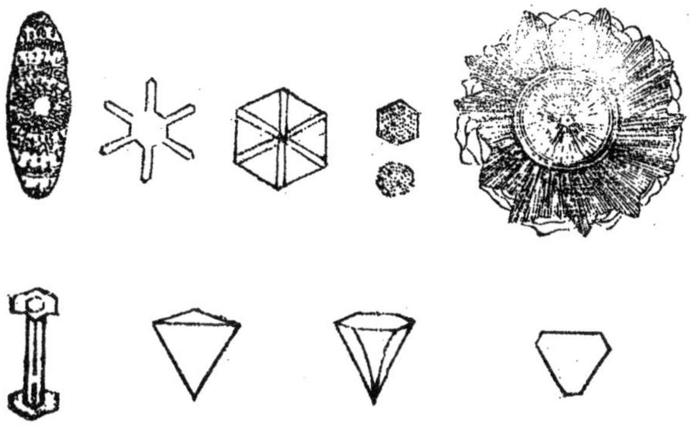

班班可考乃眞若上帝親於其中手爲剪裁以壯世宙之奇觀夫上帝所在至遠亦至近遠極於不可思議之界近卽居於吾心惟遠故能治無窮世界惟近

雪圖

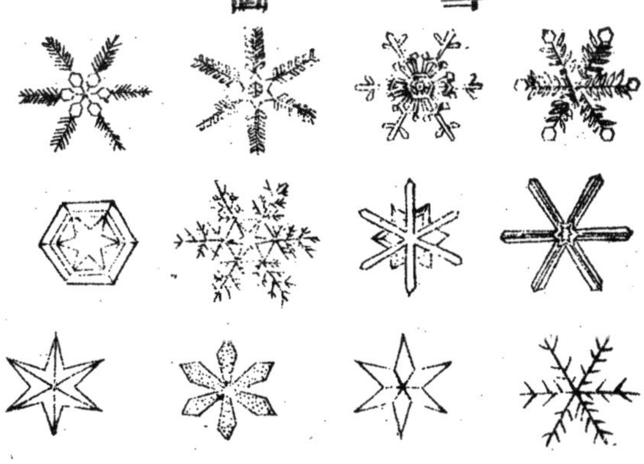

故能治我方寸我不能令心動亦不能令心靜也而心之忽動忽靜者誰主之上帝主之焉夫六合無不包微無不入者其太虛乎大之至星氣

之廣、小之極針縫之微、莫不與太虛相合焉、上帝亦若是矣、然上帝有生命有知覺有靈慧、非空談也、聖經云我爲上帝、無間遐邇、人能退藏於密、使我不見乎、我豈不能充塞乎天地哉、（耶利米二十三章二十三二十四節）又云吾儕賴之而生而動而存、（使徒行傳第十七章二十八節）此之謂也、西國有顯微鏡焉、用以察滴水中有生動之物、不可勝數、穢水尤多、能見其滴水中虫、跳躍遊玩、亦各備其色、令人視而不厭、如圖二、有格物者、將海綠水一滴、存心稽時、枚數其中之活物、見有二萬六千有五百焉、倘其水盈斗筲、其中之活物、較世宙的生人、加多矣、又地中有粉石許多、此粉石質本非石、乃極

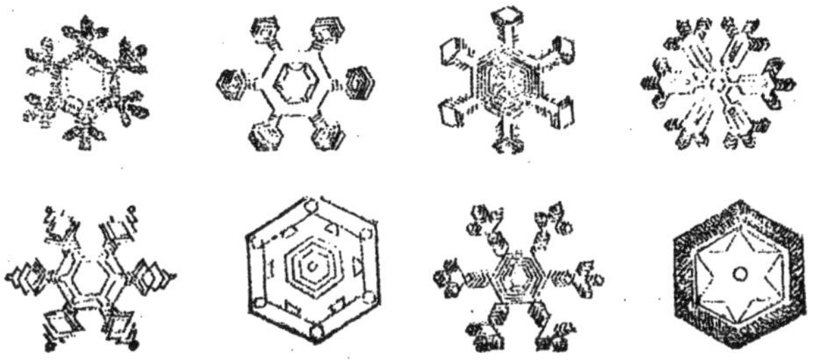

小之動物既死而合成格物者取其石約方寸剖析而察之其為物四千一百萬萬俱各純全此物雖至微然其臟腑筋骨血絡腦髓與大者無異也用以察一葉上有山谷草木若一世界然動物生長其中者盈千累萬種類不一幾與地球面人物之多相等也牛乳餅霉壞時中生微虫非目力所能及用鏡察之見其身頭喙略似猪唇似鼠二目八足足有二爪爪能曲伸股六節而有毛體前小後大尾有毛如馬鬃長與身等有牝牡卵生虫初出卵體即全能行走其卵與鴿卵比若一與九十一億一千二萬比然此虫非至小也

有至小之虫焉，氣中有微虫，隨呼吸入鼻中，而人不覺焉，身體中有微虫，遊行食息於肌骨臟腑間，而人不覺焉，一切物中，皆有微虫，虫雖微，不能自生，必受造於上帝，故萬物中上帝無不在。　更試推之於共見之物，凡血氣物各具品性，此品性乃令萬物自辨其食宜，善相其巢穴，保養其子

第二圖

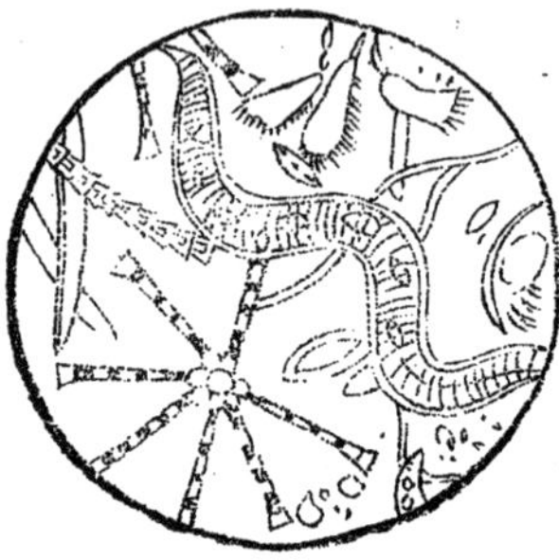

此穢水一滴中小虫圖

雛，謹避其外侮，胎生者知於何而安其子，卵生者知於何而遺其卵，此品性非其所能自有，乃感自上帝，有玩禽者，判其雌雄，自雛而畜之籠中，與外之禽類，杳不相識，當其生育之時，遺何物於其籠，彼能自行構結其巢，與外禽之巢無少異，雛而籠之，不習一禽，孰教之歟，不惟無教之者，其何以知其身內有卵，何以知其卵必宜遺之巢歟，謂之者曰，禽

將生卵、皆自覺其有物於懷將出、然何以知其物之爲卵、必遺之於巢乎、日有物由其身內出之、去而不留、則其糞也、其果何以知其將出者、若者爲糞宜棄之、若者爲卵宜留於巢、須用其心善爲保護、卵生矣、其又何以知其卵之實貴、與卵內之有其雛、卵形圓而體稍堅、色白而赤死而非活、與既出卵之禽大異、假如有一雛自剖其卵、欲察其卵之所有、將一思此卵白卵黃等、或蛆生之、或毛色純全活潑之雛、卽由之出、則其思念之所不及矣、假如飛禽縱能知其卵內有雛、何以知欲卵生雛、須覆其卵於翼下而偃伏之、縱知偃伏、何以知其偃伏之期應若干日、凡此縱皆能知、又何以知其冷熱準限、雛能脫卵、究之歲生之雛、從未生卵、凡各禽類、皆甚知此、爲之毫髮不爽、與母禽之習爲者無異、並非其自能知之、實乃上帝引之導之、　羽者偃伏、非其樂事、蓋以翺以翔、于飛上下、乃其本性、當此而隱伏於巢、幾有似於監牢、况冬去春回、萬物滋生，草木皆欣欣而向榮，百鳥亦思尋花織柳，歡弄歌喉，而乃獨隱伏巢居，輾轉不離，飲食幾忘，或二十日，或三十日，枸苦奚似，非特此也，亦復外增辛苦，本一肥胖之體，及偃伏之時，日瘠一日，毛羽譙譙，倘非上帝無形之指按之使然，尚有何說之辭。　鷄初出卵，即知其宜食與不宜食，亦知用其喙，亦能用其喙啄食蠅蚋於空中，非有母雞教之使然，有西人置雞卵於火室，培養嚴密，及其生而脫卵，未與之見一母雞，究與之食，即知食，與母雞自偃伏者同，此一雞雛，其腦無幾，非能具此明智，實為上帝引導教以為此，亦有鵝鶩如此生者，出於火室，即行於水覓食，亦無何鵝鶩教之，有格物先生，於雞鵝鴨雛初經脫卵，以物掩其目，飼之以食，越三五日，去其掩而放之出，彼仍就食如故。　又奇者，雛鷄遊食，突有鷹隼旋空，咸知驚畏，羣依於母鷄翅下，以自庇護，其何以知之，恍若上帝明命之與。　魚育於水，遺有多卵，捨之去，無復回，及其鯆自出卵，自知宜何食，宜何往，魚無幾何腦，非能知識，此皆上帝一神驅使之。　羽族搆巢，大略每歲一新，其具有希奇事凡三，曰地，曰材，曰法，皆各與各類性習合宜，以其地言之，鷹鶚類皆巢於崇高磐石，爲人物所不能至之地，如此故其覓食或羔或兎或他物類，置之磐石之高，曰飼其子雛，無何人或物能奪之者，雀之類巢或草萊，或荆棘，或喬木，鴷則穴木而巢，或食蛣蝠，或食蚍蜉，以飼其子雛甚便，雉之類穴地而巢，每依條木根本，水禽或爪或掌，二者巢伏草萊，俱附近河干，或洋海島嶼，去水不遠，其巢之色亦有奇，巢於木者，色與各木葉同，巢於草萊者，色與各草萊同，巢於地者，色與各土地宜，有其色甚似者，在樹凡幾，略退步視之，其與木葉幾無以辨，　有雀名裁縫者，其築巢之地，甚爲希奇，爲其巢乃以線縷連絡而成，其首事先擇取高大木葉，次取木棉，喙爪共作績而爲縷，次以喙刺木葉，而以縷縫之，後於連葉中作

此第三圖

其巢亦有雀拾落葉縫綴於生葉者二者結巢皆於樹杪蓋其地多猿喜食雀卵而不敢高攀柔枝故特居樹杪以避之又有栖於茂草擇其密莖以線纏聯絡其上下中包一洞以築其巢者孰教此諸禽擇地而蹈居處得宜孰教之以木葉之適用孰教之以線縷刺縫之巧孰教之

以木棉紡績之能、彼固無幾何腦、實爲上帝感召使然、又有雀產於印度、其巢乃編以細而長之草、綴於河干喬木遠揚之枝、如一兜袋、一歲初結其一、次歲結其二、三歲結其三、三者約垂近於水、則易築異處、其巢之戶穴在底、雨不能透、亦無何他物能入、嚴密之至、如圖三、　更有希奇雀巢、形如尊彝、而垂長、上闊其口、而尖削其底、綴於花木枝間、如此凡害鳥者、如猿狖鼦鼠等、皆不能爲患、如圖四、其材亦希奇、亦各與各類之性與習宜、有結以草者、有丸以泥者、有構以木皮者、內各墊以羽毛、其形如尊彝者、材又異、外結以木之內皮、內墊以木華、再以蜘蛛之綱密束其外、亦連綴於枝、令其牢固、形類殊多、不及悉載、有一類之巢、編以馬尾小草與小木葉、最有希奇之材、則俗尚燕窩者是、築於洋海島中、極高巉石洞穴、甚爲難得、其材有爲水草者、有爲石英者、有水草石英撮合者、皆其鳥嚼而丸之、砌而築之、如幕下燕之丸泥近似、窩

第四圖

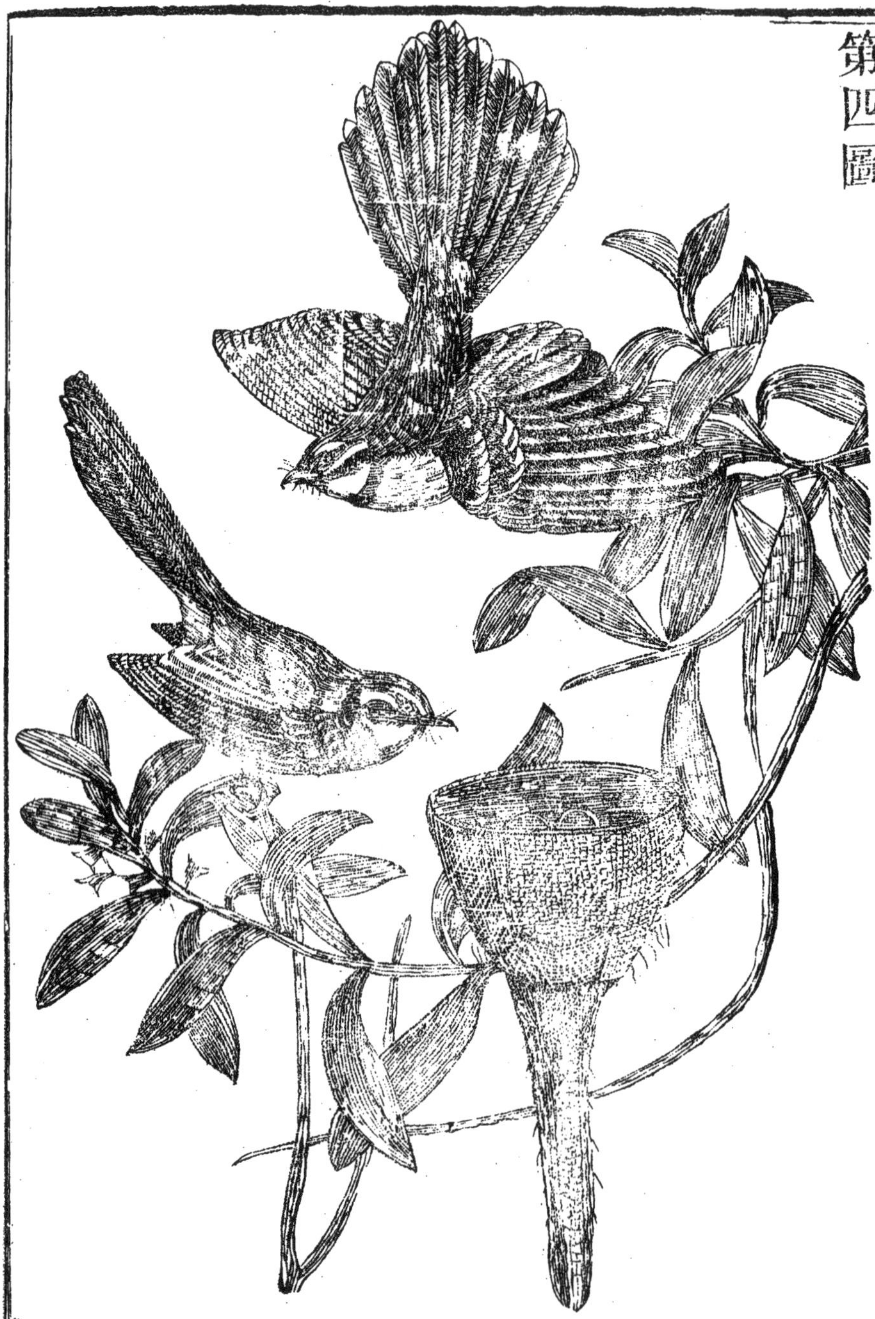

格物探原　四十九

第五圖

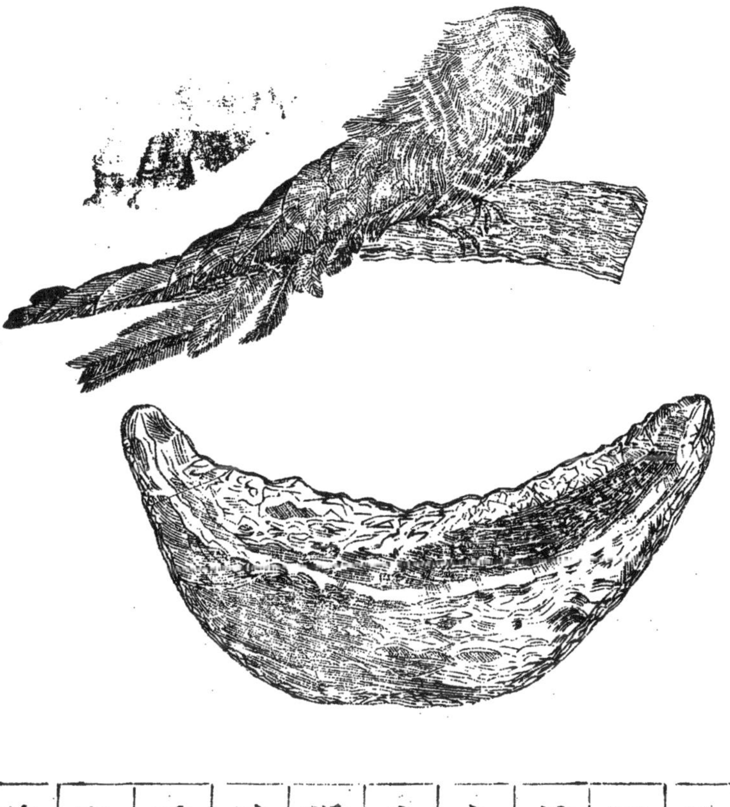

之大如鵝卵如圖五其材物不同、窩亦不同味有至美有不甚美大約窩初成者爲上中有卵者次之雛生其中又次之世俗稱爲嘉肴、列在珍奇、然則此一物也乃上帝令一至微且遠之鳥爲帝王將相鐘鳴鼎食之家儲其羹獻娛其嘉客焉至其法

之奇妙、具詳於二者之中、統而論之、凡羽類築巢、皆於萬物之中先精擇其適宜之材、此最爲奇、蓋以一方具有萬萬物、鳥各擇其一者而用之、其不用者尚餘九萬九千九百九十有九、其何以明智若此、非感自上帝、吾固知其必不能也、　又有異者、羽族凡恒飛行、其要者爲翮、脫卵後皆先生其翮、其不恒飛行而時居地平者、其要者爲股、脫卵後必先壯其股、次生其柔毛以煖之、　蜘蛛抽絲結網、多具奇異、其胎腹中有粘埴醇汁之胞、滋行如許微管、管分左右、每管出絲一縷、與製銅鐵線之機器相仿、衆微管之絲既出、左右各合爲一、凡二縷稍出之、二縷復合爲一、視以顯微鏡、能分其縷爲五千、是其左右之管、各二千有五百矣、及其作網、先相厥地、定其綱綱之位、由此達彼、十字布置、或四或五、逐一排定、夫乃易其作法、先緯結其中心、由心向外、逐一加大、次結其外緯、亦由內向外、逐一加大、其小大規模具有定則不易、後復易其

第六圖

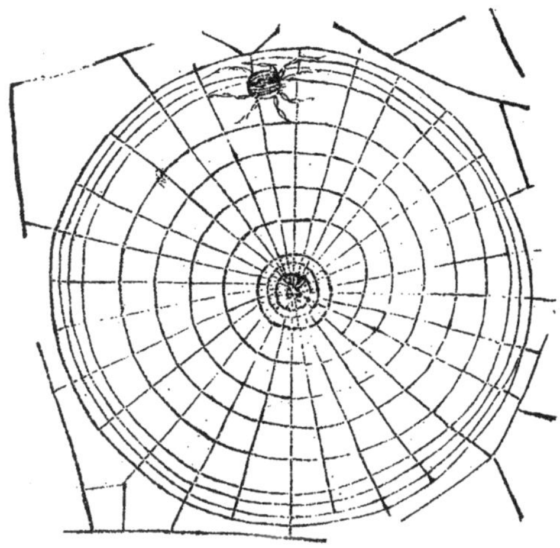

作法由內達外補結其經線至外之緯線而止茲圖其未成之綱以驗之如圖六方其初定經線之始由此達彼恒若干尺半空無着蛛果何憑以來往歟非蛛往乃蛛能令線自往也其初安居一處自出其絲愈出愈長逐漸前移確有定向直至其定位粘附而止蛛於此時乃引其絲而試之牢固與否能勝其身體否如有不勝再出其絲以增益其力再引試之再增出之務令其堅韌不絕昔有人謂其絲之出也任風飄引理亦近似有格物先生存心歷時細稽其詳見有蜘蛛出其絲或東或西可平可斜可上可下直行前去雖迎風亦

莫之阻此其事實解之無可解者恐或由電氣而來歟獨是一蜘蛛耳孰教之知欲取食須網以待之知作網矣孰教之以網式不宜方而宜圓孰教之以界網之綱或四或五其相間之近遠毫髮不異一似明於弧角法亦明於用弧角法之器者又孰教之知經緯布置內外整齊人固不能爲此實爲上帝示之　蜘蛛之爲類不一約凡幾百其最有奇者有一蜘蛛其窩依於水草之根形如覆鈴大如鴿卵其戶在地亦以絲結成甚爲密緻亦透光如素紗等水不能入亦以其絲連綴草根如圖七窩既完結蛛居其中首出戶外視何水物來過捉而食之雖然猶有二難焉一其窩初成內不能不滿以水奚以令其水出歟二則蜘蛛與陸地結網之蜘蛛同有肺吸空氣以自養其在水奚以得吸空氣歟法有奧不可言者窩既成蛛浮水面翻身向上仰吸空氣如許務滿其腹潛水若干深出其腹之空氣作一泡出其窩之戶從入入以着大之

第七圖

此水裏蜘蛛窩圖

氣泡，即擠出其若干之水，如此百餘回，則空氣滿其窩，而水盡出矣。窩既實以空氣，則蜘蛛居其中如一室，然出入游行覓食尋樂。假有舟沉海底，西人能入水底舟中，撈取其寶物金銀等，其法製一大帽，裝首及頸項，有二管，一令空氣出，一收空氣入，皆象皮爲之，當二目，置玻璃二鏡，有此可以沉水深入，尋舟尋物與陸地無異。其始創立此物者，人皆稱美之極，謂其靈巧絕倫。究之此一蜘蛛之窩，較入水之帽，益加靈巧，其才其法，實皆帽之所不及，亦為完室、蛛可以家焉、人雖為此、蛛尤不能為此、且方其窩之成也、孰令蜘蛛知浮水面、仰取空氣放入窩內、擁逼水出、即或知宜有此、又將何法以為之、人可以拱抱束薪、蛛亦可以拱抱凡有形物、果奚以拱抱無形之空氣、越水而下及水底歟、非造物主之大有為於此歟、　有虫西人名為土工者、其見於爾雅、名曰蛭蟷、欲立窠先相

第八圖

地、擇其土堅而草木不生、偏坡而水不能存者、掘一穴、深尺有五寸、或二尺、結以極美之網於其裏、細類於絨、然後摶泥為薄片三四行、復以其腹內之汁若絲粘合之、作其外戶、亦以其絲連綴其一面、幾類合頁、啟閉甚活、或出或入、均能啟之、如人之啟戶出入然、孰教之作此活戶

蹶且又可興者其戶之內行縮小緊塞入其穴之口戶之外行滿覆穴外亦結網爲其裏外連土色無可分辨故人雖行越其上亦無以知之如圖八　飛虫屬大約凡其雌者尾皆有一物名曰遺卵之器卵將生器卽出卵生畢器仍縮入身內器所以助其卵於應置之地各異其虫各異其器有其器具活機如製千里鏡之活軸法能引而長之器之內爲空卵之生也卽由其器之內而出有其器類如管而內亦空管之外端有物如活鉗卵將出管卽鉗其卵置之於其地復有其器類如針者亦爲空管生卵時或以針刺木葉或刺其枝或刺其本亦或刺上一一各有窑所有遺一卵者有遺二卵者非徒遺其卵亦並射以其腹中之液液能令木之枝若葉瘦腫而病磈磊子虫脫卵卽食其磈磊而以長以飛有飛虫名鋸者其器比如木工之鋸其質類如獸畜之角鋸有二兩齒相對其用之互爲往來欲生卵先鋸木葉等然後遺其卵於鋸縫

第九圖

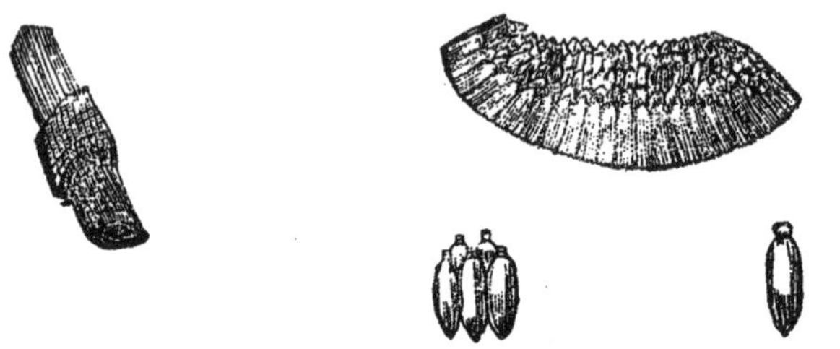

中，亦射其腹中之液，液如木葉之漿，用有三，一膠固其卵，不令墜落，二保護其卵，不受損於木漿，三則資其子虫胎中之飲食焉。　復有虫類蚊蚋，其子虫生宜水面，食宜水物，故其大者將生卵，飛行水面，依於水草，或浮柴，前四足立，後二足交錯於空，遺一卵，即膠以其腹中之液，不令其首者下沉，一而再，再而三，置以三角式，此後逐層粘連，卵漸增漸推，後向水，卵之數約自二百有五十至三百而止，其始也逐行擴增，其末也逐行漸減，數各有定，及其成也，中闊而低，兩端銳而高，宛一小舟，擁浮水面，舍之而去，如圖九所可異者，一卵不能浮載，必沉於水，有其腹中之液如許，卵膠附堅固，縱上傾，以水亦不

能沉如浮槎然亦復不能覆覆之而遽自能正更有飛虫遺卵於菓木者逐行排列束於其枝如螺紋形貫如珠釧十有五行或十有七行不等每遺一卵亦以液膠固之亦保護甚堅刀割亦難雖嚴寒亦無可壞有虫名蛣蜣者將生卵先作一穴深或二尺或三尺然後摶糞爲丸中裹一卵以其後二足推入穴中有二蜣三蜣共推一丸者莊子所謂蛣蜣之智在於轉丸是也蝶之前身本爲蛓初化爲蛹再化爲蝶蝶生卵卵復生蛓蛓之所食與蝶之所食乃大異蝶所食者花蕊之蜜漿蛓所食者木葉各蛓類食各木葉亦有食蔬者食蔬者所化之蝶必遺其卵於蔬食木葉者所化之蝶必遺其卵於木無一誤者孰教之使然蝶不愛蔬亦不食蔬復不食木葉其何以知其卵生蛓更何以知其卵生之蛓或食蔬或食木葉乎其有何父母率之師長教之此較之飛禽益增希奇蓋其本體已一再脫化矣凡遺卵者無間木之本根與或

葉或枝與或糞土或水面或蔬菜皆以其子虫之食宜爲地宜若易其卵之地而移置之毫釐之謬一無能生至若黃蜂蜜蜂驗其房亦可以識上帝之感化焉蓋以其房之作也法特奇妙比如樓閣上下層疊或十或八不等其內之蜂房非圓非方亦非三

第十圖

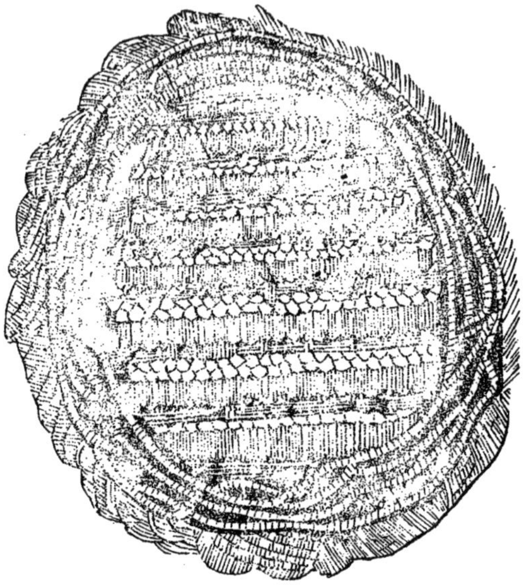

角乃六面體實具有美意焉假如其房爲方其初生之雛蜂體乃圓則房之四角皆空是內多棄地矣假如其房爲圓實與蜂之子體恰合惜圓體布列外生空隙是外多棄地矣三角者爲地尤多是尤不宜體有

第十一圖

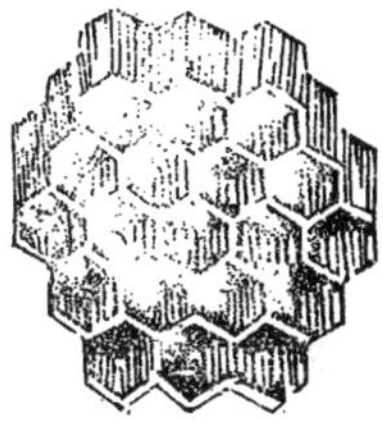

六面故或內或外均極合宜毫無棄地如圖十一又有異者蜜蜂育子初出卵惟蜜食故蜂先作其蜜滿其房以待之人亦得於封房後割而食之黃蜂則大異其小者食宜蜜各異其蜂各異其虫故黃蜂既成其房遺以卵惟覓其虫食置之蜂房留以待其子生而食之有食宜毛蟲者則備以毛蟲有食宜蜘蛛者則備以蜘蛛更有食宜不易之蛣蟯者其豫備蛣蟯之法殊爲巧妙假如其蜂捉取蛣蟯令之死必臭腐其小者脫卵無以資其生養假如活其蛣蟯而置之蜂房則蛣蟯將踴躍思脫必致裂其房與卵生不宜死不宜法更何以處此黃蜂何來奇能乃刺蛣蟯之腦中其腦之本根令其痴迷不醒生無以爲生死無以爲死故其子脫卵肉食鮮美一無臭腐有一不飛之虫類於蜜蜂亦善釀蜜與

蜂之蜜略似有蚍蜉喜食其蜜每捉取此虫置其穴管束之令其出入食息欲食其蜜則以其前二長鬚擊此蜜虫虫即出蜜以供其食如番人之拘束乳牛取食其乳者同　號物之數有萬而莫小於昆蟲然雖纖如針鋒細若芥子必具有耳目口鼻臟腑腸胃血氣心知且其知識聰明比禽獸之大者無少虧損非上帝造化之奇孰能與於斯　凡虫之身恒分三段一爲頭二爲胸背三爲腹有圖第一屬乎頭者曰角有圖第二曰目曰口屬乎口者曰牙曰舌舌之形體大小長短剛柔利鈍皆與所食之物相宜奇矣蝶之舌更奇形長而中空横紋如環密密纏繞自舌根至舌尖皆三管左右二歧其管孔圓便於呼吸中管孔方便於吸食花中津液任花心之淺深彎曲尖角處皆能採取之牙形有如鉅齒者有如刀牀者有如磨石相旋者皆取便於所食頷之角二有節節相連便於屈伸者　有圖第三皆所以司聽亦所以代言蜂蝶與蟻

莫不皆然、嘗有格物先生、在英國地方蜂窩邊、值蜂王初死、衆蜂未知、一蜂入探知之、驚遽飛出、適遇一蜂、遂以其角交於此蜂角上、此蜂亦張皇失措、瞬息之間、一一如此交角、亦一一如此張皇、　目之異形、有左右各八者、有各十二者、有各二十八者、有各三十六者、其位置亦各異、有如十字架者、有三角者、有方列者、有大方包小方者、有平列兩行者、一類一形、不相混淆、其尤異者、蒼蠅之目、外形大而圓、內包小睛、如米粒甚夥、蝶之睛更夥、一目有二萬睛者、有五萬者、合二目計之、則四萬與十萬矣、且可當鏡、嘗有人以蠅睛照數十營兵、浩如三軍之衆、其人皆與蟻等、又有以蝶睛窺樓閣者、見無數樓閣、小若芥子、以窺燭光、則無數光燄、密如星點、又有人以蜻蜓睛照梵塔、塔高二百九十九尺、遠在七百五十尺外、望之纔如針芒、以窺人家居屋門窗格櫺、及或開或闔、無不了了、蓋睛多則所見亦多、睛小則所見亦小也、其禽獸大而目睛小、昆虫小而目睛反多者、禽獸之睛活、上下四旁皆可運動、昆虫之睛不動、少則不敷所用、故必睛多而後能兼及也、各類之目、且與身形相宜、試即一物言之、有小紅虫、全身生毛、礙於目之外視、而其睛則突出毛外、令毛不能蔽、造物之靈巧、顧如此哉、　飛虫之屬、六足四翅、翅附於背、足附於胸、胸背之處非肉非骨、其質輕如角燈然、便於飛騰、雖無骨肉、較骨肉尤爲靈、便以中多小管、小管之旁又多小袋、相通以裝空氣、空氣充滿、飛便迅疾、且何者飛時多、其中管袋必多、其勢然也、

翅之形甚多、有圖第四、俱中一大管、旁通歧出之小管、爲運氣行汁之用、如木葉之有中大梗、又有歧出小梗、然管之上有細膜聯之、底面不聯、以便伸縮運動、管中有汁、將飛則運之四達、故其翅張、翅之形不一、有四圍光滑者、有下邊細絲密垂者、體質亦不一、有脆如玻璃者、有牢固如獸皮者、有織如網紗者、有如鱗形者、中國人謂蝴蝶有粉、乃其

鱗也、鱗之形色亦多、有尖者、有圓者、有如鉅齒者、有似箭鏃而狹長者、有圖第五、皆若屋瓦之疊、魚鱗之次、一一相屬、其有根蒂、曾有格物先生、將方寸蝶翅四分之一、而窺以顯微鏡、鱗已七十行、行九十鱗、計六千三百鱗、合方寸之翅、則為二萬五千二百鱗矣、且其形色鮮明、紅綠相間、如水晶葡萄然、造物者之神奇靈巧、有如此者、　腹有九節伸縮轉運、時常活動、如船舵然、左之右之、無不如意、節多故也、　禽獸之筋與骨相連、昆虫無骨、其筋與外體相連、長短巨細、皆與翅足等相副、翅大而飛數者、其翅筋必多、股大而行疾者、其股筋必多、有格物先生、用顯微鏡窺螟蛉、計頭之筋二百二十八、胸之筋一千六百二十七、腹之筋二千一百八十六、共四千零六十筋、人之身僅五百二十九筋、螟蛉比人尚多三千五百三十一筋、　凡物之筋大者、力亦大、如蚤、形甚微、而跳踰其身二百倍、人能之乎、蟻能銜等身數倍之物、蜣蜋能銜尺有八寸長五分寬之朽木以飛、若馬有如此力、誰能控勒、象有如此力、亦必拔山毀屋矣、　昆虫無心、內有蓄血之處二、時時運入血管、周流徧身、用顯微鏡可辨、禽獸之血運行無止息、昆虫之血時行時止、斷續相參、禽獸之血色紅而稠、昆虫之血黃白而薄、其管內俱有脂膜護之、如門戶然、令血能外出而不能內回、　胸之內無咽喉、無肺腑、止有氣血管、類類都有兩大管、其小管、與極小之管無定數、有小管三十六、極小管一千零四者、總之大管通小管、小管通身外空氣、如人之有毛孔然、故昆虫渾身都能呼吸、不專口也、又呼吸之時、防有塵埃侵入壞其身體、小管外口、因有脂膜二片、如門扇然、可以開閉、又有如極細之篩者蔽之、口外又有毛如篲、能翕能張以護之、水虫呼吸之門、在身則不便、造物則置之尾端、有圖第六、尾端外有密縷如細藻、能放能收、常浮水面、前身常在水中、以便求食、將沈水底、則尾端之縷與所藏空氣微任一處以撤其呼吸之隙欲上則於此運滿空氣躍升水面　獸之設足駝與牛異犬與豕異松鼠與猿猴異皆取便於所用昆虫亦然有能跳者有能疾走者有用以攫食者有用以搆窠者有用以結網者有用以織絲自庇如人之織布帛者有用以浮游水面如舟師之弄篙櫓者有能疾行玻璃上者有能仰立屋椽者夫以禽獸之所不能而昆虫能之以其足趾底面各有凹處能聚空氣有圖第七如小兒所弄皮片上凸下凹用繩拴住先扣在水面再揭起扣在石上遂粘著不開其理一也然其聚空氣之處能放能收故又循行甚疾毫不稽遲昆虫之腸各異故所食之物亦各異有食木葉者有食木根者有食木皮者有食木心者有食木汁者有食朽木者有食堅木者有食花瓣者有食花粉者有食果實者有食果核仁者有食紙者有食布者有食皮毛者有食絲綿綢綾者有食肉者有食石者然食此者恒不食彼其腸胃各異也有

圖第八九、有初生能行時、是一副腸胃、及化而能飛、又是一副腸胃、奇哉、總之木食者腸恒多、肉食者腸恒少、肉易化而木石難化也　昆虫不但有腸胃氣血管、且有筋、并有腦氣筋、彷彿禽獸、禽獸腦爲五官之根、腦傷則五官俱不能効用、昆虫無腦、亦無脊骨及脊髓、何以有五官、蓋上帝另外與以物事、彷彿繩子結成骨朶節節相通周徧其身、有圖、其有骨朶處與腦同、其直而無骨朶處與脊髓同、亦與腦髓同一功用較禽獸尤奇、觀於去其頭、尚能走能飛、碎斷其身、尚節節能動、且頭與身俱死、而尾尚能動可見、　昆虫雖小、亦具胸背腸胃五官、前已詳言之矣、而其口尤能辨味、凡虫之素食此物者、易以他物、則一嗅即去、不復顧、且素食之物、移放別樣藥內、則亦不食、如喜食果屬者、置三果於此、一全熟、一半熟、一全生、則皆食全熟、而不食全生與半熟者、其以鼻辨味者、屋內有馨香之物、即閉置箱籠中、亦皆聞香而至、曾有人用新刷臭色箱籠四隻內置蜂賓少許旁穿小孔置之蜂窠六十丈外瞬息間即有蜂飛鳴箱外又少頃羣蜂大至鑽孔以入食其蜜而去以極臭之箱籠曾不能混其蜜味則虫之鼻能辨味固不謬哉　昆虫才智有令人格致不到者曾有人在三四百里外捕一雌蝶形色俱佳因置諸籠中帶至法京法京數百里內素無如此之蝶數日後忽一雄蝶全身花樣與籠中蝶等徘徊籠外不識此蝶何所見聞竟於數百里外知之而至昆虫才智令人不解如此得不歸功上帝哉　飛禽卵生走獸胎生誕生之初其父母皆保護乳哺昆虫異是其母遺卵即死向使遺非其地非被別虫哺食即為人畜踐蹋不然經冬亦凍死且地不相宜子生亦無所得食故上帝用極大聰明極大憐愛心與以儲卵之器復與以藏卵之地且使知何地有子所可食之物以長養之　虫之卵或遺在木葉或遺在木皮其處皆墳起如癭瘤子出則先食其藏身之殼其

殼形色不一、有大有小、有長有圓、有上圓下平、有圖第十、有紅有綠、其尤奇者、遺卵之跡、必帶有津液在內、可以變化木質爲小虫之食、有英國先生在猶太國、國人導之出遊、見有木葉成苞、摘以哈英國先生曰此物甘而可食、英國先生信而食之、則見中皆塵土、如鼻煙狀、細窺之中有小虫、乃悟爲昆虫遺卵之所、其後長大、故爾中如鼻煙者、乃其津液所化木質、以備小虫之食者也、　蛾之遺卵、必尋妥貼之處、先將己身之毛、拔鋪其上、遺卵後、又拔毛以覆之、末又周密覆之、如屋之有蓋、以蔽雨雪冰霜、作用既畢、然後死去、此與蜣蜋相似、格物者均難明其理、細心人當自察者、　昆虫遺卵、有於別虫卵中者、有於蜂房内者、有於別虫之身者、有於人與禽獸身者、凡人身、或頭面有極小贅疣、不知何來、皆昆虫所遺之卵也、卵上帶來之汁、化而爲膿、爲小虫初生之食、飛虫中、有形似蜜蜂而少翮、腹尖不時拳曲、慣食馬胃之汁、其遺卵、必於馬前身毛中馬搔癢時齧而吞之既生則羣聚馬胃之上馬遺糞時隨之而出或聚於馬之肛門生翅則飛去　胎生卵生之物皆與其母相似昆虫不然卵中所出迥與母殊蓋飛虫之卵是生毛虫蠃虫其繼皆化爲蛹蛹復化爲飛虫化生之奇令人莫究　毛虫之屬有毛長而多者有似羽族翅翎者有毛生脊背者凡此之類多能壞人衣服諸物然形狀奇麗有圓花方花者有長短錯雜者有斑點如米粒者有花與毛相間者有毛莖生縷及叢生者類皆怒則毛張懼則毛翕其色亦不一凡生於木中不過亮光者色多白食木葉者色多綠食木皮者多似其皮之色蓋防鳥鵲窺見食之無處隱匿也獨英國楊柳上有虫口黃色目黑而亮其額紫足綠脊白尾兩歧而黑身有紅點彷彿斜紋十字架者種類甚多殊不可解　凡虫之食葉者俱爲藏身者計故有吐絲成筩藏身於內者身長則其筩亦從而加增外堅滑而內鬆軟所食

之物何色、則其箳亦作何色、有織成如毯者、有似布者、有捲葉作箳者、人啇壞其箳、則驚遽而去、旋即口裁別葉、另作一捲以藏其身、水虫內亦有似此作用者、或用小小蛤蜊、鱗次粘成、或用螺蠣及草木枝莖、相雜粘成、或用苔髮結成、俱有圖第十一、但其箳過輕、則不能下沈、過重、則不能上升、故箳輕、則增以蛤蜊、箳重、則加以枝莖、否則於脊上負一草梗、箳足重、亦易升、將化蛹、則先吐絲作網封其箳口、令水不灌入其絲初出口時甚軟、見水則堅靭異常、此類散處時少、聚處時多、　一種金尾蛾、生子、皆翕聚一處、如家人之聚處者、其取食亦然、先生者食某葉、則次生又次生者、亦接踵而至、騈肩而食、排滿此葉、則後至者始轉別葉、仍依次而升、排比而食、夜則共作一房、盡宿其中、虫身日長、則所作之房、亦日大、且日堅、風雨不能損傷、又中有界斷一所、一所與軍營帳房相似、雨至則入其中、日烈則入其中、其出入所由、有築成甬道、軟滑如鋪地氈、且或遠或近、四通八達、皆有道、亦皆如地氈、彷彿尊貴人所至之處、纔足不履塵土也、　一種行有行列次第、將謀食、則成列以出、至取食之所、則散而求之、食畢、復成列以歸、有一行二虫者、有四者、有十數不等者、最奇者、一虫居首、次二次三、以至十數、皆一一成列、緜毫不紊、且居首者行、則皆行、止則皆止、疾則皆疾、徐則皆徐、部伍嚴整、

由蛾生卵、卵生毛虫、蠃虫、虫化蛹、蛹復化蛾、此大較也、而其化生之道、則各異、或入地作繭、或入墻罅作繭、或入樓木罅中作繭、或入落葉中作繭、等等不一、亦有拔已身之毛、左右豎立、密排、如屋梁之柱、然後吐汁粘絲、周身自纏者、有穴地用小小泥塊、以口中汁調和停勻、作一小礶者、又有在木葉上、先吐絲作網、再銜泥塊鋪滿網上、然後吐絲將網子泥塊收捲一處、如繭之狀、再運口中津液、將泥調勻以塗其隙、復用津液塗抹其中、令滑而暖、如人之插梁稽作屋壁、多用泥灰內外塗

之以爲固、不令透風寒者、又有在棲木上、聯木皮作繭、用口中汁、將碎木粘作一處、又數種作繭、倒挂木之細枝、俱有圖第十二、其後子生降而在下、所脫之皮皆一一墜落、一種先吐絲粘著木葉一邊、然後吐絲纏繞作圓圈、下垂共五十六道、乃收其前後作爲圓繭、十五時後蛾出、所脫皮毛盡墜於地、最希奇者、人畜損傷其繭、皆能自行醫好、合不嘗宗、且何法最上、便用何法、此非別有機巧、實其本來聰明如此、果孰使之然哉、　凡物之化生、一類一候、有經十數日者、有三四十日者、有經三四月至五月者、蟯蜫一類須用三年、蝗蚱須十七年、遲速相懸、一至於此、蛹之化蛾、將出繭口、繭皮堅硬、蛾性軟弱、不能自闢門戶、乃上帝各予以知能藉之而出、故有中裂繭腹者、有從頂上撐開者、惟山繭絲多繭固、化蛾後尤難遽出、乃口吐津液、潤溼繭頭、其封口之絲卽開、最奇者、虫入麥粒中作繭、成蛹、化蛾後、力弱不能撐破麥粒、則有毛虫自外而入咬破麥粒作一小孔適容所化之蛾故能出焉又一種蠹結木作繭質如堅木化蛾後津液僅與常蛾等何以破至堅之繭上帝則與以酸水雖堅木遇之亦化爲柔故因之而出獨此酸水非貯以玻璃器則滲上帝更於此蛾腹中與以盛酸水之袋不致滲漏造化之奇又有如此者　蜻蜓蚊蚋之屬遺卵水中是生水虫將欲化生則逡巡而上側浮水面脫去皮殼即爲蜻蜓蚊蚋但未長成時不能上升將成則日大一日亦日重一日至期則上升而化凡虫之入地化蛹入墻罅化蛹者亦皆出至穴口方能化蛾故所脫皮殼皆在穴口　昆虫雖小類皆有捍外保身之具一種特頭角牙爪等如蜉蝣螳螂之類是也一種腹有臭氣別虫近之則放其臭使不敢前負盤之類是也又或尾伸二管別虫近之則管內作聲如礮而小以放其臭別虫即懼而遠去且有放至二十次者又有連放十二次者其管內所出不爲臭氣而爲黃水別

虫沾之身即腐爛、其別無奇技者、身之色皆與所居處之色相似、令物之害己者無從而見、如居黑土者其色黑、居黃土者其土黃、居木葉者其色青、居木皮者其色褐之類、又有與落葉相似者、有圖第十三、　昆虫之有大益於人者、第一爲蠶虫、郊廟祭祀之服咸資焉、中外人之鬻繭繅絲織帛者皆依此爲生計、第二爲蠟虫、布帛炬燭木石器皿之屬咸資焉、第三爲蜜蜂、滑甘調和無踰於此、第四爲足供藥材者、如斑貓蜈蚣蛇蝎殭蠶之屬、第五爲足供染料者、如呀嘛米、有圖第十四之類、美國南鄙人悉依此虫爲生理、第六英國橡樹之葉有異虫遺子其上、則葉漸成苞、苞內之物、外國人用以作墨、第七有可作糧者、第八有可爲飛禽鱗介之食者、第九爲能除穢惡者、凡街巷衢路有臭穢之物、惡氣薰人、過者掩鼻、一經其虫食之則臭惡全消、且所遺之土以之糞田其穫數倍、天之生物、其不作無益又如此、　昆蟲之有翅者分七大類、其身形相似，而翅形各異者，則各為一類。有甲者，長翅而能收放者，短翅者，翅有綁紋及細紋如紗者，有直紋而無橫紋者，翅有鱗形者，二翅者，共七類，並圖。　甲蟲類中有蜣螂，格物先生格出此一類，共分五萬餘小類，有首圓而大者，有首狹而長者，有尖首者，有首生二角者，有一角長一角短者，有首二角短，而鼻端一角獨長者，有角如麋鹿者，有如象鼻者，有甲有花點者，有花如方孔細紗者，有如圓孔粗羅者，有摶糞成丸，而推轉之者，有在陸地者，有在水中者，有生亮光者，不可殫述。美國一種長一寸，項後有亮光二，翅下腋間二，飛時四處亮光，明如燈火，裸人夜處，則懸諸室，以當燈，夜行繫諸足拇，以當行炬，漁人夜漁，則挂諸船頭，以為漁火。螢火亦此類，其有光亮者為雌，無者為雄，雌之放光則招其雄也。凡此種之屬約二百。　翅長而能收放者，螽斯草蜢促織螳螂等，是一種翅上紋色如木葉，有圖，行似木葉自動，不能辨其為飛蟲也、草蜢之類、翅足身首形色俱奇、其躍高而疾、且善鳴、小兒喜捕玩之、　螳蜋有圖、勇而善捕、能奮臂以當車輪、螽蝗喜食禾稼、上帝降罰於人、則飛集田間、食苗葉立盡、螻蛄一名土狗、前二足各五爪、大幾等身三分之一、善爬土、頃刻即能成穴、有類田鼠、身有氄毛、極細滑、雖汙土不能沾染、穴地而居、晝伏夜出、其穴外一口、而內分上中下數層、冬則居中間之穴、開春而出、母者遺卵、亦即於斯、每伏行土中、土即墳起、高闊寸許、聞人聲則避去、百計求之不能得、蓋其前後進退、罔弗便捷、不可捉摸也、春時母者遺卵、則公者即鳴、子初生白色、　短翅者類屬無多、南亞美利國、一種長約二寸五分、中國交廣之界、亦有此種、但生西國者、後二足較長、生中國者、後二足較短、有圖、此外又有數種、形質頗小、且不食他物、惟食花葉及禾葉木葉之汁、一經入口、全葉俱壞、呀嘛米亦在此內、　翅有羅紋者、皆四翼、獨蜻蛉形色俱佳、一種似蜻蛉而小有圖遺卵沙地子生惟食蟲蟻其取食之法於沙地周圍掘沙揚之旋成圓窩下尖上闊藏身沙中惟露二角如鉗蟲蟻失足跌入其中則攫而食之與人之掘陷坑以跌熊虎者等將欲化生即於此粘沙作繭以藏其身化蛹後二十餘日即化蛾而出最奇者繭惟半寸蛹僅半寸之半蛾出繭時不足半寸翅不過方寸六分之一稍一展伸則身已徑寸翅且三寸　四翅直紋者種類甚繁如蜂蟻等皆有公有母又有不公不母者不能生育專司操作力役之事俱倩此輩故公母者少而不公不母者居多　蟻之公母者有翅其不公不母者無翅有圖而常爲公母者服役母者將遺卵則引至潔淨之窩備其遺卵十五日後卵生小蟲頭翅俱備但不能自行求食每一小蟲必有十數服役者口吐津液以哺之如慈母之哺嬰兒又此窩寒則銜至別窩暖處不時遷移有人畜踐踢其窩亦急將小蟲銜置別窩不令受傷如人之水火將至

僕隸輩必急救主人小兒者、小蟲身體透光、彷彿玻璃、必須潔淨、塵土汚之則易壞、服役之蟻、日必數次舐其身、不令受汚、如外國人之育嬰兒、日必兩次洗滌者、迨長大吐絲作繭、服役者仍不相離、朝銜此繭至高處、暮仍銜回故處、繭內蛹力最弱、將化生時不能自出、服役者必先知之、三五成羣奔赴繭頂、力破繭口、初出力弱、不能自蛻、則或銜其翅、或銜其足、羣為細細脫之、不令受苦、初蛻力弱、必引令循其窩之道、往來日凡數次、迨其力成自出、亦必隨之、及飛去不返、又必升高望之、如處女行嫁登車而去、奴婢輩猶企予不已者、孰為告語、孰為指使、而能若此、天下蠉飛蠕動之倫、忠義之性、無踰此者、可見上帝賦畀之厚、不遺肖翹矣、且其性善鬭、每鬭時、有守防者、有偵探者、有捍禦者、雖身首異處、猶齧鬭不休、其勇亦足多云、所可異者、有小蟲身有甜汁、蟻則撫而育之、以備朝夕咋食、如外國人之畜牛羊以取乳者、且各有所育不相假借、倘外蟻咋食此地小蟲、則此地之蟻、必與之爭、不少推讓、蟻分二十四種、亞美利加有九種、美國九種、亞細亞四種、歐羅巴二種、大概穴居者爲多、獨白蟻則以窩居、窩在地下者爲多、獨白蟻則在地上、白蟻惟美國有之、其種固異、其窩更異、上尖下圓、形如小塔、又如竹筍初出、筆鋒倒懸、或十尺、或二十尺不等、有圖、人之屋宇、高未有過四百八十尺者、人以五尺計之、是屋高於人、不過九十倍餘、若蟻之窩、雖僅至二十尺、而高於蟻幾五千倍、得不謂之極高乎、此二十尺之高、皆用口中之液、調地中之泥、以口銜之、重疊粘積、雖不若人之爲屋、用灰與石、而實不啻灰石之堅固、況大雨時行、人之屋宇、尚有浸漏、而蟻之窩無慮、人之牆垣、尚有坍塌、而蟻之窩無患、即有射獵者、登其窩而遠眺、而亦無妨、其外形之堅固如是、而內形更奇、蟻分四等、曰王、曰后、曰公母、曰兵、曰民、民即司操作者、雖同處一窩、而各等有其居所、王居正中、大房永不出行，王居及公母兵民居所外四圍俱各有道，道如圈圓，重疊不一，內道外道之間，中有直道相通，內道較寬，外道較窄，爲內道近王居行走者衆也。道旁俱許多小窩，爲藏卵之處。母者之腹長二寸，寬八分，有圖，日遺卵八萬六千四百餘，歲遺三千一百五十三萬六千餘，爲禽獸等不時取食也。所遺之卵，操作者爲之安置於道旁小窩，卵愈多道愈多，道旁小窩亦愈多。四圍雖皆泥道，而光滑異常。窩之當中有盤道，曲逼窩頂，如旋螺焉，或左或右，盤環而行。窩外之道，內通房外圓道，從內圓道起，順中間直道而行，愈行愈下，至外層之道，又旁透一遠道，去其窩或十五尺、二十尺不等，從遠處之道往來出入。其居所道路，俱有定形如是。夫上帝予以知能，既施之於居，以安其身，亦必施之於食，以養其生。大凡辦理口食，或爲當時之需，或爲後日之備，皆操作者之專事。當其出窩覓食，爲官者首先率領之，爲兵者兩旁保護之，操作者當中排列之前後左右、其有次第、如兵陣然、有時爲兵者、升樹遠望、或升至十尺十五尺不等、見有何事何物、樹上者用其額之二角相敲、有聲作號令告諭之、樹下者聞其聲、即曉其意、亦作聲以答之、應作何事行何路、無不遵依爲之、此操作者之專事也、若爲兵者、以保護其窩爲事、不論人物、有動其窩者、即弄聲作哨、以傳聞之衆蟻、知之全數盡出、有野獸名熊者、慣食此蟻兵、每動其窩、則爲兵者悉出、操作者咸逃避、待熊罷食而去、始盡歸修整其窩、重新而益堅、蟻之各有專業如是、其形何以辨之、爲王后者、形體甚大、爲公母者有兩翼、時而齊飛、如風飄雪至、脫翼之時、公母同尋一地、脫之蝙蝠水雞田雞等遇而食之、蟻兵較操作者大五倍、亦咬人、能於衣服外咬至皮膚、操作者身體較小、爲數甚衆、白蟻之情形如此、非上帝予之知能、其自能如此哉、然上帝予之知能者、亦豈獨白蟻哉、　地上白蟻、上帝予以安身養生之知能矣、穴居之蟻、上帝又別予以知能、使之安身養生於地下、此蟻體肥大、色黑紫、是自食其力、爲稼穡之事者、先以其穴論、當擇地之始、必周圍盤旋、務在相宜、既得其地、即透一穴、銜穴中之泥、置穴外遠地、同力合作、取送不已、至淺深得宜、遂治穴中之道、令其光滑、穴中之窩、令其完備、雖無廳堂、而有分所、又於穴外、隨地勢高下、積土爲垣、如穴在崇高之地、四圍高不過三寸至六寸而止、穴在卑溼之地、四圍泥垣、足在十五寸二十寸之高、其遠近至三尺四尺、皆以備水沒之患也、此三尺四尺當中、凡有雜草生殖、盡行拔除、再於洞穴二寸以外、種糧爲餬口計、雖不能修耡、亦知培養、凡有礙苗之草、芟除不遺、成熟後、棄莖洞外、納粒穴中、再將穅退下、推出穴外、其禾似稻、其粟較小、至若陰雨日久、潮溼堪慮、則銜粒穴外、曬乾、再爲收藏、以備終歲之食、仍留籽種、來春樹藝、此穴居之蟻、別有安身養生之知能、若是、夫蟻果何由而知安身養生之道哉、天下事不外見知聞知學知三者、若蟻見之不能見、聞之不能聞、卽謂學之、而孰敎之、蓋上帝於未生蟻之先、而早爲計一安身養生之道、因於生蟻之際、而卽予以安身養生之知能、非上帝之全知全能、其孰能使之然哉、且使於窩在地上之蟻、而予以窩在地下者之知能、其知能必窮、於窩在地下之蟻、而予以窩在地上者之知能、其知能亦必絀、窮且絀、而欲其安身養生難矣、乃先計其相生相養之理、繼予以能生能養之道、終使其有自生自養之知能、且生物不一、所施之知能亦不一、故觀萬物之知能、卽知上帝之全知全能、而愈見上帝之仁愛、上帝之鴻恩、或且謂蟻以微物、何足見上帝之知能、不知於物之小者、乃愈見上帝知能之大也、讀是書之人平心察之、　蜜蜂分三等、公者、母者、服役者、母者身大腹長腰細翅尖尾芒有彎不螫人、鬚足俱灰色、窩房止一母者爲蜂王、諸蜂俱此所生、公者體胖腰厚、眼大居頂上幾相連、鬚分十三節、腹圓尾芒直長善螫、服役者較公母差小、其色紫黑、腹短有横紋六、有圖、　母蜂無别務、惟主春中遺卵、初遺者爲服役之蜂、再遺者爲公蜂、三遺仍爲服役者、一窠中公者多則二千、少亦六百、服役之數多則二萬、少亦一萬五千、另一種卵專出母者、爲蜂王、一年不過三五個、所出之王與别蜂異食、服役者代求之、二十餘日、均已長大、窠内閧然作聲、不久卽將新蜂領出、内有幾王、分作幾分、　服役之蜂、其嘴甚奇、有人用顯微鏡窺之、前半截分五長齒、中間一齒獨大、兩邊多小齒、中間大齒能長能短、以便採取花心之粉、近中間大齒處有二齒、其末有刺、爲幫助中大齒者、後半截兩邊、俱有束、以束此五長齒、後腿前截中空如小袋、兩邊有刺如毛、口咽花粉、直至後腿空處、裝滿、用兩邊毛刺護之、　此蜂亦好食花心之汁、咽至腹中空處、化作蜜、蜜滿卽回至窠内空房、如數吐出、其盛蜜之房、亦最奇、恐其滲漏、及有空氣入致壞其蜜、先作蠟塗之、使不滲漏、且不透風、又格外用半蜜半花粉、調勻如饅頭狀、放在窠中、爲小蜂初生之食、且其房不方不圓、六面有稜、蓋方則蜂入其中、四角俱有空處、圓則房與房連、其外必有空處、惟六面則房房相接、作房既多、兼亦牢固、且其房皆行行橫列、倘有一行落下、當中卽空一行、蜂之往來不便、又難將此行壞房重安原處、因作橫橋其上、一則來往適便、一則聯絡其房、不至墜落、非皆上帝意乎、

蜂性最義、一蜂得花多之處、必招呼類屬共來採取、美國廣漠處多蜂、或在山石穴內、或在古樹罅中、俱名野蜂、欲得其蜜者、先用玻璃箱裝少許蜂蜜、至山上見蜜蜂、卽納入箱中、令食其中之蜜、少頃放出、轉瞬卽又有蜜蜂來、亦納入令食、久而至者愈多、皆一一納之如前、然後放出一二、隨所飛蹤跡之、則得其窠之所在、蜂見人至窠邊、必入窠告其類屬、則羣蜂盡出、可任人割取矣、

蜜蜂之外、又有黃蜂、種類亦繁、

一種名木蜂者、在木中作窠、先將木挖孔、挖至中間、非上則下、總之向上挖者居多、木渣易出故也、挖至木之上頭、即將所挖之處修治、光滑、以便作窩、向上仍穿一孔、爲出入之路、　又一種黃蜂、慣於朽木中作窠、先將腐爛木渣銜出、再將木葉咬成四段、納入朽木中、四面樹立、上用一塊圓葉蓋定、下用一大圓者承之、再用口中粘水、將此葉粘起作窩、作成一窠、留下卵、再咬木葉、一一另作卵、旁兼儲蜜花雜揉之物、爲小蜂初生之食、其窩形、或圓或方、或三角、或圓而長、不事斧斤繩墨、都一一合式、且其初咬木葉時、立在葉上、周圍咬透、惟餘一綫之連、亦恐與葉並墜、放翅一飛、木葉已斷、就便銜住、其智亦足多云、又一種黃蜂、其窠或挂樹上、或藏枯樹中、於老樹空腹內、貼地作窠、無論在上在下、俱先嚼木渣、作成如紙者、以爲之風雨都不能壞、窠內兼有許多層數、層數內亦有許多小窠、成行列、有次第、又一種名蠮螉、亦名蜾蠃、或在老屋牆隙、或在地下挖孔作窠、即銜食葉小青蟲置窠內、或八九十個不定、安置妥貼、即遺卵小蟲身邊、將窩口封固、待小蜂初生、用作食料、初生時無翅、非即小蜂、名爲螃蠐、黃蜂豈尙憶已爲螃蠐時食此青蟲、而豫爲備之、則亦上帝使有此知耳、　翅有鱗形者、分二小類、一類爲蝶、晝出、四翅多鱗、與粉相似、約二萬種、形色之麗無踰此者、已詳前章論翅節、一類爲蛾、其種亦繁、形色亦佳、上燈後始出飛行、一種大者形類蝙蝠、能鳴、　二翅者爲蠅蝱之屬、蠅目及足已詳前章論目與足二節、一種似蜻蛉而小、形色亦佳、有圖、獨喜食麥苗、貽害嘉穀、是可惡耳、蝱蟲之喙、銛如利錐、以咋牲畜、貫革立入、亞非利加一種、厥名罪子、其喙更利、常棲止小樹林中、雖大僅半寸、而口毒甚囂、與蝮蛇等、牲畜遭之立斃、歲甲戌、有英國行路人十餘、經林邊過、羣蝱飛集馬牛、馬三十六匹、牛四十餘頭、都被毒斃、行人無可代步、徒行而歸、所奇者、此蝱咬人僅與蚤蝨等咬、獅虎及野牛野馬亦無傷、　禽獸昆蟲以外、草木花卉、各顯上帝聰明榮耀、觀植物學可悟、海中兼有花卉、其形色亦佳、有圖、海草極多、其可食者亦繁、魚蝦之屬、種種俱奇、殫數日之功、不能縷陳、有大蝦、身首鬚足與常蝦等、惟項下左右二鉗、如蟹之兩螯、而左小右大、有圖、小者用以攫食、大者以據海底磐石、免爲風浪鼓盪、隨波上下、斯爲奇耳、　蛤螺種類極多、皆有殼粘附背上、其形或扁或圓、或尖如錐鋒而長、或齒如錐鋒而疏、有圖、向使露身在外、無殼以庇之、必不能自存活、獨其奇處有四、身雖柔弱、而藏身之殼、彷彿軟膩之膏、造成堅硬之石、雖大風浪不能壞、奇一、形質瑰琦、外國屋角多仿此形、柱頭亦多仿此形、奇二、蛤屬不下五百種、而其外殼都各與其身形相宜、且兩扇開闔之處、樞紐亦各不同、奇三、其色種種、都點染鮮麗、雖畫工之丹青、亦不是過、且洗之不濇、磨之不去、天下繪事之精、歷久易毀、卽削物之形色佳麗者，易時亦不堅牢，獨此物雖祖孫父子歷世相傳，而顏色如故，奇四，果孰使之然哉。　凡虫類皆不踰年，其後之所食與其初生時之所食皆大異，人嘗孩提時之所食，及長不復能記憶，此諸虫類，其何以知相其土地，以遺其卵，令其子生而得食其所宜食，又何以知覓其宜食之虫，置之卵旁以待之，此不得藉口於諸虫類之具有聰慧也，蓋實惟上帝感之，故無問何時何地，見有羽族生卵，禽雛辨食，或蛛網，或蝶卵，或蜂房，亦具足徵上帝在焉，然上帝雖居萬物之中，而不與萬物合為一，故行惡者自招愆尤，無傷乎上帝之純全也，而上帝究違世人不遠焉，或謂上帝造成萬物，咸各令其自為運動，有格物先生，潛心稽時，百計圖維，欲驗世宙之物，有能自動者否，實無之，馬不牽車，車立停，司火舟者不加煤，火舟必不行，鐘表不上其絃，亦莫走時刻，屋無梁柱，莫或不傾，故上帝非時恆發力眷顧，世宙萬物皆休矣，惟上帝無不在、故念發於心、言出於口、行著於事、皆當檢點、不可稍涉於惡、上干帝怒、當本眞心以事上帝、毋雜於僞、當知任至何處、上帝恒與我偕、有禍患可求其救援、行匪僻必遭其譴責也、　是書亦不免罣漏之譏、而於天地之大、人物之細、已畧備矣、學者讀之、可悟日月星辰、皆上帝之光明、雨露雷霆、皆上帝之恩威、五嶽四瀆、皆上帝之位置、朝潮夕汐、盈虛有時、暑往寒來、嬗代不已、俱見上帝之信、飛潛動植、性質名殊、細小幺麽、纖毫不遺、具見上帝之奇、藉曰不然、孰造化是、孰主宰是、天下之物、日受上帝帡幪、而不能明上帝之功用、吾無責已、曾爲人者、列三才之中、爲萬物之靈、顧可泯泯已哉、則由此而格物致知、以明其理、率普天下恒河沙數人、共明斯理、以頌美上帝、是余之所厚望也夫、

上帝無所不知　第八章

上帝無乎不在、余於前章已詳言之矣、無乎不在、必無乎不知、蓋以其

第一圖

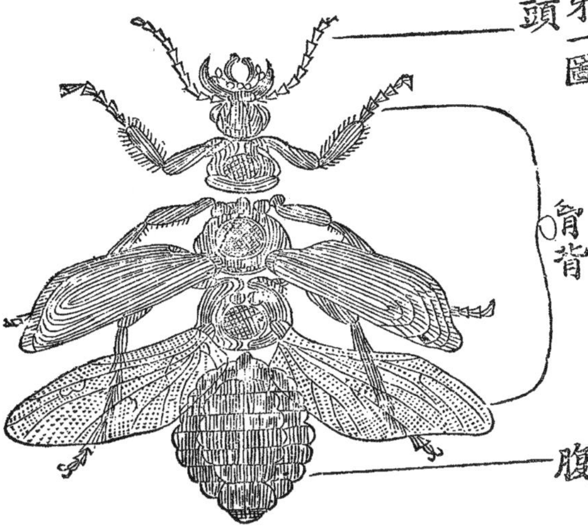

第二圖　角十二樣

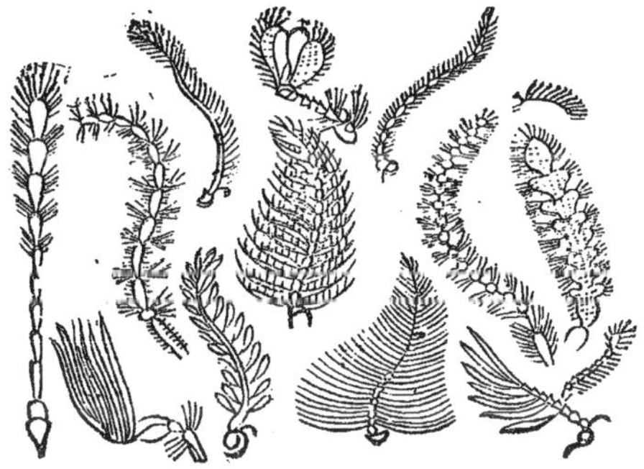

第三圖　角長数倍

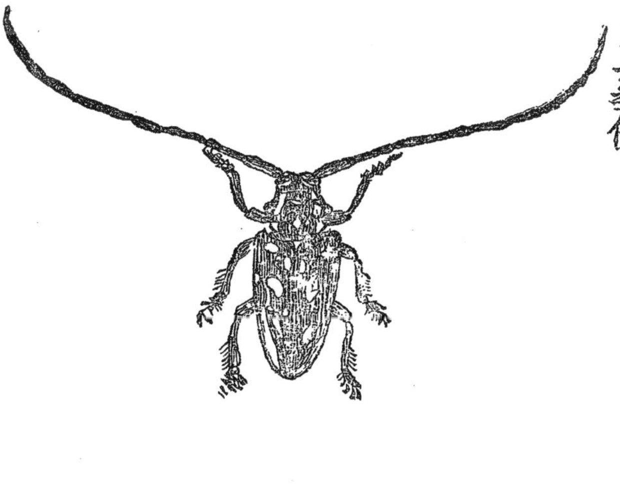

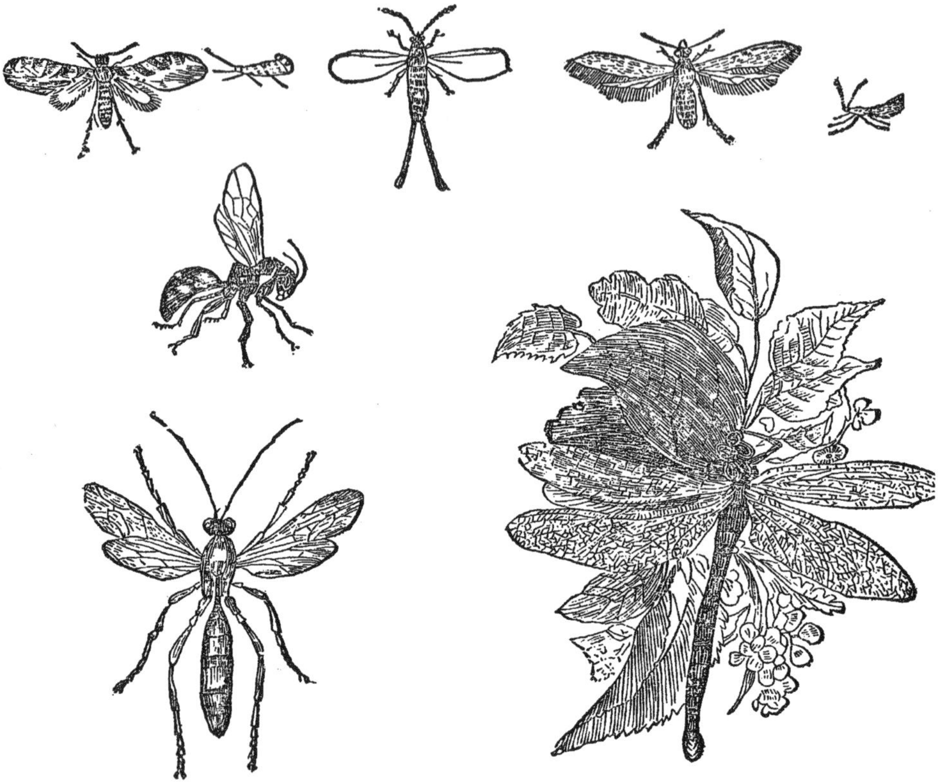

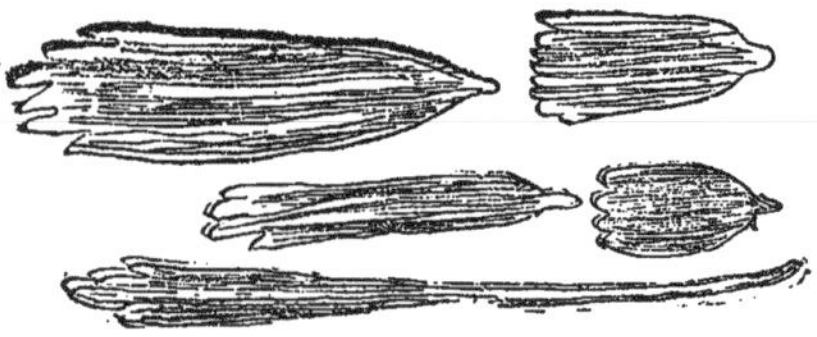

第五圖

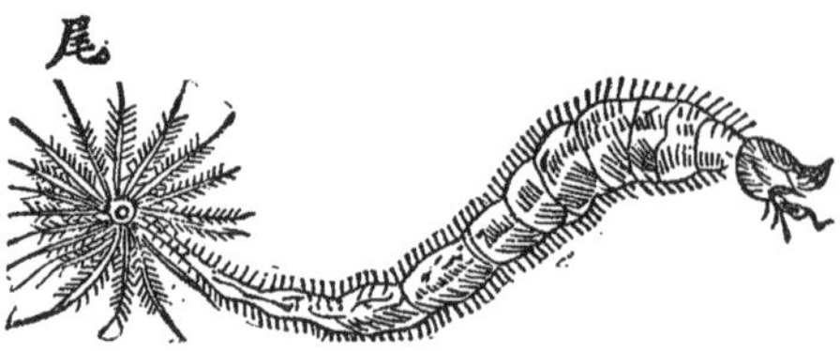

第六圖

此圖是用顯微鏡大起来

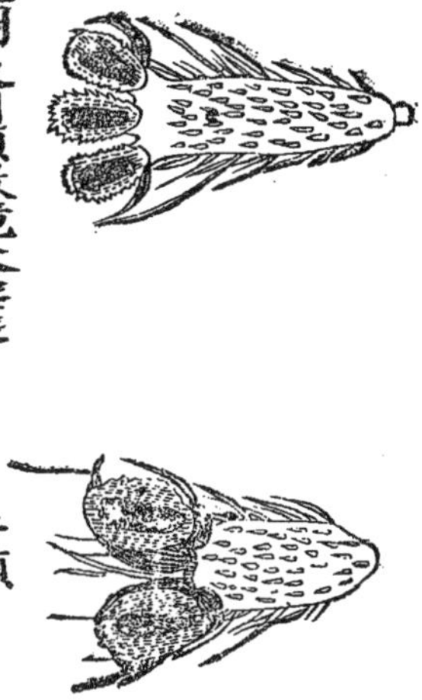

二類

第九圖　食肉等腸胃

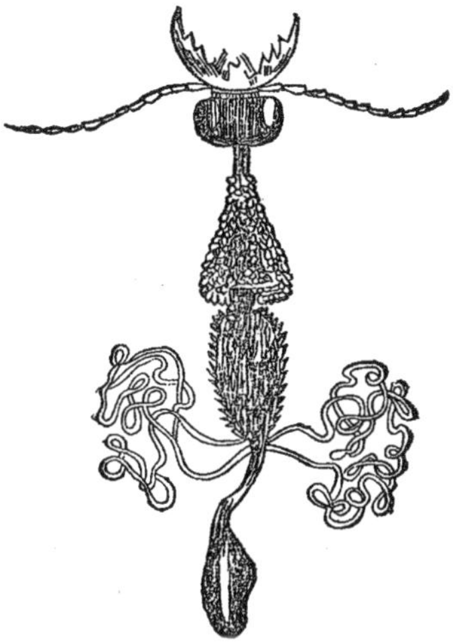

第八圖　食木等腸胃

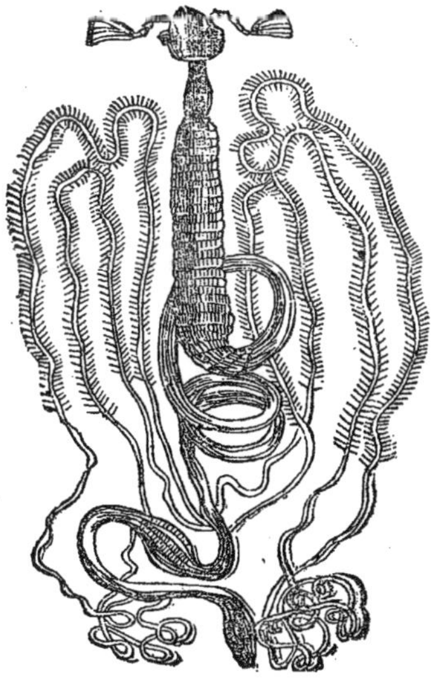

第十圖

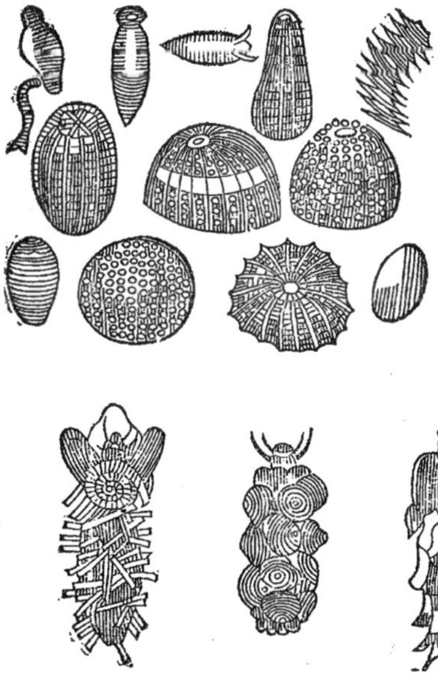

第十二圖

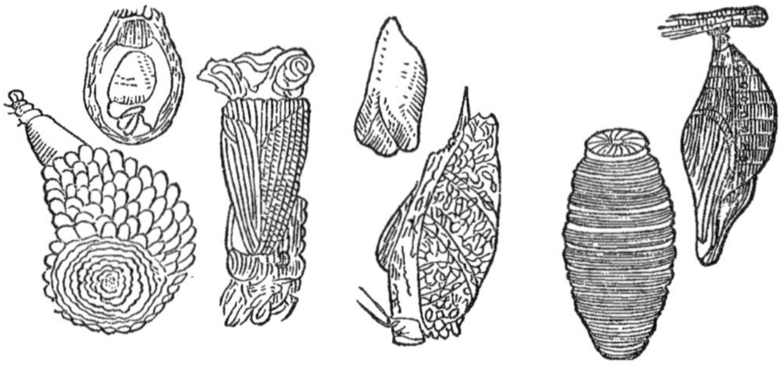

第十三圖

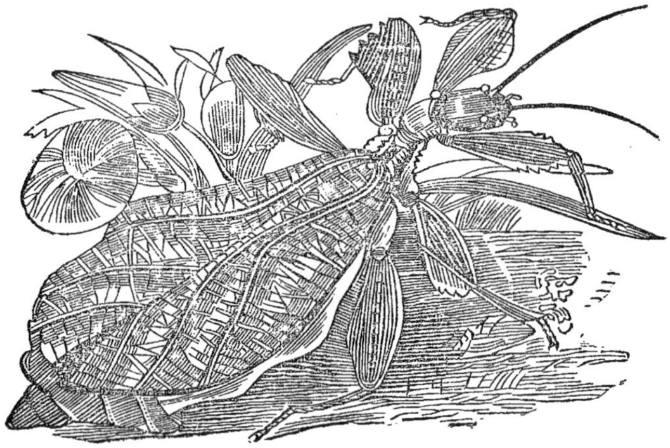

第十四圖

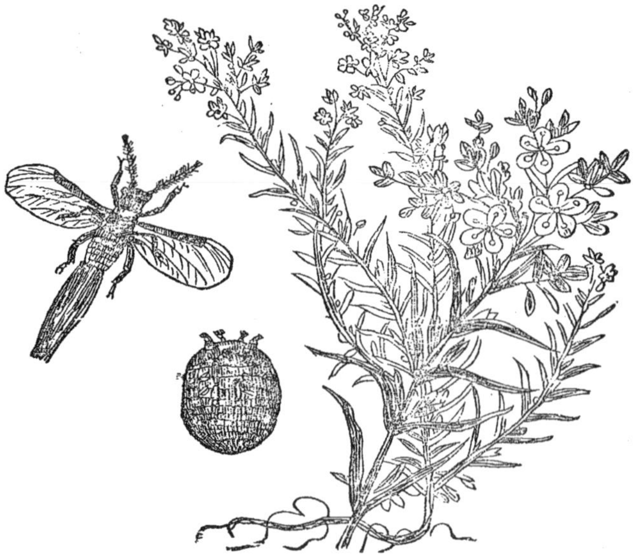

此二葉是虫落下之形

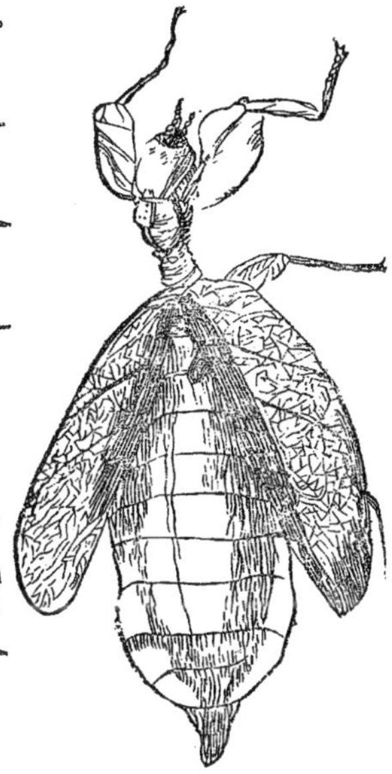

形色如木葉

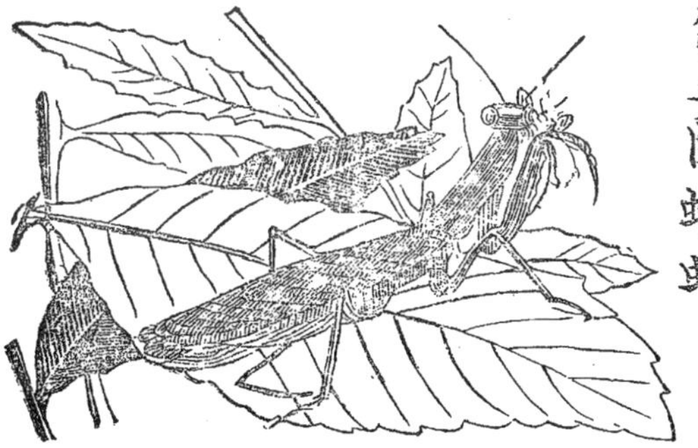

第二圖螳蜋

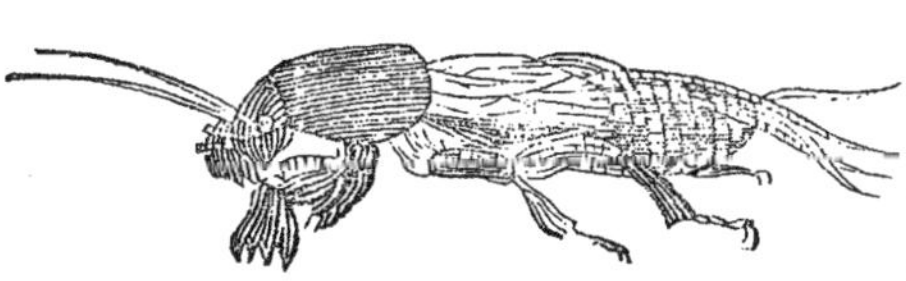

第三圖螻蛄

圖一

亞美利國燈籠蟲

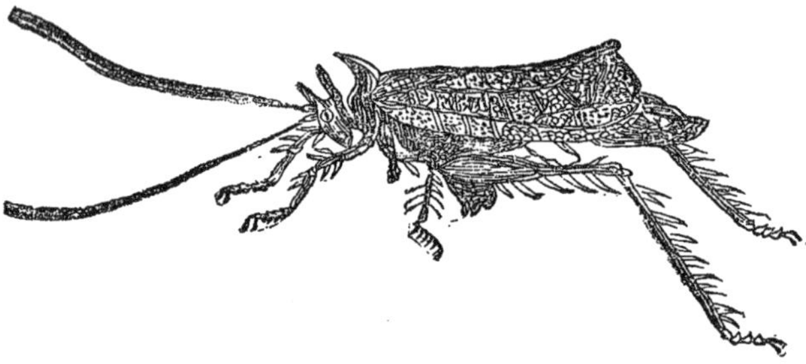

第五圖　似蜻蛉而小

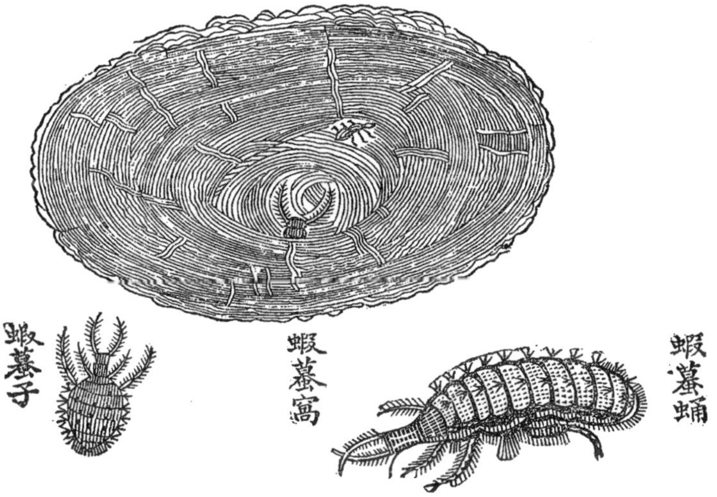

第六圖　蟻

第七圖　白蟻窩

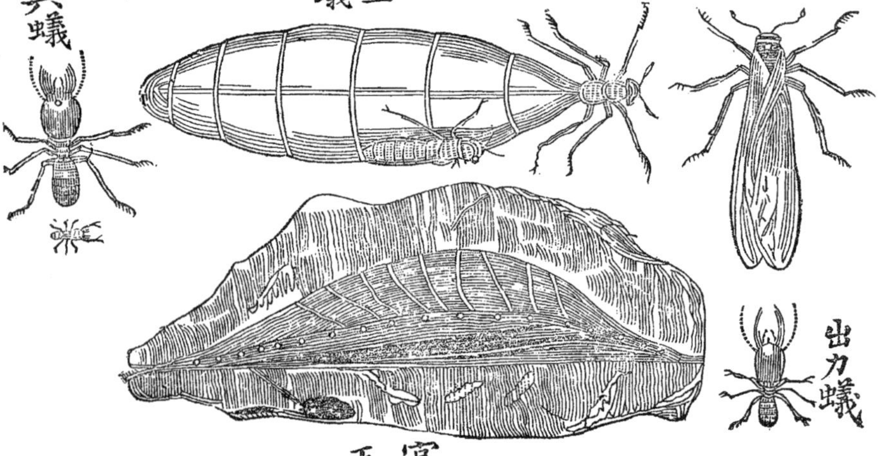

第八圖　飛去之蟻

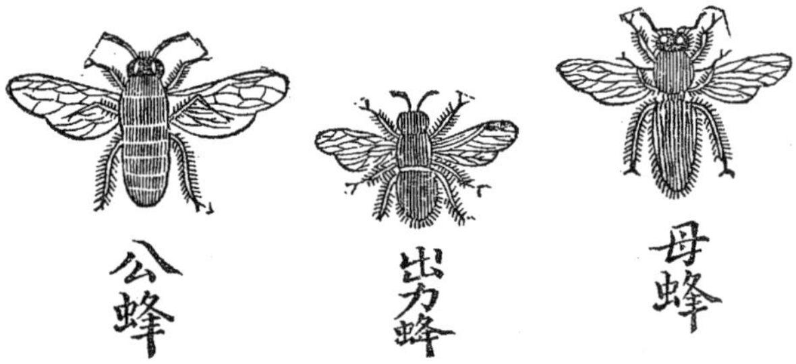

第九圖　蜂

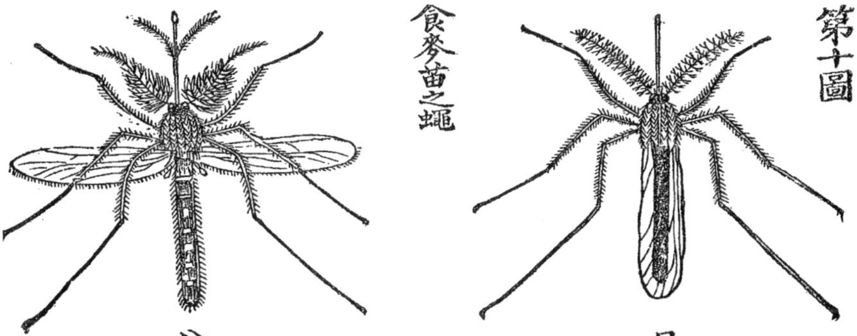

公　母

第十圖　食麥苗之蠅

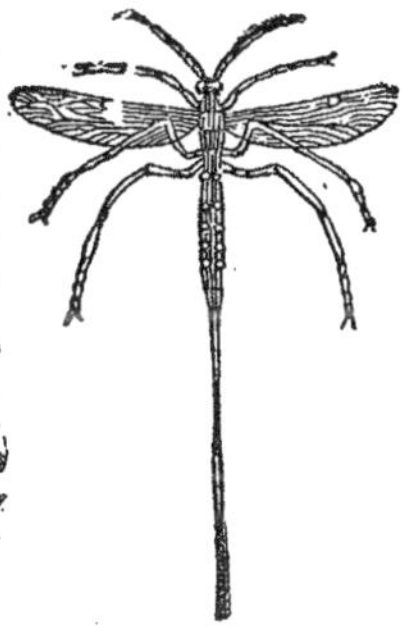

第十一圖

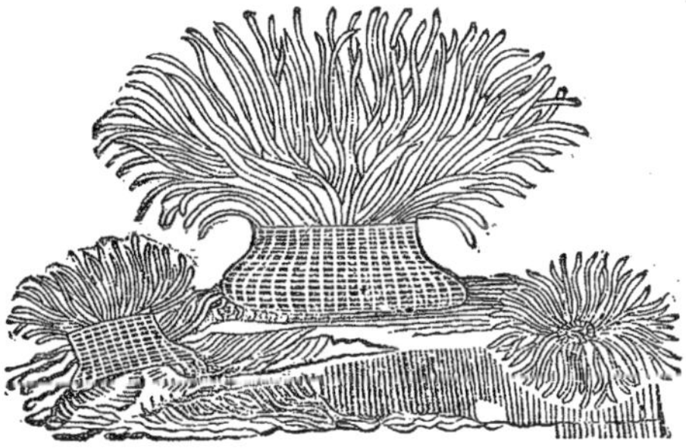

第十二圖　海中花卉

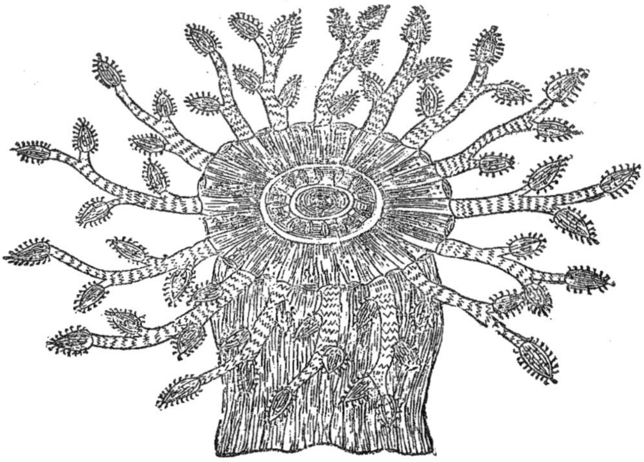

第十二圖　海中花卉

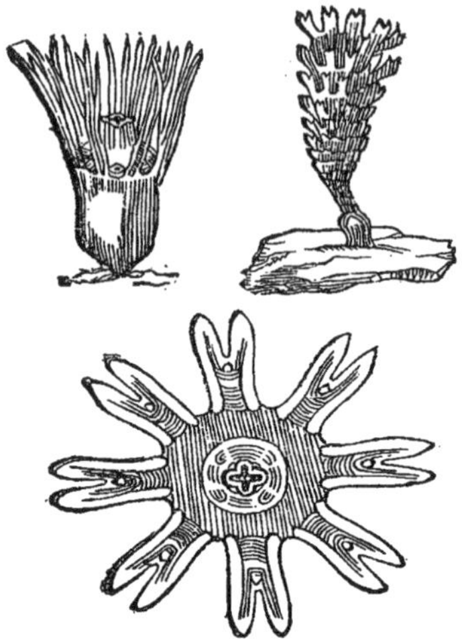

第十二圖　海中花卉

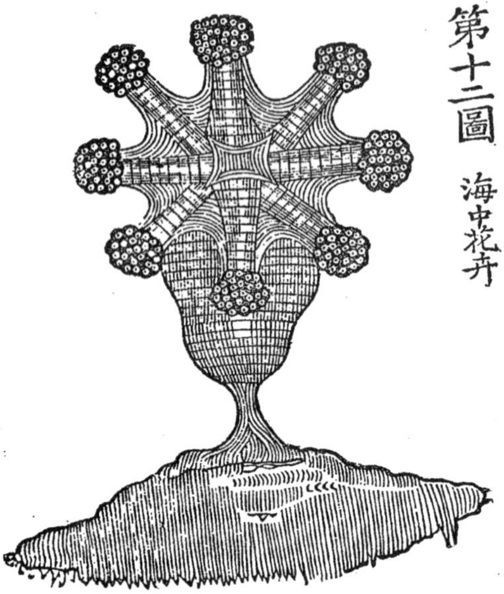

第十二圖　海中花卉

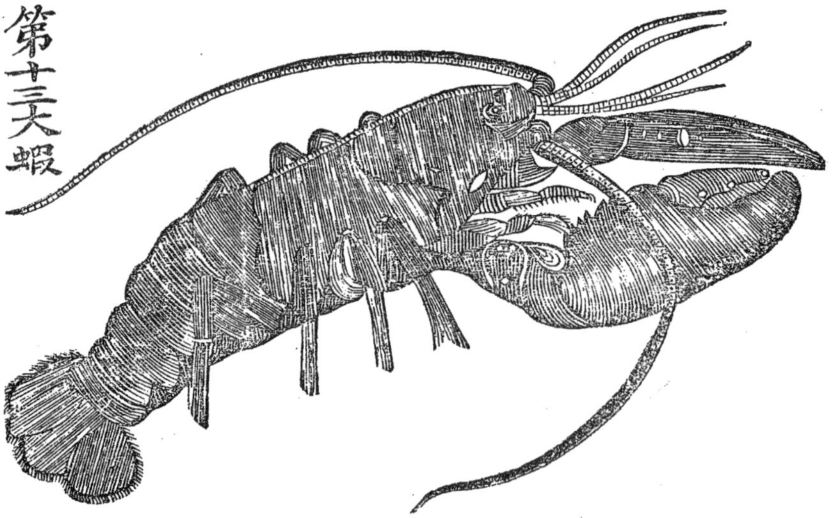

第十三大蝦

第十四螺一

第十四螺蛤二

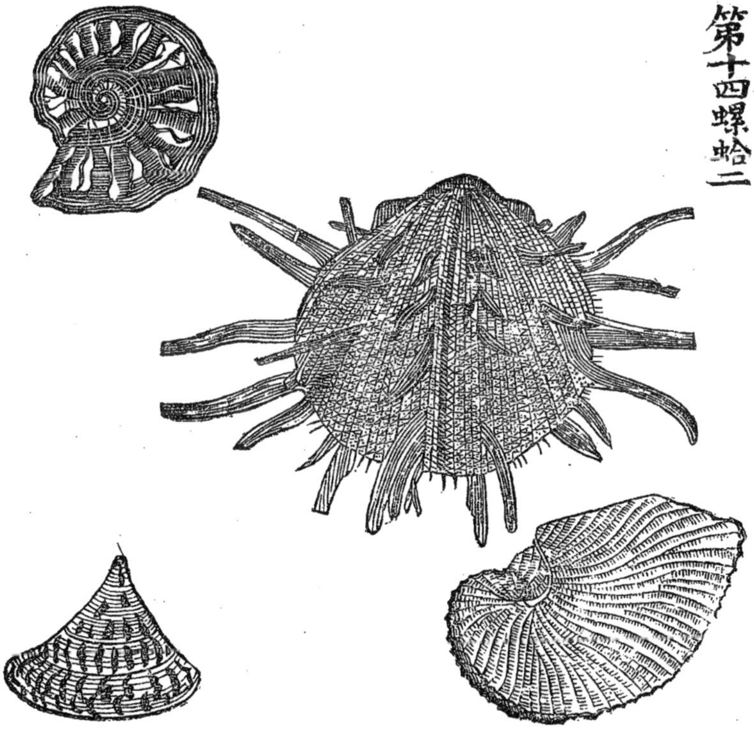

第十四螺蛤三

創造天地萬物也、必於天地萬物之性之質之用之宜、一一皆知之悉而後乃處之當、故上帝更無乎不知、上帝具妙性至德精意大能、四者俱深微玄奧、人不能仰窺萬一、上帝自有之、必能自知之、無論已既往之事、上帝悉知之、蓋上帝永遠常在、故自太始至今、無不知之、風之行、日影之移、無迹可記、人之言行與思、則有迹而不能滅、迹何在、過後恒記於心者是也、而上帝之善記、勝人萬億倍、故人一言一事一念、雖歷億萬世、上帝仍明記之也、現在之事、上帝悉知之、天地萬物、上帝一覽盡知、非知其大略、乃知其詳細、雖每人頭上之髮、上帝亦能悉知其數、故人心中之善惡、無能逃上帝之洞燭者、聖經云、我耶和華鑒察人心、視人所行而加報施、是也、耶利米書十七章十節　未來之事、上帝悉知之、蓋凡事皆上帝主之、故事雖未來、上帝必預知之、聖經云、昔我預言、今已悉應、更有未來之事、復告於爾、俾爾得聞焉、以賽亞書四十二章九節　聖經中預言無數未來之事、至今有已應者、有未應者、其應者若火取影焉、凡此諸端、上帝於太始時已悉知之、無一事遺漏、無一事增加也、人之悟理、必以漸而入、上帝於理、即始見終、大悟大澈、無少需遲、上帝具全知、若今日知一事、明日知一事、則非全知矣、人所知者萬物外面淺近之理、上帝所知者萬物根源深妙之理、聖經云、我主至大至能、智慧無窮兮、詩篇一百四十七篇五節 又云、故於上帝前、萬物不得隱、豁然顯露、均為鞫我之主所視焉、希伯來書四章十三節 此之謂也、然而無可測也、上帝無形、不能目見之、無聲、不能耳接之、無質、不能身遇之、乃以神為體、深微玄妙、初非易知、然人能玩索聖經、體驗心性、考察世界萬物之理、自能得之於心、而覺上帝無量福祉、無量智慧、無量微妙、欲窮究之而不能窮究也、欲詳審之而無從詳審也、故雖心交上帝、不過知其萬分之一耳、不能盡知也、能盡知之者、其惟耶穌乎、其惟聖神乎、蓋玩索聖經、觀上帝之顯見、而覺其威嚴也、觀上帝之德而知其仁慈也、觀耶穌而明見上帝之性情、知耶穌與上帝合德也、然聖經之理、深而難測、廣而無涯、縱讀千萬遍不能盡解也、體驗心性、吾有知覺、而知上帝亦有知覺也、吾有智慧、而知上帝亦有智慧也、吾能別善惡、而知上帝亦能別善惡也、吾能記憶、而知上帝亦能記憶也、凡吾之所有、上帝無不有、凡吾之所能、上帝無不能、蓋受造者必有造之者也、然自開闢至於世末、人類之多、不知其幾千萬億也、吾特其中之一耳、此幾千萬億之人、皆具心性、其心性皆本之上帝、而人之外又有天使、天使之多、不知其幾千萬億也、皆具心性、具有神通、其心性神通、皆本之上帝、而欲以眇小之一人推之、難矣哉、考察世界萬物、則嘆其巧矣、富矣、美且備矣、然此萬林之一葉、萬牛之一毛耳、此世界萬物外、尚有無數世界萬物、其多不知其幾恒河沙、幾那由他也、彼無數世界萬物、與此世界萬物、或同或異、不得而知、或有同有不同、或全不同、不得而知而悉上帝造之主之包容之人又何從而測之置杯水於庭俯窺日影而知日之形圓日之體明也然所見者乃日之影非日也夫日之與影則大異矣玩聖經驗心性察世界萬物而知上帝無量智慧無量微妙無量福祉然所見者乃上帝之跡非上帝也夫上帝之與跡則大異矣聖經云上帝非可忖度全能之主豈能盡知大哉上帝之智乎雖上窮碧落下及黃泉周行陸地徧歷滄海亦終莫之能測約伯記十一章七八九節又云耶和華兮爾鑒察予兮我或坐或起或寢或興爾知之稔兮念慮未萌爾知之久兮我之步履爾察之詳兮耶和華兮我之言詞爾無不知悉兮在前在後遶我不遠恆撫予兮斯道奧妙巍巍無上我不能及兮爾之神無乎不在余安能避之無乎不有余烏能逃之兮如上升於穹蒼爾居於彼如長眠於地下爾亦在彼兮黎明迅速如鳥展翮我藉其翼而奮飛至於海涯兮我得至彼乃爾引導扶翼予兮如我匿於幽暗之

所、自謂人不及見其暗必光兮、我不能自藏於幽暗、使爾不見、雖在昏夜、無異日之昭明、光兮暗兮、自爾視之、無以異兮、詩篇一百三十九首

上帝乃神　第九章

天地之間有二類、一曰形、一曰神、形有象、神無象、形能目見之手捫之、神則無可見無可捫、形有輕有重、神則無輕重之分、形有定在、神無定在、二形不能合一、形神可以附麗、形合諸質、故能分、神則純一、故不能分、形久不能無毀、神則永存、毫髮不傷、形無性命之靈、不能自爲行動、神則活潑敏捷、能動能行、形乃死、神則生、形乃窒、神則靈、行無知覺聰明、神皆有之、形無心、神有心、能愛能惡能喜能怒能樂、形不能自有作爲、不能自成其物、譬如作舟之木、不自成爲舟、必賴匠人斟酌思議雕斵裁成、故天地萬物、不能自闢洪濛、亦必先有一具大能之神、忖度造作而成也、夫太初具大能之神者、非上帝耶、上帝非自有之大神耶、其

大無外、其高無上、蓋充塞於太虛者焉、如曰上帝非神、則可分析亦可增損、然上帝則無不全、如曰上帝非神、則必有象、然上帝無不在、處處有之、而人不能見也、聖經曰、上帝乃神、神則無形象、耶穌所謂神無骨肉者是也、有形象則有限量、非無不在矣、設有形象而無限量、且無不在、則虛空世界、皆爲上帝所充塞、而天地萬物無位置之處矣、且有形象則不能純全、蓋形象能窒礙神之能、而神之用不全、故上帝必無形象、惟無形象、故不可作象設擬而拜之、昔上帝命以賽亞告民云、萬國在上帝前、曠然無象、悉屬虛浮、爾曹以何物比擬上帝、以何象象之、（以賽亞四十章十七八節）夫以五尺之土木、用以作象擬上帝而拜之、是欲令無限無量之上帝、縮於五尺之內、可笑莫甚焉、使徒行傳云、造宇宙萬物之上帝、乃天地主、不居手造之殿、不爲人手所事、亦不需一物、（十七章二十四節五節）故亦不可宰牛焚香而祭之、亞薩詩云、昔爾燔祭、恒獻禮物、我不以此罪爾兮、爾宅有牛、爾牢有羊、我不取之兮、林中百獸、萬山羣畜、俱屬我兮、曠野禽獸、我所諳悉、天下萬物、咸歸於我、如我飢、毋庸告爾兮、我豈食牛肉、豈飲羊血、我乃至尊之上帝、爾當獻祭、惟謝我恩、以償厥願兮、詩篇五十章八節至十四節

或曰上帝無形象、目不能見、於何處拜之耶、穌曰、爾拜天父、無問何處、上帝乃神、拜之者必以神以誠、約翰福音書四章二十三四節

上帝自然而有無終始　第十章

未有物必不能生物、其初自然有物耶、非自然有物耶、非自然有物、則必有時未始有物、未始有物、必不能生物、故若無自然而有者、則天地萬物至今未有、若有天地萬物、則其先必有自然而有者、所謂自然而有者即上帝也、天地萬物、待上帝而成、猶宮室器具待工而成也、不知上帝有始乎、無始乎、上帝有始、則必有生上帝者、生上帝者有始乎、無始乎、生上帝者有始、則必有生生上帝者、由此推之、至無終極、而不可

窮詰、故有識之儒、皆以上帝爲無始、無始故自然而有、自然而有、故永永常有而亦無終、自然而有而無始終、故無窮盡、亦無限量、無窮盡無限量、而爲天地萬物之根、故具全智大力、無不知、無不能、且大仁慈、而爲全善之體、聖經云、爾爲上帝、無始無終兮、詩九十篇又云、自昔及今永在、無所不能、默示錄一章八節聖經中論此甚多不能盡列此之謂也、

上帝莫測　第十一章

上帝無形、不能目見之、無聲不能耳接之、無質不能身遇之、乃以神爲體、深微元妙、初非易知、然人能玩索聖經、體驗心性、考察世界萬物之理、自能得之於心、而覺上帝無量福祉、無量智慧、無量微妙、欲窮究之而不能窮究也、欲詳審之而不能詳審也、故雖心交上帝、不過知其萬分之一耳、不能盡知也、能盡知之者、其惟耶穌乎、其惟聖神乎、蓋玩索聖經、觀上帝之顯見、而覺其威嚴也、觀上帝之德、而知其仁慈也、觀耶

穌而明見上帝之性情、知耶穌與上帝合德也、然聖經之理深而難測、廣而無涯、總讀千萬遍、不能盡解也、體驗心性、吾有知覺、而知上帝亦有知覺也、吾有智慧、而知上帝亦有智慧也、吾能別善惡、而知上帝亦能別善惡也、吾能記憶、而知上帝亦能記憶也、凡吾之所有、上帝無不有、凡吾之所能、上帝無不能、蓋受造者必有造之者也、然自開闢至於世末、人類之多、不知其幾千萬億也、吾特其中之　耳、此幾千萬億之人、皆具心性、其心性、皆本之上帝、而人之外、又有天使、天使之多、不知其幾千萬億也、皆具心性、且有神通、其心性神通、皆本之上帝、而欲以眇小之一人推之、難矣哉、考察世界萬物、則嘆其巧矣富矣美且備矣、然此萬林之一葉、萬牛之一毛耳、此世界萬物外、尚有無數世界萬物、其多不知其幾恒河沙、幾那由他也、彼無數世界萬物、與此世界萬物、或同或異、不得而知、或有同有不同、或全不同、不得而知、而恐上帝造之主之包容之人又何從而測之置杯水於庭俯窺日影而知日之形圓日之體明也然所見者乃日之影非日也夫日之與影則大異矣玩聖經驗心性察世界萬物而知上帝無量智慧無量微妙無量福祉然所見者乃上帝之跡非上帝也夫上帝之與跡則大異矣聖經云上帝非可忖度全能之主豈能盡知大哉上帝之智乎雖上窮碧落下及黃泉遍行陸地徧歷滄海亦終莫之能測（約伯記十一章七八九節）人人心中有良知良知即上帝之旨良知所發皆上帝之法令有司守帝王法令出入寅畏毋敢稍逾何況我人守上帝之法令敢不小心謹慎以遵循之乎無論何時何事少違良知即開罪於上帝況事事刻刻背良知而妄行乎故世人皆負重罪上帝而外誰能赦之夫獲罪於人則求恕甚易獲罪君王則必君王加恩寬宥乃可得生如人獲罪上帝則必詣彼祈宥彼曰赦斯赦之矣或云上帝至大惟帝王之尊庶可上禱我儕小民當求諸

鬼神、此實大謬、鬼神有如僕役、無權以赦罪、聖書命人常拜上帝、悔罪改過、賴主功以求赦、違則犯罪更重、因輕視其命也、或思行善以補過、庶得赦免、而以耶穌之功爲不必恃、顧人未有身心俱善者、縱悔罪後、身心俱善、至死無過矣、此亦分內事、不能蓋其前愆、如此則罪終不能蠲除、上帝憐之、施法外恩、特遣耶穌降世、身死十字架、代悔罪自新者贖前日之罪、作約書明示世人、而人或不信耶穌、不遵約書、罪乃至重、譬如傳旨諭民、民或不遵、是蔑視君上矣、故卽疑非由中出、亦當稽其眞僞、不可因不信、遂一意不奉詔也、況約書乃上帝之旨、可蔑視乎、故人或疑非由上帝出、亦當細心考覈、不可因疑遂不肯信、以獲大戾也、約書言人死後必質審於上帝、能悔罪自新、且信耶穌、前罪并赦者、福之升天堂、永不苦、其不悔罪及雖悔而不信耶穌者、罪之淪地獄、永不赦、若確係上帝旨、此實可憂可懼之事、故人當細考約書之眞僞、勿一意不信焉。人心敬事上帝，其誠僞上帝悉知之，無絲毫可假也。

上帝非太極　第十二章

道家云、道生一、一生二、二生三、三生萬物、何爲道、曰靜極乃道也、靜極者、寂然不動之謂、請細思之、夫寂然不動之物、乃能生天地萬物、能激蕩大氣、使爲飈風、又能令大洋之水、遞長遞落而爲潮汐、又能令地球繞日、月繞地球、具如此大神通、恐明理之人、必不能信之矣、故生天地萬物者、必爲有生命且具大智慧大能力之主宰也、宋儒太極之說、人多信之、太極何物也、周子曰、無極而太極、而朱子之解無極也、則曰道之未始有物、而實爲萬物之根也、又云、以其無方所形狀、以爲在無物之前、而未嘗不立於有物之後、以爲在陰陽之外、而未嘗不行於陰陽之中、以爲貫通全體、無乎不在、則又初無聲臭影響之可言也、如其所解、若又有知覺靈慧、是卽上帝也、而周子朱子、皆不明言太極有知覺靈慧、然最重最要者在此、若無形象、無始終、而無知覺靈慧、卽成頑空烏能生人物、蓋人物有知覺靈慧、則生之者不能不有知覺靈慧、而周朱皆不論及、則未可言無極即是上帝、人當細察之矣、　朱子又云、太極只是一個實理、一以貫之、夫理本虛、必有所本而始實、理譬諸意、意生於心、無心即無意、理生於上帝、無上帝即無理、又云此理爲闔闢之主、如戶之有樞紐、男女萬物、生生不息、此理爲生生之本、夫理何能爲主爲本、要知在未有物之前、必具大知覺大靈明者、方能爲闔闢之主、生生之本、蓋無知覺不能造物、無靈明不能造靈明之物也、故不可僅言理、亦不可言無極而太極、　朱子嘗言理無情意、無計度、無造作、只是個潔淨空闊的世界、無形迹、却不會造作也、如此何以能生至奇至巧之世界、假如花木種子受傷、縱至巧之人、不能補救令復生萌芽、花木已遭火焚、亦不能將灰再成枝葉蕊瓣、牛羊宰割後、亦不能合復生、而無知覺之理、何能於糞土之中、生出佳木芳草、布葉生花、以成大

瑰文章耶　饒氏魯云、此理爲生生之本、如木之有根柢、夫木之根柢必始於種子、又必有人安放肥土中、方能發生、且各種各類、米種生米、豆種生豆、不能移易、蓋米豆之種、其造法及性各不同、故所生各從其類、亦不同也、種子如機器、造法如器內之機、機不同、其動亦不同也、機器必人所造、故種子必亦具大智慧者造作而區別之、不然、則必如諺所云桃樹開李花矣、推之禽仍生禽、獸仍生獸、魚仍生魚、虫仍生虫、亦各如此、故理如木之根柢、則必有主宰此理者、而理不得爲主也、　朱子云、理非別爲一物、卽存乎氣之中、無是氣則是理亦無掛搭處、又云若氣不結聚時、理亦無所附著、又云此氣是依傍這理行、此氣之聚則理亦在焉、又云氣能凝結造作、又云此氣凝聚處、理便在其中、氣則能醞釀凝聚生物也、今當細察此論是否、　周子言太極動而生陽、動極而靜、靜而生陰、靜極復動、太極既無知覺、安得有動靜、卽果有太極、果有動靜、亦必具大智慧者先詳定其動靜之理、然後置太極於恰好處而動之靜之、而管理之、若任其自動自靜、則必有不當動而動、不當靜而靜、以太極無知故也、於是動靜皆失其宜、何以能生萬物、蓋生生之源纖毫失宜、萬物即繆亂、所謂失之毫釐、差以千里也、況動靜皆失其宜乎、造萬物者必具大智慧、自開闢至世末、無不悉知萬物之性情、無不悉知萬物聯屬之理、無不悉知、故一切能預爲籌備、又具大能力、故萬事萬物、皆歸統治、蓋不知萬物性情、及聯屬之理、則不知造法、假如不知水之性、則不知如何造爲、不知氣之性、則不知如何造爲、若不具大能力、則物或悖亂而行、不能禁止之、如無吸力、則行星直行而去、不能令繞太陽、亦不能令月繞地也、而無知無力之太極、何以能造之且統理之耶、　朱子曰、萬物各有一太極、則太極有分裂、本是一太極、而萬物各有稟受、又自各全具一太極爾、不拘何物、即最小最微之物、亦有陰陽動靜、果如此言、不知時辰表亦有太極有陰陽否、或曰表乃人之所造、則地上所生一切草木禽獸等物、更奇更妙、反云有太極陰陽耶、設有人云有一時辰表、於此中有太極、能自生金銀鋼銅鐵玻璃等物、又能自成錯磨鑽鑿諸器、又能自用諸器、作輪擺發條遊絲諸巧機又能知物之性、用適其宜、如鐵最剛用作軸、鋼能剛能柔用作發條、又自能配合恰好以報時刻、發條卸盡、又能自上、合復走、初非有人作之主之、此與萬物有太極之說無異、可信乎不可信乎、　朱子云氣聚成形、理與氣合便能知覺、此一無證據、乃臆說耳、又云如火得脂膏便有許多光燄、設世間不生脂膏、或人不以脂膏作燈、則火亦無自而明、故無上帝必無天地也、凡物無以動之必常靜、而萬物之動、誰使之、如地球之繞日與自轉、又如海中之潮、河中之流、空中之風、必有動之者、而後能動、太極無知、烏能動之、即曰能動之、然又必先將諸物置於恰好之處然後動得其宜譬如水溅於漏斗必人置之於漏斗也擊石而生火必人擊之也不然則動不合法太極無知烏能置物恰好處而動之乎禽獸昆虫皆有知覺運動之根俗謂之性命性命與骨肉之體不相同也若無根源從何而有人有性命又有靈魂靈魂與性命更不相同也若無根源從何而有周朱未嘗論及若云亦本於太極太極無知覺靈慧何能以知覺靈慧付人物譬如人已本無鐵烏能富人已本無權烏能貴人況身體性命靈魂三者各大不同何能悉本於一無知之太極耶　朱子又言老子之言有無以有無爲二周子之言有無以有無爲一夫有則不能無無則不能有有自爲有無自爲無逈不相同烏得混而爲一耶太極圖大率皆臆造一無確証如陰靜陽動之圖左右易位亦未始不可何必☽在左而☾在右耶即任作若干圈亦未始不可何必定三圈耶又水火土金木之圖五行之位任意置之無不可者何必七

定居中、而水火定居上、金木定居下耶、此果何所憑而何所証耶、圖旣無憑、則所云無極而太極、動而生陽、靜而生陰、一動一靜、互爲其根、陽變陰合、而生水火木金土、二氣交感、化生萬物云云、亦皆臆造、絶無憑証可知矣、火乃電氣所生、水乃一分淡氣八分養氣相合而成、木乃炭與淡氣諸元質相合而成、金有二十五種、性各不同、皆元質也、土有九種元質相離、九種之性、亦各不同、故水火木金土、實有三十九質、名爲五行、殊非確論、又水火木金土中諸元質各異其性、不能自生、其相生次序、乃術家悠謬之說、周子誤信之耳、又五行何以能生四時、更屬荒唐、一無確証、

五經內每以天指言上帝、乃實言上帝也、具明威有明命福善禍淫、善者降之祥、不善者降之殃、畏天命之君子、所以兢兢焉、朱子註論語、謂天卽理也、今之士人、亦往往稱天、乃以虛空之積氣實之、此誤矣、此悖於古經而移於風俗者也、蓋亦未之深思耳、苟一思之、

當無不可以識上帝矣夫能予世之能視者以善視之目已反不能視乎、能予世之能聽者以司聽之耳、已反不能聽乎、能予人心以知覺思議之靈、喜怒哀樂之情、自不能無靈明、能予人以隨機應變之才、主理事務、自不能無聰慧、能予人以行動馳逐之力、奔走往來、自不能無威嚴、既已具此純備之體、足此完全之用、則謂上帝者、亦言其故而已矣、故者以利爲本、烏可鑿、

靈魂說　第十三章

人生所有者二、曰身體、曰靈魂、身體有形象、靈魂無形象、身體土所化成、何以言之、人食五穀而長、五穀皆土所化、是土化五穀、五穀化身體也、其先合父母之精血而成、而父母精血、亦藉五穀生長、是亦土所化也、靈魂上帝之所賦、故靈魂爲身體之主、曰性、曰命、曰理、曰情、皆本於靈魂、目能見、耳能聽、鼻能別五氣、舌能辨五味、身能動、心能想、皆靈魂

爲之也而心思之妙能發宇宙之秘探造化之奇尤爲靈魂之大用禽獸無靈魂則不能也身體乃靈魂之宮室宮室毀主人在身體死靈魂存耳目口鼻四體乃靈魂之器用人夢中亦見天地人物或聞奇妙音樂或食異味聞妙香或與人辨論至理或作詩文此時五官四肢未嘗動也可見靈魂自有五官四肢之妙用不藉五官四肢亦能之也又常有官骸不全之人而心之智慮超倫如左邱無目而能文孫子刖足而能兵可見身體雖不全靈魂未嘗不全靈魂與身體不同也保羅云外體雖壞內心日新是矣以是推之人之身體雖死靈魂不死而善者升天堂享永福惡者落地獄受永苦靈魂本上帝之所造上帝未嘗不愛之然既爲惡則必棄之譬如香米煑飯人本愛食若飯之一半落於穢中則必永棄之矣而靈魂無論上升下降永遠不死假如有天使自空中來取地球一粒泥屑去過一萬年再來取一粒去如此每過萬年來

取一粒至地球之泥取盡其時之久非算數所能計矣而靈魂仍不死也復以所取之泥每粒化一地球如前取其泥屑至所取地球俱化盡靈魂仍不死也享永福者如是之久其樂如何受永苦者亦如是之久其悲如何百年旦暮耳身後悲樂乃至無窮宜早有以自計矣佛家有輪迴之說言善者轉生富貴家惡者轉生或爲禽獸或爲昆蟲此乃荒誕之語夫能言語能記憶能謀度三者乃靈魂之能事此如熱與光爲火之能事光熱與火不能分則三者與靈魂亦不能分若輪迴之說不謬則富貴之子必能憶其前生而禽獸昆蟲皆能言語能謀度矣或云死後靈魂居空中不能受樂亦不能受苦蓋苦樂皆身受之靈魂無身故無苦樂此不經之論夫身受苦樂有靈魂故能覺若已死之人雖彩色眩目繁音震耳彼不見不聞也雖加以刀鋸投之水火彼不痛不癢也又或心懷憂慮覺大苦惱此苦不在身也或作惡夢生大恐怖身固

晏然在床也、故謂苦樂必身受、無身無苦樂者、不可信矣、或云身死則靈魂散滅、此無稽之言、天地間元質有六十四、分合變化、未嘗少減、如日蒸水、化爲雲氣、或降爲雨、或散於空中、凝而爲露、不少減也、又如火焚物、物中諸質、或成灰、或成烟、或成炭氣、亦不缺也、此諸元質不少減缺、靈魂至貴、反令散滅、此如人於衣服什物、一一愛惜、不令少損、而獨殺其子、略不慈憫、必無之事也、聖經云、靈魂不死、有明徵矣、

以上歷述天地人物創造之奇、而歸功於上帝、蓋謂上帝之必有、且自然而有、無生死、無始終、而更莫測、而又知人之靈魂、終莫逃其審判也、特恐世人狃於道與理氣之說、而以余言爲鑿空也、因附綴數條於末、閱此書者、幸勿河漢視之也、

格物探原目錄

三卷此卷表明天地萬物皆上帝所主宰

論元質　第一章

天地萬物皆以六十四元質配合而成如金銀銅鐵養輕淡炭等皆是元質皆由微渺而造微渺者何取元質之一分之而又分之而再分之以至於分之無可分即所謂微渺者是是微渺爲物之所自出微渺乃無可分亦視而不見究亦有分量有形質而又大小有定限其一莫之能察一一積之而能察且能權其輕重度其大小焉如輕一養八淡十四炭六磺十六燐三十二綠三十五零五碘一百二十七鉀三十九鐵二十八銅三十一零七鉛百零三零七銀一百零八金百九十有七鈣四十鈉三十三矽二十八鎂二十有四鋁二十七零四之數者更易配合輕一綠三十五零五成一物輕一磺十六成一物綠三十五零五銀一百零八成一物碘百二十七鉀三十九成一物諸如此皆可類推倍

其數亦然輕一、養十六成一物、養十六、炭十二、成一物、淡十四、養十六成一物輕二養三十二成一物養三十二淡二十四成一物養三十二淡二十八成一物皆有定數假如養十五淡十二則不成物養十七淡十五成物後必餘養一餘淡三皆歸於無用假如淡十八炭十七成物後必餘淡四炭五置於無用假如炭九十六輕八亦成一物炭九十六淡百有一十二亦成一物蓋元質配合皆有不易之分量與不易之法妙如減其分量而去之不成一物如增其分量而多之成物後必有餘者其形質大小乃亦如此輕淡綠碘炭溴汞七者之微渺其大小略同養燐鏀三者微渺之大小半之磺之微渺其大小視七者六分之一其配合之輕二養一成爲水鏀一綠一成爲鹽鏀一淡一養三成爲火硝讀化學一書可悉其事故此微渺有類於磚石能建屋宇其大小形體皆有定式微渺故非自然而有乃有主宰居其先立其意而爲之故萬有之前有一無始無終之上帝在焉　微渺一一各有性能有牽合之性如膠投漆有推拒之性如水與油有互相感應渾化之性疏密之性光火電三者皆能變易微渺令其或疏或密或爲定質或爲流質或爲氣質其事有可驗者假如以輕氣實於堅固玻璃瓶滿其瓶三分之二復以養氣實其三分之一塞其口而搖撼之不能成水試去其塞而入以火卽爆烈作聲而成水矣再試以金一方鎔於火可令其微渺質疎離再益以火愈令微渺質遠離升爲氣其餘諸元質皆類於此　元質所成諸物無問其元質或一或二或十或百或千以至於無數元質而成者要之各物有各物之能之性彼此交濟牽引推拒以成宇宙之大觀雖然各物各有性能一物究無以相濟假如將一物置之何所無他物相近此一物終不能變易化生欲作一何用須以二物交合物有二用乃見如置一酸於此無他物近之則酸終於酸若近之以鹻則酸立

變置一藍於此無他色近之則藍終於藍若加之以酸則藍易爲紅輕一養八成爲水若二者分而遠之則輕終爲輕養終爲養人外有食物胃有津液非化和之食物自食物津液自津液無能資以生養木有枝葉資炭氣以長養如無日光之和煦令其吸合木不能自爲吸則亦木自木炭自炭耳各元質皆若此彼六十四元質易置配合以成世宙萬物非上帝於其中易置配合之亦豈能成一物哉　萬物中無一能自然而然運動之物假如世宙祇惟一物便滯而不活物有二乃有交涉物愈多交涉愈大有明悟者將物物措置合宜可以生生不已然則一物不能有物二物可以物物其美惡無定惟賴聰慧者於物與物相宜者合之乃以成美備之用　有火藥有火分而置之藥自藥火自火以火藥實之鎗砲加之以火可以獵禽獸供庖廚如火被風引着於火藥則轟然作禍傷屋及人　山有灰石煉爲灰灰不遇水不適用有灰有

水非有合和之者則不謂有灰有石有磚非有砌而築之者不能粘連依附而成舍宇二物合而成用其所成之用乃依萬物本然之性推衍而出或謂二物相合爲因其成用爲果誠哉是言究之非此二物自成其因果乃主宰用此二物修因以成其果　世復有事非物物之因果如日之出没逐日有常道冬至後日移向北日高一日夏至後日移向南日低一日月與星之行道亦復有定春夏秋冬時序不紊晝夜寒暑度數不易潮有升降不爽其期風有恒信不易其方草木禽獸各有土宜統地球面亙古不易若此類者由天道而然　復有其無定者風之大小雨露之多寡歲之豐歉人之疾病夭札患難安樂世之康樂與否若此類者乃由天意而生　欲明此三者須辨析之孤陰不生孤陽不長一陰一陽合而化生比如男女化生此由萬物本然之理若人之生也骨肉肌膚由幼而壯由壯而老此由天道使然至於形體或大或小

或黑或白或紅或黃或疾病或憂患或富貴或貧賤聰悟多寡才能優絀此則天意又如舟能浮載行海者先造舟此乃物理舟行因潮之漲退此乃天道行舟而遇風順風逆雨雪晴陰此由天意更如農人播種種生萌芽此萬物之理日暄雨潤發榮滋長此爲天道苦旱苦澇被風被蟲此則天意天意居其先天道出其中物理亦出其中　或謂生萬物者天道之自然如四季循環自能生生不已非也蓋天道非他乃物物措置恰當相成爲道也四序生物其所倚之事頗多一爲日之光炎二爲地之繞日一歲一周三爲地之距日遠近有定四爲地面之雲之氣與日光合宜五爲地之自轉逐日一周六爲土之元質美備七爲雨露足潤八爲耕田播種此數者如廢其一則四季之生生頓息不惟廢其一不可卽其一微有舛誤亦物無一生假如日光無七色或患寒冷雖些須之有異所關甚鉅假如空氣或微薄或更厚何以收攝日光假

如地之自轉或再遲或更速世宙廢矣假如地中各元質之分量多寡非預爲經理協宜其七者皆無所用八者俱備倘無上帝置日之火令其分布地面亦八者俱廢故此四季生生不已倚賴如許物事皆由天意焉　月有常道三五而盈三五而缺或者謂此乃自循天道而行亦非也月繞地球自無光借日之光類如海島燈樓指引舟路每日晚生光至曉而息作此者殊費事功先造樓次置玻璃圓頂次置燈或三十或二十亦預求其極上之油亦有忠厚善司理者乃能夜夜生輝此如月在天空非有如許事物預置妥協固不能有此星之類如北斗其首一星止而不動其餘諸星或上或下用以驗晨昏蚤暮其柄春指東夏指南秋指西冬指北觀此星象可以識昏夜之時刻四序之推遷類如鐘表視其外之針向可以測時內有大小輪軸與發條其一小者壞舉爲廢器無靈巧者安置其輪軸不能有此鐘表故無上帝措置天空之

機軸亦不能有此星象　掘井見水人謂此亦天道乃亦天意也蓋非有上帝預置其地中泥沙石之層次其水一不能存總之萬物之理天地之道俱由於天意焉

論措置萬物第二章

上帝尚未造此微渺先預定其大小尚未造此元質先預定其微渺之多寡亦預定其本性本能元質尚未成物皆一一前定其某物宜某質某物具某性某能物物各有其本性本能上帝可任意作如何地球如何世界西國有字母二十有六用以成萬萬言故上帝尤能以六十四元質任作萬萬地球無問作某地球須預思及四事一爲物物之地二爲物物之時其三則多寡其四則運動　讀談天一書知地乃天空之一球之小者其繞日之軌道有恒不能移軌道橢圓非正圓故距日遠近不同計每歲二分二至之期俱有不易之地且繞日由日之外輪適

中不偏不倚地之南北正軸亦非直非平乃斜倚亦有定度年有四時俱倚於此春秋日光多寡相同如北半球夏日光永冬日光短亦倚於此故此斜倚之理所關非輕有如許之恩愛存焉晝夜長短寒暑冷熱不易其恒假如地之距日再爲移近世宙萬物俱被焚燬再爲移遠俱寒而死矣地軸斜倚亦能生風貿易風由此而定春分日由赤道北行日高一日亦日熱一日至夏至而漸移南當其日熱一日空氣亦日熱一日氣愈熱愈輕輕則上升熱氣上升外之冷氣卽衝而入之如日向北行氣熱而漸上升其南之冷氣入之遏而爲大西南風日向南移過赤道而南氣亦熱而漸升其北之冷氣入之遏而爲東北大風卽所謂貿易風者是熱氣上升由赤道而南至南極北至北極至二極冷而下沉南北復向赤道以補上升之空循環不息如潮汐之往來故南北兩半球各有上下二風潮二潮相逢而生大回旋風破屋壞舟不惟如此

亦復用有最要者當赤道熱地草木繁殖根株高大而枝葉茂密出養氣多其上潮引其養氣北流由下潮而散之以滋生血氣人物養氣既散復引人物所吐之炭氣散於赤道以滋生其草木焉　物各有本性本能外益以某必有外益之性外益之能易其地亦易其本性本能地或熱或寒或高或下或地中或地面或明或暗或燥或濕萬物皆由之而異焉　萬物之時亦各有定宜焉時有早有暮有長有短有宜有不宜上帝欲生世人先須備人生日用之物故早措置地中之石次置金銀銅鐵等次再置灰石次再生如許草木崩陷而埋沒地中以成此煤層次再崩裂以成高山深谷　人物子生始有乳漿乳與子生之時宜斷乳時應繼以穀食生齒牙其時亦合宜畜類生子與四時宜非春即夏假若或生於秋末及長即遇冬寒必以寒死飛禽亦然每方春時築巢生卵蓋亦爲生於秋者不及其長亦將遇冬寒而死矣　凡世間事

皆各有定時人物之生由少而壯由壯而老而死是爲不易疾病亦然如生疹痘如患瘧疾等皆是　上帝置立世宙亦預定各萬物之多寡焉空氣內具有養氣淡氣逐日舉世人等須養氣七十有五千二百萬斤萬物等須養氣三倍於此計二百二十有五千六百萬斤合人物共須養氣三百千八百萬斤假若一日間此養氣略爲減却人物皆苦暑爲加增血氣者之心動速而內患熱不自適湖海之水多寡亦定假若水少則化爲氣亦少雨亦少是大不宜水多則氣多雨亦多是尤不可地球之小大亦定假令地球大如木星則吸力加大吸力大人物行動維艱步履煩苦草木汁漿艱於上潤將無以作花果亦枝葉枯槁草木立斃兎之善走將如爬蟲鷹善騰空將如家鶩人徒手行將如任大負重恐十里程途須延一日假令地球小如水星吸力亦小吸力小草木汁漿潤上太過而尤速枝葉柔媚亦無以成花果飛禽難下走獸常暈

人立不穩如同酒困　光之數有定其來角與回角合光之射入水射入油其光線有定可度而知之聲之來角回角亦有不易地心力離心力向心力皆得而數之度之星象俱有常道有定時可以悉數之血氣物各各亦可分之　至於運動一節物物不能自爲運動置於某地即止於某地或東或西或南或北或上或下或速或遲皆倚外面之抵力而定如河流之遲速乃上帝預定速或過舟無以行遲或過味必臭惡地球每日自轉一周其遲速有定假如再爲增速將日若其短草木入物皆毀棄矣再爲加遲則日若其永亦紊亂矣地之繞日遲速有定假如略爲加速日不足三百六十有五不可假如略爲遲緩日不止三百六十有五尤不可有格物者考究植物等知水氣由植物之本上升釀爲植物之汁以滋生其葉作花結實實既熟則葉變其色而黃落埋於土釀爲糞以預滋來歲之汁凡此諸事計需日三百六十有五故或爲

加速或爲加遲均有不宜故世宙之與非惟倚賴日之光熱亦不惟倚賴空氣中之養氣有定且不惟倚地球之大小有定而亦賴其繞日運動之有遲速焉故此萬物運動之先假無具極聰明具極力量之主宰預爲經綸毫髮不移致令某物運動若何遲速若何向往亦日爲扶持之不能有此　上帝措置宇內萬物無論其地其時或多或寡或運動要皆彼此扶持來往不已如一輪軸然血氣物吸空氣內之養氣入血灼其血內之炭氣而令之暖後復吐其炭氣炭氣最爲草木所喜草木葉之汁漿吸入炭氣復出養氣故動植物彼此資以生活白晝日暖大地被日光之熱至夜而復緩吐其熱以助世宙之暖故夜夜極冷之時不於夜半而於黎明晝夜亦相扶助當晝時萬物吸日之熱以免世宙之過暖至昏夜而吐其熱以免世宙之過寒草木葉葉晝吸日光之熱至昏而吐之至夜之冷也有漸冷漸加空氣亦漸凝而爲水遺於各草

木之葉俗謂葉葉有露於以滋養草木故亦爲相扶助也　馬牛食蒭糞最宜田人食五穀糞亦最宜五穀之田假欲土增稻麥宜用食稻麥稭之馬牛糞欲土增豆粱宜用食豆萁之馬牛糞日蒸洋海爲氣升爲雲降爲雨潤及禾稼瀰於江河發於井泉水輪水磨等資人如許用度皆仍歸於海其循環不已若此

論地質　第三章

太初地球本一火球耳類如鎔金在冶後球面凝冷成殼殼即爲石殼上有水後乃迸裂再凝而爲石其時水加多如此者屢矣乃所以成世界各種石類格致家察之知上帝成諸石類各有層累一爲火奮石二爲黃硬石此二者乃第一磐石層再上爲斑文石再上爲青礫石再上爲化形石再上爲舊紅砂石再上爲灰石層再上爲煤層旁亦有鐵再上爲新紅砂石此乃第二磐石層再上爲蛋形層再上爲白粉層再上

爲下新層再上爲中新層再上爲上新層此乃第三磐石層三者之序非安安措置蓋上帝令地球屢次迸裂令其顛倒錯亂地面者下沉地下者上奮故今之山巔磐石有由最下之層奮起其爲山巔磐石者大約非直上下皆屬斜倚其二等三等亦斜而倚附之有圖可參其最高者爲第一磐石類其次爲第二類其次爲第三類其次則爲新泥由雨衝磐石消磨而出此各州府省及各國某地高山某地平原某爲旱陸某爲湖澤某爲江河山高如何形勢如何水流有方曲折如何皆由上帝預定而措置之　其新泥分爲二等一爲水不能化者二爲鹹類水能化之水能化者其一爲鹽其二爲石膏其三爲土朴硝四爲洋朴硝五爲鈣綠二六爲鎂綠二七爲鉀綠八爲鹻九爲新灰石十爲堅石類十一爲燐幾希雨降時化此諸類能合諸類之氣由植物之根本上升然則諸類之附爲泥土者最爲切要矣蓋草木不稼所資以長養者也

其不化於水者一爲沙二爲埴土三爲碎雲石類亦有鐵銹及燐假如衡土一兩置之碗水內攪而調之其速沉者爲沙再以其沙面之水傾之異器其再沉者爲泥其餘者皆化於水內試將其泥沙衡之其沙多者其土磽薄其泥多者其土肥腴上帝任意置此世宙用其沙多沙少泥厚泥薄鹽類多寡其餘諸類某增某減此預擬定某地宜某產驗前圖其第四層新造之泥距海不遠其產宜稻宜棉宜糖宜菸其三層多沙其產禾稼亦稀木惟宜松柏其二層多泥其產宜多麥其一層沙泥鹽類等配置合宜故其土產維備亦宜各種大木凡諸質之不化於水者所以固結植物之根本令不移動有格物者至三等土宜之地見其一最宜禾稼其二微差其三甚劣乃將此三等之土各取千分歸而驗之

一等　二等　三等

鹽類	十八	一	一
泥	九百三十七	八百三十九	五百九十九
沙	四十五	一百六十	四百

復將此三等之土各取千分易其法而再驗之

	一等	二等	三等
糞泥	九十七	五十	四十
玻精	六百四十八	八百三十三	七百七十八
鋁	五十七	五十一	九十一
鈣	五十九	十八	四
鎂	八分五	八	一
鐵	六十一	三十	八十一
錳精	一	三	五釐

鉀	二	微	微
鎌	四	微	微
淡二輕三	微	○	○
綠氣	二	微	微
硫	二	七釐五	微
燐	四分五	一分七釐五	○
炭	四十	四分五	微
零質	十四	○	四分五

驗此知其屬於三等者其土中所未有者殊多其二等者亦有未備其一等者莫不兼全上帝預置土地滋生禾稼有某無某所以預定某地某產普天之下各州府省以及各國某有某土某產某物皆上帝預爲主焉

論物質　第四章

大地既定上帝乃定其産何草木五穀果蔬等亦預定其小大高下凡用何元質與元質幾何亦預令其各與空氣禽獸人類咸宜草木之生其要者有四一曰根二曰幹三曰葉四曰花與實根由土中旁出其毛根吸雨水所化之元質鹽類等以滋其幹由幹以上之葉由葉內之細莖散行四周葉之末而回行由幹之外皮內以至於土葉則晝吐養氣吸炭氣以堅大其枝幹花乃首供人玩亦生鬚蕊以預滋其果實是花爲實故故可謂一物根莖葉花皆彼此扶助以成其果實焉穀屬之實可分爲二一在外卽其殼一在內則其粉粉調以水而揉之再調以水過以細絹羅其漏出者爲漿其不漏者爲膠以此二者置之火沸酒內油卽出之外亦有糖有蠟穀實內不惟有此三者此三者在各粟粒中亦各有定位如圖三粒中一粒爲麥右一粒爲大麥左一粒爲玉秫其

在外圈者爲油油皆裹以六面小胞在中者爲漿其最內爲膠此四者皆有不易之元質如將麥或大麥或玉秫苜蓿等之幹莖取其千斤灼而爲灰其有何元質可詳驗之

	鉀	鎌	鈣	鎂	鐵	燐	硫	綠	玻精
麥	一百二十五	二	六十七	三十九	十三	三十一	五十八	十一	六百五十四
大麥	九十二	三	八十五	五十	十	三十一	十	六	六百七十六
玉秫	九十六	二百八十六	八十三	六十六	八	一百七十一	七	十五	二百七十
鈴麥	一百九十一	九十七	八十一	三十八	十八	二十六	三十三	三十二	四百八十四
茶	一百七十三	三	九十	二十四	十四	三十八	八	五	六百四十五

如將其粟粒千斤灼而爲灰試更驗之

	鉀	鎌	鈣	鎂	鐵	燐	硫	綠	玻精
麥	二百七十三	九十一	二十八	百二十	七	五百	三	〇	十二

大麥	一百三十六	八十一	二十六	七十五	十五	三百零九	一	微	二百七十三
玉秫	三百二十	五	十四	一百六十二	三	四百四十九	二十八	二	十四
鈴麥	二百六十二	〇	六十	一百	四	四百三十八	一百零六	三	二十七
菜	二百二十	一百一十六	四十九	一百零三	十三	四百九十五	九	〇	四
豆	三百三十六	一百零六	五十八	八十	六	三百八十	十	七	十二
麻	二百四十五	三十四	一百四十七	九十九	十九	三百八十一	九	三	五十七
	五百五十七	十九	二十	五十三	五	一百二十六	一百三十六	四十二	三十二
羅蔔	四百一十九	五十一	一百三十六	五十三	十三	七十六	一百三十六	三十六	七十九

凡諸土產亦倚日之功用焉日能發光光分七色其上爲藍色三等其中爲黃色三等其下爲紅色一七色合而成白即每日視日之光光之射物亦有其本性本能凡四一能化物成色一能出光一爲熱一感動植物吐養氣吸炭氣堅凝其汁以成其枝幹欲驗其七色試於暗室中

向日開一小穴以放入日光以素紙承之近穴口映以三角玻璃七色立見假如人以銀養淡養塗於素紙俟其乾以承取日之七色其上三色易爲黑其中三色微黑其下一色不變再以寒暑表置之上三色中其表不升不降置之中三色中微升置之其下紅色中水銀立升是紅乃熱之所出更置之紅色下無色之地上升又高是其色之尚未露者亦爲熱之所出焉植物諸種入地自不能生受日之熱乃萌芽吸炭氣成枝幹此由日之中三色而來花與葉色若何則由其上之三色而成假如物生於幽暗其萌芽必白亦柔弱而不成枝榦復有一奇皆知爲上帝之前定焉凡樹之枝闊若干根亦如之具有上帝美意焉葢雨由枝及葉之四垂而墜通集於根莖之杪杪各有口以吸及之凡植物之吸雨氣者必由於此如其根闊於枝外之雨吸及之而雨於樹者不及吸則其雨不足如其根縮於枝雨亦不及吸愈無以生矣　動物一一

其受造之元質亦各有定焉人身體所造之本物有五一曰膠二曰脆膠三曰卵青四曰絲卵青五曰奶卵青

	炭	輕	淡	養	磺	燐
卵青	五十三分五	七	十五分五	二十二分	一分六	四釐
絲卵青	五十二分七	六分九	十五分四	二十三分五	一分二	三釐
奶卵青	五十三分八	七分二	十五分六	二十二分五	九釐	○

假如卵青百分內其炭質五十三分四輕七分一淡十五分六養二十二分三磺一分二燐三釐此諸質外盎以養氣一分五卽爲絲卵青五物合而爲肉外亦有脂脂之元質炭養輕三者之大小輕重皆有定衡外此則爲骨骨之百分內爲膠三十二分十有七釐絲卵青一分十有三釐又鈣養燐養五成一物骨有此物五十三分零四毫鈣養炭養二十一分三十釐鎂輕燐養四一分十六鹵連鹽一分二十釐　血千

分內水七百八十有四卵青七十絲卵青二分二釐赤膠一百三十一
肺一分三鹽三分六鈸綠三釐六毫鏀二輕燐養四二釐鏀二炭養三
輕二養十八釐四毫土朴硝二釐八毫鈣三燐養四二釐五毫銕二養
三五釐外此零餘之質五分四釐七毫　腦氣筋成人後百分內水七
十二分五釐一毫卵青九分四釐脂六分一釐鹽類十一分一釐九毫
燐一分八釐　皮膚百分內炭五十五分七釐五毫輕七分四釐一毫
淡十七分七釐四毫養連礦十九分一釐　髮百分內炭五十分三釐
七毫輕六分六釐六毫淡十七分九釐四毫養連礦二十五分零三毫
指甲百分內炭五十分一釐五毫輕六分八釐二毫淡十六分九釐
養連礦二十六分一釐三毫年有老幼其體中元質多寡不同此其中
年者也　萬物亦有然牛角百分內炭五十一分一釐三毫輕六分七
釐一毫淡十七分三釐八毫養連礦二十四分八釐八毫　翎毛百分

內炭五十二分零一毫輕七分一釐一毫淡十七分六釐八毫養連礦二十三分一釐一毫　硇管炭五十二分輕七分二釐一毫淡十七分八釐九毫養連礦二十二分

奶之百分	水	油	糖	鹽類	奶卵靑
人	八十八分六	二分六	四分		三分九釐
牛	八十七分四	四分	五分		三分
羊	八十二	四分五	四分五		九分
驢	九十分零五	一分四	六分四		一分七釐
犬	六十六分三	十四分八	二分九		十六分

乳內鹽類有燐鈣鎂鉄鈉綠鹽鏀各様畜類乳中諸質亦各有定數

論上帝造物俱係爲人　第五章

上帝造化萬物實爲生人亦各與人人心性合宜試譬之吾人偶入一

賈肆見其陳設美備書畫人物悅人心目凡各貨物部位整齊各歸各所大與大並小與小連或束或裹數各有定或桶或盒輕重有衡如籩之粗細色澤大小各歸其類劃然清晰錢之數準以十百千萬市之開閉日不爽時人之飲食輪流更代各有職司各有班位或司掃除或司賓迎或司簿書彼此扶持咸隨主意亦或休暇如歲時伏臘或歸或否更代互易入其內院有花木魚鳥以助娛怡書室客室寢室庖廚食飲器具各適其宜此必具聰慧者預爲籌畫使之有條有理其意欲指示有心人欲其服事如無此主人預爲經營調攝其事使物各歸其所人各就其職固不能自然而有此事事非如此有售某者其人不知何物何所將手足無所措必致淆亂無章主人欲有所爲亦不知某事宜某無以生理徒勞心計矣設有能自世外來者見此世宙措置合宜有山有海水陸分界亦產草木人物禽獸日出而曉日入而星月繼之如燈

如燭山之小大草木之色澤咸各相宜舉世分百餘國人物鳥獸各殊其地草木穀果各異其方交易往來凡百皆益假如潛心稽察萬物必知此萬物内皆有定意有定理焉　植物類無小無大皆可分爲三焉一百華類一蓮與葡萄與椰樹類一花之類凡果實之木亦有三焉其一生葉皆兩兩相對數皆偶其二生葉或三或六或九數多奇其三生葉或五或十或十有五皆以五成每枝生葉五每葉之巨莖亦五左右相對葉之外如鋸齒者其形體大小數目亦各無異花外之葉五花之瓣五花蕊五花鬚五觀植物學一書可悉　動物類可分爲四一爲水物體圓而無骨芒歧四出如茈魚是二爲水中介類三爲無脊骨者如虫豸類四有脊骨者亦分爲四一爲鱗族二爲蛇類三爲飛禽四爲獸畜凡此動物之體亦有一定者其形貌宜其左右宜其小大宜其色亦宜會有入耳目左右大小異否左右手足長短異否目睛之色亦各宜

其類各有定其心性各有定其習氣各有定其用各有定其居止各有定故人欲獲其物用其物足以知於何覓之奚以用之試於此而更深究之又知凡物各有其定質焉如以硝化於水煎以文火令其化氣上升至氣盡時其所遺之質皆有定形或以硫礦用文火化之俟其冷亦有不易之形出焉或以信石化爲氣貯以玻璃俟其冷氣皆成沙石皆有定形　金石類各有本原之形無可改易假若將一石碎之其小者之形皆如其大者之形再將其小者碎之復然其形有方者有六面者八面者十有六面者二十面者等類觀化學一書可悉試於此而再深究之亦可以悟萬物皆有一定之輕重一定之時宜一定之色澤一定之本性本能故人可以知某物恒於某地某物見於某時某物某形某物某性某能有何法於以統理諸物有心者於此知凡萬萬物皆十分恰當皆爲人蓋化學家令人知凡各元質各有輕重咸能察之亦知某

元質幾何與某元質幾何配合成物亦知某氣與某氣多少配合成物亦知萬物有萬物一定之理亦知有上帝預爲措置有似於賈肆之主人焉

創造天地萬物非太極乃上帝所主宰也 第六章

客有行之沙漠者極目荒凉絶無人烟忽見綠樹成行花果纍纍疑似必有造此風景者漸見炊烟遠護暗覆村落更憶其間必有爲之安置者無何而見桑麻横畝犬吠雞鳴街巷井臼往來之行踪不絶亭榭樓閣環繞之花草叢生入其院則見有書齋客舍卧房庖厨進其室則陳有几榻床帳書畫琴棋但見籠鳥啅囀毛色新奇憶此院落定非爲數鳥而設且一切陳設皆非鳥所能用既而登其樓則見樓旁之園闊大無比百獸俱備巨猿司門而虎豹犀象盡居其中又憶此樓榭必非爲羣獸而設且一切安置亦非羣獸所能用似此樓榭園囿果係何人所

造亦果爲誰而成也猶疑未定突有人來客喜而問曰此處院落何人宮室抑誰爲之經營而造成耶對曰此係自然而有本無主理者也客云有此理乎若樹皆叢生而不整房無瓦石而成穴或可謂其自有今樹則分列成蹊樓則鳥革翬飛謂之自有有是理乎對曰此係開闢之始卽自然而有者也起初之樹實係叢生漸長則自成行列起初之樓實係土成漸長則自成磚瓦惟園中之象起初本非象也係海中之參生魚魚生昆虫昆虫生雀雀漸生獸焉客乃遍觀內外見有可衣之衣盈篋可食之糧滿倉庖有肉盤有魚油鹽柴炭無所不備處處家俱安置皆宜遂睨而視莞爾笑曰似此衣也自然而生于篋歟粟也自然而生于倉歟肉也魚也自然而生于庖與盤歟油塩柴草及一切器皿俱自然而各安其處歟對曰然也從未聞有爲之安置者客曰噫眞愚人也此其間豈能無大智大能者爲之料理耶視此亭榭樓閣何異乎鍋

繡世界安排位置何異乎萬物得所對客之人何異乎以天地萬物爲自然而有之先生乎我故曰天地萬物無非上帝之主宰也則所謂衣者卽上帝所生之絲棉也食者卽上帝所生之五谷也柴草者卽上帝所生之煤炭也家具者卽上帝所定之五行也合以籠中之鳥園中之獸則天地萬物不盡屬上帝之主宰乎乃有以萬物爲自然而有亦有以萬物由太極而生及由理由氣者不誠如對客之人也哉

易云太極生兩儀兩儀生四象四象生八卦而萬物皆備於斯矣中華文人多謬於此說而以太極爲造物之根源又有謂世界如同鷄卵亦有清黃世界之以漸而有猶鷄卵之生鷄以漸而出也而不知此非有大聰明者爲之主宰預將鷄之元質造於其卵之內則鷄何由而得生前之小引原爲世人多信此說故不能不竭力爲之分辯也且予之有是辯者非空談也其據甚多

余之所以駁太極而論上帝之爲主宰者非不知中華前聖前賢屢講上帝之德能如書之湯誥曰惟皇上帝降衷於下民詩之大雅云蕩蕩上帝下民之辟大明會典云帝闢陰陽兮造化張神生七政兮兆物康又皇帝立命兮肇三才中分民物兮惟天徧該孔子云天生德於予桓魋其如予何孟子曰天之生斯民也使先知覺後知使先覺覺後覺也梁寅易註云帝者神之名神者帝之靈帝者神之體神者帝之用主宰萬物者帝也所以妙萬物帝之神也主宰之爲上帝諸論同一語也似不必多爲贅矣然有不能不細爲講論者其故有三　一因世人不信主宰多有拜偶像者　二爲讀書君子多謂上帝者理也　三爲自古世人無論賢愚莫不謂上帝難明是以子貢曰夫子之言性與天道不可得而聞也老子云道者吾不知其誰之子象帝之先莊子云若有眞宰而特不得其朕若是則上帝之主宰雖古之聖賢亦多有不能細論

者蓋未知欲明上帝之心者其法有五一要考諸上帝所造之萬物二要徵諸人心三要留意于上帝主理世界之規模四要細閲舊新二約聖書五要深明耶穌生平之作爲

格物探原一書其一二卷所講者乃天地萬物之理原爲表明上帝也此書則合論一切亦特爲表明上帝之主宰也試先卽上帝所造之萬物以論之

稽之地球可知上帝之主宰　第七章

所謂天地萬物非自然而有亦非若樹種之生樹以漸而長也此格物者之所已細察其據非一世界未有之前原係渾然一火球後則因火而有氣又後因氣而生水後因地球崩裂水漸就下分有海陸後又崩裂而有山川原野又後屢次崩裂遂顯而爲錦繡世界卽所謂各大洲及一切山川河海是也創造斯世者猶富室之修園囿也其初則沙石

瓦礫匝地散布不堪耕耨不能栽種日費修理漸成膏腴既至花果滿目鶴鹿同遊不知其幾費心機矣非有大聰明者必不能理此園囿非有大智慧者豈能主理斯世乎

凡世上所有之物必先有以養之者而後此物能生是以上古皆水之時去火尚近水仍熱而他物不生惟生海草蚌蛤之類後分海陸水亦漸冷而魚類生此時則茂草喬松幾無隙地又後愈冷而黿鼉蛟龍鱷魚等類因而齊生又崩之後另一世界繼前世所生諸物而獸類生焉從此地球內外妥協萬物齊備而人始生焉

又察地球逐層之形俱非先小而後大先惡而後美先粗而後精先奇而後偶也蓋自出世以來即係至大至精至美而且至奧妙者也

論太初之草暢茂稠密交莖連茹太初之樹高數百尺粗經數圍枝葉完全遮天蔽日後因地球崩裂其草木被壓年深日久盡變而成煤炭

論太初之魚其首美而可觀首後有項亦有脊骨又有分尾更有分水之翅前後各二體大形備屬身完全後世之所生者頭則不美漸亦無項有前之分水生于後者有後之分水生于前者亦有有後翅而無前翅者有前翅而無後翅者猶人之缺腿少足者也種種不一其間之最難堪者比目與左口者也

論太初之昆虫如鼉蛟等類形大無比其長則有八丈者有十丈者有十二丈者不等其粗則皆如獸中之象焉

論太初之禽類高過丈五間有兩丈之諳者其雙足立地膀高如門堪容往來之人

論太初之獸類其性俱靈其體亦大觀其遠立則如數間之屋窺其齒牙則猶巨人之足

論世之始祖精神爽健體無災疾心性聰明事無錯遺軀大而心良至

公而無私故其年壽亦無不永昌也

觀以上所論各物俱係先世者大而後世者小先世者完全而後世者衰薄此正爲使人知有主宰非自然而有自然而生長者欲問其故則皆魔鬼之所致魔鬼者上帝之仇敵也似此錦繡之世而魔鬼嫉之不惟嫉物之形美而且嫉人之性善也見馬太福音書十三章二十四節至三十節又三十六節至四十三節

徵之萬物可知上帝之主宰第八章

萬物各從其類不能變質而生往古至今無物不然如牛之不能生馬馬之不能生羊者是也且牛羊不能配而另生一物雖獸中之驢馬有時生騾而所生之騾則不能復自生騾矣果樹之惡可接爲佳而此果之核再生則不能復佳矣此皆足徵造物者之不可更移也生生不已之理如果可憑則萬物至今將不知若何怪奇矣如云海草生魚卽宜

有半魚半草者魚生昆虫卽宜有半魚半虫者昆虫生雀亦卽宜有半虫半雀者何其自古至今從未聞有首尾異種之物若云上古有之今人未及見也亦應有顯諸地中者何其山崩土裂之處亦未聞有見此異形者乎夫地球之形層疊甚多累世所生之物其中無所不有日久則盡變爲石而原形不改如鑑匵中曾經格物者細察地球之厚約有七千八百餘丈合計四十餘里其層則有磐石焉有砂土焉逐層俱有歷世所生之物藏於其中未曾見有半牛半馬之體者亦未聞有見半雞半鴨之形者雖云今之海草有生魚者然不能定其爲草亦不能定其爲魚冬虫夏草亦異物也既不能决其爲虫又不能决其爲草此皆今世所生之物並非自古而有者也卽上古石中亦曾聞屢見異物有如生牙之雀其齒與獸同者又如其首類魚而身尾似壁虎者又有頭類馬而蹄似牛者此皆各種之奇物俱非因他物而生者也

如萬物果係自然而生而無爲之主宰者則自古至今所生者將必有千態萬狀不可名象者矣何其各種各類永世未曾變也即如經書所載諸物歷今已有年矣細考其形今猶昔比非眞有爲之主宰者能如是乎世之設立碑記者惟埃及爲最早其國有四千年前之石刻上有各種鳥獸即鷄鴨貓狗牛羊等物如今日所有者毫無差池埃及風俗自古多拜禽獸如今之拜偶像者等所拜之物及其死後即殮而葬於地中磐石之間現有格物先生設法取出帶至倫敦察其形像無不如今之所生者同而惟貓最多一一皆類於今者又如亞敘利亞巴比倫非尼基各國石碑所刻者亦然即中國舊家亦多家藏古畫其各類亦猶是也觀埃及之碑四千餘年而古今形像從未改變非有爲之主宰者能如是乎

不惟物之形體古今相同即物之性情古今亦未曾變也地球崩裂之

後萬物死傷者甚多其間亦有逃命得救者內有獸名海乙那其形猶狠而性最惡三年前有格物先生察英地山穴見內有鹿之小腿骨甚多俱係斜紋斷折似被惡獸所嚙者先生見而疑之遂將現殺之羊骨鹿骨一並送至倫敦之野獸院令今之海乙那嚙而觀之及其嚙也骨亦斜斷穴中之骨察在數萬年前而現在之骨置於其中何其斜斷之痕跡至今猶昔絲毫不能爽也蓋古之海乙那嚙骨如何而今之海乙那其嚙骨也亦如何物性之不變不從可知乎

博物莫過於觀書如詩經所言草木鳥獸居多細察各類形性今日之所有者無一不同於古昔又如月令所云冬日則雁南向夏日則雁北飛至今仍如是也諸如此類猶得謂自然而有自然而生者乎地球中最深之層其磐石名爲老連層此層內中有生物一種爲數甚多此物外國名爲一哦啄恩譯是第一個活的東西此物以前別無生物實最靈最巧之

物也外則有口內則有胃非一也而數多非惡也而形美豈非主宰之所能乎果係自然而有則必粗笨而不靈果係自然而生則必由一而漸多

地球崩裂前後十數餘次每崩一次萬物齊薇其中之逃命得救者不過僅有而已俟地球妥協之後除前世所存諸物照舊繁庶其形其性均與前世者同而此外另生之物其類尚多所有另生之物各類俱係另種非因前世之物而生也此猶富室之別園也所有花木鳥獸凡可以悅人耳目者皆另爲安置於其中也豈自然而有自然而生者乎

無心者不能成物　第九章

取土一掬置之盆中不日可以生草不知此草之種即原藏於此土之中故此土始能生草試將此土先行焚燒而後置諸盆此土則不能生草矣其有焚燒之土年深日久仍能生草者則因空氣吹來之草種也

若將已燒之土藏諸瓶中空氣不能進入卽待至萬年之久草亦無由而生矣出水一甌置諸盆巾不日可以生蟲若將此水先行熬煎而後置諸盆此水則不能生蟲矣其有熬煎之水年深日久仍能生虫者蓋因空氣吹入之虫種也若將此水藏諸瓶中空氣不能進入卽待至萬世之久虫亦無由而出矣蓋空氣中有極微且小之物目力所不能見者甚多如竄於蚊䗛之蟭螟小於芥子之草種隨處而生不可遏止然非所論於經火之水土也況地球火氣炎炎水石砂等熱不可當此非有大智能者爲之主宰何以能攝空氣而生萬物乎

造物者欲造何物必先備何料且必要預爲籌畫預爲立意方可於物有濟如今之造表者必先備銅鐵金銀玻璃等物諸料既備然後加意整理再造大小輪擺發條柔絲各類若輪擺大小失宜條絲薄厚不勻不濟矣卽各件俱得其宜而內中安置未妥仍不濟矣內之安置卽皆

妥協而外之盤針絲毫舛錯亦復不能濟矣雖如此微物尚必賴有聰明者爲之料理也而況天地萬物非大有智能者先爲主宰烏能有此世宇乎試就一生物之體論之其官骸臟腑較表中之輪擺發條不尤靈且巧乎有一不宜則諸所皆廢譬如其心過大則必不宜於肝肺其腸過細則必不宜於脾胃脈絡細而血難流通齒過大則口不能容五官設若移位百骸倘或變體則皆不能濟事此非造物之先預有大聰明者爲之主宰豈能萬物各得其宜且善始而善終乎

造物者諸料既備又必賴亮光電氣與熱氣等而後萬物能生然雖賴此三者而三者之分數則又有一定而不可移者此如所造之物處處皆宜而此三者有一偏多則不宜有一偏少則亦不宜即三者皆宜而時之先後遲早不宜則亦於事無濟譬如元鳥來之春初則必無食而卒昆虫生于冬日則必因凍而死亦猶水磨輪柱堅固水渠通暢閘縫

周密處處皆宜若無爲之料理者則閘之開放不能合時而水之多寡即難相宜如水過多則輪必淹沒如水過少則磨難動轉且無爲之經理者則閘固難于開放而糧亦無由自入不仍爲無用之磨乎此猶世之亮光過多則人畜之目將不能啟熱氣過多則人畜將苦于炎症熱氣過少則人畜將苦于寒冷若非有主宰此亮光熱氣者使其多少皆宜出入有時則天地誰爲之運轉萬物誰爲之安置尙能有如此之世界乎

造物者於物料之外若無亮光電熱等氣動物固不能生即僅有亮光電熱等氣而植物亦難得生蓋因各種植物俱有一定之原質其原質略多不生也其原質略少亦不生也且自地球崩裂一次即另爲一世每另一世即另有一世之草木其初世之草木盡變煤炭於地中次世之草木則備大禽大獸之所食三世之草木則備衆禽衆獸之所食漸

至今世則谷菜瓜果樹木花草無一不備俱係爲今世之人今世之禽獸而設也各世之禽獸有萬類而各世之草木亦有萬種各種各類無不相宜而各類所應食者亦從未聞有缺也此豈無心之太極所能管理者乎吾知其必有預爲安置之主宰也

土與草木其性之相去也甚遠草木與禽獸其性之相去也則更遠土不能自生草木草木更不能自生血氣之物世之凡有血氣者種類萬萬而各種各類莫不有其所食者同諸草木無非爲人所用也

血氣之中人爲最靈除人之外無論如何靈巧未聞有能生人者即如猿猴之形其體雖類於人而自古以來猴類萬種從未聞有生人之猴蓋爲人之初生體軟身弱不能自行不能自食不若初生之禽獸其體健且壯也獸果生人將何以養育乎

地球之內則有砂石五金煤炭石灰等類地球之外則有各色泥土深

水高山土生材物可以備用水生鱗鮮可以供食山中生獸爲用尤多有如馬可騎牛能拽駝堪負載其餘者皮可以衣肉可以食凡所有應用之物無一不備而後人始生焉果誰如此安置也能無爲之主宰者乎

自古以來各國人心不同然順天者昌逆天者亡從未有不同者造物之有主宰也烏可不信譬諸獵者欲獲禽獸有鎗砲者不濟也有鉛藥者不濟也有火機者亦不濟也蓋必待有用此鎗砲置此鉛藥動此火機者然後有濟而孰憶仍不濟也尤必待有聰明之人再遇可獵之物安放布置事時皆宜然後可以有獲此猶天地萬物無所不備尤必待無所不知無所不能無所不在之上帝爲之主宰此與衰存亡千古之所以雷同也

前章所言原爲表明無物之前卽先有無所不在無所不能無所不知

之上帝也卽萬物觀之足以見上帝無限無量之智慧無窮無盡之能幹而不能見上帝之心欲測上帝者惟細揣人心如何視上帝治世如何再深究上帝聖書則上帝之心可知矣

論造物者非太極非理氣亦非道也第十章

無者不能生有虛者不能生實無心者不能生有心者此說一定而不可移者也

子夏易傳帝者造化之主天地之宗從可知造天地萬物者惟上帝也試先卽萬物以論之萬物之類有二活物死物是也活者有生命死者無生命生命者深有希奇之能也　一能以所有之原質配合而成異物如以炭養等氣配合而成樹木花果等類　二逐日漸長日長而日漸高大　三活物自能行動　四地中吸力不能管轄譬如樹木之暢達吸力不能止其長人禽之奔馳吸力不能止其步　五凡活物自能

蕃生動植皆然　六活物死物不甚懸殊活者之生命一去活物竟成爲死物既死則歸地中吸力所管而不能動矣且活物既死則内中所有之原質漸散久則化而無有故死者不能生活物無生命者不能生有生命之物

活物有二一爲植物一爲動物動物亦有二有有魂者有無魂者無魂之物如海絨淡菜珊瑚之類是也有魂之物則有五官有百骸有知識有才能而有魂者其中亦有二焉有有定見者有無定見者無定見者禽獸等類是也而有定見者亦有二焉一則具有良心一則毫無良心具有良心者人也毫無良心者魔鬼之徒也

死物不能生活物無魂者不能生有魂之物無知識者不能生有知識之物無定見者不能生有定見之物無良心者亦不能生有良心之物觀此可知造物者亦必活者亦必有魂者有知識者有定見者有良心

者也似此果道乎果太極乎果理氣乎

有生命者物也有知識者物也有定見者物也有良心者物也似此諸物能無本來之根源乎而爲之根源者則必不能無生命無知識無定見無良心者也夫然後能生有生命有知識有定見有良心之諸物使其充滿世宇也從可知萬物之根源無限無量也且生生不一之物逐日無算從可知萬物之根源無窮無盡也非上帝孰能如此

且所生之物雖性情不同形體各殊然無不彼此相宜卽如天之星辰行恒各有其常地之山河動靜各得其所從可知萬物之根源實係獨一無二也非上帝孰能當此

凡天下之植物莫不爲動物而生而植物動物又莫不爲人而生合天下之人並一切動植之物莫不歸一主宰管理也主宰者誰豈非無始無終之上帝乎

非時爲籌畫者不能養育萬類之生靈第十一章

宇內所有之物讀書者可以細察無論何物其中俱有希奇者四　一凡物莫不以其形像而造也　二凡物之官骸無不彼此相宜　三物之官骸各有所用少一固所不可多一亦所不能　四全體官骸俱爲觀瞻所有禽獸昆虫等類其大而遠者則以千里鏡視之其小而細者則以顯威鏡視之視之者愈用心則其希奇之處愈能明則無論物之巨細莫不具此四事之希奇並其身體有定官骸得宜彼此相助形像可觀莫不出心所想無心者豈能造此衆物乎凡物也豈能自然而有乎從可知造物者之必有心也故知其非太極乃上帝也

天下各國等人無非賴上帝之養育而鳥獸昆虫亦皆然也諸君子閱此書者留意細察其中之最希奇者可勝道哉分而言之鳥之中不知其幾萬類矣而各類則有各類所食之物此類所食者彼類不食彼類

所食者此類亦復不食如鷹類食肉鴿類食粟而燕類則食昆虫食肉者不能食粟與虫食粟者不能食虫與肉而食虫者亦不能食肉與粟也獸亦然也而昆虫之希奇則尤甚陸地所產者其類固已萬萬水中所生者爲數則又更多其所食之不能互爲更易者亦猶夫鳥與獸也試思夫鳥獸昆虫不稼不穡胡取乎百廛百囷不收不穫安見夫千倉萬箱似此諸類果何所以而食乎又何所賴而生乎太極果能爲之養育乎此非無所不在無所不能之上帝時爲安排則如許生靈將不能須臾得所矣主此萬物者豈能息心于頃刻間耶詩篇一百零四篇二十七節至三十一節云斯皆惟主是賴隨時主給以食兮主給之彼食之主溥恩膏彼得果腹兮主退棄之則不得安主斷其氣則就死亡歸于土兮主乃復鼓其氣百物受造寰宇之中煥然一新兮耶和華之榮光恒久弗失著其經綸而悅懌兮

吾嘗觀世之行軍者必分其營有爲前營後營者有爲左營右營者亦必有居中營者而各營之中又必分哨各哨之內則又分隊營有營總

哨有哨官隊有隊長及一切炮手槍夫馬步偵探外有軍火糧餉採辦製造轉運輜重井井有條浩蕩前進此其中能無主帥爲之調遣爲之指揮者乎此一軍也比世宇之衆庶黑白紅黃四色之人及鳥獸昆虫也各營者比中外之各國也營官哨長比官府也糧餉者比天下之農事也馬步偵探比天下之舟車也士卒之衣食足用比世人之靠天養育也似此莫大之軍若無一智謀兼全之主帥爲之籌畫能行此軍否耶況夫無疆之世界若無一無所不能之主宰爲之安置能有此世宇否耶若主帥一日不細察則此軍必不能行若天父一日不管理則天下何以太平是以軍中之人偶違軍令主帥則必加之以威否則恐其各隊效尤將必瓦解而莫禦此猶世宇之人違逆上天則必加以水旱厲疫之災要之司軍者之罰人必分過失之大小天父之降災亦必分罪惡之輕重是以歷年之中往往此處豐有而彼處歉收逐年合算無

一歲之不敷用也詩篇一百四十五篇十五節至二十一節又一百四十七篇第八節至二十節主帥之籌晝無一卒不得其所天父之安置無一物不備其用且必先備其各物之料而後製造各物也譬如士之所用者則有筆墨紙硯農之所用者則有鋤鐮耒耜工之所用者則有斤削斧鋸商賈之所用者則有牛馬舟車凡各行之所用者從未聞有不備之物也約伯記二十八章一節至六節格物之家欲上明天地之理亦有如許之料助其心思即如金類一事昔人所能認者其初僅五今人之所能認者約在二十餘種矣若不如此之多格物之家將不敷用則輪船電線等事亦無以爲矣又如疾病疴癢則有各種之藥味現經西醫察得極效之新藥皆以前未識之品也此後新藥愈多將無不治之症矣此皆天父之主宰也

往古至今凡所有恭敬上帝之家世世相傳莫不云逐代皆受上帝之恩或有時缺衣少食困乏之難甚而忽來意外之財出門行路身歷艱險

而忽遇不料之救又如舟行海面無風可恃賊匪驟至羣櫂而來危險莫急之際忽然順風大作相送而逃從古如此今亦然也故凡實心愛敬上帝者亦必自知上帝之保護其人也是以居室則老幼平安諸凡順適出門則引其道路一切安康居無災疾行無阻礙此豈太極之能力乎乃上帝之恩典也以上者聖書之所云也至今無不驗矣出埃及國書十四章二十一節至二十三節摩西指海耶和華使東風驟起飄揚永夕水退海判其間若陸地以色列族行于海中若履陸地左右水如壁立埃及人車馬與法老軍旅襲其後至海中又以賽亞四十三章二節云我左右爾雖涉江河不致沉淪雖經烈燄不致焚燬又詩篇一百二十一篇二節至八節云造天地之耶和華拯救予兮和之日必不使爾失足保護爾者永不寢兮護翼以色列族者無時或寐兮耶和華範衛爾躬左之右之而加庇廕兮爾在淸晝日不傷爾爾至暮夜月不害爾兮耶和華救爾俾爾得生免爾遭難兮自茲以後或進或出咸蒙耶和華眷佑永世靡暨兮

耶穌有云有二三人爲我名隨地而集者我亦在其中矣馬太十八章二十節云有二三人爲我名隨地而集者我亦在其中矣又二十八章二十節云教之守我所命爾者且我常偕爾至世末焉

即人心以表上帝　第十二章

前篇所言以萬物表明上帝之主宰也此篇乃以人心表明上帝之主宰也大凡根源之中不先有物則物即不能由之以生又如人無才能即難以才能使人人無文學即難以文學教人是以觀萬物之理並人心之能即可知上帝之主宰如何矣書之洪範有云惟天陰騭下民相協厥居孔頴達註云民是天之所生形神天之所授孟子云盡其心者知其性也知其性則知天矣觀此則主宰天地萬物者非上帝而何故凡人心所有之能而造人心者無不先有之也

何以知上帝之心乎可先觀夫所造之人焉聖書云其初上帝造人使肖己之形像創世記一章二十六節上帝曰宜造人其像象我儕以治海魚飛鳥六畜昆蟲亦以治理乎地又二章七節耶和華上帝摶土爲人嘘氣入鼻而成血氣之人　夫上帝無形無像者也所爲形像者乃指上帝之心而言也且世人所有之能莫不全賴一心細察人心即可畧知夫無聲無臭者之心矣譬諸水焉世人之心如露之珠而上帝之心則猶海洋也

世人有目能視造人之心者亦能視天視自我民視是也世人有耳能聽造人之心者亦能聽天聽自我民聽是也上帝者實先我而能視能聽者也詩篇九十四篇九節豈有造人耳目而已反不能見聞兮又三十四篇十五節耶和華青睞義人俯聞其祈兮但人之能視不過左右數里之間人之能聽不過前後臨近之處若上帝之視聽則凡日月所照霜露所墜舟車所至人力所通心意所能想者無論晝夜無論遠近卽至隱至微之處無不洞見而悉聞歷代志畧下十六章九節耶和華遍覽天下見誠心從之者則扶庇焉又箴言十五章三節耶和華鑒察善惡無不普遍　希伯來書四章十三節日月未逝宜及時相勸勉恐迷於罪而剛愎自用

人有知識之心其最希奇者人之知識數倍於禽獸之知識從可知造人之心者亦有無限之知識合天下人之知識不過如燈火之光輝若上帝之知識則如太陽之照臨是以書之湯誥有云簡在帝心朱註云善與罪天皆知之如天檢點數過相似爾之有善也在帝之心我之有

惡亦在帝心孔子曰知我者其天乎皆言上帝之知也詩篇一百四十七篇五節我主至大至能智慧無窮兮

人有記念之心但人之所能記者或有時而遺忘有時而含糊若上帝則凡古今一切宇宙之內所有人之言行心之意念無不如在目前約伯記二十六章六節主之前陰司照著暗府不蔽　默示錄二十章十二節我見死人自尊逮卑立於位前典籍與生命之書盡展死人被鞫視其行爲依書所錄

人有前知之心如旱澇不均則知歲將歉收雨暘得時則知年將大有然此皆有先示以預兆者上帝不更有此前知乎以賽亞四十六章九節十節古昔之事爾可追溯我乃上帝無能比擬我外無他自始迄終未來之事我一一預言我旨必成意必就

人有盤算之心如重學家之機器自能權衡其輕重會計家之歸除自能較量其多寡然此皆先有定以成法者上帝不更有此盤算乎以賽亞書四十章十二三節掬掌以承滄海布指以度穹蒼斗量坤輿權衡山嶽孰能爲之哉孰敢耶和華之心與彼共議約百紀二十八章二十五節

權衡四風度量諸水合宇宙之知能如同口中之氣出而卽散若上帝之知能如同鼓蕩之風所往莫禦

人有會悟之心見此可以悟彼觸類可以旁通比如造花園者可悟如何之山如何之水如何之樹木花草修屋舍者可悟如何之樓如何之閣如何之戶壁門窗屋內陳設則悟几凳如何床榻如何幃幕幔帳之顏色花樣又如何世人有如此之悟性若上帝之創造天地萬物其悟性不更可想乎詩篇一百零二篇二十五節至二十八節爾元始肇基乎地創造乎天兮彼必崩爾恒存彼必敝如衣服爾更易之兮惟爾不變爾年靡暨兮聖書有云上帝將別造一天地宇宙也以賽亞書六十五章十七節我創造天地煥然一新昔所有者不復記誌彼得後書三章十三節上帝有命天地一新義處乎中我儕所望黙示錄二十一章一節至五節始造之天地崩矣海歸無有我則見天地一新我約翰見聖城卽再造之耶路撒冷上帝使自天降預以相待譬諸新婦飾貌修容迓其夫子我聞大聲自天出云上帝殿在人間與衆偕居將爲其民上帝祐之爲其上帝人昔出涕上帝拭之蓋舊事已往然後無死亡無憂患無哭泣無疾痛

即人心以表上帝　中篇第十三章

人有定見之心所以決萬事也故凡欲有所爲者莫不先有一定之主見主見者最要之能也血氣之類惟人有之禽獸則皆無此能故其或行或止無非隨其所見聞者而爲動作也若人則莫不知預爲計議預爲籌畫矣試觀夫將遠行者必先計其路程備其舟車行李之輕重餱糧之多寡無不仿照路途之遠近爲率也從未聞行之中途忘其所適之方者又如外來之人使我爲惡我不必定於爲惡勸我爲善我不必定於爲善爲善爲惡莫不由我自主也試觀文學之士或論今道古或考詩稽書無不前後一轍始終如一更觀夫權勢之人或助人以財或欺人以力喜者賞之惡者罰之亦必是非分明從心所欲此皆主見之能也人心有主見之能而爲之造人心者能無此一定之主見乎

或問曰天地萬物莫不有一定之理日月往來者一定也四時運行者

一定也卽潮汐之進退晝夜之明暗無非一定者也豈必賴上帝主宰而後能如此乎對曰惡是何言也抑知其所以一定者皆上帝預爲定之耶上帝之使其有一定者蓋爲其有益於人也儻日月無定則人將不知何時可晝何時可夜四時無定則人將不知何候爲春何候爲夏此固上帝之主宰也卽如風雨晦明雖向無定期亦莫非上帝之深意也

又如事之最奇者在天之彗星是也試觀夫日月衆星莫不隨吸力之常理而彗星則獨處其變日月衆星莫不有所行之定路而彗星則竟不遵其轍譬如執石以投者其或南或北皆由執石者之心意也此猶彗星垂象原無定處亦莫非由上帝心意之所在耳如現在所見之彗星卽中華嘉慶十六年十月所見之彗星也當年曾有天文家度而量之其星之首大在四十三兆有三里其星之尾長在三百三十三兆其

星行之速則不可限量此不足徵上帝之能力上帝之主宰乎但以理書四章三十四五節其日既屆我尼布甲尼撒仰觀天心復靈慧頌美至上永生之主其國靡暨永世無替斯世之億兆藐乎其小有如無物天上軍旅地下人民上帝隨意而作其取之孰能禦之其爲之孰能詰之

人有勇往之心可以有作爲也故凡有所爲之事莫不樂於速成亦莫不待其已成而後停止也譬諸玉人作玉既琢之而尚未磨則固必須磨矣既磨矣而尚未光潤其工仍不能輟也又如丹青圖畫者既鋪紙以創稿則不能不潤色以點綴或金或粉苟有一事之不齊定難使其中止矣推之士農工商之心莫不皆然而造人心者之所爲豈能半途而廢乎馬拉基三章二三節彼既臨涖顯著斯士誰能恒立彼若煆金之火浣布之鹻彼將坐而煆銀滌利未族之污煉之若金銀使無不義然後獻禮於耶和華希伯來十二章六節又十節蓋主責其所愛撲其所納生我身之父或暫時任意責我賦我神之父乃爲我益而責我使我得與作聖孟子云故天將降大任於斯人也必先苦其心志勞其筋骨餓其體膚空乏其身行拂亂其所爲所以動心忍性曾益其所不能又

云入則無法家拂士出則無敵國外患者國恒亡然後知生於憂患死於安樂也

人有好潔淨之心所以知避污穢也人有好整齊之心莫不知惡亂雜也上帝則更有此心但人之好潔淨者每欲潔其外而不顧其內人之好整齊者每欲整其身而不顧其心上帝之於人也則欲潔其內而不計其外欲整其心而不計其身哈巴谷書一章十三節爾品至聖惡者爾所不喜暴者爾所不悅今人强據我有何爾反佑之惡者害義何爾默不一言乎約翰一書一章五節夫上帝昭昭無少暗此我所受於主之道卽以授爾者也出埃及記十五章十一節諸上帝中孰克與耶和華頡頏至聖至榮可畏可頌獨行異蹟誰堪比擬以賽亞書六章三節此唱彼和日聖哉聖哉萬有之主耶華華榮光赫奕彌綸寰宇馬太五章八節清心者福矣以其將見上帝也

人有是非之心所以別善惡也雖亦有有生之初卽處於無恥之流習染成風日行其忍心害理之事而不自知其非者如印度國人其有犯罪過重者卽以其親生之子投諸至聖河中淹死其子以爲己罪可贖

此本惡俗也而彼則以爲善事又如中華之信僧道者入廟焚香崇拜偶像此本惡習也而彼則視爲善舉又如商賈之欺人者大小其升斗高低其秤稱本惡事也而彼則以爲善能諸如此類世事較多然究無以虛言爲佳話以偷竊爲美事以忤逆爲孝子者無論何處不拘何人其分別是非之心無不同軌而一轍造人心者不先有此是非之能耶詩篇一百零一篇三節我非禮不視深惡邪僻雖片刻不敢從兮箴言六章十六節至十九節六惡七罪耶和華所疾目所視則傲慢口所言則詭譎手殺無辜心謀不軌足趨惡途書伊訓云惟上帝不常作善降之百祥作不善降之百殃此之謂也

人有稽察之心所以考賢愚也是以爲家主者則以稽察家人爲事爲國王者則以稽察臣宰爲事中外國家無不皆然造人心者亦必有此心也從可知審判之日定必有也傳道十二章十三四節事之大畧爾其聽之寅畏上帝守其戒命此人之大端上帝必鞫萬事彰其隱微或善或惡加以賞罰羅馬書十四章十二節是以我衆必鞫於上帝尙書有云簡在帝心

此之謂也

人有公平之心所以斷曲直也故莫不喜眞而惡僞造人心者亦有此至公之心也箴言十一章一節衡量法度報其公平爲耶和華所悅反是必爲其所疾賞善罰惡之事人之同情無不按其所行之善惡輕重而度量其賞罰也語云無知而犯法者罪輕而法亦輕知法而犯法者罪重而法亦重卽所謂有心爲善雖善不賞無心爲惡雖惡不罰造人心者不更有此公平之心乎易有之積善之家必有餘慶積不善之家必有餘殃此之謂也路加十二章四十七八節僕知主意而不設備不順其意者見扑必多不知而作當刑之事者見扑必少凡多與之必多取之多托之必多索之

人有惻忍之心所以見仁愛也是以傷殘痛苦見之者無不憐憫疾病患難聞之者莫不咨嗟無論夫仁慈之人固如此也卽素稱殘忍者亦不能不觸目而驚心焉而造人心者則更有此惻忍矣出埃及三十四章五節至七節

耶和華乘雲降臨與摩西同在自稱其名爲耶和華過摩西前曰耶和華全能之上帝仁慈矜憫恒忍施恩眞實無妄錫恩於人至千百世人蹈罪愆可蒙赦宥恒於惡者不蒙赦宥禍及其身自父及子至三四世　書云天亦哀於四方民又云天矜於民又云惟天惠民此皆足徵上帝之仁愛也

人有慈愛之心所以待其子也不惟飢食寒衣一一必求其美而幼學壯行在在皆望其佳造人心者不亦有此心耶詩不云乎悠悠昊天曰父母且吾觀世人之愛子也不過如山澗之泉水而上帝之愛人也則猶沛然之江河然仁愛者亦有時而忍心也若慈父而遇逆子勸之不從教之亦不從年復一年日深一日我知其父無論如何慈愛必不能不置之度外造人者亦猶是爲父之心也上帝雖至仁至愛亦有時而似乎不仁不愛如世人之屢違天命不順天心者則仍必加之以罪矣箴言第一章二十四節至三十一節余招爾爾弗聽余舉手爾弗咎爾棄我道不受我敎故患難旣臨而爾畏懼我將哂笑爾所懼之災害迫切之患難突如其來如飃風之倏至斯時籲我而我弗聽竭力求恩而不可得爾素不志於學不畏耶和華不受我敎藐視我道故必自取其

莫所謀不軌
反及其身

世人莫不有良心良心者愈明而愈奇者也如有目能視者色也有何色則卽視爲何色有耳能聽者聲也有何聲則卽聽爲何聲其有目不可見耳不得聽者味也則有鼻爲之聞有何味則卽聞爲何味此皆良心之不能昧者也良心者何所以使吾人知有視而不見聽而不聞不可指摘之上帝也童稚初生之時無所知覺漸長能視無不先識其母漸有知覺漸有良心莫不知有能福人能禍人之神也孩提之童暗室莫不恐懼恐懼之時多叫天老爺所謂天老爺者卽上帝也成立之時患難則知呼天所謂天者亦上帝也故凡有洞悉道理之心者莫不知宜順從上帝而愛敬之也斯猶眼見之物不能以白爲黑耳聽之聲不能以虛爲實皆良心之所使也吾人之知有眞神上帝者亦良心之不能昧也良心不吾欺也

夫良心者非人之所樂有者也何也　一人情多喜放蕩而良心則實爲人之管束人情多喜安逸而良心則使人盡職分故凡無論行至何處無論居於何地總難遠乎良心而不受其轄制也　二良心者乃能指示人者也使人能辨是非能別善惡並能使人知某事不宜爲而不爲　三良心者使人知身後定有審判之日也及其時人各照其生平所爲之事各憑天良以受其賞罰而絲毫不爽由此觀之足知良心非人性之自然而有乃自天降者也書云惟皇上帝降衷於下民此之謂也良心既有此諸能足知上帝必有轄制世人之勢必有指示世人之事必有審判世人之日也西國有云良心者上帝之欽使也世有欽使則知必有皇王人有天良則知必有上帝矣良心者約束人者也而人則不能約束良心如良心以爲何事不善人則不能强使良心謂其善良心使人以爲何事當爲人則不能引使良心謂其不必爲此猶人之

不能使狂風不作不能使海水不波亦猶庶民之不能止皇家之諭旨不能止天宮之迅雷也良心者所以使吾人知有森嚴宜敬藹然可親之大主宰也

即人心以表上帝 下篇第十四章

觀以前諸論可知創造萬物者乃無所不見無所不聞無所不知無所不能者也且至潔至公而能自專自主即授人以良心者也書云惟天聰明惟聖時憲又云天聰明自我民聰明天明威自我民明威又云惟皇上帝降衷於下民似此則主宰萬物者果理乎抑上帝乎蓋莫不知其實爲上帝也

人有理事之能無不各有所管理也是以一家之主有管理一家之能一國之主有管理一國之能從可知上帝則管理之能無窮也詩篇一百零三篇十九節云耶和華之位在彼穹蒼治理天下兮故凡所有天下各國無論君臣人民莫不由上帝所定羅馬書十三章一節云居上位者衆

宜服之非上帝則無居位者凡居位者皆上帝所命箴言八章十五六節列王羣伯世之士師皆惟我是恃治理天下但以理二章二十節至二十二節曰上帝智能俱備當頌美之永世靡暨主限時日升降君王使賢者有智哲者明慧以秘奧之事示人先暗無不灼知其國家之興衰存亡亦莫非上帝之意詩篇七十五篇六七節云使人顯達者非由東非由西亦非由南其權操自上帝升降黜陟咸其所主兮易云天垂象見吉凶書云天佑下民作之君作之師惟其克相上帝寵綏四方中庸云國家將興必有禎祥國家將亡必有妖孽善必先知之不善必先知之此皆足以見上帝之意

自古聖賢先知等人無非上帝之所預定也大闢王曾云伊尚未胚之時上帝即預定其生平之事業詩篇一百三十九篇十六節云我有未胚爾目見之我尚未生凡百之事咸爾所定錄之於策兮耶利米亦云伊未成胎之時上帝已定其終身之職分故其書五章一節云余未造爾於胎我已知爾爾未生於世我俾爾爲執事立爾爲先知訓迪列邦堯爲舜曰天之曆數在爾躬此之謂也

上帝乃無始無終者也　第十五章

前章所言上帝乃無始無終者也或曰無始無終之上帝實人之所不能想像者也我對曰可想與不可想兹不必論要之實係眞有而不能無者也前言無者不能生有物虛者不能生實物無心者不能謂其爲有心之物似此若無無始無終之上帝則萬物何由而出今各教各據其說各謂確不可移吾不能不爲之明辨矣儒教謂無極而太極遂有生生不已之說然使無極如果有心力果有知能則無極者必上帝之別名也無他說矣究之無極者何所爲心力何所爲知能何爲而能生萬物耶道教則云道生萬物然則道如果係靈動者則道亦必上帝之尊稱也無他說矣至于釋教則重輪迴夫輪迴者遞相替換之謂也必先有此物之迴轉方可輪彼物之復來當太初無物之始將何以之使其迴又將何以之使其輪乎且此說如果可憑亦必先有主此輪迴者又誰爲之管理誰爲之運動乎又有謂天地萬物自古及今生生死死

自無始終者也此八之所以未能深明者有二故焉一云無能生有卽所謂無心力無知能者反能生有心力有知能者也且具有無數之希奇二格物者咸知至今天地萬物莫不發洩太甚幾無餘力似此歷年已久則不能無損壞之弊將必復賴上帝重爲整理矣

此外猶有據焉設曰上帝非無始終者必無是理也蓋上帝如果有始終則必非眞上帝矣以其前必有無始終者使其爲上帝也如使之者仍有始終亦必有使其使者在前矣似此者不一而足必至有無始無終者而後謂之眞上帝也

觀前篇所論知所謂無始無終之上帝語雖奧妙而理則實然非衆論所可比也我故云萬物之根源卽上帝也道者上帝之踪也理者上帝之意也氣者上帝之力量也德者上帝之榮耀也用者其恩典也禮者其規矩也陰陽動靜其法也萬物運行各得其宜其定見也何所往而

非上帝爲之主宰耶

論上帝之所居　第十六章

或問曰上帝所居之地在於何處我對曰難言也左八會云此事甚難考察、約百紀十一章七節至九節云上帝非可忖度全能之主豈得盡亦終莫之能測　所羅門云上帝充滿乎天地列王紀畧上書八章廿七節云然上帝豈居於地乎穹蒼不足以居爾天上明宫亦不足以居爾況我所建之殿乎　耶利米亦云上帝充滿乎天地耶利米書二十三章二十三四節云耶和又曰我爲上帝無間遐邇人能退藏於密使我不見乎我豈不能充乎天地哉　以賽亞曾云天乃上帝之坐位地乃上帝之足凳　以賽亞六十六章一節云耶和華曰天乃我坐位地乃我足凳爾曹何殿以容我何地以安我乎以賽亞又云上帝居於無始無終之內以賽亞五十七章十五節云我永生之主至聖至高居聖所坐高位凡謙卑遜順者我與偕居活潑其心神暢快其意志保羅云上帝居於光明之中提摩太前書六章十五六節云屆期將示基督昭著者獨一有福有權諸君之君諸主之主惟彼永生處於光明衆不能至人所未見亦不得見願以尊榮權力稱之永世靡暨觀此則上帝之所居者可知矣　有精於天文者細察行星各按其度繞日而行日並行星各按其度又有所繞之日其所繞之日同前日一並行星又共繞一日如是之繞而行者不一而足而其終所繞之日惟最大此日也仍同前之諸日及各行星轉繞不息其所繞之中乃天堂也卽上帝之所居也此地上下洞澈四圍晶瑩無須日月照臨惟上帝自顯榮光耳（默示錄二十一章二十三節云邑不藉明於日月上帝榮光自致耿耀羔其燭也）此乃上帝之居也上帝居此大顯能力天地任其轉運萬物爲之主宰

論天堂之榮耀第十七章

或問曰天堂之景象可得聞乎我對曰此尤難言之也夫天堂之榮耀豈凡愚所能道者乎豈塵世所能擬者乎凡世人眼之所能見者莫可比其形也耳之所能聽者莫可比其聲也（以賽亞六十四章四節云人惟上帝是賴上帝佑之所行之事自開闢以來耳未聞目未睹焉）宇宙內之可以悅目快心者不可勝數則試歷敘以擬之如金石之珍寶珠玉閃爍燦爛草木之花果枝蔓紅綠鮮妍卽如禽獸羽毛其顏色

之美麗有不可以言名者又如乍晴之雨春水之波天氣之晴朗日色之華麗更如夕陽晚照之山川片舟欸乃深林密藏之樓閣孤月照臨世間佳景可勝道哉然究莫可與天堂比擬者合宇內之大觀如同螢火之映射而天堂之榮耀則猶太陽之照臨況乎目之所不及見耳之所不得聞心意之所不能想像者乎上帝曾默示古聖暗爲之指點也哥林多前書二章九節十節云上帝爲愛之者所備之事目未見耳未聞心未念惟上帝以聖神啟我此之謂也當中華周平王時有先知以賽亞親見其象上帝曾以天堂示之以賽亞六章一節至三節云烏西亞王崩時我見主坐高位衣裳垂薇殿宇哂啦咏侍立各有六翼以二翼蔽面二翼覆足二翼舒展此唱彼和曰聖哉聖哉聖哉萬有之主耶和華榮光赫奕彌綸寰宇上帝在上坐於崇高寶座中華漢和帝時有使徒約翰受上帝默示曾遇天開親見天堂內事默示錄四章一二節云自後我觀在天有門闢焉昔我聞聲如吹角今復語我曰爾來我以必至之事啟爾我卽感於聖神見在天有位亦有坐之者又默示錄二十一章十節至二十七節云我感聖神時天使攜我至一山巍然高大示我聖耶路撒冷大邑卽天堂也上帝使自天降上帝照臨赫奕邑光似寶玉澄澈碧色邑垣高大十有二門垣之締構皆碧玉邑以兼金

爲之澄澈似琉璃邑垣基址飾以各寶石一碧玉二青玉三蒼玉四葱珩玉五雜紅玉六瑪瑙七黄玉八綠玉九淡黄玉十翡翠玉十一赤玉十二紫玉珠爲一門十二門以十二珠爲之衢則兼金澄澈如琉璃其中不見有殿蓋全能之主上帝及羔自爲殿邑不藉明於日月上帝榮光自致耿耀羔其燭也民之得救者遍行光中世之列王以厥尊榮歸於是邑邑中不夜門永弗閉人以邦國之尊榮歸於是邑凡不潔可憎僞爲者皆不得入惟錄於羔生命冊者則得入焉　使徒保羅亦云天堂似一極大且固之城垣乃上帝爲信從者預爲創造安置也希百來書十一章十節云俟上帝所建造鞏固之邑使徒彼得亦云天堂永在潔淨異常一塵不染又如奇花鮮妍葉不枯乾色不焦落　彼得前書一章四節云得無倣無玷無廢之業爲我備於天　惟耶穌則不多論天堂其偶言及之者不過論天堂之大槪耳如云天父之榮耀充滿乎天堂又云天堂乃天父之家　又云心内潔淨者可以得見天父之面所有得到天堂者人各一室　約翰福音書十四章二節云我父家多第宅否則我必告爾天堂之内永無災難默示錄二十一章四節云人昔出涕上帝拭之蓋舊事已往然無死亡無憂患無哭泣無疾痛也天堂亦無惡人默示錄二十一章八節云凡猶豫不信可憎凶暴淫亂巫覡拜偶像言誕亡者皆必受苦於火坑坑有硫火沒後之沉淪如此

論天堂之作用　第十八章

或曰天堂所爲之事可得聞乎我對曰雖未知其詳然上帝亦曾默示古聖賢矣

一　上帝居於天堂管理天地萬物詩篇十一章五節四節云耶和華其位在天兮居彼聖所鑒察人民兮爲義之人蒙其眷顧兮刁惡強悍之徒爲其所惡兮又一百三十五篇六節云上天下地蒼海深淵耶和華任意作爲兮毛詩云皇矣上帝臨下有赫監觀四方求民之莫此之謂也

二　大小天使各盡其職伺候奔走夙夜靡懈列王紀畧上書二十二章十九節云米該亞曰請聽耶和華之命我觀耶和華坐於其位萬天使侍左右又尼希米紀九章六節云爾耶和華惟一爾創造天上之明宮及所懸之天象爾肇基大地及地上所有海中所藏爾覆育萬物諸天使崇拜爾又詩篇六十八篇十七節云上帝之車萬乘千騎不可勝計主居其中在西乃聖山兮又一百零三篇十九節至二十一節云耶和華之位在彼穹蒼統理天下兮耶和華之天使其能力遵其命從其言亦當頌美耶和華兮耶和華之天軍奉行厥旨亦當頌揚耶和華兮又但以理書七章九節十節云我見坐位已備亙古不易之主獨坐衣皜如雪髮白如綿位若烈焰車輪迅速若火之熛火燎於前奔走者盈千千侍側者逾萬萬鞫事已備典冊盡展

三　如許天使且聽上帝之命令往來保護愛敬上帝之人詩篇三十四章七節云耶和華之使者四周列營以拯敬主之士兮又希伯來書一章十四節云天使豈非執事之神奉遣事得救之人乎

四　自古及今無論中外所有聖賢以及順從上帝者之靈魂俱各升

於天堂古昔之聖有名以諾者以其竭盡心力順從上帝上帝以故將其身體歸還其人接伊於天堂之上創世紀五章二十四節云以諾所行合乎上帝上帝接之不居於世又周孝王時有先知以利亞上帝予以如火之車使其乘以升天列王紀畧下書二章十一二節云仍與偕行言間忽有車馬如火炎炎間隔二人以利亞乘大風而昇天以利沙見之呼曰我父乎我父乎爾以色列之車騎也言竟望之不見中裂其衣

自古及今天下萬國所有信從耶穌恭敬上帝者之靈魂無不盡在天堂共享無窮之福默示錄七章九節至十二節云自後我觀羣衆不可勝數由列國民及諸族姓至立於位及羔前衣白衣執棗枝大聲呼曰我之得救實賴居位之上暨羔位左右靈物諸老在焉天使環繞之俯伏位前崇拜上帝云我之上帝宜有其祉有其榮有其智有其頌有其尊有其權有其能永世靡暨此誠所願也

自古聖賢之靈魂無不在於天堂保羅書言之詳矣並云何人能於生前恭敬上帝信從耶穌死後即可上天堂永居上帝之前希伯來書十二章二十二節至二十四節云但爾所至者郇山永生上帝邑天上之耶路撒冷有千大使咸集不下數萬有冢子之會錄於天有鞫衆之上帝有義人得全其神有新約中保耶穌其灑血默籲較亞伯爲尤善

中國經書亦嘗言及毛詩云文王陟降在帝左右此之謂也

凡入天堂者無不享永遠之福默示錄二十二章一節至六節云天使以生命之河示我其水澄潔如晶自上帝及羔位出河左右植生命之樹樹外有備結果之時十有二月結其果葉可入藥醫異邦人邑無詛呪上帝及羔位在焉僕衆事之僕得覲主主錄主名於額邑中不夜不藉日光毋庸燭照主上帝自能焜燿之其僕秉權永世靡暨

論世人俱宜愛敬上帝　十九

自古在昔無論賢愚貴賤莫不知敬上帝觀夫書云予畏上帝不敢不正又云我其夙夜畏天之威詩云維此文王小心翼翼昭事上帝皆所以敬上帝也亦無不祈禱上帝論語云予小子履敢用元牡敢昭告於皇皇后帝有罪不敢赦帝臣不蔽簡在帝心朕躬有罪無以萬方萬方有罪罪在朕躬孔子云丘之禱久矣又曰獲罪於天無所禱也又曰郊祀之禮所以祀上帝也此皆賢貴者之敬上帝也又書之召誥云夫知保抱攜持厥婦子以哀籲天詩云蒼天蒼天視彼驕人矜此勞人又云倬彼昊天甯不我矜孟子云雖有惡人齋戒沐浴則可以祀上帝列子

云宋人有好行仁義者三世不懈家無故黑牛生白犢以問孔子孔子曰此吉祥也以薦上帝此皆愚賤者之敬上帝也故無論賢愚貴賤莫不宜敬而宜禱也夫上帝之所以宜敬宜禱者何也實因吾人之衣食逐日賜我者上帝也吾人之生命使我得享永福者上帝也似此而不知報上帝之恩可乎哉且吾人之根本非祖宗即上帝也似此而不知敬根本之上帝可乎哉天地萬物無非上帝所管理似此而不守上帝之誡命可乎哉書之洪範云惟天陰隲下民相協厥居孔穎達註云民是天所生形神天之所授又天非徒賦命於人授以形體心識乃復佑助諧合其居業使有常生之資觀此則上帝之宜於敬畏宜於祈禱者不從可知乎然而後世亦有禁人祈禱者如明時之洪武有云朕思天地造化能生萬物而不言故命人君代理之前代不察乎此聽人民祀天地祈禱無所不至普天下之民庶繁多一日之間祈天者不知其幾

瀆禮犯分莫大於斯惟此洪武十三年五月四日雷震謹身殿帝親見火光自空中下乃拜曰上帝赦臣臣赦天下似此祈禱當不第國主一人已也

吾人最要之事莫如敬上帝也欲敬上帝者莫如明上帝之道順上帝之意也或問曰何爲而可明上帝之道順上帝之意也哉對曰其要有三　一　要觀上帝所造之天地萬物　二　要細觀二約聖書　三　要深明耶穌基督一生之事留心細閱以上三法卽可知上帝之奧妙矣

華人亦云、我中國莫不敬天、不知華人所敬之天、乃蒼蒼之天、非上帝也、余豈不知中國之人、亦有敬上帝者乎、當其遇難之際、亦多祈禱上帝、然過此以往、則未有仍歸榮耀於上帝者、其旦暮頌禱、朝夕感謝者、有幾人耶、我故急勸世人、總宜刻刻感戴、時時愛敬、極大仁慈之天父上帝也。

格物探原目録

四卷

上帝主理人事第一章

前既言上帝主理萬物、茲欲論上帝主理世人、萬物有萬物之理、亦有天道、此理與道、於人爲大有益、乃令人預知預爲有備、預有其備、乃有膽有識、可以勇往不怯、如無此理、無此道、則不能知明日、日之出沒何時、亦不知其播種、能生與否、此道與理、類如國之通衢、爲行者所必由、亦類國之法律、爲黎民所必遵、亦類屋宇之圖式、建造者所必需、外此復有如許細故、入而調停人意焉、假如人有遠行、欲至某地、不能不遵大路、約其定期、或限以二十日、或三十日、具載行李而往、時或家有音書、令其回轅、亦或遇友人、遲其行期、或遇刼掠、傷其車馬、或反唇舌、慢於夫役、或失斧資、或患疾病、或遇斷橋水阻、均足耽延、外此亦有事故、致稽時日者、由斯以言、人生於世、度此歲月、總由此理此道、作事程工、究惟上帝以外此之事故、進退吾人、假如人欲售一地、置一花圃、恐或

無虞之者、或其生理猝敗、囊橐無餘、或既得其地矣、依萬物之理、闢墾
之平治之、擁以糞土、播以種苗、灌溉滋長、有花有木、然或遇螟螣、或生
蟊賊、或牲畜踐踏、或雨水傷澇、諸如此等、舉不由人、假如今日立定一
意、明日至某地、周濟貧乏、或別有音書、令吾移地、亦或因門內事故、致
不果行、亦或遇病、不能出、世事大略如此、此殆所謂謀事在人、成事在
天者也、　有其不易之理、不易之道、外復有思不及、無可定者、二者兼
之、其益無疆、其最要者、致人潛心勤敏、設無此不易之理、不易之道、人
無可動作、此如人夜歷荒野、不辨向往、莫知所爲、有其不易者、設無其
無定而思不及者、世人工作、將如旋磨之牛、往來循環、固執塗轍、不役
其心、不勤其力、過世如同酣睡、役心勤力、事常有念不到者、乃令人之
心活而不死、醒而不寐、有其不易之理、不易之道、人得以考校詳明、而
務於格致之途、以此理此道扶翼斯人、設無此不易之理與道、則無所

執以考核，如天學、地學、化學等，皆無復有。有其不易者，而無其思不及者，人必傲慢蔑視一切。有思議所不及之事，所以調停不易之理與道，使人知應祈禱上帝，默爲扶持。有不易之理與道，人能前行；有念不到者，令人上仰皇天。有不易之理與道，人能倚已有爲；有念不到者，令人亦倚天有爲。有不易之理與道，令人操作日增；有念不到者，令人持心冲虚，日爲祈禱。　亦復有用焉。有不易者，有無定者，乃令世運昌明。人心内自然而然，依此理此道，積日積歲，作事勤工。士之子恒爲士，農之子恒爲農，各有恒心，不厭其故。猝有念不到者，見有何人，出何書籍，與何新法，靈巧器具，博大醫院，利人濟人，苟明於此，無不奮興而前者。又有之，有不易之理與道，復有其變易而至無定者，亦欲美地輿之觀。如今歲此日雨，明歲此日不雨，或今歲此日大風，明歲此日乃無風，或今歲此日陰雲，明歲此日則晴，甚同一地也，或今歲多花，明歲則減少，今歲草木暢茂明歲則多枯萎若此者歲歲變遷以新世人之耳目假如歲月日時永爲一致每歲春秋冬夏光景不移人視之不見新奇則無以觸動其氣志也此如人生飲食日同其物將必生厭惡矣又如機器一具如許輪軸彼此牽引見之者非不謂其奇異奧妙然日久習爲故常則幾忘其爲奇奧矣然則世宙變動無常氣象萬千今日見有此明日見有彼俱爲思擬所不及者乃所以觸活人心以助其興焉　蓋人性自然好惰甚不樂勤凡物欲其久存不敝偶經損缺憚於修爲故凡器具依萬物之理日不若一日漸而毀敝此其常也嘗有人坐椅損其一足其人將其椅倚立於墻以當其足或其屋隙雨漏彼移身異處以避之客或有至而箴規之或驗其器具之美而惋惜之則不免有慚色而依人言以成之人情大約類此無自外來鼓舞者誠難冀其奮興焉國度亦然當中華前漢時英之民人皆爲生人體不飾衣必不知天

崇拜偶像，奉及草木，或鑠或樣。有羅馬國人至英國覓鐵錫鑛，携有書籍，生人艷之，習其舉動，間亦有服其服，讀其書者。至東漢時，耶穌降世後，有司牧者，隨羅馬人來至英土講經宣道，願聽者衆，因設有教會，此爲英國肇興之基。後歐洲各國人民等，忘其眞道，失其禮儀，人私其便，變亂上帝之意。通文字者甚鮮，遺忘上帝聖書，無人誦讀，如埋沒於地中者焉。於是皆奉偶像，或小兒項鎖，或屋舍鎮物，糊糊塗塗，種種邪魔俗尚，皆具至前明正德年間，有名路得者，起自日耳曼國，既獲有聖書，潛心玩索，心領神解，心熱如火，乃出而大聲疾呼，董戒斯人，令其懺悔，去惡遷善，亦日宣講聖書，示人知上帝之意，嚴訓以聖書中條戒，故其君若民，皆謹奉之。此人之聲聞，幾如一大號筒，覺聵警聵，以振興日耳曼國。其徒亦至英國，熱心勸人，亦因以振興英國。此英國中興之由，嗣後日增一日，歷至於今。中國歷代，亦迭爲興衰，日本國亦類英國，在中華同治十餘年前其民人崇信虛偽敬拜偶像多染汚俗有英美布三國人傳教其國日本國受其鼓勵習其舉動衣服語言機器等上而王制下而風俗悉皆西洋是則是效因此聰明才能權柄較勝於昔日者實多亦有習學無始無終上帝之道者其後明其道奉其禮儀者愈衆當愈日興起矣　有不易之理與道發動萬事各有定則上帝以此理此道或令其彼此交濟以成事故此任上帝之意或令此理此道相反相拒不成事故亦由上帝之意或令其外之事故入而調停此理此道亦惟上帝之意若此者世宙事故皆為上帝主之假如有舟將出河口河有水流引舟而去如逢潮落河流加速舟去亦速如上帝更施以順風舟更速矣一時之間可抵數時如海逢潮漲舟不能行是海潮足以阻抵河流以悞舟行如逢潮落而引河流倘有風逆則舟亦不能行前康熙年間英國王暨在朝大臣皆奉天主教強北英之民共守其禮儀

北英人多不從，王遣大臣統兵至北英地，磨難其民，人仍不從，乃命軍士焚其屋宇禾稼，逐之出，故北英人民，時多匿於山首，受苦無限，北英之西界諸民，聚會起誓，無問何患何苦，必依聖經之言，守其安息，至死不變，英王暨百官聞之，尤加動怒，故又增兵前往，並令殘忍者統之，北英之西人，逢安息日，無敢赴禮拜祠者，亦無敢違禮拜儀，仍入深山窮谷，爲人所不及見之地，守禮拜聖餐施洗等儀，上帝佑之，有希奇事，凡幾，一日若干人聚集山澗，禮拜上帝，時突有羣羊，奔山而下，越其地而過之，其人見此，咸謂有故，一人出視之，遥見馬隊一起，直奔向前，衆皆危懼，無法求救，計不知所出，惟一心祈求上帝，正惶急時，忽然山頂雲霧下移，遮覆禮拜諸人，兵一不能見，越而過之，此上帝作此以庇護之，蓋上帝令冷風入雲，凝爲水氣，濃厚之至，光不能透，視不能入，夫馬善走，能追人，兵多器械，能傷人，上帝以此物理，廢萬馬之力及兵刃之用焉、中華地東南海角、泊舟口岸、有商船凡幾、聚泊於此、其西南有賊舟、聞其消息、將欲近之、以施切奪、既所備皆具、亦有貿易順風、瞬息可至、突有大霧迷人、賊舟迷路、不能前行、此上帝以此雲霧之力、廢此貿易風力焉、農人春耕、擁以糞、播以種、至夏而苗生之、亦有日以曝之、如其不雨、則地之力、種之力、日光生物之力、舉爲廢棄、此猶其事之小者、上帝亦恒以此法、成大事、興敗國度、前明時、萬曆十有五年、英國乃一女王、名以利沙伯、意士巴尼亞王、名腓立比、欲與女王結爲夫婦、女王不從、腓立比怒甚、不受英之聘問禮儀、將欲攻而敗之、以利沙伯奉耶穌教、亦佑助耶穌教會、腓立比奉天主教、故其於以利沙伯、不惟怒其不嫁、亦爲天主教事、堅欲破其國度、其時腓立比不惟王於本國、所統轄者甚廣、如博而土、荷蘭諸國、及印度境內有地凡幾、皆爲其轄、此時英國地小、人民無多、腓立比斷決其意、整兵五萬、戰艘八十、天主教王、祝福其舟其兵與以總名曰勝不得者阿兒美大於是掉舟前往向英而行猝有巨風衝散其舟令之回後復整頓其艘向英再往至相距不遠遙見英之境土英之小戰艘迎而擊之方交戰時突西北風大起鼓意士巴尼亞艘去東北行觸於島觸於石損傷凡幾餘者復東北行英之小戰艘隨之意士巴尼亞舟子不習其海路故有被英擒者有觸而壞者返其國者舟僅二三英之小舟無一損亦傷人無幾此殆上帝以其風佑助英國並扶翼耶穌教會假令當日無此大風危險極矣恐其破英必矣越百年康熙二十有六年英亦有一危險事時英王乃天主教人名曰雅各無足倚賴英國人民甚不樂此王以其惟羅馬教王命是聽此時荷蘭國王名威力者聰明忠厚亦奉耶穌聖教其王后乃英之前王女英之廷臣暨民中有名望者合而定議欲尊威力為英王威力甚愜非惟私己亦為信奉耶穌者因出諭旨大誥英國徧示英之都邑

云余欲拯救英民、及耶穌教會、雅各王見之、問心不安、乃詔其大臣、會議其事、有至者、有不至者、至者皆奉天主教、咸有熱衷、勞心勞力、勤敏之至、奔走國中、整理兵艘、欲以保護其王雅各、威力之兵伍戰艘、亦各整備、離荷蘭海口、向英前行、至海之中央、忽大逆風起、吹散其艘、令其回、蓋天時猶未至也、越二三日、返其國都、無一艘一軍士一舟子、或損或傷、咸獲安全、又越五日、威力復整船開行、時有大風東起、乃順風也、其舟始向西北行、雅各王之探敵小舟、見敵舟皆西北行、意其欲至英之東北偏、返報雅各、因令其兵皆赴東北、以備防禦、晚間威力舟忽返棹西南行、東風亦大、英之兵艘、皆聚於河口推每士、威力舟獲順風、雅各舟乃逆風、以故不能出口、英之水師提督、見威力舟過其前、心煩慮亂、不知所出、又兼爲風故、撤其桅梢、威力舟越英之舟師而過、至一狹隘海灣、升砲鼓號、以示喜樂、意欲至英之南海口名多爾貝者、登岸、至四日而至、惜此日早雲霧厚重、不辨口岸、引路小舟、踰越其地、衆舟亦隨而過之、欲回棹則逆風、欲仍進則由此而西、地皆不利、蓋自多爾貝之西、凡各海口、皆英之砲臺兵丁鎮防、統兵者當此、謂爲之奈何、爲之奈何、方恐懼時、忽東風易而南來、習習宜人、雲收霧散、日光明耀、岸側淸明、威力兵艘、大小六百、齊轉向東北、越海角山頭、安安逸逸、泊舟多爾貝、兵皆速登、惟有一難、大風之後、波浪不平、馬不能離舟登岸、甚爲不便、至次晨、波平似鏡、舟中人馬行李、皆得出舟、一日之間、幾完三日之工、登岸已畢、西風大起、前易南風時、雖各舟皆出口、跡威力衆艘時、遇西風而逆、不得猝至多爾貝、與威力敵仗、亦不獲襲傷威力兵艘、威力乃雍容統兵北上、民皆歡舞迎兵前行、其有一二阻敵者、亦無害於事、雖各王乃聞之而遁、此二事可以識上帝之意矣、　或謂上帝主理人事、治其大者、不治其小者、亦主理物之大者、不主理物之小者、此言非是蓋以事雖微必有故與大者同其非能自然而然自爲出之亦與大者同如微小事物自然出之此自爲主之實爲上帝使之矣因爲因果爲果無因斯無果有果則有因故事無小大或在天或在地或倏而來或漸而至無問其因可見與否皆爲上帝主之物物皆隨地凝滯不能自爲運動事事亦無能自爲主者故此無問何事何物皆由上帝而生耶穌云二雀非一分金售乎然爾父勿許其一不隕地爾髮亦且見數。

且事之大者乃由其事之小者而成人皆知燈火之微失之可以焚及屋宇傷及人物同治十年美國有一巨城名基制戈某賈肆一燈倒火失延及其屋時遇大風突起吹火四出延及通城高閣層樓焚燬殆盡其以水龍赴救者幾於萬人皆歸無用此其事甚小而所成甚大又有小事成爲大者如二人生釁日深一日因各連及其友不睦者增多二

人之友，復達及其友之友，其不睦者愈多，甚至千百成羣，互相攻擊，致傷如許人者，亦有以一小事而興，其人以至於畢生者，極大之木，其由以生之種甚微，人事之大者，亦由人心之一念而成，故上帝不治其事之小者，亦不能治其事之大者。　上帝亦可以至小之事，廢其事之至大者，假如統率一軍，步武齊伐，號令嚴整，伺敵而出，突其將帥，偶遇風寒，肢體不適，軍無指揮，潛師不出，是以一人之小故，廢千萬人之力於無用矣，香港有一極大輪舟，欲赴美國，既盈其載，乃燃其火，漸足其氣，賓客舟子，各就其位，各司其職，將欲開行，乃弛其纜，一纜墜水，誤縛其輪軸，舟竟不能行，是一大舟之力，不敵一繩之力也。　或謂人生食土之毛，五穀果蔬，乃天地自生，亦謂前論諸事，如雲霧等，乃其適然，人日受光天化日之恩，亦爲自然而然者，噫，何其愚也，前卷曾言及西國機器室，有一機器，入其麥及其出之則爲饅首，如謂此饅首，乃此機器予

我者宜乎不宜謂天地生物者何以異此此如謂工匠之器具可以自
行建造樓閣文人之翰墨自行抒此文章有是理乎　上帝宛一渙號
之主下如許詔書與如許人上帝之意宛如將命者依萬物之理天地
之道賫書而往徧給其人其訓誨人者爲一書督責人者爲一書輔翼
人者爲一書束縛人者爲一書示人以知某事者爲一書有書令人行
有書令人止有書令人樂有書令人憂故世宙日日凡有所遇如此詔
書之皆來自天者書未有出主之者必先思其若何立言具有成算於
胷故上帝亦有成算預擬人人之爲乃以此理此道指揮世人各爲所
爲詩篇曰惟我貧乏望主眷顧兮上帝佑我援我毋遲毋緩兮其意謂
上帝主理萬物亦存心慮及一一敬虔上帝之小人焉若此者舉世生
民用水行舟藉土滋生穀果以草木燃火以火炊爨以絲綿皮毛爲衣
以周行爲路以牲畜服役農工商賈各歸其分各盡其職或出或入各

由其意乃實皆爲上帝主理之調停之但以理書云斯世之億兆藐乎其小有如無物天上軍旅地下人民上帝隨意而作其取之孰能禦之其爲之孰能詰之　上帝治理斯世有二意焉如家主治其子女其與奴僕大異世有愛敬上帝者上帝治理之如父母之於子女然羅馬書八章云我儕知萬事咸來無非益諸愛上帝者故無問何人何國服事上帝實日興起焉其不愛敬上帝者上帝亦治理之如主人之於奴僕焉予以飲食居室器具無問其或智或愚知與不知皆用以扶助夫愛敬主者撒木耳前書有云尊敬我者我尊顯之藐視我者我亦藐視之

論上帝步武世人　第二章

上帝整理世宙其最希異者凡人能預知多者其能治之也愈少預知少者其能治之也頗多此道此理中具有步武次第一人愈能主治何事喜怒睢愈不能預有所明如人在兩間人類中法有萬萬可以難爲

人者、假有凶惡於此、喜於傷人、如其預能悉知人人之止、人人之事、將更益人之苦、乃無問若何智慧靈敏者、明日之事、必不能知及之、而預爲主定、必不知翌日某於某地某有某備、此乃束縛凶頑、不令自隨其意、二 人能管理動物、較人差少、其能預知於動物者亦差多、如飛者、走者、匍匐者、潛躍者、其視人較難於攝理、究之可預知者、視人爲多、預能知其品性、識其習氣、亦預知其各何居止、作何生活、三 植物類、人能主理者較動物加少、而能預知者較動物加多、不能令草木不生、亦不能拔而去之絕其根柢、刈芟之而復生、割一 大木、殊費時力、究之預可知者多、知來歲某地生某草木、某地宜某不稼焉、四 化學、如金類石類氣類、人能管理之又加少、能預知之又加多、凡各元質、人不能更易、物物相合、各有定理、人無所施其力、如木入水必浮、金入水必沉、火入火藥不能不爆烈、究之萬物之性、萬物之理、皆預得而細查之、五 地輿、潮汐往來、一不由人人能爲者、不過築堤岸以防驅之使去作溝渠以引之使來、江河水流其能爲者、亦不過如是、究之可預知者、實爲加多、六天文日月星象人一毫不能爲主其能預知者乃極多、復有事凡幾可推言之人愈長於才幹能於事爲愈倚賴於人、一農者碌碌無所短長性喜安康不好滋事故其出作入息事皆自主任其意向不牽制於他人、二商人頗擅才能優於謀爲資財亦厚欲有難於人亦所能爲假有富商於此欲凌厲人其能力足副究之倚人者多不能舉隨其意如其司簿書者逃逸出入無據賈肆紛擾是莫大生理倚此一人或司廚竈者輟工而罷飲饌不供舉家煩苦是一家倚賴此一小人農人皆能自行炊爨富翁則皆役人三匠工靈巧技能頗多一匠不能爲何匠累百累千能罷其工可致一方之苦此倚多人以成其事者四士子讀書明於今古長於才辯能力殊多可能爲善可能爲惡是爲可懼究之士人無所不倚、不善耕作、不服井臼、不習紡績、不兼匠作、種種皆仰於人、以終其身、五 官擅權威、能馭民衆、寔倚其庶民、倚其士子、倚其兵備、亦倚衆官長、如有妬忌、有讒謗、或其屬民、或其同寮、皆足敗其權而損其威、六 作福作威、權莫高於帝王、其所倚賴者尤多、一 倚內閣、二倚軍機、三倚六官、四倚都察院、五倚諸文武大臣、六倚兵備、七倚國人、上帝亦用此等以主理世宙、其才能多者、皆多倚他人、無問學問禮儀貨財權柄、凡其多者、皆倚其無者、不能任其一 人之意焉、試設一 微喻、舟愈大、其所能至之地愈有阻隘、兵艘之極大者、不能是處皆至、茲兵對敵、其小者則無不能至、雖一 溪之淺、舟亦可行、此言雖小、可以喻大、

前十有二條之意凡一、其預知之多者、不復能爲主理、其能爲主理者、其預知之也少、吾可以預知明日月出何時、如時至戌、宜行某度、亦可以知其大小如何、形體如何、獨不能令其度數少退、形體少變、明日可

殺一人、毒一人、必不能預知其定居、或有何物自衛者否、有何友同居者否、人可以造歷書、預定將來千萬年之躔度期候、不能自知其身、歷一時後、或吉或凶、或生或死、此蓋令人自知至微至小、無何能主、其有預知者、其所能已往、其後有能爲者、其知之力已廢、二者不能兼全、兼全者、其惟上帝、人當薄暮、見此日西沉、星月東升、俛首自思、當自知其微小、不能有何主理、人知吾人在世、所能爲者殊多、不能知明日之吾、或康樂、或疾病、或死或生、此復可以自思、自知其微小、無一能爲、有此道與理、可以知吾世人共倚上帝、非能自倚一己、所謂聽天由命者也、

論上帝治世事有成算　第三章

上帝創造宇宙、山海高下原隰、地勢不齊、毗寒毗燠、氣候不齊、氣蒸多寡、雨露亦不齊、因之事功不齊、趨事赴功、人亦不齊、故散置人民、趨赴各異、事功或宜於農、或宜於漁、或宜於牧養射獵、五金煤石、地輿寶藏、

則宜於博採、服食器用、土產各異、則宜於交易、故濱海之區、而貿易運輸、則習於舟楫者是賴、而又地燠饒果實、俯仰易資、其民寬柔而惰、平原勤耕稼、竭作維艱、其民儉樸而濬、山則土高氣勁、人習騎射、其民多猛悍善走、其不靖也、往往攻戰剽掠、殃及平原、則有剛柔相遇、易置繁衍、百餘年間、因仍往復、往往而然、蓋上帝於此特令交錯、互相漸染、一則啓迪以道德、一則振興其委靡焉、其聰明學習、與風土為後易者亦然、地氣清明、晰於天象、其人必善言天、平原民多質樸、則務於倫常者多、而間習詩歌、其山高人民、則每擅長於風雅、而汙下諸民、著述不復多見、則又其怠惰使然、故人謂各國人民、各理各業、各適所欲、不知皆由上帝使然、不特此也、泰西宿儒、揣摩各國志書、確知各國生齒、年多一年、概有成數、而又男女維均、而又聾瞽喑啞、歲萬人中、成數若干、確有可稽、推之死亡疾病、病愈病故、與凡婚姻嫁娶、罪惡凶殺、含生自盡、其俱有成數者皆然、以及人事中、各國交兵、人民爭鬥、往來音書、門庭過客、其畧有成數可稽、亦莫不類然、浮海舟楫、歲約千損若干、復不出此、此泰西諸國、保險公司之所由設也、復設保人險公司、事約畧同、亦確知歲萬人中、其死亡成數、年二十以下者若干、三十以下者若干、四十五十以下者若干、更有奇者、泰西諸國、音書往來、設有專司、歲中每計函封遺書姓名者、確有若干函、司者遇此、例應開函諦明、代爲塡書郵遞、設遇此書百函、內必有珍重貨物、亦成數不易、諸凡如此、明知事由人爲、實冥冥有主之者、

論上帝監觀世人　第四章

吾人入一書塾、見其几案椅橙、師位弟位、陳設犂然、各一其案、各異其書、訓飭有威、夏楚二物、雖室無一人、入之者皆知其爲學塾也、亦皆知爲之師者、必悉其凡學者之性質學力、以預爲施教之地、善教之以成

其材、此可作此世觀、而猶未甚似也、則以學者時睹師面、盼其教訓、守其矩矱、頗爲樂焉、西國有大獄、室面方闊、而層樓五六、其間列屋如許、大小門戶、各有門者、亦旁列刑具、犯者入此、人各一室、能工作者、督理之令各業其工、獄之中、有廣院、有花有果、逐日兩次、出罪人於院遊賞、亦日有先生兩次入獄、與罪人宣講聖道、假有自遠方來者、入而視之、見有門焉者、日夜監守、隨處列有刑具、各室內人各勤操作、苦不自主、莫之敢離、各欲與獄吏笑談、究惟不能、此不待告語者、其人可知此中人之爲罪人也、此眞可作此世觀矣、

其一、世人皆罹憂苦、或在內、或在外、在外者體、或疾或傷、痛楚難堪、有不惟一月兩月、而期年積年恒然者、無問富貴貧賤、欲求其家無此憂苦者、恐十不一焉、非昔有之、或今一罹之、在內者心、其憂苦殆有甚焉、如悲傷哀哭之情、幾徧於中西各國、外此水旱厲疫、歲有死者無算、亦

有盜賊饑荒焚燬屋宇、傷斃人命、男女老幼、憂苦實甚、有是哉呻吟哭號之聲音、充塞於兩大之間、幾無隙地、　其二世人各有不易之地、各國其國、各子其民、雖時或有去國而他適者、總之不能去者皆是、　其三人各有定業、各有勞苦、所不能已、農不汗血則無食、士不苦心則無名、無問或士或農或工或商、非勞心非勞力、必致凍餒、故此世人皆不敢憚勞、　其四上帝隨意主理人事、一家之人、不無離合、子或遠遊、而父母倚閭、夫或遠行、而婦女傷心、外亦有如許束縛人、鑒察人者、如人欲肆惡、究惟難終極惡之心、圖無不至、而身不能隨之、妄誕者欺人無幾、爲其鄰里何而知之、去而遠之、一怒可以殺人、究惟不能爲左右皆得止之、假有某王、自居其國、無何管轄、似可任意橫行、乃亦有拘束之者、有飲食男女、過而傷生、疾病患苦、束縛之、令不自隨者、此人所無可如何、天有以制之、故此世人、無問小大、皆有鑒察之者、徧此寰區、如家有父母教之師長董之，父師之所不及者，又有國法，如府州縣衛，各設官長，一鄉一里，亦設有鄉長里長，國法之所不及者，則有天法，凡一家一鄉，一邑一國，皆有此伺察之事，亦皆有笞責刑具。　其五可看前章十二條。　其六，上帝違人甚遠，究之無乎不在，人明於道，能見，見不及上帝也，能聽，聽不及上帝也，能知覺，莫能知覺於上帝也，千里鏡，妙而適用，用以視上帝座，不見也，電報通千萬里語言，不能與上帝言也，嗚呼，籲懇至而不聞上帝之應聲，獻何祭物，樂舞詩歌，上帝歆之，而究不顯現，誠不見也，究之上帝實無乎不在，上下前後左右，皆是，人必無不皆知，天監下民，洞悉內外，亦日以鴻恩施人，昔唐虞時，西方有聖人約百者，甚明於此，故其書云，彼居何方，願闚其地，我將往，乃趨之於前，而彼不見，索之於後，而彼不在，意其匿於左，而不能遇，意其隱於右，而不克覯，我之行爲，彼所鑒察，見試之後，若金之既經煆煉。　其七，人皆曰敬愛上帝實未有愛也或有疾而愈或始貧而富或遠遊而歸斯時也或愛上帝曠達者登高遐矚偶會悟於光天化日山海花草樹木禽鳥等觸懷引興頌揚讚美究之不欲去惡遷善順承天命病而得愈仍自役役於世務遺忘上帝是仍抵罪惡曠達者亦過目而忘無何懊悔堅意存心養性以事帝天死而後已其感恩者爲時甚暫爲便已者常終其身也　其八人雖聖賢不能無人心雖庸愚不能無道心二心參半究之世人不能退去人心完其道心故道心引之於善而不前人心引之於惡而速往大抵皆人心爲主而日迷於世故焉　此八者有何意義無他乃令人知此世宙非如學塾人非學者實爲罪犯故人覽此八者所云亦可以知此世人非上帝良民實觸上帝之怒爲罪人也罪人不能自去其苦有耶穌代罪人受其苦上帝有言孰爲痛悔信奉耶穌恭敬上帝始能得救死後升天覿面上帝享福無疆

論性第五章　此係舊稿

昔人論性者多矣，易曰一陰一陽之爲道，繼之者善也，成之者性也，孔子曰性相近也，習相遠也，惟上智與下愚不移，中庸曰天命之謂性，而宓子賤漆雕開公孫尼子之徒言性有善惡，告子言性無善無不善，孟子言性善，荀子言性惡，漢董仲舒言性有善質而未盡善，程子云生之謂性，性卽氣，氣卽性，人生氣稟有善惡，善固性也，然惡亦不可不謂之性，各持一說，分馳雜出，將何從折衷之，曰欲知性之善惡，當先明何者爲性，何者爲善，何者爲惡，夫善非多也，大也，美且巧也，乃盡名分之謂也，惡非醜陋也，麤鄙也，過失也，乃不盡名分之謂也，性非四端也，良知良能也，乃人思慮言行所根者是也，性善惡三者已明，乃詳審人性，實事求是，貴乎眞確，不必曲循古人之說也，麟之性，皆知其仁愛，虎之性，皆知其凶暴，猨之性，皆知其狡獪，何由知之，觀其外，知其內也，今孩提之童稍拂其意卽知怒而哭能行卽知相爭能言卽知相詈及長教之嫻禮節習詩書則甚覺其苦導之觀劇飲酒博弈馳逐則甚覺其樂發於外者如是則其內可知如是而曰性善誰能信之然則惻隱羞惡辭讓是非四者人皆有之此何說也曰此乃天之命非人之性也上帝以此四者置人心中若詔命然欲人捨己之性而從之勉爲善而人卒不肯從故斷然知性之惡也孟子因四端而言仁義禮智非由外鑠我也我固有之也然人果肯依四端而行則皆聖賢矣而無如其不肯也造表者配輪軸析分秒所以經營之者備至而發條之剛柔失宜不能如造表者之心或失之速或失之遲猶誇於人曰此美表也內而輪軸外而分秒皆精也人有不掩口而笑乎今人視聽言動易流於惡而猶曰人有四端具良知良能也何以異於表已壞而猶誇其輪軸分秒也以四端良知而謂性善何以異於以輪軸分秒精備而謂發條善也然則

輪軸雖精、分秒雖細、不得并以發條之性爲美也、四端雖備、良知良能雖具、不得并以人之性爲善也、石用一而成、禽獸合二而成、人合三而成、三者何、血氣也、情欲也、良心也、三者合而成性、舉一而論性、性不全、舉二而論性、性猶不全、必合三者而論之、而人之全性始見、言性本善者、則曰人有四端也、具良知良能也、此舉其一、遺其二、非性之全也、孟子註曰、無爲而安行曰性、孝經說曰、性乃生之質也、性在內未發、不能窺見之、發乃能分善惡、今人行惡甚安、則生之質惡、何得曰性善耶、孔子曰、性相近也、習相遠也、蓋亦言人性皆惡、不甚相遠、必習於善乃善也、或云、人性本善、其爲惡者、乃物欲陷溺而然、夫羊不嗜食肉、雖盡水陸之珍、和調五味而陳之、不顧也、魚不能陸居、雖精宮室美臺觀、必不肯躍而登也、是則所謂性也、故人性善、則物欲陷溺之甚難、今往往陷溺於物欲、則性必不善矣、詩云、天生蒸民、有物有則、民之秉彝、好是懿德在昔上帝肇造初祖賦以天性厥性純全是以初祖視聽言動無一不善行居坐臥身心泰然爰有撒但魔鬼之王蛇行騁辯肆其誘惑初祖不察遂爲所愚聽信魔言犯帝法令帝奪其衷心性變惡此惡心性如濁水源流出支派無一不濁故初祖越至於今子子孫孫世濟其惡初祖始生人之性天命之性也自初祖逆命至今人無聽天命者不得仍云天命之謂性矣孟子曰富歲子弟多賴凶歲子弟多暴然觀子弟當富歲往往驕奢淫逸烏得云多賴也故人情譬若禽獸衣食豐則相傾衣食乏則相爭自古迄今一也人不得上帝感化性終不能自善孟子曰凡同類者舉相似也何獨至於人而疑之聖人與我同類者此之謂也昔易牙治味天下稱美易牙知人之口同師曠作樂天下稱妙師曠知人之耳同也今世人作淫書而人爭買飾青樓開烟館而人羣來蓋亦知人之性同也心心相印以惡濟惡此明證也孟子曰人性之善

也猶水之就下也人無有不善水無有不下今夫水搏而躍之可使過顙激而行之可使在山是豈水之性哉其勢則然也人之可使爲不善其性亦猶是也我則曰人性之惡也猶水之就下也人無有不惡水無有不下今夫水搏而躍之可使過顙激而行之可使在山是豈水之性哉其勢則然也人之可使爲善其性則亦猶是也人自少至老視聽言動日出於惡自然而然無所勉強記曰爲惡則易爲善則難此之謂也或言赤子之心未有惡念可爲性善之證曰乳虎跳舞不知捕生而謂虎性不嗜殺可乎果樹初生四五年未結果而謂樹性不生果可乎故性必體全而發所發善則性善所發惡則性惡欲知其所發善與惡當準諸上帝之律上帝之律凡十條前四條教人事上帝之道後六條教人盡人之道今先論後六條上帝曰人當孝父母請捫心細思我自少至長果能盡心竭力以事父母乎心稍有不盡力稍有不竭即已負親

恩而犯上帝之律矣、上帝曰、毋殺人、非必持刀截人頸而後謂之殺人也、但少萌怨毒之心、即已如殺人矣、聖經云、怨兄弟者、罪等殺人是也、上帝曰、毋淫、人非必眞犯姦而後謂之淫也、但目動心搖、即已如入牀闥矣、耶穌曰、見色而好之者、心已淫矣、是也、上帝曰、毋盜竊、非必刼人之財、取人之物而後謂之盜竊也、但探人之隱、掠人之美、即已如盜竊矣、耶穌云、宜愛人如己、是也、上帝曰、毋妄證、非必兩造質審、僞作干證、始謂之妄證也、但對人言語、稍涉虛僞、即已同妄證矣、聖經云、言誕妄者、必入火坑、可不懼哉、上帝曰、毋貪鄰之物、非必同里巷、始謂之鄰、雖遠在千萬里、無非鄰也、非必起心欲得之、始謂之貪、但稍有羨慕之心、即已貪矣、以此論之、能不犯上帝之律者誰乎、再論前四條、上帝曰、我而外、不可更事別神、今寺廟徧城鄉、所奉佛菩薩、天尊、眞君、諸神、不一而足、四民皆虔心竭力奉事之、而於生我之上帝、我每日飲食衣服居處皆其所賜者、反略不加敬也、其罪重乎輕乎、上帝曰、毋雕偶像、拜而崇奉之、而今世人人崇奉偶像、上帝曰、毋妄呼我名、今人往往指天而誓瀆上帝莫甚焉、上帝曰、宜守安息日、六日可作諸工、至第七日、宜安息、虔事上帝、而華人終年工作、不守安息日、故十誡不論中外男女老少、人盡犯焉、雖聖賢亦自覺多過惡、論語曰、夫子欲寡其過而未能是也、讀此篇者、請細心詳察、我言是耶否耶、使是也、則不可云性善矣、聖經云、人自孩提、其心常懷惡念、聖詩云、惟惡是作、喪其本心、不孳孳而行仁兮、保羅云、悉無義人、無人曉悟、無人求上帝、皆棄正而就邪、未有行仁者、此俱性惡之說也、國家刑人於市、何謂也、誅惡也、其誅公平、不公平、至公也、上帝生人、必有死、有胎而死者、有孩提而死者、有壯而死者、有老而死者、既生之、復死之、何謂也、人惡、故死之也、胎者孩提者、未始為惡、何為亦死也、性惡故死之也、死之公平至公也、人無惡迹而誅之則國家不公矣人無惡性而死之則上帝不公矣惟上帝至公而人皆有死此性惡之顯證也聖經云且以一人在世有罪因罪而死於是人皆有罪人皆有死是也　或云仁義禮智本於天命爲道心貪嗔痴妄本於氣質爲人心試問天命從何而生曰根於上帝之意氣質從何而生曰由於習染問緣何習染曰見種種惡人問此惡人何來曰更見他惡人夫性若本善應無惡人旣無惡人何從習染若無習染應無氣質蓋氣質具於生初自有形骸卽有氣質賢父之子氣質亦惡非由習染乃根於性若云氣質必由習染則必有一無習染之人然自古迄今中外之人無人不有氣質故知氣質非由於習染乃自內發也孩提之童其性之勢向惡故卽思作惡事猶性慕言語卽思學言語也譬如指南針其性指南雖强之使指東西而一釋手則指仍指南其性然也人爲惡雖强勉之爲善而仍作惡豈非性惡之証乎或又云人性兩種一

天命之性、一氣質之性、問既有兩性、人何適從、天下之人、多從氣質、則氣質之性、即人之性、朱子云、在天謂命、在萬物爲性、然以此論無知覺之物則可、以此論人則不可、蓋無知覺之物、不能自有主意、即不能識別善惡、其善惡一依天命、譬如一葡萄樹、彼不能自立主意、思結善果也、惟人則大異焉、人能自有知覺、即能自有主張、能自有主張、則能爲善、亦能爲惡、夫爲善、天之意也、爲惡非天之意也、人不聽上帝之命、而爲惡事、豈可云天命之謂性乎、譬如民之或爲盜賊、可云王之所命乎、世人多事邪神、而無人實事上帝、則其性必非天之所命矣、譬如有一國、其百姓不以孝事父母、不以忠事君、自幼時即起惡念、作惡事、忤逆父母、不奉旨甘、違悖大君、不遵國法、其性善乎惡乎、吾知其必然惡也、今世之人亦然、上帝是天下之大父母、萬國之君、天地之大主也、天地萬物、皆上帝所造、衣者食者用者、皆上帝所賜也、而無人知愛敬之、無人知感謝之、各逞己意、以作惡事、上帝之命、雖在心而弗從、知惻隱而不用其惻隱、知辭讓而不用其辭讓、知恭敬而不用其恭敬、知是非而不用其是非、知當爲善而故爲惡、尚得云性善乎、至善至大、爲萬物之本者、卽是上帝、故弗愛上帝、卽是極重罪孽、雖日日爲善、不可謂之善、譬如有一人、貿易致富、周給貧乏、日做好事、而父母在家、居破屋中、食不得飽、依人爲活、不知回家奉事之、則稱爲善人乎、蓋必先情周骨肉、而後可恩及途人、人於上帝亦然、士農工商、惟知自逞其志、而不知歸向上帝、不知恭敬根本所以爲人、雖好、而不可謂之善也、必先恭敬上帝、而後作諸善事、始得謂之善也、上帝雖不可見、而上帝所造之物、則可見、萬物是也、上帝必有、無可疑也、上帝必當事、亦無可疑也、譬如有一果樹、欲明其樹性、自有美惡耶、抑或天氣使然、無關樹性耶、則試將種帶至南北東西、天氣不同之處、將種子種於土中、或用心培養、或聽之自然若一處之樹有一枝結惡果人必思設法使結佳果若各處無數之樹咸結惡果雖或有彼善於此然皆不堪食則人必知此樹之性本為惡也惟人亦然無論或居近北極或居赤道之下或居於南方其地或濱水或平陸或海島其業或讀或耕或工作或貿易其資秉或智或愚其家或貧或富而皆作惡事為惡人雖父母教之而仍自若雖官長督之而仍自若雖君師臨之而仍自若則其性本惡故也豈可云天命之謂性乎或云人所作事善者多而惡者少善惡可以相抵然善者必不能補救其惡譬如有一婦人主持中饋親操井臼事事勤苦後忽犯姦淫之事能謂其善惡足相抵乎所以人雖日為善不奉事上帝即為犯罪之人人性變惡惟造性者可使之復善如一顯微鏡忽壞惟造此鏡者可修之使復其初所以惟上帝能變人性救其罪苦

論自然之心　第六章

上帝亦別有一治世之法乃自然之心其一則教誨是父母自無不樂教其子以期成立不惟一己教之亦自無不令之出就外傅承師訓有國者長民者亦莫不訓其民父師君長而外各國亦有聖賢間世而出具大聰慧體天立言訓誨一世諸此教誨人各幼而聆之長而習之終身被服如其教誨誠正幼學壯行品詣可欽其教誨或有不合習與性成及長而欲變易之是爲難也　人亦自然而然依人爲轉移子效其父弟效其師小人則效大人此乃奇甚即已亦有不解一舉一動言貌辭氣恐效其所愛者爲之其作事亦然或是或非或善或惡或彼或此其依人爲轉移者大抵較之承訓誨者尤甚蓋以訓誨者之言如此訓誨者之面目不如此故效其面目而不效其訓誨英國有一大儒幼年病其一股之筋其有舉動二足一勤一惰其弟子未病此者或有酷摩而肖之者焉　人本柔弱自難主張亦自然而然皆受制於時尚時尚

所出人皆趨之如衣冠文物等約無二三載不革其故者無問其有便與否有捐其資財勞其工力安其苦難而勉强以隨之者　人亦樂從於世俗羣衆之議某時某事衆有某議非自爲潛心究其是非宜否實與衆附和有似於羣羊千百一羊逸出羣羊隨之世有衆論新興舉皆隨聲附和明知非是而此心力有未足終無以勝之　人亦各有敬畏上帝之心孩提知識未充究知神明在上亦自無不知其外之所爲中之所存舉爲神之鑒觀有何莫救之苦亦自知號泣上天此心自有生而具復有聖書詳爲指示有父兄之責者皆宜切爲訓誨擴其心使與年俱進將愈知恭敬上帝遵奉誡命如無其書人自無以測上帝之實不能不趨於妄誕心以爲此其上帝乎彼其上帝乎風有神海有神山有神土有神惑此魔迷其爲罪特甚而其爲患乃不可言矣　至五者自然之心非善亦非不善是可以之治人者其事與品性合而又教誨

端學習正時尙宜衆論平敬畏眞人無有不善者矣究有其不善者則以魔鬼欲害吾人亦能藉此五者以施其權術焉

論品性癖性　第七章

凡人之生皆有品性分其等有三一爲性有天宜食自於人爲天人自以食爲先務赤子自以其性飢而知乳痛癢而知啼號將欲傾跌手自先舉而爲之防二爲性有先覺凡人覩人之面而知其心之如何亦察人之色而知其意之爲何忿怒之聲至性自思避喜樂之音發性自爭趨成人有之孩提亦然三爲性有所流赤子無知凡有見聞往往與爲效尤皆發於不及覺露於不自知焉　性亦各有癖焉莫先於食食不能一日無工卽不敢一日輟食不能一物所嗜者無算其至要者爲五一曰穀二曰蔬三曰肉四曰魚五曰果依人之體自必期此五者五者一有所缺則養有未安亦體有未健人人之身有若此莫解之癖此乃

强人分離、各理各業、有必治其園圃、有必播彼五穀、有必畜此豬豕、有必習於網罟、飲亦如之、或嗜各異之羹、或嗜各異之茶、或嗜各異之酒、必有調其羹者、植其茶者、亦必有役心役力、釀其酒者、此乃上帝治世、令人終生勞碌、咸歸於上帝之掌握、若夫人自壯年以往、男欲有室、女欲有歸、互爲婚媾、其要爲嗣、外亦復有用焉、同姓不婚、須宜外結、外結婚媾、則戚漸外聯、乃合世宙人民、互相聯、互相安焉、　至若孩之生於心者乃更甚、其一爲貪知之心、此心自生而具、年愈長、心亦愈增、幼而有見必問、有問必詳、時恒有然、及其長也、則好聽察、鄉里之事、鄉黨之事、一邑一國、普天之下、惟務心熟悉之、明道之人、或嗜讀書、或嗜出遊、流連景物、推致物理、此心之熱、幾如飲食之不可緩、或晨起而訪新聞、或讀書勤苦、致傷心損目、亦有遊適者、勿計其寒、勿計其暑、勿計其飲食缺足、惟務詳及地輿、格致家誠熱心於此、亦皆詳及萬物之理、日精一日此其心大有益也一則排難解紛和睦鄉里二則讀書稽古學於古昔聖賢歷代事蹟以修身而成德三則遊歷各國洞悉各國律例以裁成其國之法亦廣咨博訪周於世故可以修己可以待人可以治人四則推致物理日精一日足扶翼人日多一日令世人各奮勇爭前日為興起　其二則希榮之心舉世男女大小咸欲要譽於人望人人皆為譽揚供使令者希榮於主農工商賈亦各仰譽於人至於儒者著書立說每憶及外人獎許故不憚勤苦學者亦以此望之師師以此望之大人大人以此望之其上之大人其上之大人望之王者王者望之上帝此心亦更有益用一令人苦心勤敏竭力工作二令人盡禮盡愛溫柔待人三令人樂於賑濟貧苦疾病死亡施捨用度假如人欲求此心有何關係則試思之如無此心舉世人等其將與禽獸奚擇哉將舉世毫不能安惟有干戈爭鬥互相殘害而已　其三則貪利之心有生而

具愈長愈甚、男女老幼、野人化人、中西莫不皆然、此心在人、最爲牢不可破者、此心一爲不善、一亦具有益用焉、一爲生命之原、財愈足、給養愈豐、飲食衣服宮室器用愈精、權力愈大、二則令人貨殖、貲薄者鄉里滋息、少有則市肆鬥智、富有則商於各國、買者售者、各以和氣相通、故此諸人甚不樂有爭鬥事、此乃令舉世人等、互相交易、聯爲一體、三則生財既足、始能大建功用、裕國便民、如人無厚貲、不復能製輪舟、無輪舟、則人貨往來各國、不能遠便、西國亦有輪車、造有鐵路數十千里、如無厚貲、尤不能成此巨務等、四則舉世人等、皆務生財、因而貨殖、此一念洋溢乎中心、無暇於爲非作歹、反覆不安、五則貨財殖矣、華其宮室、置其田里、美其器用、貲愈厚、三者亦愈精、此其人愈益思輔助官家、整理人民、以期國泰民安、故此愛財之癖、乃所以令舉世太平、復有莫大之用、乃令人遠適異國、或爲久居、或爲暫寄、皆各有益、中華遼東蒙古

一帶等處、極有樂土、無人欲往、無欲往者、地仍荒蕪、人仍生野、有負於
上帝創置、如有人焉、聞其地最宜生殖、皆遷徙而往、耕作焉、生理焉、前
四十有五年、英國人民甚多、無以供給、頗爲一難、莫知所往、將何所爲、
美國西鄙、金山省地、地極肥腴、無物不長、有自彼書寄英人、謂其地產
金實多、英人往而覓之、有明於農焉、復相其土宜而播種之、其後年穀
豐稔、貲財繁殖、較勝采金者無算、其始往者、舟行大西洋、繞南洋而西
而北、實爲不便、嗣後美國開一火車鐵路、自美之東省紐爾約、直至金
山、其中間有地、至美至廣、內產金銀銅鐵煤等、惜無人往、惟有本土野
人一二、自有鐵路以來、往而居焉者不少、地之廣也、雖至千百年、人猶
不能徧滿焉、前復有一事、幾類於此、南洋有大海島、名澳大利亞、並新
錫蘭、昔爲英國充徙軍犯之地、前二十有五年、有書來英、謂其地產金、
人多遷居焉、今其地有城邑、有商賈、約有彷於英國、此乃上帝以此愛

財之癖調理世人、其四乃好勝之心、學校有之、一鄉一里一邑、其人蓋無地無之、此其心具有一奇、愈有得、愈覺不足、昔馬其頓國有一英武之主、名曰亞力山大、其好好勝之心無已、先并希利尼國、次并巴西國、遂略地及於各國、及至印度西鄙、忽而垂首喪氣、泣涕漣漣、蓋意世宙盡於此矣、無復可以兼并者矣、此心亦一、以爲不善、一亦大有用益、此其人帝王出其中、臨馭國家、民咸感之、相臣出其中、澤被生民、將臣出其中、善用兵武、爭城略地、拓土開疆、若此者、實爲輔相上帝、平定世宙、其五則友愛之癖、人自樂有妻室、樂有子女、聚首一堂、外亦樂爲結交、一人有友、或十或二十、友亦各有其友、彼此互相連結、推而廣之、可以無遠弗屆、此其癖大有益焉、人或疾病、家人足以供奉湯藥、日侍晨昏、遇何辛苦、友可扶助、有何憂患、往謁朋友、談笑嬉遊、可以排解、可以安慰、如此則世宙增加許快適、雖人各有憂苦、各有患難、可獲福樂、且人亦各得以互相保護、　外此人復有一性情大爲益用、父母之愛子女、不惟養食之、拊循之、亦自然而然欲教之以爲學、訓之以遵守成規、及其長也、或令其業儒、或謀其生理、擇其善處、意欲其修德禔躬、名揚內外、超出前人、斯世無何可足其父母之心、較望子之興起爲尤快者、此其用無與比者、蓋以世之爲父母者、各具此心、實爲善承天意、使世宙平康、日爲興起、　其或有不信者、則試反乎六者而思之、假如人無飲食之嗜好、必不復能知其飲食之多寡足否、或有其嗜好、而穀蔬絲棉、皆自能生成、不資人力、男女老幼、皆爲閒民、將普天生民、咸流爲匪僻、充塞世宙、誰其復能攝理、如無男女之欲、生理早滅、人類絕矣、如無貪知之心、孩提不增知識、人各不思學習、幼壯而老、終身等於犬馬、如無好榮之心、則無往來之禮儀、周折之規矩、粗野無文、奚異於物類、如無貪利之心、則宮室車馬衣服器用、皆無華美、將仍巢穴之陋、如無上人之心則不能發憤爭雄日為興起比於汙池之水滯而不流速臭而穢如無友愛之心則人皆孤立無與獨立無成無何扶持無所庇護禽獸且敵人而滅之如無培養後嗣之心則赤子成人者少死亡者多其有存者亦代愚一代世宙日即墮敗即此六者反覆而思不惟實有上帝不惟上帝實治理世人凡此諸癖非能自然而有亦非出人意外乃上帝早為經營造化人情用以聯合世人者然則人雖無以見上帝實皆歸於上帝之權理焉

論心之感應第八章

世有如許事故致人心動事不同而動者亦不同焉其一有令人心動而前日生其望者望愈生則力益足力益足益可以有為善哉此有望之心儒者為望其名愈敏其事貨殖者為望其財愈小其心縱使財不即生亦終身不能去其望大抵皆然假有何人令人心各生此望彼能

帥其民、使莫不樂從之、舉隨其意之所之、但斯世之望、多生於虛僞、惟上帝予人以天堂之望、足使人存心克己、無問遇何患苦、至死不變、

其二有令人心動而生愛慕者、有何悅目者、心動而前、以觀其象、有何娛耳者、心動而前、以樂其聲、或有味於詩書、讀之不厭、或有慕於好德愛之無已、亦時而爲之服勞、襄理其事、故上帝置此等事、所以汲引世人、曲隨己意、　此二者、吾見其相反者焉、則有致人心動而生懼、懼則力怯、力怯則戰兢惕厲、不能有爲、心亦昏迷、秉權者、一怒而宇下之人民畏苦、上帝或令大地震陷、吞滅生人、或令雷行電掣、暴擊民物、或瘟疫、或饑荒、或刀兵、致普天生民、舉爲惶恐、不敢稍爲縱恣、則亦有令人心動而生厭者、目之所不欲視、耳之所不樂聽、或爲凶惡、或爲悲慘、或爲下流者等、一有所遇、莫不卻身而退、時或奮袂而前、攘臂而爭、敗而去之、總之得望者、心暢體適、嘯歌遊樂、凡百樂於有爲、失望者、反是、得

所愛者、心閑意安、無畏無縮、失其愛者、怒生之不宜之事、當前、煩苦無似、舉室不安、　其三則友朋有故、或疾病、或患難、皆足動吾心之憐憫、憐憫者、所以慰其人之心、免其人之苦、事誠善也、爲如此則世人之苦、有減焉、如反是則人方憂苦、而仇人來前、苦愈生苦、際其歡娛、尙有可言、際其憂苦、誠有不堪惜乎人愈有苦事、亦愈增、爲人生憂苦往往百端交集焉、　合而言之、八情實爲罕奇、非一物也、非一事也、時而至也、亦時而去矣、情繫於心、旋往旋來、莫能斷割、塞於心、充於身、致全體莫能自主、世之束縛人者、未有較此爲甚者、故上帝卽以吾人之情、治我世人、

論心疾有用　第九章

天下事有不相謀而適相同者、世人各具天良、各有飲食男女之癖三、心性之癖六、自然者六、動心者六、皆上帝預爲造化、以治人者、至深至

切至要至宜、如人皆依此而行、四海之內兄弟諸國、實皆明哲、實獲平康、實日興起、毫無事故、究之人各任其意私心自主、違棄天良、恣其癖性、等流而忘返、是以雖用其癖性不能無蔽而免於惡、如食以養身、過則傷之、酒以成禮、過則亂之、男女有欲、過則爲姦、貪知者、其蔽也蕩、希榮者、其蔽也媚、好利者、其蔽也詐、好勝者、其蔽也僭與妄、友愛者、其蔽也狎而玩、篤後嗣者、其蔽則私與惑、品性或廢而棄、教誨或愚而慢、表率人者、出其不宜之度、興時尚者、失其本原之體、如剪髮裹足、理有未完、羣附和者、有邪說誣民、滋訟起爭、尊上帝者、有釋道僞途、引魔入世、動心者、有宜有反、亦發而爲嫉妒嫌疑怨毒誹謗爭鬥諸不義等蔽、雖然蔽誠有之、然上帝非棄人也、乃上帝自任其意、以此諸端、攝理世人、假有冒爲善良、冒爲學問者、有其嫉妒者、可以伺而察之、以破其僞、而顯其實、有此嫌疑、人各思預防於未然、如古詩云、瓜田不納履、李下不整冠是也有此怨毒誹謗人各思潛心修德反求諸身以息之爭鬥者所關尤鉅人各不甘居下不能必上恒互爲上下有此爭心乃令人發憤爲雄以日興起焉推之其餘諸蔽亦皆可以令人途窮而思反見惡而知悔潛心篤志以務於聖賢之域其有不知反而自取敗亡者亦往往而然然固不足道也

論人心之念第十章

人生之初其心虛曠無物纖汚不生有如紙素究之具有才能能視能聽能聞能探物而知覺其形體小大或動或止亦能別五味辨五色察剛柔識寒煖凡物之感心亦能知而生慕知而生厭知而生懼知而生樂亦知其何者爲因何者爲果亦具天良能別善惡誠僞愈長諸才能心亦愈開假如心無他能惟此諸才則皆一無所用如自孩提心無記性此諸才咸置無用不能記憶不能學習尤不能生其明悟擴其靈慧

求其意味故此記性最爲切要之才能乃人生日爲興起之原因非憑虛無據者上帝有不易之理輔翼諸才能令其易爲記憶亦記憶詳明

其一無問或事或物有會集於吾目者逾時而偶遇其一其餘亦按時而畢憶於心假於某地曾閱其地勢屋宇商賈人物事宜凡此者皆連結於心其後或見其地之一人一物一事凡有閱者皆相引而起又如見有食果而憶其味見有傷割而觸其痛學者謁一師長其後追念之亦憶其書室及書室中人或登海岸見行舟有名鳥者憶其爲粵人有名沙者憶其爲閩人某地或遇故人後至其地友雖不在亦追念之或居於某而遘虐疾越日而再至之所事咸觸於心外有音書適至覩其書跡可憶其人之語言面目舉動行爲並其舉室人等凡有事故悉在目前有一遠行者去其鄉邑千萬里遙至一曠野杳無居人煩苦無似既而席地而坐啓囊而食突見一匕首上鐫都會製造印記酷類其

家所日用者，因而百念感觸，而起念其家之父母昆弟，日用事物風景，外之鄰里戚友，後憶及都會之景物，商旅交遊，暨其所玩之地，所樂之事，須臾間百端交集，往來充塞於胸中，時而令其樂，亦時而令其憂焉。此其理為至要，蓋以偶遇其一者，即因以觸其餘者，其餘更觸其餘，一一相引，可以推暨靡涯，無遠弗屆。　其二某時凡遇有某事，倘復遇其時，而其事亦一一為之觸，春日而有何賞心樂事，後再值其日，而其事各觸於心，吾人於春秋冬夏閱歷終歲時事，其明年各值其時，各憶舊時，如某日偶值風暴，忽逢災難，倘其風暴逾時再來，因而不忘其災難焉。今茲十一月朔，金星過日，中西各國人民各以烟薰玻璃映目仰觀，如其後言及其事，皆憶其前之目睹情形，亦憶及烟薰玻璃事，或遇有烟薰玻璃者，亦憶及其星日事。　其三凡有何物何事何地何人，其大小形色事跡，適有其相似者，偶見其一，而舉凡相似者，雖不同類，亦莫不觸念而起、大者觸其大者、小者觸其小者、形相近者形相觸、事相彷者事相觸、事可觸物、物亦與人、地由人來、人亦以地起、如見何長人長若干尺、倘復遇其大者、或人或物、或山嶺或草木、而此一人宛然在目、見何珍禽奇獸羽毛華采、倘復遇其形類者、或禽或獸、或但遇其色似者、若草木、若人之被服、而此一珍奇者、忽爲憶及、見有傷者、倘復有其傷之似者、無問或人或物、皆感觸之、見有某屋火災、憶及他屋之災、今觀於金星過日、亦憶及日蝕月蝕事、若夫見人之面目耳鼻有何異處、或語言神情、凡有相似其人者、無不因而憶之、至如路遇一人、無問其耳目手足、或舉動儀容、毫有似我友者、更令我憶我友矣、　此三者內有喻意存焉、日之方中、照臨下土、此有似道之觸照人心、故具有聰明者、見日而憶及於道焉、登山非易、愈上而景亦愈增、此有似讀書稽古、明物察倫、心愈有得而愈悅樂、故有心者登高遠眺、亦感觸而有得於道、蠶八繭脫而復生、信耶穌者見而觸於復生之理、毫無疑義、　其四則因有所見而憶及其相反者焉、如見一矮人思及魁偉丈夫、見一小舟行海危險、憶及輪舟之大、遇有饑饉、憶及豐稔、見有大人侍從威武、憶及乞丐小人赤身無與、見有罪人監苦、憶及慶賞樂事、四方者備風沐雨、每憶居室之安、推之茹苦思甘、守黑知白、見善觸惡、見惡思善、儉而思費、勞而思休、見鳥畜樊籠、而憶其山樑之空闊、諸如此者不可勝計、　其五則感自外來者、甚或致人憂苦、或增人喜樂、後此諸事中偶遇其一、凡百不忘、如一孩提受人之侮、外受創痛、內受恐懼、此其事終身不忘、或異日而復憶其人、或遇其受侮之具、此其事亦一一追憶之、又如遠行失路、誤入危險、昏暮無投、無食無家、防凶惡獸、益增惶恐、突有來者引至其室、救其危險、供其寢食、其後倘遇其一端、凡其所值者皆一一應念而來、又如行千里者經歷多苦、後有斯須之苦、凡其閱歷歷歷不忘、假如父母有疾日甚一日、爲之子者因而日憂一日、及其父母既歿、有何遺訓、有何遺跡、異日而問及如此之言如此之事、一一咸憶及其父母焉、　其六則耳目之所習見習聞者、一言其一、而卽憶其全焉、如久於京師者、一言及京師字、而其城郭廬舍形勢舉在目前、聞人姓字、憶及其人之全、地亦如之、聞其地之名目、乃並其地與其地之城垣街巷市肆廟宇畢憶於心、嫺於詩書者、聞其一言而憶其全經、或嫺於鼓琴、習於歌曲、聞其一音而衆音皆悉於胸中、　此其理有習與性成之弊、乃其益實多、則以事之難者爲之可以易、不經心亦爲之矣、士農工賈、各倚此理、以各善其事焉、

續論人心之念　第十一章

前論人心之發念有六、乃其大者、外此各事其事、而其念亦各依所事而生、學者念起於詩書、如嗜史學者則史學之念起、嗜格物者則察物

之念起農以農之務心充其念工以工之務心充其念商以商之務心充其念兵伍則攻伐之術盈其心舟人則洋海之務盈其心　氣體爽健奮發有爲中心快適則歡娛之事兆於心雖或毫末之憂適自外來亦未有不驅之使去必不使之入以稍阻其興若夫患難疾苦憂困於心則百憂交集矣雖或有至樂之事欲入而解之或至密之友欲勸而慰之將更以談笑之境反增其悲泣焉　人方怒時倘別有事至乃益增其怒其事復引其餘事足令怒者忿不可言假如人謹守中庸則中庸之念在茲君子恒念爲君子小人恒念爲小人無問何人人有何爲或平康或疾病雜念紛乘要皆依前之六者大者而興或有疑於此言者如其存心漸察謹伺其發念之幾必知理實有此六者互相連結於心所言不爲虛矣有有心者沉潛反覆於六者之理可以知人心諸念非一一獨生之如子然一人各自爲主乃一一牽引有似於連環之繫

各以六而連固結之至此六者凡人皆具旁亦連其小者乃人各自具者此連環之索莫之能斷非惟莫斷亦其環日增一日故人畢生所事皆牽連之而內存於心究有某物某事自外來者致人所思不及幾於忘者皆引而起畢生所事無一之或遺人心有類於靈妙之琴其絃之部位各有定音播之某絃則某音來應故吾人之心念逐一皆妥爲佈置於方寸其有何感自外來即何念應之而起　此心之念時恒出之如水之源莫止其流如偃臥時渺無關心此念依前之六者自爲牽引而生如逢快適可視此諸念之互爲往來寢寐時亦出之安寢則不及覺寢有不安因而成夢夢則神不守舍故夢乃虛幻　然人雖不能止其念而不發亦不能主其念使各由己意假如友遇苦難吾可往而慰其心令甚宜之念生之以曲爲之解不令不宜者生之致愈增其苦友之心慰吾可以去而宣道不雜以他念以善解經訓之意此其事畢吾

亦可以謁見大人、理何事、故非誠益其事之念不令之生、既而歸、吾復可以甚宜之念述爲文詞、　自能主、他人亦得而主之、人可以訊吾、無問吾之欲不欲、彼有某問、其念自不能不興、言不必言、思實及之、况上帝亦感動人心、令凡有所爲、舉赴心前、良心判其宜否、或用斥責、或用勸勉、此乃所以治世者、而且沒世以後、即以此諸念審判吾人、各以其身之所爲、或善或惡、受其不易之報、

論上帝福善禍淫　第十二章

上帝如欲强人爲善、甚易易事也、如一伶巧者作爲鐘表、其輪軸發條布置一一恰當、各按其部位運行、無少缺略、無少齟齬、驗之何時皆宜、毫釐不紊、若此者非人也、乃物也、不能惡不能善、不爲人、不能善不能惡、則心無至樂、心無至樂、爲人奚益耶、穌謂上帝能令石作人、謹依律法而行、究非上帝之意也、世人早自擇惡而行、上帝欲令惡者自欲去

惡遷善、成爲義人、故法有如許以感動人心、令人自願爲善而行、其一人生各具天良、良心之爲用也有三、一示人知其事之宜否、一示人以爲善、一則賞罰人之善惡、如刑官焉、有法律、有訊鞫、有吏役、上帝置此心於人、令其主治內外、或癖性、或感動、或七情、或發念、萬萬、與凡有所爲者、惟此身之平常作事、舉動行止、此心不問外、此若飲食男女等癖若七情、若感動發念、凡有意而爲之者、無一出乎此心統理之外、其何者有誤、即以何極宜之法律、用其權以示人、人有順乎此心、此心嘉美致人生喜樂、人有違於此心、此心用刑、致人心苦不安、故此心之主乎一身、如人君之主乎一國、故有謂此心爲上帝之欽使者、乃良心雖自操其權能、究賴有聖經而常惺得自行其大權焉、　然良心之蔽亦有四、其一人猶未受至正之訓、實愚於無稽之風俗、如崇奉偶像、焚香焚楮、游移於凡百鬼神等、其二則攻乎異端、信乎不宜者而以爲宜、如印度國俗有一慘事、即夫死、婦爲從死、其家人爲之備其木架、婦即往赴焉而自縱、戚友偕來化之以火、中國亦有其俗、但無火化耳、戚友弔臨、鄉里誦爲美談、此其事實有不合、是乃輕殘人命也、究之良心不責其人、以其幼而見聞習熟、其事是爲至榮、印度國俗、亦有人將初生之女棄諸水濱、付之河流、聞中國亦有之、復有造橋梁者、以嬰兒塡橋梁之基、謂無此嬰兒橋梁不成、如此等事、誠非其本心欲爲、良心固不爲此、此乃自欺其心者也、亦視乎善者而以爲不善、如耶穌教有至善之禮、西國有合宜之規、華人輕之、視爲蔑途、蓋以上帝之道照臨未及其心、故其視此禮此規也、如人以着色玻璃視物、莫得清明、其三則良心依乎人心、凡有不義、始猶可責、而其後亦漸恕之矣、其四乃喪其天良、雖爲極惡、良心視如未有、究之無能滅絕此心者、時有喪其心者、偶遇正人指責、或當其將死、皆能天良發現、痛自怨艾、如夢寐之忽覺者、假如此心果受至寶之訓誨兼具至足之才能實各自爲主理一己亦能主理一世矣、其二上帝定人心性體質宜於善不宜於惡作善者心坦而體舒泰自生喜樂作不善者心戚而體畏縮自生慚怩作善者快作不善者拘作善者力有餘作不善者力不足此皆上帝所以悚動世人向善者也　其三上帝治世與人爲善所關甚廣忠厚者鄰里鄉黨莫不敬之愛之扶持之倚賴之較詐僞者甚異博名譽者任所至止人爭趨奉正直者多友邪曲者無之如廉吏清心寡欲不貪於賄不枉於法愛民如子及一朝辭位而去祖道攀轅者不可勝數此雖無一金之餘較穢吏金銀滿室而無此榮者其樂蓋不啻霄壤矣　其四則天罰世人惡貫滿盈或遘虐疾猝亡或遇暴雷震死自古迄今代代皆有自西徂東各國皆然逃之不盡試詳其一二昔在周孝王十四年亞蘭王有一軍長身遘癩疾詣以色列人先知以利沙醫而得痊立於先知前曰、今我知天下惟以色列族中有上帝、願饋禮物、請勿卻、以利沙曰、我指所事之耶和華而誓、我必不受、促之固辭、以利沙之從者其哈西貪於貨財、故於軍長去之無幾、追而給之曰、我主遣我告爾曰、今有先知之徒年少者二人自以法蓮山來就我、請以銀一千五百及衣二襲與之、軍長曰、請受三千、促之而許、遂取銀三千、盛於二囊、與衣二襲、使二僕負之以行、在其哈西前至於山岡、則受之藏於室中、遂遣二僕往、進立於主前、以利沙曰、其哈西從何而至、曰僕無所往、曰彼下車迓爾之時、我心非與爾同在乎、此時豈可受人所饋、或金或衣、以售橄欖圃葡萄園牛羊僕婢乎、故乃慢之癩、必移於爾、及爾苗裔、歷世勿愈、遂出成癩、皓白如雪、見列王紀畧下書五章猶太國當周宣王十七年、有王名烏西亞、國强心驕、以召禍患、干上帝耶和華命、入殿焚香於壇、祭司長亞薩哩亞與耶和華祭司八十人從王入殿、諫曰、凡焚香於耶和華前者、惟亞倫子孫爲祭司則可非爾所得與焉今爾干大典入聖所上帝耶和華必不加榮爾宜速退王於殿閒壇側祭司之前執鼎焚香聞諫而怒額忽患癩祭司長亞薩哩亞與衆祭司望見王額患癩遂驅之出王亦速出知爲耶和華所擊王既患癩終身不治異室獨處不得入殿其子約坦理王家鞫兆民（歷代志畧下二十六章）耶穌復生後始立教會教友皆鬻產輸金以均需用有名亞拿尼亞者與妻撒非喇鬻產夫婦同謀潛藏數金餘挈置使徒前彼得曰亞拿尼亞胡爲撒但惑爾心潛藏售田數金以欺聖神耶田未售非爾田乎既售非爾金乎心生此念何爲是爾非欺人乃欺上帝也亞拿尼亞聽此即仆而氣絕聞者大懼少者數人起殮尸舁出葬之逾時有半其妻亦入猶未之知也彼得曰爾售田之值止此乎明以告我曰然止此彼得曰爾曹曷與謀試主之神耶葬爾夫者足已及門亦將舁爾出矣婦立仆其前而氣絕少者入見其已死舁之出葬於夫側

全會與聞者咸大懼、使徒行傳五章嗣後東漢建武十有六年、猶太有一希律王、困苦教會、殺一使徒、意尚欲毀滅教會、時希律甚怒推羅西頓人、二邑人因來求和、希律衣王服坐於位、面諭之、民呼曰、此上帝之聲、非人聲也、希律不歸榮上帝、主之使遂擊之、爲虫所噬而氣絕、使徒行傳十二章再後至東晉昇平四年、羅馬國王名如利昂、其王少年信奉耶穌、領受洗禮、登位後背棄耶穌、謂余不信、余信羅馬依古以來所奉之偶像、凡有廟宇、皆爲重飾、度其僧尼道士講經說法、禁絕耶穌聖教、亦著書謗詆、羅馬境內、凡有禮拜會堂、金銀器具、皆收斂之、賞賚兵民、亦嘗試耶穌教人、令棄耶穌、供奉偶像、人咸不樂、乃止、閉耶穌教書塾、禁止宣講、亦下令國中、勿許稱謂耶穌字意、欲盡耶穌教會、悉爲滅之、聖書言耶路撒冷傾圮無能建者、直待耶穌自定之期、此王欲先知之言無驗、乃發其工役、往耶路撒冷重修聖殿、工役操作、方起基址、突有火自地出、焚燬工役、殲滅無遺、王聞之、憤怒耶穌之氣、愈衝於懷、嗣後王往戰於巴西國、身獲重傷、血流濺濺、彼以手承而舉之、隱指耶穌、厲聲喊曰、爾加利利人戰勝矣、言畢氣絕、若此等事、如詳言之、積卷不能終其說、人生斯世、常目睹夫天罰及人、致人改惡遷善者、類如兇惡者、志欲傷人、遭厲虐疾、體或痲木、或被屋壓、或受雷擊、事不恒見、時而有之、乃令人知上帝欲警覺人心、日爲乾惕、又前明嘉靖三十三年、英國有一顯官、捉二傳教牧師、擬以死罪、命人束縛之、加積柴上、燃火以焚之、官於此時、不遑飲食、急望牧師死音來報、從容快適、以飲以食、方食時、突生奇疾、徧體潰爛、臭惡不堪、無人至前、彼身受痛楚、心增苦難、別無所爲、惟詛人詛上帝、言不可說汚穢之言而死、又北英國有一駛船主人、幼年差强壯、而自暴、況湎於酒、嗤笑侮辱耶穌教徒、詛咒鄰里、一日於旅次、無故大怒、肆口詛罵、突而血氣大升、衝絕血管、須臾而斃、

論上帝以惡滅惡第十三章

余讀舊約列王前書十有六章、昔以色列王以拉即位之二年、其臣下有名心哩者、忽而謀叛、弒其國王、於得撒代之爲王、以色列族聞之、即於是日、立軍長暗利爲以色列王、暗利率以色列族衆自基庇頓往攻得撒、心哩知邑已陷、乃進王宮縱火自焚、緣其行惡於耶和華前、從耶羅波安所爲、使以色列族陷罪故也、（見十六節至十九節）又云暗利行惡於耶和華前、較前王尤甚、（二十五節）又云暗利子亞哈治以色列凡二十二年、行惡於耶和華前較前王尤甚、（二十九節三十節）列王後書九章云、爲先知者年尚少、詣基列之喇末、既至見武士之長皆坐、曰長者、我有事相告、耶戶曰欲告何人、曰長者爾即是也、耶戶起而入室、先知傾膏於首、曰以色列之上帝耶和華云、我以膏沃爾、使治我民、爲以色列王、爾必滅爾主亞哈之家、昔耶洗別殺我先知衆僕、故行殲滅、以雪其忿、亞哈全家、必淪胥以亡、在以色列族中、我必絕其所有、或僕或主、不遺一男、使亞哈全家、與尼八子耶羅波安家、亞希亞子巴沙家無異、在耶斯烈田、耶洗別必為犬所噬、無人埋葬、先知言竟、啟門而遁、（見四節至十節）埃及國人、必蠢而驕、崇拜偶像、兼奉牲畜、王與臣民、惡行無道、時有尼尼微王滅其國、尼尼微王與其臣民仍蹈於惡、嗣有巴比倫國王得其國、巴比倫王驕奢肆惡、銷金鑄像、高六丈廣十尺、立於巴比倫杜喇平原之所、召方伯州牧、顯宦刑官、管庫之士、刀筆之吏、說法之師、與衆邑宰俱至、欲釁所鑄之像、百官既集、立於像前、將行釁禮、遒人大聲呼曰、民人族姓、王命爾曹聞角、鼓琴瑟笙簫樂器之音、即當伏拜尼布甲尼撒王所鑄之金像、不然、立投爾於洪爐、（見但以理三章一至七節）後又心驕、自謂此非巴比倫大城、我所建造者乎、我以之為國都、顯我能、彰我榮、言未竟、自天有聲曰、上帝有命、爾將失國、當驅逐爾、不與人偕居、而與獸錯處、噬芻若牛、以待七年之屆、俾知至上者、操權於寰區、隨意升降、我即於斯時遭此災患、倏被驅逐、不與人居、嚙蒭若牛、身爲露所沾濡、首髮長若鷹翮、指甲利若鳥爪、其日既居我尼布甲尼撒仰觀乎天、心復靈慧、頌美永生至上之主、其國靡暨、永世弗替、斯世之億兆藐乎其小、有如無物、天上軍旅、地下人民、上帝隨意而作、其取之孰能禦之、其爲之孰能詰之、是時我得靈慧、光復舊物、尊榮赫耀、我之議士牧伯再謁見我、我國復立、威儀郁郁、（見但以理四章三十節至三十六節）其後王爲惡較尤甚、肆筵設席、召有爵位者千人、咸赴王讌、與衆同飲、飲酒時、命取金銀器皿、乃王之祖尼布甲尼撒得之於耶路撒冷上帝殿者、遂取之至、王公后妃以之飲酒、飲時、美金銀銅鐵木石所造諸上帝、忽有人手之指顯現、書文字於王宮粉壁、燭臺相向之所、王見之勃然變色、中心鬱陶、腰骨閃損、兩股戰栗、大聲召諸博士、太史、卜師、巴比倫哲士、咸至、王告之曰、有能讀斯文字、解其義者、身衣緋衣、項繫金索、爲國之相職、居其三、哲士入、文字不能識、奥義不能明、（但以理五章一節至八節）但以理讀其文而譯之、（二十五節至二十九節）前米太王大利烏、曾圍巴比倫城、莫能破、蓋其城大而壯、門亦堅固、牢不可破、足恃以無恐、有一河出入城中、其水門爲極堅鐵欄、最難出入、當此夜中、大利烏命人潛掘其河、令爲旁流、一擁而入、是夕迦勒底王伯沙撒爲敵所虜、米太人大利烏得迦勒底地而王之、（但以理五章三十節三十一節）大利烏王之後裔、亦復作惡於上帝、前馬其頓王來滅之、馬其頓王死、其國分爲四、四國臣民皆奉偶像、後羅馬國王滅此四國、督理天下、越數百年、羅馬國人亦奉偶像、沉湎酒色、有蒙古往敗之、時日耳曼國退去蒙古、立爲至大之國、嗣後法國勝之、爲天下主、再後英國起焉、爲天下主、現今時國有其三、即英國美國德國、皆爲供奉上帝之國、王家人皆信奉耶穌、爲此大國主理天下、三國見以爲然、無或以爲不然者、

論惡人自陷其網羅第十四章

世有事甚不平致人莫可解者、善者多困苦、而惡者多奮興、惡者恒恣睢、而善者蒙其侮辱、或謂上帝治世、奚爲事有若此者、欲求其故有二焉、其一上帝如盡去斯世之惡者、則善者亦苦、假如其父兄惡而早夭、其孩提之子弟有善者愈增其苦、其東主之惡者或夭、則凡助理者咸苦、世人皆互相牽連、其有何者去之、卽有何者苦生之、其二則以有來世有審判、可以整理其事、而各爲報之、究之上帝治世、亦有報之於當世者、惡人每自中其詭計、詩篇云、惡者拔刃張弓、欲害貧乏、欲戮善良、不知其刃反貫其衷、而折其弓兮、（見三十七章十四五節）又云、斯世之人徧施網罟、我心忡忡、彼掘坎阱、自陷其中、（見十七章六節）昔中華周敬王時、巴西國有王名亞哈隨魯、其朝有二臣、一名哈曼、爲亞甲人、一名末底改、爲猶太人、哈曼本惡、嫉妒尤甚、末底改敬畏上帝、哈曼位冠羣僚、末底改位居其下、以士帖紀詳載其事、今試撮其大略、當其時凡御閽待命者、俱遵王命、揖拜哈曼、惟木底改不拜、同寮問之曰、爾奚違王命、木底改以己爲猶太人對衆、衆以告哈曼、哈曼怒甚、既知其屬猶太族、意謂陷此一人猶微事耳、將殲滅其衆、於通國俾無噍類、哈曼奏王曰、有一族之民散處天下州邑、異律是從、不遵王命、如王以臣言爲然、可頒明詔、翦滅斯族、我當以金一千五百萬輸於國帑、以補賦稅、王乃以環賜之曰、余不納爾金、惟爾所欲爲、正月十三日、王召繕寫從哈曼所欲書之詔、依各州方言文字、鈐以國璽、普告臣工方伯民長、遣郵頒詔各州、使於十二月十三日、殺戮猶太人、取其貨財、凡旄倪妻子、毋俾遺種、木底改知此、自裂其衣、衣麻蒙灰、徧行邑中、大聲哀哭、至御閽前、因衣麻不可入、詔至各州、猶太人禁食哀哭、衣麻蒙灰、甚衆、內豎以告后、后遣內豎問木底改所爲何故、木底改以實告、囑后見王、爲民求恩、越三日、后衣朝服、進深宮至殿前王曰后來何求卽國之半我亦與爾后曰我已設筵如愜王意則令哈曼侍王赴宴王命哈曼速行如后所言宴飲之時王謂后曰爾有何求后曰如王悅從我所請明日王與哈曼赴宴我乃以所求陳於王前哈曼中心欣喜退而招其友及妻西勒曰后宴王羣臣皆不得與惟我一人侍食明日宴王我又見請惟見猶太人末底改不快我心其妻與友謂之曰當立木高五丈明日求王懸末底改於上然後從王赴宴哈曼善其言使立木焉是夕王不得寢命取歷代志略誦於其前有云內豎某謀弒王末底改知之首告王問侍臣曰末底改首告當時膺何賞乎對曰無之曰孰當入直者對曰哈曼時哈曼適至王宮外院欲求王懸末底改於木王宣之進問曰余賞一人何如哈曼意謂王欲賞者非我其誰遂曰王欲賞之則備袞服路馬王冕命人臣以賜之爲之執轡遊行邑衢播告於民云惟王大賚如是王命哈曼曰誠如子言

速取衣馬、末底改在御閽、卽以此飾之、毋少欠缺、哈曼遂取衣服馬匹、賜末底改、爲之執轡、遊行邑衢、播告於民、末底改反御閽、哈曼趨歸、蒙首哭泣、王差仍豎至、詔哈曼急赴后筵、宴時、王謂后曰、爾有何求、后曰、如王施恩婢子、俯聽我祈、我與我民爲人所陷、殺戮隕亡、卽鬻我爲奴婢、我亦無詞、惟有損於王、敵雖輸金、無所裨益、王曰、孰敢設是謀、其敵何在、后曰、敵非他、哈曼是也、王怒、内豎破拿告王曰、末底改昔有救王之功、哈曼反立木於家、高五丈、欲懸之於上、王曰、卽以此木懸哈曼、昔哈曼立木欲懸末底改、而反以自懸焉、

論上帝以惡人濟善用　第十五章

上帝每以惡人濟上帝之用、其事不可勝計、茲特舉其一二顯要者、昔耶穌升天、門徒安居耶路撒冷、心暢意樂、爲其主獲在天之榮、無出而宣道之意、故上帝令諸不義官民、逼迫聖徒、使徒行傳云、當時在耶路

撒冷聖會大遭窘逐、使徒而外、皆散處猶太、撒馬利亞諸地、敬虔者葬士提反、爲之拊膺大哭、掃羅隨害教會、入其家、執男女囚之、散處者徧行傳福音、腓力至撒馬利亞邑、以基督之道示人、衆聞腓力言、見所行異跡、心向往之、有多患邪鬼者、鬼大呼離人而出、癱瘋者、跛者得愈、邑中大喜、由此耶穌門徒散往各國、相傳名多馬者、曾至亞西亞云、　亞美利加洲、自古至前明時、無何禾稼果蔬、但見峻嶺參天、大木林立、土盡荒蕪、人惟生野、歐洲人民日增一日、繁衍稠密、須此曠地、必宜有先往而爲之導者、惟不宜以貪惡者作其始、爲夫導其始者、即踵其後者之成式也、故上帝必以廉善者導之、越在萬歷三十有五年、適英國第一雅各王在位、其王善則善矣、但以人從欲、亦强人依其自定禮儀崇拜上帝、其有不樂從者、仍以聖經古禮行事、英之國中、有一邑名士克路卑邑、有明敏忠厚諸人、潛自聚集一室、守其禮拜禮儀、有訴之官者、各附王意、以磨難其人、苦不可言、難者太甚、苦不自安、諸人共謀堅意往徙荷蘭、爰携家資器用男女人等、皆由海口登舟、舟且開行、追兵突至舟中、各驅之登岸、肆掠其家資器具、將其人執之官道旁、嗤者指不勝數、已而皆縶之獄、越四旬餘、始釋之回、其明年、諸人仍潛赴海口、思往荷蘭、登舟者半、未登者半、繼有小舟附岸促之速登、舟主遙見追者兵馬齊擁而前、乃不俟後登者、起錨而行、先登者從容而抵荷蘭、未登舟者仍就執縶於獄、越時仍釋之、後各一一散行、歲餘皆抵荷蘭、嗣後英國有耶穌教人蒙難者、皆接踵而入荷蘭、同先至者居焉、此其人皆英國中之最足倚賴者、居荷蘭凡十有一年、其時荷蘭人精於工藝、或布或紙或書籍、皆精巧絕倫、故此英之難民、潛心勤敏、學其工藝、學既有得、不欲久留、乃合議共越西洋、浮海而往美國、爰售夾板帆船一隻、名曰美飛路兒船之大、容百有六十頓、時值前明泰昌元年、耶穌降世千六百二十年，舟載具備，百人先往，登舟後，牧師率衆共禱，禱畢啓行，其時爲秋閏兩月半，至冬日而至其地，其水土有類於中華山左風景，則宛然之罘左右，時届嚴冬，滴水成冰，人苦太甚，有聰明者幾人離舟而去，憑石登岸，岸無廬舍，但有草木成林，爰築其室，不暇壯美，故其歲特增苦難，有死亡者，亦有野人起而爭鬬，敗其野人，此乃美國之基，其後人民漸增，漸亦興起，直至於今，此其故有三，非英之長民者逼迫之，其始諸人無去國之思，非上帝感之，令其先入荷蘭，不習其精巧技藝，以爲起家之計，亦無以傳示子孫，非其信奉上帝，確有主見，入此曠土，蒙此艱難，不能恒忍其心，至死不變，使聖道綿延，及於子孫，

論死後復活　第十六章

復生之道，乃耶穌教基址中之一，見希百來人書六章二節 復生之事，非失魂而返，旣死而甦，蓋及期而舉世之墓盡開，自太古以來，所有死者皆復生焉，其理

至爲奧矣究之此理皆自萬物顯之人能細心體察而此理自明如時至嚴冬宇內之禾稼草木皆枯幾類於死乃至春日皆浡然而生草木向榮咸被以花葉虫豸皆啓戶而出飛鳥弄其喉吭故此春夏花葉胚胎皆預儲於嚴冬之日播種於土其種不死不復萌芽結實耶穌曰我誠告爾粒麥遺地未化則仍是一粒化則結實多矣見約翰十二章二十四節故人皆倚此復生之理以爲食棉之種未化則無棉蠶非成繭而死則無絲故人皆倚此復生之理以爲衣然則春之發生夏之長養秋之收斂人之有何喜樂皆自復生之理而來試詳言之假如播種之一粒於土待其後視之可以知其種之外愈朽而內愈萌芽芽既出地則其種盡矣如吾身內有何物爲不能朽者雖其外體皆朽其不能朽者卽不能不生有一切近之喻莫如鷄卵卵之內有黃有白黃白之間有膜膜之內卽未生之雛其物內別無所有幾如水母鷄嫗伏一日則

其體加長有血管出而吸其黃血管日增一日至三日則滿其黃時乃有心心尙無血踰三時見有大血管二內有血至六日其翼與股可驗七八日其首與目可驗日完一日至二十有一日而雛生微物如此而况萬物之靈乎閱此足知吾人身內亦必有一至小靈明之物爲復生之本水不能濡火不能熱寒不能裂刀不能割地不能壓凡物皆不能毁者待耶穌再臨由之而復生焉　非惟種也卵也足以顯此復生之理譬彼飛虫尤詳且明焉各飛虫經秋各遺其卵春日而卵各生蠋蛓類各食其草木葉作繭而死於其中至期而美麗之飛虫出焉蠋蛓類可作人觀繭可作棺木觀內有屍至期而飛虫出可作人死復生觀此其大略也試卽蠶之一虫言之此人所習見可自鏡者春夏日蛾生卵約十日而蠶生之體極小日長一日亦易其色凡三五蛻而成將作繭輟而不食繭既成不動不作幾類於死後至其期美麗之蛾破繭而出

此其事奧不可測，其果死而復生矣。蛾之形體較蠶之形體美麗多矣，故人復生之體，當亦如復生之蛾之非復本來面目矣。不惟一蠶，凡物皆具此理也。有可觀者，凡幾係出自水中者，蜻蜓之前身由水而出，故蜻蜓乃由水而復生者。蚊蟲之卵，與其卵生之蟲，皆出於水，及其將出之時，其繭上浮於水，繭破而蚊蟲出之。凡飛蟲脫化，皆由此理，故某地某時有此飛蟲，即某地某時顯此復生之據。此上帝愛人之意，其何理莫測，其何莫測之理，皆隨在而顯其如許之據焉。凡畜類生子，各自尋其合宜之地，飛禽亦然，此皆其生性之自然也。此如世人不明於道，各隨其性之所之，擇一善地安葬其屍，其子孫親戚亦皆相為助理焉。

耶穌教聖書講此道理，與萬物所具之理十分相合。聖書曾言至天地末日，世界之墳墓皆裂，事見約翰福音書五章二十八節、使徒行傳二十四章十五節、默示錄二十章十三節。舊約書亦言之，約百紀十九章二十六節、詩篇四十九章十五節、以賽亞二十六章十九節、但以理十二章二節。猶太人皆預望其事，約翰十一章二十四節、希伯來十一章三十五節。猶太人中，有撒吐該教會不信其事、問耶穌、耶穌責之（見馬太傳二十二章三十三節）亦別有愚人辯駁此事、（見提摩太後書二章十八節）耶穌謂舊約紀載、暨猶太人所望、皆為誠然、亦自論此道甚明、（見馬太二十二章二十九至三十二節路加十四章十三四節約翰五章二十八九節）使徒等亦詳論之（見使徒行傳四章十二節又十七章十八節又二十四章十五節）已有復生者矣、（見馬太九章二十五節又二十七章五十三節路加七章十四節約翰十一章四十四節希百來十一章三十五節）耶穌生前常謂、余死上帝必復生余、其後死而葬、三日果復生、此合人皆知其誠然也、上帝自以其大能大權、成此奧妙之事、三位一體、齊皆顯現、（馬太二十二章二十九節）謂上帝復生人、（約翰五章二十五至二十九節）謂耶穌復生人、（羅馬書八章十一節）謂聖神復生人、復生之時、為耶穌再臨之期、信之者先得復生、（哥林多書十五章二十三節帖撒羅尼迦前書四章十六節）復生之後永生受福、（但以理十二章二節）復生與耶穌同其榮耀、有光有耀、有能幹、乃靈如天使、如耶穌各受恩賜、世之奉事耶穌有加者、恩賜亦有加、奉事耶穌少減者、恩賜亦有減、復生之期至、其信耶穌而猶未死者、身體乃變化之、（哥林多前書十五章五十一節帖撒羅尼迦前書四章十七節）其時不信者亦復生之、永受羞辱、（但以理十二章二節）亦擬以死、（約翰五章二十九節）亦受審判、（馬太二十五章三十一節至末）其先得復生、實為福樂、（默示錄二十章六節）其在以西結書三十七章一至十四節乃聖神顯此復生之理，致人明悟，人各宜存心務信耶穌，積善累德，乃預定其期既至，與善者同復生焉，假如死於水，或死於火，乃亦得復生焉，默示錄云，溺於海者海必出之，幽於陰府死所者，陰府死所必出之，俟各被鞫，視其所行，見二十章十三節復生之後，乃得永生，信耶穌者之體，比於耶穌一樣榮耀，不信者亦有身體，退居幽暗，永不睹上帝面，耶穌曰，此人入永刑，義者入永生，見馬太二十五章四十六節故人當知今世非關緊要，來世實爲至要矣，蓋上帝有言曰，凡先復生者咸聖，而蒙福祉，歿後沉淪不及其身，爲上帝與基督祭司，同秉權，凡歷千載，見默示錄二十章六節

續論死後復活第十七章

前篇吾言復活之理，既驗之於萬物，又考之於聖書，固歷歷而不爽矣，而又有一希奇，與復活之理大相比附者，蝗蟲是也，古之時必有之，無所考究，姑不必論，曾聞昔者大美國中，有兩省之地，於二百年前，見此

蟲者數次、初次一千八百十七年有之（即中國嘉慶二十一年）二次、一千八百三十四年又有之、中睽十有七年之久、當其時、此蟲自何而來、如何而生、從未有知其原由者、格物先生因而殫心細考、始得其詳、原其始生之形、類如小蟲、體質不完、其色黑紫、好比蝸牛、前身只有二足、如蜩爬行、行至樹下、緣木上行、不過一二尺之高、便任於此、陡然全身驚動、驚動頻仍、如有戰兢、少待體質改變、將退原皮、先自領後豎裂一縫、初次脊出、二次尾出、三次後腿出、四次兩翼出、翼出甚難、必須久待、首始出、全身畢露矣、體質雖備、而軟弱無力、步履艱難、且行且止、至得所止之處、以左右望、如有怪異之意、兩眼昏昧不明、待太陽愈上、精神愈爽、腿之力量全足、跳躍而行、眼睛色變深紅、全身變黃、明朗可觀、兩翼光亮、如玻璃相似、翼之中間、豎有一大筋為經、橫有眾小筋為緯、如紗羅相似、待至日午之時、蟲之公者能鳴、先是最小之聲、以漸而大、彼此皆鳴、東西南北到處互鳴聲音紗羅紗羅如喉啞而不亮於是來來往往且飛且鳴飛鳴不止來往不斷如甚慌忙之意過三四日外蟲之母者遺卵母蟲之腹後有二小足足有小齒如鋸欲遺卵之時飛於樹稍小枝先用其足齒將樹枝磋一空隙卽遺卵於其中盈其數再尋一小枝如前其卵遺在枝內一一成行不齊個個擺列勻停及又盈其數俱用腹後齒足將有卵之枝下邊磋一口日久枝乾被風吹動折落在地其卵得沾土氣至此之時蟲之公者不鳴力氣日減郎色全退眼睛瞎而不見墜落於地而死母者亦然其卵在坭中者又盡生許多小蟲遍地皆是轉瞬間都入地中愈入愈深八尺十尺不等於是無論耕地鋪道脩蓋房屋挑取基址者皆無妨也再歷十七年五月間或道之上或房基之下或石縫之中一一不遺全數盡出西國一千八百三十四年有之一千八百五十一年又有之一千八百六十八年亦有之此與復活之理大相

比附矣、此蟲之生、不過十二日、十五日不等、待十有七年之久、在地六千二百零五日而始復生、若人在世、四十五十八十九十歲不等、葬於地下、應待三四萬年而亦復活也、宜矣、

格物探原目錄

五卷

論上帝創造萬物令人喜歡快樂　卷五

上帝創造萬物、不但特意加增人之聰明人之能力、而且令人心內喜歡快樂、如最慈之父養育其子也、若夫父之於子、飢則予之以食、而食必求其口腹之欲、寒則予之以衣、而衣必備其觀瞻之美、天父之愛人、亦猶是天父知口之於味也、有同嗜焉、目之於色也、有同美焉、故或五谷、或菜蔬、或魚肉、所以充人之飢者、而又各加之美味、以悅人之口、或麻絲、或布帛、或毛革、所以暖人之體者、而又各加之美色、以娛人之目、夫五穀菜蔬魚肉、能充人之飢、而味亦能充人之飢乎、絲麻布帛毛革、能暖人之體、而色亦能暖人之體乎、味與色、於我何補哉、味與色之美惡、又何足取舍哉、而天父之意不爾也、天父生物爲人之食、不啻自以爲食、必求其味之悅我口也、天父生物爲人之衣、不啻自以爲衣、必求其色之悅吾目也、亦不啻非味不可以充飢、非色不可以暖體、而必求其色與味之有美而無惡也、且美味之中、又有五味之調和、美色之外、又有七色之紛華、天父養人衣人之心、無所不至也、如是、竊思養人衣人者、天父意中之慈悲、而又悅人之口、悅人之目者、實天父格外之恩典、藉曰非也、天父而外、誰能生物而爲之食、生物而爲之衣、若此哉、誰能食必予以味之甘、衣必予以色之美、若此哉、吾故曰上帝創造萬物、而能令人喜歡快樂者也、天父愛人之意、不減於慈父愛子之意、夫萬物之充塞於天地間者、皆有本來之景象、怡人心目、而令人喜歡快樂者也、試觀其麗乎天者、有日月星辰、羅列整齊之可觀、其載乎地者、有山岳河海、布置雄壯之可觀、其流行於天地間者、有雲霧之浮動、虹蜺之出見、或聚或散、或濃或淡、時而出沒、時而變化、時有五色、時有萬象、又朝有清爽之氣、暮有黃昏之色、春有明媚之光、藹然可觀、秋有淡雅之景、豁然宜人、是一日之內、一歲之間、而氣候不齊、人雖處於萬物之中、其喜歡快樂之心卽境而生、亦觸物而動、因時而適、亦逐日而增、其樂也無止境、亦無窮期、孰爲爲之、孰令致之、蓋莫之爲而爲、莫之致而至者、天父也、上帝創造萬物、不惟繫於天、列於地、散佈於天地間者、能令人喜歡快樂也、卽花果之細物、其令人喜歡快樂者、亦不遜於天地間之衆象也、試先以花論之、花之色無色不全、花之形無狀不俱、花之葉、卽無形不備、或三輪兩輪之不一、或五輪六輪之不齊、而孰能枚舉哉、吾且槩而論之、論其形有萼有瓣、有鬚有心、四者之數恒相應、萼三出者、瓣亦三出、鬚或三出、或六出、或九出、而心之末皆三出、萼五出者、瓣亦五出、鬚或五出、或十出、或二十出、而心之末恒五出、萼瓣之數恒以三與五爲准、故有六出者、有九出者、有十二出者、有十八出者、此皆本於三也、有十五出者、有二十出者、此皆本於五也、有十五出者、則兼三與五也、有有心無鬚者、亦有有鬚無心者、有萼與瓣一一相對者、有交錯相配者亦有錯雜不相配者總之花之形狀不一而各有一定之形狀則一再以花之色言之有一花即具一色者亦有一花而兼具數色者但以色論色之純者有三種一紅色一黃色一藍色者紅與黃合則成丹黃色黃與藍合則成綠色紅與藍合則成紫色此三種非純色名曰次色又丹黃與綠色合則成鵝黃色紫色與綠色合則成橄欖色丹黃與紫色合則成灰色此三種名又次色如綠與紅合紫與黃合藍與丹黃合如此者名曰相合色凡相合色配合最能悅目者也如畫工之渲染女工之刺繡及衣服之鑲緣宜用相合之色依類配襯則色始相宜也昔花之色又百倍於畫工女工之配襯也果誰爲配合之哉蓋上帝於萬物之色縣用此理令相配合以娛人目故花之色工且備也若果之令人喜歡快樂者而又不遜於花也不惟有悅人之色而又有悅人之味不惟色能悅人之目而味又能怡人之口蓋七色具備而五味

亦具全故工於繪事者著丹青而描畫之、工於文詞者、作詩賦以頌詠之、凡此者、皆喜歡快樂之心、所流露於外者也、然文人畫工、能肖其色、肖其形、而不能肖其味、此所謂人難勝天者也、惟上帝所生之物、能合人喜歡快樂也、凡上帝生有可悅之物、必合人悅此可悅之物、除人以外、若飛禽、若走獸、若昆虫、雖亦有官骸、亦有知識、而能悅此可悅之物者有幾哉、上章言生植之物、能合人喜歡快樂、而血氣之物亦然、如飛禽走獸、具有四肢百體、上帝造之、而配合其體質、配合其毛色、無不相宜、令觀之者自生其羨慕焉、吾思上帝之生物也、予之以何性、即予之以何能、又必予之以何形、使相宜而無相左、無兼全、亦無偏廢、故去其角者予以齒、兩其足者輔之翼、一物雖不足重、而上帝生之、俱有至意在其中、當其始安排其體質、布置其骨骸、配合其毛色、蓋巧莫巧於上帝、神莫神於上帝也、天下事、習見焉而若忘、反觀之則易明、假使馬配以牛之首、牛配以馬之尾、抑使牛馬配以犬之首、或尾、是不相配者、即不相宜、而觀之者、不覺而生厭也、故各獸有不一之性、即有不一之形、各獸各有一定之性、即各有一定之形、飛禽亦然、飛禽之種類不一、而體骸翼翮亦不一、羽毛顔色亦不一、一禽而具一色者有之、一禽而具數色者亦有之、即一毛而兼具數色者亦有之、且七色具全者有之、而不止全乎七色者又有之、上帝既予以各樣之性、故予以各樣之形、而必予以各樣之色者何爲也、又如蛺蝶等類、其紛華美麗之可觀、較他物爲尤甚、上帝生之、而必予以紛華美麗之形、又何爲也、總之禽獸昆虫、雖有可悅之形、而自不知悅其形、雖有可悅之色、而自不知悅其色、自不知悅其形與色、而其有此形與色者何也、上帝使之也、上帝既使其有可悅之形與色、而不使自悅其形與色者、又何也、上帝之意、蓋爲人也、爲人有喜歡快樂之心、而始使禽獸昆虫、有此可悅之形、可悅之色以悅人也、上帝令人喜歡快樂、更不但在生植之物、血氣之物、即日用之物、令人喜歡快樂者、亦不可勝道也、如布帛、如綵羅、如毛革、不過用以爲衣、用以庇體、一斯可矣、而必各樣皆齊者何爲也、又或正色、或次色、或兼色、不過用以改素、用以變質、一斯可矣、而必各色皆備者何爲也、蓋爲人之喜歡快樂也、除人之外、其孰能用此各物乎、其孰能悅此各色乎、乃物不能用而人用之、物不知悅而人悅之、此即上帝令人喜歡快樂之意也、不但此也、如珍寶珠玉金銀器俱、及佩帶各物、又如案頭玩賞、屋宇陳設、家中所藏、凡此皆非日用衣食之所必需、而天父生之何也、乃人視之爲無用、而天父視之正大有用也、用之令人喜歡快樂也、天父愛人之意、不百倍於慈父愛子之意也哉、人尙可不知敬天父乎、可不悔罪改過、感謝天父乎、上帝令人喜歡快樂、不獨有娛目者之可觀、而又有悅耳者之可聽也、有如風之生也、鼓動萬物、雷之鳴也、震驚百里、山雖無聲、谷則有時而應、海雖無聲、潮則逐時而生、急雨之聲淋漓、疏雨之聲丁東、松濤喬木、飛泉瀑布、萬類有不齊之名、萬籟即有不齊之聲、他如蟬鳴高樹、蟲吟荒草、烏衣巷口之外、喜雨者有燕聲、綠楊渡頭之隄、呼晴者有鳩聲、又有山鳥呼名、家鷄唱曉、悅耳之聲不可勝道、蓋聲有自天來者、有自地起者、有觸物而有者、有有形而有聲者、有無形而亦有聲者、六合之內、凡能入耳者、皆爲聲也、動人之感者莫若聲、而興人之興者、亦莫若聲、此所以上帝創造萬物、使各有其形、必使各有其聲、使影之隨其形、亦必使響之隨其聲、聲之令人喜歡快樂者、不可與娛目之色同日語哉、夫能令人喜歡快樂者、不獨上帝所生之物能之、即人受上帝之聰明能幹、而所造之物、亦能悅人之目、悅人之耳、令人喜歡快樂也、如層樓疊閣、峻宇雕牆、其紛華美麗而奪目者、不可勝道、如衣冠佩服、玩賞珍物、其奇異巧妙而無比者、不可勝數此皆有眞質有實形者可令人觀其造作之巧也若畫工之摹仿更有巧於此者或山川或花木或禽獸或人物無論四時之景萬物之形皆能彷彿於指掌之閒不獨像其象而且傳其神不獨如其形而又肖其致可奪天工之巧以盡觀瞻之美又如宮商角徵羽五律之聲匏土革木金石絲竹八音之聲其清濁高下抑揚節奏皆有序而不紊凡此悅人之目怡人之耳者皆有聰明能幹者之所作也夫聰明能幹人具之實上帝予之吾試以唱詩之事驗之西國先生有特教學生唱詩習練腔調節次人求其衆聲求其同或三千人或五千人如琴瑟之相偕如鐘鼓之齊鳴雖數千萬人之聲如出於一人之口又大美國曾有許多唱詩先生同寓一所在一大城之內衆先生又請許多先生又英法德等國之人共計兩萬同居二十餘日唱詩之聲同歸一轍自古以來頌誦之聲音未有如此之衆者更未有如此之衆而能同者也此固爲

讚美上帝起見、然而聞聲之人、能不喜歡快樂哉、非有聰明有能幹者、其孰能若此、上帝予人以聰明能幹、雖不專爲唱詩、而亦爲令人喜樂也、吾故曰令人喜歡快樂者、不獨上帝所生之物能之、即有聰明有能幹者所造之物亦能之、然天下之聰明能幹、亦皆上帝之所造也、

論人當知上帝令人喜歡快樂之意

前數章論萬物皆爲人而生、此章論人當知上帝爲人生物之意、一爲加增人之聰明、二爲加增人之能幹、三爲令人喜歡快樂、天父生物爲人之意如此、乃有人云草木有生棘刺者、禽獸有彼此殘害者、人有許多疾病者、又有遭不測之處、意外之患、或艱難困苦之境者、又有毀謗人者、罵詈人者、淩虐人者、及以大欺小、以小加大者、似此者、人之喜歡快樂安在哉、吾想上帝創造天地萬物、本有善而無惡、創一章二十九節 天父本以愛人爲心、因何有不善之事若此哉、此皆魔鬼之所爲也、魔鬼使

人有此苦惱之事、天父始令獨生之子耶穌降世、攻魔鬼之惡迹、破魔鬼之詭計、感化有信心之人、去其惡根、予以熱心、又令人各盡本分、多行善事、愛人如己、彼此輔助、使善事充滿天下、令世人都享太平、去惡草惡禽惡獸、改變天下之人心性情、賽十一章四節至九節亦治理萬國之人、分別善惡、使惡者盡滅、善人興旺、默七章九節至十七節總而言之、天父創造世界是爲人、耶穌治理世界亦是爲人、俱是疼愛人之一意耳、故無論男女老幼、富貴貧賤、皆當深信耶穌、能信耶穌者、即爲天父之忠臣、不信耶穌者、即爲魔鬼之門徒、靠天父而生者、必靠耶穌以得救、靠天父養身體者、必靠耶穌以養靈魂、使靠天父而不靠耶穌、猶出不由戶、入不得其門者也、人當知耶穌之道理、即天父愛人之道理、非西國獨有之道理也、

論上帝生人爲己之意

上帝創造萬物、賜人聰明、加人能幹、令人喜歡快樂、如此、而上帝造人果何為哉、蓋欲人深明道理、謹依道理而行、表明天父之榮耀也、自古及今、人事本不能齊、如士以誦讀為事、農以稼穡為事、工以制作為事、商以貿易為事、有職任之責者、以致君澤民安上全下為事、此皆職分之所當為者、固人事之宜也、而上帝生人之意、又不專在此矣、夫不為其職分之所當為者、固非上帝之意、而但為其職分之所當為者、亦難滿上帝之心、上帝既欲人盡其身外之事、又欲人盡其心內之理、既欲人為其職分所當為之事、又欲人明其性分所固有之理、一欲使人明自己之心性、二欲使人明自己之靈魂、三欲使人明自己之本分、四欲使人明天父之意思、五欲使人明聖書之旨意、六欲使人明萬物之道理、人能如此、今世可稱為善人、來世可稱為完人、斯人也、何人也、是能表明天父之道理、而榮耀上帝之人也、蓋上帝生物、原所以為人也、而上帝生人、則實又爲己矣、上帝生物、使物有益於人、而上帝生人、亦欲人有益於己、不然、如禽獸、鱗介、昆蟲、草木等物、亦皆上帝生之者、上帝亦增其聰明乎、亦增其能幹乎、上帝旣未增其聰明能幹、其不能讚美上帝、榮耀上帝也宜矣、夫人爲萬物之靈、上帝又生物以增其聰明能幹、令其喜歡快樂、苟不盡其職、固謂違逆上帝、即但盡其職而不能究其性分之所以然、與萬物之至理、亦必不能明上帝之眞道、尙何能榮耀上帝哉、是尤違逆上帝之甚者也、其與上帝生人爲己之意、不大相懸殊哉、如此而欲得天父之恩典也、不亦難乎、且上帝不惟不賜之以恩、且將加之以刑、不觀夫人之植果樹者乎、夫人之植果樹者、非爲樹也、乃爲己也、是以灌漑者有之、培養者有之、原望其果累累、歷年增盛而加多、倘碩果不存、則誰復爲之灌漑、誰復爲之培養乎、吾知其割而棄之於火也必矣、天父之生人、亦猶是夫人者、猶果樹也、植樹者、果樹之主也灌溉者猶天父之慈悲也培養者猶天父之保護也結果者猶之表明天父之道理感謝天父之恩典而榮耀歸於天父也終無善果割而棄諸火者猶天父之威嚴刑罰也總之人之植樹乃爲已非爲人也上帝生人亦爲已非爲人也人既被上帝之慈悲以灌溉又受上帝之恩典以培養而不能表明上帝之道理感謝上帝讚美上帝榮耀歸於上帝其何異於不果之樹不將同歸於火也哉天地萬物上帝生之上帝俱有深意在其中如地之生物其人所及見而得用者上帝生之固爲人也至於地中之金玉珍寶血氣等物則又不可勝數矣又如海之生物有人所及見而得用者上帝生之固爲人也至於海底之下花草山石則又不勝屈指矣其舟車所不能至之海隅荒野人力所不能通之崇山峻嶺草木花果珍禽奇獸生於寂寞無人之地者皆人之所不及見所不得用者也上帝生之果誰爲哉蓋上帝之生物也概論之

上帝似乎爲人細究之上帝實係爲己、如雲之形也、觸石而生、因風而行、五色紛華、萬象迭呈、虹之見也、紅藍蒼色、彎曲成形、如長橋兮臥波、如半月兮橫空、又有雪花之獨剪六出、氷雹之如大珠小珠、狂風之拂空、直道而行、旋風之徘徊、捲地而生、是在天之形、人不得而用之者、滄海之潮汐也、或來或往、旋進旋退、進者往之、退者來之、來往不斷、進退有定、有如出隊之兵、河水之流行也、或勇往而直前、或千回而百轉、有如巡陣之兵、是在地之形、亦人所不得而用之者、而上帝生之、果何爲哉、蓋爲己也、爲己之喜歡快樂也、亦有其至小莫比之物、上帝生之、亦爲己者、水之原質、本如珠粒、以珠粒之小顆顆相合、遂成江河湖海之大、水珠之內、亦成血氣之物、趯躍於珠粒之中、水之色、即爲物之體、小亦極矣、又花之心、皆有粉顆顆成形、亦極小之物、非顯微鏡不能見其體質之完備、毛色新鮮、水愈臭則此物愈多、此又人之所及見而不及見者、上帝生之皆爲已也、故上至霄漢、下至黃泉、無論在天在地、或可見或不可見、凡爲上帝所生者、皆當感謝上帝、讚美上帝、令上帝喜歡快樂也、觀聖書之言可知矣、詩十九篇一百四十五篇一百四十八篇箴十六章四節賽四十三章七節羅十一章三十六節哥一章十六七節默四章十一節夫上帝創造世界、如人之修屋宇也、吾觀崇樓高閣、峻宇雕牆、陳列珍寶者有之、種植花木者有之、可玩賞者有之、可密藏者又有之、總之非爲物也、皆爲已也、若上帝之創造世界、創造萬物、其爲已之意、亦猶是也、且上帝不但生物爲已、而上帝生人、尤爲爲已、人生若長夢、忽如遠行客、誠哉是言也、蓋人之生也、如花之朝開暮落、如草之一枯一榮、如雲霧之忽來忽往、忽聚忽散、如海浪之消長、如星象之流行、百年誠易過耳、於人有何益哉、而上帝生人爲已之意、欲人能表明天父之道理、能感謝天父、讚美天父、榮耀歸於天父、令天父喜歡快樂、此天父生人爲已之意、倍切於生物爲已之意也夫、

論人當明白萬物之理當感謝上帝之恩

上帝創造萬物、以加增人之聰明能幹喜悅、則萬物固大有益於人者矣、乃人知萬物之有益、而不知考察萬物之理者何也、天之生物、皆有一定不易之理、如星辰之麗於天也、名象不一、大小亦不一、而各有一定之軌道、一定之分量、一定之光景、一定之作用、太陽之照臨也、其所行之道、所發之光、所長養萬物之力量、皆有一定之理、地球之離心力、向心力、亦有一定者、若人履於地球之上、而在光天化日之中、可不細察其一定不易之理者乎、不但此也、卽熱氣電氣等物、皆有一定之規、凡有原質者、亦皆有一定之式樣、一定之分量、一定之能幹、無論有血氣者、無血氣者、各類有各類之形質、各類有各類之性情、各類有各類之作用、各類有各類之標記、人必先明各類之標記、始能考察各類之形質、各類性情、各類之作用、或有益於人、或無益於人、或大有益於人、如此斯可謂明萬物之理、斯可謂順天父之意也、吾想天下無無用之物、亦無無益於人之物、無論體質之大小、性情之善惡、凡爲物者、皆有用也、夫不有有害於人之物乎、夫不有有毒於人之物乎、人能察其性情、明其道理、則有害於人者、可使而爲有利於人、有毒於人者、可使而爲有濟於人、凡有損者、皆有益也、觀於電氣可知矣、電氣之氣、誰能當之、電氣之性、誰能用之、而有聰明者、自能度其理、達其性、用之傳遞音信、雖數萬萬里之遥、只在轉瞬之間、是無用者、而大有用也、至於藥味之中、其以毒攻毒者、不可勝數矣、所謂造物無棄材者、若此耳、不謂造物無棄材、而人則棄之、不但無用之材棄之、即有用之材亦棄之、如金石煤炭、非大有用者乎、上帝生之、如珍寶之藏於匱中、中國疆宇之內、產此物之地亦多矣、乃永遠埋沒於沙土之中、以有用之物、置於無用之地、是亦金石煤炭之一憾也、有負天恩、莫甚於此、再觀火輪車船等物、火輪船一晝夜能行千有餘里、乃中國之船不用火而用風、致行程之無定、火輪車一日能行三千里、乃中國之車不用火而用馬、甚而至於用人、一日不過數十餘里、豈中國無作火輪車船之材乎、無如其不用何也、又如寒暑表之知冷暖、風雨表之知陰晴、此皆大有益於人者、而中國人皆棄之、如石灰之爲用更多、乃今之修屋修城者多用泥、常有風雨之處傾覆之患、又如鐵可鋪路、而人則棄鐵而踏泥、玻璃可以作燈、可以作窗、而人則以粗磁爲燈、以明瓦細帋爲窗、陝西四川兩省之地、皆出石油、可以爲燈火之資、而人則只用豆油與燈草、至於藥味等類、及一切微細之物、中國之人、其辜負天父之恩也多多矣、天父生五穀、所以爲人食也、亦必足人之食、生絲棉麻革、所以爲人衣也、亦必足人之衣、在天父之意、原欲人豐衣足食、樂歲終身飽、凶年亦免於飢寒、熙熙怡怡、喜樂而不已也、乃世人惰怠成性、男不力耕種、女不勤紡纖、如此者豐年猶不足用、凶荒難免於死、況吾人身體、天父所生、則身體不得私爲己有、所謂父之遺體是也、乃今之人、或酗於酒、或吸洋烟、滔滔者、天下皆是也、爲非作惡、耗費錢財、傷其元氣、毀其形體、負天父之恩典者、罪固已重、損天父之身體者、罪尤難逭、且書有許多善言、教人爲善、亦有許多律法、戒人勿惡、又有許多傳敎先生、宣揚道理、勸人去惡遷善、乃世之人、誹其書、毀其人、貶斥其道理、噫、曷其不思之甚也、道本於天、理具於人、天下無二天、天下即無二道、天下無二天、天下即無二理、道理者、合天下古今無二者也、豈載在西國之書、傳自西國之人、即謂西國之道理乎、實上帝之道理也、將謂西國各有一道理、西國亦各有一上帝乎、夫上帝者、天下萬國之大父也、試觀山川草木、百穀六畜、雖不識不知、而生長成熟、無不各盡其本分、是即可謂順上帝之命、若人獨得上帝之聰明、而洞轍於胸中、乃屢負上帝之恩典、且誹謗聖書、與傳教之士、豈非違上帝之意乎、蓋耶穌之教、傳於萬國、未必非上帝有天下一家之意而使之然也、不然、何其傳教之士、不辭辛苦、不畏險阻、費其資斧、勞其體膚、而爲所樂爲若此哉、夫上帝而名之曰天父、蓋猶父子之謂與、又稱之曰天主、亦猶主僕之謂與、子宜順親、僕宜順主、而人亦宜順上帝、子不順親、不可以爲子、僕不順主、亦不能常爲其僕、則揮而去之也必矣、如人能明萬物之理、不負上帝之恩、以感謝上帝、榮耀上帝、是可謂順上帝之人矣、如人不欲明萬物之理、辜負上帝之恩、不知感謝上帝、榮耀上帝、是可謂違逆上帝之人矣、順乎上帝者恒旺、違逆上帝者恒亡、吾告夫天下之順上帝者當勉之、吾告夫天下之違上帝者當戒之、

論上帝造人是令人於今生之時以豫備來生之事

嘗謂人爲萬物之靈、則人異於物也明矣、然人異於物、不在今生之日、

而在來生之時、不在生前之日、而在死後之時、蓋物只有今生之事、而無來生之事、亦生前有其事、而死後無其事、故無論物之大者小者、或有血氣者、或無血氣者、上帝生之、上帝必予以本分之能、必予以本分之用、物在生前、第能盡其本分之能、用其本分之用、即可謂無負上帝生之之意、其一生之事已盡其本分之事、亦完結矣、若人則不然、生前固有其本分之事、而死後更有其本分之事、有人所共見之本分之事、亦有己所獨知之本分之事、使但盡其生前本分之事、與人所共見之本分之事、而未盡其死後本分之事、與己所獨知之本分之事、是終不可謂之完結其本分之事、必須明晰道理、潔淨其心、預備來生之事、此乃人之盡其本分之事、而異於物之盡其本分之事歟、試以物之本分之事言之、如指南針之一定不移、能令人知東西南北、如鐘表之輪流運行、能令人明早晚時辰、此器用之物、能盡其本分之事者、如百穀之生長成熟、而無愆期、百果之著花結實、而有定式、此食用之物、各盡其本分之事者、如犬能守夜、鷄能司晨、馬之奔走馳驅、是血氣之物、各盡其本分之事者、凡此諸物、但盡其生前之事斯已耳、而來生無問矣、若人則不然、如士之居今稽古、誰謂非士之本分哉、農之春耕秋斂、誰謂非農之本分哉、工之創造製作、商之服賈牽車、誰謂非工與商之本分哉、知各有其本分之事、卽各爲其本分之事、誰謂非士農工商之各盡其本分哉、然如士農工商、謂之各盡其本分之事則可、而謂此卽完結其本分之事則不可、蓋今生之本分雖已盡、而來生之本分尚未完、且生前本分之事有限、而死後本分之事無窮、今生本分之事尚輕、而來生本分之事尤重、故人但盡其生前之本分、而不盡其身後之本分、又不於生前早爲預備其身後、雖盡其一生之本分、亦終不可謂之完全矣

其一、恭敬天父、比如有一士人、於此言忠信、行篤敬、而不知孝其父

毋、雖有萬善、不可謂之盡其本分矣、所以人創言無不善、行無不正、而不知恭敬天父、服事天父、禱告天父、雖有萬長、不可謂無虧於本分矣、其二須存潔浄之心、比如有一人焉、其心本不善、口無實言、心無懿行、時常與人爭鬥、偶有指摘之者、亦知過而認非、乃面從心違、內藏無限禍根、吾知其必不能進天堂矣、又如有人於此、體穢不淨、衣服藍縷、而欲入富貴之門、其揮而去之也必矣、若猶是人也、前疾盡除、全體清潔、加以文繡之衣、復有人代為美言、力詡其善、如此而欲入縉紳之家、亦至易易耳、孟子云、西子蒙不潔、則人皆掩鼻而過之、雖有惡人、齋戒沐浴、則可以事上帝、其斯之謂與、所以人不能去其不潔之心、不信服耶穌、又無代為善言者、而欲入天堂也難矣、有潔浄之心者無此慮也、大學云、湯之盤銘曰、苟日新、日日新、又日新、謂潔浄其身者、正謂人當潔浄其心之意也、 其三當學明道理、以預備來生之事、比如學生初入學堂、學規矩、學算盤、此皆爲以後計也、若人生在世、亦與學生初入學堂一理也、人生在世所作之事、與學生所學之事、亦一理也、前事之善否、即後事之禍福因之、故人之生也非一生而已也、今日之日短而來日之日長、今生之路近而來生之路遠、人生在世、如行遠者之初登程耳、如除此世界以外、尚有許多地球、亦有許多日月星宿、每地球都有各日月星之道理、人於生前、不能明其道理、死後何以得其全美、信乎予所言者、乃天下之公言、非予一人之私言也、不觀湯誓言桀之罪、專曰弗克若天、泰誓言紂之罪、首曰弗敬上天、桀紂尚有不敬天之罪、士庶人當何如也、孔子言克己復禮、孟子言養心寡欲、聖賢尚求潔淨其心、庸愚者當何如也、論語之言志於道、據於德、依於仁、好古敏以求之者、豈非爲明晰道理而言哉、吾願天下人以弗敬上天者爲戒、以潔淨其心明道理者爲法焉、果能恭敬天父、潔淨其心、而又深明夫道理、在今生稱之爲完人、在來生亦稱之爲善人、斯人也、非天堂之內、何地能容其身哉、總而言之、人當明天父造人、不但爲生前一世、乃欲人早脩來生之事也、吾屢驗之矣、　一人心本無窮期、人皆欲富而不欲貧、欲貴而不欲賤、如貧者遽富矣、乃富而又望其富、賤者遽貴矣、乃貴而愈望其貴、人情大抵皆然、若禽獸則不計此、只知飽食而已、飽食以外、無他意矣、至於人則不但顧一生之境遇、且宜圖將來之事業、　二人生在世、其境遇亦無定限、無論富貴貧賤聰明蠢愚、上帝使其爲人、每予以艱難困苦之事、苦其心志、勞其筋骨、使終身不得安息、夫上帝使其不得安息者、正所以益其知能、使預脩來生之事、此上帝生人之意也、

三人心本愈用而愈靈、人之能幹、亦愈用而愈大、是以讀書之人、讀書多、聰明亦多、能幹亦愈多、能辨事務、能明道理、不惟讀時如此、即掩卷之後、亦能會悟許多奧妙、其所及見及聞之事、固能明悉、即所不及

見聞之事、亦能會悟、若物則不然、如禽獸之修巢穴也、歷年相同、不能革故鼎新、即其飛鳴知覺、始終如一、亦不能日勝一日、若人之聰明能幹、都能由淺及深、由粗及精、由小及大、由近及遠、是永遠前進、而無止境者也、此上帝生人之意也、或者曰、人老則聰明漸少、能幹亦少、甚而至於聾瞶者亦有之、然此皆身外之事、若靈魂亦有少之時乎、且人之聰明能幹、自老而不改者、世亦不乏人矣、誰謂人之身體老、靈魂亦與之俱老乎、

四吾觀天下古今之人、晚年則多畏死、窺其心意、未必非爲生前所作之事、多有不善、恐死後不敢當上帝之審判耳、此亦人之良心預爲警人、當修來世之事、與上帝造人、令人不能滿意者、正爲使人知尚有未來之世耳、蓋人有老期、良心無老期、人有死時、靈魂無死時、靈魂乃永遠前進、而不已者也、年增一年、月貴一月、而奉事天父、則尤日緊一日、天父固不欲滅此靈魂、比如治家國者、必用人焉、以使令

而輔翼之。其八之任其事者。始而茫然。繼而釋然。終且無論事之巨細。無不盡美而盡善矣。如此。而謂主此事者。猶欲廢斯八而去之。無是理也。

格物探原目錄

六卷

論魔鬼必有　一

或問曰、世宇之事、何爲而有不善者、我對曰、魔鬼之所致也、又問曰、因何而有魔鬼、我對曰、此事深奧難明、然其中不能無說、讀書君子、倘肯虛心相問、我則請爲詳言之、夫魔鬼之爲害也、由來久矣、一、太初之時、上帝創造世宇、其初次所造之有血氣者、形大而完、如魚及昆虫鳥獸等類、體皆甚巨而可觀、其後之魚、漸小而形劣、或比其目、或偏其口、或錯亂其翅、昆虫鳥獸之形、漸以不及其初、又後則有長蛇焉、有惡獸焉、從可知天地間所有之物、俱係先造者善、而後變爲惡、此皆因魔鬼所致、非上帝之本意也、

二、世之留心植物者、細察其初、原無有刺之類、後漸有棘棘分二種、一種之刺、初生似毛、一種之刺、可使開花、西國有其法焉、設使園丁如法修植、則有毛之刺、將盡變爲毛而無刺、而刺之大者、亦將盡變爲花而

無刺所有棘類之刺亦因受外物之感而生故其刺之開花者主宰之本意而其刺之傷人者則非主宰之本意也由魔鬼也

三動物之理猶植物也四肢百骸安置得宜舉動行止跳舞奔馳上帝之本意也其偶有疼痛者皆因外受之傷非上帝之本意也身心爽快氣力充足歡飲樂食上帝之本意也其偶有疾病者或因飲食不宜或因風寒之感亦非上帝之本意也從可知創造之主宰原爲使動物快樂耳至疾痛疴癢等事皆由魔鬼之故也

四上古初造之動物其性皆善故無論大小昆虫體俱無毒後之蛇蝎等類皆因受不善之感而生者也其初之獸足如牛馬之蹄後之生者漸惡故口有利錐之牙足有曲鉤之爪如虎狼之類是也即其初所造之天地也不拘晝夜之明暗四時之冷暖雨露之多寡風霜之大小海水之潮汐無不各得其宜皆有美意在其中也後因有不善之感遂有

水旱之災、風浪之險、苦雨嚴霜、在在失宜、此外又有烟瘴癘疫之氣、人
被其災、物受其害、魔鬼之爲患、可勝道哉、
五、自古始祖、身體康泰、心無私欲、所居之地、乃快樂園、不費心力、而飲
食充足、又無疾病患難之苦、其樂何如乎、而孰意魔鬼從而生心焉、
六、始祖所食之物、亦惟菜蔬果品類耳、肉食之事、乃後人之所爲也、格
物者細心推究、大約世之瓜果菜草等物、盡足備人畜之食用、是以彼
此相殘之物、互相爭鬬之人、皆非主宰之本意、乃魔鬼之所使也、觀以
上諸務、則魔鬼之必有也明矣、

論魔鬼必有二

一、萬物之愈出愈惡者、非由上帝本意所生、乃由上帝之仇敵而感也、
上帝之仇敵者誰、非魔鬼耶、詩一百四十五篇十七節凡主所行的盡是公義凡主所爲的無不慈悲
二、人之所以爲惡者、實皆背其良心、並非自然而惡者也、是猶水性就

下、非有激之者、則不能逆流而上行、始祖之性本善也、若無魔鬼之慼動、則不能昧良而喪心、後世之人、亦莫不有良心也、若非魔鬼之迷、則不能不順其良心以盡人事矣、

三、惡事之中、足以見魔鬼之深意焉、蓋魔鬼每欲生事之時、必先備生事之人、譬如一村之中、若魔鬼有意相害、必先集其不良之人往來引誘、絡繹不絕、及其一切齊備、則百禍皆興、如西國近有一城、起初先來一醫、品行不端、不悉醫理、又無學問、繼又來以良醫品學兼優、惜乎毫無主見、反被前醫所惑、聽其指使、前醫借之以取重利、後又來一儒醫、雖醫理精通、而性則狡猾、見其初來之醫全借繼來醫力、心甚不忿、即勸繼來之醫不爲前醫所使、以致前之二醫、不相爲睦、後又來無品之婦三人、各投一醫、互相造言生事、因此通城內外、無不受此六人之害、由此觀之、無無品之醫、無事也、有無品之醫、而無無主見者繼之、無事

也有此二醫、而無後來之醫、仍無事也、僅此三醫、若無無品之婦三人、則亦可望無事也、似此姦邪齊備、非大有能力之魔鬼、烏得如此安置乎、夫魔鬼之欲亂國都也、必先惑其不良之人、使之處其中、或誘其在上者、激變良民、或引其在下者、抗違公務、幸災樂禍之徒、皆魔鬼之胥役也、故凡事之有美義在其中者、皆所以表明上帝也、而事之有惡意在其中者、則所以表明魔鬼也、

四、魔鬼之惑人、猶羅鳥者之設網也、必先有爲之誘者、又如捕魚者之垂釣也、必先有爲之餌者、故魔鬼凡欲害人、必先快人之心、悅人之意、而後能使人執迷不悟、不惟稚子幼童甘受牢籠、即聰明成立者、亦不易出其圈套、有網羅鈎餌等物、知世宇有捕魚捉鳥之人、有風花雪月等事、知世宇有迷人害人之鬼、

五、自古及今、中外各國、所有魔鬼之迷人者、其計謀大略相同、是以請

仙療病、過陰、跳神等事、古今一轍、中外皆然、足徵魔鬼之根源一也、

論魔鬼之始

當未造天地萬物之前、萬緣皆空、一無所有、惟有聖父聖子聖神三位一體之上帝、實無始無終、無窮無盡之快樂也、箴八章二十二節至三十節越在古昔造化之始我與耶和華共在自元始天地之先我已爲尊未有深淵未有淵泉未有山崗已有我矣大地田野塵寰平睦俱未締造我已在矣主創造穹蒼圓包環海我亦同在上排天雲下置淵泉命海水勿越其限定地維不失其界我亦偕在與主締造見悅於主我於其前常得懽樂上帝開創之始、即先造大有能力而靈者之天使、天使之分位、雖有大小之不同、然無一不善者焉、後因漸生驕傲、違逆上帝之命令、遂有變而爲魔鬼者、彼既成魔鬼、而復誘諸天使、因而魔鬼遂多、故自始祖及今歷代相傳、無不受魔鬼之迷、猶大節昔有天使不守厥職輕去其所主以不斷之索拘攣而幽囚之以待嚴鞫之日至

因有問余者曰、戰爭之事、非由私心生耶、我對曰、誠哉子之言也、戰爭

之事實係生於私心夫人本係有主見者也有良心者也乃順一已之私此人之所以無不獲罪也人旣無不有罪則不能不借其戰爭以互相報應細心思之乘間而人之魔鬼必有矣

魔鬼之分位其大小不等蓋有有權有力者亦有權小力微者其權力之大者雖不甚多而權力之小者則不可勝數其爲首者名地啊不拉乃希利尼語也譯詰告二字以其無理寃枉好人也黙十二章九節巨龍與其使者皆逐於地昔有蛇亦稱魔鬼撒但素惑天下億兆卽此龍也又名撒但譯抗拒好事百二章二節耶和華謂撒但曰汝奚自對曰余遍歷塵寰往來靡定亞三章一節使者示我以象見祭司長約書亞侍於耶和華天使前撒但立於右以禦之又名別西卜譯蒼蠅之王謂其儔類過多屢惹人煩也太十二章二十四節法利賽人問之曰彼逐鬼無非藉鬼王別西卜耳

又名老蛇爲其暗藏洞中不防則出而傷人也又爲魔鬼曾藉蛇形以迷世人之始祖也黙二十章二節昔有龍蛇卽魔鬼撒但天使執之縛之至於千年

魔鬼之所居者、空氣以內也、是以魔鬼之首領、即名空氣之王、弗二章二節、從世俗服在空乘權者、即惑不信之神亦名暗世之君、弗六章十二節蓋我所與戰者不第血氣之人乃權力及暗世之君在空惡神

魔鬼之遊行於冥中者、無處無之、其曉事之速、爲害之疾、更有甚於今世之電報者、故無論天涯地角、大小善惡等事、無不洞悉於頃刻間也、如市鎮之推命測字諸類、往往有其應如神者、皆魔鬼之所憑依也、間有無識之輩、不拘男女、被其所迷、亦能先知、如云某日宜有某事、而後果皆驗、某處應有某人、而一一不爽、皆魔鬼之所啓示也、

論魔鬼作用

夫魔鬼之必有也、聖書屢言之矣、　一魔鬼曾迷吾人之始祖、今世仍受其害、創三章一節王十三節耶和華上帝所造生物中莫狡於蛇蛇謂婦曰園有百樹上帝豈語汝云勿食乎婦曰園樹結實我俱可食惟園之中有一樹焉上帝命毋食毋捫恐陷死亡蛇曰汝未必死上帝知食之之日爾目必明能辨善惡彷彿上帝婦視其樹食可適目

觀可娛目能益智慧使人生昔務故取果食之亦以奉夫夫亦食之二人目明自知裸體遂編蕉葉爲裳以共涼風至耶和華上帝遊於園亞當與婦聞其聲隱身樹間以避之耶和華上帝召亞當云汝何在曰我聞爾聲於園以我裸故畏而自匿曰孰言爾裸乎我命爾勿食之樹果爾乃食乎亞當曰爾以婦賜我與我爲偶婦予我果而我食之耶和華上帝謂婦曰爾何爲耶婦曰蛇誘我食之

二、魔鬼性情、原來荒唐、言語不實、且喜於使人學其荒唐不實等事、約八章四十四節爾所自出之父魔鬼也爾父所喜爾欲行之彼自始爲殺人者不存眞理以其內無眞理魔鬼言誑本於性生以其爲誑及誑者之父也

三、魔鬼誘人任意妄爲、哥後四章四節卽世之上帝惑不信者心使肖上帝之基督福音之榮不光照焉

四、魔鬼有驕傲之心、提三章六節甫入教者未可爲督恐自衒與魔鬼同刑

五、魔鬼喜自專自用、伯一章六節一日衆天使詣耶和華前撒但亦在其中耶和華問撒但曰汝奚自對曰我遍歷塵寰往來靡定

六、魔鬼之能力甚大、弗二章二節從世俗服在空乘權者卽惑不信者之神

七、魔鬼凶惡之極、約一二章十三節余書遺父老因爾識元始之主余書遺少者因爾勝惡敵余書遺孺子因爾知父路入

章二十九節蓋耶穌曾命邪神出是人此神强取之已久雖繫以鐵索械以桎梏則斷械繫之具爲鬼逐諸野九章四十二節來時鬼傾跌拘攣之耶穌斥邪神醫此子以與其父

八、魔鬼以害人爲事。百一章九節撒但曰約百畏上帝豈無爲而然乎二章四節撒但曰害未及身猶可忍也害及其身不可忍也

九、魔鬼喜于欺人、王上二十二章二十一二節有神越班而出侍耶和華前曰我將誘之曰誘之若何曰我將感其先知行動以浮言曰往哉行此爾必誘之以成爾志哥後十一章三節昔蛇欺惑夏娃我懼爾心見誘不誠信基督亦若是十四節斯何奇之有蓋撒但貌爲光明天使

十、魔鬼以抗違上帝之意爲事、亞三章一節使者示我以象見祭司長約書亞侍於耶和華天使前撒但立於右以禦之撒前二章十八節我保羅一而再欲詣爾處惟撒但阻我

十一、魔鬼能作許多希奇之惡事、撒後二章九節惡者之至藉撒但力其妙用異跡奇事無非僞爲默十六章十四節彼卽鬼之神能行異跡憑依天下諸王招之使集待全能上帝戰日至是爲大日

十二、魔鬼以勾引世人爲事、提三章七節會以外督宜有令聞恐遭擄斥而罹魔鬼之網提後十二章六節當棄

三

諸妄論浮詞罔浸久弊必叢滋

十三、魔鬼善試世之君子、代上二十一章一節撒但欲害以色列族誘惑大闢使核民數太四章一節至十一節聖神引耶穌適野見試於魔鬼耶穌禁食四十日夜飢試者就之曰爾若上帝子此石可合爲餅耶穌曰記有之人得生不惟餅惟上帝所命魔鬼攜之至聖京升之殿頂曰爾若上帝子可投下記有之主命使者扶爾免足觸石耶穌曰記亦有之勿試主爾之上帝魔鬼復攜彼登峻峭之山以天下列國尊榮示之曰若俯伏拜我悉以予爾耶穌曰撒但退記有之當拜主爾之上帝獨崇事焉於是魔鬼離耶穌天使至而服事之路二十二章三十一節主曰西門西門撒但欲簸爾曹若麥

十四、聖書曾用喻言、論魔鬼惑人、有似乎捉鳥者、詩九十一篇三節予謂敬虔之士嘗曰主必使爾不罹鳥羅不患疫癘兮又如小人將稗子擲於良田之內、太十三章二十五節寢時敵至撒稗麥中而去二十八節曰敵爲之僕曰我往薅之可乎亦如豺狼、約十章十二節傭非羊牧羊非傭羊傭見狼至棄羊而逃狼獲羊而羣散矣又如犬焉、詩二十二篇十六節梟獍圍我惡黨環攻傷予手足兮亦如惡獅、彼前五章八節勸守儆醒爾敵乃魔鬼譬彼吼獅遍行欲吞噬人如毒蛇焉、創三章一節耶和華所造生物中莫狡於蛇蛇謂婦曰園有百樹上帝豈語汝勿食乎如蝗虫焉、默九章三節烟中有蝗徧地上帝賜權傷人如蝎如閃電焉、路十章十八節耶穌曰我見撒但自天而隕如

電然

論魔鬼自由

或曰魔鬼之爲害也如此、上帝何不禁止乎、抑知上帝奧妙之意、小民原難洞悉、此猶帝王之籌畫、豈螻蟻所能知乎、然細心思之、不能無因果在其中也、

或曰上帝無所不能、何爲任魔鬼如此之不善也、○一豈知上帝亦有所不能禁耶、譬如偶數、復加以偶、上帝不能使爲奇、偶數復加以奇、上帝不能使爲偶、上帝之所不能者、皆因其有已定者也、從可知天使既已得自行作主之權、上帝卽不可禁其自便矣、況上帝卽能禁其外貌之形體、亦不能禁其心內之主見也、

二、猶護國之兵、當太平無事之日、安居樂業、惟日習技藝而已、固其樂也、卽有事之秋、出師迎敵、無晝無夜、衝風冒雨、無冬無夏、炎日寒霜、似

不堪其苦矣、然至得勝奏凱、功建業立、則其樂更甚、若自古無此魔鬼始祖不受其迷、世宇至今、仍猶太古日享無窮之福、未必知有可樂之處也、旣有魔鬼、卽有惡事、此必待克己復禮之人、有胆有識者、主見已定、則富貴不能淫、貧賤不能移、威武不能屈、然後可蒙耶穌之救、而升天堂、始知其樂無窮也、

三、如世宇若無窮苦者、善人將何處周濟、若無愚魯者、哲人將何處訓誨、無昏夜之暗昧、無以顯白晝之光明、無橫逆之凶惡、無以表善者之德行、子夏云、死生有命、富貴在天、似此魔鬼之擾亂世宇也、亦必有天命在焉、是以魔鬼之興也、上帝知之、上帝未嘗阻之也、

四、上帝亦有時以魔鬼之力、助善事焉、故凡事無論善惡、莫不爲有益於愛敬上帝之人也、羅八章二十八節我儕知萬事皆來無非益諸愛上帝者卽依其旨而見召也

至魔鬼所爲之惡、俟其惡事完畢、上帝則必置諸地獄矣、夫上帝之設

地獄也、本爲魔鬼而設、非爲人設也、太二十五章四十一節又謂在左者曰爾服詛者離我入永火乃爲魔鬼及其使者而備者也後因人多樂從魔鬼、甘心爲其門徒、上天誕怒、遂一並置諸地獄之中、然必待時日一至、而後上帝始暇及此也、默二十章一節至三節我見天使自天降掌深淵之鑰持大鐵索昔有龍蛇即魔鬼撒但天使執之縛之至於千年投於深淵加以管鑰封閉不許眩惑列邦限滿乃暫釋猶一章六節昔有天使不守厥職輕去其所主以不斷之索拘攣而幽囚之以待嚴鞫之日至

五、造物之貴賤不同、活物即貴於死物、有知識者又貴於無知識之物、聰明者則貴於蠢愚之物、若能別善惡、而又能去善爲惡者、則更係創造使合中之最貴者也、其所以能別善惡之由、皆以其自有主見也、若自無主見、則必不能爲善、亦必不能爲惡矣、如鐘表之逐日周轉、永無舛錯者、不得謂其善、即其時而停止、時而舛錯、亦不得謂其惡也、皆因其不能自以爲主也、倘能自以爲主、則周轉無錯者、固可謂其善、而舛

錯停止者亦可謂其惡矣、此猶上帝創造極大之天使、必與以自能作主之權、則此天使也爲善固由自主、爲惡亦由其自主也、是以善者固其一己之德行、而惡者亦其一己之罪孽也、從可知魔鬼之所由來、不得歸咎於上帝矣、如有百人在此、必有爲之首者居其中也、而爲之首者、不必文學之士也、不必智謀之人也、然必須善於統轄、善於調遣、而後能勝此任也、究其所以能如此者、非有主見則不可、主見者實係最要之能也、上帝若欲天地萬物俱隨己意、上帝固能爲此、上帝旣許其爲能力之天使、卽不可因其中途之變爲魔鬼而廢之矣

論魔鬼雖多究係因人而施第六

魔鬼者固有能力而爲數無算者也、實人人之所難防、而亦無處可避者也、

但魔鬼之爲害、非無由也、一由於上帝之允准、同一事也、上帝允其擾

亂、則魔鬼始得猖獗、上帝禁其滋鬧、則魔鬼自必斂跡、此所謂萬事莫不由天者是也、王上二十二章二十一二節有邪神越班而出侍耶和華前曰我將誘之曰誘之若何曰我將感其先知胥動以浮言曰往哉行此爾必誘之以成爾志又伯一章十二節耶和華曰彼凡所有任爾處之惟勿擊其身撒但退

二由於人心之信從若人執意不信則魔鬼無由而來心不邪想則魔鬼無由以入如賣耶穌之猶大實因其先有貪財之念魔鬼始得迷其心也約十三章二節魔鬼以賣師之意惑加畧人西門子猶大

三由於人心之不實昔亞拿尼亞與其妻撒非喇因其皆有不實之心魔鬼即從而惑之徒五章三節彼得曰亞拿亞胡爲撒但惑爾心潛藏售田數金以欺聖神耶

四由於人心之驕傲昔大闢王因生驕傲之心魔鬼即誘之以違上帝代上二十一章十七節曾是上帝以令所行猶爲不足復有應許欲昌我後至於恒久耶和華上帝錫我得同於斯世之豪傑

五由於身心之懦弱若其人身體康健心神清爽則魔鬼即無隙可乘矣

六由於人心之不敬如果恭敬天父順從上帝則魔鬼不足懼矣約壹五章十八節出之上帝者吾知其不犯罪既自上帝出則自慎防閑惡敵不足以害之

七由於人心之不勇如果存心定於魔鬼爲敵則魔鬼自必遠揚矣雅四章七節故當服上帝攻魔鬼則魔鬼離矣

八由於人之不知祈禱上帝也若果肯朝夕祈禱上帝上帝則必禁止魔鬼不令其竭力引誘也哥前十章十三節爾所遇試惑亦人之常耳上帝言出惟行不忍爾曹莫禦之試惑試惑中使爾力能禦之必出逃途

九君子獲罪上帝亦難遽赦抑或有時而以魔鬼試之也但不令其傷之過重耳故彼得曾經撒但意欲害之耶穌曾爲之祈禱焉路二十二章三十一二節主曰西門西門撒但欲簸爾曹若麥然我爲爾祈使爾信不渝反正後可堅爾兄弟

十由於心生私欲性好偏僻故不能逃魔鬼之網羅惟有悔罪改過信從耶穌愛敬上帝逐日祈禱始可望出其範圍弗一章十節至十八節屆期將以天地間萬物

悉歸基督惟隨意行萬事者預定我因基督得嗣業使我儕首賴基督者頌讚之也爾曾聞眞理救爾之福音信基督遂得所應許之聖神相印卽我儕得嗣業之質至贖日而頌讚之我聞爾信主耶穌愛諸聖徒故爲爾稱謝不息祈禱間緬懷爾求吾主耶穌基督之上帝卽榮耀之父賜爾以智慧默示之神使爾識主心目克明知其召爾所望之福何如聖徒之業其富何如

国家出版基金项目
NATIONAL PUBLICATION FOUNDATION

海上絲綢之路文獻集成

總主編 陳支平 陳春聲

民間譜牒編 3

主編 林楓

海峽出版發行集團
THE STRAITS PUBLISHING & DISTRIBUTING GROUP
福建人民出版社

本册目次

［福建漳州］杏林吕氏族譜不分卷

吕鈇鉞纂修

［福建漳州］《杏林吕氏族譜》不分卷，吕鈇鉞纂修。是譜始修於明成化、弘治間，遷漳四世崇進命其孫吕琅主纂，至清乾隆中葉十三世孫萋桐重修，道光間鈇鉞又續修之。吕氏遠祖延之，唐開元間肇基河東，四傳至占，宋時遷居洛陽，再六傳至天申，宋慶曆間遷居晉江，又十五傳至士寧，元時遷居福建漳州府龍溪杏林（今屬福建漳州），是爲杏林吕氏開基祖。是譜今僅存一册，載譜序、河東吕氏譜系圖、杏林吕氏譜系圖，譜系圖旁注有居所、功名、族派存止等情況，頗爲簡略。吕氏渡海謀生者多往臺灣，亦有往東南亞者，如十三世章江，十四世而辰、而賜，十五世經鐗等皆注「往吧」。據抄本影印。

漳州吕氏杏林族譜後序

右譜舊八冊凡若干卷茲闕第一冊吕氏系出河東今漳州杏林名族奠居山澤奇壤厥初斷代立譜因以縢地題編既賅叙本支纂仍新貫上下詳略得要宜爲傳宗信史夷考譜牒之學尚矣宋廬陵歐陽子㢸儞精審嘗譏史記必詳三代以上世次不能闕疑而所纂唐世

族表亦或　自蹈其失明棃洲黃子乃謂
後世氏族之譜掇拾傳聞夸徇不可盡
信言雖有故激裝然藉見精善者尠尤
可貴是譜始修於明成化弘治間還漳
四世崇進詒其孫琅以入閩譜牒散佚
援辭闡筆述猶創紀崇進字淳庵耆儒
宿德琅字鈍齋孝友多箸述譜例嚴明
一氏
否取舍不阿俗好異夫棃洲所論杳

林譜成三百年許至有清乾隆中葉十
三世蓁桐字引齋重繕續修依準前例
更蒐求唐開元肇基河東宋移洛陽慶
厤遷閩晉江迄元占籍龍溪以前舊族
二十五世事蹟謹覈挈舉彙全家乘通
廬陵闕疑之恉不侈遥冑其遷洛始于
河東唐宰相温之孫占始遷閩者父曰
居簡與宋賢夷簡並世同派鴻緒昭晣

綜合撰輯勤勷推從其朔縣杏林而益彰據所聞見正傳聞於上世斯譜學善製也杏林者漳州北溪環秀之隩靈潭疊巘俯仰襟帶譜稱居龍溪一世士寧績學沉毅至元六年輩来胥宇際避盗播越殫力爰謀揆景裁基用啓名郡右族麻賴于今比諸胙土食采襲芬彌永已誦其家風道惟敦本崇進曾代從父

執我他邑晚歸杏林挈子孫諏集族衆
即始還祖堂基廓建大宗祠宇顏曰惇
敘神禋丕顯祚胤滋蕃迹度豐山併營
别構數代篤行具列郡縣志傳八世旻
位躋卿貳崇祀鄉賢明制搢紳咸城居
乃有郡垣北橋堂寢置家廟與杏林埒
蒸嘗馨嬗絫屋陰德續譜作者萋桐生
雍乾全盛之世廉孝養親堅辭辟舉誠

子爲良吏得民澤竟昭代材能不替有庠序隱德玉書字紀瑞神昞醫術仁詒末造重訂世系表畀其子鈇鉞字畏哉存備杏林續譜之續又寄託善志也畏哉祇承父業以醫濟世撫念舊譜首册久遺續脩時蔡葛山相國撰序亦難稽錄懼前光耿爲或晦以余欽嚮龍溪遺老復一王子嚶求道契展轉書介屬殿

名川被安鄉陳子正學漸濡式程多士杏林距陳子舊閭香洲十里呂祠沿岍對宋室銀塘趙氏宗閈隔溪相峙天開圖史高型景慕服朔有更陵谷無改北西兩溪注匯下游逕集桐山朙石齋黃子講學處循以迴遡杏林上越龍潭崄磴宋明林李與今潛指碩學棲逸往来流風翔泳不沫呂族鍾毓其中文獻亙

徽鄉國按斯譜所臚列知亦獲尚賢論世之助焉其記尊親言行一秉直筆若聆當時僉語褒貶碻辞不疑溢諱垂儆来嗣增美釋回特能視成宗法愈見禹域趨遠自北而南治教門地闢山木之移植附麗榮落依繁本根不虞苞桑有其亡之歎試重言卜之杏林之望既由叢壑而顯瞻邦郡可期裔彦崛起進諧

言卷末竊愧邈世無文未足副意承省
懼然慨夫國族聚散隨九州畿寓開拓
遞變或謂舟車人力交至騣騣混殽六
合内外黄唐以来禮教宗法相因放失
非求野所能復其然豈亶然乎蓋天生
秉彝血氣匯異之倫縱任鼇極震觸不
卹枉折維解嗜欲争攘已竭必思靖於
平章雍睦衡以治亂張弛之道古今中

外所同斯義不易當見宗親禮秩終無澌滅可斷然也請即呂族遷地而言先居河洛本夏商故都聲教前於閩越值唐玄宗仁晏安之會科第相業鬱為時俊涖閩而後中原多事或處於泉或處於漳砥行絡裕相踵暨卜築龍溪適元甫都燕漳猶宋域去朱子治郡七十餘載習聞禮化陶甄嘉範多修孝義北溪

禮運身覲天下大同載書百國航琛列島陳宗器於山海殊方仰規周子識濂溪於匡廬朱子識紫陽於崇安前軌考室數典廣識杏林再新續譜盛事應知茲時載籍陵遲保緘族志乃心悠遠企褒孔襄壁藏家書用振儒宗於炎漢兆惟抱殘守缺珎如彝鼎不令剥蝕其文字已爾還質此邦率禮論道之君子得

無誇蒙言早計嗟為河漢也歟
前進士出身侍講銜翰林院編脩國史
館協修曹典初撰並書辛卯孟冬之月
時年七十有六

河東呂氏先世家譜系圖

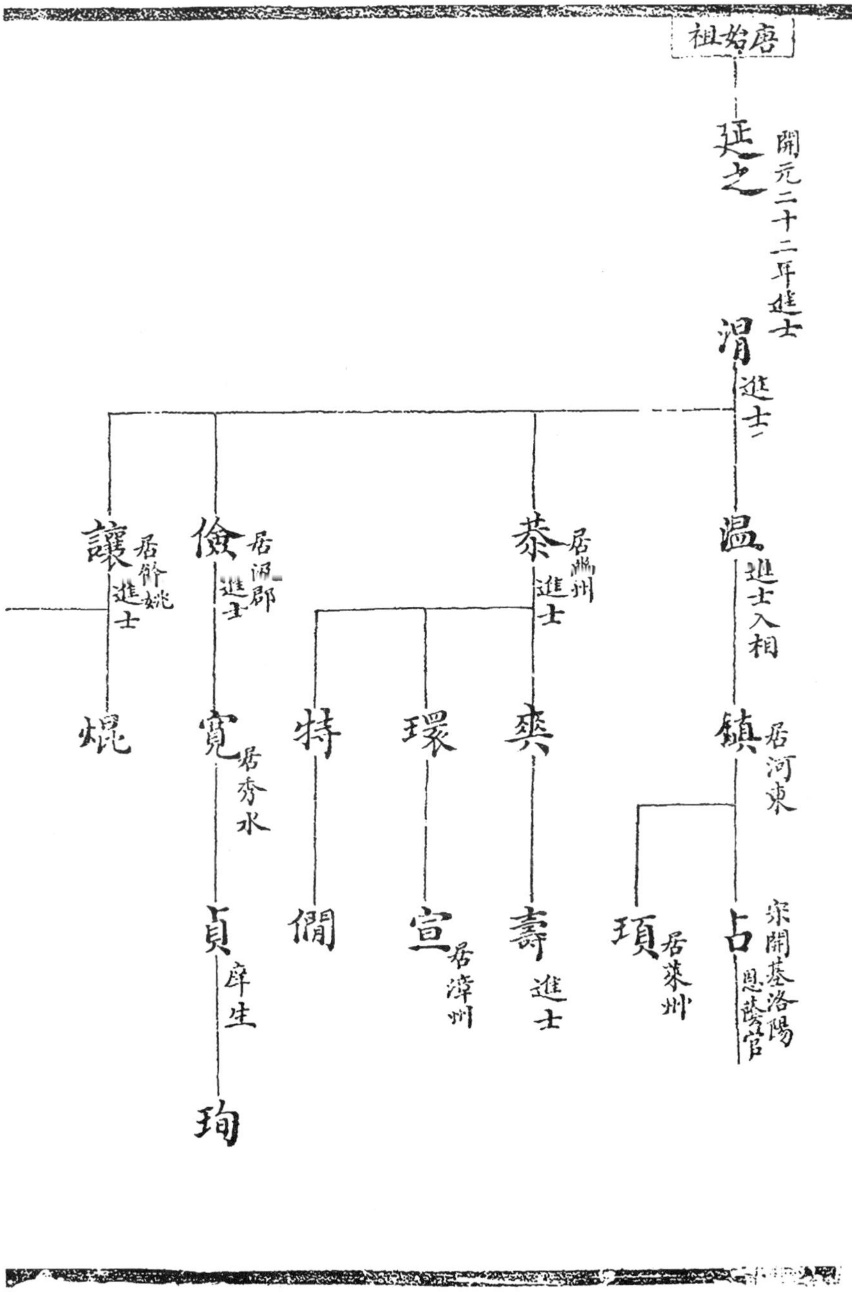
唐始祖
延之 開元二十二年進士
渭 進士
温 進士入相
鎮 居河東
占 宋開基洛陽 恩蔭官
項 居萊州
恭 居幽州 進士
奭
壽 進士
環
宣 居漳州
特
僩
儉 居汾郡 進士
寬 居秀水
貞 庠生
珣
讓 居餘姚 進士
焜

暀

煜 進士 改名巖號洞賓

出貞公

珣

咸有

咸休 進士侍郎

洛陽先世家譜系圖

宋開基洛陽始祖

占 恩蔭官

琦 晉兵常侍

餘發 進士

龜圖 起居郎

家貞 庠生

泰簡

行簡

呂氏族譜

餘慶 進士

端佐 進士

龍圖

龜圖

藩 進士

蔚 進士

居簡

蒙正 狀元入相

蒙亨 翰林

蒙斌 進士

夷簡 進士入相

藹 進士

誨 恩貢

由庚

由聖

由禮

由誠

億 宋大理評事 居新昌

出蒙貢

泰簡

元 慶歷六年榜眼

煜 進士

居簡

天申 開基晉江 庠生

晋江先世家譜系圖

出蒙斌

夷簡 進士入相

- 公亮
- 公原
- 公著 進士
- 公弼 進士

天德 廩生

天

出由誠

億 宋大理評事 居新昌

- 紹曾

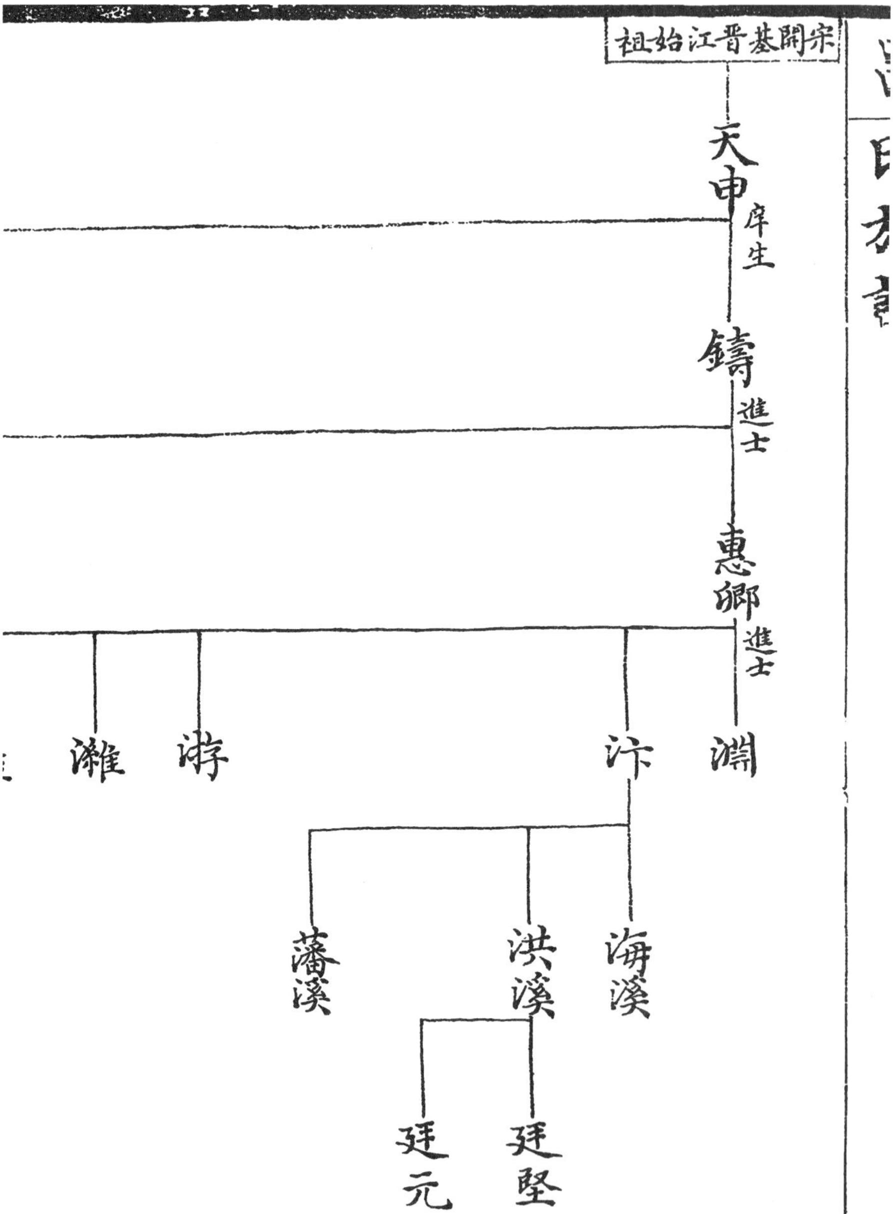
宋開基晋江始祖
天申 庠生
鑄 進士
惠卿 進士
淵
汴
游
濰
海溪
洪溪
藩溪
廷堅
廷元

德卿 進士

温卿 進士

和卿 進士

虞卿 進士

康卿 進士

河

漢

澤

諒卿 進士
道卿 進士
季卿 進士
升卿 進士

鑑 進士
夏卿 庠生
清修
聖溪
慎夫
慎立
慎長
慎口

此派與天申公俱出紫貞三派居

天德 庠生

明

璐 進士

言 進士

清齊

寅溪

軫溪

璧溪

浤溪

- 昭
- 傑
  - 脩卿 進士
- 出夷簡
  - 公著 進士
    - 希哲 進士
      - 卿相
      - 疑問 進士
- 出洪溪
  - 廷堅
    - 克導
    - 克廣
      - 大圭 淳祐七年探花
        - 菊圃
          - 大使
            - 廷瓚
            - 廷璋
            - 廷珪

出聖溪

慎夫

雲巖

祖世 庠生

祖藩

祖謀

貴鴻 庠生

貴鵬

敦羽 庠生

荊羽 庠生

臨端 庠生

漸端

斯端

二使

祖藹　祖誨　祖虔

雲谷　雲從

出大使

廷璜 — 元玉 — 承真 — 月川 — 淳正 — 士恩

廷璋 — 趙玉

廷珪 — 趙璧

出敦羽

臨端 庠生

東正

舜臣 庠生

舜咨

藩興 庠生

藩京 庠生

淳愷 居漳州 庠生

淳和

士寧 元開基杏林

士孝 居綠州

士乾

士亨

士

士遜

士選

譙正

岳正

治正
- 舜葵
- 舜傑

謹按自唐始祖延之公五傳至占公開基洛陽又六傳至天申公開基晉江又十五傳至士寧公開基杏林凡二十六世

杏林呂氏一世至六世家譜系圖

開基杏林始祖

守　敬　義　以　開　基

- 士寧
  - 原廸（恩賜壽官）
    - 義聰
      - 以秀
        - 開性
          - 基鉸
      - 以卯
        - 開禾（正統間移居漳浦）（乞養）
      - 以亥
        - 開圖
          - 基遜
        - 開平（代役崇武）
          - 基暉（歸杏林）
          - 基瓏（止）
          - 基晋
        - 開恕
          - 談（掾詔）

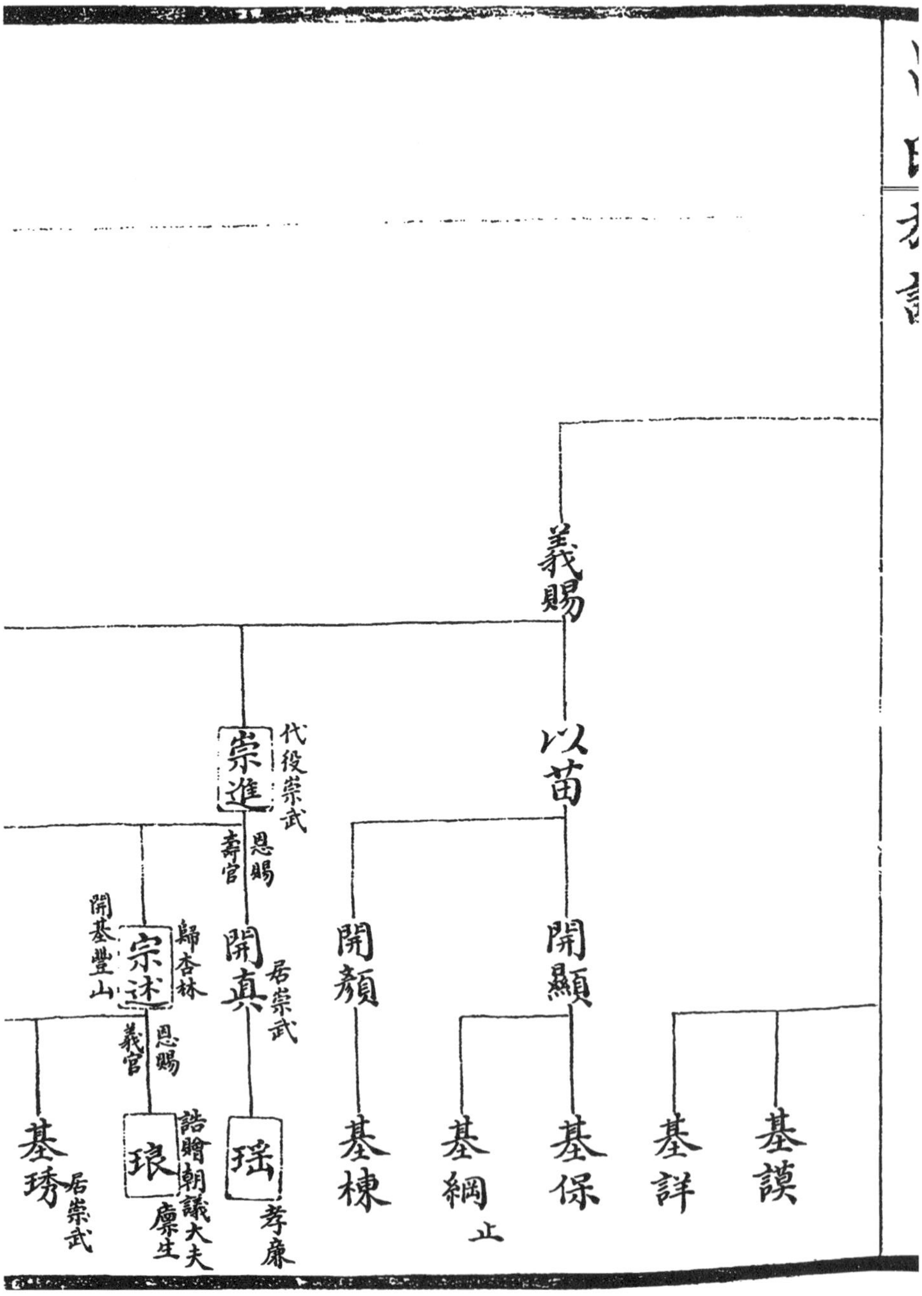
義賜
以苗
宗進
代役宗武
恩賜壽官
開顯
開顏
開真
居崇武
宗述
歸杏林
開基豐山
恩賜義官
基謨
基詳
基保
基綱
止
基棟
瑶
孝廉
琅
誥贈朝議大夫
廪生
基琇
居崇武

原吉

義烏 代父役崇武

崇文 鄉飲賓

以警

開宣

開潼

開良 居惠安

基隆

基柔 養

基玧 止

基睦

基和

基順

基明

基瑭

基奇

基試

開象

基寅

基定

基喬

基安

基珍

開類止

宗爵　旌表孝義　開基坑尾

- 陽　庠生
  - 基貽
- 開⿱山徽
  - 基崧
  - 基嶽
- 開仁
  - 基⿰山賁　止

義參

- 以聞　移居坑尾
  - 開傳
    - 基重
- 以觀
  - 開光
    - 基修　附籍
  - 開細
    - 基都　止
    - 基泗

以貴 代父役崇武
開佛 居崇武
基福 歸杏林
基禎
基祐
基祚
基祺

原福
志生 止

原祿
治生
以佑

以用
開申
基京

以輝 止

以泰 移居古塘

開舒 止

開鈿

開璵

開浼 止

基廷

基疊

基對

基灌 移居竹黄

基瀹

卻生

以反　以吼　以尾

開容　開垂 止　開元　開貞　開文

其　其　其 致　基

季生

以德

開澄

基蓀止

基杰

開軟 移居大德

基老

基暄

基肆

基陸

開沮止

基参

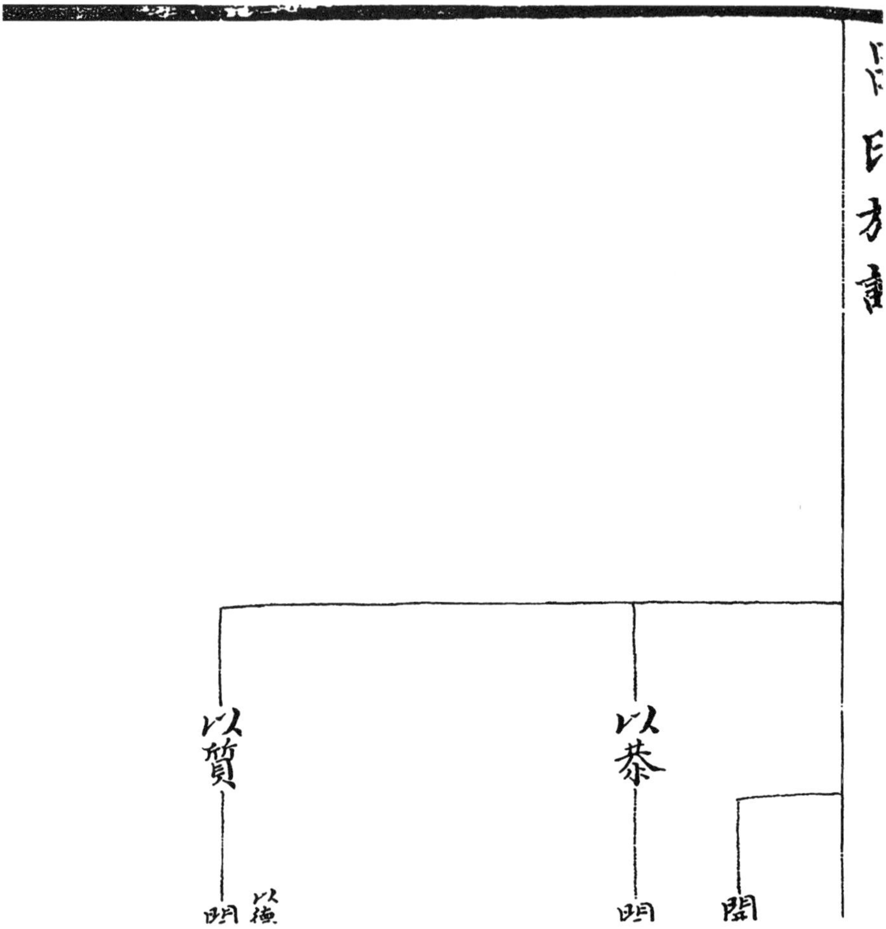
以質
以恭

長房六世至十一世譜系圖

基　丕　惟　祖　德　本

出以秀派開性

基鉸

丕虎　丕孕 止　丕擔 止

丕虎：惟桓 居城北橋　惟格　惟覇

惟桓：祖桃

惟格：祖楚　祖森　祖懋

惟覇：祖杏 止

祖桃：康 邑庠生

康：士疆 邑庠生 欽賜内閣中書

出以亥長派開圖

- 基遜
  - 丕彬
    - 惟評 止
  - 丕佾 居嶺兜
    - 惟義
      - 祖椿 居苦竹
        - 德灼
          - 本濱
        - 德瞸
          - 本墀
          - 本[illegible]
          - 本葱
          - 本培 居洪畬
          - 本尾
        - 德煒 止

德煇
本壹

德燉

祖楠

祖椿
德煖
本招

德燠

德[火立]

惟善 止

惟義 止

惟美 居嶺兜

祖柚

祖楓

德燔

德姐 止

德耀

本基

本培

本壎

本惜

本滿

本嘉

本重 移居惠州

玉材

惟冲

祖植　祖相

德熇 止　德熾 止　德煜　德燧 移居惠州　德焜 止　德昭 止

本祐　本英

以下二派出以亥次派開平

基暉 自崇武歸杏林

玉迎

惟准 — 祖禄 — 德洒

惟瀾 移居豐山 — 和元 庠生 — 協夏 庠生 — 本　本　本　本

惟洵 — 祖榮 移居惠州 — 德煊 — 本

惠央 — 本

惟溶
祖柄
德姐 乞養
本水
德尚
本文
本政
祖格
德慓 祖榮三子入繼
本贊

基晋
玉渭
惟監 止
惟堅 移居洛陽黃塘
祖梧
祖徽

玉溜
惟益
祖元
德任
本賢 居崇武

祖采

祖儀

以下三派出以亥三派開恕

惟銑
祖靖（惟盟次子入繼）
德粹

德慍（與忱同胎生）

丕濬
惟盟
祖采
祖靖（出繼惟銑）

談（椒詔）
丕天
惟馮（乞養）
祖安
德周（止）
祖貳
德盛（止）
祖叁
德愛
德福
本昌

丕石 止

丕德

鳴盛 庠生

應聲 庠生

德理

本艾 乞養

德美

德三

本敏

本朗

本藩

祖肆 止

祖伍

德招

本口

基謨

丕珪

惟驤

祖棘　祖檜

德得　德敏　德炤　德熜　德熖

本院　本飽　本煖　本張　本信　本良　本在　本瑞

呂氏族譜

長房譜系圖

惟駿

祖栢
祖機

德煉
德熯
德喜
德英

本好
本尾
本柒
本啟
本相
本嶼
本添 乞養
本腰

璋　例贈文林郎　壽官

麒　萬歷辛卯歲貢生　任廣東河源教諭

惟麟

棟　庠生

祖根　移居東清

祖松

正奏　庠生

士壯　庠生

德燦　往吧

德炫

德煜　止

德連

德雲　止

本完

本團

本卜

本廷

德淡
本 本 本 本

祖槐 止

惟麟 移居漳浦

惟勇
祖綮 — 德朝
祖桔 — 德郎 — 本

出以苗長派開顯

基詳
- 丕瓊
  - 惟龍
  - 惟鶚

基保
- 丕栢
  - 惟袞
    - 祖橋
- 丕得
  - 惟星
- 丕慎
  - 惟海

德清
- 辟　甘心為僧俾親無後胄考派字
- 本穆

吕氏族譜

長房譜系圖

額開派次苗以出

基棟

丕胖

丕朊

惟汪 止

惟注 止

丕梅

惟惠

惟恩

祖樊 移居烏惶

德勃

本孝

本弟

本忠

本信

本英

惟洙

祖榴　移居大德

德潛　德耿止　德龢

本次　本載　本碧　本蔡　本傑　本强止

丕腆

惟河

祖榜止

出崇進長派開真

瑶 居崇武 孝廉

丕傑

- 學端 庠生
  - 祖標
    - 德熖
      - 本
      - 本
    - 德焯 止
  - 祖機
    - 德瑞 止
    - 德冠
      - 本
- 惟謙
  - 應期 庠生
    - 德國
      - 洪

惟溱

祖森

以下三派出崇進次派宗述

琅
誥贈朝議大夫
廩生
歸杏林居豐山

玉鳳
止

景鳴
嘉靖乙卯歲貢生
誥贈朝議大夫
移居府城北橋

杲
例贈文林郎
廩生入國學

貞
萬曆丁酉順天舉人
勅贈文林郎

特

翔
庠生

呂氏族譜

長庄譜系圖

式　萬曆乙未歲貢生　任閩建縣知縣

子瞱　庠生

子瑩　庠生入國學

元有　庠生

士陞　例贈文林郎　庠生

士恒　庠生

士壇　太學生

士域　庠生

士垛　庠生

士坊　庠生

本垌

旻　嘉靖癸丑進士翰林院編修歷陞禮部右侍郎

懋　庠生

子熙　辟舉孝廉　廩生

運昌　玷辱祖父　庠生　斥去紅圈

本沛

本珍

本聖

基琇　居崇武

丕鵬

旦　庠生

祖棠

德阿

德仲

宴　誥贈榮祿大夫

本勝　移居北京

惟晃　歸杏林移居南靖

祖概

德炳

吕氏族譜

長房譜系圖

基瑭

鸞 恩賜壽官

丕鷺

惟王 止

惟行 二房丕塛次子入繼

曇 隆慶庚午武舉人

祖樋

祖槃 移居廣東

祖權

元聲 潮州守備

元芳 布政司知印 移居坑尾樓

德隆

子熊 庠生

杰 甘心為僧 屑去派字

德引

本智

本堡 止

以下三派出崇進三派開良

子熹 庠生

本麟 例贈儒林郎

仲孝 武庠生

祖英

祖輔 移居廣東黄牛瀝

德燮

基明 居惠安

丕挺

惟長

惟裕

丕搏

惟遂

成宗

德貴

德賢

成祖

惟烏

丕倫

丕仲

丕任

基順 居惠安

丕哲

丕科

基和 居惠安

丕顏

惟品

長房譜系圖

潼開派譽以出

- 基柔（乞養）
  - 丕鷚
    - 惟憒（乞養）
      - 祖榕（居坑尾橋頭）
        - 德嬰
          - 本梓
          - 本暢（移居馬岐）
          - 本禄
    - 惟友
      - 祖横
        - 德燴（移居豐山）
          - 本銓

- 惟聘
  - 祖麟
  - 祖鳳
  - 祖龍

以下三派出崇文長派開宣

二房六世至十一世譜系圖

基　丕　惟　祖　德　本

基隆（移居上章）
　丕昌
　　惟耀（卒仙遊）
　　　祖興
　　　　德炤
　　　　　本坡
　　　　　本塲
　　　　　本坪
　　　　　本坤
　　　　德焰（止）
　　　祖旺
　　　　德聳
　　惟肅（止）

二房普系圖

惟辨

祖篤

德榮

惟炫

祖馴　移居綿治

德煒

本桓

本椮

德煌

德炳

玉源

惟榕

祖瑗

祖璧

祖琳

吕氏族譜

丕津

惟脱

祖榯

德泉

德巖

本三

德参 逃惠州黄家澁

祖梃

德静

本孫

本尾

德安

本林

本木

德 即乳名

本姐 移居武平縣

二房譜系圖

祖棟

德旋

德周

德國

本中

本柯

本椿

本蔭

基奇

丕純

惟遷

祖驩

祖駟

祖驄

呂氏族譜

二房譜系圖

惟進
祖騋
祖騂
祖驂

基試
丕綿

丕紞
惟倜
祖湍
德椐
本桶
德柑
祖漂
德櫂
本經
德棣

- 祖淵
  - 德楫
    - 本艮 止
    - 本平 止
    - 本運 上
  - 德桔
    - 本垺
    - 本猛
- 祖浦
  - 德耍
  - 德三
    - 本定
- 祖漳
  - 德小

以下五派出崇文次派開象

基寅

丕絢

丕緩

惟琴

祖四 乞去興化

丕繆

丕緝

惟邵 移居興化

丕瑚

惟仙 移居興化

丕貫

惟榮

惟華

祖慈

德遜

本壹 移居牛踏灣

德笑

德純

德包

德魁

德柯

祖任

祖俊

德明

玉豁

惟藩

惟葉

基定

玉琛

惟宇

祖助 移居惠州

二房譜系圖

丕璉

- 惟震
  - 祖拖
    - 德巽 止
    - 德二
      - 本仁
      - 本生
    - 德經 止
  - 祖摶
    - 德文
    - 德都
    - 德輿
- 惟衍 出繼長房丕鸞

基喬 移居黃井

丕雞 止

丕雄 此派休汝宜譜

惟績 收養

祖衍 移居藍徑

德華

本隨

本姐 止

德誥

本福

丕珊

惟霓

惟霳

祖秩

德儒

呂氏族譜

二房譜系圖

丕鵬—惟寬—祖聰—德台—本初

本次

德蕅 止

祖睿—德城—本守

本助

德東

基安—丕乾

基珍—丕恭 收養—惟俊—祖寵—德永—本愛 乞去金沙

出崇爵長派陽公

基貽

黼

庠生

惟濟

祖佐

德默 乞養

本顒

本仕 止

祖命

德郡

祖檅

祖杓

祖朴

德科

本待

德甲

本儒

祖煙

德元

本招

呂氏族譜

二房譜系圖

德魁

祖桱 移居海南

惟濂

祖模

德烈

本啟

本連 移居惠州

德然

本壹

本兩

本是 移居惠州

本純 移居惠州

祖本

德賜

本艮　本坤　本坎　本貢

祖檀

德點 止　德勲 止　德閏

本炎

祖椹

德元

永昌 鄉飲賓

呂氏族譜

二房譜系圖

德景
本群

子煇 例贈文林郎
本昂
熾昌 康熙庚午舉人選萬全縣知縣

德爵
本帛 止
本東 止

本雍
本赤
本殿

出祟爵次泳開嶽

基嶽

丕瑛 止

丕瑶

惟湝

祖柳

德熑　德熠　德炷

本瑞　本儒　本惠　本和　本璉

本民　本兼

呂氏族譜

二房譜系圖

- 祖極
  - 德黨
    - 本聘
    - 本閣
    - 本縣
  - 德祐
    - 本招 乞養
- 祖根
  - 德熟
    - 本仕
    - 本澤
    - 本勸
    - 本相

德再
本尚
本錫止
本報

德細
本雅

德泗
本慨
本立
本填
本親

呂氏族譜

二房譜系圖

出以開派閩傳

基重

丕壽

惟閩 止

惟國 止

丕琛

惟渭 移居浦尾

祖榛

祖挺

惟江

惟浙

本駉

本隨

- 惟泰 乞養
  - 祖森
    - 德燊
      - 本玉
      - 本左
      - 本緩
      - 本天
    - 德煌
      - 本饌
    - 德熔
      - 本會
      - 本萬
    - 德炎
      - 本就 隨母居池頭

二房譜系圖

出以觀長派開光

出以觀次派開細

德恰

本絞 隨母居陂首

基脩 附籍

基泗

丕接 止

丕政 止

丕諧 止

丕芳

惟表 移居海南

惟濯

惟游

祖孝

祖廣

祖和

玉芬 居大路尾

惟晏

祖貳

德琳

本賜 乞養

祖六

德純

本璧

本鵬

本傑

本代

本雍

德通

本埒

德待

本進

呂氏族譜

二房譜系圖

出以貴派開佛

基福 自崇武歸杏林

丕淮 止

丕清

惟桐

惟明

惟顯

祖屏

德映

德昭

德曜

德員

本懊

德闔

本覺

惟梓

祖翰　祖藩　祖寧　祖域

德遠　德長　德良　德轉　鐘 庠生

本榮　本完　本明　本纘　緒 恩賜冠帶　本喬 德標長子入繼

呂氏族譜

二房譜系圖

德標

本棟

本奏 德標三子入繼

本喬 出繼胞兄鐘

本棟 出繼胞兄鐘

本奏 出繼胞兄鐘

本吉

呂氏族譜

呂房六世至十一世譜系圖

以下三派出以用長派開坤

基　丕　惟　祖　德　本

基諒

丕潛　丕湍

惟燦　惟權止　惟梧

祖英　祖塲止　祖壇

德引　德承　德輝止　德耀止　德晃

本孫乞養　本福　本陳移居曝栗石

四房譜系圖

祖城

德綽　德繹　德繳

本玭　本瑞　本三　本璠　本四　本龍

祖墀

德台

本姐　本炁

吕氏族譜

四房譜系圖

本益

本猛

本祖

祖墉 止

惟柄

丕泮 — 惟養 — 祖睦 移居温州

丕滄 — 惟椿 止

基朝

丕渭

二派出以泰長派閣璵

- 基亶
  - 丕淏
  - 丕淇
    - 惟茂
    - 惟陽
- 基灌 移居竹黄
  - 丕治
  - 丕江
  - 丕淮
- 基瀹 移居竹黄
  - 丕汝
  - 丕漢

吕氏族譜

四房譜系圖

出以反長派開容

基榮 移居上章

丕昂　丕濂　丕濟

惟煥

祖慈 止　祖惠

德桂　德梅 止　德橘 止

本昪　本晨　本晃 止

惟燿 止　惟煖

祖愈　祖態　祖忍

德袖　德祥　德厚　德敎　德亨　德蘭

本遴　本元　本選　本姐

四房譜系圖

出以吼派開元

- 基公（移居大德；乞養）
  - 圣賢
    - 盈（例贈榮祿大夫）
      - 光賓（沅州協副將）
        - 德贊（血養）
      - 祖眼
        - 德嚴
          - 本乾
          - 本翰

- 祖思
  - 德梓
    - 本烈
    - 本賓
    - 本瑞
    - 本孟

- 德老（移居……）

出以尾閒文

二派出以尾閒吉

丕力
惟基　隨來子
祖秉

基璠
丕強
丕勝

基霧
丕和
惟菱

丕睦
惟葆
惟葵

德著　止

德彪
本敢

呂氏族譜

四房譜系圖

出以德長派聞澄

- 基參
  - 玉白
- 基杰
  - 玉錢
  - 玉錄
    - 惟泮
      - 祖縉
        - 德雯 移居惠州
      - 祖綸
        - 德瑞
      - 祖紳
        - 德遠
      - 祖緯
        - 德老
        - 德二
          - 本忠 乞養
        - 德三
          - 本帛

祖縕

祖綜

德諒

德充

德願

德辰

德珍

德四

本科

本文

本生 隨來子

呂氏族譜

四房譜系圖

惟溪

祖純 乞養

德愷

本奐
本占

德賢

本共
本坛
本柔

德夢

本仗
本旗
本葵

惟洋

祖綵　祖續

德宣　德布

本陶　本起　本貞　本鵲　本斐　本註　本堯

丕鉄

惟洛止

惟潮

祖纘

祖綿

祖繩

祖絅

祖繪

德苗

德外

德茂

四房譜系圖

以下四派出以德次派開次

基老 居大德

丕祥

惟湖　惟巒　惟岱

祖楚　祖僯　祖纓　祖錦　祖鎡

德參 祖纓次子入繼　德習　德參 出繼祖僯　德泗　德專

本哲　本吟　本嚴　本會　本德

關係

德求 出繼祖鋒

祖鋒
德求 祖鐵次子入繼

祖鑛
德巽

祖鈎 移居温州
德曜
德睦

祖欽 止

祖鑑 移居龍巖

惟島

惟嵇 止

惟客

祖鍊

德英

德良

德貢

德榜 移居丁村口

本倉

德蒲 移居赤皮嶺

本諒

本殿

惟宝 止

基暄

丕貞

惟謹

祖志

祖恒
- 德亨
  - 本鏈
  - 本倩
  - 本魏
  - 本奪

丕遠
- 惟講
  - 祖忠
    - 德惜
      - 本暢
  - 祖周 止
  - 祖乾
    - 德壹 移居赤皮嶺
      - 本仲
    - 德小 移居蘊堂
      - 本維 乞養

祖勲 移居吳山

德友

德辛

德丑 移居赤皮嶺

德建

本同

本愿

本合

本浦

本郡

本錦

本再

本考

本禮

德懊 移居上章

本寬

本諒

本洪

德悅

本榜

本安

本品

德妹 居大德

德和

本漢

本榮

本珍

本田

本桂

本松

本林

本振

惟讀

祖貴 祖質

德泗 德晋 移居宜招 德政 德孟

本廷 本南 本桺 本加 本陣 本布 本綴

丕琥

惟誦

惟諦　移居雷州

惟詠

祖仁

祖勇

惟訪

惟謠

祖倫　移居灣橋

德信

本請

德棟

祖書

惟誠　惟謀

祖景　祖禮　祖孔　祖信

德振　德耀

本爵　本喬　本洸出繼德外　本曲　本王

基陸

丕義　丕懋

惟謂　惟諤　惟諒

祖彬　祖程　祖雲　祖宇　祖守　祖意　祖慈

德外　移居蕉坑

本沈　德振三子入繼

德沛　移居張坑柑湖

騰　收養義子

三派出以恭開遠

出以賁派開春

基綽

基赫

基繹

基臣

丕巖

丕嵐

丕山

丕峯

丕則

惟讚

惟課 移居惠州

惟淵

祖珠

德正

德三

本興 去聲

惟深

祖琯

祖瑀

德親

祖璧

祖琦

祖玉

本挺

本畧

本裒

丕華

惟濱

祖恩 惟湘次子入繼

惟湘

祖賢

祖恩 出繼惟濱

長房十一世至十六世譜系圖

本 文 章 而 經 世

出祖桃派康公
- 士疆（特授內閣中書　廪生）
  - 文鎬（避難為僧）

二派出祖椿次派德睦
- 本墀
  - 文姐
    - 章順
    - 章傑
  - 文旺
    - 章育
      - 而洪
        - 經亨
        - 經腆
        - 經辦
  - 文雒
    - 章添（止）

本培 居洪番

- 文安
  - 章乞 移居海澄
    - 而賜 往吧
- 文興
  - 章彬
    - 而心
    - 而草
  - 章掌 止
  - 章助 往臺
    - 而宋
  - 章浩 往臺
    - 而成
- 文隆
  - 章樵 移居塔嵛
    - 而突
      - 經菊
        - 世楓
      - 經潘

出祖柚長派德燔

本蒲 居嶺兜

- 文聖
  - 章連 止
- 文内 止
- 文波
  - 章廷
    - 而鎮
  - 章高
- 文愈 移居臺灣
  - 章怗

而忽
- 經濰
  - 世巖

而騆
- 經就 乞養
- 經武

章第

章蓋

章興 出繼本藩昭穆不倫

二派出祖植長派德煜

本祐

文喧

章宗

而輦

而格

文章

文夔

本英

文福 乞養

章生

以下三派出和元派協夏

本次 自豐山歸杏林

文翼

逢源 娜欽賓

而首

經昆 乞養

世濱

世科

世軒

而監 早卒

經雙 而榜次子入繼

世潛

世縹 出繼經烙

世𧙗

而卦

經壹

世宏

世擁 經台三子入繼

世羔 經沄五子入繼

經呼 乞養
世紹 早卒
世觸 出繼經瑞
世頗

經瑞 乞養
世觸 經呼次子入繼

而榜 土銳讀
經沉
世宣
經雙 出繼而監
經清
世琴

本良
文功 止

本石
文海
章奶 文敏次子入繼
而串 往臺
經仁 而汗三子入繼

而汗
經嘮
經笋
經仁 出繼而串

經行 往臺

經烙 往臺
世縹 經僾次子入繼

世唇 早卒

長房譜系圖

- 文敏
  - 章運
    - 而逵 早卒
    - 而鷂 初隨母後歸宗
      - 經才
      - 經拙
  - 章奶 出繼文海
  - 章察
    - 而立 止
    - 而适 往臺
    - 而墨 往臺
  - 章栽
    - 而葉 章騎三子入繼

出祖榮長派德煊

本姐

文習
文重
文末 止
文求

章簪 居臺
而載

章杭 居臺
而若 乞養

章蹄
而葉 出繼章栽
而利
而夢
經

出祖榮次派德炆

本權

文鼎

文盛

文德

文攀

出祖格派德㯿

本賛 居崇武

文龍

文新

文壬

出祖元派德壬

本賢

文盧 居北京

大派德慎

本亥 居萊武

文戴 舊譜作帝

出應聲長派德理

本艾 乞養

文榅

文樑

本敏

文凱

出應聲三派德三

文仲

本朗

文平

本藩

文 過繼失序退列下行

章興 文愈四子入繼貽謀不倫

出祖林長派德得

本院

文元

章新

章月 出繼四房文典
章姐
章浩

出祖檜長派德炤

本張 居山仔寨
文撰 止
文端
章捷 止
章壬
章孚

出祖檜次派德熄

本信
文泰 止

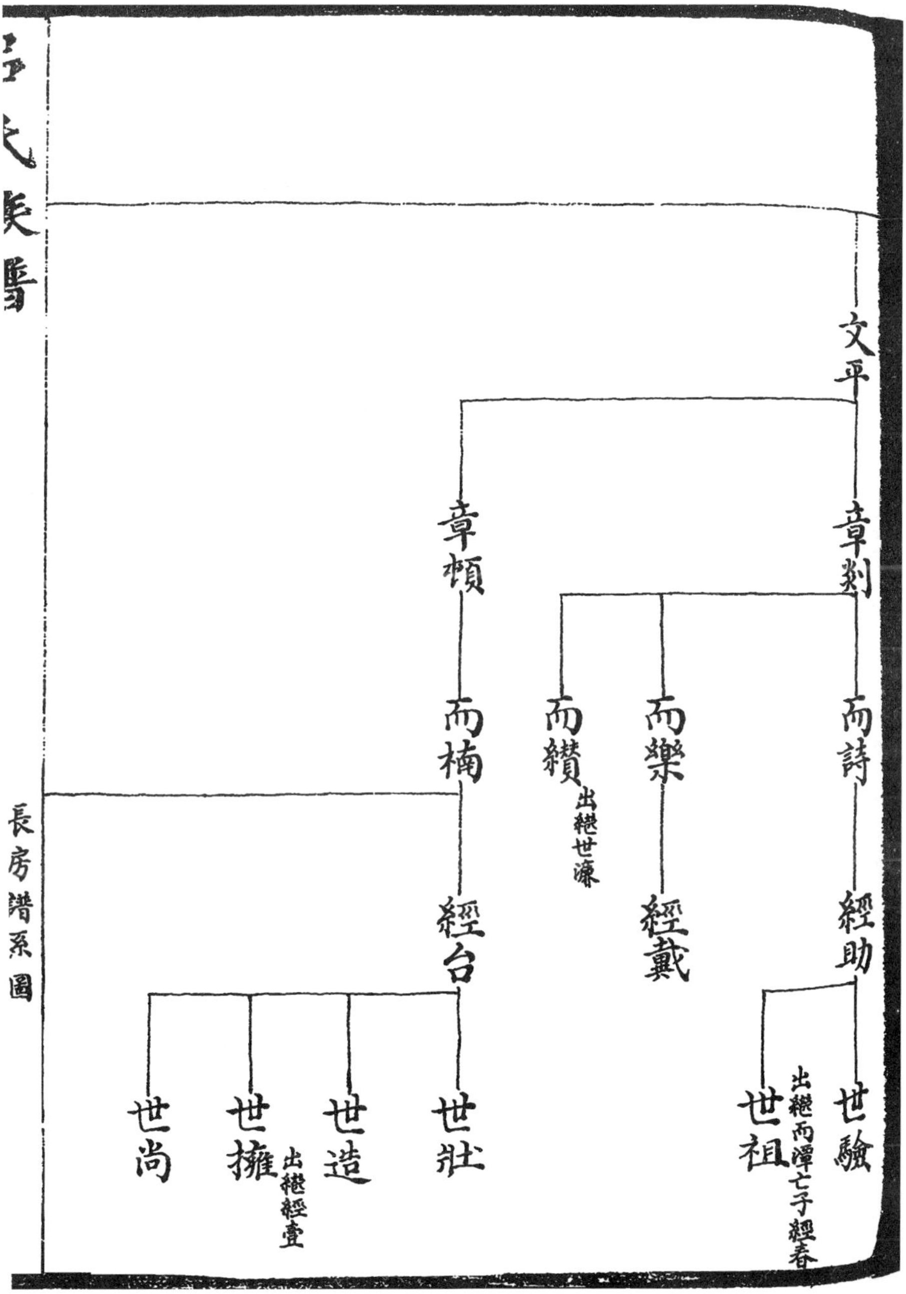
呂氏族譜
長房譜系圖
文平
章剡
章頫
而詩
而樂
而纘
出繼世濂
而楠
經助
經戴
經台
世驗
世祖
出繼而潭亡子經春
世壯
世造
世擁
出繼經壹
世尚

文住

經沄

經浮 往臺

經褎 往臺

世定

世烈

世民 出繼丙語 胎務不倫

世咸

世𣱼 出繼經壹

以下六派出祖檜三派德熖

文晃

文解 出繼本良

本良
文解 本信五子入繼
章養

本在
文環
章飽

本瑞
文政

本好
文貫
章唐
而蓋
經蕘
世成 乞養

經宗 出繼而檜

經木

章比

而檜 往臺
而榴 往臺
而千 往臺
而舖 往臺
而殿
而宙
而陸

經艮
經宗 而蓋次子入繼
經蜂
經烹

文薦

章壽

而勇

經愿

世中 去聲

世明

世藝

經豁

經應 乞去蔡家

章山

而諦

而寸

經長 乞養

而茂 乞去吳家

文天

章程　章榮

而跳　而淼（出繼章程）　而語　而淼（章壽三子入繼）　而饌

經變　經炎（出繼而跳）　經炎（而勇五子入繼）　（過繼失序退列下行）　經倆　經潤　經碩

世民（經沄三子入繼昭穆不倫）

長房譜系圖

- 而逞（初乞去王家後歸宗）
  - 經字（議還繼王家）
- 而達（食斷腸草死）
- 而暹（出繼章池）
- 而必
- 而蔭（早卒）

章池
- 而暹（章榮四子入繼）
  - 經泥

章苗
- 而猛
- 而招

出祖栢長派德楝

本尾 — 文乾、文善

本七 — 文金

本啟 — 文狀

文狀 — 章品（往臺）、章盛、章審

章品 — 而慶

章盛 — 而福（乞養 止）

章審 — 而潭 — 經春（早卒） — 世祖（經助次子入繼）

章果 — 而擇、而月（係外遇所生）

而洙

經梨

出祖栢次派德熯

本相

文博 止

文高

章管

章丈

文廣

章放

章和

章順

二派出祖機

本㥠

文郡

章厚

長派德喜

章韓

文鑑

文旺

本添 乞養

文 即乳名

文營

文寄

文教

出祖機次派

本腰 遺腹子

文實

章出

而羅

經蟾

世汝

經約
經填

而麟
經躍
經話
經便

而王
經景 乞養
經陳 乞養

而輝
經有

文全

章朝 移居臺灣

而路　而孰　而套

而餘

經州　經恭　經任

經洋　經居

文典

章概　章地

而孝　而深　而入　而致　而遊　而昂

而　而

- 章衫
  - 而嶺
  - 而林
  - 而義
- 文威
  - 章象
    - 而卿
    - 而懷
    - 而宇
  - 章潒
    - 而稟
  - 章棍 止

文結

章道

章妙 移居臺灣

而火

而

章力

而午

出祖松派德連

本廷

文淳

出棟公派正奏

士壯 庠生

文欽

章淪

而法 居莪山

經水

經佐

經文

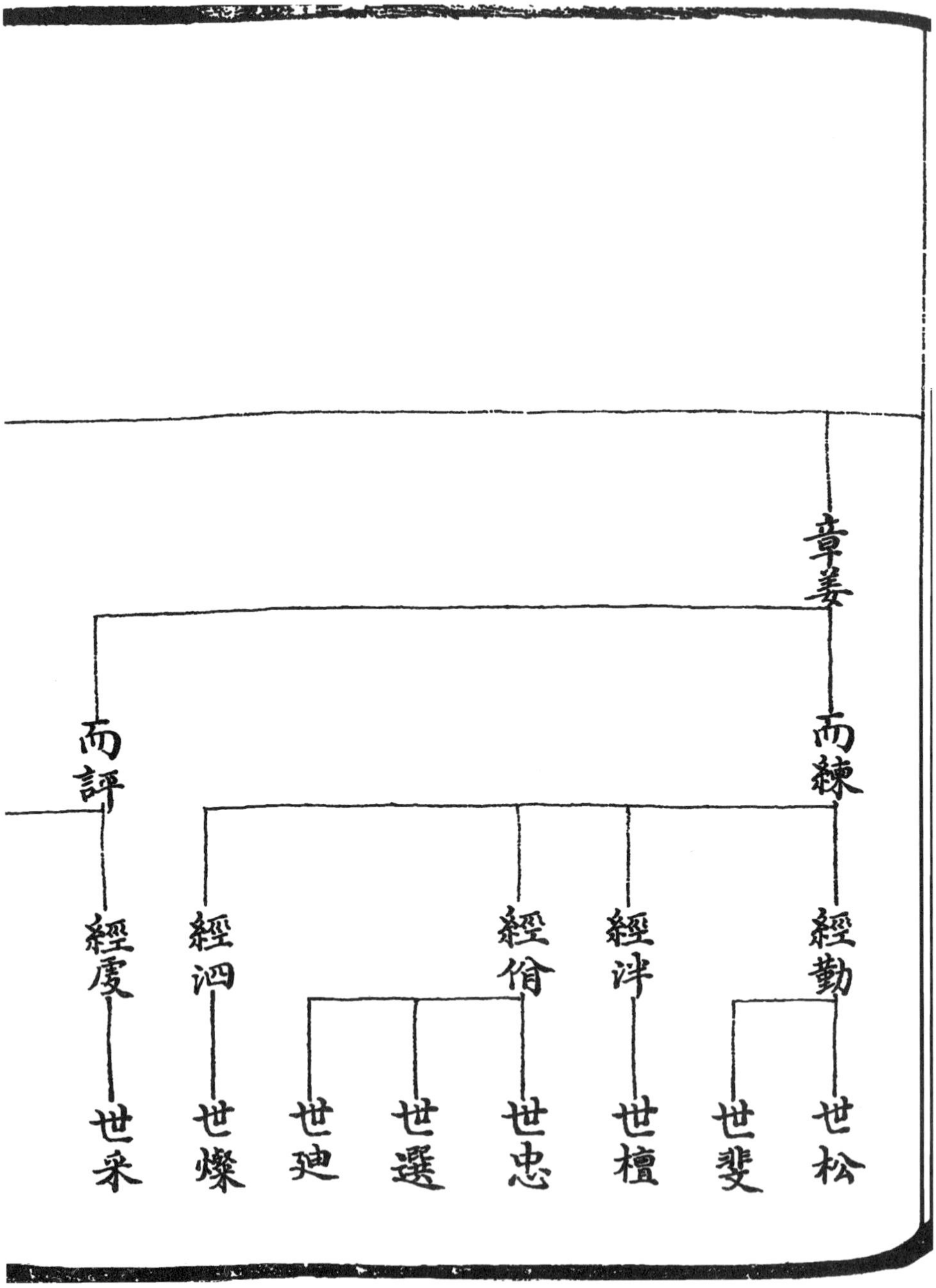
章姜
而綀
而評
經勤
經泮
經佾
經泗
經虔
世松
世斐
世檀
世忠
世選
世廸
世燦
世采

三派出祖根次派德娃

本卜 居東清

文緝

章謨 止

章誇 止

章乞 止

章趙

本園

文高

章盤

而補 章提長子入繼

章歐 止

章提

而補 出繼章盤

經汶

本完

文譽

章耀 止

章庇

章闖 乞去鍾家

章陶

章日 止

章天

而啟

而尚

而曾 乞養

而伯

文訪
- 章宅
  - 而千
  - 而萬
  - 而川
- 章樣
- 章英

文畢
- 章好
  - 而長
- 章于
- 章⿰魚氏 初乞去楊家後歸宗

二派出祖根四派德淡

本珪 移居漳城
本龔 居東清

章世

文彭
章其

文雙
章漢

文迎 止

文疊 止

文成 止

文老
章明
而拳
而蚕

文仁止

文恊

章偒止

章石

章泉止

章助

而下

而上乞去林家

而佃

而树

出祖桔長派德邠

出祖樊派德勃

以下三派出祖榴長派德潛

本相

文祿 止

本穆

文定 止

本弟

文寄

文詳

本次 居大德

文鏡

世浚 鄉飲賓

而訓 乞養

經奕 乞養

世水

世廣

雲榛 太學生

經訪

世道 經嵩次子入繼

世進 乞養

長房譜系圖

而丕

經偕

經淇 出繼丙謨

經燎

經炳 出繼丙謨

世潑

世旺

世才

世廪

世登

世敞

章躭

而謨

而棣 乞養

經滚 乞養

經河

經松

經淇 雯榛三子入繼

經炳 而丕次子入繼

經尚

經麗

世奪 乞養

世巡

世泉

而寅

偉文 太學生

世儀

世雄

經珍

經漏

世場

經哲 出繼雲樞

經動

世祐

經康

世萃 乞養

世彥

章祥

雲樞 太學生

經裕 乞養
世九

經哲 而楧五子入繼

經秀
世圖
世書

而宰
經藝 而惕三子入繼
世城
經佐 乞養

而惕
經美
經石 早卒

而寵 往塋止
- 經藝 出繼而宰
- 經法

文鏘
- 章經 往塋止
- 章綸
  - 而琛 章全三子入繼
    - 經德 隨來子
    - 經坑

文國
- 章周
  - 而達
    - 經得
    - 經奚

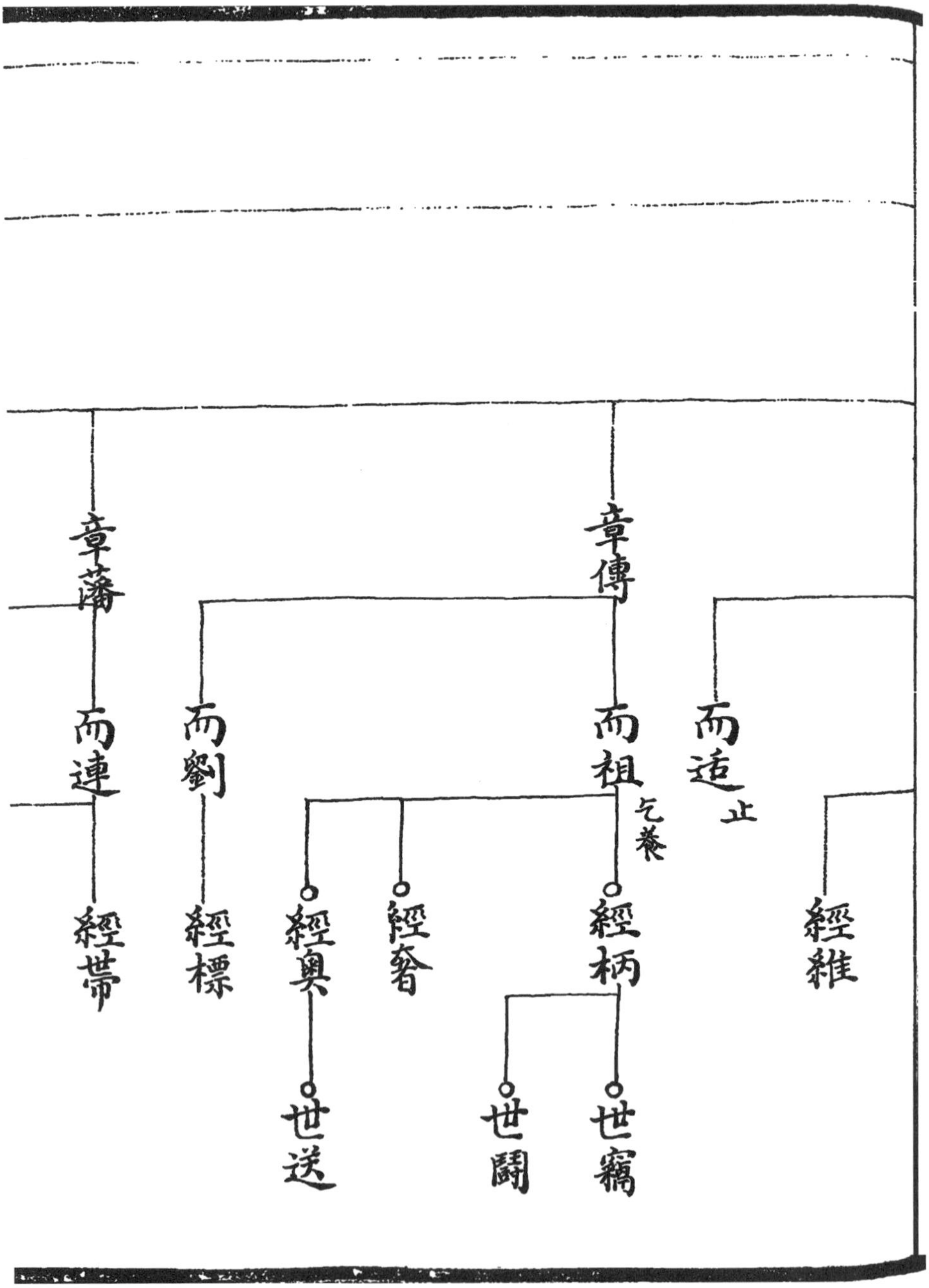
章藩
而連
經帯
而劉
經標
章傳
而祖
乞養
經奥
經畬
經柄
世送
世鬬
世竊
而适
止
經稚

經樵

而品 止

而紹 往臺

而合 往臺 止

而吟

而習 往臺

而述 移居上章

章清

而悅 移居上章

經居 本族入繼 未詳何派

章壁

而蒲 移居上章

經換 乞養

而川 移居上章

經燦

經瑶

經燭

而芳 往臺

而隴 往臺

而帝

經蕙

而坎

錫鏞 鄉飲賓

世淵 鄉飲賓

而秩

經耀

世獻

世濤 出繼經波

世奏

世總

章全

而潭 早卒

而慶

而琛 出繼章綸

而天

經輝

經焜 早卒

經波 出繼丙杓

而審

經已 早卒

經解 説讀

世茅

世文

經欣

而度

經熾 乞養

世朋 俱隨母居郭家

章緘

而杓

經波 而秩四子入繼

世濤 經耀次子入繼

世温

世統

雲栢 太學生

經浦

世蔣 乞養

經愷 早卒

經焞 出繼而琳

經傾

而琳 乞養

經焞 雲栢三子入繼 早卒

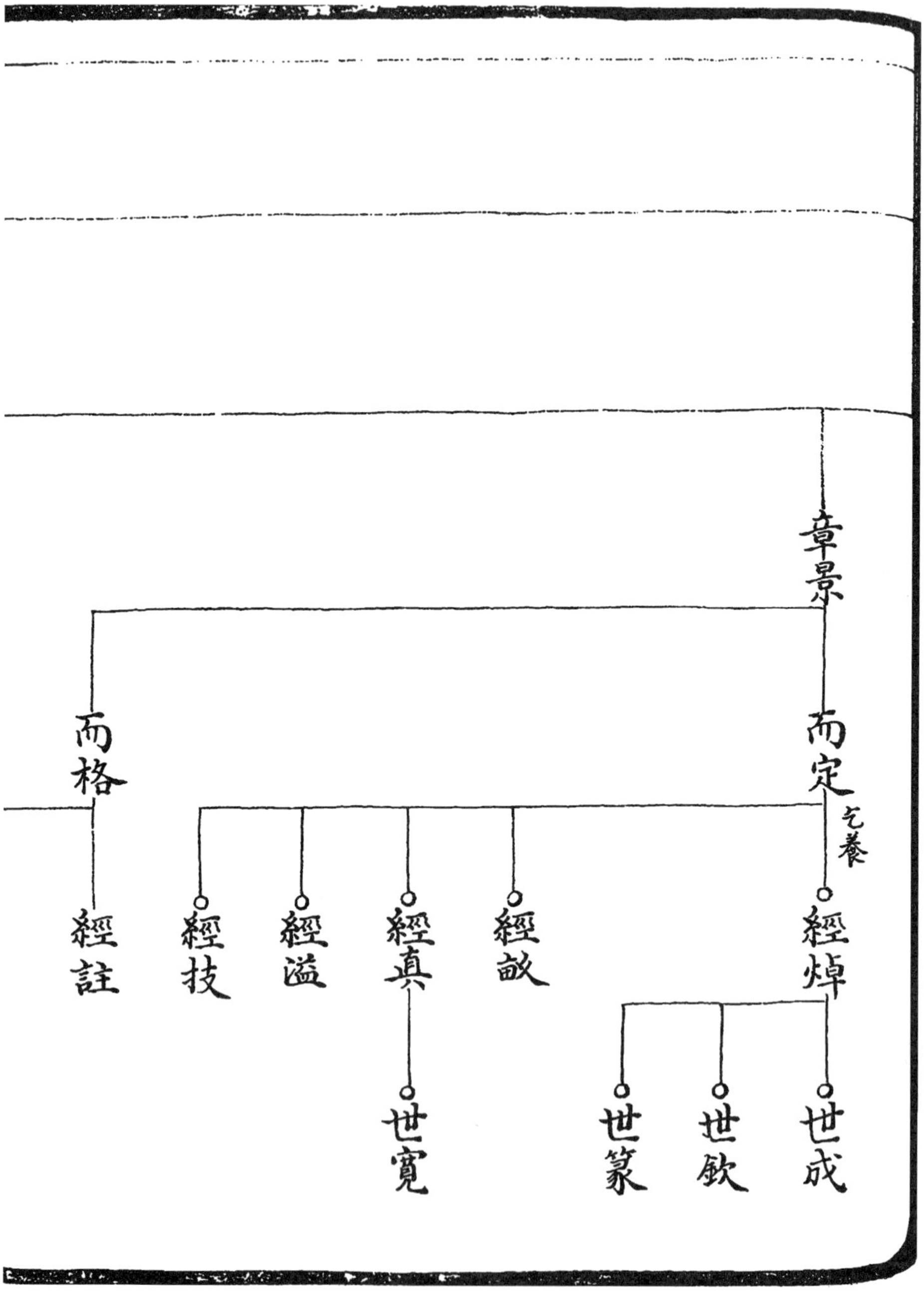
章景
而格
而定
乞養
經註
經技
經溢
經真
經畝
經焯
世寬
世篆
世欽
世成

世游 太學生

丙賓

經顯
經通
經燠
經熙 往臺

世竺
世排
世榜
世諧
世脱
世吉

長房譜系圖

而東
而檀

經點
經命
經律
經演
經茹
經勳
經福
經宗

- 章堯
  - 而桐
    - 經苞
      - 世翁
    - 經翰
    - 經廉
  - 而格
    - 經舉
    - 經逭
    - 經軒
    - 經管
  - 而蹇
    - 經性

文潤

章疊（移居臺灣）

而昂　而梢　而卯（早卒）　而胡

經烈　經遠　經桂　經泰　經鎮　經洽

章育

章就

而曷

而丑

而仙

而友

而江 往臺

而高

而濕 往臺

經理

經束

經寢

本載 居大德

文果

章淮 乞養

而若 章享次子入繼

本碧 居大德

文萃

章享 移居小港

而權 止

而若 出繼章淮

而光 不事生業無故出妻

經德

經造

而陽

經生 乞養

而篤 往臺

而嘉 出繼四房章蕤

- 文月
  - 章騫
    - 而海
      - 經甲
      - 經宇
      - 經都
      - 經郡
    - 而辰 往吧
    - 而長
    - 而領 出繼章冉
  - 章冉
    - 而領 章騫四子入繼 往埜

出祖榴三派德餘

- 本蔡 — 文麟（往臺） — 章異
- 本傑 — 文域（止）

出祖棣長派德焰

- 本陽 — 申（守備）
- 本細（居崇武） — 文友

四派出挺岳派子烇

- 士登（太學生） — 文任（元有三子入艷） — 章浦 — 而趙（乞養） — 經傳（乞養）
- 士璧（太學生） — 文鐺（止）
  - 文葵（止）
- 士琚（庠生） — 文鑄（止）

氏族譜

- 元有 庠生
  - 鏊 庠生
    - 章翮
      - 而守
        - 經興 乞養
        - 經晏 而寨次子入繼
- 文讀 止
- 文詰
  - 章勤 止
  - 章八
    - 而代 本族入繼未詳何派
      - 經恩
    - 而寨 乞養
      - 經權
      - 經晏 出繼而守
  - 章繩 出繼觧公

長房譜系圖

以下四派出思庵長派子睦

士陞 例贈文林郎 庠生

鐸 庠生

文仰 止

文任 出繼士登

章承 止

章漏 移居塔崙

而椿

而樓

經睦 而樓次子入繼

經炳

世習 乞養

世山

世石

世蒦

世老

而槐

而梗 出繼章光

而森

經夜

經祖 乞養 流出無踪

經燃

經瞧 出繼而椿

世慶

世鑄 出繼而椰為孫

世廟 早卒

世弁

世㤏

經總　往臺

而椰

椰有五子俱在吧國十五世缺

世鑄　經夜次子入繼

而中　去聲

章光

而梗　章滿四子入繼

經緊　止

經誰　止

經澤　止

經柴

經篡　往吧

銈 隆武丙戌亞魁任廣東鎮平縣教諭

瀫 庠生

而應 乞養

而岑

雲楷 太學生

經少

經耿 早卒

經周 雲楷三子入繼

經好 去聲

世謁

世品

世登 乞養

世養 乞養

世篆

世隸 出繼經桀

世行 出繼經洽

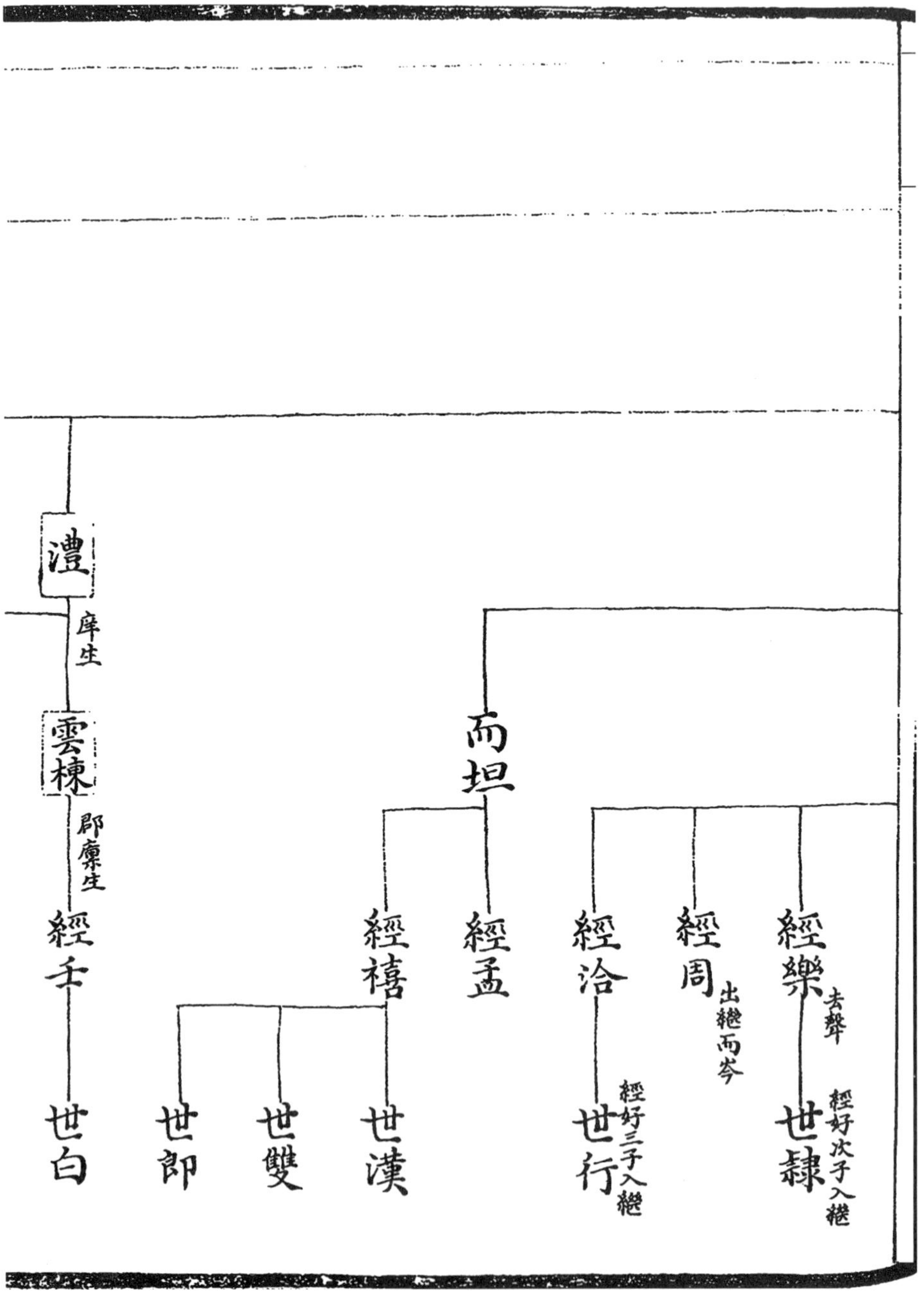
澧
庠生
雲棟
郡廩生
經壬
世白
而坦
經禧
經孟
經洽
經周
出繼而岑
經樂
去聲
世郎
世雙
世漢
世行
經好三子入繼
世隸
經好次子入繼

- 而栗
  - 經永　移居溫州
    - 世姜　乞養
    - 世宗
- 而棐
  - 經寬
    - 世通　卒于臺
- 而槃　出繼灝公　諱雲柱
- 灝　太學生
  - 雲柱　澧公四子入繼　太學生
    - 文煥　樂舜生
      - 世茂
      - 世恊
      - 世苞　往臺
      - 世慶

- 鏗　庠生
- 鏈　庠生
  - 章迎
    - 而琛
      - 經喜
      - 經正
        - 世興　經禧血養四子入繼乳名興宗
    - 而訪

- 世榮
- 世化
- 世麟　流出無踪
- 世國　早卒

士恒 庠生
文鉞 止

士壇 庠生
金鎧 庠生
金鑣 庠生
金鎬 庠生

章會

章錦 早卒
十四世鈇 章錦無子
大猷 而映血養次子入繼 太學生
世蔣
世和
世翰

元涇 庠生
而映
經瑱
世補

金錫
庠生

世淳
移居屏山
庠生

而秦
太學生被黜革去

應麟
太學生

世琕　世珸　世𤥗

大猷
出繼章錦為孫
血養

世蠻　世池　世取　世奶

而楚 出継漳滸

而齊

經興

世琢

經焜 止

經熮 止

經炳

而韓

經煥

世根

世亨 本房入継未詳何派造稿者失聲明

經熊

世瑛

肇桂
鄉飲賓

寶光
郡庠生

經炑

經嬰
住吧

經麟

經麑

世艮

世昑

世眺

世昂

世統

世鉄

呂氏族譜

長房譜系圖

章洊 早卒

而楚 世淳次子入繼

而魯

經薇

世暖

世省

世省

經文

經棟

經廣

世𠑊

世標

經博

世全 居漳城

經約 早卒

世瀕 貢生

而覺 早卒
- 經歷 豐體三子入繼 早卒
- 經尊 豐體四子入繼

豐體 太學生
- 經安
  - 世章
  - 世降 同姓入繼
- 經富
  - 世雨
  - 世德
- 經歷 出繼而覺

而紹 出繼世濂

福體 太學生

而陣

經尊 出繼而覺

經祐

經元 出繼而雍

經强

經滾

經目

科元 武庠生

而雍 早卒
而駒
而浥

經壽
經元 福體次子入繼
經松 而海長子入繼
經庚
經淮
經達
經逵
經和

氏譜

而海

經耀

經松 出繼而雍

經并

經

而得

經椿

經俟

世濂 武庠生

松齡 章刻三子入繼 太學生

經煥

經燝

長房譜系圖

士域 庠生

鈖 庠生

章實

而紹 世灝三子入繼　而合　而珍

經煇　經熇　經閣　經躍 同姓入繼　經篤　經震　經昌 出繼而卒

世緒　世存 經兌次子入繼　世東　世敬 經兌四子入繼

- 經兌
  - 世晃
  - 世存 出繼經篤
  - 世延
  - 世敬 出繼經震
  - 世火
- 經里
  - 世杏
  - 世活 胞弟漢次子入繼
- 漢 邑庠生
  - 世儼

而萃

經昌　而珍次子入繼

世活　出繼經里

世濤

世揣

世吉

世可

世兲

二派出思

士坊　庠生

文鎮　止

龢　康熙戊午歲貢生候補儒學訓導

章繩　文誥三子入繼

而罷　沒于海

經趖　居豐山

世採

汾子瑩

而炳
- 經藝
  - 世輯
  - 世奏
  - 世本
  - 世定
- 經漢
  - 世科
- 經水
- 經顛

而威 止

暐 庠生

鏹 庠生

鈺 庠生

章衡 止

章衍

而雄 乞養

經通 往瑩

經損 往東蒲籍

本垌

文鐄

章瀾

章泰 居院前

三派出北窟派子熙

運昌 玷辱祖父斥去紅圈 庠生

本沛

文應

文顯 止

文姐

章姜 往埜

章楠 居山坪

而傑

而葛 止

而隅

經貴

經歲

經時

經城

經賞

二派出祖崇派德仲

章鄒
而醮
而代
而來

本琛
文妹

宴 誥封榮祿大夫 居崇武
文璧

明 德州協副將署總兵篆

鵬 太學生
鳳 世襲守備
鵰 貢生

出元芳長派德引

本勝 居北京

文瀊

本智

文及

章魁 止

章欵

而衮 早卒

而英 乞養 止

章洽 止

文復

章鱗

章鯤

章春

長房譜系圖

二派出元芳次派子孫

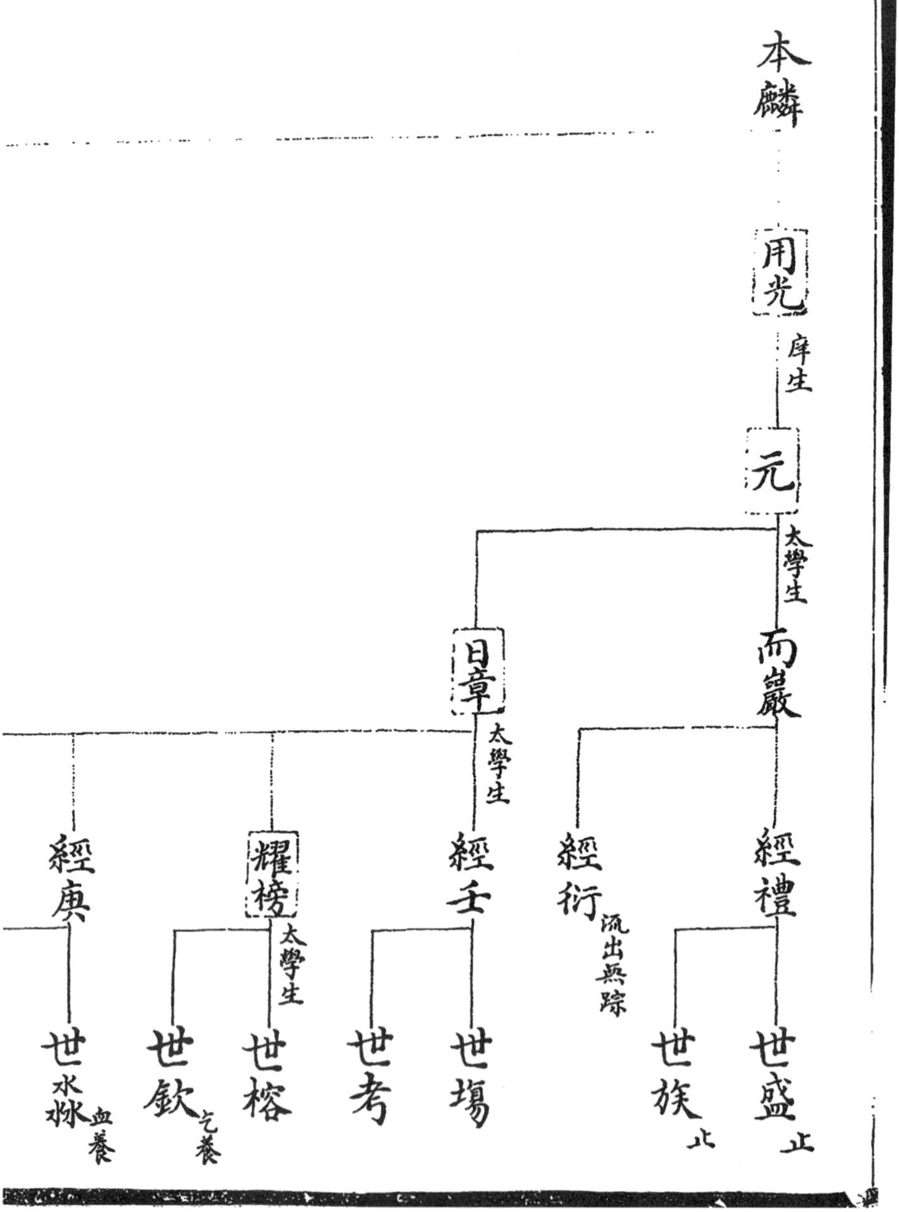
本麟
用光
庠生
元
太學生
而巖
日章
太學生
經禮
經衍
流出無踪
經壬
耀榜
太學生
經庚
世盛
止
世族
止
世塲
世考
世榕
世欽
乞養
世淼
血養

仲孝 例贈儒林郎 武庠生

漢光 廩生

端 庠生

而選

經崇

世殿 乞養 往臺

文釗 止

經巳

世高 經嵩三子入繼

世鑠 經庚三子入繼

世豁

世斐 早卒

世鑠 出繼經巳

世延

躋　移居漳城

庠生

禄　功加都司僉司

而起

而泰

而圖

經嵩　出繼而起

經嵩　而選次子入繼

經鐗　往吧

經海

世皆

世道　出繼經訪

世高　出繼經已

世鳳　寄養豈山母家

世煜

世熼

世熇

應韓　候補州同知

而聯

經揣　改名緑水

經元

世瑤

世琳

而圍

經睦

經新

而圍

經漳

經淏

世燦

世爙

應文 太學生

而純
而孚
而壹
而寶

經灶 出繼而純
經恕
經悟
經灶 而聯三子入繼
經萬 止
經濂 而寶三子入繼
經潘
經潮

文璇

章信 乞養

而東 移居臺灣

經瑤

經

而慶

經咸 外甥入繼

經老

經濂 出繼而壹

齊 貤贈文林郎 誥贈奉政大夫 郡庠貢生

蔞桐 敕封文林郎 晋封奉政大夫 棣國長子入繼 貢生

鼎玉 乾隆丙子舉人任貴州餘慶縣知縣陞松桃同知署平越銅仁兩府篆

經汀

世成

經爵

世松

世槳

經褒
世鵬
經詰
經品
經録
而斛
經雄
而亮 出繼功弟鴻儀
而啟
而肖

友桐 棣園四子入繼 太學生

鼎金 邑庠生

經艾

經芑 寄養下尾母家

經參

經作

而挾

經强

而撰

經盤

而播

岱山 候補州同知

蔞桐 出繼閒軒公

- 鴻儀　太學生
  - 而亮　引齋公三子入繼
    - 經湍
    - 經感　出繼章江為孫
    - 經疇
  - 而祉
- 鴻逵　太學生
  - 而堅
    - 經盾　乞養
  - 而祉
  - 而霽
- 友桐　出繼聞軒公

- 岳 太學生
  - 章泌
    - 而福 原名機
      - 經長 外甥入繼
        - 世炎
      - 經泉
      - 經通
      - 經職

- 章江 卒于吧
  - 章江無子 十四世缺
    - 經感 而亮次子入繼

- 章潭
  - 而池
    - 經吟 早卒
  - 而卿
  - 而哲

章渥

而楨 早卒

而桃

而樞

而杻

經香

經國

經鳳 二房而塲次子入繼

經鐘

經球

經氷

經梓 隨母居金沙

- 而馬 往臺
- 而象 早卒
- 而極 早卒
- 而盡 流出無踪
- 章演
  - 而積 流出無踪
  - 而惠
- 章澎
  - 而氷 卒于吧
    - 經龍 而心長子入繼 一名和尚
  - 而留
    - 經良 乳名清良

章浥

而山 早卒
而㚬 卒于吧
而律
而應 往臺
而恩 流出無踪
而鑾
而虎 往臺

章泱 往臺

而賜 往臺

- 倬 太學生
  - 章澄
    - 而述 乞養 被其生父誘回
    - 而永 乞養
    - 而[illegible] 早卒
  - 章注
    - 而心
      - 經龍 出繼而水
      - 經烏 一名麒麟

- 而韃
- 而致 往臺
- 而再

三派出祖榕派德嬰

- 本梓
  - 文娘
    - 章業 乞養
      - 而巧 乞養 止
      - 而清 章農次子入繼
  - 文陽
    - 章戴
      - 而祐 早卒
      - 而尚

- 章沆 早卒
  - 而平 章注三子入繼

- 而合 往臺
- 而平 出繼章沆
- 而解 往臺

文國
　章農（文都三子入繼）
　　而全（早卒）
　　　經康（招夫林茂所生）
　　而清（出繼章業）
　　而耽

本暢（移居馬岐）
　文光
　　章乾
　　　而元
　　　　經俊（乞養）
　　　而第
　文遠
　　章豪（止）
　文疊
　　章慊
　　　而渭（乞養）
　　　　經友（而亭四子入繼）
　　章瑞（性極慷慨輕財好施）
　　　而亭
　　　　經種

本祿

文都

章悅　章蔡

而泰 乞養　而淼　而焱　而珖 乞養

經年　經池　經石 說讀　經友 出繼而渭　經龍　經棫

出祖横泒德爚

本銓 居豐山

文嫣 止

文跳

文照 止

章佳

而排 止

而新

而儒 往瑩

章農 出繼文國

而永

經超

經州

文耀
止

〔福建晉江〕王田里西房雙渠公派下譜牒

〔清〕王志清纂修

［福建晉江］《王田里西房雙渠公派下譜牒》不分卷，清王志清纂修。譜載序言、小宗紀、小宗聯文、壽表序、新婚聯文、得書記、墓誌銘、風水圖記、祭文、世系、傳記等。王田里西房王氏居今福建省晉江市。始祖四郎，本光州固始人，於北宋末避難遷居王田里。此地「去泉郡南關外三十里，一派洋田，田之中聚族而居名曰王田，蓋其地名以姓傳也」。四郎七傳而至三湖、子能、孔明、處士、全朴，至宏執而爲西房之祖。四郎傳十六世而至王道（雙渠），明嘉靖丙戌科歲貢，任化州儒學學正。雙渠派下子孫往東南亞謀生者甚多，可溯自乾隆年間如其十世孫敦宗「往吧（今印尼雅加達）」，竟自白手成家，積貲巨萬」，敦宗之弟敦璧繼之，「弧矢四方，所涉歷鉅海洪濤之壯，所貫輸金錫骨角之利」，「一住殊方二十載」。據清道光間抄本影印。

王田里西房雙渠公派下譜牒

於穆新年

奕世永昌

乙酉孟夏林鐘既望孝達重新

王田譜牒規條

一譜牒之設所以上明祖宗世系下分子孫源流使百世之後知其生均一脉源均

一派各房宜置一本以備不虞

一祖考妣墳墓須備錄在其處坐向明白去遠不至遺忘

一宗族族繁不能無不明不善者出乎其間若不正言直書其事則不明者後無以為証不善者後無以為懲先正遺言以訓後人宜酌而行之可也

一先世建立字芸使後去昭穆行次分明以啓後人宜列于左

昭欽伯在學。念子甫元士。

爾孫敦孝弟。奕世屬公侯。

振起興邦家。宜尊上祖德。

先正格言庶幾有勸於將來余故為之記

族譜序

嘗讀禮大傳曰。別子爲祖。繼別爲宗。繼禰爲小宗。言乎祖先而宗後也。有百世不遷之宗。有五世則遷之宗。敬大宗。尊始祖也。敬小宗。尊高祖也。然自仁率親。等而上之至於祖。名曰輕。自義率祖。順而下之至於禰。名曰重。服之輕重。其義然也。始祖，四郎公。百世不遷者也。順而下之。世已遠。義屬乎輕。雙渠公非五世可遷者也。代既親。情宜乎重。況祖有功而宗有德。始祖以下。有功德者舊譜備載。而雙渠公之行能學問。赫濯當時。且教諭廣州化雨春風。士沾雅化。此尤子孫之所宜則傚。而率由不忘者也。乃譜中缺如。夫閭里鄉黨。咸屬交遊。遇有善行。猶思爲之表祖宗有盛德，子孫隱而弗彰，與夫述之不詳，均非敬也。

公之素行，雖難殫述，但其克己勵行，有三省之勤，其篤志業儒，通五車之富，其居家則脩其孝弟慈，以盡職於家，其服官則矢其清慎勤，以成教於國，方將進擬古賢，何莫輝茲家乘，因思吾族甚繁，親各有屬，不能旁徵而遠紹，緬維

公德堪紀，宗有由繼，宜爲頌

德而歌

功。是以特立譜牒，詳序始終，使後之子孫，得以是訓是行，儀型其典，此皆恩酌以情義準夫理，由輕而逓數及重，從重而遠推乎輕，於以春秋享祀，群昭羣穆咸在，而不失其倫，由敬

宗而尊
祖。水源木本。支派分明。以啓後爲承先。子
孝孫慈。繼承弗替。將見瓜綿椒衍。福臻祥
集。而
公德亦可以百世不遷焉爾。是爲序。
賜進士出身
欽點即用知縣分發浙江衢州府西安縣
加一級
宗末裔孫克敬古瀛氏頓首拜撰
旨
道光戊年三月　日裔孫孝達敬述

重修淇渠公派下譜序

家之有譜猶國之有史也。史不修則紀實不足以傳信。而世之升降閥
此譜不脩則文獻不足以垂後。而宗之大小或紊。故譜輕史。而譜於家特
重焉。杏墩王諱 孝達君。與余從子 締姻也。其爲人質朴渾厚。有古
先民遺風。生平義柔雅以惠教。近又持其房祖譜牒。囑序于余。余
安能序。然觀其所纂脩之譜。原原本本。有條不紊。洵可謂仁孝繼
述之一端也。爰綴數言以紀其概。按王氏之先。乃周家之裔。因諱避之
罗。人稱曰王家。遂以爲氏。逮至宋季。有諱
四郎公者。遷居王田里焉。由
四郎公而遞傳至 淇渠公。而子姓蕃衍。舊譜雖載。而年代更遠。
支分派別。 孝達君雖有志纂修。而未逮也。惟將其本房分
派之祖自 淇渠公而下。特立一譜編定成帙。尊卑世次。昭然
具舉。與其祖作於前而孫述於後者。厥功甚偉。他日賢嗣
子孫能克自樹立。蟬聯鵲起。簪纓奕世。庶無負 孝達
君窮源求本之意。而仁孝繼述之心。可以油然生矣。是爲序。
鄉進士文林郎揀選知縣正堂現會試年姻家弟潯

海施光庭頓首拜撰

重修雙渠公派下譜序

譜胡爲而作也。族之人支分派遠。歷數傳竟有昭穆失序。慶弔無聞。同親直等於路人。此譜之所由作也。我族杏墩鄉世居南外之聚仁里。代有名人。簪纓不絶。於其所宜葺者前已葺之。補苴罅漏。靡有闕遺。予姑勿贅。歲乙酉予給假南歸。族姪孝達懼私譜之散失。急議修葺。乃歷数今。而始成帙。然猶屬于草創。逮今年秋。復加訂而重修之。問序於予。予曰斯舉也。承先啟後。將以敦本焉。將以睦族焉。此孝子順孫之所爲也。予忝係族誼。溯盛德於三槐。共思踵美。稽天潢之一派。同切紹承。而今之見斯譜之燦然明備者。敢不略撮數言。以誌一時之盛事耶。後之人倘有志增修者。則率親率祖之義。亦可由是而推矣。是爲序。

歲柔兆閹茂孟陬之月中澣

誥授中憲大夫户部貴州司員外郎

兼辦山西司事務加三級紀錄四次

宗叔炘拜序

族譜序

去泉郡。南關外三十里。一派洋田。田之中聚族而居名曰王田。蓋其地名以姓傳也。其地居室連毗。東西兩水環繞。彷然若寶筏之揚帆。景象萬千。古人嘗云。地靈必鍾人傑。茂徵福祉。亦有德者居之。考我王氏

始祖

四郎公。本光州固始人。前宋避難。迁家於此。卜地而居焉。由

四郎公。七傳而至三湖公。子能公。孔明公。處士公。全朴公。至宏執公。爲我西房之祖。宏執公生純齋公。純齋公生雙渠公。即我私房祖也。溯自開基以来。子姓蕃衍。瓜瓞綿綿。舊譜雖載。而未有續脩。且代遠年湮。出祖他鄉者。亦難詳考。兹就本房

雙渠公派下。特立譜牒。詳序世系。使後之

視今。亦猶今之視昔。歲在壬午。斯譜告成。幸而

宗叔克敬古瀛氏。毅然爲之陳記。然余立斯譜者。惟是明世系。序昭穆。以聯親疎。而已。倘後來子孫。繼繼繩繩。克自振拔。以光大其門閭。則閱斯譜者。敦倫睦族。以無忝一本親親之愛云耳。是爲記。

道光伍年歲次乙酉季春桐月望日

裔孫志清字孝達　敬識

雙渠公小宗記

溫陵爲文物之區。而地脉靈長。南鄉爲最。吾族之有杏墩鄉。由來舊矣。自宋
始祖
四郎公。開基於此。遞傳至
雙渠公。凡十六世。族大繁昌。家聲日盛矣。公登明朝嘉靖丙戌科。歲進士。歷任化州司鐸。一時文物大興。州人稱善焉。故其生平孝友克篤。恭儉力行。凡創垂綿造。無非爲善後規。宜其食報於無窮也。爰於大宗外。別立小宗。以奉禋祀。地在本鄉西溝墘隅。廟坐艮向坤。門拱帽峰。庭環纓水。蓋已得山川之靈秀矣。但鍾毓最奇。廟宇稍狹。至乾隆壬子歲。派下十世孫敦璧。仝諸昆季。恢廓而更張之。獨力鼎新。廟貌巍煥。得以永妥先靈。迄今承其祀者。共有兩支。瓜

瓞綿綿振興未艾。皆
公之德有以貽之也。予忝同宗。雖鶯遷鷺
島。時常往復故鄉。因為之撮其大略以壽
諸珉。俾永垂家乘於不朽云尔。

鄉進士揀選縣正堂現禮部會試
宗末裔孫瓊林頓首拜撰文

旹
道光歲次壬午三月　日孫孝達敬述

雙渠公小宗重新起蓋係於
大清乾隆五拾柒年壬子冬拾月初二日
卯時動土平基初三日未時駕馬剪木料
折卸十四日卯時起基築墻定磉十五日
辰時做梁廿五日寅時豎柱上梁廿七日
辰時安門十一月初九日卯時安砛放水
十六日辰時入宅告竣萬世永昌至
嘉慶戊午三年冬拾壹月念五日甲申伏
道士五尊建立
靈寶延生安土道場演唱梨園全錦以欣
感時謹此是識俾裕後昆

其小宗係坐艮向坤兼寅申分金

裔孫志清書記

重新起盖重護厝係於
皇清道光肆年歲次甲申八月廿二日辰
時動土平基興工架木剪料築墻定磉做
梁九月初二日監柱上梁安砱至道光五
年五月十二日子時放水告竣奕世永昌
又重新起盖后村三間内厝係於
道光肆年九月望日連工動土定磉剪料
做梁築墻九月廿六日卯時監柱上梁安
砱放水安門剑且落成矣然起此二厝受
盡喫虧艱難奚甚厥後其子若孫當存善
念更相奮勵鴻基是為記

乙酉孟夏林鐘望日
孝達記

西房

雙渠公小宗聯文

化州垂德澤育才興賢會聞多士欽山斗
杏里樹家聲型仁講讓尤異諸昆紹冶弓

積厚自流光存茲善念便成善
持謙原集益喫得虧時不是虧

念先垂創業維艱不盡經營留燕翼
囑後人有基勿壞更相奮勵擴鴻規

貽厥孫謀菑畬經訓
繩其祖武慈孝友恭

门拱帽峰五雲獻彩
室環纓水一鑑澄明

第拱紫山秀
門迎纓水長

西房分嫡派思德澤傳芳長垂奕禩
東粵仰儒宗念孫曹纘緒克篤前光
處世能讀能耕便稱義門吉慶
居家克恭克友自致望族休祥
門接帽峰生紫氣
地聯纓水湧清瀾
成均標士望緬先人有穀貽孫說禮
敦詩永垂家訓
粵海仰儒宗勉後嗣聿修念祖論文
講學克紹前徽

恭祝

大國學璧翁兄臺六袠壽序

晋邑王氏之望曰杏墩。自前明。至今朝。甲科稱最。登亞卿。祀名宦。明經入仕。武有其人。若族祖雙渠公。以歲進士秉化州鐸。流澤所漸。諸孫美秀而文。

璧翁兄臺雙渠公十世孫也。弧矢四方。所涉歷鉅海洪濤之壯。所貫輸金錫骨角之利。遊益遠。志益豪。見聞益廣。居積益厚。氣度汪洋千頃。而內行醇備。閨門之中。肅若朝典。待族衆、寬綽有恩。杏里嚴宗法。搢紳有功德。充祀業。方得入祀家廟。璧翁列名國學。以族望迎其尊。甫。及已身。祿位入廟。為從來未有之盛事。可知實盛名歸。年高德卲。康強逢吉。光前垂後。非偶然也。壬午七月念四日。

璧翁六袠初度。諸親朋製錦幛。求敬一言。敬因道得壽之由。享壽之久。族屬鑿祝。以實不以文。杏墩士衍風淳。室廬連毗如舟。大宗廟貌。高倍居室。有建帆之象。山人愛舟。屋亦舟。山中便擬乘舟遊。矧

璧翁曾經滄海。日月吐吞。波濤洶湧。籌添十屋。桃實三千。長生之菓。不老之丹。皆所親見。又無庸爲

璧翁侈言之也。是爲序。

賜進士出身

欽點即用知縣分發浙江

愚弟克敬頓首拜撰文

恭祝

大京元　璧翁四兄大人六袠大慶

温陵望族曰杏墩。自前明至本朝。甲科稱最。登亞卿。祀名宦。通經而以仕顯者。代不乏人。迨　雙渠公以貢科秉化州鐸。流澤所貽。諸孫美秀而文。　璧翁四兄即其派下也。少壯經營。多歷險遠。下負弧矢四方之志。見聞既廣。志量益豪。居積益厚。蓋其積漸使然也。生平孝友克篤。敦厚待人。處家中俱各嚴肅以禮。對族屬莫不寬綽有恩。凡有義舉。踴躍爭先。斯誠吾宗之巨擘焉。素以不讀書爲憾。援例升雍。延師課塾。諄諄誠諭孫曹。以力學揚前人光。一時濟濟彬彬。駸駸乎有必發之勢焉。而尤致意者。木本水源。　雙渠公祠宇狹隘。　璧翁搆其地而恢廓之。獨力鼎新。充補祀業。族人重之。因以公議迎其　尊人之主。及已長生祿位。配以入廟。爲吾家未有之盛事。可知實至名歸。年高德卲。而富壽康寧。得以光前垂後。相與保艾繩繩於勿替者。未始非以德獲福之徵也。夫箕疇五福。以壽爲先。華封三祝。以壽最重。今以瓜月下旬。爲　翁懸弧之日。六袠初度。欣逢大火星流。三代同堂。預覘奕葉世美。萊衣可舞。娛晚景於暮年。霓裳作歌。慶期頤於異日。錦幛成章。琳琅滿目。敬忝宗誼。敢不略陳得壽之由。享壽之久。以爲閭里光。自是籌添十百。桃寔三千。何必藉長生之藥。不老之丹。而始永保天年也耶。蓋吉人天相。理有固然。世之操術奇贏。剸致豐膴者。指不勝屈。欲

恭祝

大國學

壁翁大人六袠榮慶

箕疇逦衍終五福。善人德應不須卜。多
富多男壽而康。由来天錫本無疆。自昔
梯航穷蠻貊。脊力經榮在四方。于今退
恭帰桑梓。喦兒孫兮娛甘旨。水源木本
不敢忘。重修庙祠新故里。孝友克篤素
聞聲。帰来猶得樂弟兄。玉笋堦前森森
立。太和之氣一家呈。庭餘瑞氣常朗朗。
知公一星南極高。懸弧誌慶月流火。
週甲共擀頌揮毫。我問靈椿戠八千。爲
公頻祝祝多年。成均已擅扙鄉望。
恩綸待賁疊九天。此日設綺席開瓊延。
登其堂仰其人而莫不肅然。

賜進士出身候補殿試姻家弟龔作揖頓首拜撰

恭　祝

大京元　璧翁六褎大慶

壽孫德致。才爲德華。維　翁矍鑠。厥德

孔嘉。四方有志。閱歷天涯。滄海遼遠。萬

里乘槎。不貪不競。立品無瑕。才長會計。

握算何差。指囷置豆。粒積恒沙。歸來杏

里。村落幽遐。一邱一壑。遊釣自佳。以娛

晚景。戢事非誇。杖鄉之歲。鶴髮如絲。時

維七月。下旬進爪。介以眉壽。祝嘏駢畬。

渚蓮猶馥。吐蔓含葩。戚里雲集。瓊延坐

花。歌翻璈曲。觴泛流霞。森森角立。萊舞

翩斜。芝蘭繞膝。寶樹交加。田間樂趣。四

境桑麻。緱山僊裔。即是吾家。天其默相。

受祉匪賒。僉曰德懋。才其餘耶。

賜進士出身欽定會魁即用知縣

愚姪承勳頓首拜撰

恭　題

大國學　壁翁老叔臺六袠榮壽大慶

出泉東郭村桑麻。一墩爛漫流晴霞。依墻傍屋環杏花。中有簪纓詩禮之名家。壁翁於衆獨傑出。粹然德行真無瑕。一住殊方二十載。金錫充物。滿舟復滿車。前年秋風起。碧水歸歟。仍駕浮空槎。瘦更有神倍矍鑠。入門鄰里紛矜誇。去時五株小山桂。而今長呼郎少呼爹。頎而樂之。興不賒。他鄉雖樂。何如仍種東門瓜。今歲七月週甲子。親朋上壽欣無涯。佇看　丹詔五雲下。杏花深處三槐衙。

賜進士出身翰林院檢討

國史館纂修本衙門撰文加四級

宗姪道行頓首拜

恭　祝

大國學　璧翁大人六袠榮壽聯文

爲占紫氣度函關花甲慶初週彩袖翻
聯錦砌

却羨極星纏杏里秋高欣奏曲霞觴頌
製岡陵

渾天甲子度初週環砌飄香誇五桂
南極老人星朗照繞庭衍瑞蔭三槐

瑶池青鳥至啣桃海屋籌添申祿壽
槐樹黃雲光滴露霞衣綵舞繞孫曾

靈椿八千歲爲春瑞繞蘭陔盈桂樹
蟠桃九萬年而熟宴開杏里是槐堂

葴德爲優望隆黌序
壽康而富禮紀扙卿

火叶流星輝聯南極
筭綿週甲慶衍弧辰

術本范公長生籍枕
孝傳萊子延壽傾觴
志遂懸弧鄉瞻鳩杖
辰逢登彀庭賚芝函
華祝三多堂皆孝子
箕疇五福品是神仙
巨艦榮歸籌添六秩
華堂彩舞酒晋初秋
杏里祝三多宜子宜孫正宜麋壽
槐堂膺五福止慈止孝何止鴻釐

新婚聯文 合本房字甫

客位重成人加爾冠弁命尔字名將爲千

椿娛蕉境

嘉平来淑女友以琴瑟樂以鐘鼓還應百

子兆楷房

武肅樹芳聲特冠成人能邁種

太姒遺德教曾傳淑女善宜家

曾誇秀士奇緣射向屏中雙孔雀

咸道佳人具眼鑒来座上一龍驤

三元名族欣鐘才子肅觀型

百尺高楼喜降佳人能戒旦

卜鳳已成緣銀灼光中爰呈瑞彩

鳴鷄能戒旦繡幃香裏頻聽翰音

藍田種玉逢佳偶

綉幙牽紅訂好逑

右軍遺世澤淵坦腹風流獨出青箱稱快

婿

德耀紹前徽思齊眉敬謹猶踰金屋貯嬌

娥

司鐸門中諧伉儷

植槐庭內慶睢麟

傾聽瑟琴歌靜好

應培蘭桂發清香

燈下才郎成搏議

花前淑女試新粧

雙黛眉傳青鏤管

七香車到緣菼廳

眉黛喜傳京兆筆

梅花新点壽陽粧

祖瑆山公得書記

房姪孫玉瑛。予房伯祖學正。雙渠公九世孫也。少倜儻英偉。予深器之。以爲將来必能大振吾宗者。但其家故貧。只是力田供親。嘗於嶙頭山下耡園。忽遇一人。身負包袱雨傘。前来报信。恍惚之間。其人已不見矣。及歸家。折視其略曰。甲辰逃難化放生。已巳年滿急來騰。生子傳孫賜有量。童子急來進爐香。末云。普陀達枝竹記。政横墩鄉王玉瑛親收入。時姪得此書。殊不解意。持以問予。予詢姪生年。適屬雍正甲辰。論信中首句偈語。姪得毋是菩薩降生乎。其餘三語。亦在可解。不可解之中。姪現在又側微如故。無以甚異於人。但信所云。生子傳孫賜有量。意其福在子孫乎。因其事屬傳奇。特記之。以觀其後。

旹

乾隆拾肆年八月

叔祖學懋記

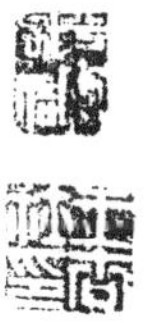

祖瑆山公得書後記

予房兄玉哥。曾遇異人授之以書。觀書中語意。咸疑爲菩薩降世。兄得此書。因而奉安神座前。日日焚香頂禮。但兄一生奔走四方。亦無甚作用。嗣後客歿他邦。然終於此而已。獨其身歿之地。乃在港口國觀音山。是亦一奇也。由其所生。合其所卒。所称甲辰逃難化放生者。有驗矣。至云、生子傳孫賜有量。予乃今而始見矣。蓋兄歿後遺下五子。其第三子敦宗往吧。竟自白手成家。積貲巨萬。建置高屋巨廈。其第四子敦壁繼之。益大其規模。兄先弟後。作述相承。卓然爲一鄉長者。且其孫曹森森繼起。或務學或治生。其福澤正未可量也。予述其見聞如此。窃亦為兄之子孫。所以克荣宗祖者。其來有自也。

歲在乙酉孟夏

房弟孫于記

皇清嘉慶廿三年十月十五日卯時敬奉
瑶山公神主暨長生禄位進入大宗祝文
維
嘉慶廿三年歲次戊寅十月丙寅朔越望
日庚辰孝孫孝銓等謹以潔牲清酌金
帛庶饈之儀敢昭告于
顯
祖考瑶山公之靈曰。維公懋德。節儉温
良。貽謀燕翼。後裕前光。睦敦合族。望重
一鄉。音容雖隔。德澤孔長。諸昆諸父。追
念勿忘。議依列祖。配享烝嘗。爰當吉日。
奉主登堂。以妥以侑。是若是皇。謹具牲
醴。用薦一觴。綏我後嗣。永世無疆。
尚
享

鷺島開基溯德政良謨奕葉簪纓綿卋業
杏墩衍派仰文經武綿千秋甲第振家聲
自杏田而徙宅洑水纓流猶念先人舊蹟
從鰲海以卜居光前裕後勿忘勝地初基
粵國仰儒宗一郡藻芹沾雨化
槐堂垂燕翼千年奕禩紹風聲
擇木遷喬從此门庭添吉慶
好將堂構煥新猷克家繩武

皇清瑶山王公原配靖謹孺人郭氏壙誌

吾家自四郎公開基。数傳至三湖公。爲一族之祖。代有聞人。逓傳至全樸公。自是而人文彬彬輩出。全樸分房五。而弘執公居次。即夲房派祖也。又兩傳而至珣斎公。傳雙渠公。由歲進士。任廣東化州儒學。又七傳至約斎公。舉丈夫子七。四、珣斎公。舉丈夫。子二。長即父瑶山公。原配孺人郭氏。係井尾蔡埭人。泉之望族也。生男五。長珍德。先孺人卒。次萬德。三祖德。嘉慶九年十二月卒於吧。四艷德。五然德。生女二。長適楊。次適李。自珍德出者二。長佛保。次添財。嘉慶三年卒於吧。自萬德出者二。長廷璉。次廷棟。自祖德出者一。明珠。自艷德出者五。長傳家。次明韜。出繼祖德。三與略。四鍊生。五銅燦。自然德出者二。長却生。次蚕生。曾孫四。長挽瑛。次湍林。三初仁。四採蘋。俱佛保出。湍林繼承添財。餘繩繩未艾。至于子孫婚配繁多。不及備載。孺人生於雍正丙午年。十二月廿七日辰時。卒於乾隆甲辰年。五月十四日辰時。享年五十有九歲。今以嘉慶丙寅年。十二月初五日酉時。改塟於本都金山鄉后壁。穴坐辰向戌。兼巽乾。分金庚辰庚戌。佳城既獲奠於其中。撮其大槩。以誌不忘而已。

承重孫保生

襄事孝男萬德　艷德　然德

孝孫傳家　廷璉　明韜　廷卻　與略
孟珠　拯練　廷蔡　廷揀　銅燦

曾男孫挽生　埜　初生　蘋生

皇清先室元配端慈吳氏孺人改塟墓誌銘
先室諱燕官。别號端慈。係本縣五都靈水
鄉。吳府　仁邨公次女也。于歸吾家。遵效
內則。儀型端静自持。勤儉相助。事吾母頗
盡婦道。侍兄嫂又能致敬。余中年。兄弟生
齒浩繁。慮恐家計不周。遂離故鄉。而遠適
異國。經營謀利。嗣于外方。覊旅二十有一
年。本期夫妻偕老。白首可娛。詎意家門不
幸。冢男夭殁。冢婦陳氏矢志撫孤。端慈因
慟子成疾。未及兩年弃世。想厥婦功。安可
埋没。育養五男。長傳家。娶桐城陳氏。次明
韜。出繼余三兄。娶青陽莊氏。三與畧。娶
靈水吳氏。四揔練。娶錦堂陳氏。五同爍。聘
青陽莊氏。自傳家出者。長悌胚。次悌投。自
明韜出者。長悌琛。次悌雍。而悌琛出繼傳
家。自與畧出者。悌眉。自揔練出者。悌榜。婚

聚聘許皆名門。餘繩繩未艾。端慈孺人。生於乾隆壬午廿七年。三月十四日亥時。卒於嘉慶庚午十五年。五月十四日酉時。以疾終于正寢。享年四十有九齡。塋迁兩處。以弗得安吉。兹以道光叁年癸未。十一月甲子初三日丁卯、卯時癸卯。新擇吉壤在龍坑山之源。穴坐乾向巽。兼亥巳。分金庚戌庚辰。爰爲之銘。

銘曰。

龍坑蜿蜒。　天相牛眠。　慎終妥魄。

吉莫如遷。　屏山紫帽。　闕鎖在前。

蔭松楸兮片壤。　宜孫子兮萬年。

襄事杖朞夫王敦壁投淚誌

不孝哀子孝罟

孝鍊

孝燦仝泣血稽顙

出繼降服哀子孝韜

朞服孫悌旺

悌琛

悌投

悌胥

悌榜

降服孫悌雍仝投淚稽首

風水圖記

龍坑福地。原系林姓厝基。買自壬午。莖自癸未。計費帑金数百。週圍良園幾十畝。按厥来脉。從乾方蜿蜒而至。方圓寬厚。穴場凝結。屏山紫帽。関鎖在前。左青龍。右白虎。沙水分明。門堂献瑞。纓水環流。四顧羣峰嶔寄歷落。居然一福地也。耆壽家君。愛此地。秀美。欲卜築壽域於其中矣。針定乾向巽。兼亥巳。爰推厥本。而並圖之。匪敢爲功聊以誌其事云尔。

乙酉孟夏林鐘望日子孝達誌

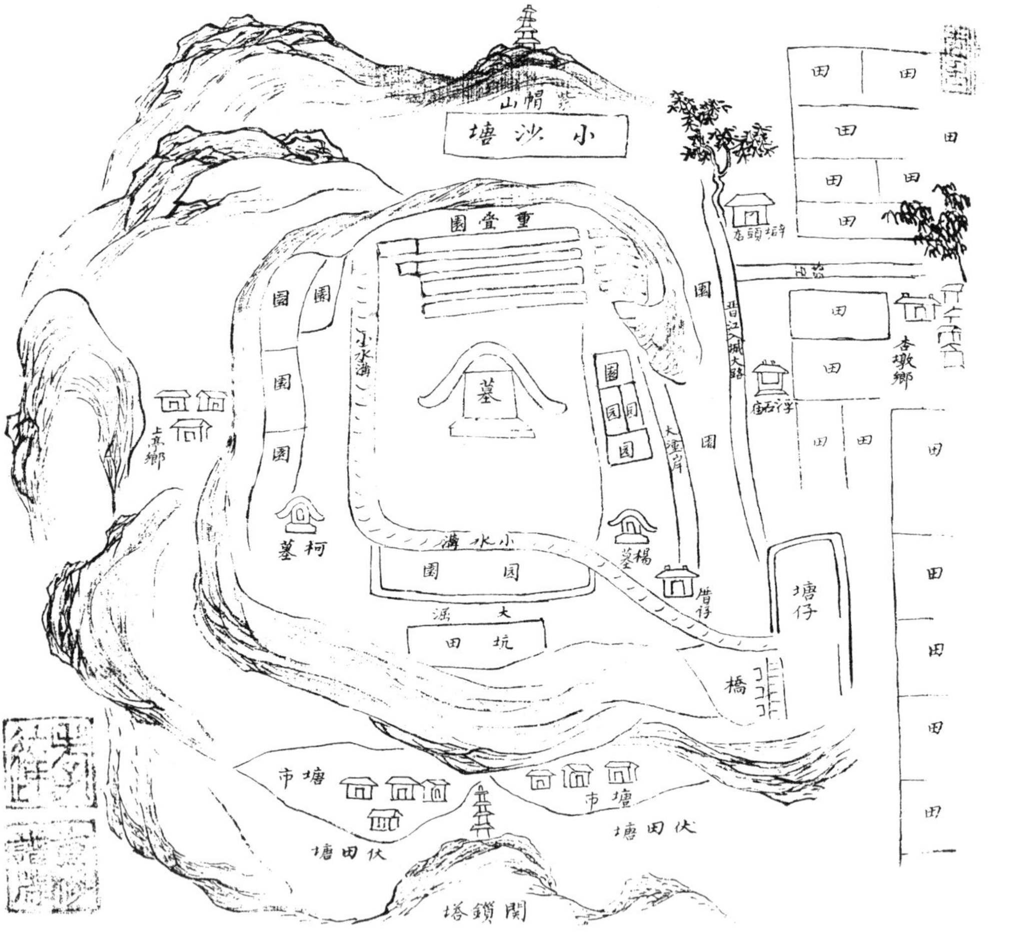
紫帽山
小沙塘
園
墓
柯墓
楊墓
小水溝
大溪
坑田
晉江入城大路
杏墩鄉
上亭鄉
塘仔
橋
田
伏田塘
關鎖塔

皇清國學生六十六翁　誠庵王府君
洎原配端慈吳孺人繼配恬順莊孺
人合塋誌銘
歲進士脩職郎歷任福清嘉義縣學教
諭兼署訓導弟藍田頓首拜撰并篆兄
諱美艷字敦璧號誠庵國學生吾族自、四郎公
肇基杏村傳至　雙渠公以明經任廣東化州學
正九傳至　瑶山公舉丈夫子五而兄居其四性恬
默寡言三次抵吧挾厚貲以歸弗念拮据之難能
於大義建祖祠充祀業修築險岸壙岸又捐
孝友敦本凡族戚姻婭咸周卹不息對人一
本誠實晚遊廈漳人羣呼為萬以長比嘗令
畫師繪耕織圖以示後吾族進士　左瀛公
稱其古道照人筆之於圖告實錄兄娶　端慈
吳孺人名燕覌善治家孝姑氏睦妯娌教育
兒子二十一年佐兄有成繼娶　恬順莊孺人

淑慎溫柔制以爲与　吳孺人類而視若子如己出
尤與吾嘉塘余秉鐸臺伯之嘉邑　誠庵兄次子
孝鈴亦來臺閣余因述今秋將合葬與先人囑
余誌余不文第即所聞見者書以應之并誌與
生卒云兄生乾隆癸未年七月廿四日申時卒
道光戊子年三月廿一日戌時享年六十有六嫂
生乾隆壬午年三月十四日亥時卒嘉慶庚午
年五月十四日酉時享年四十有九繼嫂生乾隆
辛丑年正月十八日吉時卒道光己丑年九月初
六日丑時享年仝嫂子五人皆　吳孺人出孫九人降
服孫三降服曾孫二曾女孫一婚娶聘許皆名族
息族不載茲以道光乙未年八月十六日卯時合葬
於龍坑山穴坐乾向巽兼亥巳銘曰
如德於鄉素友又奉不求人知人共播許六十六年

孫、曾踵起同衾同穴先後兩美嗚呼爲善無不報今尚

宜昌熾丗子孫

承重孫悌貽

寰予不孝孤哀子孝畀

孝鍊

孝燦、

出繼降服子孝鈐仝泣血稽顙

降服孫、悌投 悌碗

悌眉 悌檮

悌婆 悌垞

悌耳 悌寢

降服孫、悌琛 悌雍 悌鰲

降服曾孫奕璾 奕墖

仝稽首勒石

雙渠公小宗內每月應分直當忌辰宜爾子孫永誠祀之

正月

初六日六世公正敦璧祀
初九日大舍公正雙渠公直祀
初八日文良叔正治生祀
廿六日太公免忌
廿五日七房公正出碗
十六日然德叔正却番祀

弍月

初七日後七房媽正托天祀
廿三日六世媽正敦璧祀
初八日敬孺正忌产生祀
十二日太媽免
初九日敬叔正产生祀

三月

初一日從姆正敦璧祀
十六日五世媽正挽侄祀
初四日添進叔正治生祀
廿四日四世媽正治生祀
十四母親吳氏免

四月

初五日仰姆正奎哥祀
初六日世德伯免治生祀
初七日二世公正雙渠公直祀
十三日文良叔免治生祀
十五日光伯正蚕生祀

五月

初三日從伯正水伯祀
初九日大舍媽正直祀
十四日引媽正直祀
十四日母親吳氏正
廿七日文良孺正治生祀

六月

初五日珍伯正挽祀
十六日笑伯正托天祀
十八日傳家哥免
廿九日太公正直祀

七月

初七日三世公正水伯祀
初九日文良叔免治生祀
十五日世伯正治生祀
十七日七房媽正出碗
廿四日二舍媽正直祀

八月

十一日春伯正敦璧祀
初二日萬德伯兒棟祀
初四日萬德伯正棟祀
十六日五世公正扎天祀
廿五日四世公正銅爐祀

九月

初五日太媽正直祀
初八日引公兒直祀
廿六日連宗叔正壟哥祀
廿日傳家哥正

十月

初五日珍伯兒梚祀
初八日業姆正銅炉祀
十四日祖伯兒

十一月

初三日仰伯正水伯祀
十九日業伯正槐侄祀
廿七日引媽兒直祀

十二月

十三日祖德伯正
廿一日春姆正湟祀
十四日引公正直祀
廿八日然叔兒刦祀
廿六日光姆正棨塋祀

二舍公諱日宣并妣二忌辰本應他派下子孫自祀今我房念先人情義願當奉祀耳聞我房三世祖係二舍公撥出承繼大舍公的未知果寔否諒必有因

歷代撮記

是譜分載祖宗功德。歷代世系源流。起古迄今。葺成全編。仍依古例。繪成一圖。庶幾當時人物。昭然可考矣。是爲序。

拙莽孫述

雙渠公像

雙渠公生於皇明憲宗成化十三年
丁酉起至大清道光五年乙酉計共
叁佰五拾有二年

取士明經。最合古旨。拔雋一黌。
進身由是。斅學相資。執柯彼此。
有雙渠公。安詳視履。巍然冠紳。
貽厥孫子。仰之泰山。樂哉泮水。
我忝仕途。以斯爲美。跂路徬徨。
多公桃李。

賜進士出身即用浙江知縣
宗遠姪孫克敬頓首拜題

古里

西房長房開基

始祖諱道、字在田、別號
雙渠公、生於皇明憲宗成化十三年、丁酉
八月初七日卯時、於嘉靖五年丙戌科、選
鄉貢進士、歷任廣東化州學正堂、卒于世
宗嘉靖二十六年、丁未四月初六日寅時、
享年七十有一歲、塋在本縣廿六都古坑
鄉山原、穴坐申向寅、柩居墓內正中左壙、

○○○○長房開基

始祖妣
陳孺人諱三娘別號
慎徽生於成化十七年辛丑八月十三日
寅時卒于嘉靖三十七年戊午七月初七
日未時享壽七十有八歲配公合塋在古
坑山柩坐穴內中央右壙少五歲於公其
公廿五歲妣廿一歲即生長男大舍公也

○○○○二世　長房祖考別號
塼齋公諱日嚴字學一生於孝宗弘治十
四年辛酉九月初三日辰時卒于嘉靖廿
四年乙巳閏正月初九日未時享年四十
有五歲附公合塋在古坑山柩在穴內左
畔第二壙

○○○○二世
妣林氏諱二娘別號
慎慈生於弘治十七年甲子十二月十四
日卯時减公五歲卒於嘉靖三十一年壬
子五月初九日丑時享年四十有九歲配
公附翁姑全塋于古坑山之原穴坐申向
寅柩居墓中左畔第三壙

○○○○二世　二房祖叔考別號
慎齋公諱日宣字學可生於正德弍年丁
卯　月　日　時卒於神宗萬曆七

年已卯四月初七日子時壽七十有三歲
附父母塋在本邑廿六都古坑山之原穴
内柩在墓中右畔第二壙
妣蔡氏孺人别號静慎生於武宗正德五
年庚午　月　日　時卒於嘉靖三
十三年癸丑七月二十四日辰時享年四
十四歲仝公附翁姑塋在本都古坑山之
原穴背申面寅柩坐穴内右畔第三壙也

二房以後所有歷代丗系因去丗愈遠枝
葉未接是以不及盡詳宜查後載之而今
敦玖敦撻敦抱皆是其子孫也綿綿永昌
焉

○○○○三世　　長房

祖考別號

鉄齋公

正忌辰七月初七日嗚呼去世愈遠

舊譜失詳是以生卒年月仍及祖妣

俱無其詳宜查候載

○○○○四世祖考別號

敬紫公生於穆宗隆慶三年已巳十二月

十三日　時卒於熹宗天啟元年辛酉八

月廿五日　時享年五十三歲葬在本邑

廿五都東坑鄉後地名赤土下穴坐巽向

乾墓内計四金

祖妣別號

慈順孺人張氏生於隆慶　年十月初

五日　時卒於懷宗崇禎九年丙子三月

二十四日午時附公仝塟於東坑赤土下

○○○○五世

祖考別號

藝甫公處士公生於萬曆廿二年甲午八月初五日　時卒於　年八月十六日　時塟在安溪縣下湖山之原者也

祖妣別號

慈謹陳氏孺人生於萬曆廿四年丙申七月十九日午時卒於大清康熙三年甲辰三月十六日午時享壽六十有九歲塟在廿五都東坑后赤土下附翁姑仝合塟也

○○○○六世

祖考別號

太齋公諱鼎昇字元泰生於萬曆四十四丙辰十二月十二日卯時卒於康熙廿六年丁卯正月初八日巳時享壽七十有二

歲塋在塘市鄉前面古粧樓其穴坐南朝
北（此墓以改塋在過坑後壁與爾周墓相連）
祖妣別號
慈謹柯氏孺人生於　　年　　月
日　時卒於康熙三年甲辰二月廿
三日辰時附姑仝塋在東坑赤土下之原

○○○○七世

祖考別號
約齋公諱鼐字士文生於順治十四年丁
酉二月十六日巳時卒於乾隆六年辛酉
正月廿五日未時享壽八十有五齡塋在
本都后曾鄉後壁山崎穴坐巽向乾兼巳
亥公生男七位今號曰七房頭公是公也
祖妣別號
勤德孺人洪氏生於康熙元年壬寅八月
廿六日辰時卒於康熙五十三年甲午七

月十七日戌時享壽五十有三歲配公合
塋在本邑本都后曾鄉后壁崎內計二壙
繼妣慈順魏氏生於　　年二月
二十日午時卒於乾隆四年己未二月初
七日巳時另塋在本都過坑山後壁之原
○○○○八世長房祖伯考別號
爾承公諱從生於康熙辛酉年正月廿九
日戌時卒於雍正乙卯年五月初三日酉
時塋在本山夫人園上坐南朝北享年五
十有五歲生子曰仰現無後
妣勤順孺人蔡氏生於康熙廿五年丙寅
十一月廿四日　時卒於乾隆十八年癸
酉三月初一日辰時享壽六十有八歲也
○○○○八世祖伯考別號　二房
爾周公諱鄭生於康熙廿六年丁卯二月
廿六日酉時卒於雍正四年丙午五月

后過坑後壁墩子邊穴坐寅向申兼艮坤
妣順節魏氏孺人生於康熙卅三年甲戌
八月廿四日卯時卒於乾隆三十年乙酉
六月廿乙日辰時壽七十有二歲配公仝
塋在過坑後今鑾生是其子孫也
○○○○八世三房祖伯考別號
忠齋公諱春生於康熙庚午年二月廿乙
日辰時卒於乾隆壬申年八月十一日酉
時壽六十三歲生子曰光現今無後
妣勤慎柯氏孺人生於康熙丙子年三月
二十日申時卒於乾隆　年十二月廿
乙日戌時配公合塋在本山壁頭山二巷
○○○○八世四房派祖考
祖別號曰
絢齋公諱賞字爾懋生於康熙三十五年

丙子正月二十八日酉時卒於乾隆三十
八年庚辰六月三十日巳時享壽六十有
四歲生男二位女一適莊而公葬在本山
壁頭頂十班內穴坐甲向庚兼卯酉墓名
俗號曰萬軍聚營
祖妣别號
勤慈諱謹娘陳氏孺人生於康熙四十二
年癸未二月十二日亥時孺人出自灰厝
泉之望族也卒於乾隆卅九年甲午九月
初五日寅時享壽七十有二歲暨公合葬
在本山壁頭頂墓名俗號曰萬軍聚營也
○○○○八世五房祖叔考
專叔字爾　別號　生於康熙　年
三月初二日　時卒於　年
月　日　時歿在外夷吧國壽
妣張氏孺人諱　娘生於康熙　年八

月十六日　時卒於　年七月卄
八日　時今敦水是其派下子孫也
○○○○八卋六房祖叔考别號
清齋公諱贈生於康熙辛巳年十一月廿
六日未時卒於乾隆戊寅年五月廿四日
亥時原乾隆四十四年塟夲洋朴樹田墩
上即今道光壬午二年三月十三清明前
一日與妣合改塟夲山壁頭穴坐　向
後葬佳城廸吉奕世永昌今托天是其派
妣儉順諱開娘系南安卅五都白石黃山
毒頭鄉人鄭氏孺人生於康熙戊子年三
月廿九日巳時卒於乾隆戊寅年五月初
九日酉時初與公俱用金合塟夲洋西湖
至今道光弍年清明前仝公改塟壁頭山
○○○○八世七房祖叔考
奎叔字爾　别號　公生於　年

正月廿九日　時卒於　年八月
廿四日　時今銅爐是其派下之子孫也
妣孺人　氏諱　娘生於　年
月　日　時卒於　年
月　日　時
繼妣　氏諱　娘生於　年
月　日　時卒於　年五月廿
乙日　時
○○○○九世本房派祖
祖考別號
瑶山公諱王官字孫　生於雍正二年甲
辰九月初八日辰時卒於乾隆戊子年十
二月廿四日巳時享年四十五歲殁於外
夷塟在番邦港口國觀音山上公生男五
位女二於以嘉慶廿三年戊寅十月十五
日卯時進主大宗内

祖妣別號
靖謹諱隨娘郭氏孺人出自井尾蔡埭人
生於雍正四年丙午十一月廿七日辰時
卒於乾隆四十九年甲辰五月十四日辰
時享壽五十有九歲塟在本邑廿六都荊
山鄉後墩穴坐辰向戌兼巽乾分金庚辰
庚戌於嘉慶十一年十一月初五日酉時
再另安塟從茲佳城迪吉綿綿永昌
○○○○十世長房伯考別號
敦葳諱珍德生於　　　年十月初五
日　時卒於　　　年六月初五日
時塟在本山墩頭山十班內妣蔡氏出繼
○○○○十世二房伯考別號
慎裕公諱萬德字敦錦生於乾隆丙子年
八月初二日卯時卒於嘉慶壬申年七月
廿九日子時殁于廣東地面虎門港內也

先娶李氏先卒塋在壁頭山後娶楊氏
○○○○十世三房伯考別號
恢裕公諱祖德字敦宗生於乾隆戊寅年
十月十四日辰時卒於嘉慶九年十二月
十三日　時伯幼年外出營生吧国在峇
娶載氏諱生娘生男一乳名德光另改名
明珠嗟呼宗伯未及榮帰而歿于吧今塋
在吧国山
○○○○十世五房叔考別號
安裕公諱然德字敦全生於乾隆卅一年
丙戌十二月廿八日亥時卒於嘉慶廿二
年丁丑正月十六日亥時年四十有九歲
塋在本洋西墩尾田墩之穴娶林氏旦娘

○○○○十去四房

祖妣別號

端慈媽諱燕娘孺人吳氏出自本邑靈水

前鄉吳宗公之次女也年方廿三歲帰

太國學王敦璧居家勤儉生男五長傳家

先孺人卒娶陳氏次明韜娶莊氏三與略

娶吳氏四挻鍊娶陳氏餘繩繩未艾至于

子孫婚配繁多不及備載孺人生於乾隆

二十七年壬午三月十四日亥時卒於嘉

慶十五年庚午五月十四日酉時享年四

十有九歲葬在靈水前鄉面前蒜山脚溪

墘穴坐　　向　　分金

○○○○十一世四房長別號

淑軒公諱傳家字孝克生於乾隆五十年乙巳六月十八日丑時卒於嘉慶十三年戊辰九月二十日巳時年二十有四歲與母仝葬在靈水鄉蒜山脚之原穴坐癸向丁兼以道光叁年癸未拾月廿九日卯時重塟在靈水前鄉巽山前土名崎坑田頂穴坐癸向丁兼丑未分金庚子庚午

雙渠公派下重新譜記

譜牒之書由來尚矣。所以定世系。辨昭穆。
尊祖
敬宗之意。莫重於此矣。考我
王氏始祖
四郎公。本光州固始縣人。前朝避難。肇居
於此。粵自宋季以迄我
朝。代有傳人。或以科甲見。或以援例聞。歷
官中外。殊難指數。昔人嘗云地靈人傑。理
或然焉。溯自始遷之
祖以至
雙渠公凡十六世。世遠則情疎。情疎則視
族衆如路人。良可嘆也。舊譜撰於達軒公
之手。是而後修之者有二。第歷世既久。簡
編不能無缺。文字不能無譌。余深爲是慮。
於是就本房

方東京本房

雙渠公。派下。特立譜牒。爰倣歐陽氏譜法。稽厥系緒。以五代爲圖。世經人緯。昭穆秩然有條不紊。與夫先人行寔。凡可景仰於當時後世者。亦彙次成帙。附於其後。後之子孫有志者。尚考於斯。余不文而直書之。之所頗吾房之賢子孫。肯諒吾愚勿深罪也。是爲記。

時維

流火之朔

十一世孫孝達謹識

重修譜牒

余才庸兮。余心傷。

懷先人兮。不能忘。

安得有志兮。譜吾宗。

達又識

歷代號圖撮紀

吾族杏墩離郡三十里一派平洋寔今父母昆弟聚族之鄉其先始祖四郎公系光州
固始縣人自宋徽宗避難入閩卜居泉郡晉邑廿六都王田鄉其里為聚仁里
而鄉祖號曰安仁鄉四郎公生八郎公公生十一郎十二郎十三郎即孟仲季三房及
十四位師叔鑒新并後無可查孟仲後無可錄其聚族而蕃衍者季氏十三郎十
三郎生十六郎十六郎生廿二郎廿二郎生子三分為三房或開岑兜山前或開蘊坑鉄
塘即第一房及第三房分鎮塔鎮圭鎮坤甫鎮圭公生克信克信生實甫德甫
文甫又多避難外郡徙居別都惟我文甫公仁厚猶憑故里而居焉文甫公即三
湖公三湖公生子能公子能公生孔明公孔明公生處士公處士公生文林郎全朴公全朴公
生子六分房為東西後而宏執公是其次子即吾西房派祖也宏執公生恂齋公恂齋公全
子二人長雙渠公次介菴公而介菴公即四部待郎觀光叔之祖也蓋自宋以歷我朝代有
更華時有文人而為余派祖者
雙渠公以貢科東化州鐸以後子孫世系歷歷在譜可得而溯焉

皇清道光伍年歲次乙酉流火之朔

孝達敬書

○○○○西房嫡派分支世次

五世祖雙渠公

諱道字在田别號雙渠公歷東輿名宦

曰嚴

字學一號墺齋
子二

曰敏

字學時號墀齋
子二

曰宣

字學可號填齋
子二

長房○○○○世次

一之原 學
本房二世
善卜卦行醫有逸民之風

念尹
號鉄齋
諱覺民

念哲
號仰槐諱知民無嗣

子瑾
諱瑋號敬紫
學可之孫承繼

藝甫
明稷甲觀
本房五世

皜甫
明陽丁觀
子一

○○○○二房世次

學時之系

念極 諱振民

宜民 被倭

子慎 諱珪

甫六娘 無嗣

甫七娘 無嗣

二房學時之系至此止

三房○○○○岳次

學可之系

念澤　諱庇民　號金斋

子聘　諱珖號澄斋

暉甫　庠生名元家　冢觀子三

子瑾　出継學一之子　覺民

子華　諱瑮號會紫　無嗣

子碧　諱璡號瑞紫

仰甫　明来来觀　子二

念槐　諱保民

子珍　諱瑆

增甫　明益　子二

暉甫之系

元男觀 無嗣

元勲觀 殤

元恊觀 殤

增甫之系

元日二

元伯觀

元尊觀

仰甫之系

元向觀　元清觀

士綿觀 逢生字佳士　士管觀　士壽觀

爾登觀　爾岩觀　爾串觀　爾省觀 抱養子一　爾納觀 子二　爾朝觀 子三

爾省観之系

孫嚴観

敦九観 繼子

爾納観之系

孫瑞連

敦九観 出繼嚴観

敦捷観 繼子

孫鄉観

敦猪観 往蕪禄而殁

敦捷観 出繼瑞連

敦抱観

爾朝觀之系

孫東月 無嗣

孫光灶

孫光寶 無後

三房學可之系至此止

○○○○長房二石頭街分派之次

石頭街塘庭

皜甫之系

元顯 諱煜育觀 天福分居石頭街之始祖

士原 諱頼

爾甲 諱鳳子二 無出

爾助 諱助

爾安 諱固亭 號濟菴

爾助之系

孫正

孫用

敦舉

敦謄

敦老

爾安之系

孫誠

孫寬 諱心廣 晋江庠生名文居

孫體

孫帶

孫五

孫蝺

敦宇殿 殤

敦繼英

敦巨川

○○○○長房長之系

藝圃公之系 本房五世祖

元泰 昺昇昇觀 號太斎

士文 諱其觀 瑞乾號約斎公

爾順 從觀

爾周 賚觀

爾春 春觀

爾愸 諱賞觀號約斎公 本房八世祖

爾鑽 諱鑽觀

爾淨 諱淨觀

爾騧 諱騧觀

長房之系

爾從觀之系

孫仰觀

敦業觀
子二俱出繼
今無後

孫笑觀

敦丹觀
聞入贅海墘
今無考

〇〇〇〇二房之系

爾賚觀之系

孫訖觀

敦禹意 無後

敦涼觀

孝鑾觀 無後

敦永杯

三房之系

爾春觀之系

孫光觀

敦蓮昭

敦蓮宗

○○○○五房之系

爾鑽觀之系

孫山觀—○—○—孝記生 承繼溪水之子

孫耿觀—敦溪水

敦溪水—孝推 敲生—○悌晃

敦溪水—記生 出繼山觀為孫

敦溪水—孝研

〇〇〇〇六房之系

爾淨觀之系

孫亨觀
敦曲觀
孝梅花 殤

孫暢觀
敦雲英
敦振成
孝卿英 往巴国

孫得觀
敦賜觀
孝開 諦杔天
孝妹
孝梢 殤

○○○○七房之系

爾駟觀之系

孫敬觀

孫艾觀

孫訓觀

孫恭觀

敢舌觀

孝銅爐

〇〇〇本四房之系

爾懋賞觀之系

孫文良

敦岳德

敦添進

孫玉觀　號理山公　子五

敦岳德之系

孝平　諱寬治

悌忠

○○○○
本房五次

瑶山公之系 九世祖

即瑶玉琨也

敦盛 諱珍德子三

敦錧 諱萬德子二

敦宗 諱祖德子三

敦璧 諱艷德子五

敦全 諱然德子二

〇〇〇〇四房長之系

敦武之系

孝祐 諱佛保

悌回 諱挽生

奕 邦生

奕 彪生

奕 蝋生 夭 出繼满林

悌球 諱满林 出繼添才

悌善 諱初仁

悌南 諱棟蘋

孝添財 殇

悌球 諱满林 佛保次子承繼

奕 蝋生 繼子 夭

○○○○
四房二之系

敦錦之系

孝湖 諱廷璉

悌 定生

孚選 諱廷棟

○○○四房三之系

敦宗之系

孝鈴　諱明韜　敦璧次子承繼

孝輝　諱明朱　乳名德光　往交留巴來間前開祖舖義興號

悌　國琛　出繼四房長孝克爲次子

悌　國雍

悌　國熬

四房五之系

敦全之系

孝節 諱廷却

悌 水梨

悌 水亀

悌

悌

孝蘭 諱廷壂

悌 吕孚

四房四之系

敦璧之系

國學生候選直隸州
娶吳氏舉人才兄弟
繼娶莊氏在吧娶徵七
道光乙酉冬月十六日未
時徵々作古

孝克　諱傳家　乙巳生

悌　純貽

悌　国琛　繼子

悌　報生

孝鈕　諱明鞘　辛亥生　承繼敦宗為長子

国琛

悌聰深

孝榮　諱與略　戊午生

悌常　重徵

號怡軒

重耳

世八

繼男世白

世晉

世史

世璞

世白

世握

世賦

余甫襁褓未脫。父以家
計。遠適異國。經營謀
利。至十一歲。慈母遽別
而逝。月遭鞠凶失情。
優渥歲月。卒以成性。幸
蒼天不負。以有今日者。
皆吾祖吾父。積德垂
裕之庇也。於今年二十六。
娶非陳氏年幾八載
雖云室家靜好。中夜
思恩。雖禁罔極之感。念
富貴貧賤不可求。惟
正身履道。以俟兒子之
長成耳。偷閱是譜。感
慨係之。聊書數語。以爲

孝達 諱拙練 預號清軒 庚申生

悌 金碗

悌 金榜

悌 金時

悌 仙進

悌 仙降

孝光 諱炯琛 甲子生 号輝軒

悌 水般

於萬斯年奕

世永昌

皇清道光歲次乙酉季秋裔孫 孝達 重訂

重脩雙渠公派下譜序

嘗讀禮太傳曰。別子為祖。繼別為宗。繼禰為小宗。言乎祖先而宗後也。有百世不遷之宗。有五世則遷之宗。敬大宗。尊始祖也。敬小宗。尊高祖也。然自仁率親。等而上之至於祖。名曰輕。自義率祖。順而下之至於禰。名曰重。服之輕重。其義然也。始祖四郎公。百世不遷者也。順而下之。世已遠。我屬乎輕。雙渠公非五世可遷者也。代既親。情宜乎重。況祖有功而宗有德。始祖以下。有功德者舊譜備載。而雙渠公之行能學問。赫濯當時。且敷論廣州。化雨春風。士沾雅化。此尤子孫之所宜則傚。而率由不忘者也。乃譜中缺如。夫閭里鄉黨。戚屬交遊。邑有譽于。嘗思爲之

明冊立傳

祖宗有盛德。子孫隱而弗彰。與夫述之不詳。均非敬也。公之素行。雖難殫述。但其克己勵行。有三省之勤。其篤志業儒。通五車也富。其居家。則脩其孝弟慈。以盡職於家。其服官。則矢其清慎勤。以成效於國。方將進擬古賢。何莫輝茲家乘。因思吾族甚繁。親各有屬。不能旁徵而遠紹。緬維公德堪紀。宗有由繼。宜為頌德而歌功。是以特立譜牒。詳序始終。使後之子孫。得以是訓是行。儀型其典。此皆恩酌以情。義準夫理。由輕而遞數及重。從重而遠推乎輕。於以春秋享祀。羣昭羣穆咸在。而不

宗而尊
祖。水源木本。支派分明。以啓後爲承先子
孝孫慈。繼承弗替。將見瓜綿椒衍。福臻祥
集。而
公德亦可以百世不遷焉爾。是爲序。
賜進士出身
欽點即用知縣分發浙江衢州府西安縣
加一級

宋東遠姪裔孫克敬古瀛氏頓首拜撰

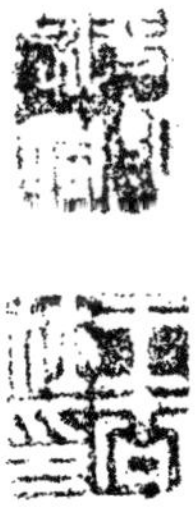

旨

道光拾貳年壬辰三月　日裔孫孝達敬述

重修漊渠公派下譜序

家之有譜。猶國之有史也。史不修。則紀實不足以傳信。而世之升降闕如。譜不修。則文獻不足以垂後。而宗之大小或紊。故譜猶史。而譜於家特重。爲杏墩王諱 孝達君。與余從子 締姻也。其爲人質朴温厚。有古先民遺風。生平義氣。雖以若數。近又持其房祖譜牒。囑序于余。余要能康。孫範其所纂修之譜。原原本本。有條不紊。洵可稱

仁孝繼述之一端也。爰綴數言以紀其概。按王氏
之先。乃周家之裔。因亂逃之。四方人稱曰王
氏。遂以為氏。逮至宋季。有諱
四郎公者。遷居王田里焉。由
四郎公遞傳至　雙渠公而子姓蕃衍。舊譜雖載。
而歷代功德。支分派別。孝達君雖有志纂修
而未逮也。惟將其東房分派之祖自
雙渠公而下備錄之一譜編定成帙譜系世次。昭然

具峯與玄祖作於前而孫述於後者蔚然甚偉他日賢嗣子孫繼克自樹立。蟬聯鵲起簪纓奕世麻善貞　孝達君家源求本之意而仁孝繼述之心可以油然生矣。是為序。

鄉進士文林郎揀選知縣正堂現會試年姻家

弟潯海施光庭頓首拜撰

重脩雙渠公派下譜序

譜胡爲而作也。族之人支分派遠。歷數傳竟有昭穆失序。慶弔無聞。周親直等於路人。此譜之所由作也。我族杏墩鄉。去居南外之聚仁里。代有名人。簪纓不絕。於其所宜葺者前已葺之。補苴罅漏。靡有闕遺。予姑勿贅。歲乙酉予給假南歸。族姪孝達懼私譜之散失。急議修葺。乃歷数令。而始成帙。然猶屬于草創。逮今年秋。復加訂而重修之。問序於予。予曰斯舉也。承先啓後。將以敦本焉。將以睦族焉。此孝子順孫之所爲也。予忝係族誼。溯盛德於三槐。共思踵美。稽天潢之一派。同切紹承。而今之見斯譜之燦然明備者。敢不略撮數言。以誌一時之盛事耶。後之人倘有志增脩者。則率

[illegible]

歲柔兆閹茂孟陬之月中澣

誥授中憲大夫戶部貴州司員外郎題陞郎中管理七省俸需局

兼辦山西司事務加三級紀錄四次

宗叔炘旭壇曦川氏拜序

重脩本房譜序

泉郡南關外三十里。一泒洋田。田之中聚族而居。名曰王田。蓋其地名以姓傳也。其地居室連毗。東西两水環繞。彷然若寶筏之揚帆。景象萬千。古人嘗云。地靈必鐘人傑。茂徵福祉。亦有德者居之。考我王氏。始祖四郎公。本光州固始人。前宋避難。迁家於此。卜地而居焉。由四郎公七傳。而至三湖公。子能公。孔明公。處士公。全樸公。至宏執公。爲我西房之祖。宏執公生恂齋公。恂齋公生雙渠公。即我私房祖也。溯自開基以來。子姓蕃衍。瓜瓞綿綿。舊譜雖載。而未有續修。且代遠年湮。出祖他鄉者。亦難詳考。茲就本房雙渠公派下。特立譜牒。詳序世系。使後之[illegible]

幸而宗叔克敬古嬴氏。毅然爲之陳記、然余立斯譜者。惟是明世系序昭穆。以聯親疎而已。倘後來子孫繼繼繩繩。克自振拔。以光大其門閭。則閲斯譜者。敦倫睦族。以無忘一本親親之愛云耳。是爲記。

道光五年歲次乙酉季春桐月　望日

裔孫志清字孝達  敬識

雙渠公小宗記

温陵爲文物之區。而地脉靈長。南鄉爲最。
吾族之有杏墩鄉由來舊矣。自宋
始祖
四郎公開基於此。遞傳至
雙渠公。凡十六世。族大繁昌。家聲日盛矣。
公登明朝嘉靖、丙戌科歲進士。歷任化州
司鐸一時文物大興。州人稱善焉。故其生

平孝友克篤。恭儉力行。凡創垂綿造。無非爲善後規。宜其食報於無窮也。爰於大宗外。別立小宗。以奉禋祀。地在岕鄉西溝墘隅。庙坐艮向坤。門、拱、帽、峯。庭、環、纓、水。盖已得山川之靈秀矣。但鍾毓最奇。庙宇稍狭。至乾隆壬子歲。派下十世孫敦璧。仝諸昆季。恢廓而更張之。獨力爲新。庙貌巍煥得以永妥先靈。迄今承其祀事。[illegible]

瓞綿綿，振興未艾，耆皆

公之德有以貽之也。予忝同宗。雖鶯迁鷺

島，時常往復故鄉。因爲之撮其大略以壽

諸珉。俾永垂家乘於不朽云爾。

鄉進士例授

文林郎揀選縣正堂現禮部會試

鷺江宗遠姪孫擾林輝山氏頓首拜撰

道光二年壬午中春之月　日　孫孝達敬述

雙渠公小宗重新起蓋係於

大清乾隆五拾柒年壬子冬拾月初二日

卯時動土平基初三日未時駕馬剪木料

折卸十四日卯時起基築墻定磉十五日

辰時做梁廿五日寅時豎柱上梁廿七日

辰時安門十一月初九日卯時安砛放水

十六日辰時入宅告竣萬世永昌至

嘉慶戊午三年冬拾壹月念五日甲申[illegible]

道士五會建立
靈寶延生安土道場演唱梨園全錦以欣
盛畸謹此是識俾裕後昆
其小宗係坐艮向坤兼寅申分金
而大所号曰脩省堂
裔孫志清書記

重新起盖重護厝係於
皇清道光肆年歲次甲申八月廿二日辰
時動土平基興工架木剪料築墻定礎做
梁九月初二日豎柱上梁安砱至道光五
年五月十二日子時放水告竣奕垚永昌
又重新起盖后村三間内厝係於
道光肆年九月望日連工動土定礎剪料
做梁與畵九月廿六日卯時竪主上梁安

砱放水安門今且落成矣然起此二厝受盡喫虧艱難莫殊甚厥後其子若孫當存善念更相奮勵勿墜鴻基是爲此記

乙酉孟夏林鍾望日

孝達記述

西房

雙渠公小宗聯文

化州垂德澤育才興賢曾聞多士欽山斗

杏里樹家聲型仁講讓尤冀諸昆紹治弓

西房分嫡派思德澤傳芳長垂奕禩

之興卬需宗公孫曾贊昔老篤前光

念先垂創業維艱不盡經營留燕翼
囑後人有基勿壞更相奮勵擴鴻規

成均標士望絅先人有穀貽孫說禮
敦詩永垂家訓
粵海仰儒宗勉後嗣聿修念祖論文
講學克紹前徽

積厚自流光存茲善念便成善
持謙原集益喫得虧時不是虧

耍去能讀能耕便称義門吉慶
居家克恭克友自致望族休祥
貽厥孫謀菑畬經訓
繩其祖武慈孝友恭
門拱帽峰五雲献彩
室環纓水一鑑澄明
門接帽峰生紫氣
[illegible]

第拱紫山秀
[illegible]

葭月全重修盡後嗣尊祖敬宗所謂箕裘能守世

翼 其後

根直其厚積無先代水源之本亟期堂構振揚

以不用抄

恭祝

大國學壁翁兄臺六袠壽序

晋邑王氏之望、曰杏墩。自前明至本朝甲科稱最。登亞卿。祀名宦。明經入仕。盛有其人。若族祖

雙渠公。以歲進士秉化州鐸。流澤所漸。諸孫美秀而文。

壁翁兄臺

雙渠公十世孫也。派矣四方。所渉歷距海洪濤之壯。所貫輸金錫骨角之利。遊益遠。志益豪。見聞益廣。居積益厚。氣度汪洋千頃。而內行醇備。閨門之中。肅若朝典。待族衆寬綽有恩。杏里嚴宗法。搢紳有功德。充祀業。方得入祀家廟。璧翁列名國學。以族望迎其

[illegible]

盛事。可知實盛名歸年高德邵。康強逢
吉。光前垂後。非偶然也。壬午七月念四
日。
璧翁六袞初度。諸親朋製錦幛。求敬一
言。敬因道得壽之由。享壽之久。族屬耋
祝。以實不以文。杏墩土衍風濤。室廬連
毗如舟。大宗廟貌。高倍居室。有建帆之
象。山人愛舟屋亦舟。山中便擬乘舟遊。

別

璧翁曾經滄海。日月吐吞。波濤洶湧。籌添十屋。桃實三千。長生之菓。不老之丹。皆所親見。又無庸為璧翁侈言之也。是為序。

賜進士出身

欽點即用知縣分發浙江

此文不用再抄

題名記後頁首年撰文

恭　祝

大
京元　璧翁四兄大人六袠大慶
温陵望族曰杏墩。自前明至本朝。甲科
稱最。登亞卿。祀名宦。通經而以仕顯者。
代不乏人。迨　雙渠公以貢科秉化州
鐸。流澤所貽。諸孫美秀而文。　璧翁四
兄即其派下也。少壯經營。多歷險遠。下
負弧矢四方之志。見聞既廣。志量益豪。

居積益厚。蓋其積漸使然也。生平孝友克篤。敦厚待人。處家中俱各嚴肅以禮。對族屬莫不寬綽有恩。凡有義舉踴躍爭先。斯誠吾宗之巨擘焉。素以不讀書爲憾。援例升雍。延師課塾。諄諄誡諭孫曹。以力學揚前人光。一時濟濟彬彬。駸駸乎有必發之勢焉。而尤致意者。木本

地而恢廓之獨力鼎新充補祀業族人
重之。因以公議迎其　尊人之主。及已
長生祿位。配以入廟。爲吾家未有之盛
事。可知實至名歸。年高德劭。而富壽康
寧。得以光前垂後。相與保艾繩繩於勿
替者。未始非以德獲福之徵也。夫箕疇
五福。以壽爲先。　華封三祝。以壽最重。今
以辰月下旬。爲　翁懸弧之日。六袠初

度。欣逢大火星流。三代同堂。預覘奕葉世美。菜衣可舞。娱晚景於暮年。霓裳作歌。慶期頤於巽日。錦幛成章。琳琅滿目。敬忝宗誼。敢不略陳得壽之由。享壽之久。以為閭里光。自是籌添十百。桃筵三千。何必藉長生之藥。不老之丹。而始永保天年也耶。蓋吉人天相。理有固然。世

之渠村[illegible]

求其明大義。崇根本者。竟屬寥寥。而
璧翁以敦本勵行。獲邀壽考於無疆、宜
其得天獨厚也。吾故曰以德獲福。雖曰
天命。豈非人事哉。是爲之序。

賜進士出身即用知縣分發浙江衢州府
西安縣姻世愚弟克敬頓首拜撰

賜進士出身
勅授文林郎翰林院檢討

國史館纂修文顏館協修本衙門撰文加
四級愚姪道行頓(菊谷氏)首拜題

闔屏邊晧聯文

瑞衍槐堂。椿榮千歲。
祥開杏里。桂發五枝。

鄉進士
文林郎揀選縣知縣正堂現禮部會試
愚弟曼休頓首拜祝

恭　祝

大國學　璧翁大人六衮榮慶

箕疇逓衍終五福。善人德應不須卜。多富多男壽而康。由来天錫本無疆。自昔梯航穷蠻貊。齊力經營在四方。于今退养歸桑梓。昂兒孫兮娛甘旨。水源木本不敢忘。重修庙祠新故里。孝友克篤素聞聲。歸来猶得樂弟兄。玉筍堦前森森立。太和之氣一家呈。庭餘瑞氣常朗朗。知　公一星南極高。懸弧誌慶月流火。週甲共撚頌揮毫。我問靈椿歲八千。屬　公頻祝祝多年。成均已擅杖鄉望。　恩綸待賁疊九天。此日設綺席開瓊延。登其堂仰其人而莫不肅然。

賜進士出身候補殿試姻家弟龔作揖頓首拜撰

恭　祝

大京元　璧翁六袠大慶

壽縣德致。才爲德華。維　翁矍鑠。厥德孔嘉。四方有志。閱歷、
天涯。滄海遼遠。萬里乘槎。不貪不競。立品無瑕。才長會計。握
算何差。指囷置豆。粒積恒沙。歸来杏里。村落幽遐。一卯一壑。
遊釣自佳。以娛晚景。武事非誇。杖鄉之歲。鶴髮如瓷。時維七
月。下旬進辰。介以眉壽。祝嘏騈奢。渚蓮猶馥。吐蕚含葩。戚里
雲集。瓊筵坐花。歌翻璈曲。觴泛流霞。森喬角立。萊舞翩斜。芝
蘭繞膝。寶樹交加。田間樂趣。四境桑麻。緜山僊裔。即是吾家。
天其默相。受祉匪賒。僉曰德懋。才其餘耶。

賜進士出身[illegible]

恭題

大國學　壁翁老叔臺六袠榮壽大慶

出泉東郭村桑麻。一墩爛漫流晴霞。依墻傍屋環杏花。中有簪纓詩禮之名家。壁翁於衆獨傑出。粹然德行真無瑕。一住殊方二十載。金錫充物。滿舟復滿車。前年秋風起。碧水歸歟。仍駕浮空槎。瘦更有神倍矍鑠。入門鄰里紛矜誇。去時五株小山桂。而今長呼郎少呼爺。頤而樂之。興不賒。他鄉雖樂。何如仍種東門瓜。今歲七月週甲子。親朋上壽欣無涯。佇看丹詔五雲下。杏花深處三槐衙。

賜進士出身翰林院檢討國史館纂修本衙門撰文加四級

宗姪道行頓首拜

恭題

大鸞封　端慈阿嫂呉孺人像讚

端慈呉孺人者。吾兄　璧翁之德配。也。延陵毓秀。太原于歸。
善事翁姑。克和妯娌。杷夫挽鹿。無慚昔日鮑妻。課子丸熊。不下
愧當年柳母。却畫蒲萄之錦。雅愛浣衣。謝多翡翠之釵。不嬿
椎髻。考其淑德。還若耳鳴。著厥仁聲。實難指屈。以故堦前。環
五桂。馥郁飄香。堂下植三槐。離披挺翠。宜其鳳冠錦帔。光爛
雲霞。燕喜朱幡。榮膺
綸綍者矣。
賜進士出身即用知縣分發浙江夫愚弟克敬頓首拜

恭　題

敦壁四兄行樂圖

槐堂稱貴胄。襟懷自悠然。正當聚順日。霽景遍秋天。蒼松拔地起。君堪比節堅。碧梧孫枝秀。濯濯臨風前。菊花開滿逕。佳色最鮮妍。此物徵壽豈。服之宜延年。素有盧仝興。清茗脫塵緣。或以抱琴徛。幽情寄朱絃。總角誇頭玉。繞膝執遺編。如意還在握。裕後應綿綿。此中多集慶。君享清福全。翹瞻飛鶴至。一曲奏芳筵。

駕山黄占鰲頓首拜

恭祝

大國學 璧翁大人六袠榮壽聯文

爲占紫氣度函關花甲慶初週彩神翻聯錦砌
却羡極星纏杏里秋高欣奏曲霞觴頌製岡陵

王道行作

渾天甲子度初週環砌飄香誇五桂
南極老人星朗照繞庭衍瑞蔭三槐

王道新作

瑶池青鳥至啣桃海屋籌添申祿壽
槐樹黃雲光滴露霞衣綵舞繞孫曾

王用賓作

靈椿八千歲爲春瑞繞蘭該盈桂樹
蟠桃九萬年而熟宴開杏里是槐堂

王瓊林作

杏里祝三多宜子宜孫正宜眉壽

陳步瀛作

槐堂膺五福止慈止孝何止鴻釐
藴德兼優望隆黌序
壽康而富禮紀杖鄉
火叶流星輝聯南極
籌綿週甲慶衍弧辰
術夲范公長生藉枕
孝傳萊子延壽傾觴
志遂懸弧鄉瞻鳩杖
辰逢登穀庭賚芝函
華祝三多堂皆孝子
箕疇五福品是神仙

王瓔林作

王瓔林作

蕭炯晃作

曾紹芳作

杞嘉瑞作

巨艦榮歸籌添六秩
華堂彩舞酒晋初秋

赭逢源作

用公自選聯文

家貧清如水不讀書亦奚以為
雲路遠似天肯用功有何難致

掛燈聯文 合本房用

客位重成人加爾冠弁命尔字名將為千椿娛萱境 合十二月用

嘉平来淑女友以琴瑟樂以鐘鼓還應百子兆榴房

右軍遺世澤湖坦腹風流獨出青箱稱快婿

德耀紹前徽思齊眉敬謹猶踰金屋貯嬌娥

曾誇秀士奇緣射向屏中雙孔雀

成道佳人具眼鑒来座上一龍驤

卜鳳已成緣銀灼光中爰呈瑞彩

鳴鷄能戒旦繡幃香裏頻聽翰音

武肅樹芳聲特冠成人能邁種

太姬遺德教曾傳淑女善宜家 如王姓娶吳女

三元名族欣鍾才子肅觀型
百尺高樓喜降佳人能戒旦
藍田種玉逢佳偶
綉幞牽紅訂好逑
司鐸門中諧伉儷
植槐庭內慶雎麟
傾聽瑟琴歌静好
應培蘭桂發清香
燈下才郎成搏議
花前淑女試新粧

雙黛眉傳青鏤管
七香車到緣淡廳
眉黛喜傳京兆筆
梅花新点壽陽粧
杏里衍家風葭琯吹時賡才郎麗句
東粵高門第梅花香裡偕淑女新粧

恭題

文翁祖叔臺喜顏圖讚

矍鑠是翁。煙霞一叟。鶴算仙姿。龎眉皓首。德音不瑕。威儀孔有。處世和平。束身仁厚。造基於前。保乂爾後。多福永綏。純禧咸受。大雅典型。於今未朽。載瞻道容。共欽山斗。

欽定會魁即用知縣例授文林郎宗姪孫承勲頓首拜題（承勲號葯園）

恭題

勤慈阿姆陳孺人暨全家集慶圖讚

聚仁之里。貞壽之門。維姑與媳。淑慎終溫。行太卯之家風。毋儀無忝。奉汾陽之姆教。婦道克敦。丸荻垂規不辭勞勩。孫麻理績。弗間晨昏。庭幃共修其礼法。名義自定厥卑尊。宜乎嗣徽永世。載福後昆。頌麟趾之振振。祥徵令子。咏螽斯之輯輯。慶溢文孫。膝前擩慕。四代殷繁。或肯堂而肯構。或吹篪而吹塤。集盈堦之宝樹。娛百歲之金萱。崔氏德星。庭幃集慶。廖家玄綵。堂構猶存。継壹望之崇高。足標芳於彤管。實天倫之和睦。宜邀寵乎　綸恩。

賜進士出身知浙江寧波府奉化縣事夫姪孫王克敬古瀛氏

頓首拜撰

誥授中憲大夫户部員外郎題陞郎中辛酉振元夫姪孫王炘書

祖瑆山公得書記

房姪孫玉瑛。予房伯祖學正雙渠公九世孫也。少倜儻英偉。予深器之。以爲將来必能大振吾宗者。但其家故貧。只是力田供親。嘗於塀頭山下耡園。忽遇一人。身負包袱雨傘。前来投信。恍惚之間。其人已不見矣。及歸家折視其略曰。甲辰逃难化放生。已巳年滿急来謄。生子傳孫賜有量。童子急来進爐香。末云、普陀達枝竹記。致、横墩鄉王玉瑛親收入。時姪淂此書。殊不解意。持以問予。予詢姪生年。適屬雍正甲辰。論信中首句偈語。姪得毋是菩薩降生乎。其餘三語。亦在可解不可解之中。姪現在又側微如故。無以甚異於人。但信所云。生子傳孫賜有量。意其福在子孫乎。因其事屬傳奇，特記之。以觀其後。

旹

乾隆拾肆年八月

叔祖學懋（鄉進士）記

祖瑆山公得書後記

予房兄玉哥。曾遇異人授之以書。觀書中語意。咸疑爲菩薩降世。兄得此書。因而奉安神座前。日日焚香頂禮。但兄一生奔走四方。亦無甚作用。嗣後、客歿他邦。然終於此而已。獨其身歿之地。乃在港口国觀音山。是亦一奇也。由其所生。合其所卒。所稱甲辰逃难化放生者、有驗矣。至云、生子傳孫賜有量。予乃今而始見矣。蓋兄歿後。遺下五子。其第三子敦宗往吧。竟自白手成家。積貲巨萬。建置高屋巨厦。其第四子敦璧繼之。益大其規模。兄先弟後。作述相承。卓然爲一鄉長者。且其孫曹森森繼起。或務學或治生。其福澤正未可量也。予述其見聞如此。竊亦爲辛兄、之子孫。所以光崇宗祖者。其來有自也。

歲在乙酉孟夏（道光五年）

房弟孫（邑庠生）　手記

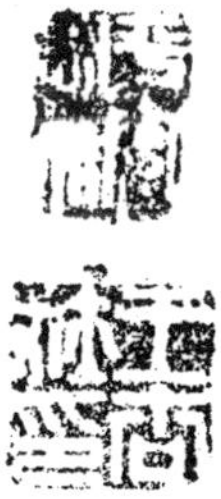

恭題

祐翁兄臺暨阿嫂林氏像讚

偉哉王孫美秀。豁達心聰。清高植品。律度持躬。具四方之蓬矢。懷萬里之長風。念克家以繩武。在建業而立功。何降年有不永。使際遇之弗通。瞻儀型者。爲之愛慕。計籌算者。代其憂忡。幸有房帷佳配。貞志固窮。勵柏舟之婦道。習流黃之女工。恪遵遺命。撫字幼冲。持寒素之家門。獨肩重任。歷冰霜之歲月。無限孤衷。迹者四韓濟美。一意和同。念劬勞之鞠育。報罔極於蒼穹。爰圖厥像。夙夜欽崇。儼椿靈之如在。偕萱草以長葱。允矣齊眉德耀。展也比肩梁鴻。欣振彩之鳳毛。既亭亭而

濟濟，異邀榮於
鸞誥。更洩洩而融融。
卿進士文林郎揀選縣正堂宗弟璦林拜撰
乙酉拔元
卿進士現禮部會試宗愚弟錫圭拜書

瑶山公神主登長生祿位進入大宗祝文

維

嘉慶廿三年歲次戊寅、十月丙寅、朔越望日庚辰、孝孫孝鈴等、謹以潔牲清酌金帛庶饈之儀、敢昭告于

顯祖考瑶山公之靈、曰、維公懋德。節儉溫良。貽謀燕翼。後裕前光。睦敦合族。望重一鄉。音容雖隔。德澤孔長。諸昆諸父。追念勿忘。議依列祖。配享蒸嘗。爰當吉日。奉主登堂。以妥以侑。是若是皇。謹具牲醴。用薦一觴。綏我後嗣。永世無疆。

尚

享

孝達小影讚

羊叔子緩帶輕裘。王夷甫瑶林瓊樹。去今雖遠。想像焉猶見風流。爲其拔於俗者高也。蓋自來蘊藉曠達之士。其得於天者獨優。斯其發於情。托乎景者。亦獨絶。馬氏絳帳。金釵成行。文山幽齋。紅顔繞座。安在琴書之旁。不可以脂粉參哉。吾謂琴書嘯傲之間。夾以脂粉之澤而益韻。惟目有而心無者少耳。此 君在溫柔之鄉。而鞠通夜静。一曲薰風。曾非燕婉所能紛其致者。高士乎。抑韻人乎。披圖覽景。爲之馳神。

慕僑鄭國棟拜跋

皇清瑶山王公原配靖謹孺人郭氏壙誌

吾家自四郎公開基。数傳至三湖公爲一族之祖。代有聞人。逓傳至全樸公。自是而人文彬彬輩出。全樸公分房五。而弘執公居次。即本房派祖也。又兩傳而至恂齋公。傳雙渠公。由歲進士。任廣東化州儒學。又七傳至約齋公。舉丈夫子七。四絢齋公。舉丈夫子二。長即父瑶山公。原配孺人郭氏。係井尾蔡埭人。泉之望族也。生男五。長珍德先孺人卒。次萬德。三祖德、嘉慶九年十二月卒於吧。四艷德。五然德。生女二。長適楊。次適李。自珍德出者佛保。次漆財。嘉慶三年卒於吧。自萬德出者二。長廷璉。次廷揀。自祖德出者一明珠。自艷德出者五。長傳家。次明韜。出繼祖德。三與略。四錬生。五銅燦。自然德出者二。長却生。次吞生。曾孫挽琰。次湍林。三初仁。四採蘋。俱佛保出。湍林繼承添財。餘繩繩未艾。至于子孫婚配繁多。不及備載。孺人生於雍正丙午年。十一月廿七日辰時。卒於乾隆甲辰年。五月十四日辰時。享年五十有九歲。今以嘉慶丙寅年。十一月初五日酉時。改塋於李都金山鄉后壁。穴坐辰向戌兼巽乾。分金庚辰庚戌。佳城既獲。奠於其中。撮其大槩。以誌不忘而已。

承重孫保生

襄事孝男萬德　艷德　然德

孝孫　傅家　廷毽　明韜　廷却　與略

孟珠　挺練　廷爵　廷棟　鋼燦

皇清先室元配端慈吴氏孺人改塟墓誌銘

先室諱燕官。别號端慈。係本縣五都靈水鄉。吴府仁卿公次女也。于歸吾家。遵效内則。儀型端静自持。勤儉相助。事吾母頗盡婦道。侍兄嫂又能致敬。余中年兄弟生齒浩繁。慮恐家計不周。遂离故鄉。而遠適異國。經營謀利。嗣于外方。覊旅二十有一年。本期夫妻偕老。白首可娱。詎意家門不幸。冢男夭殁。冢婦陳氏。矢志撫孤。端慈因慟子成疾。未及两年弃世。想厥婦功。安可埋没。育養五男。長傳家聚桐城陳氏。次明韜出繼余三兄。聚青陽莊氏。三與略聚靈水吴氏。四挺練聚錦堂陳氏。五銅爍聘青陽莊氏。自傳家出者。長悌胚。次悌投。自明韜出者。長悌琛。次悌馨。而悌琛出繼傳家。自與畧出者悌胥。自挺練出者悌榜。婚聚聘許皆名門。餘繩繩未艾。端慈孺人。生於乾隆壬午廿七年。三月十四日亥時。卒於嘉慶庚午十五年。五月十四日酉時。以疾終于正寢。享年四十有九齡。塋迁兩處。弗得安吉。茲以道光三年癸未。十一月甲子初三日丁卯卯時癸卯。新擇吉壤。在龍坑山之源。穴坐乾向巽。兼亥巳。分金庚戌庚辰。爰爲之銘。　銘曰。

龍坑蜿蜒。　天相牛眠。　慎終妥魄。　吉莫如遷。　屏山紫帽。

關鎖在前。　蔭松楸兮片壤。　宜孫子兮萬年。

襄事杖朞夫王敦壁抆淚誌

下孝哀子孝畧　孝鍊　孝燦仝泣血稽顙

出繼降服哀子孝韜　朞服孫　悌旺　悌琛　悌投　悌眉　悌榜

緦服孫　悌雍　[illegible]

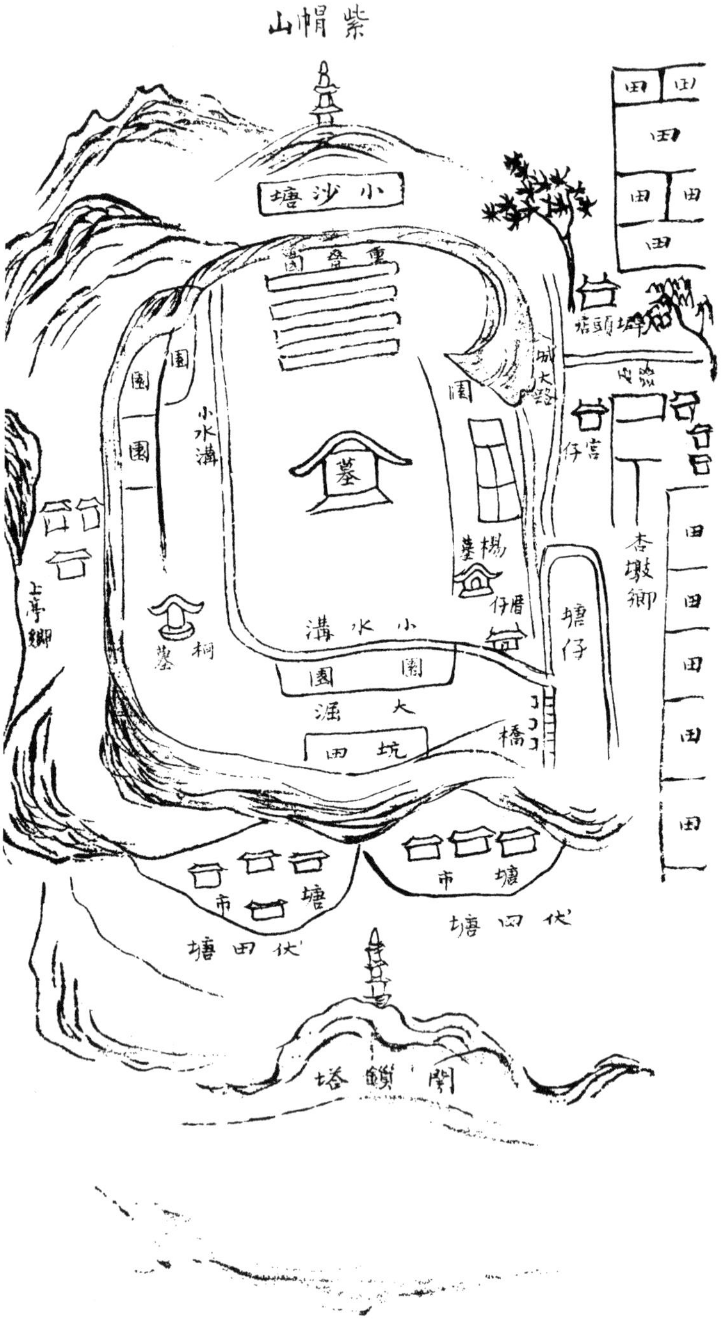
紫帽山
小沙塘
墓
小水溝
小水溝
園
祠墓
楊墓
大溪
坑田
橋
塘仔
杏墩鄉
上亭鄉
塘市
市塘
伏田塘
伏田塘
關鎖塔

風水圖記

龍坑福地。原系林姓厝基。買自壬午。塋自癸未。計費帑（洋）金数百。週圍良園幾十畝。按厥來脉。從乾方蜿蜒而至。方圓寬厚。穴場凝結。屏山紫帽。関鎖在前。左青龍。右白虎。沙水分明。門堂献瑞。纓水環流。四顧羣峰。嵌寄（奇）歷落。居然一福地也。嗇壽家君。愛此地秀美。欲卜築壽域於其中矣。針定乾向巽。兼亥巳。分金庚戌庚辰。爰推厥本而並圖之。匪敢爲功。聊以誌其事云尔。

乙酉孟夏林鐘望日　子莘達誌

維

道光拾年歲次庚寅二月己卯朔越丁亥主祭孫孝達等

謹以潔牲清酌金帛庶饈之儀敢昭告于

顯二世祖考待贈墺齋處士府君

顯七世祖考待贈約齋處士府君

顯八世祖考待贈絢齋處士府君

顯伯考待贈恢裕處士　府君

顯考太學生待贈修職郎誠菴府君之靈曰

維我祖禰　積厚流光　詒謀式穀　教子義方
暨及伯父　節儉溫良　同我皇考　和睦一堂
茲當吉旦　序屬春陽　議依列祖　永祀烝嘗
享祀不忒　德澤孔長　公綿椒衍　寖熾寖昌
尚
享

浙粵名宦

提督[illegible]學政黃[illegible]後裔

嘉靖丙[illegible]明經[illegible]桐廬司[illegible]化州[illegible]

明嘉靖丙戌貢元任浙江桐廬司教

廣東化州儒學學正崇祀浙粵

名宦王道公扁額

明歲進士浙粵名宦雙渠公像讚 列工 穆

取士明經。最合古占。拔雋一黌。
進身由是。斆學相資。執柯彼此。
有雙渠公。安詳視履。巍然冠紳。
貽厥孫子。仰之泰山。樂哉泮水。
我忝仕途。以斯爲美。跂路徬徨。
多公桃李。

賜進士出身即用浙江知縣分發浙江
宗末姪孫克敬頓首拜題

○○○○西房嫡派祖墓

始祖諱道宇在田別號

雙渠公生於皇明憲宗成化十三年丁酉八月初七日卯時於

嘉靖五年丙戌科中選鄉貢進士初任浙江桐廬司教後陞廣東

化州學正堂卒于世宗嘉靖二十六年丁未四月初六日寅時

享年七十有一歲塟在本縣廿六都古坑鄉山原穴坐申向寅

柩居墓內正中左壙

○○○○長房祔墓

始祖妣陳孺人諱三娘別號

慎徽生於成化十七年辛丑八月十三日寅時卒于嘉靖三十

七年戊午七月初七日未時享壽七十有八歲配公合塟在古

坑山柩坐穴内中央右壙少五歲於公其公廿五歲妣廿一歲
即生長男大舍公也
○○○○二世長房祖考别號
墺齋公諱日嚴字學一生於孝宗弘治十四年辛酉九月初三
日辰時卒于嘉靖廿四年乙巳閏正月初九日未時享年四十
有五歲附父合塟在古坑山柩在穴内左畔第二壙
○○○○二世祖妣林氏孺人别號
慎慈諱二娘生於弘治十七年甲子十二月十四日卯時减公
五歲卒於嘉靖三十一年壬子五月初九日丑時享年四十有
九歲配公附翁姑仝塟于古坑山之原柩居墓中左畔第三壙

西房嫡派歷代世次

十五世祖雙渠公

按禮記。始祖爲百世不遷之宗。高祖爲五世則遷之宗。敬大宗。尊始祖也。敬小宗。尊高祖也。公諱道、字在田、即始祖四郎公十五代孫。爲人執古好禮。歷官廣東高州府化州學、正堂。今爲不遷之主

日嚴　字學一號埧齋　子二

日敏　字學時號墀齋　子一

日宣　字學可號填齋　子二

○○○○長房𠀋次

學一之系 本房二𠀋

善卜卦行醫有逸民之風

念尹 號鉄齋諱覺民

念哲 號仰槐諱知民無嗣

子瑾 諱瑋號敎紫學可之孫承繼

藝甫 明稷甲觀本房五𠀋

皜甫 明陽丁觀子一

○○○○二房世次

學畤之系—念極諱根民—子慎諱珪—甫六娘無嗣
　　　　　　　　　　　　　　　—甫七娘無嗣

二房學畤之系至此止

〇〇〇〇三房世次

學可之系

念澤 諱庇民 號金斋

子聘 諱珖 號澄斋

暉甫 庠生 名元家 家觀 子三

子瑾 出繼學一之子覺民 諱瑨 號敬紫

子華 諱璨 號會紫 無嗣

子碧 諱璡 號瑞紫

仰甫 明珠宋觀 子二

念槐 諱保民

子珍 諱理

增甫 明孟子二

暉甫之系

元男觀 無嗣

元勳觀 殤

元協觀 殤

增甫之系

元日二

元伯觀

元尊觀

孫鄉觀 秋香 娶蔡氏

敦猪觀 往蕪禄無娶而夭殁

敦㨗觀 出継瑞運[illegible]殁

敦粑觀 公諱包 娶蔡氏

孝蛋

孝石

爾朝觀之系

孫東月 無嗣

孫光灶 無出

孫光寶 無後

三房學可之系至此止

爾省觀之系 字克察

孫嚴觀 無娶

敦九觀 継子

爾納觀之系 号宏受

孫瑞連 娶蔡氏

敦九觀 無娶 出継嚴観

敦捷觀 挺 継子全英

悌欽

仰甫之系

元向觀

士綿觀
逢生字佳士

爾登觀

爾岩觀

爾串觀

元清觀

士晉觀

爾省英 抱養子一

士壽觀

爾納觀 子二

爾朝觀 子三

○○○ 長房二石頭街分派之次

鎬甫之系

元顯 諱煌育觀
潤西巷宗派發出
天福公分居石頭長壽境
今分派
街之始祖

士原 諱賴
潤是嘉慶公即居石頭街
現派譜以此公為始

爾甲 黃 諱鳳觀子二
無出

爾助 諱助

爾安 諱國寧
號濟菴

爾助之系

孫正 柢寧波

敦舉 天歿 柢十浦寧波

孫用 柢寧波

敦謄 天歿 柢寧波

馬留

敦老 水

〇〇〇〇 長房一之系

藝甫之系 本房 五世

元泰 諱昇 昇觀 號太齋

士文 諱其觀 瑞乾 號約齋 子七

爾順 從觀

爾周 賚觀

爾春 春觀

爾懋
賞觀 本房八世

爾鑽
鑽觀

爾净
净觀

爾騧
騧觀

爾安之系　諱国寧

孫誠　心

孫寬　諱心廣　晋江庠生名文居　子三　文子

阿生　壯歿無出　抵寧波

敦宇殿　夭歿

敦繼英　無出

敦巨川 又名坎，庶出
昊 又名巨川

敦坎

孫體 升

孫帶 東

孫五 淑
往寧波
無娶

孫蝸 心
往吧
無娶

元顯公分居法石頭街生員文居是其派下子孫石頭街派至此止

〇〇〇〇長房之系

爾從觀之系

孫仰觀　号高斋妣管俭恒氏

孫笑觀

敦業觀　娶杜氏　子二俱出继　今不傳一女適[illegible]

敦丹觀　闻入赘海墘　今無考

○○○○二房之系

爾賚觀之系

孫就觀　号直亭　妣孝質楊氏

敦馬意　無嗣

敦涼觀　号純諧　殁於外

孝鑾觀　無娶

敦永杯　無嗣

二房今俱不傳

○○○○三房之系

爾春觀之系

孫光觀

敦蓮昭 無出

敦蓮宗 無出

三房今俱不傳

○○○○五房之系

爾鑽觀之系

孫山觀 無娶

○

孝記生 夭殁 溪水之次子承繼爲孫

孫取觀 號懷義 妣諡慈楊氏 殁於吧

敦溪水

敦溪水之系 号質叟

孝推 號英

長 悌晃生

魁生

次 益生

圭生

三 渭生

性生

孝記

出繼山觀為孫並娶夭歿

孝研

○○○○六房之系

爾淨觀之系 號清齋 妣儉順鄭氏

孫亨觀 歿於吧

敦曲觀 歿於吧

孝梅花 夭殁 殤 敦賜長子承繼

孫暢觀 號孫仁 歿於吧

敦雲英 又名圳 無娶 此人在吧 番媽生在吧娶不歸無出

敦振成 歿於吧

孝卿英 繼子 往巴国因無娶

孫得觀

敦賜觀　号福田　子四

敦賜觀之系

孝開 各托天 無出

孝妹 批 抵三宝呢盈歸

孝梢 光 殤 下

○○○○二世三房祖叔考别號

慎齋公諱日宣字學可生於正德二年丁卯　月　日

時卒于神宗萬曆七年己卯四月初七日子時壽七十有三歲

附父母塋在本邑廿六都古坑山之原穴内柩在墓中右畔第

二壙

○○○○二世三房祖叔妣蔡氏孺人别號

静慎生於武宗正德五年庚午　月　日　時卒于嘉靖

三十三年癸丑七月廿四日辰時享年四十四歲仝公附翁姑

塋在本都古坑山之原穴背申面寅柩坐穴内右畔第三壙也

○○○○三世長房祖考別號

鈇齋公諱覺民字念尸正忌辰七月初七日嗚呼去世愈遠舊譜失詳是以生卒年月仍及祖妣俱無其詳宜查候載

○○○○四世祖考別號

敬紫公諱瑋觀字子瑾生於穆宗隆慶三年己巳十二月十三日　時卒於熹宗天啓元年辛酉八月廿五日　時享年五十三歲葬在本邑廿五都東坑鄉後地名赤土下穴坐巽向乾墓內計四金

○○○○四世祖妣別號

慈順孺人張氏生於隆慶　年十月初五日　時卒于懷宗

○○○○五世

祖考別號

藝甫公處士生於萬曆廿二年甲午八月初五日　時卒於

年八月十六日　時葬在安溪縣下湖山之原也

祖妣別號

慈謹陳氏孺人生於萬曆廿四年丙申七月十九日午時卒於

大清康熙三年甲辰三月十六日午時享壽六十有九歲葬

在廿五都東坑鄉后擗土名赤土下附翁姑仝合葬

○○○○六世

祖考別號

太齋公諱禹昇字元泰生於萬曆四十四年丙辰十二月十二

日卯時卒於康熙廿六年丁卯正月初八日巳時享壽七十
有二歲葬在塘市鄉前面古粧楼其穴坐南朝北今迁葬在
過坑後墘土墩仔與爾周墓毗連穴坐寅向申兼艮坤
祖妣別號
慈謹柯氏孺人生於　年　月　日　時卒於大
清康熙三年甲辰二月廿三日辰時附姑仝葬在東坑土名
赤下之原
〇〇〇〇七世高
祖考別號
約齋公諱凾觀字士文生於順治十四年丁酉二月十六日巳

五歲葬在本都后曾嶼山崎穴坐巽向乾兼巳亥

分金以正公生男七位今子孫號曰七房頭公即是公者

祖妣別號

勤德孺人洪氏生於康熙元年壬寅八月廿六日辰時卒於康熙五拾三年甲午七月十七日戌時享壽五十有三齡配公全合葬在本邑廿六都后曾嶼山崎之原穴坐巽向乾兼巳亥內計二壙

繼妣慈順魏氏生于　　　年二月貳拾日午時卒於乾隆四年己未二月初七日巳時葬在本山過坑山後壁之原

〇〇〇〇八世長房祖伯考別號

爾承公諱從觀生於康熙辛酉年正月廿九日戌時卒於雍正

乙卯年五月初三日酉時塟在夲山夫人地上坐南朝北享
年五十有五歲生子曰仰現無後
妣勤順孺人蔡氏生於康熙廿五年丙寅十一月廿四日　時
卒於乾隆十八年癸酉三月初一日辰時享壽六十有八歲
○○○○八世二房祖伯考別號
爾周公諱賚觀生於康熙廿六年丁卯二月廿六日酉時卒於
雍正四年丙午五月廿五日　時享年四十歲塟在夲山過
坑鄉後壁墩仔邊穴坐寅向申兼艮坤
妣順節魏氏孺人生於康熙卅三年甲戌八月廿四日卯時卒
于乾隆三十年乙酉六月廿一日辰時享壽七十有二歲配
公仝塋生過允爻仝塋生是其派下之子孫也

○○○○八世三房祖伯考別號

忠齋公諱春觀生於康熙庚午年二月廿一日辰時卒於乾隆壬申年八月十一日酉時壽六十三歲生子名光現今無後

妣勤慎柯氏孺人生於康熙丙子年三月二十日申時卒於乾隆　年十二月廿一日戌時配公合塋在本山壁頭山

○○○○八世四房派（本支晋）祖考別號

絢齋公諱賞觀字爾懋生於康熙三十五年丙子正月二十八日酉時卒於乾隆三十八年庚辰六月三十日巳時享壽六十有四歲生男二位女一適莊而公塋在本山壁頭項十班內穴坐甲向庚兼卯酉墓名俗號曰萬軍聚營（道光十年庚寅年恭迎神主陞入大宗）

妣別號勤慈謹娘是諱名陳氏孺人生於康熙四十二年癸未

●〇〇〇九世本房派祖

祖考別號

璟山公諱玉觀字孫鳳生於雍正弍年甲辰九月初八日辰時

卒於乾隆戊子年（近暹羅）十二月廿四日巳時享年四十五歲殁於

外夷埜在番邦港口國觀音山公生五男二女於嘉慶廿

三年戊寅十月十五日卯時進主大宗內（本世派子孫宗廟增入之 子孫保之）

祖妣別號

靖謹諱隨娘郭氏孺人出自井尾鈔埭人生於雍正四年丙午

十一月廿七日辰時卒於乾隆四十九年甲辰五月十四日

辰時享壽五十有九歲埜在本邑廿六都荊山鄉後埔穴坐

日酉時再東安葉後湖街埔迪吉綿綿永昌

○○○○十㐂長房伯考別號

敦賦諱珍德生於　年十（發往吧地後拾回）月初五日　時卒於乾隆

年六月初五日　時葬在本山壁頭十班內妣蔡氏出（改嫁）繼

○○○○十㐂二房伯考別號（樸實恂厚）

慎裕諱萬德字敢錦生於乾隆丙子年八月初二日卯時卒於

嘉慶壬申年七月廿九日子時歿（因往吧歸）于廣東地面虎門港內也

先娶李氏早卒葬在壁頭山十班內繼娶后洋楊氏

○○○○十㐂三房伯考別號（此系可留下抄）

恢裕諱祖德字敢宗生於乾隆戊寅年十月十四日辰時卒於

嘉慶九年（甲子）十二月十三日午時伯幼年外出營生吧国在番

娶戴氏、諱生娘生男一、乳名、德光、另改又名、明珠、在吧娶妻、林

氏名有娘嗟呼宗伯未及榮歸、而殁于吧、今葬在咖𠺕吧、此条勿抄

○○○○十五世五房叔考别號

安裕諱然德字敦全生於乾隆卅一年丙戌十二月廿八日亥

時卒於嘉慶廿二年丁丑正月十六日亥時年五十有二歲

葬在本洋西敦尾田墩上娶林氏諱旦娘

三房考

敦宗号愜禧瑶山公三子幼而聰敏宗親老未娶遠後大作
用在咬𠺕吧米洞前開義興咋叻襍貨鋪歷年寄家一二三千
通計寄回不下几万建置田園厝宅及各生理就本鄉西溝開
義興典鋪双渠公小宗重新及瑶山媽荆山墓費用許多盡出
甘力厥功甚巨宜為傳揚沒世不忘在吧娶戴氏名生娘於嘉
慶己未年生子德光字輝巳娶媳婦林氏閨名友娘係漳望族
公因生理纏絆無暇歸梓甲子冬而生疗竟棄世葬在吧喪事
費几千金公於世為殊而罕覯公生乾隆戊寅年拾月十四日
辰時卒嘉慶甲子年十二月十三日午時道光十年二月廿八日卯迎
主進入大宗回春秋配饗奕世傳芳

王田始祖四郎公二世八郎公三世十三郎公四世十六郎公
五世廿二郎公六世鎮圭公七世克信公八世三淵公九世子
能公十世孔明公十一世純仁公十二世全樸公十三世弘執
公十四世恂斋公十五世雙渠公十六世壞斋公十七世鉄斋
公十八世敬紫公十九世藝甫公二十世太齋公廿一世約斋
公廿二世絢斋公廿三世瑾山公廿四世即余生父敦壁誠菴公
以後綿綿瓜瓞螽斯麟趾百世餘澤正未艾也

孝銓謹述

四房拈得鬮書合約鬮

立約字人敦璧。有承父兄建置田宅。前于嘉慶十六年正月。次
兄敦錦。經請諸房長公親。將所買現額田地。并家器財賥抽起
交輪外。分爲五鬮均平。各去營耕為業。而所建大厝。亦有指定
房間。照序婚娶居住。亦可以無餘言矣。特未登載鬮書之上。今
日者。孫支興盛。派本暫分。惟恐度量不齊。有致紛争。是以再煩
列位親長。集諸姪輩。另行約束。庶友于之風長在。翕和之愛猶
存。 賤少而窮苦。每以家敝。東西遊走。中年外出。皓首而歸。幸蒼
天不負。粒積多少。雖 賤之鋭志。亦一家之造福也。追屬毛之恩。
念猶子之情。罄空囊中。不論子與姪。一體同視。仍分爲五鬮。每
鬮銀項即日交訖。自今以後。田宅其均矣。財賥其加矣。由是而

寖熾寖昌。可無生端之慮。由是而千枝萬葉。可無異言之憂。此
賤實寸心不昧。非獨一家之子姪。及房中之伯叔所見明知。今
欲有憑。仝立約字壹樣五紙。長房交挽姪收。二房交捒姪收。三
房交明韜收。四房交與罟收。五房交却姪收。各宜凜遵。付執爲
炤。

計開各房厝額　代書敦化

敦啓弟

贊成伯　溪水兄　孝權

知見公親　孫宗叔　敦白弟

孫于叔　敦吉弟　豹姪

道光戊年正月　日立約字人敦壘

十世四房

顯考諱美艷字敦璧號誠庵公素務經業緣家計迫抵吧三次（本分誠篤）
全兄經商敦宗逝後并㨾勤苦更振規模嘉慶庚辰榮歸梓
里囊資頗厚辛巳捐監壬午週甲賓朋滿座生平淡約待人
寬和凡有義舉勇躍無憚庚辰初旋適族中緣西邊一事助
艮退四百元自作東西塘又海岸收理大宮獨收祠宇添充
田租爾充田為双渠公祀業先是戊寅之歲鄉中為羅裳事
次子萼鈴手理助艮三百元族議感欣即將瑆山公主暨
又旦身祿位進入大宗为公雖在吧未歸塞皆公力內外親
戚養生送死咸受蔭種種善類非止一端公生於乾隆廿

八年癸未七月庚申、廿四日己卯、申時壬申、辛于道光八年
戊子三月廿一日戊亥時以疾終於正寢享年六十有六葬在
本山二巷東穴內坐庚向甲兼酉卯穴外坐庚甲申寅娶吳
氏生四子繼子一繼娶莊氏公葬之日点主官王克敬（進士陳宗樾）題主官
蘋炯焜（辛人）（陽書）外鄉及本里送者不可（不計其數）詎非忠厚在人安能致之耶書於此以誌不忘
再考誠菴公墓道光十一年四月十五日午時即原地改葬穴坐坤向艮兼未丑地理師黃重
水前鄉母舅吳府官道光乙未十五年八月十六日卯時遷移別葬本山自坑之原
祭
誠菴公（進壙）祝文嗚呼吾父遽然其亡呼天無路擗踊哀傷憶父在
日湖海經商晚年歸棹猶獲吉康本期椿壽歲月悠長何緣
一旦憂斷黃梁騎箕永訣南極無光俾予小子遭茲閔凶乃

擇吉壤尚依梓桑謹扶璽櫬永为寿藏明神呵護川岳呈祥
庇蔭後嗣寖熾寖昌

双渠公長子墺齋公又七世孫約齋公八世孫絢斋公十世孫
恢禧公此四位神主於道光十年二月（庚寅）廿八日卯時迎進大宗
内因族中緣苦宅賊事计費千餘金每主定百拾元咱又自另
費許多時吾父誠菴公雖經仙逝亦皆是其餘澤所致非余小
子所有力也宜爾子孫知公功德浩大百世流芳永無疆也

不肖次子孝銓敬傳

十世四房

顯妣別號端慈。諱燕娘。孺人吳氏。出自本邑五都靈水前鄉吳（恩房）

諱宗觀之次女。年二十有三。歸國學生父敦璧。生不才兄弟五

人。吾母爲人善心。信敬神明。身雖安業。未嘗挾富驕奢。母生於

乾隆廿七年壬午。三月十四日亥時。卒於嘉慶十五年庚午。五

月十四日酉時。享年四十有九歲。初以鄉葬在本洋陳姓墩後

還葬於靈水前鄉巽山前。土名崎坑田頂。今以道光癸未。重改葬

本山龍坑山之原。穴坐乾向巽。兼亥巳。分金庚戌庚辰。從爺佳

城協吉。奕世永昌。地理師。係靈水母舅。吳（泉源公派下）育觀。而此風水。不才

亦曾處求。天心洞列位仙尊。指夣甚吉。

〇〇〇〇十一世四房長別號
淑軒公諱傳家字孝克生於乾隆五十年乙巳六月十八日丑時
卒於嘉慶十三年戊辰九月二十日巳時年二十有四歲與(和)
母仝塟在靈水鄉巽山前土名崎坑田頂穴坐癸向丁兼丑
未分金庚子庚午道光三年癸未十月廿九日卯時重修理
完固今止獨塟葬以改葬本山㘽

古瀛公稱其古道照人筆之於圖皆寔録焉娶　端慈吳孺人名燕觀善
治家孝姑氏睦妯娌教育兒子二十年佐兄有成繼娶恬順莊孺人名選觀
淑慎溫柔制行多与吳孺人類而視前子如己出尤其可嘉者余秉鐸臺
陽之嘉邑　誠庵兄次子孝銓亦來臺閱余因述今秋將合塋其先人屬余
誌余不文第即所聞見者書以應之並誌其生卒云兄生乾隆癸未年七月
廿日辰申時卒道光戊子年三月廿一日戌時享年六十有六嫂生乾隆壬午年
三月十四日亥時卒嘉慶庚午年五月十四日酉時享年四十有九繼嫂生乾
隆辛丑年正月十八日吉時卒道光己丑年九月初六日丑時享年仝嫂子五人

皆

吳孺人出孫九人降服孫三降服曾孫二曾女孫一婚娶聘許皆名族

不載茲以道光乙未年八月十六日卯時合塟於龍坑山穴坐乾向巽

兼亥巳　銘曰

為德於鄉素多義舉不求人知人共推許六十六年孫曾踵起

同衾同穴先後兩美嗚呼為善無不報兮尚宜昌熾其孫子

承重孫悌胎

襄事不孝孤哀子孝畧　孝練　孝燦

出繼降服子孝鈴　仝泣血稽顙

皇清國學生六十六翁　誠庵王府君洎原配端慈吳孺人繼配恬順莊孺人

合塟誌銘

敕進士脩職郎歷任福清嘉義県學教諭兼署訓導弟藍田頓首拜撰

兄諱美豔字敦璧號誠庵國學生吾族自四郎公肇基杏村傳至

雙渠公以明經任廣東化州學正九傳至　瑶山公舉丈夫子五而兄居四性恬

默寡言三次抵吧挾厚貲以歸弗念桔据之難能知大義建祖祠充祀業修築

海岸塘岸又極孝友敦本凡族戚姻婭咸周卹不怠対人一本誠寔晚遊廈

漳人羣呼為篤行長者嘗令畫師繪耕織圖以示後吾族進士

期服孫悌揆　悌碗　悌眉　悌樑
悌娶　悌垞　悌耳　悌寢
降服孫　悌琛　悌雍　悌鰲
降服曾孫　奕濟　奕嵱
仝稽首勒石

公生是癸未年七月廿四日申時不是辰時而誌誤上刻悞後当改之

龍坑風水係於道光廿柒年丁未八月初二日良時進壙就原穴原字

重脩理完固

龍坑風水係於道光廿柒年丁未八月初二日辰時進壙執原穴原字

重脩理完固

鄉進士特授湖北施南府咸豐縣知縣前署浙江

湖州分府歷任金華秀水嘉善江山黃巖等

縣事戊寅科湖北同考試官加五級紀錄七

[illegible]頁首詳

次男諱金椽字勝登號偉軒生于道光壬午年閏三月十二日巳時卒于道光乙巳年三月廿一日酉時寿廿五歲與丈夫墓在上施鄉聘施氏諱錬官號貞烈生于道光癸未年八月十三日丑時卒于道光己亥年十二月初九日戌時寿十七歲葬石獅山

雙渠公派下重新譜記

譜牒之書由來尚矣。所以定世系辨昭穆。尊祖敬宗之意莫重於此矣。考我王氏。始祖四郎公。本光州固始縣人。前朝避難肇居於此。粵自宋季以迄我朝。代有傳人。或以科甲見。或以援例聞。歷官中外殊難指數。昔人嘗云地靈人傑。理或然焉。溯自始遷之祖，以至雙渠公凡十六世。世遠則情疎。則視族衆如路人。良可嘆也。舊譜撰於達軒公之手。是而後修之者有二。第歷世既久，簡編不能無缺。文字不能無譌。余深為是慮。於是就本房雙渠公派下。將立譜牒。爰倣歐陽氏譜法，稽厥系緒，以五代為圖。卋經人緯。昭穆秩然有條不紊。與夫先人行寔，凡可景仰於當時後世者，亦彙次成帙。附於其後。後之子孫有志者。尚考於斯。余不文而直書之。所賴吾房之賢子孫。肯諒吾愚勿深罪也。是為記。

余才庸兮。余心傷。懷先人兮。不能忘。安得有志兮。譜吾宗。

時維

乙酉流火之朔　十一世孫孝達謹識

王氏歷代世次

吾族杏墩。離郡三十里。一派平洋。寔今父母昆弟聚族之鄉。其先始祖四郎公。系光州固始縣人。自宋徽宗。避難入閩。卜居泉郡晋邑。廿六都王田鄉。其里為聚仁里。而鄉祖號曰安仁鄉。四郎公生八郎公。八郎生十一郎。十二郎。十三郎。即孟仲季三房。及十四位師叔。鑿新井後無可查。孟仲後已經另錄。其聚族而蕃衍者。季氏十三郎。十三郎生十六郎。十六郎生廿二郎。廿二郎生子三。分為三房。或開岑兜山前。或贅蘸坑鉄塘。即鎮堦、鎮圭、鎮坤。而鎮圭公生克信。克信生實甫。德甫。文甫。清甫。又多避難外郡。徙居別都。惟我文甫公。仁厚。猶憑故里而居焉。文甫公即三湖公。三湖公生子能公。子能生孔明公。孔明生處士公。處士公生文林郎全樸公。全樸公生子六。分房三。曰東西後。而宏執公是其次子。即吾西房派祖也。宏執公生恂齋公。恂齋公生子二人。長雙渠公。次介菴公。而介菴公。即四部侍郎觀参（光）叔之祖也。蓋自宋以歷我朝。代有更業。時有文人。而為余派祖者雙渠公。以貢科秉化州鐸。以後子孫世系。歷歷在譜。可得而遡焉。是為記。

皇清道光五年歲次乙酉流火之朔

孝達敬書

〇〇〇 七房之系

爾駋觀之系

号東質，妣素約杜盈氏

又妣勤靜郭氏

孫敬觀

無出

孫艾觀

無出

歿於吧

孫訓觀

無出

歿於吧

孫恭觀 殁於叻

敦否觀

孝銅爐 携一子在力山鄉 厝田嫁

〇〇〇〇 本四房之系

爾懋賞觀之系　号絢齋

道光十年住主入大宗

公樂善好施自捐己资只修葺海岸親自

監督内外告蘇而孫亦於七房公齋公作七七四十九日

大功果帶達至曾騎風水

孫文良　号字懷妣孝蔡林氏　殁于吧

孫玉観　號理山公字孫瓒　子五

敦世德　号字敦士　殁于吧

敦添進　号建修　無丁公　殁于吧

敦世德之系 卅殁於吧

孝平 諱寬治 娶吳氏

長 悌忠生 娶林氏
洋生

次 悌齊生 娶林氏
光義

三 悌順生 娶姜南宋
長 榮華
次 榮洄
三 榮旋

四 悌茵 娶楊氏
榮嬌
榮訓

〇〇〇三 本房世次

瑶山公之系 九世祖

妣郭氏号靖谨係井尾蔡埭人生于雍正丙午年十一月廿七日辰时卒乾隆甲辰年五月十四日辰时享年五十有九葬在宫山乡坐辰向戌兼巽乾

敦盛 諱珍德子二 殁於吧

敦錦 諱萬德子二

敦宗 諱祖德子二 号愼裕公

敦壁 諱艷德子五

敦全 諱然德子二

〇〇〇四房長之系

敦盛之系 壯歿於吧

孝祐 諱佛保 壯年 歿於吧

悌司 諱挽生 壯歿 号祥鹿

奕 印生 無娶夭

奕 彪生

奕 蠏生 殤 出繼滿林

悌球

諱淺琳

承繼添才

悌善　諱初仁夫奴　無出　謚愧庭

悌南　諱採蘋

孝添財 殤夭
殁於吧 無娶

悌球 次子承繼
諱滿林佛保

奕 螄解生 繼子殤

○○○○四房二之系

敦錦之系

妣端謹李氏

殁於廣東虎门港口

謚慎裕

孝湖

諱廷璉

殁於吧

号欣爾天

悌定生

静

蚶生

孝選

諱廷棟過臺灣

無出

〇〇〇〇四房三之系

敦宗之系　諡恢禧　娶戴氏

孝鈴　諱明韜號心田　敦璧次子承維

悌獻　壬申生　國琛先出繼四房　孝先爲次子後仍歸宗

濟河　奕波　庚寅生

悌　國雍　和勞

悌　國鰲　奕挖

孝輝

諱明珠 乳名

德兆 在咬噹吧喊(番)生孰吧

業澗前開祖

舖義興號

嘉慶己未年十二月廿七日亥時生 道光庚寅七月四日卒 辛卯正月廿九日由宜(格)甘(舟)國

娶泯吧 無出 社歿

○○○○四房五之系

敦全之系 謚安裕 娶林氏

孝節 謚英直 諱徒却 娶丁氏 道光戊戌冬至進主入大宗

悌園 水梨

悌朋 水亀

悌 水瀍

悌 水屡

萬生

叔星

孝薾

諱廷蚕天

号憫軒娶張氏

悌蟳

君孚

蚏生

出继孝湖公為孫

汚生

〇〇〇〇四房四之系

妣吴氏号瑞意生于乾隆卅七年
三月十四日亥時卒于嘉慶十五
年五月十四日酉時享年四十九

敦璧之系

國學生候選直隸州州判
例娶妣吴氏娶不才兄弟
五人繼娶莊氏在吧
徵撒道光乙酉冬月
十六日未時徵々身故
例報參伴郎

孝克

号淑軒
諱傳家
乙巳生
娶陳氏

悌 純胎 亦名 娶莊氏

典謨 号卯陽

奕福

世琴

為滿

為方

悌 國琛 浩河

悌 投生

孝鈴自号心田生性守拙尚
務本恃謙志每存善惟
秉心田自少至老處景
多艱抱愧艮獨故号心
田又曰慚齋生乾隆辛
亥五十六年七月初五日
丑時卒于道光戊申
年四月廿四日戌時寿
五十八歲代
孝鈴元配柔懿莊氏
早時卒道光壬辰
十三歲葬在本山自良

孝鈴

卿飲賓
諱明韜出繼三房

敦宗為長子辛亥年
生号慚齋又号留

娶莊氏

長 悌献 名国琛 壬申生
初娶莊氏
娶柯氏

鴛鴦

水數

長子 奕波 諱濟河

次 塔燈 少殤

三 且嗓 自號 為澄波

和鴦 世八 名宗禎

生於壬寅 世鴦

卒於辛丑 六月十四

奕棪 烏埕

孝榮 諱與墨丁巳年移 戊午生娶吳氏 卒庚子享年 四十四歲

悌常 重徵 娶吳氏

悌 重耳 娶楊氏

奕華 丁世盤

文魁

鴻喜

奕燾

余甫襁未脫。父以家計。遠適異国。經營謀利。至十歲。慈母遽別而逝。身遭鞠凶失恃。優游歲月。卒以成性。幸蒼天不負。以有今日着。皆吾祖吾父積德垂裕之庇也。於今年二十六矣。娶妻陳氏。茲幾八載。雖云室家靜好。中夜思之。難棻罔極之感。念富貴貧賤不可求。惟正身履道。以俟兒子之長成。取術閱是譜。感慨係之。聊書數語。以寫區區之憂云爾。

孝達
諱拙練
庚申生
娶陳氏 辛酉生
余生嘉慶庚申閏四月廿五日巳時

悌
金碗
槐

悌
金榜字悌登
道光乙巳卒

悌
金 字悌其

悌
金塊（仙）
咸豐壬子卒

悌
金降（仙）
奕昭
奕怡
奕亭

孝光

諱銅璨
甲子生
娶莊氏

悌

寢英

咸豐辛亥年卒

[福建晋江]王田里西房雙渠公派下譜牒

双溪三房世次

敦橽之系

孝全

悌欲

奕猛

奕灰　子兵景

敦包之系

孝蛋

孝石

悌皆

今伊母在厦门橋巷居

双渠公長房二世次

双渠公長房二世次

敦坎

孫寬之系
庠生名心廣
現住石頭街

双渠公長房長世次

孝敲之系

悌覬
奕蕘

悌益 出継孝研

悌滑 出継孝記

孝記之系

悌滑 孝敲三子承繼

奕性

奕榮

奕窗

孝研之系

悌益 孝敲次子承繼

奕走

奕鮑

奕茅

[illegible]

孝銅鍠之系
　悌
　隨母嫁現在力山鄉不歸

寬治之系字孝平
　悌忠
　　奕陽
　　　長英

悌齊
- 光義
  - 世諭

悌順
- 長 荣華
- 次 荣洄
- 三 荣旋

悌茵
- 荣嬌
- 荣圳

悌撓之系
奕虎

悌定之系
奕蚶
水墿長子承繼

国琛之系 — 濟河 — 世亨

鴛鴦之系 — 奕勞 — 長 世八 — 長 紫禎
次 世自
三 世葦
五 文曲
四 文沛

水鸞之系 — 奕軋 — 烏墙
世墝
文普

悌龟之系
奕勇
世作
世盾
世内　出继奕星

悌愈之系
奕星
世剧
世内

悌蟳之系
蝴生　出继悌宗
世峯
世
奕汚
世嶽
世次
世　出继奕尌

奕福之系

世琴 三房名岩 名潘 二人生夭亡

悌常之系 大孝生 妣吳唐娘

媽祝

世盤

文魁

莧

媽喜 出繼孝先之子悌濡

悌里之系

奕嬌

悌降之系

媽耀

媽椎

王氏受姓源流歷代本支世系

吾宗肇始于黃帝軒轅氏而生挚〻生蟜極〻〻生爻〻生棄〻
生不窋〻〻生鞠〻生公劉〻〻生慶節〻〻生皇僕〻〻生弗
差〻〻生毀隃〻〻生公非〻〻生高圉〻〻生亞圉〻〻生公叔
祖〻〻生古公亶父〻〻生季歷〻〻生昌（侄）〻生發（武）〻生誦〻
生釗〻生瑕〻生湍〻生繄扈〻〻生辟方〻〻生燮〻生
胡〻生靜〻生宮湦〻〻生宜臼〻〻傳孫琳〻生佗〻〻生
胡育〻〻生卸〻生鄭〻生壬辰（生瑜）〻生夷〻生洩心〻〻生

晋〻以直諫貶彦燕人出居伊洛生敬宗時人稱曰王家子因受姓
彦王氏則自敬宗始也敬宗生岳起〻〻生靖康生黼〻〻生瓚〻生育〻〻
生尚德〻〻生豨〻生景〻生錯〻生賚〻生諭〻生恩〻生恢〻生
元〻生頤〻生翦〻生賁〻生離〻生元威〻〻生廷臣〻〻生中〻〻
生樂〻生吉〻生駿〻生崇〻生遵〻生霄〻生融〻生覽〻生裁
裁生尊〻生洽〻珣〻生曇首〻〻生僧倬〻〻生儉〻生騫
騫生規〻生褒〻生鼒〻生弘直〻生綝〻生曄〻生友〻生下
下生僖〻以門蔭彦光州刺史加贈太尉而生男三長曰

潮次曰審邽三曰審知分閩閩始祖兄弟三人于唐光啓元年由光州固始治戎（開閩）肇基閩邦後各晉封王爵凡我閩中（王氏）子姓源出一本（是其始祖也）覽斯序者足可知前之系焉

自黃帝軒轅氏傳至晉王子喬公計四十一世自子喬公至審知公四十九世自審知公至四郎公八世（九）自四郎公至吾父敦璧誠庵公廿四世總共一百二十世四郎公生於北宋徽宗建中靖国元年辛巳至南宋高宗建炎元年丁未凡廿七年（歷）元世祖至元元年庚辰計一百七十九年

皇明太祖洪武元年戊申計二百六十七年至大清世祖章皇帝順治元年甲申計五百四十三年至高宗純皇帝乾隆六十年乙卯計六百九十五年至嘉慶廿五年庚辰七百二十年即今道光八年戊子吾父敦璧誠菴公歸天廿八計七百廿八年慮後子孫宗支茂盛源流不息振々綿々永々未艾也孝鈐謹記

奉

天承運

皇帝制曰騁萬里之才雖縣邁跡啟百年之業必藉累仁法宜榮其所

生恩崇替於既往爾贈文林郎王教民迺戶部右侍郎觀光之父風規

遠大步趨矩繩道埒太邱孝友薰乎鄰里教同萬石諄諄樂在老衆

鮮紛不居其名市義有異於俠嘉爾碩胤為子寶臣是用覃恩

加贈爾為通議大夫戶部右侍郎錫之誥命師中唱籌方振

貔貅之氣隴上植標即映綸綍之書

隆武元年拾貳月　日

敕命之寶

要房務謄此系隆武人

奉

天承運

皇帝制曰遠養反親固後尊榮之盛受福於母而增板柏之

輝宜有龍章用昭燕譽爾孺人黃氏迺戶部右侍郎王觀光之

母箴篚禮教圖史音徽當几杖之棄遐藉丸膽以廩訓明志

致遠日提武穀芳規竹笋江魚不損清冰令聞樵樓之思已邈
荻畫之慕儼然是用覃恩贈爾爲淑人錫之誥命弘揚愛日
之忱顯迓自天之錫

隆武元年拾貳月　敕命　日
之寶

奉天誥命戶部侍郎王觀光并妻　誥命一道

奉
天承運

皇帝制曰朕留心安攘簡任英賢惟督餉招征實慽勷重寄既注倚
特殷豈寵命可後爾戶部右侍郎王觀光才識並茂文武兼資出牧則
兢守六條明刑則謹持三尺昆陵之概字千里同風荊郡之干城萬雉熙
惹既共推其遠譽遂全畀以度支執戎索以伸威懷師多宿飽創
關鎮而捍流安民鮮哀嗸爰以覃恩授爾階通議大夫錫之誥命
爾其懋計詳籌伐謀鼓銳倘一統之山河既復則四部之恩貺有加
欽哉

制曰國有力臣而勛勳攸寄猶仕又賢助而蘋蘩克修攸稷益之
勞既徵則報鐘之効亦著爾戶部右侍郎王觀光妻封孺人蔡氏
賢明賦性淑慎持躬事左右而奉慈顏掾靜好以明婦德當其
策蹇孤征之日佐五馬猶然飲冰則知御命出疆之時復兩京
胥忘內顧茲用覃恩封爾爲淑人錫之誥命珩璜贊美榮
頒鸞誥五花絲綸生光式奉綌衣百晝

敕雲南按察司副使王春復金藍騰衝地方遠在西南極邊接連芒市南甸

隴川芊崖木邦孟密等處官軍縱肆不知法度往往與夷民交通官豪之家又多在夷方置立莊所役使夷民倚勢剝削甚至透漏事情俱無鈐束今特命爾春夏於金齒秋冬於騰衝往來駐劄糾察奸私整飭兵備操練軍馬收理城池聽理軍民詞訟設法蓄積糧儲禁約官豪軍民人等不許擅往夷方置莊攬擾及私與夷民交通透漏事情販賣火藥軍器等項若有犯者輕則量情懲治重則拏問如律應奏請者指實參奏仍听鎮巡官節制不許偏執違拗致方誤事爾為憲臣受茲委任須恃廉秉公正己率下毋或貪黷貨利貽患地方如違罪不輕貸爾其勉之慎之故敕

嘉靖四十一年三月十二日敕

户部侍郎王觀光祖父母

誥命一道

奉

天承運

皇帝制曰天祐皇圖篤生禎朝之柱礎家滋善慶弘開名世之初生業（弓箕）

與槐以俱萌山出雲而必潤爾儒士王日果廼户部右侍郎觀光

之祖父少負魁梧長勤讀誦惟孝是亦為政則友本於根必掌陴

塘則捐貲督修遇儉歲輒倒[illegible]貞今國期昌職有子膠庠崇階
本裕後[謀]貽孫燕翼茲用覃恩贈爾為通議大夫戶部右侍郎錫之
誥命馬鬣巍峩潛德光昭於奕世龍章炳煥叠恩輝映乎千秋
制曰昌期百年而生名世既膺台祿善氣三傳而毓吉臣彌徵慈澤
重申巽命用錫坤貞爾何氏迺戶部右侍郎王觀光之祖母世席
縹緗材協箴史儉敦素尚有縞衣茹蘆之風孝事重闈得朱萼白
華之潔周急成解推之舉睦婣得內外之歡今芝本雖枯而醴泉
猶溢是用贈爾為淑人申命台朝載生顯揚之色祝釐在廟並崇

[illegible]〃昇之傳

隆武元年拾貳月　　日

誠庵公仝誠庵媽合葬誌銘

皇清國庠生六十六翁　誠庵王二付君洎原配端慈吳孺人繼配恬
順莊孺人合葬誌銘
歲進士修職郎歷任福清嘉義縣學教諭兼署訓導弟藍田頓
首拜撰并篆　兄偉美艷字敦璧號誠庵國庠生吾族自
四郎公肇基古村傳至　雙渠公以明經任廣東化州學正
九傳至　瑤山翁庠大夫子五而兄居四性恬默寡言三次抵
吧口挾貲之人之　君雖能九六文建祖祠充祀業修

錄而傳　噫〻〻敦本在族戚姻婭咸周知不忘也

人一本誠實睦族遵慶障人群呼為篤行長者嘗令畫師繪

耕織圖以示後吾族進士　古瀛公極共古道照人筆之於

圖皆實錄焉要　端慈吳孺人名懿双善治家孝姑氏

睦妯娌教育男子二十一年佐之有成繼娶性順莊孺人敬慎

溫柔制行多與　吳孺人類而視前子如己出大共可嘉共余竊

鐸臺陽之嘉邑　誠庵公次子孝銓與余臺同年閒求

令妝將合塟其先人囑余誌余不文第此　亦聞見其事以代

庶之并誌其生卒云 又生乾隆癸未五七 日辰時卒

道光戊子年三月廿一日戌時 壽年六十有六 □骸生崗佐釜□

午年二月十四日亥時卒 嘉慶庚午年五月十四日酉時享

四十有九 繼嫂史 乾隆辛丑年正月十八日吉時卒 道光己丑年

九月初六日丑時享年五十 嫂子五人皆 吳孺人出 孫九人降

服孫三 降服曾孫 曾女孫一 婚娶聘許皆名族 之 光

壬辰 日卯時 葬於龍坑山 西向

孫以道光乙未

向 □□□

悌献時原擬將承我仙兄嗣既然義舉夫復何言祇緣余不德命乖福薄孕育之道甚屬維艱迨斯年近四旬未曾再索得男老蚌生珠夢熊之兆想無復望每念及此良獨內愧雖関天數却難忘懷茲幸先兄螟蛉有子邇將婚娶成人弄璋可期聯續宗祧尚有賴矣余雖即以悌献加添承繼似亦無補於事矧乎兄嫂甚罔関情殊不為意余故乘時爰將悌献仍歸余宗紹余箕裘只稱投契先兄爲義子耳夫諸姑伯叔猶子比兒兄弟之子即吾子而吾子即君子又何計較分別哉所以然者防微杜漸誠恐異日我子不謂他人父不謂他人母一身要成兩家難勉分身瀚事是余始意反為不美不得不早為之所且亘古說今单子似罕別承之理繼絕世亦必多子而後可余今雖亦螟蛉一二究之血脉僅此微点安有自支式微幾希絕墜而子反令別承之殊不孝有三無後為大忖度於心察之論乎情隱喜似誠弗宜今胆云爾實非得已我先仁兄在天陰靈不爽自必原諒覓宥至若此子將来窮達未得預料惟是既生則養既養則成烏虎為犬否泰所天余何得亦深謀

丙戌孟夏孝銓愼齋肖氏記後之君子欲抄譜者当改註明毋使後世或亂宗支

欽定會魁文林郎現知湖北鄖陽府鄖西縣事署荆宜昌府歸州知州宗弟承勳葯園氏

這便是蘭亭遺蹤。烏衣勝里。端的有俊秀騷人。文而有美。怎麼端坐一軒。命家僮閑抱綠綺。料想他（此）雅慕鍾期。只愛着高山流水。時或乘南薰而徘徊。步東皋而徙倚。怡情崇山峻嶺（此言崇山）之間。適意豐草（此言茂林）長林之裡。則見有越女吳姬。昔（浣紗）稱名妓。泛沙棠（此言美女蕩舟採蓮）之舟。過銀塘之溪。盼亭亭之綠荷。着纖纖之素手。既得意而忘言。我亦披圖而有喜。任憑人說是蓬島仙居瑤臺瑤阯。即此看彼。當不必以彼易此。

蓉蓮小影贊

恭題

天榮封王鈐翁小照行樂圖

天和頤養呼赤松以偕遊物理靜觀引青蓮爲同調性喜芒鞋竹杖情移桂渚松山追梅市之芳蹤啟蘭亭之雅會惟我鈐翁槐堂世冑杏里高門幼即岐嶷長而清綺汪洋雅度光風霽月之懷醇粹清標璞玉渾金之品編蒲雪案壯志莫酬藪竹雲溪放懷自得於是引壺觴以自酌尋澗谷而同遊米家書畫之船蔣生蓬蒿之徑琴樽嘯詠卯壑盤桓斯固高臥直等羲皇自樂不知魏晉矣况乎繞膝悉階前鸑鷟垂髫嵩天上麒麟斟延壽之杯奏長生之曲玉虛名館便爲元圃之臺金字題門竚降青毛之節

鄉進士例授文林郎楊紹祖（乙未太歲二年春月）頓首拜撰

心田李鈐氏影讚

道光庚子陽春

晉邑杏墩王氏譜匣

蕃錦思田氏置

長發其祥永綏吉劭

宜爾子孫永保守之

悌獻先聘青陽莊氏四月初九日生忌五月初九日正忌

悌獻之次男諾燈生道光癸巳年七月廿三日酉時卒道光丁酉年九月初十日亥時年五歲少殤

孝欽副室陳氏生嘉慶甲戌年十月十二日戌時

青陽岳父莊有時舍五月廿六日正忌

青陽岳母林腰官有時舍娘五月初四日正忌

当日起此大厝敦錦二宿偕敦璧公歷尽艱辛本房強人万端阻止百樣欺辱破費難數方成其美庶我後世有志孫子念及先世創業維艱切囑後人有基勿壞是所厚望深庶於無疆也

紉齋公為人温厚恂篤樂善好義自捐己貲收脩作海岸親身監督至今五埭浦塘暨东鄉人尚稱矣

言之為父紉齋公作七七四九旬大功果并告退后曾崎風水孝思維則可謂行善昭應宜乎子孫宏盛直矣

我房東坑山赤土下風水一穴係葬四世祖考妣及五世祖妣并六世祖妣三代翁姑孫媳全葬内中四金穴塲太小勢格不堪須当留心改作將六世祖妣抽起来合六世祖考合葬過坑又將五世祖妣抽起一粒金就東坑原穴迁比畔另作一堆惟將四世祖考仝妣二金合葬原穴与五世祖妣分作二堆相連並坐各配立石碑永遠爲記庶幾穴内安和名公各媽相配得宜陰陽一体自然元居吾去之来子孫安蔭吉慶長業

王太齋公
田妣柯氏
塋

王敬[illegible][illegible]公
田妣張氏
塋

王
田妣陳氏
塋

王
田妣魏氏
墓

此係要打石牌字式取合生旺小牌不宜多字似此如書

四世祖考號敬紫諱瑋觀字子瑾生隆慶三年己巳十二月十三日卒于天啟元年辛酉
八月廿五日子時享年五十三歲距今道光　年　月　日　時仍依原穴葬此本邑廿五都東
坑山之原地名赤土下穴坐巽向乾兼巳亥公乃王田雙渠公長房曾孫也佳城
既吉百世永昌子孫昌億萬斯年　其穴或改乙辛兼辰戌或兼卯酉亦可

四世祖妣謚号慈順張氏孺人生於隆慶年間十月初五日吉時卒于崇禎
九年丙子三月廿四日午時附考敬紫公合葬東坑山赤土下穴中清吉瓜瓞蕃衍
日科聯綿　其穴須全先生再看或改乙辛辰戌或兼卯酉兼得吉方可擇吉日

五世祖妣謚曰莊謹陳氏孺人乃王田雙渠公長房玄孫勤甫公之原配也
生於明萬曆廿四年丙申七月十九日午時卒于皇清康熙三年甲辰三月十六
日午時享壽六十有九齡即今道光　年　月　日　時就本邑東坑
后山名赤土下依原葬處重改安吉本支百世昌旺綿綿
穴當與四世祖
老妣墓差仝

六世祖别號太齋公諱敦昇字元泰係杏里[redacted]雙溪公長房派下
六代孫也生於有明萬曆四十四年丙辰十二月十二日卯時卒于国朝康熙
戊拾六年丁卯正月初八日巳時享壽七十有二歲今以道光　年　月
日　時就原葬地[redacted]邊坑後嶺南畔土墩仔穴[redacted]寅向申兼艮坤 酉
卯坐酉吉葬世[redacted]必顯福祿壽[redacted]代代[redacted]錦榮
六世祖妣慈謹柯孺人乃玉田雙溪公六世孫太齋公原配也其生年月日時
不知惟卒於本朝康熙三年甲辰二月戊拾叁日辰時今与太齋公仝
葬邊坑卿後嶺偏南畔穴[redacted]寅向兼甲庚安既吉世代永昌
七世繼祖妣号曰慈順魏氏孺人乃玉田雙溪公長房七代孫諱亂現号
約齋公之繼妣一名老嵩媽也生年不知亓月合日年時正忌卒於乾隆四年
己未二月初七日巳時乃今道光　年　月　日時就本山邊坑后山水溝
原穴而葬下云其吉終是永藏子孫千億壽福且寧 眉永年
此張可存後要改葬照此各塊金盎須寫昇生旺合式 此紙留要

參鈁在日自慚虛生無益有愧于心故先号慚齋後又号□菴終
身思慕父母深恩罔極未報痛苦□過不忘因又号此以誌不忘係是
敦璧公次子承繼敦宗其生年是乾隆辛亥五十六年七月初五
日丑時四柱辛亥乙未戊寅癸丑娶青陽獄元際昌莊公派下孫女諱箸娘
鈁在日名為之謚曰柔懿生庚戌年四月初一日午時長子國瑮字悌
獻係慶裕嘉年壬申六月十九日酉時生乙酉初歆繼嗣
孝克後孝克有嗣仍歸原本先聘青陽莊氏少殤後娶南塘
七便林氏戊子完婚次子国雍名鴛鴦係螟蛉擬承繼孝輝
聘青陽莊氏三子国詰乳名鰲英係孝節出繼聘湖尾林氏而国瑮
于道光十年六月十九日未時生長孫名濟河者
會左巳生字曰奕

波〻代先表一世名曰恩澤蓋謂異〻他異〻日長成讀此〻詩書雖不敢望其
登科發甲然能知書識理亦能追思吾父曾日（是他曾祖）功德巍大倘得僥天
老年可得一小小前程（名利）亦可以報吾父深恩至那時余縱不得身見
亦含笑泉下理余惟日孳〻只痛無處追報親恩終未後世子
侄孫輩或能讀書有成僥倖成發得蒙　天寵切將己身封

奕勞生於道光壬寅年五月廿一日寅時
卒于光緒辛丑年陸月拾肆日巳時

自陶唐氏帝堯甲辰登極元年至大明崇禎
甲申年共三千九百八十一年
至道光十八年戊戌共四千一百七十五年

誥移封吾父身上使受[illegible]錫方表余屢夫為善必昌吾父生平

樂善累積後世或者能得皮頂昌此雖是余意外之望原不敢想其果（雖不敢大望駟馬之門，然吾父手植三槐，但天道福善，吾父）

然但立心如此不好妄記何以待果是而後有是言或待果有（亦未可知）（有事）（方可）（謝未必有此事不可無此心）

果有其事而必終書非肥爾事耶時余[illegible]去世矣本本可言（人生在世朝不保暮）（茲此亂言）

本手可書乎此是万分未必之事余因思親太切屢後有報惟望

後世子侄輩各各立志送子讀書積錢成名縱不成名亦可（其中卻有深意）

少繼鄉中書香一脉詎不美哉此雖余之妄言而後人亦不可忽矣余

真痴心妄想也其余之号[illegible]無常百屢吾兄弟子侄切照[illegible]之千々（倘余）（之日）

此字十亂無叙書另裁之

仕原之系

書徽分居北石街

長春果

黄甲

源夢

敦瑞 無傳

爾助

心正

聯辛 号篤信

洪武卒

孝四 隨母嫁

心用

敦騰 ……沒無傳

孝

敦水

國寧

心誠

聯科 無傳

心廣

聯擬 無傳

聯昇 無傳

作升

中……

五淑

敦……

巨川

誥授中憲大夫户部貴州司員外郎題陞郎中兼辦山西司事管理十
七省軍需局兼管西北兩路軍營事務辛酉拔元廷試一等
二名己巳科會試同考官龍鑣宗叔沂星嶽川氏拜撰

龍坑風水係於道光廿柒年丁未八月初二日良特進壙就原穴原字
重脩理完固

鄉進士特授湖北施南府咸豐縣知縣前署浙江
湖州分府歷任金華秀水嘉善江山黃巖等
縣事戊寅科湖北同考試官加五級紀錄七
[illegible]頓首拜

次男諱金榜字佛登號偉軒生于道光壬午年閏三月十二日巳時卒于
道光乙巳年三月廿一日酉時壽廿五歲與本丈夫墓在上施鄉聘施氏諱
錸官号貞烈生于道光癸未年八月十三日丑時卒于道光乙亥年十二月初九日
戌時壽十七歲葬石獅山

国家出版基金项目
NATIONAL PUBLICATION FOUNDATION

海上絲綢之路文獻集成

總主編 陳支平 陳春聲

科技與文化編 3

主編 王揚宗 葉 農

海峡出版發行集團
THE STRAITS PUBLISHING & DISTRIBUTING GROUP
福建人民出版社

本册目次

格致釋器十部

〔英〕傅蘭雅編

《格致釋器》十部，英國傅蘭雅編。傅蘭雅（John Fryer，一八三九—一九二八），英國傳教士，曾任香港聖保羅書院院長、京師同文館教習、江南製造局譯員，參與創辦上海格致書院、益智書會、格致書室等，主編中國近代最早之中文自然科學雜誌《格致彙編》。一八八〇至一八九二年間，《格致彙編》陸續刊載英國倫敦尼古類氏散布拉公司（Negretti & Zambra）、各里分行（J. J. Griffin & Co.）、士貪里行（W. F. Stanley）等科學儀器製造公司産品説明書，總名《格致釋器》，並彙編單行。此書爲清末介紹西方科學儀器之重要文獻。全書分測候器、化學器、重學器、水學器（分兩部）、氣學器、照像器、顯微鏡説、遠鏡説、測繪器等九種十部。「測候器」介紹尼古類氏散布拉公司製造之測定空氣壓力、温度、濕度及測雨量、測風力風向等多種儀器，逐一説明製法與用法。「化學器」介紹各里分行所製各式化學實驗用具，如衡量儀器、容熱量熱器、過濾器、蒸餾分餾儀器、定量分析和有機分析儀器等，另配以插圖七百餘幅，詳加説明操作步驟、用途等。「重學器」、「水學器」、「氣學器」分别介紹各里分行生産之機械力學、流體力學、氣體實驗所用儀器。「照像器」介紹照像器材。「顯微鏡説」係據倫敦Walton & Sons公司所出各式顯微鏡産品説明書翻譯。「遠鏡説」介紹各式望遠鏡。「測繪器」介紹士貪里行出品之繪地圖用經緯儀、子午儀、平面測角儀等。據中國國家圖書館藏清光緒間排印本影印。

格致釋器總論

人生於世較百物爲尤弱者也蓋不能如鳥之飛也不能如畜之捷也不能如角介者之自衛也不能如爪牙者之攻物也覓食而伎有不足操作而力則有窮苟無法以致之則人幾難聊生於宇宙間也然而人之伎力有限則智術無窮究萬物之理審萬物之用不特能禦禽獸蛇蟲之侮且能驅之以服其役則兕强者不得逞其威馴良者可使供我用是以古今來天下之林林總總得以安生樂業者恃此智術耳惟智有高下術有巧拙苟不擴而充之則智有不足而術難盡善未之可也竊思能足人智善人術者莫格致若也然格致所論多爲事物之理設不以器爲重則格致虛而無用惟以製器是尙則人可得極大之益而格致始成有裨實用之學矣夫器之爲類亦多如耕以耜刈以鐮紡以車織以機樵以斧釣以竿陸以車水以船戰以刀兵攻以鎗礮匠以繩墨規矩工以鋸鑽錘鑿而要之皆爲器也然其器之精粗各異靈蠢攸分器之粗者難以省人力器之蠢者未免費人時而費力與費時亦非民生之快事故格致之學有以變其粗者蠢者而更製以精者靈者以便民用如製造器攻守器穿煤器掘礦器行船器運車器測候器談天器印書器醫道器光學器聲學器化學器電學器重學器算學器鍍金器煉鐵器並鐵工木工石工等器又有製鎗器造礮器汲水器磨麪器耕耨器紡織器縫衣器製鞋器照像器畫圖器以及日用飲食起居坐臥莫不有精巧靈便之器更有汽機器爲最靈便而省人力者當汽機初興之時人多不知其益而妄談其害以爲汽機一興百業俱廢蓋一具汽機每日所作足抵千夫之力如專用汽機則工民匠人豈有不失業待斃者乎因而聚衆滋擾拆毀其器然至汽機通行以後不惟無害且有大益蓋汽機一作百業俱隆而工作之事用人更多且汽機所造之物足敷民用以致民衆較前尤富其利益何可勝言是則器之爲物爲民生日用所攸關焉人詎可漫不經心也哉茲者欲將各類之器彙集成編逐次刊印俾閱者明器以用器因器以製器至能推廣變化可以運用無窮各種器內而測候器爲於各國各等人之事有相關者故今以測候器先刊之以公同好焉

第一部測候器

共有七十四圖乃倫敦格致器行尼古類氏散布拉公司所出賣之器擬分四次彙編印之

總引

凡風雨寒暑燥濕等事皆與空氣之更變有相關格致家製造各器以測空氣之理大約分為七類　一能任於何時任於何處測空氣之壓力　二能測空氣之冷熱　三能測地面所受日光之熱及散回之熱　四能測空氣中所含之水氣　五能測雨之大小及其時　六能測風之方向並其壓力與其速　七能測空中之電氣與電臭等事

第一類測空氣壓力之器

論風雨表之理〇西歷紀歲一千六百四十三年以大里國有人名杜利率利者始造一器以測空氣之壓力而得其數其造器之法如第一圖用玻璃管長約四十三寸徑十分寸之二至十分寸之四先用吹火筒封其管之一端即將水銀用小漏斗灌入管中再用杯子亦實以水銀乃將指按其管之上口而倒置水銀杯中則管之口在水銀中而指可放去其管內之水銀必有數分落至杯中而所存留之水銀不能落下其高約三十寸名之曰水銀柱此水銀柱所受空氣壓力之重正與不用管之水銀柱壓於水銀面之重相等惟因空氣之壓力時有更變故水銀在管中亦隨之而更變能時升時降是以測候者即因其升至若干高降至若干低而知空氣壓力之數

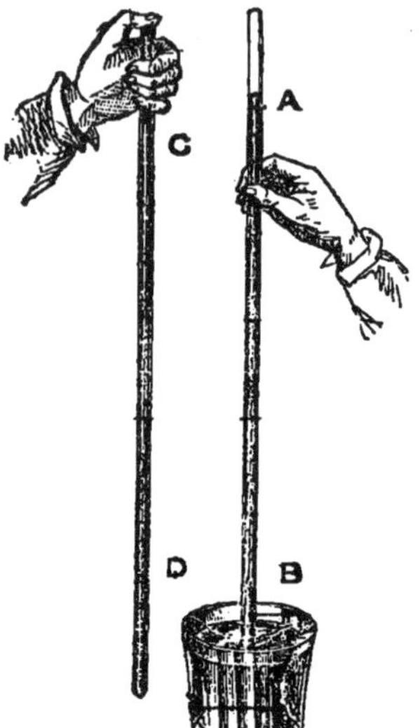

第一圖

風雨表玻璃管之內徑若上下同大無彎曲與廣狹之別而其平剖面為一平方寸則易推算其水銀柱為若干立方寸而此水銀之重即能顯出地面上一平方寸所受空氣之壓力

在英國之地面與海面同高處用風雨表測空氣壓力之數法倫海得寒暑表三十二度時其水銀柱一年之中數略為二十九寸・九五凡有此熱度之水銀每立方寸之重其磅數為〇・四八九六七所以以二九・九五與〇・四八九六七相乘得一四・六七即為緯度五十度處海面上每平方寸所受空氣壓力之中數

如在近於赤道之處則空氣壓力之中數比此數更大如在近於南北二極之處則比此數更小惟平常推算各事則每以一平方寸有十五磅壓力爲率

格致家初知水銀之升降能測空氣改變之事因細揣得卽水銀柱若干高則天色如何於是知天晴而燥在與海面同高之處其水銀柱必高於三十寸如水銀高二十九寸至三十寸則陰晴俱不能定如低於二十九寸則非有大風卽有大雨所以於風雨表管旁水銀若干高處作天晴天陰有風有雨之各字則便於觀覽故俗名此器爲風雨表而格致家則謂之測重器

造風雨表法○因風雨表之玻璃管不便攜徙故另作一木架以連之則無論移置何處皆便矣如欲造風雨表精測各事則必如法爲之不可微有差誤務以細心爲主

凡造各種風雨表必用水銀因水銀爲流質之最重者故以水銀柱測空氣壓力其柱能爲最短設以水易之則水柱之與空氣壓力相稱者必不能若水銀柱之短而其管必放長至三十四尺則大不便於用又如用油代之其弊亦與水相同蓋因水銀不但因其柱能爲最短且其質能不多化散又不黏於玻璃面上所以用他物俱不及水銀也然水銀亦有一病設使有異質雜於中而不淨或與養氣化合則一入玻璃管中必有黏滯之病而水銀柱升降之數非失之太大卽失之太小所以尋常買來之水銀其內或含鉛至有含鐵與硫礦少許者則造表之人必設法提淨之其法用淡醋酸或淡硫强水洗之則所含之各種異質爲酸水消化洗去之而水銀淨矣然水銀所含之異質雖已設法洗之尙不能遽以爲淨須另用法試其果淨與否法用一極細寒暑表之玻璃管內徑約爲千分寸之一抽出管中之空氣將已洗過之水銀灌入若其水銀果爲極淨者必能直抵管之下端且其流下之勢必甚速如此則製各種風雨表自無虞水銀之不淨矣

凡造風雨表者又必留意水銀柱上之空處有空氣與水氣否因玻璃管中如有此等氣在內則其氣必能壓水銀柱向下而水銀升高之數勢必有差故必設一法以去其所含之氣其法於水銀傾入管中之後將此水銀管置木炭上加熱令水銀沸則管內所含之空氣與水氣必漲大而自能散去如欲驗水銀之沸與否可將水銀管忽然倒立則因水銀之質重必擊於管之上端如聽其所擊之聲響而且清則知水銀已沸而所含之

氣皆已散去如擧聲小而不淸則知尚有餘氣必再將水銀管加熱如法驗之須俟其沸爲止風雨表管內之水銀或升或降則其杯內之水銀面亦必依比例而隨之高低其比例全視表內之面積與杯之容積故凡量水銀之高不可不知此數如管旁有定比例尺則可改其差數而得水銀升降之眞數其法先用尺測水銀柱在若干高處爲○點將此點記在表面應當之處爲準點則知水銀升高之數其起數之度過於此點者爲太高不及此點者爲太低故在風雨表面應記管徑與杯徑之比例略爲五十與一之比而從此比例數即知應改之差數爲若干如有一法令杯內水銀面之高恒等於尺之○點即如福而丁等所造之風雨表則能自消此差又有一種風雨表其玻璃管與杯子相連則其尺可用佛逆移動以改其差此爲最便但此種風雨表用時難得其準苟非精於格致而能洞悉風雨表之理者不能用之

極準風雨表○風雨表之極準者依福而丁之法所造如第二圖其水銀管以黃銅殼包之其杯子以熟羊皮爲之形如囊下有螺絲頂住皮囊可旋動使水銀或升高或降低而改其器差此螺絲通過黃銅殼底以便旋動其銅殼爲遮護玻璃管之用又杯子之面上有象牙一小塊其尖適合於尺之○點蓋此法所造之風雨表便於移動而改其差因螺絲與皮囊緊相湊合不使其皮寬而下垂則杯內之水銀自與水銀管之下口相遇其黃銅殼之上端有二孔相對左邊刻英國寸數之各分點用佛逆可分至五百分寸之幾右邊刻法國千分枚之各分點用佛逆分至萬分枚之幾黃銅殼之腰間有寒暑表其面所分之各度爲十分度之一蓋風雨表水銀之高數必有因冷熱而變之差故必兼用此寒暑表以便測出風雨表之熱度而改其差此種風雨表便於移動遷徙因水銀管與水銀杯以及銅殼上之尺與寒暑表等器互相連絡而自爲一件其第二件爲木板如第三圖其上有鈎爲掛風雨表之用下有銅圈並三個螺絲能旋緊風雨表而使之直立故此種風雨表如欲移置他所可分兩件而移之甚爲便當

第二圖

第三圖

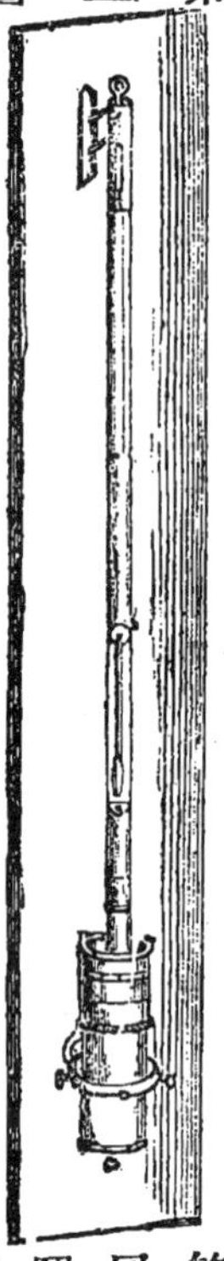

安置此風雨表另有公法凡日光正射或火爐加熱之處俱不可掛恐因遇熱而易有差也其挂處必令水銀杯離地二三尺則水銀柱升高之數便於指視又必令風雨表能向左右偏動則表面恆能正對光亮使觀者不致有視差相度掛風雨表之處已定然後將木板靠墻直立用釘固之即將風雨表掛於板上之鉤其水銀杯適入於下端之銅圈內將圈上螺絲旋緊使風雨表必直立而合垂線之勢此器價金八圓至二十五圓

欲校準風雨表之分寸必另擇一極準之風雨表與之相比則可得其所有之差數而誌之以便查核又必試玻璃管內曾含氣否法將水銀杯下之螺絲徐徐轉退則水銀自能升上至水銀距管之上端二三寸時即將管子橫臥則水銀必擊於管之上端如所擊之聲響而脆則知內不含氣而用之不致有差

欲移動此種風雨表必先將杯下之螺絲向上旋轉令水銀上升至漸近管之上端則螺絲之旋動必緊而緩待手中覺有阻力即止乃將銅圈上之螺絲轉開則此表可從板鉤上提起至表離木板之時即可倒持之凡搬動時水銀杯必恆向上不可正立

此種風雨表之用法先將螺絲向上或向下旋轉之至杯內象牙尖與水銀面正相切再將佛逆移動至水銀柱之下端正遮去水銀面之光則此水銀柱必自〇度起數乃視其尺與佛逆即得水銀之眞高數

凡看風雨表時目應正對佛逆所指之準點其光線適與水銀柱之面成切線即光線與水銀柱定成直角如此方能得其眞數而不致有視差又法從佛逆後邊置一小鏡能與佛逆同移則水銀面便得回光而更易看清或用一小顯微鏡看之亦易清楚總之人目之光線偕佛逆之前後二邊並水銀柱之面俱在一直線內則萬不至有視差矣

玻璃管之內徑必上下相同否則恐有視差其內徑爲百分寸之幾應誌明於架上因管徑之大小各不相同故視其水銀高數必改去微絲管吸力之差

風雨表不但有以上之差須改另有微絲管吸力差與水銀冷熱之差並離海面高低之差亦須改正始能得其眞數

論風雨表之佛逆〇佛逆之用爲法國人佛逆所造故名亦測量細線之一法也凡常用之風雨表其尺

之每寸分為十分而每分又半之即為•〇五但用佛逆所分之小數更有密於此者如第四五兩圖右邊為

第四圖

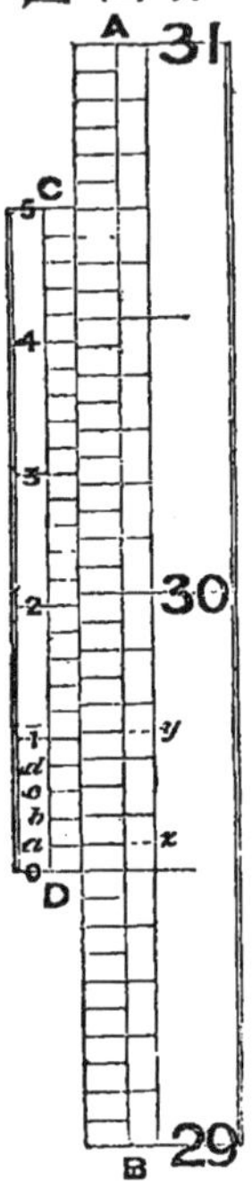

尺左邊為佛逆佛逆之長共為二十五小分適等於尺上二十四小分則尺上每一小分大於佛逆之每一小分為•〇〇二故用此佛逆能測尺上每一•〇五分點為百分寸之幾凡看風雨表之數固貴乎準而又貴乎速因人手之熱或人身之熱易於傳至水銀柱則所顯之數更易有差

第五圖

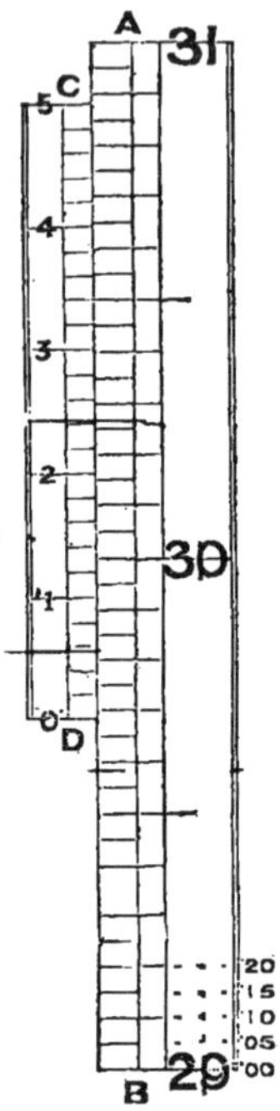

直管風雨表〇此種風雨表如第六七八九各圖為常用之式其用法亦易通曉故人爭購之家置一具以供玩好其架以各種文木為之外雕花紋光彩生動其尺以象牙或白磁或鍍銀之銅為之其佛逆有以手移之者有以齒輪動之者皆分至百分之幾不復求

第六圖

第八圖

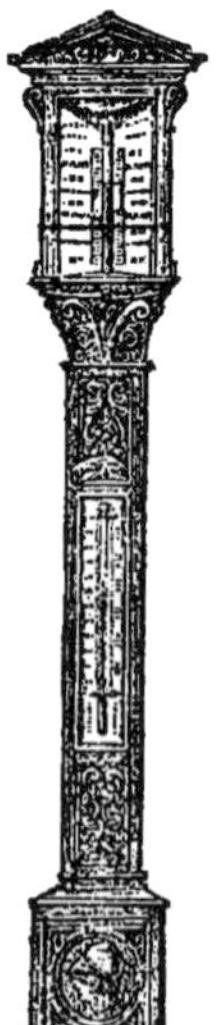

第七圖

第九圖

其細密又在水銀管之彼邊亦有尺與佛逆能知前次與本次水銀升降之較其架外用厚玻璃盖之架之下端有一螺絲能旋動使水銀升落或無此螺絲者亦有之此器價金二圓至十圓不等

論風雨表面所定之記事點〇常用之風雨表其所定之記事點如下水銀高三十一寸時即為空氣極燥高三十寸五分時為定晴高三十寸時為晴高二十九寸五分時為天時不定高二十九寸時為雨高二十

八寸五分時爲大雨高二十八寸時爲風雨大作凡造風雨表者俱將空氣改變之各事依上說之分寸刻於表面但各處之高低不齊而氣候各異則表面所刻之字樣不能全恃以爲準須細察水銀之升降隨地自記方可不誤惟造表者不得不先刻其字樣因不知者必擇其有字樣者而爭購之也

各處之風雨表其水銀之升降恒因距海面之高低與離赤道之遠近而異故欲定天色之各事必先知本處離海面及距赤道之數總而言之在距海面數百尺之處其水銀連日恒升或連日恒降則所報陰晴之事可以信而無疑如水銀忽然驟升或忽然驟降則必爲大風大雨之兆

用風雨表之益處○風雨表之爲用甚廣不獨格致家必用此器卽如開礦者製器者行船者以及農夫漁家園丁皆藉此器以知晴雨故在民居稠密之處宜預設一公用之風雨表以便觀覽則有益於民生日用之事非淺

英國中每在通衢大道必設一飲水處以便來往之人解渴在其處卽掛一風雨表使行路者可知天色如何如在近海邊之鎭市或漁家羣聚之處則公用之風雨表更不可少此皆爲官設之器亦有好行方便之人捐貲設立者

公用之風雨表○凡公處所設之風雨表比常用者更大其制度亦比別種風雨表稍異如第十圖其架以橡木爲之表面四周用螺絲聯各塊木板筍合而成其尺用白磁所作其佛逆分至百分寸之幾可不必更求其細其玻璃管之內徑約爲十分寸之三故水銀升降易於看清杯之容積與管徑之比例甚大所以其體積之差小於百分寸之一因此種風雨表祇須辨至百分寸之一故此差可不計矣其水銀杯或用黃楊木爲之則空氣易從木之質點中通入則水銀升降之數更易準又其寒暑表之玻璃管亦比常用者更大故不必近至表邊已可見其熱度若干此器價金五圓半至八圓半

第十圖

海面所用之風雨表○凡空氣改變之各事在行船者尤宜知之故船中必有風雨表以備測候之用但

第十一圖第十二圖

因海船往來波濤盪漾是其所用之表務以堅固爲主故其外另作一木匣藏之以免觸損之弊如第十一十二十三各圖皆爲此表之外形木匣之上端比下端稍濶用平玻璃覆其面則在玻璃外能觀其水銀柱至尺之某分寸其下端有一黃銅殼以護其水銀杯下有一螺絲蓋蓋中有螺絲可旋轉即能使水銀高低者也此種風雨表甚合於船中所用且得堅固即有時與別物相擊亦不致有損傷故法國兵船多用之另有變通其法以黃銅作匣者則更便於移動且水銀所顯之熱度恒爲極準於此可見精益求精格致家固當如是爾此等器價金二圓至六圓

第十三圖

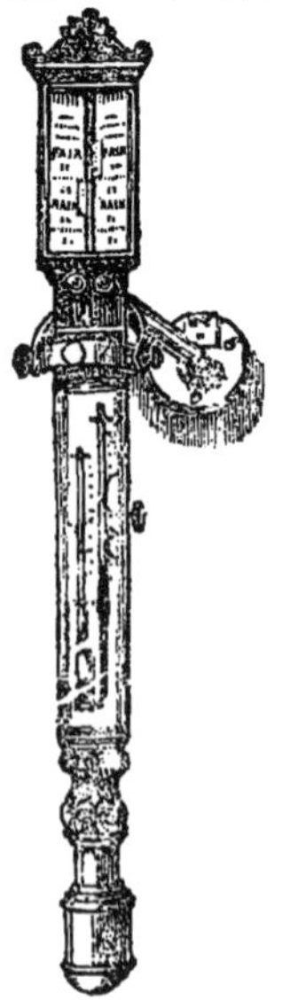

其烏風雨表○合於海面上測空氣改變之風雨表另有一種名爲其烏風雨表其製法更爲堅固且能極準如第十四圖即此表之外形其黃銅管之中段有一活節與一銅桿相連則表可以任意轉動令表面正對光亮以便細視其佛逆能分至五百分寸之幾但分數處不刻風雨陰晴等字用佛逆則測得之數恒爲極準故此器最合於航海測候之用其價金四圓銀五圓

第十四圖

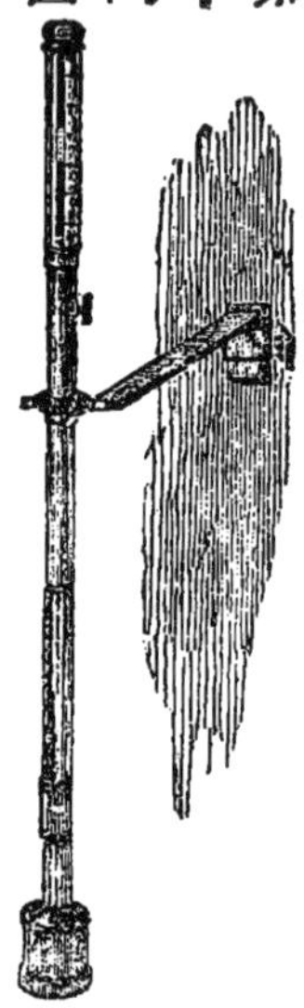

費次來所造航海風雨表○費次來云航海所用之風雨表其要有二一爲靈巧一爲堅固如其烏風雨表雖已推爲精器然猶有簡便之法不必過求其詳細能令測候者一覽即知且能耐兵船之震動則所爲試

巧不致碎而堅固者殆在是矣如第十五圖爲費次來新法所造之風雨表此表比別種風雨表理雖相同法則有異試縷陳之　一此表之玻璃管以象皮裹之其緊不至於玻璃不能漲縮是以更得堅固可耐礮聲之震動而裂　二此表懸於一處雖遇風浪簸盪恒能設法俾得安穩故管內之水銀不致攪動　三所用之分度尺爲白磁所作界畫分明了然在目　四表內各件均非以鐵爲之因此可免生鏽　五各件皆用螺絲與活節互相聯續故可一一分之以便揩抹其塵垢　六另備一玻璃管亦實之以水銀名曰副管設表內之管偶然破碎則可將副管換入且其副管不但與本船所有之表相配即鄰船中亦可移用故凡羣船開行各人所帶之風雨表其尺寸之大小應同一例此器並套價金五圓銀十圓

第十五圖

農家所用之風雨表○稼穡之事雖資人力總藉天時惟能預知天氣晴雨之先兆則耕耘收穫皆可定其早晚權其緩急但因農家苦無測器祇以耳目爲憑望雲而曰有雨未必其果雨也既雨而曰將晴亦未必其果晴也如用風雨表以測之則隴畝之間其益有不可勝計者

風雨表水銀之升降皆因風雨而然但難分其爲風爲雨故必另加一燥濕表即可知空氣之燥濕而定其爲風爲雨矣業農者尤宜知之如第十六圖爲農家所用之風雨表式玻璃管亦容水銀直立杯中靠一木架其管旁有尺分爲若干寸與若干分又在管之左右各有一寒暑表左表之水銀泡亦似尋常露出右表之水銀泡用細紗或布包之下用螺絲聯一水杯將棉紗數條一端浸於杯中一端纏於泡面則杯內之水爲棉紗所傳引而細紗布因此得濕所以右表報濕左表報燥同時中視此兩表各得其數而相較之即知空氣中含水氣幾何

第十六圖

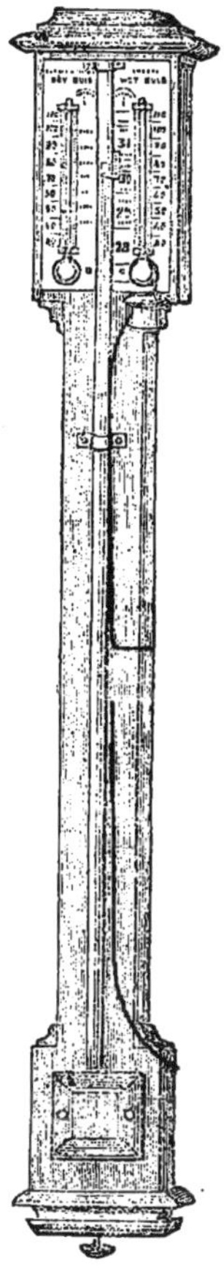

第十七圖

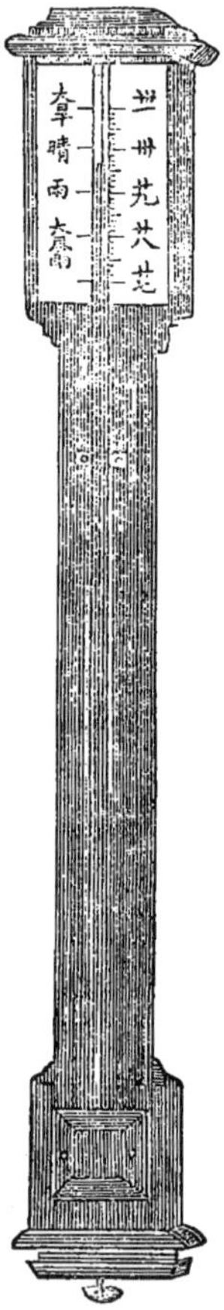

其風雨表面所記之字樣有已刻華字之圖於第一年第七卷中曾論之茲再印其圖以備觀覽如第十七圖此器價金二圓半

預卜風雨之法○設風雨表之水銀上升加速則知天色不定　設水銀上升極遲則知天定能晴　設水銀升空氣燥夏日減熱則知將有北風俟雨已下天乃定晴　設水銀升空氣濕且減熱則知將有風雨自北而來　設水銀升時有南風則知天將晴　設水銀停空氣燥冷熱得中則知天必久晴如忽然速降則將風雨大作　設水銀速降時有西風則知有大風雨將自北來　設水銀速降時有北風則知有大風雨夏爲雹冬爲雪　設水銀降空氣加濕且加熱則知有風雨將南來　設水銀降空氣燥冬日增冷則知將雨雪　設水銀降時以前數日天晴而暖則知將有雨且有大風

開礦宜用風雨表說○凡煤礦之中每有毒氣及易燃之氣均比空氣更重故空氣壓力加重之時能壓礦內之氣向下不使外散至空氣減重之時勢不能敵則礦中之惡氣乘此發洩工人遭之每多隕命凡有各種危險之事大率必在風雨表水銀降低之時故凡經理礦工者宜備一風雨表以便測視如見水銀降低即命工人格外加慎以防不虞有時見水銀久停高點而忽然落下則尤宜加意防之

用風雨表測潮汐說○凡潮汐之高低每與空氣壓力有相關之理平時水銀益低則潮漲愈高故水手常云水凝爲冰潮汐益平又諺云下霧之時潮汐減高蓋因凝冰與下霧二時風雨表水銀常高故云然也格致家都西與洛斯等士已定水銀加高一寸則潮汐減高一尺費次來亦云船入塢或入港若有所入之處水深僅能浮船者則必留意看風雨表可知潮汐忽能比平日更高或比平日更低也

輪風雨表○輪風雨表一名圓面風雨表爲胡克所設之法其表用彎玻璃管水銀柱升落之處管徑上下相同而在彎處則徑甚窄短管內之水銀面浮一小鐵權或象牙權用細線繫之此線繞過一輪能將此輪

帶動綫之彼端亦繫一權以稱之恒依管內之權而或上或下惟因此輪之軸卽爲表面之中心故於軸上套一鋼針此鋼針卽因輪之旋動而隨之轉移故在空氣減壓力時短管內之水銀升則所浮之權亦升而管外之權因此落下卽令表針向左而移若空氣增其壓力則浮權落而管外之權升卽令表針向右而移

此種表外有木匣裝飾常連一寒暑表並一酒準酒準之用可驗風雨表直立與否其繁者更有燥濕表時辰表空匣表油表等件又有連一面鏡者以飾美觀也其木匣之式不拘一律大都雕刻花紋光彩奪目或有在匣面嵌以象牙瑪瑙等物幻作各種新樣不一平常用風雨表者大率喜用此種因其雕琢工深足供玩好焉如第十八十九二十等圖皆爲此器之外形其價金三圓半至五圓半

第十八圖

第十九圖

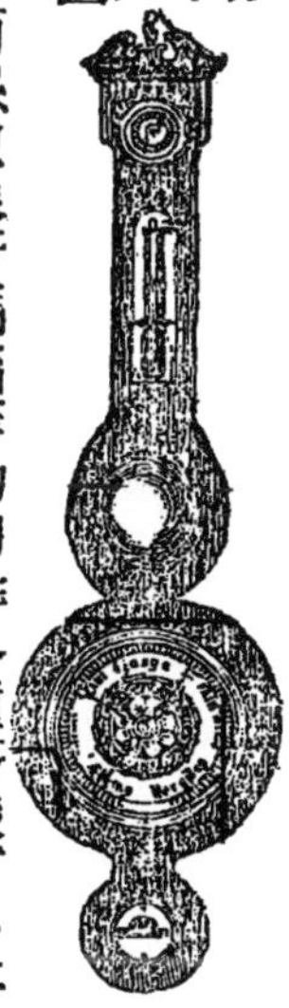

第二十圖

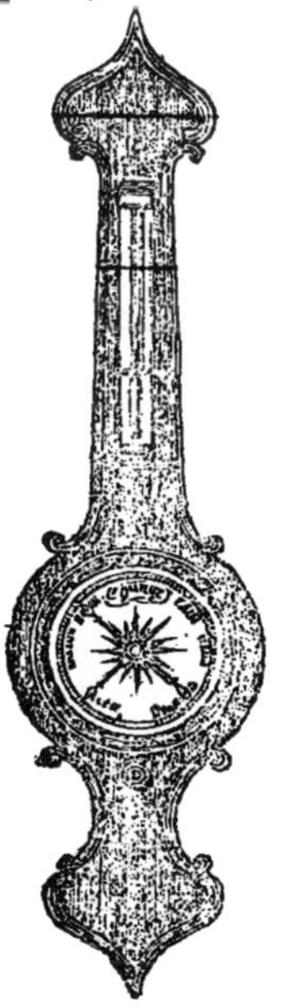

彎管風雨表○該路撒克考究多年造成一種彎管風雨表如第二十一圖水銀灌入玻璃管後卽將短管之口封密於管旁作一小孔用軟皮或緜塞之則空氣易於通入而移動此表之時水銀亦不致漏出其表之上下兩端各有一尺先看上端之尺所指之數後看下端之尺所指之數將兩數相加卽得水銀升降之眞數矣此種風雨表所得之小分數極準果其管製合法在水銀行動之各處內徑相同則萬不至於有差惟掛之必直立而合垂線而

第廿一圖

移徙之時須倒立之此器價金五圓銀五圓

自記風雨表○自記風雨表由來久矣特不能恃以爲準已有數格致家造之較勝於昔其一爲米勒那在一千八百五十七年所造者其玻璃管徑較大管之一端有浮標與針與輪等件與圓面風雨表相同其浮標有一細鏈繫之繞過一輪其表之針尖之後有一針露出對風雨表之架而與一紙相切另有時辰鐘能令其紙平勻轉動每歷若干時有桿與簧令針尖向紙面觸而成點其紙有橫線以便指出水銀柱之高低又有平行之平圓弧以便指明某時某刻所記之事所以此種表每晝夜能自記其水銀之高數但水銀所受之熱度不能自記故於架上又聯一寒暑表以便逐日看而記之

費次來云此種風雨表能指出空氣之疏密故看其自記之各數猶之管汽機者看自記汽漲力表而知其汽力然米勒那所造之自記風雨表尚有弊病所以更設新法雖水銀微有更動亦能記之其形如第二十二圖曾於一年第三卷彙編中論及之今再略述其餘但此表之原形其玻璃管應在鐘之後面如本圖則畫在鐘之旁面取其便於看也

第二十二圖

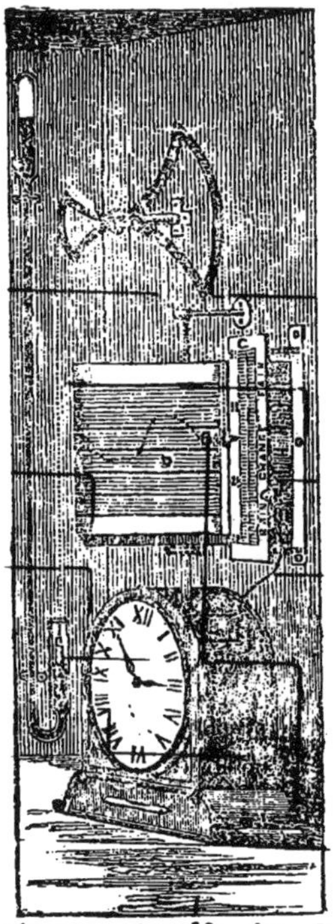

此表之玻璃管比常用者較大在短管之口全有一玻璃浮標以細鏈或絲線之一端繫其彼端連一弧形之桿桿之長邊倍長於短邊其故因長管內之水銀面降若干度則短管內之水銀面亦必升若干度反之亦然惟因水銀柱之眞高數爲兩水銀面高數之較所以兩水銀面每升或降半寸卽指出水銀柱升或降一寸由此可見桿之正對浮標之一邊其半徑爲彼邊半徑之半也桿兩端之弧爲等式平圓周之分度其兩平圓各以桿之角爲心桿之長邊亦有一細鏈下垂連一筆此筆之重與浮標相配易在黃銅條之槽內上下移動而向尺上指出水銀之高低筆之對邊有一針能與紙相着另有數個銅條並簧令其筆稍向左右移動則鐘鎚一繫自令其筆與紙面相觸成點其紙包在木管之外周其管亦被時辰鐘帶動故每一小時水銀升降之數皆能記於紙上記滿一月乃可換以新紙

此稿未完

測山風雨表○此表有數種該路撒克所造者其表與金類圓殼相聯最便移動其分度各點皆刻在殼面上端有環便於掛在三足架上其佛逆必慎細配準但此器之下端不便移動其水銀故尼古類氏增設新法於表之下端添一螺絲蓋若旋緊則水銀升旋鬆則水銀降且可將其蓋旋下以去其塵垢爲甚合於測山之用

福而丁所造之測山風雨表亦便移動其水銀杯之容積雖不甚大然在人所能到之最高處亦能容其降下之水銀其表下有螺絲可旋緊水銀不致搖動用之時能令杯內水銀面適與尺上○點相切而用佛逆能分至•○○二但其管徑應各處同寬則用時水銀所顯之數不致有差此表亦用三足架懸之其銅殼外有一圈圈有二釘入於架上二槽內便於隨意轉動其架之三足用鉸鏈聯絡有活節可合幷以成圓柱形

牛萌所造之測山風雨表如第二十三圖其水銀杯爲上下兩器相合而成上間之底與下間之頂皆成平面而其心有釘相聯則二

第二十三圖

平面相切甚密其下間能以手轉動所動之路祇合一小弧其弧有兩釘爲界故不能過此界而再轉上下兩間各有圓孔水銀可以流通故在掛用之時須轉鬆水銀至關之記號爲止此時則表不可移動如欲移至別處須先將表斜轉至管內容滿水銀而倒立之再旋緊其杯至關之記號爲止則水銀畢集於杯之上間而不流至下間因所通之兩孔不相對而上下兩間之面相切甚緊故水銀不得漏下也惟在掛用此表時下間須滿水銀而玻璃管亦不直抵下間其上間之餘容積能容管內所降之水銀雖降至二十度亦能容之如此表之水銀杯欲令其容積更大亦可改作

護此表之外殼可以木或銅爲之如爲木者可另用銅殼護其尺而移動佛逆之螺絲設於表頂上若其尺爲定準分度者則其○點與容積差並微絲管吸力差等數皆宜誌於架上然今所常用之表不用定準分度尺均依管徑與杯徑而配之祇用準風雨表改其冷熱差與微絲管吸力差而已此種表價金十五圓銀十五圓

新式測山風雨表○此種表爲尼古類氏所設者其水銀杯不用皮作底而以鐵或玻璃爲之杯底用螺絲聯一金類托杯上口有蓋蓋上有細螺線蓋中有孔立一鐵圈圈下周亦有細螺線與蓋上螺線逗合相聯其玻璃管外護以金類管下口中有皮圈襯之套於鐵圈上則水銀杯因蓋上螺線可以上下旋動配準之其鐵圈距上周半寸處有橫槽以通空氣與杯內水銀面相遇近鐵圈下口處有一小塊銳角象牙其角尖適與尺上○點同在一橫線內故用表時必先將水銀杯旋轉令水銀面正與象牙尖相切則水銀柱所顯之數可自○點起算

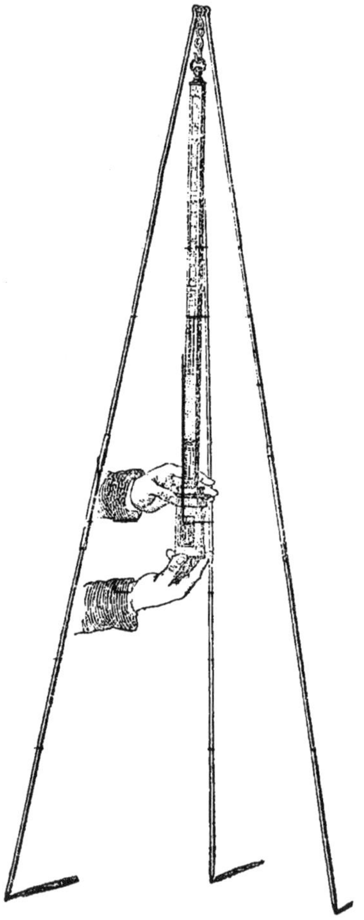

第二十四圖

移動此表時須先將表緩緩斜轉至管中積滿水銀再將杯下之螺絲向上旋緊與杯上蓋相接則可任意移動但必倒提方免損傷之虞如掛此表之處離平地甚高則可懸於三足架中如第二十四圖以手接其下端令表稍斜而轉開杯上之螺線數周因在甚高之處水銀柱降下之勢比旋鬆其杯之時尤速故須先將杯子轉開以容降下之水銀但此表倒立之時其杯上螺線不可開至兩周恐水銀從槽中漏出也此表之價金十一圓銀十一圓

設杯內水銀與養氣化合其面難於看清可將表平置桌上將杯並所容之水銀取出而玻璃管內之水銀因橫置不致漏下則空氣亦不入於管中惟杯內之水銀必傾入別器用極淨之皮或細紗揩去杯內塵垢仍將杯與管相聯而旋緊螺線至與鐵圈相接乃倒提其表將杯底之螺絲旋下即將水銀提淨自此螺絲孔中灌

入杯中灌入之時須用紙作小漏斗形按孔上而灌之水銀未灌入之前亦必過紙漏斗濾二三次則水銀所染汚穢之質自能粘於紙上而分清之已提淨之水銀若失去少許亦屬不妨但使杯內水銀面足至○點則亦不必問其有差與否

用風雨表測高之理○風雨表在高處其水銀柱必降低蓋離平地愈高空氣愈疏而壓力愈小故也可知自山巔至山麓其空氣之壓力必不能等而水銀柱之高數遂因此而異焉但水銀柱之高數與地之高數有一定之比例故看風雨表所顯空氣之疏密即能推算地之高低已有人列各表以便用風雨表測山者核察茲不及詳欲測山者可覽專論之書自能洞悉

第二十五圖

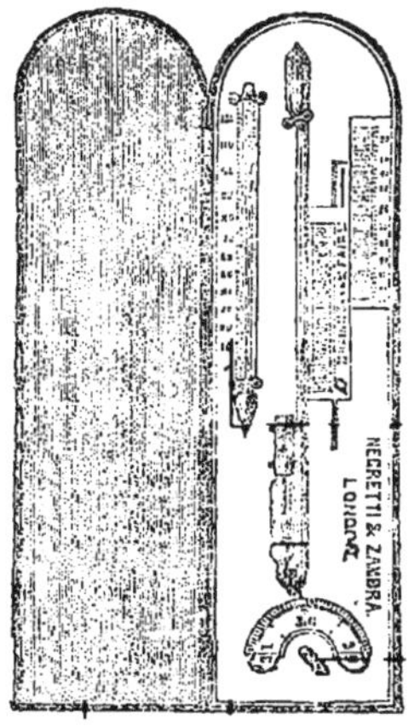

長尺風雨表○常用之風雨表水銀柱升降僅在二尺之間最長者亦不過四尺故格致家欲將表面之尺放長以便觀覽如浩孫所設之法用玻璃直管徑一寸插入水銀杯中以輭木一小塊置杯內管中裝滿水銀後再將玻璃條置管中則輭木能塞緊管之上口雖倒立之水銀得不漏而玻璃條能浮在水銀上如空氣壓力增大時則玻璃條浮至極高即指出水銀之升數平常風雨表之水銀柱每高一寸此表能高二寸或二寸有奇又有麥克尼特所設之法與此相反其尺更大如平常風雨表每高一寸此表能高四寸或五寸雖空氣稍有更變亦能顯出其玻璃管能浮在杯內水銀面上如空氣減壓力時則杯內水銀高而管即升而上浮能使管內水銀更降低至空氣加壓力時則杯內水銀升至管中而管即落下管內水銀因此更升而高

水瓶風雨表○用水亦可作風雨表試擇一長頸玻璃瓶盛以清水而倒置於水盆中則瓶之頸內成一水柱此柱壓於水面之重正等於空氣壓力與瓶內空氣凹凸力之較若空氣有改變則水柱之高低亦隨之而異但因空氣凹凸之力依冷熱而定其增減所以水柱之上下兩端全恃冷熱與空氣壓力之大小而異故此器名為水瓶風雨表其用法實與水銀風雨表及寒暑表燥濕表皆有相關之理焉

强水風雨表〇作此表用玻璃管長六寸至二十四寸上端封密吹成泡形下端彎而向上其口侈如漏斗而不封惟管之上半段爲空氣柱而將强水灌入其下半段强水之中微加顏色則更易看清矣從前造此表者用輕氣代空氣油代强水後因輕氣易於化散且易與空氣相和故不復用舊法矣

强水柱之升落因空氣之壓力與冷熱之改變而成如空氣壓力久不改變則積在管中之空氣其升降不過爲冷熱而已故其器並可代寒暑表之用蓋此器創造之初本依寒暑表之理爲之故其面亦有寒暑表之分度尺與水銀寒暑表同

第二十六圖

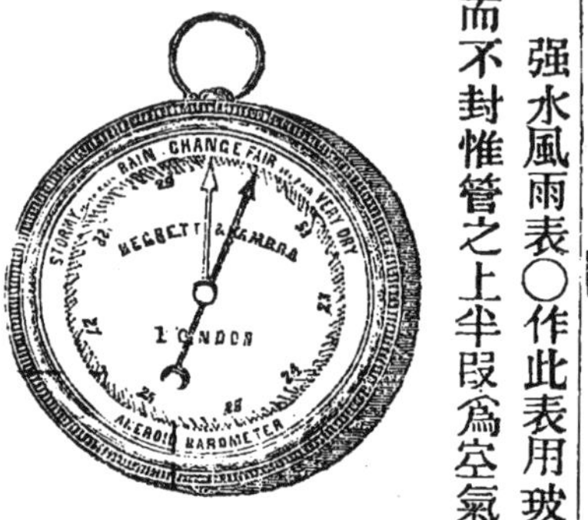

此器所顯之空氣壓力比別種風雨表更早果造之合法則經用多年不得有差即有微差亦易配準但海船所用者則强水柱在管之彎處其徑須窄其尺用鍍銀之銅爲之表之下面有一弧形之表上刻分度其針可移動所以記强水所顯之數也其用法每看强水柱一次必以所得之數與下表配準至二次看强水柱即知其比前升若干分或降若干分

近有人仿造此器甚小者可隨身攜帶其尺以象牙爲之與其表同裝在小匣中又以剪絨襯在匣底以護之如第二十五圖用時先看水銀寒暑表再配準下表之針與空氣柱之尺爲同熱度乃用佛逆看强水柱之高即得其數惟此種器不可見日光或爐火等而移徙之時亦正立而合垂線則空氣不能與强水相和也此表價金三圓銀十五圓

第二十七圖

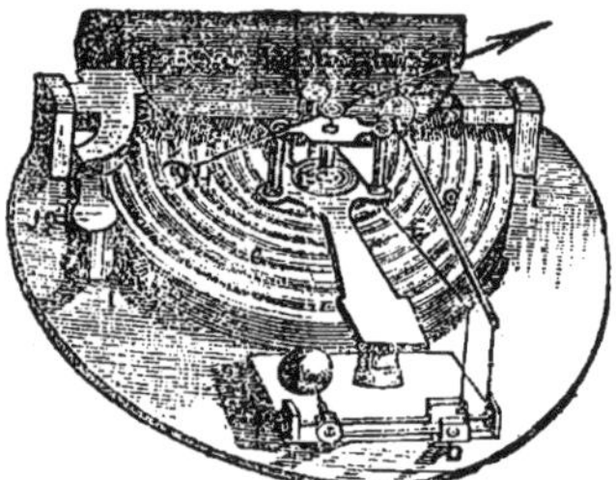

眞空盒風雨表〇法國有人名費第者設一新法造風雨表其器之外形爲正圓之銅匣徑四寸高一寸八分匣面周遭畫有分數與輪風雨表面相同匣內有一金類所作之扁盒高約半寸徑約二寸旁有一小管從此管內抽出其盒中之空氣用銲藥彌其管口則盒內常得眞空故名眞空盒風雨表如第二十六圖爲其外形第二十七圖爲其內形

此種器雖受壓力極小亦無不顯之如欲用此器測高而測處之高比表所能指之數更大則有一法在此表指出最高之時先記其數乃旋動其匣底之螺絲令其軸轉過數寸再記其數卽得應有之數如帶此器下山則其用法與上山相反如此則在高處能多指出寸數

小空盒風雨表〇尼古類氏所造眞空盒風雨表式樣較小而改變其匣內諸件能消去其冷熱差匣徑二寸高一寸又十分寸之一表面之分數皆用抽氣筩在鐵箱中試過所以其分數之自相距雖長短不勻然用之爲最準焉其形如第二十八圖其價金二圓銀十圓至金八圓銀八圓不等以其精粗而定

時辰表式之空盒風雨表又有造得更小者匣徑一寸又四分寸之一可用時辰表之匣裝之匣外嵌一活邊可用手繞轉以記每次所看得之數用此器可測高至八千尺與大者同爲極準其若干寸處應配離地之高數皆記於表面乃用五十度之熱配準者故凡登山涉水之人用之尤爲輕便其形如第二十九圖測風雨者如第三十圖其表面乃譯以中國字樣俾閱者便覽其說已於一年七卷彙編中論之茲不復贅如華人欲買此表者而定其刻以中國字樣亦可此種表價金五圓銀五圓

第二十八圖

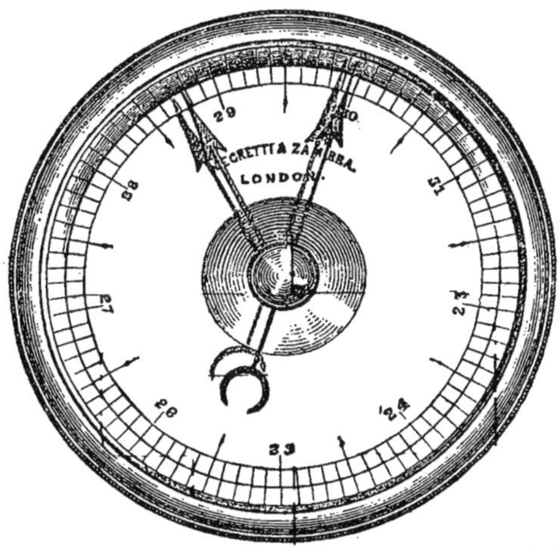

用眞空盒風雨表以測高〇凡高於海面數百尺之山用眞空盒風雨表測之甚爲簡便其法將高低二處風雨表所顯雨數之較以・〇〇一一約之卽得高之略數如表在高處之數爲三〇・三八五在低處爲三〇・〇二五則較爲・三六〇約以・〇〇一一得三百二十七卽爲高之尺數也

金弧風雨表〇波爾敦設一新法造風雨表用金類扁管彎成弧形抽出其內空氣密封其口遇空氣增壓力時其管更彎而二端漸相近空氣減壓力時則管伸挺而二端漸相離管用黃銅匣護之匣內有數金類

桿與一鍍金之桿相聯而鍍金桿帶動一弧形齒桿而齒桿又撥動一小齒輪小齒輪即所以動表面之針者也匣旁有小孔可以鑰進轉而依水銀風雨表配準之匣面有分度圈凡匣內諸件俱能在圈面望見與空盒風雨表差似又法於表面上附一小輪即可配準其記數之針

第二類測空氣冷熱之器

論寒暑表○凡物之體有能傳熱者有能收熱者其所得之冷與熱即為此本體之熱度而測此熱度之

第二十九圖

第三十圖

器曰寒暑表凡同類之體所受之熱相等則其體積之大小亦必等假令加減其熱度則體積亦能隨之漲縮所以有體若能不改變其原形與質點則其體積之大小因冷熱必有改變觀其體積之改變則其熱度易知也設能想出一種物料其體積易於漲縮而顯其所受之熱則可用之造寒暑表矣

造寒暑表之物料○造寒暑表常用之流質為水銀與酒醕等因此二物受熱體積易於改變較之定質變動更速而寒暑表之最合用者莫於水銀因其冰沸二界相差甚遠且漲大之倍數比別質更勻而熱度雖稍有加減亦能顯出已有人用以脫硝強水等流質造寒暑表但終不若水銀之佳也

寒暑表造法○常用之寒暑表用小徑玻璃直管一端吹成薄泡滿以水銀一端封密管內無水銀處名曰真空有此真空水銀易於漲縮而從管外能見其漲縮之數然其玻璃管亦能因冷熱而微有漲縮其數不及水銀二十分之一故可不問此差也

準寒暑表○造準寒暑表之法從準風雨表之造法而得其式樣略如第三十一圖管旁之尺以鍍銀之銅為之面刻分度自○點

起至二百二十度止如第三十二圖爲此表之譯以中國字樣者華人用之甚便如欲購此式者可訂其定作或買其西字者自於表左面刻華字亦可此種表價金五圓銀五圓

凡作寒暑表之玻璃管內徑宜上下相同灌入水銀之後須將管泡漸漸加熱令水銀沸而升至管口遂用吹火彌封其口而將玻璃泡離火但不可餘空氣在管內否則水銀升降之數不準寒暑表分度之法必先得二定點卽冰界沸界是也法將其玻璃泡置冰水內視水銀縮至何處而停則識之爲冰界再將玻璃泡置水內加熱至水沸其水銀柱必上升視其升至何處而不復升則識之爲沸界

第三十一圖

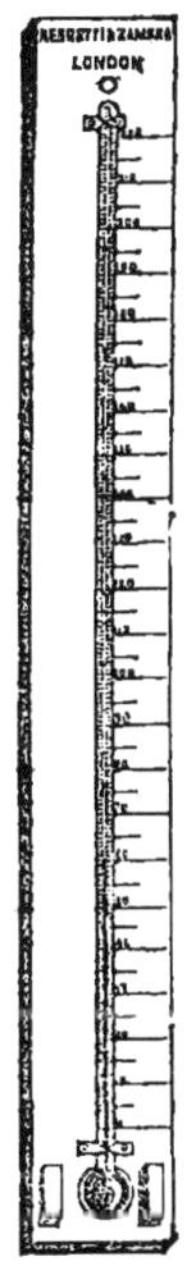

日耳曼人法倫海得所造之寒暑表以冰界爲三十二度沸界爲二百十二度二界之間分爲一百八十度此表以北冰洋義斯蘭地方最冷至○爲起度但又有瑞顛人珊細荷司所作之表以冰界爲○度以沸界爲一百度○度以下皆爲負度名曰百度寒暑表在法蘭西瑞顛及歐羅巴南邊等國皆用之但其表數有正有負殊覺未便又有法國人六厤者所作之表以冰界爲○度以沸界爲八十度西班牙瑞士日耳曼等國皆用之然其適用尚不及百度表焉

第三十二圖

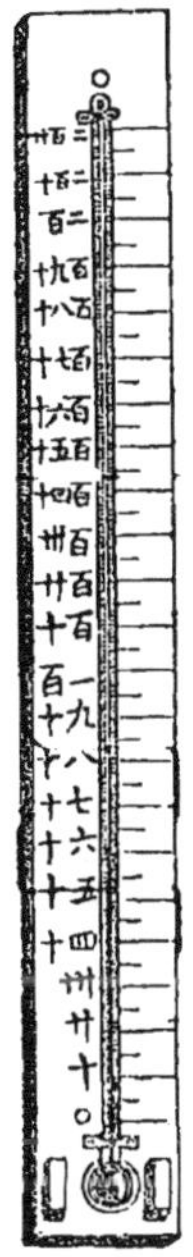

驗寒暑之表法○如用寒暑表測空氣之冷熱不必過一百二十度故平常所用之表分度尺不到沸界欲驗其有差否可將冰碎成細屑以表泡置其中視所定之冰點準否次用一長玻璃管內盛清水將表置管中並用一準寒暑表亦置管中將水管漸漸加熱每增一度對視二表自三十二度對至九十二度其有差與否可不復間焉

最靈寒暑表○寒暑表以靈活爲主須隨時能顯熱度之稍異者則爲精妙昔有人造寒暑表之玻璃泡爲螺絲旋形其容積甚小故所裝之水銀甚少但玻璃不可過薄恐被水銀抵碎或有作玻璃泡甚小而薄者管亦改爲極細故其水銀柱須用顯微鏡視之此二種寒暑表靈活無比惟近時尼古類氏設新法將玻璃泡造如棚形玻璃極薄不能以尋常造玻璃器之吹火箭作之必用酒燈成之其玻璃管亦甚薄長九寸外徑僅

二十分寸之一此因其外面積大故熱度雖稍有改變無不隨時立顯若以此表在輕氣球內用之最爲靈便

各式寒暑表〇常用之寒暑表有各種各式爲合於各事之用如第三十三圖爲平常所用驗空氣冷熱之寒暑表其表聯於黃楊木板上板面刻以分度板上有圜便於懸牆壁之上其價銀一圓至十五圓不等如

第三十三圖

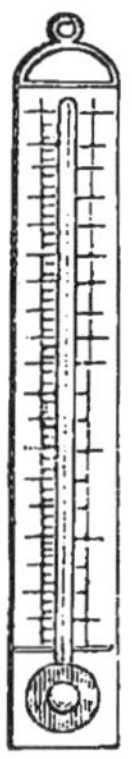

第三十四圖

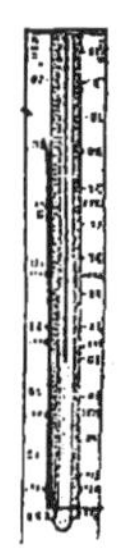

第三十五圖

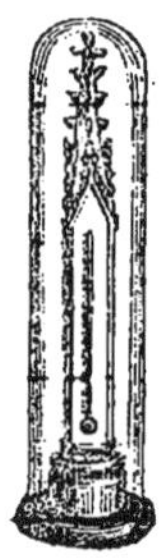

第三十六圖

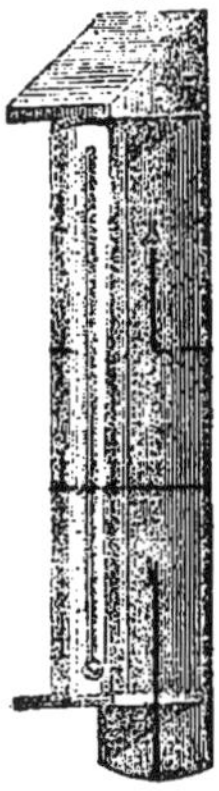

第三十七圖第三十八圖

第三十四圖爲易於移徙之寒暑表其架以黃銅或白銅爲之最便於遊覽之人所攜帶價銀七圓半至十圓半如第三十五圖爲精細寒暑表外罩以玻璃罩便於客室安置而爲美觀其上端有塔形爲象牙或嘉木以細工所車者另有一種上面加以日晷或指南針者又或於頂上加輭墊便於置時辰表者此等表價金二圓銀二圓至金五圓銀五圓不等如第三十六圖爲掛於露天處之寒暑表其表裝在玻璃箭中置於橡木架上其分度尺以象牙爲之架頂以銅作斜面無論風雨冷熱均無礙掛於窗戶之外甚便其價銀十五圓如第三十七圖爲化學家應用之寒暑表其架爲黃楊木所作面刻分度架下近水銀泡處爲二節以鉸鏈相聯便於將水銀泡置水內用之能測熱自三百度至六百度其價銀十二圓半如第三十八圖爲測强水所用之寒暑表以玻璃爲之而分度刻於本玻璃管之面自〇度起至六百度比其價銀七圓半

下卷續印

格致釋器內所言金銀銅各錢之價俱爲英國所用之錢不便以中華之銀兩或鷹洋而計之因兩國貿易內兌換之銀價常有低昂故無奈以英國各錢爲例如英金錢每圓約合華銀四兩或鷹洋五圓又英銀錢五圓約合華銀一兩而四圓約合鷹洋一圓又英銅錢一圓約合鷹洋二分從此略數能預推算各器具所值之略價不致有大懸殊也

重熱寒暑表○此種表便於有重熱汽機船之用其尺以白瓷爲之上刻分度能測熱至六百度表外以銅殼護之前面有門可以開視水銀柱升至若干高銅殼下另有螺絲蓋護其水銀泡轉開其蓋則表可旋聯於鍋爐上無論汽或水或油或土皆不能害之惟每數日以布揩其塵垢而已如第三十九與四十兩圖俱爲此種表之式如三十九圖者價金二圓銀二圓如四十圖者價金一圓銀十圓

測土地冷熱之寒暑表○如第四十一圖爲此種表之形其殼係黃銅或木所作下端甚長其末甚尖可插入土中以測其熱度最便於農人之用其價金一圓銀十六圓至金二圓銀二圓

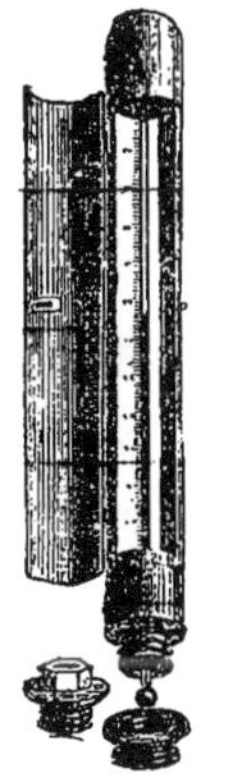
第三十九圖

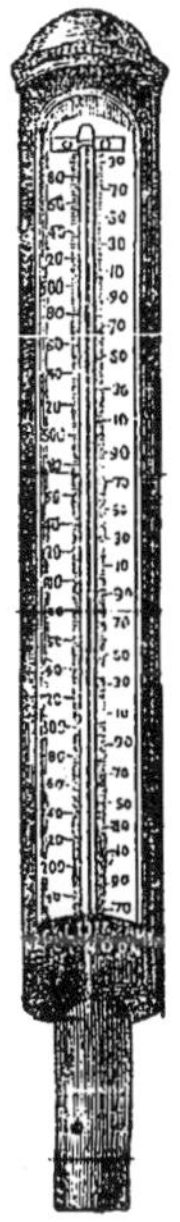
第四十圖

第四十一圖

凡花草之生必得地氣之熱始發榮滋長而根之得熱又必先於葉故凡種花草者須令土中得熱總以乾燥爲主如英國有一地方向多水溝後有人將土所含之水盡行放出以寒暑表驗之較昔時加熱十度此卽土燥增熱之證也然有時將土一千磅令化出水一磅反能減熱十度此又與隱熱之理有攸關焉

測洋水冷熱之寒暑表○凡行船者應用寒暑表以測洋水之冷熱如第四十二圖爲此種表之式其尺以白瓷爲之分度刻於瓷面而稍成黑色自○度起至一百三十度止外有銅套護之無論空氣或海水俱不能損邇來行船家以此表爲不可少之器因不但能與風雨表共測空氣改變之事且能驗海內流動之水或冷或熱因此能知本船已至何處卽如近南北二極之洋海中常有冰山飄盪船遇之必傷若用寒暑表測之則可免險蓋冰山周遭之水必格外寒冷故易測知又水淺處比深處亦冷故行船時如見海水忽變冷可疑必有淺灘不遠又如捕魚者用此種寒暑表亦能得益凡水冷處之魚比暖處者肉堅而味美但各種魚必在

熱度合宜處甫能生長如英國近處有一種魚祇在五十四度至五十八度之水內能見故夜中捕魚如有此表則易知何處拋網得宜不致有枉費工力等事以此表測海水將表放海內試之或汲海水於桶內試之均可此表亦合於酒家之用因作酒時若熱度過限則酒酸而壞此表之價銀七圓半至十二圓半以大小精粗而異如第四十三圖爲作醋或造漆等所用之寒暑表價約銀四圓至六圓

自記寒暑表說○空氣改變之事大半以冷熱爲本故能察得日間極大之熱度與夜間極小之熱度則易知其地氣之大略惟平常寒暑表難於日夜常守視之而記極大極小之熱度故必以設自記之法爲要常用者爲二表一記日間極大熱度一記夜間極小熱度將大小二數相加而求其半卽爲本處熱度之中數但非眞中數如欲得眞中數必每一小時記其熱度將各數相加以二十四約之卽得但此眞中數關乎動植物不及其最大最小之熱度爲要如英國察生死人數之官所列之賬內明顯寒暑表熱度之數大小愈懸殊則人死數愈多又農家播種凡歲中熱度大小相離無多則五穀愈能豐登由此可見自記寒暑表尤爲要物也邇來造此種表多以水銀爲之能記每日最大與最小之熱度更準又能將各處每日熱度最大與最小之較相比而知其氣候若何也

第四十二圖

第四十三圖

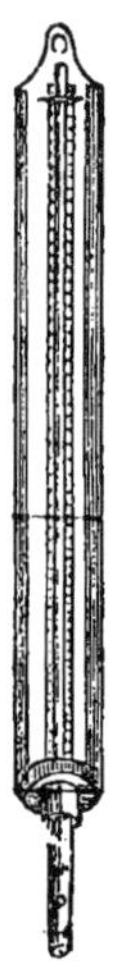

第四十四圖

自記空氣加熱寒暑表○路德福特造一種寒暑表用鋼絲或磁條置於管中在水銀柱之上面以記熱度其用法先將表直立令鋼絲向下與水銀柱之面相遇再將表橫掛在一處則因空氣加熱水銀柱推動鋼絲前進及熱度減時水銀退下而鋼絲不能與之俱退故視鋼絲所停之處卽知加熱之度數其式如第四十四圖其價銀十二圓半

但此表之造法尙未盡善有費利白所造者較勝於此其法與造平常寒暑表等惟近水銀泡處有空氣半寸

許使管內水銀柱分隔將表橫掛即能自記熱度因加熱時泡內水銀之漲力能推其分隔之水銀柱前進至減熱時則水銀柱停而不降觀其所停之處即知加熱之度數此器合於船上之用但其管內空氣能因冷熱而有漲縮且用之多年其水銀易與養氣化合所以尼古類氏設法改造之十餘年中各處之人皆稱美焉其

第四十五圖

第四十六圖

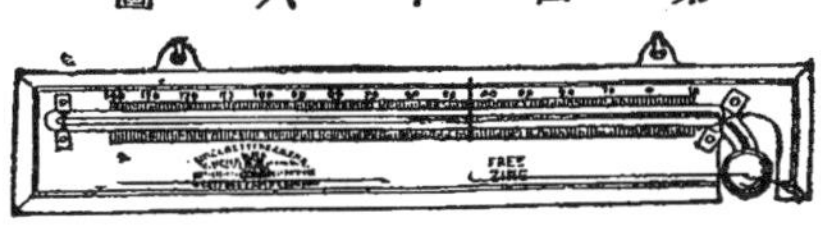

法管內不需空氣惟在泡上彎處有小塊玻璃或磁略當門用空氣加熱時水銀漲而升必過其門及減熱時則門塞住水銀柱不得退回而仍停於管內及記其所指之度數然後動搖其表令水銀柱過門而降下即指出現時之熱度用此表之時可以橫掛之其有泡之端必稍低方合用但空氣減熱時所停在管內之水銀亦能縮短致所記之熱度小而有差然此器屢經試驗知其差甚微似可不計且其差數易於推算故不爲憾事已試知此表尤合於船上之用

自記空氣減熱寒暑表○路德福特又造一寒暑表能自記減熱之數法用醕代水銀裝入管中醕內有黑玻璃條爲浮標用時先將表倒立令浮標行至醕柱之上而橫掛於一處空氣減熱之時其浮標隨醕而退至加熱時則醕升而浮標不升故視浮標之停點即知減熱之度數此器雖已精細然祇能平置而用不可直立故福而丁設法造得一種表如第四十五圖或平置或直立皆可其玻璃管內亦用醕而以玻璃條爲浮標浮在醕柱之面用法略與前同惟在浮標之後另有一玻璃塊長寸許能在醕內移動如浮標有時黏滯管中不能行動則可將表倒立令玻璃塊擲下其力即擊浮標之後端使至醕柱之面而止此等寒暑表能測極冷之度如法倫海得水銀寒暑表冷至負四十度以下則水銀凝而不準惟用此表比此更大之冷仍能測之其表價銀三圓銅六圓

尼古類氏亦造一種自記減熱之寒暑表乃用玻璃彎管聯於木板上其管兩端有泡形如圓柱而長因泡既大故管內之面積亦大管內盛以水銀以鋼針爲浮標針兩端皆尖不礙於水銀行動惟上端尤尖則水銀升

時易於滑過而不令針俱升將表直立一處減熱時水銀柱落下其針亦隨之而落及水銀柱上升針則倚於管一邊而不動故視針之上尖卽知前此減熱之度如第四十六圖爲路德福特所設之自記空氣減熱寒暑表可與前四十四圖之表並用將二表同聯一板上爲一副俗名日夜寒暑表但此名不佳因間有温暖之處夜中熱度比日中更大惟不常耳此表價銀十二圓銅六圓

西克司自記寒暑表○英國西克司設一種自記寒暑表乃用長管形泡聯長細管彎而成者管上端亦有管形小泡如第四十七圖其管下半段盛水銀上半段與長泡中及小泡下半段皆盛醕左右管中各有鋼浮標浮在水銀面上浮標兩端各聯玻璃球故易在管中起落能不使醕分開又不令水銀行過其上二浮標因本重必常依隨水銀面上惟二浮標各有細髮聯於上端彎曲成簧而與管內面相遇令浮標祇能上升而不落下至空氣加熱時則長泡之醕漲而壓水銀令在右管上升浮標亦隨之而升至最大熱度爲止浮標下卽指出所至之熱度空氣減熱時醕與水銀縮則左管內水銀上升至最小熱度爲止而浮標下端亦指其最小熱度之數每日看表而記其二數後必以小吸鐵引二鋼浮標落至水銀面上如欲移動此表必先引其浮標至將近管上端而後移之用此表時亦必直立不可平放恐其醕與水銀混雜而不能用必送造此器家修理

第四十七圖

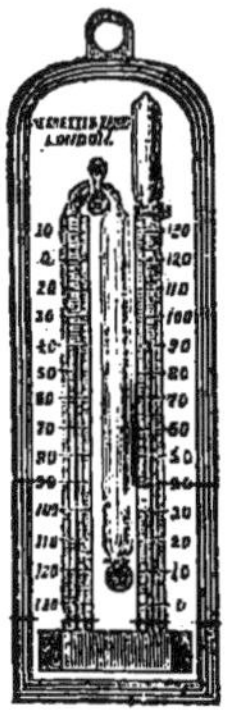

如有水銀聯浮標上不落下或有醕雜水銀中不分開可輕敲其管水銀自落而醕亦分此種寒暑表合於平常之用惟難得其甚準耳其價金一圓銀一圓至金一圓銀十六圓

第三類測地面受熱與散熱等器

地面受熱散熱說○地面所受日光之熱至夜必散而所散之若干熱與所受之若干熱正有相關昔英國博士田大里設法細考太陽之本熱與地面所受之熱並地球容熱之性始知燥空氣中能放熱行過而不阻之與眞空無異而含足水霧之空氣能收多熱且能阻熱行過

空氣內之水成霧之時人遇之覺涼最易染病因其能收身上之熱空氣所含之水尚未顯成迷霧之時亦與

地面受熱散熱二事有關因地面有水氣時能令其地熱度更大似乎其熱爲地所放者惟地面以上之水氣能收其熱至十分之一此水氣無論爲明爲暗或顯或隱皆與地面受熱散熱有關如日間雲陰或雨落時則能阻地面受日光與熱夜間陰雨則能阻地面發散之熱若空氣乾而晴則日光易通而地面易熱至日已投西地面卽速冷如英國全境假令夏夜除盡空氣內所含之水氣地面必大冷而植物亦寒斃未有能生者也又如阿非利加沙漠處日間則沙熱如爐風炎似火但夜中間有冷至難當甚至冰結又新金山處日中大熱與夜中大冷嘗有四十或五十度之較總之凡空氣愈乾之地面其大熱大冷之較必愈大

空氣之能通熱有與其明暗未必關者因間有晴時空氣內亦含多水氣則其日夜之熱度無甚差忒但如空氣含水氣過少處至夜中則熱散甚多動植物難免受大冷故園中嫩花草若用蓆等物掩覆則爲有益如印度國有數處藉此地面散熱之理而作冰其法挖淺坑鋪以乾草上置大淺盆盆盛沸過之水日西時水則散熱甚速而地面之熱因草所阻則不能傳於水至黎明水面結冰一層惟以此法作冰必天晴而空氣內含水氣最少時方可

從此可見太陽放熱並地面受熱與散熱等事最要宜用器測此各事之數以知天時而益人事也惟平常寒暑表不合此用故必特設其器而測之始可不爽

第四十八圖

測地面受熱表〇自日出起至午後二三點鐘止地面所受太陽之熱比所散之熱更多故地面能漸增熱而地質易收熱處增熱尤多多水霧處增熱則少欲測此事必用特設之器如第四十八圖爲尼古類氏所設自記地面受熱表其水銀泡爲黑色者其分度刻於玻璃管面外有玻璃殼套之用時以二木叉架起稍高於地面其黑泡與地面甚近宜正對日光能置於無旁風處更佳惟不可近房屋或墻垣恐受其迴熱而有差有人將此表離地面二尺而置之但此高恐離地太遠而難準焉此表之價金一圓銀一圓

眞空測地面受熱表〇用前表測地面受熱之數尚有弊端如其黑泡遇多風吹之熱則易散爲數不準故尼古類氏另設一表爲眞空測地面受熱表如第四十九圖其表黑泡置玻璃球內其表管外亦有玻璃管

套之將套管與球中空氣抽盡令爲眞空此表較前者更足恃所記之熱數能比前者多二十至三十度間有多風時在陰處之平常寒暑表與平常測地面受熱表相較不過二十度惟與此表之較則爲五十度故可見各處用此表測地面所受之熱數可彼此相比若用四十八圖之表則難比較各數因各處之風常有不同也用此表者宜細察各種花草稼禾果木等面上所受太陽熱不同之數庶能得有益之理其價金一圓銀十圓

第四十九圖

第五十圖

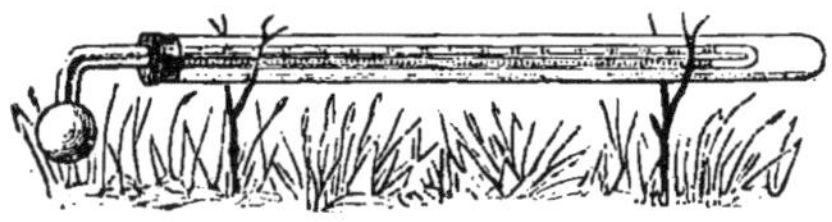

測地面散熱表〇此表爲醕所作者能自記最小之熱度如第五十圖其分度刻於管面外有玻璃套束之醕內不加色料取其能返光而不受大熱也用時將表置露天處以二小木乂架之其泡須近於地上草面用此表所宜愼之事與尋常醕寒暑表相若此表價金一圓銀五圓

測深海寒暑表〇測深海所用之寒暑表皆爲自記者如記最大熱度或最小熱度或二者並記等是也其法爲西克司所設嘗察海洋之水在深處其熱度比水面更小惟南北極相近之海尋常在水面之熱度比水下更小若測水者欲其表僅記其最大或最小之熱度則器可簡而便用測數亦易準若欲二者並記則器必繁而測數易差常用者爲自記最小熱度之表製法甚堅能沉水下深六里至十里所受水之壓力甚大每平方寸有空氣壓力三百或四百倍其器之堅已可知矣所已設測深海表之式不少但所得之數往往不眞常不足恃概因在深水處其水銀泡受壓力甚大而礙其所記之數有用堅而不透水之套束其表者然此法亦不靈因必待多時始能得其表之熱度與深水之熱度等故所得之數亦不足據近來尼古類氏設一新法與西克司法稍同惟西克司之表內爲盛醕之管在深水內受大壓力時則易損故尼古類氏所設之表則用最堅玻璃泡盛水銀者無論深水壓力若何所記之數恒不有差已多法試之往往不誤其分度尺以瓷爲之與表俱聯於橡木板可裝入一銅套內如第五十一圖其套有蓋能關甚緊而不漏水套下有活門能容水入而向上蓋頂亦有活門能向上開故其器沉水時水由底入通過套內自頂門而出

其器易落套下有銅簧雖忽抵海底表可不傷至提上時上下二門自閉則套內所儲之水爲最深處之水而表所記之數卽深處最小之熱度也凡英國兵船俱帶此表以爲測深海之用其價金二圓銀十圓

占孫所設金類測深海表○尋常以水銀寒暑表測深海之熱度因受壓力過大常爲不妥前表未設以先有格致家占孫者設一金類表能免用水銀之各弊法以黃銅與鋼爲主因此二質受熱漲縮比例不等依此理用黃銅與鋼之薄片以釘聯錮成板熱大則銅比鋼更漲板體卽彎熱小時銅比鋼更縮板體卽向對面而彎再聯以表與針卽能指其板體反正之彎數如第五十二圖其中針爲指熱度者左右之針能爲中針推移而至最大最小之熱度中針雖歸原處左右針亦不再移視其所停之度卽知大熱小熱之數可見此表甚便於用凡測海或察新島之船宜常備此器如偶覺水減熱度則可忖其水必減深或將近涯岸或將近淺灘或將近冰山等事又能測知海底內所有發熱水之處故此表亦可謂之善器也其價金五圓銀五圓

第五十一圖

第五十二圖

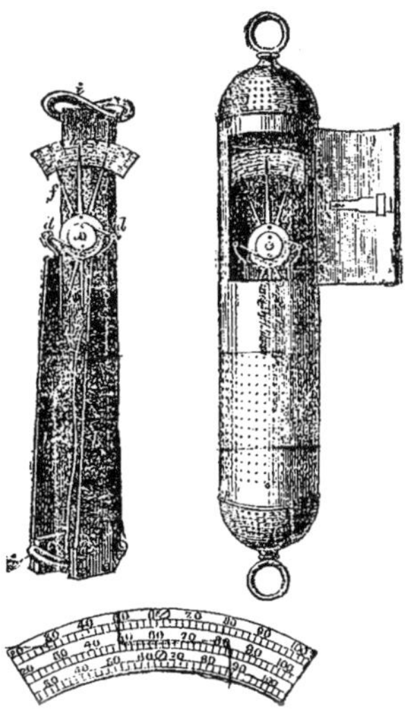

求沸度寒暑表○凡流質加熱至沸之熱率則爲本流質之沸度惟各流質沸度不同卽同流質亦有差別如蒸水沸度與井水或海水等之沸度各異因其沸度與所含異質有關又流質受空氣常壓力之沸度與改變壓力或移地位之沸度亦有不同若空氣壓力增大則沸度亦必大空氣壓力減小沸度亦必小又自赤道愈往南北則沸度亦有微別以蒸水而論常以二百十二度爲沸度此爲海面等高處風雨表二十九・九〇五寸空氣爲三十二度熱時又爲倫敦同緯度處也所用之水爲蒸而不含異質者但若將水置鍋內蓋密沸之不令汽洩至鍋內壓力每平方寸有二十五磅時水沸度則變爲二百四十一度反之於抽氣筩璃玻罩下抽出空氣至水銀壓力十七寸時則水熱至一百八十五度

而已沸可見水之沸度常有不同也

以水沸度測山法〇凡地面與海面等高處携風雨表登山愈高則水銀柱愈降蓋空氣壓力減小故也以此同理上山愈高則水沸度亦愈小因無論在何處水沸度與山高數有定比例故用寒暑表試水沸度以測高足代風雨表之用然無論高處低處空氣壓力常稍改變則水沸度亦必有異故如在山麓已測沸度再升高測沸度恐此時內空氣壓力略更而沸度致有小差則不能得高之眞數即風雨表亦有此弊若用二寒暑表一在山麓一在山巔同時測水沸度連試數次求得中數始可取準近年尼古類氏設一便用之器能以

第五十三圖

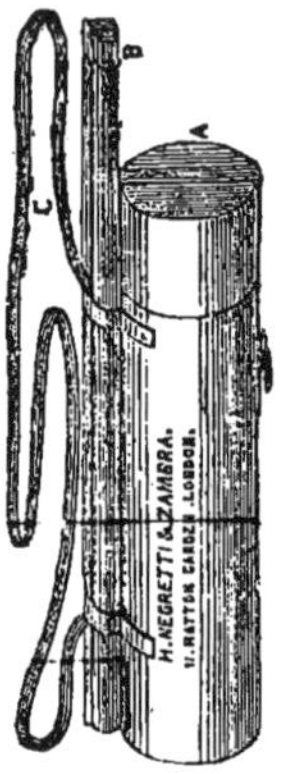

水沸度測山之高如第五十三第五十四兩圖其表管甚長易顯冷熱之小分而分度刻於管上自一百八十度起至二百十四度止每度又分十分另以佛逆聯於管上能顯百分度之一其水鍋能令水銀泡與管俱在水面之汽內如第五十四圖視之易明鍋有三足架架下有酒燈加熱旁護以銅絲布免爲風吹鍋上有套三層圍護其表三層套能伸縮如千里鏡筩此套下節旁有小孔管可洩汽套上切寒暑表處有象皮圈爲襯令汽不洩此器甚便移動時可收藏一圓盒內如第五十三圖外有

第五十四圖

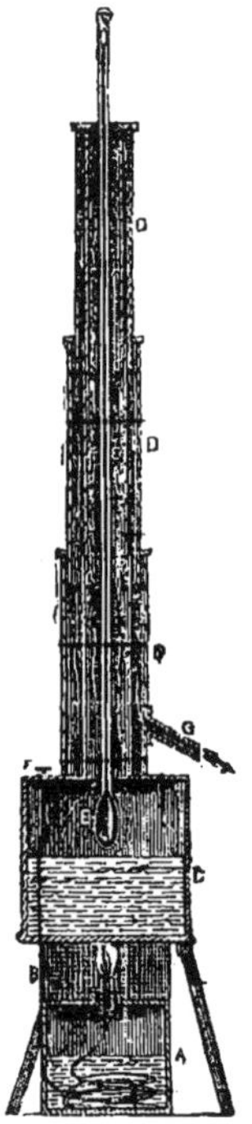

皮帶可背負而行用時各件整齊於鍋上小門傾入水滿至三分之一門有螺絲蓋之燃酒燈後俟水滾則細視寒暑表度數至何處爲沸則記之所用之水必爲蒸者因平常水含異質沸度難定此表價金五圓

平常所賣測沸度寒暑表多有不準凡作表時宜配準空氣壓力與冷熱等事否則所刻分度不足爲恃蓋每一度宜有之高爲五百五十尺即每十分度之一應配五十五尺設表有微差測高時即謬之數百尺矣倫敦有造格致器家名聞頗著已用其表測山試所刻分度常有微差因間其寒暑表以何法定沸度答曰在本行內以蒸水加熱至沸而定者毫無誤謬曰貴行高於海面幾何尺數答云不知又間定此沸度時風雨表水銀

杜高若干答云亦不知曰然則此表一百八十度之識何由知耶答云由準寒暑表而得也此可見平常出售之寒暑表易有微差故定分度時必諳其屋宇高於海面若干風雨表水銀柱高若干方可否則差之毫釐斯謬之千里也

格致家來古拿得已細攷各沸度應配之高數列成一表以便測山者檢視惟其表甚繁彙編不便列入祇可言其大略如水沸度在二百十四度與二百十度之間每減一度應加高五百二十尺沸度在二百十度與二百度之間每減一度應加高五百三十尺沸度在二百度與一百九十度之間每減一度應加高五百五十尺沸度在一百九十度與一百八十度之間每減一度應加高五百七十尺凡購測山寒暑表者必附此表一張以免自推算之煩試設題以明之假如甲山巔水沸度爲二百〇九・三三五度乙山巔水沸度爲一百九十七・六四度而空氣熱度中數爲六三・五度求乙山高於甲山若干尺先察數目表得甲山沸度相配之尺數爲一千四百六十四尺乙山沸度相配者爲七千七百三十六尺二數相減得六千二百七十二尺再察表內六十三・五度相配之數爲一・〇七以乘減得之數得六千七百十一尺即乙山高於甲山之尺數從此可見用寒暑表測山之工最爲簡便

第五十五圖

第四類測空氣中所含水氣之器

測濕表〇測驗空氣所含水氣數之器謂之測濕表製此器之料須用易收放濕氣之質如各種麻皮與獸腸所作之線並杉木條與粗麥芒等是也但此各物所製之器祇能顯燥濕之大略而不可測濕氣之細數且用之日久漸致不靈再久則毫無應驗

近人得一種質能依空氣之燥濕而漲縮乃將人髮在鹼水內沸之去其油質一端定在小架之一處一端連於小輪之邊此輪之軸端套一指表髮則漲縮而牽動小輪轉指表即指明其數又有人名德路格將鯨魚口內之刺橫切成極薄之片一端釘牢一端用金類絲連於極小之輪如前制此比人髮者稍靈因其漲縮比人髮較多也二法傳至今日俱不甚佳

旦尼里測濕表○有人名旦尼里作表與前不同其表用寒暑表顯出成露之熱度將此度數與寒暑表之平熱相比即知空氣當時所含之水氣數此表約爲西歷一千八百二十年所設者其形如第五十五圖以玻璃管內徑約八分寸之一彎成二正角形兩端各有泡徑一寸又四分寸之一管左端內有極準寒暑表而水銀泡入於管泡中心管泡內有四分之三爲以脫管內空氣全抽出所含者惟以脫霧耳此泡爲黑玻璃者而右泡以明玻璃爲之外套細布托此管之柱有最準寒暑表能顯空氣熱度管與架可拆開裝匣內以便隨身携帶用時各件構起如圖令以脫全歸黑泡內先記空氣熱度再將以脫若干滴於明泡布上以脫化散甚速令泡漸冷管內以脫霧漸稀黑泡因亦漸冷泡外空氣亦稍冷則空氣內之水氣必凝於黑泡若露見有此露即視管內寒暑表之數此數即成露之熱度也此熱度既知則空氣所含之濕氣不難知矣此表之價金三圓銀三圓

第五十六圖

來古拿得測濕表○後有人名來古拿得作表比旦尼里者更佳然其理雖巧若在尋常日用不及旦尼里之便其式如第五十六圖用寒暑表二支一表以有底金類管裝其下段管口切表處以輭木爲襯令不搖動管內盛以脫而寒暑表泡有幾分在以脫內又有小管通入金類管一端接以象皮管稍長人身可離表較遠以此象皮管呼吸令以脫化氣其化氣遲速依呼吸力之大小以脫管之外面自有水凝如露管面極光凝水易辨若凝水之迹極微當細心察視此金類管聯於一架架旁亦有一寒暑表相聯可顯出空氣熱度如圖中爲盛以脫之瓶以便隨時添入金類管中此表之價金三圓銀十圓惟此種器費用皆大因以脫必多用且須上等者熱地難久存冷地亦易壞故難得常年合用之以脫至於空氣極燥時水凝必致歷時稍久因而以脫甚費況以脫若稍次者則終不能凝水更有一小病蓋用過一次不可隨即再用必待稍久至各件與空氣熱度相平方合再用

此稿未完下卷續印

梅森測濕表〇有梅森者因以上各病即將前器之理增損其制無論何時何地俱便測知空氣含水之數並用二寒暑表一爲乾者一爲濕者泡外用以脫亦不便即以水代之又可時常察視此寒暑表之泡能顯明甚小熱度極靈而速其分度刻在表面其差數應用準寒暑表較而記之曾駁輕氣球數次至空際每高若干尺驗乾濕二表與前二器相比數年相試方知且尼里與尼古類氏之表所定露度其差不過微數又將乾濕表所定之數與此二人之數相比其差亦屬微數

第五十七圖

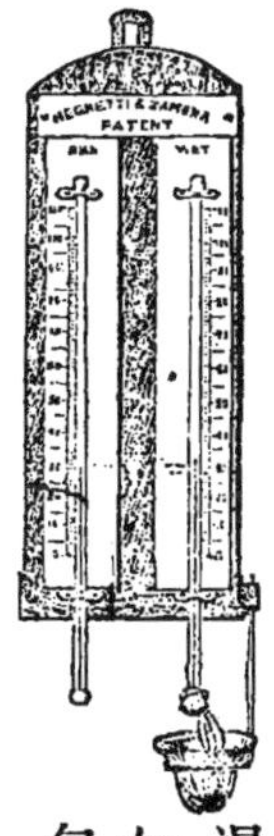

第五十八圖

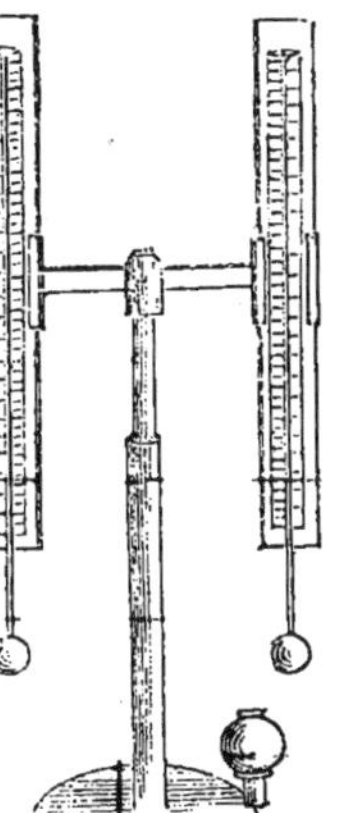

第五十九圖

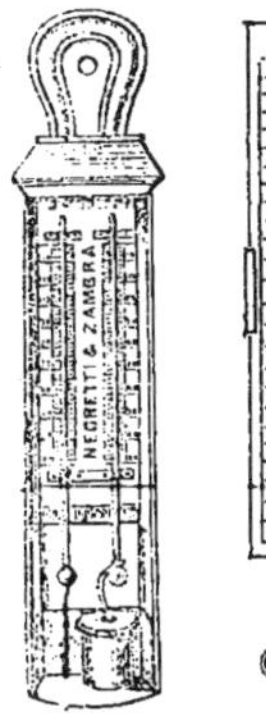

如第五十七圖爲此乾濕表式左爲乾表右爲濕表濕表之泡用薄紗包之又用鬆棉線或鬆絲線等物繫於薄紗而垂入水盃此線長約三寸其盛水之盃應在泡下而稍偏以免化散之水氣薰蒸其泡又不可偏在乾泡之下掛表之處宜四面通氣離地約四尺而在陰光之內牆並樹木愈遠愈佳水盃內之水宜用蒸水或雨水此表價金二圓銀二圓

空氣之熱小於三十二度則濕泡之數必稍大於乾泡此時不可記其數須俟濕泡面之水已凍其數始不差泡面既凍盃內之水亦凍所顯之度數仍不差此因引水之線並盃內之水皆凍也如盃水凍而引水線已乾必用毛筆醮濕之待少頃而全凍即可照常記數若不如法則濕泡之數必反大又宜在將凍之先用水濕其泡每記數一次之後應濕一次若空氣之熱大於三十二度而盃內之冰未消盡或泡面之冰亦未消則以溫水消盡其冰此恐濕泡仍爲三十二度而不上也

棉線宜用鹻水洗之再在淨水洗淨此線必足引水至泡面而常不乾如所升之水過多宜減線數條看表之時瞳神必與水銀面等高宜屏呼吸之氣若爲短視可令人代看恐人面傳熱而混其數

梅森此表爲用甚多能測空氣之乾濕預知天時之陰晴船上帶此表亦有大用蓋風雨表之水銀柱忽降爲

風爲雨未便定準惟用此表可以預知如乾泡與濕泡熱度漸近則知欲雨反之乾濕二泡熱度漸遠可知有風而無雨若家中用此表可知屋內氣候而以法配其乾濕如平常乾濕二數差五度至八度人覺暢快若其較數過大或過小必須以火或別法配其適中凡人生病時屋內空氣燥濕之較應有定限如第五十八圖爲家中便用之測濕表亦合於工藝廠或棧房或釀酒家或養植物玻璃房中所用其價金一圓銀一圓至金一圓銀十圓如第五十九圖爲置於露天處或養植物玻璃房中合用者其分度尺以木或鋅爲之而架以銅爲之外敷以漆其價銀十四圓若用新法以白瓷爲分度尺則價金一圓銀一圓

第六十圖

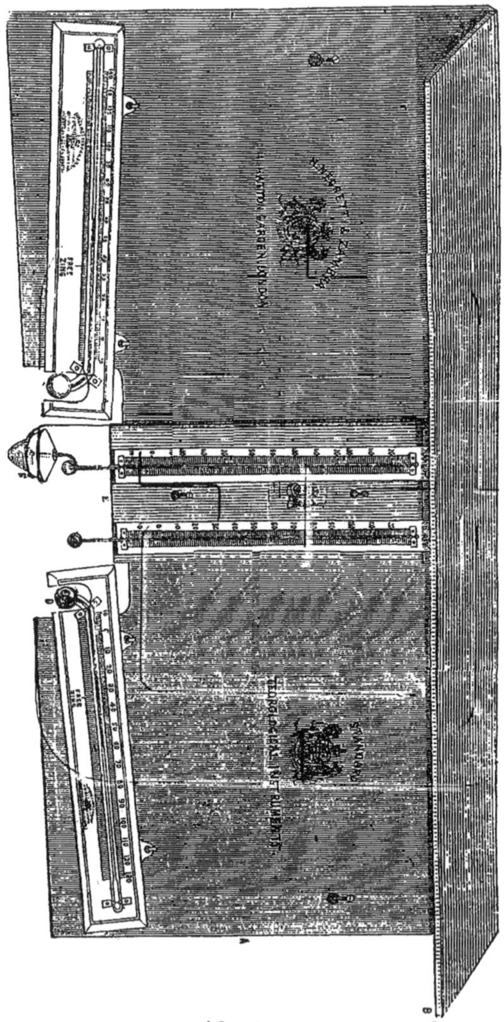

掛各寒暑表之架○如第六十圖爲尼古類氏所設之架可將各寒暑表掛此架上並懸於陰光之處以測空氣寒暑燥濕各事如圖中爲測濕表左右爲自記空氣加熱減熱之表掛之稍斜以便於用

第五類測雨大小及其時之器

測雨器〇此種器用法甚簡便常用者爲紅銅漏斗與堅玻璃瓶或瓷瓶並量雨水之盃其漏斗底有小門若漏斗內有水少許門則開而水流入瓶內門又自閉則瓶內水不能耗散若漏斗口爲一百平方寸以量盃量其所承之水則能知其雨若在地面聚而不散能高若干

古類撒測雨器〇古類撒所設之測雨器爲平常格致家所多用者其形如第六十一圖其漏斗底略成六十度之角下有管彎成鉤形雨水流下時其末數滴能存管內而阻下筩之水令不化散另有刻分度玻璃盃可量其所承之雨而記其數用此測雨器可將下筩埋地內上口離地面約五寸則周年所能耗散之水甚少可不必每日量記其數此器價金一圓銀一圓至金一圓銀十圓

第六十一圖

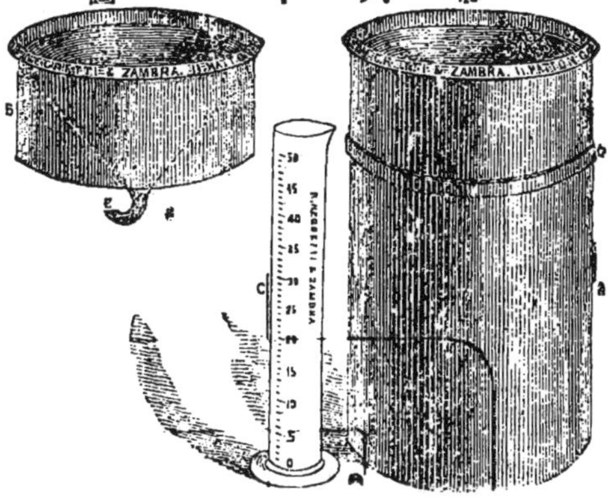

旁有管測雨器〇如第六十二圖爲此器形乃一圓柱管下聯於截錐形之器爲座座內可裝砂使管不易吹動管上口形如漏斗徑大於管之中段管旁有一平行玻璃管刻以分寸下與圓柱管底相通故看玻璃管內水高若干卽知圓柱管內之水亦必高若干蓋二管之水面必相平也每看一次後記其數卽開圓柱管下塞門放出其水俟再收雨再測以此器測雨最便觀察其價金二圓銀十圓至金三圓銀十圓另有自記測雨器能記落雨之時見後自記測風並測雨器節內

論測雨器應置之地〇凡測雨者宜相置器之方位如置諸平地應無屋垣樹木以阻風雨來路或致風雨漩流則雨下之數可免有差故測雨器以架托之爲佳卽有大風亦不致吹倒而所承之雨須依時放出不可紊亂至冬日下雪或極冷時宜看器內結冰否如爲冰爲雪必至暖室融化之化時不可令水耗散始不致誤平常測雨器造以金類紅銅者多因不特易造且不易爲空氣或雨鏽壞若以鐵或鋅造之外必敷漆始免生鏽測雨器之容積應足容十餘日極大之雨數凡雨多之處其器宜爲更大者

測雨之益○測雨之益不待多言人自易知其尤要者爲農家園戶之最事蓋稼穡之豐隆菜蔬之暢茂全藉雨露滋養肄其業者詎可習焉不察耶如每年月日落雨之數測而記之不但當時能知其雨大雨小即數年後亦可略計本年應有之雨或本月應有之雨數又能知一年中何時應雨大何時應雨小則耕種不失其時澆灌可得其限其益誠非淺尠即蓄水者開河者亦宜用測雨之法計及每年所應有之雨而可多用之或少用之不致暫優終絀則測雨之事有此各益不可不知

第六十二圖

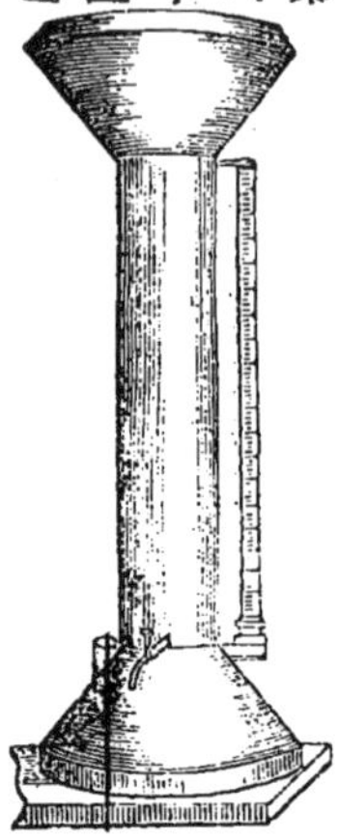

第六類測風方向並其壓力與其速之器

測風器○能測風力與其方向之器謂之測風器所有之器大半甚繁惟林德所作者最簡便其式如第六十三圖用一彎玻璃管兩端平行彎處較細一端口向外一端口直二端之間有一板上畫分度自中間○度起算此器梃在一長樞上可以轉動器上有對風板恆能正對風方向用此器時將水灌入管中至○度爲止無風時二管中水面齊平風來時自向外口吹入則兩邊水面不齊得其高數之較即知風力之寸數與分數再推算其每平方尺所應受之壓力若何此器價金二圓銀二圓

陸萍生測風器○英國陸萍生造一測風器能定風平吹之速而算其力如第六十四圖用四個半球形之杯聯於四輻杯口俱向左而直立其四輻聯於一豎軸軸立入座中軸下端有螺絲形能撥動小齒輪小齒輪即動大齒輪各大齒輪面如時辰表式中有針能指出各輪旋轉之數此器已試過其各杯心爲風吹動時其速爲風速三分之一試依算理證之如各杯心之徑相聚爲一尺則每杯心轉一周時所行之路爲三·一四一六尺而風力爲此數三倍即九·四二尺若知若干小時內轉若干次則風之速力易知矣有時造此器各杯心徑相聚爲一·一二尺而轉一周爲英里一千五百分之一風吹轉一周時則風速三倍即爲五百分英里之一故風每吹行一英里此器必轉五百次無論風來自何方其有若干速均能於表面上指出然後依數推算即知所

第六十三圖

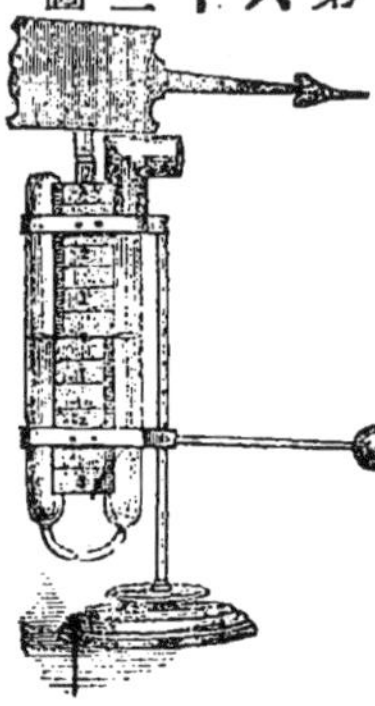

來之風每小時內應行若干里數也其表面可用四個或五個一指十數　指百數一指千數一指萬數看其數時先自離豐軸極遠之表面起算如先看第一表面之萬數再看第二第三第四表面之千百十各數等所看之數卽筆而記之此器應置於高處周遭無阻風之物始可其價金三圓銀三圓至金四圓銀四圓

第六十四圖

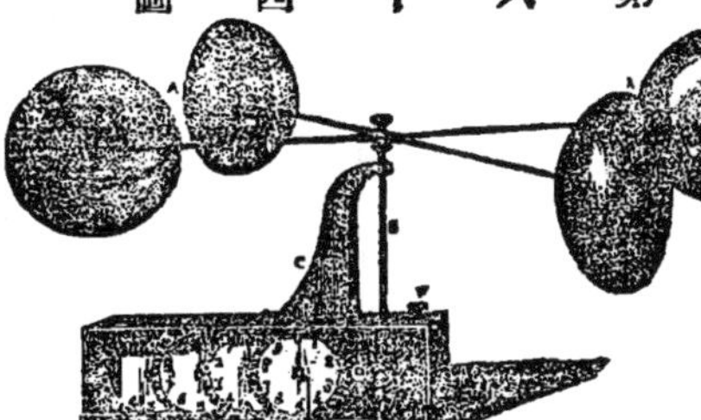

自記測風並測雨器〇此器能將風之方向與壓力並雨數與其時俱在一紙上自記之最便於觀察有數處觀星臺已用之但各種器安放之法各人所作不同其最簡最新之法如第六十五圖其上爲指風力向之板其式爲劈形因劈形較半面者尤便於用而且顯也聯一長桿桿下有小齒輪能動其筆畫風之方向於紙其紙有縱橫格線聯於時辰鐘每半點鐘進半寸又有測風壓力之板亦聯於長桿桿動時亦能將其壓力畫於紙上又有測雨之器亦用法聯絡使能將雨數畫於紙上其時辰鐘動紙之法有一齒輪機動紙架之齒桿如此則紙能漸進而所已畫之線能不紊亂此器每日所記之事易明如紙正中之線爲記風之方向此邊線爲記風之壓力彼邊線爲記落雨之數再按各線之形勢則雨之有無與大小風之改向與否並其壓力之大小俱能知之另有一種自記測風器如第六十六圖其上又連一陸萍生圓杯形之測風器則於一紙上能記其風之速力比前者尤爲有益此種器價金八十四圓至一百五十圓

第七類測空中電氣與電臭之器

測電器〇測空氣中之電氣最便之器如第六十七圖用玻璃罩內有二紅銅桿直立罩中掛金箔二片罩上有銅盤上插一銅桿長二三尺桿上端有夾用此器時則置於露天中將已浸硝水曬乾之紙放在夾內以火燃之則能聚空氣中之電氣自銅桿引至金箔上而二片金箔依電氣之多少自能相離如欲定其電氣爲正爲負可將火漆或玻璃一條以布擦之其玻璃必生正電氣火漆必生負電氣以已擦之玻璃條近玻璃罩上之銅盤如二金箔更相離則知其爲正電氣若二金箔用近則知其爲負電氣如此試之則空氣之電氣

為正為負不難辨也此器價金一圓銀一圓

電臭〇凡用玻璃電器磨電氣或用電氣化分水時常聞一種奇臭即名為電臭約因其質本為臭物而變化也如在濕空氣內焚燐則臭亦畧同又有別種物延燒時亦發此臭凡電經過之空氣常有此臭有人尋

第六十五圖

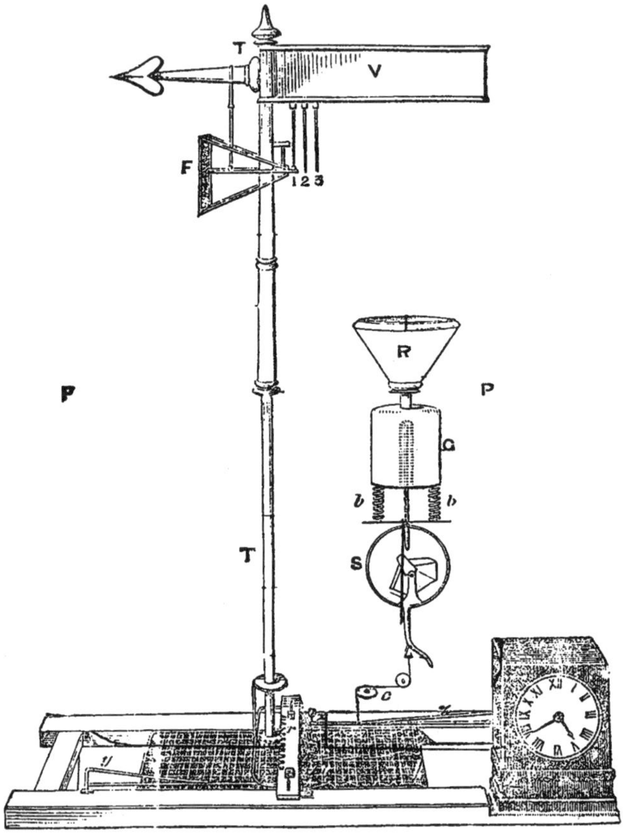

思此物性情與養氣畧同因凡用電氣化分水時發養氣臭亦發此臭惟化學家亦未深悉其源流形性有人云是變性養氣亦有人云是初生養氣又有人云與綠氣相類

電臭能與各物化合與養氣同故空氣內含電臭甚微時鼻雖不能覺而可依此性辨之法用測電臭紙其紙有二種一為閃納比耶所設者一為馬法德所設者今人用之者多

閃納比耶測電臭紙〇將平常紙漬於小粉漿與鉀碘水中晾乾以一張掛於一籠中令遇空氣二十四小時然不可見日光與雨再將其紙漬於水內取出則變為紫色而電臭之數依色之深淺而別另有一紙表上染深淺十色將所試過之紙與此紙相比與某色同即依某色而定電臭之多寡其變色之理因電臭化分碘與輕氣所成之質而與其輕氣化合則碘與小粉漿相合至濕時而變也

馬法德測電臭紙（）此紙與前者略同惟不入水中其紙依櫻色而顯則電臭數依櫻色之深淺而辨亦另有紙表上繪十色以備較對馬法德之紙其色多日不改但必收於暗室或夾於書中

測電臭籠○有戈拉克者造一種測電臭籠如第六十八圖爲二極細銅絲布之圓筩相套而成於中近蓋處有鈎可掛測電臭紙其布必極密祗能通空氣而不透光始合用其價金一圓銀五圓

第六十六圖

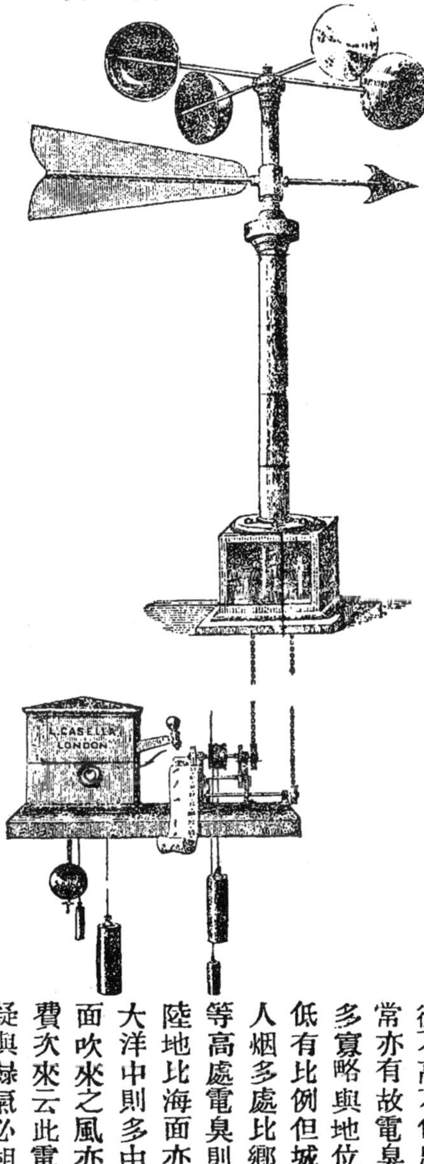

電臭雜說○戈拉西揣出空中電臭各處不同高處較低處更多甚高之處恆有之甚低之處雖有亦極微不高不低處平常亦有故電臭之多寡略與地位高低有比例但城鎮人烟多處比鄉間等高處電臭則少陸地比海面亦少大洋中則多由海面吹來之風亦多費次來云此電臭疑與綠氣必相合蓋自海面吹來之綠氣風常帶有此臭又電臭能在人腹中令食物易消化有醫士云凡有電臭之處空氣必淨因電氣能除各種害人之惡氣也電臭或者亦能管理花草生長亦未可知其在萬物中之職司與功用今難定論但萬物中無一無用之物想後之人必能攷究其詳云

自記測電臭器○英國醫士來克他者設法造一測電臭器能自記其數法用測電臭紙一長條繞於圓軸上以時辰鐘動之器上祗露一孔每一小時紙條過此孔而遇空氣此法一日之電臭均能從紙變之色而

知何時多何時少也

雜器

辨天時表○此器爲百年前所設但未識造者何人其造法用一玻璃管長十寸徑四分寸之三內置藥料其方用樟腦二錢硝半錢磠砂半錢三物化於醋二兩與淸水二兩內各料須極淨者則用玻璃管盛之裝成此器後不可搖動掛於背陽處不使日光照入其理因樟腦能化於醋內不能化於水內而水與醋能化物之故皆依其熱度故其管內定質有時不消化有時消化於水中俱依空氣改變之事觀其藥料所變之形略能預知空氣之更變有人細考此表與天時而設六款如下　一天冷時藥料上面有結成顆粒如翎羽或花草等形卽爲冬天之兆天愈冷則成此顆粒愈多若見此顆粒形向下增多可知冷必久　二天暖而晴其顆粒化而上段大半藥料變明卽爲夏日之兆若顆粒愈少藥料變明愈多則晴乾能愈久　三如上段明而有顆粒浮至面上湊聚可知必有風雨　四天冷時如上段濃而濁則爲將有大雨之兆　五天暖時其水中有細粒浮上而水仍淸明則爲欲雨之兆　六如顆粒形甚尖而利則天能晴若旋見其顆粒化而形不淸則天色晴陰不定

第六十七圖

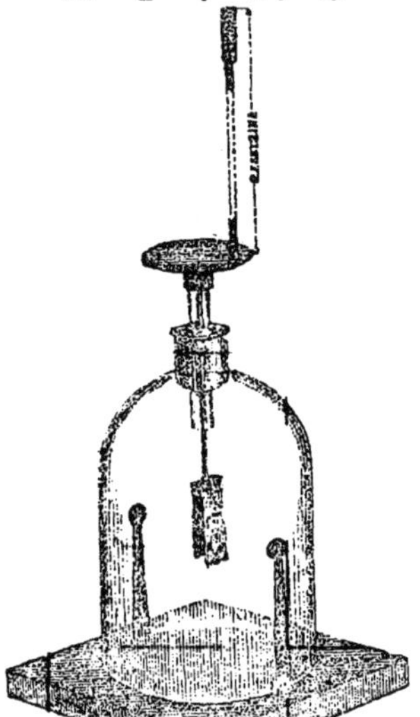

第六十八圖

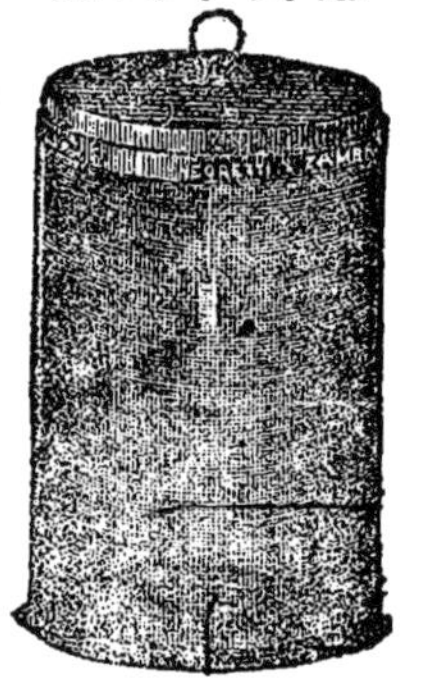

費次來書中論此器云自一千八百二十五年至今室內常置此器其改變之各事皆爲甚奇向者不能分辨邇來始得洞悉此器若置於露天無火烘日照之處其藥料能依風之方向而改其形惟不能知風力耳有時亦能因電氣之濃淡而改其形

凡風向北極或從北極或從近北極之方向而來則藥料結出顆粒如杉樹葉或柏葉或桑葉等形如風方向偏至對面則所已結尖利似針形之顆粒皆化而不見凡有南風之前或有南風之時其顆粒向下無定形如

白糖在水內相似至有北風之前或有北風之時其顆粒極美但其玻璃管必在合宜地位久不移動如南風北風相遇後而為西風或東風其顆粒形如星芒則水濁而不明但如其管原向東而有西風其水則明而顆粒清亦無鬆而不聯之星芒形

如管內流質下或上有凝結大顆則知空氣中有正電氣且有南北二風相遇若顆粒形散漫如在水中之白

第六十九圖

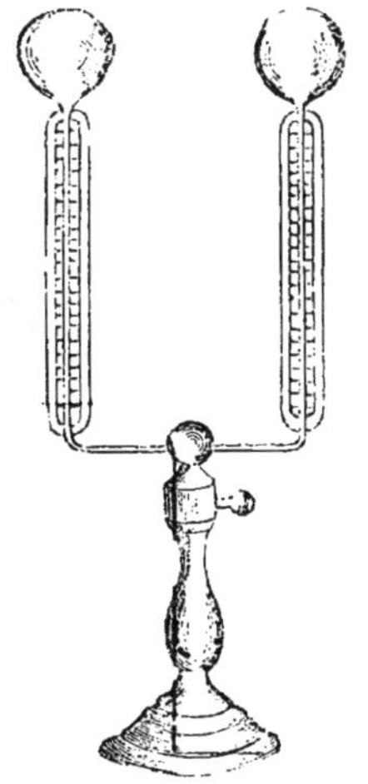

糖然則知空氣中有負電氣並南風而北風不與焉已用過極精測電氣器考得上說之據所以風雨表寒暑表之外另用此器先測出空氣改變之事則更為有益

此藥料之變化大半賴空氣熱度然亦非全賴熱度因有人將冬天與夏天改變之事相比較而得其據也

又如藥料內有星芒或雪花顆粒向上下而動則指出東南風而風力或能更大如藥料明內有易看出之顆粒則知南北二風相震從東向西而偏如向東而偏其顆粒形大不相同

相較之寒暑表○此器為來司力所設如第六十九圖有一玻璃管彎成二正角形兩端成大泡內有空氣管中有濃硫強水強水內加以紅色管下有架托之管外刻以分度二泡同熱之時管中強水兩端齊平如一泡稍熱則強水下退便顯出此泡較彼泡熱至若干故用此器測空氣之熱度雖少有更變

第七十圖

亦易見之以此器試地面散回之熱尤為便用其價金一圓銀十圓至金二圓銀二圓

掛寒暑表之架○此架之式如第七十圖用一立板聯於平板之一邊上有二板斜放如屋背之勢中有木板相聯如此則空氣能四面通行而寒暑表可掛於立板之面其表泡露於板下故空氣能在泡周圍通行其架托以立柱上有樞可四面轉動用時則以長斜面對日光其價金三圓銀三圓

第七十一圖

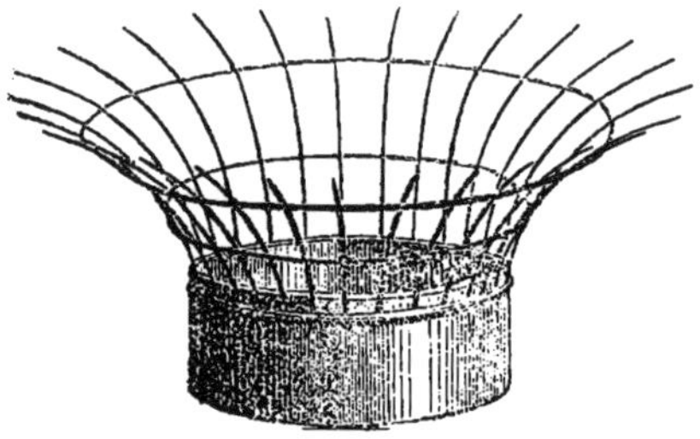

測地面水化散之盆〇如第七十一圖爲測水化散之盆以銅爲之其內面積須極準始可知水體積之眞數另有一測水玻璃杯能測水之寸數與十分百分等數用法以測杯量水若干傾入盆中置於露天周圍能通風過若干時後仍將其水倒回杯中視水少若干即知地面水化散之數但如試之時遇雨則必察測雨器知雨下若干深與水化之數相較其餘數即地面水化散之數也此器之上所有如欄杆式者爲阻禽獸飲其水也別無他故其價金一圓銀二圓

測水或冰或雪化散之數〇測此事所用之器爲蛋形玻璃或銅之球下有小管通至其第二玻璃球內盛水銀或小鉛子上球之上有一小管外刻度數此管上有平置淺銅盆用時將其器放於水桶內桶蓋有圓孔能容其管通過桶滿水時則器浮於水面而管通過蓋孔再將淨水傾銅盆內至管之〇度到桶蓋爲止迨盆中水化去時其管即升視所升之分兩即知水化去之度數如用冰或雪置銅盆內亦可如法測之惟此器略有冷熱差須用寒暑表較準

看雲回光鏡〇一千八百六十二年英國博物院中有一看雲回光鏡爲谷達德所設者其用處能知雲所動之方向將鏡平置窗戶近處上有東西南北四角其所記北角必對南向則四方與四角正相反如天空有雲欲知其自何方向來則至鏡前穩立不動看雲影移至鏡之何邊即知雲所來之方向矣

第七十二圖

自記日光器〇此器用時辰鐘動一圓柱柱外繞以照相紙紙過其蓋之小孔每一日而轉一周看紙上所顯之形即知各時內日光之大小

第七十三圖

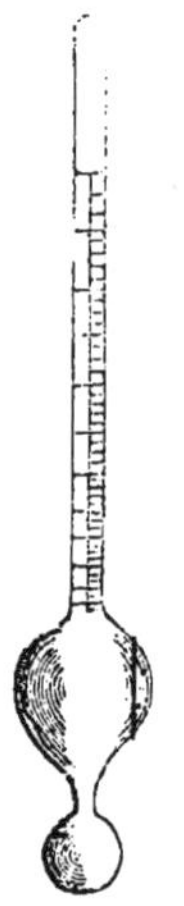

測候全器〇所有測候之器可配成全副裝於一匣內其匣長八寸寬八寸高四寸內能裝全副器具臨用時將蓋揭去而懸之甚爲便用其記大熱小熱之寒暑表並燥濕表可聯於蓋上而匣內有測日之大熱寒

暑表測地散熱之寒暑表與小空盒表又有測步數表測斜度器指南針測雨器量水杯等件凡好遊覽之人備此一副隨在用之無所不便

第七十四圖

測候零件○凡攷究空氣改變之人各測候器固不可少然外有數件亦所必需如記空氣各事之縱横格紙並記各事之簿看雲總圖旋風圖各處界線圖各處長風圖等物不必細數用之亦能得益

測海水表○此表能測海水所含鹽類之數爲海船所用其式如第七十二七十三兩圖以玻璃或黃銅爲之管之下端爲泡形內裝水銀或小鉛子使表浮在水面時能直立而不側此泡之上爲一柱形或卵形泡取其易浮也管內有配準之分度用時將所欲試之水盛一器內以表浮入如水含鹽類愈多則表浮愈高含鹽類愈少則表沉愈低如七十二圖者價銀三圓銅六圓七十三圖者價銀七圓銅六圓

牛門所設自記測潮汐器○凡生意興隆之區商船廣聚之口其潮汐漲落進退之時尤爲要事不可不測而知之因其與測空氣事有相關故兼備圖說而略述焉

如第七十四圖爲此器之式樣有圓筩形管外圍以格線紙每一晝夜可轉一周動此管者爲時辰鐘水中有浮標聯以鏈上繞過一大輪輪軸中有小齒輪與一大齒輪相切大齒輪能動一筆使記於管紙上如此則潮漲潮退之時而浮標隨之起落其大輪依浮標起落而轉動各輪其筆即記之看時辰鐘與所記之線則知潮汐漲落大小之數並其時其紙可日換一次此器價金四十二圓

前者凡海口緊要之處欲測潮汐所用之法必看管者恒守之否則不能知其準數惟以上所述爲倫敦造格致器家名牛門者所設自記測潮汐之器甚爲省便有數國用此器處經管者每日不過費片時整理不必常守能省人工較之用分度尺置水中以測其事者獲益尤多且不致有差與誤事之弊

NEGRETTI AND ZAMBRA

Holborn Viaduct, London. E. C.

以上之測候器共有七十四圖皆爲英國倫敦尼古類氏散布拉公司所出售之器已有數友人問及此公司之西字招牌與其開張何街何巷故本館特將其西字刋入以便閲者與購器者識之

所有測候之器至此已完共二十一頁擬後另印出獨訂一本寄存格致書室與各代售彙編處出售僅取紙價錢一百五十文凡欲購閲者至各寄售處買取可也

此格致釋器第一部已成擬於後卷再論第二部爲化學器約有一千餘圖陸續排印以公同好惟格致釋器前用說字似乎欠妥未若釋字恰當故於今各卷皆改爲格致釋器可謂妥愜特此謹佈

格致彙編館啓

格致釋器

第二部化學器 共有一千餘圖爲倫敦格致器行各里分所造之化學器

總引

格致事內化學爲最繁者惟其事最繁故其器亦多雖萬物中原質不過六十餘種然其分合形性則有千變萬化而所成雜質幾爲無窮欲攷此事非器不成如令原質合成雜物或將雜物分出原質或分合生死各物以求有益之質或試驗原雜等質以啟童蒙之心是則所需之器幾難盡核茲者欲將各器類別門分摘其要端輯成一部備圖式以顯其規模暨價錢以便人檢閱於習化學或購器料者不無小補云各器與料約共分二十一類以下逐件分詳　一備料之器　二托器之架　三權量之器　四化學寒暑表　五驗流質重率表　六抽氣筩　七生熱容熱之器　八消化各質之器　九存各質之瓶　十各種濾器　十一化乾流質之器　十二各種蒸器　十三取氣試氣之器　十四試驗定質流質之器　十五化分求數之器　十六吹火筒等各器　十七試驗礦與金類之器　十八化分動植物質之器　十九化學器分爲大小各副　二十地學礦學所需礦石之樣　二十一化學所用各料

第一類備料之器

各式鐵鎚〇地學家遊山度嶺察探土石以鎚爲不可少之器造鎚必用上等之鐵製柄尤須堅韌之木鐵剛則耐用木韌可不折又必有大小精粗各式便於開各種土石之用如第一第二兩圖爲開硬石之鎚第

第一圖

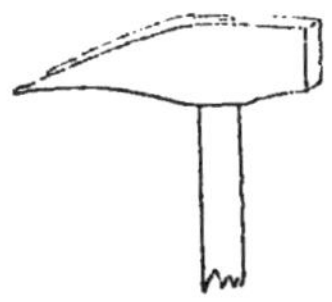

第二圖

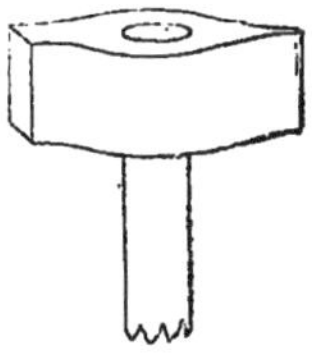

第三圖

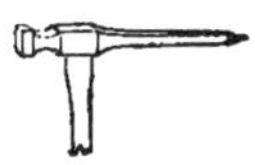

第　圖

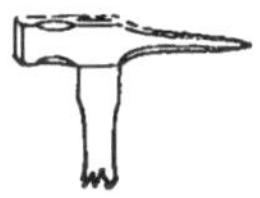

第五圖

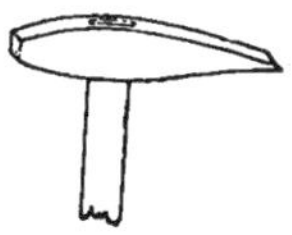

第六圖

一圖者重略五磅柄長三尺價銀十圓銅六圓第二圖者重與前略同價銀十二圓第三圖者爲輭石中剔出動植物餘質之鎚價銀三圓銅六圓第四圖者略大價銀四圓銅六圓第五圖者爲礦學家所用之鎚能將礦塊小樣琢去餘質以成方形等便於存儲礦樣架中其柄長十八寸價銀四圓銅六圓如第六圖爲通用之鎚價銀二圓銅六圓第七圖者亦通用價同第八圖者亦同第九圖者爲吹火筒工內須用之鎚價銀一圓銅九圓

第七圖

第八圖

第九圖

各式鋼礎○用吹火筒之工內常試鍊金銀等須用小礎其礎以鋼爲之面必光平可聯於鐵座如第十圖爲鋼礎之式面方一寸有半價銀二圓如第十一圖爲打輭金類粒令成扁形之礎面方二寸價銀六圓如第十二圖爲試驗金類所需之礎面方三寸半下有方凸以便入於木塊方凹中價銀二十五圓如第十三圖爲修理小器具並打彎金類絲或片所用之礎下有螺絲可聯於座邊使其牢固其價銀六圓銅六圓

第十圖

第十一圖

第十二圖

第十三圖

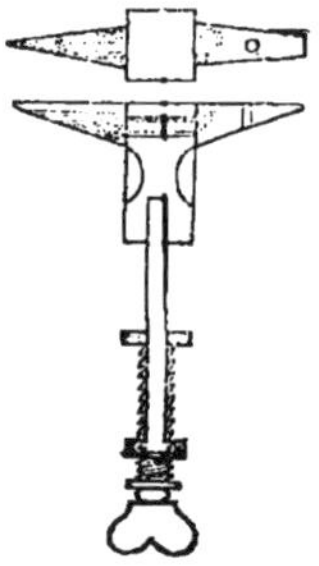

各式夾器 亦名老虎鉗 ○此種器爲自造化學零器或修理器件所用者俱以鐵爲之如第十四圖爲夾與礎合成一器者下有螺絲可聯座邊其價銀十五圓如第十五圖爲較大而無礎者價銀十二圓如第十六圖爲小夾器與造鐘表所用略同可以手執之不必聯於座上其價銀五圓

第十四圖

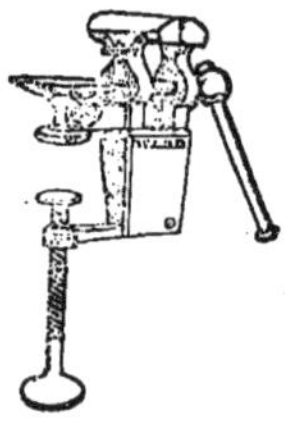

第十五圖

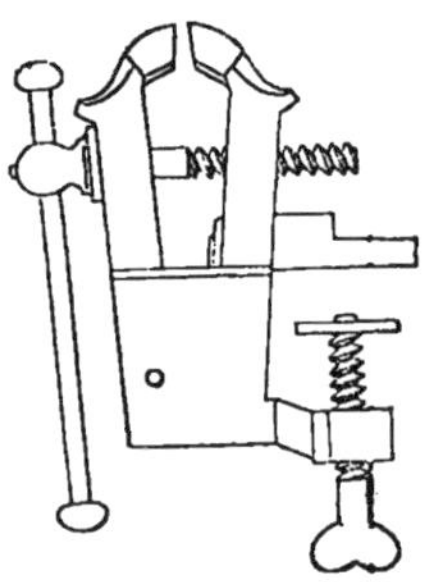

第十六圖

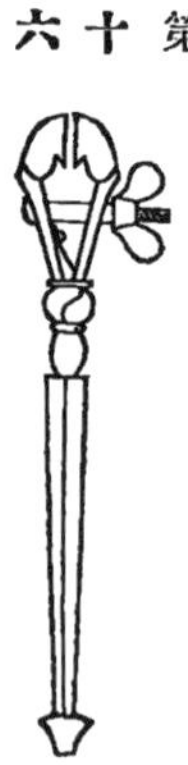

金類絲與片定號表〇化學中常用金類絲或片以試驗各質如鉑絲鉑片等或用銅絲通電氣等凡欲購此種物應知其粗細各號與厚薄各號玆列其表以便購者知所指示如第十七圖爲金類各種絲自最粗者起至最細者止共有二十六號如第十八圖爲金類各種片自最厚者起至最薄者止共有十六號購者欲買何式可指明某號即不致誤

第十七圖

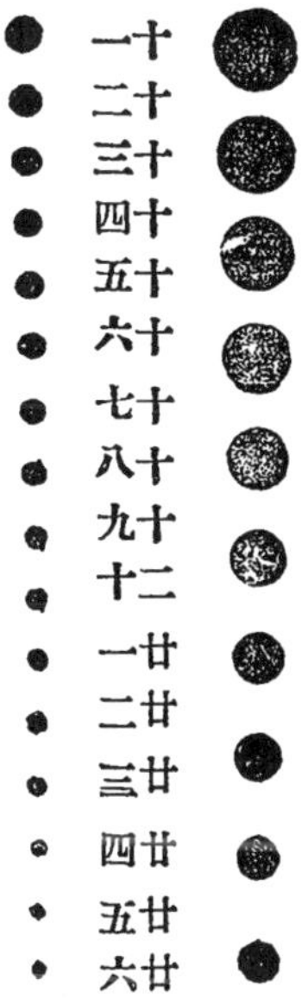

第十八圖

各式研器〇試驗金類或研光金類器皿等事內嘗需瑪瑙研器如第十九圖者共有九號每號價銀一圓如第二十圖爲瑪瑙研器聯硬木柄以銅桿鑲接者價銀六圓如第二十一圖爲更簡之式價銀三圓銅六圓

第十九圖

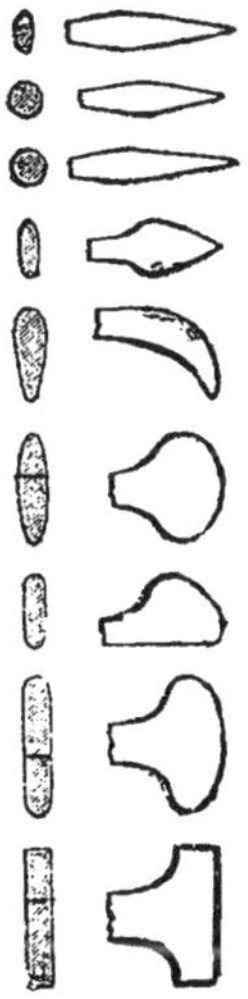

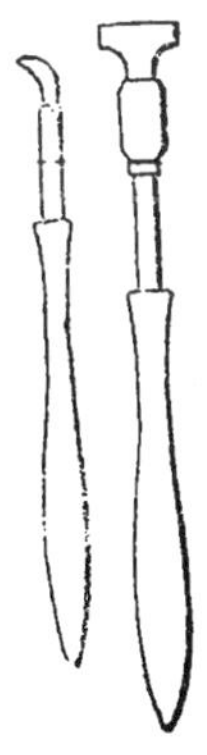

第二十圖

第二十一圖

各式乳鉢〇化學家欲將礦石或藥料擣碎研粉必需數種乳鉢如第二十二圖爲生鐵乳鉢可擣粗粉等用共分七號小者徑五寸價銀二圓大者徑十二寸價銀十八圓如第二十三圖爲鋼乳鉢能擣碎最硬礦塊以便用瑪瑙鉢乳粉其鉢以堅鋼爲之徑五分寸之三價銀六圓如第二十四圖爲分四件合用者徑一寸又四分寸之三價銀二十五圓如第二十五圖爲有長杵者價銀三十一圓銅六圓察此各式乳鉢第二十三圖者不甚堅牢因其杵與鉢徑略相同幾如逗筍杵入時內空氣幾難散出容讓若

第二十二圖

第二十三圖

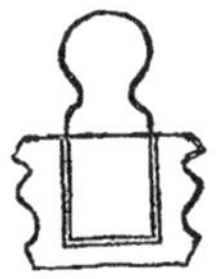

第二十四圖

第二十五圖

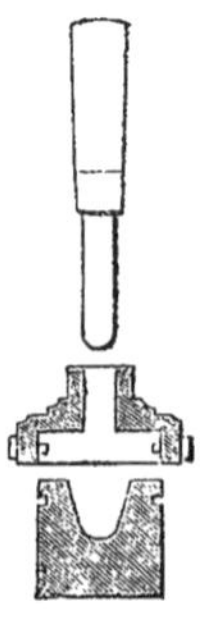

二十四圖者則便於用因有螺絲可聯其底於鋼座能穩固用此各鋼乳鉢之法必以木鎚擊其杵頂若礦塊甚硬則碎之愈難故第二十五圖者甚便用因其杵柄可手執以擣不必鎚擊雖堅礦硬塊不久亦易成粉且其底面平滑覆置之可當礎用如十二圖者同

第二十六圖

第二十七圖

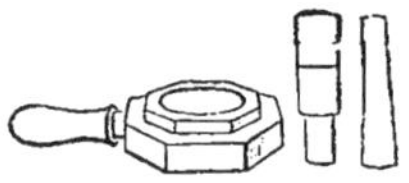

如第二十六圖爲瑪瑙乳鉢能將礦石乳成細粉此器有大小二十一號小號者徑一寸價銀二圓銅六圓大號者徑六寸價銀九十五圓俱爲上等瑪瑙製成者磨極光滑永無縫裂等弊如第二十七圖爲更大之瑪瑙乳鉢按在硬木架上架有柄可以手執穩其杵亦以瑪瑙爲之鑲以黃楊木柄共長六寸此種器有大小六號小號者徑四寸價銀四十七圓大號者徑六寸價銀一百十五圓

如第二十八圖爲白瓷乳鉢便於磨勻或和勻各種粉所用生物化學內常用

第二十八圖

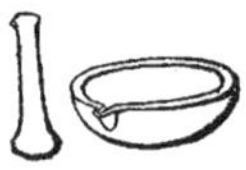

之此器之內面與杵外面俱敷白釉器旁有小嘴以便傾出粉等物其大號者能容水十兩價銀三圓銅六圓小號者能容水五兩價銀二圓銅九圓

如第二十九圖亦爲白瓷乳鉢體格外厚內面有釉而外無釉其內

第二十九圖

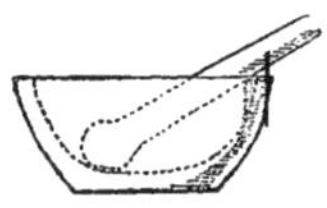

爲杵此種鉢爲淺而潤者共分六號小者口徑一寸又四分寸之三價銅六圓大者口徑七寸半能容水三十六兩價銀四圓

如第三十圖爲截錐形乳鉢甚便

第三十圖

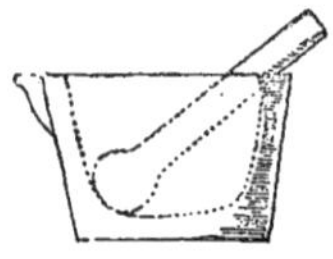

於用共分五號小者口徑二寸又四分寸之一價銅九圓大者口徑六寸半能容三十二兩價銀四圓銅六圓

如第三十一圖爲深而堅之乳鉢便於磨勻水銀油膏等用旁有兩耳便於攜

第三十一圖

提而上口無嘴共分二號小者高五寸半口徑六寸能容二十兩價銀四圓銅六圓大者高七寸口徑七寸半能容三十兩價銀九圓

如第三十二圖爲瓷乳鉢深而有嘴者外有釉而內無釉內爲其杵共分九號小者口徑二寸又四分寸之一價銅五圓大者口徑九寸又四分寸之一價銀四圓銅六圓

第三十二圖

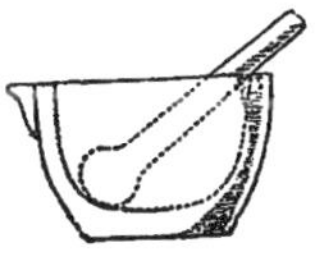

第三十三圖

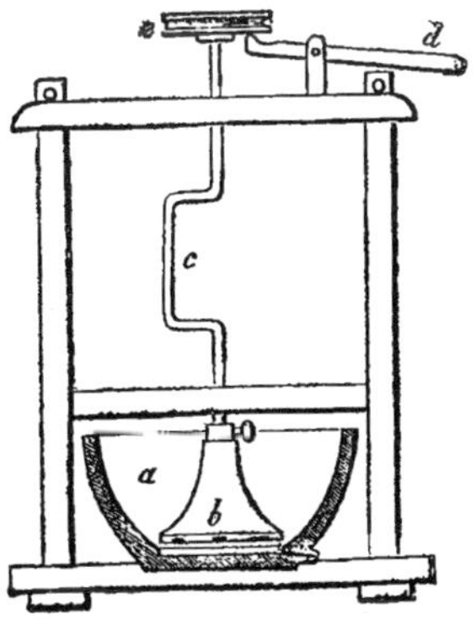

如第三十三圖爲在水內磨料之機器乳鉢下爲瓷乳鉢內有轉動之杵杵下爲平底而面有槽紋杵上有曲拐形鐵柄便於手搖四外以木爲架上有滑車亦可以皮帶動之鉢下有小塞門以便放出所磨勻之料又有桿可提起其杵以便裝料於下

便用篩器○篩器爲化分泥土事內所常用者可以分出土中石塊或粗沙細沙等如第三十四圖爲篩器徑有五寸其底以金類絲布爲之共有三具可隨意調用粗布之孔每寸三十中者每寸五十細者每寸一百每副篩價銀三圓如第三十五圖爲筩形篩器徑爲三寸以馬口鐵爲之外敷以漆中有金類絲篩三具粗者每寸三十孔中者每寸五十孔細者每寸一百孔外有蓋可開闔其篩能隨意放入或提出用此器篩土則一舉可得粗細三種其價銀四圓此器亦可用鐵絲布或黃銅絲布或紅銅絲布或馬鬃布或夏布等爲篩之底

第三十四圖

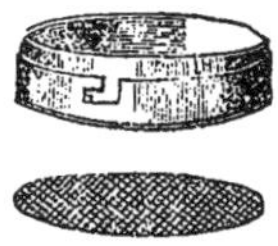

第三十五圖

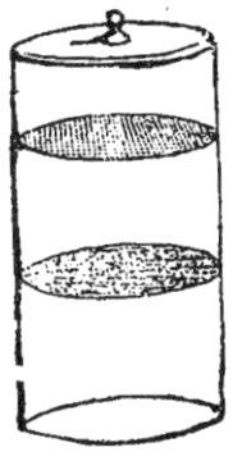

各式起粉勺○凡研粉至細時常用勺起出其粉如第三十六圖爲白瓷勺可爲起粉等用大者長五寸半寬二寸又四分寸之一價銅十圓小者長四寸半寬二寸價銅八圓

第三十六圖

如第三十七圖爲牛角起粉勺長三寸者價銅六圓四寸者銅八圓四寸半者銅十圓

第三十七圖

各式調料匙○凡流質之類每用匙調之如第三十八圖爲瓷匙便於調和强水等能消金類者之用價銀三圓

第三十八三十九圖

如第三十九圖爲圓匙下有多孔可以此撈取水中顆粒價銀四圓銅六圓

第四十圖

如第四十圖者銀二圓

如第四十一圖爲日耳曼玻璃匙長有六寸分爲三形每形價銅二圓

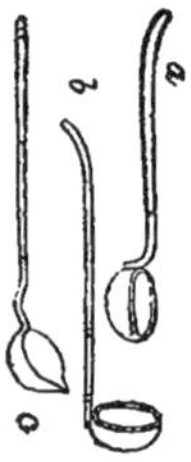
第四十一圖

如第四十二圖爲吹火筒工內常用之勺以磨光白銅爲之勺徑四分寸之一可爲少取各粉之用其把長可當調料之刀最便於吹火筒工內之用長三寸半價銅三圓

第四十二圖

如第四十三圖爲小鐵勺可用以試欲化分之料能燒否又可用以令生物質變炭質亦可以之鎔化欲化分之料勺徑四分寸之三其價銅二圓每十二把價銀一圓銅六圓

第四十三圖

如第四十四圖爲半球形鐵勺口徑半寸口邊車平磨光有薄鐵蓋可以蓋之又有車光木柄此勺便於化分金類內黑色料或用吹火筒吹燒各料之用其價銀三圓其車光木柄不便畫於圖中然已包此價內

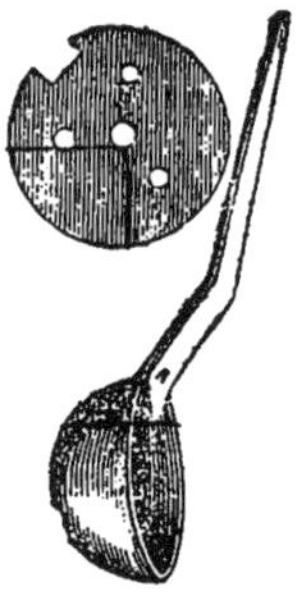
第四十四圖

各式碾料或調料刀與桿○凡碾和或調和料時必用刀或桿其式有數種如第四十五圖爲鉑碾料刀共分六號各價依鉑價之低昂不能定準祇可計以略數其小者長二寸半最寬處爲八分寸之三重有八十釐價銀八圓銅六圓大者長六寸最寬處爲八分寸之五重三百釐價銀三十二圓如於中腰欲其加厚則價亦加昂

第四十五圖

如第四十六圖爲鋼碾料刀磨極光滑且能凹凸不斷柄以椰子木爲之柄與刀連處有凸圈若放於桌上刀尖可以不掽共分九號小者長四寸價銅八圓大者長十二寸價銀四圓

第四十六圖

如第四十七圖爲磨光之鋼碾料刀長四寸價銀一圓如第四十八圖爲白瓷和料刀一端有勺最便於化分工內所用分有五號小者長六寸價銅八圓大者長十八寸價銀二圓銅六圓

第四十七圖

如第四十九圖爲有把瓷和料刀分有五號小者長六寸價銀一圓銅三圓大者長十八寸價銀三圓

第四十八圖
第四十九圖
第五十圖

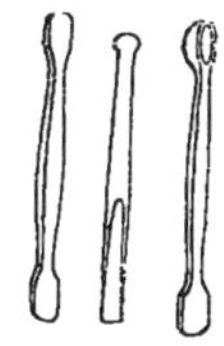

如第五十圖爲雙和料刀分有五號小者長六寸價銅八圓大者長十八寸半價銀二圓銅四圓

第五十一圖

如第五十一圖爲圓玻璃調料桿一端圓一端尖便於滴試料之水共分長短粗細各號小者長三寸每十二條價銅二圓大者長十二寸每十二條價銀一圓又細者每十二條銀一圓粗者每十二條銀一圓銅六圓

各式鉗器○凡於爐中取物常必用鉗而鉗亦有各式

第五十二圖

如第五十二圖爲牛角刮器能刮淨乳鉢等其形與其大小不等小者價銅四圓大者價銀一圓

第五十三圖

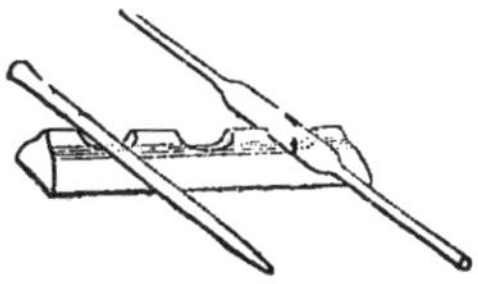

如第五十三圖爲擱玻璃調桿與玻璃管之瓷架用此架可免其桿或管之濕端遇於桌面此器分有三號小者長三寸而有六凹價銅四圓大者長十二寸而有十二凹價銅八圓

第五十四圖

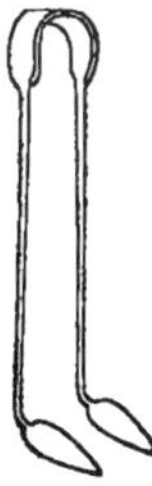

如第五十四圖爲木炭爐所用之鉗以磨光之鐵爲之其鉗端爲彎形分有三號小者長十四寸價銀二圓大者長十八寸價銀三圓

第五十五圖

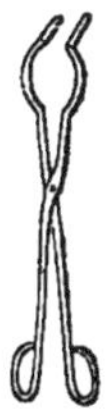

如第五十五圖爲小白銅鉗把有二圈便於指入而執之鉗端有圈形便於自爐中鉗取小鍋或以圈套鍋上提出鉗長八寸價銀三圓銅六圓

第五十六圖

如第五十六圖爲粗鐵鉗而不磨光便於鉗取大鍋分有三號小者長十四寸價銀二圓大者長二十五寸價銀三圓銅六圓

第五十七圖

如第五十七圖者與前略同惟其端有圈形其大小及價錢亦與前者同

第五十八圖

如第五十八圖爲彎頭鉗分有三號小者長十四寸價銀二圓銅三圓大者長二十五寸價銀三圓

如第五十九圖爲取大鍋所用之鉗以磨光鐵爲之格外堅牢鉗頭爲彎者長十六寸價銀六圓

第五十九圖

如第六十圖爲自爐中直取重鍋之鉗以鐵爲之不磨光分有四號小者長二十四寸鉗口相距三十寸價銀四圓銅六圓大者長三十二寸鉗口相距八寸又四分寸之一價銀八圓但用此鉗自爐中直取其鍋難免傷手故另設一式

第六十圖

如第六十一圖鉗頭爲圈形而頸彎雖重鍋亦能取出而手無害分有二號小者長十八寸圈徑二寸半價銀三圓銅六圓大者長二十寸圈徑五寸價銀五圓銅六圓

第六十一圖

如第六十二圖爲鋼簧鉗可鉗鉑杯或匙入火內價銅六圓

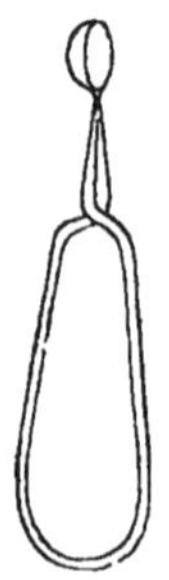

第六十二圖

如第六十三圖爲簧銅鉗其端以鉑爲之雖鉗物入火其端無害價銀三圓銅六圓其餘各種小鉗在吹火筒器內言之

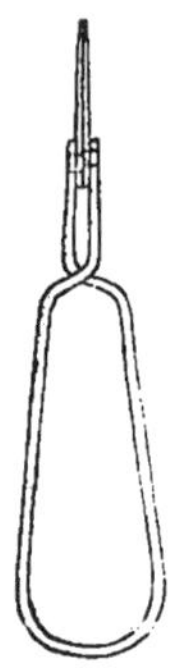

第六十三圖

如第六十四圖爲黃銅簧鉗可以鉗取小物或小法碼或提燈心等用長二寸半價銅三圓至四圓

第六十四圖

如第六十五圖爲鐵簧鉗長有四寸半而柄端爲方匙形甚便於用其價銀一圓

第六十五圖

如第六十六圖爲磨光黃銅簧鉗其尖以象牙爲之價銀三圓如第六十七圖爲修理各器常用之鉗以鋼爲之面不磨光其鉗口內毛糙價銀二圓

第六十六圖

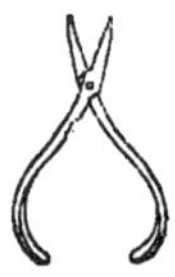

第六十七圖

此稿未完下卷續印

格致釋器所言金銀銅各價俱爲英國所用之錢不便以中華之銀兩或鷹洋計之因兩國貿易中兌換之銀價時有低昂故無奈以英國各錢爲例英國金錢每圓合華銀四兩或鷹洋五圓又英銀錢五圓約合華銀一兩而四圓約合鷹洋一圓又英銅錢一圓約合鷹洋二分從此略數可自推算各器所值之略價不致有大懸殊也

各式塞門○塞門爲試驗流質或氣質時所常用之件如第六十八圖爲玻璃塞門乃其塞門在直玻璃管內造成者管長十二寸徑三分寸之一價銀二圓又有大號者徑半寸至四寸分之三長二十寸以硬玻璃爲之價銀七圓銅六圓

第六十八圖

第六十九圖

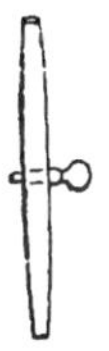

如第六十九圖爲直玻璃管塞門而管之兩端稍細長六寸價銀二圓銅六圓大號者爲上等玻璃所製格外堅牢價銀六圓

如第七十圖亦爲玻璃塞門而放水之端稍彎長六寸者價銀二圓銅六圓大號者長八寸爲上等堅固玻璃所製價銀六圓

第七十圖

第七十一圖

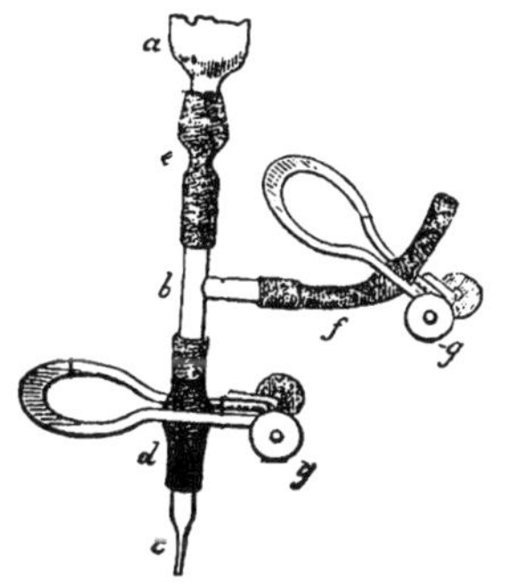

如第七十一圖爲夾住象皮管之簧夾乃化學家莫爾所設者可夾住象皮管令水或氣不通凡化分工內此爲常用之器如量餼類合用者價銅六圓而稍大稍小者其價亦同

第七十二圖

如第七十二圖爲化學家本生所設螺絲夾器能夾住象皮管令所行過之流質或氣質依數行過若欲行過者多則鬆螺絲欲行過者少則緊螺絲其價銀一圓

第七十三圖

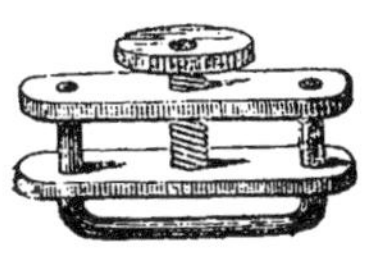

如第七十三圖亦爲螺絲夾器只用一螺絲其小號者價銀一圓有更大者合於徑寸象皮管之用價銀一圓銅六圓

第七十四圖

第七十五圖

如第七十四圖爲刷洗試管之毛刷徑有半寸至一寸而柄以鐵絲爲之其價銅三圓

如第七十五圖爲刷洗兩端通之管所用者其毛刷在當中而兩端皆爲柄其價銅二圓有更大者合於刷洗大小各瓶所用能刷洗三升之瓶者銀價一圓

各式水盆〇水盆之用可承收氣之罩盆內盛水則收氣之罩放入而氣能不洩又凡盛强水等瓶置此空盆內可免桌几爲强水蝕壞如第七十六圖爲圓瓦盆外面敷釉其底平而邊直深略一寸能承收氣之罩亦能承强水之瓶分有十號小者徑二寸價銅二圓大者徑八寸價銅七圓

第七十六圖

第七十七圖

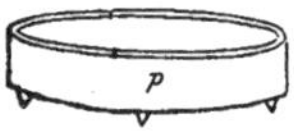

如第七十七圖爲圓瓷盆外面敷黃色釉亦能作以上各用其盆深畧二寸而下有三小足小號者徑九寸價銀一圓大號者徑十二寸價銀一圓銅九圓

第七十八圖

作輭木塞各器〇輭木爲一種橡樹類皮化學工內所常用者不但用之塞瓶而化分生死物質之各器亦常以之爲要物如欲管與瓶相接或小管與大管相接則接處必用輭木爲塞中鑽成孔令小管入中始可不洩水洩氣然輭木塞外不易製成圓形其中尤難作正圓孔故必特設合用之器以爲此事所常用者如第七十八圖爲圓錐形管以紅銅爲之其口甚利每十二條爲一副小號者徑八分寸之一大號者徑一寸又四分寸之一用時口稍擦油以鋼條通過其端之孔對輭木扭轉數次能割輭木甚易而成塞甚平其大號者能成大塞之外形小號者可鑽木塞之內孔每十二管並裝管之盒及鋼條與銼一把共價銀九圓小副者共管六條其徑自八分寸之一起至十六分寸之七止並銼與鋼條及盒共價銀四圓

第七十九圖

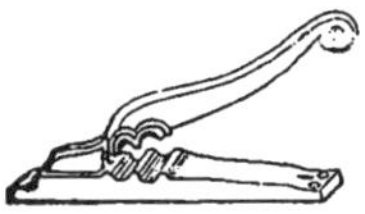

如第七十九圖爲壓輭木器以鐵爲之外面敷漆小號者價銀二圓大號者價銀四圓

第八十圖

如第八十圖爲壓輭木塞之鉗以鋼爲之柄中有簧其價銀三圓銅六圓以上二器之用爲壓輭木塞令其質密而輭則凹凸力更大塞於盛氣之瓶氣能不洩

第八十一八十二八十三圖

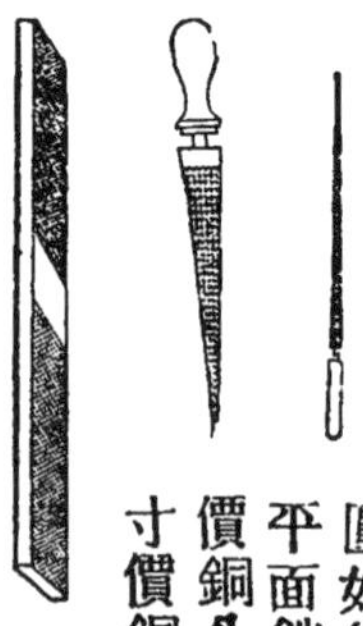

如第八十一圖爲平常配輭木塞中圓孔之細圓銼長有四寸至七寸者價爲銅八圓至銀一圓如第八十二圖爲粗平面銼小號者長四寸價銅八圓大號者長八寸價銅十圓如第八十三圖爲皮匠常用之銼最合於磋輭木之平面一面粗一面細價略銅十圓

造玻璃器各器○凡化學器之要者以玻璃器爲最若欲詳論玻璃各益則恐筆難磬述大抵其質硬而透明試驗各事目易洞徹又不能爲強水等所消化其器最易刷洗潔淨且可成各形器件無論大小粗細殼脆厚薄長短方圓莫不可隨意製造舍此而外更有何料能抵此多便處耶玻璃原料價不甚昂其器之價大抵以費工爲貴故若能買料自製則費必省更能免遠路裝運易碎之弊蓋玻璃等器雖用棉花或草裝襯甚妥亦常有路中破損之虞況有用器時忽經碎裂若至遠處購運則多延時日恒爲誤事故講求之化學家應能自造各件零器以便自用如稍練習不特事易而且甚趣作玻璃器時必用吹火筒吹火鎔化其料始能製之如第八十四圖爲吹火筒之桌其面長三十寸闊二十二寸面上鋪有鋅皮一層下有十四寸長之雙風管其吹火之孔通出桌面有活節可以任何方向而吹風其風箱上有二鐵塊壓之桌面上另有煤氣熖嘴聯以通煤氣之管以便有煤氣處藉煤氣爲火而用之此器之價金四圓銀四圓

第八十四圖

如第八十五圖爲法國作玻璃器桌之式其風箱爲圓形裝鐵箱中箱外敷漆其座與桌面均以硬木爲之面上鋪有鋅皮桌面長二十四寸闊十八寸吹火之孔亦有活節能四外彎轉桌面下有一抽屜便於收藏各種手器此器價金四圓銀四圓

第八十五圖

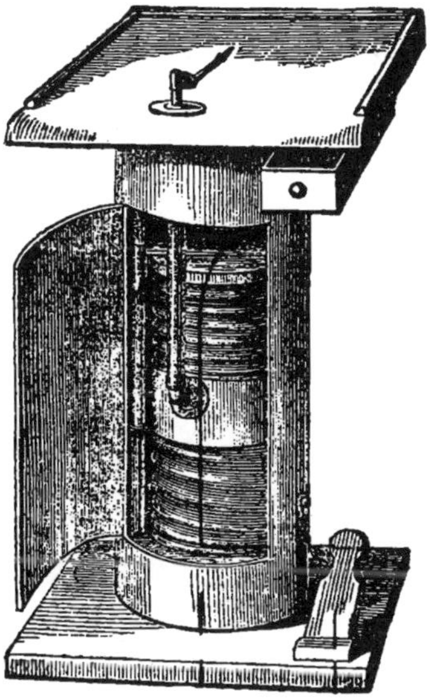

第八十六圖

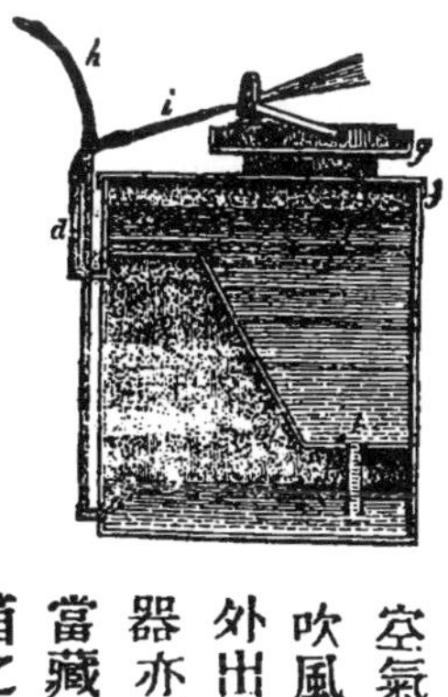

如第八十六圖爲水壓力吹火筒如將水傾入其上半則漸流下而壓下半之空氣由吹風嘴外出此器亦可當藏氣箱之用在後取氣各器內亦言及之其理觀圖易明而價銀十六圓

第八十七圖

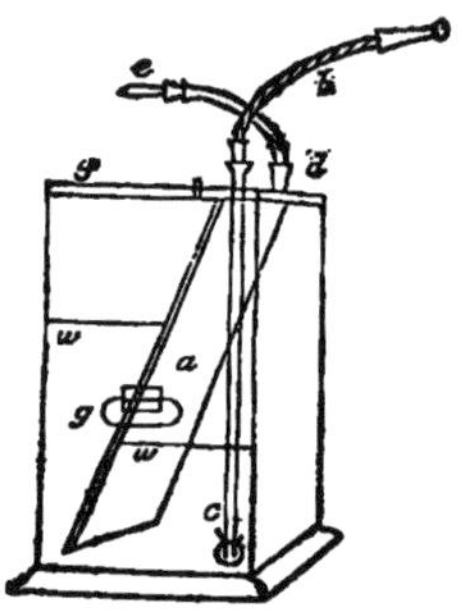

如第八十七圖亦爲水壓力吹火筒其箱內有隔板分箱爲二半上有管能吹氣入其中管下有活門令所進之氣不得外出氣進後則水漸流下壓其氣由吹火筒中噴出器左右各有盤以便用皮帶聯於凳上其價銀十五圓

第八十八圖

如第八十八圖爲油燈吹火筒上有紅銅球便於彎玻璃管之用其價銀五圓

第八十九圖

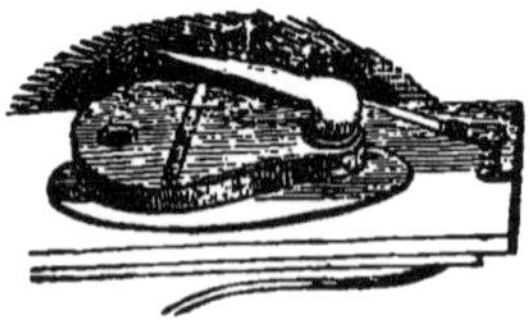

如第八十九圖爲玻璃匠常用之油燈吹火筒另有盆與馬口鐵片等需用之物其價銀三圓

第九十圖

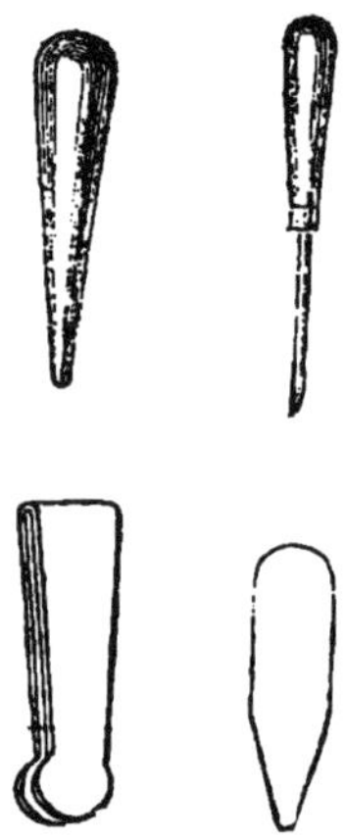

如第九十圖爲玻璃匠常用之手器四種一爲有柄鐵桿一爲圓錐形鐵桿一爲平面銅簧夾一爲平面鐵板共價銀二圓銅六圓

各式玻璃管〇化學家常用之玻璃管分有數式平常出售者長三尺至四尺間有長六尺者然如此長者裝運恒不便而長十八寸至二十四寸者已合平常所用若購者不言明長短則付以十八寸至二十四寸者至於管之厚薄粗細則如第九十一圖分十八號皆玻璃管之剖面形無論何種其價略同計獨購一種一磅則價銀一圓銅二圓若各種共買二十磅則每磅價銀一圓另有各式玻璃條與輭（即小熱能鎔者）硬（即大熱始鎔者）各種玻璃管合於各事之用此書不便詳及

第九十一圖

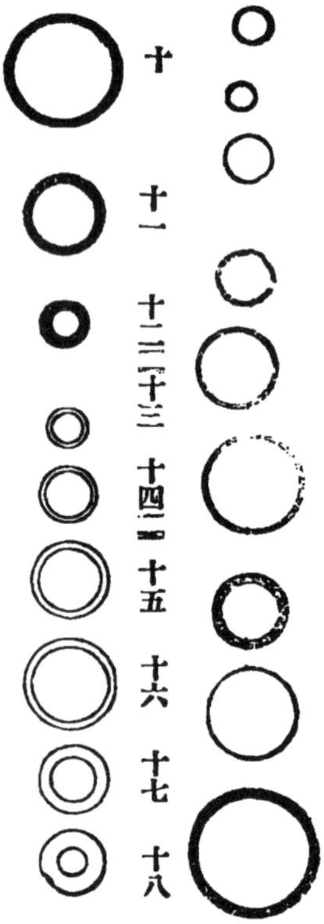

各式水瓶〇化學工内常必用水如消化各料或洗刷各器或欲加冷加熱等事俱以水爲不可少者夫水既爲要物而盛水之器亦爲要件如欲用容多水者器上須有小口器下須有塞門方爲便用其器能作蒸器上凝水管添冷水之用又能令氣質行過流質等如第九十二圖右爲此種水瓶左有蒸器或取氣之瓶中爲彎管其彎處盛流質如欲蒸器内之氣行過此流質而使之變化則開右邊盛水器下之塞門令水流出而氣卽行過彎管中流質使其變化此種水瓶以瓦爲之外面敷釉下作塞門共分有六號小者能容水八升價銀三圓銅六圓大者能容水一百四十四升價銀五十六圓

第九十二圖

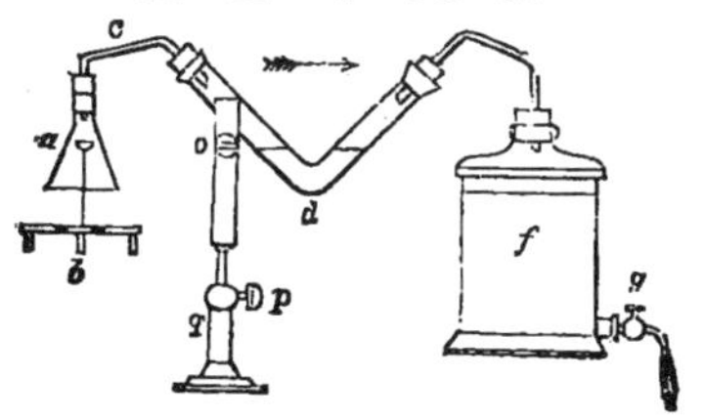

如第九十三圖爲玻璃水瓶下有玻璃塞門其器分有六號小者能容水六升價銀八圓大者能容水二十四升價銀十六圓此圖左爲小彎管内盛鈣綠或小浮石塊石孔内浸有硫强水空氣行過此間則能收其所含水氣其水瓶開塞門後水流出若干體積則所吸過之空氣必等故權彎管所增之重數卽能知若干空氣内所含水氣之數也此理易明

第九十三圖

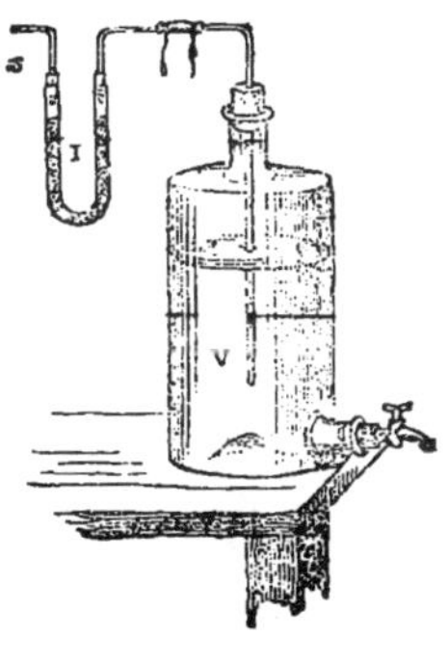

如第九十四圖爲極細明玻璃水瓶底旁有厚玻璃塞門其瓶能容水二十五升至三十升價銀十八圓以上二玻璃瓶亦能另作别用見一友人用此瓶存酒其瓶能容二十餘升其先將一罎酒之清明者用吸管引入此瓶内塞其上口酒在瓶中易見其清濁凡欲飲時則開下塞門可任飲若干而無靡費如一次欲多飲則將上塞稍鬆可多放出常飲酒者購此一具置之案頭亦爲趣甚且覺便極若好飲者見之未免垂涎然究非此器之正用也

第九十四圖

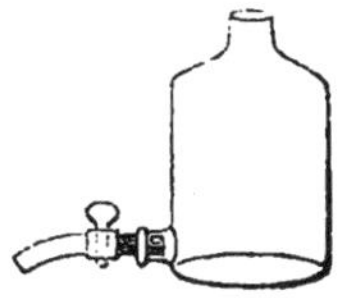

如第九十五圖爲添水瓶其塞中有二管各爲彎形便於添少許水之用可以不需漏斗其小號者能容水半升價銀一圓大號者能容水一升價銀一圓銅六圓

第九十五圖

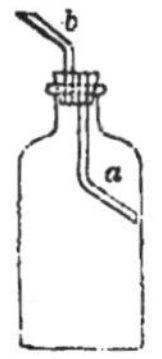

第九十六圖

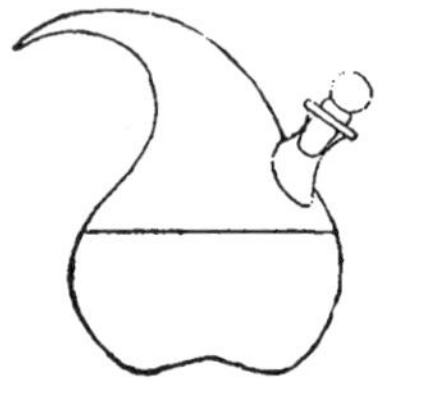

如第九十六圖亦爲添水之瓶能添水於小瓶或小管或濾紙內其旁有塞門無論冷水熱水皆可灌入其小號者能容水二兩價銅六圓大號者能容水三十六兩價銀二圓

第九十七圖

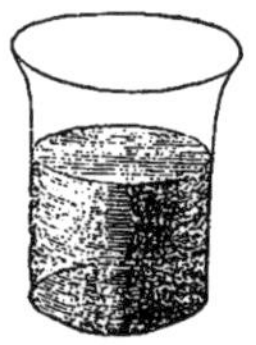

如第九十七圖爲盛水大玻璃筒以上等明玻璃爲之能容水畧三十升價銀十圓銅六圓此筩可作數事之用如承以上各水瓶所流下之水或化學工內有須沉水下之器物則可放此筩內或染物時以此筩盛其染料水等是也

各式沙漏○化學工內所用之水愈淨愈佳如用平常雨水或河水井水等含異質者則有礙於化學之事故常有要事必用蒸水若不甚要者則以沙漏濾之水亦可如第九十八圖爲游覽者常用之沙漏有一炭塊上有相聯之象皮管用時將平常之水一桶置几上以此炭塊放入用嘴吸其管口而管口須低於桶則桶內水必行過炭塊由管口流出水即濾淨而可用故此器最合於游覽者用之以得淨水分有三號小者徑二寸半價銀二圓銅六圓大者徑三寸半另有鍍銀塞門及外盒其價銀七圓

第九十八圖

如第九十九圖爲玻璃沙漏可置几上以飾美觀分有兩號小號素者價銀五圓有花紋者價銀七圓銅六圓大號素者價銀七圓銅六圓有花紋者價銀十圓此種沙漏甚便於用所濾之水亦極明淨自下瓶可傾出凡孩提或病人所食之粥或別食物宜用淨水者可以此器所濾之水能免用他水不潔之弊若粗化學工內用水不甚多者亦可以此器所濾之水

第九十九圖

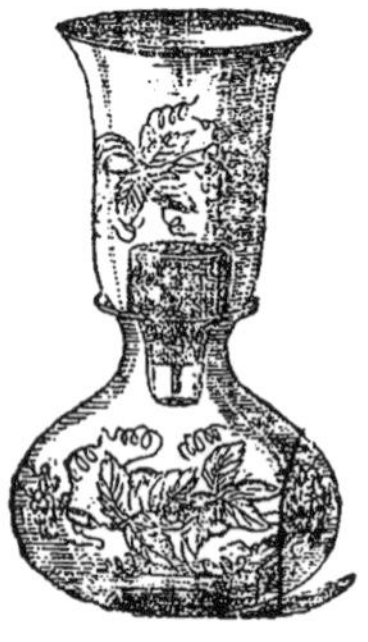

第一百圖

如第一百圖爲新式玻璃沙漏其形式與花紋最美甚堪悅目其塞門爲鍍銀者能濾之水足供一家食物之用或足爲一化學房內之用其價金三圓銀十圓

此稿未完

如第一百零一圖爲新法鐵絨沙漏遞來此器爲英國最講究者已數次與別家沙漏比賽往往稱雄如英國

第一百零一圖

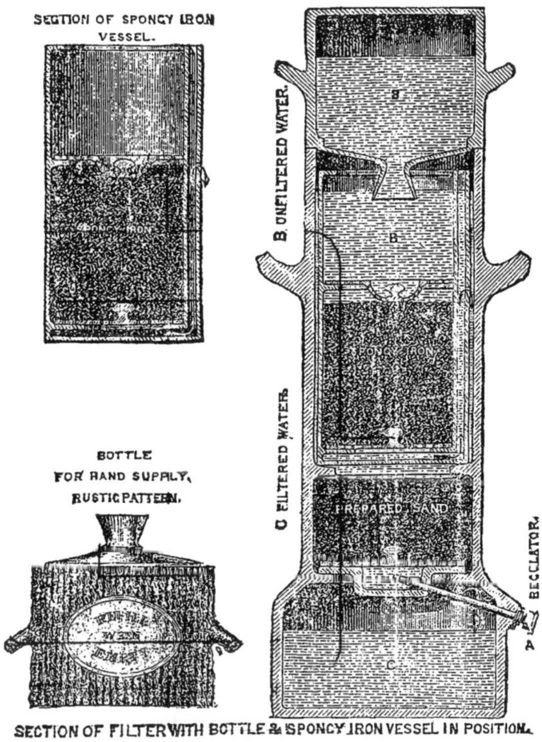

SECTION OF FILTER WITH BOTTLE & SPONGY IRON VESSEL IN POSITION.

欽派若干員察驗各河水用何法能提淨而合用各員奏國家云此新法鐵絨沙漏爲各法中最善者如圖右爲此器立剖面式左上爲鐵所作之漏器左下爲添水瓶用此器法將添水瓶滿盛水覆於沙漏口上則水先行過鐵絨再行過一層沙後則至器下座中其下有塞門可放水出右有螺絲能節制水流下之遲速此器分有六號小者一晝夜能濾水九斗並添水瓶之價銀三十圓大者一晝夜能濾水六十四斗並添水瓶之價金五圓銀五圓所用之鐵絨及沙等包此價內若另備若干爲更換之用則更妥另有小號者價銀十七圓銅六圓

第二類托器之架

大小托甑架〇化學家凡取氣質或分流質時恒必用合式之甑其甑大半以玻璃爲之而底恒爲凸圓形不能自立故用時必以架托之其架之大者以鐵爲之如第一百零二圖爲三足鐵架其足寬十三寸鐵柱長三十六寸柱徑四分寸之三柱中有三鐵圈大者圈徑九寸中者六寸半小者四寸各有相配之螺絲可以鬆緊而令圈高低共價銀十二圓而圖中柱上兩夾器不在此價內後另處言之如第一百零二圖爲略小之

第一百零二圖

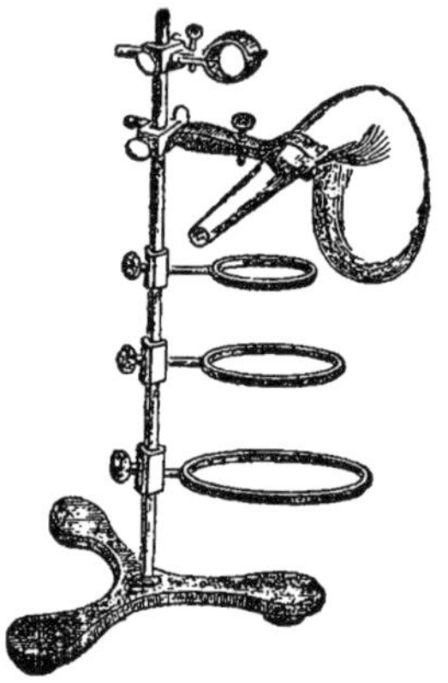

第一百零三圖

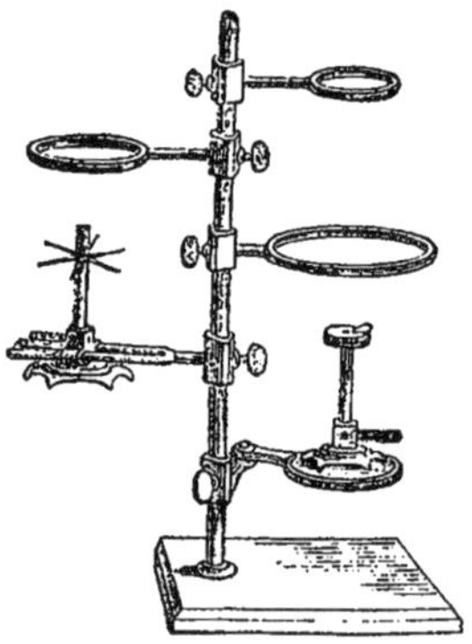

鐵架其足爲長方鐵板長九寸半寬六寸鐵柱長二十八寸柱徑八分寸之五其上有三鐵圈大者圈徑六寸又四分寸之一中者五寸小者三寸而螺絲等俱全共價銀七圓銅六圓但圖內左右二煤氣燈等件不在內亦在後另處言之

如第一百零四圖亦爲托甑鐵架其足爲長方板長七寸半寬四寸半鐵柱長二十寸柱徑半寸其上有三銅圈大者圈徑四寸半中者三寸半小者二寸半螺絲俱全共價銀六圓

第一百零四圖

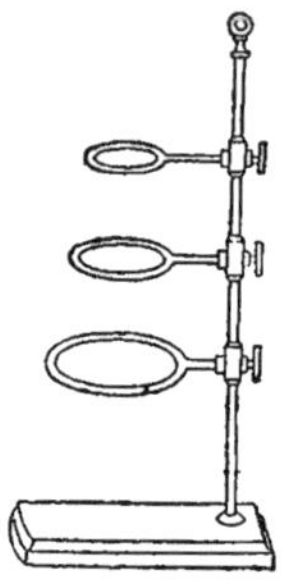

第一百零五圖

如第一百零五圖爲甑架上另備之鐵圈其中有三齒形可托住碗或盆等蒸器令熱氣能由圈內上升而不絕又可免盆等爲圈箍緊不易脫之弊分有四號小者圈徑五寸價銀一圓銅八圓大者圈徑九寸價銀二圓銅六圓

第一百零六圖

第一百零七圖

第一百零八圖

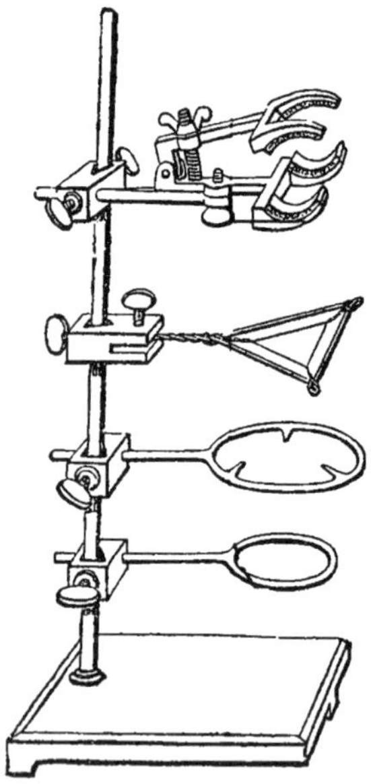

如第一百零六圖爲托器鐵盤徑四寸可聯於甑架上以托酒燈或煤氣燈等件其柄其樞可任方向轉動其價銀三圓此器在第一百零三圖內已顯其用

如第一百零七圖爲甑架

上應需之器以鐵爲之無論何件欲聯於甑架上則可以此器聯之凡多用甑架之家此器爲不可無其小號者價銀一圓銅六圓大號者銀一圓銅九圓

如第一百零八圖爲甑架上數要件合併之式其鐵柱長二十八寸柱徑五分寸之八鐵足長九寸半寬六寸價銀四圓銅六圓足之上一件爲生鐵圈與螺絲等共分四號小者圈徑三寸價銅八圓大者圈徑九寸價銀一圓銅六圓次上爲三齒鐵圈與螺絲等分有三號小者圈徑五寸價銅十圓大者圈徑九寸價銀一圓銅六圓再上爲螺絲夾能夾住三角鐵絲架等其三角架便於置鍋椀等欲加熱之器於後另處言之此器價銀三圓頂上爲扶住甑等之夾器以此器聯於鐵柱其兩杈能夾甑等器甚牢而穩

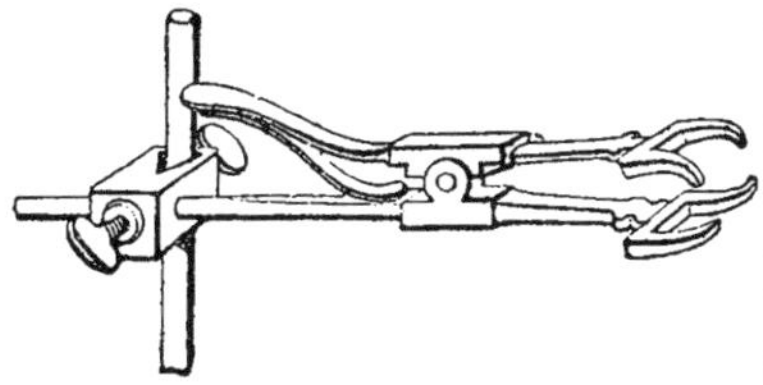
第一百零九圖

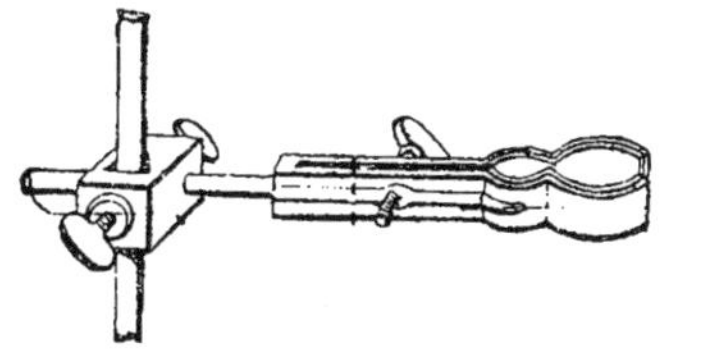
第一百十圖

第一百十一圖

如第一百零九圖亦爲甑架上便用之夾器其上有簧若按其簧柄則兩杈自開可隨意取下其甑器等價銀五圓銅六圓如第一百十圖爲甑架上便用之夾器能夾穩大小各種甑另有絞練等而圖中不顯其價銀三圓銅六圓如第一百十一圖亦爲夾器甚便於用價銀二圓銅六圓另有甑架應需之件數種茲不盡詳

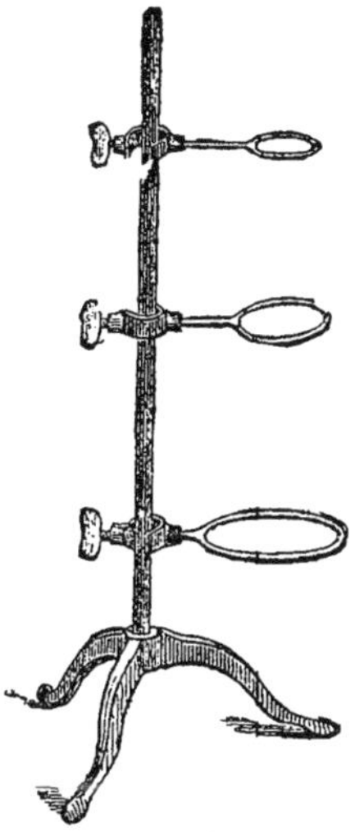
第一百十二圖

如第一百十二圖爲小三足甑架其鐵柱長十五寸柱徑八分寸之三有三鐵圈大者圈徑三寸半中者三寸小者二寸各圈套於柱之處有鉠口便於任卸一圈而不必動餘者價銀三圓

第一百十三圖
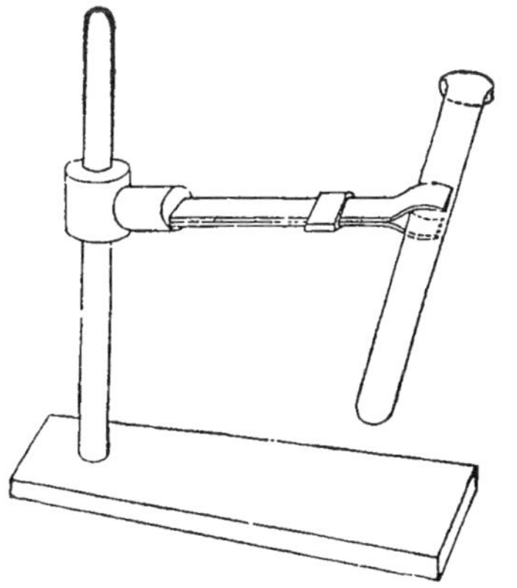

夾玻璃管架與三足架並三角架等件○如第一百十三圖爲最簡便夾玻璃管之架其足與柱以硬木爲之其夾以鐵皮爲之無論玻璃管或筩或甑或燒瓶等皆能夾住便於加熱其架甚堅價銀二圓

第一百十四圖

如第一百十四圖爲三足三角鐵架便於以燈加熱等事之用分有三號小者寬五寸高八寸價銅九圓大者寬十寸高九寸半價銀一圓銅三圓

第一百十五圖

如第一百十五圖爲三足圓鐵架高九寸半圈中有三平排鐵桿圈上有三鐵頭各頭上有泥帽可套之以免大盆等遇熱鐵而炸裂之弊其價銀三圓

第一百十六圖

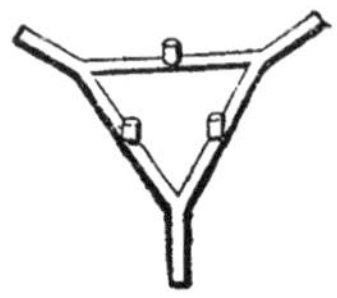

如第一百十六圖爲生鐵三角架架上有三凸頭可套以泥帽令盆等甾不遇其熱鐵小號者寬三寸價銅三圓大號者寬五寸價銅四圓

第一百十七圖

如一百十七圖爲三角架以鐵皮爲之故體輕分有三號小者寬五寸價銅六圓大者寬十寸價銀一圓

第一百十八圖

如第一百十八圖爲鐵絲三角架其邊有泥管束之可免其熱鐵遇鉛鍋之弊價銅三圓

第一百十九圖

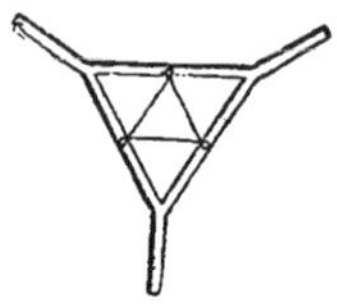

如第一百十九圖爲生鐵三角架其中有鉛絲聯成小三角形便於托鉛鍋以免其受熱鐵之弊價銀二圓

第一百二十圖

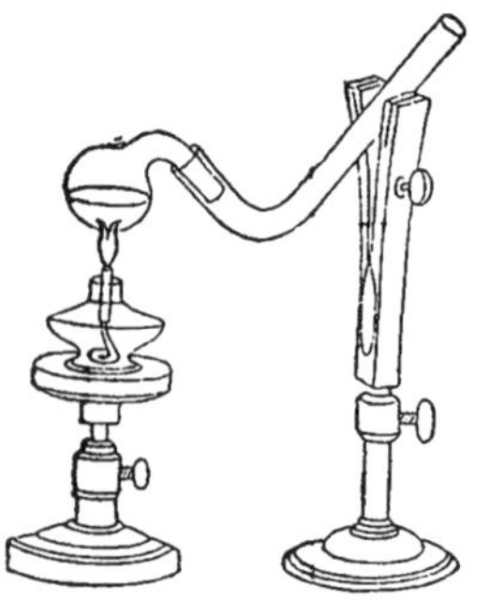

如第一百二十圖爲直夾器可托玻璃管與小甑等用以硬木爲之高十一寸中有螺絲能旋放使高十五寸價銀三圓而圖左之托架與甑及玻璃管自不在內

如第一百二十一圖爲直托架中有活樞可以轉側無論玻璃管玻璃甑等俱能夾住扶定其價銀三圓銅六圓此圖爲取淡養氣亦

第一百二十一圖

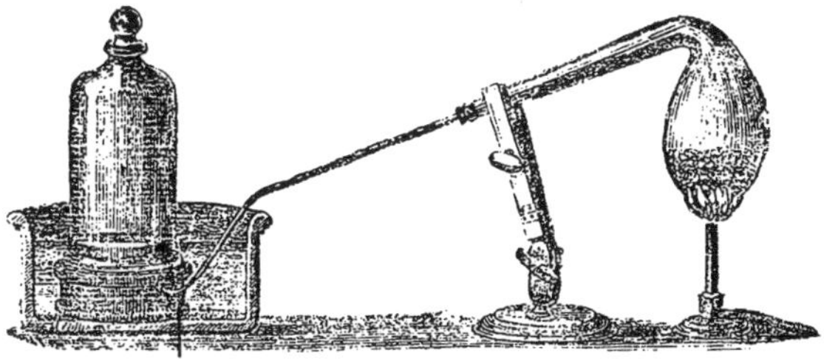

名喜氣之式右爲玻璃甑內盛淡輕四養淡養五下有煤氣燈加熱左爲水盆內有收氣之玻璃罩罩下有瓦器托之

第一百二十二圖

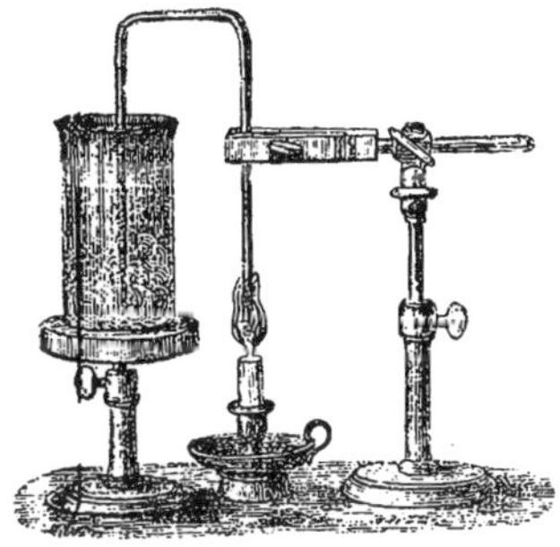

第一百二十三圖

如第一百二十二圖爲化學家本生所設之托架任何方向皆可轉動能夾定重器或夾細絲以懸輕物亦可分有二號小者價銀五圓大者價銀六圓銅六圓此圖爲試驗燭火之式中爲燭火上有玻璃管左爲玻璃筩如管口離燭焰少許則有炭養二氣由管入於玻璃筩若筩內盛石灰水則變白如乳蓋石灰成鈣養炭養二故也若管口入於燭焰半中則有炭四輕四氣由管通入玻璃筩內如以火近筩口其氣即燃且訇然作響若管口近於燭炷則有烟炱由管入於筩內

如第一百二十三圖亦爲本生所設之托架比前者短以木爲之化學工內恆用之其價銀四圓銅六圓

第一百二十四圖

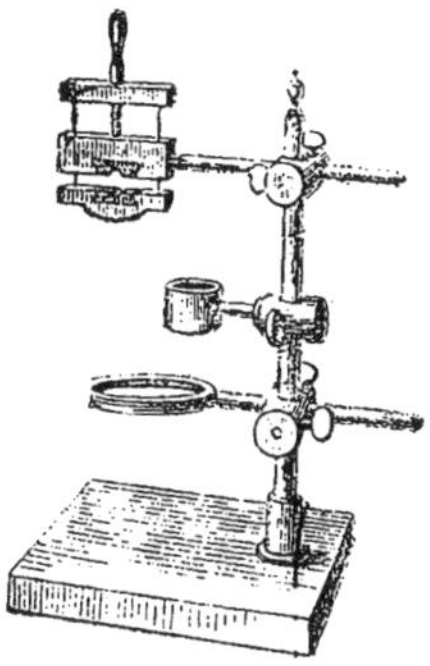

如第一百二十四圖爲公用之托架下板可置酒燈等中有圈可置漏斗等上有螺絲夾可以扶定甑等器此爲甚便用之器以木爲之價銀七圓銅六圓

第一百二十五圖

如第一百二十五圖爲托器之木架徑有三寸高爲五寸中有套節能增高三寸其座內有鉛令其架穩而不倒架外敷漆共價銀二圓銅六圓

第一百二十六圖

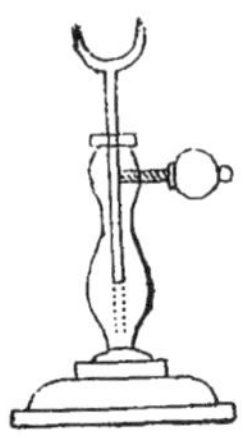

如第一百二十六圖爲托管之杈架凡管欲平置而離桌面六寸至十寸者則用此架甚宜其杈以黃銅爲之分有大小二號其座與柱及螺絲以黑木爲之共價銀一圓銅六圓

第一百二十七圖

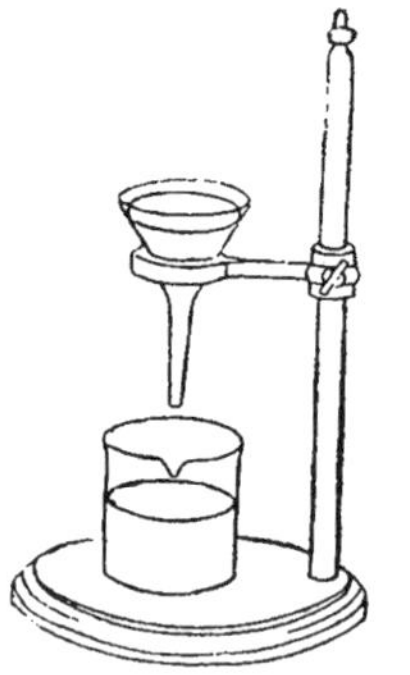

如第一百二十七圖爲托漏斗之架以黑木爲之有一圈爲托一漏斗之用價銀一圓銅四圓

第一百二十八圖

如第一百二十八圖亦爲托漏斗之架以木爲之其橫桿上有二圈可以置二漏斗有螺絲能任使其高下其螺絲以黃楊木爲之皆堅結而耐用價銀二圓銅三圓

第一百二十九圖

如第一百二十九圖爲能托四漏斗之架其橫板中四孔各有大小以便置合宜之漏斗所用價銀一圓銅六圓

試筩架等件◯化學工內玻璃試筩爲常用之器如少試流質氣質等惟此器不能平置桌面須以架托之平常試筩概長四寸至七寸徑半寸至八分寸之七其架之孔須與之相宜如爲小架必有二孔極大以便置大試筩所用如沸各流質之試筩等如第一百三十圖爲白木試筩架上有六孔大小相等能置試筩六具價銅六圓

第一百三十圖

第一百三十一圖

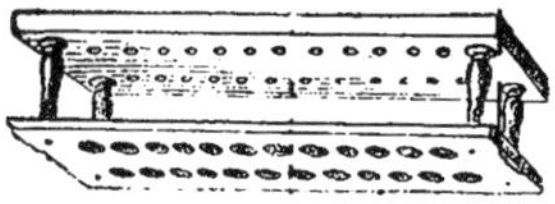

如第一百三十一圖之架亦以白木爲之架上有孔二十四個排成兩行能置試筩二十四具價銀二圓

此稿未完下卷續印

一百三十二圖

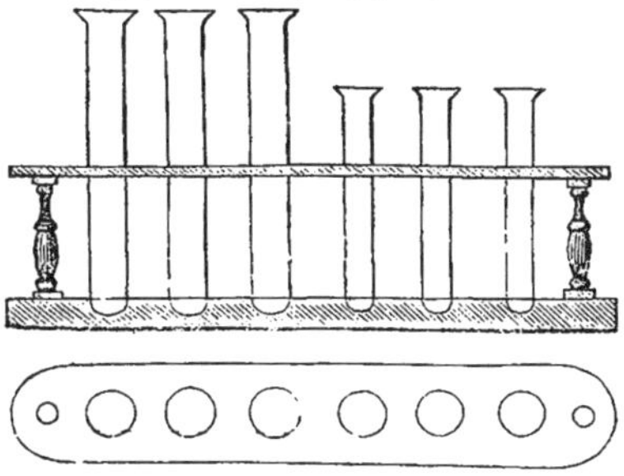

如第一百三十二圖亦為白木試箭架上有六孔能置大小試箭六具價銅六圓

第一百三十三圖

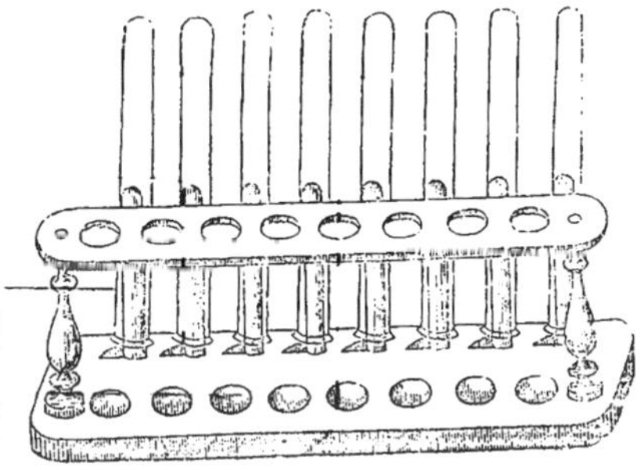

如第一百三十三圖為白木試箭架前有八孔能正置試箭八具後有八瓷柱便於倒置其八箭合箭內所餘流質流乾且灰土塵埃不能衝入其內價銀二圓

第一百三十四圖

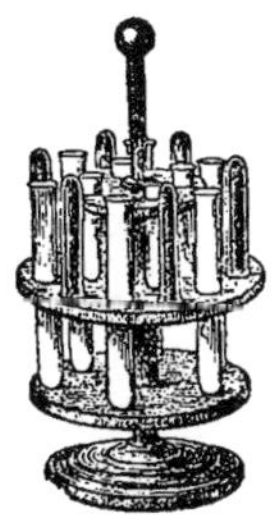

如第一百三十四圖為可提轉之圓架以上等黑木為之共有十三孔七柱價銀六圓

第一百三十五圖

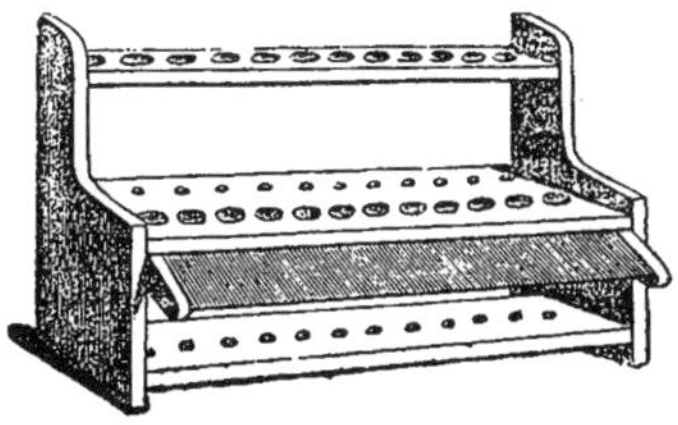

如第一百三十五圖之架以黑木為之有二十四孔排為兩行架前有一黑端石板便於書記各試箭內已盛何料至試用時不致有誤價銀五圓

第一百三十六圖

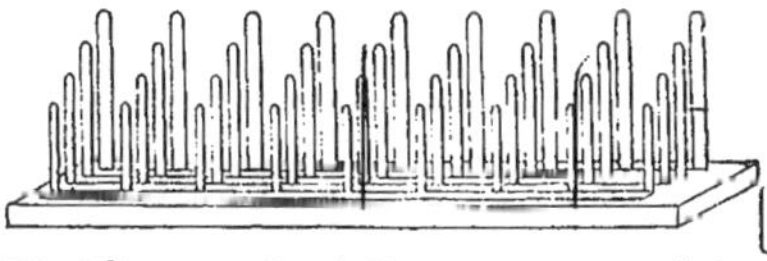

如第一百三十六圖為倒置試箭之架共有瓷柱三十六根分成大小四號其底板以磨光黑木為之價銀三圓銅六圜此架為化學房內多存試箭所用凡箭已用過則洗淨而倒套於其瓷柱上俟其自乾以備再用

第一百三十七圖

如第一百三十七圖為夾玻璃試箭之木夾凡加熱於試箭時以此夾之可免烘手其價銅六圓

第一百三十八圖

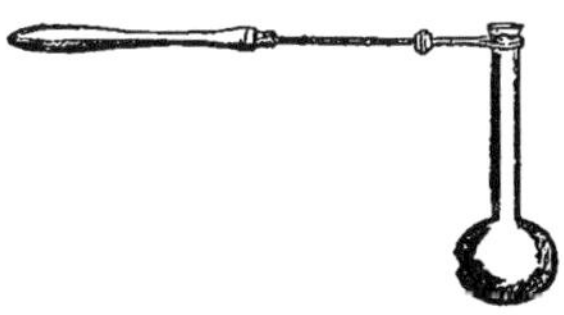

如第一百

三十八圖爲黃銅絲夾鑷以木把亦能夾試筩或小燒瓶便於加熱其價銅六圓

第一百三十九圖

如第一百三十九圖爲鋼帶簧夾鑷以木把較前二者更便於用其價銀一圓銅三圓

第一百四十圖

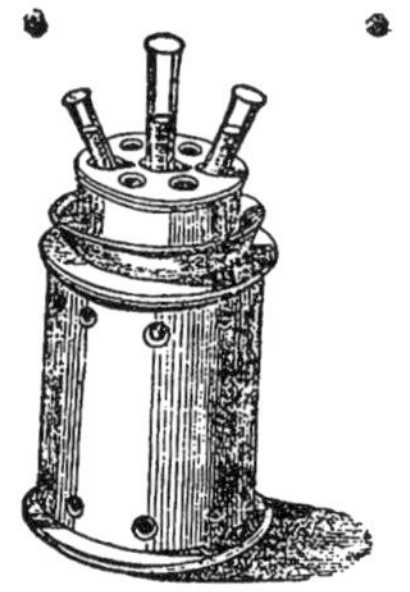

如第一百四十圖爲扶試筩加熱之架中爲沙盆下有圓座內可置酒燈或油燈以熖沙盆卽能加熱於試筩其扶架價銅六圓

第一百四十一圖

如第一百四十一圖爲置盆或甑等圓底器之架以瓷爲之凡盆或甑盛流質時置此架上可直立而不側其價銅九圓

第三類權量之器

第一百四十二圖

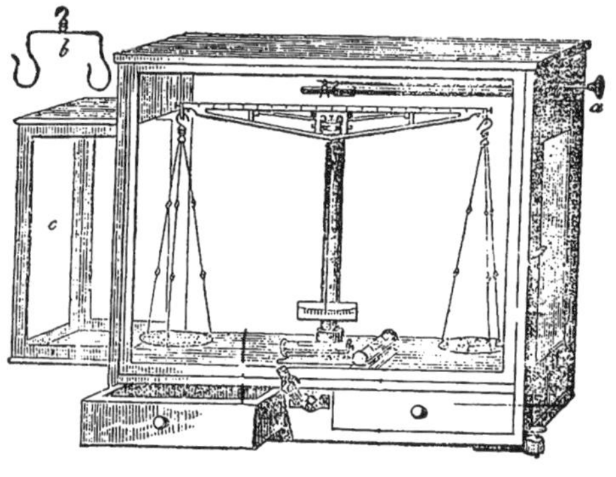

玻璃匣天平〇凡化分求數之工內天平極爲要件不特所化分之原物欲知其分兩卽所分得之質亦必求其爲原物之某分故天平一器爲不可少平常化分時所用之質不過數釐而分得者則爲數毫或數絲故應備之天平須極精細間有須備其最靈者能稱得數忽數微蓋化分之工欲考究愈細則此器須愈靈始能求其忽微之數而不爽也近來西國多考究造天平之法以期盡善其最靈者雖秋毫之末亦能顯其重數如第一百四十二圖爲化學家常用之天平其桿長十五寸桿心有刀以鋼爲之置在硬木鑲玻璃之匣內旁有一器能將小騎碼騎於桿上匣左之上有雙鉤可以掛鉀養泡又有耳匣可任卸聯桿兩端之盤以黃銅絲聯之盤徑二寸半有一器能令二盤平置桿之兩端如第一百四十三圖

第一百四十三圖

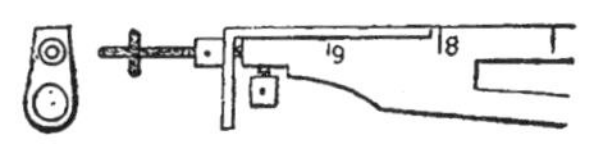

第一百四十四圖

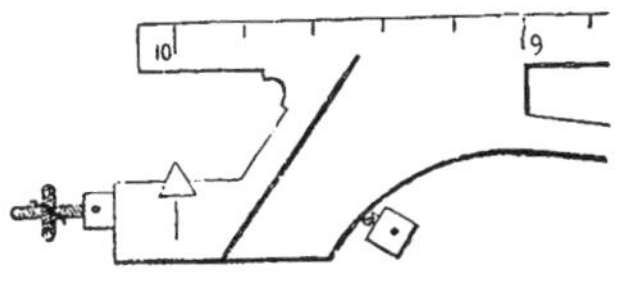

第一百四十五圖

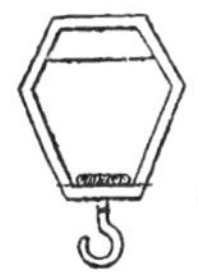

第一百四十六圖

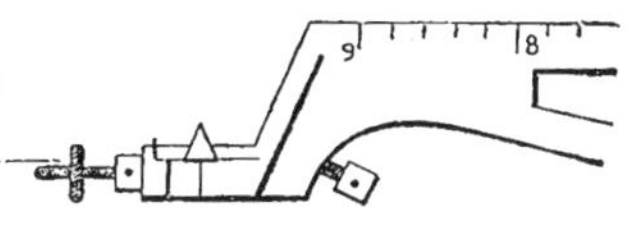

第一百四十七圖

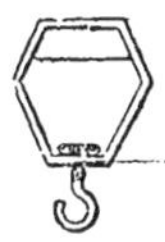

第一百四十八圖

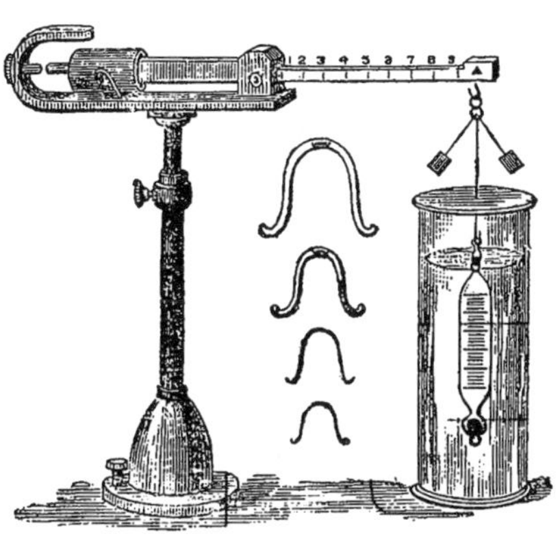

第一百四十九圖

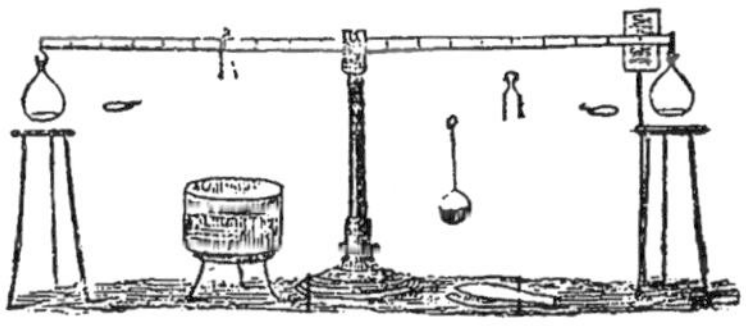

式其掛鉤之圈以鋼爲之圈內磨利如刃故阻力少此天平可稱一千六百釐能顯五十分釐之一若稱五百釐則能顯一百分釐之一杆兩端有小螺絲以便配其長短匣下有二抽屜可盛法碼匣內有二酒準以便令匣平置此器共價金十圓

如第一百四十四圖爲天平桿兩端之式比前者更靈桿長十五寸共分十分每分又分五小分桿之中心有瑪瑙面與鋼刀其端掛盤之鉤如第一百四十五圖亦有瑪瑙面又有二螺絲能配準左右之長短其玻璃匣前有二小門便於按進此物又有酒準與螺絲等件此種天平能稱一千六百釐足顯三百分釐之一共價金十二圓銀十二圓各天平置玻璃匣之故不但欲避灰塵且能不爲風吹而亂動以致有差

如第一百四十六圖爲上等天平桿端之式桿長十二寸半分爲十分其桿心與鉤俱靠瑪瑙之面其鉤如第一百四十七圖此種天平足稱一千釐能顯出一百分釐之一稱五百釐能顯出五百分釐之一各件俱全價銀十圓

如第一百四十八圖爲求流質重率稱有托柱與分度桿及法碼騎碼又有表錘與試水管等件全裝於一木匣共價金三圓如第一百四十九圖爲鍊金類及吹火筒等工內所用之天平足稱五十

釐能顯千分釐之一共價金二圓銀三圓此天平有黃銅托柱其桿長十二寸以木爲之中心有刀左右刻分度兩端有鈎各掛小盤以鋁爲之其盤亦可更換另有二小盤可以換上以稱各粉有三足架二可托其二盤另有小三足架托一小杯爲求流質重率時所用又有騎碼與法碼及箝各碼之鉗等騎碼最便於用能在桿上移動以顯千分釐之一此天平最簡而廉且不易壞惟有一弊乃其木桿易收濕氣而左右不勻則略有差果爾可將重端以酒燈烘之即立乾而能準

第一百五十圖

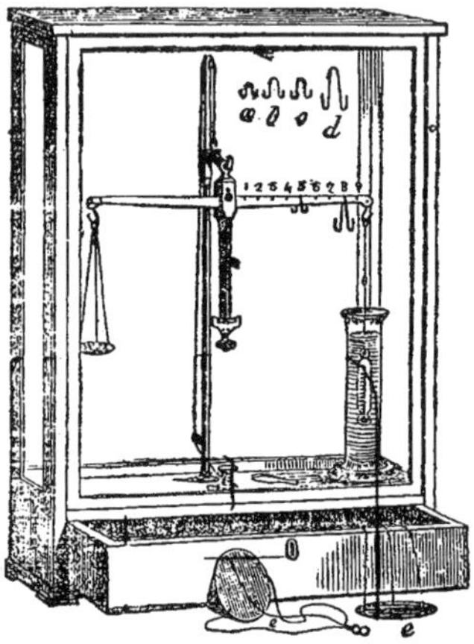

如第一百五十圖爲化學家莫爾所設之天平能直得流質重率可免推算之煩所欲試之流質亦不需多所有各件圖內全顯視之易明其玻璃匣外另有木箱裝之共價銀八十四圓如不用玻璃匣則價銀五十圓若其托柱與桿及錘並騎碼等用簡便者則價銀三十圓化學工內求流質或定質重率爲常有之事故此器之用法宜略詳之共分五事一其桿一端聯小盤一端聯表錘則左右均平二若將錘沉蒸水內彼端即高三將大騎碼丁號者騎於桿上則仍平即可知此騎碼之重足抵錘之浮力而水之重率必與之等四如所試之流質比水輕則丁號騎碼可在桿上向桿心移進至左右相平處爲止設能平處在二分度之間則可移在前一分再以丙號騎碼求其零數致仍能平如本圖大碼在八度小碼在五度所顯之重率爲·八五即此流質之重率也但若丙騎碼仍不能使平或在四度太小在五度太大則可移至四度再以乙號騎碼求其小零數如此即得重率之三位數若再欲求其細數則有甲號騎碼以便得重率之四位數五若所試流質比水重則法相同惟必以丁碼先加桿端足抵水重如試硫强水則桿之十度處有丁碼八度亦有丁碼四度有丙碼二度有乙碼即得其重率爲一·八四二試淡輕四養水如桿上九度處有丁碼六度有丙碼其重率即爲○·九六若以此器權定質則能稱一千釐而顯十分釐之一稱五百釐而顯二十分釐之一稱三百釐而顯三十分釐至五十分釐之一也

平常天平○平常所用之天平較前者略粗合於化學內常事之用其桿與柱等可拆卸共裝於其下木

第一百五十一圖

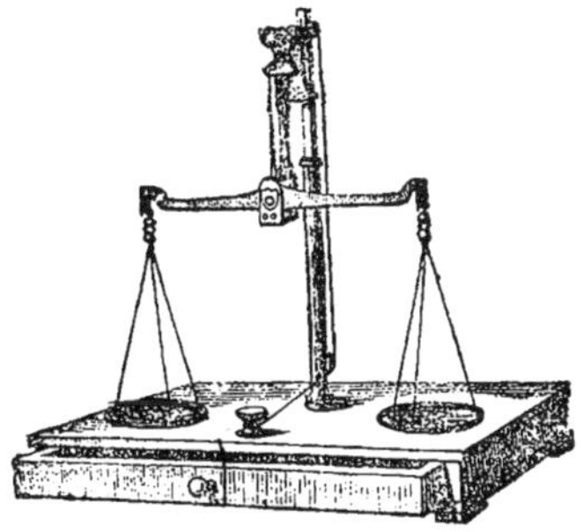

第一百五十二圖

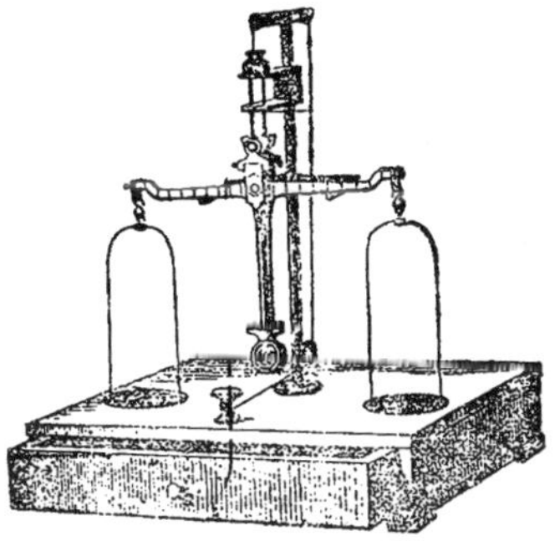

匣抽屜內便於攜帶搬動如第一百五十一圖者其桿長八寸半二盤以黃銅爲之徑二寸又四分寸之三以絲線掛之下匣以洋紅木爲之長十三寸半寬六寸半高二寸半此天平足稱八兩能顯十分釐之一稱一千釐能顯二十分釐之一稱五百釐能顯五十分釐之一共價金二圓銀五圓如第一百五十二圖者其桿長九寸半二盤以黃銅爲之徑二寸半木匣長十四寸寬七寸半高四寸足稱八兩能顯二十分釐之一稱一千釐能顯五十分釐之一共價金二圓銀十五圓此等天平合於平常化學事之用若欲稱少於五十分釐之一者須用前之靈者

第一百五十三圖

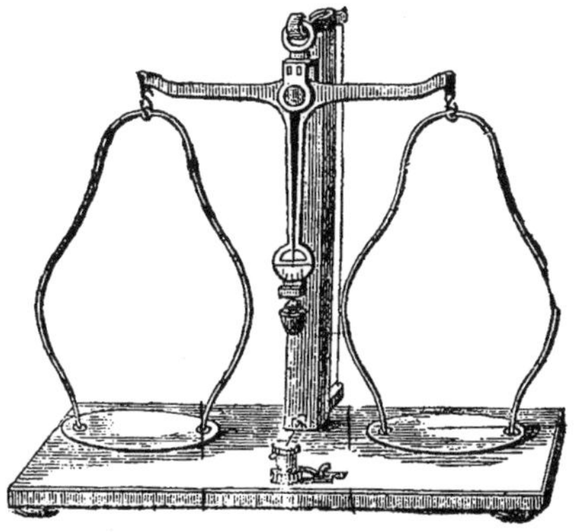

第一百五十四圖

藥肆天平○此種天平爲稱藥材等用者亦合於格致粗工內或買賣中之用其架與托柱皆以洋紅木爲之如第一百五十三圖者桿長十寸足稱法國三百格即英十兩餘能顯百分格之一即英百分釐之十五價金二圓銀五

圓如第一百五十四圖爲更大者桿長二尺柱高三尺柱中有分度長一尺二銅盤徑各五寸半另一小盤下有鈎便於掛物以求重率每盤能容二磅之物能顯一釐托柱中有活節可拆開以便裝箱價金一圓銀十一圓銅六圓

第一百五十五圖

如第一百五十五圖爲天平常用之騎碼重十分釐之一或百分格之一價銅四圓以上各天平自精至粗皆化學家應備之器凡全副器內須有精粗各一

第一百五十六圖

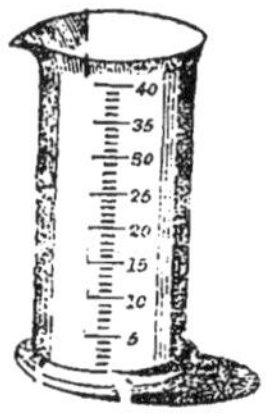

量杯○化學內量流質時多用量杯其杯以玻璃爲之面刻分度甚準盛以流質則橫視其分度識以流質面之暗色直線底爲主英國量淨水以六十滴爲一錢八錢爲一兩十六兩爲一磅二十兩爲一升然滴之大小恒與手倒器之式及流質濃淡有關故不能以滴數爲準須以杯量之如第一百五十六圖之量杯分有八號小者能量一錢有十二分度識每識爲五滴價銀一圓大者能量四十兩有四十分度識每識爲一兩價銀三圓銅六圓如欲用法國量法之杯亦有同形者分有六號小者能量三十格有三十分度識每識爲一格價銀一圓大者能量一千二百格有六十分度識每識爲二十格價銀四圓以上乃化學工內常用之器便於量各藥水等化學家不可無之另有刻分度之瓶及滴管等器在後另處言之

第四類化學寒暑表

化學各事內常有關乎冷熱者如化分或化合須至若干度始成不至其度則不成然各事所用者須有特設之表如釀酒或造漆或化鐵礦進熱風及在爐內量大熱之鉑條等表皆有相配之形狀至化學家所用者爲

第一百五十七圖

第一百五十八圖

插於欲加熱之流質內而不致礫裂俱以水銀爲之水銀熱至六百餘度則沸而漲能裂其管故水銀寒暑表必以六百度爲限如第一百五十七圖爲最簡便者分內外二管刻分度之面爲暗白色玻璃料其外管徑八分寸之三此表能測二百十二度即水沸度者價銀二圓銅六圓測四百度者價銀三圓測五

百至六百度者價銀四圓如第一百五十八圖之表其分度在管內白條上更易看清能測二百十二度者價銀三圓銅六圓測四百度者價銀四圓銅六圓測五百至六百度者價銀五圓此各表皆有一硬紙殼盛之

第五類求流質重率之器

求流質重率瓶○化學內常考究流質之重率卽較淨水輕重之數也平常以淨水重率爲一千凡輕於水者如酒油等則重率不及一千而重於水者如硫强水或海水等則重率大於一千欲知其數須以器求之

第一百五十九圖

第一百六十圖

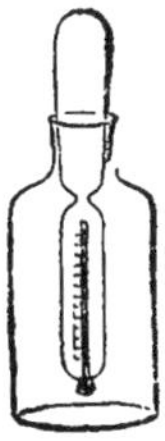

第一百六十一圖

第一百六十二圖

常用者爲瓶或浮表等件法以瓶盛滿淨水其水以六十度熱爲主稱之傾出再以所試之流質傾滿而熱度等稱之則易推算此流質之重率假如瓶水重一千釐裝硫强水則重一千四百三十三釐此硫强水之重率卽爲一・四三三若裝酒則重八百九十三此酒之重率卽爲・八九三也餘可類推如第一百五十九圖爲薄玻璃瓶其塞有孔塞時瓶內餘流質可自溢出而瓶以馬口鐵盒裝之盒蓋有小騎碼與瓶等重以便稱時去瓶之重數其瓶分有三號小者能容水三百五十釐價銀三圓銅六圓大者能容水一千釐價銀五圓

如第一百六十圖爲化學家來古拿得所設之瓶頸上作識爲容若干重之水所至之處用時將流質傾至識上後以滴管或濾紙收去若干至其面與識齊平則塞而稱之卽得其重率此器分有三號小者能容二百五十格價銀一圓銅六圓大者能容一千格價銀二圓銅六圓

如第一百六十一圖之瓶其塞下聯有寒暑表能知所試流質之熱度或大或小於六十度如小則重率過大須依流質漲縮表減之若大則依表加之此器分有三號小者能容二百五十釐價銀四圓大者能容一千釐價銀五圓銅六圓

如第一百六十二圖爲薄玻璃瓶其口大而塞爲空者可以求定質重率約能容水半兩惟得數不能甚準其價銅六圓

第一百六十三圖

求流質重率浮表○浮表之用比瓶更便因置流質內祇視其入內之深淺而表面之分度即顯其重率如第一百六十三圖爲公用者有分度自七百起至二千止另有小管便於試各流質時用以盛之此器能顯之重率自最輕之醕起至最重之硫强水止惟其分度自不能甚細連硬紙殼價銀六圓

第一百六十四圖

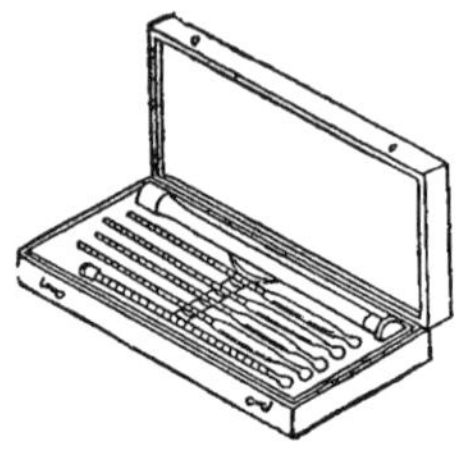

如第一百六十四圖爲成副浮表第一表爲七百度至一千度第二表爲一千度至一千三百度第三表爲一千三百度至一千六百度第四表爲一千六百度至一千九百五十度另有試流質管及寒暑表等件全裝於一洋紅木匣內價金一圓銀八圓

第一百六十五圖

如第一百六十五圖爲大浮表能試稍重於水之流質其分度極細便於測淡漂白水或乳或酒或尿等用其泡大而上桿細每分度爲千分之半分價銀六圓

第一百六十六圖

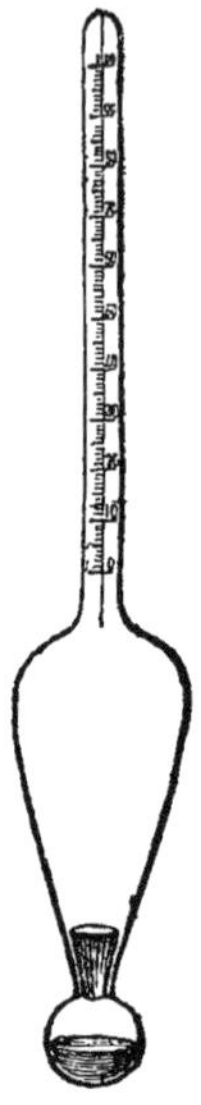

如第一百六十六圖爲土瓦都所設之浮表其泡爲長卵形較前者靈而耐用所試之流質可用少者然其分度與前不同如此表五度則平常重率爲一千零二十五此表一百七十度則等於平常重率一千八百其推算法將此表分度以.○○五乘之所得之數爲一千以上之數與一千相加即爲平常之重率如平常重率欲變爲此表之分度則先減去一千而餘數以.○○五約之即得此表六個爲一副每個價銀一圓銅六圓一號者爲土瓦都○度至二十四度即常重率一千至一千一百二十第六號者爲土瓦都一百三十八度至一百七十度即當重率一千六百九十至一千八百五十各表共盛一洋紅木匣內共價銀二十一圓又有一種表爲佈梅所設者其分度與常重率亦不同另有特設之量酒表數種蓋西國稅關恒用浮表測驗各埠出入之酒而收其稅收稅之多寡常依酒內含醕之數而定含醕多者則多取其稅又有驗糖水糖漿及油與乳與淡輕四養等之浮表數種

此稿未完下卷續印

如第一百六十七圖爲試定質重率之浮表如金類等質可以試之其表以黃銅爲之價銀五圓

測尿浮表○近來醫學家視人病症多用測尿之法蓋無病人尿之重率爲一・○二○至一・○二五

第一百六十七圖

第一百六十八圖

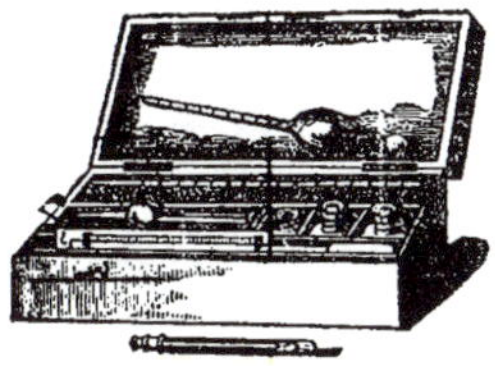

第一百六十九圖

第一百七十圖

醫學家嘗測五十人之尿共試三百六十三次其重率一・○二二五爲中數如多於此率則恐內含糖或尿酸等質過多必顯出病症如第一百六十八圖爲測尿浮表等件共盛於一匣內有分度水管與酒燈與寒暑表及盛酸水之二瓶並四個小試管與滴管與試紙等試尿時所需之件又有大浮表一支連木匣共價金一圓然此器大半爲醫學器而小半爲化學器

如第一百六十九圖爲測流質時所用之玻璃管分有六號小者長十寸價銅十圓大者長十六寸價銀一圓銅六圓

如第一百七十圖爲同用之玻璃管而口則大能令浮表不切於管口以致有差用此管所容之流質須足於放表時而上口半滿其小者高九寸價銀一圓銅六圓大者高十三寸價銀一圓銅九圓

第六類抽氣筩等器

抽氣筩一類原爲氣學內所需之器似不應列於化學器內然有數化學事亦間用之故自氣學器內擇其要者藉列於此便人檢閱前化學家用抽氣筩俱係舊法所製近有司博冷格拉者設一便法乃傾水銀於管內以吸出其氣與抽氣筩同其器在後漏斗類內詳之茲所述者爲舊法所製者

抽氣筩之用能吸出器內空氣以得眞空眞空者即無氣質之空也如用銅筆套或小玻璃瓶等以嘴吸之則聯於舌上不脫因嘴中已吸出其器內空氣若干而略成眞空則外空氣壓之俾與舌緊聯故不脫也抽氣筩

之理亦與此同其筩相配之件有平面銅盤洋紅木架及各式螺絲並相配塞門等又聯以水銀表以便知空氣吸盡與否用時將玻璃罩邊膏以牛油或羊油按於銅盤上令不洩氣則行動其筩之柄罩內空氣即由銅盤之孔吸出罩內漸成眞空然抽氣筩如久不用則行動各件易乾而洩氣故用時須先以油自銅盤中孔灌

第一百七十一圖

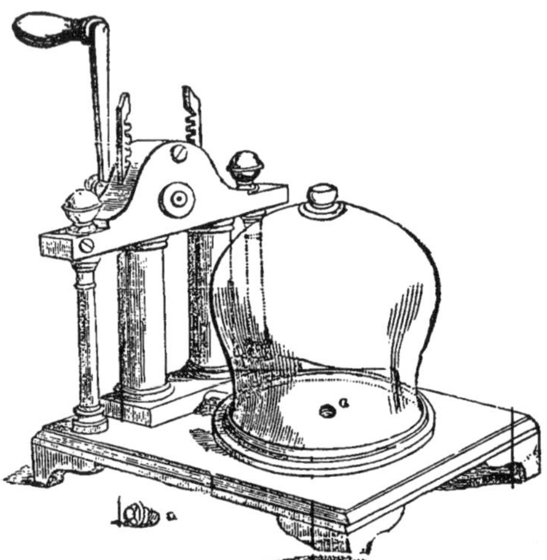

第一百七十二圖

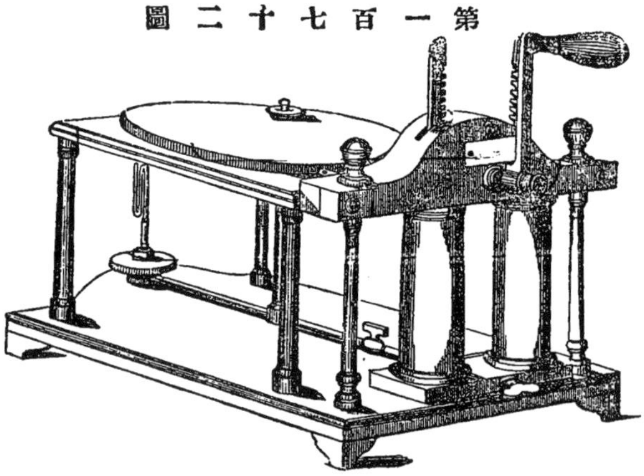

入則易通於各行動之件令縝密用畢時可開塞門放氣入罩而取下其罩應以螺絲塞旋於銅盤之中孔以防土塵

如第一百七十一圖爲雙筩抽氣筩筩長六寸半徑一寸半推路四寸又四分寸之三銅盤徑八寸架以洋紅木爲之銅盤與筩之間有塞門可任啟閉共價金八圓銀八圓其筩中鞴鞴之桿有齒以柄搖之能迭更上下而吸氣甚速如用七寸徑之玻璃罩即內容二百八十立方寸者能得眞空爲水銀表壓力四分寸之一用二寸徑之罩即內容二十五立方寸者能得水銀表壓力八分寸之一

第一百七十二圖亦爲雙筩抽氣筩比前者稍大筩長七寸徑一寸又四分寸之三推路五寸半銅盤徑十

寸有四柱托架以洋紅木為之又有螺絲塞及水銀表等共價金十四圓如用九寸徑之玻璃罩即內容七百六十立方寸者能得真空為水銀表壓力八分寸之三用二寸徑之罩能得水銀表壓力八分寸之一

如第一百七十三圖為雙行抽氣筩即一筩內有二鞲鞴者行動時則抽罩內空氣由筩兩端放出甚便於化學家所用其筩長十六寸徑一寸又四分寸之一推路八寸半銅盤徑七寸中有彎管水銀表另有螺絲能令鞲鞴反行以作擠緊空氣之用筩下有螺絲夾以便牢聯桌上如用七寸徑之罩能得真空為水銀表壓力十分寸之一用二寸徑之罩能得壓力二十分寸之一如將淨水一杯置硫強水盆上罩於能容三百立方寸之罩內在空氣六十度熱時將鞲鞴抽送一百五十次其水即結冰若空氣四十度熱時則鞲鞴抽送七十五次水即成冰此抽氣筩價金三圓銀十三圓銅六圓

第一百七十三圖

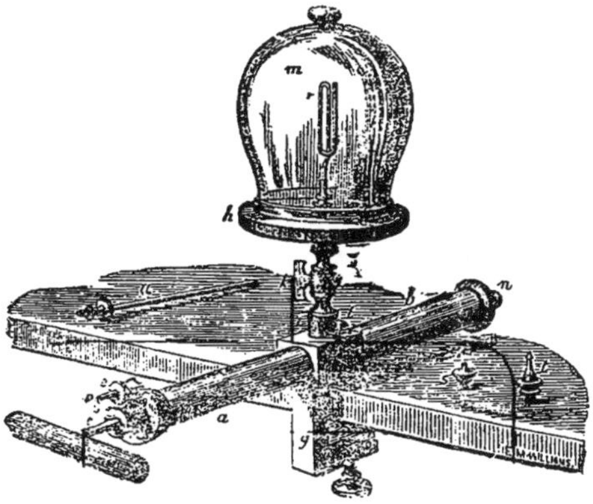

第一百七十四圖

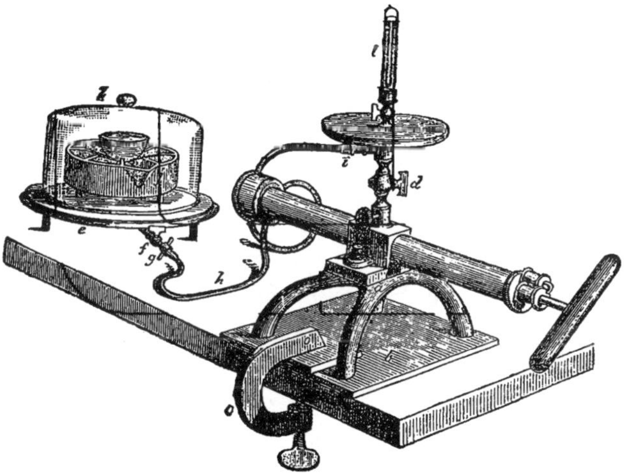

如第一百七十四圖為兌脫所設之雙行抽氣筩與上者畧同筩下有四足鐵架聯一鐵板可用螺絲或螺絲

夾聯於桌上能任拆下移動此筩能抽氣之力與上同所異者惟鐵架耳其價金三圓銀十三圓銅六圓筩外各件之價不在內

如第一百七十五圖爲三筩之抽氣筩便於講習教試化學時所用或在化學房內細考化學等事之用如用九寸徑之罩能得眞空爲水銀表壓力十六分寸之三用二寸徑之罩能得壓力二十分寸之一其筩有二立

第一百七十五圖

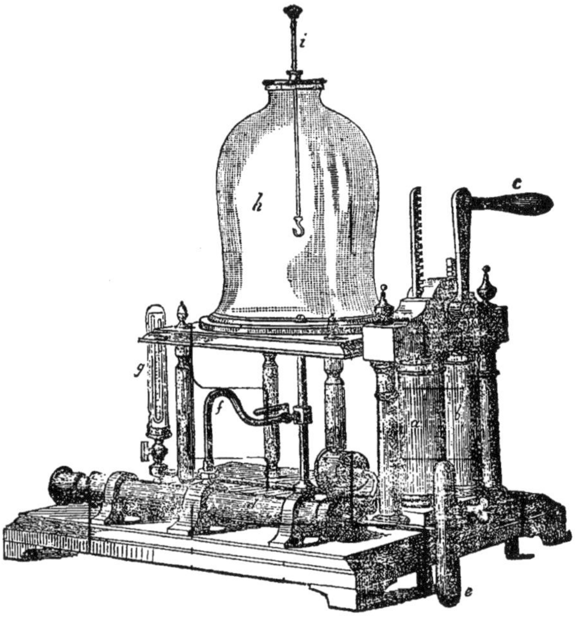

者可以柄搖之筩長七寸徑一寸又四分之三推路五寸半銅盤徑九寸此筩能自一千立方寸之罩內速吸出其空氣合於氣學化學常事之用另有一雙行筩橫臥於架前有管與銅盤相通如欲得極淨眞空則用此臥筩能得水銀極小之壓力可見此器能作抽氣筩各事之公用者其器亦甚堅而耐用其架以洋紅木爲之及水銀表等件共價金十八圓

如第一百七十六圖爲兌脫所設之大抽氣筩有曲拐及飛輪搖柄等件此器能得眞空與前器畧同其筩直立長十三寸徑二寸半推路六寸其門以銅爲之在油內行動其架以鐵爲之上面爲洋紅木板其銅盤徑十寸有螺絲及管聯以水銀表旁又有長水銀表長三十三寸其筩兩端各有收油之膛因抽氣時常有油同噴出故以膛收之也其膛每若干時須傾出其油初用時須開筩兩端於下門膛內加淨油四兩上門膛內加油二兩又於銅盤中孔內畧加油二兩則此油能行至各件而分潤之此器於五分時內能自大玻璃罩內抽出空氣而得水銀表壓力四分寸之一不第氣學化學可用此器而工藝內有數

事亦可用之其價金二十一圓在上海格致書院內已有此器一具親往觀之可得其詳

以上抽氣筩共六種各有相宜之用凡欲購者須預知各器相宜之用並試各器時應有之利弊如欲速得眞空而不需多出力則一百七十六圖者最好如欲價廉者則用一百七十四圖者或同此式而大一倍者其價金八圓此種兌脫抽氣筩比雙筩者價廉而用略同總之凡用大者則得眞空速而用力小若用小者則得眞空遲而用力多又舊式之抽氣筩初抽時易後漸抽漸費力而兌脫所設之法則初抽時難後則費力漸小

第一百七十六圖

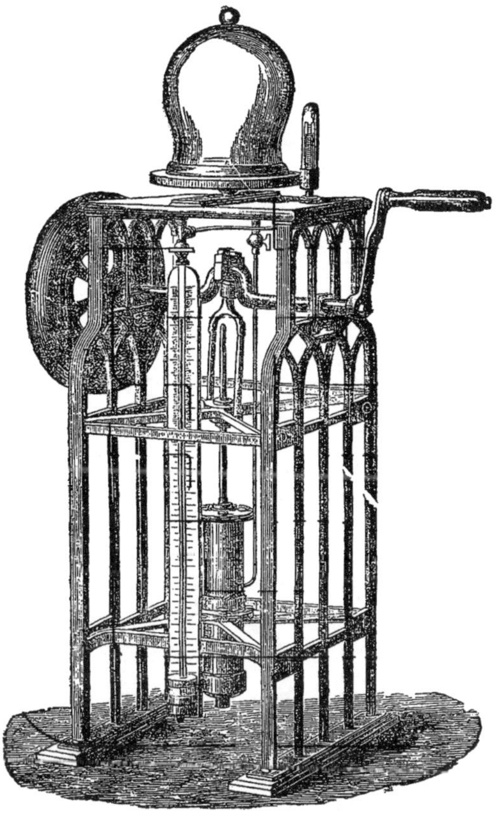

抽氣筩上所用之水銀表恒易誤事故應特指其能誤事之處凡水銀表久遇空氣則收若干於內所顯之數卽不甚準如將新成之水銀表置玻璃罩內數次抽出空氣旋再放入空氣表卽不準而不能顯至十分寸之一等小數因所能顯者比眞空數小也若水銀微有空氣泡則所顯之水銀柱小於○識由此可知其誤處也用此表者不過試其略數而已有書云上等抽氣筩能得水銀壓力百分寸之一然此說難確因試之者未悉水銀內含空氣之理也

如抽氣時罩內水銀表得壓力二十分寸之一則知罩內每六百立方寸含空氣一立方寸得壓力十分寸之一則罩內每三百立方寸含空氣一立方寸得壓力八分寸之一則罩內每二百四十立方寸含空氣一立方寸其餘可以類推可見所謂眞空者雖用極巧之器亦難免有些微空氣在內也

玻璃罩〇抽氣筩所用之玻璃罩大小不同形式亦異其邊闊三分寸之一至半寸磨之甚平擦以膏油按於抽氣筩之銅盤上不至洩氣所言罩口之徑乃外徑也自比內徑大三分寸之一至半寸所言罩高乃自內計若罩頂有頸與孔則頸不在所言之罩高內各罩多以上等玻璃爲之甚是清明潔净至於氣學內所用玻璃罩此不詳及須另在氣學器內釋之

如第一百七十七圖之玻璃罩分有五號小者徑六寸半高三寸半上等玻璃料者價銀四圓次玻璃料者價銀二圓銅六圓大者徑十一寸半高七寸上等料者價銀十七圓次料者價銀六圓銅六圓

第一百七十七圖

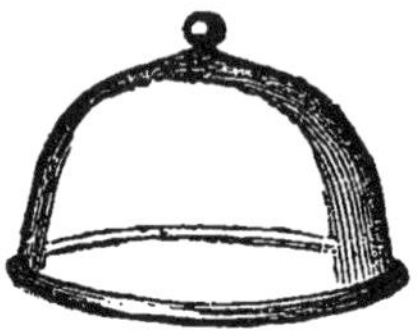

第一百七十八圖

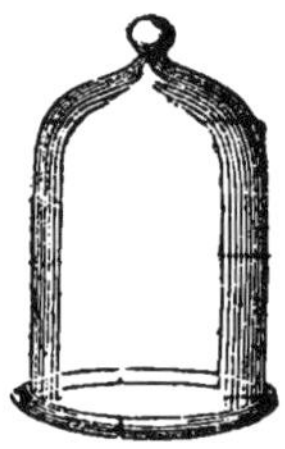

第一百七十九圖

第一百八十圖

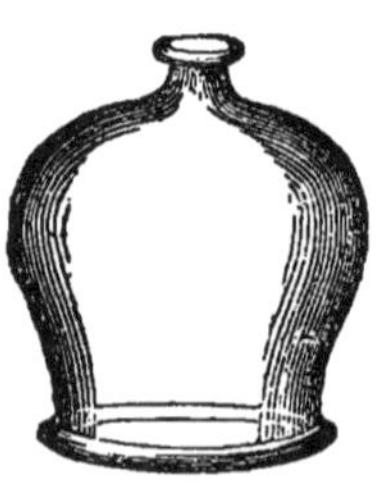

如第一百七十八圖之罩分有八號高與徑之比例各有不同小者徑四寸高六寸上等料者價銀二圓銅六圓次料者價銀一圓銅六圓大者徑五寸高三十六寸爲上等料者價銀三十八圓

如第一百七十九圖之罩分有五號小者徑四寸高六寸上等料者價銀三圓次料者價銀二圓銅六圓大者徑十寸高十二寸上等料者價銀二十四圓次料者價銀九圓

如第一百八十圖之罩分有六號小者徑四寸高六寸上等料者價銀三圓銅六圓次料者價銀二圓銅六圓大者徑十寸高十二寸上等料者價銀二十五圓次料者價銀九圓

水銀表〇抽氣筩所用之水銀表乃以玻璃彎管內盛水銀其管下有銅座聯之管外有用玻璃罩者有不用者如第一百八十一圖爲常用者其玻璃管成二彎形下有銅座及陽螺絲座下通孔或不通孔隨購者之便價銀三圓銅六圓用此表試抽氣筩時可聯於銅盤中孔內如第一百七十三圖內之式則其銅座下必

通一孔方可用如用抽氣筩時欲視驗罩內真空之數則須聯於罩外如第一百七十二圖之式其銅座下不可通孔惟其座旁通孔以管聯至抽氣之筩

第一百八十一圖

第一百八十二圖

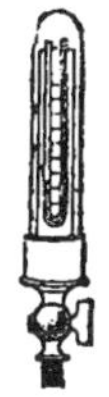

如第一百八十二圖之表其管單彎一端無口管後聯一板刻以分度便於識水銀之高數外套以玻璃罩與銅座密聯座下有通孔旁有塞門價銀十圓銅六圓若不要塞門則價銀七圓銅六圓其表座下亦有陽螺絲可與抽氣筩相聯如第一百七十五一百七十六等圖之式是也

此二種表第一種不足全恃之以驗真空因其水銀內常含空氣若干故不能甚準第二種較佳其分度能顯壓力二十分寸之一抽氣筩上用水銀表之理因空氣壓於水銀面令之向管無口之端高若漸抽去空氣則壓力漸輕水銀兩端漸平若至兩端相平則知罩內空氣已抽盡矣

前一百七十四圖內有象皮管通至另一器件即三足生鐵盤其面有玻璃片其下有塞門此件爲化學內有數料須在真空內製乾者所用法將料置小杯內擱於盛硫強水之盆上共置此生鐵盤上以罩罩之抽出空氣則料內之水氣全爲強水所蝕其料自乾或以杯盛水少許其水即能凝冰此生鐵盤分有三號小者徑八寸並塞門等價銀十四圓大者徑十二寸並塞門等價銀二十五圓

塞門及螺絲接等件○以下各塞門及螺絲接等件俱爲倫敦所造者外面皆磨光極其精緻多以黃銅爲之如欲用磨光之鐵者則較銅者價貴一半如第一百八十三圖之塞門兩端有陽螺絲價銀三圓

如第一百八十四圖之塞門一端爲陽螺絲一端爲陰螺絲價銀三圓

第一百八十三圖

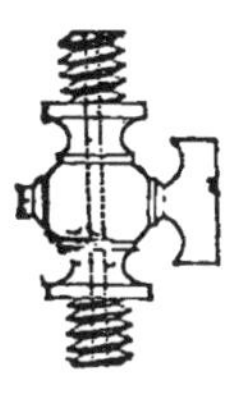

第一百八十四圖

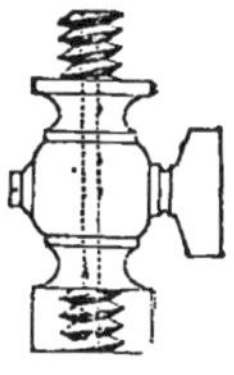

第一百八十五圖

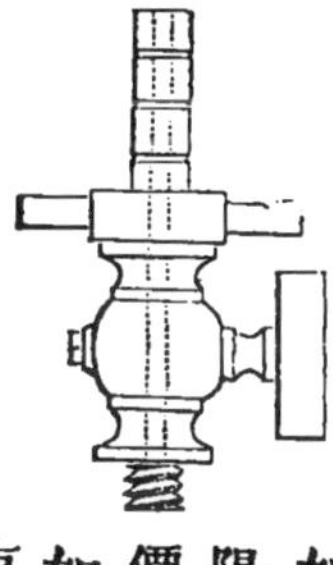

如第一百八十五圖之塞門一端爲陽螺絲一端爲銅管可接以象皮管價銀五圓

如第一百八十六圖爲螺絲接管內有通行之陰螺絲價銀一圓

第一百八十六圖

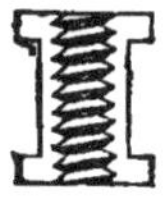

第一百八十七圖

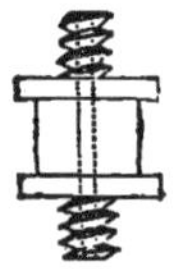

第一百八十八圖

第一百八十九圖

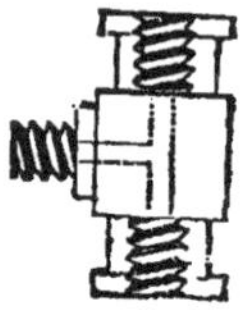

第一百九十圖

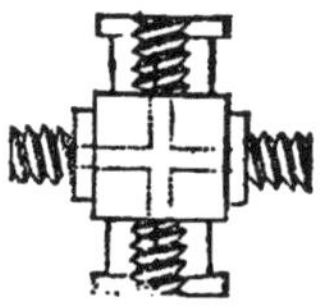

第一百九十一圖

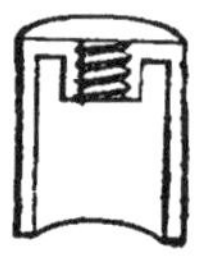

如第一百八十七圖之螺絲接管兩端皆爲陽螺絲價銀一圓

如第一百八十八圖之螺絲接管一端爲陰螺絲一端爲陽螺絲價銀一圓

如第一百八十九圖之三交螺絲接管兩端有陰螺絲一端有陽螺絲價銀三圓

如第一百九十圖爲四交螺絲接管兩端有陰螺絲兩端有陽螺絲價銀三圓此各接管不第在抽氣筩工內可用另有他等器內亦恆用之

如第一百九十一圖爲螺絲銅套可套於有孔之玻璃罩頂上或存氣瓶之口上一端有陰螺絲其套之徑爲三分寸之一與一寸與一寸又四分寸之一者每件價銀一圓又有比此三號大一倍者每件價銀二圓

第一百九十二圖

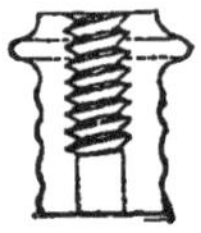

第一百九十三圖

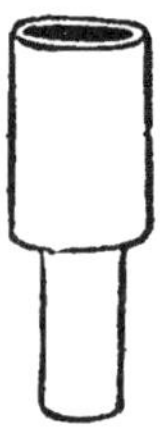

如第一百九十二圖爲陰螺絲接管可用之縛於膀胱或氣袋之口以便接塞門其價銀一圓

如第一百九十三圖爲接聯大小象皮管之接管價銀一圓

如第一百九十四圖爲黃銅螺絲夾可用之聯抽氣筩於桌上等其長二寸半價銀三圓銅六圓

如第一百九十五圖爲鐵螺絲夾長四寸又四分寸之一價銀五圓亦可用之聯抽氣筩於桌上如第一百七十四圖之式

如第一百九十六圖爲旋動抽氣筩各件之鉗以黃銅爲之價銀二圓

第一百九十四圖

第一百九十五圖

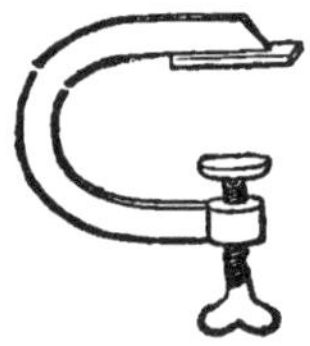

第一百九十六圖

格致釋器內所言金銀銅各價乃英國所用之錢計金錢每圓約合華銀四兩或鷹洋五元又銀錢五圓約合華銀一兩而四圓合鷹洋一元又銅錢一圓約合鷹洋二分閱者從此略數可自推算各器所值之略價不致有大懸殊也

此稿未完下卷續印

小抽氣筩○以上各抽氣筩爲化學事內恆用者間有小事欲抽出小器內空氣則不必用此繁器可用小抽氣筩以手執之抽出其氣如第一百九十七圖者以磨光黃銅爲之分有五號小者筩長六寸內徑四分寸之三價銀八圓大者筩長十二寸內徑二寸又四分寸之三下口有陰螺絲以便接於他器價銀五十圓

第一百九十七圖

第一百九十八圖

如第一百九十八圖者分有兩號小者筩長六寸內徑八分寸之七價銀十圓銅六圓大者筩長八寸內徑一寸又三分寸之一價銀十八圓如於筩下另加以螺絲夾便於聯桌上如第一百九十九圖之式則小者外加銀七圓半大者外加銀九圓半此等器亦可爲擠氣筩之用

第一百九十九圖

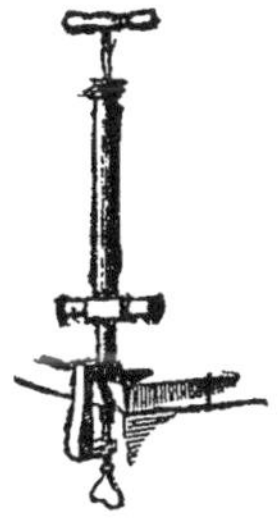

第七類生熱容熱之器

化學事內常有令物質化分或化合或消化或結成或煎濃或熬乾或烘燥或焰焦或成灰成炭或乾蒸濕蒸等事均賴加熱以成所加之熱須有大小暫久遲速猛弱之別而受熱之料亦有多寡成氣質流質定質之分是故加熱之工及應需之器必稱合適用初習化學者因忽此事恆致於誤故欲細究化學須備生熱容熱所不可少之器以便試用然各國各地所用加熱之器須依所便得之燒料而配製務以省費料爲佳今依燒料而分其器類爲三一燒木炭或枯煤或烟煤者即鐵爐泥爐風爐等是也二燒油或酒者即油燈酒燈等是也三燒煤氣等氣者即煤氣燈煤氣爐輕養燈等是也

第二百圖

各式鐵爐○鐵爐之製以堅熟鐵板釘以帽釘內鋪火泥

或火磚令能耐大熱如第二百圖爲化學家布拉克所設者能燒烟煤或枯煤等其爐形擴圓內鋪火磚下有三足其火膛闊九寸深十七寸外高二十四寸擴圓面大徑二十一寸小徑十六寸火膛有鐵蓋又有擴圓沙盆與爐頂相配後有烟通前有門能按燒殼長九寸闊四寸半深三寸旁有孔可通以管如圖之式此爐爲化學家最便用者加熱各工幾皆能作共價金六圓銀六圓如用熱沙盆之工多可另加沙盆令烟通熱之冬日

第二百零一圖

第二百零二圖

第二百零三圖

化學房內可全藉此爐得暖不必另煨他爐鍊各金類均可用之另有生鐵圈可蓋爐口以得小孔如第二百零一圖以五圈爲副價銀三圓銅六圓無論大小鍋盆俱能托以加熱又有相配之甑及燒殼等件此爐有小號者爲圓形價金四圓銀十圓

如第二百零二圖爲生鐵風爐可用之熬流質或沸流質等內有鐵柵與灰膛下有座旁有雙耳以便攜提爐分三號小者徑八寸價銀四圓銅六圓大者徑十一寸價銀九圓爐上可用三足架以托各器其架如第二百零三圖分有三號小者價銅七圓大者價銀一圓各爐內火泥用久易壞須鋪新者故應備有火泥粉用時和水成膏以修補之火泥粉之價每担銀六圓

第二百零四圖

如第二百零四圖爲隋夫司特羅摩所設鍊鐵等金類之爐其內外殼以熟鐵爲之中有火泥可燒枯煤或木炭之塊每塊約一立方寸用大力風箱進風則能鎔鍊鐵礦或熟鐵及作應得大熱之工爐分三號小者外高九寸闊十二寸價銀三十圓大者高十八寸闊二十四寸價銀六十六圓其用法見化學鑑原鍊鐵之末頁

如第二百零五圖爲弟斐勒所設之爐化學家用之甚便此器有相聯之大力風箱與打熟鐵之砧及風爐等又有作玻璃器之吹火筒及桌面等能燒木炭或枯煤共價金十圓銀十圓另

有大號者有雙行風箱其爐能鎔生鐵二十五磅共價金十三圓銀十三圓此爐燒上等枯煤能得極大之熱惟平常之鍋難受其熱故有用枯煤或鈣養或鋁二養三等料作鍋但此各料用以作鍋亦有弊病此爐所生之熱幾難盡用凡化學內不拘簡繁各事畧俱可用之

如第二百零六圖爲路米所設之爐便於移動以生鐵板爲之內襯火泥可燒木炭或枯煤等不能燒烟煤如圖甲爲剖面式乙爲其外形旁有門能關住通管之孔爐上有三凸頭能托化盆等令風通行其內亦有三凸頭爲托小器具之用丙爲爐罩可加爐上以便爐中用鍋鎔鍊金類丁爲托沙盆之架戊爲深沙盆可以安各蒸器己爲平常沙盆可以安燒瓶化盆等用爐下有風門及灰膛門此爐爲化學中最便用者分有五號小者內徑五寸又四分寸之一火膛高六寸外高十一寸外徑六寸半各件俱全價金三圓銀二圓如爐足欲作高者而各尺寸加大則價金五圓大者內徑十一寸半火膛高十三寸外高二十寸外徑十四寸各件俱全價金八圓銀十圓若欲足高而尺寸加大則價金八圓銀十六圓

第二百零五圖

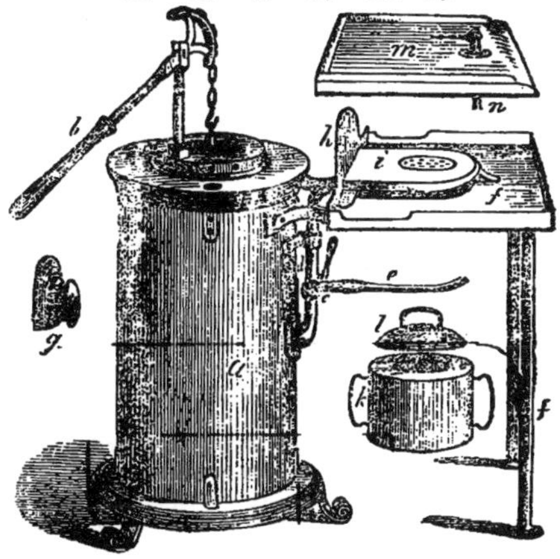

第二百零六圖

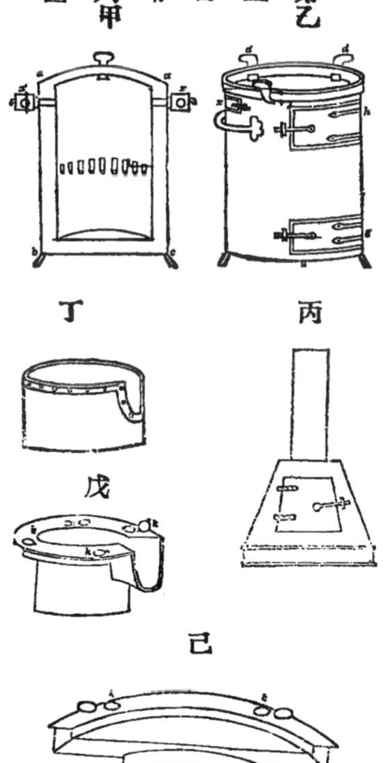

火泥爐〇以下十二圖爲火泥爐之全副其爐以英國火泥爲之外以鐵絲裹之乃公用者能燒木炭或

枯煤每副價金二圓各件亦可零購如第二百零七圖爲倒焰爐高二十寸火膛徑七寸價銀十八圓如去其上二節則下節可爲平常風爐之用以煮各流質或熬乾流質等其爐栅以鐵爲之另有火門及灰膛等用此爐燒鍋時須將上二節安上再安以烟通如燒甑時則爐旁有孔甑頸可以伸出爐中有二鐵條以托其甑如第二百零八圖爲燒鐵管銅管時所用者可安於爐下節上如第二百零九圖爲燒殼節乃安燒殼時所用如第二百十圖爲合用之燒殼如第二百十一圖爲鐵烟通便於加大熱時所用高三尺徑四寸上有罩能令火星不外散如第二百十二圖爲鐵沙盆能安於爐下層如第二百十三圖爲鐵罩安於爐下層能令火力更大如第二百十四圖爲火泥座高八寸以之墊爐可免燒桌如第二百十五圖爲鐵絲布乃十寸方孔大十分寸之一安於爐下層能托燒瓶與小盆等如第二百十六圖爲三角生鐵架可托盆甑或燒瓶等器如第二百十七圖爲大小二鐵圈亦爲托盆等用其大者孔徑六寸小者孔徑四寸如第二百十八圖爲鐵鏟合於此爐添燒料之用此各器爲公用爐之全副各件亦可零購

第二百零七圖

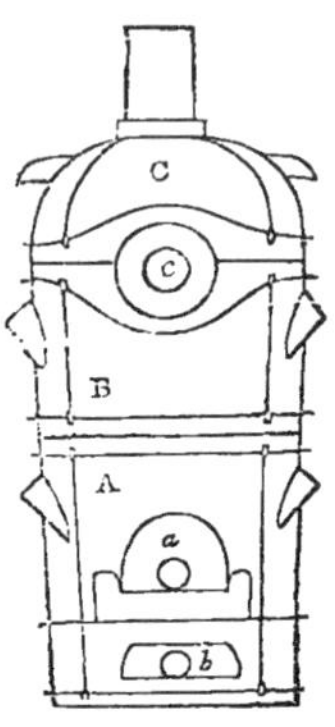

第二百零八圖

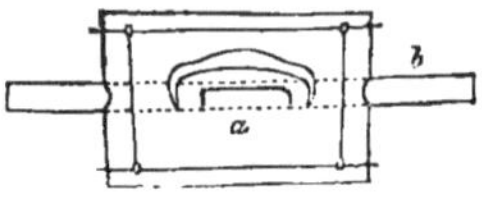

第二百零九圖

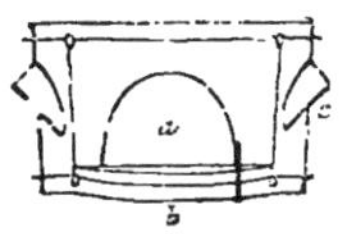

第二百十圖

第二百十一圖

另有一種便用之火泥爐爲化乾流質所用者有灰膛門與添燒料門爐上有凹便於通風外以熟鐵箍及鐵條束之令不散開分有八號小者內徑四寸半價銀三圓銅六圓大者內徑十三寸價銀二十六圓此等爐比中國常用之瓦風爐更合用然用中國風爐代此亦可如用煤氣燈置此爐亦屬合用且比燒木炭事省而費廉

如第二百十九圖爲燒管合用之爐以法國火泥爲之特爲燒玻璃管或銅鐵管所設者化學工內恆用此爐其安管之處內長十三寸爐價銀四十四圓另有數種燒管之爐在煤氣爐及化分生物器內詳之

簡便酒燈○化學工內酒燈亦所常需如小試加熱等事幾恒用之取其便也如第二百二十圖爲玻璃酒燈能盛酒醇五兩價銀一圓銅六圓其燈嘴以瓦爲之比銅者佳因酒醇內常含酸質銅易生鏽而火燄變綠色如燒鉑器則器外必結銅有損鉑器且銅嘴之熱易傳酒內間有令酒沸者惟用瓦者則無此弊

第二百二十圖

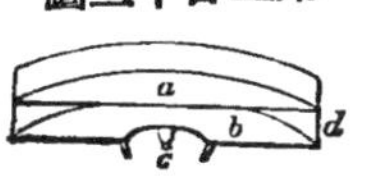

如第二百二十一圖爲玻璃酒燈比前者大能容酒醇八兩燈嘴以銅爲之有齒柄可以刷落燈芯又有銅冒以鏈聯之便於熄燈價銀二圓銅六圓

如第二百二十二圖爲瓦作之酒燈而燈嘴燈冒亦爲瓦者價銅八圓又有合用之燈芯寬半寸每碼價銅一圓

第二百二十三圖

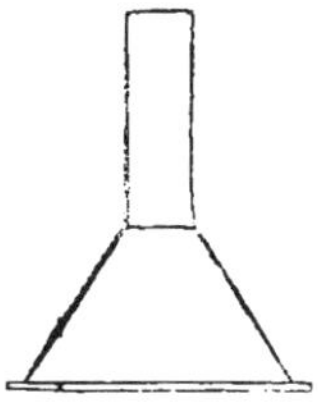

如第二百二十三圖爲鐵烟通便於小酒燈上之用能令燈火平穩而不閃動

第二百二十四圖

空心酒燈○上各酒燈式簡價廉然不便通氣難得大熱不若空心酒燈之佳也如第二百二十四圖爲博斯里由司所設者乃德國柏林地方所造其燈與架以黃銅爲之而座以洋紅木爲之酒醇盛於燈芯周遭價金一圓如第二百二十五圖者酒醇另器盛之以管通至燈芯價亦金一圓

第二百二十五圖

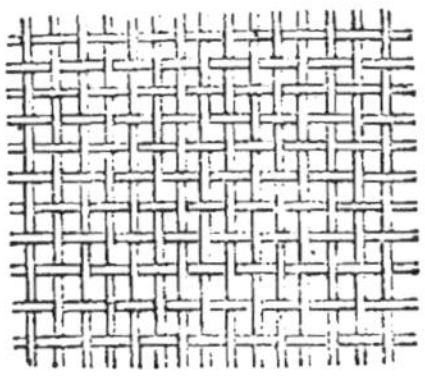

三足架空心酒燈○以酒燈加熱於鍋甑宜有架托其鍋甑其架以輕爲妙致不多引散燈熱若欲煮熬流質則用低而堅者如第二百二十六圖之架是也架以黃銅爲之旁有木柄又有銅圈鐵圈如圖甲乙爲托器之用共價銀十八圓銅六圓

第二百二十六圖

第二百二十七圖

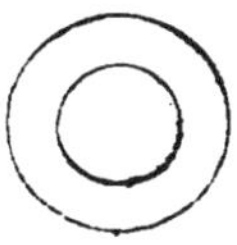

第二百二十八圖

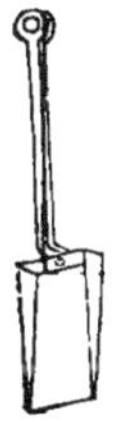

進風酒燈○酒燈之下加管進風能得大熱然平常進風酒燈無論以之作玻璃之器或鍊含矽養三之礦燈內之酒少頃易盡若停工添酒難免誤事故應設法以免此弊常法用大筩盛酒與燈相聯或另置一架

第二百十九圖

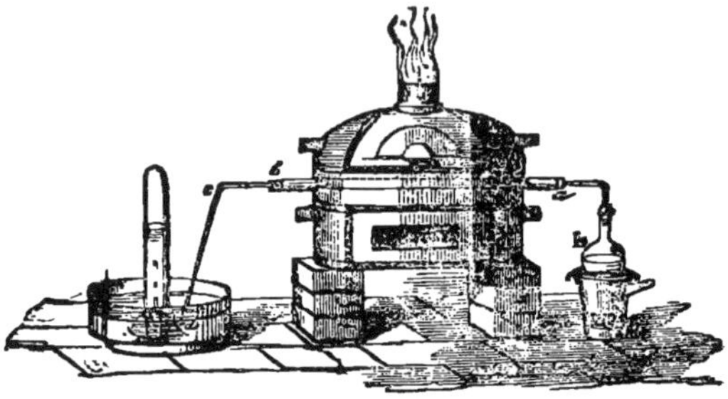

第二百二十圖

第二百二十一圖

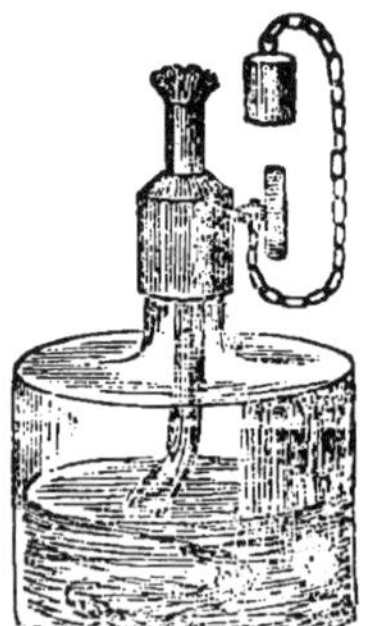

第二百二十二圖

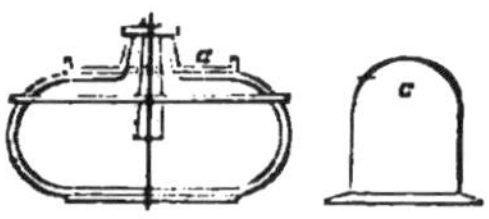

第二百二十三圖

第二百二十四圖

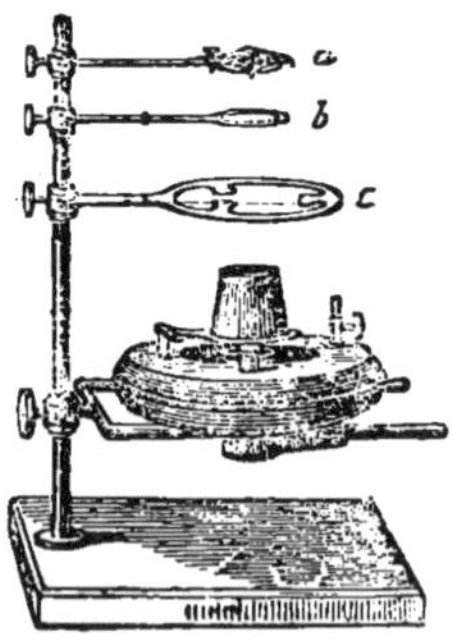

第二百二十五圖

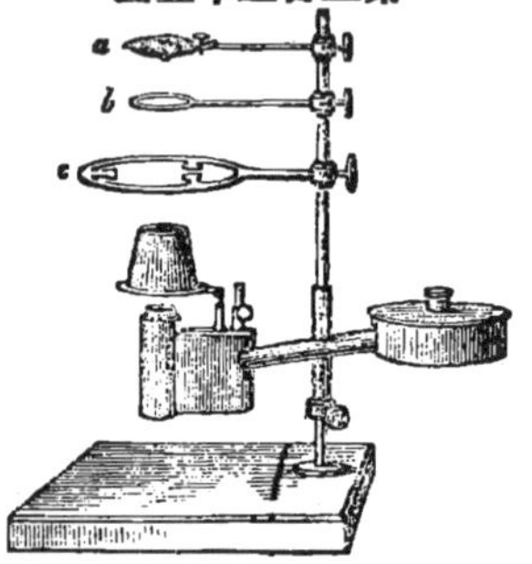

以管通至燈中管有塞門能節制添酒之多寡另有暫加熱之燈更爲便用可以燒鉑鍋鐵鍋玻璃管等乃俄國酒燈式如第二百二十七圖分有兩號小者高二寸半徑二寸半價銀十二圓銅六圓大者高五寸徑五寸價銀二十一圓此燈以銅爲之分內外二層有管自內層通至當中空處添酒燃之能燒十二至十六分時火燄高六寸而熱極大但欲久加熱則此燈不合用

各式油燈〇油燈之用比酒燈省凡無煤氣處用之極便如第二百二十八圖爲空心油燈有三足架及烟通與剔燈芯之齒柄等件分有三號小者價銀七圓大者價銀十圓銅六圓如第二百二十九圖爲瓦套可套於燈外其高十寸徑九寸價銀三圓如第二百三十圖爲瓦座可以擱燈其徑九寸高四寸半價銀二圓與前套可以通用其前面有孔以便安管而通煤氣凡有煤氣處可用之以代油

第二百二十六圖

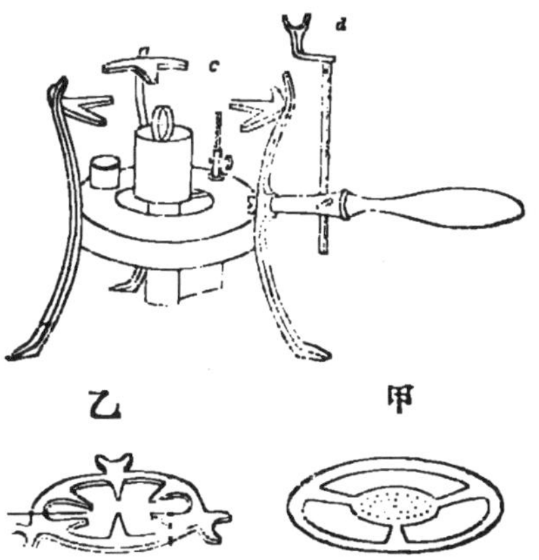

如第二百三十一圖爲各里分所設之油燈風爐能鎔金類至白熱最便於屋內試作之用故特詳之其簡便潔淨與酒燈同而儉省及火力與煤氣風爐同不發烟與炱及臭占地甚少能置於平常茶盤而鎔鐵八十兩不需烟通原器價甚廉所費者惟用時所燒之油耳分有兩號小者價金一圓銀一圓能燒鉑鍋或瓷鍋所試之化學事又能燒火泥罐或筆鉛罐以鎔金類於二十五分時能鎔生鐵一磅所費之油約銅三圓大者金一圓銀十一圓銅六圓能燒大罐鎔多金類如一小時能鎔生鐵五磅所費之油約銅九圓各里分云多年思索欲作油燈風爐以便化學家及鍊金家在無煤氣處所用能得白熱至久始得此法也如第二百三十二圖爲此爐之剖面式下有三足架托之旁有通油管與進風管其燈用棉花芯一面有管進油一面有管進風之器另於風箱處言之其爐以火泥爲之如圓箭形分爲數節如圖各節之長短粗細不同依所用鎔金類之罐爲例爐上有罩蓋之令爐略有倒焰之勢又能放出燒油所生之雜氣如第二百三十三圖爲此爐最大之火泥箭左右有把便於移動如第二百三十四圖爲其燈嘴之平剖式如第二百三十五圖爲爐棚之平視形即托爐箭之圈用時將各件排成如第二百三十一圖式若欲鎔鐵一磅須用小號爐箭鎔一磅半則用中號者鎔五磅則用大號者盛金類之罐與爐箭內面相離不可大於四分寸之一不可小於八分寸之三所燒之油爲淨火油重率·七五〇每鎔生鐵五磅約

第二百二十七圖

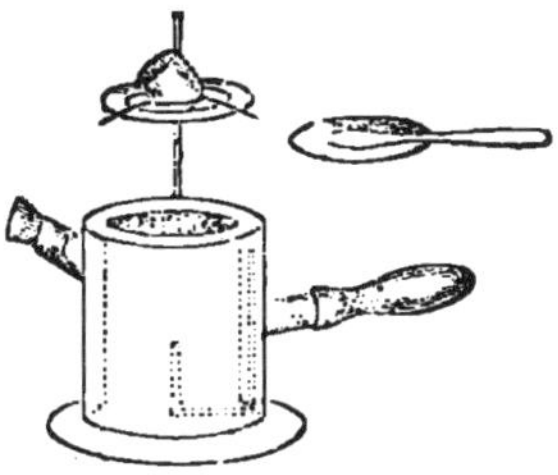

第二百二十八圖

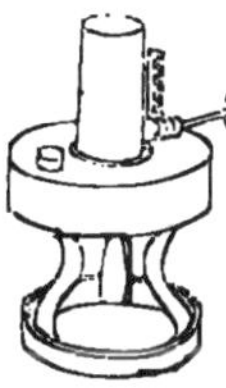

第二百二十九圖

第二百三十圖

第二百三十六圖

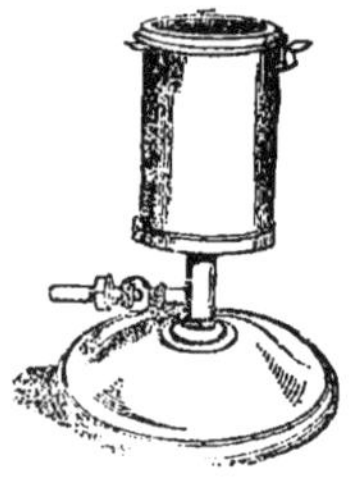

第二百三十七圖

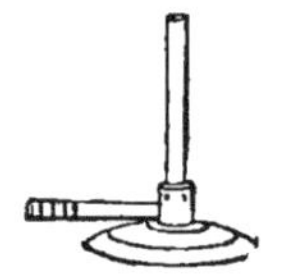

第二百三十八圖

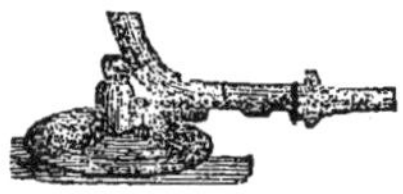

第二百三十一圖

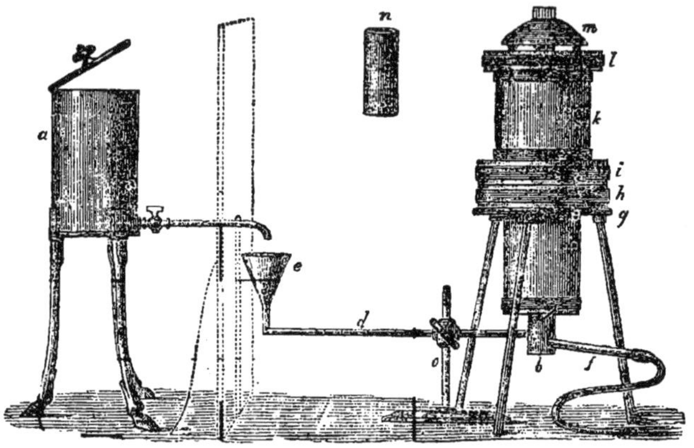

第二百三十二圖

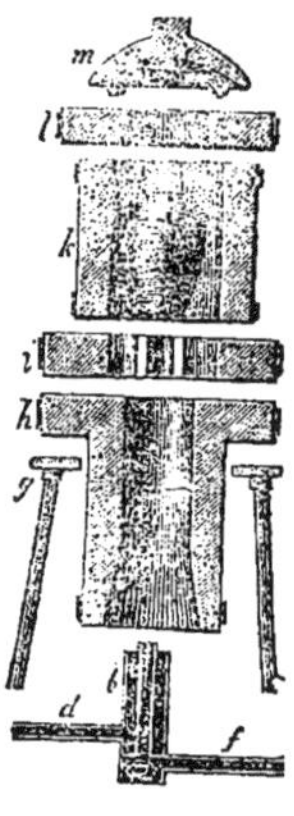

第二百三十三圖

第二百三十九圖

第二百三十五圖

第二百三十四圖

用油二升價銅九圓如用酒醋或松香油等亦可惟較貴耳火油性易化散見火易燃故須愼之不令其散於近爐處可以木板作屏障於爐與油桶之間如圖之虛線是也則爐火不得烘散其油也油桶有塞門能節制油之多寡依用而加初燃時油宜少進待爐已熱則可多加凡金銀銅鎳俱可以此爐鎔鍊又用鉛鍋時可免受硫黃之害因此油不含硫黃也至於所須進之風力則以所鎔金類之多寡爲則如欲鎔生鐵多於五磅亦可惟所進風力須加大耳

煤氣燈及煤氣爐〇以上油燈風爐在無煤氣處固甚合用然有煤氣處不若用煤氣燈爐之便也如第二百

三十六圖爲化學常用之煤氣燈其管以銅爲之有鐵絲布徑二寸管徑四寸下有鐵座其燈嘴有二價銀六

第二百四十圖

第二百四十一圖

第二百四十二圖

圓塞門在外在上海香港等處用此甚便勝於酒燈油燈多矣如第二百三十七圖爲本生所設之單火煤氣燈燈管以銅爲之下座以鐵爲之價銀一圓如第二百三十八圖爲彎形煤氣燈有單嘴乃本生所設者其燈管有孔能進空氣與煤氣勻和同燒則煤氣可省其價銀二圓如第二百三十九圖之燈亦本生所設燈嘴下有星形架以便托所欲加之物價銀二圓如第二百四十圖爲瓷盆可安於星形架上凡用燈燒濾紙時可以此盆承其灰也其價銀一圓銅三圓如第二百四十一圖爲三杈架置燈嘴上可托小鍋價銅六圓

如第二百四十二圖爲小煙通以鐵爲之可安於星形架上令火燄平穩價銅三圓

第二百四十三圖

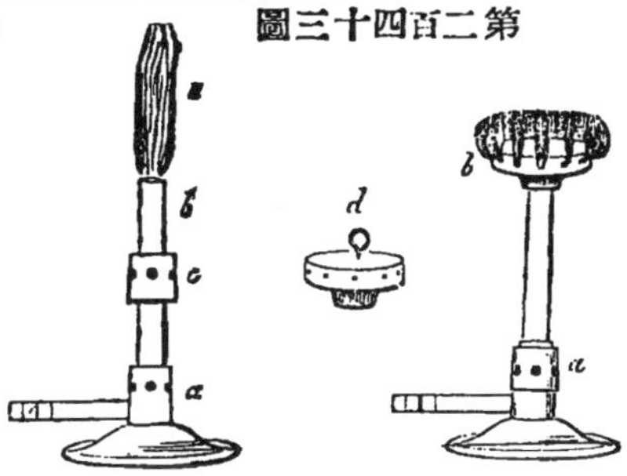

如第二百四十三圖爲各里分所設之煤氣燈亦照本生法令進空氣與煤氣同燒燈嘴有冒冒有多孔如燒鍋時燈火不可分散則去其冒即與常燈無異如欲以鍋化散流質則套其冒於燈嘴令周遭有燄而成分火如圖右式此燈小者嘴徑八分寸之三價銀一圓銅六圓大者嘴徑八分寸之九價銀七圓

第二百四十四圖

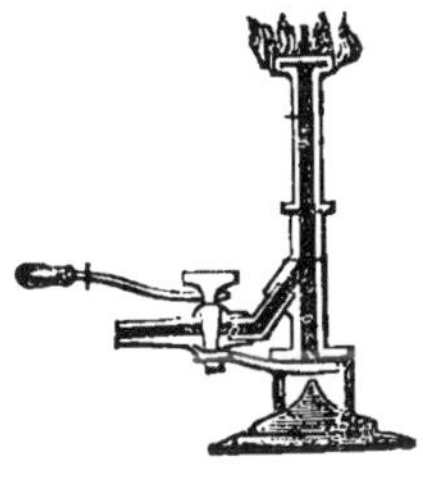

第二百四十五圖

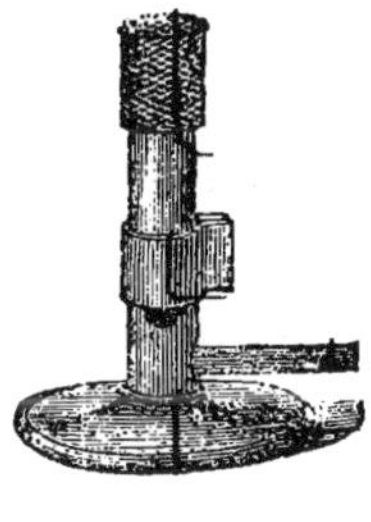

如第二百四十四圖之煤氣燈能配準所進空氣與煤氣之比例價銀八圓如第二百四十五圖之煤氣燈爲本生所設者每燒煤氣一立方尺能燒空氣四立方尺又十分之六燈管外有銅套可起落以節制所進空氣之數無論煤氣壓力大小俱能用之分有四號小者嘴徑四分寸之三每小時燒煤氣八立方尺價銀五圓大者嘴徑二寸每小時燒煤氣

第二百四十六圖

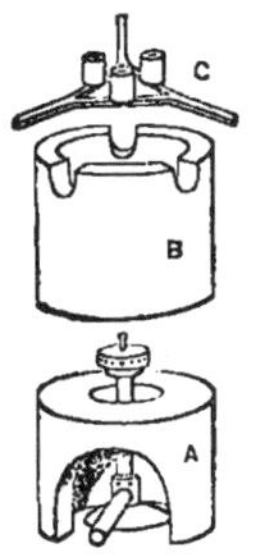

三十五立方尺價銀十圓如第二百四十六圖爲分火煤氣燈合用之爐以火泥爲之上端有三凹可安以三角架若將鍋或盆直安於爐面則三凹亦可通氣此爐最合於熬乾流質所用其高九寸徑五寸價銀五圓

第二百四十七圖

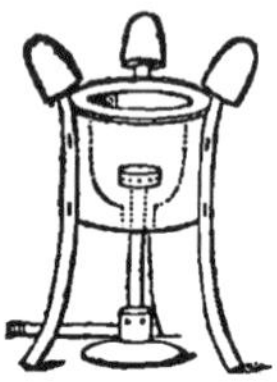

第二百四十八圖

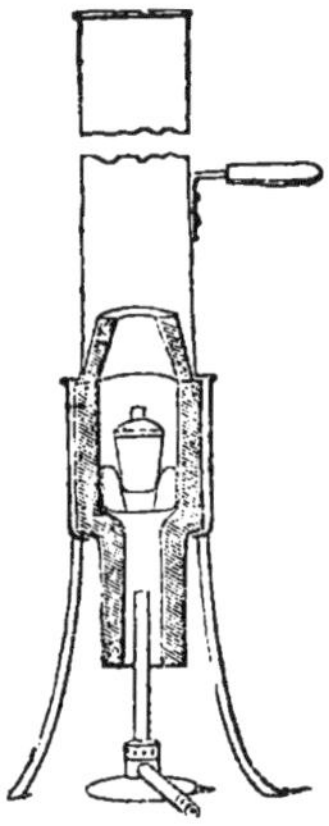

第二百四十九圖

如第二百四十七圖亦爲分火煤氣燈合用之爐便於化乾流質所用以火泥爲之下有孔可通以煤氣燈亦能進空氣與煤氣同燒爐外圍以鐵殼爐下有三足上有三凸頭套以泥冒則化盆可以不遇鐵而致損無論大小鍋盆皆可用之其熱力足令三十磅水至沸如鍋小於六寸徑者須用三角架托之此爐並燈價銀十圓

第二百五十圖

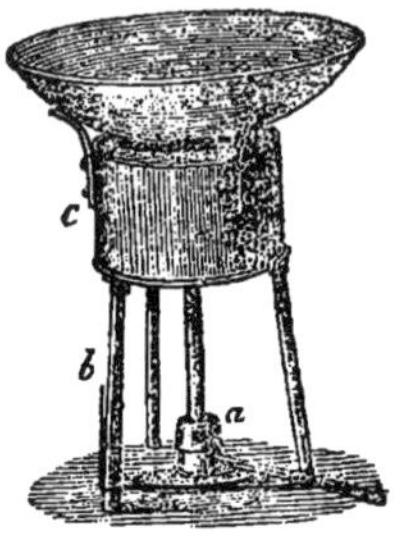

如第二百四十八圖爲燒罐鎔金類所用之煤氣爐與前者同惟其燈嘴不用分火冒爐外亦有鐵殼圍之下有三足爐中有鐵圈如第二百四十九圖之式能托其罐爐口有火泥罩及烟通烟通高二尺此爐鎔物之力頗大如用無水鈉養炭養二一千釐能一刻時化之又能鎔化銀質價銀十一圓

第二百五十一圖

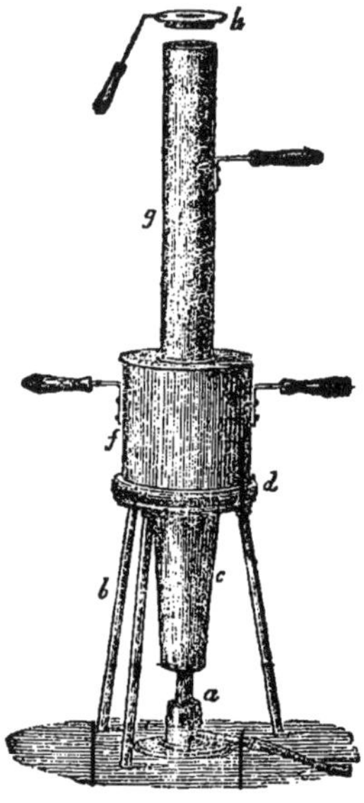

第二百五十二圖

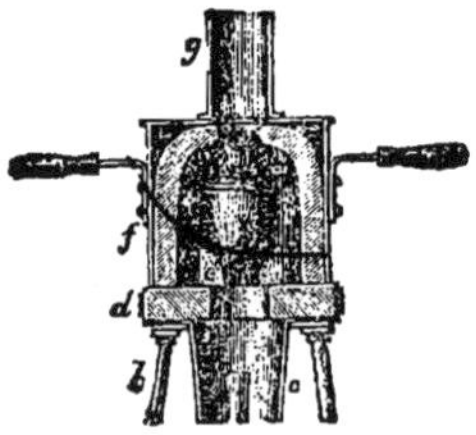

如第二百五十圖爲便於沸或熬各流質之煤氣爐下有三足與煤氣燈上有三杈能托鍋盆等器價銀二十圓如第二百五十一圖爲能燒大罐之煤氣爐罐高至四寸又四分寸之三爲止亦有三足架及煤氣燈等件共價銀二十五圓如第二百五十二圖爲其剖面之式

此稿未完

如第二百五十三圖之煤氣爐與上者略同而合於燒小罐之用連燈及架價銀二十圓

以上各爐爲有煤氣處最便用者而耗費甚少凡蒸鍊各物與化學各工及製作藥材各事俱可用之且其煤氣燈有孔能進空氣與煤氣同燒更能大省用時聽其火聲則能知所進空氣之多寡及燒之合法否如合法則所發之聲哼哼而不絕平勻而不亂若煤氣多則聲漸小空氣多則聲高而忽大忽小凡聞聲愈大則其熱亦大但如忽大忽小則必減進空氣之數或加進煤氣之數方可

第二百五十三圖

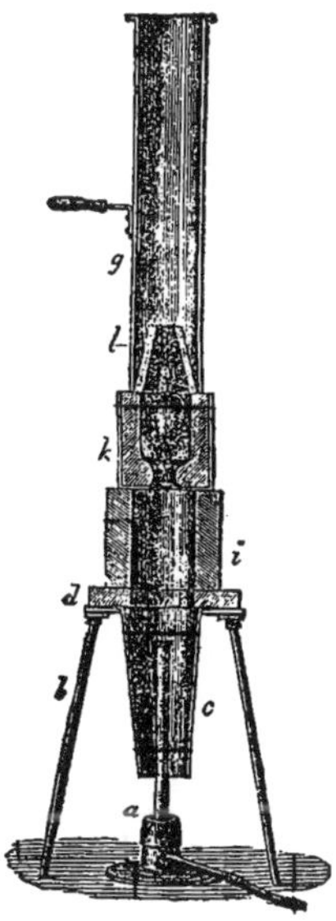

第二百五十四圖

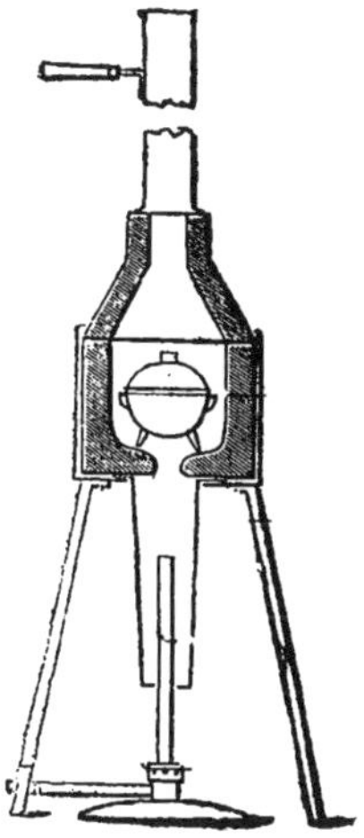

第二百五十五圖

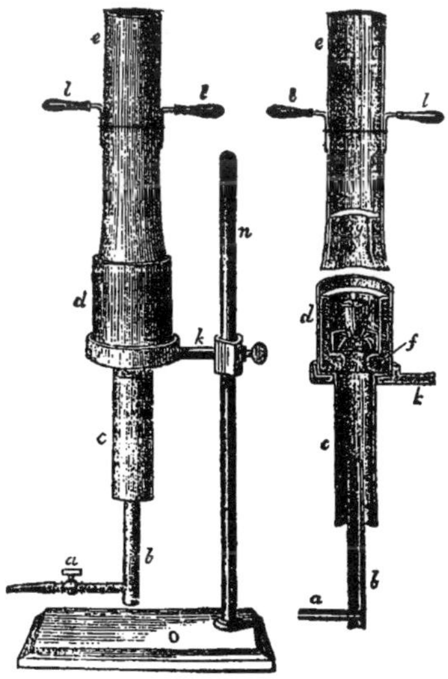

如第二百五十四圖爲鎔化鉛或鋅頗多之爐其鍋以鐵爲之能鎔化鉛約二十磅或鋅約二十四磅既化之後如熄其煤氣燈火則爐之熱足令鉛或鋅不凝且其鍋上有蓋不令遇空氣而與養氣化合則成滓甚少此爐有更大者能鎔鋅十六磅至一擔此爐並鐵鍋及煤氣燈等共價銀三十圓

如第二百五十五圖之煤氣爐合於以鉑鍋鎔化之用如十分時能鎔化乾鈉養炭養二一千釐右爲剖面式能容徑二寸半高二寸半之鉑鍋其爐並燈與塞門及架等件共價銀十五圓銅六圓

以上各爐之煤氣燈俱用本生之法極爲省便但另有兩弊即其火燄變白色時間發多烟又煤氣與空氣同燒時間有訇然一聲而火自管底衝出然亦有法治之用慣者易知其法

前所論各種煤氣燈爐俱可另備各等火泥筩套之令熱不散又可將各火泥筩節節安接任配成所合用之爐無論高低大小皆可擇其合宜之筩配之而下用煤氣燈等加熱凡大作之化學家應全備此各層之筩如第二百五十六至二百七十一圖爲此各筩之剖面式此各圖皆爲同比例圖上每寸爲眞火泥筩之八寸

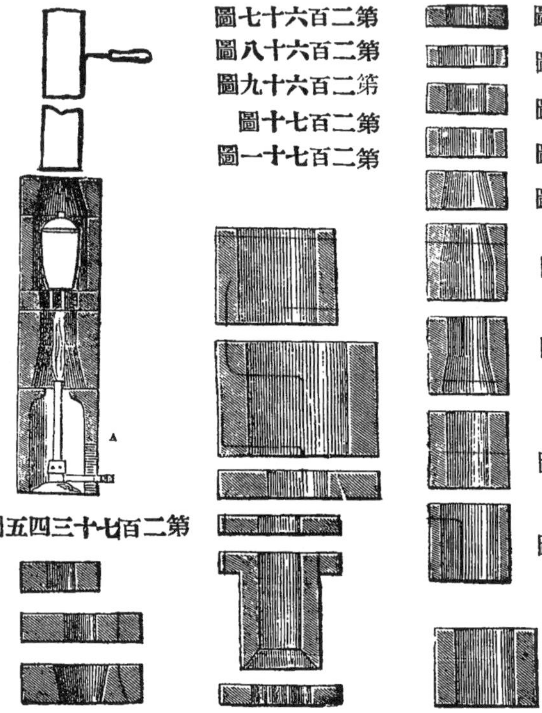
第二百五十六圖　第二百五十七圖　第二百五十八圖　第二百五十九圖　第二百六十圖　第二百六十一圖　第二百六十二圖　第二百六十三圖　第二百六十四圖　第二百六十五圖　第二百六十六圖　第二百六十七圖　第二百六十八圖　第二百六十九圖　第二百七十圖　第二百七十一圖　第二百七十二圖　第二百七十三四五圖

如第二百七十二圖爲用火泥筩四節安在火泥座上而成一爐上另加烟通下用煤氣燈加熱便於平常鎔化之事所用可見無論何形之爐皆可以此法配之各火泥筩外有鐵殼圍之令堅固分有大小等號各價不同計自銀三圓至銀三圓銅六圓爲止

如第二百七十三至二百七十五圖之火泥筩俱爲下第二百九十八圖等小進風煤氣爐所用價自銀一圓至二圓爲止

燒管之煤氣爐

和福門燒管煤氣爐○以上各爐爲燒鍋或罐合用者但化學事內常有燒長管之工故必另有合用之

爐如第二百七十六圖用煤氣燈嘴成行每燈嘴上有泥冒冒面多孔如圖左之式煤氣在冒內與空氣相和而後燒之燈之火左右排列便於所燒之玻璃管等安在當中每燈管有塞門可以節制進煤氣之數則能隨

第二百七十六圖

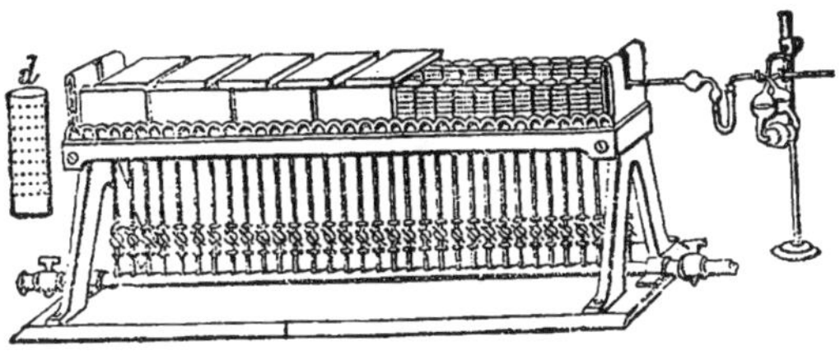

第二百七十七圖

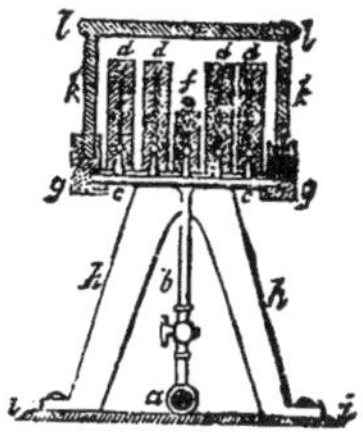

第二百七十八圖

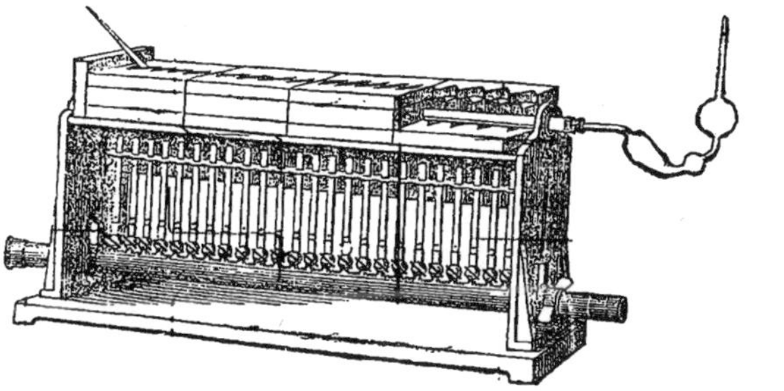

第二百七十九圖

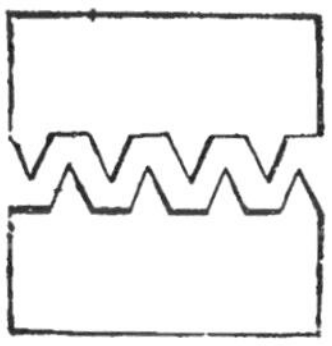

第二百八十圖

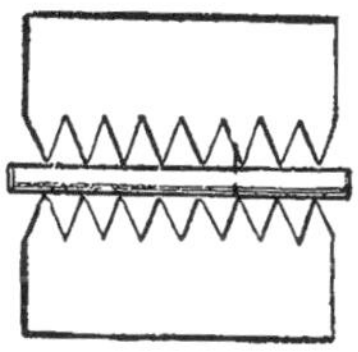

第二百八十一圖

意令增熱或減熱如第二百七十七圖爲此爐之橫剖面式可見燈火之排列法或成三行而容一燒管或成五行而容兩燒管皆可其泥冒有長短兩種短者在燒管之下長者在燒管兩旁長冒所出之火能圍過燒管各煤氣燈管皆下聯於一總管上總管亦有塞門能節制所進之煤氣凡有煤氣之處如化分生物質必用燒管者則用此爐最便亦有長爐短爐合於燒長短管之用此爐分有三號大者能燒管長三十四寸有三十四個煤氣燈管與塞門每燈管上通五個燈嘴共有燈嘴一百七十個共價金七圓銀七圓小者能燒管長十寸有十個燈管與塞門每燈管上通三個燈嘴共有燈嘴三十個共價金三圓至

於泥冒無論長短每十二個價銀二圓

各里分燒管煤氣爐〇如第二百七十八圖爲此爐之式有本生燈嘴排成一行燃時其藍色火焰相聯略成一帶上有火泥磚排爲雙行以當倒焰爐之意故無論玻璃或瓷或鉑之管皆能加熱至紅且可久得紅熱其爐架以鐵爲之極堅牢火上之二鐵板可排火磚兩行磚邊有鋸齒如第二百七十九圖之式每磚長四寸寬二寸厚半寸磚置於架上可任配其相距而令所進之風多寡得宜所燒之管安於兩磚齒邊上能甚穩固此磚上另排磚一層其磚形如第二百八十圖長四寸寬二寸厚一寸燒管安在其齒間如圖煤氣火能在管左右空處上升其磚齒與管相切亦可任配其相距令風力合用此上又排火磚一層以當倒焰爐之意故其火能彎下而圍於燒管面上其磚形與下層磚同如第二百八十一圖爲轉燈管上塞門之鑰匙因各塞門甚近不便以手開關如燒金類管或瓷管時管靠爐之兩端則不易彎下但用玻璃管其見熱時則質輭而易彎下故必

第二百八十二圖

第二百八十三圖

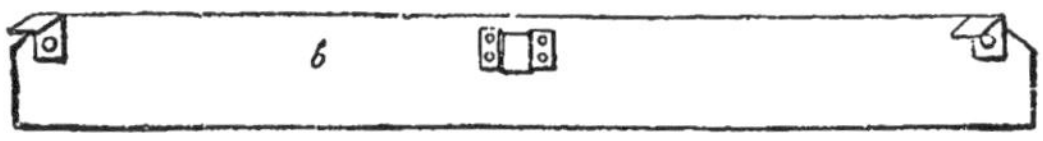

第二百八十四圖

第二百八十五圖

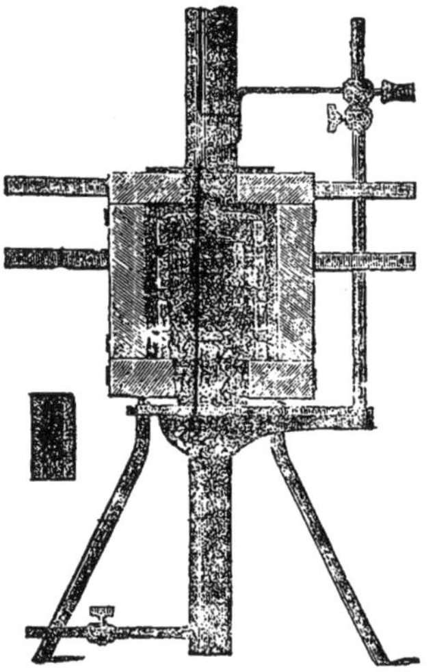

第二百八十六圖

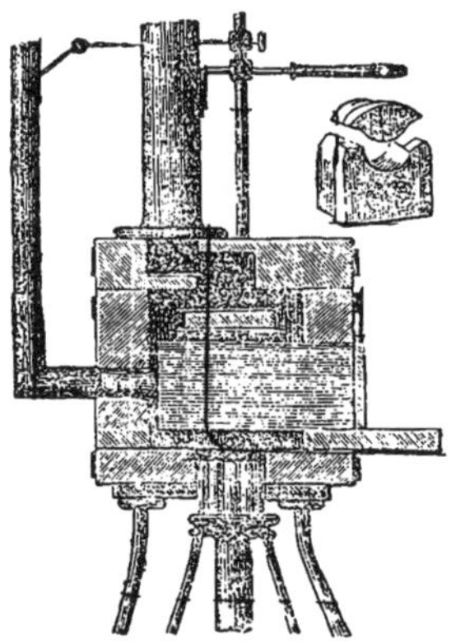

用長鐵板托之如第二百八十二圖式其板內面凹圓如圖右爲其剖面式玻璃管卽托於此凹面上如第二百八十三圖爲長鐵板於爐前後各聯一塊以備磚紅時不令其熱向下回行因燈嘴受其回熱有礙於爐火

第二百八十七圖

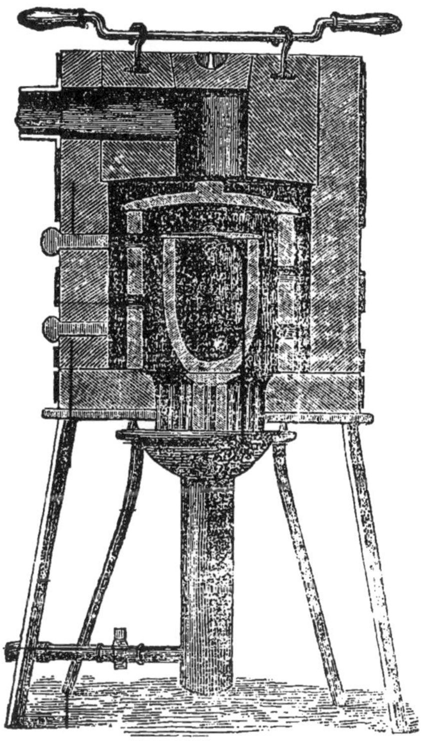

料理此爐之法或用總管之塞門或各燈管之塞門或配其磚之相距或將燈火一行俱高三寸而令熱更大如第二百八十四圖爲長鐵蓋至不用燈火時可以此蓋罩於燈嘴上此爐分有六號大者內長三十五寸燈嘴五十個價金七圓銀七圓小者內長十三寸燈嘴十八個價金三圓銀三圓

第二百八十八圖

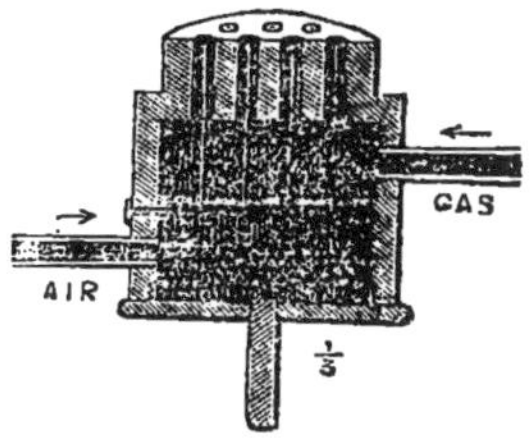

第二百八十九圖

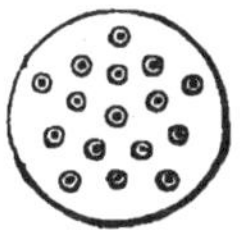

第二百九十圖

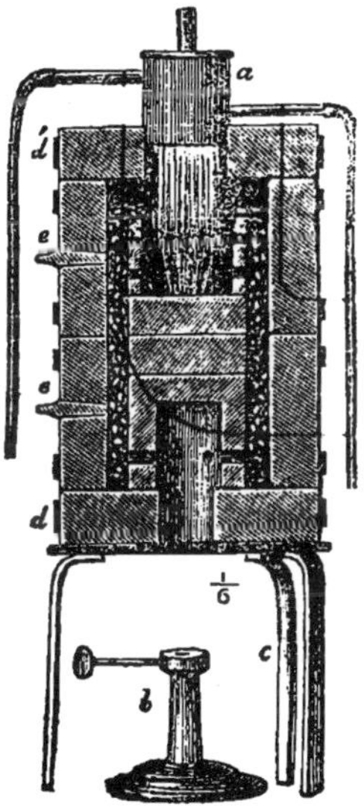

如第二百八十五圖爲各里分所設之煤氣爐可以燒鍋與燒殼等而得白熱不用進風器此爐最便於用且能免平常爐之各弊其小號者每小時能燒煤氣二十立方尺有烟通高四尺於三十五分時內能化生鐵半磅若將金銀銅等置燒殼內亦能化之大號者三十五分時內能化生鐵一磅四十五分時能化兩磅五十五分時能化三磅六十五分時能化四

磅可見已得白熱後每加生鐵一磅不過多費十分時耳此法所燒煤氣甚小比用木炭爐更省如本圖者爲燒鍋之爐價金二圓銀十二圓銅六圓如第二百八十六圖者爲燒燒殼之爐價金三圓銀三圓而所用之鍋與燒殼等在內如第二百八十七圖爲更大者能容高八寸徑六寸之筆鉛鍋而加白熱各件全價金十五圓

各里分進風煤氣爐○此爐能鎔化最難化之金類又凡欲燒或化或乾蒸而得紅熱或白熱各工此爐最合用且其費亦甚省此爐所用之煤氣燈如第二百八十八圖右有進煤氣之管其煤氣用平常壓力已足用左有進風之管所進之風爲煤氣十倍壓力此圖爲原器尺寸三分之一其燈嘴有多孔如第二百八十九圖之式每一小時略燒煤氣一百立方尺燈下有桿可插於座上如下第二百九十四圖之式如第二百九十圖爲此爐之用法其燈可倒置於爐上令火向下噴射使鉑或瓷鍋受其大熱其鍋置爐內泥板上外有筆鉛套圍之爐中空處裝粗礫石每石徑畧半寸至一寸如第二百九十一至二百九十三圖爲鍋外所用筆鉛套下另有座可任配其高低又能配準爐之風力所用之礫石遇大熱則裂成粉須將其粉隨時取出令不阻風力如第二百九十四圖爲煤氣燈在爐下用之法所用之瓷或鉑之鍋亦在筆鉛套內鍋上裝礫石至爐將滿畧二十分時爐內能得熱至白但所歷時之長短恒因其爐之大小也此爐內亦可用筆鉛鍋用此爐時有法能

第二百九十一圖

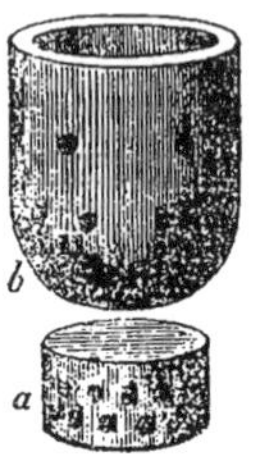

第二百九十二圖

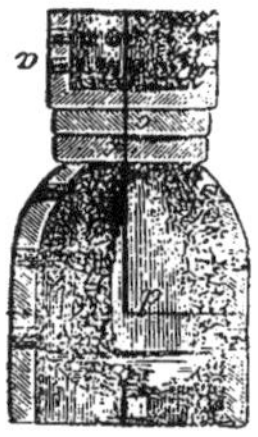

第二百九十三圖

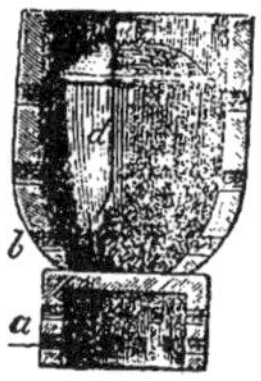

第二百九十四圖

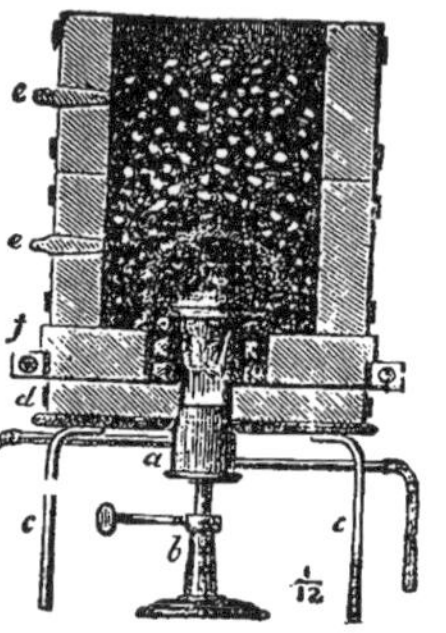

第二百九十五圖

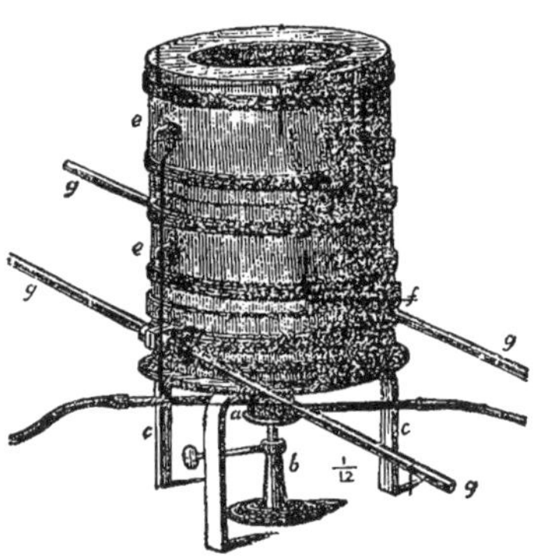

起其上二節火泥箭以看所化之質成否如第二百九十五圖其爐旁有二槓以便起之爐中有一小罩罩鍋上令礫石不落至鍋上此爐可作任大者甚能省費但過大則重而起上不易故另設法用起重車及鐵錘以起之如第二百九十六圖之式用此法無論其煤氣燈安在爐上或下皆可其鐵錘上另有二鐵板去此二鐵板則爐上二節自落下加此二鐵板則自起上如不用架時可以轉去架下爲四足鐵盆甚便於此爐之用

以上各進風爐之用甚大內有九事爲要一有數種質須拋於紅熱白熱之鍋內方能變成必用此爐作之如用別法則其質不能化合二能鎔化金銀紅銅生鐵黃銅白銅等質又能化此各金類鑄成錠三能試作玻璃料無論何種玻璃此爐俱能化之四能作發藍之器及各色玻璃及假寶石等五能試作配合各金類以成雜金類六能化鋼七能作假牙或假牙之金板等工八能試鍊銀銅鉛錫鐵等礦九凡欲燒或化或乾蒸而得紅熱或白熱等用此爐能省費能簡便

第二百九十六圖

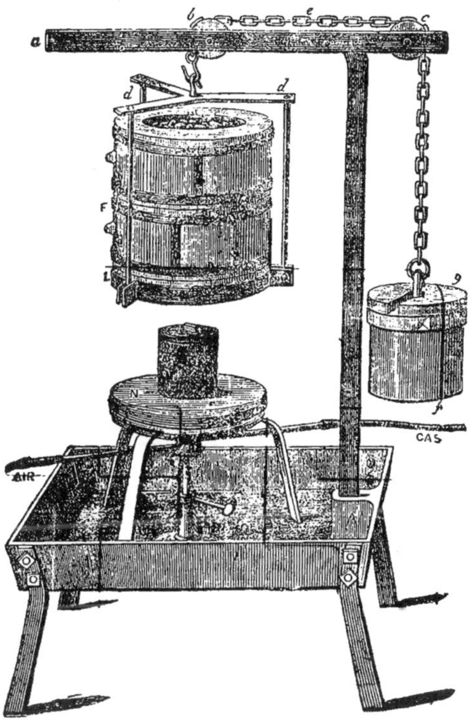

如鍊鋅質亦可用此爐但必用長瓦罐或有瓦管從罐中通過管向下伸出數寸其爐之各節如第二百九十圖之排法其管口入一盛水器內與水面相近爐中亦裝礫石加熱時則鋅自瓦管中蒸出而收入水內此因鋅遇熱易收養氣而化散故必令不遇空氣而收水內凡取鋅之法必同此理

前第二百八十八圖之煤氣燈其進煤氣與風爲合法者如另置架上燃之其藍火畧長三寸藍火外另有幾無色之火長十二寸此火可以法令其成各色之火甚爲悅目凡戲場中或年節下可用此燈作各色火爲嬉

其法用浮石一塊徑約一寸以鐵絲繫之浸於所備之鹽類水取出置燈火中則成有色之火其燈須斜置之免浮石小片或鹽類水落入燈嘴孔中若欲其火更亮可將細鐵屑或細木炭粉或松香粉拋於火上所成火之顏色俱有一定之料如成大紅色火必用鎴綠紅橘皮色則用鈣綠光黃色則用鈉綠藍綠色則用銅綠但用銅綠之水時繫浮石不可用鐵絲須用銅絲方可若用浮石二塊一浸銅綠水一浸鎴綠水而並置燈火內則火一半成大紅色一半成綠色甚可觀如在暗室試驗各火甚爲有趣但有一色之火甚奇異即用鈉養料則火成黃色而看者之面目俱變黑色看多人之形狀宛如紅銅之像而衣服上紅藍黃等最光之色俱滅也如第二百九十七圖爲此種煤氣燈之平視形各有二管一進風一進煤氣其管排法不一有相對排者有成正角排者有相近一處而排者各隨用者之便其燈嘴有六孔者價銀十圓十六孔者銀十六圓二十六孔者銀三十圓所用之燈架亦在價內各燈之大小皆必與所用之爐相配

以上各爐共分四號一號價金二圓銀五圓二號金七圓銀十七圓銅六圓三號金十一圓四號金十六圓所有相配零件俱全惟進風器不在價內

第二百九十七圖

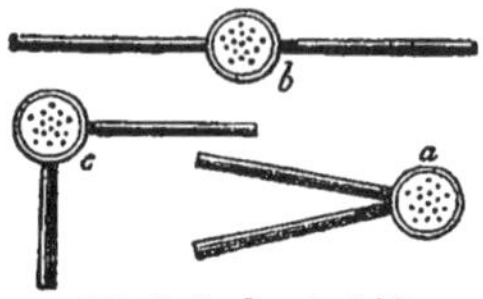

第二百九十八圖

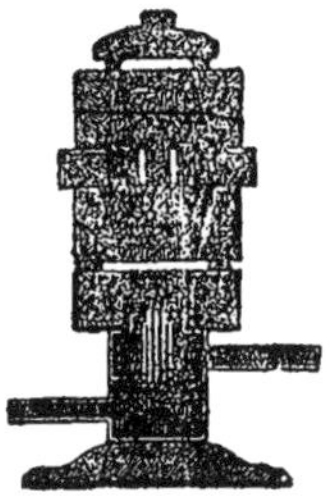

第二百九十九圖

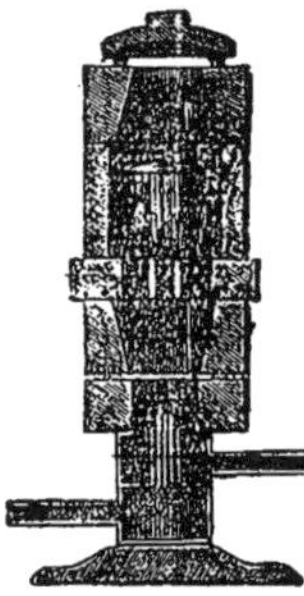

第三百圖

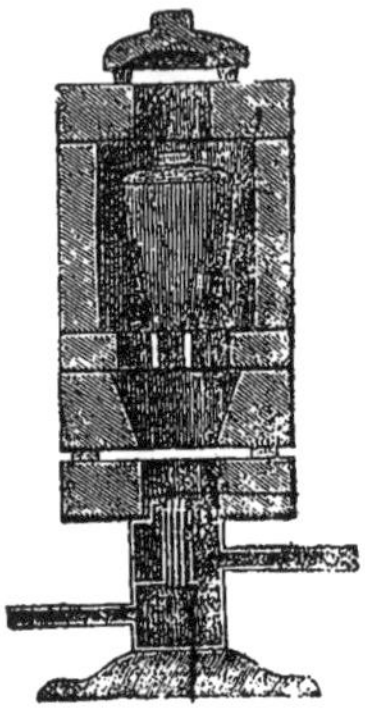

第三百零一圖

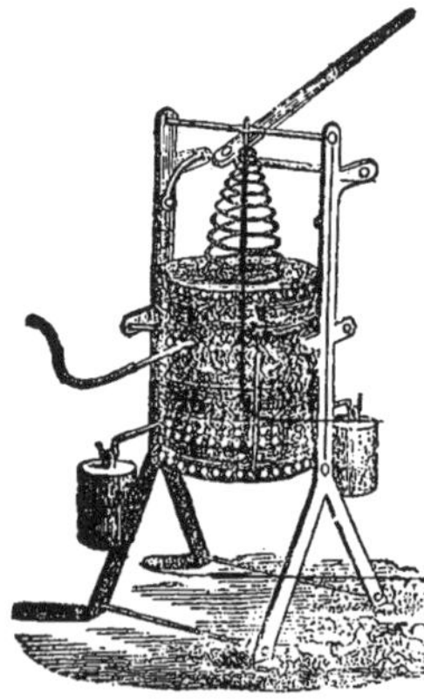

小進風煤氣爐〇有數化學之工所欲化或燒之質小而需大熱可以不必用以上大爐故特設小者亦易令鉑或瓷等鍋得熱至白又能用火泥鍋或筆鉛鍋而化生鐵一磅如第二百九十八至三百圖為此種爐之形其煤氣燈與進風處皆在爐座上而上各火泥節即托於此座可任配其高以合用其燈嘴有三孔爐內

第三百零二圖

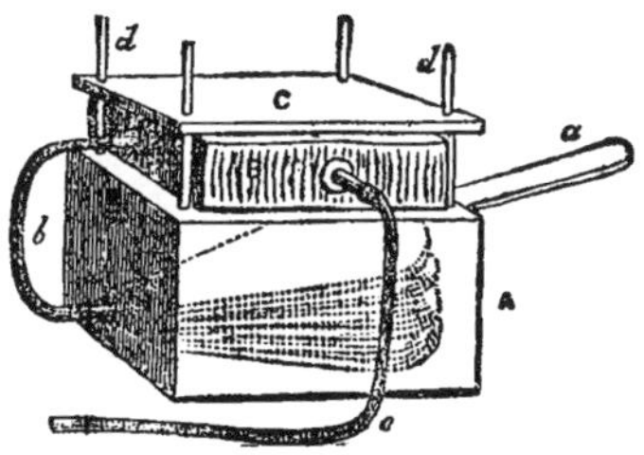

第三百零三圖

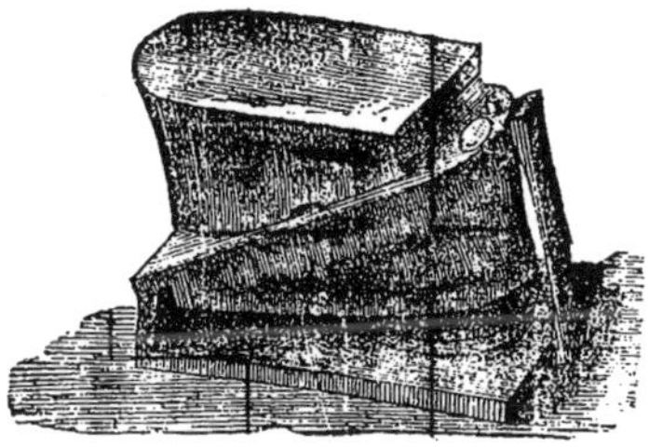

第三百零四圖

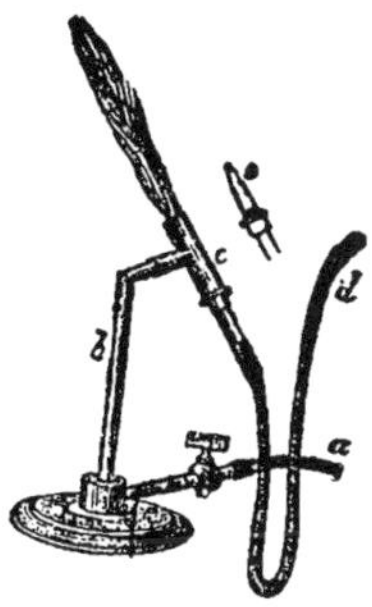

第三百零五圖

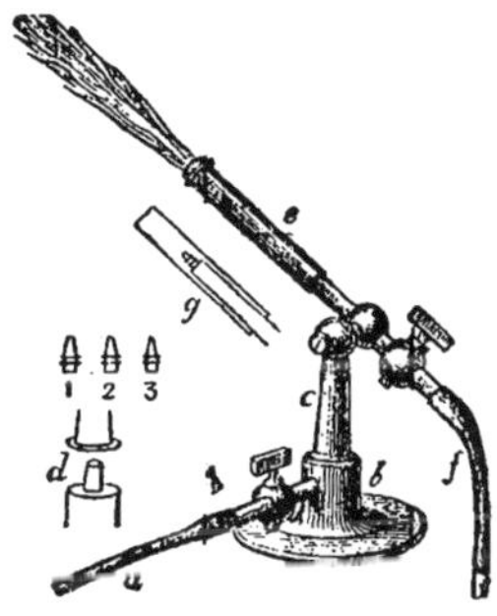

不裝礫石爐中有爐柵托鍋若用鉑鍋可以鉑絲吊之火泥箭下節與上層稍相離以便空氣透入而成大熱相離處墊三個銅錢即已合用此爐分三號小者能容鍋高二寸徑二寸價銀十二圓中號者能容鍋高二寸又四分寸之三徑二寸又四分寸之三價銀十四圓大者能容鍋高三寸半徑三寸半價銀十六圓又有煤氣燈一個並各火泥節可任配成爐者各號價銀二十一圓其燈與鐵架亦可零買每個價銀七圓銅六圓此種小爐合用之進風器如下第三百零二圖者價銀五十五圓合於鉑鍋所用如第三百零三圖者價銀七十五圓合於鐵鍋所用

進風器及風箱等〇凡煤氣進風爐與煤氣吹火筒及油燈進風爐皆須用特設之進風器令進風勻而不斷否則不顯爐之全益器以齊整便宜為佳但難定各器之力祇可指其合爐之用也凡量風力俱藉水銀表而顯因表內水銀受風力愈大則愈升視表外分度即知風力大小如化鐵等事所需風力須水銀高一寸至二寸即表上一分至二分之處如風進不勻水銀柱必高低亂動勻則幾不動其表亦能試知煤氣之壓力如第三百

零一圖爲圓進風器徑十二寸上有簧下有壓餅共高四十二寸進風之壓力能得水銀高一寸價金五圓此器合於煤氣風爐及煤氣吹火筒並小進風爐等用如第三百零二圖爲有象皮袋之風箱徑十二寸其袋十五寸方深五寸可以聚氣有鐵壓之鐵重三十磅其風箱有管通至袋內又有門能放氣出此器所進之風最勻合於小進風爐或吹火筒之用每數分時動風箱一次風即足用

如第三百零三圖爲足踏之進風器以象皮爲之甚堅而占地小能令風連進不歇小者價銀二十五圓大者價銀三十一圓銅六圓另有別種風箱類之器各合各事之用如一年五卷彙編中所言之吹風器亦能當風箱之用可以人力或汽機力動之

煤氣吹火筒○如第三百零四圖爲舊式煤氣吹火筒下有管可進煤氣上管可以口吹氣於火上設此筒後常有新法者出但其理大同小異其進煤氣之管可另以嘴聯之令煤氣不通而爲平常吹火筒之用此器爲英國化學家希拉巴得所設價銀六圓

如第三百零五圖爲本生變通以上吹火筒之制而設者下爲進煤氣管上爲吹氣或進風之管中有活節聯之可任配斜度如少試加熱可以口吹氣若欲令鍋得熱須用進風之器其筒外有套能任伸縮以理其火看圖中筒之剖面式則易明其合套之法另有一筒可套於進風管上以作平常吹火筒之用其嘴之孔分三號如圖左式看左下之式可見嘴套於進風管之法此器價銀十五圓但象皮管不在價內

第三百零六圖

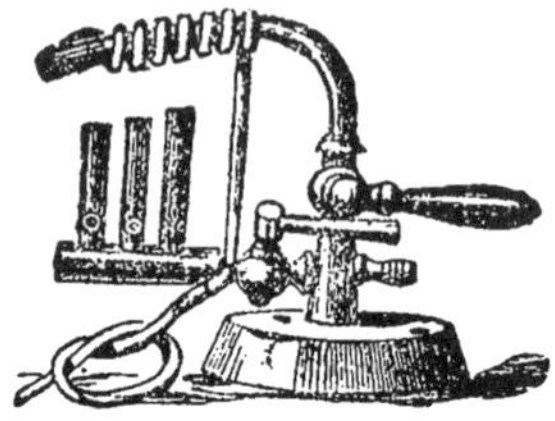

第三百零七圖

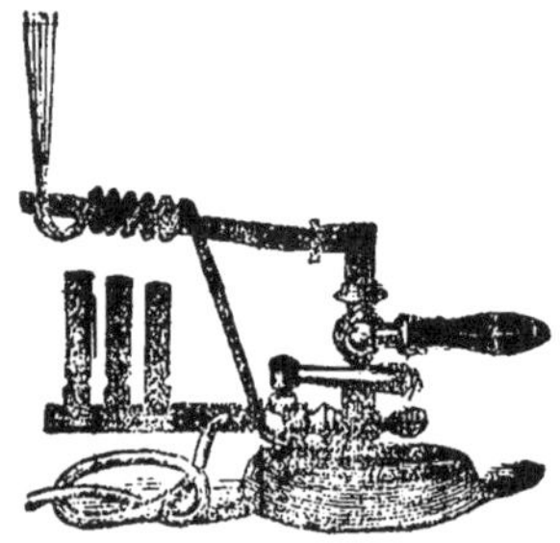

如第三百零六第三百零七兩圖爲進熱風之煤氣吹火筒凡需大熱之工可用此器其進風管繞於煤氣管嘴處成螺絲形下有本生小煤氣燈三個能令二管受大熱三小煤氣燈另以塞門節制之此器之熱比平常者略大一倍如令其火焰小則熱能鎔頗厚之鉑絲其熱幾與輕養燈同平常化學事與銲聯金類之工最合用之此二種器用法略同不過其一能平射其火其一能向上射其火耳其筒之嘴亦分三號小號合於化學事之用中大二號合於銲工之用三百零六圖者價銀十一圓銅六圓三百零七圖者價銀十三圓

此稿未完

第三百零八圖

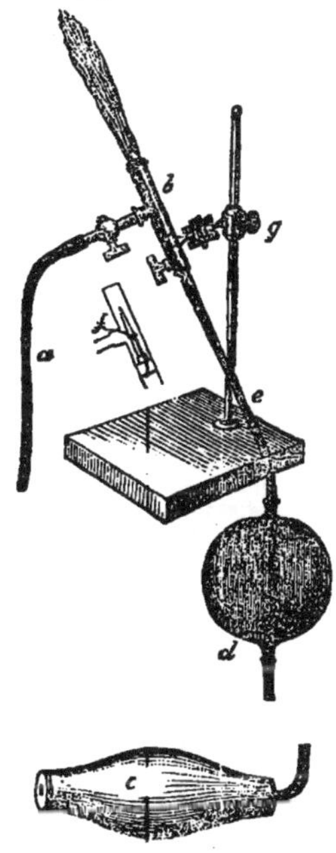

第三百零九圖

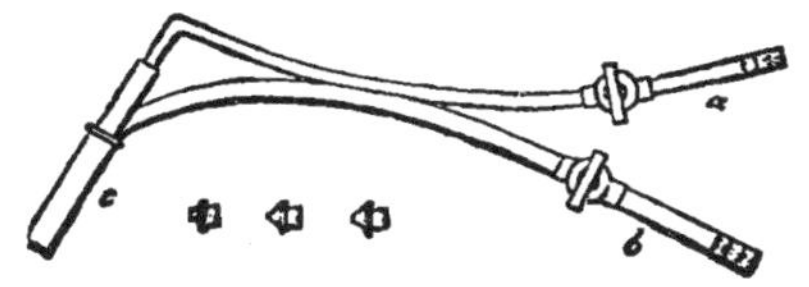

第三百十圖

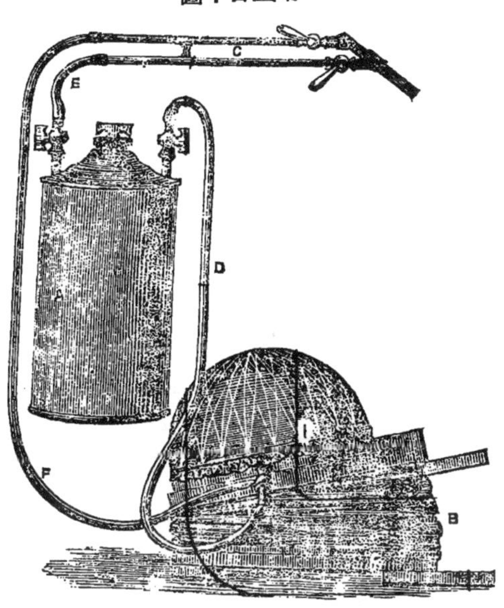

如第三百零八圖之吹火筒與前者略同而聯於架上有活節價銀二十圓但其下進風之象皮圓泡與足踏之瓶形象皮風箱不在內須另加銀二十一圓

如第三百零九圖爲銲鉛皮等之吹火筒如銲硫强水之鉛房或鉛箱等事俱可用之其器有二管一進煤氣一進空氣另有大中小三嘴以便各事之用其筒外亦有套能伸縮以配火勢可以手在二塞門之上處執之而用其價銀二十圓

如第三百十圖爲來脫人所設新法成火油氣之器可作發亮之燈爲加熱之用其法大略用一紅銅桶內盛淨火油以風箱進風行過火油內則所發出之火油氣能生大光大熱如加以上各煤氣吹火筒俱合於用其紅銅桶價銀三十一圓銅六圓無論何小風箱皆可用之其象皮管每尺銅七圓

至於各工內所用之小吹火筒則在後吹火筒類內詳之

各里分所設之燈爐○凡化分或蒸取等工如用熱度不必甚大只欲其沸則用燈爐最便其各件大半

以瓦爲之而上釉者如第三百十一圖甲爲瓦箭可圍酒燈外其旁多孔能進空氣其上可安燒瓶等又有托蓋可安其上面以托小鍋等又有罩可罩其上令熱不散箭高六寸徑四寸價銅八圓乙爲瓦酒燈其嘴亦爲瓦者丙爲其瓦冒不用燈時可罩之以免其酒化散共價銅八圓丁爲瓦油燈其嘴亦爲瓦者嘴外有邊能遮外流之油凡無煤氣處而欲慢加熱者此燈甚便用價銅八圓戊中爲熱沙盆以鐵爲之鐵面鍍錫與爐箭上口相配徑五寸加熱之瓶可插此沙內而熱能勻價銅四圓己爲瓦罩燒甑時可罩之價銅四圓庚爲熱水盆以瓦爲之分內外兩層中間裝水而置於爐箭上如熱能不炒壞物質盆徑五寸價銅八圓辛爲小爐箭一副共四個可安在大箭上如壬式令高其徑俱四寸高爲二寸二寸半三寸四寸等每副價銀一圓銅四圓癸爲瓦盆可置於燈爐下以承之徑九寸價銀一圓銅二圓

第三百十一圖

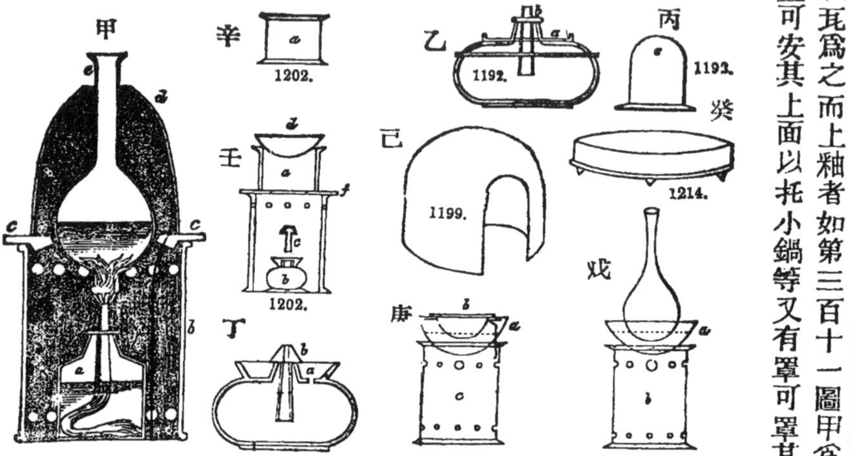

加熱各盆〇加熱之盆分有數種如熱沙盆熱水盆熱氣盆或熱氣箱等各合各事之用下一一言之

熱沙盆〇前所言之熱沙盆爲特設者合於燈爐之用此下言者爲各爐合用者凡玻璃箭或瓶等遇火易碎須用沙盆襯之方可加熱如第三百十二圖爲紅銅皮或鐵皮所作之沙盆比第三百十一圖戊者淺共分六號小者徑五寸紅銅者價銅六圓鐵者價銅四圓大者徑十寸紅銅者價銀一圓銅八圓鐵者價銅十一圓如第三百十三圖爲生鐵沙盆底平亦可當水盆用左右有耳可携提上有平鐵蓋共分三號小者徑九寸深四寸半價銀一圓銅六圓大者徑十二寸深五寸價銀二圓

銅六圓

如第三百十四圖爲生鐵沙盆圓底有兩耳可携挈共分十三號小者徑六寸價銅八圓大者徑十五寸價銀二圓銅八圓

第三百十二圖

第三百十三圖

第三百十四圖

第三百十五圖

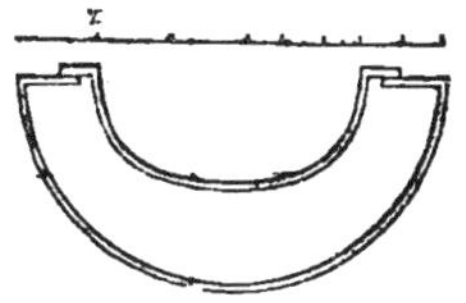

第三百十六圖

第三百十七圖

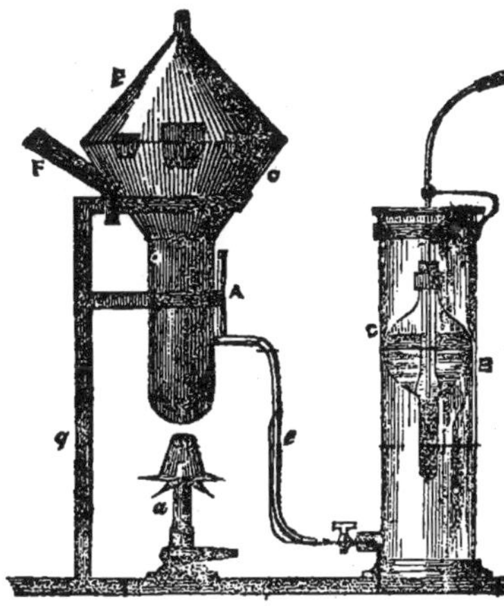

第三百十八圖

熱水盆○如第三百十五圖爲熱水盆分內外兩層欲加熱之物置於內盆凡欲烘乾濕粉等可用之共分九號小者外層徑四寸半內盆能容三兩價銅八圓大者外層徑六寸內盆能容八兩價銀四圓

如第三百十六圖爲紅銅半球形盆可安在蒸架上或爐上用之另有相配之大小數圈以便安小鍋時所用此器分有四號小者盆徑五寸半另有四圈共價銀八圓大者盆徑九寸另有六圈共價銀十八圓

如第三百十七圖爲本生所設之熱水盆另有器以節制其水可同時作烘乾或加熱之一事或數事能令其水之高低與熱度之大小毫不改變其水能由彎管進入盆內而有浮標節制之則水隨浮標之起落而添進也盆下以煤氣燈加熱盆內盛熱水處以瓷爲之共價銀二十五圓

如第三百十八圖爲熱水箱可安漏斗等因有數種流質須加二百十二度之熱始能濾之故可用此器其箱爲方形長二十寸寬十六寸深五寸有鐵足托之足高十寸箱內盛水略三十磅已半滿下可用煤氣燈加熱而沸箱四邊各向下伸略一寸能令燈熱不易散箱上有一圓錐形孔能安漏斗徑七寸至九寸乘水沸時即可濾流質上面另有六孔其徑爲一寸二寸四寸五寸六寸八寸者各孔上有直邊便托鍋盆等大孔有另配三圈可托小鍋等此器以馬口鐵作者外敷漆價金二圓以磨光紅銅作者價金四圓銀十圓

第三百十九圖

第三百二十圖

如第三百十九圖之熱水箱比前者小以馬口鐵爲之外敷漆箱長十一寸半寬五寸深四寸箱中亦有圓錐形孔可安漏斗又有五寸徑安鍋之孔及相配三寸半徑之圈又有燒玻璃管之二孔並蓋等亦可用煤氣燈加熱令其水沸價銀十二圓

如第三百二十圖爲萬克令所設之熱水箱原爲化分牛乳之用亦可作別化學之事以紅銅爲之上有六孔價銀十二圓有十二孔者價銀二十一圓各孔有蓋可蓋密之

第三百二十一圖

第三百二十二圖

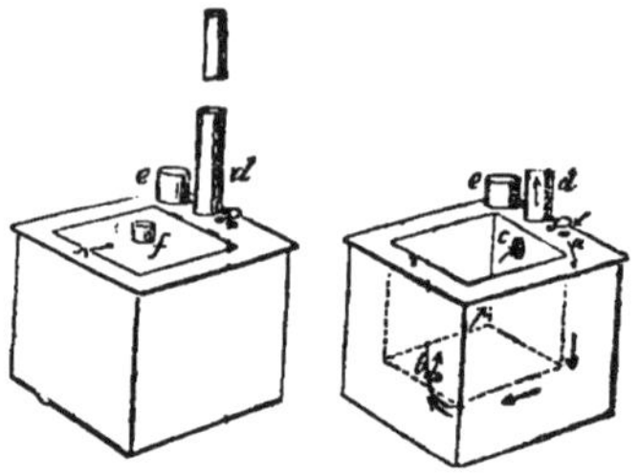

第三百二十三圖

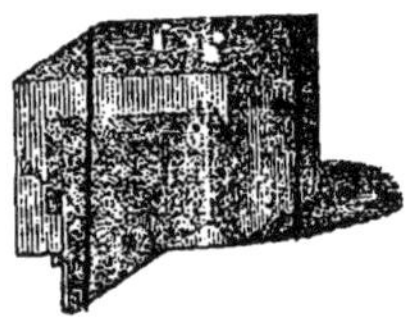

熱氣盆或箱○此類器可以水或油加熱如第三百二十一圖爲熱水或熱油盆以瓦爲之中空又有管可放出水氣亦可當把盆中爲圓錐形能承漏斗內之濕質其

器外徑四寸半內徑四寸價銀一圓銅六圓

如第三百二十二圖爲各里分所設熱氣箱能令二百十二度熱之氣行過箱中焙乾物質甚速以紅銅爲之分內外兩層其接縫釘緊銲密上有蓋箱內寬五寸長六寸深六寸外長七寸寬七寸高七寸半又有穿通之隔板及烟通能吸氣行過箱中視圖內箭形則易明熱氣所行之路也其價銀二十五圓

如第三百二十三圖爲紅銅熱水箱能烘乾所化分之生物質等乃大化學家所常用者以堅紅銅板爲之內七寸方外九寸方上有二孔一能安寒暑表以驗水之熱度一能查驗膛內之熱度價銀四十二圓

第三百二十四圖

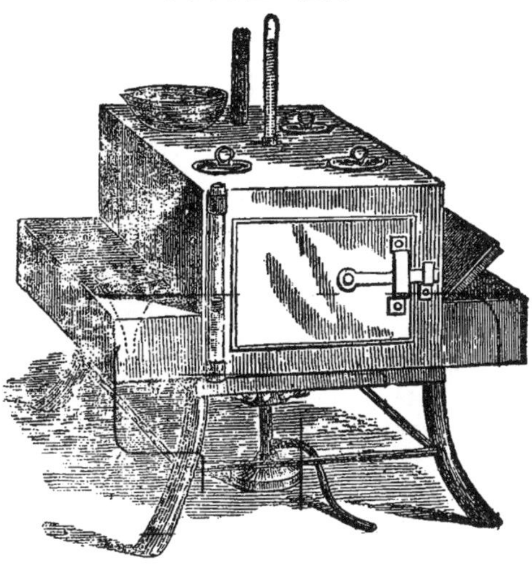

第三百二十五圖

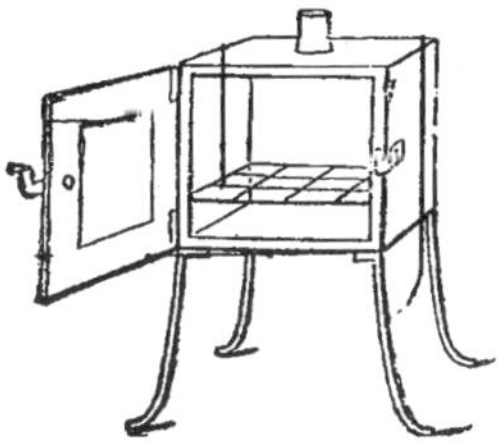

第三百二十六圖

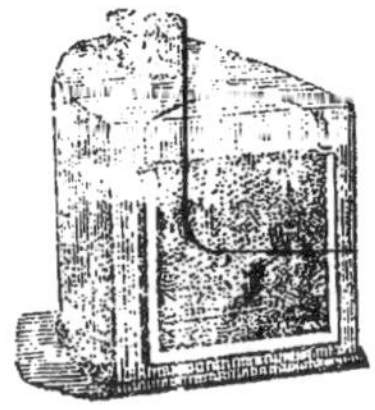

如第三百二十四圖之熱水箱爲英國管稅化學家微勒士所設者有熱水箱及熱氣膛其熱氣膛長十寸高七寸寬八寸能烘乾試箭等之物其熱水箱有二圓錐形孔可安漏斗中箱上有四孔能安化盆等箱門旁有玻璃管能顯其水之高低箱下有四足凳擱之以此器化分食物爲最佳蓋西律不許食物羼異料以愚人恐有害於人也故特設化學官以查驗常售之食物如有加以害人之質者則究其罪故此器最合用也其價金三圓銀十三圓銅六圓

不用水或油之熱氣箱〇如第三百二十五圖爲化學家福里西尼尤士所設者以紅銅爲之箱內有托器之閒板前有門箱內長六寸高五寸寬四寸半可用煤氣燈等加熱其價銀十二圓

如第三百二十六圖爲紅銅熱氣箱略半圓形前有閘門可起落上有二孔中有可移動之二鐵絲板以便置所欲烘乾之物箱高五寸半長五寸寬四寸半價銀十四圓

如第三百二十七圖爲本生所設之熱氣箱有一器能節制其煤氣燈所燒之煤氣令熱度常不改變箱上有

第三百二十七

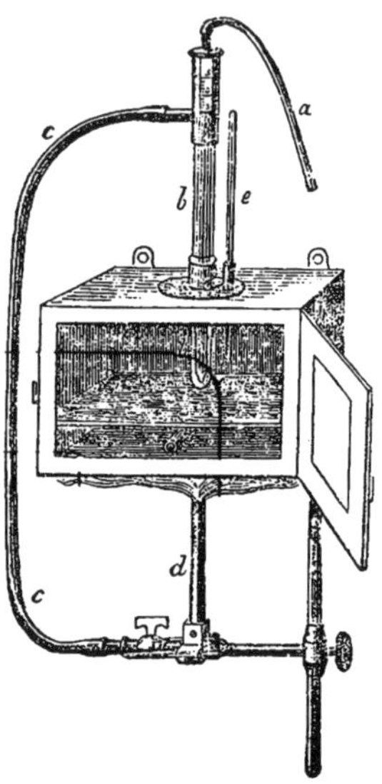

鉤便掛牆上箱內長七寸高四寸又四分寸之三寬五寸料理煤氣之法有盛水銀之管通至箱內如已定用何熱度則配準水銀管之外套若箱內熱過大則水銀漲而進煤氣少熱過小則水銀縮而進煤氣多此最簡法也旣配定熱度則不必再管理煤氣自能平勻而進此器價銀二十五圓

如第三百二十八圖爲拉末司洛格所設熱氣箱以黃銅爲之其旁可聯鈣綠管令空氣行過管中而乾其器高四寸徑四寸署成圓錐形價銀八圓

如第三百二十九圖爲退辣所設熱氣盆以熱氣行過其中可烘乾粉等質能得熱至三百六十度其器內徑

第三百二十八圖

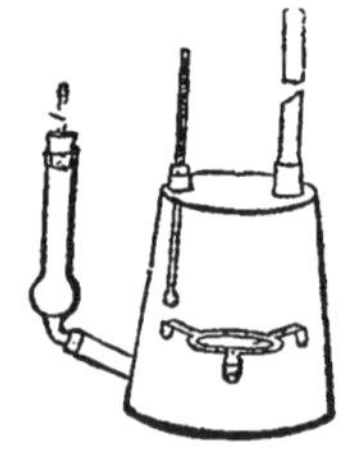

第三百二十九圖

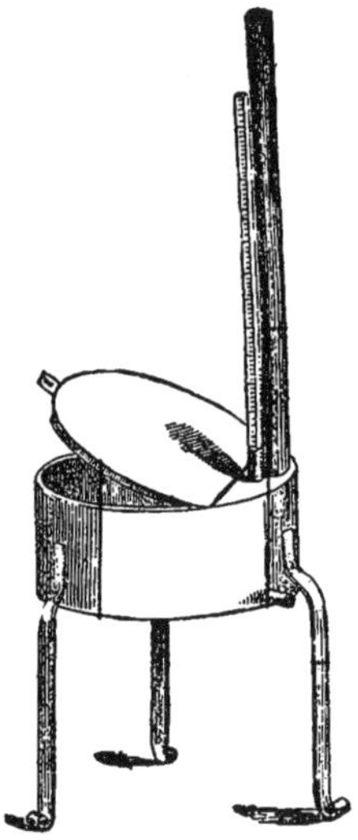

八寸半深三寸半以馬口鐵作者價銀十五圓以紅銅作者價銀三十圓而寒暑表不在內

如第三百三十圖爲各里分所設熱氣箱能令熱氣速行過以烘乾物質可得熱至五百度內箱以紅銅爲之長十二寸高九寸寬八寸外箱以鐵皮爲之長十四寸高十二寸寬十一寸則二箱之間有一寸空處下以煤氣燈加熱上有管與套能管理熱氣以配熱度大小亦有法令所行過之熱氣或增或減如第三百三十一圖爲其箱通熱氣之孔視箭之向可知熱氣所行之路此箱爲最講究者凡烘乾各質俱可公用有寒暑表能顯

銅箱內熱度銅箱內有小座可托鍋盆等其價金三圓銀十圓而寒暑表不在內

眞空內收乾物質之器○含水之定質置罩內抽出空氣可以速乾又如以盆盛硫强水盆上置欲乾之質以罩罩之則强水亦能收其水氣令速乾如第三百三十二圖爲盛硫强水之盆中有數隔以便托所欲收乾之器或在眞空內或玻璃罩內俱可用之分有數號小者價銀二圓銅六圓大者價銀四圓銅六圓

如第三百三十三圖爲網形托器以黃銅爲之可套在硫强水盆上以托物質分有三號小者徑六寸價銀一圓銅六圓大者徑十寸價銀二圓

第三百三十圖

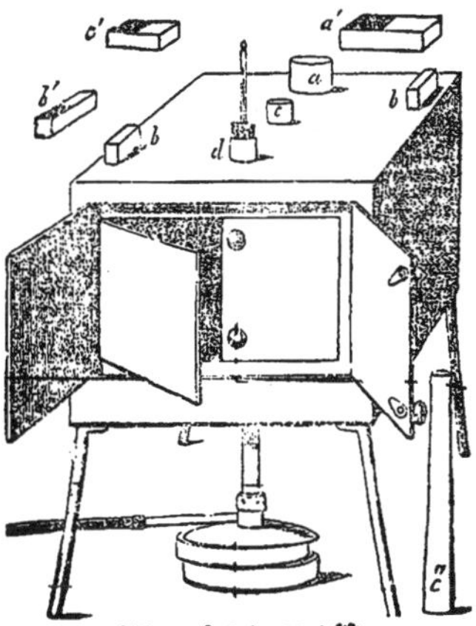

第三百三十一圖

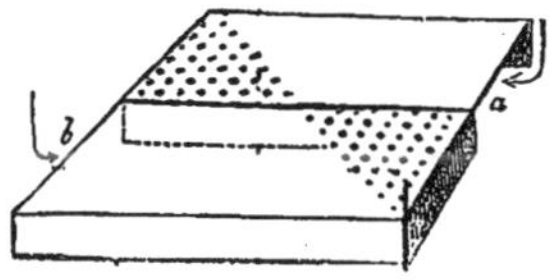

第三百三十二圖

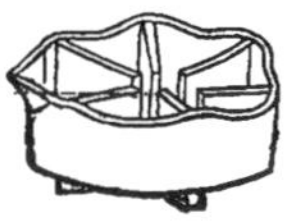

第三百三十三圖

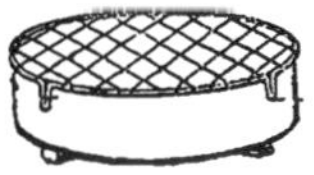

第三百三十四圖

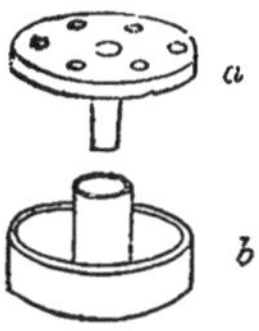

第三百三十五圖

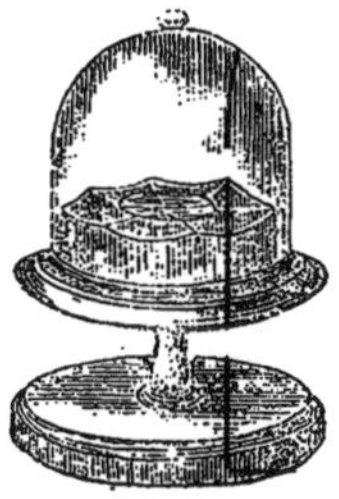

第三百三十六圖

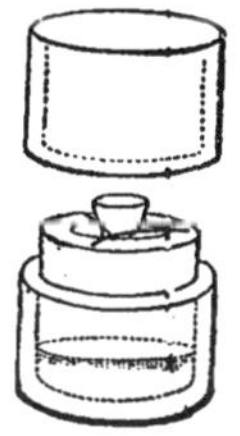

如第三百三十四圖下爲盛硫强水之盆可在眞空內用之中有管能接小木座座面有孔可安漏斗試筩等其盆以白瓷爲之分有三號小者徑四寸半價銀一圓銅六圓大者徑八寸價銀二圓木座亦分三號小者徑五寸價銀一圓銅六圓大者徑八寸價銀二圓

如第三百三十五圖爲收乾器全副有木架玻璃板强水盆玻璃罩等共價銀八圓

如第三百三十六圖爲盛硫强水之盆上有三角架能托小鍋又有蓋俱以玻璃爲之蓋口磨甚準套上則毫不洩氣如小鍋已加熱欲待冷則置此器中蓋之鍋內物質能不收濕氣其器高六寸徑四寸價銀四圓銅六圓

如第三百三十七圖爲學化家福里西尼尤士所設鐵盤可以同時烘乾五種粉質而熱度能勻其徑八寸厚二寸重略十九磅其面車甚平滑有六等大之凹與盤心等距一凹安一小鐵盆內盛鐵屑有寒暑表插其內以試熱度餘五凹各有小黃銅盆徑二寸深四分寸之三欲烘乾之粉可置其內下用煤氣燈加熱原設此器爲化分錳養二礦所用可同時速烘乾數種粉而熱度相等亦可另作他事之用其價銀三十六圓

第三百三十七圖

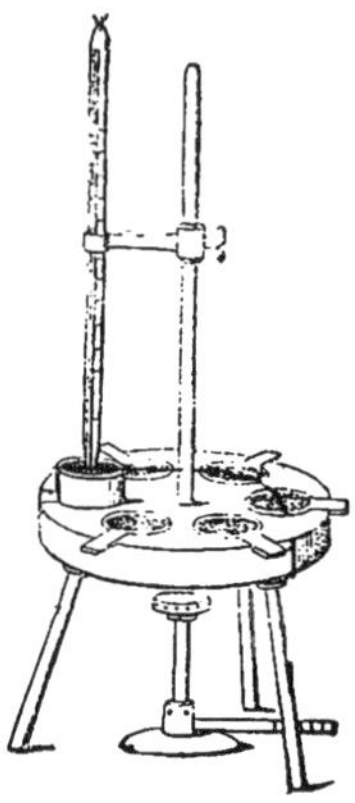

如第三百三十八圖爲化學房便用之煤氣燈管能分煤氣於數處加熱因化學房內常有用煤氣燈在數處加熱如只有一管則不便用此爲四管合成者各有塞門如以一管通進煤氣則餘三管可接以象皮管任引至用處其上另有一燈嘴可恒燃火以備用此器以紅銅爲之共五塞門價銀七圓

第三百三十八圖

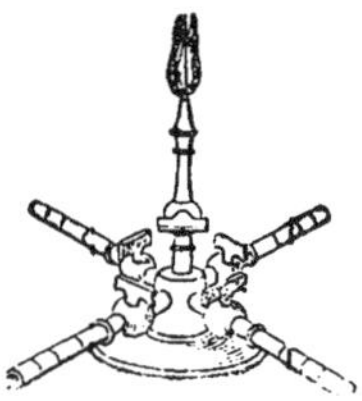

如第三百三十九圖爲黃銅簧夾可夾玻璃表面以便成時不遇空氣其價銅六圓

第三百三十九圖

鍋類

鉑鍋○凡以鍋鎔化物質等鉑鍋最佳因遇大熱不能鎔又遇酸水等不能鏽雖其價略貴然化學工內無此則不成如第三百四十圖爲常用之鉑鍋分有九號但其價不易預定因英國鉑價時有低昂且鍋有厚薄之別如本圖者爲平常合用者可以酒燈加熱小者徑八分寸之五深四分寸之三約能容一錢重略六十釐價銀十二圓大者徑二寸又四分寸之一深二寸能容二兩又四分兩之三重略一千四百釐價金七圓銀七圓如欲用厚者須另定作

第三百四十圖

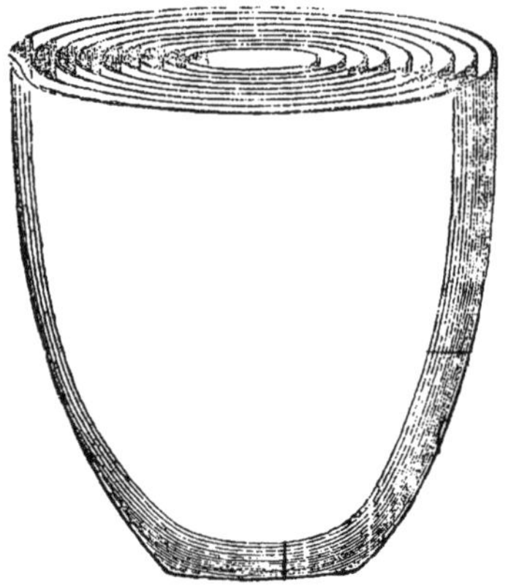

如第三百四十一第三百四十二兩圖爲鉑鍋蓋亦可作鉑盆之用

若不欲作此用則可作第三百四十三圖之形其蓋之價在後各熬器內言之至於銀鍋亦爲化學內常用者但無現成者須定作也

瓷鍋〇有數事不便用鉑鍋者須用瓷鍋如農家化學內欲化分泥土則先以鍋燒之令其生物質滅散若土內含鐵質或鐵鏽則有害於鉑鍋又有數質亦不可在鉑鍋內燒之故必用瓷鍋其鍋有大小厚薄高低不等有內外上釉者有內上釉而外無者亦有內外俱無釉者各合各事之用如第三百四十四圖爲德國柏林地方所作之瓷鍋以上等料爲之質色白而內外上釉又有相配之蓋共分八號小者徑一寸能容八分兩之一價銅三圓大者徑三寸半能容八兩價銀一圓銅八圓另有次等者價更廉如第三百四十五圖爲里必格所設之白瓷鍋並蓋內外上釉分有兩號小者徑一寸高一寸又四分寸之一能容半兩價銅八圓大者經一寸半高一寸又四分寸之三能容一兩價銅十圓如第三百四十六圖之瓷鍋加熱至紅時能進養氣或空氣分爲三件即鍋與有孔之蓋及進氣之管俱以瓷爲之而無釉其鍋與蓋價銅八圓其管價銀四圓又有次等者全副價銀二圓尚有大小各鍋各合各事之用至於吹火筒所用之小鍋在後吹火筒類內言之

第三百四十一圖

第三百四十二圖

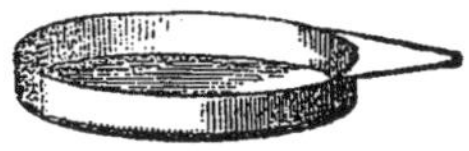

第三百四十三圖

第三百四十四圖

第三百四十五圖

第三百四十六圖

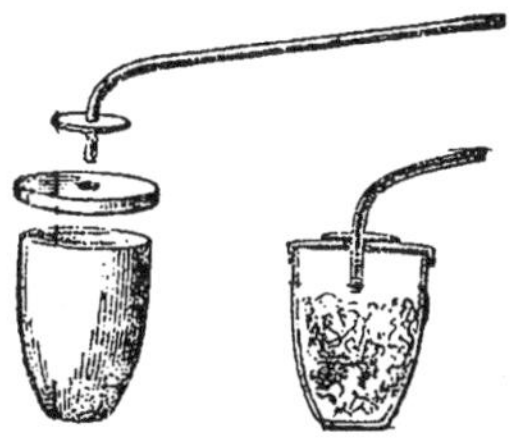

筆鉛鍋〇凡鎔鍊金銀黃銅紅銅鋼鐵等須用堅固之鍋不易碎裂者作此鍋料爲筆鉛或炭精或枯煤等最耐火可連用數次不壞如第三百四十七圖爲筆鉛者分有二十四號小者價銅三圓第十四號者價銀七圓銅六圓能容紅銅四十二磅大者價銀七十四圓能容紅銅二百二十磅其蓋不在價內另有筆鉛方塊可在爐內墊其鍋又有筆鉛條爲掉鍋內鎔汁所用者

火泥鍋〇如第三百四十八圖爲倫敦所作之火泥鍋能耐大熱可化紅銅生鐵等金類即熱至其質輭時亦不變形不發泡分有十六號小者高二寸半每十二個價銅八圓蓋價亦同大者高十二寸每個價銀二

圓銅十圓每蓋價銅七圓如第三百四十九圖爲德國所作之火泥鍋其口爲三角形分有十號小者高一寸大者高九寸每全副十個並蓋價銀七圓如欲配製小副亦可如第三百五十圖爲德國所作之火泥鍋其質

第三百四十七圖

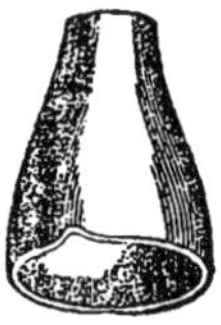
第三百四十八圖

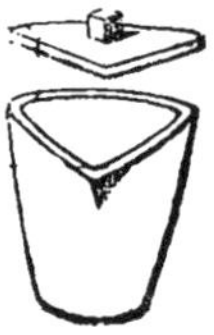
第三百四十九圖

第三百五十圖

第三百五十一圖

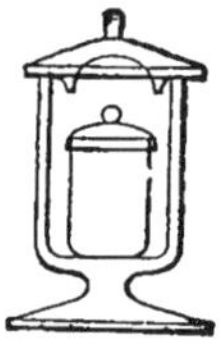
第三百五十二圖

第三百五十三圖

第三百五十四圖

第三百五十五圖

穀而薄其面平滑其形高而有嘴又有英國所作者其形與料與此同分有十六號小者每十二個價銀一圓銅九圓而蓋同價大者每十二個價銀四十圓而蓋價銀十一圓如第三百五十一圖爲無蓋之火泥鍋卽金銀等匠所常用者凡掃其店內灰土可在此鍋化之以得其瑣細金銀此鍋分十四號小者高三寸每十二個價銀二圓銅三圓大者高二十寸每十二個價銀八十四圓如第三百五十二圖爲鍋套以火泥爲之下有足上有蓋凡鉑鍋或瓷鍋置此套內可免遇爐內煤氣而受侵其套深寸四寬三寸價銀一圓小者亦有之

鐵鍋◯如第三百五十三圖爲鐵鍋以熟鐵爲之甚堅固高四寸無蓋價銀四圓銅六圓又有大小生鐵者以三個爲一副並蓋價銀三圓

瓷管◯化學工內有數事須將料加熱時令某氣行過又有必將氣加熱之事須用管惟有數質不能用玻璃管故必用瓷者如第三百五十四圖爲常用者兩端各有接領管內上釉長二十四寸分粗細四號大者徑一寸又八分寸之三價銀四圓小者徑八分寸之三價銀一圓銅九圓

如第三百五十五圖爲瓷船能裝定質運入玻璃或瓷管內加熱而令氣質行過共分七號小者長二寸又四分寸之一寬半寸價銅六圓大者長五寸半寬一寸又四分寸之三價銅八圓另有大小鉑船價自銀十五至二十一圓皆以其輕種而異

化學器至此第七類已竣共成三十四頁擬另訂成本出售每本取錢一百二十文其餘各類之器俟來年續釋可也　此稿未完次年續印

格致釋器

第二部化學器下本

上年彙編中所釋之化學器七類已結是爲上本尚有下本計未釋者共十四類茲欲接而釋之以全其書此各器皆爲倫敦格致器行各里分造而出售者

第八類消化各質之器

化學內所用各器有繁有簡皆所必需故須俱講釋之如前各類器多屬繁者此下各器略爲簡者簡器內以存流質及消化各質之器件爲要其器件約分數種如燒瓶多口瓶玻璃筩瓷鍋煮器無座筩有座筩及各式盆等茲一一釋之如左

燒瓶〇此各瓶以容水之兩數或升數分大小號計每一升爲英國二十兩如第三百五十六圖之燒瓶以硬玻璃爲之能耐火分有三十號小者能容水一兩每十二個價銀六圓大者能容十升價銀二十八圓其容三升以上者瓶形如第三百五十七圖其口格外厚而堅

如第三百五十八圖之瓶亦以硬玻璃爲之底平頸短口大能容三兩至四兩每十二個價銀三圓

如第三百五十九圖爲法國燒瓶底圓口大而厚口內面磨光可接以甑頸而當甑用分有二十一號小者能容一兩至二兩半每十二個價銀二圓容一升者十二個價銀五圓容八升者十二個價銀三十圓

如第三百六十圖爲大底燒瓶如欲以少流質化多定質或以煤氣等燈令流質速沸則此瓶甚合用乃以上等硬玻璃爲之厚薄勻稱口可安塞分有九號小者能容四分升之　每個價銅九圓大者能容四升價銀三圓

如第三百六十一圖爲球形燒瓶頸甚短口大而外成凸圈形以硬玻璃爲之能熬濃地產之水以便化分之分有二號小者徑八寸至九寸價銀三圓大者徑十一寸至十二寸價銀四圓銅六圓

如第三百六十二圖爲化分金類所用之小玻璃瓶其泡爲撱圓形頸甚長分爲四號小者能容一兩每十二個價銀一圓銅六圓大者容四兩至五兩每十二個價銀二圓銅六圓尚有化分金類各等瓶在試驗礦與金

類器內言之

如第三百六十三圖爲沸流質之泡管以硬玻璃爲之口有摺邊與平常試管同分有十號小者泡爲圓形徑一寸又四分寸之一頸長二寸徑三分寸之一每十二個價銀一圓銅四圓大者泡爲橢圓形長徑三寸短徑二寸又四分寸之一頸長三寸徑四分寸之三每十二個價銀三圓

如第三百六十四圖爲玻璃瓶口之蓋以白玻璃爲之燒物質時以此蓋之能令外塵不入而內質不出也其徑一寸至一寸半分數號每十二個價銀一圓銅六圓

第三百五十六圖

第三百五十七圖

第三百五十八圖

第三百五十九圖

第三百六十圖

第三百六十一圖

第三百六十二圖

第三百六十三圖

第三百六十四圖

多口瓶○取氣質或提淨氣質或凝氣質等所用之瓶須有多口設此瓶爲化學家烏勒夫故名爲烏勒夫瓶如看化學鑑原等書則易知其用法如第三百六十五圖爲二口瓶一口在瓶心一口在瓶肩分十五號小者能容四分升之一價銅九圓大者容十升價銀四圓銅七圓

如第三百六十六圖爲三口瓶一口在心二口在肩分十八號小者容四分升之一價銀一圓銅六圓大者容三十升價銀十六圓

如第三百六十七圖爲二口瓶二口距瓶心相等分四號小者容半升價銀一圓銅十圓大者容一升又四分升之三價銀三圓銅三圓

如第三百六十八圖為三口瓶其中口有玻璃塞磨平配準分四號小者容半升價銀二圓銅六圓大者容一升又四分升之三價銀三圓銅六圓

如第三百六十九圖為二口瓶其大口在瓶心小口在瓶肩小口有玻璃塞大口磨平以便用輭木塞俱以上等白玻璃為之分三號小者容一升價銀二圓銅六圓大者容三升半價銀四圓銅六圓以上各瓶相配之管等件俱在取氣器內言之

第三百六十五圖

第三百六十六圖

第三百六十七圖

第三百六十八圖

第三百六十九圖

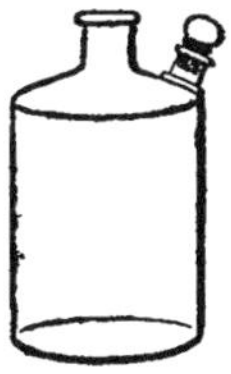

玻璃筩○化學工內常有將熱流質自瓶傾出待冷者如用平常玻璃筩受之則因筩質厚而內遇熱即張外尚未漲恒因內外漲力不勻而易碎裂若其料有厚薄不勻亦生此弊故須用特造者其玻璃薄而勻傾以熱質則不碎裂如第三百七十圖為高形者以十三個為一副小者容一兩大者容一百一十兩共價銀九圓銅六圓亦可任揀成小副者又有矮形者價略同

第三百七十圖

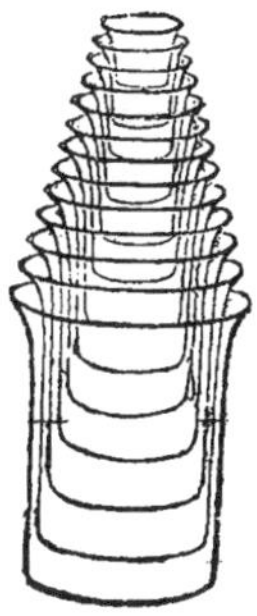

第三百七十一圖

第三百七十二圖

如第三百七十一圖為有嘴之筩以上等白玻璃為之厚薄勻密可以單買或買全副

如第三百七十二圖為全副者共價銀四圓

第三百七十三圖

第三百七十四圖

第三百七十五圖

第三百七十六圖

如第三百七十三圖為雙嘴之筩以六個為副價銀五圓如第三百七十四圖為直筩無嘴無摺邊底略平小者高二寸半徑一寸半大者高八寸徑四寸半以七個為一副價銀四圓銅六圓

如第三百七十五圖為大底小口之筩有一嘴分六號小者容四分升之一價銅七圓大者容四升價銀二圓

銅六圓

如第三百七十六圖之筩爲同用者其形略低分六號小者容四分升之一價銅四圓大者容九升價銀三圓

如第三百七十七圖爲棹和料之筩近口處收小以便和料時令在內旋流而不外散能容五兩價銅四圓

瓷鍋等○如第三百七十八圖爲工藝內常用之瓷鍋左右有耳可以提携有一嘴便於傾出流質深略十九寸能容一百二十磅雖加熱至紅亦無妨礙凡用强水消化金類等大作之事此器甚合用惟價稍貴每具金五圓銀五圓再大者亦有之然非大造之廠不能用之

第三百七十七圖

第三百七十八圖

第三百七十九圖

如第三百七十九圖爲圓形瓷鍋分有七號小者徑十七寸能容二十磅價銀十二圓大者徑十九寸能容六十磅價銀四十五圓此各種鍋其外可加鐵絲網以便携挈亦耐用不易壞

煮器○有數種質必加大熱方能消化故其鍋不獨須蓋密且須令汽不外出則鍋內之熱始能比水沸度更大其蓋上有簧與萍門若鍋內汽力過大恐致鍋裂則簧自鬆萍門稍啟汽卽放出若干如廚房中欲燒肉或骨之湯用此等鍋則湯能多消化肉與骨之質而更濃如第三百八十圖爲

第三百八十圖

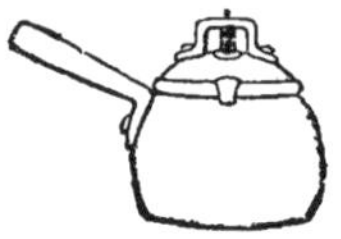

第三百八十一圖

苦拉克所設之鍋以生鐵爲之內有瓷裏蓋有鋼絲簧與萍門鍋旁有把便於手執分有四號小者容二升價銀四圓銅六圓大者容八升價銀八圓

如第三百八十一圖爲更大者有提梁分數號小者容八升價銀八圓大者容百餘升價以大小而異

如第三百八十二圖爲速令水熱之鍋與煤氣爐如鍋內盛冷水一升則五分時能沸盛二升則八分時能沸其鍋與爐及煤氣燈全副價銀八圓

無足筩○如第三百八十三圖爲柱形筩其邊直底平無摺邊無嘴以上等玻璃爲之可盛冷流質或作

掉和流質之器或當發電氣之箭均可分有五號小者高八寸徑四寸容三升價銀一圓銅六圓大者高十二寸徑八寸容十四升價銀六圓銅六圓

如第三百八十四圖為細腰箭形高中腰收小便於手握口大有嘴底厚而堅分有九號小者容一升價銅六圓大者容七升價銀二圓

如第三百八十五圖為大口箭以堅厚玻璃為之能容二十八升價銀四圓銅六圓

有足箭○如第三百八十六圖為有足玻璃箭口有摺邊無嘴有蓋為光或毛玻璃者能蓋密不洩氣便

第三百八十二圖

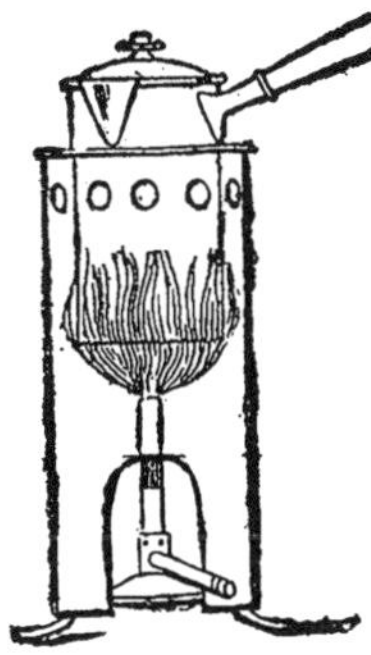

第三百八十三圖

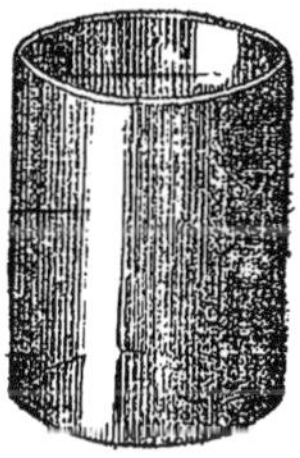

第三百八十四圖

第三百八十五圖

第三百八十六圖

第三百八十七圖

第三百八十八圖

於存流質之用如第三百八十七圖為有足有嘴之箭可為配合流質等用此二種箭分有五十二號小者徑一寸又四分寸之一高六寸價銅八圓大者徑八寸高二十五寸價銀十二圓銅六圓

如第三百八十八圖為有足與塞之箭以上等白玻璃為之其玻璃塞磨配甚準箭面可刻分度以便量試流質惟其分度須買者自刻共分十三號小者高七寸半徑一寸價銅十圓大者高二十三寸徑四寸價銀七圓

如第三百八十九圖為有足與大塞之箭以上等白玻璃為之博物院內可用之裝各質各料又醫院或動物院內可用之盛動物等以無色火酒浸之能不朽壞分有二十六號小者徑一寸高四寸價銅八圓大者徑十

寸高十八寸價銀三十圓

各式盆○如第三百九十圖為化學或製造等備用之瓦盆外敷釉可在熱沙盆或熱水盆內加熱又可以盛流質令成顆粒等分有三號小者徑八寸容三升價銀一圓銅三圓大者徑十二寸容八升價銀一圓銅十圓

第三百八十九圖

第三百九十圖

第三百九十一圖

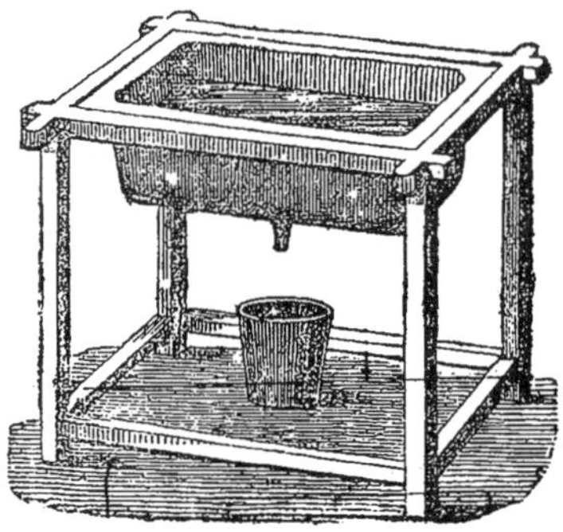

第三百九十二圖

第三百九十三圖

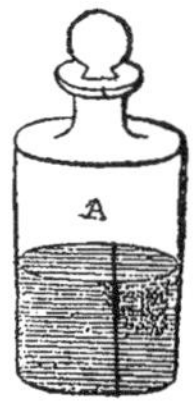

第三百九十四圖

如第三百九十一圖為最堅之瓦盆外敷釉左右有耳染布工內可用以盛各强水或鹻類水或染料水等分有九號小者容二升價銅八圓大者容六十升價銀九圓如欲定作大者能容至二百升

如第三百九十二圖為化學家常用之方鐵盆以木架托之盆面加釉下有塞門以便放流質出其盆長二十八寸寬十六寸深十寸價金三圓

第九類存各質之瓶

此類器分兩種一為小口瓶可存試水等一為大口瓶可存乾料等

小口瓶○如第三百九十三圖為盛藥水之瓶以上等玻璃為之質硬而不含鉛色白而甚佳美口之摺邊薄便於傾滴藥水其塞長而為錐形且磨平與口吻合塞頭平而外伸便於提拔平常玻璃瓶每有因口黏凝結之質則塞難拔用此法者即無此弊分有十二號小者能容四分兩之一或半兩價銅四圓大者能容三十五兩價銀一圓銅九圓

如第三百九十四圖亦為盛藥水之瓶乃倫敦造者其料為火石玻璃瓶形低而圓頸短塞圓磨亦甚準比前者堅分九號小者容半兩價銅六圓大者容二十兩價銀一圓銅八圓

如第三百九十五圖爲盛强水或鏀類水等所用之瓶其口小塞頭平以上等日耳曼玻璃爲之面有白釉一方以黑釉寫所盛流質之名而燒成之乃因强水等雖滴此上亦不蝕壞所寫成之名共有八種即硫强水鹽强水硝强水鈉養水鉀養水淡輕四養水酒醇以脫也欲用他名必須定作如欲用中國字樣亦可定作此瓶分二號小者容十兩價銀二圓大者容二十兩價銀二圓銅六圓

第三百九十五圖

第三百九十六圖

第三百九十七圖

第三百九十八圖

第三百九十九圖

第四百圖

第四百零一圖

第四百零二圖

第四百零三圖

如第三百九十六圖之瓶以日耳曼玻璃爲之口上無塞而有小滴管可以取試水滴用分八號小者容一兩價銅六圓大者容八兩價銀一圓銅二圓惟其面不用釉寫流質之名

如第三百九十七圖爲盛强水或易散之藥水瓶有配準之玻璃塞又有玻璃帽凡照像等易散之藥料以此盛之能省糜費分十號小者容一兩價銅六圓大者容二十兩價銀二圓銅六圓

如第三百九十八圖爲盛流質之瓶便移動者瓶外以去皮之柳條編成有耳之套可以提携分有三號小者容四升價銀三圓大者容十六升價銀五圓

大口瓶〇如第三百九十九圖爲存定質藥料之瓶口大無塞以法國白玻璃爲之可配以輭木塞分二十九號小者容半兩價銅四分之三圓大者容八升價銀二圓銅一圓

如第四百圖爲有塞之大口瓶以日耳曼玻璃爲之分二十五號小者容四分兩之一價銅二圓大者容六升價銀三圓

如第四百零一圖亦爲有塞之大口瓶以日耳曼硬玻璃爲之形與第三百九十三圖者同塞形亦同惟口大故存藥料之瓶大半相似不過有大小之分耳此瓶分八號小者容半兩價銅五圓大者容三十五兩價銀一圓銅九圓

如第四百零二圖之瓶以白色硬玻璃爲之口格外大而頸短亦有配準之玻璃塞然雖甚準亦難不洩氣分十五號小者容半升價銅六圓大者容二十升價銀六圓

如第四百零三圖爲倒置之瓶以塞頭爲底凡博物院等處可以此瓶存化學各料便人觀識其玻璃料格外清明分六號小者容四分升之一價銅十圓大者容三升價銀四圓

如第四百零四圖爲玻璃管所造之瓶頸小體長可用玻璃塞或輭木塞分八號小者長一寸半徑四分寸之一每十二個價銅八圓如皆配以玻璃塞則價銀一圓銅九圓大者長三寸徑八分寸之五頸小塞短塞頭爲球形每十二個價銀三圓銅六圓

第四百零四圖

第四百零五圖

第四百零六圖

如第四百零五圖爲平常玻璃管所造之小筒可存藥料之塊或爲小試瓦氣之用底平或圓價以其長短而異最小者長二寸徑四分寸之一每十二個價銅四圓最大者長八寸徑一寸半每十二個價銀四圓銅六圓

第十類各種濾器

化學工內常有流質不清或其內有凝結之質須分清始合用如凝結之質重則能沉而清若其質細而重等於水恒若沉若浮則必以法濾之所常用之濾器爲漏斗其內襯濾紙一張紙能通流質而阻定質也亦有濾器爲較緐者此下一一言之

如第四百零六圖爲玻璃漏斗其邊之角爲六十度如立剖之則爲三等邊形故將圓濾紙一張疊其三分之一襯漏斗內卽適合分有十五號小者口徑一寸價銅一圓半大者口徑十二寸價銀三圓銅六圓另有一種漏斗內面有凹凸紋能令濾紙不緊連其面而難揭脫

如第四百零七圖爲瓷漏斗邊角亦六十度旁有一圈便携挈分六號小者口徑二寸價銅六圓大者口徑六寸價銀二圓銅六圓

第四百零七圖

第四百零八圖

第四百零九圖

第四百十圖

第四百十一圖

第四百十二圖
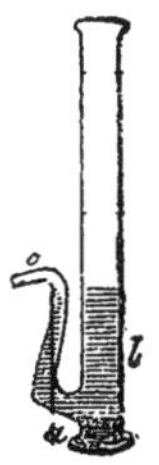

第四百十三圖
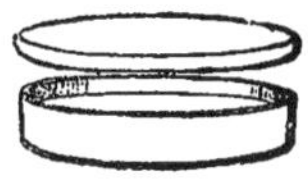

第四百十四圖
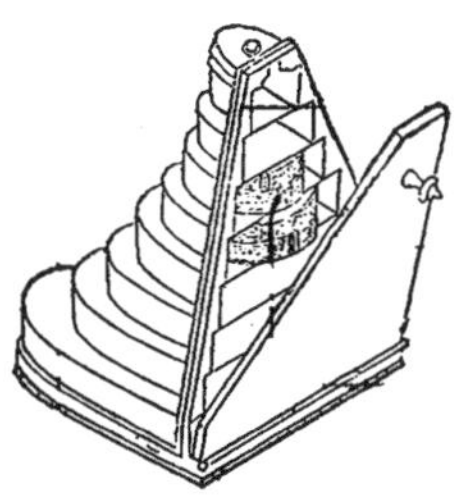

如第四百零八圖爲瓷漏斗內有凹凸紋旁有一圈分二號小者口徑三寸半價銀一圓銅六圓大者口徑六寸價銀三圓銅六圓

如第四百零九圖爲瓷漏斗下無頸而多孔外有凸圈以便切於瓶或筩口上分二號小者口徑四寸半價銀二圓銅六圓大者口徑六寸價銀三圓

如第四百十圖爲瓷漏斗便於襯濾布之用其孔大分六號小者口徑四寸深四寸又四分寸之一價銀一圓銅二圓大者口徑七寸半深八寸半價銀四圓銅六圓

如第四百十一圖爲濾圈不用漏斗能托濾低以濾流質圈有三指可安放瓶或筩口上以瓷爲之價銅四圓

如第四百十二圖爲速濾之器用時以濾紙或紗布縛於器下口插入濁流質內則淸者過紙而上如本圖式則由其嘴傾出試用其價銅九圓

如第四百十三圖爲馬口鐵盒外敷黑漆便於盛各濾紙每濾紙一號須配一盒共分七號每盒盛濾紙百張共價銀六圓銅八圓

如第四百十四圖爲盛濾紙之塔形架以馬口鐵爲之外敷黑漆背面有門中分各隔共盛濾紙七號每號百張共價銀十一圓如不備濾紙則價銀九圓

如第四百十五圖爲濾沸流質之漏斗因有數流質必趁沸時能濾之冷則濁或結故須用特設之漏斗其器以銅爲之分雙層二層之間盛以沸水旁伸一管可以煤氣燈加熱令沸水不冷分四號小者內徑四寸價銀

七圜大者內徑六寸價銀九圓而架與燈等件不在內

過濾器○有數種藥料須先漦若干時待消化出其內質始可濾之又有藥料不能以水或醇漦之止可用水或醇傾其料上連濾數次始得消出其質故必特設漏斗方能濾之

第四百十五圖

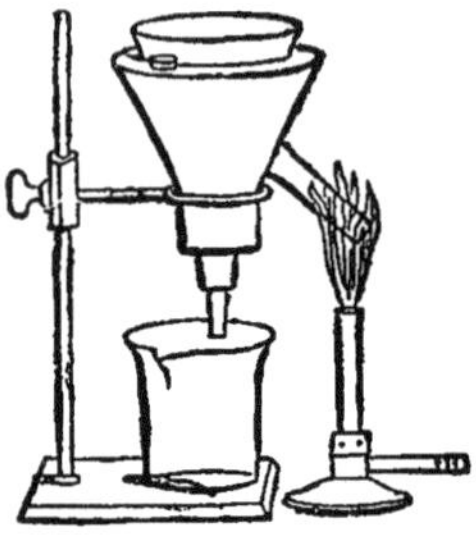

第四百十六圖

第四百十七圖

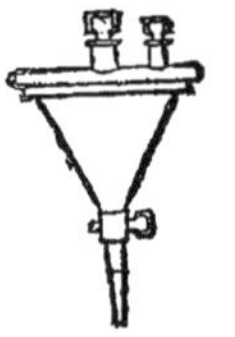

第四百十八圖

第四百十九圖

第四百二十圖

第四百二十一圖

第四百二十二圖

第四百二十三圖

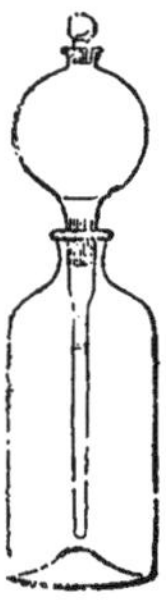

如第四百十六圖爲玻璃漏斗其頸有玻璃塞門可開之以濾流質分六號小者口徑四寸價銀六圓銅六圓大者口徑九寸價銀十二圓

如第四百十七圖爲有蓋與塞門之玻璃漏斗蓋上有槽以便存水並有二塞能節制所進之空氣其斗徑五寸價銀十圓銅六圓

如第四百十八圖爲長管漏斗亦有塞門俱以玻璃爲之管長十二寸斗徑二寸價銀二圓

如第四百十九圖亦爲長管漏斗斗爲泡形上有塞下有塞門管長十二寸泡徑二寸價銀二圓銅六圓

如第四百二十圖爲泡形漏斗頸有塞門上有塞塞旁有雙耳可執持分有四號小者泡徑三寸價銀八圓大者泡徑八寸價銀十一圓

如第四百二十一圖爲有蓋之漏斗其蓋與斗邊相連上有玻璃塞頸有玻璃塞門分二號小者斗徑五寸價銀十圓大者斗徑六寸價銀四圓銅六圓如第四百二十二圖爲過濾器用法將藥品置其泡內傾以水或醇漦若干時開其塞門則濾下在收瓶內其泡徑二寸收瓶能容四兩共價銀五圓如第四百二十三圖爲同用者惟玻璃薄而無塞門其收瓶僅容半兩其泡能容流質數滴共價銅九圓

格致釋器內所言金銀銅各價乃英國所用之錢計金錢每圓約合華銀四兩或鷹洋五元又銀錢五圓約合華銀一兩而四圓合鷹洋一元又銅錢一圓約合鷹洋二分閱者從此略數可自推算各器所值之略價不致有大懸殊也

此稿未完下卷續印

如第四百二十四圖之過濾器以白玻璃爲之其收瓶肩上另有塞門共分二號小者收瓶容二升價銀七圓大者容八升價銀九圓凡用此器時如漏斗內置定質甚密水不易漏可以小抽氣筩如前第一百九十七圖者聯於收瓶肩旁之塞門抽出瓶內空氣稍得真空則漏斗內流質隨吸力而下流也

第四百二十四圖

第四百二十五圖

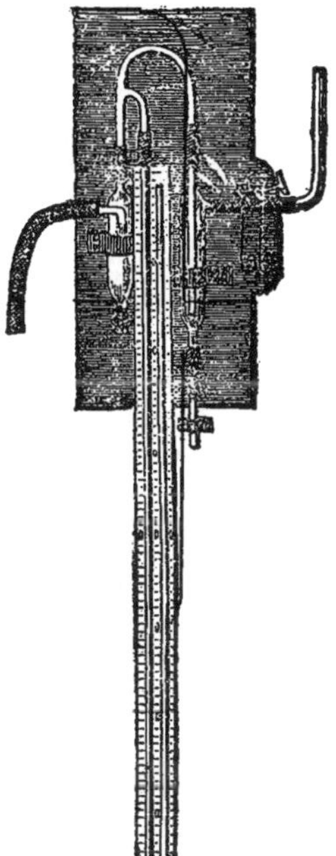

如第四百二十五圖爲本生所設吸水器能吸流質行過濾器因此器藉水就下之性而成真空則濾器內之流質必隨吸力而吸入真空內也其器有二種一爲水銀者理與風雨表同水銀管略長三十寸即足用一爲吸水者其管須長四十尺方能得所需之吸力如本圖爲吸水者有

第四百二十六圖

第四百二十七圖

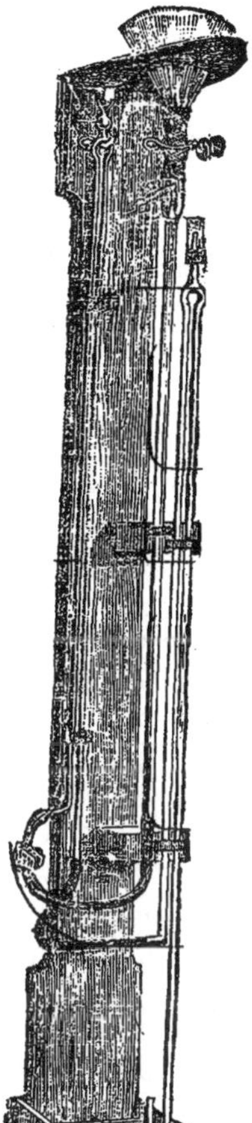

托板與分度面及吸管並所配之夾器共價銀四十二圓

如第四百二十六圖爲簡便之吸器如化學院內每二生徒用此一具即足用其價銀十圓銅六圓

如第四百二十七圖爲化學家司柏陵沽所設水銀吸器上有漏斗以便添水銀其水銀落下時能帶空氣若干隨之而下故可作吸器之用又能用作壓器平常抽氣筩各事所得之真空此器俱能爲之其架以黑木爲

之共價銀三十五圓如用洋紅木架則價金二圓銀五圓

篩器類○如第四百二十八圖爲瓷鍋其底多孔能當篩器或濾器之用可安於玻璃箭或大口瓶之口上分有九號共價銀八圓單買則小者徑二寸半能容一兩價銅七圓大者徑六寸半容十六兩價銀一圓銅六圓

第四百二十八圖

第四百二十九圖

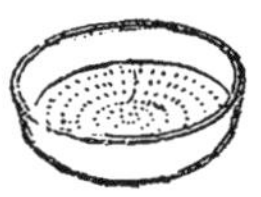

如第四百二十九圖爲平底瓷篩其邊直分有五號小者徑六寸深三寸價銀一圓銅九圓大者徑十二寸深二寸又四分寸之一價銀五圓銅九圓

玻璃蓋類○如第四百三十圖爲圓玻璃片合於作鍋或瓶或漏斗之蓋其二面光或一面毛皆磨甚平能蓋密不洩氣分十三號小者徑二寸光面者價銅五圓一面毛者銅九圓大者徑九寸光面者價銀三圓銅六圓一面毛者銀六圓

第四百三十圖

第四百三十一圖

第四百三十二圖

如第四百三十一圖爲厚玻璃圓蓋中有圓孔徑一寸可安漏斗分三號小者徑四寸價銀一圓大者徑六寸價銀一圓銅四圓

如第四百三十二圖亦爲圓玻璃蓋而邊有缺口以便安漏斗分三號小者徑四寸價銀一圓大者徑六寸價銀一圓銅四圓

滴管虹吸管噴水器類○如第四百三十三圖爲常用之滴管用法將管置水內以指按其上口取起則管內含水若干而不落再置於所欲添水處鬆其指則水自流出或指稍鬆則能任添滴滴分七號小者長四寸徑四分寸之一價銅一圓大者長十二寸徑三分寸之一以硬玻璃爲之而尖甚細亦可當燒輕氣管之用價銅四圓

第四百三十三圖

第四百三十四圖

第四百三十五圖

如第四百三十四圖爲有泡之滴管以便多容流質分數號容自半兩起至容四兩止小者價銅三圓大者銅六圓如第四百三十五圖爲寬腰者寬處長十二寸徑一寸價銅八圓其尖或頸亦有彎者

如第四百三十六圖爲虹吸管其管彎而一端長一端短用時將短端置流質內於長端以口吸之至流質吸滿則能自流不息盡而後已此爲最便之器化學工內屢用之如本圖者其長端另有吸管便於口啣而吸免其流質入口之弊其價銀一圓銅六圓如第四百三十七圖者其二端頗近而短端向上彎或有多孔如流質

第四百三十六圖

第四百三十七圖

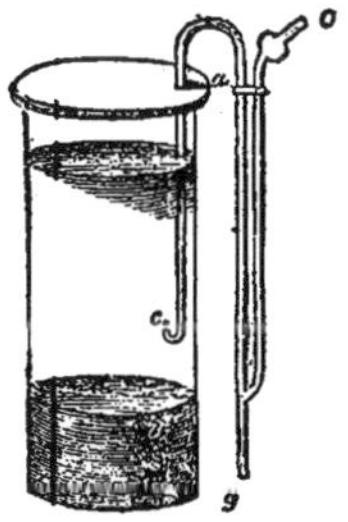

內有結沉之質則能止其吸其清者而免混濁其長端亦另有吸管與前者同分四號小者價銅九圓大者價銀一圓銅六圓

如第四百三十八圖爲噴筩以玻璃爲之能噴水洗所濾得之定質又凡流質內有結沉之質可用此吸取其清者其韝韛用麻或棉花包之而不洩氣其筩長十寸徑四分寸之一其尖或直或彎價銀二圓

洗瓶類○如第四百三十九圖爲化學家西里尤司所設之洗瓶其口塞以玻璃管管尖細而孔小用時將瓶直立以口啣管吹氣入瓶令其內空氣壓力大則倒置之其水受壓力而外噴其容一升者並管與塞全價銀一圓容二升者價銀一圓銅六圓單買其管價銅二圓

第四百三十八圖

第四百三十九圖

如第四百四十圖爲二管之洗瓶一管入瓶內水中一管在水面之上以口啣之吹氣入瓶則水受壓力由管外出如濾得之定質在紙上以此瓶洗之最便其瓶以白玻璃爲之能容一升價銀一圓銅六圓

如第四百四十一圖爲洗瓶之放水管能連放水如源而不息以此管通入洗瓶塞中將瓶倒置而入漏斗內令管彎嘴在漏斗邊之下如圖則水能源源而出其管連瓶價銅六圓單買管則銅三圓

如第四百四十二圖亦爲洗瓶其嘴細而尖旁有管可接象皮管以進氣其瓶容二兩價銀一圓

通膜器○通膜之法爲近來化學家最考究者原爲英國鈔局之官古拉哈末所設者大略用薄皮如膜或浸硫强水之皮紙連於圓殼上成小盆之形將流質傾入而浮在蒸水面上待若干時則流質分開其能成顆粒之質過膜消化蒸水內而膠形等不成顆粒之質存膜內如生物質水內含毒質欲驗之可用此法雖含毒甚微亦能試知已有醫士將微含之毒質如砒霜等從蛋白或樹膠或魚肚鰾或乳或血內分之而得其據凡膠形質含能成顆粒之質者俱可以此法分之如樹皮酸小粉蛋白或膠質或鋁二養三輕養或矽養二輕

第四百四十圖

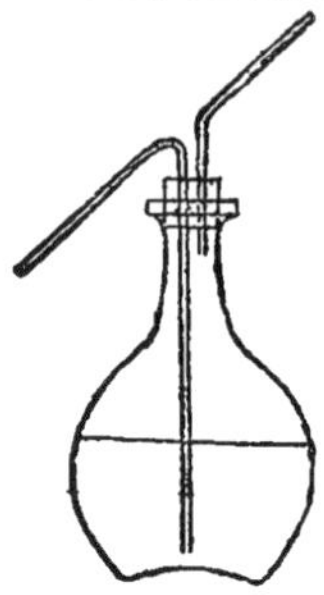

第四百四十一圖

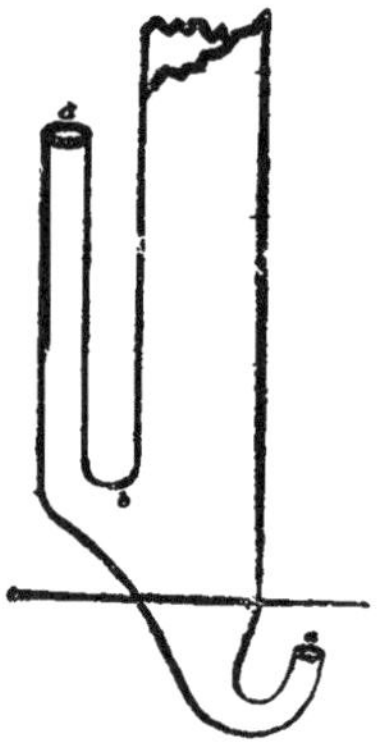

養等俱爲膠形質也其器用硬象皮作大小二殼一深一寸一深二寸深二寸者上寬下窄深一寸者能套於二寸者下端之外二殼先用蒸水洗極淨再將浸過硫强水之皮紙其徑必大於殼畧三寸浸蒸水內略一分時則鋪於大殼小端以小殼套

第四百四十二圖

第四百四十三圖

第四百四十四圖

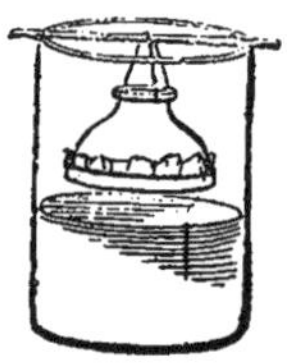

之令紙平緊紙面不可有小孔須先試之以蒸水傾殼內畧深四分寸之一而置於白生紙上待若干時驗視生紙上有濕處否如有則皮紙必有孔須補之法將流質蛋白敷其孔以小塊皮紙糊之用熱烙熨乾即不漏可盛以所欲分之流質深不外半寸將器浮於蒸水面上蒸水須比所欲分之流質多五倍待二十四小時即分成如用六寸徑之器能分流質七兩至八兩八寸徑者能分十二兩至十四兩十寸徑者能分二十兩十二寸徑者能分三十兩其器愈大用蒸水愈多而分成之工愈速愈全如第四百四十三圖爲硬象皮二殼合套者分四號小者徑六寸價銀三圓大者徑十二寸價銀七圓上等皮紙小號者每十二張價銀一圓大號者每十二張價銀二圓銅六圓

如第四百四十四圖爲玻璃通膜器形如抽氣筩之玻璃罩上下有摺邊分三號小者徑三寸價銅八圓大者

徑五寸價銀一圓其器用法將皮紙鋪於罩之大口上以繩縛緊將流質傾入而掛於玻璃甯內如本圖式再將蒸水傾甯內至高於皮紙面少許近來醫士用此器成鐵藥爲最有益之劑其製法已在三年第三卷彙編之問答內言之

第四百四十五圖

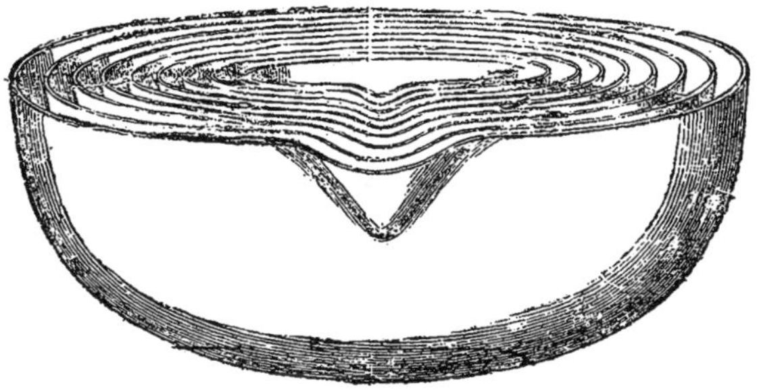

第四百四十六圖

第四百四十七圖

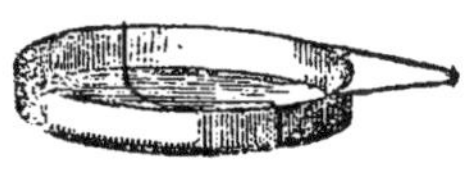

第十類熬化流質之器

化學事內常有過淡之流質須熬濃方可試用或欲令成顆粒或欲化至全乾等事皆須用特設之器常用者爲化盆類或以鉑或銀或瓷或瓦爲之試分析之如下

鉑化盆類○化學工內有須將强水等猛烈之質熬之者如用玻璃或瓷器則易爲侵蝕而壞須用其不能損之器惟鉑盆最合用鉑爲白色之金可打箔抽絲比金銀尤堅大熱難鎔除合强水外幾無他質能毀之雖其價數倍於銀然謹慎使用不以侵鉑之質遇之能經久不壞如第四百四十五圖爲常用之鉑化盆分九號其價因數事而異如鉑價時有低昻又盆質有疏密輕重大小厚薄之別故難預定也計平常小者徑一寸半能容八分兩之三體重一百二十五厘價銀十四圓大者徑三寸半容四兩重九百六十厘價銀一百圓

如第四百四十六與第四百四十七兩圖皆爲小鉑盆亦可當鉑蓋之用體薄易熱旁有把或有嘴可鉗之盛以欲熬之料置水內沸之則料易濃而盆亦易洗淨分七號小者徑四分寸之一深八分寸之一價銀一圓大者徑二寸深半寸價銀二十圓

瓷化盆類○如第四百四十八圖爲常用之瓷盆有嘴內外有釉而邊無釉其深爲徑三分之一共分十

四號小者徑三寸又四分寸之三容二兩價銅四圓大者徑十五寸半容十八升價銀二十五圓

如第四百四十九圖之瓷盆內外上釉底幾平有嘴盆深爲徑之四分之一分七號小者徑二寸半容一兩半價銅五圓大者徑六寸容十八兩價銀二圓

如第四百五十圖爲半球形瓷盆或有嘴或無嘴分五號小者徑五寸半容十七兩價銀二圓銅六圓大者徑九寸半容五升價銀六圓銅六圓

第四百四十八圖

第四百四十九圖

第四百五十圖

第四百五十一圖

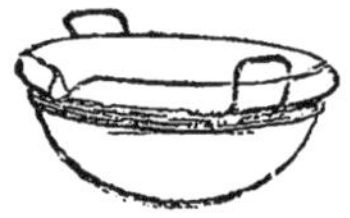

第四百五十二圖

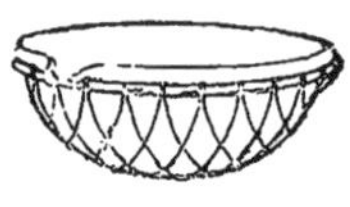

第四百五十三圖

第四百五十四圖

第四百五十五圖

如第四百五十一圖爲常用之瓷盆有鐵箍與雙耳便移動分二號小者徑十四寸價銀十三圓大者徑十五寸價銀十六圓

如第四百五十二圖之瓷盆外面有鐵絲網可以上輭泥一層便於加大熱時免爲火傷分二號小者徑十四寸價銀十圓大者徑十五寸價銀十二圓

如第四百五十三圖爲淺瓷盆底平內有釉外無釉分六號小者徑六寸半容一升價銀一圓銅九圓大者徑十六寸半容十三升價銀十二圓

如第四百五十四圖爲瓦盆外敷粗釉底薄口斂無嘴可用熱沙或炭火加熱慎之亦可用酒燈或煤氣燈加熱其內面因稍毛最便於令流質成顆粒又能化乾鹽類水惟其盆不能加熱至紅又不合細化學工之用因質粗也又遇濃强水亦易壞若淡者無妨其深爲徑之三分之一分十二號小者徑二寸半容一兩半價銅三圓大者徑十寸容六十兩價銀一圓銅二圓每十二個共價銀六圓

如第四百五十五圖爲鐵化盆外敷釉略同瓷器有嘴分九號小者徑六寸價銀一圓大者徑二十九寸價銀三十五圓

玻璃化盆類○如第四百五十六圖爲半球形玻璃盆有嘴其邊磨甚平體料勻密分十一號小者徑二寸半容二兩價銅五圓大者徑四寸容四升價銀二圓銅六圓如第四百五十七圖爲平底玻璃盆邊直口平體勻無嘴合於將流質熬濃或化乾或令結顆粒等用分十四號小者徑二寸深一寸又四分寸之三容二兩半價銅三圓大者徑十八寸深十寸半容六十六升價銀一十五圓

第四百五十六圖

第四百五十七圖

第四百五十八圖

第四百五十九圖

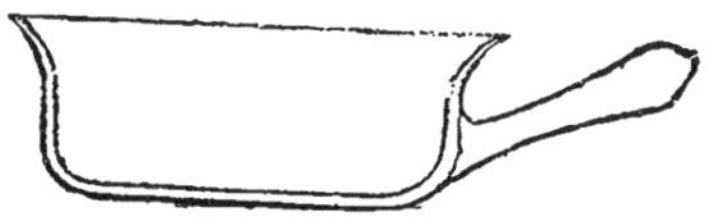

第四百六十圖

第四百六十二圖

第四百六十一圖

第四百六十三圖

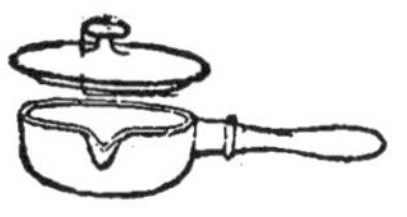

有把瓷化盆類○如第四百五十八圖爲有把之瓷盆內外上釉有大嘴便於挹取强水或將水銀傾於管內等用分五號小者徑一寸又四分寸之三容半兩價銅七圓大者徑六寸容二十六兩價銀三圓銅六圓

如第四百五十九圖之瓷盆把與體爲渾成者其尺寸與圖等大卽徑一寸半容四分兩之一價銅三圓

如第四百六十圖之瓷盆有把有嘴亦爲渾成者分三號小者徑二寸容一兩價銅十圓大者徑三寸半容四兩價銀一圓銅三圓

如第四百六十一圖之瓷盆與前者同惟嘴小而尖可當勺用分八號小者徑三寸半容六兩價銀一圓銅九圓大者徑八寸容三升價銀六圓銅六圓

如第四百六十二圖之瓷盆與前者同分六號小者徑三寸容四兩價銅九圓大者徑六寸半容三十二兩價銀二圓銅六圓如第四百六十三圖之瓷盆有嘴及木把與瓷蓋分六號小者徑三寸容三兩價銀一圓大者徑六寸半容三十二兩價銀三圓銅六圓

瓷鉢類○如第四百六十四圖爲各式小瓷鉢皆內外上釉可作化盆用不拘何式者每個銅三圓如任揀十二個則價銀二圓銅六圓其體有甚薄者如甲乙丙三號皆可加熱至紅其餘者不耐大熱甲爲半球形者無嘴體薄尺寸與圖等大乙爲平底者亦與圖等大丙爲圓者徑與丁等戊爲盂形與圖等大己爲淺者徑

二寸又四分之一庚爲更淺者有寬平邊可以試驗變顏色之質視其結成之顏色其徑一寸又四分寸之一辛爲圓底者體厚可爲緩化流質之用徑有一寸或一寸又四分寸之三或二寸者壬爲外底平內底圓者體厚亦爲緩化之用徑有一寸又四分寸之一或一寸又四分寸之三者

如第四百六十五圖之各瓷缽可爲化乾各料或燒各料之用皆內外上釉而無蓋如甲爲深者體最薄分三號大者徑一寸容四十厘價銅三圓小者徑半寸容十五厘價銅三圓乙爲短形者徑一寸半或一寸容半兩價銅四圓丙爲直形者徑一寸又四分寸之三深一寸半容一兩又四分兩之一價銅六圓丁爲半球形者深四分寸之三徑二寸容四分兩之三價銅五圓戊爲圓底者體薄深一寸半徑三寸容二兩半價銅九圓己爲橢圓形者長二寸寬一寸又四分寸之一深半寸容三錢價銅四圓又有容一錢者價同凡吹火筒工內每用此器庚爲斂口者用吹火筒化分礦時須先化乾其流質則用此器其深一寸又四分寸之一徑二寸又四分寸之一容一兩又四分兩之一價銅七圓又有小者容半兩價銅六圓

第四百六十四圖

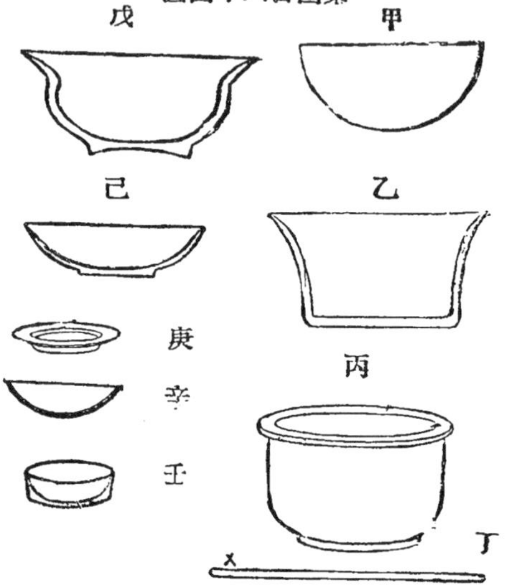

第四百六十五圖

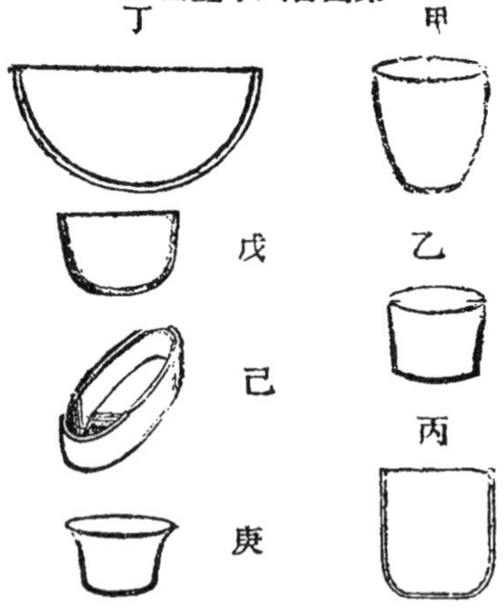

第十二類各種蒸器

化學內常有定質含流質或氣質欲分出之或欲分出流質所含之氣質或有二種氣質化散之熱度不等而

欲分出其易散者或定質內有難易化散之質而欲分出其易散者所用之器爲蒸器平常用者分三件一爲甑即盛蒸料而耐熱之器一爲收器即收所蒸得之質者此二件之間則用凝管或加冷之器等此下一一分析之

各式甑〇常用之甑大都以玻璃爲之如第四百六十六圖爲平常之形亦有球形者合於加大熱之用其料爲上等無鉛之玻璃能耐火分十八號小者容一兩每十二個價銀一圓銅二圓大者容三升每十二個價銀十二圓銅六圓另有德國造者比前者貴分二十一號小者容二兩每十二個價銀二圓銅九圓大者容十六升每個價銀七圓銅六圓

第四百六十六圖

第四百六十七圖

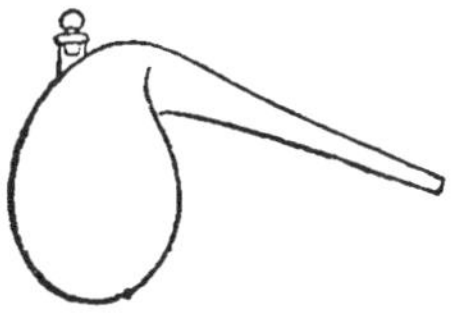

如第四百六十七圖爲有塞之玻璃甑蒸時可開其塞以添料分二十四號小者容二兩每十二個價銀六圓大者容十六升每十二個價銀九十圓

第四百六十八圖

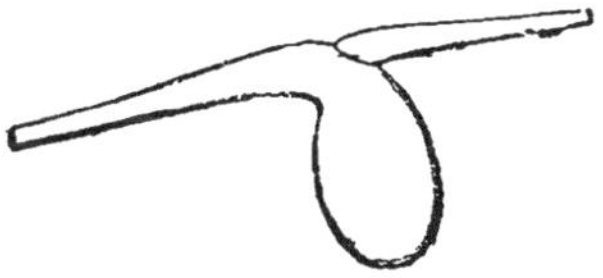

如第四百六十八圖爲化學家里必格所設之雙頸甑以便引氣質行過甑中因有數質蒸時不可遇空氣恐與其養氣化合而變壞故必令輕氣或綠氣由背頸行過其間而免入空氣之弊其甑分六號小者容十兩價銀一圓銅六圓大者容一百兩價銀四圓

第四百六十九圖

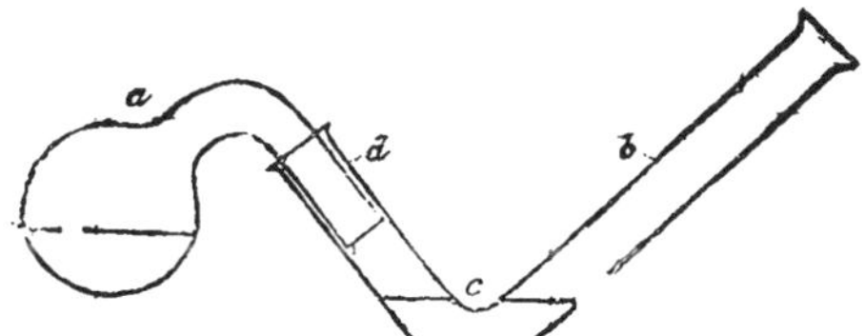

如第四百六十九圖爲化學家苦拉克所設之甑與收器如蒸少許酸質等最合用其甑以硬玻璃爲之泡徑二寸頸徑四分寸之三長八寸爲彎管形價銀十圓頸上可套以彎管蒸時所蒸得之流質能蓄於管之彎處凡欲蒸流質少許者俱可用之

如第四百七十圖爲化學家法拉代所設之蒸器與收器以一玻璃管渾成者長十二寸徑八分寸之五價銅

六圓如第四百七十一圖爲化學家和福曼所設蒸器最便蒸水養少許取養氣之用價銅八圓

如第四百七十二圖爲分蒸流質甑以玻璃爲之有數種流質如蒸煤氣所得之煤黑油等蒸之加熱至若干度即有一種質蒸出再加熱至若干度又蒸出一種質如預知各質之熱度則甑內插寒暑表以驗之能將其繁質分成數種簡質甑口有塞以寒暑表插塞中可任提高或按低甑旁有頸以便透出所蒸之料分有二號小者容一升價銀一圓銅六圓大者容二升價銀二圓其頸可接凝管其管形如第四百七十三圖每個價銅五圓

第四百七十一圖

第四百七十一圖

第四百七十二圖

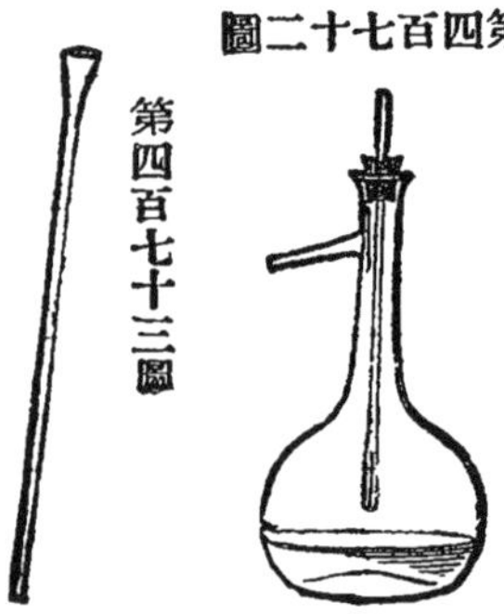

第四百七十三圖

第四百七十四圖

第四百七十五圖　第四百七十六圖

如第四百七十四圖爲分蒸之小甑分四號小者容半兩價銅四圓大者容三兩價銅七圓

如第四百七十五圖亦爲分蒸之甑可以分蒸生物質少許分三號各號之泡大小不等而頸與塞及長相同頸各長四寸徑半寸其泡徑一寸者容半兩價銅三圓一寸半者容一兩價銅四圓二寸者容三兩價銅五圓另有白瓷甑數種可爲取淡輕四養等用又有火泥甑能耐大熱而不壞

如第四百七十六圖爲取炭硫二合用之甑其塞之門格外長分二十一號小者容四分升之一有塞者價銀一圓銅六圓無塞者銀一圓大者容三十二升有塞者價銀二十五圓無塞者銀二十一圓

格致釋器內所言金銀銅各價乃英國所用之錢計金錢每圓約合華銀四兩或鷹洋五元又銀錢五圓約合華銀一兩而四圓合鷹洋一元又銅錢一圓約合鷹洋二分閱者從此略數可自推算各器所值之略價不致有大懸殊也　此稿未完下卷續印

如第四百七十七圖之甑以銅或鐵爲之能受大熱可取養氣等用其鐵者可蒸生物質或水銀等其頸長與甑可以螺絲聯之分三號小者徑四寸深三寸半容一升價銀七圓銅六圓大者徑七寸深九寸容九升價銀二十五圓

第四百七十七圖

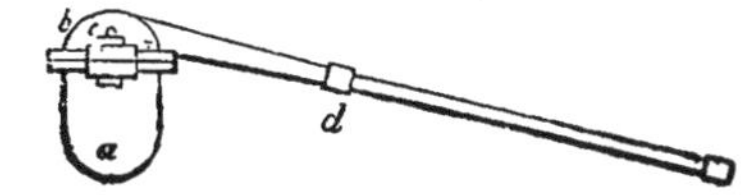

第四百七十八圖

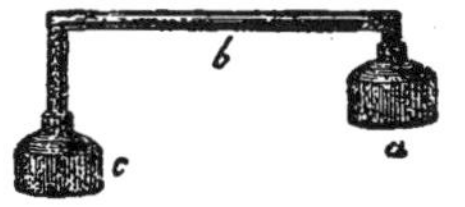

第四百七十九圖

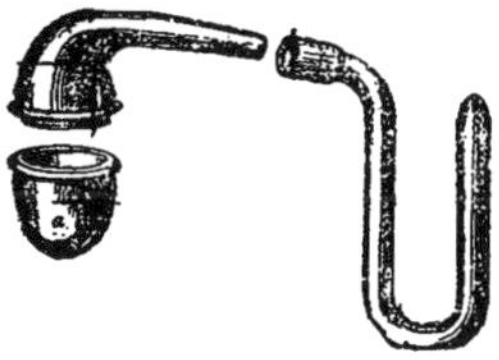

第四百八十圖

第四百八十一圖

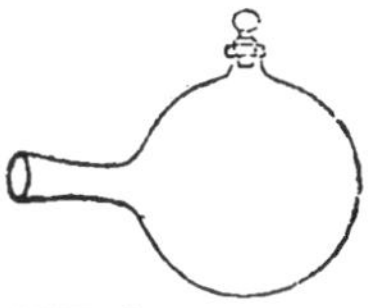

第四百八十二圖

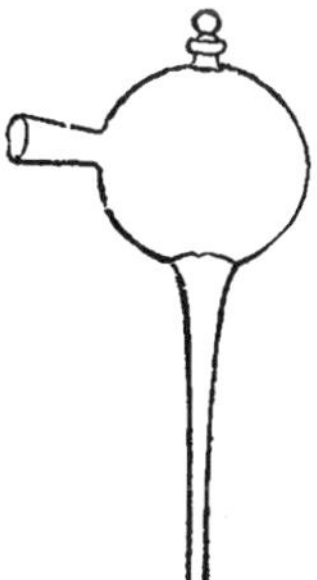

第四百八十三圖

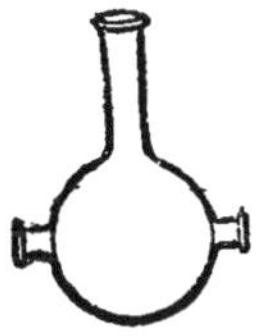

第四百八十四圖

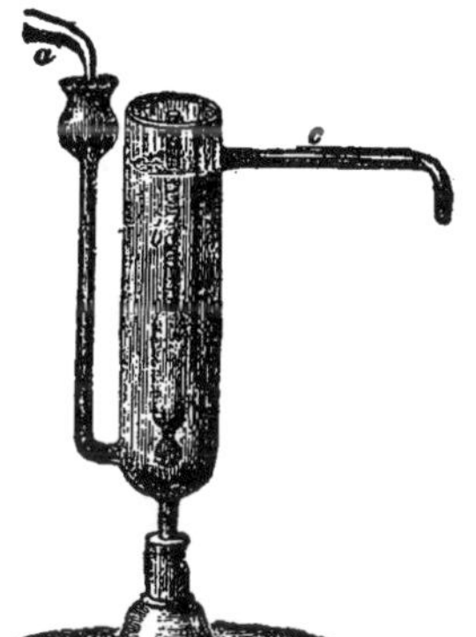

第四百八十五圖

第四百八十六圖

如第四百七十八圖爲鉛甑與收器可用之取輕弗氣二器各徑三寸半相連之管長十六寸價銀九圓

如第四百七十九圖亦爲鉛甑分三塊如圖用時套合之其價銀三十圓

收器〇常用之玻璃收器亦能當燒瓶之用如前第三百五十九圖者已在燒瓶類內言之玆不重述如第四百八十圖爲二口收器凡蒸流質有能凝與不凝之氣質可以此器收之所不凝之氣能由其餘一口放

出此器分十二號小者容二兩價銅四圓大者容四升價銀二圓銅六圓

如第四百八十一圖爲球形收器旁有短頸頂有玻璃塞號數與價值與前者畧同不必重述

如第四百八十二圖爲有尾之收器以上等玻璃爲之造硝强水可用之上有玻璃塞分十二號小者容半升價銀二圓大者容十二升價銀八圓中國已有數處設鉛房造硫强水並造硝强水故已多用此等玻璃器也

第四百八十七圖

第四百八十八圖

第四百八十九圖

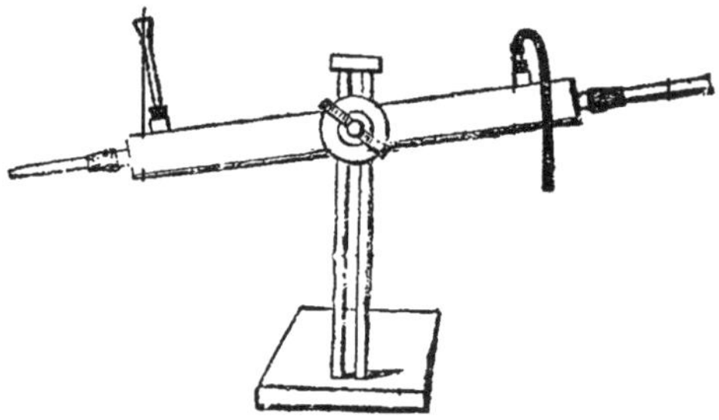

第四百九十圖

如第四百八十三圖爲三口球形收器上口之頸長旁二頸短分十二號小者容半升價銀一圓銅四圓大者容二十八升價銀十五圓

如第四百八十四圖爲化學家暮耳所設之器能指出所蒸之質已蒸盡否其法在收器內有浮表所蒸之時愈長則蒸出之質愈重視浮表所至重率可知其甑內之質已蒸盡則停而不蒸有數種蒸工以此器爲不可少者其器有木座托之共價銀一圓銅六圓加浮表須加銀三圓

接管○如第四百八十五與第四百八十六兩圖爲接管有數用如甑口小收器口大可以此管接之

不洩氣又欲收器與甑頗遠亦可接此管令其相離此二管一爲直者一爲彎者各隨其用其價依管大口之徑而異一寸者價銅七圓三寸價銀一圓銅六圓

凝管○如第四百八十七圖之中爲玻璃甑合用之凝器內爲長玻璃管如下圖式外用銅管或馬口鐵管爲套其套有以架托之能令下斜如圖中之式其下端有口插以漏斗管又有盛冷水桶放水漸流入套管中套上端亦有口與管能放出套內之温水則玻璃凝管能恒冷所行過之氣質卽凝而流入下收瓶內如本圖者最合於蒸强水等其甑容四十兩玻璃凝管長三十六寸徑一寸又有圓馬口鐵套及黑木托架與活節接管漏斗管共六件價銀十四圓其各件亦可零買

第四百九十一圖

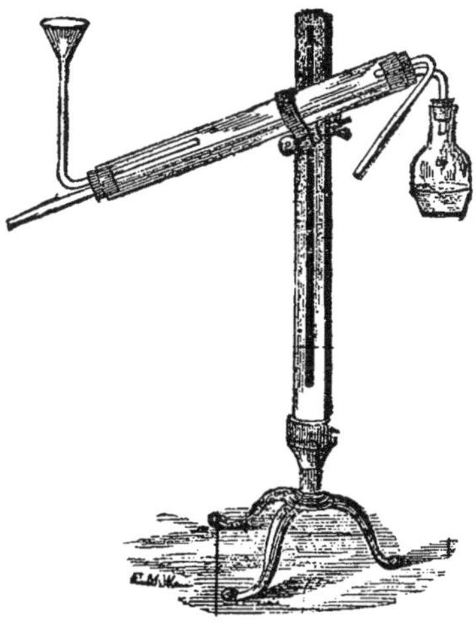

第百九十二圖

第四百九十三圖

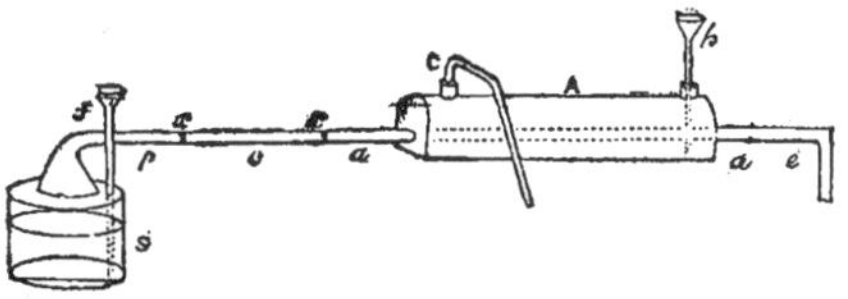

如第四百八十八圖爲玻璃凝管分五號小者長三十寸徑四分之三價銀一圓銅三圓大者長四十寸徑二寸價銀二圓銅六圓

如第四百八十九圖爲化學家暮拉所設托凝器之架有二方木條平行立於木座又有夾器能夾住凝管可任配其斜度與高低視圖易知各件之用法其價銀十四圓

如第四百九十圖爲玻璃套之凝管內管長三十六寸徑半寸外套長二十四寸徑一寸共價銀三圓銅六圓外管兩端各有嘴可接象皮管以通水

如第四百九十一圖爲托凝器之架以洋紅木爲之下有三鐵足托之中有螺絲夾可夾凝器任使高低價銀七圓如配以凝器則銀十圓

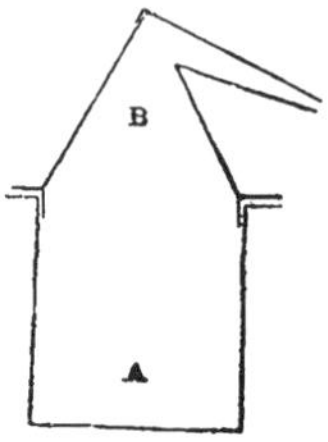

第四百九十四圖

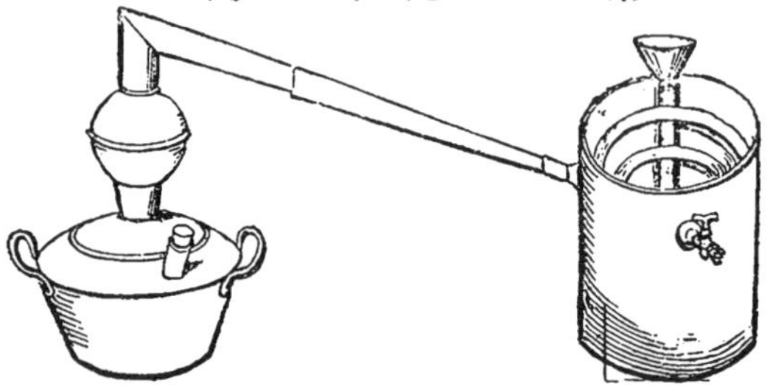

第四百九十五圖

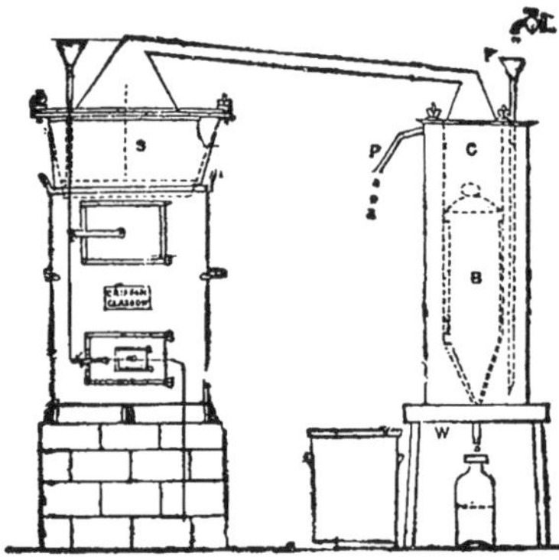

第四百九十六圖

第四百九十七圖

如第四百九十二圖爲凝管以上等硬玻璃爲之細端或直或彎各隨用時之便其大口徑二寸至三寸長四尺者價銀一圓銅六圓長六尺者價銀三圓銅六圓

蒸酒等甑〇英國進口之火酒每納重稅乃以其火酒所含之醋數爲例其餘之水則不收稅故須蒸其酒而定之如第四百九十三圖爲合用之甑以馬口鐵爲之亦合於家中蒸水之用可以常爐加熱因平常之水每含異質如鈣養及生物質或小蟲等雖用白礬澄清仍含數種異質且有若干礬質故欲水淨非蒸之不可如本圖之甑能容四升其全件價銀十二圓

如第四百九十四圖爲馬口鐵甑便於蒸水或酒或易散油等用價銀二圓以前第三百十一圖甲式之酒燈爐加熱卽合用

如第四百九十五圖爲蒸水合用之馬口鐵甑其凝管爲螺絲形繞置桶內分兩號小者甑容八升價銀十四圓大者容十六升價銀二十二圓

如第四百九十六圖亦爲蒸水之甑以馬口鐵或紅銅爲之可用木炭爐加熱卽前第二百零六圖之爐是也

此器不獨可蒸水又能蒸各種易散油或玫瑰花水或各香水等此器各件可拆卸以洗淨其內面其甑頂有互螺絲聯之甑外有鐵套能不散熱其爐為鐵者凝器之式甚合用而置於水桶有漏斗管插近桶底時引冷水下流桶上旁有嘴以放温水出此器一日能蒸水數斗蒸畢將各器拆開傾乾洗淨則不生鏽甑分兩號小號容十磅馬口鐵者價銀十圓紅銅者銀二十五圓大號容二升馬口鐵者價銀二十圓紅銅者銀四十圓凝

第四百九十八圖

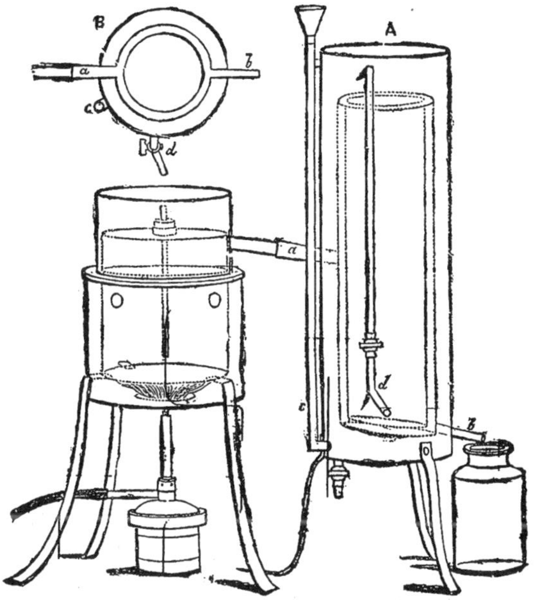

第四百九十九圖

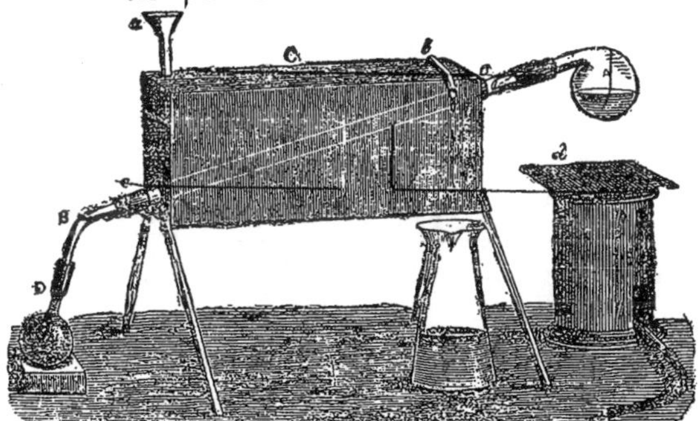

器小者價銀十四圓大者價銀十七圓爐價見前

如第四百九十七圖為易搬動之甑以紅銅為之極堅甑頂以馬口鐵為之凝管為螺絲形亦以馬口鐵為之盛水桶以鍍鋅之鐵為之有進水管與放水塞門爐以鐵為之有三足甑分九號小者容十磅價金七圓大者容一百二十磅價金二十二圓

如第四百九十八圖為蒸水等之馬口鐵甑可以煤氣燈加熱高九寸徑八寸甑頂有塞塞中有玻璃管幾通至底管兩端皆通以堅鐵皮托之爐徑十寸高七寸足高十三寸甑上有鐵罩能不散熱其甑能容十三升用

第五百圖

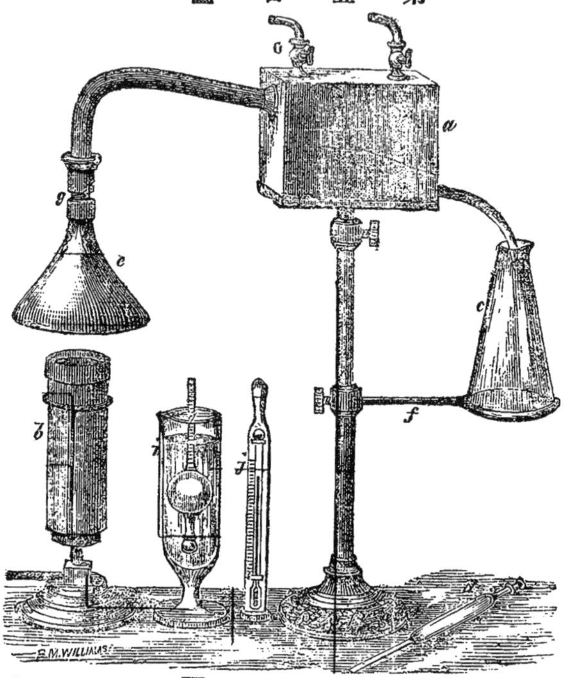

第五百零一圖

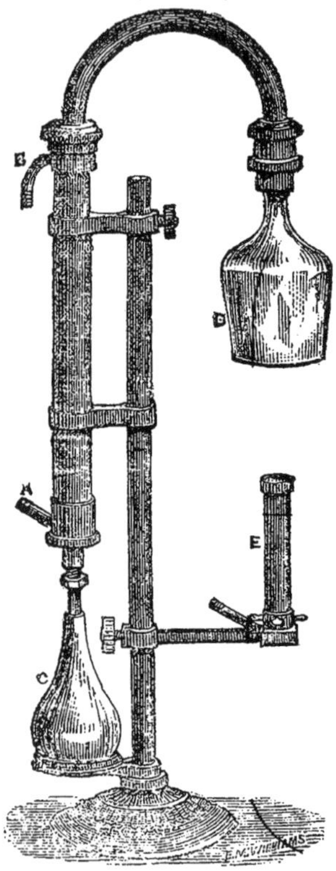

時以不外八升爲妥待蒸出六升後可再添入六升如欲知甑內有水若干可以玻璃管插入用指按管上口取出視管內含若干則知甑內含若干也欲洗淨之可用洗瓶之毛刷伸入甑孔洗之所用之煤氣燈如前第二百三十七圖者一小時能蒸水一升如第二百四十三圖者一小時能蒸二升半如第二百四十五圖者一小時能蒸五升如用合法之火油燈亦可其凝器亦爲馬口鐵者置於錊桶內桶高二十六寸徑八寸有三足高九寸桶旁有進水管桶底有放水塞門如作別事欲用熱水可開此門放出若干而由進水管添冷水補之桶上有蓋如圖左上式此種器甚簡可置桌上用之桌面長三十寸寬十五寸即足其全器價銀四十五圓

如第四百九十九圖爲各里分所設之蒸酒器美國收酒稅之官所用者便於試各酒含醕之數用此器之理與前者同故不重述凡分試各酒法此器爲最簡而廉者且易搬動其全器價銀十五圓

如第五百圖爲英國稅局所用之蒸酒器各件全價銀三圓銅十圓惟煤氣燈浮表等不在內

如第五百零一圖爲化學家奇意納所設之蒸器便於試葡萄酒麥酒火酒等其法以玻璃爲甑用煤氣燈加熱另有立置凝器及收瓶並架等共價金四圓銀四圓

第五百零二圖

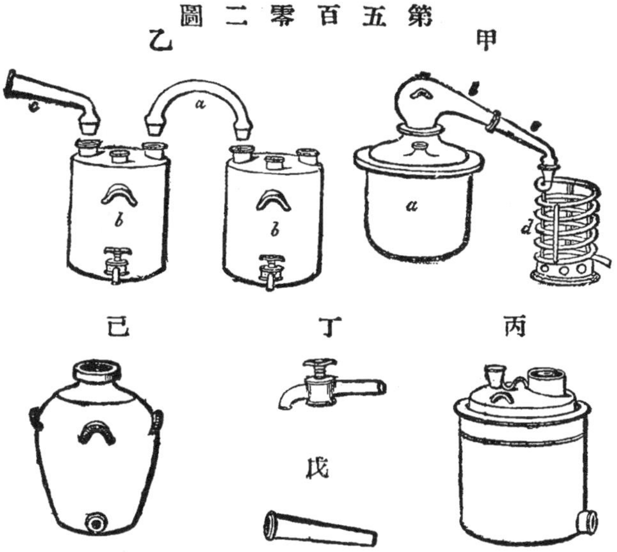

如第五百零二圖爲上釉之瓦蒸器便於蒸强水及綠氣等猛而易侵器具之質雖最猛之酸亦可以此器蒸之其器大者小者皆可定作如甲爲甑其頂與螺絲管俱以上釉之瓦爲之乙爲兩口或三口之瓶可安接管丙爲蒸綠氣之甑丁爲瓦塞門戊爲瓦接管己爲盛强水之瓶各件之價以大小而異惟須定作故價不預言

第十三類取氣試氣之器

氣類之質薄而易散故取氣存氣試氣之各器須格外精細否則氣洩易於致誤如第五百零三圖爲試取煤氣之法以硬玻璃彎管盛煤蒸之中有瓦管接於玻璃管彎處含水下口塞以細管入於水盆內正對盆中之取氣罩則煤氣發出經過瓦管水中再由細管入於罩內

如第五百零四圖爲取輕硫氣之法則用玻璃瓶盛鐵硫加以水再於瓶塞中插漏斗管添强水又插引氣管引氣入水盃內此爲化分礦等常用之法爲簡便者另有繁者見於後

如第五百零五圖爲取綠氣之法乃用燒瓶盛含綠氣之質加熱令綠氣行過球形之器凝其流質再行過盛鈣綠之管收其水氣則綠氣淨而乾也

從此三法可見取氣所用之器須特設者如玻璃瓶引氣管象皮管及套收氣器盛水盆存氣罩量氣管提淨

收乾氣之器等茲將常用各器無論冷取熱取者分類略言至於所用之架及加熱之器業解於前茲不重述

取氣瓶並相配零件〇取氣所用之瓶如前第三百五十六至三百六十三各圖者皆可用之惟其口必作甚圓磨甚平便於用輭木塞或象皮套等令不洩氣凡瓶欲插二管或三管者口須大不加熱之瓶可用箭

第五百零三圖

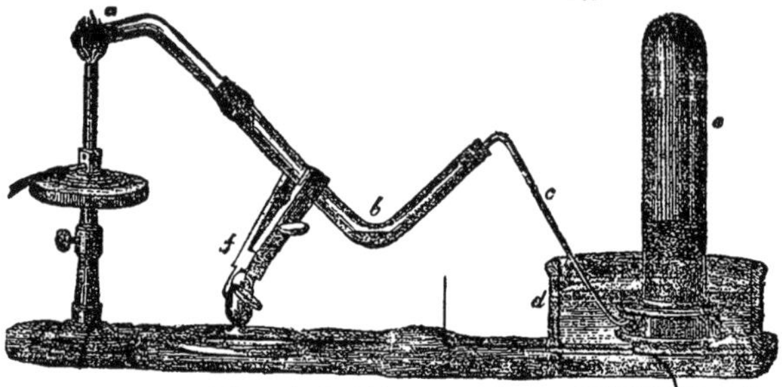

第五百零四圖

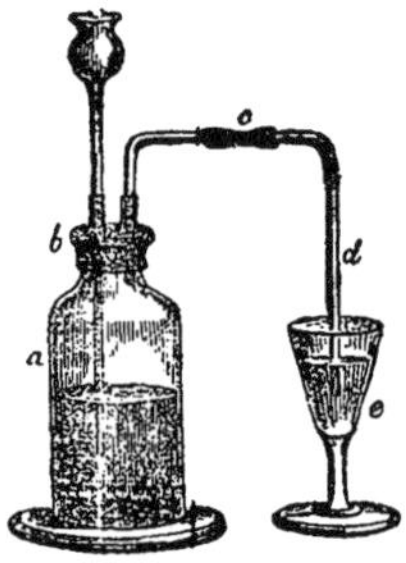

第五百零五圖

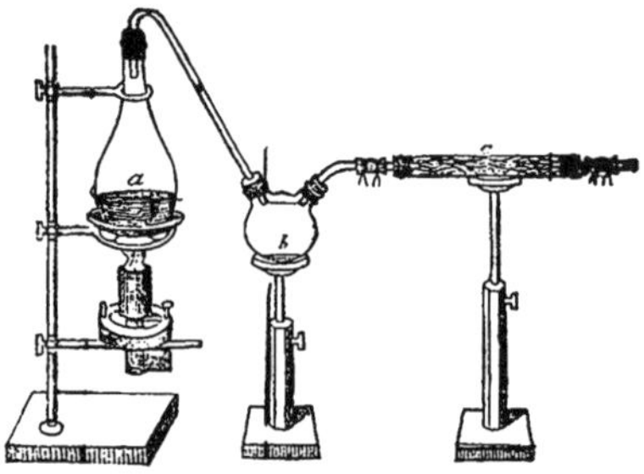

形或大口者如前第三百九十九圖之類是也凡欲多盛定質或所盛之質易結顆粒者亦需大口之瓶又有數事須用二口或三口之瓶其口亦必甚準始能用輭木塞或象皮套蓋密令不洩氣也

引氣管〇如第五百零六圖爲常用之引氣彎管有十六種其各用處視圖大概易知凡有泡者畧欲引氣時令所凝之流質蓄其內各形皆有其相宜之用其價以尺寸與工作而異小而簡者價銅三圓略繁者銅六圓最繁者不外銀一圓耳

漏斗管〇如第五百零七圖爲各式漏斗管甲爲直者便於取氣瓶添强水之用長四寸至十四寸者價銅二圓長十五寸至二十四寸者價銅三圓漏斗口徑皆一寸乙亦爲直者漏斗爲圓錐形甚堅固分四號小者長九寸至十寸口徑一寸半價銅四圓大者長十六寸至二十四寸口徑四寸價銅八圓丙爲曲折者分二號小者長十二寸至十四寸價銅四圓大者長二十一寸價銅六圓此種名爲穩管因其能放强水入而阻氣質出也丁爲曲折而有泡者分兩號小者長十五寸價銅五圓大者長二十一寸價銅七圓戊爲曲繞而有雙泡者分兩號小者價銅七圓大者長二十寸價銅八圓己爲曲繞而有三泡者

價銀一圓此各管各合各事之用化學事內不可少者惟裝箱運遠略為不便因其易折斷碎裂也

象皮套與管等○凡用輭木塞瓶每易洩氣故有化學家喜用象皮套套於瓶口因其皮有漲縮力能甚

第五百零六圖

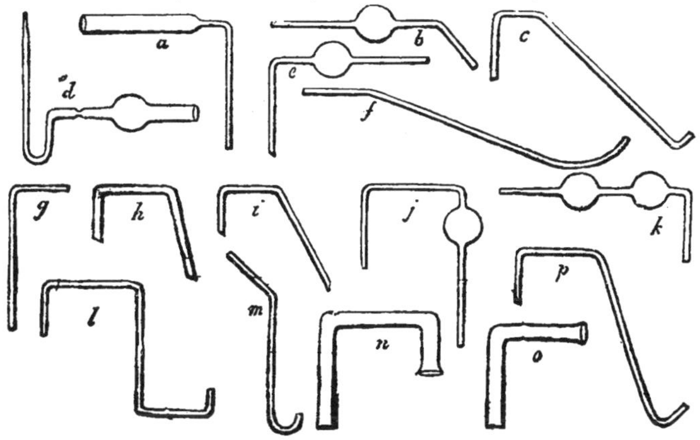

第五百零七圖

甲　乙　丙　丁　戊　己

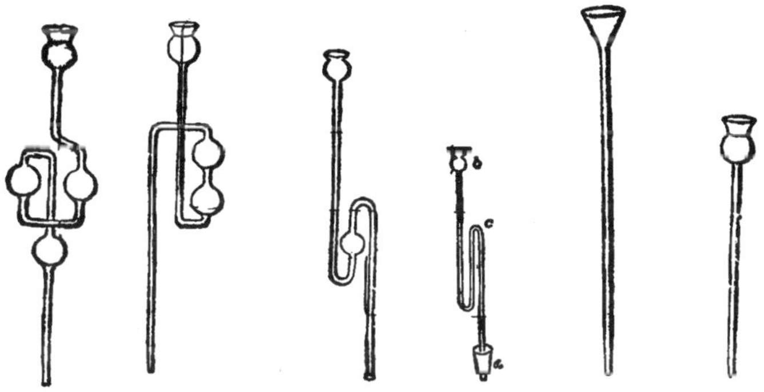

緊密如第五百零八圖為硫象皮所製者有一頸或二三頸者皆可插以玻璃管分有十號小者徑四分寸之三一頸者價銅三圓二頸者銅四圓三頸者銅五圓大者徑三寸一頸者價銅九圓二頸者銅十圓三頸者銅十二圓另有硫象皮管合於引氣或接於玻璃管之用有灰色紅色黑色者分九號價以內徑為主小者徑十六分寸之一每尺價銅二圓大者徑四分寸之三每尺價銀一圓銅六圓另有象皮塞象皮片象皮板厚薄不等又有象皮鉸等俱屬取氣器內不可少者

配準之取氣瓶○凡取氣須加熱者必慎其瓶使能耐熱否則易誤若為玻璃瓶底必薄始免炸裂常用者以硬玻璃為之如前第三百五十六圖至三百六十三圖者皆可用若取氣不須加熱則瓶底應堅平置桌面能穩固雖加以漏斗管亦不能因底輕而倒然能耐熱之瓶亦能合用惟體薄易碎耳故莫如以特設之器

爲便計不須加熱而取之氣爲輕氣炭養二　氣輕硫氣等須加熱者爲養氣緑氣淡輕三　氣輕緑氣硫養二氣等茲將取各氣所宜之器列左

第五百零八圖

第五百零九圖

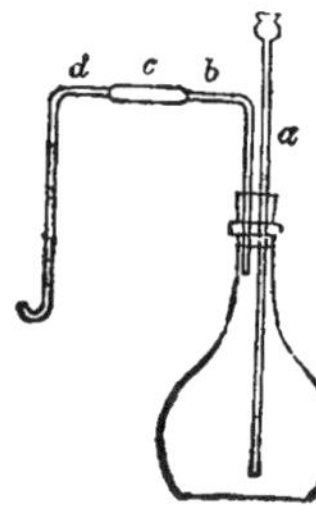

第五百十圖

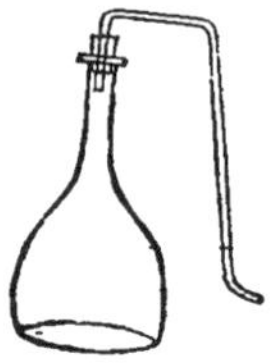

第五百十一圖

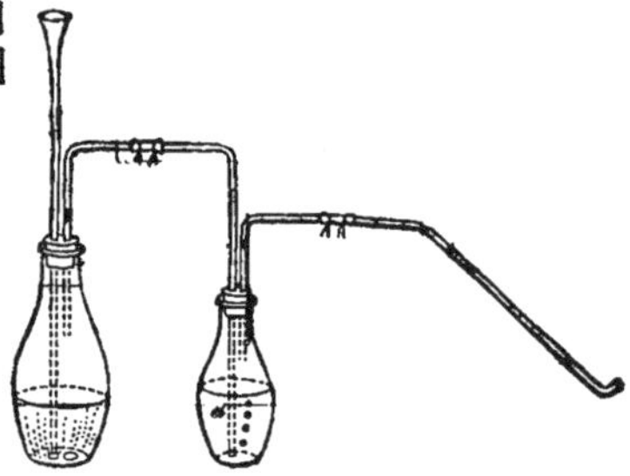

第五百十二圖

第五百十三圖

第五百十四圖

第五百十五圖

第五百十六圖

取輕氣之瓶〇如第五百零九圖爲常用之取輕氣瓶以硬白玻璃爲之能容三十兩有漏斗管與引氣管等價銀二圓如第五百十圖爲小者容十六兩無漏斗管價銀一圓

如第五百十一圖爲取並洗輕氣之瓶取氣瓶容四十兩洗氣瓶容三十兩有漏斗管引氣管等價銀四圓

如第五百十二圖爲取各氣之瓶以硬白玻璃爲之無論加熱或不加熱俱可用之其頸旁有嘴以便接引氣之管分六號小者容半升價銀一圓銅四圓大者容六升價銀三圓銅四圓

如第五百十三圖爲化學家伯西里尤司所設之取氣瓶可以取輕氣或炭養二氣或不須加熱而取之氣其瓶能容二升口內磨甚準揷以漏斗能甚嚴密漏斗頸有塞門能節制所添之强水瓶肩另有口可接引氣管其價銀十二圓

如第五百十四五十五十六各圖爲少取輕氣之瓶引氣管與瓶爲渾成者取氣時可免與空氣相遇各能容三兩泡徑二寸價銀六圓

格致釋器內所言金銀銅各價乃英國所用之錢計金錢每圓約合華銀四兩或鷹洋五元又銀錢五圓約合華銀一兩而四圓合鷹洋一元又銅錢一圓約合鷹洋二分閱者從此略數可自推算各器所值之略價不致有大懸殊也

此稿未完下卷續印

取輕硫氣之瓶○此有二種一不用洗氣瓶一用洗氣瓶如爲粗工取氣時則不必令氣行過水中若屬細工則因瓶內發出之氣每含異質故須使之過水中以洗之如第五百十七圖爲簡便之瓶能容五兩有彎管與相接之小引氣管等價銀一圓如第五百十八圖爲較大者能容十兩另有漏斗管等價銀二圓如第五百十九圖爲取氣並洗氣之瓶有木座托之英國大化學院準用者即此式其取氣瓶容二十兩洗氣瓶容十八兩有漏斗管與引氣管等價銀三圓銅六圓如第五百二十圖爲化學家記佈所設取輕硫氣之器成三球形以玻璃爲之用時以鉛皮一條圍住其漏斗頸足令強水漏下而阻鐵硫下落將鐵硫自中球肩上之嘴裝入而自上球漏斗管灌以淡硫強水則發輕硫氣自中球引氣管出可任通至

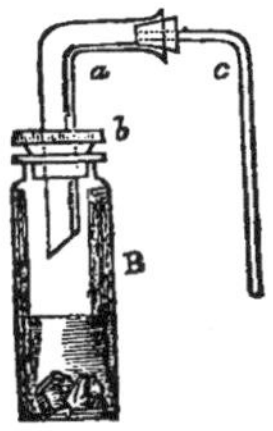

第五百十七圖

第五百十八圖

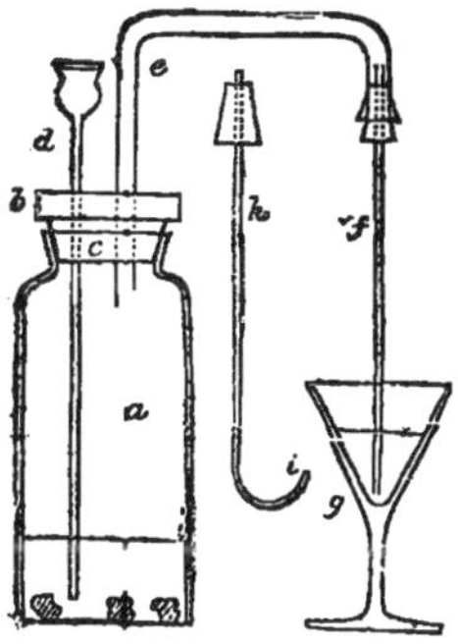

第五百十九圖

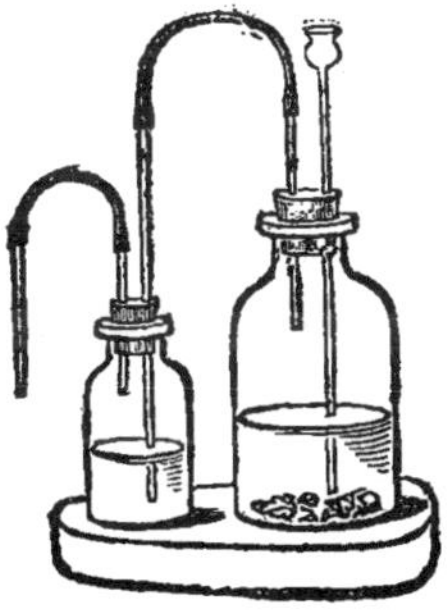

第五百二十圖

第五百二十一圖

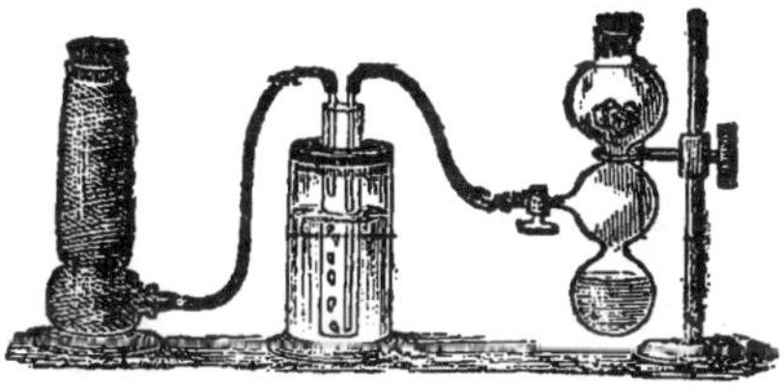

何處大號者各球之徑約六寸價銀十六圓而徑五寸者銀十二圓徑四寸者銀八圓

如第五百二十一圖爲新設取輕硫氣之器價銀十圓架等不在內此器之益能不散出輕硫之臭亦可免耗散氣質化學事內輕硫氣爲不可少者若取此氣時屋內有散出者則大惹人臟腑而易有害故特設此器以免其臭此器爲三球形以玻璃爲之上者較大盛以鐵硫塊而下球盛淡硫強水將器倒置則強水流至大球遇鐵硫而發輕硫氣欲試用時將所欲試之質盛於試管而管置熱水玻璃筩中通以象皮管開其中球之塞門令氣行過則所試之質遇輕硫氣因熱而易結成另有象皮管引其餘氣行於盛鈣綠之器爲鈣綠所收卽不散出可免害人

第五百二十二圖

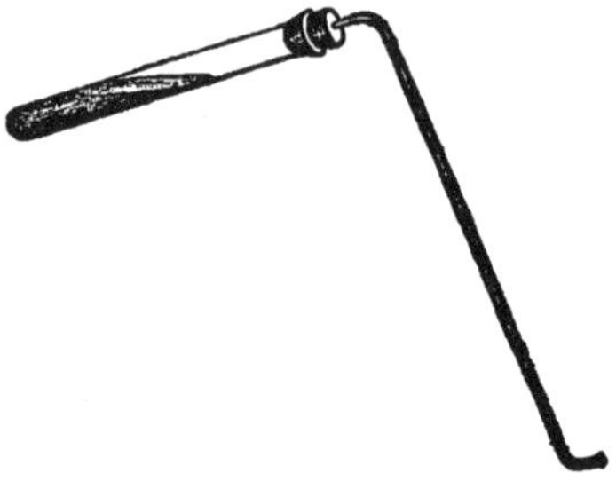

第五百二十三圖

第五百二十四圖

五百二十五圖

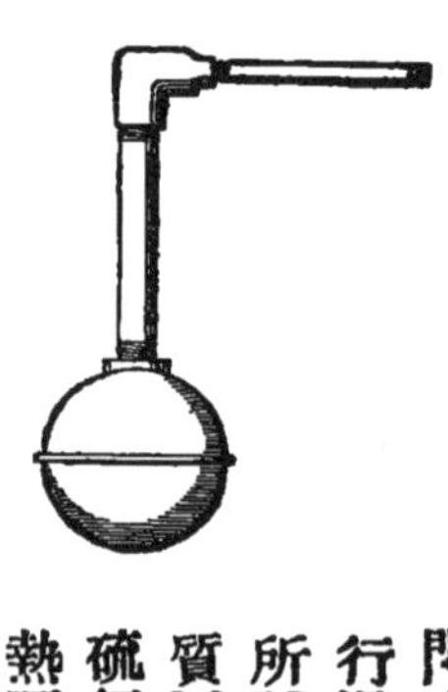

取養氣之瓶○如第五百二十二圖爲取養氣之玻璃試筩內盛以鉀養綠養五與錳養二而加熱則發養氣自塞中引氣管出試管徑一寸長六寸及引氣管價銀一圓又有大者以銅爲之價銀三圓銅六圓

如第五百二十三圖爲極硬之白玻璃甑可以取養氣或須加大熱而取之氣其器容五兩價銀一圓

如第五百二十四圖爲取養氣之甑以鐵皮爲之底爲紅銅者口有象皮引氣管能通氣至洗氣盒內洗之再通至藏氣袋如需養氣僅五六立方尺則可用之作影戲燈者大半合用此器其價銀九圓惟藏氣袋不在內

如第五百二十五圖亦為取養氣甑成球形徑五寸以銅為之而有鐵頸並長引氣管皆甚耐用價銀十五圓

取綠氣之瓶○取綠氣須加熱所用之瓶如第五百二十六圖能容十六兩有長引氣管共價銀一圓然祗可為少取綠氣之用若欲多取則用前第五百零二圖之丙甑

收乾氣質之器○凡用流質所取之氣每含水氣頗多欲乾之須令行過收水氣之料如乾鈣綠或浸過磺強水之碎浮石或不灰木之細條等盛此各質之器須依事配製如為化分生物質之工取氣少而欲求其分劑並所含水氣之數則必將鈣綠裝以小而輕之玻璃管便於用精細之天平權之若欲多得乾氣而不計含水氣之數則收乾之料可多而器可大茲將常用之器　一言之

第五百二十六圖

第五百二十七圖

第五百二十八圖

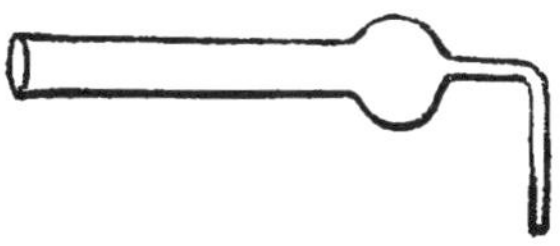

第五百二十九圖

第五百三十圖

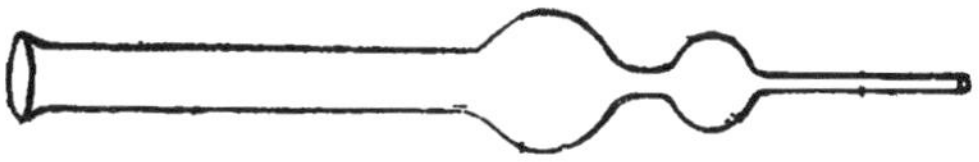

如第五百二十七圖為裝鈣綠之管一端接細管一端有泡其頸直可插於輭木塞中分有六號小者價銅二圓大者價銅六圓

如第五百二十八圖之鈣綠管頸彎泡大分有四號小者價銅四圓大者價銅六圓如第五百二十九圖為同用者其價亦同而形稍異

如第五百三十圖亦為裝鈣綠之管中有二泡一大一小而頸較細為直者分兩號小者價銅四圓大者價銅六圓如第五百三十一圖為同用者惟頸彎價銅四圓

如第五百三十二圖之管一端粗一端細為直而無泡者價銅三圓

如第五百三十三圖為化學家暮耳散氏所設之鈣綠管中彎兩端有細管一端有二泡價銅十圓

如第五百三十四圖之管為彎而無泡者兩端有塞塞中插以細管價銅六圓如第五百三十五圖亦為同用者價亦同若夫前第五百零六圓之各引氣管亦有可以裝鈣綠為收乾氣質之用者

如第五百三十六圖爲有足之玻璃筩近足有一嘴亦可爲收乾氣質之用分四號小者價銀一圓銅六圓大者價銀三圓銅六圓又有極細者價銅九圓

取氣盆○收取氣質每用玻璃罩滿盛以水倒置於水盆內其盆名曰取氣盆盆內有托罩之器常在水面之下罩置其上罩內之水即不落而托器有孔將引氣管入其孔正對罩口則氣漸上升入罩罩內之水即落下以容其氣罩口不離水面氣亦不散若以淺盆或小椀托其罩有水足沒罩口則可任移至何處氣亦不散化學中所用之取氣盆有瓦者有金類者有玻璃者另有以汞代水而取氣合用之盆茲一一言之

第五百三十一圖

第五百三十二圖

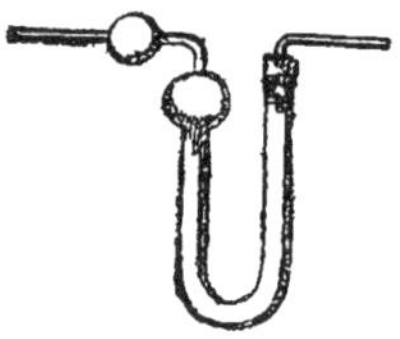

第五百三十三圖

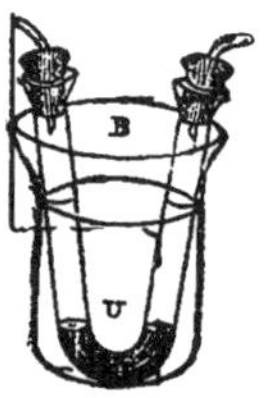

第五百三十四圖

第五百三十五圖

第五百三十六圖

取氣之瓦盆○如第五百三十七圖爲常用之圓取氣盆以瓦爲之徑十一寸深五寸中有托罩之座徑四寸亦爲瓦者旁有一孔可插引氣管上一孔可通氣入罩共價銀二圓銅八圓

如第五百三十八圖爲用玻璃筩取氣合用之盆以瓦爲之徑十二寸深二寸中有托座爲白瓷者徑二寸高一寸共價銀二圓銅四圓

如第五百三十九圖爲托座以白瓷或瓦爲之徑二寸高一寸價銅七圓

取氣之金類盆○如第五百四十圖爲馬口鐵盆面有能移動之托板以便托玻璃罩分有四號小者長十寸寬六寸半價銀三圓大者長二十一寸半寬十五寸半價銀十圓銅六圓

如第五百四十一圖爲兌脫所設之取氣盆以馬口鐵爲之亦可作吹火筒吹風之用便於屈彎玻璃管或作

小玻璃器等其剖面式見前第八十六圖此器長十六寸寬十二寸另有蓋及托板共價銀十六圓銅六圓

取氣之玻璃盆〇如第五百四十二圖為方取氣盆以上等白玻璃渾聯鑄成者內可置徑四寸之托座

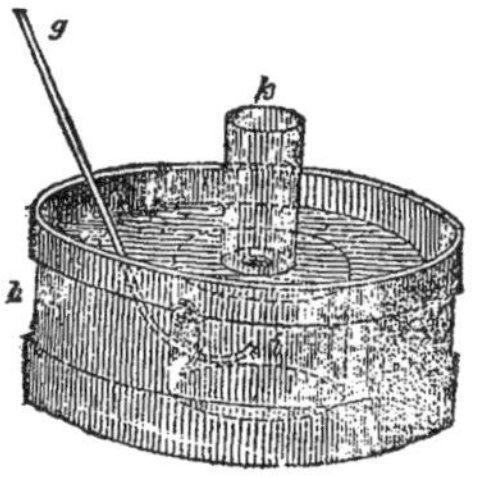

第五百三十七圖

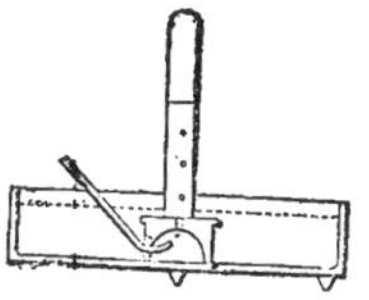

第五百三十八圖

第五百三十九圖

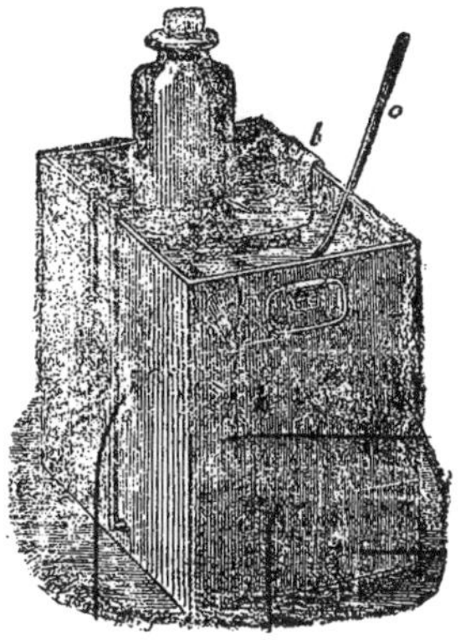

第五百四十一圖

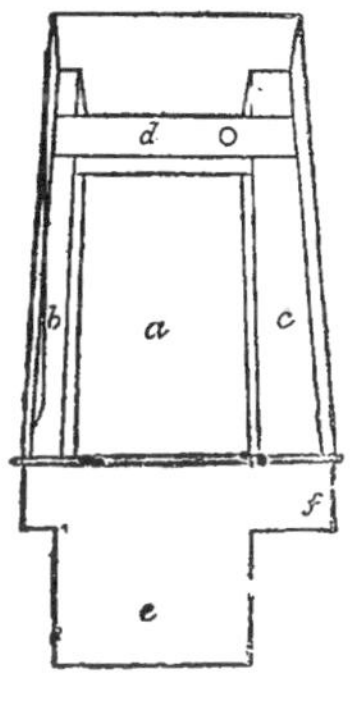

第五百四十圖

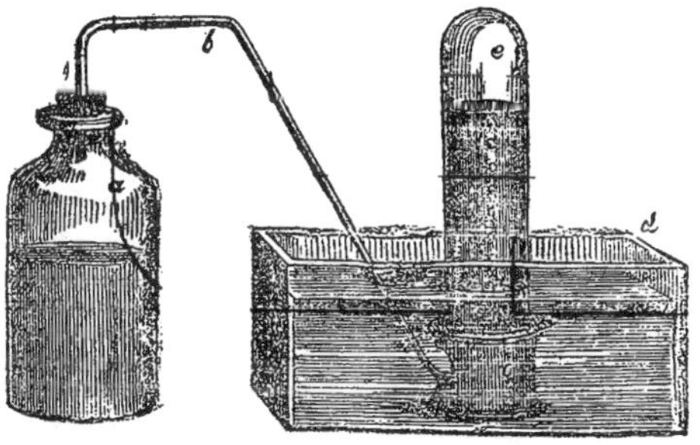

第五百四十二圖

或用掛托板亦可分三號小者長十二寸寬六寸價銀三十圓大者長十七寸寬八寸半價銀四十八圓其托座徑僅四寸如罩口大於四寸須用中有孔之圓玻璃片置座上托之

盛汞之取氣盆〇有數種氣質易為水蝕則不可在水中收取須用汞代水以取之盛汞常用之盆如第五百四十三圖以瓦或白瓷為之內長八寸一端有托架能托徑寸之取氣管盆內盛汞四磅至五磅即足用如第五百四十四圖為剖面式易見其內形價銀一圓銅三圓如第五百四十五圖為盛汞之取氣盆內形與前同惟較長而周圍有凸邊免汞溢出盆長九寸內寬一寸有奇能容長七寸徑一寸之玻璃管加汞沒其托架須四磅至滿須八磅其剖面式亦畧如第五百四十四圖價銀二圓銅六圓

第五百四十三圖

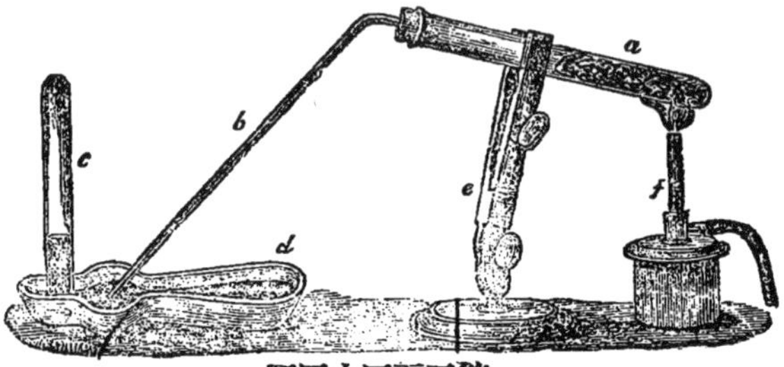

第五百四十四圖

第五百四十五圖

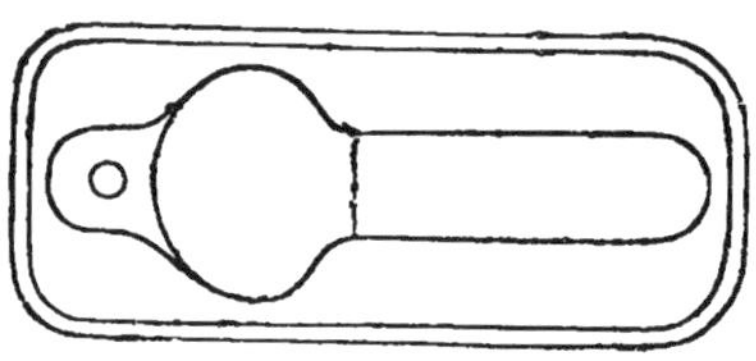

第五百四十六圖

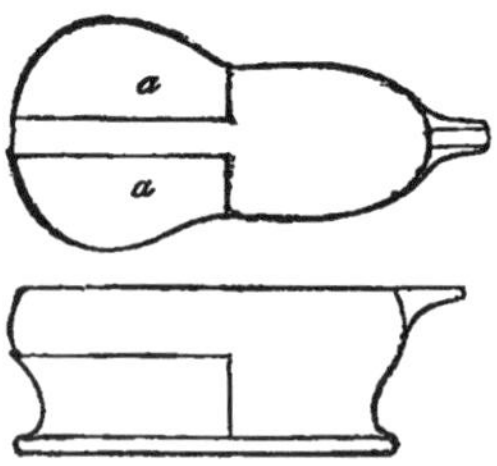

如弟五百四十六圖爲德國所設之盛汞取氣盆上爲平剖式下立剖式長七寸寬四寸須汞九磅至十磅方能沒其托架至滿須十八磅化學家里必格常以此器作化分生物質求所含淡氣數之用其瓦者價銀二圓銅六圓白瓷者銀三圓上等白瓷者銀三圓銅六圓

如第五百四十七圖爲盛汞方取氣盆乃獨塊紅木鑿成者而無縫隙圖左爲其外形右上爲縱剖式丁爲直剖式有三柱以螺絲聯於盆上柱上有橫桿亦以螺絲聯之桿上穿以木塊共三塊可移動取氣之管以象皮圈聯其上盆內加汞三十磅則沒托架加四十磅則滿盆價銀三十六圓

如第五百四十八圖爲本生所設之汞盆可用通電氣之分度管令氣質化合或化分盆架以木爲之二邊鑲以木二邊嵌以厚玻璃亦有托管之架又有蓋不用時可蓋之以免塵汚其汞加汞二十磅則沒托架至滿須四十五磅其盆價銀三十圓

如第五百四十九圖爲類格奴所設之汞盆以生鐵爲之外套以紅木殼加汞四十八磅足沒其托板至滿須八十磅盆上亦有托取氣管之架價銀三十六圓

如第五百五十圖爲小汞盆之剖面式以生鐵爲之須汞十三磅始沒架加十五磅則滿價銀八圓

收氣罩○取氣質時所用收氣之器謂之收氣罩大半以玻璃爲之類與抽氣筩所用之罩同亦有爲管形者罩面有刻分度與無分度者罩頂有口或無口有门者或配以玻璃塞或加以象皮套或製有塞門等如第五百五十一圖之罩以硬白玻璃爲之上有口配以磨準之玻璃塞甚嚴密不洩氣用時拔其塞沉於取氣盆之水內待水升滿而塞之即可提起置托器上以取氣較無塞者裝水甚便此罩共分四號小者徑三寸價銀一圓大者徑六寸價銀四圓

如第五百五十二圖之罩上口有象皮套及放氣玻璃管管中間有象皮接管加以簧夾以便節制所放之氣罩高十一寸徑六寸共價銀六圓銅六圓

如第五百五十三圖之罩上有口配以玻璃塞分十四號小者徑二寸價銀一圓銅三圓大者徑八寸價銀六圓又有罩上無口無塞者形如第五百五十四圖分十號小者徑二寸價銀一圓大者徑八寸半價銀五圓銅六圓

如第五百五十五圖之罩上有玻璃塞門能任啓閉上端尖用時可套象皮管以放氣分兩號小者徑五寸價銀十二圓大者徑六寸價銀十五圓

第五百四十七圖

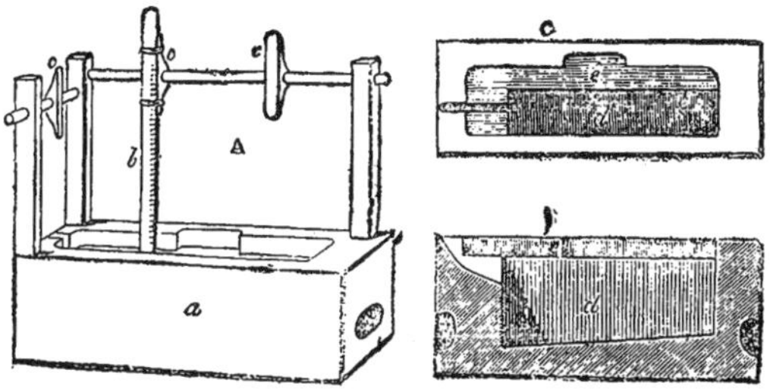

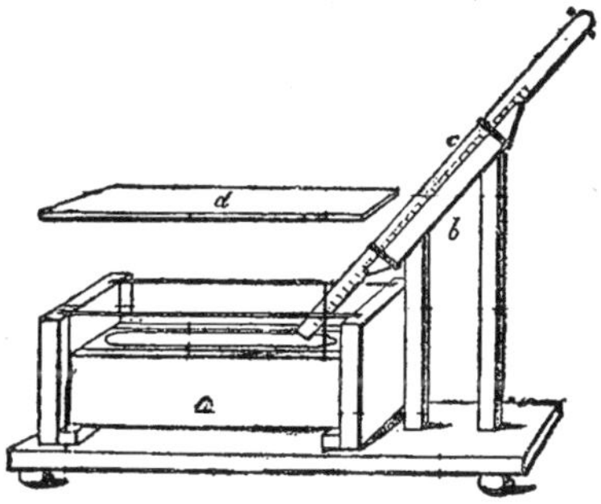

第五百四十八圖

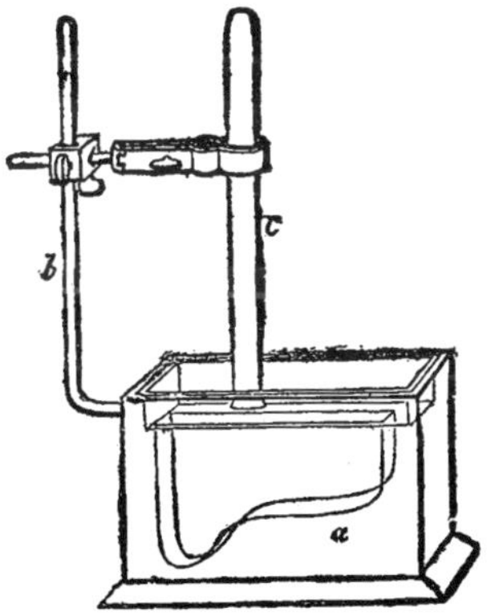

第五百四十九圖

第五百五十圖

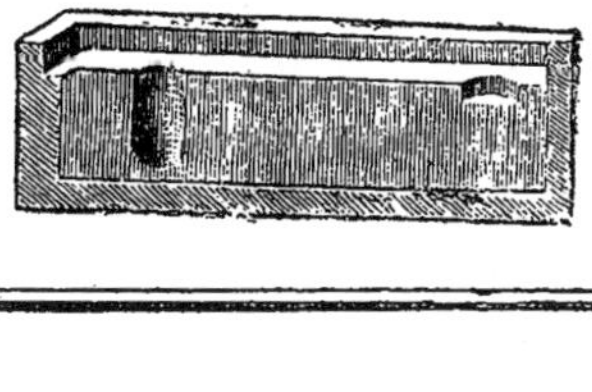

如第五百五十六圖之罩上口有銅套可聯以銅塞門能放氣入玻璃球或輕氣泡中分九號小者徑四寸價銀三圓大者徑七寸價銀六圓如其面欲刻分度價有加焉

藏氣袋○收藏氣質所用之器有藏氣袋常以象皮布或牛羊膀胱為之不洩氣占地小裝滿氣時可加

第五百五十一圖

第五百五十三圖

第五百五十五圖

第五百五十二圖

第五百五十四圖

第五百五十六圖

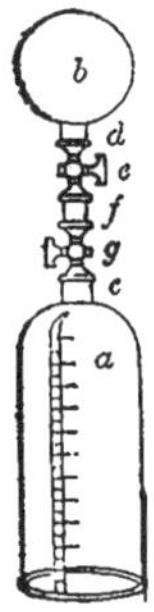

第五百五十七圖

壓力令氣放出以用之凡用玻璃或瓦等藏氣之器俱無此便如第五百五十七圖為象皮布所作之袋長十八寸徑十三寸嘴有塞門與長放氣管便於吹火筒之用價銀十四圓銅六圓

如第五百五十八圖之袋以象皮布為之長十五寸寬十五寸高五寸一端有銅嘴與陰螺絲下有木板板上有四鐵柱上有鐵板重畧三十磅近四角各有孔可穿入四柱能壓袋內之氣自銅嘴出共價銀二十四圓此袋甚便於用不用時四柱可拆下袋可壓平占地甚小如用時鐵板嫌輕可另加壓物此袋所放之氣最均勻如裝以空氣或養氣甚合作吹火筒之工

如第五百五十九圖為木嘴可聯於牛膀胱之口以裝淡養氣俗名喜氣者人啣嘴吸之能大覺暢快而不痛

囊醫牙者摘牙時每令人吸此氣以免痛楚每一牛膀胱與木嘴共銀二圓若爲羊膀胱者價銅二圓化學事內所用之膀胱每若干時須以各里司里尼和水洗之可免其裂漏

第五百五十八圖

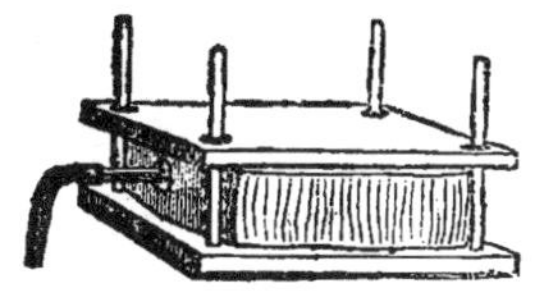

第五百五十九圖

第五百六十圖

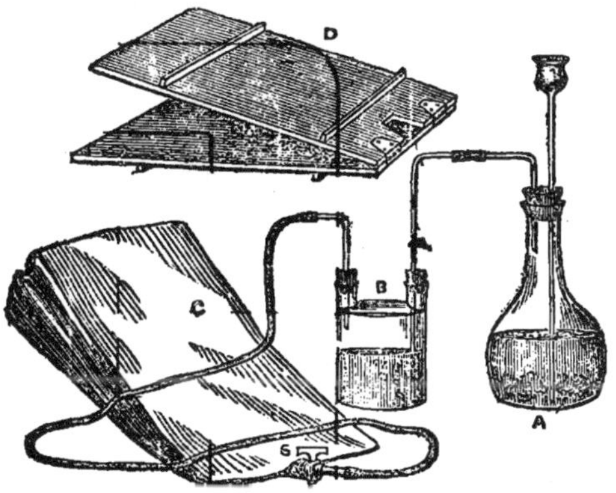

如第五百六十圖爲大藏氣袋以象皮布爲之成膊形可盛輕氣或養氣等合於影戲燈之用本圖爲取輕氣之法右瓶盛鋅與淡硫强水以發輕氣左瓶盛水洗其輕氣再由象皮管通入袋內上爲夾板可夾其袋以加壓力其袋分十一號小者容氣二立方尺半上等象皮布者價銀五十圓次等者銀三十四圓大者容氣十九立方尺上等象皮布者價銀一百六十八圓次等者銀一百零五圓各號皆有銅塞門而夾板不在內

藏氣桶〇化學事內多用氣時須用藏氣之桶桶有數式如第五百六十一圖爲書館內合用者以鉾爲之外敷漆高十八寸徑十寸半能容氣一千五百立方寸有塞門與漏斗漏斗管長十八寸又有象皮管長三尺桶旁有玻璃管下與桶通可顯桶內之氣有若干立方寸管旁刻分度每分爲氣積五十立方寸玻璃管與桶相聯之法甚簡便偶損之易換新者此器共價銀二十八圓

第五百六十一圖

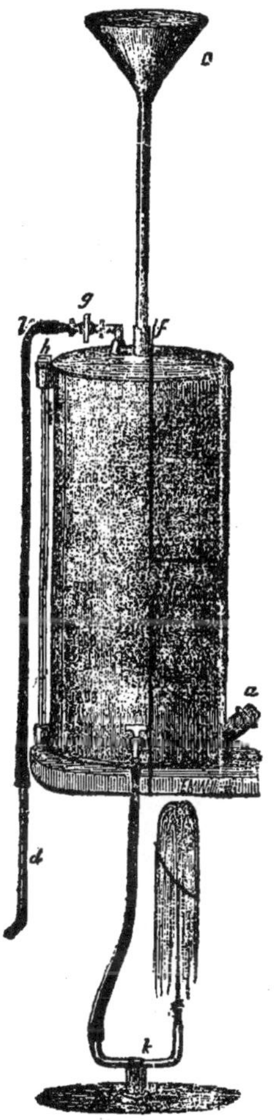

如第五百六十二圖之桶以瓦爲之能容氣十二升頂有銅塞門與放氣管肩旁有漏斗管通至離底不遠共價銀十圓而取氣盆等不在內大一倍者價銀十五圓

如第五百六十三圖爲化學家比比司所設之藏氣桶與第五百六十一圖之別乃桶上加一盆有管與下桶通桶內能容氣二千立方寸旁亦有玻璃管能顯桶內之氣數每一分爲氣積一百立方寸另有長管漏斗可插上盆內以水加壓力並各塞門等共價銀五十圓有更大者以紅銅爲之價金五圓

第五百六十二圖

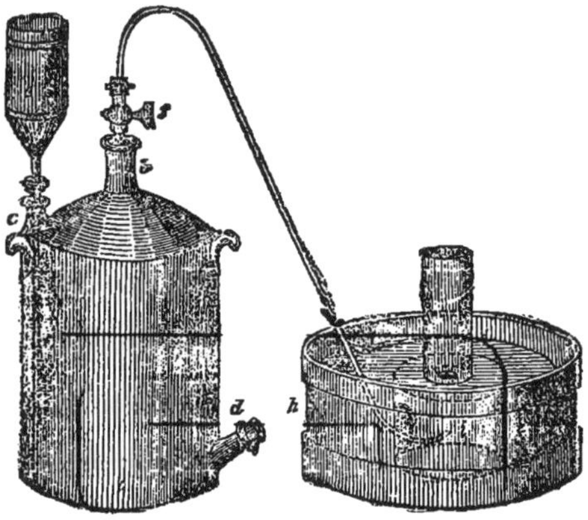

第五百六十三圖

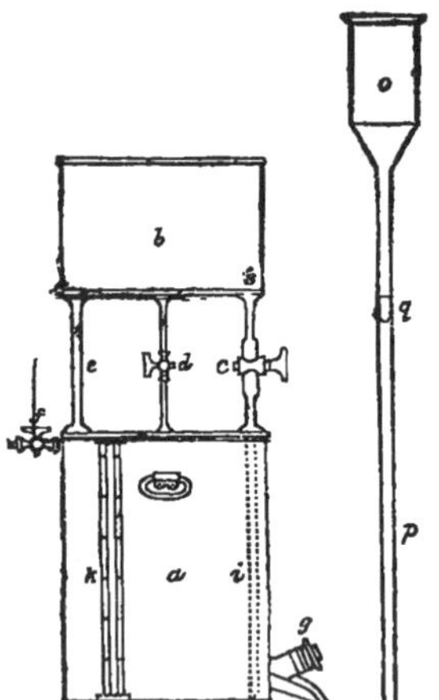

第五百六十四圖

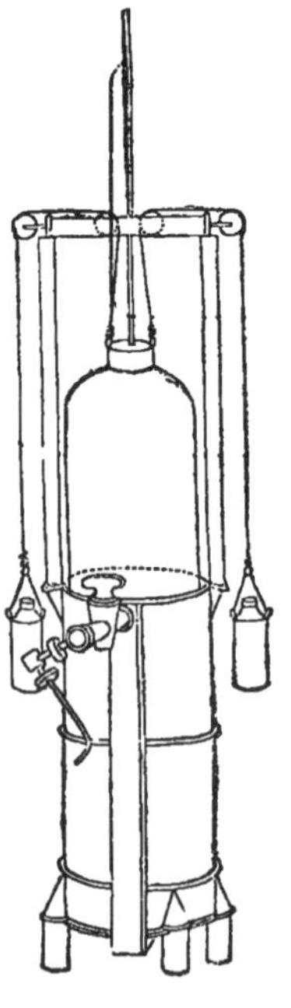

如第五百六十四圖爲便於拆卸之藏氣桶內罩高十二寸徑十一寸罩頂有桿穿入架中架左右有滑車通以繩繫錘以稱其桶又有塞門共價銀三十圓又有大者內罩高三十六寸徑二十寸能容氣六立方尺半價金十圓此種器最合熱地之用因象皮袋在熱地每有因熱裂壞而洩氣往往誤事者

格致釋器內所言金銀銅各價乃英國所用之錢計金錢每圓約合華銀四兩或鷹洋五元又銀錢五圓約合華銀一兩而四圓合鷹洋一元又銅錢一圓約合鷹洋二分閱者從此略數可自推算各器所値之略價不致有大懸殊也

此稿未完下卷續印

如第五百六十五圖爲玻璃之藏氣桶高十六寸徑十二寸頂有銅套與塞門及長管漏斗又有放氣之象皮管長三尺共價銀五十二圓銅六圓

如第五百六十六圖亦爲玻璃之藏氣桶高十二寸徑六寸半罩高八寸徑六寸有木架與三滑車及錘又有象皮管三尺及管夾共價銀三十圓

凝氣等器〇此器有多種各合各用如第五百六十七圖爲成小副者能顯凝氣之理即輕氣在空氣內燒之能變成水共五玻璃管有盛鈣綠者先收乾輕氣所含之水氣而通至一管嘴放出燒之以彎管罩其火

第五百六十五圖

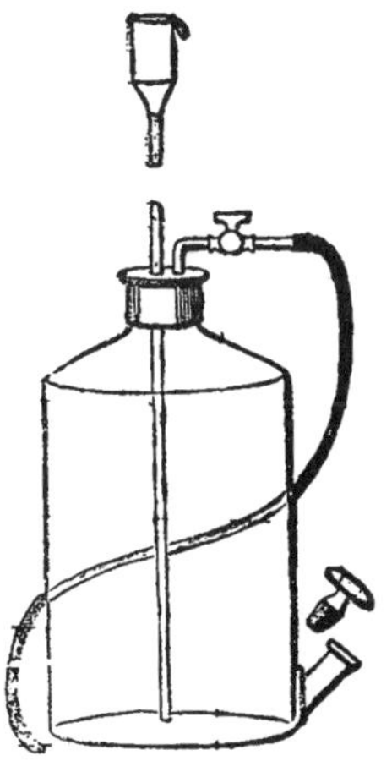

第五百六十六圖

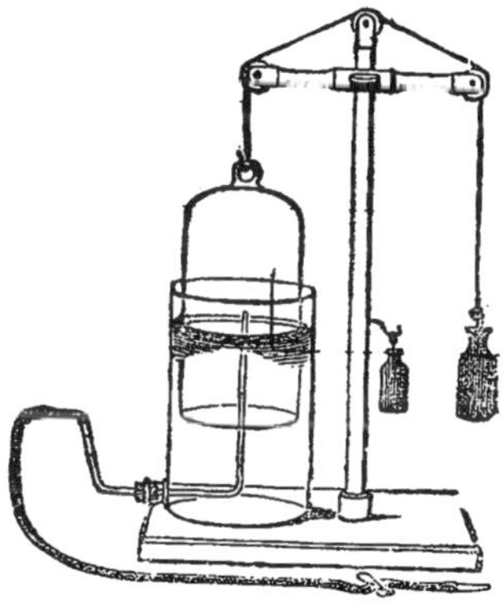

上彎管此端接以凝管凝管此端入以盛冷水之玻璃管則輕氣火所燒成之水氣遇之而凝成水燒輕氣之嘴應長半寸以硬而不易鎔之玻璃爲之所罩之彎管亦然此法足見輕氣燒時與空氣內之養氣化合成水氣由所罩之彎管行過湡盛冷水之管即凝成水而聚於其彎管之底每燒乾輕氣半小時彎管底即蓄水若干此各管共價銀三圓

如第五百六十八圖爲凝霧質之彎管因有數種霧質遇冷始凝結故其管應置冰水內本圖爲取無水輕衰之法其彎管長十五寸徑半寸價銅十圓

如第五百六十九圖右爲大彎管便於蒸燐時以之凝其霧管長二十二寸徑一寸價銀一圓銅三圓

如第五百七十圖爲里必格所設盛鉀養水之泡管可用以查炭養二氣之數蓋炭養二氣行過其管內之鉀

養水則與之化合成鉀養炭養二如先稱管與鉀養水通炭養二氣後再稱之則所增之重即所收炭養二氣之重此管甚易損壞須裝盒內襯以棉花等共價銀一圓銅三圓

如第五百七十一圖爲化學家該斯拉所設之泡管亦爲同用幷盒價銀二圓銅三圓

如第五百七十二圖爲盛輕綠水之泡管可以收淡輕三氣而求其數價銅七圓

如第五百七十三圖爲化學家米察利斯所設之泡管亦可盛鉀養水而收炭養二氣價銀一圓銅六圓

第五百六十七圖

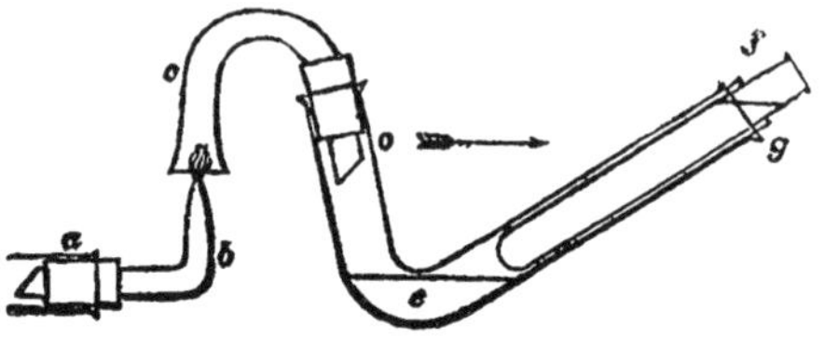

第五百六十八圖

第五百六十九圖

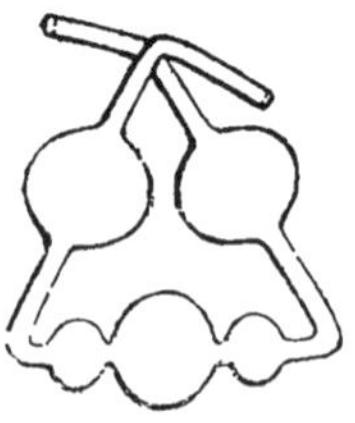

第五百七十圖

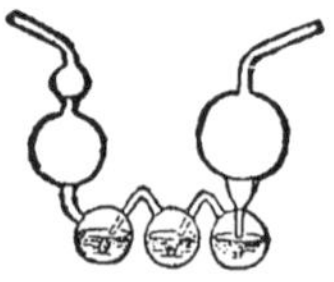

第五百七十一圖

演試氣質之器○凡書院內教習化學所需備之試氣各器大半於前各類內已詳及之惟另有數器必爲特設者始便教生徒之用茲故略將其要者言之如第五百七十四圖爲球形大玻璃罩便於裝養氣以試燒燐之用其徑八寸至九寸價銀三圓更有大者徑十二寸價銀四圓銅六圓

如第五百七十五圖爲燒燐之銅杯立於生鐵座座有孔可置水盆內以燐少許置杯內將前罩滿盛養氣罩入此杯以鐵絲燃其燐則燒成甚大之亮明如烈日此座價銀一圓銅三圓

如第五百七十六圖爲養氣罩內燒燐或硫所用之銅勺以鐵絲爲柄上有銅圓板能盖罩上甚嚴板中有輭

木塞勺柄插其中可抽送以配勺之高低其價銀一圓而玻璃罩不在內
如第五百七十七圖亦爲燒燐或硫之銅勺比前者精美價銀二圓銅六圓
如第五百七十八圖爲試燭以鐵絲爲把可以試各氣質之能養火否甲爲試養氣或比空氣重之氣質所用者乙爲試輕氣所用者共價銅六圓
如第五百七十九圖爲試炭養二氣之燭有四枝插於一圓木板中有鐵絲提柱如燃其四燭提之置入玻璃筩復以玻璃管通炭養二氣至筩底則炭養二氣漸升上而燭火一一卽熄亦可爲試養氣之用價銀一圓銅六圓

第五百七十二圖

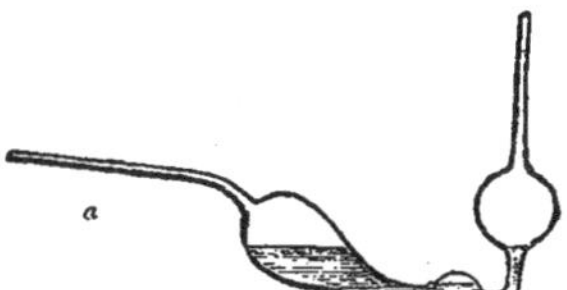

第五百七十三圖

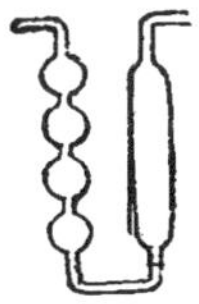

第五百七十四圖

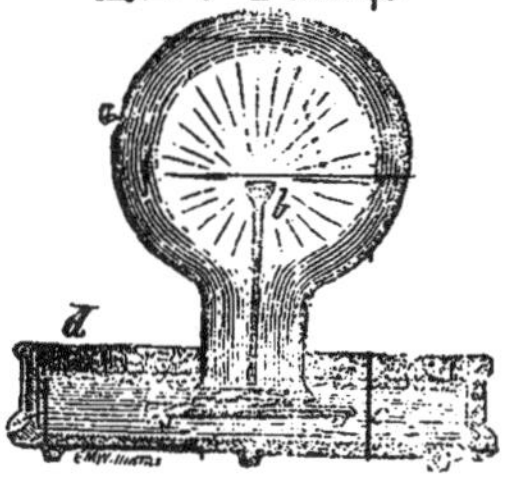

第五百七十五圖

第五百七十六圖

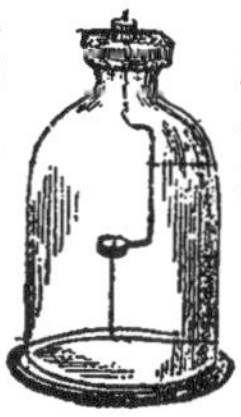

第五百七十七圖

第五百七十八圖

第五百七十九圖

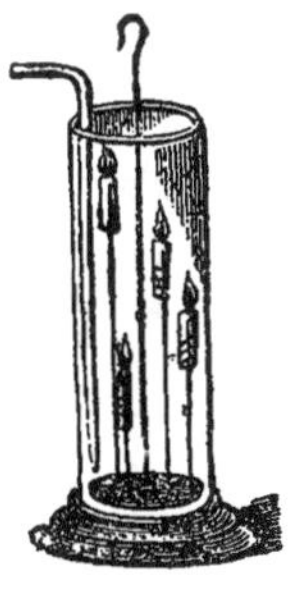

如第五百八十圖爲裝氣入牛膀胱之器法先以玻璃罩收蓄氣質復將膀胱口縛以螺絲與塞門旋於罩上開其塞門將罩按下水內則氣升入膀胱至滿關其塞門旋下可任試用每膀胱與相聯之螺絲等價銀二圓
如第五百八十一圖爲顯明室內通空氣之法用大口瓶略容二升有大輭木塞插二玻璃管一高一低瓶內燃燭火則火所需之空氣自低管進由高管出而瓶內之空氣時相遷換足養燭火如二管高低相等或獨用

一管則空氣不通燭火必熄凡室內之空氣亦須在低處能進高處能出互相遷換始能養人而不生病此器價銀四圓

第五百八十圖

第五百八十一圖

第五百八十二圖

如第五百八十二圖爲燒輕氣令發樂音之器其瓶能容十六兩口有不能燒化之細玻璃管可燃輕氣火價銀一圓銅六圓另有兩端通之玻璃管長二十寸徑一寸價銀一圓將此長管套入其輕氣火上則發聲哼哼遂成樂音其音之高低以管之長短粗細而異

第五百八十三圖

第五百八十四圖

如第五百八十三圖爲銅嘴略似西國菸袋之形可聯於前第五百八十圖之膀胱裝以輕氣射入肥皂水內如第五百八十四圖則能成泡上升或於膀胱內裝以輕養二氣射入肥皂水內俟所成之泡升高以長竿縛燭火點之則訇然作響如放鎗然此銅嘴價銀二圓聯膀胱與塞門共價銀七圓

第五百八十五圖

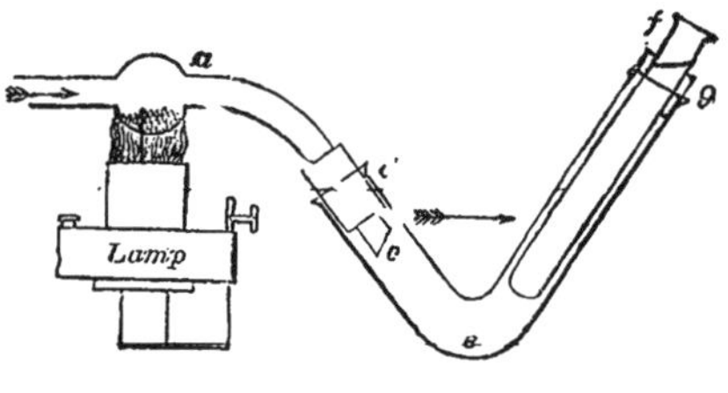

如第五百八十五圖爲各里分所設成水之法令乾輕氣行於煆過之銅養則銅養放其養氣與輕氣化合成水聚於中管之彎處其銅養盛於左管之泡內下用燈熱之輕氣自左端透進與養氣合成之水入中彎管遇右端盛冷水之管則凝而聚於彎管中各管俱以玻璃爲之共價銀二圓銅六圓

如第五百八十六圖爲輕氣取火燈甲爲玻璃筩上有蓋蓋下聯以玻璃罩蓋上有塞門如丙又有盛鉑絨處

如丁其鉑絨如第五百八十七圖之式共價銀七圓銅六圓取火法於甲筩加硫强水一分水四分內罩內懸鋅一塊則發輕氣由內罩上升而下壓其水用時先以紙遮蓋鉑絨而開塞門令內罩空氣放出再閉塞門待輕氣發足而鋅塊離水可再開塞門令輕氣放出二三次以免內雜空氣之險然後去鉑絨上所蓋之紙令輕氣直射鉑絨則生火焉可以紙或木片引其火此爲雅趣之取火法惟其器價略貴而逐時所用之强水與鋅亦貴故不如用自來火或火石擊取之法廉且便也

第五百八十六圖

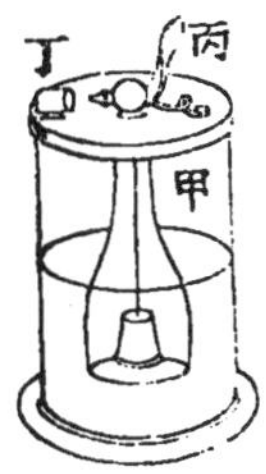

第五百八十七圖

第五百八十八圖

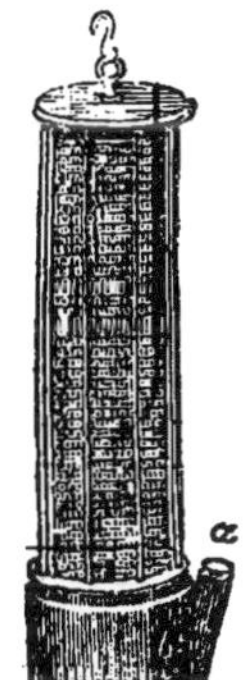

如第五百八十八圖爲防火燈以鐵絲布爲之在煤洞內用之雖遇煤氣等易燃之氣則燈火不能透出布外而燃之如用平常燈一見煤氣立卽燃轟常有因此焚斃多人者旣設用此燈則罕有此弊其燈爲銅者外圍鐵絲布單層者價銀六圓雙層者價銀八圓

第五百八十九圖

第五百九十圖

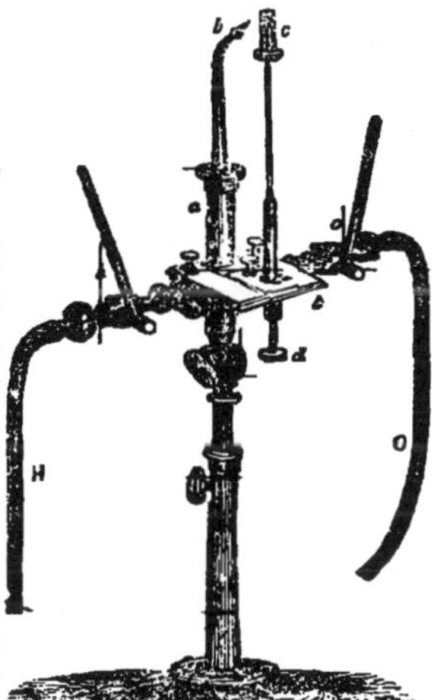

輕養燈〇輕氣與養氣共燒其焰最烈凡難鎔化之質置此焰中無不易鎔如鎔鉑等事每用之但此二氣和燃之最易爆裂甚屬險事故造此燈宜極穩妥近來用新法將其燈管以鐵絲束塞滿令氣質由鐵絲間之微孔行過如偶有輕養火引入管中則火不能過其微孔卽無爆裂之虞如防火燈之火不能過其鐵絲布者同意也然輕養二氣燒時熱雖最大而光則小故須令其火射於定質始甚光明常法以乾石灰作圓柱形對其火則亮如日如第五百八十九圖爲常用之輕養燈左右有管一進輕氣一進養氣各有塞門以節制之

燈嘴有二如圖左上者爲鎔化金類用者燈上聯者爲發大光用者又有石灰柱以直柱托之正對燈嘴令輕養火射之則甚光明幾同電光燈下有鐵座共價銀三十圓

第五百九十一圖

第五百九十二圖

如第五百九十圖之輕養燈比前者大以高銅架托之架可抽送以配高低通輕養二氣之管有塞門以長桿撥動令其啓閉比平常塞門便而易制之共價金二圓銀二圓其石灰柱可以平常上等石灰爲之惟難得佳者故須購現成者價銀三圓銅二圓但石灰柱易受濕氣剝蝕而壞故必愼之凡出售者皆裝盒塞密以便送至熱地或遠地處

化學應需之電器〇化學內有數事須藉電氣顯之故全化學器內應備有發電之器茲僅將化學內常用之電器大略言之至於全副電器須觀電學之書如第五百九十一圖爲司米所設之電器成箱形內有六隔每隔有一方形瓷罐可盛强水每罐有銀板與鋅板每銀板所遇强水之面有二十平方寸各罐相聯之法有二一用銅條將鋅板與相近之銀板逐一聯之即首罐之鋅板聯於次罐之銀板次罐之鋅板聯於又次罐之銀板如此至末罐之鋅板即爲負電之極而首罐之銀板即爲正電之極二極通以銅絲則得電氣濃一用一銅條將各鋅板相聯爲負極用一銅條將各銀板相聯爲正極則得電數多其各銀板皆鍍以鉑能耐久各鋅板皆揩水銀至飽則遇强水消化即緩電器外箱以洋紅木爲之上爲架不用時可將各銀板與鋅板掛起則不爲强水消蝕或需電氣少而僅用數罐則餘者亦可掛起甚屬妥便如本圖者爲化分水得輕養二氣之法五十秒時能化分水成輕養氣一

立方寸又能令鉑絲四寸熱至紅又能燒鎔鐵絲甚易其電氣吸鐵之力有數担重共價金三圓銀十圓如欲另備鋅板每對銀一圓凡司米之電器俱用硫強水一分和以淸水七分若作平常不須大電力之事則強水

第五百九十三圖

第五百九十五圖

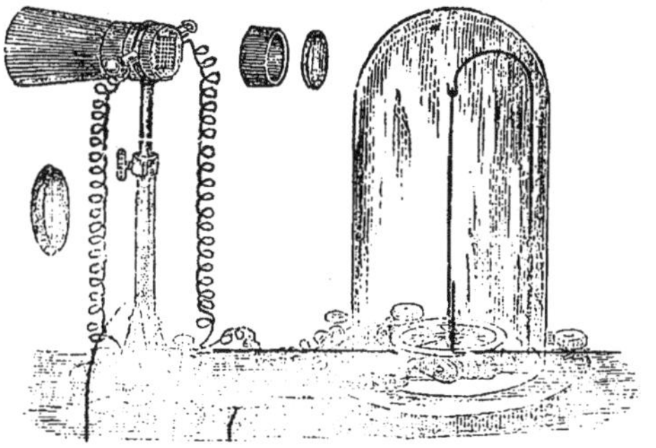

第五百九十六圖

第五百九十四圖

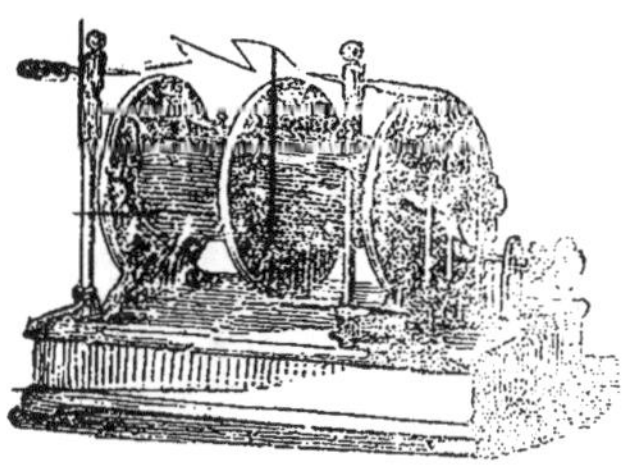

一分和水十分亦合用但不可有鉛或銅等金類之鹽類落其強水內亦不可加以硝強水

如第五百九十二圖爲葛羅斐所設之電器有方形瓷或玻璃罐內有泥流筩及鋅板與鉑片各有簧夾聯之其電力甚大如電氣吸鐵或發光或令物行動等事俱可用此器其瓷罐盛硫強水一分和水七分泥流筩盛濃硝強水各瓷罐可並裝一木套小號者每罐容一升以四罐爲一副軟木套者價銀三十八圓硬木者銀四十圓大號者以十二罐爲一副軟木套者價金五圓銀十圓硬木者金六圓又有每罐容二升者小號者四罐軟木套者價銀五十六圓硬木者銀六十圓大號者十二罐軟木套者價金八圓硬木者金八圓銀十圓亦有六罐八罐十罐者價依上有比例

如第五百九十三圖爲本生所設之電器其罐以堅玻璃爲之內有鋅管管邊銲以紅銅條管內有泥流筩筩內有方炭條此炭爲蒸煤甑內所成之炭精所製以螺夾鉗之又有螺絲與紅銅條用時於泥流筩加濃硝强

第五百九十七圖

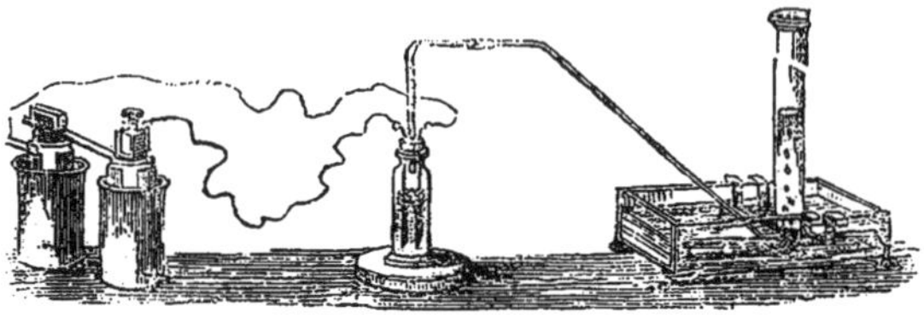

第五百九十八圖

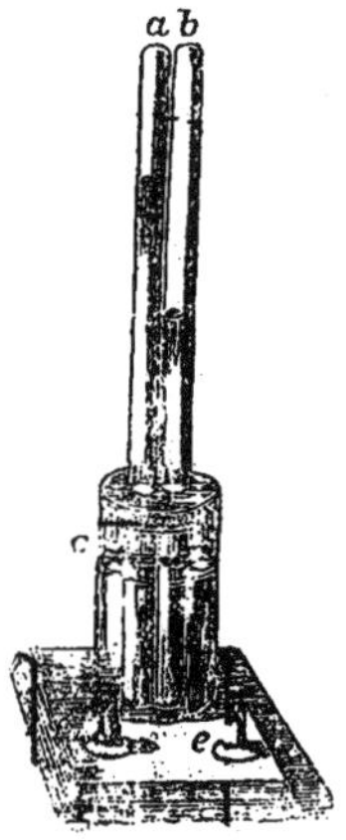

第五百九十九圖

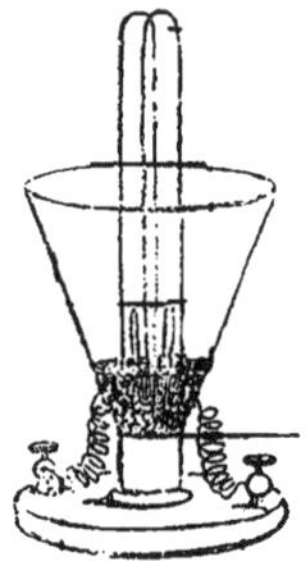

水玻璃罐加淡硫强水常以强水一分和水十分或七分須在另器和之待冷始加入其筩與罐之水高必等不用時須取出炭條洗去所沾之强水否則易壞以此器化分水須罐六具至十具發電光須三十至五十具如發小光則六具至十具已可用其器分四號大者罐高六寸半徑四寸半炭條長八寸又四分寸之一寬一寸又四分寸之三價銀七圓小者罐高三寸半徑二寸半炭條長四寸寬八分寸之七價銀二圓銅六圓

如第五百九十四圖爲附電氣圈能放電火星令氣質化分或化合又可用以放水雷地雷或戲等爲倫敦以新法作者能放火星半寸者價金二圓銀二圓放火星四分寸之三者價金三圓銀六圓

如第五百九十五圖爲電學合用之器左爲加熱發電器內有金類片五十四副如用酒燈等火加熱則稍發電氣右爲測電之器凡有微電通入此器其針即轉動以其所指之數易知其電之力其熱電器價金三圓測電器價金一圓銀十圓

如第五百九十六圖爲以電氣化分水之器外爲大玻璃筩高十四寸徑二寸內盛極淡之鉀養水置以鐵筩玻璃筩上有蓋通以二銅絲可接以電器蓋中聯以引氣管可引所化分之氣入收氣罩內此器價銀七圓又有小者以鉑片代鐵筩如第五百九十七圖中之式價銀五圓

如第五百九十八圖為用電氣化分水而分取輕氣與養氣之器其箭以玻璃為之聯於一座箭底有二鉑片通入座內座前有接電線之螺絲鉑片上各罩以玻璃管水所化分之輕養二氣分入管中其輕氣與養氣之體積有二與一之比其器價銀六圓

如第五百九十九圖亦為用電氣化分水而分取輕養二氣之器法與上者同而形稍異其價銀十圓銅六圓

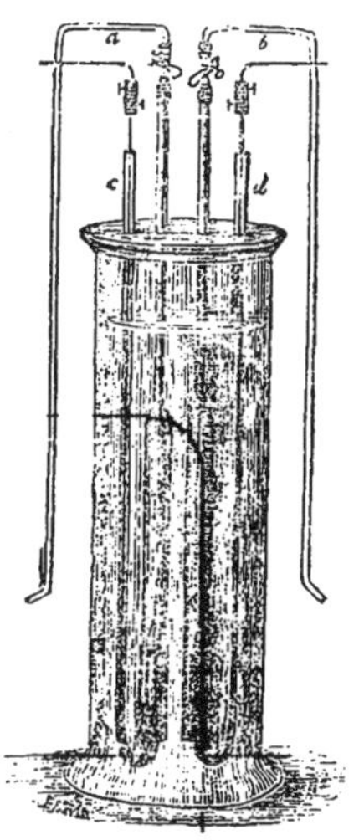

第六百圖

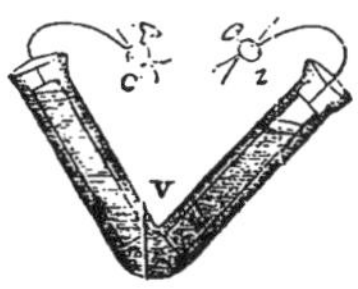

第六百零一圖

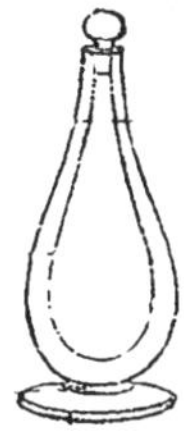

第六百零二圖

第六百零三圖

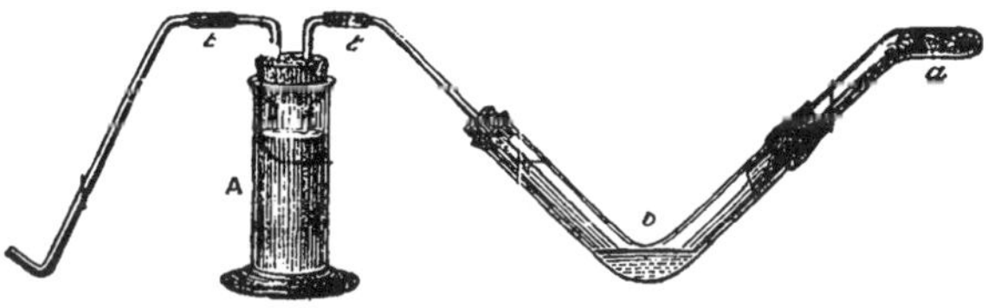

第六百零四圖

如第六百圖為化學家布甫所設化分水之器比前者大而簡便各有引氣管引其氣入收氣罩內其價銀十四圓

如第六百零一圖為化學家法拉待所設之彎管可以電氣化分中立性之鹽類質兩端有輭木塞通以電線與金類片價銀三圓用法將中立性鹽類水以藍色草染成藍色兩端接通電氣頗多則鹽類化分其酸性質歸此端而鹻性質歸彼端能見其水一邊變紅一邊變綠綠者為鹻性質紅者為酸性質甚易辨認

如第六百零二圖為試放輕養氣之瓶以堅玻璃為之塞亦為玻璃者如裝以輕養二氣燃火於瓶口則氣衝聲急訇然作響與放鎗同其價銀一圓銅六圓

如第六百零三圖為化學家西門氏所設試臭養氣之管能在附電氣圈通電氣以成臭養氣其價銀六圓如加以架則銀十八圓

如第六百零四圖爲試提淨煤氣之器右管盛以煤屑以酒燈燒之則發煤氣行過彎管所有淡輕三與水等凝聚彎管之中再入於中玻璃箭箭內盛鉛養醋酸水則能收煤氣之輕硫氣等而後通至燃煤氣之嘴凡化學院內於生徒前演試提淨煤氣者此器甚便其價銀四圓

量試氣質所需之器〇前演試氣質之器內所言各器爲公用者茲之所言爲特用者不便列於前各欵內如第六百零五圖爲分度管可以量氣之體積將管滿盛以水倒置取氣盆內通氣入管口則氣上升而水漸下水下至何分度則知其氣之體積數已知其體積則易推其重數法將氣之重率以體積乘之即得共重數化學書內列有各氣之重率表多以輕氣爲主餘各氣之重率與之有比例此管分十一號小者能容氣一立方寸每分度爲立方寸百分之一價銀二圓銅六圓大者容五十至五十五立方寸每分度爲立方寸五十分之一價銀九圓另有更大者形如抽氣箭之罩其容積自五十立方寸起至五百立方寸止共分八號所刻分度每分爲一立方寸

第六百零五圖

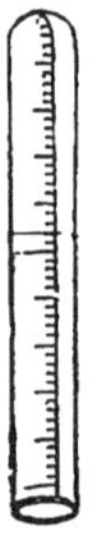

第六百零六圖

第六百零七圖

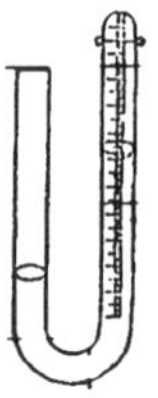

第六百零八圖

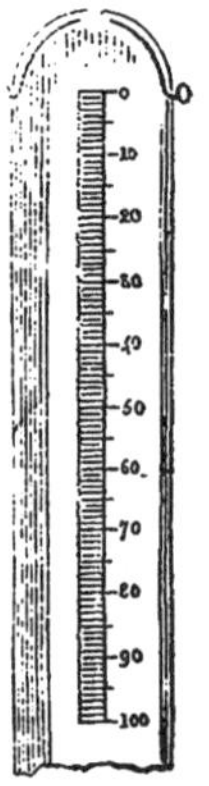

如第六百零六圖爲電學家佛爾塔所設之分度管便於化分空氣並含養氣與輕氣之各雜氣或和輕氣或養氣而能燒之各氣又能化合輕養二氣爲水其管端有二鉑絲通入管中稍相離如裝以輕氣二體積養氣一體積用雷頓瓶通電火入則二氣化合成水可見水爲輕養所成者其管長十六寸至十八寸徑略八分寸之五能容氣三立方寸每分度爲立方寸百分之一價銀四圓銅六圓如第六百零七圖爲化學家由耳所設之彎形分度管亦有鉑絲通入管內可引電火管內能容二立方寸所刻分度能顯每立方寸百分之一價銀六圓

如第六百零八圖爲本生所設之分度管與上二者同用惟其鉑絲順管端彎置之分長短大小各號其長自十二寸起至三十六寸止徑自八分寸之五起至一寸止小者價銀四圓大者銀七圓最大者銀七圓銅六圓

如第六百零九圖之分度管爲分除雜氣內之一氣所用者法將管裝滿雜氣質欲分除某氣則以收某氣之料黏鉑絲上插入管中如管中氣內含炭養二氣則黏鉀養入之即能收其炭養二氣變爲鉀養炭養二而易知其炭養二氣之數亦能知其餘氣之數其管須插入水銀內各種氣質略俱有能收蝕之料如錳養二能收硫養二氣鉀養能收炭養二氣燐能收養氣鈣綠能收水氣鈉養燐養五或硼砂能收綠氣等是也此管長二十六寸徑半寸其分度有一百價銀四圓

第六百零九圖

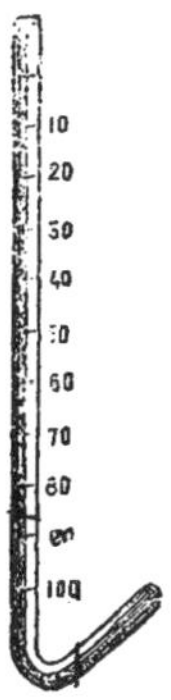

第六百十一圖

第六百十二圖

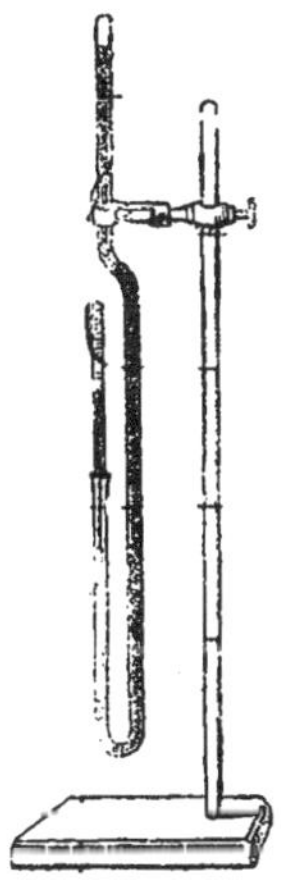

第六百十圖

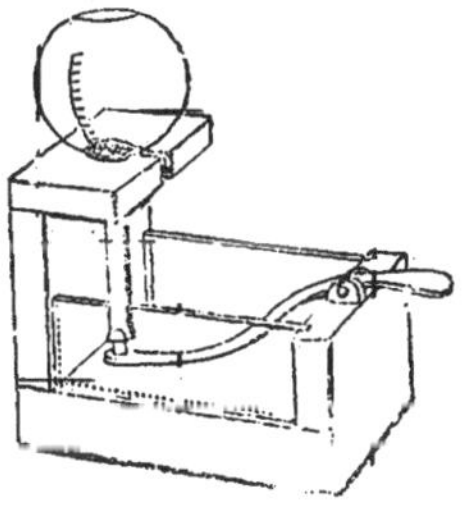

如第六百一十圖爲量氣體積之瓶便於求其重率另有取氣盆等件其盆二邊以厚玻璃爲之共價銀二十圓

如第六百十一圖爲聯煤氣燈之嘴便於吹火備工之用將吹火筒以常法啣之則二手可空如欲封管口等須用二手之工則吹火筒並火能隨器轉之其價銀三圓

如第六百十二圖爲本生所設之彎水銀管用法與水銀風雨表同理管而有分度管內能容水銀十二兩裝以沸過之水銀共價銀十五圓

如第六百十三圖爲小遠鏡與架有細分度便於看玻璃管含水銀或氣之高數蓋有數氣質稍見熱則漲甚多而體積數難準如人於近處視之則氣息與身體之熱易傳入其氣而體積之數必過多或過少若遠視之則目力不及故須用小遠鏡遠而窺之其器全價金三圓銀十圓

如第六百十四圖爲本生所設之試火油器蓋火油有輕重之別愈輕則愈淸而飛散愈易每有危險因易着

火也如將過輕之火油點燈則受小熱卽易延燒而爆每致傷人故西國設律禁賣過輕之火油常派員查驗如所售之火油受熱而燒小於律定之熱度則罰查驗時所用之器如本圖略似爐形下用酒燈加熱爐內有小罐傾以所欲試之火油插一寒暑表連加熱至火油自燒燒時視表之分度則知其油之熱度如過小則犯禁若熱度大於律定者則爲無險之火油可以出售此器全價銀二十一圓

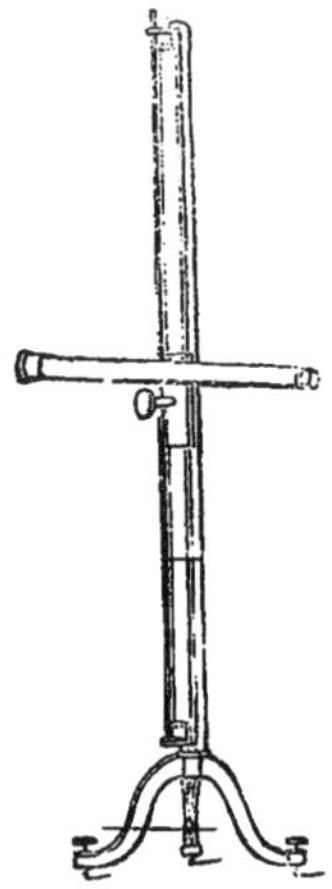
第六百十三圖

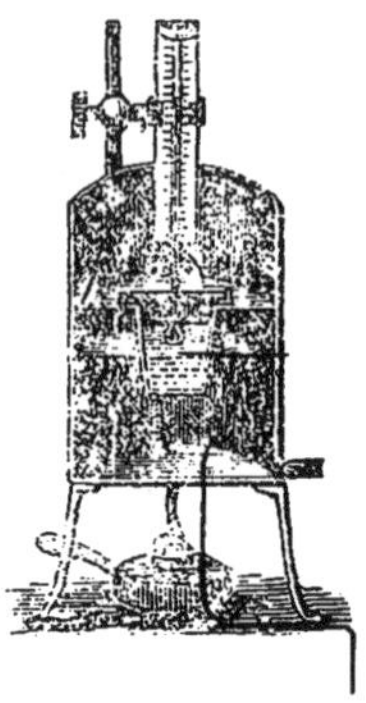
第六百十四圖

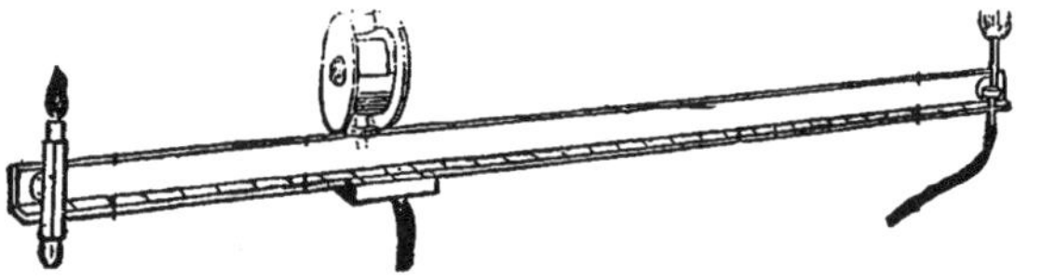
第六百十五圖

如第六百十五圖爲本生所設量光力器凡燈燭等火俱可以此器量其光力之數其器下爲分度尺長略四尺左有托器托之圖內未顯出又有插燭之管所用之燭爲一定之料依定尺寸製之故所發之光恒能如一卽以此光爲則以定他光之濃淡爲若干倍右安煤氣燈嘴及象皮管中間有一圓盒能左右進退盒內亦有煤氣燈嘴以象皮管通煤氣盒之一面鑲以油紙甚嚴紙中作圓孔盒能轉動可令其油紙面正對燭火或正對所試之燈光用時先燃其燭歷時十分則燭光至大而定令其高與油紙中心相準再動盒內煤氣燈之塞門酌準其光之力至見油紙面與中孔光亮相等則將盒轉一百八十度令油紙面正對所試之煤氣燈將盒向煤氣燈移進至見油紙面與中孔之光亮相等而後已如所試之燈光距盒等於燭盒之距則可知燈光與燭光亦等若燈盒之距大燭盒距一倍則知燈光爲燭光之四倍蓋其光力爲所距倍數之乘方也此器價銀五十圓

和福門化學書中所論特設之化學器〇如第六百十六圖爲化分輕綠或輕二養或淡輕三等氣質所

需者有一彎管及二鉑片與通電之線等價銀五圓

如第六百十七圖爲顯明成淡輕三之理即有輕氣三分劑合淡氣一分劑所需之器有彎管與通電線及二塞門價銀七圓銅六圓

如第六百十八圖爲顯明綠氣與輕氣化合成輕綠時不改變體積所需之器其管細而長中有泡上下有玻璃塞門價銀五圓銅九圓

如第六百十九圖爲同用之器而管爲長泡形上下有塞門中有通電之線價銀五圓銅九圓

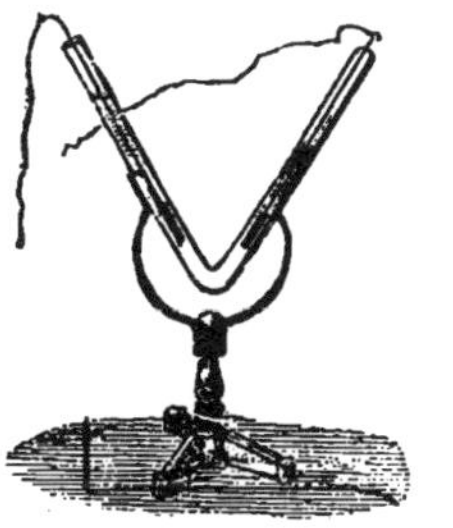

第六百十六圖

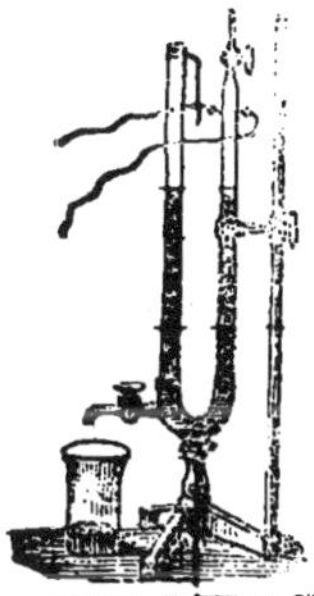

第六百十七圖

第六百十八圖

第六百十九圖

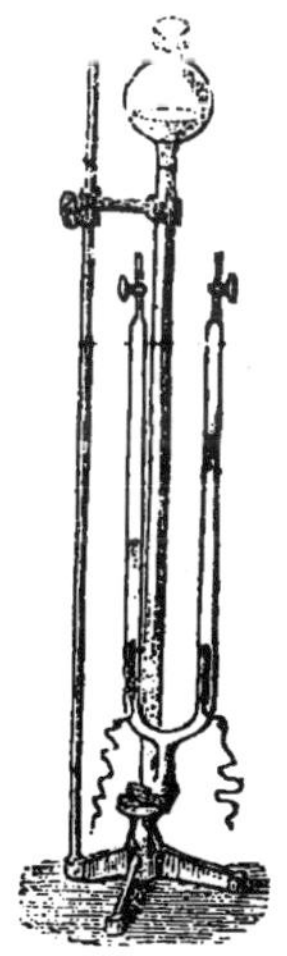

第六百二十圖

如第六百二十圖爲顯明輕氣二體積和養氣一體積而成輕二養卽水者所需之器有彎管並大泡與塞門及通電之線與鉑片等價銀十二圓

如第六百二十一圖爲顯明成水時輕氣與養氣之體積縮小三分之一所需之器有彎管與外凝管及玻璃塞門與螺絲凝管等件價銀八圓銅六圓

如第六百二十二圖爲顯明輕氣三體積和淡氣一體積而成淡輕三所需之器有長管與塞門及引水管並玻璃高筩價銀十五圓

如第六百二十三圖爲顯明化分輕綠所需之器有二管下端聯而有口可以輭木塞之以便通入電線與鉑

第六百二十一圖

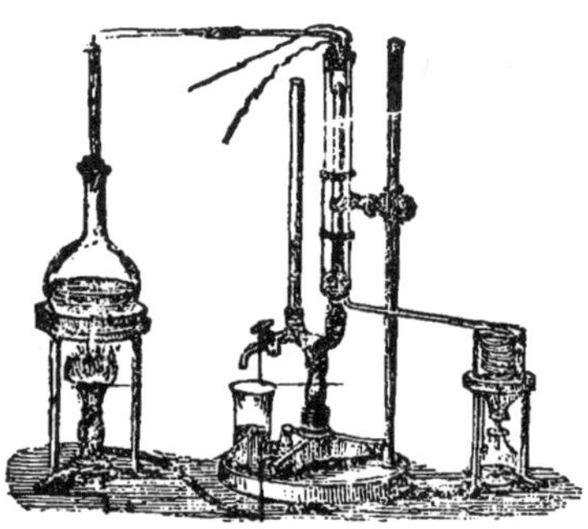

第六百二十二圖

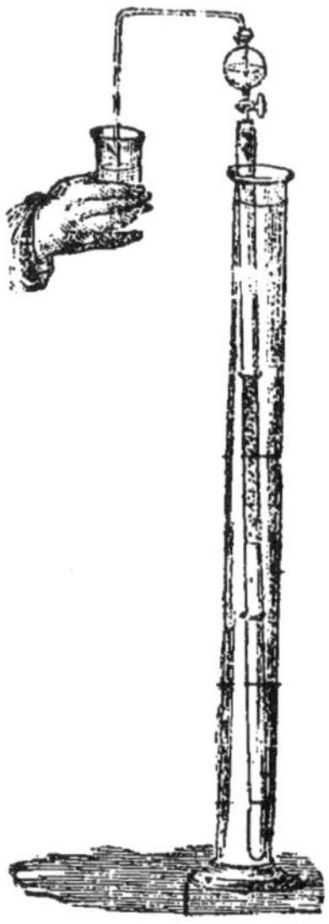

第六百二十三圖

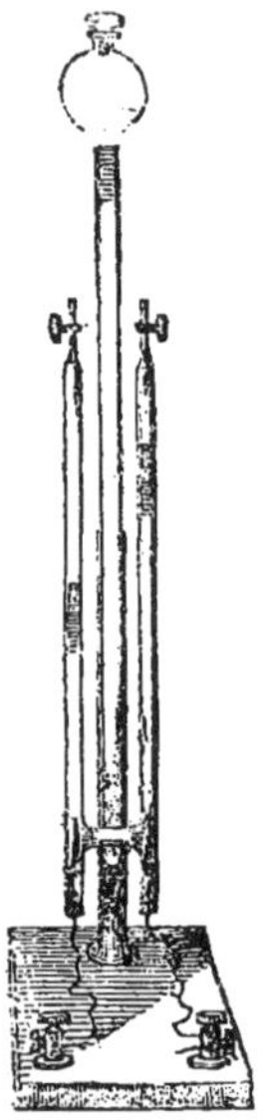

片價銀十圓或用炭條代鉑片亦可

如第六百二十四圖爲顯明成輕綠時其輕氣與綠氣體積相等所需之器有直管二端各有玻璃塞近中腰有塞門價銀七圓銅六圓

如第六百二十五圖爲顯明輕氣與養氣化合成水時比例恒等所需之器有彎管下有塞門一端有通電之線價銀五圓

如第六百二十六圖爲顯明簡氣質或雜氣質受冷熱之力或大小壓力而改變所需之器有彎管與三塞門又有外套之管便於進汽加熱價銀十二圓

如第六百二十七圖爲顯明以電火通汽中汽能化分所需之器有玻璃泡及通電氣之鉑絲泡上有短頸可塞輭木下頸較長可插入大瓶瓶內成水以便加熱化汽共價銀三圓銅九圓

如第六百二十八圖爲顯明氣質自散之理所需之器有長管上有石膏圓板其管與板價銀一圓銅六圓餘件不在內

如第六百二十九圖爲成阿西台里尼所需之器爲球形有四短頸可塞輭木又有通電之炭條價銀五圓

如第六百三十圖爲顯明淡輕三能爲電火化分所需之器所分出之輕氣能爲銅養所燒價銀十三圓其管

應恰通過輭木塞而右管宜有玻璃塞之此各事圖內未顯

如第六百三十一圖爲顯明養氣與淡氣能爲電火所燒所需之器有玻璃彎管與泡及塞門價銀三圓

如第六百三十二圖亦爲顯明電火能燒養氣或淡氣所需之器爲球形以玻璃爲之兩旁有短頸通以電線

第六百二十四圖

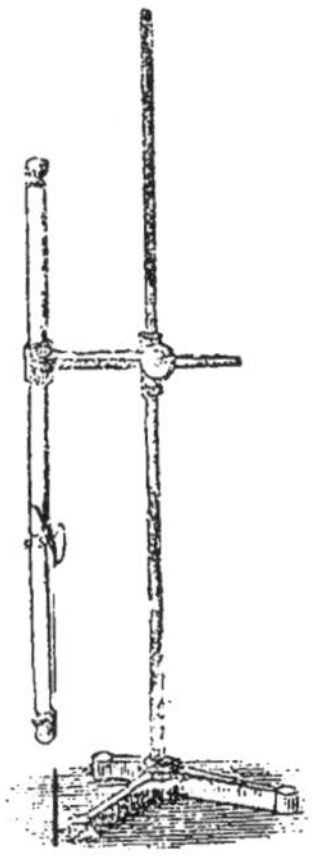

第六百二十五圖

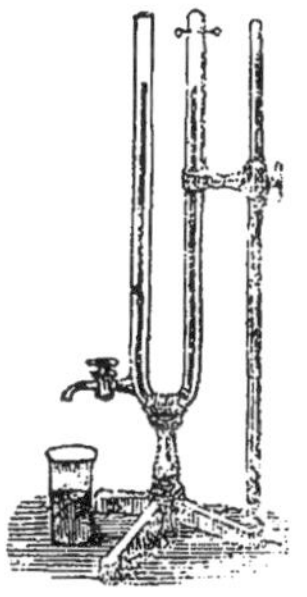

第六百二十六圖

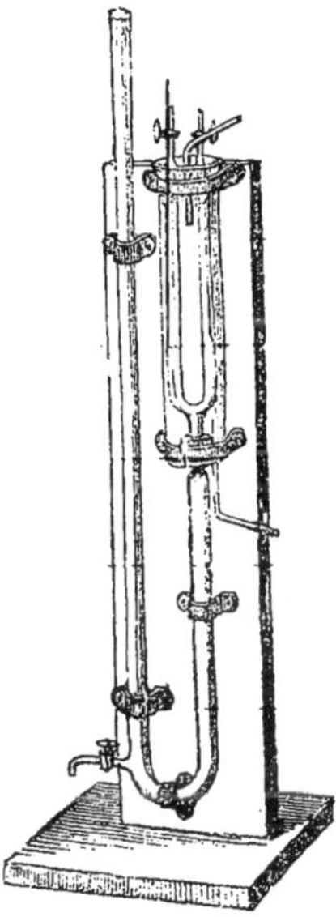

第六百二十七圖

第六百二十八圖

下頸則長價銀三圓

以上各器之架不在價內尋常之架以木或銅爲之價自銀六圓至二十圓不等用此各器之法與理在和福門化學書內詳之而其所試之事亦與化學大有趣惟於此處不便細言之耳

第十四類試驗定質流質之器

化學功用要在將萬物各質化分之求其爲何原質所成又求所含各質之數此二事謂之化分求質與分化求數也凡製造工藝開礦煉金以及講農製藥等工必常有化分求質求數之事而所用器具甚繁所需試藥亦多茲僅言其大略可也

試管〇小試物質時所用之試管多以上等白玻璃爲之體料薄而硬能耐大熱退火後口稍放大如第

六百三十三圖之試管分大小各號價依尺寸而異最短者二寸最長者八寸最細者徑四分寸之一最粗者徑一寸半小號者長二寸徑四分寸之一每十二個價銅三圓大號者長八寸徑一寸半每十二個價銀二圓銅六圓此二號之間有數十種不必聲言若欲用更小者則在後吹火筒款內言之另有成副者以大小四十二個爲一副價銀三圓銅三圓以六十個爲一副價銀五圓銅八圓以一百二十個爲一副價銀八圓銅四圓

第六百二十九圖

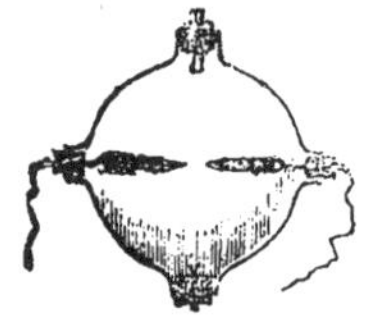

第六百三十一圖

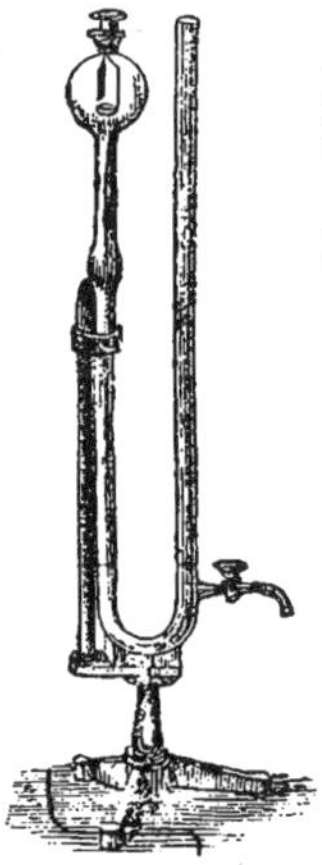

第六百三十三圖

第六百三十圖

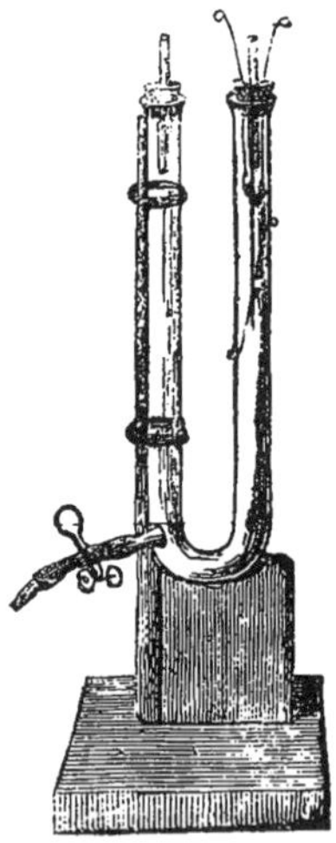

第六百三十二圖

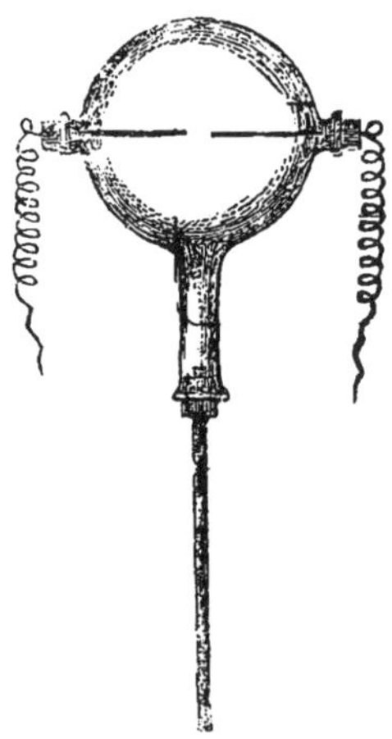

試杯〇凡用試管須托以架故有化學家喜用試杯而舍試管其杯以玻璃爲之下有足能穩立而形各不同如第六百三十四圖爲圓錐形試杯能容一兩高三寸半徑二寸邊甚厚有一嘴盛以試水平視之水色稍變亦易見之每十二個價銀二圓銅九圓

如第六百三十五圖亦爲試杯以細白玻璃爲之杯底較圓口亦有嘴形屬美觀分六號小者容一兩每十二個價銀三圓大者容八兩每十二個價銀十圓

如第六百三十六圖爲圓柱形試杯有小嘴分五號小者容二兩高五寸半徑一寸內深三寸半每十二個價銀四圓大者容十二兩高八寸徑二寸半內深六寸每十二個價銀八圓

如第六百三十七圖爲有足之試筩口稍大有嘴分六號小者高一寸半徑四分寸之一每十二個價銅十圓大者高六寸徑一寸每十二個價銀一圓銅六圓

試紙○化學工內常用以分辨酸性或鹻性質之物要者爲試紙乃將紙以所漆之色水染成者分有七種一藍試紙爲里低母司色水染者如以此紙遇酸性水或霧則立變紅色二紅試紙亦爲里低母司染者卽已變紅之藍試紙也如以之遇鹻性水則仍復藍色三中立性試紙亦爲里低母司染者色在紅藍之間遇酸

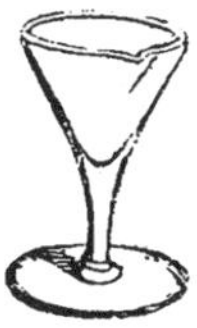

第六百三十四圖

第六百三十五圖

第六百三十六圖

第六百三十七圖

第六百三十八圖

則紅遇鹻則藍四黃試紙爲薑黃染者遇鹻性水則變椶色五蘇木試紙爲洋蘇木染者遇輕弗能變色六鉛試紙以紙入鉛養醋酸等鉛鹽類內漬之若溼之遇輕硫則變黑色七小粉試紙以紙漬入小粉內遇碘則變深藍色此各色紙如第六百三十八圖皆染就切成小條每條闊二分寸之一以五十頁訂爲一册每册價銅二圓如盛以木盒則每小盒盛各色試紙六册價銀一圓大盒盛各色試紙十二册價銀二圓此各試紙俱極靈驗如將淨水十四萬滴和硫强水一滴以藍試紙入之立卽變紅若將鹻一釐消化於淨水七萬釐內以紅試紙入之亦立變藍另有各金類絲裝以木盒便於分別金類等事之用每盒價銀一圓

試板○少試流質時每須分盛數器歷而試之如用以上之試管試杯殊有未便故可設以試板面製多凹如第六百三十九圖之試板面有十二凹凡化分時欲分辨某流質而須加試水一滴試其變色或結成則用此板之凹同時可試其數滴甚屬妥便而其用法在後有一欵特言之其板分兩號小者價銀一圓銅二圓大者價銀一圓銅九圓

試藥○化學事內所應需之試藥品類甚繁而玆不便列其細目蓋在後第十九類之全副化學器內有各試藥目錄與價値故於此處不先及也各種試藥概分流定二種流者存以小口瓶定者存以大口瓶各瓶

之圖式與價値已見前第九類內茲不重言也

第十五類化分求數之器

凡遇新而不識之礦或泥土或動植物質欲查其爲何原質所成能成有益之物否或能爲珍重之物否或能變成何質以資人用又如將已成之質欲試其合法與否或含異質若干等事恒賴化分求數各工惟此書僅釋化學器之圖說不及細講化學事之理法另有專書詳言及之欲得其詳者先閱專書明其理法而後觀此自能融會貫通化分求數之器可分六類卽量瓶分度筩細分度管分度滴管和料筩並零星各器是也

第六百三十九圖

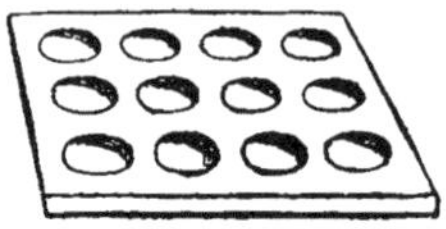

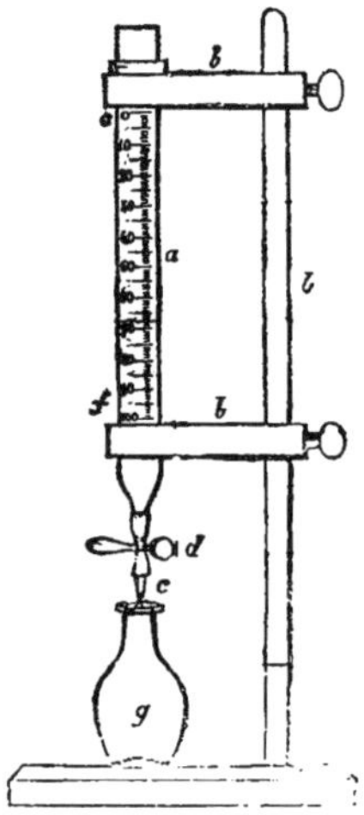

第六百四十圖

第六百四十一圖

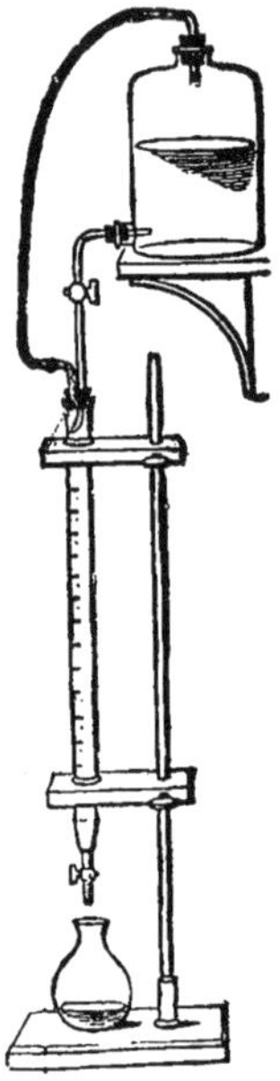

分度管與架〇如第六百四十圖爲暮爾所設之分度管下有象皮管及簧夾與小玻璃嘴托於架上管面分度爲一百分其〇分在上百分在下如灌以試水令水面與〇分齊欲取試水若干以指攝其簧夾象皮管卽通令水下流俟管內水面適至所需之分度則鬆指而簧夾卽緊水不再流所已流之數能詳知之此管分大小長短及分度之疏密各不等故其價亦有別常用者容一百釐每一釐刻一分度價銀三圓架另計大者容一千釐共刻二百分度價銀六圓其餘各號依此有比例

如第六百四十一圖之分度管下端有玻璃塞門較簧夾尤便上端可接以盛試水之瓶另架擱之可連用其水不絕瓶與管之間所接之管亦有塞門又有象皮管與分度管及瓶相聯以便通其內氣而不通試水故試水不能因象皮而得異質也此器全價銀二十五圓

格致釋器內所言金銀銅各價乃英國所用之錢計金錢每圓約合華銀四兩或鷹洋五元又銀錢五圓約合華銀一兩而四圓合鷹洋一元又銅錢一圓約合鷹洋二分閱者從此略數可自推算各器所值之略價不致有大懸殊也

此稿未完下卷續印

如第六百四十二圖爲新設之法能令試水流入分度管內毫不生泡致誤蓋水有泡則分度不準故令試水

第六百四十二圖

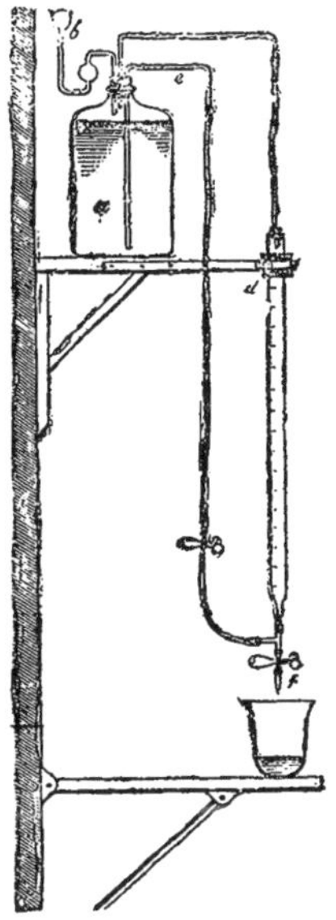

第六百四十三圖

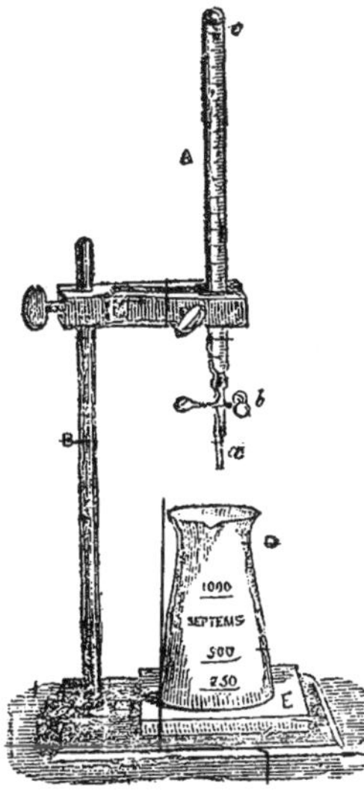

第六百四十四圖

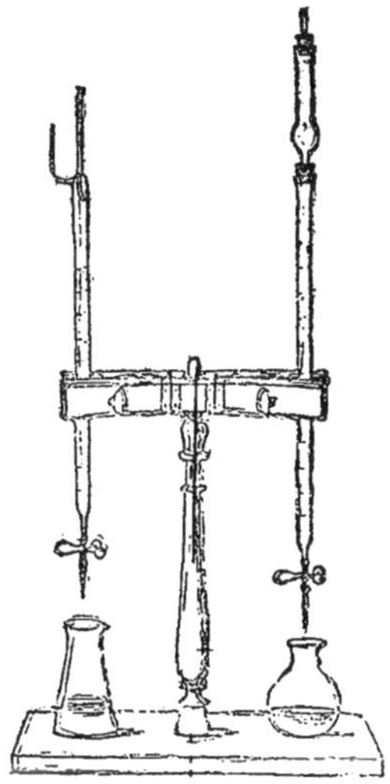

由分度管底入而上升將器置近窗戶則趁亮視之能毫釐不爽其盛試水之瓶置於擱板以象皮管通至分度管底象皮管中有簧夾啓之則瓶內試水自流下由分度管底上升分度管上端亦有象皮管與瓶相通則分度管內空氣能由此管而入於瓶瓶口另有漏斗管以進空氣待分度管滿則緊其簧夾水不再流而分度管內之水毫無氣泡分度管下端亦有簧夾以便放出試水其價銀一圓銅六圓而瓶與架不在內

如第六百四十三圖爲托慕爾分度管之架有絞鏈與螺夾能夾住大小分度管任配其高低以黑木爲之價銀四圓洋紅木者價銀五圓銅六圓

如第六百四十四圖爲托慕爾分度管之雙架左右有螺夾能夾甚緊以黑木爲之價銀六圓銅五圓洋紅木者價銀七圓銅六圓

如第六百四十五圖亦爲托慕爾分度管之雙架其立柱以鐵爲之長二十四寸徑八分寸之三方座亦爲鐵者長十四寸濶五寸半三橫桿以紅銅爲之各桿之中有螺絲可以任配高低中桿托分度管上者扶定其管令立直下者束其放試水之嘴令不擺動其價

銀六圓銅六圓此架可置近窗戶在一擱板之下板上置盛試水之三口瓶兩個一或盛鉀養水一或盛硫養三水有象皮管通至分度管象皮管有簧夾鬆之則試水自流入分度管毫無生氣泡等弊平常存試水之瓶宜置櫃內不使見光而熱略爲六十二度凡多試化分工之人皆知此器之便也

如第六百四十六圖爲托暮爾分度管之圓架可以提携轉動能托分度管八支管底托板有螺絲可任配高低管之分度皆易看清不必由架取下各管口可以石球蓋嚴灰塵不入其架以磨光黑木爲之價銀十二圓銅六圓

第六百四十五圖

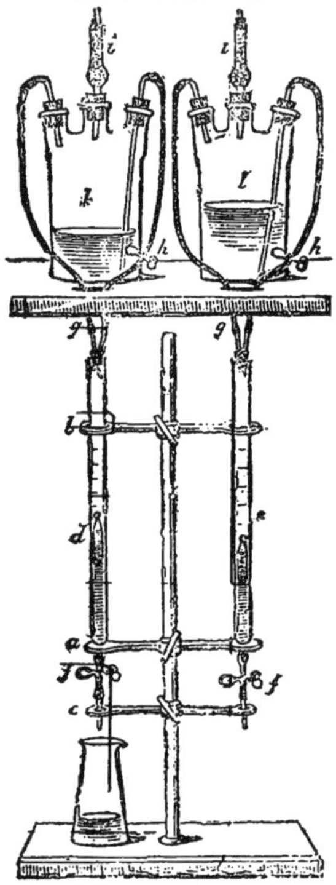

第六百四十六圖

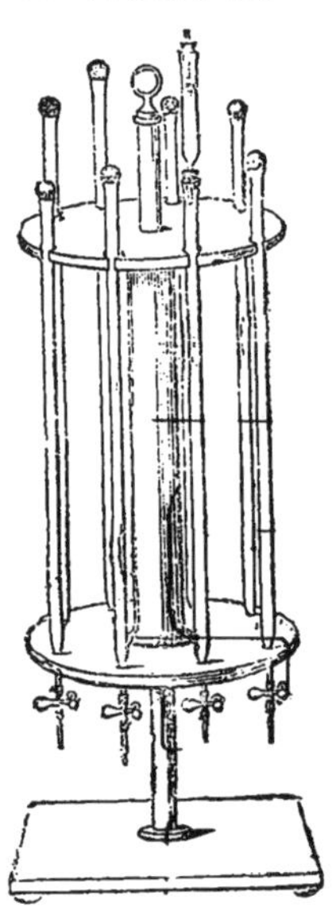

如第六百四十七圖爲托暮爾分度管之長架立柱與座以鐵爲之橫桿與螺絲以銅爲之可共安分度管六支每管之嘴相距三寸半各桿可上下移動任令高低價銀十五圓其各分度管上口可以石球蓋之以免衝入灰塵

如第六百四十八圖爲暮爾分度管與架其柱與座以鐵爲之橫桿與螺絲以銅爲之價銀十二圓其管之分度自〇度至二百度能容一千釐其象皮管有螺絲夾能令所放出之試水最準可任放出一滴或數滴其價銀五圓凡暮爾分度管爲化分求數工內最便用者蓋可任用其試水一滴或數滴而分度數能甚準也

如第六百四十九圖爲厄德曼所設之浮表可置於暮爾分度管內視其表上端之孔而對準其分度如前第六百四十五圖之分度管中各有此表其價銀四圓

如第六百五十圖爲丙克所設之分度管其用雖不及暮爾分度管之便然各種試水均可用之且比虹吸分

甚管或蓋魯撒克分度管更堅固傾試水時易從嘴上流下故嘴外宜加牛油少許以針刺通則免此弊執此管法手須近上端而大指在分度之上如執近底端則難將試水分滴傾出此管分十一號小者價銀一圓銅

第六百四十七圖

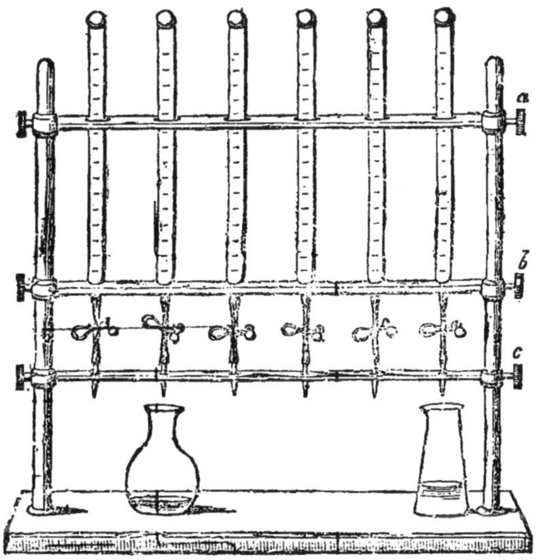

第六百四十八圖

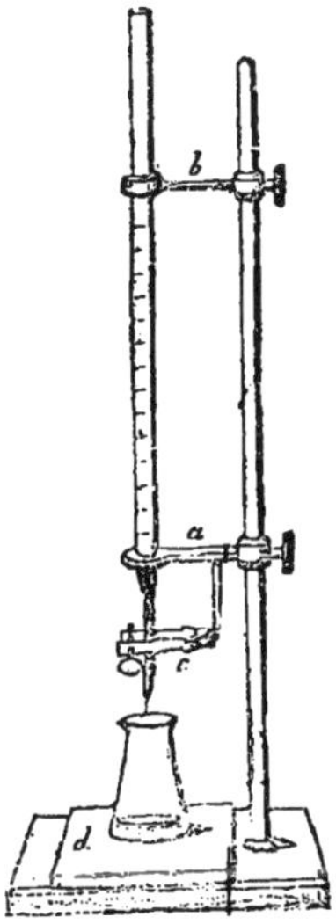

六圓大者價銀六圓另有托此管之座如第六百五十一圖以木爲之小者價銅六圓大者以紅木爲之底內加鉛令重而穩價銀一圓銅六圓

如第六百五十二圖爲有足之丙克分度管體甚堅便於工匠等便用分四號小者價銀三圓大者價銀四圓

如第六百五十三圖爲蓋魯撒克所設之分度管旁有管與嘴便於傾出試水或成滴而放出無論何種試水皆能合用惟不及慕爾分度管之便且易碎若以象皮管連其上可作吹管之用共分十一號小者價銀二圓銅六圓大者銀五圓其管背面有便於看分度之架架底以木爲之上有馬口鐵圓板板中有長方孔糊以極薄之白紙如窗手執分度管令其內試水面與窗處等高則易見試水面所至之分度無訛

如第六百五十四圖爲有足之分度管便於量試鹼類之用其塞內有槽可任傾出所盛之酸性水此器雖不甚精細然化學製造家常將此器與工匠用之以其堅而不易損如所試之事不求甚詳用此器亦屬無誤共分有五號各號分度不同而價銀三圓

滴管○滴管之用能將試水若干數自此器移至彼器內其形式大槩分兩種一有泡者其泡或球形或

圓柱形而頸上有一識如後第六百五十五與第六百五十六兩圖之式能吸取之流質恆爲定數二爲刻分度之滴管無泡如後第六百五十七圖之式可以任取若干流質而知其數凡滴管有數事爲要即其下端嘴之徑不可大於二十五分寸之一而上口足令指按嚴宜用吹火筒等法令其口狹而邊厚且宜齊平而指按之不洩氣視第六百五十五圖易明其理

用滴管法先將食指之腹濕之而以大中二指持管之近上口處令管下端入試水內以口吸管上口至試水升至所需之識則以食指隨口按之吸時須慎使管下端在試水面下不致空氣入口又須慎含毒或可惡之試水勿使入口如試水有毒性可以象皮管接管之上端以免誤吸入口如管內試水已滿須在盛試水器上稍放食指令水落至識而止再將管置於須添試水器內鬆其指則試水自落至常放出滴管內之試水有四法一鬆食指放水落至餘一滴在下端嘴內不落二水放後令管遇受試水之器則餘滴緣器而落三以口吹出其餘滴四須將各滴管試其能放出試水之數蓋各試水有濃淡之別濃者恒難流盡淡者易洩無餘故宜試之管內必存流質若干始可以準又可以準分度管較量之如滴管能容試水十分可將容百分之分度管以此滴管加試水十次每次視其所至之分與分度管配否凡滴管爲化分考體積之事不可少者猶之求輕重之數以天平爲主而求體積之數則以滴管爲主也

第六百四十九圖

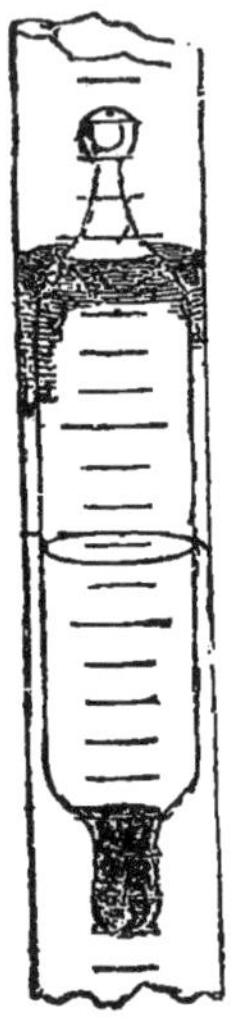

第六百五十二圖

第六百五十三圖

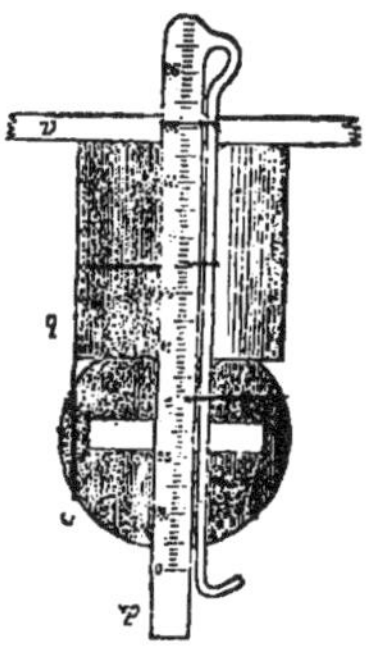

第六百五十圖

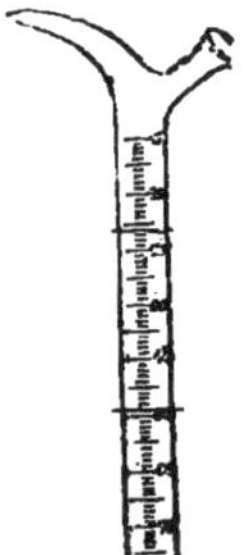

第六百五十四圖

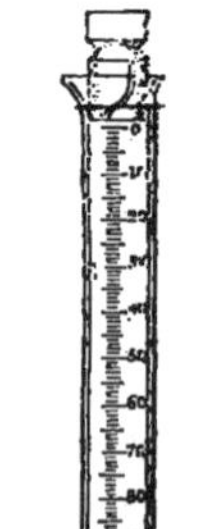

第六百五十一圖

此稿未完下卷續印

如第六百五十五圖與第六百五十六圖之滴管只有一識所取試水恆爲定數共分四十四號各以所用而異價自銅四圓起至銀二圓銅六圓止無論英法之體積數俱能定作

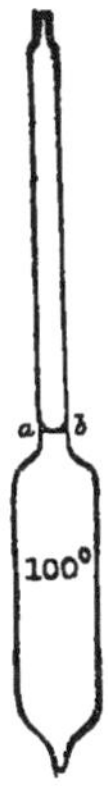

第六百五十五圖

第六百五十六圖

第六百五十七圖

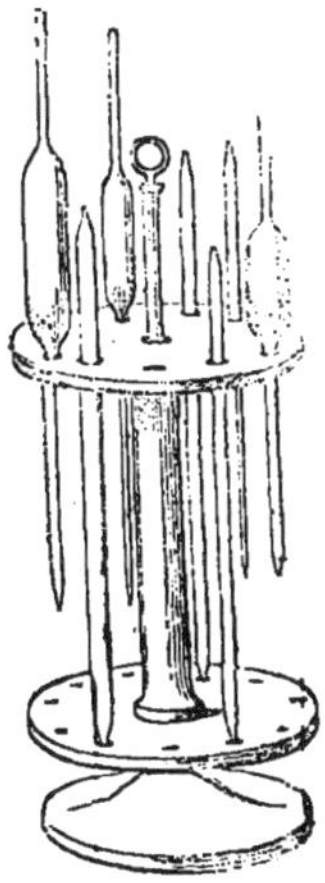
第六百五十八圖

第六百五十九圖

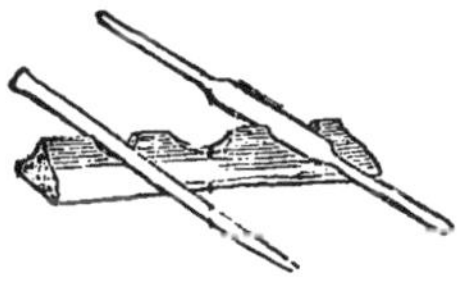

第六百六十圖

如第六百五十七圖之滴管刻有分度能任取試水若干共分六十四號各合各用賤者價銅九圓貴者價銀五圓銅六圓

如第六百五十八圖爲滴管圓托架可提攜轉動能容滴管八支以黑木爲之最便於多行化分工之用價銀八圓銅六圓

如第六百五十九圖爲滴管擱架以瓷爲之凡化分時所用滴管或玻璃條已經見濕不可遇於桌面則此架合用共分三號小者長三寸價銅四圓大者長六寸價銅九圓

如第六百六十圖爲滴管平架亦以瓷爲之而有四槽便於托滴管或玻璃條其架三寸方價銀一圓銅九圓

量瓶○量試流質亦可用瓶其頸有識流質或試水滿至識則有一定之數如第六百六十一圖爲平常量瓶口無塞而頸有識所容試水之數爲一定即如或千釐或萬釐等是也共分二十八號內有英法各量法者賤者價銅三圓貴者價銀二圓

如第六百六十二圖爲有塞之量瓶分有六號小者價銀一圓銅三圓大者價銀三圓銅六圓

化分鹽類求其炭養二數之器○此器之式分有多種而其理法大致相同用時將欲試之炭養二鹽類如鈉養炭養二等置於器之一分再將硫强水或硝强水置於器之一分則全稱其器與所裝之試料而後令强水漸遇其鹽類使發炭養二氣再令炭養二氣或先經過鈣綠或濃硫强水收乾所含之水氣而後放出俟

第六百六十一圖

第六百六十二圖

第六百六十三圖

第六百六十四圖

第六百六十五圖

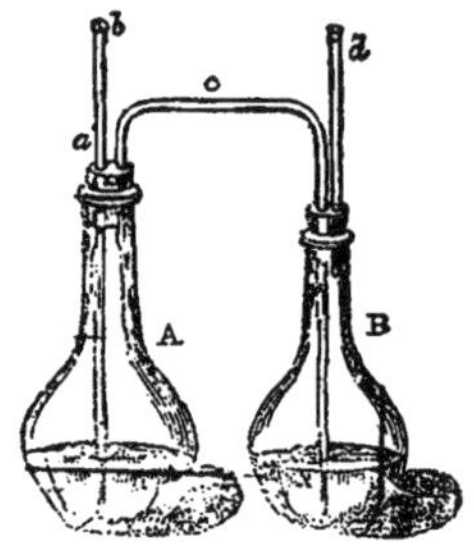

第六百六十六圖

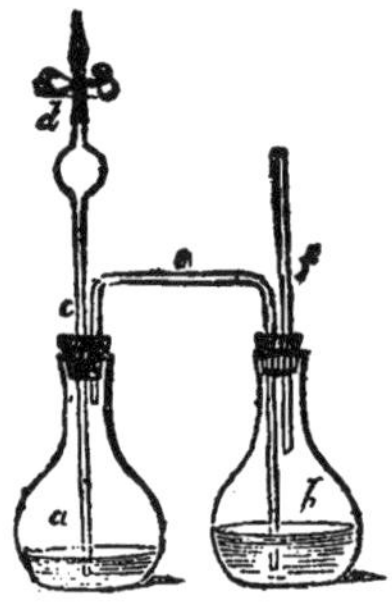

炭養二氣放盡而器已冷則揩淨復全稱之以所減之重數爲炭養二氣之重數如第六百六十三圖爲浮里次所設之器其上有鈎便掛而稱之價銀一圓

如第六百六十四圖爲羅司所設之器以玻璃爲之價銀一圓銅三圓

如第六百六十五圖爲福里西尼尤司所設之器有二瓶及玻璃管等價銀一圓

如第六百六十六圖亦爲福里西尼尤司所設者式與前同惟多一簧夾及泡管價銀二圓

如第六百六十七圖爲暮爾所設之器有單瓶及泡管與簧夾等價銀二圓

如第六百六十八圖爲羅而貝克所設之器有三口瓶及長泡管與塞門等價銀四圓

如第六百六十九圖爲司克羅塔所設之器式與前同價銀四圓

如第六百七十圖爲厄德曼所設之器有兩口瓶各口安以泡管價銀四圓

以上各器用時欲令其强水遇炭養二之鹽類法或倒仰其器或傾側其器或用吸氣之法吸過其强水或用

滴管之法漸滴其強水或用泡管上加象皮管與簧夾令其強水放落諳化學者一見此圖易知其用

察求炭養$_{二}$數爲化分求數要而恆有之事故所設之器式樣甚多另有新法爲各里分設者如第六百七十

第六百六十七圖

第六百六十八圖

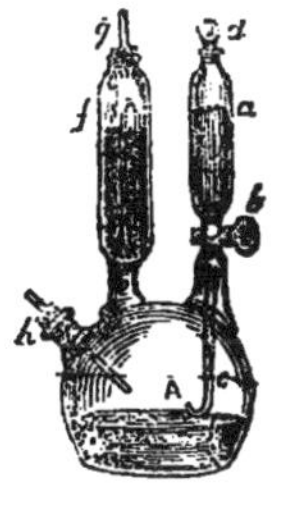

第六百六十九圖

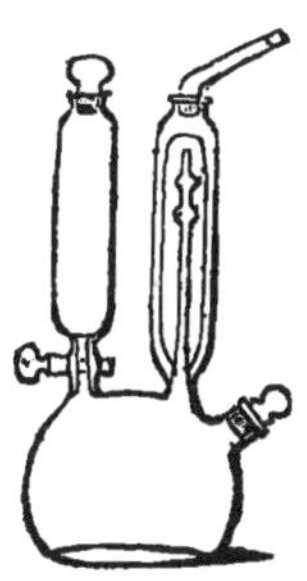

第六百七十圖

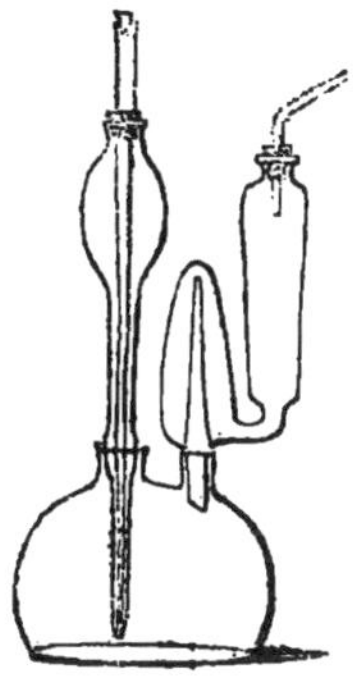

第六百七十一圖

第六百七十二圖

第六百七十三圖

一圖比前各法尤覺簡便蓋前各器須稱兩次始知炭養$_{二}$散去之數此器止稱一次即可知之其法於瓶內傾以淡養$_{五}$足消化鈣養炭養$_{二}$等爲止中有一管盛冷水管上有塞便於拔起再將欲試之灰石等十釐碎成粗粒以漸糝於瓶內待消化盡則加熱逐其炭養$_{二}$氣出而以量體積之法試其餘未化合之淡養$_{五}$則易知所放出之炭養$_{二}$數也其器價銀一圓銅三圓

化分求數之零器○如第六百七十二圖爲福里西尼尤司所設之器可以蒸綠氣而試鉀碘所含之碘數其事深繁不易詳述須觀化學之書始可明澈其器以玻璃爲之價銀二圓

如第六百七十三圖爲慕爾所設之器能令鐵在酸內消化不變爲鐵$_{二}$養$_{三}$而仍爲鐵養此器爲二玻璃瓶以管聯之而鐵消化時所發之輕氣能通入彼瓶之水可免空氣內之養氣入其消化之質內而變也二瓶與管價銀一圓銅六圓三足架銀一圓銅三圓鐵絲布銀一圓煤氣燈

嘴銀一圓銅六圓

如第六百七十四圖爲連成炭養二氣或輕氣之器化學事內常用通此二氣不息者左爲發氣之瓶如需輕氣則以鋅等置瓶內若需炭養二氣則以雲石塊置瓶內瓶上插漏斗管盛以强水瓶肩另有口接以玻璃管及象皮管與簧夾夾鬆則强水下落遇鋅等而生氣夾緊而氣無出路瓶內即增壓力能令强水歸還漏斗中

第六百七十四圖

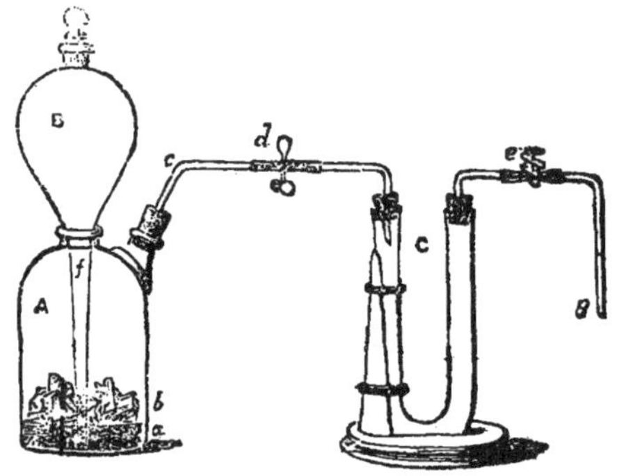

第六百七十五圖

第六百七十六圖

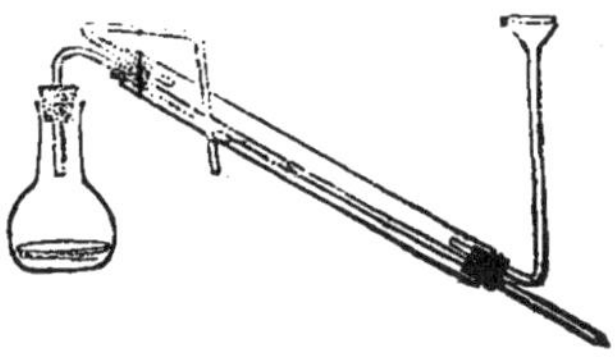

可見此簧夾能制出氣之多寡發氣之盛衰也其器價銀十圓銅六圓

如第六百七十五圖爲試牛乳之器可知乳內羼水之數其器爲半圓玻璃二片平行相距五分寸之一鑲以銅邊致不洩漏其內盛以水與乳若干於距三尺處燃一燭隔器覷之如見燭火明澈則知其水含乳若干加見燭火不明亦能知其含乳若干試時器內先傾清水若干再以滴管滴以所試之乳若干分隔而視其燭火如見之甚清必再加乳若干至見燭火不清爲止可見乳愈濃則須添入器內者必愈小反之乳含水愈多則須添入器內者必愈多此爲化學家鳥基拉之法另設一表能指出器內每加乳若干分數則其乳能成乳油若干分然牛所出之乳亦有濃淡之別故以此器止能指其濃淡耳如羼水無多則難恃以知之惟乳淡至過限則可知其假也此器連滴管與量杯等共價銀六圓銅六圓

如第六百七十六圖爲小甑與冷凝管以玻璃爲之便於蒸出酒內之醋或煤氣水內之淡輕三等小試之用甑容三兩至五兩全器價銀三圓

此稿未完下卷續印

如第六百七十七圖爲察驗葡萄酒內所含醕數之器其甑以玻璃爲之容一升凝器以紅銅爲之又有量杯可量蒸出之醕數共價銀二十一圓而煤氣燈不在內此種器西國常有用者因有數種酒鼻其含醕之數而定其應収之稅故須以此器察驗其所含之醕數又可用之蒸水得淨水爲化學事之用

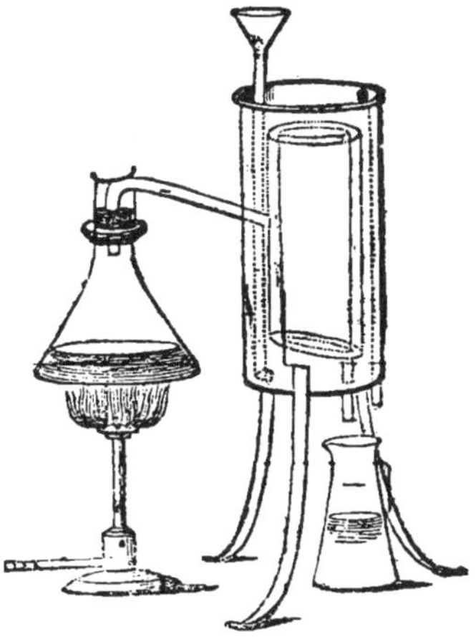

第六百七十七圖

如第六百七十八圖爲化學家米策利司所設之測糖鏡能驗糖內含淨糖若干分又能試知糖質全爲蔗糖或全爲葡萄糖或二者羼和各若干法將糖化於水置銅管內此管聯於折光鏡此鏡能折其光至若干度其前面有分度圈與指針能指折光之度數假如糖水百分含蔗糖十釐而無他質則折光之度爲十三·三五其餘各數可依此類推又如光向右折則爲蔗糖光向左折則爲葡萄糖凡造糖之家或熬糖之廠多以此器爲要件其價金三圓銀十圓其盛糖水之管與相聯之銅圈及螺絲如圖之上者價銀十圓其用法視圖自明不必細說

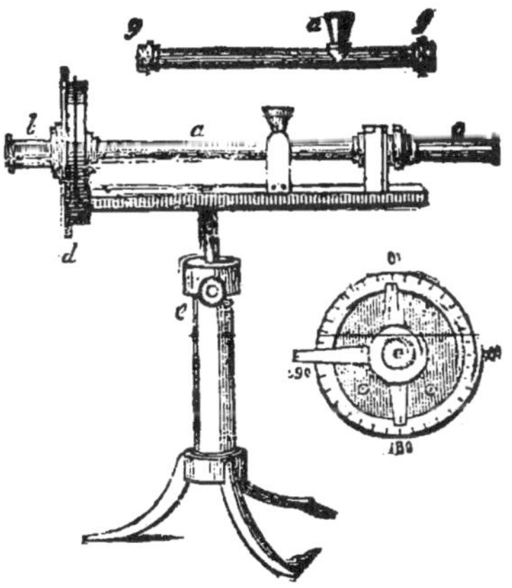

第六百七十八圖

凡化分求數所需之要器亦有成副售者合於其用至於所需各試藥等其類甚繁亦有成副賣者或零購亦可俱合於試各質之用另有醫學家測尿之器多種如第六百七十九圖爲試尿中所結成之質數用者其管下有玻璃塞門便於放出所結之質其價銀三圓銅六圓西國醫家以測尿爲要事蓋由尿中能察知人身之數病而無他法能辨別者也故業醫者須備此器全副其價自金一圓起至十餘圓止皆以器繁簡而異也

第十六類吹火筒等各器

化學各工以吹火筒爲最簡便者僅數分時卽能察明礦類等質如用强水消化或鍋罐鎔鍊而施以化分各法則不免事繁工費緩遲時日故礦學家遊山辨礦祗携一吹火筒並應用藥料而已各件裝一小盒携掣甚便化學內亦有數工不能不用吹火筒者茲將此類器與相附各件及應需藥料略舉言之查吹火筒一器中國用之久矣金銀等匠大抵能之且其事簡便而操習甚易也

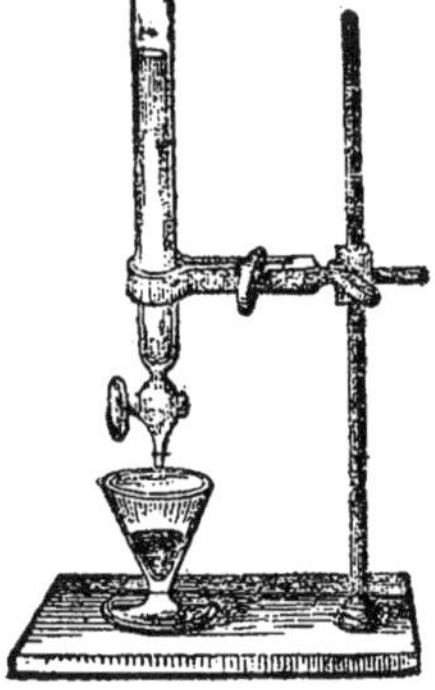
第六百七十九圖

第六百八十圖
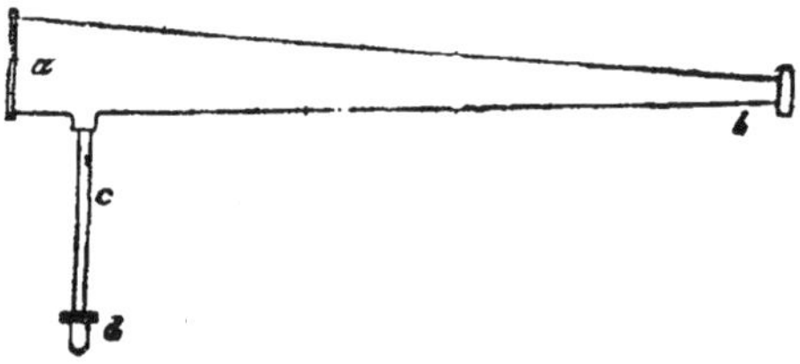

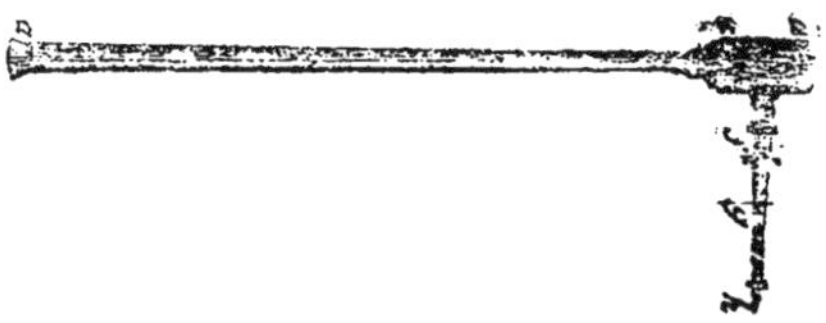
第六百八十一圖

第六百八十二圖

吹火筒〇如第六百八十圖爲圓錐形吹火筒以馬口鐵爲之外敷黑漆嘴管以黃銅爲之有活嘴分長短二號短者七寸價銅八圓長者八寸半價同此爲吹火筒之最簡者人易用之惟必以目之光距而酌其長短如過短可接象皮管於其端使與目離頗遠另有磨光之白銅吹火筒以鉑爲嘴價銀十圓

如第六百八十一圖爲黃銅吹火筒有二黃銅嘴價銀五圓

如第六百八十二圖爲硬鋼方錐可刺吹火筒嘴之孔如吹火筒嘴閉塞則拆下以此錐自內面刺之如圖式惟宜慎勿使其孔過大也價銅八圓

如第六百八十三圖爲吹火筒連於架上有象皮管與泡長泡裝空氣可置地上以足踏放其氣或置桌上以

手擠壓其氣使入圓泡而筒端有塞門能制進氣之多寡架上有活節可使吹氣至任方向共價銀二十圓
吹火燈〇吹火筒所用燈火以豆油或橄欖油或酒等生焰必以所欲作之事爲準如第六百八十四圖爲常吹火燈之平視形以馬口鐵爲之外敷黑漆燈上有帽不用火時可罩熄之燈之左右有半圓板便於手指所靠燈價銀一圓其燈一端有圓孔另有木架可托此燈其架如第六百八十五圖價銅八圓

第六百八十三圖

第六百八十四圖

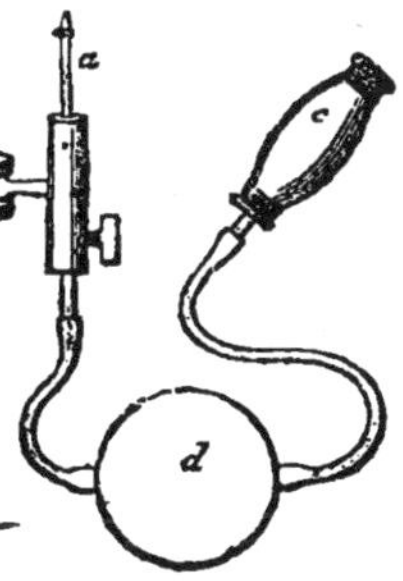

第六百八十六圖

第六百八十七圖

第六百八十八圖

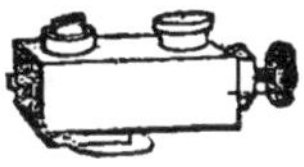

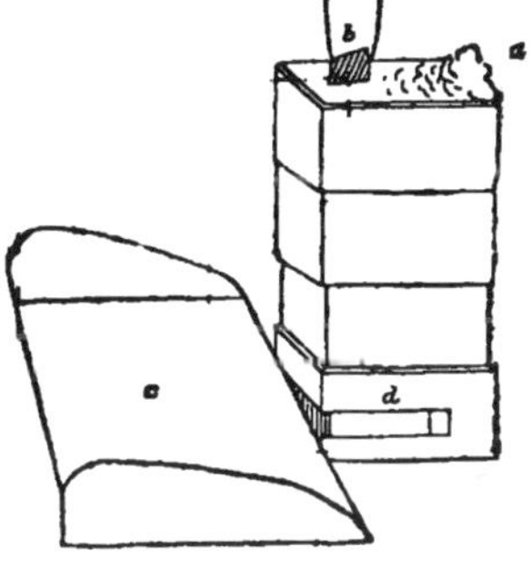

第六百八十五圖

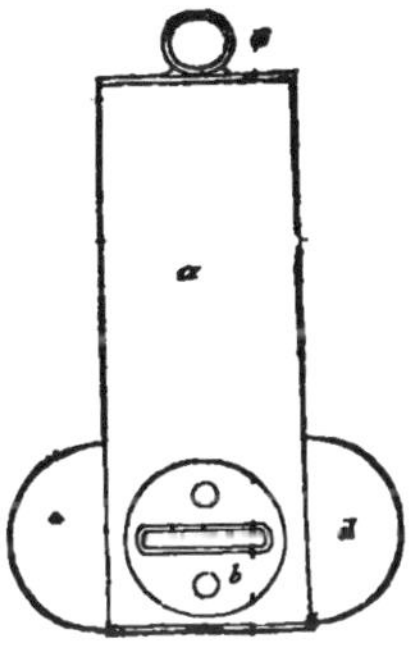

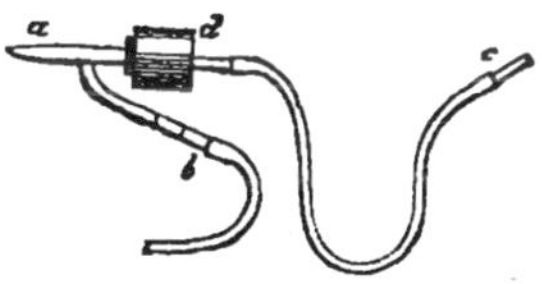

第六百八十九圖

如第六百八十六圖爲吹火燈有黃銅螺絲帽可旋於燈嘴移動時不致油洩於外價銀二圓銅六圓
如第六百八十七圖爲馬口鐵吹火燈外敷黑漆燈嘴另有添油之孔與螺絲塞門又有螺絲與圈便於在架上移使高低各件全價銀三圓
平常吹火燈多用酒醕六分松香油一分以脫數滴和燃之又有用木酒四分松香油一分者無論以何料燃火用吹火筒時應能鎔銅三十釐至四十釐或能鎔銀三百釐又有他料可加燈內生熱者亦有人喜用提淨之橄欖油燃吹火燈者
如第六百八十八圖爲羅斯所設吹火燭與臺最便移動燭臺價銀二圓銅六圓每燭十二支價銀四圓
煤氣吹火筒〇西國大城鎮多以煤氣通入各家用以照夜故可藉煤氣作吹火筒之工如第六百八十

九圖爲煤氣吹火筒下有通煤氣之象皮管右有吹氣之象皮管其筒上外套以輭木便於手持此法甚佳能生大熱器價銀四圓銅六圓

如第六百九十圖亦爲煤氣吹火筒便於鍊試藥料或礦類等用有二管一通吹器所進之風一進煤氣其管各有塞門能制進氣之多寡燃時所成之火爲藍色能不改變亦可任配火之大小或配使收或放養氣可見用此器時口與二手可以得閒不過須將欲試之料置其火內耳價銀二十圓

如第六百九十一圖亦爲煤氣吹火筒連於木塊上有塞門以制進氣之多寡價銀四圓

如第六百九十二圖爲有座之煤氣吹火筒價銀二圓

吹火所用托料器○此器有四種一爲金類者一爲木炭者一爲泥者一爲玻璃者

金類托器○如六百九十三圖爲鉑絲長略二寸一端成鉤形便於使料鍊成柱形每絲一條價銅二圓

如第六百九十四圖爲紅銅絲可以分辨含綠氣或溴或碘之質每長一碼價銅二圓用法將銅絲一條一端成鉤粘尿中鹽少許輕加熱鎔之則得淡綠色珠珠內加欲試之質一小點再入火吹之如其質含綠氣則成光藍之火含碘則成淡綠之火含溴則成藍色火而有綠邊

如第六百九十五圖爲嵌鉑等絲之實心木柄一端有螺絲能將鉑絲嵌之極緊價銀一圓

如第六百九十六圖爲嵌鉑絲之空心柄端有螺絲帽柄之中空如筒可盛鉑絲價銀二圓銅六圓

第六百九十圖

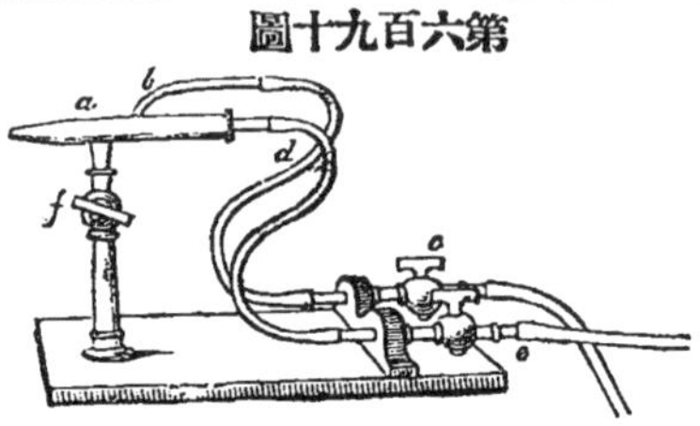

第六百九十一圖

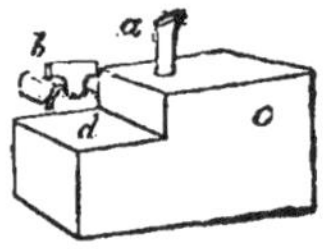

第六百九十二圖

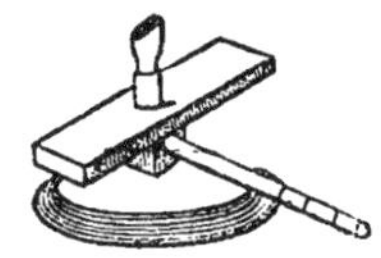

第六百九十三圖

第六百九十四圖

第六百九十五圖

第六百九十六圖

此稿未完下卷續印

第六百九十七圖

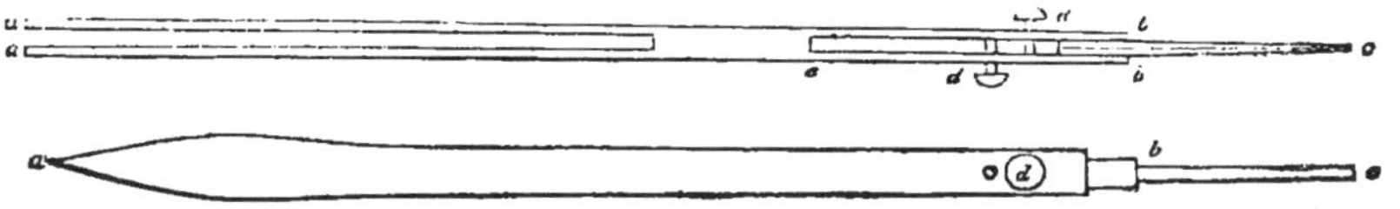

第六百九十八圖

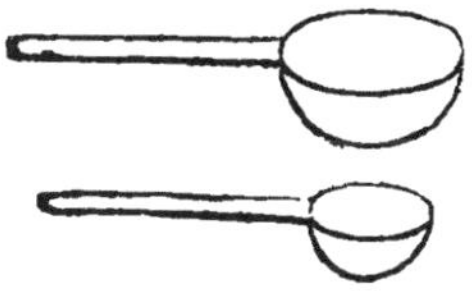

第六百九十九圖

第七百圖

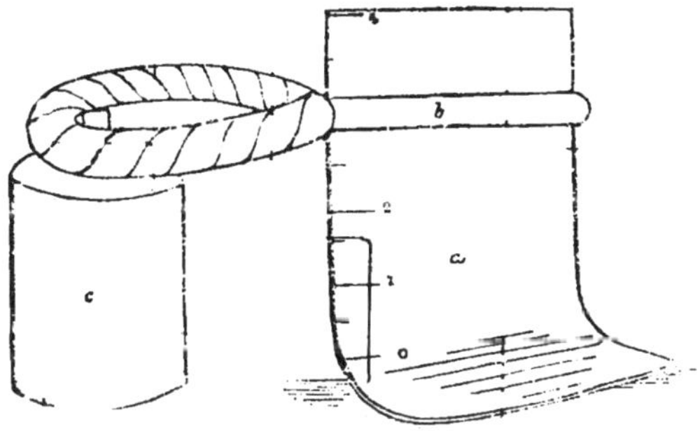

第七百零一圖

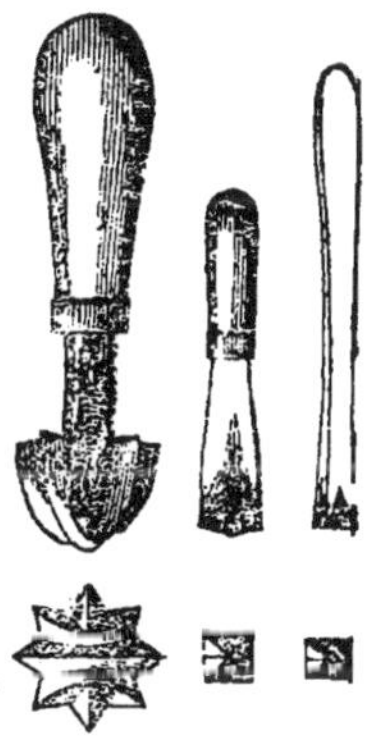

如第六百九十七圖爲鉑鑷可用以捻吹火時欲鎔鍊之質鑷體以鋼爲之而頭以鉑片爲之因鉑入火無傷也價銀七圓銅六圓圖上爲平視形下爲側視形

如第六百九十八圖爲鉑勺可以盛吹試能鎔化之質分三號大者價銀五圓中者銀三圓小者銀二圓銅六圓

如第六百九十九圖爲托鉑勺之柄接處以黃銅爲之有箍與螺絲夾而把以硬木爲之價銀二圓

如第七百圖爲羅斯所設之鋁片因鋁傳熱性大故最便於吹火筒工之用用時可以鋼鉗箝之其鋁片價銀四圓鋼鉗價銀一圓銅八圓

木炭托器〇平常吹火筒工試礦等每以木炭面製凹將礦置凹內吹火其上而鎔鍊之故恒須備木炭若干以待用所合用之木炭條每磅價銅三圓又有割木炭成塊之鋸價銀一圓又有鑽器爲管形以馬口鐵爲之外敷黑漆價銅四圓可用以鑽炭面之凹

如第七百零一圖爲不辣他那所設之鑽器

最便於鑽炭面之凹鑽以硬鋼爲之分三號大者能鑽凹徑十分寸之七價銀五圓中者能鑽凹徑十分寸之三價銀二圓小者能鑽凹徑四分寸之一價銀二圓圖下爲其各鑽頭之橫視形

第七百零二圖

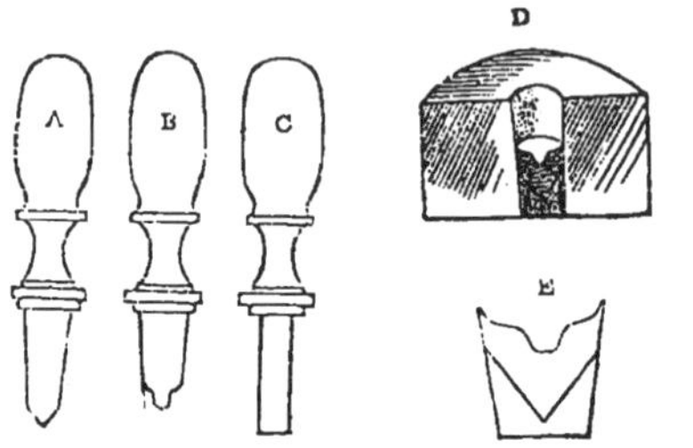

第七百零四圖

第七百零六圖

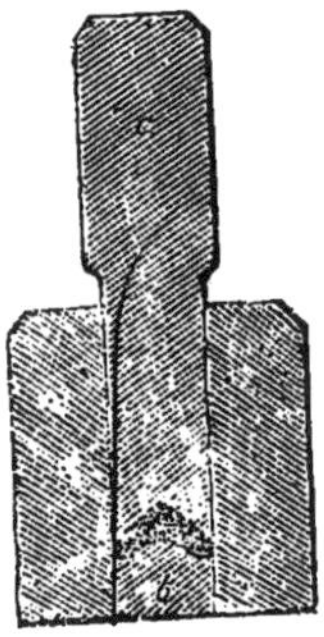

第七百零三圖

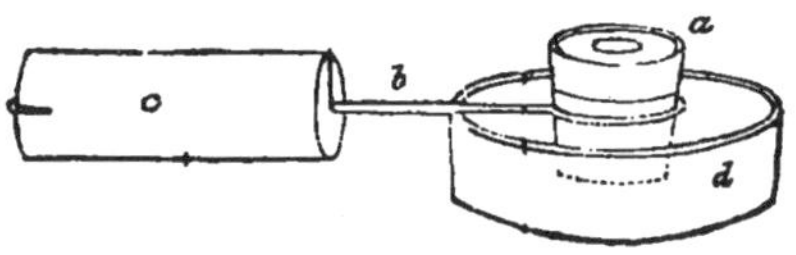

第七百零五圖

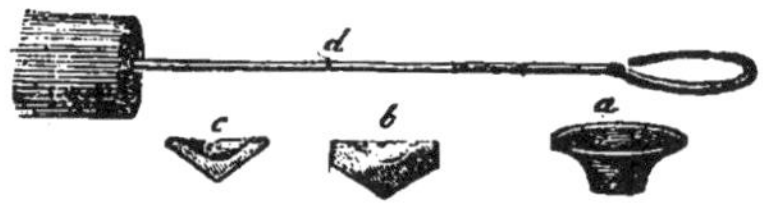

第七百零七圖

尋常木炭不合吹火筒工之用因其炭須以鬆輭之木燒熟而質勻密毫無縫隙如以一擔木炭揀之合用者難得數塊故各里分另設以法作鍋代炭一種爲鎔化物質之用作鍋之料以木炭細粉十分米粉半分水八分先將米粉在水內沸之成漿次加炭粉成膏二種爲礦內提出金銀鉛等用鍋料以木炭細粉九分鈉養炭養二顆粒二分硼砂顆粒一分米粉半分水略八分先將水沸之次加硼砂與鈉養炭養二化之再加米粉成漿後添炭粉成膏造鍋法以模壓成之其模如第七百零二圖以黃楊木爲之分四件右爲圓木塊心有圓錐形孔是爲外模左爲木杵分三式可以壓入外模之心是爲心模將鍋料少許指摶成團置於外模將杵端擦油少許免料粘連遂入其模壓之卽成小鍋以熱鐵板或沙盆烘乾而後以鎈磋去其不齊之處如模內先置泥少許令爲小鍋之底則更便於用所作成小鍋之形用器托之如第七百零三圖鍋高半寸頂徑半寸底徑五分寸之二重十六厘卽有泥十厘而能燒之料六厘也此爲最合宜之尺寸如將此鍋入吹火筒則其炭質能自燒而所試之礦質漸落至凹底成珠如第七百零四圖之左而珠在此處

第七百零八圖

第七百零九圖

第七百十一圖

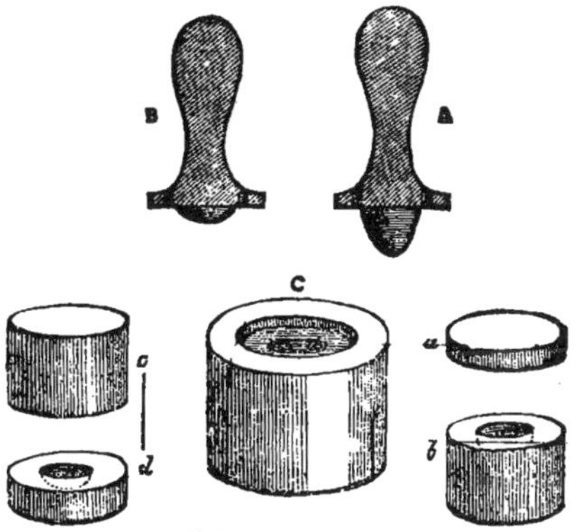

第七百十圖

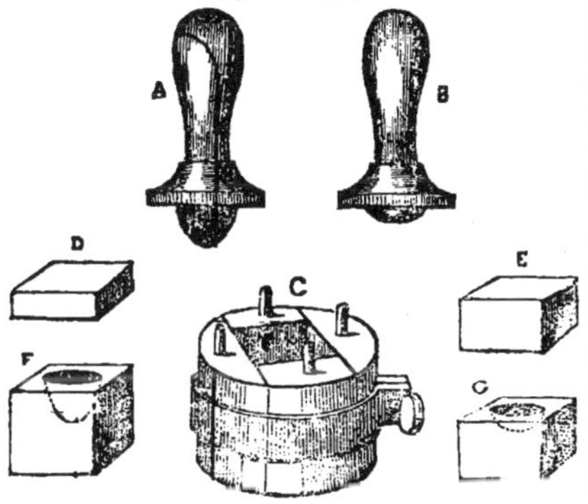

第七百十二圖

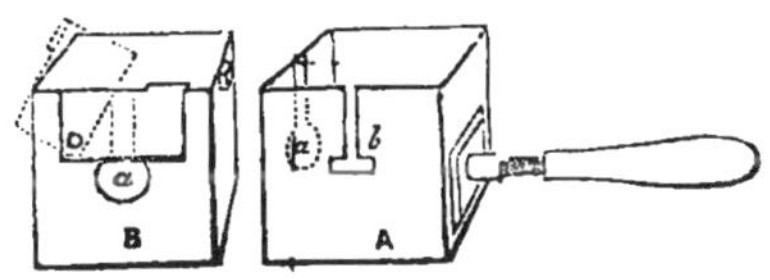

不便察視可趁熱時吹其炭令速燒盡則珠存在餘料之上如圖之右此法之益甚多常用吹火筒者試之一次則易知矣且此小鍋化學家能造之占處猶小僅二寸方之箱所裝之料足爲五百鍋之用而鍋底之泥可連用多次不必更換其料用米粉者取其易成漿加熱時則化而令炭粉粘連甚牢燒時所成之炭難變灰而灰略與木炭灰數同黃楊木模每副價銀二圓銅六圓現成之小鍋每二十四個裝一盒價銅六圓托鍋之架每四個價銅四圓如模一副鍋四十八個托架四個瓷鍋四個及殼作一千小鍋之料並小書一本內釋明鍋之作法與用法則共價銀八圓

如第七百零五圖爲更簡便之木炭小鍋遊行之礦學家用之甚便其鍋分厚薄二種以便加熱有大小之用又有小瓷鍋爲炭鍋不合用之事所用者價銅三圓小炭鍋每三十六個裝一盒價銅六圓鐵絲托架每四個價銅四圓

如第七百零六圖爲作此種小炭鍋之鐵模分三件一爲外模一爲心模一爲模底價銀二圓銅六圓視圖則易知其作鍋之用法

如第七百零七圖爲化學家不辣他那所設作小炭

鍋之心模其外模如第七百十三圖下之式二件俱以黃楊木爲之價銀二圓亦有作成之小炭鍋其尺寸如第七百零八圖每十二個價銀一圓

如第七百零九圖爲吹火筒工內化分求數所需之小炭鍋其尺寸與圖等每十二個價銀一圓

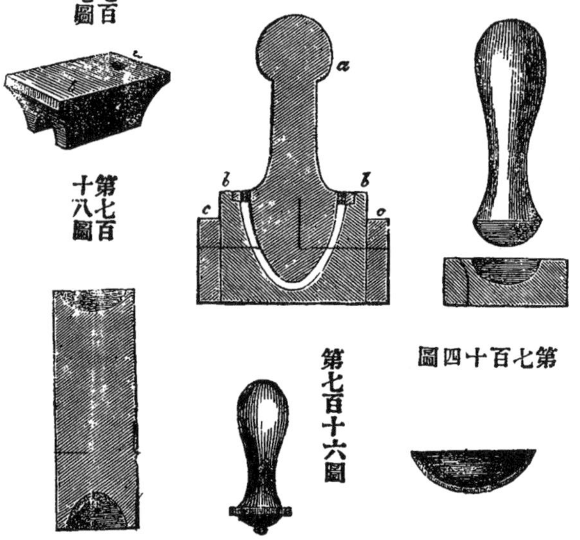

第七百十三圖　第七百十四圖　第七百十五圖　第七百十六圖　第七百十七圖　第七百十八圖

如第七百十圖爲不辣他那所設之木模能作木炭方塊便於吹試金類礦或吹火筒工內化分求數之用模以黃楊木爲之分五件上爲二心模其端凸出一大一小以便作炭方塊上面凹之或深或淺中爲外模用四塊合湊外加銅箍箍端有螺絲以便開合外模上有四釘能令心模適入正中右上爲模之方底爲作短炭塊所用者能作之炭塊如其下式而有淺凹左上亦爲模之方底爲作長炭塊所用者作成之炭塊如其下式而有深凹其全副模價銀十圓銅六圓惟此模每作炭塊一次必拆而取之頗覺不便故又設有作圓柱形塊者如第七百十一圖爲作圓柱形炭塊之模以黃楊木爲之亦分五件上爲心模二中爲外模右上爲短模底而下爲長炭塊左上爲長模底而下爲短炭塊其心模能作成之凹亦一深一淺其模全副價銀七圓不辣他那爲西國最考查吹火筒各工者故其法甚講究嘗著書詳論之以上作炭鍋炭塊各法皆易爲之凡考究吹火筒工者宜購備其模以便隨時自作炭鍋炭塊

如第七百十二圖爲不辣他那所設之小爐便於承小炭鍋以作吹火筒之工價銀六圓

泥類托器○吹火筒所用托試料之小鍋亦可以泥爲之作此小鍋亦須用模如第七百十三圖爲作小

瓷鍋之模以黃楊木爲之價銀二圓作鍋之料爲高領泥此模所成之鍋式如第七百十四圖尺寸與圖等大其鍋亦有現成者每十二個價銀一圓此模又可作小炭鍋式如第七百零八圖者惟須換以心模如第七百零七圖者

如第七百十五圖爲不辣他那設之礟銅模能作小泥鍋與小炭鍋模分四件合而成者若作炭鍋則用黃楊木之小心模如第七百十六圖者此模全副價銀十圓作鍋法將模揩乾擦油而以泥和水搏成小球形之塊置入外模以心模壓之後則取出置於罐內蓋密加紅熱卽成小鍋其乾高領泥每磅價銀六圓

如第七百十七圖爲各里分所設托小炭鍋之器以瓦爲之長三寸闊二寸面有凹可安小炭鍋其價銀一圓此器之用爲顯試料所飛散之質也因常用之炭鍋熱至紅則所試礦等料內有飛散能凝之質無冷面遇之則不得凝且吹火筒工恒以詳視所散之質爲要故須用此器法先將其上面覆油燈上薰黑炱一薄層待冷將炭鍋置其面上凹內鍋內置所試之料以火吹之則易散之質遇炱之黑面而凝卽易辨認如料含鉛則凝質爲黃色等是也每用一次則以紙或砂皮摩淨其面以備再用

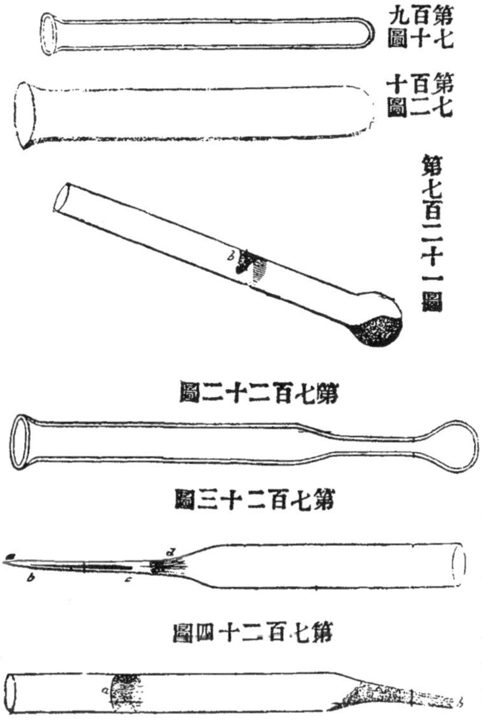

第七百十九圖

第七百二十圖

第七百二十一圖

第七百二十二圖

第七百二十三圖

第七百二十四圖

如第七百十八圖爲火泥柄兩端各有凹可托小火泥鍋或炭鍋以便吹火筒工之用長三寸徑一寸一端能容第七百零八圖與第七百十四圖之小鍋一端能容第七百零九圖之小鍋又可將骨灰料裝入任一凹內以瑪瑙心模壓成鍋形以便提銀去鉛等事之用其柄價銅六圓

玻璃托器〇吹火筒工所用玻璃托器多爲管類如第七百十九圖第七百二十圖之管以日耳曼硬白玻璃爲之能任吹火之熱分大小二十四號小者徑八分寸之一每十二個價銅三圓大者徑八分寸之三每十二個價銅六圓

如第七百二十一圖爲化學家博西里尤司所設試含鉀質之管以硬玻璃爲之下有泡形以容試料加熱時料內所含之鉀凝於管腰如圖其色黑而光亮若回光鏡故謂之鉀鏡此管十二個價銀一圓如第七百二十二圖之式者價亦同

如第七百二十三圖爲羅斯所設試含鉀質之管每十二個價銀一圓如第七百二十四圖爲里必格所設者價亦同凡此各管皆能試含鉀之質如疑某料含有砒霜則和鈉養炭養二以吹火筒加熱則顯出鉀鏡易於分明

第七百二十五圖

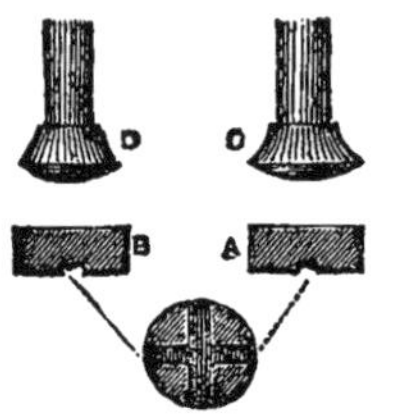

第七百二十六圖

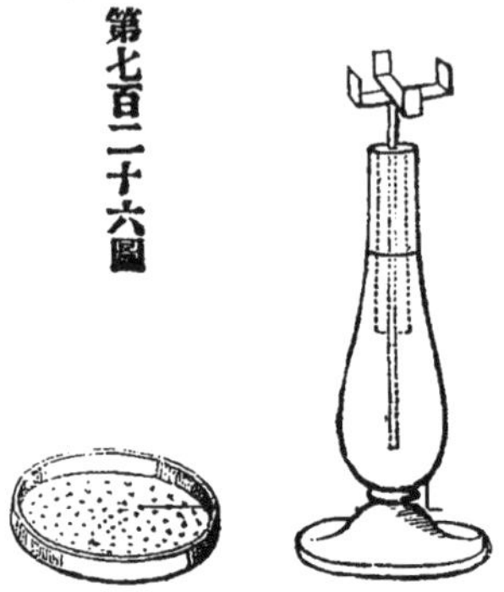

吹火筒工提鍊貴金類之器〇如第七百二十五圖爲不辣他那設之全副吹火工內所用提鍊貴金類之器圖右上爲二杵下爲二模圖左爲托模之架模底有十字槽架頂有十字輻輻端上彎模置於架則槽與輻能互相逗接而輻端四彎能抵模不偏模有大小二號用時將骨灰裝入模中以杵壓之則骨灰成凹形卽爲模裏可將模連裏置於托架模凹內盛以欲提鍊之貴金卽吹火加熱其模有以磨光之硬鋼爲之者各件全價銀十圓銅七圓亦有以鐵爲之者全副價銀七圓前第七百零四圖言之小鍋亦可作骨灰模以爲提鍊貴金之用又可以前第七百零六圖者爲之前第七百十八圖之火泥柄於其端凹內壓以骨灰之裏亦可提鍊貴金所用之骨灰分上下兩等上等者每磅價銀一圓下等者每磅價銅六圓又有鉛屑其粒極細爲骨灰模提鍊貴金所用者每磅價銀二圓

如第七百二十六圖爲篩器可篩鉛屑細粒以便吹火筒工之用價銀一圓銅九圓

此稿未完下卷續印

如第七百二十七圖爲量鉛屑之管與柄管以玻璃爲之面刻分度柄上端爲桿可適入於玻璃管內欲量鉛屑時將柄桿插入玻璃管桿端通至某分度即可量若干鉛屑其器價銀一圓此提鍊貴金之工爲化學中最有趣者凡銀礦含鉛數或鉛礦含銀數等事俱可藉此法爲之

第七百二十七圖

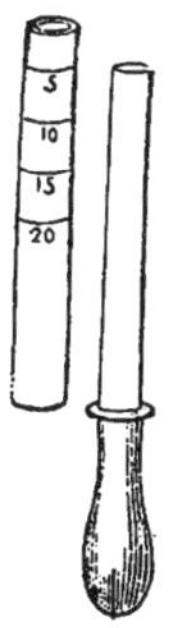

第七百二十八圖

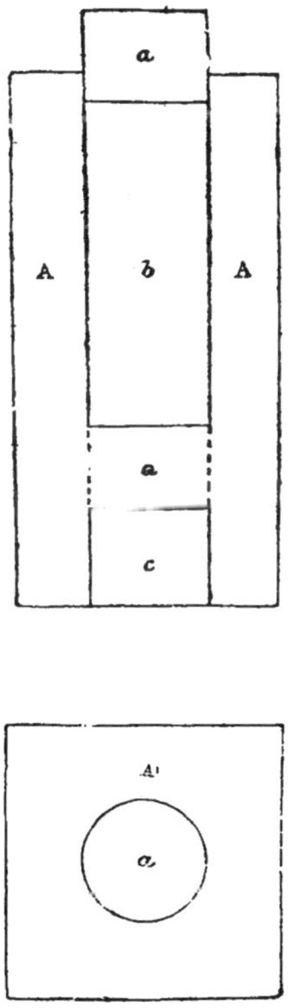

第七百二十九圖

第七百三十圖

第七百三十一圖

第七百三十二圖

第七百三十三圖

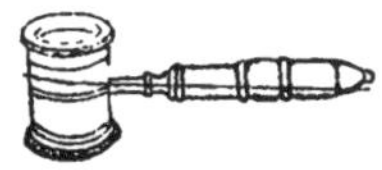

第七百三十四圖

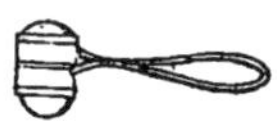

第七百三十五圖

吹火筒零器○如第七百二十八圖爲舂碎礦等所用之乳鉢與砧下爲剖面式其器甚靈價銀十一圓

如第七百二十九圖爲不辣他那設之和料勺吹火筒工所用之料可在此勺內和勻以便添入第七百三十六圖之紙筩內其勺以黃銅爲之長二寸半闊一寸價銀六圓

如第七百三十圖爲象牙匙把長三寸匙徑四分寸之一把一端可當刀用價銀一圓另有乳鉢與夾剪與銼

刀各等器合於吹火筒用者在前第一類器內述及茲不再言

如第七百三十一圖爲吸鐵針與電氣針各長一寸半可在銅架上用之共盛一盒價銀七圓銅六圓此二針爲試鐵鎳等礦所用者

第七百三十六圖

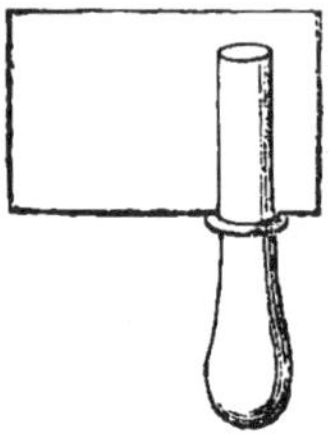

第七百三十七圖

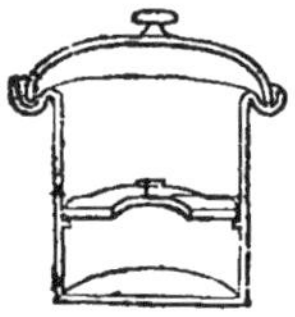

第七百三十八圖

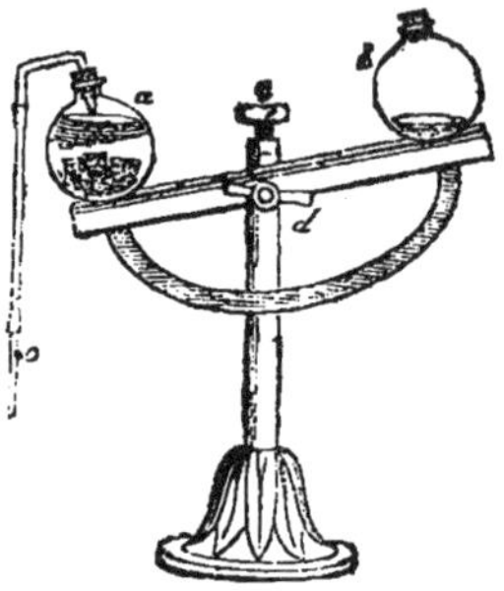

第七百三十九圖

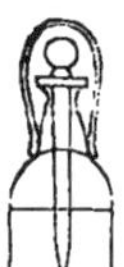

第七百四十圖

第七百四十一圖

第七百四十二圖

如第七百三十二圖爲顯微鏡有三個可以看小顆粒或吹火筒所鍊成之料鏡之光距各不同一徑八分寸之七一徑四分寸之三一徑八分寸之五鑲鏡之殼爲牛角之料價銀三圓

如第七百三十三圖之顯微鏡其殼以玳瑁爲之一端有二鏡各徑八分寸之五皆一面平一面凸以隔圈分隔之一端有高定頓所設之鏡此顯微鏡合於吹火筒並化學各工之用價銀十二圓

如第七百三十四圖爲高定頓之顯微鏡其殼以象牙爲之合於吹火筒等工之用價銀四圓

如第七百三十五圖爲司坦活坡之顯微鏡其殼亦以象牙爲之合於吹火筒等工之用價銀四圓

附吹火筒等器

鍊試礦類之器○如第七百三十六圖爲鍊試礦類所需之鈉養紙乃以極淨之濾紙漬入淨鈉養炭養二水所成者紙長一寸又五分寸之二闊一寸每五十張盛一盒價銅四圓另有一黃楊木柄桿可置紙上如圖則紙可藉之捲成筩其價銅六圓用法將欲試之礦塊二釐置乳鉢內和硼砂與鈉養炭養二乳細盛以第七百二十九圖之勺而傾入此鈉養紙筩內將紙筩摺包齊整置於第七百零九圖之木炭小鍋中將小

鍋以第七百十八圖之火泥柄托之加火吹試其用鈉養紙者欲吹火時不致吹散礦質待礦已鎔之後則餘質可以常法化分之如含砭之金類礦欲在酸內化之則以此法吹試爲最便

如第七百三十七圖爲用輕弗氣化分含鐮類之矽養三礦所用之器以鉛爲之口有槽可塡以濕石膏其蓋入石膏內即不洩氣欲化分之礦質以鍋盛之置於器中之架所用之鈣弗礦與硫强水安在器之底隔其器徑四寸高四寸價銀八圓

第七百四十三圖

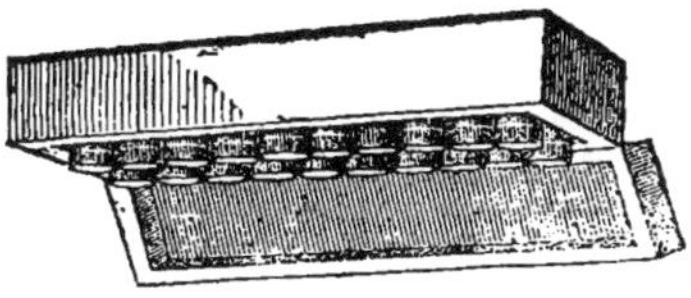

第七百四十四圖

第七百四十五圖

第七百四十六圖

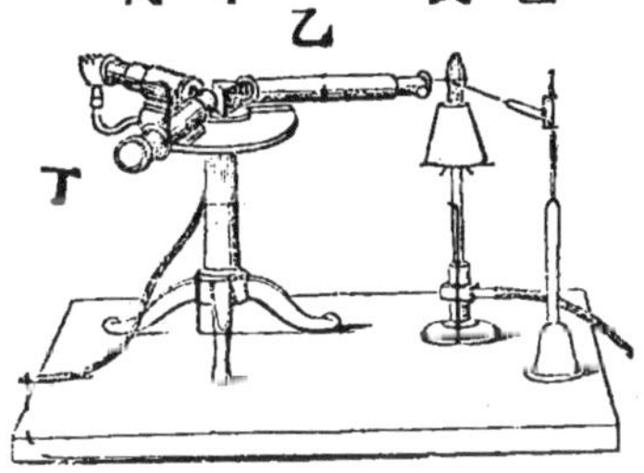

第七百四十七圖

第七百四十八圖

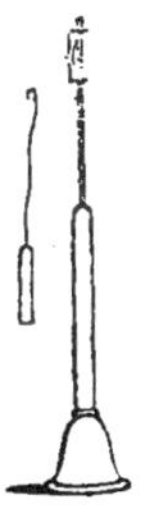

如第七百三十八圖爲少發輕硫氣便用之器有二玻璃泡以管通之安於架上泡可任使高低而架亦能任令上下左泡盛鐵硫塊右泡盛淡硫强水令右泡高則强水流入左泡遇鐵硫即發輕硫氣可由泡口之管放出用之用畢則令左泡高而强水流回右泡氣即不發不用氣時左泡口之象皮管宜加簧夾以免洩氣害人全器價銀六圓獨買二泡與管價銀二圓銅六圓

如第七百三十九圖爲盛鈷養淡養五水或各酸質之玻璃瓶其口中有玻璃塞甚長而尖幾通至瓶底塞拔出時其尖總粘瓶內之藥水數滴以便滴入欲試之料使之變色瓶口外有玻璃罩可密罩瓶口瓶分三號小者容半兩至一兩價銅十圓大者容三兩價銀一圓銅三圓

如第七百四十圖爲盛試藥之玻璃瓶其塞亦長而口外無罩瓶能容一兩價銅六圓

如第七百四十一圖之玻璃瓶有短塞向上有尖尖端有細孔便於傾出試水成小滴瓶容半兩口外有罩共

價銀一圓

如第七百四十二圖之盛試水玻璃瓶有尖嘴原爲管而引長者尖端有細孔便於傾出試水之微數如將瓶加熱令其嘴入試水內則試水能自吸入用時握其瓶則手之熱又足令試水滴出每瓶價銅三圓每十二個價銀二圓銅六圓

如第七百四十三圖爲盛試藥瓶之箱以洋紅木爲之長十一寸又四分寸之一寬二寸又四分寸之三高二寸又八分寸之五能容第七百四十四圖之瓶二十個價銀九圓

第七百四十九圖

第七百五十圖

第七百五十一圖

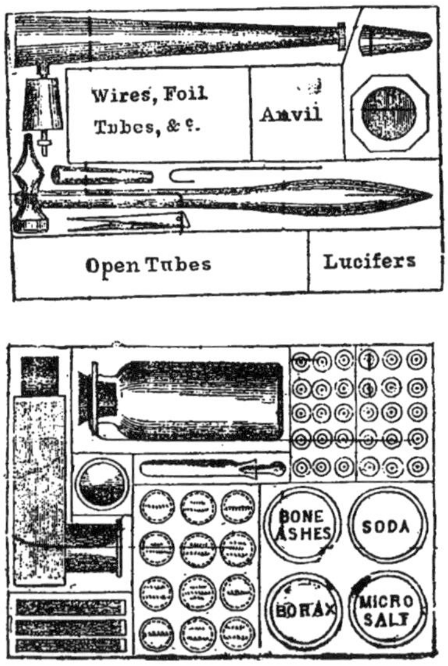

如第七百四十四圖爲盛試藥之瓶有玻璃塞瓶能容八分兩之三每個價銅三圓十二個價銀二圓銅九圓

如第七百四十五圖爲盛乾試藥之木盒高一寸又四分寸之三徑八分寸之七每十二個價銀三圓

光色分原各器〇尋常以吹火筒試鍊金類質其火有時變色因其火色之變可知中有某質如含鈉之質能使火色變爲黃含鉀能使火色變爲紫是也然各質各能使火變色若數質相合則火色必混而難辨如鈉養之火黃色極濃鉀養之火紫色較淡所以鉀養雖多若內雜鈉養微數燒時則紫色不見可見吹試各質雖可以火色辨之尚難取準故有人另設新法謂之光色分原法能分各物之光色而知其中之原質往往不誤且較常法更便更精近來化學家多仿效之所用之器如第七百四十六圖甲爲三稜鏡安在銅盤上盤下有三足鐵架托之乙丙丁爲三個小遠鏡戊爲煤氣燈火

已爲托柱有玻璃桿鑲以鉑絲能托入火欲試之質用時將欲試之質粘於鉑絲入燈火燒之其光由乙筩向甲來透過三稜鏡而自丙鏡或丁鏡看之即可分辨其光色蓋無論燈光或日光透過三稜鏡收入小遠鏡則成有色之光帶即紅黃綠藍紫各帶也如其火內燒一種金類質則光帶中另顯光條若干如鈉之光在光帶中另顯明黃色二條鋰之光另顯紅條鉀之紫光在光帶中紅藍二處各顯細明線二條因各質之光在光帶

第七百五十二圖

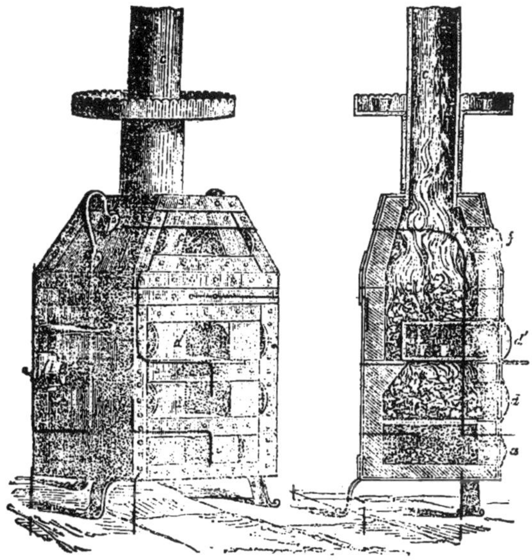

中所顯之光條數及其寬窄疎密恒有定限不相混亂如以鈉養與鉀養相和燒之則火所成之光帶在鈉之明黃條處仍顯其明黃條若不知內有鉀者在鉀之明光條處仍顯鉀之明紅明紫條亦若不知內有鈉也蓋各質所顯之光條各不相同故所燒之物有此質即有此色光有彼質即有彼色光逐細視之即可知其爲某原質也且物內雖含金類質極微亦能分辨而知之如含鈉一萬八千萬分釐之一其光帶內即顯其明條此器全副有鐵架銅盤三稜鏡三個小遠鏡如第七百四十七圖之煤氣燈嘴兩個如第七百四十八圖之托柱一個如第七百四十九圖之托柱一個鉑絲八條連於玻璃桿之用又有鉑絲四條圖內未顯合於第七百四十九圖托柱上之用共價金六圓銀六圓如單買第七百四十七圖之煤氣燈嘴則價銀五圓第七百四十八圖之托柱價銀二圓第七百四十九圖之托柱價銀二圓銅六圓

如第七百五十圖爲盛靛硫養三之三稜瓶可當視鏡之用以觀吹試之火色而辨其原質如吹試含鈉之黃色火以此瓶裝滿靛硫養三水隔視之則變淡藍色含鉀之紫色火隔視之爲茄花色故所吹試之物質或含

鉀或含鈉自能以其火色辨知另有他用處頗多不必詳言每瓶長九寸寬一寸又四分寸之三口有玻璃塞共價銀三圓

吹火筒等器全副○如第七百五十一圖爲吹火筒工常用之器件共盛於盒內有吹火筒與瑪瑙乳缽與鉑絲鉑片與鋼砧與鐵椎與鉗剪鑷器與玻璃管及試管與自來火與酒燈與試藥若干種與木炭小鍋及小瓷鍋等件共成一副皆爲乾試法合用之器亦有濕試法合用者其盒更大器件較多而價亦貴所有成副之吹火筒各器分大小數號小者價銀十圓銅六圓內有器件十五種試藥四種略大者價銀二十一圓內有器件二十四種試藥十三種此副足分辨礦類與常見各質之大半再大者價金三圓銀十三圓銅六圓裝於二盒內共有器件四十種試藥二十一種又有再大者價金五圓銀五圓內共有器件五十五種試藥二十一種最大者能作化分求質化分求數各吹火筒工之用共有器件八十八種試藥四十五種內有鉑鍋及天平等器裝於四盒內四盒可並盛於一皮箱其箱長十四寸寬十二寸深十二寸共價金三十圓

第七百五十三圖

第七百五十四圖

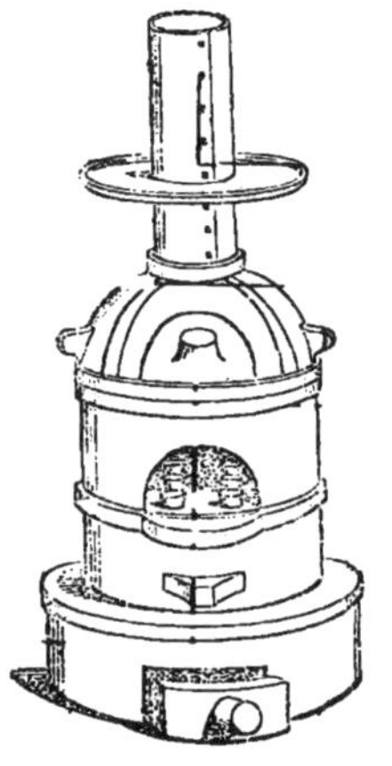

第十七類試驗礦與金類之器

試驗礦質及鍊取金類所需各器已大半在前數類器內言之然另有數器爲前所未及者茲特分釋如左

鍊金銀等爐○如第七百五十二圖爲熟鐵爐右係橫剖面式可以鍊金銀等金類爐內鋪火泥爲裏兩旁有圓孔便於通管加熱爐內火膛長十寸寬九寸能容燒殼長九寸寬四寸半爐價金五圓銀五圓燒殼價銀三圓銅六圓如第七百五十三圖爲鍊金類爐合用之火泥燒殼價以尺寸而定凡不能直遇火之金類質可置此燒殼內入爐加熱

如第七百五十四圖爲火泥爐亦可鍊金類爐分五號小者內高七寸徑五寸價金一圓銀五圓合用之燒殼

價銀一圓銅九圓大者爐內高十一寸徑九寸價金五圓銀五圓合用之燒殼價銀三圓銅六圓如第七百五十五圖亦爲火泥爐合於鍊金類之用分五號小者內徑九寸半外高十九寸爐底不在內價金

第七百五十五圖

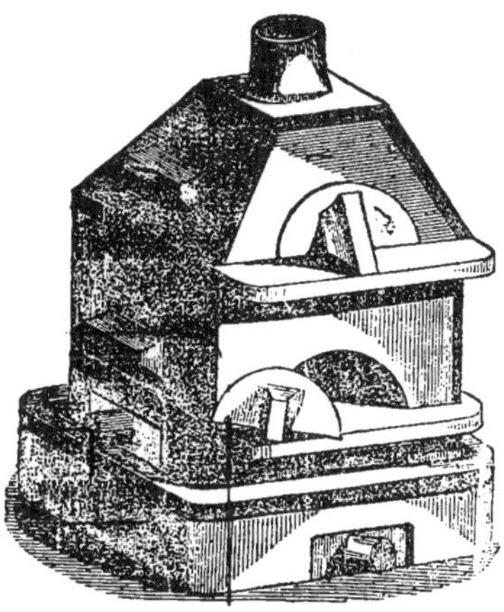

第七百五十六圖

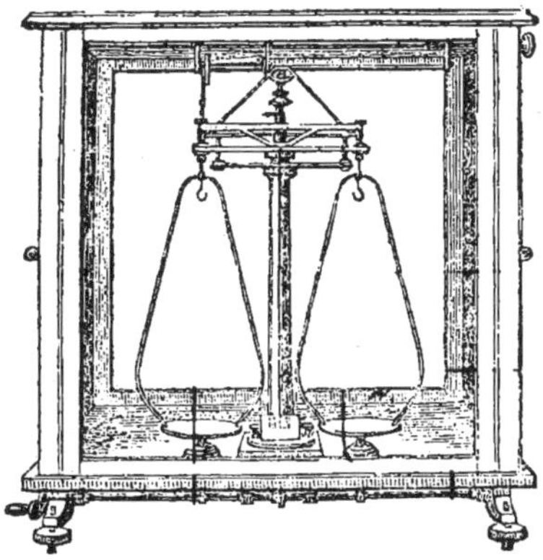

第七百五十七圖

第七百五十八圖

第七百五十九圖

二圓銀十六圓其燒殼價銀二圓銅六圓大者爐內徑十三寸外高二十六寸價金五圓銀十五圓其燒殼價銀五圓

精細天平○如第七百五十六圖爲化學家本知設之天平便於化分礦及金類等細工之用此天平大可省時權物極細因凡天平橫桿愈短權物愈快如天平桿長三尺搖盪一次需時九秒若令桿長不過尺則一秒內足盪一次又因桿短則輕輕則易準此天平能權萬分格之一爲最小數至二千格爲最大數不用時桿心之刀與托刀之面不相切故能久用不鈍天平裝以玻璃箱箱外有搖柄能令天平各件一一行其職司即先放鬆其盤待已穩而搖其柄令刀與托面相切而桿即動盪可以權物用畢反搖其柄則各件依次歇穩不再自動其刀與托面俱以瑪瑙爲之各件可裝盛一盒以便移動小法碼以金類絲爲之繞成螺絲形中端伸直成把便於鑷取此器分四號小者桿長二寸又四分寸之三每盤能權二十格價金十四圓銀十四圓大者桿長九寸又四分寸之三每盤能權二千格價金二十七圓銀六圓前第一百四十

二圖至第一百五十四圖見第三年彙編第八卷內之各天平亦合於化分等工之用

鍊金零器○如第七百五十七圖爲鍊金類爐合用之撥火鐵桿長三尺徑八分寸之五價銀二圓銅六圓

如第七百五十八圖爲剔爐栅去渣等合用之鐵桿長三尺徑八分寸之五一端扁而彎價銀三圓

如第七百五十九圖爲鏟形鐵桿長三尺徑八分寸之五一端扁如鏟形價銀三圓

第七百六十圖

第七百六十一圖

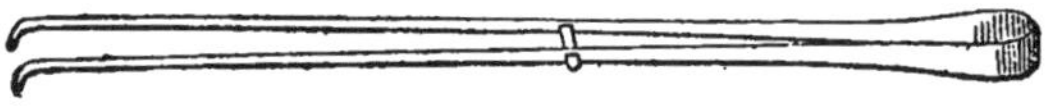

第七百六十二圖

第七百六十三圖

如第七百六十圖爲長火剪能箝制小鍋置於爐之燒殼內或自燒殼內將小鍋夾出剪長三十寸以鐵爲之價銀三圓銅六圓鋼者價銀五圓銅六圓

第七百六十四圖

第七百六十五圖

如第七百六十一圖爲同用之火剪長三十寸價銀五圓銅六圓

如第七百六十二圖爲鋼火剪後段連有鋼板二半用時能遮護人手使不受熱價銀十圓

如第七百六十三圖爲移動小鍋合用之火剪長二十五寸一端有叉價銀二圓銅六圓

如第七百六十四圖爲作骨灰鍋之模以磨光之鐵爲之其杵以黃楊木爲之分四號小者能成鍋徑一寸價銀七圓大者能成鍋徑二寸價銀十四圓

如第七百六十五圖爲木椎可擊前器之杵入模以成骨灰鍋其椎價銀二圓

格致釋器內所言金銀銅各價乃英國所用之錢計金錢每圓合華銀四兩或鷹洋五元又銀錢五圓約合華銀一兩而四圓合鷹洋一元又銅錢一圓約合英洋二分閱者從此略數可自推算各器所值之略價不致有大懸殊也

此稿未完下卷續印

如第七百六十六圖爲圓錐形玻璃燒瓶可以試金銀之含羼金者瓶底平頸有凸圈便於火剪托之有容二兩者有容四兩者每十二個價銀三圓銅六圓

如第七百六十七圖爲不辣他那設之試驗軋碎之石英含金之數合用之器蓋金每生於石英之間開石英而分金實屬不易故鍊礦者常須將含金之石英化分之試其每百分中含金若干以定大作鍊取能否得利其法先將含金之石英二磅至二磅半在乳鉢研碎煆去其硫與鉮等易散之質再和以水盛於高玻璃筩如丙則於甲之燒瓶內加發綠氣之料令綠氣行過洗瓶乙再由丙筩底而入自頂而出以管引至酒醋筩丁酒醋中有生紙數層能收綠氣使不外散既通若干綠氣之後則礦內之金變成金綠開器洗出金綠和以鐵養硫養三則金結而沉可取出洗而稱之由此足知其礦每百分含金若干也其器全副價銀十六圓若另備玻璃筩與各管則共價銀十八圓

第七百六十六圖

第七百六十七圖

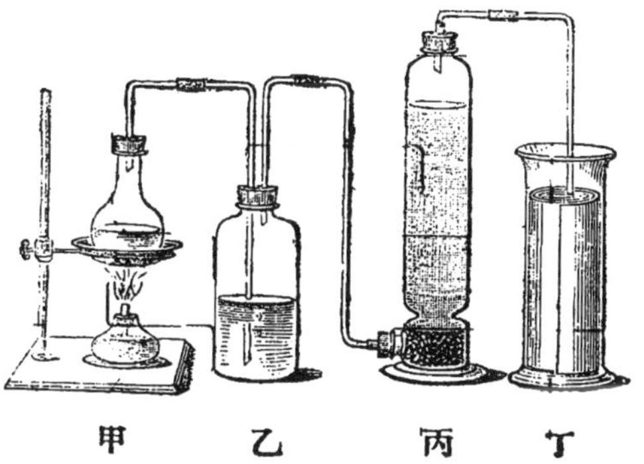

第七百六十八圖

第七百六十九圖

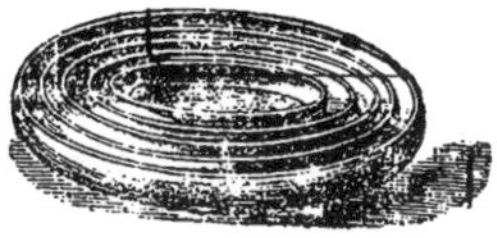

如第七百六十八圖爲鎔金類之罐以熟鐵爲之口有嘴而無蓋罐外高四寸內深三寸半口徑二寸又八分寸之七厚六分寸之一能容八兩價銀四圓銅六圓

如第七百六十九圖爲烘礦等之盆以火泥爲之分五號小者徑二寸半每十二個價銀一圓銅九圓大者徑

五寸每十二個價銀三圓如將大小號配一副卽盆五個則價銀一圓

如第七百七十圖爲鑄小金類塊合用之模旁有把與木柄面有二半球形凹徑一寸又四分寸之三深一寸內面車光價銀四圓如第七百七十一圖爲鑄圓錐形金類塊合用之模深三寸半口徑一寸又四分寸之三底徑四分寸之三價銀四圓如第七百七十二圖爲鑄尖錐形金類塊合用之模口徑二寸深二寸價銀三圓如第七百七十三圖爲鑄方錫塊合用之模面有三凹各深四分寸之一一端有柄傾錫冷定可執而覆出之價銀一圓銅六圓如第七百七十四圖爲鑄半柱形錫塊合用之模凹長六寸又四分寸之一闊四分寸之三深八分寸之三價銀一圓銅六圓

第七百七十圖

第七百七十一圖

第七百七十二圖

第七百七十三圖　第七百七十四圖

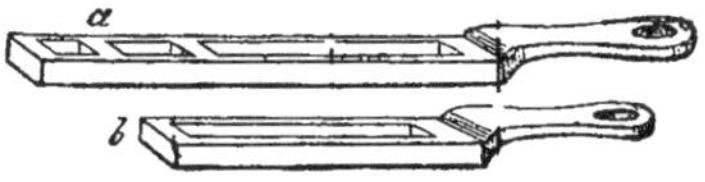

第七百七十五圖

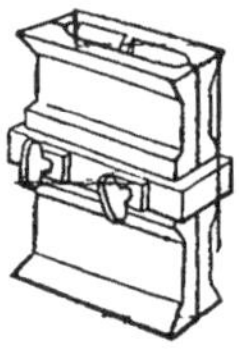

第七百七十六圖

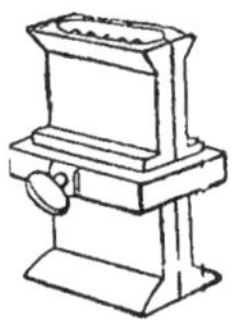

如第七百七十五圖爲鑄平面金類塊合用之模以二鐵塊面刨平相合外加箍與螺絲以便旋牢分二號小者價銀八圓大者價銀九圓如第七百七十六圖爲鑄鉀養條或鋅條合用之模內成各膛膛徑十六分寸之三外有箍與螺絲可聯緊分五號小者有三膛各長三寸價銀六圓銅六圓大者有二十四膛各長三寸又四分寸之三價銀十八圓

以上各模爲試鍊金類合用者凡鍊金類時每次所鍊之成色欲加查驗必須將罐內所鎔之汁傾於模內待冷視其純雜或折其塊視其斷口或傾模內乘結時淬於水中以便取出打碎使與渣滓相離而後研之再加鎔鍊故此各模亦爲化學器內不可少者

如第七百七十七圖爲添配料之杪以銅爲之有烏木柄共分二號各價銀二圓

如第七百七十八圖爲洗金之盆以厚鋅爲之徑二十六寸價銀十五圓

如第七百七十九圖爲量顆粒角度之器便於考求金類或礦石顆粒者所用其器爲半圜之弧共分一百八

十度中樞有桿能轉動將顆粒之尖置於其桿與弧底之間即可量其角度其器價銀七圓銅六圓

試驗砒毒各器○砒霜之質最易毒人受其毒者隨在有之如短見者每服而自盡挾仇者每投以害人苟不細察詳審幾難剖析情由然以化學法徵驗之能知確據故化學家攷察中毒者食餘之物與飲餘之水或吐出之物或大小便溺果有砒質在內俱可試而驗之所含砒質雖祇忽微尚可使人目見即其人已死或

第七百七十七圖

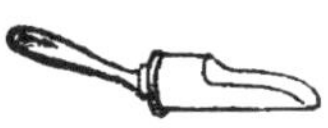

第七百七十八圖

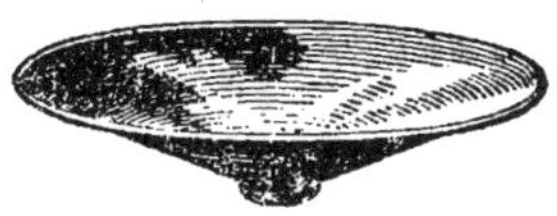

第七百七十九圖

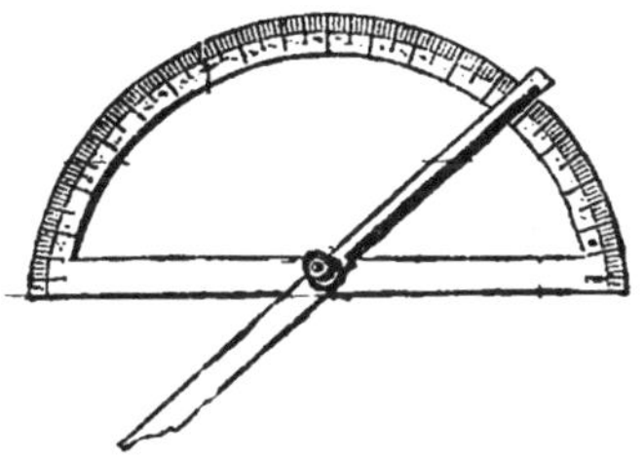

第七百八十圖

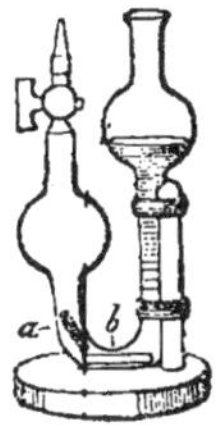

第七百八十一圖

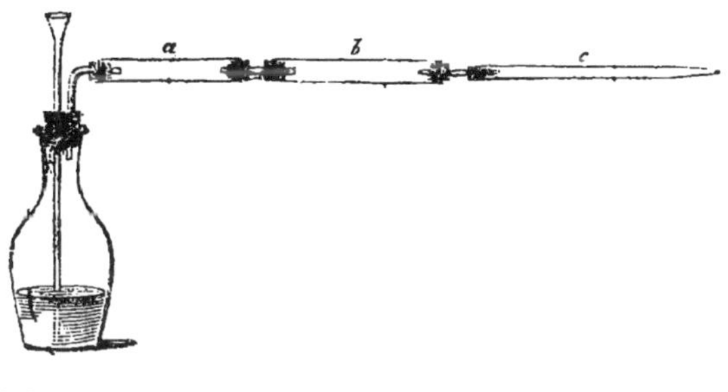

身體已腐亦能考其確證蓋砒毒致死之人能久不腐爛也若已葬數月疑是砒霜毒死者取出屍中腸胃每多不爛法國有人已死十餘年開棺驗得確證而定下毒者之罪可見此試驗砒毒之事亦洗冤之一法也然此必須專精化學之理否則恐致錯誤茲將試驗此事合用各器略釋如左

如第七百八十圖爲化學家馬爾士所設之器有玻璃彎管聯於紅木架上管有二泡一端口斂一端有放氣嘴嘴下有銅塞門共價銀六圓單買玻璃管則價銅九圓其試法之理乃因鉮養三即砒霜及含鉮質之物其鉮俱能與輕氣化合成鉮輕三氣若燃此氣而以白瓷盆覆其上則鉮結於盆面而易見此器彎管左端內有純鋅一段彎處以玻璃塊隔之使鋅不過至右端灌以淡硫強水遇鋅則發輕氣輕氣多則壓強水過右端使與鋅離而輕氣不再發次將欲驗之流質由右口傾入而開左端塞門燃火於其嘴以瓷盆覆而試之即得黑色或棕色之細

點結聚之面有光可鑑爲其流質含鉮之證也

如第七百八十一圖爲博西里尤司所設之器能化分鉮硫三質左爲發輕氣之瓶與常法同瓶右第一第二

第七百八十二圖

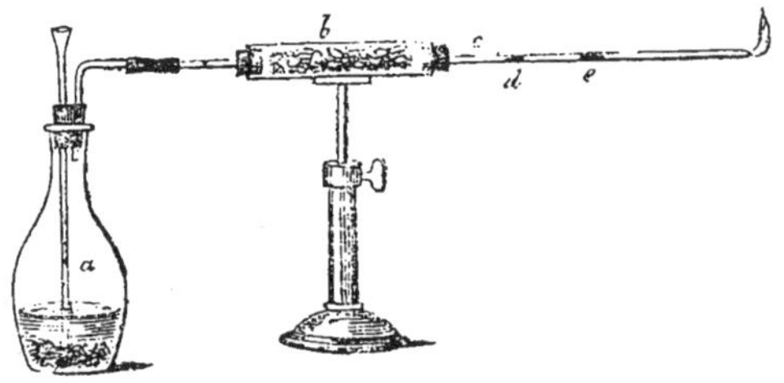

第七百八十三圖

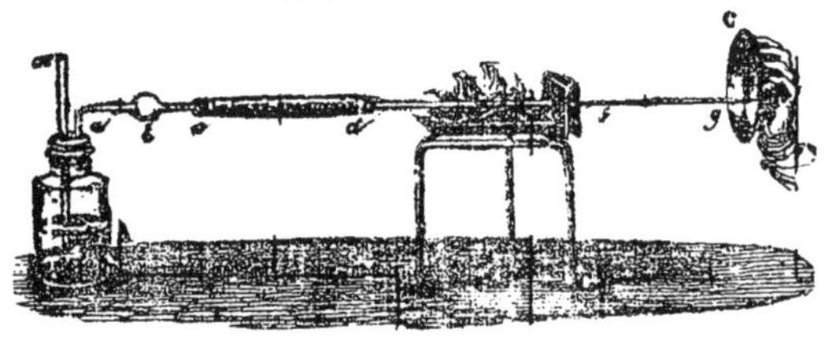

第七百八十四圖

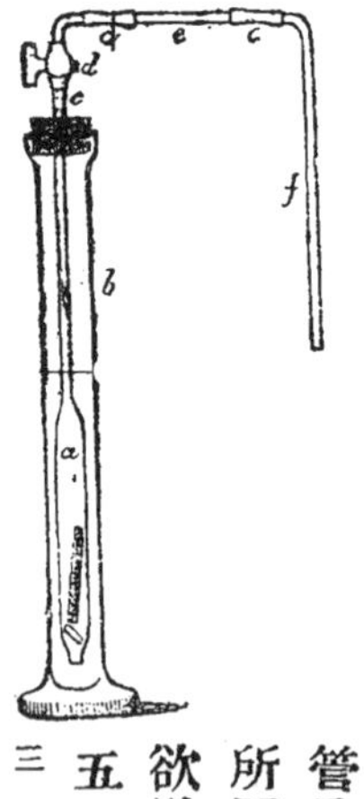

第七百八十五圖

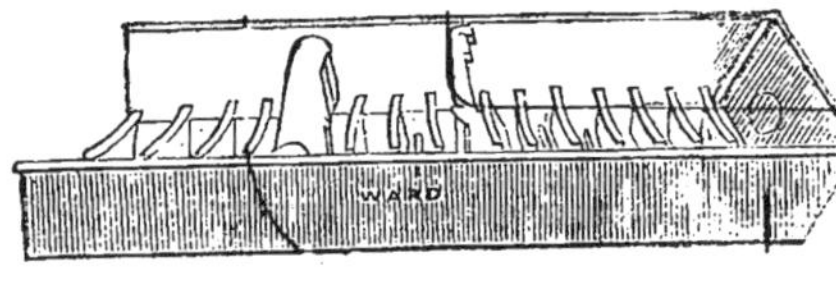

第七百八十六圖

管爲收輕氣之濕氣所用者第三管爲裝欲驗之料者共價銀五圓其用法將鉮硫三和以鈉養炭養二以器盛之置於第三管乾輕氣行過時管下加熱則鉮硫三化分與輕氣合成氣質由管嘴出可燃而試之如第七百八十二圖爲化學家福里西尼尤司所設之器能化分鉮硫三有發輕氣之瓶與盛鈣綠之管與放氣質之硬玻璃嘴共價銀四圓其架價見前第一百二十六圖如第七百八十三圖爲類格奴忒所設之器能試含鉮之質有發輕氣之瓶與鈣綠管及長玻璃嘴價銀五圓如第七百八十四圖爲米策力士所設之器亦能試驗含鉮之質價銀八圓此各

器雖形式不同而法歸同理凡動植物質或死物質疑含鉀者俱可以此器驗之此爲醫家常須試之事而化學內試驗物質之含鉀與否亦要事也

第七百八十七圖

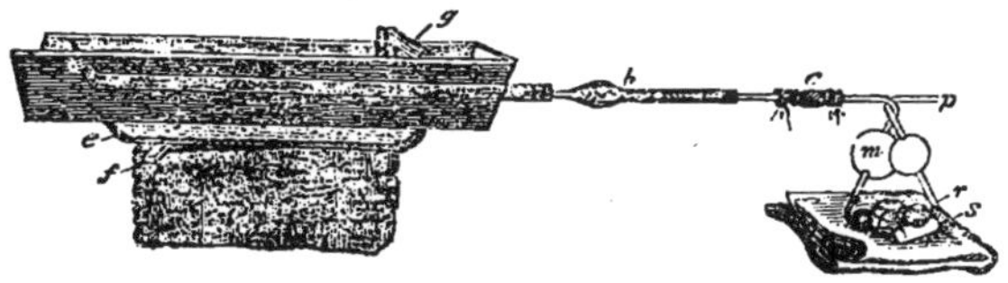

第七百八十八圖

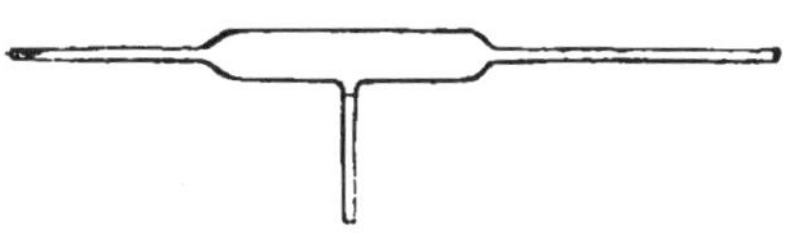

第七百八十九圖

第七百九十圖

第十八類化分動植物質之器

化分動植物質者常爲求其所含炭輕淡養各質之數也所用之器曰爐曰管曰玻璃泡等件間有甚繁者而法亦深須考專書始得洞悉茲僅將數種易明之器約畧釋之如第七百八十五圖爲燒玻璃管之炭爐用法將欲試之生物質和以相配之藥料裝入玻璃管置於爐內以木炭圍切管外而加熱此爐價銀四圓前第二百七十六第二百七十八兩圖之煤氣爐亦可爲化分生物質時燒管之用如第七百八十六圖爲化分生物質常用之燒管以硬玻璃之分四號小者長十二寸價銀四圓大者長三十寸價銀十圓如第七百八十七圖爲化學家里必格所設盛鉀養之泡以玻璃爲之共有五泡接於燒管燒生物質時所放之炭養二氣能爲泡內鉀養水所收因此可知炭養二之數其玻璃泡價銀一圓銅三圓如第七百八十八圖爲丁字管以玻璃爲之合於化分求淡氣數之用價銅四圓如第七百八十九圖爲試淡氣之管以玻璃爲之有玻璃小塞門價銀三圓銅六圓另有化分生物質合用之器多種此處不便盡詳而其圖說亦繁

第十七類化學器分爲大小各副

以前十八類所言各化學器多爲零件散具某件合於某事之用然習化學者不能專習一工即不能獨用一器故可將各器配成大小之副初演化學者或專習一門者小副已可致用擴而充之進而深之則用更大之副若求至精深考至兼全則不獨須用最大之副亦須用極全之副茲將大小各副略釋幾款以便好者有所檢查惟因限於紙幅不便歷指各件之名故止計其件數可也

第七百九十一圖

第七百九十二圖

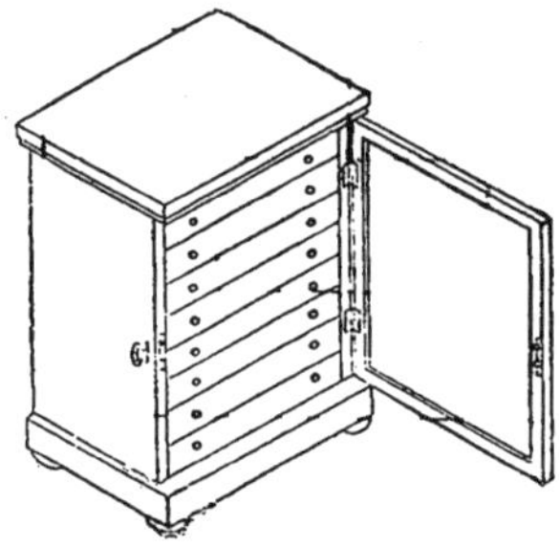

如第七百九十圖爲化學器與藥料之小副計器畧有四十件試藥共有五十種全裝以洋紅木箱共價銀三十一圓銅六圓

如第七百九十一圖爲化學器與藥料較大之副計有器六十件試藥六十種亦全裝以洋紅木箱共價銀五十二圓銅六圓

另有器與藥料更大之副價自金五圓起至四五十圓止亦有特設之副爲專習化學一門之用又有測驗人尿或毒質或農事化學或化分求質或化分求數或化分金類或化分礦石或化分食物或化分空氣或化分水或化分酒或辨礦之師或教化學之師或習化學之徒等合用之副各副之器件藥料合於其事之用

第二十類地學礦學所需礦石之樣

地學與礦學家所需礦石與生物跡之樣皆爲配成副者共裝一櫃如第七百九十二圖櫃以洋紅木爲之共

有八層抽屜所有之樣分置其內每樣另裝以小紙盒載其名目與其號數俱爲相連者另有目錄一册指明某號爲何礦石產於何國出於何地其櫃有大小樣有多寡小者有礦石一百種價金三圓銀三圓一百五十種者金四圓本圖者二百種價金五圓亦有更小更大之副各合於考究礦學地學之用另有不裝櫃之金類礦副與石類之副與生物跡之副其價自金二圓起至二十圓止其大副之種數以五百爲限另有常用各礦可零售便於考求化分之工者所用另有各種定質與流質之樣及化學家常用之料亦可零售而不成副

第二十一類化學所需各料

化學內所需各料多爲試藥玆將所常用之試藥與材料列其價值以便購者悉其梗概然各價時有長落不能恒同故不敢保定將來各價亦必如斯也至於盛各藥或料之玻璃瓶等器自必另算勿待言矣

無水醋酸每兩銀四圓銅六圓
平常醋酸每磅銅九圓
上等冰形醋酸每磅銀四圓
鉮養五每磅銀三圓銅〇圓
鉮養三每磅銀一圓銅六圓
偏蘇以克每磅銀一圓銅六圓
硼養三每磅銀一圓銅六圓
加波力酸顆粒每磅銀六圓
平常加波力酸每磅銀二圓
鉻養三顆粒每磅銀十二圓
淨檸檬酸每磅銀八圓
常樝檬酸每磅銀五圓銅六圓
五倍子酸每磅銀八圓銅六圓
淨鹽強水每磅銅六圓
常鹽強水每磅銅二圓
輕衰每磅銀一圓銅〇圓
淨淡養五每磅銀一圓銅〇圓
常淡養五每磅銅八圓
淡養五發霧者每磅銀一銅六
草酸每磅銀二圓銅〇圓
燐養五每磅銀七圓銅六圓

淨硫養三每磅銅六圓
常硫養三每磅銅二圓
硫養二每磅銅十圓
樹皮酸每磅銀六圓銅〇圓
果酸每磅銀五圓銅〇圓
無水醇每磅銀七圓銅六圓
鋁皮或條每兩銀十五圓銅〇
琥珀每磅銀三圓銅〇圓
淡輕四養炭養二每磅銀三圓
淡輕四綠每磅銀一圓銅六圓
阿尼里尼每磅銀五圓銅〇圓
錳每磅銀三圓銅〇圓
淨錳每兩銀一圓銅六圓
錳綠二每磅銀一二圓銅〇
錳硫三每磅銀十圓銅〇圓
鉀每磅銀四圓銅〇圓
鉀硫三每磅銀一圓銅〇圓
不灰木每磅銀三圓
鋇每錢銀六十圓
鋇養炭養二每磅銀二圓銅六
鋇養淡養五每磅銀一圓銅六

錫養每磅銀六圓
鋇綠每磅銀一圓銅六圓
淨鋇養硫養三每磅銀一銅六
偏蘇里每磅銀三圓
淨鉍每兩銀三圓
常鉍每磅銀十二圓
鉍養淡養五每磅銀十二圓
骨灰每磅銀一圓
淨硼每釐銀二圓銅六圓
溴每磅銀十圓
鎘每磅銀十八圓
鏭綠每釐銀一圓銅六圓
鈣每釐銀三圓
淨鈣養炭養二每磅銀十圓
鈣綠每磅銀一圓銅六圓
鈣弗每磅銀七圓銅六圓
鈣弗石每磅銅六圓
淨鈣養每磅銀三圓
鈣養燐養五每磅銀一圓銅六
炭硫二每磅銀一圓銅六圓
錯每釐銀二圓銅六圓

淨動物炭每磅銀四圓銅六圓
鉻每錢銀十圓
鈷每兩銀十二圓
鈷養淡養五每兩銀二圓銅六
淨銅箔每磅銀四圓銅六圓
淨銅養每磅銀六圓
銅養硫養三每磅銀一圓
鏑硫每錢銀五圓
無水以脫每磅銀九圓
平常以脫每磅銀二圓
火泥每擔銀七圓
各里司里尼每磅銀三圓
結成之淨金每錢銀十二圓
金綠三每兩銀七十三圓
葡萄糖每磅銀一圓
濃靛硫養三每磅銀三圓
淨碘每兩銀一圓銅六圓
碘溴每磅銀二圓銅六圓
銥每錢銀八圓
鐵二綠三顆粒每磅銀二銅六
鐵屑每磅銅九圓

鐵碘	每磅銀十二圓	鉑	每兩銀三十三圓	鈉養炭養二	每磅銀一圓銅六
淨鐵絲	每磅銀七圓銅六圓	鉑綠	每兩銀二十四圓	淨鈉綠	每磅銀一圓銅六圓
鐵養淡養五	每磅銀十二圓	筆鉛	每磅銀二圓銅六圓	鈉養淡養五	每磅銀一圓
鐵養硫養三	每磅銅六圓	鉀	每兩銀九圓	鈉養條	每磅銀二圓銅六圓
鐵硫	每磅銅六圓	鉀溴	每磅銀四圓	鈉養燐養五	每磅銀一銀
高領泥	每磅銅六圓	鉀養炭養二	每磅銀六圓	鈉養硫養三	每磅銀一圓
淨鉛	每磅銀六圓	鉀養二炭養二	每磅銀一銅六	鈉養二硫養三	每磅銀一銅六
成粒鉛	每磅銅九圓	鉀養綠養五	每磅銀二圓	鈉養硫養二	每磅銅六圓
鉛養醋酸	每磅銀一圓銅六圓	鉀綠	每磅銀一圓	鍶	每黨銀二圓銅六圓
鉛養炭養二	每磅銀三圓	鉀養鉻養三	每磅銀二圓銅六	鍶養淡養五	每磅銀一圓銅六
鉛養硫養三	每磅銀一圓銅三	淨鉀衰	每磅銀十八圓	淨鍶養	每磅銀十二圓
鉛養	每磅銀九圓	常鉀衰	每磅銀二圓銅六圓	硫黃條	每磅銅二圓
鉛硫	每磅銀三圓	鉀二衰三鐵	每磅銀二圓銅六	硫黃花	每磅銅六圓
鋰	每黨銀三圓	鉀三衰六鐵二	每磅銀四圓	碲	每錢銀七圓
里低毋司	每磅銀二圓銅六圓	鉀碘	每錢銀一圓銅八圓	鈦	每錢銀二圓銅六圓
鎂	每兩銀十六圓	鉀養淡養五	每磅銀一圓銅六	淨錫	每磅銀三圓
鎂養	每磅銀四圓	鉀養條	每磅銀二圓銅六圓	淨錫箔	每磅銀二圓銅八圓
鎂養炭養二	每磅銀三圓	鉀養硫養三	每磅銀一圓	錫綠二無水者	每兩銀二圓
鎂養硫養三	每磅銀一圓	鉀養二硫養三	每磅銀二圓	錫綠	每磅銀三圓
錳	每錢銀七圓	鉀養果酸	每磅銀三圓	錫養	每磅銀六圓
錳養二	每磅銀六圓	鉀養二果酸	每磅銀四圓銅六	錫養二	每磅銀三圓
汞綠	每磅銀八圓	鏭	每錢銀十六圓	鐠	每錢銀十五圓
汞綠二	每磅銀十圓	鉫養礬	每磅銀七圓銅六圓	鎢	每兩銀十二圓
汞養	每磅銀九圓	鉫綠	每錢銀七圓	鈾	每錢銀十八圓
汞硫二	每磅銀六圓	釕	每錢銀四十五圓	釩綠	每兩銀十二圓
汞養硫養三	每磅銀六圓	硒	每兩銀十八圓	鉞養	每錢銀十二圓
乳糖	每磅銀二圓	矽養三	每磅銅六圓	淨鋅	每磅銀九圓
鉬	每錢銀三圓	淨銀	每兩銀十圓	無鉮之鋅	每磅銀四圓
鎳	每兩銀二圓	銀養淡養五	每兩銀四圓銅六	鋅綠	每磅銀二圓
銤	每錢銀二十圓	鈉	每磅銀十六圓	鋅養	每磅銀二圓
鈀	每錢銀十六圓	鈉養二硫養三	每磅銀一銅六	鋅養硫養三	每磅銀六圓
燐	每磅銀三圓	鈉溴	每磅銀十二圓	鋯	每黨銀四圓

以上各試藥與化學料共有一百八十種乃僅摘其常用而要者言之雖化學中所需不止此數然初學者或專工簡易之化學事者已可足用也

化學器終

此化學器自第一類以至二十一類共有七百九十二圖因原書中有若干圖前後重複則不贅印是以前雖言千餘圖者而茲所釋不及千耳此各器皆爲英國倫敦各里分行所造而出售者該行已代中國化學家造辦化學各器不少如上海格致書院內之化學等器多爲此行所造者茲故謹將其行之西字招牌附列篇末以便閱者與購器者識之

J. J. GRIFFIN & Co.
22 Garrick Street, Covent Garden,
London, W. C.

此化學器自第一類至第七類共成三十四頁訂爲上本出售每本取錢二百二十文自第八類至此第二十一類共成四十六頁是爲下本另訂出售每本取錢二百八十文上下兩本共價錢五百文

格致釋器內所言金銀銅各價乃英國所用之錢計金錢每圓約合華銀四兩或鷹洋五元又銀錢五圓約合華銀一兩而四圓合鷹洋一元又銅錢一圓約合鷹洋二分又每金一圓合銀二十圓每銀一圓合銅十二圓閱者從此略數可自推算各器所值之略價不致有大懸殊也

格致釋器　第三部　重學器

總引○前刊格致彙編列有格致釋器一册陸續輯印已成兩部第一部釋測候器第二部釋化學器皆有圖有說類別門分裨於習格致學者不少蓋格致為泰西實學事理固屬本乎自然考求不妨推陳出新每講一事必藉圖以明之每驗一理必藉器以試之如此則學者清見於目明澈於心格致之學不難[illegible]章再譯釋器列為第三部名曰重學器辭義淺簡閱之易明事雖日用平常理足涉及天地萬[illegible]本機器之根近則有用於製造工程遠則可藉推天空諸曜豈等閒之學也哉

助力器○照重學入門之書尋常之解說俱以為試驗各事所用之桿與車與繩[illegible]毛糙無粘滯等性但學者用器試時則知上事俱有所以此書所有各圖所論各事俱顯出免此各弊之法所試之事俱能得益茲先論學消車轆轤桿等助力器考究其理所需之器

第一圖

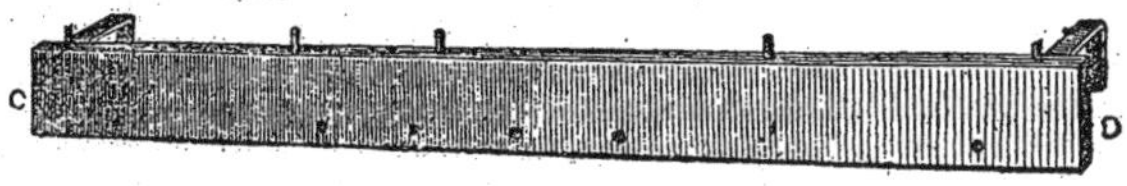

第一圖為學堂內掛各器常用之木板長四尺濶四寸厚一寸背有鉤可連於學堂內之黑板另有紅銅釘與孔能承各器其板價銀五圓所用黑板宜濶四尺高四尺可以白石粉記錄試驗桿或滑車等之事

第二圖

第三圖

第四圖

第五圖

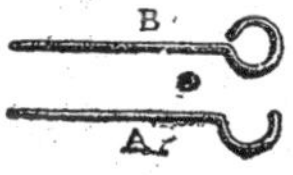

第二圖為天平小盤可盛法碼等重物以試桿與滑車之理三盤為一副價銀二圓

第三圖為掛碼重十分磅之一十六個為一副內有四個帶鐵絲者可以懸掛餘者皆有缺口如第四圖可加於帶鐵絲之碼上加添其重用法見下第六圖全副共裝二盒價銀七圓銅六圓以下所言碼者俱為此十分磅之一者

第五圖為鐵鉤釘能連滑車等於第一圖之板其徑八分寸之一而尖甚利十二個為一副共裝一盒價銀一圓

桿〇第六圖爲桿長四尺厚八分寸之五寬二寸上面平分八分各分點下有黃銅掛圈倚點爲劈形木塊高六寸寬二寸俱以硬木爲之加以漆價銀三圓銅六圓各碼不在內照本圖試法桿能左右相定蓋左上碼三各重十分磅之一置於桿第一分點其重可當三十於右第三分點處置一碼亦當三十故左右相定又桿下掛碼左一碼掛於第三分點其重爲三十右三碼掛於第一分點其重亦爲三十故所加之掛碼左右亦相定如兩邊另加重則失其平而一邊必低下矣若用第二圖小盤掛大小各碼試之亦同如兩端各掛一盤則可當一天平

第六圖

第七圖

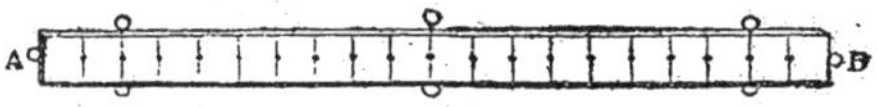

第八圖

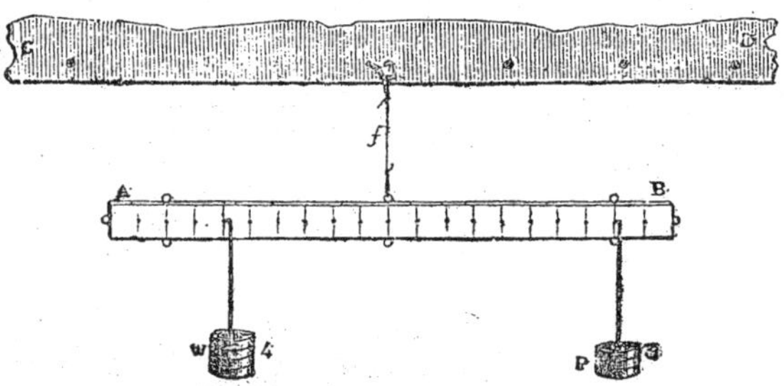

第九圖

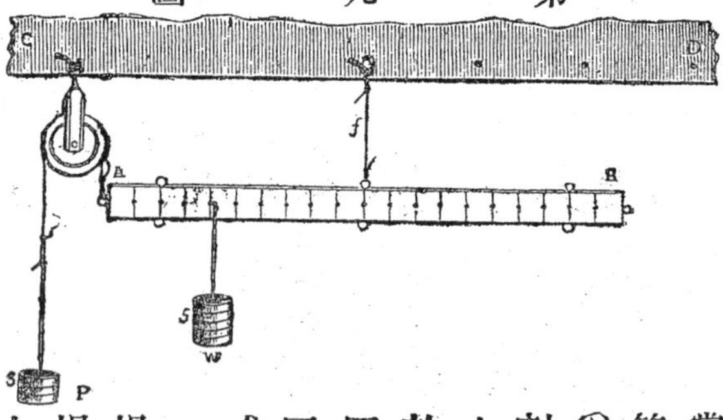

第七圖爲掛桿以硬木爲之長三尺濶二寸面刻二十分記每分中有小孔四邊有圈四對便於掛重等用每具價銀四圓此桿可掛於第一圖之木板如第八圖之式又可連以滑車當第一種第二種第三種各桿之用

桿分兩種卽力在倚點左右兩邊顯者與力在一邊顯者平常則分三種乃以力倚重各點之方位定之如第一種桿倚點在力重二點之間見第六第八圖第二種桿重點在力倚二點之間見第九圖第三種桿力點在重倚二點之間如第十圖

第八圖爲第一種桿有釘與繩懸掛爲其倚點加三碼於桿右之第八分記爲力點掛四碼於桿左之第六分

記爲重點則桿能不仰不覆相平而定

第九圖爲第二種桿掛繩爲倚點左用三碼自桿端之十分記處掛之使其過簡式滑車以爲加力復於桿左六分記處掛五碼以爲物重可見十分記有三碼牽桿向上六分記有五碼牽桿向下則兩副法碼相定而桿能平卽用三磅之力能起五磅之重可見此種桿比第一種桿稍費力也

第十圖

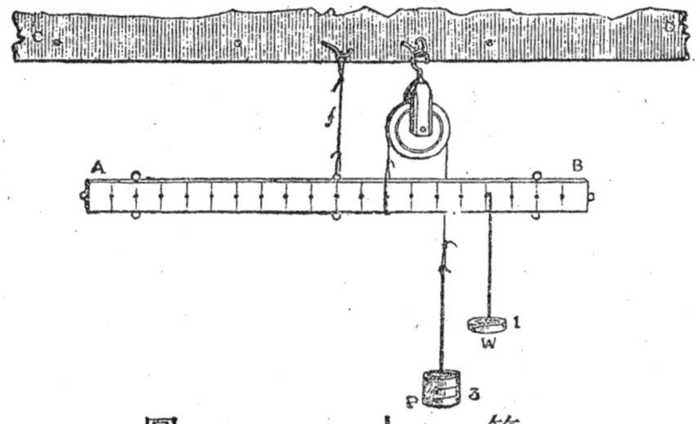

第十一圖

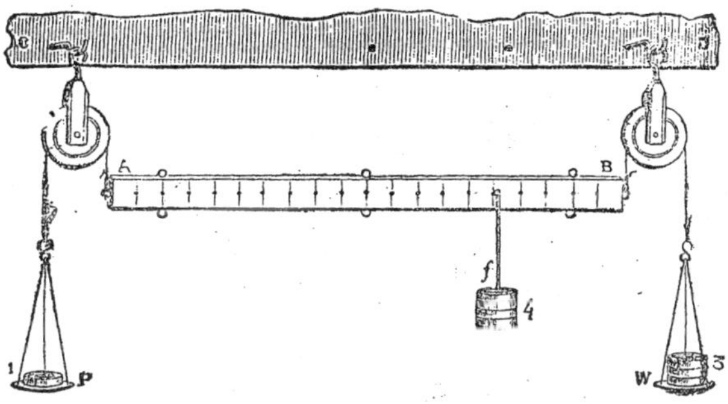

第十圖爲第三種桿與第二種桿大同小異將三碼繞滑車掛於桿之三分記爲力以一碼掛於桿之六分記爲重桿左爲倚點可見力本大於物重與力雖同在一邊然與倚點相距不等故仍相定而不仰覆

第十二圖

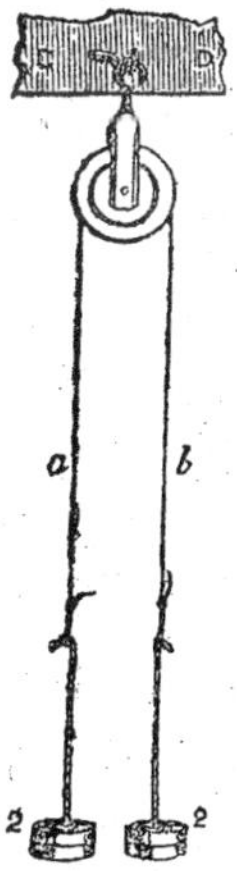

第十一圖亦爲掛桿之法用二滑車以釘連於掛板兩端之繩各可掛盤以便加碼若掛數碼於桿正中則左右盤內加碼須等方能平定設照本圖掛四碼於桿右五分記令其向下另於左盤加一碼右盤加三碼則左右仍平而兩盤應加之碼俱視桿上掛碼在何分記此法掛桿亦爲第二種桿之理

滑車○滑車者架內倚軸轉動之輪也周邊有槽以便承繩最簡者如第十二圖掛於木板可定而不動故名定滑車車周繞繩兩端掛碼等重則左右相平若一端之碼低下若干則彼端之碼必舉高若干此器雖簡然

不助力只能變力之方向而已

第十三圖爲動滑車與定滑車合用者定車掛於板周繞以繩繩上端過動滑車繫於板環先令左右平定復用碼加於動車及繩下端盤內使定可見繩端二碼足抵動車四碼蓋動車兩邊之繩各任物重之半故有二一之比若用力或重令繩端之盤下十二寸則動車之碼必升六寸亦二一之比也

第十三圖

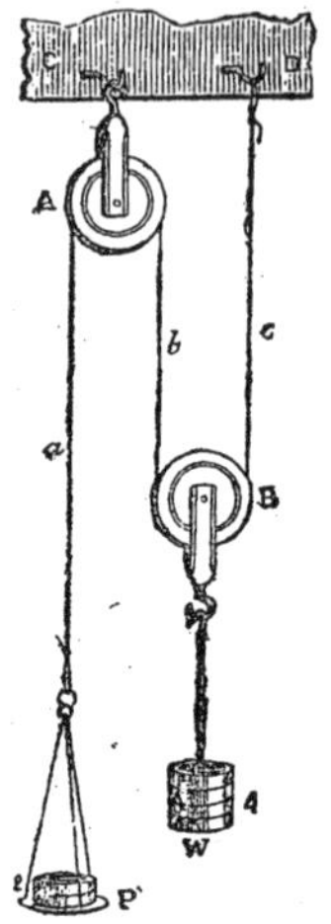

第十四圖

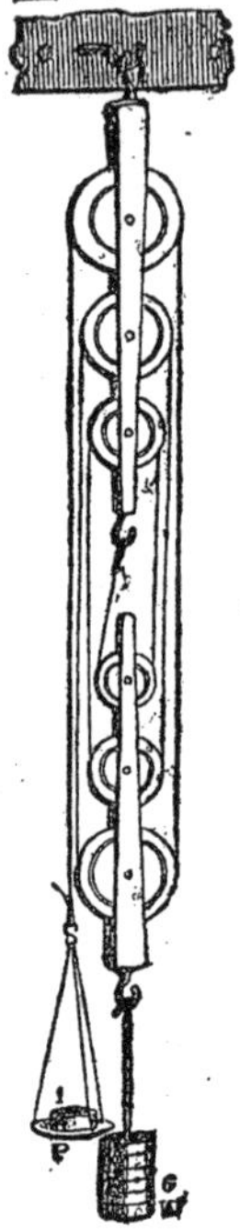

第十五圖

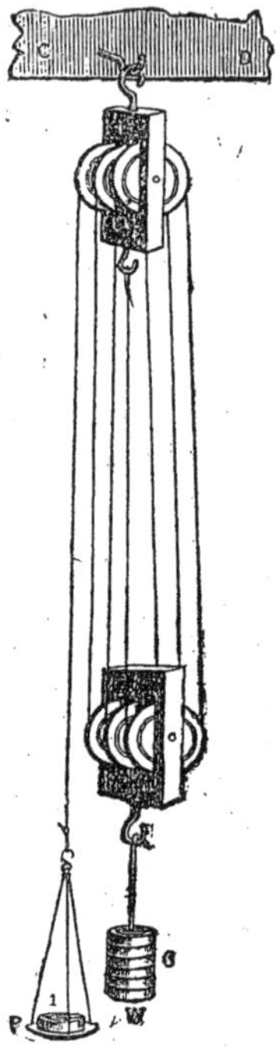

第十六圖

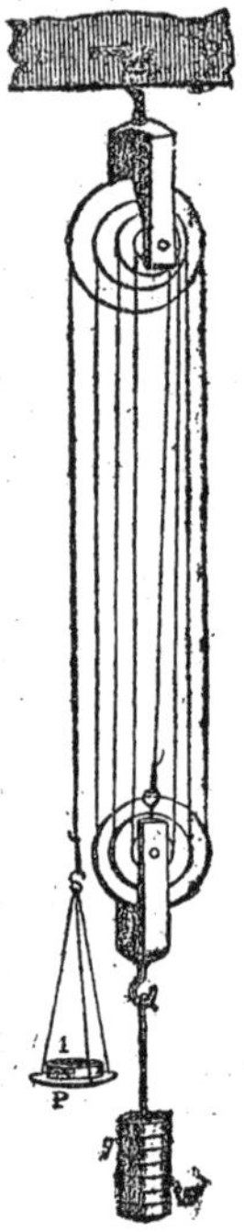

第十四圖爲繁滑車乃三車共連一架成一副上下二副一定一動大車徑各二寸半共一繩繞轉六折上端繫於定架之鈎下端掛盤以容碼動架下掛六碼則盤置一碼足相定可見一碼之力足抵六倍之重而重每起一寸則力必下六寸此器全副價銀五圓

第十五圖爲橫連滑車乃三滑車同一軸共一架上下兩架一定一動車徑二寸半以一繩回還六折上端繫於上架之鈎下端掛以盤則盤內置一碼下架掛六碼即足相定而重每起高一寸則力必下六寸其器全副共銀五圓

第十六圖爲同心滑車乃數車共連一軸一架而成一副上副大車徑三寸半下副大車徑三寸以一繩回還七折各任半重則盤置一碼之力足抵七碼之重而重物每起一寸則力必下七寸此法較前圖者阻力更小全副價銀八圓

斜面○第十七圖爲試斜面之器以硬木爲之板長二尺橫濶三寸連以黃銅鉸鏈用托板墊成斜面可任改

其斜度上端有黃銅滑車繞以繩繩上端有黃銅輥輪重一磅繩下端可掛盤置碼試其助力共價銀九圓盤碼在外於此器內可見能助力者必定失速蓋體行於長斜面能起之高不多而加力所行之路必等於斜面

第十七圖

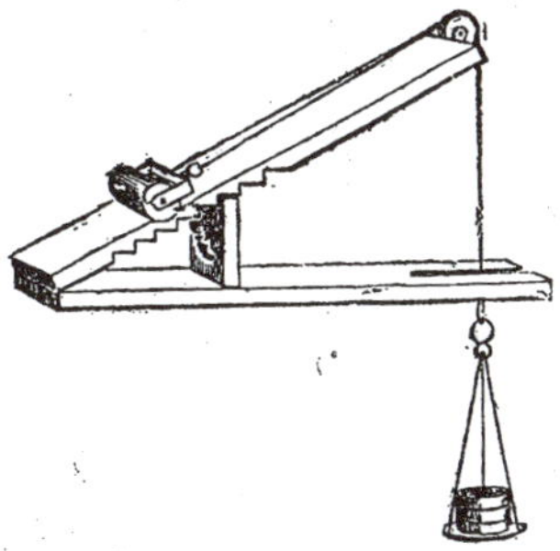

第十八圖

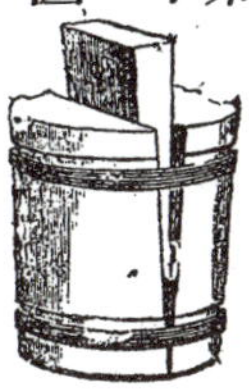

第十九圖

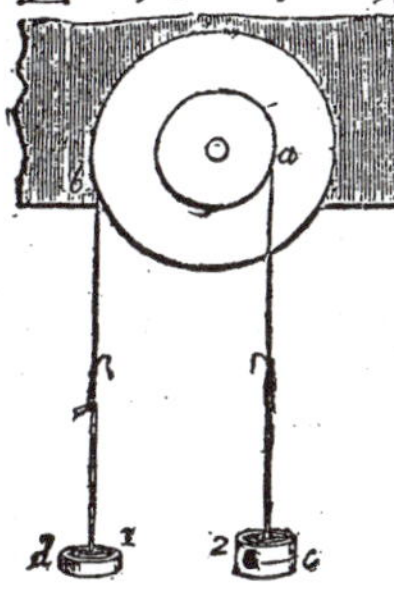

第二十圖

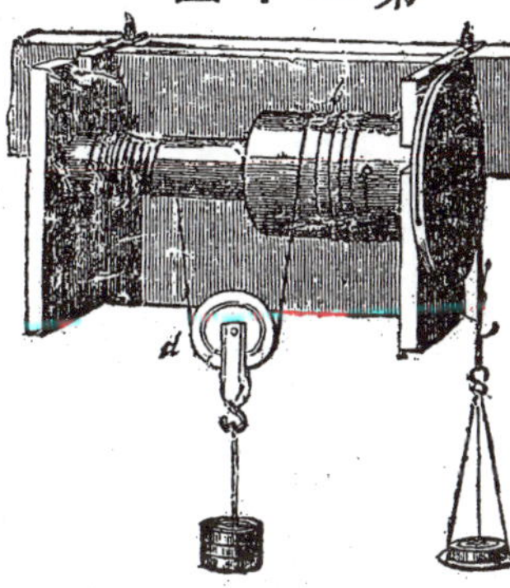

第二十一圖

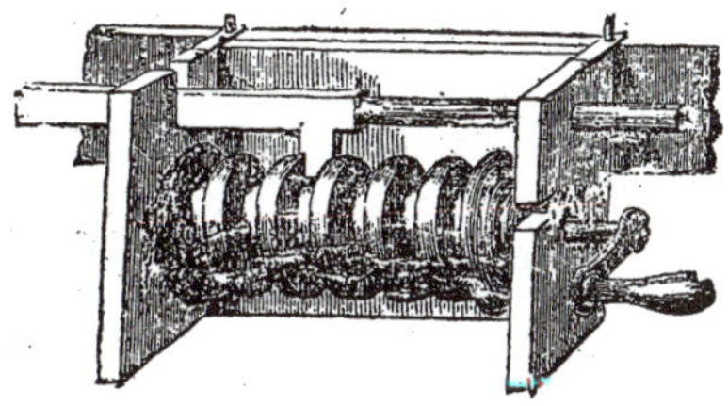

之長如本圖斜面長爲高之倍則盤內加碼半磅足抵對其一磅重之輥輪無論輥在斜面何處俱能相定惟輥輪行高一尺則力碼須下二尺斜面之長與高無輪比例如何均可同法配之

劈○第十八圖爲試劈之器劈長六寸濶三寸而圓柱形塊長七寸徑四寸兩半平合以象皮箍之共價銀四圓劈形與理爲雙斜面助力極多因擊入之力較大於重壓之力且論無擊至何方位能停而不出故其助力甚多也

輪軸○第十九圖爲試輪軸器乃同心二滑車以一塊硬木爲之大徑六寸曰輪小徑三寸曰軸中有釘插入木板車能同繞釘而轉價銀二圓可見大車小車之徑有二與一之比如在小車掛二碼大車掛一碼則二重相定若轉輪使小車之重上行一尺則大車之重必下二尺而大小二車徑之比例愈大則助力愈多欲用此法助力更大如第二十圖其器有大小同身二軸大徑三寸小徑一寸半共長九寸外端有輪其徑六寸以繩穿過滑車兩端繫於大小二軸對向繞纏復以

繩繫於外輪輪轉一周則內繩繞上大軸一周而由小軸放下一周故每轉一周其繩收短之數爲大小二軸徑之較而重所起之高即爲此較數之半如外輪上之繩落五十寸時則重起高半寸可見盤加一磅之碼滑車懸一百磅之重即能相定此器助力與速俱恃大小二軸徑之較數

螺絲○第二十一圖爲試螺絲之器螺絲長六寸徑三寸以硬木爲之連以軸有搖柄以架托之可連於木板

第二十二圖

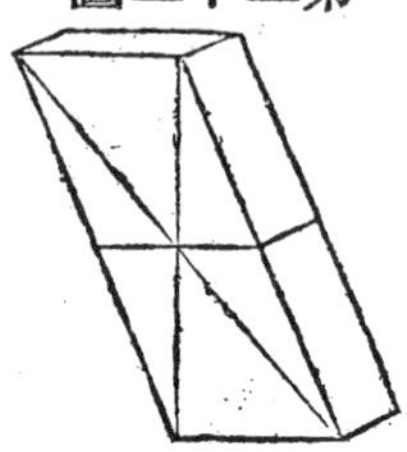

第二十三圖

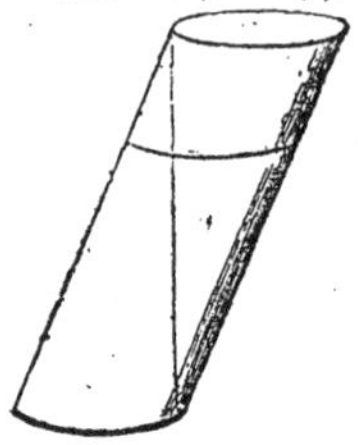

第二十四圖

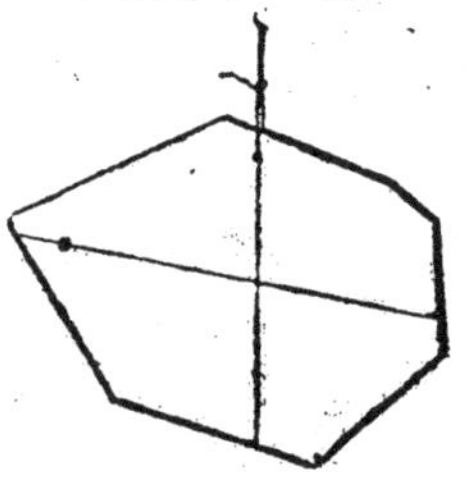

第二十五圖

第二十六圖

螺絲爲繞圓柱之斜面分兩種一凸一凹名曰陰陽螺絲亦謂之螺釘螺蓋每柄繞一周則螺蓋能向前行之路爲螺線二周之距而柄搖周之路與螺線相距之比例愈大則螺線顯之力亦愈大

重心○第二十二圖爲試重心木塊乃長方底斜柱形長五寸半濶四寸厚二寸一副二塊分立之則穩累置之則險稍加輕物則仆其二對角線相交處爲重心所在共價銀二圓

第二十三圖爲斜圓柱形木塊高八寸徑四寸分大小二塊大者能穩立上加小者則幾仆共價銀二圓

第二十四圖爲亂形木板以繩掛之可試其重心板有二孔穿線掛之自二孔各畫垂線二線交處即爲板之重心共價銀一圓

第二十五圖爲虛重心法乃顯體之重心不在其體內者有黃銅半圈二端連重托於黃銅架之刀口而能平穩共價銀三圓銅六圓

第二十六圖爲低重心法乃製小人以一足立於圓柱二肘有鐵絲下端綴鐵球其重心在立點下無論如何移動均能自立而不仆共價銀一圓銅六圓

此稿未完下次續印

第二十七圖爲扳不倒乃中國玩物上製半人形上體輕而底作半圓球形內實重物試扳仆之自能起立亦低重心法也

第二十七圖

第二十八圖爲自上行法乃雙圓錐形體托於敞口二板之邊斜置之則似能自上斜面其實非自能上升不過爲雙錐形體之重心漸低落而致目視似上升也二板以鉸鏈合連前端可漸相離並有二凹能令圓錐體不脫共價銀八圓銅六圓

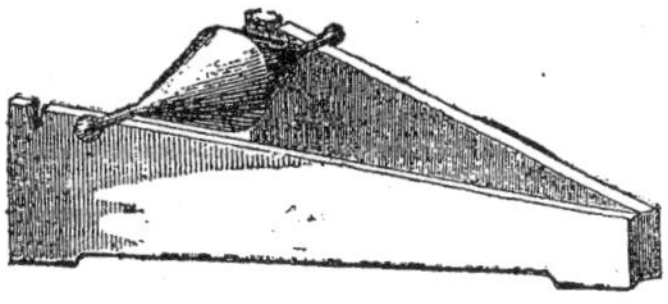

第二十八圖

第二十九圖爲圓錐形木塊底徑四寸中高五寸可顯質體平穩之理左者立置爲最穩中者倒置最易仆右者橫臥居兩可卽在穩與不穩之間也計三木塊爲一副共價銀一圓銅九圓

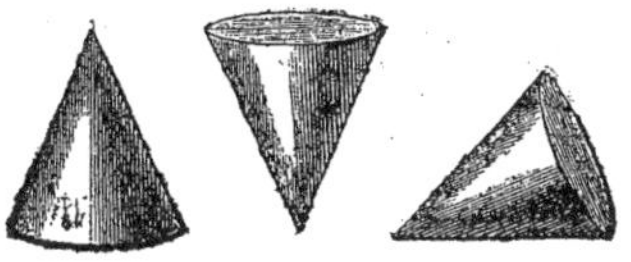

第二十九圖

第三十圖爲永靜法有球置硬紙片上以柱托之旁有銅簧用機關收攏驟放之簧擊紙脫球仍不動從此可知靜體不能自動也其價銀五圓

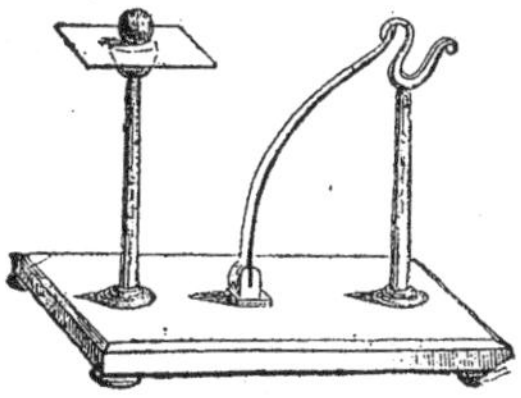

第三十圖

第三十一圖爲永動法有馬口鐵盆內置圓豆數粒執盆向上忽舉而忽停止則豆仍行上躍離其盆底由此可知動體不能自靜也此不能自靜之性與不能自動之性本屬一理故永動性原亦名永靜性也其器價銀一圓

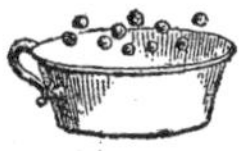

第三十一圖

第三十二圖爲垂線法有錘繫繩垂於水銀面上水銀盛於平底淺瓦盆視其繩之回行同直則知正立其繩

第三十二圖

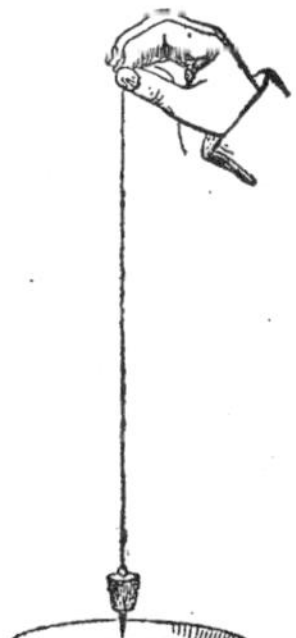

卽與水銀面成垂線鏈繩價銀一圓水銀盆價銅六圓

第三十三圖爲量擺動法有四球各以繩懸於架用螺絲配其繩之長短共價銀十二圓銅六圓用此器欲顯之理爲擺動之時與其長之平方根有比例無論何料何重之擺理俱有然其架以黑木爲之懸甲乙丙丁四球甲爲最短擺乙擺之長配使往復一次之時爲甲之倍丙擺之長配往復一次之時爲甲三倍各長配準以

第三十三圖

甲乙丙丁

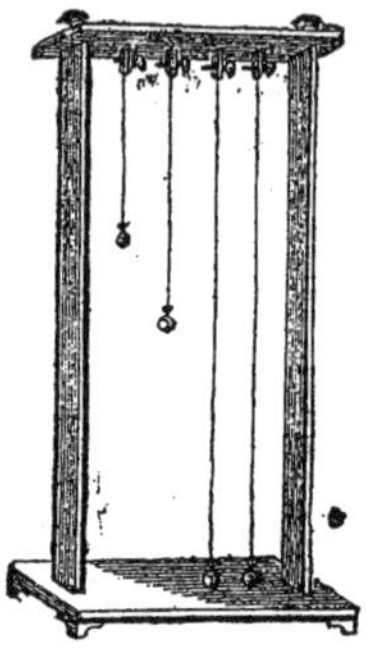

第三十四圖

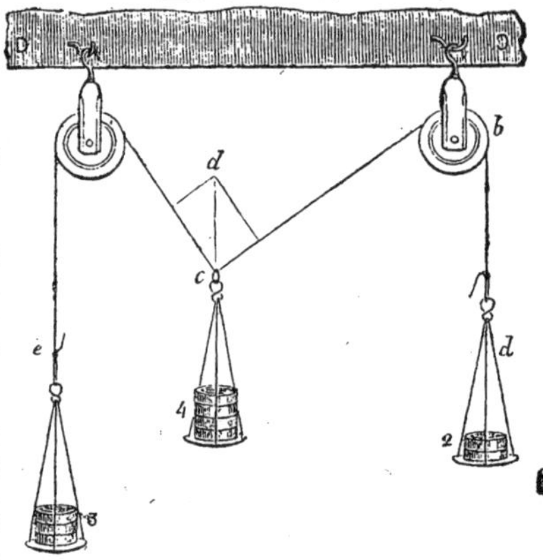

第三十五圖

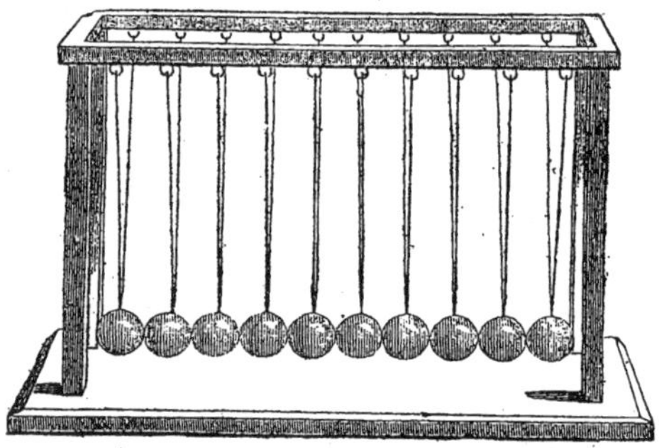

尺量之則知乙爲甲長之四倍而丙爲甲之九倍可見擺動之時與擺長之平方根有比例第四球丁以木爲之甲乙丙三球均以黃銅爲之尺寸俱同而丁長與丙等將丙丁二球平擺動之可見銅木擺動相等無論何料皆同此例

第三十四圖爲合力法用第一圖之木板與第十二圖之滑車與圓塊法碼與第二圖之盤照本圖置列則其中繩所成之角必與所用之碼有關如外二盤之碼一爲三磅一爲二磅中盤爲四磅則各重相定而中繩能成之角可畫於紙上再作平行線成方形則其垂線之長爲四卽與下四磅之碼相配如換他碼其例亦同此各器之價已在前各分圖內言之矣

第三十五圖爲傳動法有十球懸於一架令各球相切成行如將首球拉開放之令擊二球則傳動於餘各球至末球必自拋開所拋之遠正與首球拉開之遠相同其理動球擊靜球則靜球收其擊力而前行傳動於第三球本球卽自停第三球傳於第四球各球以次遞傳而自不動至末球無所復傳卽自拋開其傳動爲極速

如本架首球甫擊二球末球卽立抛開如將首二球拉開同行放之令擊三球則一一傳動致末二球抛離拉開三球或多球放之理亦相同其器價銀十圓銅六圓

第三十六圖為試墜速法按墜體之例體近地面下墜在等時內其加速相等惟加速無間不能漸息乃與時連續遞增故墜體在任何時所墜之路必與其墜時有比例如體已墜十秒則每秒地吸力本令其加速相等惟因所加之速不能漸息則末秒之速必為首秒十倍是知地吸力令墜體每秒所得本速為三十二尺又六分尺之一如墜歷五秒則速為五倍之墜歷十秒則為十倍之餘亦類推惟此速甚急不能直辨設無繞道之法則終不能知其速數但若能設法令體之向地心力平減或減一半或減十分之一或百分之一則因此每秒所減之數相等足令墜動行緩至可觀而測之卽可查每秒實加之速以此速數與其減向地心力之倍數

第三十六圖

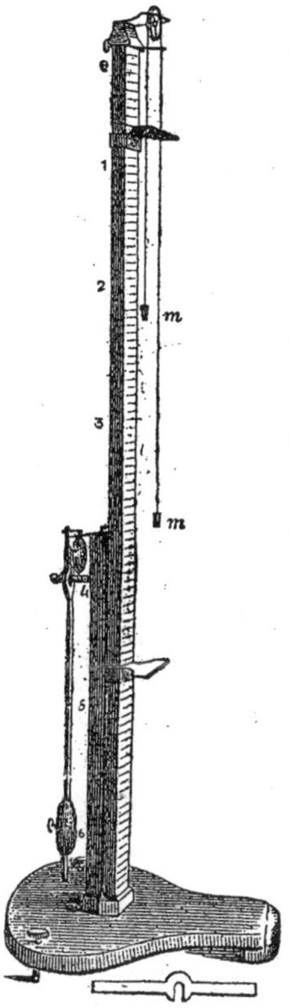

相乘則能知其體每秒內墜下原速是為本圖之器所能成之事也此器有大擺與大滑車滑車之軸托以輪減其滯力車周繞繩繩過二板板可移動上者有二孔繩穿而過之立柱刻分度並分度所顯其速等於時之平方又有黃銅小筩二個尺寸分量相等以極細絲線連之有三碼加本圖底之長形者二一為方形長碼之重者等於餘二碼之合重又有機關在柱背與擺相連擺起動時儎重之筩立卽墜行器底一端有二螺絲能配使準平且轉動極易用時不能為油灰或土塵阻滯擺憑樞亦必因同故而查驗之擺上桿之橫條有象皮停器藉螺絲配準擺靜時象皮僅與滑車相切阻之動時則須放輪使動行於分度面之板可任移高低以便查驗分度其擺之長必須照墜體之重配之用螺絲連於應高處三碼之最重者能顯墜體之例卽其速等於時之平方如將碼在○度配準旋令其擺動則第一動碼落至一度第二動落至四度卽分度面之八號三動落至九度卽分度面之十八號餘亦類推以至第九動落至八十一卽分度上一百六十二號此各數之第一級刻在分度面之外此器第二試法能顯平勻之速用二小碼極小者為

示靜碼能配欲行動體之示靜性卽滑車與免阻力輪與二桶與碼其有二孔之板移至外分度面卽顯時之平方之一數目則起行時其碼初落之速以第一次試之事其時與速之平方相等但其體行過有孔之板時則失長碼之重而其動不過有其示靜之重必再墜落而其勻速爲失去長碼所有之速而不照第一次試之增速但本圖只能顯其器之總形其分度只能顯其大概之意又器上面托滑車之免阻力輪圖內全不顯故非親見其器不能詳明其用法其價金十圓銀一圓

第三十七圖

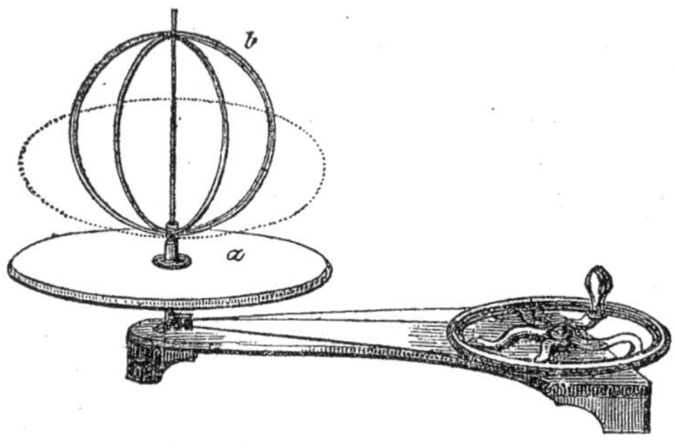

離心力○離心力者常欲離開中心而向外行之力也試法有一專器如第三十七圖名曰速轉盤以木爲之有樞與軸軸繞皮帶或羊腸繩彼端接以搖輪將輪搖之則令盤轉甚速以下九圖之器在此盤上試之均可顯出離心之力

第三十八圖

第三十九圖

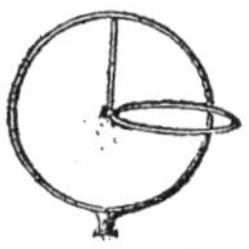

第四十圖

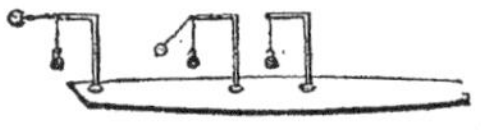

第三十八圖爲離心球有二黃銅球連以極細金類絲或極薄金類管球有通孔穿於架上金類絲上可移動架底有螺絲能旋於速轉盤令其速轉如將二球在長絲上移使公重心在盤轉軸之上速轉時則二球離心力等而彼此相繞若移二球令其重心在盤軸一邊速轉時其二球則同向一方向而動

第三十九圖爲離心圈以金類爲之底有螺絲可旋於速轉盤心圈頂連以鐵桿桿下端掛小圈本直垂速轉時則漸升平如本圖之式

第四十圖爲離心擺能顯離心力及動心之方位與其擺所成角之相關有三小球各懸於曲桿三桿共插入一板板底有螺絲在右擺之下將其板旋入盤心搖令緩轉則在軸上之擺仍直垂不動其左一擺乃成四十五度之角再左一擺幾成平線式如本圖

第四十一圖爲離心泡乃以玻璃製成球形之泡徑略三寸下連黃銅軸軸端有螺絲能旋於盤心玻璃泡內

盛紅色水滿至半轉時水藉離心之力先在球泡邊漸升轉至速時則離泡底轉成帶形細窺木星之面有帶紋者天文家謂亦照此速轉而成也此泡上孔有塞可先傾水將滿至速轉時水成球形則中有球形水泡

第四十二圖爲離心管有二玻璃管以螺絲連於木架用時開其螺絲一管裝水半滿復添水銀略半於水一管亦裝水半滿再以軟木塞入之塞長一寸半易通行管內各器配成安於盤上靜時此管汞在下水在上彼管水在下輭木在上速轉時其離心力勝過地心吸力則此管內汞上升而水下降彼管內水升而軟木下降停轉則兩管內之料仍復原位其管每用一次宜出其料修淨之

第四十一圖

第四十二圖

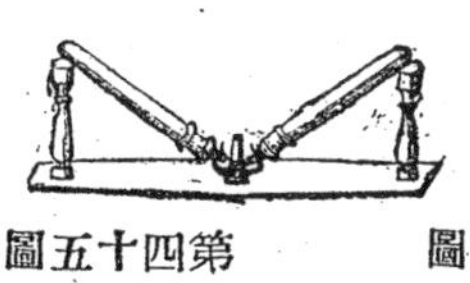

第四十三圖

第四十四圖

第四十五圖

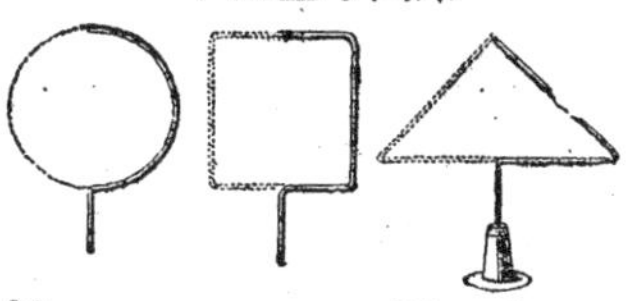

第四十六圖

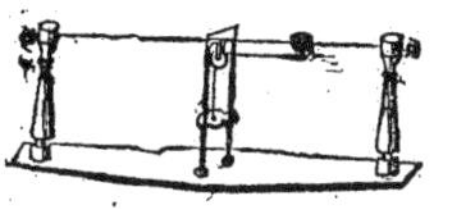

第四十三圖爲瓦特汽制小樣旋入盤上轉愈速二球與桿愈伸開愈綫則愈收近查熱學或汽機學內皆言詳之矣

第四十四圖爲離心彈以通槽彎成半圈形下托以柄槽中置三彈居中者色與外二者異下端有螺絲旋於盤上慢轉則中彈停於槽之正中卽在轉軸之上處外二彈向槽外行至中路而停轉愈速則槽愈伸張如轉不匀則彈易由槽飛出故在槽端須用軟木堵塞不令外出

第四十五圖爲離心鈎有黃銅絲彎成各形安於盤上轉速則一成圓錐形一成圓柎形一成圓球形轉極速則球成扁形

第四十六圖爲離心錘重學及博物學內嘗詳言之其器當中懸滑車繞以繩繩一端繫錘一端連於球球穿於平掛之金類絲能行動共托一架架連於盤靜則錘落至底板轉則球移向平絲外端卽將錘拽之漸起以上九圖之外尙有三件未另備圖計各件全副共價金六圓銀六圓獨買速轉盤價金三圓所配十二試件亦可零沽凡考究重學或博物學者須用此器查求各離心力之理

第四十七圖爲速轉筩亦試離心力所用者筩以金類爲之旁有嘴接象皮管由管吹氣入筩筩之蓋有多小孔蓋上有輪扇能平轉甚速以金類彎條連於輪扇軸吹氣令輪扇轉極速則彎條轉成實形條有數個可以

更換而成各形如本圖成花瓶又有成帽形碗形茶杯形茶船形燈罩形者吹力愈大則成形愈胖各件裝盒價銀二圓銅六圓

第四十八圖爲顯轉輪能顯質體轉時其重似乎減小其用法聲學已言之矣另配數件能顯數大名家格致書中所言之永靜性等理凡體存永靜性不惟靜時顯之而動時亦顯之如體動時則顯已動不肯自停而靜時不肯自動若使其離開所欲行之平面則顯不肯離之性本圖爲顯轉器全副以礮銅爲之磨光另配重錘與樞及另螺絲等如第四十九圖各件者共價銀三十五圓並有詳說講其用法與所試之事

第四十七圖

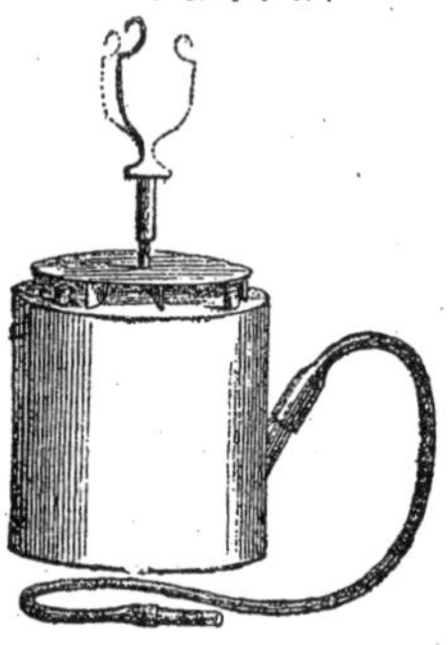

第四十八圖

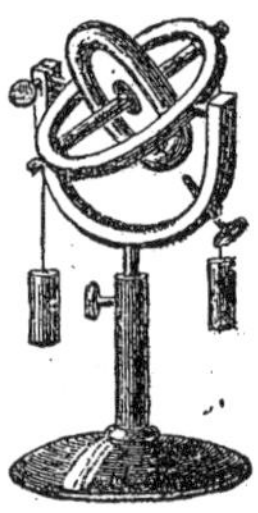

第四十九圖

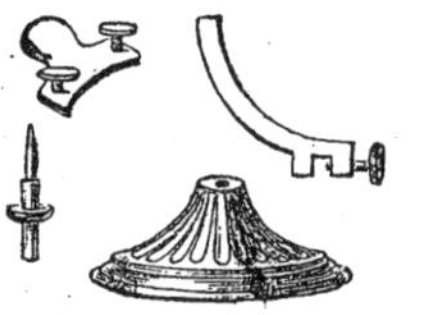

第五十圖

第五十一圖

第五十二圖

第五十圖爲礮銅顯轉器有木架托之價銀七圓

第五十一圖爲顯轉螺有三陀螺均以鐵爲之外面繪各色分用之或三個累置用之均可共裝一盒價銀二圓銅六圓用法將繩繞於螺下直柱處第一層繩進入槽令不脫先將大螺小力令轉再將中螺用大力轉之使其下尖入於大螺頂之凹內小螺亦同法爲之則小者之大力漸傳於大螺如將小者屢去之再抽之使轉則大者可以連轉數小時不息尖稍加油更易旋轉

第五十二圖爲搖簧以鋼爲之長十三寸下有鐵板爲足上連磨光鋼球撥之能旋繞擺動價銀一圓銅六圓

第五十三圖爲機器內平行動之小樣有木桿二各長十二寸又有連桿長五寸與之活連木桿丙丁二處有黃銅釘以便釘於木板連桿中有孔可以石粉筆入孔動之而顯能直行價銀二圓銅六圓

第五十四圖爲迭更動法有鐘表火輪與放力輪均以硬木爲之連於木板板長十五寸寬八寸其價銀七圓

銅六圓

第五十五圖爲齒輪動法有大齒輪徑七寸半周六十齒連皮帶輪徑一寸半小齒輪徑二寸半周二十齒連皮帶輪徑五寸俱以硬木爲之連於黑板板長十八寸寬十寸共價銀十二圓

第五十三圖

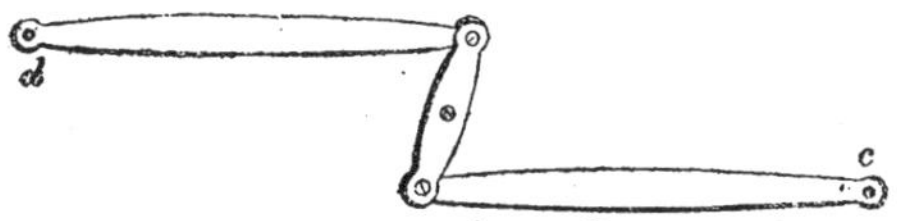

第五十四圖

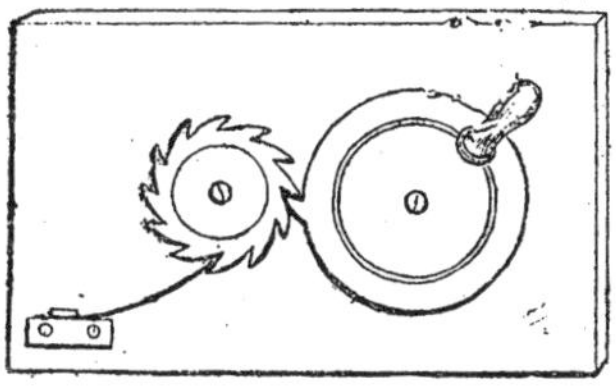

第五十五圖

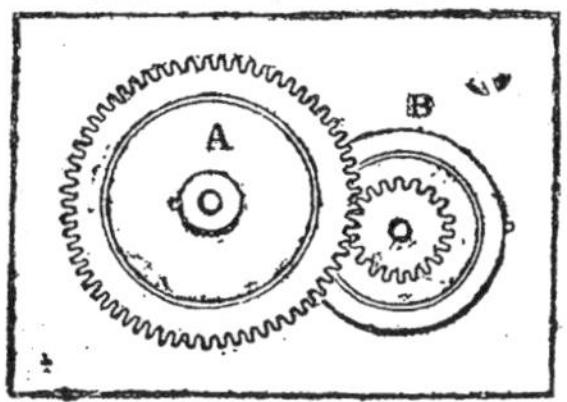

第五十六圖

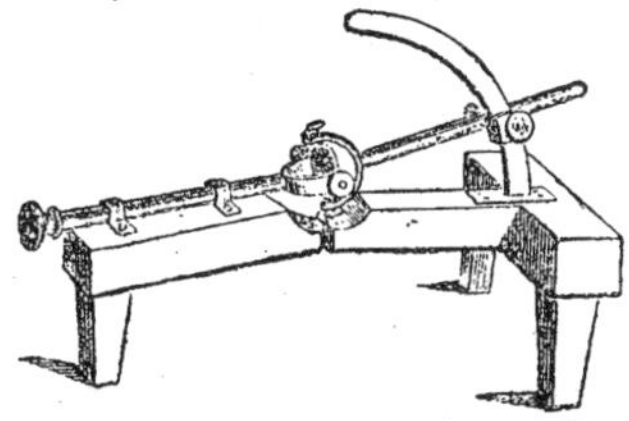

第五十六圖爲胡克所設活節乃二半圈形之徑彼此相交而成能傳轉動惟此法成節斜度不可過大過大則其傳轉動不勻此其小樣以金類爲之連於磨光木架共價銀二十四圓

第五十七圖爲舂碓小樣有三齒之輪與砧及杵俱以硬木爲之連於板板長十八寸寬十寸價銀七圓銅六圓

第五十八圖爲洋鎖動法以木爲之有簧與跳桿俱連於木板板長十五寸寬十寸鑰匙以鐵爲之本圖之鎖半開半闢價銀八圓

第五十九圖爲紀限儀等器之佛逆小樣長二尺刻分度便於學堂內指講與多人共看其佛逆每十分等於分度尺十一分故佛逆每分等於分度尺一分又十分之一風雨表等用之佛逆其○度與水銀面平則必有佛逆之一線與分度尺之一線相合此線在尺上之數指出所得之十分數與尺之末整數相較如水銀之高在三十六又十分之六數相近則將佛逆之○度移至此處看佛逆之六能與尺上之一線相合別線皆不合則知水銀高爲三十六度六

第六十圖爲石印紙尺分度各繪色易識別尺寬一寸半每一分寬一寸其色列法由下向上一黑二紅三黑四紅五白六黑七紅八黑九紅十白餘亦類推每第五分皆爲白色尺裱於硬木面上漆每白度處有數記之

長四十寸者用英尺寸價銀二圓二十寸者英尺寸價銀一圓銅三圓法尺長十個百分枚價銀二圓銅六圓長五十個百分枚價銀一圓銅六圓此等尺可在試風雨表等事用之

第五十七圖

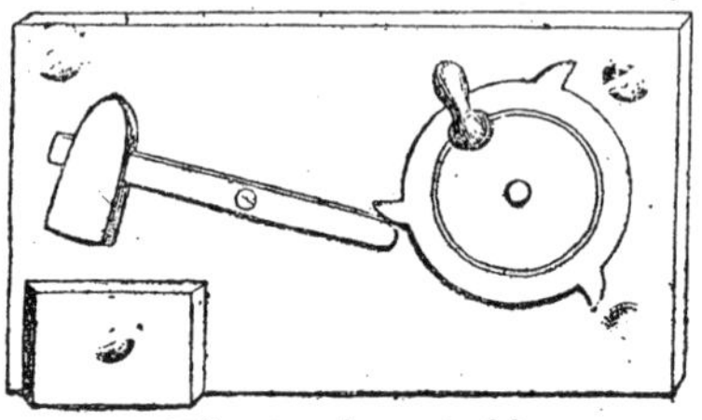

第五十八圖

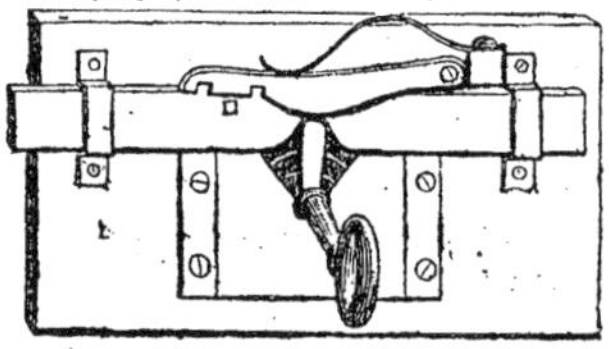

第五十九圖

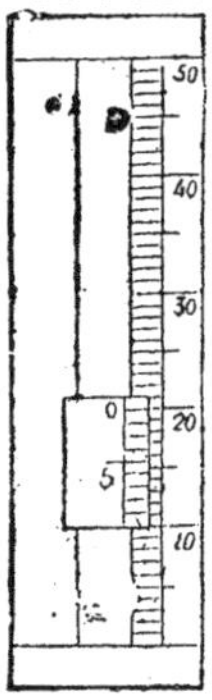

第六十圖

以上各種重學器乃備爲學堂教授生徒之用蓋重學所言之理皆屬隱奧如無特設之器以明之其理幾乎難顯如槓桿一器也有費力者有省力者用之得法則一斤之力可抵百斤之重是省力法也然所需之時較之以百斤之力而抵一斤之重則費百倍是欲省力而必費時欲省時亦必費力也不但桿類如此卽各重學器亦無不然此重學之要理也然此理亦必有器方能顯然證之令人深信凡日用之物具有重學理者甚多若不明重學則不知其所以然之理亦不知其所以致用之便如野人所用之器具大半粗笨不靈是不知重學也文教之邦所用器具多精妙敏捷知重學也推而至於機器之繁汽機之巧莫不本於重學可見重學爲權衡之本機器之根也重學原分兩支一曰靜重學專論體之相定一曰動重學專論體之動理所謂動理者凡體非力不動動後亦非力不靜推之諸曜行空日月虧蝕亦皆屬乎重學之理故重學亦爲考天之學雖重學之理頗深然有合式之器演試童蒙亦易明之故西國塾中啓蒙之後卽教以數算重學諸淺近之書日爲演試不惟易學尤覺開心按重學譯成華文者業有專書如艾約瑟譯之重學以及重學淺說重學圖說重學須書諸書詳略並見然多言理而不甚言器故特譯是篇以補他書按類分器按器貼說明其用法詳其價値好者閱之亦格致學之一助云

格致釋器內所言金銀銅各價乃英國所用之錢照現時價計金錢每圓畧合華銀四兩八錢而合鷹洋約六元五角每銀錢四圓約合華銀一兩而三圓合鷹洋一圓又銅錢一圓約合華銀二分而合鷹洋三分閱者從此畧數可自推算各器所値之畧價不致有大懸殊也

格致釋器　第四部　水學器

總引○水學一門概分兩類一曰靜水學一曰動水學靜水學本屬乎重學一門專論水或他流質能平之性與靜時所顯之壓力茲將其要事要理一一言之而各理有特設之器可藉以試之而顯其據

第一圖

第二圖

第三圖

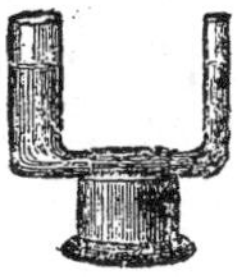

第四圖

第五圖

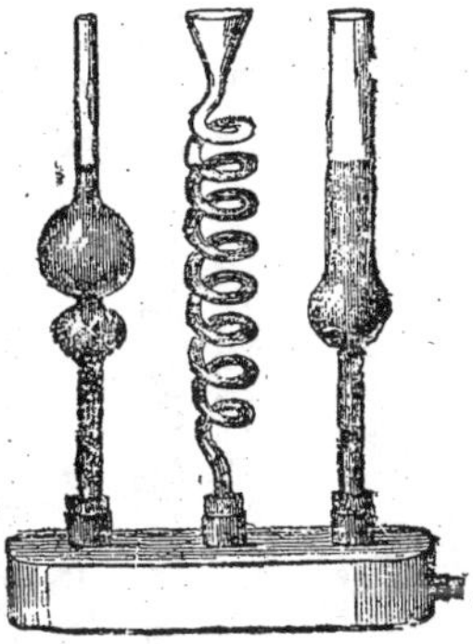

第六圖

第七圖

相通之器水必各處等高○凡水或他流質盛於相通之器具內其面必各處相平而高亦俱相等如第一至第七圖可顯此理第一第二第三第四各圖爲容水彎管以玻璃爲之管有二支或三支分大小大管長四寸徑一寸各器下皆有黑色木座三管者價銀二圓銅六圓二管者價銀二圓試時所用之水可加以紅色或藍色在管內上升易於顯明其紅色可用一品洋紅藍色則用靛藍學堂內用此器以試水學同時可供多人觀看故器必用玻璃以便內外皆明

第五圖亦爲顯水面平之器有馬口鐵座內空可盛水上插三玻璃高管各形不同下通底座中管繞成螺絲形上口如漏斗灌以水則三管內能同升而等高水以紅色爲佳座旁有孔加輭木塞開則放其水放時管內水面亦平其價銀八圓

第六圖亦爲顯上理之器有五玻璃管分三段相連共托一座中管較大傾以水則左右各管亦同時上升不

拘其管形式若何水必各處等高用畢須洗淨而乾之其價銀六圓

第七圖爲顯通自來水法之器有鐘形大玻璃杯下加鐵座座上有橫玻璃管與塞門外接六尺長之象皮管象皮管端安直玻璃管有螺絲夾門可夾閉不通水開之則水能升至象皮管端之玻璃管水面與杯內水面相平象皮管中段雖低下而水仍能平通自來水者能引水從此山過低谷而達彼山等高之處亦同此理也如上海自來局築高池蓄水以鐵管引至各處亦恃上理爲之此器價銀五十圓

第八圖爲試平酒準用玻璃管長四寸內盛火酒封密其口只留一小氣泡置於準平面則泡必在正中稍側則氣泡必偏而不居中凡物置之欲知其準平與否皆可以此器試之其價銅六圓

第八第九圖

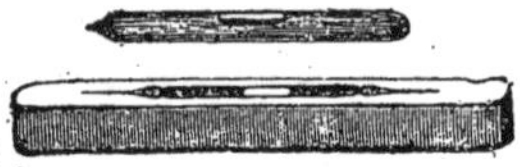

第十圖　第十一圖

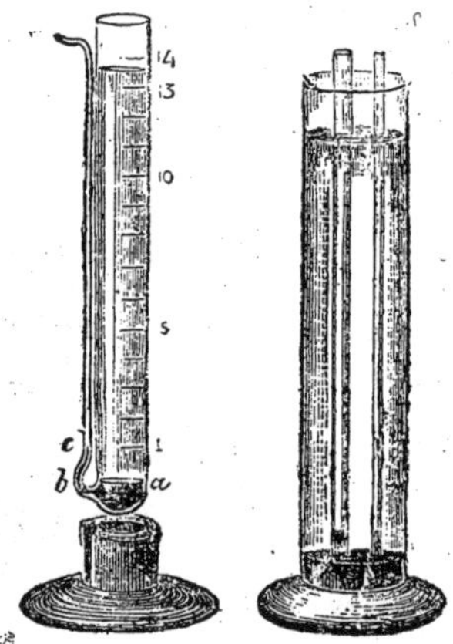

第九圖亦爲酒準外鑲木座長八寸置於準平之面其泡必在管之正中如面不平泡必偏左偏右匠作用以量試體之平或直多用此器其價銀二圓銅六圓

試異類流質之器○凡不同類之流質在器內相遇有不能勻和不能化合者其露出之面恆在二流質相遇分界之上其露出面之高則與流質之密率有反比例如以器盛數種不同類之流質其分開之各面尙未準平時則流質不能安靜常見流質露出之面因受空氣壓力俱顯此事欲試此事可用以下數器

第十圖爲試水汞二質面高比例之器用一玻璃筒下有座筒高十六寸徑二寸半內有二玻璃管管二端通插於筒內筒內盛汞則汞在管內與在筒內其面等高後於筒內傾以水將滿則汞在管內升高如量其汞高數復量其水高數二數相比則汞與水之高略爲一與十三有半之比實即一與十三・六之比汞之密率本大於水十三倍半故可見此二高數足徵其二流質面所高於相較之面與其密率有反比例如將二管與筒各刻分度面更易量準其數此器價銀三圓銅六圓

第十一圖爲上同用之器有大小二玻璃管下端相連亦有木座大管面刻分度共十四分先傾以汞再灌水

至十三分六處汞在小管卽上升一分在大管則降至〇度可見水高十三分六能與汞高一分相定其器連座價銀四圓

第十二圖爲彎管試汞與水之器一玻璃管中彎爲二支左右各長十六寸徑四分寸之三連於木板架下托以鐵足中有各色分度尺用法分三事一傾汞於彎處適至分度尺最低黑面之正中後於右管傾水高至十三分六水加藍色更易顯明右管之汞卽降至〇度而於左管則升高一寸卽第一黑面與第一紅面之分界處每色面整一寸故易量試亦可見汞高一寸足抵水十三寸六之高卽其密率與各高之反比例也二將水

第十二圖

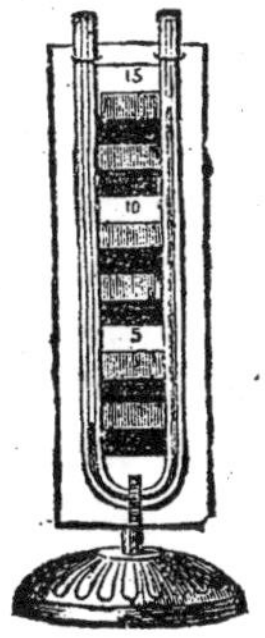

第十三圖

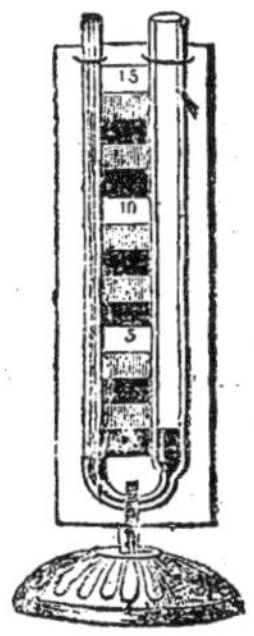

第十四圖

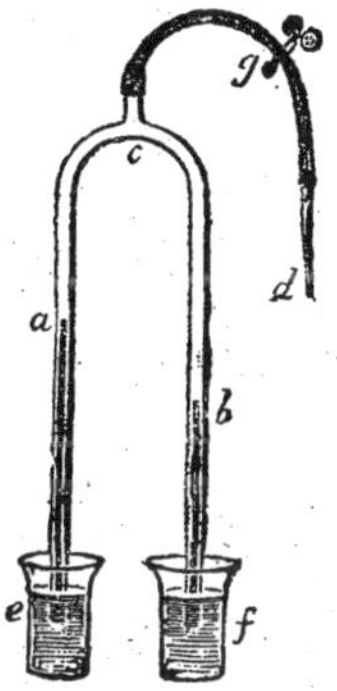

第十五圖

傾入右管高至十四寸又四分寸之一處則左管亦必升至等高汞在左右二管各高半寸卽與未傾水時等高可見無論水汞在二管內自能相平三用長細吸管吸取右管之水汞在右管卽升高一寸在左管則降至〇度其水在左管必降至十三寸六可見汞每高一寸必配水十三寸六始能左右相定此器價銀六圓

第十三圖之器與上相同惟管分大小亦能試前三事另能特試一事卽於彎處傾汞令在大管幾能高一寸後於小管加水至十三寸六如汞數合法則汞在大管升高一寸在小管卽降至〇度可見無論管徑大小或相等其例均同小管之水終能與大管之汞相定此器價銀七圓

前第十二圖之器猶能同時試三種流質令各相定卽先傾汞至下黑面之底界再於右管傾水十寸左管傾硫强水使與水相定則硫强水必高五寸四可見左右二管之流質相定與前水汞之例同如以五•四約十則得一•八五爲硫强水之重率依同法以硫以脫代硫强水則以脫十寸需水七寸四方能相定以十約七

•四得•七四卽爲常以脫之重率惟以此上各器求流質重率覺過煩累故須用下特設之器爲妥

第十四圖爲求二流質重率彎管以二端插於盛不同密率之二杯內彎管上另有象皮管與簧夾能緊閉其象皮管如以口吸象皮管則二流質上升其高與其重率有反比例管外刻分度則高數易量而重率易較此器七價銀圓以之求流質重率亦不甚便另有能試四種流質之瓶瓶內盛以不同類之流質四種彼此不化合不化分者卽一汞二濃鹽水三醋加紅色四自散油質四質置瓶塞密搖令和勻停若干時仍能自分成爲四層界顯平線瓶價銀一圓流質另計

第十六圖

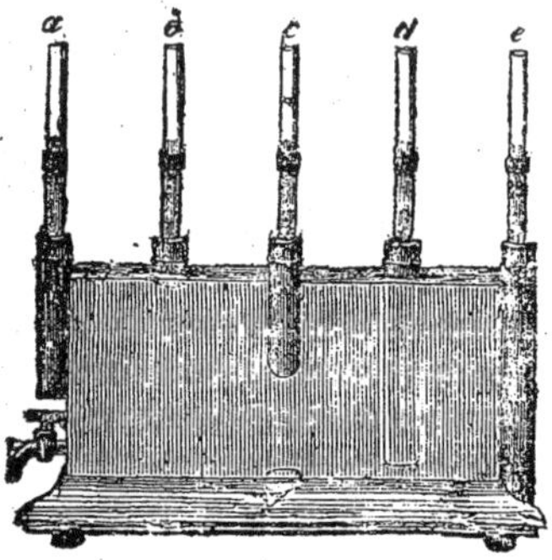

第十七圖

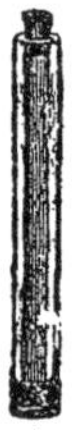

試流質壓力各向相等之器○凡流質壓力周圍上下各向皆等欲試驗之亦有特設之器如第十五圖爲四口瓶中爲球形徑八寸至十寸各管徑半寸至八分寸之五球托鐵架上口置漏斗傾以有色之水則三管之水亦與球內之水等高可見球內低處與球邊及中心各水等高之故因其壓力各處相等也如於一管加以壓力則各管之水均必上升高亦必等此器價銀廿五圓鐵架外計第十六圖爲五管箱以馬口鐵爲之長十寸濶半之高六寸容三百立方寸配有五玻璃管任管可加以水玻璃管下端有鐵管束之鐵管之口各在箱不同之處一通至箱一端之中腰一通入箱頂一通至箱中心一通至箱離底一寸一通至箱底之正中則無論於何管加水而各管之水必上升等高因其上下四圖壓力均同也箱下有塞門水過多時可以放洩器價銀三十五圓

第十七圖爲加壓力之鞲鞴以厚玻璃爲管上端塞以輭木或象皮下端纏以棉紗令適能入於他管如上圖之各管是也此管卽可當鞲鞴之用能在大管內推下與其內水面相切如將此鞲鞴插入上圖水箱之一管壓下四寸則餘各管之水能升上一寸可見用鞲鞴加壓力與添水加壓力相同反之將此鞲鞴提上四寸則餘各管之水亦各低一寸俱因受空氣之壓力也如四管上口各塞密之則水不降低此器亦顯常用起水筒起水之理乃外水受空氣壓力壓入筒內也

第十八圖爲四口瓶亦顯流質壓力之理各口有玻璃管通入瓶內長短不等一通至右半高處一近瓶底一僅過瓶頂一在瓶邊低處另配以小玻璃管爲鞲鞴用法與前同器價銀十二圓銅六圓

第十九圖爲離心力水機以馬口鐵爲之筒高八寸寬二寸下有四管橫連各管一面有孔向管相順再下有承水盆將水由筒上口傾下則由橫管之孔外洩即推使旋轉筒心有軸㚒以架上安輭木圓板以富皮帶輪或安以小磨使之盤旋供人觀玩謂之水磨於學堂內可試與多人共看其價銀七圓

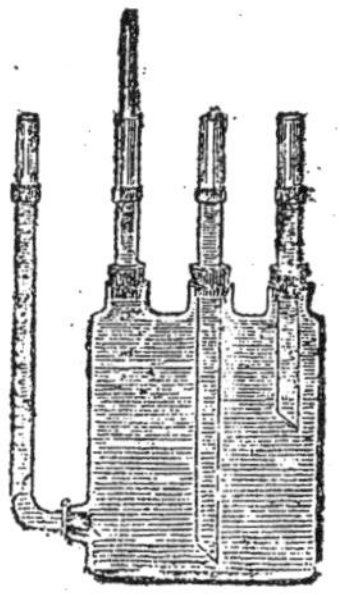
第十八圖

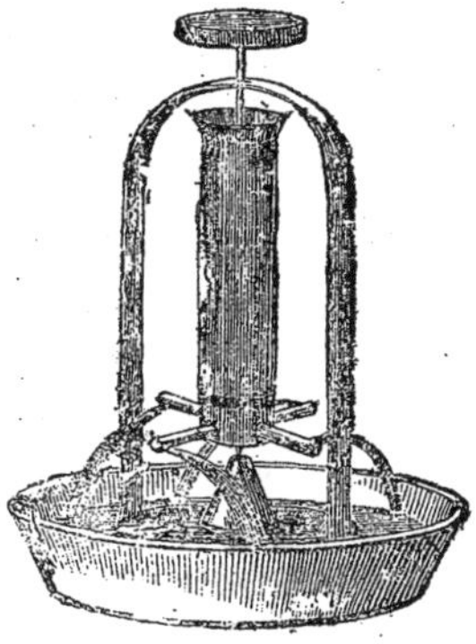
第十九圖

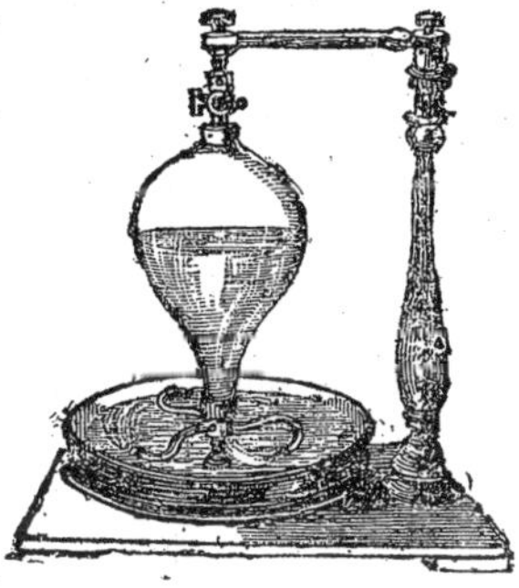
第二十圖

第二十一圖

第二十圖亦爲離心力水機中有長形玻璃球上有紅銅塞門下有三橫管管端各有小孔向亦相順共扶一架球內盛水閉上塞門水可不落開之則由橫管各口外洩推而旋轉球高二尺盆徑十四寸工料精良價金二圓銀十圓

試流質向上壓力之器○流質壓力不但向下與四圍而顯並顯向上壓之力試法如第二十一圖用二端通之玻璃筒一具下端安以圓板與口密切板中繫繩通過其筒以手提之同入水瓶內至水半中鬆其繩板可不脫因其下受水上壓之力也後將筒漸提起及近水面板即脫因其下水之壓力減小不足以抵板之重也復照前法將筒置水中筒內漸傾以有色之水至能抵板下水之上壓力板亦脫下色水即洩入瓶中此器價銀四圓銅六圓

第二十二圖爲上同理之器有玻璃管下口縛象皮布或膀胱皮一塊成囊形內置小球二並盛以有色之水共入於另水筒中則囊爲下水壓上凸入管中小球爲之高起足徵水有上壓之力也器價銀二圓銅六圓

壓水箱○顯流質向上之壓力可製一器試之如第二十三圖以馬口鐵作圓箱徑七寸高二寸半上口密蒙以象皮布箱旁有通管高三十六寸徑八分寸之五箱內滿水象皮布浮其面再傾水入長管象皮布即凸起如上置木板板雖重亦能托起托起之力乃長管內水柱之壓力無論管徑大小俱顯此例此器價銀八圓可爲小試之用因不甚固故不能顯大力欲顯大力可用第二十四圖之器箱腰以皮爲之摺如風箱管高六尺滿以水能起一人之重器價金三圓銀三圓

第二十五圖爲布拉瑪壓力箱小樣俱以玻璃爲之置木架上右爲壓水筒內有韝韛提上時能吸下盆之水推下時則下門抵閉中門抵開水即通入大筒抵其韝韛向上起行大筒之韝韛外繞棉紗使切筒口甚密而不洩水韝韛上托以錘將壓水筒起動數次則大筒韝韛上升錘亦托起此器價銀八圓

第二十二圖

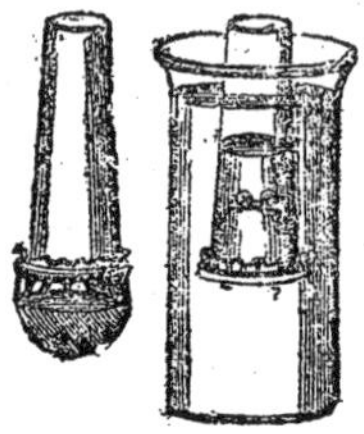

第二十三圖

第二十四圖

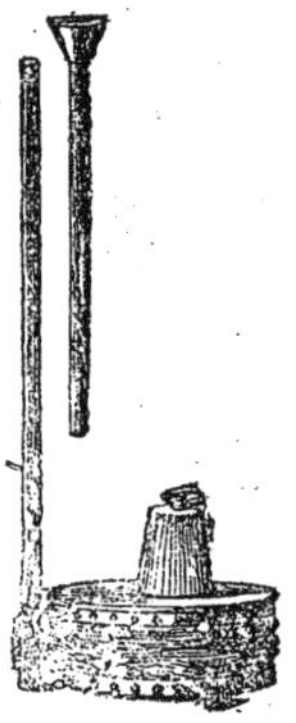

第二十五圖

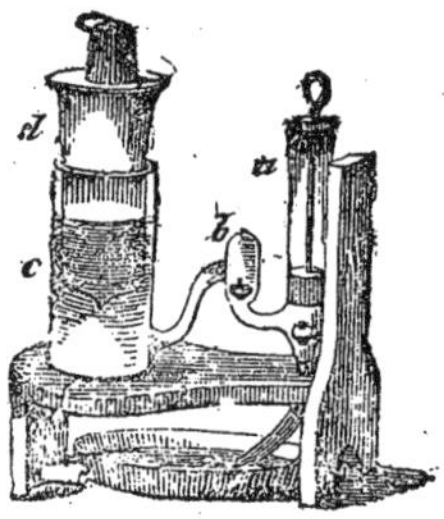

第二十六圖

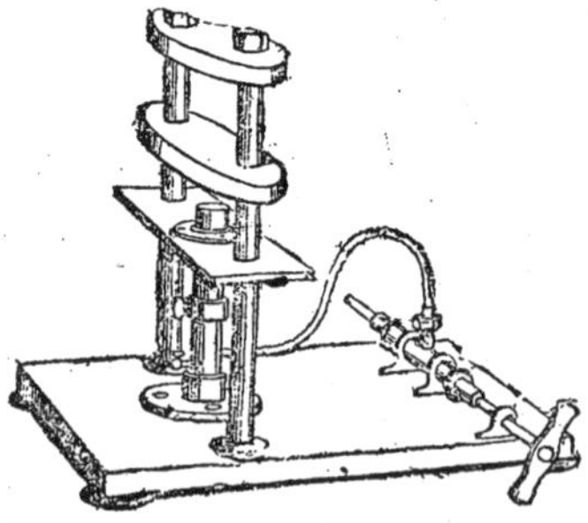

第二十六圖爲布拉瑪壓水櫃小樣以黃銅爲之小韝韛徑八分寸之一大韝韛徑四分寸之三此器最便用價金四圓銀十四圓銅六圓

第二十七圖爲壓水櫃亦布拉瑪所設能作輕加壓力之工其加壓力之板面五寸方另有圓托板徑十二寸能托起重物又有銅刀口三如圖右式能分截金類條此小機器壓力頗大其小韝韛徑半寸大韝韛徑一寸又八分寸之五共價金十五圓凡壓水櫃推算壓力之法常有定例假如小韝韛徑半寸大韝韛徑五寸則二

韝鞲之面積有一與一百之比如動小韝鞲之桿得利有五與一之比則桿每加力一磅壓水櫃必顯壓力五百磅

流質下壓之力與高及底之面積有關○凡流質下壓器底器底所受壓力不在乎流質之體積與其輕重所顯壓力全視器底之面積與流質柱之高數欲驗此理亦有法試之如第二十八圖爲巴斯嘎拉所設之法後

第二十七圖

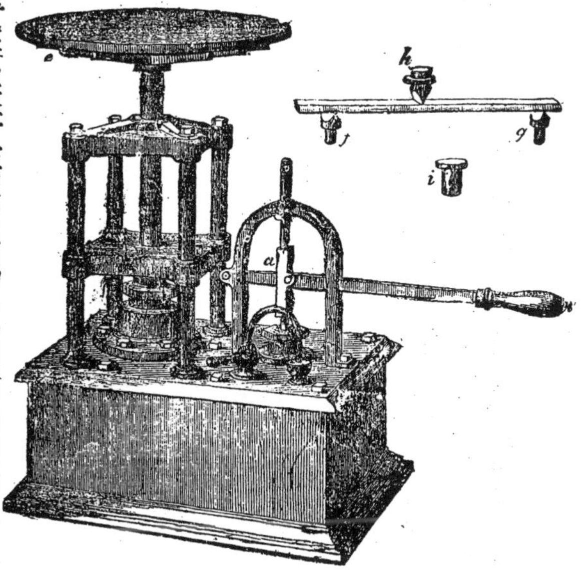

第二十八圖

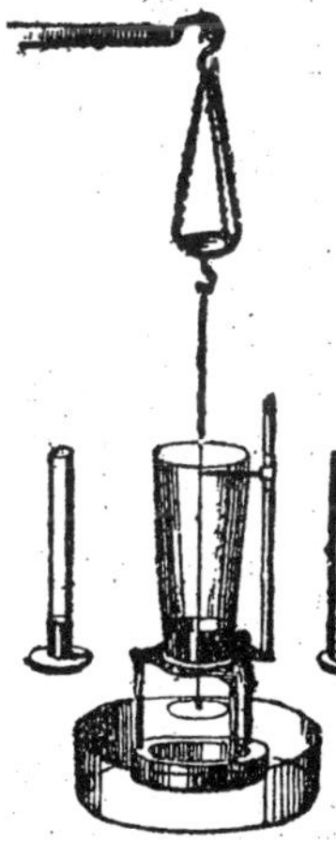

第二十九圖

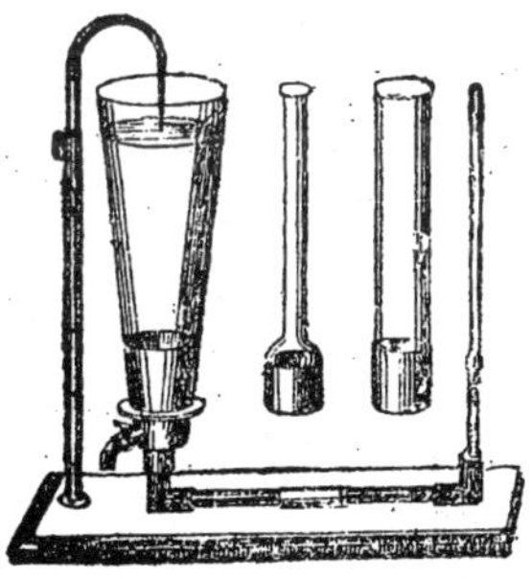

經馬森加以各益其器用二端通之玻璃筒用三足架以螺絲連之架下有黃銅座座下承以淺盆玻璃筒之底口磨甚平以平圓板能蓋甚密板心繫線直穿過筒掛於天平盤下天平彼盤置法碼足令圓板與筒底密切後傾水入筒彼盤亦添法碼使足與水相定三足架上有桿與活指能起落將指移至筒內水面等高處而止後將彼盤法碼取去則圓板自脫而水洩下再將次玻璃筒同法試之雖其筒徑更小然因盛水等高則筒底受壓力相同如於天平彼盤加法碼同前則仍能與筒底圓板相定又以同法試最小徑之玻璃筒其例亦同總之無論筒徑大小如水等高而底等積則所受壓力必

等此定例也其器價金二圓銀二圓

第二十九圖爲哈勒大所設之器亦顯以上之理卽流質壓力特其高與底之面積不在乎器之容積也其器有淺杯下安塞門底通橫管橫管彼端通接小立管杯內傾汞滿其橫管兩端稍高惟不可高至塞門之處則汞在右小管上升之高必與在左杯之高等再無論以大中小各通筒用螺絲連於杯口復滿以水則水之壓力使汞在右小管上升至高若干以套圈記之後用餘二筒同法試之其水能壓汞在右小管上升之高亦等可見無論筒徑大小盛水多寡如爲等底等高其壓力必等或駁曰此器所顯之理僅與前第十圖至第十三圖各器同與上圖之理不鬭然實顯水學之要理似與二處之理均有相關此器價金二圓銀二圓

第三十圖

第三十一圖

第三十二圖

第三十圖爲顯水壓力之玻璃筒長十寸爲截錐形大徑二寸半小徑二寸二端之口磨極平能與圓板密切將筒置架上如第三十一圖以鐵圈內襯象皮夾之下口有厚圓玻璃板徑三寸以線懸於天平盤下之鉤筒下承以淺盆收受筒中落下之水先於天平彼盤置法碼足使圓板與筒底密切再傾水滿筒彼盤加碼足與相抵記其碼數後將筒倒置同法試其相抵之碼數較之自知其各壓力之大小假如將水二十四兩半足滿其筒小口向下時圓板所任之重爲二十三兩半大口向下時任重爲三十四兩可見筒內水數雖同而上下所顯壓力大異蓋壓力實與器底之面積大小有關而與水之重數無關也其器價金一圓銀五圓天平不在內

重率○凡定質沒於流質內所減之重與所壓分水之重等此希臘人亞基米得所設理也如定質重於等體之水則沉等於等體之水則可沉可浮按於水內何處則停於其處而不起不落如定質輕於等體之水則浮於水面其重必等於本體入水處壓分水之重此三理均有特設之器顯之

第三十二圖用三玻璃筒一盛極濃鹽水一盛清水各置雞蛋一枚鹽水內者能浮清水內者則沉一筒先盛鹽水後漸添清水將蛋漸放入則蛋初沉至遇水一層有重率與本體等處則停而不上不落各玻璃筒高十二寸徑三寸價銀一圓銅八圓

第三十三圖亦顯上理用玻璃筒內盛清水置一小人或小鬼之形筒口縛以薄象皮手按其上能改變水壓力小人卽依水力之改變而起落耍舞此事本屬氣學俟後詳之

第三十四圖爲顯亞基米得例之器用黃銅筒兩端封密重一千釐上有鉤另有露口之黃銅筒適能套於前筒之外用法將封密筒掛於露口筒之下露口筒復掛於天平盤下彼盤置碼配使兩端相平再將水筒置下銅筒下使下筒浸其水中則天平兩端失平碼盤必低復以法傾水滿上銅筒則左右仍平而下銅筒在水內其頂亦與水平因下銅筒受水上壓之力適等上銅筒內水下壓之力卽下銅筒重千釐之體積與水千釐之體積相等也上銅筒內能容之水重亦千釐惟下銅筒入水所失之重必爲玻璃筒與其水所收卽玻璃筒與向下之壓力適等下銅筒所受向上之壓力此理可更用第三十五圖法驗之將水盛玻璃筒以天平稱之再將二銅筒照前法入其水內以架托之如圖則銅筒之重雖爲架所托而玻璃筒內之水乃加重千釐欲證其據可取玻璃筒內之水傾滿上銅筒則天平相平此二法之理易明如以實體入水內則加水之高故令器所受之壓力與加等體之水相同此爲最要之理求各定質與流質重率之法皆本此理三十四圖之器價銀六圓三十五圖之器價銀十圓銅六圓

求定質與流質重率所用量瓶等器前已在化學器內釋之茲不再及惟有一式不在化學器內者茲另備圖詳及如第三十六圖爲求定質重率器以量其所壓分水之法用玻璃杯口磨平準以薄木或銅片爲托板板

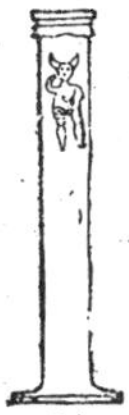

第三十三圖

第三十四圖

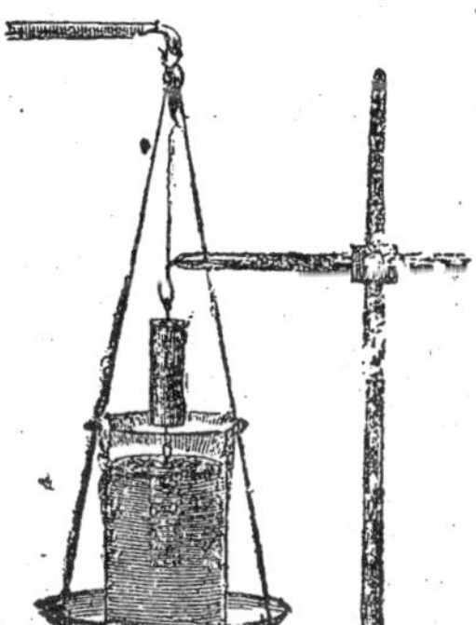

第三十五圖

下綴圓錐形黃銅塊其尖甚利另配一滴管用法先搽蠟於杯底使切桌平面而不動再將錐面擦銷綠使有黑色後數以定質油將水入杯錐覆其內後以滴管漸加水使正與錐尖相切取出圓錐將欲試之體在空氣稱之記明重數復置水內以滴管吸取杯水若干酌與試體之積稍多再將圓錐覆杯內尖不切水以滴管漸加水至杯內水面適切圓錐之尖為度視滴管內所餘之水即知試體壓分之水數滴管面刻釐數以顯其水之重量後以水重約體重即為該體之重率此法巧而便可免用天平之煩其器價銀六圓

測流質重率各浮表亦在化學器內釋之茲不重贅另有顯浮體能相平之法可以釋之如第三十七圖為船小樣中有桅桅上加黃銅螺絲底有鉛條為墜桅上螺絲旋至船面則直立不甚傾側螺絲移至桅頂則船易

第三十六圖

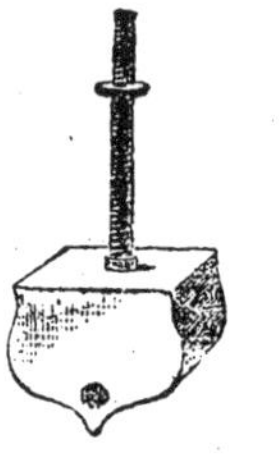
第三十七圖

傾覆以此可顯船浮水面能平穩與否蓋螺絲愈高船愈不穩高至過限船即側而不立矣造船家推算船體之重能否穩立俱恃此理其價銀二圓銅六圓另特備一圓玻璃盆徑八寸以便盛水並黃銅表以量水高與滴管一支另刻分度玻璃量杯一個足為試浮體壓分水與本體等積也全副價銀十圓銅六圓船樣在內

總說○格致學中最易習最易試者莫如水學蓋水為實質形色可見多寡可量輕重可權清濁可辨加以熱則沸而化汽冷則凝而為冰靜則面平如砥可任決東決西動則冲激有力可使在山過顙此皆顯然易見之性也水無定形容於何器即隨何器而成形水有平性無論何管皆可流通顯平面水有壓力周圍上下均同水有浮力大小重輕悉托水有重率可用以較他物之輕重此皆尋常易驗之理也按水源流相平之理可通自來水以供日用藉水壓力均同之理可造壓水櫃以起重物因水氣相壓之理可製起筒以提汲趁水勢衝動之理可造水輪以運轉此又水之有大用者極而精求復能化分水為何原質推詳水有何作用夫水在天地間運行流通循環不已如汽積成雲雲騰致雨雨降成溪溪釀為河河注諸海海面受日薰蒸化汽成雲仍行循環亘古如斯無時或息可見水之為物急切人生人顧可習然不察哉是冊專釋靜水學合用各器以便好者有所檢查尚有動水學合用諸器擬俟下次譯印閱者幸勿淺近忽之

格致釋器　第五部　水學器

總引○前輯彙編已釋靜水學器茲再釋動水學器動水學乃論流質流動時之形性內有一門專論起水引水理法乃謂之發水學茲一並論之前論水之靜性乃言水有相平之性但用常器以顯其性然水置於最窄器內或引之與器相切則所顯之性與常不同茲將其數要理約畧譯釋

微管吸力○將水傾玻璃器內搖動之則在水平面以上之器亦濕而水面卽微成凹形如將玻璃管置水中則水緣管外上升高於水之平面而管內水上升之高尤高於管外水面亦成凹形水在管內上升之高常與管徑有反比例卽管徑愈小水升愈高

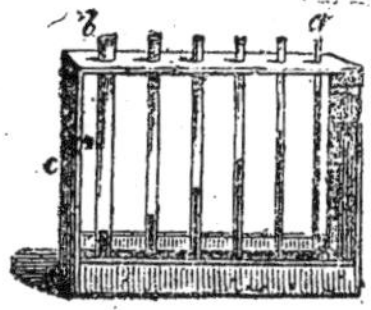
第一圖

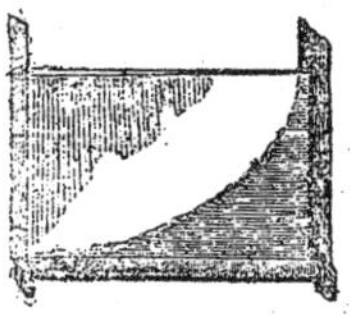
第二圖

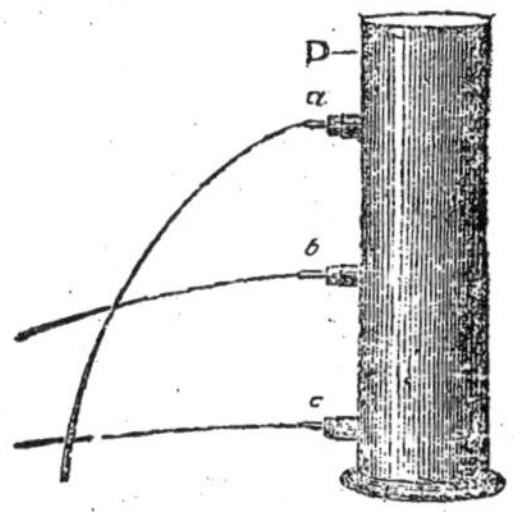
第三圖

第四圖

第五圖

各流質在管內上升之性其例不等已試知內徑二十五分寸之一之小管置水內則水上升一寸又五分寸之一置醋內上升半寸置硝强水內上升一寸置香油類上升五分寸之一置汞內則管內汞面比管外汞面反低蓋汞之性與他流質異其面常欲自成圓形故傾入玻璃器內則汞與玻璃邊相離而不相連汞面與器邊相離之間有空隙不能與玻璃面切成凸形故微管置其內則汞面爲管外面所推而管內成面更低也

第一圖爲玻璃微管一副計六支共置一架架下有槽能在水或汞內試之其器共價銀二圓銅六圓

第二圖爲玻璃片二塊長四寸寬三寸連於架上能顯二平面所成微管吸力之理其片愈相離則水升愈低愈相近則水升愈高價銀二圓銅六圓

水由孔中外流之理○凡流質由孔放出其速與在眞空之墜速同卽與水面高至孔心之墜速同此例乃格致家杜利率利所設如第三圖爲試水由孔外流之筒高二十寸徑畧六寸有三玻璃嘴塞於其孔傾水至滿

開其三嘴則所放水之速與其上水柱之高有比例即上嘴所放水之速等於眞空內由筒口墜至上嘴之速餘二嘴亦類推上嘴上之水柱短則流速小故噴水垂下成曲線式中嘴上之水柱更長則噴力亦更大下嘴上之水柱最長則噴力亦最大

第四圖爲雙層漏斗乃戲法中所用者其剖面式如第五圖內外兩層柄下有小孔通至兩層之中一手持柄另以指杜其下口令柄下小孔開通由上口傾滿紅色或藍色水指杜柄下之孔放其下口之指則漏斗內水全行漏下惟兩層之中有水尙存復指杜下口以清水傾入漏斗單開下口則漏清水並開上小孔則漏色水如問旁觀者欲漏何水則可隨聲而下未諳者多視爲奇其價銀二圓

第七圖

第六圖

第八圖

第十圖

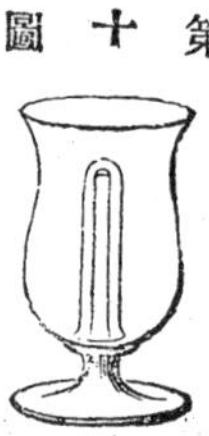

第九圖

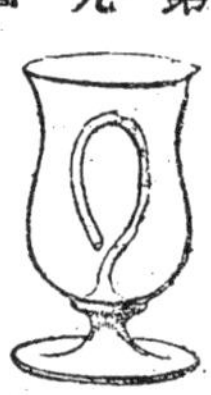

第六圖爲雙層水壺亦戲法中用者其剖面式如第七圖柄下亦有小孔通至兩層之中先傾滿色水以指杜其小孔傾出壺中之水觀內全空再傾以清水小孔不開則嘴出清水開之則出色水忽清忽濁見者每奇之價銀三圓

尙有更繁之戲法器形與平常酒壺同內分隔四膛每膛外有孔以四指按之各膛盛酒一種旁觀者言欲飲何酒即開某指傾出以應之其價銀五圓此各器雖屬戲玩實具格致之理蓋水無空氣壓力則不能出也

虹吸管○凡彎管一端長一端短灌滿水以短端插入水筒內則水由長端外流並引筒內之水能全流出其故因管長端所含之水重於短端所含之水故能外流又筒內水面受空氣壓力故能隨管短端引上外流如第八圖爲顯虹吸管之理一玻璃瓶口塞二彎管一爲虹吸管通至瓶底一管短僅過瓶塞內外端中接象皮管有簧夾鬆之以口啣短管吹之則瓶內之水俱從虹吸管外流欲其連流不息將簧夾移夾玻璃管上令空氣常通入其水自流出盡而後止如不欲盡流則將簧夾移夾象皮管水即不再流此可顯虹吸管之理亦可

爲化分工內之洗瓶

第九圖爲顯虹吸管之杯亦戲玩物也以玻璃爲之杯內有彎管傾水將滿水存杯內不動再傾水至彎管之頂則彎管卽變成虹吸管引水盡由底孔流出其價銀一圓銅六圓

第十圖亦爲顯虹吸管之杯其中管上下二口開通外鬆套以玻璃管水滿至管頂卽引流至盡其價銀一圓銅六圓

起水筒○起水之法甚多最簡者如第十一圖乃起水筒之小樣以玻璃爲之便於學徒視明其吸水之理筒長略十寸徑一寸又四分寸之一價銀四圓銅六圓其韛韝亦爲玻璃者內有活門如小分圖門爲玻璃泡內盛水銀韛韝提上時其門自閉而筒下門卽開水自上升入筒韛韝推下時其門自開而筒下門卽閉水由韛韝中孔上升再提韛韝水卽由上嘴外流如此推提水能源源不絕惟水須行過韛韝之上方能外流且提之費力故不若下圖雙筒者之便

第十一圖

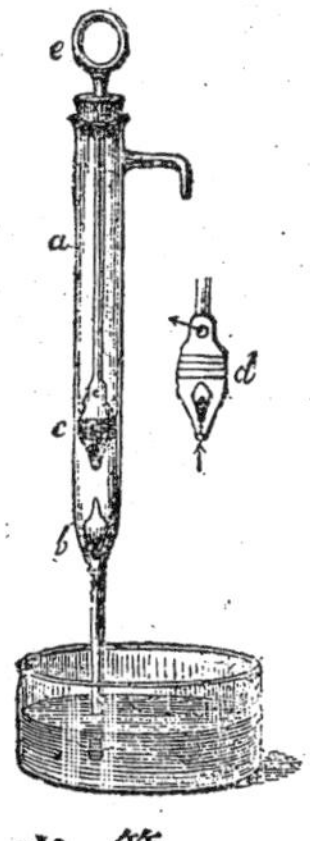

第十二圖

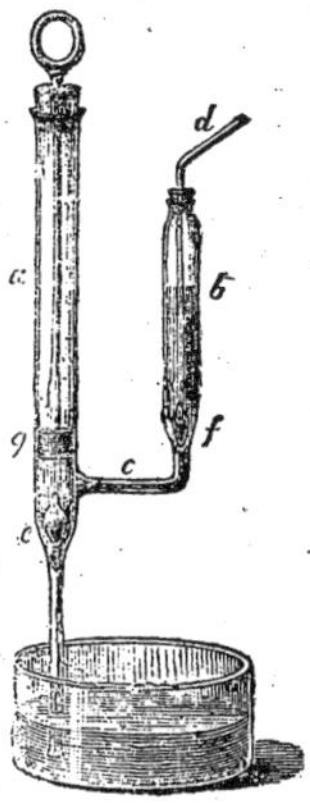

第十三圖

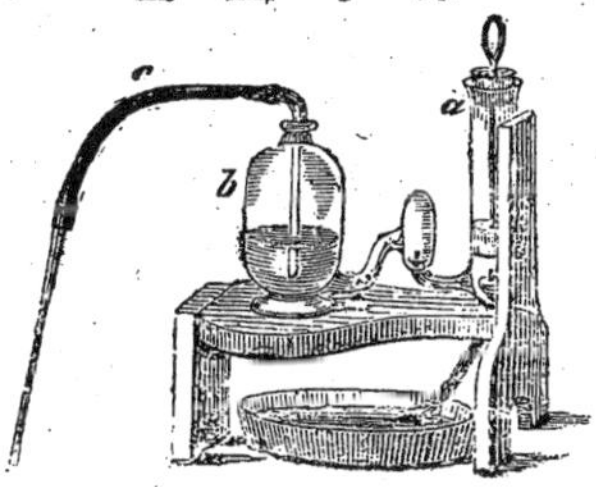

第十四圖

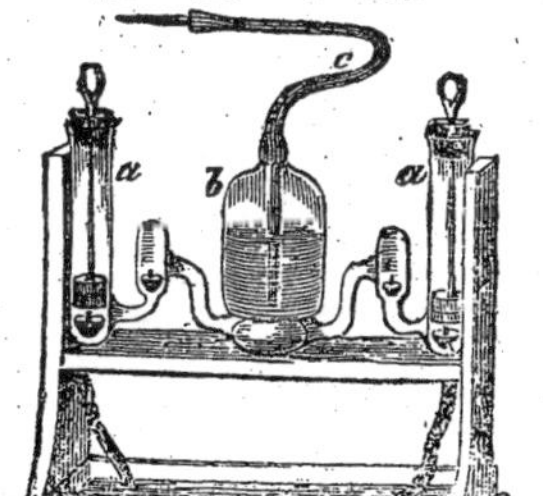

第十二圖爲壓水起水筒小樣亦以玻璃爲之其韛韝內無活門筒旁另有一管相通管內有活門韛韝提上時能吸下水入筒韛韝推下時能壓水由旁管上升平常起水筒祇能起水三十餘尺高此則另能壓水起若干高其價銀四圓銅六圓

第十三圖亦爲壓水起水筒另有大空氣膛意若水龍均以玻璃爲之各活門以有色玻璃爲之便於明顯共連於架以便試與學者觀之其價銀八圓

第十四圖爲雙筒壓水起水筒亦以玻璃爲之各活門以色玻璃爲之能顯雙筒水龍之理其價銀十二圓銅六圓

第十五圖爲雙筒水龍之小樣以馬口鐵爲之外敷黑漆能噴水高二十尺惟不能拆視內式欲講試水龍與學徒觀者用上二圖之玻璃者更佳此器價銀七圓

第十五圖

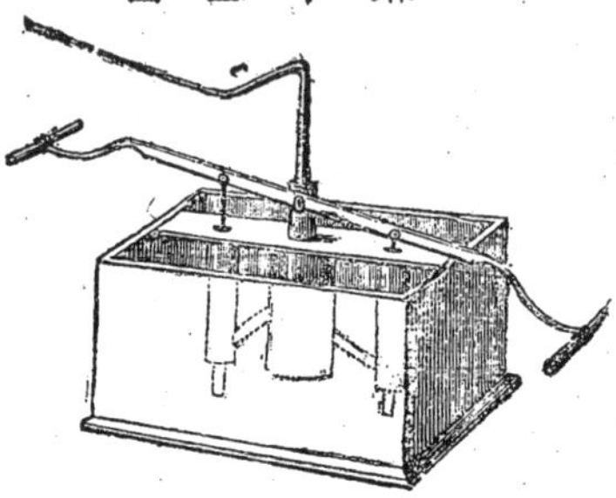

第十六圖

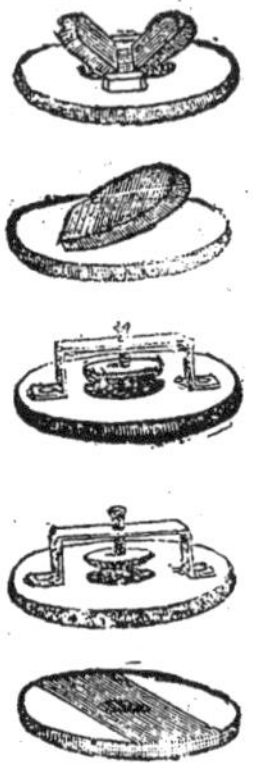

第十七圖

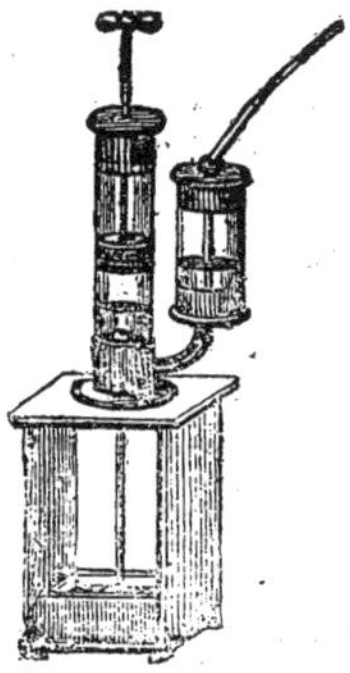

第十八圖

第十九圖

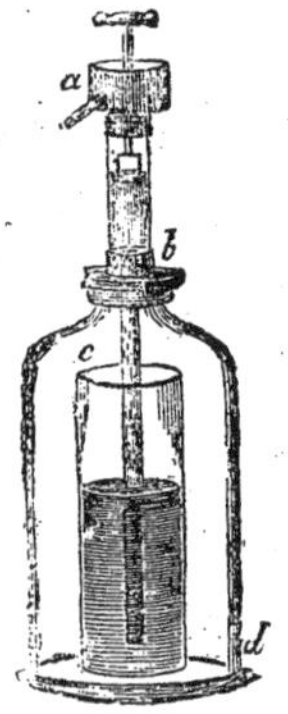

第十六圖爲起水筒內所用各活門之小樣凡五種以硬木爲之上等者以黃銅爲之徑各六寸一爲蝴蝶門二爲風箱門三爲輭簧門四爲圓錐門五爲油絲門此五門各有其用欲明起水之理可詳觀此各樣共價銀十圓銅六圓

第十七圖爲壓水起水筒小樣筒以玻璃爲之蓋等件以黃銅爲之筒高七寸徑一寸又四分寸之三價銀二十五圓

第十八圖亦爲起水筒小樣合於學堂內教生徒之用筒以玻璃爲之高十寸徑二寸上有圓水盆與放水嘴下有玻璃水筒與座各活門以小石丸爲之其價銀七圓

第十九圖爲顯筒內起水上升之器水在井或器內受外空氣壓力則起水筒內成眞空時下水卽壓入筒下之管由管上升如外水無空氣壓力筒內雖成眞空水亦不上升法將起水筒密置玻璃罩上口筒下管伸入罩內水筒中罩底與圓盤密切令不洩氣意同抽氣罩則提動筒上鞲韛初動時水能起上過若干時罩內空

氣稀而壓力輕水即不能上升稍開其罩水仍能升由此可見水之上升俱賴水外空氣壓力無此壓力則水毫不上升其器價金一圓

噴水源〇尋常造售之噴水源分有六類一其水由高水池流下而由小嘴噴上二用積緊空氣壓水由小嘴噴上三用玻璃罩等內成眞空吸罩底之水由小嘴噴上以補其眞空四有水柱壓若干空氣空氣壓水由小嘴噴上五有吸管吸罩內水下流令成眞空眞空吸下水上噴六遞更通斷空氣令水遞更噴停此各類噴水源俱有小樣便於演與學者觀看

第二十圖

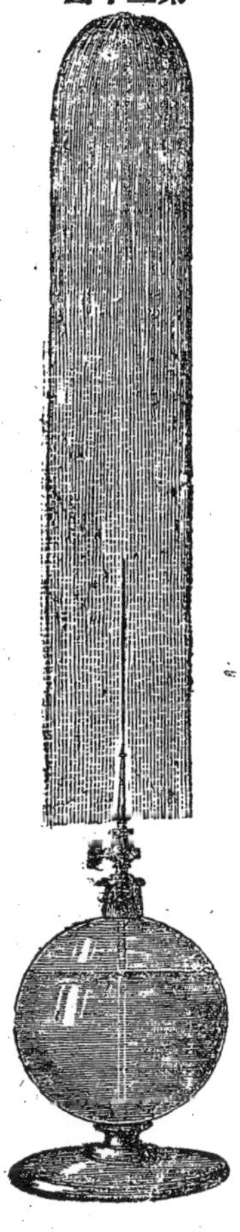

第二十一圖

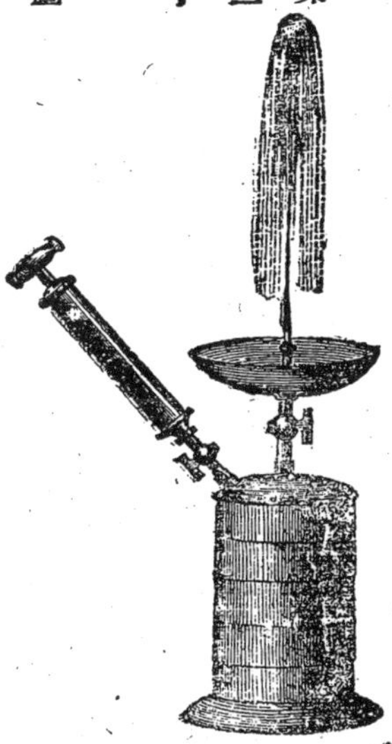

第二十二圖

第二十三圖

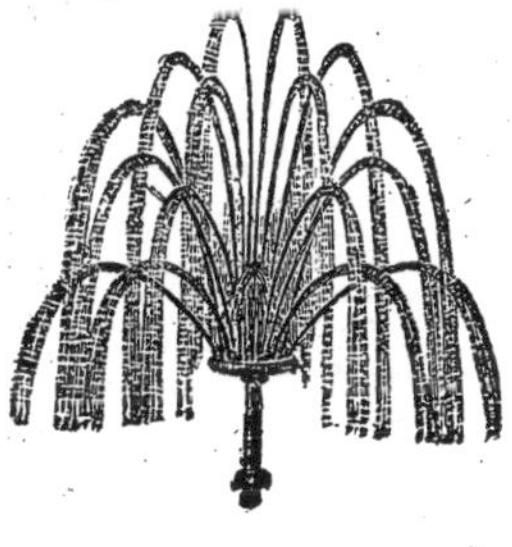

第二十圖爲壓緊空氣噴水之器有堅玻璃球連於座上上有塞門內盛水將滿以第二十一圖器旁之進氣筒壓緊空氣入內塞門關緊將噴水嘴連其上塞門一開水即噴上甚高其玻璃球徑六寸厚四分寸之一口連黃銅塞門價銀三十一圓銅六圓噴水嘴價銀二圓

第二十一圖爲更大之噴水器以鍍鋅厚鐵皮或厚鋅皮爲之高十二寸徑六寸半上有銅塞門另加圓水盆徑八寸肩上另有口亦安塞門以便接筒進氣價銀四十二圓其進氣筒小者銀八圓大者銀十六圓

第二十二圖爲更小之噴水器以黃銅爲之高六寸半徑二寸半價銀十二圓

第二十三圖爲多孔噴水嘴噴水條條垂若柳線價銀五圓

第二十四圖爲風車式噴水嘴有橫管一條中軸活運二端各有一孔方向相順水噴時能推抵旋轉價銀九圓銅六圓

第二十五圖爲細孔噴水嘴各孔較前稍細噴水更高價銀五圓銅六圓

第二十六圖爲密孔噴水嘴各孔更細而密噴水高而勻密垂如匹練甚覺美觀價銀六圓以上四嘴共成一副價銀二十二圓

第二十四圖

第二十五圖

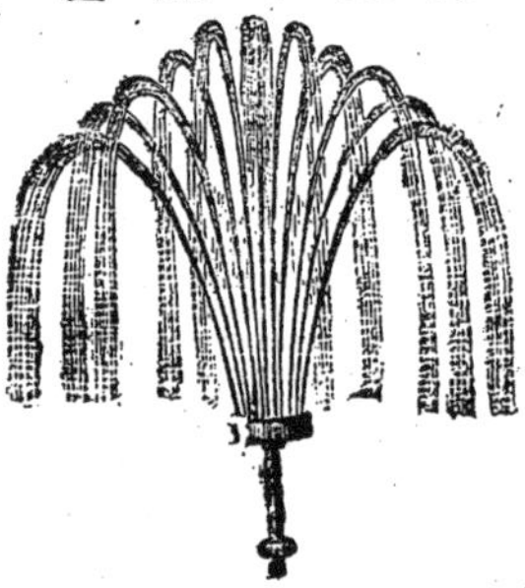

第二十六圖

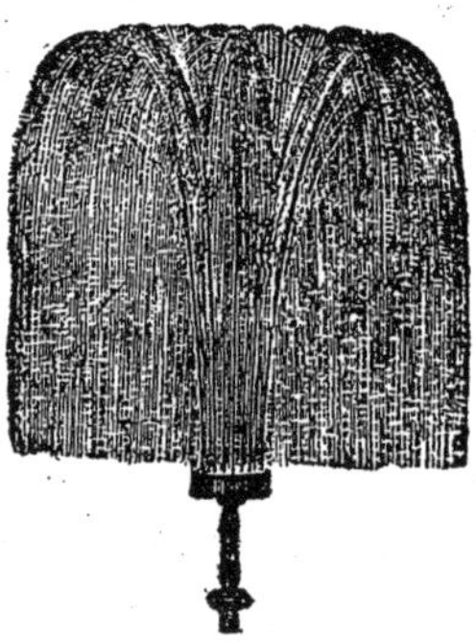

第二十七圖

第二十八圖

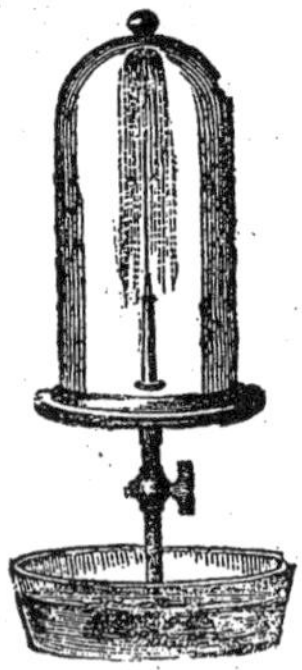

第二十七圖爲玻璃罩內眞空噴水法用高玻璃罩覆於常用抽氣筒之銅盤相切甚密中安細嘴下有細管通入水瓶抽出罩內空氣開其塞門水即上噴

第二十八圖亦爲玻璃罩眞空噴水之法與上略同惟下管有座置水盆內抽出罩內空氣水能上噴入罩

第二十九圖之器不用銅盤罩爲長泡形下口密連塞門下有座先抽出泡內空氣緊閉塞門置水盆內開塞門水即上噴甚高

第三十圖亦爲眞空噴水之法有玻璃球內盛水插以細管置玻璃盆內覆以玻璃罩共置銅盤上抽出空氣則球內空氣漲壓水面令水由細管上噴其球價銀六圓

第三十一圖爲水柱壓空氣噴水之器中有二玻璃泡與管相連泡內半水半氣一邊有漏斗管相通灌以水則壓下泡之氣通入上泡壓其水由細管上噴其價大者銀六圓小者銀三圓

第二十九圖

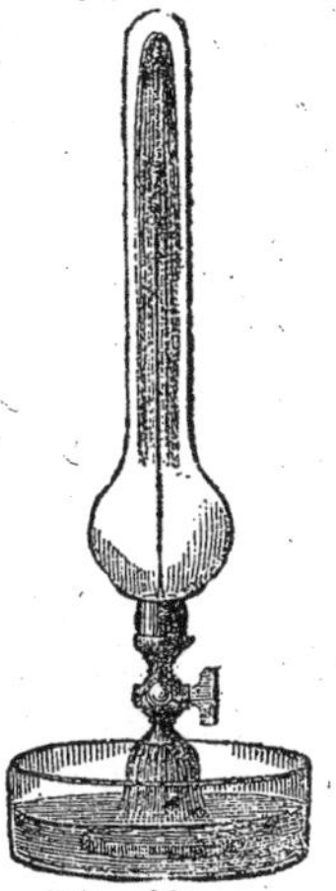

第三十圖

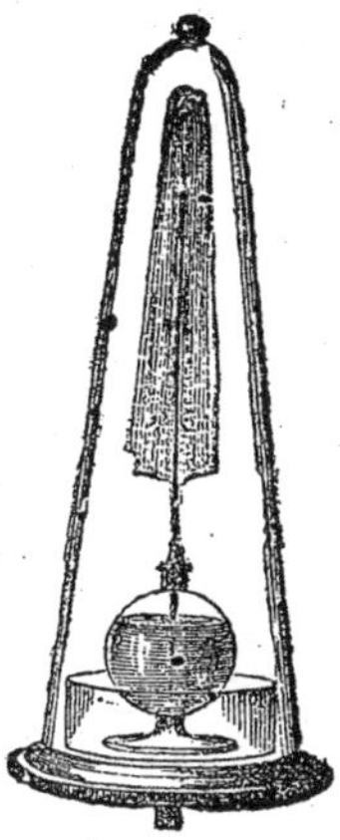

第三十二圖

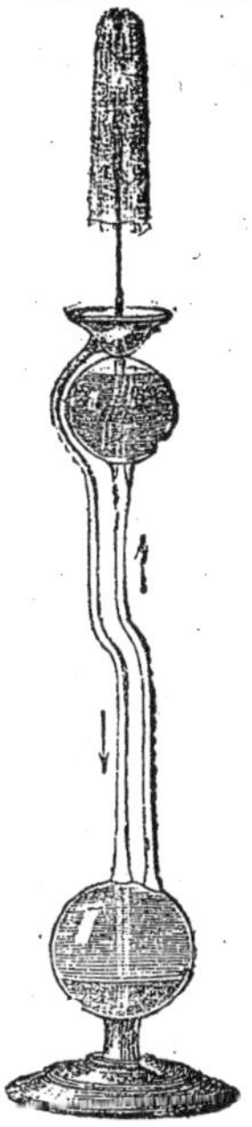

第三十一圖

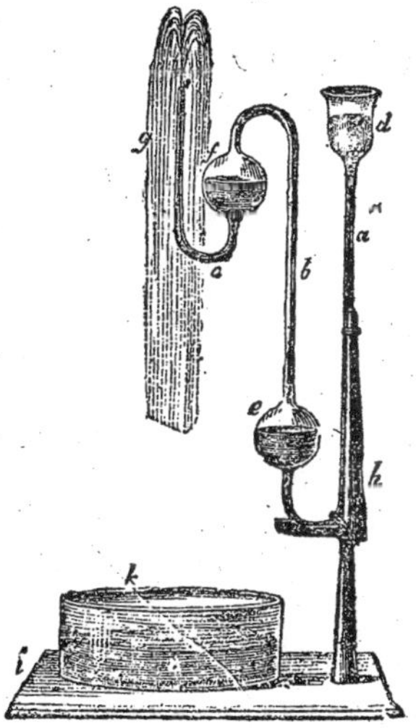

第三十三圖

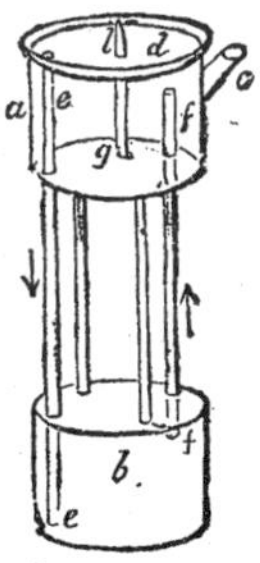

第三十二圖亦爲水柱壓空氣噴水之器共有二玻璃泡上泡之上有玻璃盤內有細管通入上泡離底不遠上泡下亦有管通入離頂不遠此管下通至下泡之頂下泡另有管通入稍離其底上通至玻璃盤之底下泡下有重座置之甚穩先傾水於盤使流入下泡乃倒其器使流入上泡再正置之稍添水於盤漸流入下泡壓其空氣升至上泡上泡之空氣壓於水面令水由中管上噴至上泡之水盡或下泡之水滿則倒之使流回上泡仍能噴水惟所用之水宜淨否則易塞其小管之嘴其器以明玻璃爲之易見內形亦有製以毛玻璃者內形不顯外觀奇異

第三十三圖爲馬口鐵噴水源上可飾以房屋旁有水池池中有噴水嘴如本圖顯其內面式上下二桶以四柱連之四柱兩實兩空製法與上圖玻璃器同先於上桶旁嘴灌以水塞之再傾水滿其上盆此水漸流入下桶壓其空氣由空柱升入上桶壓水由小嘴噴出水停噴則開下塞放出同法再裝配仍噴水如常

第三十四圖爲吸管成眞空噴水之法用長細玻璃罩下口有塞塞中插細管旁插曲管先仰置灌水若干復倒置水筒內以架扶之則罩內水由旁管漸外流令罩內成眞空筒內水卽由細管上噴其價銀四圓銅六圓

第三十五圖爲遞更通斷噴水之法用大口瓶內盛水將滿倒置於架下置收水漏斗與筒大口瓶塞內通數管中有長細管再傾水若干於漏斗適足沒其中管之下端漏斗下管漸流水出則瓶之中管露出水面卽有空氣透入大口瓶內則瓶口餘管有水噴入漏斗至沒中管之口則止而不噴待漏斗下管放水若干致中管口露出則再有空氣透入瓶中水仍噴下試此器必愼漏斗下管放水勿過遲過速則玻璃瓶中之水能遞更噴停至水盡爲止其全器價銀十六圓

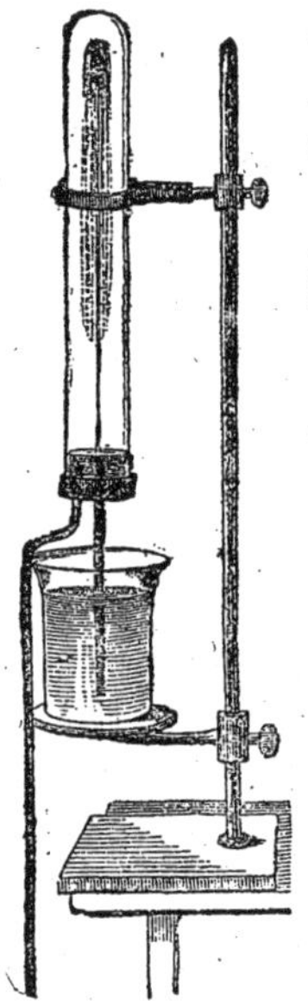

第三十四圖

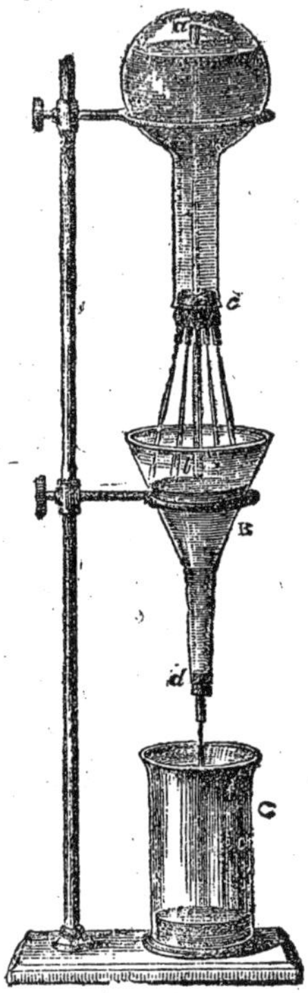

第三十五圖

第三十六圖爲上圖同類之器觀圖易明其理亦能遞更噴水停噴至水盡而止此器之用亦賴漏斗下管孔之大小必配準

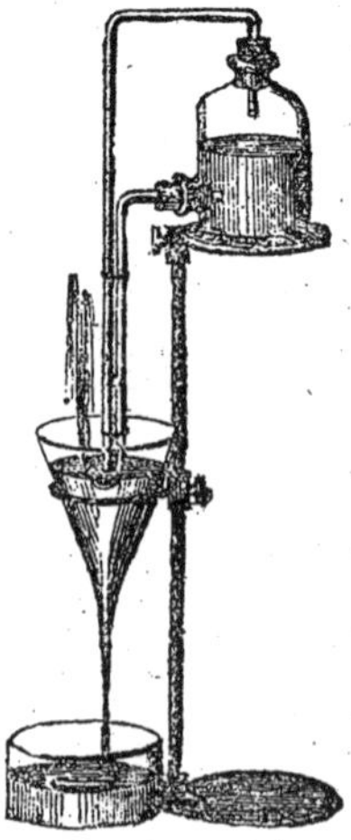

第三十六圖

其水流之速上玻璃管愈細則噴水愈高全器價銀十六圓銅六圓

水輪○水輪之制有三水由輪上冲動者曰上冲輪由輪下冲動者曰下冲輪由輪中腰冲動者曰中冲輪如第三十七圖爲水輪小樣便於學者明其用法各件以馬口鐵爲之外敷綠色油上有大水桶盛水若干由下槽放出冲動水輪頁板則推輪轉動此爲下冲輪水過長槽由口瀉下冲動次輪水斗亦令轉動此爲上冲輪如將水桶移下放水對次輪中腰冲之輪亦轉動卽謂之中冲輪二輪徑各八寸半全件連箱共價銀三十一圓銅六圓

第三十八圖爲亞基米得螺絲龍以玻璃爲之易顯水在螺絲內自上行之勢外有柄搖轉之水能循螺紋上升其價銀二十一圓此器之法在西國行之最古乃希臘格致名家所創用於埃及起水之工今已廢而不用

第三十七圖

第三十八圖

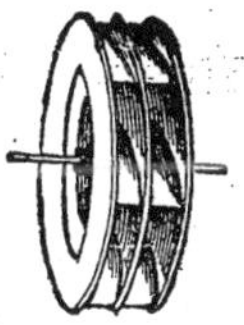
第四十圖

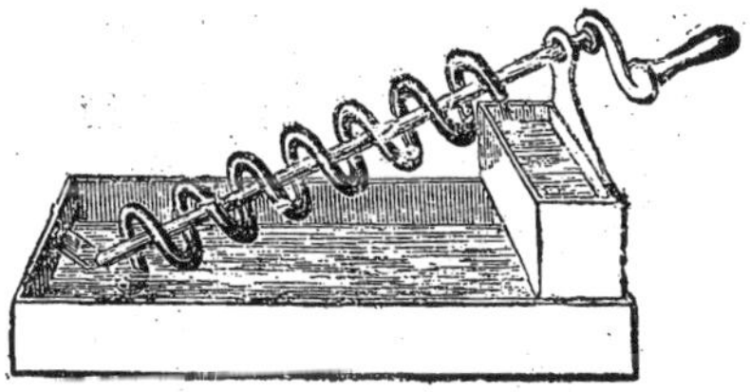
第三十九圖

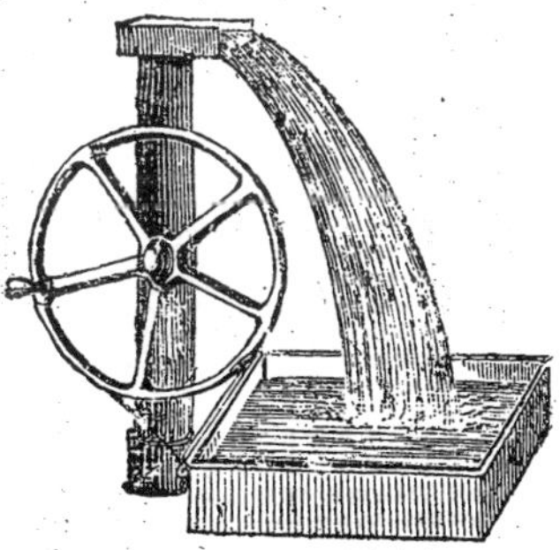

第三十九圖爲離心力起水筒內有小輪如第四十圖徑一寸又八分寸之五其立筒有搖柄與飛輪搖之則水起上甚多此爲起水最廉之法全器價金四圓另有起水輪多種因其小樣難造故不備其圖說

總說〇水學一門乃格致粗學其事易明其理易解其法易試其器亦簡而不繁學者觀之固覺奇趣推而行之更有裨於實用如壓水櫃之法能起之重極大凡他法不能勝任者此法能勝之西國有以壓水法移遷房屋者地下加壓水櫃房中一切不動且人皆動作如常而房屋竟依然移進三四尺其力之大可想見矣

格致釋器　第六部　氣學器

總引〇氣學各器以抽氣筒爲要前在化學器內已釋其常用者數種如雙筒抽氣筒雙行抽氣筒三筒抽氣筒大抽氣筒小抽氣筒等是也各有圖有說詳其用法價値故此處不必重譯復列惟化學器內所未經列入之氣學各器茲補備圖說以公同好

第一圖

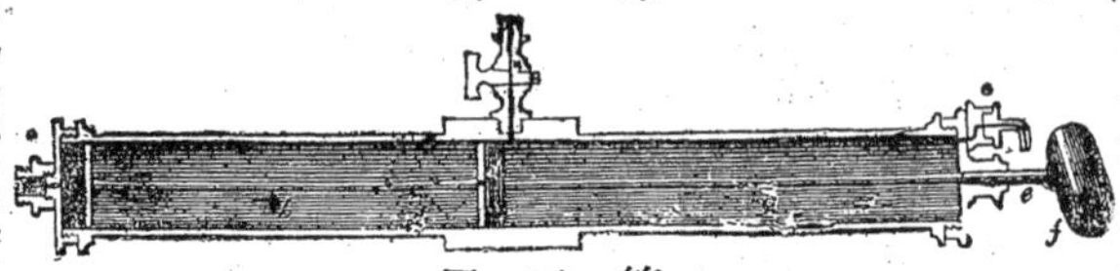

第二圖

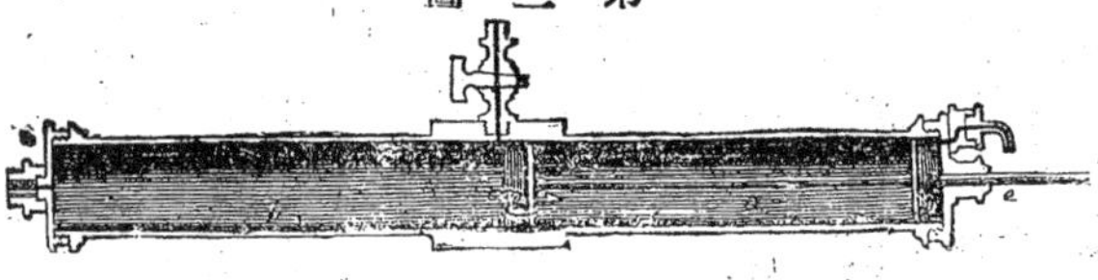

第三圖

第四圖

第五圖

第六圖

前釋雙行抽氣筒其鞲鞴行動法並氣出入法尙未解明茲備圖顯之如第一第二圖爲其剖面式筒內有雙鞲鞴推進時如第一圖式左鞲鞴直至筒後端推左邊之氣由後端中門散出筒中之孔有氣從玻璃罩吸入筒右邊抽之則右鞲鞴直至筒前端如第二圖式抽空氣由前端上小門散出罩內空氣復吸入筒右邊如此一抽一推均有空氣散出罩內易成眞空此法抽氣其力大於他法能於三百立方寸罩內六十度熱時抽七十五次令水凝冰筒內用油爲滑料最爲靈便或連於他抽氣筒以作末次之工亦可第三圖爲抽氣筒玻璃罩內掛物之鉤與銅盤徑四寸價銀五圓

第四圖爲玻璃罩上用之黃銅盤中有壓蓋與長桿能起落下有鉤可連可拆價銀十二圓用法見第三十圖

第五圖爲夾器能於罩內水下夾住植物之葉或花或果品蘿蔔等體抽氣出時可見其植物放空氣甚多其價銀二圓銅六圓用法見第二十一圖器下有重座能令植物不上浮

第六圖爲玻璃罩內試之象皮毬乃空心者壓出其內空氣大半封密之上下二罩內各置一枚先開中塞門抽出空氣則二毬自漲待漲至徑一寸半則閉中塞門再抽下罩內空氣則其毬更漲大至四五寸徑再開中塞門則上毬驟漲下毬忽縮此可顯抽出氣之多寡其罩與塞門價銀五圓

第七圖爲雙罩銅盤各盤下有塞門通於平管平管下有立管與塞門此法可試二罩空氣抽出或相等或一多一少任意更換銅盤與塞門價銀四十圓

一類　試空氣重與阻力之器

空氣爲有重有積之物其積可量其重亦可稱如第八圖爲稱空氣之玻璃球體最薄上有黃銅塞門及螺絲可旋於抽氣筒又有鈎可掛於天平桿能容氣五十立方寸先開塞門含滿空氣細稱之後抽出空氣再細稱之則知空氣五十立方寸共重若干他種氣質亦可同法稱之其器價銀七圓銅六圓

第七圖

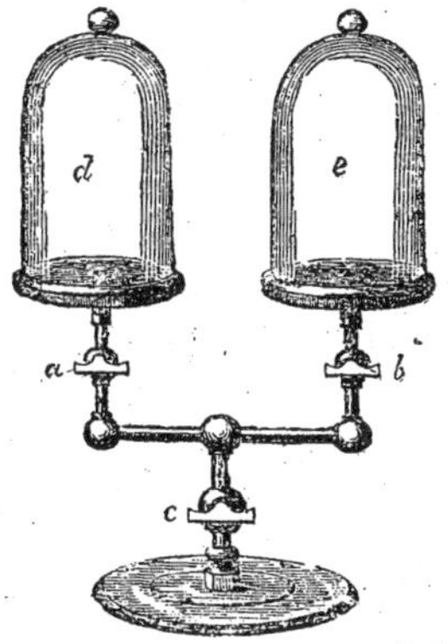

第八圖

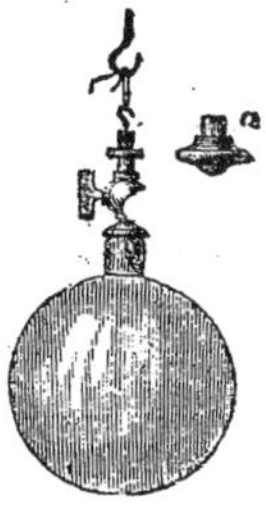

第九圖

第十圖

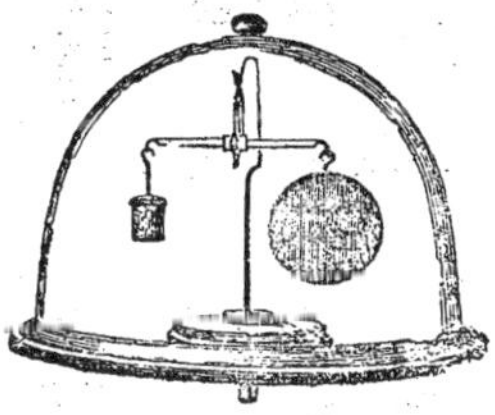

第十一圖

第九圖爲試氣紙筒長七寸徑五寸一端有底一端爲口上下各連繩以便掛於天平鈎先倒懸其筒細稱之再於口下開輕氣瓶令輕氣升滿筒內則天平升高再正掛其筒令口向上稱準後以炭養二氣傾入則天平降低因炭養二氣更重於空氣故也是用此器能顯輕氣更輕於空氣炭養二氣更重於空氣也其價銅六圓

第十圖爲抽氣筒用之小天平一邊掛碼一邊掛輭木球在空氣內左右正平置玻璃罩內抽出空氣則木球反重於碼而平低下因其體大在空氣內受其上壓之力亦大即畧有浮於空氣之意抽去空氣則不受其浮托之力而顯更重之勢置空氣內則左右仍平此理與體在水內權之比在空氣內更輕者同也其價銀六圓玻璃罩不在內

第十一圖爲水槌可顯水在眞空內落下力大與定質相似造法將玻璃管先盛水若干抽出空氣封密之手執倒之水落發響若槌擊物之聲如忽倒之出力稍過水落過急則能衝破管底分大小數號長七寸者價銀一圓銅六圓長九寸者銀二圓長十二寸者銀二圓銅六圓

第十二圖爲彎管水槌一端有銅塞門可連於抽氣筒任抽出其內空氣若干而後放進空氣能試數種趣事

如各分圖其價連塞門銀二圓銅六圓第十三圖爲叉管水槌價銀二圓銅六圓

第十四圖爲抽氣筒高玻璃罩可試眞空內錢毛並落之理罩上有銅蓋與桿等置錢與翎毛各一有空氣時放之其錢先墜至底毛則緩緩落下抽出空氣放之則錢與毛同時齊落一並至底因無空氣阻力故毛能與錢齊落也黃銅蓋價銀十八圓罩價外計

第十二圖

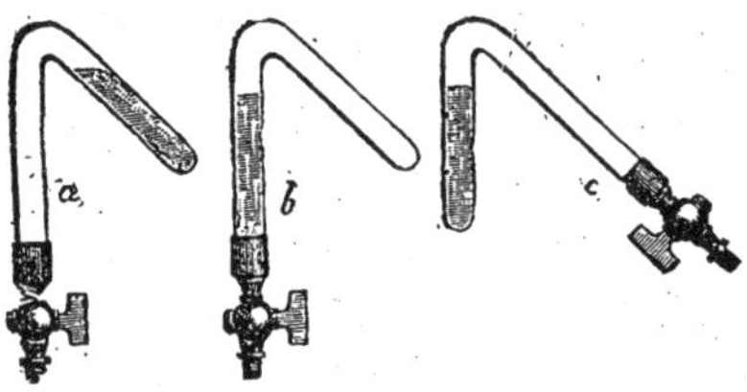

第十三圖

第十四圖

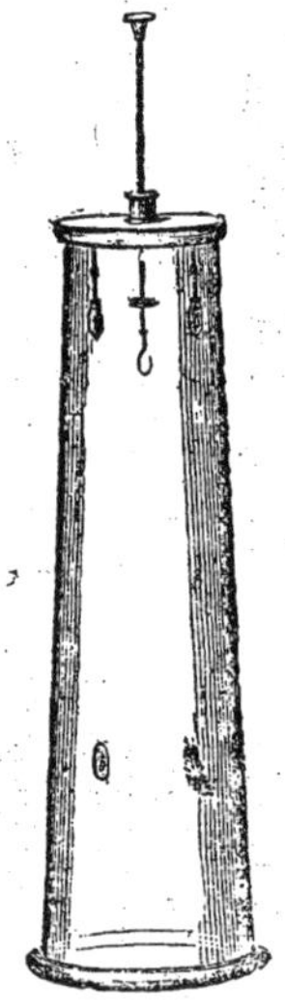

第十五圖

第十五圖爲長玻璃管亦爲試錢毛並落之用其高四尺至五尺徑一寸又四分寸之一管兩端密鑲黃銅套下套有塞門可連於抽氣筒抽出管內空氣因管長更易顯錢毛並落之理其價銀十五圓

第十六圖

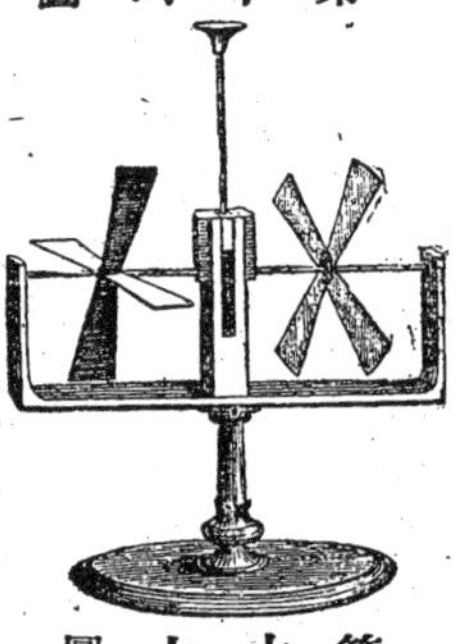

第十七圖

第十六圖爲二小風車一車之頁平置一車之頁側置上有桿提之則二車轉在空氣內平頁者先停側頁者久轉置玻璃罩內抽出空氣令轉則轉時相等因不受空氣阻力也其價銀三十六圓

以上爲試空氣重與阻力最顯然之法觀之生趣學之易明而試之亦易驗然必有特設之器方能演試合法

二類　試空氣漲力之器

由緊密而自鬆疏者謂之漲力空氣之漲力有數法可顯之如第十七圖爲玻璃泡盛水若干倒置於玻璃筒內上有空氣少許共置玻璃罩下抽出空氣則泡內空氣自漲而壓其水流出筒內罩內再進空氣則筒內水

受壓由泡管上入泡內與先時同其價銀二圓

第十八圖爲高玻璃筒盛水將滿下托空座以便空氣出入復以空玻璃泡倒置筒內外覆長玻璃罩抽出空氣則泡內空氣漲出水面復進空氣則水壓入泡管因其罩高比前法更易顯明其理

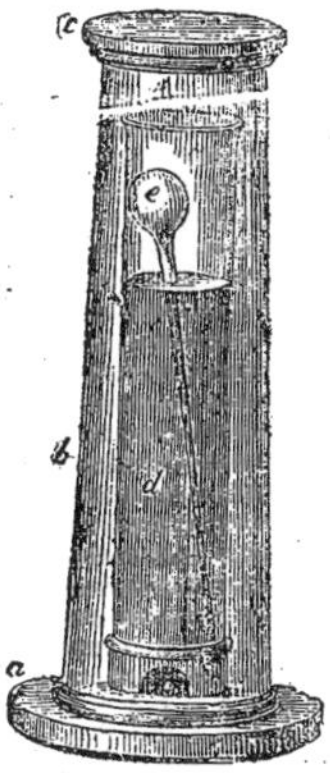
第十八圖

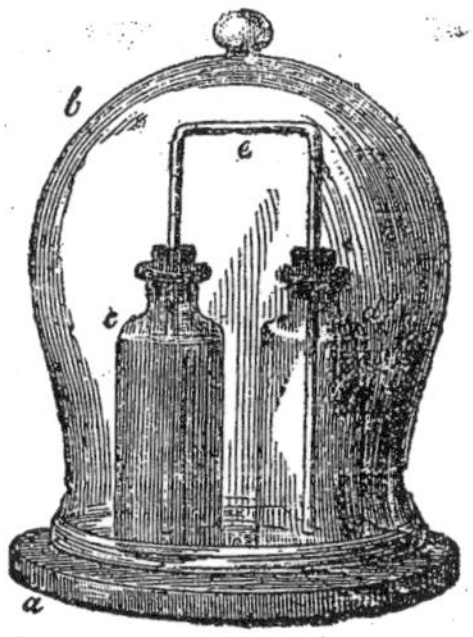
第十九圖

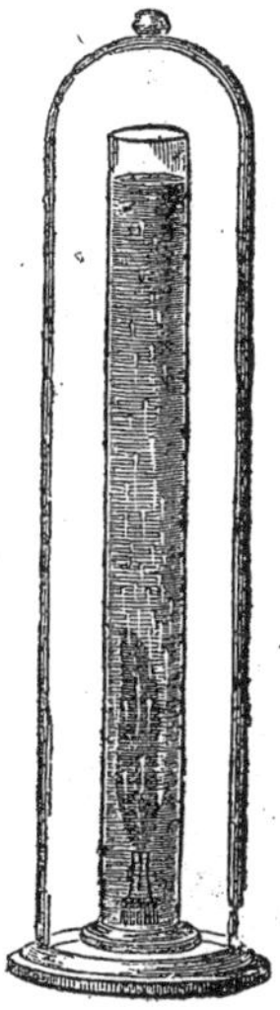
第二十一圖

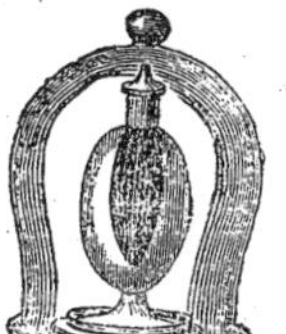
第二十圖

第二十二圖

第二十三圖

第十九圖爲水氣換瓶之法用二小玻璃瓶以彎管通入二瓶左瓶盛水略滿右爲空瓶左瓶之口塞之緊密覆以玻璃罩抽出空氣則左瓶內之空氣自漲壓水由管過入右瓶進氣則水仍回左瓶二瓶價銀一圓銅六圓

第二十圖爲顯肺呼吸之理以小膀胱連於玻璃球內上口密鑲黃銅蓋中留小孔以通外氣惟球內之氣與外空氣不通置罩內抽出空氣則球內氣漲壓膀胱使縮進氣則膀胱自漲如此能顯人肺呼吸之勢如稍開抽氣筒之進氣門而緩緩抽氣則每動一次抽出若干空氣膀胱即縮停抽則漲如此漲縮幾與人肺呼吸同其遲速其價銀五圓玻璃罩另計

第二十一圖爲試水等放氣之法以高玻璃筒盛水將滿置罩內抽出空氣則水內放氣成多小泡顯水有發沸之狀如將花草等葉以第五圖之夾器夾之置於筒底抽出空氣其葉亦發多氣泡甚美觀其筒高十六寸徑四寸以上等玻璃爲之價銀八圓罩徑六寸高二十寸銀二十五圓以同法可將輭木或酒或雞蛋或枯煤或乾果等罩其水內觀其發氣泡或漲縮等事甚趣雅

第二十二圖爲燭台置玻璃罩內燃其燭抽出空氣則燭漸熄亦可用爲置果等之架其價銀三圓

第二十三圖爲通口玻璃罩置抽氣筒上以蘋果安其上口轉數次令入黃銅利口不洩氣抽之則蘋果漸收

入罩內成圓錐形其器價銀三圓

第二十四圖爲顯空氣凹凸力之法用一膀胱內稍含氣緊縛其口掛於玻璃罩內抽出空氣則膀胱自漲進空氣則膀胱縮膀胱須用新者否則臭壞

第二十五圖爲顯空氣漲力之象皮毬大小二個內含空氣少許置罩內抽出空氣則彼此漸漲爭而上升至

第二十四圖

第二十五圖

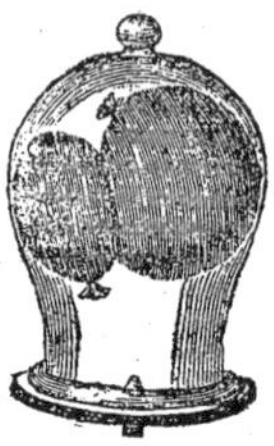

第二十六圖

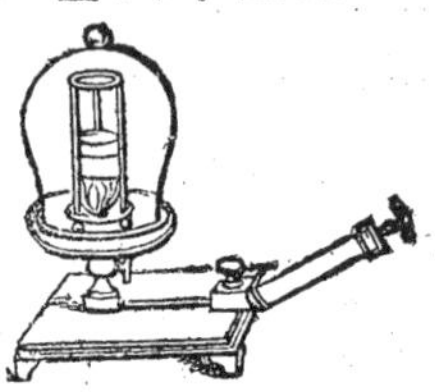

第二十七圖

第二十八圖

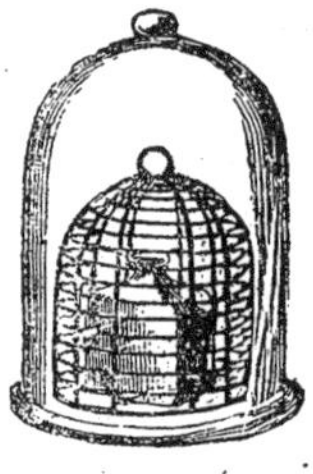

第二十九圖

罩最寬之處則相擠而停二毬價銀一圓

第二十六圖爲小抽氣筒試空氣漲力之法以小膀胱稍存氣縛其口置架內上加法碼覆罩內抽出空氣則膀胱漲而托碼上升其小號者徑二寸半價銀八圓大號者如第二十七圖徑三寸半價銀十六圓或以象皮泡爲之亦可

第三十圖

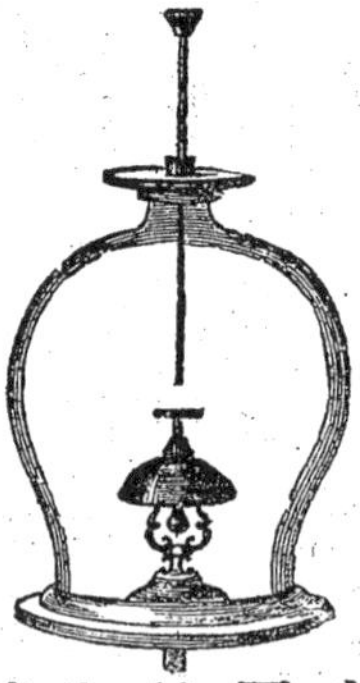

第二十八圖爲玻璃瓶顯空氣漲力之法用方薄玻璃瓶口塞密封以火漆令內氣不洩外罩鐵絲籠共置玻璃罩內抽出空氣則瓶內氣漸漲至瓶爆裂成多小塊爲籠收攏以免擊碎玻璃罩

第二十九圖爲試眞空不傳聲之鐘其足以毡爲之以免傳聲在空氣內擊之其聲能聞置罩內抽出空氣則擊而不聞聲此鐘令響須將抽氣筒與玻璃罩一並搖之頗覺費事不若下圖法之便

第三十圖亦爲眞空內試驗之鐘較上圖者更便能從罩上以桿擊其鐘響抽氣之後雖擊不聞因聲賴空氣以傳無空氣則不能傳其聲也初抽空氣之時聲尙可聞愈抽則空氣愈稀而聲愈細以至不聞

三類　試空氣壓力之器

空氣下壓之力甚大尋常不甚顯出欲試驗之須藉器具數種如第三十一圖爲水銀過木之法用木杯底有鬆長木一條杯內盛水銀置玻璃罩蓋上長木入罩內下承高玻璃筒抽出罩內空氣則杯內水銀被外空氣下壓即透過長木而落於筒內滴滴分墜有似乎雨其價銀七圓銅六圓

第三十二圖爲空氣過木之法亦用木杯底連籐條通入罩中水筒內抽出空氣則外氣下壓透入水中起多小泡亦甚趣觀其價銀七圓銅六圓

第三十一圖

第三十二圖

第三十三圖

第三十四圖

第三十五圖

第三十八圖

第三十七圖

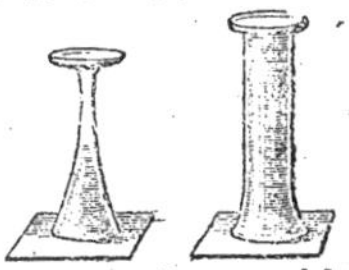

第三十六圖

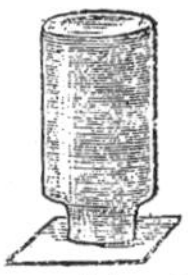

第三十三圖爲手掌試空氣壓力之法用兩端通之小玻璃罩置抽氣筒銅盤上小口向上以手掌蓋之少抽空氣則手爲外空氣所壓甚難脫下必稍進氣入罩手始能起如多抽空氣則手被壓甚痛人將不堪其罩價銀一圓銅六圓

第三十四圖爲膀胱皮試空氣壓力之法將玻璃罩大口緊縛以膀胱皮乾之如鼓置銅盤上抽出空氣則膀胱皮受外空氣壓力甚大頃之則壓裂而發大聲若爆竹然如皮未能全乾則試不甚驗試此事時必閉抽氣筒上水銀表之門否恐忽裂而進空氣易於衝壞其罩爲球形價銀三圓

第三十五圖爲顯空氣壓力筒以馬口鐵爲之高十寸徑四寸半內盛水少許用煤氣燈或酒燈加熱令沸至空氣全逐出則密塞之置大盆內忽澆冷水其外則鐵筒立縮因內成有真空不能當外空氣之壓力也如置玻璃罩內抽出空氣則筒能復原其價銀一圓銅六圓

第三十六圖爲顯空氣向上之壓力瓶其口磨極平盛滿水蓋以硬紙手扶而速倒之則水不流出置几上亦不洩水因空氣有向上之壓力托之也瓶高六寸徑三寸價銀一圓

第三十七圖爲試空氣向上壓力杯用法同上高三寸價銀一圓

第三十八圖爲試空氣向上壓力筒價銅九圓

第三十九圖爲馬口鐵瓶亦試空氣向上壓力之器瓶底有多小孔瓶口有一小孔執瓶置水中上孔開之則水能滿瓶內指按上口取起水亦不洩惟上指一開則水下瀉如雨此器之理與化學用之滴管理同又與水學器第四圖之漏斗及第六圖之水壺理亦同其價銀二圓

第三十九圖

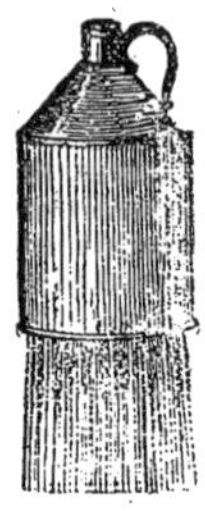

第四十圖

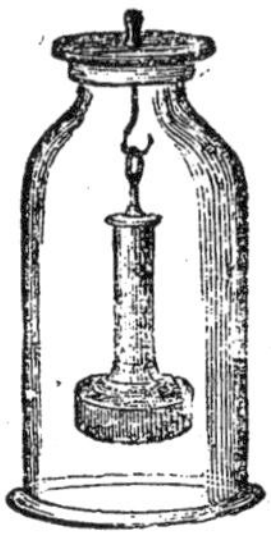

第四十一圖

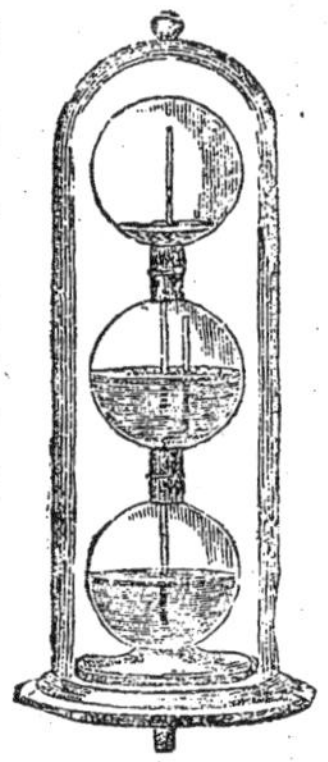

第四十二圖

第四十三圖

第四十圖爲氣筒試空氣向上壓力之法氣筒下連鉛錘抽起鞲鞴掛之在空氣內筒能自縮上雖有鉛錘亦能縮上因筒內成眞空而外受空氣壓力也如掛於玻璃罩內抽出空氣則筒漸能墜下墜下之數與眞空相配罩內進氣則筒與錘仍能縮上其價銀十圓

第四十一圖爲玻璃球試空氣壓力法用三球以螺接相連通以細玻璃管下球盛有色之水將滿中球旁有小孔近於上口便於空氣出入置玻璃罩內抽出空氣則下球內空氣自漲壓其水由細管上升入中球罩內進氣能由中球小孔入內壓其水若干升至上球再抽氣下球之水仍能升至中球進氣中球之水復能升至上球此爲試空氣壓力最雅之法試畢各件分拆傾出其水以免生鏽其價銀十六圓罩高二十寸徑六寸價銀二十五圓

第四十二圖爲壓空氣取火筒以黃銅爲之其鞲鞴底有凹置火絨少許插入筒口驟擊入而出之則火絨已燃因鞲鞴驟入壓緊空氣能生熱也熱極則生火而燃火絨其理本屬熱學其器價銀四圓

第四十三圖亦爲壓空氣取火之筒用與前同惟以玻璃爲筒

第四十四圖爲浮瓷人試空氣凹凸力之法用玻璃筒高十二寸徑三寸內盛水將滿將小鬼形或人形魚鳥船等形者頂有小玻璃泡或瓷泡內含空氣下體配其輕重適宜故能浮於水面置筒水內筒口縛以薄象皮

外以手掌加壓力則水面之空氣壓於水面而水壓入小人體內由小孔入頂泡內壓其空氣之積減小則人體重於水因而下沉手放則減壓力人體即輕而上浮如加壓力時過長則進泡內之水過多而體過重即不能浮上必取出以酒燈烘之逼出其過多之水再置水內須慎其泡不爲火烘裂又法將玻璃筒置罩內稍抽空氣則其泡內之氣自漲而壓出其水若干人仍能浮起此法顯出之理甚多從知空氣爲體質能壓緊能自

第四十四圖

第四十五圖

第四十六圖

第四十七圖

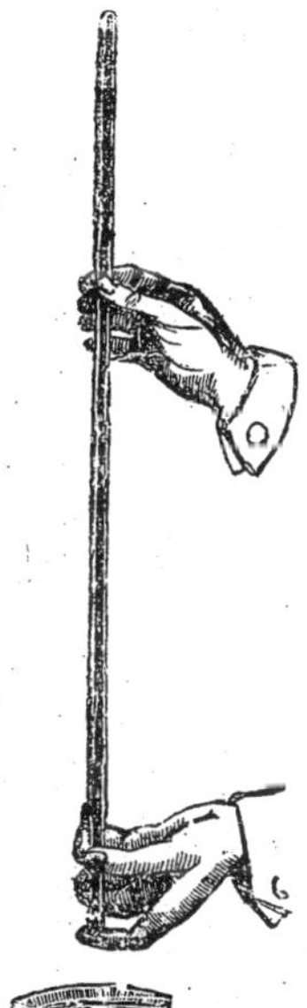

第四十八圖

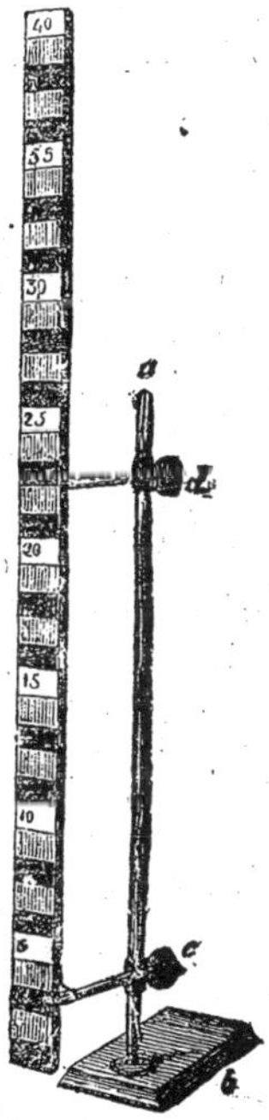

第四十九圖

漲能較水輕能周圍各向顯壓力且壓力與水之深有比例等理是也小人等以色玻璃爲之小者價銅九圓大者價銀二圓

第四十五圖爲眞空球乃二半吻合口車極準合之極嚴各有一環便人牽拉下半另有塞門二半合緊置抽氣筒上抽出內氣關閉塞門一人大力牽之亦不能開二大力者對牽勉強能開其小者如開塞門放進空氣提之自開推算其皮積以十二乘之則易知其能懸之重簡便法將外徑自乘復乘十二則得二半球應需之牽力球分二號一鐵者一黃銅者大號鐵者外徑四寸半價銀八圓黃銅者價銀三十五圓如抽出內氣後再掛罩內抽出空氣

則能自開

第四十六圖爲泳氣鐘小樣以玻璃爲之內有小人上有進氣筒與鏈下入水內常進空氣則鐘內水不得入人能呼吸其價銀二十一圓另加玻璃筒高十八寸徑五寸價銀八圓銅六圓

四類　測空氣壓力之器

測量空氣之壓力器有數種常用者以水銀風雨表爲要法用有底長玻璃管灌滿水銀以指按嚴管口倒置水銀盆內如第四十七圖則管內水銀必落下若干計管長三十三寸水銀落下畧三寸則管內水銀柱高三十寸常用之管內徑略八分寸之三共容水銀一磅又四分磅之一

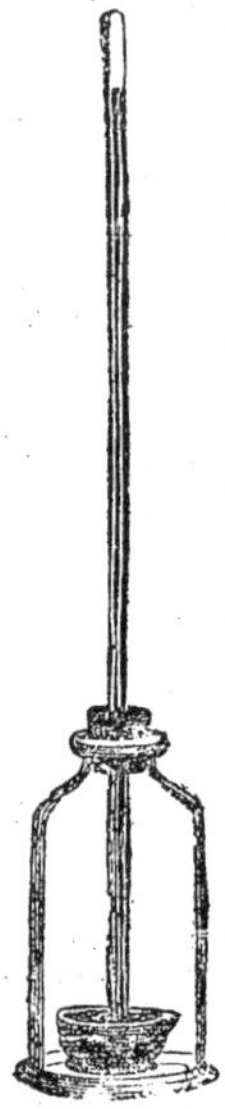
第五十圖

第五十一圖

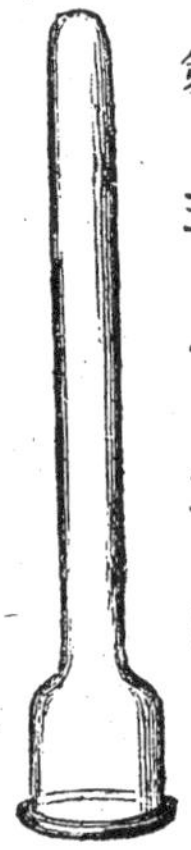
第五十二圖

第四十八圖爲長尺便於量風雨表水銀柱之高令學徒遠處能見之連於鐵架上共價銀七圓

第四十九圖爲水銀彎管一端有泡能容水銀若干其水銀柱之上端與泡內水銀面之立距即爲當時空氣之壓力

第五十圖爲試空氣壓水銀入管之法將風雨表長管插入玻璃罩口通至水銀盆面上管本空抽出空氣令管與罩內成眞空再將管推下入於水銀盆內後漸進氣入罩則壓水銀上升入管眞空愈眞則水銀上升愈高如眞爲眞空水銀應高至三十寸惟難得若此精之抽氣筒尋常者每差一二寸

第五十一圖爲試水銀風雨表全賴空氣壓力之法用大口瓶盛水銀若干口塞輭木內插盛水銀之管與風雨表同管口入水銀內外套以第五十二圖之長玻璃罩抽出空氣則管內水銀漸落至抽空氣盡則管內不存水銀後再漸進空氣則水銀漸升入管與空氣壓力相抵至罩內空氣已滿則管中水銀仍高如前即三十寸

第五十三圖爲顯空氣壓力加倍而體積減半之法用長管面刻分度配三十二寸管徑略半寸短管刻分度顯立方積共二十分二管通入鐵座座內有空膛相通上分圖爲螺絲起子用此起子開二管之螺絲驗其皮墊圈有無錯誤再旋緊螺絲關其塞門而開短管頂之螺套用小漏斗傾水銀至二十度處在長管亦有相等之高再將螺套旋緊則短管內有空氣二十分受一倍空氣壓力再將水銀傾入長管至三十寸之處則短管之空氣必縮至十度即其空氣二十分受一倍空氣壓力再加一倍水銀壓力則變爲十分而體積已減半矣所需水銀略二磅半如水銀內有氣泡可用牙針或細木條插入令空氣散出其器價銀十八圓

第五十三圖

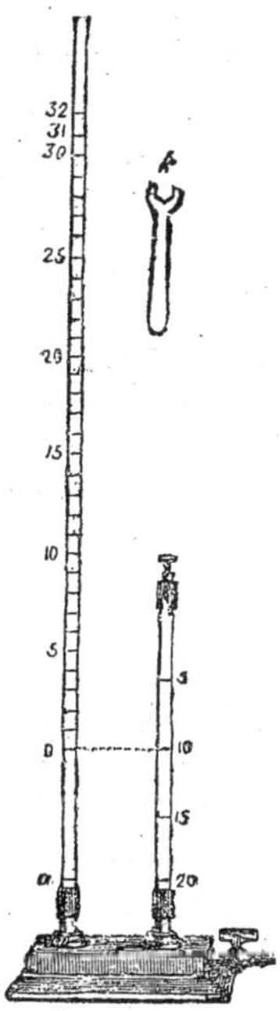

第五十四圖爲顯空氣壓力減半而體積加倍之法即與前法相反之器亦用玻璃管下連鐵座傾水銀入管離口略二寸再用細管面刻分度開其上塞門插入大管之水銀內令第一分與水銀面等高則閉其塞門管內空氣有一倍空氣壓力再將細管提起令水銀面與第二號等高即配內管十五寸高之處可見細管內空氣漲大之體積加有一倍而空氣壓力小至十五寸高是已減半矣其器價銀十二圓

第五十四圖

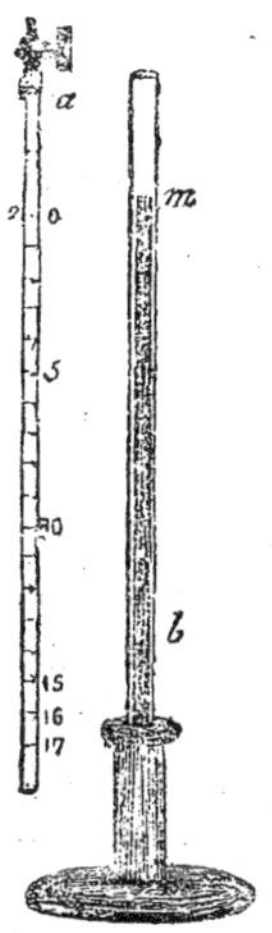

第五十五圖

第五十六圖

第五十五圖爲兩端通之高玻璃罩可試鐵毛並落之用小者價銀五圓大而上等料者價銀二十一圓

第五十六圖爲圓頂高玻璃罩價銀二十一圓

凡抽氣筒所用玻璃罩爲氣學內最要之器欲購者必先攷其形性明其用法否則易於致誤玻璃罩口宜有摺邊口磨須極平準罩徑之寬應連摺邊共計高則由底至內頂中計算罩摺邊切於銅盤之面常厚三分寸

之一至半寸則罩口內徑比摺邊外徑應小三分寸之二至一寸故量抽氣筒銅盤之徑即可知應配罩徑之寬如第六圖之銅盤徑七寸其罩外徑七寸即可用或用徑更小者亦可惟罩外徑大於七寸雖多僅四分寸之一亦不合用抽氣筒合用之玻璃罩以寬爲要而高或大或小不甚有碍能容所罩之體足矣惟愈矮愈佳蓋抽氣之工可省也如用硫强水盆令水凝冰則罩須最矮抽氣不久即易成冰又如第二十九第三十圖試鐘在真空不發聲其罩以大爲要如試抽氣筒與多學徒同觀則罩內之器離罩頂宜頗遠否則罩有射光耀目難顯見罩內之情形再有一事凡攷氣學者以玻璃罩爲貴器易損壞且占地大故以罩小爲要故須細觀

以上各圖並化學器內與抽氣筒相關之圖可擇合宜之罩數種以便公用

罩之玻璃料分有數種茲所言者皆硬玻璃非火石玻璃其上等者爲德國波希米亞極細玻璃所製次等者亦以德國硬玻璃爲之惟稍帶綠色或他色間或有泡在內然無論上等次等者俱退火而耐用

以上各氣學器之外尚有應需之器多種不便全備圖式印列惟照上所有者並化學器內所列者已足爲學徒攷究氣學之用矣凡此各玻璃器並各學所用玻璃器其尺寸乃爲略數不能甚準因造玻璃器其工不易凡十器內難免有數器稍大稍小一二分故用器如以準尺寸爲要購時宜先言明定需之尺寸則可擇其合宜者又玻璃價常有漲落如西一千八百七十二年與七十三年之間玻璃價漲加百分之十五後亦常有漲落故此所言之價亦爲略數至所言金銀銅各數乃英國之錢計銀一圓合銅十二圓金一圓合銀二十圓合銅二百四十圓按英銀三圓奇合鷹洋一元四圓奇合華銀一兩此就現在行市而言然亦常有漲落故所言各價亦爲略數

本年彙編內所釋格致器具計共三部一爲重學器一爲水學器一爲氣學器俱英國倫敦格致器行家名里分招牌書內擇譯者此行專辦大小各學堂須備用教格致學之器具材料前所釋化學器具亦此行招牌書內擇出者另有電學礦學顆粒學火學熱學光學聲學各門器具圖說由西國各大名行家著出擬於明年陸續譯出印公同好

以上重學器水學器氣學器三種凡一百九十四圖共成二十二頁現另訂本出售每本取洋一角五分不欲購全彙編者專買此本可也

格致釋器　第七部　照像器

本舘歷輯格致彙編列有格致釋器已印成者計凡六部一曰測候器二曰化學器三曰重學器四五曰水學器六曰氣學器各有圖有說開列詳明茲仍釋器之目續譯格致之圖印諸彙編以公同好惟閱是編者多以照像之事爲要故特備辦器圖一一釋說

近來照像一事盛行於中外各國率以乾片法代昔之濕片乾片者以膠料藥水預敷於玻玻片乾而備用也隨時携挈取用甚便今其用漸廣可當文雅開心之事並可賴以謀生然藉以取樂者反多於照像爲生者每年所造器具更加靈便乾片藥料亦更速而足恃不致有費時費料之事且新得照像法之各益甚多鏡箱〇照像器內以鏡箱爲首要照鏡次之而暗匣紅燈顯影盤與快門等法亦所當論前譯照像乾片法附及照像釋器數則因有說無圖閱者難明茲特另辦照像器圖一副專爲釋列以便採擇然欲習照像者雖有錢可買鏡與箱及乾片等藉以習練猶有銀錢不能買者照像法也如徒有器而無法則一生僅爲初學不能入奧若已明其法而能詳慎用其各器則必能入妙入神出人頭地

是編之輯原非論照像法之源流亦非詳其藥料之化學所釋器件藥料之製不問所以之理所述用法價値不期咬文嚼字意以順爲明辭以簡爲尙雅俗共賞一覽而知

凡欲購辦照像器料一副須預籌所需之大小後諒所有購備全器用自合當事亦應手計照像之大小恆依乾片之尺寸分若干號數茲將常用各號尺寸分言如左

乾片長寬各三寸又四分寸之一者爲影戲燈片長四寸又四分寸之一寬三寸又四分寸之一者謂之四分片華謂之四寸片長五寸寬四寸者爲美國乾片之尺寸英國不多用華謂之五寸片長六寸半寬四寸又四分寸之三者謂之半片華謂之六寸片長七寸半寬五寸者爲美國照山水等常用之尺寸華謂之七寸片長八寸半寬六寸半者謂之全片華謂之八寸片能照大山水人物等像此外另有長十寸寬八寸長十二寸寬十寸長十五寸寬十二寸長十八寸寬十六寸長三十寸寬二十四寸各片不甚常用

凡欲購辦照像整副器具須細斟酌若何尺寸最爲便用又凡大尺寸之鏡箱可備木框以用小片然不可貪廉買取大號器具勉用小號乾片蓋特買小號精器其益更大又凡配全副器具必依不可少之各件爲度不可多糜銀錢購備不常用之器件常言之照半片者爲公用最好之尺寸初學者辦半片之器用之最妥錢無餘購四分片者亦可錢足用買全片者更佳茲將各式鏡箱一一言之

第一圖

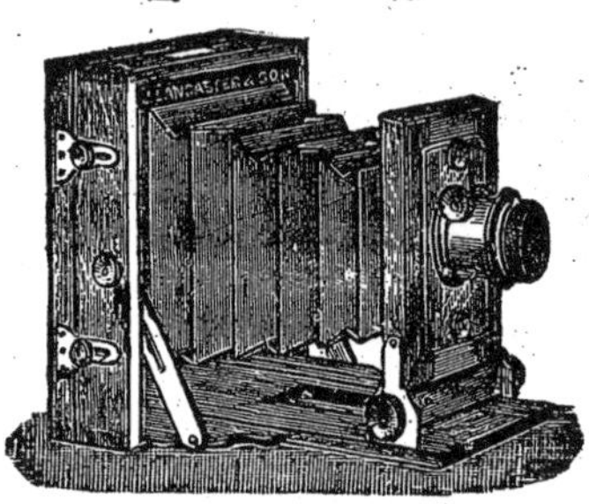

第二圖

第一圖爲廉價鏡箱初學之人最爲合用箱以上等洋紅木爲之鏡亦精良有小齒輪與齒桿法令其進退以配光距箱後毛玻璃框可取出換配暗匣橫置立置均可箱尾爲雙層可拆開引長或令上下仰覆或令左右側動有銅條制之箱前鏡板能上下起落能左右遷移可見此種箱照像前後縱橫各置法均能如意配準使所照人物山水之影各處顯清如照房屋則前板能起落後邊能側動爲不可少否則房屋之邊不能照成垂線而成斜形目視不雅其箱連鏡與三足架雙片暗匣成一副分六號小者照四分片價金一圓銀十一圓銅六圓照半片者金三圓銀三圓全片者金四圓銀十圓大號者照十五寸片金八圓銀十圓另加雙片暗匣四分片者每個銀五圓銅六圓半片者銀十圓銅六圓全片者銀十八圓大號者銀四十圓

另有成副器料有前式鏡箱雙片暗匣鏡與齒桿摺股三足架黃銅架盤乾片十二張顯影水定影水黑象皮盤紅玻璃燈照法西書一本全價四分片者金一圓銀十七圓銅六圓半片者金三圓銀十五圓全片者金五圓銀十圓十五寸者金十一圓銀十一圓此種全副器料有另加銀紙晒框等者計銀紙金水定影水金水盤定影水盤晒框等及用法西書並全副器料共價四分片者金二圓銀二圓半片者金四圓銀五圓銅六圓全片者金六圓銀五圓十二寸片者金十圓銀五

圓

上式照像器具之外另有更廉者價略折三分之一亦齊整可用初學者欲省錢可購用惟製工頗省即箱尾連而不分鏡筒無齒桿進退餘則皆同

第三圖

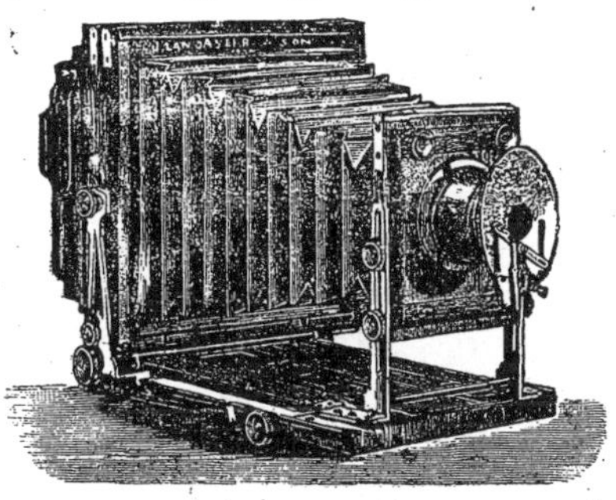

第二圖爲精製鏡箱能照精妙之像如照移動之人物或單人像或多人像或山水房屋機器工程各事鏡力大能速照有快門極靈便鏡筒內有新法活隔簾外有分度表能指隔簾開孔若干大須照若干時乾片可任橫置立置箱尾可分箱腰摺皮爲之極牢固可收幷最薄鏡有齒桿配其光距三足架以洋紅木爲之頂有黃銅盤造此箱之行家已售去二萬一千副爲照像取樂之人最喜用者每副有箱與雙片暗匣上等速照鏡活隔簾三足架等亦分六號小者照四分片價金二圓銀二圓半片者金四圓銀四圓全片者金六圓銀六圓最大者十五寸片金十二圓銀十二圓另可配顯影水定影水象皮盤紅燈晒框銀紙等全副雙片暗匣如一個不敷用可任配多個價依大小而異箱與匣各角欲鑲黃銅價亦酌加

第四圖

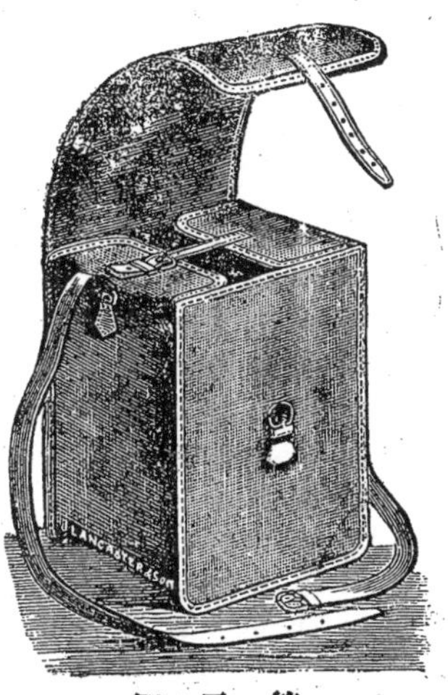

第五圖

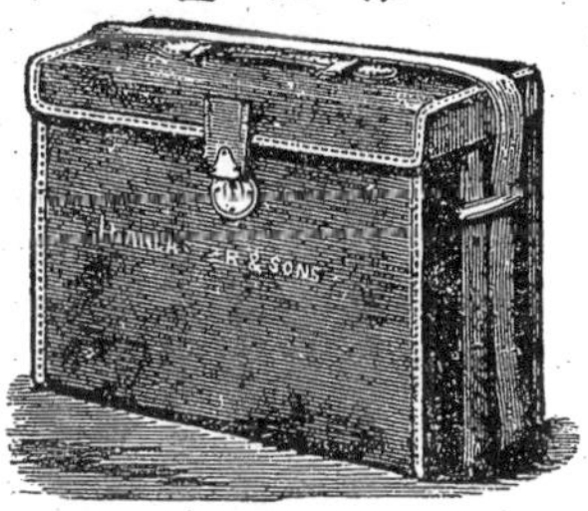

第三圖爲特設鏡箱四柱鑲以磨光銅條前後箱角及各要處亦鑲以銅前後左右皆能側動箱腰能伸甚長摺皮前小後大成方錐式收合能成扁方形鏡亦關其內鏡配上等者有左右動之快門每副有箱與鏡及快門雙片暗匣三足架分六號小者照四分片金二圓銀十圓半片者金五圓全片者金七圓銀十圓大者十五寸片金十三圓

銀十三圓

箱袋〇各式鏡箱收摺成扁方形暗匣等件皆另分置携挈不便可另配箱袋裝盛以便遷動袋有數式或以皮爲之或漆布爲之如第四圖爲漆布裝箱袋不透水口有皮扣可以扣緊另有皮帶可以背負袋分六號容四分片鏡箱者銀五圓半片者銀七圓銅六圓全片者銀十圓十五寸片者銀十七圓銅六圓

第五圖亦爲漆布鏡箱袋格外堅固綠呢爲裏口有銅鎖蓋有提繫兩邊有皮帶能容鏡箱及三暗匣分六號容四分片者銀七圓銅六圓半片者銀十圓銅六圓全片者銀十五圓十五寸片者銀三十圓

第六圖

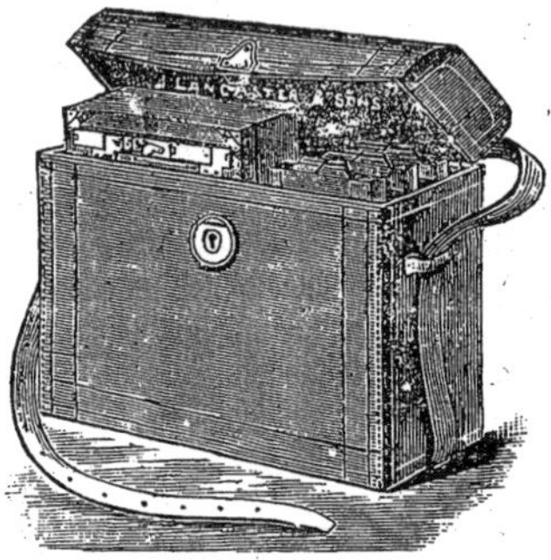

第七圖

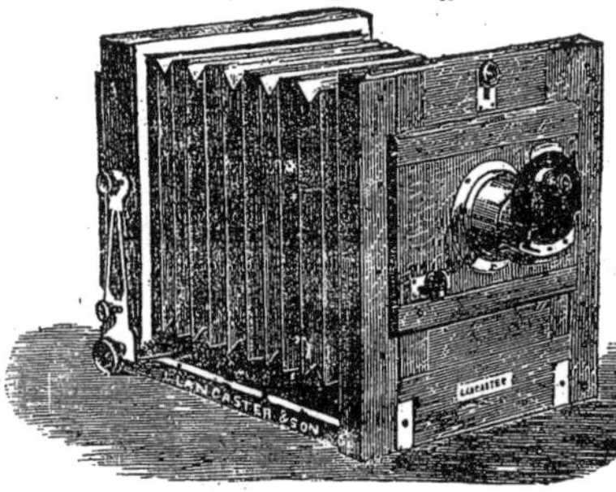

第六圖爲皮箱袋以上等牛皮爲之翦絨爲裏分隔成膛能容鏡箱與三暗匣蓋有皮繫口有鍍鎳鎖另有皮帶便於背負分六號容四分片者銀十七圓銅六圓半片者銀二十五圓全片者銀三十五圓十五寸片者銀五十圓

通方鏡箱〇前各式鏡箱皮腰皆後大前小伸之成截方錐形有不喜其式者故另造前後等大通方鏡箱如第七圖爲新式者最整齊收摺成扁方厚僅二寸伸之能長至乾片長之三倍有螺桿使進退底板二節連以鉸鏈可摺關箱尾置暗匣可任横立鏡有活隔簾與快門筒外有分度指其簾孔收放之大小與光距之比例及應照乾片秒數之比例三足架以洋紅木爲之頂有黃銅盤箱之製分外固凡新而有益之法此箱畢具每副有箱與鏡及快門活簾雙暗匣三足架分八號小者照四分片金二圓銀十圓半片者金五圓全片者金七圓銀十圓十五寸片者金十三圓銀十三圓欲換以上好之鏡價須另加

第八圖爲新式鏡箱皮腰前後等大能伸甚長能收成扁方以齒桿配其光距暗匣出進箱尾極易而省事箱

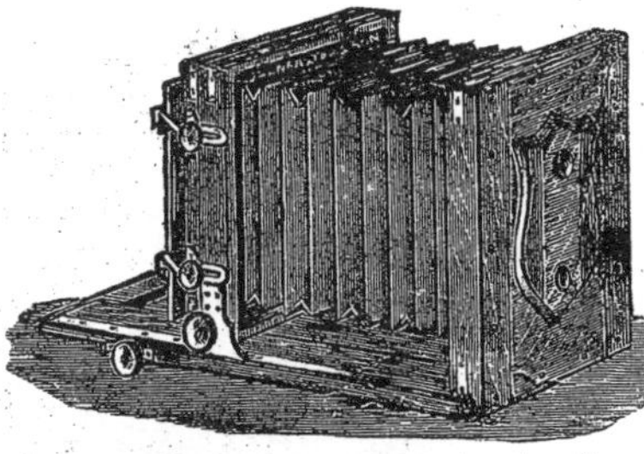
第八圖

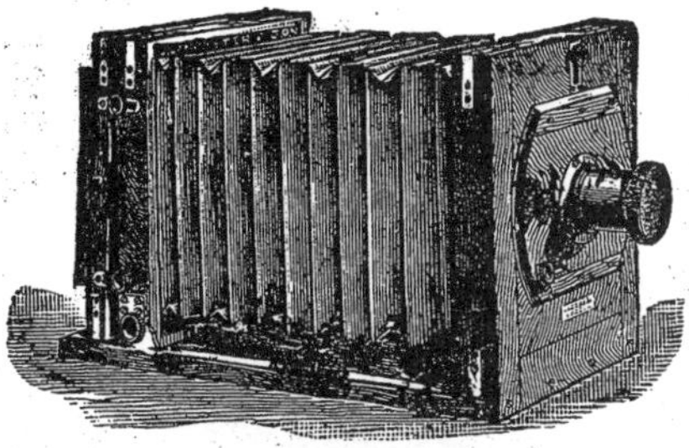
第十圖

第九圖

第十二圖

第十一圖

尾能上下左右側動以就光距如第九圖爲其箱後端之式毛玻璃片有活條連於箱尾開關極易進匣甚便箱之各角及各要處均鑲黃銅使其牢固以箱一暗匣一爲一副鏡與架外計共分六號用四分片者金二圓銀十圓半片者金四圓全片者金五圓十五寸片者金八圓銀八圓

第十圖亦爲新式鏡箱前後等大而通方體輕而堅最易移動有多便用之法各角亦鑲以銅鏡有活簾快門三足架爲上等者分五號照四分片者金四圓半片者金六圓全片者金八圓十二寸片者金十二圓銀十二圓欲換上好鏡與快門價酌加

精新鏡箱○上各鏡箱之外另設有最新最精之鏡箱如第十一圖凡各新善之法利益之事無不畢具以今所能得之工料所及知之照法此箱可稱盡美無以復加矣能伸之長加他箱一半共

分三節卽最小光距之鏡亦可就用其皮腰後框正方向前漸小如用鏡光距小者箱可收短若干如第十二圖收緊之則成扁方如第十三圖收關之法觀第十四圖則易明曉此箱體亦輕雖能伸之甚長收緊亦厚僅

第十三圖

第十四圖

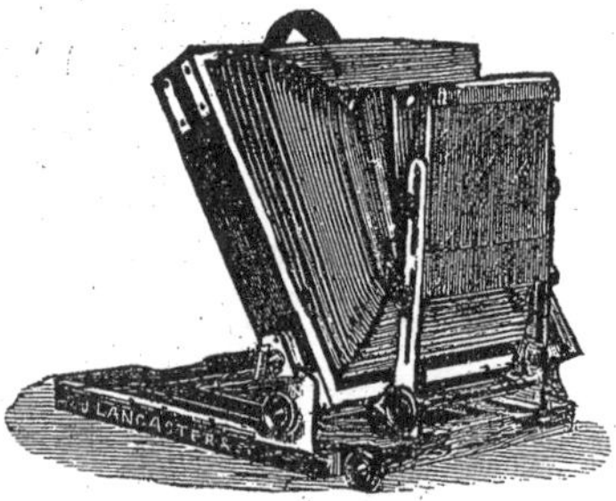

第十五圖

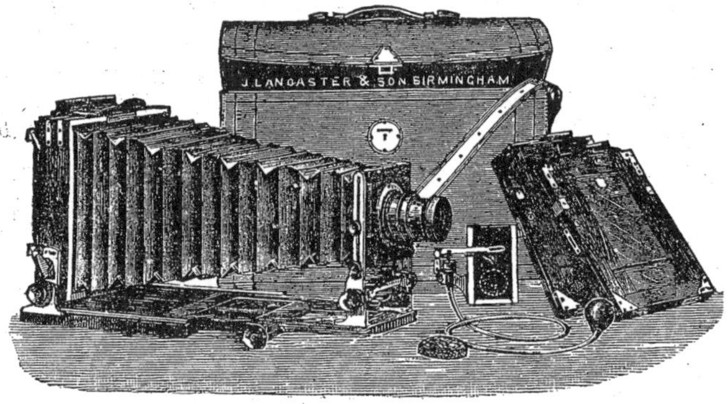

二寸箱尾能前後側動箱前能上下起落左右側動箱匣各角皆鑲黃銅每副一箱連一雙片暗匣分六號用四分片者金二圓銀十圓半片者金四圓全片者金五圓銀五圓十五寸片者金八圓銀十五圓鏡與三足架及外添暗匣等價另加

全套鏡箱〇照像鏡箱各件有配成整套者如第十五圖有精緻鏡箱一各角及要處皆鑲銅條箱底分三節能伸縮另加雙片暗匣二速照鏡一有活簾及新法快門以象皮泡開放另有箱袋可收裝分六號四分片者金四圓銀四圓半片者金六圓銀六圓全片者金八圓銀八圓十五寸片者金十四圓銀十四圓

表式鏡箱〇上各式鏡箱用時俱賴三足架托之用畢收摺均不免佔地頗大不合身邊攜帶必另外成包負挈近西國多喜身邊易帶之照像器具故製器家多設方法期得此益如第十六圖爲表式鏡箱收合時與常式金表大小相同形式相等粗看莫辨最便身邊攜帶表邊有小簧壓之自開有套圈六節伸長爲箱再壓次簧快門啟閉卽照成像無論一人多人山水房屋均可入照其乾片長二寸寬一寸半每

表式鏡箱配三暗匣價銀三十一圓銅六圓另配暗匣每個銀一圓銅六圓乾片每十二張一包銀半圓另有更小者照片長一寸半寬一寸配一暗匣銀二十一圓

最新鏡箱○另有最新式之鏡箱爲上年新製相配各件皆具新法極精雅美善如第十七圖其式與前各箱頗有不同配光距有粗細二螺桿前鏡板能上下起落左右移動箱尾能上下左右側動凡他鏡箱能成之事此箱無不能之照像者無論欲配如何光距皆能如意使照像上下左右應得或遠或近之光距俱能配之每

第十六圖

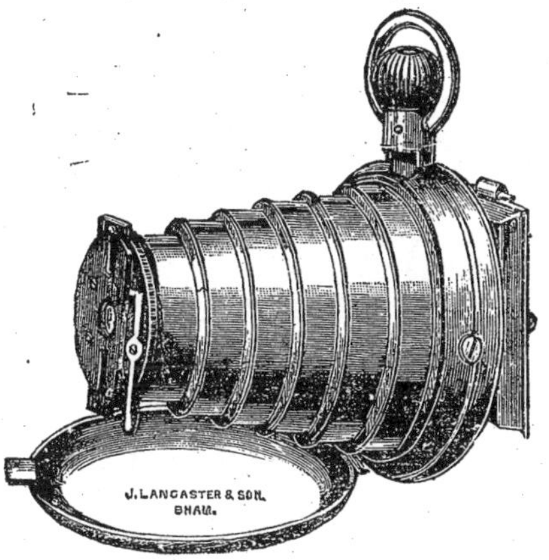

第十七圖

第十八圖

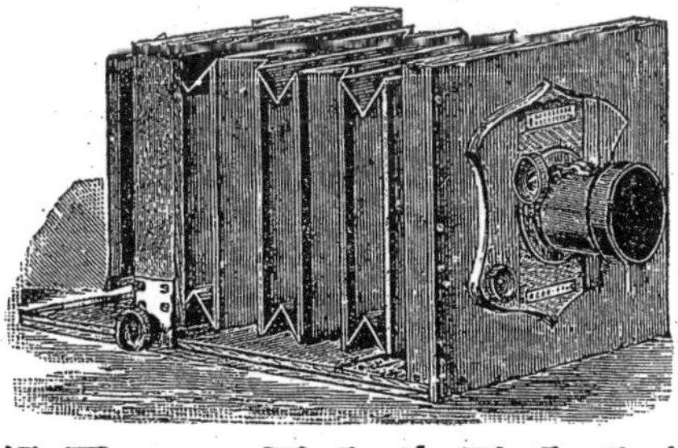

箱附一暗匣分有六號四分片者金二圓銀十圓半片者金四圓全片者金五圓銀五圓十五寸片者金八圓銀十五圓

婦女鏡箱○照像之工本爲趣雅之事婦女輩亦可習以爲玩所用之鏡箱以輕靈精雅爲妙如第十八圖爲婦女常用之鏡箱體輕而整齊易裝立備用各件簡便雖堅亦輕最易遷動箱尾能容橫置立置之乾片照一人或多人或山水房屋等均可三足架分三節如第十九圖收折甚短易成小包每副有箱與鏡與暗匣三足架分三號小者照四分片金一圓銀十五圓中號照半片金三圓大號照全片金四圓銀五圓

全副照像器○平常欲自習照像之人多不知自配全副器具與藥料故造照像器家特備大小全副以便初

第十九圖

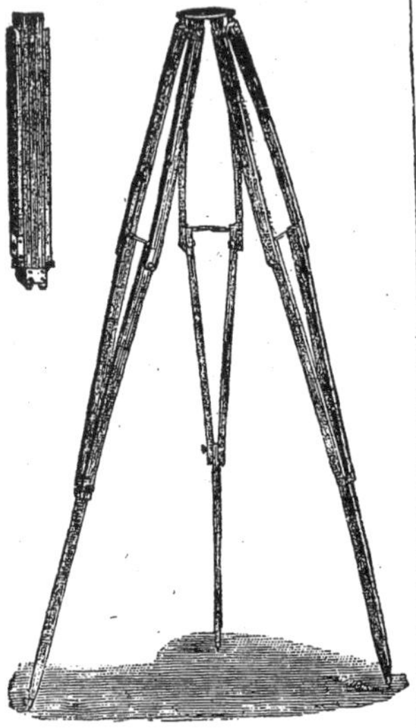

第二十一圖

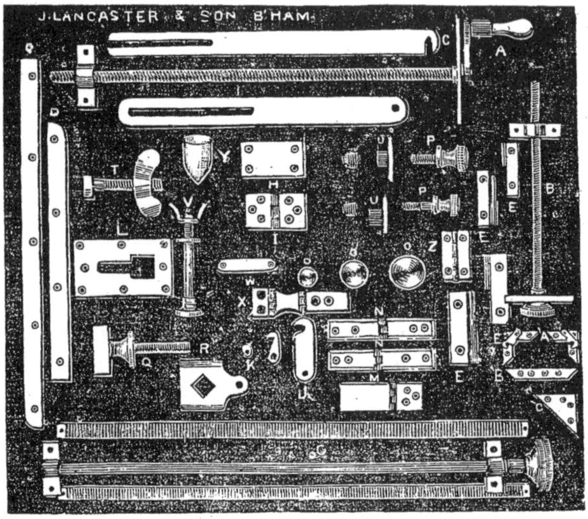

第二十圖

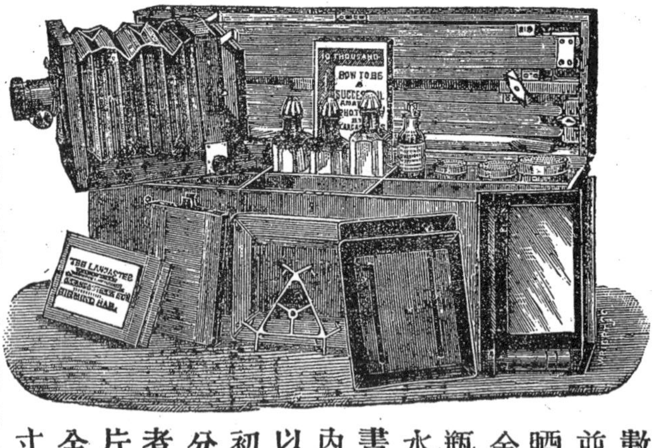

學購取如第二十圖每副有鏡箱以洋紅木爲之前後等方收之成扁方形箱尾能容橫置立置之片箱前配上等鏡其三足架分三節裝於木箱之蓋內另備應需之藥料數種及暗匣與乾片並可摺之紅玻璃燈晒框等又銀紙若干金水一瓶定顯水一瓶顯影盤定影盤金水盤等又西文照像書一本全裝於木箱內箱面磨光上漆配以鎖鑰此全副足爲初學起手照像之用分有五號照四分片者金二圓銀十圓半片者金四圓銀四圓全片者金六圓十二寸片者金九圓此全副價極廉收藏之亦甚便特爲初學小資本者之用

鏡箱零件〇以上各式鏡箱並一暗匣皆可分售購者可另配鏡與三足架等件間有照像之地以爲本處木工價

廉由遠處購辦鏡箱水陸脚價太貴不如零買鏡箱所配黃銅各件就地倩木工配製成箱費用可省故特備鏡箱應用各件以便沽取如第二十一圖爲常用鏡箱所配黃銅各件均可零折各有定價亦分六號惟因價目繁瑣逐細開載未免多佔紙幅故不詳及欲購辦者可指明本圖某件照何尺寸鏡箱所需致信購取照發不誤或所用鏡箱某件損壞欲配補之亦比本處特造價當更廉

照像藥料〇照像所常用之藥料西藥肆中常有售者價亦略定前於照像乾片法已譯其大概茲不重及另有成副藥料裝於箱內並所需各器件價亦不貴

照像乾片〇乾片常分三種一爲常速者裝以藍盒一爲加速者裝以紅盒或裝以黑盒一爲極速者裝以黃盒爲特造者每十二片爲一包即一盒俗名一打其尺寸分大小七號常速者四分片每包銀一圓銅三圓半片每包銀三圓全片每包銀五圓銅六圓十五寸片每包銀十六圓加速者四分片每包銀一圓銅六圓半片每包銀三圓銅六圓全片每包銀六圓銅六圓十七寸片每包銀十七圓極速者價更貴晒像銀紙如不欲自做亦可買其現成者價不甚貴

象皮盤〇照像所用之顯影定影各盤前多以白瓷爲之因體過重不便携帶且易撞損擊壞故今多用象皮者色黑亮美觀體輕堅便用常用者分三號即四分片半片全片者亦有更大者容四分片者每個銅九圓半片者銀一圓銅六圓全片者銀二圓銅六圓大號者價更貴

第二十二圖

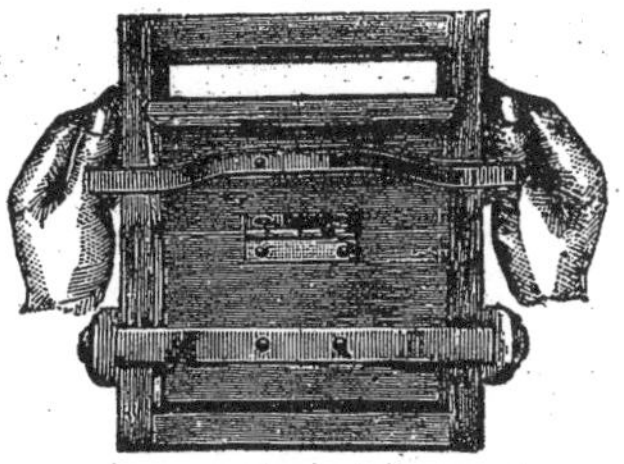

第二十三圖

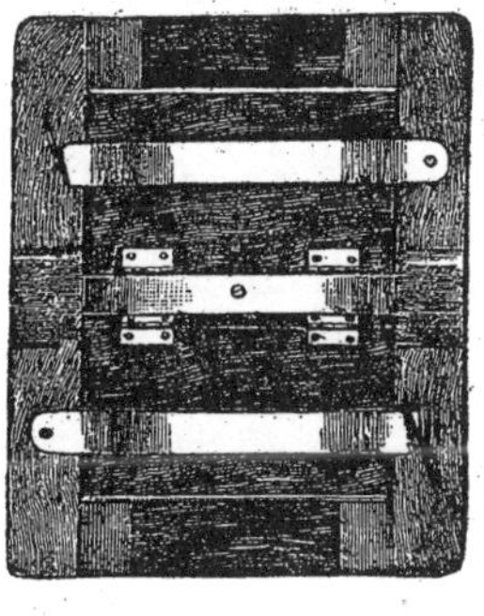

第二十四圖

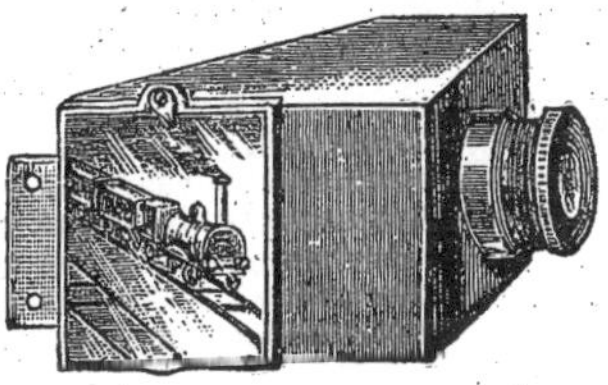

晒框〇晒印紙像所用之器謂之晒框俗名晒槅其式有數種如第二十二圖爲新式晒框凡六號分上次兩等容四分片上等者銅九圓次等者銅六圓半片上等者銀一圓銅六圓次等者銀一圓全片上等者銀二圓

銅三圓次等者銀一圓銅六圓十五寸片上等者銀五圓銅三圓次等者銀四圓

第二十三圖爲三節晒框背板有三處加壓力同時可揭看像之兩邊而紙不致走動分六號四分片者銀一圓銅六圓半片者銀二圓銅三圓全片者銀三圓銅六圓十五寸片者銀七圓銅六圓

觀影匣○照像時用快門速照活動之物轉瞬之間每難知其物影何時正對乾片中心欲悉其恰合之時可於鏡箱之旁特備一小匣如第二十四圖名曰觀影匣有金類匣外鍍金色甚美觀前有照鏡內有平面回光鏡側置成四十五度之角一邊有毛玻璃片物影入鏡由回光鏡返影於毛玻璃片匣邊有二孔連於鏡箱之旁或其頂上如有汽車從遠駛來直行如飛其影照入毛玻璃片之正中大箱內之影亦在乾片正中此時手握象皮泡一壓快門立即啟閉而得飛行之汽車像如照跑馬或行人飛鳥或奔馳之馬車疾駛之輪船及一切活動之像均須附以此種小匣得其影正在乾片合宜之處其器價銀五圓

第二十五圖

點像架○照成人像之片其膠皮間有小疵者或面貌過黑晒出則不雅觀即其人面目本有疵瑕照像顯出亦自觀不悅如面麻者眼歪者或口鼻有斑痕者面目有愁色者幼年顯老紋者雖照像俱必畢肖而觀者自不喜見眞吾照像家必設法修整補其所憾法以鉛筆或毛筆點改面貌使像美觀惟其工必極細視其像必最明須用一架如第二十五圖名曰點像架架中有明玻璃片照片置此上下有回光鏡映照片之像甚明上及兩旁有遮光板以阻外光混目對像片以鉛筆點之則過黑之處可以變白多紋之處可改無紋架分五號容四分片者銀五圓半片者銀七圓銅六圓全片者銀十圓銅六圓十二寸片者銀二十一圓

縮放箱○常有照成之小像欲放大者亦有照成之大像欲縮小者或本人離照像處甚遠不便再照欲將已照者或縮或放或翻照之或本人已故留有遺像親友欲放縮其像以存之或遊覽者帶小號鏡箱照得名勝

小片携同欲放大之均有法爲之所用之器如第二十六圖另備一箱式同鏡箱與常鏡箱合用則不獨能放大縮小各像猶能翻成等大之像俱以伸縮二箱之大小配之照影戲燈所用之片亦以此器爲之如第二十七圖所照之陰紋片能翻照成陽紋之片其箱分十一號放四分片者銀十圓銅六圓半片者銀十五圓全片者金一圓銀一圓十五寸片者金二圓三十六寸片者金八圓銀八圓

第二十七圖

第二十九圖

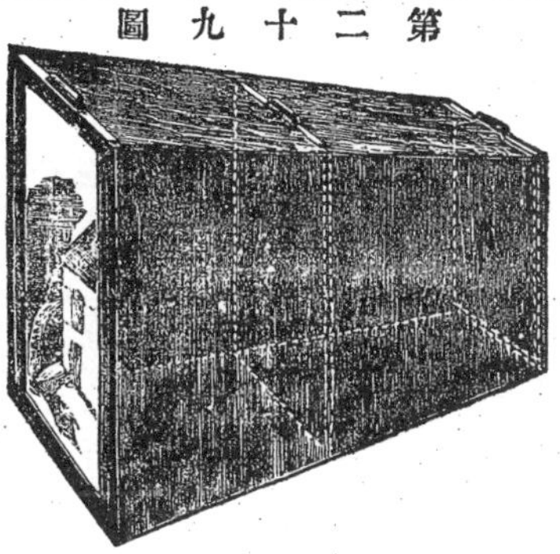

第二十六圖

第二十八圖

第二十八圖爲專照影戲燈片之雙鏡箱又能將各像或畫放之任大或縮之任小容四分片者價銀二十一圓更大號者須另配一大套節如第二十九圖無論若何大之像片均可縮小成影戲燈片此套節分五號半片者銀三圓全片者銀四圓十五寸片者銀七圓半第三十圖亦爲放像雙鏡箱前板可拆開連以鏡當常照像鏡箱之用每副有雙鏡箱一暗匣一照鏡其暗匣不但可盛乾片猶能裝銀溴晒像紙分六號小者容全片銀三十五圓大者容二十四寸片銀一百二十六圓

鎂光燈〇平常照像多賴日光陰天或夜中皆不能照近來設有二法無論日夜皆能照像一用電光一用鎂光電光之器機件甚繁此不及詳鎂光法最便用燒鎂發光計有二法一用鎂粉二分配以鉀養綠養$_5$一分

輕和勻置紙上燒之忽發白光足照屋內人物之像間有用酒燈以法散鎂粉於其火內亦發大亮足爲照像一用法在燈籠內燒以鎂條如第三十一圖法鎂條每兩銀三圓每碼銅二圓燈籠價銀三圓銅六圓

第三十圖

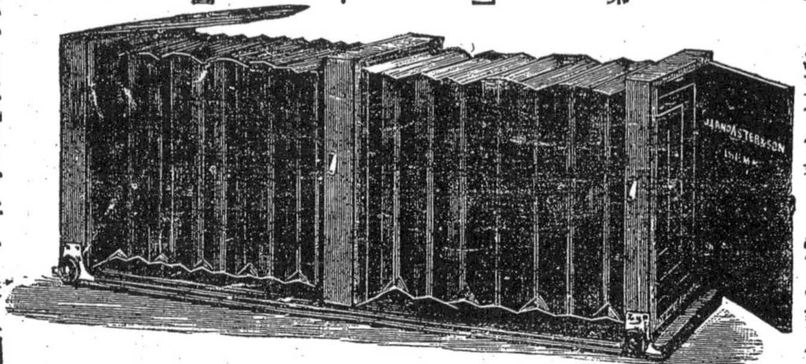

洗像盆〇凡照成之像片顯影定影之後須以多水洗之現有新法洗像盆如第三十二圖盆內敷白漆外上黑漆另配二架每架能容乾片二十六片架置盆內下有活動之管上有漏斗由漏斗時添以水則其管運轉不息盆旁有放水管能放餘水可見此盆常有進出之水盆內之水常自流動片內所含定影藥粉卽鈉養硫二養二能全消去而洗淨之令片之影永不退滅如不消淨鈉養硫二養二則像易退而歸無用故照像家必設法令像片洗透以存永久晒印紙像定影之後亦必用此種器漂洗盡淨以免退色此盆分三號四分片者銀五圓半片者銀七圓銅六圓全片者銀十圓銅六圓

第三十一圖

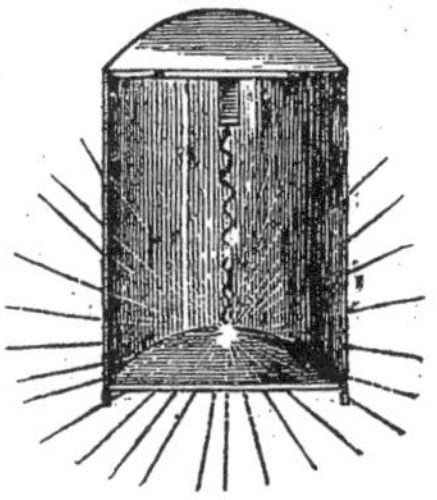

第三十三圖

第三十二圖

軋像輪〇晒印之像定影之後漂淨晾乾裱於厚紙欲其光亮須以法壓光用磨光之鋼軋輪如第三十三圖像置其間軋過之卽顯光亮其器分三號軋四分片者銀十圓銅六圓半片者銀十五圓全片者銀二十一圓

釋器內所言金銀銅之價乃英國之錢計英金一圓又名一磅略合華銀五兩合鷹洋六元半英銀一圓西名喜令略合華銀二錢五分而三圓略合鷹洋一元英銅一圓西名辦士略合華銀二分有奇從此略數可自推各器之值不致大懸殊也

第三十四圖

鏡箱夾○近來照像者多有喜用脚踏車遊行鄉野遇好山水景緻以小鏡箱照其像因特設脚踏車上合用之鏡箱與夾器如第三十四圖鏡箱連於車輪之邊藉輪爲架即可照像連於輪邊所用之夾如第三十五圖無論何種脚踏車俱可以此夾連夾分六號四分片者銀五圓半片者銀七圓銅六圓全片者銀十圓十五寸片者銀十五圓另有更便用之夾器如第三十六圖有活節能令箱任意側動對何方向又能起落高低亦分大小六號夾四分片鏡箱者銀七圓銅六圓半片者銀十圓銅六圓全片者銀十五圓十五寸片者銀三十圓

第三十五圖

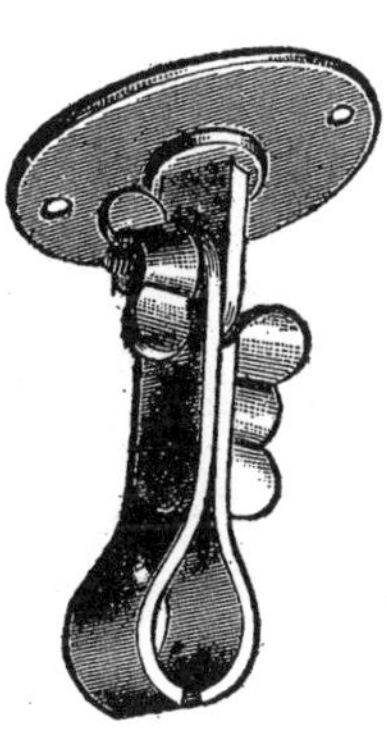

第三十六圖

照像鏡○照像一事最要者爲鏡購者必詳愼選擇方不致誤凡他器物造假頗難眞贋易辨惟照像鏡最易混目優劣莫分外行之人多不知分辨之法茲故言其大畧以便檢閱

致合用之鏡有四要事一其玻璃料須全明淨毫不可帶色二鏡面內不可有浪形之線三凡單層鏡其內面必爲凹形四鏡之套圈必配甚準令其視軸毫無差誤此四事均有便法辨之如下　一事欲辨玻璃料有色與否法將其鏡置於雪白紙上視其顯有何色如質全明則毫無色或微帶以色尙屬可用凡帶綠色或黃色者均必棄而不用　二事將鏡離目十寸對光細審

有否浪形之線有者棄之　三事持單鏡反視內面爲凹爲平一看易辨如尚疑心可將直尺切於鏡面向光望之凹者自有光隙可睹　四事將鏡由筒旋開觀其背面所顯回光之影平轉其鏡回光影毫不移位者爲準如影行曲線式則知套圈配合不準

英美二國各有專造照像鏡之廠家四遠馳名工料固精價值亦貴因其價值不獨計以工料尤括以廠家名譽居價大半惟本書所釋各照像鏡價雖甚廉而鏡仍佳與他家貴價之鏡難判低昂畧十年內此廠所造之鏡大小不下七萬五千餘具售諸各方大爲得用各鏡皆以上好玻璃爲之每造一鏡必詳細審察凡有小疵者皆不發售

第三十七圖

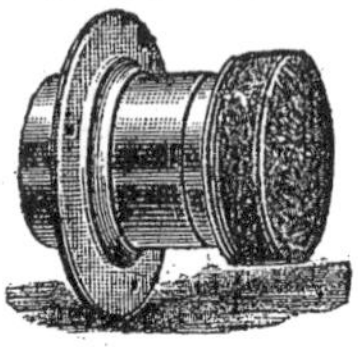

第三十八圖

第三十九圖

山水鏡〇如第三十七圖爲照山水合用之鏡有銅筒能進退以配光距鏡背面凹形自心至邊同得清晰底有螺盤口有皮蓋分大小六號小者照四分片光距五寸價銀五圓照半片者光距九寸價銀十圓全片者光距十二寸價銀十五圓大號照十五寸片光距二十四寸價銀三十圓

如第三十八圖亦爲照山水鏡較前更精筒有齒桿齒輪配光距甚便底有螺盤口有皮蓋亦分六號照四分片者銀七圓銅六圓半片者銀十五圓全片者銀二十二圓銅六圓十五寸者銀四十五圓

速照鏡〇如第三十九圖爲新法速照正形鏡可照多人或一人之像房內露天均可用之內配活隔簾開大可照人像收小可照山水房屋外有分度表能顯簾孔開之大小與相配應照之秒數分大小六號照四分片者鏡徑一寸又八分寸之一光距五寸價銀四十圓半片者鏡徑一寸又八分寸之三光距八寸半銀四十圓全片者鏡徑一寸又四分寸之三光距十一寸半銀八十圓大者照十五寸片鏡徑二寸又八分寸之五光距二十四寸銀一百四十圓

大角度鏡〇如第四十圖爲大角度正形鏡用照房屋或機器等物可置之甚相近內有前後二鏡如單用後鏡或單用前鏡則照物可更遠亦配活隔簾與分度表共分大小八號小者照四分片合鏡光距三寸又四分寸之一後鏡光距七寸銀三十圓半片者合距五寸後距十寸半銀四十二圓全片者合距六寸半後距十四寸銀五十圓大者照二十二寸片合距十七寸後距三十五寸銀一百圓

第四十圖

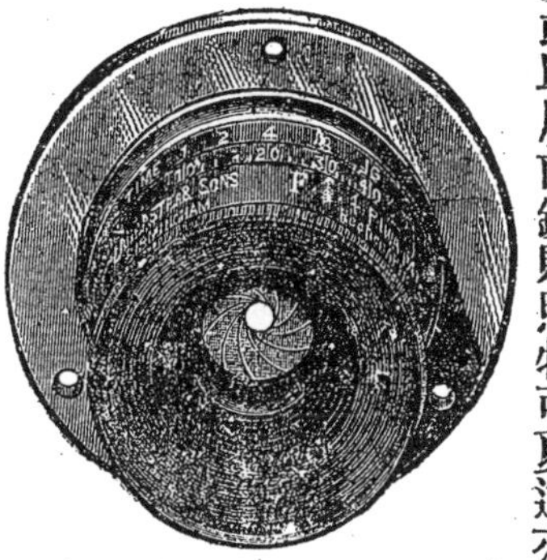

第四十一圖

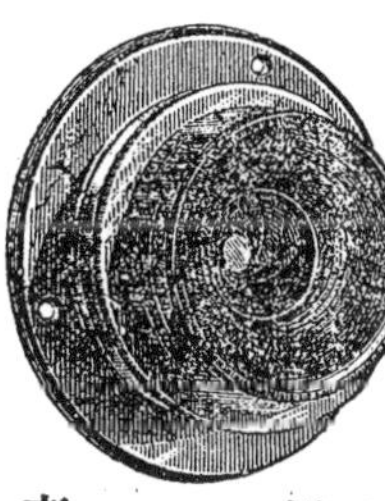

新法鏡〇如第四十一圖爲新法大角度鏡有前後二層可合用或單用亦有活隔簾與分度表分六號小者照四分片合鏡光距三寸又四分寸之一前鏡光距五寸後鏡光距九寸銀三十圓半片者合距四寸又四分寸之三前距八寸後距十二寸銀四十二圓全片者合距六寸半前距十寸後距十八寸銀五十圓大者照十五寸片合距十寸前距十六寸後距三十寸銀一百十一圓

第四十二圖

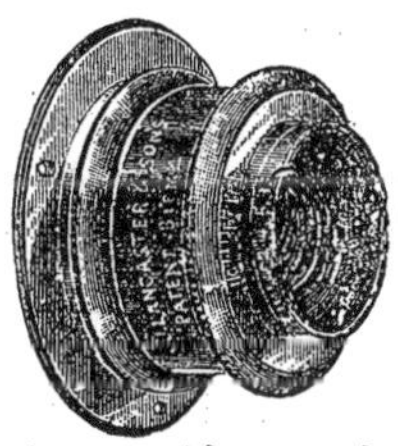

小角度鏡〇如第四十二圖爲小角度鏡能從遠處照像最清分有五號四分片者光距八寸銀十二圓銅六圓半片者光距十二寸銀二十一圓全片者光距十八寸銀三十圓十二寸片者光距二十四寸銀五十圓皆配以活隔簾與分度表

第四十三圖

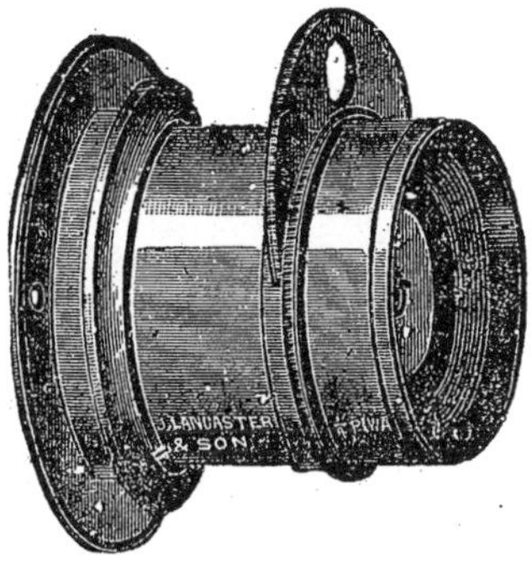

最大角度鏡〇凡照物體之像如不能遠離或欲照物體本尺寸之像須用最大角度之鏡此鏡如第四十三圖不用活隔簾乃用轉動之隔簾板有大小四孔分五號四分片者光距四寸銀十圓銅六圓半片者光距六寸半銀十五圓全片者光距八寸半銀二十一圓十二寸片者光距十二寸銀三十圓

跑馬鏡○跑馬鏡卽速照鏡也因其能照馬跑之速故俗名跑馬鏡如第四十四圖其鏡內亦配活隔簾外有分度表配其簾孔之大小外記宜照之秒數照人像山水房屋俱合用另配快門如第四十五圖能啓閉任何速共分六號四分片者光距五寸銀二十一圓半片者光距八寸半銀三十圓全片者光距十一寸銀四十二圓十五寸片者光距二十一寸銀八十四圓如單購此快門四分片者銀五圓半片者銀七圓銅六圓全片者銀十圓十二寸片者銀十五圓

第四十四圖

第四十五圖

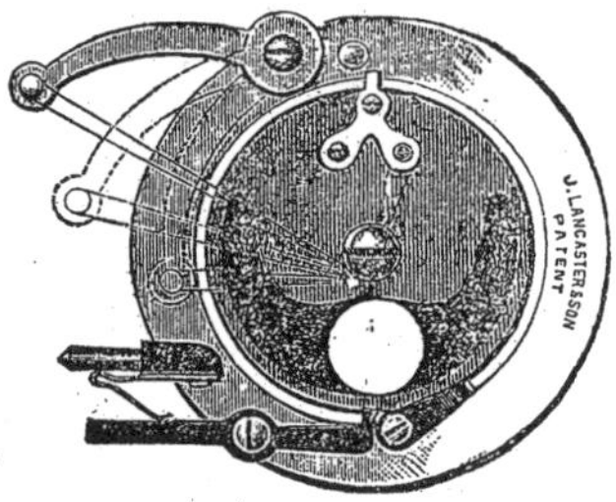

以上爲英國一廠家所常售之鏡另有特式多種不及備載凡造配鏡之形式尺寸光距等事均靠最深之算學常人不能深悉大概每鏡所用隔簾其孔與光距有比例照此比例而配照時之秒數則不致誤如簾孔與光距比例不改則無論何種照像鏡照時之速亦相等假如大小二鏡簾孔徑皆爲光距四分之一則二鏡照速必等故設比例爲四分之光距或八分之光距或十分之光距俱指爲簾孔之徑故以此法可比較各鏡而知何時應用何徑簾孔如將其分數之分母自乘則得其照速之比例設簾孔徑爲光距四分之一分母自乘爲十六八分之一母自乘爲六十四十分之一母自乘爲一百由所乘得數十六或六十四或一百可顯其照時秒數之比例假如一鏡照四秒時二鏡則照十六秒時三鏡須照二十五秒時餘亦類推

再設一案以明此理假如照山水鏡在屋內照人像必照十六秒方足如換用人物鏡欲查其照時若干法先量山水鏡簾孔如爲一寸再量簾孔距毛玻璃片如爲九寸又四分寸之一卽爲其光距其四分寸之一可以不計設比例爲九分之一再將人物鏡量其簾孔之徑爲二寸半簾距毛玻璃片得光距十寸以二寸半約十得四卽光距四分之一再將二鏡分數之母自乘得八十一與十六則其二鏡須照之時有八十一與十六之比可知

人物鏡所需之時爲山水鏡五分之一即山水鏡須照十二秒時人物鏡僅照二秒半從此能推知各鏡合於各事之用否精究照像者每列成表以便查知各鏡在光暗各地應配簾孔之大小及照時之秒數不至有誤

快門〇照像常用之鏡多爲皮蓋以手開關照時稍緩尚可致用惟用速照鏡照跑馬等移動之物以手啓閉

第四十六圖

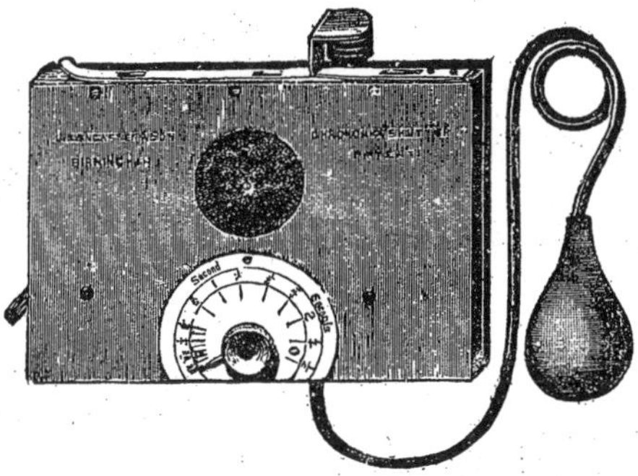

第四十七第四十八圖

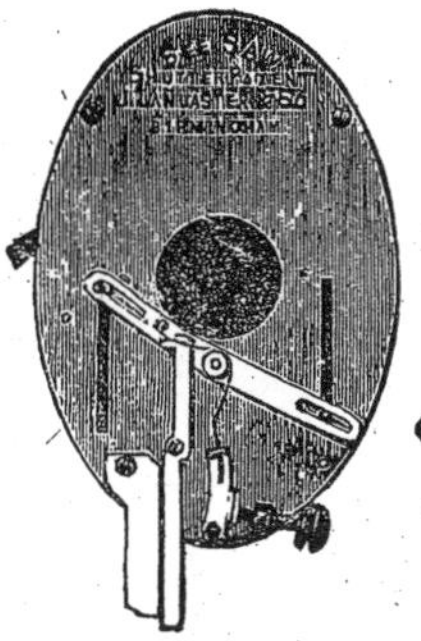

第四十九圖

皮蓋常有不及之失故須特設快門開關極速方濟於用近來所設快門其類甚多亦年精一年上年設有最新巧之法如第四十六圖名曰制光表其門下有表面表面有指針針移至某秒或一秒之某分壓其象皮泡則所照之時必與所指之數毫無差忒所限之時自八十分秒之一起至三秒止欲過三秒須將左桿舉起則可任照若干秒數快門外鍍金色甚美觀可速於鏡筒外端共分三號小者照四分片銀二十五圓中號照半片銀三十圓大者照全片銀三十五圓惟用此種快門必用最速之乾片方能相配否則門關過速有影不及留之虞第四十七圖爲新法快門能任配所照之秒數法甚簡便以縲縶動能速啓閉分三號四分片者銀五圓半片者銀七圓銅六圓全片者銀十圓銅六圓

第四十八圖爲更精之快門能速至百分秒之一分四號四分片者銀十圓銅六圓半片者銀十二圓銅六圓全片者銀十五圓十寸片者銀二十一圓

第四十九圖爲用象皮泡啓閉之快門較上法更便分五號四分片者銀十圓銅六圓半片者銀十二圓銅六

圓全片者銀十五圓十二寸片者銀二十一圓象皮泡象皮管在價內

第五十圖

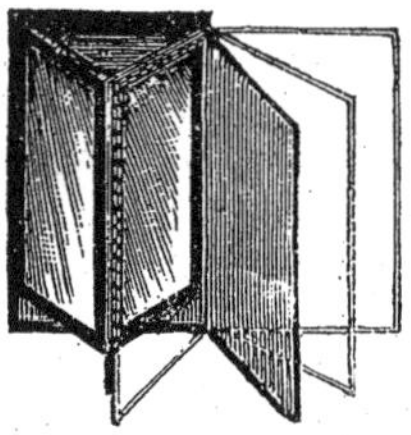
第五十一圖

第五十二圖

第五十三圖

第五十四圖

以上各快門乃常用者現新出之式頗多價自極廉以至最貴各號皆有惟購上好之快門如不善用則與賤價者無甚異故凡用快門者必細心謹慎毫不可慌疎假如照海邊大浪不可一見浪起即開門速照因第一浪之來未必形勢恰合必耐候合式之浪與合勢之向照之而得雅觀之致總不可對大光而照能得光在其左右或其背面爲宜如照行動之帆船或輪船或池塘鵝雁或行動之火車等俱可用快門照之照時不可正對來物之光面略成四十五度之角爲宜試照數次則可靈敏無誤然快門之法雖有大趣常人每用照數十次則覺乏味乃舍之仍用常法照像

○對光顯微鏡照像時對看毛玻璃片所顯之影每有目辨不清之患故特備以顯微鏡如第五十圖置毛玻璃面能放大其影以對相配之光距能得最準並可省用黑布遮光之煩其鏡價銀二圓銅六圓

紅玻璃燈○照像工內有數事應在暗房爲者必備紅燈以供照驗如裝乾片顯影定影時俱以紅燈爲不可少日內固可用紅玻璃窗夜中必需紅燈紅燈之制有數種如第五十一第五十二圖爲最便携移之紅燈可摺疊成方盒厚僅四分寸之三盒內能容燭其

玻璃有淡紅深紅二色顯影時初用深紅色面後用淡紅色面價銀五圓
火油紅燈〇暗房顯影之事多而乾片大者燭光紅燈每不足用則可燃火油燈如第五十三第五十四圖者燈內有抛物線形回光鏡能令光向前或向下回照玻璃有三層內爲白色者可作常燈之用外二門爲紅色者關一門則紅光淡關二門則紅光深或作一紅一黃者亦可外另有一門內設鍍銀回光鏡能收光下射於顯影片上毫無礙於人目五十三圖爲開通之式五十四圖爲關閤顯影之式小號者銀七圓銅六圓大者銀十圓銅六圓又有配用煤氣者銀十二圓銅六圓

第五十五圖

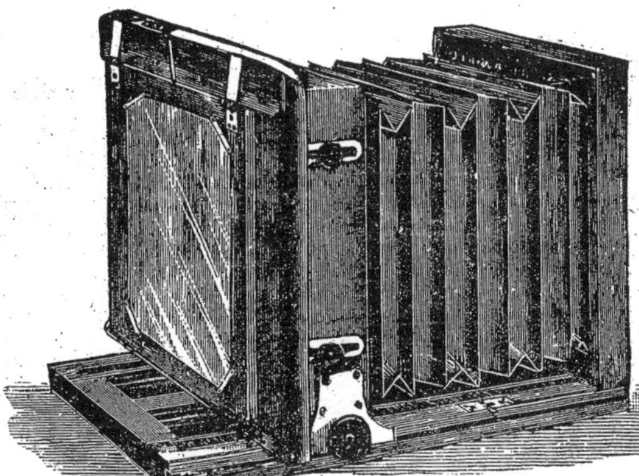

第五十六圖

第五十七圖

以上各燈之外尚有大小數種另有紅色燈籠與燈上之蓋可罩常火油燈上用之

家用鏡箱〇前所言之照像鏡箱大概合於露天之用俱用三足架最便携移而箱與各件須輕靈無累至於照像房內用者可以整架托之不獨堅牢且便起落俯仰下有輥輪亦便推動能與所照之人離遠離近如第五十五圖爲公用之鏡箱前後等方能照乾片無論何鏡如光距在三寸與十寸之間者皆可配用能於乾片照一大像或分照二小像或用大小任何片箱上所配各件與各新法俱全分有四號照半片者金二圓銀五圓另加雙片暗匣銀十五圓照全片者金三圓銀十圓另加暗匣銀二十一圓照十二寸片者金九圓銀九圓

另加暗匣銀四十二圓

換片暗匣○平常照像所用暗匣止能裝二乾片照過二片即須於暗房另裝新片如在露天欲多照數片殊覺不便故須特備多裝乾片之暗匣如第五十六圖與第五十七圖爲裝六片之暗匣於露天用之每照一片則留於後半可再照次片至六片照完則携回顯影比常用之雙片暗匣更便分兩號四分片者銀八圓銅六圓半片者銀十五圓於常用雙片暗匣之外另備此匣甚爲便用

第五十八圖

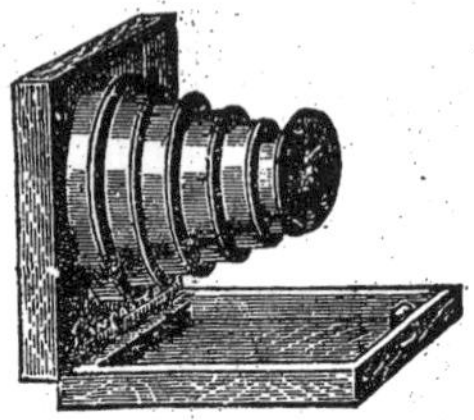

第六十圖

第五十九圖

第六十一圖

手扥照像器○近來照像取樂者多喜用手扥之鏡箱以可省用三足架之煩也且極易携遷移動令觀者不知爲照像之器於街市上可免多人聚觀有礙照像又不必問商本人願否照像則一見即照成矣如第五十八圖爲小鏡箱衣服袋內可以裝盛能照片長二寸寬一寸半配有三暗匣箱能摺置方盒內帶於身邊共價金一圓銀十一圓銅六圓另加暗匣每個銀一圓銅六圓

如第五十九圖亦爲手扥之鏡箱有快門與雙片暗匣三個與換片暗匣及速照鏡分二號照四分片者銀四十二圓半片者銀八十四圓鏡箱能收闔成方盒如第六十圖厚僅一寸

第六十一圖之手扥鏡箱能照遠景一秒時已足用內能容六乾片亦分兩號照四分片者銀四十二圓半片者銀八十四圓

第六十二第六十三圖爲新法手托照像器外成長方箱式不用三足架人幾不知爲照像之箱鏡筒在箱內有快門其上更有小鏡一旁有小毛玻璃片能影與箱內之影同惟較小耳箱內容六片能連照六次不必開箱於暗房換裝六片事亦甚易又有法於露天換片亦不致誤其前板連鏡如第六十四圖箱內列法如前二圖剖面之式此爲最新最靈之法西人多喜用之因可省支架之煩並可免多人聚觀之累

第六十二圖

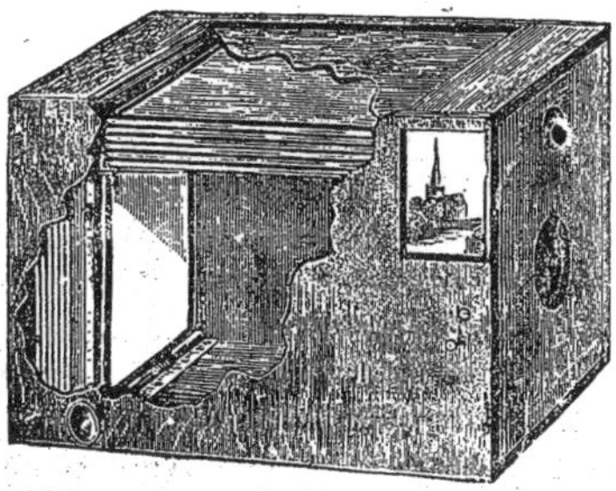

第六十三圖

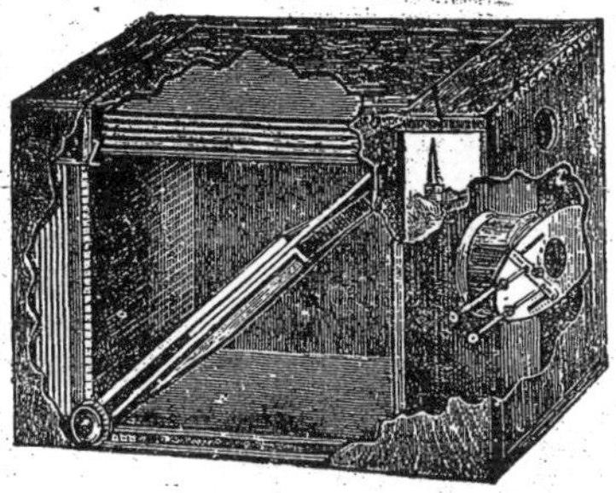

第六十四圖

第六十五圖

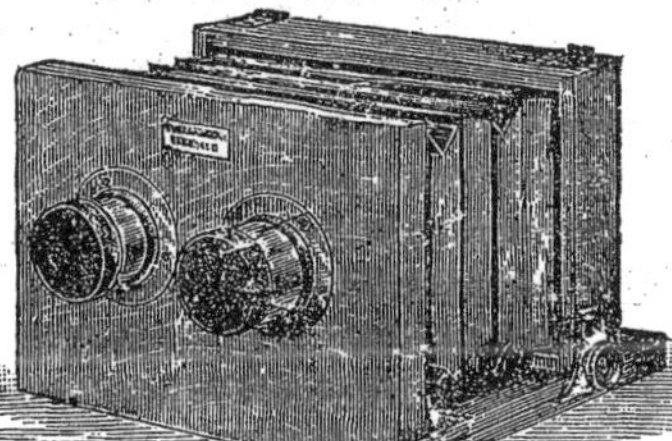

第六十六圖

雙眼鏡箱○平常所照之像雖法巧藝精目視之仍覺有平面之意不覺深遠而有立體之致二三十年前有設立雙眼鏡箱者一箱有二鏡能同時照等式二像晒於紙以雙眼顯微鏡鏡之則顯深遠凹凸之致不復有平面形矣目視之誤爲實景似不信其爲平面形箱之二鏡相距配人之二目前以此法照成書景甚多凡山水房屋人物窺視之甚宜人目大生意趣惜有狡徒貪利藉作淫畫運售於華大有害於世道人心傷風敗俗莫甚於此西律設有明禁凡造此種淫畫春幅者施以重罰未識因此故或他故以致雙眼鏡箱用者甚少造者亦希然照此種雙像實爲最佳最美之法習照像者不可不知茲故亦備其圖略爲釋說如第六十五圖爲簡式

雙眼鏡箱每副有箱與雙鏡雙片暗匣三足架共金二圓銀二圓上等者金三圓銀三圓

第六十六圖亦爲雙眼鏡箱有快門與上等鏡能速照所照雙像長六寸又四分寸之三寬三寸又四分寸之一箱與鏡三足架雙暗匣全價金四圓銀四圓再大者照片長七寸又四分寸之一寬四寸又四分寸之一俱照本圖置列金五圓銀五圓其快門以象皮泡壓動啟閉甚速另有雙蓋亦可開關

第六十七圖

放像燈〇凡照之像常以愈大愈美觀但欲照大像必用大乾片而鏡與箱等亦必大各件既大不惟重笨且價亦昂每乾片大塊其値亦貴誤照一張虛費即大且另有數難處如大鏡難造甚準則照不及小鏡之清配對全像之光距尤難甚準如光距長十四寸至二十寸欲令遠近各體俱在合宜之光距内同得清晰必用極小之隔簾簾孔既小則照時必長照時長則難免物體稍動之弊鏡影既大則偶有小動像内必顯大動凡鏡光距過於二十寸者則幾不能用快門速照又不能用常法速照因此故照像家欲得大像必用放大之法即以小像玻璃片放於銀湨紙可得任何大之像惟所欲放之像片必選最清細者而照時之光距必配極準常用放像之法略分兩種一藉日光一藉燈光日光法多有不便非專門慣家不甚得法故此不備其圖說用燈光之法本有專設之器或用常影戲燈亦可惟常影戲燈大鏡徑僅四寸每嫌太小如放四分片之像則燈之大鏡徑必五寸再小則像放大不準且難清晰故欲放像精緻必用特設之燈

如第六十七圖爲特設放像燈前有摺皮鏡箱後連燈壳欲放之像片置於燈大小二鏡之間與置影戲片同配準像之光距令得最清蓋其鏡帽再將銀湨紙一張直掛於光距合宜之處開其鏡帽照若干秒時取下照常顯影以此法放大人像能得尺寸與本人等且最清細此燈放像能長至三十六寸寬至三十寸者最清其

大鏡徑五寸者金三圓銀三圓徑六寸者金四圓銀四圓所放之片常爲四分片欲放半片或全片之像須用

更大之燈與鏡

如第六十八圖爲更大之放像燈皮腰更長分爲三段分七號大鏡徑六寸者金六圓銀六圓七寸者金八圓銀八圓八寸者金九圓銀九圓九寸者金十圓銀十圓十寸者金十二圓銀十二圓十一寸者金十四圓銀十四圓十二寸者金十六圓銀十六圓其十二寸徑者能放像幾任何大而能清晰且不獨能放像於銀溴紙猶能放四分片之小像於全片或更大之乾片上用以晒大像於銀紙與常法同惟必將小片先晒成正形片而後放大始得反形以此反形晒於紙面即得正形大像由此可見照像家携小鏡箱與小乾片遠處照像輕便省力且易最清有格外好者回而放以大片以之晒紙像可大省費並可免携帶大片大鏡箱遠游之煩至於將像縮小之器與此大同小異已見前第二十八圖此不再及

第六十八圖

第六十九圖

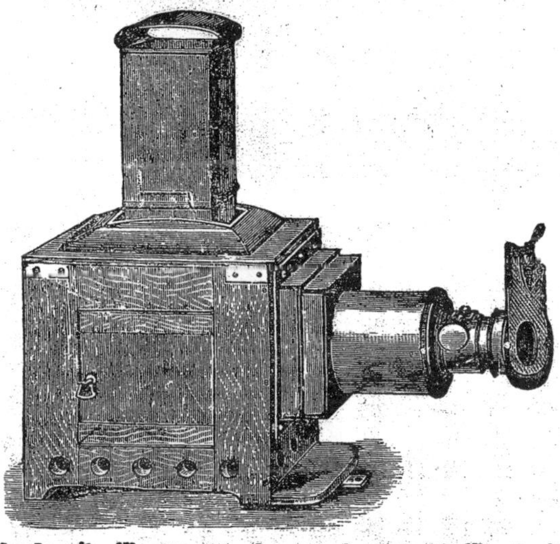

影戲燈○照像家如已有常影戲燈大鏡徑僅四寸者亦可爲放像之用如第六十九圖爲新式影戲燈外殼以洋紅木爲之內有大鏡徑四寸並有一切之新法能作影戲燈各事之用顯影畫之大徑有十二尺最清晰

燈有四芯燃上好火油鏡口有活門開關甚便另配木箱裝之有皮繫與暗鎖共價金三圓銀三圓第七十圖爲更廉之影戲燈大鏡徑四寸燈有三芯能顯十尺徑之影畫外殼以鐵爲之價金一圓銀十一圓銅六圓以上所釋鏡箱與鏡與三足架及放像燈等照像器之圖乃英國伯明罕地方大名照像器行家蘭卡司他公司常造出售之器運來華者不少器精價廉人多喜購英國他處亦有照像器行備有現成者出售法德美等國亦有出名者此書不及備詳

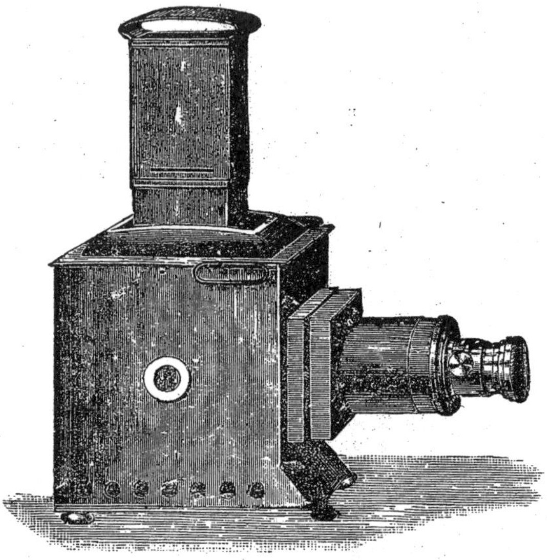

第七十圖

照像一事本爲取樂最雅之法攷究者心多不足攷得一步復思第二步愈考究則心愈覺不足似乎所有各法與各種變化幾無窮極現西國照像家常思考求新法特出前人之上然愈考究照像之事則旁及之理愈須增究如光學化學等必並考究以輔照像而成更趣益之事

以上所釋各器僅約略要說於照像之理法幾不題及因另有照像略法及照像乾片法二書已論及之也凡習練照像者閱該二書可明照像之理法閱此釋器可知各器之價値以便自行採擇不致爲狡者所愚再有二說可爲奉勸一凡照像事內須細心勿躁按部就班先練熟一事再習次事先照書內之法毫不悖謬後再自試變法以求新理務以細心乾淨爲不可少之事無論器料如何精良如不能細心潔淨總難作成上等工夫二須知照像之理法器料原欲成上等像令觀者悅目不獨使照者得功出名猶能致照像之工藝視爲上品文雅取樂之事總之學照像者如有文雅之心必於其工內顯出如無此性亦在其照像內顯然能留愼各理與法則照像之工藝足化粗爲精變俗爲雅久之自與文雅之人相去幾希矣凡欲購辦器料習照像者不可忽此數語

格致釋器　第八部　顯微鏡說

總引

現天下各國所存顯微鏡多至無算內有數千具置之高閣因鏡主不善用也善用之則有趣益不善用者每畏爲最難用之器習用之亦無大益蓋其已試窺現成微物二三十種即謂技止此耳能事盡矣不復自脅萬物內奇而有益之微體所已視者亦僅爲奇玩物耳如看蠅睛似網形蝶翅如綢緞不復見有他趣益之處常有富家購得上等顯微鏡用之不久而毀間有沽極精良顯微鏡者未閱十日退回造家謂毫無所用若此用顯微鏡不惟無趣無益反致人心不樂因徒增人粗心而枉費時刻虛糜錢財耳是無他無合宜之書爲之指明造法用法也中國富家向西國購買顯微鏡者亦不少善用者究無一人可見如有簡明顯微鏡圖說書傳示各人自有大益焉

顯微鏡於工藝內及家常事內從來無甚大用因常人不知其益趣不明其用法也使慎擇合宜之顯微鏡依法用之於工藝內格致家及日用事內益亦不少用窺生料足辨眞僞用量微體足知倍數常以千分寸之一或萬分寸之一爲度農家用之查各害田之蟲及發霉發熱等事能別其歸何種類而治以合宜之法用查極細之種如青草類種雖極細目不及辨用顯微鏡能辨別有否異種雜於其內可免惡種亂苗徒費人力凡農家與工藝家莫不以目力大爲大益如有法令一人兼二三人之工莫不以爲益然常人身力略皆相等一人有二人之力者已少而有三人之力者更少如兼有十人之力幾從未之有也惟顯微鏡則不然常者能加人之目力十倍以至百倍極精者能加至一千餘倍即用顯微鏡者與無顯微鏡者目力相比大千餘倍也豈非大事乎

顯微鏡之有益於常人者可分四端試論如左

一能視及萬物中最華麗雅趣之微體快意怡神若光折而通過數體顯色華麗語難形容如蟲外有鱗光彩燦爛窺以顯微鏡爲常見之物所不及者未用顯微鏡者初窺之如此微體若此美麗幾意想所未到者故購

以簡便顯微鏡費僅五六元能得暢心之益勝於五六元之別物凡他格致器初購之每喜不忍釋手用數次則厭而棄置如影戲燈畫片也演看數次輒覺乏趣轉欲舍之而看新者惟顯微鏡殊有不然或地毯拔取一毛或海岸撿取數沙或庭院摘取數花或空中捉取微蟲皆可用以窺看無不陸離生趣放之愈大愈覺奇趣如看極光極細縫衣之針則顯形如大鐵桿面最粗毛看蠅眼則有數千小睛並列若網看蝶翅細粉則爲美觀錦鱗排列整整照此取看微體不費心力不勞價值何其便也

二教習幼學現以顯微鏡爲不可少之器蓋今之大能者欲變更西學實事求是不甚攷求古人之語言事蹟書籍文字惟以目前物理實力精求卽爲格致學與博物學皆爲學塾中最要之事惟賴目力不能十分精求如看樹葉止見綠色與筋紋及邊形或平或曲或分齒形然葉所有靈巧較人所造機器奇繁莫名人鮮辨知以顯微鏡窺看常葉乃知爲無數微體合並而成各司專職卽有多小口能呼吸空氣有多微膛能收聚消化發葉之料有脈理能運通流質令葉堅潤惟人目看之分辨不清窺以顯微鏡一看分明照繪其圖固可彷彿究不若親窺其物形勢顯然

三凡格致學內攷求新物新理新法亦以顯微鏡爲不可少學者無顯微鏡則無從攷求如植物學動物學無顯微鏡則幾無所能爲猶之攷天文者無遠鏡者其愚相同化學地學礦學用顯微鏡似生面別開令人知前人所忖度者往往誤會醫學內顯微鏡用處更大現最著名醫家多賴顯微鏡分辨數病

四顯微鏡於製造工藝內亦有大益爲前人意想所未及者惟製造工藝內各材料理法最繁此書不及備論

上言顯微鏡各益最易奏效惟初學者有二事極易致誤茲略言之

一學者每以爲用顯微鏡非重價購上等者不可以攷求新要之理此說似是蓋有數學無貴價精繁之顯微鏡乃歸無用然常欲攷求之工大半可用簡便顯微鏡價能最廉前有著名顯微鏡家名愛倫白格攷得新益之事甚多所用顯微鏡價洋不到二十五元有法國顯微鏡價略十五元亦足顯愛倫白格書中所攷之式數年前著名植物家云植物學中有益各事俱能用放三百倍之顯微鏡查之

二有人以爲攷求顯微鏡之事不過多費銀錢購顯微鏡與現成微體一副置目鏡下驗看一過卽成顯微鏡

家其意以爲有顯微鏡幾無不可爲如有質料疑有贋品置顯微鏡一看立判分明又以爲凡動物血對鏡一看即辨明爲何動物之血若有招貼誌之者此種人必多習用顯微鏡方知其誤會之處

總之以上二誤各有一偏欲求其是必在二誤之間要以認眞習學實力講求爲尙然稍有才幹者頗耐心性亦能通習前人理法而後自開新路攷求前人所未逮者如此則能有益於己有益於人

西國有特設之顯微鏡會立有定章按時會集或以新査之理法對衆談講或遇不明之事問難於人每年要事要論彙印成書發售各國另有顯微鏡新聞紙專論顯微鏡之事月出一冊苟有新査得之事一月內足通知各國喜用顯微鏡之人

凡欲購顯微鏡者須審愼不受愚必上等光學器家所造者方爲足恃有多廠家以賤料廉工製顯微鏡大有不合理之處言能放若干倍者亦以意度之並未準驗有數家出告白云出售顯微鏡每具價洋二角五分能顯水內微蟲血中小輪然此種顯微鏡不過一明玻璃珠鑲於鉛或銅圈耳極易造作玻璃匠皆可爲之洋二角五分買得十枚亦不爲廉數年前倫敦有一貧戶造二分洋銀之顯微鏡能顯酸漿或醋内之小蟲形如鰻鯉造法將一小盒底作小孔底面黑色孔中綴明松香漆一滴乾之即足當顯微鏡之用更有簡法成顯微鏡將玻璃小片下加滴水自成凸鏡亦能放大物形十倍至數十倍價僅滴水之値又有一事不可不知用小而單鏡之顯微鏡看物反形大礙人目微體放愈大人目愈受難

凡購顯微鏡者應自驗試或託妥友代試因所顯之微體不惟光色形式不可有誤即微體極細之絲紋亦須分明有數植物可爲試顯微鏡之用能顯之最清而色不誤者斯爲善品凡擇取顯微鏡不獨攷查各器件之精粗又須知其欲作何用並用者爲何等人凡上等顯微鏡不合粗俗庸愚之用精明諳練之人亦不合用粗而廉之器常致函購顯微鏡者不寫明此各事故往往致誤每有欲攷植物初學之事買精緊貴價之顯微鏡殊覺枉費其實購價廉者已足用矣

常有人問及顯微鏡能放大若干倍意謂放大倍數愈多其器愈良殊不知顯微鏡之優劣不在放大之倍數要以顯之清晰爲上精良顯微鏡放物一百倍能顯微體形式細紋較粗而能放五百倍者更覺清晰公正顯

微鏡家常有誤言鏡力者蓋顯微鏡之公例常以徑之倍數爲主而不以面積倍數爲言也如給人曰鏡能放萬倍愚者莫不以爲力大然以積論固足萬倍如以徑論僅百倍耳又屢有出告白云顯微鏡能放五百倍徑諳者往量驗之乃知僅四十五倍徑可見售下等顯微鏡家告布之言不足入信必往上等行家購之方不受欺常用之顯微鏡大略醫家放四百倍者足用植物家放三百倍者足用分辨物料眞僞放六十至三百倍者已可家中常用放三十至一百五十倍者足矣初學以小力者爲佳因放之過大則看之不眞也

顯微鏡情形

常人多以顯微鏡爲玩物祇足爲暢心取樂之用殊不知前所造者粗劣無甚大用其理多人未能明澈視爲玩物猶之可也近來精益求精其用甚廣爲格致家不可少之器具查得新奇事理亦前人多所未知至微之顯大能增人目力誠要器也萬物內人目所不能見者幾乎無窮或動或植其形性事理皆爲顯微鏡所能查凡生成瞽者如能施治使視其益莫媲生而有目復加以顯微鏡之力益尤甚焉於是萬物內新門另闢生面別開能視及數千萬細物微體而知其形性悉其質理故前人力所及者今得攷之最詳焉

顯微鏡之增人智慧遠勝他器如攷究動植物體前人僅知其有生命能滋長能行若干職司又能傳種而其生長之法行職之理猶未之知也自顯微鏡出視微體最分明足知其彼此所有之關繫故攷植物學動物學醫學化學地學礦學諸家率以顯微鏡爲不可少之格致器茲先論此器如何能助格致學之與如何有大益於人

攷顯微鏡之用專能助人目力即人目所不能見之微體此鏡能使之顯明所以能令顯明者欲使人目與所看之微物更得相近故用簡便顯微鏡必使物與目最近物離愈近見之愈明譬之隔街貼有告白對面遠觀止見其大字分明稍近則見其中字再近可見其小字更近則有過限之處而徒近無益焉假如告白有極小之字爲目不及辨者將一箇便顯微鏡助其力則目覺更近於字而能分清目能辨清此小字者全賴顯微鏡之力也其力或大或小亦姑勿論惟其能令目愈覺近於字則愈能見更小之字或小字能放之愈大可見顯微鏡最要之物爲玻璃鏡如鏡形合宜以手執看不用他器亦能視及微物最簡之顯微鏡祇用玻璃一塊兩

面凸形多用一鏡更便於用鏡連於黃銅架即成筒式顯微鏡常合連二鏡或三鏡爲一副身邊携帶之顯微鏡常用二鏡或三鏡可分用或合用昔格致家全賴此顯微鏡

凡顯微鏡愈能近其微體目能辨之愈清故鏡離微體一寸者能視之清比離一寸半或二寸之鏡更覺明晰常用之顯微鏡配以數鏡自離一二寸起以至半寸或四分寸之一或十六分寸之一或五十分寸之一等購簡便顯微鏡價僅一二元者亦能辨數種要體惟人手執之不能平穩如鏡力大鏡必離物最近人目大爲不便且用顯微鏡時二手常作他用亦屬不便故所用顯微鏡必連於一小銅筩小銅筩連於大銅筩大銅筩托以架架有齒桿齒輪使鏡起落配準相距欲看之體置於玻璃片玻璃片托於一台間有台面亦加齒桿齒輪令所看之物能前後左右移動可免以手遷挪之煩此爲單放顯微鏡之制另有數件可連其上更便於用皆爲顯微鏡不可少之物單放顯微鏡本屬合用前格致家幾全賴之惟已廢多年現乃另加目鏡於上仍用物鏡於下則謂之雙放顯微鏡又名繁鏡顯微鏡雖比單放者更大而繁然製之最準幾與筒式顯微鏡同能足恃兹將雙放顯微鏡之理法先言其要略

試將尋常凸鏡置於微體之上能見其微體放大之影後於鏡之上面置白紙一端紙面即受有微體放大之影照像鏡俱賴此理而能照像復以小力顯微鏡對看紙面之影仍能放其影至更大雙放顯微鏡之製賴此理也即以物鏡放大微體之形而成影再以目鏡放其影大至若干倍是微體之形兩經放大故謂之雙放也然無論何式顯微鏡放大之力常有定限過此限即不能清故用影戲燈顯微鏡放物影於白布之上雖甚大而形不能清邊界外形尚能分辨內質細紋終難清明必收小之方能更清兹有定限可無疑矣雙放顯微鏡另有一益人目能離物頗遠二手可別作他事不必常按鏡上

前言用大力顯微鏡看微體手執之不能平穩常有震動之弊故必製架以托其鏡並托其微體騰出二手以作別用近來所造精良顯微鏡俱有此各益處

顯微鏡最要之件爲連接目鏡物鏡之筒筒以黃銅爲之長八寸至十寸徑略一寸上端接目鏡此鏡與人目近故謂之目鏡目鏡爲二鏡合成均一面平一面凸者鑲於小筒二平面對人目二鏡之距爲合光距之半第

一鏡近人目名曰目鏡次鏡謂之聚光鏡因其能收合光線令通至目之路中改變其向令物鏡所成之影能爲目鏡所見此二鏡之間另有隔簾簾中有微孔此簾之用所以阻截向外之光線如不截阻則成影有球形差與光色差二鏡鑲於小筒插於長筒不鬆不緊故易插入亦易取出常用顯微鏡乃備大小二力之目鏡最易換用

雙放顯微鏡常配二目鏡一較長一略短短者目鏡與聚光鏡距最近能放影最大長者二鏡離頗遠放影較小因其力小也用此二種目鏡時乃知放影大者不及放影小者足恃也

顯微鏡大筒下端接以物鏡此鏡與所看之物近故謂之物鏡乃聚所看微體之光影令歸於一聚點也此聚點在目鏡之聚光鏡內故看目鏡卽見物鏡所成之影過目鏡則再放大若干倍如此則凡極難分辨之微點能放大至易於分辨又可知顯微鏡之足恃與否大半在其物鏡製之合法與否物鏡有病成影亦不合宜旣物鏡成影有差再經目鏡放大其差更甚所謂謬以毫釐差之千里也

欲試物鏡合法與否可用以細看任某微體顯形明而清者爲合法如鏡不合法則顯形模糊分界不清矣總之凡不合法之物鏡易誤學者蓋顯形不正莫辨眞僞或所顯之形與所看之體毫不相關致誤以爲實形藉資攷求卒成笑柄現造物鏡皆成雙配製一物鏡可有數雙鑲於一小筒內小筒上端有螺絲可連於中筒下端顯微鏡中筒有以小橫塊托之者中筒以螺絲連於橫塊之頭橫塊彼端連於底架之柱亦有螺絲連之橫塊轉動亦賴此螺絲此爲最便之法因中筒能轉動而離開看物之台架柱爲兩管相套有齒桿齒輪能令套管起落台板連於外套管以黃銅爲之板中有圓孔以透下鏡之回光又有銅片夾於台面能移動托微體之玻璃片置此銅片則托而不落常顯微鏡托物玻璃片置於台板賴手移動使所看之微體適對物鏡中心最精之顯微鏡台上有活銅板以齒桿齒輪令之前後左右移動齒桿頭有小輪便於以手拈動所看之體能任移動配準方位

台板下有圓簾片片內有三四圓孔大小不同大者等於台板之孔圓片中心有樞連於台板可繞轉其最小之孔透光最小再轉之則隔絕下光而毫不通矣此隔簾之法最便足配回光鏡光之大小合於所看微體之

形性常顯微鏡此簾片與台下相連精者則與台分置以便用別光亮

凡用顯微鏡最要須得光足用單用日光或燈光尙屬不足無已必用囘光鏡置於隔簾之下常用者其鏡一面平一面凹看通光之體則用凹面凹面能囘光線漸近通過微體之時光爲最濃鏡之平面祇能囘平行光線透過微體其囘光鏡連於台下套管上亦能起落加減光力鏡用半圈連法能俯仰側動無論欲光得何斜度均可立致

鏡架之足爲最要件必最堅重穩固否則難用常法用三足底上連平面立柱二柱上安二樞軸以逗托顯微鏡之套管如此能任令套管置何斜度欲平置或立置均可中筒起落分精粗二法粗者以齒桿齒輪拈使上下小力顯微鏡用之若大力者光距須配極準齒桿齒輪法起落太大必用細螺絲連於桿端螺絲有轉輪周分十等分轉其十分周之一則中筒起落極微螺絲每長一寸配一百五十螺紋故輪轉一周僅起落一百五十分寸之一轉十分周之一起落僅一千五百分寸之一如令轉二十分周之一則中筒起落止三千分寸之一初學者以爲如此其細必歸無用不知熟練者用大力顯微鏡必用極細之動法不如此其細則難配準光距而物看不清此細螺絲法亦有別用卽能測量微體之尺寸或高或低蓋微體內有凹有凸先配準其底之光距再轉螺絲若干分周配準其凹或凸頂底之光距視其螺絲轉若干分周卽可推知其凹之深或凸之高也

上等顯微鏡另配以法能免物鏡與托物之玻璃片相遇如彼此相遇則微體不損而物鏡必碎此乃常有之事蓋不明者初試顯微鏡止知轉動螺絲以配光距每看不清輒自捩轉不知物鏡已遇玻璃片再愈加力則愈能壓損物鏡及玻璃片此種人膽大鹵莽以爲此法無不可爲不及阻止器已爲毀故有顯微鏡者必預告看顯微鏡之友俟整理齊全方可入目不許動手方免誤壞欲防此事於精細顯微鏡之物鏡外套一管有簧使物鏡挺伸如受壓力簧能容讓使物鏡退入中筒不致受傷

常顯微鏡備物鏡二一光距一寸二光距四分寸之一中筒有內套可全伸出加長一倍二物鏡皆可配用其四分寸之一之物鏡能放之大足爲常顯微鏡各事之用此法雖不及特設小光距之物鏡合用而初學以此

法代之亦甚得益精求顯微鏡者必用更小光距之物鏡或六分寸之一或八分寸之一或十六分寸之一等

雙眼顯微鏡

照像者以雙眼鏡箱照成雙像用顯畫鏡窺之能令平面畫顯有立體之致後造顯微家觸類引伸思造雙眼顯微鏡多人試造有成者鮮獨温哈末者造成一式能用二目同時看一微體之形與平常視物相同前造顯微鏡止能一筒眇一目窺之盡日攷究目有難堪易致力乏用雙眼鏡二目齊觀物更清晰形亦美麗且顯立體之意用慣單眼顯微鏡者改用雙眼輒詫爲新奇得未曾有所看之物如非極小下映回光上就雙眼能見其物最明極細殼類本極美麗窺以雙眼美勝十分卽植物質若花鬚之粉花蕊之絨及他類物質俱能顯其眞形泥內微殼類窺以此鏡亦能顯其花紋凹凸粗細分明攷查動物質用雙眼鏡尤爲得益如常備動物質噴以有色藥水乃顯網形之紋最爲奇異惟俱壓於平面單眼窺之分辨不清雙眼鏡看之其網紋交搭內外方向歷歷可辨其微血管顯有層疊之致內層與外層交結大者分發細支或向前或向後皆有立體天然勢致而非平面之形

單眼顯微鏡可以便法改成雙眼者所添者不過一筒與三角鏡耳去其一筒與三角鏡仍成單眼顯微鏡之用蓋用大力物鏡時雙筒不合用必用單筒始合精看

雙眼顯微鏡二筒須各備一目鏡二筒中間相合而下成一筒止一物鏡三角鏡置於黃銅匣能通於物鏡上筒之孔則光之一半直上右筒餘一半行過三角鏡於此鏡成二次回影通入左筒如此二目皆受本微體之光線惟其光線必在筒當中相交卽物鏡左邊之光線通於右筒物鏡右邊之光線通於左筒

凡用雙眼顯微鏡須知各人二目相距不等故宜設法使二目鏡之距適合人目法以內套管伸縮二目鏡則能合宜卽伸之二鏡加距縮之二鏡減距如此能配各人二目之距雙眼顯微鏡常用之其三角鏡難免塵汚其面須取出揩淨惟宜留愼所揩之布必最輭而細勿傷鏡面或用麂皮亦可此布不用時宜藏置抽斗不使塵汚

雙眼顯微鏡爲益甚多凡上等顯微鏡宜備雙筒之法以便應用

今之雙放顯微鏡爲人造格致器中最講求者他格致器每有工料之不精良用之有難合法而雙放顯微鏡按理設法造能無差故今之顯微鏡遠勝於昔如二三百年前造顯微鏡家徒知其理而不能按理精造其器洎西一千八百二十五年時有能者出始免其難而成無弊之顯微鏡

從前造顯微鏡之弊在其鏡之未能精製因玻璃有二差一光色差一球形差夫人而知光通過亂形玻璃如三稜玻璃或洋燈脚墜玻璃等白光即分數色凡玻璃塊面不平者通光時不免有分光成色之事顯微鏡之物鏡亦有此理故如製不合法窺看微物必現各色均非本物原有之色凡顯微鏡其鏡愈多色差愈甚故初造之雙放顯微鏡因此弊最重則無甚大用

光學家攷求漸深乃能設法改正雙放顯微鏡之弊初改之於千里鏡使其無弊後一千八百二十九年倫敦人名里司達者著書聲言免雙放顯微鏡色球二差之法人仿行之果能無弊其法將物鏡製以二種玻璃料使色差球差彼此消息大力物鏡間有小鏡八枚下層三鏡一與三鏡一面平一面凸以含鉛玻璃爲之中一鏡一面平一面凹以火石玻璃爲之此三鏡以上有二鏡一爲含鉛玻璃者兩面凸一爲火石玻璃者兩面凹再上有鏡三上下二鏡俱兩面凹以含鉛玻璃爲之中一鏡兩面凸以火石玻璃爲之凡雙放顯微鏡必用此法始免二差現所造顯微鏡俱以此法爲之故近來用顯微鏡查得多新理新事皆前人夢想所不到者

顯微鏡零件

用顯微鏡者可另配多零件以輔攷查之益蓋各種微體每有特需之器件方便詳爲攷求此書不過顯微鏡之門徑不及備載其細僅擇其要者一一言之

小玻片○常用顯微鏡需備小玻璃片長三寸闊一寸四邊磨平欲查之體置此片上或暫用之或將微體連於片上常存之可謂之物片暫用者將微物如小蟲或蟲體之一分置於玻璃片之中片置顯微鏡台上配其物鏡之相距以窺之或將水一滴滴其微物上覆以薄玻璃片則水能令其微物顯之甚明又有微管吸力之理足令二玻璃粘連顯微鏡中筒雖平臥之微體與片亦不落下

增光鏡○凡用顯微鏡看微體共分兩大類一通光者一不通光者不通光者可置小玻璃片上或以小剪夾

之手執剪置物鏡下觀之或台上有特設之法以接其剪使不震動且免手執之煩再使窗入之日光或案上之燈光射於其上常有微體獨藉日光或燈光射之分辨不清故必另設一器以增其光其器謂之增光鏡乃一大力單顯微鏡能令光聚於一點與火鏡聚火同此鏡或連於台上或另配一架托之其用欲令不通光之體面聚有大光易於查看此種光謂之映光

囘光鏡〇凡微體能透光者台下須用囘光鏡其鏡二面一平一凹皆能囘光其用能收光返聚於微體之下通過其體令極細之紋皆顯之甚明其鏡常連於顯微鏡之下二面均可換用

微蟲籠〇此籠以黃銅爲之爲圓盒形故又名活物盒倒置之以玻璃爲底上以玻璃爲蓋能壓入盒內玻璃上二玻璃之間可置微蟲則壓之令不能動凡微蟲欲活看之此物爲不可少又欲於水內看者此亦爲要物凡水內微蟲微草或微殼類等活物皆可用此物看之然無論此盒或常用玻璃片必極留愼不使物鏡切於其上而轉齒桿壓壞其盒或玻璃片甚或觸損物鏡如物鏡光距四分寸之一或八分寸之一則配光距最易誤事如用粗法以手動其中筒或以齒桿動之皆易誤觸故應用細螺絲法轉之以漸配之能準如此可免壓壞貴價之物鏡或難致之微體

正影鏡〇凡雙放顯微鏡所顯之影皆爲反形初用顯微鏡者應知此事如微體之影欲移左玻璃片必移右影欲移前片必移後反之亦然用慣者尙不至誤惟欲將微體於顯微鏡下以小刀分剖或割取欲細看之體須常留愼勿致顚倒欲免此弊可另加一鏡改正其影使見影與物形方向同細考顯微鏡者可備此種鏡其鏡謂之正影鏡

畫形器〇凡攷究顯微鏡者須備薄紙隨時畫出所看之新物其薄爲特設者所畫之形如當時不能辨其微體爲何種何類以後可資攷查惟能畫事者少近乃設法助人畫工或用照像法直照其像以免繪畫之煩照法亦易用小照像鏡箱將顯微鏡平置其筒使其目鏡在照像箱安鏡之處微體之影卽收於照像鏡之毛玻璃上配準光距使極清晰以常法乾片或濕片照之此爲雅趣之法其微體能放若干大如蚤可大如雞醋內微蟲可長如蛇甚省人手繪畫之工

助畫器（）用顯微鏡之人未必皆曉照像之法故另設數器能助繪畫之工如以三角玻璃鏡置於目鏡之外顯微鏡中筒平置時人目直下視三角鏡則見微體之形如正在目下於三角鏡下置紙一張其影即顯於紙上可以鉛筆照畫之工同映臨甚為省事畫成欲上色亦可惟用此器必練習數次方能不誤人目處必令瞳人一半收三角鏡之回光一半能見鏡下之紙以便照畫物形此格致家烏拉司頓所設法也另有便法為比勒所設名合色回光鏡法其價甚廉法用單銅管套於目鏡之外上有斜置之合色玻璃（七色渾合謂之合色）斜置角度能令微體之影向上回光同時能見下所備之紙照影仿畫惟此二法大半依光之排列如微體影受光太大紙面幾不見影紙面與筆受光太大則影不清故必練習數次配準其光令紙面與物影受光大小相同始易畫而不耀目

量微尺○初用顯微鏡者又有一物為甚要者量微尺是也尺以玻璃為之面刻極細之線為分度微體置其上能度其長短常人每難言明微體之尺寸言之亦易誤有此玻璃尺量之易知所畫縱橫線相距或百分寸之一或千分寸之一置微體之上或下無論照之或畫之其分度線亦顯於紙上以此法能比較微體大小而得比例或以同力顯微鏡將二微體分前後畫出以其二形相比易別其力大小

積光鏡○又有一器能令光積聚於微體之上謂之積光鏡乃無色聚光鏡數個相連置於回光鏡與台板之間最精顯微鏡用之於台下與回光鏡之間又備一器能將積光鏡以螺絲或齒輪移上移下所聚之光能積於微體顯之極明

回光管（）用顯微鏡看不透光之體如不用大力物鏡有增光鏡已足使光明惟物鏡光距少於一寸半者此法不合用須另設一器謂之回光管用凹形回光鏡當中有孔孔徑等於物鏡最下層鏡之徑以小管連於回光鏡凸面之外管套於物鏡外其鏡有回光射於微體之面稍斜置令回光鏡之軸與顯微鏡筒之軸稍相離則回光更多而微體更清因斜光能令微體受光不勻而有明暗之別如此其形能顯最清此種回光管價銀六圓至十五圓配小力物鏡者比配大力物鏡者其價尤大

黑點鏡○常有明光之體用下回光鏡回光太大而細紋不顯須藉本微體之光看之此為黑底法有數法可

成如物鏡力小可將下回光鏡側置使回光小而體形易清另有特設之器爲用更好卽以半球形鏡中綴一黑點謂之黑點鏡鏡置微體下以黃銅管與螺絲連於台下螺絲黑點鏡在管內能任配高低下回光鏡回光向上行過黑點能自收聚如物鏡光距大於微體與黑點之距則微體有光而周圍與下全黑體形顯之最清

顯微鏡要言

以上爲顯微鏡常配之零件另有多種或簡或繁不必詳述茲將常用顯微鏡之要法約略言之以便好者明其梗概

日內用顯微鏡必藉日光夜中則用燈光燈光有害於目故最好爲日內用之於窗戶近處擇合宜桌案安置顯微鏡就光窺看惟不可在直光之下使耀人目桌宜小而堅顯微鏡置於桌取物鏡連於中筒配準台下回光鏡令於物鏡聚有大光再將目鏡插置筒上始備看明光之物如物爲水內微蟲可置以微蟲籠法將玻璃滴管以食指杜其上口置水內近於微蟲放指則蟲與水吸入管中再杜指提取滴其蟲於籠內玻璃面上所放之水僅一二滴適蓋於玻璃面足矣過多則散至籠邊蓋時不便必先拭乾方能適用如法置好籠置台上令下回光通過其上人目對目鏡轉動螺絲至能見水內活物而配準光距如所看之物小而物鏡之力大則用細螺絲配光距配準則籠可移前後左右以便看水內一切之物

如水蟲不必用微蟲籠者可以小木片或鵝翎管或箭豬刺頭蘸水濕之使有黏性移至小玻璃片或用小剪夾之亦可平常明光之體不用水令濕亦可顯明然莫如以小滴管將凈水一二滴置玻璃面蓋以極薄小玻璃片其片薄如紙有現成之方圓等塊顯微鏡行內可售之再將微體照前法置台上看之

凡不透光之體欲用回光看通須以極快之刀如剃刀等剖取極薄之片置玻璃片上看之能通而細紋皆顯如其體甚小手不能持可以輭木二小塊夾其體用利刃連輭木切成極薄之片一層檢出置玻璃片上看之間有微體欲於顯微鏡下分開法置於玻璃片上以小力物鏡看之用二小針卽縫衣小針刺入極小毛筆爲柄或以木爲小柄左右二手各執一針對物分撥其體易開若蚊蠅蜘蛛等物欲分開而不用顯微鏡者亦可以此二針分之

看不透光之體欲不用回光鏡可用增光鏡置列左近使平面向外凸面向內則日光燈光能聚於微體之上

第一圖

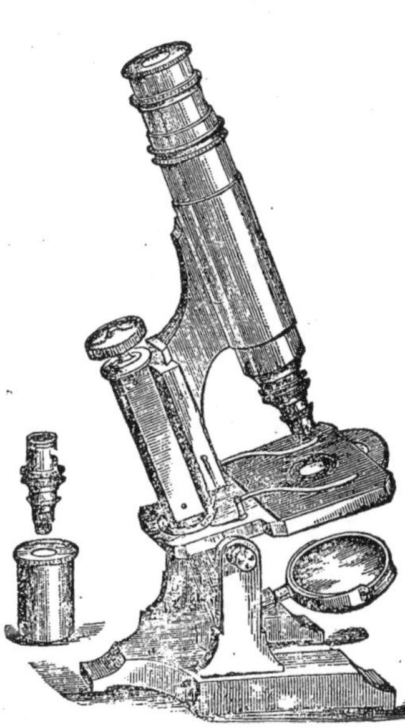

第二圖

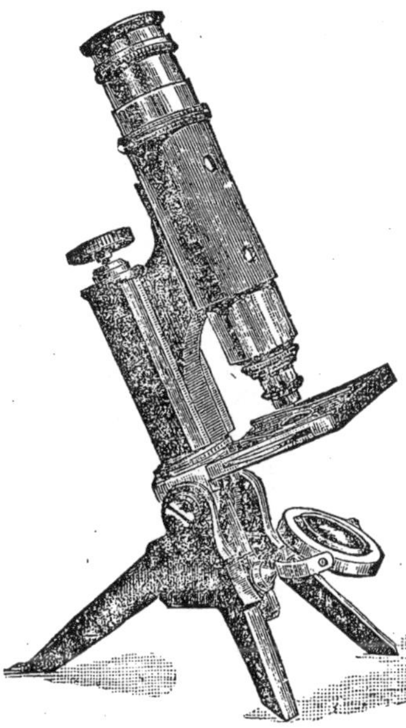

令甚光明易於分辨其微體或置玻璃片上或夾於小剪連於台上如花瓣或百蟲翅腿等均可以此法看之初用顯微鏡者可備簡便藥水數瓶即化學所用試藥如碘水加於植物膜質能令顯有小粉否配此水法以碘五釐鉀碘五釐化於蒸水遇小粉即變藍色遇寫留路司則變椶色寫留路司為成植物微膛之料也淡硫強水每強水一分配蒸水三分亦為有用之試藥寫留路司遇碘水變椶色後遇硫強水則變茄花色或藍色濃硝強水遇蛋白類質則令變深黃色硝強水一分配蒸水四分能令植物膜質分出或添其水內或沸其水內皆可分出鉀養濃水能令不通光之動物植物質變輭而通光惟上各藥水力猛能侵蝕玻璃之面令糙而不通光故不可使物鏡與之相遇又不可受其騰霧因亦易侵蝕也

顯微鏡圖說

第一圖為英國醫士常用之顯微鏡亦謂之公用顯微鏡形式美麗可收攏裝一木匣易攜動裝亦最平穩不易動損鏡力極大而清工料亦精而其架以實心黃銅為之中筒有伸縮之套管引動之能加減鏡力套管以呢為裏有極細螺絲能配光距甚準合於最大力鏡之用台上面有細毛面便於玻璃片移動而不

第三圖

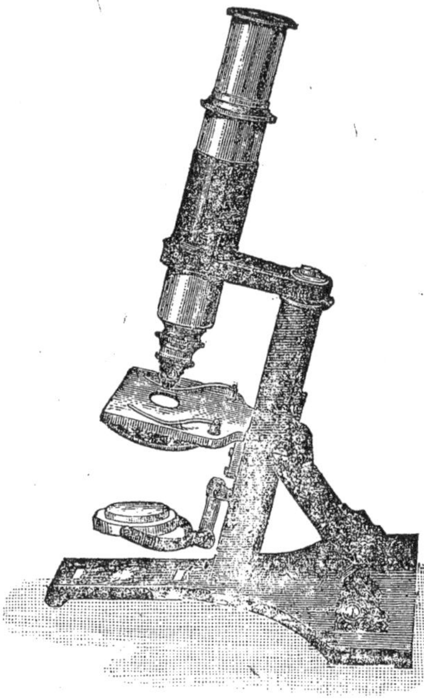

第四圖

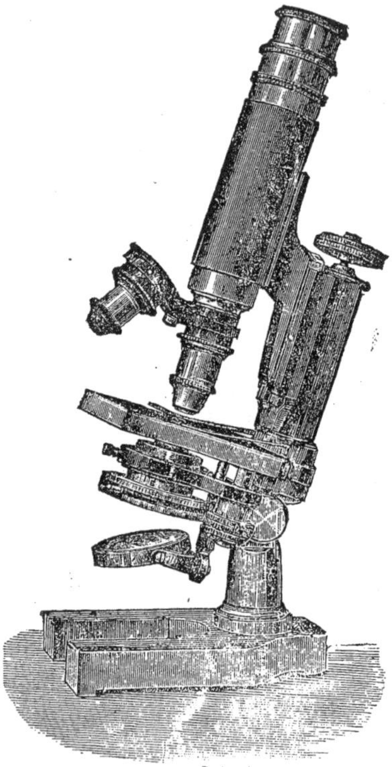

滑台當中之孔有隔簾一副俱能由下置入與台面平可免光散之弊下回光鏡一面平一面凹目鏡有長短二具物鏡能分作二物鏡之用分用則光距一寸半合用則光距爲三分寸之二能放大三十倍徑至一百五十倍徑並能用上等物鏡光距六分寸之一者放大一百八十倍徑至五百五十倍徑此二物鏡有新法裝卸能省轉螺絲之煩又無論何種物鏡如螺絲照常法亦能用於此顯微鏡此顯微鏡之物鏡亦能用於他顯微鏡上全鏡裝以洋紅木匣長十寸半寬七寸深四寸匣外敷光漆配鎖鑰有新法皮繫便於提携全價金六圓如用光距八分寸之一之物鏡代六分寸之一者能放大七百倍徑須加銀十圓另添積光鏡價銀八圓折光器全副價金一圓銀七圓三角助畫鏡價銀十五圓合色回光鏡價銀六圓量微體目鏡價銀十圓此種顯微鏡已在倫敦及各大城鎮醫院等處購取者凡數百具

用者莫不讚爲精妙肺癆並霍亂吐瀉等最難辨之微蟲用此器光距八分寸之一之物鏡皆能分辨之

第二圖爲學徒合用之顯微鏡價廉工省形式簡便學徒資斧無多合購此鏡其物鏡仍爲上好者所配各件亦足各要事之用物鏡有二一光距四分寸之一一光距一寸目鏡一具共裝一洋紅木匣有皮繫與鎖鑰價金三圓銀十圓如以光距六分寸之一之物鏡代四分寸之一者加銀五圓以七分寸之一者代之加銀十五圓餘各零件價與前同

第三圖爲更廉之顯微鏡能程之功與前二者相似惟力較小耳目鏡一物鏡二一光距一寸半一光距三分寸之一亦能配用他光距者全副裝洋紅木匣長十寸寬五寸高四寸匣面漆光價金二圓銀二圓

第五圖

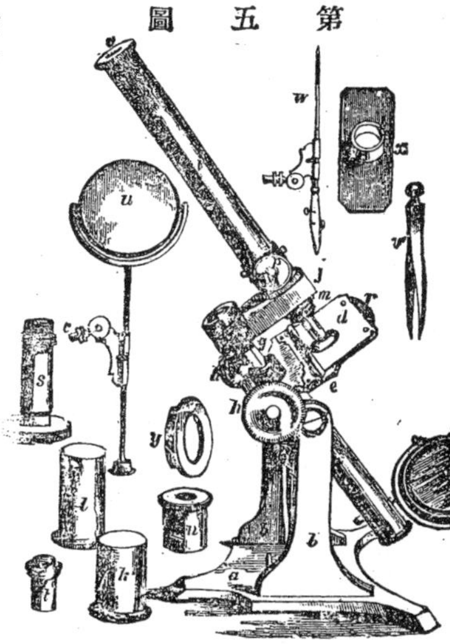

第四圖爲新法極精顯微鏡醫家合用之辨驗肺癆與霍亂吐瀉等病之微蟲顯之最清凡各深而講究之顯微鏡工俱能合用故精明醫家不可不備此器其架以黃銅爲之有活節能任配斜度有細螺絲配其光距極靈便用最大力之物鏡亦能平穩而不移動台長三寸又八分寸之三寬三寸有簧夾與轉簾下台有齒桿齒輪與配準心螺絲能憑樞轉動不用時可移開回光鏡大而一面平一面凹其托桿亦能轉動配任何方向台有活簾與積光鏡目鏡有二物鏡亦有二一光距一寸一光距六分寸之一能顯九十五度之角放五百六十倍徑裝以洋紅木匣長十三寸寬六寸半高四寸又四分寸之三外有皮繫與上等鎖鑰價金九圓銀十圓用光距八分寸之一之物鏡代六分寸之一者能顯一百零五度之角放七百倍徑加銀五圓添十分寸之一之物鏡能顯一百二十度角加金二圓用十二分寸之者顯一百三十度角加金二圓銀十圓十六分寸之一者浸油內用之顯一百七十度角加金四圓添雙物鏡筒如本圖者加銀十二圓此法最便能速調換二物鏡不誤時刻此外欲另加任多相配之件價皆酌加

第五圖爲常事合用之顯微鏡有三足銅架立甚穩上有活節鏡可任斜台板格外大下有轉簾簾有大小三

第六圖

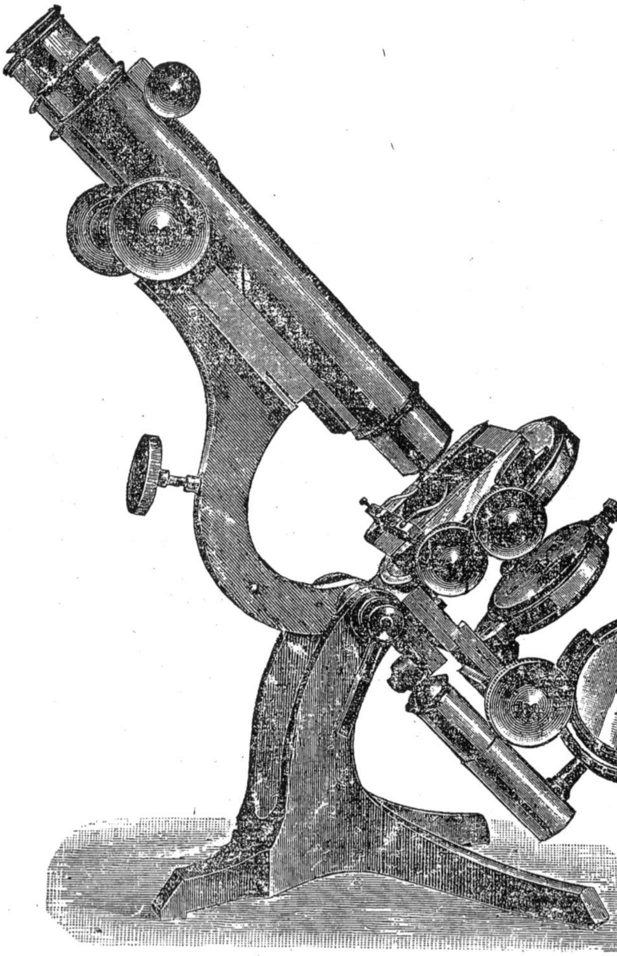

孔以便收下光之多寡下回光鏡一面平一面凹連於中柱之底能起落以配用能轉側以就光另有增光鏡以桿柱架托能任高低側轉目鏡有二一長一短物鏡二力分大小各盛一銅盒一鏡光距一寸半用長目鏡能放三十倍徑即九百倍面積用短目鏡能放四十倍徑即一千六百倍面積一鏡爲三層合製光距四分寸之一用長目鏡放一百五十倍徑即二萬二千五百倍積用短目鏡放二百倍徑即四萬倍積目鏡可套於中筒上端出入甚便配高低之齒桿與螺絲皆上等工料另有磨光小玻璃片大小黃鑷及微蟲籠等共裝洋紅木匣內價金四圓銀四圓甚合初學之用惟醫

家用之攷求極細微蟲等不甚合宜因力小也

第六圖爲格致家合用之顯微鏡其架格外大而堅底分三足峙立甚穩無論鏡體斜至若何皆穩立而不傾

第七圖

倒此式鏡有造雙筒與單筒者雙筒者如本圖合於二目並視即雙眼顯微鏡也有雙目鏡與下台及回光鏡等價金十七圓半欲用最精物鏡大者光距一寸能顯二十五度之角小者光距四分寸之一能顯九十度角另配增光鏡與托架共裝洋紅木匣價金二十三圓單筒者有一目鏡與下台等件價金十四圓銀十五圓配以精良物鏡光距一寸能顯二十五度之角另加增光鏡與架裝以洋紅木匣價金二十圓銀五圓如用本架配以更廉之目鏡物鏡與各零件價自可省欲配更精之工料價當更貴雙筒鏡有齒桿齒

輪配其雙目鏡之距使合人之二目添配各零件價自酌加此種顯微鏡收併立直高僅十六寸携帶亦易第七圖爲范赫爾克顯微鏡架小而易移制精而合用最大力物鏡亦合用之最宜於顯微鏡照像各工此鏡與他顯微鏡之別其下台亦有細螺絲能配甚準現常用大角度積光鏡必以此法且下台之細螺絲能由上台轉動之他家顯微鏡無此益也蓋他家者欲動下台螺絲必手在台下摸索每易誤事用此法由上台捩轉大爲妥便此顯微鏡能照像之工與看微體之力最爲合宜原德國人范赫爾克所剏法良工精配製極準配光距之粗細螺絲亦極講求其細螺絲外輪周分一百分每轉一周則令顯微鏡起落三百三十三分寸之一如將周轉百分之一則起落者僅三萬三千三百分寸之一若此細分目視之不能辨惟用大力物鏡時始能知有起落又他法配準光距閱數分時之後顯微鏡能自走動變其準距此法則無此弊其台徑四寸半有法能令前後左右移動一寸又有同心之轉動共裝一匣高十五寸長九寸寬七寸如本圖者用一目鏡價金十六圓另有各零件合於此鏡配用其價另加下台亦有極細螺絲能令起落甚微尚有新法爲他顯微鏡尚未用者

第八圖

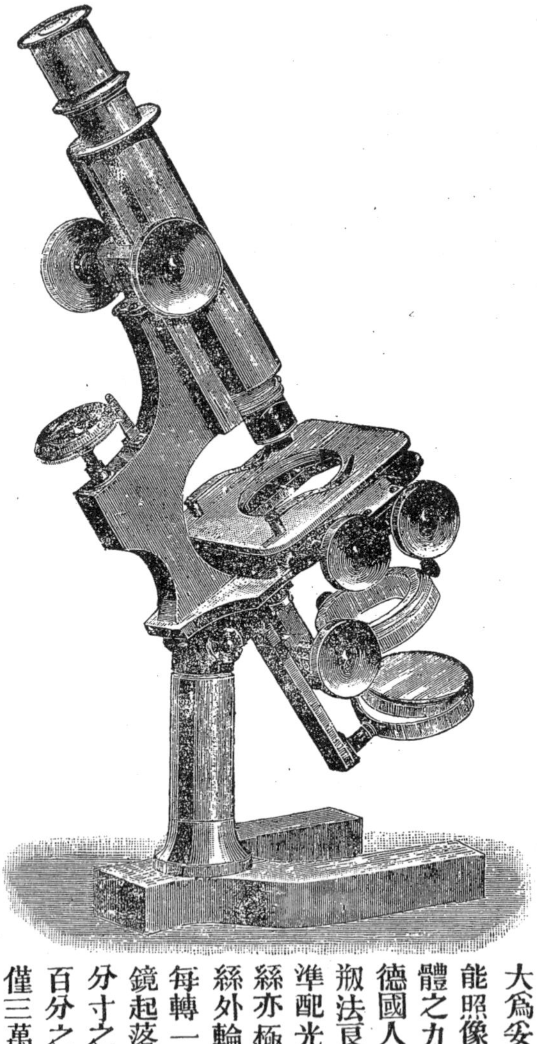

第八圖爲學徒合用之顯微鏡比前者簡而小甚便移動其台亦有移動微體之法並常顯微鏡宜備之各件惟下台無細螺絲此顯微鏡亦合查驗微蟲等醫學之事分有甲乙丙丁四號各有不同之處而價亦各異如本圖者爲丁號其台有左右前後移動之法不惟格致家常用此鏡而製造工藝內亦多用之此號已售出者甚多故知其合於用顯微鏡家之意其價金八圓銀十五圓甲號者金三圓銀三圓乙號者金四圓銀三圓丙號者金六圓銀六圓造此顯微鏡之家不惜工料多費心力使極講求精美合用

凡用顯微鏡窺看動植各微物其最奇異美觀者自行製備事頗不易即購現成體料自以玻璃片鑲合亦不及專門工此業者之精良倫敦等處有顯微鏡家專備各動植物微體連於小玻璃片購置顯微鏡下窺之大能省事其價廉者銀一圓次則二圓或二圓半有一廠家製備此種玻璃片凡四萬餘種購者無論思看何種概有現成者可購如無現成者則可定作凡人身百體之微分及各病症之微體並一切與人身有關之病症皆有微體以顯其情形甚便於攷醫學之用又有禽獸魚蟲身體之微分及人與禽獸身體所有微蟲等物另有礦學及各種土石與煤炭等物或單購一片或合買全副均可又有極微照像目視之僅爲微點顯微鏡看之則爲極大人像或奇異物體或奇字古書或名山勝水或奇畫異景從未看顯微鏡者窺之訝爲新奇意想不到其萬分之一蓋顯微鏡所能攷查趣益之事幾乎無窮非細心雅士不能味其旨趣果能細心探討實爲取樂最佳之法藉顯造化之妙無微不入資查格致之學爲理益精是顯微鏡實格致之要器也

顯微鏡家常看之微體分動物植物死物三大類動植二類較死物者更覺有趣故其類多死物者土泥沙石白石粉與各鹽類之粉及顆粒也看之亦有大趣顯形佳美取製最易茲將此三大類取法看法略言如左

凡各植物爲無數微體相合而成此微體謂之聚胞體或爲鬆者成各形式或爲緊連成略圓形內有空心如果實內能見此圓形之胞將蘋果或蘿蔔利刀切成極薄之片薄如紙窺之能見其胞中有心胞料圍心而成間有胞連甚密成各形式者謂之膜質或周圍相擠成十二面形刀割成半則顯六面形燈草與數植物之梗心料割成薄片間顯胞有引之最長者或數胞合連成長管者此謂之管形膜質如不變形則謂之聚胞膜質水草有星形膜質者橫割薄片則易顯明花草葉面之皮亦爲極細聚胞葉面尙有微孔內含綠料割去葉面

外皮則易見之各花瓣皮面有微孔列法甚佳如晒叻紅花其紋極美植物管形膜或素或花常爲縱列又有橫列絲紋由心至周若半徑者有數種膜質內有小核如松杉等樹割取極薄之層看之則見黑色微點以此爲生松子類之據有數植物其絲紋繞成螺絲形如大黃等其葉之莖折之易見其螺絲形之紋

以上僅植物質外形之說其內尚含數質亦可窺查如小粉粒鹽類顆粒糖顆粒等小粉有多種各植物產者不同如米山芋藕麥蕢珠米等小粉粒形各不同窺之易辨葱頭之皮大黃之根內亦有顆粒形之質其形甚佳大半爲鈣養草酸另有遇石膏粒矽養二粒者蔗糖顆粒亦易分辨因與蜜糖不同故如蜜糖內屬蔗糖一看可辨其假又植物外面有凸點或細毛或芒刺或微核形皆不同大小各別以顯微鏡可辨之故茶葉與藥品葉等如預知其葉面之毛形則易辨其眞假菸葉之毛頂有圓頭如攙假一看易知有數草其刺含毒刺人作癢因其刺底有小核核內含毒料觸人則毒隨刺入膚故而作癢水內數草能自動或轉如輪或頭形如鐘後連細梗時屈成螺絲形時伸直收食水內物質窺之見其遞更伸縮甚覺奇觀於瀦水內每易見之至看各花瓣花心花蕋花鬚等其形色絲紋各有大趣又背陰草子與各細草子並黴霉等看之爲佳菌類酵質穀霉亦顯奇形苔蘚子外有套破套散子法亦甚奇

水內微蟲皆可用滴管隨時取看頻年攷查幾無窮極如海絨海草珊瑚爲類甚多又魚之鱗自極小以至極大紋彩佳麗種類莫窮人髮與各毛羽布縷絲紋皆可看驗蝶粉可看爲最佳之鱗而蚤紋蝨虱能辨其頭眼舌心及嚙人之具極微之蟲能辨其陰具陽具並所生細卵蜘蛛能辨其成絲之具蠅眼能分四千平面蝶睛能分四萬七千小眼髑螂之類胸有脒若雞之有脛內生圓錐齒六亦有生數行者皆可辨認至於動物之血有輪甚多輪中有心人血每輪徑三千分寸之一至三千五百分寸之一分紅白二種壯者紅少白多病者紅多白少各禽獸魚蟲血輪與人不同故醫者見人衣有血跡易辨爲人血否辨洗寃者間用此法爲據

用折光之法看各死物顆粒亦美麗生趣惟必另設器具方能窺看總之動物植物死物各質觀之無盡趣益無窮愈究之愈知識見不廣此書不及備詳好者舉一反三自有心得引伸觸類旨趣正長如將顯微鏡連以影戲燈能顯微蟲甚大長可數尺似爬行布幃之上蜿蜒甚奇至於顯微鏡應配零件尚有多種茲不盡言矣

格致釋器　第九部　遠鏡說

遠鏡之法古人未知故無其器約西歷一千五百四十九年始有人偶得其法說者荷蘭國有造眼鏡家其子嬉戲取鏡二片離遠對視忽見遠處禮拜堂之塔覺似移近奇之走以告父父仿而觀之乃歎斯事之有益於人非淺鮮矣因細究其理取試各式之鏡以合用者置於長筒窺之輒視遠若近揚其法於外時有天文家葛立里尤居意大里之未尼司地方聞此奇異從而細攷其理法以二玻璃磨製成鏡鑲於大筒之兩端對窺遠物卽轉而爲近處觀者成羣結隊而來莫不詫爲見所未見嗣携此鏡登禮拜堂塔頂窺視周遭無不歷歷在目此遠鏡起興之始也後乃專用遠鏡攷究天文查得新奇之理頗多自葛立里尤至今遠鏡愈製愈精現製遠鏡無論大小皆免各弊而得大益天文之學多賴遠鏡而致精深古人無此遠鏡無怪其天學之不精也

遠鏡之益視遠若近故名遠鏡大者功在觀天故又名天文鏡小者可以視遠俗又名千里鏡名目雖殊用實一也格致家所攷格致器內最大趣益者莫如遠鏡無論大小善用者皆得開心益智增廣見聞卽遠鏡目鏡徑僅一寸半至二寸者亦合窺天又常用雙眼遠鏡合法穩置平窺數處亦覺新奇而趣樂可知遠鏡之益不在乎大而貴者果能得鏡徑二寸至三寸者不獨能觀遠取樂猶可查究天文內新奇之事

攷天文者每思天文之事已經前哲以大遠鏡查明非用更大遠鏡不足再窺新事如侯失勒與羅斯二家以極大回光遠鏡測驗行星恆星星雲星氣英俄美諸國亦用極大折光遠鏡窺測天面無處不詳此皆明家高手從事天文似已精詳無遺事矣尋常門外之漢執小遠鏡管窺蠡測無異緣木求魚殊不知欲攷天文而明其深奧之理先用小遠鏡爲最宜雖不能查得新事然可藉以識別天面要星親閱書中之說遠証天上之星已足開心益智增人雅懷

家內用小遠鏡攷究天文其益有二一必先用小遠鏡窺看方能明遠鏡之造法與其光理並能查驗天文始基之各要事二天文家所得最要之事俱由不甚大之遠鏡查出如著名天文家哥德斯米德於西一千八百五十年已屆四十八歲初攷天文查得新小行星凡十有四另測得數要星氣與變光恆星所用遠鏡光距長

僅五尺置以三足架測之

常人初用遠鏡窺測天面所看行星與星氣等每有不滿意處如聞人云以遠鏡觀天能辨木星紋帶土星光環火星陸界及用遠鏡對覷此各事一無能辨大失所望然天文慣家當時一看無不辨清以告初學似覺難信

初用遠鏡者不滿意之故厥有一意預存其心卽預計目所能看之星徑而乘以遠鏡能放之倍數以爲此乘得之數可與太陽太陰之徑相比及用遠鏡觀星乃見其形甚小仍爲一光點較之日月差之遠甚如看木星所顯之徑本四十五秒遠鏡放大之力有四十倍用窺木星應顯徑一千八百秒卽半度也目視日月之徑亦略半度是窺木星應與目視日月同大也然窺及者大拂意想所顯圓面仍小於太陰且界限亦無月面之清故不滿意也又見其同心直線內有三四小光點卽木星之月必天氣晴朗時人目瞭亮者始能窺及而木星帶紋僅見微迹不能清晰因此必曰遠鏡不精放力低劣其實非遠鏡之過乃用者之誤會耳何以見之試待木月相近一目對窺木星一目直視月面使二形相合則知所見二形大小相似無甚懸殊也

第一圖

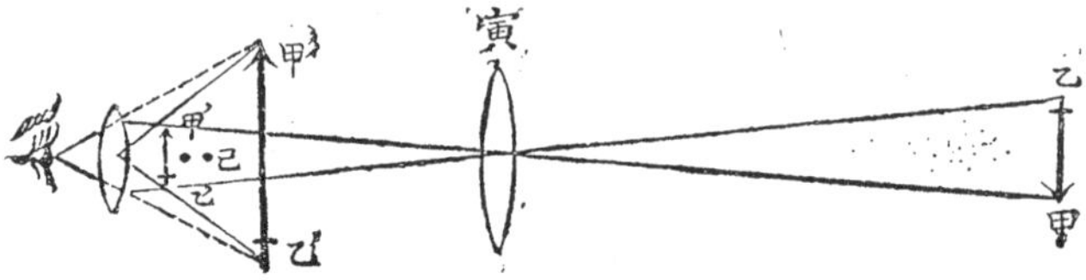

常有人購中等或不甚大之遠鏡試用數次因不得法則棄爲廢物以爲遠鏡不精已受售者之愚故應有專書講明遠鏡之要理要法以便初試遠鏡知所從事雖不必深求光學奧理然應預知遠鏡所能成之事與不能成之事則自易放心不致誤會又應知其目鏡欲作何用或欲放大所看之物或欲增多所顯之光

人以目視物愈遠愈不清眞所以不清者因目視物必備二事一所看之物必大足爲目收接其形二其物必發光足爲目分辨其形故所看者遠至目力不及接見不因其形過小卽因其光不足形過小則目難辨光不足目亦難辨可見鏡遠之製必以此二事爲要一放大物影一增多物光常遠鏡俱有此二益卽有一鏡能顯物形而增其光鏡愈大增光愈多又有一鏡能放物影視遠若近放愈大目辨愈眞

凡遠鏡最簡者必有二鏡一物鏡卽能收所看物象此象必由遠觀其鏡始得清晰因有不便故另加一鏡謂之目鏡卽人目可於較近之處看清物鏡之象此鏡二面凸直置於合宜之距卽爲最簡之遠鏡其理如第一圖寅爲物鏡卯爲目鏡乙甲爲遠物遇物鏡成甲乙象此象再經目鏡放大卽見遠物所現之影大如甲乙然

甲乙實小於乙甲因其距目較遠物更近而視角之大小迥異故見遠物似乎放大而覺近也目鏡所看之象爲物鏡象之倒影此影能看之大常與鏡之凸面有比例假如物鏡成象距物鏡六寸目離物鏡六寸觀之則見象與本物同大而毫無益處如加目鏡能令目離象不過一寸卽看清晰則必比看本物大三十六倍卽四面各放大六倍也故如本物相距六里以此二鏡窺之儼與相距一里者同成象愈離本物其鏡光距愈大又目鏡愈能令目與象相近則物影愈能放大卽遠鏡放大之力愈大如將此二鏡鑲於一筒兩端卽爲最簡之天文鏡

第二圖

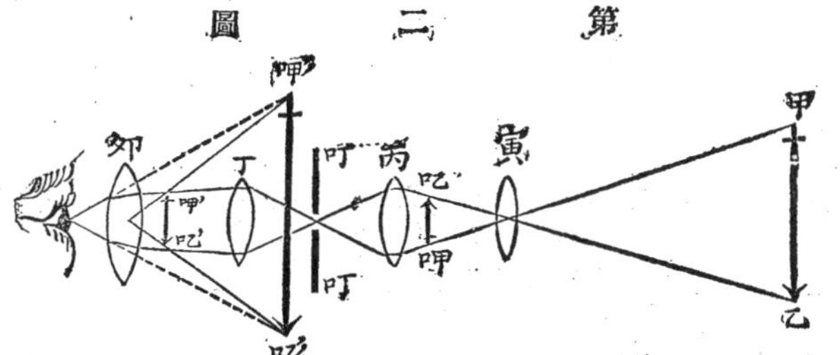

上言之遠鏡窺看遠物俱成倒影用觀日月天象固屬無妨惟陸地看物成影倒置殊有未便故必另加數鏡成第二象卽爲正影由目鏡窺之其影亦正如第二圖寅爲物鏡卯爲目鏡二鏡之間另加丙丁二鏡光距相等遠物甲乙成象於吃呷爲倒影此影過叮隔簾交展而過丁鏡成呷吃正影爲卯鏡放大目視其形大如呷吃亦爲正影地面遠鏡欲加其力須令其物鏡聚光點卽光距相離頗遠故所成之象亦離頗遠凡鏡面愈凸則成影愈近愈平而成影愈遠凸鏡愈近於平面磨製愈難甚準卽以最精法造之鏡亦難免是弊故成象有模糊不清之形遠鏡愈大此弊愈甚然猶有更大之弊卽光色差凡看物象其邊有彩色若三稜玻璃之折光者然卽爲光色差近乃設法以火石璃璃鏡與含鉛玻璃鏡並合用之卽成無色鏡而免光差與色差矣用此法造遠鏡可長二尺至十尺目鏡光距半寸或四分寸之一如長三尺之遠鏡卽能成象距物鏡三十六寸另配目鏡光距半寸卽令其象離目不過半寸則物影四圍能放大七十二倍卽看七十二里遠之物其大儼同相離

一里之遠此各種遠鏡謂之折光遠鏡物鏡光距愈大於目鏡光距看物愈能放大卽所看之遠物愈能變而爲近

凡遠鏡能助人目視遠者厥有二義一能放大所看遠物之視角如此則令物影顯更大一能聚入目之光線比目自看者更多故目不能自見之物用遠鏡能窺及之如葛立里尤所設遠鏡其物鏡能令光線聚近目鏡能令光線離散欲求放大之力則以目鏡光距約其物鏡光距約得者爲鏡能放大之倍數又其筒之長可顯物目二鏡之較此遠鏡看物爲正形因其目鏡面凹能改正物鏡之倒影也然天文遠鏡其物目二鏡俱令光線相聚而增放大之力故以目鏡光距約物鏡光距爲其放大之力而筒長爲二光距之和此種遠鏡欲得大力者其筒必最長惟筒過長體必甚重殊有不便故另設一法造回光遠鏡可免筒長體重之弊

第三圖

折光遠鏡常用者筒長三四尺以黃銅爲之如第三圖爲書館中合用者托以矮三足架看天文或地面之事可以公用不用時可裝入所配之箱內書館中學徒習天文書欲識各大行星恆星等事購此遠鏡最便於用可置桌上或臺上能俯仰以對星可周轉以測遠惟鏡力頗小不能攷深邃之事

如第四圖爲套筒遠鏡游覽之人或畋獵之人或演鎗看靶等合用之其目鏡有法能配光之大小天陰可用小力目鏡天晴則用大力者其筒爲數管相套而成伸之則長收之則短兩端有皮套裝闔外有皮帶掛於肩上携負甚便分有大小數號大者物鏡徑二寸又八分寸之一筒伸長三十六寸縮短則十寸半價金五圓銀十圓是爲地面遠鏡最大力者小者價金三圓銀五圓亦甚便於游覽之用能於二十里之遠看桅桿上之旗於六英里之遠能辨時辰鐘之時刻此俱爲上等折光遠鏡再有中等下等者價自更廉

上等大天文鏡必立於高架如第五圖便於花園等處用之其物鏡徑三寸光距三尺九寸其筒以黃銅爲之

磨甚光亮目鏡有齒桿與齒輪動之又有齒桿齒輪能配其高低大遠鏡之上另有小遠鏡長十二寸是爲副鏡其三足架爲新式者高五尺三寸三足爲空心者當中有桿夾連故比別架更輕更穩其目鏡能放大一百二十五倍徑即一萬五千六百二十五倍面積又有窺太陽鏡爲有色者另有窺地面遠物之鏡能放大三十倍徑即九十倍面積共裝一松木箱內價金十四圓此爲攷天文最便用之折光遠鏡

第四圖

回光遠鏡者用一回光鏡爲物鏡法原創自格來格倫於西一千六百六十三年著書論說惟法雖設而遠鏡未行嗣格致家奈端推廣其制始覺利用故又謂之奈端遠鏡造法用大筒內端置大回光鏡徑與筒內徑等遠物所來光線進筒口遇大回光鏡回其光線聚於筒口近處成一聚點於此處作一小孔並斜置小回光鏡人目由小孔覷斜置小回光鏡可免人首當筒口而遮光之弊此種遠鏡放大之力等於回光物鏡與回光目鏡二光距相約之數格來格倫回光遠鏡與奈端者相似惟其小回光鏡不斜側而直置正對大回光鏡之心大回光鏡心作圓孔令小回光鏡回光過此孔遇折光目鏡收其影入人目與折光遠鏡同意格氏遠鏡推其放大之力法亦與奈氏遠鏡同又有恰惜格倫者亦設法造回光遠鏡與格氏者相似惟小回光鏡以凸代凹故其筒可更短惟其目鏡顯倒影不甚便用

天文家侯失勒復設一法造回光遠鏡如第六圖比前者更靈便止用一大回光鏡斜置筒底令光線回行至筒口之邊於此處置折光目鏡窺之人首即不遮筒之光惟其回光鏡斜置成影不免稍歪是其弊也已照此法造大遠鏡數具其推放大之力法與奈端同有一大天文鏡筒長四尺回光鏡徑四尺其鏡既大收光自多可免大力遠鏡常有光少之弊其目鏡光距一寸能放大四百八十倍徑即略二十三萬倍面積如月離地二十四萬英里用此遠鏡窺之則變爲五百英里之距此回光鏡之面徑四十九寸半厚三寸半重二千一百十八磅鏡筒以鐵爲之徑四尺有奇後英國伯爵名羅斯者在阿爾蘭造更大之遠鏡有二回光物鏡徑各六尺光距五十二尺鏡筒以木爲之

長五十尺內徑六尺已可謂回光遠鏡之最大者矣此等遠鏡可安置最低而免震動因愈近地面而愈穩也

第五圖

近來復有造最大之折光遠鏡如俄京近處造天文遠鏡物鏡徑略十五寸光距二十二尺半美國西鄙近造

第六圖

更大之折光遠鏡物鏡徑三十六寸光距五十六尺重五百三十磅鏡筒長五十七尺中徑四尺兩端徑三尺有餘以最堅銅板爲之其大力目鏡能放大三千三百六十倍徑卽略一千一百三十萬倍面積用以窺月宛似離地僅二百英里之遙此大天文鏡可稱天下之巨擘而無出其右者矣第五年春季格致彙編論之已詳此不復細及

遠鏡所用之架亦爲要事須令鏡筒能上下俯仰周圍側轉卽必有法可以立動並

可平動立動者使配所看星之高平動者使對周圍之向小遠鏡用矮三足架可置桌上或臺上坐看天象或平看遠物惟遠鏡愈大其架愈須平穩立平二動亦須緩慢無論何法務以夜天便用爲要最簡便法用桿二根可以手執一能制立動一能制平動用力推桿則筒能大動拈轉其桿則筒能小動更大之遠鏡必用高三足架立於地面再大則必用一立柱柱立甚穩毫無震動凡稍大之遠鏡另有小遠鏡副於其上謂之副遠鏡便於先查欲看之星如星已在小遠鏡之中再用大遠鏡窺之亦必在其界內大小二鏡必平行用此法大能省時

用遠鏡看星又有一難即星在天面常移位以鏡隨窺亦非易事故另設法於遠鏡架上用法條齒輪等法使遠鏡隨星移動故如遠鏡窺星在東其法條與齒輪起動若時辰鐘表隨星旋轉以至西沒無論何時窺看遠鏡其星在目

副遠鏡常居大遠鏡之上軸線平行筒中以蛛網或極細鉑絲作十字交交處居鏡中心如在此交處得見某星在大遠鏡中亦必見之清晰不用此法雖副鏡能見其星而大鏡未必得見

凡購遠鏡有數事宜知而愼查之一物鏡須查其合法與否以玻璃明淨質勻爲要如有小泡或微痕迹亦無甚妨因減

第七圖

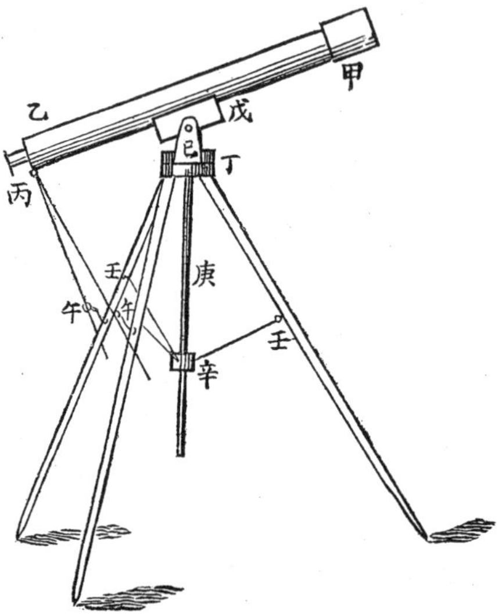

光僅少許也猶之鏡面有塵點者減光亦甚少也然猶以愈明淨愈佳如偶有微塵飛落其上亦無甚妨不必急去二鏡面如應揩淨可以極軟之布或絲綢絲綢愈熟舊愈好三揩時宜極愼間有微塵雜有沙粒以布壓揩難免鏡面起痕最好之法先於鏡邊輕拭小區再從此推揩苟有塵沙則已推開而鏡不損四凡物鏡目鏡爲二鏡相合者不可折開五欲查驗目鏡亦必先看玻璃明淨與否又必看其二鏡毫無泡痕如稍有微痕則影顯甚大有礙物形是爲大弊故目鏡較物鏡尤須愼護不令見濕不使沾塵

遠鏡之筒宜輕而堅不可震動故須輕彈之視其震動否彈時發聲不可如鐘之響鏡筒內面須暗黑色不可發回光叉筒內必有隔簾亦須暗黑無光所配套筒齒輪齒桿皆宜最準而行動靈活叉須緊密不漏光

遠鏡立於架上所配重心之點亦爲要事無論大小遠鏡兩端應略相平因用遠鏡精測時每有兩端不平之弊故有簡法用繩成一圈套於鏡筒之外能移動繩下懸小錘足配目物二端使其相定不愼此事每多費心力對準一星偶一釋手因輕重失宜輒失星之所在須再費工夫始能對準

第八圖

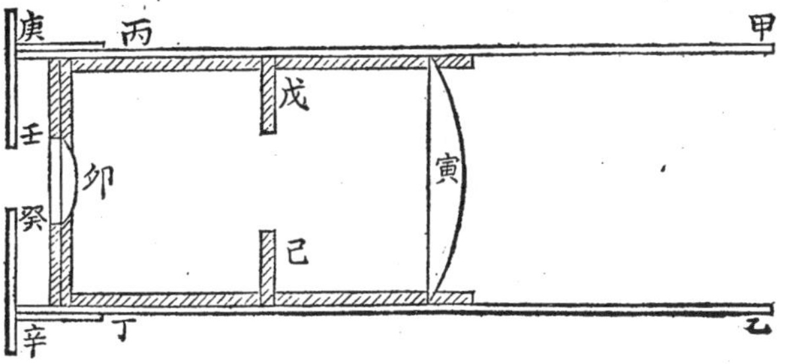

第九圖

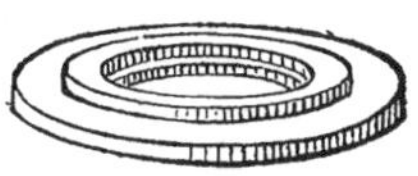

第十圖

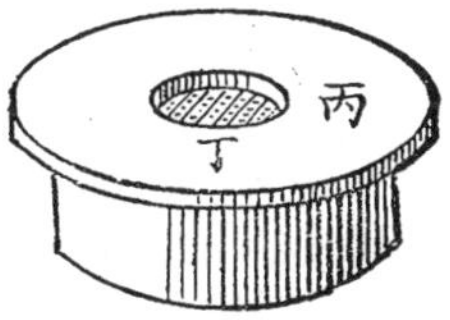

遠鏡所備之架與其用處大有相關如有上等遠鏡置架平穩用者大覺其便如用架不穩雖多費心力亦易誤事用遠鏡者又必備穩便坐椅使體舒暢如坐椅不便用遠鏡者亦多有不便之處查驗遠鏡之物目二鏡與鏡筒鏡架僅初層工夫而遠鏡之優劣不在尺寸大小不在裝飾華麗務以窺遠物準眞清晰爲第一事即須驗其光色差已改正否法將遠鏡對窺月面或木星配準光距後令目鏡移近物鏡如見月邊顯紫色圈再令目鏡移離物鏡見月邊顯綠色圈則知其差已改因此二色爲副光帶應有之色再驗其球形差已改正否法將遠鏡對窺三等或四等恆星配準光距以圓紙套於物鏡之外套中作孔徑略居物鏡徑之半再窺其星如光距不變則知球差已改因中光距之長與其中光線光距之長相等也如紙套於物鏡外時令光距不準必移目鏡離物鏡若許始能清眞則知其球差尚未全改如目鏡必移近物鏡光距始準又知其球差改之過限另有便法將圓紙一片徑居物鏡徑之半置於物鏡正中視其光距與用紙套時光距之較即知其球差大小如用紙套時知球差已改則不必復用此法矣

再將遠鏡對窺一等恆星如見一邊有彩色則知物鏡折光之力不勻必有一處與他處不等以前言紙套試之則易知弊之所在如顯雙彩色則知略因螺絲旋之過緊稍鬆之弊卽不顯然物鏡列法若與筒不成正角或目鏡亦有斜側之處用窺一等恆星亦現彩色惟此弊不易分辨亦不易改正上等造遠鏡家總不肯將有此弊之遠鏡出售如目鏡不正或目鏡之筒不正可將硬圓紙三片中心各作小圓孔目鏡筒兩端各置一片

第十一圖

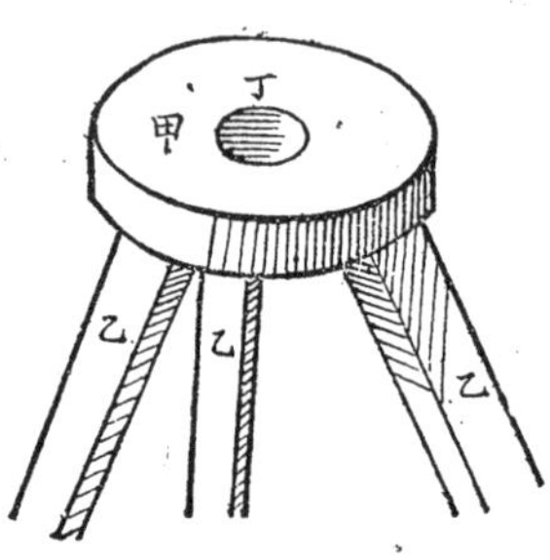

第十二圖

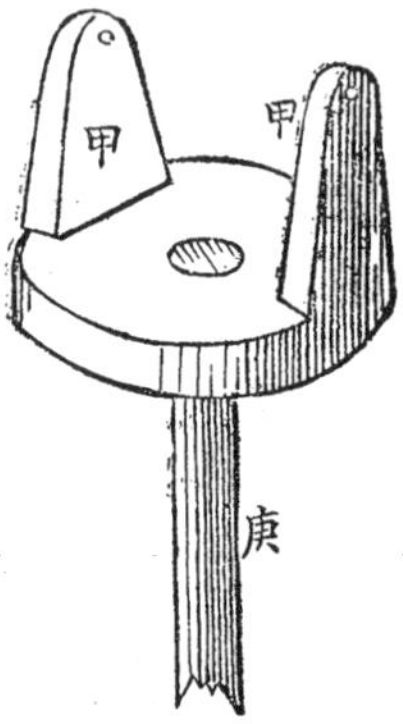

物鏡上亦置一片對窺三孔如目鏡筒與物鏡筒置列合法則能看通三孔居一直線不能看通則易辨何處不正而修改之

欲驗遠鏡之力可用以窺雙星或合星如各星之光略相等遠鏡應能顯明其二星或多星之形瞭然入目再用窺大不相等之雙星合星如大小顯之分明則知鏡力合法可於星表內查其最便看之雙星合星試之又有一法可試遠鏡之益弊卽晴夜用觀三等四等恆星離天際頗高之時應顯一小圓形外有細光圈二三個

遠鏡不可用於屋因少有震動鏡卽大覺難穩不便且屋內氣暖時有冷風外進易令鏡看不清故天文家侯失勒云大遠鏡不可立於房屋近處恐常有空氣流動致所看之物混而不清如不得已必用於屋內則屋內熱度應與屋外相等遠鏡在屋外用之應以硬紙或馬口鐵作套管長十寸至十二寸套於物鏡外護之否恐有多露凝於鏡面侵蝕其質套內面應作黑色又必慎物鏡中不受濕氣因濕氣入物鏡兩層之間則令鏡不能通光間有生微植物若海草者致鏡歸於無用

用大遠鏡者欲查看之事應於日內備齊可免臨事棘手如待夜中始燈下查書而鏡中窺物致入目忽明忽暗測查不清每有不辨小星之時必閉目靜息歷一刻時目力復原始能再窺清晰

欲看之物應顯於物鏡正中如未備前言之機括使遠鏡隨星而移可先用副遠鏡移查其星使適在大遠鏡

最近之邊待其星漸行至物鏡中心卽能辨之最清此法並可免窺對時之震動
初用遠鏡者應知最大力之目鏡不能清看各星因目鏡力愈大則愈減遠物之光而令能看之界限愈小遠物影行過物鏡愈速而各弊放之愈大如上等物鏡徑三寸者最晴朗時能用放大三百倍之目鏡看雙星合星窺看他物可用更小力之目鏡學者應知此事不可妄用大力目鏡
欲看之物近於天際每不能清眞如清晨太陽未出之前東方天際爲最不合看星之處因空氣時有躍動之勢至於回光遠鏡之試法用法大致與折光遠鏡相類茲不細及

第十三圖

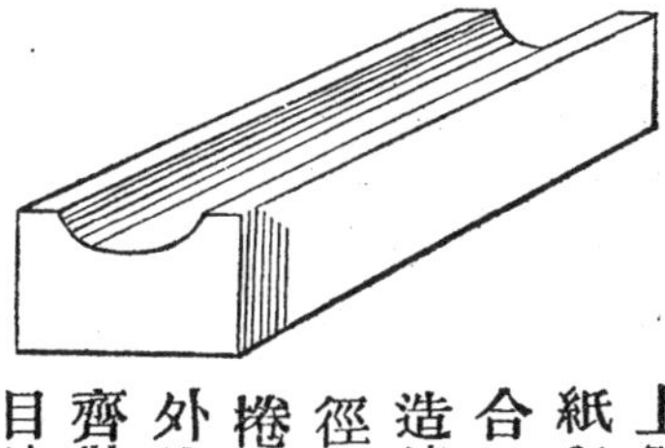

上等遠鏡價值甚昂每有人喜自製其筒與架等件止購現成之目物二鏡足矣如用硬紙與洋布等裱成厚筒則輕而堅甚合於用或用馬口鐵成筒外糊粗紙數層亦能堅而合用幾不震動然此爲要事應略言其法以便欲自造遠鏡之用
造鏡筒法爲首要事長三十九寸內徑二寸者已便初學之用造法備圓木一條長四尺徑二寸面車平略光滑擦以白石粉將硬粗紙一張長三十九寸寬七寸包於圓木之外捲之極緊餘邊敷牛皮膠使之搭連愼使膠不粘於木面再將厚紙敷膠緊包於前紙之外使相粘連如此連糊多層厚略一寸則置穩當之處待乾再作目鏡之筒與架各件配齊裝立如第七圖之式
目鏡之筒可以馬口鐵或薄銅皮爲之長四寸徑能容大目鏡卽內徑略大於一寸者應先購鏡而後作筒其鏡略有定價向遠鏡行家購之如筒徑二寸之物鏡配四十寸光距兩面凸者價銀一圓半再買二目鏡皆一面平一面凸第一鏡光距一寸第二鏡光距二寸二鏡共價銀三圓半卽遠鏡之全副鏡價略合華銀一兩餘
玻璃鏡鑲於目鏡筒之法如第八圖將厚紙一條寬三分寸之一長合筒之內周兩端僅足相對不可過長推入筒內一端爲裏離筒端略二寸將筒倒置以目鏡之大者置入至遇筒裏爲止凸面向下再將厚紙一條寬三分寸之二長如前推入筒口爲裏至遇鏡之平面爲止則鏡居二裏之間卽緊而不動如第八圖寅再將厚

紙成圓片大適合筒之內徑中割孔徑半寸割宜圓淨不可毛草推入筒內如圖戊己使遇筒裏則成隔簾復以厚紙寬一寸者推入筒爲裏卽令圓片緊而不動再作厚紙圓片二大各合筒之內徑一片中割圓孔稍小於小鏡徑一片中孔等於小鏡二片膠連小鏡居其二孔之間並納入筒如圖夘復以厚紙條鑲緊令圓片與鏡不動則大小二鏡必離一寸又四分寸之三而隔簾圓片必離小鏡一寸各鏡鑲好橫視形如第九圖再倩銅工作薄銅皮冒如第十圖式中作丁孔徑八分寸之三套於目鏡外端如第八圖庚辛則目鏡成矣

第十四圖

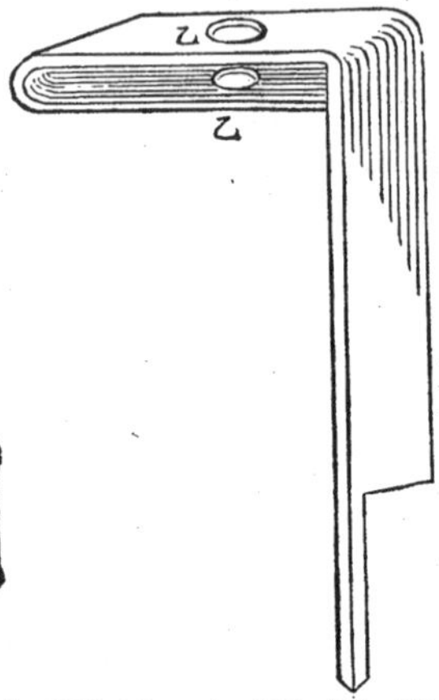

造鏡架法作圓木板二各徑五寸厚一寸半中作圓孔徑一寸一板下安三鉸鏈連以方木條三如第十一圖條各厚一寸半長四尺六寸一板中安圓木桿長二尺半徑一寸上端與板面平如第十二圖再以甲甲木塊二立鑲於圓板兩邊如礮耳二塊各厚四分寸之三高四寸半相離三寸半近頂鑽圓孔徑略四分寸之一

再備螺絲環九徑八分寸之一之銅絲七尺架之三足離頂一尺處各向內安一螺環如第七圖壬壬再將木塊辛徑三寸厚一寸半中心鑽孔徑一寸又四分寸之一套於庚桿於木塊外周等距亦安三螺環銅絲打直剪取三條各長十四寸兩端彎成圈套於架足與辛塊之環如此能使三足不向外張開而架立可穩則鏡架亦成矣

第十五圖

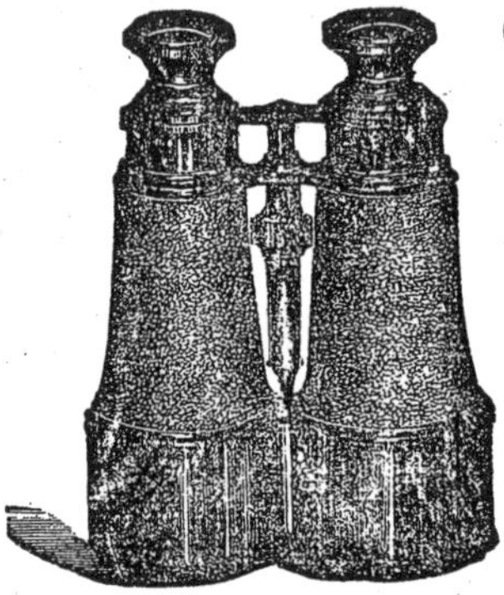

前作鏡之大筒如已全乾則割齊兩端使長三十七寸半抽出木心以寬半寸之厚紙一條入筒爲裏離一端略半寸膠連之以物鏡置其外再以厚紙一條圈入筒裏內抵物鏡外齊筒口則物鏡緊而不動矣後於前端接目鏡處作一橫蓋法將大筒木心割取一段長略一寸中作孔與目鏡筒外周適合納入大筒前端膠連待乾以目鏡筒入其中孔則能任意伸縮以配光距則遠鏡成矣

大鏡筒連於三足架之法用木塊長八寸寬三寸半厚二寸上面割成圓槽深一寸寬二寸又四分寸之一如第十三圖適合大筒外面膠固於大筒中腰離目鏡端十三寸將此塊置於架上以螺絲貫於二耳孔中其下庚桿穿入三足架頂之孔中則遠鏡已成能俯仰亦能周轉而用合矣

照上安配用時大鏡筒俯仰斜度最易改動故必設法有以制之用薄銅片二條各長四寸半寬半寸厚十六分寸之一彎之如第十四圖小端復回折向內彎成雙層各長一寸中作乙乙二孔稍大於銅絲之徑大端剪去一邊彎成圓圈連以螺環旋於架之二足外面離頂略一尺如第七圖午午再將前餘銅絲截取二條各長十八寸以陰螺模割成螺紋自離一端二寸起以至彼端止末割螺紋處彎成圈二圈以一螺環貫之旋於鏡筒前端橫頭之木塊如第七圖丙再備銅或鐵螺蓋二大若銅錢厚倍之置於彎銅片乙乙之間令二銅絲入其孔則二螺蓋向左旋目鏡端卽低下反之則起上若右螺蓋向右旋左螺蓋向左旋則遠鏡移左反之則遠鏡移右如此則各事成矣

極要之事必愼鑲各鏡使其中心居一直線此直線亦必與鏡面成正角筒之外可糊色紙以飾美觀另作厚紙筒長六寸套於物鏡外端伸出五寸則能分出過多之光免其混目

第十六圖

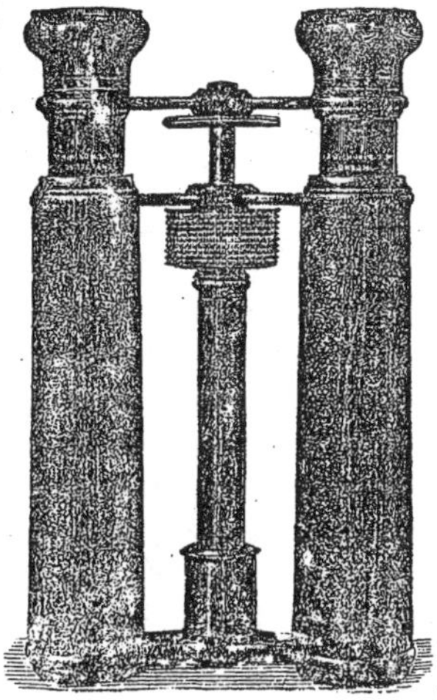

此種遠鏡愼爲之共費不過三四元之譜愼用之可多年不壞能査之天文事足抵銀洋五十餘元遠鏡之用

惟此遠鏡止可用之觀天因其成影倒置欲看地面各物須於目鏡前鏡之前另加一同類之鏡相距略四寸看影乃正如看物不清必因目鏡之大小二鏡相離過遠過近而光距不準須改製

以上所言遠鏡皆爲單筒者合於觀天之用至於地面窺看遠物大半用雙筒者謂之雙筒遠鏡亦謂之雙眼遠鏡二目合觀視遠益明如第十五圖爲常用雙筒遠鏡工良料美力大光明合於武員瞭望之用英國家特備此種遠鏡分發大小武官其內鏡共十二枚俱無光色差而力大者分數號大者物鏡徑二寸又八分寸之一價金六圓銀十圓中者物鏡徑二寸金五圓銀十圓小者物鏡徑一寸又八分寸之七金四圓銀十圓

如第十六圖爲大力雙筒遠鏡其制全用新法能得之力遠勝於前二筒之中有鉸鏈能配人二目之遠近力最大而顯物最清用於船上或用於畋獵以及水陸武員用之皆宜無論遠近之物顯之俱眞又有粗細二螺絲粗者能使伸縮甚速細者能配光距極準且尺寸小而便携帶亦工料精而極雅觀分大小數號價自金五圓銀十五圓起以至金九圓銀九圓止俱視其筒體之質爲何金類而筒面之皮與筒外之套亦各有異焉

遠鏡之用原爲觀天既得合用之遠鏡即可用以試辨各星爲行星恆星流星彗星雙星變光星異色星以及星雲星氣等行星有大小分遠近並星外有無月輪環繞面上有否紋帶光環等而小行星甚多大半爲數年內所查得又太陰之面有山谷等形太陽面有大小黑斑與日月虧蝕行星過日等事俱須用遠鏡觀之

西國攷天文者恆以星圖爲要西國星圖繪各星之方位甚準本館業製星圖三副每副十二張每張繪一月內恆星之位次 一副爲赤道北三十度之星合於上海與長江各處之用 一副爲赤北四十度之星合北京左近之用 一副爲赤北二十度之星合廣東近處之用每月內某時應見之星照度繪列一目了然惟因鐫銅板費時尚未告竣俟成出售以便試遠鏡觀天者之用西國分辨恆星常以北斗宿爲要北斗有七星其天樞天璇二星直指北極即勾陳一星人面對北極則知各恆星必右升而左沒極下之星向右移極上之星向左移右星向上移左星向下移此就目見而言其實乃地球自旋而恆星永不動也明此理則向某星對窺遠鏡易明其以鏡隨星之法矣欲辨雙星須待其星近子午線時窺之爲便如其子午線甚高則於東方或西方看之亦可至各大恆星每日過子午線時則有通書載明故見其星過子午線即可定當時之時刻度時表等多賴此法對準其時至各行星每日躔度亦有表列明故極小行星不易目辨者查其躔度對準遠鏡自易窺及

有數種雙星最易試遠鏡之力如天浪爲雙星其大者爲一等星小者爲十等星相離畧十秒大星光最大小星最難顯明而各恆星之色亦有白黃藍綠紅之不同目不能辨遠鏡窺之始顯他若行星面之帶紋行星外之小月土星外之光環火星面之水陸月輪面之山谷太陽面之黑斑皆可以遠鏡查明天文家已各繪圖樣備人攷求又能用照像之法照日月之面以留眞形總之未有遠鏡則人難覺地球之微僅天空之一粟而人身之小較天地萬物幾不可以言喻則天空之遠闊人心何可限量諸曜之廣大人心何可比擬乎

格致釋器　第十部　測繪器

測繪之學由來尙矣晉裴秀制圖條陳六體曰準望曰高下必賴乎測曰方邪曰迂直復需夫繪曰道里曰分率尤藉乎算是測繪算三事爲作地圖者所必需也地圖之益夫人易知合天下之大備呈尺幅之中舉疆域之廣咸具一圖之內某縣某州位置易辨若山若水一日瞭然後唐賈耽曰地理之學百聞不如一見又云十說不如一圖誠哉斯語矣中國作圖之法古有周官大司徒以天下土地之圖周知地域廣輪之數職方氏掌天下之圖以掌天下之地要暴秦滅法知者蓋鮮裴秀六體尙存彷彿雖近今作圖更精於前猶未及西人之精益求精不遺餘力於測量繪圖之學神明規矩毫髮纖悉天度道理勘測詳明每出一圖瞭如指掌故覺西法精於華人是非華人之聰明才力遜於西人所以然者有四故焉

一測繪之業無如西人之專也士子從學率以文藝爲重呫嗶之外無事他求於測繪地圖等事泯然視之漠然置之間有留心方域者搜採古冊藉供把玩踵舊增新亦多耳食從無以此爲專業者西人則不然童蒙入塾常書而外各量其材性近某學卽以某學爲專業師授有人器使有人不以繪畫爲小技不以測量爲賤役日事究攷精益求精爲業既專爲學自純用之於測量地圖法當事合不精自精易準而足恃且須測量之事甚多而需測量之人不少或測經線之弧或測緯線之弧或測全洲以準各國各土之疆域以明各山各水之形勢或測一國以正各省各府之界線以定各城各鎮之位置或因經畫而專稽一方或因武事而專詳一處或因造鐵路而取平直以開山或因開井礦而度形勢以鑿洞或因航海以識行程或因游覽以知指向爲事既繁需人自多以故從學者肯專此業中國素無留心此業之人今當增修輿圖之際各處搜求無人應選偶有習算數人赴局從事恐亦一知半解徒取皮毛耳故曰測繪之業無如西人之專也

一測繪之器無如西人之精也中國測量之器不外規矩準繩羅盤日晷然皆不精且不便用如矩也偃固可以測天覆固可以測地平固可以正繩苟矩角不準大有毫釐千里之誤羅盤也分向八方指其粗不能分其細且不知改正偏差之法用此等測量之器雖煞費苦工亦難密合西人測量全賴精妙儀器如測天度則有

經緯儀紀限儀測地面則有測平儀羅盤儀測時刻則有子午儀日晷儀其他測器繁簡頗多經緯儀之精平立二圈小則徑三四寸大則徑三四尺製配甚準分度極細一周三百六十度度六十分分六十秒復加佛逆綴以顯微鏡可分十分秒之一以至百分秒之一秒分既細測角無差規制精良爲用自準中有遠鏡仰測天經星宿躔列日月躔離可知也俯測地緯山水位置道路遠近可得也平測原野土田高下地面低斜可見也紀限儀分兩種一圓盒者一三角式者其制雖異其用則同皆用六十度之弧對測二點平測可知二物之距度立測可知二物之高度圓盒者體小便於携帶游覽之人多用之三角式者可以手握而測行海者多用之測平儀可測地之平面可較地之高下其法簡便其器精良開山鑿洞穿井掘礦造鐵路修街衢等事可用之羅盤儀之制亦甚精準測向者有活表面周分三百六十度表面下連以指南針共托於釘尖轉動極活盤一邊有視孔一邊有照星照星孔中有直線一根視孔下有折光鏡能上下移動以見表面度數視孔與照星孔對視可測二物之方向以推其相距之角度又可測太陽出沒時之角度惟必另加一藍色或紅色玻璃以防耀眼此器小而易携挈測地平面之角度最宜子午儀專測一處之子午線凡星宿過子午線日有定時按時測之當時之準時刻可知矣日晷儀可測太陽之影以知其時凡此各器皆極精良宜乎西人之測繪地圖精於華人也

一測繪之法無如西人之詳也中國測地之法率以勾股爲主西人則以三角爲用蓋勾股之法必知二事始能推知一事故測時必量知勾股二邊或勾弦二邊或股弦二邊始能推知其餘一邊三角則已知三事可推未知三事如已知一邊二角卽可推知其餘二邊一角已知二邊一角亦可推知其餘二角一邊且度量三角之一邊較度量勾股之二邊爲工更省而測一邊之二角爲事不煩故西人測地多用三角法也其法於平面上測定底線爲起手之工再從底線之兩端測得便當之物點使與底線之兩端成角並各物點彼此自成角如是而各物點與底線兩端之相距並物點彼此之相距皆可推算而知然後依此各點相連之線爲底線如前分測以至全地面俱析爲小三角如網罟之形所得三角形之大小必與地面之大小並測器之尺寸俱有比例

照上所得各三角名爲原三角此功成後必將各原三角分爲次三角圖欲極細須將各次三角再分爲小三角各次三角既成又須再求此內各物點之方位或以帶尺量之或以經緯儀測之各視其便而相因爲用如有不便之處則將易携挈之器以測各物之大略茲二器者或專用或兼用必依圖之粗細以準比例之大小而定其尺寸測量之地面不甚大者雖欲得細圖亦可不必用極詳之三角法蓋用器測地難免器有小差並用器者之視差此差有時依所用之器與法爲一定之數有時與工夫之精粗有比

凡測角度所生之差全在測器之精粗不關地面之大小惟依所用之法並地面之形則其差與所測之遠近有比故所測之地面不大而其圖之尺寸甚小則帶尺所有之差圖面尙不能見自可不用極細之分三角法而已得準圖矣

測量之處如爲遠郊荒野其地面平而林木多者以極細分三角法測之究屬費工故圖可略而尺寸之比例可小則以天文儀測得經緯之度數處而推算其相距再將原處周圍各物之方位補滿其圖如測極長之海岸不能將其全底綫分三角則必用經緯之法故測量之人欲作寬大地面之圖不可不知天文之事也他若地學亦宜知其大略蓋細圖之內應記各處之土石與礦藏也此外如各山之高各谷之深河源高於海面之數雖爲粗略之圖亦宜記載故必備水銀風雨表或空盒風雨表或水沸寒暑表以得各數之大略是測候之學又所當考也

平常略圖因尺寸之比例甚小則圖內一處不足備行軍相關之事須大其比例而作分圖始能逐一指出如城營村鎮之位置與大小陸路水路之方向與形式此種粗圖謂之武事圖而其粗細亦有等次依所費之時與工而定之凡作一國一洲之圖必先得大規模之全圖而後作分圖猶之測量時亦須先得原三角形而後再測次三角形也惟先測原形而後補其次形工雖大而差則小如反行之必致愈差愈多有差必須改正而改正之工反大矣故測繪時不可不慎也此西人測地法之大略更有詳明之事已載專書此不詳焉

一測繪之時無如西人之久也地圖一事上係天度下關道里測量不精作圖難準而測量之工又非一朝一夕所能遍及故測地者不獨須有專業之人須用精良之器須明詳細之法又須逐段細量經久詳測始能盡

悉情形深知部位而毫釐不差如測量底線爲首要務此線如有毫釐之差則一切之工俱有差是爲極難之事必數經細量方能無差故宜擇地面極平之處測量底線此線兩端三角之從以出也其所測之點並周圍當測之點必須盡見所測之底線爲地球大圈之若干分必依海平面同高而以一定之中熱度改正其長數測量之地面不甚大者則用帶尺量其底線二三次帶尺必先與準尺相比試其有差否地面不平者另用經緯儀測之依各處之高低改準帶尺所量之數變爲眞平線之長數如此測量二三次而後用玻璃條等器覆量之始得極詳極準而不差毫釐如測量寬曠之地面其三角之底線必須極準是爲極要極難之事蓋地面愈大測繪愈難所需測量之器亦必擇精良者用之而測量不可有忽略之心不可省工潦草總以精測詳準爲要故費時須久長也西人每測一地常費數年之久務求詳準故其圖精細足恃聞華人測繪一縣之地僅限半年之工測不及細地不及量多登山攀嶺周圍略觀所得地形徒在一望之中或訪之鄉民訊之里正記其口傳道里憑其數衍位置而畢乃事其圖之準耶否耶不問可知故欲作精準地圖非經久細測不爲功也西人於測地一事既有專業之人復有精良之器詳明之法再加以不惜工力經年細測宜其作圖之精無出其右者今中國續修會典於輿圖一門欲加詳攷另繪飭各直省測繪省府州縣之分圖進呈憑繪是以應選測量繪圖之人急攷西法習用西器以備施用惟西國測繪諸器體制精妙用法頗難深恐好者無從查攷故特備測繪器數種印諸格致彙編以公衆覽

經緯儀○善言地者必合於天地體渾圓其南北二點正當天之南北二極二極之中有大圈與天之赤道相當謂之赤道赤道南北各分緯度九十度度六十分分六十秒凡地居赤道以北以南者須測其緯度距赤道若干或出極若干始知本地南北之部位測出極者用儀器對準北極以驗本處地平與極所成角度按法推核卽知出極之度數既知出極若干復與赤道相較卽知距赤之緯度至測經度則以中線爲主中線以東以西者謂之東經西經西法概以英京倫敦爲中線中法則以京師爲中線計赤道一圈共分三百六十度度二百里日歷天周分晝夜爲二十四小時卽每小時日行十五度每四分時行一度卽每分時日行五十里也日之出入東早西晏故測本地日過午線之時卽可推距中線之經度或測某星某宿過午線之時亦可推距中

線東西之經度惟須有極準之度時表以紀之有經有緯則本地之部位可定而測經測緯正經緯儀之所必需也

經緯儀者上測天度經緯下測地面高低平測三角遠近其制甚精其用甚博如第一圖爲經緯儀有平立二圈各徑五寸圈面以銀爲之分度極細能分半度各有佛逆並顯微鏡又有夾器與螺絲齒輪令其轉動其遠鏡有測天之倒影目鏡並窺地面之正影目鏡皆無光差色差上又有小遠鏡以副之其架三足以洋紅木爲之有數螺絲以準其平上有羅盤以定其向另加新益之法甚多裝以洋紅木箱逐件穩妥工料俱精價金二十五圓銀十圓六寸徑者每度分二十分價金二十八圓銀十圓八寸徑者度三十分架堅而穩爲測大地面之用價金五十圓十二寸徑者以生鐵爲架平圈分度分至一秒立圈分度分至五秒另配需用之件頗多價金一百二十圓

第一圖

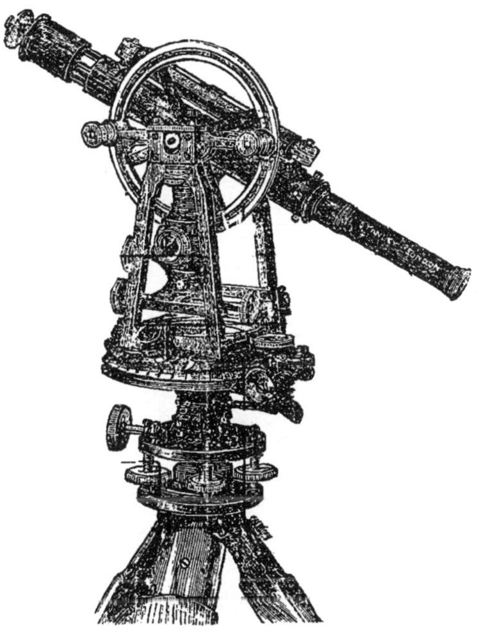

第二圖爲哈司哥德所設經緯儀能測平角立角俱與常經緯儀同所以異於他經緯儀者其平圈上板伸出下板之外故圈面能更大而能容之指南針亦更大如五寸徑之圈能容四寸半徑之羅盤常經緯儀圈徑五寸者僅能容二寸半之指南針此器內之指南針能周圍看其分度又有新法目鏡能直窺亦能橫窺故可以其遠鏡直向天頂看之或直向地心看之毫不煩難人目架上有酒準筒上有照星可當測平儀之用又可當子午儀之用相配各件皆極靈便圈徑五寸者價金二十四圓銀十圓六寸者價金二十八圓凡開煤開礦或地下作各工程或山中開鐵路之洞等事其工之能準與否多賴測量之能精與否故礦師等人俱以經緯儀爲不可少之器照此圖者爲

特設者甚便於用

第三圖爲愛夫來司德所設經緯儀有平立二圈各有銀面刻分度極細五寸徑者分至三十秒爲限價金二十二圓六寸徑者分至二十秒價金二十五圓其遠鏡亦能橫窺印度測量家多用此器

有數種經緯儀分度圈所刻東南西北四字其東西二字似乎顛倒其實別有義意假如從指南針心所指之向爲乙其照星向北而北照星向前如將照星並其相連之圈轉而向乙則圈上之東字已移至指南指北之端而指南針並不移動故所看之角度自爲東角而無誤是此種器以右作西以左作東者良有故焉用慣之人皆明其義惟初學者視似顛倒

第二圖

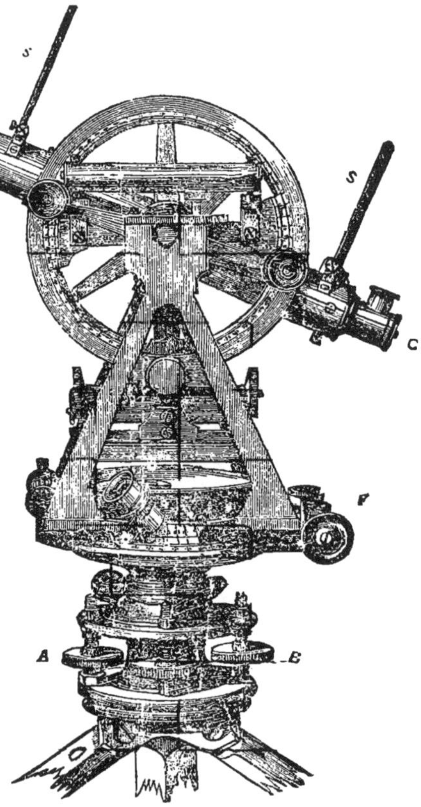

經緯儀之遠鏡亦曰窺筒其物鏡之端有十字線相交之點常居其筒之中心又與其架之中心垂線相直欲較經緯儀之準與否一法先將窺筒測得極細之物而稍鬆窺筒之架遂將窺筒輥過一周視十字線之交點不離所測之點則知已準如見其交點繞行所測之點即是未準其十字兩線平常與地面成四十五度之角配準之時先將筒輥過四十五度使一線合垂線即轉筒旁之小螺絲令其線移過至差數之半其螺絲一邊放鬆一邊收緊須屢屢試測務使極準

筒內之十字線以鉑絲爲最好然常有彎曲之病故近來常用蜘蛛絲代之惟此絲易壞用器之人應能自換

爲妙十字線圈之面原有細紋以指綫之處用膠或漆粘絲其上有人設一法甚簡便捉一蜘蛛將其所放之絲繞於乂形之器繞時以蜘蛛之本重絲能適緊換絲之時於圈面之細紋內加漆或膠將乂上之絲正對細紋粘之即能合用

較準經緯儀第二法將酒準與窺筒之視軸平行又與托筒之立圈平行先鬆立圈之螺絲令筒或俯或仰視酒準之泡適在中點再鬆筒托將筒調過以泡不動爲準如泡移向前後必視其差若干將差之一半以酒準之螺絲配準又一半以立圈移就必屢次試驗再將窺筒向右向左稍稍輥轉細視其泡動否如已不動即知酒準上與視軸下與立圈同在立平面內否則將或右或左之螺絲配準

第三圖

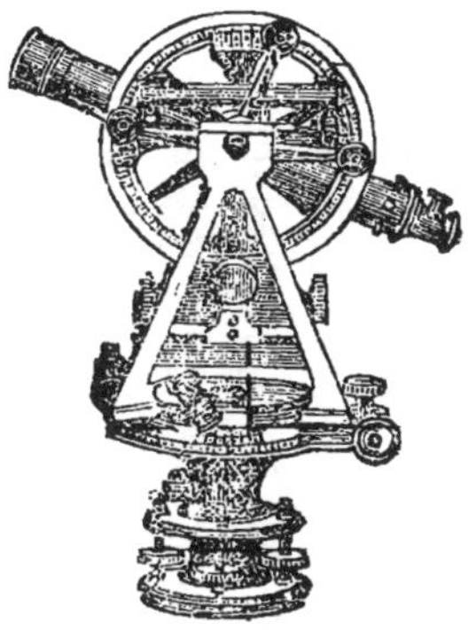

第三法令經緯儀心立軸正合垂線則平圈能得眞平此事亦賴酒準爲之先將儀安置略平而夾緊其平圈次將上架移轉至窺筒之視軸略在對面兩螺絲之上而視立圈酒準之泡適在中點又以上架轉過一百八十度如酒準不平則將其差之半以架之螺絲改正又一半用立圈之螺絲改正再以上架移過九十度而以其餘二螺絲照前法爲之然後轉移窺筒數次無論對何方向得酒準之泡常在中點始信立圈頂點正合天頂亦即儀心立軸與地面平交上架二小酒準即依大酒準相配

前事俱已配準則立圈之佛逆應在〇度如不在〇度可將夾於立圈之螺絲放鬆細察其差數或加或減若干考驗立圈佛逆之差有一更準之法即擇得高低二處相距四百碼或五百碼在二處迭測其高低之交互角如已無差則對面兩角正相等如有差則兩角之較必有加倍之差以其差之半爲佛逆〇度之差如所測之處太遠必須另推氣差與弧面之差此差在乎相距之弧之長然專考佛逆之差其相距不必甚多常以四五百碼爲率佛逆之差應試六次至八次各次相加而得其總數之中數

所有不同心之差並分度之差必依法變爲極微則所測之角之差自減得極小凡用小儀必連測數次其中

數方能推算詳細

佛逆之用所以審察各分度之微分能進退於分度之面佛逆之分綫與分度面之分綫相切其分綫之法將分度面若干分之長刻在佛逆之面卽以此長分爲多一分或少一分平常俱用少一分之法窺測之時視佛逆之第幾分綫與分度面之綫相合卽爲分度之小分數命丑爲分度面一分之長亥爲佛逆一分之長卯爲佛逆總分之全數其式爲丑(卯丁一)＝亥卯卽丑卯丁丑＝亥卯所以丑夘丁亥夘＝丑又丑丁亥＝夘一丑卽佛逆各分點與分度面各分點之較爲分度面一分之夘分之一分度面分點之數本不能甚寬祇能與圜周相配則佛逆之分點亦不能寬所以分點極細者必用顯微鏡窺之或用測微鏡以代佛逆

測微鏡有數層凸鏡與平常顯微鏡相同鏡筒中聚光點之處有方匡其平面與鏡之視軸爲正角此匡有板兩層一在上一在下上板能移動有十字形之細綫並分度面俱用細螺絲令移動螺絲之外端安平輪分爲六十等分此螺絲切於方匡不動之處另有一板其邊刻齒如梳能記平輪轉過之次數此齒配準之時則十字交點之〇度與梳之〇度相合如轉平輪而得十字綫平分分度面之任一分則可轉動至〇度其梳齒之弧之分數相配或爲五分或十分或十五分螺絲外端之平輪如分六十分則每分代分度面之一秒平輪轉五次則合於分度面五分之長

凡經緯儀平立二圈其徑愈大而分度面愈細平常者徑五寸以至十餘寸爲測小三角邊之用欲測大三角須用大徑者測量英國與阿爾蘭所用之經緯儀其制甚大全徑三尺用以測定要點蓋測定原三角之邊則愈大愈好而必使略近於等邊三角形其各點以窺筒能望見爲限測阿爾蘭所用原三角之點有相距一百里者其中數大約六十里俱從十里長之底綫所得

三角底綫極長者每難窺其測點有法用平面回光鏡置於所測之點日光照於此鏡易從遠處望見有人測法國京都與英國格令會知觀星臺之三角形其內有角點在恆爾山之臺上一角點在始塔山上相距十里兩點相連之邊經過倫敦之中炊烟甚濃不能窺測故於作識之桿上挂以磨光馬口鐵鏡正對窺筒約定測望之時將鏡緩緩轉側使窺筒能見後英國亦用此法測立德山此角點與別角點之相距四十五里其山形

雖不可見而鏡光宛然可見由是測地之人知鐵鏡回光之法大有裨益回光鏡必在日光中用之如空氣不清或陰霾皆不能用所以測地之人思得火炬之法夜中亦能望見即用極明之燈以鏡回光有能照及四十八里之遠者亦有照及六十里者如無風雨雖相距更遠亦能清楚分測次三角之儀其制稍小各三角之邊爲八里至十里次三角再分爲小三角邊長一里至三里所用之儀徑七寸至九寸或十寸測原三角時而即欲定次三角之各點亦用極大之儀測次三角時而定小三角之各點可用稍小之儀如風車禮拜堂搭高樹木皆可爲小三角形點如此而三種三角形之點彼此各有相關次三角形所測之數能與原三角形所測之數相比則大小三角形彼此能相證小三角形之點相距一里或二里爲人物稠密之所如屬稀少則二里至三里不必推算面積而祇欲得界線準圖者其小三角形各點之相距必依圖之比例大小並工之粗細原三角形之一邊或多邊必依經線定其方向各角不獨在各三角點之處測量應依別處所定之某點而覆測之

第四圖

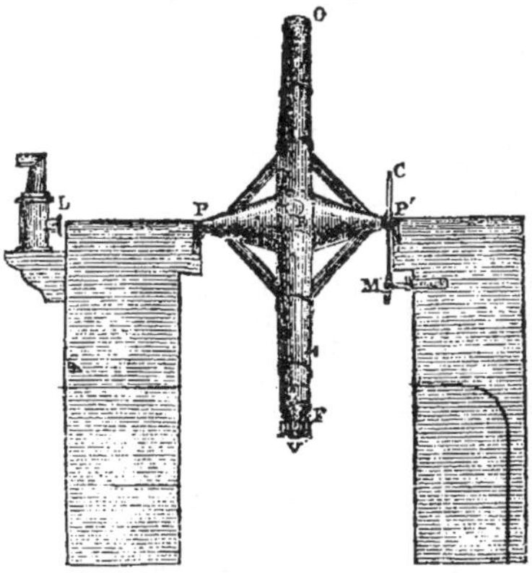

用經緯儀測量每不能置於窺測之點則有一差當用準心之法改正之如擇得三角點爲風車或禮拜堂塔易從遠處望見者儀器不便置其上則所測之角必以準心法改正之可用一架另擇一便當之處置此架其架以四木桿長十尺至十二尺相連成架頂上有伸出之桿桿上有圓鐵二彼此成正角架內懸錘以指置儀之心間有用長桿代此架者現在英國測量之人雖遇本方位不能置儀亦不用另擇他點之法可省改正其三角形之煩如所測之角多者更能省工測角以後之數月或數年必再到原處覆測或定中間之點或訂前測之差故當時測得之各要點應立大石柱作識如原有不能動之物即以此物爲識測量簿內隨時記明各要點周圍之物以便日後覆測之用

子午儀○子午儀之用大半爲求眞時刻並定準赤道經度者也其制如第四圖與天文遠鏡大同小異另有

橫軸與窺筒正交橫軸架於立基其基爲二石柱分立東西軸橫架其上必與地面平行令窺筒有正南正北方向隨軸繞轉一周其視軸所指而過之諸點皆居本處子午面內凡恒星東升西沒必過本地子午線每日恆星過子午線皆有一定之時故欲求眞時必測恆星所過之子午線欲測恆星所過子午線則子午儀爲不可少儀之窺筒內有一橫綫與地面平行與視軸正交又作垂線五條或七條如第五圖等相距皆與橫線正交儀置極準則中垂線必與子午平面相合恆星過中垂線時即爲其過子午線之時於星初入視界記爲何時復聽鐘擺動數星過第一線即知過第一線之時星過第二線即知過第二線之時依此視星每過一線而定其所過之時以至五線或七線爲止視畢將各線之時相加以線數約之即得星過中垂線之時即其星過子午線之時也

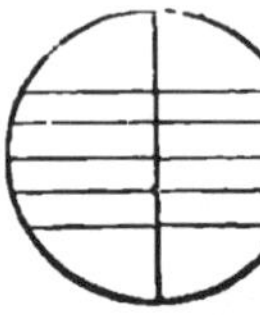

第五圖

大船出海遠越重洋上測天度下計行程全恃度時表以爲準如表不準則易致誤故於出海之先宜預將各度時表詳細較準常法查航海通書檢某星過子午線之時刻以子午儀對其星俟過子午線之時爲何刻分秒即照對表之時刻分秒即一秒之若干小分亦能較之極準儀之窺筒能上下俯仰以就星之緯度並有分度圈以配其若干高度其架必甚堅固毫不震動西國大觀星台所備子午儀極大極準機件極盡價亦極貴窺筒長三十寸者有鍍銅鐵架目鏡物鏡俱全價金五十六圓窺筒長二十四寸者各件全價金二十九圓銀十圓長二十寸者價金二十五圓

安置子午儀須極準安安準之後即可証各事之準否其法第一事配準酒準並窺筒之橫軸此事可同時爲之因酒準合眞平而與橫軸平行之時其軸亦必合眞平法將酒準置於軸之樞上轉動架足之螺絲至得眞平再反其酒準而配其較數即視面上指出之數此較數之半以酒準之螺絲配準須試驗二三次已知酒準不差則祇轉架之螺絲以就之再將其軸易置而視酒準之差否如無差則知其樞徑相等有差即製造之不精必使原手加工

第二事須配準儀內十字線合眞垂線並十字線之相距合赤道之度數法於儀前稍遠之處挂一白線下有錘緑前立黑色之板令窺筒內之中線與所挂之垂緑相合則十字線亦必爲眞垂線再令窺筒仰起數度細

察其仍合垂線否如已準合則知其橫軸亦爲眞平其十字線相距之度數須在子午線上測一赤道星過各線之秒數將其數總算之而分算之使各分適相合如星有赤緯度者則其過二線中間之秒數必改爲赤道之數法將所測之秒數以此星赤緯度之餘弦乘之即得

第三事配準視軸合立面法將窺筒正對遠物細察十字線之中線平分其物然後易置其橫軸如前細察十字中線仍得平分其物則知經過中十字線至像鏡心之光線已與橫軸成正角如易置之後物像在中線之一邊則必轉動橫軸枕之螺絲改正其半差其又一半再轉十字線圈之螺絲改正之亦須屢試無差而止又法測北極星行過之時記其星自前一線至中線之時刻遂易置其橫軸則前一線變爲後一線再記自中線至此後線之時刻然後將此兩數相比其較之半爲易置後所改之方位

第四事配準視軸合平線法將窺筒正對北極星過子午線或在日中可對易看之遠點視酒準之泡在〇點之時記其立圈之佛逆在何數易置其橫軸令中線再能平分其星視其泡再到〇點再記其佛逆之數將此兩數相加以二約之即得眞高度若將其兩數相較以二約之即得高度之差其差有兩種一在十字線不合像鏡之心一在酒準如酒準已配好而能調換不差但不合於立圈分線之〇度則高度之半差必動十字線之螺絲配準其又一半用酒準之螺絲配準

第五事爲配準各事內之最難者即令儀正在本處之子午線立平面內此事有數法能成之最便而常用者測一繞北極之星或測赤緯度略同而經度相距一百八十度繞極之二星或檢高度大異而經度略同之二星速測之然無論何法配準此事所用之度時表其行之遲速必預較至極準

置儀之略方位易於求得其法推算北極星過子午線之太陽時刻到此時刻將窺筒正對此星然後再測繞極或高或低之星如前各事無差漸得極準遂於便當之處作一經線之表記如表記之方位與像鏡相距九十五碼四九則偏向一寸略差一分之角相距更遠則偏差之角與其相距有反比例如子午儀偏差之角有三十秒以表記之相距得其比例之數即知儀必平動若干角轉其螺絲以就之

子午儀之用祇能測本處之子午線以察星宿行過之時前所論之經緯儀其大者若定置於子午線上亦可

當子午儀之用故其十字線亦可勻列五條或七條其正中之交點適合窺筒之視軸此種儀器略可爲測望一切之事如赤經度如眞時刻如高度如天頂相距如平面角無不可測若儀體小而能移動又便於藉天文而測地故比子午儀更有益也

牆環儀〇此儀之制乃一大銅環平分三百六十度每度復分五分或二分以佛逆或測微鏡再分至秒環心

第六圖

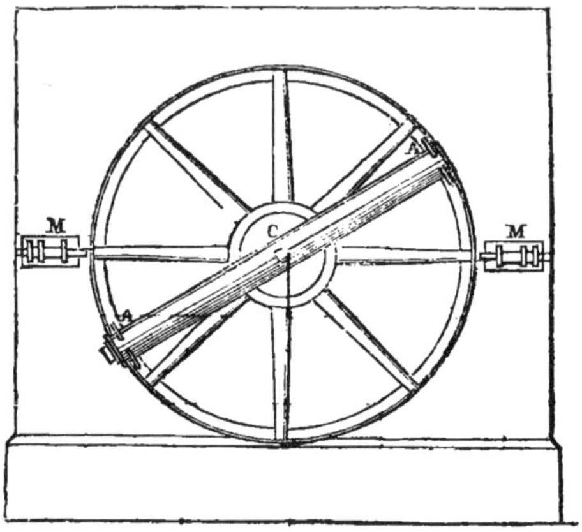

有鐵軸深入石牆與地面平行而有東西之正向鐵軸必與環面正交環面與本處子午面相合環外連一窺筒能隨環而轉其所指之點皆在本處子午面內如第六圖爲此儀之舊制前天文家視爲要器今多棄而不用故新造觀星台上不見此器舊觀星台上尚有其制北京天文台有此種儀器製法精妙甚屬可觀猶前明時所造也牆環儀之用可測諸曜之緯度也諸曜之緯度卽距赤道之度欲以此儀測定緯度必先定環上之何點爲赤道點赤道點距北極點九十度欲定環上何點爲北極點必先定其地平經點可以窺筒測北極星上過午線下過子線各有何高度將二數之總折半卽環上之北極點距此點九十度之點卽赤道點有赤道點與北極點卽可任測某星之緯度然此儀之鐵軸不能甚長而軸外端全受儀器壓力久則低垂不無小差故此祇可用定星之緯度若用測星之經度恐有大差故近年定各星之經緯度者俱以爲應有二器一子午儀用定星之經度一牆環儀用定星之緯度近有歷家將二器合一乃將牆環儀之大環定於子午儀橫軸之上是爲子午環儀

紀限儀〇紀限儀者俗稱量天尺也平可測遠立能測高故行海者恆用以測太陽之高度勘地者每用以測二物之距度爲體既小携挈尤便其制有二一爲三角紀限儀一爲圓盒紀限儀制異而用同也三角式者如第七圖其架以銅爲之後有木柄可以手握而測其弧爲全圓六分之一近兩端各連半徑另有活半徑以爲

游表能指弧面之度分游表前端有佛逆能察十秒另有顯微鏡能察十秒之半游表後端有回光鏡儀左邊亦有鏡半透光半回光又有各色玻璃七片爲測太陽或大光體之用右邊有小遠鏡爲窺筒上等者半徑八寸分度弧鑲銀面遠鏡力大共裝以洋紅木匣價金八圓銀十圓半徑六寸者價金六圓銀十圓半徑五寸者價金四圓銀十圓間有測地者專賴此器而不喜用他器

如第八圖爲圓盒紀限儀其盒形如短圓柱蓋有螺旋開之旋於盒底可以手握亦有弧面游表佛逆回光鏡遠鏡筒等與三角紀限儀略同另有螺絲可動游表又有暗色玻璃爲窺測太陽所用使不傷人目而能清楚此器小而精外裝皮盒甚便攜帶小者徑三寸價金二三圓大者徑四寸價金五六圓

第七圖

第八圖

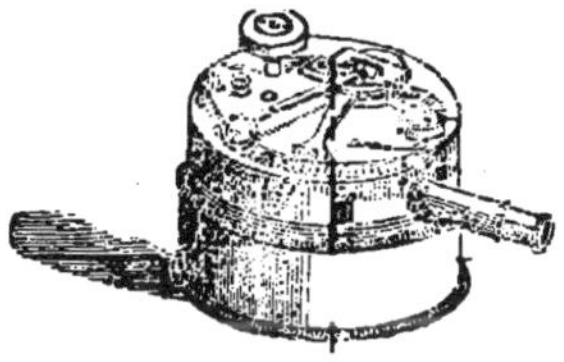

紀限儀各件配合之法如第九圖戊丙爲弧面分一百二十度人乂爲二半徑丑爲窺筒甲爲半回光鏡即鏡上半透光下半回光與儀平面正交而有垂線方向與窺筒視軸相對壬爲游表乙爲回光鏡與游表定連亦有垂線方向適居弧之中心能隨游表轉動午爲指針下有佛逆辛爲顯微鏡可轉至指針之尖以顯佛逆之分秒天爲木柄可以手握用法手持儀柄目對窺筒直望甲鏡外邊之物再動游表使丁物之像回至甲鏡半回光處目窺丁甲二物適合一處則爲測準即將癸螺絲旋定以察其二物相距之角度幾何分秒然後依法推算辰未各爲有色玻璃鏡於測太陽高度時可隨便轉至光道以減其光使不耀目

造紀限儀之理乃憑牛敦所悟光學之一題爲之即一光線若回折二次其首末二向之交角必倍於二回光面之交角此理可以下法明之如第十圖有光線丁射至乙鏡回光至甲依光學理射光角丁乙吃必等於回光角甲乙己而乙甲線復經甲鏡回光至申則呷甲乙角亦等於己甲申角將甲乙二鏡之線引長相遇於己復將丁乙線引長至申則丁申甲角即倍於乙己甲角故倍弧面之度數即爲丁申甲角之度數亦即丁甲二

處相距之角度

甲鏡之面與窺筒視軸側成一百二十度之角游表移至弧面〇度乙鏡與甲鏡平行甲鏡上半透光不能受形故由窺筒直看能見甲外之物乙鏡爲全回光鏡移動之能使遠物丁之形回照至甲鏡下半回光處由窺筒視若與甲外遠物相切如此卽得丁甲二光線相遇之角度

海面用此儀器測太陽或星之高以天際線與太陽或星相切如在陸地則用水銀盆而得二形於水銀面相切此法所得之角爲海面所得之角之倍於海面測太陽高度法以右手持儀柄使窺筒直對天際線左手移動游表使太陽下邊之形略與際線相切卽旋定游表螺絲癸再旋庚螺絲使二形正相切遂看游表所指之數而減以蒙氣差與地平差另加以太陽半徑卽日中心之高度

第九圖

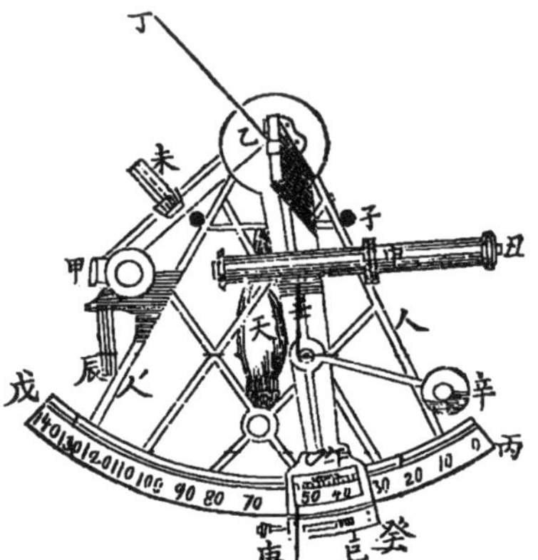

第十圖

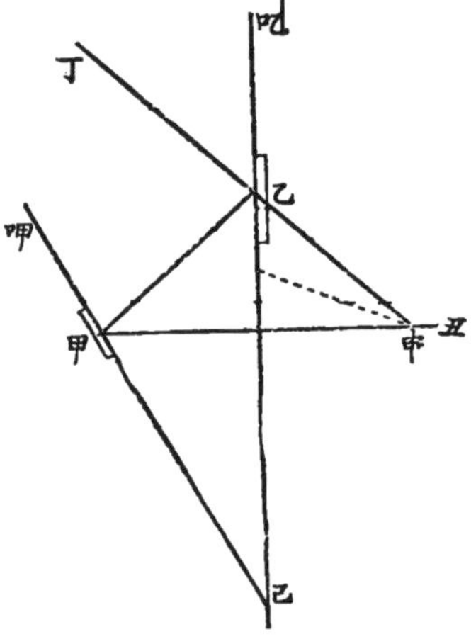

於陸地測太陽高度必用水銀盆以代天際線其制作長方形上有玻璃蓋其玻璃能藏於盆內以便移動水銀必濾至極淨盛以瓶用時傾於盆內測時令窺筒對視水銀面之太陽形則將游表移至太陽眞形與水銀面之形略相切再用佛逆螺絲轉至極準如測太陽之下邊相切則全回光鏡所回之形在上上邊相切則所回之形在下測準則視游表所指度數折半而減蒙氣差卽太陽下邊或上邊之高度然用水銀等法代天際線所測之角爲離天際高角之倍故必折半也

水銀質重不便携移故有用圓玻璃片其背加以黑色之料用酒準使之極平以代水銀盆然又不甚可憑如用濃質之油或用糖漿亦可代水銀之用然厲模糊終不及水銀之善無論用何法其器必置於甚堅實之架否則水銀平面終不肯定而所置之方位亦必便於窺見物體如所測之物不甚高則其平面必幾與人目同高

如平測兩物相距之角度則以佛逆置於○度右手持儀平對遠物用窺筒直望左邊之物左手移動游表使全回光鏡所回右邊物之形與左邊物之眞形相合視佛逆所指度數則知二物中間之角度

造此儀器務須極準其全回光鏡必與儀面正交造時已審定其位置製甚堅牢則不預備配準之法如欲試其準否可將游表移至略近中間斜看其鏡內分度弧之影與弧面○度之一端相連成曲線而甚平即是無差否則兩端不相對而兩弧亦不平

第十一圖

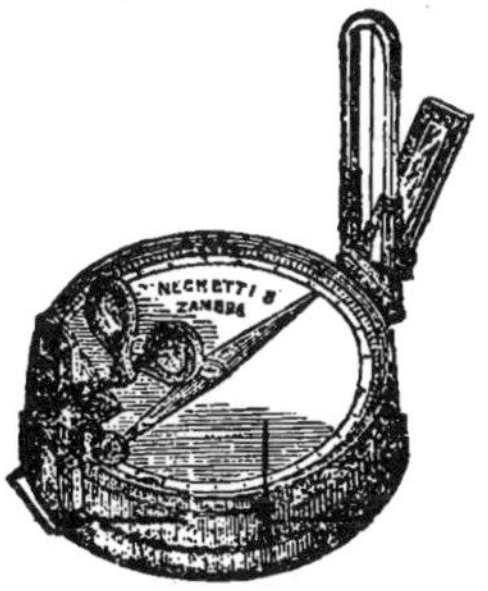

半回光鏡一名際線鏡亦應與器面正交有一小螺絲在架下藉以配準此鏡令與器面成正角如窺遠物之回影正在直窺之形上則知配準二回光鏡或不平行而欲求其差數則將游表正對分度弧之○度而察直窺之形與回光之影相合則爲平行如不相合則移游表就之使適相合所移過之角數即其差數尋常得此差之法測太陽之徑將游表移至與○度相距三十分再轉佛逆螺絲令太陽兩形相切而視所指之角度又將游表移至○度外餘弧略同之分數而如前令兩形相切再視其角度此兩數之較之半亦爲差數如○度外餘弧之角數大其差爲過小之數設○度內角數三十三分二十秒○度外角數三十二分四十秒較數爲四十秒其指數差即減二十秒

以上測太陽之兩數如無差則兩數和之四分之一爲行海通書本日太陽半徑之數尋常紀限儀無配準游表之器故必常驗其有差否如有差則於用儀之時可以或加或減其差數

窺筒與器面原可不計其平行否如欲計之須測兩物之角略爲九十度其兩物之影在窺筒內之第一線相合再移至第二線亦能相合即爲平行如有差則套筒之圈有二小螺絲可以配準

羅盤儀〇此儀亦名測向羅盤又名三角鏡指南針大半爲武事測地之用所以測各物與經線所成之角或補圖內各物又可用以測太陽或星之方位常用者如第十一圖圓盒徑三寸或更大或更小中有指南針下連活面周分三百六十度每度平分二分或三分或四分能隨指南針轉動指南針之重心有瑪瑙帽套於針尖轉動極活指南針下有撬桿能將針面托起使不轉動盤右有照星照星之間有一線立繫其中盤左有三

第十二圖

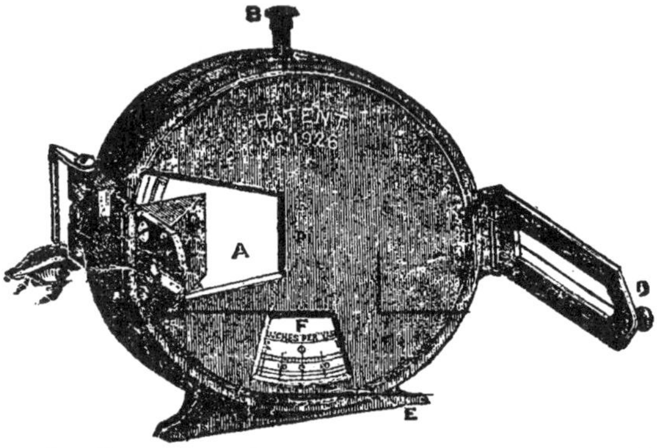

角鏡鏡上有視孔由視孔對望照星照星之中線能爲三角鏡照其影於分度面上卽指出若干度分照星下亦有一回光鏡如所看之物或高於平面或低於平面則其影能照入人目欲看太陽出入之方向必用此鏡另有藍色紅色鏡數枚連於三角鏡前爲測太陽時所用

羅盤儀爲測量最簡便之器精者能得平角最快以三足架托之能測之甚準凡用大經緯儀測大方位時中有零星小區如房屋樹木等可以此器分測此器體小易帶價亦不貴自金錢二圓以至五六圓不等用法先將照星與三角鏡扶起如本圖平置針盤再將三角鏡配準至能見活面之分度甚明復將全儀轉至照星中線與所看之體及視孔俱在一直線內則壓撬桿令針不動乃看針面與照星線內之度分則顯所測之體與吸鐵〇度經線所成之角再以同法測他體所成之角二角之較卽爲二體與人目所成之角如所測之體在人目以上或以下則用照星下之回光鏡配列其向使體成影於鏡測視其影以代本體

凡用指南針測量應知各處針差不同而一處之針差亦常有改變不但每年改變而每月每日亦有改變每日之差夏大冬小最大有十五分最小亦七分英國極大差之日其時在早七點鐘有偏東之差至午後二三點鐘爲偏西之差此後又漸偏東但此每日之差在測地之時尚可不計蓋常用之指南針本不能看清半度卽能看清亦不過四分度之一故不必計此小差矣羅盤儀之照星與視

孔皆以鉸鏈連於盤邊不用時可以摺平用蓋蓋密精者外有皮盒連以皮帶負於身挈游甚便

平立測角儀○此儀與羅盤儀大同小異而便用過之能測一物高度二物距度與平面平角及吸鐵經度羅盤方向又能顯各面之上斜下斜每碼所有之度數或寸數最速最準此器如第十二圖形式尺寸大略與常用之三角鏡指南針相同重亦略同針面與測高度圈徑俱二寸半各分成半度測高度圈亦有分度面能合於其足E而用文武事內凡有測量者用此儀器爲最靈便因其體小便携測量最準立置如本圖式能測高度與立角如平置之則能測平角不必加減物件誠善器也

第十三圖

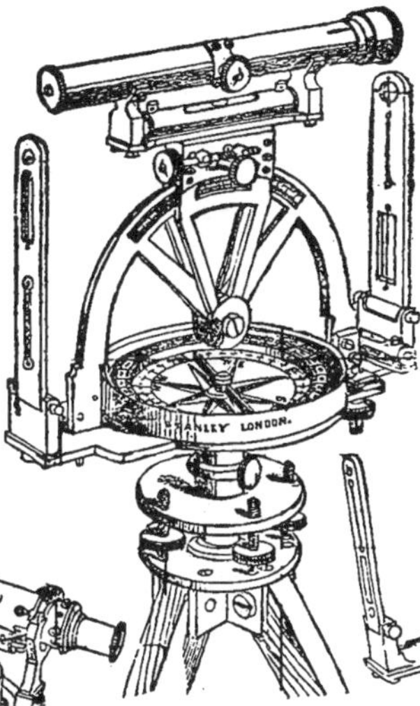

第十四圖

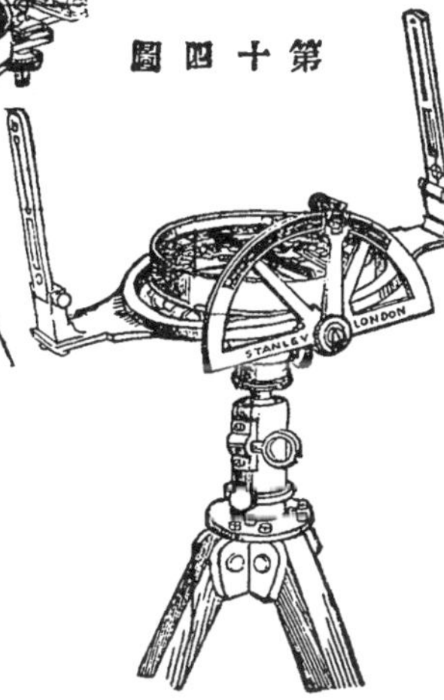

第十五圖

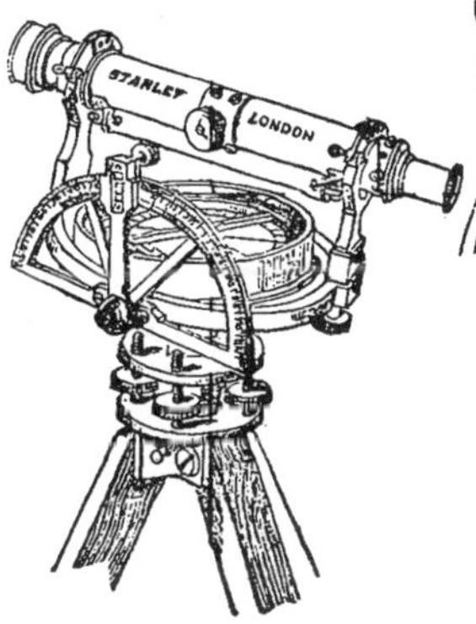

凡欲測立角或平面時將器立置拔起撬桿B則A圓面放鬆再以三角鏡C配準光距至能看清其分度乃將照星架D扶起使其中線與所測之體相合則視三角鏡所顯角度卽爲所求之角如所顯之角爲○度可知所測之體與人目相平其十字交線與分度面相切甚準故凡看之角度以十分度爲最大之差欲測平角卽二物距度則平置其器令針面所分之處與三角鏡C相對再按進撬桿B令針面不動再照常三角鏡指南針

法測之卽得此器分大小兩號小者分度面徑三寸價金三圓銀三圓大者分度面四寸半價金六圓銀十圓可見此器携帶甚便爲用合宜游覽新地者及武事測量者此爲要器焉

羅盤測量器其制頗多如第十三圖者爲羅盤測平儀羅盤兩邊各有照星每照星有大小兩長孔一在上一在下兩邊之孔遙相對每孔中有極細之髮一條以爲中線照星上端另有圓孔孔中有十字線針面平分三

第十六圖

百六十度每度分六十分另有半圈立架於針盤之上圈横置酒準酒準上有遠鏡窺筒可以測平角亦可測立角半圈與窺筒可拆卸而僅用照星與指南針測各方向儀下有三足架架上有三螺絲可配準平針下亦有撬桿能使針面不動圈徑五寸者各件全裝以洋紅木箱價金十六圓六寸徑者價金十七圓銀十圓

第十四圖爲新式羅盤儀較前式簡便有雙照星測角甚準邊有半圈亦刻分度另有佛逆能顯最細之分儀下有活節夾器與平行板及三足架共價金十五圓銀十圓

第十五圖之羅盤儀亦能測平角立角其半圈之心在針面下另有窺筒架於其上不用時亦可拆卸換以照星最爲靈便價金十七圓銀十圓此三種儀器可用於開煤開礦之洞內測量各等方位而知所開之洞爲何處地面之下用以測地亦爲最便之器如欲測兩處方向所成之角則置此器於成角之處將照星移動至其指南針與三百六十度之〇度相合則壓其撬桿令指南針不動再轉照星使與所測之物相對視佛逆所指度數卽知所測之物與本處經線所成之角再照法測第二物與本處經線所成之角卽知此二物所成之角

測平儀〇測平儀者所以定地面之高下也其制頗多要以酒準爲主用經緯儀亦可測高低之角度而得地面高下然不如酒準爲便如地面爲亂形其中多有低窪之處用經緯儀固便於酒準而地面平坦者則用酒

準爲較便從前常用之測平儀名爲叉架鏡因其窺筒安於叉形之架也如第十六圖爲新式測平儀有窺筒其物鏡以上等無色玻璃爲之徑二寸目鏡有二窺筒下有羅盤並可測方向與角度窺筒上有酒準與窺筒平行下平板有螺絲配使準平皆格外精妙而尺寸大以黴銅爲之另有配準目鏡之法與配準酒準泡之法

第十七圖

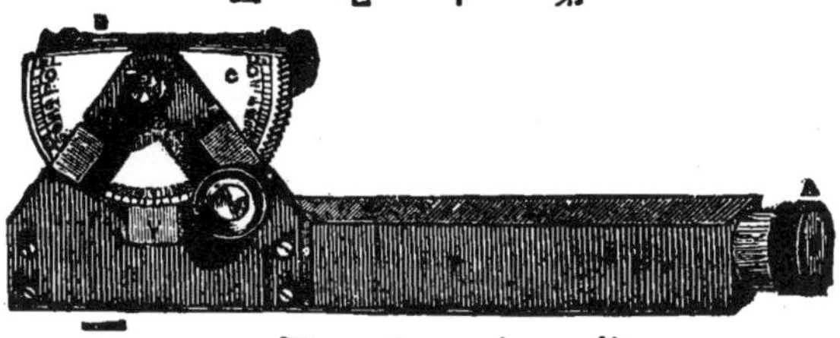

第十八圖

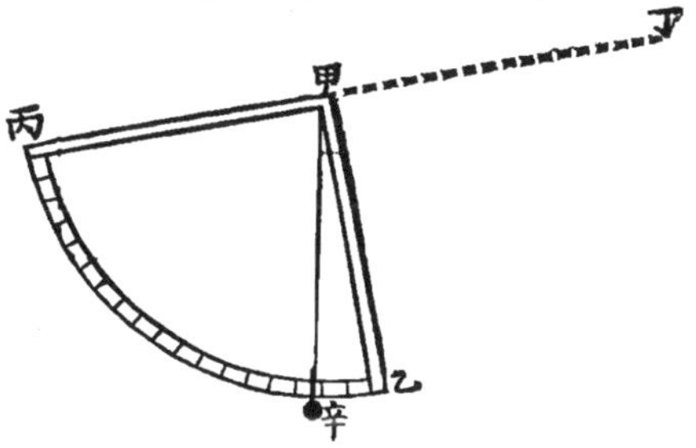

及回光鏡等俱全又有三足架並洋紅木箱徑十四寸者價金十四圓銀十四圓徑十二寸者金十二圓銀十二圓徑十寸者金十一圓銀十一圓徑八寸者金八圓銀八圓如不配以指南針價當更廉

第十七圖爲英國測量武官所設回光測平儀窺筒之外有分度面分度面外有齒能以小齒輪與轉柄動之分度面能顯度數尺數或碼數因用齒輪之法則手持之測物最平穩酒準中之氣泡亦能停於正中同時其遠鏡之十字線能對所看之體比舊法更捷更便其價金二圓

象限儀○測平合用之器尙有數種如象限儀垂線架水平測皆屬便用者如第十八圖爲象限儀可以自製用厚紙或黃銅板作象限弧將弧均分九十等分每分爲一度或分十八等分每分當五度復將小鉛球以絲線連於圓心作垂線之用如有丙丁斜面欲求其斜度持儀看丙甲面直見丁點則垂線所指乙甲辛角卽爲所斜之度此器不但能測立角又能求平剖面線之用故於行軍測地內用之甚爲簡便其功用不減於紀限儀且廉而易帶

垂線架○此物亦簡便之測平器也如第十九圖將二桿如一如二插於地內上端相平以垂線架置於二桿之端驗此二桿之端適平爲止再以同法得二三三四各桿如相距不大此法甚便如相距大者可用同法立

二桿再於遠處立望表上有移動之識一人對望而又一人移識就之至平爲止以記其高數而再前移爲之卽得高低之總數

水平測○此器常用於武事之圖原爲英國車太末地方之鐵匠所作已與酒準比較各事無差測量英國之人現常用此器作副平剖面線如第二十圖甲乙爲黃銅管徑半寸長三尺丙丁爲短管其徑稍大與長管正角相連短管之上安無底之玻璃瓶如戊如己其辛爲架上之套管庚爲立軸能轉動於套管之內管內滿盛有色之水至瓶頸爲度再用軟木塞瓶口用時將架略安平而開兩瓶之塞開時必俟水面相平之時緩緩拔之以防水之衝出

第十九圖

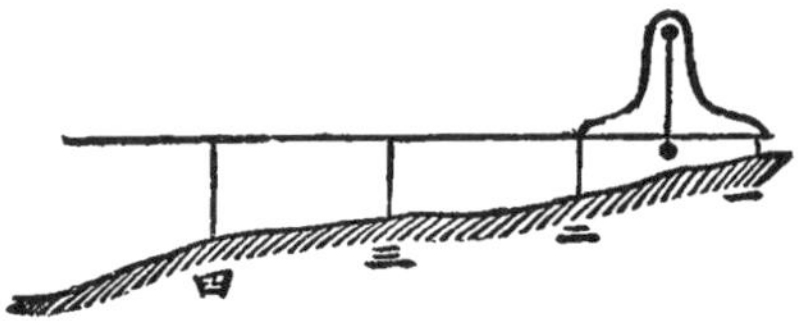

第二十圖

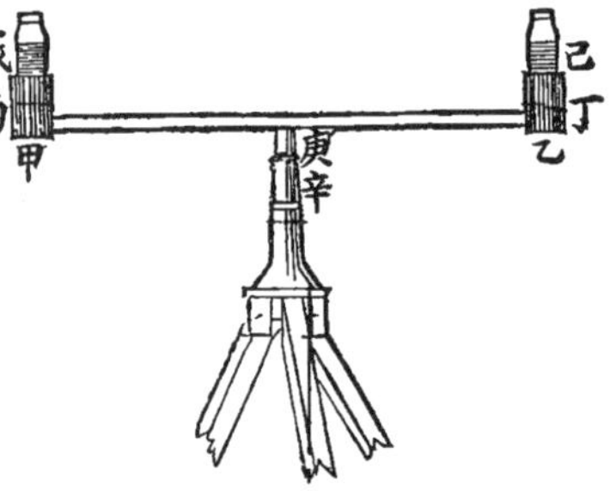

瓶內之水面旣在一個平面內則管無論轉至何向必得平面線卽可配準望表之識丙丁之外亦可連一直轄則二個十字線之交點可合於二瓶之水面或用輕物作十字線浮於二瓶之水面將此浮物調換驗之二交點常能相對則知不差如平剖面形之立相距不大而地面甚不平則一次所測不能遠者此器爲最妙

此器之益有二一無須配準二價値甚廉惟無遠鏡故不能測甚遠之處使極準然亦無酒準經緯儀不配準之大差因其平線爲天然而有也且無論何人俱能製造

量度器○所測之地必量之始知其相距量地之法或用細鏈或用長繩或用帶尺帶尺之制用織成之布帶長二十二碼卽六十六英尺每尺八寸各分成線以數記明共繞於圓盒內外端有環牽之卽出量地甚便細鏈之制每節一尺共長百尺另有十箭量地時用二人一在前一在後前人右手持鏈之一端左手持箭十枝後人手持鏈之一端立於起測之點令在前之人依向前行曳鏈至緊時前人將一箭插於地下卽向前行而後人隨之至插箭處前人再將一箭插於地下而後人將始插之箭拔起自收之如此十箭用完則所行之路

爲一千尺記之後人將所收之箭付與前人再依前法至量盡而止

用鏈時必留意使平因所測之相距以鏈爲主也若地面不平者則鏈之兩端尤須曳平因有地心力能使鏈之中段向下略彎所量之地則稍短而得數反多故莫如將鏈靠於地面而後以相距折算變爲平面此量地之常法也另有一法可依時而定各物之相距其人必先細心試過平步若干時可行若干路或騎馬若干時可行若干路卽可以時度其所測之相距然此法所得之數必稍有差因路或不平或不直之故如路稍不平可減去七分之一爲差數如路大不平可減去五分之一爲差數

又有聽聲之法於無風時聲過空氣極速每秒能行一千一百十八尺故一人於遠處放鎗看其火光卽用度時表看其秒數至聞聲而止將其秒數以一千一百十八尺乘之卽得相距之略數若無度時表可用診脈之法代之脈動之數每分時七十五至八十爲常數

又有粗法可得相距天晴時相距四千碼看房屋之窗戶而算得其數大約相距二千二百碼看人與馬如細點相距一千二百碼看馬能清楚相距八百碼人之行動能見之相距四百碼看人首已能清楚

以上爲測量器之大略所測量之地必繪以圖始爲全功繪圖所用之器亦有多種今再約略言之

繪圖之要首重比例作圖之比例或以六寸代一里或以三寸代一里或以一寸代一里亦有更小者如以六寸代一里卽以一千七百六十碼爲一寸而一千碼爲三寸又十分寸之四故作一線長三寸四平分爲十分則每分代一百碼各分再平分爲十分則每小分代十碼作比例線法先作三平行線相距爲十五分寸之一長三寸四將底線平分十分自左端起各書以數再引長左端度取一分之長卽將此一分平分十小分如此則大分代百碼小分代十碼如欲量四百七十碼之相距則將規一尖置於大分第四分一尖置於小分第七分兩尖相距卽爲四百七十碼之比例

如以二寸代一里則作比例線不能得十碼之分數因二寸代一千七百六十碼則四千碼等於四寸五四將此長數平分爲四分則每分爲一千碼再平分爲十分則每分爲百碼

如以華數作比例線則以九寸代一里爲便卽十丈等於五寸以五寸長之線平分十分則每分爲一丈再平

分十分則每分爲一尺或以他數代之亦可作其比例線

繪圖器〇繪圖之要須知繪圖諸器之制以及運用各器之法以所測量之事繪之於紙要以比例無差爲貴若但用筆而不用器雖巧技妙手總難無差故欲繪圖亦宜攷求其器繪圖常器大概簡而不繁習用亦易如鉛筆也鋼筆也各式規也比例尺也種種操習數次卽可運用茲姑擇其要者略釋如左

第二十一圖

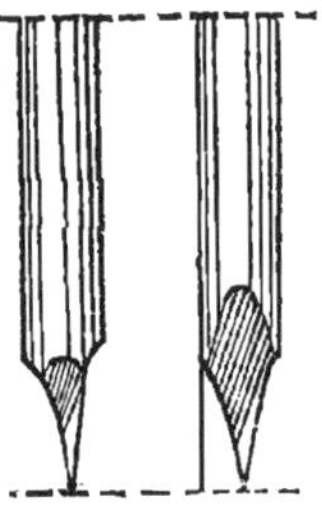

第二十二圖

第二十三圖

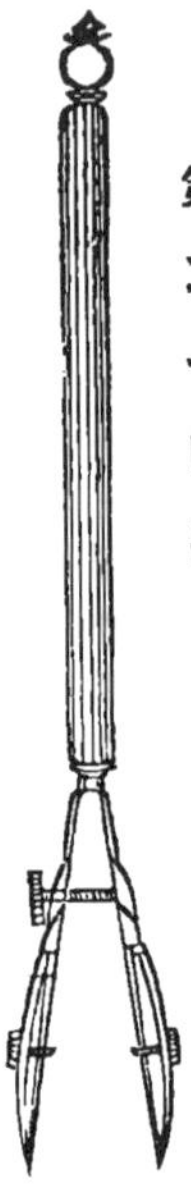

第二十四圖

鉛筆〇鉛筆爲畫稿圖之用繪線偶誤易於揩除故爲繪圖之要物鉛筆畫線須細而清而後蓋以墨線始能清細欲作清細之鉛筆線須習練手法執筆輕鬆向後稍斜削筆之法亦爲最要凡靠尺畫線之筆宜削平面如第二十一圖先用利刀削去內面略與鉛條平行使鉛條外露次在外面削至稍斜再削前後成方體然後緩緩將鉛條削成銳鋒如鑿而二角稍圓將直面靠於尺邊畫之乃甚細甚準惟削筆之刀須極利而小否則筆未銳而先斷又有不用刀削而用細平磋或滑石粉磨銳者殊非善法

鋼筆〇鋼筆所以畫直線者故又名直線筆如第二十二圖筆頭爲鋼者分兩片中有螺絲可旋轉使筆尖開合上有直柄以木或象牙爲之柄內有螺節筆頭可旋上旋下間有內裝細小鋼針可爲作識之用亦有可夾齒輪爲作虛線用者又有可裝鉛條爲作稿線者又有筆頭加樞二片可劈開便於內外磨之者二片之間復加小簧如第二十三圖用時以毛筆蘸墨塡於二片之尖將螺絲旋緊則畫細線稍鬆則畫粗線

雙線筆〇繪圖者畫平行線常以鋼筆靠平行尺畫之其法固便然又有法造成雙股鋼筆一畫卽成雙線者謂之雙線筆此筆如第二十四圖一柄分兩股有兩鋼頭二股中有孔貫以螺絲可令二筆頭離遠離近任畫

疏密二平行線間有製四筆頭者可晝平行四線

虛線筆○畫圖常作假線處名曰虛線所以別於實線也乃以諸小點密排佔一線方位使人一望而知爲假設線也常作虛線乃以鋼筆點成惟不能均勻且多費工故莫如用虛線筆作點速成線勻整勢若貫珠其筆如第二十五圖二尖之端夾以小齒輪亦有螺釘緊合並可更換粗細各輪常有四輪齒各不同加墨於二片

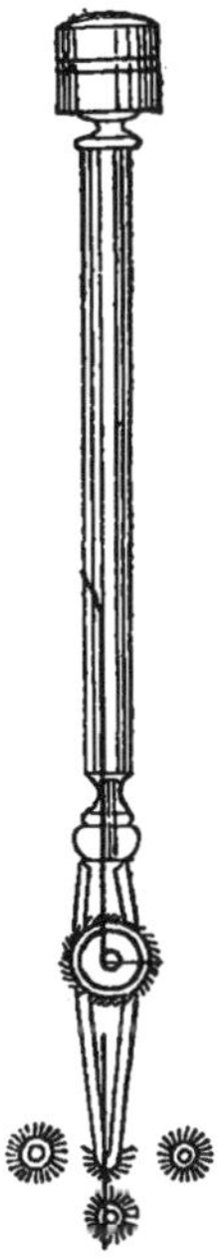
第二十五圖

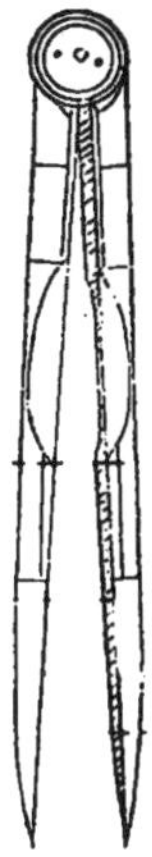
第二十六圖

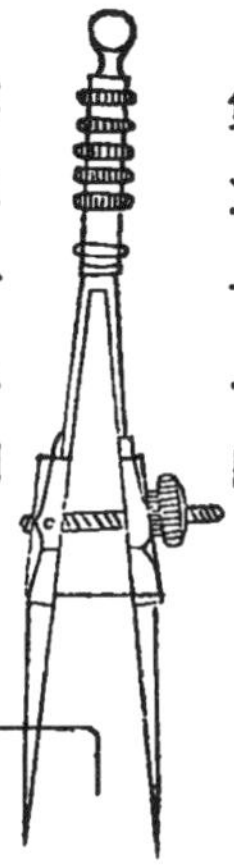
第二十七圖

第二十八圖

第二十九圖

之間先在別紙試畫然雖極慎亦恆有差果能用熟可畫極多極長之虛線甚速比之逐點累成者清而且勻

分線規○此規二股等長二尖齊銳如第二十六圖股首樞連可張可合可用以取比例尺之分數移至紙圖即依尺而得圖之尺寸又可取圖內之界線移至比例尺乃按圖而知地之大小此即量取各相距與比較二相距也

分微規○上規之用不能無差因股頭之樞稍緊量度時二股自能稍彎稍直因而不得準距稍鬆則量度雖準脫手即易改易因而亦難得準距故另設一法如第二十七圖將規股作簧能使自張股中有螺絲貫連使合用時先鬆開螺絲略對相距二點次將螺絲緩轉對至極準則不改動惟此器必極精良而尖甚銳否則不合用用此規須先明其理方能無差其益在度取一相距之後移至圖面毫不改變執規手法用大中二指對撚樞頭以食指按於上則力在樞頭而不礙兩股二尖之相距自無改變若以一相距逐點步量則規尖不可一面順轉必一尖向左轉一尖向右轉如一面順轉尖鋒必深入紙內而生差

活股規○前二規之用只能度量相距不可以畫圖故另設一法將規一股作成兩節可以更换長股或裝尖針或裝鉛筆或裝鋼筆换股之法如第二十八圖制以筍頭一套卽成如畫大圈嫌股短而不足則接以接桿如第二十九圖桿端接以鋼筆或鉛筆卽可畫圈甚大鉛筆鋼筆之節如第三十圖鉛筆甚細裝於接股之管以螺絲旋緊所接鋼筆鉛筆畫時必與紙面正交否則畫線不勻故於股上另作活節股雖大張筆可內彎仍與紙面正交惟筆股必長於定股故不能用作小圓圈若作甚大圓圈筆雖直立而定股未免甚斜亦不能準故於定股亦作活節則兩端皆可直立接規鋼筆其二鋼片如鳥喙其端尖而成小圓甚薄甚齊中間有簧以螺絲收放故畫線可粗可細加墨之時先將螺絲稍開使二片稍離以毛筆蘸墨點入旋緊螺絲先在別紙試其粗細後畫於圖

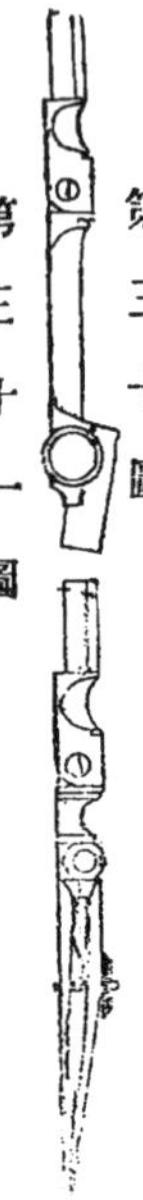
第三十圖

第三十一圖

第三十二圖

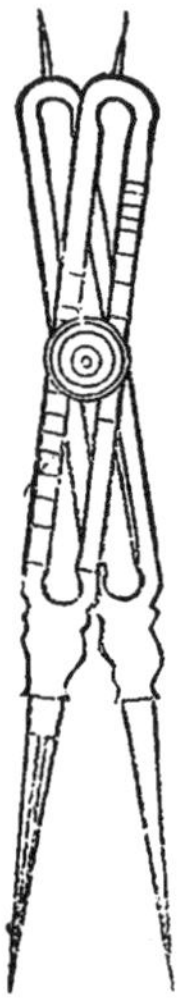
第三十三圖

小柄規○此種規一股爲筆一股爲尖二股以活節相連節上有柄筆股亦有活節比尖股稍長尖股自能直立可作極小圓線以大食二指撚轉其柄又可作多層小圓線而不傷紙成大孔此規新式者如第三十一圖尖股有小管安以針螺絲抵緊針用鈍可以更换筆股活節與他規同鉛筆小柄規與墨筆者同式惟於筆股之端製一開口小管可將鉛筆套入旁有小螺絲關緊

凡規樞頭用久易鬆必旋緊其螺絲始合應用故另配一器如第三十二圖一端爲刀中有鎈紋爲刨或鎈鉛筆之用亦可鎈利規尖一端有二尖可當鑰匙之用插於規之樞頭二孔轉之可使鬆緊

比例規○此規之用卽將已有之圖另作收小或放大之圖常式爲二股相疊中作定樞開之相交如剪其兩端之長爲一與二之比用以畫圖大則倍於原圖小則半於原圖比例止此無甚大用必有各種分數者爲佳

如第三十三圖二股中有長槽槽內嵌活鍵可上下移行以螺絲旋緊股面刻分數轉開螺絲移至對準分數而旋緊即得比例之數股外所刻之字有四種一直線比例一圓線比例一面冪比例一體積比例

直線比例之數自一至十使活鍵之指點任對何分則兩端二尖之距自成比例設將指點移至四分則短端二尖距爲長端二尖距之四分之一

第三十四圖

第三十五圖

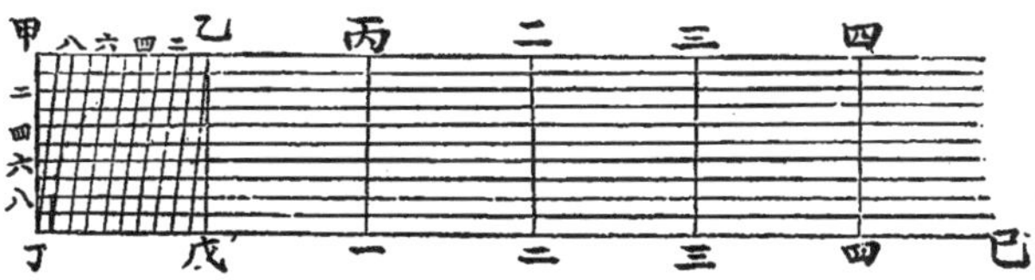

圓線比例之數自一至二十設將指點移至十分則長端二尖距作半經短端二尖距爲周之十分之一

面冪比例即平方比例設指點移至四分則長端與短端之尖距爲方邊其面積爲四與一之比設指點移至任數其長端與短端二尖相距恆爲面積之平方根故長端與短端相乘必等於二面積之中率

體積比例即立方比例設指點移至二分則長端與短端之距俱爲球徑或方邊其體積爲二與一之比設將指點移至八分而長端取八尺短端必二尺因八之體積爲六十四而二之體積爲八即八與一之比也

直線比例與圓線比例畫圖所常用直線比例可較量原圖另作放大收小之圖圓線比例可作正方形或多邊形之邊惟此器易壞尖鋒稍鈍即不準故欲量度多點須將此規得其相距而移於分線規度之

比例尺○繪地圖之比例線本可自作亦有造成現成之尺名曰比例尺尺面各分界鐫刻極準用之作圖不差分毫如第三十四圖爲單比例尺分數細密者足爲平常之用所畫之地面不過大則以每寸之大分數爲丈小分數爲尺若地面甚大可以每寸之大分數爲里小分數爲八分里之一

比例尺常以黃楊木或硬象皮爲之亦有製以象牙者其線與字刻於兩面一面有比例線將一寸之長依前法分之各分可以一寸當一尺或當十尺或當一里但小尺之分數究無大用繪圖者必畫比例尺於圖旁圖

紙貼於木板後圖與尺同在一紙同受天氣之燥濕冷熱而漲縮亦等則可無差近有新法以厚紙作比例尺爲用尤便然各種紙之漲縮亦不同仍有微差也

第三十六圖

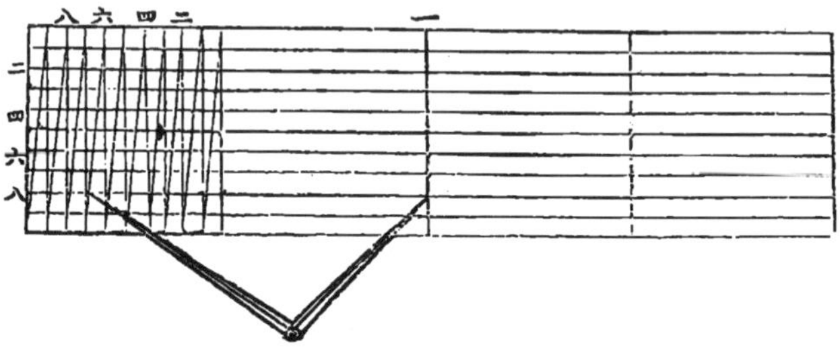

分釐綫○尋常尺上分綫祇能得二位之數若再分之則太密而不清故用分釐綫爲便作分釐綫之法如第三十五圖先作縱綫甲丁平分十分作平行横綫十一條再分横綫爲甲乙丙等分各自分點作縱綫與甲丁平行次將甲乙與丁戊二邊各平分十分後自甲乙間各小分至丁戊間各小分作斜縱綫則各斜綫交横綫之點必差小十分之一即大分一百分之一由此可得三位之數設欲取一百六十八則將分綫規之一尖對於大分一而移下至第八條横綫次展開又一尖對小分六下之斜綫與第七條縱綫交點如第三十六圖即得一寸六分八釐其餘類推大分數或爲尺爲寸而小分數可爲十分之一或百分之一此綫若作極準爲用甚便

第三十七圖

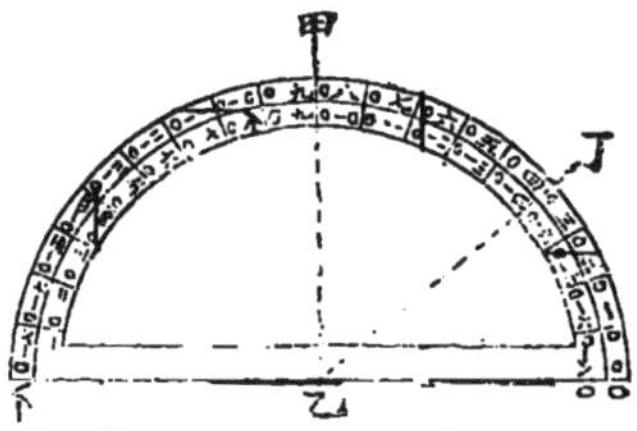

分角圈○常用之分角圈爲半圓如第三十七圖以銅爲之周分一百八十度面刻數目字兩層一自右至左一自左至右俱可看其度數若欲作角先作直綫甲乙次將半圈之○度對準直綫而圓心對準直綫之端如乙在其周取度作點如丁將器取去自綫端乙作綫至丁點即成甲乙丁角蓋欲反求角度將其○度對準一邊綫而圓心對準角點視彼邊對於何度即知其角度若干此器有以明角製者爲半圓板周刻度分與銅者同覆於圖上易見下之墨綫單比例尺之甚闊者亦可於尺面作分角綫然不及半圓分角圈之便

畫圖板○畫圖之紙甯必托以木板始便繪畫其板爲長方式角正邊直大者長四十一寸闊三十寸小者長

三十一寸闊二十四寸再小則不合用因體輕易動也紅木橡木黃松木俱可爲之必須日久伏性者紅木質重厚以半寸至十六分寸之九爲宜松木者厚宜一寸兩端鑲以橫條合縫相連甚緊板背用檔更好黃松木四邊鑲以紅木更耐久用稜角不致磨圓不準

丁字尺○以長短二直尺縱橫正交若丁字式者謂之丁字尺常以紅木爲之如第三十八圖長者爲矩股短者爲矩勾用此畫圖極能省工以矩勾靠定畫圖板邊移動方板之長四十一寸者矩股宜長四十寸再長則出板外而有觸礙闊約二寸半厚爲三十二分寸之三過薄則易壞過厚則太重股尾鑲以銅片預防坼裂矩勾須長十四寸移動庶能緊切闊二寸厚八分寸之五以二層膠合下層較狹四分寸之一上層自有餘面準此尺寸恰能相稱運用應手欲作更長更短者合此比例爲之間有矩勾之下層可活轉而中心以螺釘旋合者使可任作交角如第三十九圖名曰活丁字尺甚便於作斜平行線惟雖有活丁字尺必仍有定丁字尺因作正平行線用定丁字尺更便也矩股兩邊之上下稜俱宜稍圓則筆移動靈活餘墨亦不汚紙股邊若作甚薄每致殘缺股尾須作圓孔以便懸挂

第三十八圖

第三十九圖

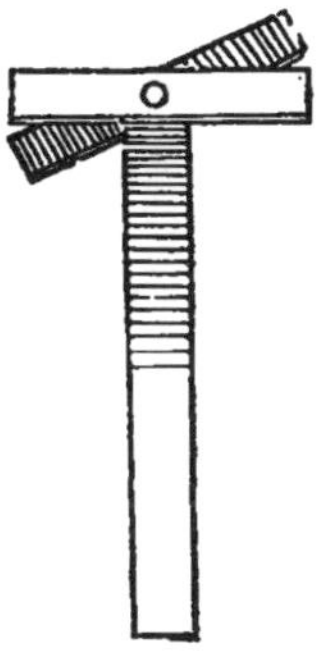

三邊板○此板亦爲繪圖合用之器其式有七常用者止分兩種如第四十圖一爲正角兩等邊形兩銳角俱四十五度二邊相等各長三寸半至四寸或八寸至九寸一爲正角不等邊形兩銳角一六十度一三十度板中俱作圓孔手指可以推移板厚三十二分寸之三而邊作方稜不作薄刃以句邊靠於丁字尺可作正交線與短平行線以斜邊靠於丁字尺可作六等邊形或三等邊形之一邊

以上爲畫圖常用之各器尚有精緻靈便之器頗多惟不常用故不贅言此各常用之器在西國多搭配成副副分大小器有精粗料有優劣價值亦因之而有異小副者價自洋銀一元至十餘元不等大副者價自十餘元以至百餘元皆有出售欲分買各零件亦可惟價稍貴耳凡初學繪圖之人宜先知用器之法久習熟練運用靈敏爲要所有畫墨線各器必須收拾潔淨費工不多至於用時省工甚多且織濕淨盡而不致生鏽用能

經久鋼筆之尖慎勿受傷常須磨銳規筆直筆着紙稍斜每致一邊消磨而偏可將筆之螺絲收緊用極細礪石加油直立磨之至兩片平齊放開螺絲再磨厚處以厚簿得宜爲度再將螺絲收緊輕輕直磨成小半圓而再平磨後在軟皮或手掌上活磨之

繪圖所用之墨不可太稀亦不可太稠太稀則淡太稠則滯習久之後研時已知稠稀之度研墨不可太重太重則不勻若欲多用宜一次多研不可屢次添研研成將筆稍噓口氣橫入墨內蘸之蘸墨之後揩淨外面則不污尺或以毛筆蘸墨塡入其間亦可用畢須將鋼筆揩淨必備生紙絲絨羊皮等物將生紙摺疊成角放鬆鋼筆螺絲先揩二片之間以去結墨或將筆橫畫於絲絨之面亦可去其結墨用時若滯澀將結必速揩之方可再用用畢之後揩淨收藏則不生鏽此則測繪地圖所用器具之大略也外有測地繪圖行軍測繪諸書可以參閱至於繪地圖之法以經緯線爲要作經緯線法須知地爲圓球各經線由赤道起至南北兩極皆漸遠漸狹至極則合爲一點故所書之線必爲曲線各緯線作於平圖亦成曲線即赤道北者應向上彎赤道南者應向下彎此常法也另有墨加𧸘法展地作平面以經度同闊與緯度相比緯度距赤道南北愈遠其度愈長經度距赤道南北愈遠其度愈寬以經度之加寬比緯度之加長是緯度漸長之比若經度漸寬之比此法之用處極大

第四十圖

以上爲作大地圖之法若所測地面小者所作經緯線可爲直線方格每格爲一里或五里凡山河地界各事照所測之遠近迂直繪於圖上則易瞭然可見繪圖一事必須細心練習依法鋪陳如作武事地圖爲行軍用者又必有指明各事各數之說使圖與說相因爲用或詳於圖而略於說或詳於說而略於圖必以何者爲要而定之今中國各省開辦輿圖多請高明之士各處測量其中深通西法者已不乏人猶恐考求者未能周知故特將西國測繪器具備圖貼說釋其要略以公同好復接得湖南鄒君沅帆上會典館言測繪地圖書一稿展閱一過甚覺趣益所言西法亦極暢明確切大有裨於測繪之人故特照列於左以公衆覽另有鄒君新修湖北會典測繪輿地圖章程八欵附錄於後

上會典館言測繪地圖書

新化鄒代鈞寄稿

竊周官大司徒以天下土地之圖周知地域廣輪之數職方氏掌天下之圖以掌天下之地要周知其利害圖實爲王者保邦致治之要其作圖之法必明於勾股深知形勢建邦立邑則有測星測景以定其位山河委曲道里遠近村鎭羅列則有記里指南以肖其形暴秦滅法知者蓋鮮晉裴秀條陳六法尚存仿佛　國朝以來康熙乾隆兩朝所成輿圖上系天度下合道里固已超越裴氏媲美周官矣但其圖藏諸內府外間無由得見外間所見者如胡氏渭之禹貢圖顧氏棟高之春秋圖其地雖爲古名其繪不外六法而詳今地者則李氏兆洛之圖能記府廳州縣胡公林翼之圖又增關塞要害驛傳堡鎭既稱精核復臻詳備誠爲近今善本雖然泰西人所作輿地圖本源不出乎六法而精益求精神明規矩豪髮縷悉似非李胡諸圖所能及非吾華儒先之聰明才力遜於西人也蓋業不能如其專器不能如其精時不能如其久雖心知其理而所謂準望鈎稽者僅得大畧又烏能與之同論哉茲際續修會典於輿圖一門欲加詳希已催各直省繪省府廳州縣之分圖限期送館以憑入繪是誠當今盛舉然泰山不讓土壤江河不讓細流所以成其大也方今六合仰風萬方效用彼有所長何防擇取謹括西人之法合乎吾華古法者敬爲陳之以備芻蕘之采一曰測天度所以定州縣之部位也蓋善言地者必合於天地體渾圜其南北二點正當天穹之南北兩極其中腰大圈亦與天穹赤道相當如人在北極下則以北極爲天頂人漸向南行見北極漸低至赤道則北極與地平合矣南極亦然是地之南北不同則北極出地之高低必異也東地之日出入早於西地之日出入地周三百六十度與天周相應每度六十分都爲二萬一千六百分日歷天周爲晝夜分二十四小時時六十分都爲一千四百四十分故時之一分等於度之十五分四分等於一度此地在彼地之東一度則此地之日出入早於彼地之日出入四分時是地之東西不同則日出入之遲早必異也而測天度者必先定午線如京師之有中線英吉利之格林回次法蘭西之巴黎昔年西圖所用之福島皆是考工記曰匠人建國水地以縣置槷以縣眡以景爲規識日出之景與日入之景晝參諸日中之景夜考之極星按此言匠人建國而於夏至日定其國之午線也水地言以水平

地如西人之用水準縣垂線也言平地者必使地與垂線成直角槷表臬也植表臬使正如垂線而眂其景也日出之景與日入之景必等長處所識景端或不確乃任以一景之長爲半徑臬底爲中心展規爲平圓兩景端均交圓邊則爲密合是爲規識日出入之景也復中折兩景端間圓邊爲點向臬底作直線卽爲午線之向鄭注云度兩交之間中屈之以指臬則南北正是也又日中之景爲最短必與所作午線合故既畫午線復以日中之景參之極近北極之勾陳星卽堯典之璇機旋璣段借機極也言勾陳爲旋繞北極最近之星也其說詳見尚書大傳周髀算經等書星卽堯典之玉衡星經之斗六星莊子之維斗爾雅之斗極晉以後天文志所名之黃道極者是也夜覩勾陳與玉衡爲直垂線則赤極與黃極相當又與所畫午線方向合則午線準是夜考之極星也大司徒以土圭之法測土深正日景土深指南北日景指東西夏至晝漏中日南景短是地在南近日故土圭之景短也日北景長是地在北遠日故土圭之景長也此定南北緯度之理也日東景夕是地在東日迟其國之午線時東地之景已夕日西景朝是地在西日過其國之午線時西地之景方朝此定東西經度之理也西人定其國之午線亦用匠人之法而參以指南鍼除電氣差安子午儀使極穩以窺日星之過午其隨處測經緯度則自日晷將午至日晷過午用紀限儀或經緯儀屢測大陽高弧取其最高度爲本處大陽過午線距地平高度亦卽本處午正乃以大陽距地平高度減蒙氣差加地半徑差爲實高度以減象限九十度得大陽距本處天頂度以與本日大陽赤緯度南加北減卽得本處北極出地之度於是先以極準時表如大陽過其國午線之午正開準行至本處旣測得午正以與時表較遲早差若干時分化度卽知本處在其國之東西若干度分但一測午正而地之南北東西皆定古今中外若合符節其理至當其用至宏是作圖者所宜先務也一曰測地面所以定州縣所轄之各地也蓋地面遼闊遠近不一高低不齊無法以御之不能成圖其法不外乎三角卽九數之勾股周髀算經臥矩知遠偃矩知高二語足以盡之而西人測地亦分二端一測地面平形一測地面高形其測平形也所用之器最要者爲經緯儀爲測向羅盤均爲圓周分三百六十度密者能辨分秒疏者亦半分度皆有指南鍼經緯儀有窺管測向盤僅安植表繫絲於窺管與植表之視孔成十字交點視交點蔽所測之物方爲指準任在何州縣之城門植柱爲起點用儀器測左右距城門之甲乙二物

設甲物在偏東二十度乙物在偏西三十度則所夾角爲五十度記二物之向及角度於册於是量準測處至甲乙二點直線遠近爲底邊又從甲乙二點轉測他處可見之物遞測不已均記其向與度使大地成無數三角形又每三角之内或有可指之處仍一一記之使大三角容無數小三角又有道里河流之迂曲均測其迂曲之向而以記里車記其各迂曲之遠近使容於各三角之内而測平形之事畢矣其測高形也所用之器最要者爲紀限儀爲瓶水地平儀紀限儀爲六十度弧亦能辨分秒有活半徑及回光隙綫等鏡有窺管亦繫十字綫以測高深之都數測法於測處置二定點與山頂成三點以二定點間相距數爲底邊用平測三角法已知三角一邊求得測處至山頂斜綫之數再用立測三角法以斜綫爲已知之邊測得三角求山頂高於測處之數既得山之高數乃以測處至山頂斜綫與高數爲已知兩邊求得山頂垂綫與平地成直角至測處爲平距數而山之斜度亦須測得大畧但可不計分秒用紅銅版爲象限儀九十分之懸垂綫於版心繫錘使下墜自弧之一角依平邊仰望高處相切視垂綫所成角卽爲斜度行軍之圖斜度約分三等十五度以下礮車能行三十度以下馬兵能行四十五度以下步兵僅能行過此須攀援矣故測斜度止於四十五瓶水地平儀以測逐層高低之數器爲長銅管管之兩端上安玻瓶刻度盛水瓶與管成直角管下承三足架當管中承處爲活節置器於高低之間升降銅管視兩端瓶水等平而止於器之上與下對管口植長尺自管窺上尺恰當何尺寸反窺下尺恰當何尺寸以兩數較所餘爲上尺處高於下尺處之數高低懸遠者屢測之而記其逐層之數山勢磅礴者環測之而記其各點之向屢測者逐層之高須等以便命共距之數環測者各點之高亦須等以便成平剖面之形又山高與逐層之高之比如平距與各平剖面平距之比均求之以記於册而測高形之事畢矣測事既畢於是始言繪繪者當首明分率分率者地與圖之比例也地周三百六十度度二百里里一千八百尺是則一尺實爲一萬二千九百六十萬分地周之一凡爲圖必先開方設爲每方一寸十方一里是以圖之一尺代地之一千八百尺也其分率爲一千八百分之一然作總圖者不必如是之大酌而用之每方一寸方五十里是以圖之一寸代地之九十萬寸其分率爲九十萬分之一他如或大或小隨人度其圖詳略而命之可也分率既定始布經緯度經度當赤道處每度相距二百里漸北則漸狹當用八綫表以半徑一

千萬爲一率每度二百里爲二率各地北極出地度之餘弦爲三率求得四率爲其地經度相距里數按度推之列爲成表以便檢用而畫經緯兩線者亦不一法有經緯均作曲線者有經爲曲而緯爲直者有緯爲曲而經爲直者其經緯均曲與經曲緯直兩種雖能得球形之理然不能無差一則差在東西兩邊一則差在於北皆出經緯相交不成直角對角線亦不相等故作圖以緯曲經直者爲無差其法當求圓錐爲公中心以規作各距等圈若作一省一府之分圖去圓錐過遠則以求零弧之法變通之又作分率微分尺如圖爲九十萬分之一用四寸六十分之名曰度尺用四寸二百分之名曰里尺均畫對角斜線表微分又作分度器密者以銅爲圓弧玻璃爲中心能辨三百六十度之分秒疏者以弱角片爲半周分百八十度度半分之若塡州縣城之經緯度可展規按度分量分率度尺縱橫定點於圖即得經度去赤道漸遠者則按度求其相距里數以里尺量之亦得若塡所測地面各三角點須用分度器之中心合城門之起點正其子午按左右甲乙二點之向作直線再依所測底邊遠近如分率量之以定甲乙二點於是轉移分角器之中心合甲乙二點據所測各多點之向一一作直線成無數三角形如所測地面凡兩線之交即各物定點而圖之平形成矣畫高之法大要以山之各層平剖面平距數依分率入圖如其遠近方向作點以曲線聯之成自天空俯視山頂及各層平剖面之形再於平剖面之間補作垂線上下交於兩平剖面界必成直角其疏密定率兩垂線相距等於兩平剖面界相距四分之一垂線之方向即斜度之方向也粗視之斜度小者其線疏斜度大者其線密若辨其度之幾何則必以共距明之共距者山之逐層高較也如共距爲三十六尺圖爲一千八百分之一乃以一八除三六得十分寸之二爲圖之共距以與垂線相比而斜度得矣共距之長小於垂線三四倍則斜至十五六度小於垂線二倍則斜至三十度與垂線相等則斜至四十五度凡用共距者分率愈大則辨析愈明若日耳曼人補垂線之法不必以共距明之視黑白之多少定斜度之大小線爲黑線間爲白凡圖中全黑者爲四十五度八黑一白者四十度七黑二白者三十五度六黑三白者三十度五黑四白者二十五度四黑五白者二十度三黑六白者十五度二黑七白者十度一黑八白者五度線大則黑多線細則黑少以此辨度亦甚明確蓋西人作垂線之法凡三英吉利之法能令圖淸日耳曼之法能令圖準法蘭西之法則淸而準前所言疏密定率實

法蘭西之法也苟明乎此而國之高形顯矣既測天度又測地面中之以繪法而圖猶不精妙者未之有也雖然知之非艱行之惟艱以版章之廣袤南北八九千里東西萬餘里而欲處處如法測之非數百萬之帑金數百人之才力數十年之工程不可然道不行不至事不爲不成一旦籌之則艱鉅萬難分年爲之則次第有效可否下成法於各行省幷示以一定尺式及一定分率令每省開設輿圖局購儀器招英髦依法興辦其工可分爲四段一段但測州縣城之經緯度分次測地面平形三角次測道里河流之迂曲次測山脈高低州縣之經緯度分既定卽可成圖其餘山川堡鎭之大者暫以意消息入繪其後每測一次卽增改一次蓋州縣既定則圖之底本不至稍差而圖之精密可以漸就且工程之次由易而難測繪之人亦由習而熟辦一次卽有一次之益不至於渺無收效聞英吉利兵部海部之輿圖局自開辦至今二百餘年未嘗或輟其測繪之事本國已臻極詣又推及於屬地故印度澳大利亞等處均有精詳之圖近日經營及於緬甸矣英國如是他國亦略相仿是知彼之善本亦非成於猝辦也或謂州縣之經緯度李胡舊圖均已詳列當可憑據重測奚爲不知舊圖所列不準者多計其差數經度尤甚蓋緯度可隨時測日星而知間有小差或因蒙氣經度全賴時差從前既無準表其所以求時差者僅於月食之頃各處同時識中星起漏推至次日日中之時驗其刻漏多寡月食爲間有之事識星非頃刻所能稍費指顧時卽不確欲求重驗遙遠難期此其所以不準也今試略舉一二舊圖上海北極出地三十一度九分偏東四度四十五分漢陽北極出地三十度三十三分偏西二度二十一分廣州北極出地二十三度十一分偏西三度三十三分西人所測上海北極出地三十一度十四分偏東五度二分漢陽北極出地三十度三十二分偏西二度六分廣州北極出地二十三度十二分偏西三度九分東西之差多至數十分州縣部位何以能定此次欲詳考另繪似難仍舊卑職隨節出使居英法兩國者三年頗留心輿地之學於彼間測繪之事心知其理能言其詳故敢貢其區區如蒙　垂納願竭駑鈍

新修會典湖北測繪輿地圖章程

一核實測繪之事不厭精詳但期限既促人力未齊而侈言至精至詳此必無之理然業經開辦萬不能苟且

了事自宜斟酌妥善不至草率亦不至曠時先定測繪詳略定章使作者有所遵依則欵不虛費工不浪施蓋大地之上既不能使一木一石盡入於圖務權其輕重先後如官路爲重支路爲輕大水爲重小水爲輕山之脈絡基址宜先逐層之坦峭宜後水之源委湖泊宜先隨處之淺深宜後如是等類均擇其重者先者詳之而略其輕者後者惟圖所載必昭其實一幅之上已測者如率詳繪未測者或據舊圖或以意消息分別注之甯可有不詳之譏不可蒙不確之誚後有作者即據此爲根柢而爲之加測則此次工程不特有益於一時實足取資於異日矣

一測天度周禮大司徒以土圭之灋測土深正日景土深言南北即定緯度之理也日景言東西即定經度之理也蓋地爲圓體其南北二點正對天空之南北兩極其中要大圈亦與天空赤道相當人立地面目力極數十里耳數十里外即屬茫然天雖無涯而地平以上可仰觀得之故必分地爲三百六十度與天體合藉天空諸曜高弧以求地面之度而地之圜形始得今會典館開辦輿圖於經緯度再三言之自應遴精通算法善用儀器者攜經緯儀度時表徧往六十八州縣治所測天求度而州縣幅員大者至數百里又宜覽其形勢於四邊之界南北東西不致平行之處擇四定點測其經緯度分於是一州縣之竟有五經緯定點先以法求各經緯點相距之鳥道次以平三角聯絡其間互相權杜雖廣大之地不難御之入法矣而名山之峯大川之口以及古郡縣舊治關隘險要前人紀載言某在某縣某向若干里迨名號已易部位轉迷測地時能考確處定其經緯度分注之於册於考古者亦爲有益而一縣之圖於五定點外又增各點即求各點相距爲三角底線尤能密合

一測地面鳥道鄂省六十八州縣北極鄖西南極通城西極利川東極黃梅約其面積爲方里者殆六十萬非徧測三角不能定地面各物令於州縣坿郭平地量成底線長或一里短或半里安測向儀於底線兩端彼此互測記其向度始各徧測所編號竿而記其自某測某幾百幾十幾度幾十幾分於册又移儀於已測三角之外邊兩端插竿於未測之地而測之東西南北漸移而前各期抵界而轉而三角之定點必須聯絡互用展轉成形然後地面之上皆成三角三角之外始無餘壤凡村院鎮集山峯山峽斷崖水源水口垻堰橋

梁津渡交衢關隘税口釐卡鹽局電局電桿營汛驛站塘鋪烟墩營壘故壘礮臺塔廟古蹟及山脈水道道路界線四者之轉向處均須作爲三角定點其定點密者則三角亦密若曠野荒漠之地惟盡目力所及作數大三角而已

一測地面人行道凡山脈水道道路界線四者之轉向均經測出圖已肖其眞形但三角所得者鳥道也四者蜿蜒於三角之中其小曲之遠近非直邊所能得故必以人行道計之今以測向儀定方向記里輪量遠近一人測向一人記里而書其自某處起程偏若干度分行若干尺至某處轉若干度分行若干尺至某處所過之地有驛站塘鋪鎮集橋梁堤堰礦窰者均分測注之凡界線爲兩縣所共測定一縣即可旁及他縣自應詳測不必求省惟路之支徑紛歧水之溪澗錯出若不擇要必曠時日茲道路惟測其四至之官路有驛站塘鋪者餘則畧之水道則分別大小考求利弊以施工力鄂竟之水江漢爲大江水西自巴東東至黃梅約行二千三百餘里漢水北自鄖西南至漢陽約行一千九百餘里舟楫所濟水利所關自必以人行道計其流向遠近并及水漲水落之沙界隄内隄之定基他如入江入漢之水行五百里以上者測之若水口通舟楫利停泊者則不論所行遠近俱宜詳測江漢之瀕湖泊甚多防水爲田遂成澤國民生利病胥在於此均應循湖測岸并逐測縱横交錯之隄皆得其方向遠近高低厚薄以便依率入圖（水漲之時不能識水落之界水落之際可以察水漲之痕故測水者宜於水落時從事）淤河廢渠有可考者亦測大畧至鄂竟之山以鄖陽宜昌施南爲最多而襄陽荆門次之嘉慶教匪之亂賊跡出沒其間致稽征討蓋磅礴綿亘萬山叢雜西接川陜皆爲密箐他如大江南北亦山勢奔赴若必逐層環測求其高較以表斜峭則非數年所能惟先考舊圖得知山脈大畧始擇要測之欲知山之脈絡當觀水之源委水源分流之岡脊必爲幹山迤邐於二水之間遇二水合流而止者必爲支山支幹既明方有把握其人跡易到之區則以人行道繞測山麓盤亘遠近之址及山峯立距平距之數深山窮僻但以測向儀望測其山峯得其平距及脈絡委曲之勢而已論測量之道以山爲最難湖隄水道次之言民生之計湖隄水道爲最要而山又次之自宜酌其緩急先從事於湖隄水道除徧測三角應及於山者自不容緩專測山址與山脈之事甚費時日俟辦有成效酌量期限緩促再漸次施行可也

一用人不明算學者不足以盡測繪之能僅明算學者多未親測繪之事故用人以施諸實事爲準其精通算學能用儀器測天度地面依率繪圖者爲上僅守成法測地面依率繪圖者次之但鄂省幅員之廣欲求實測必非數人所能今招聰俊生童能耐勞苦者二十人教以測繪成法習之三月始出從事學成之後卽分派局中所有成材十二人及學生二十人爲四大路每大路計八人共測一州縣每八人中又分四小路二人任測天度爲一路測州縣治所及各定點外仍應測地面三角管記里輪者一人同學生一人爲一路測人行道里外亦應測地面三角餘學生四人分爲兩路專測地面三角惟測地面甚爲繁重雖能辨向分角而插竿滿目屢測不已或至迷識當預編竿號屬插竿之人詳查竿號次第不可顛倒插置測向者按號記之庶不至亂凡兩路分段相交之處尤宜留心交點南路必交測北路之原點北路必交測南路之原點不可增亦不可漏方能吻合其要在先察舊圖預約每日所測地段方有依據約計之每八人共測一州縣期閱月畢之逐各州縣測去以四大路測六十八州縣風雨及甚寒暑不計外約歷二年當畢測事再以一年爲繪事故期限止於三年

一用器古人測量莫不由器土圭所以測天矩度所以測地緬懷舊製必稱精密仿而爲之慮不逮古近日西人之器尙屬可用如經緯儀紀限儀測向儀奪林儀度時表記里輪鋼練帶尺分角器規筆平行尺曲線版等物均測繪家所必需其測天多用紀限儀測地多用經緯儀如測向儀奪林儀則行軍人用之測平三角及高深者究之紀限儀亦可測地經緯儀亦可測天二者俱備自稱完美但費錢既多購置亦不甚易不如酌購一種爲便紀限儀便於行海及測天空兩曜相距之弧若用之陸地測午正不如經緯儀之易於從事但必如西人用經緯儀測地雖稱最密而用人既多需器亦多所費殊不貲且經緯儀之大者能辨一秒小者能辨一分若測地面三角必求分秒則地圜之弧角差天空之蒙气差均應推算除清然後能得眞角又非數年所能收功今酌用經緯儀（能辨十秒者）度時表測天測向儀奪林儀測地測向儀雖不如經緯儀之密然分三百六十度又半分之能辨三十分爲七百二十向矣較之吾華舊法其密爲十倍過之且弧角差蒙气差在地面人目所及斷無多至三十分者故用測向儀均可不計

西學略述十卷

〔英〕艾約瑟譯

《西學略述》十卷，英國艾約瑟譯。艾約瑟（Joseph Edkins，一八三五—一九〇五），英國倫敦會傳教士。一八四八年至上海，入墨海書館，後至北京。一八八〇年被聘爲海關翻譯，受中國海關總税務司赫德約請，編譯麥克米倫出版公司之科學初級叢書，成《西學啓蒙》叢書十六種，由總税務司署刊行，李鴻章作序。是書爲《西學啓蒙》叢書之第一種，參考多種當時西方新出學塾使用書編纂而成。共十卷，分訓蒙、方言、教會、文學、理學、史學、格致、經濟、工藝、游覽等類，類下分若干條。解説頗爲簡明，全面介紹西方文學藝術、歷史文化、宗教哲學、自然科學等，爲當時系統了解西方社會之啓蒙讀物。徐維則《東西學書録》稱此書「綜言各學淵源，爲《啓蒙》十五種之綱領。中述希臘舊學，頗爲翔實」。據天津圖書館藏清光緒十二年（一八八六）總税務司署刻本影印。

光緒丙戌十二年仲冬

西學畧述

總稅務司署印

總稅務司赫君以格致啟蒙之書十六種屬儒者艾君約瑟譯為漢文既成以書來索序余惟古神聖興物以前民用曰形曰象曰數曰器曰物皆實有其事非虛搆其理也通天地人乃謂之儒童子就學教以書數窮理精藝實基於此自此意微遂以浮華無實之文字汨沒後生之性靈乃率天下相出於無用矣泰西之學格致為先自昔已然今為尤盛學校相望賢才輩出上有顯爵下有世業故能人人

競於有用以臻於富强此書十六種即麻密綸大書院原本也其理淺而顯其意曲而暢窮源溯委各明其所由來無不闡之理亦無不達之意真啟蒙善本艾君之妙筆與赫君之盛心並足不朽矣赫君

在華綜司關榷三十年勤能公廉聞於中西於華固相習也而與余相知尤久今歲謁假將回國而是書適成屬為弁言使問相繼其用意殷肫彌為可念余自治兵迄於建節迭任南北洋大臣往在江表

就製造局譯刊西學書大小數十種既來畿甸創設各學堂延西國教習以誨良家子弟之聰穎者涂徑漸闢風氣漸開近復有博文書院之設而赫君之書適來深喜其有契余意而又當其時也孟子曰

能與人規矩不能使人巧如此則能使人巧矣孔子曰民可使由之不可使知之平叔訓為百姓能日用而不能知聖人言凡民正以儆學者此與民斯為下之民正同蓋謂民可不知學者則不可不知也

若元晦所訓是聖人欲民之愚矣是老氏之旨也非聖人意也同治初同文館教習丁君韙良成格致入門一書五臺徐侍郎驚為闇所未聞使及見此更不知若何歎賞矣

欽差大臣太子太傅文華殿大學士直隸總督一等肅毅伯李鴻章譔

記曰辟如行遠必自邇辟如登高必自卑老氏亦云合抱之木生於豪末九層之臺起於累土千里之行始於足下蓋天下事業文章學問術藝未有不積小以高大由淺近而臻深遠者泰西之學條別派分更僕難數學成而精至者大抵撼風霆而揭日月奪造化而疑鬼神方其授學伊始往往舉孩提之童所能言能知匹夫愚婦所不屑道者筆之為塾鈔編之為日課者彥師姆諄復道之不以粗淺為恥翻以躐進為戒其向學易而為學有次第此泰西學者之所以

衆多學而成名者亦因是而濟濟焉試舉一二端明之論光色之學曰白者諸色皆備黑者諸色皆無諸色皆備則不復受色故以色著白紙常推而拒之顯露於紙上諸色皆無則能受衆色故以色著黑紙常納而入之隱於紙中夫繪白紙而顯露繪黑紙而隱晦此孩提之童所能言能知匹夫愚婦所不屑道者也然泰西學士由此理以證日質之所有辯虹蜺之七色窺玻璃之三角定藻繪之彰施玫影相之宜忌其學無窮極焉又論寒熱之學曰五金傳熱毛羽不

傳熱投鐵杖一端於火火外之鐵遽不可執焚獸皮將盡而未盡者仍可執此傳熱不傳熱之證也狐貉足以禦寒非狐貉能生熱也惟其不傳熱故能護藏人身本有之熱夫投鐵杖與獸皮於火可執不可執之別此亦孩提之童所能言能知匹夫愚婦所不屑道者也然泰西學士由此理以攷求太陽地心之熱力與一切機器鍵轄火輪舟車蒸汽生力之大凡稽化學生尅之源察冷暖漲縮之理儲水銀鑄鋼鼓以製寒暑之表風雨之鍼五緯彗孛地球月輪藉攝力

以環日地火震山空陽生颸循定軌以行究推測之眇通乎神明其學亦無窮極焉所謂積小以高大由淺近而臻深遠者非其效歟總稅務司鷺賓赫君擇泰西新出學塾有用之書十有六種屬英國儒士艾先生約瑟譯成華文書成問叙於予予嘗忝持使節躬逮歐洲每欲蒐輯見聞編為一帙事務紛乘因循不果今閱此十六種探驪得珠剖璞呈玉遴擇之當實獲我心雖曰發蒙之書淺近易知究其所謂深遠者第於精微條目益加詳盡焉耳實未始出此書所

紀范圍之外舉淺近而深遠寓焉詎非涉海之帆檝燭暗之鐙炬歟古稱通天地人為儒又曰一物不知儒者之恥儒豈易言發軔於此書就性天之所近更著研耽之力其於專門之學殆庶幾乎爾雅訓詁之文急就奇觚之字賈董揚班於是乎興吾人而有志於西學則雖以爾雅急就章視此編焉可也

詰授建威將軍管理三庫事務大臣幫辦海軍事宜大臣總理各國事務衙門大臣户部右侍郎兼管錢法堂事務世襲罔替一等毅勇侯兼一雲騎尉世職

湘鄉曽紀澤劼剛氏撰

敘

名世者聖稱述者賢所以啟迪生民嘉惠後學事雖創若仍舊言歷久而愈新此大地有國莫不皆然者也至於代變時遷一興一革來今往古有異有同儻弗溯其原更孰悉其委且欲得奇材於後日惟務求善教於茲時邇者中西敦睦不限舟車商使互通無分畛域故得交相擇購利生致治之書咸譯以本國文字藉便披研蓋亦借助他山之一道也余司譯於總稅署經本署

總稅務司赫君擇授以泰西新出學塾適用諸書俾於公牘之暇譯以華文扺今五載得脫稿告成十有六帙而其

中之博考簡收者一曰西學畧述依諸原本者十五曰格致總學啟蒙曰地志啟蒙曰地理質學啟蒙曰地學啟蒙曰植物學啟蒙曰身理啟蒙曰動物學啟蒙曰化學啟蒙曰格致質學啟蒙曰天文啟蒙曰富國養民策曰辨學啟蒙曰希臘志畧曰羅馬志畧曰歐洲史畧近將輯付剞劂爰弁數言於西學畧述一書之首若夫即指見月舉隅反三是則有望於學者矣

光緒乙酉孟冬總稅署司譯英人艾約瑟自識

西學畧述目錄

西學略述卷一

訓蒙

字母

泰西訓蒙之道要皆始而教之熟習字母緣泰西典籍彙千萬軸其間文字皆由字母合成非如中國文字千萬而音義亦殆有千萬之繁計今除朝鮮日本安南等國之文字尚多同於中國以及滿蒙文字惟依字頭外其他諸國皆莫不遵用字母離合而成爲語言之記誌夫酌用字母之人聞物名而別其音根於耳而形諸目嗣則連畫數音之號以爲所屬物名之記誌而字母之

數則各國容有多寡或爲二十四五或爲三十四十不等簡而易識便於誦記以授童蒙不曠日即皆可習熟然分識字母之要既務熟正其音尤貴通會其合而成言之術

拆習字母

凡字母皆不僅宜識其狀習其名又須究明其正音爲何緣上下千餘年間其言之字母同而音已迥異者甚多如此言之首一字母而移置於他言之首音或不同再若言之中間同一字母而音亦多不相襲至若列居言尾之字母則其有音無音尤宜辨晰是皆非暫習能

能之事皆學者所宜存心而時加玩索者也

字母在泰西諸國率有殊異緣諸國之人民言語其音要多不同故耳而學者於他國字母其音復大殊於本國者尤宜留意蓋恐遇有彼國之人與爾談時爾依其國之字母而仍以爾本國音出之恐難使之喻也似此取各字母拆習分讀學者莫敢忽視恐書函往來間有謬誤且無論朗誦何文使值地名或人名稍屬罕見者如未純熟於拆讀字母之法誠恐有訛於音而不免致聞者之粲然也至若字母分節長短懸殊短僅二三字母自成一節而已長則至有可截分六七節之多者以

之訓蒙亦必由二節即成一言者始

啟蒙讀本

凡泰西新出之拆習字母諸書作者原取便於訓蒙故皆必以一言僅合以二字母即可成一物名爲始繼乃讀以三字母合一物名之言而其物之若禽若獸皆即倣圖刻印於是一言之上儘堪供五六歲之幼童玩察也至旁列圖說其中諸言亦以三字母相合爲率庶使幼童易讀易曉嗣而一言成爲物名之字母漸由四而五而六以次遞加其間倣繪物形即物成章之文皆同上式又間有詩詩或爲可信口而吟或以之稱頌上帝或暢言草木或詳誦禽魚至於此書分有五六等第其所選詩文類皆名家著述以是教授幼童可使於嬉戲之年已多識成人之語也

迨習讀書計有三要一則須熟識字母連書成言之音義一則當對人朗誦之時務使音韻清貫庶旁聽者入耳即可了然一則如目前有書能即遵依成規誦以俗語此三者即初習讀書之三要也

書法

書雖小道而列居六藝之一如泰西作字其筆墨書法均異於中國茲畧述之以爲學者之一助如其筆無論

爲鋼或爲鵝管下端末處要皆强銳而雙叉以便作字時使所蘸取之墨水即沿叉流下無少凝滯其作字佳與不佳惟視執筆之合法與否凡初學大草書者以右手執筆輕若拈花右肘尖宜與案平忌側引身倚壓手上置紙當胸務正而以左肱曲臥案傍防紙動移右肘則恒與案邊直交儼若十字繼乃徐徐自左而右至筆上端盡處宜與右肩頭遙對拇指頂宜對食指之上節紋腕平附案小指作斜立勢使小指頂輕依紙上似此純熟於進習小草時則先習橫畫平線如泰西樂譜次習曲線諸畫俟皆能信手迴環無不與著名善書人逼

肖方可究辨字形結構互異之故筆畫纖肥相生之奇也

地理

地理一學如論大海之洋洋曠野之寂寂林木森茂而無蹊雪山矗出於雲表皆足使學者暢悅心目然欲習地理則必宜解明之事有六一當使明地圖所分東西南北之方位一推測地之遠近須先爲酌立一準如以人每一點鐘行十里爲準自無難推而至於千百萬里之遥一凡地理書中所論之江山河海土角土腰等處皆宜卽其所已知者推而明之如小湖可作一大海視是也一當明繪地圖例用之號誌如圖小圈爲城凸曲線爲山平曲線爲河或海岸諸式一如地理書中分論之平陸原隰分水界山以及大河并其旁入之各支流浸占地面廣狹諸理皆宜明晰一如地球全圖經緯其間之早暮時差卽原於周天三百六十度而每十五度爲一點鐘之候也

一百四十四方算數表

一	二	三	四	五	六	七	八	九	十	十一	十二
二	四	六	八	十	十二	十四	十六	十八	二十	二十二	二十四
三	六	九	十二	十五	十八	二十一	二十四	二十七	三十	三十三	三十六
四	八	十二	十六	二十	二十四	二十八	三十二	三十六	四十	四十四	四十八
五	十	十五	二十	二十五	三十	三十五	四十	四十五	五十	五十五	六十
六	十二	十八	二十四	三十	三十六	四十二	四十八	五十四	六十	六十六	七十二
七	十四	二十一	二十八	三十五	四十二	四十九	五十六	六十三	七十	七十七	八十四
八	十六	二十四	三十二	四十	四十八	五十六	六十四	七十二	八十	八十八	九十六
九	十八	二十七	三十六	四十五	五十四	六十三	七十二	八十一	九十	九十九	百零八
十	二十	三十	四十	五十	六十	七十	八十	九十	一百	百十	百二十
十一	二十二	三十三	四十四	五十五	六十六	七十七	八十八	九十九	百十	百二十一	百三十二
十二	二十四	三十六	四十八	六十	七十二	八十四	九十六	百零八	百二十	百三十二	百四十四

泰西不以珠算而以心算如上表式最便初學實足爲習算嬰孩之一助凡嬰孩皆心靜神專授以此表若能使熟誦於口必將終身不忘其法豎讀起自二行如一二爲二二二爲四三二爲六依是而讀至於表末

音樂

泰西之諸小兒女日多以鼓琴謌詩爲事凡琴詩鼓謌之際其音輕重高下各有所合如兒女之音皆輕且高男子年及盛壯則音重而下音樂實基於人今泰西洋琴計分四十九牌或五十六牌不等其甚輕清而高者固非兒女音之可及而極重濁者亦倍下於盛男之音

如分有四十九牌之洋琴其間以條分宮商角徵之諸牌上下清濁皆各計有七等鼓者循牌撫按其條分之精較之謌者尤爲詳細再每一正牌外多有二副牌副牌之音較之正牌高下各可使差至半外此又有節奏之緩急遲速約分有五六等故亦須向琴譜中詳爲分析初習琴者固宜對此譜而鼓初習詩者亦宜依此譜而謌琴譜分析高下如是微奧習者若多忽而不察則不足以悅聞者之耳如四人同謌取詩一也依譜一也而其音雖高下輕重不一仍皆能秩然不紊今有父母子女聚室習謌者不論長幼以一人坐而撫琴衆皆傍

立抗聲高謌初學琴詩每日只牽習一點鐘之候久久自必純熟

調習童孩耳目及手

設牢縛幼童一手使不少動如是半載此手必廢可知人身之臟腑肢骸其間氣血皆時時任其流運爲宜故凡幼童卽恒使辨色以習目辨音以習耳辨弄方圓曲直諸玩物以習手蓋泰西之教育童孩計由二歲以至八歲皆必先酌使之精其耳目與手類別科分約有四五十等如教以樹蓺花木編製薦籠繪畫圖樣諸戲皆是

强健幼童肢體

凡幼童可多任其出嬉恣覽山水花卉木石等類和其肢體以防疾病故幼童每日至少亦須一次出游在男子固可任其攀援樹木超越溝渠若泰西女子原不裹足固免受此形近刖刑之慘卽其俗重細腰亦不可結束過緊儻必務飾美觀於外而更不問其內傷與否果益耶果無益耶

反本思源

凡爲人子者無不知父母之宜孝兄弟之宜親君之宜忠長之宜事然尤有極尊宜敬畏者在上帝是也故須

使知宜晨昏祈禱以求上帝之恩祐庶得正心絕慾蕩滌惡習自在從容安然而入於至善之途也似此之論泰西各國無問官民凡有治人之責者多以是爲訓蒙不易之法

嬰塾

古者中國童年八歲始入小學今泰西嬰塾之設計凡生足十八月之幼孩及年尚未逾八歲者皆爲立有教育之法其法乃由德國人之名額伯鄰者創始至中國之嘉慶年間流傳入英而建於倫敦城內此塾立有專章故英人威得斯賓又爲著書詳定德國嬰塾皆擇立

於花木繁茂之園內其程課則半坐授於塾之內半游示於塾之外也似此嬰塾最著名於泰西各國

義塾

泰西紳富諸人憐貧家子女幼而失學長而無成也故多相率出貲創立義塾其定章凡遇有送子女入此塾者例取半費其餘半費則由存塾公項代爲支補有人謂此法誠美矣而惜其尙多缺如不可不早爲區處俾無遺憾計其猶未盡善者三事一義塾無多也蓋緣紳富固難隨地皆有而有處亦未能皆愛育人材若國家能撥發帑金多建義塾庶可使貧家子女無欲學莫從

之戚一貧家子女均宜入塾也若國家能徧諭通國凡貧不能延師課讀之家子女及年皆送入義塾不可聽其游惰以致老大無成違者卽量罰示警一義塾子女年各不齊師之教授須有差等也如識字讀書習音學算以及忠君孝親之道敬畏上帝之方一師百徒勢難兼顧若能擇派徒中之年學較優者分教幼童則塾無曠課師逸功倍矣論者之言如此凡有國家者皆不可不以儲育人材爲急務也

富强由興學校

近自中國之嘉慶年間歐洲諸雄國皆多方立塾爭以儲育人才爲急務是以四民之業妙奧日增卽彼執殳之士幼而學道長而知方技藝旣精恪從上命在昔德敗於法退修其政專以育才爲本文武并重後數十年而德竟大敗法人富强至今惟時鄰疆皆虞已國久或處於德之下也故皆競新其政令立不學之禁以勵其民是以荷鋤居肆之家鮮或不學卽今英國公私在塾之童數倍於昔近日本國皇力遵行泰西新政垂二十年除民間公立之義塾不計外卽其都邑內外爲國家所建之書院已約有學生二百萬人之多所學皆宗本西法如醫學方言學繙譯學皆有專塾至於女塾近亦

設有多處觀日本之舉措如此是有欲與歐洲諸雄國并列之心明矣

西學畧述卷二

方言

言語未易考原

言語者心之聲本乎自然無待有學於外如二人相晤之際要皆有懷欲吐而彼此終可互達者則緣此言語往反足通其情之故耳夫目可代語未始不亦堪示意然以較諸明宣於口之言無乃過於簡隱故凡人之情也意也志也慮也要皆假此言語以喻於人辨議祈許聞者均自了然至欲溯究原始上考鴻蒙則太古無史書文字更將何從而稽知之

詳言語今富於古之原

世有聖賢則人之所知者日博所知日博則言語因之亦必日多後人復踵前人之言而擴充之是以愈日形繁富如自有人創習天文一學世即增無數特屬論天文之名目言語自有人創究醫藥品味草木世即增無數特屬論藥味之名目言語自有人創精貿易一事世即增無數特屬論貿易之名目言語至若萬方之國皆可獲非其土產之物識非其土產之名若無貿易往來胡克臻此

人即所日見之諸物而辨其色別其狀形容於口以為此色狀之名者言語已奚止萬千再即如一人之身其五官四肢動靜作息由是而生有之活字已難枚舉久乃字之活者漸多用同於虛惟時此字舊義别有新活字出以補其缺似此字之代謝無窮泰西人著有多書以資徵考今計其足供潛玩者約數十卷

能言與否為靈性有無之證

英國人之名羅革者言禽獸知營巢穴而不知棟宇之佳知食而不知火食之益知愛子而不知謝上帝之恩即其不能如人之以言語相通可識其皆不同於人之有靈性也今詳察禽與獸皆大異於人如犬知人之擊

已而弗知擊已人之意有美惡此即其心不能別是非之明證又何能創立言語以為明表心意之用而傳至久遠哉即以能言與否為人畜判然之界域也可至於禽獸亦有能效人言者是不過僅識其然而終難盡其變

辨識土語為考方言之助

諸國言語率難為之條分清晰蓋因諸國各有其鄉音土語變幻不可勝窮且即一國而論自古迨今其語音變遷已不知凡幾故昔德國有人名雷伯尼常寓書於俄國之君彼得內言亞細亞洲沿北諸地之屬於俄者

其間邊幅遼闊人民散處語音駁雜多異少同若爾能遣人周行其地訪其土語鄉音及諸文字筆誌成書必於方言一學大有裨益雷伯尼之言如此設各國皆果能如是考稽則其加惠於方言學家者誠非淺鮮不然則諸有志於方言一學之士結伴周游自行採訪著書尤爲確實

字原出於圖畫

近世泰西諸國之字皆祖於斐尼基文是謂字母原夫斐尼基文之所自出則圖畫爲之先嗣乃從省變近今之字母詳斐尼基文其一爲א乃象牛也其二爲ב乃

象室也其三爲ג乃象駝也其四爲ד乃象門也按斐尼基門字乃三音合而成文讀若大雷德如ד爲其首一字母之音惟讀若大而已凡遇文中有宜讀若大若地若舵若度等音者皆可以ד相代即是可知凡字母皆始本於圖象物形久久即變爲記音之號識至於圖畫在埃及地傳行最久是與古埃及國相終始若巴比倫創始未久即省如今字母形矣

圖畫之作原以備誌言語故各即物之名以爲名嗣乃避繁從省由漸而變埃及與巴比倫文字皆創始於圖畫即中國文字創始時亦爲數無多至其初或即中國人自造或由近西處傳來要皆無從論定

筆墨考

上古人以鐵或竹木細梃挖畫木石及未經入火之泥甎上以爲號誌中古人乃易以竹木細梃蘸取有色諸料物畫皮爲書若紙則創自埃及國其初惟層剝水生植物之皮取以爲紙嗣因剝植物皮不足給用乃有移居埃及亞利散太城之希臘人籌及截取此植物全株擣治製而爲紙當東漢之世法始傳入中國蔡倫首行倣製以代縑帛竟獲流名至今而埃及造紙以後亦常刮取燈烟創製梃墨緣後人改尖削鵝管蘸用水墨作

書甚便故爾梃墨中廢

數目號字考

今泰西所用以代數如1 2 3 4 5 6 7 8 9 10諸號字近有人考得是皆由梵文數目名之首一字母脫化而出者若上古之希臘并希伯來人皆各依其字母等次作爲數目號字惟羅馬人則一以I二以II三以III四以IV五以V等式作爲數目號字即今象畫於時辰鐘與時辰表面之上者是也至泰西近用之數目號字本於印度由亞拉伯人傳至歐洲其書畫簡易故能盛行至今或言中國所用之數目號字皆與形似且并作

右行豈漢張騫奉使西域時之所流傳耶

言分九類

凡泰西言語率有虛實之不同約而計之可分九類一區指字類如彼此等字是也二實字類如犬馬等字言時須有授受動靜等義中國則別加一字於實字之前後泰西則卽其言而增減其字母也三助實字類如高下美惡等字四代實字類如你我他等字五活字類如方向則恒言有打人八打自打自之殊情形則恒言之如是打至止復加儻字或旣字以及可字與情願等字泰西皆多卽本言而惟少增減其字母時候則恒言有

過去未來現在之不同處六虛字類如徒然等字七實字前後之虛字類如山上山下之上下等字八分合之虛字類如兼但等字九嘆辭字類如吁嗟諸字是矣

言學四範

一凡言之音聲貴乎清亮若學者未克臻是則師宜訓之使改至於作書之時卽各依其國之通行字母而書

一言分九類而實活二字類尤爲繁要實字尾末之字母恒多變易而各國率不相襲如拉丁實字計有五式列作五行每行變體有六德國實字則計有三式列作三行每行變體有四至若中國之於與內外等字亦如

泰西助實字變體之用活字界分愈富如詳見上章之打字是也

一言文則字句皆有斷連分合前後之定式義例繁多而各國率有不同如中國之言吃飯而蒙古則云飯吃凡言之互相顚倒者皆宜歸列於此範下

一言詩則皆有酌押韻腳部分長短音別清濁之等第也

印度及歐洲方言考

考厥印歐生民之初皆聚處於葱嶺以西高原之上其地今名爲巴米耳嗣有出遷於印度地者卽今四韋多

書并佛經梵文卽彼等首所創變之語言繼有出遷往波斯地者爰行創立敬火之教迨三之出遷散居於英法各地間者爲革勒底族其往居於意大利地者創變言語是謂拉丁今法蘭西意大利西班牙葡萄牙四國方言皆本拉丁而出者也繼復有多人出居於意呂利亞而希臘地亦有多人遷往居焉惟時又分有斯拉分尼族遷居於俄及德國以南之地今俄人皆其後裔德族則遷居於英於德以及瑞典三國之地考今英德瑞典三國方言皆同出於德族

如上所言皆近由泰西方言學家殫竭精力旁證冥搜

而得者

西米底族考

西米底者乃由挪亞第二子之名變音而出者也西米底族原居今巴西國之西當歐伯拉底及底革利斯二河之間近由考方言家將是一族分而爲三大族一亞拉伯族後之回教卽出於其中又有一族亦出於亞拉伯族者名曰阿比西尼今散處於紅海西南地者是也一猶太并斐尼基族其人所遺最古之書卽今之舊約書又亞非利加洲北濱海數處之各洞中石上并間由土內掘獲之古碑碣多有昔斐尼基人留刻之文字一亞蘭族今巴比倫及尼尼微等處其荒隴斷埂間多有掘得昔用以建覆宮廟之舊瓦殘磚而上之刻有文字者尚可依稀辨識爲亞蘭人之所遺卽中國唐世之景教碑中列有今敘利亞之文字亦其類也

土滿蒙考

昔周之玁狁漢之匈奴唐之突厥皆土族也其人一言率皆以二言併合而成上者明意指下者爲語助如清語之筆帖式筆帖譯書式則有音無義爲語助辭是也今亞細亞洲之滿蒙朝鮮日本以及俄屬地方之人民言語率皆如是者蓋緣其先皆出於土族也是族之人性多喜動不立學教建城邑捷足善走日逐游牧以爲生其今之有學教城邑皆慕鄰國而做爲之非能自行興創近泰西方言家畧爲分定族類一東胡乃昔統滿洲女直之總名一蒙古卽前之元朝一突厥其間回鶻并今之土耳其皆與同族類一朝鮮日本一南印度之得拉非典族九種

藏緬暹越考

是本一族而散居於今西藏緬甸暹羅越南等地嗣乃中分爲二一爲暹越其語皆單節如中國而顛倒出之若勝地則作地勝好人則作人好其他之類似此者不可殫述然暹羅重佛故其言復多雜有梵語越南則自秦漢以來中國人流寓其地者甚衆故今其言半多華語音分四聲近於中國一爲藏緬凡中國雲南四川等處山民之羅羅種類皆與同族其語皆單節雖四聲尚未全備如中國而皆畧有其端且不復有所顛倒如好人而作人好者矣玆考四聲之所由起蓋緣其初所用字母之音過於狹隘久乃漸次推廣而別出有四聲也

方言分有三類

經方言家詳稽各國方言意可創分三類惟當其搜證之時其十言中五言尚存有原義五言已失其原義也

故茲卽準諸言之原義存否而類分之一類爲未失其原義之言一類爲合二言爲一新言一存原義一失原義而幻爲助語之辭如今中國方言呼旗作旗子旗仍原義子失原義而幻爲助語辭矣一類爲合二言爲一新言而二言之原義均失

非止二言可合爲一新言也卽三言四言亦無不可合爲一新言然皆不及二合爲一之多

一言皆尙仍原義皆作單節如中國之言是也一首之一言仍其原義復續多言去其原義而爲止一言之助語辭其間分有三節四節不等如滿蒙之言是也一二言合一原義或已均失卽古之梵文并今英德等國方言皆是

言語原起

稽古家窮究言語之所原起畧有三說一謂言語本人性中所固有如饑而求食渴則覓飲嘯侶呼朋緣創立言語以達其意此乃內得之自然非有所戕賊而强作於外者也一謂言以名物皆古人互商所酌定如今用以量正時刻或表輿鐘之面上數目號識以及船隻升用之信旗皆預先酌定方可通行無礙一謂人言皆本師於物之音如牛字音近於牛鳴貓字音近於貓鳴輪字之音要亦不外於車聲隆隆而生者也至又有言車聲者或曰轂轂或曰轆轆是皆人聽之別再昔人製物物多自有其音而卽以其音爲物之名者甚繁如弓矢鼓鐘皆是

方言各國是否一原

方言家有言人生之初分有多族族各自創言語以通情意方言之殊端由於此嗣乃分久而合漸歸於一又有言上古言語互通本無同異後人民之蕩析離居者多風氣隔阻是以各方語言亦皆丕變今試卽此二說而折衷論之如印度歐洲之衆近已經方言家考有確

據謂是出於一族更無疑義至謂西米底族亦與印度歐洲諸人同出一族則方言家以爲未能考有確據實難臆斷此論似是恐非蓋今固未有確據可證而後又焉知不別出有可證之確據也

西學畧述卷三

教會

混沌開闢

上古有人言天地萬物要皆永存不毀無始無終是乃即物之原質微點而言為理學家之論也又有言天地萬物皆為一全能主之所造如猶太教耶穌教回教同有此論又有言天地萬物皆為天神中諸最尊天神之所造如印度之婆羅門教所言梵天造物是也又有言天地萬物乃二神之所共造如波斯之火祆教所言一善神理陽一惡神理陰是也又有言天地萬物乃皆自

然而生如中國宋儒所謂萬象皆本於太極是也

主理世界眞宰

昔理學家有謂天有眞宰而不下主理世界者有謂天有眞宰正以下主理世界者而世人則皆信天有眞宰下主世界然言多同異如猶太教耶穌教回教諸人皆言有一獨一眞宰主理世界啟佑萬物賞善罰惡復有諸多天使恭承其命惟謹至若古希臘羅馬印度巴比倫伊及等教之人則言凡天地水風以及日月萬物皆有天神分司而主理之茲考書之伊訓篇中有上帝不常作善降祥作不善降殃之警而孔聖亦復有得罪於天無所禱也之答凡此皆可與猶太諸教所言主理世界惟一獨一眞宰之說互相印證

鬼神

鬼神為世人之所崇信則皆以為必有而理學家竭精殫慮終以目不得見其狀則獨以為必無然畢竟大地之眾謂無鬼神者蓋寡謂有鬼神者實多也其言有鬼神之人派分有二一則如古希臘羅馬印度等教則有定十二大天神者有男有女其居在天統理萬物其他位職較卑之神更不勝數亦皆有男有女分理萬物凡山河動植諸物以及人身百骸莫不有神主理其以為

天上惟有一獨一尊神餘皆為其服役之諸天使恭承其命者則猶太火祆耶穌回人等教皆同此論

神名為詩人所幻立

近泰西人有考古諸國教所言著名諸神何以均有父母兄弟夫婦兒女眷屬姻親并并無紊皆儼若史中之列傳然者何耶爰究其始殫慮竭精久之方悉神名初皆得諸詩人之感託而詩人則本諸世俗之風謠緣世人率多見夫日麗風飄雲升雨降之類皆愛為幻立名字藉作謌謠也而日之晝夜出沒尤易興感故託言旭照為一女神名約斯者之所司斜暉為一男神名底多

努者之所職是男女二神相爲夫婦即此以觀則凡考稽古希臘羅馬等書遇有言分主萬物之男女諸神概多可作如是解也

較諸教同異

近百年內泰西創有較比一學如方言家則須旁通他國之言語醫學家則須旁通禽獸之骨體也立行數十年大著功效至於教會何獨不然如教會則皆宜爲別其異同考其隆替崇何鬼神遵何條誡援本證末即委溯源似此一學乃由英國牛津書院近年所聘較諸方言教習德人名馬斯米勒者之所發明馬公素多識梵

文而於較諸方言尤其深嗜近日此學倡興固不乏相與切錯之人矣

開教諸聖

上古各國之教傳者蓋寡殆難溯其源委迨中古聖人出而史書具始能信而有徵如猶太教則以摩西創定律法著有創世等記爲聖人以大衞造製詩篇爲聖王希臘教則以梭革拉底爲聖人羅馬教則以前王努瑪之能創定律法勘正祭儀爲聖人印度教則以佛之能空諸色相爲聖人波斯教則以梭都詩得爲聖人耶穌教則以耶穌乃上帝之聖子降世爲救世聖主回教則以穆罕默德爲聖人以上諸教之聖或創定律法明揚天理或勘正祭儀俾民禮神雖去取各有不同要皆才德出衆聰明俊偉之人也

諸教聖書

印度婆羅門教之四韋多書爲最古其書古皆口傳至中國之春秋時印度創有文字方筆於冊竟莫知其書所自始而彼教中人則直謂爲梵天詔世之語也猶太教之舊約書共分三十九卷爲摩西諸聖之所著印度之佛書爲佛諸大弟子之所著波斯火祆教之孫大威達書爲其國人梭都詩得之所著希臘羅馬二教之西

比利尼書多載預言爲其國許多善卜婦女之所著耶穌教之新約書二十七卷爲馬太保羅諸聖徒之所著回教之哥拉尼書爲穆罕默德假托天使加伯烈言之所著

各教所論處世之宜

教旣不同故其所論處世之宜亦異如猶太教則以萬事空而又空又言寅畏上帝守其誡命爲世人當盡之大端佛教則以人生於世如沈苦海欲求彼岸須登慈航方入寂滅希臘羅馬二教則以凡人之養己皆務宜耳目聰明心身交泰愛國皆務宜見危致死惟命是從

至於敬畏鬼神乃其國俗耶穌教則以上帝創造世界乃藉以嘗試世人之善惡以爲末日審判之本而復降生聖主耶穌以善導人而使其得離舊惡也回教之以末日人魂皆受審判多與耶穌教同惟將耶穌列歸諸聖而以穆罕默德爲眞主之欽使

靈魂不死

耶穌教書中所言人生之靈魂旣異於身身有時死而靈魂則無時或死若婆羅門教之四韋多書中則未言及而輪廻之說載於佛教書中是當中國西周時印度始有靈魂不與人身同盡之論也至於伊及國之古教

舊言人之靈魂永生且受審判迨後其教傳至希臘皆詳見於和美耳之詩中近巴比倫地方有掘獲古甎者其上刊有文字遞經多人辨識知其時亦有靈魂永生之說且言人之生死分界而居生前之身處於陽世死後則靈魂歸於陰世中矣猶太教之舊約書中有生命樹食之而得永生等語耶穌教之新約書中言末日人復生後判定善惡卽有永樂永苦之別尤爲詳盡回教之哥拉尼書中言多本諸舊約新約故其人亦皆深信靈魂不死之理

六道輪廻

昔希臘創著國史之希羅多都會言輪廻一說起於伊及其論以人死則靈魂去皆必另托他物而生凡地水風三界之毛類鱗類羽類諸虫之身無不徧歷迨三千年數滿一週始復得生爲人云云此論甚爲古希臘創教之卜大哥拉與其時諸著名文人之所欽服卜公尤信三千年數滿一週始復得生爲人之時其姓名親眷天壽窮通較三千年前無毫髮異是與羅馬詩人威公所言之果遂因生週而復始皆爲不得已而然者同義伊及印度地隔非遙當中國周昭王時猶太人多有由紅海駛舟往赴印度貿易時彼地沿海習舟之諸邦皆較大於猶太其往印度貿易者必尤繁夥據是而言則

印度輪廻之說或卽其時得聞於諸商人者耶

末日復生

按佛教書中其六道輪廻有諸天宮地獄世人牲畜之分而不言有末日以及衆人同日復生聽受審判之事至於猶太教之舊約書則無輪廻之說而有長眠於地下者其數甚衆必甦而起得永生者有之受永辱者有之等語見於但以理書中其書出當中國之戰國時而耶穌教新約一書則詳言天地末日人皆復生由耶穌審判善惡各有其報或得永生或得永死若火祆教例

每届年終五日皆爲亡者之靈魂祈禱回教書亦多言靈魂不死待至末日同受審判也

幽冥之神

古伊及國人所奉有一大神號曰俄西利斯相傳此神曾緣憐救下民降世一次後死復生主治幽冥人死靈魂要皆歸其審判彼以爲善則此人靈魂立登天堂彼以爲惡則此人靈魂卽墮地獄若祭司肯爲一惡人祝謝祈禱求出地獄而得蒙此神俯允者卽從寬宥是以亡者子孫競輦金帛輸於祭司使爲其親求出地獄昔摩西久居伊及似此惡俗當必爲其習聞習見而所創

著之創世記諸書何以更無一字言及意者欲警後人而反恐惑後人耶希臘羅馬巴比倫三國人民皆傳信伊及之說而其敬畏主治幽冥之神則別爲創立名號佛教書中則以幽冥中操此審判靈魂之權者爲閻羅王而印度之婆羅門教先於佛教而亦皆敬畏閻羅王至若耶穌教人謂此言要爲虛妄蓋無論陰陽幽明皆統歸於一獨尊無二之上帝所主治也

佛教分有南北

佛教分有南北而無論其書之爲經爲律爲論率皆多異少同如中國日本朝鮮西藏諸國地方之北教中所號爲觀音文殊諸大菩薩而居於錫蘭緬甸暹羅等處之南教則皆無此名稱且其諸寺院所奉之像止於如來及其諸大弟子與廿諸天而已是佛教約在漢明帝前已分爲二迨李唐時佛教人皆爲婆羅門教人逐出印度故爾佛教四傳所至之國各卽將其携出之經文晨昏諷誦以爲功德南教佛書尙屬如來生時印度之土音若北教佛書則與婆羅門教四韋多書之梵文同近歲日本僧人有往赴歐洲各大書院習各技藝究正梵文者

火祆教原

波斯國卽巴西國之西北省名米太者溯其古俗禮拜日月七星與地水火風以爲神而日與火尤所尊奉其間司祭諸人概號曰馬基而七星別有七色故其國都亦內外列城七層而每一層城則俶塗以一星之色也至寓大宛之波斯人梭都詩得所立之教則除拜和摩斯達一神外他神概皆不許其徒崇奉當中國李唐之世西京等處有所謂火祆教者祆字說文解作胡神又曰關中謂天爲祆是祆字與神字同義如佛教之有廿諸天也火祆乃波斯古教當梭公改立教時而火祆一教猶盛故奉之者仍自不乏其人是卽佛經所謂外道拜火

名火祆教者是也迨隋唐之際回人併有波斯國土逐火祆教惟時火祆教人率皆奉其聖火奔往印度地方居住至今猶自拜日與火不衰

猶太教

當北宋之世猶太教人已多流寓入於中國卽今河南地方所號爲挑筋教者是也此蓋緣創世記中載有雅各筋傷腿瘸之事故其教人每食畜類必棄其大腿跟上之筋在中國以此名教所以自別於回教也昔耶穌及其十二弟子皆猶太人緣將更立新教而猶太諸民率多不從仍皆尊奉舊約一書并摩西所遺祭獻應行

之禮迨東漢明帝末時羅馬國人攻取耶路撒冷城盡逐猶太教人其人率多流離失所而奉教之心不衰今東西各大洲皆寓有猶太教人建立禮拜堂不設偶像每值氐女胃柳之日卽羣往堂中禮拜上主

耶穌教分東西

耶穌教人所奉之新約一書原本希臘文字後其徒奉以四出各卽所至之國依其方言文字譯以示人迨中國李唐之末耶穌一教分有東西凡祈禱上帝宣傳福音其一切之言語文字東教則仍用希臘西教則改用拉丁緣時西教之主教人自謂爲天下耶穌教人之首又創立新律凡主教及傳教諸人概禁娶婦又言聖神感人乃兼奉聖父聖子之命而來及有鍊獄之說東教則言聖神感人乃惟奉聖父之命而亦無鍊獄之說今東教盛行於俄土希臘伊及諸國而西教則盛行於法意奧日之諸國也

西教復分爲二

當中國前明正德年間西教又自分爲二緣彼時西教之羅馬主教人號曰教皇而諸國君民率多不服言國家威柄自有國君主理似非主教人所宜過問者再如不許人觀新舊約書乃言恐人誤解又言人民皆宜依

從教會中之道理規模而行無須更讀聖書時有德國人名路德者大不然之據言聖書至正人所宜從若教會中之道理規模難保盡善此言一出德人多甚欽服時教皇又出有免人罪帖而就買之者嗣復可分售於眾於是路公力攻其非倡背其命卽有多國君民和之而起創立耶穌新教以自異於羅馬舊教迨前明羅馬舊教始入中國而自創教名曰天主教計今耶穌教則盛於德英丹瑞等國天主教則盛於法意等國

禮拜

古希臘羅馬巴比倫印度等教其拜神皆立有祭司主

獻祭唱讚祈禱諸事至猶太教則立有祭司職司早暮獻祭於聖殿且每七日一次禮拜名曰安息至日皆羣聚一堂祈禱諷誦舊約及諸頌主之詩末復申以勸誡堂中諸人之論或卽諷誦人自言或轉請他人代說若耶穌教與自中國後漢之世其安息祈禱諷誦勸誡皆無改乎猶太教之舊規惟所奉之書則多有新約一册安息則移於耶穌復生之日也自羅馬人攻取耶路撒冷聖殿殘毁猶太教人不復獻祭而唱讚祈禱皆其教中人自爲之耶穌教原無獻祭之事每逢禮拜日惟虔誠祈禱勸誡泰西諸國要皆如此盖俗非淺回教人叩拜眞主之時亦皆自誦其經後亦申以誡人之語

西學畧述卷四

文學

西詩考原

上古泰西各國惟希臘國之文風爲最盛如格致性理詩賦諸學皆自其國之所興起其人民昔皆分大小部落各有君長至中國周初時希臘有一瞽者名曰和美耳最長於詩其生平著作惟時已膾炙人口後人爲之校定成集計其大者分有上下二部每部各二十四卷中皆詳咏希臘國人時與鄰境構兵而希臘人多好勇以獨身挑戰爲能等事雖其言多奇詭而義皆終歸於

正固未足稱史而實開作史之先卽後人之著作篇什下而至於農謌戲劇等文皆祖之迨和美耳歿後數百年時小亞細亞西濱海處毗連海島計有七城其間人民皆爭言所居之城爲和美耳之故里則和美耳之名芳可知矣

希臘學傳至羅馬

當中國周末時羅馬人擬設永不更易之律例先遣人赴希臘國採訪各地律例後方將本國者定准及漢初羅馬國日益强大希臘文學亦傳遍彼地羅馬富厚之家每家可延一希臘師長訓其子弟專門教言談教性

理者亦不乏人讀希臘國書籍並習其諸般技藝凡彩畫油漆勒石刻木造宮室殿宇之法種種俱備復有作詩賦文詞彈唱歌舞俱以希臘國者是則是傚故於漢時羅馬國詩家史家諸文學輩凡大有聞望者無不奉希臘之法則為依據也自茲以後希臘羅馬二國之書籍傳遍泰西各國比戶捧讀希臘文學藉羅馬人之書大有裨益於世道也

歐洲詩文創始舊約

希伯來人當中國周初之際有猶太國王名大闢者才識英卓兼善諷詠其詩要多禮拜用以讚謝上帝之辭

至若義取辨論乃別一詩派如約百記其詩共計四十二章乃作四人辨難以推論世人遭遇禍患之所由起首尾呼應儼若一氣呵成者其他義多比興皆作夫婦相慕悅之辭則如雅歌若諸先知書中載有謌謠以預言後世之禍福吉凶幾同目覩外此又有摩西所著之創世記與出埃及等書并歷代先知所著之列王等記計摩西所著之創世記并律例等書始而包羅天下萬有以立言末乃特就希伯來人而作論舊約為泰西最古之書故後此歐洲之諸著名詩文家率多依傍舊約為藍本也今泰西人有作如是論者

詞曲

泰西諸國皆重詞曲而創始於希臘緣各國人既皆愛音之娛耳亦復欲多識前言往行暢悅心目是以其各國各城之人民皆相率集貲建立戲場時招致善此之人俾登臺獻技其詞分有二類一為詼諧使人發笑不禁一為悽惋使人墮淚而不自知也希臘民俗尙誠故倍覺易欣易感凡謌優每班皆約有十數人而科白於臺前者不過三二人餘皆分司謌與吹彈之事其戲目如駛海覓珍裘七英攻城皆取象古人遺蹟而損益之在希臘舊傳之詞曲皆昔著名詩家所作句之長短皆

有定式不得少有紊亂惟時希臘人民每値會集賽跑之年迨賽跑已畢復公推文人所作之詞曲樂譜均臻至善者即以冠冕加於其人之首以為寵錫至其戲場之中臺旁座皆以石雕成今猶存遺數處分見於其城之內外

口辯學

上古歐洲各國王權輕而會長權重故時各城皆立有民會凡遇國家將更定法律及有戰爭課稅命使通商諸大政必先召集國人聚議而以事理詳明辭旨條暢極為衆所欽服者之言定其行止似此為衆欽服之人

固半由其才識之高卓亦半由其能以脣舌勝人也後人因記集此等言論編次成書若爭訟理訟國斷會斷皆爲分條别類以供學者之揣摩是亦文學中之一類在昔希臘有一著名善於辯說之人名曰底莫提尼今猶存有其最爲高妙之一議論緣其宣言於衆自謂應得有榮身之冠冕凡謂其不應得而與之敵者終皆爲其所勝嗣復有一拉丁人名基該羅者最稱善言且此人不止長於辯說卽所著作之性理諸書亦甚繁富

古今詩分有韻無韻

昔猶太希臘羅馬諸國之詩率不押韻非若近日泰西

詩之多作韻語也然至希臘羅馬之時詩句長短已有定式如和美耳及威耳吉利諸人其詩每句分六部每部作二節三節不等若第一二三四諸部其間或二長或一長二短儘可隨意參錯至於第五部則一長二短第六部則二長千篇一律不容謬誤若夫詞曲中之科白則每句六部每部皆一短一長以一句言其二節六節十節皆爲詞音重頓之處今之泰西詩人無師古者故各國新出之詩其格式皆多至十數每句或八節或十節或十二節或十四節不等而末復多協以韻取悅人耳

伊底羅詩

伊底羅義近於詩之有賦故凡詠人詠物言景言情以及題墓誌哀諸詩胥歸此類泰西盛行十四句之詩而意大利與西班牙以及英人尤喜爲之如今著名於英國之牧童歌四季詩女師詩及禮拜六晚農夫歸家之狀生民流落荒寂無人之村諸篇什并久見重於世外又有著名詩人米羅敦所作之憂喜二詩尤爲膾炙人口近英國詩家名德尼遜者遵伊底羅體成詩一部名曰古帝王伊底羅其書一出時人卽無不爭以先覩爲快

哀詩原

哀詩多悼惜亡人之作或傷情於殯斂之際或感懷於墟墓之間推原其始創自希臘其詩有定式每句皆分五部與六部相循環如首句六部次句則五部首句五部而次句則六部也一句五部分有上二下三上二部之每部節數或一長二短或二長下三部之首部爲二長其二三部則皆二短一長昔希臘拉丁之人多有由爲哀詩而著名者今讀其詩率皆使人能悲能恐能憤能慕或長詩以當泣或三復而興嗟凡勒諸墓石之詩皆取此法爲之以其感人尤易而且深也

希臘士八奉九女神

昔希臘人敬奉鬼神中有九女號曰慕賽事之尤謹相傳九女為姊妹行同居於阿倫卜斯山上每值羣神會食之時則此九女和謌以侑之在人間則分司文明之事九女座皆平列首座左執簡右把筆主增慧於詠事詩八二座則座前展書一卷主增慧於作史文八三座執笛主騷謌四座執劍以葡萄葉繞首主哀曲五座執琴主舞曲六座左執琴右持琴撥主演譜慕悅之詞七座面作思慕色主步虛游仙諸詩詞八座執杖向一球作指勢主天文九座執牧杖戴假面具以五加皮繞首

凡調笑詩詞及牧謌皆其所主是以泰西遇出有著名善於詩文之人眾即言其獲諸慕賽之默佑其初民皆崇信爭趨若鶩後人自悟其非更無過而問之者而慕賽默佑之言今仍不廢

閨秀詩原

當中國周室東遷之初希臘閨秀名撒弗者工於小詩分有九卷卒多詠新婚并慕悅以及稱讚神鬼之辭其詩皆思致纏綿情意真摯易於使人興感允足為小詩之冠評者咸謂其音節和平如味之有甘理旨條暢如清水中魚頭之歷歷可數也舊傳撒弗後因愛悅一人而不見荅恚由高崖自投於水而死然書傳不載疑好事者之所為惟惜其詩多散失不然則昔希臘婦女之性情裝飾皆必有可徵者在

論說

泰西日出之新聞紙例皆載有論說夫論說之出起於上古而自新聞紙盛行後其著作論說者日益增多昔希臘羅馬之人論說甚富惜今多散失罕得流傳當中國前明之際意大利國有二人均以善著論說見稱於世而法人之門但并拉伯路野亦皆善著論說性時復有英人名備根者素精格致問作論說甚為人所推許

至國朝之康熙年間英國著作論說之人倍盛如亞地遜及斯底羅二人尤稱巨擘皆日作一論說出印同新聞紙發售人皆爭購中多論本文學而譏當時之富貴諸公麤鄙無文聞者恥之因而英之文風丕振其後數十年著作論說之家別有月出一册或季出一册者

野史

泰西舊傳野史有韻其作者姓名無聞而中多上古羣雄攻取戰爭之事後各國著野史者皆祖之當中國李唐之際回教方熾西侵歐洲橫行肆殺惟時所出之野史極多凡敬信耶穌佩十字架戰歿疆場之人野史中

皆極其稱揚兼多採列歷代傳教先聖之捨生衞教并愛人如已諸實事迨近百五十年間泰西新出之野史尤盛當中國之嘉慶道光年間有英人名瓦德斯哥德者所著野史有本據舊史增減成書者不作奇語皆言人逐日共見共聞之事而其辭則要皆高妙使人喜閲如遇論繪畫雖善畫者亦皆服其精奧人爭效之故近世所出野史無昔人惟多揑造千神百怪之習而皆即今人之性情好尚而演述之

長詩盛行考

自中國元明以來泰西各國皆競興長詩無論用韻或

不用韻一遵和美耳與威耳吉利所作之舊式爲準其詩則多詠新舊二約書之故事當元朝之際有一意大利人名曰丹低深明世故兼善立言所著長詩一集中分三卷上卷地獄中卷鍊獄下卷天堂其詩皆佳而於描寫絶望人之自怨自尤如晨鐘時凡旅客舟人同得猛覺其或欣或慼之情更爲淋漓盡致迨前明則有英人米勒敦著長詩十二卷當其一二卷告成而喪明餘皆彼所口述而倩其二女代書之也故其於第三卷中極讚有光明之榮美而合上下諸卷則皆詳詠亞當被逐出離樂園之事大意言亞當犯罪出離樂園皆由於撒但撒但本爲天使緣罪被逐於帝乃聚諸被逐天使於地獄議復此怨嗣相與洩言於亞當夏娃誘使犯罪而被逐也近泰西各國人咸重此丹低與米勒敦之詩每一捧誦皆不啻子之聞韶三月不復知肉味矣

近世詞曲考

近泰西各國盛行之詞曲其原蓋創始於教會當中國唐宋朝天主教興於歐洲惟時人多粧點福音書諸故事譜爲詞曲以授伶人登場排演至其中間有詠諧哀怨等詞率皆與自中國前明時若西班牙人一名羅伯非加一名加羅地倫法人一名哥内羅一名拉先兹四

人者皆善作哀怨淒涼之語而法人摩列耳則善作詠諸嬉戲之辭法人製曲尚本希臘古曲舊例凡時日情形景地皆不得更易時又有英國一最著聲稱之詞人名曰篩斯比耳凡所作詞曲於其人之喜怒哀樂無一不口吻逼肖加以閲歷功深遇分譜諸善惡尊卑尤能各盡其態辭不費而情形畢露如譜一失國之王雖多憂戚而仍不失其居位時之氣度也

印售新聞紙考

當中國前明之嘉靖年間新聞紙始創自意大利國之威尼斯城時其國尚禁印出售惟許傳抄以一人中立

頭誦眾皆環立靜聽凡聽者例每人出錢一枚德國效之乃任人印售而不禁至天啟時英國方創立新聞紙例每七日印售一次嗣法國有一醫士愛說新聞每至病家輒向病者述之亹亹不倦猶以難家喻而戶曉也乃將所聞見刻印出售嗣此新聞紙之流傳愈廣迨中朝康熙五十年英始徵新聞紙稅每張稅銀一分嗣漸增至每張稅銀七分半至道光年復減至每張稅銀二分近則二十餘年新聞紙概免徵稅矣按新聞紙之獲利在代登告白與出售張數之多而其所派遠赴各處探聽新聞并繪圖之諸人費亦甚鉅

德國詩學

德國詩學近百十年間方大著名於歐洲初德人勒星始以詩名兼擅詞曲迨中朝嘉慶之初其國之世落耳與哥底皆善於詩而世落耳尤喜描寫古人忠孝義烈之事所著詞曲如鋪演創立瑞士國時最著英名之威廉德勒遺跡諸書均歷歷如繪聞者莫不興起是以德人皆愛披讀至於哥底素稱博學其詩雖較晚出而名則高駕出於勒世二人之上當其幼時即愛習音樂繪畫格致方言諸文藝長而愈精所著之佐斯德一書最爲著名其大意乃託言有一少年始而癖愛博異是究是求嗣乃易轍改絃終日惟恣情縱欲而沈溺於逸樂中也哥底壽逾八十遇後進有所函問輒手自裁答無少厭倦德國文學之盛實多出於其誘掖之功

繙譯

凡人著作要皆即其本國之言語文字而用之故能脈絡周通辭句警鍊然天下之義理無窮而一國之載籍難備勢不得不借助於他國有益之書又苦其方言既異字畫亦殊故復須兼深通彼我文義之士一一譯出以公眾覽但彼我文義其中齟齬難合之處實多是以繙譯所成之書皆不免有左支右吾之句也佛教流行

東土其經皆本梵文而各即所至之地譯以方言以便使人傳誦近如耶穌教之新舊二約已譯有方言二百餘種凡繙譯一道首重明順平易而不失原文之義有言繙譯皆宜謹依原文字句而不可使少有增減顛倒者若然則非止文理不通亦且讀難成句至若繙譯詩詞其難尤倍

評論

泰西諸國凡書坊接有託其印售之新書例印畢即取多本分寄送新聞紙并月報季報各局而各局主人即以分贈所識諸文人供其披閱受者閱畢後乃作文一

篇以評論是書逐段之善否印向新聞紙中以博眾覽如評論皆謂是書純美無疵則書必速售似作此評論之士多有假他人書旨以發揮其一已之心意者近日所出之此等評論其文筆率多高妙言簡義盡愛讀者實繁有人是評論自居文學之一有不可易視者矣

西學畧述卷五

理學

理學分類

考理學初創自希臘分有三類一曰格致理學乃明徵天地萬物形質之理一曰性理學乃明徵人一身備有倫常之理一曰論辨理學乃明徵人以言別是非之理惟時各理學家之大著名於世者後其徒或即以師名名學如希臘之阿斯多底理學與伯拉多理學及由伯拉多理學所出之新伯拉多理學是也或即以地名名學如約年理學是也近法國之代加德理學德國之雷

伯尼玆理學并干德理學英國之備根理學并奈端理學皆以人名而蘇格蘭理學則以地名至若法人弓德所立者則號曰眞際理學

希臘七賢

當中國周朝匡定二王之時希臘出有七人世稱七賢皆善理學其首一人名他里斯精於天文在周匡王四年之日蝕度候皆先爲他里斯測定無訛故即治國之才而論則他里斯無以逾彼六人至若格致并算學在希臘實推此他里斯爲創興之祖他里斯常言格致一學須究得眞實確據方能明示於人又言萬物皆生於

水如植物之實生必中濕惟濕能生熱可爲萬物皆生於水之據是與他之言物生於火物生於氣者皆大相逕庭也又言物各有神故能自動如水與磁石無不皆然考此他里斯蓋約年理學派中之創首人也

約年理學派

希臘理學先盛行於小亞細亞西濱海之約年地方計有二百一十二年之久惟時希臘人列居此土而以理學著名者甚多如他里斯則以爲萬物皆生於水而安那西米尼則言萬物原質永存更無限量而要非人耳目所及覺且物之有原質正如人之有靈魂也至於丟

幾尼則言萬物得各遂其生於一大地之上其初必有一靈性更無限量之造物者爲之位置也而希拉革雷都則言世界爲永生不死之物爲具有靈性之火故其間萬物有生有尅正反相生又有一人名曰安那西滿則直謂凡物之有生有動皆有所受之本此本無終無始而永存若假以物名之是卽一無限量之物迨後混沌開冷熱行而天地成嗣此百餘年又有一名阿拿撒哥拉者言物質常存而有神有形神純而全形顯而頑有形無神則必莫能動焉

希臘理學一變

梭格拉底者乃昔希臘最著名善於理學之人也惟時希臘理學爲之一變計其歿於中國周安王之三年生時在亞典城聚徒教授惟以去僞存誠爲格致之急務其言以誠與誠合無間彼此苟能識得誠之源頭其人自必好善故一時浮誇之士無不遭其詆訶又常自謂有一神時時訓誨而約束之而其所謂神者卽指人之良知良能而言也迨其年已高邁徒衆愈繁大犯衆怒乃相與羣起而控之於官訟言是人不奉國制應祀諸神兼之造作新神名字以誘惑諸後生於時衆共證成其罪飲以盃鴆而殺之乃梭公當飲鴆之際猶自慰其

徒友欣望來世擲盃含笑而瞑梭公生前不自著書歿後其徒乃各依所聞列述多篇以行於世

希臘理學三要

伯拉多者乃梭格拉底之高足弟子也文藝冠絕一時其所著理學諸書中多託爲其師與人論辨之語大抵言理學三要曰至誠曰至美曰至善如學者果能卽理而求其至誠至美至善之所在則自必受益無窮又言有一永存之神是曰上帝其至誠美善更非人思議所能及伯拉多尤辯於口且多喜卽有形之美以明無形之善善實與愛相連緣其能達美善之蘊故時之生徒

學士無不樂聞其論說也伯拉多著書甚富其言人之心意性情皆貴中和緣天賦人以性本無少有過與不及之處而其品第人行之書尤爲精奧後之品第人行者珍視其書與採金人之珍視礦穴等

希臘理學大成

阿斯多底又爲伯拉多之高弟其解釋物理之實中求是務絕虛僞較其師爲尤慎如伯公之論物凡理所必有而更無疑義者例可列入於書而阿公則必俟物經目而理已考證詳明者始載於書中加其學博識超於口辯格致經濟醫算史重詩文并品第人行諸學皆能

登堂入奧且復自創立理辯學無限量物學與鳥獸虫魚學以惠後人惟時正值馬其頓國全盛其王乃命王子名亞利散大者尊之爲師迨中國唐宋間阿公之名大著於歐洲全土其書幾家傳而戸誦矣迨後德之路德英之備根皆極攻詆其書之短而阿公之名少衰今人則多愛閱其書名亦復盛

希臘理學三英

昔當中國戰國之際希臘復有三特出之人皆能研明理學創教授徒一名底摩革利都喜學好游先至伊及從師習幾何算法繼而周游於印度巴西諸國著述甚富年八十始返其故里其言以萬物皆具有不復可分之同式原質微點又言物之有乃皆永有而固不能生有也是以天地并無混沌亦無開闢至於人之有識有知其運此靈機之神乃一小圓火點嗣之者則名意比古路其言以人之增識增德皆爲增福故人生能自求增福足矣又言萬物雖各虛實相半然所本而生之原質要皆爲不可復分之微點又言天有多神而更不造物不理世界惟優游自在而永存繼又有名賽挪者實創立斯多亞學迨羅馬而大行爲其徒者要皆致力以習其理辯口辯及諸文學至其論别萬物各有形有質與此萬物形質所自出之原物而人視此萬物各具有

美觀條理是即上帝造物之確據

波斯理學考

梭都詩得即波斯國人也初創教於葱嶺之西乃當中國春秋之世惟時波斯古教漸就廢墮彼乃一起而考修之其言以上帝有二一善一惡善者理陽名曰和摩斯達惡者理陰名曰亞利瞞皆具有創造萬物之能故物莫不兼有陰陽善惡而所賴以生者則莫重於天之四時地之水火也凡屬和摩斯達之使者皆欲調四時而和水火屬亞利瞞之使者皆欲毀四時而滅水火又

言光爲和摩斯達之象暗乃亞利瞞之體今拜日奉火一教即此梭公所創立嗣五百年波斯人摩尼乃敬奉耶穌教者其著書訓徒雖取證於新舊二約而仍不免有陰陽二主之說迨後天主教祖名奥古斯典者出乃大肆攻詆其非

教會中理學

奥古斯典其先乃羅馬國人當中國東晉時生於亞非利加洲迨老方能篤信耶穌即入教會其言以人行善惡及所得善惡之報皆爲上帝所預定嗣此教會中人之討論理學者一遵其說皆無異詞迨至中國趙宋時

教會愈盛於歐洲而教會中人之留心於理學者亦愈多計其中最著聲稱之人名曰亞圭那其辨別倫常善惡諸理之書多有可觀如言人愛上帝與人是皆理之當然若少存冀福之心則非理矣至英人敦斯哥都甚不足於此奥公而其立論亦多與亞公大有逕庭處如凡人意見大有謬差鬨者皆不可過於苛責而遽指爲違背明教也蓋其人之意見如是故作如是言在我輩爲辨正之則可若苛責之則不可

物序原於道序

當中國前明鼎革之際有法國人名戴加德者深明算術而尤精於代數一學當其生及十九歲時即立志束書不復觀覽獨自澄心靜慮默識潛摩欲以推明此萬物始有之原久久乃言諸行星繞日皆如急流中之盤渦嗣其徒馬伯蘭什仰祖其說而言萬物之序皆本於道夫道之有序皆上帝之所條分若人果能愛遵此道序是謂之德故德者即愛遵此道序之謂也凡人行合於道序爲是而不合於道序爲非使此一人所行較彼一人尤合道序則此一人之德爲優於彼一人矣推而極之惟上帝之德無窮而人之愛上帝亦宜無窮也考馬公之論如此而其理恐有未備何則緣人行高下如

惟以道序爲衡誠恐未足勉人於至善夫誨人莫先於徵明善惡之懸隔本自分途與即人之情欲而啟其好善惡惡之心方能使人有所懲勸惜哉馬公始終皆未常爲之徵明也

世美無加

昔德人雷伯尼兹精於算術兼善理學其言以爲有理者有力凡事之宜行不宜行皆視乎理之當然與否也是以孳孳爲善之人其愛人愛物惟恐不及大有如渴如饑之意且義即智者之仁而愛者則以他人得福爲悅者也申而言之若能以人之樂爲己樂則所愛者博

而無復少有利已之心至於上帝之創立此世界要皆已臻至美更無可加緣當開闢之初上帝即於瞬息間造有無數沓焉無形渾然自成之圓質點而其間能力率各不同是爲化成萬物之體夫物莫不有此某某質點相輔而不相撓是皆上帝所預定得不謂此世界已臻至美更無可加者乎

羅革心學考

羅革英國人也著有一書最爲詳辨如論人心主思而思究爲何物思之所及堪憑與否而思所及之界限究在何處是以乃即人心思之所及分爲三類一曰格致

乃測明有形無形之諸物皆實如何一曰倫常以明夫人所當行之理一曰言語要皆即人之所知所學而命之之名也或黙以自識或明以告人嗣有名伯耳革利者言有形之物皆本於無形又言惟心爲物其他皆幻至若休末則復演此伯公之說以爲非止有形之物爲幻而宇宙間無一非幻實不能使人得有所少據者也考休末之爲人無理不見有可疑之處

三能十二思範說

德人干得生當中朝之乾隆年間緣彼有慨於時人之不虛心考稽而多自是或多旁疑也故其立論要皆力詆自是之非而明言有可疑之理亦有決無可疑之理爰創三能十二思範之說三能一覺能一識能一道心能也覺者人自耳目爲思之質識者出自心意爲思之範夫耳目所覺之質皆必有其處其時至心意所識之範要可分爲十二而復以四類統之一獨數二眾數三全數是爲幾何之類四實五不實六界限是爲若何之類七本末八體用九推抵二力是爲彼此之類十能十一有十二不獲已是爲情形之類至若道心則承自清明渾然天理是保是存凝而爲一如以已體言即爲靈魂以外象言即爲萬物以善之元長美實無極言即爲

上帝也

辨行善有無求福

凡諸有善行之人蹟同衷異或惟知善之當行而安行之者有之或冀夫行善有福而勉行之者有之夫勉行善以冀福是其生前善行皆將視爲歿後天堂之階也如英國人備禮嘗言行善之人爲能順上帝之旨故理必獲福於後日非之者云善本人性之固有是善乃人分所當爲如君子之懷刑原非怵於刀鋸而始然也嗣有名本丹者亦英國人其言以人行之向善遠惡者要貴知善可益人而惡可損人故能遏抑情欲而傑然立

於天地之間矣非之者曰殺敵者勇往無前緣其膽氣兼優也若謂此乃彼先逆料不力戰必死故能致命則恐未盡然蓋使今有一極無膽氣之人當其臨敵自知必死加之將帥勵以敵愾之義亦必無勇往之心也

蘇格蘭理學

蘇格蘭人理得其幼時溺於昔人謂物形皆幻等於浮泡等說迨長乃稍聞物實非幻之理既而知其信然大翻前議爰自創一從眾之學其論以人能悉此萬物之形半由目察而半由心測至今眾皆甚是此言庸可背而別起異說耶如目以司見而所見者無一非物眞實

之形耳以司聞而所聞者亦無一非物眞實之聲也嗣有法國人哥拉得常教授於巴黎斯城中大揚理得之學其徒古桑雖於理得之學亦有會心而尤欽服德國人千德之學據古桑之見以理學一道不可拘於一隅務宜博證旁求方為公允後又有蘇格蘭人斯都瓦得生平尊尚理得之學亦間有為更正之處如廣集羣思學而易名為考人性固有之各能力學也至伯倫乃於理得之學大肆非詆復為更名曰人心自覺之學

是非原起

人皆自知已分所應為之事當其為之之時是固欣欣而非多悒悒此是非之心中儒則謂為天所賦予而泰西耶穌教則謂為上帝所賜者也近斯本賽耳則言是非之原乃起於人緣人皆視有福益已者為是無福益已者為非古今相承是非之原起不過如是而已如一人事皆遂心自覺暢悅則由耳目諸官循腦氣筋而達於腦心神獲安即以徵是而反之則非矣斯公此論泰西人然之者蓋鮮皆以為是非本原於人之心而辨別善惡之準也是為福之本非乃禍之原何得本末倒置而竟使後來者居上耶

理學析分為二

近英國善言理學之人自應以斯本賽耳為首如其曾將人學而確可知者與確不可知者析分為二其所謂確可知者皆萬物外見之粗質而萬物之精微則確有不可知者在也夫萬物精微本亦一物而無形無體之可見及其化成萬物皆已昭昭於人之耳目故格致家得諸見聞而測知之至若聖教中之所言上帝格致學之所論原質雖非人思力所能知能測而要皆實有更無疑義且萬物化成既皆原於此無形可測之一物則此一物為本而萬物為末明矣似此為本之無形一物而具有成諸有形物之能力故其變幻無端生育萬物

夫即為本無形一物乃悉其有成諸有形物之能力如此則已屬於可測知者矣

西學畧述卷六

史學

史學考原

上古希臘無史惟多著名演說故事之人皆口述往古諸事俾人聽記嗣乃有數人相繼而起創著國史榮名至今泰西後學仰而師之如今中國文人之俯首於班馬也其史例於詳記希臘一國外至與希臘鄰境之敵國友邦亦畧將其風土君民諸大端備行收載約計希臘創著國史之人一為希羅多都緣其曾周游多國問政訪俗并皆徵諸故老之所流傳典籍之所採錄返至

希臘兼證以昔所見聞而作史九卷一為都基底底其史乃即當時希臘境內諸城稱兵互相攻擊竭慮殫精以詳考其間戰爭諸事而作也至若伯路大孤所著之史則擇取希臘與羅馬偉人之彼此才德伯仲功業相侔者如或皆長於治國或皆善於治軍皆兩兩相較分為立傳考定優劣以示後人

釋古文以識古史

泰西文字創於埃及其文初多象形繼乃益以諧聲由漢以來失傳能辨識者乏人邇來德法英意四國人才輩出廣搜其石柱石椁石室並古墓洞所鐫之古文探

討的確譯而爲西國語言者已不乏也嘉慶年間尋得一三種語言合璧碑詳慎對校奉希臘國古文爲依據細察得彼二種文字之意矣先於其國王名諱中得來呼其何等文爲何等音韻之端倪由漸而於他碑室等石面尋究得其古文意故可漸明埃及國古昔歷代帝王之事蹟也且其帝王之陵塚工程浩大修爲方形高臺疊累十重於其陵塚之底間量度之每面濶七十五丈高四十八丈此最大之一塚也間亦有較小者時至今日猶存有六十餘處也四方往觀者仍不乏

泰西諸國推埃及最古

埃及地勢跨居尼祿河兩岸河水含帶泥沙歲歲漫溢淤積致成沃腴肥壤樹藝五穀極良瀕河之地引河水灌溉從不得甘霖亦不形旱荒國中以農事爲本民因之而富國亦因之而强矣上古文字並化學卽始於其國並精於各種操作宮室墓塚之雕鏤石工極雅緻精密

堅信死後靈魂永存葬死之規以香料夾雜布疋重重裹死者遍體冀其不致朽潰也並謂人終之後有一查考其言行善惡之神明以定其應居苦境應居樂地彼國石文載者曾有人譯成之一書專論人歿後依規矩應若何經理往古埃及全地有時分爲諸國有時合爲一國有時自專征伐啟闢疆宇有時附庸他國聽人節制至唐時回教人據其全地遂至一衰不興矣泰西考察之家以埃及國爲文學之祖格致之原不禁生有今昔之感也

國富無常

天下萬國之勢盛極必衰亂極必治理固然矣如巴比倫國爲古昔最富强者也溯其致富之由卽緣其地西與歐洲毗連東南接壤印度來往之商賈憑其地爲轉運兼以其本地人民素業織績與炮製金銀銅鐵等出

售者有哈喇大呢絨錦氈毯等貨並精於琢磨寶石玉器等事五穀雜糧亦可轉運至外國各地由失自主權來縱有幾及千載之隆盛終亦不能無衰也生植嘉穀之沃土變而爲滿鋪茂草之荒野林林總總之鄉區易而爲冷冷落落之村墟斯時考古之家適彼者不乏卽於既倒塌之土石堆中搜取有文字之瓦礫石塊帶往泰西各國博物院收存以俟識其文者譯而知其精於文學勤於貿易以及古帝王之實事也

巴比倫古蹟

上古巴比倫城規模宏大城垣一周足百有八十里茲

時徒存若許坵墟故址矣猶伯拉底河串城過四野盡平原疇昔士脈極膏腴農事最盛濬若許溝洫引水灌田文學盛行於通國喜於卜占憑之以決未來休咎周初時國富兵强樂於戰爭舊約書由創世記至但以理載巴比倫侵猶太之事不乏精求天文測日月星麗天度數時刻之璇璣玉衡刻漏等器即彼國倡始製造並定出各星宿之呼稱傳於各國東周時日闢土地兼併接壤之若許國至周景王時即耶穌前五百三十八年也爲巴西國古烈王所襲取由是見屬於巴西

非尼基人多立埠頭

非尼基人旅居於地中海東濱推羅西頓二城喜經商於遠方以利巴嫩山木造船將陸路運來之印度貨載往他處曾至各地尋礦洞炮煉金銀銅鐵錫運赴他處出售伊等並於其海中恒漁得可染紫色之魚並於埃及國內學來造玻璃法以傳往他處亦將文字音樂並禮神之一應事故傳至希臘工於法製硫磺白礬且於海外採得琥珀復將錫與鉛合兌成白銅以土料拂拭絨呢毛貨等起光澤並配合成有造瓷器與各他等物用之土勳伊等夜間乘船行海面以北辰星居之方位爲駕駛之準嘗道出地中海西口至距英國近之海島

測探錫礦於各處設立行棧遣人寄居經理商務凡織績造玻璃書寫字以及各種技藝中極嘉善之製造法憑伊等即傳遍各地也

巴西分郡設牧

當孔子之時巴西國與其所屬之地統分爲一百二十七郡溯乎其先屬於亞述至古烈王肇興乃創爲自主之國並擴充其土宇直達小亞洲西海濱凡敘利亞猶太巴比倫亞述均隸其版圖東南開疆至印度其子干布西並攻取埃及至大利烏王分國爲百有二十七郡賦稅徵租之法行於通國與希臘國搆兵屢敗積曾有一役兵數足五百萬內分步兵百有七十萬馬兵八萬戰艦一千二百艘及大見辱於希臘乃寖以衰矣各郡所設之守牧宛如中國各省督撫權勢亦相若國中所行之拜日火教嗣流傳至印度蒙古以及中華而其國則終爲希臘王亞利散大所滅

希臘國據有亞洲西南境

於亞利散大即父位爲馬其頓王時希臘通國之民公懇其整師旅攻擊巴西國爲報復也亞利散大遂侵佔西印度國地亞洲之西南境若巴西國十年中俱歸其版圖希臘國人散居各處於漢張騫未至大宛之先其

國王亦希臘人吞并國之最强大者一敘利亞一埃及希臘之國制文學奇巧技藝亦傳於各處其天文學算法理學并營造宮室之法俱傳至印度當夫彼時印度盛行佛教故繪畫雕刻之事即留傳彼地更延及相近之諸國希臘興盛歷二百載繼乃爲羅馬國所滅而希臘人之散處於四方服官於羅馬者不乏所習之文學格致學諸般技藝仍傳遍於各地

一城操天下權

羅馬都城建於耶穌降生前七百五十三年即周平王時也跨居低伯耳河兩岸相繼爲王者七人至周敬王

十一年時遂廢王不復立矣選舉二統領理國政呼之爲根蘇利惟富民貧民屢有爭論及耶穌前四百五十一年商定律例十二款勒之碑樹於行人孔多之寬濶處後此羅馬治國之法制禁令即奉此爲依據議立者歷數百年之久與接壤鄰國逞干戈意大利國之全境由漸而均爲其有矣亞非利加洲北鄙有加耳大俄國極强盛羅馬國曾與搆兵三次及漢景帝時羅馬人克滅其城收爲己之屬國是時希臘地敘利亞地已隸羅馬版圖至漢宣帝元帝時並法地英地西班亞地埃及地均爲羅馬國所統轄至是時奥古斯都登皇帝位地

中海周圍巴西國西之各國無思不服即後漢書所言四百餘城小國數十之大秦國也

亞洲民即居歐洲地

當耶穌降生前四百年間有加利族人侵犯羅馬地復有德多尼族來侵是二族人皆原生於亞洲其間不知閱幾百千年或因接戰敗奔或因饑荒乏食紛紛西遷者有法蘭革族緩威族撒革孫族馬哥滿族亞利馬尼族哥低族宛大利族阿蘭族各族人犯歐洲境時羅馬國甚强盛深可將伊等戰敗第以數百年之久來去無常迨羅馬强不及前邊防稍有未周即有處失去土地

爲若輩所有矣終至客民多於土民散遍於歐洲各地茲時之英人德人丹人瑞典人皆其各族之後裔也即史記前漢書後漢書詳加校對知哥低或即月氏奄蔡後漢已改爲阿蘭聊或即阿蘭緩威或即西夜撒革孫或即塞或即莎車初時無何文字無何屋宇人皆幕處繼乃漸習希臘羅馬并諸他國之律例文學而造房舍時至今日而成極富强之國矣既爲由亞洲遷往者其亦有中國上古及周秦漢時之體制禮儀否耶

海舶周覓新地考原

當中國前明之成化年間有意大利國人名哥倫布者

常走謁歐洲各國君備言海舶東駛將往印度而中間阻有紅海岸之陸地頗費周折地體本圓今若轉而西駛未常不可有直達印度東岸之水程若能以舟粮見資浮海西行必當有以報命時人多不信重其言久之至孝宗宏治五年方得西班亞國君助以小板船三隻哥倫布自遵其素所懸揣應有新地之方即日開行不逾年而駛入羣島彼以為是即印度之東岸故至今猶相承以西印度羣島名之也既而彼又覔獲南亞美利加洲之地按哥倫布之才智明決要皆出人頭地故能見事不惑創此浮海周覔新地之舉嗣復有一意大利

國人駕舟沿行於南亞美利加洲之東北濱海諸處返至歐洲向人傳述人皆嘉其精詳故即以其名名此新地曰亞美利加若今美人所居及英屬之北亞洲地乃由英國人名加波德者之所覔獲

天主教權勢盛衰始末

當中國東晉之咸和五年羅馬國皇名根斯丹典者始擇築一新城於亞歐二洲相毗連處即以已名名之曰根斯丹典城而遷都之以資控制且以耶穌所立之聖教為國教繼此嗣皇世相遵守迨唐肅宗之世法王伯賓奄有今意大利國之全土而以昔羅馬舊城并相與附近之地畀天主教之總教人號巴伯者使為世守嗣而天主一教日益尊盛而巴伯竟有教皇之目權勢幾駕出於歐洲各國皇國王以上者近數百年惟時非之者固多而附之者亦眾迨今意國之君撫有意大利國境地而即羅馬舊城為都彼教皇權勢大減迥非昔比僅得自理其教中之事而已

古西帝大加羅

當諸族攻滅羅馬之初雖相與分居歐地而綱紀未立迨法蘭西王大加羅乃東取今之德地東南取今之意大利地而西南復搆兵於諸回人嗣大加羅即西帝位

時乃天主教之教皇為之膏首祝福權勢皆與古羅馬皇相侔計加王生平殺人無算而有治國整軍之才正定法律與民更始緣其時民多愚蒙加王乃為創建天主教之秀士院又即會堂之旁設立幼塾以化育之時居今德地之諸族人民最稱凶悍嗣此日漸馴服皆加王循循善誘之功也

議政院廢君

昔英國君名札利斯者嘗搆兵於西班亞國爰命議政院措備軍需而議院諸人答曰茲有數事若君能俯允軍需自可無煩聖慮而所言數事則首即擬貶損君權

也君怒罷議如是者三而議院諸人愈形強項君乃自行簡人四出徵稅不復過問議院諸人且當開議之時有一人言尤不遜君亦使人拘而置之於獄嗣此君不與議院相鬪者八年後又詔開議院而議院諸人即控君素寵信之二臣於諸執法大員前訊明後二臣立被斬決惟時君乃與議院諸人治兵相攻如是數載而君戰敗乃奔投蘇格蘭軍中而蘇軍即派人將之送還於英於是將之監禁數年後爲執法大員議定其罪而斬之而議院之權亦衰時國家政柄盡歸入於英帥哥倫威勒之手

法國更易新政

當中朝之乾隆五十年間法國君綱不振政柄下移其王族世祿之家以及教會中操權諸人皆侵漁下民以致賦斂煩苛鹽稅尤重而議政之院竟從封禁民旣怨諸朝貴與操教權人之困已也而尤疾首於總攬鹽稅之人乃相與羣起作亂攻殺其君與后而朝貴并操教權諸人亦多駢首就戮政治一新嗣此十有一年皆暫爲民主之國後民衆又自公立一帝名曰拿波倫素號知兵計其在位十年更定法律有足多者而終一敗塗地遜位奔英時諸友邦乃公立前王之子爲法君嗣此

主法國者或帝或民時有更易至中朝同治十二年法爲德敗易爲民主相安至今

德國帝號

當中國唐代德二宗之際德地皆屬法蘭西王大加羅管轄迨加王之孫雷斯受有法德諸地實爲第一創有德國之君及雷君將死自分其國爲三而遺命三子各君一國乃未幾三國復合爲一時德地人民不樂與法衆同戴一帝爰於法皇族中公選一人立之爲帝嗣此德帝皆由諸侯王中公推代立至中朝嘉慶間德爲法所敗時德帝遜位歸國改稱奧皇按當趙宋太祖之時德君得有今意大利地遂即帝位於羅馬舊都因自號羅馬皇而稱衆預推定代其帝位之人曰羅馬王也至中朝同治年間德人大敗法人德之諸侯王畢集於法京城外之一離宮內公推布君即皇帝位不復襲羅馬皇之虛名更號德皇且以旌武功也

意大利開國始末

昔意大利國境內計有許多小國分居其地當羅馬崛興時意地之諸小國皆併於羅馬迨羅馬破滅有哥低與郎巴底二大族分據意地後皆歸於法蘭西王大加羅管轄加王死意地亦復分裂有割據平地數城而自

立爲國者有屯聚大山谷中而自立爲國者就其中之强盛者言則以教皇之國與挪滿族所居之西西利地方稱最外此如威尼斯國弗羅連國日挪瓦國皆爲民主之國而貿易特盛時凡航海貿易多威日二國之人常由伊及等國之海口轉販印度及中國之貨運回歐洲出售至中朝咸豐末年意地諸民皆欲復合爲一國以自强時其西北國君有名威多以馬內利者素有美譽爲衆心之所向服後威君漸次出兵吞噬諸國而奄有意國之全土也

歐人始開有南北美洲地

當前明之世歐洲之西班亞人始覔獲西印度羣島乃未幾復得今墨西哥與秘魯等國之地時其地土人亦有軍械惟無火器而西班亞人火器既精軍皆競進故能終勝土人而擴有其地嗣葡萄亞人踵西班亞人至南洲東濱海處之伯拉西勒地方創立堡埠繼而英人規取北洲之北境據爲屬地而法人則規取北洲之南境據爲屬地迨中朝乾隆年間北洲英地人民皆不願服役於英乃自立爲民主之國國號曰美推華盛頓爲第一伯理璽天德總統美政至中朝嘉慶年間西葡二國屬地之人民亦皆照傚美式紛自立國而各推一伯理璽天德總統國政也

俄立國鬬土原委

當中國唐宣懿二宗之世俄地一人名曰路利革長於水戰會應俄衆之請戡定禍亂因而自王於俄迨宋太宗眞宗時希臘教始傳入俄境舉國崇奉南宋末蒙古崛興俄國爲所殘破故路嗣王降列藩服與其諸侯王皆服屬於蒙古主也至中國之前明中葉俄衆始將蒙古人盡逐出境仍立故路王嗣子爲主定都於磨斯瓜城治律講武上下相安後其嗣王不理政事萬機廢弛終爲波蘭國人所虜惟時俄衆乃公推一羅馬挪族人

名米加勒者爲君方將波蘭暨瑞典二國兵衆盡逐出境迨米君孫彼得第一內則習兵訓藝外則開埠通商俄日以强於是始蠶食鄰國西滅波蘭西北攻取瑞典境地南侵土耳其東盡收有亞細亞洲極北邊土遂稱雄國近年俄皇爲叛人以最毒之藥火轟崩太子亞利第三嗣立日夜勤憂惟以安民爲務在位二年方始備禮登極民情欣戴可冀爲一令德之君也

歐人航海通商立埠

凡立國之道貿易愈盛則技藝愈精人民愈衆保大豐財不外乎此當中國唐宋之世回人於亞細亞與亞非

利加二洲濱海地方及他處皆立埠通商兼俾土人習學新藝迨前明中葉忽有歐洲人出於回人不意起而與之爭爲雄長者乃今之葡萄亞也時葡人沿亞非利加洲西濱海諸處直至印度及南洋羣島在在立埠通商講習新藝遇有理事回官梗命即逐出境而西班亞則逾越美洲以得有呂宋羣島通商立埠和蘭則分割南洋羣島與印度南之西蘭地方以及非洲之南濱海角處立埠通商嗣此英法二國之人皆駕船駛至印度建立堡埠置兵守衛今則印度全地附於英者已幾十之九矣

拏波倫成敗始末

歷考法人立國以來其號稱善戰之人則推拏波倫爲巨擘當法國改爲民主之時而拏公始得漸操兵柄後法軍屢敗奧軍於意大利境內據有意大利北鄙地時拏公二十八歲實總其任嗣復統軍駐於伊及與敘里亞二國地將欲進取印度諸國不意其戰艦爲英國戰艦沈毀拏公知難而退收軍返國於是法衆欣戴奉以爲主繼又勝奧師於馬倫哥城迨中朝之嘉慶八年拏公即帝位惟時天主教之教皇親爲視冕後一年復伐奧大獲全勝時奧俄連兵禦法故俄人亦敗又二年復戰勝布國後列國同仇合兵敵法大破法軍時拏公不復爲法衆所容自投於英英人放之於赤道南一小島上六年而死

英人獲有奧洲全土

當中朝乾隆年間英人古革奉命駕船駛至奧大利亞洲沿洲查視嗣知其地廣且腴物阜材多爰即耳目之所聞見詳爲圖說返棹回呈於英國君主於是英衆咸爭拏舟而往獵物取材得利頗厚嗣復知其地多金礦去者愈夥後英國議政院議將減死之犯發往奧洲以實其地乃緣民情弗悅罷而不行迨中朝道光年四處

赴奧掘金之人較初開礦時衆逾十倍貿易日暢英人因即其地劃分數省每省皆立有議政院時英方失北亞美利加之北境屬地而適獲有此奧大利亞地亦足以相補

英文諸史

凡以英文著史之人計其間之傑出者甚多如英人休摩所著英史則敘載清眞兼之雅正基本所著後羅馬史則器度雍容亦復華麗近又有馬高來者其所著之後英史則字句警鍊幾於突逾前人矣至於美人則貝斯哥德著有西班亞初定今墨西哥與秘魯二國地記

班哥羅夫著有美史摩德利著有和蘭開國記皆能詳
明通博不愧作家茲考摩班二公所著之史概於民主
之國三復其政治焉

西學畧述卷七

格致

天文

近泰西諸天文家以時人多誤謂大地塊然不動而日
月星皆繞地自東而西運行於天至若日月之蝕彗星
之現卽妄意其爲示人以災祥也故竭力發明地球恒
自向東旋運每自轉一周以成晝夜繞日一周以成年
而地行軌道適當日月之間則月蝕如月行軌道適當
日地之間而日蝕也彗星計有二類一繞日如行星可
測知其嗣逾幾多年而復見一離日行去則莫知其能

復迴與否矣是皆畧無關乎人事之吉凶泰西當中國
前明之世始創有千里鏡惟時各國天文家之知識驟
增如繞諸行星之月有多寡皆能了然見於目前近日
窺天之器愈精又有一至精奇器可窺取日與恒星之
諸色象及其中別有數十道黑綫高下不一橫列於其
間此每一黑綫卽其中之一氣質顯示於人也天文家
之所考所證日進如此豈非好學文人所樂而聞之者
哉

質學

質學乃論物之質與性爲格致中最要之一學如論力

有攝引力黏合力以及性異之物合而爲一之力又有助力諸器如天平與舉重杆皆是也又論定質緣何因熱而勻爲流質氣質以及物動歷時久暫并物顫而音分有宮商角徵羽其所以然之理又論物之所以有令有熱有光有電之故此學當教授生徒時所需奇器如助力諸器以及寒暑風雨之表吸水運風之具皆不一而足

地學

近日泰西諸國之格致學要皆精益求精蒸蒸日上如考地殼面之上石損益成毀大勝往昔緣今地學家考

此地殼面土石以今證古如卽近日火山出火之形狀而究其流液諸質當上古所成爲何類之石層卽近日雨雪冰雹之剝蝕而究其順河淤下諸質當上古所成爲何類之石層擴類以求則上下千萬年間地面所有之諸石層皆不難明其所自成也復卽沿海諸灘察其上下有漸高漸低之別與間緣地震其土石開裂或陷或凸可悟此小大島洲其初高出海面與前諸洲島復淪於海亦必如是又如諸石層中間現有鳥獸虫魚草木等跡昔人多相與驚怪以爲天所生成今經格致家考知是皆當石初孕時所雜於其中之物石成而跡不泯原非奇異世人亦可自釋其疑矣

動物學

泰西昔人之論動物共爲列作飛走虫魚四類理有未愜今人亦爲分四類則皆卽動物質體而言如狗蝦蝸牛海燕是已凡驗此四類其腦氣筋皆與其質體并重緣動物之聞見生育飲食呼吸均歸本於腦氣筋也四類一爲有脊骨者如狗而人獸禽魚統括於中是皆質體多雙左右分列其腦氣筋率皆極細極繁上下充盈於首及脊骨之內一爲可節分者如蝦而蜂蠅蠍虱統括於中是皆肢分多節前後聯屬其腦氣筋率皆作諸

小團始作兩行後則合如一線而不及第一類者之細繁也一爲柔體者有有殼無殼之分如蝸牛之與螞蟥其腦氣筋率皆作數小團或數小綫一爲有生命而無知識者如海燕是更無腦氣筋而質體率若輪輻普天之下蓋無出此四類外之動物

金石學

金石泥沙等類均宜依化學家法分試其或爲一原質之所成者或爲幾原質相合而成者外此兼宜悉爲何性何狀昔格致家爲之分類立有多名如土類鹽類燃類金類等辨今則共分七質一氣質要惟輕硝二氣居

多一水質一炭并含有炭之質一硫磺質一反酸與土或與某類强水合成之鹽質一土石質一金質大地萬物其體皆不出於此七質所合成而金石家即物體以察其質皆分有無定稜與狀同羅網或輪輻以及點點如列星層層如積紙并别有如筋如綫如球如內腎如乳頭之别至於諸種光色亦各有異如金之光色不同於玻璃珠之光色不同於絲及金剛石也

電學

凡物之質體內莫不皆有電氣而或隱或現率各不同近中朝乾隆年間美國人名弗蘭革林者始創立此一

學電氣之生率分多類有二物相磨而生之電有二性異金類合化而生之電有加熱於紅銅與倭鉛等金而生之電有磁石自生分有南北之電至於動物體中有內含電氣盛者觸物即發如雷魚雷鱓之類尤爲顯著近格致家有言光熱電三者皆緣於一最精之氣搖顫而生然尚未得其確據惟考明諸電爆發星星之火均同無異而有人收取雷魚之電試得其有能將一水分爲輕養二氣之功用

化學

化學之要旨以詳究諸物內皆有幾多原質并其原質之各分數多寡以及物與其諸原質之性何若并諸原質相合相離之性又皆何若也是以地殼面上無論爲動爲植爲石爲土皆爲設法依式測驗如水須識其中之熱減至何度而成氷加至何度而成氣當中朝乾隆年間英人加芬底矢始知有輕氣迨伯理斯理嗣復查獲養硝炭强三氣而養氣實緣伯公多加熱於丹砂見其氣起有異因而收於器內詳細查驗以告於人後有法人名曰拉非洩復創查獲養硝炭强三氣相合成風而金剛石與炭同質亦此拉公所創查獲者

天氣學

凡風雨霜露雹雪虹霓皆爲天氣幻成之形天氣寒暑而漲縮疎密及壓力增減均一與其中之硝養諸氣無異計週此地球之天氣其厚有百二十里或百五十里不等天氣動即成風風亦有溜若值寒暑有定之處而是風是溜亦自有定至水氣結而爲雲雲逐風飛爲熱所致日光經歷空氣遵曲線道下至地面緣天氣上下諸層有疎有密日光透過處處皆有微差至若日初出與欲没時其體大而光歛者乃日體上下界邊處之光差不同所遵曲線愈甚不能平入於人目也迨午則其體反小而光明者乃緣其直入人目空氣較薄而作曲

線少也每居日暮野花爭艷黃紅紫綠諸色異樣鮮新是皆日中白光所含有之諸色緣値光差而現者也

光學

自奈端查獲迴光及光差諸理爰立光學嗣而藉其光學之功復更製一至精之千里鏡考千里鏡則當中國前明萬歷初年英人與和蘭人皆已有用之者究未悉創始於何人迨萬歷三十七年意大利人加利畧聞他國造有千里鏡遂師心自用創製一具以鉛爲筒筒之本末兩端各置一鏡本端爲映大鏡末端爲取像鏡使之遙遙相照加公以此鏡卽於是年測得木星環有四

月及土星上有一光帶昔人以光爲無質之物近有英人雍姓言光質爲氣流有層波如水其行極速無能與之比擬者諸格致家皆以其言爲信然又有丹國人羅美耳査得光每分時行三千萬里是日光下射八分時卽至此地球面上

重學

當中國秦政之世希臘人亞奇黙德創立重學緣亞公以一處處停勻之杆置當其中倚點處嗣復權取重無少差之二物分懸於杆之兩端而其相離中倚點處遠近如一則杆平且靜更不少見有敧動處重學之理實推亞公一杆爲先著鞭者時西西利國濱海建都與鄰國構怨相攻鄰國遣兵駕巨舟進逼城下人皆洶懼王命亞公製械抵禦亞公乃依重學之法製大鐵鈎一具鈎取敵船舉而覆之由是亞公重學之名大著迨前明時意人加利畧考得物當由高墜下歷幾分時至幾多里數是緣地之吸力所得速率至於考獲兩物相撞之理者爲英人瓦利斯考獲時辰鐘擺左右動搖之擺線理者爲和蘭人海根斯考獲拋物并水與液質流動以及物相攝引力之理者爲英人奈端

流質重學

創立重學之希臘人亞奇黙德復考流質重學著有一書內言如盛水器中其從各方向來壓於各點之力相等時水必靜而不動迨中國前明崇禎末年意人多利遮里乃潛究水何以能沿吸水管而上行因得緣吸水管中風氣先經人以法取去其間水面既無壓力阻礙而管之四外井水皆有風氣下壓管中之水自必有上行不止之勢外此風雨表亦是多公之所創製嗣而英人奈端考究諸他質物游行於流質內有何隔阻之理法人巴斯加勒創製壓櫃以一斤之力能起舉四百斤之物其法亦由流質壓力各點相等而悟出者

氣質重學

意大利國之弗羅連城當中國前明崇禎年間立一格致會其會中人查有氣質緣熱加漲之說繼遵是說而創製寒暑表至中朝順治之世英人拜勒與法人馬畧德同測獲寒暑無變之時其風氣疎密與壓力有恒比例迨康熙末年泰西人造有水氣引水及諸用水氣之他器而物動於風氣中皆有何阻礙其確數則爲奈端所查獲嗣又有人查獲火藥經燃其內諸氣質之體漲較大於原體三百倍當乾隆三十四年英人瓦得始創製以水氣運機之器嘉道之間復有人查獲水氣漲力

共幾何數今則鐵路周通輪船徧海耕織之繁多藉機器以倍其利可知氣質重學爲益非細

身體學

泰西考究身體一學分二大類一曰阿那多米譯言剖截乃割裂死物肢體詳察其內外筋骨皮肉臟腑經絡并腦氣筋等質之形狀一曰非西由羅機譯言生物之學乃論呼吸出入氣血周流并飲食輔養之所宜至若阿那多米又自分三小類一分究周身之各肢體如手足胸腹等處皆爲詳細解明一合究周身之或汁或筋或骨如乳汁胆汁脆骨津核與血等類皆爲詳細解明一身有疾病以上所言之肢體汁筋與骨或有變異於常皆爲詳細解明

較動物體學

動物體學以人爲本乃醫學家之要務而較動物體一學乃備查取人身諸體遇有難解之處儘可卽諸物體而比較之以徵明其理動物種類數萬皆宜互較其身體而考定之也近代有法國人名舉非也者研精此學最著名於泰西諸國所謂卽動物質體爲分四類實此舉公所創始舉公詳考古石中動物遺迹與今動物質體之同異又卽是石中遺跡而常謂造化主之造物要

皆有序今考最古之石無物遺跡可見迨考次於此者方見有植物遺跡至動物遺跡之見於石中者較晚於植物然動物之生亦自有序柔體之物如蝸牛螞蟥等類其生最先次生爬虫鱗介如龜蛇魚鱷等類又次生飛禽走獸末乃生人

身理學

瑞士國人哈勒耳其生當中朝康熙年間甚非前諸醫士惟以重化二學明人身中之理爰自創立身理學以發諸前人所未發如言生物之生則有死則無者其至理有二一有知覺一能舒縮而知覺爲腦氣筋之所司

舒縮乃肌肉之所職腦氣筋之無舒縮猶肌肉之無知識也且生物一體內外其舒縮久暫各有不同如人心左下房其間肉壁舒縮歷時最久次則膈膜與腸至助人行立坐臥之肌皆上統於腦氣筋而退聽其命是以舒縮皆暫而不能久且血無論行於經絡與心其運力不上統於腦氣筋而常散居於舒縮肌內故凡生物雖已沈睡其若心若膈膜舒縮仍自如常晗公之論如此是以今日身理一學考取益精而要皆以晗公之論爲之發端

植物學

當中國前明中葉僑寓英京之和蘭國人羅貝勒首創有草木原委類分一書至前明鼎革時英人格路復創以顯微鏡窺分植物枝幹內之經絡質體以及其花之爲雄爲雌迨中朝康熙年間英人賴氏乃即草木實中之仁雙仁單以及永不著花三類共成植物綱目一書若瑞典人鄰奈專心動植金石等學皆逐一詳爲分類雖引證淵博實人罕及而亦多見偏之處如其論辨植物惟準草木花中鬚數多寡以之分類是大不然凡植物皆宜即其根株皮幹枝葉花實詳考異同方可爲之分類嗣有法人如秀遵上賴公之說著本植物原性綱目一書此本植物原性之理今世盛行而中多與鄰公之言相反後又有德人哥底素善於詩常著書言花之有鬚有辦皆爲其葉之所化始而人莫之信久乃服其精確

醫學

泰西醫學創自伊及惟多取吐及攻下之劑且以頭目牙腹并不外現之症分爲五科希臘醫學亦先本師法於伊及時其國人哀斯古拉伯以善醫名迨死民多謂其成神相與出貲建祠而以其子若孫主司祠事世世爲醫凡人有病至哀公祠內而其後人即視病者症之

重輕付以藥餌然平心而論希臘醫士實應推希波拉底爲巨擘希公生當中國春秋末時其所著遺之書計七十有二册今則放失者多如其醫學箴言一書古今爲之註釋者共一百三十七家其法針炙兼施不惜流血至中國西漢時亞利散太地方之醫士始創行剖截死人肢體以便詳察而中國唐宋間則回教人醫學之精聞於天下今醫家新學之所盛行蓋緣中國前明末時英人哈斐測得人身血脉頃刻間皆已周行全體之確據故也

幾何原本學

此學爲希臘人所創立如他利斯與布大哥拉皆精此學乃古今人所共推仰傳言布公初求得句股三角形其體三邊分長三尺四尺五尺假向三邊以上各立一方則二小方必與一大方相等惟時自謂得有神助遂殺百牛而獻祭焉嗣是求此學者日衆法愈精微至耶穌未生之前三百年有希臘人名曰歐吉利德所著幾何原本一書計分有十五卷後亡其末二卷今是書之十四十五二卷乃後人所續補也此書首卷爲凡例爲共論爲界說爲三角形二卷爲方三卷爲圓四卷爲圓與各邊形內外相切五卷爲比例以下諸卷各有指歸

欲悉其詳原書俱在是爲泰西諸國學徒必讀之書緣無論天文動植製造武備諸學要皆須此幾何原本一書以爲之助

算學

近泰西筆算率多以號字誌數其法自左而右一一橫書十則於一字號末加一〇百則於一字號末加二〇〇盈千纍萬以次遞加如號字六七即六十七二〇即二十三〇七即三百零七也此與中國之珠算同理昔德人雷本尼曾言有入居中朝北京之傳教人與之函論中國之八卦即中國上古之算數號字泰西自創有代數算學大盛嗣而微分與積分繼出尤極精妙然入算塾習算之諸生徒亦皆必兼習經商所需之算術所可慨者天下萬國度量衡之長短多少輕重各有不同算術因之亦各有異若能萬國衷於一是可免如今算術之繁

代數學

英人棣麼甘著有代數一學近英之偉烈亞力譯以華文兼作一序弁於卷首考當中國六朝時希臘人丟番都以此學名世而印度人亦多精於此學者然究未識或希臘或印度之所創始惟印度代數實善於希臘今泰西各國所行之號數字右行橫書十百千萬號皆同

一是亦創自印度人也至泰西代數一學乃天方國人穆罕徧謨撒得自印度傳佈歐洲西人習便流行至今迨中國前明嘉靖末法人肥乙大始創定以字代數嗣而代數一學日益精微凡欲習此學者須先明加減乘除方可指示欲習微分或積分等學者又須先明此學以次進求此學初入中國名曰借根方後偉烈氏譯華文時與華士李善蘭酌商因更名之曰代數學

曆學

猶太名博學士概曰拉比昔猶太國曆由拉比考定者乃本舊約書而上溯創造天地之年紀爲曆首若羅馬

都城建於中國周平王十九年而羅馬國人則即以是年紀爲曆首其希臘國俗每四年羣集賽跑一次因紀爲曆是則始於中國周幽王之六年至若敬信耶穌之諸國自中國漢晉以至於今率皆以耶穌降生之年紀爲曆首夫曆學之設原備取便於農民而有識之士則言各國紀曆無不農商兩便緣登列帳簿非年月日無以別其先後曆學之難惟在日月行有遲速之不齊而泰西各國之曆一本節氣而不本於月之朔望如夏至必居於六月之二十一日冬至必居於十二月之二十一日計四年僅閏一日中國則五年有閏月二似於官祿民租皆有未甚便者在也

稽古學

泰西稽古一學乃即昔人遺跡以考其時之風俗體制如中國以鑒別鐘鼎石鼓等類爲博古是也前時稽古之士惟考希臘與諸羅馬近則人皆殫力竭思以廣稽各國洪荒之世如猶太地之西南有古時以色列民出伊及所經之紅海近有法人掘獲舊約書中所載昔法老苦役以色列民所築蘭塞一邑之舊基其間之斷石殘磚猶刻有法老名字依稀可辨自中朝道光年間舊羅馬地方立有一稽古公會既而各國諸城多倣行之

者其會每歲定期羣集某處或數十人或數百人不等至時中推數人將其處某某往古遺跡皆爲文句讀俾人聽纔乃結伴分覓樂而忘疲是學之益一以使已之識見日有加增一以使古跡流傳不至泯滅

風俗學

風俗一學乃近泰西格致家所草創原以備徵諸荒島窮邊其間土人更無文字書契莫識其始者皆可即其風俗而較定其源流也此學起於好游之人或傳教之士深入荒島遠至窮邊見有人民衣食皆異兼之言語難通無緣諮訪似此日記既富要皆返國印售格致家取而爲之互參愼選勒部成書皆各即其婚食喪祭諱算起居以測定其或爲今盛於昔或爲昔盛於今如算十爲盈數人所習知乃竟有以七或五與六爲盈數者然皆宜究其前人有以十爲盈數否也近英人曾伯格與戴樂耳皆喜查訪此學大著聲稱

西學畧述卷八

經濟

富國

當中朝乾隆年間英人斯米得爲蘇格蘭地方書院中之性理教習著有一書內專詳論富國之本甚爲時人所稱許蓋昔人論富國之原或言多聚貨財或言廣闢土地而斯公概以爲非而惟以民勤工作爲富國之本其言曰國俗尙勤復多機巧凡有礙於商賈之政國家皆爲剷削無遺如是必器物堅好貿易流通將不求富而自富也又言富亦非多金銀之謂凡人生之不可缺

者若能民皆家給戶足是卽富國凡君相率宜聽民自謀生財之道莫爲遏止而國家利在通商切不可禁閉口岸以自囿倘違以上諸言則其國所受之損恐非鮮淺

租賦

國用之出由於租賦而其要端有六皆爲君相者所宜留心也一國用分民貧富取之於民民宜欣供而不怨民財要皆賴保於國國宜竭力而無疑二應徵租賦之數責完租賦之時概有定章俾民遵守不可月更歲改以致紛紜三責納租賦宜擇農隙隨到隨收銀錢兩便四富國富民最患中飽報官輸庫經費宜少五租稅之公宜先除其本後乃計其所得之利百分中定取幾分六國用惟倚租賦恐有不足別自立稅徵商亦無不可然以合於輿情使民由之而不知之方爲貴也再凡民日用不可缺之貨宜少徵稅如麥如鹽非民日用不可缺之貨宜多徵稅如烟如酒

英徵麥稅始末

昔年英國諸麥皆嚴禁出口恐民食之不足也不禁進口謂可以平麥價也嗣後民間機杼日盛百貨興隆工匠諸人均獲大利而麥價如常農多失望相與羣訴於

議政院請嚴禁他國麥艘進口庶俾英農自擅其利惟時議政院允如所請出示禁麥進口考三百年前英議政院有人言英地麥價昂貴而利則多見奪於販麥之商爰擬章程諸城人皆自食其地所產之麥凡未給與准其販麥執照者皆不許運出所居城之四境後又爲麥酌定一極昂之價倘倘未逾此價額則概不許由他國來之麥艘入口迨中朝道光十年議政院又以麥價必俟逾此額所傷實多爰定入口麥稅十九等每麥一石價値銀十兩以下例皆稅銀四兩麥價遞增稅銀遞減若迨每麥一石價値銀十八兩時則例僅稅銀五錢

今則糧商運貨進英口岸無論米麥更無納稅之說是蓋始於中朝道光之二十六年也

英徵百貨稅則

當中國前明末時英之國用不足議政院建言徵收本境所釀棃麥蘋果諸酒稅民多不悅意謂此皆土產又屬本境自釀非運自他境者比今乃一體徵稅是國家顯視已國之民與鄰國民等而議政院則有人謂凡自他國運載進口之酒例皆徵稅而本境民所自釀者卽不徵稅亦必不自少減其價其酒既與進口者同價則稅宜與進口者同徵否則恐業免徵於民之他稅乃緣

國用不足勢必復徵民仍不得沾國實惠又有人言本國徵稅於釀酒等處如使吏往徵則恐吏懼有損於國將禁其業主更用新法而大有害於業主也迨中朝道光年間始除免糖與玻璃胰皂甎瓦等稅所徵者惟造麥酒之料并燒酒與紙而已後又擬定無論何人欲販烟酒等類計有二十種皆須預行報明請有執照方許開設每年按其生意贏絀分別徵稅

富民

生民致富其術有四一曰分工作各執一藝心意精專積久生巧時省工倍二曰裕資本資本既裕傭人自多如是則不難分工執藝兼創應用新巧機器器盡工精而貨價反廉於舊其售必速傭人執器既利貨必易成貨成愈多傭值必倍貨售既速傭人愈多三曰廣貿易遠近貨物有無易通如英國較寒不宜釀造葡萄酒故皆購運於法及西班亞等國而棉布惟英之工精價廉他國人皆樂於購取四曰運貨宜速運費宜省運速費省貨值必平商易出售民易收買商民皆利國亦易饒如中國北京民皆以煤代薪而煤價昂貴眞可號爲烏金其弊卽由如三枚錢之實煤須七枚錢之運費

國債

當中國南宋之寶佑五年意大利地方之據有威尼斯城之某統領緣構兵希臘國用不足因創設銀局貸銀於民押付執照照內註明每銀百兩按年付息銀四兩其執照兼聽原主轉售此泰西國貸民債付息之始惟時出貸國債之諸富民公立一官銀號通行銀票有携輕之便無平兌之煩有益無礙商民賴之此官銀號立逾六百餘載直至中國嘉慶二年威尼斯國爲法人所滅始行閉歇若英國官設銀局創始於中朝康熙之三十三年亦緣國用不足稅弊百端惟時國貸民銀四百八十萬兩每百兩按年付息八兩局費每年一萬二千

兩亦由國家措付官銀號備辦銀票公出公入盛行至今

錢制

上古聚貨爲市以有易無金銀銅皆爲貨一體交易更無等差中古始次其貴賤別爲三品又嫌有輕重眞僞之煩爰分鑄製爲錢專備交易各國錢體多圓面印圖樣并或載明鑄成之年皆須自官例禁私鑄凡持錢買物價值大者以金論次者以銀論末者以銅論若價值極鉅則論以金銀等票計自中國前明時泰西人民多赴南北亞美利加二洲開採金銀逐年運回歐洲至中

朝道咸年間復覔獲美國金山及奧洲新地其間金礦尤旺歐洲亦因之而金愈多然此上下三百年而歐洲金銀價值終未見有甚廉之時者何耶蓋緣金銀既富貿易愈充業大費多理無足怪

河防

防河之道宜先卽河之上游旁鑿湖池以資蓄洩而殺其勢如瑞士國南皆重岡複嶺河水下流異常迅速而從無淹没之患者乃緣有五六大湖分列於岡嶺東西與北若中國長江上下之有洞庭鄱陽等湖爲之蓄洩此治河者所宜師也計法有七八皆專卽旁開湖池以

備水之蓄洩立論最爲擅名於世至於建築河堤固宜堅厚以備河流衝突而堤上尤宜使人通行無礙兼備木樁薪葦及防堵塞水孔料物凡相築歲常漫溢之河堤其術大抵有二一逼近河身興築計至水漲及極高度亦不能逾而止是乃河岸面狹脚堅處宜築之堤也一遠離河身興築以少洩河陡漲猛觸之勢是乃河岸面濶脚鬆處宜築之堤也有治水責者尙愼卽此二者而變通以行之可也計泰西諸國其築堤防河之術首以德法和蘭三國爲至善近則美國人之治其米西西比河也其河道之折曲者數處皆深通掘其底使歸於直兩岸夾築堅堤俾束河身使窄河流自疾以較前此治河諸法尤善是以其國人咸謂以此法治河實爲得要然考二十年前英人治大奴比河口亦以此法

海防

濱海崖石其屬於華剛等類者質性皆堅然海潮時至巨浪排衝其崖石亦不免日有損剝是宜外以堅石築壁壁下別砌一狀若一靴之曲堤而計其長逾其高四十倍似此堤頂尤宜鋪以堅石兼開有通水之溝以資捍禦至若一秒時行迨七丈與踊逾高磯計上至十五丈之巨濤則其來水之多力之猛皆非人之所能測度猶幸凡有此巨濤之處其沿岸上下崖石質皆堅實至於岸根石脚恒苦於退浪剝削護此之道宜測其間水

力大小重築一與下灘漫接之臥堤可免此患假使濱海崖石鬆脆則別有衛之之法在若濱海爲土亦可護以土堤斜正狹濶一皆相勢興築

法國經濟始末

當中朝康熙初年法之戸部大臣哥羅伯耳有富國以貿易爲本之論故其爲政首重保安本國諸商嗣有醫員該斯奈覩其國之民生窮困賦稅無常也爰論著一書諷諸當道欲使永除內地省界之徵且聽穀麥販行本國各地而勿禁迨其歿後數年法大臣都耳哥竟除內地省界稅額并罷禁穀麥販行本國各地之條考該

公所著書內要皆不外乎墾土爲生財之本而以商人經營自肥無益於國又分國之人民列爲三類一莊頭并治田傭人所以耕收穀麥二地主三工匠及諸僕夫之屬所食穀麥皆出於莊頭及諸治田傭人如果地闢農勤即地徵租國用自足時法衆皆是其論故有履勘地畝之事今詳該公意在重農輕商欲富其民而先忽除貨物出入口岸之利柄其失顯然易見迨中朝嘉慶時法人賽者彌本英人斯米得所著之書言貿易隨時盈縮之故其論一暢而該氏之學中衰

意國經濟始末

考意大利人當中朝康雍之際其以經濟素裕自命者所論皆同於法郎中一人名曰非利常論米蘭一城計曾屬西班亞轄理者二百年惟時市井率多凋弊蓋緣西班亞人立法未善而條例多偏也嗣非公自著一書內極言穀麥販行各地不稅之便嗣有名法斯哥者著有一書以究論如何可免國有乞丐後又有加拉角利著書言西西利一島昔素號稱腴壤當羅馬立國時此島固有羅馬老倉之目今所出竟不敷本地之民食也何故欲救其敝宜以除穀麥販行本境各地之禁爲首至於并准載運出口與否是在執政諸人隨時酌辦若

近日意人覺亞則言國家宜修治路途以便行旅分立法司以省訟費創建大公書院多集書史縱人入覽勿禁以及博物植醫諸學皆須加意整頓嘉惠學者

築路

昔羅馬人所築之路及今越二千年尚有數處如常完好通行無礙則當時工作之堅美可知茲考其路率鋪以石相接處無論圓方多皆恰合無縫間有微縫則塡以灰石而下又先以碎石及缺甎破瓦諸物築入地內爲基路皆中高人行於上而車馬則皆旁行於下至今泰西諸國所築之路率多平直皆約高出於兩旁平地

其路每計至十丈面斜足尺卽可備諸雨水下流若十丈之路而斜面已至三十五尺者尙無礙於車馬通行過此則多有不宜者矣此路下皆平鋪碎石爲基乃復以人力敲擊俾無重及六兩之石塊排覆於上一任車壓馬踏中微高而旁皆漸下以便雨水流赴於溝大凡其路之兩旁皆有通溝故也

船制

昔希臘羅馬之人創製舟艦率皆兩旁置槳蕩運當中國前明法與西班牙之船尙有以槳蕩運者如隆慶時威尼斯與土耳其搆兵其戰艦皆以槳蕩運萬曆之際

英國共計有蓬行戰艦四十二隻嗣而英法和蘭三國皆搜覓新法改製戰艦更相誇耀每值有爭戰凡遇掠獲敵人巧式船隻卽行運回本國轉俾工匠使之依式做製迨中朝乾隆末年英京倫敦立有製船新論公會其會例如有能獨運巧思著一製船新論而微妙高出於衆者則酬以獎賞若干嗣此船制之精日勝一日及至咸豐末年倫敦又創設一會凡善論重學及製船法者均多喜入此會而每歲擇其論之尤善者發印出售惟時又有瑞典人扎波瞞著一製船新論大獲聲譽

火車鐵路

凡營造火車鐵路較馬車路所費實多緣地面高下不一有須繞行之處而火車迅速勢難旁轉故必剏高塡下穴山橋溝以及建駐火車公所之處卽其中之穴山一役尤非易易如勢不獲已必先遣素善地學之人往察其間之石層何若泉脈何若然後量山計工刻日興作而穴道中常苦黑暗與濕故又必向上多穿露天直穴取明通風然終於傳達電線多有阻礙是以遇高不至八丈之山則穴之不若分之之爲便也當其開鑿之際凡所應運塡山外凹處之砂石如其程遠僅十丈運以步車遠逾十丈運以馬車遠逾一里則將備修火車

路之鐵軌條暫假旁置以引運之凡砂石經人開鑿運塡他處其體加漲約較大於其原體四分之一而新路之上下兩旁務宜多開洩水之溝最爲緊要考泰西鐵軌一法創始於中朝康熙年間以木爲胎上直鋪釘平厚鐵片而方向無定人多患其不便後乃改爲近日所用車輪旁倚鐵軌法

戶口

昔羅馬稽民戶口之法例使其人詳書已之年歲外并其妻子奴僕之名及各若干歲財產計有多寡皆登列織細無遺末作誓言以爲無欺之據倘後查獲其中有

藏匿隱瞞之實則盡沒其所有仍笞其人而官賣之爲奴其立法若是之酷乃緣國家皆憑其人自書者徵稅故也至於近日英國稽民戶口之法每一戶付與戶口單一紙亦例使其人詳書如上戶口以百分計合英境之六十一大城中當中朝嘉慶時其閤居民計約有百分中之二十四分至咸豐年間則其閤居民已計約有百分中之三十五分也兹將英民册內之數匀分有二一勞力而得食者一不勞力而得食者其勞力而得食者又中分爲二一則如儒如醫如商如兵一則別分五類每類人數皆在百萬上下一僕婢二織工三衣匠四

農夫五治田雜作傭人無分男女如工之一道宜男爲者一千零五十七種宜女爲者七百四十六種泰西之法各國皆至十年即合計民數多寡登册而如上考較一次也

西學畧述卷九

工藝

繪事

泰西繪事始於伊及當中國商朝之時伊及人皆盛尚繪事凡房壁石棺以及刀剖蒲片莫不繪諸動植之物燦然可觀如欲繪一壁必先塗以石灰石膏副方膠和諸色繪畫以免脫落迨中國春秋末時希臘人之以繪事擅名者尤多惟時始獲悉畫之有明暗陰陽故凡所畫無論鬼神男女其彩色皆視若高凸於紙之上至宋元之際意大利人乃改以油代膠即其中有一人名曰

拉發夜繪事精妙冠絕古今所畫則率多新舊二約書中故事如繪諸獲善報之人使人望而生羨心也又爲人傳眞其神貌無一不逼肖者加以佈景超妙位置適宜諸名畫家無出其右今其遺法已徧行歐洲之各國矣

雕刻石像

考以石雕刻人物諸像其初蓋始於摶蠟及或以石膏或以土泥摶作人像入火煉之俾堅如石昔羅馬國俗概喜以蠟肖其若祖若父之像列奉於中庭然時伊及國人率以牛魚等物爲神已先有以石雕成之諸像多

極精妙至若希臘國俗敬信鬼神而以爲鬼神形狀要皆與人無二故競覓美石即中國之號爲漢白玉者雕諸神像奉以祠宇一若印度人民之以土塑佛與諸菩薩而嚴奉之也近泰西諸國刻像之石皆以意大利之加拉拉地方所產爲最美而像則以希臘人所雕者爲極佳按今泰西各國其博物院中諸石像無不推古希臘人所雕爲第一若希臘人非底亞斯其靈心妙手今古無匹尤喜以石雕諸鬼神之像見者立生敬畏莫不肅然惜其著名遺刻今皆蕩無存者惟英國博物院中僅有古亞典城之巴底嫩大女神廟壁所嵌石平面上

諸像實爲非公手雕今詳察所雕其人之五官四肢凸凹長短巨細等處皆與生人無毫髮異則非公之揣摩精到概可想見

營建宮室

歐洲諸國上下數千年以來營建宮室其制歷代皆多更易古人穴居於山僅避風雨嗣乃漸刻穴之兩旁石壁作諸人物形狀以美觀瞻繼之又久人民才識愈益開充始則土階茅茨旣而畫棟雕梁考昔希臘人以石製宮室其間要皆多列石柱多鏤花紋故時營建宮室之匠即此鏤穿石柱之人營建宮室法通於算而幾何原本點線三角方圓諸形之學創自希臘是以營建宮室之善亦首推希臘也近泰西諸國營建宮室其制半遵希臘羅馬遺法門戶層層其上或平或圓以象洞頂半遵當中國趙宋時所建耶穌會堂遺法則其上撮以象林頭昔當耶穌未降生以前有羅馬人威得路斐善論營建宮室制度今其遺書十卷人猶遵守奉若指南

作畫要訣

當中國前明正統年間有意大利國數人創著作畫之書內言作畫其要須先悉光算二學庶免差誤凡畫作向平面於若紙若壁之上欲使其遠近高下秩然不紊

人物位置各得其宜者務先求明光學家所言諸物面點皆有光射作直線入人目中與算學家言諸物直射光線皆末合尖角來入人目同理如人目見一樹乃此樹自本至末間杈縱橫其面點皆如其形射作光錐來入人目若有二人并立而視所見物同而物之光錐來入人目者更無一同也如人居暗室試於壁上向外透穿一孔窺諸壁外之物復於己目與壁孔之間隔一玻璃片而以所見壁外諸物一一皆描畫於此玻璃片上如能吹取無差可明諸物面點皆如其形作光錐來入人目之理是亦皆本於算詳列如左

一凡人視物其上下兩端中間之角大小率由該物離人近遠之度近則視大遠則視小

一凡視物愈斜則其間之角愈小愈正則其間之角愈大

一凡作畫人如欲其間諸物之近遠斜正皆得其當宜合上二則方位推硏精詳方無錯誤此論與中國之工筆界畫一法最近而寫意一法卽括於中神而明之是在學者

鐫金

舊約出伊及記第二十八章內有鑄兼金爲屬以鐫印

法鐫字於上等語觀此則當中國商朝太庚之時歐亞二洲界相毗連處已有鐫金之說觀此則知彼等能鐫字於兼金其法爲得自伊及更無疑義且昔伊及送亡多有以鐫字之兼金器物并殮入石棺者若希臘人則以鏤畫地圖於黃銅板上爲其鐫金之始而印度人買賣地土所鐫之契亦以黃銅今英京尚藏有當中國西漢時印度人買賣地土一黃銅契也迨中國宋元之際凡歐洲諸國大會堂內遇葬一生前名望素著之人例卽將其遺容與其事跡畧述并深鐫於一黃銅板上以防踐滅旣而當棺平嵌地面至前明成化間泰西始創印書籍而鐫金之法一變爰皆反鐫以便刷印

創雕木板印諸花樣

當中國前明初雕木板印之法始西流傳歐洲諸國惟時之法國君主首創一玩具若中國葉子戲雕木板印以備娛樂其間色狀有二一爲象諸物形一爲數目號誌其數目號誌者名號誌葉計共四付此戲未久卽大行於歐洲全土蓋緣傳印旣速爲價甚廉之故也嗣而多有依新約書中之諸故事雕板傳印懸作畫圖今歐洲板印之畫其最古者爲中國前明永樂時板印耶穌幼僕人負渡河一圖原爲黏飾書帙內面用者考泰西

諸國當創雕木板印諸書籍時其間多雜印有圖畫未幾活字板興其始以筆畫著名者見雕木板印所出無窮遂亦投筆捉刀尤易精妙因而歐洲板印之藝益隆如近諸新聞紙內多間有畫圖在

雕蝕鋼石

鋼板或雕以刀或蝕以藥其法一皆如銅鋼質堅較勝於銅故板印率多出千百紙而後弊凡擬刀刻則宜取用柔質之鋼俟成可別以法使其加堅蝕玻璃法先向玻璃一面徧塗以蠟後於蠟上以針挖刺作諸花樣惟時將硫磺强水傾於其上復取紫石英精所成之强水

散斟花樣間越二時許傾去并蠟刮盡別拭以松香油則其上之花煥然呈露若鐫刻寶石花樣有凸有凹在昔希臘羅馬希伯來諸國盛時其鐫刻寶石花樣多凹緣時富人愛以之餙衣或指上兼作印記用也其石如紅砂青碧紫寶石黑瑪瑙皆是或以鋼製刀錐等器刻之或以鋼末夾有金鋼石諸器刻之而金鋼石末尤宜以油蘸塗刀口爲助刻寶石之用近則創機狀若旋床橫施刻刀以石附近爲工甚速其刻刀形式不一任人臨時酌用之也至若諸石凸刻花樣泰西古今人皆重之如今奧京非也那與法京巴黎斯二城之博物院中

所存二千年前之凸花石玩甚多考古人愛以凸花石玩餙酒盃今意大利人則以紅質白章之凸花石玩爲最貴

創雕金質板印諸花樣

歐洲雕銅板印之法約創興於中國前明正統景泰時或云始於德邦或云始於意大利國均無確據惟時金工坊內有刀鏤銀板即其凹處均塡以白銀與鉛製成之黑色料物使其色可有明暗之別似此刀鏤銀板工匠多先屢以柔土和水摶泥擇塡入銀板凹處內俟燥取下以便詳察美惡繼復鎔化硫磺傾於此泥模面既而上復加燈煤與油以辨其明與暗要皆何若後有意大利人始創上加水濕之紙木杖滾壓以取圖樣法也當正統年間德人始有以黑色料物塡入銅板凹處印畫之事時或有德人越入意大利國境內授以此法今英京倫敦博物院中收貯德意及他諸國之銅板所印圖畫極其繁富

銅板增妙

當中國前明中葉之際德人都雷精於繪畫以至刻石雕銅皆能創發前人所未發至於取用化學家藥以助剝蝕銅面一法實肇自都公故其雕銅尤擅今古妙手

和蘭人亦多精此藝其間著名人林伯蘭得素長於油畫每出一紙人爭購之嗣而改秉鐵筆雕銅板印亦復異常生動至若英國雕銅板印始於中之清初然猶須向鄰國聘請工匠至乾隆時英人始能自行捉刀而多喜雕作山水等狀不數年習此之人藝益精進堪與鄰國并駕齊驅如和加耳得傷國人之相尙以奢也因自作畫多張盡情描寫有倫有次手鐫於銅板上印售諷世其間人物神彩無不生動人競珍之

製石印法

石印法惟先以油質物勾畫石面嗣取化學諸藥重行

點染非如木銅鋼諸板之須雕鐫也故取印木板墨塗於凸取印銅鋼諸板墨填於凹至若石印墨則平塗而石印之石計諸國所產以德產之內有灰質者爲佳似此內有灰質石板皆約厚二三寸許其石面有磨使正平者有篩沙於上治使稍粗者如界劃之畫宜藉正平石面印寫意之畫則藉稍粗石面印也凡石印之畫筆料物有白粉石有蠟有胰子有牛油有二種樹汁一名拴拉哥一名馬斯底又有油灰和成其色以上諸物并入一器中覆蓋嚴密向火熬勻傾於筆形模內待涼收用若擬向稍粗石面上作畫卽先以此筆佈就亦有以

此諸料物製墨挺形用時研末蘸以毛筆畫者皆嗣取次等硝强水復加水和傾於石面是與反酸物合而不消化於水中繼又以水和亞拉伯樹所出之膠汁傾向石面迨傾去時石面之畫雖滌以水不少漫滅蓋緣白粉石能不消化於水中故也印時先以水潤石面而畫處間有油質者則仍燥如舊當以墨杖向石面滾壓之際惟畫處有墨而四下水潤處更無少墨乃以水濕一紙平鋪於上移入壓畫之夾卽成一畫如是滾墨鋪紙壓印百千無窮

樂論

樂本於器器之音生於顫泰西常有人將沙勻佈於諸玻璃片上而以機搖諸玻璃片使之顫動有聲則見其上之沙皆走聚成各類等勢形式此可徵明人之耳聞目覩皆有相關之處是以言語韻分高下而成詩音節聲有短長而成樂樂之品二一屬器奏一屬人謌二者相逐而發方致洋洋盈耳之美盛且天下之感人性情易人思慮皆莫樂若者如輓謌聞而樂者悲金鼓震而懦者壯也然與風俗亦有相關相囿之習此國人聞彼國樂則不若聞此國樂之易感也遠甚在泰西諸國其樂之最易感人者要以追隨國主頌祝之樂爲首

樂考

樂之始不可得考而知乃昔羅馬著名善詩之人盧革來底言人聞鳥之和鳴而效之是卽謌吟之始而農夫聞風過蘆叢自成天籟爰截作管吹以象之是卽笛簫之始若羅馬之俄非德則言上古山林有一女神化身爲蘆藉風而吟聞者莫不流連乃相與截取此蘆製爲樂器按舊約書載有亞當七世孫猶八實爲鼓琴品簫者祖若希臘人則言樂始於伊及按摩西出伊及記內有先知婦亞倫姊米哩暗手執鼗等語凡樂約有二類一以敬神一以娛賓然古人樂謌人衆音一至中國趙

宋時而高下四等相合之音譜始定是古人知一音合之佳至後人知四音合之佳也鼓風琴者亦遵此理按諸牙牌擇合四音以成樂泰西樂器首重風琴與非約林緣風琴乃合高下諸音樂器之主非約林爲孤音樂器之君也

聖樂

凡聖樂有詞義明暢宜作於會堂中而俾衆人合唱者有曲調彌高如意大利國所創之俄拉多畧是須謹擇數善音家合唱者當中國前明中葉有意國弗羅連城人非力乃利見羅馬人民皆崇尚聖樂也因籌得一策

廣聘善詩善樂諸名家分括新舊二約書中故事製諸樂調其間有只一人獨唱者有以二人作一唱一和者有三人輪唱或四人高下其音一時合唱者如三友慰約百耶穌降生皆其樂目繼復以重幣招徠善音與善樂器諸人集於會堂按日喧奏惟時人皆爭把金錢賣座入聽未幾此風徧於歐洲嗣而多另創建樂園備聚多人列聽聖樂計其中著名之德人韓德勒後又有海敦與摩雜得以及門得孫三人皆錚錚有聲者

演劇

演劇排場分有二類一爲一人登臺獨吟詩一爲數人登臺連吟詩也而數人登臺連吟之排場在泰西諸國規矩又各不同如意大利人名此曰俄貝拉當演時人皆衣飾種種登場吟詩樂音間作節其高下三者相輔而行各有意旨緣飾能動目樂可悅耳詩足警心合而出之感人爲易此乃當中國前明萬曆年間創自該國之弗羅連城推原其始亦由古希臘國之詞曲中得來者也繼而漸次徧於歐洲迨中朝康熙間此戲始傳至英京倫敦時德京亦盛興此戲計其善製此戲詩人約十餘輩近歐洲演俄貝拉諸人分有二派一各國土人自習出演一特聘意大利人出演如果有才技出衆者

則無論籍屬何國皆不數年即可致富

氣機

二百年前有英人曾藉風氣壓力創製氣機其法乃將一中空筒置於有水釜上舉火於下使釜中水漸化爲氣而中空筒內有一活塞此活塞上爲風氣壓緊四周更無微孔容風氣入乃活塞上加有數寸水故也活塞上復連於一橫杆之左端而該杆中托於倚點上右端下則別連一立杆其立杆下連有重物其重數多寡一以堪拽上左端之活塞爲準當活塞拽上之時即啟機俾下釜中水氣升入空筒復即轉機將冷水由水孔轉

入筒內水氣立復下化爲水其上遺空處風氣極少活塞亦卽爲上風氣壓下時橫杆右端處之立杆下鈎有一盛水器卽隨立杆而起其高起尺寸一準活塞之壓下度數惟時卽將水氣所化之水復由出水孔轉出嗣有一司機小兒嫌此三孔之機啟閉猶須多費人心力也因見上橫杆時時起落無爽爰思得一藉上橫杆力外加小杆二一立一橫使能自行啟閉之法後瓦得乃因舊法創新式使水氣別化水於一櫃內乃轉冷水入櫃而不入筒也此櫃受納水氣與中空筒之受納水氣時同筒櫃互相連屬故筒中水氣化水亦與櫃中之水

氣化水同時也如此庶筒中無冷熱或偏之弊則水氣化水必速氣機亦必得多數倍力之益也筒上復加有一蓋其立杆孔穿處以膏調亂麻盛一盒內置近此立杆處備阻水氣使不得出而活塞上別有通入水氣孔可代風氣將活塞壓下活塞上連之橫杆遇需工多時可使加長酌添立杆二十三十不等每一立杆司一工藝各不相混斯皆猶百年前之舊式而今增之新式益復多多矣

棉布

上古希臘人名希羅多都者曾言印度有樹能自生毯土人採取紡織成布製衣等事嗣其法漸流佈傳至伊及迨中國趙宋時意大利人多與印度人貿易相通故其國亦悉採棉紡織諸工作然此藝原創自印度而所成之布仍推印度爲精緻焉其時又有回人種棉於西班亞地方機杼亦盛惟所成之布極麤僅堪備船之篷帆用也後和比二國得此工藝於意而英又得此工藝於和比二國之人至是紡織漸盛幾徧歐洲迨中朝乾隆年間有英人亞革雷創一新式紡器以數橫杖往來平滚嗣又有人改爲自行機法以紡線擶杆八枚繼加至八十枚今則或多至六百枚與一千枚均無不可行

列架上機動自旋只一小兒女旁司續諸斷線之事後人增添器機愈加靈妙至嘉慶初年英人加得雷德始創製有以機代工織布之器自此器出每價值一錢銀之棉可成價值二錢銀之布若非以機代工布價何能如是廉也

麻布

上古時伊及國人死例以細麻布裹尸埋葬近人往往有掘獲於古墓中者見其布裹層層依然完好迨行開視尸初亦似未朽肢體備具而轉瞬間卽化爲灰考當中國宋仁宗時今屬於英之愛爾蘭島其人民俗亦尚

織細麻布迨中朝雍正年間英始創有以機代工織細麻布之器惟時漂白布法亦較勝前人細麻布英語名曰利年而同時英吉利與蘇格蘭二地人民亦大興織用利年布泰西治麻之法不以水漚一可免抛棄物料一可免臭氣迫人也今英之利茲城織細麻布機器局設有多處大者一房計周廣十二畝以五十柱分擎房頂上洞開六十六天窗似此機房多以婦女司其機事至於以麻織線法不同於棉毯與絲須先濕以水若濕以熱水則得線愈細今凡篷帆帳幔棹單夏衣多藉賴此利年布而製就之也

綢緞

當中國春秋末希臘人常市絲於亞洲國歸以織綢蓋惟時巴西國王與其貴宦富商身皆衣綢希臘人見而欣羨故師其法而欲效服之也按巴西開國之初爲姬周景王之世而巴西東界葱嶺較近中國貨物易通是織綢一法乃已由東傳入西國當李唐世有自希臘來中國傳景教人歸述中國有養蠶治絲之事於其君茹斯底年後即承其君命復來中國購覓蠶種盛以竹筒携回希京埋向糞堆中迨蠶出時飼以桑葉選拔希之織工聰俊者教以繅絲織綢諸法嗣越六百年始有意大利人得繅絲織綢諸法於希臘未幾復傳至西班亞及法國今泰西綢緞首以法人所織爲最善若以絲織爲絨則較諸綢緞價昂數倍亦有以絲與羊毯合織者惟起花作縐諸錦紗今泰西所出尚有數種未及中國精妙

織呢

織毯爲衣其風最古至以板壓毯成氈在昔人亦應知此法蓋昔人未製有紡具時乃以手挼成線其疏毯則以大薊花頭代梳凡無棉與蠶桑之國莫不剝皮織毯爲衣蔽體古希臘羅馬時男女率皆衣絨均取給於其

家中婦女之手後和比二國人民學織爲呢創運出售而西班亞亦同時競尚此技既而若意若法皆有以織呢爲業者迨中國趙宋時和比二國河決爲患有業織呢之人播遷至英英嘉其藝爰復遣人赴和比地方訪聘呢工數人來英開織閔元與明呢出愈倍考呢須經三十二道手而始成今英呢成於人工者少大半皆由於機器也亂毯初運至織房時人即其粗細爲之詳分品第率十餘等要以西班亞所產爲極細而以英屬之一地方所產者爲極粗今計英一國每年約出銀三千萬兩購毯一萬五千萬斤織呢出售可得價銀九千萬

兩呢工人數約在三十三萬人上下

鎔鐵

當中國魏晉禪代之際英地尙屬羅馬時有開掘鐵鑛之事嗣而再舉無聞直至趙宋朝英地人民始復有開鑛取鐵以鋼製諸刀劍及人馬被服之甲胄等具每值征伐一武職即有一鐵匠隨從專司整治攻戰器械惟時所建鎔鐵之爐有高至六丈者其法以鐵鑛與灰石及水火炭併納入於一爐灰石有制鐵鑛速鎔之能力其鐵鑛內之硫磺砒石諸雜質於未入爐之前皆先以之入窰火迫使去而爐外鼓風助火宜機器不宜水輪

緣有時掘地求水得否竟難預定而機器需水無多可免機駐風停之患然機中活塞起落亦時恐有停阻致鼓入之風不恒於是爐口處別以土石砌一空中圓柱形之理風室當風來入時縮力甚緊旣歸此理風室內立可散漲如常庶使入此爐鼓火之風有恒無變又有一省煤法先使風氣熱至三百度則爐中火力冬夏如一前法鼓冷風入爐計以八頓煤方鎔成一頓鐵此法鼓熱風入爐計鎔成一頓鐵并先使風熱所用僅只須煤五頓餘也再風如熱至極度自能藉生煤鎔鐵更無須借助於水火炭凡氣機之鼓風筒其至大者寬一丈二尺每一點鐘時燒煤一頓再當鐵初鎔時其由水火炭所得炭質多少不等傾模鑄器是謂生鐵若復以法將其中炭質并養氣提淨是謂熟鐵製成鐵條凡擬將之作杆作絲作釘作片等件均就壓機依法壓成無不如意

黃銅

紅銅合於倭鉛即成黃銅當古羅馬時人尙未知鍊取倭鉛法惟以炭與紅銅并倭鉛鑛（西語名加拉珉）合入一爐時倭鉛鑛所出之倭鉛自與紅銅合而成黃銅也其法先以大塊紅銅鎔汁傾於水中散凝如綠黃豆粒等形嗣

取倭鉛鑛即倭炭强鹽擊碎合藥入火燒鍊待其質失殆將及半則凡此鑛內之水氣與炭强氣畧已鍊淨乃以前鎔汁傾水之碎紅銅四十五斤炭末并倭炭强鹽末各六十斤攙入分傾盛於八瓦器中別加碎黃銅片四十斤復鎔傾入一石器內俾成扁式長五尺半計可得黃銅一百零八斤而其他靑白諸色之銅亦如是法鎔傾入於一鐵模內惟準所合入之紅銅多寡成此諸色近則不復用倭鉛鑛而取用倭鉛其製合黃銅斤兩鎔汁傾水之碎紅銅五十五斤碎黃銅片五十一斤倭鉛二十四斤分入四瓦罐內鍊之以火計四斤可得淨

黃銅二斤八兩

金線

凡製金線均先以一扁銀條鎚擊使長嗣裹以金置炭火中加熱抽牽迨細如毫髮時將之排纏於絲線上即成金線其製銀裹金加熱抽牽諸法初惟購一銀餅以白色炭火鎔化傾入鐵模或紅銅模內俾成一扁條長二尺寬二寸繼復向火炙至紅熱度擊之以鎚待百分加長二十分時則逐穿向一鋼板諸孔內均以氣機抽之使過此鋼板上有十孔或十二孔不等要皆大小遞降迨銀條逐次穿抽已徧漸自潤減長加後乃拭淨裹

以金頁其金頁之大小厚薄相若而裹數多寡即後所成金線貴賤之品第泰西諸國武員及豪富人衣上盤餙之金線其初銀條皆牽滾裹金頁有三十層之多至運赴印度及中國各口出售者其初銀條滾裹金頁不過僅及十層而已當銀條滾裹金頁畢時包以紙縛以繩置向炭堆火心處迨紙繩皆焚條金均將紅熱即以血石排磨以去微孔風氣且俾金頁銀條愈緊貼合至冷塗以蜂蠟再向板孔穿牽其板昔惟以鋼製計銀每兩可牽長至三百丈今間有易以穿孔之紅寶石者則每兩銀竟可牽至三四里長而細逾毛髮矣雖其細已甚而以重十二兩之物平加於此懸空一如毛金絲上仍無損斷之虞也

葡萄酒

歐洲凡居近地中海之諸國人民率多以釀製葡萄酒爲業如法人釀製紅酒最爲美善其法當葡萄收熟候聚集多人去其枝蒂擇美滿者別置諸大桶內每計堆高至十五寸即澆入燒酒二加倫如是迭堆迭澆迨盈桶時復以燒酒四加倫加澆於上凡澆加燒酒與燒酒精之多寡概視其歲收之葡萄美惡爲準如所收惡劣則燒酒與燒酒精皆宜加多庶可使之高發起沫若

其歲葡萄不甘即加以糖繼乃嚴密封蓋勿俾少透風氣計每桶可得葡萄酒三十頓或三十六頓不等然須待至逾月先以銅機一付置近桶旁由上下計至三分之二處穴視沫已起足與否如沫足酒涼且清則即將之分傾入小桶內惟時復收取葡萄則無論美惡并其枝蒂和入酒渣如常命工踏之以脚亦別分置諸桶內至倘距桶口一尺處即止以備流溢上覆以蓋聽其自發起沫凡葡萄之蒂皮與子時皆浮上名曰酒帽每日二次察視待至八日或十二日酒只一涼立即分傾於小桶內若少緩則酒帽與酒底處之惡味必將雜入少

早則沫未全發必轉壞於小桶內也當此酒傾入小桶例僅使及小桶三分之二或四分之三即止再取上所言加有燒酒并燒酒精者和入斟滿重行封固復待逾十八月方可向小桶旁鑿孔抽嘗飲畢即嚴塞之

玻璃

當中國夏朝時伊及人例以麻布裹尸埋葬近時有人掘獲展布閱視間見近尸處有藍色玻璃片兼有裹諸雜色玻璃珠者迨後漢之際玻璃皆製出於亞利散太城而其法漸傳於意大利於法於西班亞諸國至前明中葉英國人民漸次尚製玻璃屆中朝康熙年而大盛

按以火石砂與反酸物合即成玻璃凡玻璃之美惡概準其中反酸物之精粗火石砂以散鋪海灘不少雜有他質物者爲上近日英產不敷於用更向奥大利亞地方採取連船載運回英反酸物則以木灰精與炭合之强鹽爲最製玻璃法以極細膠泥製燒成罐計高三尺中盛料物一頓下炙以火待逾兩晝夜足二十四時熱力已極罐中物料盡融成汁將其上浮穢物去淨若以製器要不外於吹冶鑄三法如製一盛香水瓶則以長鐵管由彼一端探入泥罐旁孔內少蘸物料汁出於一鐵板上輾轉捲起別以鐵物少壓象頸挿入鐵模人向管之此一端力吹使之漲滿其內空由於吹力而外狀原本於鐵模也嗣而機動模開鐵管振脫而缾形已具旁復有一人即將此瓶仍以一熱鐵杖挑起向其口頸少復磨治而一瓶告成計其始終亦不過僅費半分時耳

刊印書籍

當中國元世祖時有威尼斯城商人波羅來華後返國時帶有板印朱字鈔票數紙而傳說其印之法後越百年乃有人依式倣製是歐洲肇有印板之始初印有葉子戲并下跋有數語之諸圖畫如取新舊約書中故

事作畫而下註數語刊板印傳也未幾而以金質物鑄成之活字盛行是葢德國之古典伯與富斯德二人所創製計至前明弘治年間泰西各國大小城內其以活字印書者共二百餘處初活字皆諸印書人自鑄嗣乃別有專鑄活字之工近復出有製印書板之新法乃造諸多鋼梃每梃端反刻一陽文字於上以法使鋼加堅立排於一紅銅板上擊印使下俾銅板面陰字顯然是謂字模嗣即將此字模入一夾內其夾外木內鋼頂有一孔乃鎔金質物汁由此孔傾入計每一點鐘可得活字五百至其排印別納入印書架壓夾內今昔概不同

法考前明時壓夾皆以螺螄釘旋壓今多改以機旋中空鐵杖來往夾上以壓之沓計今旋杖壓法每一點鐘可印獲萬餘紙外此叉有一牌印法乃歛諸活字一一列排於一牌上别以石膏鎔汁傾向牌面待冷取下再鎔金質物汁傾此石膏字板之上即可得一金質字板

按上所言之金質物卽鉛三合安底摩尼一

鐘表

古人量測晝夜短長晝看日晷夜觀星月後刻漏出則十二時皆準之而定自中國趙宋末時意大利地方始有人創製自鳴鐘以代刻漏至元朝混一之初英德和

蘭諸國皆出有製自鳴鐘之人而全機運動均屬於其中一式近天平上横杆之動機并鋸齒等輪迨前明末有英人遵前意大利人加利畧所言之法始創加一擺於自鳴鐘內專司俾其中全機運動之用嗣乃有人以鋼盤條代擺改製而爲時辰表昔船行者測日月星之高下以定南北度數而常苦東西之度數無法測知迨製有表出而行船始有所恃而英之四境皆濱於海尤以善諸船事爲急務故中朝道光時英君主逐年設立賞格俾製有新式時辰表者皆可呈上船政局俾正其製之善否惟時局員將諸表一一排列日行測對閱時

及久未推一差分秒最微少者俾之領此賞項凡行船每攜有二表或四表共置一匣時久度差則以兩兩較得之均勻數爲正按今瑞士國地方諸製表處率多以婦女司工貨平價廉至英京倫敦所製之表極其精美歐洲無出其右計製一時辰表須經百人手方告成就

煤氣鐙

凡燃鐙於通衢僻巷之間所以防傾跌便行人也考自希臘羅馬以來燃鐙概不出於以柴把及油蠟等物迨中朝乾隆時法人始創以空中圓鐙炷插入一銅管內其妙在於火燄上下皆可通風未幾有一英人更創一

火燃煤氣爲鐙之法施用於其家中及寫字公所內至嘉慶年間復究獲引使煤氣歷石灰水池可除其中雜有之輕氣與硫磺諸氣未幾英京倫敦城人民首先倣用嗣而徧行泰西諸國按製煤氣鐙法或以鐵或以不畏火燒之膠泥製空中箱七八枚計各長七尺五寸濶一尺六寸內高一尺每箱受煤一百二十斤分排置於一大煤火壚上燒取煤氣當煤氣出箱順煤氣總管歷石灰水池迨其中雜諸穢氣淨後始入蓄煤氣室內分通旁各小管達諸衢巷與官民房室火燃爲鐙至盛於箱內之煤燒取煤氣後所餘者卽爲水火炭是則半已

助下爐火燒去尙餘之半則可出售於製鐵之諸工匠也

西學畧述卷十

游覽

航海遺聞

昔伊及王尼哥曾遣人駛船由紅海南繞行亞非利加一洲全土中途行糧垂盡爰登岸種藝幸地暖易生易熟迨收後始復啟行故越三年該船始逾大西洋入地中海回至本國告其王曰我輩繞行此洲時有見日經行正值船右之處卽是可爲此船人曾至赤道以南之證

希臘王亞利散大旣併有巴西國進兵抵印度時先分人乘船順河出沿海濱駛回巴比倫繼而亞王自以二千艘載軍順河抵入海口處復率以登岸由陸馳回巴比倫其先所分乘船而回之人著有日記流傳至今內有沿海駛船之際見日經行正當船頂大可駭異并沿海人畜皆以水族爲糧等語

始亞王攻取巴西追其國王竟抵葱嶺西之巴革底與大宛等國遂至印度時其軍中有專司日記軍行里數并軍過處之地勢民風頗爲詳盡此希臘人至葱嶺以西諸國與印度地之始考其時乃在中國漢武帝命張騫出使西域之百九十餘年前

多祿某書

當中國西漢桓帝時有伊及國之亞利散太城人多祿某所著地理書內有論及中國地勢民風之處其言則多得自來亞細亞東境販諸綢緞返逾葱嶺貿易者之口再其時羅馬富人皆爭出貲招購遠方珍奇之物相與矜誇是以歐洲商船多由紅海或波斯海灣駛往印度東西海口并南洋之越南等處販運中華印度貨物歸售規取厚利似此船商遇至亞利散太城時多公必過訪勤問俾罄言其所聞所見爰作海濱圖誌均頗詳確如言某一人駕船由恒河沿海抵亞細亞南之加底

加拉海口考加底似卽中國漢之交趾郡加拉或時印度呼城字之土音也至於多公所言印度洋南有一海濱自亞非利加而東至亞細亞南畧轉偏北卽抵交趾實大錯誤蓋緣其時商船僅沿海投埠不能曠駛海面故也

回人肇紀來華

當李唐宣宗暨僖宗之世有二亞拉伯人一名瓦合白一名亞不賽得前後由波斯海灣航海來華皆著有日記如亞公日記內言來華抵干富城見其水陸輻輳貿易流通四外流寓之人甚夥當該城爲敵人攻陷時其間亞拉伯猶太巴西耶穌教四項人衆已死及十二萬之多昔泰西人著記中華風物之書計自東漢下迨元代除多祿某書外惟此亞公日記頗稱詳盡干富城有言卽今之廣州者有言卽今杭州之澉浦鎮者

波羅來華紀游

當元世祖朝有意大利之威尼斯城商人波羅同其一弟携諸寶石先駕船至希臘京都由黑海行抵俄羅斯境界口岸捨舟登陸至弗羅加河邊城內售於元成吉思罕所分封嗣王處獲利甚厚嗣偕其弟又沿行裏海北濱至薄哈拉地方習土耳其人語時遇成吉思罕孫

波斯王胡拉古有遣赴上都奉書於世祖之使波羅兄弟乃與使偕行至元二年抵上都入覲世祖頗蒙優待後世祖命其兄弟回國往見羅馬教皇請巧匠百人偕來上都以便使國人習其技藝波羅與弟於至元六年始返至故鄉計其離家出游十九年矣有波羅去後遺生一子名曰馬哥始識若父與若叔父焉惟時教皇告殂請匠一舉祇可暫爲罷論波羅乃復與弟并子馬哥遵路東回至元十二年三人偕抵上都入見世祖覆命時世祖極賞識馬哥聰俊後卽常俾銜命出使江南北及印度等處地方迨擬嬪主於波斯王時擇奉主同行

之臣馬哥與其父若叔實皆厠選中爰由閩之泉州登舟駛越印度抵波斯海灣聞波斯王已薨復得世祖凶問馬哥乃與其父叔定議辭主西歸故土元貞元年始抵威尼斯城馬哥生平游歷著有成書初出時人爭購牽以先覩爲快故其書譯有法德意三國之言語文字以便歐洲人披閱今猶有多人稱道之者

歐人西覔新地

歐洲諸國往來貿易於印度常苦阻有紅海岸之陸地多費周折也緣思必有他向水程可直達印度而無礙迨中國前明宏治五年有意大利人哥倫布獲西班亞

君贈以小板船三隻之助向西駛游先得至西印度羣島後六年復駛船游抵南亞美利加地方時有英船已前其一年至北亞美利加矣又三載葡萄亞人覔有伯拉西勒之地嗣而今墨西哥并秘魯二國地亦爲西班亞人覔獲時此二國地方之土人亦具有文字條教兼能械鬬惟無火器遂爲西班亞人所制伏嗣又有法君所遣派船隻沿北亞美利加洲邊境查視計濱海周共二千餘里繪圖覆命爰擇加那達地方之老倫斯河口立埠經商惟時凡附近墨西哥與秘魯南北濱海處多爲西班亞人攘歸已有也

游覔直北來華水程

考葡萄亞人抵印度後未幾卽得通至中國口岸惟時歐洲諸人知哥倫布直西逾大西洋而得至亞美利加地也葡萄亞人復直東繞亞非利加南而得至印度也爰意若有人駕舟西北行繞亞美利加之北或東北行繞亞細亞之北必可覔獲竟抵印度及中國之水程緣此當三百年前英京富商時時遣使駛船游覔計前後六十年凡所沿行濱海之處集繪成圖航海一學雖日精進如北地所產之獸皮魚油等貨皆緣此通盛而北抵印度及中國之水程終未覔獲迨中朝嘉慶末英君

主復遣使西北游覔數載空勞往返後至道光二十五年英又遣弗蘭革林向西北游覔乃往而不返音問杳然繼英美二國皆數遣人航海跟尋先皆莫得所在後乃覔獲其已死之遺跡此遣尋弗蘭革林之人竟可爲覔獲西北行抵中國之水程者也其東北行抵中國之水程直至光緒七年始爲瑞典人所覔獲

古革東游

英人古革生於中朝之雍正六年初爲煤船副常載煤來往倫敦地方出售嗣而改助駕駛戰船迨乾隆二十四年得升戰船船主之職乃將其四年奉察北亞美

利加之海濱海面繪著圖說一時戰商諸船皆奉如繩墨後英之執政知其善測算察辨之學也命攜善天文學人赴太平洋測金星過日之事兼諭以事後即可放船南行游覓近南極之新地故古革駕船駛逾東洋羣島轉而南行得覓獲紐西蘭島越時六月始得沿行島濱一周按此島當一百三十年前有和蘭人得至其地歸以告人皆以是必一大洲之肢角時古革復轉船北駛抵奥大利亞海濱沿行六千里後至葛留巴島旁岸修船始復駛行歸英覆命計其出游已四閱寒暑矣逾年古革復率二艘東駛抵太平洋將多類堪爲人用之

牲畜散放於諸島間嗣乃北行待至亞美利加西之北經緯六十五度處轉而東駛以游覓直達大西洋之水程當其北行經見散多威知羣島嗣沿海濱至貝令海峽處測知亞細亞與亞美利加二洲相離水程僅一百二十里復少轉東北行前遇氷阻乃返至散多威知羣島少住不意該島土人肆暴而古革竟爲所戕惜哉後經其副率船回英備言古革慘死狀君主震悼爰命每歲撥銀若干圓以恤其妻子焉

歐人游覓亞非利加全境

當中國前明初葡萄亞君主之諸子有名顯理者其所受封居之府第南濱於海與亞非利加洲相密邇時顯理更無他好惟以分遣人衆駕船游覓亞非利加洲之境地爲務逐年漸次南駛久而彌勤計顯理創行此舉四十餘年迨其歿時所遣人衆已南抵僅離赤道八度之處至成化年間葡萄亞人始得抵亞非利加盡南土角處宏治十一年復由亞非利加南駛至印度時亞非利加之東偏濱海凡舊爲回人立埠通商之處自赤道南二十三度有奇地方北轉抵紅海俱爲葡萄亞人所行遍至該洲內地自中朝乾隆年間始有歐人漸次深入游覓爰有即此著名數人相繼而起如由該洲西濱

海中間當赤道北四度處入海之奈遮河爲英人巴革所覓獲迨咸豐末年有名利逢斯敦者往南亞非利加東西游覓得知有大湖二後又有斯畢革并哥蘭以及貝格三人分覓獲非洲內地之三大湖也

西學圖説一卷

〔清〕王韜輯撰

《西學圖説》一卷，清王韜輯撰。王韜（一八二八—一八九七），字紫詮，號仲弢、弢園老民，江蘇新陽（今屬昆山）人。近代啓蒙思想家、翻譯家。曾任職於上海墨海書館，參與編輯《六合叢談》，翻譯多種西學著作，後於香港創辦《循環日報》。撰有《弢園文録》等。此書爲王韜晚年自刊《弢園西學輯存六種》之一。書中繪有圖三十一幅，圖文相配以講述天文學、物理學知識，包括太陽説、地球赤道圖説、行星環繞太陽圖説、行星續説、五星説、水星、金星、火星、木星、土星、天王星、星氣説、行星圖二説、歲差圖説、空氣説、聲學淺説、光動圖説、曲線圖説諸篇。是書前身爲《光學圖説》，《弢園著述總目》稱「西士艾約瑟原譯，長洲王韜重編，嗣後屢加增輯，卷帙遂嬴於舊……前繪十圖，皆言光動之理，而於論説製造各鏡尤詳」。較之《光學圖説》，是書已大幅擴充，除保留光動十圖与望遠鏡相關内容外，以光學和天文觀測爲中心，擴展至天體運動、空氣及其對光線與聲音之影響等。據中國國家圖書館藏清光緒十六年（一八九〇）淞北寄廬排印本影印。

西學圖說

榮棣拜題

天南遯叟
手校刊行

西學圖說

長洲 王韜 紫詮輯撰

太陽說

日月星辰皆麗於天自人觀之雖見其時起時落而不知所處實有一定其中有互爲轉移者論其體日大而月小星則有大有小其動者爲行星吾人觀定星而行星之經道始明卽如月亦行星之一晝夜行於天周流無定今見其近於此度明又見其近於彼度其行也不特與星同旋并能直經於天然月之行與諸星之行道相反人見月較諸星之行稍遲今見與此星並行忽又見其在後假使人每夜細觀月之行法至一月而知其歷遍諸星矣故晦與朔月之位向無殊（因此故名爲一月）其法一定初無錯亂至於日之行不特與星同旋亦與星相反吾人不能細見其行法者因日之光熾周天之星皆隱而不見故人不能如

月之見其轉移須以別法推之吾人常謂星之一周晝夜約十二時實則止十一時四刻五十六分日則歷晝夜十二時爲一周星之行故每日較日少四分假如今夜見此星沒於子正至明夜則少四分後夜則少八分矣（以此推之可以積算）若使日與星相並而行可以同出而同沒因日之歷時較星爲長故卽星而觀知日之退行與月同且常考星之出沒也有一定假如出於東者吾人不易所居常見其自東而升雖時有四季而其出沒之方未常少異日則不然其出與沒及行至天心時有變遷惟變遷之中恒有定向中國在赤道之北吾人所謂夏者因日在赤道北晝則不止六時且行於天頂陽光正射故熱至冬則行於赤道之南自出至沒不及六時行亦不至於天頂其光斜照故短而冷

地球赤道圖說

地球赤道圖

赤道分地球爲南北南北爲時不同彼晝短則此長彼寒則此熱比如春分時日出於丙沒於丁行於地之赤道是時晝夜平分後則漸出於東北沒於西北至夏至則出於乙沒於甲（自丙至乙計時爲一季乙至甲爲度遠故晝長）後又漸退至丙沒於丁是爲秋分（計時亦一季）蓋春分至秋分自丙至乙復自乙至丙適時半年此半年中日常在赤道北漸覺晝長而熱秋分後漸見其出於丙之南沒於丁之南至冬至則出於戊沒於巳（計時亦一季）行於赤道之南其相去赤道與丙至乙同後又漸退至丙（計時亦一季）復爲春分其周行之有度所以定四時別寒暑而一歲乃成日之運旋非環行於列星之上不過其體自爲轉移計二十五日七時爲一週何以知其故因日中有黑斑見其繞至原處卽知爲一週其黑斑在日中時或見多時

或見少究未知爲何物昔侯失勒曾用大千里鏡觀之云日之明也其周圍之光氣爲之光氣下有雲一層受此光返照於地球有時二層俱裂則見黑斑中之深黑者日體也四邊淡黑者雲也使地球上無日之光人不能生果穀草木亦不長海中之水亦不能變質蓋海爲鹹水日可吸取其鹹者成雨而爲淡且無日之熱風亦不生

行星環繞太陽圖說

太陽者諸行星之心也曷謂諸行星之心太陽居中不動其外辰星繞之又其外太白繞之又其外地球繞之又其外熒惑繞之又其外穀女武女天后火女等十四小星繞之又其外歲星繞之又其外塡星繞之又其外天王繞之又其外海王繞之故曰太陽爲諸行星之心地球亦繞太陽乎曰然然則太陽及周天之星每日東出西沒者何也曰此地球本體之動也地球有

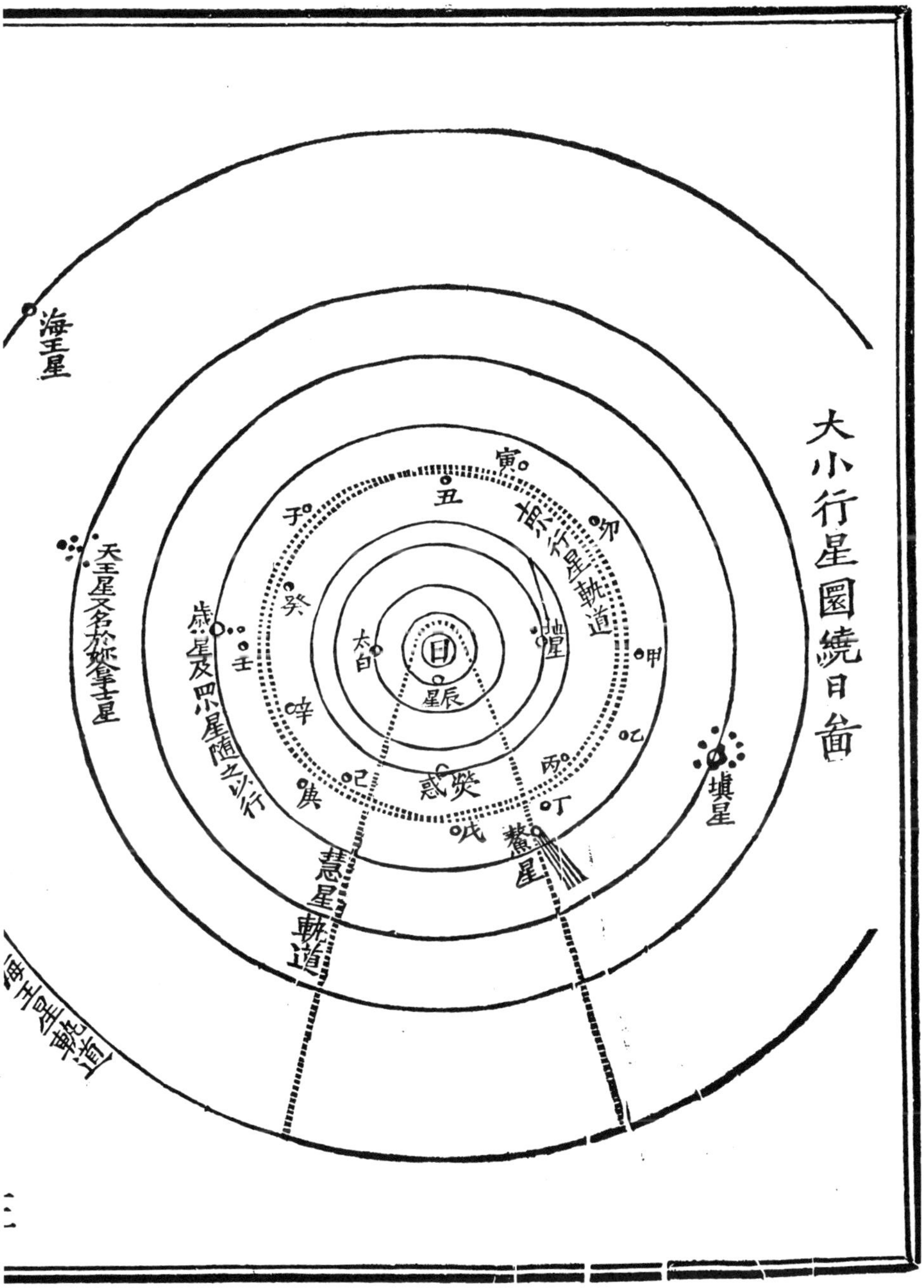
大小行星圖繞日面
海王星
海王星軌道
天王星又名於媬拏士星
歲星及四小星隨之以行
填星
小行星軌道
慧星軌道
彗星
熒惑
太白
辰星
日
子
丑
寅
卯
甲
乙
丙
丁
戊
己
庚
辛
壬
癸

繞日之動有本體旋轉之動繞日之動所以成寒暑本體旋轉之動所以成晝夜有證乎曰有古人謂熒惑歲星塡星皆有歲輪歲輪之大小與日天等所謂日天者卽地球繞日之軌道也而歲輪則地球離星遠近之迹也使早知地球繞日則無歲輪之說矣今之歷家以遠鏡測外行星春夜窺之略大而速者秋夜窺之必略小而遲秋夜窺之略大者春夜窺之必略小此第一證也以遠鏡測內行二星有晦朔弦望且近地球則大遠地球則小此又一證也以遠鏡窺恒星因地球行速而成視差此第二證也諸行星有本體之動乎曰有西國以遠鏡測諸行星見其有高低形迹因得見其有轉動也此理自哥白尼發之三百年來泰西諸國信而不疑蓋至眞至確故久而益明也中土未明厤法之士聞之或有驚且駭者亦未深思之耳

行星續說

星之繁雖不可窮而自恒星外其周太陽之各行星則有可計焉居中爲日周日第一道曰水星其廣大較地八分之一凡八十八日限周日一轉第二道曰金星其廣大約與地均凡二百二十五日限周日一轉第三道曰地球即人所居者是凡三百六十五日二時七刻零周日一轉南北極樞紐不離其處而東西則每一晝夜一易轉有一太陰旋繞即月也因是而有月道朔望晦明上下弦焉第四道曰火星較地畧小凡六百八十七日限周日一轉第五道曰花女星凡一千一百九十三日限周日一轉第六道曰火女即陸星凡一千三百二十五日限周日一轉第七道曰虹女星凡一千三百四十二日限周日一轉第八道曰海女星凡一千三百四十六日限周日一轉第九道曰酒女星凡一千三百八十日限周日一轉第十道曰義女星凡一千五百十一日限周日一轉第十一道曰天后即巧星凡一

千五百九十四日限周日一轉第十二道曰穀女即威星凡一千六百八十二日限周日一轉第十三道曰武女即焰星凡一千六百八十七日限周日一轉自五道至此凡九星較水星更小古人未嘗尋見今西國天文士用大千里鏡窺其形多稜角雖各異其道而有相交之際或曩爲一星而分裂之未可知也第十四道曰木星廣大百倍於地凡四千三百三日限周日一轉有四太陰旋繞第十五道曰土星即鉛星較金星畧小其象與衆星殊外有長圓光圈如帶然凡一萬零七百五十九日限周日一轉有八太陰旋繞第十六道曰天星又較小於土星凡三萬零六百八十七日限周日一轉有六太陰旋繞第十七道曰海王星亦是近時測得者較天星畧小而大於地數十倍凡六萬零一百二十七日限周日一轉曾於初次測見之時已見一太陰旋轉然細思此星離日已遠又大於地球必非一太陰

所能偏照必再以大遠鏡諦觀然後悉其底蘊也若彗星圈道長圓竟天其遼遠難以蠡定有時見其光下垂者人謂之尾云夫諸行星皆隨日旋轉或遲或速而日亦二十五晝夜零爲之一轉果誰繫之而誰運之者哉蓋必有主宰綱維之者在也仰以觀於天文能不憬然以深思哉

五星說

行星有七曰水星金星地球火星木星土星天王星行於地球之內層者爲水星與金星其餘五星在地球圈線之外遠近不一吾人細觀行星知其非常在舊處時有變遷吾人定不能見行星與日相對比如早上日在東則不能見其在西晚時日在西則不能見其在東考諸圖卽可知行星之環行於日上猶月之常從於地球也

五星繞日圖

水星

水星在行星中與日最近其體之直徑長九千里其行於地球也離日有一萬萬里八十七日爲一週其自爲旋轉也一週爲十二時其體上有空氣與否則無所證據受日之熱較地球多七倍倘使造物主布置水星時與地球同法則水星中之水必盡變爲氣其熱必較地球爲更甚乃造物主實有全能之法使之不變譬諸人至海底則不生而海中實有千萬生物在焉豈非位置使然哉水星近於日其光面有時不與地球對故地球上人不多見時或見者於日未出之前與日既没之後而已日没後見者其光搖動而色自此時有晦色朦朧光故似乎幽暗有時逕過日與地球之間人見之似有黑點在日上也

金星

金星直徑有二萬三千一百里其行於日上二百二十四日爲

一週離日之遠約二萬二里其自爲旋轉也一週約十一時半星上之日稍短於地球上之日吾人見此星在行星中除月外惟此爲最明故雖於晝時日光甚熾而有時亦能見之爲此星四周有光故知有空中氣在焉以千里鏡觀之遙見星體有痕跡其面時有黑點星上之山較地球上之山高數倍有高三十里者有高六十里者金星之經於日與地球之間不多見前在西國紀元一千七百六十九年後此則在紀元一千八百七十四年知天文者常細勘經過之行度即知諸行星及地球離日之路若干吾人見此星似在日之西比日先出即名旦星或在日之東較日稍後即名黃昏星非地球之半年亦非金星之半

金星變形圖

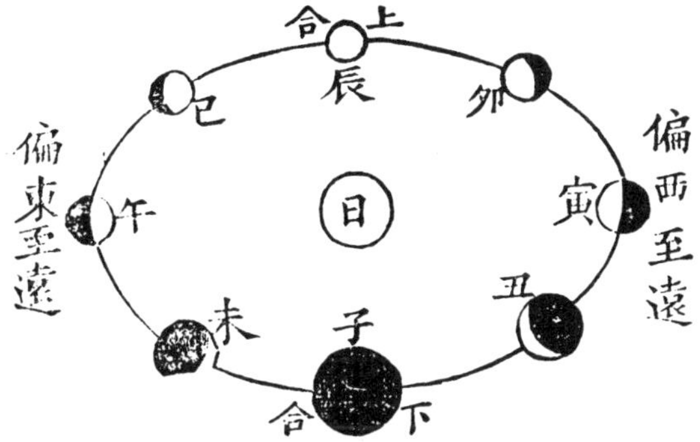

年因輪轉二百九十日爲星亦輪轉二百九十日爲黃昏星何也金星之行與地球同路也吾人在地球因與彼同路故不見其行之速若地球靜而不動則此金星半日爲旦星半日爲黃昏星矣金星又名太白星以千里鏡窺之其形與月之朔望上下弦相同蓋金星繞日而行在黃道之內線有時見其面有時見其側與背故亦如月之有晦望焉因其亦借光於日故其體半明半暗從圖之下而斜觀之其形隨時如此

火星

在地球軌道之外其體之直徑一萬二千里較地球之直徑約僅一半其圜行於日近于六百八十七日爲一週於地球上計時將近二年其自體之旋轉一週得十二時四十分離日之遠有四萬五千萬里故半時中能行一百餘萬里此星上之晝夜與地球上相似因其離日如此之遠故所受光與熱較地球止

有半耳此星上無月金星與水星上亦無月卽有之吾人亦無從測見也此星之光似紅而色蒙故見之卽知爲火星以千里鏡觀之甚奇面上有無數黑點有空中氣至大至厚何以知之假使吾人見一定星不甚光明者因火星徑過於定星之前時有空中氣蔽之故不能了了如行與定星正對則定星不見矣此行星時見爲大時見爲小者何也因有時近于地球一萬五千萬里有時遠地球七萬萬里故也火星上人見地球之輪轉與地球上人見金星之輪轉或爲早星或爲黄昏星亦如是耳

木星

木星乃行星最大者星體直徑有二十七萬里較地球大一千二百倍其行於日外十二年始一週離日遠十五萬萬里除金星外最明亮者莫如此星日之光與熱至彼較地球小二十五倍星面有環帶或大或小時不一定時有八九帶徑過其面時

爲平直然倏失勒曾以遠鏡觀之帶不常爲平直而時有灣曲知天文者亦不一其說或云爲雲裂或云星上有火時爲遮變此中定非無故惟世人不能細知耳此星上有四月吾人可親見者惟二此四月常從木星行猶月與地球然四月之行亦不一或一日九時爲一週或三日六時半爲一週或七日零一時半爲一週或十六日零八時爲一週行至星之影上卽爲月蝕博學者見木星上之月蝕可細論其光行之速爲何如也倘吾人於木星至近之時見月蝕較諸至遠時速十六分以是知此光經於地球四圍之直徑適時爲十六分因日在直徑之中光至地球適得其半爲時八分蓋日遠地球二萬八千五百萬里日光一杪能行六十萬里故計時八分卽至地球也

土星

土星行於日外三十年爲一週遠日二十七萬一千八百萬里其體直徑長二十三萬里其自爲旋轉約六時十三分爲一週較地球大九百倍因離日遠故其光與熱小地球九十倍星上有八月其行也至速者一日一週遲者約八十日土星與他星異星外有圈以千里鏡觀之亦至大至光者圈係實物猶星然圈有二層內色昏黑星與圈約遠九萬里二圈之相去約六萬里內亦有黑色圈與星常行於日上其圈之厚據侯失勒云約有六百里至八百里者此圈於星上一週約五時二十五分不但自爲運旋亦從此星同行其圈如此之大究何所用議者論說紛紜莫衷一是知天文者想此圈得日之光可廻照於星故此星雖離日甚遠得此囘光之照亦不甚冷此星之行於日上半爲日照其半則日不及也故三十年一週十五年爲昏暗十

土星光環

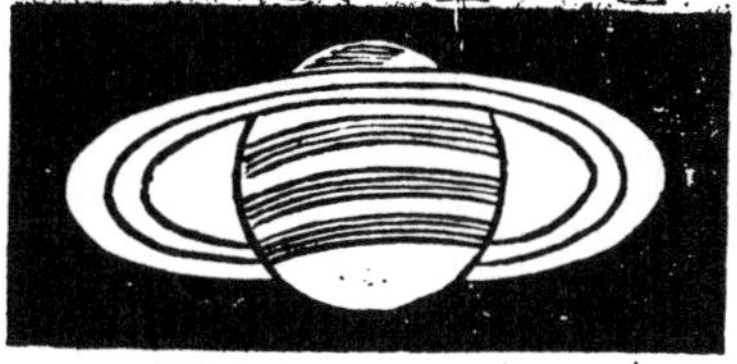

五年爲光明猶地球之南北極處六閱月爲夜六閱月爲晝也

天王星

木星與土星之行於日上時稍有差昔人見之卽知其外之有星攝動也侯失勒於紀元一千七百八十一年三月十三日夜間得見此星其星較土星又遠於日五百五十萬萬里其自爲旋轉約八十四年爲一週其上有六月隨之以俱行星體之直徑約十一萬里大於地球八十倍日之光與熱至此較地球小三百七十倍然博學者推算此星之光約可抵望日之月二百四十八倍齊放光明遍燭大千世界由此觀之日光之大能普照萬方也固如是哉

星氣說

太虛無盡界無盡界中有無盡星氣何謂星氣聚萬萬星于一處遠望之蓬蓬勃勃如一點白氣中法星圖中傳說積尸氣之

類皆是也而萬萬星卽萬萬太陽每一太陽想亦有數地球環繞之天河亦星氣本地球上所見太陽及諸恒星皆天河中之星也太陽爲本地球所環繞之最近故視之最大諸恒星皆太陽四面相近之星故視之歷歷可數漸遠則諸星相去漸狹亦漸糢糊而成天河白氣一道若在他星氣中望之則太陽及諸恒星皆在天河中而成一點白氣矣天河形長而有兩歧太陽在近分歧處

行星圖二說

西國天文士分諸行星爲三類曰內類曰中類曰外類內類者水金地火四星其體在大小之間其質甚重其形扁圓地面赤道綫與繞日綫相離度分不小惟地有一月餘俱無中類十四小行星卽圖上甲乙丙十干及子丑寅卯是也其體甚小其質甚輕其軌道十四互相交錯相距角不小與黃道所成之角亦

甚大俱無月外類木土天王海王四星其體甚大其質較內類略麤疏較中類略堅緻其形更扁南北徑較內類更短于赤道徑俱有多月繞之其本體之赤道與各月之軌道平行復有光帶形跡亦平行于赤道其赤道黃道距角甚小

歲差圖說

歲差之故中法謂黃道西移古西法謂恒星東行而皆非也康熙時英國天文士奈端始明其理蓋歲差之源生於地動地動之理有七一歲繞日一周其軌道即黃道也動一一日自轉一周其腰帶即赤道也動二赤極帶動赤道繞行于黃極二萬五千八百六十八年而一周動三繞黃極之圈上又有小撱圓赤極又行于小撱圓之邊十九年而一周動四太陽挈地球及諸行星以繞行于昴宿之大星一千八百二十萬年而一周動五太陽吸引地球半年之間日日有差至最高最卑而復名曰半

年差動六太陰吸引地球半月之間日有微差至朔望而復名曰半月差動七合七動觀之其赤極繞行于黃極平歲差所由生也其又繞行于小橢圓則定歲差也至半年半月二差雖于歲差無關然而測算之際必加減此二差始得眞歲差也此歲差之理也

以中土書證之道光時所測恒星表較之康熙時所測冬至後至夏至半周其星去極之度皆小于前蓋赤道半圈自南而北南緯增而北緯減故去極之度漸小也夏至後至冬至半周其星去極之度皆大于前蓋赤道半圈自北而南南緯減而北緯增故去極之度漸多也此一證也古測極星即不動處齊梁間祖暅測離不動處一度強宋熙寧時沈括所測離三度元至元中郭守敬所測離三度半使赤道不動何以赤極易地乎此二證也二十八宿離赤道度古今六測皆不同史册彰彰此三證

也然安知非恒星循黃道東行而必爲赤道西行乎曰凡行星東行必與太陽爲平面今恒星皆不與太陽爲平面凡行星高卑不同遲速亦異今恒星高卑各不同而遲速則一據此二者可定爲赤道西行而非恒星東行矣韜按日居於中地球環日而行月又繞地球而一周行年自正月朔至十二月晦所行之軌道稍有不及是生歲差積差一月則必置閏此古說之至淺而不可易者

歲差一圖

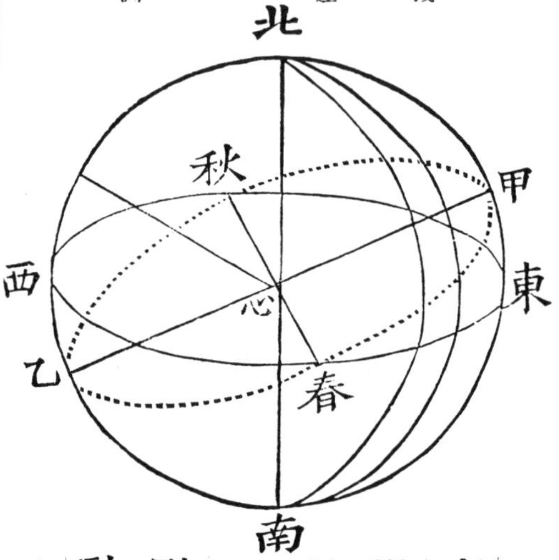

歲差一圖

東春西秋爲赤道面甲春乙秋爲黃道面甲春東爲黃赤交角太陰太陽吸引之力加于地球腰帶高處地球正圓腰帶半徑大于南北半徑二百餘里令東點漸近于甲點東春西面漸近于甲春乙面故春秋二點每歲退行五十秒四一又諸行星太陽與地球皆相吸引故

黃道亦動春秋二點每年東行一百分秒之三十一是為歲差減分

歲差二圖

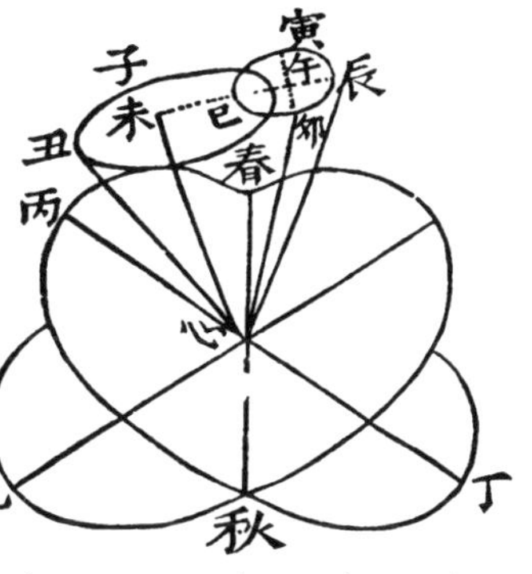

歲差二圖

未為黃極辰為北極北極行于小撱圓辰寅巳卯十九年一周而小撱圓心午點行于距等圈申丑子午二萬五千八百六十八年一周撱圓高半徑九秒二五卑半徑六秒八七

空氣說

空氣合養氣淡氣輕氣炭氣而成試以百分論淡氣約歸七十五分半養氣約歸二十三分二毫半炭氣輕氣約歸一分二毫半故淡氣之重而大較諸氣為甚然其氣亦有時變壞因其中或有穢氣雜之而人吸空中之氣於內亦常有變壞者因所吸

之養氣或入於血或出而變爲炭氣蓋人吸入者爲淸氣出者即爲濁氣假如多人處於一室中其呼出之氣充滿於中人易疾病炭氣多而養氣少也人於半時中能吸氣約二百四丈立方尺及氣之出則盡變爲壞氣空中氣亦因此而壞若使無法以處之恐人多受病而死幸賴海中之風將炭氣散盡并有日光及草木中常出之養氣以生人命空氣之環繞於地球外也如蛋白之包裹其黃即至高之山頂計之其相去猶高一百五十里其氣能滋長百物化生萬類人離此氣則不生物離此氣則不長其流行於諸空處如水之流下遇隙即入其氣不獨在諸生物中凡濕物中亦俱有之氣近地球其力更厚而大猶海底之水較海面爲厚耳試至於山頂漸高則氣漸薄至忙字浪山之巔（高九里）其氣之薄幾至人難吸取雖然氣離山之最高者一百五十里此猶約而言之人在氣球中業經試驗極高可升

至六十丈吾人見上之青氣爲天不知人若上升青氣漸無若至山頂一百五十里外則天爲昏暗其氣能常引濕氣於中濕氣過多則爲雨博學者業經推算若空中之濕氣齊降於地球爲雨不過八寸其氣之收攝濕氣熱時較寒時更多然時熱濕

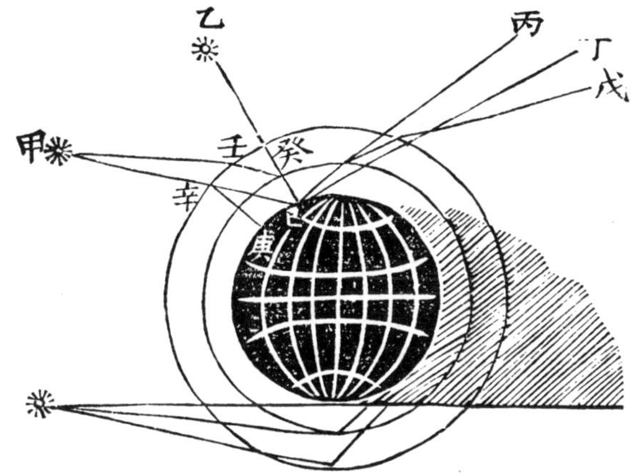

氣雖多不爲雨時寒則不然蓋寒風至則氣亦寒濕氣蒸爲雲雲即爲雨以寒暑針測之地球之面較山頂爲熱因愈高則愈冷故雲行至山下則漸消熱故也行至頂則成雨頂處冷也氣之圍繞於地球其用甚大（氣有二層外層氣薄內層氣厚）如無氣即無雲無雨無虹且不能使日光轉射而入如日在天心其光始能直射乃日在天之偏側其氣能使日光斜折而

入始入則少斜繼進則更折因第二層之氣較初層爲厚耳人接其光而所見一若無所偏側者故知在天之物比本體之所在恆高假如人在地球之己上日在甲人何以見之如在乙然因其光斜折故自在己之人若見爲直射者其實即此斜折之理其光之斜折也亦非一定日在朝暮其光更斜因近於天地交接之處其氣厚故在未出已沒之時亦能見者是其氣能引日光轉折而入也考諸圖自可細知其理比如人在己日在戊業已沒山不能見也因有轉照故與在丙同至初層氣漸折而進至二層則更折在己之人猶能見之故視日之出更見其早其沒更覺其晚且其氣不特可使日光之斜折并能散日光爲返照如無返照之理人僅能直視其物而横側處猶不及見今乃上下偏正無數諸星瞭如指掌者豈非返照之故歟

大凡有聲之器懸諸空中以物擊之其體若見爲戰動而耳中已聞其聲其聲何自而至蓋戰動時有空中之氣爲之引導耳若無空中氣其聲定無所聞設有一物形似小鐘其內具機鍵似表以匙開之其舌自爲擊動置諸抽風器內雖遠亦聞其聲如以器中之氣漸爲洩出則舌雖擊而鐘若無聲後復鼓之以氣其聲復得而聞如空中氣較平時爲厚則其聲更亮器內之之氣較外爲厚則聲亦更亮比如入水鐘沉於水內下面之水將氣上逼人雖輕語於中聞者不覺其細若同於尋常之語則覺其聲之喧闐矣氣厚故也假使人放鎗於山頂而下若無聞或兩人於山頂叙語稍離則其語難聞因山頂之氣較地爲薄以是知東擊而西應者空中氣之圜繞於人也雖然有響斯應者空中氣能引之而實體之物爲尤甚試以大木論兩端相去十丈我立於此端之前使人輕擊其彼端而寂然無聞若以耳

按於木則彼端之擊雖輕而其聲無不覺者有如聲出於地中地雖深而自能使之上達故火山欲裂之前其中先有聲響人尚未聞而犬馬之類先知以其耳近於地故也有美洲西境人以耳向地於人馬未至時先能預知乃地爲之引其聲也博學者推之知聲之行也一秒時能行一千二百三十七尺故聞其聲即能知其路之遠近譬之於雷自電閃時至雷發聲計幾秒即知雷之相去幾何如電閃後一秒雷聲即起知雷遠一千二百三十七尺二秒則倍之且實體物之引聲也較空中氣更遠設有中空之筒約長三千五百丈貼一鐵圈於其口圈內懸一小鐘人於一時中擊其鐘并擊其圈使一人於彼口聽之鐘之聲不若鐵圈之聲爲速因鐘懸於空圈則實貼於筒也蓋實體物之引聲較空中氣速十倍有半且聲之行也直如光然凡遇物之堅而光者聲即回猶谷聲之相應也或所遇之物崚嶒而

不平或柔軟而小者其聲即不能回人欲其聲之回也必直對之而其聲乃聞

第一圖

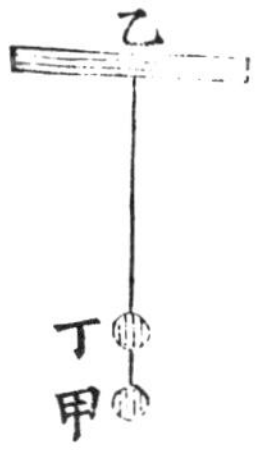

比如人在甲其聲至乙之光面及其聲之回人在丁與甲者俱聞之或其聲橫出者則可見第二圖

比如人在丙聲至甲因非逕直故聲不回其聲由甲

第二圖

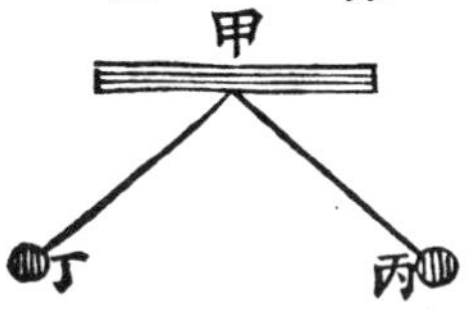

而回至丁蓋聲之所出與聲之所回其斜折之路同也以故聲之直至者其回也亦直聲之斜出者其聲必斜至彼面也

第三圖

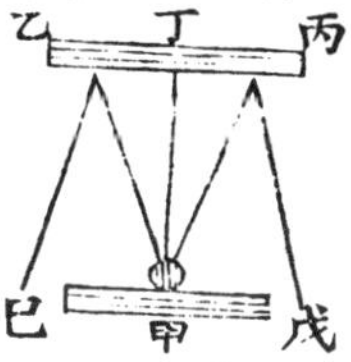

假使聲出於光面所至者亦光面其聲之應也不一有如聲自甲出至丁而復回於甲或聲由甲而至丙其回聲則至於戊乙與己亦同

第四圖

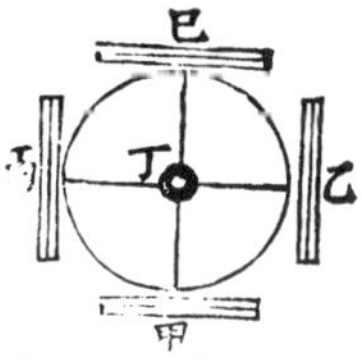

如人在圓圈內聲自丁出四面之回聲俱集於中故聲最響

第五圖

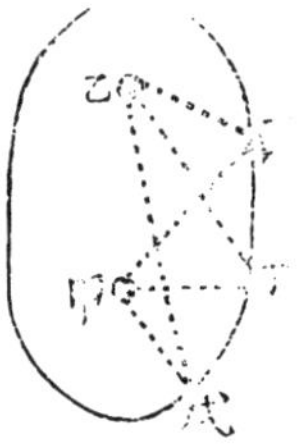

或有房如橢式聲出於甲或至丁或至戊遇光面聲俱回至乙比如甲上出三聲人在丙丁戊聞者僅各一聲如在乙則三聲俱聞因聲之回俱集於乙也面之光者回聲自遠如人立於兩岸其聲隔河可聞倘易以地同此遠近則無聞矣因水之面光也故砲發於海遠處俱聞如有浪起則聲不遠傳卽如歐羅巴與阿非利加交界處中間以海約三十里如風順而浪平則彼此之聲可聞洋鎗之聲可聞二十里如數鎗舉發則聲較遠紀元一千六百七十二年荷蘭在海角戰之時英國雖相距六百里其砲聲亦常聞之

光動圖說

新法論光自出光之處至受光之處自遠及近有行分名曰光動以木星證之如圖辛爲木星丁甲子爲木星月道巳壬庚戌爲地球道木星之月繞木星行至巳則木星上見日食至甲乙

光動證圖

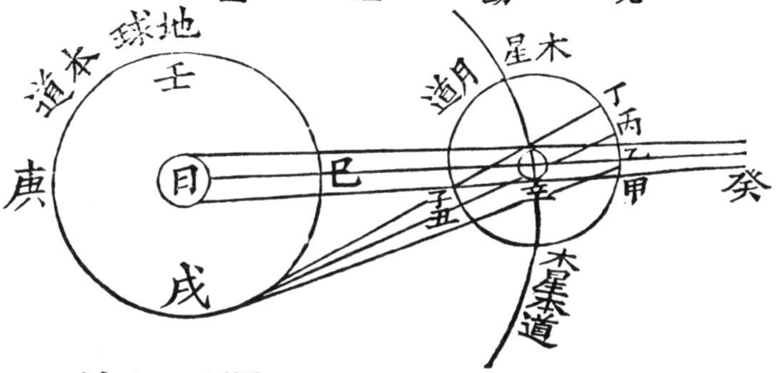

則月入木星之影無光而為月食至丑則地球上見木星中有黑點至丙則地球上見木星掩月地球在巳壬庚半周恒見木星之月出影在庚戌巳半周恒見入影兩出兩入之間為木星月一周時刻最近木星第一月一周恒為二十一時一刻十三分三十五秒而地球在庚時見出入影及有黑點與掩食恒遲十六分二十六秒在巳時恒早見十六分二十六秒在壬戌時較在庚早八分十三秒較在巳遲八分十三秒豈非木星之光自巳至庚須行十六分二十六秒乎以比例推之日光至地球行八分十三秒至土星行五刻三分二十三秒至水星行三分十秒至海王星行四時強最近定位星光行至地

球最少三年四十五日鉛子疾飛一年與一秒中光行其路恰等也竊思光行之理與質體行之理不同而與聲行之理同質體之行可測量者水星最速一秒中行九十里光行速於水星行約六千倍

第一圖說

第一光差圖

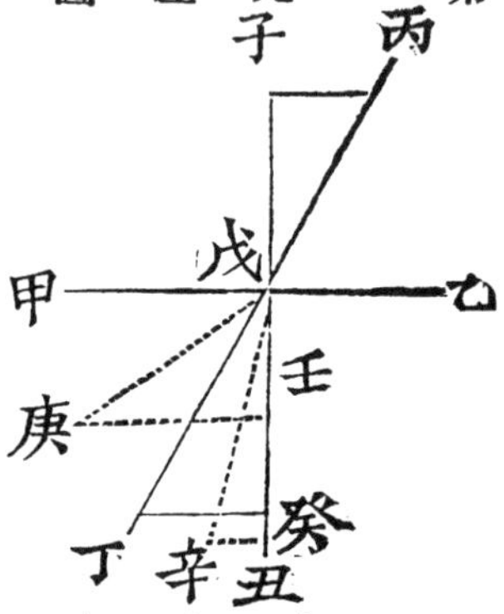

凡氣水玻璃等物俱爲透光之質亦曰空質空質有厚薄水厚於氣玻璃等物厚於水光之出薄入厚或出厚入薄俱成斜線如甲乙爲厚薄界線與子丑成十字線丙光過戊點當至丁若出薄入厚則成戊辛近于子丑線若出厚入薄則成戊庚遠於子丑線戊辛戊庚俱爲光差子丙爲子戊丙角正弦辛癸爲辛戊癸角正弦此兩正弦恒有比例庚壬與丙子亦然

第二圖說

第二回光圖

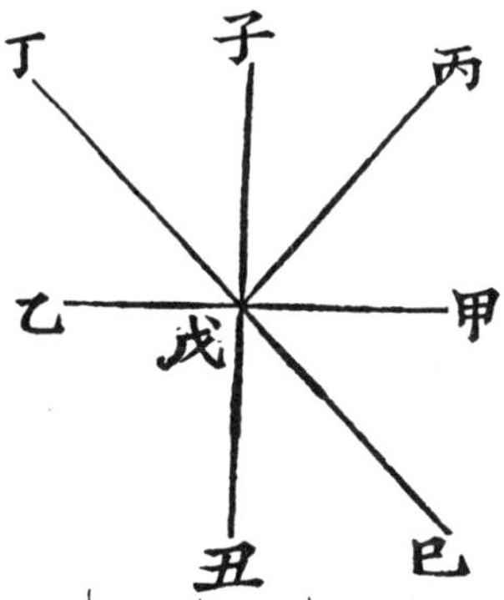

凡有平面如金水等物其面能照物生影者謂明面光之射于明面也必成反照如甲乙爲明面丙光射于戊點反照在丁子丑與甲乙成十字丙戊子丁戊子二角必等

第三圖

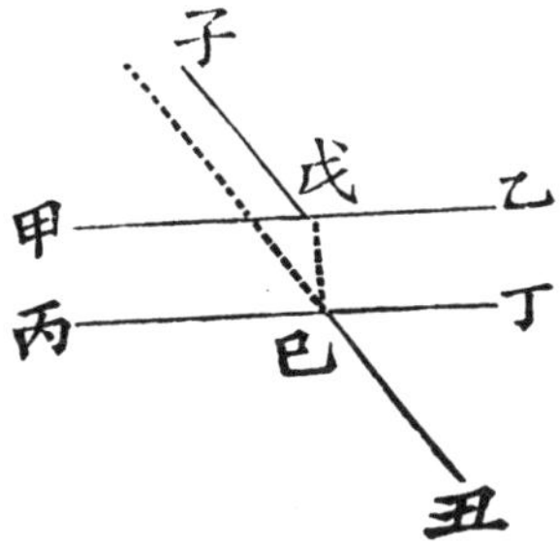

第三圖說

凡光由薄質而出入于厚質厚質之兩面平行則出入之線亦必平行如甲乙丙丁爲厚質子光由戊點入復由己點出至丑甲乙丙丁爲平行面故戊子己丑成平行線

第四圖說

第四圖

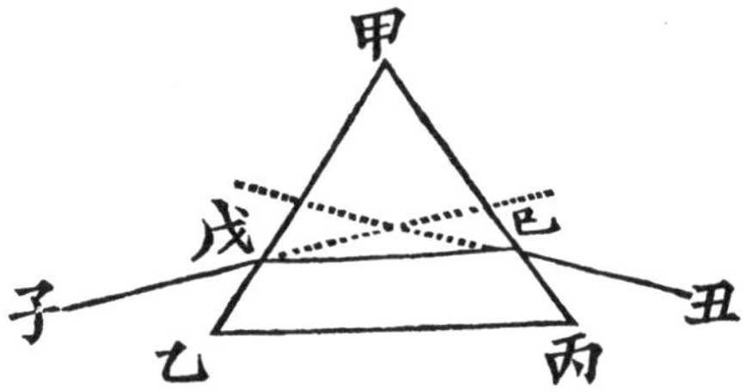

第五圖

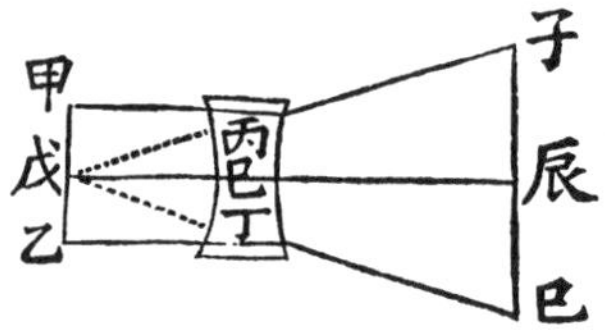

凡光出入于厚質厚質之兩面不平行則出入之線亦不平行而與面所成之角必等如甲乙丙爲三角體厚質甲乙甲丙兩面不平行則子光由戊入必由巳出至丑子戊巳丑亦不平行而子戊乙丑巳丙兩角必等

第五圖説

以空質作透光鏡有凹鏡有凸鏡光之透凹鏡也則能變小爲大如甲丙戊己乙丁三平行線過凹鏡惟巳辰中線與戊巳平行丙子丁丑俱向外不與甲丙乙丁平行而甲乙變爲子丑所成之象大于本物也

第六圖説

第六凸鏡透光圖

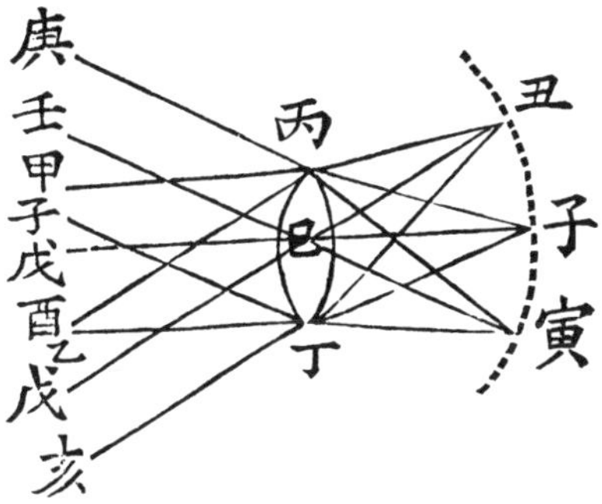

光之透凸鏡也最小之處成一點曰聚光點亦曰光點如甲丙戊巳乙丁三平行線過凸鏡惟巳子中線仍與戊巳平行丙子丁子俱斜向內不與甲丙乙丁平行而成聚光點于子若平行線爲庚丙壬巳辛丁則惟巳寅中線仍與壬巳平行丙寅丁寅俱不平行而成聚光點于寅若平行線爲乙丙戊巳亥丁則惟丑巳中線仍與戊巳平行丁丑丙丑俱不平行而成聚光點于丑

第七圖

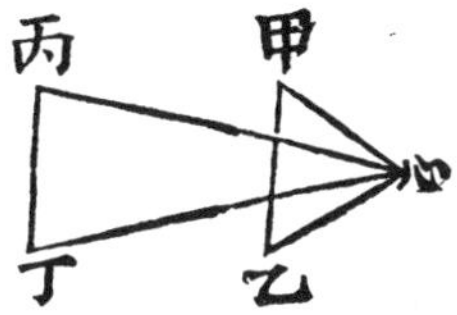

第七圖說

人目視物近則見大遠則見小其大小生于視角如心爲人目物在甲乙其視角爲甲心乙移物于丙丁則其視角爲丙心丁甲心乙角大故見物亦

大丙心丁角小故見物亦小也甲心乙角正切與丙心丁角正切之比同于視大與視小之比

第八圖說

第八圖

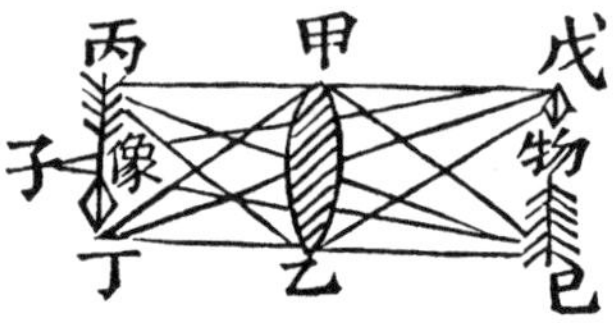

凡凸鏡照物在聚光點必有物之反像物近則反像大物遠則反像小人目窺鏡見像不見物物遠像近視角變大故所見亦大如甲乙爲鏡戊巳爲物丙丁爲像子爲人目丙子甲角大于戊子巳角故能變小爲大也聚光點離鏡爲鏡點距造千里鏡以凸鏡置窺筩之外端筩之長短較鏡點距令多五寸光點上有物之反像人目離五寸視之最分明也

第九圖遠鏡說

如圖戊己爲物甲乙鏡映大十倍人目不免離開像六寸人若又欲映大置于像目之間點距一寸之鏡又以六倍相乘之得

西學圖說

第九圖觀星遠鏡

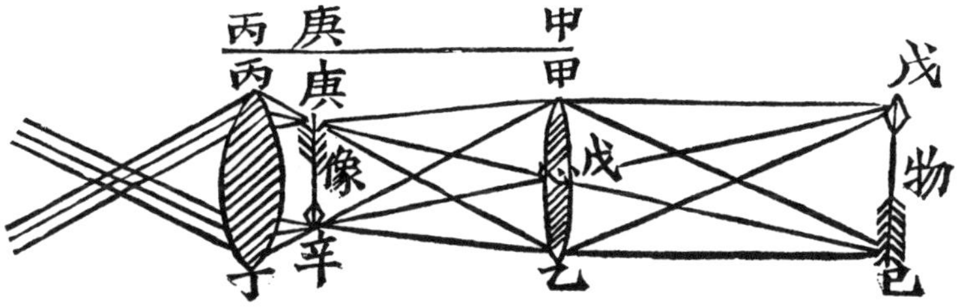

六十倍光平行入目無不明矣若物近像則遠于前鏡如是鏡上之小箭宜退出些須故作可進可退之鏡另有回照遠鏡以銅與玻璃爲之近年英國三品官員名老師作極大回照鏡能見星中之白氣仍於諸星之體歷歷分明

第十圖說

顯微鏡之理欲視小成大必使物像之光平行入目爲最要理蓋物像之位甚近于目視之甚大而模糊必使光平行入目則大而且明凡光自聚光點起再過一凸鏡則變平行乃以聚光點最近之鏡置于目前甚近以光點切于物像則物像之光平

第十圖顯微鏡

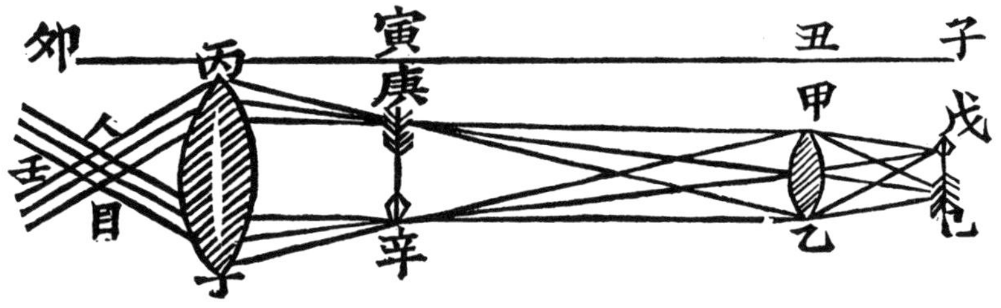

行入目視之必明矣如甲乙爲前鏡亦曰映大鏡戊己爲物庚辛爲物像在前鏡光點上丙丁爲後鏡其光點切庚辛人目自壬觀之物像甚大而甚明也後鏡置之離映大遠之鏡爲千里鏡離映大近之鏡爲顯微鏡物近則像離前鏡遠物遠則像離前鏡近故前後二鏡必置大小二筩可進退窺之

附光差表

空一	油一四六
氣一〇〇〇二九	厚玻璃二五一四
水一三三六	綠玻璃一五七
水晶一五六二	金剛二四三九

空明之質俱有光差質愈厚差亦愈大表數與差角恒有反例比

曲線圖說

第一圖如直線乙丙直線之外有戊點爲定點丁爲動點乙丁戊丁恒等乙丁恒與丙戊平行則丁點動時必成單曲線此線亦名爲拋石線即拋石空中所行之線也彗星亦有行此線者也

第一圖拋石線

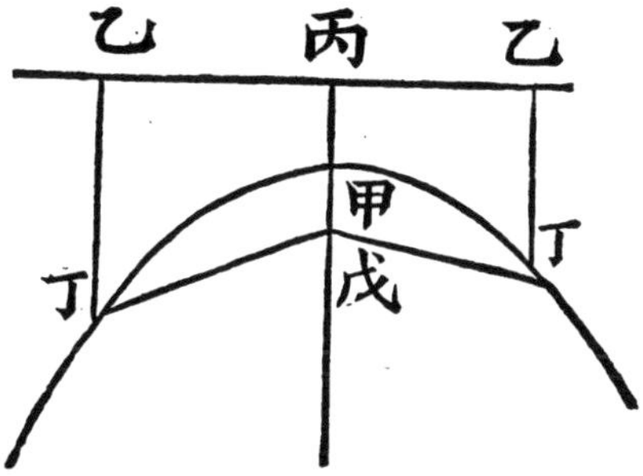

第二圖撱圓線

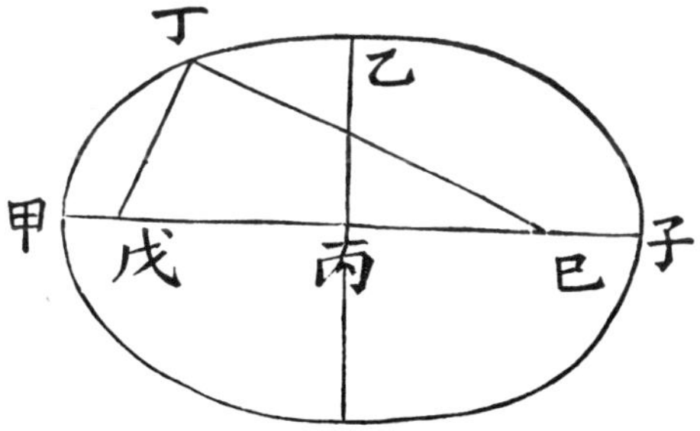

第二圖戊巳爲二定點丁爲動點丁戊丁巳之和恒等則丁點動時必成撱圓即名撱圓線諸行星繞日皆行此線小撱

員狹長也謂長而去四角也見爾雅注

第三圖雙曲線

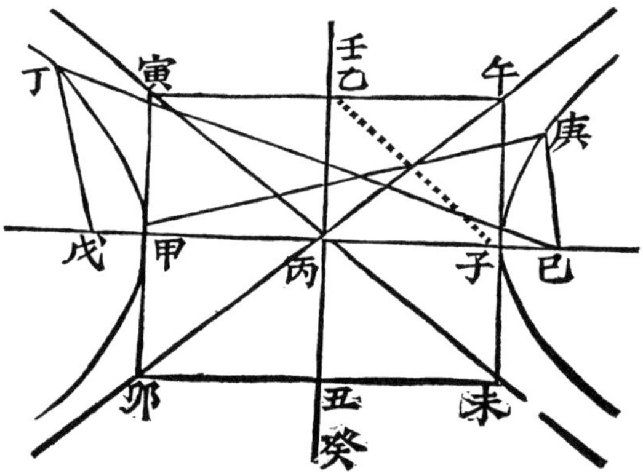

第三圖戊巳二定點不在一箇曲線內庚丁為二動點丁巳丁戊之較或庚巳庚戊之較恒等則庚丁二點動時必成雙曲線試作午未寅卯二切線取巳戊之中丙點作壬癸線與切線平行取巳丙之度作子乙子丑線自乙丑二點作寅午未卯線成長方形乃作午卯寅未對角線對角線引長之至于無窮與雙曲線永不相遇而對角線與曲線中間所容之面積即對數面積也彗星亦有行雙曲線者

圓錐第一第二曲線　　圓錐第三曲線

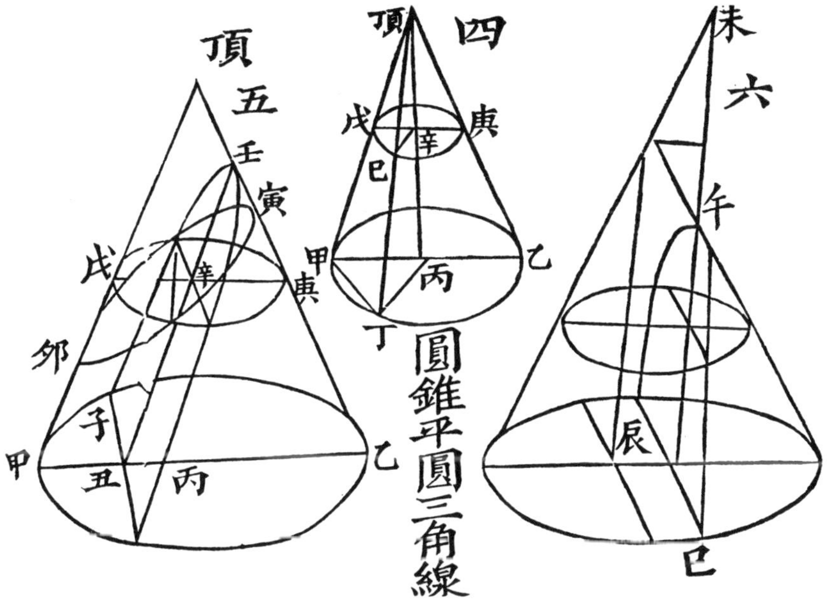

圓錐平圓三角線

第四五六圖平圓甲乙丁頂爲定點頂甲爲動線行于甲丁乙周成圓尖錐體形若甲戊頂線引長之則上面必成一倒圓尖錐此體剖分之有五面一過頂點剖之成三角形如頂甲丁一平行于底剖之成平圓如戊巳庚一平行于頂甲線剖之成拋石線面五圖子壬丁一下交于頂甲線剖之成擠圓面如寅卯一上交于頂甲線如未點剖之成雙曲線之面如辰午巳

逸史氏王韜曰西人測天之學至近日而益精則以有遠鏡而憑目測也遠鏡始於光學湯若望遠鏡說已開其端至侯失勒而其製乃精嗣是而後既先之以推算復佐之以測驗兩者皆符始筆於書始知行星之道爲撱圓世上一切物皆有藉於日光始能長養生育英人愛理始知日月之光激動空氣月體本無光亮人所見之光乃日之光照於月面而返照於地此皆非遠鏡不能明亦非從算學中出則不能知既以算學爲根柢而後格致之理乃擴之而愈廣由此而氣學聲學化學電學相繼而興悉心究察窮極精微余於西學粗涉其藩籬入之未深然性所好焉常於西儒之說而求其故偶有所得輒志不忘西學圖說不過追紀所聞之緒餘耳恐其久而浸失聊復存之而已如欲輯成一書尚俟異日

西學圖說終

門人吳縣葉燿元子成校字

西學原始考一卷

〔清〕王韜輯撰

《西學原始考》一卷，清王韜輯撰。是書原爲艾約瑟、王韜合譯之《格致新學提綱》，初發表於墨海書館刊印之《中西通書》。王韜晚年予以增訂，易名爲《西學原始考》，收入《弢園西學輯存六種》。書中以公元紀年與中國帝王年號紀年對照方式，按時間順序記録自公元前二四〇〇年以前至公元一八七四年間世界文明之濫觴與發展脉絡，尤以釐清西方科學技術之源流始末爲重點。其範圍自《格致新學提綱》之天文、格致之學擴展至自然科學與社會科學，涉及語言文字之形成、政治與法律制度之建立、自然科學之起源、西方社會之科技發明等。據中國國家圖書館藏清光緒十六年（一八九〇）淞北寄廬排印本影印。

西國源始考

第三集

西學原始考

長洲　王韜　紫詮　撰

西國紀元前二千四百餘年希臘國有格致士曰大和司摩擦琥珀能吸引輕物謂琥珀中有氣一經摩擦氣即外發擦後其氣仍收於體內輕物近之即隨氣趨附其面故當時名爲琥珀氣後經考察始知爲電氣此爲電學之肇端

二千二百餘年當帝嚳三十一年甯祿王於百辣河畔始建巴比倫城獨據四大城而立國始爲民之首領西古史謂甯祿英武蓋世係挪亞次子含之後裔洪水之後挪亞有三子曰閃曰含曰雅弗在小亞細亞分王其地爲西洋諸國之祖按此爲西土築城之始

二千一百四十七年當中國帝摯八年巴比倫始造文字始創天文占驗法前一年埃及始造石塔按今泰西列國所傳巴比

倫文字與淸文極相似但橫寫縱讀爲異耳天下文字最古者
有籀文科斗及梵字巴比倫字可徵其建國之最先也
二千二百二十二年當唐堯二十四年埃及阿姿堆司始象形
造文字始作樂始習績事泰西列邦之學皆以埃及爲鼻祖按
音樂之始不可得而考當創與於希臘羅馬之間西古史載亞
當七世孫猶八賓爲鼓琴品簫者祖依希百來本當在唐虞之
前當商太戊時先知婦米哩暗亞倫之姊也手執鼓而歌是則
其時已有樂器矣
二千一百八十年高加索族種類始入印度西境居於印度河
旁按印度上古分有二族一曰日朝一曰月朝相傳並出於天
神月朝蕃衍於南西印度耶雅提王尤著名訓人民闢疆土二
朝文學禮義彬彬甲於西域爲四方所景仰焉
二千四十年當虞舜三年波斯始分民爲三種曰兵農工始治

厤以日行周天爲一年以春分後六日爲歲首始設官分職按巴比倫平原空氣極清似與星辰相近故其地之人多留意天文講天文特明晰以一年爲三百六十五日三時以月之初生爲一月之始十二月爲一歲餘分積何月卽閏何月四年一閏八年再閏一晝夜爲十二時每小時爲六十分亦繪天圖分列星辰各命以名亦講明日月蝕亦豫知月蝕幾度此由近人於地掘得古塼塼上所紀如此想不誣也

二千年虞舜四十三年印度始拜婆羅門始造梵字著肥大司此土書按自開闢以後中國而外印度爲最强文物制度卓絶海外其通中國亦最先漢時身毒天竺卽其地也泰西各國所有學問率皆由彼流傳卽其立教之源未嘗不從此出

一千九百年夏少康時印度始織木棉布按印度蒔種木棉利溥民生逮元時始入中國計之巳歷三千餘年矣

一千八百五十六年夏少康二十年波斯始興水利明農務講醫學大修政治按波斯立國最近歐洲古時文教已開歐洲列國未始不由其漸染

一千八百二十一年夏帝芬十三年希利尼即今希臘始設法律條教埃及明倫始造埃及文字始開礦此爲開礦之最先者按埃及文字原有兩種一爲古時文字一爲民間通用俗字此所造殆如中國之今文也埃及人尤善鐫石或於臺上或於碑碣或於塚墓石墻或於房壁或於各種器皿無不刻有文字至今多有存者

一千八百年夏帝芬三十四年巴勒斯坦始作文字始通商於阿非利加西班牙諸國按巴勒斯坦相傳爲挪亞之孫開倫始造開倫城徙居於此即漢之拂箖地後爲土耳機之猶太人所居亞伯拉罕以色列爲其始祖最著名

一千五百八十二年夏帝癸八年希利尼之阿崙地產美石始作居室

一千五百五十一年商湯二十六年希利尼始行斐聶思文字阿的加始種麥橄欖

一千五百三十四年商太甲七年希利之菊里推人始習歌舞

一千五百六年商小庚四年希利尼始造寺廟設審事所

一千五百三年商小甲五年埃及遊民曰德邇荷有巧思至阿的加地始作舟始造吸水器此爲機器之嚆矢

一千四百八十六年商雍己二年雅典依力士尼和始作兵車乘馬

一千四百六十餘年商太戊年間埃及人始鑄兼金爲匾以鐫印法鐫字於上希臘人鏤畫地圖於銅版印度人買賣地契多鐫於黃銅此爲鐫刻圖畫文字之權輿

一千四百六年商太戊七十年希利尼埃雅依達克德始尋鐵礦此爲開鑿五金礦之緣始

一千四百年商仲丁元年小亞細亞王始制律法

一千三百九十年商外壬二年希利尼王以利貞攝位始造磁器汙尊坏飲之風自此始革

一千二百六十二年商武丁十二年希臘國始造海船爲航海貿易之始

一千二百五十年商武丁二十五年巴勒斯坦之推羅人始造紫色希臘國之亞開棣人始教書契文字始習耕織

一千四十六年猶太國賢王大闢與推羅王海侖作通商條約是爲立約之始其子瑣羅門繼之亦與其後嗣重申前約復與亞喇伯印度通商始建聖殿

九百七十餘年當周昭王時猶太人多由紅海駛舟往赴印度

貿易於時沿海諸邦其地大於猶太者亦皆習於舟楫前往印度貿遷此爲東西由漸通商之始巴勒斯坦人之貨舶已至阿非利加洲各處販運以通有無

九百餘年當周孝王時希臘詩人和馬作詩以揚厲戰功同時海修達繼之所謌詠者多田野鬼神之事二人竝稱爲希臘詩人之祖西俗崇尚詩歌由此始

七百八十六年周宣王四十二年希臘國之果利尕人始造三層槳船此爲舟楫利涉之始按昔希臘羅馬之人創製舟艦率皆兩旁置槳蕩運前明隆慶時威尼斯與土耳機搆兵其戰艦皆沿此法猶未改舊制也

七百八十三年周宣王四十五年希臘國人斐敦在依機那地方始鑄銀錢此爲泉幣創造之始

七百八十餘年周宣王時希臘人海修達始測得昴星當隱四

十日而復見此爲天文士測步星象之始海修達又言昴星出暗海海中行船危考秋分後昴星於日沒時出地平希臘海洋有颶風行船最危險此爲航海測天之始
七百七十六年周幽王六年希臘國俗必擇一日羣集賽走四年一舉因以是年紀爲厤首此爲希臘紀年之始
七百五十三年周平王十八年羅馬國始築都城城建於低泊河濱距海口四十餘里初於瀕河山巔築室而周環以垣逮後民居愈擴包山愈廣垣周十五里其中山峯凡七故一名七峰山城羅馬人即以是年紀爲厤首此爲羅馬開國紀原之始
七百四十四年周平王二十七年希臘號爲大希利尼始自立爲民主之國始鑄權衡度量頒於國中
七百二十年周平王五十一年當希臘王亞力山大破巴比倫時其師亞利斯多受日食表於嘉提臘具載巴比倫一千九百

零三年所見之日食第一次即在周平王五十一年也此爲講
求日月薄蝕造表測驗之始
七百十三年周桓王七年羅馬向以十月爲年至是以十二月
爲年此爲講求周天歲實之始
七百十年猶太王狄紹塞始定都耶巴逹拏結搆壯麗四周墻
壁七層各異其色望之如虹霓中央王宮悉飾以金銀
六百九十年周莊王四年小亞細亞人格老哥始造銲藥
六百三十九年周襄王十三年精於天文算法之推立司生
六百餘年當東周匡定二王之時希臘七賢皆善理學其一曰
他里斯精於天文在周匡王四年之日蝕度候皆先爲他里斯
測定無訛希臘之天算格致當以他里斯爲創興之祖
六百四年周定王三年尼布甲尼撒王重修巴比倫城其城垣
高三十三丈寬厚八丈五尺城門皆以堅銅鑄造有敵樓內築

王宮二所宏敞壯觀又有太陽神殿崇奉金像皆以精金裝飾殿甚高聳祭司即以之爲觀星臺稱爲宇內七大宏工之一六百年周定王七年專講格物之斐里士典生埃及人始至希臘傳厤算之學此爲天算自東徂西之始

五百九十九年周定王八年希臘開闢新地始講建屋之法棟宇之制至是而始備考古人穴居於山僅避風雨後漸刻畫石壁以美觀瞻希臘人以石製宮室其間多列石柱鏤刻花紋其營建之法通於算學制度之善首推希臘泰西列邦悉遵其遺則爲按埃及人精於建造其最奇妙之巨厦髣髴中國之迷樓內有房一千五百所皆用大石築成內則鉤心鬥角外則峻宇雕牆其下就地中鑿石造暗室一千五百間以藏國王尸骸并鱷魚骨加以薰沐稱爲聖鱷此外有極大之宮殿寺院中埃及京城名曰門斐斯中有高臺率以堅石造成四面有階高十五

丈基方七十六丈有地道通於臺中內有石棺傳言此臺乃古時國王陵寢當建築之時役徒數萬人限期數十年始蕆厥工約在西秝紀年前二千五百年

五百九十餘年前周定王年間印度創興佛教援印度於古時盛行婆羅門教至是始行佛教此爲教派流變之始

五百九十八年周定王九年小亞細亞人測知日蝕時刻於測算天文之學益精是時希臘天文家他勒始推得太陽平徑倡言地爲球體預推周匡王三年秋分後七日午前日食他勒之後有亞那西慢突者言地自轉又言月光借日而生又有亞那煞各剌者傳他勒之學於雅典言月面必有山谷平原與地面同因是考論新理推闡益精如閉他臥剌知地球必繞太陽其門人言五星彗星俱環日而行

五百八十年周簡王六年巴比倫始造天文臺始作氈布諸物

五百七十八年周簡王八年羅馬王色斐開留第六始鑄錢幣
五百六十八年周靈王四年小亞細亞人安那雪漫的始繪地圖此爲輿圖之學所濫觴
五百六十二年周靈王十年小亞細亞人始造日晷測量日影以求時刻雅典城始演戲劇每裝束登場令人驚愕者多怡悅者少有愛西古羅者作傳奇本六十六種善作軀揚戰鬥之歌觀之能樂於戰陳有勇知方又有詩人亞那格來恩善言兒女情私及男女燕會贈芍采蘭之事如中國香奩體後有歐里比代所作傳奇多涉閨閫誨淫黷欲莫此爲甚
五百五十四年周靈王十八年埃及國文學日開有希利尼人蘇朗來講授格致之學國人化之是時希臘名人相沿和馬海修達之餘風着作歌詞稱爲詩史實開泰西文學之源
五百五十一年周靈王二十一年波斯國瑣羅阿司德始著經

典國中稱爲聖人其說謂有二神以統宇宙一曰和爾摩爲善神一曰亞利曼爲惡神二神互爭至一萬二千年之後善勝而惡消又以公道爲赴樂土之梯航惡人悔改亦可受無量福亦拜日月星辰地水風火

五百五十年周靈王二十二年羅馬國政治日新分民爲六等貧民免其租賦始造城垣濬河渠以便於民余嘗考之西國古史西土自古著名之邦亦不一矣舉其大者大抵不下十有餘國迭爲盛衰爭相雄長或此興而彼滅或互併而旋分如曰巴比倫曰埃及（亦名麥西今尚存）曰希臘（已絕而復續今爲新建邦）曰羅馬（今爲意大利者特其偏隅耳）曰馬基頓曰叙利亞曰猶太曰巴勒斯坦曰腓尼基曰推羅曰西頓曰印度（非止一國今併於英）曰波斯自昔並爲聲明文物之區比之泰西之岐豐鄒魯上古文字制度禮樂政刑象緯厤數器藝格致咸於此取則焉曾幾何時陵夷衰微歷代相傳之法蕩

然無存而其人民亦復蠢然如鹿豕昔爲歐洲人所則傚者今反爲之服役抑何天道循環不能逆料一至於斯也凡此皆有上古事蹟可以考求至南北美洲於四百年前覓得稱爲新地而如墨西哥迤南諸部尚存城堡寺院宮殿衢巷古墻壁廢壘碣悉留有文字蜿蜒蟠曲克肖物形偶於土中掘得器皿制作精妙塗飾金銀類皆數千前物尚有石塚祭壇二千餘所大者高十二丈鏤刻人物形狀大與印度人異惜其時代名字咸湮沒而不可考意古時必有文明開化之民居此以自立國會有天變人物一切蕩滅然則國之強盛民之智慧可長恃哉偶記諸國開創事特縱論之如此

五百四十六年周靈王二十六年小亞細亞人利古始鑄五金

五百四十年周景王五年釋迦牟尼佛生於印度希臘果利叅人始創築室之法

五百三十六年周景王九年希臘國人始自阿得迦攜橄欖葡萄各種至摩西萊埠摩西萊法國之屬地也自此種植始廣是年巴比倫國亡

五百二十九年周景王十六年波斯人始立廠馬司爲通商口岸與各國貿遷往來西道之通自此始擴

五百二十五年周景王二十年希臘雅典城中建立大書院藏書甲地球以招徠四方賢俊講求格致文學益盛中分數科以究天察地爲首定恒星方位測行星軌道考日月遲速用三角法量弧角諸度一時秝法冠於列邦多係得諸實測

五百二十三年周景王二十二年波斯國勢愈強盛埃及海中漁舟始納稅於波斯始擅海面之利

五百二十一年周景王二十四年波斯王大利烏第一始分國爲二十一省省投一牧定賦稅興學校增兵卒設武備築砲臺

鑄金幣

五百八年周敬王十二年印度西拉士乘舟自印度港出紅海歸波斯此爲由東至西海道漸通之始

五百六年周敬王十四年埃及守臣私鑄金錢爲波斯國王所誅此爲盜鑄泉幣麗於刑章之始

五百二年周敬王十八年波斯國人批早果拉始講七政運行之法天學日精是時波斯王威名遠播鄰近各國多爲其所兼併廣開園囿傳采珍奇聲名文物之盛甲於西土

四百八十六年周敬王三十四年波斯人民群拜火神國王始自立爲教師其教日盛是時希臘之雅典人始講求海戰之法有提米肆安格首爲雅典王建造兵船二百艘水師戰艦之盛稱雄於列國此爲歐洲海軍之先聲

四百八十四年周敬王三十六年雅典人與依基那戰以銀礦

所出充兵船之費此爲借支國債之創始

四百八十二年周敬王三十八年羅馬始設收稅之官建立海關榷征商稅以給國家維正之供稅法實由此始

四百七十八年周敬王四十八年雅典王雄長於希臘國中或修戰備旁求寶[redacted]石爲戲館造海塘以捍水高六十尺是爲築隄防講水利之始波斯人果斯省始增希臘字母講求格物則立新法

四百六十年周貞定王九年希臘之楷曰鄰人往英國採鐵此爲往傭他國之始波斯人希頗迦於是年生於果司爲西國醫[redacted]之祖

四百五十六年周貞定王十三年波斯人希魯安多始遊歷各[redacted]此爲出境訪求學術之始時歐洲各國雅典最爲富強始築長城以禦敵

四百五十四年周貞定王十五年羅馬國民始亂因國王所頒示之[redacted]律不公也於是民長定議宜作律書王乃遣三文臣[redacted]訪於希臘學院三年學成回國爰廢執政選十人公議國政設律法十[redacted]條示後永不更易此爲創立國會議院頒行律法之發軔

四百三十八年周考王三年雅典作大樂院此爲設立伶官講求音律之始

四百三十年周考王十二年羅[redacted]始置司戶每五年撿點戶籍兼監都[redacted]禮法督其[redacted]業

四百三十七年周考王十五年撒馬利亞之教始與西儒默冬推定周考王十九年太陰滿自行本輪之周復與太陽同度

四百二十年周威烈王六年波斯人楼魯棣哥始於西阿斯城講求格致之學

四百六年周威烈王二十年希臘之昔西利始造礮臺
四百一年周安王元年希臘新製字母
三百九十九年周安王二年希臘名賢梭格拉底飲鴆而死梭
公以理學著名在雅典城聚徒教授以去僞存誠爲格致之急
務訓人主良知良能之說此爲希臘理學一變之始
三百八十年周安王二十二年希臘人阿里西始論算法中圓
錐形講求其術
三百四十四年周顯王二十五年亞里大闍測得是年黃赤大
距爲二十三度五十一分二十秒
三百三十六年周顯王三十三年雅典人克烈始測知日月蝕
交周
三百二十七年周顯王四十二年希臘人利斯特拉始造蠟燭
一室生輝利賴民生

三百二十年周愼靚王元年埃及之斐聶司始作沉水之鐘

三百十七年周愼靚王四年馬基頓人始至印度通商此爲由西徂東商賈貿遷之始

三百二十三年周顯王四十六年亞力山大之將曰多利買始據埃及建國稱王特於亞力山大海濱造白石大望臺於時大亞尼司講求天文定三百六十五日四分日之一爲一年嘗建大書庫於亞力山大城中藏書七十萬卷後回教人破城取以爲薪又有模修書院備諸學術分局教授嘗命猶太學士七十二人以希臘語譯希伯來經典以傳於世

三百十二年周赧王三年敘利亞始建國紀年其王曰塞留孤疆域所至東及印度西至地中海縱橫數千百里儼然爲望國有安提阿府古時以善製刀劍名鋒利無比能織絹帛華美異常其法後世皆失傳

三百十一年周赧王四年羅馬都城中始築衢路造溝渠引水四達以興水利於國中

三百年前當周赧王時希臘名人歐几利德著幾何原本十五卷幾何之學爲希臘人所創立如伲利斯布士哥拉兩人皆精此理古今人咸共推仰

二百九十六年周赧王十九年埃及國中初設四學一課文字一課栎筭一課象緯一課醫學

二百九十五年周赧王二十年地末恰測得角宿大星在鶉尾宮二十三度

二百九十三年周赧王二十二年羅馬始造日晷

二百九十二年周赧王二十三年小亞細亞羅棣司人查利斯始造巨銅人於海口上燃燈火用以燭遠以便航海

二百八十五年周赧王三十年埃及人大挨尼斯於亞力山大

城中講求天文秝法定三百六十五日四分日之一爲一年

二百八十四年周赧王三十一年巴勒斯坦人式道創興撒士設教（後又有法利賽教竝行於世）埃及國人以希臘之語言文字譯摩西教中舊約書王命大臣七十人董理其事造白石大塋於亞力山大海濱以便測遠特設大書院於城中廣招文學之士

二百八十年周赧王三十五年希臘人亞里達古考定冬夏二至其所著書中有日月大小遠近說

二百七十一年周赧王四十三年埃及始遣使通羅馬羅馬亦報聘焉自此兩國始通盟好是年西士地末恰於西十月十二日測得金星晨見蝕左執法

二百六十六年周赧王四十九年羅馬始征服下意大利一名大希利尼始於其國中鑄造錢幣

二百六十年周赧王五十五年羅馬水師將軍兒爾留始以新

意創造飛橋橋端設有鐵鈎鈎住敵船

二百六十二年周赧王五十三年希臘人亞奇默德始悟重學創造螺絲起重諸器會製大鐵鈎鈎沉敵之巨船一說叙拉古城將精通秝算作二奇器以禦敵兵一懸大木於城堞中設機捩俟敵船近岸投之使船沉沒一用大木數具端有鐵鈎鈎既着船機捩自轉船物沉水船身後即升空而墜地毀裂無遺羅馬軍畏之以爲魔術

是年羅馬國始造兵船然猶未知航海之術往征敵國輙遭風損壞

二百五十八年周赧王五十七年古利奈人歐拉獨提尼生爲埃及掌庫官立測地球大小法并測太陽距天頂度數

二百四十年秦始皇七年希臘人意拉朶司的尼始測算地球半徑

二百三十一年秦始皇十六年希臘羅馬兩國始遣使聘問以通商賈

二百二十四年秦始皇二十三年希臘人挨克米始造渾天儀測天之術益精是年地震海口所立羅栜司銅人傾倒

一百八十四年漢高后四年彗星見希臘人測望得之見八十日乃隱

一百八十一年漢高后七年羅馬得秘書於石棺中

一百七十五年漢文帝前五年小亞細亞王歐佮瑪始設博物院羅致珍奇瓌異於院中更立書院以興文學

一百五十六年漢景帝前元年羅馬禁止戲館此爲政令之善者禁令之頒實始於此然未及百年禁弛後起者建造戲館其大十倍於前都城中有二所一可坐四萬人一可坐三萬人

一百二十二年漢武帝元朔六年尼西人依巴谷測軒轅大星

在鷄尾宮二十九度五十分著有恒星經緯度表創造天地球以定諸星各國經緯改定歲實爲三百六十五日五小時五十五分十二秒後代稱爲天學先師

一百十三年漢武帝元鼎四年羅馬國之大辯才西色羅生

一百一年漢武帝太初四年羅馬始畫鷹於旗上以爲國制此爲旗纛標識之始

五十七年漢宣帝五鳳元年巴勒斯坦新設議政五大會每會七十人歐洲議院之興此爲之肇端

五十一年漢宣帝甘露三年羅馬王該撒征服高里高里國亡改爲一省英國南界始爲羅馬所有考英人於二千年前皆群聚密林披髮跣足卧草被革茹毛飲血漆身蔽葉以游獵於曠野其古地名曰白里登

四十六年漢元帝初元三年羅馬該撒稱帝治厤法始定爲閏

日不聞月今歐洲列國俱奉行弗失
三十三年漢元帝竟甯元年羅馬講求文學於都城創建亭該瑪基書院藏書三萬卷許士人入而縱觀今歐洲多效法焉
二十九年漢成帝建始四年羅馬通商於印度始購蠶絲絲之入歐洲當自此始按當春秋末年希臘人常市絲於亞洲國歸以織綢惟時巴西國王與其貴宦富商身皆衣綢希臘人見而羨之故購求於遠邦師其法而效服焉考巴西開國之初在周景王之世然則蠶絲之由東而西實不始於漢代矣
二十八年漢成帝河平元年時有一種人曰希羅教出自巴勒斯坦泰西上古各教林立而以挑筋教摩西教為最先
西厤紀元一年漢平帝元始元年耶穌誕生於猶太國伯利恒是為泰西列國紀元之始按耶穌生年有二說或謂漢哀帝元壽二年或謂漢平帝元始元年後經教士細推知尚在前五年

蓋實在哀帝建平二年也誕日則在冬至後四日今西歷十二月二十五日舊歷正月初六日生年有二說蓋因此惟西歷紀年則始於元始元年

九十九年後漢章帝永元十一年羅馬國中廣行美政始創立義塾書院養老院育嬰堂加惠於民間後世取以爲法

一百二十一年漢安帝建光元年羅馬王始築長城自來尼河至大羅勃河亘長萬里先一年羅馬王於英國境內古號里登自建築長城自東而西分爲南北兩境時北境尚未屬於羅馬迄漢桓帝建和二年北境亦築長城仍以二港爲界而北境亦隸羅馬爲屬土矣此英爲羅馬併踞緣始

一百二十六年後漢順帝永建元年多祿某於天學中頗立異說著書十有三卷初測知月體向地心半面或側於左右上下隨時變動言地爲球體定居天心終古不移日月五星列宿每

日俱以平遠繞地一周始變依巴氏之說後學信之者幾一千五百年

一百五十八年漢桓帝延熹元年亞力山大城有多里尼者精於天文地理埃及羅馬秝算家多宗其說

一百八十五年漢靈帝中平二年埃及人俄利珍著書六千卷泰西文士著述之富當以其人爲巨擘

二百二十五年漢獻帝建安二十年羅馬軍餉缺乏特開新例令人捐納羅馬名號此爲泰西鬻爵之始先是羅馬與列國頻年爭戰財賦不足王自將宫中珍寶變價以充軍需是時耶穌教士始以臘頂文字譯成教中書通行泰西各國

二百九十年晉惠帝元康二年羅馬新撰格里果利律例

二百九十六年晉惠帝元康六年羅馬始分爲四國其王多由臣民所選舉此爲泰西舉立君長之始

三百二十五年晉明帝泰甯三年教士始作議會論定教理
三百九十年東晉孝武帝太元二十一年始分爲東西羅馬體俄朶司之二子各主其地亞開棣爲東王年十八阿努里爲西王年十歲
四百二十年宋武帝永初元年法蘭西荷蘭始自建國
四百七十六年宋後廢帝元徽四年西羅馬國亡
四百九十年齊武帝永明八年英吉利人愛拉始建薩生國自立爲王
五百十六年梁武帝天監十五年泰西諸國始以耶穌降世紀年
五百三十九年梁武帝大同五年東羅馬大將百來沙留征服意大利始鑄其王之狀貌於銀錢以彖文德
五百四十五年梁武帝大同十一年土耳機人始至亞細亞洲

五百五十一年梁簡文帝大寶二年東羅馬始得中國蠶種

五百六十七年陳臨海王光大元年東羅馬始開納貲拜官之例至唐憲宗元和九年始行停止

五百六十九年陳宣帝太建元年摩哈默德生於麥加即阿喇伯都城是爲回教之祖

五百七十九年陳宣帝太建十一年意大利國中皆習峨特語言舊時臘丁文字日漸失傳是時惟西班牙王詔民間習臘頂文而用峩特語者有禁

五百八十四年陳後主至德二年摩哈默德黜本國回回厤以是年紀元按摩哈默德自幼不學及長自號先知長於著書立說撰教中經典頒行國中

六百二十二年唐高祖武德五年阿畢疏斐謀殺摩哈默德不果阿喇伯國王亦欲圖之摩哈默德出奔於外尋自立爲王以

是年七月十六日爲正月元日命爲回教紀年之始
六百二十六年唐高祖武德九年英吉利始建博物院於倫敦名曰根白理考治天文地輿藏庋各種書籍以資博覽
六百四十六年唐太宗貞觀二十年希臘人導中國出師侵東羅馬進攻埃及取亞力山大城中國兵威幾至地中海然不見於史傳疑西史傳聞之誤或曰於時土耳機與中國合兵願爲先路之導也
六百五十一年唐高宗永徽二年波斯王求援於中國請兵於土耳機以禦阿喇伯人不克此爲中國聲威遠播之漸
六百七十二年唐高宗咸亨三年東羅馬西尼里人加拉尼始造入水不滅之火名曰西尼里火或謂是火乃煉利石腦油松香硫磺所成盛諸壺中以投敵船明年與沙蘭生戰即用此火燬其戰艦殆盡按此即猛火油之流亞也康與之昨夢錄載西

北邊城以猛火油提要疑其傳聞附會謂終遼之世未聞用此油火攻致勝且所產之地在高麗東南高麗去中國至近亦不聞其產此異物也不知猛火油今西國多有之此則由人製造唐時已有此法中國於趙宋之際已用之為攻具然則其由來也久矣

六百七十四年唐高宗上元元年英吉利人始造玻璃器按當後漢之際玻璃之製出於埃及之亞力山大而其法漸傳於意大利法蘭西西班牙諸國想英人至是始得明其法耳考中國夏時埃及人古墳近為人所掘視近尸處見有藍色玻璃片兼有麻布裹雜色玻璃珠者印度釋家多稱琉璃亦此類也是則玻璃之由來亦已久矣前四年英人始用石築室

六百九十年唐武后天授元年英始改自里登古名全土成為一大國始建國號曰英吉利

七百八十七年唐德宗貞元三年阿喇伯國勢强大西自大西洋東至印度江南自地中海北至阿蘭海至是講求文學始令博士盡譯希臘天算格致之書以教其民

七百九十年唐德宗貞元六年阿喇伯漸强始建伊德魯朝安輯民人止戰鬥整法度通貿易輿測量講求醫術肄習天文分析工作詩歌諸科文明日闢所以教民者皆希臘羅馬之學藝一時聲明文物之盛冠絕東方

七百九十三年唐德宗貞元十年法王建博物院於法京巴黎斯築招賢館以聚四方英俊

八百十六年唐憲宗元和十一年英國始以耶穌生日紀年

八百二十年唐憲宗元和十五年阿喇伯國政日修大興文學始建書院於各郡招才藝智巧之士咸集其中

八百八十六年唐僖宗光啟二年英倫始建博物書院名曰輿

司佛特國中創造戰艦編練兵民分設省府重修政令始以五等爵封建勳戚世襲罔替英官阿福利刊行英國律例頒諸民間此爲英國强盛啟疆之始

九百年唐昭宗光化三年西班牙始用木棉作紙

九百二十一年後梁末帝龍德二年日耳曼始自立爲國王罕利始建薩生朝勵精圖治築城禦敵

九百五十年後漢高祖乾祐三年荷蘭國中所織毛布販運歐洲各邦消售甚夥

九百五十二年後周太祖廣順二年英始分設縣邑牧長

九百五十九年後周世宗顯德六年英多曠地長林豐草間畜獸繁殖英王廣募獵戶驅盡國中惡獸殆盡此爲英整頓地方之始

九百七十年宋太祖開寶三年丹麥昔倫島人根比恩覓得冗

林蘭新地歐洲各國至是始習航海之術漸勤遠略英國講求政治始擇公正廉明者十二人爲聽訟副使

九百七十九年宋太宗太平興國四年英國始徵關稅以足國用俄羅斯服事邪神始用人爲牲越十年歐洲列國群有議其非者王乃詔毀邪神像令民間盡從耶穌教違者殺無赦按春秋時宋襄公用鄫子於次睢之社注者謂所祀爲祆神乃胡神也蓋即波斯之火祆教歟

一千十六年宋眞宗大中祥符九年丹麥徵英國地賦每一牛皮可度之地歲出銀一錠後增至七錠此爲額行苛政之始

一千二十五年宋仁宗天聖三年英國始定姦淫劓馘之罪

一千四十二年宋仁宗慶歷三年法國儒士始創微分積分算術益精

一千六十八年宋神宗熙甯元年英王維廉之妃讓畢利德繪

圖紀王之功勳長廣二丈此爲歐人追紀功績之始英王始建倫敦京城

一千六十六年宋英宗治平三年西厤正月五日英國彗星見光芒下射者三國人以爲不祥後百餘年彗星又見其長竟天國中値有戰爭人心皇皇蓋其時考察象緯者必推其驗於災祥有同於中國讖緯術數之學此於厤理實大謬然賴此而人益勤於測候未始無裨也

一千七十三年宋神宗熙甯六年意大利格理哥離爲教王始定教長爲神父禁娶妻室

一千七十四年宋神宗熙甯七年英國始編造版圖核計人丁戸口詳記於册王始釐定刑律

一千七十六年宋神宗熙甯九年英王始減死罪律例凡重罪止於縊死禁斬首分尸諸酷刑

一千一百一年宋徽宗建中靖國元年法京博物院中多羅致四方格致之士是時泰西十字架軍興始得羅盤針於腓尼基人蓋傳自回教沙蘭生種族腓尼基人嘗創製紫色染料玻璃諸物今世所行文字以二十六字母湊合亦始於其地之人

一千一百三十一年宋高宗紹興元年英國始得阿喇伯字碼於西班牙頒令通行於國中

一千一百三十九年宋高宗紹興九年葡萄牙始自立國阿凡踈爲開國之君

一千一百四十一年宋高宗紹興十一年金主阿骨打始伐印度此爲中國用兵西方之始

一千一百四十四年意大利新立議會由五十六人中公舉一人爲伯理璽天德（名曰總統）頒行律例此爲意國民主之始

一千一百五十八年宋高宗紹興二十八年意大利維聶司

設銀肆流通銀錢以便商賈規模宏備稱爲歐洲之冠此爲泰西設立銀號之始然未及十餘年國庫支絀於是創行鈔票以助不足此又爲泰西頒行鈔票之始

一千二百六十年宋高宗紹興三十年意大利國定議嗣許教會監督公舉教王此爲抑損教王之權以示公[illegible]之漸

一千一百六十四年宋孝宗隆興二年英國重定教例以減教王之權英京倫敦始造大石橋

一千一百七十七年宋孝宗醇熙四年英國始設遊察各屬地之官遣之四方講求學術

一千一百八十六年宋孝宗醇熙十三年法京巴黎斯始造石路街衢整潔甲於歐洲

一千一百八九十年宋孝宗年間英始大修武備始令爲將者從同列學習兵法律令及登壇授甲諸事於是英國將士始嫻

韜畧爲列國所推英王始詔國中增一新法凡出兵有田產者必從征爲軍將

一千一百九十二年宋光宗紹熙三年意大利始興保險公司商旅便之阿喇伯天方國文學日盛有阿大剌提者講求醫理并精於天算之學所著書百六十種多創新意惜後俱散佚

一千二百年宋甯宗慶元六年意大利人波羅那始造博物書院宏鉅非常歐洲人始詳說指南針之用著之於書而後能辨方向不迷所往諳其用者以法人爲獨精考之英史云舟人歷險不驚行海極遠有羅經以指南也羅經在一千二三百年歐洲人始知之一千四百年後始用之自鳴鐘亦出此時然中國之有指南針則已在數千年前矣或謂始於黃帝或謂始於周公

一千二百十年宋甯宗嘉定三年挪威始定一例不得以庶子嗣位挪威是時屬於丹麥所謂庶子者非指妾媵所出乃在外

姦生子也至今歐洲各國俱循此例實挪威爲創議之始

一千二百二十二年宋甯宗嘉定十五年蒙古是時始強大攻波斯代印度滅西夏波斯全土降於蒙古仍立土人爲官長兵威所至歐洲爲之震懾意大利法蘭西俱遣使聘問法始修京城設國會

一千二百三十三年宋理宗紹定六年英國紐迦斯始開礦取煤以便民用始織細麻布販運遠方國中工作日盛

一千二百四十年宋理宗嘉熙四年英通國中始用馬口鐵始識以化學鎔製民間便之

一千二百五十年宋理宗醕和十年阿喇伯人始至法國譯授三角筭法

一千二百五十二年宋理宗醕和十二年英人始製凹式顯微鏡講求光學實始於此

一千二百五十七[redacted]宋理宗開慶元年西班牙國人始作鬥牛之戲英國始作[redacted]

一千二百六十五年宋度宗咸醇元年英國始定議院章程垂爲定制是時有格物窮理之士上書於教王自稱於天算測量之學用心二十年費金錢八萬員可謂好學深思者矣

一千二百七十三年宋度宗咸醇九年意大利國始用鍍金飾物英王與法國米國立約通商此爲與他國通商之始

一千二百七十四年宋度宗咸醇十年丹麥國人聚議禁止娶妾此例至今徧行於泰西垂爲定制無有敢異詞者實自丹麥國始英人亦議禁娶二妻由是年須令於國中

一千二百七十八年宋帝昺祥興元年英國有人誣控格物之士謂以妖術惑衆王命下之獄後人刊行其書曰格物大功書試之皆驗由是格致日興實由此始

一千二百八十四年元[redacted]祖至元二十一年法國整頓海軍始用水師都督其職銜名曰愛德摩耳

一千三百年元成宗大德四年歐洲諸國始講求代數算法

一千三百六年元成宗大德十年法蘭西人始以阿喇伯字碼施於筆算英人始用眼鏡按靉靆鏡明季始入中國來自番舶

一千三百八年元武宗至大元年英國始用銀錢滙票與西班牙葡萄牙兩國通商

一千三百十年元武宗至大三年歐洲各國屋上始用烟通

一千三百十七年元成宗延祐四年荷蘭魯斐四郡貿易甚盛始造磚[redacted]麻織呢一郡有數千家皆販運於四方是時土耳機始旅於歐洲英與意大利國立約通商

一千三百二十八年元明宗致和元年土耳機之阿剌丁郡始鑄錢鈔造兵器法國定例不許女人爲王以繼國位

一千三百三十年元明宗至順元年西班牙摩耳人始造火礮意大利維聶斯人始用火藥蓋其法傳自日耳曼人師華司按明史元初得西域礮攻金蔡州城所謂震天雷者是也亦見金史鐵罐盛藥以火點之火發砲起其聲如雷然則中國早已有之

一千三百四十年元順帝至元六年意大利人凡尼克始造油畫法

一千三百四十三年元順帝至順三年意大利維聶司始與西里亞埃及立約通商是年法國始征鹽莢之利西班牙與格拉廼戰摩耳人始用火礮助其軍獲勝

一千三百四十五年元順帝至正五年葡萄牙始於大西洋中覓得麥地拉島

一千三百四十六年元順帝至正六年[illegible]人始用火礮與英戰於海上

一千三百四十八年元順帝至正八年歐洲地震英久雨大水疫癘流行其病若中國之霍亂俗名黑死歐洲患此而死者二千五百萬人倫敦一城共死十萬人一日夜死二百人誠非當之災與歐史所僅見也

一千三百五十年元順帝至正十年日耳曼始[redacted]抽製銅絲之法荷蘭之魯斐因地方貿易大興有造坊四千所

一千三百五十三年元順帝至正十三年英國始定女伎衣飾別於民婦日耳曼之瑞士國始以古時所分八省合而爲一土耳機人始割據歐洲土地[redacted]居各處是時丹麥意大利始用大礮亦恃以守城克敵歐洲各國戰陣之間俱尚火器兵法爲之一變

一千三百五十七年元順帝至正十七年英國倫敦始用煤

一千三百六十八年明太祖洪武元年英國始作自鳴鐘法國

亦仿行其法始造大自鳴鐘置於公廨以定時刻

一千三百八十四年明太祖洪武十七年英國始設商船律法

一千三百八十六年明太祖洪武十九年法人大舉伐英始加賦以充軍實

一千三百九十一年明太祖洪武二十四年法人始作葉子戲始以木版印紙牌爲法王迦羅思第六玩物此爲歐洲印字之創始茶葉初入英國境內

一千三百九十二年明太祖洪武二十五年葡萄牙人始覔得阿非利加洲南境之好望角

一千三百九十三年明太祖洪武二十六年蘇格蘭王始禁所鑄金錢行用於境外

一千四百十二年明太宗永樂十年阿喇伯人始至歐洲各國講明數學英人願學者衆稱算益精

一千四百十七年明太宗永樂十五年意大利國羅馬城中設立藏書庫自阿維那遷來者甚夥藏書之富甲於天下

一千四百十八年明太宗永樂十六年意大利始用廢爛麻布造紙葡萄牙始精航海之術舟楫利涉遠及各處始入阿非利加洲尋覓新地復訪得麥提臘與亞疏司各海島貿易殊盛國勢日强始建都於里斯本

一千四百二十七年明宣宗宣德二年日耳曼始斂民錢以充軍餉

一千四百三十六年明英宗正統元年意大利金匠美蘇尼始創以濕紙印細花鋼板之法日耳曼亦仿行之其法益精又新創印書法英國谷敦保繼之於是印書盛行於歐洲先是永樂二十一年有人以木板鐫刻圖書其初印之本至今庋置於英京書院嗣有作者刊印歷代事蹟全圖而旁綴以字刻字蓋肇

端於此其分每字母爲活版者則始於谷敦保誓不妄傳於外事在明英宗正統四年後其法傳於金工弗思特

一千四百四十九年明英宗正統十四年荷蘭自艮公爵佛力始征烟稅及麥民情不附

一千四百五十四年明景帝景泰四年土耳機攻破君士但丁東羅馬國亡

一千四百八十年明憲宗成化十六年日耳曼荷蘭諸國始遣使通俄羅斯俄亦遣使往土耳機通聘問至是俄人始强爲歐洲患

一千四百八十八年明孝宗宏治元年意大利人可倫比之弟自西班牙至英國始見海圖時爲印度王昔剛德即位之十年歐洲人始至印度

一千四百九十二年明孝宗宏治五年西麻八月三日可倫比

自西班牙海口航海西行初過大西洋始覔得亞美利加洲新地得見西印度海島明年九月又以船十七艘兵士一萬五千前往西班牙女王依薩伯拉與回教人交兵十年終取迦拉拿太始復故宇

一千四百九十五年明孝宗宏治八年荷蘭人文奧始以新法製造開花礮彈亦名子母彈

一千四百九十八年明孝宗宏治十一年歐洲人始至印度荷蘭國人始設商船數百於波羅的海與英法通商可倫比三次出洋始覔得亞美利加大洲

一千五百一年明孝宗宏治十四年葡人始尋得北氷海之兀林蘭是時西班牙葡萄牙兩國長於通商覔地國勢強大葡人德迦麥始識好望角海道西班牙始覔得尼佛蘭地葡人與印度通商始設立總督於印度以理商務始遣使至中國征服安

南之東京
一千五百五年明孝宗宏治十八年葡人立商埠於錫蘭島前年印度境内有戰事愷烈克王與哥陳王爭國滅哥陳葡人以兵力復之立埠於海濱廣通貿易印度人始用指南車
一千五百六年明武宗正德元年意大利羅馬城内始建天主堂曰珊貝德營造百年其工方竣費金錢七千萬高四十餘丈雄麗甲於天下
一千五百十一年明武宗正德六年葡萄牙人始覔得滿剌加葛羅巴兩新地始立埠於印度之哥耳始取印度南境之錫蘭島始覔得摩打加撒地始攻取印度海口立約通商葡人威行域外實爲歐洲貿易東方之先聲西班牙人可倫比始爲亞美利加總督始有人徙居新地
一千五百十二年明武宗正德七年英國始設官船廠廣製戰

艦精練水師
一千五百十五年明武宗正德十年英人始作照像回光鏡
一千五百十七年明武宗正德十二年葡萄牙始與中國通商立埠於廣東之澳門日耳曼人路德始別創耶穌新教一時從之者衆
一千五百二十一年明武宗正德十六年荷蘭人始至南洋之呂宋先立商埠後遂踞有其地土耳機國始定錢制改律例葡萄牙國人麥折倫始環行地球一周三載方回始論地球爲圓體歸時麥折倫已死西班牙王賞其從行人加那西巴以顯爵賜以印面鏤地球鐫字其四周曰爾始環我後西班牙人愷挪繼之英人德來格亦追踪前往焉葡人始與暹羅通商是時西班牙國最富强然王黷[illegible]無厭始開納貲爲官之例又加田賦
一千五百二十五年明世宗嘉靖四年法蘭西人佛尼留始測

定赤道一度地面爲六十八洋里又七六三四西班牙人始覓得北亞美利加洲產金之地

一千五百二十七年明世宗嘉靖六年英人始遣巨舶往探北氷洋欲窮其境始至亞美利加洲之白來齊立埠通商

一千五百三十二年明世宗嘉靖十一年意大利人抹助里始以强水鐫銅板日耳曼國始刊行希臘人歐几利德所著之幾何原本幾何之學至是始盛行

一千五百三十八年明世宗嘉靖十七年希臘人始作泳水鐘一千五百四十年明世宗嘉靖二十年可倫比始悟羅經偏度之理

一千五百四十二年明世宗嘉靖二十一年葡萄牙人始至日本之豐後國初傳造礟之法於日本明年葡與日本立通商之約荷蘭人始至英國造大鐵礟

一千五百四十三年明世宗嘉靖二十二年波蘭歌白尼著天象旋轉考始言太陽居中不動五星及地球俱環繞之故太陽行十二宮諸星晝夜盤旋皆係地球運動地球亦行星之一軌道在金火二星之間每日自轉以成晝夜泰西天學家多宗其說以至於今三百年來未之或變按歌白尼生於普魯士國之鉑納邑其地本屬於波蘭國時已滅亡爲普墺俄三國所分據當戌[redacted]九年間初著一書以明地球環繞之理書成刋於嘉靖九年猶未敢自信迨全書工竣而歌白尼已卒

一千五百四十五年明世宗嘉靖二十四年意大利佳但造開立方法西班牙始造大馬車葡萄牙始自中國攜回橘樹栽於園圃

一千五百四十九年明世宗嘉靖二十八年英國始造遠鏡禁演戲劇瑞典國始與荷蘭英吉利立約通商

一千五百五十年明世宗嘉靖二十九年日耳曼之白海美人善製玻璃是年始造藍玻璃

一千五百五十三年明世宗嘉靖三十二年西班牙始傳行血醫理始有英人航海至俄俄王召見之嘉其材藝因與英通商且免商稅是爲俄英通商之始按前年英王詔毀天算測量諸書及儀器等物疑其妖妄也於是英之疇人子弟多抱器散之四方遊歷俄土者卽其一也其人載俄地貨物回英偕俄使者及列矦十六人俱來是爲英俄通使之始

一千五百五十六年明世宗嘉靖三十五年荷蘭人麥加爾始作海圖標明經緯度分測量深淺遠近俾航海者取則焉

一千五百五十九年明世宗嘉靖三十八年英人始設保險局商賈之航海者貲本得以無虞始得山薯種於亞美利加國中始植梅桃杏櫻桃等果樹始造紙以絲毛始織襪

一千五百六十年明世宗嘉靖三十九年玻爾大始作穴室取影之法自此光學日精

一千五百六十二年明世宗嘉靖四十一年意大利人始知以機器抽鐵絲是時歐洲各國始講求航海通商之法英王始遣使臣鏗金生至波斯立通商和約西班牙亦求與波斯互市始販鬻阿非利加黑人於亞美利加洲自此虐政始行

一千五百六十三年明世宗嘉靖四十二年西班牙於京城建築大宮院長三百六十里三年方竣工西班牙自得美洲富饒甲天下

一千五百六十九年明穆宗隆慶三年英始弛賭禁始行白鴿票荷蘭之佛蘭德邑有織匠八千人徙於英由是英之工作日盛得以所製之物販運遠方

一千五百七十一年明穆宗隆慶五年荷蘭之阿里佛公爵佛

德烈以兵叛攻西班牙獲礮數千尊鎔之鑄人象鐫其名於上以示武功英國水師始益擴充始有礮船一百四十六艘有尋則借商船以益之西班牙始得南亞美利加洲之秘魯金礦土耳機人始併古巴島島中產美酒王飲而甘之遂興師攻取焉不三年王卒以辭死法國始鑄銀錢普魯士王始於伯靈京都設守望法

一千五百七十三年明神宗萬厤元年第谷測定客星較遠於月又明月離之道測知行星有遲速月離之交點行亦有遲速且測知黃赤大距古今漸易用清蒙氣差改定七政又言金水二星附日而行繞於地球始於彼羅的海中小島築觀星臺以測天象其功爲西國第一沒於萬厤二十九年

一千五百七十五年明神宗萬厤三年茅鹿理哥始明人目內觀物之理而造遠視近視眼鏡於是始有雙目遠鏡荷蘭大將

拒西班牙有功於米約巴累登二城始設格致院日耳曼國人
希司拉始作厤書羅馬教王始改正厤書
一千五百八十年明神宗萬厤八年英天文家始定指南鍼偏
度始制引水入城之器英船主德勒克始自英過麥折倫峽入
太平洋過好望角而回英國之周行地球者實自其人始始證
地球爲圓體繼之者爲迦芬的斯往返凡二年有五旬始覓得
三厄里那島
一千五百八十四年明神宗萬厤十二年印度始見有金剛石
礦英始許民間行新聞紙始於美洲携淡巴菰回國刻白爾始
與太果互議天算之學
一千五百八十九年明神宗萬厤十七年法人始作氣槍英人
始用遠鏡製造日精測天益密
一千五百九十年明神宗萬厤十八年法蘭西人肥乙大究明

代數學以西洋二十五字母代數目字不論已知未知俱可推算又造開三乘方法著數學紀要是年英國奇白德著■石論又西士白苟得考知琥珀之外尚有土耳未里尼石與石煤中有靈性能顯電氣餘如玻璃火漆松香硫磺等及寶石數種依法擦摩均能引吸輕體至金類與水油等質其電性於天氣乾燥時發現易而潮濕時發現難空氣內之電氣亦各時不同

一千五百九十一年明神宗萬厤十九年意大利人伽離畧等講求重學始明一斤重與十斤重下墜同遲速落地之理英人始與印度通商始購茶葉日耳曼始以金銀絲織錦

一千五百九十四年明神宗萬厤二十二年意大利天文家格里留始作寒暑表英國始設官銀號以便通商荷蘭始造兵船

一千五百九十七年明神宗萬厤二十五年英人始得時辰表■日耳曼而明其製造之法航海商船始覓得佛格蘭群島西

班牙王募人有能量定地面經緯度數者特懸十二萬金錢以賞之英國名將葛瑔威以戰功聞於列國生於是年

一千五百九十九年明神宗萬厤二十七年日耳曼人始製縫衣機器荷蘭史德文始明斜面上力重比較之理及分力并力之理知入水愈深壓力愈大葡萄牙始於亞美利加洲移淡巴菰種歸植之國中

一千六百年明神宗萬厤二十八年英人始於東印度設立東方貿易公司英之商船始至日本英女王以利沙伯始降手詔立會館於倫敦署曰倫敦至東印度商人會館始遣五舟載貨前往船主蘭迦斯德始至蘇門答臘摩鹿加立碼頭於爪哇

一千六百一年明神宗萬厤二十九年日耳曼始作精巧玻璃西班牙時有著作家曾德維迦著書千卷有名於時

一千六百四年明神宗萬厤三十二年意大利人格里留設立

天文院聚徒講學英吉利始織緞荷蘭始設保險公司日本台德公徵道春始種烟草北亞美利加洲始有糖販至英吉利葡萄牙各國

一千六百八年明神宗萬厤三十六年英吉利始作指南箱以便行舟土耳機始與荷蘭法蘭西通商教王駐居羅馬城於大天主堂設樂官閣宦一千六百人英人有吉離巴者始悟電氣之理日耳曼人有勒巴維與克挪留始講化學

一千六百九年明神宗萬厤三十七年刻白爾著火星運動書始論行星軌道皆爲橢圓又論行星用橢圓平積爲平行西班牙人哈利亞精於天算始以遠鏡辨日中黑子意大利人格里留始作遠鏡維藹司人延之爲算學教師英國有大詩人日密敦生於前年

一千六百十年明神宗萬厤三十八年伽離略既造遠鏡始見

木星旁有小月始見水星有四附星明年又見金星有晦朔弦望一如太陰又見土星有兩耳又見太陰之體有高低凸凹之形旋教王誣其以天文惑衆逐之出境外利瑪竇初航海至廣東是爲西法入中國之始

一千六百十一年明神宗萬厯三十九年刻白爾改正清蒙氣差論氣水中俱有光差又因悟人目視物之理如穴窒取影然人始覓得哈海森海灣荷蘭始與日本通商

一千六百十四年明神宗萬厯四十二年英國訥白爾始作對數表用加減代乘除以二零七一八二八一八爲元荷蘭始與中國通商其國人始至北亞美利加洲貿易俄羅斯始遣使聘於瑞典波蘭日耳曼諸國

一千六百十五年明神宗萬厯四十三年伽離略用木星附星推食定東西里差英法兩國始航海與中國通商丹麥始作府

大英國始開河道引水至倫[illegible]京城

一千六百十七年明神宗萬歷四十五年荷蘭師納拉測定地上若干里合天上若干度以此推之可知地球周圍多少里數

一千六百十八年明神宗萬厤四十六年刻白爾論行星行於橢圓周時刻方之比同於行星距太陽十字線立方之比荷蘭人德里白始作顯微鏡是年三彗星竝現伽離畧復談天文英人始以國語譯教中經典英王始出榜諭禮拜日後注俗名之曰戲書大抵是日拜經後男女可任意嬉游球射晏飲無所不至法與教中書不合坐壞風俗識者譏焉

一千六百十九年明神宗萬厤四十七年師納拉造光差算術凡光出入於[illegible]質中必成光差角與原角恒有比例其詳具鏡說一圖英吉利名醫哈佛始悟血出於心迴於脈絡

一千六百二十年明光宗泰昌元年英國備根著格物窮理新

法實事求是必考物以合理不造理以合物是年英人始立埠於印度東海之濱法人始以髮髭網巾爲官飾

一千六百二十二年明熹宗天啟二年英始建置提舉市舶之官減商人銀息每歲百分之八創造新聞紙英之公司船行賈於印度者甚夥其地貨物至英價減四分之三英王欲治蠶成絲始於法蘭西國中移桑數十萬株植於倫敦

一千六百二十四年明熹宗天啟四年英國巴理知思發明對數之理始取十爲元以令一對十二對百英始鑄銅鑛始種木棉於佛奇荷蘭人始作行軍之磨英始與波斯通商始得蠶絲

一千六百二十五年明熹宗天啟五年意大利始設天文會於羅馬城傳其法於天下利瑪竇始自會中來至中國法人克啟提所著兵書至是告成頒行國中武士始悉韜鈐之法西班牙兵士始創手磨攜至軍前以磨麥粉良便俄與英國通商攺立

新意英得美洲多購棉花始創製諸雜色布售之通商各國日
耳曼人舍尼始作測日遠鏡
一千六百二十六年明熹宗天啟六年英人蘭撒始作煤窨取
水法儲人溺作硝法國始遣使臣往駐和好諸國京城
一千六百三十一年明思宗崇禎四年日耳曼人佳生地初見
水星過日面法國始設京報偉閭闐盡知朝廷政治之由
一千六百三十二年明思宗崇禎五年伽離畧專論天靜地動
坐此下獄主者强使反其說乃出之是年伽離畧所著地球自
轉之書告成並發明吸力之理英人挪和德始量定地球所當
經緯度里數諾依始設兵防海
一千六百三十三年明思宗崇禎六年荷蘭至英始設風鋸荷
魯斯始算金星軌道
一千六百三十四年明思宗崇禎七年英人始造肩輿始製鐘

表其法均傳自法國法人始作玻璃鏡八年英人始鑄銅礮專設博物院以究格致之學

一千六百三十六年明思宗崇禎九年意大利人伽離畧被囚喪明年七十二歲著地球或問書成教王下令禁民談天英國始開納貲爲官之例穆生田始造回光鏡俄羅斯始定稅則許各國通商英人所織棉花布通行於境外

一千六百三十七年明思宗崇禎十年法蘭西代迦德合代數幾何以發明直曲諸線之理

一千六百三十九年明思宗崇禎十二年英國好洛斯初見金星過日面在西厤十一月二十四日法人魯蜀始傳造火漆之法

一千六百四十三年明思宗十五年伽離畧卒天主教徒不許葬於總墓荷蘭人始覓得澳旋尼及新日倫群島并探得弗玲

特利諸海嶼

一千六百四十四年　國朝順治元年意大利之佛努倫人叨里直理造量風氣輕重之具法人多利式始造風雨表按此兩物器同而理亦相通英人始食加非

一千六百五十年　國朝順治七年法蘭西人始造馬車英吉利始設商船律法

一千六百五十三年　國朝順治十年荷蘭人之商於印度者始設洋行於中國之廣東省垣歐洲通商自此年始法國化學家始用藥水顯出淡鹽之法

一千六百五十四年　國朝順治十一年荷蘭人骨里該始造風氣車能抽出器中之風氣意大利人願拉撰書四千卷論黃白之術按是時歐洲亦有方士講求長生不死之方徧覓卻老延年之藥顧千百中曾無一二著活人之效者其談黃白點化

之法者亦其一也然由此而益明各物之本質而化學以行焉俄之西皮里阿戍兵始與中國構釁旋即附商人呈國書冀以通好英人韋珍師始測得土星旁第四小月法人協經能以化學造珍珠意大利人蒲亞挪製一機器明水不受壓之理日耳曼人格里始作吸氣筩其理與風氣車同

一千六百五十八年　國朝順治十五年海更士發明鐘擺之理始作有擺之鐘又名儀墜子是時英國士人精於考察講求實學以及詞章箸述蒸蒸日上哈耳斐始爲血絡周流之學以其切於身也理雖易明實性命之要至是其說大行醫術爲之一變著書家如撒耳敦測望家如哈略俱能搜獲新理以教國中商會教會俱有傳人格物家測驗天地功用萬物化生實事求是不貴懸揣觀象儀器其製益精其術益驗哈略測日面有黑點又有人測水星過日面爲後來新法之證文人學士書熱

尤美詩家首推密爾敦作失樂園詩爲一代詩人之冠箸述之儒當此政教紛更之際異端鋒起而獨不以好惡爲是非載筆得傳信於後世爲可稱也時有勇士曰葛龍威保疆衛民名譽赫奕卒於是年

一千六百五十九年　國朝順治十六年海更士初見土星旁附有兩耳實則一光帶又見一附星作土星考當明季萬厤三十八年陽瑪諾入中國已言以遠鏡窺之土星形爲橢圓似雞卵兩側繼有兩小星其或與本星聯體否不可明測也至是測視益審日耳曼樸芬烈始著萬國公法

一千六百六十年　國朝順治十七年西厤七月十五日英國王建一會所曰勞耶疏寨依的言王之會也多集天文秝算之士於其中王厚餼之

一千六百六十二年　國朝康熙元年葛西尼測得土星旁四

小星即今第一第二第三第五月也且見土星之光帶中有黑界分爲二道

一千六百六十三年　國朝康熙二年英國格勒哥里新作回光遠鏡荷蘭人范達海豐始作水龍德魏得始作鍊彈

一千六百六十四年　國朝康熙三年英國天文家始於觀天器上作遠鏡窺筩始作沉鐘以沈水探物

一千六百六十五年　國朝康熙四年英國天文家奈端初論微分法此法及積分法爲最深算術凡借根天元等法所不能推者用此則無不可推

一千六百六十六年　國朝康熙五年奈端始究日與地有大攝力初知天上地下萬物皆有相引之理是以重物向地心下墜與日環地球之理同是年英國始立保家以旺貿易始販中國茶葉日耳曼人麥加利始製花玻璃以進於波蘭王法都始

建格致大學築觀星臺延四方疇人家精於測天者群至其國

法王雷十四聘海更士於荷蘭聘葛西尼於意大利俾居於中

葛西尼之子及孫皆有聲於大學

一千六百六十七年　國朝康熙六年玺理師始造曲線面積

算術

一千六百六十九年　國朝康熙八年奈端始作分光法白光

入三角玻璃分爲七色再加一三角玻璃仍合爲白光

一千六百七十年　國朝康熙九年拉那始作寒暑表法國始

造火槍尖刃始用瑪瑙機火槍火器之製至是而益精

一千六百七十一年　國朝康熙十年葛西尼初見土星旁第

二附星或云已測得第五小月日耳曼人善造鏡秘其法不傳

於外英公使駐劄其都城求觀之不得

一千六百七十二年　國朝康熙十一年奈端初作回光顯微

鏡荷蘭人始作水龍皮筲俄國初作經國書告成至是復行續纂英國重定律法不許天主教人入仕籍此例後十餘年始弛禁始建觀象臺於倫敦聚疇人家講求天學其地名格里回次凡閱八年始定地球經度是年初明鐘擺近赤道則遲遠赤道則速始明地力在赤道最大在兩極最小

一千六百七十五年　國朝康熙十四年葛西尼測得行星諸月之周時又定木星爲扁圓球測定光行及光行速率是年西厯八月十日英始建觀星臺宏鉅高敞甲於海內性理之學亦爲最盛曰駱克者著書有名

一千六百七十六年　國朝康熙十五年大尼勒墨爾初明光動之理是年葛西尼推定木星自轉九小時三刻十分

一千六百七十八年　國朝康熙十七年海更士初知星光自遠及近如海潮迅速射及目中人始能見其光我　朝初賜書

於俄廷通問修好

一千六百八十一年　國朝康熙十九年英人始由印度東方貿易公司通商於中國澳門

一千六百八十三年　國朝康熙二十一年英國始作吸水龍始自白海美傳來製造馬口鐵之法

一千六百八十四年　國朝康熙二十三年葛西尼初見土星旁又有三顆附星并前而五

一千六百八十七年　國朝康熙二十六年奈端格著物原本中言日月星小環於大之理所行之路或橢圓或單曲線或雙曲線諸行星及地球月俱行橢圓客星彗星俱行單曲線與雙曲線重物向地心下墜與太陰自東而西行一理貫通也

一千六百八十八年　國朝康熙二十七年法人曰屏始作氣機管內之權衡而測知在內熱氣之輕重英人始創抽氣筩講

求其用法始刊行奈端算書

一千六百九十年　國朝康熙二十九年英人始竭力經營印度立埠於恒河之加爾各搭俄人始與我　朝勘定邊界通商於恰克圖立界石於額爾古納河

一千六百九十一年　國朝康熙三十年法蘭西名士步芬始精究禽獸之性情與其形狀步君卒於乾隆五十三年法人梯挐始以新法作大玻璃鏡高可盈丈光鑑毫髮英於美洲屬地始種穀稻荷蘭始造行海兵艦

一千六百九十五年　國朝康熙三十四年法人始以開花炸彈攻比利時城垣燬民房四千所俄羅斯始設船肆於黑海濱

一千六百九十八年　國朝康熙三十七年英人始作火輪汽機以吸水俄王潜至荷蘭英吉利諸國以習工藝在英居於船厰講求船政遍觀機器博學諸院

一千六百九十九年　國朝康熙三十八年法國始造水龍以機激水高可數丈用以救火災國民稱便

一千七百一年　國朝康熙四十年普魯士君長佛特烈有兵士二萬四千人始自立國不爲日耳曼屬邦於是始興文藝始修武備始製兵器始定律例

一千七百四年　國朝康熙四十三年奈端著視學書告成專論光體其論回光角與原角等按奈端生於明崇禎十五年號稱博物宏儒名著遐邇是年蔣西尼始見土星有兩光帶赫烈始算彗星軌道是年西厤八月英始得日巴拉大島隸入版圖此島爲地中海門戶地本堅城築於磐石之上英取而新之築礮臺設營壘屯水師於要人不能越陸路而過眞形勢之地英人踞之國勢益强

一千七百九年　國朝康熙四十八年英國究明性理之名士

日尚蓀始生

一千七百十八年　國朝康熙五十七年法蘭西國王命天文大臣推算地球經緯里差始知地體係扁圓

一千七百二十年　國朝康熙五十九年革勑始考正琥珀氣之理好里始考正月行之理日耳曼留普的始創汽機內化冷水之法是年英商始立一公會名曰南海之會欲於太平洋中諸島往來貿易顧會立十年未有生息因主其事者以詐術行之也是時英之商船三千二百八十一艘水手二萬七千二百人在東印度公會始駛舟至中國通商

一千七百二十一年　國朝康熙六十年英國名士富孫始究明性理之學國中始廣行種痘之法

一千七百二十四年　國朝雍正二年法之新教民被逐至英者五萬人旅居倫敦織作呢羽細布及奇巧之法國人效之大

有裨益其為疇人家言者大興天算之學時有精於厤數者曰包依耳曰何裕曰瓦立斯曰巴羅曰哈力始為光學者曰紐敦兼通象緯厤數之學始創遠鏡者曰克勒格力始為返照之器始明行星定星旋轉排列之理者曰弗蘭斯得始考彗星軌道者曰哈烈始察得彗星往還別一軌道按時而至咸萃於英國都城彬彬稱盛焉俄羅斯始建格致院

一千七百二十七年　國朝雍正五年英國白拉里考正地動恒星視差之理

一千七百三十年　國朝雍正八年英國海特里造紀限鏡儀以測地球高弧時國中始用機器紡織始於白萊齊地方覓得金剛石礦

一千七百三十一年　國朝雍正九年法人佛倫海始造寒暑表以定氣候冷熱不爽分毫英人白拉里始悟恒星自轉之理

西學原始考

始於美洲各屬地廣種加非

一千七百三十四年　國朝雍正十二年法王使人周測地球形勢環行地球一周美洲所造印度膠其法始傳於歐洲

一千七百三十五年　國朝雍正十三年英國始作石版印字之法始與俄國立通商之約西班牙國始考正地球扁圓周徑是年西國創考驗萬物相引法懸物空中近山則線斜

一千七百三十七年　國朝乾隆二年法國格來羅考明三動物相牽引之理法王始使人至酒孛利測量度數其地每度計六十九里又四百零三

一千七百三十八年　國朝乾隆三年英始造鐵路以行煤車法人始測算聲音每秒時行若干里此爲講求聲學之始

一千七百四十年　國朝乾隆五年英人始用煤氣燃燈俄羅斯始建冰室

一千七百四十四年　國朝乾隆九年法王遣人至秘魯測量其地每度得六十八里七百二十四是時土耳機始得入於歐洲諸國之列俄羅斯始流罪犯於西皮里阿開礦捕貂

一千七百四十五年　國朝乾隆十年白拉里始知地球南北極有動差十九年而一周法人始設保火險公司

一千七百四十七年　國朝乾隆十二年美利堅佛蘭格林始明琥珀氣與電氣同意大利人約翰始以電氣醫病日耳曼人雲格林始試行電報忽兹始作龍尾水車蘇格蘭有農天日褒納斯以善歌名生於是年

一千七百四十八年　國朝乾隆十三年英之里德人始製玻璃瓶用水一千二百磅法倫格林講求電氣其理益精俄始强伐日耳曼始用兵於歐洲爲歐洲患是年歐樓詳考各行星相引微差之理

一千七百四十九年　國朝乾隆十四年英人有哈力遜者以度時表泛舟大洋能察經度獻之於朝王酬以金錢二萬意大利始尋得前爲火山所掩之厚哥萊甯城

一千七百五十年　國朝乾隆十五年英與西班牙通商始製毛氈始知鎔鍊鋼鐵之法倫敦始建大橋至是告成瑞典始設格致書院

一千七百五十一年　國朝乾隆十六年英之化學家究出淡氣始知諸物中皆有熱丹麥國王始刊頒兵船條例俄人力基門以詳究電氣爲雷震死英京倫敦建大博物院落成

一千七百五十二年　國朝乾隆十七年英以舊厤與日行不合而與他國亦有異因於是年九月十四日減去十一日以合天行按是時英議政院重修厤法定歲首俾英之天時合於歐洲文物之邦自來教會國政所行之厤以三月二十五日春分

節爲歲首百姓所用之厤卽今正月一日也國中秝算不甚便於用向用茹列安歷法一名舊法不用教王革勒歷法一名新法如是則英歷較他國以日行爲準遲十有一日欲合於日行及他國歷法必於是歲中除去十一日故有二厤一行於英之本地及歐洲亞洲美洲阿非利加諸屬地以紀元後三月二十五日爲歲首此法於一千七百五十一年十二月終日後不用正月一日爲一千七百五十二年歲首永以爲例一自一千七百五十二年九月二日其明日卽爲九月十四日中間除去十一日不用此正厤法也民間譁然謂之盜竊時日俄而天文長伯拉德力死謂遭天譴然英之厤法自此不忒矣

一千七百五十四年　國朝乾隆十九年意大利基挪亞始設書院教師講求富國之學法人佛德力始著萬國公法垂爲定律

一千七百五十七年　國朝乾隆二十二年好里預推之彗星見每七十五年一周天適符其數道光十五年又見英人開敦始究指南針偏度是年有流星墜於普魯士境內墜地而化爲石英人始取地中海一島扼東西海舶往來之門戶道倫德造無暈遠鏡遠鏡透光俱有彩暈惟此鏡無之其法以對暈二式玻璃合而盡消其暈

一千七百六十年　國朝乾隆二十五年英人電氣日精始造火輪車因無鐵路不能行駛是年金星掩日

一千七百六十一年　國朝乾隆二十六年歐樸闢明差等數初造積分法

一千七百六十二年　國朝乾隆二十七年白拉格始明陰熱氣之理斯米敦始於依的斯頓海中磐石置燈於頂立標識

一千七百六十七年　國朝乾隆三十二年英大臣斗尼善始

議征玻璃茶葉紙料之稅西班牙銷毀舊銀錢重鑄新幣俄羅斯始種牛痘英人哥克嘉覓得新地逾年始探得澳大利亞洲東海之紐日倫島

一千七百六十九年　國朝乾隆三十四年是時航海覓新地者曰拜侖曰瓦力斯曰加德力曰古克而古克最著名周行地球逕至南半球高緯度處周行審視知地理之士所云南方更有大洲者謬也用醫術治舟人使不疾病是年始抵南平洋測金星過太陽面定新西蘭島得澳大利亞東海濱爲英屬地始開煤礦中有水以火輪器汲之始創火輪舟車之用者其人名瓦的

一千七百七十年　國朝乾隆三十五年英人華德始造火輪船歐玲始以鹹水變淡水於是海舶日用無虞匱乏議院爵紳特以金錢二萬畀之獎其功也英自後但徵入口茶稅

一千七百七十二年　國朝乾隆三十七年英爵紳始行新法加惠於寄籍之民言在英國中均非奴隸盡行釋放此廣行善政之始

一千七百七十四年　國朝乾隆三十九年英國格致家始明地質鬆緊之理測定同體地水二質其較多五倍半布舒始作測日儀器

一千七百七十五年　國朝乾隆四十年法國拉自拉瑟始闡明海潮往來漲縮盈虧之理墺地里國王始罷用刑訊囚之律俄羅斯女王始獲金剛石重一兩五錢日耳曼人始製電池

一千七百七十七年　國朝乾隆四十二年法之化學家拉佛始知以藥融化金剛石而辨析其質英人始建大鐵橋於珊文江始流罪犯於澳大利亞洲之悉德尼

一千七百八十一年　國朝乾隆四十六年英國天文大臣侯

失勒初見土星之外有一行星名之曰於尼挐士譯即天王星

一千七百八十二年　國朝乾隆四十七年侯失勒以遠鏡測見白氣數點知傳說積尸之類同於天河亦係無數小星之光俄王始立石柱以銘已功西班牙始造浮礮臺以攻英之地中海英人華得始造雙行汽機

一千七百八十三年　國朝乾隆四十八年英人始造火輪磨坊法人始作輕氣球可升至空際游行各處

一千七百八十四年　國朝乾隆四十九年英人凱法爵始論吸氣始以馬車傳遞信音往時人惟單騎持信易爲盜劫至是用車車上置軍械可禦盜始用火輪機器織布意大利始頒新定刑書禁大辟之刑

一千七百八十六年　國朝乾隆五十一年法之化學家白妥烈始知以綠氣漂白各物使現原質法國始作鐵管長一百四

十里以引水入於法都英人始造紡紗機器力省工倍便捷異常

一千七百八十七年　國朝乾隆五十二年拉白拉瑟始講明太陰軌道之理法國始用民選之人入議院始行稅地新法英始徙罪人於澳大利亞洲船主比路西始考察北平洋海濱之綫在亞細亞亞美利加交界

一千七百八十八年　國朝乾隆五十三年拉格須始用微分法詳解動靜重學之理美始建國始有商舶至中土購茶始種木棉於境內始議立合衆國號曰聯邦

一千七百八十九年　國朝乾隆五十四年侯失勒名威靈造極大遠鏡測見土星旁又有兩附星并前而七其大鏡筩長四丈圓光鏡徑四尺厚三寸半重二百斤視力率一百九十二較目力所及遠一百九十二倍時荷蘭有化學家三人曰貝止曰

棣曼德曰魯斯德始知化水爲養氣
一千七百九十年　國朝乾隆五十五年英人始用機器作釘
始禁販黑人爲奴意大利人愷烈佛始知以電氣化五金
一千七百九十四年　國朝乾隆五十九年日耳曼倫福侯始
作量光器講求光學究察入微法國始定三色旗
一千七百九十五年　國朝乾隆六十年英天文家侯失勒製
天文大鏡告成英始設電報始立傳教公會遣教士徧至各處
一千七百九十六年　國朝嘉慶元年英國醫士直納始以新
法種牛痘是年西厤十二月二十五日大寒寒暑表縮至冰度
下四十八分始驅荷蘭人於錫蘭島有全島
一千七百九十九年　國朝嘉慶四年拉白拉瑟著天文重學
大成始脫藁刊行四方爭購日耳曼人始用石版印書之法
一千八百年　國朝嘉慶五年侯失勒初明太陽所出之氣有

熱氣光氣化物氣之別穴室照[redacted]像法用第三氣法人始知以紅蘿蔔製糖化學家佛耳毗始仿用英國之法創作大電池而明電氣之功用法王賜以金牌并酬以金錢六萬以其有功於化學且電氣之流行可施之於實用也

一千八百一年　國朝嘉慶六年意大利人畢亞齊初見小星火星之間有一小行星名曰穀女

一千八百二年　國朝嘉慶七年日耳曼阿爾白士測見第二小行星名曰武女丹麥始仿行英國海面章程俄王勵精圖治教其國民始賞力田精藝之人以勸工農

一千八百三年　國朝嘉慶八年侯失勒測見定位星有雙星互相環繞俄王使格魯古登繞地一周三年方回英人福耳瑚德始作火槍鷄嘴自是十年間計造火槍長短十萬桿

一千八百四年　國朝嘉慶九年日耳曼哈爾定測見第三小

行星名曰天后考泰西各國火輪車路實始於是年今統核歐羅巴洲各處共置鐵道二十七萬六千三百四十八里南北亞美利加共二十六萬五千六百二十里阿非利加共五千五百四十一里亞細亞洲共二萬四千二百二十八里澳大利亞洲共八千六十四里統計五大洲得五十七萬九千八百零一里惟合衆國者最遠計二十三萬二千三百七十一里其次爲英國時英國學校中多著名之士論物質之學者曰伯利斯力曰加文的斯作列國史記者曰羅伯森曰吉本作詩歌者曰哥德斯美曰搠爾納斯曰荷伯曰迦拉比能鏤刻曰倍根曰邦斯曰弗拉斯曼能繪畫者曰來納德斯曰老米尼曰兜斯德著書述國政及貿易事宜者曰亞丹斯密俱以專門名家著稱文學彬彬盛於一時

一千八百六年　國朝嘉慶十一年好望角始入於英

一千八百七年　國朝嘉慶十二年阿爾白士測見第四小行星名曰火女英人始用氣學以煤氣作路燈光燭通衢照耀如晝奸宄屏跡自倫敦至各處無不皆然是年侯失勒測見天王星旁有六附星英化學家始分水質爲二物

一千八百十四年　國朝嘉慶十九年西國初明露水之理空中恒有水氣遇地面冷必垂而爲露夜中無雲地面熱氣易向太虚發透故露下如雲掩地面熱氣難透必不成露樹林遮蔽與雲無異

一千八百十五年　國朝嘉慶二十年丹麥國王詔令博士詳論古教及印度波斯之教異同

一千八百十六年　國朝嘉慶二十一年英船主斯尖帖覓得南古蘭數島山巔終歲積雪不消

一千八百十七年　國朝嘉慶二十二年英人戴斐始造燈球

以入礦採煤用免患害伯來牟海口始築海壩加烈敦始疏河道始以汽機印書先是指南針忽偏於西至此漸歸原向

一千八百十八年　國朝嘉慶二十三年英王遣羅斯巴烈二人往北氷洋尋覓西北新地是年式凡那輪船自紐約駛至英國是爲輪船航海之始印度東方貿易公司始取新嘉坡爲通商埠國中廣立官塾大開聖經公會傳教於他國於是馬禮遜米憐維琳麥都思始至中土皆教士中之巨擘也

一千八百十九年　國朝嘉慶二十四年日耳曼爾士德發明磁石與電氣異同之理是年日耳曼恩格測定彗星行度約六年餘一周天

一千八百二十二年　國朝道光二年侯失勒名約翰用大遠鏡測定恒星有單星雙星三星四星之别各互相環繞是年英製鐵輪船航海至法阿爾蘭始有火車可行長路晝夜不息遲

羅始與歐洲各國通往來始與英國印度商會立約嗣後歐洲各邦漸至其國立埠通商始置領事官旋遣使詣英法聘問修好選貴族子弟肄業於歐洲學校

一千八百二十三年　國朝道光三年日耳曼佛倫好弗初見日光分爲七色中間有無數黑線其相去度分俱有一定諸行星之光與日大同小異因借日之光故也定位星則各不同因自生光故也英勃能斐德隱於耕力田自給以善謳名是年卒

一千八百二十四年　國朝道光四年日耳曼比乙拉測定第三彗星行度三年餘一周天國中有書賈聚書至五萬三百餘種英人始與暹羅立約通商法禁私印書籍凡新聞紙及所著之書先呈清本閱定方許刊行英人始禁印度境中殉葬弊俗

一千八百二十六年　國朝道光六年英人始置火輪公司始征緬甸取其西境始據麻六甲一隅法始與英立商船私約

一千八百二十九年　國朝道光九年英相比爾始立巡防公所於各處商民賴之始道德礄於雷迪始造火車路於達迷斯河底是時畫工名斯德福西里物質家戴維天文家黑耳實植物學滂司火輪學勒尼先後逝世先是英學校中著名之儒如論物質學者曰伯利斯力曰迦文的司作列國史記者曰羅伯森曰吉本作詩歌者曰荷伯曰加拉比能刻鏤者曰倍根曰邦斯曰弗拉斯曼能繪畫者曰來納德曰劈米尼著書講述國政及商賈貿易事宜者曰亞丹斯密彬彬濟美稱盛一時

一千八百三十年　國朝道光十年英愛理發明光學言日月之光激動空氣如波浪然千層萬疊宕蕩入目而後覺有光是年英之利八浦與曼職德二邑始開火輪車鐵路

一千八百三十三年　國朝道光十三年英摩師森始作電報按電學創自西厤一千六百三十二年當時雖經格致之士求

得其理然鮮有知其用者至一千八百四十六年道光二十六年始用電線於英德美法惟民間私製而已商民薈萃之區書柬紛馳路遙事迫不延時日以之濟急人皆樂赴嗣於一千八百六十六年同治七年英議政院以電線獲利甚鉅遂禁私設乃屬於官而徵稅焉今通國有大電報房五所總局設於京都內外分局共五千五百四十所執役其間者不下一萬二千五百八每年共發電信一千五百五十三萬五千七百八十函收稅金錢一百三十萬一千二百磅其足以裕國而便民也如此

是年英國公會始準諸商至中華貿易而停東印度公司

一千八百三十三年　國朝道光十三年英始用印度土著人爲地方官以分商會之權始設領事於廣東以理商務

一千八百三十四年　國朝道光十四年法王始禁新聞紙館毋得私議國政

一千八百三十五年　國朝道光十五年英水師總統訥白爾始至中國之廣州此爲英兵船進中國之始暹羅人始模造西國船式以備軍艦是年俄羅斯始建火輪鐵路初由彼得堡至坡洛斯克薩爾斯古址賽斯壘斯哥等處里數無多繼於歐洲俄境內陸續增造計已至三萬七千五十里

一千八百三十六年　國朝道光十六年英始禁親戚爲婚始立戶口册具書生死婚嫁年月始減新聞紙鈐印費向例新聞紙角請鈐官印於有司貲費頗重故曩爲酌減並禁載違例之事始除殺人抵死之律摩師森始創電報新式

一千八百三十七年　國朝道光十七年英與美始設火輪公司運載商貨往來火輪船始渡大西洋凡歷十五日而抵紐約自倫敦至北明罕鐵路告成計用金錢四百五十餘萬於幾比斯鑿山成洞長七千三百尺以便火車經行利捷始釋逋欠之

禁英軍之駐守印度者始攻取阿汗富爲屬國
一千八百三十九年　國朝道光十九年意大利教會始禁販人爲奴婢英始立茶公司於暹羅始於紅海之亞丁遣發戍兵建築礮臺始於百林島中嚴設防務增置守卒始掠波斯灣據其要害始造鐵路於幼發拉的河畔法人戴開始創照像法以照人像鬚髮畢現法王賜以金錢每年一千二百以終其身比利時人始逐荷蘭而自立國
一千八百四十年　國朝道光二十年日耳曼德路威測得太陽率諸行星環繞女藏星一年行三千三百三十五萬里後有梅特勒測得昴宿爲太陽及天河内諸星所環繞星數數千無異象因其軌道極大故也是年英國輪船始至印度
一千八百四十一年　國朝道光二十一年英國始定郵政公司信札每函取費毋得過二仙士（約中國錢二十文）倫敦大信局每七

日有信札三百萬函

一千八百四十二年　國朝道光二十二年羅斯白始造回光鏡徑六尺重八十斤其筩長五丈架於二墻之間器雖重且大人可以一手任意轉之甚有功於測天是年英國公會紳士始議除五穀稅

一千八百四十三年　國朝道光二十三年達迷斯河底火車路始成長一百三十丈計費金錢一百三萬王始下詔輕刑諭鞭笞毋得過五十

一千八百四十五年　國朝道光二十五年日耳曼亨該始測見第五小行星名曰嚴女法國始定例凡著書者俟死後三十年始許他人專其利

一千八百四十六年　國朝道光二十六年法蘭西力佛理亞始用算術推知天王星之外必更有行星牽動天王星并推得

其度分著書以明其理後其友嘉勒在普魯士京城伯靈用遠鏡細測果見有天王星與所推度分僅差四分耳益知力佛所說爲不謬或謂其先英國亞但史已早推得之蓋亞但史亦特秝算而不借資於遠鏡并推知海王星所在度分

一千八百四十七年　國朝道光二十七年亨該測見第六小行星名曰穉女英國欣特測見第七小行星名花神第八小行星名虹神又有人測見海王星有兩附星亦有一光帶此事尚未有確據是年俄羅斯始取鹹海中之察倫島英國新製印書架始成一小時可印一萬二千葉始令孕婦臨蓐服麻藥美利堅人好好始作縫衣具美邦始開嘉省之金礦趨者如鶩初年值金錢四百三年已千倍之

一千八百四十八年　國朝道光二十八年英國格來漢測見第九小行星名曰獄師又測得其一名曰慧女荷蘭人該陸頁

得第十小行星印度之本若士民作亂叛英全國皆應英將高弗邈擊破之本若始歸英管轄英人解散叛黨執首謀酋長於是印度全境俱平

一千八百五十一年　國朝咸豐元年西厤五月一日英萬國博物院落成純以玻璃建造號曰水晶宮其廣袤四百二十畝綿亘三里許凡用玻璃九十萬尺鐵柱一千六百根各國方物悉依地球緯度陳列洋洋乎天下之大觀也開院一百五十日四方來觀者七百萬人是年英之屬島澳大利亞洲始開金礦始沉電線於海底

一千八百五十二年　國朝咸豐二年英始通電報於阿爾蘭又始通電報於法英始取緬甸之北古部普魯士始強始[redacted]物院於伯靈納所製之物於院中以別良楛

一千八百五十三年　國朝咸豐三年墺地里國始定文詰俱

用日耳曼語英始申禁兵器出售別國以與俄有戰事也

一千八百五十五年　國朝咸豐五年英法與俄戰勝之始以電線傳捷報

一千八百五十七年　國朝咸豐七年印度各邦合兵叛英英出師討之大捷獲特里王流之緬甸自是濱海全境咸屬於英公司奉土地歸政府於是上下議院建議以印度爲英政府所統轄廢藩屬之名始置印度相臣專綜事權其下置參議官十五人始隸印度全地於版圖而上女王尊號曰印度皇帝

一千八百五十八年　國朝咸豐八年英國新定[redacted]堂學館章程凡學生一百六十萬人所需經費計金錢二百二十七萬始設電纜於大西洋英至美計三萬里明年始設電纜於紅海自蘇彝士達亞丁

一千八百六十一年　國朝咸豐十一年英國倫敦始設氣筩

以通信音長約十里

一千八百六十餘年　國朝同治年間法人古斐耳始創立剖尸剔骨比較之學有博學之士曰拉米勒耳能以精思測物理製器察象無不巧奪天工詩人勃郎射能以歌頌樂章協諧音律妙合宫商他如格致之士多瑪新造算器歷三十年而成此器不須人算而自得數巧捷無比又若巴惜儒蓮二人皆足跡未至中土而在國中考求東方之文字語言繙譯經典亦可謂特出者也

一千八百七十二年　國朝同治十一年暹羅人始聘英人往其國中測驗金礦

一千八百七十四年　國朝同治十三年暹羅始遣使詣印度約互市正疆域

輯於咸豐癸丑戊午兩年偕西士艾君約瑟譯格致新學提

綢凡經緯麻數格致機器有測得新理或能出精意創造一物者必追紀其始既成一卷分附於中西通書之後今復散佚無從搜覓因於鉛槧之暇復爲編輯篇帙遂多爰授之剞劂氏非敢問世也亦欲世之考求西學者知其濫觴之所自爾然掛漏之譏知所不免他日容有續增未可知也光緒庚寅閏花朝天南遯叟王韜目識於滬上淞隱廬時年六十有三

西學原始考終

門人興國蔡嘉穀實校

西學考略二卷

〔美〕丁韙良著　〔清〕貴榮　時雨化譯

《西學考略》二卷，美國丁韙良著，清貴榮、時雨化譯。丁韙良（William Alexander Parsons Martin，一八二七—一九一六），美國長老會傳教士，一八六五年被聘爲京師同文館教習，一八六九年起任該館總教習達二十五年之久。一八九八年京師大學堂創辦之初任總教習。此書係丁氏任京師同文館總教習期間，於清光緒六年（一八八〇）返美之際，順途考察歐美日等國教育情況之記録。光緒八年回北京後，丁氏在同文館師生貴榮、時雨化協助下撰成此書。徐維則《東西學書録》稱「此丁氏回國時日記。上卷載歷涉各國之聞見，下卷言各國學校之規制。其論各國源流一篇足以窺學術遞變之成迹，而於測算格致、公法、史學尤三致意焉」。書分兩卷，卷上紀游，記考察日本、美國、法國、德國、瑞士、英國、意大利之經歷體會，舉凡風景名勝、藝術珍品、習俗文化、學校概況、科技發明、著名人物等，記述生動簡要；卷下綴論各國學校教育制度與特徵、知識體系等，包括各國教育異同、學校章程、道學院、法學院、醫學院、工藝院、營造館、治礦館、機器館、農政館、精藝館、船政館、武學、鄉學、女學、聾聵學、師道館、文藝會等。後論西國相師之道、西學源流，末附各國學校册記。實爲介紹各國教育與比較教育之作，對晚清政府與國人了解西方教育學術制度頗有裨益。據中國國家圖書館藏清光緒九年同文館排印本影印。

光緒癸未孟夏

西學考畧

總理衙門印

同文館聚珍版

西学考畧序

總理各國事務衙门同文館冠西丁韪教習本西儒之魁傑而於中学西學博涉深造皆有心得初在館教習英國語言文字旋膺總教習之任凡各國語言文字天文算學化学醫學格物之学胥歸經理光緒六年三月二十三日請假回國八年三月十八日旋京為述周行

一

各國諮訪政教之梗概並筆之於書曰西学考畧而屬余一言弁其端自昔西儒之入我中華有聲於時者大抵以天文算学專门名家而綜教習則学具體要不專一長在華既久習知中國政教本末而於泰西各國用人行政之端特詳察而並明之意在詳其異同而以其所異者足資攷鏡參酌損益見諸實用益其

用心之深立意之美流露於文字間而其文亦卓乎可傳矣夫入五都之市易肆而述所見人各不同以覽巨室之堂出戶而詢所珍人各異指也惟其心之所注在是識之所至在是則其所覽所詳亦在是、所歷之地同而所得於其地者仍各隨其人詣力之淺深而詳略異焉今觀總教習之所著則其心其識其詣力可知閱是書者當與余言而不徒賞其文之工也是為序

光緒九年歲在癸未春正月義興周家楣書於京兆官廨佳晴喜雨快雪之亭

二

西學考略序

不登岱嶽之高不知羣峯之環立也不觀滄海之大不知眾流之會歸也不入五都之市不知金璧珍錯之百種千奇也故學問之道博則精不能兼學能專精究專閱歷能專精思研究常深專閱歷則見中益確而非好學深思讀書多得其未易言之

序　一

法同文館總教習丁君冠西先生為美邦偉士來講西學兼總譯文在館課與生十餘年於繙譯格致天算學化各學靡不訓誨殷殷之意多求是藝著格物入門中西聞見錄彙編並譯出星軺指掌萬國公法公法便覽公法會通為中國策士業務新印廣行於籍資考證者無以來稍稍觀所言好留選

識旴談時務洽及之康居妻請依四國法
返約二千餘遊歷七國凡所見所中陳時
筆之於書一書分國之風俗政教洪大纖
悉不遺旁見周諮務極詳審而又時引古
徵親證於彼折衷以求至當而更以
之出使安定之强學園林之法强思
不遺保以擬其大旨為西學考略計
其二冊而西學之有益於人堪備蒐集

序　二

者遂昭然揭出記為之珠光絳照
余果想之猶多有此集矣　刻西之為
是書其所言於彼所發不揭諸陋
而為之序
光緒九年春在東京花影後三日東
玉苑蒹池拜謹書

自序
嘗思中西學術互異而立法各有所長中國則
明經取士因而京省郡縣按期考試以爲登進
之階西國則廣建書院不但振興古學並主在
推陳出新以增人之知識中法專務本國之文
而人才之卓異者足供
國家之需西法博究異邦之文而殫心測算格致諸
學蓋非由於師授難以獨臻其妙中國掄才之
典西國皆豔羨之近亦漸開考試以拔人才而
爲仕途之初步中國倘能稍用西術於科場增
格致一門於省會設格致書院俾學者得門而
入則文質彬彬益見隆盛矣是書之論西國學
校本總署
王大臣不恥下問察及邇言之雅意曾責余採訪
西術以聞故旋華後編成兩卷上卷隨路程而
畧述見聞下卷擇體要而推論學術間有字句
重複以及瑣碎繁冗之處知所不免然於粃糠
糟粕之中讀者能玩索而得嘉實一粒則余之

歷七國而環遊地球或非徒然往返而已也是則余所厚望焉書竟爰爲之自序

大清光緒八年歲在壬午冬十有一月美國丁韙良
惠三氏識

西學考略目錄

卷上紀游

日本國

美國

法國

德國

西學考略卷上

美國丁韙良著　同文館學習人員貴榮 時雨化同書

起程緣由

中華寄跡已逾半生督課同文十有一載家族闊別詎無桑梓之情因請假言旋蒙
總署王大臣賞假（初賞假年半續賞假半年）並劄囑乘順歷各國之便博採周諮遇學業新法有補館課者留心採擇或歸述其事或登諸載籍則此行尤爲有益館課云云遵於光緒六年三月二十三日携眷就道八年三

環遊地球

月十八日銷假回京凡遊歷七國並有數邦過而不

留者在所不計其程自滬取道東洋自日本而東至美國自美而東至歐洲諸國復自歐洲東旋卽周行地球一匝不同而歸（謂不改向而歸）若盡錄所見所聞不免繁瑣況以採訪學術爲責其天時之陰晴地勢之美惡可置之不論間有旁及民俗風化者寔與學術有借鏡互參之益也

行抵日本

四月初四日自滬登舟初六日行抵長崎爲日本南島之大埠距滬計輪船僅二日之程咸豐四年以前日本未與諸國通商祇准中國與和蘭各派商船數

隻在長崎一口往來貿易是年乃與美國立約和好九年復與美英法俄各國立約頓改政令弛其舊禁非徒與諸國通使且假泰西各術以圖自强推原其故蓋恐强鄰侵擾孤國難以獨立也是時余任繙譯從本國公使入都換約（八年亦曾抵津相助議約）後曾同往日本彼時各國未設有公使領事駐劄其地至此時逾二十一載情形迥異東京駐劄十餘國之公使長崎往返十餘國之輪船岸上列有十餘國之領事公署內有中國龍旗臨風飄颺余往謁領事官其副領事前

遊覽長崎

同文館肄業生任敬和同邀在富古頁山館設筵相待其館臨海背山花卉幽雅一時履舄交錯賓主盡歡近山設有術奇會次日往觀珍寶羅列光怪陸離目不暇給途次見西式樓房數座詢悉皆官設之鄉學也按日本新制無論城邑郊野均以民數多寡酌設學校以課子弟此等鄉學國內計有二萬四千所其專為女課者有數千處焉（茲聞鄉學擬增至五萬三千之數至大書院擬建八座以統之）

術奇會與鄉學

初八日行抵神戶輪船停泊三日以便起裝貨物余

由神戶入西京

乘開往遊西京其地距海二百餘里幸有鐵路可通計一時二刻卽至而往返不誤按日本天皇（日人稱君之謂）於此建都二千餘年至同治八年始遷都於江戸改名東京其舊宮廣大無甚華美而園囿頗佳時宮內適開術奇會一如長崎雖係與民同樂其實意在勸工也其所陳列之物較長崎為精工而莫奇於比賽女紅為此專設一院見幼女數百端衣靜坐有年長之婦以督率之西京留守與紳者數人查驗工藝給予獎勵據云幼女皆官學女弟子也自此往觀新建

比賽女紅

之僧學乃奇而又奇者也見高樓數層直插霄漢頗為宏麗僧人間有已經遊學西方能通西語者其學院有一所專為講求格致而設備有機器為發明其理之用（余所著格物入門一書據僧謂早經披閱云）惟此所工未告竣其經館則已開數月矣生徒四十餘人課由老僧口授弟子趺坐筆述按日本釋教本未甚衰屢經遣人遊學西方此次建以西式學宮殆因西國教士建學日本西京恐民歸西教故有此鼓動之機也遊畢告別督課老僧以所撰英文勸世一冊持贈讀之始知乃

西京僧學

釋教之新派也道與西教諸多相似但崇奉彌陀其他神佛不與焉其僧不祝髮不戒葷不禁婚蓋沙門中之尤異者

由橫濱入東京

十二日行抵橫濱登鐵路行六十里入東京臨寓後往拜中國正使何公如璋副使張公斯桂次日詣天

東京太學

皇之囿樹林葱茂山水清奇頗堪遊賞復往觀太學師多弟衆具見作育之心以余觀之其囿固臻佳勝而究不若太學之美其種植於囿者爲易彫之草木而栽培於太學者乃不朽之英才也嚮者日本屢經

遣人遊學西方今則易轍改弦振興本國學業新建太學延聘西人以教習之其生徒計五百餘人皆由衆學造詣已精進者拔之以入太學也其課與同文館大同小異又有醫學一所延德國醫士數人爲教習因而本國之業醫者靡不豔羨西術以補其舊法所未備又有營造院亦延西人以督教之其業雖係手藝其精妙不僅在手之靈巧實由心之善於測算也余往拜太學掌教漢文之師中村正直雖素未謀面惟余所著之書早蒙批點刊行其家花園頗佳鑿有魚池臨池築屋數椽置有漢文書籍數千卷各國書籍亦富牙籤堪以汗牛充棟目之也內有一所專爲尊藏經典如儒釋道教及天主回回等教聖經無不備具

更新之故

余向聞人之有言曰日人每好更張其反覆無常之心與厭故喜新之見常貽後悔然日本之朝代未易姓氏者已垂二千五百年矣以此一端而論日人竟可謂之有恒且如中國分建之制早已湮沒不傳而日本至同治年間尚沿其舊惟自與泰西通商後國

政民俗始有變易推求其意非徒喜事更張蓋勢有不得已以圖自强者也其所更張華人每謂其效法泰西殊不知因革損益雖間有採取西制而其變易國政實仿中華所爲也即如同治八年諸侯納土於天皇大權盡操之堂陛中華自秦漢以來已行一統之制何日本仿之轉晚耶然猶不止此其通商泰西也未嘗不思中國新啟其端中國既於道光年間與泰西通好而日本繼於咸豐年間亦行立約中國於咸豐八年重立條約次年日本亦重立條約是中國

已爲先路之導則日本之效法泰西其識又安在耶且其改舊更新之意不免有畏懼之隱情彼知中國與船政修武備在己若無備敵之具實恐禍之將臨是日本所懼者不僅在俄之一國也至論其通商規例行用貨幣間有行而未宜者所以國中金銀減少至如陸地行舟頗有窒礙之處若以大勢而論則羣島莫不連以電綫其輪船郵政局等亦稱繁庶城邑郊野無不設立學校以振興格致測算等藝以强弱而論則較咸豐九年余初至之時殆不可同日而語也

東渡大洋抵美國

次日余旋歸横濱蒙使署繙譯官前同文館肄業生楊樞一路伴送

十五日易舟出東洋大海至五月二十九日乃抵美境計兩岸相距一萬四千餘里舟中四顧極目無涯惟北有庫頁羣島南有檀香羣島遠莫能窺其船隻往來亦屬罕覯望洋興歎眞所謂海面巨荒之境殆如陸地之沙漠也因憶舟行至此倘遇風濤致遭危險直可束手待斃欲求救援可決其戛戛乎難之矣風聞輪船往來其地遇日本遭患之帆船不一而足甚有漂流失所歷半載而窮無所歸者其飄蕩年餘吹至美岸者間亦有之

美洲土人本源

自古雅洲（歐羅巴俗稱歐洲則雅細亞阿斐利加亞美利加彷之而稱雅洲斐洲美洲似無不可）之人既往而未返者應多查美洲數百年前歐人未至其地已有開化之國如秘魯墨西哥等殆自此而肇其端也（雅美兩洲於北冰洋幾相接其海峽寬祇二百里土人恒有往來渡者美洲古無人烟北雅細亞人渡海峽而居之）

迂途反爲捷徑

此次輪船渡海途次有異可誌者二一自横濱開船不直向金山東行乃先北上至四十九度而南歸視似迂途而

實捷徑此即算學家所謂循大圓弧而行之理也按地形如球則大洋中凸而小圓弧之凸較大圓弧爲尤甚（東西緯綫爲小圓弧）所以船繞北行如人繞行山麓有較過山頂爲近者其理畧同

改日符厤

一船之東行抵經綫之一百八十度必缺一日如二十三日以二十五日繼之其西行至此反補一日如二十三日後又閏二十三日推求其故蓋迎日周行地球每日必缺數分順日周行每日必多數分若不計其增損則抵岸之日與厤不符

金山大埠

余在金山大埠盤桓五日十三年前曾歷其地此次視大埠興旺之勢較昔日不啻倍蓰焉帆檣林立屋宇高聳人庶物繁堪稱雄鎮中有街衢數條以便華人棲止市廛廬舍皆係洋棲而服制仍從中國華人多自粵中而來他省之人往美者則寥寥無幾金山設有中國總領事其正領事美人皮姓係曾任副將遇事竭力襄助其副領事黃達權係前廣州同文館教習按金山之工匠大抵自英愛爾蘭島居多德兩國携眷而來入籍遂爲土著見華工與之爭利每起意驅逐

華工被擯之故

地方官非不願保護惟華人言語隔絕難以伸訴而竟成爲無告之民嗣因設立領事公署華工之困始蘇凡有屈抑者即由領事轉移地方官爲之平反即此一節而觀未始非設領事之明效也聞三十年前金山大埠初開一日忽來華人六名意在查看情形以爲貿易地步居民相接甚爲歡悅邑主率商賈治樽款待頗似舊雨相逢酬酢之際婉辭訂囑俟伊等返回故鄉告諸戚友使皆惠然肯來始慰我心云彼時祇有帆船候風往來甚不便捷故舟楫渡洋而至

設禁限期

者勢若晨星厥後設有輪船每月數次往返因而華人望風而來者衆矣船每載千人甚至千五六百名之數後遂獲利頗鉅土著見華工來美甚夥侵佔工作勢成燎原既不得欺壓而驅逐之乃慫恿國會設法禁阻國會遂議禁但伯理璽天德以此舉背約故未准行乃遣使中華修改條款國會復議擬限二十年而設禁伯理璽天德仍以背約不許國會於是改限十年伯理璽天德迫於不得已始勉從之而即爲政之失矣蓋華工之來美建造鐵路開闢石田實於

萬里鐵路

我國有益伯理璽天德前後旣諭國會美國殷實之戸亦莫不願其前來因以價廉有利故也然此事乃華人自取設早能散處各省經營生理則各省之民自必欣然善視惟羣聚於金山一埠至七八萬之衆則本地貧民生有嫉妒之心在所不免茲除工役外華人不但可往來如初即已在美十餘萬之華工仍得安居樂業且因新禁而工價騰貴不免竊喜而以爲己幸焉

五月初四日由鐵路向東而行憶同治七年余乞假

因鐵路闢草萊

回國路經金山東道鐵路尚未蕆工乃輪船南繞二十餘日方抵紐約（按東西兩洋在班那馬地方中隔一狹隘陸地僅百里有鐵路通之時而過即換船北上現議開河以通兩洋約七八年可成）與紐約雖相距萬餘里僅需六日可抵東省城邑市鎮絡繹不絕人烟稠密地處沖煩惟西省多荒蕪之地然鐵路既開亦有人闢草萊漸興耕作者余於途次晝夜遄行四日飲食寤寐俱於車中未嘗少住天氣雖熱而沿途每見有冰山焉至第五日改道南行至甘省往拜故舊淹留半月復東行至英省（美之一省非屬英國也）虔謁先墓順道往拜宗親留連旬日復東行至

尼各拉江大瀑布

尼各拉江小住一日遊覽山水江寬三里其源出自伊里湖水從崇巖陡然下注有十五丈之高噴珠濺玉瀑布飛騰澎湃之聲遠聞數里陰則霧氣迷漫路難辨認晴則虹橋垂照色映迷離倚石壁入水簾後而觀者負石面水震耳迅雷但覺地爲之撼然實無危險可虞也相近有鐵練懸橋高於水者十丈江湖之北即英屬加那他之地兩國之人羣集於此而遊賞焉

紐約團聚

六月初十日至紐約停車旬日三子適在彼祗候因城中酷熱遂携眷避暑海濱距城約百里背列青山面臨羣島海岸形若彎弓既鮮巨波且無鯊鱷余每日截流沐浴駕小舟以往來博烟波之逸興偶或乘車平原遣懷玩景遇果實之佳者輒取而啖之朝夕妻孥歡聚誠爲多年未得之眞樂也

懸路火車

七月二十六日回紐約凡我戚友均已命駕而歸星使陳公（蘭彬）亦移駐於此乃往拜之旋請率隨員等同觀懸路此路創於紐約他處所無因街道狹隘人

徧覽其勝

多車衆擁擠難行乃以鐵柱排列鋪路其上勢等橋梁其下亦可行走如英之倫敦開掘隧道以通火車別徑彼則造於地下此則建於柱上勢異而意同也計柱高有自二丈至十丈者（因過低窪處故高）城中懸路數條長短不一有長至三十里者蓋紐城建於海島有此懸路則自南至北車行迅速其價亦廉故民稱便惟初乘懸路火車如陟雲霧難免目眩頭暈然頃刻即愈反覺適安街市之高樓園亭之花木以火車遄行一時之久即可徧覽其勝

賓省煤窰

余任紐約時每遊覽四方或晨出而暮歸或逾數日始旋無定向焉其可紀者略爲述之一日詣鄰省拜華公約翰郎咸豐九年奉使入京者彼時余任繙譯同來次日至賓省觀其煤窰該省多山所產煤鐵石油甲於一國是日偕友人入煤窰三處均深一千至一千五百尺不等出入以巨櫝形如車有火輪機器用以上下乘之甚疾並不覺其運動下有隧道七八分入山腹數里四壁無往非煤皆鋪鐵路以騾拽車運至天井則藉巨櫝迴環旋轉迅速異常天井穿煤數層最下

石油流行

厚至二丈五尺此處硬煤係最純者數十年前人以此等硬煤幾視無用因質堅不易燃著後乃造爐以燒之甚爲相宜不但民戶以其無烟而便於用卽輪船製造機器等局亦多用之其用之廣則以冶鐵爲最緣用烟煤冶鐵須先烘之以火使去其油如燒木成炭然若硬煤本爲石炭故用之較便近地出煤油人知其有用不過四十餘年間昔日有鄉民至溪旁取水飲馬偶遺烟捲於水水面卽燃鄉民深以爲異驚駭而遁他人聞之乃購其地鑿井取油以化學法煉之由此廣行嗣乃多處得之不但徧賣一國並通商於海外而爲貿易之大宗邇來因鐵路運腳過鉅乃以鐵管埋於地相接至五百里之長以通海口故油流如水而費用較前省矣美國石油來華與日本者甚爲適用然中華與日本亦多有產此油之處但尙未以化學之法煉耳

美國武學

二十八日余登輪舟於北江至威司伯觀武學院武生適演馬隊兵法在院者計三百餘人均給薪俸課程四年兵法之暇課以格致測算等學緣與軍務有相涉也除本國文字外則以法文爲重因向者論兵

惟法人爲最屋宇宏敞皆築以石山水秀麗風日清和倘未覩其礮位堆積高若崇垣未聞其金鼓喧闐聲如雷電幾不知天下有戰爭之事也

格致名家

異日至門羅園拜格致家哀公秋孫者門外有地數十畝行行排列木柱上挂玻璃罩蓋爲試驗電氣燈也據云新創此燈經驗極靈法亦甚善惟其價較貴緣須炭條以代燈草電過卽能發光而不致焚奈炭質漸漸消磨僅供數時之用若以竹燒成必能持久但敝地苦無佳產須由日本購買旋詢中華之竹其

傳音機　微聲機　微熱機

種與價若何余應之曰各種俱備價亦較廉伊云今年擬即遣人前往購買云哀公所創新機不能悉述茲舉一二以概其餘有乾電機旋轉如輪因而生電不但可以爲燈並以其電通力行機造作有電氣車行於鐵路其捷如飛與火車相似又有傳音微聲微熱三機其傳音機雖由他人所創哀公更加精妙非如向之傳聲筒憑口氣以揚聲乃類今之電報借電綫以通音二人相距數十里或數百里之遥借機告語如晤對然故西國城鎮不但以電報互相聯絡即

公署大廈亦多以傳音機轉遞其電綫經緯狀如蛛網其微聲機能將微渺之聲令其宏大如顯微鏡能將微渺之形令其放大不但與傳音機相輔而行並有諸多妙用若以此機診脉審聽於經絡間則聞血之流行如水瀉於溝澮潺潺可聽又如蟲蟻之類耳聞寂然無音而以此機試之則聲如獅吼其微熱機與寒暑表相似而靈妙則倍之如以寒暑表試恒星之光並不覺熱而以微熱機度量各星光之熱度皆可得焉此三機均借電氣之力以行之（今僅略言功用若論其理）

錄音機　昔人有其意而無其機

（其式容俟重刊格物入門再爲詳解）更有錄音機不假電力此實爲奇而更奇者形如牛角有歛口短筒下設輪軸纏以錫箔人對言笑謳歌則能秘收其音若反轉其輪則音隨轉隨出雖時隔許久而向所受之音如發其覆儼如晤對余當即誦桃夭一篇俄頃轉輪則逐句逐字盡行宣復彼山谷遇響迴音不過須臾之間倘遲至分秒則勢必散漫豈若此機將所入之音寄於錫箔之中雖積至數年亦能傳語宛然如初家置此機遇有庭訓遺示即先人棄世已久一旦轉機與面命耳

提無異（查子不語一書內載江秀才置一竹筒中用玻璃爲蓋有鑰關之開則向筒說數千言言畢即閉傳千里內人開筒側耳其音宛在如面談也其意與哀公所造相同但其法未傳於世惜哉）凡哀公新創之機與改造之器不下千餘具蓋公夙擅奇才以創造爲己責其左右有精良畫師代爲布置又有算學家爲之測量至出售新機由電信公司立有成約歲給洋銀五千圓以抵先購之質機器既出公司先行試驗倩人秉公擬價可欲者留之否則聽其自售聞其歲進之款約四五萬圓乃竟未致富實由創一新機屢費經營始得告成故所費不貲也按

詣楊湖金書院

國家設有專例每創一器准憑照獨售不惟在本國得享其利即在他國亦得請照故格致家既著令名往往可以致富蓋國家護庇而鼓舞之也（閩京公以新機報官而領照已至三百七十六次）

八月初六日携眷抵斐城至姻家小住數日旋蒙巴城書院總教習吉爾曼致函堅請往觀書院適際庚伏之後師生均回講堂欲開秋課爲查建造此院係巴城富翁楊湖金遺洋銀七百餘萬圓餘銀建醫院一所因尚未蕆工故病者未能棲止兩院相距數里

志在闡發新理

論屋宇則美而不廣論教習則賢而不多即生徒亦不過二百人蓋慎其選也自開課迄今時經六載本國內外無不聲名洋溢緣與他處書院迥異所重不在訓蒙而以課程已滿之生拔入此院以示精益求精之意也課程雖不輕視古今文學而要以格致爲重故講習書籍外師生均研究各學推求新理不但有益於本國即天下之實學亦必因之而獲益矣

雅禮書院

九月初八日前美國駐京副使衞公（廉士）邀余往觀雅禮書院（即鈕哈芬之太學）於鈕哈芬城其地距紐約有三百里余曾住於其地一年之久余四子均於此肄業爲教習四十餘人生徒一千二百人屋宇高大甚屬壯觀（同文館所譯之公法便覽李教習所譯之代微積馬高温所譯之地學各書均出雅禮書院）

哈法書院

由此往觀哈法書院（即亳斯敦之太學）於亳斯敦城（路經哈富拜吳子登太史暢談良久適副使容純甫公出未遇）教習五十六人生徒一千四百餘人前星使蒲公（安臣）曾於此習例法之學兩書院規模相同而哈法境地尤覺幽雅晃園周六七里盛栽花木石建樓房數十座分爲衆館兩書院開設已歷百五十年其初狹小積漸擴充至今列爲太學

（各省最大書院皆名爲太學或專爲一課而太學則總萃衆課）論格致之學以楊湖金書院爲先論律法之學以哥倫書院爲最至文藝各學諸臻美備莫如雅禮哈法兩書院各有石閣藏書七八萬卷以便隨時參考通國書院甚多論人才之濟濟有不遜於雅禮哈法者而名望不及焉故不詳論（密省太學頗著令名美國前任駐京星使安公即該太學之總教習也後回國仍領師席爲去歲將太學情形呈報密省政府余摘譯數段附於本卷之末以資考證）

美京格致書院

此外有京都斯美書院與楊湖金相似而辦法迥殊蓋楊湖金書院師弟教學相長斯美書院則有教習而無生徒其

所同者皆以推廣學業闡發人所未聞之理故斯美書院教習不事訓課而專精格致之學本國及各國學士凡好格致者無不聲氣相通借以切磋勉勵設有印書處如得新論卽行刷印散布以啟牖人心其所需之款原係英國富室斯美特獻美廷派大僚數員總司其事遂名爲斯美書院亦顧名思義之意也（二十年前掌院學士曾請余以中華文學著論此次余未前往因天氣酷熱且伯理璽天德出遊未歸是以不果行也）

往觀小學

十八日友人引余往觀紐約城中小學樓房高聳計

屋得二三十楹受業童蒙至一千六百八半爲閨秀山長請至總會所令生徒畢集應對聲同雷震可稱佳會城鎮皆有此等小學凡閭閻男女子弟均得習讀作字學算以及爲人要道其立意不在服官但能經營工賈俾得謀生庶不負一番訓廸也（教習大半係婦人）

訓誨幼犯

次日往觀小學之異者夏屋渠渠分爲二所一爲男塾一爲女塾均設於小島中地廣約數百畝嚴禁開人混跡因肄業生徒係幼男少女曾獲咎者該管地方官憫其無知不忍遽加重罪故羈留於此令人約

東教以技藝冀其悔過自新據司事云此等孩童大半來自歐洲因貧失教諸多未諳倘經此處訓誨俟年已長成多能守法安常終不失爲善良可爲仁政之效（小民之陷於罪者多因無知有確據可證五年前紐約城年幼犯罪者每年有一千二百二十之數後定新律令民間子女必入小學行之五年犯罪者每年僅八百六十八人去歲只七百一十七人較未定律以前減至百分之三十六德之巴丁數年前亦定新律行之七年年幼犯罪者減至百分之五十一數已過半足見治民者欲免人之陷於罪必以設小學廣教育爲上策）

因禁以懲之不如設學以教之

東土文會

二十五日美國東土文會集於紐約之哥倫書院是會之設每遇春秋則於三大城（卽紐約鈕哈芬亳斯敦）中輪流

聚集凡國內博士好東學者皆入會中講求雅洲各國古今事蹟故謂之東土文會其習猶太亞刺伯印度等文者居多至探討華文則屬無幾此次搦管爲文論中華與墳者僅有衞公（廉士）及余二人而已衞公本諸文獻通考一書以辨論扶桑之事（或謂俗某東越大海而至扶桑卽係通美洲之先導是謀以扶桑爲美洲衞公非之蓋僧之至扶桑殆類穆天子之西遊若果有其事必指日本而言決不指美洲也）余則本諸六經以闡發中國尊祖敬宗之道（大旨論歷代帝王以孝爲治本禮與西教雖異而情則無殊）

紐約太學

按紐約城內書院衆多其略可舉者有三紐約太學一也進

哥倫書院

款富饒樓房宏麗皆以石建哥倫書院二也屋宇雖遜於太學而名望則過之內有一館專課法律余二子曾於此肄業焉哥倫書院資本五百三十萬圓每年生息二十八萬以抵經費生徒約五百八

師學院

師學院三也此院傳授課讀之法凡志在蒙館爲師者率於此得其楷模云（美之各省皆設師學院練習教法如武學院之練習武弁也）

行抵法國

十月初二日由紐約登輪舟東行旬日抵法國海口復由鐵路入京（即巴里）在彼留連半載遊賞新奇惟日不足城中屋宇造以黃白之石高峻壯麗街衢寬廣

均以土石鋪墊極其平坦居民約二百萬雖戶口較遜於倫敦實爲各國都城之最華美者也自同治十年敗於德師國人歸咎於君於是改爲民政前代宮殿旋被亂民焚燬其所存者大抵改爲博物院派人守護有志瞻仰者尙可出入無阻其最大之博物院

路斐爾宮珍奇三種

設於舊宮名路斐爾（未改民政之前此宮已作爲博物院）周四里堂閣極多所儲珍奇約三種曰石像曰丹青曰古蹟

石像

石像則效法希臘古蹟以白石雕鏤各色人物無不精工畢肖（此等創自希臘彼時國人崇事羣神設像以奉今雖無人敬信惟識者莫不欣慕其精巧後世效之將帝王將相鑄其形骸即可望爲萬世不朽之身）

丹青

佳畫有數千幅半出法國名家間有他國大手所繪者按例如某丹青現尙生存則所作之畫不得輒收入閣須俟其物故後乃可藏之以爲絕筆

古蹟

古蹟則以埃及爲最因西方惟埃及開化最早希臘雖稱古國其著名學士恒遊埃及以求學術猶太以摩西爲宗而摩西之學亦出於埃及

文化三原以埃及爲本

按西國文化雖以羅馬希臘猶太爲三大原（以羅馬爲治法之原以希臘爲文教之原以猶太爲敬天修福之原）而原之所出要皆推崇埃及爲始是以埃及古蹟各國爭取之如古遺獨石

之塔所在多有面刻四千年來之古字英法美義各國均運載過海建於城鎭以壯觀瞻其所遺古物各國亦無不儲存昔法國那波倫第一曾踞埃及隨帶

取古蹟以證古俗

博士數十人專備搜羅古蹟珍奇滿載而歸八十年來諸國逐漸取求幾至罄其所有故觀此閣者於埃及古時遺風舊俗靡不洞見焉一切器具物件以及棺槨屍骸均可備人瞻視

禮文奇異

按埃及葬禮如故者向有名望則實以香料纏以油布因而屍身永固後世得以啟視埃及先王與神農黃帝同時形骸至今尙存

新像新畫

竊以至尊之體供爲古蹟之賞玩其意雖云崇奉轉不如藁薦八土之爲安也古之字跡皆本象形而以蟲魚鳥獸爲文有宮名路桑堡現爲國會上堂聚集之所（國會下堂聚集於布爾奔宮）而仍留一半爲博物院内無古蹟而石像丹青率皆近代之物工雖極其精妙人以非古所遺恒有輕視而不珍者余在路斐爾宮見多人爭視古畫雖係四五百年之物已被土蝕烟薰顔色變易而觀者極口推許過爲揄揚蓋以名人手筆代遠年湮正如碩果僅存不禁爲之傾倒殊不知各

藝與時並進彼丹青何獨不然竊歎人之泥古而輕今也鄉間有前朝之宮數處皆極壯麗所儲遜於二宮（路斐爾路桑堡）因其園囿清雅是以屢次往觀余寓距二宮甚邇暇即乘輿而往不但娛目賞心可於傳世珍奇想見當時風化未嘗非學問之一助也氣候稍凉堂閣皆置爐火故雖嚴寒恒見四方遊覽者不憚跋涉而來或數十以至數百之衆

百藝院勉工匠

有百藝院一所存儲各國歷代機器以紀次第精進其最佳者可稱絕無僅有設教習十數人講求格致之理此學雖興自文人頗與工藝相關故任工匠人院瞻仰學習余曾見八百餘人褐衣而來晚間聚於一堂聽教習口講指畫焉昔韓起聘於魯得見周禮曰始知周之所以王也今見法之百藝院以格致之理訓誨工匠始知法之所以富且强也

法京星臺

天文之學崇興於法國素爲世所深悉溯康熙年間法人南懷仁等來華在京製造靈臺儀象固已載在典策矣論法京之觀象臺除倫敦星臺外可稱泰西第一余每以未能往視爲憾今茲稅駕法京欲趁天

氣晴霽瞻仰宏規因函致總管臺務大臣旋得覆音訂期前往其臺外觀如石建大房高五層每層置大小遠鏡及各種觀察測量機器頂爲平臺墁以巨石取其穩固恐墻基稍有分毫移走以致臺面失平乃先掘地九丈下遇磐石之處爲基若非地震決不能搖動也臺上羅列遠鏡儼如大礮統計所需之費不下百餘萬金而法之不惜此重貲者實以能與天文而爲榮也

大鏡觀星

余至適值申初日光明耀以大遠鏡觀天列宿無不顯於目前筒長而中黑一如昏夜宛然坐

推知新星

井以觀天也不但土木天王海王各行星之月畢露卽觀定星亦每以一星而化爲二或化爲數星焉海王星（諸行星之最遠者）自道光年間始知由法京星臺測而得之其掌臺學士黎斐略偶見天王星微移因悟其外必有大星相攝因無最大遠鏡目不能睹於是推算所在之處函致伯林（布京）倫敦各星臺請代爲觀察乃按所言方向時刻以大遠鏡窺之果能看出此因已見而推於未見者之奇也考自古振興天文蓋欲授民以時使知作息今諸國各設星臺要皆注意於

因船政與天文

船政緣天文不精未諳星度則航海無所準繩是以天文一事不惟涉於農務且有關於通商也

法國太學

法京書院林立惟太學最盛閱時已歷千餘年其始歐洲殷然向慕故負笈來學者至萬餘衆旋因文教丕興不惟各國京師建立書院卽郡縣亦莫不有之故法京太學之人較昔日減數然在京生徒雖少而總數實有所增緣郡縣皆可分往肄業仍由太學總司而獎以功名課業昔分五科曰文學曰理學曰道學曰律學曰醫學首二科爲必由之徑俟學有成效

學分五科

然後分途專攻一科或爲教師或爲律師或爲醫師皆視所學而給予文憑二三百年前專遵羅馬希臘猶太等古文彼時各國著作以拉丁文（羅馬古文也）爲主卽盟約之舉亦莫不以拉丁書之蓋英法布等文尙未興起故也今則不但習以諸國今文更設格致一科（外篇理學）以訓廸之按課分內外內課者專爲博取功名但能恪遵規條卽可從師肄業並無他費惟須措資自贍外課已設五六十年專勸民之好學者每居春秋二季教習預擬課程印散民間至期登臺宣講

課分內外

其安分守己者無論男女均准入座環聽倘不善詞令雖學問淵博而聽者不過十數人實因未能委曲詳盡也太學教習名望素著者頗不乏人每値宣講見紳富來聽者車馬盈門甚至本擬觀劇聞値宣講則舍劇而聽講者有之隨聽以筆紀之者亦有之法國書院多設外課與太學相似雖不如內課之精純究能開人之茅塞啟人之新機豈非有大益於世哉（余在法日詣太學拜見聚集聽講者有至一二千之數）

勤求精藝

法國有精藝院置畫閣石像開設教習以課丹青雕

鏤等藝生徒有才能者歲選數人派往羅馬遊學以資考證因自古所遺丹青雕鏤珍物聚於羅馬者最夥故法廷於羅馬另設精藝館一所雖西方各國無不留心於此藝惟法國勤求爲獨至其所需之費亦由國帑開發

講求東土今文

泰西各國書院每設席以課東土古文至講求東土今文惟法國設有專館以課之館自嘉慶年間那波倫第一創建印度亞剌伯土耳其日本安南緬甸滿洲蒙古各文均有教習至中華之語言文字亦設席

以訓迪之（有前在京之法國副使戈某爲教習）又有新設東土史鑑一席其留心東土學問可謂不遺餘力矣生徒雖不甚衆遇遣人赴東土各國者每取材於此焉二十年來京都法國使署充當繙譯者皆選本國會習華文而派委之教習新有著作即由書院刋印行世

朝廷設立同文館課以西國各學並設印書處匯刋所譯文籍以廣流傳合而觀之可謂不謀而同也

阿佳底密法之翰院

論法京書院指不勝屈而最著者有阿佳底密其義略如翰林院其事亦與相似中國詞林自唐元宗始

法國創設尚未及三百載不知聞中華設有翰林院而效法之耶在院學士初定額僅四十員職司文藝以及修補字典百年以來格致等學大興於西國因附設四科每科定額四十員仍以初設文藝爲重選

選拔之法

拔額缺與中華較異中華由貢士

朝考殿試而定法國由本院衆學士詳稽士子平日著作以判去取故中華翰林多出於英年秀士而法國翰林則得之老宿名儒選拔之時有八穀者將白丸置於櫝中否則置以黑丸試畢當堂啟視檢黑白

之多寡而優劣定焉故人謂得白丸者如獲金丹名垂不朽若中華所云登瀛洲之意也德英俄三國均有文藝院（即阿佳底密）皆仿法制而設

詩翁壽辰

在院學士之冠絕羣倫者惟詩翁虎哥一人宏於著述國人敬如謫仙即泰西諸國亦徧流傳無不豔羨余在法京時適值詩翁八旬壽辰遠近士庶多遣人致賀奉以花籃畫幅及諸贊詞各城遣至者或數人或數百人列隊張旗上誌賀者姓氏籍貫衆隊合行有將帥以管帶之一如行軍抵門則鼓樂以進少選

小兒歌祝

朗誦贊詞呈遞祝儀翁坐高臺以酬謝之自朝至夕絡繹不絕計二十餘萬衆是日往觀見翁端坐氣象雍容孫男孫女左右相依繞於膝下斯時復有衆童男幼女長歌而祝曰吾儕長歌以贊揚衆如凡鳥翁如凰才德優長穀我士女同孫子敢不以祖考相將但願翁兮永壽無疆翁聞之惻然於衷不覺泣數行下因撫一二小童欷歔者再亦藉以示其惠愛云時冢宰奉命往祝並賜多珍焉法國雖尚格致之學而究不輕斯文之士也

西學考略　卷上　二十八

前往德國

余在法京屢謁中華使署見星使曾襲侯（紀澤）歎然道故侯識英文能英語與泰西大臣晤談頗不隔膜洵有裨於公務也本隸使英法兩國復奉命往俄修改條約並蒙前同文館肄業生聯芳（現署駐俄參贊官）與（二人皆任繙譯）伴遊於名勝之區襟懷爲之一快慶常（亦任繙譯）初在駐俄中華使署後旋法亦嘗過晤焉七年五月初七日由鐵路起程前往德國道出比和兩國各留一宿未暇問俗故不具陳初九日抵德國舊都艾克斯謁創業先君之墓墓在

創業帝陵

禮拜堂中有臥碑鐫大槎理三字按槎理在唐中葉僅爲小邦（德國之小邦）儲貳因才智越衆有王者之德故克大承鴻緒歸併西歐洲諸邦而稱帝於羅馬焉自彼時至嘉慶十一年德國統領之君皆沿羅馬皇帝尊號相繼弗替城中有議事宮七十年前諸國使臣曾於此會議以定歐洲大局因往觀之

哥羅尼教堂

是晚抵哥羅尼譯其義爲駐防蓋漢時羅馬初征服德國建城設兵於此城臨連那江（又作來因河）帆檣林立往來甚夥貿易亦頗繁盛然城中可觀者惟教堂一

西學考略　卷上　二十九

所堂以石建上矗五塔高者五十餘丈堂長四十丈寬高各十五丈由堂外觀如壘石山即而視之門牖窗牖雕鏤精細殆如鬼斧神工（俗傳其造之初有鬼神獻圖）堂頂蔚藍色貼以金星入夜觀之令人疑與彼蒼相接也柱四行每行十數根周約四五丈窮極刻工酷肖天產樹木仰而瞻之有如枝柯高結下爲複道而以柱作盤錯形蓋會意於山林也是堂創自宋理宗時（歷時六百三十二年）至光緒六年大工始竣德國君后乃大興崇禮以慶其成（泰西各國堂宇均築以砖石式分二類一仿羅馬式一仿德國古式故名）

堂宇有二式

爲古德式古德式門窗以雙圓弧相交爲之羅馬式門窗以單圓弧爲之此則門窗高而窄堂中黝黑宜於祠宇彼則門窗高而大堂內光明宜於宮殿古德式以哥羅尼教堂爲天下第一各國不遠千里而來觀者每日不下數百人而余繞道入德國亦僅千里既可觀瞻又豈得憚其跋涉耶

龍崖佳景

十一日登輪舟於連那江逆流而上抵七山住三日七山有一峯名爲龍崖者土人相傳昔有惡龍祟及民生彼時因教化未興乃沿習俗以童女祀之後有壯士殺龍者民困始蘇按古傳所載歐洲隨在有此荒謬之說余未之敢信上建浮屠係旌表德法相戰時諸盡節之士也自此

哥布倫斯行宮礮臺

復逆流而上抵哥布倫斯城風景佳美旁建國君行

宮礮臺一座控制要害駐兵二萬昔德之諸邦未經統一布國置此礮臺洵爲國內第一險隘嗣因一其主權即不復特爲保障今不過仍其舊蹟而已自此復逆流而上抵面

活板印書出自面茲

茲城規模宏大所設之兵多於哥布倫斯西國印書之法自彼開始明代天順間有德人顧汀浦者以鉛錫鑄成字母二十五種即活字板試行刷印按以前書籍經卷悉賴鈔寫故此法一出各國稱便購者不但價廉字亦真切因而文教大啟學校逐漸加多而民之茅塞頓開矣是以城中設石像以誌其功自哥羅尼至面茲計程約一千五百餘里沿江兩岸山景應接不暇其秀麗甲於歐洲故中古歷代諸侯於兩岸建造宮殿古蹟流傳至今焉

路德石像建於倭木斯

次日由鐵路行抵海德堡道經倭木斯之古城有浮屠上建石像係旌表國士路德者彼以德文繙譯聖經因而教化重興海德堡者巴定公今公係德皇之駙馬之舊

巴定舊都宮殿古蹟

都也自宋代建宮山上既鉅且堅安置礮臺藉以禦敵殆如戰國時常有亂萌故嚴以備也後被法人所

燬遂遷都於鄰邑其園囿廣大故蹟猶存國君許民爲休息之地宮內有博物院儲存古器外設亭臺可以作樂每值天清氣爽絲竹管絃之音洋洋盈耳聽者不下數千人爲其地重山複嶺突兀嶔崎峯之最高者一時可以拾級而登因德俄兩國之君前後均臨幸之故名爲寶座云山中有河可通舟楫水勢縈轉形如曲帶居民不過二萬而城以書院著名書院

海城以書院著名

創自明洪武間今歷五百餘年矣德之前代儲貳以及諸邦士庶多肄業於此其教習之尤著名者即公

學分五等

太學約束不嚴

由德往瑞士

史學家何士德

法家布倫氏也所編公法會通同文館已譯及之余至其地即竭誠往拜在此流連三旬每日乘便造院聽布君講解公法肯要書院教習四十餘席生徒數至七百而列籍英美者有四十餘人焉（布君以德語講課交友則恒用法語）按德國大小學校向分五等下等爲課嬰孩者二等爲開蒙專課本國語言文字三等則漸習古文及鄰邦今文四等則進以各國古今文字與格致等學上等則諸學無不探討而重在性理道法醫等課學者由下等以次而進學規約束亟嚴不使稍事怠

惰但一列名太學不復督催蓋謂年已成丁其能上進與否惟係乎己故不復苛責之也以余視之未免涉於輕縱因恒見有生徒陽爲入學肄業而陰圖風景宜人終屬有名無實耳（甚有無故執械爭鬬者相沿成風而學院不之禁蓋謂鼓動勇敢之氣因而面帶傷痕者多怪哉）

六月二十三日登鐵路往瑞士避暑（駐布中華使署之前同文館肄業生賡音泰聞余在海德堡不遠數百里來迎而余適往瑞士避暑秋間復回德國始得見之）道經富來堡小住一宿乘便拜學士何士德者公著述頗宏其遺惠尤大者爲美國史記備考一書不惟美國

陸晉湖

童女山

之人景仰即德人亦勞之以銀以資垂諸棃棗夫採訪異邦事蹟著書立說其文詳盡而不遺其論公允而不偏使人傾心悅服已屬難能若著論於他邦而蒙賞於本國尤爲罕覯邇來美國楊湖金書院欲聘爲教習因抱恙辭而未就殊覺悵悵

余在瑞士寓於陸晉湖濱任經匝月其民率用德語除與學士往返論文外每暇或陟高山而遊覽或登小舟而徜徉其湖如乂字形每角設一郡因名爲四郡湖按瑞士湖澤約數十處惟此湖爲最美其地逐

水草而居游牧者衆緣國中多山不宜耕耨四時恒有積雪遠望勢如白雲其向陽者入夏始融爲水自重巒峻嶺下注成溪一遇巨石堵截驟懸空爲瀑布湍激傾瀉其聲泠然洵勝境也瑞士民俗樸厚即貧者亦以義命相安無稍怨尤因性耽故土非萬不得已絶不輕去鄉井故有事遠出者往往思鄉抑鬱成疾

七月二十八日由陸晉湖前往雙湖相近之童女山山勢孤峙每爲積雪凝冰所蔽遠望瑩潔如玉以其

司都浦瀑布

牢陰如雷

太白山

質甚清白因名爲童女山也余往觀之沿河行約百餘里兩岸有山聳立或數十丈或數百丈其上草木葱蘢有溪水迅流成瀑布者不計其數而瀑布有格外高懸視之幾至百丈下注水未及地即化爲霧遠望或如輕烟或如細塵被風一吹即散因名其水曰司都浦（譯即烟塵也）山旁有羊腸小徑可以攀援經三時許始至平坂設有飯店三處一時飲食者至數百餘人半皆覽勝而來者也後有青木山緑茵徧地牲畜每游牧於斯焉此處天時地利無一不佳所以四方

之人不憚跋涉之勞以爲避暑養痾之地余至其處一宿即旋每遠聞雷聲震耳然天氣晴和始悉所聞轟轟者乃童女山巔氷雪被日融化下墜之聲也大如巨室速如礮彈故聞數十里之遥氷雪下墜土語牢陰每遇隕落鄉野被壓斃者有之其聲如雷入余耳者計二十有二次故山側向無居民相近石山之下前有村名愛爾木者自余去後聞有隕石之災村民死者百餘人房屋毁者數百間云

閏七月初五日由童女山道經冉城詣太白山（洋語蒙布）

格拉細爾氷河

赴東文大會

明任八日即旋其山在法界與瑞士毘連爲歐洲諸山之冠秀美雖遜於童女而崇高則過之余盤桓五日未見山巔因有雲霧以封鎖也至第六日雲霧薄收而羣峯始爭出焉積氷宿雪每一映日幻成五色迷離雖淹留五六日始獲覩此大觀亦屬快事

按雪化成氷俗名格拉細爾譯言即氷河也此等氷河共計十六道寬數百步厚數百尺無水河面迸裂陷爲巨壑步其上者雖爲堅氷亦即深淵也聞四十年前有三人過氷河失足陷於裂隙之中竟至無法

援救時有博士云氷河雖視之不見動移實則逐日下移數寸若綜核之歷四十年後可得三人之屍後如其言而葬之以禮焉

十五日荆人暫息於冉城余詣布京赴東文大會各國向有此等文會遞來復設總會例定每三載廣延諳悉東土語言文字者互相砥礪始聚於倫敦依次聚於法俄義德會之於義也國君曾親幸之會之於俄也國君飭廷臣具柬敦請會友令詣其宮以相見惟會於伯林因國君避暑未歸以故未克親臨諭令

文會事務

學部大臣代盡地主之誼（係兼理教務職似中國禮部）先於私第設筵相請會友面晤禮不拘泥客至有二百餘人復於大客寓款待視前尤優其花園覆以玻璃涼棚高五六丈下列長几三行每行五十餘座賓主互相慶賀至文會事務則集於太學列為三班每班另室每日朝夕兩次相會其東雅細亞一班以漢文日文為重其西雅細亞一班以猶太亞剌伯土耳其等文為重其南雅細亞一班以印度文為重余於斯時所建議者乃本東周列國往來之例以示中國早有公法之意（旋以法文刊刻行世）

遊覽別宮

會竣之日德國會首奉君命請諸客遊覽鄉間別宮距城約六十里既登鐵路以往旋乘輪舟而歸其宮規模均效法國之式惟不甚宏敞引河入於園中灌溉花木叢密所設自流水法尤妙因四境多為平原故鮮見山巒起伏也

伯林太學

按伯林（布京）太學係為國君舊宮因新宮造成乃賞為太學足見崇尚文教之意教習二百四十餘席生徒至四千一百人聲名洋溢為歐洲諸學之冠

布國興盛之由

查布國二百年前曾為諸侯小邦因從路德新教講求新民

首以建學校為急務繼而稱王其國漸強而終成帝業焉（余在布京月餘屢拜星使李公鳳苞得與參贊官徐公建寅前同文館肄業生賡音泰縣呂暢談瀏一時快事也）

行抵英國

八月十八日由伯林路經和蘭適英京倫敦住五日其富庶甲於天下居民四百餘萬較法京數雖加倍而房屋街衢之美則遜之然書院博物院隨在皆有宮殿堂宇勢甚恢宏因無暇駢詣故未能詳載

旌表名士

惟宮殿有一所為客遊倫敦所必觀者名為阿碑內分大小堂宇數處為先王之陵寢凡歷代忠藎名流亦多在殿中瘞葬殿之牆壁均立石碣以旌之設石像以榮之其有著詩文而壽世與算格而立名之向無官爵者國家視其功德及民亦准葬此而褒揚之即可名垂不朽略如中華之昭忠賢良等祠也其禮雖不爇香以為祀其名亦可永世弗衰昔有水師提督納爾孫者率師與法人戰臨陣自勵之曰生則膺以侯爵死則葬於阿碑由此觀之二者幾乎並重矣

鄂斯甫太學

異日乘火車行三百里至鄂斯甫觀太學生徒至二三千之衆新設漢文一席以英人理公司之理公前

三邦興學

赴電機總會

在巫來由香港等處傳教多年乃將四書五經譯以英文俾西人得識中國聖賢之道其功於儒門者良非淺鮮蒙理公邀遊各書院蓋太學內分列學宮二十餘所各建高樓圍以石垣有園囿可以遊憩其政務歸各山長與總管大臣會議辦理此學創於唐懿宗時今已歷千餘歲矣屋宇依然屹立雖久猶新其始書院不過一二所後經國君累世增設並紳富捐資建造以故逐漸加多各院課業大抵相同向者獨崇古文今則漸與格致諸學蓋亦迫之不得不爾也

（教習薪俸暨學士獎賞每年有至五十五萬兩之數）北英有干畢治之古太學與鄂斯甫並駕齊驅富雖不如而學業之精升途之衆則不遜之彼雖長於算格此則精於古學彼則質勝於文此則文勝於質近代新建太學於京都聲名頗著蘇格蘭太學有四均以性學著名愛爾蘭太學有二三邦（英蘇愛）各等書院指不勝屈復爲廣設鄉塾由是民俗歸厚士業奮興亦國家富强之機所繫也

二十三日自倫敦旋冉城路經巴里住五日見電機總會設於勉勤宮（農工恒賽會於此故名春間畫工亦會於此賽比所作之畫二千餘幅）宮長百餘丈闊數十丈當時各項電機充滿因各國之人均運新造之器來此以較優劣焉其各式電報有搖鈴爲記畫畫爲記指字爲記刺字印字爲記以至傳遞本人字跡此處繪圖一爲振筆其字跡刻即露於彼處雖遠在千里亦無不畢肖此皆數十年來已有之妙法也今則更有以傳音者此處啟口一爲成音其言語刻即達於彼處雖遠在百里（千里亦可傳及惟音稍散漫）亦聽之歷歷設電綫由宮通於戲園能將所

電報新式

電氣爲燈

演之劇達之於耳儼如人在當場創得此法不過五六年今已周行於各國矣見有各式電燈大者輝如皎日懸挂街巷之中其光芒射目殆不可當小者亦燦若明星以便家室所需法京廣用電燈戲園大街三載以來將前所用煤氣燈盡行撤去故街中於黃夜間無一黑暗之區鋪戶仍然開市往來行人反較白晝加多（查以電氣爲燈格致家悉之已久惟昔以溼電爲之所費甚屬不貲緣以強水消化銅鉛故也今則以乾電爲之係恃汽機之力令磁鐵旋轉以生電即所謂力化爲電者是也較前爲便）除此三類他如以電機琢磨寶石以電機代女工運

電氣行車

動鋮綫以電機開行車輛種種奇異難以枚舉宮門有鐵路長半里以電氣運車亦如尋常火車但恃鐵綫以通力而已出入此宮者多登其車以試之計宮內電氣機有萬數要以乾電行之其力原出於蒸氣機一具借銅綫以分布也（即以水力馬力行電機亦可且不但以銅鐵綫能通力於遠處並可存儲電氣裝運他處以備不時之需略如火藥之蓄力也）以勉勸宮諸事觀之可知各國勸求格致之學彼此有不相讓之情焉

旋冉城

二十七日旋冉城盤桓四月城面臨巨湖背列重巒

縱目遠矚秀美異常故遊客羣擇以居民數約六萬即以在鄉者合計之亦不過八萬（語言文字皆從法國）所操之業以製造鐘表樂器爲大宗工人秉性聰慧手藝精巧不但有師傳之可遵地方官吏設專學俾習測算格化諸課藉以精其所業如此留意工匠則其崇尚學校不問而可知矣

冉城自立之故

查冉城孤居一方昔爲自主之國累世乂安三百餘年其地適當衝要三面環列强鄰地無險阻民鮮戰力而能屹然自立不被外侮侵陵者不恃以武功實賴乎文德也蓋居官者執公法以理交涉而友邦無不以玉帛相見故世之攻公法學者惟冉城特著令聞焉百餘年前有發得爾者爲當時公法家之冠所著之書繙譯各國文字廣行傳播垂至於今

溯自七十年前冉城入瑞士聯邦若以外交而論即不復爲自主之國然一切內政仍自專之余於冉城

益者三友

得識學士多人而太學公法教習霍爾農前學院教習狄德利善會（以救護傷兵爲事）董事穆尼耶三公與余交尤契傾談學問獲益良多與霍公討論公法將余所

著中國古公法論略稍事點竄付諸手民得以問世與狄公每食必同席用英法德之語以資論說穆公仁愛宅心以救人爲己責家稱素封而能不辭勞瘁以興義舉因而諸大國深感其德奬以寶星焉蒙三公將所著之書惠然見贈復承引余至所設各會其

師學會

一爲與師學而設會友四五十人皆書院之教習也意在互相觀摩以得教授要法請余論中華學業旋以法文付梓

地理會

其一爲講地理而設會友亦四五十人除教習十餘員外半係冉城富室其會每月兩次討

論地球形勢萬國情狀以廣見聞聚集之所列閣以藏書史凡古今各國新舊地圖無不搜羅殆盡什襲而珍惜之遇儒士曾遊海外而來者每致敬延留聆其快論蒙請將中華地輿略爲陳說彼時余論黃河之水易道北流幷本禹貢錐指一書將其歷代遷移約略言之（已譯法文刊行）

同仁會

其同仁會亦於此所按月聚集商辦義舉彼時所議大端有二其一委老成之士酌度貧寒子女之病勢或帶往海濱沐浴使浸鹹水以健其體或携登高山眺望使得清氣以爽其神盛夏之

時遨遊數旬可以勿藥有喜矣其一將期滿罪人設法安插蓋良民不齒此輩以致難覓衣食而既經縲絏即無顏面向人遂至無所恃事易於復犯善會於出獄之日令其工作以資養贍身家可望有恥且格矣會中善舉甚多而義學不與焉因官設學校已足教養人才也（紅字會救濟被傷兵丁之事本由同仁會而出咸豐九年奧法相戰有瑞國醫士杜南者歸自戰場將目睹情形向會中述之曰被傷兵丁數萬軍營醫士照料不及臥地被露所浸以致潰爛而死會友聞之莫不感傷於是議設另會專爲救濟被傷之事以紅十字爲記名爲紅字會轉告各國各遣使會議章程）

瑞士永守局外

按歐洲諸大國相約將瑞士永爲戰時局外之地鄰國偶有失和瑞士不得干預戰國亦不准稍犯其境以故雖有强鄰不敢妄加吞倂瑞士恃公法以自立無異魯國恃先王之命以不恐爾瑞士既定爲局外之地諸大國每擇冉城以爲會盟之所

諸國會議新例

同治四年諸國公使會於冉城以定戰時料理病傷士卒之新例其在事之戰國一體保護蓋拯命之事決不意存畛域但知救其病傷而已卽凡民有喪匍匐救之之義冉城議事宮已泐石而誌（此舉由友人穆尼耶鼓舞而成故伊現爲會中董事）

五國判斷爭端

其事又同治十二年英美義瑞士巴西五國遣使會於冉城以判斷英美爭端前於同治初年美之逆民會購兵艘於英因燬美之商舶極多緣英人妄售有干公法定章故美廷將被燬船值取償於英詎料英不允諾幾至互動干戈於是兩國立款邀請友邦特簡公使秉公以斷旋由公使判定令英償銀一千五百萬圓英雖强國亦惟俯首輸納而已可爲諸國息爭之鑒議事宮亦泐石而誌其事

穿山入義國

十一月二十二日登鐵路穿山洞南行至義大利之

都林冉瓦畢撒等處（按鐵路之初創每繞道漸登而過山今則鑿破山石直穿山腹而過洞高闊各三丈長三十里此處爲法義分界故所費兩國公給）或留一宿或留一二日名勝未能悉載惟於冉瓦見園圃青葱鮮花滿地與山北逈異因穿山突然出洞而逢春也

哥倫石像

四百年前冉瓦人有哥倫氏者初開海路行抵美洲彼時南北兩大洲惟野人居今則大小數十餘國得哥倫氏執天文之學以燭其路而開一新世界其功偉矣故冉瓦設石像於通衢以榮之

畢撒斜塔

於畢撒見一高塔周圍每層建以石柱因其斜立爲歐洲極美之觀初工師故置斜勢借以衒奇人以爲萬分危險登臨必致隕越豈知已測重心安置穩固是以歷五百餘年依然無恙因思人之以正而求名反不若怪者而竟能表揚之也

戛里留論格致之理

義國有格致家戛里留者以塔考驗墜物之理彼時重學尚未發明有云以金類大小二塊同時而墜大者必落地較速戛氏曰不然乃於斜塔上試之落地無先後之差（今每將玻璃筒吸盡其氣豎立之置物於內既無氣阻則鵝毛與金錢並落）世之哂其法粗而學淺者誠不知創始之難也塔旁之大禮拜堂內具懸燈一盞相傳戛氏曾見

此燈搖擺因悟出鐘擺之理其論至今不易且用以推測地球形勢是戛氏之學直可奉爲格致之宗矣戛氏曾以日靜地動立說教皇視爲異端而囚之戛氏曰幸不能阻地使之不動也（按戛拉法尼與佛爾塔皆電學之宗同爲義大利人即此三人而觀義之有功於格致之學者豈淺鮮哉）

花城風景

二十七日至福洛倫斯（譯即花城）義之北鄙也山水風景不負其名每令人爲之景仰有方塔與畢撒斜塔相埒築以黑白二石高約二百尺頗爲壯觀以歐洲而論亦可謂營建之奇工矣臨下一堂四面有銅鑄大門門面鑄圖以彰明古史所載事蹟

儲存珍物

有二名畫閣皆設於諸侯舊宮二宮相距里許中隔一河有橋以通往來不惟二宮屋壁盡懸畫軸即橋之欄牆亦挂丹青其一宮藏有石銅所製人物無不入妙考義國所崇尚者首在精工巧藝雖雕鏤石像未能與希臘抗衡而希臘丹青亦不能與之比擬義國在中古時曾分爲諸侯小邦凡名手畫工各邦無不延致其畫亦爭相購之故挾此藝者每致富且貴焉所遺名畫愛如希世之珍巨室式微間有出售者其値動需數萬

金不啻拱璧視之矣

義都羅馬

十二月初四日登鐵路南行抵羅馬（義之大都也）歐洲城以千計而余所尤慕者有三曰倫敦曰巴里曰羅馬以富厚恢宏而論羅馬不及倫敦十分之一以繁華美麗而論羅馬不能與巴里同年而語然萃於是邦者有二三千年之勝蹟故嗜古之人每遊其境輒徘

盛衰紀略

徊而不忍去（自周平王時羅馬始興初僅孤城嗣乃逐漸兼併而土地日見開拓民俗強悍以侵占外邦爲事惟其內治嚴明政崇公義所以三百年內義大利土地大半已歸其輿圖矣復跨地中海滅阿斐利加之嘉大奇北征英法德日東征奧土希臘渡雅細亞兼併海濱諸國不知崑崙之南天山

之東尚有大國海外仍有大洲自以爲天下悉歸統轄其初王位世傳旋改立民政嚴易統領厥後將軍專擅大權而遂稱帝號爲晉成帝時遷都於土耳其晉安帝時其西都被北狄所據時天主教盛行狄人旋奉其教乃以教皇之號尊羅馬主教以邦議爲教皇之國雖教皇不擁兵權而歐洲大小諸國無不惟命是聽明末清初北方諸國叛離教皇其權漸衰道光二十八年羅馬民叛而教皇遂遁於海濱賴法君與師師創平其亂而復教皇於京都同治九年法君被德師所擄不能自顧而義君乘機遷都於羅馬仍准教皇居其舊宮以此外與無寸土之歸矣十餘年來民數加倍闢鐵路以通四方諸小邦現合爲一大國且以羅馬爲京實有復強之勢焉）余在羅馬流連半月日覽古蹟惟名勝過多未及徧述姑指一二亦可略見一斑有石建

戲園古蹟

之古戲園高四層層層石柱式如圓城周六百餘步因漢代俗尚鬬戲常令罪人相鬬或與獸鬬與人鬬者勝則釋罪負則取決於觀劇之人倘視負者志力可嘉衆皆舉拳舒指官即爲之解救若實無爭勝之勢衆皆以大指向下反指則勝者即可戕害其命與獸鬬者勝則人殺獸負則獸噬人每置獅虎百餘驅與人鬬觀者恒七八萬（客座有八萬）皆繞客座而圍之彼時泥於羣神禁人尊奉天主每以鬬獸爲罪厥後其教盛行教皇惡此戲園因而拆毀改建教堂數座舊

古蹟雜記

跡大半尚存足見戲園之廣大無比也有古帝陵寢

今已改爲礮臺有古寺築以巨石其式渾圓今已改爲教堂有水溝數道如橋擎以石柱引山水入於城內計長數十里其一建自二千年來尚能暢通足資民用有勅建圓塔二座四圍雕鏤圖像以誌戰功塔頂帝像教皇早易爲使徒聖像矣有白石牌坊數處雕鏤戰蹟與圓塔略同其秦漢時之廟宇廛肆前被灰土埋沒現已開通留作奇觀而已又有古董院數

古神怪狀

處由地掘出古蹟以及古時軍器什物石像其神像有似人形者既美且大觀者無不羨其工巧其奇形

城建七山

怪狀甚至有人首羊身者以余思之羅馬人雖建造雕鏤頗著才能而敬奉奇怪之羣神則似智而實愚其勇敢好武鬬獸鬬人心殊殘忍不免俗同蠻夷矣城建於七山即名爲七山城山不甚高景趣佳美路頗險阻苦於攀援其一山建有園囿設涼亭以鼓樂每遇晴霽居民或步行或策馬或乘輿咸來遊賞焉墻上設石像皆本國昭著之人有義士賢人亦有亂臣賊子都計三百餘尊忠佞混淆不知何意也禮拜堂四百餘處率廣大宏麗其尤可述者莫如彼得羅

彼得羅聖堂

述其形勢

之聖堂即教皇諷經地也式仿希臘古寺石柱皆圓筒形門窗則單圓弧式可爲此類堂廟之冠院落廣百餘畝墁石平滑中列水法流泉者三勃勃高躍映日成虹兩旁有穿廊複道儼如曲臂懷抱之形各列石柱四行高五丈周丈餘每行三十餘堂前復有橫廊亦列石柱兩行高大倍於前柱堂頂之上環列石刻聖像高二丈自下視之其大不逾人身則堂之高聳可知堂宇縱橫相交形如十字其內石柱甚多工更精細南北六十丈東西四十丈居中覆宇其頂半

溯其本原

球形徑十二丈距地四十八丈兩旁皆列小殿爲歷世教皇陵寢其廣亦容百數十人以各種寶物裝潢之大殿四壁列聖像數層白玉鑿成余登其頂如陟高山上建鐘樓八座式如高塔頂蓋平衍鋪以巨石人履其上者廻環於鐘樓之間其寬坦如行街市不知身在空際也其局勢之大亦可見矣此堂建自明正德元年至天啟五年工始告蕆需款四千萬彼時一兩值現銀五兩當創造時因款項浩繁募捐各國爲數頗重甚至百般羅掘將免罪關牒亦行發售謂可藉寬地獄之苦因

營造之功

招物議以致日耳曼等處叛離教皇從路德新教教遂分而爲二焉按天主教出於耶穌漢時自猶太傳揚四方至宋則分爲東西二教東教希臘俄羅斯從之西教歐洲西方各國從之至此西教復分而爲二乃以新舊別之其新教因返本還原故名爲耶穌教此堂之造時閱百二十年其營造師固非一人惟安日樂之功尤偉按辦之時已七十二歲總理工作十七年伊素擅長者營造雕鏤繪畫三種精藝名冠一時且嫺吟詠是爲四藝兼備矣殆可擬以國士無雙云按營造師之職即柳宗元所謂梓人也其工不以木料而以磚石取萬世不朽之意匠心獨運指揮衆人非才能卓異而復精於測算諸學者曷克臻此西國學院設有營造科殆甚重其事也

行抵那柏里

火山湮埋古城

開發古蹟

十九日登鐵路南行至那柏里住而月爲義國最大之城居民約六十萬城建於海濱長岸前繞勢若彎弓其背有諸峯以環之天時和暖雖距赤道與北京相等（四十度）而花木經冬不凋四時常有鮮果正月初余見幼孩弄潮於海其時之暖可知矣近城有火山名微素微時有火焰飛出每歷十數年其烈焰格外加劇地中硫磺與石融化一併自山口吐出下注如河常有流灌於海者令海水驟覺滾沸村莊恒被流火傾覆漢章帝時有二城一名朋卑宜一名胡格蘭

同日被覆渺無踪跡考之古史僅存其名而難查其所在之地至乾隆間有人鑿井通於地下見有寬大石房相連當時以爲別有洞天後始知爲胡格蘭古蹟其沈埋已至九丈深矣由胡城而求朋城所在窮搦數載方得端倪爰奏君命擴清街衢顯露房宇其中所有古物儲於博物院中數十年來相繼糞除今城郭已居然可見査朋城被覆非禍起倉卒係熱塵積漸下壓勢如連日降雪故居民尚能逃生惟間有移運什物逗留過久而斃命者見有二人肩荷銀塊伏地而亡書云利令智昏其斯之謂歟所有屋壁畫圖依稀可認半爲描繪春册亦可證其風俗靡蕩彼蒼福善禍淫其理洵不爽也

自義東旋

余在義國住經兩月每日溫習義文外遇天時清朗便遊賞古蹟瞻仰圖像以闊胸襟蓋中古之精藝以義國爲最其學術情形雖有復興之勢究不若英法美德之宏深也故不論及

八年正月十八日由那柏里登法國輪舟東旋至二月二十二日行抵新嘉坡爲南海英屬首埠地居小

一路英屬勢如貫珠

島四面海汊狹穿易於防護誠爲東西相通第一要隘論英國屬地錯雜於四海者星羅棊布皆賴舟楫聯絡不但設電綫俾通音信即海中險要之區無不首爲盤踞決不令他國捷足先登在地中海有熱爾巴他馬利他居比魯諸島在埃及之蘇以士河出國帑買股分近復遣重兵以戡亂幾如自有之地矣紅海東口外本有亞丁部落前屬土耳其今歸英有亦設兵鎮守之紅海口內有碧林小島近亦駐兵置礮臺以扼要是東西水路通衢盡歸掌握也

英將計奪碧林島

余在亞丁聞數年前法君那波倫第三遣提督駛船至紅海欲經略於碧林小島（彼時爲不毛之地無人主之）一日行抵亞丁被英將邀飲以修地主之情當酒酣時主請客曰君今航海至此果欲何往時客已入醉鄉遂吐實相告並詢以前進程途詎意英將乘便自衣袋內取紙揮灑數字頤指某弁飛行施措復與客酌夜闌客始謝去且云身膺重寄不敢延擱即時可以解纜矣英將從容而言曰惜君所謀已晚余早遣兵艘三隻前往駐守焉客聞之猶以爲戲至則果見英幟已樹矣懊悔頓生失機莫贖祇得徒手而歸由此觀之可見酒之誤事也

海外設官保民

余在新嘉坡住經一宿即登岸訪晤中華領事官左秉隆（前同文館肄業生）次日蒙伊登舟相送在埠鄰近地方華人不下十餘萬衆現有華官遇事無不盡力護持在國則不任民流離在民亦不至失所焉

同文館生一路相接

余此次遊歷各國在中華星使領事各署均遇同文館生相見倍形歡暢因思教育英才固爲君子樂事而成名供職天各一方仍能同晤於數萬里之外其

周而復始

師心之愉快又當何如也計由那柏里東行二十五日路經阿斐利加之埃及暨雅細亞之印度至新嘉坡安南等處二月二十七日遂抵上洋亦可謂周而復始矣（雖道間有偏南偏北者而恒係向東故周行地球而同也）

附論西國城鎮 所經都邑無暇細載故即其異同而總論之

都邑無城

余所遊歷七國除東洋日本外餘皆西國其天時地利各殊而風化習俗率爲魯衞之政以都邑而論鮮有圍垣者 城而無城城哉城哉 即有亦不恃以捍衞 按巴里羅馬均有古城而闢外街衢環繞倫敦伯林皆以城垣狹隘與民妨礙故先後拆毀也 大邑設礮臺以鎮撫小邑並礮臺而亦無矣至屋宇之建造街道之

外觀相同

闊狹車輛之控馭服制之款式大抵均出一致如美之金山距德之伯林雖有二萬餘里而由此至彼者覩其風景宛在故鄉其道路之平坦雨既無泥晴亦

無土車行無坎坷之阻甬路用碎石壓平爲之以利車馬軌道兩旁用磚石墁之以便行客也城鎮設有

班車二種

班車按時往返此車有二種其不由鐵路而行者載客十數人其由鐵路而行者載客可至四五十八屜價甚廉車中鋪墊罔不潔凈柔厚沿途任客上下車中或觀書或清談均稱便之各城街市鮮有以火車

鐵路二種

載客者因遄行迅疾恐傷人物倫敦則有地道火車創隧以通來往牛約則設懸路下栽鐵柱勢若橋梁 詳見前文 巴里則周圍有地道鐵路均無意外之虞城鎮

煤氣燈

之屋宇高至五六層門窗嵌以玻璃晚間挑點煤氣燈舉室光明無微不見街巷亦皆懸挂車行轍跡昭然每至三更許而轔轔之聲始息焉民之遊於市者不需攜燈照耀儼如白晝氣由公局製造埋鐵管於地以達各坊各室其價既廉其光亦較油燭倍明街

自來水

衢房屋亦設自來水管辦法與氣燈相似水自河湖引入潔而無毒便於飲爨且可隨時挹注以備不測民非水火不生活似此四通八達其利益爲何如哉

電報二種

到處見有鐵絲縱橫或結柱上或繫房顛皆電綫也

其機有二一能通信 謂之對里孚 一能傳言 謂之對里丰 通信者數十年來已有之法不但城邑賴以聯絡即海外各國寄函轉瞬亦可飛遞傳言者創造未及五年音聲雖可達數百里而究不過數十里以爲常若民遇有事件不出戶庭而婉商一切不啻覿面而談向者大廈巨艦用傳聲管以通消息均賴呼吸之氣不如新機借電氣而傳語縱繁瑣無不歷歷可聽焉城鎮

園囿休息

皆有園囿或數處或數十處以爲居民休息乘涼之所大者樹葉交加擎空掩映籠罩道路之上行者皆

官堂爭榮

為庇蔭又河湖港汊以通舟艇優游泮奐攸往咸宜小者亦有異卉奇花水法冲躍此等勝境皆官建之不惟富豪者能獲此樂即寒畯者亦暢其情而免於疾病之侵矣園囿之內每設樂工於涼亭（並有博物院等處）雖係絲竹管絃之細其聲可以感發人心蓋欲陶淑性情而藉禮樂以示教也至王侯宮院按期亦准出入遊賞有至大極美之禮拜堂上造高塔巍然雲表以壯觀瞻各國均建此爭榮而誇勝其佳城係總聚於一處或數處墓道排列成行如無數小剎其尊祖

敬宗與中華禮雖殊而情則同也

摘譯密省太學節略

西厤一千八百八十二年（即光緒八年）美國密省太學安總教習呈報總理太學大臣略云本總教習前蒙大伯理璽天德簡使駐華辱荷寬予假期派人代理學務實深銘感兩年之間學院局面擴充所學日進醫學館增建養病院化學館增建倍前書閣改建以石藉以防險機器館教習又增一席另設政治館以興綱紀之學可期通經致用通學生徒較前益衆計一千五百三十四人兩年以來課程既滿而出學者四

百三十五人內為醫士者一百三十九人為律師者一百七十八人攻化學業者四十八人本省學者不及半餘皆自國內各省而來而東洋之檀香島南海之古巴阿斐利加之埃及雅細亞之緬甸均有遣人來學至本太學度支量入為出明年應有各項進款核計二十四萬五千九百圓其需用能預料者約二十一萬七千三百五十三圓之數（半由國帑開發）云云由此觀之密省太學可與雅禮哈法後先輝映也

西學考略卷上終

西學考略卷下

美國丁韙良著　同文館學習人員貴榮 時雨化 同書

各國學業所同

學校大旨

泰西各國學業亦如其服制大同小異民間學校以本國語言文字爲宗其課程（讀書作字筆算心算地球圖說等事）率多一致

書院大旨

大書院則以希臘羅馬古文爲正課繼以測算格致而終成於醫法性道諸學焉其崇尙希臘羅馬

古文緣起

古文者因二國開化最早相繼而興征服三大洲諸邦故其文傳之極廣希臘文化昉於周初有瞽者賀

希臘詩文

梅爾擅絕世之才歌詠諸邦戰蹟庶民心感多默識之迨東周時士人仿其體裁爲詩亦有因之別爲戲文者故泰西戲文自希臘始蓋彼時未有刊成書籍所以古之紀載每設戲臺以演之民之耳聽而目視者藉以勸懲不啻身列膠庠而面承訓誨也雖不讀書而於歷代事蹟罔不周知

希臘性理

至周末時性理之學大興分門別戸列爲百家交相論說漸入虛無惟索格底布拉多額利斯多三人有聖賢之目索氏以修齊治平爲急務如中國先師孔子布氏原出於索氏之門復將師傳推而廣之額氏學出於布氏旋另行設教布氏以性道之學爲大旨額氏以格致之學爲要歸彼時測算格致未若後世精詳不過試創其端而已之三人者無不敬如神明立論皆宗其說迄於明初始改轍而易途焉

羅馬肇興

羅馬肇建自周平王時雖民情强悍而俗尙公義論武功遠邁於希臘而文德則不及焉故征服希臘後遂習其文學即本國詞章以及性理諸學亦悉仿之自希臘式微而國勢始强盛在前漢時西國無有與之抗顔行者積漸而波斯迤西

羅馬法學

諸邦皆歸其轄屬故文字廣爲流傳而最重律法今各國法學其源多出於羅馬

羅馬文字通行

中古之時其文字仍是通行而學士尤羨其詞章如華士習古學而爲古文者然

今文緣起

三四百年來英法德各文漸興而漸精不惟詞章不遜於希臘羅馬即算格諸學亦能深造而駕乎其上矣古之測算不過幾何代數而已即格致亦惟前人成法是循至明代始知徒讀往籍於實事無濟

振興新學

遂屏絕古人之說而振興其新學焉蓋欲致知不在博覽羣書而貴即物以求理也如煉丹家妄求長生

格致貴專

格致實義

之藥點化黃白之術（其術本於中華後始流傳於西方）其煅煉鉛汞雖未有成而化學之理卽由此而出又如測算家義之戛里留英之奈端法之德戛爾德之萊布尼茲等由測算以及格致之理因而其學大興又如哥白尼格布萊等不從古說不以我區區地球居天之中而以大百餘萬倍之恒星（卽太陽）居中旋經創造遠鏡故星學之理因此而明時至明末英國大司寇培根著公餘之暇著格致實義一書伊雖非專於算學亦未審驗動植之品調燮五行之質然亘古以來各國最

有功於格致之學者無能逾之蓋深悉學問之道苟不究夫物理之本而僅求諸文字之末則所學虛薄無憑欲廣知識若非探索物理何能得其確據於是編成卷帙嘉惠士林其論各學如指定某疆某土明示以如何規畫無不曲盡其微大學云致知在格物卽此意也惜聖門於格致之理竟爾失傳而培根所論悉宣底蘊昔諸國之士雖偶有致力於格致者自培根之書出其學始興焉夫至無際荒野而欲分途尋徑自非一人所能爲刱觀天察地又豈一人之力

富強不期而得

所能及乎（此言創學非言讀書）於是各專一門而星算格化諸科因之日新月盛以闡古人未發之秘其初不過討論其理未嘗計及其用迨後世得氣機電機之力與夫化學之功始知富強之術卽寓其中不但學者視爲要務卽諸國亦以爲學院課程之大宗蓋知貧弱之國由之可以至於富強而富強之國亦可由之而富強倍蓰焉

同道異文

五國之文相繼而起

各國學業所異

各國學業所異者首見於文字蓋學以文字而傳無字則文不立在諸國各有方言雖多借羅馬字體而文則各殊不但部署公私庶務卽士人所著詞章以及古今事蹟皆以本國之文編爲卷帙數百年前拉丁文（卽羅馬古文）尙屬通行彼時雖俗務用土語而律例格致星學諸書各國仍以拉丁文傳之意在廣行而不囿於一方也迨明末時印書機始興於西國因而刋布方言學校以方言授讀衙署以方言理訟而習

拉丁文者漸少卽士人撰述亦印以本國之文及其成名既久鄰邦無不爭譯之文之最佳者如義日法德英五國皆相繼而起義文自宋代而始興日國當明末之時爲歐洲最強之國其文亦特著迨兩國式微其文雖有不過碩果僅存近來均有復興之象則其文亦必同趣至法德英三國數百年來未見陵替故其文有進而無退若論三國之文何者爲最實難判其低昂蓋各有妙境也雖書院仍習希臘羅馬古文而三國今文亦莫不設席以爲課焉（義日等文各國雖有習之

三國之人各有所長

美國文與英同

多出新機

不與鄉學

者然不以爲專課）德人性好稽古而博學之士多於鄰邦蓋德國自古遵行分封之政略如周制將土地割分七十餘國諸侯崇尙文教各設太學建書庫聘鴻儒咸以文風隆盛爲榮焉法人不但長於精藝其兵法亦甲於歐洲（近來德國能習其法而過之）其振興格致化醫諸學亦在他國之先各國繼進其術推廣而爲新創者有之英人則通商極廣貿易繁盛人民富庶屬國衆多是以富國策一學始出於英他國雖亦有論者要以英國爲嚆矢卽以政體治術而論亦較他國爲精詳至

於美國先隸於英後乃分而自立其語言文字學業均與英同無煩別具其說惟立國百年與英先後興師者二而尙能自護蓋初以自強爲要務不但富國興商卽凡有裨民生而利國家者莫不次第而措施焉其諸新機創自美者甚夥如汽機行舟電機通報俱在他國之先他國學院有自數百年來聲問昭著而美國學院雖建之在後亦能與之爭勝其鄉學亦較諸國爲盛故民間男女子弟無不識字通國之中凡七歲以上不能讀書作字者不過百分之五六其

不識字者半皆黑人前充奴僕以及外邦客民而已是土著鮮有不從事於學者也

學校課程

學校五等

諸國皆有學校而立名不同其要分爲五等曰孺館曰蒙館曰經館曰書院曰太學所謂孺館者專爲嬰孩而設四五歲即可入館所學不過認習字母反切

孺館

字音記識數目口授典故而已並令習於謳歌藉以正其口音而悅其心志循循善誘俾得優游較家居反形舒暢自昔原無此館數十年前有人謂爲父母者或無暇訓誨子女因而始設繼而廣行緣孺館之課不以學習爲苦其悟心必能早開如際初春向陽

擇地栽植花木可望其及時華實也倘約束過嚴必致終日抑鬱是爲教無義方殆將累及終身焉所謂

蒙館

蒙館者（即小學之謂也）生徒率皆幼穉館規較肅課業加多除讀書作字外習以地球圖說各國史記以及筆算之初學所課之書皆本國今文與日用語言無異故識其字即明其義昔小學無本國之書一切課程均賴古文而字義重譯不若今文之易曉也今之講授古文不過百分之一二緣民間子弟志重農工商賈

經館

者以古文與其業無裨故也至於經館則重以古文

實學館與經館同等

書院

仍講求各國今文史記及練習函劄作論等事間亦旁及算格諸學在蒙館學有端倪年在十四五者始入經館在經館四五年學有成效始拔入書院太學（書院與太學雖有別而課程有相同者）凡入太學者德國例以經館爲階近有人謂古今情形逈異不得以古人意見爲權衡若課程重在古文徒費力於字句之間而不及於實事則所學虛薄無憑況處世交接莫非物也物理精奧不可不知如謂數千年旣亡之國必悉其語言識其風俗方爲滿志而於覆載之天地環繞之五行

反置之而不究不亦傎乎因而廣設學院先其所急講求實務名爲實學館以算格等學爲重至古文亦惟功餘肄習耳與經館事正相反其學有成效者一體拔入太學（經館之以古文爲重者因爲各國今文之根本蓋砥礪人材感發人心而欲變化氣質莫如多習古文故意在入太學而爲士者仍進經館居多至意在爲商賈工匠視蒙館課程爲不足遂多有入實學館者據德國太學教習云經館實學館同時拔入太學實學館之生徒於算格諸學初雖稍優然歷數年後經館之生徒亦能補其所未逮而過之足證古學之有益也）書院課程分爲四年迨古今文學已能熟諳之後卽須研究測算天文格化等學間有講解萬國公法富國策性理

太學

三大科

功名三等

諸學者（英國書院如是者居多德國大抵以此等課歸之太學）書院課程旣滿卽由太學考試獎以功名與中華游泮相似並給予文憑一時誇耀鄉里焉太學爲諸課總匯之區往往有書院或數所或一二十所聚於一處而歸其統轄甚有一省一邦一國之書院均歸一太學總攝故欲習書院課程者或徑赴太學而講求之或於外書院學習復入太學而深造之皆可太學復增道法醫三大科學有成效或爲道師（卽教士）或爲法師（卽律師）或爲醫師凡讀書之士率由此三途而進近代算格諸學

旣興復增製造之術與三大科相埒分館而習各攻其業（其著名醫學館教習數十人生徒數百人至道法等館雖教習不如彼之多而生徒之數不減）習四科者皆以書院素學者爲本以端其基也太學之盛者教習恆以百計生徒恆以千計俟課程旣滿復獎以功名而優異之與孝廉相似迨離太學多年學業大成聲名洋溢復予榮寵而進其秩與進士相似洋語稱鐸德者譯卽可爲師也昔太學皆國家所設通國僅有一二所厥後分建頗多每有富室捐資建書院數所在一處者國家賜以太學之名德國太

學校課程立義有二

學有二十四處美國書院兼稱太學者過多其間有名無實者在所不免學業既精雖獎以功名並無必仕之例其入各等學校以自備資斧爲常惟水軍陸軍各武學則皆給以薪水總之各國所學不能歸於畫一其大小學校又分爲數等而課程立義有二一在練達才能一在推廣知識惜所學門徑過多未克深造故博而不專者往往有之若才能出衆勤攻二十載則不愧爲士之名仍不視爲學業已成不過始基已立果能體用明通則一切自能進益無需師授

課程大旨

之傳也茲將課程略陳如左

一學者以本國語言文字爲始而練習本國之文始終不怠以期有成

一各國今文既出於希臘羅馬古文則兩國之文亦宜講求通曉況近今各國往來甚密學者必旁及隣邦今文以與本國之文互相印證補其不足（英法德三國之文幾爲通行）

一諸國既通使貿易無論爲士爲商須知地球大勢與邦國之强弱風俗之澑漓故學者必熟悉地球圖說以及各國史乘方爲通材

一人之所覆者天所載者地則課業必以天文地理爲要端（地理卽地學也論地中層次體質等事金石之學亦在其內）

一水火風土（卽西國所謂四行也）莫不具以大力若明其理則役之不啻僕隸萬物原質含有感應苟能得其妙訣卽可令之配合分離易舊生新是以西學以格化爲重

一習天文格致諸學而不以算學爲階者必不能升堂入室故西學以算術爲要端而與格致諸學並

進

一萬物爲人所役使則草木鳥獸鱗介不但應識其名亦應各知其性故植物動物等學亦爲要端（按此學非爲士者所必習好則入之否則出之）

一人爲萬物之靈而人之靈實原於天則天理人性不可不究況天地萬物皆以一理維繫是西學之精微者莫如性理一門（按學之者多而明之者鮮）

一爲士所貴明體達用內則富國裕民外則睦隣修好故富國策公法等學皆爲太學課程之切要

以上所論不過學之大旨尚未及道法醫製造等科

茲將四科以及各藝諸學分而陳之

教士訓民

道院課程

道學院

道科乃教士之學訓誨本國人民非謂傳教外邦也

西士教堂如中華菴寺之廣建各堂逢七日（即安息日又名禮拜日即星房虛昴之日是也）民率眷屬進堂誦詩祈禱以爲敬天邀福之禮事畢則恭聽講經一切儀節係由教士相率而行所講之經大抵節取經文字句爲題向衆作勸世論務須自出心裁不得襲舊若教士才學越衆詞令優長則官民無不悅服而敬聆焉歐洲諸國視教規足以維持風化故官建教堂給教士以廩餼而

爲教官民從其教與否仍聽自便因而教分多派民之從各派者有自立教堂延請教士而供養者國家視其所爲有益是以不禁（美國無官設教堂教士亦無食俸者）太學開設道科原爲官教而各派之民捐建道學院者亦不乏人課程須三四載（謂書院課程既滿之後）以猶太希臘羅馬三國古語爲重課程大端有五一爲講解經文（原文出於猶太希臘雖兩國之語向爲肄習茲則復加精進）二爲校讐歷代史記以辨道之盛衰三爲推求性理四爲學習文法五爲練達口才（文法口才各學院無不練習而道學院尤爲當務之急蓋爲教士者講解經文須二者兼優方）

以德爲重

可五者之外尤須評其品行蓋先正己而後始能正人也其學法醫二科者但論身無劣跡而不問其有德無德惟教士必須以德爲重倘課程未底於成而露有怠荒游蕩之志者無論其才學如何卽行罷斥其已爲教士而品行仍有疵累不足爲法於民者亦卽革退

法學院

法學四項

法學一科其義最廣道科意重化民法科則事在治國也不但刑名爲法卽邦國之紀綱君臣之節義莫不爲法所範圍以至隣國交涉人民通商亦無不爲法所維繫是以法學分爲四項曰刑名曰通商曰紀綱曰公法士人欲登仕版者多攻此學而國家因才器使意在內安本國之民外結隣國之交每從法科選拔之誠以任內治者必須通紀綱使外邦者必須諳公法方勝其選其中最要者尤莫重於折獄卽所

問官訟師

謂刑名也西國不但設有清訟重臣如司寇與廉訪等職卽各郡縣亦立司獄之官以理詞訟俾爲專責而民間一切他務概不過問此等官職多出身太學而爲法科之尤著者始克膺之更有出爲訟師者西國刑官必賴訟師襄助而訟師非擅攬庇護係按律奉公而行也訊案之時須有訟師二人以審案之出入將是非曲直當堂剖辯然後官始判定況官鮮有獨行折獄者約須三員會同議擬更有民之著名者或六人或十二人隨堂聽審遇案情重大者兩造

（訟師公論）

各延訟師數人居期在事證佐亦均投到其情詞卷宗由訟師面詰如此造供招已畢事有未合亦准彼造訟師斥駁如此反覆研究務期水落石出以成信讞審問之時准民衆入內側聽是以遇有重案訟師爲才能特著之人而樂於聽審者往往不下數千人且准新報館遣人錄取供詞辨論等件印入新報其案情之始末自無隱而不宣如此理訟意在免人屈抑其法固甚美矣無如世多奸佞之人挾其所學以枉理其學尤精者禍人更烈此弊之難免也法學院

每有十餘講席分爲教課所學之限三年四年不等課程已滿始准理訟除正課外師生每虛擬訟事或假爲官長或假爲訟師設案而理以取供詞令訟師互相辯駁以資練習如弁兵操演兩軍對壘以待異日臨敵也更有富家子弟不就功名每習法學以爲護產衞家之用然遇有興訟仍不免延請訟師代爲措辦如儒者雖諳醫術抱恙亦須延醫而理也（虛擬訟事以資練習）

醫學院

昔西國無醫學院醫術或由家傳或由師授其精微之奧旨恒秘密而不宣所學既無定課課滿亦無考試遽出售技又無官給文憑以證學品是以庸醫自矜其才妄行調治而病者受害匪淺近代各國廣設醫學院以冀杜其弊而正其術故定新律凡業醫者（須執文憑方得行醫）須執有太學文憑方准診視其醫學院延請名醫或數人或十數人分科而教以期精進故學院外有私傳之術與私製之藥者人皆鄙之在院習醫較家傳（設醫學院其益有五）

其益有五一衆名醫會集（名醫會集）如光之燭於一方學者博聞其義而不囿於偏端一教習日授須繼以誦讀而書畫所值甚昂（書畫富藏）寒士難以自備何若官設醫院廣採有用書畫藏之於庫俾師弟可以考查不但當時名士即古今各國之岐黃亦無不祖其學也一藥品多由化學修製（修製藥品）當爐火烹鍊之時可以親炙其術一精求醫理非剖視尸身難得確據倘以獸尸代之其形骸固異即病原亦各不同故伏法之罪人恒交學院得以剖割查驗（剖割尸身）又醫院中病人之孤苦無依者其尸

醫院診視

分爲多科廣設講席

醫道精進人壽增加

身亦發交學院以資研究此皆家傳者所莫辨一學習既有端倪尤貴身體力行然徒謂聞斯行諸必至貽誤蓋平時雖有師傳臨症亦須名師指示故醫學院每與施醫院相連教習於正課外時須帶領學者前往隨同立方切脈病人既多則病狀亦必不一其所應需方藥學者須極熟諳方可調治倘學僅家傳則見聞不廣雖行道十年未必遇如許病症故課程既滿後須於官醫院隨同診視二三年領有文憑方可稱爲良醫而取信於人至學院廣設講席者因醫道分爲多科其內外二科又復各分數科如腦髓心肝胃肺各爲一科耳目口喉亦各設專科不但徒醫患牙而尤能補假牙與生成者無異（又有婦兒各科婦人產育大抵經醫士料理近今婦人入院專習婦科者亦漸加多）昔西人紀數備短未若今時多有耆年之人始以二十八年爲一世繼以三十二三年爲一世今法國之人絶長補短至四十九年爲一世（鄰邦皆同）其增年已過半矣殆因今時戰爭較少一切起居衣食亦較昔時爲足而要恃乎醫學之日進也夫壽爲五福之一雖長生之術不可復求而有

醫道能採擇山林花木煆煉地中金石修合靈藥救苦延年其有功於民者實非淺鮮

工藝院

宜重工匠

古人云道成於上藝成於下是道爲本而藝爲末道爲源而藝爲流也然藝爲人生所不可無無則國不强民不富而器用鄙陋則製造所宜講焉夫工爲四民之一品居商者之上蓋先工作而後貿易以通有無故留心王化者不但重農與商亦必以工爲急務倘執政者視士儒而不設學校以訓課烏得謂爲重視耶若工匠止於獎勞而不謀所以精純亦不足爲重近代西國建工藝院蓋有取於斯焉在昔工匠雖

工藝涉於學問

亦製造祗恃師傳其業不廣一如向之學醫僅得私授其術未宏迨國家開設醫院道乃因之丕興也其建立工藝院諸藝俱臻美備者非謂工匠之粗者不得仍習家傳實因工藝有涉於學問故開學院置機器備圖書延名師教授則聰慧者窮源探本綱舉目張而各藝皆呈其效如謂製造器具營建房屋學烏鳥之壘巢惟知葫蘆依樣亦未嘗不可然欲省材省力事半功倍而求精於工者非先務測算繪圖之學無由而得其妙蓋數居六藝之末而實爲百工之首

關係匪淺

也至水火之工（即司火車輪舟等機也）若不諳水火之學必致多誤喪命百數喪貨鉅萬其所係不綦重哉是以測算格化等學尤於工藝有關博學之士未嘗不爲工匠講之法京之百藝院上卷已略言及各國仿建頗多有會萃百工而爲各藝專開課程者有將工藝之尤要者分而教之如營造館治礦館機器館農政館船政館精藝等館是也

營造館

建造房宇

營造之義最廣凡土木磚石之工皆是近時多以鐵代木則鐵工亦歸營造師經理西俗重屋宇而輕冠服不但宮殿衙署以堅石建造垂諸永久卽富豪民宅以及城鎮市廛亦莫不然其意不徒奢侈實防水火之災而冀爲百世之業無論公私廬舍皆高至數層以地貴而天賤也各殊其式惟壯觀瞻是以營建宮室除土木工外必須營造師爲之結構鋪張以期鞏固城鎮之美惡多賴其經營其列於精藝者宜也

造橋修路

至造橋修路昔無專習其業者彼時惟有土道雨則泥水梗塞旱則塵土飛揚車以騾馬駕馭故橋梁無須甚堅百餘年來衝要之區土路悉改爲石路法以碎石鋪路壓平以通車馬火車則另有鐵路法於兩旁平鋪梁木上釘以鐵以束輪轍而利遄行高者剗平低者墊滿非深諳算術者自不能測量而得其宜再橋梁既任以數千噸之火車（恒百數聯絡）借越江河自應穩固如山或以鐵架鐵柱排列於下以支撐之或以綱鐵纜索高結於上以懸挂之其下可通往來巨艦長數里或數十里（低窪積水之區橋梁每長如此）費用浩繁關係重大此尤非精於營造者所莫辦夫以鐵木結搆高樓令之鞏固不畏烈風已屬高才至以之浮海令之往返神速不畏波濤其才豈不更奇哉是以製造船

營造船隻

隻視爲營造之尤要者邦國恃以通商恃以禦敵故其營造得法實關富强之要圖也此雖爲營造別派

學有三要

而學本相同故攻於營造之學其要有三一精算學俾克測量一諳格化諸學俾明水火土木金石之理一善繪畫之學俾得作圖布式其營造師之昭著稱爲巨擘者不但因才致富且有封以顯爵者蓋營造師乃工匠中將軍之職也

治礦館

治礦新法

開礦採取五金自古所有近年用法與古迥異蓋古時煤鐵金屬並無定法尋求或於山石間顯露其苗遇則開採而深藏於地中者卽無由而知因亦無從而得也其礦窰既開雖出產富厚遇水人力難施因

礦窰不廢

而廢棄者有之卽幸無水每覺有積蓄毒氣致人傷生不敢復入因而廢棄者有之又有挖至數百尺其上下提運人力不能復施因而廢棄者之有或金屬不在沙土間蘊於堅石之中難以取煉因而廢棄者

亦有之種種窒礙難行以致無可施措近代地學振興格化之學漸精機器之具漸備挾其術以用於礦

已廢可復

窰則未識之深藏必顯已廢之舊窰可復而無窮之利源出矣蓋地中層次原有定序雖深及流火（按地中非水皆流火也堅地在上包括如卵清而裹黃然）其地面既顯露一層其下應得何層均可類推且層層所出何石何金亦可逆料古者往往鑽鑿搜求枉費心力如入寶山空手而回

新礦可得

蓋必熟諳地學識其地面內有何等蘊藏始敢破資採取而不慮有緣木求魚之誚也因地學如此重要

汽器鑿井

故各太學均設講席各省會亦廣設地學一職以究土脈之利其覓取地中之寶更有妙術施焉係以汽機鑽孔所用鑿器形如圓箭箭底周圍嵌金鋼石數十枚如犬牙相錯令箭旋轉如磨雖堅石無不洞穿層層如圓柱而不破碎滿於箭中提而視之以辨地中體質所藏若何常有鑽至二千尺之深者既知地中含有石油煤鐵幷知每層厚薄之數（欲鑿井極深而得自湧泉

汽器涸水

者亦用此等鑽鑿器具）礦窰既開不但以汽機運載（卽鐵路）亦可用以上提諸物幷可以之取水較千百夫之力倍速

故礦窰有水不足爲患無如煤毒之氣遇火卽燃烈於火藥工人每被燻斃轟斃至數十數百之衆欲防

罩燈防火

其毒則用汽機運扇以散之（此等煤窰工人不敢用尋常燈燭其燈名曰防火燈係以極細銅紗罩焰能過光而不過火此燈爲格致家達飛者於六十餘年前所創驗之極靈故工人賴以獲生向用火藥轟煤毒氣因而爆烈者有之去歲有格致家創新法以除此弊法鑽深孔以石灰代藥實之灌水則漲而煤石開縫是以水而代火也）至金銀銅鐵等物除以化

化學煅煉

學煅煉外其隱於堅石中者亦能以化學取之法先搗碎石塊復研極細置強水中則金石遂分而其寶出矣古人所開銅銀等礦不但既廢者淘水可以與

功效深賴格化等學

復卽所棄之渣滓亦可按化學之理煉而得之是礦窰深賴地理格化諸學之明證也而需機器以取其利尤爲至要故廣開礦窰之國莫不設專館以教焉

機器館

汽機廣用

機器以汽機電機爲要汽機能代人馬之力垂功已至百餘年初亦未甚靈捷祇用於礦窰以提携煤鐵後乃漸精既以之行火輪舟車復以之運磨紡棉織布冶鐵以至石木諸工亦皆用之

習者有二

習此機者有二一造機一操機均以測算格致爲本操機者之學雖未如造機者之深亦須資性聰慧方勝其任蓋一有缺損卽行補救以免有失倘才具平庸猝遇不測不但輪舟慮有敗壞而數百人之性命亦無倚賴是以輪舟每置五六人諳練操機以備緩急（其司火車機器者亦同）

電機甚夥

電機之類甚夥如電報一事有專司安設電綫者有專司寄送信件者邇來又興電氣燈異日必與煤氣燈並行於西國城鎮（按製造煤氣燈與經理其事者在西國原爲大業而以化學爲本）不但代煤氣以燃燈亦代蒸氣以行機甚至鐵路運車已試其端他如鍍金作印板等事皆各爲專業其諳悉電學之理莫不由格致爲始也

水機多類

水機各類如水輪作工及壓櫃蓄力通力不可枚舉治水各法如築隄設閘濬河等工皆本水學以測算更有零星機器

機器精進工匠必習

不勝枚舉率爲工匠所必需機器之學或分館而專授或萃於一館以兼習古者工匠習業官置不問近時機器精進是以廣設學館而教之

勸農爲先務

土産加倍民數並增

農政館

民以食爲天古之論政者莫不以勸農爲先務然徒督課以獎其勞而不設教以導其術則勸農之典未備況聖門賢如樊遲亦嘗以稼圃爲請雖孔子誨以不如老農老圃且鄙之爲小人而究未嘗輕視農事也蓋士恒爲士農恒爲農各守其業有不得兼行者矣昔先王作厤紀歲授民以時按其節候酌其土宜教以稼穡此衣食所由來也然農事不僅樹藝五穀即栽種花木飼養牲畜亦皆與之相關欲查地脈辨

何土與何物有益應借助化學之理如此土性缺石灰木灰彼土須加沙泥與馬勃鳥矢等物至栽種飼養亦應諳植物動物之學（如本草綱目等書）俾得各順其性百年以來英法兩國民數倍增其農政與之並進田畝所産亦倍於前（不但故有之物出産較前豐美更有新物自海外來者可爲民食百年前西國無山藥豆卽和蘭薯形如白薯但式圓而味淡其滋生較白薯蕃衍今愛爾蘭一島之人賴爲食之大宗法德兩國亦廣植之其産較五穀爲易）除設館以授農事（泰西各國盡有之今日本亦設農政館）並附設莊田以備試驗各術博採萬方嘉種萃於一處散於通國（美國以魚鱉各種散於各省）故動植漸

廣授農術

以益民生

臻佳美如羊毛較昔豐滿馬亦較昔臕壯而行速幾令人疑與古若不同類也馬之良者多產於回域英人借種培養較本土尤良史載有非子者好馬善養息之王命主馬汧渭之間馬大蕃息王封爲附庸之君邑於秦是秦因養馬而建國也農政所關甚大在上者知其術以示教在下者遵其法以遂生習之者或自治其田收櫛墉而獲報或官委以往歷郡縣而授民殆有后稷之風焉德國農圃各術恒爲實學館蒙館之別課其設專館以教之亦至百五十處均有附置莊田於古汀浦德之一邦自咸豐二年始開農課而肄業者已有一萬八千人法

國農政館有上中下三等之分下者均置有莊田數十頃設提調一員教習三四人或五六人不等所授之術以種葡萄釀酒植桑養蠶繅絲爲要課蓋酒絲係法國貿易大宗也道光十年有好事者私行設館行之數年著有成效至二十八年國家知與民有益始仿照推行今已有五十餘處諸國辦法稍異而設館以興農政要無不同也

精藝釋義

精藝三種

精藝館

精藝與百藝不同各有所求各殊其用尋常工藝所求在供給日需人之起居飲食胥賴之精藝則不在物之體專於有用而在物之美足以娛人夫踵事增華原非出於不得已然不得謂爲徒事奢侈也緣人性與獸性有異不僅在明理而辨其是非尤在體物而知其美惡獸得巢穴以蔽風雨即可知足人必善爲營造極其輪奐而後方可稱快以仰體大造生物之心也蓋兩間憑造化以斡旋覆於上者有星辰之

點綴載於下者有花木之鋪陳而人之精藝雖曰巧奪天工究不若大造裁成之萬一也精藝有音樂丹青雕鏤二種昔營造亦在其內大抵分館而課欲明其理須深通算術熟諳格致方底於成蓋樂本於氣學由氣顫以成聲顫之疾則聲高顫之徐則聲低其輕重緩急之間則以算術計之然明其理者未必能行其事能製其器者未必能奏其樂有天性能爲音樂而於其理一無所知者倘能理用兼通斯爲美備此設館延師之由來也其課有習口歌者有吹笙簫者有撫

洋琴風琴

琴瑟者皆分而教之西國樂器甚繁未能枚舉而其品之高者莫如洋琴風琴二種洋琴形如方桌（長方形三角形者均有之）內有鋼絃數十無粗細而音以絃之長短爲別每絃上懸小錘錘柄爲平滑象牙指一按錘即下而擊絃成聲除貧民外家家皆備此器婦女彈者頗多士大夫亦有習之者風琴小者略似洋琴大者高寬各數丈用管代絃以管之長短粗細辨音之高低賴風箱以吹氣其管之啟閉由懸鍵以爲之彈法與洋琴同小者以足鼓風大者需人推箱甚有以汽機

操器作樂多種尤佳

行之者其最大者或在宮殿或在廟堂其聲可輕如蟬鳥可重如雷霆屋小則琴力大而鏗鏘屋大則琴音和而清越此二種恒以人聲和之或以各樂器和之尤佳常見四五十人操器作樂頗爲歡暢余在德法義等國屢聞之而竊憾諸友未能同聆雅奏不禁有感於懷矣因思孟氏有言曰獨樂樂與人樂樂孰樂良有以也（德義兩國每以音樂入蒙館課程英法美三國則惟好者習之）

繪圖實用

丹青首在練習繪圖不但水陸軍營航海舟楫均需其技即建造屋宇製辦機器亦有所賴其理本於測量其事與樂器相若非指骨熟練未易盡善其藝之精者能隨心象形於人談笑之間竊繪其容使之不覺俗謂

人物山水

繪像爲畫喜容又名行樂圖然必面目神情畢肖令人愛敬依稀如在目前並能垂及後世其丰采神韻不減方爲可珍至繪山水能致遠若近畫花卉能選色爭妍故足貴也民間以畫圖裝飾居室國君亦以之點綴宮廷復設閣以儲之有以古遺名畫而奉爲國寶者學畫以鉛墨筆爲始迨學有規模然後習以著色所謂繪事後素也其課程無定限按才力以酌

之此事雖不甚難然非天資穎悟而復進以苦工者萬難造極是以出類拔萃者莫不揚名於天下而榮富並臻焉

雕鏤石像

雕鏤石像（塑像亦在其內）亦屬盛行各國雖鮮有立館設教然名士每有開課而授法也（以雕鏤而著名往羅馬設館者多因古遺石雕神像人像其地最富）合觀音樂丹青雕鏤三種其精藝之有益於學問爲何如哉

學船政有二

一在戰爭 一在通商

船政館

船政館有二一官設一民設官設之館練習水師武弁其課程與陸軍武學略似（陸軍武學下文詳之）惟天文須較陸軍深邃因航海測算用以行舟其事綦重無論帆船輪舟一切器具均須熟諳故格致水火諸學最宜講求除陸地列陣排隊須隨時水操以資練習俟課程既滿往往將生員數十人或數百人移載於船令出大洋以試所學（按英國恒有此事在外數月之久以便學者習慣波濤如行陸地）則遇敵自收駕駛之功也古有得不龜手之藥水戰

而致勝者今之水戰不獨熟悉水風尤賴汽機火機其術甚深而學亦不易也民設之館教習商船為船主者航海商船總計不下數萬是以廣設學院而督課之俟課程既滿授之文憑以證其學足能駕駛其不在館學習者亦按例考以天文算格諸學方准管帶諺曰庸醫殺人竊思船主之庸懦者其予人危險甚於庸醫若機器未諳星算未精沙綫不明海程不達而遽畀以重任不但船貨拋棄尤恐載客數百人難免葬於魚腹之患也（美國水師設大船政館一所小者數處大者在安納波里專為練習將弁學者三百五十五人教習四十九人美國恃東西兩洋為保障無須水師以禦敵故兵船較少其水師强盛之國如英法者其船政館最多）

士卒之學

將弁之學

禮儀爲要

武學

武備院專於教習將弁至士卒之習兵法祇可使由之不可使知之或於營伍或於團所隨時操練若能識字讀書則益增勇氣而知大義故各國於軍營每設學以書算等事課士卒者布國則民間子弟既出鄉學非單傳非有疾者無不入營爲兵以二三年爲期邇來法國整頓軍務與布國相似以冀異日能與之敵夫士卒如爪牙將弁如首領士卒强壯而將弁昏懦仍致敗亡故各國皆設武學愼選子弟優給餉

糈令讀兵書閱五六年之久然後因材器使所習課程雖與各學院稍有相同究以有裨戰事爲重如測算火器描繪圖式建造營壘橋梁考究古今史記俾知歷代兵法沿革文字則稍涉羅馬古文而以鄰邦今文爲要尤以公法與本國軍例爲急務其本國軍例固不可不知而與他國會戰亦應遵照諸國通例始爲中肯故公法爲課程之大端生徒學有餘力則操演騎步戰事論武弁之品固以勇敢聰慧爲貴尤以廉恥謙讓爲先一切交接酬應之禮儀每較文學

武學本六藝而推廣

院習之加愼要之武學課程實可概以六藝蓋禮雖無專課須始終而勤習之樂雖有其課但選人以專習之以鎗礮之命中代射以騎之縱送代御皆較古推廣耳至於書數二事尤爲制勝之要圖蓋古之戰多恃血氣之勇而今之戰事在心智之精也

鄉學

自古民之所居分爲鄉黨而西國設小學以教民者亦分鄉黨而建之諸國先設太學藉以取士供職其〔先太學後小學〕小學以及各書院行止均聽民自理是以富庶之郡文教頗宏而貧苦之區誦聲較少甚至有絕無者蓋彼時不獨學校鮮有建設即書籍亦未易購因西國未知印書（時中國知印書已五六百年矣）卷帙均賴鈔寫故書價爲之昂貴而從事於占嗶者少矣至明宏治間印書之法始行書籍既夥索値亦廉不但巨室富有牙籤即

寒畯子弟亦各有書以爲課業之具家塾黨庠多爲分布而學問之道因之廣爲流傳焉至乾隆間文教最盛之邦民間之習誦讀者猶不及半培根曰智則〔圖富强而興鄉學〕强愚則弱近代泰西各國始悟此理蓋戰爭所用之器製造所用之機均與古殊此國之民若能熟悉文藝必較彼國之民富强官設鄉學實因此義而始也〔布國先導〕其更學政而興鄉學者以布國爲先導嘉慶十年布國被法君破其都城據其土地幾至滅亡後有深思之士進言國君謂以不教民戰是棄之也然欲振興

軍事必以鄉學爲始令民間子弟無不誦讀而及兵法迨入營之時率皆英年稍通文字者蓋智仁勇三者之義相連愚而仁者或有之愚而勇者則未之有也布君因於通國普設鄉學有不誦讀者罪之如是〔其策大效〕者五六十年乃南敗奥國而兼併德意志諸小邦旋又西破法京而稱帝號其創成丕業雖由振興武備實因首崇文教也法國旣受其辱亦仍其術而廣設〔法國仿之〕鄉學焉客歲始定新例凡民間子女有不讀書者罪之而於公私學校仍聽自擇道光十七年其畿輔鄉

學子女僅有五萬五千名今則增至二十五萬之多（四倍有餘）即此以觀其他可知矣（刻聞國會大臣同時請發國帑一爲越南兵費一爲郡縣建造鄉學之費嗣蒙准發兵費一百八十三萬兩其建學之費則發六百六十六萬兩是視學重於兵也）〔英又仿之〕英國四十五年前尙未官設鄉學於民所設者發帑銀以助之繼而改爲官設今則國內隨地有之近復定例凡有子女而不讀書者罪之其倫敦京都官學子弟有三十餘萬英吉利威利士二邦民數有二千五百萬四歲以上十五歲以下者有三百五十萬而入館者已有三百萬之多蘇格蘭之人不讀書

美國學校

者亦屬甚鮮英之轄地雖遠如印度亦漸設學校惟不强令讀書美國自主僅有百年開基之初以民爲邦本爰定培養人才之法以爲紀綱其土地盡屬上國而不屬於下邦（衆邦合成者卽謂上國有伯理璽天德及國會大臣以任統領）凡新立之邦其土地或由上國出售於民以備開墾或賞給修建鐵路開掘河渠各公司以濟營造更有賞給各邦以抵學校之經費者百年以來已有五百四十萬頃之多鄉間每十數里卽設有官學城鎮則按戶口建造大小學校上國賜地入不敷出則按民之

私產徵收其費惟此項所取甚輕而獲益綦重是以樂爲輸將民無怨讟美國戶口五千萬人學肄業者已有九百五十萬之多足見文風日盛也

女學

先士後女

自古各國皆設學以教士於是蔚爲人才而無設學以教女者因其責主中饋故也然既振興鄉學以爲强國之策則女學不得不議及焉蓋爲母者知讀書之有益必勉其子女以期有成况婦爲閫內之助能識字者自屬明理之人富而多才固能治家而表率貧而有識亦克佐夫以經營故鄉學始而許其可入繼且令之必入嚴爲防範仍不忽男女之別以免嫌疑年逾十歲分屋而學或另設館以教之小學以上

女學課程

女學書院向有民間私立者今則官爲布置日見蒸蒸其課程與男子有異小學則誦讀之餘習以針黹大學以鄰邦語言文字代各項古文略涉天算格化諸學多有習音樂而陶詠性靈習繪畫而紛呈妙技道法醫三科習者無幾而製造等事則絕無習之者

女爭功名

既入鄉學復進之以專設書院而鍾靈毓秀坤順不讓乾剛矣其才質超羣者視所教之課爲不足而專心於古文探討精微之學以不得與男子一體薰陶爲憾近歲准婦女赴試太學懷咏絮之奇才膺探花

女習醫術

之曠典而與士子爭榮者有之雌處雄飛眞堪豔羨（去歲諸爾威太學更易新例准婦女一體與考但應試者惟有女子一人而已）又有專設醫學欲令婦兒等科獨歸女醫經理則一切疑難之證自能措之裕如無庸另訪歧黃矣若非知其有裨風化作養人才未能如斯之推廣也蓋女子學有根源自知禮義相夫益子宜室宜家而文名蜚聲鄉里者

女爲師傅

更有招之以幣而聘爲女師焉美國學校男師有九萬七千餘女師有十四萬（女師西國皆多）無論男女十歲以下者率從女師受教故女子多有舌耕而廣宣文化

也亦有以鈔錄書籍勾稽帳目辦理郵政電報爲業者（此等事務皆須細心經理美國銀庫多用女子勾稽某尙書嘗云女子精細安詳較男子爲優）女

女才昭著

子善於詞令發爲文章如曹大家班婕妤者各國皆有因著述以成名者每繼起之有人也雖吟咏詞章似較男子稍遜而英法美之爲稗史小說者各有女才子一人爲男子所不及亦屬藝林盛事夫閨秀身列學宮一切女經女誡無不洞徹於懷既終年伏案詩書之氣必深斯一旦結褵琴瑟之情自篤不但與婦德無損且守已倍著貞操教子亦垂義訓也然則女學之設蓋可忽乎哉（查周官有女史則古人之留意女學可知矣）

教而發之　手以代口　手以代目

聾瞶學

昔時民之聾瞶者每以殘廢目之不屑教誨或任粗學工作而操業爲生或竟虛度光陰而累人養贍良可憫也百餘年來有仁人思得妙法以振發之國家因設學而啟廸焉夫聾者目既無損則以目而代耳作手勢以達語言且可藉以通文字也按西國字母僅有二十五六（法文二十五英文二十六俄文三十七）前後輾轉附合成音聾者按字母之反切以指形之由此即能讀書先難而後易教者以筆代口自能一目了然廸學業

既成除習各種手藝以食其力有善於描畫而馳譽丹青者有善於書寫而精心筆墨者甚有能爲極佳文字而著述詞章者夫學既恃目目必倍明晤談之時以手代口其便捷幾與他人無異每見學院聾啞子弟數十人聚於一室教者以手訓誨雖寂然無音大旨均已領會並能以筆達其所未聞可謂心心相印矣瞽者雖盲於目然耳能聞聲口能通語教之似覺稍易但日進之後反較聾者爲難蓋他人所讀之書既不能用須另創一格以便誦習簡易法令手以

瞽者看書　耳目並廢　豈可自廢

代目將文字凸出有稜指按儼同目睹即有目者按其字體亦能辨識惟以厚紙作板不免笨滯索値亦昂然已勝於無書矣惜卷帙不多緣專爲減明者而設也除學縫紉編織等工外習樂器者頗多其善音律如師曠之聰者有之至人之既聾又瞶雖具敏才實難訓誨然亦有能教之者令其心思發越志氣通明如破堅石而探璞玉其愛人不遺餘力矣嘗見聾瞽接談既不能以口通語言又不能以手明體勢惟有兩手相交作字將其欲言者互爲形容以示其意

而通其情則聾者不必借助於瞽者之目自如昏夜之秉燭瞽者不必借助於聾者之口自如空谷之傳聲以手兼司五官之妙用各補其缺相輔而行噫奇矣世之有目而明有耳而聰自甘暴棄而等於聾瞶者未免有負大造之生成也

師道館

教授有術

孟子曰人之患在好爲人師蓋造詣能爲師者每難其選即品學兼優而不善於訓誨亦不足爲初學之師夫幼穉知識未開惟以先入爲主非成人聰明漸啟可以問難質疑是授經者有不宜於啟蒙也各國因廣設蒙館以教民間子弟復設師道館以習教授之術除習所素學之業尤主嫻於開導之法約束之規可謂循循善誘者矣英國之英威二邦（即英吉利威利斯）師道館有數百之多（確數未詳）男女學爲師者有三千一

百之衆每歲學滿而爲師者約居其半其良法美意不但通國互相則效即鄰邦亦爲仿行義大利近興

義國興學採訪教術

鄉學以圖自强復遣學士數人遊歷外國採訪教術以聞有人思得啟蒙良策如瑞之貝氏英之蘭氏不獨有益本國且能貽惠遐方茲略述其事以證之乾

貝氏之法

隆間有貝斯羅西者因教有義方名垂後世而休聲遂洋溢於海外矣貝氏家素封視民之貧乏者多由無識而致乃設法整頓學校以教民焉先於家中收養無依子女百餘人以試其端其教法以名實兼盡爲重童蒙來歸誦讀者既識鳥獸草木之名兼悉飛潛動植之體貝氏每索實物與之辨認物不可得即以圖資其考證則初學既知實跡必啟新機也其家資因是告罄易簀之日而四壁蕭然矣然遺徽遠播各國無不率從焉後有英人蘭戛斯德者其教法與

蘭氏之法

貝氏齊名童蒙列爲等第每班或十數人或數十人令前班之優者助教其師督率以勉勵之課讀之時令生徒齊聲覆之有問必衆口同答故所教之人雖多而授教之法甚簡童蒙樂其啟廸者因得事半而

功倍云茲附布國師道館課程綱領則此等館所授受者亦可略知其概矣

課程綱領

一德英法三國之今文（未及古國之文因鄉學習之者少）
一代數幾何勾股各術（雖小學無不習之但不及微分積分之奧妙）
一格物化學金石之學
一動植之學（即栽植花木豢養鳥獸之理）
一地球圖說各國史記
一作字繪圖
一律呂之學

一敬神修德之道德之小學莫不以此爲重

欲爲師者除温理以上諸學外須每日練習教授之法課程既滿領有文憑則於民間學校易得師席而訓誨自措之裕如矣

文藝會

會名不一

夫官設學校者爲訓初學之人而民立文藝會者以勉有造之士會之名不一會之意亦殊祇可以文藝括之試爲分而述焉有天算格致等會三者以數之一藝概之或一省或一邦好是學者不獨自進其功尤重推闡新理振興實學城鎮有教士法士醫士各會分設以精其科而勸勉之

郡縣文會

郡縣多設文會或作論以習筆法或評書以廣知識或互辯以練口才皆以本國語言文字爲主至東土文會前已云及茲不贅論間有隨時延名士之善辭令者特來抒論歲中每至十餘人其才學昭著者恒有周遊通國於各城文藝會中撰述則民間之好學者雖不能請業門牆亦得聆其雅教又有論政會

論政會

士庶皆得入之所言明而不昧公而不私雖涉國政得失并非意存譏刺縱語近失檢實寓鼓舞忠信之情除俄國禁設此會餘皆以爲有益昔鄭人遊於鄉校以論執政靉蔑請毀鄉校而子產不許亦此意也傳云鄭人遊於鄉校以論執政然明謂子產毀鄉校如何子產曰夫人朝夕退而遊焉以議執政之善否其所善者吾則行之其所惡者吾則改之是吾師也若之何毀之我聞忠善以損怨不聞作威以防怨豈

博物會

不遽止然猶防川大決所犯傷人必多吾不克救也不如小決使道不如吾聞而藥之也仲尼聞之曰人謂子產不仁吾不信也○鬷茂卽然明

四十餘年前英國設博物總會士女有志於實學者皆得入之每年在各大城輪集每會率至一千數百之衆所抒之論刊報行世法德美三國近仿其式而設博物總會焉夫建立文藝各會者意在講求學問傳播民間蓋民爲邦本廣爲栽培自有聰明才智之士出乎其中以備器使況顓蒙之茅塞既開則充兵者愈爲勁旅作工者愈進巧思農商各業愈加勤奮而國家因以強盛矣夫文風興

學問傳播有益於民

起民之起居服用雖不富饒亦可不至謭陋是以鄉里誦讀者非盡求夫仕進蓋力耕之餘繼以學問實可樂天而知命況人皆知法自免愆尤鄙俗消除感化日形敦厚矣賈誼治安策所云絕惡於未萌而起教於微渺使民日遷善遠罪而不自知與老氏所云虛其心實其腹使民無知無欲者殆未可同日而語也

民明禮義罪戾可免

西國相師之道

自古邦國之興化大抵相繼而出其才能藝術非盡創於己而不借助於人蓋既有先覺先知者之開始則後人卽可效法而廣爲流傳也五大洲惟雅細亞開化最早埃及雖在阿斐利加究與雅細亞疆界毘連故於五帝之世教化早開希臘之古士多遊學於埃及與波斯甚有遊學於印度者此三國均早與華通則中國之古術必因之以西傳厥後至秦漢之世希臘及猶太之化傳之羅馬復由羅馬遞傳至歐洲

教化由東傳西

諸國至西國取法中華其可恃而有據者試爲縷指而臚陳之

一爲修煉丹藥各術西人因而推出化學之理以廣其用

丹術

一爲定南針西國早知磁石吸鐵至元世始知定方位之法彼時有義大利人馬可波羅等由陸抵華久住中土後歸而述所見聞其書流傳至今嗣有義大利人卓雅者作羅盤爲航海要用殆聞之馬可波羅也

羅盤

火藥

一爲火藥中國自秦漢以後用爲號礮西人得之於宋末時始製火器而用之於戰場按格致鏡原所載火藥出於夷域

蠶桑

一爲蠶桑西方古時原無絲縷即偶有亦自中國由陸運往者嗣羅馬國君遣使入華取蠶子以歸自此遂爲法義日等國重業

燒瓷

一造瓷器西方古時惟造陶具以使用至明末時始得造細瓷良法先是法人得其術於義人而義人必得之於中國也

種茶

一爲種茶自通商後於道光年間英國遣人入華物色茶種移植印度幷令華工將種法製法往彼傳授土人今時出產頗饒不但絲茶大宗流傳西土雖中國所產雞鴨豬等畜西人亦有運至外國以爲種者

掄才

一以上所論多涉農工之事至中國掄才之典西國莫不慕之近代漸設考試以取人才而爲學優則仕之舉今英法美均已見端將來必至推廣

取法何分西東

夫論中國農工各術以及政務之有益者西國既不憚數萬里以求之則於鄰邦之奇技異能必多方而採訪如活板印書之法出自德國不數年已徧傳於歐洲矣電學以乾電儲瓶創自和蘭後美國富氏既悉其法乃引雲中之電而儲之以證所作電氣實與雷電無殊義人勤攻其學又作溼電法人丹人則以電作磁鐵英法美三國約同時爲電報美之法行世在先而較廣

新機新學諸國共之

至以電氣引機燃燈諸國皆此創而彼因未易別其先後其汽機之創造以次而精諸國交相制作而終以之運行舟車海程則不待風陸路則不需馬其遄行之迅疾不啻執有縮地之鞭也以此二者而論若

富强要術無不效法

一國獨恃其智而不借鏡於人恐難精進今諸國互通往來較前倍密不但製造之新機莫不流傳之徧及即有關富强之要術亦無不效法之爭先德國廣建學校以增軍力法人旋亦仿而行之雖曰相師而取益亦勢有不得不爾也

西學源流（此章之意略指各學之由來蓄學業之漸與有如河海不擇細流故能成其深欲考其詳非另著書不能殫究）

論天文之原

所謂西學者雖派分多門要皆天算格化等學其本原出於東方西人善為推廣而流傳之化學本於中土之方士設爐煆煉點換各術算學本於埃及天文本於巴庇倫皆由希臘人而西傳焉周平王時有希

塔氏算日食

臘人塔理士者生於小雅細亞（雅細亞西海濱）能算日食時伊本國（希臘附庸）與鄰邦搆兵適值日食敵兵張皇本國兵毫無恐懼遂大捷因塔氏已預為之言也襄王

畢氏論地動

時有希臘人畢他固拉者游歷雅細亞各處得聞釋家之論旋設教禁人食肉蓋惑於輪廻之說也弦方等於勾股兩方之和理由畢氏而創足見有功於算學至以日居中而地即行星旋繞之說亦由畢氏創之彼時人未之信越二千餘年至明宏治間有日耳

哥氏復申之

曼（即德意志）人哥白尼者申論畢氏之說始得行世後天文家無不信從著為定論不復有疑意矣聞漢時有張衡者著地動一說其義未得其詳倘謂日靜而地動則與畢氏之說暗合不約而同西方初不從畢氏東方亦不從張氏蓋兩界之天文家其術未能精到其理未能深通皆以目所見者為憑目見日之出沒而謂其不動則似難信湖海非有風則不起波而謂地運行甚疾亦屬難信其理與人之知覺相拂無怪其流傳之不廣也況以地靜舊說推算日月食等事

可辨而明之

亦可無誤（如人過牖外其影入映於壁影雖反行亦得測其遲速不誤）因而執之益固然各行星之運動目固得見之惟水火金木土諸星各為世界與地球相似亦均繞日而行而獨謂地不然實有未合若謂地靜不但須太陽動亦必須

可試而驗之

渾天運行實不如以日靜並天靜而地球與行星同歸一類其理簡而易明（地動可以驗之法以稱鍾用二三丈之綫懸之令正南北擺搖俄頃必見其偏於東北西南因地之運動故也）至明末萬曆間有日耳曼

格氏行星三綱

人格布萊者創行星三綱之說一各行星軌道皆為橢圓而以日居一心一星之運行雖有遠近遲速帶綫每時所過面積恒等一各星周行日期之平方均與日距之立方正比二氏之說既著三光各得其所動靜合宜運行不紊然運行恃以何力世尚未悉清初有英國人奈端（一作牛董）崛起（生於明崇禎時）此理乃明相

奈氏論吸力

遠近自乘反比

拉氏論三光之始

傳奈氏見蘋果墜地因思何以下墜而不上飛是必有故於是推得吸力（一作攝力）相引之理蓋萬物莫不具此力惟按質之重輕互爲吸引質之小者被移多故見蘋界動而墜地因被地力所吸也地與各行星之繞日亦因被日所吸其吸而不墜者因直行與下墜二力相稱故不離不毗而環繞焉（月之繞地亦然）奈氏推得力之大小按遠近自乘反比（如物距地心加倍其重不過四分之一）由此而推各星之輕重與質之疏密無不可得奈氏於天文格致等學更舊推新者無數而功莫大於發明

吸力之一端因吸力爲重學之根本無之則天文格致等學均虛薄而無憑矣乾嘉間法國有拉布拉瑟者創論三光之原自古習天文者屈指難數而功至偉者莫如哥氏奈氏拉氏三人哥氏以日居中於是恒星（均類日）行星（均類地球）均有序而不紊奈氏以吸力之理闡明因知大小遠近其運行如索之維繫然太陽何以居中行星何以旋繞大者何以有小者隨之運行方向何以均同太陽何以居其所而自轉種種精奧雖經古聖先賢探討尚未得其眞詮至拉氏出始

次第而成

可證者五

有端倪（同時日耳曼有性理家干德者曾論其理惟不如拉氏之詳備也）按拉氏之說太初之時天地未判茫茫空際惟有熱氣充塞其間此氣漸涼漸縮而微動動即轉如水之灌於器而旋愈縮其轉愈速混元之皮凝結分離而成一球仍自運行是爲最遠之行星（就今日論之即海王星）混元復縮而皮復離成爲第二行星（即天王星）其土木火各星亦如此依次而生後混元又分而生地（亦行星）在日地之間又有金水二星其成形亦復如是混元層層以次去皮而漸縮所餘惟水星軌道之中即太陽也（其圓周九百萬里二

十五日一轉）將來或復縮去皮而再生行星亦未可定地球初生亦清虛如空氣旣縮其皮分而成月地外各大行星莫不有數月隨之其月自大星而出亦皆此理（按火星有二月木星有四月土星有八月）拉氏之說其初世未之信今經八十年而天文學士無不從之皆視爲造化之踪跡顯然可據其尤可證者五星之運行同一方向一也太陽同向而自轉二也地與大星有月隨之三也行星之遠者運行較慢與太陽漸近漸速四也（因氣漸縮而旋漸速乃重學自然之理）地中有火五也（足見本爲熱氣漸涼而縮各行星亦如是）

（因熱有光源而遂失然借太陽返照惟木星本光尚存少許據天文家云其體熱如冶紅之鐵）

拉氏之說其理尚有未盡蓋空中之元氣本熱其熱自何而生則不之解日星之光亦不能知其由來惟英國有茹里者（其人尚在）三十年前闡明以力生熱之理（以力生熱之理美國倫甫氏曾思及之其說未備）並查其定率方知斤重之物下墜七十丈能令斤水生熱一度嗣諸國論及者遂衆

茹氏論以力生熱

蓋物動遇阻其動力即易爲熱氣熱甚則發光理固易明舉此以補前說之不足則原質既動而凝結自應生火愈凝而愈熱故地中之火即係此故太陽之

光熱亦莫非此故也至日星之質古人不知爲何物奈氏始謂星雖極遠不外重學之理蓋行星運動均按吸力也後拉氏之說行世皆以爲日星與地球質相同（謂地之原質日星多有之惟因熱甚化而爲氣耳）數十年來有以分光鏡（德國人吉爾赫所創）察日星之質者不但知行星與地球相似並知恒星與太陽亦相似（分光鏡詳見中西聞見錄選編）天文之

分光察質

學如此逐漸而精越數千年方臻美備不但一國之人不能獨成即有攻於此學者若不借助於測算格化諸學亦不能探造化之妙諦蓋上古之世釐定歲

諸學相輔

時莫不恃算學推步天文自奈氏後莫不以重學發明天文今則用光學化學以引伸之算學之本出於數數爲六藝之一推之可括諸學之會歸約之則爲測量之發軔初學之加減乘除及四率比例諸國自古皆有至幾何則始於埃及代數則始於希臘幾何

論算學之原

之出自埃及者不但因開化最早亦地勢使之然也其國除尼羅江岸一帶餘皆沙漠不毛之地天時少雨農田盡恃江流灌溉但每歲江水漲發全土被淹雖資水以肥腴溝渠往往梗塞因而阡陌莫辨乃以

幾何出於埃及

幾何之術將界限推算分明所著幾何之書惟有歐几里得一家尚存歐氏希臘人遷居埃及其書何者由土人而得何者由己創論未可判定然論說詳明逾二千年猶爲諸國隆重焉畢氏在歐氏之前創論

歐氏編輯

幾何要理前己言之自云吾既得之喜曷勝言遂恭備牲禮以謝天神啟牖歐氏之前更有算學家亞及密底者（即亞奇默德亦希臘人）創論圓球體等於圓桶體三分之二乃幾何之要理也命人將圖鐫於墓碣以垂永久（越數百年有歷其地者見墓碣鐫有此圖遂知爲亞氏之墓）惜二氏僅知以幾

亞氏墓誌

代數出於希臘

奈氏創微積之學

論格致之原

何測地量物倘知後人用以測天航海其欣喜又何如耶夫幾何之論辨旣憑綫之曲直用之不免繁重況以數推算恆有未知之數及不得以數論者因創有代數法（與中土天元一理同）學者便之且幾何數理所不可知者以代數卽可推焉代數一學西語名阿爾熱巴拉由希臘而創漢代有丟番都者著書曾述其法自希臘傳至亞喇伯唐宋間自亞喇伯回人復傳至歐洲前明法國有德戛爾者以縱橫綫推幾何之形並用代數推諸深遠至奈氏推廣代數而創微分積分

之學實爲代數學之別開門徑天文與格致每得難題非以微積之術無由致之不但可爲一門卽算學之各術自奈氏後無日不創新法故每有奇理靡不刋諸新報以達於四方爲格致之學意在卽物而明其理卽事而求其故自生民以來莫不有格致蓋非稍知五行之功用者無以供生人所需然五行隱寓無窮妙理自非農工所能知也故自古好學深思之士尤留意於斯者本非假以營利乃在究察造物之底蘊足以增人力而厚人生焉其學在有體之物類

古人奇器

其學至元明復興

分爲二在體大力大（較微質微力而言）之物者謂之格物在微渺之質隱感而變化者謂之化學格物之學亦從埃及而始古時有用機器灌溉者足證稍達於水學有希臘人僑寓埃及名希羅者以蒸汽作旋機足證於火氣二學已得端倪古之造機者莫如亞氏（僑寓義大利）旣進於算學尤力求物理以螺絲管汲水以鏡燃火均由亞氏而作引而伸之水學能辨金之眞僞火學能製巨鏡燒敵船（古人相傳鏡能燒船實有其理恐無其事）物之浮沈及水中權輕重之理亦由亞氏創論晉唐之際有希

臘羅馬人僑寓埃及者得悉煉丹之術（自中華印度傳至）後各國每出燒煉名家其丹雖未成竟造諸多有用之藥物理因之闡明至乾隆時丹家秘術成爲儒者之學名之曰希密卽化學也遂與丹術分立實爲格致之大宗至格致之學自希臘羅馬式微後越千餘年未有提倡其學者元明之際學業復興義大利有戛里留諸人法蘭西有德戛爾裴司格諸人日耳曼有萊布尼茲歐利爾諸人英吉利有培根奈端諸人於是重學光學氣學水火之學頗見精進百年以來電

地學大旨

學汽學亦皆深造其微旋又大興地學及動植之學各門地學不但發明天文要義且有益於開採礦窰各術地學大旨在辨別地中層次何層含有何物釐定其序夫地非陡然成形先爲氣球繼而凝爲流質終則逐漸化爲實體內火外水此處凸出爲峯彼處凹下爲谷滄海桑田屢次更易莫不留有遺跡可考而知蓋土石有出於火者有出於水者有出於火而經水者其層次重疊厚至數里如干支之有定位如書頁之有前後然干支有時缺斷書頁有時殘失有

時倒置故攻地學者相地面而推地內各層儼如古人釐定壁經揣摩蝌蚪文字其學之廣深何如也今多事礦窰之國（如英美法德等國）皆有地學專家然祇查考一方必將諸國地勢比較如漢代之求遺書以補闕失方爲詳備至動植之學自古有之而近代多有專精之者其講求之旨有二一在博採旁搜得識所有草木鳥獸鱗介昆蟲分其族類辨其異同一在由近推遠由今溯古而得物類之所始昔時攻其學者僅求其當然而未能追其原本乾隆間瑞典國有林尼

動植各學亟在推原

賴氏之說

者以動植分類之舊說推陳出新後法國有賴摩者又創新說與拉氏論三光之始相似拉氏謂日月星均出於一氣運動各分一界賴氏則謂動植各物均出於一脈並非亘古不易太初之世天地既分生物始出如水中之蟲蟄其初或一類或數類後年代漸遠變形體分支派生足而行陸地生翼而飛青空又越千萬代獸之直立者（如猩猩之類）漸通靈性化而爲人此說當時鮮有信之者皆謂動植各物無不各從其類不變不易必是大造有命而各類陡然而出生生

不息至人則摶土而成形靈並出爲萬物之靈超萬物之上若謂人類仰猩猩爲宗萬無是理（此舊說也意固宏美其於新說有別者在陡漸之分無論人物或陡然俱出或經萬刼次第而出皆憑大造之命而成也）四十年前有英國醫士達爾溫者周遊四海查勘各地動植乃舉賴氏之說而重申之伊云各類之所以變形者其故有三一在地勢如北方天寒物多厚毛南方氣暖物雖同類而無毛且地之各層所藏骨跡可取以證之蓋太古之時地面多水其生物水陸皆宜後水陸分界陸地禽獸始出至人則在地之最新一

達氏之說

由諸學而推造化踪跡

層方有骨跡可知人生最後也一在擇配各物之形倘有變異必求其同形者配合之如海鳥初不能飛偶有能飛者牝牡必相聚而傳新類一在强弱以决存亡蓋天時之寒暑地勢之高下逐漸改變惟物類之形體相宜者强而能存咸豐九年達氏著書以明此理名曰物類推原意深詞達各國爭譯而廣傳之今學者多宗其說要之由觀天象而推元氣由攷地學而求往迹由動植萬類而溯生人之始皆不外乎密探造化之踪跡蓋天之生物皆次第經營而成實

有聰明智慧而為萬物之主宰也

英國

學校册記（册內開列諸國民數可與學者之多寡相比以窺學校之盛衰也）

泰西各國學業本出一原所異者實鮮自蒙館至太學均有等差而課程遞進其教授之各術雖別門徑而大旨相同茲查各國學政部院呈報之數以證學校多寡增減進退之情形如左（册記西曆一千八百七十年即同治九年一千八百八十年即光緒六年餘可類推）

英吉利（一作英倫一作英格蘭）民數二千五百萬

一千八百七十年

官學八千二百八十一所

生徒一百五十一萬

一千八百七十八年

官學增至一萬六千四百一十所（數幾加倍）

生徒增至二百九十九萬（只論小學太學中學均不在內）

蘇格蘭民數三百六十三萬

一千八百七十九年

官學生徒登名者五十一萬到館者四十萬

阿爾蘭民數五百三十一萬

一千八百七十九年

官學生徒登名者一百零三萬到館者四十三萬五千人

布國

布國民數二千五百七十四萬（德意志各邦不在內）

一千八百七十七年

小學二萬九千四百八十二所（其所增減未詳）

生徒三百零五萬

一千八百七十八年

新調兵丁八萬六千一百七十七人未入鄉學誦讀者僅二千一百四十八人（即二百人中之五人而已）

學校經費按生徒數目撥之每人歲需銀三兩五錢

實學館暨經館大者八十四所

教習一千二百四十七人（每館教習約十四人）

德國

德國民數四千三百萬（布國在內）

太學二十四所

一千八百八十一年

教習一千三百四十八人

生徒二萬三千一百二十一人（每學數幾千人）

法國

法國民數三千六百萬

一千八百三十七年

小學生徒二百六十九萬

一千八百七十七年

小學生徒增至四百七十四萬（四十年中數幾加倍）

經館二百四十二所

大書院八十所

生徒共七萬六千人

法學院生徒四千六百五十八人

醫學院生徒五千零三十八人

日本國

日本民數三千四百二十五萬（日本屬亞細亞不在西國之內然亦按西法設立學校是以書之）

一千八百七十五年

小學一萬二千六百所

一千八百七十七年

小學增至二萬五千四百所（三年中數幾加倍）

教習六萬

生徒二百一十萬（內有女生五十七萬）

太學律法格致等科生徒七百一十八人

醫學生徒一千零四十八人

義國

義國民數二千八百四十六萬

一千八百七十六年

官學三萬八千所

教習三萬七千人

男生九十六萬七千人

女生七十五萬五千人

民學九千一百五十所

教習九千四百人

男生八萬七千人

女生十二萬七千人

和蘭國

和蘭民數三百八十六萬

小學三千八百一十三所

生徒四十八萬六千人（內有女生數幾一半）

比國

比國民數五百三十三萬

小學五千八百五十七所

生徒六十六萬九千人（男生三十三萬六千四百人　女生三十三萬二千六百人）

俄國

俄國民數八千五百六十八萬

太學八所

教習六百零一人

生徒六千二百零八人

實學館暨經館一百七十一所

生徒六萬一千人

小學二萬五千所

生徒一百零四萬（內有女生十八萬）

美國

美國民數五千萬

一千八百七十一年

小學生徒三百七十萬

一千八百七十九年

小學生徒增至五百三十萬（內有女生數幾一半）

男教習十萬八千人

女教習十四萬二千人

經費七千八百一十八萬洋圓每人歲需銀十兩

一千八百七十年

書院暨太學二百六十六所

一千八百七十九年

書院暨太學增至三百六十四所
教習四千二百四十一人
生徒六萬零十一人
一千八百七十年
師道館（係練習爲師傅者）五十三所
一千八百七十九年
師道館增至二百零七所（數幾四倍）
教習一千四百二十二人
生徒四萬零二十九人

一千八百七十年
道學院（係學爲教士者）八十所
一千八百七十九年
道學院增至一百三十三所
教習六百人
生徒四千七百三十八人
一千八百七十年
法學院二十八所
一千八百七十九年

法學院增至四十九所
教習二百二十四人
生徒三千零一十九人
一千八百七十年
醫學院六十三所
一千八百七十九年
醫學院增至一百一十四所
教習一千四百九十五人
生徒一萬三千三百二十一人

以上各國學校册記觀之英吉利學校生徒爲民數八分之一蘇格蘭學校生徒爲民數九分之一阿爾蘭學校生徒爲民數十三分之一布國學校生徒爲民數八分之一法國學校生徒爲民數九分之一日本學校生徒爲民數十一分之一義國學校生徒爲民數十四分之一和蘭學校生徒爲民數八分之一比國學校生徒爲民數八分之一俄國學校生徒爲民數八十三分之一美國學校生徒爲民數六分之一

西學考略卷下終

跋

榮肄業同文迄今十有六載矣從　壬叔先生攻麻算之學從　冠西先生攻格致之學凡觀察推步測量創造之實際星電水火光氣聲力之要端極承　兩先生口講指畫幾閱寒暑殫思日久始窺其奧窔於萬一同人繙譯西書十餘年來如星軺指掌公法便覽公法會通俄國史略蒙　冠西先生任以校字之役復爲之朝夕講解始知邦國往來之道戰和交涉之例以

及世代盛衰之由上下四千年之久東西七萬里之遙猶全豹之見一斑也庚辰春　先生有事歸里旋歷七國而還其名勝之登臨古蹟之訪求圖書之搜羅名儒老宿之過從罔不筆之於書以爲鴻雪之證其最屬意者大小學校之因革東西文學之隆替古今風化之異同鈎深致遠製造之精奇推陳出新道理之微妙皆身歷其境實事求是而發爲宏論以冀有裨於我國家此西學考略所以作也書中於測算格致公法史乘諸學尤爲三致意焉向之聞於耳者今如寓於目矣往復讀之有感於懷　先生自述由扶桑挂帆抵美岸浩淼重洋一望無際在風濤險阻之中有不堪設想之語而　先生處之泰然未數月而返棹按程詳記逐事精求譯以華文出而問世殆所謂利害不動於中欣戚不形於色者歟噫可以不朽矣光緒八年冬十有一月內務府郎中天文館副教習肄業生貴榮謹跋

圖書在版編目（CIP）數據

海上絲綢之路文獻集成．科技與文化編．第一輯/
王揚宗，葉農主編．-- 福州：福建人民出版社，
2024.7. -- I SBN 978-7-211-09489-9

Ⅰ. K203

中國國家版本館CIP數據核字第20247YJ688號

海上絲綢之路文獻集成·科技與文化編（第一輯）

主　　編　王揚宗　葉　農
科技卷主編　王揚宗
責任編輯　連天雄
助理編輯　陳慧子
美術編輯　白　玫
出版發行　福建人民出版社
電　　話　0591-87533169（發行部）
電子郵箱　fjpph7221@126.com
地　　址　福建省福州市東水路 76 號
經　　銷　福建新華發行（集團）有限責任公司
印刷裝訂　上海中華印刷有限公司
地　　址　上海市青浦區匯金路 889 號
電　　話　021-69213456
開　　本　787 毫米×1092 毫米　1/16
印　　張　117.5
版　　次　2024 年 7 月第 1 版第 1 次印刷
書　　號　ISBN 978-7-211-09489-9
定　　價　1200.00 元（共 3 册）

国家出版基金项目
NATIONAL PUBLICATION FOUNDATION

海上絲綢之路文獻集成

總主編　陳支平　陳春聲

民間譜牒編　4

主編　林楓

海峽出版發行集團
THE STRAITS PUBLISHING & DISTRIBUTING GROUP
福建人民出版社

本册目次

〔福建晉江〕開基瀛洲分基高厚王氏族譜不分卷

〔清〕佚名纂修

〔福建晉江〕《開基瀛洲分基高厚王氏族譜》不分卷，清佚名纂修。此譜僅殘存一册，缺漏頗多，僅有世系，難以考知詳情。開基祖至政。四世淑齋自祖家瀛洲來贅南嶽高厚，因家於此而開基。清中葉以降，王氏族人多有往東南亞謀生者。如十二世兆璶遷往交趾（今越南北部）；十四世維球卒於暹羅（今泰國）；十六世章然、章裁遷居馬來西亞檳榔嶼，章驕卒於菲律賓呂宋島等。據清道光間抄本影印。

○章同 毓律公長子 生

娶許氏 名看娘 燒灰人

子 長華科 〻 四華梳

○章然 毓律公次子 住槟榔嶼 生嘉慶二年丁巳二月十、

○章萬 毓律公 三子 殤

○章愮　毓凉　三子

生道光八年戊子六月廿三日酉

○章選　毓凉　四子

生道光十一年辛卯九月十一日戌

長房三房三　十、

○肇蘭 係解 六子
進士書京顏
生道光十年庚寅□□巳
卒同治己巳□時 葬□
娶洪氏名錢娘
生道光戊戌年□月□
卒光緒辛丑年□□巳
子三 華 獅 仕 蝦

○肇歆 係凉 長子
生嘉慶廿三年戊寅十□

○肇軟 係凉 次子
生道光五年乙酉七月初五日巳

○章鋪　孫解　三子

生嘉慶二十年乙亥十一月十三戌

卒道光三年癸未六月廿七戌

塟本山東畔

○章崴　孫解　四子

生嘉慶廿五年庚辰四月十四子

○章畆　孫解　五子

生遺光六年丙戌十[illegible]

○章水 派吉公次子

娶陳氏 名玉娘 安平人

○章瓊 派解長子

○章蓮 派解次子

子

生乾隆四十九

嘉慶五年

長華琴 承章椿

女長俊娘配塔江刘

次華代

生嘉慶十五年庚午十月十

生嘉慶十八年癸酉二月廿三日辰

妣孫氏 謚勤順 塔江人

子一

華買

生乾隆廿八年癸未正月初七辰

卒嘉慶三年戊午四月十四酉

考塋井尾埔　妣塋本山埔頂

○華謙 亦香公次子 謚敬志 夭

生乾隆三十七年壬辰正月初九日

卒乾隆五十二年丁未六月廿五子

塋在井尾埔

○華椿 亦吉公長子 謚敬恕

生乾隆四十四年己亥十一月初六巳

卒道光三年癸未二月　日時

塋在埔頂

承嗣

華琴 華水長

長房三房二十六世

○章爲 號漢公長子 諡存心 止

生乾隆廿七年
卒道光元年十一月
塟井尾埔

○章陣 號漢公次子

生乾隆三十一年丙戌正月十六日

先室許氏 名趙娘 諡順嫻 燒灰人

生乾隆四十二年丁酉五月
卒嘉慶六年辛酉八月
塟本山輝姚墓

子

長華的

女佔娘適岱過許

○章聰 號香公長子 諡章聰

生乾隆廿五年庚辰十月廿七日
卒道光十三年癸巳三月廿五辰

○章寔 瓶儒公次子

聘蔡氏 型厝人

生乾隆五十年乙巳十一月廿九日
卒嘉慶八年癸亥三月初九日
塋在本山中埔生甲向庚兼寅申

承男 長華麟 章壬次子承
次華出 章壬四子承
三華讀 章壬六子承

○章荣 瓶儒公三子 殤

○章瑞 瓶升公之子 住澳

○章盛 瓶英公之子 住澳

○章壬 毓儒公長子

娶蔡氏 名女娘 型厝人

子六 長華斗 四華奠

生乾隆四十二年丁酉 十四巳

生乾隆四十四年己亥八月廿一亥

子七

長華宗 次華麟承章定 三華鳳

四華出承章定 五華翽 六華濱承章定

七華諸

女長過娘適洪塘張 次好娘 三歟木娘適英林洪

四摘娘適柯倉柯

○章恩　疏提公五子

生乾隆四十三年戊戌五月廿八寅

娶許氏　名柔娘　山内人

生乾隆四十一年丙申十一月十三午

子

長華㮶　次華尋　三華恳[illegible]

四華典　五華全

女長䂖娘適洪塘張　次晟娘適清[illegible]張

○章桃　疏湖公長子

卒呇莫考

○章寶　疏湖公承次男　疏提公三子承　謚成瑞

生乾隆三十四年己丑二月初八戌

卒道光十一年辛卯三月廿八辰

妣孫氏　名京娘　謚懿慈　塔江人

生乾隆四十一年丙申　廿日

卒嘉慶十八年　十日巳

[illegible]　[illegible]在山古

妣塋[illegible]山[illegible]

○章提 緬提公次子

娶孫氏 名金娘 塔江人

子

生乾隆三

乾隆三十九年甲午三月

長華縱 次華

女長劝娘適塔江孫 次娥娘適[illegible]亭陳

○章炎 緬提公四子

娶劉氏 名三娘 塔江人

子

生乾隆三十六年辛卯十一月

生乾隆四十五年庚子十月初九巳

長華昉 次華議 三華汲

四華所平 五華所

女長閒娘適塔江刘

○韋白 系林公三子
娶劉氏 名㤗娘 塔江人
生嘉慶五年庚申六月初五未
生嘉慶十六年辛未八月十七丑
子 長華富

○韋海 系榐公長子 謚寬裕
妣張氏 名三娘 謚劝善 洪塘人
生乾隆廿二年丁丑六月　　日
卒嘉慶十六年辛未六月
生乾隆三十二年丁亥四月初五午
卒道光七年丁亥五月初六戌
考葬井尾埔
妣葬岳後埔
子四 長華纘　次華[illegible]
司華占
女二 [illegible]彩娘適塔江刘[illegible]

〇章斐 派果公三子
謚德春
娶陳氏
改

子一
華訓 住英厝

生乾隆廿
卒道光一
三本尾埔

〇章南 派果公四子
殤

〇章录 派保公承男
派妹長子承

生乾隆五十四年巳酉十一月廿

娶孫氏 名怨娘
塔頭人

生乾隆五十四年巳酉四月十七日

章录
派妹子承派保

子
長華池
女長細娘適塔江刘次玉娘殤
三諷娘配塔江孫

〇章周 派妹公次子
殤

〇章六 諱慶公五子

生嘉慶六年辛酉三月初六未

〇章監 諱果公長子

娶溫氏 歿

子二

生乾隆十六年辛未又五月初四日

卒乾隆五十三年戊申吉日

塋本山井尾埔

長華郁 殤 次華向 殤

章鼎 諱果公次子 諡覺裕

娶張氏 歿

子一

生乾隆二十年乙亥八[illegible]

卒

[illegible]年崑埔

華宵 卒

女一章娘 適

○章杜 毓慶公長子 殤

○章緩 毓慶公次子 殤

○章及 毓慶公三子 生乾隆五十八年癸丑八月初五巳 卒在廣東

娶陳氏 廣東人 子一 華來 殤

○章薾 毓慶公四子 往檳榔嶼 生乾隆六十年乙卯十二月初七戌

子

長華清 殤　次華漢 承章昭

女長綿娘殤 次盞娘配塔江刘

三弥娘配清兜張

○章壞 毓賀公次子

生嘉慶元年丙辰八月初三酉

○章務 毓賀公三子

生嘉慶六年辛酉五月初八

○章鈗 毓輝公次子 生嘉慶[illegible]乙丑六[illegible]五日[illegible]

娶黃氏 名初娘 安平人 生嘉慶廿二年[illegible]

○章牌 毓輝公三子 生嘉慶七年壬戌七月十[illegible]

○章宙 毓賀公長子 生乾隆五十八年癸丑五月初一巳

娶翁氏 名妥娘 周宅人 生嘉慶六年辛酉正月廿一卯

○華岺　毓斌公三子　殤

○華察　毓斌公四子　殤

○華聳　毓斌公五子　殤

○華爆　毓輝公長子

生乾隆五十八年癸丑九月廿三辰

先室許氏　名大娘　諡淑德　溪邊人

生嘉慶十八年癸酉九月山

卒道光十四年甲午十月廿二酉

先室葬女家

○

子

長華澳

子四　長華熾　考星深去　次華　三華綽殤
四華江
女二　長眞娘殤　次時娘　適許

○韋詩
毓斌公長子
生乾隆四十四年己亥八月　大

○韋啓
毓斌公次子
生乾隆五十八年癸丑七月廿九日

○華昭　毓欽公長子
生乾隆廿七年壬午八月廿九日
卒　　六月初五日
塟涂海內
承男華藻　華宙次子承

○華箴　毓欽公次子　住台
生乾隆三十年乙酉[illegible]月初

○華抵　毓淵公之子　謚素忠
生乾隆四十九年甲[illegible]月初二巳
卒道光五年乙酉正月十[illegible]日辰

娶許氏　名吱娘　大蓬人
生乾[illegible]十六年[illegible]五月初十辰

○章[illegible] 毓夏公四子
娶孫氏名春娘
塔江人

子
生乾隆五十一丙午二月十三巳
卒道光 丁酉年七月 日吉時
生乾隆六十年乙卯三月十一亥

長華董 次華廿 二華荷鵝
四華貌
女長守娘適大蓬許 次欉娘
三粉娘適塔江刘

○章洪 毓秋公長子
住灣

子二 長華法 次華全

○章知 毓秋公次子
住灣

○章壽 毓秋公三子
住灣

○章朕 毓夏公長子 謚成裕

娶洪氏 改

○章明 毓夏公次子

○章概 毓夏公三子

先聘孫氏 名入娘 塔江人

娶許氏 名諱娘 岱山邊人

生乾隆三十五年庚寅七月廿三卯

卒嘉慶二年丁巳十二月廿五丑

葬在本山後水坑圳墘

子一 華泉

殤

生乾隆三十七年壬辰八月廿七辰

生乾隆三十九年甲午十一月　巳

生乾隆五十七年壬子

子

長華窓　次華旦 殤　三華象

四華瓶 承山前次宗　五華衙

女　邁娘 適丙南生

○華純 毓恭公長子 居白沙 生嘉慶十、

○華往 毓恭公次子 居白沙 生嘉慶道光二年壬午十二月上

長房三房長 十六世

○章丁　毓榜公三子

生嘉慶廿一年丙子七月十一日午

○章認　毓榜公四子

殤

○章溪　毓榜公五子

生道光元年辛巳十一月廿子

○章立　毓榜公六子

生　殤

○章優 毓榜公長子

生嘉慶七年壬戌九月十一日午

○章榮 毓榜公次子

生嘉慶十七年壬申十月廿六酉

○章義　號鶯　長子

娶許氏　名冬娘　可慕人

○章驕　號鶯　次子

○章欸　號燕　公養子

子

生嘉慶四年己未十一月初五未

生嘉慶十九年甲戌七月廿二日

長華赤　殤　次華咤

生嘉慶七年壬戌二月十四日[illegible]

卒道光十一年辛卯四月十二未

塋呂宋

生嘉慶[illegible]年丙辰九

○章斗 碩旁公長子

生乾隆五

○章全 碩旁公次子

生嘉慶二年丁巳三月十二日

○章曰 碩旁公三子

生嘉慶十二年丁卯七月廿一日

○章福 係茂公六子

往呂宋

先室孫氏 名好娘 謚慈順 塔江人

子

生嘉慶元年丙辰三月廿五日

生嘉慶五年庚申七月十四日

卒道光三年癸未七月十二日

塟井尾埔

長華覽殤 次華匣 事真三子承

○章昂 係賜公承男 係茂次子承

娶陳氏 名共娘 茂亭人

子

生乾隆四十三年戊戌九月十

生乾隆五十四年己酉五月十七

長華偶 次華 [illegible]

四華棘

女長 [illegible]

○章店 毓茂公三子
娶陳氏 名仕娘 埕邊人

子

生乾隆四

生乾隆二十一

長華念（承章寅） 次華助 三華
四華舉 五華贊
女長李娘適型厝蔡 次惻娘配石菌黃

○章真 毓茂公四子
娶張氏 名次娘 洪塘人

子

生乾隆五十七年壬子四月廿一次
生嘉慶三年戊午七月十八午
長華欽 次華祈 三華匣（承章福）
女長器娘配塔江刘 次揀娘

○章董 毓茂公五子 殤

○章杞　諱琛公六子

生嘉慶十二年丁卯四月初八戌

○章寬　諱茂公長子　謚成德

生乾隆四十一年丙申三月廿二未

卒嘉慶卄年乙丑十二月十五未

葬本山井尾埔

娶蔡氏　卧

承男　華念　[illegible]長子[illegible]

○章薦 師琛公次子

生乾隆

○章川 師琛公三子

娶黃氏 改

生嘉慶三年戊午十二月十八日

卒道光十三年癸巳四月初六卯

葬本山井尾埔

子一

章响 殤

○章扶 師琛公四子 殤

生嘉慶五年庚申拾月

○章入 師琛公五子

生嘉慶九年甲子十一月初七戌

○葦浮　毓功公五子　殤

○葦曉　毓弁公長子　生乾隆五十八年癸丑七月十五申　卒在台

○葦豹　毓弁公次子　住台　生嘉慶五年庚申三月十七子

○葦固　毓弁公三子　殤

○葦綿　毓㮾公長子　生乾隆五

先聘陳氏　名間娘　埕邊人　生闕　卒八月初二日

繼聘蘇氏　湖尾人

○華體 踈抱公三子 殤

○華曾 踈功公次子

娶許氏 名乃娘 岑張人

生嘉慶十[illegible][illegible]十二日

卒道光十四年[illegible]午十

生嘉慶十二年丁卯八 廿二

葬塗宫山兜内

養子 華探

○華企 踈次公三子

生嘉慶十四年己巳十一月廿一亥

○華超 踈功公四子 殤

○韋鎦
衍貢公承男
孫功公長子承
生嘉慶四年己未九月初七戌

娶楊氏
名敬娘
許福人
生嘉慶十八年癸酉十二月十二辰

子
長華傳

○韋裁
衍抱公長子
往梹榔嶼
生乾隆五十五年[illegible]

韋

○章仍 疏三公之子

娶吳氏 名淑娘 東埔人

生乾隆

生嘉慶元年丙辰

子

長華談 次華泳

女長員娘配前埔蔡 次便娘配塔江形

○章剡 疏月公長子

娶蔡氏 出

生乾隆五十八年癸卯丑六月二十日

○章佇 疏月公次子

生乾隆六十年乙卯

○韋葵　毓何公三子

生乾隆四十四年己亥六月廿二日

○韋交　毓何公四子

生乾隆五十四（五）年庚戌六月廿[illegible]

長房長　十六世

○華稽　韞當公之子

生乾隆三十四年□

卒塋在台

娶黃氏　附

養男　華勇　卒安南

○華培　韞何公長子

生乾隆三十八年癸巳十一月十七

卒道光七年丁亥九月初十寅

塋在本山中埔

○華追　韞何公次子

生乾隆四十一年丙申十二月初九日

○毓猛　維勳公四子　殤

○毓長　維勳公五子　諱俊廣

娶許氏　改

承男

生嘉慶四年己未八月十一日午

卒道光三年癸未十月十八丑

塟本山深滄內

長章養　毓謀五子承　殤

次章墻　毓請三子承

三章著　毓孟三子承

○毓元　維樵公長子　住台

○毓懷　維樵公次子　住台

毓備　維兜公三子　殤

○毓請 維勳公次子 諡毓聲

娶劉氏 名希娘 諡孝慈 晋江人

生乾隆五六
卒咸豐[illegible]巳

生一乾隆五十
卒同治二年癸

考葬本山埯堎墘坐東向西

子 長章崎 殤 次章汜 四章拼

女長早娘 殤 次獺娘 配潘徑許

請生乾隆五十二年丁卯 收利 九十歲 卒四年甲寅 [illegible]刺

刘氏生乾五十六年辛亥 收刈 卒同治二年癸亥 附利

子長崎 殤 次玘 三墘 回承長 四鉗 女罕 次獺 徐姓許

○毓孟 維勳公三子

娶蔡氏 名百娘 諡安順 前埔人

三豬陳厝蔡

生乾隆五十五年庚戌三月廿五子
卒同治三年乙丑十一月初五卯 十二

生乾隆五十八年癸丑七月初一未
卒同治三年乙丑二月廿六寅

考葬本山石獅王 妣葬官山埔

子 長章聽 次章守 殤 三章若 承毓長 四章勛 殤 五章抱

女長咕娘 配洪塘張 次近娘 配白沙周

聘黃氏

承男章縣　葬本山深溝內　縣左三子承

生乾隆四十七年壬寅十二月十五戌

卒道光七年丁亥七月三十日巳

葬本山井尾埔

○毓管　維偏公三子　謚敬德

娶蔡氏　改

子二　長章八　次章膽

女三　長殤　次香娘適石菌黃　三禮娘　適蔡

○毓謀　維勳公長子　謚孝友

生乾隆四十九年甲辰三月日

卒嘉慶十五年庚午十

娶張氏　名勺娘　謚淑慎　洪塘人

生乾隆四十九年甲辰

卒道光廿九年巳

子有文沃

子一　長

○毓左 維偏公長子 諡榮宗

娶黃氏 名招娘 坑邊人 七十九歲

○毓樓 維偏公次子

子 長章 公嫡 五[illegible]

雪娘適坑邊張

生乾隆三十四年己丑十月十[illegible]

卒道光十七年丁酉[illegible]月[illegible]

生乾隆三十六年辛卯正月十三[illegible]

卒道光廿七年丁未六月廿五

子 長章蔭 次章汀 三章縣承毓樓 四章造嫡 五章田嫡

女長險娘適蕭[illegible]許 次銅娘適洪塘張

生乾隆四十四年己亥四月初四戌

卒乾隆五十三年戊申 七月初八日

○毓才　維乞公次子
諡文幹

娶孫氏　攺

○毓訂　維乞公三子
諡文梁

聘鮑氏

○毓達　維乞公四子
諡質成

娶黃氏　名謹娘
諡淑慎
南安東田人

子二　長章洞　殤　次章南　毓建五子承

生乾隆廿二年丁丑四月初八卯
卒在台　正月廿五日

生乾隆廿五年庚辰九月二十午
卒乾隆五十三年戊申五月十八辰
塟本山深滸口

承男　章恢　毓建六子承

生乾隆三十六年辛卯、
卒道光十七年丁酉四、

生乾隆四
卒道光十七年

丁酉烱

○毓黨 維吳公三子 住台雷社鄉 生乾隆四十一年

娶柯氏 台湾人 子二 長章河 次章見

○毓寬 維侯公長子 止 生乾隆四十一年丙申八月十一日巳 卒道光十三年戊辰九月十八日 葬本山井尾埔

長房三房四 十五世

○毓宗 維乞公長子 殤

長房三房三　十五世

○毓律　維笑公長子　謚有章

妣黃氏　名兑娘　謚慈順　石崙人

生乾隆三十三年戊子八月初八申

卒嘉慶廿二年丁丑九月十八酉

生乾隆四十一年丙申五月初九卯

卒嘉慶廿二年丁丑七月廿九子

考葬本山後水坑

妣葬本山井尾埔

子五　長章同　次章狀（往柳嶼）　三十六　嶼

四章慈　五章行（住台）

女一名昨娘適東埔吳

○毓看　維笑公次子　住台

生乾隆三十八年癸巳六月十六午

○毓椄　維賢公三子　丁巳拋䣛　生

○毓聽　維賢公四子　生嘉慶十二年丁卯七月十九午　卒不知

○毓對　維瑾公長子

○毓陳　維瑾公次子

俱卒台莫考

先室劉氏 名帖娘 謚勤侹 塔江人

○毓涼 維賢公長子 諱毓寬

娶洪氏 名惜娘 謚順慈 英林人

○毓騫 維賢公次子 殤

子

生乾隆五十六年辛亥九月廿二寅
卒道光十二年壬辰八月二十日寅
塋本山埔頂
長章壥　次章運　三章鋪殤
四章崴　五章祕　六章蘭
女二長論娘適後林許次宜娘配塔江刘

生乾隆五十五年庚戌九月十六 廿六日辰
卒道光元年辛巳十月廿三丑
生嘉慶二年丁巳八月廿二
卒咸豐元年辛亥二月初十
妣塋官山埔
考塋深滬內

子七
長章欲　次章軟
四章賢　五章頌
七章慶
女一名栗娘配后

○毓吉 維孝公長子 諡德心 岑兜湖 卌別 卌𠂉

妣蕭氏 名濺娘 諡慈娴 岑兜人

子二

生乾隆三年戊
卒嘉慶十二
生乾隆二十年乙
卒乾隆五十二年丁
考塋在官山 妣塋仝

長章椿 次章水

○毓生 維孝公次子 止

二十三

生乾隆十二年丁卯八月廿一子
卒乾隆三十四年己丑九月廿二寅
塋在塔江東井頭

○毓付 維正公長子 殤

○毓解 維正公次子 諡毓業 六十七歲

生乾隆五十一年丙午四月廿四酉
卒咸豐二年壬子六月初二未
塋官山埔

長房三房二十五世

○毓漢　維素公承男　維宇次子承　謚純德

妣劉氏　名艮娘　謚慈順　塔江人

子二　長章爲止　次章陣

生雍正十年壬子十月初四日

卒乾隆五十二年丁未五月初十未

生乾隆二年丁巳六月初六戌

卒乾隆五十九年甲寅乙卯正月十四寅

考塋本山大墓邊　妣塋輝妣墓邊

○毓香　維宇公長子　謚宗志

妣黃氏　名應娘　謚勤肅　石函人

生雍正八年庚戌九月初二

卒乾隆五十三年戊申五月

生雍正十年壬子六

卒乾隆五十年乙巳

考塋塘仔頭

子二　長章聰

毓漢　維宇公次子　承維素

合塟本山海坪

本山海墘坑艮坤

子三

長章壬　次章寶　三章

壬　寔　榮

女四長什娘適石圳黃　次妹娘　清

張三𡚁娘適前埔蔡四𡚁娘適山園邊陳

○毓升

維高公之子

住灣

子一

章瑞

○毓英

維亮公長子

住灣

子一

章盛

○毓雄

維亮公次子

住灣

○毓汀

維亮公三子

住灣

○毓聘　維賞公之子　殤

○毓湖　維禮公養子　謚順直

生闕

卒在港口以三月三十日為忌辰

妣吳氏　謚勤謹

生闕

卒嘉慶四年己未十二月十七日

妣已塋東後

子二

長章桃　卒台

次章寶　毓提三子承

女一閒娘適成山邊吳

毓　維烟公長子　殤莫知其名

○毓儒　維烟公承次男　維欣三子承　謚璧全　享年六十七

生乾隆十年乙丑八月初五

卒嘉慶十六年辛未三月

妣孫氏　名胷娘　謚徽柔　塔江人

生乾隆十七年壬申正月

卒嘉慶十三年

戊辰又捌十一　政寅

娶蔡氏 名烋娘 型厝人

庚辰[illegible]戌 丁酉 外[illegible]

生乾隆廿五年

卒道光十七年 酉

考葬本山塘仔頂

子三 長章柔 承毓保 次章周

女一名巳娘適塔江孫

○毓提 維妙公承男 維耀次子承 諡登瀛

妣孫氏 名娥娘 諡勤慈 塔江人

生雍正十年壬子七月十九寅

卒嘉慶十六年辛未二月初三辰

生乾隆元年巳 丙辰六月初七寅 丙

卒嘉慶十六年辛未二月初十卯

合葬本山後東

子五 長章海 次章提 三章宝 承毓湖

四章炎 五章恩

女二長沿娘適下庄顏

次罔娘適塔江孫

○毓果　維耀公長子　諡明決

生　十一月十五日

卒乾隆五十三年戊申六月初一日

妣張氏　名緞娘　諡則順　內厝人

生雍正九年辛亥二月廿一日未

卒乾隆三十一年丙戌四月十四寅

合葬本山井尾埔　長子次子榭

子四　長章監　次章愚　三章獎

四章南鴻

氏

毓捷　維耀公次子　承維妙

○毓保　維嘉公長子　諡純素

生閏　十月廿六日

卒

葬本山深滄口

承男章桑　毓妹長子承

○毓妹　維嘉公次子　諡明德

生乾隆十[illegible]年[illegible]辰四月

戊辰入泮

卒嘉慶十[illegible]

葉削

○毓慶 維欣公七子

娶蔡氏 名銀娘 前埔人

子三

考壐小

蕭氏壐岳後

吳氏壐洲潯口

長章宙 次章壤 三章勢

女二長昕娘適前埔桑 次肴娘適可仇張

相培

生乾隆廿五年庚辰三月初七戌

卒道光十七年丁酉八月初一吉

生乾隆廿九年甲申十月十九午

卒道光十七年丁酉七月初二吉

子五

長章粧 次章緩 三章及 住慶悳

四章蕭 住番 五章六

女一名罕娘 適塔江刘

妣許氏　名孟娘　謚勤慈　大逢人

繼妣張氏　名緞娘　內厝人

○毓賀　維欣公六子　謚允恭

妣蘇氏　名燕娘　湖尾人

繼妣吳氏　名准娘　謚勤順　山兜人

生　四月初八日

卒　十月廿五日

生乾隆四十三年戊戌子正月十二酉

卒道光十七年丁酉八月十二吉

考葬本山井尾埔

先妣葬岳後埔

子三

長韋爆　次韋銳　三韋牌

女三長帖娘適清頭張　次旦娘適柯厝柯

三疊娘適[illegible]浦蔡

生乾隆廿二年丁丑三月十五戌

卒道光二年壬午五月十四未

生乾隆三十年乙酉十一月十五子

卒乾隆六十年乙卯十月初七未

生乾隆三十二年丁亥八月

卒道光[illegible]

[illegible]

毓儒 維欣公三子 承繼烱

次女色塔江孙

子一 章柢

女四 長靜娘 適高海洪

孫三 滿娘適岱邊許 四 適柯倉柯

刀上六辰

生乾隆十二年丁卯十一月初六辰

卒嘉慶四年己未十一月二十酉

○毓斌 維欣公四子 謚朴直

娶黃氏 名忍娘 石菌人

生乾隆十八年癸酉十一月初四寅

卒道光十五年乙未五月初五吉

考塋本山後水坑

子五 長章詩 次章啓 三章岑嫣 四章察嫣 五章聳嫣

女四 長省娘適塔江孫 次恪娘適安溪長坑陳 三雖娘適柯倉柯 五刘娘適埕邊張

○毓輝 維欣公五子 謚篤寔

生乾隆二十年乙亥四月十七日巳

卒嘉慶廿二年丁丑十一月廿三卯

繼妣洪氏 名金娘 謚慈順 高湖人

○毓淵 繼欣公次子 謚淳厚

妣劉氏 謚順謹 塔江人

繼妣孫氏 謚慈惠 塔江人

子二

長章昭　次章箴 住台

生乾隆五年庚申正月初八日
卒嘉慶二年丁巳二月十三卯
妣塋官山頂井尾埔
桑氏塋在岳後埔

生乾隆二年丁巳十一月廿四丑
卒嘉慶十八年癸酉七月初四申
生乾隆七年壬戌十二月初九戌
卒乾隆三十年乙酉二月廿八日卯
生乾隆十二年丁卯六月廿二日
卒嘉慶十九年甲戌五月初一申
考妣合塋海埭乩坐[illegible]
孫氏塋在井尾[illegible]

子四

長章肸

四章叟

女三長㳂娘適埕邊黃次綢娘適大蓮許三昭娘適後坑洪

○毓秋 維快公次子

挈眷住澚

先妣蔡氏 埕邊人

繼妣林氏 漳洲南靖人

子三

長章洪　次章知　三章壽

生　八月二十日

卒塟在番

○毓欽 維欣公長子

生乾隆四年己未十月十三日酉

卒乾隆廿五年庚辰八月十五辰

妣蔡氏 名東娘 謚淑善 型厝人

娶張氏 改

子二

長章純　次章往 隨母嫁白沙

考塋井尾埔

毓答 維羣公三子 生承外姓

○毓最 維寧公之子 住廣

長房三房長　十五世

○毓夏 維快公長子 諡敦朴

生乾隆十年乙丑十月十六日

卒嘉慶十六年辛未五月二十日

妣許氏 名引娘 諡慈愛 大逕人

[illegible]

生乾隆十二年丁卯十月十三日

卒嘉慶廿五年庚辰十二月初三

考塋灣门三巴外坐：南向匕

妣塋本

○毓榜 維鼓公承男 維祐四子承 諡德軒

妣張氏 名垂娘 諡謹慎 洪塘人

子五六 長章偃 次章榮 三章丁 四章認殤 五章溪 六章五殤

繼吉 生卓卩 卒道光九年己丑十二月

排利 生乾隆四十八年癸卯三月十八巳

淞吉 卒道光十二年壬辰八月廿五酉

考葬本山石獅王 坐巽巳乾亥

妣葬本山井尾埔坐乙向辛

○毓力 維羣公長子 住廣

生乾隆三十六年辛卯二月初五巳

○毓恭 維羣公次子 諡歎介

生乾隆四十年乙未二月十四酉

卒道光二年壬午十二月十六未

○毓挺　維從公三子

卒台莫考止

○毓天　維璧公長子

生乾隆廿五年庚辰十月廿一丑　殤

○毓燕　維璧公次子

生乾隆廿七年壬午十月初四申　卒在台

養子　章欵

○毓却　維璧公三子

佳台有子

生乾隆廿九年甲申十月十六辰

○毓鶯 維祥公五子

室[illegible]氏 名密娘 諡德孝 岱邊人

墘 生卓

墘 卒道光十六 丙申

生乾隆四十年乙未十月十九日

卒嘉慶九年甲子四月廿一日

考塋深溝內 葬在井尾埔

子二 長韋義 次韋嬌 卒呂宋

女一名玉娘 適驟谷黃

○毓懷 維從公長子 諡毓堂 止

生乾隆十三年戊辰十一月初二午

卒乾隆三十四年己丑四月廿九未

塋本山井尾埔坐南向北

○毓記 維從公次子 止

妣張氏 諡慈順 洪塘人

生乾隆二十年乙亥六月初二辰

卒在台

生闕

卒 六月初二日

塋本山中埔

○毓賜　維祥公三子
諡德軒
妣黃氏　名良娘
諡勤順
石菌人

○毓旁　維祥公四子
妣黃氏　名勤娘
諡懿慈
縣谷人

生乾隆二十年乙亥五月廿二戌
卒在紅毛番不知年月日
生乾隆年间　五月初七日
卒　十月初四日
葬井尾埔下

承男
韋昂　毓氏次子承

生乾隆廿五年庚辰十月十七午
卒道光十二年壬辰四月三十口
生乾隆三十七年壬辰五月十六戌
卒嘉慶廿二年丁丑三月初三卯
各葬本山井尾埔　日

十三

長韋斗　次韋余　三韋□
女三長□娘配塔江孫　次□□娘適清□□
三□娘適□□
□□□

○毓琛 維祐公次子 諡敦厚

妣陳氏 名劝娘 五堡人

毓兩 維祐公三子 出继杏墩本宗

毓榜 維祐公四子 承繼彭

○毓茂 維祥公長子 諡毓盛

妣張氏 名族娘 諡懿範 清兜人

毓宰 維祥公次子 殤

未刻

卒道光十二年壬辰

壬辰

生乾隆廿八年癸未三月初三日

卒道光十七年丁酉八月初十

考葬井尾埔

子六 長童綿 次童薦 三童川 四童入 五童杞 六童扶殤

女二 長瑾娘適東埔吳 次髻娘殤

生乾隆十五年庚午正月十二日

卒道光元年辛巳六月十三日卯

生乾隆十九年甲戌二月初十戌

卒道光七年丁亥四月初六日辰

合葬本山官山下生坤艮申寅

子六 長童寬 次童昂承孫賜 三童店 四童真 五童董殤 六童楅往呂宋回

女一 脘娘適石兜賴

繼妣張氏 名質娘 滿任人

〇毓幷 繼枋公長子 謚篤學

妣葉氏 名讓娘 謚勤順 滿任人

生乾隆三十八年癸巳三月初一日

考塟東嶼

妣塟深滸

子五 長章鎓（承滿負） 次章曾（夭） 三章企 四章超（嫡） 五章浮（嫡）

生乾隆二十年乙亥十一月廿五子

卒道光四年甲申三月初七未

生乾隆三十年乙酉七月初八辰

卒道光七年丁亥六月初九日午

考塟本山坑西寮口

妣塟本山井尾浦

子三 長章晄（卒台） 次章鄰 三章國（嫡）

女一 乖娘

○毓貢 維禄公長子 諡元河

○毓抱 維禄公次子 諡正直

娶柯氏 改

○毓功 維禄公三子 諡元明

妣蔡氏 名班娘 諡順德 瀛洲人

哲 生乾隆 卒 葬在

承男 童錩 毓功長子承

生乾隆廿一年丙子四月初四日 卒嘉慶十七年壬申二月初六日 塋本山深滄頭

子三 長童裁 往檳榔嶼 次童獺 承出嗣本宗 三童体 殤

女一 娌娘適塔江孫

生乾隆廿七年壬午正月十二日 卒道光十四年甲午九月初三酉

生乾隆廿四年己卯四月廿六寅 卒嘉慶三年戊午六月廿三未

○毓三 維永公次子 謚正義
妣蔡氏 名煥娘 謚慈順 型厝人
繼妣顏氏 謚受德 型厝人
○毓月 維永公三子 謚守志
娶蔡氏 改

子 章剑 章仍

子一 章仍
女一 名素娘 適五堡張

子二 章烈

生乾隆廿三年戊寅正月十三辰
卒嘉慶十二年丁卯六月廿五午
生乾隆廿六年辛巳九月初一子
卒乾隆五十三年戊申六月初六巳
生闕乾隆年間未詳月日
卒　二月廿五日
考葬官山埔　蔡氏葬官山下
顏氏葬本山中埔

生乾隆廿七年壬午 午年廿一日午
卒 闕
葬官山埔

○錦當 維益公之子 諡揚德

妣黃氏 檗谷人

妣彭

乾隆十一年丙寅十□

卒乾隆三十七年壬□

生乾隆九年甲子十月

卒 妣 五月

考塋本山坑西壟口 妣塋官山□

子一 章稽

○錦何 維永公長子 諡純義

妣劉氏 名看娘 諡徽柔 塔江人

生乾隆十五年庚午五月十五戌

卒嘉慶十五年庚午九月初九日

生乾隆十八年癸酉正月初二日

卒道光二年壬午三月十六酉

考塋本山寮口 妣塋後小林

子四 長章培夭 次章追 三章葵 四章炎

女三 長適五堡張 次適潘徑吳 三適及笄而卒

○維樵　嘉時公之子　住台

子二　長毓元　次毓懷

○維兜　嘉運公之子　字維金謚敦厚

生乾隆十五年庚午十一月初九巳
卒乾隆五十三年戊申六月初六酉
塟本山深滄口

娶吳氏出

子一　毓備殤

長房長　十五世

繼妣許氏 名足娘 謚懿勤 岱邊人

享年九十[illegible]

卒道光四年甲申

考葬本里海埭墘陳氏塋內埔 許氏塋本山深滸內

子五 長諱謀 次諱請 三諱孟 四諱猛殤 五諱長

女一名甘娘 適洪塘張

○維串 嘉萃公承男 嘉趕回子承

生乾隆六年辛酉又六月十六未

卒葬在台

○維高 嘉便公之子

住台有子

○維偏　嘉振公次子　諡維周

妣孫氏　名外娘　塔江人

生雍正十年壬子五月十四日卯

卒乾隆五十三年戊申五月廿九申

生乾隆八年癸亥九月初十卯

卒乾隆五十三年戊申六月初八子

合塟本山衛頭

子四三

長毓左　次毓棲夭殤　三毓管

女四　長由娘　次賽娘　俱適塔江孫　三器娘配大逕

許四　貞娘配柯倉柯

○維勳　嘉振公三子　諡維爵　享年八

妣陳氏　名取娘　諡懿節　路東人

絕

生乾隆雍正十三年六十年乙卯二〃初二〃

卒道光二年壬午六月廿七〃

生乾隆九年甲子十一月十五〃

卒乾隆四十一年丙

長房三房四十四世

維奇 嘉趣公長子 殤

○維球 嘉趣公次子 卒在暹羅

維恩 嘉趣公三子 殤 止

維串 嘉趣公四子 承上嘉萃

○維乙 嘉振公長子 諡鈍篤

妣張氏 名濺娘 諡勤節 埕邊人

子二 長毓夢 止 次岁

生雍正六年戊申九月廿四卯

卒嘉慶十八年癸酉八月十三巳

生雍正十二年甲寅十一月十五卯

卒乾隆五十三年戊申六月十二戌

葬塋本山石獅王 妣塋在官埔處

子四 長毓宗 殤 次毓才 三毓訂

四毓建

女四 長純娘適塔江孫 次佔娘適埕邊張

三煥娘適南安望欉巢 四妲娘適潘徑吳

長房三房三　十四世

○維哭 嘉怡公長子
諡宗意
妣許氏 名濺娘
諡慈順
桂林人

子三

生乾隆九年甲子十二月初十巳
卒乾隆五十五年庚戌六月十一寅
生乾隆九年甲子六月十五戌
卒乾隆五十三年戊申六月初六酉
考塋本山後水坑　妣塋官處埔
長孫偉　次孫看住台　三孫党住台
女三 長兄娘適山今兜蕭　次丑娘適燒灰許　三究娘適型厝蔡

○維俁 嘉怡公次子
諡正直
妣許氏
諡勤順

享年七十四

生乾隆十四年己巳四月十一日
卒嘉慶年間　五月初三日
生乾隆二十年乙亥十二月廿三日
卒道光八年戊子七月二十日
合塋 山仔尾埔

○維賢 嘉高公之子 謚成德

娶洪氏 名邀娘 石菌人

生乾隆四十六年辛巳七月初七戌 卒道光十二年壬辰九月十八未

生乾隆廿九年甲申三月廿九亥

葬塋本山中埔

子四

長孫涼 次孫騫媽 三孫接

四孫聽

女三 長燕娘適柯坑柯 次幾娘適塔江孫 三等娘適石菌黃

○維秋 嘉城公之子 住灣

○維元 嘉壎公長子 住灣

○維亨 嘉壎公次子 住灣

○維瑾 嘉嶽公養子 住台

子二

長孫對 次孫陳 俱卒台

○維章　嘉庇公之子　往灣

維淋　嘉壹公長子殤

○維雪　嘉壹公次子止

生　　十二月初七
卒葬在港口

○維正　嘉壹公三子
諡有心

先聘許氏　岱山邊人
妣蔡氏　諡慈順　彤霞人
繼妣洪氏　諡勤儉　英林人
三娶孫氏　名術娘　塔江人

生乾隆十五年庚午五月二十日
卒嘉慶十九年甲戌九月初二午
生卒闕　葬本山嗅內
生乾隆廿九年甲申四月廿一日
卒乾隆四十八年癸卯十月初二未
生乾隆廿五年庚辰七月二十辰
卒乾隆五十三年戊申五月廿八辰
生乾隆十九年甲戌九月初八日
考葬宮山頂　蔡氏葬深滬內口
洪氏葬東嗅

子二　長毓付頭　次毓解

子二
考塋本、中埔長、子福
妣塋本山新墓口
長泒椿名吉　次泒生夭
女三　一適后坑　一適安海　一適濟

○維長　嘉祿公次子　莫考

○維廣　嘉祿公三子　莫考

○維協　嘉祿公四子　莫考

○維添　乃嘉老公長子

○維符　嘉老公次子　俱住台

○維宇 嘉爵公之子 諡華斎

妣黃氏 諡勤謹

○維孝 嘉祿公長子 諡就理

妣陳氏 名晟娘 諡貞淑 茂亭人

承男 毓漢 維宇次子承 妣塋本山輝沈墓

生康熙四十一年壬午十月初十丑

卒雍正十三年乙卯七月十二午

生康熙四十五年丙戌二月十一日

卒乾隆三十五年庚寅三月十一未

合塋本山傀儡庭坐東向西。

子二 長毓香 次毓漢承維素

生康熙四十五年丙戌六月廿八

卒乾隆廿九年丙申九月初五巳

生康熙四十五年丙戌五月六巳

卒乾隆二十九年甲午五月十八巳

○維宜 嘉德公長子
佳台

○維道 嘉德公次子
卒台

○維獅 嘉德公三子
卒台

維清 嘉德公之子
生于丙州

○維梅 嘉厚公長子
住台

○維素 嘉厚公次子
生闕
卒 十月廿五日

妣柯氏 名心娘 謚勤侄 亩邉人
生乾隆十年乙丑七月廿三酉
卒乾隆四十三年戊戌七月十八子
考葬廣東澚门港口

○維和　嘉鏻公三子　住澚　生康熙三十五年丙子

○維京　嘉鏻公四子　住澚　生康熙三十九年庚辰

○維乾　嘉燦公長子　住澚　生康熙四十四年乙酉正月廿二丑

○維朝　嘉燦公次子　住澚　生康熙四十七年戊子十月廿三戌

長房三房二　十四

按孺人許氏系出桂林名媛　則素
樓守志年方廿八之春迄今冊版勒名節
請旌未合乎　朝例然寔行已足載于家⺀　嘗曰
熾門庭吉昌天之報應不爽也敢慎録之以勉以後　以彰
澣水省軒許藹然謹識

○維高　嘉鏻公長子　住灣

子一　錫升

○維亮　嘉鏻公次子　住灣

妣許氏　內則素著姻母叔之子忝
係昔霜樓守志年方廿八之春
迄今冊版勒名節與兩旬並耀

生康熙三十四年乙亥六月廿三卯

妣鍾氏　福州人

子三　長錫英　次錫雄　三錫汀

○維禮　嘉載公五子　諡維琮
生康熙五十五丙申四月十五午
卒乾隆廿六年辛巳八月廿七辰

妣洪氏　名雪娘　諡勤慈　鈥井人
生康熙年间　正月廿九日
卒乾隆五十二年丁未二月初六日
考溺於海　妣葬本山深滄口

養男　毓湖
女三　長楔娘適塔江刘　次讓娘　三双娘　俱適塔江孫

○維烱　嘉載公六子　諡信義
生康熙五十八年己亥十一月初二巳
卒乾隆十三年戊辰二月廿九戌

妣許氏　名爭娘　諡貞節　桂林人
生康熙六十年辛丑八月初二日
卒嘉慶十三年戊辰正月初五未
享年八十八
合葬本山塘仔頭　丑未

子一　二　長毓　名五

塔江孫

維妙 嘉載公三子 乙酉[illegible] 生康熙四十
諡敦穎 乙卯[illegible] 卒雍正十三年乙卯九

妣蔡氏 名團娘 諡慎莊 前埔人
己丑[illegible] 生康熙四十八年
乙卯[illegible] 卒乾隆六十年乙卯八月廿八未
考塋後水坑坐坤艮未丑
妣塋本山深滄口坐乾巽亥巳

承男 毓提 維耀次子承
女一 拱娘 適茂亭陳

○維賞 嘉載公四子 諡篤慎
妣蘇氏 諡順謹 湖尾人
生康熙四十九年庚寅十一月初三寅
卒乾隆三年戊午九月十一日卯
生康熙五十二年癸巳五月初七未
卒乾隆十年乙丑九月廿一日申
合塋本山水磊頭坐艮坤丑未

子一 毓聘 殤

○維耀 嘉載公長子 字維璇 謚端惠

妣劉氏 名味娘 謚淑柔 塔江人

生康熙三十九年庚辰八月二十未

卒乾隆廿二年丁丑十二月初七寅

生康熙四十二年癸未正月廿九未

卒乾隆四十九年甲辰十一月廿四巳

考塋後水尾坐艮丑未癸丁

妣塋松林頂坐乙辛辰戌

子二

長毓果　次毓提 承繼妙

○維嘉 嘉載公次子

曾氏 謚順謹 蘊厝人

毓保 毓妹

生康熙年間

卒未詳

生康熙四十六年丁亥八月十七申

丁丑知刻

卒乾隆四十一

林口石北南

考塋澳門林口石水

妣塋本山塘仔頭

子二

長毓木　次毓

葬山縣后墓

子二 次秋

合葬本山縣後邊

長孫夏 次孫楚

女二長娶小適柯坑張次滿

○維欣 嘉贊公次子

字景忌謚朴信

妣柯氏 名允娘

謚慈順

岱山邊人

子七

娶赤坑作

次端 五保姚姚

生康熙五十二年癸巳九月廿七日

卒乾隆三十五年庚寅七月初七酉

生康熙五十六年甲午丁酉正月十八卯

卒乾隆五十一年丙午二月十一辰

考祔母塋後水坑圳內

妣塋本山後東

長孫欽 次孫淋 三孫儒 承繼烔 四孫斌 斌

五孫輝 六孫賀 七孫慶

女二長蔭娘適陳厝范 次員娘適清頭張

庚辰 卅利

○維寧 嘉法公長子 謚篤志

生乾隆廿五年庚辰十二月廿六寅

卒乾隆六十年乙卯六月廿四辰

妣蔡氏 謚勤順

生乾隆三十二年丁亥八月十二日

卒道光十二年壬辰七月十四酉

考塋本山中坮坐西北向東南

妣塋本山井仔尾埔坐東向西

子一

祿最 住廣

際鶴派

維遠 嘉法公次子 出承外

鵬派

維宝加淑公子 住湖

維仁加錦長子

維遠錦次子

長房三房長

十四世

三 維尚 生康熙己卯十月廿六日

○維快 嘉贊公長子 謚誠謙

生康熙三十八年己卯正月十三日

卒乾隆廿五年庚辰十一月初七日

先妣許氏 名太娘 庚寅

妣劉

生未詳

卒康熙四十九年庚寅八月廿

繼柯氏 謚勤篤 柯倉人

妣丑

生康熙四十三年甲申七月

丁未 妣申

卒乾隆五十二年丁未一

○維憲 嘉琏公長子 謚中正 止

乙卯 時吉 生雍正十二 卒乾隆五十一年丙午 葬在岩

○維羣 嘉琏公次子 謚守志

妣蔡氏 謚貞節

生乾隆三年戊午八月十五日戌

卒乾隆五十年乙巳九月初五戌

生乾隆十七年壬申七月初二卯

卒嘉慶廿四年己卯六月十一辰

考塋本山岳後埔

妣塋本山井尾埔

子三 長毓力 往廣 次毓恭 三毓咨 出承

○維草 嘉琏公三子 止

生乾隆年间未详月日

卒塋在磚園頭於乾隆五十二年间

○維卯　嘉論公三子　莫考

○維偕　嘉暢公之子　莫考

○維曠　嘉芳公之子　莫考

○維尊　嘉會公長子　止

生雍正八年庚戌十月初三日

卒葬在名

妣洪氏　謚順孝　英林人

生乾隆五年庚申十二月十六午

卒乾隆四十五年庚子十月十九午

妣葬本山中埔

女一　適西埔洪

○維寇　嘉會公次子　莫考　[illegible]

雍正十二年甲寅

庶妣楊氏

子一

生順治癸巳年八年八月初五日酉
卒康熙三十一年壬申年七月初二酉
公塋廣東北门外
妣原權寄息厝東店下
庶妣塋廣東
兆淑 庶出 住廣
女四 但知 一適泉城莊

○日闇 会儔公四子 字啓殷諡介甫

妣蔡氏 烏潯人

子三

生順治壬辰年八年十一月初二日
卒康熙四十三年甲申年六月廿九日
生順治甲午年十一年九月初九日
卒康熙二十七年戊辰年九月初三日
考塋澳门三巴外 今查妣塋未詳 在新厝口子兆治附 生丑向未 媍張氏
長兆尊止 次兆保止 三兆治
女一名愛娘適石礪陳

日翩 会儔之子 在澳
日童 会儔長子 不知去向
日膺 会儔次子 住澳門殁

子二　長兆愈　次兆含　止

○日闇　会傳公長子　字啓潭　止

生崇禎癸酉（六年）年十月十五日

卒順治壬辰（八年）年十二月初四日

塟倉厝頭后门外坐西向東

○日闖　会傳公次子　字啓剡　止

妣張氏

生崇禎丙子（九年）年九月初四日

卒順治丁酉（十三年）年十月初五日

生
卒
塟闕　考塟本山糖廍

○日閶　会傳公三子　字啓悅　謚怡甫　住灣

妣蔡氏　謚德慎　浬沙人

生崇禎壬午（十五年）年四月廿四日

卒康熙丙子（三十五年）年六月初七日

生順治癸巳（九年）年十二月初六日

卒康熙甲午（五十三年）年八月廿九日

○嘉運 兆昊公次子 謚廣博 三月初四日丑

生康熙四十二年癸未三月 丑

卒乾隆四十二年丁酉十二月初十丙

妣蔡氏 名平娘 謚勤慎 富厝人 十二月

生康熙五十四年乙未六月初三寅

卒乾隆五十三年戊申六月初二未

考葬在台中山南勢

妣葬本山在井尾埔

子一 維兜

女一完娘 適纂埭陳

○嘉珩 兆昊公三子 莫考

嘉語 兆昊公の子 莫考

○嘉權 兆躅公之子 住灣

生康熙三十五年幸丙子正月十八日

妣全氏 廣省人

生康熙五十五年丙申

○嘉便　兆昊公次子

○嘉時　兆昊公長子
謚山梁

妣蔡氏

繼妣鄭氏

子一
維高　佳台有子

生
卒
娶塋未詳

生
卒
塋闕

生康熙四十九年己丑二月十九辰

卒雍正五年丁未九月初二寅

生
卒
塋闕　蔡氏塋山前鄉前山埔坐乙向辛

子一
維樵　佳台

○嘉奇 兆祝公次子

○嘉亮 兆祝公三子

○嘉廣 兆祝公四子

十四世 高厚分

維德 嘉奎公子也 生卒葬未詳

維玉 嘉意公子也 生卒葬未詳

三房長　十三世

○嘉媽

兆來公之子

莫考

○嘉老

兆成公之子

莫考

三房二　十三世

泉城一作廣孝後道後廿四间派

○嘉新

兆祝公長子

○維祿 嘉忠公長子 諡覺和 享年七十

妣曾氏 名潘娘 諡勤柔 潘徑人 享年六十八

子三

長龢貢 次龢抱 三龢功

女二 長適大逕許 次適柯倉黃

收判 生康熙五十七年戊戌六月十九午

卒乾隆五十三年戊申六月初一辰

妣生康熙六十一年壬寅正月初刀

維曾卒乾隆五十三年戊申五月十八寅

合塟本山石獅王

維祥 嘉忠公次子 承嘉世

○維祐 嘉忠公三子 諡誠斋

妣張氏 名外娘 諡端雅 洪塘人

子四

長龢弁 次龢琛 三龢两（承杏墩）

四龢榜（承維彰）

女一名晏娘適塔江孫

生雍正五年丁未九月十七丑

卒乾隆四十一年丙申七月廿六未

生雍正十一年癸丑七月初十日

卒嘉慶七年壬戌五月十七未

合塟本山石獅王

長房長　十四世

○維益　嘉文公養長子　諡維友

妣溫氏　諡貞閑　清兜人　享年七十九

子一　毓當

生康熙六十一年壬寅四月初十寅
卒乾隆十八年癸酉七月廿七酉
生康熙六十一年壬寅十一月初二日
卒嘉慶五年庚申五月廿二日辰
考塟本山塘仔頭　妣塟官山埔

○維永　嘉文公養次子　諡至誠

妣林氏　名東娘　諡順閑　林厝人

子三　長毓何　次毓三

生雍正元年癸卯二月初十丑
卒乾隆三十七年壬辰十二月初九亥
生雍正六年戊申三月廿一日巳
卒　隆四十七年壬寅正月廿三
合塟本山寮口尖戌辰兼

維璧 嘉襄公次子

妣蔡氏 謚節孝 塔江人

公生雍正十年壬子六月

卒葬在台

妣生乾〻〻年己未二月初一

卒乾隆五十三年戊申五月十七午

妣葬本山中埔

子三 長毓天（夭） 次毓燕 三毓却（在台有子）

○維鼓 嘉論公長子

承男 毓榜（維祐四子承）

生乾隆五年庚申二月廿二未

卒乾隆四十三年戊戌三月廿一未

葬本山未詳處所

○維岳 嘉論公次子

莫考

○維祥　嘉世公承男
嘉忠次子承
謚志德
享年六十五
生康熙六十年辛丑二月三十日卯
卒乾隆五十年乙巳六月十一戌

妣鄭氏　名邀娘
謚慈室
潘住人
享年八十五
生康熙六十一年壬寅八月初六日
卒嘉慶十一年丙寅三月初五日
合葬本山石牌內

子五　長孫茂　次孫宰鴻　三孫賜
四孫旁　五孫蔫
女二長術娘適塔江刘　次准娘適柯倉柯

○維從　嘉襲公長子
謚德明
享年六十一
生雍正六年戊申十一月十九日
卒乾隆五十三年戊申五月廿六寅卯

妣劉氏　名兑娘
謚貞受
塔江人
享年五十八
生雍正九年辛亥四月初四日
殁卒乾隆五十三年戊申五月十二
合葬本宮山埔

子三　長孫懷　次孫記　三孫[illegible]
女三長適潘徕[illegible]　適[illegible]厝[illegible]

三房二十二世 泉城道後廿四間派

○兆祝 日卿公長子 字發歆
生
卒 並未查

妣蔡氏

子四 長嘉新 次嘉奇 三嘉亮 四嘉廣

○兆忠 日卿公次子 止

○兆秀 日揚公之子

○兆週 日々公之子

三房長　十二世

○兆喜　日清公長子　止　生康熙戊辰年八月十八日

○兆宋　日清公次子　生康熙辛未年六月廿七日

妣池氏　止

○兆來　日清公三子　生康熙癸未年正月廿一日

妣陳氏

子一　嘉嬀

○兆戍　日清公四子　生康熙丙戌年六月十一日

妣洪氏　燒灰人

子一　嘉老

妣徐氏 香山北嶺人

生康熙三十三年甲戌六月廿[illegible]戌

子一 維德

女曰玉娘

○嘉業 兆振公長子 住澳

生康熙四十五年丙戌七月十四子

○嘉隆 兆振公次子 住澳

生康熙四[五]十八年己亥三月廿二酉

○嘉貞 兆振公三子 住澳

生康熙五十八年己亥十二月初四酉

○嘉都 兆濬公長子 字沖瑤 謚沖俊

生康熙廿五年丙寅三月初一申

卒乾隆廿一年丙子十月廿六辰

長房長　十三世

○嘉奎　兆源公長子　字仲江　住澳　生康熙十九年庚申叁月廿六辰

妣鄭氏　香邑人

○嘉章　兆源公次子　字仲濱　住澳　生康熙廿四年乙丑十月廿六卯

妣許氏　玉林人

○嘉金　兆晉公之子　字仲麗　生康熙廿七年戊辰十二月初六日

○嘉法 兆昕公三子 謚嗣達

妣顔氏 名大娘 型厝人

繼妣蔡氏 名定娘 謚順德 塘下人

甫日寅生康熙六十年辛丑六月十四寅
卒乾隆四十三年戊戌六月廿七卯
生康熙雍正三年乙巳十二月三十日丑
卒乾隆十二年丁卯十月初三日卯
生雍正五九年辛亥二月十四日
卒嘉慶二年丁巳十一月初一子
考塋在台塩水港溪洲內
顔氏塋井尾埔坐南向北
蔡氏塋未詳

子二 長維寧 次維遠 出承

長房三房長 十三世

○嘉淑 加坊 兆成長子 嘉昇 兆成公次子 塋葬不知

往灣 詳在十二世 兆成公牒下

○嘉會 兆昕公長子 諱仲雅

妣柯氏 諡貞淑 柯倉人

生康熙四十一年壬午九月十八酉
卒乾隆十一年丙子七月初七寅
生康熙四十六年丁亥十二月初戌
卒乾隆四十一年丙申二月初六戌
合葬本山未詳處所

子二 長維尊 卒台 次維容 莫考

○嘉珪 兆昕公次子 諱雲合

妣黃氏 名美娘 諡慈順 石菌人

生康熙五十年辛卯十月三十日巳
卒乾隆十二年丁卯八月廿四日巳
生康熙五十年辛卯十月廿五日
卒乾隆五十二年丁未九月廿六酉
考葬在台 妣葬未詳

子三 長維憲 次維羣 三維草 止

○嘉暢 兆映公次子 謚守分 奋午

生康熙四十四年乙酉八月廿一午

卒乾隆二十年乙亥正月三十杲

娶楊氏

生

卒

塋未詳

考

塋宮山埔

子一

維偕 止莫考

○嘉悅 兆映公三子 止

生康熙五十一年壬辰正月廿六酉

卒乾隆十九年甲戌八月初三戌

塋本山井尾

娶張氏 出

○嘉芳 兆映公四子

生康熙五十五年丙申又三月十五申

卒塋及娶氏俱闕

子一

維曠 止莫考

○嘉襲 兆居公四子 諡朴直

妣孫氏 諡脊家 塔江人

子二 長維從　次維璧

生康熙三十六年丁丑七月廿六丑
卒乾隆三十四年己丑十月初二卯
生康熙四十年辛巳九月廿八日
卒乾隆三十七年壬辰二月廿九未
合塋本里坑西坐西向東

○嘉論 兆朕公長子

娶張氏 名柱娘 洪塘人

子三 長維彭　次維岳止　三維卯止

生康熙四十一年壬午年正月十一酉
卒塋與妣俱闕

養子二

合葬本山後水坑

長維益　次維永

○嘉忠　兆居公次子　諡敬義

享年六十七

生康熙廿九年庚午十一月初四丑

卒乾隆廿一年丙子正月十五日巳

妣孫氏　諡勤慈　塔江人

生康熙三十七年戊寅正月十一日寅

卒乾隆十一年丙寅六月十九日未

合葬本山坑西坐戌辰辛乙

子三

長維祿　次維祥承嘉世　三維祐

女二長適滿徑業　次適塔江孫

○嘉世　兆居公三子　諡綿代

生康熙三十四年乙亥七月十四戌

卒雍正元年癸卯五月十六未

葬後水坑出土地宮邊坐南向北

娶　氏　出

承男

維祥　嘉忠次子承

妣張氏　謚敬則　内厝人

生康熙廿八年己巳六月初七酉

卒乾隆二十年乙亥九月十九卯

合祔母蔡氏壺岳園内坐辰戌乙辛三壙

〇嘉意　兆濬公承男　兆厚四子承　字嘉德謚遏斋

生康熙六十一年壬寅十一月十九辰

卒　三月初五日

妣許氏　謚慈愛

生康熙六十一年壬寅正月廿四丑

卒乾隆十七年壬申五月廿五午

各葬本山前邉坐亜運

子一　維玉　住廣

十世

〇嘉文　兆晉公長子　謚心正

享年八十一

生康熙廿五年丙寅一月廿一寅（二月）

卒乾隆三十一年丙戌二月初二戌

妣柯氏　名諒娘　謚修身　柯倉人

享年九十七

生康熙三十五年丙子三月廿六子

卒乾隆五十七年壬子正月十……（十五日子）

○嘉扳 兆旻公次子 諡生民 六月廿三日

生康熙三十一年壬申六月 日

卒乾隆三十九年甲午四月廿八日

妣趙氏 諡懿勤 篙頂人

生康熙四十三年甲申四月初六子

卒乾隆四十年乙未正月十七卯

合塟本山衡頂生癸向丁

子三 長維乞 次維偏 三維勳

女一 泉娘適岱邊許

○嘉萃 兆旻公三子 諡以來

生康熙三十五年丙子二月初六戌

卒乾隆十五年庚午正月十七酉

塟在台笨港

承男 維串 嘉扳四子承

○嘉麟 兆旻公長子 住福州

子二

合塟本里淡水坑

長維笑　次維侯

○嘉森

兆暹公四子

住台

長房三房四　十三世

○嘉起

兆曼公長子

謚為諒

生康熙廿八年巳巳八月十一日

卒乾隆三十四年巳丑四月十七申

妣柯氏

謚闺則

岱邊人

生康熙三十七年戊寅八月三十日

卒乾隆三十四年巳丑四月十七亥

各塟本里官山

子四　三維邑

長維奇塢　次維球卒渲濉　三維邑塢

四維串卒台承加革

○嘉助 兆厚公長子 止 二月廿六日

生康熙四十年辛巳二月 日

卒及葬娶俱莫考

○嘉春 兆厚公次子 止

生 卒 娶 葬俱莫考

嘉佳 兆厚公三子 出承丙州棣下良注

嘉意 兆厚公四子 承兆濃

○嘉興 兆暹公長子 諡成美 享年八十三

生康熙三十八年己卯十一月十三日

卒乾隆四十六年辛丑

考葬本山岳後埔

妣廣省香山氏 止

妣葬在澳埕下村

嘉裕 兆暹公次子 出承丙州兆凱

○嘉怡 兆暹公三子 諡明裔

生康熙四十九年庚寅十一月廿七寅

卒乾隆五十六年辛亥五月初四酉

妣柯氏 諡慈德 柯倉人

生康熙六十一年壬寅八月十八日

卒乾隆五十三年戊申八月初四午

○嘉嶽　兆集公長子　名華　神主奉在台

妣孫氏

子一　維瑾養

生　卒　娶　塋未詳

○嘉嵩　兆集公次子　名菩　止

生　卒　塋闕

○嘉峯　兆集公三子　名爲　謚成勲　止

生康熙五十二年癸巳十二月初八日

卒乾隆五十二年丁未十月初六午

塋本山輋姚墓邊

嘉岩　兆集公四子　名宣　生承丙州

長房三房三　十三世

○嘉城 兆樞公長子 字仲侯 住灣

子一 維秋

○嘉壎 兆樞公次子 字仲伯 住灣 生康熙廿九年庚午

妣留氏 福全人

子二 長維元 次維亨

○嘉增 兆樞公三子 字仲傑 住灣 生康熙四十五年丙戌十二月初六日

妣陳氏

○嘉壹 兆治公長子

妣張氏 謚貞烱

○嘉高 兆治公次子 謚成 名明

妣周氏 名益娘 謚加柔 石菌人

生康熙五十四年乙未正月初一卯
卒乾隆五十二年丁未十一月初六丑
生康熙五十五年丙申十月初九午
卒乾隆五十三年戊申七月初四辰
合葬在本山糧塊墓

子三
長維琳殤 次維雪卒港口 三維正

生雍正四年丙午正月廿八日辰
卒乾隆五十三年戊申二月初八酉
生雍正十二年甲寅十二月初四申
卒乾隆六十年乙卯八月初十卯
考葬本山深滴內
妣葬糖廍內坐與向乱

子一
維賢

考塋廣省大北门外蔡岙口
二妣塋合在廣東鳳凰崗山
長維孝 次維長 莫考 三維廣 莫考
四維協 莫考
子四

○嘉老 兆潛公三子
挈眷往台
子二
長維添 次維扶

生康熙廿三年甲子十二月初八日

○嘉杓 兆愈公長子 往澳

○嘉就 兆愈公次子 往澳

○嘉庇 兆愈公三子 往澳
子一
維章

○嘉爵　兆濬公養長子　名進　謚素佐　享年六十六

生康熙七年戊申正月初二日

卒雍正十一年癸丑二月十一日

妣吳氏　謚勤德　東埔人

生康熙十五年丙辰八月初十日

卒乾隆十四年己巳六月廿七日

合塟塘仔頭坐北向南

子一　維宇

○嘉祿　兆濬公次子　名檀　字中遵適　謚豪岳

生康熙廿一年壬戌正月初二巳

卒乾隆八年癸亥五月十八日

妣孫氏　謚敏惠　塔江人

生康熙廿三年甲子十月十六日

卒康熙五十九年庚子五月初三日

繼妣呂氏　呂坑人

生康熙三十七年戊寅正月十八日

卒雍正六年戊申四月二十日未

○嘉厚　兆淳公次子　謚崇志

妣蔡氏　謚勤閑　前埔人

○嘉復　兆淳公三子　謚亨隆　止

子四　次子維道　三維獅

長維宜住台　次維道　四維清承洒洲

生康熙四十九年庚寅六月十六戌

卒　八月初三日

生康熙五十六年丁酉八月初十日

卒乾隆五十三年戊申四月廿六寅

考塋廣東白沙灣

妣塋本山石獅王

子二

長維梅　次維素卒番

生康熙五十二年癸巳九月三十日

卒乾隆廿四年己卯三月初一日

塋在台

○嘉純　兆樾公三子　住灣　生康熙廿四年乙丑七月廿三未

○嘉富　兆樾公四子　住灣　生康熙三十五年丙子十一月廿三戌

○嘉福　兆惠公之子　住灣

○嘉墀　兆恩公之子　一名自成　住灣　生康熙廿二年癸亥九月初三子

長房三房二　十三世

嘉方德　兆淳公長子　謚時斎
生康熙四十三年甲申正月廿八戌
卒乾隆九年甲子十二月初五戌
考塟本山前邉坐艮坤寅申

柯氏　謚柔愛　偕子往台
妣塟在台北路新埔

○嘉霸　兆贊公長子　住灣　生康熙[illegible]十二月初八日寅

○嘉鎮　兆贊公次子　住灣　生康熙　正月十三日酉

○嘉侯　兆贊公三子　住灣　生康熙　二月初八日酉

○嘉焔　兆懋公長子　字仲斌　住灣　生康熙十七年戊午九月初十日

○嘉爍　兆懋公次子　字仲遠　住灣　生康熙廿一年壬戌九月初一戌

妣柯氏　安平人　生康熙廿四年乙丑五月十三巳

子二　長維乾　次維朝

妣莊氏 英內人

子四

生順治十八年辛丑五月初一日
卒康熙四十七年戊子十月十四日
考塟澳门十二脚山東南向西北
妣塟澳门三巴外踏石下山西南向東北
長維高　次維亮　三維和庶出
四維京
女曰勤娘適蔡家　曰佳娘

○嘉鑣 兆坦公次子 字仲膺 住澳

○嘉未 兆焰公之子 住澳

○嘉犀 兆謙公長子 住澳
生康熙二十二年癸亥十月廿五日

○嘉益 兆謙公次子 住澳

○嘉載 兆梓公次子 謚仲生

妣蔡氏 謚懿慈 語安人

○嘉鏻 兆坦公長子 字仲威 謚義軒

子二 長維快 次維欣

生康熙十六年丁巳八月初二日
卒乾隆十一年丙寅又三月初七日

生康熙二十年辛酉六月十五子
卒乾隆廿九年甲申正月十六丑
考樹兄及父母壟塘仔頭
妣壟後水坑生艮坤寅申

子六 長維耀 次維嘉 三維妙
四維賞 五四維禮 六五維烱

生順治十年癸巳十二月三十日
卒康熙順治五十八十八年己亥五月十一午

○嘉餉　兆禎公之子　住灣

妣林氏

子一　維寶

生順治十一年甲午二月初十日

生康熙三年乙巳九月十七日吉

子三　長維仁殤　次維遠殤　三維尚

○嘉贊　兆梓公之長子　字仲助諡一名千

妣陳氏　諡勤恪　戌亭人

生康熙十一年壬子九月二十巳

卒乾隆十三年戊辰十一月初二戌

生康熙十五年丙辰十二月初一卯

卒雍正十年壬子又五月廿二日未

考祔父母塋塘仔頭即後水坑　坐癸丁[illegible]午

次子祔仁[illegible]進糖廍[illegible]生[illegible]日[illegible]申　[illegible]坐坤艮寅　[illegible]

○兆鑼 日環公之子 諡成齋 住澚

妣洪氏 英林人

子四

考塋後水坑

妣塋井尾埔 坐艮坤未丑

長嘉時 次嘉運 三嘉珩 英考

四嘉語 承沔洲樓下良習

生康熙辛亥年十月十二日

卒康熙已亥年二月廿五日

生康熙丙辰年五月

卒康熙已亥年二月十五日

考塋澚门水坊尾魏城脚

妣塋澚门大龍喉邊

子一 嘉權

女 曰殿娘適廣省沈家 曰錦娘適英林洪

○兆昊 日璀公三子
字發輶

妣何氏

○兆昊 日璀公四子
字發喬

妣蘊氏 謚寬素
湖尾人

子三
考塋本山土椄
妣塋衙兜坵生艮坤丑未
長嘉起　次嘉扳　三嘉萃

生順治庚寅年二月初四日
卒塋在福省
生卒塋未詳

子二
長嘉麟 住福省　次嘉便

生康熙丙午年己月初九日
卒雍正乙卯年八月初六日
生康熙庚戌年　五月十六日
卒乾隆庚午年　正月初四酉

○兆遲 日鼓公之子 名顗 字發童 謚榮宗

享年七十一

生康熙乙卯年七月初七日

卒乾隆乙丑年四月十六申

妣柯氏 名劝娘 謚靜慈 柯倉人

享年七十五

生康熙己未年四月十四酉

卒乾隆癸酉年五月初九亥

考先塋在澳後拾歸合葬在本山後水坑

子四

長嘉興 止

次嘉裕 承洄洲路上兆凱

三嘉怡

四嘉森 住台

十二世

長房三房四

兆昷 日廸公之子 上元

兆晃 日璀公長子 殤

○兆旻 日璀公次子 字發仁 謚志質

生順治丙戌年三月廿九日

卒康熙庚寅年五月二十辰

妣毛氏 謚閨慎 遼東人

生雍正（順治）巳卯（亥）年十二月二十九子

卒雍正乙卯年十一月二十子

妣吳氏 諡勤敏

生　乙亥年五月廿五午

卒　甲戌年七月十七酉

塋在廣州府香山縣望下鄉

大龍唉

此妣係日輝公派下疑卽兆集公妣但生卒不符姑存之

長房三房三　十二世

○兆厚 日錫公之子 名轉 諡義勇

生康熙庚申年二月廿六日

卒乾隆丙寅年正月廿六未

妣徐氏 諡克儉 白石人

生康熙壬戌年三月初一日

卒乾隆丙寅年正月廿六巳

合塋糖廊頭生寅向亥巳

子四

長嘉助止　次嘉春止　三嘉佳承洒洲樓下良杰

四嘉意承兆濤

買粟賑飢全活甚衆香山縣 邱中尊以懿行可風贈額旌奬
允為一世之君子矣授國學生

○兆集 日輝公次子 字發庭謚義生
生康熙甲寅年十一月二十日
卒康熙庚子年四月十九日
妣吳氏 謚順閨 南門外人
生康熙乙卯年正月十九日
卒康熙 九月
繼妣曾氏 謚慈順 泉城人
生康熙辛酉年九月初五日
卒 己巳年二月初二日
考塋澳門三巴外生壙乾辰戌
吳氏塋澳門望下村 曾氏塋本山

子四
長嘉嶽 名華 次嘉嵩 名善 止 三嘉峯 名藜 止
四嘉岩 名宣 承泗洲
女宝娘適赤埕許

兆寅 日燦公之子 莫考

兆成 日燁公之子 往廣不知

合祔母蔡氏塋在本山新厝口
坐丑向未　共三壙

子二　長嘉壹　次嘉高

○兆樞　日肄　公長子
字發辰　謚靜菴　享年五十六

生順治庚子年正月初五日
卒康熙乙未年八月廿六日
葬康熙甲辰年七月初十日
考塋澳门三巴外坐東向西

子三　長嘉城　次嘉壎　三嘉塼
女曰李娘適洪家曰全娘適徐家曰星娘

妣許氏　赤埕湖厝人

按公賦性溫厚言行恂謹長遊東粵卜家澳門商彝諸人咸相信服及其家頗席豐郎追思水木之念扶母柩歸故里用安宅穸捐建宗祠族中有浸泉來粵者公諒其才分而經紀之間有貧為弗與校也屋澳门间又樂周急濟貧癸巳歲出公

○汜淑 日閶公之子 名杜 佳廣 止

生康熙庚申年十月初二日
卒未詳
葬廣東南海縣

妣倪氏

生卒葬未知

○兆尊 日閶公長子 止

生康熙丙辰年二月十七日
卒葬闕

○兆保 日閶公次子 止

生康熙甲子年正月初二日
卒葬闕 旧載再傳而止

○兆治 日閶公三子 諡明德

生康熙乙丑年九月廿一日
卒乾隆癸未年八月廿七子

妣張氏 諡勤順 埕邊人

生康熙癸酉年十二月初七戌
卒乾隆己卯年正月廿八日丑

兆沛　日閏公之子　殤

兆全　日闓公之子　殤

○兆愈　日涵公長子
字蔡禹　謚儆退　住澳

生順治丙申年十一月廿六日
卒康熙辛未年六月十七卯

妣郭氏　同安后村人

生順治辛丑年九月初十申
卒康熙乙卯年六月初四辰

考塋在廣濠鏡澳望下坐北向
妣塋廣州府香山縣望村

子三　長嘉杓　次嘉訦　三嘉庇
女一

○兆會　日涵公次子　止

生康熙壬寅年十一月十七日
卒康熙壬戌年二月廿四日
塋未詳

○兆淳 日聖公之子 名舉 謚有勳

妣劉氏 謚善助 塔江人

子三

生康熙壬子年（十一）三月初十日

卒康熙乙未年（戌）五月初三日

生康熙癸丑年（十二）九月廿三日

卒乾隆甲戌年（十九）十一月廿八巳

合壟本山前邊

長嘉德　次嘉厚　三嘉復（止）

○兆潛 日睿公之子 字發阬 謚朴素

妣陳氏 謚順謹 深沪人

繼妣黃氏 謚純慎 鮑厝人

子三

生崇禎丁丑年（十）十月廿二日

卒康熙庚寅年（戌）二月廿二日

生順治辛卯年（乙酉）（二）十二月（正）廿二日（一）

卒康熙丙寅年（廿五）正月初五日

生順治辛卯年（八）十二月廿二日

卒雍正戊申年（六）四月初八日

考與繼妣壟坑西陳氏壟後水坑

長嘉爵　次嘉禄　三嘉老（住台）

妣鄭氏 安平人
子一 嘉福
女三 曰順娘 曰南娘 曰同娘
生卒塋闕
考塋河南龍尾土坐東向西

○兆恩 曰瞻公三子 字發怡 住灣
生順治丙戌年五月初四日
卒未詳
妣陳氏 溜灣人
生康熙癸卯年九月廿二日
繼妣張氏 溪山人
子一 嘉墀
女曰雀娘適林宅 曰勸娘適營江渚

○兆仲 曰焜公長子 殤
兆共 曰焜公次子
兆江 曰焜公三子
兆蘭 俱莫考

長房三房二　十二世

○兆周
曰彥公長子　住澳
生康熙辛亥年十一月三十日

○兆儘
曰彥公次子　住交趾
生康熙十乙卯年十月廿四卯

○兆懋
曰瞻公長子　字發慎　謚謹斎　住住澳
生崇禎庚辰年九月初三日
卒康熙癸未年七月十九日

妣趙氏
潮州東界人
生順治丙申年九月廿七日
考葬澳门望下西村坐艮坤丑未

子四
長嘉娟　次嘉爍　三嘉純　四嘉富
女三　曰珍娘適江北林　曰好娘適　初得吳
曰記娘適深沪蔡

○兆惠
曰瞻公次子　字發廣　住廣
生崇禎辛巳年十二月十八日
卒康熙甲子年十月初二日

○兆謙　日箴公之子　字發光　住灣

生崇禎丙戌年七月十四日

妣許氏　前坑人

生順治丁酉年六月十一日

繼妣陳氏　山尾人

生卒並闕

子二　長嘉群　次嘉益

○兆贊（贊）　日棟公之子　字發宵　住灣

生順治　十二月廿八亥

妣留氏

生　三月十九日戌

卒　十月初三日巳

子三　長嘉霸　次嘉鎮　三嘉侯

○兆焰　曰策公長子

生
卒
塋俱未詳

妣洪氏　英林人

繼妣吳氏　交趾人

子一

嘉未　吳氏生

兆煥　曰策公次子
兆爵　曰策公三子　俱止

兆爍　曰朱公長子　止

○兆煒　曰朱公次子

妣洪氏　英林人

止

生
卒
塋俱闕

兆濟　曰傑公長子　殤

○兆範　曰傑公次子　字參通

生崇禎己卯年三月十四日

妣唐氏

生
卒
塋莫考

兆纘　曰英公三子　殤

○兆闢　日東公長子　字發乹　止

妣洪氏　英林人

○兆坦　日東公次子　字發砥　住澚

妣林氏　江北人

繼妣洪氏　英林人

生萬歷丁巳年正月初四日

卒崇禎庚辰年四月十七日

生卒坐興公俱闕

女一省娘適塔江孫

生天啓辛酉年十月十七日

生天啓丙寅年十二月二十日

卒順治己亥年七月廿一日

生崇禎庚午年十一月廿八日

林氏坐本处水坑

子二　長嘉鏻　次嘉鏞

女　京娘適英内坂頭黃

兆恩

九德 日魁公六子 謚民挺 止

子二 長嘉贊 次嘉載

生崇禎壬午年九月初四日辰

卒康熙己丑年十一月初二日辰

葬[illegible]水馬頭坐[illegible]向南

妣吳氏 名大娘

生 年

卒 六月初九日

葬本山官山坐西向東

孝男 嗣續祀

查日魁公派下龕中有此位神主未知何公之妣但男嗣續此派並無此名而嗣字即十三世嘉字行因知此妣係十二世姑列之以從享祀

○兆禎　日魁公四子　諡　廷

妣氏

生辛基烟

生天啓乙丑年八月廿五酉

卒順治甲午年十一正月初八酉

葬后水坑尘北向南

子一　嘉詢止

○兆梓　非杍　日魁公五子　字素思　諡裕廷

妣氏　名裕娘

妣謝氏　桂林人

妣紀何氏　諡勤慈　四石住人

崇禎庚午年三年正月

生崇禎三年十一上月廿六日

康熙癸未

卒康熙癸未一初五日

崇禎

生崇禎丁丑年三

元年

卒康熙乙年壬寅四月初九日

生崇禎丙子年十二月廿七日

有材

卒康熙己丑年十七

同葬

考與繼妣合塋塘仔頭坐北

加贊

子加贊加載金祔繼妣先塋前邊

許氏先塋南安白石鵝頭寨

按公在東埔寨陳子清船上身故水葬於江積數十餘臨終囑子清將銀寄與胞弟兆恩交男加淑，加淑在陽春，忌弟淑歸將銀交之在陽營生娶潘往李氏生辛□三月　子曰加增
加淑陽春娶林氏生女曰未娘李氏　繼子下行寶

○兆顓（兆顓）　日魁公次子　字蓀藏

生
卒　年未詳

止

妣劉氏　塔江人

生
卒　年未詳

○兆基　日魁公三子

生
卒　年未詳

止

妣林氏　山兜人

長房三房長十二世

○兆蘊　日常公之子

生順治乙酉年三月二十八

卒葬及娶俱闕

○兆安　日晃公之子

生康熙戊午年

卒康熙壬寅年十一月初七日

葬闕

妣李氏　潘徑人

生闕

卒

葬官山貞

子一　嘉昇

○兆成　日魁公長子　字發美

生萬歷　九月初七

卒康熙　十月十八日

○兆瑞

日熊公三子

住廣

生康熙廿一年壬戌二月十八日

亡

○兆昕　日庶公之子　謚和懷

妣柯氏　謚佳順　柯倉人

子四　長嘉論　次嘉暢　三嘉悅　四嘉芳

生康熙十五年丙辰七月初四日

卒乾隆八年癸亥正月十九巳

生康熙廿二年癸亥正月十六丑

卒乾隆廿一年丙子三月廿三午

考葬後水坑坐北向南

妣葬前邊坐乙辛辰戌

兆琰　日熊公長子　殤

○兆琛　日熊公次子　住廣

子三　長嘉會　增次嘉珪　三嘉法

生康熙十四年乙卯五月二十日

○兆居 日烈公之子 字發安 謚浩信

妣劉氏 謚純靜 塔江人

生康熙二年癸卯十二月廿四日

卒雍正元年癸卯八月廿二日

生康熙五年丙午八月初四辰

卒乾隆七年壬戌閏月廿四卯

合塋後水圳生艮坤丑未

子四

長嘉義（加文） 次嘉忠 三嘉世

四嘉襲

○兆映 日默公之子 名旺 謚和惠

妣蔡氏 謚敬慈 窰厝人

生康熙八年己未四月初六日

卒乾隆十九年甲戌八月廿六酉

生康熙廿二年癸亥正月初一卯

卒乾隆十九年甲戌八月十六酉

考塋本山官山埔

妣塋瀛泉公墓口

○兆敏　日寧公次子　住澚
生康熙壬戌年十一月廿三日

○兆睿　日寧公三子　住澚
生康熙乙丑年正月廿二日

○兆濬　日暎公之子　字發澤謚仁怡
生順治二年乙酉四月廿四日
卒康熙三十年辛未八月二十二日

妣蔡氏　名順娘　謚節慎
生順治十六年巳亥六月十一日
卒雍正四年丙午十一月初八戌
考塋本山屈尺
妣塋岳園內生辰戌乙辛　子加都附　繼張氏
兆厚四子承

子二
長嘉都　止

兆騰　日熙公之子　止莫考
兆冬　日杰公之子　遷移莫考

兆潮 日富之子 不知去向

○兆振 日富公之子 字發玉 住澚

妣吳氏 南邑江崎人

側妾 朱氏 香邑濠頭人

○兆理 日寧公長子 住澚

子一 嘉金

生康熙十五丙辰年四月十七日寅

生康熙廿辛酉年十一月廿三未

生康熙卅丁丑年六月十七寅

子三 長嘉業 次嘉隆 三嘉貞

生康熙廿辛酉年三月初五日

長房長　十二世

○兆源　日昂公長子　字發仰　住澳

妣徐氏　北山嶺人

子二　長嘉奎　次嘉章

○兆普　日昂公次子　字發博　住澳

妣蔡氏　香邑山尾人

生崇禎戊寅年五月廿九日
卒康熙己丑年十月初十日
生順治庚寅年九月二十日
卒康熙庚寅年十二月二十日
俱塟澳门三巴外坐丙向壬

生崇禎己卯年十二月初八日
卒康熙戊子年七月十七日戌
生順治丁酉[illegible]十五日丑
卒康熙丙申年七月廿九日申
考塟澳门尾家石坐東向西
妣塟小龍嗾坐東向西

○日卿 会昇公長子 字啓成

子二 長兆祝 次兆忠

生 卒 娶 塋未詳

○日揚 会寶公次子

子一 兆秀

生 卒 娶 塋未詳

○日 会賁公之子

子一 兆週

生 卒 娶 塋未详

○日環　会詩公之子　字啓珍　住潯
妣柯氏
繼妣郭氏
三房長　十一世
子一
生崇禎九年丙子年三月十八日
卒康熙　年间
生闕
卒
生崇禎十二年己卯年十月二十日
卒塟與公俱闕
兆蠲

○日清　会質公之子　字啓定
妣黃氏　白石人
三房二　十一世
泉城適后廿四间派
子四
生順治六年庚寅年十一月廿九日
卒葬闕
生康熙六年丁未年九月廿六日
卒塟未詳
兆表
長兆喜止　次小子止　三兆來
四兆成

○日璉 会謀公長子 字啓高

妣蔣氏 謚靜節 福全人

子一

兆昌雲 止

生萬曆四十三年乙卯年三月十一日

卒崇禎十三年庚辰年七月十八日

生萬曆四十三年乙卯年五月初五日

卒康熙元年壬寅年正月廿六日

考塋本山後東 妣塋未詳

○日璀 会謀公次子 字啓曙謚槐庭

妣柯氏 謚德敏 柯倉人

子四

生萬曆泰昌元年庚申年十一月十三日

卒康熙四十年辛巳年十二月十三辰

生天啓三年癸亥年正月廿四日子

卒康熙四十八年己丑年二月廿二日午

合塋衛頭坐艮坤丑未

長兆晃 止 次兆曼 三兆昊

四兆晏

日瑗 会謀公三子 莫考

○日鋌　会績公四子　字啓報　諡国棟
生崇禎己巳年（二年）十一月初十日
卒康熙己卯年（三十八年）二月廿三日申

妣黃氏　名寅娘　諡勤侄　石亩人
生崇禎甲戌年（七年）四月初十日
卒康熙乙酉年（四十四年）五月十三日
合葬本山后水坑坐北向南

子一　兆暹

日鑄　会績公五子　止　莫考

日鎰　会績公之子　莫考

長房三房四　十一世

○日璽　会詔公長子　字啓昌　止
生萬歷甲辰年（三十二年）閏月日闕
卒康熙壬寅年（元年）四月十七日

妣張氏　柯坑人
生闕
卒　十一月廿三日
葬俱闕

○日瑞　会詔公次子　字啓献　止
生萬歷丁未年（三十五年）四月廿六日
卒闕

妣許氏　大蓬人
生
卒　葬俱闕

日瓚　会詔公三子　止　莫考

○日燁 会偎公三子

日熿 会偎公の子 莫考

子一

兆成 住廣

生

卒

娶 塋 闽

長房二房三 十一世

日鑑 会綸公三子 莫考

日鍾 会績長子 殤

○日錦 会績公次子 字啓繡

先娶黃氏 坑后人 生卒葬處俱闕

繼娶莊氏 謚勤慈

三娶黃氏 陳 坑后人

子一

兆厚

生天啓甲子年四年六月初二日

卒康熙三十一年壬申年九月初二日

生崇禎七年甲戌年八月十三日

卒康熙五十一年壬辰年正月初四日

考塋後安内 妣塋糖廊内

女二 長招娘適大蓬許

次勉娘適塔江刘 俱陳氏出

日錡 会績公三子 殤

○日輝　公偡公長子　字啓篤　一字啓新　謚德甫　住澳
生崇禎（十二年己）卯年十二月二十日
卒康熙乙丑年十二月初一日

妣劉氏　謚瑱默　潘任人
生崇禎（五年）壬申年七月十一日
卒順治（六年）庚寅年三月初十日

繼妣許氏　謚順德　陳林人
生崇禎（三年）庚午年正月十五日
卒　九月十六日

三妣李氏　亀湖人
生崇禎（七年）甲戌年五月廿五日
卒塟未詳

考塟澳门三巴外生壬向丙
劉氏塟本山塘仔頭　許氏塟在本山糖廊

子二　長兆樞　次兆集

○日熏　公偡公次子　謚緒甫
生崇禎（十三年）庚辰年三月二十日
卒康熙（十一年）壬子年六月廿五日
娶氏闕　塟在澳门相盈石下
生南向北

子一　兆寅止

○日閣 会俊公次子 字啓舒 止

○日闓 会俊公三子 字啓熙

妣龔氏 泉城人

○日閣 会俊公四子 字啓勇 謚素甫 住灣

妣洪氏 謚懿德

子一

生天啓二年壬戌年九月初五日
卒崇禎十三年庚辰年八月十六日
葬本山鵰窟坐西南向東

生崇禎天啓七年丁卯十一月廿八日
卒順治十三年丙申年四月初五日

生
卒
葬未詳
兆全 殤

生崇禎三年庚午年十二月廿六日
卒康熙三年甲辰年十一月廿九日

生崇禎六年癸酉年十一月十一日
卒康熙三年甲辰年十月廿九日
考葬灣门望下村後坐北向南
妣葬三巴外營口坐東向西

○日睿　会佐公長子　字啓哲

妣柯氏　安平人

日順　会佐公次子

日晏　会佐公三子　俱莫考

○日開　会俊公長子　字啓肇謚孟甫　原任遂溪縣儒學名錫卿

妣鄭氏　南邑人

子一

生萬歷戊申年（三十六年）四月初七日

卒康熙甲辰年（三年）七月初三日

生萬歷丁未年（三十五年）八月十七日

卒康熙壬寅年（元年）四月初一日

葬本山后水坑坐南向北　未知考妣

兆潛

女一適埭邊吳

子一

生萬歷庚申年（泰昌元年）正月初九日

卒順治己亥年（十五年）二月廿二日

生卒葬未詳　公葬滘鏡澳亭地口

兆沛　殤

志經營遂得囊積克承不負經則之肯呵焉

○日焜 会宗公之子

妣孫氏 塔江人

子三 長兆仲 殤　次兆共　三兆江 俱莫考

生　卒 墓俱未详

長房三房二十一世

○日聖 会仲公三子 字啓崇 謚寬浯

日明 会仲公長

日聰 会仲公次子 俱殤

妣柯氏 謚勤徃 斗過人

生天啓元年辛酉年十一月初二日

卒康熙三十五年丙子年十一月初五戌

生崇禎六年癸酉年八月廿五日

卒康熙五十一年壬辰年六月廿七日

合塋本山水馬頭坐癸丁丑未

日宗 会仲公四子 殤

子一 兆淳

○日陽　会寀公長子　字啓升　止

生

卒 二瑩俱闕

妣林氏 陳埭人

日恭 会寀公次子　流出無際

日豪 会寀公三子　殤

○日瞻　会宣公長子　字啓馭　諡國猷　住澳

生天啓元年辛酉八月初六日

卒康熙四年乙巳九月十七日

妣許氏 諡儀則　紫山邊[illegible]蘇秉公姪女

生天啓二年壬戌四月十九日

卒康熙十一年壬子四月初七日

葬 瑩廣東河南烏龍崗 坐北南向

妣 瑩惠州平山營盤久

子三

長兆懋　次兆東　三兆恩

按氏自幼庸言端莊配王門事舅姑盡禮勉夫灯下讀書紡績以倡婦道全矣後迁移携兒寓惠州平山令諸子從儒以孫佰亏六

○日棟 字啓陞 会業公八子 住澳

妣許氏 岱邉人

子一 兆贊

生萬曆泰昌元年庚申年十月、

卒塟俱失詳

○日彥 字啓好 会業公九子 住澳

妣洪氏 名玉娘 吴林人

繼妣羅氏

庶妣張氏

庶妣鄭氏

子二 長兆周鄭出 次兆璿羅出

生天啓二年壬戌十二月廿二日

卒闕

生天啓七年丁卯年正月初八日

卒 二月十二日

考迁移下廣 妣洪氏塟本山岳下福灶上啓雄地內 張氏生四子俱殤 羅氏隨一子翁呵保字兆熊 養成娶婦顏氏承翁祀

塟俱闕

○日英　会業公六子　字啓雄　住湾

妣　氏　安平陳頂街人

○日箴　会業公七子　字啓銘　住湾

妣陳氏　陳厝人

子一　即兆道纘　止

生
卒　至俱闕

子一　兆謙

生萬曆の戊午年十月初五日
卒康熙二十の乙丑年三月廿六日

生天啓六年丙寅年三月廿五日
卒闕至未詳

○日策 会業公三子 字啓政 住澳
妣孫氏
子三 長兆焔 次兆熉止 三兆爵止
生卒俱未詳

○日朱 会業公四子 字啓嶽諡甫丈 住澳
妣許氏 岱邊人
子二 長兆燦 次兆煒 俱止
生卒俱未詳

○日傑 会業公五子 字啓家 住澳
妣林氏 江北人
子二 長兆濟止 次兆範未詳
生卒俱闕

○日魁
会業公長子
字啓斗謚贊埕

妣陳氏

子六

生萬曆十九年辛卯年五月十七日
卒康熙元年壬寅年十一月廿四日
生萬曆二十年壬辰年八月初七日
卒順治十三年丙申年六月初六日
合塋厦門後崎尾
長兆成　次兆顕止　叁兆基止
四兆禎　五兆梓　六兆愿止

○日秉
会業公次子
字啓懿謚彝仁
住澳

妣戊年柯氏
南安新塘人

子二

生萬曆二十四年丙申年六月廿八日
卒康熙元年壬寅年二月廿五日
生萬曆二十五年丁酉年五月十六日
卒康熙元年壬寅年二月初三日
考塋老龍大運水　妣塋潮洲
烏石埠関帝廟乇
長兆闢止　次兆坦

○長房三房長十一世

日源 会運公長子
日瓣 会運公次子
日潤 会運公三子 俱止莫考

○日常 会宙公長子 字啓裕

妣蘓氏 本作曾氏 蘓厝人

子一

兆蕴

生萬曆(四十四年)丙辰年十二月二十日
卒順治(五年)戊子年六月十四日
生天啓(元年)辛酉年二月廿三日
卒康熙(十九年)庚申年七月初十日
考塋后水坑 妣塋大营田頂

○日晃 会宙公次子

妣劉氏

子一

兆安

生萬曆甲子年月日闕
卒闕
生卒塋闕 考塋新墓口

○日庶　会述公四子　謚壽山

妣鄭氏　謚正惠

○日熊　会適公之子　字啓侯

妣黄氏　安平西安人

繼妣陳氏

生崇禎十年丁丑年十一月二十日

卒雍正七年己酉年十一月初六酉

生闕

卒　十二月三十日

考葬后水坑

妣葬前邊坐東向西

子一

兆肵

生崇禎九年丙子年三月初二日

卒闕

生順治四年戊子年三月初八日

卒康熙八年己酉年八月初三日

生　葬闕

卒　葬闕　考葬廣東烏龍崗坐北向南

子三

長兆琺　次兆琛　三兆瑞

俱往廣

○日烈　会迹公次子
諡啓凛
先妣蔡氏　東埕人　生崇禎甲戌年　卒　七月十四日
妣孫氏　塔江人

子一

生崇禎四年辛未五月廿二日
卒康熙十七年戊午十二月十二日
生崇禎九年丙子三月十七日
卒康熙三十五年丙子年六月十四日
並未詳　合查三壙合塋在坑西
兆
道居

○日默　会迹公三子
字啓恭
先妣刘氏　諡正閫　生卒闕
繼妣鄭氏　謚佳德
妣蔡氏　窒厝人

子一

生崇禎七年甲戌七月初二日
卒闕
生崇禎十年丁丑年十月廿三日
卒闕
合塋前遍
兆
道映

長房長十一世

○日熙 会遇公之子 字啓緝

妣黄氏 灵水人

子一

兆騰 止

生卒塋俱闕

○日杰 会述公長子

妣孫氏 塔江人

子一

兆冬 迁移無踪

生卒塋俱闕

○日寧 会造公四次子 字啓懷

生順治八年辛卯十一月十一日

卒闕

妣林氏 嶺兜人

生順治十七年庚子十二月十四日

卒塟與公俱未詳

子三 長兆理 次兆敏 三兆賚 俱往灣

○日聯 会逵公之子 字会銓（啓協） 謚寄情

生萬曆乙未（卌六年戊午）年十六月廿三日

卒天啓丙寅年（六年）七月十一日

妣吴氏 吴塘人

生萬曆戊午年（四十六年）三月初三日

卒順治辛丑年（十八年）正月十五日

合塟本里坑西坐西向東

子一 兆濬

○日宜 会造公次子 字啓義

妣陳氏

子一

生 卒 並俱闕

兆潮 不知去向

○日富 会造公三子 字啓賴 謚尚德

妣蔡氏 東埕人

子一

生順治二年乙酉七月廿九日

卒康熙四十九年庚寅三月十七日

生順治十六年己亥七月初七日

卒並未詳

公塋澳门三巴外坐巳亥丙壬

兆振

女二長裕娘適安南後溪謝 次瑞娘適潤潯吳

長房長　十一世

○日昂　会選公之子　字啓胤　謚伯玉

妣吳氏　霞吳吳玉臺公次女

子二

○日馨　会造公長子　字啓仁　止

妣孫氏　梧江人

生萬歷（泰昌元年）庚申年十月十九日
卒順治（九年）癸巳年九月初四日
塟廣州河南烏龍崗
生萬歷（泰昌元年）庚申年八月廿九日
卒崇禎（即順治元年乙酉）甲申年三月十二日
考塟廣州河南烏龍崗
妣塟本山南岳之東坐庚向甲
長兆源　次兆溥（即普字）
女一適成家

生天啓（六年）丙寅年七月廿七日
卒　七月廿九日
生
卒　塋與公俱闕

三房二　十世　泉城通復廿四间派

○會昇　際孫公之子

生萬歷年间十二月初三日

卒殁娶塋未詳

子二

長曰卿　次曰揚

○會實　際兜公長子

生卒娶塋未詳

子一

曰厶

會棟　際兕公次子　莫考

○會催　三弟公之子

生卒娶塋莫考

○

三房長 十世

○會貴 際文公長子 止

生
卒
娶氏闕 塟廣東省河南烏龍江

○會貫 際文公次子 字会仍 止

生卒 娶塟俱闕 僅生一女曰末娘
適楊尾墓陳

會友 際藝公之子 莫考

○會質 際參公長子 字会達

生萬歷丁巳年（四十五年）十二月廿一日
卒康熙癸卯年（二年）三月十九日

妣莊氏 鼇山人

生 四月十一日
卒 五月初四日
公塟前邊杉嶺后 妣塟縣后墓

會賓 際參公次子 莫考

子一

日清
女二娘 適曾井曾

○會詰　存福公長子　字会棠
妣柯氏　鰲塩人
子一　日珪　莫考
生萬歷甲申年十二年九月十三日
卒塋與妣俱闕

○會詢　存福公次子
子一　日全　莫考
生
卒塋娶俱闕

○會諮　存福公三子
子一　日戍　莫考
生
卒娶塋俱闕

○會謀 際德公三子 字会翼 謚冲軫

妣柯氏 名三娘 謚勤惠 柯倉人

子三

生萬歷十七年己丑年九月初四日
卒順治十三年丙申年五月十八日
生萬歷十七年己丑年九月初三日
卒康熙元年壬寅年八月廿七日
合塋衛頭坐丑未癸丁
長曰璉 次曰璀 三曰瑗無嗣

○會詩 際德公四子 字会言 謚學庭

妣許氏 謚慈惠勤 許西坑人

子一 曰環

生萬歷廿一年癸巳年正月三十日
卒崇禎十六年癸未年三月十二日
生萬歷二十二年甲午年九月廿一日
卒順治十三年丙申年六月十六日
塋本山衛頭坐西北向東南 未詳是考是妣

長房三房四 十世

○會詔 際德公長子 字会對謚我祝

妣黃氏 西湖人

子三

生萬歷戊寅（六年）年七月初九日
卒崇禎甲申（十七年）年七月廿四日
生萬歷甲申（十二年）年三月十九日
卒崇禎乙亥（八年）年五月廿六日
合塟官山坐北向南
長曰璽止 次曰瑞止 三曰瓚止

○會諫 際德公次子 字会忠謚軫伍

妣吳氏 磁灶人

子二

生萬歷丙戌（十四年）年二月十六日
卒崇禎甲申（十七年）年八月十九日
生萬歷戊子（十六年）年九月廿八日
卒順治丙申（十三年）年又五月廿六日
合塟本山後埔坐東向西
長曰璧 次曰珙 俱止無牒

妣孫氏

繼妣黃氏

子五

生萬歷癸巳（廿一年）年正月初九日

卒万歷卌八庚申年六月廿一日

生萬歷癸巳（廿一）年十一月初七丑

卒辛酉年正月十八日午

公塟糖廍坐乾向巽

孫氏塟埔邊地坐辛向乙

黃氏塟本山相公宮口

長曰鉉止　次曰錦　三曰錡止

四曰鍈　五曰鑄止

○會綰 字公相 際娘公之子

妣許氏 許西坑人

子一

生萬歷（廿九年）辛巳年六月初四日

卒塟與妣俱闕

曰鎰 莫考

○會儒 際鍾公次子 字会為 謚贊陽 止

妣許氏 謚貞順

生萬曆己酉年三十七六月廿九日
卒順治戊子年五年十一月十一日

生萬曆戊申年三十六八月十八日
卒順治庚寅年六年二月初一日
合葬本山塘仔頭生辛向乙
女二曰端娘適塘下部曰德娘適柯倉柯

長房三房三十世

○會綸 際煌公長子 字会經

生萬曆癸酉年元年七月十七日
卒葬與妣俱闕

妣粘氏 登卿人

子一
日鑑 莫考

○會績 際煌公次子 字会橋 謚心岳

生萬曆甲申年十二八月初一日
卒 丁未年十月二十日申

○會修 際申公六子

子二

生

卒 娶葬俱闕

長曰童 不知去向

次曰膺 歿在灣

○會儼 際鍾公長子 字会望 謚肥莪

妣孫氏 謚毅靖 塔江人

生萬曆三十二甲辰年正月廿三日

卒康熙元年壬寅年五月初八日

生萬曆三十三乙巳年四月廿六日

卒順治三年丁亥年八月十五日

考葬廣東河南

妣葬本山倉厝頭東邊坐□向巳

子四

長曰褘 次曰爌 三曰熚

四曰爌止

女一適西梧吳

○曾傳　際申公次子　字会超　謚恥居

妣孫氏　謚德惠　泉城南街人

○曾傳　際申公三子　字会棨　謚堤行

妣蔡氏　東石人

曾儲　際由公四子

曾攸　際由公五子　無牒莫考

子四

生萬歷壬子（四十）年十月十八日

卒康熙癸卯（二年）年七月廿八日

生萬歷壬子（四十）年十二月廿二日

卒康熙甲辰（三年）年四月廿三日

考塋在廣香山縣前山寨山頭園

妣先塋南门外莊宅山後杵回塋（在東店下坐北向南）

長日闍止　次日滿止　三日閭

四日閶

子一

生萬歷（四十三）乙卯年七月廿六日

卒崇禎癸未年二月初十日

生

卒　塋闕　考塋后门墓前（坐西北向東南）

日闕　在澳止

女一名貞娘　適同安朱

○會佐 際期公長子 字会理

妣莊氏 逢山人

子三

生萬歷乙酉年十三年九月廿二日

卒崇禎壬午年十五年十二月三十日

生萬歷丁亥年十五年七月廿四日

卒順治丙申年十三年五月十二日

合塟本山塘仔頭坐北向南

長曰睿 次曰順乏考 三曰晏乏考

女一適山頭張

○會俊 際申公長子 字会雅 謚宅三

妣洪氏 謚惠篤 侯山人

子四

生萬歷戊戌年二十六年九月廿六日

卒崇禎乙亥年八年十月廿九日

生萬歷癸卯年三十一年三月十五日

卒崇禎甲戌年七年五月廿八日

合塟本山塘仔頭坐西向東

長曰開 次曰闊止 三曰闓

四曰閣

妣蔡氏

子一日焜　生辛莖㓜

長房三房二十世

〇會仲　際熠公養子　字会伯謚裕吾

妣孫氏　塔江人

生萬歷（廿一年）癸巳年十一月十一日

卒康熙（元年）壬寅年五月廿三日（墓本山石水坑生乙向辛）

生萬歷（二十三年）乙未年五月初五日

卒崇禎（十五年）壬午年四月廿三日

公墓本山後水坑生乙向辛

妣墓本山衢頭生北向南

子四

長日明殤　次日聰殤　三日聖

四日宗殤

會賓

○會宣 際鶴公五子 字会潘謚翰岳

妣黃氏 坑邊人

生萬曆丁亥年（十五年）正月十四日
卒順治辛卯年（七年）十二月廿一日
生萬曆辛卯年（十九年）十二月初一日
卒順治甲午年（十一年）十一月十五日
合葬西山打鐵厝頭坐東北向西南

子一 日瞻

○會寶 際龜公長子 字会位
生萬曆己丑年（十七年）七月十一日
卒闕
止

妣張氏 南安人
生
卒
葬闕

○會定 際龜公次子 字□會前
生
卒
葬俱闕

○會案　際鶴公次子　字会章　謚我素

妣孫氏　塔頭人

側娶羅氏　溪汾人　名新姐

側娶　氏　名引姐

子三

生萬曆丙子年四年正月十三日

卒在廣東

生

卒　塋俱未查

長曰陽止　次曰眷流出無踪

三曰豪殤

女三　曰二娘孫氏出適王国戴　曰夾娘新姐出適鳌頭郭　曰觀娘適順德邑梁家

○會宗　際鶴公三子　字会同　謚我華

止

妣戴氏　謚勤默　玉園人

生萬曆戊寅年六年十一月初十日

卒萬曆壬寅年三十年六月十三日

生萬曆辛巳年九年正月十二日

卒萬曆壬寅年三十年八月初六日

合塋樹林后

公雖少而善賈，父兄起家頗有力焉。公歿，妣即哀號毀瘠，以去三十五日而不求生，其死烈矣。

○會業 際鶴公長子 字会加 謚興埕

妣孫氏 塔江人

維妣顏氏 下庄人

二妣練氏 安平人

四妣許氏 岱邊人

生隆慶庚、、年十二月廿六 四年

卒崇禎癸、、年四月廿八日 十六年

生闕

卒 五月初七日

生継妣三妣 俱闕

卒

生萬曆丁亥年二月廿八日 十五年

卒康熙癸卯年八月十九日 二年

考與孫氏合塋本山后東 坐西北向東南

顏氏練氏合塋塘仔頭坐西北向東南

許氏塋中左所下门港草埃海墘囯

迁移坟堆难查

子九

長曰魁 次曰秉 三曰策

四曰朱 俱孫出 五曰傑 顏出 六曰英

七曰箴 練出 八曰棟 俱練出 九曰彥 許出

長房三房長十世

會字

際永公長子 莫致

○會宙 際永公次子 字会来謚尚廷

子二 長曰常 次曰晃

生 卒 娶 堊俱莫考

○會寅 際永公三子 止

妣蔡氏 梅林人

生 卒 堊俱闕

○會運 際永公四子 字会泰

妣劉氏 塔江人

生 卒 堊俱闕

子三 長曰源止 次曰肆止 三曰淵止 俱莫考

○會述 際復公三子 字会傳

妣蔡氏 東埕人

子四

生萬曆癸卯（三十一年）十一月初三日

卒順治丁（十四年）亥（酉）五（六）月廿（初十）二日

生萬曆甲辰（三十二年）十二月十五日

卒順治丁亥（四年）五月廿一日

合葬本山衙頭坐西向東

長曰杰　次曰烈　三曰默

四曰庶

○會適 際復公四子 字会與諡萃玉

妣孫氏 塔江人

子一

曰熊

生萬曆己酉（三十七年）九月十五日

卒崇禎壬午（十五年）九月廿三日

生萬曆己酉（三十七年）八月初六日

卒順治丙戌（三年）二月二十日

合葬糖浦坐西北向東南

長房長十世

○會遇　際復公長子　字會聚謚萃岳

妣張氏　内厝人

○會适　際復公次子　字会謹

止

妣洪氏　英林人

子一　日熙

生萬曆己未年七月初十日

卒順治年间八月初一日　塟在赤堤

生　卒　塟未詳　公塟在赤堤

生闕

卒順治年间十一月廿二日

生闕

卒順治年间十二月十三日

合塟下山前邉

○會造 際嶽公次子 字会邦 謚孚我

妣孫氏 塔江人

繼娶妣周氏

三娶妣廣東姨

子四

生萬歷己丑年十七年十月十六日

卒順治戊戌年十五年十二月初十日

生萬曆年間 二月廿八日

卒 六月初五日

公葬本山赤埕頂坐東北向西南

妣葬本山曲尺地坐南向北

長曰馨孫氏出 次曰宜廣姨養 三曰固周氏出

四曰寧周氏出

女五 長夾娘適楊南山后 次三娘適茂亭山后 四三四娘適大蓬許 四求娘適安平金墩黄 五丑娘迁移不知去向

○會遴 際嶽公三子 字全銓 謚守恬

妣張氏 烏坑人

子一

生萬歷乙未年二十三年十一月十一日

卒天啓辛酉年元年五月十八日

生閏

卒 六月廿二日

合葬石室宮

曰聯

女一適石下施

生萬歷辛巳年九月十三日

卒塋未詳

妣傅氏

養子

會催

三房二自九世以下至十三世俱分支在泉城道後廿四間即先居筍江者○

長房長十世

○會選

際嶽公長子

字會衡謚濬玉　享年六十四

生萬曆丁亥年四月廿九日

卒順治庚寅年七月二十日

妣張氏

烏坑人

生萬歷辛卯年九月廿九日

卒崇禎戊寅年正月廿五日

塋俱未詳

子一

女二一適岱山邊人　一適塔江孫

○際孫三房二 思讓公長子 諱勞謙、謚直齋 字際賢

生嘉靖三十二癸丑年十二月初六日
卒三月初三日

妣吳氏 謚勤慈

生
卒〃·俱闕

子一
會升

○際兒 思讓公次子 字際福

生嘉靖三十六丁巳年
卒巠闕

妣許氏 謚勤順

生二月初一日
卒十月初三日

妣繼吳氏

生
卒巠俱闕

子二
長會寔 次會棟業考

○際三 思讓公三子 字際森

生萬曆二年甲戌年八月初一日
卒巠未詳

○際藝　思楫公次子　字際能謚心求　遊商數載已効績著之理惜天靳其年

妣孫氏　塔江人

子一

生萬歷八年庚辰年七月十九日
卒萬歷三十五丁未年九月十七日
生闕
卒　合塋莫考
会友　莫考

○際參　思楫公三子　字際古

妣蔡氏　東埕人

子二

生萬歷十二甲申年正月初三日
卒　八月初八日
生闕
卒　六月十二日
公祔父塋井尾墓
妣塋塘仔頭坐北向南
長會賓　次會賓

○際福 思植公三子 字際全謚雅所

生嘉靖癸亥年（の十二）十一月初八日

卒至闕

妣陳氏 南安大宮人

生 闕

卒

子三 長會詣 次會詢 三會諮

公遺腹生於福全逃倭乱也，怡怡與昆季周旋，直爲信恪，貫穿文史，可與爲善矣

三房長

○際文 思楫公長子 字際華謚及松

生隆慶辛未年（五年）十二月廿七日

卒至闕

妣仝氏 深沪金嶼人

生

卒至闕

子二 長會貴止 次會貫

○際臨　思養公之子
字際登謚居宇

生隆慶二年戊辰年十二月廿四日
卒萬歷廿九庚戌年八月廿一日

妣許氏　十七八都人

生
卒　並闕

子一
會綱　莫考

長房三房四
○際德　思植公長子
字際一謚耀亭

享年五十六
畧涉文史家
裕而俱安逸
終其身

生嘉靖三十年辛亥年七月廿二日
卒萬歷三十四丙午年七月廿六日

妣陳氏　陳厝人

生
卒　並俱未詳

子四
長會詔　次會謙　三會謀
四會詩

際煌　思植公次子　殤

○際烺 思壯公三子 字際朗謚鳴嶽

生嘉靖三十一壬子年九月廿五日
卒萬曆二十四丙申年四月十四日

妣顏氏 蔡內人

生嘉靖三十四乙卯年七月廿五日
卒塋與公俱闕

子一 會綰 莫考

○際萬 思壯公四子 字際約謚斗石

生隆慶六年壬申年十月十九日
卒闕

妣洪氏

生
卒 塋俱莫考

子一 會維 莫考

○際紘 思篤公之子 號仰懷

自幼承林家流寓廣州大平门外
子曰會ム

妣張氏 謚懿節 山頭人

○際玖 思元公五子 字際玉 謚我璧 止

生萬曆丙戌（乙未）十月廿八日 卒萬曆乙巳五月廿四日 塟本山塘仔頭生北向南

長房三房三

○際煒 思壯公長子 字際著 謚英逸 止

○際煌 思壯公次子 字際猷 謚肖嶽

妣洪氏 岱山人

子二

生萬曆（十一）癸未年七月初二日

卒順治（十三）丙申年五月初五日

妣塟本山東邊

長会侯　次會儒 止 無嗣 僅生二女

生嘉靖（十七）戊戌年正月廿四日

卒嘉靖（四十一）壬戌年正月廿五日

塟閘

生嘉靖（廿四）乙巳年二月廿九日

卒塟閘

生嘉靖（廿九年）庚戌年六月廿二日

卒塟閘

子二

長会綸　次会績

妣孫氏 名大娘 謚孝惠 塔江人

生萬歷四年丙子年五月廿八日

卒隆武順治元年乙酉年三月廿七日

合祔敬斋公之兆左右在宫山棺二窨

子六

長会俊 次会儁 三会傳

四会儲 五会攸 六会脩

○際治

思元公三子 字際舜 謚我紹

止

生萬歷四年丙子年十月二十日

卒天啓三年癸亥年八月十三日

妣蔡氏

梅林人

生 二月十三日

卒順治七辛丑年二月十二日

合塋埭頭山生壬向丙

女 長三娘適山頭張 次辰娘適尾湖瀛

○際鍾

思元公四子 字際南 謚瞰陽

沉慮遠計多方經營而天不假以年陷舟於海豈赤澳亦可惜也

生萬歷十年壬午年十月廿二日

卒萬歷三十七己癸酉年七月初一日

妣張氏

生嘉靖廿九庚戌年十一月初六日

卒　塟闕

公塟本里後頭山生甲向庚

養男　會仲

○際期　思元公長子　字際取謚振雲　通曉大史所交遊豪尙顯

生嘉靖四十四乙丑年十一月初三日

卒萬曆卅八庚戌年五月廿七日

妣劉氏　謚莊勤　塔江人

生嘉靖四十五丙寅年十月初七日

卒萬歷十年壬午年七月廿四日

合塟本山陳厝頭生丑向未

子三　長會佐　次會嶽貢考　三會儀

○際申　思元公次子　字啓際佑謚我居　具起家傳

生隆慶六年壬申年七月十一日

卒崇禎八年乙亥年三月二十日

○鵬年 即際鵬 思鑄公次子 字際舉謚梅軒

生嘉靖辛亥年二月初一日 三十

卒萬歷庚戌年九月初二日 卅九

妣姚氏 後店人 慈良温惠名家女之有德者惜乎不肖而止也

生嘉靖己未年正月初六日 三十八

卒塋未詳 公塋本山

○際龜 思鑄公三子 字際穆謚及亭

生嘉靖己未年四月初四日 三十八

卒塋闕

妣孫氏 塔江人

生嘉靖癸亥年正月廿六日 四十二

卒塋闕

子二 長會宝止 次會定

長房三房二

○際熠 思顯公之子 字際悅謚仰吾

生嘉靖戊申年十二月初十日 廿七

卒天啓七年丁卯八月十八酉

長房三房長

際有　思由公長子　殤

際延　思由公次子　殤

長房三房長

○際永　思由公三子

字際宰

妣陳氏　淄灣宮兜人

子四

生嘉靖廿九庚戌年十月初一日

卒闕

生

卒

塋與公俱闕

長會宇莫考　次會宙　三會寅止

四會運

○際鶴　思鑄公長子

字際舉　謚梅埕　具赳家傳

妣黄氏

子五

生嘉靖廿六丁未年正月廿四日

卒天啓年间七月初三日

生嘉靖廿九庚戌年九月三十日

卒　八月廿四日

合塋前邊生東向西

長會業　次會宋　三會宗止

四會賓殤　五會宣

子四 長會遇 次會适止 三會述 四會適
女三 一適上宅楊 一適湳徑張 一適英林洪

長房二
○天爵 思祐公之子
生闕 辛萬歷乙丑年，公自幼下廣州南海縣，今住遠坝橋

子二 長祖居 次祖二 俱未查

○應科 思禹公長子 字際枝 莫考
娶曾氏
生萬歷癸未年八月廿五日

○應第 思禹公次子 字際表 莫考
生萬歷年间

九世

長房長

○際嶽　思提公長子　字際遠謚心瀛

生嘉靖丙寅年（四十五）九月二十日

卒崇禎壬（十五）午年八月十五

妣孫氏　謚肅惠　塔江人

生隆慶戊辰年（二年）二月廿八日

卒崇禎（十七）甲申年三月十四日

合塋本山井尾埔坐坤向艮

子三　長会造　次会選　三会遴

公生平淳良和易粹如美玉温恭之士也

○際復　思提公次子　剛而不屈忠信人也　字際暢謚及瀛

生隆慶己巳年（三年）三月二十日

卒　五月初七日

妣莊氏　蓬山人

生閏

卒　正月初九日

合塋坑西坐西向東

子三 長際大 次際藝 三際參

三房二

○思讓 直寬公之子
諱芳謙號直齋

生嘉靖年間正月二十二日
卒萬歷年間七月十四日吉

妣劉氏
生 十月十六日
卒 十月廿五日

繼妣蔡氏
生 間
卒 九月廿三日
合塋未詳

子三 長際孫 次際兒 三際三

公住浮橋筍江之南一派江上粥販魚塩無機械巧詐無京守是非閙閙而酥漁家傲者流也宗中子弟過之不知其為親属疎不留歡焉江天遼曠海鷗與群若也

三房二先住筍江浮橋後移居泉城道后廿四间

妣許氏　諡順節　南安石井人

生嘉靖十一壬辰年正月十八日

卒萬歷九年辛巳年五月廿九日

合祔父母塋南岳西山

子三

長際德　次際煜媽　三際滈

公少俊穎文有奇氣吐遇倭訌即投鞭嘆曰男子貴識時務今疆埸不靖郎當出身驅除安用規規筆研為遂上書中丞府及與泉永道大称奇獎用屢立奇功癸亥五月收冠禹安饒地方以一身遇倭冠數百陷泥澤中而歿今其歐陽東出公書足以窺其胸中之籌□戎□矣許氏守義謹事舅姑扎遺孤具閨範傳

三房長

思楫　默齋公之子　諱廷梅謚後松　享年六十二　質朴無偽謹而信者

生嘉靖廿七戊申年五月初四日

卒萬歷三十七己酉年六月十

妣洪氏　石菌人

生　卒闕　合塋於尾二、際參祔

○思篤 岳山公三子

妣田氏 安平人

○思養 岳山公四子 諡首吾一諡直斋

妣蔡氏 湖尾人

長房三房四

○思植 靖江公之子 諱廷柱諡新墀 一諡忠勇

子一 際鉉

生 卒葬俱闕

子一 際臨

生嘉靖七年戊子五月十九日

卒萬曆十八年庚寅年四月初八日

生嘉靖十年辛卯六月廿一日

卒葬與公俱未詳

生嘉靖十年辛卯年十月初三日

卒嘉靖四十二年癸亥年五月初九日

具行義傳

妣許氏 許西坑人

子五

生嘉靖卅二年癸卯年六月十一日

卒闕

塋后门外坐壬向丙

長際期　次際申　三際沿止

四際鍾　五際玖止

長房三房三

○思壯 岳山公長子

諱廷棟謚育瀛

遺命號歎斎

享年七十六以

戴經補郡庠生

功業文章具

行義傳

妣柯氏 謚睦順

岱前渴人

生正德十三戊寅年八月十四日

卒萬歷廿一癸巳年四月廿五日

生正德十三戊寅年五月初十日

卒嘉靖四十辛酉年十二月初十日

繼妣陳氏 謚懿肅

泉城西门外人

生嘉靖十二癸巳年五月十七日

卒萬歷十五丁亥年十二月廿五日

合塋本山岳後坐南向北　浪

子四

長際煒止　次際煌　三卒

四際萬

思安 岳山公次子 殤

長房二房二

思任 敬斋之長子殤

思用 敬斋之次子殤

子三 長際鶴 次際鵬止 三際鼂

合葬本里南畔土名甬邊坐北向南

長房三房二

○思顕 敬斋公三子 諱廷榜字次吾 享年六十五

生嘉靖六年丁亥年十一月十二日

卒萬曆七年己卯年又三月初一日

妣孫氏 謚端順 塔頭人

生嘉靖七年戊子年十二月廿九日

卒嘉靖四十一年壬戌年九月初三日

繼妣戴氏 謚勤慈 玉園人

生嘉靖十八年己亥年十二月初三日

卒萬曆廿八年庚子年六月廿三日

合葬未詳

子一 際熠

○思元 敬斋公四子 名廷極謚寔亭 享年七十二

生嘉靖十年辛卯年四月十九日

卒萬曆三十年壬寅年六月十六日

子二　長應科　次應第俱莫攷

長房三房長

○思由　涵容軒公長子　諱廷樞號對峯　謚賓廷又謚和靖　具行義傳

生正德十一年丙子十二月廿八日

卒嘉靖三十九年庚申十二月廿九日

妣洪氏　上廊人

生正德十四年己卯七月十四日

卒嘉靖四十一年壬戌正月初四日

公祔父塋在壙北妣歿於倭寇

子三　長有年殤　次延年殤　三永年

思雅　涵容軒公次子　生卒配塟俱闕

○思鑄　涵容軒公三子　諱廷模謚達斎

生嘉靖元年壬午八月初七日

卒嘉靖四十五年丙寅十一月廿二日

妣張氏　謚勤節　南安張门人　享年七十六

生嘉靖七年戊子六月十二日

卒萬歷三十二年癸卯七月十七日

妣莊氏 蓬山人

子二

生嘉靖十六年丁酉[illegible]四[illegible]

卒崇禎年间 六月十六日

合壟前邊生東向西

長際徵 次際復

○思祐 長房二 行简公之子

子一

天爵

生

卒 娶 壟俱闕

思攀 易次公之女止

○思萬 易三公之子 名五

生嘉靖廿二年癸卯二月十七日

卒闕

妣蔡氏

生嘉靖年间 十一月初十日

卒壟與公俱闕

○熙齋　三房長　和惠公次子　名政字啟憲　享年六十六

生正德十五年庚辰正月初八日

卒萬歷十四年乙酉十月十八日

妣吳氏　謚克儉

生　二月十六日

卒嘉靖四十一年辛酉十二月初五日

塋未詳

子一　思楫

簡齋　和惠公三子也　生卒記塋俱未詳

○直寬　三房二　剛毅公之子

生正德二年丁卯三月初八日

卒嘉靖十六年丁酉七月初六日

娶塋闕

子一　思讓○

八世　五

○思挺　長房長　誠恪公之子　諱廷杞謚瀛泉　享年七十二　具行義傳

生嘉靖十一年壬辰八月廿六日

卒萬歷三十一年癸酉卯二月 [illegible]

妣翁氏 諡勤敏 英墩人

繼妣陳氏 浯州人

子一 思植

生正德七年壬申九月十八日

卒嘉靖廿九年庚戌八六月初七日

生 闕

卒 合塋南岳西山 子思植婦許氏祔

二房 ○何陋 執齋公之子 字啟濤

妣郭氏 諡惟勤

生八月初五日

卒七月十九日

生八月廿八日

卒十一月十八日

合塋本里西山坐乙向辛

子三 長曰千 絕 次曰思向 字思祉 三曰升 絕

思向之生卒娶塋亦莫考而二房止矣

三房長 睦齋 和惠公長子也 諱鐃闕 止

生卒記塋闕

子四

塋本里官山坐乾向巽兼巳

長思任止　次思用止　三思顯

四思元

○岳山　文房三房四三

淳斋公三子　名涂　字啟瞻　謚義軒

享年六十四

生弘治九年丙辰又三月十六日

卒嘉靖三十八年己未二月十四日

妣黄氏　謚閨則　南邑黄口店人

生弘治十一年戊午十二月廿一日

卒萬歷年间八月二十日吉

合塋南岳後水坑坐未向丑

子四

長思壯　次思安止　三思篤

四思養

公以信義豪雄於晋南二邑间尝揔千人入南安新营解

其外旧阨所過一介無犯亦素所服人而整齊之也

○靖江　長房三房四

淳斋公四子　名履仁　字敦美　謚約斋

享年六十九

生正德五年庚午十一月廿九日

卒萬歷七年戊寅八月初十日

長房三房長

○涵容軒 淳斋公長子 名浩字殷博

妣黄氏 謚貞淑 金墩人菊山先生同胞也 享年七十三

房三房二

○敬齋 淳斋公次子 名濱字殷濟 享年五十六

妣黄氏 謚謹能 桐林人

子一 思禹

生成化廿三年丁未十二月初七日

卒嘉靖四年乙酉三月廿九日

生弘治六年癸丑九月十四日

卒嘉靖四十一年壬戌十一月廿一日

合葬本山南岳西東埕厝頭坐寅向申

子三

長思由 次思雅止 三思鑄

生弘治四年辛亥四月十五日

卒嘉靖廿五年丙午三月初六日

生弘治八年乙卯三月廿五日

卒嘉靖十八年己亥七月初九日

○行間 長房二 居易公長子

妣蔡氏 謚侄素

子一 思祐

生卒俱闕 塋本宗元倫地乾

○易次 居易公次子

子一 思攀 止無牒

生卒娶塋俱闕

○易三 居易公三子

妣董氏 張厝人

卒七月十七日

卒八月廿八日

塋在本山井尾

七世 四

長房長
○誠恪 奕敎公之子
諱漳

妣施氏 諡静順
石下人

子一 思椇

生弘治五年壬子十一月十六日
卒嘉靖廿六年丁未九月初一日
生弘治十年丁巳二月廿二日
卒嘉靖三十九年庚申正月廿九日
合塋本山前薩之西坐乙向辛

○和惠 三房長 純素公長子 享年六十八
生成化十六年庚子十二月初六日
卒嘉靖廿六年丁未十一月十五日

妣林氏 諡清慎
生闕
卒 二月廿四日

妣蔡氏
生闕
卒 十月初四日
塋俱未詳

子三
長睦齋 莫考 次默齋 三間齋 莫考

○剛毅 三房二 純素公次子 名鍊 字元和 享年六十九
生成化廿一年乙巳十二月初一日
卒嘉靖廿二年癸丑七月初七日

妣楊氏 諡誠善 享年五十六
生成化二十年甲辰十一月初一日
卒嘉靖十八年己亥三月廿九日
塋未詳

子一
直覺

妣黃氏 謚閫範 八都桐林人 享年八十六

生成化三年丁亥十一月初四日
卒嘉靖三十一年壬子九月初八日
合塋本山南岳後水坑坐丑向未

子四

長涵客軒 次敬斎 三岳山
四靖江

按公声音洪亮而多刱業産南岳一派公之裔昌熾而豪邁

二房

○執斎 樾斎公之子 名鑽字元勲 享年六十六

生成化九年癸巳十一月初五日
卒嘉靖十七年戊戌十二月十八日

妣黃氏 謚概愛

生成化九年癸巳四月二十日
卒正德十年乙亥正月十七日
合塋本里西山

子一

何陋

妣呂氏　謚順默

生　二月廿九日

卒　二月十七日

庶妣柯氏

生成化三年丁亥三月廿八日

卒弘治十八年乙丑八月初八日

合葬本山前邊坐乙向辛

子一

誠恪

○居易　長房二

質然公次子

妣洪氏　謚宜靜

生

卒俱闕　葬前邊石牲

子三

長行簡　次易次　三易三

○淳齋　長房三

質然公三子

名鐸字元廸

享年五十九

生天順八年甲申十二月初八日

卒正德七年壬申五月初九日

妣陳氏 謚貞慎

生正統二年丁巳三月十四日
卒正德年間十月初八日
合塋本府西山

子一 執齋

○純素 三房 淑齋公三子 諱叔

生十二月初四日
卒六月初八日

妣黃氏 諱勤佐

生閏
卒八月廿七日
合塋本里井尾坐西向東

子二 長和惠 次剛毅

六世

○嚴毅 長房長 質然公長子

生五月廿八日
卒三月廿七日

繼妣鄭氏 謚續德

子三 長質然 次懋斎 三純素

生卒闕
合塋在南嶽西山

五世

長房
○質然 淑斎公長子 諱乾
妣蔡氏 謚明儀 南安大邑人

子三 長虞毅 次居易 三淳士

生正月初十日
卒七月廿九日
生十月初六日
卒八月十三日
合塋本山後水坑坐北向南

二房
○懋齋 淑齋公次子 名仲字端純
生正統二年丁巳二月廿八日
卒成化十三年丁酉十月初四日

三世

○二處士 三致政公之次子

妣許氏 謚二太孺人

子二 長一致政另載 次二處士

十二月初八日諱辰

十月十九日諱辰

合塟本都仙山之麓坐寅申甲庚

四世

○淑齋 二處士公之五子 字宗永 開基高后

妣林氏 謚懿德

子五 長槐齋另載 次宣章府另載 三三房另載 四店頭另載 五淑齋

公自祖家瀛洲來贅南岳高厚因家於此而開基高兵行義傳

生 正月廿八日

卒 正月廿九日

生 十月廿九八日

卒 十月廿九日

開基瀛洲分基高厚王氏始祖一世至十八世譜牒

一世

○三十一致政　王敦常璨公之次子立中公之孫克俊公之曾孫鎮坤公之元孫也 諱有禮追称曰百尺宣涧公

九月初九日諱辰

始祖妣陳氏　謚十二泰孺人 始祖来贅因家焉

四月初四日諱辰

公塋本里法雨堂東南関帝庙后坐癸丁子午　妣塋本山赤埕西古棲之原坐乙辛卯酉

子六

長一徵仕 另載　次二致政 另載　三三致政

四 同安丙洲 另載　五五致政 另載　六登仕郎 另載

二世

○三致政　三十一致政公之三子 諱字生卒俱闕

三月十一日諱辰

妣陳氏　謚三泰孺人

三月廿八日諱辰

合葬[illegible]厝西之原坐乾向巽

淑齋公派長房三房三　十七世譜圖

○華料

○華楸

○華夥

○華梳

淑齋公派長房三房二　十七世至十八世圖

○華的

華買—○國藝

○華琴

○華代

○華麟

○國擬

○國進

○華出

○華讀

- 華宗
  - 國綾 殤
  - 國蕃
  - 國軒
- 華鳳
  - 國端
- 華腦
- 華諸

○華典

○華全

○華斗—○國延 殤

○華桃—○國歡

○華才

○華云

○華鹽

○華汲—○國楙

○華平

○華所

○華搜

○華尋

華富

○華堅

○華前

○華占

○華縱

○華伴

○華坪

○華江

○華漂

○華訓 住英厝

○華池

○華董

○華貌

○華法 住灣

○華全 住灣

○華護

○華熾

淑齋公派下長房三房長房　十七世至十八世譜圖

○華衆
○國扶
○國苟 殤
○國棹

○華窓

○華象

○華衙

○華傾

○華釵

○華祈

○華匣

○華偶

○華查

○華棘

○華悌

叔齋公派長房長十七世圖

○華談

○華沙

○華傳

○華採

○華念

○華助

○華舉

○華贊

○嘉亮

○嘉廣

淑齋公派三房　十三世圖

○嘉嫣

嘉光

以下旧載居在泉城道后廿四间

○嘉新

○嘉奇

○華蕩

○華貞○

淑齋公派長房三房四十七世圖

○華盾

○華行

○華周

○華哭

○華蘊

○嘉運—○維兜—○毓備 殤

○嘉權 住灣

嘉萃

維串　嘉起三子承　卒台

嘉麟　住福者

嘉便

維高　住台有子

嘉時

維橅　挈眷住台

毓元

毓懷

童墻　毓請三子承

章著　毓孟三子承

- 孫請
  - 章崎 殤
  - 章配
  - 章墻 承孫長
  - 章箱
- 孫孟
  - 章牘
  - 章守 殤
  - 章著 承孫長
  - 章勵 殤
- 孫猛 殤
- 孫長
  - 章養 殤 孫謀五子承

韋縣 承毓樓

韋造 殤

韋田 殤

維勳

毓樓

韋縣 承毓左三子

毓管

韋八

韋胆

毓謀

韋品

韋齊 殤

韋沃

韋楯

韋養 承毓長

維偏

毓左

章汀　章蔭　章恢（承毓訂）　章南（承毓才）　章勾（殤）　章矛　章甫（殤）

華貞　華蕩　華蘊　華笑　華居

淑齋公派長房三房四　九世至十三世譜圖

- ○嘉起
  - ○維奇 殤
  - ○維球 卒暹羅
  - ○維思 殤
  - ○維串 承嘉萃
- ○嘉拔
  - ○維乞
    - ○毓宗 殤
    - ○毓才
      - ○章洞 殤
      - ○章南 毓建五子承
    - ○毓訂
      - ○章恢 毓建六子承
    - ○毓建
      - ○章烈
        - ○華盾
        - ○華衍

毓黨 往台

章河 俱宵台

章見

維侯

毓寬 止

毓膝 承深沪本宗

淑齋公派長房三房三十三世至十七世圖

嘉怡
維笑
毓律　毓看往台
章同　章然往梹榔嶼　章萬殤　章慈　章行往台
華料　華揪　華黟　華梳

○嘉城 住澳
○維秋

○嘉壎 住澳
○維元
○維[illegible]

○嘉增 住澳

○嘉嶽
○維瑾 養
○毓對
○毓陳
俱卒台

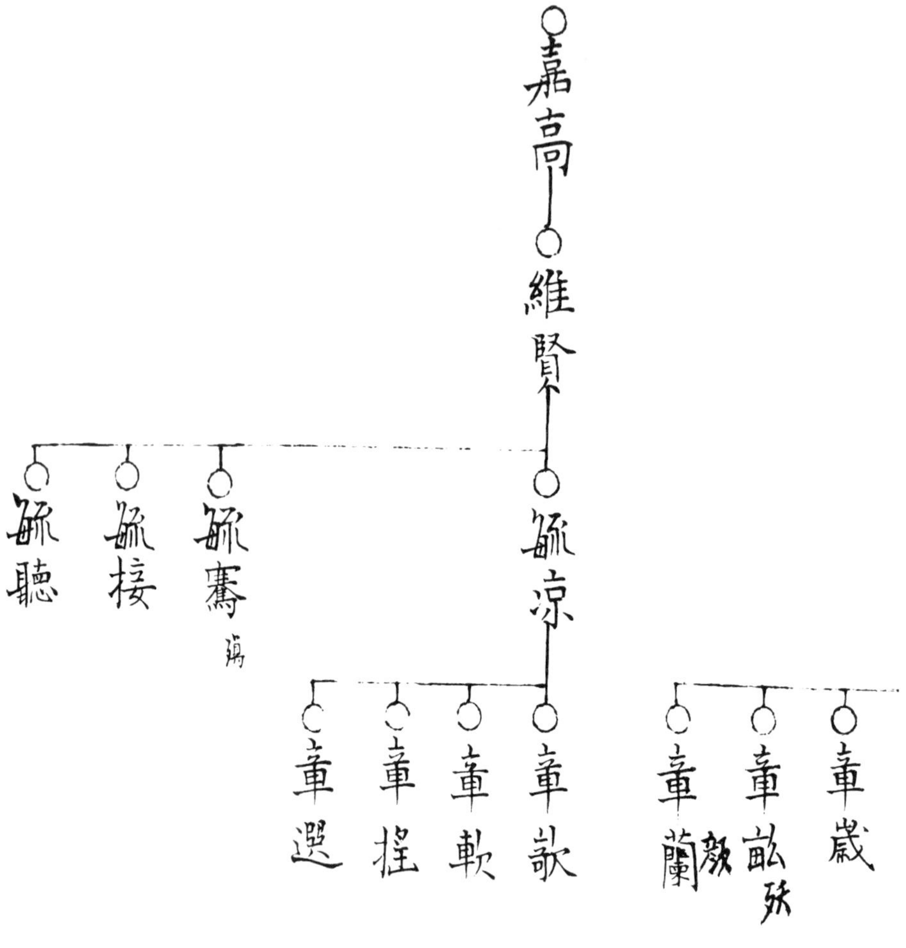

嘉高
維賢
毓凉
毓騫
毓接
毓聽
章歆
章軟
章捏
章選
章歲
章畝
殀
章蘭

○嘉杓 住灣

○嘉就 住灣

○嘉庇 住灣

○維章

○嘉壹

○維淋 鴉

○維雪 卒港口

○維正

○毓付 鴉

○毓解

○韋瓊

○韋蓮

○韋鋪 夭

- 嘉祿
  - 維孝
    - 毓吉
      - 章椿
        - 華琴（章水長一）
      - 章水
        - 華琴（承重）
        - 華代
    - 毓生（夭）
  - 維長（莫考）
  - 維廣（莫考）
  - 維協（莫考）
- 嘉老（契來仁台）
  - 維添
  - 維符

淑齋公派長房三房二 十三世至十七世譜圖

- 嘉德
  - 維宜 住台
  - 維道 卒台
  - 維獅 卒台
  - 維清 承洒洲
- 嘉厚
  - 維梅 住台
  - 維素
    - 毓漢 維宇次子承
      - 章爲 止
      - 章陣
        - 華的
- 嘉爵 養
  - 維宇
    - 毓香
      - 章聰
        - 華習
      - 章讓 夭
    - 毓漢 承維素

〇嘉福

〇嘉墀

嘉焰

嘉燦

維乹

維朝

嘉純

嘉富

〇嘉耒

〇嘉犀

嘉益

〇嘉覇

〇嘉鎮

〇嘉侯

淑齋公派下十三世至十六世圖（長房三房長）

此派俱住灣

- 嘉鏻
  - 維高
    - 毓升
      - 肇瑞
  - 維亮
    - 毓英
      - 肇盛
    - 毓雄
    - 毓汀
  - 維和
  - 維京
- 嘉鑣

章寔

華麟　章壬次子承

華出　章壬四子承

華讀　章壬六子承

章荣　殤

維烱

毓 殤

毓儒 維欣三子承

章壬

華宗

華麟 承章寔

華鳳

華出 承章寔

華聯

華讀 承章寔

華諸

華云

華[illegible]

維賞
毓聘 殤

維禮
毓湖 養
章桃 卒台
章寶 毓捷三子承
華斗
華挑
華丑
華[illegible]

章恩
華搜
華尋
華恳 殤
華典
華全

維妙

毓提 維耀次子承

章海
- 華守
- 華堅
- 華前
- 華占

章提
- 華縱
- 華伴

章寶 承毓湖

章炎
- 華助 殤
- 華鎰
- 華汲
- 華平
- 華所

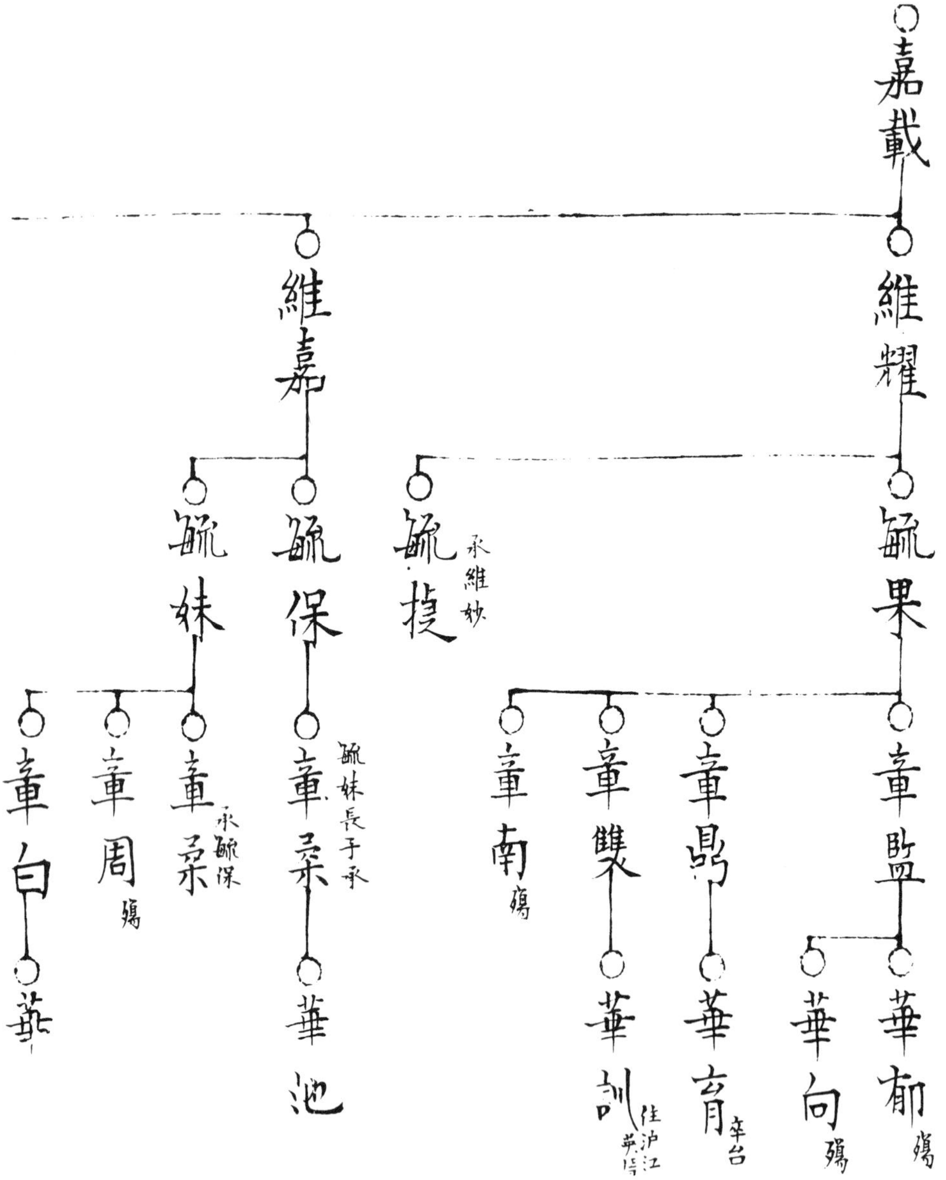
嘉載
維耀
維嘉
毓果
毓捷
承維妙
毓保
毓妹
章監
章鼎
章雙
章南
殤
章桒
毓妹長子承
章桒
承毓保
章周
殤
章白
華郁
殤
華向
殤
華育
卒台
華訓
住沪江
華池
華

章壤

章務

毓慶

章粧 殤

章綬 殤

章及

華來 殤

章繭 往番

章六

毓儒　承維烱

毓斌

章詩

章啓

章岺　殤

章察　殤

章聳　殤

毓輝

章爆

華漂

章銳

章牌

毓賀

章宙

華清　承章〻

華

華江

維欣

毓秋 挈眷住澳

章洪

華法

華全

華〃

章知

章壽

毓欽

章昭

華漢 章宙次子承

章箴 住台

毓淵

章抵

華熾

華坪

華綽 殤

淑齋公派下長房三房長　十三世至十七世譜圖

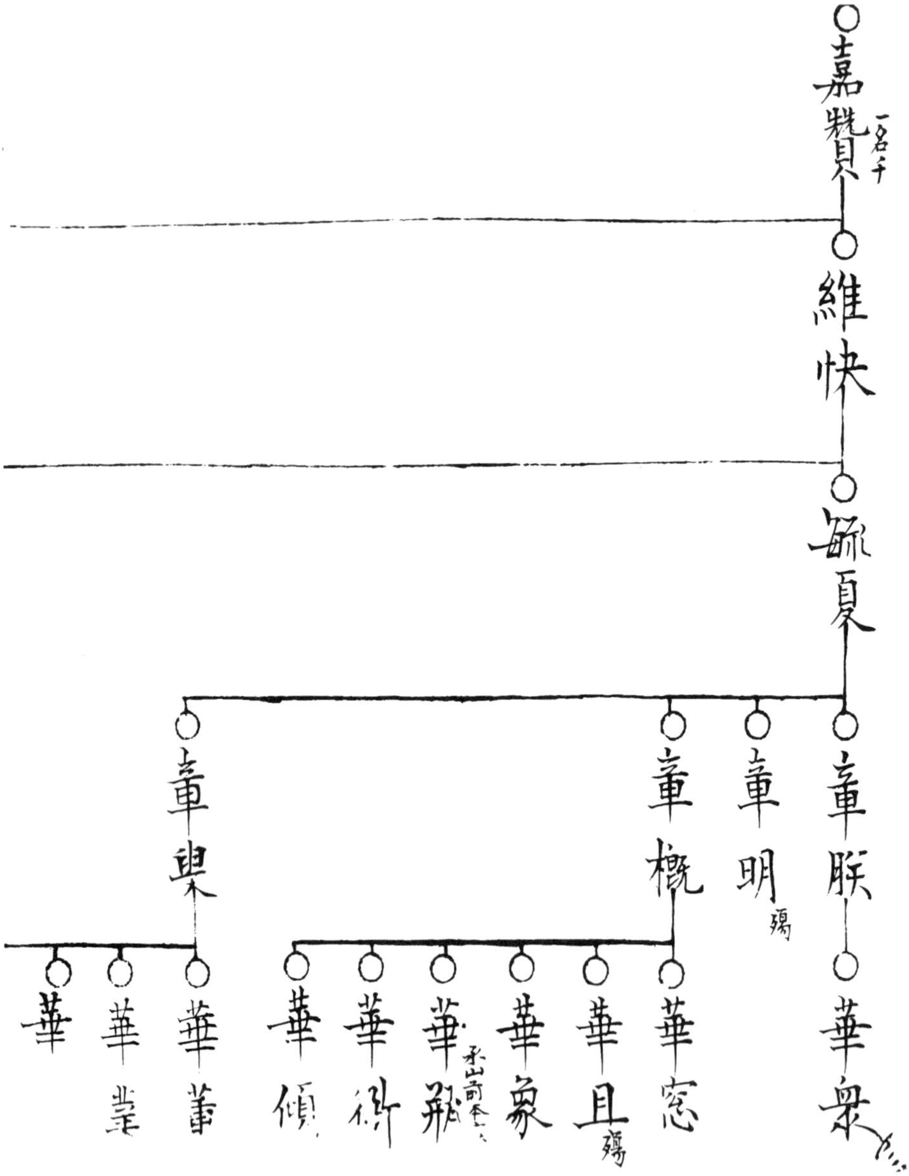

淑齋公派長房三房長十三世至十四世圖

嘉淑

維寶 住澳

嘉嗣 住澳

維仁 殤

維遠 殤

維尚 生康熙己卯十月廿六日

維草 止

毓答 出承外姓

韋往 現居白沙

法

維寧

毓最 住廣

維遠 出承

嘉暢
維偕（止）

石芳
維聵（莫考）

嘉會
維尊（卒名）
維容（莫考）

嘉琫
維憲（卒台）
維羣
毓力（住廣）
毓恭
章純（居白沙）

嘉論

維彭

維岳 止

維卯 止

毓榜 維祐四子承

韋偃

韋榮

韋丁

国参

国张 承華富

国扒 承華千

韋認 殤

韋溪

韋五 殤

毓却 在呂有子

龍衣

維從　維壁

毓懷 止　毓記 卒台　毓挺 止　毓天 殤　毓燕

華欵 養

毓鶯

華日　華義　華驕 卒呂宋

華赤 殤　華咜

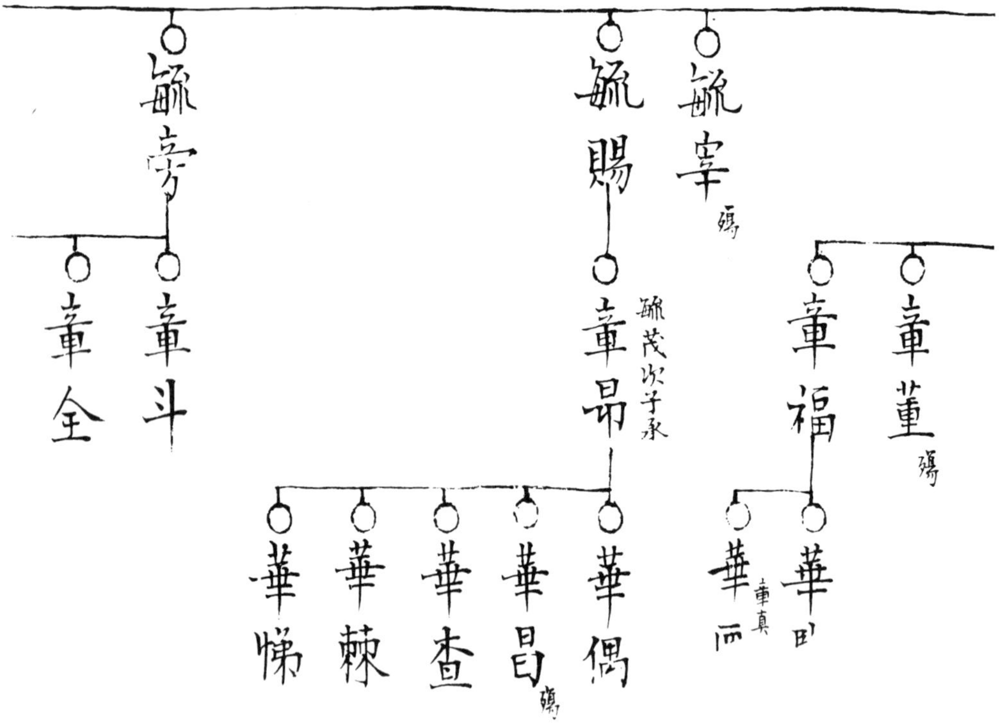
毓旁
毓賜
毓宰
殤
章全
章斗
章昂
毓茂次子承
章福
章董
殤
華悌
華棘
華查
華昌
殤
華偶
華而
章真
華田

嘉世

維祥（嘉忠次子承）

毓茂

章寬　章昂（承毓賜）　章店　章真

章寬：華念（章店長子承）

章店：華念（承章寬）　華助　華来（殤）　華舉　華贊

章真：華[illegible]　華[illegible]　[illegible]（承九）

毓两 承杏墩本宗

毓榜 承維彭

章薦

章川

華响

章扶 嫣

章入

章杞

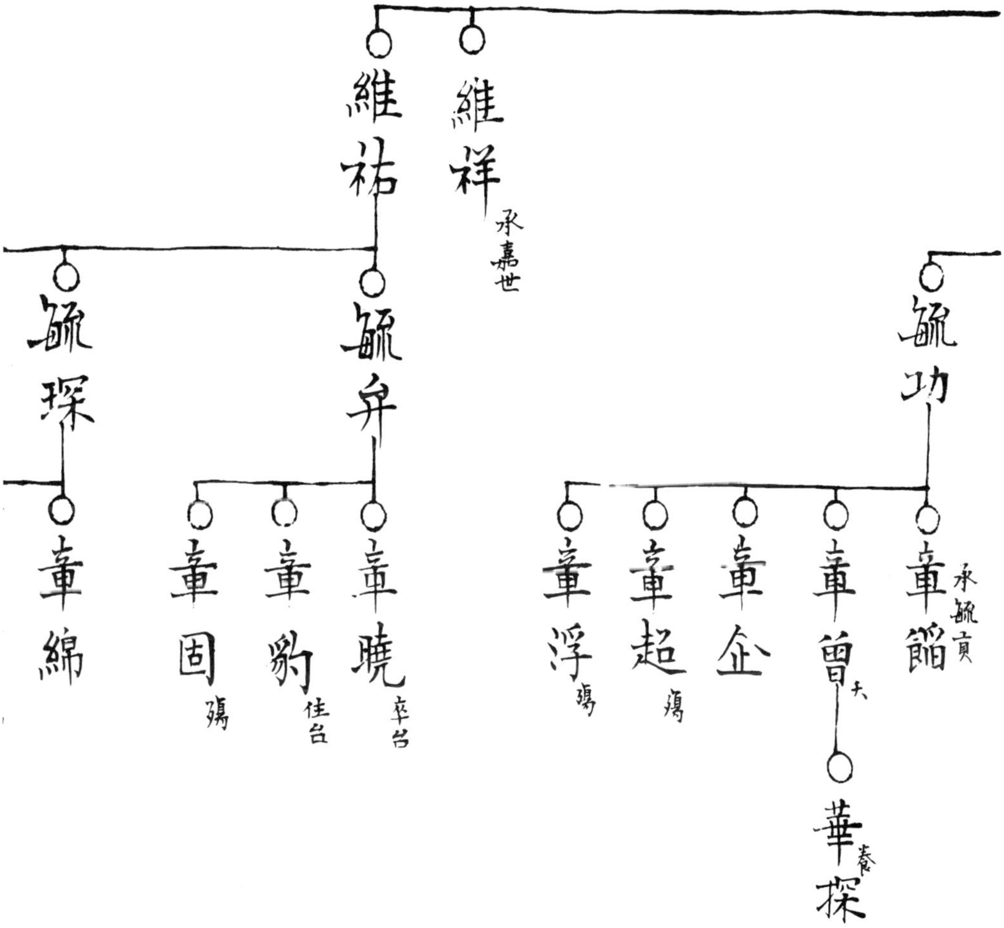
維祥
承嘉世
維祐
毓弁
毓琛
章綿
章曉
卒台
章豹
住台
章固
殤
毓功
章餡
承毓貞
章曾
大
華探
養
章企
章超
殤
章浮
殤

毓三
- 華仍
  - 華
  - 華

毓月
- 華剡
- 華佇 ○

嘉志
- 維祿
  - 毓亘 卒番
    - 華謅 毓功長子承
      - 華傳
  - 毓抱
    - 華栽 往栟榔嶼
    - 華獺、承山前本宗
    - 華體 殤

○嘉都

○嘉意—○維玉

淑齋公派長房長十三世至十四世圖

此派俱住灣

○嘉奎

嘉韋

嘉全 — ○維德

嘉業

○嘉隆

○嘉貞

○三弟—○會儀（養）

淑齋派三房二 九世至十三世譜圖

此派舊載原住晉江浮橋仍移在泉城通后廿四間

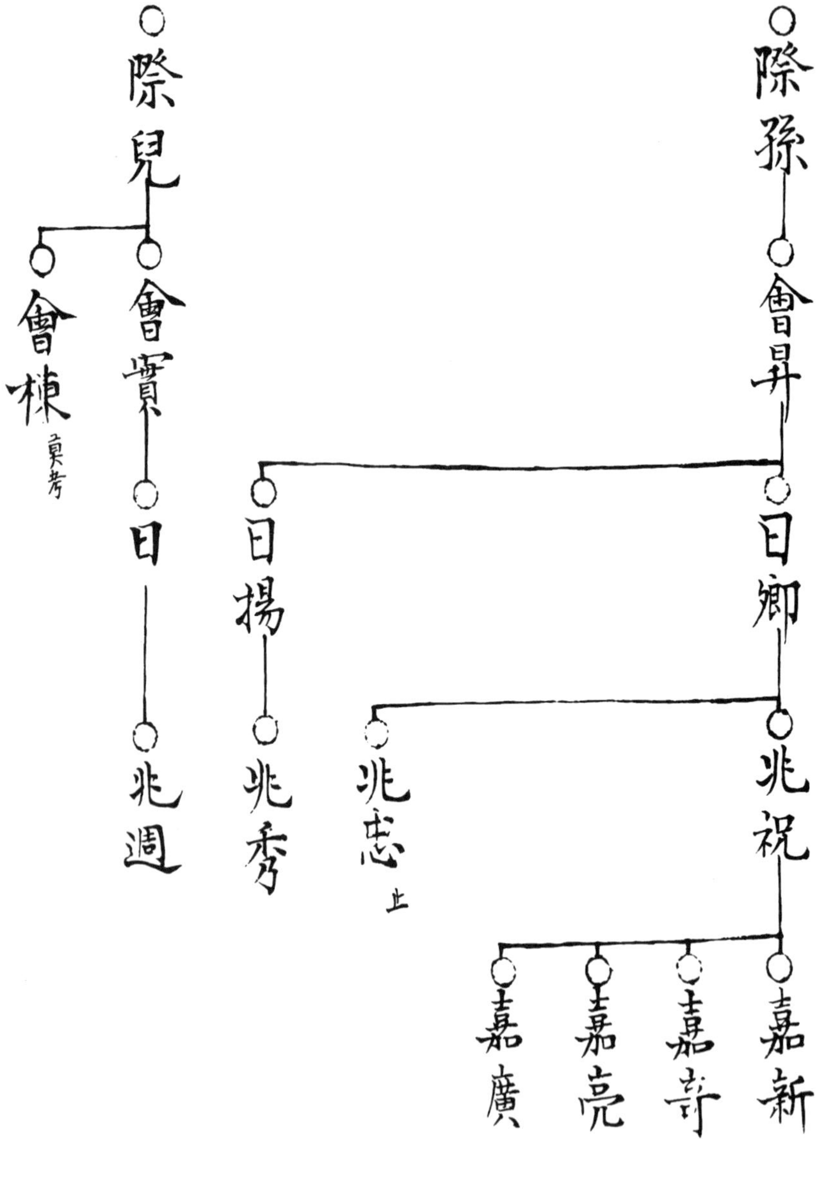

淑齋公三房長九世至十　世譜圖

- 際文
  - 會貴 止
  - 會貫 止
- 際藝
  - 會友 莫考
- [illegible]
  - 會質
    - 日清
      - 兆喜 止
      - 兆宋 止
      - 兆來
        - 嘉嫣
      - 兆成
        - 嘉老
  - 會賓 莫考

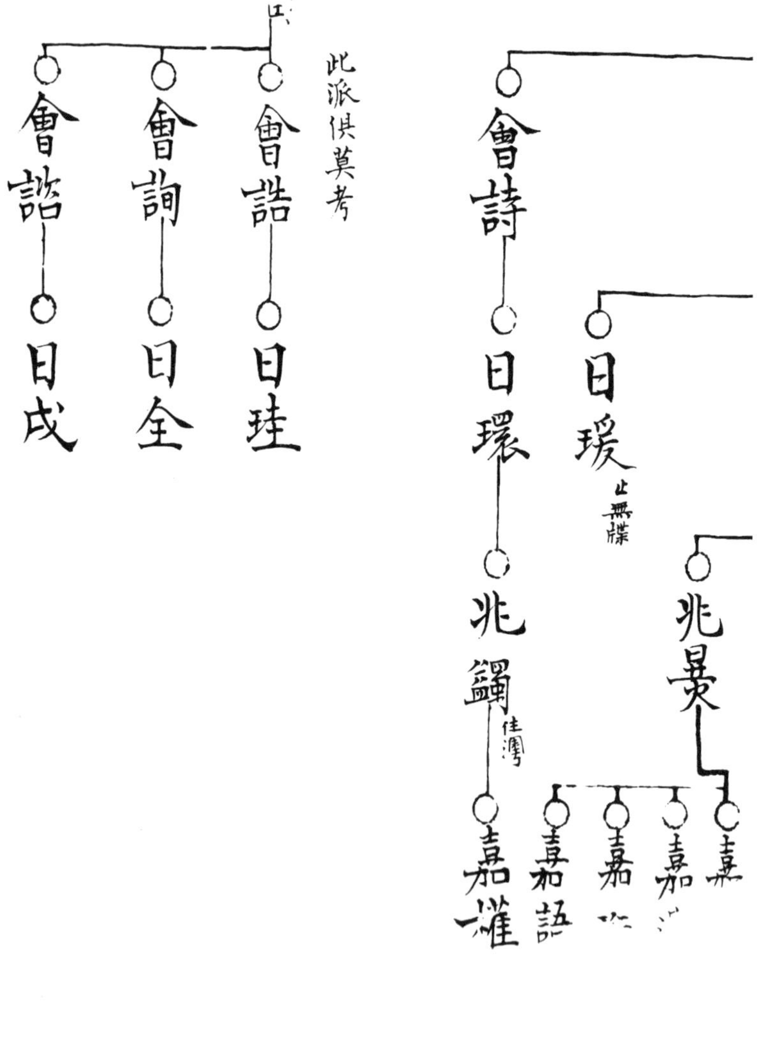
會詩
日環
兆鐲
住灣
嘉擢
日瑗
止無牒
兆晏
嘉語
此派俱莫考
會誥
日珪
會詢
日全
會諧
日戌

淑齋派長房三房四　九世至十三世譜圖

- 際德
  - 會詔
    - 日璽 止
    - 日瑞 止
    - 日瓚 止無牒
  - 會諫
    - 日璧 止
    - 日珙 止
    - 俱無牒
  - 會謀
    - 日璉
      - 兆曇 止無牒
    - 日璀
      - 兆晲 殤
      - 兆曼
        - 嘉起
        - 嘉拔
        - 嘉 以華
      - 兆旻
        - 嘉 味
        - 嘉

○際綍—○會

承朱家流寫黃州

○際臨—○會綱

莫考

無牒

淑齋派長房三房三　九世至十三世譜圖

際煌
- 會綸
  - 日鑑　止無牒
- 會績
  - 日鉉　止無牒
  - 日錦
    - 兆厚
      - 嘉助　止
      - 嘉春　止
      - 嘉佳
      - 嘉意
  - 日錡　止無牒
  - 日錄
    - 兆遲
      - 嘉興　止
      - 嘉裕
      - 嘉怡
      - 嘉木
  - 日鑄　止無牒

際烺
- 會綰　莫考
  - 日鎰　莫考

際萬
- 會維　莫考無牒

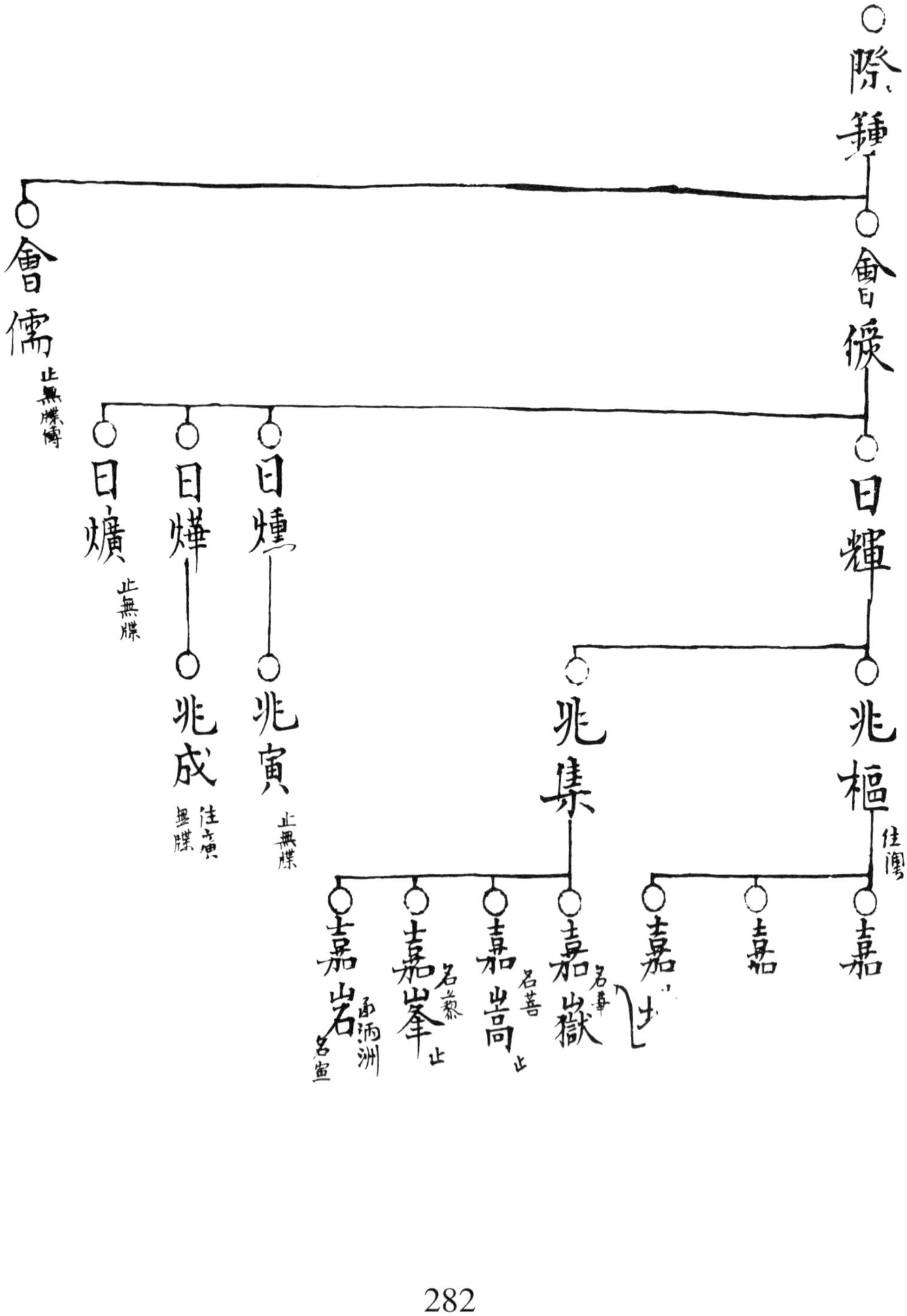
際鍾
會儒
止無牒傳
會倓
日熗
止無牒
日燁
日熩
日輝
兆成
住演
無牒
兆寅
止無牒
兆集
兆樞
住閩
嘉岩
名宙
嘉峯
止
嘉嵩
名善
止
嘉嶽
嘉
嘉
嘉

日闇

兆尊 止

兆保 止

兆治

嘉壹

嘉高

會傳

日闞 止在灣

會儲

會攸 俱止無牒

會修

日童 不知去向

日膺 歿在灣

○際申

- ○會俊
  - ○日開
    - ○兆沛 殤
  - ○日閎 止
    - ○
  - ○日闉
    - ○兆全 殤
  - ○日閣
    - ○兆愈
      - ○嘉杓
      - ○嘉就
      - ○嘉庇 俱住廣
    - ○兆倉 止
- ○會儔
  - ○日闍 止
  - ○日闖 止
  - ○日閭
    - ○兆尊 淑 住廣 止

淑齋派長房三房二 九世至十三世圖

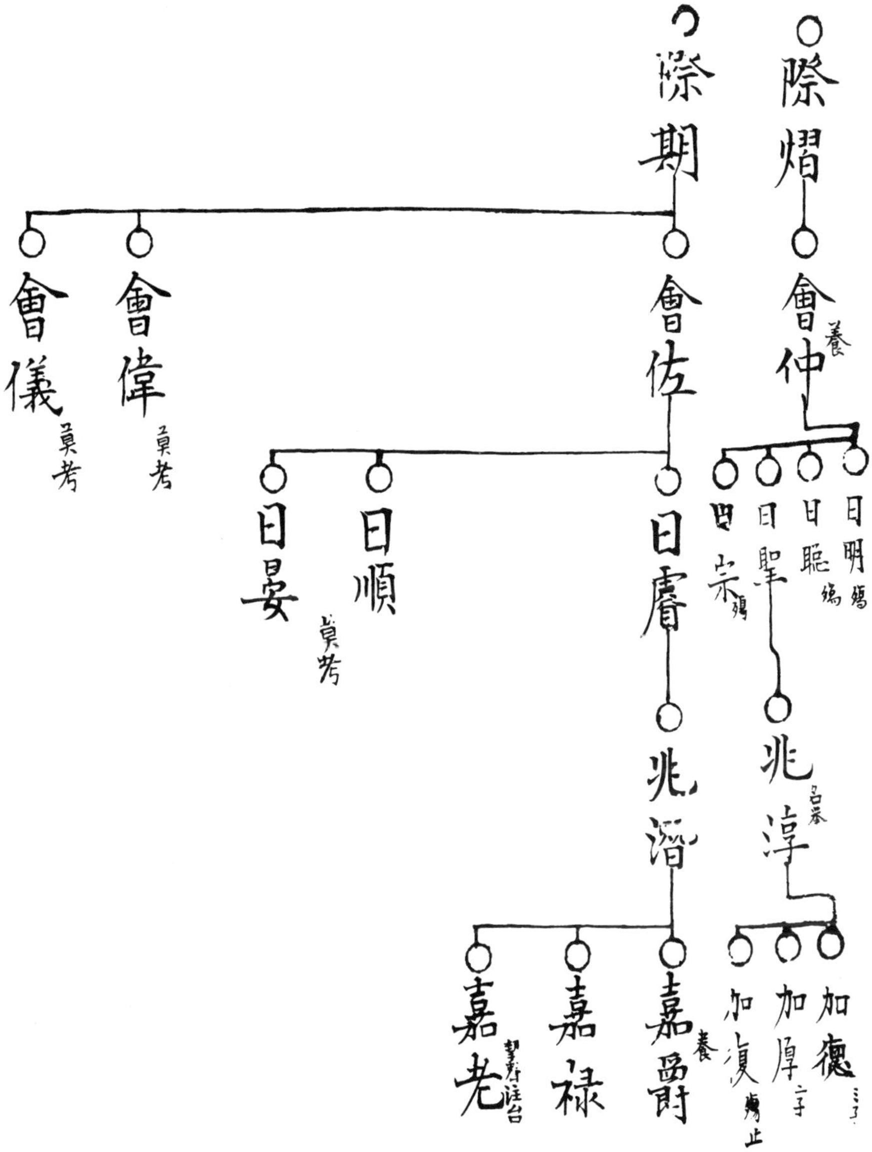

際龜

會寶 止

會定

日焜

兆仲 傷

兆共

兆江

俱莫考無牒

會宗　止

會寅　早殤

會宣

日膽

兆懋

嘉焰

嘉爍

嘉純

嘉富

兆惠

嘉福

兆恩

嘉墀

以上俱住澳

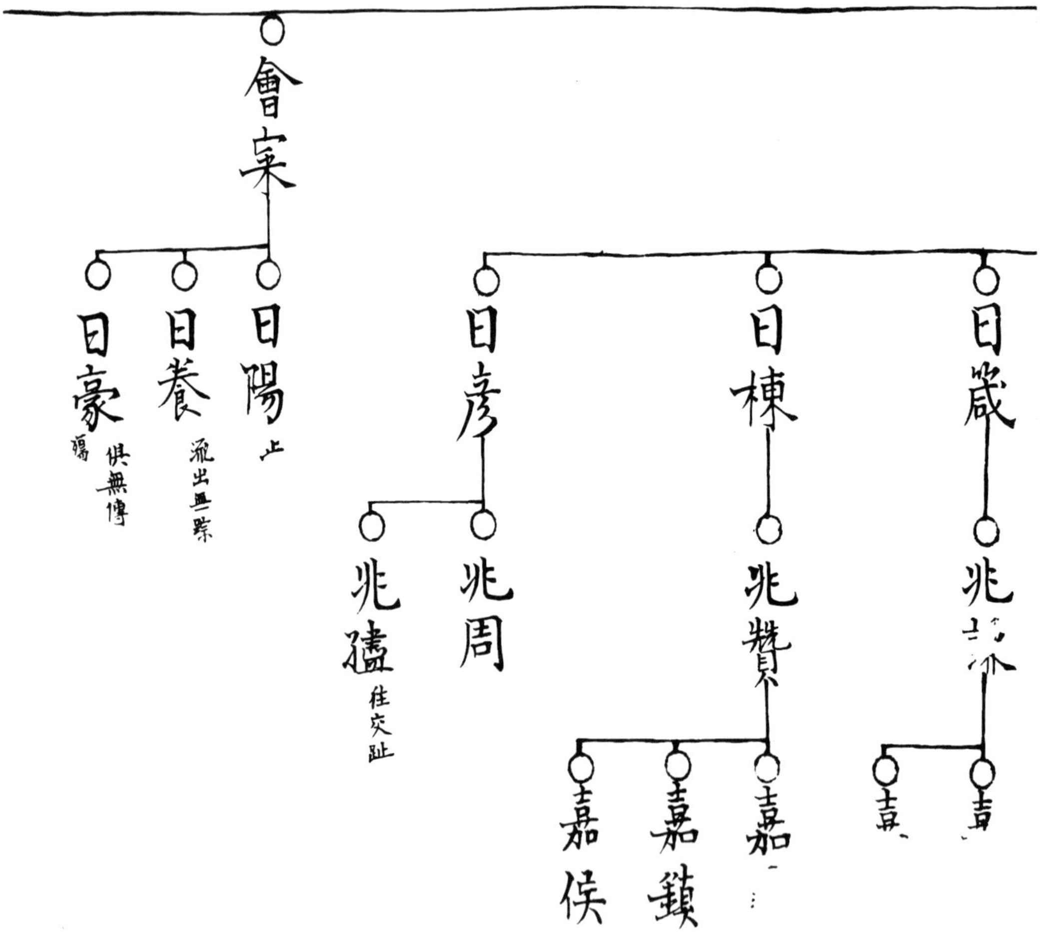
會宷
日陽 止
日養 流出無踪
日豪 俱無傳
日彥
兆周
兆蘆 往交趾
日棟
兆贊
嘉鎮
嘉侯
日箴

嘉鍾

日策
兆焰
嘉未
兆焕 止無牒
兆爵 止無牒

日朱
兆爍 止無牒
兆煒 止

日渫
兆濟 止殤
兆範 員考

日英
兆[illegible]

- ○際鶴
  - ○會業
    - ○日魁
      - ○兆咸
        - ○士　此支原七
      - ○兆顯 止
      - ○兆基 止
      - ○兆禎
        - ○嘉餉　此支住灣卒紫屯
      - ○兆梓
        - ○嘉千 一名巖
        - ○嘉載
      - ○兆恩 止
    - ○日東
      - ○兆闢 止
      - ○兆泹
        - ○嘉鏤 一作鏽　以下俱住灣

淑齋派長房三房長九世至十三世譜圖

- 際
  - 永年
    - 會宇 止莫考
    - 會宙
      - 日常
        - 兆蘊 莫考
      - 日晃
        - 兆安
          - 嘉昇 止無嗣
    - 會寅 止
    - 會運
      - 日源
      - 日肆
      - 日潤
      - 俱止莫考

淑齋公派長房二九世至十世圖

天爵

祖居 先住廣州南海縣後住達覌才無牒

會二

會適

日熊

兆琰 殤

兆琛 住廣

兆瑞 住廣

日庶

兆昕

嘉

嘉

嘉法

淑齋公派下長房長九世至十三世系圖

際復 應

會遇
日熙
兆騰 止無嗣

會适 止

會述
日杰
兆冬 迁移莫考

日烈
兆居
嘉文
嘉忠
嘉世
嘉襄

日默 默
兆映
嘉
士

日寗

兆理

兆敏

兆睿

以上俱住灣

會達

日聯

兆濬 道

嘉都

嘉意 兆厚四子承

淑齋派長房長九世至十三世世系圖

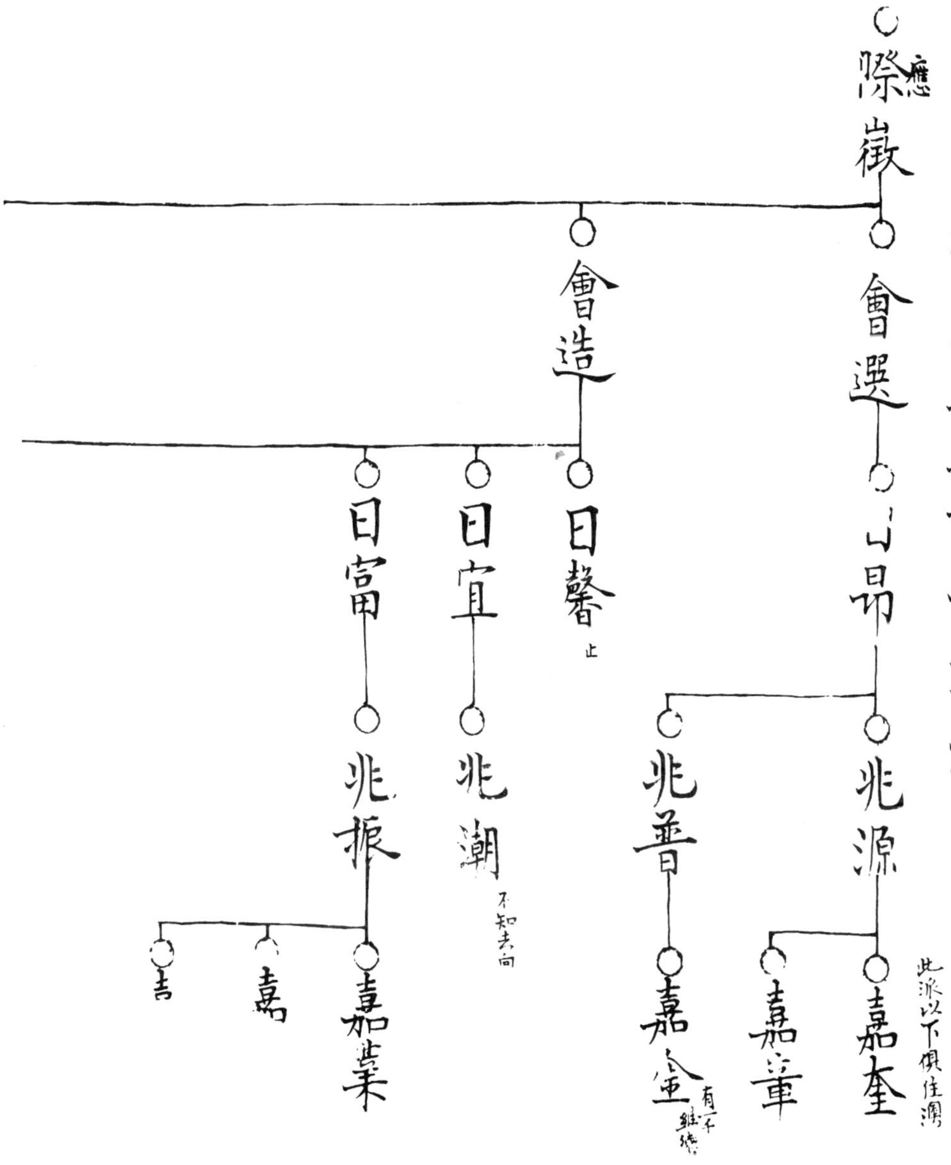

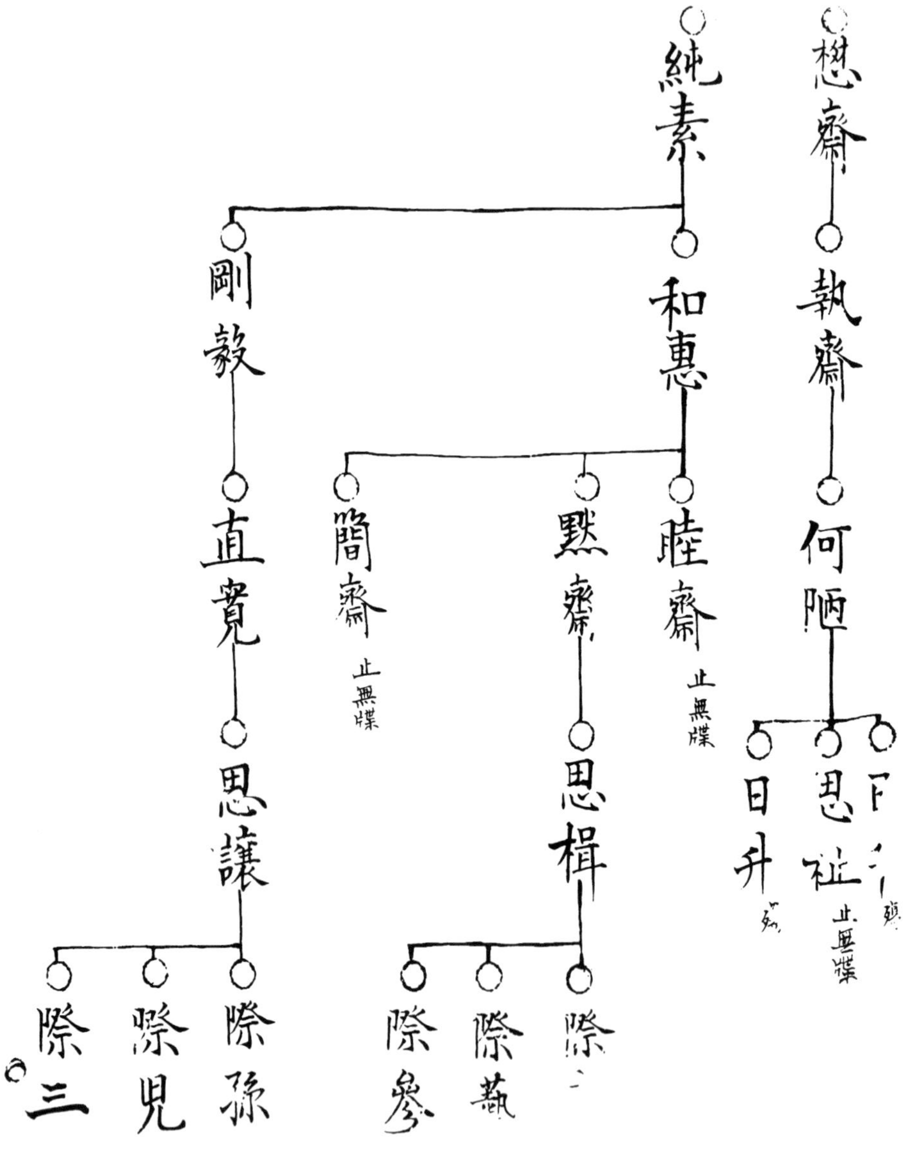

懋齋
執齋
何陋
日升
思祉
止無牒
純素
剛毅
和惠
睦齋
止無牒
默齋
簡齋
止無牒
思揖
際藝
際參
直寬
思讓
際孫
際兒
際三

岳山

思壯

際煒 止

際煌

〔福建晉江〕武城曾氏重修族譜不分卷〔一〕

〔清〕曾紀瑚等纂修

〔福建晉江〕《武城曾氏重修族譜》不分卷，清曾紀瑚等纂修。同治十一年（一八七二）東南兩宗裔孫聯修。泉州晉江曾氏分支開基祖延萚，官團練副使，唐僖宗時避黃巢之亂，自河南光州固始佐王潮入閩，歷汀、漳、泉、福諸郡，遂居晉江，時光啓二年（八八六）。譜分十册，首册譜敘、修譜條例，及唐以來敕詔、諭祭、御贊、御詩、御論、御序、賜扁、賜樂、誥封。二至十册載武城曾氏譜源，及㝷公、浼公以下各房系宗支，而尤詳於鳳公房、隱公房、貞富房、貞魁房、貞潛房、貞澤房世系。是譜於族中分派甚詳，宗支本源，一皆條理，俾令次第有序。入清以後，曾氏族人渡臺者甚衆，其分佈以雲林、彰化、嘉義、臺南、臺北爲主。譜載康熙時興添「出居臺灣咬狗的庄」，乾隆時毓贊「没在臺灣」。往南洋者，如傳卜「往吕（今之菲律賓）經營，未回」，康熙間尚進、衍使在吕宋没。可據知曾氏後裔徙居臺灣及海外之實情。是譜修成於清同治間，光緒至民國間又有所增益。據木活字本影印。

非其後者之冒而宗之爲
其後者歟而歷之不唯於
聖裔綿衍易淆亦且無
以仰副
聖朝崇儒重道隆興郅後之
至意也閒譜牒之宜修
詎非重哉顧我族舊譜自

宗聖廿五代孫漢関内侯援
公宦事二郡宦聖族南遷
晉帝御史大夫慶公生二
子長偉次騈分東南兩
宗偉公後知州誉公後裔
下前諱翰積南宗二房
祖騈公後侯檡公產諱集

東以聚翰林即我東宗
房祖嘉慶間余先祖
汪瀛公与南宗雲臺公
滙核詳明考真識偽
雖子姪之散處星羅碁
布罔不支分派別有條而
不紊焉甲午秋乞假南

卜興南宗興樸伯仲暨
先人舊蹟以重新之合
列者譜系詳所由來推
所自及傳者雖潛無錄
雖著雖盛必鉏其間
理學文章德行深績
忠孝節義代有聞人

特加筆載既碑且詳俾後之人覩慕闡揚用伸激勸非淺鮮也夫禮莫大於尊祖敬宗而譜莫重於存真杜冒予小子恫慙謬膺國家寵命之至鑾之廟之庭列

爲大宗統居海内曾氏
於斯固責有攸歸況
我族家史更異齊民
適當
各大上憲不次通飭必須
東宗核蓋鈐記南宗恭將
世宗憲皇帝欽賜省身念祖四

宗圖宰琢頁積蓋並蒙
衍聖公府積蓋紫印方
為嫡派確據優免庶混
冒籍而聖裔清矣於戲
收族於廟而宗廟嚴收
族於譜而子姓秩牒譜
告成簡卑余而瞻稽序

其思親念祖之心者有不
動其仁孝之思而鼓舞於
萬親追遠者乎有不生
其親愛之心而勃發於
興仁興讓者乎有不期於
日着勉其忠恕而盡心於
誠正修齊者乎以爲值東

婦聊序數語以弁其端
凡我宗人因譜其族嚴
所尊愛所親追宗譜獨
以血脈而傳道脈吾黨所
厚望也夫

皇清道光十七年丁酉夏吉
宗聖裔嫡龍襄翰林院正

經博士
勅授文林郎七十一代孫玉雯
宗子紀湖謹識

武城曾氏族譜敘

春秋以來道在

孔子孔子之道傳諸顏孟歿

復聖以明睿之姿而三月

不違尚有一間未達

宗聖以沈潛之質而三省

識身率致一唯傳道今

國家褒崇聖裔屢深
皇恩博士有襲襲差儒有兗
雍正乙巳匾
賜省身念祖又
賜道傳一貫其典其禮襲前
代為加隆則後裔之流
衍於天下者又安得不

矧修譜牒以奉禋祀乎

崇孝曾氏溯姓之所原

於姒氏鄫五十五傳世子

巫奔魯易鄫爲曾又

五傳至

宗聖始居武城由是巖處

四方或楚南或江左沿

源於山左其廟最甲於臺省者後先相望俱能紹先哲之澤於不衰第歷年既久支派日繁非有仁人孝子探本窮源則支派系亦湮沒而

未孝比思著
宗聖之要學於
聖門也十傳宗經齊治均
平家皆於誠意推之
曾子門諸篇周詳律讀
門雖不遠處皆於孝思
豐之歷由悠然追遠之編

識以行孝如曰惟深履
薄之臨孝以盡識也
他如曰忠曰恕無非盡
乎識之量以無非滿乎
孝之量圓不虧孝
强一畫瞭之使以事親
識身無訓也思曾氏

之欲敬宗收族者第觀子家法可矣以天下之欲敬宗收族者第觀曾氏之家法可矣抑余尤有感焉余自少游京師歸過山左思欲入

闕里眺武城以來
先聖曾賢之遺蹟而來果矣
後彈筆右集校書來
疏數千里外閭翁博與
雲臺諸公睦譜建廟
得見以發纘緒之趣至煌
煌而之神作者人也

粟時宥備濟探源泗水
祗謁杏壇流連書象
講學之地焉
宗聖之裔與
復聖之裔俱能志數而譜
稽之而所道之傳獨
濟其宗竊願與

聖裔潛闡緒論也

時嘉慶丁卯秋

賜進士出身

欽點翰林院庶吉士入直

武英殿充

國史館協修官加一級蓉

峯再拜號毅頓首拜

武城曾氏重修族譜

譜者寔書也率族念祖同歸省身無譜睽屬族也而遠人之矣雖勵真孝無辱先而泛不切己鮮不對面千山若以共譜之人率念共祖之訓者則大有異焉昔哉

宗聖公三省誠身一唯傳道孝經大學其義宏深而其中訓行道訓齊家總在立身修身者恐人忝生辱先而不孝也海內讀其書者無不祖之宗之剏爲其後顧可不念其祖與然率乃攸行之達人亦豈

起矣再傳元申華三傳西四傳欽五傳平海侯㝵八傳尚書全煒皆以孝行稱天下十五傳關內侯據移孝作忠以節傲新莽挈族徙吳之吉陽此不辱身即不辱先者也是吾祖之道又南行矣年愈久

衍愈蕃由吉陽而楚廣閩粤川雲貴省其間忠孝節義道德文章具體而微之草史志斑斑然總不離以孝立其本者近是嘉靖間衍古公念房脉祖也奉

旨東歸就職翰林貢文繪公每稱

其為顯親之孝由是以来沐
皇恩屢世其官者壹是皆以勵孝
追前為本雖近乙巳匾
賜省身念祖四字是吾家之孝德
得煌煌
天語獎許而更震矣追至余身敢
謂無忝所生第經言守富守

貴在孝不溢不危者亦嘗戰
競自揚焉歲戊午與雲臺商
新纂譜雲臺名衍詠居甚之
寧鄉爲廣文銓後麻田房也
御史慶生二子長[illegible]次駢偉
後衍麻田駢後衍嘉祥萬歷
間雖他有故而余兩房之先

人素友愛勵者行屢成總譜今雲臺既修總廟於楚省又郡各房縉紳與余及余子州判傳錫余孫翰博紀連鋤異校真正訛補缺釐易襄葛將舊譜而新之是又結一重翰墨緣其相勵為孝行者也幸

書集矣披覽下漁者莘莘者
親親者固由是聚邇遍如一
室家合族之身共念一祖之
訓焉省之其勇往奮發自必
大異尋常夫士人居恒讀書
過古人事之可傳與夫己分
之所當爲者每歎欽仰羨而

不禁甚感力有不足特伯相呼而歎為況共吾祖若宗也哉況共為其子若孫也哉心正身修身修家齊此吾家大學之教由立身以事親孟子親以事君與吾家孝悌之教除老子曰知之者得祖之詩

不知者對面千山又曰[illegible]遠守其鄉事而真靈遠寄於靈之則神魂藉族于以吾曾氏之公讀吾曾氏之書守吾曾氏之教省吾曾氏之身識宗諸己而不求諸人也果能權日省之是無辱先人忝為

宗聖之後即無貿哉

聖朝博士有蠲差徭優免之作育也則共吾譜之人無不知而皆知之無千山而皆分付其爲念祖也亦已多矣寧不快哉余與晉重修譜之意諄諄在此矣書簡端以屬望

旹在
皇清嘉慶十一年丙寅夏五吉旦
世襲翰林院五經博士
勅授文林郎六十九派宗子毓壎
注瀛甫沐手敬譔

譜叙

孝經一書家叢忠柳玭謂門第高者一事隳先訓則無異他人是以譜已不得不並識贅言云云讀之令人悚然矣哉

一體之聖賢門第篤矣父子
昭然載諸經傳爾要
大道維持人心其功
踊躍矣讓而其最著
孝之一字問答綦詳垂
訓萬世凡讀書種子

無不祖之宗之常格者諸其門墻睍而其深者之於先訓又常為詢然也閱內後樸以能贊之祖訓者美爲至聖千百代孫懷忠義恥毅

蘇由山東遷吉陽嘉
靖間道路南行路遙
後分兩大宗矣御史
慶生二子長偉次驛嘉
靖間諾獨守墓驛後
質粹盡千如園見湖漵

推讓歸而東龍是為
東宗房偉派遷寧
鄉者乃我祖考妣公
是也西傳潮鹽為
宗聖五十九代嫡孫也恭逢紹
訪於邑西千五里務余亭

巖台亭之名等讓其襲
國君有綜廟貌有
先賢序第一所壽享而南乾是
為南宗房其散衍凝固
而忠臣為孝子為宗城其
為節婦為文人武將

理學名儒班〻輩見諸史忠甚難更僕而其要陰騭寶覺訓立身行道〻不外孝經之義素近是族繫矣譜牒家子之法南宗設局東

宗查核兩柱混冒呈
公查核即外東宗蓋
欽記南宗恭將
世宗憲皇帝欽賜肖身念祖
四字圖章遞頁兩界蓋之
存案杜冒疊叢亂雜

東峰西還，總之也已數歲矣。現嘉靖間奏請翰博，告旨稱為吳正明。白嘉慶間山東峰覆宗，鄉人譜盡至南宗，已按舊派圖加稜峰

鄭氏稱南宗譜牒寔是
後裔是書譜為一族之
源流實乃鄉黨徵名理
造祭祀宗支其亦孝
也大清歲己卯余奉
聖旨
撫憲疊札防興寧鄉汛

學協畫而杜子嗚呼
譜學易言蘇歐陽子
書未講全覈子王
僅儒謂武城譜
曾子八代孫曾之煒如九代
孫楚之譚以指漢尚書

玄聖人之去不遠近聖
人之居最甚兩次脩葺
實篤親追遠之訓詳明
而觀此梁時之見積矣
自時之嚴隆孝慕者矣
廿九代興三十二代誼作

唐譜三十九代上祖國輝
東宮使耀始叙而作
吳譜四十四九舜代著作
郎遷擢官潮陽秘書
少監後作宋譜至七
代侍郎晞顏五十一二代

翰林賢與申作元譜續
録譜者狀元際宗能元勗
五十五代也滙出譜者例
選教諭徐考南平縣
子嵩五十八代也免作
於前奇丞濮盤二十

一代之翰博泰東山斗
歷代以文作於後皆明
譜如康熙間山斗四代
家祖物因去葬慮偽
譜疊起又灘舊譜而訛
之此宗子譜之大凡也矣

代〃孝思繩〃相續照耀人間先博士家四歐陽子不讀支庶譜篇而探長嫡全簡亦必津〃繹善不識往牒而牒往亂余忝居其

後敢之繩武而葺舊額東宗孟巡父子公孫携海内各譜互相考訂而集美舉焉吾因之有感矣天地之性人爲貴人之行莫大於孝

西坊曾氏重修族譜

祖德宗經垂而赫赫矣人耳目固不繫於宗廟與譜之有無繼有之更足以繫人之心思鼓人之氣力慓之向往而不能已明宗而要

友余既復受譜果得觀葉蕭中之蕊一派京一派君謨京子孫懇款所為與人言每自詭為君謨後夫系之祖妙宗德勝君謨

亦富萬倍顯京子孫
謔混君謨念既已鈍
笑號於其派又何限
其修身性行事雖多
而孝之一言可蔽居
要不莊非孝也乎者

不忠非孝也莅官不
敬非孝也朋友不信
非孝也戰陣無勇非
孝也斯訓具在且蒙
世宗憲皇帝申飭天下矣況
在吾族可不勉乎哉

舉顯蓉京所而使人
愧為其後所而墜焉
訓悟已亟自異他人而
其歷朝諸子其相輝
睽而而孝子慈孫永
高門第美柳此之書得

不勉乎肄此葺譜
意也書以自識並
望諸族

道光元年辛巳延菱節

先賢葉芸侯猶齋南宗
子前請翰林院西孫

博士補授
欽賜鉅野屯田署
奎文閣典籍廳典籍加
記級例授文林郎雲
臺衍詠沐手謹識

武城曾氏重修族譜叙

譜者叙氏族之所自出支派之所由分而家運之盛衰亦於是徵焉我舊譜稱夏禹别姒氏至五十五傳世子巫奔魯易鄫爲曾越五傳

宗聖居武城裔雖衍各省而老

譜系以武城統之者益不忘
士者也越十傳上谷大尉逸
生旃九光裔子枋家長沙此
由山左來楚者也旃裔武威
大守寶之後關內侯據不仕
新莽而南遷此由山左家江
右者也越十九傳尚書忞之

珪舊界高豐房界也瀧潭木
塘源現鬱翰博等房我祖珪
也吳大史云西漢末渡江而
南山東之曾無焉盞昔日江
右之曾其先本山左厥後山
左之曾其先又江右事靡定
互徙也今我楚南族人非子

枋後郎珪舊畧後矣其分支
晰系具詳於譜修譜諸公余
弟衍詠述之倫矣衍詠今與
大宗八翰林紀連有綜譜之
役乃屬余以監余雖以一官
匏繫然義不敢辭也茲與此
房首事共竣乃謀不覺慨然

慼之矣嘗閱翰林吳申家藏譜其祖十五傳父子並爲御史大夫孫中丞常侍及觀大學士肇譜叙南豐三祖兩司空一常侍大史吳澄論曰武城之曾盛於魯越十數百年而南豐之曾稱盛南豐之曾

盛於宋又數十年永豐之曾亦稱盛父官御史子居翰苑而其最盛者子檠又大魁天下然不獨我瀧潭房盛也外此伯高蒙龠椿齡鶴齡追亭輩祖孫父子兄弟而膺鼎甲然又不獨泰和一房盛也即我

楚槐之後採花可前宏儒後
採花朝節民遠後太子太保
鑑亦可與江右山左遥相輝
映也迨後衰矣然忠厚相傳
書香不絕且蒙
聖朝優重翰林博士而世襲之尙
可與聖中故家而相抗也論

者以衣冠之衆寡徵祖德之
隆替以爵秩之崇卑證宗族
之榮枯而吾以爲不必專在
此也王充曰操行有常賢士
宦無常遇有常賢無常遇士
何愧焉無常遇必有常賢所
欲與我族人懷中椒以俟歲

芳者也族之子弟勉乎哉一貫忠恕三省誠身家學淵源不待他求矣果能積學修身歌聲金石則曾可化而道可傳又何患家運之不盛乎哉謹告族人各自樹立以承先德以振家聲庶無媿爲

宗聖之苗裔云

時

皇清嘉慶七年壬戌嘉會節前二

日庚寅孫外翰林征苗有功

權就寧鄉縣教

勅授修職郎六十七派東皐衍相

翊儀甫沐手撰

武城曾氏重修族譜

余與潔盤先生竭十餘年心力乃得滙總譜而告成也或

有問於余曰譜何爲而作也余應之曰

宗聖曾子三十七代御史慶生二子長偉亥駢偉爲潔盤房

祖駢爲現襲房祖海内嫡譜歷歸兩大宗子是則余之所

以爲總者主也曰世遠而本之也當奈何曰譜之爲道宜

補也尤宜存眞而杜冒八傳煒十九傳譚均侚書也先後

筆系於漢去聖人之世若此其未遠也近聖人之居若此

其甚也以血脈而承道脈祖傳親炙較居千百載後異姓

人揣測而擬議之也勝百倍矣自是以來二十九傳與三十二傳誼作唐譜三十九傳上柱國輝東宮使耀始敘而作吳譜四十四九舞傳著作郎匪推官朝陽秘書少監渙作宋譜侍郎晞顏五十一傳也翰林巽申五十二傳也作元譜至我聖朝續新譜者狀元棨解元鼎滙眞譜者例選教諭銓知南平縣嵩燈燈相接此宗予譜之大凡也其餘支庶各自爲譜約千餘焉嘉靖己亥詔訪嫡裔天下曾姓之譜紛紛北上西墅公狀元也變陳跡而續新譜滙各支而爲總册銓公保之若腦髓焉我祖好古公捧呈御覽稱

爲眞正明白萁餘紛紛冒上者遂覆瓿矣萬曆[illegible]
潭先考欲續海内嫡譜未克而卒然仁孝之心[illegible]
事陳公之敍經今多歷年所矣余與潔盤先生始得集事
以成先志嗚呼譜豈易爲哉廿世以上本漢譜二十三十
本唐與吳譜四十五十本宋與元譜古今雖殊規式各異
要皆師巽申法歐陽而圖焉其間略者漢則以譚補煒唐
則以誼補興宋則補吳元則補宋今則補 元班班可考眞
盡美矣此譜之爲嫡所以東魯吳楚閩浙廣蜀而無一祖
之不眞也曰外譜紛紛之不同若是何也 曰吾聞之富溪

購雜錄曰吾家之譜舊有二本嘉祐中丞相公亮之弟公望爲江西帥爲先人著作覓去公望與先人敍族系乃兄弟行也其一本藏吾家元豐中余在洪州歸索文字諸子檢出遂失所在余嘗高文中司理南安謁內翰布託文中覓詢遍覓之竟不可得其譜巽申引此雜錄而又跋曰伏考先世所藏譜自闓十八傳珪五子長寬實爲吉陽房居業相承至今墓田概有存者譜牒燦然斷非疑文虛語西墅曰吾家譜牒歷年既久代有賢裔既散而復收夫購爲四十五傳乃著作郎匪子郎五十二傳巽　申族祖也自巽

申至購已八代矣果失其譜何宋時布尙不得而元時巽申何以伏考也噫吾聞藏譜之故於好古公矣自十四傳公望爲隱後四十三傳柏布爲畧後均需我宗子舊譜百討而得郎陰被巽申之先世百討而歸實秘深藏其曰覔去其曰不可得桂勤索而云然也故明後數代巽申乃得伏考而當時布兄南豐先生尙不得讀致歐陽子而訾議之也吾聞諸各祖亦云且西墅既散復收之敘又明徵矣夫南豐先生名儒也不得古本尙有剌謬況其他哉況千百載後異姓王雅量輩妄議摹南武山之爲非哉語云蓋

有不知而作之者又云多見其不知量也吾爲之一誦焉也矣曰敢問其所以一曰王僧孺謂武城曾氏漢尚書譚譜詳明可觀溫□博謂與入我大唐本支益茂乃詳其世系以藏於家其□心既切至矣元開禮謂唐譜極古宜非無自而作之二子者智足以知吾譜而可以息天下好事者之妄議矣余也身羈主鬯不可出走而藻盤先生跡遍海內乃得滙各房系與大宗譜互相較對補缺正訛存眞杜冒竭十餘年之力乃告成焉同亭田南豐先生其名尤著凡稱曾姓咸慕而宗之以爲榮雖背親棄本而不顧者

有矣余以爲得此譜而證之應自愧反本之不速也有何混冒者之難一哉第卷繁等身總譜例歸我兩大宗了惟慮各房數典而忘祖也則摘兩宗與伊房系而給之庶各考究勉旃自力以血脈而綿道脈也尙矣此余與潔盤昔譜意也問者唯唯而退余訓纘次是語以冠其篇云皇明崇正十二年己卯春仲吉旦世襲翰林院五經博士六十三代宏毅泰東甫沐手敬撰

武城曾氏重修族譜例言

一謹遵開派便數典也自明　奉旨世襲以來譜均以

宗聖爲一派凡男子孫若干代數均從此起自此以上溯至

封郕之曲烈計五十八代另圖於前號曰譜源茲敬守

之不敢有易以便數典與就數代數要連本查五服圖便知

一繪具像圖與觀感也漢光和元年戊午我

宗聖固同奉敕畫於七十二子之中唐開元八年庚申又奉

敕畫像坐於十哲之次雍正七年己酉奉

旨選內務府匠人到東用脫胎之法敬謹裝塑嘉祥各廟甯鄉

府第歷均有像茲譜悉照舊圖不敢更易
譜聯東南重宗子也十五代關內侯據由山東遷吉陽
道傳御史大夫夔生二子長偉次驥嘉靖間詔娟守墓
次支驥後貲務[illegible]長推讓歸嘉祥即今世襲翰博房祖
爲東宗長支偉後知州芝徙甯鄉即前請翰博房祖爲
南宗疊經移詳咨奏有案餘族繁衍譜各分修每支冠
東南兩房者重大宗也
一將守譜鵠明去取也吾譜之修八代煒十九代譚均尚
書也前後筆系於漢二十九代與三十二代蒨作序

三十九代上柱國輝東宮使耀始敍而作吳譜四十四九等代著作郎匪推官釗 陽秘書少監渙作宋譜侍郎晞顏五十一代也翰林巽申 五十二代也作元譜續新譜者狀元榮解元鼎五十五 代也滙眞譜者例選教諭縱知南平縣嵩五十八代也 各修於前寺丞潔盤六十一代也翰博泰東六十三代 也合修於後此明譜也康熙間六十四代我羅州同吉 菴公又續之查尚書譜十餘代以上旁支最詳地名 亦古明時諸公將地名而易今收旁支而附嫡滙海內 各譜而總之眞盡美矣嘉靖

聞奏請勅傳奉旨稱爲眞正明白嘉慶間
山東撫部院陳衍聖公府均據東宗申請咨覆
宗聖老譜盡在南宗湖南巴撫憲准因咨部稱南宗譜
本實足憑信是晉譜爲一族之准的矣即鵠也其餘各
有房譜以此編之合則收否則去毋使兩歧眞假莫別
致與本家
標明拼行清聖裔也宏聞貞尚衍興毓傳紀廣昭憲慶
繁祥令德維垂佑欽紹念顯揚此二十五字聖裔拼行
也以之命名故謂之名派各房先人手定字句以之取

字故謂字派即房派也一聞其字而知其爲某房一聞其名而知其爲幾代此爲便查起見故用名派立表字派旁注名派孔氏六十一代用宏字宏本從弓從厶敬避作宏吾族六十三代用之遞至祥字則七十七派矣繼字吾族作紀敬避六十一代大宗諱也其餘系內非名派一而雷同者易以同音字或加偏旁以別之兩大宗海內嫡派無不共譜矣如歷未共譜之人必非同宗之族倘伊詭弊夥串梓工竊嫡派系偷攙排行既與老譜不符萬不可任其揑造一卷紊亂宗支有淆聖裔

嚴查混冒杜紊宗也凡口稱聖裔是否一家有無共譜
不由宗子考核地方官長無憑稽查則凡同姓必冒優
免此紊宗逃差所由來也吾族分東南兩大宗譜繩宗
子之法歷由南宗設局東宗查核爲杜混冒東宗核蓋
鈐記南宗雍正間恭將
世宗憲皇帝欽賜省身念祖四字圖章於新舊各譜逐頁鈐蓋
令並呈　衍聖公府暨嘉祥兩縣大宗所在地方官長
核蓋印信嘉慶十六年　湖南歷任撫憲錄　批准通
飭必須　衍聖公府暨翰博印譜方准優免十七年

湖南前藩憲朱　詳奉　前撫憲廣　批准通
飭必須南宗逐頁鈐蓋合身僉圖四字圖章以杜串與
抽閱異種十九年　前藩憲翁　札稱十八年奉
湖南前護撫憲陳　嚴飭義子贅壻無譜混免同姓不
宗捏譜冒免除通飭各府廳州縣外另札甯鄉縣學協
同南宗查嫡印譜給牌造册移明各處查照優卹毋任
紊宗逃差二十三年王宏書及各縣民人等稟奉
前署藩憲海　批據長沙府議詳通飭必須查明宗譜
確有　衍聖公府印信東宗鈐記南宗圖章方准造册

給聘[illegible]優免二十四年　前撫憲吳　准東咨文通
飭札開聖賢後裔應否優免雜派差徭全以有無印譜
爲據前經陸續詳請優免者均有譜牒同賫至孰眞孰
假原不能辨道經批准後即有以冒裔濫邀控告者不
一而足嗣後凡有詳請優免雜派差徭者先行移咨當
郷縣學協同房宗核對老譜如果代數相符即賫送東
省翰　博處覆加查核由　衍聖公府咨覆到日再行辦
理若　該學等核對不符顯有假冒情弊將僞造之譜吏
正優　免之案註銷並交地方官照例治罪旋奉

衍聖公府札飭南宗協同甯鄉縣學造冊杜冒各在案
法最嚴矣嗣後再修當守歷代舊規南宗設局核蓋圖
章東宗詳查核蓋鈐記呈請
衍聖公府核蓋紫印庶杜彩串梓工混冒影射之弊杜矣
譜圖欵式率舊章也潔盤公譜衲十代以上本漢二十
三十本唐與吳四十五十本元而其式亦如興申公法
歐陽子而圖焉族衍海內均曰武城曾氏昭祖籍也中
封處注家某縣衍某處易查從也服圖僅四代仍括原
名毋太渙也分房必五代取服闋也鵠譜注傳注絕杜

分房冒頂碍眞派也有　而不獲曰俟詳聞而不確曰查
詳知而後畧曰未詳例　議難收曰不詳示有別也房系
接上志以名諱[illegible]系了　處志以陰至其人無後志以圈
乙左右雖分[illegible][illegible]大字　間有缺畧志以坐白均便查也
抉棺書件另[illegible]書居杜　舍混也卑件尊女件男不拘年
月明有統也葬件死手　曰左曰右示有定也墳山應各
有據系內不載空私杜　埋奸也另圖另說無印據不書
絕訟端也各祖列傳不　可掛一漏萬另入武城志內倒
全壁也譜內八地字樣　曹同例禁偶有更換致與[illegible]

不符不得藉此亂彼省事端也此均舊章悉遵不易詳略配氏重大倫也夫婦人倫之首明分不可不正妻雖與夫敵體然必統於所尊茲以配某氏旁注而不大書特表與夫並立者示夫爲妻綱也氏宜書其父書其籍紀自出也未娶書聘既娶書配續書繼娶妾爲嫡歷不書有子書副室者子賴母生也妾子貴封嫡母書副室則貶書配則抗書又娶某氏者母賴子貴也妾婦之道從一爲貞或出或寡而再嫁者婦道玷矣有子書其生年爲子身出也沒葬不書明與廟絕外之也又恐與

無稽者有淆故書例不詳三字以識之
一斟載子女杜曾混也其人僅娶一妻生子於其本名後
注生子幾名某某倘無論妻惟子女係嫡繼妾生其出
非一而總數若干要由夫算示子統於父也第繼出按
其子之長次如其生母若嫡妾並生必於嫡妾生則年
庚冊下沒則葬向了處注子名某然後於生子行中又
總挈之曰生子幾名某生女幾摘其母姓某出長適某
某出次適某一則有所統一則無所混也且必須已嫁
乃書適某若未嫁只可書字其男或有不幸嫁與未嫁

大節攸關甚不可含糊書一適字以概之子出撫異姓
或隨母嫁均書寄居某冢冀歸宗也隨母子數歲而來
帶孕子數月而生及義子贅婿均異姓也概不收錄明
非一本撫子惟有本姓姪輩最好一子可承兩房宗祧
於其生父下生子女行外加一圈書以某嗣某某爲後
繼父下書撫子名某又加一圈書係撫入某某幾子旁
則直七字並圈起入格毀庶子名不致倒冠父上兩書
之一便查一識本也子女夭殤不另立表於其父系中
生子女後一行加一圈附注夭葬無使抹冢外徙者其

親房不知其後葬配氏倘在宗圖五派了處不另立表於其父下加一圈標名附注撫異姓子例載異姓亂宗杖六十其人絕矣應書圈乙然異姓旣得我姓產業又葬我祖墳山年歲久遠彼歸宗而强我山不幾爲彼山而抹我祖耶族書撫某姓子例不詳而圈乙

曲全過繼省事端也以鵠譜羅各譜有舍已祖而祖別房者自宜查明代數更正歸宗此正理也如伊支別有事故歷多案宗積重難返執理歸宗便生一番訟事則於昭穆相當者遂曲全作繼以嗣之於其生父下爲之

注名另册備查如鴿譜無生父是混冒矣萬不可入凡慮無後而欲撫子均應聽其擇賢擇愛如昭穆不相當甚不可瀆倫也其子派大決不可以爲子則於欲撫者之祖之父下繼之俟繼爲後者生子生孫按昭穆而轉撫於無後而欲繼者之人爲子其子派小孫亦不可瀆祖則於欲撫者倣照古人以鑫森焱垚相生之法處立子孫名目傳至昭穆相符之處而繼之一無瀆倫一無廢繼自此曲全省事端矣

一節發問文省卷帙也歷代文藝各有專集已汗牛矣闔

族房系統歸大宗已充棟矣勢難悉發故將各支分修
分領卽在同里亦不合訂發給詳畧雖有不同然一脈
流行源源本本究無異也藝文除冠首以誥祭贊詩論
序匾樂語封蔭贈殿後以各處輿圖外其餘舊譜中之
敘記閒文另以武城志內不必再爲訂入房譜爲之節
發可也
加請蓋印杜混冒也嘉慶年東宗注瀛公南宗雩臺公
酌定譜例詳且愼矣迨後無聊之輩乘機舞弊叢生[illegible]
已同治壬申春族衆因加舉南宗房號鄭照祖遺[illegible]

局重修稽查流弊加議規章除呈請優免之譜東宗核
蓋鈐記南宗戳蓋圖章呈明
衍聖公府加蓋紫印暨嘉祥甯鄉兩處宗子所在地方官長
互核蓋印外凡續修初修譜本必須呈請甯鄉縣憲
儒學於每冊世系首頁各蓋印信南宗仍逐頁戳蓋省
身念祖四字圖章以昭慎重而杜混冒如未經甯鄉請
蓋縣印學印者即係偽造或經查出照例將偽譜更正
混免之案註銷並請官長從嚴擬辦業經族紳鎮湘等
縷呈甯鄉縣侍憲兩學准理備案移詳通飭造奉示諭各

處一體遵照其理永爲定例嗣後均宜恪守前後規章

無負敬宗收族之美意焉耳是所深望

同治十一年秋

東南兩宗重識

武城曾氏重修族譜

綸音紀感戴也忠教孝於是乎在焉恕齋先生嘗謂爲人子者莫不欲榮身顯親第仕至臺閣身歷鉅年亦有不能膺者則其榮亦豈易等至而我族因叨沐之矣至我聖朝洪恩尤爲深渥爲臣子者宜何如加勉以圖報也茲遵誌譜繇次紀之俾吾族之讀者油然起忠孝之心特眘於事父以事君之篆書教子教弟自可免不忠非孝之責矣則忠郎孝也方可名感戴集綸音

總章元年戊辰夏四月乙卯

唐高宗皇帝贈

曾子爲太子少保

詔曰皇太子宏近因釋菜冑

上庠祗事

先師馳心近倚仰崇山而景行者

曩哲以勸懷顯顏曾之特高
揚仁義之雙美請申褒贈載
賦烈芳朕嘉其進德冀以思
齊訓誘之方莫斯爲尚贈曾
子爲太子少保配亯
孔廟以昭優隆

開元八年庚申
唐元宗明皇帝定
曾子位次
詔曰
曾子大孝德冠羣列特爲塑像
坐於十哲之次

奏封

孔門博習儒術

夫子四教實能行之親授教言式

揚大義是稱達者不其盛歟

朕欽若古風載揚

先聖至於十哲亦被寵章而子輿

之前未有稱謂宜亞四科之
士以疏五等之封俾與
先師咸膺盛體

綸音 詔

大中祥符二年己酉
宋眞宗皇帝晋封
祢予爲瑯邸侯
詔曰朕乃封禪祀昭
列聖之鴻勛崇德報功廣
百王之彜制洎言旋於

闕里遂躬謁於
聖堂瞻河嶽之姿睟容穆若山
洙泗之上高風凜然舉茂典
之有加期斯文之益振由是
推恩世胄對錫其寵章祇事
祠庭廣增其奉扆復念性與

綸音　詔　八

天道德冠生民念茲
玄聖之名冀廣嚴師之禮朕親為
褒贊以表崇儒至於四科鉅
賢并超伍等七十達者俱贈
列侯伊彼先儒皆傳聖道咸
加贈典俾耀素風仍命宗寮

綸音詔 七

分紀遺烈式盡褒揚之旨庶
資善誘之力中書樞密三司
兩制丞郎侍制館閣直館校
理分撰贊以聞

咸淳三年丁卯春正月

宋度宗皇帝升

曾子爲郕國公

詔曰

孔子獨稱顔回好學固非三千之

徒所同也而其學不傳得聖

孔子而下顏曾思孟昭然具在非
以遺我後人乎可令禮官議
可升曾思侑食并議可升十
哲者以聞是年二月升
曾子郕國公與顏孟並配享
先師孔子廟庭

至順元年庚午秋閏七月

元文宗皇帝加封

郕國宗聖公

詔曰朕惟

孔子之道曾氏獨得其宗蓋本於

誠身而然也觀其三省之功

綸音 詔

傳者獨曾子曾子傳子思子
思傳孟軻忠恕兩語深契一
貫之旨中庸一書丕闡前世
之蘊而
孔子之道益著向非顏曾思孟相
繼衍繹著書垂訓中更曾商

[illegible]臺佛老幾何其不遂泯哉

今

大成殿惟顏孟侑食曾思不與

尚爲闕典

先帝述道統之傳自伏羲以來普

十三贊

綸音 詔

卒歸一貫之妙是以友於聖
淵而無媿授之思孟而不湮
者歟朕仰慕休風景行先哲
矣因舊爵崇以新稱於戲聖
神繼天立極以來道統之傳
遠矣國家化民成俗之功大

十

學之書具爲其相于之修齊
茲式彰於褒顯加封郕國宗
聖公王者施行

乾隆十三年二月十五日

高宗純皇帝諭勅祭贊

宗聖公

詔曰朕東巡躬謁

闕里致祭

先師顏曾思孟四賢作配殿庭雖

從與亯但聞其故里各有專
廟應分遣大臣恭奉香帛前
往祭獻以展誠敬朕向在書
齋製四賢贊景仰之忱積有
日矣其勒石廟中致朕崇重
先賢之意欽此

維某年某月某日
宋皇帝御名遣官致祭於
先師郕國公曰惟
公以魯而得以唯而悟傳得其
宗一貫忠恕謹以制幣牲粢
式陳明薦尚 饗

明孝宗皇帝頒褒祭文

維宏治四年某月某日某官

某敢昭告於

師國宗聖公曰

孔門道學

公得其宗廟庭配亯海宗 依同

於茲鄉邦鍾靈所自時維仲
秋特申專祀伏惟
鑒歆尚饗
右之

維乾隆十三年歲次戊辰二
月乙卯朔越二十八日壬午
皇帝遣日講起居注官詹事府詹事
兼翰林院侍讀學士裘日修
致祭於
宗聖曾子神前日惟

綸音

崇聖曾子秀毓武城業宗泗水
三省勤於夙夜允稱篤實之
功一貫悟於須臾彌徵真積
之久獨受孝經之訓用迪臨
深履薄之修永綿大學之矩
式啓明德新民

祭

於戲晳以曾參之開絕學於
無窮其功大矣追崇允合昭
報攸宜朕稽古東巡至於東
魯念
型之未遠心切溯洄瞻故里
之非遙情深仰止處修祀事

敬進尊官惟冀
神靈佑其歆格

維乾隆二十一年歲次丙子
三月己巳朔越四日壬申
皇帝遣刑部左侍郎鑲紅旗滿州副
都統兼管欽天監監正事務
覺羅勒爾森致祭於
宗聖曾子神前曰惟

宗聖曾子秀毓武城學宗泗水
縱好修於篤實三省勤夙夜
之功崇貞積於躬行一貫悟
精微之旨端治國齊家之本
大人之學昭垂示至德要道
之原教孝之經永著術

孔門之聖厥以曾得之啓孟氏
[illegible]師傳其功大矣尊崇允協
[illegible]言攸宜朕以禮時巡道臨
[illegible]向情深仰止瞻故里之非
遥心慕
典型念

德類之知在虔申禋祀敬遣專

官楊顯

靈其[illegible]歆格

維乾隆三十六年歲次辛卯
三月壬辰朔越七日戊申
皇帝遣禮部左侍郎金甡致祭於
宗聖曾子神前曰惟
宗聖曾子挺秀武城傳心
闕里則

維乾隆四十一年歲次丙申
三月壬辰朔越廿七日戊戌
皇帝遣禮部右侍郎李宗文致祭於
宗聖曾子神前日惟
宗聖曾子鍾靈鄒嶠紹統魯堂
行在孝經念君親而髮膚並

寶之嫔修如在廟庭之祀典

優崇朕問俗東巡臨風仰止

肅申禋祀想

聿行於八莚敬遣專官拖

德輝於陟降

靈其來格於此君歆

考烈之如在酌青醯以告虔典

鑒歆香車昭來格

濼孝歸誠意依日月而俎豆
常新朕因雪嶺之集動巡佫
方而紀祀撫境外之萬山環
衛保泰彌切於氷淵瀕廟中
之四壁絃歌傳聲儼聞乎金
石式

開元八年

唐元宗皇帝御製

宗聖贊曰

百行之極三才以寧聖人彥

經曾氏如教善謂手足動稱

顏貌事君事親是則是傚

論 晉 贊 廿一

紹興十四年甲子

宋高宗皇帝御製

宗聖贊曰

大孝要道用訓羣生以綱百

行以通神明因予侍師問答

成經事親之實代爲儀型

紹興十四年甲子

宋高宗皇帝御製

紫燕侯贊曰

惟時義方有子誠孝怡怡聖

域俱躋是道暮春舞雩歌詠

至教師故與之和悦宜召

康熙二十八年己酉閏二月
十六日頒發
祖仁皇帝御製
宗聖贊曰
洙泗之傳曾以得之一貫曰
唯聖學在茲明德新民止善

為期格至誠正均平以推至
德要道百行所基纂承統緒
修明訓辭

乾隆十三年戊辰

高宗純皇帝御筆製

宗聖贊曰

轍環在陳興歎孰是中行拔

兹一貫曾子孜孜惟聖依歸

唯而不疑以魯得之會友輔

仁任重道遠十傳釋經超商
軼偃念彼先子沂水春風淵
源益粹篤實春容臨深履薄
脩一止以終三千雖多獨得其
宗

綸音贊　廿五

明成祖文皇帝御製

宗聖養志詩二首

養親惟在悅親心親悅心安
孝足欽自古幾多爲孝者當
時誰復似曾參
三釜娛親志日怡千鍾不及

使心慈敬 心惟大全歸日履

薄臨深謹自持　又

孝父母詩一首

人家養子甚艱辛養子方知

父母恩若使愛親如愛子世

間人子盡曾參

明成祖文皇帝御製

宗聖論

夫人子之事親非惟豐飲食以養其口體而已貴能委曲承順以悅其心志也若曾參之養豈非欲以承順父母之

心意者哉觀其臨終而啓手足以著其全歸之難則其平日之孝信非人所能及豈但能養與能悅其心意而已哉嗚呼欲盡事親之道者當審於斯

乾隆十三年戊辰

高宗純皇帝御製四賢序

聖門弟子三千其賢者七十有

二人史記家語各爲紀其姓

氏考其事迹以垂之後世而

能契

夫子之心傳得道統之正脈者則
惟顏曾思孟四人顏子得克
己復禮之說曾子與聞一貫
之傳親炙一堂若堯舜禹之
精授受夔乎尚矣子思師事
曾子發明中庸之道而歸其

宗者

孔子之道也

孔子之道賴顔曾思孟而傳今

聖廟祀典四子升配堂上爲百世

之楷模因各係以贊用誌景

行之私云爾

功於爲已謹獨孟子當戰國
横流之時私淑子思距楊墨
閑聖道而養氣之論爲前聖
所未發昌黎韓子以爲其功
不在禹下有以也庚戌秋偶
閱有宋諸儒傳因思宋儒所

雍正三年乙巳八月初五日

頒發

世宗憲皇帝御書賜

崇聖廟

道傳一貫

四字匾額

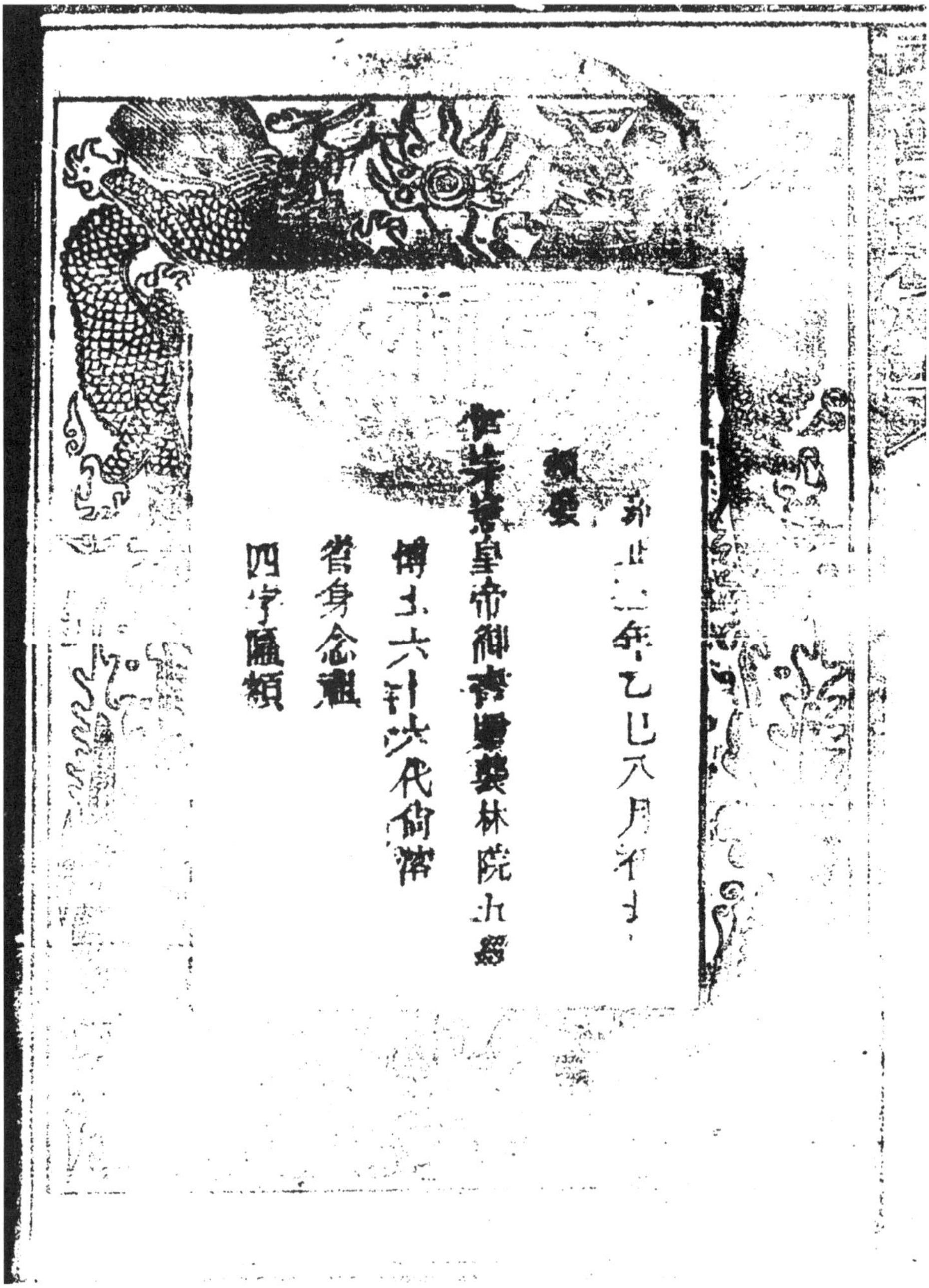
[illegible]二年乙巳八月[illegible]
欽賜
[illegible]皇帝御書[illegible]翰林院九[illegible]
博士六十[illegible]代裔
省身念祖
四字匾額

大德十年己亥
元武宗皇帝頒降祝獻
郕國公章樂曰
心傳忠恕一以貫之爰述太
學萬世訓彝會我光明尊聞
行知從聖迪後是常是宜

嘉靖十八年己亥

明世宗肅皇帝勅封

宗聖曾子

皇帝勅曰朕公讀子書長行其道

於非景仰往古以佐治也自

而在上三代傳

剏聖洪模含之則爲六經師
宗[illegible]統緒溯淵源於泗水綿道脈
於武城大學篇章載治法
求之要孝經問答具萬民感
化之機省身嚴於[illegible]三慎其
獨也傳道捷於[illegible]　妙　乃曾

之致起賜非也而有餘自造
顏然平而無媿精英自乾坤
[illegible]毓精然爲合靈[illegible]耀之宗
神爽與日月光輝煥矣稱通
明普照之聖茲尊爲宗聖曾
爲欽承榮封以昭師表

制曰夫婦人之大倫恩必及之

爾公羊氏雖取咎於蒸梨應

分榮於結髮茲封爲郕國一

品夫人欽承恩榮俞光閨闥

永受綸音欽哉懋哉

永平六　亥一　八十五日

漢顯宗孝明皇帝誥封據

皇帝勑曰朕維自古帝王治天下

率以効忠持節者爲首務我

國家禮古建勳駐　封疆憲

臣以誠賢遠奸之　爲重也

譜　三

嗣位以來克紹
先帝之緒永底烝民之生文武材
臣竭忠盡義者罔不紀錄事
勳之今余椒令劉平具奏端
內侯曾據秉性端方堅忠出
義誠兩朝之周名實相符也

允[illegible][illegible][illegible]獨節迺家吉陽於
登[illegible][illegible][illegible]豈容榮褒茲封孺
吉[illegible][illegible]公鈘秀榮[illegible]西王室
號[illegible][illegible]爵讚表國家錫恩之
懋典
勅曰爾湖陽公主劉大家乃晉

據妻也生長宗室下嫁匹[illegible]
自在宮闈克嫻婦道忠義報
國之教夙昔其閫順從其夫
之心生平自矢茲封爾爲吉
陽郡一品夫人欽承榮恩示
彰內助以示來茲欽哉

萬歷三十年壬寅
貽贈繼祖
皇帝勅曰朕惟士有砥身遺德不
獲用世而有以子繼厥志國
家榮遇之典必先逮之有非
恆制所可拘者爾胥繼祖乃

宗聖六十一代孫今翰林院
世襲五經博士承業之父學
紹省身冰淵不愧於自反心
存乎世修齊克愼於貽謀爾
子怡然厥職爾之家訓彌彰
矣茲值覃恩奮爾子之請貤

贈爾爲修職郎翰林院五經博士榮命膺於杖國之年直樂[illegible]所之隱

勅曰聖門稱孝若[illegible]子者可也其[illegible]學經之旨曰聿修厥德夫有德以及其親所以爲孝

誥

三

故国家於貽爵之典亦何靳
焉爾薛氏乃翰林院世襲五
經博士曾承業之母鍾靈名
族作配德門內則夙嫺敦母
儀而有式前徽遠嗣紹賢哲
於無忝維茲鳩業之光寶[illegible]

爲懿之一特以爾子陳請贈
爾爲孺人紫綸煥龍彤管揚
徽

繪 [illegible] 誥 三七

天啓元年辛酉
曾承業世襲翰林五經博士
勅□□於先賢之嗣與至隆
□□□□明德人亦世其
曾[illegible]貝承顯學與濟華之
列由[illegible]將族上丕顯世襲翰

林院五經博士曾承業性質
樸實學行敦嚴羽傳翼經贊
前修之偉烈象賢
崇聖宏長是之令聞尋組增輝
賁袞濟美値此慶覃之典應
加洊被之榮是用授爾階修

職郎錫之敕命爾祖曾曰嘉
飭之道其所行者遠矣夫創
興德皆稱也爾既往厥與其
益勵進修之志立身揚名以
隆加祀欽哉

崇禎九年丙子

贈[illegible]配

自[illegible]孕瑞夜月流光子

[illegible]與懵箏而養邊三

錫[illegible]一編推恩所自始也

爾楊氏乃世襲翰林院五經

誥

博士晉宏毅之前毋蘭芳比
質玉潔爲心入門而奉居以
申庚孝微得婦主饋而舉案
以相對撒展如賓乃修本宗
仁舜華遠謝蓋先[illegible]輔[illegible][illegible]
之慈懿以爲[illegible]清儀[illegible][illegible][illegible]

綸音譜

惟翰[illegible]為[illegible]人之紫[illegible]以長才
擢元[illegible]而不愧
勅臣前[illegible][illegible]彩虔得芳流凡為
人下嘉與尊親以廣孝思出
由曾傳為事規鵠平爾孔氏
爲世襲翰林院五經博士曾

五穀猶毋柔嘉維則婉淑可
飛玉勲標蘭佩之芬有齊令
女冰蘖篤獲及之敎善保令
晚郎勤儉以宜家且慈和而
榮後歌歡燕喜榮賁鸞章茲
以覃千請眉學恩貤爾爲

夫孺人渥寵自天而至金祉
卿月之恆

順治十四年丁酉

世祖章皇帝誥授聞達

奉

天承運

皇帝制曰錫類乃朝廷之[illegible]典服勞

爲臣子之常爾世[illegible][illegible]林院

五經博士曾聞達饒有任事
之才克盡服官之職適逢慶
典用錫恩綸茲以覃恩授爾
階修職郎錫之勅命於戲欽
承綸綍之榮益勵忱恂之誼

康熙十四年乙卯

聖祖仁皇帝誥贈聞達

奉

天承運

皇帝制曰資父事君臣子篤匪躬

之誼作忠以孝國[illegible]

誥

之恩爾曾闓運乃世襲翰林
院五經博士加一級曾貞豫
之父善積於身祥開厥後敎
子著義方之訓傳家裕堂構
之遺茲以覃恩授爾爲徵仕
郎翰林院五經博士加一級

錫之勑命於戲殊榮必逮於
所親寵命用光夫有子承茲
優渥永庇忠勤

制曰奉職在公嘉敎勞之有自
推恩將母宜錫典之攸隆爾
世襲翰林院五經博士加一

級曾貞豫母顔氏閫範宜家
夙協承筐之徽母儀許婺載
昭書荻之芳茲以覃恩贈爾
爲孺人於戲昭淑德於不暇
式榮象服膺龍命之有赫永
賁泉壚

康熙十四年乙卯

聖祖仁皇帝誥授貞豫

奉

天承運

皇帝制曰錫類推恩朝廷之大典

分猷亮采臣子 之常經爾但

綸

誥

龔茲爾、既五經博士加一級

曾貞[illegible]學問淵博文思敏達

居心[illegible]謹奉職固[illegible][illegible]厥

遂[illegible][illegible][illegible]錫茲以覃恩授爾

爲[illegible][illegible][illegible]錫之勅命於戲宏

敷[illegible][illegible][illegible]榮用勵[illegible][illegible][illegible]

欽兹寵命懋乃嘉猷

爾[illegible][illegible][illegible]奉職良臣[illegible]殫厥心

貞[illegible][illegible][illegible]淑女[illegible][illegible][illegible]貫爾

興[illegible][illegible]院[illegible][illegible][illegible]二郎一

淑[illegible][illegible]孫婁宋[illegible][illegible][illegible]德

令儀夙著於閨閫[illegible][illegible]心

內治克嫻於夙夜茲以覃恩
封爾為孺人於戲龍章載煥
用褒敬戒之勤翟茀欽承益
勵柔嘉之則

国家出版基金项目
NATIONAL PUBLICATION FOUNDATION

海上絲綢之路文獻集成

總主編　陳支平　陳春聲

民間譜牒編

5

主編　林　楓

海峽出版發行集團
THE STRAITS PUBLISHING & DISTRIBUTING GROUP
福建人民出版社

本册目次

〔福建晋江〕武城曾氏重修族譜不分卷〔二〕

〔清〕曾紀瑚等纂修

武城曾氏譜源

曲烈（始封鄫）—烴忠—坤仁—錄—潧源—富材—焜

伯基（曲烈至此天命歸湯基仍承爵）—銑—注—壼梁—煌—楫奎

世鑒—政治—模—端煥—垠—錦容—洪—桂茂

照—培元—銈—允崇—杞—爟熹—塤和—成鉷

一清　椿　燗　垣　銷　福波　時榮　炳

均祚　鈴　浤仁　一松　炲　墅　鎮玉　浥

雍樽　炷　方堤　守鑾　沛恩　朴　世美　時泰

巫

襄公六年甲午七月鄫為莒滅
世子巫遂奔魯去鄫之邑為曾

夭

季氏宰臣

阜

叔孫宰臣

蒧

鄫點字子晳為孔門高第有堯舜氣象封號另詳生於景王
己未年九月十四日葬南成山乾隆廿年重修設祀生一名
配上官氏葬仝夫山
生子一名　參

武城曾氏重修族譜

合族總系

家山在

一一

葬縣南西
十里武山
西南距武
城舊居五
里元秦山
之麓
歷朝誥敕
封號冠服
御諸祭文
及世襲奏
欵另錄
配公羊氏
卒葬同所
生子三圖
元
華

葬嘉場兜
塋同所子
西
副室侯氏
葬武山子
中
生子二圖
西
中

家
葬左氏塋
邑南武山
作大子欽
副室諸葛
氏葬武山
下鍔錫
生子二圖
欽鍔錫
○按多譜
以鍔為長
子欽以武
城譜正之

葬同所
生子三圖
普華
姜

欽三子
鑑
一名荊字
用錫官大
原沒葬彼
處南平山
配王氏塋
同夫所
生子一名
義

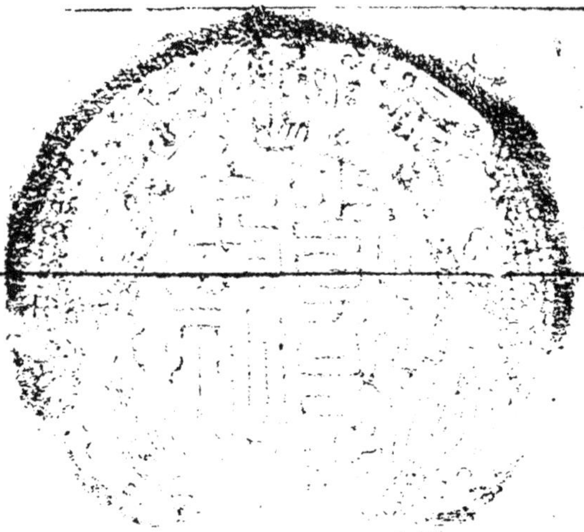

弐子 鐸

字子教

西三子 錫

字子榮歿

塟究卜麓

[illegible]溪南向

鐸子 相

字佑司宫

郎中令

配顔氏合

塟東山麓

南向

生子一 圖

吳

錫長子 芬

字六奚[illegible]

蔡州遂癸

箕[illegible][illegible][illegible]

配蒲木氏
没葬茶州
城南
生子二名
芬　芳

之卒葬長
沙嶽麓山
南向東南

鵬
配陳氏没
葬合塚
生子三名
江　淮
漢

錫次子
芳
字子茂卒
葬熊湘東
向

元次子

中

字子正仕於魏性正直不甘爲人爲支候晉所重没葬嘉祥縣武山西向

配甄氏没

中長子

星

字如光没葬仲茨山配公羊氏没葬溪中流南向

生子二図

宴　宝

配公羊氏没葬合塚

生子一図

杏

星長子

宴

字上尹没葬溪下流南向

配言氏没葬合冢

生子一図

林

徙□沂縣
下源
生子二 囧
星 晟

中次子
晟
字子唯叟

星次子
宜
字子上官
徐州司馬
卒塟沂溪
向
配出氏
生子三 囹
運 持
任

晟長子
區
字子彰仕

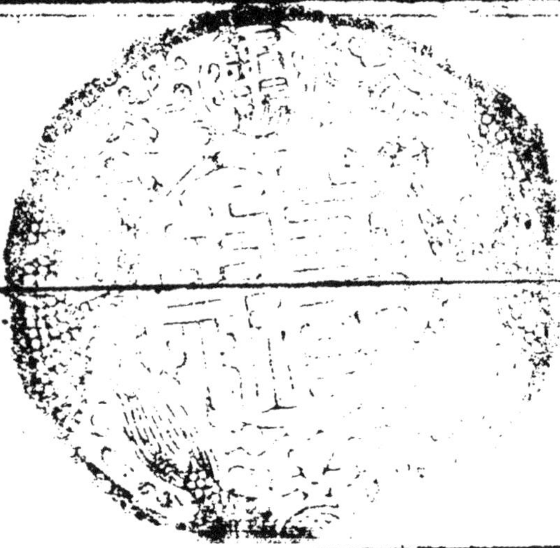

葬南武城
爪臺東向
配公羊氏
葬同所
生子二名
區 赤

葬卒葬衡
山麓
配王氏沒
葬合冢
生子三名
俊 平
城

晨夫子
赤

字如華沒
葬嘉詰縣
曲溪向
配公冶氏
生子二名
韓 鼎

參次子 **申**

字子西，子夏傳之以詩，至於明，傳之以春秋，而公之學如此可見矣。卒葬嘉祥縣南武城外平源東向。配羅氏，沒葬合葬。生子二名。

申長子 **耕**

字子耕，仕滕為大夫，卒葬滕城東頓山。配閔氏。生子三名：軒、連、轟。

耕長子 **軒**

字子車，配閔氏，合葬由頭。生子五，均衍於西安。

耕次子 **連**

字子師，衍於西和。

耕三子 **轟**

轟子 **道**

鬭　楚

章次子

森

諱森字子
松號茯風
殁葬硯山
平
配賀氏

森長子

放

字子行仕
楚爲令尹
卒葬方城
山麓南
配卜氏殁
葬合冢
生子一名
道

字子張殁
葬南弋城
東向
配端木氏
葬合冢

放子

城

字子恕襄
令尹藝仕
楚左
生子二名
和　秩
衍於荊州

字子聖殁
葬沂溪
配陳氏葬
同邱
生子一名

武城曾氏重修族譜　卷之　族系　家山左　六

生子一名
楙颺

生子一名
城
颺
森炎三
字□飛
官楚中大夫
卒葬衡山
麓南向
配游氏葬
同所
生子三名
根
貴
詞

勢
生
根
長子
颺
字

詞
次子
颺
字宏聲官
函谷關吏
沒葬秦州
六春坪南
向
配尹氏沒

塋同所
生子一名
翬

賦三子
高
字維富
配由氏
生子二名
謝

導公房系

接上修族譜

宗聖四傳孫畝畝生三子長發次耕次曾莊生善義善管子孫自宗聖下派分另詳茲特圖導公房系

陸派

柒派

捌派

玖派

拾派

導長子

羨

字學曾官登州刺史卒葬嘉禾縣武山配樓氏

羨子

遐

字子盛官歷陽太守遷任揚州刺史卒葬嘉禾縣

遐長子

燦

字子美官漢尚書令生於周赧王丁亥年十月二十

燦子

樂

字訓韶官山陰縣令有功加封都鄉侯卒葬東山

樂長子

覺

字官上谷太尉卒葬東山龍向配伏氏墓

生子一圖

山之西
向
配言氏合
葬夫[illegible]
生子二圖
燁[illegible]
一譜云生
四子有滿
惠足於譜
遷徙[illegible]
試[illegible]
[illegible]內[illegible]
譜所載[illegible]
[illegible]今[illegible]家
[illegible]及[illegible]
[illegible]文[illegible]

八日於漢
壬子年卒
葬嘉祥縣
南武城祖
山
配[illegible]氏合
葬
生子一圖
樂
○衍詠案
公諱譜多
[illegible]偉惟[illegible]
[illegible]導世
與譜從燁

配周氏葬
合夫塚子
逸
繼娶湯氏
葬伴夫[illegible]
合塚子況
生子二圖
逸
況

樂
[illegible]
[illegible]
合夫塚
生子二圖
蔚
[illegible]
況
字于[illegible]
[illegible]
[illegible]
配[illegible]氏[illegible]
合塚
生子一圖
[illegible]

乃亭之遂
覆宗為盟
[illegible]

遂次子
盈
字仲美官東陽太守太傅旋為撫州長史亭湘潭溪東湖配周氏葬合葬生子四
富
壽
[illegible]
[illegible]

盈長子
富
配鄭氏生子一
基

盈次子
壽
官漢太子東宮使率亭湘溪東側

富子
基
字大立官青州刺史配閔氏生子二
昂
艾
艾衍袁州

基長子
[illegible]
字仙甫亭東山配冉氏葬全所

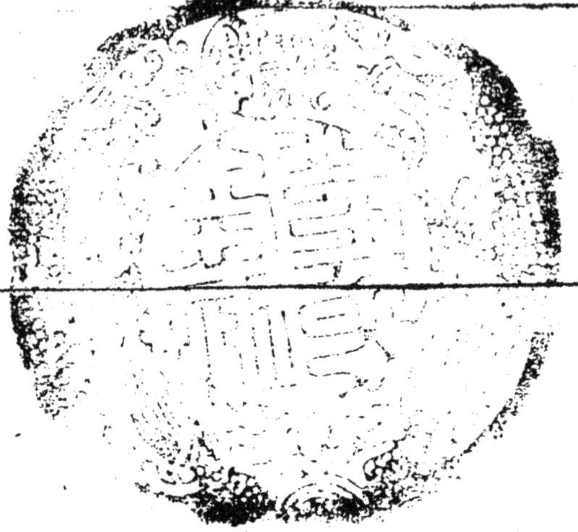

配卜氏生
合家
生子二儒
娶　配

君三子
答
娶劉氏
配端木氏
生二

生子一
卒

杞
字作赤
配伍氏
生子三
介
庶
直

扶
從荊州
配顏氏
有

彝次子
美
字伯名，葬
縣祥縣曲
池坪
配曲氏，葬
合家
生子二，圖

美長子
議
字友直，葬
曲池坪
配陳氏，葬
合家
生子一，圖
嶷

議子
嶷
官贛安太
守，入傳，葬
晶家奐塋

扶
繼四子
家
配蔡氏，詳
生子二，圖
泰　游

家長子
泰
徙襄陽

家次子
游
官御史大
夫，家豫章

瀛　卓

美次子
偉
字仲發官
護尚書令
卒葬蘇王
丁卯年葬
壽蘇洪海
配蘇氏葬
同所
生子二图
行　待
○洪都譜
云見公傳
於府殿全
象

偉長子
行
配　氏
生子一图
惠

偉次子
待
字仲恭没
葬漢山麓
配言氏葬
合葬
生子一图
江

行子
懋
官泗講殺
爵十四時
詠後崇葬
賜

待子
江
從茶州没
葬古太坪
配卜氏葬
同所
生子二图
榔　桂

江長子
榔
生子一图
念

江次子
桂
均衍孝

兗公房系 接上另分支派

案舊譜　宗聖五傳至中生奐奐二子美生讓偉奐生遐遐子尚書令煥生山陰縣令樂樂生兗兗子福兗生旂光自兗美之下分派另詳茲特嗣兗公房系

十一派

兗長子 **旂** 字仲勸仕漢西爲中壘校尉旋任蘇州太

十二派

旂子 **嘉** 官任安縣主簿襲父之配鄭氏

十三派

嘉長子 **寶** 字州簽官武威太守車騎侍郎卒葬嘉祥

十四派

寶長子 **援** 官提擧謝使配鄭氏合葬武山西

十五派

援長子 **據** 官都鄉侯有功加封關內侯生於永光戊

安卒葬貳
山西
配鄭氏葬
合冢
生子一圖

繼娶歐陽
氏無出
生子二圖
寶　填

縣貳山西
向
配歐陽氏
繼合葬併
夫人子孫
繼娶王氏
子填塚
生子三圖
接　接
塚
○隨一譜
以王氏作
初配無子
填塚惟歐
陽生孫今
兼填塚兩

、向
生子二圖
填　接
○二譜云
亥子接今
以武娘嗜
証之

寅年正月
初七日卯
事新葬始
建國庚午
年十一月
十一日孝
孫渡江家
廬陵之吉
陽邾卒葬
吉水仁壽
鄉　向
配歐氏
繼娶劉氏
均封吉陽
祀王基仁
壽鄉　向

晚[illegible]房系

靜[illegible]處由
叟葵木發
後蔭玉因
孫繼尚正
嫂生

曾次子
璜
字蓬臣官

生子三圖
開 甥
璜次子
援
官都鄉侯
娶睦陂
龍蕭氏娶
合家
生子三圖
瓊 琪
理

瓚子
蘷
汲娶上査

家山堂

二

次子

頊

司業大將軍與匈奴戰敗不屈而死之
配卜氏
生子一圖
墓

三子

墇

諱瑩官議
川太守徙
從河內

長子

玉

祔
配彭氏葬
合夫冢
生子一圖
謂

玉長子

儀

字子美河平丙申年除車騎侍郎從扶風生子二 玉 渦

字德珍官御史大夫旋任冀州因家焉配孔氏生子五 儀 俌 仁 傑 俄

官大司馬配孔氏生子二 俞 棠

玉炎子
仁
官御史配 氏生子二 浦 洛

玉三子
俌
配 氏生子

一

玉四子

傑

字子超宦
大司馬
配冉氏
生子五圖
虔守
臨部
幹

玉五子

俊

配　氏
生子三圖
開
開

武城曾氏重修族譜

宛公房系

項次子

涓

漢文學博士寓青州

配閔氏

生子四名

倜　繩

侯　伴

○繩祖一名徐

涓長子

倜

官大司馬

葬嘉祥縣

武山西

配由氏葬

伴夫合冢

生子二名

潤　潔

涓次子

繩祖

配龔氏

生子二名

安　甯

逸次子
光
配　氏
生子一名
壽

光子
壽
官漢臨川長史
配　氏
生子一名
弁

壽子
弁
官漢柳州丞葬南岡
配王氏葬仵夫大合家
生子一名
方

弁子
方
字直宇官河南尹卒葬嶽麓山東向
配羅氏葬仵夫大
生子二名
万　平

方長子
万
字子枋爲長沙令葬嶽麓山側東向
配卜氏葬仵夫合家
生子四名
翠　晃　宴　幣

方次子
平

據公房系 接上逸公房系

案舊譜宗聖十傳逸逸二子長旂次光旂三傳武威大守寶寶子埈埈生據據生援援生瑍琪理據生闡瑒自旂光下分派另詳茲特圖據公房系

十六派	據長子	闡	配文氏合	葬廬陵縣	吉陽鄉子 植
十七派	闡長子	植	葬仁壽鄉 向南	配李氏合	葬子燿
十八派	植長子	燿	諫議大夫	旋任福州	刺史卒葬 吉陽鄉祖
十九派	燿長子	培	字本固沒	葬廬陵南	藏坪 向 配陳氏葬
二十派	培長子	德	葬仁壽鄉	南向	配董氏沒 葬夫所趾

據公房系 家吉

副室王氏
葬仵大ナ
合窆子横
[illegible]楫
生子四图
植　横
[illegible]　楫

繼娶蕭氏
葬大ナ子
炯炳
生子三图
燿　炯
炳

山趾南
配胡氏合
葬子塘
繼娶文氏
子城
生子二图
培　城

合葬子德
副室張氏
葬魚山子
行徵
生子三图
德　行
徵
〇二譜以
[illegible]張氏作劉

南
生子二图
琦　珍
培次子
行
字仲相仕
蜀爲廣漢
大守
配屏氏合
葬吉陽鄉
魚形山南
向
生子三图
瑤　璡
琪

[illegible]次子

城

配　氏

生子一　圖

違

增二子

徵

宇季恒官

鉅鹿太守

配饒氏合

塟魚山

東向

生子一　圖

盍

缄 瑆

遑

楯次子
烱
從樂平
配　氏
生子五 圖
基 堂 圭 壵 壄

烱長子
基
葬長沙合
葬嶽麓山
側東向
配鄧氏葬
合冢
生子一 圖
涵

烱次子
堂
配言氏
葬嶽麓山
南東向

基子
涵
字盧受
配羅氏
合葬湖港
生子二 圖
卓 早
章

堂長子
鴻
予于達官
蜀縣尹
配言氏

生子三
鴻 潤
瀚

堂次子
潤
字普沾
配卞氏
生子三
化 仁
侳

生子五
俊 傑
信 儀
侳

均
衍
蜀
鵬

隊公房系
隊吉房
三

武城曾氏重修族譜

烱三子
圭
字子將蜀
毌爲從事
配卞氏合
葬河內
生子一涇

堂三子
湘
字萬平
配顧氏
生子一
畓
作
徙蜀邑

圭子
涇
配許氏
生子一
畓
仲
徙河內

網四子 **垂**

字紀則治春秋名一時後爲青州守配董氏合吉陽大魚山

生子一 渭

烱五子 **生**

字季長以

垂子 **渭**

配顔氏

生子三 鈴 遇 時

均衍青州

生子 **潔**

配許氏

䦎次子

横

権三子

炳

生子一衍

麻城

横子

輯

生子和官

輾長子

箕

儒學遷安州刺史

配吕氏合葬安州南城外東向

生子一名

潔

生子一

箕長子

余

生子三名

佐　佑

休

葬衍安州

卒葬舌隴

字丙

配劉氏葬

合塚

生子一名

醞

漢隴刺史

卒葬竹父

六

配鄧氏葬

上羅坑

生子二名

冀

蒿

漢陽太守

卒葬仁壽

鄉

配呂氏

生子二名

炎

臺

里埕後

配鍾離氏

生子三名

爵

平

文

冀炎子

臺

字直言官

尚書居官

敢諫人以

直言字之

配顏氏合

葬睦陂

向

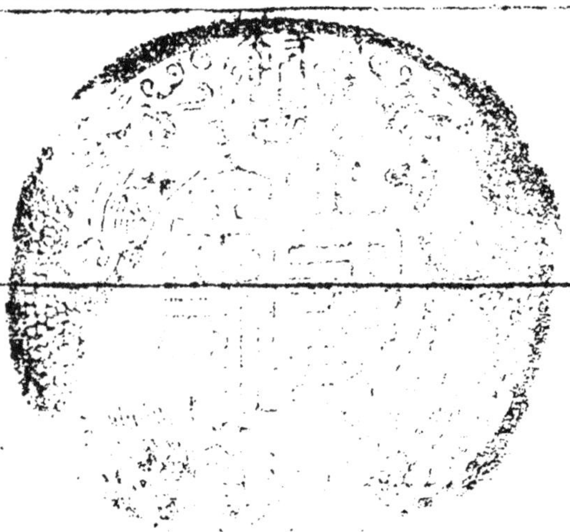

生子二名

梁　美

轎次子　篤　配呂氏合葬睦陂山向　生子一名寀

篤子　寀　字于成官尙書僕射　配許氏合葬睦陂　繼娶羅氏葬楓木坑向　生子三名

兆先

光先

懋
系另詳

閑四子
楫
系另詳

據次子
瑒
葬吉陽鄉後裔衍虔州配大叔氏合葬伴夫大

璟長子
永
官御史大夫配江氏生子二（圖）萬 宣

永長子
萬
官將軍配吳氏生子二（圖）游 池

萬長子
游
官驃騎大守有功加封義陽侯卒葬虔州南城外大

游長子
葵
一諱天[illegible]儀兆配刁氏合葬虔州南城大烏山

武城曾氏重修族譜

生子四名
永　昶
燦　[illegible]

烏山南向
配任氏合
葬夫ナ
生子二名
萋　華

萬次子
池
配吳氏合
葬大烏山
生子二名
芊　樺
○樵另詳

生子一名
[illegible]

將次子
華
字子赤
配塋
俟詳

池長子
芊
配鍾氏
生子一名
[illegible]

[illegible]次子
祖
一譜諱厚
移衍長安
生子一 圖
松

熙次子
宣
字秀書
配吳氏
生子一 圖
崑

祖子
松
配言氏
生子三 圖
墉 塘
墻

宣子
崑
字本實
配冉氏
生子一 圖
佐

松長子
墉
字本宣
配卜氏
生子一 圖
俊

崑子
佐
字巨輔知
處州事有
善政
配言氏
生子一 圖
衡

墉子
俊
配陳氏
生子一 圖
伷

武城曾氏重修族譜

松次子
塘
字本堅
官封義成侯
卒葬虔州
城外大鳥
山東向
配呂氏
葬合塚
生子二名
固
內

塘長子
固
配李氏
生子二名
其
蘭

塘次子
內
配劉氏
生子三名
芳
芥
拱
遷衍桂州

瑒三子
曜
一諱徛官
福州刺史
配端本氏
生子三图
楙　椂
惠

曜長子
楙
五承事漢
建安時徙
廣東廣州
韶州

曜次子
椂

楙三子
墻
配孔氏
生子一图
盛

椂子
埜

墻子
盛
衍漳永

埜長子
冀

字子燃任
蒼梧六守
旋封爲臨
轅侯
配陳氏合
葬羅坑
生子一名
瑩

配林氏
生子二名
冀　籍

字子望爲
長沙令陞
直到任月
餘郎致官
配呂氏合
葬儀豐東
側
生子二名
稷　稽
和

瑩次子
籍
配顔氏
生子一名

瑒四子
常
宁子平官
東漢鴻臚
寺卿
生子二圖
偉　佳

惲三子
惠

常長子
偉
系後詳

常次子
佳
衍林州

惠子
爕
漢封景陽
侯後衍霸
[illegible]

德公房系 接上據公房系

案舊譜　宗聖十五傳關內侯據自山左徙廬陵吉陽鄉生闡揚闡于權植于三燦燜炳燿于岸生德行徵揚于派剡曜曜目闡揚下分派另詳茲特圖德公房系

二十一派

德長子 **均**

字貴敘三國時官中郎將軍葬仁壽鄉

二十二派

均長子 **渙**

官景陽侯配劉氏合葬仁壽鄉上查向

二十三派

渙長子 **梓**

字伯端配丁氏葬仁壽鄉南向

二十四派

梓子 **勰**

字官鎮南將軍司馬生於太康丁未

二十五派

勰子 **端**

字正巽配胡氏生子二遒鉉

尚
配朱氏合
葬
生子二圖
燦　一
[illegible]

生子二圖
辯　[illegible]

生子一圖
[illegible]

奐次子
曜
官福州刺史
配陳氏合
葬上查

年二月二
十五日於
興康甲子
年卒葬荊
田鄉斧形
配文氏葬
合家
生子一圖
端

[illegible]子
壙
配鄧氏
生子三圖
樟　楊
棫

道始
。按世襲
譜系子諱
鑑宋元譜
均云道始
是端次子
則有譜云
譽後者誤

壙長子
樟
配　氏
生子二圖
敬　斆

德公房系

埔次子

震忽

家鄧州
配　氏
生子五衍
爲鄧州房
系房詳

生子一圖
揖
後衍西埔

家吉陽

墳次子

楊

配　氏
生子一圖
数

墳三子

棫

配鄧氏
生子三圖
奎　筒
龍

二

德次子
珍
字貴仕
魏封平原
侯卒葬仁
壽鄉上查
配卞氏葬
合冢
生子一圖
震
○此公派
下均係智
容及光魯
尋譜

珍子
震
配冉氏合
葬上查
生子一圖
瑔

震子
瑔
晉宮太子
洗馬卒葬
仁壽鄉上
查
配呂氏葬
合冢
生子二圖
錡
瑀

瑔長子
錡
配顏氏
生子一圖
瑧

瑔次子
瑀
配呂氏
生子一圖
熠

錡子
瑧
配李氏
生子一圖
鍼

瑀子
熠
配卞氏
生子二圖
錦
鋼

端公房系 接上德公房系

案舊譜 宗聖十五傳關内侯據孫杳關越六傳德生三子長拘次珍珍生襄拘生渙渙孫端自拘珍下分派另詳故特

圖端公房系

二十六派

端長子 **鋐** 字道遠官大司馬配蕭氏葬仁壽鄉

二十七派

鋐子 **海** 諱昊官襄州録事參軍配楊氏合

二十八派

海長子 **壙** 配謝氏合葬仁壽鄉生子二圖 [illegible] 田

二十九派

壙長子 **興** 字兆發配張氏合葬荊田鄉[illegible]子隆

三十派

興長子 **隆** 字迪[illegible]配宋氏合葬汜羅崗生子一圖

端公房系

家石陽

生子二圖
海

葬上杳
生子二圖
暾　琦

名諱多
從木今遵
武城譜從
此

配羅氏葬
全夫山子
陳陂
生子三圖
隆　陳
陂

典次子
鈞
陳
配李氏合
葬上羅院
生子一圖
鏜

典三子
陂
配孔氏合
葬仁壽鄉
生子三圖
路　鉀

渝次子
琦
官黃門侍郎袁襄陽
配言氏
生子一
僑

墳次子
田
配董裔侯
祥

琥子
儔
配羅氏
生子二
卓
早

儔長子
卓
侯詳

儔次子
早
配吳氏
生子二
沆
祟

瑞次子

道始

諱銑，官任軍騎將軍，有功加封開國侯，配吳氏，家安州，子孫繁衍處州。一譜云公配高氏，合妻荊田塒。又云諱信。

隆公房系

接上端公房系

案舊譜　宗聖十五傳闕內使康家吉陽歷六傳德六傳端
端二子長鉉次道始遷于潮生瓛瑞璜子與生逢暐陂自鉉道
始下分派另詳茲特圖隆公房系

三十一派

三十二派

三十三派

三十四派

三十五派

隆子
鈞
字洪舉生於陽皇丁巳年官唐給事中永

鈞子
謀
字以忠配商氏合葬仁壽鄉避南

謀長子
豕
官司空兼尚書令徙廬陵吉陽上黎堡

豕長子
琟
字子玉殁葬吉陽黃田堡雞公山巳向地

琟長子
寬
仍居吉陽上黎學殁葬二十都雞公山前

歲庚戌年
卒葬潤田
鄉苧彩山
配彭氏合
葬夫左
生子一圖
謀

生子二圖
丞
卷

配何氏合
葬石獅嶺
上窑坳與
縣彤
繼娶羅氏
葬吉州蘆
孩塘寅向
生子三圖
璉
璐　檜

師云一雞
鳴了一雞
鳴冉聽雞
鳴第二聲
雞待雄雞
渡子赤墓
中推江云
云禁句
配謝氏葬
伴夫合冢
仝向
生子五圖
筦　統
豐
暻　暉

右
配何氏葬
伴夫右
生子一圖
桑

璉次子
緯
居吉源
配王氏
生子二圖
莅

璉三子
豐

隆公房系

配吳氏
生子二圀
老

挂四子
暉
居廣州
配楊氏
生子二圀
榴傑一
榴俊一
榴俊出撫
儀為後

挂五子
隰

二

延次子

僖

字惟人生於天寶元年壬午登大歷丙辰進士第累官至金紫光祿大夫檢校尚書左僕射同

居泉州配王氏生子一圖

延

晉長子

宥

諱森字樽甫生子一圖

亮

一譜宥生鐵鎬按世襲譜亮生鉞鎬非宥生也俟考

中書門下平章事贈上柱國曾魏開國公元和二年由吉陽徙雲蓋鄉望仙里角陂大坑今云大塘大和四年勅塟忠義鄉銀濃嶺人形趾丙午向十二都吊雞嶺

崇仁瓶溪及永豐松江興安羅山泰和秩陂梟田等處

曾 次子

儥

諱彬字起濟貢元配羅氏合塟帶上兩金鈎求形撫于一圖國後

配王氏及
繼娶趙氏
合葬庄下
金釵形三
娶呂氏繼
葬臨江府
新淦縣署
雲山寺後
獅子抱毬
形亥向
生子三名
宥
德
儲

丞三子
罯

曾三子
德
行十四郎
居琪山

罯子
暘

官金紫錄青光祿大夫節度使徙撫州西城配范氏合葬南城雅谿鄉杉嶺繼娶危氏葬山口生子一名暘

[illegible]潘氏生子一名詠

案舊譜畧生瑒瑒生永永生萬萬生游宇可徒及洪立宏立三人南豐公以瑒永萬游四人名皆同據公次子之後故載云畧五傳可徒

諶次子

丞

侯詳

洪立宏立爲南豐三祀者盖慎之也聞韶譜云得焉伍碑記稱晏生煬煬生詠詠生錡錡生遊宇可徙及洪立宏立三人官配具在今多從之

寬公房系 接上逢公房系

按舊譜宗聖十五傳關內侯據徙吉陽越十一傳蝺蝺六傳隆子鈞鈞之孫尚書丞生珏譜畧珏生寬紳豐璡璒分徙不一惟寬仍居吉陽自丞下分派房詳茲特圖寬公房系

三十六派

寬子 韡 字子蒞官吉州都押衙葬仁壽鄉上畬南

三十七派

韡子 慶 任唐路御史大夫遷朝鮫直遠近禪之卒

三十八派

慶長子 偉 官吉州都押衙檢校御史大夫端方正直

三十九派

偉子 擢 字延撫官鎮南節度使銀青光祿大夫檢

四十派

擢長子 崇鼎 居東宅配劉氏生子七圖奇修

視寶福院
肯
配蕭氏葬
合塚
生子一名
慶

葬荆田鄉
衍形山
配鄒氏葬
合塚
生子三名
偉　騏
一譜云生
四子利運
偉騏攻觀
利運之裔
爹將詧公
之後而綴
之今以永
豐南豐等
譜正之效
祇載偉騏

有文風居
仁壽鄉上
查於咸通
十四年癸
巳卒葬上
倉莊
配湯氏合
葬　向
生子一名
煇

校國子祭
酒御史中
丞上柱國
散騎常侍
生平廉惠
詳傳於太
和六年甲
午十二月
二十三日
卒壽八十
一公於天
祐八年收
復祖業居
廬陵永安
鄉和風里
峽坡堡上

戴修
諮修
慈修
全修
進修
能修
鶯衍新淦
神光源峽
江籍監之
少宗伯輔
川之虞部
及其長子
奇修郎齊
修之子撰
南[illegible]二
第一[illegible]

且禪公傳
云慶長子
偉南豐譜
云舊譜有
以洪立爲
其後大樑
蓋指[illegible]
立爲[illegible]子
而綴慶下
也又二譜
云三子偉
驥驥而驎
派下尤謬
人多非之
今正以爭
城譜

羅源係大
三年公以
東西南北
分四子名
爲四宅
配蕭氏合
葬荊田鄉
谷形
繼娶羅氏
葬上查源
生子四名
鼎　鄭
德　楨

員外者皆
其後也
次子崇鄭
爲南宅任
吉州司馬
配黃氏
生子三名
翱修
沖修
著修
三子崇德
爲西宅官

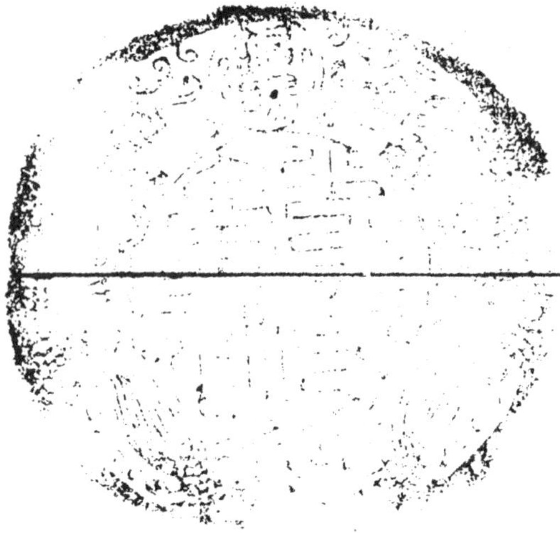

盧陵茲使
葬楓木坑
卽今土坑
向
配蕭氏葬
合塚
繼娶易氏
葬既潭鄧
家坑黃土
嶺
生子五名
澄修
敬修
奇修
從修
絢修

敬修從臨
陵河埠

輝四子
豐櫝
配楊氏
生子二名
鸞修
敘修
派衍飛西
馬舖前舊
社壇園廬
陵雙塘邊
〇公諱從
貞從示恭
避從木

慶次子 **駢**

官御史大夫
配王氏合
葬荆田鄉
斧形山
生子一名
耀

駢子 **耀**

官南唐宮
檢司旋爲
真州刺史
配劉氏合
葬土查
生子一名
範

耀子 **崇範**

字則模官
南唐太子
洗馬家富
與籍有名
一時
配劉氏合
葬仁壽鄉
向
生子一名
延膺
延茂

崇德房系 接上寬公房系

案舊譜宗聖十五傳關內侯據家吉陽越六傳德又越五傳端又越五傳隆墜子鈞鈞之孫尚書丞生琟蘆侗略珪曾孫御史大夫慶生偉斟斟子耀生太子洗馬崇範偉生生上柱國輝輝居睦陂生四子鼎德鄴楨爲四崇分爲四宅崇德德爲西宅自慶下分派另詳茲特圖崇德房系

四十一派

四十二派

四十三派

四十四派

四十五派

德長子 **澄修** 行二十三郎官吉州

澄長子 **裕** 諱愿行四十二郎

裕子 **知古** 行十二郎生子四七

團練使
塟上羅坑
今云騰朝
對面李坑
配陳氏塟
上里幼賽
塘向禪峯
向二
生子三 图
谿 肅
巾行

生子一 图
知古

谿次子
肅

行五十郎
宋進士塟
土里幼賽
塘寒鴉泊
地形
配周氏塟
新陂周家
塹飛鷲捉
水形
生子三 图
温 艮

傳而絶未
及詳載

肅長子
知温

字子思行
十五郎生
於端拱二
年己丑於
嘉祐丁酉
年三月二
十二日沒
塟吉水縣
歐潭源龜
巢進葉形
甲向

温長子
朝陽

字仲舒行
大郎登慶
歷壬午楊
寘榜進士
第試秘書
郎歷任潭
州醴陵尉
荆南石首
縣令忠州
推官卒塟
新陂白竹

朝長子
仔肩

字公勝行
四十二郎
進士塟本
里扶椅形
配高氏塟
仲夫大合
家
生子一 图
惠 民

恭
○衍詠棻
公配譜多
作蕭氏茲
以龍潭譜
知溫墓誌
正之

配周氏墊
作夫人合
家仝向
生子二各
朝陽
載陽

哈配周氏墊
同所
繼娶歐陽
氏墊上羅
林山頭駱
駝鄉寶形
丁向
生子六各
仔肩
會
派肩
棲美
棲基
正矩
公
自睦陂

朝亥子
派肩
行五十郎
配蕭氏合
墊本里扶
椅形
生子一各
惠迪

朝三子
會
字喬夫行
三郎米承
事郎墊上
羅埨中乳

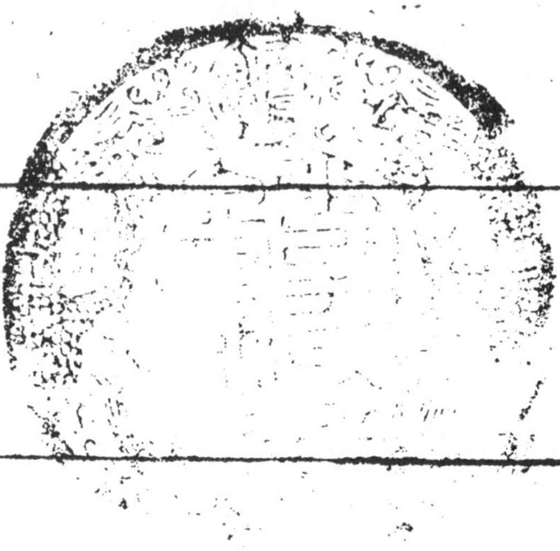

徙居上羅
壠坑等處

右畔
配楊氏埜
甘源口三
峯華盏形
生子六圖
慶廊
康并
庠庠
朝四子
[illegible]
[illegible]
[illegible]形
塋湯氏合
塋仵夫人
生子二圖

元忠
元老

朔五子
樞基
行六郎塟
坥坑牛形
山
配王氏塟
仵夫ナ合
冢
生子四图
惠檲巖
光檲
正檲

朔六子

正矩

字公模，行九郎，正和六年進韻，書補大學內舍生，配徐氏，生子五各：

閔　民先　民瞻

紋彬　紋煥

温次子 **載陽**
字春鄉行四二郎舉進士贈將仕郎葬上里奉仙爵西向公自睦陂徙遷鶯鄉之新陂
配宋氏贈長壽縣君
葬吉水縣仙女石午

載長子 **鑄**
字樫微行八十一郎
配胡氏
生子二 囹
深
俊乂

載次子 **鈍**
字時可舉禮部進士於紹聖二年四月丁

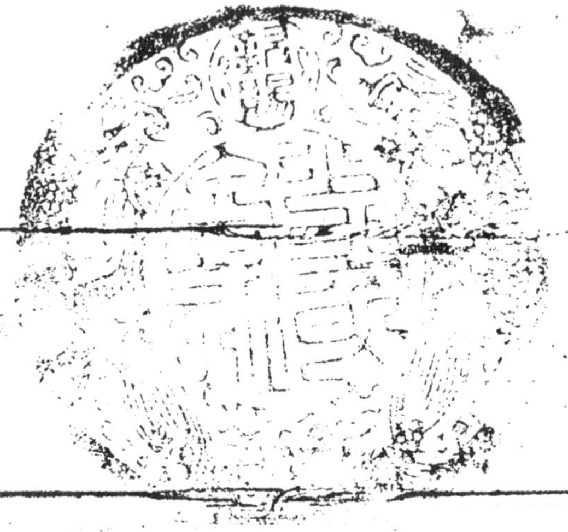

丁向
生子三囹
鑄　銳
鉞

丑辛年三
十五明年
十二月庚
申葬新塗
縣玉筍鄉
南原
配陳氏葬
吉水仙女
石丁向
撫子一囹
典道
藝三子
鉞
宇叔義行
十一

寧五年舉八行科授將仕郎上高主簿因事親不赴任人不稱其官惟以孝子名之後廬墓有芝竹寶劍之瑞於宣和甲辰年七月卒葬新陂南坑配楊氏塟二十都奉

熙次子

知艮

行十七郎

生子二未

仙館

生子七

名

瑩道

輿道

問道

造道

表道

遵道

志道

輿道出繼

銳爲嗣

肅二子
知恭　詳
行廿二郎
配　氏
生子一　季陽　圖
武城譜云
孫少九郎
名廷堅者
徙永新賍
衍遷一都
大岡

恭子
季陽
配陳氏
生子二　圖
逵
迅

季長子
逵
字
俟詳

季次子
迅
配蕭氏
生子三　圖
少七郎
少八郎
少九郎

澄三子
中行
行六三郎
行古巷
配陳氏合
葬青溯祖
園背
生子一囮
純

中行子
純
行十六郎
葬上里勾
賽塘
配陳氏葬
上里水木
坑
生子二囮
匪
百荷

純長子
匪
字正甫行
二郎登慶
歷丙戌進
士第任南
城簿龍南
令信州判
官相州節
度推官處
禮令景德
監鎮知玉
山縣秘書
著作郎於
熙甯七年

匪長子
賝
行大郎進
士
生子五

匪次子
賰
字堪謀行
三郎葬瀉
源
生子五囮
貴門
傳萬

三月二十四日卒葬青塘司馬文正題其墓曰著作郎曾揆之墓友人司馬光祿書公自睦陂遷古巷配王氏於嘉祐辛丑年三月初十日卒葬吉水林塘馬家州

匪三子

石

贍

行六郎登進士第塋上里小水坑配氏生子四图

閒振

俊廉

楓幹

匪四子

贍

生子七囝
賝　賰　賙　賦
購　贍　貽

行七郎舉進士
配王氏
生子一囝
鏵

匪五子
賙
字

匪六子
貽
行
配周氏
生子一囝
俊乂

純次子
白荷
行四郎舉五經第一人徙古巷

匪七子
賦
行十一郎葬雞公山配黄氏生子一圖
肇
○肇生彥操徙廬陵

荷子
貺
行小二郎舉進士葬雞公山

武城曾氏重修族譜

德次子
敬修
字□□，晚自上杏徙居陂再徙曾家坊
生子一 洎

敬子
洎
生子一 言

洎子
知言
生子二 墉 珩
○歷十二傳徙廬陵河埠

言長子
墉

言次子
珩

葬雞公山
配趙氏葬仝夫山
生子一 覎

配李氏葬仝夫山
生子二 卓 民

衍暐陂

崇範房系 接上寬公房系

案舊譜宗聖十五傳關內侯據家吉陽子闡五傳德越六傳端又六傳隆子鈞鈞孫尚書丞生珪請署舊徙雲蓋署十傳聾居南豐珪四傳御史慶生偉駙偉十四傳兵部侍郎晞顏徙瀧潭麻田等處駙子頊州刺史耀由瑾陂徙木塘在今江西吉安府永豐縣也生洗馬崇範自寬下分派另詳茲特圖崇範房系

派	
四十一派	範長子 延膺 字膺修行二十一郎
四十二派	膺長子 頻 字 行大二郎官
四十三派	頻子 芳 字子以茂甃 涂井湖一
四十四派	芳長子 奇 行十五郎 甃西源
四十五派	奇子 嵩

崇範房系 家永豐 一

官廕授部駟使兼資庫使誥左班殿直果州兵馬督監卒於同光癸未年四月十一日於端拱戊子年卒於京歸葬永豐縣藤源添井湖寅向
配魏氏葬永豐藏陂

武昌監權葬木塘西源象形岊向
配王氏葬伴夫左一譜配劉氏葬伴姑生一女三子各譜異惟叙同多者
生子一图
丸

賡次子
項

項子
藤

譜字似戊存考
配劉氏葬全夫山
生子二图
芳　珏

藤長子
端仁

配易氏
生子一图
耑
○公諱從玉從竒今荼避作竒

芳次子
珏

行十七郎
配楊氏
生子一图
崼

仁子
崙

珏子
崼

蚶形向
生子五图
頻項
頁顏
傾
。頁本諱
從禹從頁
今恭避作
頁又支譜
奏圖誌碑
等件以碩
居前者便
查覽也今
族譜仍照
舊譜序者
重天倫也

字 官
福州閩縣
主簿葬南
源
配王氏
生子一图
蔭
。公諱各
譜多作項
頂不從

膺三子
頁
咸平壬寅
進士官筠
州錄參葬

配 氏
生子二图
仁 義

頁子
承亮
配陳氏
生子四图
牧 枚

徙福建
生子一图
嵛

蔭次子
端義
生子一图
崑

亮長子
自牧
配張氏
生子二图
彬 彩

義子
崑
徙楚

牧長子
彬
配朱氏
生子二图
盟 端

閱者幸毋以寻盾相疑利賔房系做此六十九代宗子毓墫識

西源
配羅氏葬藏陂
繼娶王氏無出
生子一　圖
亮

言立

○一譜自牧牧從樂安羅山吊核羅山房譜乃舊後、牧且與各老譜符是名同也審之

亮次子
自校
配王氏
生子一　圖
森

牧次子
彩
配劉氏
生子二　圖
佐　服

校子
樾森
配王氏
生子三　圖
從　迪　佑

雋四子

顔

同兄榜進士官循州州判㙺南

亮三子

自言

配吳氏生子一㘣

亮四子

自立

㸅

言子

㸅

源淥井湖配王氏塋金大山○公夫婦墓乾隆辛丑余親拜謁碑誌確徵則有謂云配洪氏者誤也宗子毓璿識

膺五子 **碩**
字子沅號偉夫湑化

碩長子 **湑**
諱雍行一生於雍燕

湑子 **萬敵**
字惟仁行念七郎生

敵子

壬辰進士
官黃州從
事南雄州
軍事判官
榮州觀察
判官旋任
大理寺丞
知永康導
江縣事累
階朝奉郎
生於顯德
丁巳年於
明道壬申
年卒葬吉
水仁壽鄉
原栗山院

乙酉年於
嘉祐丁酉
年沒葬六
都馬蹄州
高垢塘下
雄鵞挽水
形辛向
配張氏葬
仝夫山
生子一名
敵

頎次子
承翰
從九江葬
本里廟背

於祥符己
酉年於熙
寧乙卯年
葬坳上
配徐氏葬
仝夫山
生子一名
整

翰長子
萬儆
配　氏
生子一名

戊年於元
符己卯年
沒葬伴父
左
配羅氏
生子一名
一九思
。一譜公
字永甫一
譜字宜正
存考

儆子
公肅
字端甫葬
漆井湖

背後遷厝
永豐縣瀧
雲鄉六都
勘下關家
屋背後
配江氏塋
青賽郭家
庄向
繼娶省氏
塟伴前江
氏ナ
生子六名
涓翰
晃順
資淑

坑
配姚氏塋
仝夫山子
敞
繼娶李氏
塋伴夫左
子欽
生子二名
敞欽
○一譜生
三子敞欽
敬一譜生
子效徙廣
東轉徙邵
陽核各舊
譜均生二

肅

翰次子
孝欽
配劉氏
生子一名
英

衍木塘

配趙氏塋
仝夫山
生子一名
九忠
欽子
枻英
配　氏
生子三名
迪吉
允吉
從吉

子敏欽目查邵陽無祖效者故删又敏一譜作敏

碩三子
承晃
行九三郎乾興　年父命徙樂安縣雲葢鄉望仙祈塟本都浚源坳蓮葉葢金龜形

晃子
萬敬
諱嘉行成一郎塟結岡下癸向配廖氏塟西嶺下陳坑
生子一　圖
齊

敬子
公齊
諱善行流一郎以詩補邑庠生塟方田坑丙向配夏氏塟苦竹坑人形申向

重修內坤
外申向
配吳氏籍
田心墊本
里陂泥坑
金釵形
生子一图
敬

碩四子
承順
字希孝行
九四郎天
勝二年從
塋仙路口
莽黃家排

順子
萬斆
字伯英行
成二郎皇
祐三年辛
卯鄉任書
林上戶塋

斆子
公嚴
字大謀行
沂二郎塋
崔樹下午
向
配詹氏結

生子一图
伯昇

衍木塘

椅形
配李氏塋
仝夫山
生子一名
數

貢五子
承貢
字深安行
九七郎一
諱講承酉
存考
生子三名
和　恭
敬

本里路口
蜈蚣形
生子一名
嚴

貢長子
順和

貢次子
順恭

貢三子
順敬

仝夫山
生子一名
伯高

範次子
延茂
字茂修行三十三郎
塟漆井湖
配劉氏塟
仝大山
生子四名

茂長子
顗
配劉氏
生子一名
鉞

碩六子
淑亮
生子一名
煥
進譜無茲
照業譜叙

顗子
承鉞
生子一名
硯

淑子
煥
生子一名
逢
○徙香城

鉞子
硯
字行簡塟
漆井
配王氏
生子一名
章

煥子
逢辰
生子一名
克礩

硯子
章
○一譜章
徙四川一
譜章徙楚
存考

顗　顥
頴　頡
○舊志崇範生一子而各老譜及翰博府修舊譜均二子故補叙延茂一支

茂次子
顥
從河源大湖田藍望坑已向

茂三子
頴
生子一名鈺

茂子
頡

頴子
鈺
生子二名林森

頡子
鈇
○以森嗣鈇爲後

鈺長子
林
生子二名詔訓

鈇子
森

林長子
詔
從河南

林次子
訓

森長子
誌

配王氏
生子一 圖
鈦

配萬氏
繼娶李氏
撫子一 圖
森
○係撫入
承鈺次子

字松立
配王氏
生子二 圖
誌 詩

配 氏
生子一 圖
堆
森次子
詩
○徙外

鋭公房系

接上崇德房系

按舊譜宗聖十五傳閔內侯據冢吉陽越六傳德又越五傳端又越八傳尙書丞生珪舊譽珪曾孫御史大夫慶生偉駢偉生上柱國輝輝子四分鼎德鄰楨爲四宅西宅崇德長子澄修生裕肅中行肅生知溫溫次子將仕郎載陽自睦陂徙永豐遷鶯鄉之新陂生鑄鋭鉞自澄修下分派另詳茲特圖鋭公房系

四十六派

四十七派

四十八派

四十九派

五十派

鋭子 興道 字彥安行六九郎 沒

道子 彥興 字維先行八八郎 官

興長子 諧 字虞卿行端一郎

葬吉水東門盈倉甲向山業被侵泰定丙寅與申鳴官得直取江氏立石以記
配解氏沒葬永豐白水巽申山業
生子一 圖
興
詠按鉞墓誌云宣和

將仕郎沒葬新陂屋後癸向
配張氏沒葬南堤
生子五 圖
諮　諶　諲
許　諄　[illegible]

興次子 許
字樫卿行端二郎沒葬永豐十六都北界閉居坑向
配陳氏
生子六 圖
旻　鼎
冕　翼
晟　晏
後徙簡都東門

許長子 旻
字淑文行念三郎
配　氏
生子一 圖
益孫

旻子 益孫
其裔滋儒官廣東布政配楊氏徙臨武縣東關興龍山合葬其地令名曾家嶺十二傳生朝節以萬歷探花及第官至禮部尚書裔衍臨

六年沒壽六十與道先鉞沒則一譜所云此公之生沒不合矣故删而仍武城譜式

粹次子
沅鼎
字叔寶行念六郎沒葬吉水縣十八都螺陂廟前黄栢山
配蕭氏北界開居坑八形向未
生子二
震 霈

武

鼎長子
震孫
字亨甫行五七郎葬黄柏山艮向
配毛氏葬同處窩坑尾舊居門首竹山辛向
生子四
滋 紐

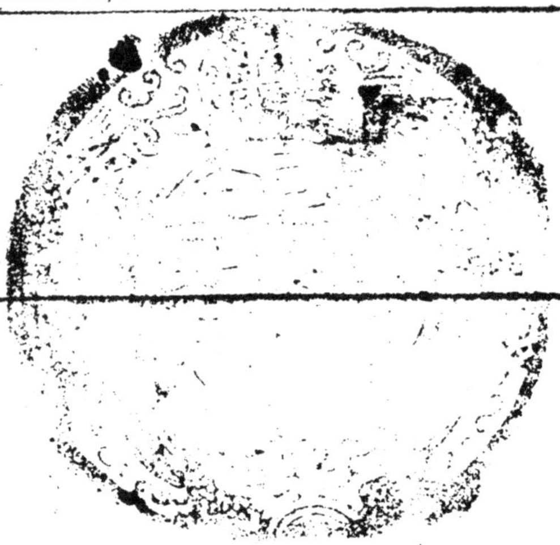

辛酉郎

嫵組

晞嵩

鼎次子

需孫

字敘甫行六一郎葬吉水八都山背配毛氏葬仵夫大合冢一譜云配吳氏生子三圖

晞寓

許三子
寬
生子一 圖
晉孫

許四子
沅翼
字叔昱行
念三十一郎
生子三 圖
泰孫
應德

晞皋
晞益

寬子
晉孫

翼長子
泰孫
字通甫行
六二郎
生子四 圖
儔二郎
士俊
應孫

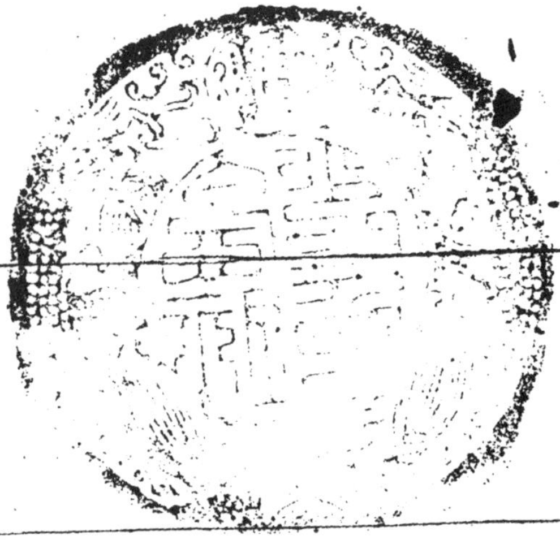

應瓏

巽次丁

戌郎

應德

字盟甫行

少六郎

生子六個

佑孫

必顯

必紋

必達

○五子宏

繼六二

出繼張

許五子
晟
字叔茂行
念六郎從
撫州崇仁

冀三子
應瓏
字從甫行
少七郎
生子三
道孫
閏孫
三子出
繼蕭氏

晟子
復淙
字嫫甫行
幼二郎
生子一

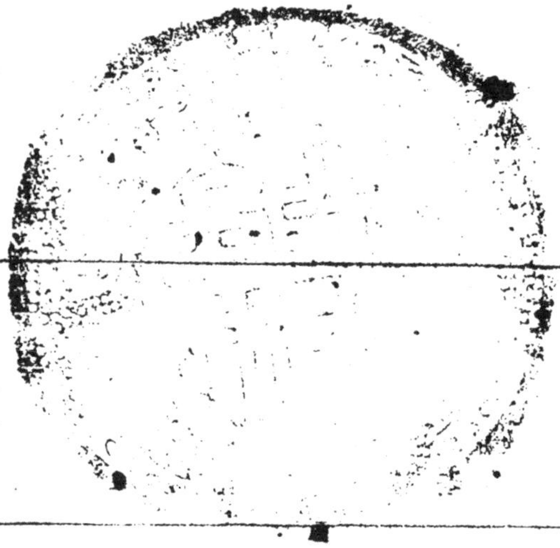

下排
生子一名
復踪

許六子
晏
字叔安行
三十五郎
葬永豐新
陂屋後
生子三名
一鳳
二鳳
三鳳

愷

晏長子
一鳳
字儀甫行
大二郎葬
新陂之小
坑
生子二名
思兼
思仁
衍霄都削
除巷苦竹
垇

晏次子

二鳳

字翔甫行大三郎葬桐公坑配高氏沒葬同夫山生子二圀思仕思允

○思仕子四三子獻徙吉水河口四子性生允規字

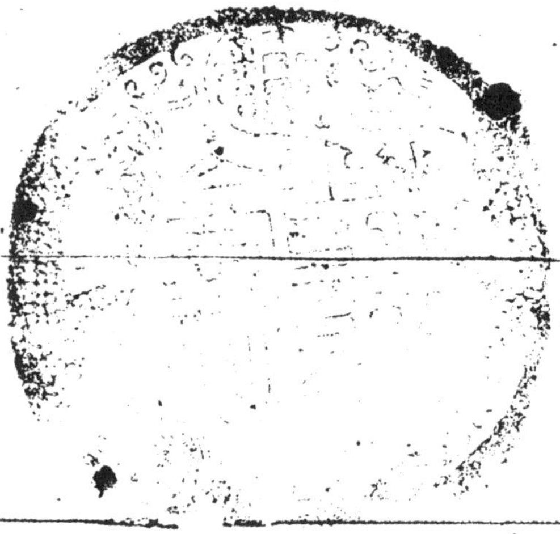

宏遠官蘓州知府性又生允仁仁次子志聰徙銅坑○棻瀧潭譜松龍三子慶餘生志聰徙桐坑合計之一居五十二派一居五十三派豈同名而居相創[illegible]存參

輿三子
諶
字誠卿行
端三郎
配彭氏
生子四圖

諶長子
森
字子松行
念二郎塋
十四都樟
衙羊胎垅

婁三子
三鳳
字士戴官
常州教授
配蔡氏
生子二圖
孟紹
仲紹

森長子
沅孚
字信甫行
百二郎
配鍾氏塋
大車塘

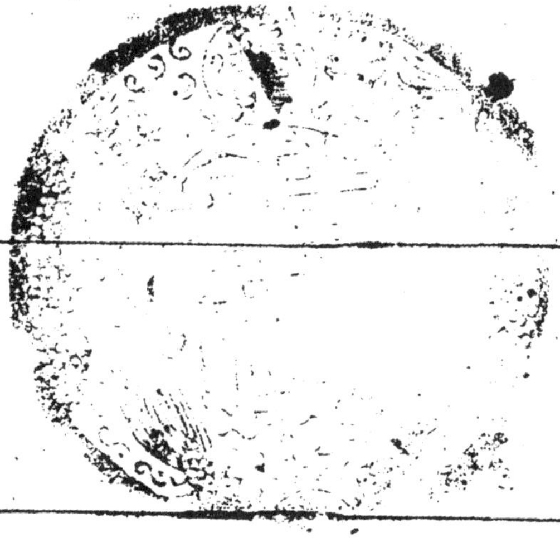

森　杞

彬　梓

彤
配蕭氏
生子四名
孚吉
善寅
一譜云五
子季沅高
且系長吉

生子四名
均奉
均豫
均貢
均復

森次子
沅吉
宇應甫行
百三郎徙
盧陵竹馬
橋郎竹溪
官承德郎
生於萬[illegible]
庚寅[illegible]
紹定[illegible]

年沒葬盧
陵曾家園
屋後
配周氏沒
葬司夫山
生子十四

盟淑
盟甫
敬甫
義甫
性甫
盟遠
均忠
均截
均謙
均坎

衍廬陵竹
溪永新開
溪泰和藕
塘城溪

森三子
源普

字特齋官
登仕郎福
定間徙萬
邑合嶽與
沒葬晉基
配裴氏沒
葬羊胎號
形子師
繼娶郭氏

沒葬仝夫山

生子六 图

均開

均恒

均青

均寧

均敬

均紋

衍合葬塘

承新新源

森四子

沅寅

字同甫

行千十一郎

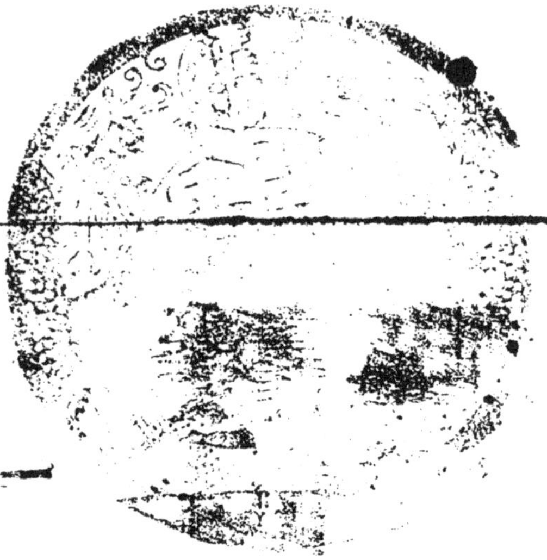

雲南部，
居大慕
下嶺溪埜
小公塘蛇
形
配陽氏
繼娶王氏
沒埜油田
蛇形
生子五圖
定孫
夢娛
檉孫
定四郎
嬹孫
衍衡州南

銳公房系

諶次子
霦
字子紋行
念四郎
配　氏
生子三名
衡
壽
範

霦長子
沅衡
字平甫
配邱氏
生子三名
孫仔
福弟
福郎
。其子三人與母邱氏徙樂安

康賢女橋
太和早和
市橋上泰
和荷木坳

家新鈙

九

諶三子
杞
字子材行
念八郎
配張氏

池頭今爲
表潭房

電次子
沅範

霦三子
沅壽

杞長子
沅杰
字俊甫行
千十五郎
配宋氏

生子三 圖

杰

實

誠

生子三 圖

應澆

睎尊

睎緻

沅實

祀炎子

字昭甫行

千九郎

衍髙安澗

田

沅誠

祀三子

字端甫

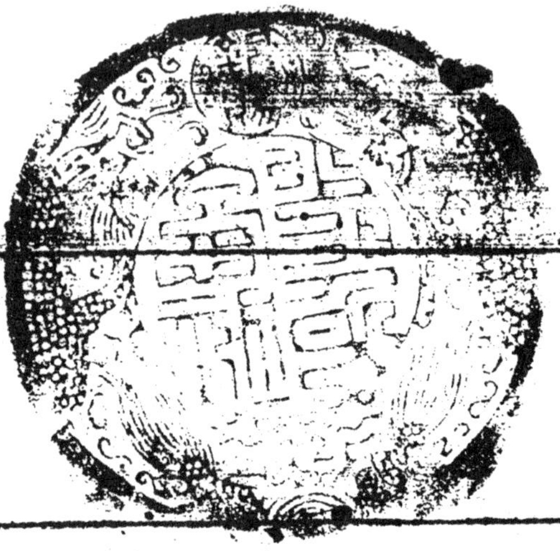

諶四子
梓
字子敬行
二十一郎
配張氏
生子二圖
生 和

梓長子
沅圭
字恒齋
生子一圖
和卿
○和卿字
中節徙湖
廣

梓次子
沅和
字壬吉
配李氏
生子二圖
光 克

興四子
諤
字直卿行端四郎葬魚源橫坑配范氏葬仝夫山生子三 圖正 稷達一譜云長紋炎正

諤長子
必正
字子中行念九郎登進士第官東平州州判紹定辛卯自新陂徙泉陵饒溪石下江生於淳熙戊戌年九月十二日於景定癸亥年五月

正子
沅亨
字正甫生於慶元庚申年二月十四日沒葬新陂厝背癸向配郭氏葬仝夫大合冢仝向生子二 圖兆 恒
○兆配李氏生和衍

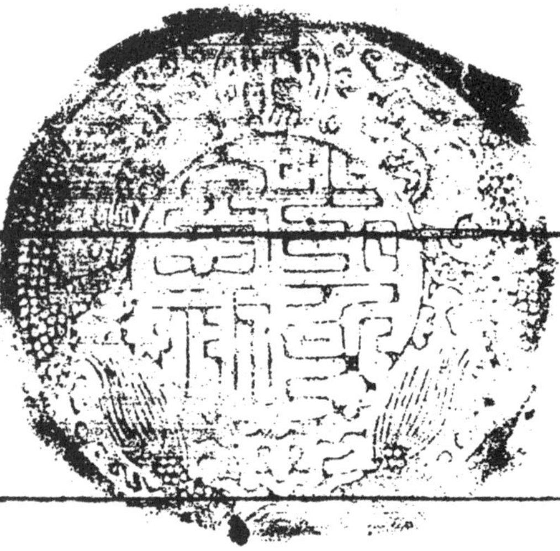

譜次子
必紋

卒歸葬横坑配歐陽氏生於淯熙己亥年三月二十二日於景定辛酉年十一月没葬伴夫大合冢生子一圖亭

紋長子
沅謙

攸縣恒配伍氏生利配胡氏生自明自誠自得自發自明衍石江自誠攸縣塔泳水口等處○一譜訛載茲以武城譜正之

字子章
配　氏
生子四圖
謙瑞
用敬
一譜謬云
五子其三
子日元英
今以瀧潭
房譜正之

字正吉行千二郎
配　氏
生子二圖
曾孫
足孫

紋次子
沅瑞

紋三子
沅用
衍厚田

紋四子
士敬

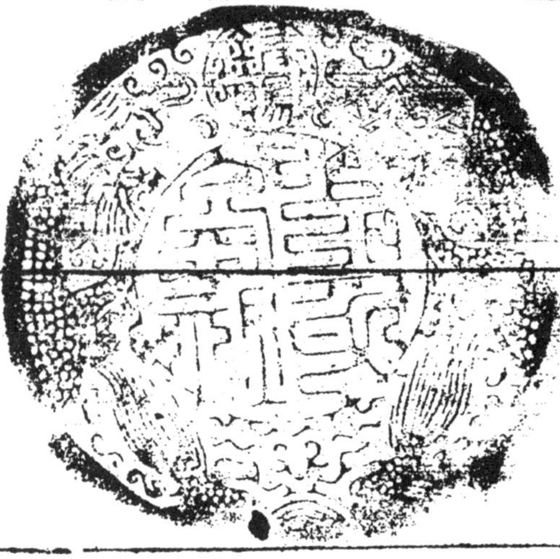

諱
三子
必達
字子通行
三十郎塟
蕉源
配解氏塟
仝夫山
生子一 圖
淙英

配　氏
生子二 圖
玉田
玉峯
衍蘭厦

達
子
淙英
字叔俊行
十五郎塟
焦源
配解氏塟
仝夫山
生子三 圖
白敏

輿五子

譚

字唐卿行端六郎塟永豐北界三寶登殿形配宋氏塟新陂山塘眠犬形生子四图

恂　佛　恪　懷

譚長子

恂

字子仲一諱添錫行洸九郎嘉定戊辰進士官陜西教授配劉氏生子六图

有方　保顯　圖必

恂長子

有大

彌六　彌郎

字功甫行四二郎涫祐癸卯解試舉人登咸熙乙丑進士第官册名尹後累階至禮部侍郎塟添四洞彭福一居上

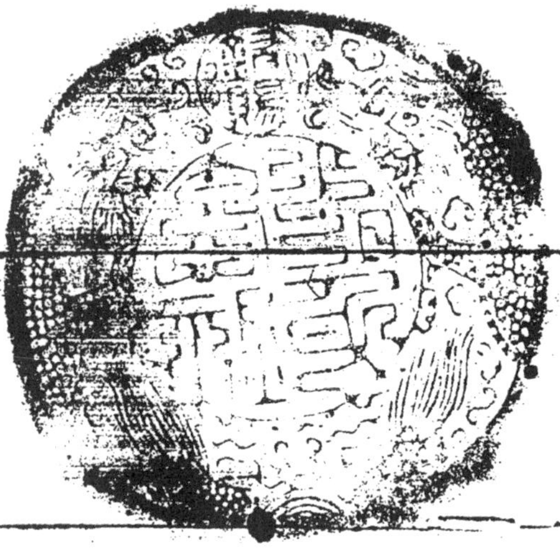

手第二拾
配宋氏
繼娶周氏
均塟仝夫
山
生子二囝
晞樫
脪貫

恂次子
方大
字宜甫行
四三郎登
咸熙乙丑
進士第官
册名登瓏

冊名登瓏
配蕭氏
生子一 圖
純
〇一諱云
純字行孫
與母居長
松

恂三子
保大
字定甫行
四四郎
配　氏
生子四 圖
晞椰

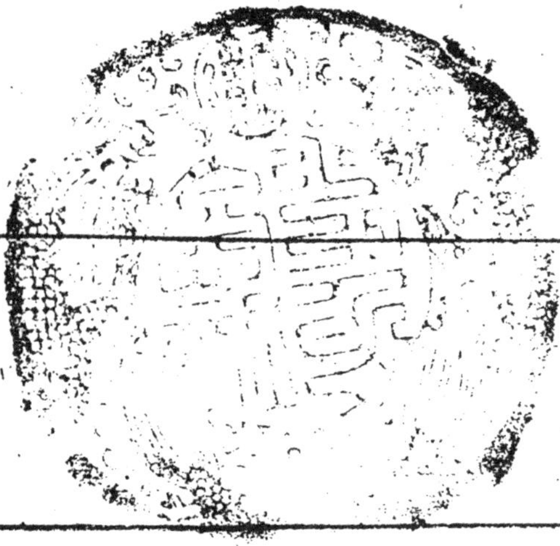

濟孫
愈孫
鼎孫
○愈孫出
嗣新塗江
蒂根
恂四子
顯大
字茂甫行
四五郎墊
添四洞彭
福下坑卿
配周氏塟
新陂景後
生子二闔

諲亥子
悱
字仲發號竹陂行十郎官迪功郎融水簿尉於

家新陂

悯五子
圖大
晞端
晞韓

悯六子
必大

悱長子
沅老
字方叔號壺深行百六郎以子晞顔貴遇恩補迪功

二月初八日卒葬新塗玉筍鄉遠陂鶩步丙向配羅氏生於湻熙戊戌年六月十二日於紹定己丑年十二月十一日歿葬新塗五都金剛山備心廖坑尾高嶺乾

鄖旋官湖西提舉累贈朝請郎生於慶元庚申八月初二日於寳祐丙辰年十二月二十三日卒葬永豐北界聳角坑未向配鄒氏於湻祐甲辰年九月二十九日卒

湖乙向
生子二名
三 [illegible] 英

謹三子
恪

塋承恩諭
平鄉孫山
生子二名
晞鄘
晞顏

悱次子
沅英
字春甫紹
定間官翰
林院編修
徙吉水螺
陂

恪長子
沅行

武埗曾氏重修族譜

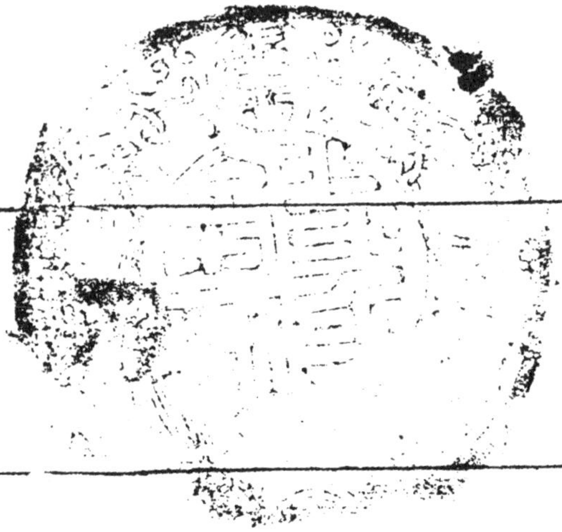

字仲祥號
朴齋行八
郎
配湯氏
生子四名
行　蝉
派　龜

諱衡
徙樂安部
源
恪次子
蝉
舉人
配鍾氏
生子二名
仲修
東旭
恪三子
之派
咸熙庚午

謹四子
懷
字仲德號西隱行十一郎以子

科舉人配徐氏生子一囧從祿

恪四子
甯龜
解元與嵴兄同榜

懷長子
莘老
字棻尹號南齋行重二郎涫祐

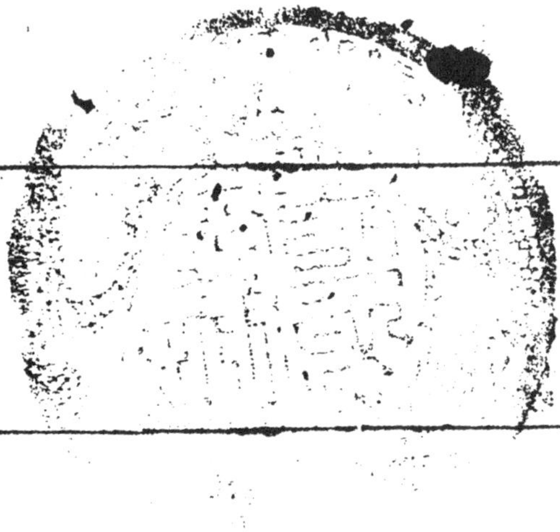

貴初恩授
承務郎饒
州通判後
授承事郎
生於紹熙
辛亥年於
咸淳己巳
年十月十
七日卒葬
永豐鑶礶
未向
配羅氏
生一子三囝
華
會　松

進士於景
定癸亥年
三月二十
八日沒葬
永豐智林
院近鐵爐
坑巽向
配周氏沒
葬北界
生子二囝
晞嶽
晞章

懷次子
松龍
字宗甫號

泰字行重三郎寶祐甲寅補登仕郎乙卯貢江西連司咸淳乙丑與尹同登進士第初授廸功郎道州江華尉旋調全州教授未赴癸酉除雄州推官辟廣東經幹乙亥

除廣東總領所文字監進奏院兼督府義宣文字進太府寺丞廣東經略制置司參議累階至兵部侍郎例授朝請大夫生於嘉定甲申四月初二於至元甲申七月

日卒葬黃柏山巽向
配李氏贈宜人　於咸湻戊辰年四月廿八沒葬永豐廿六都箬車灘石陂排甲向
生子三名
晞曾
晞嶽
餘慶
○晞嶽出嗣苹老

懷三子

會龍

字淙望行重四郎登景定壬戌萬京山榜第官授分宜主簿調州叅軍墊永豐二十五都沙山排飛瀛形

配　氏

生子一圖

晞周

公整房系

接十四崇範房系

案舊譜　宗聖十五傳闕內依據家吉錫子開五傳德叉六傳
瑞叉六傳隆隆子鈞鈞孫尚書派生珪稽略傳健婁瀧略十傳璋
居南豐珪四傳御史慶生[illegible]十四傳兵部侍郎晞顏衍瀧
潭麻田等處廷驥子貢州[illegible]成從水塘生洮馬崇範五
傳萬敵生公整自崇範[illegible]為特闢公整房系

四十六派
整子 九思 字成義行念一郎生

四十七派
思子 紋傑 字卓庵行十九郎生

四十八派
傑子 浩古 字巍[illegible]號信前行七

四十九派
古子 上忠 字省己行念二郎好

五十派
忠長子 敬伩 字存誠號恪恭行一

武坊曾氏重修族譜

於嘉祐癸
卯年於紹
興壬子年
没葬西源
配羅氏葬
仝夫山
生子一囧
傑、二
○一譜公
字得之一
譜字用懷
今字行均
從舊譜紀
錄

於元祐丙
寅年於紹
興乙亥年
没葬西坑
配李氏葬
仝夫山
生子一囧
古
公諱不
從系因避
敍

郎生於大
觀己丑年
於淳熙乙
未年没葬
下邊屋後
配劉氏葬
仝夫山
生子一囧
忠
○舊志公
諱作好古
麻田吉庵
譜云五十
九代翰傅
既字好古
豈其字肯

衍本塘

學力行孝
友著於郡
邑生於紹
興甲子年
四月十三
日於嘉定
壬申年十
月十七日
没葬西坑
倉庫坋
配張氏葬
仝夫山
生子二囧
敬教
○譜誌系
碑均作尚

邑庠生最
孝竭力事
親野鳥來
巢生於淳
熙丙申年
十月初三
日於淳祐
戊申年十
一月初七
日没葬山
坑飛蝦形
配江氏葬
仝夫山
生子三囧
德
善

犯祖諱者查告仁譜及祀從等書均稱公爲浩古則循志稱好古爲公諱謬矣

忠茲遵武城家乘並吉庵總譜

○一譜亡二子無美

忠孜子

毅父

字四以

○一譜生二子在川一譜二子在河南一譜二子在貴州各譜不符存考

沅老房系 接上銳公房系

冢舊譜宗聖十五傳爾內侯據冢吉陽子關十八傳尚書丞生珪舊譜署舊從雲蕃畧十傳翬居南豐珪四傳御史慶生偉驕驃廿二傳質粹歸山東授翰博偉三傳崇德六傳銳又三傳彥興生諮許諶諾諲諲了世生沅老子聯郷驊顏郷仍新陂顏從瀧潭在永豐縣十七都也自銳下分派另譜茲特圖沅老房系

卅一派

老長子
聯郷
字儐達號自斂行紋

卅二派

郷子
紹先
字裕喬行眞一郎

卅三派

先長子
時忠
配劉氏
生子一 圖

卅四派

忠子
紋仲
行次三郎
配高氏

卅五派

仲子
壽
行如一郎
配李氏

一郎涫祐
丙午舉人
丁未進士
授文林郎
臨慶軍節
度使掌書
記
生子一图
先

配熊氏
生子四图
忠　仲
紫　敘

仲

先次子
時仲
配張氏
生子一图
矩

生子一图
青

仲子
志矩
字敘傑行
次二郎邑
庠生
配湯氏
生子二图
遠　垂

生子三图
詠沂
詠學
麟孫
塗○
沂徙新

矩長子
遠
字士洪行
如二郎宮
修職郎
配鄒氏
生子二图
瓊　沂

紀老房系

光三子
時恭
從湖廣漢川雲夢城內
生子一 [illegible]

恭子
眞
生子一 懷 [illegible]

眞子
懷

紹文子
重
字士變 行如三郎
配何氏
生子二 欽保 徐保 [illegible]

二

貞

光四子 時敍
雉湖北雲
蒙縣篤書
里蓮屋後
配楊氏墊
仵大才
生子一名
益

敍子 益吉
字三友墊
仵爻才
配徐氏墊
介夫山
生子二名
魯 皋

彿新陂

益長子 東魯
字
配謝氏
生子一名
希錫

益次子 東皋
配李氏
生子一名
希生

老次子
睎顏
字達權號東軒行紋二郎淯祐己酉科舉人寶祐丙辰入太學景定壬戌登方山京榜第授迪功郎連州教授歷從政郎旋歷江西兩淛

顏長子
雷順
字復初號委和行其二郎景定甲子科解元官將仕郎萬載縣知縣吉安路匠提舉生於寶祐乙卯二月二十六日子時於大德辛丑八

順子
如圭
字尚質號賓賜行淙一郎兩任太平儒學教授補廣東元帥府令史至治壬戌遷部州江頭寨巡檢子貴贈朝列大夫江西行省郎中生

圭長子
淙
字伯遠行在一郎官惠州知事就陞本路推官旋授朝列大夫江西行省郎中葬虎形 向
配李氏恭人葬仝夫山
生子二图一

淙長子
倍壽
字彥英行建七郎從高橋葬東嶺人形
配王氏葬夫之子司副管李氏錦攸縣葬東嶺子榮
生子二图榮 司
口衙沙溪
永新高橋

運使咸淳
辛未授宣
教郎知桂
陽軍事除
進奏院潮
州制置司
主管機宜
文字監察
御史軍器
少監累改
提舉院承
旨同都督
府參謀旋
官兵部侍
郎例授嘉
議大夫因

月初四日
卒葬永豐
三都瀧雲
鄉瀧源丑
向
配陳氏壽
人生於景
定辛酉年
五月初二
日於延祐
甲寅年五
月己巳日
卒葬新塗
玉笥鄉行
原離山丑
向誌銘葬

於至元甲
申十二月
廿四日亥
時於至治
壬戌年十
月初八日
在任感疾
卒歸葬永
豐戴家瀧
虎形向
配劉氏禁
人葬仝夫
山
生子四图
泫
溉
涇
清

位延
○一譜四
子位延吉
光一譜延
居長位居
幼玆吊核
元明各譜
正之又位
壽一譜五
子一譜七
子一譜一
子玆核房
譜惟有元
明舊本者
錄餘刪

泫次子
延壽
字大奇建
十一郎居
惠州旋徙
吉水縣瀧
口鯰坑葬
配王氏葬
生子四图
誠　受
紋　雨
○衍鯨坑

事改授朝
列大夫至
元丁亥任
湖廣道儒
學提舉以
子德裕貴
贈朝請大
夫騎都尉
武城郡伯
生於寶慶
丁亥年十
二月廿五
日亥時咸
淳間自新
陂徙永豐
十七都瀧

永豐遷萬
鄉曾坑丙
向豈後遷
眉離山那
俟詳
生子一圖
圭
生女六長
適陳法護
次適王瑞
如三適蕭
水平四適
孫立中五
適鄧六適
周
○按公夫

圭次子
淵
字仲淵行
在二郎官
興和路督
昌州學正
娶戴家坑
配鄧氏葬
全夫山
生子二圖
杞 梓

淵長子
杞
字 行
郎
徙吉水縣
中鵠鄉大
洲上塋
配 氏塋
生子三圖
珍 回
宣
○衍大洲

潭於至元己丑年十二月十二日卒葬吉安府吉水縣折桂鄉潭頭屋後荷水坑瀛形向配蕭氏贈氏城艤太君生於嘉定辛巳年正月初八日於景定庚申年五

婦墓誌及老譜均生一子如圭則各新譜稱二子四予者說冒明矣劉

衍瀧潭

瀛次子

梓　字　號

行　郎從

吉水大洲上塋

配　氏

生子三 圖

普護

佛護

觀護

衍大洲

月十七日卒葬新塗石舊庚向子順繼娶沈氏贈永豐縣太君於咸湄庚午年七月廿三日卒葬吉水縣仁壽鄉石鼓向三娶丁氏贈永豐縣太君生於

圭三子

涇

字淑沅行在工部官永新州稅務副使葬戴家瓏配何氏葬仝夫山子椿繼娶楊氏葬仝夫山子林生子二圖

椿 林

涇長子

椿

字流沭行小四郎葬介牧山配李氏葬離山丑向生子二圖

燏 煜

○一譜配楊氏生燭烺燒與舊譜異刪

○衍做縣衡山

淳祐丁未
正月十四
日於大德
甲辰年四
月初八日
卒葬新塗
小金坑午
丙子申三
山娶王氏
贈武城范
叔君伴於
淳祐壬子
年八月初
八日於延
祐庚申年
五月十八

○一譜配
趙氏一譜
劉氏一譜
劉生四子
一譜嗣室
趙氏生三
子其二出
繼穀村李
氏一譜一
子權茲核
舊歷譜仰
業森爲何
出林爲葑
出則林聽
遵吉庵譜
補叙餘冊

衍瀧潭

溼
子次
林

字孟榮行
建五郎葬
虎形伴祖
母恭人劉
氏左合塚
分向
配徐氏葬
伴夫左
生子三圖
爌燦
爔

○衍川

沅老房丞

家永豐

日葬藝永
豐十七都
豐源綱形
向子裕
生子三圖
順 裕
申 仁

圭四子
清
字季登行
在六郎墓
瀧雲鄉瀧
源
配胡氏墓
全夫山
生子四圖
模 楊
樞 植

清長子
模
字用式號
雅範墓厚
塘
配李氏墓
全夫左子
政
繼娶楊氏
墓全前李
氏左子桂
生子二圖
政 桂
口政字安
護衛湘潭

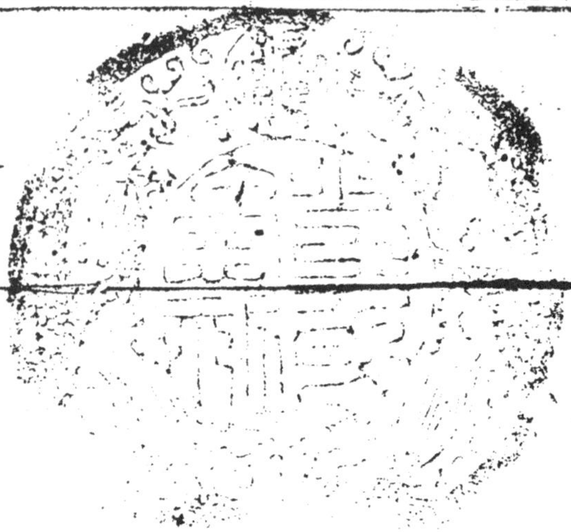

衍瀧潭

濇次子
楫
字用濟行
少七部葬
厚塘
配劉氏葬
仝夫山
向
生子二图
如湖
京盃
生女一適
湖南兵馬
司胡兆庵
口衍湘潭

淵三子

樞

字用機號壽欽行少九郎葬亭塘虎形午向

配王氏葬心田寺背午向子嫡繼娶李氏籍安福江背太學生遠成女葬居前王氏

武功曾氏重修族譜

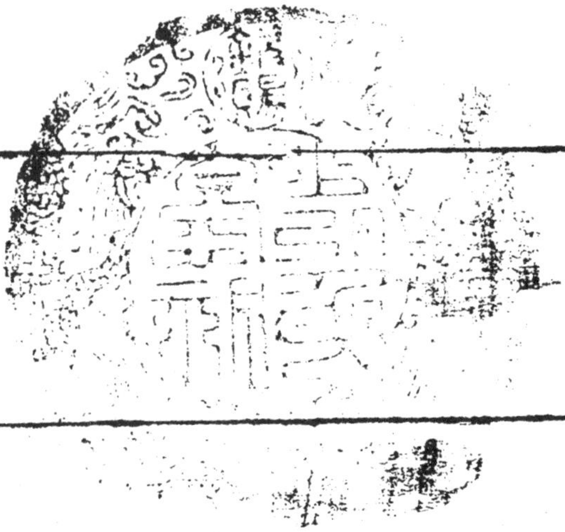

衍瀧潭

子煇
副室范氏
葬伴夫右
合塚仝向
子炬烍燦
生子五圖
煿　煇
炬　烍
燦
○一譜如
贊生渤渤
生壽欽一
譜王氏甆
福與茲均
以武城舊
譜核正

頫次子
德裕
字益初號小軒行其五郎大德壬寅應援靜江錄事判官改稅課太史至大戊申奉旨除太子說書庚戌陞翰林直學士承直郎知制誥

裕長子
如璋
字荷忠行子一郎葬永豐三都洸源渴馬飲泉形向
配龎氏葬伴大大合塚仝向
生子四
潭　淮
渙　濟

璋長子
潭
字伯深行恕一郎葬伴父大合塚仝向
配桂氏葬澆源
生子二
節　昇

潭長子
旭節
字道真行一郎生於至治壬戌年七月十六日於洪武癸亥年歿葬渴馬飲泉形
配吳氏葬仝大山
生子一
瀌源
○衍澆源

同修國史
兼提調考
功文書於
延祐戊午
三月廿九
卒葬宗豐
廿七都龍
家坑東向
配徐氏封
武城郡君
葬宗豐十
七都寨嶺
附時
生子二　囝
璨　琳
生女四

衍瀧潭

潭次子
旭昇
字存真號
曉窓行小
七郎葬澆
源
配劉氏葬
伴姑左
生子二　囝
濡齋
濾秀
生女一適
永新趙安
占
○衍澆泝

頫三子
巽申
字巽初號超然行其六郎時稱爲巽堂先生三歷撫贛學官舉茂才進禮書至大己酉年冬奉旨授大樂署丞延祐丙辰改遂陽儒學提
一

申長子
如璋
字尚禮行壬一郎至正乙酉陞補新淦州峽江稅務副使遷龍興進賢縣鄔子河泊所副使生於大德丙午年五月十四日塟永豐崇廟

璋長子
瀚
字　號
行節
一郎生於延祐庚申年十二月初四日塟
配楊氏
生子八図
格　杅
梅　栩
株　楠
棫　棐

瀚長子
子格
字復高號
行四
七郎徙湖南常德府龍陽縣城丙生於丙至元乙亥年七月二十二日塟龍陽南門外
配吳氏生

舉除翰林
院國史編
修官再任
將仕郎以
[illegible]纂功陞
應奉翰林
文字將仕
郎同知制
誥兼國史
編修官天
歷亡巳調
從仕郎集
賢院照磨
兼管勾承
發架閣事
生於前至

背鄧坑
配熊氏
永豐十
都屋後
生子九
瀚
演
濂
渟
鴻
○以濟
如宣為
○案濟
節六郎
譜墇幼
誤茲核

堃七　圖　浩　濟　潤　溥　嗣後行一子正

衍瀧潭

○一譜十
二子另有
杭樹樊攀
與康熙間
譜異茲核
錄舊譜餘
刪各房倣

於至順壬
申年十二
月二十四
日葬長汲
府城外醴
陵城南向
繼娶楊氏
籍常德葬
伴夫大
向
三娶　氏
生子五名
熠　熘
熿　熿
熺

元壬午年
五月二十
二日申時
於至順庚
午年七月
二十八日
在京卒後
至元己卯
年葬永豐
二十都雙
塘虎形戌
向
配胡氏封
宜人生於
前至元癸
未年十二

瀚次子
子杼
字復錦號
行小
八郎從常
德武陵縣
城東埜東
門外虎形
山南向
配趙氏埜
繼娶劉氏
生於至順
壬申年十
月十六日

西塘曾氏重修族譜

衍　瀧潭

月初四日
於至正癸
未年六月
二十四日
卒葬永豐
十七都寶
慈院背後
塘寅向
生子五⃝
墇　墭
埴　壈
堔
生女三長
適周楨次
適何粲三
適蕭本道

丑時於永
樂庚子年
正月十九
日沒葬武
陵縣城外
向
副室易氏
生子七⃞
燈　燇
燭　燏
熞　熞
熜
生女一
適
韓惟和

沅老房系　家　永豐

申次子　**如墦**

字荷賢行王二郎官集賢司直生於至大戊申年九月初四日酉時於洪武丙辰年正月初三日卒於濠州歸葬永豐虎形山南向

墦長子　**洵**

字淑明行節四郎洪熙乙巳年以子棨貴誥贈奉議大夫左春坊大學士兼翰林院侍讀學士生於至順庚午年四月十四日葬伴仙父大

洵子　**子棨**

字復旗號西野官冊名棨溫雅英邁孝友慈讓性最敏精通經史諸子百家善屬文信筆千百萬言不起草意到筆隨當時學者皆爲難

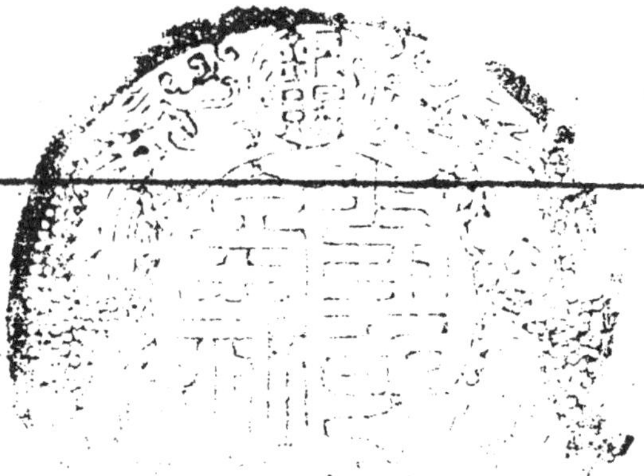

衍　瀧潭

配周氏生
於至大己
酉年七月
二十八日
於至正丁
酉年四月
廿九日沒
葬永豐十
七都南坑
尾卯向
生子五㘣
洵　泥
源　潽
潼
生女三長
適賀淙良

合冢仝向
配張氏洪
熙乙巳年
誥贈宜人
生於至元
己卯年四
月十五日
葬仵姑左
合冢仝向
生子一㘣
欒

及名一時
聲震內外
登永樂甲
甲年進士
第一授翰
林院修撰
陞侍讀學
士洪熙乙
巳年正月
誥授奉議
大夫旋陞
詹事府少
詹事劍陞
中憲大夫
贈禮部左
侍郎嘉議

次適[illegible][illegible]

三適陳思

敘

家永豐

大夫謚襄敏生於洪武壬子年八月二十四日於宣德壬子年正月二十一日在京都卒歸葬永豐十七都左鍾右鼓虎形東南向

配鍾氏洪熙乙巳春誥封宜人

衍瀧潭

生於洪武癸丑年六月二十五日子時於宣德
年　月
日　時
卒塟永豐十七都左鍾右鼓虎形山東南向
生子三 圖
秬 積
秭

武城曾氏重修族譜

沅老房系

黎永豐

堋五子
潼
字徽固行節二十郎生於至正丁亥年四月十三日於宣德戊申年四月十三日沒葬永豐二十都雙墩邊虎形南向
配丁氏生

潼長子
子集
字復盛例贈奉直大夫生於洪武癸酉二月十三日亥時於成化甲午十二月十八日午時卒葬永豐十七都對籠虎形山南向

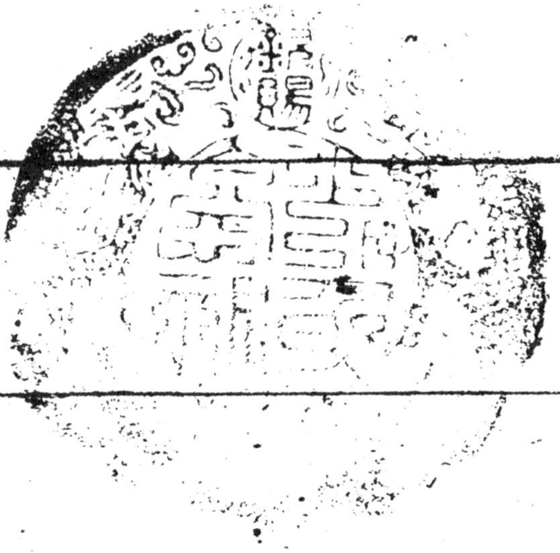

衍瀧潭

於至正丁
亥年四月
十四日於
宣德戊申
年十月十
五日沒葬
伴夫大合
冢仝向
生子五圖
集榮
眾棋
裡

配羅氏恭
八生於洪
武癸酉五
月二十八
日辰時於
成化癸巳
五月初八
日未時卒
葬屋後象
隨右邊坑
丙飛尾稍
穴午向
生子六圖
芝蘭
茂樺
芬芳

敬父房系

接上 公整房系

案舊譜 宗聖公五傳關內侯據家吉陽子闡五傳德又六傳端又六傳隆子鈞鈞孫尚書丞生珪舊署舊徙雲蓋署十傳輩居南豐珪四傳御史慶生偉驂偉十四傳兵部侍郎晞顏衍瀧潭庫田徙處驂子貞州刺史耀徙木塘生洸馬崇龍六傳公整又六傳敬父自公整下分派另詳茲特圖敬父房系

[illegible]派

敬長子
沅德
諱旋吉龍
庠生生於

五十二派

德長子
福翁
葬西坑倉
庫垵

五十三派

福子
可禮
配　氏
生子一名

五十四派

禮子
崇道
配　氏
生子三名

五十五派

道長子
寅賓
配　氏
生子二名

嘉定辛未年六月十九日於景炎丁丑年二月初一日沒葬屋後
配黃氏葬洛源飛鳳形
生子一名
錀衍

配鄭氏葬海螺形
生子一名
禮

道

寅組
仁

衍木塘

齊謀

道炎子
仁寶
配　氏
生子二名
榮　俊

道三子
組寶
配　氏
生子三名
隆　棡　沅

德炎子

价翁

諱琢行二郎邑庠生生於淳祐己酉四月十五葬本里庵前象形配姚氏葬晒網形生子一霖

价子

汝霖

字雨蒼行一生於至元辛卯年二月初一日於至正癸卯年七月十三日歿葬西源配宋氏葬仝夫山生子一

紋　學

霖長子

崇紋

字益雅生於泰定甲子五月初四於洪武乙亥閏九月二十七日歿葬馬源㟁下鳥鴟抱田形配羅氏葬仝夫山生子二

利　用

紋長子

利賓

字翼甫行二邑庠生孝友忠厚施與鄉里生於丁酉年六月廿四日於宣德己酉年十月二十四日歿葬楊葉信坑燕子抱梁形庚

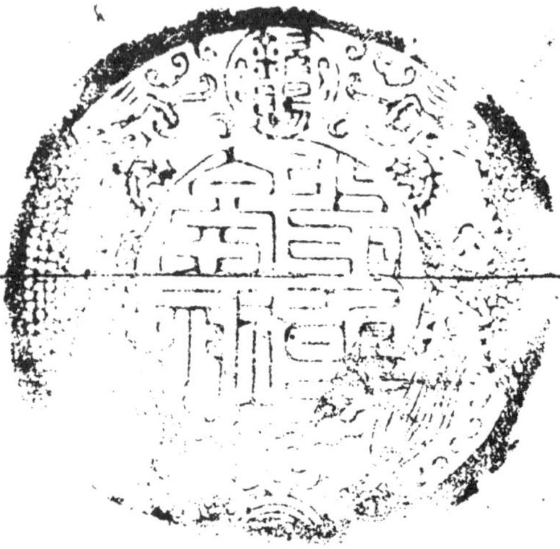

霖次子
崇學
配　氏

山甲向
配鍾氏葬
仝夫山
生子三囝
椎　佐
志

紋次子
用賓
生子三囝
益　週
潮

學長子
大賓
生子囝[illegible]

敬父房系　家承豐　三

生子三名
大雛
涫

德弼
相政

學次子
雛賓
生子三名
成
訓
鼎

學三子
涫賓
生子四名
禮
薛
仁
安

武城曾氏重修族譜　衍木塘

敬次子 **沅益**
葬屋後
配劉氏葬[illegible]形
山坑头形
生子一名[illegible]

益長子 **奇翁**
葬屋後象

奇長子 **可立**
生子一名 章

奇次子 **可道**
生子一名 忠

立子 **樞章**
生子二名 貞 良

道子 **樞忠**
生子一名 盟

章長子 **仲貞**
生子二名 煥 僨

章次子 **仲良**
生子一名 灦

忠子 **仲盟**
生子三名 德 徵 益

奇三子
汝礪
葬塘坑中瀧巳向
配劉氏葬大源蓮花院前
生子一名珎

礪子
梱珎
葬塘坑濕形
配劉氏葬西坑倉庫埮胡椅形
生子一名恭

珎子
仲恭
葬本里下埮濕形
配王氏葬楓樹源郭家庄
繼娶羅氏葬上屋象形
生子三名從庠 從序

武坊曾氏重修譜

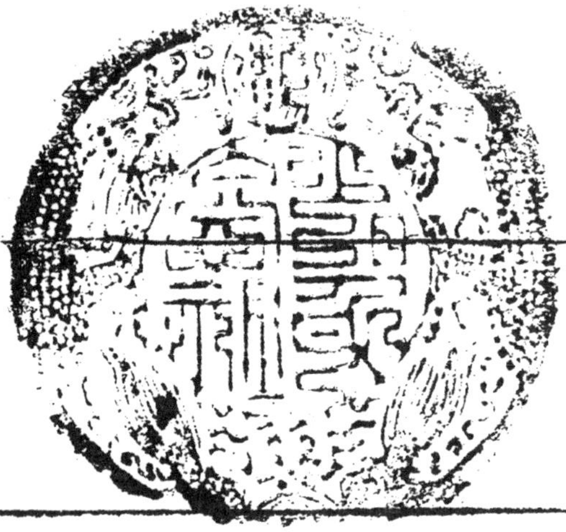

斋四子 可達

生子一名 泰

達子 楓泰

葬門首月形

配張氏葬仝大山

生子四名 仁 正 寶 敏

衍木塘

楓長子 仲仁

生子一名 欽

楓次子 仲正

生子二名 眾 俊

楓三子 仲寶

生子三名 佌 晞

隱公房系

接上隆公房系

案舊譜　宗聖十五傳關内侯據家吉陽子關十八傳尚書丞生珪舊畧舊徙雲蕃畧衍南豐珪生寬緯豐暉隱寬三傳御史慶生偉駢駢廿二傳質粹歸山東授翰博偉十八傳子集生芝蘭蘭孫袞襲翰博芝之衍庥田隱由吉陽徙河南固始子延菲徙晉江在福建泉州府沿海附府郭之縣也自隆公下分派另詳兹特圖隱公房系

三十六派

隱子　延菲　字延栩　行

三十七派

菲長子　教　字偉　庠天

三十八派

教長子　盈　字繼豐　肖

三十九派

盈長子　光詔　配□氏

四十派

詔子　城　字堅之　日

三十一郎
官團練副
使唐僖宗
時王緒陷
壽州復限
光州廣明
間黃巢寇
長安公避
亂挈家自
河南光州
固始縣從
固始縣佐
王潮入閩
歷由汀漳
泉福諸郡
方於泉之

祐間官右
衛大將軍
葬高蓋山
配李氏葬
仝夫山
生子五囝
盈　允
衡　賊
免
○案泉西
永豐志歐
房譜以運
爲長房敘
爲次房茲
照晉江譜
敘餘做此

國子監祭
酒葬南安
縣九日山
配易氏葬
仝夫大
生子三囝
誼　甫
贇
○一譜長
甫次贇三
光誼

生子一囝
城
○一　無
予城茲
古庵譜敘

盈次子

甫

配王氏
○一譜予
二與舊譜
異刪

泉州錄事
叅軍葬九
日山
配徐氏葬
仝夫山
生子二囝
洸　洪

晉江而家焉其時乃光啓二年丙午也葬南安白石山獨角麒麟

配王氏固始縣佐王潮之妹葬仵夫丈

生子二名 教 選

〇一譜葬高蓋山是盞與盞形

舊志歐房乃瓚次子嶠齋公定之後

盈三子

贇

字載見官秘書少監葬泉州府南安縣白石猿坑

配吳氏葬仵夫丈

生子三圖 琳 璋 玉

〇一譜配傷氏一譜無配氏

贇長子

琳

字貢薦居同安曾溪贈大尉葬白石猿坑

配魏氏葬仵夫丈

生子三圖 嵩 逸 逢

〇逸衍福州逢衍漳州

似而訛之
也

贊亥子
墇
配李氏
生子一囧
煇
○一譜無
煇云失傳
茲照宋譜
敘之

贊三子
圭
居漳州官
漳州俟葬

教次子

允

字可復號信宇官淮安太守葬九日山配李氏生子二名灉　𤁶

允長子

用灉

字大宜葬高盆山配胡氏葬伴夫ナ生子二名堋　塌

灉長子

堋

字重器葬九日山配李氏葬伴大ナ生子三名泰　伍　斌

白石猿坑配傷氏葬仝夫山生子二名侃　郊

○衍漳州

允次子
用涵
配周氏
生子一名
墚

衤次子
壈
葬府城北
泉山
配楊氏葬
仵夫ナ
生子二名
知
攸

涵子
墚
配何氏
生子二名
陂
阼

敎三子
衡
字平益號玉甫官黃門侍郎葬高蒜山配劉氏葬件夫ナ
生子二圖
圻 城

衡長子
圻
字祿宇葬府北泉山配張氏
生子二圖
坰 堈

衡次子
城
字歌里徙

圻長子
坰
配丁氏
生子二圖
陣 隆

圻次子
堈
配秦氏
生子二圖
達 逢

城長子
壠
配易氏

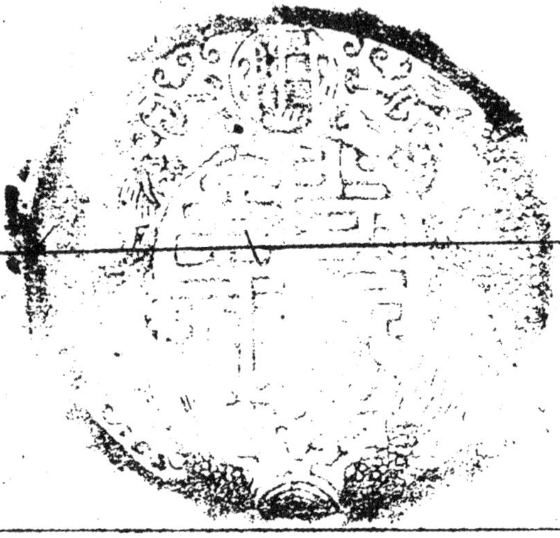

惠安縣葬
螺山
配易氏葬
仝夫山
生子二圖
壠
坤

生子一名
道
城
次子

坤

字仲玉官
錄事叅軍
葬螺山
配李氏葬
仝夫山
生子一圖
進
○一譜子
一追一譜
子一退形
似也存考

敘四子
藏
字則蘊號舍之官內侍省使葬高蒜山
配劉氏葬伴夫穴
生子一圖
奇

藏子
超奇
字巽撰葬高蒜山
配邴氏
生子二圖
坏 塘

奇長子
坏
字寶善行五性最孝傳見陶濬庵西谿遺草葬九日山
配吳氏葬伴夫穴
生子三圖
福 祉
祿

奇玖子

堾

字樂春徙四川葬城都府彭縣北四十餘里九隴山配陳氏葬仝夫山

生子三名

椿

材

桔

〇一譜配王氏存考

教五子
免
官漳州通判葬高盐山
配劉氏
生子五图
緒隆
貫安
美
○一譜公諱免一譜諱見形似之訛也一譜六子一

免長子
萬緒
配李氏
生子三图
斌
垙
堤

緒長子
斌
生子一图
悉

緒次子
垙
生子一图
和

緒三子
堤
生子二图
靖
寄

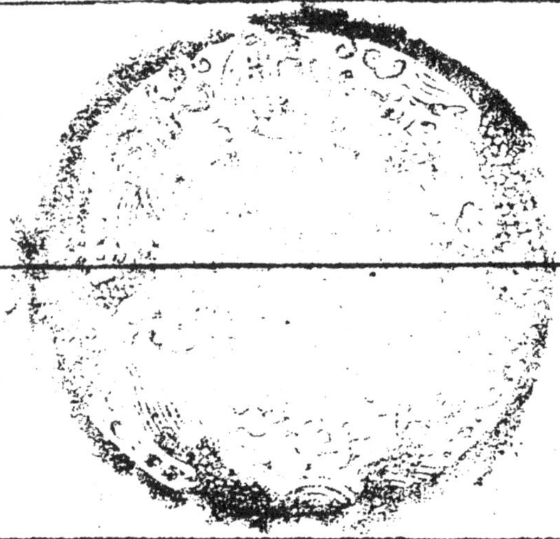

譜四子均
與武城譜
異不從

兔次子
萬隆
字極美從
同安縣葬
蓮花山
配吳氏葬
伴夫ナ
生子三名
壖　壙
堆

隆長子
壖
生子二名
起
超

隆次子
壙
生子一名
茘

隆三子
埳
生子二名
湖
淮

兔三子
萬貫
字富之
配李氏
生子三名
墥　坡
垙

貫長子
墥
生子一名
任

貫次子
坡
生子二名
宣　種

貫三子
垙
生子二名
振　翼

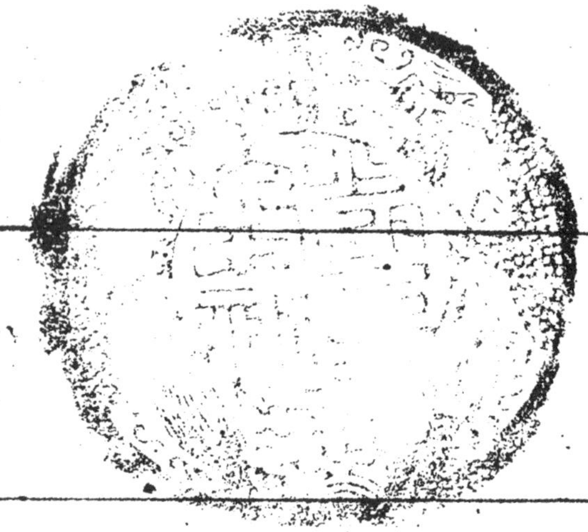

兌四子

萬安

字　葬

兌五子

萬美

配徐氏

生子一囝

瑛

○一譜配

王氏子二

存考

美子

塤

字作玉號

甫良

配劉氏葬

仝夫山

生子二囝

早　甫

武城曾氏重修族譜 隱公房系 家晉江 八

莆次子

運

字於掌官唐兵馬都總管葬晉江崇安里黄柏嶺坑青蛇形配王氏葬仵夫左生子四佾

拡 湙

灌 萇

運長子

拡

○一譜作肱

運次子

湙

字毅遠官內侍省八月十一日卒太平興國二年四傳孫穆爲德化介遷柩火葬德

湙長子

鋭

字其進官右衛將軍七月十二日卒葬泉州府南安縣田豐里柯坑 向配張氏葬

鋭子

瓚

字柑圭居泉州官泉州錄事參軍十一月十九日卒葬南安縣三十五都白石猿坑

化新化里
滘溪將軍
大坐形山
配陳氏籍
同始葬晉
江石屑寨
兜金犁倒
野　向
繼娶李氏
籍同始葬
晉江涂坡
村横兜壠
向
副室二氏
均葬新化
里石山鋪

晉江永桒
旦行葦村
丑向
生子一囝
壙
○按舊譜
惟載忌日
者葢忌日
薦食相沿
以記之也
餘倣此

翻天馬路
穴坐庚向
甲公尅立
國相院守
壙撥本都
朴兜界小
埭田拾石
祭掃之貲
配張氏十
五娘葬晉
江鸞歌里
國田院東
丙山向
生子二囝
操　橋

後將軍出陣形向

生子五囝

錫　堪　峴　昌　素

○案公葬地甚吉嘉祐間裔孫公亮奏立相安院守看墳林各姚墳前建立上相院看守所置用畝坮另

堪　法次子

峴　法三子　字

生子二囝　⿰土斌　⿰土進

敷　分德化

⿰土斌　峴長子

生子二囝　鋂　釗

⿰土進　峴次子

生子一囝　顕

詳志

淞四子
昌
生子二名
埠
珵

淞五子
隸

昌長子
埠
生子三名
鼓和
古

昌次子
珵
生子三名
暉春
及

灌五子
獻
字用猷葬
青蛇形
配易氏
生子二
珍
琇

獻長子
珍
配劉氏
生子三
傑
俊
偉

獻次子
琇
配伍氏
生子四
像
儲
倘
傢

濯六子
謀
生子二
璞　珠

謀長子
璞
字少完
配李氏
生子四
勇　智
正　諸

謀次子
珠
配楊氏
生子一
單

暹四子
萇
字　官
州景寧
縣知縣葬
青蛇形
配李氏葬
件夫ナ
生子三名
敦　穀
演
○一譜無
子敦茲照
房譜載

萇長子
敦
字

萇次子
穀
生子二名
⿰土喿　堸

穀長子
⿰土喿
生子二名
祉　祀

穀次子
堸
生子二名
鏗　鈔

袁三子
演
生子二名
琥　珀

演長子
琥
配劉氏
生子二名
彬　林
○一譜配
吳氏

演次子
珀
配王氏
生子一名
軾

瓚公房系

接上隱公房系

案舊譜 宗聖十五傳關內侯據家吉陽子闡十八傳尚書丞生琪舊畧舊從雲益畧衍南豐珪生寬緯豐暉隱寬三傳御史慶生偉駢駢廿二傳質粹歸山東授翰博偉十四傳兵部侍郎晞頊五傳子集生芝藺藺孫衮襲翰博芝之衍庥田隱由吉陽徙河南固始子延蒔徙福建晉江六傳瓚公自隱公下分派另詳茲特圖瓚公房系

四十一派 四十二派 四十三派 四十四派 四十五派

瓚長子 自操 字道存行

操長子 招濬 字巨川官

濬子 椺 贈大理評

椺長子 壽 字彭年大

壽長子 伯沅 字仁長葬

一官閩察
推常侍葬
柯坑祖右
配洪氏葬
件夫ナ合
家
生子三圖
濬　晤
範

閩都兵馬
使葬南安
縣由豐里
長校村
配王氏葬
件夫ナ合
家
生子一圖
楙
○一譜招
件沼昭茲
後宋譜

事葬晉江
縣看燈院
後　向
配郭氏贈
汾陽大君
葬件夫ナ
合冢
生子二圖
壽　賚

中祥符元
年登姚榫
進士榜第
官殿中丞
葬仝父山
配陳氏
生子三圖
伯　仲
叔

長校村
配劉氏葬
件夫ナ
生子二圖
麌　庠

壽次子
仲沅
字春甫葬
柯坑
配何氏葬
件夫ナ
生子二圖
祺　稱
○一譜字
春溪存考

壽三子

叔沅

官主簿葬
長校村
配楊氏
生子二圖
寶 宮
○一譜無
子葬配一
譜三子一
譜五子茲
核舊譜敘
錄餘與刪

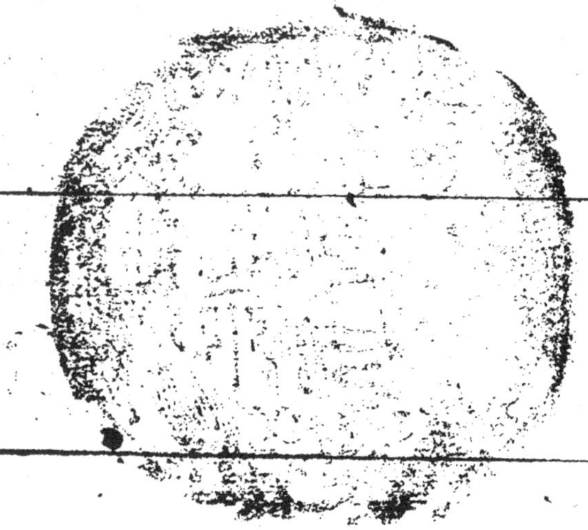

衎次子
貢
生子一圖
繹

貢子
孝繹
籍石路坊
字以恩登
皇祐六年
王俊民榜
進士第官
南恩守
配林氏
生子二圖
中
○一譜字
尋義一譜

揀次子

清晤

操次子

招範

官閩長官

葬長校村

配鄭氏葬

仟夫人

生子四图

猷 休

範長子

日猷

官節度使

字接甫存

者

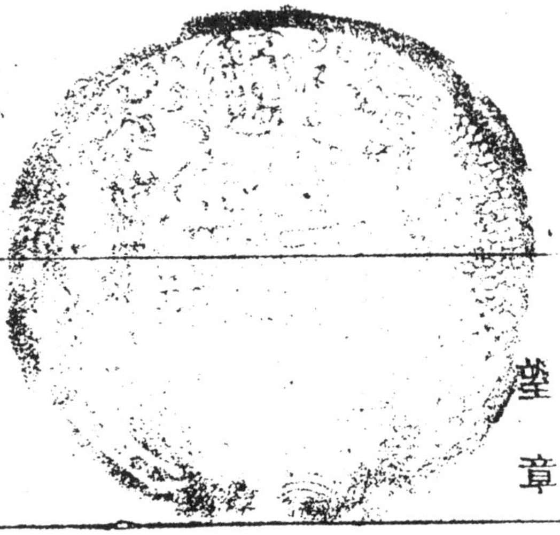

瑩章

範次子
日休
官美旃以
楚國公恩
授爲建州
司理
配陳氏葬
生子五图
政　用
裔　袞
禮
○以用嗣
日堅爲後

休長子
政成
字三有官
主簿
配易氏葬
長校村
生子二图
緒　寧
○一譜政
成五子緒
寧山錫儒
一譜政成
無子山寧
爲公裔子
錫儒爲公

成長子
孝緒
藉石路坊
生子四名
應　巠
弼　強

成次子
孝寧
藉石路坊
生子四名
渭　涓
浚　澤
一衍石路

又以禮嗣日章爲後〇一譜無五子禮成有用成爲次子一譜禮成出嗣日章用成出嗣日望姑從之

袞子茲照舊譜校正

頭〇一譜孝寧公爲裔次子一譜爲用成子一譜爲政成長子一譜不詳其生平居地一譜出嗣公袞茲照宋舊譜敍餘異删

休三子
公裔
配　氏
生子一名
山
○一譜配
王氏一譜
易氏一譜
吳氏存考

奇子
孝山
藉石路坊
字爲九號
仞峯葬長
校村
配吳氏葬
仝夫山
生子二名
暉　晟
○一譜山
爲政成山
于一譜山
爲體成長
子一譜山

休四子
公袞
生子一图
錫
〇一譜二
子長孝山
次孝儒

袞子
孝錫
藉石路坊
配吳氏

爲日章子
禮成次子
一譜山爲
公袞子孝
錫之兄茲
核舊譜敘
錄

能三子
日望
生子一名
用

望子
用成
生子一名
儒

生子二名
段　易
○一譜山
爲政成三
子茲照舊
錄
用子
孝儒
籍石路坊
生子二名
安　穩

範四子
日章
撫子一圖
禮
〇保撫入
日休五子

章子
禮成
生子二圖
仲
基

禮長子
孝仲

禮次子
孝基

巒次子 **嶠**

字高贈官閩司農少卿終泉州節度掌書記以曾孫公亮貴贈太師中書令秦國公九月十一日卒葬晉江鸞歌里涌泉前院配蕭氏贈

嶠長子 **稹**

字嘉禎以楚國公恩贈秘書丞卒葬白石流坑嶺母蕭夫人側配張氏葬晉江棠廕里兜山院撫子一圖

休

○係撫入穆五子

稹子 **休**

字和字官承議郎葬鸞歌里通泉院前配吳氏葬伴夫人生子一圖

厦

休子 **丞厦**

配李氏生子二圖

益　盈

厦長子 **孝益**

字美友徙河南西華縣配楊氏籍西華生子一圖

言

厦次子 **孝盈**

徙河南

太夫人葬白流隔嶺向
生子二图 穬 穆

嶠次子 **穆**
字深遠官德化縣知縣以孫公亮貴贈太師中書令魏國公七月初九日卒葬永靖里行輦村荷葉擺水穴立普門院守基
配辛氏贈

穆長子 **會**
字宗沅端拱亡丑鄉試解元舉人時與蜀人陳堯叟並美以榜眼授光祿寺署正晉翰林院史館直學士賜五品服旋以親老願補郡遷

會長子 **公度**
字儀則行一登蔡齊榜進士第官濠州承議郎二月初七日卒葬居祖魏國公右
配劉氏封萬宜縣君葬白石湟山翻天馬蹄穴 向

度子 **孝章**
藉濠州宇叔濾以楚國恩授承議郎官陳州通判葬濠州山向
配任氏主事任顯女封安人葬伴夫ナ
生子二图
諶 諲

魏國太夫人葬鶴嶺向
繼娶辛氏贈韓國太夫人十月初八日卒葬白石流隔嶺居姑蕭[illegible]溪人右向
生子五囝
會　僉
介　俅
休
○以休嗣

殿中丞知宜州祥符末由三司判官任兩析轉運使累階兵部尚書以子公晃貴贈太師中書令兼尚書令楚國公生平端方正直任官四十餘年慈嚴並著名一時生

生子一囝
章
○一譜字儀材一譜字則儀一譜配李氏一譜繼娶劉氏存考一譜無字行一譜萬宜之宜作年然辛是也茲恭避從宜

稹爲後
○叅各舊
譜均五子
以休嗣稹
而一譜無
休嗣稹之
明文僅云
楚國公以
稹年少早
沒令魏國
季子嗣之
又未將名
目指出爲
休查魏國
公子脚云
四子是依

於廣順壬
子年二月
十二日於
明道癸酉
年七月
日　時
卒壽八十
二葬晉江
白石欽風
里翻天馬
蹄穴居壙
公北向
配吳氏封
夏國夫人
葬晉江鸞
歌里蔡湖

會次子
公亮
字明仲號
曉惪行三
乾興初以
父蔭大理
寺評事不
赴天聖甲
子登宋郊
進士榜第
五名嘉祐
辛丑拜吏
部侍郎同
中書門下
平章事與

亮長子
孝宗
籍河南新
鄭縣字恭
祖以父恩
授朝議大
夫贈金紫
大夫軍器
少監葬新
鄭縣梅河
東岸
配趙氏誠
女封夫人
葬伴夫大
合冢

當爲出嗣而教係將侯仍繼穆下則所云季子者是依非宗道爲五子而非四子矣其所云四子者蓋指現在所存非統所生出嗣而言也

向無出
繼娶黄氏封江夏縣君葬晉江國田院部菌峯山一云流隔嶺
向
生子六囝
度亮
立爽
望定
生女四長適進士楊克圖次適贊善大夫

韓琦對秉鈞軸歷相三朝受遺二世眷遇特隆晉昭文殿大學士贈太師封魯國公謚宣靖詔配英宗廟廷享祀生平寬柔方正忠若愛民傳學廣聞有名内外生於咸

生子四囝
諝說
詠訥
生女一

亮次子
孝寬
字孟緯號灊宇以蔭知桐城縣累官僉書樞蜜事熙寧中以端明殿學上知山東鄆

王從盃三
商侍御王
行平西天
○一譜公
亮爲舊後
宗聖五十
傳浤經之
子爲五十
派一譜爲
宗聖五十
三傳仕昭
子爲五十
四派一譜
爲隱元孫
爲巫公五
十七派枝

平己亥年
二月初七
日於元豐
戊午閏正
月十三薨
享壽八十
帝臨哭輟
朝三日五
月庚寅奉
勅葬河南
開封府新
鄭縣東三
十餘里梅
河東岸北
遣官致祭
勅象兩朝

州旌官賁
政殿大學
士贈太師
秦國公葬
河南新鄭
縣梅河東
岸
配陳氏封
國夫人
籍江西豐
城縣歸寧
卒葬豐城
縣
繼娶趙氏
封 國夫
人葬河南

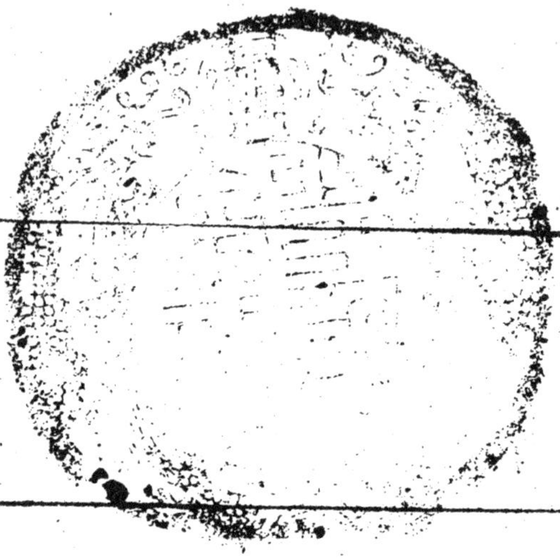

異甚多與
武城譜及
晉江房譜
不符茲核
正餘異刪

顧命定策
佐勳之碑
贈謚前銜
配陳氏武
信軍節度
使康肅公
饒吝女封
鄭國夫人
以子貴晉
封魯國太
夫人葬伴
夫大合冢
南向
生子三囝
淙　寬
他

新鄭縣梅
河東岸子
詵諴
副室王氏
籍豐城歸
寧葬豐城
縣南高埂
生子五囝
諮　詗
謨　詵
諴
〇一譜子
二詵諴一
譜三子諮
詗謨一譜

生女一適光祿寺丞周沃

○案宜靖公墓後有寺曰曾墳寺糧地九十餘畝共糧四錢四分其地畝界南至香山寺北至墳後四百餘西至梅河東至玉皇廟以

四子諮謝詵誠又查許謝謙一譜作陳氏生一譜作王氏生茲照各舊譜敍錄存考

晃三子

孝佗

藉河南新鄭縣字渚施由進士官朝奉大夫光祿寺

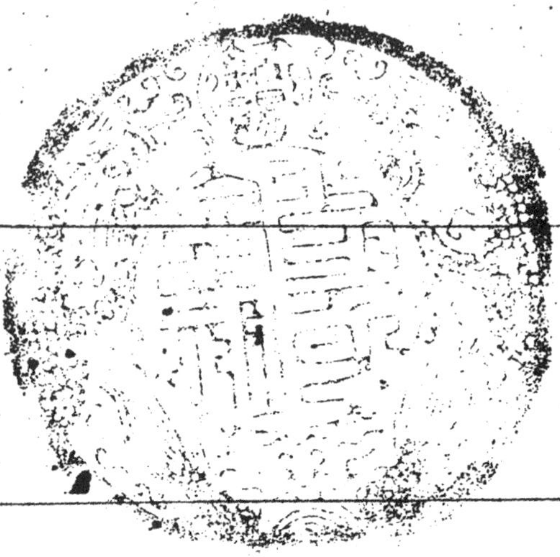

為守墓之
產前明劉
刺史在鈞
州任內增
修名臣墳
墓查實公
墓夜近民
趙善看守
趙遞交左
德締耕種
看守嘉慶
八年有稱
南豐房與
華願收管
承祀經宗
主移查蒙

少卿贈大
中大夫葬
新鄭縣
配趙氏宗
誨女治家
禮法森嚴
慈愛並著
葬新鄭縣
生子四名
諱　註
諒　許

署新鄭縣主鄭訊斷歸曾矣梅河之梅一作湄衍讓識

會三子
公立
字成仲以楚國公恩授供備庫副使贈司空開封府儀同三司葬

立長子
孝沅

立次子
孝雍
籍徐州字仲鼎以宣

配黃氏闕
女封慶國
太夫人葬
生子四圖
沅　雍
鎮　揚

靖公恩授
朝請大夫
贈大中大
夫葬
配向氏葬
繼娶石氏
葬徐州
生子二圖
訓　論

立三子

孝儹

籍徐州字仲錫累階戶部尚書顯謨閣直學士授正議大夫知太原府贈少卿葬新鄭縣梅河東岸配王氏葬伴夫左無出

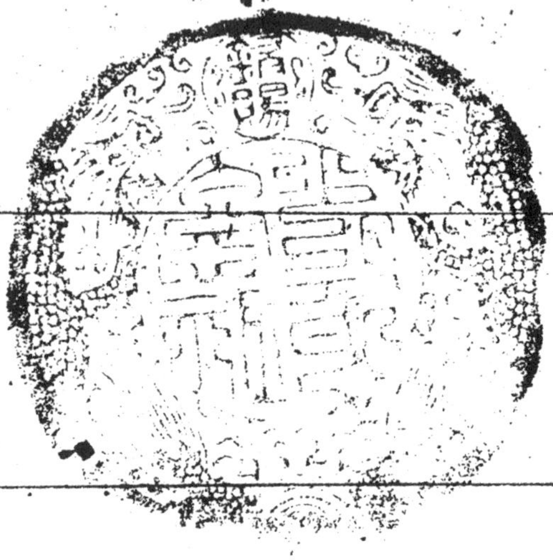

繼娶李氏
葬仵前王
氏左
生子五圖
評　訴
誥　詢
詩

立四子
孝揚
藉徐州字
仲顯以宣
清公恩授
朝奉大夫
知徽州葬

會四子
公兗
字損之登
天聖丁卯
王堯臣榜
進士第官
尚書都員
外郎贈朝
議大夫葬

配許氏葬
生子五囧
嘗　誓
管　諫
訊

兗子
孝廉
藉鎮江字
于玉官江
西提舉常
平倉事初
授朝奉郎
贈朝奉大
夫葬鎮江

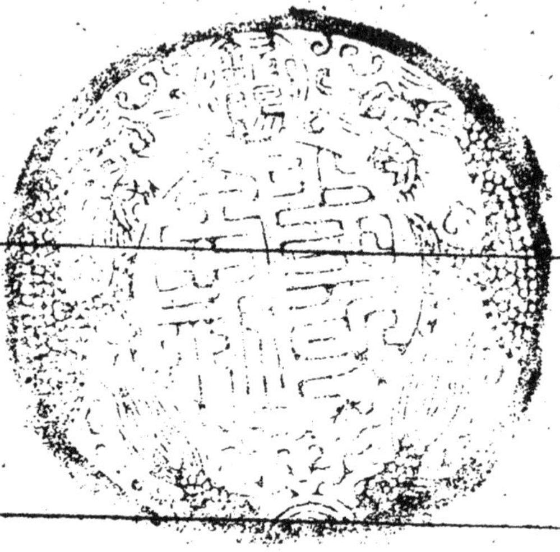

新鄭縣
配丁氏封
縣君葬新
鄭縣
生子一名
廉

會五子
公望
字砥仲官
授虞部郎
中贈金紫
光祿大夫
葬新鄭縣
配朱氏巽

舟徒
配楊氏葬
仲夫人
生子三名
護　誕
謂

望長子
孝綽
籍池州字
沅愢官潭
州知州恩
授朝請大
夫葬池州
配錢氏葬

女封蓬萊
郡君葬仝
夫穴
生子三囝
緯　述
蘊

件夫穴
繼娶鮑氏
葬仝夫山
生子四囝
詔　詰
謨　訓

望次子
孝述
籍池州宇
沅之官汀
州知州贈
中大夫葬
池州貴池
縣
配杜氏葬

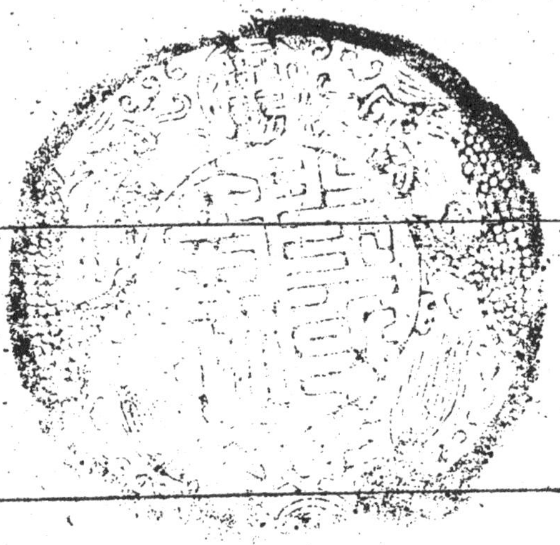

全夫山
繼娶陳氏
葬仝夫ナ
三娶施氏
葬仝夫山
生子五囧
翊　訟
識　諟
詖

望三子
孝蘊
藉泓州字
處善由恩
授朝請郎

歷刑部侍郎中晉龍圖閣學士贈少師葬

配景氏温女贈秦國夫人葬

生子四團 洼浩淡濬

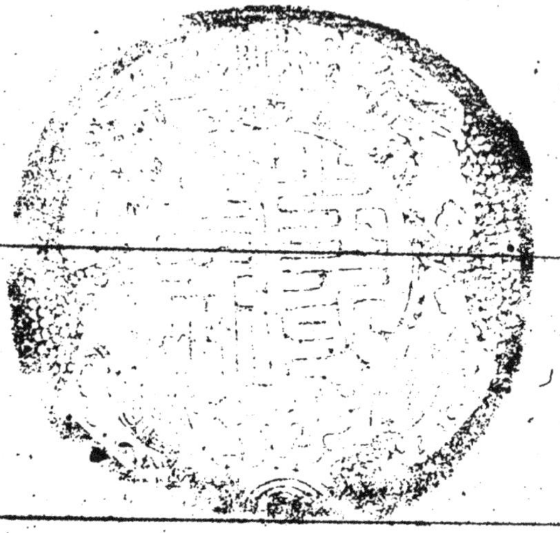

會六子　公定

字季生歲歷壬午楊貢榜進士第五名官集賢殿校理待晉封少保金紫光祿大夫葬新鄭縣配張氏懷女封太寧郡大夫人葬仵夫亻

定長子　孝彥

定次子　孝厚

定三子　孝序

生子三圖

彥 厚

序

派下分居晉江龍溪鄉倉頭字逢原以廕補官監泰州海安鹽倉累官至環慶路經畧安撫使贈光祿大夫謚剛愍論事忤蔡京竄嶺表家因寄泰州遇赦移永州京罷

授顯謨閣
待制知潭
州諭猺仵
吳居縣落
職知袁州
尋復再知
潭州道州
平猺有功
進龍圖閣
直學士知
青州除高
宗即位遷
延康殿學
士召赴行
在允青民
留之會趙

晟作亂與
子訏均盡
節贈謚前
衛於　年
月　日
時沒葬
青州　山
向
配吳氏贈
荆國夫人
葬仝夫山
向
生子三囡
讜　讀
訏

稷次子 **愈**

字於義祥符辛丑登徐奭榜進士第官秘書丞十一月十五日卒葬白石流佩山配劉氏封彭城縣君葬伴夫左生子一圖濟

愈子 **濟**

字祖德恩授朝議大夫封司徒贈大中大夫葬晉江愛育里蔡山一名南山配徐氏封恭人葬通泉院前居曾祖舅秦國公後右

濟長子 **孝儀**

派下分居南安鵰溪字長民恩授朝散郎太子右贊善大夫葬白石流佩山配林氏葬全夫山生子二圖諷詳○一譜三

邊
繼娶陳氏
封恭人葬
白石猿坑
牛子三囝
儀　仁
傑

子與蕭譜
異刪
濟次子
孝仁
派下分居
南安鵬溪
字表民恩
授朝議大
夫提點宮
使朝奉大
夫葬晉江
鸞歌里國
田院前拜
石山坑號

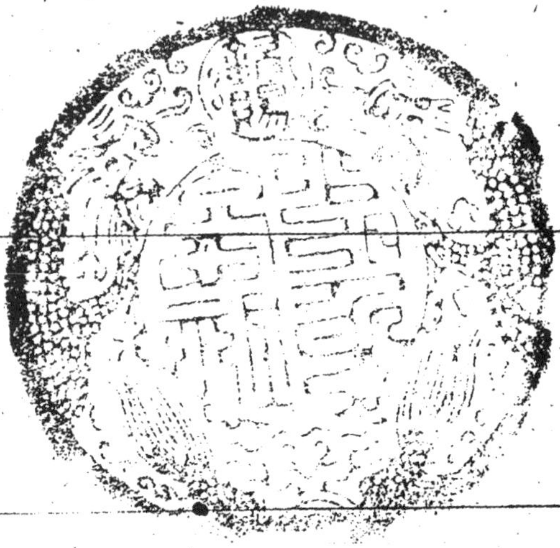

鐘鼓山艮
向
配王氏封
恭人葬仵
夫卜
生子三圖
詰　謗
訪

濟三子
孝傑
派下分居
南安鵬溪
字俊民恩
授通直郎

官温州平陽縣知縣終奉議郎葬

配彥氏

生子四囝 誠 諫 謙 諴

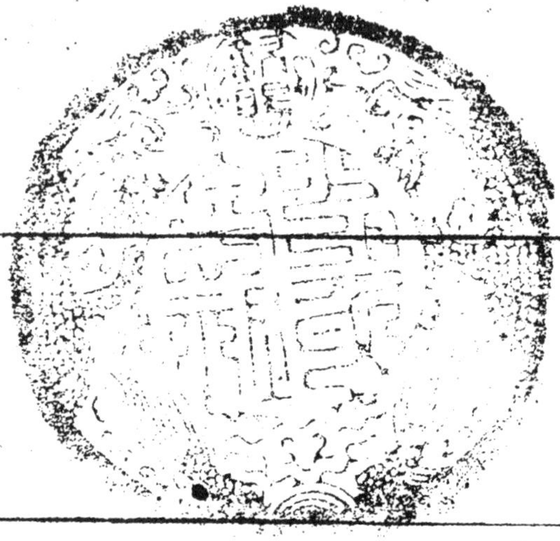

穆三子
介
字兩舉鄉薦治平中官靖特乞恩贈秘書丞四月十五日卒葬晉江石龜鋪後湖邊村
配王氏贈同安縣君葬國田院前

介子
公敏
字恩授衢州錄事參軍贈大中大夫葬晉江行葷村
配呂氏封武寧郡太君葬仲夫人
生子五　留　若　常　本　恭　著

敏長子
孝若
派下居泉州字順之
配王氏
生子二　留　譚　詮

敏次子
孝常
派下居泉州字洗道官兼川沈

晉江曾氏家譜

瓚公房系

生子一 敏

安縣知縣
配宋氏
生子四
謐 詡
論 謂

敏三子
孝本
派下居泉州
生子三
珧 翢
驤

家晉江

廿

欽四子

孝恭

派下居泉
州字子鼎
恩授朝請
大夫贈銀
青光祿大
夫葬
配許氏封
太寧郡夫
人
生子三閤
諒謨
詠

欽五子

孝著

派下居泉州字仲炆葬行輦村

配王氏

生子七

謀 話
訊 讚
誆 誧
語

穆四子

倈

字恩授將仕郎葬白石居錄事叅軍墳公東令楓後坐乾向巽兼亥巳

配張氏三娘葬墳亭後

生子一圖

稔

○裔衍白

倈子

公稔

字平叔官侍仕郎葬居楚國公公亮側墻圍內

配謝氏葬仲夫广

生子一圖

和

稔子

孝和

字履節官將仕郎九月初十日卒葬居楚國公墳亭後祖妣張氏右郎今雙墓

配俞氏五月二十一日沒葬新院林

生子一圖

石西湖獺江新市塘市蘇内赤店曾井楊梓坑湖宅周坑惠安多數爲四房後也

愿

孝和房系 接上瓚公房系

案舊譜　宗聖十五傳關內侯據家吉陽子關十八傳尚書丞生珪蕃畧䲨徙雲蓋畧衍南豐珪生寬綽豐暉隱寬三傳御史慶生偉駢騈二十傳質粹歸山東援翰博偉十四傳兵部侍郎睎叅五傳子集生芝蘭蘭孫亥龔翰傳芝衍麻田縣由吉陽徙河南固始子延祚徙福建晉江五傳瓚六傳孝和自瓚公下分派另詳茲特圖孝和房系

四十六派　四十七派　四十八派　四十九派　五十派

和子　**愿**　字彥仲贈

愿長子　**世昌**　字彥明一

昌長子　**晉卿**　字顒年於

卿子　**伯清**　字真之任

清長子　**端友**　字正文號

文林郎授從事郎德慶府教諭十月初八日没葬鼓雷山自號龜山

配林氏於十一月十五日没葬洪領山身德院南豐林

生子三圖
昌　稱
三

字叔明太學生登宋紹興八年彭叅度榜進士官撫州臨川縣尉

配林氏於七月初三日没葬

繼娶楊氏於正月十五日没合葬白石許山尾猛虎

十月十一日没葬觀音院前北畔近官路平脈下洋午子向墓後有小石右畔大員石

配洪氏於九月十五日没

繼娶蔡氏於九月十五日没葬

龍巖縣主簿於三月二十八日没葬南安楼仔里今改三十六都土名前林、

配黃氏於八月二十八日没

繼娶王氏三十娘葬南安白石猴坑庵西

仁惠一號松軒生於乙巳於丙辰三月初二日没葬九溪黃坑

配侯氏於十二月十八日没九溪洪院山南人家

生子二圖
顯　光

生女一適龍岩主簿呂岩

三出家爲
僧

出林形丁
山癸向
生子三㽞
卿 齡
三早世

白石觀音
髓
生子一㽞
清

畔安庚甲
兼酉卯向
生子三㽞
端 謙
恭

清
㳟
子
謙友
字光交號
公輔一號
養浩乃建
養浩堂梁
克作記於
八月十八
日沒壽九
十一歲
配王氏葬
晉江卯東
安坐東向
西

荷金井

生子三名
華　茂
慈

清三子
恭友
字允文號
遠觀鄉進
士中壽大
夫生於宋
慶元戊午
年於丙子
年七月十
四日沒葬
白石南郊
山

昌次子
音齡
字松年不慕榮利脩然自得蓋有隱君子風也嘗築

齡長子
伯誠
字明之於七月二十四日沒葬候坑菴後山坤艮向

配蔡氏
生子四名
佑孫 侶孫 仁孫 傑孫

誠長子
必濟
字
配陳氏

衍金井

別墅名日養浩堂丞相梁文靖公嘗爲之記亦足以想見其爲人矣於五月二十七日沒葬白石南郊山邊地名東山邊人家後

配鄭氏於六月初六日沒葬猴

配楊氏於九月二十九日沒

生子二㐫

濟　忠

生十四㐫

潛孫　碩孫　信孫　貫孫

誠次子

必忠

字正甫爲人坦易狀貌魁梧葬洪領

配　氏

生子一㐫

能孫

愿次子
世稱
字彥賢一
字彥美於
七月初三

坑庵西畔
坤艮向與
楊氏五娘
合家
繼娶楊氏
生子二岩
誠一
一大一

稱長子
岩壽
字龜年一
云以恩授
縣尉於四

壽子
祖宇
字作禹一
字舜皋於
十二月十

宇子
泰亨
字通文

日沒葬白石猴坑流隔領山下夫人墓邊畔騎壯文西卯向配王氏二十七娘於五月初十日沒葬洋尾譚林地內

生子三囝

壽　士

說

月十六日沒葬白石許山尾在三縣尉右臂外穴坐辛庚向寅甲墳前有石級欄杆近道傍配蘇氏於正月二十日沒葬猴坑屈斗西畔穴坐卯戌向酉辰

四日沒葬猴坑壺公坐巳向亥配楊氏於十二月二十四日沒葬歐莊山繼娶蔡氏於十二月二十九日沒葬猴坑無出

生子一囝

亨

配許氏

生子五囝

杰　英

奭　美

莫

徙金井

左右有石
生子一圖

宇

稱次子
岩士
字元中爲
岩隱居士
貲財巨百
萬於三月
初八日沒
葬洪領

稱三子
岩説

衍金井

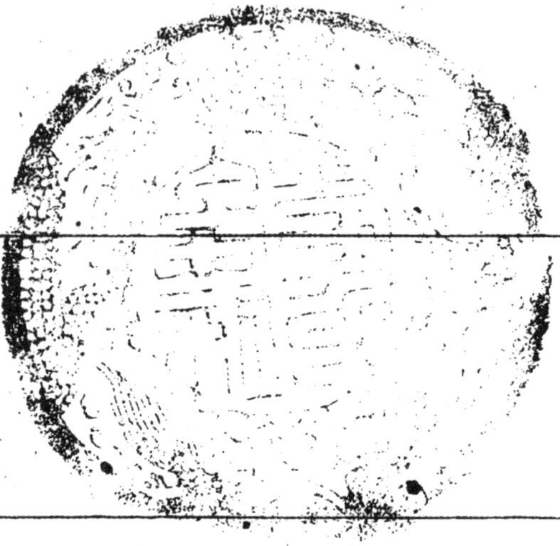

字夢得於十二月十三日沒葬猴坑

配謝氏於十月十四日沒葬仝夫合冢

生子一囘

旦

派衍蓮湖鄉

端友房系 接上孝和房系

案舊譜　宗聖十五傳關內侯據家吉陽子闢十八傳尚書丞生珪舊署舊徙雲蓋署衍南豐珪生寬綽豐暉隱寬三傳御史慶生偉騈騈廿二傳質粹歸山東授翰傳偉十四傳兵部侍郎晞顏五傳子集生芝蘭蘭孫袞駿翰傳芝衍麻田隰由吉陽徙河南固始子延祚徙福建晉江五傳瓚六傳孝和六傳端友自孝和下分派另詳茲特圖端友房系

派	世系
五十一派	端長子 克顯 字叔用葬
五十二派	顯次子 芳叟 字君榮生
五十三派	叟長子 元鼎 字
五十四派	鼎長子 文舉 號東坡贊
五十五派	舉長子 趣撥 字十四致

南山
配埔頭陳氏通判之女葬仝夫山
生子二名孫叟
生女一被賊擄
○長芳孫俟詳

於元至大戊申年於至正癸卯年十一月没年五十六葬
配陳氏
生子四
鼎　弟
靖　眞
○以靖嗣岩叟後爲

配陳氏葬
生子二
舉　彦
○一譜元鼎出繼謙友公子孫岩叟爲嗣細查舊譜乃元靖出繼飛元鼎是也

衍畔坑
居五都蘇内鄉陳家樂其地土溫厚又愛高州名山草菴勝境不認回籍遂樂居焉葬本鄉之左坐西向東
配陳氏葬仝夫山
生子二
投　慕

政居蘇内鄉
配　氏
生子三
俟　輅
庵

舉次子
追慕
配　氏葬本鄉下頭之左

分居惠安
下山邊

叟次子
元第

鼎次子
文彥
分居曾坑
鄉

第子
文昭

生子二名
和睦
東高
[illegible]裔另詳

昭次子
天篤

衍畔坑

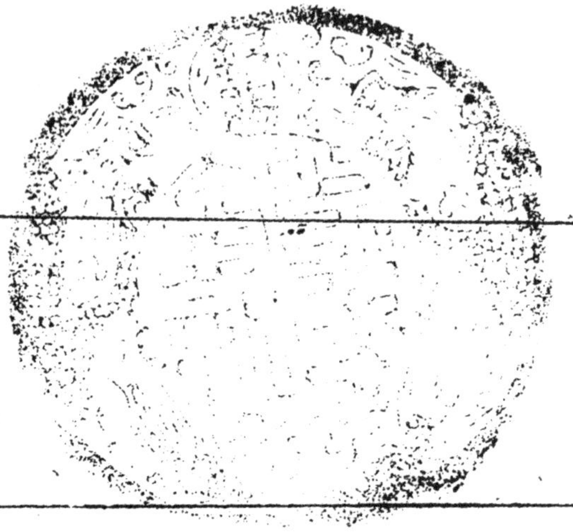

葬面山潭下辛乙向每年子孫三月二十八日祭掃墳墓以表報本之心公爲珀珊厝開基祖也前名烏樹裡今改曾厝

配吉氏

生子一名
昭

配許氏合葬本山面前辛乙向有灰墓

生子二名
佑　篤

石椅

配張氏

配王氏合葬本山面前辛乙向與父墓比連

生子一名
壯

龍舌

配洪氏

武城曾氏重修族譜

漪友房系

家晉江

三

端次子
螽光

叟四子
元貞
配　氏
生子四圖
另詳

西毅房系

接上端友房系

本舊譜 宗聖十五傳關內侯據家吉陽子闡十八傳尚書丞生珪學署舊徙雲蓋署衍南豐珪生覿緯豐暉隱覓三傳御史慶生偉駢駢壯二傳質粹歸山東授翰傳傳十四傳兵部侍郎晞顏五傳子集生芝蘭蘭孫袞襲翰傳芝衍麻田崇由吉陽徙河南同始子延祚徙福建晉江五傳瓚六傳孝和六傳六傳端友六傳西致政自端友下分派另詳茲特圖西致政房系

五十六派 十四致政次子 **輿路** 葬惡路西

五十七派 路長子 **西毅** 於

五十八派 二十四致政子 **誼** 字直齋葬

五十九派 誼長子 **坦齋** 二房倉內

六十派 齋長子 **朝衿** 一房倉弄

山之側坐
向
配　氏卽
會內後祖
癸
生子二名
辛四致政
惟

二十九日
年八月
沒
配胡氏於
年十月
十三日沒
葬厝頭埔
生子一名
蓝

配張氏於
十月初九
日沒葬西
山前坑田
頭
生子一名
坦齋

配張氏合
葬在本鄉
厝頭埔坐
向
生子三名
朝衿
朝矩
朝淵

宇質樸於
年八月二
十九日沒
葬
配宜愼李
氏於
年十
二月二十
四日與夫
合葬本鄉
厝頭埔坐
向
生子三名
新大

於宏治丙寅年八月十六日於甲子年四月二十三日沒葬在同安大雲頭坐壬向丙

配張氏於隆慶丁卯年沒

生子三囝

長孫

仙護

細仔

衍蘇內

氏生於壬辰年九月二十五日於辛丑年七月初三日合葬蓮尾埔石墓坐戌向辰生子五图

新六

岳三

岩

詩

五娘

路次子
惟公
卽倉內後祖公沒葬未詳
配　氏
生子一图
寬

惟子
㬅寬
字㬅裕號古叟生於宣德甲寅年八月初六日於正德丁丑年十二月二十八日沒壽八十四葬草庵外之南坐乾向巽
配　氏

寬長子
沅熙
外宅上字一處士
配　氏
生子一图
鳳
葬本鄉後坑之細官地坐　向

熙長子
鳳
外宅上字一觀號純齋於己酉年七月初十日沒葬在東埔地後
配慈德吳氏於　年四月十四日沒葬在林口白山之

徵蘇氏

生子三囝
沅熙
沅雍
三沅

亥子
沅雍
字沅孝號
宜靜
配　氏生
於天順戊
寅年五月
十二日於
正德己巳
年六月初
九日沒合

原坐　向
生子一囝
悟娘

雍長子
定
字二觀號
處齋於
十二月十
二日沒
配吳氏於
四月二十

武城曾氏重修族譜

西發房系

家晉江

四

葬細官地
後坐 向
生子三名
長出家
定 寧

日沒丞瓦
木合葬潭
仔埔
生子二名
貴 晟
雍亥予
寧
字三觀生
於 年 月
日 時於
年 月
日沒

十四
致政
三子
致毅
葬草庵外
赤𡶶下墓
坐　向
配胡氏
生子四图
長秀
英井
湖井
石生

十六
致毅
長子
長秀
字耄齋葬
高州山嵩
坐　向
配　氏
生子二图
長舜
舜誠

秀次子
舜誠
字耋叟於
年四月十
六日沒
配全德吳
氏於
年九月十
一日沒合
葬許山墓
林坐辰向
戌號倒蛾
金釵穴

誠長子
質
三房下路
分字沶宾
號遯軒於
成化庚寅
年八月二
十五日沒
葬
配錆闇許
氏於成化
甲午年十
一月初四
日合葬許

谷蘊內

質
子
環
下路分三
房長字拱
伯號自龍
配善行蔡
氏
生子二图
熹
瑞
丞生於成
化辛卯年
閏六月十
八日於嘉
靖戊申年

生子四囝
質　賫
勝　榮
生女四長
適金纏張
次適大宅
陳三適仙
境李四適
後遷莊

山祔螯叟
公之左畔
坐巽向乾
生子一囝
環
生女四長
適後林吳
次三俱適
內坑李四
適後遷張

誠次子
賫
字沅艮號
潛軒於成

三月二十
六日沒
媽沒年七
月初十日
葬下宅下
石墓與叔
潛軒公同
壙

賫子
璪
下路分三
房二

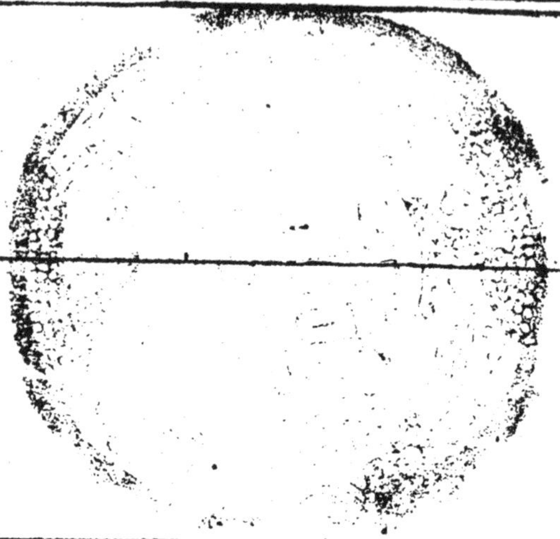

化乙酉年十月初二日葬

配勤惠陳氏於天順己卯年九月初九日合葬及姪自龍一淡合葬於本都下宅大石墓笏春蘇內叔姪三藏叔居

字新五號[illegible]輿生於成化乙巳年八月初四日於辛酉年十二月初三日亯年七十七

配敏德蔡氏生於成化壬寅年六月十九日於嘉慶庚子年十

中壙坐酉卯向
生子一名璪
生女一適林卩柯

二月初九日辰時
繼妣愼德林氏生於甲寅年七月十八日辰時於嘉靖辛酉年十二月初二日辰時合葬本鄉田坂坐壬向丙今郎號下壟

誠三子
勝
字沅號怡
軒於成化
辛丑年十
月二十二
日
配誠節尤
氏於

生子三
復宗
榮宗
紹宗

勝長子
瑤
下路分三
房三
字騰伯號
一淡於
辛丑年
四月二十
七日沒

武城曾氏重修族譜

西毅房系

家晉江

七

丁未年六
月十八日
先合葬東
埔後改葬
於水都囦
狗山坐壬
向丙
生子三囝
璾 增
琯

配姓敏陳
氏於 年六
月二十三
日合葬下
宅大石墓
與叔濬軒
公仝壙
生子一囝
燾

勝亥子
瑎
字 號
珩伯竹簡

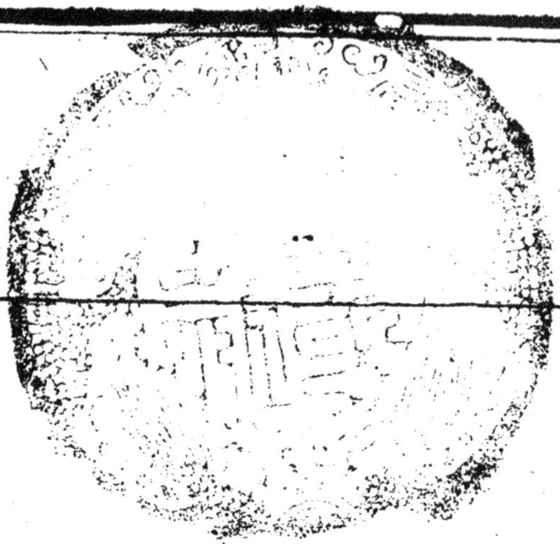

生於成化
丙申年九
月三十日
於　　庚
戌年二月
初五日沒
年七十五

配慎閫林
氏生於
戊戌年
月
日於
丙申年十
二月十九

日沒合葬石人山坐庚向甲生子三圖

壽 漢 注

勝三子

瑄

字伯號一愚

配順柔吳氏

生子一圖

錦

十六
致政
次子
英井
葬本都英
山之原坐
向
配　氏
生子二囮
長埔
次名忘

英長子
長埔
葬本處長
埔林坐
向
配　氏
生子三囮
嗣長
沅怡
沅

埔長子
嗣長
三房前舍
分
字　於
年八月二
十五日
配蔡氏於
年二月二
十四日葬
長埔林坐
向

長長子
顏童
下路分前
厝字滄伯
號孚齋生
於成化乙
酉年十一
月廿四日
於
年七月
初九日沒
配勤婉張
氏於
上二

十六 致政 三子

湖井

字 葬 西山湖井 坑頭坐 向 配 氏

湖長子

庵塊

字 葬 在崑庵外赤 莿墓前秧 墉後坐 向

生子二 禎童 溍玉

塊長子

沅溫

下路分同 安房 字 生 於 甲 戌年二月

月二十九 日葬蓮尾 埔之原坐 向 生子二 統 禮

溫長子

瑞義

下路分同 安房 字樸叟生 於宏治戊 午年正月

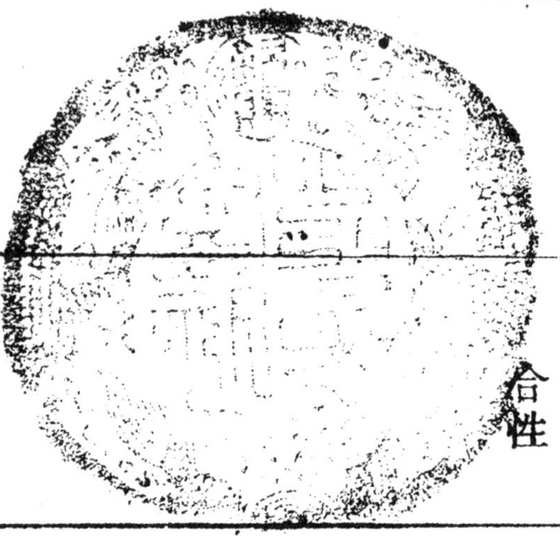

生子二名
庵垙
合性

配　氏
生子三名
沅溫
沅禎
沶益

初九日
配黃氏於
壬申
年二月二
十八日沒
繼娶蔡氏
於　癸
亥年十月
於二月初
五日沒葬
生子二名
瑞義
瑞章

二十三日
於　丁
丑年十二
月二十七
日沒壽八
十葬在同
安縣本處
隴仔上
配黃氏
生子一名
怯

溫文子
瑞章
字樸文生

衍蘇內

於宏治丙
寅年八月
十六日於
甲子年四
月二十三
日沒葬在
同安大雲
頭坐壬向
丙
配張氏於
隆慶丁卯
年沒
生子三囘
長孫
仙護
細仔

塊亥子

沅禎

下路分外舍

字智號雙峯葬

配康氏葬

生子一　圖

天錫

禎長子

天錫

字乾護號見杏葬草庵遺愛亭錢儀碑末偭十中列丞姓名

配　氏

生子三　圖

學登

學就

學台

湖次子
合性
字　葬
配　氏
生子二囮
嗣恭
嗣遜

性長子
嗣恭
大二房門分外
字　葬
配　氏
生子一囮
湑祖

恭長子
湑祖
字見宗生於成化壬寅年十月初十日葬東埔之原坐　向
配王氏生於　辛亥年於　戊午年七月十七日沒葬蓮尾埔祖塋

衍蘇內

十六
致政
有生
四子
出赤店鄉
蘇清鄉自
此鄉皆其
派世墳丞
之基是號
三族墓事

臺側
生子一
囧
春

霞慕房系 接上端友房系

秦舊譜　宗聖十五傳關內侯據家吉陽子關十八傳尚書丞生珪舊畧舊徙雲蓋畧衍南豐珪生寬綽豐暉憁寬三傳御史慶生偉騈騈廿二傳質粹歸山東授翰博偉十四尚兵部侍郎晞顏五傳子集生芝蘭蘭孫衮龔翰博芝衍麻田燃由吉陽徙河南固始子延菲徙福建晉江五傳瓚六傳孝和六傳六傳端友六傳霞慕政自端友下分派另詳茲特圖霞慕房系

五十六派	五十七派	五十八派	五十九派	六十派
慕長子 下墓 字 葬	墓長子 東埔 字 葬	東長子 許山 字 大二房外	山次子 沉慶 字 葬	慶長子 本厚 字 大房門外

下蓎頭東
畔坐　向
配　氏
生子二囝
東　淮
郎大舍分
祖

東埔祖墓
後坐　向
配　氏
生子一囝
二許山

字錫田
於宏治戊
申年祔葬
許山宅角
邊上坐子
向午
配　氏
生子三囝
性殤　慶
允

配　氏
生子三囝
厚　重
載

分
字
配　氏
生子一囝
珍
慶太子
本重
字
配　氏
生子一囝
富悌

蘇氏

山三子
沅阮
字
於
年八月初
八日沒

慶三子
本載
字
配
氏
生子一
囝
存國

尤長子
鑑
字本仁號
遜儉生於
宏治甲寅
年十一月

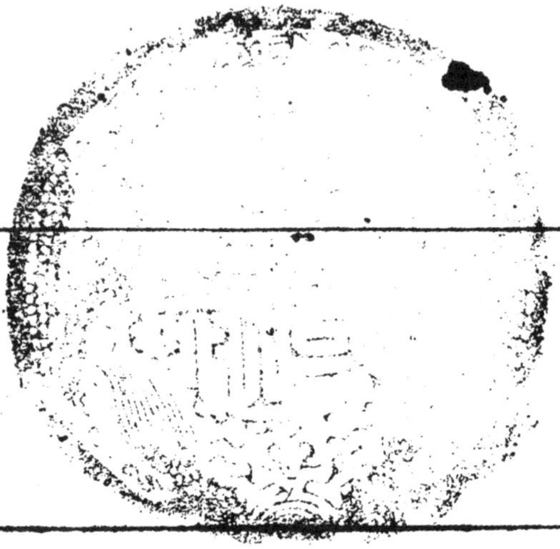

衍蘇內

配張氏於
二月初二
日沒
生子二囝
鑑　俠

初四日於
戊午
年七月二
十七日沒
配納勤翁
氏於
甲午年四
月初七日
合葬北宅
塢東下林
之原坐
向
生子一囝
遜春

九十六子
侯
字淵靜號遜齋生於嘉靖庚寅年十月初九日於丁卯年十月二十三日没
配鄭氏於年六月二

墓次子
惟輔
字郇大舍
分祖
配　氏
生子二图
舜一

埔長子
舜一
外宅下
字
配　氏
生子二图
四　七

一次子
習七
外宅下
字
配楊氏
生子一图
汝化
葬蓮尾㟏

十四日合
葬蓮尾之
原坐　向
生子一图
逢女
七長子
汝化
字六處士
生於
年十
一月二十
八日

舜二
公及葬俱
未詳

惟欽子
舜二
字　葬
配　氏
生子二图

二長子
習三
字　葬
配　氏
生子四图

配張氏生於辛巳年五月初四日於壬寅年八月十八日沒葬東埔

衍蘇內

汝佐
汝執
汝悅
丙四

習三
世饒

蒸亥子
冬埔
字
東埔始祖
葬
墓畔坐
向

寬公房系 接上吉西發房系

案舊譜　宗聖十五傳關內侯據家吉陽子關十八傳尚書丞生珪舊署舊從雲蓋署衍南豐珪生寬緯豐暉憶寬三傳御史慶生偉駢駢仕二傳質粹歸山東授翰博偉十四傳兵部侍郎晞顏五傳子集生芝蘭蘭孫袞襲翰博芝衍麻田慮由吉陽徙河南固始子延祚徙福建晉江五傳贊六傳孝和六傳六傳端友六傳吉致政六傳寬公自吉西致政下分派另詳茲特圖寬公房系

六十一派

六十二派

六十三派

六十四派

六十五派

寬長子
天與
長房長引

道長子
汝纘
長房長引

後分
字子蓋號
愛道生於
正德己卯
年九月初
五日葬
配吳氏葬
生子二名
汶纘
汶濬

汶濬
道次子

後分
字志端生
於乾隆乙
巳年九月
二十一日
配蔡氏
生子二名
長　炎
隨母嫁

字志黙生於　年　月　日於　年七月十五日沒葬

殷公房系

接上古燄房系

案舊譜　宗聖十五傳關内侯據家吉陽子闢十八傳尚書丞生珪舊云舊徙雲蓋署衍南豐珪生寬綽豐暉憶寬三傳御史慶生偉駢駢廿二傳質粹歸山東授翰傳偉十四傳兵部侍郎晞顏五傳子秉生芝蘭蘭孫袞龔翰傳芝衍麻田隰由吉陽徙河南固始子延祚徙福建晉江五傳瓚六傳孝和六傳六傳端友六傳古致致六傳殷公自古致致下分派另詳茲特圖殷公房系

二十一派

二十二派

二十三派

二十四派

二十五派

殷長子
天壽
字子齡號

壽長子
汝聽
字志睿生

聽長子
宏援
字

樂仁生於
嘉靖丙午
年九月
日葬
配　氏葬
生子二圖
聰　精

於隆慶壬
申年十月
二十一日
葬
配王氏生
於萬歷丙
子年十一
月初一日
葬
生子二圖
拔　舒

長房長引
後分
聰次子
宏舒
字　生
於
年　月
日於
年　月
日沒葬
配柯氏生
於
年　月

舒長子
闓緒
字　生
於
年　月
日

舒次子
闓和
字　生
於
年　月
日

和長子
貞雅
長房長引
後分
字斯

日於
年 月
日 時
歿葬坐
向
生子三図
緒 和
潘

配陳氏生
於 年 月
日
生子二図
雅 贊
聞和同兄
弟住居福
州 下

衍三子
聞藩
生於
年
月 日
時

和次子
貞贊
字斯
○兄弟二
公俱住福
州其生歿
未詳

壽次子
汝精
字志鄗生於萬歷丙子年五月二十九日於　年二月十九日沒葬庵口墳路悟齋公墓側配林氏生於萬歷癸未年四月

精長子
宏參
字日就號奕泉生於　年六月二十九日於　年七月二十九日沒葬社店林厝宮之左後改葬本鄉配葉氏生

參長子
聞玉
字時昆生於崇正辛巳年八月初八日於癸未年四月初七日酉時沒葬惠安縣汪嶺山坐厝仔後配趙氏生於庚寅年九月

玉長子
貞歡
字斯樂號質素生於康熙丁巳年六月二十三日卯時於乾隆戊辰年五月二十一日酉時沒配陳氏於乙丑

十三日於年十二月十一日沒葬
生子一囝
參

於年　月　日
生子一囝
玉

初二日戌時於康熙庚子年四月初一日沒葬長埔林坐甲向庚兼寅申
生子三囝
歡　是　尾

年二月二十二日戌時於乾隆甲子年三月十六日未時沒乾隆己丑年拾瓦棺改合葬庵口埔坐亥向巳兼壬丙
生子二囝
智　文

玉亥子

貞是

字斯號質朴生於康熙甲子年四月二十日亥時於乾隆丙寅年三月十一日卯時沒葬在台灣新化縣白沙坑配許氏生於乙亥年

九月二十六日戌時於雍正壬寅年六月二十二日午時沒葬長埔林坐癸向丁兼丑未生子一圖

派

玉三子

貞尾

殷亥子

天鍾

字子嚮生

於

年

月

字

於康熙庚生

午年二月

初六日卯

時於乾隆

乙卯年六

月初九日

未時沒葬

同安縣含

天寺

時　日

配　氏生

於　年　月

時　日

生子二　圖

汝續

出撫養汝

思

汝和房系

接上古西谿房系

案舊譜　宗聖十五傳關內侯據家吉陽子闕十八傳尙書丞生珪舊署舊徙雲蓋署衍南豐珪生寬綽豐暉憶寬三傳御史慶生偉駢駢廿二傳質粹歸山東授翰傳偉十四傳兵部侍郎晞顏五傳子集生芝蘭蘭孫袞襲翰傅芝衍麻田縣由吉陽徙河南固始子延祚從福建晉江五傳贊六傳孝和六傳六傳端友六傳古致政六傳汝和自古致政下分派另詳茲特圖汝和房系

六十一派　六十二派　六十三派　六十四派　六十五派

和長子
子暢
字通於

暢次子
汝頎
字志艮號

頎兼子
宏遴
字日所號

年六月十
五日沒
配　氏葬
生子三图
朝雅　碩
熾魁

新棊生於
嘉靖辛丑
年九月初
五日於　年
四月二十
四日沒
配賢慈吳
氏生於
戊申年
九月二十
四日於
年
九月二十

景峯生於
萬歷癸丑
年九月初
四日辰時
於
辛未年八
月十三辰
時沒葬蓮
尾埔園內
配寬順白
氏生於癸
酉年六月
二十七日
於　丁
酉年十二

祈蘇內

三日沒合葬蓮尾兼子一名遴

賜三子
承魁

月二十六日長時繼娶蔡氏生於乙丑年九月二十二日申時於辛未年四月初三日午時沒葬

魁子
宏遴

遴長子
闓森

森長子
貞快

字志朱號
沖斗承繼
男係羅石
公第三男
昭穆不叶
生於萬歷
癸未年閏
二月十九
日於
年十一
月初一日
沒
配勤素吳
氏生於
癸未年

字日新號
景峯生於
萬歷癸丑
年九初四
日辰時於
辛未
年八月十
三辰時沒
葬蕭尾埔
園內
配寬順白
氏生於
癸酉年
六月二十
七日於
丁酉年

字　時號
樸茂生於
康熙辛亥
年三月初
三日於乾
隆壬戌年
三月二十
二日申時
沒葬本山
公墓丙坐
丑向未兼
癸未
配王氏生
於康熙庚
午年四月
十六日酉

字　生
於康熙戊
戌年七月
二十八日
戌時
配張氏生
於　年　月
日
時
公因本族
與陳家械
殺命案同
源衡揭昝

五月二十七日於

年正月初四日沒合葬庵邊仙跡石下坐乾向巽生子一冏遴

十二月二十六日辰時

繼娶蔡氏生於乙丑年九月二十二申時於辛亥年四月初三日午時沒葬

生子一冏森

時於乾隆戊子年十二月二十六日子時沒葬公墓內坐向生子四冏快樂春恩

流住廣西梧州府

森亥子

貞樂

字斯生於康熙壬寅年正月初十日酉時

配趙氏生於雍正丁酉年三月初十日時

生子四囝
任推
湖琛

森三子
貞春
字斯生
於雍正丙
午年五月
初十日卯
時
配賴氏往
港口[illegible]歸
氏別嫁未

爲人貪多淩於外夷

森四子

貞恩

字斯 生於雍正辛亥年六月二十三日丑時

配王氏於乾隆癸未年九月初一日子時

葬長埔林
坐北向南
氏故節

德深房系

接上西𧻓房系

案舊譜　宗聖十五傳關內侯據家吉陽子闕十八傳尚書丞生珪薦署禎徙雲蓋署衍南豐珪生寬緯豐暉憶寬三傳御史慶生偉駢駢廿二傳質粹歸山東授翰傳偉十四傳兵部侍郎晞顏五傳子集生芝蘭蘭孫袞鑾翰傳芝衍麻田縣由吉陽徙河南固始子延祚徙福建晉江五傳瓚六傳孝和六傳六傳端友六傳西致政六傳德德自西致政下分派另詳茲特圖深深房系

六十一派

深長子
崇顯
字子才號

六十二派

顯長子
汝浩
字志混號

六十三派

浩長子
宏誨
字日知號

六十四派

誨次子
聞陟
字[illegible]向號

六十五派

靜軒生於嘉靖戊子年七月十八日於　年十二月二十九日沒葬東洋地周

配勤慈鄭氏生於　年二月二十七日沒與男合葬大

新林生於嘉靖辛亥年九月十九日於庚戌年六月二十七日沒葬

配柔敏蔡氏生於辛亥年五月二十三日於　年十二月初二日

省軒生於隆慶辛未年三月十七日於　年十月二十日沒葬

配順德唐氏生於乙亥年九月初三日於　年六月初一日合葬九十九坵

阮州生於萬歷辛丑年二月二十日於乙未年六月二十九日葬

配林氏生於　年　月日於甲午年　月　日時葬

坪西坐壬
向丙
生子一
浩

合葬大坪
山坐向
生子三
論
諶

口坐　向
生子三
亂　陟
銜

誨三子
聞銜
字　　號
時倚生於
年　　月
日於
年五月初
三日葬蓮
尾埔
配蔡氏生
於
年　　月

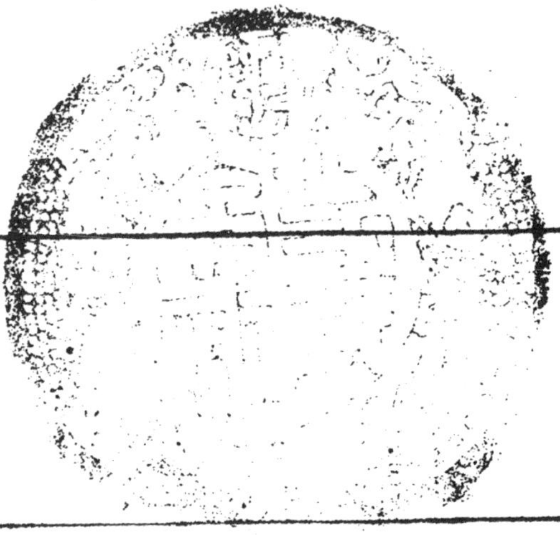

浩次子
宏論
字日朋號
省菉生於
萬歷戊寅
年十一月
二十五日
於
年十月
日葬
繼娶張氏
於　年
五初三日
葬蓮尾埔

論長子
闓琛
字時耇號
振宇生於
萬歷己亥
年六月二
十七日於
壬
子年五月

琛次子
貞度
字　斯號
弘濟生於
崇正戊寅
年七月二
十六日丑
時於康熙
辛酉年十一

初六日沒葬
配勤儉李氏生於壬寅年九月二十七日於　年正月十二日合葬大坪酉坐寅向申
生子二囝　琛　琰

初六日巳時沒葬
配王氏生於　年正月二十六日於　年十一月初二日合葬蓮尾厝跡
生子三囝　婁　度　完

六月十三日丑時沒葬
配顏氏生於崇正乙亥年五月二十七日寅時於康熙乙卯年正月二十七日戌時合葬本山湖井口坐乾向巽

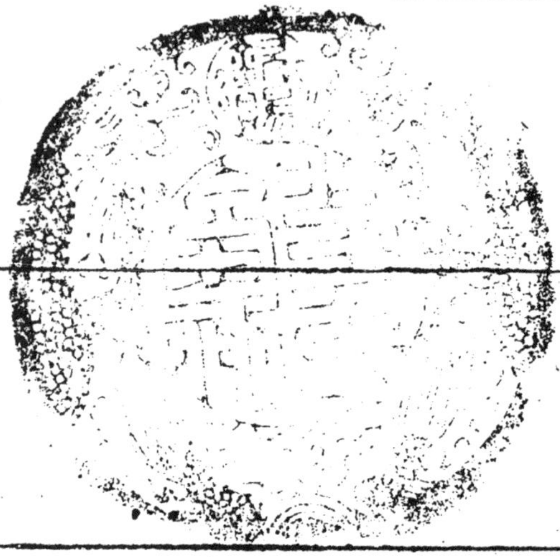

論次子
閶琰
字　號
時傚生於
萬歷庚戌
年十一月

琛三子
貞完
字　生
於順治壬
辰年五月
二十日
往廣東

琰長子
貞延
字　生
於崇正辛
巳年二月
初五日

十九日於
戊戌
年四月二
十五日沒
葬
配方氏生
於 壬
戌年 月
日於
年四月十
四日沒葬
生子一名
延

往廣東

浩三子 **宏謀**

字日壽號省吾生於萬歷己亥年八月二十七日於　庚寅年三月二十七日沒　葬　配蔡氏生於　辛卯年二月

謀長子 **聞珍**

字時忻號振田生於萬歷乙卯年十二月初九日於　年　月　日沒　葬公墓仔邊　配吳氏生於　戊午年十一

初八日於
年五月初
二日沒葬
大坪西坐
向
繼娶黃氏
於
年十月
十八日沒
葬大坪西
坐　向
生子三图
珍　瑱
璞

月二十二
日於
甲戌年三
月初二日
卯時沒葬

謀次子
聞瑱
字　生
於
年　月
日

謀三子 **聞璞**

字振文生
於萬歷丙
寅年三月
初三日於
乙未
年五月十
六日葬丞
墓山仔
配黃氏生
於
年　月
日故
節

璞長子 **貞鏗**

字　斯號
懷文生於
順治丁亥
年五月廿
二日午時
於
年　月
日沒
葬
配柯氏故
節

生子三圖鏗仰秀貞秀出養城內陳家

璞亥子貞仰字養福全出

璞三子貞秀字愷濟生於順治甲午年十月初一日辰時於康熙丙子年九

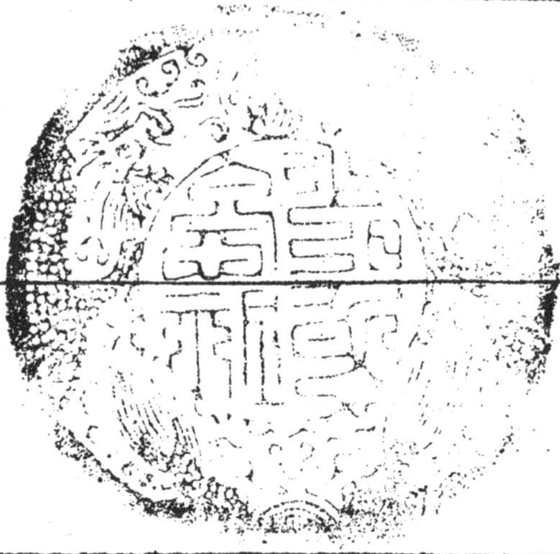

月初四日戌時沒葬東岳山公經拖於城內陳家復歸于家

林氏生於順治乙未年十月初八日於雍正丙午年八月十八日葬公墓內

深次子
崇應
字子昇號羅石生於嘉靖丁酉年六月十六日於萬歷丙午年十月二十四日亡年七十沒葬
配蔡德吳氏生於壬寅年

應長子
汝重
字志威號仰石生於乾隆丁卯年九月初十日於丁酉年十一月十八日沒葬
配儉素俞氏生於丙寅年十月

重長子
宏徒
字日遷號振吾生於萬歷辛卯年八月初五日於壬辰年四月廿四日
配勤慈蔡氏生於辛丑年九月初八日於

徒長子
閒統
字時斐號耀昆生於崇正辛未年八月二十七日丑時於丁卯年五月二十八日戌時歿寄龍泉岩石脚
配蔡氏生於壬

統長子
貞[illegible]
字斯銓號寧泉生於順治己亥年十月二十一日辰時於康熙己卯年九月十七日酉時沒葬甕內坑坐丑向未兼坤艮
配洪氏改

七月初五
日於
癸卯年十
月二十一
日合葬大
坪西牛角
田尾坐丁
向癸
生子三囝
汝重
汝衆
承魁出
承子暢

二十二日
於　癸
酉年十月
二十三日
沒葬
繼娶陳氏
生於
年七
月二十八
日於
年十
一月二十
一日沒葬

戊戌年七
月初七日
合葬丹子
山馬齒石
下坐癸向
丁
生子二囝
統
遂

衍蘇內

甲年六月
十五日於
年　月
日沒葬
壽馬石下
坐　向
生子二囝
選
富

節

統次子
貞富
字斯任號
滔泉生於
康熙壬寅
年十月十
八日酉時
於康熙壬
寅年六月
初九日沒
葬庵口丛
乾向巽兼

生子一 圖
徒

亥巳
配鄭氏生
於康熙丙
午年四月
初十日辰
時於乾隆
辛酉年五
月二十二
日未時沒
葬本山禁
地內坐乾
向巽兼亥
巳
子五
賜 祜
鎮 燦 全

應亥子
汝崇
字志廣號振石生於萬歷甲戌年九月十九日於丙子年十一月初八日沒葬配慈谿黃氏生於萬歷戊寅年

崇長子
宏逸
字日安號冲石生於萬歷丁酉年十月二十八日於己巳年八月二十三日時沒年三十三葬庵口薊園內配陳氏年二十八寡

逸長子
閘佩
字時貞號輝昆生於天啟丁卯年十一月二十四日於丁丑年四月二十四日辰時歿葬水流石左坐癸向丁配柔蕭王氏生於

佩長子
貞遜
字　號斯謙生於康熙戊申年六月二十四日子時於康熙丁亥年十一月初七日與父合葬流水石左坐　向配許氏生於　己

德深房系

六月十三日於壬辰年八月十四日寅時沒葬

生子二图

逸　孔

守成人生於　壬寅年十一月十五日於　辛巳年二月初六日寅時謚徵貞沒盲壽七十六葬後安地內坐癸向丁

生子一图

佩

己巳年七月二十五日於辛巳七月十一日葬長埔林坐癸向丁

繼娶蔡氏生於己巳年五月十五日午時於丙辰年十一月二十七日戌時沒葬蝦

酉年十月二十三日辰時於雍正甲寅年五月二十一日寅時沒葬本山義手坐向

子一

道

崇次子
宏孔
字曰懷號
冲吾生於
萬歷甲辰
年三月二
十二日於
甲辰
年四月二
十八日沒
葬後山坐

蜈石溪坐
辛向乙
生子一圖
遜

孔長子
閭紹
字

孔次子
閭綰
字

向
配施氏生
於　甲
辰年六月
初二日辰
時沒於
甲辰
年四月十
九日謚謹
素葬蓮尾
崙坑㙾坐
向
生子三　圖
絡　綰
續

孔三子
聞續
字　生
於萬歷辛
巳年七月
十四日

欽寶房系

接上西致房系

案舊譜　宗聖十五傳關內侯據家吉陽子關十八傳尚書丞生珪舊署徙雲蓋署衍南豐珪生覓綽豐暉隱覓三傳御史慶生偉騈騈廿二傳質粹歸山東授翰傳偉十四傳兵部侍郎晞顏五傳子集生芝蘭蘭孫袞襲翰傳芝衍麻田隰由吉陽徙河南固始子延祚徙福建晉江五傳瓚六傳孝和六傳六傳端友六傳西致政六傳欽寶自西致政下分派另詳茲特圖欽寶房系

六十一派

六十二派

六十三派

六十四派

六十五派

寶長子

椿

長房二引

椿長子

中正

長房二引

正長子

宏喜

長房二引

後分
字子齡號
遜居生於
年二
月二十九
日
配倪氏生
於　年
四月二十
九日合葬
東湖塘坐
辛向乙
生子二圀
中正
中立

後分
字志道號
務庭生於
正德丙子
年　月
日於
辛酉年
五月十五
日
配李氏生
於正德丙
子年　月
日
於　庚
寅年十二
月二十四

後分
字
宏則
字

武城曾氏重修族譜　欽賓房系　晉江家　二

賓次子
菓
字子白號
逸居生於
宏治丁巳
年七月十
七日於
壬戌年
五月十七
日沒葬草
庵遺愛亭
錢侯碑末
侕士列公
名姓
子二
喜　則

菓長子
中秉
字志權號
荔泉生於
嘉靖庚寅
年九月初
三日於
乙巳年
十一月初

秉長子
宏顏
字日采號
肖泉生於
嘉靖癸丑
年三月二
十三日於
年六月十

顏子
聞慧
長房二引
後分
字　號
時同生於
年　月
日

日沒葬
配少閭莊氏生於己未年七月二十六日於庚申年八月初六日合葬東湖塘坐辛向乙
生子一图
秉

七日沒享年七十六葬
配慈順陳氏生於壬辰年三月二十九日於　壬戌年九月十六日沒葬
子一
繼娶郭氏
生於

二日沒葬
配陳氏生於癸丑年四月二十日於　年十月十四日合葬草庵口
生子一图
蕙

配張氏生於　年　月　日

己丑年十
一月初四
日於
年九月十
六日沒葬
長埔林子
夏
生子二圖
顏 夏

秉太子
宏夏
字日益號
鵬興生於
嘉靖甲子
年正月初
七日於
庚戌年
三月十六
日沒葬長
埔林坐癸
向丁
配李氏生
於 癸
亥年十一

夏長子
聞李
字時開號
郁先生於
萬歷癸未
年六月二
十日於
年正月
初五日沒
葬長埔林
坐北向南
配索在陳
氏生於
丁亥年
三月十八

李長子
貞都
字斯友號
侃齋生於
萬歷乙巳
年二月二
十七日子
時於康熙
戊午年十
月十九日
沒葬東埔
坐東向西
配吳氏生
於 年
十月廿一

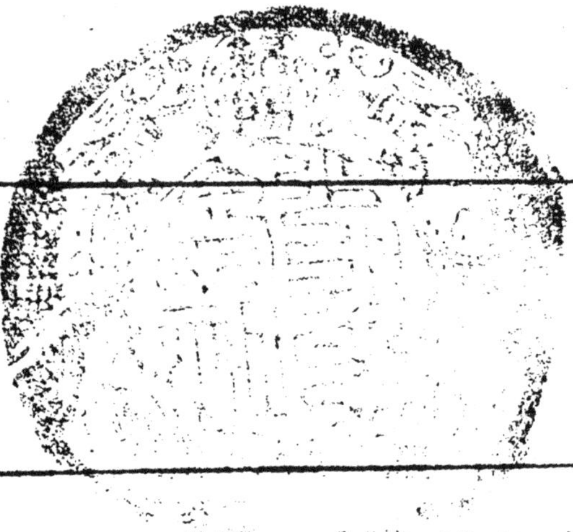

月十六日
於　年
十月十五
日沒葬東
埔坐向
生子二图
李　藻

日於
年八月十
三日沒葬
東埔
生子四图
都　俞
喜　起
○公讀詩
書斷攻學
業常與文
初公同筆
硯

日於順丙
申年五月
廿一葬東
埔子虎豕
繼娶蕭氏
生於
年正
月初十日
於壬寅年
六月初二
日沒葬庵
後
又娶王氏
生於
年十
二月初七

日於 年 月 日沒葬冀蘇安內坐 向 生子二名 虎 豸

李孜子
貞愈
字號斯若生於萬歷丁未年二月二十一日於

年五月十
四日沒葬
前坑頭
配林氏生
於
年八月
十九日於
年八月十
九日仝姑
合葬東埔
予癸
繼娶莊氏
生於

年
月日
於丁
酉年十二
月二十六
日没葬前
坑頭
子一
生子二囝
殳夔

李三子
貞喜
字斯咏號
華軒生於

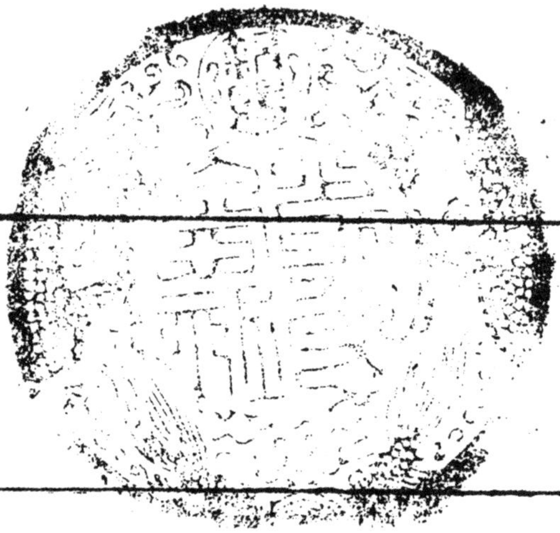

萬歷壬子
年九月二
十六日於
順治丁酉
年十一月
十九日沒
葬在蓮尾
路下
配惠慈許
氏生於
壬戌年
十月初四
日於
己未年十
月初七日
沒葬後[illegible]

坐壬向丙
生子二图
捴持

李四子
貞起
字斯朋生
於天啟壬
戌年四月
二十日於
丁酉
年十二月
二十六日
沒葬庵口

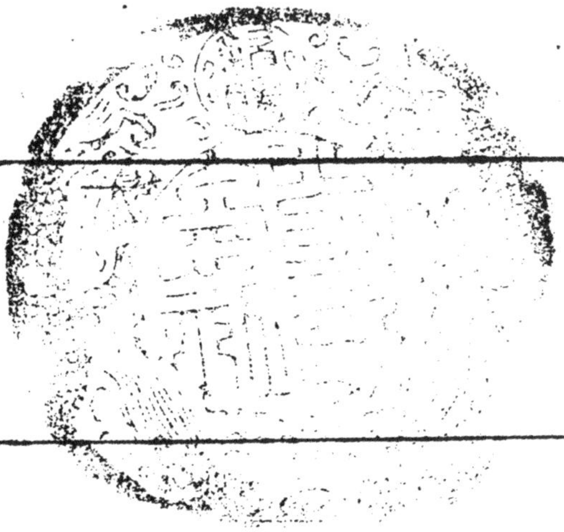

夏次子　**闡藻**

字時艷號茂先生於萬歷丙戌年二月三十日於　年十二月二十四日往宋溺海無葬處

配蔡氏生

藻子　**貞揚**

號斯振生於崇禎庚午年二月二十二日於　癸未年十月二十七日沒葬仝媽

配李氏生於　己卯年十二月二十七

於己
丑年　月
　日
生子一圖
揚

日於
丁酉年六
月初六日
沒葬本山
五墓內坐
癸向丁兼
子午
生子二圖
萬　碧

進二房系 接上西谿房系

柔舊譜　宗聖十五傳關內侯據家吉陽子闢十八傳尚書丞生琟簪署僭徙雲蓋署衍南豐琟生寬緯豐暉隱寬三傳御史慶生偉騑騤比三傳質粹歸山東授翰傳偉十四傳兵部侍郎晞顏五傳子集生芝蘭蘭孫袞龔翰博芝衍麻田隱由吉陽徙河南固始延菲從福建晉江五傳瓚六傳孝和六傳端友六傳西政政六傳進二自西致政下分派另詳玆特圖進二房系

六十一派

六十二派

六十三派

六十四派

六十五派

二長子

河清

生歿未詳

二炎子 鷥清 字子源 號 生於嘉靖甲申年 月 日 於壬戌年五月二十九日 沒 葬 配蔡氏 葬
生子一 中矩 圖

清 子 中矩 字 生 於 年 月 日
配 氏
生子一 端 圖

矩 子 尙端 字

孟陽房系 接上西谿房系

案舊譜 宗聖十五傳關內侯據家吉陽子闡十八傳尚書丞生珪舊署舊徙雲蓋署衍南豐珪生寬綽豐暉憑寬三傳御史慶生偉騑騑廿二傳質粹歸山東授翰傳偉十四傳兵部侍郎晞顏五傳子集生芝蘭蘭孫袞襲翰博芝衍麻田縣由吉陽徙河南固始子延祚從福建晉江五傳瓚六傳孝和六傳六傳端友六傳西致政六傳孟陽自西致政下分派另詳茲特圖孟陽房系

六十一派

六十二派

六十三派

六十四派

六十五派

陽長子 **義** 長房三引

義長子 **恒產** 長房三引

產子 **宏柱** 長房三引

前分
字號宜觀
生於正德
戊寅年七
月初十日
於　庚
子年六月
二十一日
沒首壽八
十三

配陳氏生
於　庚
辰年八月
二十七日
於　庚

前分
字志業號
洲山生於
嘉靖己亥
年八月十
二日於
辛亥年
六月二十
三日沒葬

配王氏生
於　壬
寅年　月
日
於萬歷丁

前分
字日輔號
心阮生於
萬歷甲申
年五月十
七日
配吳氏生
於萬歷辛
巳年十二
月初六日

生子一圖
清

寅年正月
二十一日
合葬蓮尾
埔坐辛向
乙
生子三囝
恒産
孔視
孔治

巳年四月
十九日沒
享年七十
三葬
生子一囝
柱

義次子
孔視
字號志毓
生於嘉靖
丁未年十
月二十四
日葬

年五月

視長子
宏材
字日取號
仰溪生於
萬歷己卯
年十二月
初八日

材子
聞任
長房三引
後分
字時忭生
於
年
月

任子
貞郡
任居廣東

配吳氏生
於　癸
丑年閏三
月二十日
葬
生子二囝
栻　机

配謝氏生
於萬歷己
卯年二月
十一日
生子一囝
珏

[illegible]
日於
年　月
日沒葬
配許氏生
於
年　月
日於
年　月
日沒葬
生子一囝
郘

視奕子
宏机
字號日彥
生於萬歷
戊子年二
月二十日
合葬蝦蟆
石溪坐辛
向乙
配陳氏
繼娶林氏

机子
開獅
字　　生
於　年　月
日出叅福
清

義三子
孔治
字　號
志堅生於
嘉靖甲寅
年十月初
一日葬
配鄭氏生
於　壬
寅年正月

生子一囝
獅

治子
宏根
字日發號
明溪生於
萬歷辛卯
年正月二
十七日葬
湖廣
配陳氏生
於　己
丑年六月
十六日葬

根長子
闓恭
字時悅號
華溪生於
年　月
日
配　氏生
於
年　月

恭子
貞雲
住居　州

武城曾氏重修族譜 孟陽房系 家晉江 四

二十九日
撫子一
根

河南生一男八歲被兵掠去
生子四
恭 寬
信 敏

日
生子一
雲

根
亥子
聞信
長房三引
前分
生於 年 月 日

予亥
禮
進
生殁未詳

廣舜房系 接上卣致房系

桊舊譜　宗聖十五傳關內侯據家吉陽子闡十八傳尚書丞生珪舊署舊徙雲蓋署衍南豐珪生覺綽豐暉懚寬三傳御史慶生偉駢駢仕二傳質粹歸山東授翰傳偉十四傳兵部侍郎晞顏五傳子集生芝蘭蘭孫袞襲翰傳芝衍麻田懚由吉陽徙河南尚始子延祚徙福建晉江五傳瓚六傳孝和六傳六傳端友六傳卣致政六傳廣舜自卣致政下分派另詳茲特圖廣舜房系

六十一派　舜長子 福居 字富觀號

六十二派　居長子 孔宗 字志仲號

六十三派　宗長子 宏逢 字日號卿

六十四派　逢長子 聞致 字時特號

六十五派　致長子 貞賓 字[illegible]埋號

質樸生於年十一月初一日葬配蔡氏於年十一月初一日合葬蓮尾嶺坐乾向巽生子二名孔宗孔崇

邱山生於嘉靖辛丑年十一月初一日於年十二月初二日沒葬配姚氏生於丁未年五月十三日於年五月初九日合葬

邱生於嘉靖丙寅年八月十三日辰時於乙酉年十月二十九日寅時沒葬公墓內坐乾向巽配孝慈柯氏生於戊辰年十一月二十三日戌時於丙

振纓生於萬歷壬辰年十月十一日於戊戌年五月十一日沒葬配慈懿蔡氏生於戊戌年十一月初一日於癸卯年七

循吾生於萬歷庚申年二月十八日於庚午年二月二十四日戌時沒葬石人山坐辛向乙兼酉卯配陳氏生於丁卯年八月初六日於癸三月初六日卒葬

公墓丙坐
向
生子四
逢寧
懋應

申年正月
十九日仝
公與佾球
及姚四瓦
棺合葬大
坪頭頂坐
乾向巽
生子二
致徵

月二十日
辰時合葬
白土頂
生子二
賡錫

逢次子
聞徹
字時佛號
仰山生於
萬曆丙申
年八月二
十二日於
壬寅

草庵石下
生子一
球

宗次子

宏寧

年六月初八日葬後山

配陳氏生於甲辰年八月二十五日於丙辰年六月十三日沒葬蓮尾埔丞墓內

字　　生
於萬歷丁
丑年六月
初一日出
家明心寺
卒火化拾
田葬沄水
坑頭

宗三子
宏懋
號日修生
於萬歷辛
巳年正月
初十日

懋子
聞輪
字　　生
於
年三月
初七日戌

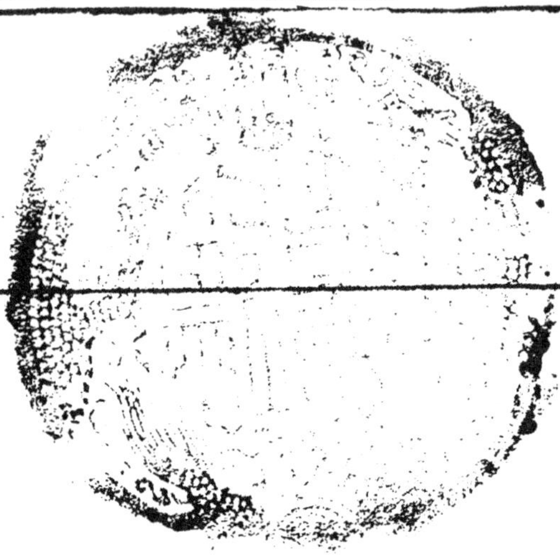

配吳氏生於　戊子年十二月二十六日

生子一圖 輪

宗四子

宏應

字日金號秀水生於萬曆丁亥

時於　年五月初十日沒葬水內坐　向

應長子

聞槩

字時貞號玉水生於萬曆戊申

槩長子

貞茂

字斯皇號荆玉生於崇正辛未

年八月十六日於　年五月初十日沒葬於墓內坐乾向巽
配蔡氏生於　丁亥年九月初一日於　年十二月二十七日沒葬馬崗石今改葬長埔林

年五月二十日丑時於　丁酉年四月二十日丑時
配勤慎娘氏生於　辛亥年八月二十二日於　壬午年五月初七日改合葬水山太坪西坐丑向

年十月二十一日於康熙丙戌年八月十九日沒葬蒲尾埔坐辛向乙
配詹氏生於　壬申年九月二十日於　壬寅年六月十九日沒葬蓮尾埔
子止

生子一图
槩

未
生子二图
茂　岳

衍蘇內

繼娶柯氏
生於戊寅年十一月十六日於康熙壬子年五月十日戌時沒葬公墓右畔
又娶黃氏
葬

生子一图
正

騏次子
貞岳
字斯美號尊玉生於崇正丁丑年四月二十四日於康熙甲午年十月十三日合葬小姐崙坐丑向未
配鏞闉陳氏生於

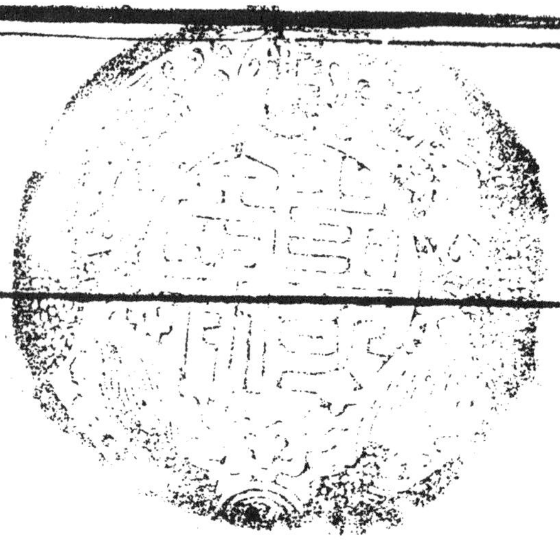

己卯年十月十二日於康熙乙酉年五月十一日沒葬

生子一囝育

仰秀公第四男尙諸爲嗣昭穆不叶

武城曾氏重修族譜　廣龍房系　家晉江　六

居次子
孔崇
字季生號偶山生於嘉靖丙午年九月初九日於萬歷壬辰年三月十九日歿葬蓮尾埔
配陳氏生於　戊申年十月十四日於

崇長子
宏肇
字日孟號明山生於萬歷己卯年十月初十日於　年　月　日沒葬蓮尾埔；坐辛向乙
配吳氏生於　庚辰年四月

□婦次子
福养
字子海號
一厎素於
壬戌年
十一月初

年月
日沒葬
生子一图
肇
养長子
孔仁
字志澤號
居泉生於
嘉靖戊申
年　月

十六日葬
生子一图
宖
仁長子
宏國
字日尊生
於甲申年
二月初一
日

一日
配吳氏於
年正月三
十日合葬
高坵地坐
向
生子二 圖
仁 密

日於萬歷
甲午年三
月十四日
配 氏於
年
月 日
時葬
生子二 圖
國 魁

配施氏
仁亥子
宏魁
字日斗號
仰宇生於
萬歷戊子
年 月
日
配 氏

蘇氏族譜

养交子
孔密
字志極號振泉生於嘉靖年月日
配謝氏
生子一圀
誤

衍蘇內

廣參房系

接上西毅房系

案舊譜　宗聖十五傳關內侯據家吉陽子關十八傳尚書丞生珪舊譜署[illegible]　從雲蓋署衍南豐珪生覺綽豐暉憑寬三傳御史慶生偉駢駢壯二傳質粹歸山東授翰博偉十四傳兵部侍郎晞顔五傳子集生芝蘭蘭孫袞龔翰博芝衍麻田際由吉陽徙河南崗始子延祚徙福建晉江五傳瓚六傳孝和六傳六傳端友六傳西致政六傳廣參自西致政下分派另詳茲特圖廣參房系

六十一派

參子
鉞
字子忠號

六十二派

鉞三子
應望
字志悔號

六十三派

望次子
宏芳
字日邁號

六十四派

芳長子
閒奕
字時久號

六十五派

奕長子
貞秩
字　生

盤石生於
嘉靖丙戌
年三月十
九日於
戊戌年
七月初七
日沒享年
七十三葬

配勤慎許
氏生於壬
辰年十一
月二十八
日於
壬申年十

西洲生於
嘉靖癸亥
年十一月
十八日於
萬歷四十
八年二月
初七日沒
葬

配蘇氏生
於　丙
寅年閏十
月初七日
於年十月
十四日合

新州生於
萬歷乙未
年十一月
二十九日
戌時於順
治丁酉年
十二月二
十六日沒
葬公墓三
層硆之左
配吳氏生
於　戊
戌年十二
月十八日
子時於
癸卯年十

玉宇生於
萬歷辛酉
年五月初
十日子時
於　己
卯年八月
二十四日
戌時仝俞
氏合葬洪
水坑坐癸
向丁
配俞氏於
順治六年
五月十六
日

於順治辛
卯年正月
二十九日
時於康
熙丁酉年
六月初六
日沒葬長
埔林
配　氏
撫子一囝
酉
○傑撫入
貞　子

二月十四
日合葬公
墓右坐乾
向巽
子三
又娶林氏
公及氏三
瓦棺合葬
石墘坐
向
生子三图
新殤 求殤
堅

葬蓮尾新
開圻坐合
改葬長埔
林坐
向
生子二图
卿殤 若

二月初十
日沒葬安
海石城墓
後坐坤向
艮
生子三图
奕 綿
綺

繼娶勤德
王氏生於
辛未年十
一月二十
八日戌時
於 辛
巳年五月
二十四日
時沒葬
湖井坑坐
乾向巽
子四
生子四图
秩 挺
科 錦

奕
子奕

貞挺

字斯用號
維和生於
順治癸巳
年十月十
二日巳時
於雍正五
年八月二
十六日沒
葬長埔林
坐北向南
配王氏生
於 乙
未年四月

十七日酉時於雍正二年三月十五日沒葬公婆山坐乾向巽生子二囝達讙

奕三子

貞柯

字斯執號

生於順治丙申年十一月初五日寅

時於丁未年正月十四日沒葬

配李氏生於庚子年九月初三日酉時於康熙己亥年十月二十日申時沒葬

生子三 圖
錦 逸

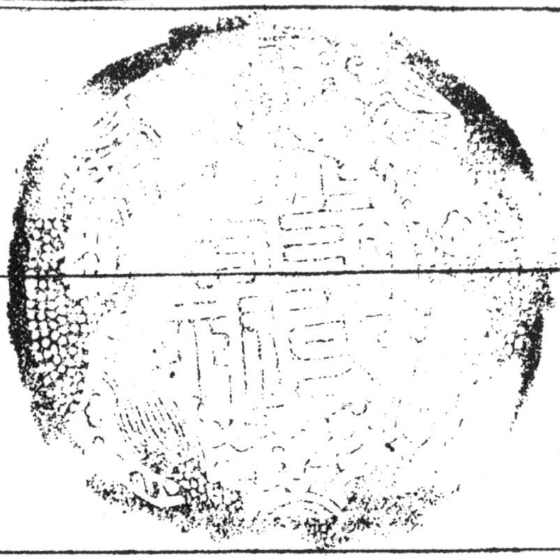

奕四子

貞錦

字斯爍號繡宇生於康熙己酉年七月二十六日未時於康熙壬辰年月二十六日巳時沒寄葬岩脚內配陳氏生於癸丑年七

芳亥子
閩綿

綿長子
貞儀

月二十日午時於乾隆癸酉年六月初七日申時歿葬長埔林坐向生子四圖酉秩机滦以酉嗣貞爲後

衍蘇內

生於萬歷
癸亥年九
月十九日
葬
配張氏生
於　年　月
日故
節
生子一囝
儀

字　號
斯合生於
順治癸巳
年五月十
八日巳時
配　氏生
於
年　月
日
生子二囝
蓓　功
未詳住南
灣

芳三子
閭綺
字時賢號玉昆生於萬曆己巳年十二月十九日寅時於康熙甲子年十一月初二日
寄岩腳
配蔡氏生於 丙子年三月

綺長子
貞明
字斯炤號文世生於順治己亥年四月三十日亥時於康熙丁酉年三月十四日辰時沒葬黃厝山後地坐南向北
配蔡氏生於 辛

十五日子
時於
癸巳年二
月初九日
沒葬長埔
林
生子一囝
明
○公及氏
暨婦蔡氏
孫氏翁氏
攷合葬長
埔林坐北
向南

丑年正月
初四日寅
時於康熙
癸巳年正
月十七日
卯時沒葬
公墓山仔
後坐北向
南攷附玉
昆公四壙
合葬長埔
林
生子二囝
尭　國

廣信房系 接上古燚房系

案舊譜 宗聖十五傳關內侯據家吉陽子闡十八傳尚書丞生
珪舊署舊徙雲蓋署衍南豐珪生寬綽豐暉隱寬三傳御史慶生
偉騈騈廿二傳質粹歸山東授翰傳偉十四傳兵部侍郎晞顏五
傳子集生芝蘭蘭孫袞襲翰傳芝衍麻田隰由吉陽徙河南固始
子延祚徙福建晉江五傳瓚六傳孝和六傳六傳端友六傳古致
政六傳廣信自古致政下分派另詳茲特圖廣信房系

六十一派

信長子 **福賜** 字祿觀號

六十二派

賜長子 **孔相** 字志拱號

六十三派

相長子 **宏憤** 字日愷號

六十四派

憤長子 **闡贊** 字時新號

六十五派

贊長子 **貞志** 字斯師生

南源生於正德戊辰年十一月二十六日於　丙子年八月十六日沒葬
配吳氏生於　癸酉年十月初一日於　丁丑年九月十七日合葬

仁山生於嘉靖甲辰年正月初五日於萬歷壬辰年九月初三日沒葬
配張氏生於甲辰年十月十五日於　年五月二十四日合葬岩兜山

明洲生於隆慶丁卯年正月初六日於　年正月二十九日沒葬梧桐溝坐　向
配勤慎吳氏生於　庚辰年七月十二日於　己酉年正月二十四

振洲生於萬歷辛卯年九月初十日於　庚子年四月二十五日戌時沒葬蓮尾埔
配吳氏生於　年　月　日葬
繼娶林氏生於

於崇正癸酉年九月初八日寅時於　乙卯年八月初六日
配陳氏生於　乙亥年十二月十八日酉時於　年　月　日合葬長□

鐵爐內坐
向
生子一　相

坐乾向巽
生子四　憤　啟
恍　悱

日沒葬沄
水內坐
向
生子三　贊　㢸
拔

年
月　日
子一
生子一
志

憤次子
聞㢸
字時講號
次洲生於
萬歷丁酉
年七月二
十七日於
丁酉
年正月十

林

㢸長子
貞坤
字號斯寧
生於天啟
辛酉年正
月二十八
日於
庚戌年四
月十一日

三日巳時
沒葬沄水
內
配陳氏生
於　丁
亥年三月
十五日於
　己丑
年正月十
二葬庵口
生子二囝
　惣

戌時沒葬
配楊氏生
於　戊
辰年四月
十三日於
　辛酉
年六月初
四日申時
仝公合葬
湖井坐庚
向甲兼申
寅
生子一囝
　珢

子炎　爾

貞愬

字號斯貫生於崇正乙亥年七月初七日於丙申年正月二十三日戌時沒葬沄水內合改葬石人山坐戌向辰兼乾巽配陳氏生

於
年　月
日於
年四月十
四日沒葬
湖井尾跤
同公合葬
坐庚向甲
兼申寅
撫子一圖
猛
○係撫入
貞　子
係倉广分

憤三子

閶拔

字時寔生於　年　月　日　時於丁酉年十二月二十六日沒葬長林埔

配　氏生於　年　月

相次子
宏啟
字日貞號
祥江生於
隆慶己巳
年八月十
八日於

日葬
俱遺
子署
繼娶氏
葬俱遺
生子二图
署素

啟長子
闇棟
字時衛號
亥江生於
萬歷辛丑
年五月二
十八日卯

棟長子
貞藩
字　號
斯衛生於
天啟壬戌
年七月二
十三日於

武城曾氏重修族譜　廣信房系　家晉江　五

年十一月二十六日沒葬
配許氏生於己巳年五月日於年十二月二十六日沒葬
生子一圖
棟

時於丁酉年十二月二十六日沒葬
配陳氏生於壬寅年八月初四日午時於丁巳年正月十二日酉時沒葬石人山頂坐西向東

己亥年十一月十九月沒葬草庵後
配蔡氏生於壬戌年六月二十六日辰時於癸酉年十月初六日沒葬長埔林坐癸向丁
生子一圖
壽鵬於

生子三名
藩漢
藻

眡
棟亥子
貞漢
字號斯泳
生於　年
月　日
於　戊
戌年十月
初三日巳
時歿葬陳
埭墓

棟三子

貞藻

字　號斯漝生於崇正丁丑年二月十九日戌時於康熙丁亥年九月十一日卯時改與氏合葬在觀音疊座後配林氏生於　庚

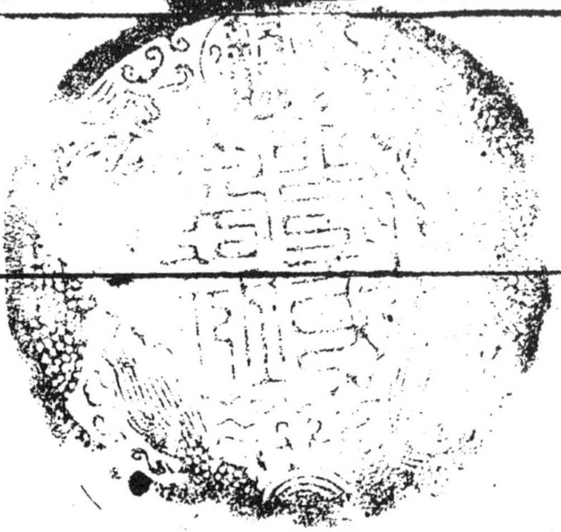

相三子
宏悱
字日鑒號
明台生於

悱長子
聞暹
字時揚號
玉台生於

辰年十一
月十九日
卯時於
辛巳年十
月初五日
仝公合葬
生子三㘣
瑾　瑜
璞
侖瑜保抱
养的

遲長子
貞圭
字　號
斯殷生於

武城曾氏重修族譜

廣信房系

隆慶壬申年十二月二十日於　年三月十二日沒葬大坪西
配慈愛陳氏生於乙亥年正月十八日於　年八月初四日沒葬

萬歷丁酉年六月十一日於丁酉年十二月二十六日沒葬長殊山
配慈寬吳氏生於　年　月　日於　年五月三十日沒葬長埔

天啟丁卯年十二月二十三日於癸酉年五月初十日卯時沒葬
配陳氏葬
繼娶許氏生於甲戌年三月初

家晉江

七

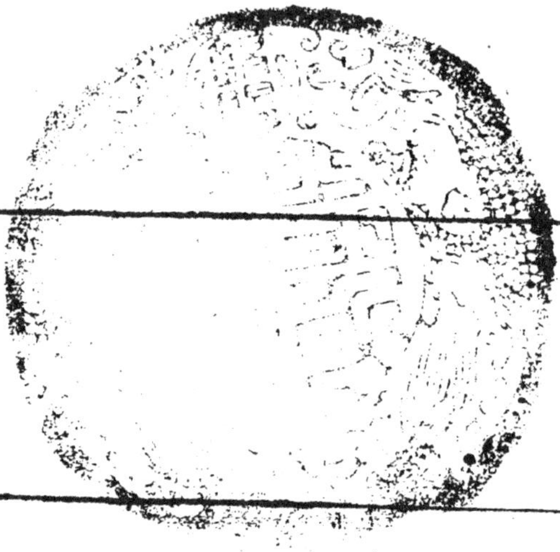

生子三囝
遲　進
通

林氏附葬
子一
繼娶林氏
於　十
二月二十
六日葬
子璽
子圭
生子二囝
圭　璽

悱次子
闈進
字時禮號

六日戌時
於
年三月
初一日合
葬東洋山
後
生子一囝
紀

文合生於萬歷乙巳年十月初十日辰時於庚申年八月初十日沒葬長埔林

配許氏生於乙卯年十一月日於乙卯年八月初二日沒葬陳

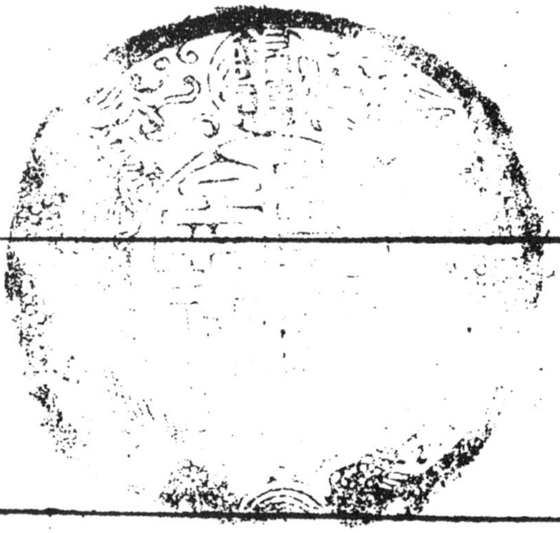

塚墓、

悱三子
閒通
字時偶號玄祐生於萬歷壬子四月十七日巳時於戊辰年八月二十三日巳日沒葬

通子
貞綱
字號斯提生於順治己丑年七月十四日於庚子年十二月二十六日申時沒葬

配林氏生於己未年十月十八日卯時於己卯年五月初七日與公合葬蓮尾嶺坐　向生子一名綱

配陸惠柯氏生於壬辰年十月初四日丑時於雍正丁未年三月二十四日巳時沒葬乾隆九年與明合公及妣陳氏合葬在大坪山坐戌向辰兼辛乙生子二名

朝衿房系 接上西致房系

按舊譜　宗聖十五傳關內侯據家吉陽子關十八傳尚書丞生珪舊署舊徙雲蓋署衍南豐珪生寬緯豐暉憶寬三傳御史慶生偉駢駢廿二傳質粹歸山東授翰博偉十四傳兵部侍郎晞顏五傳子集生芝蘭蘭孫袞襲翰博芝衍麻出縣由吉陽徙河南固始子延菲徙福建晉江五傳瓚六傳孝和六傳六傳端友六傳西致政六傳朝衿自西致政下分派另詳茲特圖朝衿房系

六十一派　衿長子　新大　二房倉內

六十二派　大長子　漢同　二房倉內

六十三派　漢長子　宏滔　字魁性號

六十四派　滔長子　闢振　三房倉內

六十五派　振長子　貞[illegible]　字淲于皆

字敢誠生
於成化己
亥年於
丙申年
十一月十
三日沒享
壽七十八
葬
配一香莊
氏生於
乙未年
於　己
酉年十一
月初四日
合葬前宅

字志楚號
果實生於
弘治甲子
年二月二
十日於
辛酉年
二月初一
日沒葬
配清儉林
氏生於
庚
午年　月
　日於
丙午年十

西湖生於
嘉靖甲午
年正月十
六日於
甲辰年
八月二十
六日沒葬
長碎石故
葬公墓内
坐亥向乙
配慈懿蔡
氏生於
甲
午年十一
月二十九
日於

分
字時鵬號
居蒼生於
嘉靖甲寅
年八月二
十一日於
年十月十
九日沒葬
配陞順蔡
氏生於
甲
寅年十二
月初四日
於

配張氏
生子一
圖
治
振亥子
貞超
字　號
于昂
配蔡氏

鄉之右畋合葬在本山高州山下長石坐艮向坤兼寅申生子二
輝　漢

二月二十一日合葬前宅鄉之右畋合葬本山高州下長碎石坐艮向坤兼寅申生子一
滔

癸酉年六月十三日沒葬潭仔胡埭內坐艮向坤子四
繼娶林氏生於庚子年十月十八日於庚寅年正月初九日沒葬湖井口子八
生子五

壬寅年五月十九日與公合葬庵口坐向生子五
趨　超
趲　趀
赴

生子一
傳

振三子
貞趲
字
號
于參
配陳氏
生子一
敬

振任
德存
久

振四子
顛趠
字午從　號
配林氏
生子一圀
乞

滔次子
聞任
字時職號敬湖生於

振五子
貞赴
字[illegible]號
于謹

配陳氏

任長子
貞皋
字全湖西
公墓内

嘉靖癸亥年十一月二十九日於崇正壬午年七月二十一日辰時沒葬

配淋素吳氏生於

年正月初二日於丁巳年五月二十五日夫婦俱

任亥子

貞伯

字號啟賢生於

年十二月初五日於丙申年六月初一日歿葬湖井尾

武城曾氏重修族譜　朝衿房系

改葬附厦朴公酒合中合壙在本鄉厝頭埔坐艮向坤兼寅申生子四名

皋　伯

肅　敢

任三子

貞肅

字　號啟明生於　年二月十四日於　丙申年四月初七日沒葬

配阮氏於　丁酉年十二月

家晉江　四

二十六日沒葬長埔林公與畝明改葬湖井尾同岁生子一图

紀

任四子

貞畝

字斯灘號心嶽生於萬歷癸丑年五月二十一日辰

時於康熙庚申年四月初七日辰時沒葬崎山安坐辛向乙

配淑範王氏生於天啓壬戌年十月初一日亥時於康熙乙酉年十二月十八日亥時沒葬白沙崙

滔三子
聞德
字時慎號仰湖生於嘉靖丙寅年十月十四日於
年
十一月二十六日沒
葬

坐壬向丙生子二囝
爵　衛

德長子
貞遊
字于藝號振湖生於
年十二月二十九日於
年
二月二十六日沒葬
庵口
配蔡愛[illegible]

配坤後吳
氏生於
丙
寅年十二
月初三日
於　年
二月初二
日合葬長
碎石合改
葬公墓內
與西湖公
仝笅坐亥
向巳
生子二圖
遊
起

氏於年三
月初四日
葬長埔林
生子一圖
綏

德炎子
貞起
字斯順號
越湖生於
年十一月
十五日於
年二
月初八日
與兄仝葬

庵口
配慈順陳
生於
辛亥年七
月十五日
於
年八月
十七日沒
葬本鄉尖
仔石之右
生子一圖
增

滔四子
聞存
字時誠號居庭生於乾隆己巳年五月初八日於年七月初五日沒葬庵口坐乾巽
配淑柔蘇氏生於戊寅年二月初六

存長子
貞彝
字號于則
配蕭氏
生子一囝孫

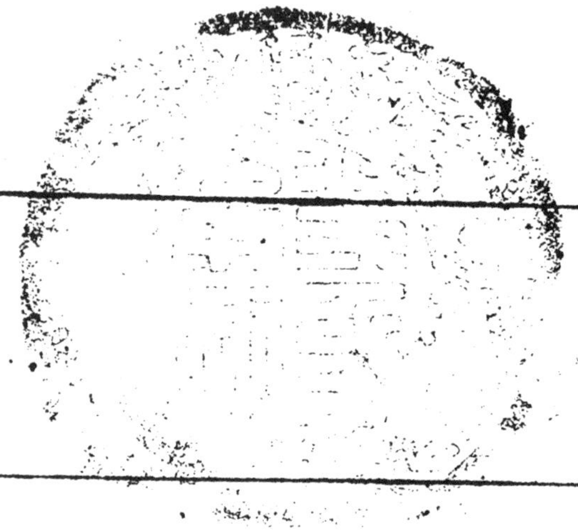

日於辛亥年正月十四日沒葬蓮尾埔下坑墘坐辛向乙生子一囝蘷

滔五子

聞久

字時顯號聯湖生於萬歷丙子年五月二十八日於

年月日沒葬新墓
配王氏生於甲寅十月二十日於年月日沒葬公墓

袷亥子
新二
無傳

袷三子
新五
無傳

朝淵房系 接上西㽘房系

案舊譜　宗聖十五傳關內侯據家吉陽子闢十八傳尚書丞生珪舊署僖徙雲蓋署衍南豐珪生寬綽豐暉懸寬三傳御史慶生偉駢騤廿二傳質粹歸山東授翰博偉十四傳兵部侍郎晞顏五傳子集生芝蘭蘭孫袞襲翰博芝衍麻田熙由吉陽徙河南固始子延耕徙福建晉江五傳瓚六傳孝和六傳六傳端友六傳西致政六傳朝淵自西致政下分派另詳茲特圖朝淵房系

六十一派

六十二派

六十三派

六十四派

六十五派

淵次子 岳 字子仰號

岳次子 冲鵬 字志語號

鵬長子 宏憐 字魁佑號

憐長子 聞科 字時標

科長子 貞迴 字

高阮生於宏治乙卯年四月十四日於丙子年四月二十五日沒自壽六十二葬

配柔節洪氏生於己未年十一月二十七日於庚申年三月十六日

楓山生於嘉靖辛卯年六月十五日於乙卯年三月初五日沒自壽八十五葬

配蔡氏生於癸巳年十一月十七日於辛酉年十

華楓生於嘉靖癸丑年十月初四日於辛亥年四月初五日沒葬

配鍾氏生於庚子年十一月十七日於丙申年九月

生於萬歷己卯年　月　日葬新墓

配許氏生於　年　月　日

生子一　圖迴

於　年　月　日

合葬新墓

生子三 鵬 鵰 鴻

一月初七日附葬墓林後新墓右畔

子憐

繼娶鍾氏生於庚子年十一月十七日於丁未年閏六月二十二日[illegible]合葬[illegible]并[illegible]向

子三

二十日沒葬

生子二 科 程

鵰次子

宏賜

字魁燮號雲屏生於隆慶庚午年十月十四日於　年正月二十二日沒葬新

賜子

聞煒

字　號時耀生於萬歷戊午年十一月二十日於丁酉年十二月廿六日沒

煒長子

貞誠

字斯敬號士弼生於順治丁酉年九月初六日亥時於乙未年九日十一日戌

生子四囝
尚璐
苦聘

墓内
配莊氏生
於　庚
午年正月
十七日於
丙申年十
一月二十
七日沒葬
新墓内
繼娶程安
張氏於
年
四月十三
日沒葬新
墓内
子一

葬
配許氏生
於
年　月
日於
年十月初
一日子時
沒夫婦改
葬于花眉
嶺崎石上
坐　向
生子一囝
誠

時沒葬
配柯氏生
於　庚
戌年十一
月二十日
辰時於乾
隆丙辰年
五月二十
六日午時
與公及觀
湖合葬新
墓坐辛向
乙兼戌辰
生子一囝
觀

生子一圖
燁

鵰三子
宏菩
字魁保號崑楓生於萬歷乙亥年六月初九日於　年十一月十三日沒葬
配勤愛陳

菩長子
聞滋
字時傾號利峯生於萬歷丁酉年正月初九日於壬寅年五月十七日沒葬
配孝勤鍾

滋長子
貞翺
字斯堂生於崇正丁丑年三月十二日於　年十一月二十七日沒葬
配敏愛莊

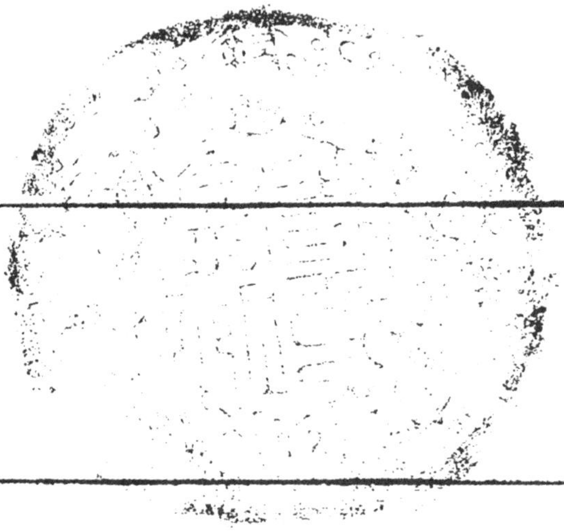

氏於
年六
[illegible]十一日
合葬湖井
山
生子四名
滋仕
葉芷

氏生於
年
九月初九
日於　年五
月二十八
日沒葬
子朝
繼娶陳氏
生於　年
月　日
於　年五

氏生於
己卯年
六月二十
六日卯時
於康熙壬
辰年六月
二十六日
丑時沒葬
長埔林坐
東向西

月二十日合葬湖井丙坐向生子一匿朝

苦次子
聞仕
字時奮號耀峰生於萬曆壬寅年二月初一日於丙午年十二月二十五日酉

仕長子
貞定
字斯號天山生於崇正乙亥年十一月初二日於戊申年八月初九日寅時

時沒葬花
厝嶺坐西
向東
配柔德鍾
氏生於
丙午年
七月二十
四日於
年
三月二十
七日沒葬
庵南新臺
內
生子一冏
定

沒葬
配陳氏生
於
丁
丑年正月
二十四日
子時於
丁酉年
十二月二
十六日辰
時沒葬
繼娶蔡氏

苦四子
聞葉
字時 生於萬歷庚戌年九月十六日於 年 月 日 時 歿葬黨 殼井

苦五子
聞芷

芷長子
貞春

字時吉號岩峯生於萬曆癸巳年八月廿九日於辛巳年四月初八日卯時沒葬庵口坐癸向丁配慈順蔡氏生於辛酉年十一月十三日於戊辰年

字斯春號盈江生於崇正壬午年十二月二十四日辰時於雍正丙午年二月二十四日寅時沒葬湖井口坐辛向乙配洪氏生於壬午年正月二十一日

四月二十九日沒葬前坑生子三　圀春為呈

戊時於康熙辛酉年五月十六日戌時沒葬州庵石下

繼娶慈愛蔡氏生於順治丁丑年十二月初九日子時於雍正乙酉年十一月初一日沒葬湖

井庭後坐
癸向丁
子卯栽
生子二囡
印載
荘亥子
貞爲
字斯奉
生於順治
丁亥年十
二月二十
九日亥時
於
年六月
初三日沒

葬在外

廿三子
貞呈
字斯泰號太湖生於順治辛卯年二月初六日寅時於己卯年十一月二十四日未時沒葬湖井尾坐北向南

鵬四子
宏聘

聘長子
聞蘊

蘊長子
貞穆

配俞氏生於壬寅年三月十九日申時於乾隆乙丑年八月十九日酉時沒葬湖井內坐東向西生子二圖進舉

宇魁舉號振山生於萬歷辛巳年十月十六日於　年二月初十日没葬岸庵口

配蔡氏於　年八月初八日没葬寄龍泉岩石下

宇時現號見湖生於萬歷辛亥年二月十八日於丙申年五月二十二日申時没葬

配守闥蔡氏生於辛酉年五月二十二日於康

宇斯雍號盈山生於崇正辛巳年十一月二十八日卯時於康熙丁亥年五月初八日未時没葬高州山丘墓内坐丑向未

配朱氏生於乙巳年七月二十三日

生子四名
蘊　萃
綦　蒼

熙己巳年九月二十三日酉時合葬在花厝嶺路下坐辛向乙夫婦俱寄攺龍泉岩石下
生子二名
穆　鳳

戌時於雍正丁未年四月十四日酉時沒葬新墓內坐乾向巽
生子二名
龍　庚

蘊次子
貞鳳
字斯峻號辭山生於順治丙申年正月二

十日於雍正戊申年七月二十二日酉時沒葬新墓內坐酉向卯兼庚甲配王氏生於　戊申年三月初八日未時於乾隆癸酉年五月十九日申時沒宫壽八十六

聰亥子

聞華

字時號懷

玉往廣東

葬崎栽地

內坐　向

生子三囝

成　河

親

出养大保

劉家

聘四子
闇耆
字　號
時馨生於
天啓壬戌
年二月十
九日寅時
配唐氏生
於　庚
午年　月
日
時

岳三子

冲鴻

字克俊號崑山生於癸巳年十一月初五日於甲辰年九月初七日沒葬

配貞一許氏生於乙未年七月初三日於

鴻長子

宏榮

字魁榜號華崑生於隆慶丁卯年正月二十七於年六月十四日沒葬小姐嶺

配厚順蘇氏生於丙寅年十

榮長子

聞芬

字時勤號愧余生於年七月十五日於年二月二十八日沒葬古石

配淑德陳氏於年正月初二日

芬長子

貞瞻

字斯仰號望高生於萬曆庚申年正月二十八日於年十一月初四日與母全故葬在分闢之南坐西向南

年十二月十四日合葬蓮尾埔生子二 榮 福

二月十八日於 年三月十六日沒葬公墓內生子二 芬 蕃

榮 次子
聞蕃

沒葬長林埔吹仝墓分關之南坐 向生子一 贍

配許氏於 年六月二十日
繼娶吳氏於 丁酉年十二月二十六日葬長埔林

字時華號宇盛生於萬歷乙未年八月十六日於　年七月二十四日沒葬長埔林配孝德顏氏生於己亥年十二月十八日於　年

十二月十八日没葬公墓内

繼娶敏德李氏生於年五月十九日於年正月初九日没葬洗脚坑東岳之東坐向

鴻次子
宏福
字魁萬號蒼泉生於萬歷甲戌年八月二十一日於丙辰年六月十一日歿葬
配勤節張氏生於萬歷丙子年

福次子
聞美
字時忠號宇山生於萬歷乙巳年九月二十八日於丁酉年十二月二十六日歿葬長埔林
配張氏生於　年

美長子
貞孝
字斯賓號望太生於崇正己卯年正月初一日於順治壬寅年　月　日歿葬

八月初七
日於
癸巳年四
月二十日
合葬東埔
坐艮向坤
生子五図
茂美
華蓊
讌

七月十三
日於
年丁酉年
十二月二
十六日沒
葬仝夫山
生子一図
孝

福三子
間棄
字時膺號
宇洲生於
萬歷癸丑
年正月二

葉長子
貞邅
字斯親號
望耀生於
順治戊戌
年十月初

十九日於
丁巳
年五月十
一日沒葬
配勤閨蘇
氏生於萬
歷乙丑年
三月初四
日卯時於
順治庚子
年八月初
五日沒葬
繼娶側勤
成趙氏生

六日未時
於雍正壬
子年五月
十五日巳
時沒葬失
仔石東坐
艮向坤
配莊氏生
於　庚
戌年正月
二十三日
未時於
己巳年
十二月十
五日沒葬
長埔林路

武城曾氏重修族譜　朝淵房系　家晉江　十四

於　丁
丑年　月
日
於　壬
申年七月
初四日三
入合葬尖
餅石
子蓮旺
生子二図
連　旺

上
繼娶慈順
陳氏生於
戊申年三
月十五日
辰時於乾
隆　己
未年十一
月十八日
未時沒葬
蓮尾埔墓
口坐乾向
巽　子二
生子二図
养　猛
承繼貞恕

葉次子

貞旺

字斯星號望輝生於康熙己酉年八月初二日未時於康熙壬寅年八月二十一日午時沒葬尖仔石後坐北向南與孛洲公暨一妣仝

葬

配蔡順許氏生於康熙乙丑年十二月初五日辰時於乾隆己巳年六月三十日戌時沒葬前坑頂坐乾向巽兼亥巳

生子一罔

蚤

福四子

閩盡

字時芻號宇岩生於萬歷癸丑年正月二十九日於丁未年閏四月十二日午時沒葬前坑頂坐癸向丁配莿慈陵氏生於

盡長子

貞貴

字斯顯號弘琳生於康熙乙巳年十月初二日丑時於乾隆辛酉年六月二十七日酉時己卯年十一月初八日拾五旗與氏合葬上山

甲子年十二月十八日辰時方四十克勤克苦節守宏貴成立高壽八十有六見男孫四亦是節烈之雅於康熙己丑年八月初七日戌時沒葬墓內坐乾向巽

前坑頂坐子向午兼癸丁

配續德榮氏生於癸丑年五月初五日午時於雍正乙卯年三月十六日戌時沒葬

生子四囝

妙聽

脩卿

生子一迺

貴

福五子

聞粤

字時春號宇魁生於萬歷丙辰年七月初四日於壬寅年六月廿一日沒葬蓮尾古井南坐西向東

配李氏

淵次子
岩
字子瞻號慎言生於宏治戊午年十一月二十四日於 辛酉年十二月十三日沒葬
配慈愛氏生於

岩長子
臨春
字志秀號石泉生於嘉靖辛巳年十一月初五日於 戊寅年三月初四日沒葬
配[illegible]氏生於 辛

春長子
宏鈜
字魁香號蒼山生於嘉靖戊申年五月十八日於 甲午年六月初三日沒葬
配王氏生於 丁卯年正月

辛酉年閏七月二十三日於壬子年三月二十五日沒合葬本都黃塘之原坐□向□生子二囗臨春

□三四月二六□於戊子年六月二十四日沒俱葬後溪加刀山坐癸向丁生子一囗敏

二十三日於甲辰年正月初七日沒合葬後溪加刀山坐壬向丙生子一囗傑

龍山延世公派下垂絲圖

教公房系

延世公起至四十五派均已合入南宗老譜此未合入者另圖之

四十一派

四十二派

四十三派

四十四派

四十五派

琳長子
嵩
贈大尉
生子二
滄
宗

嵩長子
滄

嵩次子
宗
司理

宗長子
式

式長子
乃文

文長子
較

逸
琳次子
清溪宰
生子二
忠　脩

逢
琳三子
興化令
生子三
文　回
滂

敬忠
逸長子
生子一
式

敬脩
逸次子
住福州　一云敬
生子一
文

敬文
逢長子

敬回
逢次子
府衆住漳州

衍龍山
生子二
畯　畛
住同安曾溪

畛
文次子
進士

瑄長子
燀

琎長子
仕侃
字仁侃

琎次子
保郊
俱住漳州

逢三子
敬滂
大中丞住漳州

較公房系
接上敎公房系

衍龍山

四十六派
較長子
翼
生子一

四十七派
翼長子
希孟
大夫
生子三

四十八派
孟子
國輔
朝請大夫
生子三

四十九派
輔長子
昴
生子二
炳
彬

輔次子
祕
進士

五十派
昴長子
文炳

昴次子
文彬

祕長子
文緯
將仕郎

輗次子
格
子一

格子
希哲
從政郎
子一

哲子
鈴
從政郎

鈴子
壽
進士知府
子三

輔三子
穆
子三
雄　龍　亨
子二

秘次子
文甫

穆長子
文雄

穆次子
文亨

穆三子
文龍

壽長子
文舉

畛子
琅
特奏進士

琅子
植
大理寺丞

植子
俊
文林郎

學立
傑

壽次子
文立
會溪知録

壽三子
文傑

瓚公房系

接上運公房系

四十六派

四十七派

四十八派

四十九派

五十派

伯元子 廣
伯炎子 庠
仲元子 祺

仲次子
禰
住西廓

釋子
用中
諱兩舉

緒子
應中
石路頭坊尾房

緒次子
逕

緒三子
弼
一云弼强乃孝寧公子

衍龍山

緒四子
強

孝寧子
溥
一云溥涓浚乃孝儒公子澤乃孝錫公子

寧次子
涓

寧三子
浚

寧四子
澤

澤子
驥

武城曾氏重修族譜

衍龍山

孝章子
諶

章次子
諲

諶子
求達

諶次子
求仁
金吾上將軍

諲子
求知

仁子
黄
駙馬都尉
尙主

仁次子
寮
都監保義郎

黄子
紹
武功郎

寮子
僑年

紹子
葦
都典尉

孝宗長

諝

太常太祝

宗次子

說

奉直大夫

進士

宗三子

詠

奉直大夫

子四

詠長子

忼

知縣

詠次子

恫

通直郎

忼子

寯

恫長子

宇

寯子

綿

宇子

大年

詠三子
惇
朝散郎
子二

文子
庿
通直郎一
作佃居

三子
宰

惛長子
宏
文林郎
子二

宏長子
維
一云繼守

宏次子
縉

詠四子
悌
奉議郎

悌子
蒙

愔次子
寘
文林郎
子四

寘長子
結

次子
總

三子
緩

四子
細

宗四子
訥
子二

訥長子
懔

訥次子
協

懔子
蹇
傳[illegible]字
子五

蹇長子
松年

蹇次子
綱

蹇三子
纖

四子
纓

五子
緯
上派住河南新鄭縣

衍龍山

寬長子　**詵**　少卿

詵長子　**恂**　宣議郎　子四

詵次子　**懌**　推官　次子出繼

恂長子　**景溫**

恂次子　**景端**

恂三子　**景直**

恂四子　**景夫**

懌子　**景守**　文林郎

寬次子
詳

寬三子
誠　秘書少監　贈太師　子五

誠長子
忻　朝奉大夫

誠次子
忭　承事郎

誠三子
愉　登事郎

忻子
景修　懌公次子入繼

衍蘢山

誠四子
懷
右丞相
子三

懷長子
宮
通直郎

懷次子
宓
承事郎
子二

懷二子
寧
通判
子三

宮子
徽
丞奉郎

宓長子
綦
承奉郎鼎伯

宓次子
縈
承奉郎

寧長子
潔
宣誠郎右
梨坑

寧次子
彝
通仕郎

武城曾氏重修族譜

衍龍山

純公子
誼
郎中
子三

誠五子
倍

誼長子
悟
通判
子一

愔子
寄

悟長子
宗
知州
子二

寧三子
緊
文林郎

宗子
耆年
司戶知興化軍

宗次子
延年
子三

延年子
鄒

詎次子
怡
判簿
三子

恬次子
宿

怡長子
審

怡次子
宲
一云黃

審子
億年

宲子
脩年

延次子
郵

延三子
郯

瓚公房系

家晉江

十

石埭會上董氏族譜

純次子 註 奉議

誼三子 愘 瑞安令第四子燈出繼詳公

註子 愼 奉議郎 子二

怡三子 窯 一云窯

愘長子 宕 一云岩

愘次子 寀 一云崍

愼長子 向 一云尚

窯子 喬年

衍蘅山

綽三子
詠
參議
子六

詠長子
悰
迪功郎
一云悰

詠次子
愃
知縣
子三

慎次子
宭
一云宭

悰子
寵

愃長子
棨

愃次子
冠

三子 懷 子三

四子 恒

五子 悅

三子 牢 一作罕

懷長子 安禮

次子 安宅

恒子 渲 一云官

悅長子 宣

衍濱山

緖四子
許

許長子
懐

諒六子
憒
三子

一云恍
二子

悅次子
賓

憒長子
實
一云賨

次子
宰

三子
安
一云岁及
云宏

從政郎
子四

孝雍子
訓
大夫
子三

許次子
憺

子三
忖

子四
愻

訓長子
性
進士

訓次子
慬
迪功郎

慬長子
弈

衍龍山

子二

悕次子
襄
子三

悕
脩職郎
子三

襄長子
衢

襄次子
世英

悕長子
襄

次子
永

三子
京

雍次子 誦

孝子 廣子 評 朝散大夫 子二

廣次子 訢 子二

誦子 惕

評長子 忲 通直郎

評次子 惲

訢長子 悅 將仕郎

訢次子 惟

忲子 常

惟長子 奇

常子 綰

衍慶山

廣三子
誥

孝廣子
朝奉大夫
詢
進士

誥子
愷
一云㦖
子四

詢子
恍
從政郎
一作悅

惟次子
袞

惟三子
襄

惟四子
褒

孝廣子
詩
進士
子三

孝揚子
營
朝舉大夫

詩長子
愉
丞事郎

詩次子
愔

詩三子
恢
通直郎
一作惕

營子
性
舉人

愔子
褒

恢子
業

衍龍山

孝揚子
警
朝奉大夫
一作詧

孝揚子
詧
朝散大夫

孝揚子
諫

孝揚子
詧
朝散大夫
一作詧

諫子
愧
以上派住
餘州

雲塲會上夏侯族譜

孝廉子
護
勅請大夫
子二

護長子
揆
修職郎

護子
揆
文林郎

揆子
受
全椒令

揆子
蒙
一云受蒙
從政郎

揆子
宏
一云受宏
一云舉人
公之三子

受子
綸

蒙子
絢

宏子
緝

綸子
大年
克卿
舜卿
夏卿

衍龍山

孝廉子

誕

進士名人

護子

揨

朝請郎傳作揨

誕子

撜

司戶一作橙

撜子

容

子四

宏子

絢

容長子

綏

容次子

繇

容三子

綵

四子

縤

衍籠山

譜
子　繼之
運判

舉
子　譜
判官

惺
子次譜
明清郎

客
子次

宏
子三

覺
子　惺
主簿
子二

約
子長覺

經
子次覺

孝衍張
詔
承議郎

綽次子
誥
承議郎

三子
讜

慉次子
冕

冕長子
春老

次子
龜年
以上派居鎮江府

衍龍山

綽四子
訓
承議郎
朝奉郎

孝逝子
詡
文林郎
子二

訓子
耕
朝奉郎

詡子
持
子三

耕長子
覸

次子
碹

三子
宭

持長子
岑
承議郎

持次子
巋

岑子
約
一云絇

巋子
緯

約子
椿

孝述子
誧
朝奉大夫
子二

誧子
振

誧子
拙

誧次子
棟

柎子
崇
承議郎
承議郎

振子
岩

拙子
嵎

崇子
紳

岩子
紀

嵎子
縉

紳長子
松

紳次子
檜

孝述子 識 朝奉大夫	孝述子 諟 中奉大夫	孝述子 諓 承議郎	孝蘊子 注
識子 拯 修職郎一作揀	諟子 挺 議政郎		注子 佃

衍鶯山

都轉運使

孝蘊子
浩
通判
子二

將仕郎

注子
積
將仕郎

注子
𧸐

注子
相

浩子
穜
中奉大夫

穜子
晏
將仕郎六子一云七子第三紐

晏長子
綸

晏次子
綍

京城曾上道傳族譜

衍禧山

啓子

耒

耒子

蒙

承直郎

晏三子

組

晏四子

綬

五子

繹

六子

綸

蒙子

綰

蒙子

縹

孝蘊子
淡
宣教郎

孝蘊子
濬

淡子
稷
判官

稷子
常
從政郎

右圖公望公派住池州貴池縣

常子
綎

常子
紡

常子
紼
一云紼

常子
綱

衍龍山

孝序子
讜
朝議大夫

讜子
慥
修撰
住江西臨川

慥子
褎
承奉郎

褎子
綸
主簿
子九

綸長子
奎

綸次子
質

綸三子
賚

綸四子
貫

五子
賛

六子
賁

纘
子四
子次褒

賁
綸七子

貢
綸八子

贇
綸九子

分派住晉江龍溪倉頭

唯
纘長子

叶
緝次子

讓次子 悱 承直郎

悱子 褒 廸功郎

悱子 褎

褒子 紬

褎子 繹 子二

三子 喻

四子 嘯

紬子 三貴

繹子 幼間

繹子 時鳳

穰子
惾
子三

悱子
褒
一本譯之
父

惾長子
云
承務郎一作元

次子
充

三子
育

充子
續

育子
紘

孝序子
讀
[illegible]直郎

讀子
悟
朝請大夫

悟子
奕

悟次子
適

三子
齊
子三

奇子
繹
一本作云子一云繹
居長

奕子
純
進士

齊子
紐

孝儀子
諷
翰林
子三

諷長子
憬
子二

憬子
保衡

憬次子
元衡

齊子
紘

齊子
紳
子二
右圖公定公派住眞州端于縣

元子
煥

紳子
邑

紳子
邕

諷次子
怡
朝散大夫
子二

諷三子
朝昌
進士
子三

怡子
儒衡

怡次子
佑衡

昌子
文衡

昌次子
世衡

昌三子
士衡

孝儀子
詳
贈太師

詳子
憕
贈太師駙馬

憕子
慶長
子二

慶長子
紳

慶長次子
繹
子三

繹長子
瑜

繹次子
正叔
承信郎

繹三子
必榮
必榮公出贅唐氏卽今二一都劉坑唐厝

詳三子
恬

惸子
應辰
贈太師
子四

恬子
逢辰

應辰子
從龍
狀元
子四

龍長子
巽伯

次子
履伯

三子
頤伯

四子
升伯

應次子
用虎
安撫
子二

應三子
天麟
進士
子三

虎長子
謙仲
承議郎

虎次子
孚仲
知縣

麟長子
泰叔

麟次子
益叔

麟三子
晉叔

孝仁子
[illegible]
進士

[illegible]子
愷
將仕郎

詳三子
慨
中議大夫
子二

慨子
賓
知州

慨次子
憲
中議大夫

應四子
治鳳
進士

治鳳子
復季
通判

衍湄山

仁次子 諤 進士
孝仁子 訪 學正
孝傑子 誠

諤子 慎修
諤子 慎簡
訪子 恍
訪子 恂
誠子 踪

修子 震
恍子 豐亨
本豐恍公子
恂子 泰亨
踪子 宰

學子 徽

徽子 滔

翰林

孝傑西
諫

孝傑子
謙

孝傑子
誠

諫子
懽

謙子
懷

縣學正
云

誠子
恜

在莆田臚
頭礦鎮住

次子
棠

徽次子
洪

衍瀧山

孝若子 譚

孝若子 詮

誠子 愔

誠子 光宗

誠子 恍忼

譚子 世勳

譚子 世勣

詮子 世亨

世勳子 如圭

勣子 如岡

亨子 如章

岡子 維

章子 緯

詮子 世修	詮子 景文	詮子 景融	詩子 大有	
亭子 如角	修子 如阜	文子 如壁	融子 如川	有子 如石
角子 綽	阜子 紃	壁子 紳	川子 繹	石子 纘

- 誁 孝常子
- 詩 常子
- 諭 孝常子
- 駪 孝本子

- 祖有 誁子
- 坦有 諭子
- 大方 駪子

- 如柏 祖有子
- 如松 坦有子
- 豪 方子
- 亠 方子

- 緘 柏子
- 化鵬 松子

孝本子
駰

孝本子
驤

駪子
大則

駰子
景光
迪功郎一云誨

驤子
大懋
從仕郎

驤次子
大功

則子
宲

光子
宴

光子
實

功子
康

宴子
紹

孝恭子 諮

孝恭子 誨

諮子 意

誨子 懃

功次子 宏

功三子 德 一云德旂

意子 憲

意子 寰

懃子 褒

宏子 繕

寰子 紀 一云純

褒子 綜

孝恭子 譓	孝著子 謀	孝著子 話	著子 訊
譓子 志 文林郎		謀子 恕 進士	訊子 忲 通直郎
志子 宇	志子 宙	恕子 宵	忲子 賓
	宙子 縕	宵子 續	

衍龍山

孝著子
讚

孝著子
詎

孝著子
誦

詎子
希鑑

誦子
觀國

恁子
宭

鑑子
宸
一云恁公子入繼

國子
宋
一云恁公子入繼

宭子
子厚
進士

宸子
應龍

宋子
綴

云坵舊上董氏族譜

衍龍山

孝著子
誥

孝和子
愿
從政郎

誥子
世明

愿子
世昌
進士

明子
宄
一作宋字
一云伈公
子入繼

昌子
晉鄉

宄子
綸

鄉子
伯清
朝請郎

清子
端友

清子
謙友

清子
恭友

愿子 世稱

目子 耆齡
稱子 岩壽
稱子 岩士
稱子 岩說

齡子 伯誠
壽子 祖禹
說子 宗旦 迪功郎

誠子 必濟
誠子 必忠
禹子 太亨
旦子 邦哲 進士

衍龍山

右圖公稔公派住南安金江

此係壙公之堂弟敷公房系

從道子
世顯

顯子
必忠

顯子
必信

忠子
尚仁

信子
尚禮

仁子
舜謨

禮子
舜德

旦子
邦文
通直郎

謨子
嘉善
嘉慶

德子
禹承

信子
尚義

信子
尚智

右圖堪公派住德化丘巖

義子
舜哲

智子
舜賢

德子
禹繼

哲子
禹文

哲子
禹範

賢子
禹治

衍龍山

此教公六房系

五十一派

文緯子 權

文縝子 衡

五十二派

權子 懷忠

權子 懷義

衡子 懷信

五十三派

義子 炳

義子 焯

五十四派

炳子 浩

焯子 沛

五十五派

沛子 顯

義子
煥

煥子
深

煥子
淮

煥子
濟

沛子
光

沛子
榮

衍龍山

文甫子
墳
贅居可溪隔

墳子
和生

墳子
暘生

生子
天錫
巡檢使

生子
天與

生子
天賜

暘子
天授

與子
源
自溪隔遷大路尾

授子
清

源子
德彰

文甫子
箎

文炳

文彬

穆長子
文雄

二公昻公子有傳並住同曾溪俱同安大路尾房

此六圖修譜時予孫未傳後人不可悞認

暢子
天祐

祐子
淵

次子 文亭

三子 文龍

壽長子 文舉

次子 文立

三子 文傑

以上俱較公五世孫也係始祖長房教公之後今住同安大路尾子孫番衍

衍龍山

鼎伯子
儀孫
歲進士　子四

儀孫子
嵩卿

儀次子
隆卿
子二

儀三子
崇卿
子二

隆子
廷佐

隆次子
廷弼

崇子
國佐
教諭

佐子
師聖

弼子
師哲

佐子
希哲
一云師德　子三

聖子
萃亭

希子
榮祖

希次子
興祖

崇次子 朝佐 侍讀學士 子五

朝佐子 師質

朝次子 師器

朝三子 師賢

朝四子 師膂 一譜作爲却公子

希三子 奠祖

質子 謙亭

器子 晉亭

賢子 巽亭

篤子 泰亭

巽伯子
衍孫
早世

巽伯子
昌孫
白石太亨

昌子
桂卿
子二

桂子
郊
興化都事

朝五子
師明
遷居安海
子三

郊子
稷
子五

明子
海生

仁安生

意壽生

稷長子
宮

武功曾氏重修族譜

衍龍山

丞次子入繼古田佘

徙龍派住晉江

桂子

郤

次子祐生

三子儒生

四子祝生

五子何生

履伯子
顯孫
住莆埜江里鄐濱沂山房

顯子
彥卿
徵仕郎

彥子
廷光
徵仕郎
子五

光子
逢貴

光子
逢祿

光子
逢福

光子
逢德

光子
逢壽

貴子
天環

衍龍山

謙仲子
明祿
司戶

明子
瀛卿
香山令任
黃東埔
子二

瀛子
復初
香山令
子二

復初子
俊京
子四

復子
善京

俊京子
德成

俊子
德章

俊子
德輝

俊子
德善

善子
文海

益叔子 佑孫 司戶

晉叔子 德孫 子二

佑子 應祥 一云祖卿

德孫子 應九

德孫子 應初

偕亥子 元貴 司訓

九子 世魁

貴子 子興

貴子 子接 一云壽治

興子 泰

接子 訓

復季子
襟孫
都督副使

襟子
長壽
東宮侍讀學士
子四

長壽子
康保
同知
子三

壽子
光溥
即彦明千戶侯

康保子
安生

康保子
順生

康保子
壽生

光溥子
神童
子二

神童子
鐘秀

神童子
仲甫

衙龍山

季次子
桂孫
仙遊合邦哲公之子入繼

桂孫子
大卿

壽子
彥彬

壽子
惠保
早世

大卿子
意
子三

彬子
天祿

意子
萬一
一諱詫仲貴爲仲安爲萬一公之子

神童子
仲和

端友子
克顯
分派白石

克顯子
芳叟
子四

芳叟子
元鼎
一譜元鼎出繼慈孫公
子二

意次子
萬二
分派晉江吳埭頭

意三子
萬五
分派仙遊瑕石

鼎子
文舉
子二

萬二子
仲貴

萬五子
仲祿

文舉子
趣揆

文舉子
遐慕

衍龍山

毀次子
元弟

三子
元靖

四子
元真
子四

鼎子
文彥

元真子
文敏

真次子
文德

上重修族譜

衍龍山

友次子 益光
友[illegible]子 華祿
下分派會[illegible]分居[illegible]邊
井
子四
房

益光子 澤叟
華[illegible]子 敬
華次子 恭

敬子 志聰
恭子 志明

眞三子 文明
眞四子 文勝
聰子 榮祖
明子 漢

祖子 邦昌
漢子 天佑

華三子
惇
分居後山
子五

恭子
志睿

恭子
志智

恭子
志行

恭子
志信

衍龍山

華四子
慎

謙次子
蒞孫

謙子
慈孫

兼友子
佑孫
司[illegible]

佑子
岐叟

岐叟子
元夏
書院山長
子二

元夏子
文進

夏次子
文福
白石遷石
井及湶泉

文進子
日雅

文福子
日交

州

子四

文福子 曰恭

文福子 德代

文福子 德輝

一譜文福公有此二子未知是否姑爲記之

友次子
侶孫
一諱赴侶
字作以字
子二

友三子
仁孫

侶長子
崇叟
子二

友子
臧叟
出居石路
頭

仁子
巖叟
係侶孫入
繼

崇子
元起

崇子
元遜

臧子
元鎮

岩子
元靖
子五

元起子
文博
衍龍山

鎮子
明德

靖子
沂
出白石遷
惠安梁山

明德子
應聚

沂子
均進

兜

靖子 淮

靖子 渭

子 潮

沂子 均賢

沂子 均毅

沂子 均禮

恭友子
傑孫

必濟子
潛孫
分派花錦
干四

潛子
律雛
一名鳳超
餘■尉

雛子
元微
分居潮州

次子
元箕
由潮回泉

衍龍山

靖子
沔

箕子
應昌

昌子
宋卿

眞叟 濬子
亨叟 濬子
攸叟 濬子

明卿 昌子
福卿 昌子

必濟子 碩孫 子三

碩一子 崧叟

碩二子 嗣叟 出繼能孫公

碩三子 岳叟 遷居南塘

岳子 元熹 係嗣叟公入繼子

熹子 文煥

熹子 文炳

熹子 文煬

煥子 天應

煬子 天艮

衍龍山

必濟子
貫孫

必濟子
信孫
出繼古樓兜李

必忠子
能孫

信子
陽叟
早世

能子
岱叟
早世

文煬子
天靖

能子
嗣叟
[illegible]頌孫公
子大[illegible]
子二

嗣子
元嘉
石城主簿
子三

嘉子
文質
直秘閣大學士子四

嘉子
文寶
子二

質子
天錫

質子
天鎮

質子
天澤

質子
天鈞
爲僧

寶子
天爵

衍龍山

此五房派皆係丕後孝和公之五世也

嗣子 元凱 早

嗣子 元熹 出繼岳叟公

嘉三子 文政

寳子 天慶

政子 天榮

太亨子 杰孫

太亨子 昌孫 出繼栗伯房

杰孫子 勉叟

昌孫子 明叟 子五

勉子 南仲

勉子 南朋

明子 南珍 子五

南仲子 子敬

南珍子 大受

南珍子 大眼

敬子 仕聰

敬子 明聰

明次子
南金

明三子
南欣

南珍子
大任

南珍子
大狀

南珍子
大謙

太亨子
蕻孫
繼寺前陳
署位一正
云基孫

太亨子
艾孫
繼洪氏隆

明四子
南陟

明五子
南世

世子
大忠

興府一云弈孫

太亨子
美孫

美子
直卿
一云直叟

美子
標叟

直卿子
南俊

標子
南壽
子二

壽子
祖逢
子二

壽子
祖治

祖逢子
陞

祖子
光

太亨子
莫孫
乃昌孫之別名先爲莫孫後名昌孫

邦哲子
傳孫
子二

傳子
尚卿

傳次子
道卿

傳三子
直卿

邦哲子
慶孫
出繼紹興府曾聽菴房

邦哲子
熹孫

邦哲子
桂孫
出繼復季公房

自太亨公仝邦文公三公皆孝和公之派

邦文子 沈孫 一云誅孫 子二

沈孫子 紳英 出贅

沈子 瑞英 子四

端子 南有

瑞次子 南祥

瑞三子 南杞

杞子 子淵

杞次子 子清 將仕郎

清子 永堯

承德
二公開基
住晉江蓮
湖鄉

子濱
箕子

子源
箕次子

子漢
箕三子

南箕
瑞四子
子三

邦文子 同孫

鄭文子 復孫 早世

滔子 世材

同子 森卿

材子 傑

傑子 瑋

瑋子 智

智子 詔

智子 誥

裕次子 世璽

洪子 裿綵

林次子 彥

琢子 俊 崇安分遷莆住

傑次子 瑶 黃岡住

彥子 瓊

俊子 琚

瑋次子 仁

瑶子 勇

此乃孝傑公五世孫莆奉谷里鱸頭並禧鎮房

仁子 訓

勇子 廣

武城曾氏重修族譜

衍瀘山

此教公大房房系貞佑公

五十六派

五十七派

五十八派

五十九派

六十派

鼎子
貞佑
行二

貞佑子
貴伯
邑庠生

貞佑次子
貴仲
移住永春

貴伯子
應宗

應宗子
義

顯次子 貞育

顯三子 貞保

德彰子 貞惠

惠子 貴生 子四

貴生子 慧 子二

貴次子 聰 抱養一子

慧子 謙

慧次子 謹

謙子 旭

謹子 桂

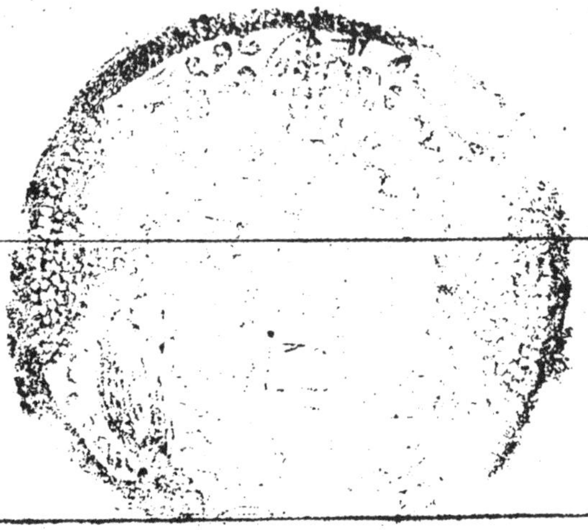

貴三子 明

貴四子 福

明子 璉 子二

福子 鼎

福次子 興 子五

璉子 紳

璉子 綬

鼎子 寄

興子 鵠

興次子 鴻

德章子 直忠 止

德章子 直恕 止

德章子 直懋 止

此圖乃較公之後住同安大路尾房

興三子 鶖

興四子 鶴

興五子 鵬

華亭子 裳居

亭次子 裳欽 邑庠生 子四

居子 史 徙居連江

欽子 以成 居南京

欽次子 樸素

史子 保康

素子 簡默

保康子 西圃

默子 象山

西圃子 趨山 贈文林郎

山子 輔宗

山子 嶽宗

衍龍山

欽三子
樸實
遷居郡城
大哥後
子三

實子
世祝
子二

實子
世嘉
子四

祝子
子芳
子一

祝子
子政

嘉子
子振

山子
源宗

芳子
得宗
係予明公
子入繼

振子
道奇
分居惠安
上田鎮

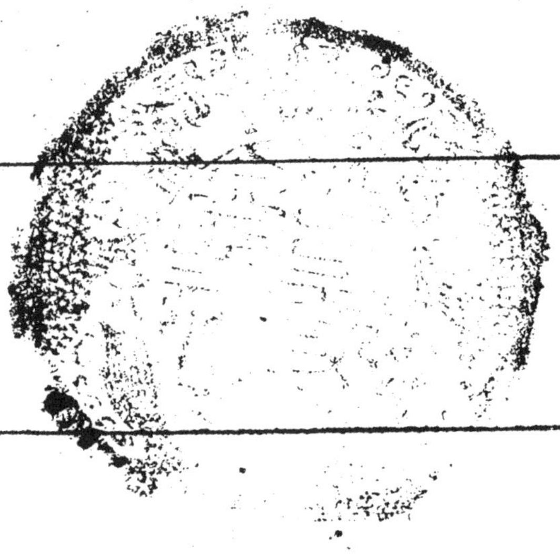

衙籠山

嘉子　子宗

嘉子　子遷　分居北門

嘉子　子選　分居淨橋　子四

宗子　梅宇　分居安溪後山

遷子　振統

選子　心泉

選子　進泉

實子
顯濤

濤子
子明
子四

選子
泗泉

選子
愛泉

明子
進宗
分居南京

明子
會宗

明子
得宗

欽四子
樸耀

耀子
顯聖
子四

顯聖子
子新
分居安溪後山
子四

衍滬山

出繼子芳公

明子
勝宗
早

新子
羅祖

新子
裳祖

新子
卿祖

顯聖子 時敏 止

顯聖子 有旺 止

顯聖子 子勷 止

新子 福祖

衍籠山

成居
明初出寄
衛定海所

亨四子
以定

此圖乃孝
寬公之後
懷公之派

耀次子
顯代
止

此萃亭公係運公房孝寬公房

道生子 玄

道生子 育

玄子 宏 庠生

育子 殿

宏子 澤 鄉飲大賓

殿子 端明 子三

澤子 諄

澤次子 誠 濟寧州知州

端明子 守成 庠生 子三

諄子 宗福

誠子 宗和 贈金吾將軍

成子 復長

衍瀘山

遠生子
勉

勉子
誥
子二

誥子
墨寬

明子
守約

明子
守泗

寬子
德隆

成子
復清

庠生
成子
復明

德隆子
有卿

德隆子
吉卿

詰
子
聖容
子三

聖
子
德威
子二

聖容
子
德素
子二

容三
子
德弘
子三

德威
子
立卿

德威
子
茂卿

素長
子
輔卿

素次
子
奕卿

弘長
子
懷卿

衍龍山

勉[illegible]子
訓
生二

訓長子
守業

訓次子
守用
止

業長子
德脩

業次子
德備

弘次子
喬卿

弘三子
爲卿

遠生子
昜
子三

昜子
信

信子
聖玉
子二

信子
聖實
子五

玉子
德錦

玉子
德儉

實子
德春

實子
德樹

錦子
廉卿

春子
會卿

春子
憲卿

樹子
用卿

衍龍山

實子德崇　子五

崇子鼎卿

崇子聚卿

崇子達卿

崇子聘卿

崇子宣卿

貫子
德震
子三

實子
德完
子五

震子
介卿

震子
命卿

震子
甸卿

完子
寅卿

完子
龍卿

勳子
忠
無嗣

信子
聖善

善子
德園

子
宰卿

子
富卿

子
賓卿

園子
伯卿

衍龍山

埽子
習
子二

習子
聖祺
子三

祺子
德潤
子二

祺次子
德純

祺三子
德嘉
子二

潤子
燮卿

潤子
榮卿

純子
耀卿

純子
敬卿

嘉子
綬卿

義生子
瑺
子二

此圖乃
公之後孝
序公派

子
錫

習子
聖點
早世

錫子
蘭
止

嘉子
重卿

瑞子　猷　子三

猷子　聖允

猷次子　聖弼

允子　德亂　子二

允子　德任

弼子　德宗　子二

亂子　御卿

亂子　維卿　出繼德秀公

宗子　辰卿

義子
璠

璠子
聯

三子
聖幼

聯子
聖智
子三

幼子
德秀

智子
德厚

智子
德溥

智子
德昭

宗子
才卿

秀子
維卿

保德亂公
子入繼

厚子
璽卿

通生子
缺

榮祖子
明生
子四

通生孫
貴

通生孫
起

此以上會公後孝序公之派

明生子
承宗
子二

貴子
聖輝
止

起子
聖謹

承宗子
智元
子四

謹子
德禎

智元子
懋

禎子
智卿

懋子
玄孫

衍龍山

宗子
拱元

智元子
俊

智元子
鑑

智元子
鍧

拱元子
碩
四子

鍧子
玄治

碩子
乾佑

碩子
坎佑

拱元子 璋
拱元子 環 子二

碩子 艮佑
碩子 震佑
璋子 福佑
環子 宗佑
環子 公佑

崇祖子
晟生

明生子
振宗

明生子
㿭宗

開基揚尊

明生子
哲宗

晟生子
童宗

童子
朝寬

寬子
玄公
子四

玄子
椿

玄子
松

衍龍山

竜子
朝亮
恩賜冠帶壽官
子三

亮子
弘吉
庠生
子三

玄子
檜

玄子
柏

吉子
廷樞

吉子
廷槐

吉子
廷相

衍龍山

虎子 弘弼 庠生 子四

亳子 弘信 庠生 子二

弼子 廷梧

弼子 廷柱

弼子 廷楠

子 廷機

信子 廷梗

榮祖子 晉生

興祖子 福生

晉生子 隆宗 子二

福生子 祥麟

隆宗子 天賜 子三

隆宗子 政賜

麟子 靖

天賜子 顒

天賜子 頴

天賜子 頤

靖子 旺

信子 廷桂

頤子 曰箴

旺子 肅

衍龍山

子五

子四

子三

西埔 分居同安

志子偉 分居同安

靖子志

靖子永

麟子彬 止

麟子旋

福生子
祥鸞
子四

麟子
虎
止

鸞子
諒
子二

鸞子
讚
子三

諒子
錩

諒子
赤吾
止

讚長子
鉞
子三

錩子
仲

鉞子
存巽

鉞子
存禮

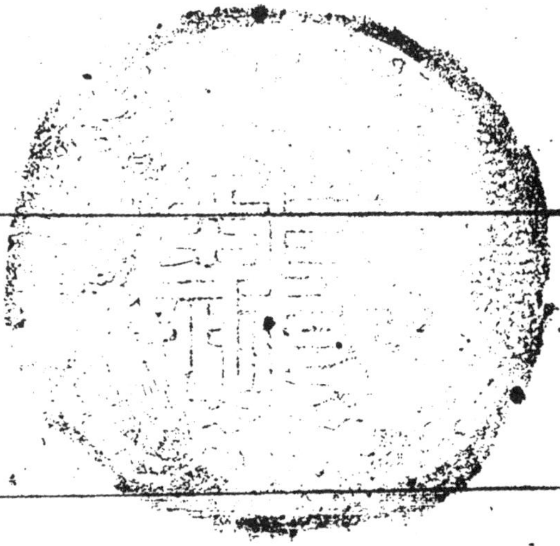

衍龍山

讚亥子
鍠

鍼子
存韜

餖子
孫子

子
細吾

子
吼吾

子
吼四

鸞子
議

黨子
孜
庠生
子三

讚子
鎮
止

議子
訓鎖
止

孜子
鐸生
子五

鐸子
沛然

鐸子
濂然

鐸子
清然

衍龍山

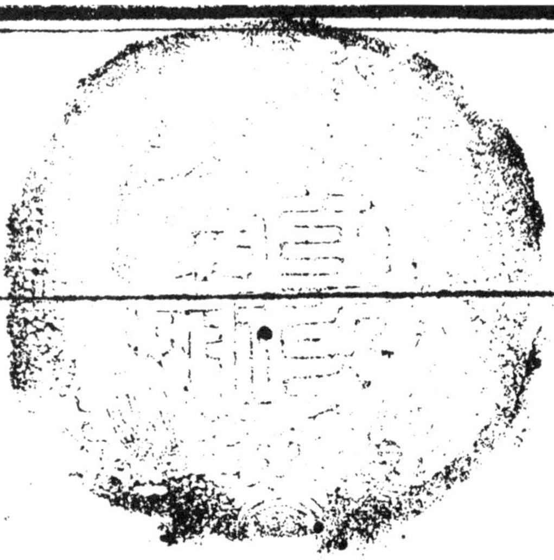

福生子
祥鸞
子三

鸞子
璿昭

玟子
滿治
止

玟子
烏治

鐸子
泮然

鐸子
瀾然

烏子
江然

福生子 祥鵬

福生子 祥鵠

鵬子 尾奴 一云尾吾

子 三吾

鵬子 尾仔

鵠子 普子 子四

奴子 朝子

仔子 農 惠安住

普子 光祖

普子 仁宗

光祖子 佑居

仁宗子 于湖

古埕曾氏族譜

衍龍山

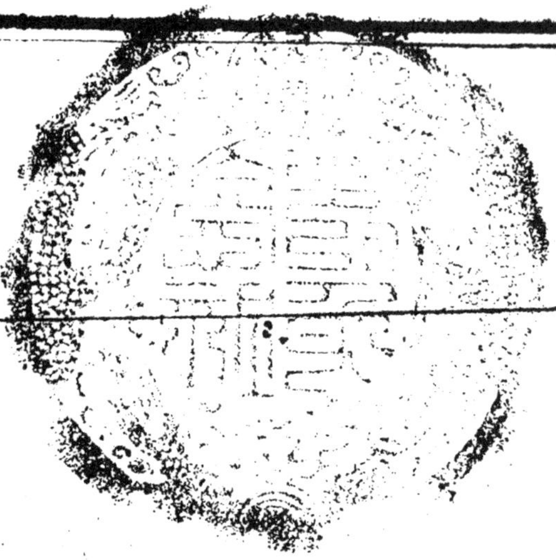

鶴子
質子

曾子
亂仔

曾子
泗英

質子
勤祖
遷居晉江
大喬火東
省住
子三

亂子
義孫

勤祖子
澤

勤祖子
深

勤祖子
浩

興祖子 悳生 早世

晉亨子 亭觀

觀子 仕權 子二

權子 聰 子二

權子 睿 子三

聰子 瑛 子二

聰子 瑗

睿子 璧

瑛子 龍

瑗子 虎

瑗子 二樂

璧子 一唯

甯亨子
寧惠

觀子
仕祥

觀子
仕蜻

止

埥子
琪

睿子
璽

睿子
璋

琪子
邦善

邦善子
一揆

衍龍山

巽亨子
寧智
太學生

智子
仕度
甲四

智子
仕量
止

智子
仕律

度長子
剛兒

度次子
發兒
止

度三子
宗兒
止

四子
忠兒
止

律子
毅兒

毅子
銘

銘子
得魯

巽亨子　寧哲　子四
泰亨子　和生

哲子　仕椿
和子　仕雄

椿子　政兒
雄子　滿五　子三

五子　椿齡　浙江中軍　子三
五子　柏齡

椿齡子　曾吾
椿齡子　養吾
椿齡子　得吾

衍龍山

泰亨子
真魁

海生子
添應

仁生子
萬英
一云萬生

和子
仕鎮

和子
仕傑

應子
興傳
止

萬英子
興隆

傑子
邦澄
止

興隆子
嫣觀
正統己巳

五子
桐齡
止

仁生子 萬奴

壽生子 仙養

奴子 名立 庠生

仙養子 陽觀

被虜同安山狗林住

名立子 旺觀 正統己巳被虜同安洪塘埔住

陽觀子 美勝 止

觀次子 進生

旺觀子 邦子 一云嫣觀之子亦住同安

進生子 冀孫

冀子 讚

衍龍山

觀三子
進美
子四

進美子
朝宗
子三

進美子
玉宗
止

美子
惠宗
止

朝宗子
坦

朝宗子
垣

朝宗子
塡

衍龍山

壽牛子
保養

保養子
陽初
一本計四子閩生發生成生榮生華牛子五

美子
懷宗
止

陽初子
發生

陽初子
成生
子三

發生子
舜龍

成生子
嫣吾

成生子
嫣輝

舜能子
元冊
一云元丹

初子 榮生
初子 華生
初子 德厚

成生子 泗仔
榮子 訓仔
華子 舜觀
華子 傳觀
德厚子 乾瑞 郡庠生

泗仔子 旋
舜子 敦
乾子 元魁 璟瑞公子入繼

衍龍山

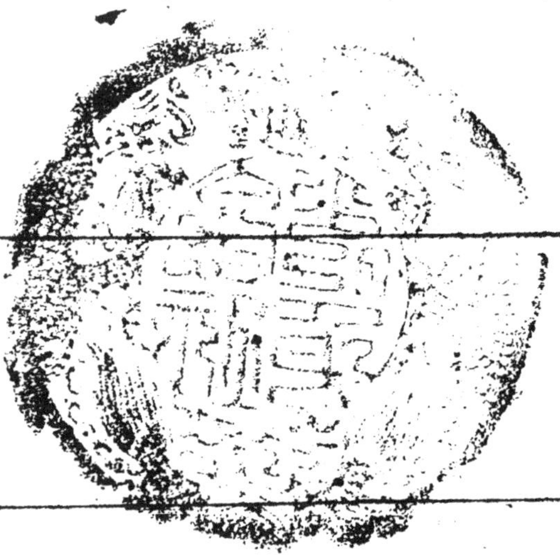

德厚子
純瑞

德厚子
璟瑞
贈文林郎

德厚子
瓌瑞

純子
哲魁

璟子
仲魁
進士刑科
給事中

璟子
元魁
出繼乾瑞
房

瓌子
廷魁

德厚子 瑗瑞

德厚子 璋瑞 子五

瑗子 傑魁

子 儔魁

璋子 儲魁 郡庠生

璋子 冠魁 居海滄

璋子 繼魁

保養子
陽安

玄賜

惪犀子
應瑞

玄子
宏瑞

玄子
鸞瑞

璋子
襲魁

璋子
儘魁

應子
萃魁

宏子
世魁

鸞子
文魁

衍龍山

公房系　　家晋江

玄子 晋琚

玄子 晋瑞

鸞子 世魁

鸞子 士魁

[illegible]子 憲魁

晋子 耀魁

晋子 翰魁

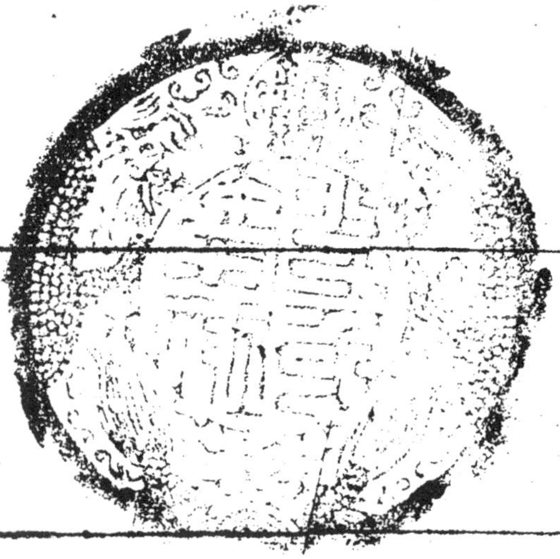

衍龍山

此圖僉公之派衍育公六世孫昌孫公之後也師明公之子也仕安平西疇房

晉子翰實

晉子翰卿

晉子翰英一云朝英

国家出版基金项目
NATIONAL PUBLICATION FOUNDATION

海上絲綢之路文獻集成

總主編　陳支平　陳春聲

民間譜牒編　6

主編　林　楓

海峽出版發行集團
THE STRAITS PUBLISHING & DISTRIBUTING GROUP
福建人民出版社

本册目次

〔福建晋江〕武城曾氏重修族譜不分卷〔三〕

〔清〕曾紀瑚等纂修

鳳公房系

接上西鼤房系

業舊譜　宗聖十五傳關內侯據家吉陽子闡十八傳尚書丞生珪舊署舊徙雲蓋署衍南豐珪生寬綽豐暉懚寬三傳御史慶生偉騂騂壯二傳質粹歸山東授翰傅偉十四傳兵部侍郎晞顏五傳予集生芝蘭蘭孫袞龔翰博芝衍麻田隰由吉陽徙河南尚紿子延祚徙福建晉江五傳瓚六傳孝和六傳六傳端友六傳宗致政六傳鳳公自宗致政下分派另詳茲特圖鳳公房系

廿一派

廿二派

廿三派

廿四派

廿五派

鳳長子　晉娘　外宅上

娘長子　汝忠　外宅上分

字子旺號[illegible]峯生於正德丙子年三月十三日於癸丑年正月二十四日沒葬

配勳儉王氏生於正德丁丑年八月十二日於壬戌年八

娘

[illegible]次

汝續

字志勵號西渠生於嘉靖甲辰年十二月初六日葬育天鍾丞次男汝續爲嗣昭穆不叶

字　　生

於

年　月

衍蘇內

月十二日
合葬東埔
地坐　向
生子三𡆉
忠　孝
續

日公係天
鍾亥男承
繼西渠公
以弟嗣兄
昭穆不叶
故並列於
九世內以
正之

娘三子
汝孝
字志全生
於嘉靖己
酉年六月
十九日

孝子
宏國
字

配氏

生子一名

國

定公房系

接上西致房系

桊舊譜　宗聖十五傳關內侯據家吉陽子闡十八傳尚書丞生珪雋署舊徙雲蓋署衍南豐珪生寬綽豐暉憑寬三傳御史慶生偉騈騈廿二傳質粹歸山東授翰博偉十四傳兵部侍郎晞彥五傳子集生芝蘭蘭孫袞龔翰博芝衍麻田際由吉陽徙河南固始子延莘徙福建晉江五傳瓚六傳孝和六傳六傳端友六傳西致政六傳定公自西致政下分派另詳茲特圖定公房系

六十一派

六十二派

六十三派

六十四派

六十五派

定長子 **貫**
字子俊號

貫子 **日新**
字志推生

新長子 **宏迷**
字　號

毓軒生於
正德丙子
年於
辛酉年十
二月二十
三日沒葬
公貳氏木
合葬潭仔
埔父葬墓
配勤守許
氏生於戊
寅年於
丙辰年
十一月十
五日沒葬

於萬歷癸
卯年七月
十六日於
年七月十
六日沒葬
草庵之右
配楊氏葬
生子二國
[illegible]選

日旭生於
萬歷丙子
年四月初
三日沒葬
庵口

新亥子
宏選
字號日
高生於萬
歷己卯年
五月二十
三日
贅惠安

衍蘇內

生子二㘝
新　省
公穴被源
宣源珍遷
賣與龔家
將公骸跡
移葬在本
山媳婦房
尾坐北向
南

貴次子
日省
字志讓號
振峯生於
萬歷丙午
年六月初
二日葬
配林氏葬
生子三㘝
拱　擢
箴

省長子
宏拱
字　號
昆公生於
萬歷甲申
年九月二
十八日於
年三月十
七日沒葬
配柯氏生
於　丁
亥年五月
二十三日

拱長子
聞楚
外宅上
字　時生
於萬歷庚
子年八月
十四日葬
蓮尾陳埭
墓後

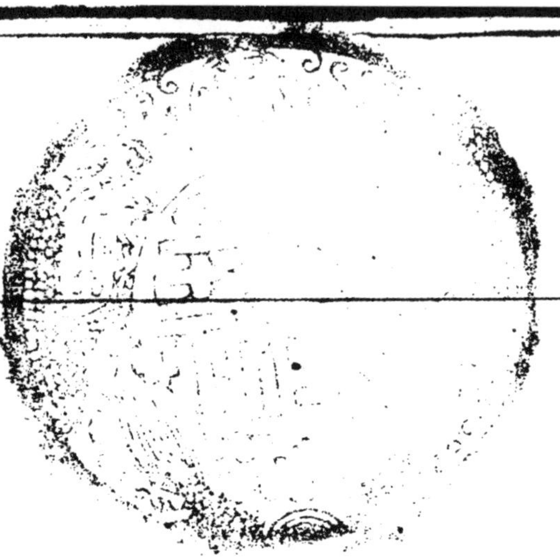

於
年戊月
二十九日
合葬長埔
林
生子一[illegible]
楚

省炎子
宏擢
字日盛號
德峰生於
萬歷丁亥
年九月十
一日於
年

擢長子
閶晋
字　號
時錫生於
萬歷戊午
年　月
日

衍蘇內

正月初三
日沒葬後
坑軍屯坵
配吳氏生
於　己
丑年二月
初五日於
年十月二
十三日沒
葬
生子一　圖
晉

配許氏生
於　丙
寅年　月
日仝沒於
順治丁酉
年十二月
二十六日
合葬長埔
林

定次子
晟
字子明　號
生於
嘉靖戊午

晟長子
自乙
字志耀　號

省三子
宏儀
字日巖　號
生於
萬歷乙未　年　月　日

年閏正月初三日時

配氏

生子一圀乙

環公房系　接上西發房系

按舊譜　宗聖十五傳關內侯據家吉陽子闡十八傳尚書丞生珪晉署晉徙雲蓋署衍南豐珪生寬綽豐暉憑寬三傳御史慶生偉駢駢廿二傳質粹歸山東授翰傳偉十四傳兵部侍郎晞顏五傳子集生芝蘭蘭孫衮襲翰傳芝之衍麻田縣由吉陽徙河南固始子延祚徙福建晉江五傳贊六傳孝和六傳六傳端友六傳西致政六傳環公自西致政下分派另詳茲特圖環公房系

六十一派

六十二派

六十三派

六十四派

六十五派

撰

熹

路分三

熹長子

松

字志青號

房長

字纘馬號質直生於宏治壬子年十月初七日於嘉靖辛巳年十月十二日沒盲壽九十葬

配義節吳氏生於宏治乙卯年七月十六

敢齋生於正德甲戌年二月二十四日於嘉靖戊午年五月初六日[illegible]沒年四十五未有男嗣而弟死於[illegible][illegible]弟婦奔赴殉事柯氏生與四旬守寡五歲姪待春以育

行蘇内

日於嘉靖
壬戌年七
月十五日
合葬潭仔
埔宮仔地
坐庚向甲
生子二圖
柲　檜

養俾至成
立
配慈節柯
氏生於
乙亥年
九月十九
日於
戊申年十
月初九日
仝仁齋公
及妣及文
初丞五壙
合葬林口
鄉後埔坐
辰向戌兼
巽乾

熹次子 **檜**

字志廉號仁齋生於嘉靖壬午年正月二十二日於戊午年五月初二日之倭難氏奔赴合[illegible]夫死並沒於賊戊午年五月初四日

檜長子 **宏春**

字日甲號對峯生於嘉靖甲寅年十月十四日於丁丑年六月二十六日沒亯壽八十四一堂四代兩公孫夫妻諧老幼失怙恃就

春長子 **闇明**

下路分三房長字絹甫號孝[illegible]又號文初生於萬歷壬午年三月二十一日於壬午年閏十一月十三日祔葬林尸仁齋公墓

明長子 **貞喜**

字斯建號市文生於萬歷甲辰年七月十九日寅時於戊申年八月初七日子時沒葬公弱冠入南邑岸矢志攻苦身歷滄桑宇星

衍蘇內

合附葬敢齋公墓
配淑德張氏生於丙戌年五月初一日節烈與柯氏並華堪正圖以節又不祧孫聞昌明登於崇正丙子年科舉人樹幟額書一經標榜雙節流芳

恭姆毋能以勤儉治家課督兒孫攻舉業男竟丙子科歲孝廉學孫輩泮黌繼起雖未覩榮褒寵錫亦足以見德報不爽矣
配厚闕張氏生於甲寅年十月初八

誌銘具載譜端張媽洪媽合葬惠安縣十九都觀嶺山京傘石之南坐辛向乙公弱冠入黌序食廩餼榮正丙子科鄉試中式四十五名晉不獲第名得以酬先志而光

灰燼揭眷喬棲未嘗釋卷屢試棘闈不肯少懈
配孝惠洪氏生於丙午年五月初二日午時於甲寅年九月初四日子時合葬草菴左坐乾向巽兼亥巳

武坊曾氏重修族譜

衍蘇內

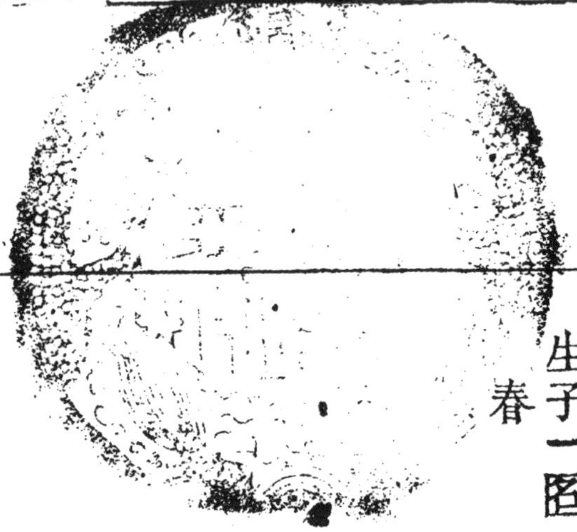

生子一冏
春

日於
甲戌年八
月十六日
沒享壽八
十合葬惠
安縣十九
都鶴嶺山
白墓內坐
庚向甲
生子一冏
明

前烈夹
配勤懿張
氏生於
甲申年
五月初四
日於
丁未年六
月十九日
沒葬
子喜
繼娶慎懿
洪氏生於
乙酉
年十月二

生子三冏
麟　熊
驥

明次子
貞檪
字斯光號
景文生於
萬歷己酉
年八月初
三日酉時
於　丁
酉年十二
月二十六
日辰時沒
葬在本山

十九日於
崇正戊辰
年二月十
五日沒葬

子 樑魁

三娶厚愛
林氏生於
戊申
年十二月
初六日於
康熙丁亥
年七月初
六日沒葬
下墓壬午

前坑頂坐
辛向乙兼
酉卯公篤
志舉業研
窮墳香曾
未樹幟中
原名斯文
之型範也
配慈懿謝
氏生於
辛亥年六
月十四日
亥時於己
酉年七月
初六日卯
時沒葬東

衍蘇內

年瓦棺遷葬本山樹窟西坐乾向巽兼辰戌男婦二瓦棺合葬

子二

生子五图

喜　樑

魁　楫

梅

埔地丙坐向

生子一图

驪

明三子

貞魁

字斯宅號仰文生於萬歷癸丑年六月十九日戌時於丁酉年十二月二十六日辰時沒

彝公性敏捷過人不肯毫挫文試未就郎奮晉邑案首入庠能竟不爲意攻苦舉業不遜平昔配淑懿洪氏生於己卯年五月初七日巳時於丁酉年十二月十九

衍蘇內

日戌時合
葬厝後地
坐　向
生子一名
騧

明四子
貞楫
字斯濟號
學文生於
崇正己巳
年七月二
十六日於
丁酉
年十一月
十九日沒

葬田坂地崁坐北向南公天資明敏才學莫銳凡閭里之事必爲之盡心竭力不辭其勞應獲苦報詎意天年遽逝耶

配李氏

繼娶張氏

武城曾氏重修族譜

衍蘇內

生于一圖

驪

生女一佳娘李氏張氏莫守女佳娘適圍海陳厝鄉苑厦誠公生外孫三亥諱學洙孝友著稱才學過人康熙壬寅年入郡庠

生食廩餼授安學佾學爲公靈有知名與有榮專

明五子
貞梅
字斯調號纘文生於崇正壬申年十月三十日戌時於康熙壬午年十二月

武城曾氏族譜

衍蘇內

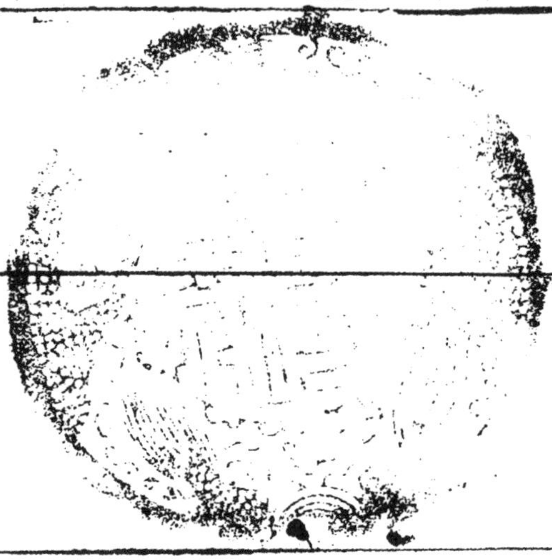

初五日寅時合葬樹窟有壙誌生平懿行具見其中具載譜端乾隆壬午年與蔡氏同母林氏瓦棺三合葬梅窟西畔坐乾向巽嘉慶乙丑年探壙兩瓦棺隨珠坐艮坤

兼丑未向日後子孫不可遷移改葬謹記

配柔順綦氏生於甲戌年正月十五日於康熙庚辰年九月初一日未時沒葬

生子三名

馴　驂

驪

○以嗣

貞為後

環次子 **瑞**
字子佳號萬山生於正德己巳年十月十五日於萬曆辛巳年五月十九日高壽七十二
配克勤陳氏生於

瑞長子 **傳家**
字志啓號思萬生於嘉靖庚戌年閏六月初八日丑時於戊申年七月二十二日沒葬本山尾關坐北向南
配蔡氏生於　癸

家長子 **宏家**
字曰卿號惺思生於萬曆乙亥年十一月十三日於丁巳年三月二十一日沒
配勤節李氏生於辛巳年

家長子 **聞言**
字時禹號靜吾生於　年　月　日葬
配蔡氏生於戊申年五月初三日亥時葬

言長子 **貞杭**
字　號斯登生於崇正甲戌年閏八月初四日於　年　月　日　時沒葬
配林氏生於　乙

衍蘇內

甲戌年十一月十五日於乾隆庚午年十月二十三日沒
子一
繼娶例克勤楊氏生於丙子年七月初二日於萬歷己未年十二月十九日沒

丑年　月　日於　年四月十八日沒葬本鄉後安內坐北向南
生子三囝
冢　丑
申

三月二十一日於　年　月　日　時沒　葬
生子二囝
言　期

生子一囝
杭

冢次子
闓期
字時通號靜我生於萬歷　年六月廿四

亥年　月　日於　年　月　日　時葬
生子一囝
許

期長子
貞槐
字　生於崇正甲申年六月初四日

西坊曾氏重修族譜

予家生子三图家貫按簿譜皆日楊氏出今從源鯾辨改分明兩存之以爲後考

衍蘇內

日於戊戌年正月十五日沒葬白沙配洪氏生於丙辰年十月初十日於甲子年六月初一日沒葬分關坐北向南生子二图
槐　全

期亥子
貞泉
字　生於順治辛卯年四月初八日午時

武成曾氏重修族譜

環公房系

家亥子

宏丑

字日正號愢萬生於萬歷癸丑年八月十二日於 丁丑年六月二十四日沒 配夭節楊氏生於 癸丑年七月初

丑長子

聞祉

字時愛生於 年 月 日 時葬 配蔡氏葬 繼娶李氏生於 年 月 日

祉子

貞柱

字 生於 年 月 日 時

家晉江

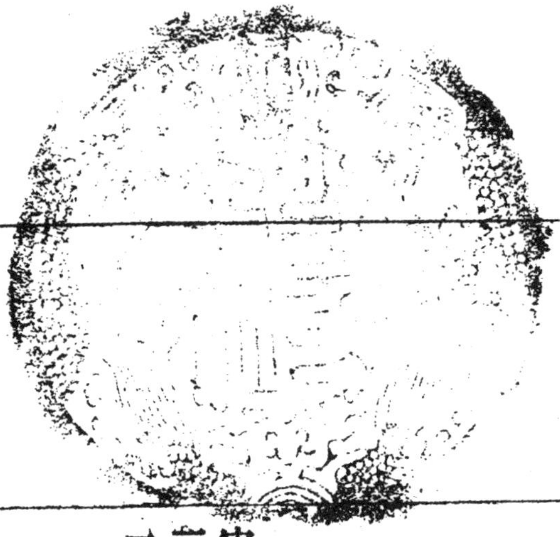

九日於
丁酉年
四月十七
日沒葬

生子一名
祉

宷三子
宏申
字日舒號
又倫生於
萬歷丙申
年八月十
三日於順

時葬

生子一名
柱

申長子
聞識
字時盛生
於崇正甲
戌年六月
十一日於
康熙癸巳

識長子
貞莊
字斯待號
振明生於
順治庚子
年五月十
七日戌時

衍餘內

武城曾氏重修族譜

瓊公房系

治丁酉年十二月二十六日沒

配陳氏生於　癸卯年八月十六日於　甲寅年四月二十五日沒葬分關生子三名識熹爕

年十二月二十六日沒

配吳氏生於　己卯年九月十八日於　辛丑年三月二十九日沒合葬分閞攺同公及男宏莊三壙合葬本山糞箕垵

於康熙乙酉年十月三十日沒附時盛公合葬本山糞箕垵坐北向南

配李氏生於康熙戊申七月初七日於雍正甲辰年二月十一日沒葬後眉地墘坐北向南

家晉江

十一

衍蘇內

坐北向南
生子二囝
莊
桐

生子三囝
首
訓
茂

識亥子
貞桐
字斯艮號振梧生於康熙乙巳年四月十六日亥時於雍正辛亥年十一月十一日巳時沒葬

申次子
聞熹

熹長子
貞顯
配王氏生於庚戌年八月二十日丑時於乾隆十三年四月十六日酉時沒同公合葬溪尾地坐乾向巽生子二（圖）羣陣

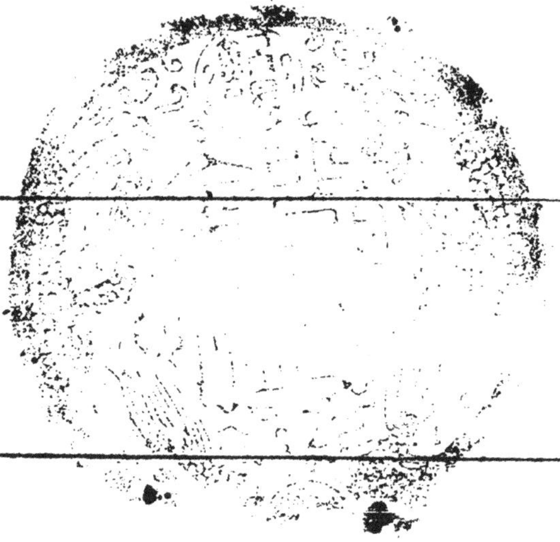

衍蘇內

字時光號樸誠生於崇正乙亥年七月十八日於康熙壬辰年七月二十六日沒葬癸關下虎孔上坐西向東

配蔡氏生於丁丑年十月十七日於乙丑年七

又名貞丁字斯臨號明溪生於丁巳年十月十四日戌時於乾隆庚辰年五月初四日戌時沒葬

配許家巷惠愛李氏生於己未年八

月十七日
寅時沒葬
蓮尾地坐
北向南
生子一囝
顯

申三子
闇煥
字時 生
於崇正辛

月初三日
寅時於乾
隆己巳年
十一月十
九日亥時
葬
生子四囝
輿 竺
江 海

衍蘇內
巳年　月
日
時葬

瑞爻子
一貫
字志魯號
道吾生於
嘉靖癸丑
年五月二
十三日於
甲寅
年二月初
七日寅時

貫子
宏辰
字日東號
耀西生於
萬歷庚辰
年正月二
十九日葬
配張氏生

沒同公合
葬庵後
公讀書攻
舉業讓修
家譜至今
讀其譜序
而才學志
昭龍耳
目間
配順慈阮
氏生於
壬子年
四月二十
九日於
丁酉年
五月初十

於　丙
戌年正月
三十日葬
生子一圖
壬

貫次子
宏候
字日南號
磐九生於
萬歷甲申
年九月初
五日於
丁巳年

候長子
聞敏
字時纇號
玉山生於
萬歷乙卯
年七月二
十六日於

敏子
貞樞
字斯拱號
振星生於
順治丙戌
年十一月
初三日酉
時於康熙

日沒改葬
同盤九丞
母子合葬
嵒脚坐壬
向丙越三
時而阮[illegible]
卒出奔於
枕頭柯坑
張家
子三
繼娶丘氏
生子三圖
辰　侯
叔

五月廿七
日沒葬
配儉節吳
氏生於
己丑年
十月初九
日於順治
戊子年五
月初六日
原葬後山
尾改葬岩
脚庵後二
穴吳氏同
婦夭節洪

年　月
日　時
沒葬東埔
坐甲向庚
配夭節洪
氏於
癸未年五
月十七日
沒葬水蛇
崙
繼娶李氏
生於
丙辰年九
月二十日

己亥年五
月十九日
寅時沒葬
水蛇崙坐
戌向辰
配李氏生
於　辛
卯年二月
二十八日
辰時於雍
正丁未年
七月二十
二日未時
沒葬蝦蟆
石溪坐庚
向甲

衍蘇內

氏葬內宅
山水蛇嵛
坐戌向辰
生子一囝
敏

貫三子
宏叔
字　生
於萬歷丁
酉年五月
初九日
出養枕頭
柯坑張家

生子一囝
樞

生子三囝
畝　協
三

琛公房系 接上西毅房系

按舊譜　宗聖十五傳關內侯據家吉陽子關十八傳尚書丞生珪裔畧蕃徙雲蓋畧衍南豐珪生寬綽豐暉慮寬三傳御史慶生偉騈騈廿二傳質粹歸山東授翰傳偉十四傳兵部侍郎晞顏五傳子集生芝蘭蘭孫袞龔翰博芝衍麻田隰由吉陽徙河南固始子延祚徙福建晉江五傳瓚六傳孝和六傳六傳端友六傳西致政六傳琛公自西致政下分派另詳茲特圖琛公房系

六十一派

六十二派

六十三派

六十四派

六十五派

琛長子 復宗 下路分三

宗長子 鳳賓 下路分三

賓長子 宏侍 字日側號

侍長子 聞禮 字時欽號

房
字子大號萬峯生於　辛巳年十二月十三日於　辛酉年十二月二十八日沒
配默閨王氏生於　壬午年七月初八日於

房
字志亨號蘇溪生於嘉靖辛丑年六月二十五日於　戊午年八月十一日沒壽七十八合葬鶺鴒石山上坐向
配李氏生於　辛丑年六月十六日於

成溪生於嘉靖癸亥年二月十九日於　丙辰年十二月十一日沒葬對山坐庚向甲
配默儉許氏生於　己巳年五月初六日於　年七月十七日

衍蘇内
後蘇生於　年　月　日葬
配　氏生於　年　月　日葬

侍交子
閒樂
字時和號

樂長子
貞淵
下路分三

壬戌年正
月十二日
沒葬
生子一図
賓

丁巳
年三月十
六日沒
生子五図
侍 鼎
器 雍
贊

沒葬鶺鴒
山上與蘇
公及嬀同
葬溪公坐
向
生子三図
禮 樂
書

聯溪生於
萬歷甲午
年七月二
十二日於
順治己丑
年四月十
七日
配林氏生
於
年八月
十五日於
壬寅年十
月十五日
合葬田坂

房二
字斯汪號
景學生於
崇正癸酉
年 月
日於
丁酉
年十二月
二十六日
沒葬長埔
林
配 氏
生子一図
騆

衍蘇內

坐艮向坤
生子三圖 淵 澄 派

樂亥子
貞澄
字斯映號景泰生於崇正丙子年十月十九日酉時於庚辰年三月初二日戌時沒葬龜湖墓坐西向東
配慈德蔡氏生於

丙子年正月十六日於　庚申年十二月初七日沒葬陳埭墓坐西向東
繼娶吳氏於　年七月二十四日沒葬龜湖墓
生子二囝
贈　蟒

武功曾氏重修族譜

衍滌內

欒三子
貞沛
字斯溢號景聯生於崇正己卯年十二月十六日於庚午年十一月十九日巳時沒葬蝦蟆石溪坐西向東配李氏生於

侍三子
聞書

書長子
貞清

甲申年六月十五日未時於己丑年十一月初一日亥時沒葬李仔山後坐向生子四囝安稻原尾

衍蘇內

字時宗號景溪生於萬歷戊戌年二月十四日於順治戊戌年正月初十日子時沒葬
配慈愛呂氏生於癸卯年　月　日　時

字　號斯漣生於崇正壬申年二月十七日於順治丁酉年十二月二十六日沒葬本山後安坐　向
配李氏改節
生子一囝駒

於戊
子年五月
十四日沒
葬

子二
繼娶慈成
黃氏生於
己巳
年七月初
二日於康
熙癸酉年
七月初三
日公與呂
氏合葬新

書亥子
貞濤
字仲學生
於戊
寅年二月
十六日於
順治丁酉
年十二月
十七日沒
葬白沙

武坊曾氏重修族譜

衍蘇內

賓次子
宏鼎
字日立號公溪生於崇正癸酉年九月十九日於
丁巳年四月二十四日沒葬

宅黃氏葬長埔林坐北向南生子二圖
清
濤

鼎長子
聞射
字時彀號阮心生於
年　月　日於崇正己巳年九月二十三日沒葬

射長子
貞材
字斯篤號達學生於崇正己巳年五月初二日於
丁酉年十二月二十十六日沒

配勤儉王氏生於乙亥年六月十八日於

年五月二十二日合葬潭仔

生子四圖
射數
藝儀

配愛勤吳氏生於萬歷戊戌年五月十五日未週年三十寡守遺孩教養成立生孫尙雛纔數月而材死於賊於康熙戊申年九月二十三日沒葬阬心公忌

葬下墓

配陳氏生於　年　月　日於甲子年五月二十八日戌時沒葬下墓

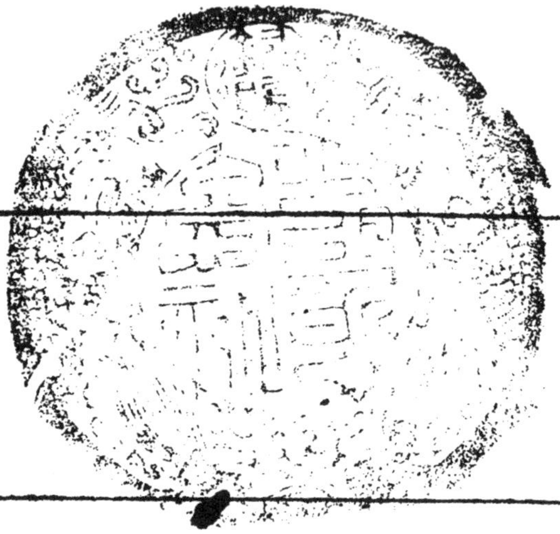

晨延師預修終夜而卒三世兩孩生雖異時卒則同日亦事之奇者葬

生子一图

材

鼎亥子

聞數

字

鼎三子 聞藝 字

鼎四子 聞儀 字

賓三子

宏器

字目墉號浴溪

配勤天唐氏

繼娶愼天吳氏

又娶陳氏

賓四子
宏雍
字日敬號新溪葬庵口蝦蟆石溪
配王氏
生子二　圖經　佩

雍長子
聞經
字時佩生於　年九月十九日沒葬蓮江

雍次子
聞佩
字

寅四子

宏贊

字日羨號文溪生於

年　月　日沒葬

蝦蟆

配慈勤呂氏葬許山後邊墓地內

衍蘇內

璪次子
榮宗
字光生號碧峯生於嘉靖丙戌年八月十二日於辛未年八月三十日沒享壽九十六葬東埔始祖墓左坐乙向辛配純淑陳

榮三子
儀賓
字志儀號仰峰生於嘉靖癸亥年十月十三日於年月日沒葬配許氏生於甲子年七月

儀長子
宏從
字日鎭號五峯生於萬歷丁亥年十二月初四日沒鎭江不知葬配克儉江氏生於戊子年十二月二十三日於

氏於　年正
月初四日
繼娶淑音
張氏於
丙寅年
年十一月
二十日沒
子二
又娶靜淑
張生於
丁巳年
七月二十
五日葬母

十九日於
年　月
日沒合
葬東埔下
生子二囝
從相

順治戊子
年十一月
二十七日
沒葬長埔
林
儀次子
宏相
字日造
配勤夭許
氏居連江
縣

子山坐艮向坤嘉慶十一年改坐申向寅兼坤艮

子儀艮

生子四囧魯孟儀艮

榮四子

艮實

字志　號仰碧生於萬歷丁丑年九月二十六日於　壬子年七月初六日　時年三十六沒附葬碧峰公

配儉節陳氏生於

艮長子

宏明

字日聰號振碧生於萬歷癸卯年八月十三日午時於康熙甲寅年十一月二十五日亥時沒葬

配李氏生於　丙午年三月

明長子

聞澄

字時剛號初陽生於崇正己巳年三月初九日戌時於　丙午年十二月十一日寅時幼年畢業旁通六經後值滄桑備嘗百艱凡族

澄長子

貞洙

字斯學生於順治乙未年五月初六日午時於康熙丁酉年二月初七日卯時沒葬在呂宋

配許氏生於康熙甲辰年十一月初五日

壬午年三月十五日亥時年甫三十妻守二孫高壽六十八於順治己丑年正月廿日沒葬毋子山與張氏初陽公三陽公同穴坐申向寅兼坤艮嘉慶二十年二月

二十七日於庚戌年二月初九日亥時沒改葬在大坪山圭石下坐壬向丙兼子午生子二圖 澄 起

中之義舉者無不踴躍爲之本族譜系湮廞公訪求九世道吾公之一傳續而修之俾今日之有知云公改葬在毋子山與碧峰仰 嫣三陽公同穴坐申向寅

酉時於康熙丁酉年七月二十七日午時沒與姑同葬林厝山葛藤嵜坐東向西又改與婦顏氏合葬厝後地坐北向南生子二圖 特 等

衍蘇內 一

二十一日
探安吉
生子二 明 當

配節守李氏生於崇正壬申年九月二十日亥時於康熙壬辰年四月十三日丑時沒葬母子山與婦同𡶶𢾾葬在板長欄坐東向西
生子二 洙 泗

澄次子
貞泗
字斯章號斯猛生於康熙癸卯年十月十九日卯時於雍正庚戌年二月初五日卯時沒葬龜湖墓之南坐西向東
配張氏生於康熙丁

衍蘇內

未年閏四
月初四日
申時於乾
隆甲子年
四月二十
一日未時
沒高壽七
十八受皇
恩寵錫葬
大坪山坐
寅向申
生子三囝
慶　　趙
湊

明亥子

聞起

字時柔號二陽生於崇正己卯年六月二十八日亥時於丙午年七月初四日死於虎葬

衍蘇內

長次子 **宏當**

字日平號沖泉生於萬歷丙午年九月初七日於丙辰年五月初七日沒
配克勤林氏生於萬歷乙卯年六月二十

當長子 **間俊**

字時燦號生於天啟丙寅年閏六月初三日於年十二月日沒
配蔡氏生於辛未年四月二十五日

八日於順治丁酉年十二月二十六日沒合葬石壁山水流石下改葬長埔林橋左生子二名俊偉

於甲寅年八月初五日沒葬後改葬長埔林坐北向南

當家子

閒偉

字時政號三陽生於崇正甲申年十一月二十八日

偉長子

貞潛

字斯聖生於康熙乙卯年十一月十九日丑時於

武城曾氏重修族譜

衍蘇內

卯時於
己未年
正月初三
日沒葬在
母子山與
碧峯仰碧
媽初陽公
同穴坐申
向寅
配許氏生
於　丙
戌年八月
二十八日
亥時於雍
正丙午年
十月二十

丁未年
閏三月初
四日未時
沒葬厝後
地改葬龜
湖頂乾巽
長戌
配張氏生
於　己
未年八月
二十二日
亥時於乾
隆癸亥年
五月三十
二日卯時
歿與龍三

五日酉時
沒葬厝後
地坐　向
生子一名
潛

婦陳氏合
葬岩路頂
坐北向南
改葬龜湖
乾巽巳亥
生子八名
映　雪
讀　書
賞　六
纂　霸
賞承繼聞
萬冊穆不
叶

璅三子
紹宗
字子述號
玉泉生於
嘉靖癸巳
年三月初
九日於
乙未年
八月十四
日沒壽八
十七
配姚氏生
於　　乙
未年
繼娶淑德

宗長子
迪賓
字志儼號
蕃溪生於
嘉靖丙寅
年四月十
一日於萬
歷丁丑年
五月二十
五日沒
配勤敏蔡
氏生於
戊辰年
八月十五

賓次子
宏堯
字日詒號
仰藩生於
萬歷乙卯
年五月二
十二日丑
時於
丁卯年七
月二十八
日酉時沒
葬崎石安
改葬本都
後洋山鐵
砧石腳

堯長子
聞齡
字時鶴生
於崇正庚
辰年二月
二十六日
丑時於
戊子年
十一月二
十八日巳
時沒葬崎
石安坐
向
配李氏生
於　　辛

齡長子
貞祈
字斯啓號
仰瑞生於
康熙戊申
年十月十
二日卯時
於雍正丁
未年二月
二十一日
酉時沒葬
小軍浤坐
北向南
配勤慈蔡
氏生於康

衍蘇內

蔡氏生於
戊戌
年十月十
一日於
庚戌年
七月二十
三日沒葬
三都古陵
坐乙向辛
生子二囝
迎　延

日於
丙寅年三
月初九日
合葬本處
石人山坐
庚向甲
繼娶陳氏
生子一囝
堯

配吳氏生
於　乙
卯年六月
二十八日
於　己
卯年二月
初六日酉
時沒葬在
田坂郎垢
厝坐巽向
乾
生子三囝
齡　賁
遐

酉年三月
初八日於
癸巳
年八月二
十五日卯
時沒葬小
軍浯與祚
同穴
生子二囝
祈　祚

熙辛亥年
十月初一
日子時於
乾隆辛酉
年七月初
一日寅時
沒與公合葬
小軍浯

齡次子
眞祚
字斯福生
於康熙癸
丑年七月
初一日於
康熙己卯

西坊曾氏上亘份族譜

衍蘇

堯次子
聞賁
字年天生
於順治乙
酉年正月
二十七日

年八月廿
三日沒同
母合葬小
軍浯坑頭
坐北向南
配　氏敗
節
生女一適
社店陳家

丑時於乙巳年十二月二十五日辰時歿葬埔厝地壠

三子堯聞遐字於丁酉年被賊捉去

瑤公房系 接上西跂房系

按舊譜　宗聖十五傳關內侯據家吉陽子闡十八傳尚書丞生
珪簡署舊徙雲嵩署衍南豐珪生寬綽豐暉憶寬三傳御史慶生
偉駢駢廿二傳質粹歸山東授翰博偉十四傳兵部侍郎晞顏五
傳子集生芝蘭蘭孫袞襲翰博芝之衍麻田縣由吉陽徙河南固始
子延祚徙福建晉江五傳瓚六傳孝和六傳六傳端友六傳西致
政六傳瑤公自西致政下分派另詳茲特圖瑤公房系

六十一派
六十二派
六十三派
六十四派
六十五派

瑤子
燾
下路分三

燾長子
省
下路分三

省子
宏綱
字日章號

綱子
聞弘
字以義號

弘長子
貞奇
下路分三

房三
字子正號
木若生於
弘治癸丑
年十月十七
三日於
戊申年
四月初九
日沒合葬
東埔坐艮
向坤
配謹業唐
氏
繼娶一從

房三
字志學號
訪齋生於
正德癸酉
年　月
日於
戊申年
五月十五
日沒年三
十六合葬
怡軒公在
宅內山坐
壬向丙
配李氏生
於　乙
亥年八月

金峯生於
嘉靖己亥
年八月初
二日於萬
歷庚戌年
十一月十
七日沒葬
東埔始祖
墓南
配吳氏於
辛酉
年十二月
二十九日
繼娶許氏

衍蘇內

仰南生於
嘉靖乙丑
年十月初
二日於
年
月
日時沒
葬長林埔
配洪氏生
於丙
寅年　月
日
時於
己丑年七
月十三日
沒葬

房三
字于衷
弘亥子
貞彥
字于忱
弘三子
貞位
字于翰生
於

唐氏生於己未年月日於戊申年五月十五日火葬於田坂崙坐壬向丙生子三图
省　唯
孚

初六日寡守於年十月二十二日沒葬在草菴左坐乾向巽生子一图
絅
草庵遺愛亭錢侯碑末倆士中列公名姓

生於乙巳年正月初一日於年六月二十二日沒葬生子一图
弘

生子五图
奇　彥
位　培
閏

弘四子
貞培
字于漸
年月日時葬長埔林配楊氏生子一图
春

衍蘇內

配　氏
生子一　圖
梓
弘五子
貞閩
字于　生
於　年　月　日葬
配　氏
生子一　圖
隨母嫁
爲英

燾次子
唯
字志融號
爐山生於
嘉靖戊子
年五月初
七日於
己亥年
十一月十
三日肓年
七十二
配李氏生
於 己
丑年十月
初三日於

唯長子
宏翰
溪東分
字日觀號
溴山生於
嘉靖壬子
年十二月
初六日於
壬寅
年三月十
六日沒葬
鶺鴒石坐
庚向甲丕
建君溪東
居住

翰長子
闢振
字以載號
近山生於
萬歷丁丑
年十二月
二十三日
於
年十一
月二十六
日同近水
葬內塘官
路西
配順閭陳

振長子
貞喜
溪東分
字于情號
錦山生於
萬歷壬寅
年三月初
十日於
年
五月廿四
日葬東埔
坐艮向坤
配俞氏生
於 甲
辰年十一

衍蘇內

癸卯年十
二月十七
日沒葬下
宅大石墓
之右坐辛
向乙
生子四圖
翰　文
院　表

配陳氏生
於　壬
子年十二
月初九日
於
年四月
初五日沒
原葬姑溪
改葬虎孔
上石路頂
坐子向午
生子三圖
振　掾
摶

氏生於
庚辰年
四月十六
日於
年二
月十六日
改葬本山
石路上向
復山嫣合
岁
生子三圖
喜　嘉
彭

月二十七
日於
丁丑年七
月十九日
沒葬東埔
坐癸向丁
生子三圖
巽　佐
奇

振次子
貞嘉
字于善號
興山生於
萬歷乙巳
年五月二

十日於
壬寅年
三月十三
日沒
配勤閭莊
氏生於
庚戌年
四月十九
日於
壬寅年三
月十二日
沒合葬東
埔坐癸向
丁

衍蘇內

生子三图
元
咬
完

振三子
貞彭
字于德號
翼山生於
萬歷辛亥
年十一月
初十日戌
時於
年
四月二十
四日沒葬

配許氏生
於　乙
卯年八月
十七日於
年八月初
一日歿同
葬草角山
厝子坐癸
向丁
生子三囝
鸞　豢
驤

衍蘇内

翰次子
聞捺

字以臨號近各生於萬歷癸未年九月十二日於
年六月
十八日沒
葬
配蔡氏生
於　己
丑年十一

捺長子
貞學

字于薦號瞻水生於萬歷庚戌年三月二十七日午時於
壬申年十二月初一日　時合葬內塼宮路墘坐
向
配鍾氏生

月二十四日
繼娶慈順陳氏於　年五月二十七日沒葬內埔官路西
生子二　舉 賢

於　乙卯年五月初一日於　戊辰年八月初八日亥時
生子一　駷

貞賢
搽　亥　子
字于賓號樂水生於

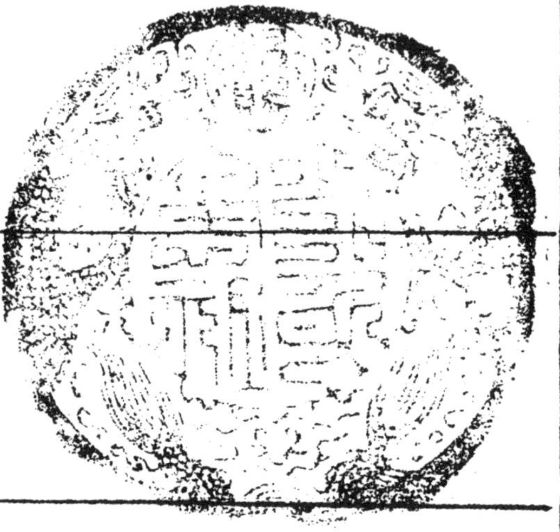

衍蘇內

年　月　日時
於
年四月
二十六日
同吳氏合
葬東埔
配吳氏生
於
年　月
日於
年三月十
九日

繼娶王氏
生於　年
月　日
於
年四月
二十九日
沒葬坐
向俱改葬
湖井口坐
西向東
生子二图
蓖　猛
生女一早
娘適吳家

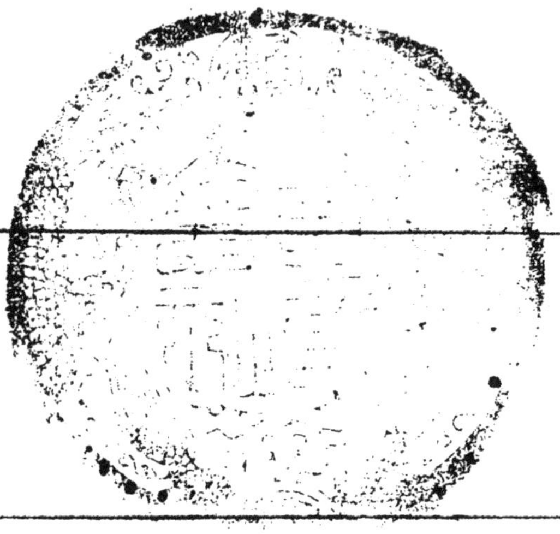

衍蘇內

翰三子
閒搏
字以錄號秀山生於　年十一月初九日於　年六月十一日沒
配勤德余氏生於　年十二月初

搏長子
貞周
字于　號商山生於　年　月　日於　年四月十六日沒葬蓮花石頂路墘

搏次子
貞禎

二日於
年
三月二十
五日合葬
東埔坐甲
向庚
生子二：圖
周　禎

字于采號
靈山生於
崇正丁丑
年正月初
九日申時
於　丙
申年十月
二十七日
午時亯年
八十一葬

配雷氏生
於　戊
寅年八月
初一日於

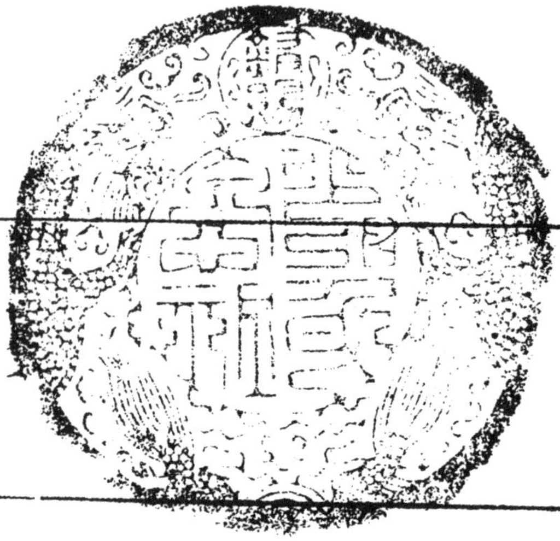

衍蘇內

壬寅年九月二十日沒葬內坑山改葬塘下坐東向西

繼娶蔡氏生於庚辰年八月十五日於　年二月初六日沒同公合葬東埔頂坐甲向庚係

唯友子
宏友
字曰文號
壋山生於
嘉靖丙寅
年三月十
五日於
年
正月十四

友子
聞挹
字以親生
於萬曆甲
午年正月
初一日於
年十一月
十三日沒

秀山公墓
口
生子三囝
合　同
科

挹長子
貞暘
字　生
於
年　月
日
時

璐公房系

家晉江

九

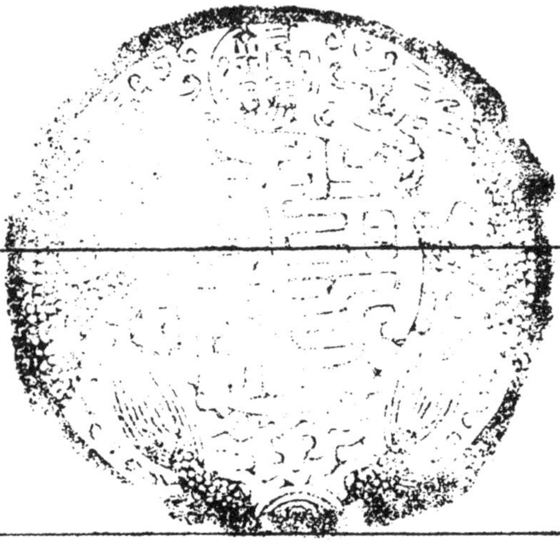

日沒葬
配李氏生
於　戊
辰年十二
月二十九
日於
年六月初
六日沒合
葬潭仔山
路上坐
向
生子一圖
挹

衍蘇內

葬東埔下
圖岸
配吳氏生
於　乙
未年六月
日於
年
月　日
沒葬
生子一圖
陽

配　氏生
於　年　月
日
時

武城曾氏重修族譜

璠公房系

唯三子
宏阬
貢廳分
字日武號
坤山生於
隆慶己巳
年正月十
三於
年五
月十一日
沒葬石人
山坐戌向
辰
配吳氏生
於　癸

阬長子
間揮
字以襄號
寔錦生於
萬歷壬辰
年六月初
三日於
壬辰年十
二月二十
九日沒
配楊氏生
於
甲午年

揮長子
貞淳
貢廳分
字斯海號
洪山生於
天啟丁卯
年十一月
二十九日
戌時於康
熙三十四
年六月十
六日寅時
沒葬

家晉江　十

坊曾氏重修族譜

酉年十月
初二日於
年六月十
一日與垌
山恍合葬
東埔坐乙
向辛
生子四名
揮　援
撫　摭
撫出繼日
賀

衍蘇內

七月二十
五日於
丙申年
二月二十
一日合葬
白土下坐
乾向巽兼
亥巳
生子二名
淳　滙

配張氏生
於　庚
午年四月
十一日丑
時於
癸未年五
月二十二
日戌時合
葬龍泉岩
之西坐乾
向巽兼戌
辰
生子二名
寅　辰
出李養家

揮次子

貞滙

字斯波號潔山生於崇正乙亥年　月　日　時於丙申年三月十一日沒葬草茂潭大岸下坐甲向庚配　氏改節

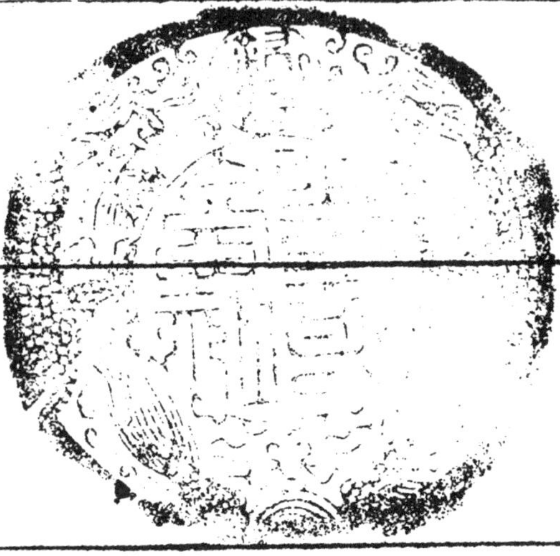

衍蘇內

阬次子
闓桵
字時懋號
麗金生於
萬歷庚子
年八月初
四日於
庚申年
六月初八
日寅時沒
葬坵厝地
改葬岩頂
配續慈吳
氏生於

拔長子
貞澤
字斯兗號
澤山生於
崇正己巳
年五月十
三日未時
於庚
午年六月
十二日酉
時沒
配許氏生
於癸
酉年八月
初二日酉

武城曾氏重修族譜

琉公房系

丙午年年
八月初十
日於
己丑年六
月十四日
沒拾瓦棺
未葬
生子一名
澤

阬四子
閭擽
字時升號
心鏡生於

時於
年正
月二十六
日巳時台
葬格角山
瓦硐崙坐
甲向庚
生子三图
弼仲
郁

擽長子
貞濟
字斯賢號
淇山生於

家晉江

十二

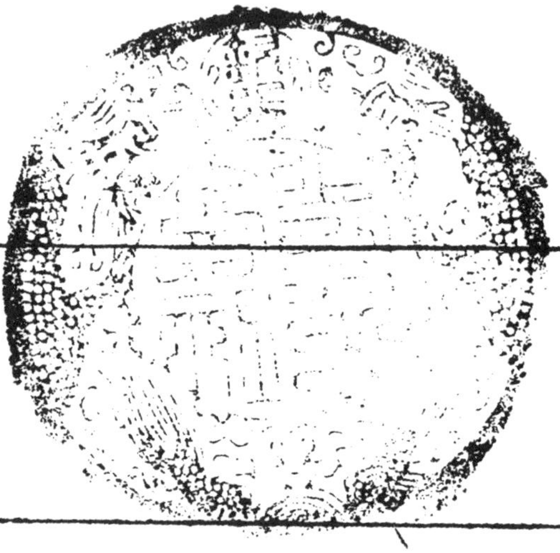

衍蘇內

萬歷丁未年三月初七日於己丑年五月廿五日卯時沒葬白土頂配黃氏生於辛亥年八月初十日於癸亥年九月二十五日沒葬長埔林坐乾向巽乾隆己丑

崇正己卯年十一月初一申時於辛卯年七月十四日辰時沒葬草庵後白石牌後坐壬向丙兼子午配李氏生於甲申年八月二十二日巳時於

武城曾氏重修族譜

璿公房系

唯四子
宏表
字日賀號
峒山生於
乾隆壬申
年十月二
十六日於
年六月十

年公媽同
陔合葬後
安內坐艮
向坤兼丑
未
生子一圖
濟

表子
闓撫
字時發號
儆銘生於
年 月
日
時於
年六

乙丑年正
月二十二
日未時歿
葬長埔林
橋頭陔岡
公合葬草
庵後予三
申原

撫次子
貞福
字斯生
於壬
申年 月
日 時
於壬寅
年四月廿

家晉江

十三

衍蘇內

四日沒葬
東埔
配許氏生
於　癸
酉年六月
十七日於
年二月二
十二日沒
葬東埔育
姪開撫爲
嗣
撫子一囝
撫
○係撫入
宏阬三子

月二十五
日附葬父
垌山公臺
配陳氏生
於
年　月
日於
癸卯
年六月十
四日沒葬
東埔坐乙
向辛
生子三囝
壽　福
祿

七日沒葬
長埔林
配陳氏故
節
撫三子
貞祿
字斯鐘生
於崇正壬
午年六月
初十日卯
時於
丁亥年二
月二十九
日　時沒
葬後邊鄉

武城曾氏重修族譜

璿公房系

家晉江

卣

熹三子

爭

爭長子

宏闡

闡長子

聞鰲

鰲長子

貞儁

里頭坐乾向巽配張氏生於丙戌年十二月二十八日戌時於庚寅年七月十五日没葬東埔坐乙向辛生子一圖日蔭

衍蘇內

宇志會號
岐周生於
嘉慶辛卯
年六月十
四日於萬
歷甲申年
十一月二
十八日沒
葬
配吳氏生
於　甲
辰年　月
　日
時於

金門分
宇日甄謚
愍號振吾
生於嘉靖
甲子年二
月十三日
於　丙
戌年二月
十六日沒
葬東埔崙
坐甲向庚
兼卯酉
配李氏生
於
　年　月
日於

金門分
宇時化號
耀南生於
萬歷乙酉
年四月初
一日卯時
於　丁
酉年二月
十八日沒
葬本處東
埔崙坐艮
向坤兼寅
申
配林氏生
於　甲
午年七月

金門分
宇斯籲號
秀宇生於
萬歷乙卯
年二月二
十一日
時於
庚申年十
月初九日
時沒葬
長女顧與
李氏俱改
葬同岁在
岩後山坐
癸向丁兼
子午

年月日時於年月日時沒葬本處芙溝嵜坐乾向巽兼亥巳
生子四圖
闡　閣
闢　闕

年月日時沒葬東石
生子一圖
鰲

二十九日於壬戌年十一月二十七日未時沒壽八十九葬東埔坐乙向辛兼卯酉
生子五圖
儁　傳
麟　龍
鳳

配李氏生於丁巳年六月二十二日時於戊戌年五月初三日沒葬東埔
繼娶柯氏
葬
又娶呂氏
葬

衍蘇內

生子二囝　騏　欽

鰲次子
貞傳
字　生於萬歷己未年二月初八日於
丁亥年七月初八日沒葬東岳後墓

鰲三子

貞麟

字斯猷號御符生於天啟丙寅年九月初四日於　年八月十三日　時沒葬

配張氏生於　己

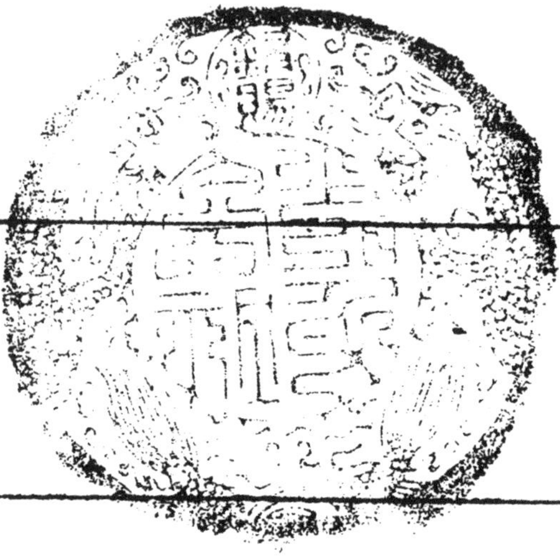

衍蘇內

巳年十一月十六日卯時於丁亥年四月初三日戌時沒葬大園上改與公同葬長埔林坐癸向丁兼子午

生子一　拾

鰲四子

貞龍

字斯飛號雲侯生於崇正庚午年十一月初一日時於丁丑年九月二十日沒葬

配李氏生於癸

衍蘇內

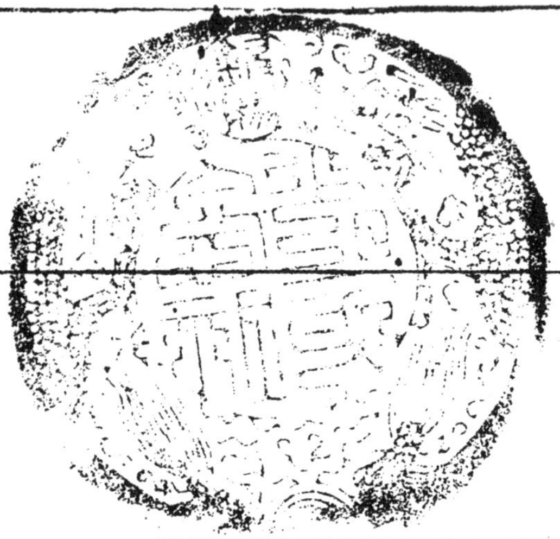

丑年十月
二十八日
丑時於
甲申年
十月二十
七日汲合
葬菴口埔
坐西向東

鰲五子
貞鳳
字斯儀號
岐祥生於
崇正庚辰
年二月初
九日於

乙丑年九月十五日辰時故葬草菴邊坐壬丙向暨男尙保及婦丁氏同夕

配蘇氏生於　壬午年三月二十五日辰時於癸未年

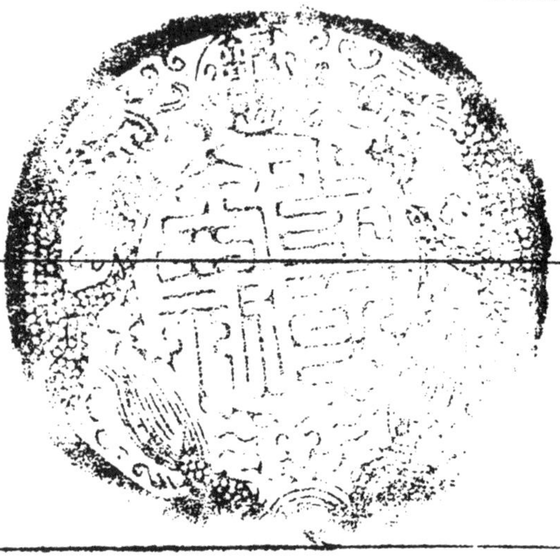

五月二十一日戌時沒葬高州山羊孔上坐癸向丁暨三婦謝氏及冢孫純同步

生子三圖

紫　琛

鵬

爭次子

宏閣

字日熙號仰吾生於嘉靖丙寅年四月二十六日於丁亥年六月二十一日沒葬

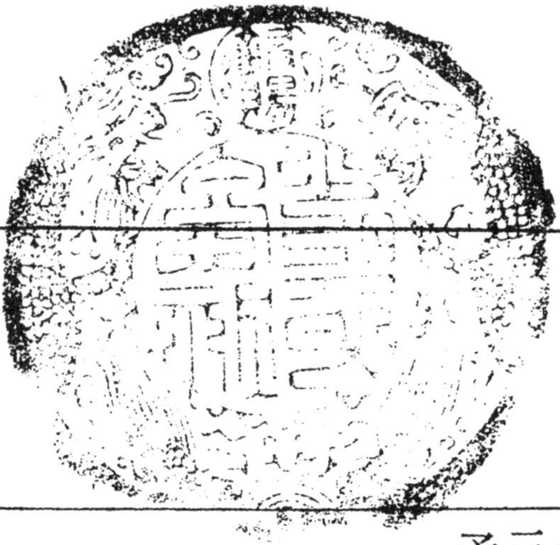

孚三子

宏闕

字日富號
仰溪生於
萬歷癸酉
年六月二
十八日於

年三月初
八日沒葬

配侯氏生
於　　戊
寅年　　月

衍蘇內

日於

年五月二十一日沒葬

生子一㘣捷

季四子

宏闕

字日殿號心宇生於萬歷戊寅年二月十九日於

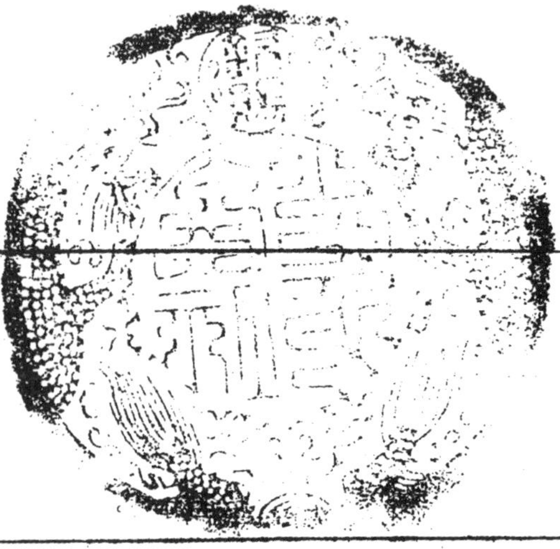

年
月
日　時沒
葬
配蔡氏生
於　壬
午年九月
二十四日
時於
年
届
日　時沒
葬
生子一圀
寅

衍蘇內

瑎公房系 接上西鍛房系

桊舊譜　宗聖十五傳關內侯據家吉陽子闡十八傳尚書丞生珪曹署舊從雲蓋署衍南豐珪生寬綽豐暉𢟪寬三傳御史慶生偉駢騈廿二傳質粹歸山東授翰博偉十四傳兵部侍郎晞顏五傳子集生芝蘭蘭孫衮襲翰博芝之衍麻田隰由吉陽徙河南同始子延祚從福建晉江五傳瓚六傳孝和六傳六傳端友六傳西致政六傳瑎公自西致政下分派另詳茲特圖瑎公房系

六十派　瑎長子　漢　字子濟號

六十一派　漢長子　榕　字志健號

六十二派　榕長子　宏朝　後庭分

六十三派　朝長子　闡臣　後庭分

六十四派　臣子　貞廸　後庭分

衍蘇內

溫艮生於正德戊辰年十月初七日於嘉靖壬戌年八月初三日沒葬　配端愛王氏生於戊辰年二月十九日於辛酉年十

肖田生於嘉靖戊子年八月初三日於戊申年十月十五日沒葬　配王氏生於庚寅十一月初五日於年八月初四日葬宅

字日寅號雲喜生於嘉靖丙辰年八月初四日於　年六月廿五日蔡氏生　配於丙辰年十月二十七日於　年十一月二十七日葬

字時論號浚雲生於　年四月十一日於　年五月初六日沒葬困犬山坐癸向丁　配金德吳氏生於　年五月二十三日於　年

字斯惠號景雲生於萬歷己未年四月十六日於己亥年十二月初八日沒葬長埔林坐　配姚氏生於　年　月　日　時於　年正月初七日沒葬鑑湖

武城曾氏重修族譜　瑎公房系　家晉江　二

一月十三
日合葬高
州山排甲
子石後遷
附葬石人
山竹簡墓
坐庚向甲
生子四图
榕　杞
梓　櫝

丙鷲頂山
坐向仝一
女適修茂
吳公生外
孫諱第庚
辰科進士
生子二图
朝　試

生子二图
臣　師

三月初九
日沒葬後
溪
生子一图
廸

墓坐庚向
庚
子纓殤
繼娶林氏
生於
庚辰年七
月十二日
於　辛
巳年八月
二十四日
沒葬埔邊
坐　向
子一
生子二图
祚殤纓
撫膺三公

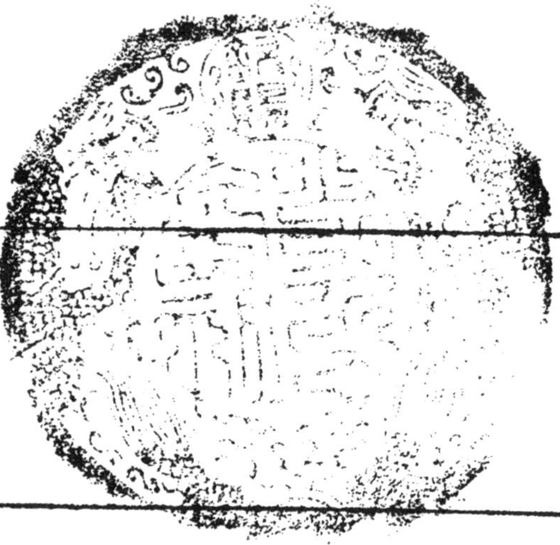

衍蘇內

朝爻子

閶師

字時棟號齊雲生於萬歷乙酉年十一月二十五日於　年八月初四日配許氏生

子鴻爲嗣

師長子

貞才

字斯育生於天啟辛酉年四月十四日葬長埔林配姚氏生於　年　月　日　時

瑎公房系

於
年十一
月初七日
於
年二月
二十日沒
葬石人山
生子二名
才
覺

繼娶王氏
又娶林氏
葬長埔林

師亥子
貞覺
字斯醒生
於天啟癸
亥年十月
初三日於

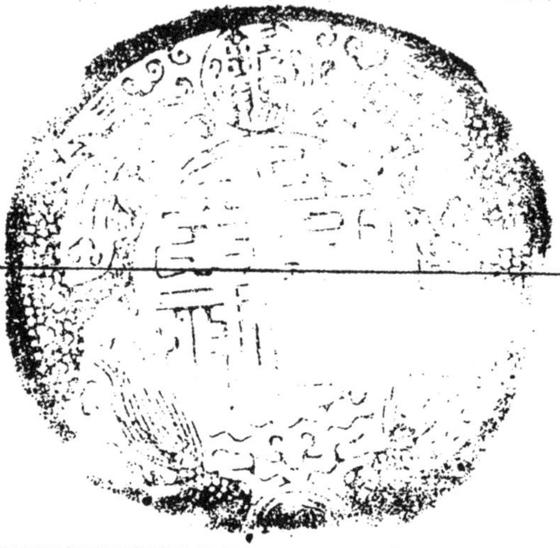

年五月十
七日沒葬
長埔林坐
北向南
配陳氏生
於
年　月
日於
丙辰
年七月十
一日沒葬
繼娶順懿
鄭氏生於
辛未
年十二月

十三日於康熙甲子年二月初七日子時歿故同尙光合葬石入山坐庚向甲

生子三 囝 光 登 光 賢出繼 時綏昭穆 不叶

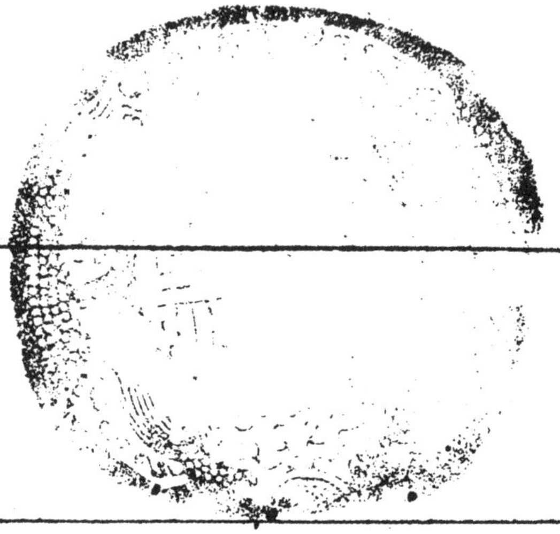

榕次子 宏試

字日儲號振岳生於嘉靖癸亥年七月十八日於萬歷戊午年二月初二日公及郭姚氏合葬二都莊厝洪坑尾坐乙向辛

配郭氏生

試長子 閭瑜

字時泮號昇振生於萬歷甲申年二月三十日於·戊子年六月初八日沒葬

配順慈郭氏生於丁亥年

瑜長子 貞鑑

字斯昭號耀星生於萬歷丁未年五月二十五日於丁酉年二月三十日沒葬

配克靜姜氏生於丙辰年

衍蘇內

於　丙
寅年七月
初十日於
萬歷癸巳
年二月十
九日沒葬
繼娶姚氏
生於
戊子年二
月二十六
日
生子五囝
瑜　墀
培　瑗
墊

六月二十
七日於
戊子年
六月二十
四日合葬
庵口坐辛
向乙
生子二囝
鑑　銛

二月初六
日於
甲午年十
一月初一
日　時
沒合葬東
埔坐甲向
庚
生子一囝
駿

瑜文子
貞銛
字斯維號
膺三生於
萬歷甲寅

……譜

衍蘇內

年正月初九日於庚寅年九月二十八日沒葬東埔

配洪氏生於　年　月　日　時

生子一囝

煽

武城曾氏重修族譜

瑎公房系

試次子
闈墀
字時秦號騰振生於　年　月　日　時　於　年五月二十八日沒葬東埔

鴻隨母嫁景雲嫂林氏舅回養成

墀長子
貞錢
字　生於　年　月　日　時葬

家晋江

六

衍蘇內

下
配陳氏生
於
年　月
日於
年八月初
十日沒葬
東埔上
生子二囝
錢　銓

試三子
闓培
字時輿號

墀次子
貞銓
字　生
於
年　月
日
時葬

培長子
貞科
字斯名號

瑎公房系

聯岳生於
萬曆乙巳
年正月二
十七日於
辛丑
年八月初
一日沒葬

配順闍陳
氏生於
庚戌年
六月三十
日於
丙辰年三
月十二日

景岳生於
崇正辛巳
年二月十
六日子時
於康熙癸
未年五月
十八日午
時公及尙
讓尙悌源
普合葬後
山坐戌向
辰兼乾巽
配克愼鄭
氏生於順
治戊子年
正月十三

家晉江　七

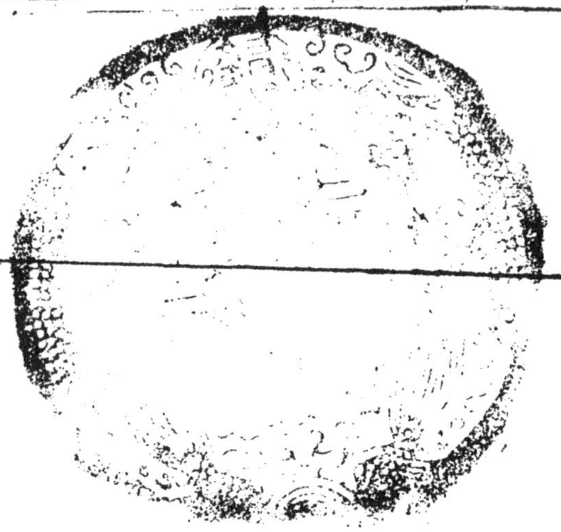

衍蘇內

合改葬庵
後
生子三囝
科　右
昇

日巳時於
康熙乙酉
年十月二
十二日[illegible]
時沒葬
生子三囝
愣　讓
世
培亥子
貞右
字　生
於順治甲
申年四月

十六日外出

培三子
貞昇
字　生於順治戊子年二月初六日外出

試四子
聞璦

援長子
貞錫

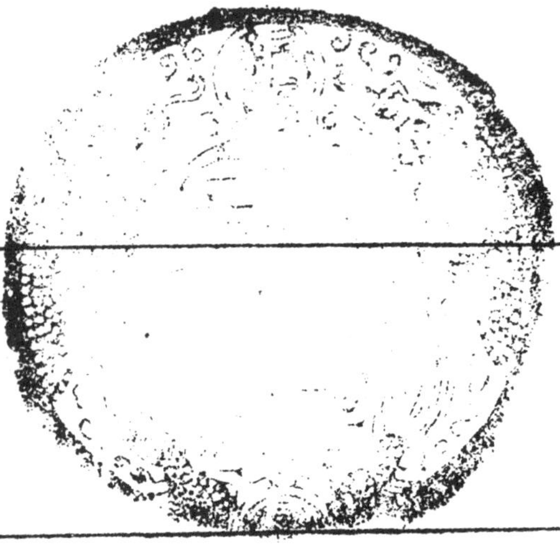

衍蘇內

字時載號
明岳生於
年　月
日　時
於　戊
戊年十二
月二十七
日沒葬東
埔

配郭氏生
於
年　月
日
時於

字

瑗次子
貞鐘
字

瑗三子
貞鑽
字

年六月十五日沒葬仙跡下

生子三 鍚 鍏 鑽

試五子 闓塾 字時贈號仰岳生於

塾子 貞鑄 字

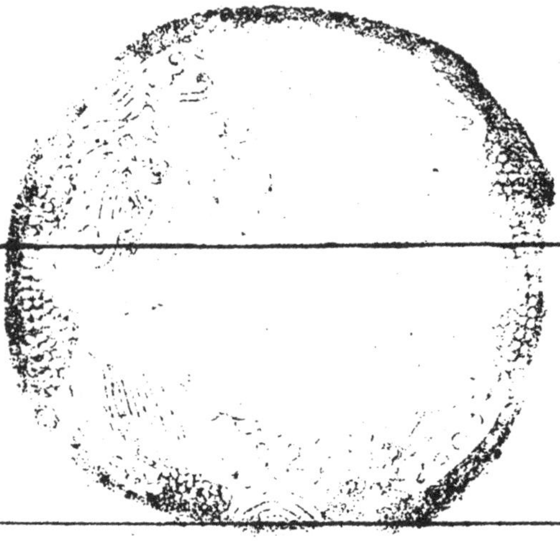

衍蘇內

年　月
日　時
於
年九月
二十六日
沒葬草庵
口
配林氏
生子一圀
鑄

漢四子 **檟**

字志挺號學田生於嘉靖乙亥年十二月初九日於　年九月初六日沒葬

配吳氏生於　庚子年八月

檟長子 **宏考**

字日署號瑞峯生於嘉靖甲子年四月十八日於　己亥年十月十五日沒葬

配吳氏生於　丁卯年九月

考子 **聞宰**

字時黼生於萬歷壬辰年五月二十八日於　丁酉年六月初四日午時沒葬

配洪氏生於　壬辰年八月

宰長子 **貞式**

字斯範生於萬歷乙未年三月十八日　時於丙申年九月初七日　時沒葬湖井內坐　向

配林氏生於　年　月

衍蘇內

初八日葬
生子四圖
考宣
辟召

初四日於
年五月十
一日合葬
行山
生子一圖名
孥

二十八日
於
年四月
二十六日
沒葬
繼娶林氏
生於
年十
一月初七
日於
年十
一月十二
日合葬後
山

日
時於
丁未年五
月初七日
時沒葬
後山坐西
向東
生子三圖
聘
騉

子亥宇
貞宣

字　生
於崇正己
卯年十二
月二十六

子二
生予二圀
式　宜

日於　年
月　日
時歿葬
配謝氏生
於　年　月
日
時於　年
月　日
時歿葬

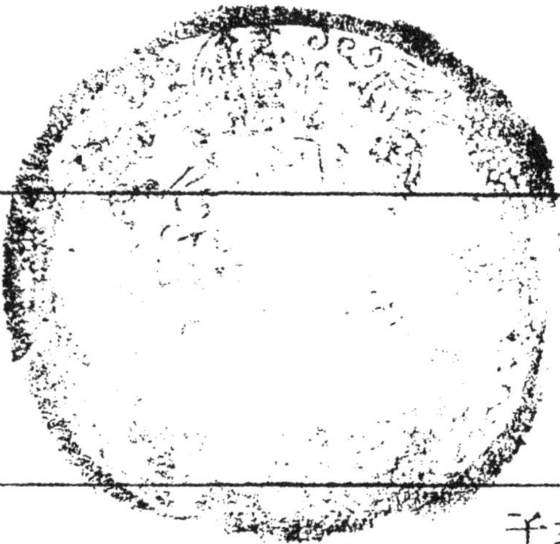

衍蘇內

檟次子
宏宣
字日在號
祥峯生於
隆慶庚午
年七月初
二日於
年
四月二十
三日沒葬
東埔石墓
坐　向
配勤節吳
氏生於
丙子年

宣長子
聞宦
字時果生
於
年　月
日
時於
年十
二月二十
日　時沒
葬破井
配張氏

宣次子
聞宇

十月十八日於　年七月十七日沒葬庵口坐　向生子三圀宦　宇基

字時業生於萬歷戊申年四月二十六日於　癸卯年二月初十日時沒葬

配蔡氏生於　年　月　日時葬氏出嫁

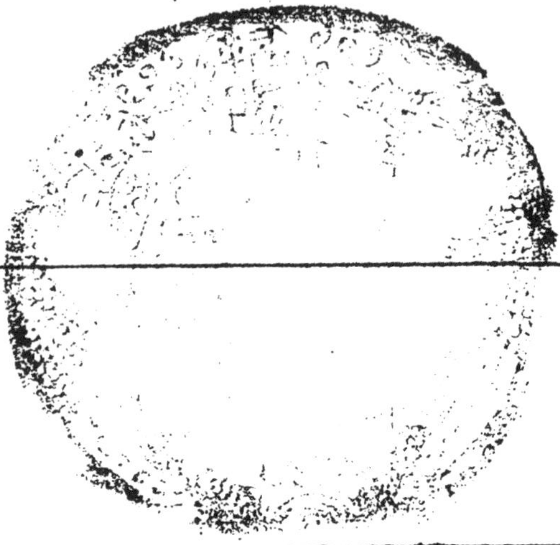

欑三子

宏辟

字日佾號仰峯生於萬歷辛巳年十月初六日於　年四月二十七日沒葬　配陳氏生於　癸未年八月

基長子

間來

字時綬生於天啟戊辰年三月二十三日於　戊寅年九月二十九日辰時沒葬社店埔坐寅向申　配蔡氏生於　年　月

來子

貞賢

字德輝係十二世斯醒公三男以十三世承十一世昭穆不叶故此十二世內讙記共名以承之而於十三世內則詳記之以叶昭穆

初二日於
年六月初
八日合葬
東埔嗣男
來英

日於
年　月
日　時
沒葬
繼娶李氏
生於
癸酉年十
二月二十
九日於
丁亥年
五月二十
三日巳時
沒葬石人

檟四子
宏召
字日鴛號聯畔生於萬歷乙酉年二月十五日於順

衍蘇內山坐庚向甲
撫姪貞覺三子尚絃爲嗣以姪孫承叔祖昭穆不叶

召長子
開憲
字時賓生於萬歷乙巳年　月　日　時於

憲長子
貞氾
字斯浩生於　年　月　日　時於

武城曾氏重修族譜

瑎公房系

治戊戌年
十二月二
十日沒葬

配俞氏生
於　丙
戌年十一
月三十日
於

年三月
初六日沒
葬鵝墓形
坐　向
子憲
繼娶莊氏

年二
月初五日
沒葬

配林氏生
於
年　月
日
時於
年五
月二十二
日沒葬東
埔
生子一圖
泓

年
月　日
時沒葬

家晉江

十四

武功曾氏重修族譜

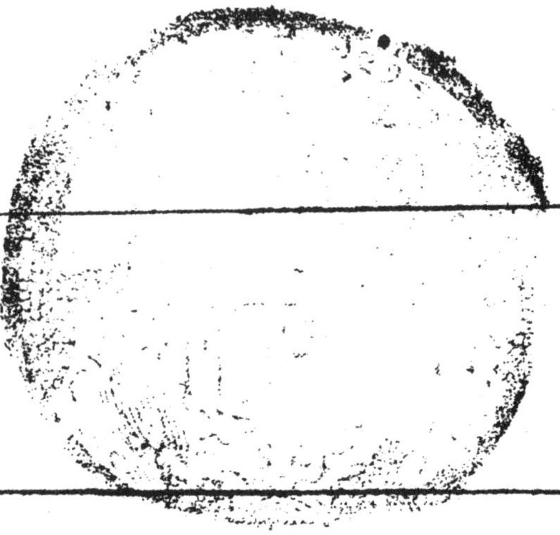

生於
丁酉年八
月十八日
於　丁
酉年十二
月二十六
日合葬後
山坐　向
子再三
生子三圖
慁再
三

召亥子
闔再
字時燕又
號再憲生
於天啟丁
卯年五月
二十二日
申時於康
熙三十四
年正月日
時沒葬
社店埔
配蔡氏生
於　壬

衍蘇內

冉長子
貞飼
字　生
於　戊
申年三月
初九日巳
時於
年
月　日
時沒葬
在台灣

申年九月十五日卯時於　年　月　日時沒葬後山生子一图飼

召三子
閶三
字時山又號三德生於　年　月

利錄內

日

時於
丁酉年十
二月二十
六日沒葬
三房分

子貞正

字 生於戊申年三月初九日於 時

年 月 日 時

歿 葬

瑨三子
注
字子瀧號澤遠生於正德辛未年正月初八日於
戊午年七月初六日沒葬
配無遺張氏生於正德乙亥年

注長子
梗
字志順號仰田生於嘉靖乙酉年三月二十七日於
甲申年十一月十四日沒葬東埔坐
向
配陳氏生於

梗長子
宏垣
字日聚號仰昆生於萬歷乙亥年九月廿八日於
年正月初四日沒葬
配吳氏生於
年月

武城曾氏重修族譜

二月二十
日於
年
日　日
時沒葬
生子二图
梗
楫洄

甲戌年
月
日於　年
月　日
時沒葬
生子二图
田徵
開繼入世
開成昭穆
不叶

日
時於
年三
月初十日
合葬東埔
生子一图
璽

衍蘇內

注次子

楫泗

字志嚳號岩石生於嘉靖癸丑年九月二十七日於年十一月二十二日歿葬

配李氏生於甲寅年二月

泗長子

宏誥

字日贈生於萬歷丙戌年十一月十七日

配吳氏生於年月日時葬廣東

生子一圖瑞

初六日於
年四月初
二日合葬
周井坐
向
生子四名
誥　詔
訓　宿

泗三子 **宏訓**
字日管生
於萬歷壬
辰年五月
十四日於
年六月二
十九日合
父葬周井
崙上埔
配蔡氏生
於
年七月
初五日於

訓長子 **聞昌**
字時察生
於萬歷戊
午年四月
初九日於
丁酉
年二月初
二日沒葬
配蔡氏生
於　庚
申年十一
月初一日

衍蘇內

昌長子 **貞聰**
字斯達號
靈川生於
崇正壬午
年三月十
一日未時
於康熙己
卯年十一
月二十六
日子時沒
葬石人頂
配吳氏生
於　庚

年正月二
十八日沒
葬長埔林
生子一圖
昌

申時於
年
十二月初
九日合葬
母子山坐
申向寅
生子三圖
聰　濬
京

寅年三月
初一日寅
時於康熙
辛丑年二
月十五日
巳時沒葬
石人山坐
乾向巽雍
正甲寅年
公與氏及
弟達性公
及妣附葬
祖伯墓共
五壙坐艮
向坤
生子一圖

衍蘇內

汶

昌亥子

貞睿

字斯明號達性生於順治丁亥年七月二十四日寅時於康熙乙酉年十二月初九日　時沒

葬

配陳氏生

於　　　甲
午年八月
初九日亥
時於雍正
乙巳年四
月二十六
日戌時公
同氏俱仝
靈川公媽
附祖伯葬
在浯水内
生子二囝
仁
禮

昌三子
貞京

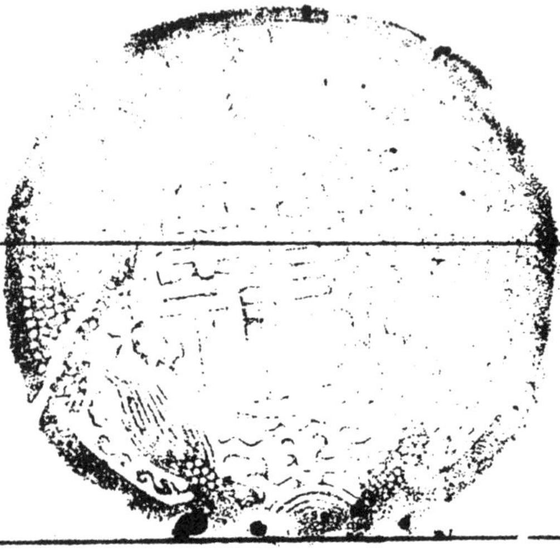

衍蘇內

字斯都生於順治丙申年四月二十三日子時於雍正癸卯年二月二十七日與氏俱改合葬石人山長岌口坐乾向巽兼亥巳

配勤懿林氏生於康熙乙酉年

十二月十
三日酉時
於康熙戊
子年三月
二十四日
巳時沒葬
生子三名
立　昧

琯公房系

接上古毅房系

按舊譜　宋璺十五傳關內侯據家吉陽子闓十八傳尚書丞生珪簡畧舊從雲蓋畧衍南豐璉生寬綽豐暉偲寬三傳御史慶生偉駢駢廿二傳質粹歸山東授翰博偉十四傳兵部侍郎晞顏五傳子集生芝蘭蘭孫袞襲翰博芝衍麻田縣由吉陽徙河南同始子延祚徙福建晉江五傳瓚六傳孝和六傳六傳端友六傳古致政六傳琯公自古致政下分派另詳茲特圖琯公房系

六十一派

六十二派

六十三派

六十四派

六十五派

琯子

綿

字誌魁生

綿長子

佛祐

字志大生

於嘉靖辛
卯年十月
二十九日
於
年二月
初七日沒
葬
鄭氏生
於
年
日
時於
年正
月初二日

於隆慶丁
卯年七月
初四日於
戊申
年七月初
四日沒葬
東埔坐
配吳氏
子二祚
子聖祐
生志力生
於萬歷甲
戌年七月
十一日於

聖長子
宏愿
下路夯三
房三厝夯
字順軒生
於
年
月

衍[illegible]內

歿葬

生子四囝
佛祐
公祐
聖祐
祖祐

年月日時歿葬

配郭氏生於年月日時葬

生子二囝
愿
慶

日時於年月日時歿葬長埔林

配氏生於年月日時於年月日時歿葬長埔林

武功曾氏重修族譜

衍蘇內

生子一 囨
趨

綿四子
祖祐
字省軒生於萬歷己卯年十月初四日於年九月二十九日時沒葬
配勤飾楊

祖長子
宏時
字常軒生於萬歷丁未年三月十四日於庚戌年五月初七日沒葬東埔始祖墓後坐東向西
配黃氏生

時長子
聞長
字寔庭生於崇正丙子年十月十八日巳時於辛巳年六月十七日丑時沒葬長埔林坐癸向丁
配張氏生

長長子
貞選
字斯拔生於庚申年閏八月十四日酉時於乾隆乙酉年八月初五日丑時沒葬長埔林坐北向南
配慈德蔡

氏生於　年　月　日　時於　年七月十六日合葬庵口坐　向　生子四　時　明　昭　曉

於　癸丑年六月十九日於乙巳年六月初五日丑時沒葬東埔林　生子二　長　亨

於　辛巳年八月十一日亥時於壬申年六月二十八日沒葬蝦蠔石溪坐西向東　生子二　選　擇　擇出繼毅庭丕

氏生於　丙寅年閏四月初十日寅時於　戊戌年二月十五日酉時沒葬東埔坐東向　西　子淮　繼娶賴氏　生於辛未年七月二十九日未時於

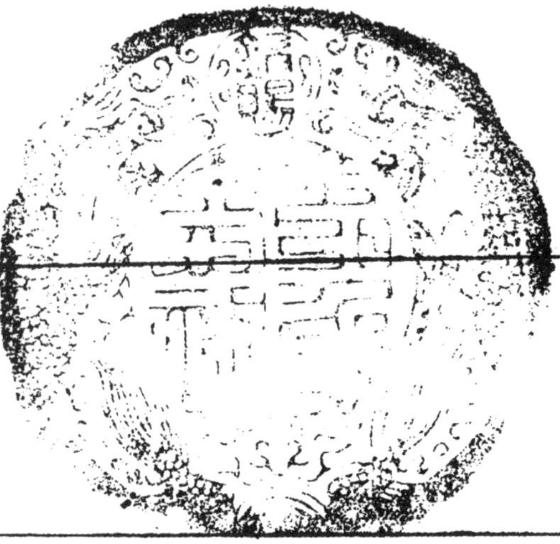

衍蘇內

乾隆己巳年十二月十三日酉時沒葬坂長欄坐巽向乾兼巳亥　子三生子四图淮瑕答泌

時亥子
聞良
號毅庭生於順治乙酉年九月

良撫子
貞擇
字嚴順生於　戊辰年九月

初八日戌
時於
壬寅年閏
六月二十
日酉時沒
葬龜湖墓
右坐西向
東
承繼光貞
擇

廿七日寅
時於乾隆
乙酉年四
月廿六日
巳時沒葬
長埔林坐
艮向坤兼
丑未
配張氏生
於　　癸
酉年五月
十七日丑
時於乾隆
戊寅年六
月廿未時
沒葬坂長
欄坐巽向

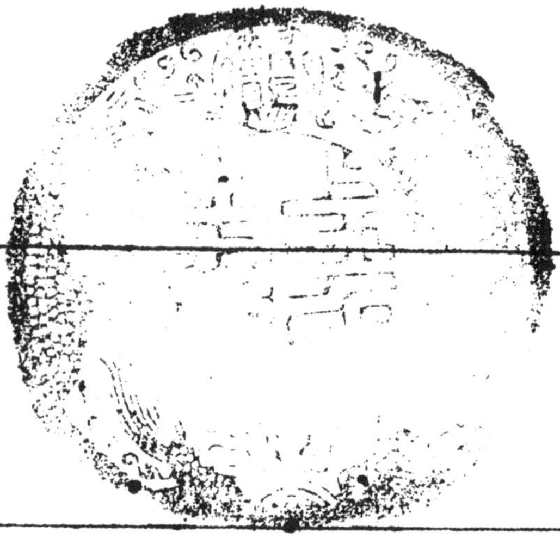

祖父子
宏明
字選軒生於萬曆庚戌年五月二十一日於甲子年四月十二日沒葬
配天節李

明長子
聞福
字東海生於順治庚子年十月二十四日未時於乾隆戊申年十月十七日酉時沒與鄭氏同父三壙合

福子
貞共
號城近生於癸酉年十月初九日酉時於乾隆壬申年六月二十八日丑時沒葬長埔林祔父墓邊

乾兼辰戌生子二圖送廩

衍蘇內

氏生於
壬寅年
九月初五
日於
壬寅年五
月十五日
歿葬草菴
仙跡石下
側厝後西
園地坐北
向南
繼娶王氏
生於
乙丑年正
月初三日
於　乙

葬長埔林
坐北向南
配勳愛鄭
氏生於
辛丑十
二月初一
日戌時於
乾隆戊申
年三月初
十日午時
生子一図
共

坐坤向艮
配黃氏生
於　丁
丑年八月
初二日子
時於乾隆
己卯年十
一月二十
九日未時
歿葬長埔
林橋頭脊
坐子向午
生子四図
川殤降
臨
武殤

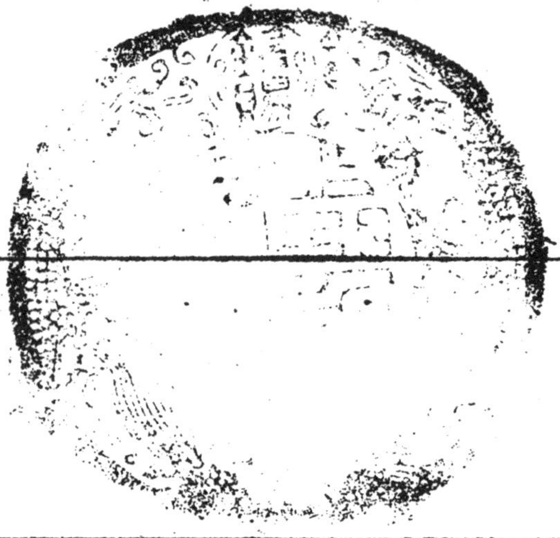

亥年七月二十六日生子二圖福伯

明次子
闡伯
字西湖生於康熙丙午年二月十五日未時於乾隆丙辰年四月二十八日寅時與男欽同葬長埔林坐壬向丙配勤天蔡氏生於

伯長子
貞欽
字敬齋生於　丙子年七月十九日丑時於乾隆癸酉年四月二十三日丑時同父合葬長埔林坐北向南配洪氏生於康熙甲

庚戌年五月初二日辰時於甲申年七月十三日酉時後葬東埔地坐東向西生子二囝欽殿

申年十月初八日子時葬
生子三囝
堯瑪葵
洞瑪

伯亥子
貞殿
生於辛巳年十月初三日戌時揭眷

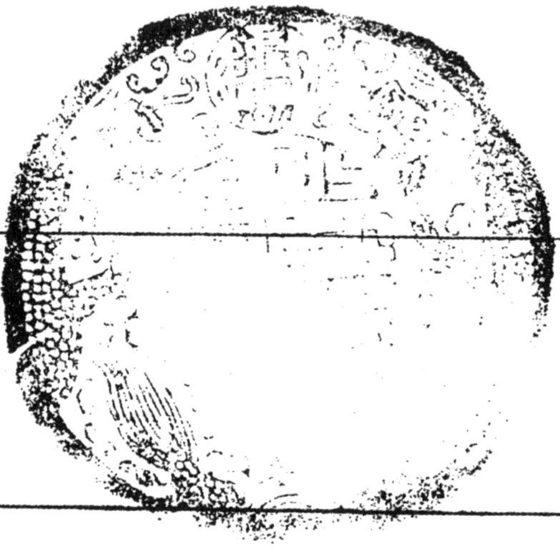

衍蘇內

出居台灣
諸羅縣咬
狗庄的

配王氏生
於康熙庚
寅年四月
日
時

生子二囝
允　寮

祖三子
宏昭
字日美生於 年 月 日 時

祖四子
宏曉
字明軒生於天啟甲子年八月

曉長子
闓忠
字 生於 年 月

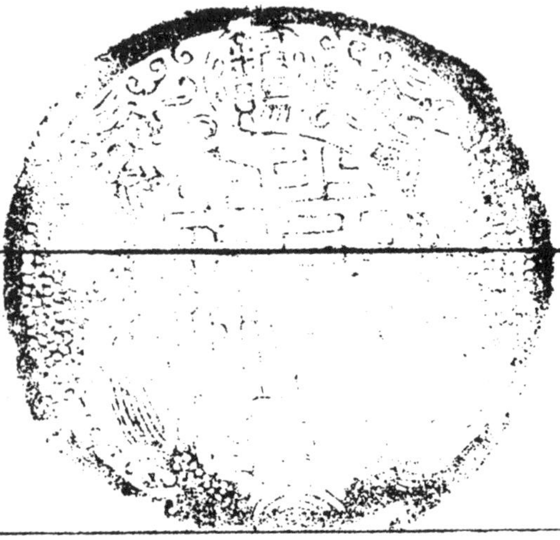

二十八日於　丙午年七月初四日合葬東埔山坐艮向坤配阮氏生於　甲戌年十二月二十日於順治壬寅年五月初五日沒葬

日
時外出

曉次子

聞信

號心明生於順治甲午年正月初六日酉時於康熙三十三年四月二十日酉時沒葬長埔林

信子

貞帝

字嚴正生於康熙癸酉年二月十三日卯時於乾隆癸酉年三月二十五日未時

生子二園
忠
信

橋頭氏失
節嫁林口
帝隨同居
厝地

配李氏主
於康熙庚
辰年三月
初六日酉
時於乾隆
乙亥年五
月二十五
日未時合
葬深底埔
坐巽向乾
兼辰戌
子二
乞
來
鼎

禎童房系 接上酉致房系

考舊譜　宗聖十五傳關內侯據家吉陽子闡十八傳尚書丞生珪蕃畧舊徙雲蓋畧衍南豐珪生寬綽豐暉憶寬三傳御史慶生偉騈騈廿二傳質粹歸山東授翰傅偉十四傳兵部侍郎晞顏五傳子集生芝蘭蘭孫袞襲翰傅芝衍麻田縣由吉陽徙河南固始子延祚徙福建晉江五傳瓚六傳孝和六傳六傳端友六傳酉致政六傳禎童自酉致政下分派另詳茲特圖禎童房系

六十一派

禎童長子 **統** 下路分前

六十二派

統子 **良傑** 字志英生

六十三派

傑子 **宏從** 字日登

六十四派

六十五派

西垣曾王重修族譜

舍房
字素履生
於嘉靖己
酉年
日於
戊子
年米月十
日沒葬
配吳氏生
於己
酉年　月
日於
年四月初

於萬歷壬
午年十月
十八日於
年　月
日　時
沒葬
配吳氏生
於丙
戌年　月
日
時於
年
月　日

衍蘇內

五日火葬於西山湖井口之原坐　向生子一　艮傑

童次子
續
字秉逸生於嘉靖壬戌年二月二十三日於　甲子年十二

時沒葬生子一　從

續子
艮德
字志賢生於萬歷乙酉年九月二十六日

德子
宏聽
字三我生於萬歷丙子年一月日

聽子
聞聯
字時纘生於　年　月　日時

月初三日
配李氏生
於　甲
子年十二
月初三日
於
年三月
二十九日
沒合葬於
長埔林[illegible]
齋公墓側
坐　向
生子二圖
德　材

配楊氏生
於　壬
辰年七月
二十四日
生子一圖
聽

配吳氏生
於　甲
戌年十二
月　日
生子一圖
聯

配莊氏生
於　己
亥年十一
月十九日
生子一圖
進

衍蘇內

瑞義房系 接上西發房系

秦舊譜 宗聖十五傳關內侯據家吉陽子闕十八傳尚書丞生珪舊譜徙雲蓋署衍南豐毬生寬綽豐暉應寬三傳御史慶生偉騈騈廿二傳質粹歸山東援翰傳偉十四傳兵部侍郎晞顏五專子東生芝蘭蘭孫袞韓翰傳芝衍麻田縣由吉陽徙河南尚始子延祚徙福建晉江五傳贊六傳孝和六傳六傳端友六傳西致政六傳瑞義自西致政下分派另詳茲特闢瑞義房系

六十一派

六十二派

六十三派

六十四派

六十五派

義子 **怯** 下路分同

怯長子 **聖賜** 字志思生

衍蘇內

安房
字甫美生於嘉靖丙戌年九月初七日於　癸巳年五月二十一日沒　葬
配石氏生於　庚寅年三月初七日於

於嘉靖丁巳年四月初一日
配林氏生於　年　月　日　時

怯次子
福賜

福長子
宏鳳

鳳子
聞殿

年　月
日　時
沒葬獅脚
山坐申向
寅
生子二图
聖賜
福賜

字志惠生
於嘉靖甲
子年二月
二十八日
於
年　月
日
時沒葬
配林氏生
於
年　月
日
時於
年

字　生
於萬歷丁
亥年十一
月初十日
配　氏生
於
年　月
日
時
生子一图
殿

字
往高州

月　日
時沒葬
生子三凾
鳳　龍
鵬

福亥子
宏鶚
生於萬曆
乙未年六
月初四日
配　氏生
於　年　月
日
時

衍蘇內

福三子
宏鵬
生於壬寅年二月二十一日

瑞章房系

接上西𤼵房系

桊舊譜　宗聖十五傳關內侯據家吉陽子闉十八傳尚書丞生珪薦畧舊徙雲蓋畧衍南豐珪生寬綽豐暉㦒寬三傳御史慶生偉騈騈廿二傳質粹歸山東授翰傳偉十四傳兵部侍郎唏顏五傳予集生芝蘭蘭孫袞𩕄翰傅芝衍麻田㬎由吉陽徙河南㘬始子延祚徙福建晉江五傳瓚六傳孝和六傳六傳端友六傳西致政六傳瑞章自西致政下分派另詳茲特圖瑞章房系

六十一派

六十二派

六十三派

六十四派

六十五派

章長子
長孫
字進山生

孫長子
鐘鳴
字奇山生

鐘長子
宏瑞
字義廷生

瑞長子
聞春
字耀林生

春長子
貞朝
字斯供生

荷蘇內

於嘉靖辛
卯年三月
二十六日
於
日午正月
初九日沒
葬河溪陽
坐午向子
配張氏生
於　　丁
酉年三月
二十二日
於　　庚
戌年六月
二十四日
亥時沒葬

於隆慶丁
卯年五月
十四日於
辛亥
年七月二
十日沒葬
後會圳上
坐乾向巽
配柯氏生
於
年　月
日
時於順治
丙戌年十
一月十三

於萬歷己
丑年十一
月二十六
日於
年八
月二十四
日沒葬仙
宮崙坐壬
向丙
配謝氏生
於　壬
辰年　月
日
時於
年十
二月初六

於萬歷戊
午年四月
初九日於
年　月
日
時
配李氏生
於　庚
申年五月
初八日
生子二名
朝　超

於　己
卯年十一
月二十三
日
配陳氏生
於　乙
酉年十一
月二十一
日
春亥子
貞超

武城曾氏重修族譜　瑞章房系　家晉江　二

庵仔尾坐寅向申生子二囝
鐘鳴
金鳴

日沒葬蝦形山坐甲向庚生子六囝
瑞祚
徵籌
麟卜

日沒葬門口山生子二囝
春
東

瑞次子
闖冬
字耀山生於萬歷辛酉年十二月初九日葬

生於己丑年二月二十二日午時

冬長子
貞榮
字　生於　丙戌年八月十七日
配李氏生

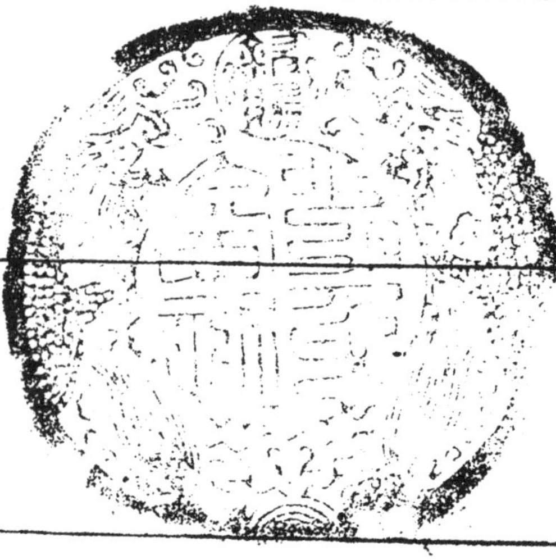

衍蘇內

配柯氏生於　乙丑年　月初八日葬

生子四：榮　裕　燦　惠

於　年　月　日時俱葬長埔林

冬亥子

貞裕

字　生於　己丑年二月十一日

冬三子

貞燦

字於癸丑年五月二十一日生

冬四子

貞惠

字於戊戌年三月十九日生

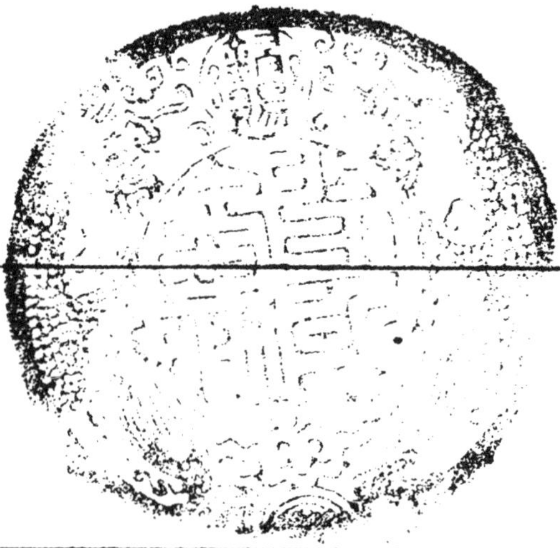

鐘次子 **宏祚**

字日國生於萬歷壬辰年五月初四日於　庚申　年十二月二十四日沒葬聖樹内 配陳氏生於　甲　午年　月　日

祚長子 **閭英**

字耀江生於萬歷癸丑年十月初十日公氏葬俱未詳 配危氏生於　己　未年八月二十九日 生子五圖

衍蘇内

英長子 **貞亮**

字斯運生於　辛　巳年十月二十三日於康熙　年　月　日　時沒葬門口山後坐艮向坤兼寅申 配張氏生於　壬

時於
年九
月十五日
沒葬塞上
生子二圖
英偉

亮勸
盛興
興

英亥子
貞勸

午年十月
十二日申
時於康熙
庚寅年十
二月二十
七日丑時
沒葬小羅
溪大冬田
頂坐坤向
艮兼申寅
生子一圖
立

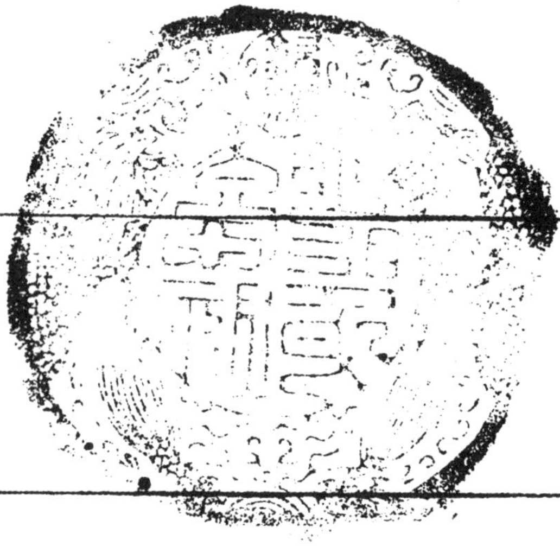

衍蘇內

生於甲申年三月初十日申時

配陳氏出

英三子

貞盛

字　生於戊子年十二月初十日

卯時在北京護駕將軍

英四子
貞興
生於辛卯年十二月十四卯時

英五子
貞與
生於丙申年正月初四日寅時

祚次子
聞偉
號時會生於萬歷庚

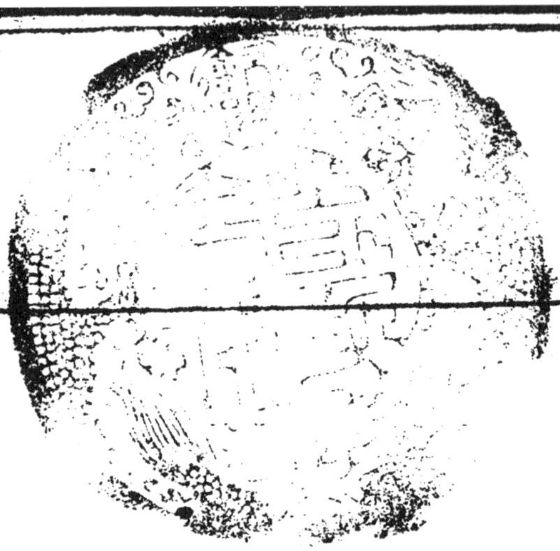

鍾三子
宏徵
字日信生於萬歷甲午年十月十六日葬

衍蘇內
申年正月初七日配李氏生於丙寅年四月二十二日

徵長子
聞彥
字時宴生於天啟甲子年
配林氏

彥長子
貞順
字　生於　甲申年　月　日　時葬

配林氏生
於　丙
申年五月
十四日葬
生子三 圖
彥　昌
參

生子三 圖
順　愛
迎

彥次子
貞愛
字　生
於　年　月
日
時葬

彥三子
貞迎
字　生
於

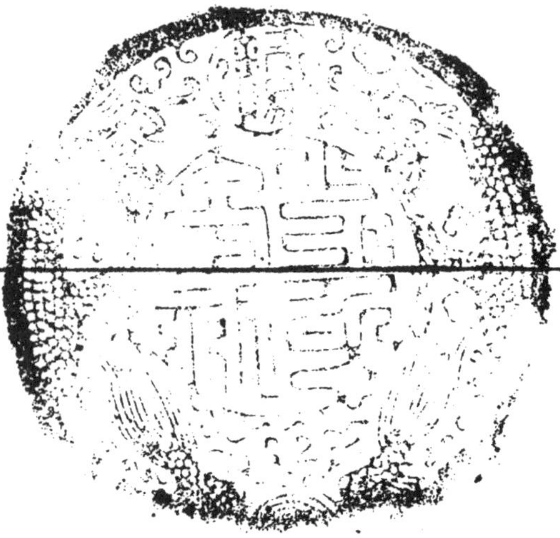

衍蘇內

年　月　日時葬

徽亥子
聞昌
字時文生於天啟丁卯年九月十二日
配柯氏生於丁

昌長子
貞福
字生於辛卯年月十九日子時

卯年十二月二十三日
生子四名
福就
歌嗔

貞就　昌次子
字
生於乙未年正月二十一日卯時

貞歌　昌三子
字
生於戊戌年月

衍蘇內

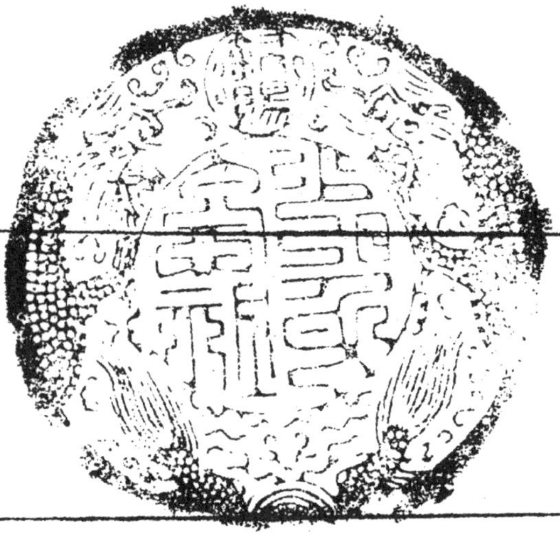

時　日

昌四子

貞嗔

字　生於辛丑年四月二十六日午時

徵三子
聞參
字時漢生於天啟壬申年三月十二日
配張氏生於癸酉年十二月初二日時
生子二名
惜
禮

參長子
貞惜
字　　生於　　辛丑年正月二十三日午時

參次子
貞禮
字　　生於康熙壬子年　　月

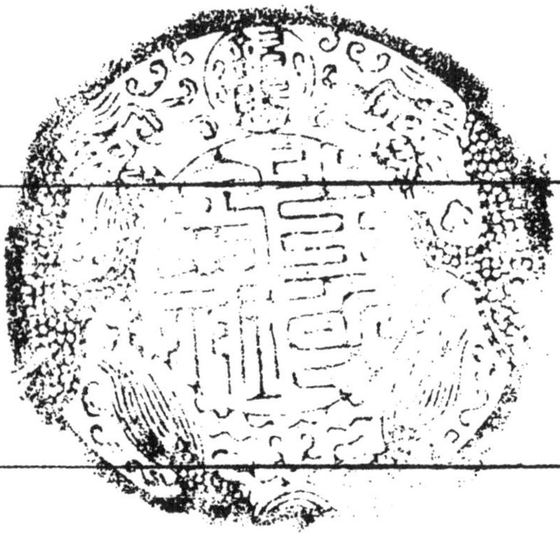

衍蘇內

日時於丙午年六月二十六日午時沒葬長泰縣西門外

配周氏生於甲寅年　月　日　時於　年　月　日　時沒葬

鏜四子
宏籌
字冲儀生於萬歷庚子年正月二十二日於 年 月 日

籌子
聞登
生於順治庚寅年七月初八日午時於康熙丁巳年四月十九日葬在稷

在山分仔坐癸向丁生子一⊙党

登子
貞權
字惠林生於康熙丁巳年正月十一日戌時於丁卯年正月十三日

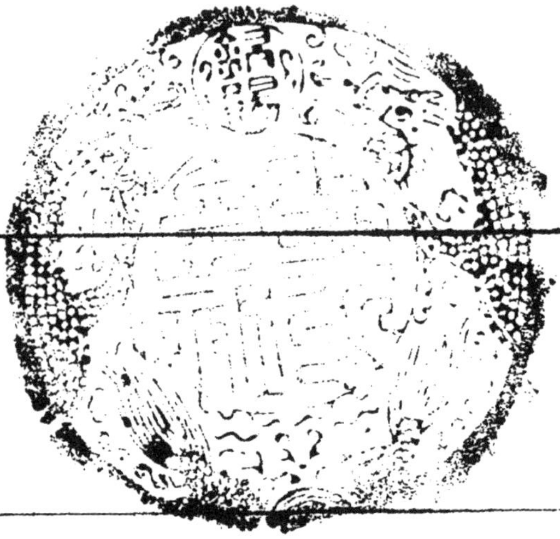

衍蘇內

時沒葬墘
仔頭坐北
向南
繼娶陳氏
生於
壬寅年六
月二十三
日葬扁岸
又娶林氏
生於　年
月　日
時葬五
斗隔

村坐辛向
乙
配陳氏生
於
年十月
二十三日
葬菌稿蕉
坑坐西向
東
生子一名
權

酉時沒葬
本鄉西洋
坐戌向辰
兼辛乙
配黃氏生
於康熙甲
戌年三月
十六日未
時
生子五名
燮　度
燦　藍
昇

生子一圖
登

鐘五子
宏麟
號日趾生
於萬歷壬
寅年七月
十一日
配　氏生
於　年　月
日
時

麟子
聞好
字　生
於　年　月
日
時

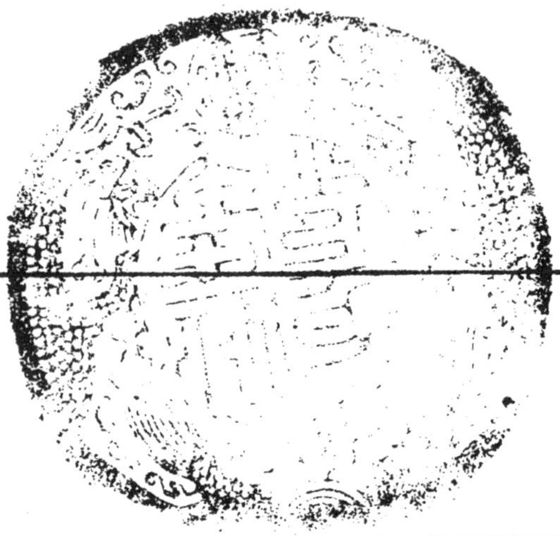

生子一圖
妡

鐘六子
宏卜
號日易生
於萬歷甲
辰年　月
日
時
配柯氏生
於　年　月

卜子
閫俊
字時推生
於崇正庚
午年十月
二十一日
配徐氏生
於　丁
丑年四月
初四日

俊子
貞信
生於
辛丑年正
月二十三
日午時

衍蘇內

時　日

生子一　僾

孫次子
金鳴
字志玉生於萬歷丙子年四月二十九日於戊子年四月

金子
宏怵
字日達生於萬歷甲午年十一月二十七日於丙寅年十

生子一　信

怵長子
閳桂
字耀門生於天啟丙寅年九月初七日
配陳氏生

桂長子
貞烒
生於戊子年四月初二日

衍蘇內

十六日歿
葬西洋坐
辛向乙
配陳氏生
於戊
寅年三月
二十一日
於　年　月
日
時沒葬
生子一圖
怀

月初七日
配林氏生
於　丁
酉年二月
初九日
生子二圖
桂　椿

於　丙
寅年四月
二十七日
生子五圖
烶　爆
輝　烈
焙

桂亥子
貞爆
生於
癸巳年十
一月十一
日

桂三子
貞輝
生於
丙申年十
二月十二

日

桂四子
貞烈
生於乙亥年

桂五子
貞焙

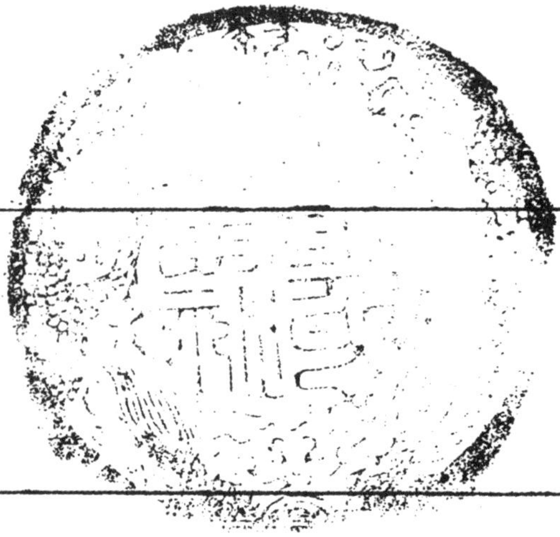

衍蘇内

生於癸卯年四月二十二日

忭亥子

聞椿

字耀梅生於崇正乙亥年五月二十九日配高氏生於乙亥年十二月二十八日

章次子 **仙護**
字朴質生於嘉靖丙申年九月十六日於
壬辰
年五月十七日沒葬石船今還葬庵後嶺坐坤向艮配陳氏生於
癸卯年十二

護長子 **禎祥**
字志吉生於嘉靖甲子年十一月十一日
配秦氏
生子三
炳　秀
鸞

祥長子 **宏炳**
字日燦生於萬歷丙戌年正月初一日
配楊氏生於
年八月十七日
生子一
進

炳子 **聞進**
生於癸丑年
月
日
時往廣

衍蘇內

月二十九
日
生子二　禎祥　禎榮

祥次子
宏秀
生於萬曆
甲午年六
月二十五
日
配楊氏生
於
年　月
日
時於
癸丑年十
一月初三

護次子
禎榮
字志華生

日沒葬在龜山石頭後坐丁向癸

祥三子
宏鷙
生於萬歷辛丑年六月初二日

榮長子
宏魁
生於

於隆慶辛未年七月二十二日
配鄭氏生於　年　月　日　時
生子一　魁

戊戌年二月二十四日

衍蘇內

章三子
細仔
字甫謙生於嘉靖丁未年四月二十二日於乙未年正月二十五日配陳氏生於癸丑年四月十二日於年月日

仔長子
嘉模
字志烈生於萬歷癸酉年四月二十六日配林氏生於年月日時生子一名可

模長子
宏可
字日輝生於萬歷壬寅年正月初七日配馬氏生於年月日時生子一名逢

可子
聞逢
字時薢生於崇正己巳年八月初八日配陳氏生於丙子年八月初六日生子二名敬慎

逢長子
貞敬

逢次子
貞慎

時殁葬

生子二名
加模
加畝

仔
次子
嘉猷
字志爲生
於　戊
子年六月
二十一日

衍蘇内

天錫房系 接上西毅房系

案舊譜　宗聖十五傳關內侯據家吉陽子闡十八傳尚書丞圭珪裔罯裔徙雲蓋罯衍南豐珪生寬綽豐暉愿寬三傳御史慶生偉駢駢廿二傳質粹歸山東授翰傅偉十四傳兵部侍郎晞顏五傳子集生芝蘭蘭孫袞襲翰傅芝衍麻田際由吉陽徙河南固始子延祚徙福建晉江五傳瓚六傳孝和六傳六傳端友六傳西致政六傳天錫自西致政下分派另詳茲特圖天錫房系

六十一派	六十二派	六十三派	六十四派	六十五派
錫長子 學就 下路分外	就子 傑 字志豪與			

舍居
字雲山生
於　年　月　日
時
配黄氏東
鄉安
生子一囝
日傑
與繼同住
朋內

繼兄同住
朋山內

衍蘇内

湆祖房系 接上西𧮳房系

桊舊譜　宗聖十五傳關內侯據家吉陽子關十八傳尚書丞生珪舊署舊徙雲蓋署衍南豐珪生寬緯豐暉儦寬三傳御史慶生偉駢駢廿二傳質粹歸山東授翰傅偉十四傳兵部侍郎晞顏五傳予集生芝蘭蘭孫袞襲翰傅芝衍麻田隰由吉陽徙河南閩始子延祚徙福建晉江五傳瓚六傳孝和六傳六傳端友六傳西致政六傳湆祖自西致政下分派另詳茲特圖湆祖房系

六十一派

六十二派

六十三派

六十四派

六十五派

祖　子　富春　下路分外

富長子　亶　字志能生

亶子　宏第　生於天啟

舍房
字子菹生
於嘉靖[illegible]
寅年十二
月二十九
日於
年
月　日
歿葬
配李氏生
於
酉年六月
二十八日
於
年月
日時

於萬歷乙
亥年二月
十四日
配　氏生
於　乙
亥年二月
日
生子一圖
第

癸亥年九
月初十日

衍蘇內

没葬

生子三

曰威

曰亶

曰庛

本厚房系 接上霞慕房系

業舊譜 宗聖十五傳關內侯據家吉陽子關十八傳尚書丞生珪舊署舊徙雲蓋署衍南豐琏生寬綽豐暉憓覓三傳御史慶生偉駢騈壯二傳質粹歸山東授翰傅偉十四傳兵部侍郎晞顏五傳孖集生芝蘭蘭孫袞龔翰博芝之衍庥田縣由吉陽徙河南尚始子延菲徙福建晉江五傳瓚六傳孝和六傳六傳端友六傳霞慕六傳本厚自霞慕下分派另詳茲特圖本厚房系

六十一派

六十二派

六十三派

六十四派

六十五派

厚子
珍
大二房閣

珍長子
軍大

外分
字子寶生
於　年　月　日
時
配　氏生
於　年　月　日
時
生子四图
軍太
軍二

珍亥子
軍二

珍三子
軍三
生於　年　月　日
時

三長子
宏曜
字在德生
於　年　月　日

衍蘇內

軍三
軍四

配　氏
生子一 圀
曜
珍四子
軍四

時公崇正間任湖廣火攻守備卒於官
配　氏生
於　年　月　日
時

本重房系 接上霞慕房系

業舊譜　宗聖十五傳關內侯據家吉陽子闕十八傳尚書丞生
珪舊署舊徙雲蓋署衍南豐珪生寬綽豐暉慮寬三傳御史慶生
偉駢駢廿二傳質粹歸山東授翰傳偉十四傳兵部侍郎唏顏五
傳子集生芝蘭蘭孫袞龔翰傳芝衍麻田縣由吉陽徙河南岡始
子延耕從福建晉江五傳瓚六傳孝和六傳六傳端友六傳霞慕
六傳本重自霞慕下分派另詳茲特圖本重房系

六十一派	六十二派	六十三派	六十四派	六十五派
重子 **富悌** 生於	悌長子 **天華** 字志敏			

衍蘇內

年
月　日
時　於
年
月　日
時　歿　葬
配　氏　生
於　年　月
日
時　葬
生子一　圖
華

本載房系

接上霞慕房系

纂舊譜　宗聖十五傳關內侯據家吉陽子關十八傳尚書丞生琟簡署舊徙雲蓋署衍南豐琟生寬綽豐暉慮寬三傳御史慶生偉駢駢廿二傳質粹歸山東授翰傅偉十四傳兵部侍郎晞顏五傳子集生芝蘭蘭孫袞襲翰傅芝衍麻田隰由吉陽徙河南固始子延祚徙福建晉江五傳瓚六傳孝和六傳六傳端友六傳霞慕六傳本載自霞慕下分派另詳茲特圖本載房系

六十一派　六十二派　六十三派　六十四派　六十五派

載長子　存國　生於

國子　春仔　生於

月　年　日　月　年　日

於　年　日　月　葬

配　民生

於

月　日　於

年　日

月　葬

生子一图

春

衍蘇内

鑑公房系 接上霞慕房系

桊舊譜　宗聖十五傳關內侯據家吉陽子闡十八傳尙書丞生珪舊署舊從雲蓋署衍南豐珪生寬緯豐暉處寬三傳御史慶生偉駢駢壯二傳質粹歸山東授翰博偉十四傳兵部侍郎晞顏五傳子集生芝蘭蘭孫袞龔翰博芝衍麻田縣由吉陽從河南固始子延耕從福建晉江五傳瓚六傳孝和六傳六傳端友六傳霞慕六傳鑑公自霞慕下分派另詳茲特圖鑑公房系

六十一派

六十二派

六十三派

六十四派

六十五派

鑑子
逢春
字子後生

春子
養
生於

於嘉靖甲　年
申年十二月　日
月初九日
於
年　月
日沒葬
配陳氏生
於庚
子年三月
初九日於
年　月
日沒葬
生子一　圖
曰養

衍蘇內

侯公房系 接上霞慕房系

棻舊譜　宗聖十五傳關內侯據家吉陽子闓十八傳尚書丞生珪贊署贊徙雲蓋署衍南豐珪生寬綽豐暉𢣷寬三傳御史慶生偉駢駢廿二傳質粹歸山東授翰傳偉十四傳兵部侍郎晞顏五傳子集生芝蘭蘭孫袞襲翰傳芝衍麻田縣由吉陽徙河南固始子延祚徙福建晉江五傳瓚六傳孝和六傳六傳端友六傳霞慕六傳侯公自霞慕下分派另詳茲特圖侯公房系

六十一派

侯 子 **逢文** 字子周生

六十二派

文 子 **光亮** 號志焜生

六十三派

六十四派

六十五派

於　甲
午年九月
初七日於
沒葬　日
配　氏生
於己
亥年　月
日於
年　月
日沒葬
生子一图
光亮

於　年　月
日
配　氏
生子一图
香

衍蘇內

汝化房系 接上霞慕房系

案舊譜　宗聖十五傳關內侯據家吉陽子關十八傳尙書丞生珪舊署舊徙雲蓋畧衍南豐琜生寬綽豐暉應寬三傳御史慶生偉騈騈廿二傳質粹歸山東授翰傳偉十四傳兵部侍郎晞顏五傳子集生芝蘭蘭孫袞襲翰傳芝衍麻田縣由吉陽徙河南岡始子延菲徙福建晉江五傳瓚六傳孝和六傳六傳端友六傳霞慕六傳汝化自霞慕下分派另詳茲特圖汝化房系

派	世系
六十一派	化長子 **闇成** 號寔吾生
六十二派	成子 **徵** 外宅下分
六十三派	徵子 **宏徽** 字日拊號
六十四派	吾長子 **闇勳** 大二房外
六十五派	勳子 **貞永** 號曉吾生

於嘉靖乙巳年閏正月初一日於　年　月　日時沒葬　配顏氏生於乙卯年月初四日於　年　月　日沒葬

字繼吾係九世仰田公次子以姪孫繼叔禋昭穆不叶故於九世內備記某名以承之而於十世內則詳記之以叶昭穆

應微生於萬歷戊寅年　月　日於丁卯年八月十八日沒葬東埔坐艮向坤　配勤閭氏生於　年　月　日於　年　月　日沒葬田坂坐

宅下號明江生於萬歷辛丑年十月十四日於　年三月二十八日沒葬孫官地坐艮向坤　配蔡氏生於壬寅年二月初九日於　年　月

衍蘇內

於丙寅年二月二十二日於丁酉年十二月二十六日沒葬庵口　配蔡氏生於　年　月　日於　年八月初上日葬崚溪師菜

武城曾氏重修族譜　汝化房系　家晉江　二

繼養徵爲
嗣昭穆不
叶

壬向丙
生子三圖
勳　謙
源

日時
沒葬蓮尾
埔
生子一圖
永

上坐西向
東
生子一圖
鵬

貞歡房系

接上殷丞房系

六十六派　六十七派　六十八派　六十九派　七十派

歡長子
尚智
原名宗明生於康熙戊子年八月二十四日辰時於乾隆己卯年四月二

十九日辰
時沒葬長
埔林坐艮
向坤兼丑
未
配陳氏生
於康熙丙
申年七月
初七日亥
時於乾隆
己丑年十
二月十八
日申時沒
葬長埔林
坐癸向丁
兼丑未

衍蘇內

生子二 囧 提 允
俱𦤎

歡次子
尚文
原名理翁
生於康熙
丙申年閏
三月十六
日午時於
年 月
日 時
沒葬
配柯前鄉

文子
衍位
原名
生於乾隆
庚午年七
月二十九
日辰時於
乾隆甲申
年十二月
十七日申
時沒葬長
埔林頂坐

柯氏生於雍正甲辰年十一月二十四日未時於　年　月　日時沒　葬　生子一　位

寅向申兼艮坤

衍蘇內

貞是房系

接上殷公房系

六十六派

六十七派

六十八派

六十九派

七十派

是子 尙派

原名崇泉生於康熙辛丑年正月初十日巳時於乾隆甲申年正月初八

派子 衍寗

原名 生於乾隆庚辰年四月二十二日午時

日巳時没葬長埔林坐艮向坤兼寅申

配蔡氏生於雍正戊申年十月二十六日亥時於嘉慶庚午年正月二十二日寅時没葬公婆山脚坐艮向坤兼寅申

衍蘇內

生子一圖
[illegible]

貞樂房系

接上汝和房系

六十六派

六十七派

六十八派

六十九派

七十派

樂長子

尙佳

原名

生於乾隆壬申年八月十五日戌時於嘉慶丙寅年十月二十

七日酉時沒葬蓮尾園內坐辛向乙兼戌長

配朱意陳氏騰娘生於乾隆丙子年七月二十七日[illegible]時於嘉慶庚午年六月廿三日午時沒葬長埔林坐北向南

衍蘇內

樂次子
尚推
原名
生於乾隆
戊子年十
一月廿四
日 時於
道光丁未
年五月二
十四日巳
時沒葬
配 氏
生子一名
扶

推子
衍扶
原名續世
生於嘉慶
庚申年五
月十六日
巳時於同
治丙寅年
十二月初
六日丑時
沒葬
配徐氏名
銓娘生於
嘉慶乙丑

扶子
興再
原名
生於道光
癸卯年九
月十四日
亥時於光
緒己亥年
三月二十
六日申時
沒葬長埔
林
配何氏丑
娘生於道
光戊申年

再子
毓秋
原名
生於光緒
癸未年三
月十五日
辰時
配李氏名
註娘生於
光緒庚子
年二月初
四日酉時
於民國丙
寅年六月

秋長子
傳篤
原名
生於民國
丙辰年十
二月初十
日未時

秋次子
傳德
原名
生於民國
甲子年十

衍
蘇內

年二月二
十七日巳
時於道光
壬寅年五
月十七日
巳時沒葬
本處公婆
山
生子一圖
再

七月二十
三日午時
生子一圖
秋
生女一笑
治

初六日亥
時沒葬
子馬
繼配李氏
名莉娘生
於光緒庚
寅年七月
二十八日
辰時
生子三圖
馬德
炮

一月十三
日辰時
秋三子
傳炮
原名
生於民國
戊辰年八
月初七日
未時

樂三子
侚湖
原名
生於　年　月　日　時
配　氏
生子　图
武

湖子
衍武
原名
生於嘉慶庚申年九月二十四日未時於道光甲辰年二月初九日　時歿葬
配黃氏銀娘生於嘉慶甲子年

武子
興田
原名
生於道光戊戌年四月十六日　時於光緒庚子年八月二十二日辰時歿葬
配景氏名號娘生於道光丙午

田子
毓
原名
生於　年　月　日　時
配　氏
生子一图
庚

子
傳庚
原名庚英
生於光緒甲午年十二月三十日　時
配賴氏印娘生於光緒丁酉年十二月二十二日辰時

衍蘇內

正月二十九日時於道光己卯年十月十六日申時沒葬本山坪仔宂坐辛乙戌辰生子一圖田

璠長子
衍備

樂四子
尚璠

年五月二十日時於民國癸丑年四月二十六日未時沒葬公墓山頭生子一圖

生子一圖

鎗書

原名宗琴
生於乾隆
辛卯年十
二月初三
日巳時於
道光戊子
年十二月
初一日子
時沒葬
配莊氏罕
娘生於乾
隆甲午年
五月十二
日辰時於
道光癸巳

原名
生於嘉慶
己未年十
二月初八
日申時於
年十月初
八日子時
沒葬

瑤次子
衍棟
原名
生於嘉慶

年八月二十八日巳時歿同葬公婆山

生子三囝
倫
棘
外

癸亥年九月初一卜辰時於道光乙酉年
月
日時歿
葬

瑤
三
子
衍外

生於嘉慶乙亥年七月二十一

衍蘇內

日巳時於
道光己酉
年七月初
八日未時
沒葬

貞度房系

接上德深房系

六十六派

六十七派

六十八派

六十九派

七十派

度長子

尚性

原名

生於康熙壬子年六月十五日午時於乾隆辛酉年三月初六

性長子

衍天

原名

生於康熙乙未年正月初九日未時

配林氏生

天長子

興雀

原名

生於乾隆甲子年六月初四日寅時於乾隆丁亥年四月二十

日酉時沒
葬
配陳氏生
於康熙戊
辰年十二
月十四
日辰時於
乾隆辛酉
年三月廿
六日[illegible]時
沒夫婦同
葬湖井口
坐辰向戌
生子二圖
天高

於康熙壬
辰年　月
日
時
生子太圖
雀蕩楚
險承繼
衍高跳
雀　配
希
。險出撫
衍高翁揭
省出居台
灣諸羅縣
咬狗庄

八日午時
沒葬咬狗
廍山坐北
向南

天次子
興楚
原名
生於乾隆
戊辰年七
月二十七
日申時沒
葬失考

天三子
興跳

衍蘇內

天四子

原名
生於乾隆己卯年九月初七日未時沒葬失考

興配

原名
生於乾隆辛巳年九月三十日午時沒葬失考

衍蘇內

性家
衍高
原名
生於康熙
己亥年十

天五子
興希
原名
生於乾隆
乙酉年十
一月二十
八日卯時
沒葬失考

高子
興險
原名
生於乾隆
乙亥年正

曾氏重修族譜　貞度房系　卷七

月十四日
辰時於乾
隆辛酉年
三月十二
日酉時沒
葬
配　氏
撫子一囝
險

月初七日
未時
以上兄弟
六人俱往
唆狗的

度次子

尚悌

原名[illegible]
生於康熙
乙卯年閏
六月二十
日午時
於雍正甲
寅年七月
十二日午
時沒葬許
坡鄉里
配李氏生
於康熙己
巳年八月

悌子

衍解

原名[illegible]
生於康熙
丁酉年五
月初三日
亥時
配陳氏生
於康熙辛
卯年十二
月十九日
卯時於乾
隆丙子年
五月二十

解子

興掃

原名
生於乾隆
丙寅年十
月十七日
辰時
配柯氏生
於
年　月
日
時

衍蘇內

十六日戌時於乾隆辛酉年二月十五日亥時沒葬公瀵山坐艮向坤兼丑未

生子一图

斛

七月巳時沒葬公蔞山坐艮向坤兼丑未

子一

繼繼張氏生於康熙戊戌年十月初九日酉時

生子一图

掃

貞秀房系 接上德深房系

六十六派

六十七派

六十八派

六十九派

七十派

秀子

尙德

原名宗怀生於康熙戊午年二月二十日亥時於己亥年三月三十

時沒葬

配王氏別嫁

衍蘇內

貞富房系

婁上德棸房系

六十六派

六十七派

六十八派

六十九派

七十派

富長子 尙賜

原名朴厚，生於康熙丙子年六月二十八日子時，於乾隆甲子年八月初……

配……

賜長子 衍梅

原名 生於康熙辛丑年五月二十五日……

梅長子 興夏

原名 生於乾隆丙子年 月 日

晉江

一

四日未時
沒葬公墓
埔頂坐艮
向坤兼寅
申
配許氏生
於辛
巳年五月
初十日辰
時沒未詳
生子三 圖
梅華
權

於雍正丁
酉年十月
初八日巳
時於乾隆
壬申年正
月十一日
辰時沒葬
長埔林
繼娶李氏
生於雍正
癸丑年八
月初一日
戌時
翁揭李氏
出居台灣
諸羅縣陂

衍蘇內

建
原名
生於乾隆
庚辰年九
月初十日
巳時沒葬
未詳

梅三子
興熊
原名
生於乾隆
丙戌年十

狗的去
生子三名
夏　連
熊

賜紋子
衍華
原名
生於雍正
甲辰年九
月二十九
日巳時沒
葬未詳

月二十一
日未時沒
葬未詳
兄弟三人
俱住陝狗
的去

華長子
興撰
原名
生於乾隆
辛巳年十
月十九日
寅時沒葬
未詳

配李氏生於乾隆庚申年十月十七日申時沒葬未詳

生子二圖撰　甚

賜三子

衍懽

華亥子

興甚

原名

生於乾隆庚寅年三月二十九日未時沒葬未詳

原名生於乾隆己未年三月二十二日寅時配楊氏生於乾隆己巳年六月初十日巳時沒葬未詳翁同胞兄出居咬狗氏

富次子
尚蘅
原名毓鳳生於康熙己卯年三月初三日巳時於乾隆庚寅年正月初二日巳時沒葬臺灣陵狗的庄廊坐西向東配吳氏生於康熙癸

蘅子
衍楚
原名生於雍正庚戌年二月二十九日　時沒葬未詳配陳氏生於雍正乙卯年九月二十三日亥時沒葬未詳

楚長子
興懇
原名生於乾隆丁丑年正月二十七日未時沒葬未詳

楚次子
興檜
原名生於乾隆己丑年四

未年十二月二十九日時於乾隆庚午年十一月初一日巳時沒葬本山破井坐戌向辰兼辛乙生子一囝
楚

富三子
尙鎮

生子二囝
懇 檜

鎮子
衍君

月初二日戌時沒葬未詳

貞富房系

家晉江

四

原名朴齋生於康熙辛巳年九月二十一日辰時於乾隆甲申年七月十二日戌時沒葬蓮尾坐乾向巽配柯氏生於康熙丁亥年八月十二日丑時於乾隆庚申年六

原名生於雍正庚戌年三月二十九日戌時配王氏生於乾隆己未年正月二十六日寅時於乾隆癸未年十月初四日未時沒葬長埔林坐北向南

衍蘇內

月二十四日申時没葬庵口坐乾向巽妻亥巳繼娶陳氏生於康熙戊寅年四月二十日亥時於乾隆壬申年三月初一日辰時没葬長埔林坐東向西

生子一 罔 侃殤

生子一囝

君

富四子
尙粲
原名美翁
生於康熙
癸未年十
月二十一
日申時
配張氏生
於康熙壬
辰年正月
十五日寅
時於乾隆

粲長子
衍冕
原名周翁
生於雍正
乙卯年三
月十二日
未時
配呂氏生
於乾隆戊
午年二月
初八日子
時

冕長子
興璉
原名
生於乾隆
庚辰年四
月十九日
食時沒葬
未詳
配黃氏生
沒未詳

衍蘇內

甲申年二月二十六日寅時沒葬本山蓮尾坐乾向巽兼戌辰生子四囝

晃　揖

香　妥

○妥出撫侖全

生子四囝

璉　恰

苗　芷

晃次子

興恰

原名

生於乾隆乙酉年六月二十一日丑時沒未詳

晃三子

興苗

原名

生於乾隆戊子年八

月初十日戌時沒未詳

晃四子

興芷

原名生於乾隆庚寅年八月初四日巳時沒未詳

衍
蘇
內

粲亥子 衍挹

原名生於乾隆乙丑年三月二十八日辰時沒未詳

配李氏生於乾隆辛未年八月初八日午時沒未詳

挹子 興辦

原名生於乾隆庚寅年五月初五日辰時沒未詳

生子二圀
傑勷辨

粲三子
衍香
原名馨翁
生於乾隆
庚午年六
月二十二
日子時沒
未詳

配李氏生
於乾隆辛
未年十月
初五日酉

香子
興詣
原名
生於乾隆
己丑年十
一月初一
日午時沒
未詳

富五子 **尚全**
原名
生於康熙乙酉年十二月十八日 時沒
雍正戊申年七月二十二日時沒

時沒未詳
生子一名
詣

全子 **衍娶**
原名
生於乾隆甲戌年七月十三日酉時沒葬未詳

配　氏

撫子一　名

妥

○係撫入

尚祭四子

貞遜房系 接上德深房系

六十六派

六十七派

六十八派

六十九派

七十派

遜子
尚道
原名宗武生於康熙癸酉年五月初六日巳時於雍正己酉年十月初三

道長子
衍輝
原名
生於康熙壬寅年六月初十日
時沒未詳
配蔣氏生

輝子
興葛
原名
生於乾隆庚辰年二月二十五日未時沒未詳
配　氏

葛子
毓藩
原名
生於嘉慶戊午年五月二十五日午時沒未詳

藩子
傳奇
原名
生於道光癸巳年九月十二日戌時沒未詳

日巳時沒同母合葬本山二平內坐乾向巽

配賴氏生於康熙戊辰年七月十九日午時於乾隆己丑年四月十五日未時沒葬長埔林坐丑向未兼癸丁

於乾隆丙辰年二月十三日卯時沒未詳

生子一 圖
葛

道文子
衍湖

原名

生於雍正丙午年三月十二日子時於乾隆壬申年

生子一 圖
潘

衍蘇內

配柯氏名足娘生於嘉慶己未年八月二十八日丑時沒未詳

生子二 圖
桂薦奇

生子二 輝 湖 囧

九月初四日辰時沒

貞都房系 接上欽嘗房系

六十六派

都長子 佝虎 原名宗攴 生於順治庚午年十月二十日時於五月二十年

虎子 衍藩 原名為藩 生沒未詳

六十七派

六十八派

六十九派

七十派

五日　時
沒與弟同
葬庵口坐
亥向巳
配蔡氏生
於　年　月
日
時沒葬庵
後
生子一　圖
蕃

衍蘇內

都次子
向豸
原名懷德
生於順治
乙酉年四
月初二日
辰時於康
熙戊子年
三月初五
日未時沒
同兄合葬
庵口坐亥
向巳
配蔡氏生
於順治丁

豸長子
衍果
原名傅士
生於康熙
丙午年四
月二十七
日卯時於
康熙辛丑
年八月十
八日午時
沒葬本山
長埔林坐
北向南
配陳氏生
於康熙甲

果長子
興賀
原名慶翁
生於康熙
癸未年三
月二十六
日酉時
配吳氏生
於康熙甲
申年三月
十六日辰
時
蛉子一𡇿

賀子
毓耶
原名
生於乾隆
戊午年四
月十二日
亥時於嘉
慶癸酉年
十月十二
日巳時沒
葬本山門
口坑溪墘
田坐癸向
丁兼子午
配謝氏生

耶長子
傳曲
原名
生於乾隆
丙戌年二
月初六日
寅時沒未
詳

耶次子
傳沙
原名瑞振
生於乾隆

亥年十一月初十日戌時於康熙癸巳年九月十三日酉時沒葬浮溝石坐子向午
生子五圖
果艮
秀諧
璉

寅年五月十七日戌時於乾隆丁卯年正月初三日辰時沒葬菴口坐北向南
生子二圖
賀　珊

耿

衍蘇內

於乾隆壬戌年九月初一日寅時於嘉慶丁巳年六月初八日巳時沒葬菴口坐癸向丁兼子午
生子五圖
明曲
沙溝
博

戊子年十月初三日辰時於道光壬辰年七月十五日未時沒葬坂欄坐東向西
配李氏生於乾隆甲午年七月初七日時於道光癸未年六月十三日未時沒葬

長埔林
生子一囝
硂

耴三子
傳溝

原名
生於乾隆
甲午年四
月二十三
日酉時於
嘉慶癸酉
年六月初
八日卯時
沒葬草菴
口坐北向

衍蘇內

南

耴四子

傳博

原名

生於乾隆

乙巳年八

月初四日

時於道

光己亥年

十月十九

日酉時沒

葬

武城曾氏重修族譜

貞都房系

果次子 **興迎**

原名君詳生於康熙丙戌年五月十一日丑時於乾隆癸酉年十月二十七日戌時沒葬菴口坐北向南配王氏生於康熙戊子年十一

迎子 **毓樹**

原名生於乾隆戊午年四月初七日酉時沒未詳配許氏生於乾隆丁卯年四月二十九日巳時沒未詳

樹子 **傳題**

原名生沒未詳

家晉江

四

豸次子
衍艮
原名允善
生於康熙
庚戌年六
月初九日
辰時於乾

月二十一
日戌時
撫子一圖
樹
○係撫入
興字三子

良長子
興復
原名君言
生於康熙
辛巳年七
月十八日
午時於乾

生子一圖
題

復長子
毓建
原名
生於乾隆
丁巳年九
月十三日
午時於乾

衍蘇內

隆壬戌年五月二十三日未時沒丙子年改夫婦合葬東埔山坐卯向酉兼乙辛配李氏生於康熙丁巳年十一月初五日亥時於乾隆戊辰年正月二十三日未時

隆甲申年六月二十三日辰時沒葬鹿仔港配翁氏生於康熙甲午年六月二十五日辰時沒未詳公楬眷出居台灣鹿仔港生子三名

建聘

隆乙酉年八月初八日未時沒葬

復交子

毓聘

原名生於乾隆辛酉年九月二十八日巳時沒未詳

武功曾氏重修族譜

沒葬
生子四圈
渡　統
實　彌　愕

益

良次子
興統

渡三子
毓益
原名
生於乾隆
甲戌年三
月十四日
未時沒未
詳
上兄弟三
人俱往台
灣鹿仔港

統子
毓高

衍蘇內

原名君垂
生於康熙
甲申年正
月十六日
申時
配王氏生
於康熙癸
巳年八月
十七日丑
時
生子一圀高
揭眷任居
彰化縣

原名
生於乾隆
年
月 日
時
任居臺灣
彰化

衍蘇內

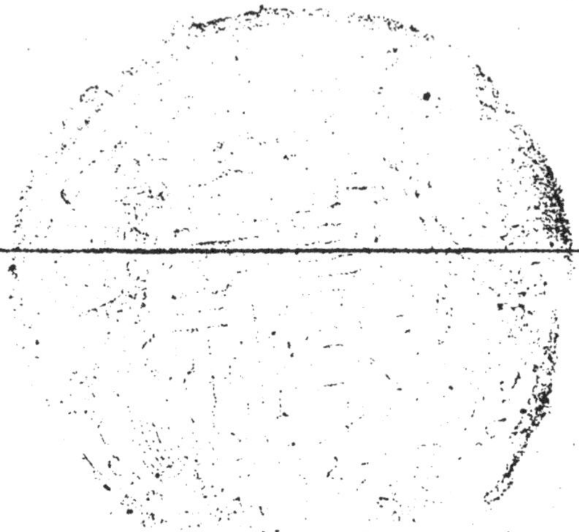

艮三子 興寶

原名·生於康熙辛卯年八月二十日巳時沒未詳

良四子 興愕

原名君德生於康熙甲午年九

愕長子 毓陪

原名生於乾隆辛未年十

月十二日
寅時
配謝氏王
於康熙辛
丑年七月
初十日辰
時
生子二囧
陪 嘆

一月十五
日午時沒
未詳

愣次子
毓嘆
原名
生於乾隆
丙子年九
月十三日
亥時於乾
隆丁酉年
十月初十
日子時沒
葬長埔林
坐子向午
兼壬丙

豸三子 **衍秀**

字行素生於康熙乙卯年十二月初五日時於康熙壬辰年正月二十一日辰時沒葬蓮尾埔配鄭氏生於康熙壬戌年五月二十三日

秀長子 **興報**

字君楫生於康熙壬午年十一月十九日戌時於乾隆癸酉年四月十七日巳時沒同大嫣及興運合葬後安坐北向南

配倪氏生

報長子 **毓甘**

字　生於乾隆戊午年十月十四日辰時於乾隆戊申年五月初十日午時沒葬

配吳氏生於乾隆丁卯年八月十七日亥

衍蘇內

申時於雍
正丁未年
八月初九
日午時沒
葬長埔林
坐北向南
生子二圖
報　運

於康熙己
丑年七月
二十二日
未時於乾
隆甲申年
十月二十
九日辰時
沒葬菴口
地內坐東
向西
生子二圖
甘　蘆

時
報次子
毓蘆
字　生
於乾隆辛
未年七月
二十六日
辰時於乾
隆丙申年
六月十八
辰時沒葬
台灣咬狗
的

秀玆子 興運

字荇素生於生於康熙己丑年六月十一日酉時於乾隆戊辰年閏七月十八日丑時沒同大媽及興報合葬後安配許氏生於

運子 毓兼

字　　生於乾隆庚申年六月初一日辰時於乾隆丁酉年二月十八日午時沒葬臺灣咬狗的

蘇內

年月
日
時
生子一圖
兼

豸四子
衍器
字聽智生
於康熙辛
酉年七月
三十日辰
時於
年七廿月
三辰時歿
葬浮溝石

貞節房系
家晉江
九

坐北向南

參五子
衍璉

字　　生
於康熙戊
辰年十月
十五日巳
時於雍正
丁未年四
月二十一
日亥時沒
葬長埔林
坐北向南
配萬氏啟
嫁

貞俞房系 接上欽賨房系

六十六派

六十七派

六十八派

六十九派

七十派

俞長子 尚孕 生没未詳

俞次子 尚夔 生没未詳

俞三子 **倘贊**

字敢和生於順治乙酉年六月二十三日寅時於康熙戊午年十一月二十二日亥時沒葬殿蠙石溪坐西向東配蔡氏生於順治庚

贊子 **衍纘**

字允興生於康熙壬子年六月二十六日亥時於乾隆丙寅年七月二十三日午時沒葬板長欄坐東向西配陳氏生於康熙庚

纘子 **興宇**

字君岳生於康熙庚辰年十一月十二日亥時於乾隆癸酉年二月初八日辰時沒葬長埔林坐北向南配蔡氏生於康熙戊子年五月

宇長子 **鯍臈**

字　生於雍正庚戌年十二月十八日亥時

宇次子 **鯍望**

字　生於雍正乙卯年閏四月初三日

衍蘇內

寅年三月
三十日
時於乾隆
丙辰年二
月二十六
日酉時沒
葬蓮尾地
坐西向東
生子一圀
續

申年七月
初七日巳
時於雍正
戊申年四
月初五日
未時沒葬
蓮尾地內
坐辛向乙
生子一圀
字

二十五日
亥時
生子三圀
膳　堂
樹出繼
迎公
〇樹撫與
興迎後嗣

辰時

貞喜房系

接上欽賓房系

六十六派

喜長子 **倘揔**

字誠寬生於順治壬辰年正月初四日子時於雍正丁未年正月二十三

六十七派

揔長子 **衍彬**

字盾軒生於康熙癸丑年十二月初八日丑時於雍正壬子年九月十八

六十八派

彬長子 **興綬**

字徐爵生於康熙甲午年十一月十四日寅時

配許氏生

六十九派

綬長子 **毓素**

字　生於雍正癸丑年七月初三日辰時

七十派

[illegible]氏重修族譜

日戌時沒葬本山後安坐子向午配陳氏生於順治丙申年正月二十一日酉時於雍正丙午年正月初六日戌時沒葬本山蓮尾祖墓口坐辛向乙生子五囝

日巳時沒葬坂上溝池壠地坐艮向坤故夫婦合葬配許氏生於康熙癸丑年七月二十七日午時於雍正丁未年五月初二日未時沒合葬本山後垵誠寬

於康熙乙未年四月十六日申時翁擕眷往台灣將至遭風溺海惟翁得活許氏及二子與庶母昭氏俱於乾隆丁卯年五月二十九日時沒葬生子二囝

緩次子

毓品

字瑪

衍蘇內

彬 樽

權 梅

桔

公墓坐北
向南
繼側昭氏
生於康熙
癸亥年五
月初三日
辰時於乾
隆丁卯年
五月二初
九日　時
沒往台溺
海無葬處
生子三圖
緩　啟
聯

素品

彬次子
興啟
字　　生
於康熙戊
戌年八月
二十六日
戌時往陵
栲罷

彬三子
興聯
字　　生
於雍正戊
申年十月

二十九日
辰時

揔次子
衍樽
字尤貴生於康熙己未年三月二十一日申時於乾隆戊辰年七月二十八日子時沒跂葬龍泉岩山第

傳長子
興生
字君懷生於康熙辛卯年十月三十日辰時於乾隆丙子年十月十三日午時沒葬長埔林坐卯向酉兼

生　子
鯍紀
字　生於乾隆辛未年六月二十三日子時沒葬未詳

衍蘇內

三崙坐巽
向乾兼亥
巳
配蔡氏生
於康熙癸
亥年九月
初十日丑
時於雍正
庚戌年十
月初六日
卯時沒葬
本山蓮尾
祖墓口坐
辛向乙
生子三名
生　欣

庚申
配蔡氏染
疾出
繼娶吳氏
生於康熙
乙未年二
月二十日
巳時
別嫁
生子四名
榮殤
藝殤
瓜殤
紀

武城曾氏重修族譜

衍蘇丙

丙
○以欣嗣
出衍梏爲
嗣

樽次子
興丙
字煥翁生
於康熙庚
子年正月
初八日卯
時
配許氏生
於雍正癸
卯年三月
十一日子
時於乾隆
甲申年七
月十六日

丙子
鯍過
字　　生
於乾隆壬
午年八月
十四日辰
時
配　　氏
生子一[illegible]
豹

過子
傳豹
字　　生
於嘉慶壬
戌年八月
十六日辰
時

揔三子

衍權

字　生於康熙乙丑年七月十三日時於康熙壬午年三

未時歿葬門口坑深坵田坐戌向辰兼乾巽

生子一图

過

衍蘇内

月十一日巳時沒葬田坂地坐寅向申

揺四子
衍梅
原名[illegible]

揺五子
衍桔
字誠助生於康熙辛

桔子
興欣
字弃翁生於康熙丙

欣長子
毓力
字能卿生於乾隆甲

力長子
傳謨
字元和生於乾[illegible]

未年三月初一日戌時於康熙丁酉年正月二十六日酉時沒同許氏合葬蓮尾墓坐辛向乙
配許氏生於康熙乙亥年十二月二十五日申時於康熙丙申年三月十

申年六月二十七日辰時於乾隆丙申年正月初七日寅時沒葬本山前坑頂坐乾向巽兼亥巳
配王氏生於雍正庚子年三月初五日酉時於乾隆五十三年

子年十月初一日未時於乾隆戊申年二月初二日未時沒葬蓮尾墓坐申向乙兼酉卯
配陳氏生於乾隆壬申年三月二十七日未時於道光戊子年十二月初

午年十二月二十一日　時於道光壬寅年五月十九日丑時沒葬
配洪氏生於乾隆己亥年十一月二十一日　時於道光甲辰年四月二十日巳時

廿日酉時
沒葬
繼娶楊氏
生於康熙
癸酉年十
二月二十
一日巳時
立志守節
撫子一名
欣
○係撫入
衍傅二子

三月十四
日酉時沒
葬本山蓮
尾墓口坐
辛向乙兼
戌辰
生子四名
力　言
磋　称

衍蘇內

六日巳時
沒葬本山
公墓內坐
乾向巽兼
亥巳
生子五名
璞　禱
爽　威
計

沒與公同
葬東洋中
德坐西向
東
生子二名
放　飯
○以放嗣
傳禱爲後
子亥方
傳禱
宇　生
於乾隆丁
酉年七月
二十九日
丑時於[illegible]

慶辛酉年
正月十八
日卯時歿
葬長埔林
坐丙向壬
兼亥巳
配　氏
生子一石
安萼
撫子一名
放
○係撫入
傳璞長子

力三子

傳爽

字

生於乾隆庚子年六月初九日時於道光甲辰年三月初三日時沒

力四子

傳威

貞壽房系　家譜　七

生沒未詳

九五子

傳計

字　　生於乾隆丙午年七月二十二日　時於咸豐辛亥年十月二十四日午時沒同二姪葬長墘林坐乾向巽兼戌辰

衍蘇內

欣奕予
毓言
字是卿生於乾隆丁卯年九月初七日戌時於嘉慶乙未年正月初五日未時沒葬長埔林坐癸向丁兼子午
配王氏生於乾隆乙

言長子
傳辦
字　生於乾隆己亥年十月二十日時沒葬未詳
配　氏
撫子一名
剃

亥年十一月十五日午時於乾隆甲申年十二月初十日未時沒葬源海開元地坐辛向乙兼戌辰
繼娶李氏生於乾隆庚辰年三月二十七日辰時於嘉慶丙寅

言亥子
傳坪
字　生於乾隆己酉年閏五月二十四日酉時於嘉慶辛未年九月初七日辰時沒葬

言三子
傳對

貞喜房系

衍蘇內

年九月初八日寅時沒葬長埔林坐戌向辰兼辛乙生子四囝

辨　坪

對　卓

欣三子

鋶[illegible]

字　生於乾隆庚午年十二月初三日子時於嘉

生沒未詳

言四子

傳卓

生沒未詳

[illegible]次子

傳此

字禘和生於乾隆癸巳年六月十六日午時於道光

慶己巳年七月二十九日戌時沒葬長埔林坐癸向
丁
配柯氏生於乾隆己卯年年八月二十五日戌時於道光癸未年六月十四日酉時沒葬長埔林坐壬向

壬午年七月初四日巳時沒葬長埔林坐東向西
配柯氏生於乾隆甲辰年三月二十五日時沒葬未詳
生子三图
仙
砍殤
桃承繼
傳波

衍蘇內

丙兼亥巳改葬石人頂坐南向北丁癸未丑

生子四囝

賚　鶚　此

波　掩

•以桃嗣傳波爲後

磽三子

傳波

字　　生

於乾隆己酉年十一月初四日寅時於道光己亥年五月二十三日寅時歿葬長埔

林

配　氏

撫子一圖

桃

○係撫入

傳此三子

礁四子

傳掩

生於乾隆

癸丑年二

月十七日

時

配陳氏生

於嘉慶丙

衍蘇內

寅年十二
月十五日
未時
生子七名
萱　擯
浪　那
硯　京
好俱　殤
蛉子一名
送
○京撫與
傳遜爲後

欣四子 毓称 字 生於乾隆壬午年五月初六日時於道光辛卯年十一月二十一日丑時沒葬長埔林坐癸向丁兼子午配張氏生於乾隆壬

称次子 傳遴 字 生於乾隆壬戌年 月 日 時於道光丙戌年三月初八日 時沒葬坵封溪配王氏生於乾隆癸丑年 月 日

衍蘇內

午年二月十一日丑時於乾隆乙巳年七月二十四日酉時沒葬長埔林坐艮向坤兼丑未繼娶翁氏生於乾隆丙戌年十二月十八日寅時於道光癸未年五月初

時於嘉慶壬申年三月二十二日未時沒葬長埔林坐東向西撫子一囝京○係傳掩五子

稱三子

傳頂

字　生於乾隆丙辰年九月

五日未時沒葬長埔林坐癸向丁兼子午生子五囝

聽 礪 遴

直 篠

栗

初二日辰時於道光壬午年十一月二十日 時沒葬泉城後坐東向西配呂氏故嫁

称四子

傳篠

字 生於嘉慶癸亥年七月

衍蘇內

喜次子

尚持

字
生於順治乙
未年二月
初十日
時於康熙
壬子年十

十九日亥
時於嘉慶
癸酉年七
月十三日
巳時沒葬

二月十二日　時沒
葬蝦蟆石
溪坐西向
東

貞揚房系

接上欽賚房系

六十六派

揚長子 **尚萬** 字　生於康熙辛亥年十二月二十三日午時於雍正丁未年五月初

六十七派

萬子 **衍管** 字　生於康熙乙亥年七月二十三日未時於康熙丁酉年三月二十

六十八派

管子 **興教** 字　生於乾隆己未年十一月初四日戌時於道光癸未年九月初九

六十九派

教長子 **毓愚** 字　生於乾隆甲午年正月二十三日辰時於嘉慶丙辰年八月二十

七十派

□□曾氏重修族譜

衍蘇內

九日寅時
沒葬本山
吳墓內
配郭氏生
於康熙壬
子年九月
二十二日
寅時於乾
隆壬申年
六月二十
八日時
沒葬公婆
山頭
生子一囝
管

五日戌時
沒葬長埔
林
配　氏
生子一囝
教

日辰時沒
葬公婆山
頭坐癸向
丁兼丑未
配王氏生
於乾隆癸
酉年三月
初九日酉
時於道光
癸未年六
月初八日
酉時沒葬
蒲尾墓坐
南向北
生子六囝
愚朋

七日丑時
沒葬長埔
林坐乾向
巽兼戌辰

教嗣子
毓朋
字世英生
於乾隆辛
卯年四月
二十九日
辰時於嘉
慶甲戌年
六月初七
日未時沒

朋長子
傳鯉
字　　生
沒未詳

朋次子
傳[illegible]
字

通閃

本祠

葬長埔林

坐艮向坤

兼寅申

配吳氏改

嫁

生子二圖

鯉 型

教三子

毓通

字振源生

於乾隆戊

戌年七月

初十日巳

時於道光

沒未詳

通長子

傳乾

字 生

於嘉慶辛

酉年六月

十五日卯

時沒未詳

衍蘇內

壬辰年九月十五日未時沒葬長埔林坐甲向庚兼寅申

配陳氏生於乾隆庚子年八月初四日午時

生子二 圖

乾 印

配陳氏生於嘉慶癸亥年九月二十七日寅時於咸豐壬子年四月二十八日巳時沒葬長埔林坐東向西

生子三 圖

鳥 妙

鏗

通次子
傳印
出居塘鐵鄉

閃長子
傳蓬
字　生於嘉慶丁卯年九月十一日戌時於道光己丑年十

教四子
毓閃
字避卿生於乾隆庚子年二月十八日時於道光丙午年四

衍蘇內

月十三日
時沒葬
福清
配李氏生
於乾隆甲
辰年十一
月十六日
戌時於道
光癸卯年
拾瓦棺與
子傳蓬同
葬長埔林
坐北向南
生子五圖
蓬
鍾鍚張

一月初六
日申時沒
葬長埔林
配吳氏改
嫁

閔三子
傳張
字　生
於嘉慶壬
申年　月
日
時往臺灣

頓
鬆 殤
○張往臺灣

閃四子
傳頓
字
生於嘉慶己卯年五月初五日巳時

教五子
毓本
生沒未詳

揚次子
尙碧
生於康熙甲寅年十二月二十六日酉時於康熙乙未年十二月二十四日丑時沒葬

碧子
衍葉
生沒未詳

教六子
毓祠
生沒未詳

衍蘇內

吳墓內坐乾向巽

配陳氏生於康熙戊午年三月十七日辰時於雍正丁未年七月初三日時淡葬長埔林

生子一圖

揚三子
尚賞

葉

衍蘇內

字　生於康熙庚寅年閏七月十九日寅時於乾隆癸亥年十一月二十日酉時歿葬小單坑尾坐壬向丙配陳氏故嫁

貞賡房系 接上賡舜房系

六十六派 六十七派 六十八派 六十九派 七十派

賡長子 尙球 字宗愿生於順治庚子年五月初六日時於雍正乙巳年六月二十五

球長子 衍遠 字質朴生於康熙甲戌年三月初三日酉時於乾隆癸酉年四月二十五

遠長子 興寬 字　生於雍正乙卯年正月初五日子時沒未詳

日巳時沒與婦合葬大覃山坐乾向巽配洪氏生於順治辛亥年六月十五日午時於康熙癸巳年四月七日卯時沒葬生子二圖遠來

日戌時沒葬配王氏生於乙酉年六月初十日寅時生子二圖寬懸

遠次子興懸字生於乾隆庚戌年三月二十七日戌時

衍蘇內

球次子
衍來
字盾軒生於康熙庚辰年十一月十六日未時於乾隆辛未年正月十四日　時沒葬芙蓉溝頂地內配蔡氏生於康熙乙未年十一

來子
興案
字　生於乾隆癸亥年八月初二日午時於嘉慶己巳年七月初五日寅時沒葬石人崙東岩墘配許氏生於乾隆丁卯年七月

案長子
毓苗
字　生於乾隆壬辰年二月初六日戌時於道光辛卯年四月十三日午時沒葬白土崙坐壬丙兼亥巳配郭氏生於乾隆甲

苗長子
傳煥
字伯彩生於嘉慶戊午年十月二十七日卯時
配　氏
撫子一囝
飛

高氏重修族譜

衍蘇內

月十九日
酉時於乾
隆戊戌年
七月二十
九日卯時
沒葬公墓
內於嘉慶
癸亥年夫
婦同葬石
人頂坐未
丑兼艮坤
生子一図
叅

初六日辰
時於道光
元年五月
二十三日
辰時沒葬
蓮尾嶺坐
甲向乙兼
酉卯夫婦
合葬
生子二図
苗　騆

午年三月
二十五日
時於道
光辛巳年
八月二十
四日辰時
沒夫婦同
葬
生子三図
煥　商
棧

苗亥子
傳商
字
生於嘉慶
年四月
十三日
時於咸豐
辛亥年沒
葬白土嶺

苗三子
傳棧
字
生於嘉慶

年　月

日

時

案次子

毓騊

字　生

於乾隆己亥年十二月二十二日卯時於道光庚寅年七月初八日未時

騊子

傳相

字　生

於　年　月

日　時

衍蘇丙

沒葬白土
當
配　氏
生子一岡
相

貞戊房系

接上虞舜房系

六十六派

六十七派

六十八派

六十九派

七十派

戊子

倘正

字宗端生於順治戊戌年正月日時

配黃氏沒葬均未詳

衍蘇內

翁 倘會

生沒未詳

貞岳房系 接上虞舜房系

六十六派 六十七派 六十八派 六十九派 七十派

岳子 尙儲 字 生 於 年 月 日 時

儲長子 衍契 字冀傳生於康熙甲申年十月初六日辰時於乾隆己丑年十一月十四

契子 興諆 字 生 於 年 月 日 時

配氏

生子四名

契　山
許　緜

日午時歿

葬本姐崙

配蔡氏生

於康熙己

丑年八月

十二日午

時於乾隆

甲辰年二

月初四日

亥時

生子一名

讃

衍蘇內

儲亥子
衍評
字　　生
於康熙己丑年九月初七日子時於乾隆辛未年十月二十九日午時在台灣身故沒葬下林仔
配謝氏生於康熙壬

評子
興哺
字　　生
於乾隆辛酉年十二月初十日巳時沒未詳

衍蘇內

辰年十一月十八日酉時歿𦵏

生子一囧

哺

儲三子

衍山

字　生於康熙壬辰年六月十六日辰時於乾隆丁卯年四月初一日

山子

興東

字　生於乾隆庚申年七月二十五日巳時

午時沒葬
台灣下林
仔
配黃氏生
於
改嫁
生子一圖
東

儲四子
衍綿
生於康熙
壬寅年六

月十八日
酉時於乾
隆壬戌年
五月初二
沒在台灣
葬[illegible]府下
眛仔古家
山

貞秩房系

接上贊參房系

六十六派

秩子 尚酉

字質素生於康熙辛未年閏七月初六日申時於乾隆　年閏二月廿一日丑時

六十七派

酉子 衍廳

字　生於雍正甲寅年十月十三日酉時於嘉慶乙丑年二月二十四

六十八派

廳長子 興孝

字明德生於乾隆庚辰年正月初八日辰時於嘉慶乙亥年九月二十六

六十九派

孝長子 毓畜

字　生於

配蘇氏生

七十派

畜子 傳蕉

字　生

歿未詳

武城曾氏重修族譜

衍蘇內

沒葬庵口配李氏生於康熙戊寅年八月初一日丑時於乾隆辛未年六月二十九日丑時沒葬庵口拾瓦棺寄龍泉岩石下生子一囝

廳

日卯時盲年七十二歲

配蔡氏生於乾隆壬戌年八月初八日時於嘉慶癸亥年正月十二日未時沒葬坂長欄生子三囝

孝　奧

增

日戌時沒葬長埔林父母予合葬

配楊氏生於乾隆戊子年八月初二日辰時於乾隆戊申年二月初九日酉時沒葬埔頂園墘坐辛向乙

於

生子一囝

靡

孝友子

毓閒

字　生於嘉慶壬戌年十二月二十二日辰時於道光戊戌年十一月

繼配葉氏生於乾隆壬辰年七月十四日寅時於道光辛丑年閏三月二十三日午時沒葬長埔林

生子三図
畜
閒
題

初六日辰時沒與父母同葬

孝三子

毓題

字　生

沒未詳

歷亥子 **興奧**

字　生

於乾隆甲午年十一月二十二日子時於道光戊子年九月二十三日丑時沒葬蓮尾墻

配蔡氏生於乾隆癸丑年十一

奧長子 **鯨兩**

字　生

沒未詳

奧次子 **鯨故**

字　生

沒未詳

月初十日
未時
生子二圖
兩　故

應三子
興增
字　　生
於乾隆甲
辰年四月
廿九日
時於道光
壬午年二
月初五日

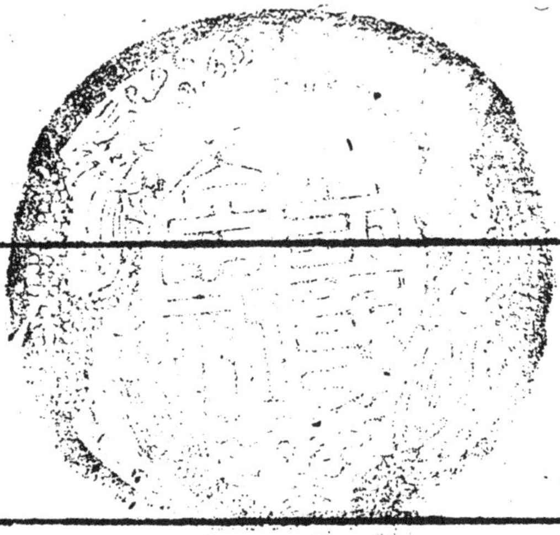

午時沒仝
玉宇媽葬
坂長壛

衍蘇內

貞和房系

接上慶參房系

六十六派　六十七派　六十八派　六十九派　七十派

和子

倘達

字斯用生於康熙壬戌年八月初五日卯時於雍正元年十月十八日巳

達子

衍汀

字深翁生於康熙庚寅年八月二十一日戌時於乾隆丙申年十二月三

汀長子

興掌

字　生於乾隆壬戌年八月二十日午時於嘉慶二年十月三十日亥

掌子

毓賡

生沒未詳

衍蘇內

時沒葬長埔林坐癸向丁兼子午
配吳氏生於康熙庚午年十月十八日戌時
生子二圖
汀　基

十日巳時沒葬
配林氏生於康熙辛卯年十一月初九日申時於乾隆丁酉年正月初三日未時沒葬格角崙坐乙辛兼辰戌與輿河合葬

時沒葬
配許氏生於乾隆乙亥年　月　日時於道光六年五月二十日申時沒葬大坑
生子一圖
賡

撫子二圖
掌　河
生女二

汀次子
興河
字　生於乾隆辛未年七月十六日戌時於乾隆三十六年六月初九日午時
配蘇氏生於乾隆癸酉年正月二十五日

河子
毓恬
字篤誠生於乾隆辛卯年九月二十六日卯時於嘉慶丁丑年十月十四日亥時沒葬丕墓坐亥向巳
配高氏

恬長子
傳瓚
字伯圭生於乾隆壬子年六月二十六日巳時
配吳氏生於嘉慶庚申年八月初一日戌時於同治庚午年十月三十日

酉時於道
光癸未年
四月二十
日巳時沒
葬本山格
角內仝公
媽合葬
生子一圖
恬

繼娶吳氏
生於乾隆
辛卯年八
月初三日
酉時於道
光丙申年
十月初三
日午時沒
葬公濆仔
山坐西向
東公改仝
太公及氏
葬大坑
生子四圖
瓚　汪
劍　傎

酉時沒葬
長埔林尾
坐東向西
生子三圖
經　拷
糊

恬亥子
傳汪
字　碭

恬三子
傳劍
字靜卿生

衍蘇丙

於嘉慶甲子年七月三十日時於道光丁酉年五月初七日時沒葬長埔林

恬四子

傳廣

字靜鄉生於嘉慶癸酉年十月十一日亥時

達次子 **衍蓋**

字厚翁生於康熙丙申年三月十一日巳時

配蘇氏生於康熙乙巳年十月初二日卯時於乾隆庚寅年七月初九日

蓋長子 **興連**

字　　生於乾隆戊辰年七月十九日戌戌時於乾隆壬午年十二月十四日午時沒葬新墓

配許氏生於乾隆壬申年　月　日

連長子 **毓根**

字順德生於乾隆丁酉年正月初一日亥時於道光庚寅年九月二十二日酉時與祖母合葬大坑口

配翁氏生於乾隆壬寅年三月

根子 **傳歡**

字　　生於道光壬午年正月初三日辰時沒未詳

午時沒葬
小軍澐坐
乾
繼娶李氏
生於雍正
己酉年十
一月二十
日寅時於
乾隆丁未
年正月二
十日丑時
沒夫婦合
葬小軍澐
坐亥巳兼
乾巽
生子三图

時於嘉慶
乙丑年十
二月初四
日寅時沒
葬大坑口
坐乾巽兼
戌辰
生子三图
振　鑽
雕
□以雕嗣
興入爲後

初八日巳
時於嘉慶
丁卯年二
月二十三
日卯時
撫子一图
歡
○係撫入
鏞雕長子

連次子
毓鑽
字堅卿生
於乾隆辛
丑年七月

鑽鈴子
傳注
字　生
於

連看
入

初一日巳
時於咸豐
九年五月
初十日未
時沒葬大
園頭田坐
北向南
配李氏
繼配吳氏
繼配莊氏
生於乾隆
癸卯年
月　日

配莊氏生
於
生子二图
承　到
俱殤
纘亥子
傳滴
字　生
於道光戊
子年九月

貞阳房系

時於嘉
慶八年五
月十九日
戌時沒葬
湮水
繼娶蘇氏
生於乾隆
甲辰年十
二月初九
日卯時
撫子二圖
滴　劉
蛉子一圖
注
生女二

初二日辰
時於道光
戊申年正
月十三日
戌時沒葬
新墓
撫子一圖
罵
○係撫入
傳劉亥子

鑽三子
傳劉
字　生
於

蓋亥子
興看
字觀星生
於乾隆丙
子年三月
十一日寅

看長子
毓池
字　生
於乾隆己
酉年七月
初八日辰

配何氏
生子二名
槽　罵
○以罵嗣
傳滴爲後

時於嘉慶乙亥年八月十九日巳時沒葬石人頭
配莊氏生於乾隆丁丑年八月初三日亥時於道光戊戌年二月初九日未時沒葬蓮尾埔
生子四圖
池 長

時於道光壬午年正月二十六日戌時沒葬石人頭坐癸向丁

看次子
毓長
字 生於乾隆乙卯年二月二十三日巳時於道光戊戌年二月初九

長子
傳瓬
字 生
沒未詳
配 氏
生子一圖
腮

盤醉

日未時沒
葬
配莊氏生
於嘉慶庚
申年八月
初三日亥
時於咸豐
癸丑年四
月二十三
日時沒
葬長埔林
坐北向南
生子一名
瓢

看三子
毓盤
字　生
於嘉慶庚
申年二月
二十五日
時

看四子
毓醉
字　生
歿未詳

蓋三子

興人

字　　生於乾隆庚辰年十月二十七日子時於乾隆戊申年正月二十四日亥時沒葬永安縣貢川東山白塔後

配　氏

人子

毓雕

字　　生於乾隆己丑年九月二十日戌時於咸豐甲寅年正月初十日酉時沒葬蓮尾埔坐西向東

配許氏生於嘉慶癸亥年正月

雕次子

傳園

字　　生沒未詳

雕四子

傳萍

字　　生於道光丙申年二月二十二日　時於咸豐甲寅年正月初十日酉時沒

撫子一罔
雕

十九日丑時於咸豐乙卯年八月初四日丑時沒葬長埔林
生子六罔
歡　閩
滴　萍
奔　甑
以歡嗣毓棖爲後
又以滴嗣毓鑽爲後

葬蓮尾埔

雕五子
傳奔
字　生
於道光甲辰年十一月初二日時殤

雕六子
傳甑
字　生
於道光丁未年二月二十九日

貞挺房系

接上廣參房系

六十六派

六十七派

六十八派

六十九派

七十派

挺子

尚謹

字宗亶生於康熙丙寅年六月初十日酉時於乾隆丁丑年九月初十日

謹長子

衍周

字長春生於康熙庚子年二月初十日亥時於乾隆己巳年四月二十八

申時沒葬
長埔林
配柯氏生
於康熙甲
戌年五月
二十八日
申時於康
熙乙未年
二月初二
日巳時沒
葬長埔林
繼配黃氏
生於康熙
丙子年十
一月初六
日酉時於

日酉時沒
葬台灣
配蔡氏生
於雍正庚
戌年二月
初三日未
時

蛤子　諱衍道

字　生
於雍正丙
午年正月
二十六日

道子　興養

字　生
於乾隆壬
申年九月
二十九日

衍蘇內

乾隆己丑年六月二十七日酉時沒葬長埔林坐癸向丁丑未
生子一圖
周
蛉子一圖
道

戌時於乾隆丙戌年五月十二日時沒
葬台灣
配蔡氏
生子一圖
養

申時

貞柯房系

接上廣參房系

六十六派

柯長子 倚科

字聯芳生於康熙丁卯年三月二十三日辰時於雍正己酉年七月初三

六十七派

科子 衍儼

字　生於康熙庚子年八月初六日辰時於乾隆　年七月廿六日

六十八派

儼長子 興耀

字　生於乾隆乙卯年五月十八日戌時於嘉慶庚午年五月二十六

六十九派

耀長子 毓設

字　生於嘉慶庚申年　月　日　時往建寧府水吉爲生

七十派

日寅時任
泉城湖角
頭沒葬城
後無不知
墓所
配陳氏改
嫁
生子二圖
儼　捕

時沒葬
配柯氏生
於乾隆己
巳年九月
初一日
時於嘉慶
丙辰年六
月二十四
日時沒
葬公婆山
頭
生子三圖
知　釣
他
○以釣嗣

日戌時沒
葬
配呂氏生
於乾隆乙
丑年五月
十八日戌
時於
丙申年二
月二十四
日未時沒
葬公婆山
坐西向東
生子三圖
設　譜
便

耀次子毓譜
字　生
於嘉慶甲
子年五月
初九日戌
時
配林氏生
於嘉慶甲
子年五月
初九日亥
時於道光
丁未年十
一月十三

譜次子傳承
生於道光
庚寅年十
月初五日
時

譜次子傳箱
生沒未詳

衍蘇內

衍贊爲後
撫子一图
耀

日酉時後
葬長埔林
生子二图
承 箱

耀三子
毓便
生於
己巳年八
月初九日
寅時
配張氏生
於道光壬
午年四月
初四日

便長子
傳祖
生於道光
己亥年十
月二十二
日卯時

便次子
傳寧

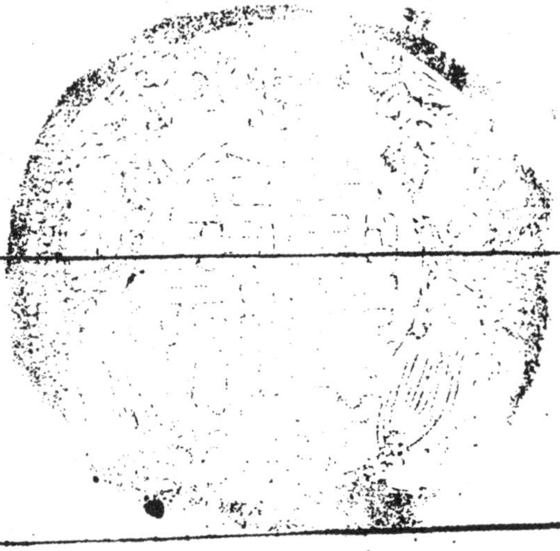

儼次子
興知
生於乾隆庚寅年十一月初四日巳時於嘉慶丙寅年五月十九日酉時

時
生子二
祖
寧

知子
毓底
生於嘉慶丁巳年正月二十六日時往台灣

生於道光癸卯年三月初四日卯時

科次子
衍捕
生沒未詳

儼三子
興他
生沒未詳

生子一囮
庶

配氏
壬丙
坐亥巳兼
兄共四壙
山與父母
沒葬公婆

柯奕子
尚奕
字永裳生於康熙丁丑年十一月二十二日寅時於乾隆癸未年十月十六日午時沒葬合灣咬狗竹堆頭庄廍口配蔡氏生於康熙丙

奕子
衍柳
生於　年　月　日　時
配　氏
撫子一　圖
撫

柳子
興
生於乾隆甲子年十二月二十六日寅時

衍
蔀

戊年十月
初四日酉
時於乾隆
己卯年五
月二十日
申時沒葬
長埔林
撫子一囝
柳

貞錦房系

接上廣參房系

六十六派

錦次子 **尚漢** 字文和生於康熙癸未年十一月初八日酉時於乾隆辛酉年四月初十

六十七派

漢子 **衍西** 生沒未詳

六十八派

六十九派

七十派

日午時沒
葬台灣諸
羅縣咬狗
竹林仔唇
後地三尖
坵坐北向
南
配莊氏改
嫁
生子一囹
西

衍蘇內

錦三子
倚機
生於康熙戊子年十一月二十九日子時
配李氏生於雍正乙丑年十一月十三日時於乾隆癸酉年、正月廿七日午時沒

機子
衍郭
生於乾隆辛未年三月十九日午時於道光丙戌年三月十三日巳時沒
夫婦子三人合葬陳埭墓後
配王氏生於乾隆辛巳年 月

郭長子
興灼
生於乾隆丁卯年正月初一日酉時於嘉慶壬戌年四月十六日酉時沒
葬公婆山頭與父仝穴
配陳氏生於嘉慶丁巳年三月

灼長子
毓鴉
生於嘉慶乙亥年六月二十八日未時

灼次子
毓算
生沒未詳

貞錦房系　家晉江　二

葬長埔林
坐北向南
生子一囝
郭

日
時於乾隆
年五
月七日申
時沒葬
繼娶林氏
生於乾隆
癸未年七
月十九日
酉時於嘉
慶己卯年
五月初二
日巳時沒
葬

十九日
時於咸豐
辛亥年七
月初八日
未時沒葬
長埔林
生子三囝
鴉　算
扯

灼三子
毓扯
生沒未詳

生子四図
灼 眠
漁
氣 殤

郭亥子
興眠
生於乾隆
丙午年閏
七月二十
五日辰時
於道光
年 月
初一日巳
時沒葬蓮
尾埔
配 氏
生子一図
音

眠子
魷音
字知音生
於道光戊
子年六月
十五日戌
時於光緒
甲申年十
月十一日
酉時沒葬
長埔林

郭三子

興漁

生於乾隆乙卯年十一月初四日辰時於嘉慶壬戌年十月二十五日辰時沒葬長埔林

衍蘇內

貞儀房系

接上廣參房系

六十六派

六十七派

六十八派

六十九派

七十派

儀長子

尙功

字成功生歿未詳出居廣東

儀
亥
子
尚德
字成德生
沒未詳

貞明房系

接上廣參房系

六十六派 六十七派 六十八派 六十九派 七十派

明長子 倘喜
字暢茂生於康熙癸亥年四月十六日丑時於雍正癸丑年六月二十七

喜子 衍贊
字敵朴生於康熙戊戌年九月初一日酉時於乾隆乙酉年六月初八日

贊長子 興僭
生於乾隆丁丑年八月初三日巳時沒未詳

日卯時沒葬黃厝山後。配蕭氏生於癸酉年八月二十一日戌時於康熙乙未年八月初十日巳時沒葬黃厝山後

繼娶翁氏生於康熙

卯時沒葬臺灣咬狗的

配蘇氏生於乾隆丁巳年　月　日　時

生子二名　茜　鷂偕

子一名　釣

○係撫入衍儼三子

贊次子　**興釣**

生於乾隆丙申年十二月二十二日亥時於道光丁酉年三月二十八日未時沒葬

配許氏生於乾隆丙午年八月二十八日

釣子　**毓喬**

生於嘉慶癸酉年十二月初八日子時

配莊氏

生子四名　保　天　欄　老

喬長子　**傳保**

生於咸豐丁巳年二月初二日丑時於同治元年六月十五日辰時

喬次子　**傳天**

生於咸豐

衍蘇內

庚午年十二月十二日午時於雍正丁未年七月二十八日巳時沒葬長埔林與玉崑公四壙合葬

生子一 圖

贊

丑時於同治癸亥年十二月初八日酉時沒葬巷口埔

生子三 圖

童殤 喬

丙

己未年八月初八日卯時沒未詳

喬三子

傳欄

生於咸豐辛酉年三月十二日巳時

喬四子

傳老

字伯仁生於同治丙寅年九月二十七日巳時於民國戊辰年七月十四日　時歿葬

配張氏結娘生於光緒癸未年　月　日　時於光緒壬寅

年四月十七日　時殁葬

繼娶張氏生於光緒乙亥年六月十二日　時於民國己巳年四月十九日未時殁葬

生子一 图寶

釣三子

鋶丙

生於嘉慶丁酉年十月初三日子時於光緒己亥年七月二十日巳時沒葬公婆山坐丑向未

配　氏

撫子一名

饒

明次子
倘國
生於康熙辛巳年十二月十四日子時
配陳氏生於康熙己丑年正月二十八日酉時公揭眷住台灣咬狗庄
生子四名

國長子
衍華
生於乾隆辛酉年七月十一日酉時
配蘇氏生於乾隆己巳年二月初七日卯時

華乃

台對

國次子 衍乃

生於乾隆癸亥年九月初一日寅時

配何氏生於乾隆癸酉年十二月初二日亥時

國三子 衍台

衍蘇內

生於乾隆戊辰年八月初三日亥時

國四子

衍對

生於乾隆庚午年十一月二十六日寅時以上兄弟四人俱往台灣

貞坤房系 接上廣信房系

六十六派

六十七派

六十八派

六十九派

七十派

坤子

倘琅

生於康熙己酉年十月初二日寅時於康熙癸酉年六月十三日戌時沒

葬長埔林

貞恕房系

接上廣信房系

六十六派

紹子 **侚猛**

字嚴翁生於康熙丁丑年七月初九日戌時於乾隆癸巳年七月初三日

六十七派

猛長子 **衍報**

生於雍正癸卯年十月初八日午時於嘉慶庚申年閏四月十七日子時

六十八派

報長子 **興隱**

字君星生於乾隆庚午年十二月十三日丑時於道光壬辰年六月二十

六十九派

隱子 **毓誇**

生於乾隆庚戌年八月二十一日戌時於咸豐壬子年二月十五日子時

七十派

誇長子 **傳楚**

生於道光辛巳年八月二十九日辰時

配蔡氏生於道光己

時沒與陳氏仝塋配蘇氏生於康熙壬午年五月十一日卯時於雍正戊申年六月廿六日丑時沒葬息厝後繼娶陳氏生於康熙癸未年七月二十四日辰時於

沒葬配許氏生於雍正己酉年十月二十六日午時於乾隆丙申年四月初四日巳時沒葬生子二　圖隱　斗

入日巳時沒葬配楊氏生於乾隆乙酉年正月二十五日申時於乾隆乙巳年七月初四日巳時沒葬澐水內丁厝繼娶陳氏生於乾隆壬午年三

沒葬石人頭配陳氏惠安人生於乾隆丙午年四月十二日丑時於道光丙午年十二月初七日巳時沒葬蓮尾埔生子二　圖　楚

丑年三月二十一日時於辛酉年四月二十日九日時沒葬生子三　圖　館　鍫　出𨚗承海　𨚗

傳武　諱亥子

生於道光

衍戶

乾隆庚寅
年十月二
十五日巳
時沒葬石
入山
生子四图
報二
偶碣

月二十一
日時於
乾隆己酉
年三月二
十一日子
時沒葬和
尚墓
撫子一图
諺
係撫入
興斗長子

庚寅年閏
四月二十
四日辰時
配何氏生
於道光己
丑年三月
日
時於道光
丙申年四
月二十九
日時沒
葬大坑口
繼娶陳氏
生於道光
癸卯年閏
七月十四

報亥子
興斗
字吉星生
於乾隆辛
巳年正月

斗夾子
毓榜
字標卿生
於乾隆癸
丑年六月

日戌時於
光緒乙酉
年六月二
十九日
時沒葬
生子二名
寶螞
韡螞
撫子一名
鍪螞

二十三日亥時於道光癸未年三月初五日　時沒葬長埔林配陳氏生於乾隆丙申年七月二十一日戌時於嘉慶丙寅年八月初四日子時沒葬

二十一日巳時於道光戊戌年正月初十日未時沒葬石人頂

斗三子
毓眼
生於嘉慶丙辰年十月二十四日丑時於咸豐己未年二月十七日　時

眼子
傳還
生於道光甲申年七月初七日午時於光緒辛巳年十一月初一日

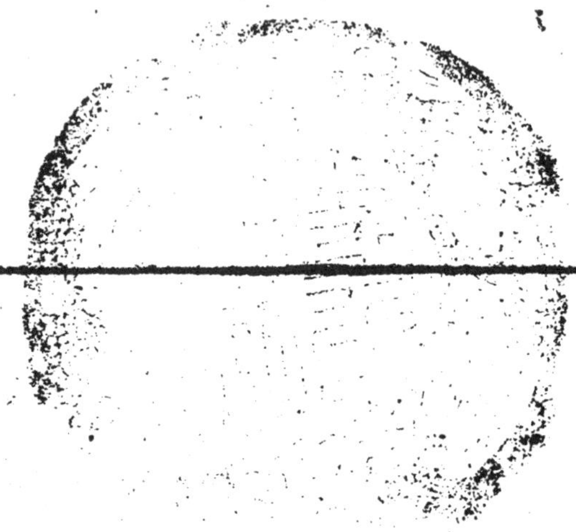

生子四图
誇榜
眼斜
○誇撫出
興阮爲嗣

沒葬
配黃氏惠
安人生於
嘉慶庚申
年十一月
十一日亥
時於道光
己酉年十
二月二十
四日寅時
沒葬舊後
東岩壠後
石人漂水
繼娶洪氏
生於嘉慶

沒葬
配許氏生
於道光戊
戌年九月
十九日辰
時於光緒
壬午年七
月十三日
酉時沒葬
生子二图
㤔錢
俱殤

武城曾氏重修族譜

貞恕房系

壬申年五月十五日時
蛉子一囝還

斗四子
毓斜
生於嘉慶庚申年月日時

家晉江

四

猛次子
衍二
生於雍正庚戌年二月二十三日亥時
配李氏生於乾隆壬戌年九月二十九日時
生子三圖
桃　對
灶

二長子
興桃
生於乾隆乙酉年四月二十五日巳時

二次子
興對
生於乾隆戊子年二月十二日戌時

猛三子
衍偶
生於雍正甲寅年正月二十九日子時於乾隆甲申年六月初四日午時沒葬石人

二三子
興灶
生沒未詳

山

猛四子

衍⿰石區

字　生於乾隆戊午年四月二十五日酉時於乾隆庚辰年十一月初十日　時歿葬合學南路下中州

貞藻房系

接上廣信房系

六十六派　六十七派　六十八派　六十九派　七十派

藻長子
尙瑾
字汝瑕生於康熙壬子年二月十七日申時於雍正丁未年閏三月十九

瑾長子
衍芸
生於康熙丁亥年正月初七日子時於乾隆己丑年九月二十六　酉時

芸長子
興溪
生於雍正壬子年閏五月二十一日丑時往呂宋

日巳時沒葬觀音壟座後
配柯氏生於康熙丙辰年閏六月二十九日午時於乾隆辛未年三月初四日酉時沒葬
側室許氏生於康熙癸亥年六月初一日

沒葬長埔林
配張氏生於康熙甲午年七月初八日未時於乾隆甲辰年五月初九日申時沒葬石人頂乾巽兼辰戌與子合葬
生子四名
溪　邊

芸次子

興邊

生於乾隆丙辰年正月初十日未時於乾隆戊申年四月二十五日辰時沒葬
配柯氏生於乾隆庚申年四月　日辰

邊長子

毓直

生於乾隆戊子年　月　日　時
配施氏
生子一名
飯

邊次子

毓忮

直子

傳飯

生沒未詳

丑時於乾隆戊寅年十月初八日申時沒葬
生子三圖
芸 心
蕙

月柳
○以柳嗣
尚奕爲孫

時於道光壬午年二月初八日酉時母子合葬石人頂
生子二圖
進 攸

芸三子
興月
生於乾隆辛酉年六

生於乾隆己亥年九月二十六日 時於嘉慶壬申年 月 日 時
配蔡氏葬臺灣承天府中妙

月子
毓脫
生於乾隆丙申年

脫子
傳稜
生沒未詳

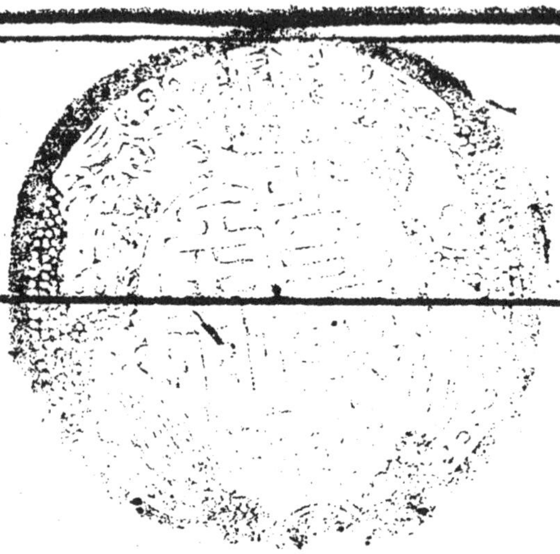

月初六日辰時於乾隆庚戌年六月十七日子時沒葬台灣
配蔡氏生於乾隆丁丑年正月二十五日丑時於嘉慶庚午年十二月初七日寅時沒葬

月
日時於道光乙酉年五月初九日時沒葬泉城東門東岳山
配吳氏
生子一図
移

生子一 園
脫
芸四子
興柳
字
生於乾隆甲子十二月二十六日寅時於
年 月 日 時沒葬

配　氏生
於　年　月
日
時於　年
月　日
時沒葬

生子　囮

璀次子
衍心
生於康熙己丑年四月二十六日卯時往外

璀三子
衍懸
生於康熙丙申年入

惠子
興勞
生沒未詳

子次 澡

何瑜

生於康熙
壬子年二
月十六日
亥時

配何氏生
於雍正己
酉年八月
十六日戌
時母子出
澮州
生子一図
勞

衍蔚內

月十七日
酉時
配王氏改
節

藻三子
尚璞
生於康熙
戊午年十
二月初一
日寅時於
康熙己卯
年十二月

初二日巳時沒葬

配　氏

貞圭房系 接上廣信房系

六十六派

六十七派

六十八派

六十九派

七十派

圭子

尙紀

生於康熙乙巳年六月二十三日亥時於年十月十三日時

歿葬
酉胡□九月初七葬
長林埔

貞綱房系 接上廣信房系

六十六派

綱長子
倚榮
字省英生於康熙甲寅年九月十七日辰時於雍正己卯年十二月二十

六十七派

榮長子
衍菊
生於康熙辛巳年九月二十五日戌時於乾隆戊戌年正月初二日寅時

六十八派

菊長子
興增
字康翁生於乾隆壬寅年三月初六日戌時
配蕭氏生

六十九派

增長子
毓幸
生於乾隆辛巳年五月初四日戌時

七十派

三日巳時沒葬配李氏生於康熙乙卯年　月　日時於康熙己卯年十月二十日辰時沒葬

繼娶吳氏生於康熙甲子年九月二十三日寅時於

沒葬長埔配何氏生於康熙壬午年二月二十二日酉時於乾隆丁亥年五月二十五日午時沒葬長埔

林

林

生子三　囝

增　潘

旋

於雍正年十二月十六日巳時生子三　囝

幸　流

練

菊亥子

興潘

增亥子

毓流

生於乾隆丁亥年四月三十日巳時

增三子

毓練

生沒未詳

乾隆庚申年正月十八日巳時沒與公及李氏合葬東嵓坪生子四：宮、菊、恭、的、藔

菊三子
興旋
生於乾隆丙辰年三月二十七日酉時於乾隆甲申年六月初三日申時沒葬
生於乾隆乙未年九月二十四日酉時

榮次子
衍恭
生於康熙乙酉年十二月十七日丑時

榮三子
衍的
生於康熙癸巳年九月十七日辰時於乾隆己丑年

的長子
興玉
生於乾隆庚申年十二月十八日酉時於嘉慶癸亥

玉子
毓椽
生歿未詳
往臺灣

十月二十九日巳時沒葬源海垳

配李氏生於康熙丁酉年十月初十日辰時於乾隆戊寅年十二月初九日酉時沒葬石人觀音壘座後

繼娶朱氏生於雍正

年三月二十六日巳時沒葬

配李氏生於　年　月　日時於嘉慶丙辰年六月十九日未時沒葬

蛉子一圖

椽

戊申年十
十二月二十
九日戌時
於嘉慶庚
午年十一
月初三日
巳時沒葬
東岩乾
生子五圖
玉出
牙官
瓦

的次子
興出
生於乾隆
庚辰年七
月初九日
巳時

的三子
興牙
生於乾隆
乙酉年正
月二十七
日亥時生

武城曾氏重修族譜

貞綱房系

台灣府下
中洲

的四子
興官
生於乾隆
丁亥年七
月二十一
日丑時

的五子
興瓦
生於乾隆
己丑年十

家晉江

四

榮四子
衍蔭
字希齋生於雍正癸卯年十二月二十四日未時於

二月初四日亥時於道光辛巳年八月二十三日時公居台灣府下中洲葬台

蔭地子
興寵
生於乾隆戊子年三月二十二日申時

乾隆乙巳年七月十二日巳時沒葬源海坵
配蔡氏生於雍正丙午年　月　日時於乾隆乙丑年九月初九日寅時沒葬公墓地內
繼娶張氏生於乾隆

綱次子
尚華
字朴軒生
於康熙己

華長子
衍韜
字學文生
於康熙庚
丙辰年三
月二十日
酉時於嘉
慶癸亥年
十二月十
四日戌時
殁葬
生子一 圀
寵

韜長子
興會
生於雍正
壬子年四

會長子
毓海
生於乾隆
癸未年七

未年五月
初九日申
時於乾隆
丁巳年七
月初四日
未時沒與
黃氏仝葬
木山石人
上
配黃氏生
於康熙癸
亥年十月
初九日丑
時於乾隆
乙亥年十
月初五日

寅年八月
二十二日
未時於乾
隆丙午年
七月十九
日午時沒
葬
配林氏生
於康熙庚
年八月
十三日未
時於乾隆
丙午年五
月十五日
巳時沒葬

月初一日
丑時於乾
隆壬午年
七月
日　時
配吳氏生
於雍正癸
丑年往暹
羅冊港口
而亡
承子二罔
海　再

月二十五
日辰時
曾亥子
毓再
生沒未詳
往溪東

末時没葬
繼娶李氏
生於康熙
壬午年二
月十三日
未時於乾
隆癸未年
十一月二
十日子時
没葬土地
公宫頭
生子四圖
翮趨
廷登

華次子
衍趨
生子二圖
會
合

翮次子
興合
生於乾隆
辛酉年三
月初四日
未時在臺
灣陝狗竹
諸羅縣没
葬長埔林

趨長子
興到

到長子
毓浚

浚長子
傳郁

字敢齋生於康熙丙申年九月十三日戌時於乾隆壬寅年十一月二十七日未時沒葬

配張氏生於康熙己亥年十二月初五日亥時於乾隆戊申年

生於乾隆壬戌年十一月二十九日　時於乾隆辛卯年五月十三日午時沒葬

配張氏生於乾隆癸亥年十月十五日辰時

生子二囝

生於乾隆戊子年七月二十五日亥時於道光丁未年八月二十四日亥時沒葬獅山

配李氏生於乾隆壬寅年　月二十日申時於嘉慶庚申年十二月初十

生於道光甲子年五月二十五日　時

配陳氏生於道光乙亥年正月初五日申時

蛉子一囝

榮??

四月二十
四日巳時
沒夫婦與
子興到合
葬
生子二　圖
到　齋

淡延

日亥時沒
葬大坑口
繼娶李氏
生子二　圖
櫛
萍　齋

到亥子
毓延
生於乾隆
辛卯年七
月二十六
日辰時於
道光癸卯

延子
傳授
生於嘉慶
丙寅年四
月初四日
寅時於道
光丁亥年

武城曾氏重修族譜 貞綱房系 家晉江 八

年三月十
二日時
沒葬獅山
配何氏生
於
年月
日
時於道光
壬子年正
月十九日
、時沒葬
生子二名
投
便[illegible]

四月初七
日 時

華三子
衍廷
字誠齋生於康熙庚子年五月初五日辰

趨亥子
興齋
生於乾隆丁卯年正月初十日巳時

廷子
興吟
生於乾隆己未年正月十一日未時

時於乾隆壬子年九月十六日巳時沒葬

配洪氏生於康熙癸卯年正月初七日酉時於乾隆戊申年二月二十六日巳時沒葬本山龔算垵

蛤子一　吟　圖

華四子

衍登

生於雍正甲寅年十月二十四日戌時歿年十四歲而亡葬長埔林

衍蘇內

貞畝房系

接上朝衿房系

六十六派

六十七派

六十八派

六十九派

七十派

畝子 **侚爵** 字尊甫生於崇正辛卯年十一月二十五日戌時於雍正丁未年十二月

爵長子 **衍明** 字嵩山生於康熙壬子年三月十三日未時於雍正乙卯年三月三十日

明長子 **興高** 生於康熙己卯年正月二十三日丑時於雍正己酉年五月初五日戌時

二十九日酉時壽壽八十一歲受皇恩寵錫葬本山崎石坡配洪氏生於順治庚寅年七月初一日寅時於雍正乙卯年十一月初十日未時沒與公合葬崎石坡

丑時沒葬湖井口配李氏生於康熙丁巳年二月初九日卯時於年十一月初六日時沒日葬生子四閭高騰曜喜

沒葬配李氏改嫁

明亥子
興騰
字君序生於康熙甲申年八月十三日巳時在臺灣沒
配李氏生

騰子
毓堯
字生於雍正甲寅年四月初一日辰時在臺灣沒

生子三 明 祐
先

於康熙乙酉年九月十一日酉時於雍正丙辰年正月十三日辰時沒仝翁姑合葬湖井口
生子一 堯

明三子
興曜

生於康熙癸巳年五月十五日戌時在台灣沒

明四子
興喜
生於康熙己亥年九月十四日午時

衍蘇內

爵次子
衍扶
字鑾山生於康熙乙丑年六月十九日巳時於乾隆庚申年十一月初三日酉時沒葬梧桐溝配洪氏生於康熙己巳年七月初八日卯

扶長子
興合
字純厚生於康熙己丑年十二月十一日酉時於乾隆甲申年二月初八日寅時沒葬師姑寺下配翁氏生於康熙癸巳年三月

合長子
毓福
生於雍正辛亥年五月二十一日申時於乾隆壬辰年十一月二十四日丑時沒葬配翁氏生於雍正乙卯年十月二十三日辰時於嘉

福長子
傳建
字蒹敏生於乾隆丙子年六月十九日酉時於嘉慶乙亥年九月十二日酉時沒葬配翁氏生於乾隆癸未年二月十四日酉

時於乾隆
甲戌年十
一月十六
日卯時沒
葬長碎石
生子三图
合　耨
林

十二日戌
時
生子三图
嗣　遭
官

慶丙辰年
十月初六
日辰時沒
葬
生子三图
建　平
擟

時於乾隆
五十五年
七月三十
日巳時沒
葬
繼娶林氏
生於乾隆
辛巳年十
一月十九
日酉時於
嘉慶二十
年十一月
初三日丑
時沒葬

生子六图

亮

承子一图

緞錫

福次子

傳平

生於乾隆己丑年二月二十三日未時於嘉慶丙辰年七月初一日卯時沒葬

衍蕭內

生子一囝

奏烏

福三子

傳掬

生於乾隆丁未年十月十三日酉時於道光庚寅年十月二十二日卯時没葬公墓

配蔣氏生於乾隆乙丑年六月

貞敵房系

初七日巳
時於同治
丁卯年十
月二十六
日申時沒
葬

生子一圖
多

遭長子
傳裕
生於乾隆
辛卯年正
月初十日
未時於道

合次子
毓遭
生於乾隆
甲子年六
月初四日
酉時於乾

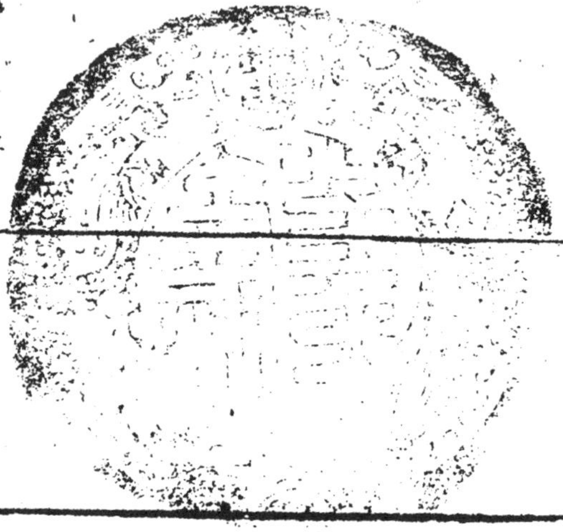

隆乙巳年五月二十九日子時沒葬

配呂氏生於乾隆己巳年四月二十日午時於道光乙酉年七月初二日酉時沒葬

生子三名

裕　弼

光辛卯年正月十五日丑時沒葬長埔林

配謝氏生於乾隆己亥年十二月初七日巳時於道光辛卯年正月十五日丑時沒葬長埔林

生子二名

飽　熛

姤

傳獅 遭次子

生於乾隆甲午年五月二十一日巳時於道光乙未年十月初三日巳時沒葬六宮坵

配翁氏生於乾隆辛丑年十二月初六日

辰時於嘉慶甲子年五月初九日酉時沒葬湖庭

繼娶陳氏生於乾隆辛丑年正月二十日辰時於咸豐甲寅年十二月十八日辰時沒葬湖井埕

生子二圖
奏 豫
○以奏嗣
傳平爲後

遵三子
傳姤
生於乾隆
庚子年三
月初七日
亥時於道
光戊戌年
四月二十
八卯時沒
葬長埔林

合三子
毓官

配呂氏生於乾隆己酉年十二月初十日卯時於道光己丑年十二月十四日午時沒葬

生子一 圖

賫

官長子
傳柔

生於乾隆甲戌年六月初五日子時於嘉慶戊午年五月二十九日卯時沒葬

配蔡氏生於乾隆丙子年三月十九日卯時於道光壬辰年正月二十六

生於乾隆乙未年六月十七日酉時於嘉慶戊寅年二月三十七日酉時沒葬

配蔡氏生於乾隆戊戌年十月初七日子時於道光丙午年二月二十九

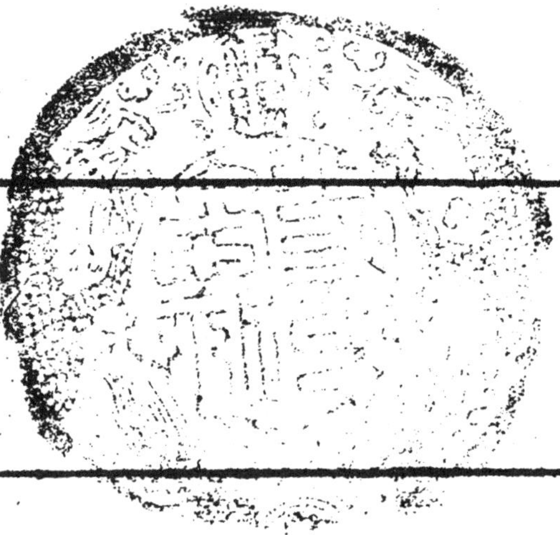

日寅時沒
葬
生子六囝
柔
遇落井
亡
貶擲
艮財
罟以擲嗣
號福爲後

日辰時沒
葬公墓地
生子四囝
香
賦殤
禁出承
下埕頭天
公
汪岗承
溪東
官三子
傳貶
生於乾隆
壬寅年六
月十一日

丑時於咸豐壬子年七月十五日卯時沒葬長埔林配柯氏生於乾隆己巳年十一月初一日丑時於咸豐辛亥年六月二十七日戌時沒與公合葬

衍蘇內

生子三圖

楚　潫

嘵

潑嘵俱殤

官四子

傳掬

生沒失考

配　氏

生子一圖

多

官五子
傳艮
生於乾隆
癸丑年十
月初六日
時於道
光癸卯年
十一月二
十六日巳
時沒葬
配 氏
撫子一圑
賡

○係撫入
傳財次子

官六子
傳財

生於乾隆
乙卯年四
月初七日
酉時於咸
豐己未年
七月十一
日午時沒
葬

配　氏

扶次子 興靜

原名興仕號君朴生於康熙壬辰年九月二十六日巳時於乾隆乙亥年

靜子 毓劉

生於乾隆己巳年九月初七日戌時於乾隆庚申年三月三十日未時歿

劉長子 傳塊

生於乾隆辛丑年七月十九日時於嘉慶丁丑年八月初七日時歿葬

生子四囝 粽 賡 奏 大 ○以賡嗣傳艮爲後

二月五
日　時沒
葬
配蔡氏生
於康熙丁
酉年十二
月十六日
酉時於乾
隆壬寅年
五月十九
日酉時沒
葬
生子一囝
劉

葬長碎石
配翁氏生
於乾隆庚
辰年十一
月初十日
卯時於乾
隆癸丑年
正月二十
日辰時沒
與媽合葬
新墓頂
生子四囝
凳　禹
球寫追

配李氏改
節
生子一囝
條寫

劉次子
傳禹
生於乾隆
癸卯年十
一月十二
日巳時於
道光辛卯

年十一月初二日酉時沒葬

配洪氏生於乾隆癸卯年十月十四日酉時於咸豐丙辰年七月二十七日子時沒葬

生子一圍

華

徐劉氏

劉三子

傳追

生於乾隆丁未年九月初六日時於嘉慶辛未年三月十四日午時沒葬

配　氏

撫子一名

題

爵三子
衍祐
字昆山生於康熙庚午年二月十三日未

扶三子
興林
生於康熙庚子年七月十九日寅時

祐長子
興藩
生於康熙丁酉年六月二十二日巳時於

藩子
毓場
生於乾隆丁丑年四月十五日亥時於嘉

場長子
傳極
生沒未詳

時於乾隆
甲子年二
月十一日
申時沒葬
配洪氏生
於康熙甲
戌年五月
二十三日
申時於乾
隆甲戌年
五月初十
日申時沒
與公合葬
梧桐溝
生子四囝

乾隆辛丑
年二月初
九日子時
沒葬
配凌氏生
於康熙辛
丑年六月
二十一日
子時於乾
隆辛丑年
二月初九
日子時沒
葬長埔林
生子一囝
場

慶戊辰年
九月二十
八日巳時
沒葬長埔
林
配林氏生
於乾隆癸
巳年七月
廿八日
時於道光
戊戌年六
月二十日
申時沒葬
生子二囝
極
旦

場次子
傳旦
生沒未詳

藩典 軒視

祐次子 興典
生於康熙庚子年十二月二十八日未時於乾隆乙亥年四月二十九日午時沒葬長埔林配蘇氏生於雍正己巳年六月初二日酉

典長子 毓銳
生於乾隆丁卯年十二月二十八日巳時於道光甲申年三月十四日午時沒葬崎石墘配鍾氏生於乾隆壬午年七月十六日

銳長子 傳角
生沒未詳

銳次子 傳全
生沒未詳

銳三子 傳盡
生沒未詳

祔[illegible]內

時於乾隆
甲寅年十
二月初三
日丑時沒
葬崎石坡
生子二囝
銳爺

時於道光
庚子年九
月二十六
日　時沒
葬長埔林
生子三囝
角全
盞

典次子
毓爺
生於乾隆
戊寅年正
月初五日
戌時於嘉

爺長子
傳鴈
生沒未詳

慶丙子年閏六月十四日巳時沒葬長埔林

配李氏生於乾隆丙戌年十二月二十五日午時於道光乙未年九月初七日申時沒葬長埔林

生子三圖

傳沃 爺次子

生於嘉慶丁巳年正月初二日時於道光丁未年六月二十九日寅時沒葬

配賴氏生於嘉慶甲子年十一月初二日

雁沃
葉

亥時於咸豐辛亥年正月二十日戌時沒
葬
生予四名
注迻
的系

爺三子
傳葉
生於嘉慶甲子年五月十八日

午時於道
光壬午年
五月初二
日時沒葬

配氏

生子二 圖
　 冽 賀
俱𦶇

沛三子
興軒
字允篤生於雍正庚戌年正月十九日辰時於乾隆丁酉年二月十八日申時没葬本山崎眉石
配洪氏生於乾隆己未年　月

軒子
毓多
生於乾隆乙酉年九月二十一日午時於嘉慶丁丑年五月十五日酉時没葬長埔林
配黄氏
撫子一　井

多子
傳井
生没未詳
配　氏
生子三　迎　普　俱

日
時於乾隆
己酉年九
月十二日
酉時沒葬
長埔林
生子一圀
爹

祚四子
興視
生於乾隆
戊午年二
月初八日
亥時於乾
隆丙戌年

十二月二十七日時沒葬

敞次子
尚御
生於順治辛丑年七月二十六日酉時於乾隆己未年十月初二日辰時沒葬

御長子
衍儀
字洋山生於康熙庚午年七月初七日未時於乾隆己巳年六月十三日巳時沒葬

儀長子
興厚
字　生於康熙甲午年十月十二日巳時於乾隆庚辰年五月初五日未時沒葬

厚長子
毓詿
生於乾隆癸亥年

厚次子
毓舍

配陳氏生於康熙己酉年十一月二十六日戌時於康熙戊子年十月初十日辰時沒葬長埔林夫婦仝冢

生子三图
儀　志　述

配王氏生於康熙乙亥年六月二十一日子時於乾隆辛酉年二月十五日時沒葬華角山大片石下坐丙向壬兼午子夫婦仝冢

生子六图
厚　嚴　端　癸

長埔林
配李氏
繼娶蔡生乾隆年五月二十三日申時沒葬長埔林坐東向西

生子二图
註　舍

子亥[illegible]
興嚴

生於乾隆甲戌年

順　堅
○以順嗣
衍述爲後

生於康熙丙申年八月十三日寅時於乾隆辛酉年三月初四日午時沒葬白沙崙配許氏

儀三子
興端
生於康熙

衍蘇內

戊戌年十一月二十五日午時在臺灣歿

儀四子

興炎

生於雍正辛亥年三月十三日申時於乾隆庚辰年十一月二十三日申時歿葬長

埔林
配何氏

儀六子
興堅
生於
配蔡氏
生子一囝
魏

堅子
毓魏
生於乾隆乙酉年七月二十八日酉時於道光丙戌年二月初三日申時沒葬

魏子
傳星
生沒未詳

衍蘇內

配洪氏生於乾隆戊子年正月十一日未時於道光癸未年九月初八日子時没葬

生子一 圖星

衙亥子
衍志
字尤尚生於康熙戊寅年六月二十一日寅時於乾隆乙亥年四月十五日寅時沒葬長碎石坐亥巳兼壬丙
配莊氏生於康熙乙

志長子
興遐
生於雍正丙午年八月初九日巳時於乾隆己卯年十一月二十三日巳時沒葬小軍澐
配吳氏

酉年六月十二日戌時
生子四
遐　遥
玩
虎鶴

志次子
興遥
生於雍正壬子年三月初四日丑時

志三子
興玩
生於乾隆戊午年八月　日時於乾

御三子
衍述
字允傳生於康熙乙酉年五月二十九日戌時於乾隆戊子年七月初六日巳時沒

隆甲寅年十月十六日巳時沒葬

述子
興順
生於雍正甲寅年四月初一日戌時於嘉慶甲子年二月二十九日巳時沒葬

順長子
毓拋
生於乾隆庚辰年十二月二十六日辰時於嘉慶辛未年三月初七日巳時沒葬長

拋長子
傳富
生於乾隆己酉年四月十四日午時於道光丙申年六月十四日申時沒葬小[illegible]

葬芙蓉溝
配張氏生
於康熙丁
酉年六月
初十日午
時於乾隆
丙寅年四
月二十三
日巳時沒
葬坂長闌
生子一圖
冉鴉
號子一[illegible]
順
○係撫入
衍儀五子

配翁氏生
於乾隆辛
酉年三月
十四日申
時於乾隆
甲辰年正
月十四日
寅時沒葬
生子四圖
拋萬
認選

埔林
配張氏生
於乾隆戊
子年十月
十三日
時於道光
庚寅年十
月初一日
亥時沒葬
本山路墘
生子三圖
富珀
號

配李氏生
於乾隆乙
卯年十月
初四日巳
時於道光
丁未年八
月十二日
酉時沒葬
長埔林
生子五圖
走馬
錫氾
紗
○以馬嗣
傳號為後
又以氾嗣

傳點爲後

拋交子

傳珀

生於乾隆
辛亥年八
月初三日
戌時於道
光壬辰年
五月初六
日酉時沒
葬長埔林
配　氏

生子一圈
栗
抛三子
傳號
生於嘉慶
戊午年八
月初八日
時於嘉
慶己卯年
八月初五
日午時沒
葬長埔林
配 氏

衍蘇內

述亥子

興冉

生於乾隆戊午年九月二十日戌時

撫子一名

係撫入傳富次子

順次子
鋶萬
生於乾隆庚辰年十二月二十六日辰時於嘉慶辛未年三月初七日巳時沒葬長埔林配翁氏生於乾隆辛卯年三月初六日

萬長子
傳昆
生於嘉慶辛未年六月初六日丑時於道光戊申年六月十六日巳時沒葬配翁氏生於嘉慶丙寅年十二月二十三

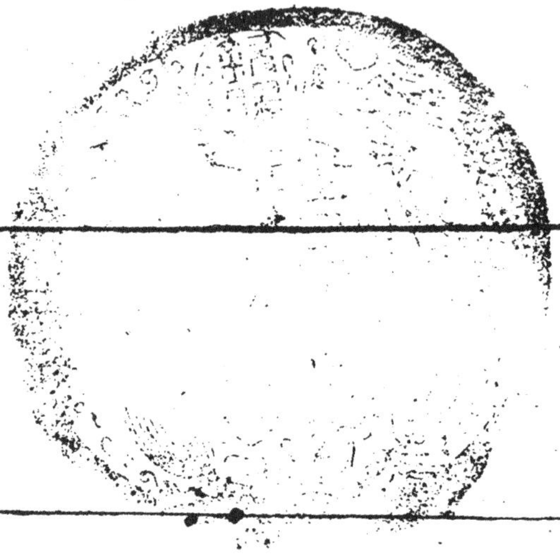

時於道光
丙申年正
月二十六
日亥時沒
葬本山崎
角丙
生子三囝
昆　黎
岸

日戌時於
同治己巳
年二月初
一日子時
沒葬
生子七囝
响　札
秋　錫
灘　皮
盾
○以灘嗣
傳岸爲後

萬亥子
傳黎

生於嘉慶甲子年九月二十一日　時於咸豐甲寅年十二月初四日子時歿葬綿尾

配蔡氏生於嘉慶辛未年八月初二日酉時於咸豐乙卯年十二月初六

日丑時没
葬長埔林
生子四名
瓜捕
賚欽
○以捕嗣
傳岸爲後

萬三子

傳岸

生於嘉慶
戊辰年六
月二十七
日午時於
道光丁酉
年七月初

十日酉時
沒葬卟軍
湮
配氏
無子二囝
灘 插
灘係撫入
傳昆四子
插係撫入
傳黎亥子

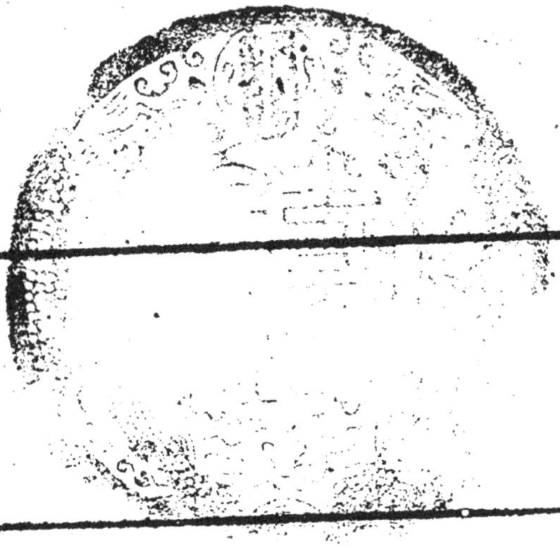

順三子
毓認
生於乾隆己丑年十二月初七日辰時於道光丙戌年三月二十三日未時沒葬
配鍾氏生於乾隆癸巳年十二月初五日

認長子
傳瓶
生於嘉慶庚申年閏四月初八日辰時於嘉慶乙亥年十一月十四日巳時沒葬長埔林
配　氏
撫子二名

子時於乾隆甲寅年五月二十八日巳時沒葬
繼娶林氏生於乾隆乙未年十一月二十二日子時於嘉慶己巳年二月初九日未時沒合葬長埔林

趨欽
○係撫入
傳戀子

認次子
傳戀
生於嘉慶癸亥年八月初八日卯時於同治甲子年十一月二十三日戌時沒葬

三娶施氏
生於乾隆
戊戌年正
月初六日
戌時於嘉
慶辛未年
三月二十
九日酉時
沒葬

四娶陳氏
生於乾隆
丁酉年十
二月初八
日亥時

配吳氏生
於嘉慶戊
辰年二月
三十日
時於道光
庚戌年十
月十二日
丑時沒葬
生子五囝
趨欽
套槁
弄
○趨欽撫
入
傳焼爲後

生子三國毓 戀 踏 ○以踏嗣毓選爲後

○槁無輿 山前

順四子

毓選

生於乾隆辛丑年三月十七日寅時於道光戊子年六月初五日未時沒 葬

選長子

傳踏

生於嘉慶戊辰年八月十二日時於道光辛丑年九月廿七日未時沒 葬

衍蘇丙

配張氏生
於乾隆甲
辰年三月
二十日戌
時於道光
戊子年六
月二十三
日酉時沒
葬長埔林
生子四囝
貞　漂
煤煬碍
撫子一囝
踏

選次子
傳貞
生於嘉慶
辛未年六
月二十六
日辰時於
道光戊子
年五月初
五日　時
沒葬

選三子
傳漂

貞猷房系

家晉江

元

生於嘉慶甲戌年七月十四日午時於道光乙未年五月二十五日寅時歿葬長埔林

選五子

傳碍

生於道光辛巳年二月二十三日時

貞誠房系 接上朝淵房系

六十六派 六十七派 六十八派 六十九派 七十派

誠子 尙觀
生於康熙丁亥年十月初九日亥時於乾隆丙辰年八月二十一日戌時

觀子 衍都
字任 生於康熙辛丑年七月二十三日酉時於乾隆乙亥年九月二十

都子 興逘
生於雍正癸丑年正月初九日巳時
配翁氏生於乾隆辛

逘長子 毓顯
生於乾隆癸未年七月初四日未時

沒葬
配許氏生
於康熙庚
寅年二月
初四日亥
時
撫子一囝
都
○偏撫入
倘印四子

日未時沒
葬新墓頂
配　氏
蛤子一囝
送

酉年二月
初二日
時
生子二囝
顯
祥

送
亥
子
毓祥
生於乾隆
戊子年十
一月初四
日未時

貞春房系

接上岳公房系

六十六派 六十七派 六十八派 六十九派 七十派

春長子
尚印
生於康熙壬戌年八月初十日戌時於乾隆甲子年三月十六日申時沒

印長子
衍概
生於康熙戊子年八月十五日巳時
配林氏生於雍正丙

概長子
興益
生於乾隆癸亥年閏四月十七日巳時

概次子
興愬

葬秋跡上
配蔡氏生
於康熙癸
亥年八月
十八日丑
時於乾隆
乙酉年正
月初三日
寅時沒葬
本山花厝
嶺
生子四图
概　兩
宴
任出撫
然

午年正月
初五日卯
時[illegible]揭眷
出居台灣
咬狗的庄
生子三图
益　鋸
傑

概三子
生於乾隆
壬申年九
月初六日
辰時

興傑
生於乾隆
己卯年三
月二十七
日戌時以
上兄弟三
人俱地台
灣

印亥子
衍兩
生於康熙辛卯年十月初七日亥時於乾隆戊寅年四月十四日巳時沒葬長埔林配蔡氏生於康熙己亥年正月二十日申時於乾隆

兩子
興挺
生於乾隆甲戌年二月十九日辰時

丙子年四月初五日寅時沒葬湖井尾坐乾向巽生子一圖

挺

印三子

衍宴

生於康熙丁酉年十二月初七日巳時

配何氏生

宴長子

興愛

生於乾隆甲子年九月初十日酉時

於雍正乙巳年九月初七日午時
生子二 纂緝

印五子
衍然
生於雍正

宴亥子
興緝
生於乾隆己巳年五月二十四日辰時
配氏
生子一 歐

緝子
毓歐
生沒未詳

甲辰年十一月十九日丑時於乾隆辛巳年十月初九日巳時沒葬臺灣中州仔

配莊氏於乾隆年五月初三日申時葬前坑頂

春亥子
尙載
字宗府生於康熙甲子年十二月初二日巳時於乾隆辛酉年正月十六日午時沒
葬
配李氏生於康熙壬辰年五月

載長子
衍考
生於康熙癸巳年十一月初四日午時
配陳氏生於康熙丁酉年五月二十二日午時
生子二圖
托 下
。以下嗣衍萬爲後

考長子
興托
生於乾隆癸亥年六月二十二日未時於乾隆辛巳年四月二十八日巳時沒葬崎石垵
配 氏
撫子一圖
鵬

托子
毓鵬
生於乾隆庚寅年閏五月二十九日丑時

初五日未時於乾隆庚申年十二月三十日寅時沒與公合葬本山五雲鴛鶴石坐乙向辛生子四图考會佳萎

考姦子
興下
生於乾隆丙寅年八月初八日丑時配李氏生於乾隆甲戌年五月初三日寅時生子一图杯

下子
毓杯
配氏生子一图榜

杯子
傳榜

載亥子
衍會
生於康熙戊戌年九月初十日寅時

載三子
衍佳
生於雍正甲辰年六月初四日戌時
配呂氏生

佳長子
興佃
生於乾隆辛未年七月初二日辰時
配蔡氏生

佃子
毓雪

於雍正戊申年十月初七日未時
生子一圖
佃從

於乾隆癸酉年八月十七日丑時
生子一圖
雪

佳亥子
興從
生於乾隆辛巳年十月初二日子時
配　氏

從子
毓川
配　氏
撫子一圖
塘

川子
傳塘
生於道光丙午年四月初六日巳時
配蔡氏生於咸豐乙

載四子
衍姜
生於雍正戊申年四月初七日酉時於乾隆丙寅年

姜子
興下
生於乾隆丙寅年八月初八日丑時

生子一圖
剡

卯年九月十四日亥時出家
生子四圖
南洪
碗桂
礤出家

六月初六日巳時沒葬長埔林坐東向西

配　氏

撫子一名

下

配李氏生於乾隆甲戌年五月初三日寅時

貞爲房系上接朝淵房系

六十六派

六十七派

六十八派

六十九派

七十派

爲長子尙進

生於康熙戊午年五月二十三日申時在吕宋沒葬

爲次子
尚學
生於康熙丁丑年九月初三日丑時於乾隆戊辰年六月初六日時沒葬台灣
配蔡氏生於康熙戊子年十一月十五日申時

學子
衍宰
生於康熙甲寅年五月二十八日戌時
配　氏
生子三図
看　賞

宰長子
興看

宰次子
興常

宰三子
興求

生子一圖
峯

貞睦房系

接上章派房[illegible]

六十六派

六十七派

六十八派

六十九派

七十派

睦長子 **尚龍** 字榮峯生於康熙癸酉年七月初七日午時於乾隆乙酉年閏二月十二

龍長子 **衍貢** 生於康熙辛丑年閏六月初五日巳時於乾隆辛酉年三月二十七日午

貞睦房系

家晉江

日亥時沒
葬崎園內
配王氏生
於康熙辛
巳年正月
初三日寅
時於乾隆
壬寅年九
月初八日
巳時沒葬
生子三图
貢鶴
聰

時沒葬丞
婆山頭

龍亥子
衍鶴

生於雍正
庚戌年三
月十八日
未時

配　氏

寵三子

衍聰

生於雍正癸丑年三月廿四日辰時於乾隆庚午年五月十一日　時沒葬

配吳氏生於乾隆庚申年閏六月二十五

聰長子

興善

生於乾隆戊子年五月二十三日丑時於道光壬辰年四月初六日巳時沒葬

配蔡氏生於乾隆癸巳年四月初六日巳

善長子

毓險

生於嘉慶丙寅年九月十一日丑時於咸豐戊午年七月初二日未時沒葬

配仙境人生於嘉慶戊寅年七月二十九

險長子

傳裘

生於道光辛丑年四月十五日巳時於光緒戊寅年正月二十日未時沒葬

配何氏生於咸豐戊午年五月初十日未

日辰時於嘉慶年四月二十一日時沒葬伍厝崙大埽合葬生子二囝普龍

時於道光甲辰年二月初六日戌時沒葬生子二囝爾場

日申時於咸豐癸丑年六月二十日丑時沒葬生子一囝炎撫子一囝董

時於光緒癸卯年五月十六日時沒公葬溪仔頭

爾文子

傳董

生於道光己酉年七月二十九日巳時於光緒壬寅年三月十四日寅時沒葬

晉次子
毓場
生於嘉慶甲戌年七月二十五日亥時於同治丁卯年九月二十三日酉時沒葬
配丁氏
繼娶姚氏生於道光

場次子
傳錦
生於道光庚戌年月日時於咸豐甲寅年五月十五日時沒葬

場三子
傳棚

聰次子
興配
生於乾隆
癸巳年閏

丙戌年十月初八日午時於咸豐乙卯年三月三十日巳時沒葬長墘林生子二圖
鍋 棚

配長子
毓尼
生沒未詳

生於咸豐辛酉年五月十四日巳時於同治元年四月二十九日　時沒
葬

貞捷房系 家曾江 四

三月二十日巳時於道光甲辰年九月十一日未時沒葬

配林氏生於乾隆甲午年 月廿八日時於乾隆壬午年五月初二日丑時沒葬

配次子
毓錢
生於嘉慶壬申年八月二十六日巳時於同治丙寅年十一月十五日巳時沒葬前坑頂

配李氏生於道光甲申年十月二十四日

錢長子
傳他
生於道光丁未年十一月十四日辰時於光緒丙子年三月十四日未時沒葬

錢次子
傳慶

生子二囝
尼　錢

卯時於咸豐辛亥年六月二十二日未時沒葬花厝嶺

繼娶李氏生於嘉慶己卯年五月十三日時於光緒丙戌年正月初六日丑時沒葬前坑頂坐西向東

生沒未詳

錢三子
傳稿
生於咸豐丁巳年三月初三日酉時
配　氏
撫子一囝
洴

生子四圖
他　度
穡　捋

鐵四子
傳將
生歿未詳

貞睦房系

接上朝淵房系

六十六派

六十七派

六十八派

六十九派

七十派

睦子

尚庚

生於康熙庚辰年十二月初一日亥時於乾隆壬午年十一月二十一日

庚長子

衍看

生於乾隆丙寅年三月十七日寅時

午時沒葬
配陳氏生
於康熙丁
酉年九月
二十六日
寅時沒葬
生子二图
看見

庚亥子
衍見
生於乾隆
丙申年七
月二十日
時於嘉慶
癸酉年九
月十一日
時沒葬
本山

貞鳳房系 上接朝淵房系

六十六派

鳳長子 尚成 字華岳生於康熙甲子年十一月十三日未時於乾隆癸酉年八月初九

六十七派

成子 衍淑 生於雍正丁未年六月十一日未時於乾隆甲辰年 月 日 時沒

六十八派

淑長子 興黨 生於乾隆庚午年三月二十日申時

六十九派

七十派

貞鳳房系 家晉江 一

日酉時沒
葬崎角
配吳氏生
於康熙甲
戊年正月
初三日丑
時於康熙
己亥年五
月初二日
酉時沒葬
撫子一囝
淑
。係撫入
尚欽次子

葬
配王氏生
於　壬
子年正月
十一日巳
時於乾隆
乙未年
月　日
時沒葬
生子四囝
黨魋
跑現

淑次子
興魋
生於乾隆
壬申年六
月初二日
卯時

淑三子
興跑
生於乾隆
辛巳年九
月二十日
亥時

淑四子
興現
字周山生於乾隆乙未年　月　日時於道光戊戌年閏四月初十日酉時歿
葬
配[illegible]氏生於乾隆戊戌年四月

現長子
毓惠

現次子
毓備

十五日時於嘉慶壬申年六月十九日丑時沒葬長埔林

繼娶賴氏生於乾隆乙巳年七月二十九日巳時於嘉慶戊寅年五月初二日巳時沒葬

鳳次子
得倘
字華嶺生於康熙壬申年十一月二十六日亥時於乾隆戊辰年十月二十八日未時没葬花厝嶺石頭下

得次子
波衍
生於雍正癸卯年十二月十七日未時

得三子
誥衍
生於雍正壬子年五

生子二 惠 僑

配陳氏生於康熙辛巳年五月二十二日戌時於乾隆壬申年六月初四日寅時沒葬板長欄生子五
圖
淑波
誥瓊
兗
○以淑嗣倘成爲後

月初八日子時

衍瓊

得四子

配李氏生於乾隆辛酉年十月初四日未時

生於雍正乙卯年十二月初五日戌時

鳳三子
尙親
生沒未詳

得五子
衍兒
生於乾隆己未年七月十一日巳時

貞鳳房系

家晉江

四

鳳四予　尙提

生於康熙壬午年十二月初六日卯時於乾隆辛巳年七月二十一日時沒葬臺灣公揭沓出居台灣配柯氏生於康熙辛丑年六月

捷予　衍陳

生於乾隆乙丑年十一月二十二日戌時往台灣

初四日

生子一　圖

陳

鳳五子

尚默

字華岩生於康熙戊子年十二月二十九日巳時於乾隆丙寅年十一月初二日酉時沒葬長

默長子

衍本

生於乾隆己未年十月初一日子時於乾隆丙子年十二月十一日巳時沒葬長埔林

埔林坐東向西
配許氏生於康熙辛丑年閏六月初八日酉時
生子二　國本　國章

默亥子
衍章
生於乾隆甲子年二月二十日酉時

貞連房系 接上朝淮房系

六十六派

六十七派

六十八派

六十九派

七十派

漣長子
尚養
生於康熙癸酉年正月十六日寅時於乾隆癸酉年三月二十七日巳時

養長子
衍吟
生於雍正戊申年九月二十日丑時於乾隆辛巳年十一月初二日申時

歿葬

配蘇氏生於康熙丙戌年七月二十四日申時於乾隆己巳年五月二十三日申時歿合葬長埔林

生子二　昣　嘯

賓次子

衍嘯

生於乾隆　年　月　日　時

配南勢竹庄劉氏生於乾隆辛未年十二月十二日

歿葬臺灣牛擔灣庄後壁

連三子

尚維

生於康熙辛巳年五月二十一日午時於乾隆戊辰年十二月二十九日卯時沒公揭春葬臺灣大武壟菻六甲牛

寅時出居台灣

維子

衍萬

生於乾隆丁卯年　月　日　時住台灣

埔尾
配謝氏
生子一名
萬

東四子
倚最
生於康熙
丙戌年九
月十七日
戌時於
年
十二月初

一日時
沒葬合灣
蘇六甲牛
埔

貞旺房系

接上朝淵房系

六十六派

六十七派

六十八派

六十九派

七十派

旺子

尚蛋

生於康熙丙戌年六月初五日巳時

配王氏生於康熙戊

蛋長子

衍水

生於乾隆壬戌年二月初三日戌時

戌年閏八月二十四日申時
生子二圖
水科

蛋炎予
衍科
生於乾隆辛未年五月二十六日巳時於乾隆丁未年五月十四日巳時

貞貴房系

接上朝淵房系

六十六派

貴長子 尚妙

生於康熙庚午年六月三十日辰時於乾隆癸酉年二月初七日酉時沒

六十七派

妙長子 衍雲

字承兩生於雍正甲辰年三月十五日未時於乾隆丁酉年十月十四日

六十八派

雲長子 興敏

生於乾隆乙亥年七月十九日酉時

六十九派

七十派

葬本山尖
仔石
配蘇氏生
於　丙
子年十一
月十一日
戌時於雍
正壬子年
十一月二
十六日酉
時沒葬蓮
尾埔
繼娶張氏
生於康熙
乙亥年九
月初十日

申時沒葬
長埔林橋
梓頭
配張氏生
於雍正庚
戌年正月
十三日辰
時於嘉慶
丁卯年六
月十四日
年時沒葬
生子二圖
缺　側

雲亥子
興側
生於乾隆
丁亥年八
月十二日
丑時

申時於乾隆己丑年七月初十日未時沒
葬
生子三名
雲　露
霜

妙次子
衍露
生於雍正己酉年閏七月十六日午時
配黃氏生於乾隆丁巳年閏九月二十五日丑時
生子一名
花

露子
興花
生於乾隆丙戌年六月二十二日午時

○以花嗣承挑兩房衍霜爲後

妙三子
衍霜
字光謙生於雍正乙卯年閏四月初三日辰時於乾隆壬申年八月二十七日亥時没葬長埔林

霜子
興花
生於乾隆丙戌年六月二十二日午時

配氏

撫子一圖

花

貴次子

尙聽

字鳳岩生於康熙戊寅年二月二十八日未時於乾隆庚子年二月十四

聽子

衍創

字允士生於雍正癸卯年八月十三日戌時於乾隆乙酉年八月初一日

創子

興景

字承德生於乾隆戊辰年正月初五日辰時於乾隆癸丑年六月初六日

景長子

毓法

生於乾隆壬寅年五月初五日

時

往臺灣

衍蘇內

日酉時沒葬
配蘇氏生於康熙壬午年六月初五日時
生子一圖
創

辰時沒葬長埔林
配余氏生於雍正癸卯年八月二十一日午時
生子一圖
景

酉時沒葬長埔林
配許氏生於乾隆己卯年九月二十一日時於嘉慶辛未年四月二十日巳時沒葬虎空垵坐南向北
生子二圖
法　昌

景次子
毓昌
生於乾隆乙巳年二月初五日時
配許氏生於嘉慶丁巳年六月十七日辰時
生子一圖
安

昌子
傳安
生於道光辛未年八月二十六日巳時

貴三子
尙備
字明山生於康熙壬午年十月初十日酉時於乾隆庚申年五月二十日寅時沒與母合葬丕墓墉
配蔡氏生於康熙庚寅年八月

倫子
衍千
生於雍正庚戌年九月初四日戌時於乾隆戊子年十一月初六日戌時往台灣

二十一日卯時於雍正壬子年十一月初六日戌時沒葬眉頭埔

生子一 圖

貴四子 **侚卿**

生於康熙乙酉年七月十四日

卿長子 **衍伯**

生於雍正庚戌年二月初五日

衍蘇內

巳時　配余氏生於康熙　年　月　日　時於乾隆己巳年八月十六日寅時沒葬清內押生子二圖
伯　尋

酉時　配莊氏生於雍正庚戌年七月初七日辰時於乾隆癸酉年二月二十四日申時沒葬長埔林公在台灣諸羅縣

卿亥予
衍尋

生於雍正壬子年三月十九日戌時

貞喜房系
接上璟公房系

六十六派

六十七派

六十八派

六十九派

七十派

喜子
倘麟
字文薪，生於天啟甲子年十月初八日，時於崇正辛卯年六月初三日

麟子
衍禎
生沒未詳

時沒葬
長埔林
配蔡氏生
沒失考
撫子一囝
禎
係撫入
爵瓚之子

喜亥子
尚熊
字文懿生
於崇正壬
申年三月
二十三日

熊子
衍祥
生沒未詳

衍
麟
丙

戌時於康
熙乙酉年
正月二十
四日戌時
歿葬石壁
山樹窑內
配杜氏生
於壬申年
正月初一
日　時
於康熙壬
寅年五月
二十日
時歿與子
合葬後山

繼娶蔡氏生於雍正丙午年十一月十三日未時於癸酉年四月二十六日戌時沒葬龜湖墓地

生子一名祥

喜三子 **尚驥**

字星甫生於崇正庚辰年正月二十四日亥時於康熙丙戌年正月初一日酉時沒葬本山後溪田暨亥男及孫二三四拾瓦棺合葬

驥子 **衍遲**

字秉齊生於康熙丁卯年十月十三日辰時於乾隆癸酉年六月二十四日酉時沒葬後拾瓦棺附文弘及男若波若海四壙合葬本山

遲長子 **興昶**

字若波生於康熙甲午年九月二十九日丑時於庚午年十二月初五日酉時沒葬後溪

配楊氏生於康熙丙申年九月

昶子 **毓纓**

字清水生於雍正乙卯年六月初九日辰時於乾隆壬辰年十月二十四日丑時沒葬惠安十九都鶴嶺山涼傘石處

配許氏生

纓子 **傳思**

字九思生於乾隆壬午年八月二十四日未時往台灣

配蔡氏生
於崇正癸
未年八月
初九日戌
時於雍正
丁未年六
月初五日
時沒葬譚
子埔乾
生子二図
禎　進
○以禎嗣
尙麟爲後

後溪
配王氏生
於康熙丁
卯年三月
十七日卯
時於乾隆
庚辰年二
月二十日
丑時沒葬
潭子埔
生子三図
昶　昱
晧

二十七日
酉時於乾
隆癸卯年
五月十七
日申時沒
葬鼈後門
生子三図
櫻　廉
蛟
○以廉嗣
興昱爲後
又以蛟嗣
興晧爲後

於乾隆己
未年四月
初二日卯
時
生子一図
恩

運次子
興昱
字若川生
於康熙庚
子年二月
初四日辰
時於乾隆
庚申年正
月初十日
寅時沒葬
坂上田
配許氏

昱子
毓廉
生於乾隆
乙丑年三
月十七日
丑時於乾
隆乙卯年
正月二十
四日未時
沒葬

撫子一圖

廉

○係撫入
興昶次子

遲三子
興胯

字若海生
於雍正乙
巳年六月
初六日子
時於乾隆
丁卯年十
一月初二
日卯時沒

胯　子
鯍蛟

生於乾隆
戊辰年十
月初一日
辰時於乾
隆丙午年
七月初一
日午時沒
葬龜湖

葬後溪
配義烈許
氏生於雍
正乙巳年
十月二十
七日丑時
於乾隆戊
辰年七月
二十日巳
時沒葬龜
湖墓
撫子一圖
跋
○係撫入
興祖三子

貞樑房系

接上瓊公房系

六十六派

樑子 **倚驪**

字友琇，生於順治丁亥年六月二十日丑時，於康熙丙戌年正月二十日

六十七派

驪長子 **衍祖**

字博齋，生於康熙甲寅年十一月初七日辰時，於雍正壬子年閏五月十

六十八派

祖長子 **興注**

字滋圃，生於康熙壬午年四月初五日酉時，於雍正乙卯年閏四月十九

六十九派

注次子 **毓標**

字恪亶，生於雍正庚戌年二月初五日丑時，於乾隆丙午年二月二十九

七十派

標子 **傳登**

字高峯，生於乾隆癸未年七月十二日戌時，於嘉慶乙卯年九月三十日

予時沒葬
虎孔上分
關下
配粘氏生
於順治壬
辰年三月
初五日辰
時於康熙
丁未年三
月二十二
日時沒
葬潭仔埔
生子四囝
祖禪
祓
禋殤

四日巳時
沒葬鮑厝
鄉後壁冢
山
配黃氏生
於康熙丙
辰年十二
月二十日
辰時於雍
正丁未年
五月初四
日時沒
葬長埔林
繼娶龐氏
生於康熙
庚午年七

日丑時沒
葬官塊地
配黃氏生
於康熙壬
午年九月
十五日酉
時於乾隆
丙申年三
月二十六
日午時沒
葬潭埔仔
生子二囝
桓殤標

日丑時沒
葬
配李氏生
於雍正甲
寅年七月
初一日午
時於乾隆
丁未年八
月二十九
日巳時沒
葬前坑頂
生子一囝
登

未時沒葬
白土崙
配陳氏生
於乾隆甲
申年八月
初七日巳
時於乾隆
戊申年五
月十六日
丑時沒葬
瓦榔崙
繼娶李氏
生於乾隆
丙戌年七
月十四日
時於[illegible]

○以祓嗣伺駒爲後

月二十四日未時於乾隆年正月初九日卯時沒葬官蹽乢𡺽生子二囩注　派

祖交子
興派
生於雍正己酉年七月十三日辰時

光丁酉年二月初七日戌時沒葬本山樹堀生子五囩蛋　浮叅　滦酐

騮次子
衍禪
字承烈生於康熙壬戌年六月十二日戌時於雍正庚戌年十二月初十日辰時沒葬
配黃氏生於康熙甲子年七月初四日亥

禪長子
興漸
字于磐生於康熙丁亥年九月二十四日子時於乾隆癸酉年正月初一日丑時沒葬東埔坑蠘
配柯氏生於康熙辛卯年二月

漸子
毓語
字扁德生於乾隆甲子年八月二十二日寅時於嘉慶辛未年七月初二日未時沒葬
配林氏生於乾隆戊申年十一

語子
傳吟
生於乾隆壬子年九月二十一日子時於咸豐丙辰年五月二十六日時沒葬
配洪氏生於嘉慶己未年　月　日於

時於雍正丁未年四月二十四日 時沒夫婦合葬長埔林生子二圖

漸 潤

初七日辰時於乾隆甲戌年三月初九日亥時沒葬長埔林生子一圖

語

漸次子

興潤

字于銘生於雍正辛丑年閏六月二十日

月二十一日 時於嘉慶戊寅年十一月二十二日巳時沒葬長埔林生子二圖

余 鷒吟

潤長子

毓莊

字政直生於乾隆癸未年十月初一日酉

嘉慶壬戌年三月初二日卯時沒葬

莊長子

傳蓮

生於乾隆乙卯年四月二十八日未時於

午時於乾
隆癸酉年
正月初十
日寅時沒
葬
配黃氏生
於雍正辛
亥年二月
二十八日
寅時於乾
隆戊申年
二月初八
日卯時沒
葬張厝山
生子三囝
莊光

時於嘉慶
午年正
月十六日
亥時沒葬
東洋
配黃氏生
於乾隆辛
卯年九月
二十六日
戌時於道
光庚戌年
九月二十
三日巳時
沒葬
生子二囝

光癸未年
正月十四
日子時沒
葬長埔林

莊文子
傳肯

宇炳欲生
於嘉慶丙
寅年十月
初一日未
時於同治
癸亥年六
月初八日
子時沒葬

貞梗房系

迪

進

肯

配楊氏生於嘉慶戊寅年正月初四日時於光緒癸未年二月二十山日戌時歿葬長埔林

撫子一名

崎

○係撫入超丕三子

家晉江

四

潤次子
毓垙
生於乾隆戊子年二月初三日丑時

潤三子
毓廸
生於乾隆辛年□時

国家出版基金项目
NATIONAL PUBLICATION FOUNDATION

海上絲綢之路文獻集成

總主编　陳支平　陳春聲

民間譜牒編 7

主编　林楓

海峽出版發行集團
THE STRAITS PUBLISHING & DISTRIBUTING GROUP
福建人民出版社

本册目次

〔福建晉江〕武城曾氏重修族譜不分卷〔四〕

〔清〕曾紀瑚等纂修

貞魁房系 接上璟公房系

六十六派 六十七派 六十八派 六十九派 七十派

魁 子
倘騧
字文興生於崇正辛巳年五月十九日未時於康熙乙酉年四月初八日

騧 子
衍祓
字秀齋生於康熙乙丑年九月二十九日子時於乾隆丁亥年二月二十

祓 長子
興斐
字弘業生於康熙己丑年五月二十五日卯時於乾隆癸酉年八月十七

斐 次子
毓親
字直卿生於乾隆庚申年二月十七日寅時於 戊申年三月十四日

親 子
傳的
號 然生於乾隆辛丑年十一月初八日未時於道光丁酉年六月十五

長時沒葬
長埔林橋
梓頭
配趙氏生
於順治庚
寅年六月
十七日寅
時於雍正
甲辰年十
月二十二
日戌時沒
葬蓮尾地
墘
撫子一名
祯
○係撫入

一日卯時
亯壽八十
三歲受皇
恩寵錫
配李氏生
於康熙丙
寅年十一
月十三日
辰時於乾
隆乙酉年
九月十五
日丑時沒
葬潭仔埔
後改長埔
林橋梓頭
生子六名

日卯時沒
葬長埔林
配張氏生
於康熙己
丑年十一
月初六日
戌時於乾
隆丙午年
三月初二
日酉時沒
葬長埔林
生子三名
好 馮 親
願

衍蘇內

酉時沒葬
配蔡氏生
於乾隆癸
酉年六月
初七日
時於道光
壬申年六
月初四日
午時沒葬
長埔林
生子一名
的

日午時沒
葬長埔林
配蔡氏生
於乾隆乙
卯年六月
日
時
生子一名
[illegible]

侖驪三子

斐藨

歲奏

諷詠

祓次子

興蒲

斐次子

毓願

字憐卿生於乾隆乙丑年十二月二十九日申時於戊申年三月初二日戌時沒葬

蒲長子

毓謀

謀子

傳惜

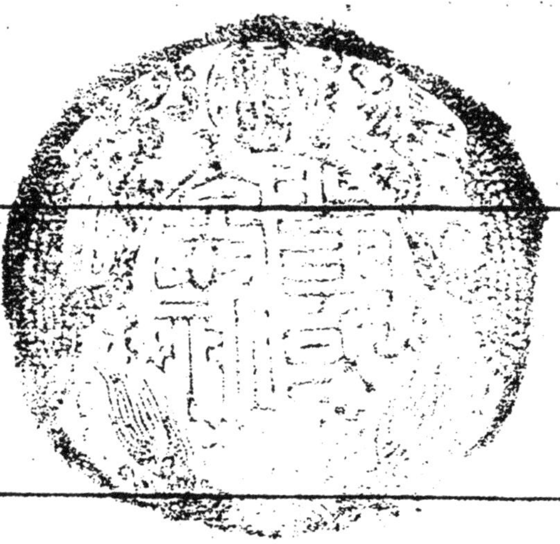

衍蘇內

字敢德生
於康熙壬
辰年五月
二十三日
酉時於乾
隆壬子年
六月二十
八日辰時
沒葬潭仔
埔
配蔡氏生
於康熙辛
丑年六月
初二日辰
時於乾隆
甲午年十

字靜怡生
於乾隆甲
子年七月
十九日巳
時於嘉慶
戊申年五
月十八日
午時沒葬
本山石鼓
下
配　氏
生子一　圈
楷

字恭翁生
於乾隆辛
亥年十一
月十五日
午時於道
光戊申年
正月初四
日亥時沒
葬長埔林

菽三子

興歲

二月初九日巳時沒葬潭仔埔生子二 健 誠

歲子

毓討

蒲次子

毓健

生於乾隆辛未年正月十三日申時於乾隆戊戌年六月初二日寅時沒葬

討子

傳圳

字君紀生
於康熙乙
未年六月
初六日巳
時於乾隆
癸卯年十
月十四日
巳時沒葬

配黃氏生
於雍正甲
辰年十二
月十一日
子時於乾
隆甲辰年
二月二十

字論卿生
於乾隆己
巳年十二
月十二日
丑時

配郭氏生
於乾隆辛
未年六月
初五日子
時於乾隆
丙申年正
月十三日
辰時沒葬

繼娶蘇氏

衍蘇內

字岸翁生
於乾隆乙
巳年　月
　日
時

武城曾氏重修族譜　貞魁房系　家晉江　四

一日酉時
沒與公合
葬後地
生子一圖
討

旅四子
興奏
字昇圖生
於康熙戊

生於乾隆
丁丑年於
嘉慶戊午
年十二月
十八日午
時沒與公
合葬長埔
林
生子一圖
圳

奏長子
毓信
字義直生
於乾隆壬

信子
傳初
字曉翁生
於嘉慶癸

衍蘇內

戌年六月二十日子時於乾隆己丑年五月十九日巳時沒葬臺灣中洲配李氏生於雍正庚戌年六月初二日子時沒葬
生子三圖
信
萍
迸

申年六月二十八日辰時於嘉慶丁丑年五月初八日　時沒葬長埔林
配　氏
生子一圖
初
奏亥子
毓萍

酉年四月
日未時

字朴厚生於乾隆己卯年二月十八日巳時於嘉慶辛酉年十月初六日午時沒葬

秦三子
毓逕
生於乾隆壬午年十月初二日未時分居

衍蘇內

周坑本宗

祾五子

興諷

字頌翁生於雍正甲辰年閏四月初三日子時

配許氏生於雍正辛亥年六月二十八日辰時於乾

諷子

毓投

生於乾隆己卯年六月十一日巳時往台灣

隆癸酉年四月廿五日未時没葬長埔林
繼娶李氏生於雍正戊申年五月初九日酉時於乾隆癸巳年閏三月初七日子時没葬坂長欄
生子一 图
投

衍蘇內

祓六子
興詠
生於雍正戊申年六月初六日酉時於乾隆戊申年三月二十四日申時沒葬長埔配吳氏生於乾隆庚申年二月初八日寅時於乾隆

詠長子
毓際
生於乾隆庚寅年六月二十五日丑時仕台灣

詠次子
毓亮
生於乾隆癸巳年
月　日
時於咸

亮長子
傳溪
字一清生於嘉慶己未年三月初一日午

戊申年四
月十三日
申時沒葬
前坑頂
生子三圖
際 虎
讓

豐己未年
十一月初
六日 時
沒葬
配柯氏生
於乾隆甲
申年正月
二十五日
寅時於道
光丁酉年
九月初一
日卯時沒
葬長埔橋
梓頭
生子二圖

時於道光
壬辰年四
月二十七
日辰時沒
葬前坑
生子一圖
葛

虎次子
傳鍊
字星淨生
於嘉慶己
卯年八月
初六日酉
時於道光

西塢曾氏重修族譜

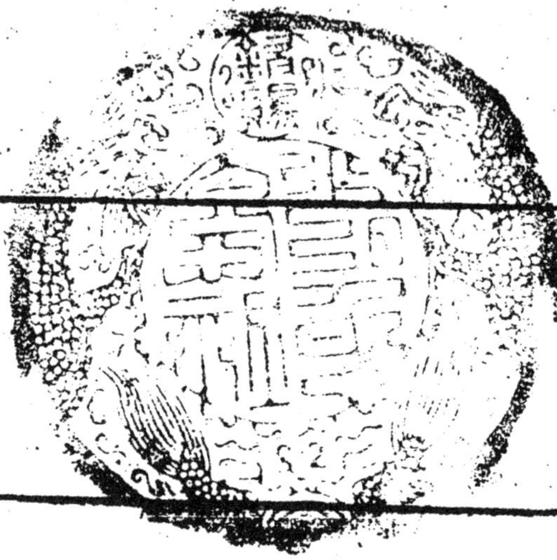

衍蘇內

溪錬

壬辰年二月二十日申時沒葬前坑

貞揖房系 接上瓌公房系

六十六派 | 六十七派 | 六十八派 | 六十九派 | 七十派

揖子 倘驪 字文盛生於康熙乙卯年十一月十一日辰時於乾隆丙寅年九月十八

驪長子 衍爍 字傑翁生於康熙乙酉年五月二十一日亥時

爍長子 興賞 生於雍正甲寅年十一月十七日寅時往台灣陂狗的

日戌時沒
葬潭仔埔
配□氏生
於康熙癸
亥年十一
月二十九
日亥時
生子三
燦　洙
彥

配吳氏生
於康熙己
丑年十月
二十三日
戌時於乾
隆乙酉年
五月十六
日酉時沒
葬坂長欄
生子二
賞　班

驪亥子
衍宋

燦亥子
興班
生於乾隆
戊午年正
月初九日
寅時任台
灣啖狗竹

宋長子
興某

某子
毓看

看長子
傳益

衍蘇內

字勉齋生於康熙戊子年六月十六日寅時於乾隆乙亥年十月十五日巳時歿葬譚子埔與父母同葬

配郭氏生於康熙癸巳年十月初三日亥時

生於乾隆丁巳年四月二十四日午時於乾隆乙亥年十月二十八日酉時歿葬

配郭氏生於乾隆庚午年三月初八日辰時於乾隆辛卯年九

字觀[illegible]生於乾隆庚子年四月十五日辰時於道光庚子年五月十二日未時歿葬長埔林

配陳氏

繼娶林氏生於乾隆乙巳年四月十六日

字捐翁生於嘉慶乙丑年九月十七日子時

看亥子

傳練

生嘉慶戊寅年十二月十八日戌時

生子三囝
其　使
立

月二十五
日戌時沒
葬
繼娶林氏
生於乾隆
庚午年三
月二十九
日時於
道光壬午
年六月二
十四日丑
時沒葬
生子一囝
看

時
生子三囝
益　練
伊

衍蘇內

看
三子
傳伍
生於道光
乙酉年五
月二十五
日　時

武城曾氏重修族譜　貞揖房系　家晉江　三

宋次子
興使
字看出生於乾隆己未年十一月二十五日寅時於乾隆癸卯年五月初三日申時沒葬
配唐氏生於乾隆丙寅年十一

使子
毓蜂
生於乾隆癸卯年七月二十五日午時於咸豐乙卯年正月初七日午時沒葬長埔林
配林氏生於乾隆癸卯年九月十五日戌

蜂長子
傳宛
字御翁生於嘉慶甲子年三月十八日午時

蜂次子
傳面
生於嘉慶丙寅年十月十九日

武城曾氏重修族譜

衍蘇內

月初一日
寅時於乾
隆丙申年
二月十四
日申時沒
葬
撫子一圖
蜂
口係撫入
興立長子

時於道光
癸未年七
月二十四
日巳時沒
葬長埔林
生子三圖
宛　面
超

午時

蜂三子
傳超
字朴齋生
於嘉慶己
巳年八月
十八日午
時於同治
壬申年三
月二十六
日巳時沒
葬長埔林

配陳氏生於嘉慶戊寅年八月初五日時於光緒戊子年四月二十八日寅時沒葬

生子三 图 羔 炒 崎礴

衍蘇內

宋三子
興立
字誠實生於乾隆乙丑年六月二十二日申時於嘉慶丁巳年六月二十三日辰時沒葬
配吳氏生於乾隆戊寅年四月

立子
毓霜
字韻素生於乾隆辛亥年二月十六日辰時於同治庚午年閏十月二十二日辰時沒葬
配蔡氏生於乾隆壬子年十一

霜長子
傳榔
生於道光庚辰年五月初七日酉時於道光癸卯年十月二十九日戌時沒葬

霜次子
傳[illegible]

貞揖房系

初四日巳時於道光戊子年五月初八日時沒葬梅堀
生子三圖 蜂 霜
○以蜂嗣與使爲後

月十一日亥時於咸豐丙辰年八月十四日時沒葬
生子三圖 榔 鰲 英

生於道光庚寅年十二月初六日酉時於同治乙丑年二月二十日酉時沒葬

霜三子
傳英
生於道光乙未年七月初五日未時

家晉工

五

衍蘇丙

驪三子 衍彥 字俊翁生於康熙庚子年十月二十四日寅時 配李氏生於庚子年十月初四日辰時 生子一圖 千公據 眷往臺灣

彥子 興毛 生於乾隆庚午年十月二十一日亥時往台灣

貞梅房系

接上環公房系

六十六派

六十七派

六十八派

六十九派

七十派

梅長子

尙騆

字文載生於康熙丙申年七月二十六日寅時於乾隆丁巳年正月初六

騆長子

衍鯤

字逊齋生於康熙癸亥年閏六月初四日申時於乾隆丁巳年七月十四

鯤長子

興耀

生於康熙丙申年六月二十七日申時於乾隆戊辰年十一月初七日

日亥時沒
葬
配吳氏生
於康熙甲
辰年十二
月十九日
卯時於乾
隆辛酉年
三月十四
日卯時沒
與公仝葬
潭仔埔官
年八十歲
受皇恩寵
錫

日未時沒
葬潭仔埔
配李氏生
於康熙庚
午年十一
月二十二
日寅時於
乾隆庚午
年十月初
十日戌時
沒葬坂長
欄
生子三名
耀　鑒
斗

時沒葬長
埔

鯤次子
興鑒
字剛亶生
於雍正癸
卯年八月
十一日戌
時於嘉慶
戊午年二
月初一日
未時沒葬
配李氏生
於雍正甲

鑒長子
毓絞
字秉眞生
於乾隆庚
辰年十一
月二十七
日午時於
道光丁亥
年六月二
十二日辰
時沒葬長
埔林
配陳氏生

絞長子
傳棻
字華峯生
於乾隆甲
辰年三月
初五日卯
時於道光
丁酉年三
月初二日
卯時沒葬
潭仔埔
配姚氏生
於乾隆己

衍蘇內

生子三图
緄 綃
捷

寅年二月
十七日巳
時於嘉慶
庚申年三
月十二日
巳時沒葬
張厝山
生子二图
紋 雜

於乾隆癸
未年三月
初三日
時於道光
丙戌年十
一月初五
日申時沒
葬梅宿
生子二图
茶
丑爲

鑒次子
毓雜
號明德生
於乾隆癸

酉年五月
二十三日
辰時於嘉
慶辛未年
四月十八
日午時沒
葬長埔

雜子
傳潮
生於嘉慶
辛未年六

貞梅房系

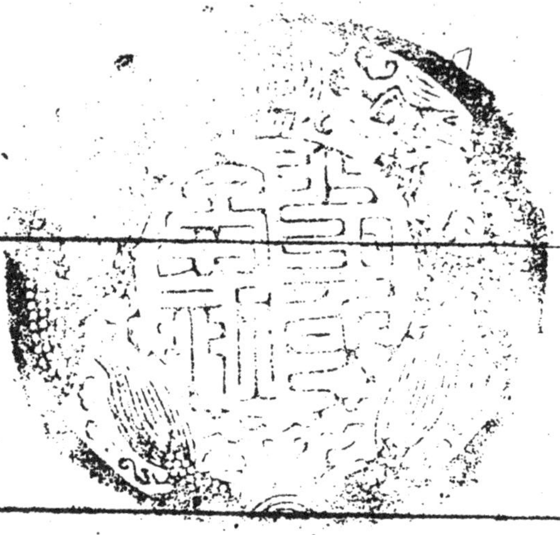

衍蘇內

巳年十一
月十五日
子時
配陳氏生
於乾隆壬
寅年十一
月十一日
午時於嘉
慶己巳年
正月初三
日未時沒
葬長埔
生子三名
心　萬
俱寓　潮

月二十八
日巳時於
咸豐庚申
年十月初
五日酉時
沒葬
配張氏生
於道光癸
未年十月
二十日寅
時於道光
丙午年正
月十七日
卯時沒葬
長埔

鯤三子
興斗
生於雍正丁未年四月初二日卯時於乾隆庚申年六月初六日時歿
葬長埔林
配 氏
撫子一名

斗子
毓
配 氏
撫子一名
心
○係撫入
毓雜亥子

生子一名
傳心
愛殤
殤

騆次子
衍鮹
字達齋生於康熙壬申年十二月十七日子時於乾隆庚午年七月初二日未時沒葬梅窗頂
配張氏生於康熙壬午年二月初五日酉

鮹長子
興夔
生於雍正辛亥年四月初五日辰時於乾隆甲戌年十月二十日卯時沒葬台灣咬狗的庄

鮹次子
興罥

罥子
毓癸

衍蘇內

時於乾隆庚申年正月二十八日戌時沒葬龜湖墓生子二图
燮 熠

生於雍正甲寅年十二月初二日辰時在臺灣咬狗的庄
配林氏生於乾隆甲子年十二月初五日卯時於乾隆丁亥年十月三十日亥時沒葬臺灣咬狗的庄

字壬癸生於乾隆丙戌年七月二十一日寅時在合灣咬狗的庄沒葬

顒三子
衍捷
號遂齋生
於康熙辛
巳年二月
十六日未
時於乾隆
甲戌年四
月十二日
亥時沒葬
長埔林
配王氏生

生子一
癸
捷長子
興琰
生於雍正
辛亥年三
月十七日
卯時葬台
灣陂狗的
丑
配江氏生
於乾隆
年　月
日
時於乾

衍蘇內

於康熙庚寅年四月二十三日酉時於乾隆丁酉年十一月十一日未時沒葬長埔林

生子四：𡆀 琰 畛 綿 先

隆甲戌年十二月日時沒葬長埔林

興畛

捷 炎 子

生於乾隆甲子年五月日時於乾隆辛巳年十二月廿二日申時沒葬臺灣

咬狗的庄

捷三子
興綿
生於乾隆丁卯年七月十四日酉時

捷四子
興先
生於乾隆辛未年二月　日　時於乾

衍蘇內

梅亥子
尚驂
號立夫生於康熙庚戌年三月十一日酉時於乾隆丁卯年九月初八日時沒葬

驂長子
衍魯
號忠齋生於康熙丁丑年四月初八日子時於乾隆戊寅年十月初八日申時沒葬

隆戊寅年十一月十七日　時沒葬龜湖

魯長子
興永
號伯遠生於雍正乙巳年三月十六日未時於乾隆甲子年三月二十六日未時沒

永子
毓養
生於乾隆乙酉年閏二月二十一日子時

武城曾氏族譜　貞梅房系　家晉江　六

配范氏生
於康熙辛
亥年□月
初八日卯
時於乾隆
癸亥年十
月初九日
時沒與
公合葬母
子山
生子四圖
魯鯤
魁衡

配黃氏生
於康熙壬
午年閏六
月十一日
寅時於乾
隆乙巳年
五月十八
日未時沒
合葬黃厝
山
生子一圖
永洌

葬梅厝
配　氏
撫子一圖
養
係撫入
興　四子

魯次子
興洌
號東觀生
於雍正乙
卯年七月
初二日寅
時於乾隆

洌長子
毓答
字輝星生
於乾隆丁
酉年七月
十三日午
時於嘉慶

答子
傳報
號捷思生
於嘉慶丙
辰年五月
二十一日
午時於戍

衍蘇內

武城曾氏重修族譜　貞梅房系　家晉江　七

己亥年七月十三日未時沒葬臺灣咬狗的庄配何氏生於雍正乙卯年六月二十一日未時於乾隆戊申年五月初六日酉時沒葬潭仔埔生子五〇
答
領

庚辰年三月二十七日巳時沒葬潭仔埔配莊氏生於乾隆乙未年五月初二日巳時於嘉慶丁巳年十月初二日巳時沒葬潭仔埔繼娶蔡氏生於乾隆戊子年正

豐癸丑年七月初三日酉時沒葬格角山配許氏生於嘉慶庚申年七月初一日卯時於嘉慶庚辰年三月二十四日巳時沒葬潭仔埔與姑同穴繼娶柯氏生於嘉慶

衍蘇內

禧　養
賢
○以領嗣
爲後
又以養嗣
興永爲後

月初四日
寅時於嘉
慶癸酉年
八月二十
五日未時
沒葬後潭
與長子傳
報同穴
生子二囝
報
飯鴉

甲子年三
月二十日
申時於光
緒丙子年
月
日　時沒
葬下墓與
公媽合葬
生子六囝
口　蚋
尙　我
勺　㕫
○以蚋嗣
傳禧爲後
又以尙嗣

例三子
毓禧
號君迎生於乾隆壬午年八月二十四日寅時於道光戊子年十二月十三日卯時沒葬黃祖山
配　氏

傳樓爲後

禧子
傳
配　氏
撫子一囝
蚋
○係撫入傳報次子

生子一圖

五子 鯍賢

生於乾隆戊子年正月初一日巳時於乾隆戊申年五月二十六日戌時沒葬長埔

鯾次子

衍鯾

號信齋生於康熙癸未年五月二十九日卯時於乾隆戊戌年十月初八日巳時沒葬梧山鶯哥石與婿同葬

鯾長子

興洙

號灣水生於雍正戊申年九月二十五日未時於乾隆庚寅年五月二十一日辰時沒葬草菴石下

配鄭氏生於雍正壬子年二月

洙子

毓樓

生於乾隆乙酉年十月二十二日巳時於道光癸巳年八月二十日寅時沒葬後潭

配　氏

生子一

樓子

傳

配　氏

撫子一

倚

8係撫入

傳報三子

配范氏生於康熙丙戌年二月初九日辰時於乾隆癸亥年五月初四日戌時没葬高州山梅[illegible]

生子二図

洙　泮

○以泮嗣衍鯾爲後

初五日時於戊辰年十月廿七日丑時没葬外家南安邦岑山

繼娶柯氏生於乾隆戊午年十一月初九日亥時

生子一図

樓

衍蘇内

駿三子 **衍鮑**

號惜齋生於康熙丙戌年正月二十日酉時於乾隆丁巳年閏九月十九日　時沒葬厝後地 配李氏生於康熙庚寅年閏七月十五日

鮑次子 **興泮**

號自德生於乾隆丁巳年閏九月十四日子時於嘉慶庚午年三月初六日巳時沒葬 配鍾氏生於乾隆丁巳年十月

泮長子 **毓慧**

號梅林生於乾隆庚辰年三月二十一日酉時於嘉慶庚辰年四月二十一日巳時沒葬台灣彰化縣白沙坑 配陳氏生於乾隆庚

慧長子 **傳泉**

號源山生於乾隆丙午年十一月十四日午時於道光壬午年六月二十八日未時沒葬施厝山 配林氏生於　年　月

□□□□□譜

戌時於乾
隆戊申年
八月初一
日未時沒
葬伍厝小
姐崙
撫子一圖
洋

初十日亥
時於嘉慶
乙丑年閏
六月十一
日未時沒
與姑李氏
及夫合葬
伍厝山
生子四圖
蕙　花
芊　蒂

衍蘇內

辰年三月
二十六日
酉時於嘉
慶戊辰年
八月初七
日戌時沒
葬本山梅
窩於道光
庚子年改
葬施厝山
生子三圖
泉　飲
鑑
○以飲嗣
鋐蒂爲後

日
時於道光
庚戌年二
月初八日
未時沒葬
施厝山
生子五圖
音　殤　跳
鑽　行
寢

泮亥子 毓花
號森林生於乾隆戊子年十二月初七日卯時於道光壬辰年六月十二日時沒葬長埔配蔡氏生於乾隆庚寅年二月十七日寅

花子 傳學
生於嘉慶丁巳年二月初七日卯時於道光辛卯年六月初一日辰時沒葬長埔

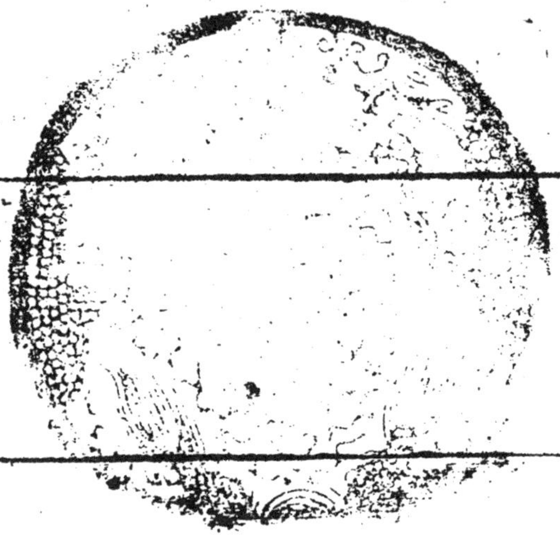

衍蘇內

時於嘉慶戊午年二月十一日巳時沒葬長埔林
生子一囝
學
。以學嗣承祧兩房毓蒂爲後

泮三子
毓芊
號萬翁生於乾隆癸

芊長子
傳道
生於嘉慶戊午年十

巳年正月二十九日戌時
配李氏生於乾隆丙申年九月十一日戌時
生子七 道巧 旦高 職兹 烜
○以巧嗣毓蒂爲後

二月十二日辰時
配柯氏生於嘉慶甲戌年十二月二十七日巳時

芊三子
傳旦
生於嘉慶壬戌年正月十八日寅時

衍蘇內

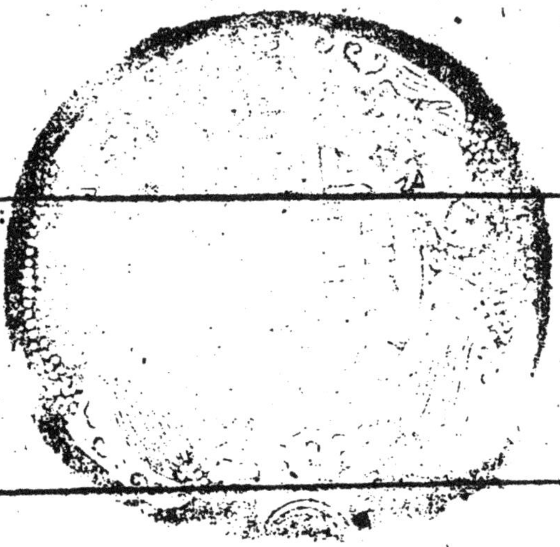

徙居張前

芊四子

傳高

生於嘉慶甲子年正月十五日未時

芊五子

傳茲

生於嘉慶庚午年九

貞梅房系　家晉江　十三

月十六日
亥時

芊大子
傳職
生於嘉慶
壬申年五
月初二日
卯時於
年
六月十三
日巳時沒
葬

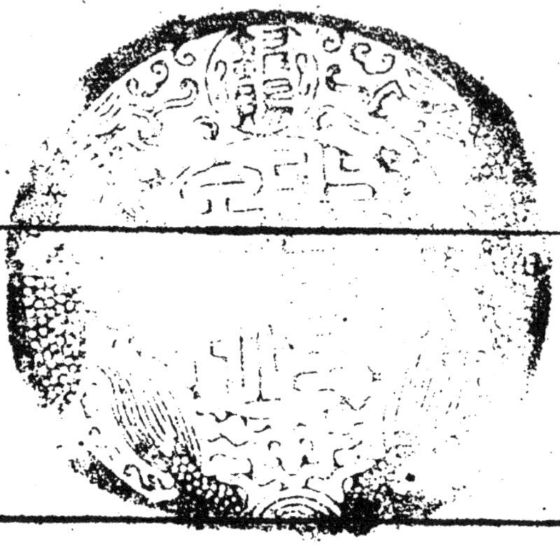

衍蘇內

泮四子 毓蒂 號震卿生於乾隆丙申年五月十三日午時於嘉慶

芋七子 傳烜 生於嘉慶戊寅年九月二十四日戌時

蒂嗣子 傳欽 號沂水生於乾隆辛亥年六月初六日亥時於道光

庚申年五月初七日辰時沒葬潭仔埔

配　氏

撫子三囝

飲學

巧

飲係撫入

毓蕙亥子

學係撫入

毓花子

巧係撫入

毓芊亥子

己酉年四月十九日辰時沒葬

傳學

帶子

生於嘉慶丁巳年二月初七日卯時於道光辛卯年六月初一日辰時沒葬長埔

[illegible]重修族譜

衍蘇丙

駗四子
衍衡
號量翁生於康熙己丑年十月初十日子時

衡長子
興浚
生於乾隆丙辰年十二月十三日子時

浚長子
毓遠
生於乾隆庚辰年七月二十日亥時

蒂子
傳巧
生於嘉慶庚申年四月二十五日丑時

配蘇氏生於康熙壬辰年十月十三日子時於乾隆丙寅年歿葬潯州府

生子三圖 淡 潯 晉

配潯州府氏

生子二圖 遠 道

裔孫子 興潯

生歿未詳住廣西潯州府

淡孫子 毓道

生歿未詳兄弟俱居廣西潯州府

衍蘇丙

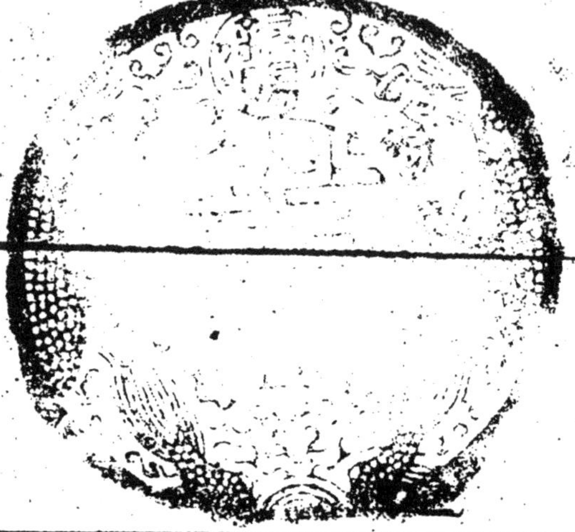

衡三子
興濬
生沒未詳
住廣西潯州府

貞藏房系

接上瓊公房系

六十六派

藏長子 倘首

號厲朴生於康熙己巳年二月初二日卯時於乾隆乙丑年四月二十二

六十七派

首長子 衍更

生於康熙戊戌年六月初三日申時於乾隆壬申年六月初四日寅時沒

六十八派

更子 興惊

生於乾隆壬戌年八月十八日卯時往台灣

六十九派

七十派

日寅時沒
葬龜湖墓
配郭氏生
於　庚
午年七月
初四日未
時於雍正
丙午年六
月二十九
日時沒
合葬龜湖
墓
生子二圖
賡　纏

父母合葬
龜湖墓
配林氏
生子一圖
懷
首
次子
衍纏
號世禑生
於　辛
丑年八月
二十日巳
時於乾隆
辛巳年四

纏
子
興慈
生於乾隆
丙寅年二
月初九日
時
往臺灣

衍蘇內

武城曾氏重修族譜

貞藏房系

藏次子
尙訓

月二十七
日酉時沒
葬台灣
配蔡氏於
年二月二
十六日酉
時沒葬長
埔林
生子一　圖
慈

訓次子
衍疇

疇長子
興鶯

家晉江

二

號愼齋生於康熙己卯年十一月初五日午時於乾隆壬戌年十一月十二日酉時沒葬
配李氏生於乾隆戊午年正月初一日時於嘉慶癸酉年七

號承質生於雍正癸丑年十月初五日酉時於乾隆戊申年九月二十三日午時沒葬
配李氏生於乾隆戊午年正月初一日時於嘉慶癸酉年二

生於乾隆庚辰年七月二十七日午時往台灣

晴亥子
興跟
號明星生於乾隆戊子年四月二十日午時於道光辛巳年十月十三日卯時沒葬

跟長子
毓予
生於嘉慶癸卯年六月二十日卯時於道光乙未年四月十三日　時沒出戰在後

衍蘇內

月二十二
日丑時沒
葬
生子二图
益 殤 疇

藏三子
尚茂
號繼植生

月二十二
日丑時沒
葬
生子二图
鸞 跟

分關
配吳氏
子三图
予 錯
揔
○以揔嗣
興君為後

洋夭命葬
菴後門

跟次子
鋉錯
生於嘉慶
丙寅年

衍蘇內

於康熙乙
酉年正月
十四日巳
時終於乾隆
戊午年五
月初二日
未時殁葬
皇清
[illegible]鄭氏

貞桐房系 接上璟公房系

六十六派

桐長子 倘搴 號敏齋生於康熙己卯年正月十九日寅時於乾隆癸亥年七月十九日

六十七派

搴長子 衍性 號養其生於康熙癸卯年八月二十一日午時於乾隆甲辰年五月二十

六十八派

性長子 興體 號君胖生於乾隆乙亥年十二月十五日酉時於嘉慶壬申年六月初三

六十九派

體子 毓露 生於嘉慶丁卯年二月二十二日時於咸豐癸丑年六月二十七日

七十派

露子 傳 生歿未詳 配 氏 白 撫子一名 係撫入

西城曾氏重修族譜

午時沒葬
台灣
配佘氏生
於康熙庚
辰年七月
初八日辰
時
生子三囝
性　忍
論

六日酉時
沒葬
配王氏生
於雍正壬
子年五月
初五日酉
時於嘉慶
庚午年七
月十六日
丑時沒葬
長埔林
生子四囝
體　越
鑽　迁

日巳時沒
葬長埔林
配　氏
撫子一囝
露
○係撫入
興迁長子
性亥子
興越
生於乾隆
甲申年十

時沒葬
配　氏
子一囝

衍蘇內

傳婦亥子

一月初六日子時

性三子
興鑽
生於乾隆丁亥年七月二十一日子時

性四子
興廷

廷子
毓穆

生於乾隆辛卯年二月二十四日　時於道光壬辰年四月十二日未時沒葬

配黃氏生於乾隆丁酉年九月二十九日　時於道光癸巳年四月十九

衍蘇內

生於嘉慶壬申年十一月

章炎子

衍忍

號伯餘生於雍正戊申年正月初四日午時於乾隆甲長年四日戌時沒葬長埔林生子二忍露穆○以露嗣興體爲後

忍長子

興猜

生於乾隆戊子年正月十二日酉時居臺灣

高坊曾氏重修族譜

月初八日
戌時沒葬
配李氏生
於雍正甲
寅年三月
初八日酉
時於乾隆
丁未年九
月初三日
[illegible]時沒葬
長埔林
生子二　图
猜　著

孔
亥
子
興著
生沒未詳
君台灣

衍蘇內

桐次子
尚陣
號宏基生於康熙壬午年二月初三日丑時於乾隆己丑年二月十八日午時沒葬配李氏生於康熙乙酉年十二月十六日

陣長子
衍孫
號維承生於雍正壬子年三月初八日丑時於嘉慶戊午年七月初四日辰時沒葬配丁氏生於　壬子年十一月十三日

孫長子
興遯
號朴賈生於乾隆壬午年六月十五日亥時於嘉慶丁卯年七月初八日未時沒葬配黃氏生於乾隆戊子年四月十五日午

遯長子
毓學
號仁鍾生於乾隆乙卯年十月初一日亥時於道光庚寅年三月二十三日亥時沒葬長埔林配陳氏生於嘉慶丙辰年五月十八日亥

學長子
傳响
號佐謦生於道光辛巳年八月十五日辰時於光緒甲申年二月二十五日巳時沒葬湖井內配洪氏生於道光辛卯年於光緒壬午年

貞桐房系

家晉江

四

衍蘇內

寅時於乾
隆辛巳年
六月初十
日　時沒
葬
生子三圖
孫　算

未時於
癸酉年
七月初三
日丑時沒
葬
生子二圖
遜　正

時於嘉慶
戊午年六
月初二日
午時沒葬
繼娶林氏
生於乾隆
丁亥年九
月初五日
亥時於道
光戊子年
四月十六
日巳時沒
葬湖井內
生子二圖
學　呈

時於嘉慶
己卯年九
月二十八
日丑時沒
葬公婆山
頭
繼娶何氏
生於嘉慶
庚申年八
月二十四
日於同治
丙寅年十
月初一日
酉時沒葬
公婆山頂
生子三圖

六月初七
日子時沒
葬溪頭
生子一圖
遲　殤
撫子一圖
帕
○係撫入
傳宴三子

學亥子
傳匣
生於道光
甲申年二
月初八日
戌時於道

遯次子
毓星
响匣
火出養

星長子
傳逃
光甲辰年
五月初三
日卯時沒
葬公漊山
頭
配 氏
撫子二圖
德 厚

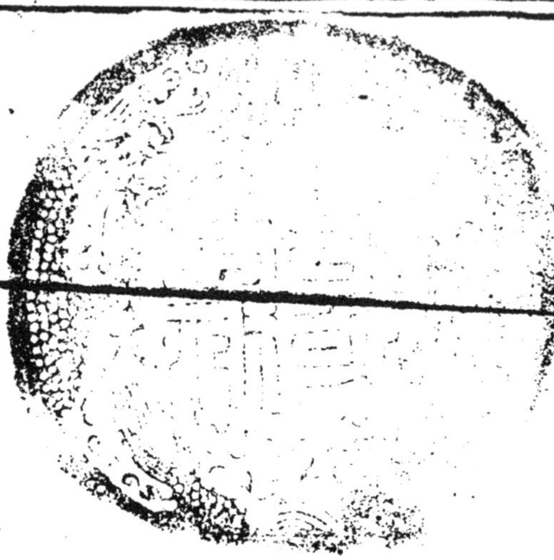

衍蘇內

號元祥生於嘉慶癸亥年八月初八日時於道光丁未年四月十四日酉時沒葬

配陳氏生於嘉慶乙丑年五月十一日寅時於　年三月十二日

生於道光丙戌年七月十五日子時於光緒壬辰年十月二十八日卯時沒葬

配張氏生於道光己丑年十二月初一日卯時於光緒壬辰年十月十一

時沒葬
生子四囝
逃
砍瘍
雖鴉
砌出養

日酉時沒
葬
生子一囝
烷

正子
毓聘
生沒未詳
寄居外姓

孫亥子
興正
生沒未詳
配　氏
生子二囝
聘　員
。以員嗣
興　爲後

陣次子
衍算
號維貞生於乾隆辛酉年五月十九日子時於乾隆戊申年八月二十七日辰時没葬
配張氏生於乾隆乙丑年四月

算長子
興侃
生於乾隆甲申年十一月二十四日酉時
配　氏
生子三 留 瑙 暈 機

侃長子
毓瑙
生於乾隆乙卯年十月十六日時
於嘉慶戊寅年十月二十六日巳時沒葬山內白蓮山

衍蘇內

二十二日申時於乾隆戊申年四月十二日辰時沒葬

生子三圖 侃 貞 炮

侃次子 毓量 生於嘉慶壬戌年

侃三子 毓機 生於嘉慶丙寅年

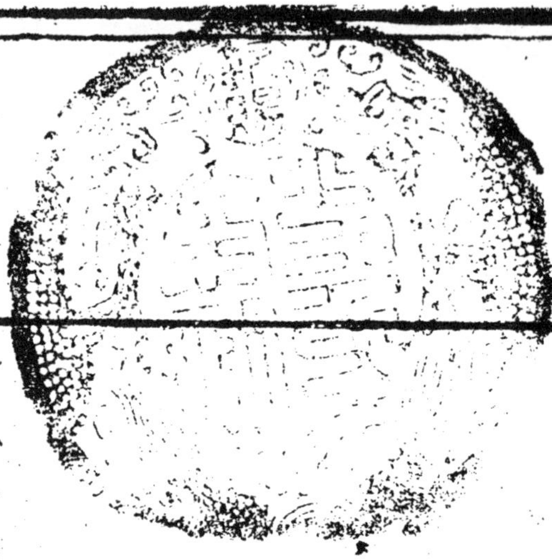

算次子

興裒

號克齋生
於乾隆壬
辰年八月
二十八日
辰時於道
光壬辰年
四月初九
日巳時沒
葬宅尾
配張氏生
於乾隆乙
巳年四月
初十日

裒長子

毓葉

生於嘉慶
甲戌年十
月十六日
酉時於咸
豐己未年
六月二十
二日申時
沒葬

次子

毓皎

衍蘇內

時於道光壬辰年十月初六日卯時沒葬長埔林生子三圖

葉晙申出養

算三子

興炮

號行齋生於乾隆乙未年六月初三日辰時於道光

生於嘉慶庚辰年五月十一日午時往郭岑鄉

炮長子

毓墻

號行義生於嘉慶庚辰年二月二十二日亥時於同

墻子

傳稿

生於咸豐丁巳年三月初三日戌時

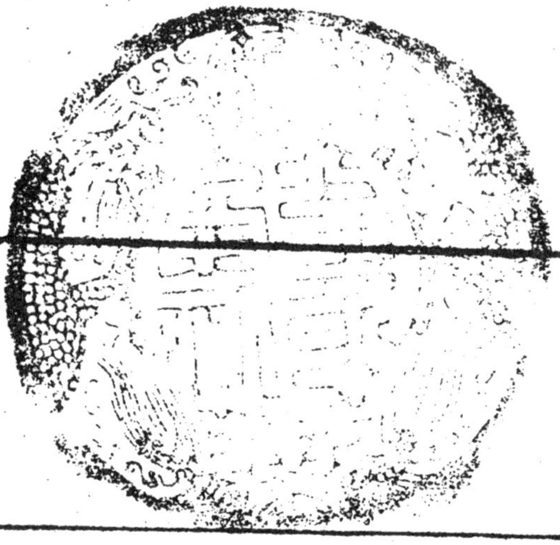

癸巳年七月初四日時沒葬配陳氏生於乾隆辛亥年二月十八日午時於咸豐丙辰年十二月十一日時沒葬生子二名

墖

還

寄居仙境

衍蘇內

治丁卯年十一月十四日酉時沒葬

配　氏

生子一名

稿

陣三子 **衍切**
號璞玉鄉飲大賓生於乾隆丙寅年五月二十六日巳時於嘉慶辛未年六月十六日酉時沒葬分關頂配林氏生於乾隆己巳年二月

切長子 **興宜**
號議翁生於乾隆辛卯年九月初五日亥時道光丁酉年十一月十四日丑時沒葬厝後配莊氏生於乾隆壬辰年七月

宜長子 **毓潘**
生於嘉慶戊午年五月初四日午時於道光庚戌年十一月十九日戌時沒葬

宜四子 **毓杓**

十八日巳時於乾隆丁亥年四月初一日卯時歿葬宅尾地繼娶黃氏生於乾隆甲子年五月二十三日午時於嘉慶戊寅年六月三十日午時歿葬

二十五日辰時於道光丙午年正月十七日巳時歿葬蓮尾
生子四圖
潘　文
濯　杓
○以文嗣興謙爲後
又以濯嗣興珀爲後

衍蘇內

生於嘉慶壬申年五月初五日丑時於光緒癸巳年九月二十二日午時承姪孫書有

武城曾氏重修族譜　貞桐房系　家晉江

生子四　名宜謙　專珀

切次子
興謙
號仁齋生於乾隆戊午年五月二十六日巳時於嘉慶戊寅年十二月二十一日丑時沒葬
配　氏

謙子
毓文
號章成生於嘉慶壬戌年二月二十九日酉時於道光乙巳年九月十七日辰時沒葬
配林氏生於嘉慶辛未年十二

文子
傳悄
號運翁生於道光己亥年九月二十三日酉時
配劉氏生於道光丙午年於同治癸亥年月二十日子時沒

十

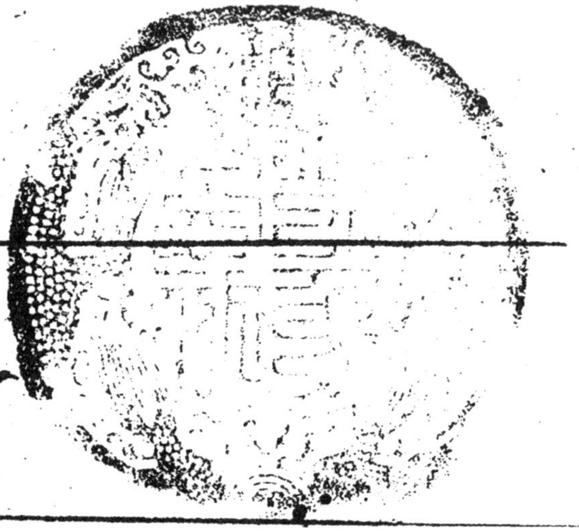

衍蘇內

撫子一囝
文
○係撫入
興宜亥子

切三子
興專
生於乾隆

月十一日
辰時於咸
豐癸丑年
六月十四
日申時沒
合葬蓮尾
地
生子一囝
梢

葬
繼娶蔡氏
生於道光
丁未年七
月初一日
卯時
生子三囝
變出養
還　鋪

庚子年正月初二日時往台灣

切四子
興珀
生於乾隆壬寅年十二月十七日辰時於嘉慶甲子年三月二十八日酉時沒葬

珀子
毓濯
生於嘉慶甲子年十一月十五日未時

衍蘇內

配　氏

撫子一圖

濯

○係撫入

興宜三子

貞顯房系 接上環公房系

六十六派

六十七派

六十八派

六十九派

七十派

顯長子 尙輿 號宗恰生於康熙癸未年九月二十九日巳時於乾隆壬戌年六月二十

輿子 衍衆 號啟齋生於雍正己卯年九月十一日申時於乾隆辛酉年十二月十四

衆長子 興套 生於乾隆壬寅年八月初一日申時往台灣

六日時沒葬虎孔上
配吳氏生於癸未年十月初四日辰時
生子一圖
眾

顯次子
尚築

日午時沒葬
配吳氏生於乾隆丁卯年四月十二日寅時
生子二圖
奎石

築長子
衍蒍

眾次子
興石
號克齊生於乾隆乙未年七月十三日時於嘉慶庚午年三月十六日未時沒葬長埔林

衍蘇內

號徵齋生於康熙庚寅年十二月二十六日未時於乾隆丙子年五月十八日戌時沒葬

配楊氏生於康熙壬戌年六月二十四日午時於乾隆庚申年

生於乾隆辛酉年正月十二日寅時於乾隆庚子年九月二十五日酉時沒葬

配柯氏生於乾隆乙丑年六月十三日戌時於乾隆乙未年四月十二日

十一月十六日寅時沒葬

繼娶蘇氏生於康熙丁酉年七月二十一日時於乾隆丙申年九月初四日酉時沒葬厝後地

生子二囝

芮　荔

寅時沒葬長埔林

築亥子

衍荔

生於乾隆己巳年六月初八日辰時於乾隆丙午年九月二十七日未時沒葬長埔林

衍蘇丙

纘三子 **尙江**
號克深生於康熙甲午年十一月初十日午時
配蔡氏生於康熙己亥年七月二十六日午時於乾隆癸亥年七月初五

江子 **衍陽**
號篤志生於乾隆壬申年十月初一日戌時於嘉慶戊午年正月初四日時沒葬
配陳氏生於乾隆庚辰年八月十四日寅

陽長子 **興居**
生於乾隆戊戌年六月初五日卯時
配　氏
撫子一個
揔
○係撫入興跟三子

居子 **毓揔**
承姪孫焜

日未時沒
葬
繼娶陳氏
生於康熙
辛丑年六
月初五日
午時
生子一圀
陽

時於乾隆
甲辰年閏
三月初一
日卯時沒
葬
繼娶黃氏
生於乾隆
丁丑年正
月十五日
卯時於乾
隆乙卯年
五月十八
日未時沒
葬

陽亥子
興亨
生於乾隆
甲辰年正
月十二日
寅時往台
灣

陽三子
興寬
生沒未詳

衍蘇內

顯四子
倘海
號朝叙生於康熙戊戌年八月十九日子時於乾隆壬寅年正月十一日午時没葬

生子四居亨
寬匹出養

海長子
衍椅
生於乾隆己巳年八月初八日巳時於乾隆甲午年七月初九日卯時
配鐵塘許

椅子
興琅
生於乾隆辛丑年十月初六日巳時於嘉慶癸酉年六月二十日未時没葬東洋

配王氏生於雍正丁未年十一月初三日時於乾隆辛巳年六月十二日卯時沒葬坂長欄
繼娶柯氏生於雍正癸丑年於嘉慶壬申年十月二十五日申時沒葬

氏

承子一圖
瑕
海
衍貌
亥子
生於乾隆丙戌年八月初三日巳時
配蔡氏

貌子
興琅
生於乾隆辛丑年十月初六日巳時於嘉慶癸酉年六月二十日未時沒葬東洋

衍蘇內

生子二 荷 貌

生子一 琅 承挑兩房

貞樞房系

接上璟公房系

六十六派

六十七派

六十八派

六十九派

七十派

樞長子
尚畝
號繼美生於康熙己未年十二月十八日戌時於乾隆戊午年三月初九

畝子
衍長
號允侃生於康熙辛卯年正月二十八日子時於乾隆癸酉年四月二十

長長子
興笑
號炳星生於雍正甲寅年二月三十日午時於道光癸未年十月二十五

笑長子
毓及
號莊寶生於乾隆辛巳年正月十二日酉時於乾隆戊申年三月初三日

日子時沒
與執中公
合葬東洋
山溪仔墘
配陳氏生
於　丁
卯年八月
初八日寅
時於
癸酉年四
月初一日
子時沒葬
合葬後溪
仔墘
生子三名
長　祥

二日巳時
沒葬東洋
鼓內
配王氏生
於康熙癸
巳年十一
月二十七
日亥時於
乾隆戊申
年四月初
五日巳時
沒葬
生子二名
笑　聳

日辰時沒
葬
配蔡氏生
於乾隆己
未年三月
二十九日
辰時於乾
隆乙卯年
正月二十
七日未時
沒葬
生子四名
及　腔
擬　月

衍蘇內
酉時沒葬
配吳氏生
於乾隆己
丑年八月
初六日戌
時於乾隆
戊申年四
月初九日
午時沒葬
長埔林
笑次子
毓腔
號詩楷生
於乾隆甲

腔長子
傳錠
號德和生
於嘉慶庚

瑞

◎以嫲嗣
興脫爲後

申年九月
二十六日
未時於道
光辛巳年
十月十七
日　時沒
葬

配蘇氏生
於乾隆癸
巳年六月
十二日酉
時於乾隆
丙午年三
月初六日
時沒葬

申年七月
初六日卯
時於咸豐
癸丑年四
月初三日
時沒葬

配姚氏生
於嘉慶壬
戌年九月
初一日巳
時於光緒
丙子年九
月二十五
日卯時沒
葬坑內角

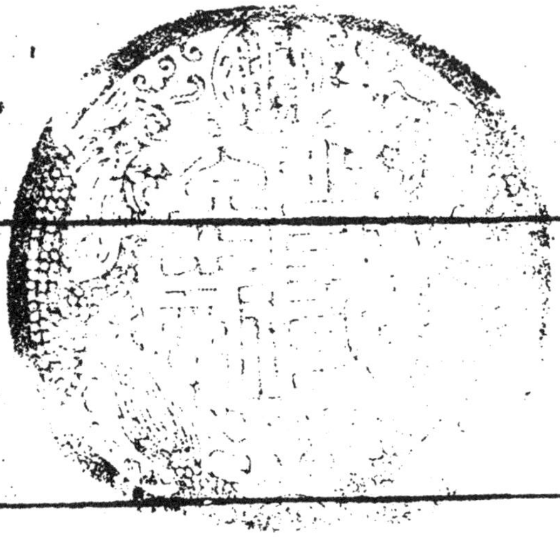

衍蘇內

長埔林
繼娶陳氏
生於乾隆
癸巳年十
二月二十
三日　時
於道光戊
戌年五月
二十日戌
時沒葬抗
內地
生子四囝
曹　殤
錠　．
金　殤　淺

生子五囝
默　姐
插　殤
筍　粘

陞亥子
傳淺
號則厲生
於嘉慶戊
辰年十二
月初三日
卯時於道
光庚戌年
八月二十
四日　時
沒葬

配何氏生於嘉慶甲戌年六月初九日丑時於咸豐乙卯年十月十七日酉時沒葬

生子二 图 皂 駡

衍蘇內

笑四子
毓月
號蟾桂生於乾隆辛卯年九月三十日卯時於道光丁酉年四月十三日未時沒葬長埔林配蔡氏生於乾隆己亥年十二月二十七

月長子
傳井
生於嘉慶癸亥年四月二十一日未時於道光丙戌年六月二十二日辰時沒葬長埔林

月次子
傳昇

長亥子
興奪
生於乾隆
己巳年三
月初十日

奪長子
毓牛
號大耕生
於乾隆戊
戌年四月
日巳時於
道光癸卯
年四月十
九日巳時
沒葬長埔
林
生子四
囫
蝶殤
井
昇
煎殤

生於嘉慶
丙子年十
月十二日
丑時
聘林氏

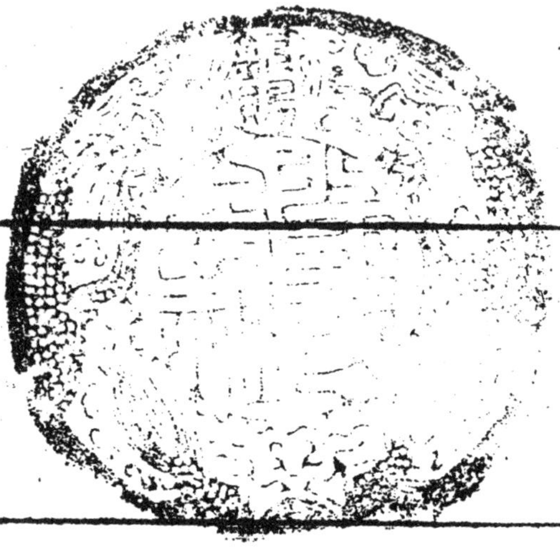

申時
配　氏
生子二图
牛　根

衍蘇內

十八日亥
時於嘉慶
辛未年四
月十五日
巳時浚葬
配吳氏生
於乾隆丁
未年四月
初一日巳
時於嘉慶
庚午年九
月二十四
日申時浚
葬長埔林
生子一图
蘇　鵠

齊亥子
毓根
字 生
於 年 月 日
時
於 年 月 日
時沒葬
配 氏

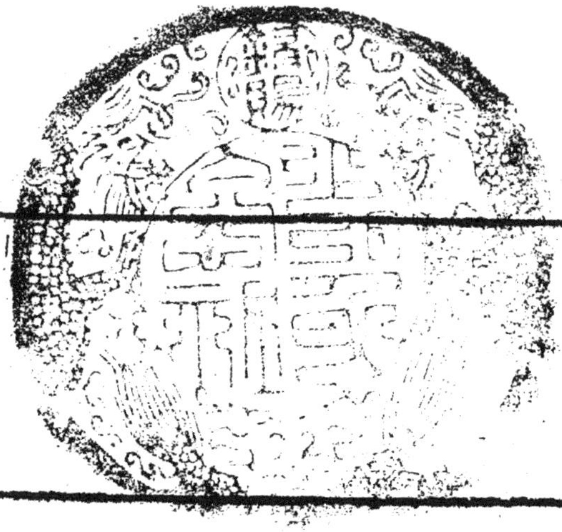

衍蘇內

生　於

年　月

日　時

於

年　月

日　時

沒葬

生子　囝

畝次子
衍祥
號尤慶生於康熙甲午年三月二十三日辰時於乾隆甲戌年三月十八日子時没葬臺灣
配吳氏

祥子
興脱
生於乾隆庚申年任漳州
配　氏
撫子一圖
擬

脱子
毓擬
號言峯生於乾隆丁亥年十月初十日時
配何氏生於乾隆丁酉年九月十五日子時於道光丙午年正月二十五

擬次子
傳盾
往外生没未詳

擬三子
傳持
號文篤生於嘉慶辛未年三月初六日亥時於同治乙丑年十二月十四

撫子一囝
脫
係撫入
衍瑞炎子

衍蘇內

日寅時沒
葬溪頭
生子五囝
射鷂盾
持賜
筆

日酉時沒
葬
配姚氏生
於嘉慶辛
未年四月
十三日辰
時於光緒
丁亥年九
月十九日
申時沒葬
生子二囝
創
菁出養

擬四子
傳賜
號以浔生於嘉慶甲戌年正月初九日卯時於咸豐辛酉年九月初一日時沒葬
配陳氏生於嘉慶丁丑年十一

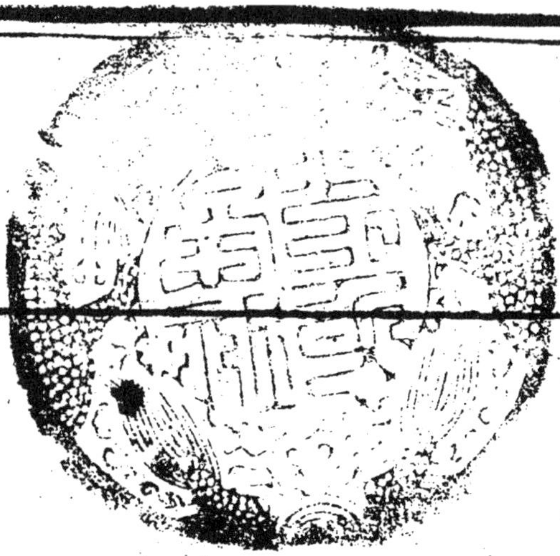

衍蘇內

月三十日時於道光乙巳年九月二十七日　時沒

葬

生子一囝

蛤

擬五子

傳筆

生於嘉慶乙卯年四月初二日卯時往洋

林邦

畝三子

衍瑞

號允直生於康熙丁酉年四月十三日酉時於乾隆辛未年四月十三日酉時沒葬坂長欄

配□氏生於康熙庚子年七月

瑞子

興貽

生於乾隆庚申年正月初七日亥時於乾隆己卯年正月十二日　時沒葬臺灣

衍蘇內

樞次子
尚協

協子
衍措

二十四日酉時於乾隆癸酉年三月十三日未時沒葬長埔林生子三胎以脫嗣衍祥為後

措長子
興堅

堅長子
毓貢

號和衷生於康熙戊辰年八月十一日寅時於乾隆癸酉年二月二十五日　時沒
葬
配王氏生於　庚午年五月十二日酉時於
庚寅年六

號秉文生於康熙己亥年三月十五日酉時於乾隆戊申年二月二十四日酉時沒
葬
配陳氏生於康熙庚子年十月十七日卯時於乾隆戊申年二

號慶德生於乾隆庚辰年正月十一日辰時於嘉慶甲子年四月二十三日戌時沒
葬
配陳氏生於乾隆癸亥年十二月十二日寅時於嘉慶癸酉年

號賜獻生於乾隆丁亥年九月初二日戌時於嘉慶庚午年三月二十八日戌時沒
葬
配　氏
生子一 圖
帕錫

貞樞房系　家晉江　八

月二十四
日巳時沒
葬
繼娶陳氏
生於
甲戌年三
月初九日
寅時於乾
隆戊寅年
十二月二
十五日
時沒夫婦
三人合葬
宅內石入
山

月初七日
時沒葬
生子五图
堅　陶
碩　準
對　鵝

四月十七
日申時沒
葬
生子二图
貢　佞

措次子
興陶
號慶祝生
於乾隆丁

衍蘇內

堅次子
毓佞
生於乾隆
丙申年二
月初二日
午時往呂
宋

陶長子
毓誕
號愛直生
於乾隆丙

誕子
傳貴
號晉才生
於嘉慶七

生子一 囝
措

卯年十月初三日辰時於乾隆戊申年正月二十九日午時沒葬東洋大潭墘
配吳氏生於乾隆丁卯年十月二十九日戌時於嘉慶己卯年八月二十五日寅時

午年二月初二日巳時於嘉慶丁丑年三月十七日未時沒葬長埔林
配陳氏生於乾隆己亥年十一月三十日未時於道光乙巳年二月初五日酉時沒葬長埔林

未年八月二十九日巳時於咸豐庚申年九月十二日午時沒葬庵後門
配呂氏生於嘉慶壬申年十月二十二日巳時於光緒甲午年六月二十一日丑時沒葬

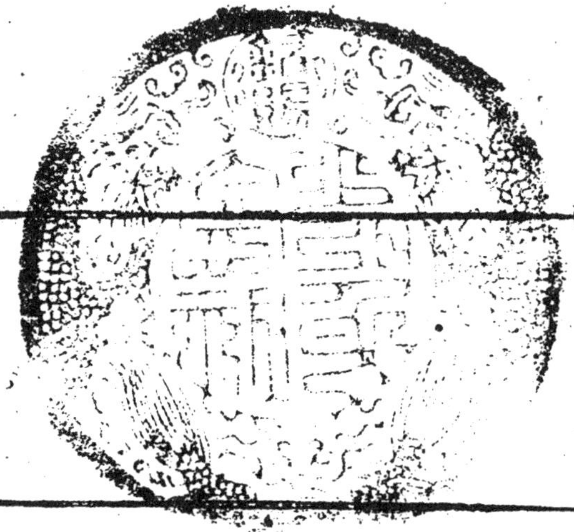

没葬

生子二圖

誕　溝

生子三圖

責　輕

殤　貓

○以貓嗣

毓搬爲後

衍蘇內

溝次子

毓溝

號壑翁生於乾隆辛丑年正月二十二日午時於道光己酉年

生子六圖

宣　椿

啟　坊

弄　尾

○以椿嗣

傳盞爲後

溝長子

傳螺

生於嘉慶辛未年三月二十二日寅時於咸豐辛亥年十二月

七月二十日丑時沒葬

配林氏生於乾隆己酉年八月二十二日辰時於嘉慶庚辰年正月初四日子時沒葬長埔林生子二𡨚螺盞

十七日時沒葬

溝次子
傳盞
號近義生於嘉慶甲戌年十一月二十二日寅時於咸豐丁巳年正月十二日巳時沒葬長埔

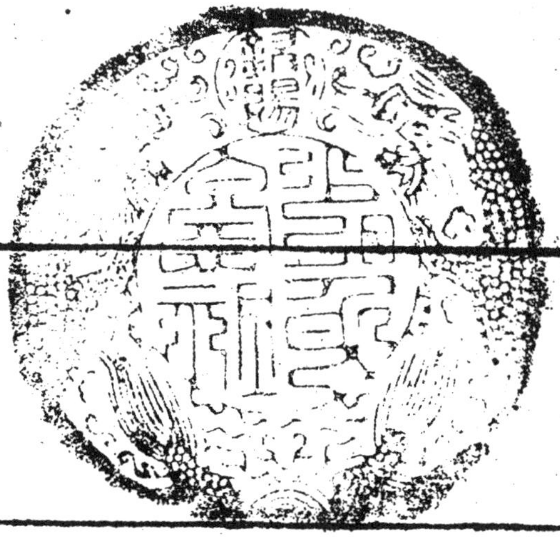

衍蘇內

措三子
興碩
號美德生
於乾隆辛

碩長子
毓搬
號廣源生
於乾隆丁

林
配
氏
撫子二囝
椿存
椿孫撫入
傳貢亥子
存孫撫入
傳貓亥子
搬長子
傳亥
生於嘉慶
丙子年

未年四月二十八日酉時於嘉慶壬申年八月二十七日卯時沒葬

配許氏生於乾隆甲申年四月初九日亥時於道光辛巳年十月二十一日酉時沒

未年十一月初三日時於同治庚午年正月廿日寅時沒葬

配許氏生於乾隆辛亥年七月二十七日丑時於道光癸未年六月十五日寅時沒葬長埔林

撒三子

傳猫

號伯樂生於嘉慶癸酉年正月十六日戌時於光緒癸未年六月二十八日未時沒葬宅尾

配謝氏生

衍蘇內

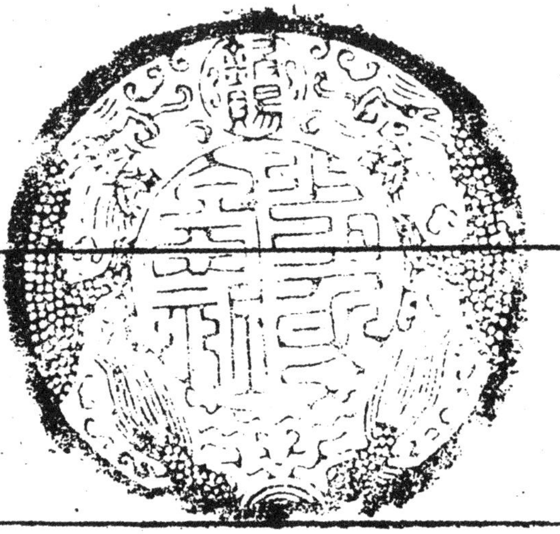

葬
生子三图
搬　買
粒

子三图
炎
築
猶
備
貓係撫入
毓誕三子

於道光甲
申年七月
廿九日
時於光緒
辛巳年二
月十九日
戌時沒葬
坑內前面
生子四图
恭　存
更出宗
登
〇以存嗣
傳遙爲後

頌亥子

毓買

號賢德生
於乾隆乙
卯年正月
初四日戌
時於咸豐
己未年十
二月十八
日巳時沒
葬

配張氏生
於乾隆癸
丑年於同

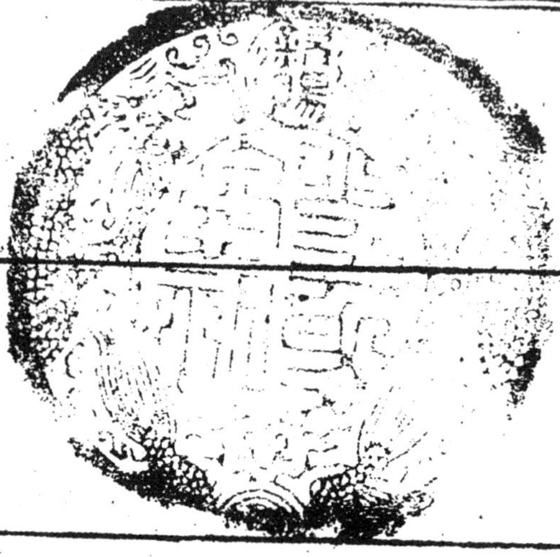

衍蘇內

治乙丑年三月二十六日時沒葬長埔林

碩三子

毓粒

生於乾隆庚申年八月十三日巳時於嘉慶丁丑年八月十一日　時沒

葬長林埔

措四子
興準
號愲早生於乾隆甲戌年七月十一日子時於乾隆庚戌年二月初九日亥時沒葬東洋地

樞三子

尚三

號勅中生於康熙戊辰年八月二十四日丑時於乾隆甲戌年六月二十一日戌時沒葬東洋溪仔墘後拾瓦棺與繼美公同穴

三長子

衍麟

號信齋生於雍正戊申年正月二十七日辰時於乾隆丙申年九月初四日寅時沒葬

配陳氏生於雍正己丑年五月

麟長子

興西

號艮福生於乾隆壬申年十二月二十二日寅時於乾隆辛亥年四月十四日午時沒葬

配郭氏生於乾隆丙子年正月

西子

毓蓁

生於乾隆己亥年六月二十三日午時

衍蘇內

配王氏生於乙亥年五月十六日未時於乾隆癸酉年四月十八日戌時沒葬
生子二图
麟　鳳

初七日未時於乾隆庚戌年十一月十三日戌時沒葬五雲鴛鶴南夫婦與男興波同穴
生子四图
西　波　童　兒

初八日酉時於乾隆丁酉年二月二十六日午時沒葬長埔林
生子一图
葬

麟次子
興波
號德鏡生於乾隆乙亥年三月初一日辰

波長子
毓勅
號謩謀生於乾隆壬寅年九月二十七日

勅長子
傳歸
號福厚生於嘉慶戊辰年三月三十日戌

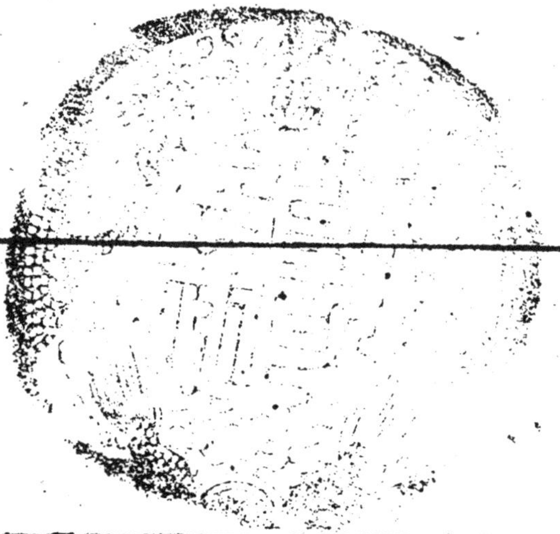

時於道光壬午年九月初七日未時沒葬五雲鴛鴦與父母同穴
配張氏生於乾隆丁丑年五月初九日辰時於道光辛卯年十二月初三日寅時沒葬

衍蘇內

辰時於同治壬戌年七月初八日申時沒葬草庵後
配何氏生於乾隆庚戌年正月二十二日子時於道光戊戌年三月二十日卯時沒葬東洋地內
生子五個

時於同治乙丑年十一月十五日酉時沒葬草庵後
配林氏生於嘉慶庚辰年九月二十一日酉時於光緒乙酉年四月十二日丑時沒葬蓮尾墓口後改葬土地嶺

生子六圖
敕汝
乙恥
撬奚

蜉整
處殤
宴
匿殤

生子六圖
桊白
蚶殤
曷殤
歆殤
類寄居
外姓

敕次子
傳整
生於嘉慶乙亥年正月二十八日丑時於道光庚子

衍蘇內

年八月初
五日　時
沒葬東洋
與母同穴
配　氏

撫子一圖
歎
。係撫入
傳宴長子

勅四子
傳宴

號伯慎生
於道光甲

申年九月二十四六日戌時於光緒辛巳年八月初六日午時沒葬坑內角配蔡氏生於道光丁亥年十一月二十日寅時於光緒庚子年十二月初三日寅時沒葬

衍蘇內

波亥子
毓汝

汝四子
傳逡

生子六囝
鍍瓶
帕蜜
炒瓜
養子一囝
生
。以跃嗣
尊整爲後
又以帕嗣
傳响爲後

號友宜生於乾隆丙子年正月十八日申時於道光庚寅年十月初四日卯時沒葬長埔林配張氏生子五圖拳鵜挑鵜兹鵜

生於道光庚寅年四月十八日戌時於咸豐癸丑年四月十四日戌時沒葬配蘇氏生於年五月十五日時於年九月初六日

西坊曾上直傳族譜

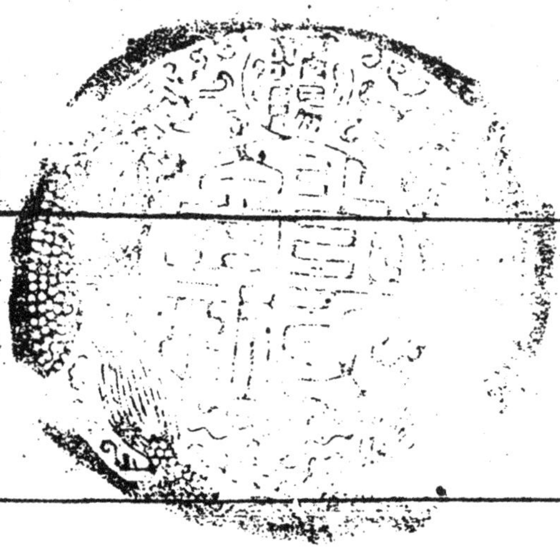

衍蘇內

送乞

乞係撫入
毓丞長子

波三子
毓乙

時沒葬

汝五子
傳乞

生於道光己未年六月初四日時於咸豐己未年五月十九日時沒葬

乙長子
傳辰

生於乾隆辛亥年九月初六日卯時於道光庚戌年十一月十三日 時沒葬長埔林

配陳氏生於嘉慶戊午年十一月初五日酉時於光緒己卯年十月初八

號元直生於嘉慶庚辰年八月初三日巳時於同治壬申年九月初五日午時沒葬長埔林

配許氏生於道光丁酉年三月二十八日 時於同治壬戌年八月初七

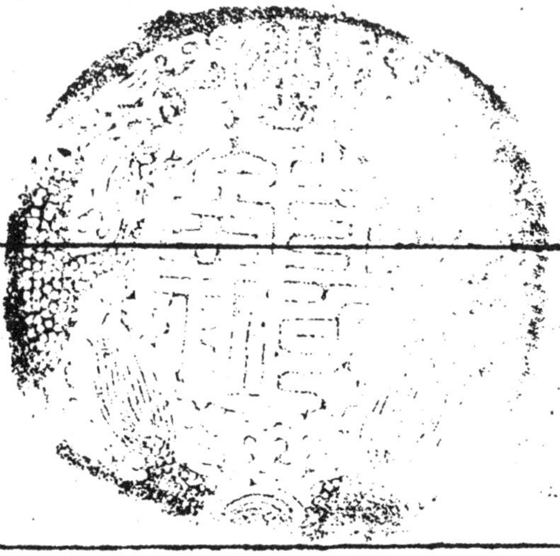

衍蘇內

日巳時沒
葬長埔林
生子四图
反條
洗入

日酉時沒
葬長埔林
繼娶楊氏
生於道光
辛卯年三
月初三日
辰時於光
緒戊戌年
十月十八
日寅時沒
葬
生子二图
利枉
○以利嗣
傳懇爲後
又以枉嗣

傳八爲後
承祧兩房

乙孩子
傳條

生於道光癸未年十二月初二日未時於道光癸巳年二月十九日卯時殁葬

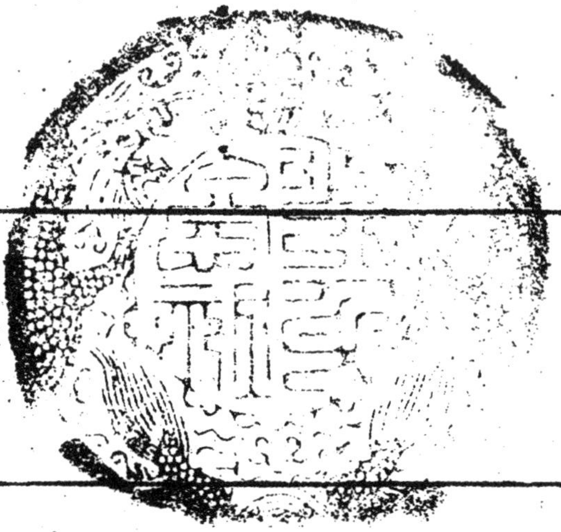

衍蘇內

乙三子

傳洗

生於道光丁亥年三月二十九日寅時於同治壬申年九月三十日亥時歿葬長埔林一畝住湖頭

配　氏

武城曾氏重修族譜 貞樞房系 家晉江 二十

撫子一圖

木典

乙四子

傳八

生於道光戊戌年二月十五日酉時於同治乙丑年四月十六日時沒

葬

配氏

衍蘇內

彼四子
銶聰
號友廉生
於乾隆甲
寅年十一月
初三日
時於咸豐
丙辰年十
二月十八
日　時沒
葬長埔林

撫子一圀
枉
○係撫入
傳反炎子

聰長子
傳懇
生於道光
甲申年二
月二十七
日酉時
配　氏

配李氏生於嘉慶己未年三月十八日巳時
生子二 圖
聡 花

波五子
毓撓

撫子一 圖
利
。係撫入傳反長子

聡次子
傳花
生於道光辛卯年四月初七日未時

撓長子
傳托

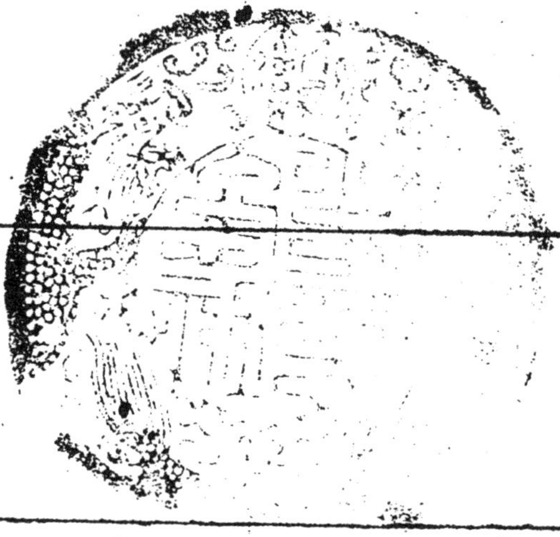

衍蘇內

號以知生於嘉慶丁巳年二月十三日寅時於道九丁酉年五月十七日酉時沒葬長埔林配王氏生於丙寅年十一月二十五日卯時

撓亥予
傳馬

生於道光癸巳年正月初四日寅時

生於道光乙未年九月初二日申時

貞樞房系　家晉江　三

生子四：囝、托馬、俗猜、寄君外姓

波六子
鯍溪

撓三子
傳俗
生於道光己酉年九月二十二日巳時，於道光庚申年六月初七日　時沒，葬

溪次子
傳夜

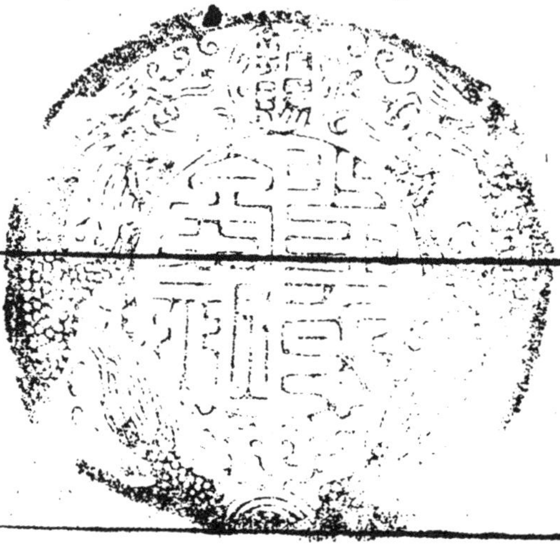

衍蘇內

號營里生於嘉慶庚申年三月十一日丑時於同治甲子年二月初九日時歿葬

配吳氏生於嘉慶癸酉年十一月初六日未時於道光庚戌年八月廿一

生於道光辛丑年正月二十七日　時於光緒庚子年十一月二十六日丑時歿葬

配　氏

生子一圖

續

麟三子
興童
號善德生於乾隆丁

日時沒葬長埔林生子三㘣幺夜排ノ○以幺嗣䬯汝爲後

奚三子
傳排
生於道光丁未年七月日時於光緒辛巳年十月二十日巳時沒葬長埔林

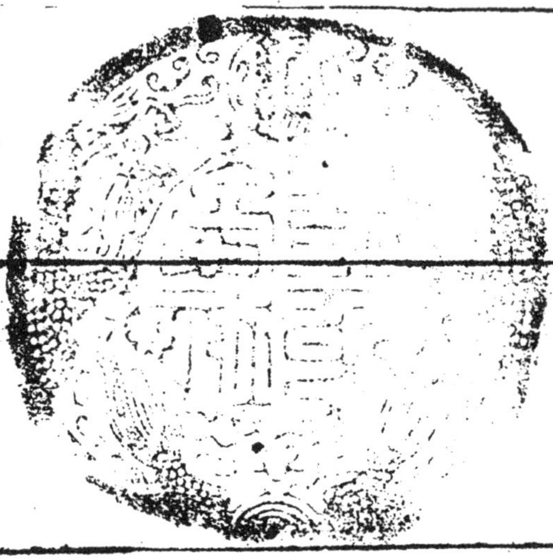

丑年七月十一日酉時於乾隆己亥年二月初二日戌時沒葬

麟四子

興兒

生於乾隆壬午年十一月二十四日卯時於乾隆丙午年三月

衍蘇丙

初八日酉時沒葬水蚶崙

三亥子
衍鳳
號鳴鸞生於乾隆丁巳年正月二十日申時於嘉慶乙丑年七月十五日戌時沒葬伍厝山

鳳長子
興頭
號淋川生於乾隆丁亥年八月二十四日辰時於嘉慶丁丑年六月二十四日巳時沒葬

頭長子
毓棟
生於嘉慶丁巳年十二月二十七日酉時於咸豐壬子年五月二十一日沒葬

衍蘇內

配李氏生
於乾隆庚
申年閏六
月初七日
戌時於乾
隆戊申年
二月二十
四日巳時
歿葬
生子二圖
頭塔

配蔡氏生
於乾隆壬
辰年七月
二十日
時於嘉慶
己卯年五
月十六日
未時歿葬
長埔林與
公同穴
生子三圖
棘篤
麵

頭亥子
毓篤
生於嘉慶
壬戌年六
月初十日
未時於道
光甲午年
十二月十
六日巳時
歿葬長埔

頭三子
毓麵

生於嘉慶癸亥年十二月二十七日酉時於道光庚戌年十二月初九日時歿葬

鳳亥子
興塔
號洲士生於乾隆辛

塔長子
毓水
號泉清生於嘉慶己

水子
傳拈
號耿翁生於道光甲

卯年十月二十三日酉時於道光癸未年六月二十三日午時沒葬

配傅氏生於乾隆癸巳年五月二十七日未時於咸豐辛亥年十月二十七日巳時

衍穌內

未年三月初三日子時於咸豐壬子年四月二十八日辰時沒葬長埔林

配　氏

生子一圖

偕

午年七月初　日辰時於光緒庚子年十一月廿一日亥時沒葬

配葉氏生於道光甲辰年七月初十日辰時於光緒辛巳年十一月十八日巳時沒

沒葬長埔林
生子五名
水　赫
兼出養
歸鴉
丙[illegible]

塔炎子
毓赫
生於嘉慶壬戌年七月初三日辰時於咸豐乙卯年二月二十

葬長埔林
生子二名
厚
神出養
西門

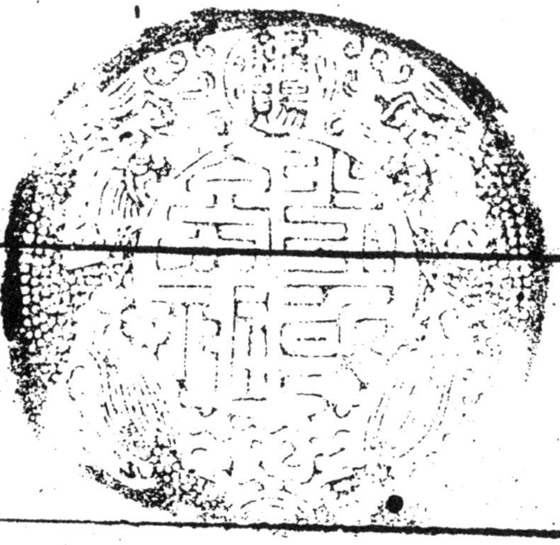

衍蘇內

三日　時

沒葬

貞淵房系

接上璪公房系

六十六派

六十七派

六十八派

六十九派

七十派

淵子
尚騈

貞澄房系

接上瓅公房系

六十六派　六十七派　六十八派　六十九派　七十派

澄長子
尚贈
號忠懷，生於康熙丙午年四月二十九日辰時，於甲申年四月二十

贈長子
衍廣
號承寬，生於康熙己巳年五月初九日酉時，於乾隆辛巳年六月二十四

廣長子
興拱
號昌意，生於康熙丙申年四月初四日巳時，於乾隆辛丑年六月初五日

拱長子
毓唱
號巽磬，生於乾隆壬戌年六月二十四日辰時，於乾隆乙巳年九月十一

唱長子
傳欽
號剛佑，生於乾隆癸巳年七月二十日沒

闕

日酉時沒葬龜偶石
祁
配蕭氏生於康熙戊辰年十二月十六日丑時於乾隆庚申年三月十八日巳時沒葬二山
生子四囝
廣郡
呈府

日未時沒葬龜湖墓
配謝氏生於康熙丙子年十二月二十一日丑時於乾隆辛丑年六月十八日未時沒葬內山
母子同穴
生子二囝
拱房

未時沒葬內宅山
配陳氏生於康熙辛丑年九月初二日亥時於乾隆辛丑年三月二十日卯時沒葬內宅後水淪浦
生子三囝
唱雅
表

衍蘇內

日戌時沒葬長埔林
配柯氏生於乾隆辛未年二月十七日申時於道光丙戌年十月二十一日辰時沒葬長埔林
生子五囝
欽月
每
紀出承
毓表

傳旦
唱奕子
號維泰生於乾隆丙申年十月初一日於道光辛丑年十一月十一日寅時沒葬長埔林

傳海
唱三子
號德泰生

終出承溪東

於乾隆己亥年九月二十七日於道光己丑年十一月十一日寅時沒葬長埔林

洪叢子

毓雅

號致卿生於乾隆庚午年二月十六日辰

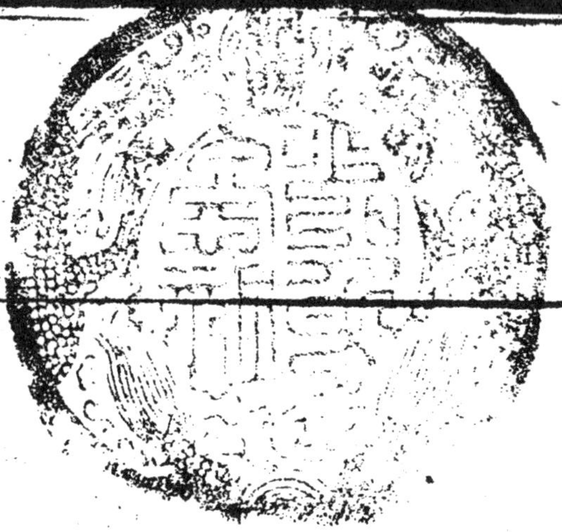

衍蘇內
時往台灣

拱三子
鯍表
號與音生
於乾隆戊
寅七月十
六日辰時
於乾隆丁
未年七月
初三日
時沒葬長
埔林
配　氏

表子
傳紡
號錫佐生
於乾隆年
往頂四府
生理沒水
詰

廣亥子
興房
號君科生
於雍正己
酉年二月
初九日未
戌
配柯氏生
於雍正乙
卯年九月
二十九日

子一圖
舫
毓唱子
房子
毓便
生於乾隆
乙酉年八
月二十八
日辰時住
台灣下中
州庄下

贈次子
衍郡
號承烈生於康熙乙亥年六月二十七日酉時於乾隆壬午年十月二十二日未時申時沒葬均闕生子一名俱

郡長子
興照
號朴實生於康熙辛丑年六月十六日申時於乾隆戊申年二月十四日巳時沒葬

照長子
毓眞
號懷亭生於乾隆乙亥年於甲戌年五月二十二日辰時於嘉慶庚申年七月

眞子
傳貫
號一道生於乾隆甲辰年二月十一日辰時於道光庚戌年十月十八日丑時沒葬

衍蘇內

沒葬
配張氏生於康熙壬午年四月十一日戌時於乾隆己亥年四月初三日卯時沒夫婦均葬龜湖墓
生子五
照　濟
老　比
亭

仝妣與長子同穴
配吳氏生於雍正乙巳年六月二十三日辰時於乾隆己酉年九月十七日酉時沒葬龜湖山崙
生子二
眞
素山承
興亭

二十二日寅時沒葬長埔林與父同穴
配張氏生於乾隆壬午年二月二十七日於嘉慶丁丑年三月十九日沒葬長埔林
生子一
貫

龜湖
配張氏生於嘉慶庚申年四月二十九日酉時於道光丙戌年十月二十九日巳時沒合葬龜湖
繼娶王氏生於乾隆乙卯年五月初六日辰時於咸

衍蘇內

豐辛亥年
八月二十
七日酉時
歿葬長埔
林
生子一圖
圭鴉

郡亥子
興濟
號昌德生
於雍正內
午年十月
十九日寅
時於乾隆
辛丑年十

濟子
毓朕
號敢誠生
於乾隆戊
子年八月
十五日午
時於道光
庚寅年正

朕長子
傳倫
號堅佑生
於嘉慶辛
酉年八月
十五日亥
時於道光
戊申年九

月十九日未時沒葬配張氏生於乾隆丙辰年八月初九日寅時於嘉慶己卯年三月二十二日巳時沒夫婦合葬獅子山與子朕同穴生子一囝
朕

月二十日午時沒葬獅子山與母同穴配張氏生於乾隆壬寅年三月十九日丑時沒闕生子二囝
倫　楓

月二十六日未時沒葬長埔林配許氏生於嘉慶甲子年正月二十一日卯時於嘉慶丙子年六月十四日子時沒葬

朕次子
傳楓
號林佑生

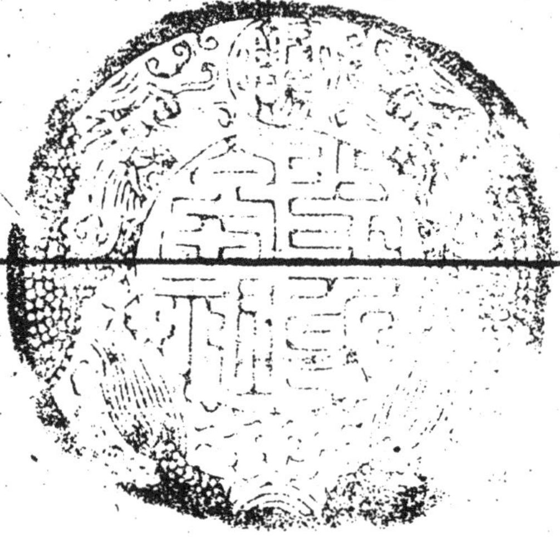

從蘇內

於嘉慶戊辰年正月初　日未時於道光庚戌年正月初八日酉時沒葬隴內

配陳氏生於道光甲申年正月初四日子時未冠再嫁

子一　圖唱承傳

舉子

郡三子 **興老** 號君安生於雍正乙卯年五月日巳時歿葬臺灣配翁氏生於乾隆壬戌年八月二十六日亥時於嘉慶己巳年五月十八日未時歿

老子 **毓簡** 號敢禮生於乾隆乙酉年五月廿五日申時於道光二十四年四月廿二日卯時歿葬長埔林配柯氏生於乾隆甲午年四月十七日卯

簡子 **傳桀** 號存善生於嘉慶辛未年正月二十三日戌時於咸豐戊午年十月十九日午時歿葬埔乾巽配陳氏生於嘉慶己卯年九月初九日未

西坊曾氏重修族譜

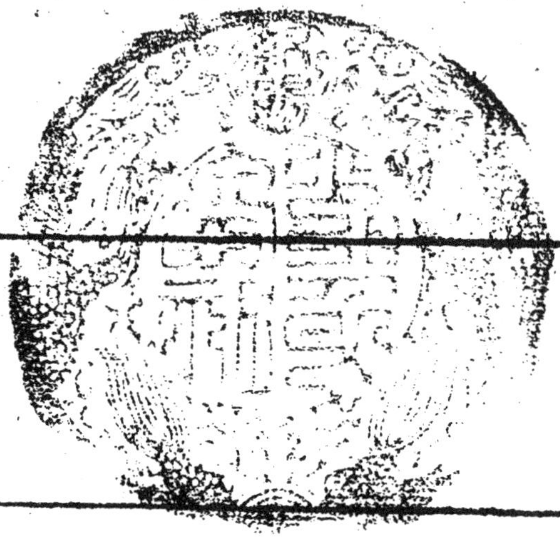

葬長埔林
生子一图
簡

衍蘇內

時於嘉慶
癸酉年十
二月初四
日辰時沒
葬長埔林
綱娶蔡氏
生於乾隆
甲午年十
一月初四
日午時於
道光己亥
年四月十
五日申時
沒葬長埔
生子一图
笨

時沒闕
生子四图
外　唱
捷　唆

郡四子
興比
號誠朴生於乾隆己未年九月初九日辰時於嘉慶辛酉年十一月二十二日酉時沒葬
配王氏生於乾隆丙寅年六月

比長子
毓殊
號行德生於乾隆丙戌年八月二十五日辰時於嘉慶癸酉年八月十六日沒葬
配蕭氏生於乾隆辛亥年十月十四日沒

殊長子
傳叢
號誠亨生於乾隆甲寅年九月二十九日酉時於咸豐戊午年正月二十一日丑時沒葬長埔
配何氏生於嘉慶乙丑年九月

衍蘇內

二十四日卯時於嘉慶丙寅年十一月二十五日卯時沒夫婦合葬獅子山
生子四囝
殊領
員
鑼出承
興亭

與夫合葬小昆壇
繼配許氏生於乾隆丙申年十二月初一日巳時於道光丙午年二月二十三日沒葬長埔
生子四囝
叢坎
獺
本殤
出承毓員

十一日巳時於同治壬申年七月十二日寅時沒葬
生子三囝
兩嶋梯
條

殊次子
傳坎

殊三子
傳纘

生於嘉慶壬戌年六月初五日亥時沒闕

領長子
傳鍼
號伯昭生於嘉慶甲子年七月三十日未時於光緒壬午年八月三十日丑時沒葬

比次子
毓領
號仁德生於乾隆庚寅年六月十五日巳時於道光壬辰年三月初七日巳時沒葬

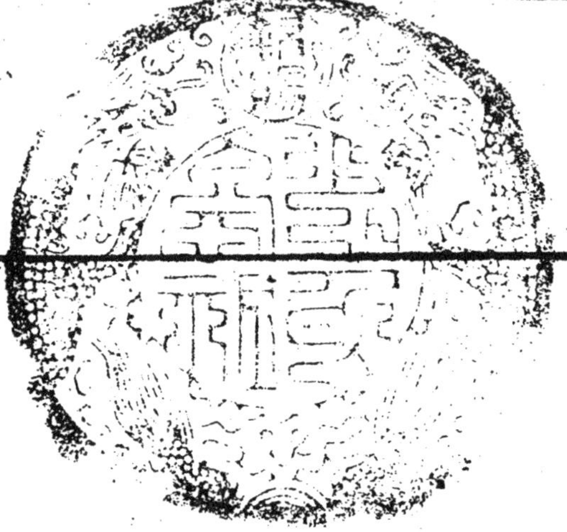

衍蘇內

配楊氏生
於乾隆己
亥年八月
十四日於
咸豐戊午
年八月初
九日辰時
沒夫婦及
夾子合葬
生子三圖
鍼
丑兼承
頂麗房保
公
溛出承
毓員

花厝嶺
配柯氏生
於嘉慶丁
卯年正月
十一日亥
時於光緒
戊寅年四
月初十日
午時沒葬
㳅老山
生子六圖
粟　曲
助　弁
鐸
梯出繼
傳坎

領
次
子

傳丑

號純川生於嘉慶辛未年十一月初十日午時於道光丁酉年四月初四日丑時歿葬長埔

配何氏生於嘉慶癸酉年七月

衍蘇內

比三子
毓員
號良美生於乾隆丙申年三月二十二日巳時於嘉慶丁丑年十二月初三日巳時

二十八日亥時歿節
生子一名
命

員長子
傳亨
號元佐生於嘉慶庚午年歿缺

員次子
傳坎
號庚佐生於嘉慶己

貞滄房系

家晉江

十

殁葬長埔
林
配謝氏敃
節
子四圖
亨
坎承銑
殊
子溢承銑
領
子盤

巳年七月
二十八日
巳時於道
光乙未年
十一月初
十日戌時
殁葬東洋
子一圖
梯承傳
鍼子壽

員三子
傳溢
號賢佐生
於嘉慶丙
子年九月

西城曾上直修族譜

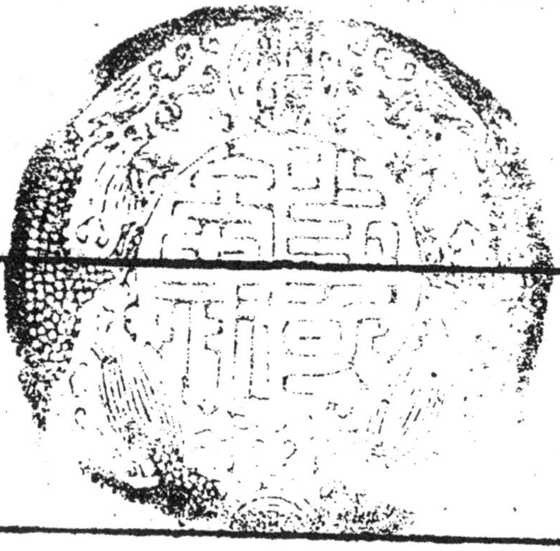

衍蘇內

初二日丑時沒闕配楊氏生於嘉慶戊寅年四月二十日亥時於咸豐辛亥年八月二十九日丑時沒葬疊頭頂繼配許氏生於道光戊子年十一月二十一日午時

於光緒丁亥年六月十八日酉時沒葬長埔林
生子八囝
鞋殤
海殤
成
蒜殤
順殤
玉
曉殤
挨殤

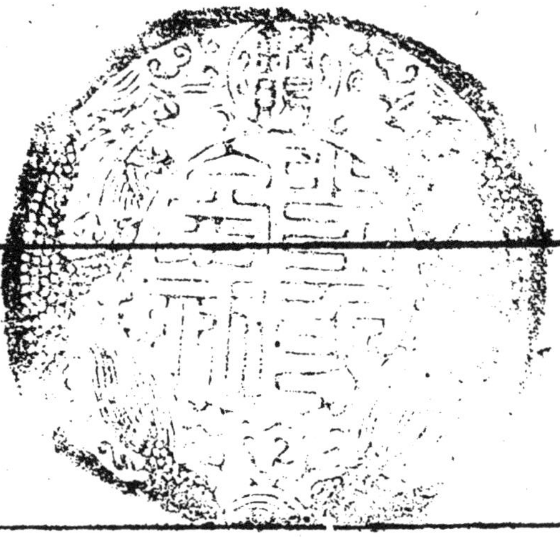

衍蘇內

員四予

傳盤

號鳴佐生於嘉慶己卯年正月初六日戌時於光緒丁亥年二月初六日辰時沒葬龜湖配柯氏生於道光乙酉年三月十一月於

郡五子
興亭
號文志生
於乾隆壬
戌年二月

亭長子
毓素
號左情生
於乾隆辛
巳年五月

光緒戊子
年四月初
七日午時
沒葬楓林
生子五囧
磯
山錫
香
潛鴻
魁鴻

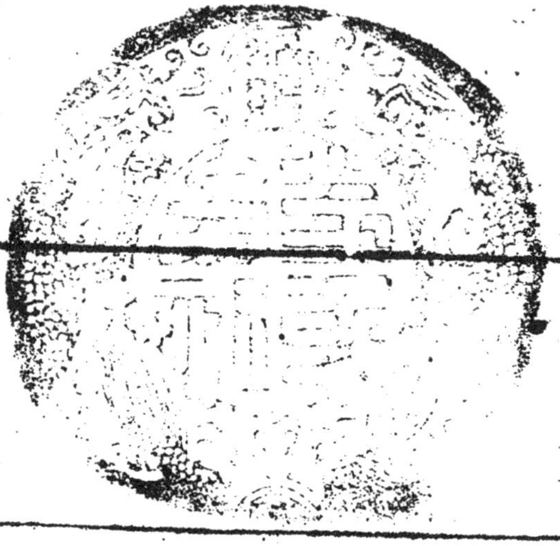

十三日寅時於乾隆丙戌年二月初八日戌時沒葬長埔林

配　氏

生子二圖
筭　鑼

衍蘇內

二十九日丑時於嘉慶戊午年四月十八日辰時沒葬池店石墓子林

亭次子
毓鑼
號金卿生於乾隆甲辰年十二月二十九日戌時於道光乙巳

鑼長子
傳敏
號捷佐生於嘉慶庚午年六月二十二日辰時於光緒己酉年

年八月二十八日午時沒葬隴內坑

配李氏生於乾隆己酉年八月二十三日亥時於同治壬申年七月初一日丑時沒葬長埔

生子四

敏

六月初三日辰時沒葬元海內

配楊氏生於嘉慶乙亥年三月二十日辰時於同治戊辰年十月初八日酉時沒葬長埔

生子六

鳩　栽

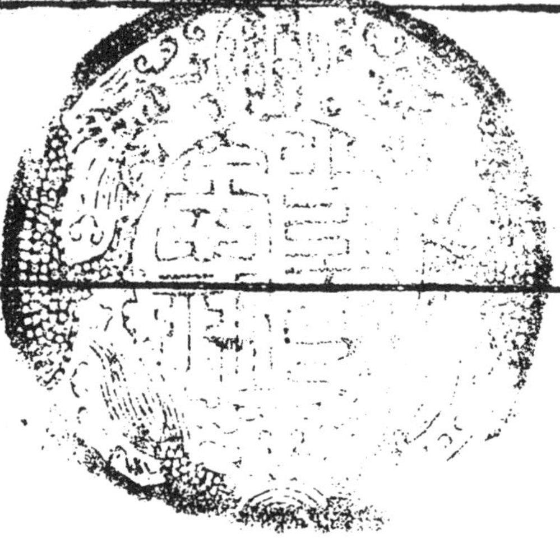

衍蘇內

溢出承

毓員

款　卒

屏兼承

傳歀

百出養

懈鴻

開鴻

鑼三子

傳歀

號衷誠生

於道光癸

未年七月

初八日戌

時於咸豐

辛亥年三

月二十九

日巳時沒

貞澄房系　家晉江　卌

葬隴內與
父同穴
生子四圖
屏傳敏
子兼承
山薦
牂

鑼四子
傳卒
生於道光
丙戌年十
二月二十
八日戌時

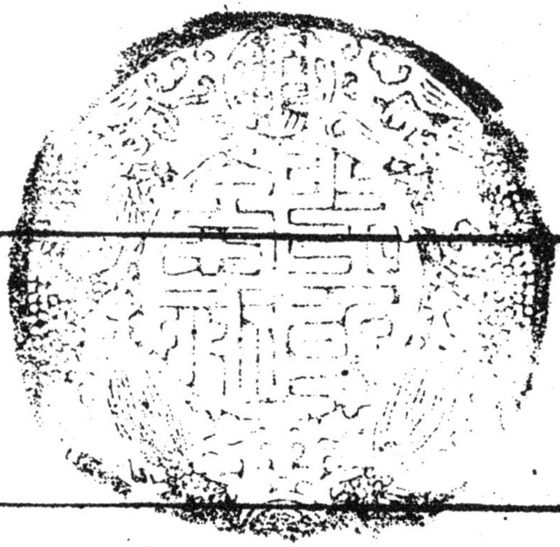

衍蘇內

沒缺

配楊氏生於道光戊戌年九月二十三日戌時於同治辛亥年六月初六日午時沒葬龍內

繼配王氏生於嘉慶庚辰年九月初七日

贈三子
衍主
號承存生於康熙戊寅年正月二十一日丑時於乾隆辛未年

主長子
興漢
號昌世生於雍正壬子年二月初九日午時於乾隆壬寅年三

漢長子
毓昱
號懷德生於乾隆壬子年十一月十五日丑時於道光戊子年

昱長子
傳揆
號和順生於乾隆甲寅年五月二十七日辰時於咸豐壬子年
卯時
生子四囝
肘
胼出承
傳款
鈴
鐿

武城曾氏重修族譜 貞澄房系
家晉江
十五

六月二十
三日寅時
沒葬
配洪氏生
於康熙乙
酉年六月
初五日辰
時於乾隆
乙丑年十
月二十三
日時沒
夫婦合葬
東洋
生子五圖
漢　鄒

月二十五
日酉時沒
葬小單潭
內
配蔡氏生
於乾隆戊
午年十二
月二十八
日辰時於
嘉慶癸酉
年十月初
六日午時
沒葬小單
潭內
生子三圖
昱　掌

四月二十
三日未時
沒葬長埔
林
配王氏生
於乾隆癸
巳年十月
二十五日
酉時於嘉
慶癸酉年
八月二十
四日午時
沒葬
生子二圖
投

二月二十
六日戌時
沒葬長埔
林
配何氏生
於嘉慶己
巳年十一
月二十五
日午時歿
節
生子五圖
麻
志殤
桃出承
傳搬
頴蔦

衍蘇內

武城曾氏族譜

貞澄房系

阻業
勳

剗

搬出繼
毓掌
漢次子
毓掌
號乘近生
於乾隆丙
申年九月
初八日丑
時於道光
庚寅年二
月二十一
日卯時没
葬小軍澐
配蔡氏生

吝出承
傳搬
掌長子
傳搬
號經佐生
於嘉慶壬
戌年五月
二十二日
未時於光
緒辛巳年
五月十六
日午時没
葬二尖山
脚下
子二圖

衍蘇內

於嘉慶丙辰年十一月初二日於道光己巳年七月初八日未時沒葬長埔林
繼配陳氏
生沒缺
生子二圖
搬承銑
昱子
頓

桃承傳
投子
吝承傳
投子
掌亥子
傳頓
生沒失考

主次子
興鄒
號君魯生於雍正甲寅年出居台灣咬狗的庄

漢三子
毓剡
生沒失考

配陳氏生
於乾隆丁
卯年六月
十四日卯
時沒

主三子
興隨
號君唱生
於乾隆丁
巳年九月
初十日沒
缺
配　氏生

衍蘇內

於乾隆乙亥年十二月十六日亥時沒嗣

主四子
興恭
號君敬生於乾隆庚申年五月初十日巳時沒缺
配呂氏生於乾隆戊寅年出居

貞澄房系
家晉江
十六

台灣陂狗
的庄

主五子
興勤
號君功生
於乾隆壬
戌年十一
月初七日
巳時
配呂氏住
臺灣
生子二图
禾　周

勤長子
毓禾
號挺咸生
於乾隆甲
午年四月
十七日午
時於嘉慶
辛酉年十
月初四日
巳時沒葬
板長欄

衍蘇內

勤亥子 毓周

號易卿生於乾隆壬寅年二月二十九日子時於嘉慶丙寅年二月二十八日辰時沒葬長埔林

承孫紀吝

贈四子 **衍府**

號承良生於嘉慶辛巳年六月二十一日丑時於乾隆己巳年六月二十二日午時歿葬

配陳氏生於康熙乙酉年四月

府長子 **興坤**

號動剛生於乾隆甲子年六月二十三日子時於乾隆戊申年正月十四日酉時歿葬

配陳氏生於乾隆壬申年五月

坤長子 **毓燕**

號振翼生於乾隆辛卯年十一月二十八日於道光戊戌年四月初七日辰時歿葬長埔林

配林氏生於乾隆庚子年八月十四日巳

衍蘇內

燕長子 **傳泉**

生歿失考往台灣

燕次子 **傳寬**

生於嘉慶壬申年六月二十一日歿缺

初十日辰時於乾隆己巳年六月二十二日寅時沒夫婦合葬東洋
生子二困
坤 慶

十二日亥時沒夫婦合葬長埔林
生子三囝
燕 兵 霞

時於道光壬午年七月初四日午時沒葬長埔林
生子四囝
泉 鈃 寬 森

坤次子
毓兵
號將卿生

西坊曾氏重修族譜

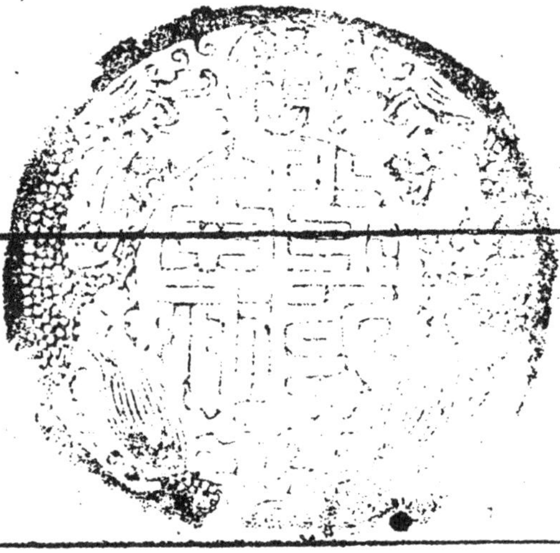

於乾隆年
沒缺

衍蘇內

坤三子
鋶霞
號秉直生
於乾隆壬
寅年十月
初十日於
道光丁酉
年十月初
二日巳時
沒葬長埔
林
配張氏生

霞亥子
傳鬆
生於道光
辛巳年七
月二十四
日丑時沒
缺
配柯氏生
於道光乙
酉年十月
二十一日

於乾隆壬子年七月廿七日於道光戊申年八月二十八日戌時沒葬獅子山

生子三：埕 殤 彩 孚

未時沒缺

生子五：陽 殤 爲 殤 權 洒 箴

傳罕 霞三子

生於道光戊子年四月十二日未時於咸豐壬子年四月十一

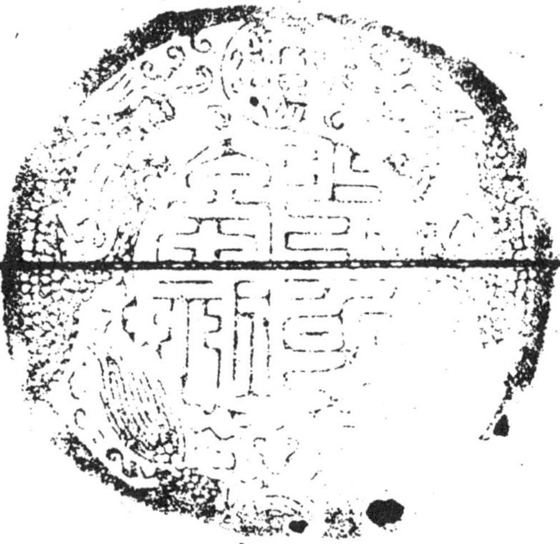

府次子

興慶

號君賀生於乾隆丁卯年正月十八日沒缺配陳氏生於乾隆乙亥年六月日沒

慶子

毓蓮

生沒失考

日酉時沒與父合葬長埔林

衍蘇內

貞澄房系　家曾江　三

澄亥子

尙蟒

生於康熙甲寅年正月二十三日丑時沒缺

嗣任臺灣生子一名蓮

貞沛房系

接上瓅公房系

六十六派

六十七派

六十八派

六十九派

七十派

沛長子

倘安

號宗慮生於康熙乙巳年正月初六日亥時於雍正癸丑年正月初三日

安長子

衍盧

號秀山生於康熙甲戌年十二月初五日寅時於乾隆癸未年三月二十

盧子

興博

號君英生於雍正己酉年十月初一日丑時於乾隆癸酉年三月二十六

辰時沒葬
配林氏生
於康熙己
酉年正月
初三日子
時於康熙
戊子年十
月十八日
子時沒合
葬龜湖墓
百枋脚
生子二圖
遠　使

一日午時
沒葬龜湖
墓
配蔡氏生
於康熙戊
子年正月
十六日亥
時於雍正
丁亥年十
二月廿八
日沒葬蝦
蟆石埔
生子一圖
博

日巳時沒
葬長埔林
與父同穴

衍蘇內

沛次子
倚裕

安次子
衍使
號秀青生於康熙辛巳年六月初六日巳時於　年三月二十五日沒葬㞍宋

裕長子
衍皆

皆子
興賜

號畒朴生
於康熙壬
戌年五月
初三日寅
時於乾隆
癸亥年十
月十五日
申時沒葬
第四人合
葬龜湖墓
配莊氏生
於康熙乙
亥年五月
初九日於
乾隆甲戌
年閏四月

號聰願生
於康熙甲
午年六月
二十日丑
時於乾隆
丙寅年六
月十五日
戌時沒葬
板長欄
配郭氏歿
節
生子一囝
賜殤

生沒失考

二十二日申時沒葬長壠林

生子三 圖曾清 珠

裕次子
衍清
號應時生於康熙戊戌年七月十二日巳時沒葬台灣

裕三子
衍珠
號應芠生於康熙壬寅年正月

初三日辰時沒闕

沛三子
衍元
號敬菴生於康熙丙寅年二月二十二日卯時於乾隆癸亥年十月十七日巳時沒與兄弟人合葬龜湖

元長子
衍五
生於康熙庚戌年正月初三日亥時沒闕

元□子
衍載
生於雍正甲寅年九

衍麟丙

墓石枋腳

配施氏主

內

又　王氏

生於康熙

甲戌年九

月十三日

戌時於乾

隆乙亥年

七月初四

日巳時沒

與舊姑合

葬蝦蟆石

生子二圖

五　載

月十一日

未時沒闕

沛四子
倘尾
號敢誠生於康熙辛未年三月二十七日丑時於乾隆甲子年二月二十四日未時沒與兄弟四人合葬龜湖墓
配王氏生於康熙己

尾子
衍忝
號青山生於雍正丁未年六月初五日酉時於乾隆丁酉年十二月十六日巳時沒葬長埔林
配柯氏生於雍正癸丑年九月

忝長子
興將
號君相生於乾隆丁亥年十月初四日丑時沒缺

忝次子
興盾
號君矛生於乾隆庚寅年六月十一日戌

衍穌內

卯年六月十三日辰時於乾隆己卯年四月二十九日巳時沒葬石獅館頂義冢內生子一圖添

初九日戌時

生子二圖將盾

時兄弟俱往臺灣

貞清房系

接上瓅公房系

六十六派

六十七派

六十八派

六十九派

七十派

清子 **倘駒**
號瑞保受皇恩寵錫生於順治丁酉年四月二十二日未時於乾隆戊子

駒子 **衍得**
號豐仁生於康熙乙丑年十月十七日辰時於雍正甲寅年七月二十七

得長子 **興岳**
號由遠生於康熙丁酉年九月二十三日亥時於乾隆乙亥年六月二十

岳子 **毓碧**
號玉卿生於乾隆壬戌年六月二十八日往臺灣

年二月二十七日午時沒葬蝦蟆石
配姚氏生於順治庚子年五月二十七日丑時於乾隆己未年三月十二日子時沒與夫合葬
生子一囝
得

日巳時沒葬安內
配林氏生於康熙辛未年閏七月初六日辰時於乾隆戊子年正月十一日戌時沒葬蝦蟆石埔
生子二囝
岳　岩

三日丑時沒葬台地
配郭氏生於康熙庚子年十二月十三日戌時於乾隆丁卯年六月初三日酉時沒葬新宅
生子一囝
碧

衍蘇內

得次子
興岩
號眉壽生於康熙庚子年十一月二十一日巳時於嘉慶壬戌年十二月十一日戌時沒葬
配王氏生於雍正庚戌年七月

岩長子
毓董
號威卿生於乾隆庚午年六月十七日戌時於嘉慶庚午年十一月初六日卯時沒葬長埔
配林氏生於乾隆丙戌年九月初一日子

董長子
傳象
生於乾隆年沒缺

董次子
傳田
號業佐生於乾隆癸丑年　月初四酉時於道光癸巳年十月

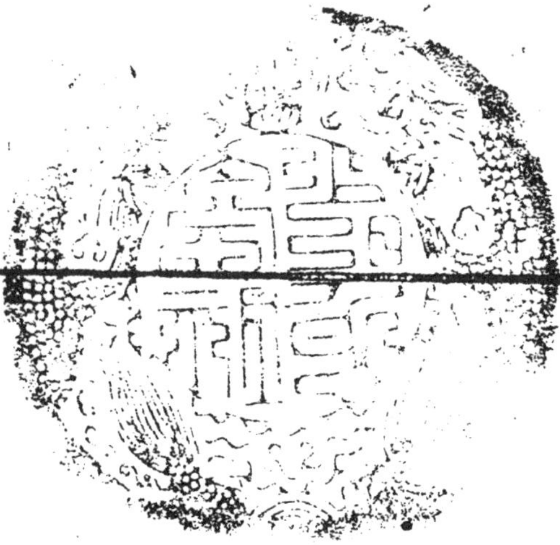

十八日寅
時於嘉慶
辛未年三
月二十四
日子時沒
葬長埔林
生子三圀
董　皆
開

衍蘇內

時於道光
乙未年六
月十一日
巳時沒葬
仙境埔𡶶
生子四圀
象　田
搖　草

十四日巳
時沒葬長
埔林西東
向

迪三子
傳搖
生沒失考

董四子
傳草
生沒失考

岩亥子
毓皆
號懷朴生於乾隆癸酉年三月初二日未時於道光壬寅年五月二十七日申時沒葬巷口頂坐西向東

岩三子
毓開

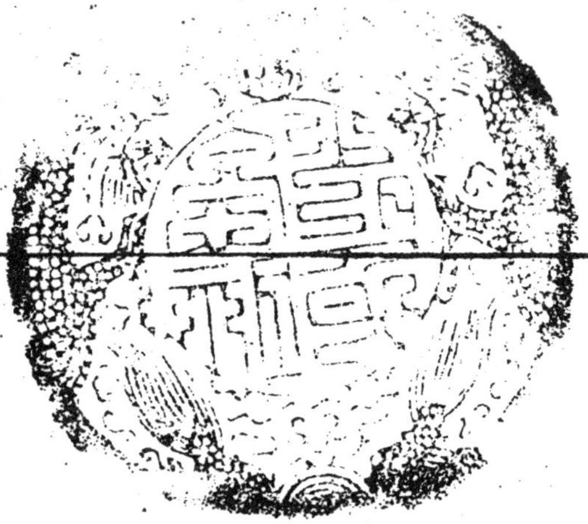

衍蘇內

號泰卿生於乾隆乙酉年十月二十九日卯時沒闕

貞洙房系

接上璪公房系

六十六派

六十七派

六十八派

六十九派

七十派

洙長子
尙特
號眉瑞生
沒失考

洙次子
尙等

等子
衍曳

〔□〕坊曾氏重修族譜

號盾端生於康熙庚辰年十月初七日戌時於乾隆氏□年二月十七日寅時沒葬配顏氏生於乾隆二□□年十□日七九日沒□厝後地繼配李氏

號元虞生於乾隆壬氏年沒臺灣

衍蘇內

生於康熙丙戌年三月十六日卯時於乾隆己卯年正月十二日巳時沒與夫合葬鮑厝山生子一圖受

貞泗房系

接上璨公房系

六十六派

六十七派

六十八派

六十九派

七十派

泗長子
倘慶
號祿山生於康熙甲戌年十二月初八日戌時於乾隆癸酉年二月二十

慶長子
衍佛
號元禪生於雍正丙午年二月二十日子時於乾隆年三月廿九日

佛子
興樣
生於乾隆戊寅年八月十八日辰時往台灣

九日戌時沒葬五雲鴛鶴下水蛇崙配林氏生於戊寅年十一月十四時於乾隆戊戌年二月十九日巳時沒葬大坪山東西向生子二名

佛仰

未時沒葬配翁氏生於雍正癸丑年十二月十八日辰時於乾隆二年十一月二十十日未時沒與夫婦合葬長埔林生子一名

樣

衍蘇內

慶炎子

衍仲

號敵厚生於雍正己酉年十月十九日未時於乾隆丁亥年五月二十三日戌時沒葬台灣咬狗的庄配張氏生於乾隆辛酉年九月

泗　　亥　　子

尙起

號宗武生於康熙乙卯年七月十三日巳時於雍正十五日午時於乾隆庚辰年九月初六日時没葬長埔林

衍蘇内

己酉年六月十八日寅時沒葬

配蔡氏生於康熙癸未年八月初五日丑時於癸卯年正月初十日酉時沒夫婦合葬龜湖墓

泗三子 尚湊 號壽和生於康熙癸未年五月二十二日巳時於乾隆丙子年六月初四日長時沒葬 配陳氏生於康熙辛卯年七月

湊長子 衍抛 號元誠生於雍正壬子年四月二十日辰時於乾隆丁丑年五月二十五日午時沒葬福清縣大平山

湊次子 衍宗

宗子 興爻

爻長子 毓闕

闕長子 傳諾

衍蘇內

初七日丑時於乾隆癸巳年十二月二十九日巳時沒夫婦合葬龜湖墓生子三圖
拋　宗
勸

號菁章生於雍正甲寅年十月初二日寅時於嘉慶乙丑年正月初三日酉時沒葬

配吳氏生於乾隆甲子年九月初六日戌時於乾隆戊子年十二月十九

號君易生於乾隆戊戌年七月初九日卯時於道光己酉年九月十五日寅時沒葬大坪山北畔園墘

配許氏生於乾隆壬寅年十二月初六日午時於道光丙午年

號朝卿生於嘉慶丁卯年正月二十五日丑時於道光丙午年十二月初八日巳時沒與父母合葬龍內坑

配許氏生於嘉慶辛未年五月初三日於同治戊辰

生於道光甲午年沒
缺

闕　亥　予
傳共
生於道光戊戌年七月二十三日酉時沒
缺

配王氏生於道光壬寅年五月

日寅時沒
葬龜湖墓
繼配李氏
生於乾隆
丁巳年八
月十三日
卯時於嘉
慶戊辰年
五月廿七
日未時沒
葬蔡姓崙
子一图
衍
勸子

十二月初
六日辰時
沒葬大坪
山
生子二图
闊　設

衍蘇內

年五月二
十九日丑
時沒葬龜
湖崙邊
生子四图
詫　共
拙　蘙

初六日於
咸豐丙辰
年正月初
二日卯時
沒葬長埔
林
繼娶王氏
生於道光
癸卯年十
月二十一
日子時沒
鉄
生子五图
案
柳出養
涪

和鶚
菴鶚

闕三子

傳拙

生於道光壬寅年十一月初二日於同治癸酉年八月十六日酉時沒葬

配吳氏生於咸豐癸丑年六月

…曹氏…族譜

衍蘇內

初九日酉
時沒葬

生子一囝
招

闕四子
傳巔

配　氏生
沒俱缺

生子二囝
武　孫

貞泗房系　家晉江　六

文次子 毓談

號若卿生於嘉慶壬申年八月十六日戌時於道光辛卯年八月十一日未時沒葬長埔林配柯氏未入門子一名共毓闡

炎子 傳共

生於道光戊戌年七月二十三日酉時沒缺配王氏生於道光壬寅年五月初六日於咸豐丙辰年正月初二日卯時沒葬長埔

衍蘇內

子兼承

林
繼娶王氏
生於道光
癸卯年十
月二十一
日子時沒
闕

秦毛子
衍勸
號元晉生
於乾隆辛
卯二月初
六日申時
於嘉慶癸

勸長子
興課
號金升生
於乾隆癸
巳年六月
初七日於
道光乙未

酉年十一月二十九日未時沒葬李山配林氏生於乾隆癸酉年九月十九日辰時於嘉慶丙子年閏六月二十八日戌時沒與夫合葬生子六囝

年正月二十日辰時沒葬配陳氏生於乾隆乙未年三月初五日辰時於嘉慶丙子年七月十二日辰時沒夫婦合葬長埔林

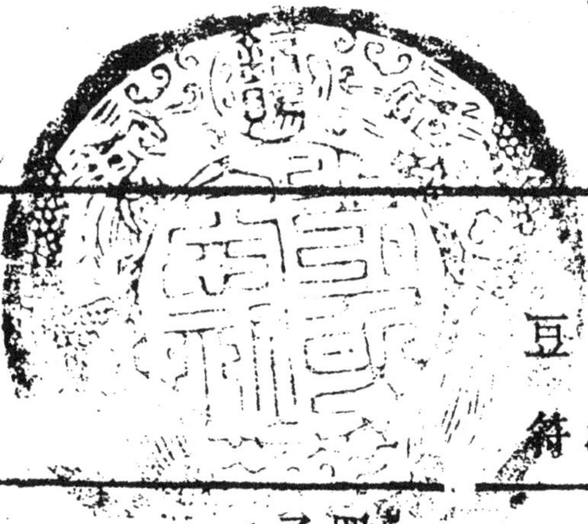

課文承出衍勸改爲雄豆待

勸三子

興雄

號金平生於乾隆年沒在台灣

勸四子

興豆

號金箕生於乾隆丁未年二月初　日於咸豐壬子年四月十

九日巳時
沒葬長埔
林東西向

勷六子
興符
號青山 生
於乾隆 年沒台
灣中州

貞濟房系 接上璪公房系

六十六派

六十七派

六十八派

六十九派

七十派

滑長子

倘映

號明道生於康熙丁丑年五月初六日寅時於乾隆丙辰年十二月二十

貞濟房系

家晉江

一

九日午時
沒葬長埔
配郭氏敗

潛次子
尙雪
號明德生
於康熙辛
巳年二月
十六日辰
時於乾隆
甲[illegible]

雪長子
衍鰲
號篤信生
於雍正癸
丑年七月
十三日未
時於乾隆
戊申年正

鰲長子
興趙
號敢朴生
於乾隆癸
巳年十二
月十三日
卯時於嘉
慶甲戌年

趙長子
毓哲
號東明生
於嘉慶丙
辰年五月
二十九日
未時於光
緒丁丑年

哲長子
傳玩
號雲珍生
於嘉慶乙
亥年八月
二十四日
巳時於咸
豐壬子年

一月二十六日酉時沒葬

配周氏生於康熙丙戌年八月初八日申時於乾隆庚寅年六月初五日戌時沒公媽與長婦亥婦合葬長埔

生子三圖

月二十五日巳時沒葬

配陳氏生於　庚午年七月初九日巳時於乾隆丁亥年十一月廿五日酉時沒葬長埔林

繼配李氏生於乾隆辛酉年八

閏二月二十七日巳時沒與父母合葬龜湖嵛

配蔡氏生於　丙申年二月二十一日子時於咸豐壬子年正月二十九日巳時沒與四子毓耽合葬龜湖嵛肴

十二月二十二日酉時沒葬龜湖墓卯辛乙向

配蘇氏生於嘉慶丙辰年十月十五日戌時於道光甲辰年三月二十八日卯時沒葬龜湖祖墓側

四月初八日午時沒與母合葬龜湖嵛後光南向

哲次子 傳智

號樂翁生於道光己亥年四月十一日酉時沒缺

配王氏生於道光己

蟹戀
前出承
六房

月二十四
日亥時於
嘉慶壬申
年二月初
八日亥時
殁與夫合
葬長子合
葬欄山內
生子三圖
趙鐘

青山
生子四圖
哲國
習耽

生子二圖
玩
習

酉年三月
初三日卯
時於光緒
乙亥年六
月二十一
日未時沒
葬五雲鴛
鵠
繼配陳氏
生於道光
乙巳年二
月初六日
沒缺
生子二圖
合

趙次子
毓國
號瑞卿生於嘉慶戊午年二月初六日子時歿
配楊氏生於嘉慶庚申年三月十二日巳時於道光丁亥年十一月十一

國長子
傳世
生歿失考

國次子
傳癸
生歿失考

國三子
傳乞
生歿失考

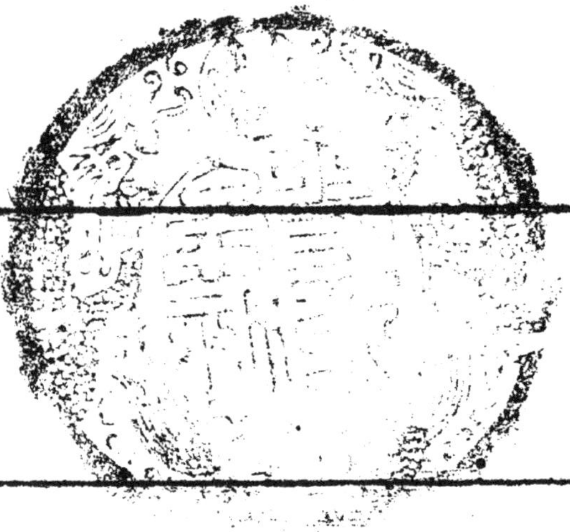

衍蘇內
日午時沒
葬長埔坎
繼配黄氏
在臺
生子三名
世　癸
乞

趙三子
鋶習
號時號生
於嘉慶庚
申年七月
初八日丑

時於同治己巳年十一月二十一日寅時沒葬長坡林北南向配翁氏生於嘉慶壬戌年七月十三日於咸豐辛亥年五月初五日戌時沒葬

生子一㘝

衍蘇內

晚萬

趙四子
毓駹
號純蝦生於嘉慶庚午年四月二十一日亥時於同治丁卯年七月初六日酉時沒葬龜湖看青山配張氏生

耽次子
傳評
生於咸豐己未年十二月二十八日巳時沒缺

衍戀
雪亥子
號翠峯生
於乾隆戊
午年二月
二十四日

於嘉慶戊
寅年七月
二十七日
沒缺
生子二國
悳、鴻、評

未時於乾隆己亥年五月二十二日戌時沒臺灣葬於其地[illegible]配陳氏[illegible]於乾隆[illegible]辰年四月初二日亥時於乾隆乙酉年閏二月二十一日寅時沒與舅姑及嫂合葬

衍蘇內

濟三子

尙讀

號明仁生於康熙癸未年七月初九日午時歿台灣配陳氏生於康熙己亥年於乾隆辛未年二月初八日戌時歿

長埔林

同姑與敢
朴公合葬
龜湖下崙
與篤[illegible]葬
同[illegible]
繼娶陳氏
生缺於乾
隆癸酉年
五月初十
日酉時沒
葬長埔

滑四子
尚書
號明義生
於康熙戊

從蘇氏

子年閏三月二十一日巳時於乾隆乙丑年十月十四日沒葬台灣

潛六子
尚六
號明禮生於康熙丙申年九月十九日酉時於乾隆癸酉年主

六子
衍前
號元光生於乾隆甲子年三月二十三日酉時於慶嘉己巳年

前子
興位
號君三生於乾隆戊申年正月二十五日亥時於道光乙巳年

位長子
毓梭
生於嘉慶壬申年十月十九日丑時於道光丁酉年二月二十

丙壬申年七月十八日沒葬□□
宋
配陳氏生於雍正戊申年二月二十日卯時二十六歲寡守志貫金石節比筠松撫嗣教養成立其節可嘉於乾隆戊申年三

五月十五日未時沒葬□
配徐氏生缺於乾隆戊申年三月二十二日亥時沒與姑合葬長坡
繼配□氏生於乾隆庚午年於嘉慶己巳年五月十

六月二十三日巳時沒與長子合葬龜湖
配王氏生於乾隆己酉年七月二十八日亥時改嫁赤店
生子三國梭所豬

二日申時沒葬龜湖眷後與父同穴

位次子 毓所
生於嘉慶年沒闕

位三子 毓豬
生於道光壬午年五

衍蘇內

月　日
未時沒葬
長尚林坐
北向南
生子一圖
前承侑
霅子

濟七子
侑纂
號明智生
於康熙己

五日未時
於道光己
酉年五月
二十二日
戌時沒與
公同葬長
埔林
生子一圖
位

月十三日
丑時隨母
住赤店

亥年二月初十日子時於乾隆丙寅年二月二十四日歿吕宋

潛八子

尚覲

號明信於康熙辛年十一月初六日未時歿關

衍蘇內

貞祈房系

接上瑮公房系

六十六派

六十七派

六十八派

六十九派

七十派

祈長子 尚敬

號誠軒生於康熙丁丑年六月十一日子時於乾隆丙辰年十一月初二

敬子 衍紫

號茂林生於雍正壬子年四月初七日亥時挈眷出居臺灣陂狗竹庄今

紫長子 興竿

生於乾隆辛巳年九月二十五日卯時

貞祈房系　家晉江　一

日丑時沒
葬龍泉岩
下[illegible]
配林氏生
於康熙辛
卯年二月
十八日卯
時沒闕
生子一囝
紫

祈亥子
尚祈
號宗文生

移居笨北
港街媽祖
宮口開磁
店
配陳氏生
於雍正乙
卯年七月
十三日未
時沒闕
生子二囝
𡨧劉

紫亥子
興劉
生於乾隆
戊子年四
月十五日
寅時兄弟
二人俱往
臺灣居咬
狗竹庛

衍蘇內

於康熙甲申年八月二十一日寅時於乾隆甲戌年二月二十五日午時沒葬長埔坐北向南配陳氏沒葬闕

祈三子

尙釀

號宗爵生於康熙辛

卯年二月十六日巳時殁

元四子

尙審

號宗蜂生於康熙丙申年正月初七日巳時殁缺配張氏改節

衍蘇内

貞喜房系 接上號叁[illegible]系

六十六派　六十七派　六十八派　六十九派　七十派

喜長子
倘巽
號宗哲生於丁卯年九月初九日於辛丑年九月二十日沒葬

巽長子
衍白
號圭玉生於順治庚子年十月二十四日辰時於庚子年十月初三日酉

白長子
興天
生於康熙丙子年正月初八日亥時於乾隆辛酉年十月二十五日酉時

天子
毓馬
生於乾隆庚申年三月二十三日巳時沒闕

衍蘇內

配董氏生
缺於
丁未年三
月二十日
沒葬十五
內北南向
生子二圖
白三

時沒葬
配李氏生
於年四
月初四日
沒葬塔腳
繼娶林氏
生於
丙辰年十
月十一日
寅時於
壬辰年
九月十七
日巳時沒
合葬東

沒葬
配王氏改
節
生子一圖
馬

白次子
興哲
號文質生
於康熙丁
丑年六月
十六日巳
時於乾隆
壬午年五
月十三日

哲長子
毓炳
生於乾隆
辛　年十
月十二日
巳時沒缺

哲次子
毓閣

武城曾氏重修族譜　貞喜房系　家晉江　二

山卯酉向
生子二名
天　智
獅

酉時沒葬
配蔡氏生
於康熙庚
寅年四月
初八日亥
時於乾隆
戊子年七
月十三日
未時沒葬
墩頂坤艮
申寅
生子二名
炳　閣

生於乾隆
戊辰年十
一月二十
六日亥時
沒缺

白三子

興獅

生於康熙辛巳年六月二十八日丑時於乾隆丙辰年六月二十三日沒葬塔兜北南向

配　氏歿嫁

衍蘇內

異次子
衍三
號純貞生於康熙丙午年六月二十七日申時於乾隆乙亥年十一月十二日亥時没葬
配陳氏生於丙寅年五月

三長子
興麟
生於康熙癸巳年十月二十六日於乾隆丙辰年十一月初四日丑時没葬井上
配郭氏生於康熙丙申年八月初十日辰時没嗣

武功曾氏重修族譜

初一日亥時於乾隆辛未年十一月初七日戌時沒與丕合葬前山
生子二 圖 鱗祖

三亥子 興祖
生於康熙壬辰年三月二十三日亥時沒 缺
配郭氏生沒
生子二 圖 成 細 昇 鵰

祖長子 鯨成
生於乾隆丁巳年十二月初五日辰時於乾隆甲子年七月初六日未時沒葬前山

祖亥子 鯨細
生於乾隆

細子 傳六
生於乾隆

衍蘇內

貞壽房系

庚申年十二月十八日巳時於乾隆戊寅年九月初四日午時沒葬

配、氏生於乾隆乙丑年八月十二日午時於道光辛卯年正月初二日未時沒葬

年十二月初四日於年七月初七日沒葬

配蔡氏生缺於年三月廿九日沒缺

生子二囝

珍

曾

家晉江

四

武城曾氏重修族譜

喜
亥
子
尚倦
號輔山生
於庚辰年二月
初十日亥
時於庚子年六
月二十七
日辰時沒
葬鷄石庭

衍蘇丙
生子一圖
六

喜三子 **尚奇**

號華山生於丁亥年正月初五日丑時於康熙乙未年十二月初七日午時沒葬

配柯氏生於順治壬辰年三月

奇長子 **衍益**

號進玉生於康熙丙辰年三月初九日子時於辛丑年月十八日申時沒葬

配王氏生於丙寅年九月初八日卯

益長子 **興提**

生於康熙丁亥年四月十二日亥時於雍正癸丑年五月二十一日亥時沒葬湖井口

益次子 **興督**

督子 **毓晚**

初十日寅
時於康熙
戊戌年五
月十九日
未時沒與
衍叅衍豫
夫婦合葬
楓林頂
生子五囝
益謙
隨豫
寔

時於
庚子年十
二月二十
八日丑時
沒俱葬東
埔嵛吡連
生子二名
提督

生於康熙
己丑年二
月初六日
辰時於乾
隆癸未年
閏四月十
八日丑時
沒葬
配吳氏生
於康熙庚
子年八月
二十二日
巳時沒闕
生子一囝
晚

衍蘇內
生於乾隆
辛未年閏
五月初九
日午時沒
闕

奇爽子
衍謙
號允遜生於康熙庚辰年七月初八日巳時於乙未年六月二十六日酉時沒葬東埔
配謝氏改節

謙子
興雄
生於康熙甲午年四月初六日寅時於乾隆年十一月初八日沒葬蚯蚓井林

生子一圖
雄

奇三子
衍隨

生於康熙
癸亥年五
月二十七
日卯時於
丁亥
年九月十
三月丑時
沒葬東埔
子午癸丁
向

衍蘇内

貞喜房系

奇四子
衍豫
號元素生生康熙丙寅年二月十七日丑時於丁卯年八月十七日巳時沒葬青內埔壬丙向配李氏生於辛未年九月

豫子
興細
號文蜜生於康熙甲午年六月二十二日丑時於乾隆甲申年六月初五日巳時沒葬井溪墘配吳氏生於雍正甲辰年七月初八日酉

細長子
毓列
生於乾隆辛酉年十月二十三日酉時沒
缺

細次子
毓柳
生於乾隆戊辰年四月十九日

二十日於辛丑年四月初一日戌時沒葬高州内
生子一图
細

奇五子
衍寔
號果翁生於康熙辛未年十月初六日卯時沒缺

時沒闕
生子三图
列　柳
菊出繼
頂廳分興
遅

寔長子
興端
生於康熙壬寅年二月初六日辰時沒闕

子時沒缺

衍蘇內

配吳氏生於癸未年五月十五日卯時沒缺

生子六囝端正各出繼後庭衍璽種出繼引前衍汀諸

寔亥子
興正
生於雍正己酉年五月二十七日戌時沒缺

寔四子
興心
生於乾隆戊午年正月日

衍蘇內

辰時於乾隆丁亥年二月二十八日戌時沒葬宜路墘

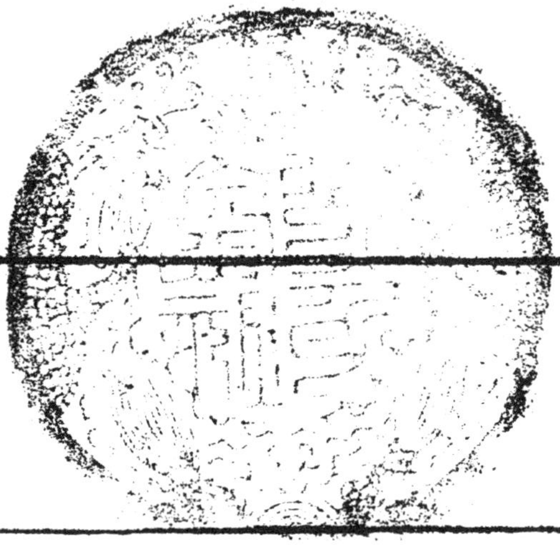

寔六子

興諸

生於乾隆丁卯年二月二十八日卯時沒

缺

貞嘉房系 接上璐公房系

六十六派

六十七派

六十八派

六十九派

七十派

嘉長子

倚元

號仁長生於癸亥年正月初五日於壬寅年四月二十九日沒

葬東埔東
西向
配洪氏故
妣

嘉次子
倚咬
號行素生
於辛
巳年六月
二十五日
亥時於康
熙乙亥年
四月初四
日戌時沒

咬長子
衍乾
號承勲生
於康熙壬
子年五月
二十日亥
時於雍正
癸丑年十
二月十四
日巳時沒

乾長子
興賜
號達翁生
於康熙丁
丑年三月
十九日戌
時
配蔡氏生
於康熙甲

賜長子
毓琴
生於雍正
甲辰年正
月初七日
子時沒缺
配蔡氏生
於雍正丙
午年三月
十八日巳

琴子
傳我
生於乾隆
丙申年五
月初九日
子時沒缺

衍蘇內

葬
配李氏生
於　甲
午年正月
十一日於
乙丑年十
月十五日
戌時沒合
葬東埔下
繼配　氏
生於順治
甲申年十
月二十八
子時於康
熙乙未年

葬
配張氏生
於　乙
卯年九月
十一日亥
時於乾隆
己巳年九
月二十三
日酉時沒
合葬東埔
崙癸丁子
午
生子六圖
賜寶
財美

申年十二
月二十一
日辰時沒
俱缺
生子五圖
琴　悉
照
弁出繼
興財
樹

時沒缺
子一圖
我承

賜亥子
毓瑟
號光彩生
於雍正丙
午年九月
十二日丑
時於乾隆
甲申年十
月二十八
日酉時沒
葬長𡶶會

琴子
傳裕
生於乾隆
辛巳年四
月初九日
巳時沒闕

四月二十三日沒葬草坂[illegible][illegible]南向生子一圖乾昌

愈六

衍蘇內

配莊氏生於雍正己酉年五月十八日酉時沒闕生子一圖

䋨

子三

毓照

生於雍正己酉年十一月初六日戌時於乾隆己巳

年十一月十四日沒葬鶺鴒石後

賜五子
毓樹
生於乾隆庚申年五月初九日子時沒缺

衍蘇內

乾次子 興寶

生於康熙己卯年九月十九日戌時沒缺配謝氏生於康熙戊子年五月十四日未時於乾隆戊寅年三月二十三日丑時沒葬東埔下

寶長子 毓讓

生於雍正辛亥年七月二十三日卯時沒缺

配蔡氏生於乾隆己未年十月二十九日卯時沒缺

生子二囝

顯　敬

讓長子 傳續

生於乾隆辛巳年八月十四日巳時於　年七月二十三日沒

配　氏

生子一囝

荌

生子四：讓、旻（出繼）、興美、東西

讓次子

傳敬

生於乾隆戊子年六月初十日未時，於道光庚子年五月二十八日巳時歿。

配　氏，生於乾隆辛卯年四月十九日巳

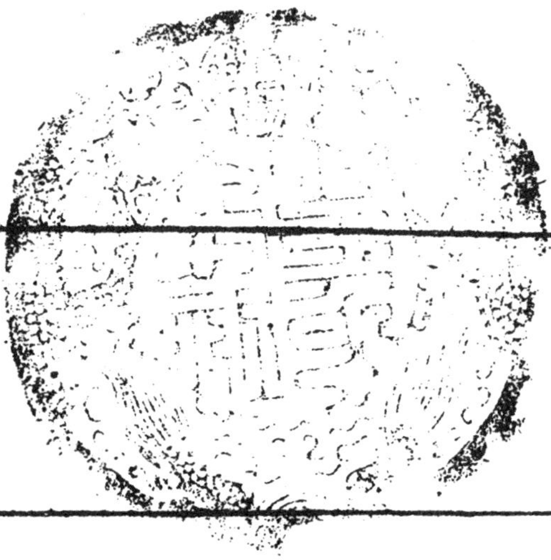

衍蘇內

實三子
鍬東
生於乾隆
辛酉年十
月初四日

時於道光
丁亥七月
初七日巳
時沒葬
生子四
圖
炮
龍鳥城
着鳩

寶四子

毓西

戌時沒

配吳氏生於乾隆庚午年十一月二十六日卯時於乾隆戊子年八月初六日午時沒葬二尖山腳

西子

傳奪

武場曾氏重修族譜

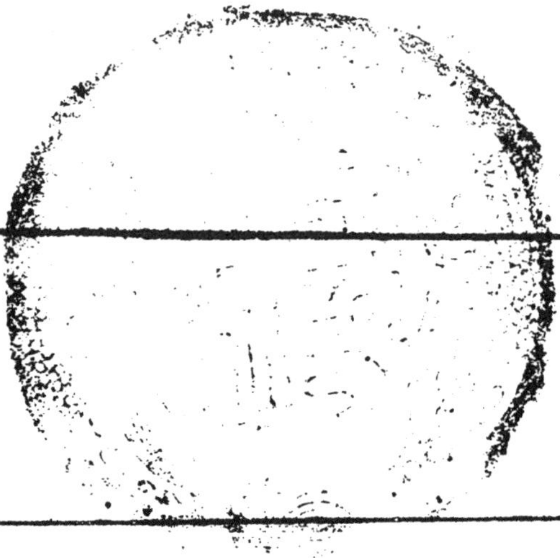

衍蘇內

生於乾隆丙寅年四月二十一日申時

配蔡氏生於乾隆戊寅年八月三十日於道光甲申年八月初九日巳時沒葬

生子一圖

奪

生於乾隆辛丑年三月二十八日於道光戊子年八月十二日丑時沒葬

配鄭氏生於乾隆辛卯年四月十九日巳時於道光丁亥年七月初七日巳時沒葬

乾三子
興財
生於康熙壬午年十月十一日未時沒闕
配王氏生

財子
毓弁
生於乾隆丙辰年十月二十一日亥時
配翁氏生

弁子
傳長
生於乾隆丁亥年九月初一日卯時沒闕
生子五圖
蟬
莉殤
奞殤
蝳殤
眨殤

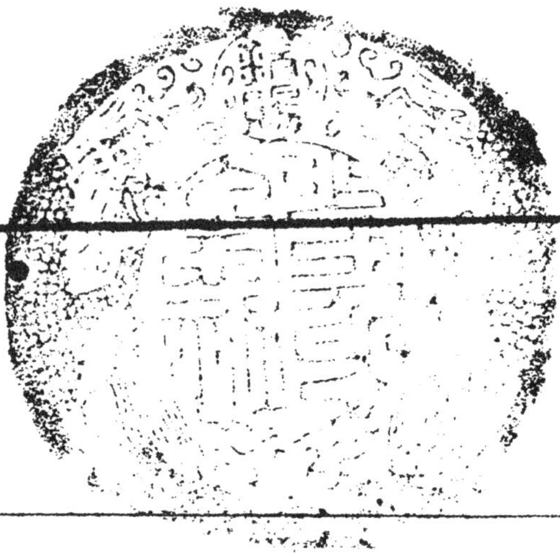

衍蘇丙

於康熙癸巳年十二月二十六日申時於乾隆戊辰年九月初四日子時沒鈌

繼配李氏生於〻熙甲午年八月初四日戌時沒鈌

子一图

弁承興

賜子

於乾隆丁卯年九月初二日巳時

生子一图

良

武城曾氏重修族譜　貞嘉房系　家晉江　七

乾四子
興美
生於康熙辛卯年正月初七日沒闕
配吳氏生於雍正戊戌年閏八月十三日辰時
繼配楊氏生於雍正

美長子
毓炎
生於乾隆丙辰年十月二十四日亥時沒
缺
配謝氏生於乾隆壬戌年九月十二日卯時
生子二圖
面　塔

炎長子
傳面
生於乾隆己丑年十一月初三日巳時沒
缺

炎次子
傳塔
生於乾隆壬寅年五月十四日午時於道

庚戌年五
月十六日
卯時
生子三图
癸承興
寶子
[illegible]清

衍蘇内

光癸卯年
十二月十
二日沒葬
配蔡氏生
於乾隆甲
辰年二月
初九日巳
時於咸豐
乙卯年十
月二十六
日寅時沒
葬
生子三图
立佨
蘭

美炎子 毓荐

生於乾隆癸未年正月十八日巳時

配□氏生沒𦘦

生子一𡇸 超

荐子 傳超

生於乾隆癸丑年三月　日於咸豐癸丑年四月二十三日戌時沒葬

衍蘇內

美三子
毓清
生於乾隆丙寅年十一月十一日丑時於道光丁酉年四月初九日辰時沒葬
配邱氏生於乾隆甲辰年三月十八日巳

清子
傳萬
生於嘉慶甲戌年七月十九日丑時於光緒癸未年十一月十八日酉時沒葬
配呂氏生於道光丁亥年於咸豐乙卯年

時於嘉慶壬午年八月十四日戌時沒葬
生子一 圀萬

正月初八日巳時沒葬
繼娶林氏生於道光丙戌年正月初四日巳時
生子三 圀鏗鶴 合 抹鵍

衍蘇內

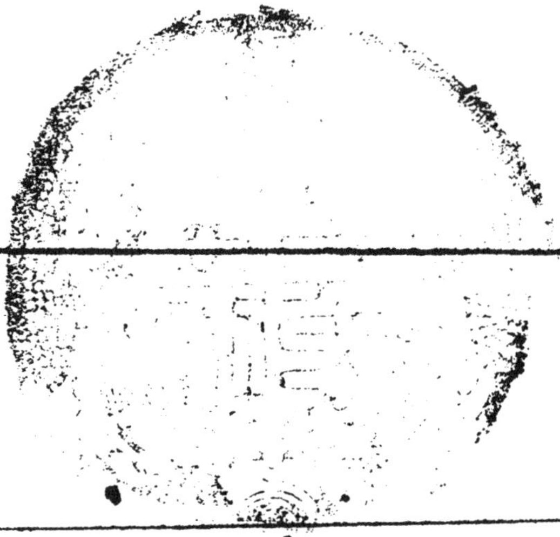

乾五子
興愈
號文德生於康熙甲午年三月初七未日時於乾隆壬午年十二月十四日酉時沒葬港口
配楊氏生於康熙壬寅年二月十六日卯

愈長子
毓琛
生於乾隆丙寅年七月二十五日卯時沒
闕

愈次子
毓再
生於乾隆癸酉年四月初四日子時於道光甲辰年

再長子
傳軫
生沒失考

再次子
傳等
生沒失考

時於雍正乙卯年十月十七日未時没葬芙蓉山

繼娶吳氏生於雍正癸卯年九月二十六日於乾隆丙戌年九月二十七日子時没葬坑墘

生子二圖再琛

十一月十一日戌時没葬

配氏生於乾隆戊子年五月二十九日於道光癸未年七月初三日巳時没葬

生子二圖彰等

衍蘇內

乾六子 興六

生於康熙戊戌年七月十九日酉時沒配陳氏生於雍正壬寅年十二月二十二日午時沒缺

生子一圖注

六子 毓注

生於乾隆乙亥年十月初四日申時沒缺

咬次子
衍亘
號承德生於康熙戊午年九月十六日於康熙庚子年九月二十九日亥時沒葬
配李氏生於　戊午年二月初七日戊

亘長子
興全
號文博生於康熙辛巳年二月二十一日寅時於乾隆丁丑四月十八日子時沒葬空內山
配陳氏生於康熙乙酉年三月十九日辰

全長子
毓啟
號存厚生於雍正乙巳年十一月初九日巳時於乾隆己丑年五月十六日酉時沒葬井
配吳氏生於雍正乙巳年四月二十一日

啟長子
傳辛
生於乾隆戊申年閏七月十二日寅時沒
嗣
配　氏
生子一圖
君

啟次子
傳壬

時於乾隆癸酉年六月初九日未時没葬東埔山
生子三　圖　全　讚　都

時於雍正癸卯年十一月十四日酉時没與長婦吳氏妣婦王氏合葬棺後
生子三　圖　啟　明　長

亥時於乾隆己卯年七月初一日酉時没合葬東埔山
生子三　圖　辛　壬　癸出繼　毓長

全次子
毓明
生於雍正甲寅年五

生於乾隆辛未年三月二十九日寅時於乾隆丁亥年正月十六日卯時没葬東埔

明長子
傳純
生於乾隆乙亥年十

月十六日戌時沒缺配王氏生於乾隆丙辰年八月十三日亥時沒缺繼配許氏生於乾隆丙辰年十一月初二日戌時沒闕

生子六图

純

二月初九日亥時沒闕

配　氏

生子一图

景一

明三子

傳九

生於乾隆癸未年十二月初四日子時沒

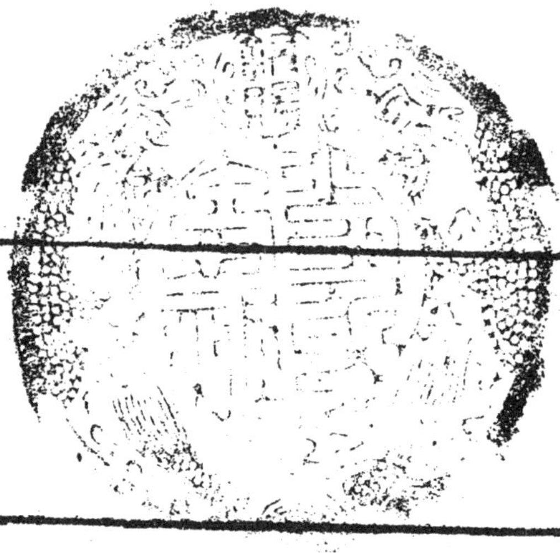

衍蘇丙

瑞出承

毓長

九志

代記

缺

配氏

生子二圖

彩楓

明四子

傳志

生於乾隆
己丑年五
月初八日
辰時沒缺

明五子

傳代

生沒缺
配　氏
生子二圖
簡　忠

明六子
傳記
生沒缺
配　氏
生子一圖
棟

西坊曾氏重修族譜

衍蘇內

全三子
鋶長
生於乾隆丁巳年十月二十八亥時於乾隆庚辰年五月初四日子時沒葬井頂
配　氏
子二
癸承、鏥

長長子
傳癸
生於乾隆癸酉年二月十六巳時沒嗣
配　氏
生子一
池

長亥子
傳瑞
生於乾隆

亘次子
興讚
號文學生
於康熙己
丑年六月

敬子
瑞承銃
明子

讚長子
銃銓
號和卿生
於雍正庚
戌年九月

乙卯年八
月二十五
日巳時歿
缺
配　氏
生子二圖
墩　喜

銓長子
傳夏
生於乾隆
癸酉年十
二月初二

衍蘇內

十七日戌時於乾隆辛酉年六月初五日辰時沒葬白土上
配張氏生於康熙戊子年五月十二日巳時於乾隆己卯年七月初十日巳時沒葬媳婦房山艮坤丑未

二十七日丑時沒闕
配柯氏生於雍正庚戌年三月十六日戌時
生子三名
夏　扶
斗

日酉時於嘉慶乙亥年十一月初三日戌時沒葬
配陳氏生於乾隆甲戌年八月十一日於道光壬辰年六月二十三日子時沒葬
生子三名
禹　湯

繼配彭氏生於康熙庚子年十一月十二日亥時沒缺
生子四
銓 會
豆 臣

案

銓次子
傳扶
生於乾隆乙亥年八月十八日辰時沒缺

銓三子
傳斗
生於乾隆丁亥年五

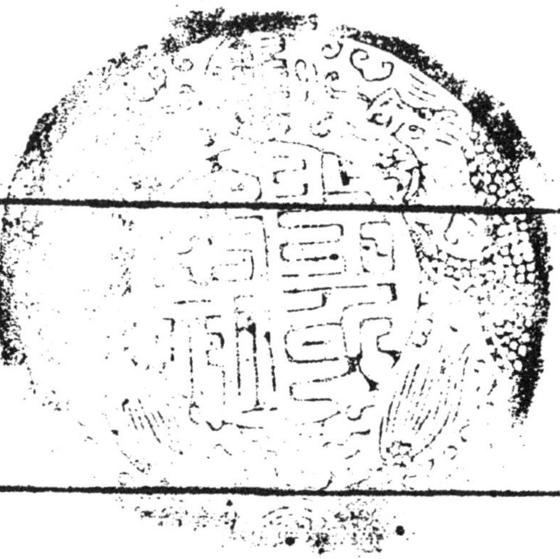

衍蘇內

讚次子
毓會
號允裕生
於雍正壬
子年八月

月十二日
丑時沒缺
配　氏
生子三图
田殤
尋殤
品

會長子
傳寅
生於乾隆
壬申年十
月十七日

貞嘉房系

二十三日
辰時沒缺
配洪氏生
於雍正辛
亥年六月
二十日巳
時於乾隆
己卯年閏
六月十五
日丑時沒
葬二尖山
繼配許氏
生於乾隆
丙辰年六
月十五日
子時

巳時於乾
隆戊申年
七月十二
日申時沒
葬
配　氏生
於乾隆乙
亥年四月
二十九日
於道光庚
寅年四月
初八日卯
時於葬
生子二圖

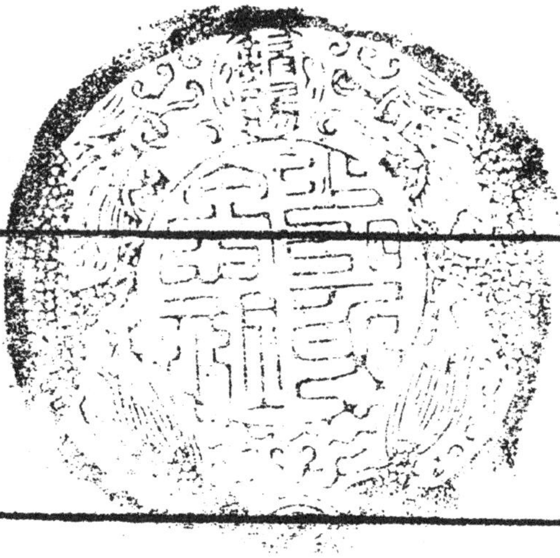

裴
壯

曾孫子
傳朔
生於乾隆
乙亥年正
月初一日
子時於乾
隆甲申年
十月二十
九日巳時
歿葬長辮
頭甲庚寅
申

生子三図
寅朔
的

會三子

傳的

生於乾隆乙未年十一月十四日午時於咸豐乙卯年九月初七日丑時沒葬

配王氏生於乾隆庚子年十二月十二日

衍蘇內

讚三子
毓豆
生於乾隆
丁巳年正
月二十九

巳時於道
光壬寅年
十一月三
十日未時
沒葬前面
山
生子六圖
取　廷
見　硯
慊　摛

豆
予
傳綿
生於乾隆
乙未年九
月初一日

日午時
配張氏生
於乾隆丁
巳年七月
十三日戌
時沒
生子一圖
緜

戌時於咸
豐癸丑年
十月二十
九日亥時
沒葬
配蔡氏生
沒缺
繼配蔡氏
生於乾隆
甲辰年三
月　日
於咸豐辛
酉十二月
初四日沒

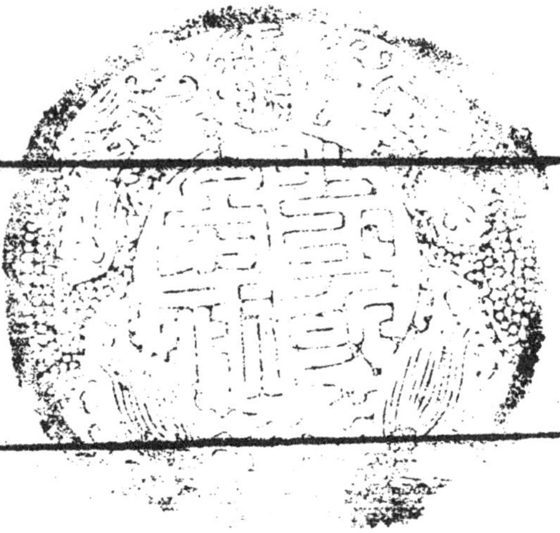

衍蘇內

葬

生子五图　甘迠　沃株　菁

臣長子
傳與
生於乾隆丙戌年四月初一日巳時於道光癸巳年三月十六日戌時沒

讚四子
毓臣
生於乾隆己未年二月二十六日未時沒
闕
配李氏生於乾隆庚

申年八月初二日未時沒缺
生子三 圖
與 分
檜

葬

配呂氏生於乾隆壬辰年七月二十三日卯時於嘉慶庚午年八月二十一日丑時沒葬

繼配李氏生於乾隆丁亥年十月十六日

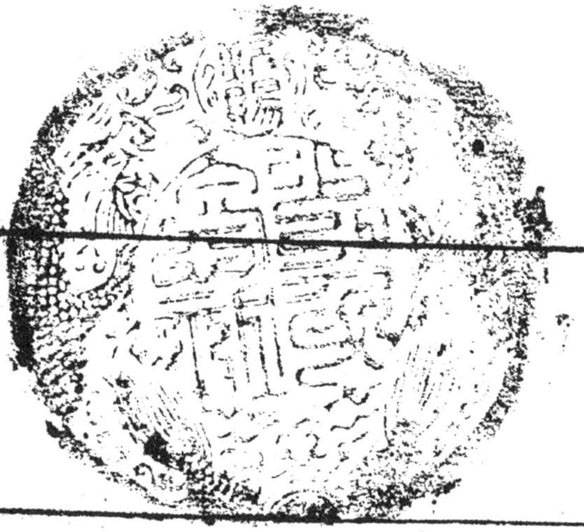

衍蘇內

申時於道
光癸巳年
十月十三
日未時沒
葬
生予三图
粑　龍
尼

臣亥予
傳夻
生於乾隆
庚寅年五
月十九日
戌時於道

光壬辰年七月二十八日巳時沒葬

配楊氏生於乾隆辛亥年九月十四日巳時於道光庚戌年十一月十一日戌時沒葬

生子五圖

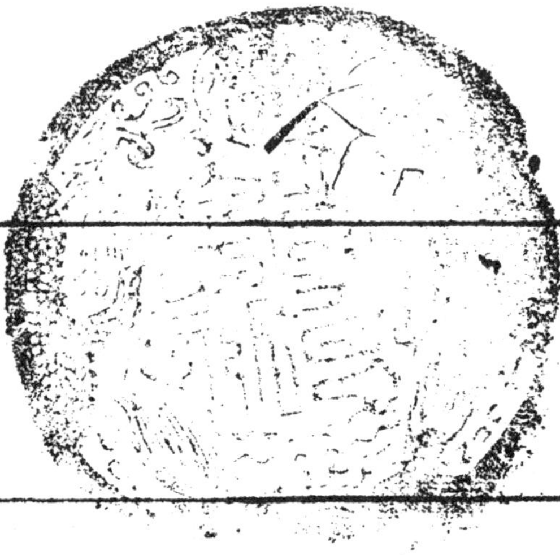

衍蘇內

知宗
情懶
寄

臣三子
傳檜

生於乾隆
癸巳年七
月二十六
日子時於
道光庚戌
年六月初
九日午時
沒葬

配李氏生
於乾隆己
酉年十二
月初五日
寅時於咸
豐庚申年
七月十一
日戌時沒
葬

生子五圀
祀奎
裔婁
出養
昆

曾氏重修族譜

亘次子 **興都**

號文聰生於康熙丙申年九月十一日丑時於乾隆癸酉年六月二十五日酉時沒

葬

配李氏生於康熙戊戌年十月

衍蘇內

都次子 **毓茂**

生於乾隆己巳年正月初七日辰時沒缺

配鄭氏生於乾隆戊辰年四月十六日巳時沒缺

生子七名

永平

義帝

湖能

茂長子 **傳永**

生於乾隆庚寅年八月十二日寅時於道光戊子年六月初九日辰時沒

葬

配　氏生於乾隆庚寅年十一月初四日

初四日亥時於康熙壬戌年十月十七日辰時沒葬

繼配莊氏生於康熙丙申年七月十一日申時沒闕

三配李氏生於雍正戊申年九月十九日

窯

於嘉慶丁丑年二月二十八日酉時沒葬

生子一圖

燒

茂次子

傳平

生於乾隆壬辰年七月初四日於道光壬辰年五月二十日未

申時沒缺
公與李氏
合葬北宅
破井上巳
亥乾巽
生子二圖
長鵉茂

衍蘇內

時沒葬
配蘇氏生
於乾隆壬
辰年六月
二十四日
沒缺
繼配張氏
生於乾隆
癸巳年三
月二十三
日於道光
元年七月
初三日沒
葬

生子三：囝
齊貨
灶出承
傳帝

茂三子
傳義

生於乾隆甲午年八月二十日，歿於道光元年五月十七日葬
配王氏生於乾隆丙

衍蘇內

申年九月初十日亥時於道光丁未年五月十七日辰時沒葬

生子八囝

賀

邱殤

興殤

火殤

旦殤

堅

娥殤拱

黃四子

傳帝

生於乾隆丙申年十月二十八日巳時於道光壬辰年十二月初七日巳時沒葬

配李氏生於乾隆戊戌年十月十七日午

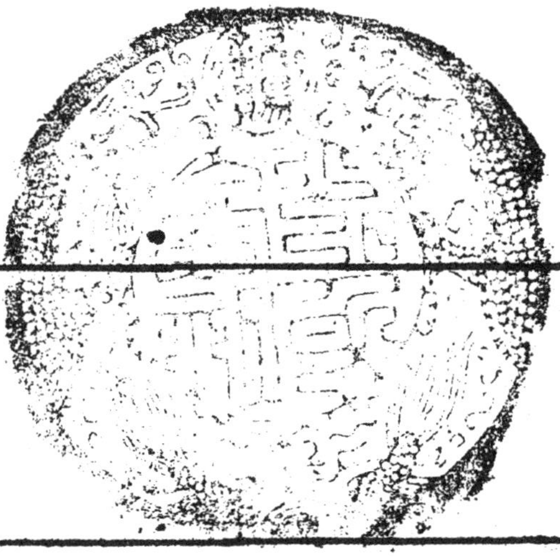

衍蘇內

時於咸豐癸丑年十月初九日亥時沒葬

繼配王氏生於乾隆乙卯年七月初七日巳時於光緒戊寅年七月二十七日巳時沒葬東埔生予四名[illegible]

正承傳

覽子　碕承傳

黨子

茂五子
傳湖
生於乾隆壬寅年七月二十一日寅時於道光戊戌年閏四月初九日戌時沒葬

武城曾氏重修族譜

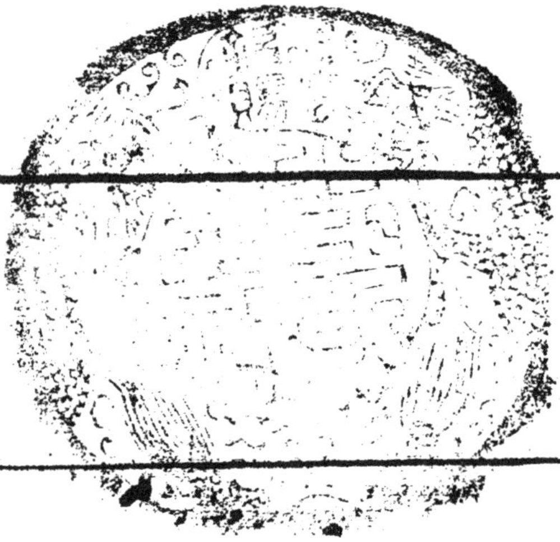

衍蘇內

配陳氏生於乾隆辛丑年十二月初四日辰時於道光壬辰年八月二十五日申時沒葬

生子四圖

衿　赤

倫

迎鴻

茂六子
傳能
配秦氏生沒俱缺

茂七子
傳黨
生於乾隆庚戌年十二月十五日酉時沒

衍蘇內

配蘇氏生
於嘉慶丁
巳年四月
初十日於
同治癸亥
年四月十
四日申時
沒葬
生子七個
　質响
正出承
傳帝
碕出承
傳帝
寓　碕
庭瘦

嘉三子 **尚完** 號明素生於順治甲戌年八月十九日巳時於康熙己亥年五月初二日酉時沒葬 配鍾氏生於順治己丑年九月初五日於

完長子 **衍從** 號敵宗生於康熙癸丑年十二月二十七日寅時於康熙癸亥年八月十四日未時沒葬 配李氏生闕於乙卯年六

從長子 **興禎** 號文榮生於康熙壬午年四月初一日寅時於乾隆壬戌年閏四月十九日戌時沒與父母合葬東埔 配謝氏生於康熙癸巳年七月

禎子 **毓福** 號澤卿生於乾隆丙辰年七月初八日巳時沒缺 配楊氏生於乾隆乙丑年六月二十五日酉時沒闕 生子六囝 龍

福長子 **傳龍** 號溲財生於乾隆癸未年八月二十五日戌時於嘉慶癸酉年二月十一日巳時沒葬 配萬氏生於乾隆乙丑年五月

康熙丙寅年七月十五日酉時沒葬

生子二圖

從　魁

月初一日沒葬東溪

繼配顔氏生於辛酉年十月十九日戌時於乾隆丁巳年十月十五日辰時沒與父及長子禎合葬東埔

生子四圖

禎　祥

祖　祿

十二日戌時沒

生子一圖

福

虎出繼

毓對

王　趙

奀殤

農

初五日卯時於道光癸巳年三月十一日巳時沒葬

繼配吳氏生於乾隆丁卯年十二月初四日於乾隆丁丑年七月十四日巳時沒葬

生子四圖

醒　恐

汪 反

往台

福三子

傳王

號文興生於乾隆乙未年閏十月初十日卯時於咸豐癸丑年六月初八日午時沒葬

配郭氏生

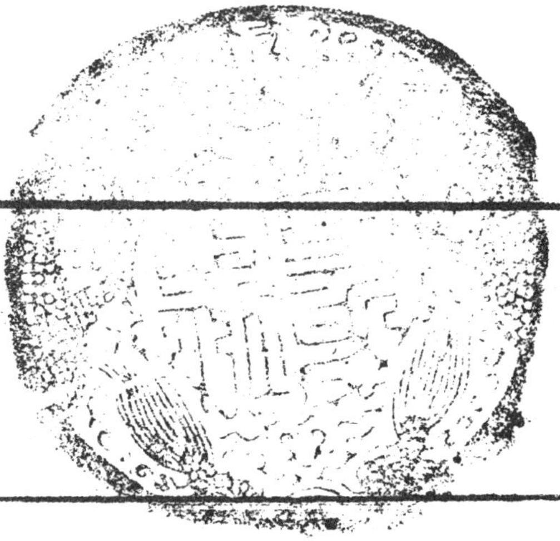

於乾隆癸卯年六月十八日巳時於道光丁酉年二月二十日亥時漫葬

生子六囝

士　士

續鴉路

排

屋出承

傳農

福四子
趙傳
號爛碧生於乾隆戊戌年十月二十七日於道光乙酉年四月二十六日戌時沒葬

福六子
農傳

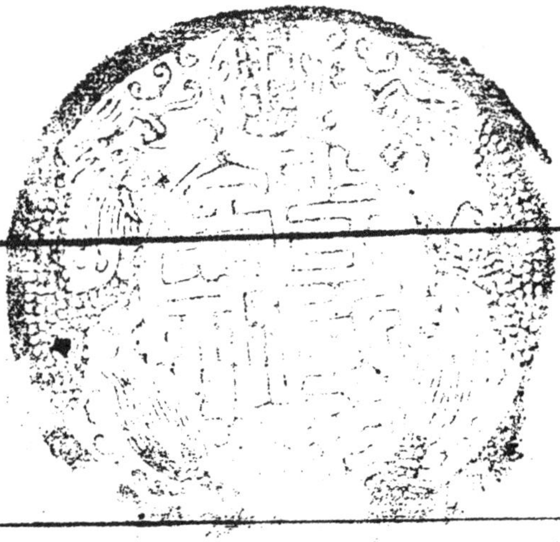

衍蘇內

號成朴生於乾隆壬寅年於道光丁酉年十二月三十日亥時沒葬

配楊氏生於乾隆年十月初五日於年三月二十一日沒

從炎子
興祥
號文忠生
於康熙丁

祥子
毓對
號文志生
於乾隆己

葬
繼配何氏
生嗣於　年
六月十五
日歿葬
子一固
屋承傳
王子

對子
傳虎
生於乾隆
庚寅年三

亥年六月十七日亥時於乾隆丁丑年八月十一日卯時沒葬
東埔
配蔡氏生於康熙甲午年十月初二日亥時於乾隆丁巳年七月十六日巳時沒附

未年十二月十五日辰時於乾隆丁亥年三月十四日辰時沒葬東埔
配吳氏未入門沒
子一圖
虎承毓
福子

月十六日酉時於道光戊子年四月二十六日酉時沒葬
配楊氏生於乾隆乙未年於嘉慶乙亥年五月初二日巳時沒葬

媽及陳氏
合葬東埔

繼配陳氏
生於康熙
甲午年於
乾隆戊辰
年九月初
十日未時
沒與蔡氏
合葬東埔
生子一（圖）
對

生子二（圖）
玉
瑙殤

從三子
興祖
號文平生於康熙甲午年十二月二十日未時於乾隆己卯年五月二十日午時沒
葬
配王氏生於康熙己亥年七月

祖子
毓秋
生於乾隆庚午年八月初四日辰時沒缺
配丁氏生於乾隆甲午年七月初十日亥時沒

二十五日戌時於乾隆戊寅年六月二十六日辰時沒與丕合葬前山生子一圏

秋

從四子

興祿

生於康熙戊戌年閏八月初六日丑時沒

完亥子
衍魁
號敬弘生於康熙辛酉年七月二十一日酉時於乾隆癸未年

魁長子
興進
號雷翁生於康熙丁酉年九月十一日酉時沒缺

闕配洪氏生於雍正己酉年十月初十日午時沒缺

進長子
毓瓊
生於乾隆甲子年五月十八日巳時沒缺

衍蘇內

十二月二十一日未時沒葬
配李氏生於甲子年九月十六日亥時於乾隆戊午年十月初三日戌時沒葬鷄石庭
生子三
進招
錦

配王氏生於康熙戊戌年五月初一日戌時於乾隆丙子年閏六月初一日巳時沒葬東埔
生子三
瓊
萘
敏

進次子
毓恭
生於乾隆丁卯年六月二十七日巳時沒缺

進三子
毓敏
生於乾隆辛未年十二月二十四日戌時沒缺

衍蘇內

魁次子 **興招**

號承宣生於康熙辛丑年三月十九日巳時於乾隆戊子年三月十一日未時沒葬坑墘地

配洪氏生於雍正己酉年十一月二十四

招子 **毓凱**

生於乾隆戊寅年九月二十四日酉時沒

缺

配　氏

生子四名　稍　鵬　角　荷出承　松腳

凱長子 **傳稍**

生沒失考

配　氏

生子二名　國殤　鵲殤

凱次子 **傳鵉**

生沒失考

日中時沒
缺
子一囝
凱承與
錫子

魁三子
興錦
號華翁生
於雍正乙
巳年五月
二十二日
戌時沒闕
配謝氏生
於雍正己

錦長子
毓學
生於乾隆
壬申年九
月二十五
日酉時沒
闕
配　氏

凱三子
傳角
生沒失考

學子
傳耀
生沒失考
配　氏

酉年十月十八日子時沒缺

生子五 舉 凱出承 與招 銳任 遣

錦亥子 毓銳

生子二 貫出承 西公 耀

生於乾隆辛巳年六月二十四日巳時沒 缺配 氏

銳子 傳楷

生子四 榜 窗殤 坑殤 蒜殤

生沒失考

衍蘇內

生子一囝

楮

錫四子

毓任

生於乾隆甲申年九月十八日巳時於乾隆壬子年九月二十一日沒葬

配蔡氏生於乾隆年

於道光丙戌年正月初二日巳時沒葬

錦五子
遺毓
生於乾隆癸巳年五月二十五日戌時於道光乙酉年五月十一日亥時沒葬

衍蘇內

遺長子
傳寬
生沒失考

遺次子
傳軒
生沒失考

配　氏

生子二　名
寬
軒

貞彭房系 接上琦公房系

六十六派

彭長子
倘鶯
生沒失考
配蘇氏改節

六十七派

六十八派

六十九派

七十派

彭次子 **尙釀**

號秦龍生於辛亥年九月初六日辰時於雍正丙午年四月初八日申時沒葬東埔 配吳氏生於 癸丑年七月二十八日

釀長子 **衍降**

號承獻生於康熙乙酉年十二月二十五日亥時於乾隆癸酉年二月二十二日卯時沒葬 配陳氏生於康熙丁亥年正月

降長子 **興求**

生於雍正戊申年五月二十七日未時 配王氏

降次子 **興佛**

生於雍正

佛子 **毓權**

生於乾隆

子時於雍正壬子年十一月十十四日未時沒葬東埔生子二囝 降 送

十一日辰時於乾隆己卯年三月二十四日午時沒葬鷄石庭坤艮向生子二囝 求 佛

癸丑年四月十二日申時沒𦵏配王氏生於乾隆庚申年四月初六日辰時沒生子一囝 權

丙戌年十月十八日寅時沒

貞學房系

接止瑞公房系

六十六派

學子 **尚婦**

號迎禧生於　辛巳年十月二十七日於　壬申年三月十二日

六十七派

婦長子 **衍孝**

號懷忠生於康熙戊申年十月初七日子時於乾隆丙寅年正月初三日

六十八派

孝長子 **興鼎**

號振緒生於康熙丁丑年六月初九日亥時於乾隆庚寅年八月二十八

六十九派

鼎長子 **毓萃**

號敢誠生於雍正甲辰年五月初五日酉時於乾隆癸未年四月初九日

七十派

萃長子 **傳詣**

生於乾隆丁卯年五月初五日酉時於嘉慶　年二月初一日　時歿葬

時沒葬
配吳氏生
於　甲
申年四月
十八日卯
時於
年十
一月二十
九日[illegible]時
沒合葬寨
山南畔
生子二图
孝　樓

巳時沒葬
配李氏生
於　辛
亥年八月
二十五日
午時於乾
隆庚午年
正月初五
日[illegible]時沒
葬侖仔頭
坐乙向辛
生子二图
[illegible]　頭

日辰時沒
葬
配許氏生
於康熙丙
子年十一
月二十四
日亥時於
乾隆己巳
年五月十
七日辰時
沒夫婦與
男毓萃葬
東埔
生子三图
萃　斷

寅時沒葬
配吳氏生
於雍正甲
辰年七月
十三日午
時沒缺葬
東埔山
生子三图
詰　亨
[illegible]　[illegible]

配陳氏生
於乾隆
年六月
十八日
時沒葬
生子四图
詩
全出養
禮出養
山出承
傳格

萃　亥　子
傳亨
生於乾隆

崇

鼎次子

毓漸

號植福生於雍正戊申年十一月初三日戌時於乾隆　年五月二十九日　時沒葬

戊午年八月二十四日亥時沒

闕

漸長子

傳裕

生於乾隆壬午年閏五月二十日卯時沒

闕

漸三子

傳見

衍蘇內

配王氏生於乾隆丙辰年九月二十日戌時沒嗣

生子五囝

裕

祐[illegible]

見叟

雅

生於乾隆丙戌年正月二十二日巳時於嘉慶年在台灣沒

配　氏例不詳

生子一囝

辨隨母

君

鼎三子
毓崇

漸四子
傳叟
生於乾隆　年八月初一日丑時往台

漸五子
傳雅
往台

崇長子
傳賽

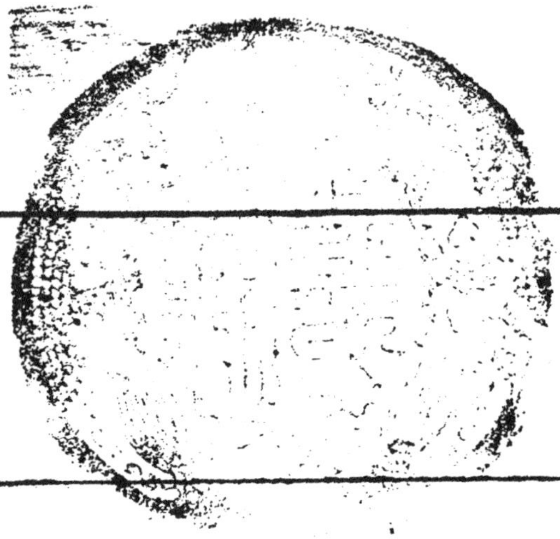

號植德生於雍正壬子年正月二十三日亥時於乾隆　年十月十五日　時沒葬
配許氏生於雍正甲寅年三月二十四日申時沒闕

生於乾隆丁丑年八月十六日巳時沒闕

崇次子
傳棟
號炳樑生於乾隆庚寅年十月二十六日辰時於道光癸巳年四月三十日巳時沒葬

孝次子
興頤
號弘緒生
於康熙辛

生子二圖
賽 揀

頤長子
毓豐
號植毅生
於雍正丁

配蔡氏生
於乾隆庚
戌年十一
月廿九日
時沒闕
生子五圖
水 火
麟殤
葉殤
昌出養

豐長子
傳榮
號炳裕生
於乾隆壬

巳年六月十八日酉時於乾隆丙辰年正月初九日酉時沒葬

配李氏生於康熙乙酉年十月二十二日申時於乾隆乙巳年十月初四日辰時沒葬

未年八月二十八日酉時於乾隆癸卯年六月初二日辰時沒葬大坪山

配吳氏生於雍正戊申年九月二十四日卯時於乾隆戊子年九月初十日丑時沒葬李子山

申年六月十八日卯時於道光甲午年十月二十一日丑時沒葬

配許氏生於乾隆丙子年六月二十九日酉時於嘉慶庚申年正月初二日辰時沒

生子七圖 豐 望 咸 賢 頌 家 假

繼娶吳氏生於雍正丙午年二月十一時於嘉慶甲子年六月初十日未時沒葬丁厝山與予護合壙生子五圖 榮 顯 育殤 頎 護

葬

生子二圖 朋 程

豐次子

傳顯

號熾祥生於乾隆戊寅年九月二十五日子時沒缺配陳氏生於乾隆乙酉年二月

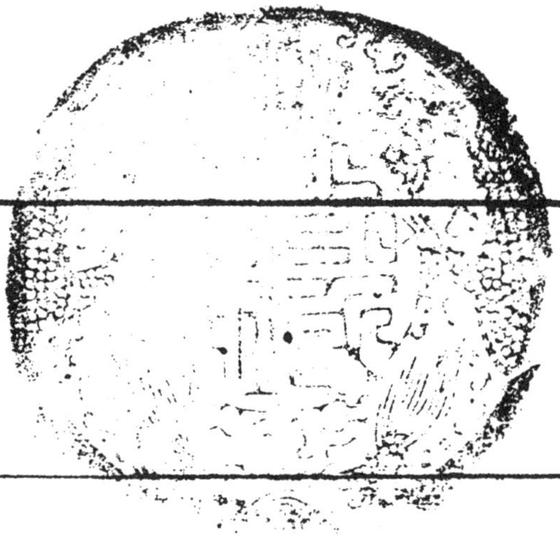

十四日酉
時於道光
甲午年三
月初三日
卯時沒葬
本山狗孔
山

生子四圖
云　佑
晔　點

豐四子
傳顏
號燦瑛生
於乾隆辛

巳年六月
二十一日
酉時於嘉
慶辛酉年
八月十一
日酉時沒
葬坑墘
配吳氏生
於乾隆辛
卯年六月
二十九日
巳時於道
光乙未年
六月十七
日戌時沒
葬石路頂

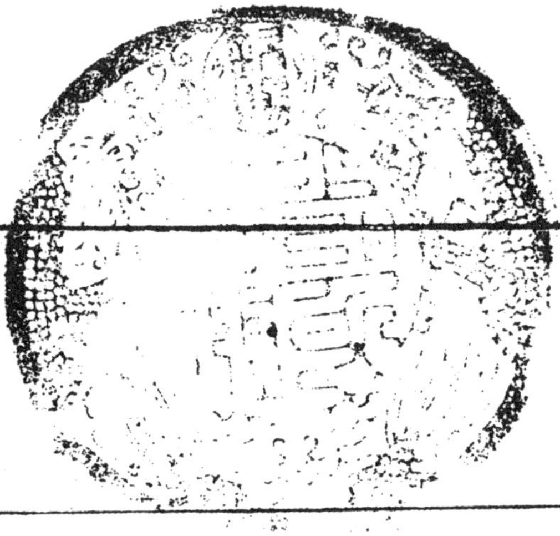

生子三名
彖出繼
傳蔭
豹
獅出繼
傳護

豐五子
傳護
號熾懷生於乾隆甲申年正月初七日於乾隆甲辰年十一月二十六日

午時沒葬丁厝安

子二□象　獅

均承傳顏子

望長子

傳甲

號炳纙生於乾隆壬午年八月初四日午時於嘉慶

頤次子

毓望

號植名生於雍正辛亥年七月十一日辰時於嘉慶

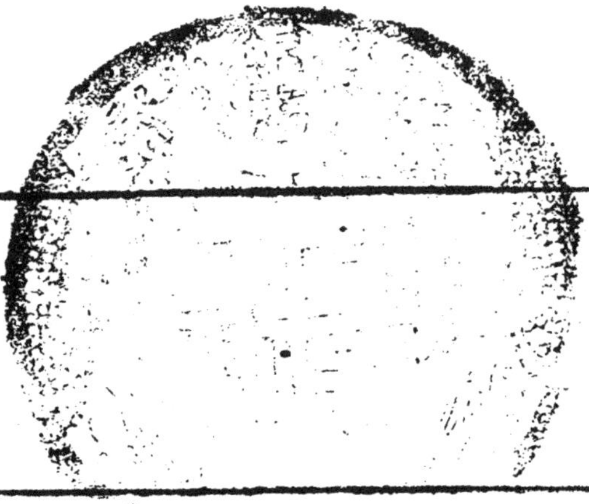

丁卯年五月初六日子時沒葬
配朱氏生於雍正壬子年八月二十三日辰時於嘉慶丁丑年八月二十八日亥時沒葬母子山
生子三𠑊
甲

壬申年九月二十二日沒葬
配林氏生於乾隆辛巳年四月初四日巳時於道光戊子年二月十七日未時沒葬高卅山下蓮尾墓
生子六𠑊
龍

丙殤石

鋆三子

傳石

號炳玉生於乾隆庚寅年二月二十五日子時於道光戊戌年閏四月初一日酉時歿葬

圜殤

湛殤

朗糖

府

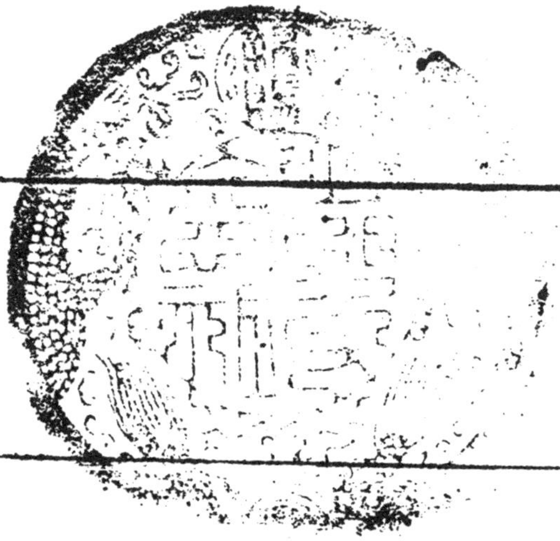

配陳氏生於乾隆甲午年二月二十七日未時於道光戊戌年閏四月初四日丑時沒葬

生子五囝

在

存碼

洋碼

老市

貞舉房系

頤三子
毓咸
號植寶生於乾隆丙辰年正月十四日寅時於嘉慶甲子年十一月二十六日丑時沒葬
配吳氏生於乾隆庚申年八月

咸長子
傳宰
號炳準生於乾隆庚辰年九月初七日寅時於嘉慶癸酉年十一月初二日巳時沒葬本山媳婦房
配林氏生於乾隆丁亥年二月

從薊丙

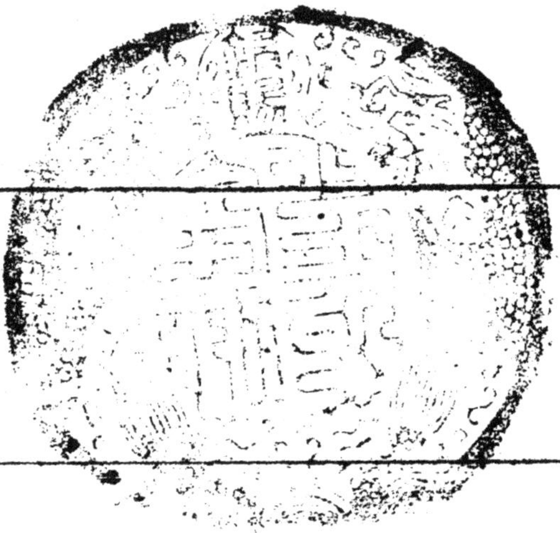

二十三日
子時於嘉
慶己卯年
二月初七
日酉時沒
葬黃厝山
狗孔内壬
丙子午向
生子七囝
宰　恪
縷　勇
葛　奧
向

初二日亥
時沒闕
生子三囝
科　詩
流

咸亥子
傳恪

號炳賢生
於乾隆甲
申年十月
二十六日
酉時於道
光辛卯年
十一月初

九日酉時
沒葬
配柯氏生
於乾隆乙
未年十一
月初十日
於道光元
年七月二
十六日沒
葬狗孔上
生子三囘
巳
管承繼
傳禩子
山承傳

衍蘇內

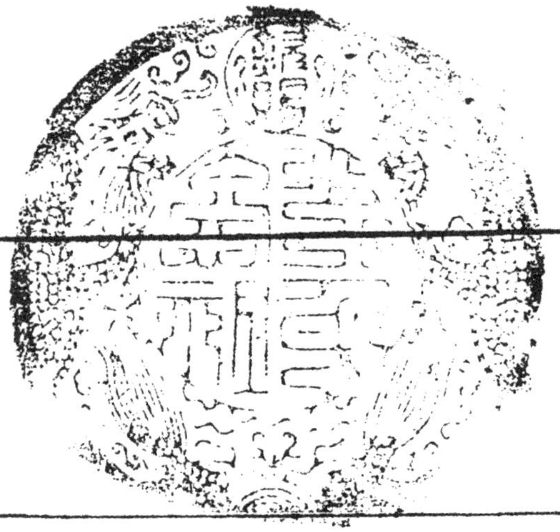

誥子

咸三子

傳縷

生於乾隆己丑年六月十九日辰時沒缺

配楊氏生於乾隆己亥年九月十三日戌時於嘉慶己卯年六

月十二日酉時沒葬

生子二因訓

簪出繼

傳格

咸四子

傳勇

號炳性生於乾隆乙未年三月二十日巳時於道光癸巳年六

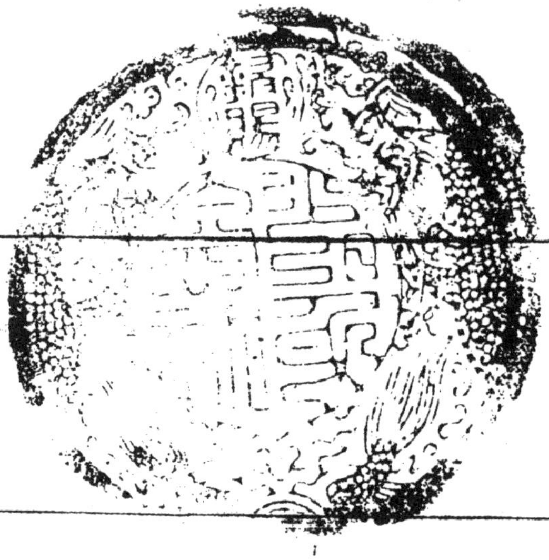

衍蘇內

月二十七日酉時沒葬清內埔配王氏生於乾隆癸卯年三月初一日申時於嘉慶壬戌年五月十一日未時沒葬長埔
繼配王氏生於乾隆乙未年十一月初八

日辰時於道光戊子年七月十九日巳時沒葬情內埔

生子二图

投　杯

咸五子

傳萬

號炳精生於乾隆丙申年十月初四日巳時於道光

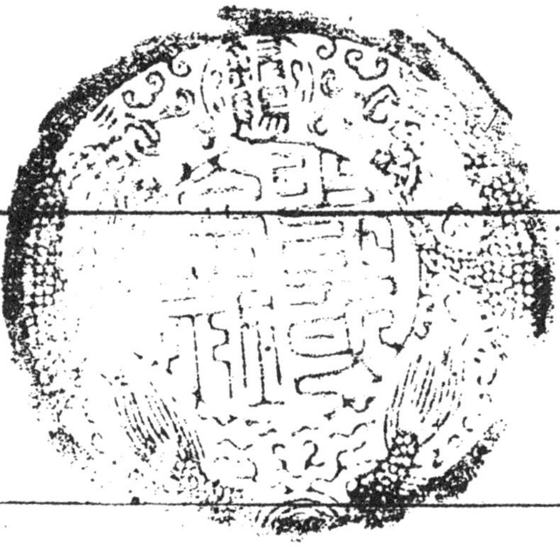

衍蘇內

壬辰年四月二十七日巳時沒葬四斗頂大墓坪

配陳氏生於乾隆己酉年正月二十九日卯時於咸豐庚申年正月十四日未時沒葬

生子一三四

机 鋑
雖 省
泮

咸六子
傳輿
號炳臨生於乾隆癸卯年正月二十一日巳時於咸豐丙辰年十一月二十七日寅時沒葬

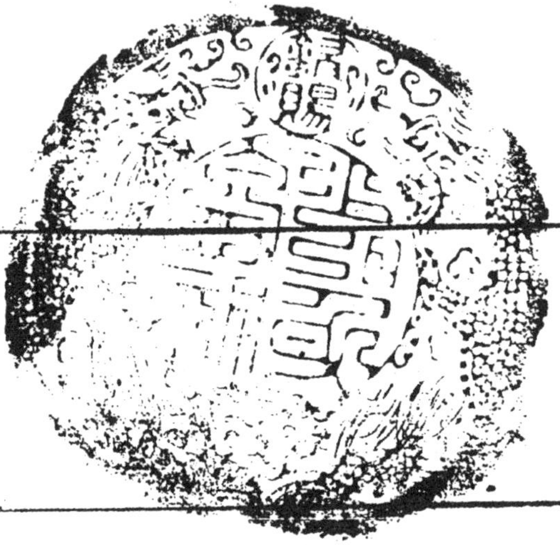

配黃氏生於乾隆庚戌年八月初四日午時於咸豐甲寅年五月十四日巳時沒葬

生子二圖
鋼
錠

咸七子
傳向
號炳星生

於乾隆丙午年閏七月二十二日戌時於道光戊戌年閏四月初一日午時沒葬本小狗孔內配李氏生於乾隆辛亥年五月二十五日巳時於咸豐甲寅年五月二十

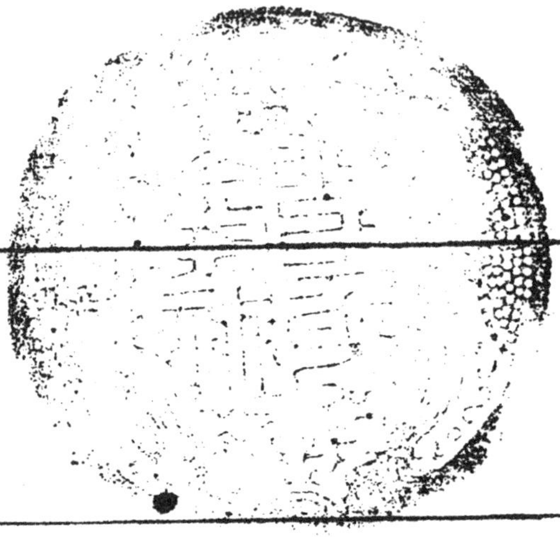

九日巳時
沒葬欒貞
生子二名
渠　想

頤四子
毓賢
字巽卿號
植才生於
乾隆丁巳
年十月二
十四日巳
時於嘉慶
癸亥年十
二月初三
日沒葬

賢長子
傳接
號齒餘生
於乾隆乙
酉年三月
初七日未
時於
年四
月二十六
日沒葬坑
口

配楊氏生於乾隆庚申年五月初三日子時於乾隆癸未年七月十五日卯時沒葬

繼配黃氏生於乾隆丁巳年五月初七日酉時沒

配鍾氏生於乾隆乙酉年十一月十九日於嘉慶壬戌年二月初四日巳時沒葬

繼配許氏生闕於嘉慶年三月二十三日沒葬

衍蘇氏

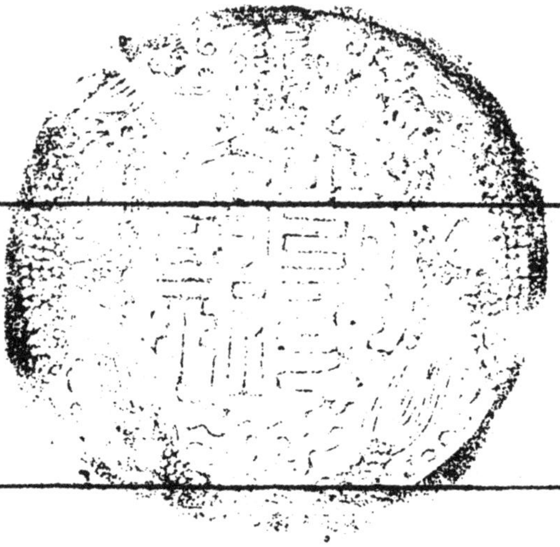

生子四图
接括
撰賓

生子四图
蘇
聘鴉
栗鴉
高承子

賢亥子
傳括
生於乾隆丁亥年二月初一日戌時於道光丁亥年三月二十日殁葬

配蔡氏未闕於　年四月二十八日沒合葬清丙埔生子一囝旦蕃

賢三子
傳撰
號炳貴生於乾隆癸巳年正月十三日巳時於道光

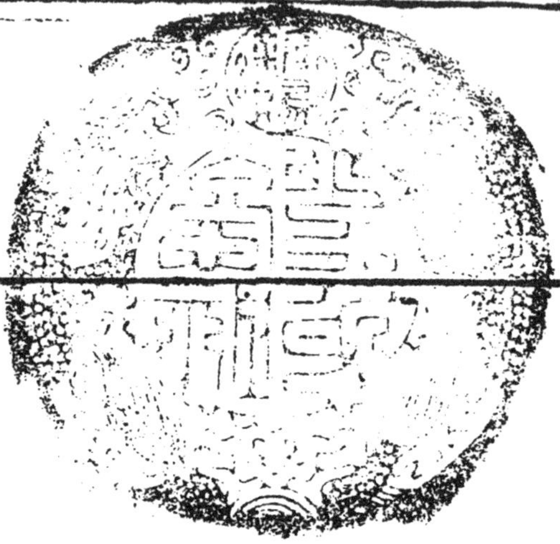

壬辰年八月二十五日丑時沒葬

配王氏生於乾隆辛亥年三月十五日於道光壬辰年九月十七日卯時沒葬

生子三回

兵
[illegible]
何[illegible]

賢四子
傳賓
生於乾隆丙申年正月十二日亥時於道光癸未時六月初一日辰時沒
葬
配　氏例
不詳

衍蘇內

頤五子
毓頎
號植臨生
於乾隆己
未年九月
初十日亥
時於嘉慶
戊寅年九
月十三日
戌時沒葬
大石尾
配洪氏生
於乾隆甲
子年十二

頎長子
傳岳
生於乾隆
戊子年十
月二十七
日於
戊申年三
月十二日
時沒葬

頎次子
傳許
號炳和生

月二十四
日戌時於
乾隆
年八月十
五日沒葬
繼配劉氏
生嗣於嘉
慶戊午年
四月十一
日沒葬
生子五圖
岳 許
登 古
樓

於乾隆乙
未年四月
二十一日
於道光癸
未年四月
二十八日
未時沒葬
配王氏例
不詳
生子二圖
笑 所

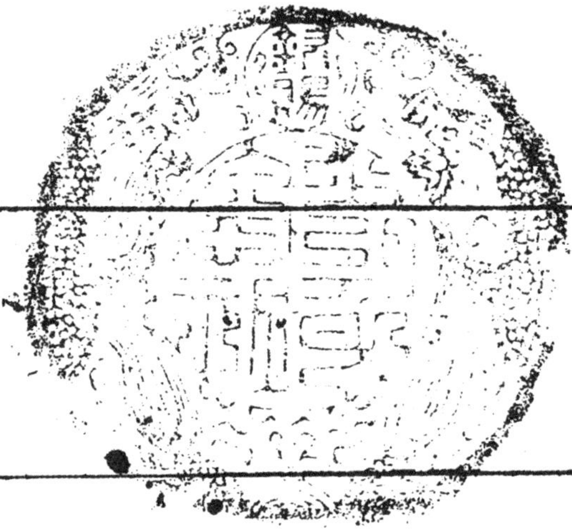

頒三子
傳登
號炳順生
於乾隆乙
酉年五月
十五日午
時於道光
癸未年五
月二十六
日寅時沒
葬
配吳氏生
於乾隆辛
酉三月十

一日午時
於光緒壬
午年五月
二十九日
卯時沒葬

生子六圖
物蒲棹
馬出繼
傳古
叔出繼
傳古
強出繼
傳樓
烏出繼

傳古

頌四子
傳古

生於乾隆壬子年七月二十九日酉時沒

缺

配　氏

子三名

馬叔

烏均承

傳登子

頌五子

傳樓

生於嘉慶丙辰年十二月初六日戌時沒

缺

配 氏

子一囮

從承傳

古子

次子　毓家

號植俊生於乾隆乙丑年九月初一日酉時於乾隆戊申年三月十二日沒葬

配陳氏生於乾隆癸酉年二月初一日丑

長子　傳章

號炳信生於乾隆丙申年正月十四日寅時於道光壬辰年六月二十九日戌時沒葬清內埔

配李氏生於乾隆癸巳年三月三十日午

時於嘉慶辛未年十月十四日寅時沒葬

生子三 褒 獻 卿

時於道光丁未年十二月十六日辰時沒葬

生子三 梯 𢈔 托 港

家次子

傳獻

生於乾隆戊戌年九月十七日於嘉慶壬

頤七子
毓偃
號楫進生
於乾隆戊

申年二月
十四日亥
時沒葬東
埔山

家三子
傳仲
生沒失考

偃長子
傳周
生於乾隆
癸巳年生

辰年九月初四日亥時於道光甲申年十一月十四日丑時沒葬黃厝山配王氏生於乾隆丙子年七月初四日於嘉慶戊寅年十一月初二日丑葬沒葬

月二十七日於道光壬辰年正月十五日亥時沒葬東埔配林氏生於乾隆庚子年六月初四日丑時於嘉慶丁丑年五月十二日未時沒葬清內埔

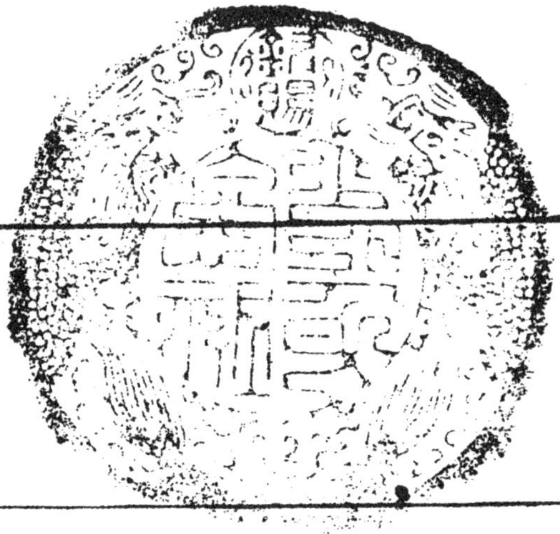

生子五囝
周　博
學　讀
培

生子三囝
砂　殤　淡
涼

偃次子
傳博
號炳好生
於乾隆丙
申年三月
二十四日
丑時於道
光壬寅年
十一月初
一日寅時
沒葬
配王氏生

於乾隆甲辰年正月十五日亥時於咸豐庚申年九月十一日戌時沒葬

生子三圖蓮高卜

偃三子

傳學

號炳文生於乾隆辛

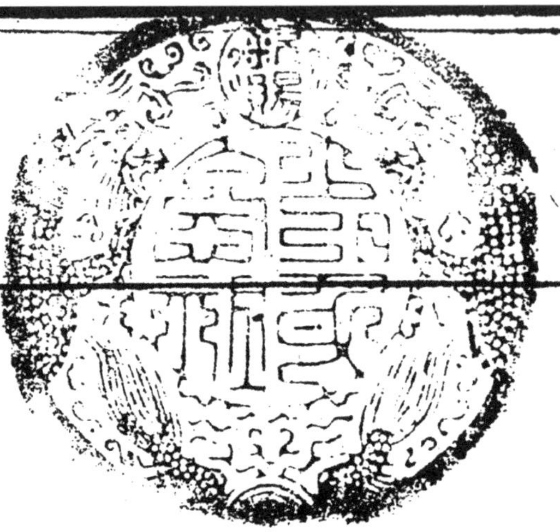

丑年七月二十三子時於道光己酉年五月初九日酉時沒葬

配李氏生於乾隆壬子年四月二十日午時於同治壬申年十二月十二日未時沒

武城曾氏重修族譜

貞擧房系

家晉江

二四

葬

生子五圀
好殤不
否丑
琶殤

倨四子

傳讀

生於乾隆
乙巳年六
月十四日
辰時於同
治癸亥年
七月十七

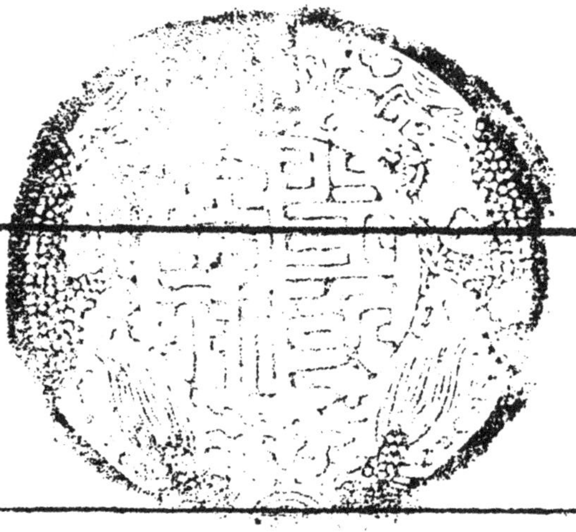

日申時沒
葬
配蔡氏生
於嘉慶乙
卯年四月
二十日巳
時於嘉慶
甲戌年三
月二十七
日未時沒
葬
生子二名
鰍承傳
欺子
唱

傳培

偃五子

號炳志生於乾隆己酉年八月初四日午時於道光癸未年六月初一日午時浚葬大石尾

配王氏生於嘉慶丁巳年八月

衍蘇氏

初十日於同治庚午年十月二十八日戌時沒葬

生子一

田

圖

婦次子
衍樓
號懷德生於康熙乙未年正月初六日丑

樓長子
興昇
生於康熙丁酉年五月初六日辰時於

昇長子
毓道
號禮玉生於乾隆甲戌年八月十一日申

道次子
傳章
號益文生於乾隆丙午年三月十五日卯

時於雍正丙午年七月十四日辰時沒葬

配謝氏生於壬申年十月初五日酉時於乾隆壬申年三月二十三日午時沒葬石路坐子向午

年九月初六日沒葬

配李氏生於雍正壬子年四月五日午時於乾隆年七月二十六日沒葬生子二名道承興祖子卿出繼[illegible]高

時於道光庚寅年六月二十二日未時沒葬

配陳氏生於乾隆壬午年八月十五日於乾隆丙戌年十月初十日未時沒葬

繼配林氏

時於道光丁酉年十一月二十四日午時沒葬清內埔

配許氏生於乾隆辛亥年十一月二十二日丑時於同治辛未年九月初一日酉時沒葬

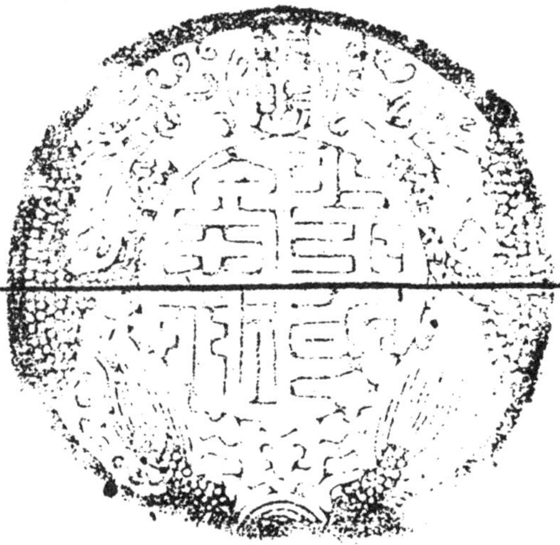

生子二囝
昇
高

衍蘇內

生於乾隆乙亥年十月二十三日於道光癸未年六月初四日卯時沒葬夫婦與益成丞仝壙在前山生子五囝
絞觴
章承二房分之子
歎
挺出繼

生子四囝
傍
尊
扯出繼
傳挺
咤出繼
傳文

道三子
傳歎

號益成生於乾隆己酉年正月二十九日辰時於道光壬辰年

毓卿
溪

四月十三日巳時沒與父母合葬山前配林氏生於乾隆庚戌年三月初七日酉時於同治庚午年十二月二十二日卯時沒葬生子五囝

雲彌

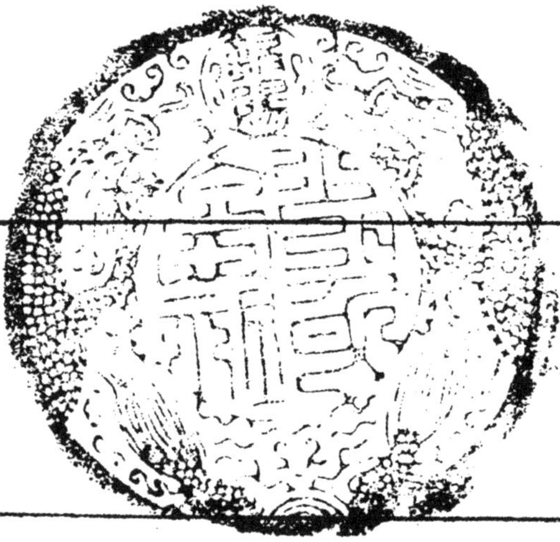

淨戀

隔

鰍出承

傳讀

道五子

傳溪

生於嘉慶丙辰年十月初三日於道光辛卯年十月十四日戌時沒葬𡎺內埔

娶李氏生

樓亥子
興高
生於康熙辛丑年十月初五日丑時於乾

高子
毓卿
生於乾隆丁丑年九月二十日辰時於道

卿長子
傳挺
號益忠生於乾隆乙卯年二月初四日於
生子三囝 惹 寮 串殤
於嘉慶庚申年八月二十三日沒葬

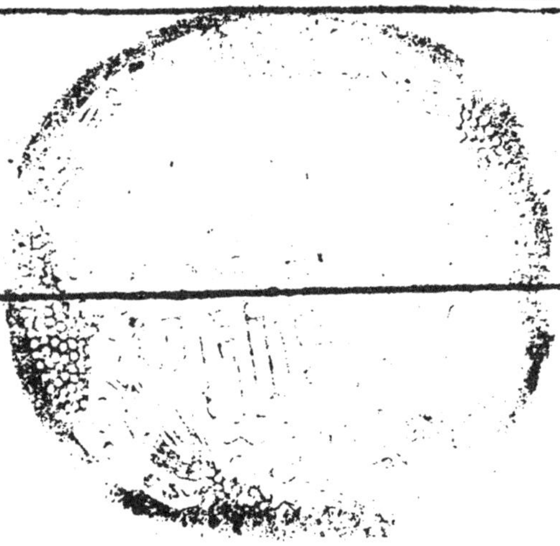

隆癸酉年
二月十二
日辰時沒
葬寨山
生子一囝
卿承興
昇子

光　年
六月初一
日沒葬
配陳氏生
缺於
年七
月初八日
沒葬
生子三囝
挺承毓
第子
交　何

道光庚寅
年四月二
十日酉時
沒葬清內
埔
配陳氏例
不詳長
子一囝
扯承傳
章子
卿交子
傳交
號益交山

於嘉慶丁巳年六月二十七日於道光壬辰年七月二十七日戌時沒葬坑嵌口配柯氏生於嘉慶丁巳年九月二十日戌時於道光壬辰年四月二十七

徐蘇氏

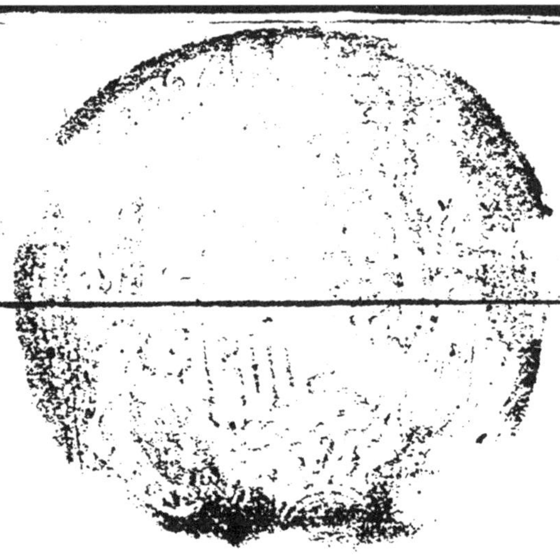

日戌時沒
葬清內埔
生子三名
墻殤
宅出養
咤承傳
章予

卿三子
傳何

號得成生
於嘉慶甲
子年七月
十三日於
光緒庚辰

年九月初六日午時
没葬
配　氏
子一圖
綮承子

貞賢房系

接上瑞公房系

六十六派

賢長子 **尚蔭**

生沒失考

配 氏

生子一圗

添

六十七派

蔭子 **衍添**

號懷仲生於康熙乙卯年十一月十六日寅時於乾隆丙午年十二月十

六十八派

添子 **興嚴**

生於康熙辛丑年七月初七日酉時沒外

六十九派

七十派

賢次子
尙猛
生沒失考

五日未時
沒葬東埔
配萬氏生
闕於
年[illegible]
月十三日
沒葬東埔
生子一[illegible]
[illegible]

貞禝房系

接上璐公房系

六十六派

禝長子
尙合
號弘德生於康熙癸丑年二月十九日辰時於乾隆己巳年四月十五日

六十七派

合長子
衍備
號承禧生於康熙丁丑年四月十二日申時於乾隆丁丑年二月二十五

六十八派

備長子
興長
號善翁生於康熙己亥年正月二十一日亥時沒缺
配龔氏生

六十九派

長長子
毓椿
生於乾隆癸酉年八月十三日午時沒缺

七十派

亥時沒葬
配蔡氏生
於康熙丙
辰年二月
十二日亥
時於乾隆
庚辰年七
月十七日
申時沒與
公合葬塘
下坐乙向
辛兼辰戌
生子三圖
倫　守
經

日巳時沒
葬
配李氏生
於　戌
寅年八月
初六日巳
時沒缺葬
東埔
生子四圖
長　次
桃　李

於雍正壬
子年正月
初六日亥
時沒缺
繼配陳氏
生於雍正
甲寅年六
月初八日
酉時
生子三圖
椿　脫
飽

長次子
毓脫
生於乾隆
乙酉年七
月二十二
日戌時沒
缺

長三子
毓飽
生於乾隆
戊子年正
月二十八
日午時

倫次子
興玫
生於雍正壬寅年十二月二十三日亥時沒闕
配王氏生於雍正壬寅年八月初八日辰時沒缺
繼配王氏

玫長子
毓既
生於乾隆丁未年八月十二日辰時沒缺

玫次子
毓侵
生於乾隆庚辰年十月二十五日亥時沒缺

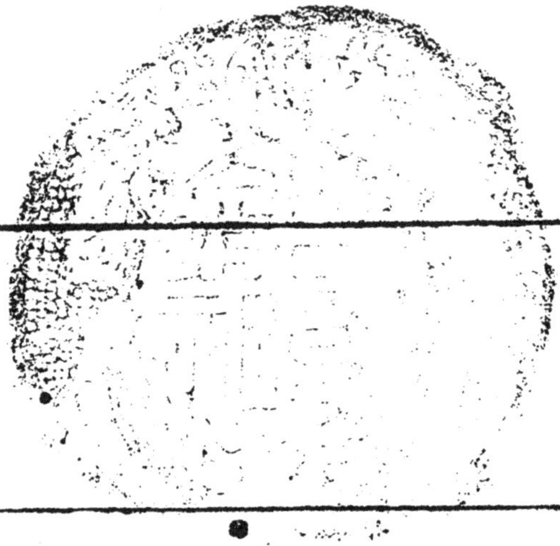

生於乾隆丙戌年九月二十九日午時沒闕葬塘下

三配陳氏生於雍正甲辰年二月十七日戌時沒闕

生子二图

既　侵

配洪氏生於乾隆丙戌年正月十四日戌時沒缺

倫三子
興桃
號克昌生於雍正乙巳年四月十四日亥時於乾隆壬午年二月十九日辰時没葬東埔
配許氏生於雍正癸丑年二月十七日寅

桃子
毓擁
生於乾隆乙亥年八月二十四日申時没
嗣

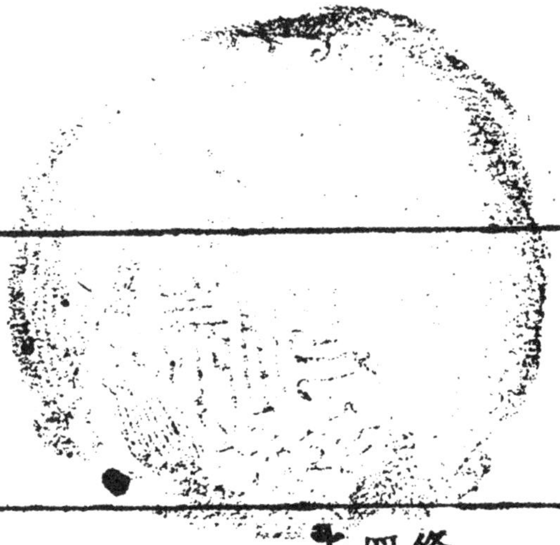

時沒缺
生子一名擁

倫四子
李興
號義翁生於雍正丁未年八月二十七日丑時沒缺
配蔡氏生於雍正壬子年七月初十日辰時沒闕

李長子
毓論
生於乾隆己卯年四月二十三日亥時沒
闕

李次子
毓殿
生於乾隆丙戌年八

合次子
衍守
號承侃生
於康熙庚

生子三圖
論 殿
易

守長子
興銈
生於雍正
丙午年十

月初八日
未時沒缺

李三子
毓易
生於乾隆
己丑年八
月十一日
戌時沒闕

銈長子
毓夜
生於乾隆
壬午年五

辰年二月
十八日巳
時於乾隆
癸亥年七
月二十三
日沒葬
配柯氏生
於康熙乙
酉年八月
初九日戌
時沒缺
生子三名
銈　文
武

一月十一
日巳時沒
缺
配吳氏生
於雍正己
酉年七月
二十日辰
時於乾隆
癸未年五
月初九日
巳時沒葬
繼配柯氏
生於雍正
乙卯年二
月十二日

月初八日
亥時沒闕

銈次子
毓原
生於乾隆
乙酉年六
月二十七
日巳時沒
闕

衍蘇內

酉時沒謁

生子二图

夜

原

守炎子

興文

生於雍正
庚戌年二
月十七日
巳時於乾
隆甲戌年
六月二十
九日午時
沒葬東埔

守三子
興武
生於雍正壬子年十月十五日午時沒缺
配吳氏生於乾隆己未年六月日沒缺
生子一　圀恩

武子
毓恩
生於乾隆己丑年十二月初六日酉時沒缺

衍蘇內

武城曾氏重修族譜 貞禎房系

合三子
衍經
號千翁生於康熙癸巳年八月初二日未時沒缺
配陳氏生於康熙壬辰年二月二十四日卯時沒缺
生子三名

經長子
興蔭
生於雍正癸丑年正月初九日丑時沒闕
配許氏生於乾隆丁巳年八月二十七日沒缺
生子三名
尊
圖

蔭長子
鯀尊
生於乾隆壬午年五月十七日午時沒闕

蔭次子
鯀圖
生於乾隆乙酉年閏二月十五日亥時沒缺

家晉江

六

蔭綬沃　叔

蔭三子
毓沃
生於乾隆庚寅年九月初三日卯時沒缺

經次子
興綬
生於乾隆癸亥年十月初七日子時沒缺

頎次子
尚同
號弘和生於康熙丁巳年七月二十二日午時於乾

同長子
衍屬
號粹翁生於康熙丙戌年七月二十二日卯時沒闕

崧三子
興寂
生於乾隆丁卯年七月十七日戌時沒缺

屬長子
興琳
號敬翁生於乾隆丙辰年十二月二十九日未時沒

琳長子
毓俊
生於乾隆乙酉年二月十四日戌時沒闕

隆丙辰年七月十一日子時没葬

配許氏生於康熙己未年十一月初五日子時於乾隆癸未年九月初四日子時没合葬羅裳山下生子二图

屬

勵

配宋氏生於康熙庚寅年八月二十三日巳時生子二图

琳　安

鈌

配柯氏生於乾隆庚申年閏六月二十二日巳時没缺

生子二图

俊　穆

屬亥子

興安

號定翁生於乾隆甲

琳亥子

毓穆

生於乾隆戊子年五月二十四日丑時

同次子
衍助
生於康熙戊戌年九月十一日

助次子
興陽
生於乾隆乙亥年六月二十日

子年十二月初一日寅時沒闕
配許氏生於乾隆丙寅年閏三月十二日未時沒缺

亥時沒缺

配柯氏生於雍正癸卯年三月初九日午時沒缺

生子三國吉[illegible]
[illegible]隆

頴三子

尙科

科長子

衍亨

申時沒缺

助三子

興隆

生於乾隆甲申年十一月二十九日子時沒缺

號弘樸生於康熙辛酉年十二月二十八日午時於乾隆甲戌年四月初六日申時沒葬
配許氏生於康熙甲子年十一月十一日申時於乾隆癸酉年

科次子
衍乞
號元齋生於康熙癸未年十二月初一日酉時於雍正辛亥年四月十一日寅時沒葬
配蘇氏

乞長子
興逢

逢子
毓鳳

九月二十三日亥時沒合葬東埔下坐甲向庚

生子二图

亨　乞

生於康熙甲午年九月二十四日巳時沒闕

配吳氏生於康熙丙申年十一月二十日戌時沒缺

生子二图

逢　妙

乞次子

興妙

生於乾隆癸亥年十二月十六日寅時沒缺

配朱氏生於乾隆乙丑年二月十四日申時沒缺

生子一图

鴈

生於乾隆戊子年七月初四日申時沒闕

生於乾隆辛未年二月初三日未時没闕

貞淳房系 接上璐公房系

六十六派

六十七派

六十八派

六十九派

七十派

淳長子 倚寅 字宗權號森林生於順治庚寅年二月二十九日子時於己亥年十

寅長子 衍蘇 生於康熙戊午年五月初八日寅時於康熙乙未年十二月十二日卯時

蘇長子 興泗 字若韜號志培生於康熙丁亥年九月初五日申時於乾隆甲子年二月

月初十日
子時沒葬
配陳氏生
於　甲
午年三月
十一日酉
時於雍正
丁未年六
月二十八
日卯時沒
合葬東埔
乙辛兼卯
酉主丙巽
乾辰戌穴
前日垠畔

沒葬後壁
山
配吳氏生
於辛酉年
九月初■
日戌時於
乾隆甲子
年四月初
八日未時
沒葬長埔
林
生子二囝
泗　漣

二十三日
時沒葬
配氏例不
詳
生子一囝
超寄居靈
水社

蘇亥子
興漣
生於康熙

光祐地傻岸地賣田内陳強山生子三個
蘇　脩
汪

甲午年六月十一日巳時沒缺葬臺灣下中州道爺廍後大埔竹林後坐西向東
配謝氏生缺於乾慶甲子年沒葬長埔林西畔甲庚

寅亥子
衍脩
號煌星生於康熙辛酉年七月十六日寅時於乾隆辛酉年九月初十日巳時沒葬
配李氏生於壬申年三月初八日酉

脩長子
興宴
字若平號名坡生於康熙丁酉年八月十三日寅時於乾隆乙酉年五月初三日午時沒葬王虎腔頂父母子仝壙
配莊氏生於雍正己

宴長子
毓起
字執卿生於雍正年
配蔡氏生於雍正庚戌年四月二十六日子時沒缺
生子二名　亨　陰

起長子
傳亨
生沒失考

起亥子
傳陰
生沒失考

時於乾隆
辛巳年六
月初十日
巳時沒葬
虎腔上本
埔內坐北
向南公媽
及長子次
子合葬
生子四圖
宴　暹
疊
相出承
祔室

酉年五月
初八日卯
時於乾隆
辛亥年八
月初四日
戌時沒葬
長埔林子
午丁癸
生子二圖
超　排
脩次子
興暹
字君進號
敢厚生於

宴次子
毓排
生於乾隆
丙申年二
月二十四
日巳時於
乾隆
年十月廿
六日沒
暹子
毓菊
字圃卿號
純鑑生於

菊長子
傳攙
字免相號
堅楨生於

亭房系　家曾江　三

康熙庚子年十一月初一日午時於乾隆丙戌年十二月十八日辰時沒葬虎腔頂艮坤寅申與父仝葬
配張氏生於雍正庚戌年十一月初二日卯時於乾

乾隆己卯年七月初五日亥時於道光壬午年七月初十日巳時沒葬長坡林東西
配李氏名煖娘生於乾隆丙寅年五月十四日於道光丁酉年七月十五日巳時沒

乾隆壬子年十二月初二日於道光辛丑年二月十四日巳時沒葬長坡林光南
配　氏
子一名
愿承子
殤

菊衣子
傳糖

貞淳房系　　家晋江　　四

隆甲寅年三月二十七日没葬長坡林甲庚

生子一图　菊

葬水流石下壬丙子午

生子二图　挽　糖

號冰堅生於嘉慶壬戌年八月初六日子時於咸豐丁巳年九月十六日戌時没葬

配林尾鄉李氏名寅娘生於嘉慶己卯年三月十六日戌時於同治壬戌

脩三子
興豐
字君欽號
質齋生於
雍正甲辰
年八月初
七日巳時

豐長子
毓潭
字景卿號
純錫生於
乾隆乙亥
年八月三
十日酉時

潭長子
傳堯
字舜相號
昔棟生於
乾隆丙午
年正月二
十一日未

年十一月
二十四日
未時沒葬
生子二酉
愿出承
傳挽
貨

於嘉慶丁巳年二月初二日沒葬

配李氏名英娘生於雍正壬子年八月二十日亥時於乾隆庚寅年十一月初七日巳時沒夫婦合葬石壟山北南

於嘉慶庚午年四月初四日酉時沒葬

配李氏名帖娘生於乾隆丁丑年七月初一日酉時於嘉慶丁丑年四月二十二日巳時沒合葬公墓內乾巽戌辰

時於道光丁酉年六月二十二日巳時沒葬公墓地北南

配鍾氏名恋娘生於乾隆丁未年四月十六日午時於道光壬辰年九月十七日申時沒葬井上宮後辛

繼配陳氏
名盡娘生
缺於道光
辛巳年五
月初七日
亥時沒葬
蓮尾埔辛
乙酉卯
生子六囟
潭　深
淺
吉殤齊
港

生子四囟
堯　乃
間　蕊

乙酉卯
生子五囟
培　鍊
瓊　岱
染

潭亥子
傳乃
字衆相號
樑倉生於
乾隆庚戌
年十二月
二十六日
丑時於道
光戊戌年
二月二十

三日酉時溲葬長坡林北南配陳氏名未娘生於嘉慶丙辰年三月十六日寅時於咸豐壬戌年十一月初四日戌時溲葬大圵東西生子一名

念

貞亭房系　家晉江　六

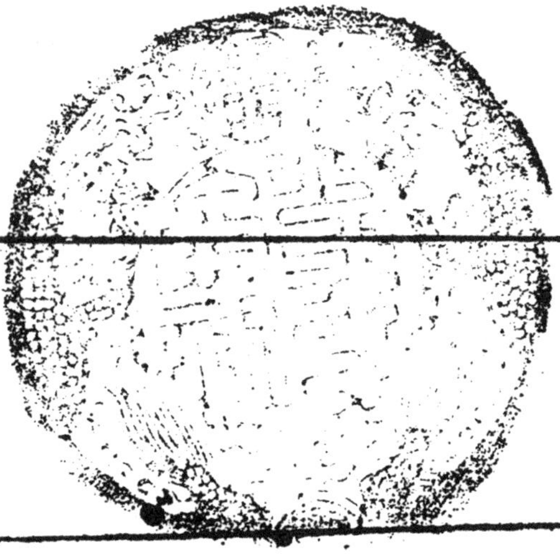

潭三子

傳間

號學機生於乾隆乙卯年正月十九日戌時於道光丁酉年八月初三日酉時沒葬

配林氏名勸娘生於嘉慶壬戌年三月十

一日巳時
於咸豐甲
寅年四月
初八日午
時沒與母
合葬東洋
山
生子四圖
燈
圖鴌鳥
路

澤四子
傳蕊
號文琳字
湳蓮生於

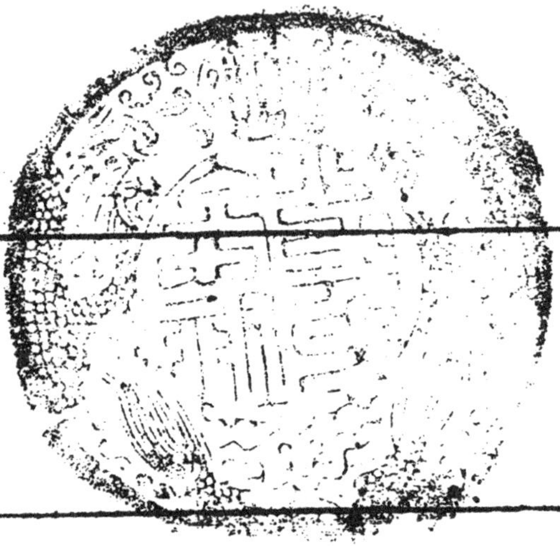

嘉慶己未年三月初四日子時於道光乙巳年七月初四日未時沒葬溝西墓北南配許氏生於嘉慶癸酉年七月初七日午時於咸豐癸丑年六月初五日酉時沒葬

貞淳房系

豐次子
毓深
號鋪義字勵卿生於乾隆丁丑年十二月十六日寅時於嘉慶甲戌年四月初七日子時沒葬長坡𣏌艮

深長子
傳丑
字伯孫號純川兼承兩房生於嘉慶辛未年十一月初三日卯時於道光丁酉年四月初九日丑時沒葬

生子三名
厚殤
賞
漢

坤寅申
配吳氏生
沒失考
生子二囝
丑兼承
頂廳分
着承毓
港子

長坡林南
北
配何氏生
於嘉慶癸
酉年七月
二十八日
亥時於道
光癸卯年
閏七月十
四日午時
沒葬長坡
林北南
生子一囝
海

深次子

傳着

號直和生於嘉慶丙子年四月十三日於咸豐庚申年八月十九日辰時沒葬

配張氏生於道光五年二月十四日亥時

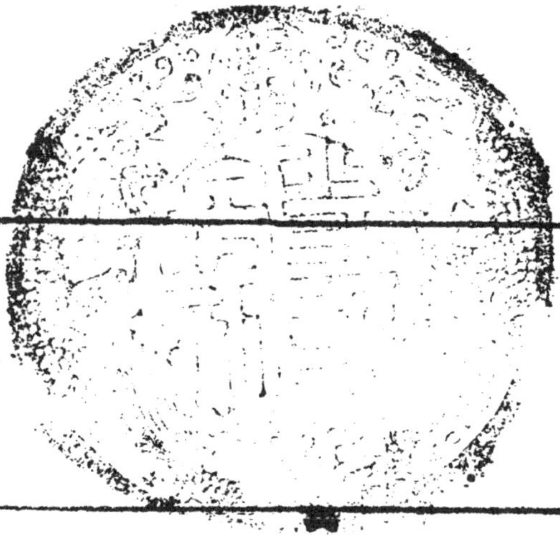

於道光丙午年十一月十八日酉時沒葬長坡林西東

繼配莊氏名畝娘生於道光庚辰年正月初五日午時於咸豐丁巳年八月三十日亥時沒葬長坡林北

疊三子
毓淺
字世卿號鍾生於乾隆戊子年十月初九巳時於道光壬午年七月初六日寅時沒葬
配蔡氏名

南

淺長子
傳摘
號莫相生於乾隆癸丑年八月初三日寅時於咸豐辛酉年五月初十日卯時沒葬後山乾巽亥巳
配蔡氏生

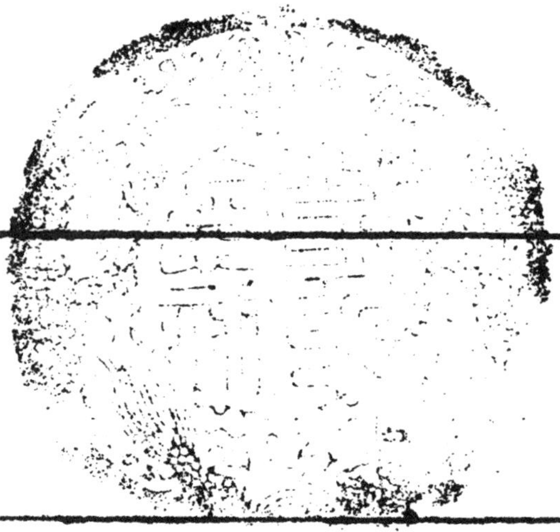

銀娘生於乾隆己丑年五月十四日午時於道光乙酉年十一月初六日申時沒公媽合葬石潭兇王丙亥巳
生子四囝
摘　際
求　朱

於嘉慶丙辰年十一月二十三日丑時於道光丁酉年五月十二日未時沒葬長坡林北南
生子四囝
桶　科
增
底殤

滬次子
傳際

號治成生於嘉慶己未年十月初二日亥時於道光庚戌年十二月十四日亥時沒葬後潭抗乾巽戌辰在本處王丙亥巳配蔡氏名水娘生於嘉慶甲子年六月初

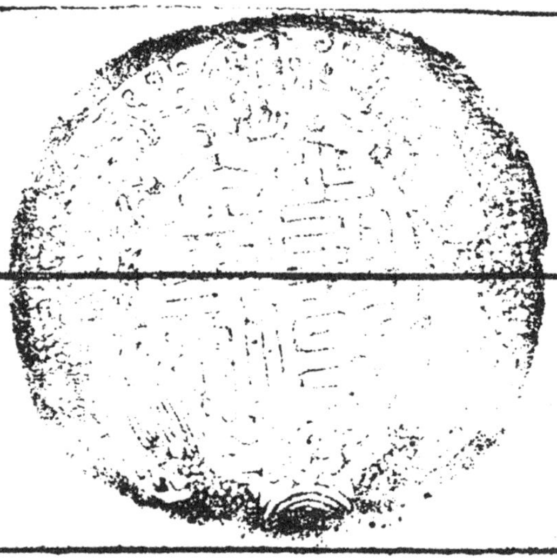

二日未時
於同治甲
戌年正月
二十日亥
時沒葬長
坡林
生子五图
粕
蠔出承
傳求
樹
禾[illegible]
箸

淺三子
傳求
生於嘉慶癸亥年七月十九日卯時於嘉慶辛未年九月二十三日巳時沒葬長坡林北南
配　氏
子二 忍

科出承
傳摘
蠔承傳
際子

淺四子
傳朱
生於嘉慶
己巳年八
月二十一
日子時於
年九月初
一日沒葬

疊五子
毓齊
號純鎖生於乾隆丁酉年四月二十二日申時於道光壬寅年十月十三日寅時歿葬
配李氏名蜜娘生於乾隆丙午

齊子
傳椒
號源成生於嘉慶丙子年五月十二日巳時於同治乙丑年三月初六日亥時歿葬後山乾巽
配姚氏名尾娘生於道光乙亥年十月二

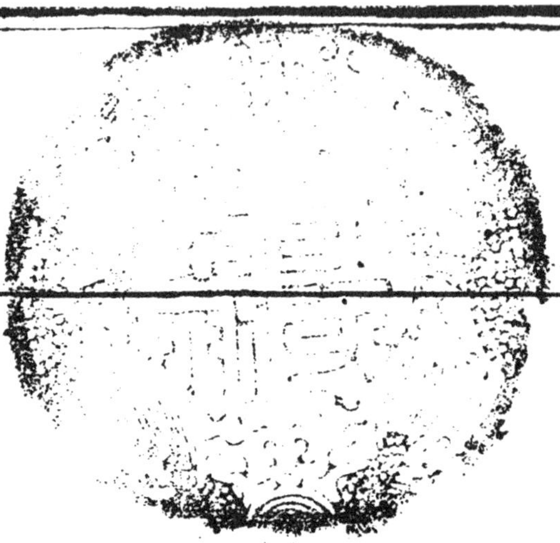

年七月十
四日午時
於咸豐戊
午年七月
二十一日
午時沒葬
後山東西
生子一囝
椒

疊六子
毓港
字溝卿生
於乾隆甲
辰年四月
十三日於

十八日未
時於光緒
戊戌年五
月初十日
午時沒葬
生子一囝
番

港長子
傳貨
字物相生
於嘉慶戊
寅年三月
二十九日

貞滓房系

咸豐甲寅年九月初七日巳時歿葬虎腔頂坤艮配陳氏名雪娘生於乾隆壬申年四月初五日巳時於道光癸巳年十月十九日亥時歿葬長坡林北南繼配蔡氏

巳時歿缺

港三子
傳火
字水相生於道光乙酉年五月十八日辰時歿缺

港四子
傳紅
字游相生於道光庚

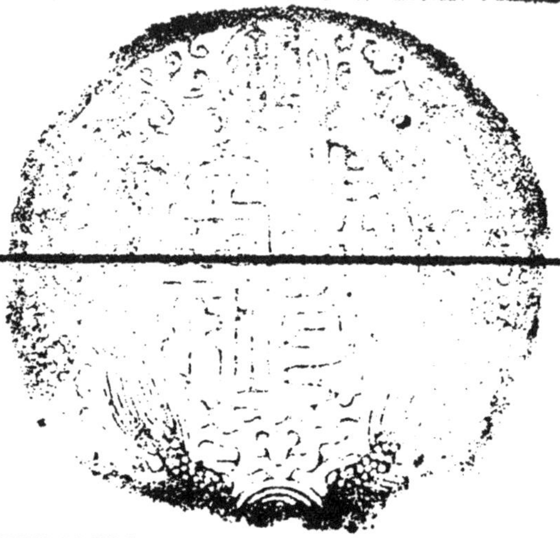

名志娘生
於嘉慶丙
辰年三月
十二日卯
時於道光
癸卯年十
二月十五
日卯時沒
葬長坡林
東西
生子四個
着出承
毓深
貨火
紅

寅年七月
十八日巳
時沒缺

寅三子
汪衍
字允相號
炳星生於
康熙辛未
年三月初
一日酉時
於乾隆乙
巳時二月
二十二日
歿葬長埔
林橋頭壬
丙向
配張氏生
於　乙

汪長子
興旦
號志棣生
於康熙戊
戌年七月
初十卯時
於乾隆丙
子年歿葬
承天府大
南門西畔
鬼仔山頭
配　氏
子一圖
肖承興
昂子

旦子
毓肖
生於乾隆
癸未年十
月十六日
酉時歿殤

亥年三月初八日戌時於乾隆丁未年十二月二十六日沒葬白土頂東甲向生子四[illegible]曰[illegible]昂[illegible]昊

汪次子

興昂

字君英號敦德生於雍正癸卯年十一月二十九日巳時於乾隆己丑年三月初十日未時沒葬白土頂乾巽亥巳配莊氏生於雍正甲

昂長子

毓還

字浚卿生於乾隆甲戌年八月初一日酉時於嘉慶丙子年五月十一日未時沒葬長埔林配蔡氏生於乾隆癸酉年三月二十一日

還長子

傳茅

生於乾隆丙申年六月十五日子時於道光庚子年七月二十日沒葬長埔林

還次子

傳夏

生於乾隆癸卯年五

武城曾氏重修族譜

貞淳房系

寅年十一
月十四日
午時於乾
隆辛卯年
六月初八
日戌時沒
合葬水流
石下
生子三名
還時
背出繼
興旦

予時於嘉
慶乙巳年
十月初八
日巳時沒
葬長埔林
癸丁丑未
生子四名
茅夏
架辨

月初六日
沒嗣

還三子
傳架
生於乾隆
辛亥年十
一月二十
五日巳時
沒嗣

還四子
傳辨
生於嘉慶

家晉江

六

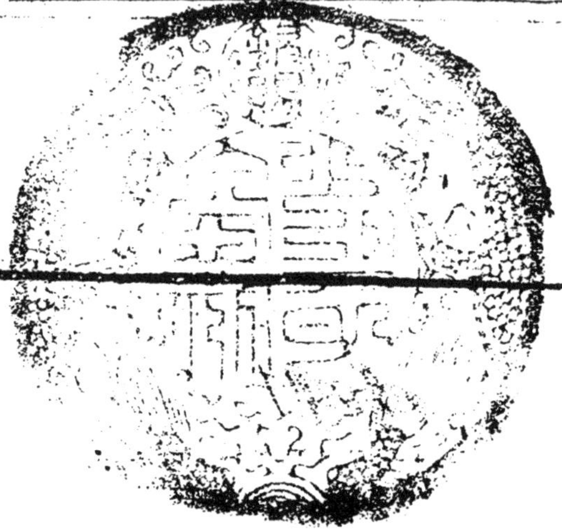

昂亥子
毓時
字習卿號
純吵生於
乾隆辛巳
年四月二

戊午年六
月二十七
日巳時於
道光丁酉
年四月
日沒葬
長坡林

十六日於道光癸未年七月初一日戌時沒葬長坂林癸丁子午

昴三子

毓昴

生於雍正己酉年九月十五日辰時於乾隆年沒葬臺灣下中

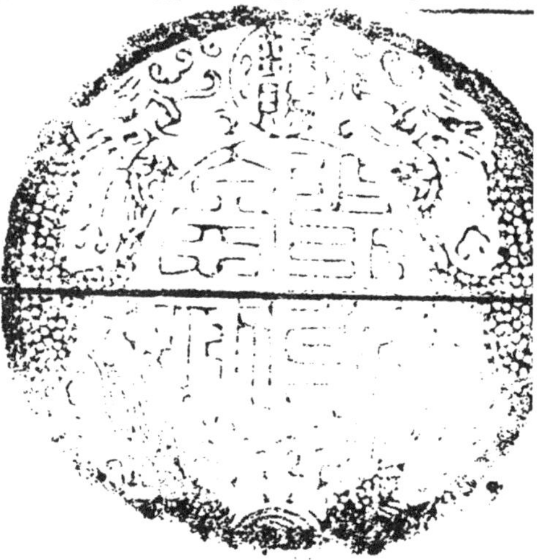

汪四子 **興昊**

字君極號埕德生於雍正癸丑年二月初八日巳時於嘉慶丁巳年二月初五日巳時沒葬宮前山後乾

南

昊長子 **毓繆**

字綢卿號紳銓生於乾隆甲申年十月二十二日巳時於道光乙未年七月初二日子時沒葬本山邱厝

繆長子 **傳近**

字瀰相號源義生於乾隆庚戌年十二月初十日亥時於道光甲辰年五月十一日酉時沒葬本山嶺頭

巽坐丙壬
兼巳亥
配莊氏名
縣娘生於
乾隆庚申
年七月十
七日酉時
於乾隆
年四月
十七日巳
時沒葬新
婦房西東
生子四囝
繆柏
撈蘭

墓壬丙子
午向
配翁氏生
於乾隆戊
子年四月
初七日辰
時於乾隆
丁未年六
月二十四
日酉時沒
葬狗腟內
西東
繼娶張氏
生於乾隆
戊子年十
月初一日

丁癸未丑
配李氏生
於乾隆癸
丑年四月
十四日寅
時於咸豐
壬子年五
月初八日
未時沒葬
生子五囝
趧趨
低殤趣
賢

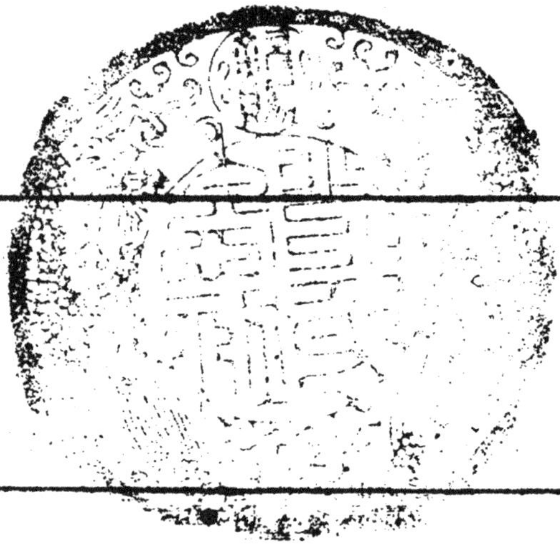

午時於道光乙未年十月初五日寅時沒與夫仝穴葬邱厝壬丙子午向
生子五圀
近揀
笑書
對

繆交子
傳揀
字東相號源能生於嘉慶丙辰年七月二十六日亥時於道光乙巳年五月二十三日午時沒
葬
配張氏生於嘉慶庚

申年九月十二日於光緒甲申年六月十六日辰時沒葬

繼配葉氏生於嘉慶己未年十月初六日辰時於道光辛卯年三月初一日午時沒葬長坡林

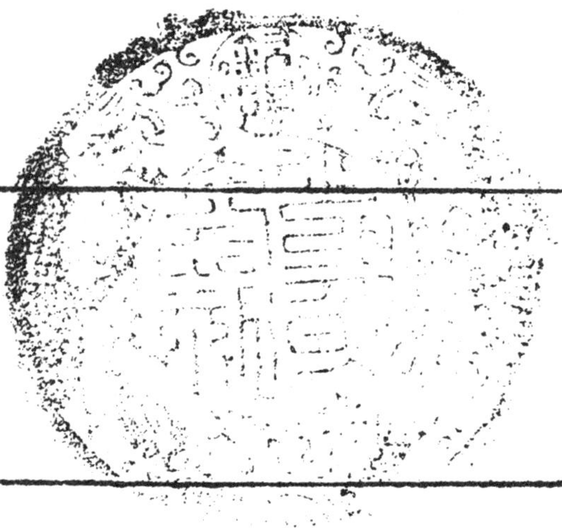

三配蔡氏生於嘉慶乙丑年十月二十六日未時於光緒丁丑年九月初一日申時沒夫婦合葬商州山厝仔後乾巽巳亥

四配張氏生於嘉慶戊寅年九月十一日

卯時於光
緒甲申年
六月十六
日辰時歿
與夫合葬
生子六囝
溥　溪
齊
莉　瑪　晡
輕

繼四子
傳書
號文桂生
於嘉慶辛

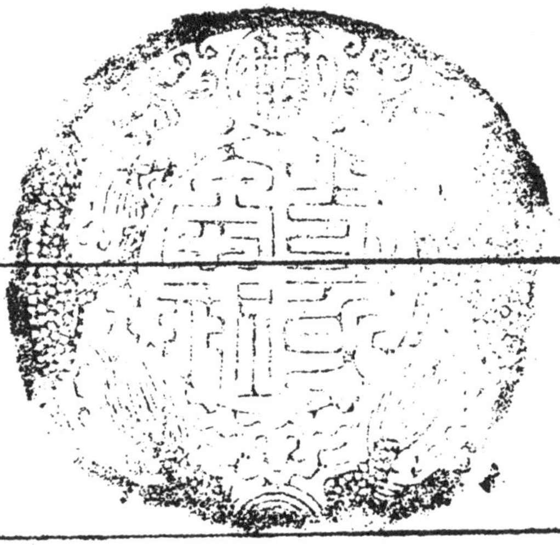

酉年二月十四日亥時於道光丁酉年正月初八日酉時沒葬困狗山王

丙

配郭氏生於嘉慶癸亥年二月二十六日卯時於道光辛丑年七月二十

八日午時沒葬長埔林北南生予六圖

簇早

桃殤

僊殤

夕殤覓

繆五子

傳對

號源隆生於嘉慶癸亥年七月十三日午時於咸豐

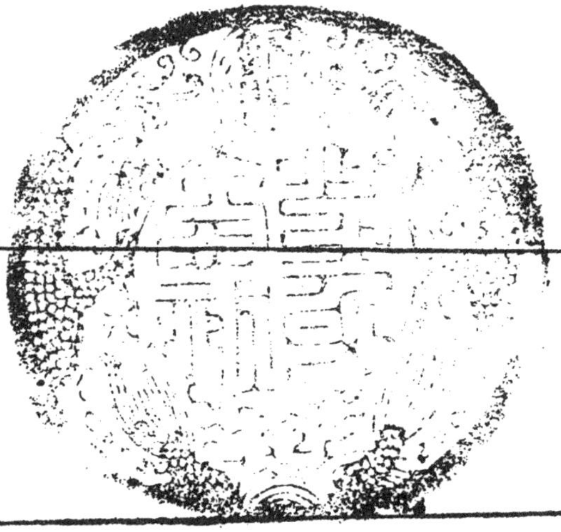

壬年三月
二十四日
未時沒葬
配張氏生
於嘉慶丙
寅年十二
月二十九
日辰時於
光緒丁亥
年六月十
七日未時
沒葬
生子五囘
規承傳

昊交子

皞柏

字樹卿號純軒生於乾隆戊子年七月十日巳時於嘉慶戊午年四月廿二日未時沒葬長埔林癸丁

員子

星殤築

進普

柏長子

傳員

號源德生於乾隆丙午年七月二十九日申時於咸豐戊午年七月二十二申時沒葬長坂林配呂氏生

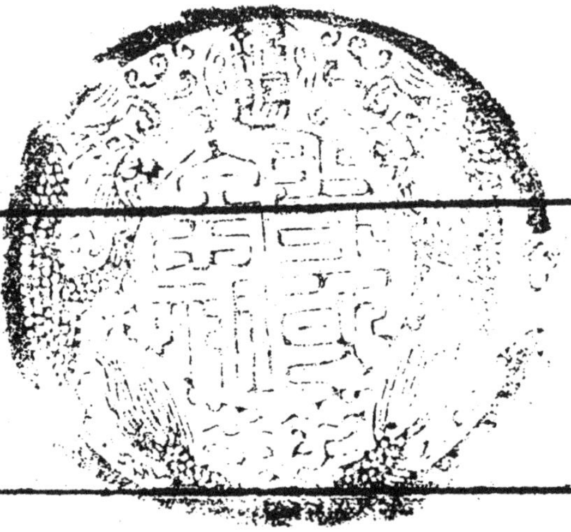

衍蘇內

配鍾氏劍
不詳
生子二图
員　慈

於嘉慶丙辰年五月十六日巳時於同治癸酉年四月十九日巳時沒葬
生子五图
蕫
規出繼
傳對
赤擇
生出繼

柏次子
傳慈
生歿失考

務長子
傳素
字位相號模絢生於嘉慶壬戌年正月初七日卯時於道光甲申年六月十二日寅

昊三子
毓務
字赤卿號純欽生於乾隆辛卯年七月十六日卯時於道光二年七月十二日未時

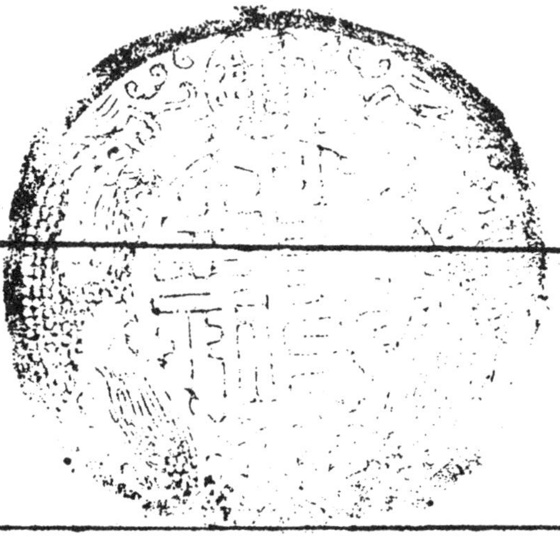

歿葬蓮尾乾巽亥巳配郭氏生於乾隆乙巳年十一月初一日酉時於咸豐辛亥年十月初四日巳時歿葬

繼配陳氏生於乾隆己酉年九月初六日

時歿葬後山巽乾向配郭氏生於嘉慶乙丑年二月十九日亥時於道光癸巳年四月十二日寅時歿葬蓮尾西東生子一囝

鵨

務炎予

傳父

於道光戊子年十月二十七日長時沒葬前港生子五：圖、素、久、㴱、擻、郎

生於乾隆己酉年十一月初六日酉時於咸豐二年八月二十六日巳時沒葬

配蔡氏生於道光丁酉年五月二十六日沒葬

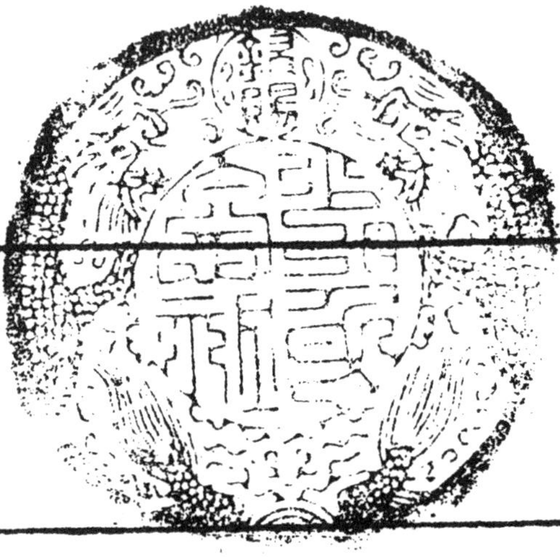

繼配　氏

生子二名

陽蕃

崑

務三子

傳濼

號沂石生
於嘉慶癸
酉年正月
十五日申
時於道光
年四
月十八巳
時沒葬

埔林南北配姚氏生於嘉慶癸酉年五月二十一日卯時於光緒乙亥年七月二十三日寅時沒葬長埔林子午

生子三圖

汀 萍

應

務四子
傳擬
字發相生
沒失考

務五子
傳郎
字印相號
源德生於
嘉慶庚辰
年九月初
七日辰時
於

年十二月初三日沒葬長埔

林

配李氏生於道光辛巳年三月十五日午時於咸豐戊午年十二月十九日巳時沒葬大圬乾巽

繼配鍾氏生於道光

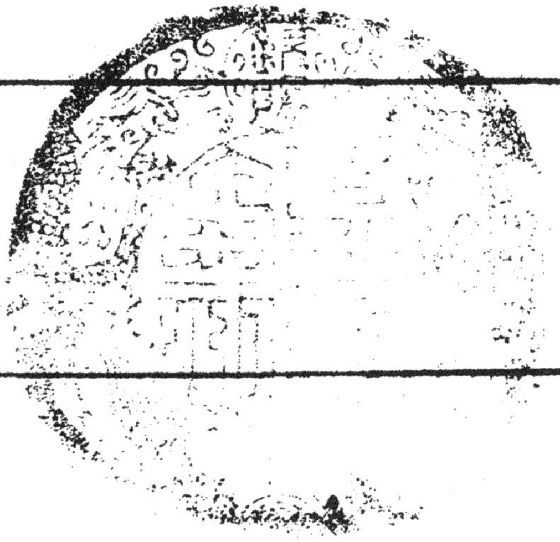

丙戌年七月二十八日於光緒丁丑年八月二十三日巳時沒葬長埔林北南

生子二名猛出集承燦星丕爲孫渠

第往外

昊四子
[illegible]蘭
字桂卿號純銅生於乾隆甲午年十二月初九日巳時於道光壬午年七月初七日午時沒葬埔林配吳氏生於乾隆丁酉年八月

蘭長子
傳帶
號源臨生於嘉慶丁巳年丑月初七日戌時於咸豐乙卯年九月十一日戌時沒葬配李氏生於嘉慶壬戌年七月二十二日

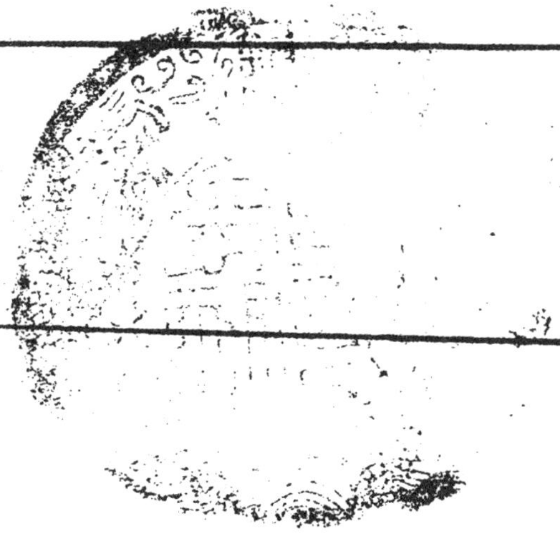

十五日辰時於道光己丑年七月十二日辰時沒葬長埔林

生子五囝

帶拔

挨鷄沃

帕

巳時於咸豐壬子年六月初六日丑時沒

葬

生子四囝

黍釵

泡鷄颱

蘭文子

傳拔

生於嘉慶辛酉年二月二十六日寅時沒

蘭四子

闕

傳沃

生於嘉慶丙寅年七月初七日巳時於道光辛卯年六月二十八日歿葬臺灣笨港咬狗竹近水墘

配　氏

子一　邑

欽傳帶
子兼承
蘭五子
傳怕
生於嘉慶
丁丑年七
月初八日
於咸豐甲
寅年八月
二十一日
酉時歿葬
長埔林艮
坤寅申
生子一[illegible]
卜

渟次子 **尚辰**

字宗玦號茂林生於崇正壬辰年八月二十四日辰時於雍正乙巳年二月十四日戌時沒葬

配張氏生於　乙巳年八月

辰長子 **衍喜**

字允侯號輝星生於康熙乙丑年五月二十六日寅時於乾隆丙子年正月二十日子時沒葬

配莊氏生於康熙庚

喜長子 **興旺**

字君文號處璧生於康熙庚寅年正月二十二日卯時於乾隆甲辰年正月二十五日酉時沒葬

配丁氏生於康熙癸

旺次子 **毓約**

字東卿號承鍾生於雍正乙卯年七月初十日午時於乾隆乙卯年三月二十四日辰時沒葬長埔林子午向

配蔡氏生於乾隆丁

約　子 **傳鋪**

生於乾隆壬子年十月初七日卯時於嘉慶庚午年七月十七日卯時沒葬長埔林

二十二日丑時於雍正丁未年八月十一日申時沒夫婦合葬石厝底丑未癸丁有墓誌

生子三(圖)

喜意

定

年十二月十五日亥時於乾隆己卯年八月二十七日辰時沒合葬蓮尾崙蘆內坑辛乙酉卯向

生子四(圖)

旺腰

曄曉

巳年三月十二日酉時於乾隆癸卯年十一月十七日子時沒合葬長埔林子午癸丁

生子五(圖)

成殤約

民情

察

旺三子

毓民

巳年九月二十六日酉時於乾隆壬申年六月十四日寅時沒葬長埔林甲庚向

生子二(圖)

殤

鋪承毓

賽子

字守卿號志鑒生於乾隆己未年十月十四日酉時於乾隆戊申年五月十二日卯時沒與兄合葬長埔林

配黃氏生於乾隆壬戌年九月二十九日於乾隆乙

卯年九月二十九日辰時浚葬長埔林生子一囝春殤

旺四子

鯍情

字義卿號志鍾生於乾隆乙丑年四月十三日寅時於嘉慶辛未年七月

情長子

傳泉

生於乾隆戊戌年五月初八日戌時於嘉慶己丑年九月二十六日戌時

二十九日
酉時沒葬

配丁氏生
於乾隆庚
午年十二
月二十四
日酉時於
嘉慶癸酉
年十二月
二十四日
丑時沒夫
婦與長子
合葬長埔
林癸丁子
午

沒與父母
合葬長埔
林癸丁子
午向

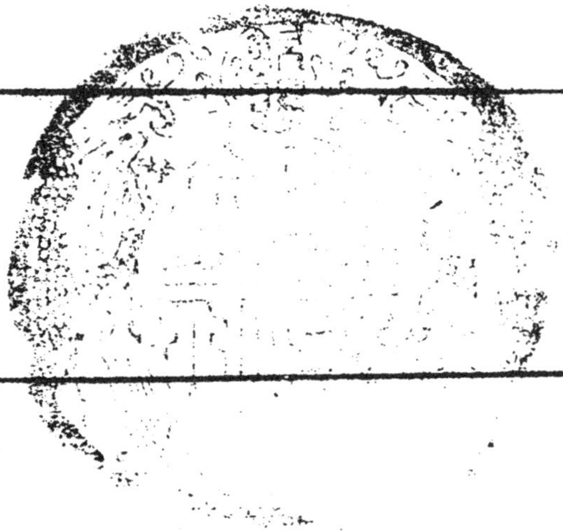

生子三囮

泉

銀出繼

毓察

柱番

旺五子

毓察

生於乾隆戊辰年五月二十日子時於乾隆乙巳年六月十六日酉時沒與父母合

察子

傳銀

號明安生於乾隆壬辰年十月二十一日巳時於道光丙申年正月十五日子時沒

貞淳房系

家晉江

三

喜亥子
興暖
字君玉號
學山生於
康熙辛丑

葬長埔林
子午癸丁
向
配　氏例
不詳
子一囝
銀承毓
情子

暖三子
毓摺
號德銘字
東卿生於
乾隆壬午

葬長埔林
艮坤寅申
生子一囝
着兼承
予鵝

摺長子
傳轉
字伯福號
清蓮生於
乾隆庚戌

年三月十二日子時於乾隆丙戌年十一月初九日午時沒葬

配柯氏生於雍正乙巳年五月初四日亥時於乾隆丁未年十月初十日戌時沒與公媽合葬

年五月十七日巳時於道光乙酉年五月二十七日辰時沒葬

配張氏生於乾隆己巳年二月初四日丑時於道光壬午年七月十三日辰時沒合葬長埔林

年正月初八日戌時於道光甲申年八月十七日未時沒葬長埔林癸丁子午

配張氏生於乾隆辛亥年正月初二日丑時於嘉慶庚辰年六月十二日

東埔丙乙
辛卯酉
生子三囵
抱璐
買鴒
擢

癸丁子午
生子六囵
轉
吻璐
斬
姜
讓
五

申時沒葬
岩路頂辛
乙戌辰
繼配尤氏
例不詳
生子二囵
抱
遡承傳
姜子

擢次子
傳吻
字伯夏號
淮義生於

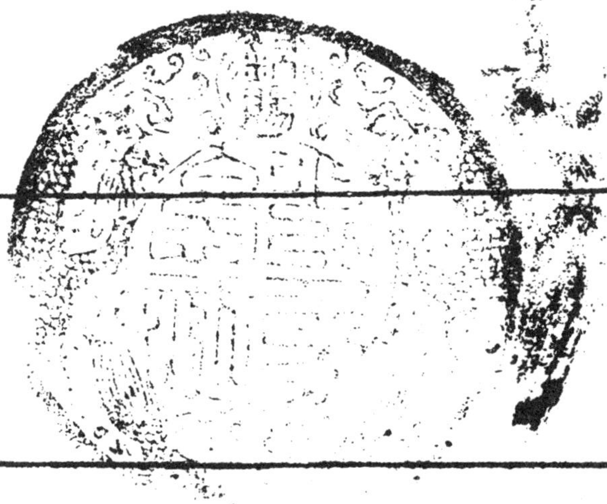

乾隆辛亥年十二月二十二日申時於咸豐壬子年三月初八日戌時沒葬

配柯氏生於嘉慶戊午年二月十五日丑時於道光丁亥年十二月二十

四日巳時
沒葬
配蔡氏生
於嘉慶庚
申年五月
初九午時
於同治戊
辰年十二
月初五日
巳時沒葬
與媽蔡氏
及次子合
葬岸菴口
亥巳壬丙
媽柯氏與

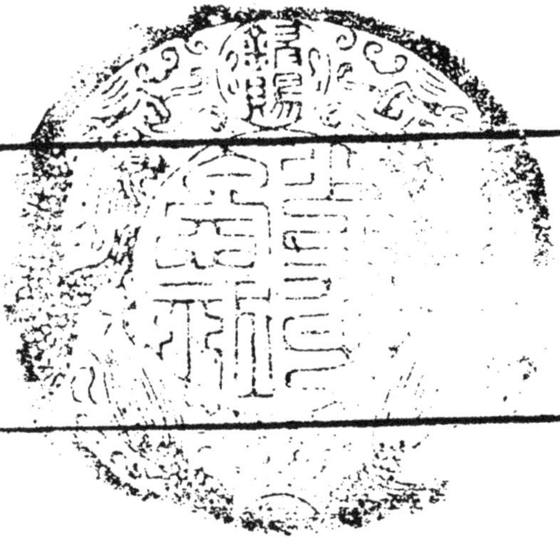

予配寔夫
婦合葬在
右一塋六
竈
生子六圖
針寔
廖兼承
傳讓傳五
秤色
草
摺四子
傳美
號淇誠生
於嘉慶己
未年二月

十七日卯時於咸豐丁巳年正月十二日午時沒葬

配莊氏生於嘉慶癸亥年五月十四日午時於道光庚寅年八月十八日午時沒葬嵒路乾[illegible]戌辰

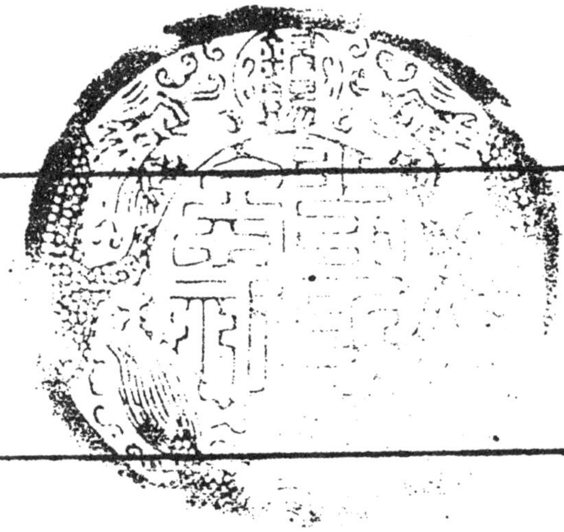

衍麒

繼配丁氏
生於嘉慶
癸亥年二
月初十日
寅時於同
治辛未年
九月三十
日巳時沒
葬長埔林
北南
生子二圖
遜出承
傳轉
瑞

𤥨五子
傳讓
字伯相號潭詩生於嘉慶壬戌年五月二十五日巳時於道光丁酉年七月二十七日辰時沒葬長埔林癸丁子午
配柯氏生於嘉慶丁

卯年八月
初七日於
道光丁酉
年七月初
六日巳時
沒葬長埔
林癸丁子
午
生子三圖
盃
鈔寥兼
承子
摺六子
傳五
號滄壽生

於嘉慶丙寅年九月十八日戌時於道光丁酉年六月十二日辰時沒葬長埔林癸丁子午

配　氏例不詳

生子二圖

註　廖

傳讓

子兼承

喜三子 **興肆**

字君茂號學場生於雍正甲辰年四月初四日酉時配陳氏生於雍正甲辰年七月十六日午時於乾隆甲辰年二月初六日

肆長子 **毓冬**

生於乾隆丁卯年十一月初八日亥時於嘉慶甲子年四月二十三日未時沒葬施厝山坤艮申寅配陳氏生於乾隆戊辰年三日

冬長子 **傳送**

生沒失考

冬次子 **傳瑛**

字伯月號誠滔生於乾隆乙巳年五月初七日於道光壬寅年七月二十三日午時

丑時沒葬
石厝底艮
坤寅申
生子四名
冬賚
守自

十一日巳
時於嘉慶
癸酉年七
月二十日
亥時沒葬
施厝山乙
辛辰戌
生子二名
送兼承
毓自
瑛

沒葬施厝
山辛乙辰
戌
配許氏生
於乾隆辛
丑年六月
十二日子
時於道光
乙酉年十
二月二十
一日未時
沒葬州菴
口癸丁子
午
生子四名
撞誅

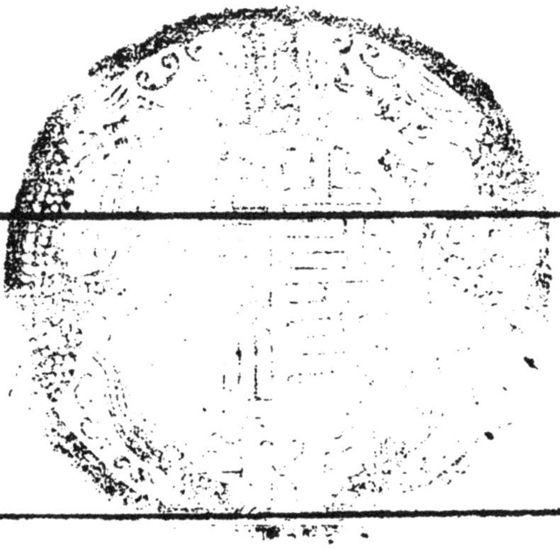

曄次子

毓賽

生於乾隆丁丑年四月十三日亥時於嘉慶己卯年五月二十七日酉時沒葬長埔林丑未癸丁

配陳氏生

賽次子

傳晫

生於嘉慶戊午年三月初六日卯時於道光辛卯年十一月初十日酉時沒葬長埔林出南

配　氏

署　頏

武城曾氏重修族譜

貞淳房系

於乾隆乙
酉年七月
初八日酉
時於道光
己丑年十
月十五日
辰時沒葬
長埔林癸
丁子午
生子四囝
鋪出承
毓約
咋
搬碭涯

子一囝
宜承毓
涯子

傳涯

賽四子

生於嘉慶
甲子年十
一月初五
日卯時於
同治癸亥
年五月初
三日辰時
沒葬
配陳氏生

家晉江

三九

於嘉慶乙
丑年十一
月十一日
寅時於咸
豐丙辰年
三月十二
日亥時沒
葬
子二圀
宜出承
傳祚
浪兼承
三引房

畊三子
毓寸
字心卿號質鈕生於乾隆庚辰年十一月二十三日子時於嘉慶戊辰年十一月初六日巳時没葬施厝山庚申酉卯道光癸未年父子

寸長子
傳紂
生於嘉慶丙辰年六月初三日辰時於嘉慶乙亥年六月一十二日午時没父子合葬長埔林癸丁子午

合葬長埔林癸丁子午

配翁氏生於乾隆己丑年五月初四日巳時於道光乙未年閏六月二十六日午時沒葬長埔林癸丁子午

生子三名

紂

貞淳屏系

田出承
毓自
物蔦

毓自
曄四子
生於乾隆丁亥年六月初七日未時於乾隆丙午年十月二十九日未時沒與公合葬大坪山下石厝底

傳田
自子
生於嘉慶己未年十二月初二日未時沒
缺

喜四子
興曉
字君光號
學望生於
雍正己酉

曉長子
毓等
字符卿號
質鍾生於
乾隆壬午

艮坤寅申
配　氏
生子二図
送承毓
冬子瑒
田承毓
寸子

等長子
傳因
生於乾隆
庚戌年八
[illegible]二十日

年七月二十九日酉時於乾隆戊申年七月二十八日巳時沒葬

配蔡氏生於雍正辛亥年三月十二日巳時於乾隆壬辰年六月十三日丑時沒葬

年六月十八日戌時於乾隆戊辰年六月十八日丑時沒葬

配莊氏生於乾隆乙酉年七月十九日卯時於道光壬午年七月二十四日丑時沒公媽合葬

日寅時於道光己亥年十二月二十七日未時沒葬厝頭埔尾癸丁丑未

配姚氏生於嘉慶辛酉年十月二十六日辰時於咸豐戊午年七月十三日酉時沒葬

繼配陳氏
生於雍正
乙卯年四
月十五日
於嘉慶丙
寅年四月
初十日寅
時沒葬東
洋山申寅
坤艮丕媽
與亥子合
葬施厝山
坤艮申寅
生子三名
等 本

施厝山庚
申酉卯
生子八名
因兼承
毓本
纏出承
後庭
慈出承
毓柏
鐵
取出承
後曾
呈出承
坑內
宅出承
後庭

生子四名
貫
㞢兼承
傳運
出養
把
等亥子
傳纏
生於乾隆
癸丑年六
月二十五
日辰時沒
缺
配 氏

接

見出養林口

生子一 圖 相鴻 出居後庭

等四子

傳鐵

號致賢生於嘉慶戊午年十一月二十日辰時於咸豐己未年十月十八日辰時沒葬

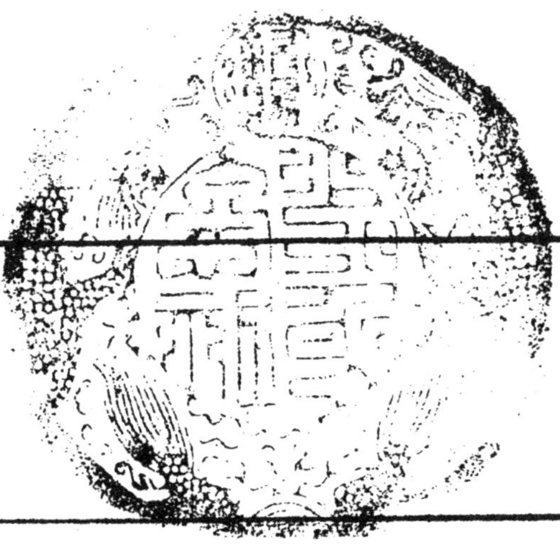

衍麒户

配洪氏生於嘉慶己丑年於道光乙未年五月三十八日午時没葬長埔林甫批

繼配施氏生於嘉慶甲寅年五月十七日辰時於咸豐二年二月初二日辰時没葬

武城曾氏重修族譜

貞淳房系

曉亥子
毓本
字立卿號
立翁生於
乾隆壬午
年九月二
十七日丑
時於道光
三十年二
月初六日
戌時沒葬
牛嶺頭卯

石厝北南
生子一囝
貳

本子
傳因
生於乾隆
庚戌年八
月二十四
日寅時於
道光己亥
年十二月
二十七日
未時沒葬
厝頭埔尾
癸丁丑未
配姚氏生

家晉江

四

酉乙辛
子一囝
因毓等
子兼承

曉三子
毓接
字禮卿號

於嘉慶辛
酉年十月
二十六日
辰時於咸
豐戊午年
七月十三
酉時沒葬
子四囝
質蕩乇
兼承傳運
缺出養
把

接子
傳運
生於乾隆

贊欽生於乾隆辛卯年八月二十五日於嘉慶壬申年五月二十四日未時沒與父母合葬施厝山坤艮申寅

配　氏例不詳

生子一名
運

壬子年四月十四日巳時於光緒癸未年六月十一日巳時沒葬施厝山乾巽辰戌

配　氏

子一名
由傳因
子兼承

辰亥子
衍意
字允伯號煥星生於嘉慶庚午年七月初四日卯時於乾隆己卯年三月初五日丑時沒葬大坪山丑未配李氏生於甲戌年五月

意子
興晚
字君迸號學堤生於雍正乙巳年正月初八日丑時於乾隆乙未年三月初五日酉時沒葬長埔林壬丙子午配陳氏生於乾隆壬

晚子
毓營
字大卿生於乾隆甲午年三月初六日丑時於嘉慶丙子年三月十五日未時沒葬長埔林

十一日辰時於乾隆戊子年正月初六日沒葬長埔林
生子二 图 晼 素嫣

戌年十一月初二日未時於乾隆己丑年二月二十三日卯時沒葬高州山埔頭
繼配陳氏生於雍正辛亥年十月於嘉慶乙巳年十一月二十七日酉時沒葬長埔

長三子

衍定

字光瀞號耀垦生於康熙癸未年三月二十四日酉時於乾隆庚寅年九月二十六日寅時沒葬

林營生子一圖

定子

興達

字君理號居境生於雍正乙卯年正月二十八日辰時於乾隆甲辰年二月初九日卯時沒葬

衍毓丙

達長子

毓含

字足卿號明鑄生於乾隆辛巳年八月初八日未時於道光癸巳年七月二十五日子時沒葬大坪山丑

含長子

傳程

生於乾隆戊申年七月十五日辰時於道光丙午年五月初七日辰時沒葬後山[illegible]巽戌辰配李氏[illegible]

配蘇氏生於康熙丁亥年十月十四日亥時於乾隆甲辰年二月二十八日巳時沒合葬石厝底甲庚寅申
生子一圖
達

配林氏生於乾隆戊午年十二月二十六日酉時於嘉慶庚午年十二月初三日寅時沒癸媽合葬大坪山下寅申艮坤
生子四圖
含 覘
納 櫃

艮坤
配吳氏生於乾隆乙酉年正月十八日申時於道光丁未年正月十三日巳時沒葬大坪山巳亥丙壬
生子四圖
程 巧
黨 項

含次子
傳巧

於乾隆己酉年六月二十三日酉時於同治癸亥年八月二十日未時沒葬
生子五圖
綏 泂
曒 拳
床出養

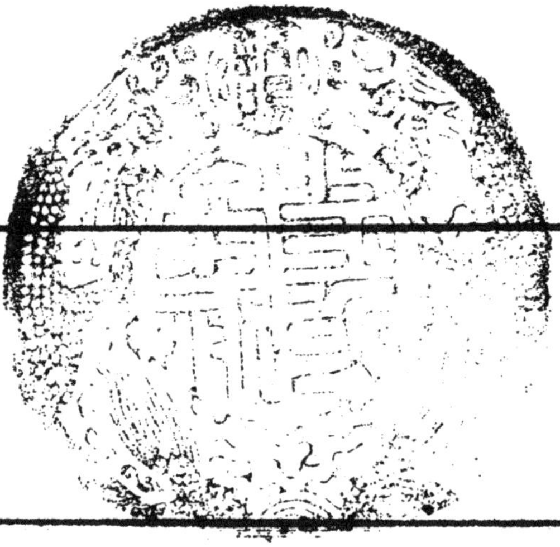

生於乾隆癸丑年八月初二日子時於道光丁酉年二月二十八日子時沒葬金鷄啼壬丙巳亥

配李氏生於嘉慶乙卯年四月二十一日酉時於咸豐壬子年

六月二十二日巳時沒葬長埔林東西生子二㘝

扳

叫

含三子

傳

鰲

生於嘉慶辛酉年二月十九日卯時於咸豐二年正月二十八

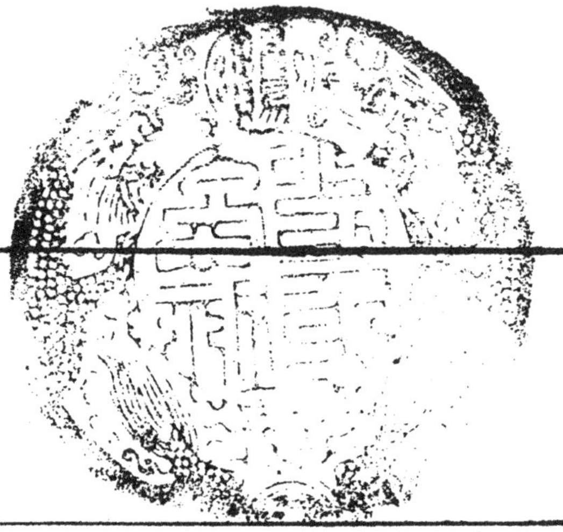

日寅時沒葬長埔林東西

配蔡氏生於嘉慶辛酉年五月十一日申時於道光壬辰年六月二十二日巳時沒葬長埔林艮坤寅申

生子二图

枵　權

含四子
傳項
生於嘉慶癸亥年八月十一日辰時於同治庚午年六月十四日申時沒葬施厝山東西
配丁氏生於嘉慶甲子年十月初八日辰

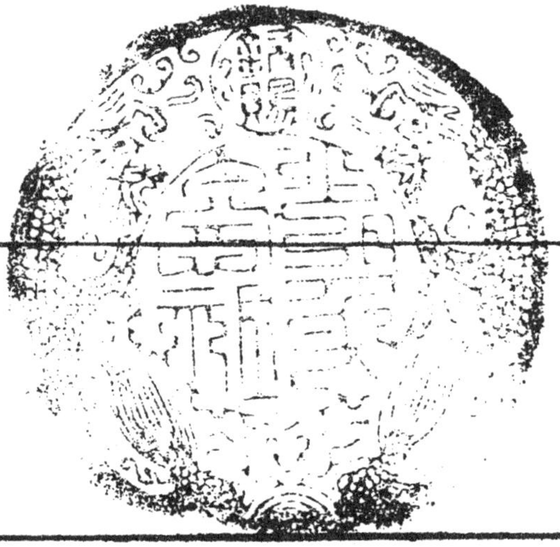

達次子
鋭硯
生於乾隆

時於光緒癸巳年五月二十日未時歿葬
生子四名
簇
魑[illegible]
㸌[illegible]
反出繼
傳熠

硯長子
傳熠
生於乾隆

貞亭房系

癸未年七月二十八日午時於嘉慶丙寅年六月十二日申時沒葬

配楊氏生於乾隆甲申年十月二十二日於道光癸巳年二月十九日未時沒夫婦

辛亥年六月二十日午時於道光丁酉年五月十一日辰時沒葬

配王氏生於乾隆乙卯年於道光丁酉年四月二十二日子時沒夫婦合葬卅菴口

家曾江 辛

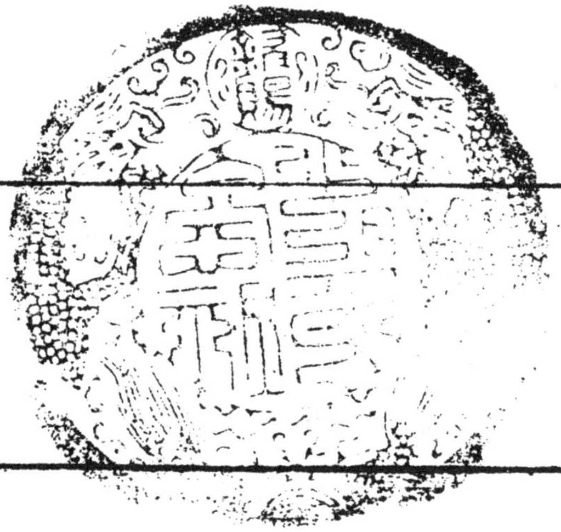

及亥另台
葬庵口埔
亥巳壬丙
生子二名
熠
甚

壬丙亥巳
生子三名
圓龔
恭出承
傳甚
反承傳
項子

覘亥子
傳甚
生於嘉慶
辛酉年二
月二十九
日巳時於
道光辛卯
年九月初

七日丑時
沒葬大坪
山
配 氏
子一名
叅承傳
熠子

納長子
傳篆
生於乾隆
癸丑年七
月二十四
日丑時於

逵三子
毓納
字貢卿號
明生於乾
隆丁亥年
正月初九

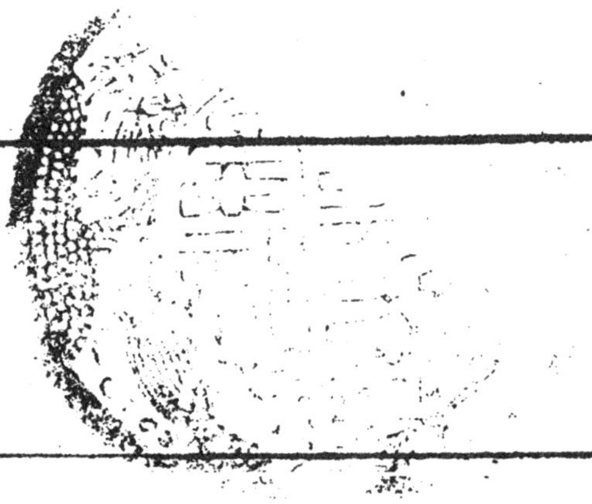

日亥時於嘉慶庚午年四月二十六日酉時沒與父合葬石厝底艮坤丑未
配蘇氏生於乾隆辛卯年九月初六日未時於道光二十三年十二月初一日巳時

嘉慶庚午年四月十六日辰時沒與父合葬石厝底艮坤寅申
配　氏
生子一名
須
納次子
傳偶
生於嘉慶丙辰年十

武城曾氏重修族譜

貞淳房系

家晉江

歿葬菴口
坂
生子三囝
纂　偶
寄

月十四日
卯時於道
光辛卯年
五月十九
日丑時歿
葬艸庵外
亥巳壬丙
配何氏例
不詳
生子二囝
須出繼
傳纂
和

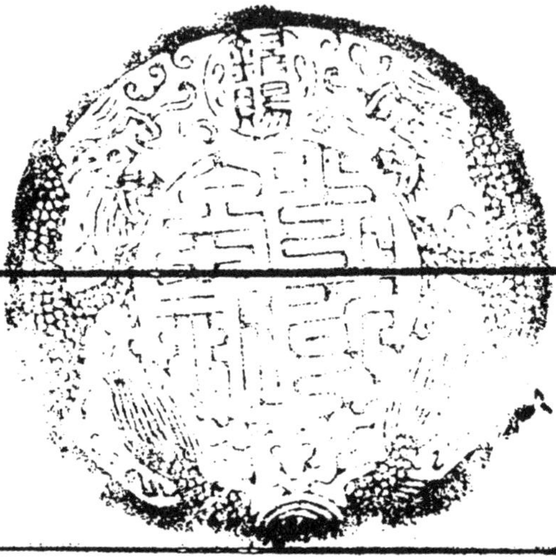

達四子
毓檀

納三子
傳賓
生於嘉慶甲子年十二月二十一日丑時於道光戊申年七月十一日午時没葬艸庵口乾巽戌辰

檀長子
傳洸

字伯卿號鈺生於乾隆壬辰年八月初九日午時於道光癸卯年四月初三日巳時沒葬五雲駕鸞巽乾辰戌配何氏生於乾隆丙申年十二月初五日酉時於道

生於嘉慶戊午年六月初二日午時於嘉慶丁丑年四月初九日戌時沒與四弟合葬高州後坡頭未丑坤艮

檀次子

傳桐

生於嘉慶丁卯年十

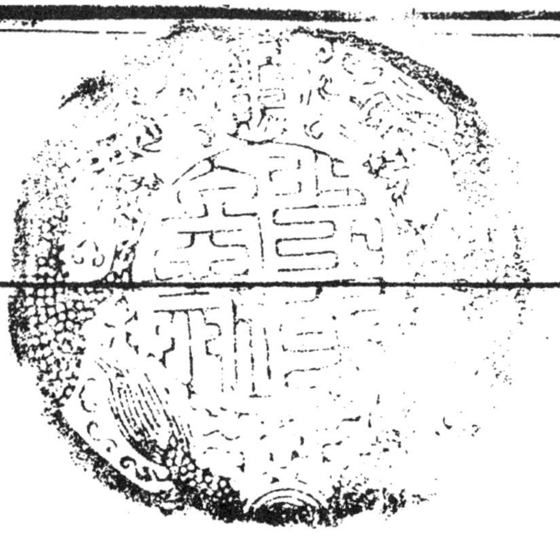

光庚辰年
六月二十
四日巳時
沒葬
生子五名
洗　桐
钊　棚
澗

二月初四
日酉時於
咸豐癸丑
年三月十
四日巳時
沒葬石盾
底艮坤丑
未
配王氏生
於嘉慶丙
子年八月
二十五日
未時於同
治癸酉年
四月十八
日辰時歿

葬
生子四名
倒
賣薦
海蒜承
傳判傳棚
荐出承
傳洞

櫂三子
傳判
生於嘉慶
辛未年正
月二十六
日亥時於

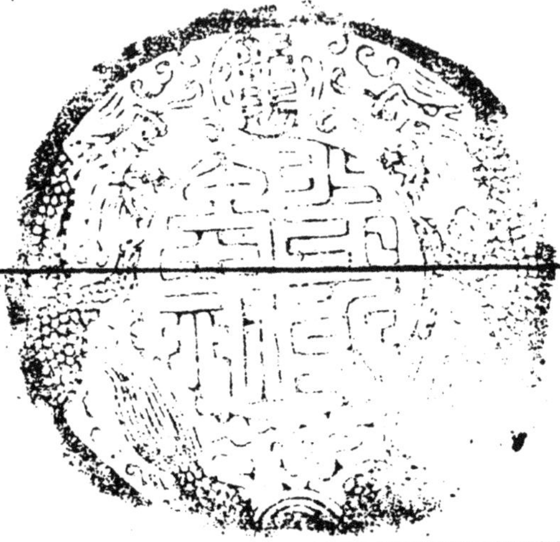

道光丁酉年四月二十三日巳時沒葬師姑寺前壬丙亥巳

配李氏

生子二名

栝殤

傳桐

子秉承殤

檀四子

傳棚

生於嘉慶己卯年八月十一日酉時於道光丁酉年四月初十日辰時歿與長兄合葬州後城頭未丑丁癸

配諸氏幼亡

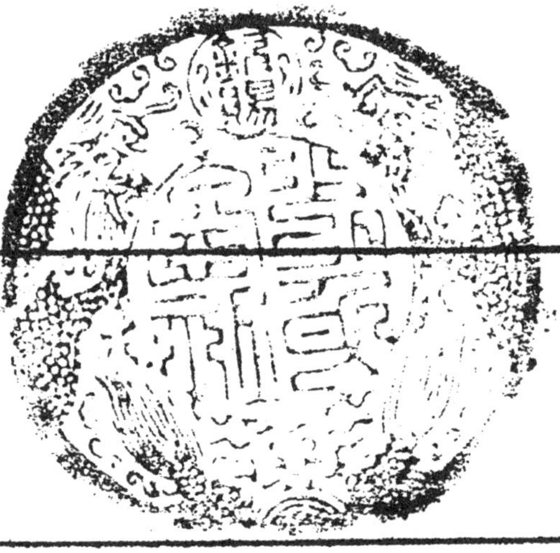

子一名
海傳桐
子兼子殤

樌五子
傳洞
原名君洞
生歿失考
配　氏

子一名
荐承傳

桐
子

国家出版基金项目
NATIONAL PUBLICATION FOUNDATION

海上絲綢之路文獻集成

總主編　陳支平　陳春聲

民間譜牒編　8

主編　林　楓

海峽出版發行集團
THE STRAITS PUBLISHING & DISTRIBUTING GROUP
福建人民出版社

本册目次

〔福建晋江〕武城曾氏重修族譜不分卷〔五〕

〔清〕曾紀瑚等纂修

貞澤房系 接上聯各房系

六十六派

澤長子 **倚彌**

字宗賫號國棟生於康熙丙午年十一月初十日戌時於[illegible]三

六十七派

彌長子 **衍業**

字允農號寬齋生於康熙癸酉年三月十三日戌時於 戊子年二月

六十八派

業子 **興救**

號厚山生於乾隆乙丑年三月二十五日戌時於乾隆丙申年五月十九

六十九派

救子 **毓祐**

字左卿號珍琳生於乾隆壬午年二月二十九日亥時於道光戊申年十

七十派

祐長子 **傳柳**

生於嘉慶戊午年八月二十一日戌時於嘉慶己未年六月初九日辰時

月七日子時沒同麗金谷葬岩下癸丁配蔡氏生於　丁未年六月二十七日未時沒映與祖母葬五雲鴛鴦生子三[名]業　寶壽養

二十六日未時沒葬岩頂山西東配張氏生於康熙辛巳年十二月十九日未時於乾隆庚寅年四月十九日戌時沒葬龜湖墓申寅庚甲生子一[名]敉

日辰時沒葬龜湖墓辛乙戌辰配　氏生子一[名]祐

月初九日午時沒葬配林氏生於乾隆壬午年二月二十九日亥時於道光己酉年十一月十九日寅時沒葬　林氏乾隆丁酉年三月初六日生公媽合葬在垅

衍齋內

沒葬

祐　亥　子

傳只

號一號生於嘉慶甲子年五月二十日亥時於光緒辛巳年六月初十日午時沒葬嶺頭坑尾壬丙

水坑東西
生子四囝
柳只
盤墻

配蘇氏生
於嘉慶壬
申年十一
月十三日
巳時於同
治壬戌年
六月十二
日申時沒
葬鳳凰埔
巳亥巽乾
生子一囝
贊

祧三子
傳盤
生於嘉慶

衍蘇內

丁卯年三月初五日卯時

祐四子

傳牆

字出相生於嘉慶己巳年十二月十七日子時沒缺

配呂氏生於嘉慶庚辰年九月

彌交子
衍寶
號炳烈生於康熙癸未年正月二十九日丑時於乾

寶子
興相
字君和號城聳生於雍正己酉年八月初九月亥時

相長子
毓益
生於乾隆己巳年八月十九日亥時沒闕

初十日卯時沒缺
生子五名
匣
寶𩿨 揞
是𩿨
雚𩿨

衍蘇內

隆己亥年五月二十三日丑時沒葬

配蘇氏生於康熙己丑年正月十二日沒葬

繼配孫氏生於康熙甲申年二月初九日於乾隆壬

於乾隆己亥年正月十八日丑時沒葬長埔林癸丁子午

配陳氏生於乾隆丙辰年七月二十日巳時於嘉慶丙寅年正月二十八日辰時沒葬本山岩頂子午壬

配　氏生沒缺

生子二名

別號

欺號

相亥子

毓岸

生於乾隆甲申年八月十二日卯時沒

辰年四月十一日卯時沒葬公與蘇氏合葬長埔林孫氏葬龜湖崙申寅坤艮一載父子合葬長埔林北南

生子一圖

相

丙

生子七圖

益

承興

第

子岸

提

積

殤

檀

祢

出繼

興

救

賓

相三子

鍁提

字接卿號純錫生於乾隆丁亥年正月初一日子時於道光丁酉年五月初六日巳時沒葬長埔林北南配翁氏生於乾隆辛卯年六月

提長子

傳雍

生於嘉慶庚辰年二月二十五日沒闕

提次子

傳苗

生嘉慶辛酉年十五日沒闕

衍蘇内

十九日於乾隆乙卯年二月十二日卯時沒葬長埔林

繼配楊氏生於乾隆己丑年七月二十五日巳時於嘉慶甲寅年十二月十五日卯時沒葬長埔林主内

提三子
傳行
生於嘉慶癸卯年十一月十二日沒闕

提四子
傳寬
字綏相生於嘉慶丙寅年十一月二十七日戌時於

貞澤房系　家晉江　五

娶翁氏楊
氏合壙
生子四圖
雍　苗
行　寬

道光乙巳
年四月二
十三日酉
時沒葬瓦
銅崙甲庚
酉卯
配陳氏生
於嘉慶己
巳年七月
初十日巳
時沒缺
生子一圖
鏡

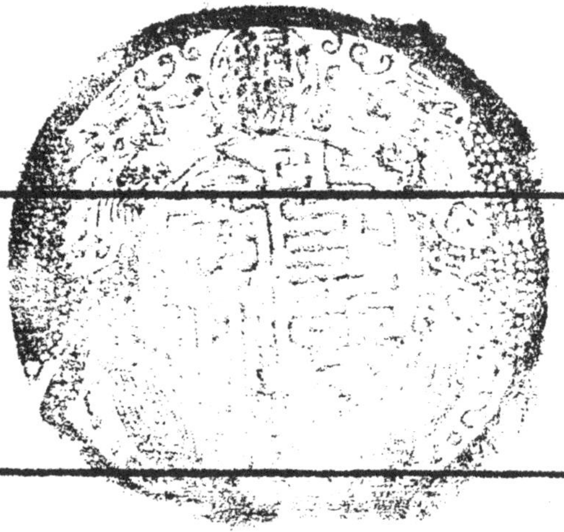

衍蘇內

相四子
毓續
生於乾隆己丑年二月初十日巳時歿缺

相五子
毓檀
字東卿號鎮卿生於乾隆辛卯年四月初四日丑時

檀子
傳覓
號順成生於嘉慶己巳年正月二十八日申時於咸

於乾隆乙卯年二月初九日未時沒葬長埔林癸丁子午
子一囝
兌承毓
資子

豐二年三月十七日子時沒葬長埔林
配陳氏生於嘉慶己巳年七月初十日辰時於道光甲辰年九月初五日戌時沒葬後山辛乙戌辰
子三囝

衍蘇內

相七子

鯍賓

字客卿號加録生於乾隆丁酉年三月初八日巳時於道光乙未年七月二十六日午時歿葬

棕

可出承

傳不

諸孫

賓長子

傳庭

生於嘉慶甲子年正月十五日

沒闕

賓三子

傳丕

號昭義生

長埔林
配許氏生
於乾隆癸
卯年六月
初三日於
道光丁酉
年三月十
九日未時
沒葬瓦銅
當甲庚卯
酉
生子三㘦
庭
兗出繼
毓檀
不

於嘉慶癸
酉年十月
十九日戌
時於道光
廿九年五
月十九日
未時沒葬
長埔林癸
丁子午
配　氏
子一㘦
可承傳
兗子嗣

貞濟房系

接上璐公房系

六十六派	六十七派	六十八派	六十九派	七十派

濟長子 **倚申**

號芳林字崇澤生於康熙甲辰年閏六月二十二日申時於雍正己酉年

申長子 **衍平**

號輝晉字光康生於康熙辛未年五月二十三日亥時於乾隆戊辰年八

平長子 **興姤**

號志楷生於雍正乙巳年十月二十九日午時於乾隆庚辰年六月十二

十二月十七日巳時沒葬艸庵後子午壬丙

配林氏生於康熙庚戌年三月初六日巳時於乾隆丙寅年六月初九日未時沒葬格角山高州嵛乙辛卯酉

月二十六日沒葬

配鄭氏生於康熙壬午年六月初七日丑時於雍正乙卯年五月二十日巳時沒葬

生子 圀

姤

日卯時沒與父母合葬長埔林

衍蘇內

生子四 昭 平 莊 昇 治

申 次 子

衍莊

字明昭號允顯生於康熙壬申年九月十八日酉時於丁未年六月日酉時沒與叔宗素宗藝合葬坵厝岸甲辰

申三
衍昇
字允商號賢學生於康熙乙亥年七月二十二日未時於乾隆丁亥年八月初三日戌時沒葬長坡林癸丁丑未配陳氏生於康熙乙

昇長子
興存
生於乾隆丁卯年十一月初九日沒闕配　氏生沒失考生子一名武獨

昇次子
興祖
生於乾隆

衍蘇內

酉年十月二十五日巳時沒缺葬長埔林橋頭壬丙向繼配朱氏生於雍正癸巳年十一月十三日於乾隆甲申年四月十六日巳時沒葬長埔林甲庚

昇三子

興壓

辛未年六月十六日申時沒闕

生於乾隆甲戌年七月二十九日戌時沒闕

生子三囝

存　祖

崎

申四子

衍治

字允順號世熠生於康熙庚寅年六月初三日亥時於乾隆甲午年十一月二十四日巳時沒葬格角山

治長子

興仕

字君出生於乾隆庚申年五月二十三日寅時於　年十一月初三日沒葬

配陳氏生

仕長子

毓欽

生於乾隆己丑年三月初三日戌時沒缺

仕次子

毓易

字澤卿生

沒失考

衍蘇內

大嶺頭癸丁丑未配吳氏生於康熙乙未年八月初五日未時於乾隆乙未年五月初八日辰時沒葬後安內艮坤丑未生子二名仕偃

於乾隆甲子年五月二十八日巳時於乾隆辛巳年正月二十一日子時沒葬塭坡山繼配丁氏生於乾隆辛未年五月初九日戌時於丙戌年二月二十

配張氏生於乾隆乙巳年五月初六日巳時於道光辛巳年七月初五日午時沒葬後坡生子一名源鵝

仕三子

毓丕

生於乾隆

日巳時沒
葬庵口埔
辛乙酉卯
生子四圖
欽曷
丕點

衍蘇內

癸巳年十
一月二十
四日沒缺

仕四子
毓點
字典卿生
於乾隆己
酉年十二
月二十四
日子時於
咸豐壬子
年十二月
二十二日
沒葬長坡

點亥子
傳杞
生於道光
戊戌年七
月二十日
於咸豐壬
子年三月
十八日沒
葬長埔林
西東

濟次子
尙質
字宗棨生於丁巳年七月初十日辰

林西東
配蔡氏例不詳
子二
倫錫
杞承子

時於雍正
乙巳年八
月初一日
沒

濟三字
倘算
宗燾生
於壬
戌年三月
二十一日
巳時於
辛卯年
十一月初
十日巳時

衍蘇內

滄與兄弟
侄合葬坵
厝岸脚甲
庚
配唐氏例
不詳

貞祿房系

接上璐公房系

六十六派

六十七派

六十八派

六十九派

七十派

祿長子

倚日

字宗拱號國陽生於癸丑年十一月初三日辰時於戊戌年十二月

日子

衍一

生於康熙丙戌年二月十一日於乾隆庚辰年八月初七日巳時沒葬長

十五亥時
沒葬呂□
配蔡氏例
不詳
生子一
一 图

埔林艮坤
貴山

禄炎子
尚蔭
生於
丙寅年閏
四月二十
日沒缺

衍蘇內

貞儁房系 接上璐公房系

六十六派

儁長子
倚麒
字宗秉號仰秀生於崇正丁丑年十二月初七日未時於甲申年七

六十七派

麒長子
衍瑚
生於康熙壬寅年二月初八日丑時於康熙庚辰年九月十九日未時歿

六十八派

瑚長子
興仁
生於康熙戊辰年五月初四日寅時於乾隆甲戌年七月十二日歿葬長

六十九派

仁長子
毓珪
字惟卿生於康熙戊戌年十一月二十八日巳時於乾隆己卯年六月初

七十派

珪長子
傳鬲
號克昌生於乾隆庚午年九月十二日卯時於嘉慶甲戌年三月初五日

月二十五
日子時沒
葬
配□氏生
於崇正庚
辰年正月
十九日於
壬午
年二月二
十三日申
時沒葬東
埔崙卯酉
乙辛
生子七名
瑚　璋

葬在台
配鍾氏生
於康熙丁
未年十二
月十八日
未時於雍
正丁未年
六月二十
日未時沒
葬艸庵口
崙癸丁
生子二名
仁　義

埔林甲庚
寅申
配趙氏生
於康熙壬
申年八月
二十九日
亥時於乾
隆　年
八月初六
日申時沒
葬里長埔
丁癸未丑
生子二名
珪　錐

衍蘇內

八日沒葬
台灣
配　氏例
不詳
生子一名
藺

未時沒與
媽合葬阜
庵後
配陳氏生
於乾隆癸
未年十月
十一日酉
時於道光
癸巳年二
月十五日
沒葬長埔
村北□
生子一名
衍

珍
珠出承
岳叔
畫
德
佑

仁次子
毓錐
字順卿生於雍正己酉年三月十四日巳時於乾隆戊申年四月二十九日沒葬草庵後
配翁氏生於雍正壬子年閏五月二十六

錐長子
傳賴
生於乾隆癸未年十二月二十五日於嘉慶戊申年十一月十五日酉時沒葬長埔林東西

錐次子
傳卯
生於乾隆

貞備房系

家晉江

二

衍蘇內

日於嘉慶壬申年十二月二十日辰時沒葬艸庵口石亭後東西生子三圖賴卯千

丙戌年十月初七日巳時沒缺

錐三子

傳千

生於乾隆己丑年七月二十三日未時於道光辛丑年二月二十九日午時沒葬長茀林北南

瑚次子

興義

義子

毓居

配吳氏生於乾隆庚寅年七月二十五日辰時於嘉慶壬申年八月十八日丑時沒葬州庵口西東生子一

翁鷹

圖

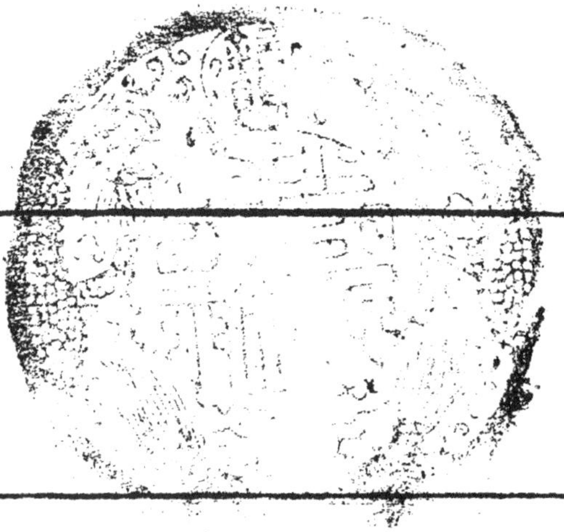

生於康熙癸酉年五月初七日戌時於乾隆年歿葬

配黃氏生於康熙癸酉年四月十一日亥時於乾隆己卯年四月十二日卯時歿葬與媽合葬草庵後癸

衍蘇內

字前卿生於雍正丁未年六月十四日寅時於乾隆年歿葬

配呂氏生於雍正己酉年七月十三日辰時於乾隆己巳年正月十四日巳時歿葬長埔林坵

武城曾氏重修族譜

貞僑房系

騏次子
衍璋

璋長子
興彩

丁子午
生子一囝
居

彩長子
毓馬

南
配倪氏生
於乾隆丙
辰年十二
月初二日
戌時於乾
隆　年
沒葬長林
埔東西
生子一囝
善

家晉江

四

衍蘇內

字允韮號煥文生於康熙己酉年六月十七日未時於乾隆癸亥年正月初四日申時沒葬黃祖山庚申配許氏生於康熙癸丑年七月初三日巳時於乾隆辛酉年六

字君邑生於康熙乙亥年十月十八日未時於乾隆戊寅年四月二十二日寅時沒葬里埔坐丁向癸配姚氏生於康熙辛巳年十月二十二日亥時於乾隆戊戌年

生於雍正丙午年八月十七日丑時於乾隆甲子年二月初十日酉時沒與毓石合葬黃祖山

彩次子
毓石

生於雍正庚戌年二月十九日酉時於乾

月初十日未時沒葬浮溝石癸丁
生子二囝
彩　繪

正月初五日戌時沒葬黃祖山後壬丙亥巳
生子四囝
馬　石
又　帖

隆丁丑年六月十八日沒與兄合葬黃祖山後酉卯

彩三子
毓八
字地卿生於雍正甲寅年四月十九日申時往台
配李氏生於乾隆乙

八子
傳濬
生於乾隆甲申年六月初五日酉時沒闕

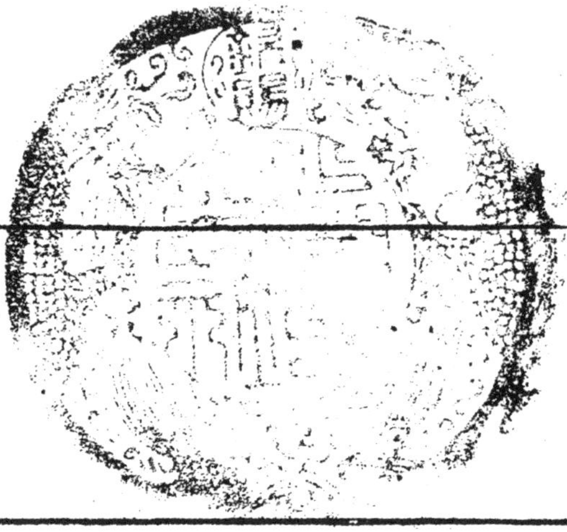

衍蘇內

丑年十月
十六日丑
時没闕
生子一名濬

彩四子
毓帖
字加卿生
於乾隆壬
戌年七月
十九日子
時於乾隆
戊申年五
月二十四

日沒葬東洋山後
配李氏生於乾隆丁卯年六月二十五日於乾隆戊申年三月二十六日沒葬東洋指揮墓南園仔內
生子二 圖
歎舅
傑舅

衍蘇內

璋三子
興繪
字君守號弘太生於康熙壬午年十二月二十八日未時於乾隆丁卯年三月初十日申時沒
葬
配張氏生
於康熙甲

繪長子
毓仙
生於雍正乙卯年閏四月二十二日辰時沒闕

繪次子
毓明
字星卿生於乾隆辛酉年七月二十三日

明長子
傳敀
號世昌生於乾隆甲申年二月十四日戌

午年十月十六日寅時於乾隆甲子年十月初七日辰時沒夫婦合葬東洋山後丁癸午子
繼配賴氏生於康熙乙丑年十一月初十日辰時於乾隆癸卯年十二月

子時於乾隆甲寅年七月十九日申時沒葬
配姚氏生於乾隆丙寅年十一月初一日午時於乾隆壬子年十月初六日亥時沒與公合葬東洋山後

時於道光癸未年九月十七日申時沒葬
亥巳乾巽
配洪氏生於乾隆戊子年五月初三午時於道光甲辰年七月廿二辰時夫婦合葬黃祖山申寅坤艮

[illegible][illegible]曾上重修族譜

衍蘇內

初五日卯
時沒葬東
洋山後丁
癸
生子二图
仙　明

坤艮申寅
生子三图
改
筒碼記

生子四图
軫出承
傳記承
亶鴉川

明
亥
子

傳記

生於乾隆
乙巳年十
月十六日
午時於嘉
慶辛卯年
九月初八
日未時沒
葬長埔林
[illegible]

武城曾氏重修族譜

貞儁房系

璵三子
衍珍
字允琥生於康熙壬午年六月二十四日酉時於乾隆癸未年三月初四日未時沒葬明鄉領賓賜匾曰

珍長子
興禮
字君敘號純琳生於康熙壬午年十月十九日巳時於乾隆己巳年八月初四巳時沒葬里長埔丁癸丑

禮次子
毓贊
生於乾隆己酉年五月十八日戌時沒在臺灣
配　氏
子一名
段承毓

贊子
傳段
子承
生於乾隆己酉年五月十八日戌時沒缺
子一名
珍傳次

家晉江

八

天顯誼畝
配莊氏生
於康熙甲
子年十月
初三日戌
時於乾隆
庚辰年四
月十七日
午時沒夭
婦合葬長
嶺石山亥
巳乾巽
生子三囝
禮　智
信

未
配楊氏生
於康熙戊
子年三月
初十日酉
時於乾隆
己卯年十
月初十日
未時沒葬
黃祖山園
後艮坤丑
未
生子二囝
嬀鴉賛

裹子

衍蘇內

珍次子
興智
字君明號誠素生於康熙壬辰年七月二十五日巳時於乾隆己巳年八月初七日巳時沒葬
配莊氏生於康熙壬辰年十一

智子
毓褱
字樹卿生於乾隆丁卯年七月十六子時於嘉慶辛酉年七月二十四日辰時沒葬黄祖山
配李氏生於乾隆壬申年九月十九日寅

褱長子
傳晚
號盈昌生於乾隆壬午年六月初四日子時於道光辛丑年六月初四日未時沒葬黄祖山北南

褱三子
傳降

衍蘇內

月初十日
戌時於乾
隆壬申年
九月初八
日巳時沒
夫婦合葬
黃祖山後
艮坤寅申
生子一图
寰

時於道光
丁亥年六
月二十日
酉時沒葬
黃祖山
生子三图
晚
段出承
錻贊
降

號順升生
於乾隆辛
亥年四月
二十三日
子時於道
光丁未年
六月初十
日申時沒
葬長處石
北南
配許氏生
於嘉慶癸
亥年六月
初十日未
時於道光
乙未年五

珍三子
興信
生於康熙己亥年正月初四日子時於雍正甲寅年十月初九

月初一日申時沒葬黃祖山口北南
生子二圖
世　迁

貺五子
衍書
字允泉號
煥薺生於
康熙庚申
年四月初
七日巳時
於乾隆癸
酉年五月
十七日未
時歿葬岩
頭山狗頭

日辰時歿
葬黃祖山
後西東

晝長子
興美
生於康熙
辛卯年正
月初七日
歿闕
配吳氏
生子三名
荐清
倒回溪
東修入溪
東譜內

衍蘇內

穴卯酉乙
辛
配林氏生
於康熙辛
未年十月
初九日於
康熙
年七月初
五巳時沒
葬岩後山
丑未癸丁
繼配洪氏
生於康熙
乙丑年正
月初一日
戌時於乾

晝次子
興秋
字君啟號
永芳生於
雍正甲辰
年七月二
十六日辰
時於嘉慶
乙丑年三
月二十日
午時沒葬
配李氏生
於雍正甲
辰年二月

秋長子
鋶鴻
原名鴻耆
字坤卿號
齋隆生於
乾隆丙寅
年十二月
二十二日
巳時於道
光辛巳年
正月十一
月申時沒
葬
配吳氏生

鴻長子
傳淮
字澤相生
於乾隆乙
酉年六月
初二日寅
時於道光
戊戌年二
月初六日
巳時沒葬
二前山前
庚甲
配謝氏生
於乾隆丁
亥年五月

隆戊寅年
六月二十
九日亥時
沒葬媳婦
房底亥巳
乾巽
生子二图
美承允
建子
秋

初九日午
時於乾隆
辛卯年十
一月十六
日酉時沒
公媽合葬
大坑內艮
坤未丑
生子二图
鴻　清

衍蘇內

於乾隆丙
寅年十一
月初七日
卯時於嘉
慶甲戌年
二月十四
日亥時沒
葬大坑內
申寅庚申
生子七图
淮　滾
縛　班
品
窕出承
傳濟

二十六日
酉時於道
光癸未年
六月初十
日巳時沒
葬二前山
後北南
生子二图
娉
踏承傳
滾子
鴻次子
傳濱
字遠相
明義生

武城曾氏重修族譜 貞備房系 家晉江 十二

乾隆戊子年二月初五日丑時於道光己酉年七月十一日戌時没葬長坡林壬丙子午

配何氏生於乾隆壬辰年三月二十日寅時於道光丁酉年七月初三日

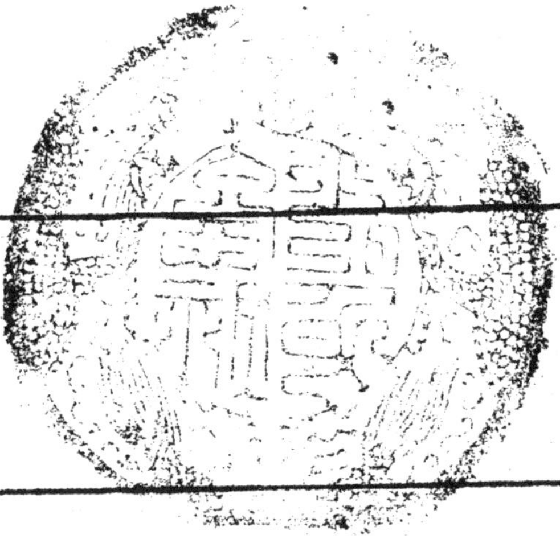

衍蘇內

戌時沒葬
長埔林北
南
生子五囝
漢典
恐
踏出承
傳寵
厥出承
傳窕
鴻三子
傳縷
號延相名
誌靜生於
乾隆壬辰

年十月十九日戌時於道光乙酉年正月二十三日酉時沒葬長埔林癸丁子午配王氏生於乾隆乙巳年八月初四日申時於咸豐丙辰年二月十五日丑時沒葬

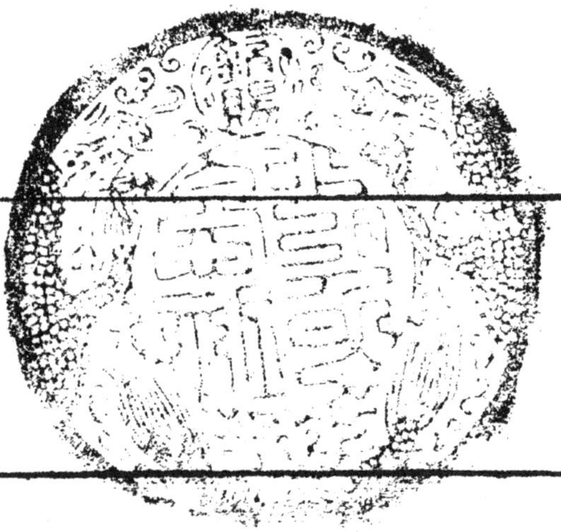

衍蘇內

長埔林王
丙亥巳
生子四名
特鴻盼
碏者

鴻四子
傳班
字刻相生
於乾隆乙
未年正月
二十四日
丑時於道
光丁亥年
十月十三
日亥時沒

葬長埔林北南

配王氏生於乾隆己酉年七月二十七日戌時歿闕

生子二图

紹　隅

鴻五子

傳品

字東相生於乾隆丁酉年十月

武城曾氏重修族譜

衍蘇丙

二十五日
丑時於道
光丙申年
九月二十
九日酉時
歿葬二前
山坤艮
配陳氏生
於乾隆壬
寅年八月
十六日寅
時歿缺
生子三名
執　坦
口

鴻七子
傳竝
字歷相生於乾隆丙午年七月十二日巳時於道光戊申年十一月二十六日丑時歿葬長埔林東西配陳氏生於嘉慶己未年四月

衍蘇內

秋次子
鯍清
字秀卿號
初隆生於
乾隆壬辰

二十一日
寅時於道
光丁酉年
七月初五
日寅時沒
葬

生子三名
侯　雄
埕

清長子
傳寃
字希相生
於乾隆己
亥年十二

年五月初七日未時於嘉慶甲戌年三月二十七日卯時沒葬浮溝石
配吳氏生於乾隆庚辰年七月初一日辰時於道光乙未年三月初四日午時沒葬浮溝石

月初八日寅時於嘉慶丁丑年七月二十一日申時沒葬二尖山
配李氏生
沒關
繼配胡氏生於嘉慶丙辰年十一月二十九日寅時於　癸

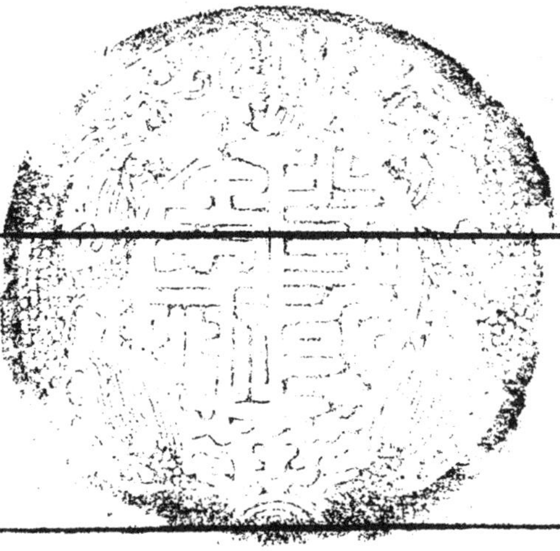

衍蘇內

子二图
瓞承洪
書子
宗

酉年十一
月十九日
巳時沒與
父同葬
三配楊氏
生於乾隆
癸卯年七
月二十四
日卯時於
嘉慶
年沒葬
四配洪氏
生於
乙亥年七

月十三日子時沒闕

生子三图

厥行

邁出承

傳宗

肯亥子

傳宗

生於乾隆癸丑年七月二十四日酉時於咸豐戊午年八月初

衍蘇內

十日午時沒葬

配陳氏生於乾隆壬子年八月初九日亥時於道光己丑年二月初四日午時沒葬李子山南北

繼配張氏生於嘉慶

庚辰年十
二月十七
日於道光
己酉年六
月初一日
辰時歿葬
黃祖山丁
癸未丑
生子四圖
任守
草
邁承傳
窕子

騏六子
衍德
字允懷生於康熙乙丑年三月十八日酉時於乾隆乙亥年五月二十六日戌時沒葬黃祖山後西東
配洪氏生於康熙乙亥年十二

德長子
興耿
生於康熙戊戌年閏八月初九日丑時於年八月二十一日在合沒葬

德次子
興甲
字君會生於雍正癸

甲子
毓敬
生於乾隆壬午年二

衍蘇內

月二十八
日亥時於
乾隆乙酉
年九月十
六日未時
沒葬艸庵
口園壬丙
生子三囝
耿甲
蘊

卯年三月
十五日辰
時於乾隆
甲辰年八
月十八日
子時沒葬
配蔡氏生
於乾隆丙
辰年八月
十九日酉
時於乾隆
辰年八
月十九日
酉時沒葬

月二十七
日酉時於
乾隆庚寅
年三月初
五日巳時
沒葬

衍蘇內

生子一图

敬

德三子

興縕

字君莊生於雍正乙酉年九月十五日辰時於嘉慶丙辰年四月二十七日巳時歿葬黃祖山申寅庚甲配張氏生

蘊長子

鋶映

號興茂生於乾隆丁丑年七月初三日戌時於嘉慶己卯年八月十九日戌時歿葬長坡林兆南配張氏生

於乾隆戊午年七月十八日午時於嘉慶庚午年六月初九日巳時歿葬黃祖山東西
生子四囝
映卦
回艮

蘊亥子
毓卦
生於乾隆

於乾隆甲午年十二月二十一日於嘉慶庚辰年五月十七日未時歿葬東坡林東西
生子一囝
棘出繼
毓艮

卦子
傳刦
生於嘉慶

衍蘇內

癸未年四月十七日卯時於嘉慶乙丑年三月十五日子時沒葬長坡林北向

配柯氏生沒闕

生子一名

刦

壬戌年七月初三日辰時沒闕

蘊三子
毓回
生於乾隆庚辰年八月初十日午時於道光壬辰年六月二十五日丑時沒葬長坡林乾巽戌辰
配龔氏生沒闕

回子
傳辛
生於嘉慶丙寅年八月二十三日丑時沒葬闕

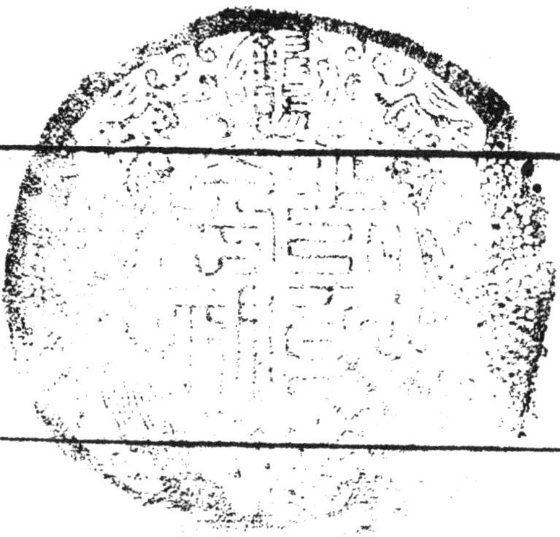

衍蘇內

生子一囝　辛

四子　**毓艮**

字直卿號景傳生於乾隆丙申年十月二十四日寅時於嘉慶戊寅年七月二十九日未時沒葬長埔林東西

艮子　**傳棟**

生於嘉慶丁卯年十一月十五日巳時於同治壬戌年七月二十三日辰時沒葬黃祠山脚酉卯

騏七子
衍佔

佔長子
興諧

配陳氏生
於乾隆丁
未年二月
二十八日
於道光戊
子年六月
初九日丑
時歿葬黃
祖山東西
生子一名
赫承毓
映子

字兆步號泰軒生於康熙丁卯年八月二十二日巳時於乾隆戊午年十一月二十二日酉時歿葬長坡林乾巽戌辰配謝氏生於康熙戊寅年二月初十日酉

生於康熙丁酉年二月十四日巳時歿闕

佑次子
興秦
生於康熙己亥年十二月十五日巳時於嘉慶庚申年七月初八日午時歿葬

衍蘇內

秦長子
毓獅
字雲卿生於乾隆丙子年六月十九日辰時歿闕
配宋氏生於乾隆癸

獅次子
傳如
生於嘉慶庚申年四月初八日巳時歿缺

時於乾隆
甲戌年八
月初三日
午時沒葬
長殳嵛巽
乾亥巳
生子二囝
誥 秦

配趙氏生
於雍正庚
戌年正月
二十五日
丑時於嘉
慶辛未年
十月二十
五日酉時
沒公媽合
葬長坡林
生子二囝
獅 絨

未年於乾
隆甲辰年
二月十二
日未時沒
葬師姑坡
嵛西東
繼配丁氏
生於乾隆
癸未年十
二月於乾
隆戊申年
三月初八
日辰時沒
葬長埔林
西東
配李氏生

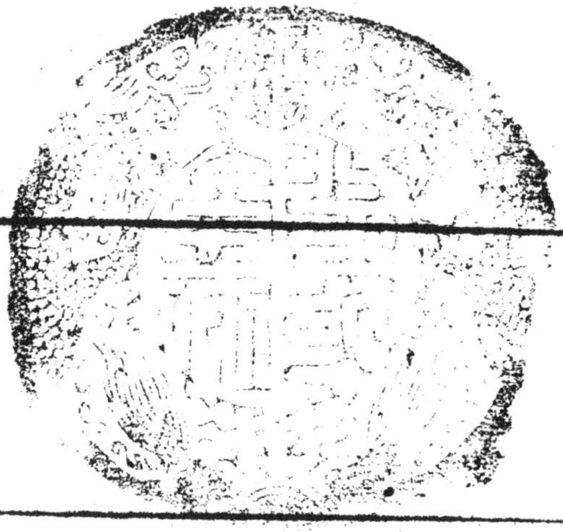

衍蘇內

於乾隆乙酉年二月十二日辰時於乾隆癸未年十二月二十九日沒葬長坡林生子二图

摟[illegible]如

秦次子

毓緘

字綸卿號明德生於乾隆辛巳

緘長子

傳纘

號似山生於乾隆辛亥年十月

年十五月二十九日子時於道光辛巳年十月二十六日酉時沒葬

配謝氏生於乾隆丙戌年九月二十五日午時於道光己丑年十二月十七日未時

二十四日未時於道光　年沒葬

配柯氏生於乾隆辛亥年六月十四日午時於嘉慶癸酉年十月二十二日酉時沒葬長埔林北南

生子一名

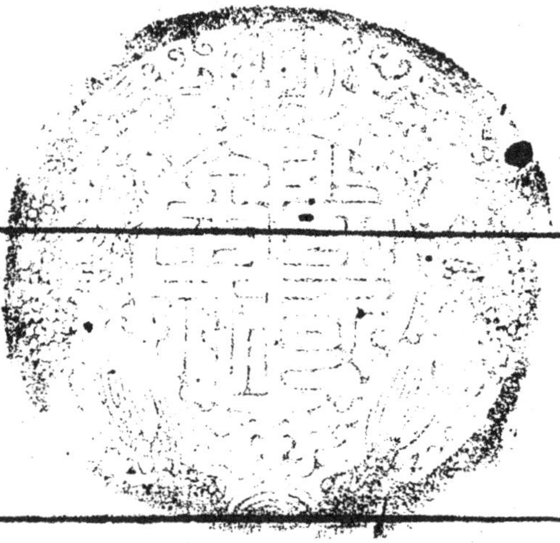

衍蘇內

歿夫婦合
葬小昆坛
內西東
生子四囝
嶺　欉
科　跳

圞碭

絨亥子
傳欉

生於乾隆
甲寅年正
月二十五
日辰時於
同治辛未
年十月十
五日申時
歿葬前庵
內北南

紱三子

傳科

生於乾隆乙卯年十一月十一日卯時於光緒戊寅年六月十四日辰時歿葬黄祖山丁癸

配陳氏生於嘉慶甲子年十月初三日巳

[illegible]坡曾氏重修族譜

衔蘇内

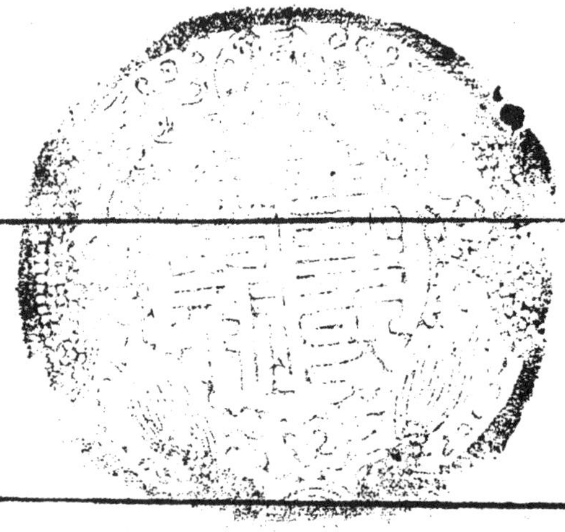

時於道光丁酉年六月十二日巳時沒葬長坡林北
南
繼配李氏生於嘉慶庚午年十月初六日巳時於光緒癸未年八月初五日未時沒
葬

貞僑房系　家晉江　二六

僑亥子
尙欽

絨四子
生子三圖
鎮札
圍爲
傳跳
生於嘉慶
庚申年正
月初十日
亥時沒闕

字粟昊生缺於　年十一月十三日歿葬岩內石

衍蘇內

貞麟房系 接上璐公房系

六十六派

六十七派

六十八派

六十九派

七十派

麟子 倘招
原名招郎號宗待生於乙未年十二月十二日於乙丑年五月

招子 衍悅
字允欣號質誠生於康熙癸亥年六月初六日於雍正己酉年九月初三

悅長子 興兄
字君愛又名文生於康熙癸巳年正月十五日未時於乾隆年沒葬

兄子 毓團
生於乾隆甲戌年月廿四日酉時沒缺

初三日沒
葬東坡嵓
配何氏[illegible]
不[illegible]
生子一図
悦

日子時沒
葬長埔林
壬丙子午
配張氏生
於康熙己
巳年五月
十五日卯
時於乾隆
戊寅年六
月二十六
日申時沒
葬長埔林
癸丁丑未
生子三図
兄　弟
讓

配丁氏生
於雍正戊
申年五月
十五日未
時於乾隆
壬寅年五
月初五日
沒葬長坡
林
生子一図
図

悦亥子
興弟
字君萊生

衍蘇內

於康熙乙未年十二月二十六日未時於乾隆　年歿葬

配陳氏生於雍正辛亥年八月初八日於乾隆甲戌年七月十九日亥時歿葬長坡林

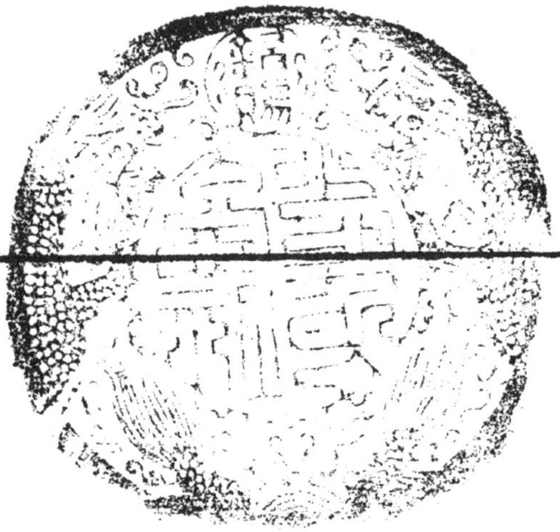

生子一名 益雋

悅三子 興讓

字君謙生於康熙戊戌年十一月初一日酉時於乾隆戊寅年三月廿四日申時沒葬長坡林配王氏例不詳

衍蘇內

貞鳳房系

接上璐公房系

六十六派　六十七派　六十八派　六十九派　七十派

鳳長子 **尚紫** 字宗商號榮秀生於甲辰年五月廿一日子時於戊子年十月

紫子 **衍顯** 字允等號克哲生於康熙己丑年三月二十四日戌時於康熙壬年八月

顯長子 **興開** 生於康熙丙申年十一月十九日申時歿缺

廿四日酉
時沒葬石
人山辛乙
配謝氏生
於丁
未年十二
月二十二
日酉時於
乙丑
年十月二
十一日沒
葬長埔林
癸丁
配蔡氏生
於康熙壬

十四日長
時沒與父
合葬長埔
林
配王氏生
於康熙壬
申年五月
十六日申
時於乾隆
戊辰年正
月十三日
巳時沒葬
坂長欄
生子二名
閞榜

顯次子
興榜
字君列生
於康熙庚
子年正月
二十九日
未時沒缺
配蔡氏生
於雍正己
酉年沒闕
任台
生子一名
務

榜子
毓務
往台灣

衍蘇內

子年五月
二十四日
未時於康
熙甲申年
九月二十
四日未時
沒葬長坡
林辛乙
配　氏生
沒失考
生子一图
顯

鳳玄子
尙保
字集齋號則齋生於己未年九月二十九日丑時於乾隆辛未年正月初一日巳時沒葬
配丁氏生於丁卯年正月

保長子
衍純
字允篤號允植生於康熙乙酉年三月初三日戌時於乾隆癸酉年四月二十二日辰時沒與岐祥媽及嬸謝氏合葬高州頂癸丁

純長子
興仲
字君達生於雍正戊申年十月初十日巳時於乾隆癸酉年四月十六日午時沒葬艸庵口乾巽亥巳
配陳氏生於雍正戊申年正月

仲長子
毓泰
字岳卿號石盛生於乾隆戊辰年七月二十日寅時於乾隆戊申年正月十八日戌時沒葬長林北南
配許氏側不詳

衍蘇內

泰長子
傳綢
生於乾隆辛丑年五月二十日於道光壬辰年十二初四日未時沒葬癸墓內西東
配　氏
子二　圖
椒　車
均承傳沙
子

初九日子時於乾隆年四月初三日未時沒夫婦與岐祥公合葬石峯王丙亥巳生子三图
純進 忠

配莊氏生於康熙丙戌年三月初八日酉時於乾隆壬辰年六月十七日巳時沒葬長埔林母子同穴生子四图
仲傳 儒 仍

初三日巳時於嘉慶甲子年閏六月二十八日酉時沒葬長坡林癸丁丑未生子二图
泰 胆

生子二图
綢 甚 殤

仲炎子
毓胆
生於乾隆壬申年正月十三日辰時於乾隆戊戌年六月初七日沒葬東洋宮仔口圓西東配洪氏例

胆子
傳沙
生於乾隆己酉年二月初一日午時於咸豐壬子年二月初二日戌時沒葬長埔林東西配洪氏生

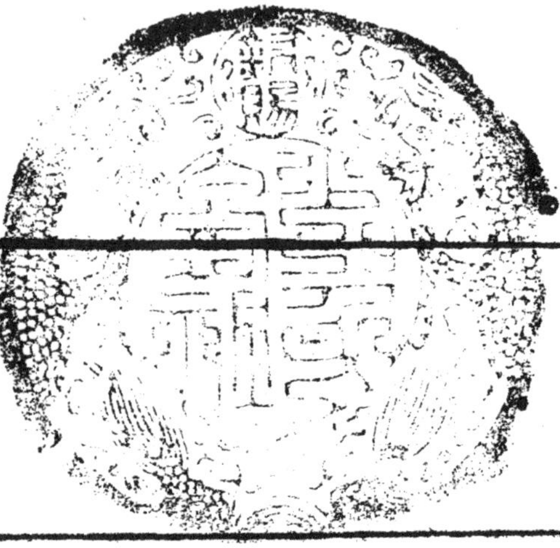

衍蘇內

不詳

生子一名
沙

於乾隆王
子年四月
初八日戌
時於同治
庚午年四
月初四日
卯時沒葬
本山新墓
西東
生子六名
椒　車
長亥出承
傳綱　馬
交　等
癸出承
傳爕

純次子 **興傳**
字君習生於雍正癸丑年十月初一日子時於乾隆年戊申年九月二十八日午時沒葬
配葉氏生於乾隆戊午年二月十八日寅

傳長子 **毓宜**
生於乾隆丁酉年五月初一日巳時於咸豐壬子年二月二十六日辰時沒葬屾坡前堡東西
配蔡氏生於乾隆乙未年八月十二日未

宜次子 **傳崁**
生於嘉慶辛酉年七月十八日戌時於道光己酉年七月初十日未時沒葬曾厝鄉東畔
配　氏
生子一　图
癸

衍蘇內

時於乾隆辛丑年四月初四日戌時沒葬長埔與父同穴
繼配蔡氏生於乾隆庚午年七月初九日於嘉慶庚午年四月初六日未時沒葬黃祖山戌辰辛乙

時於道光癸未年八月初六日未時沒葬長坡林北南
生子三图
赤鷄
炭承毓
妤子
食鷄
傳次子
毓添
生於乾隆庚子年五

生子三囝
宜　添
未

月十九日巳時於道光癸未年七月初三日卯時沒葬剪石後壬丙子午

傳三子

鋶未

號端靜生於乾隆癸卯年七月十三日未時於道光壬子年八

衍蘇內

月十七日戌時沒葬井仔東西配王氏例不詳

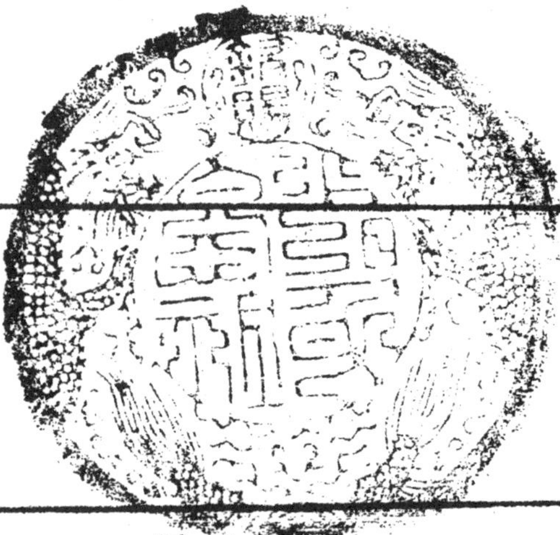

紀三子 **興儒**

字若愚號克明生於乾隆丙辰年八月十五日申時於嘉慶丙

儒長子 **毓凌**

生於乾隆戊子年八月十四日丑時於道光戊子年六月二十

凌長子 **傳段**

生於嘉慶壬戌年十二月二十六日亥時

配柯氏生

子年三月
十二日酉
時沒葬石
人山戌辰
乾巽
配柯氏生
於乾隆甲
子年四月
三十日於
嘉慶己未
年四月二
十九日戌
時沒葬
媳婦房嵓
癸丁丑未
生子二圖

五日酉時
沒葬長坡
林東西
配許氏生
於乾隆丁
酉年年
月二十日
午時沒葬
生子二圖
設 花

儒次子
毓山
生於乾隆

於嘉慶丁
丑年十一
月二十一
日亥時沒
缺

凌次子
傳花
生
沒闕

山長子
傳要
生於嘉慶

衍蘇內

淩山

甲午年八月二十一日未時於道光甲申年九月十二日卯時歿葬石壟山北南配莊氏生於乾隆甲辰年二月二十一日於咸豐戊午年七月初八日卯時歿葬

戊寅年五月初十日寅時歿蝴

山亥子

傳稜

生歿闕

保次子
衍忠
字允謀生

純四子
興仍
生於乾隆壬戌年二月十六日辰時沒缺

忠長子
興芬
字君業生

生子二名
要
移

芬長子
毓好
生於乾隆

好長子
傳春
字君賢生

衍蘇內

於康熙癸巳年七月二十七日於乾隆甲辰年閏三月二十四日酉時沒葬長埔崙艮坤
配王氏生於康熙甲午年十月初六日巳時於乾隆癸酉年五月十六日

於乾隆丁巳年十二月二十九日辰時於嘉慶丙寅年十一月二十八日子時沒葬
配李氏生於乾隆庚申年七月二十八日巳時於嘉慶甲戌年二月二十

甲申年二月初十日亥時於嘉慶戊寅年四月二十一日丑時沒葬帥庵口埔乾巽
配李氏生於乾隆丁亥年十月初七日於乾隆丁未年七月初六日戌時沒葬長埔

於乾隆癸酉年九月二十一日寅時於道光丙申年六月十四日沒葬長埔林
配陳氏生於乾隆辛亥年六月二十九日酉時於咸豐壬子年四月初六日酉時沒

巳時沒葬
北尾園岸
南北
生子三图
蓀　連
高

七日丑時
沒夫婦合
葬媳婦房
山
生子三图
好　适
溪

林兆南
繼配陳氏
生於乾隆
癸未年十
一月初十
寅時於
光壬辰年
十一月初
一日沒葬
浮溝石長
埔尾乾巽
辰戌
生子四图
春　包
傑兼承
毓溪

葬長埔林
尾乾巽戌
長
生子三图
烏鵲街
當
好　炎　子
傳包
生於乾隆
甲寅年十
月初十日
午時於咸
豐壬子年
三月二十
八日未時

衍蘇內

炭出承
鐵宜

沒葬長埔
艮坤寅申
配　氏
子一
圀
賞承傳
傑子

好三子
傳傑
生於嘉慶
己未年四
月十三日
午時於咸
豐壬子年

五月十二日沒葬艮埔林艮坤配陳氏生於嘉慶癸亥年十月十二日子時於光緒己丑年五月十六日申時沒葬二尖山脚生子四名

輟

賞出承

傳包

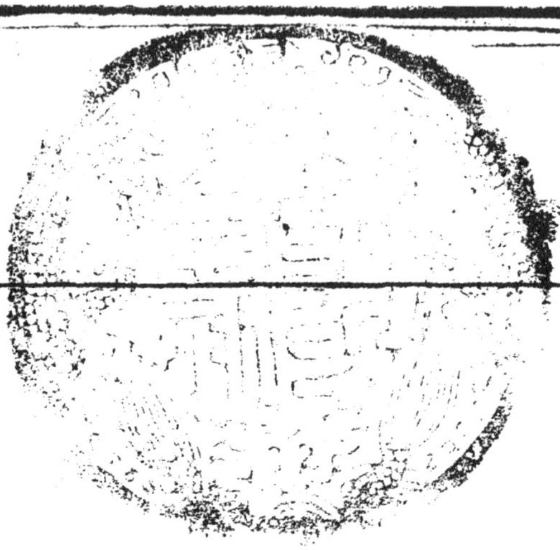

衍蘇内

芬次子
毓适
生於乾隆甲午年七月初二日巳時於嘉慶庚申年四月十九日巳時沒葬浯嶼山乙辛卯酉配陳氏生

盤出承
傳皆
林

适[illegible]子
傳皆
生於嘉慶庚申年十一月初十日戌時於咸豐丁巳年七月二十六日未時沒葬長坡林尾北南

貞鳳房系

於乾隆丁酉年十月二十五日申時於嘉慶丁丑年三月初三日未時沒葬長坡林北南

生子一圖

皆

芬三子

毓溪

生於乾隆

配李氏生於嘉慶甲子年五月十九日未時於同治丁卯年九月十五日酉時沒葬

子一圖

盤承傳

傑子

溪子

傳傑

號英豪生

家晉江

十

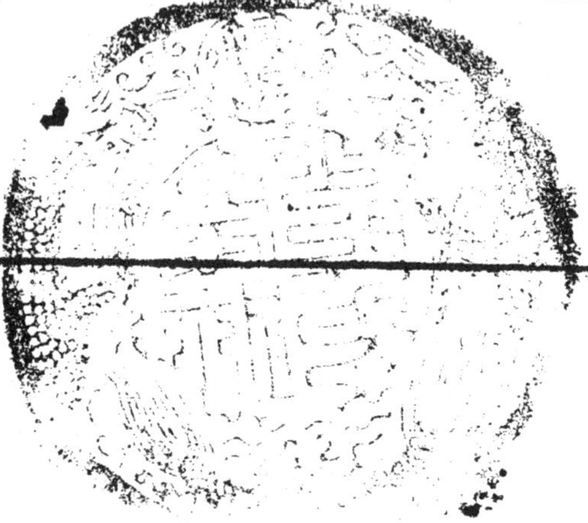

衍蕪丙

癸丑年十一月十六日亥時於嘉慶戊午年正月初四日丑時沒葬長坡林壬丙子午

配　氏

子一囝

傑韓好

子兼承

於嘉慶己未年四月十五日午時於咸豐壬子年五月十二日未時沒葬長坡林艮坤寅申

配陳氏生於嘉慶癸亥年十月十二日於光緒己丑年五月十六日申時

沒葬二尖山脚壬丙子午

忠次子 **興連**

字启流生於乾隆甲子年十一月初五日亥時於乾隆甲辰年閏三月二十八日未時沒葬與允謀公同

連長子 **毓謀**

生於乾隆丁酉年十月初一日午時於嘉慶戊寅年二月二十五日亥時沒與傳欸合葬草庵後

謀子 **傳欸**

生於嘉慶乙亥年八月二十一日巳時於道光庚子年八月初三日酉時沒與父合葬草庵後

貞鳳房系　家晉江　十二

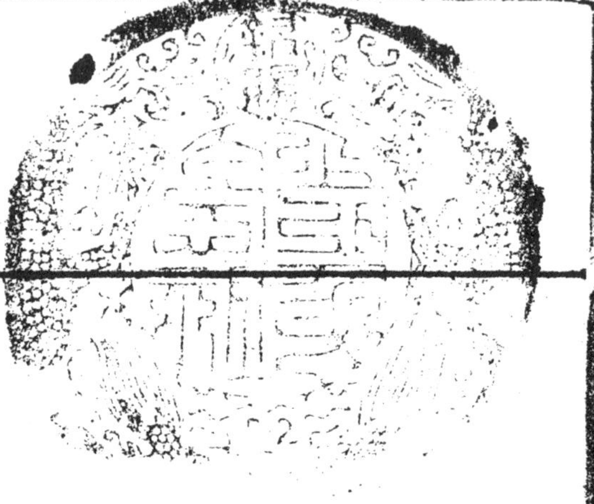

穴
配何氏生
於乾隆壬
申年九月
十八日寅
時於嘉慶
乙卯年七
月二十四
日巳時沒
葬長坡北
南
生子二图
謀器

衍蘇内

配　氏
子一图
歎承毓
器子

連次子
毓器
生於乾隆
辛丑年六
月初六日
申時於咸
豐壬子年
二月二十
日子時沒

器長子
傳定
生於嘉慶
戊寅年五
月十六日
午時於道
光辛巳年
五月初十
日午時沒

武城曾氏重修族譜

貞鳳房系

葬長坡林
艮坤寅申
配吳氏生
於嘉慶己
卯年閏二
月初九日
戌時於道
光乙酉年
九月十六
日午時沒
葬長埔林
子午癸丁
配　氏
生子三圖
欺出承

葬

器三子

傳練

生於道光
甲申年六
月初四日
巳時於咸
豐庚申年
七月初七
日戌時沒
葬東洋形
墩塔
配謝氏生
泅闕

家晉江

十二

衙蘇内

忠三子
興高
號志遠生於乾隆戊辰年三月二十一日亥時於乾隆戊申年三月初八日沒葬輝化縣華邦鄉

毓謀
定
練

高長子
毓水
生於乾隆丙申年五月十九日午時沒缺
配　氏生
沒闕
生子三圖
位殤返
參

生子一名
遜殤

水次子
傳返
生於嘉慶甲戌年二月初六日子時沒

配翁氏生
於乾隆壬
申年九月
十三日於
嘉慶甲戌
年三月二
十九日巳
時沒葬媳
婦房頂乾
巽辰戌
生子二名
水　醲

高欽子
毓醲
生於乾隆
丁未年一
月十二日
戌時於咸
豐辛亥年
九月二十
五日未時
沒葬長坡
林癸丁丑
未
配王氏生
於乾隆庚
戌年十月

醲子
傳邀
生於嘉慶
壬申年十
二月十五
日辰時沒
缺

保三子 衍進
字允錫號允至生於康熙丁酉年九月十

進長子 興由
字君尹生於乾隆乙丑年七月十三日戌

衍蘇內
初七日時於嘉慶戊寅年二月二十三日巳時沒葬長埔林東西生子一圀
邈

由長子 毓提
生於乾隆丙申年於道光辛丑年七月初

九日戌時
於乾隆癸
酉年十一
月十八日
卯時沒葬
配丁氏生
於康熙己
亥年正月
十四日丑
時於乾隆
丙寅年閏
三月初三
日卯時沒
與夫合葬
申夫房內
乾巽亥巳

時於嘉慶
戊寅年十
一月二十
四日卯時
沒葬長坡
林東
配鄭氏生
沒缺
生子 圖
坡 垂

六日午時
沒葬長埔
林癸丁子
午
承繼孫紀
柏
由亥子
毓垂
生沒缺

繼配蘇氏生於雍正乙巳年八月二十三日寅時於乾隆戊申年三月十九日沒葬新婦房內乾巽亥巳生子二名由統

進亥子
興統
字君垂號承周生於乾隆丁卯年九月二十七日未時沒葬長坡林壬丙子午配柯氏生於乾隆丁丑年正月十四日沒缺

統長子
鋶元
生於乾隆甲辰年三月初四日辰時沒缺

統次子
鋶合
生於乾隆戊申年十月初九日戌時沒缺

衍蘇內

生子五
圀元
介
撻出承
興起
禽
尾

統四子
鯍禽
生於嘉慶丁巳年十二月十一日午時於道光癸未年正月初十日未時歿葬內塘林口墓口北南

統五子
鯍尾

衍蘇內

生沒闕

鳳三子

尙鵬

原名鵬霄字景霄生於康熙壬戌年六月十四日戌時於乾隆庚子年三月十六日丑時沒葬配謝氏生

鵬長子

衍淵

字允深生於康熙丁亥年正月初九日亥時於乾隆甲申年八月十七日未時沒葬長埔林配張氏生於康熙丙

淵子

興郁

字君從生於乾隆丙辰年八月十一日酉時於乾隆戊申年二月十四日午時沒葬配林氏生於乾隆丙

郁長子

毓雀

生於乾隆甲申年正月二十四日子時於嘉慶己未年七月二十三日辰時沒葬長坡林坐子向午配莊氏

於丁卯年正月初五日子時於乾隆癸酉年六月十六日午時沒附岐祥媽乃術純葬高州山癸丁向
生子三图
淵 能
稱

戌年十月十五日戌時於乾隆辛巳年八月十二日未時沒葬長坡林王丙亥巳
生子一图
郁

辰年八月十五日於嘉慶甲子年九月初四日子時沒葬長坡林艮坤寅申
生子二图
雀 裁

繼配洪氏均生沒闕

郁次子
毓裁
生於乾隆甲午年八月初七日亥時於嘉慶壬戌年九月二十七日亥時沒葬長坡林

衍蘇內

鵬亥子
衍能
號益龍生於康熙乙未年十二月二十五日酉時於乾隆癸未年四月三十日申時沒葬長坡林癸丁
配謝氏生於雍正癸卯年九月

能長子
興和
字君節號允世生於乾隆甲子年六月二十五日未時於嘉慶丁卯年十一月二十七日卯時沒葬
配　氏

和子
毓撥
生於乾隆庚子年十月十七日於嘉慶庚申年九月二十日巳時沒葬公墓內坐東向西

武城曾氏重修族譜

十三日亥
時於嘉慶
丙辰年八
月二十六
日申時沒
葬長坡林
亥巳艮坤
生子二囝
和
喬

鵬三子
衍穉
字允平號

生子一囝
撥

能次子
興喬
生於乾隆
壬申年二
月初六日
沒在台灣

穉子
興口
生於乾隆

貞鳳房系

家曾江

乘近生於康熙庚子年正月十一日辰時於乾隆　年沒葬

配張氏生於乾隆丙辰年七月十五日於乾隆丙戌年十二月二十九日卯時沒葬長埔林

生子一閣

口

壬午年正月二十五日申時沒

缺

衍蘇內

貞廸房系

接上琑公房系

六十六派

六十七派

六十八派

六十九派

七十派

迪長子
尙纓
生歿缺

廸次子
尙祚
生歿缺

迪三子
尚鴻
字宗藩號勝雲生於甲申年正月二十四日酉時於康熙丙申年十一月二十三日申時沒葬
配柯氏生於戊戌年六月

鴻長子
衍璽
字允彥號朴誠生於康熙己巳年六月二十一日辰時於乾隆丙子年三月十一日酉時沒葬
配張氏生於康熙壬午年四月

璽子
興各
生於雍正乙卯年三月十四日戌時沒闕

衍蘇內

初三日戌時於康熙辛丑年十一月二十六日丑時沒葬長坡林棕頭坐北向南
生子二 図
璽 助

十六日申時於乾隆丙寅年十一月二十五日子時沒葬
生子一 図
各承衍
寔子

鴻次子
衍朗
生於康熙戊寅年七月初六日

貞覺房系

撥上瑨公房系

六十六派

六十七派

六十八派

六十九派

七十派

覺長子 **尚光**

號呈輝生於康熙壬寅年三月十六日戌時於康熙甲申年八月十六日

光子 **衍遺**

字允愛號峰川生於康熙甲申年十月初三日辰時於乾隆戊寅年五月

遺子 **興白**

號若雪生於乾隆己未年四月初六日申時沒闕

配李氏生

白長子 **毓老**

生沒失考

白次子 **毓博**

生沒失考

寅時沒葬
配王氏故
節公墓葬
鄭氏合葬
石壟山庚
甲申寅
生子一圖
遺

十三日未
時沒葬
配張氏生
於康熙庚
子年六月
二十二日
巳時於乾
隆戊申年
四月初六
日辰時沒
葬
生子一圖
白

於乾隆庚
午年二月
初四日巳
時沒湖
生子四圖
老　傅

衍蘇內

覺炎子 尙登
生歿失考

貞鑑房系

接上瓚公房系

六十六派

鑑子 **倘駿**

字宗秀號倘達生於崇正丙子年四月初二日巳時於康熙己亥年十二

六十七派

駿子 **衍團**

字允和號德川生於康熙丁未年閏四月十八日巳時於乾隆己未年十

六十八派

團長子 **興偉**

字君英號仰泉生於康熙壬申年十月初十日子時於乾隆戊寅年九月

六十九派

偉長子 **毓欣**

字彩卿號學文生於康熙戊戌年十月二十六日戌時於乾隆乙亥年六

七十派

欣長子 **傳鼎**

號維直生於乾隆丙寅年六月十二日辰時於乾隆甲辰年三月二十八

月十四日寅時沒葬
配吳氏生於崇正年巳年十二月二十六日亥時於康熙己丑年九月三十日寅時沒合葬本山高州坐申向寅
生子一名
團

月二十三日卯時沒葬
配吳氏生於康熙甲寅年正月十六日未時於乾隆辛未年九月二十六日寅時於乾隆庚寅年沒合葬東坑甲庚寅申

初五日午時沒葬
配吳氏生於康熙丙子年六月初三日辰時於乾隆壬戌年七月初八日丑時沒仝公及子鍬欣合葬石人山寅甲庚
生子二名

月十五日戌時沒葬
配翁氏生於康熙庚子年十二月十三日戌時沒闕與父合葬石人山
生子二名
羆　羅

日寅時沒葬石壟山巽乾辰戌

欣次子
傳羅
號維源生於乾隆甲戌年五月初五日酉時於嘉慶戊午年七月初十日辰時沒葬後山酉東

衍蘇內

曾氏重修族譜

貞鑑房系

生子六囝
偉佳
侯佐
傑伍

欣梅

偉次子
毓梅
字花卿號田園生於雍正壬子年正月二十四日寅時於乾隆丁亥年五月初六日申時沒葬配陳氏生於乾隆丙辰年九月初六日未

梅子
傳探
生於乾隆甲申年九月初八日戌時出居台灣陂狗的莊

家晉江

二

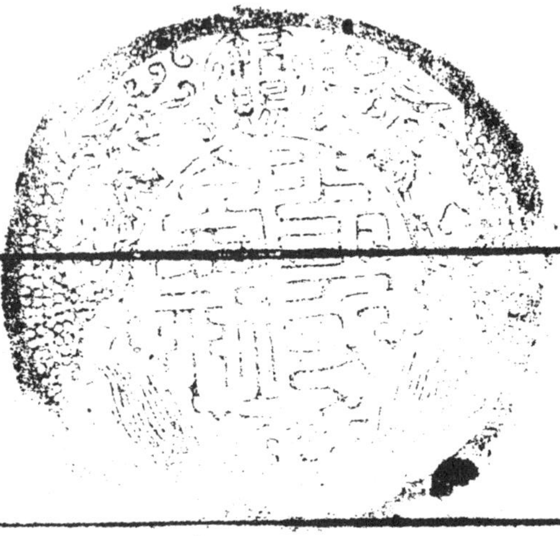

圖亥子
興佳
生失考於
康熙
年七月二
十日沒葬
大井溪岸

衍蘇內

時於乾隆
壬寅年十
月初二日
亥時沒葬
在後山北
南
生子一囝
探

團三子
興侯
字君鎮號隱岩生於康熙戊寅年六月初九日子時於乾隆辛巳年五月十七日未時沒葬
配吳氏生於康熙己卯年二月

侯長子
毓奇
字巽卿號駕義生於雍正戊申年七月十四日酉時於嘉慶乙丑年十月三十日寅時沒葬
配翁氏生於雍正辛亥年十二

寄長子
傳朔
字伯朔號傳翰生於乾隆庚午年九月十六日申時於道光壬午年十一月十二日酉時沒葬
配呂氏生於乾隆甲戌年八月

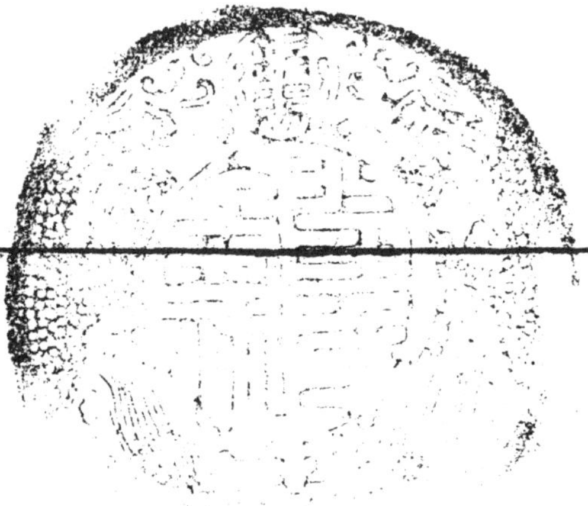

初五日酉
時於乾隆
乙酉年六
月十七日
申時沒仝
公合葬北
宅崙坤艮
甲寅有墓
誌銘寔錄
生子三図
寄南
日

衍蘇內

月十九日
戊時於嘉
慶乙丑年
閏六月十
三日未時
沒夫婦合
葬石人頂
乙辛辰戌
生子六図
朔嚴
念天
明斗

二十三日
辰時於乾
隆戊子年
十二月初
一日申時
沒葬
繼配丁氏
生於乾隆
庚辰年十
一月二十
八日酉時
於道光甲
辰年正月
二十八日

卯時殁葬
生子一囝
麗承傳
嚴子

肯亥子
傳嚴
字伯學號
朴泉生於
乾隆壬申
年十一月
二十日巳
時於嘉慶
戊寅年四
月十五日

衍蘇丙

午時沒葬
配林氏生
於乾隆壬
午年十一
月初四日
於道光辛
卯年二月
二十六日
巳時沒葬
生子三㘦
衍
龍出承
厚月

武城曾氏重修族譜

貞鑑房系

家晋江

五

續出承
傳天

青三子
傳念

字伯晦號朴質生於乾隆丙子年閏九月十三日辰時於道光辛巳年九月初四日寅時沒葬石人頂崙仔頭艮坤

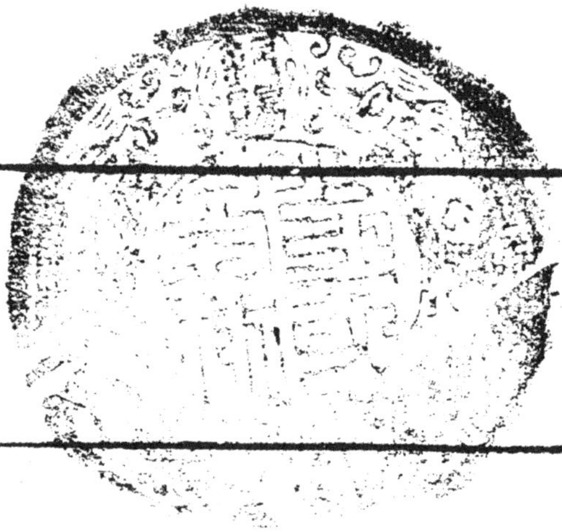

衍蘇內

寅申
配蔡氏生
於乾隆乙
酉年於乾
隆己酉年
二月二十
八日巳時
沒葬石人
頂崙仔頭
艮坤丑未
繼配劉氏
生於乾隆
丁亥年正
月十六日
子時於道
光甲辰年

貞鑑房系

蒙晉江

六

八月十四日未時沒葬長坡林乾巽辰戌生子一圖

番

寄四子

傳天

字伯乾號錫棱生於乾隆己卯年七月十一日巳時於道光壬辰年四月

衍蘇內

二十一日寅時沒葬

配謝氏生於乾隆戊子年四月初一日辰時於道光壬寅年十一月十三日酉時沒葬

生子三名

續承傳

嚴子

系
唱嫡

寄五子
傳朋
生沒失考

寄六子
傳斗
生於乾隆壬辰年四月十四日酉時於乾隆丁未年

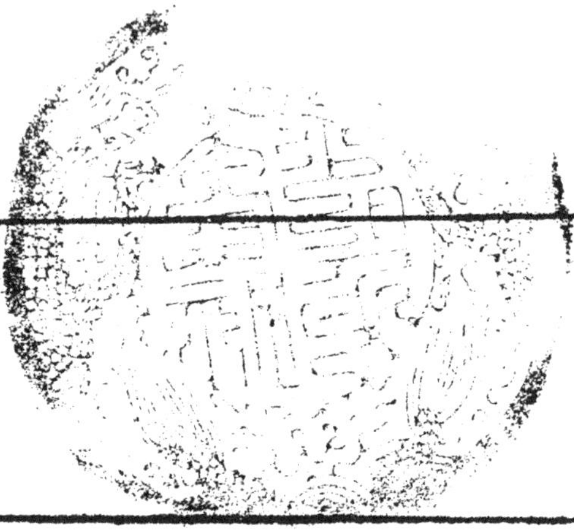

衍蘇內

六月二十
日申時沒
葬石人頂
崙仔頭艮
坤寅申

南長子
傳凝
字伯結號
允誠生於
乾隆庚辰
年九月二
十九日申
時於道光
元年十一
月十七日

侯次子
毓南
字若卿號
篤賓生於
雍正甲寅
年四月初
三日巳時
於嘉慶甲
子年十月
二十九日

子時沒葬配吳氏生於乾隆戊午年十二月十六日卯時於嘉慶己巳年十一月十五日申時沒夫婦合葬前坑嶺坐辛向乙兼辰戌

生子二名

凝 賞

申時沒葬配李氏生於乾隆甲申年二月二十七日巳時於乾隆丁未年七月初四日寅時沒葬高州山坤艮申寅

繼配陳氏生於乾隆己丑年九

衍蘇內

月十九日
申時於道
光丁未年
二月初七
日丑時沒
葬
生子三囡
灶完
金

南亥子
傳賞
字伯遊號
允月生於
乾隆戊戌

年十月初五日戌時於道光丁　年八月初二日戌時沒葬

配呂氏生於乾隆丙午年九月初十日巳時於道光丙午年七月初七日未時沒葬

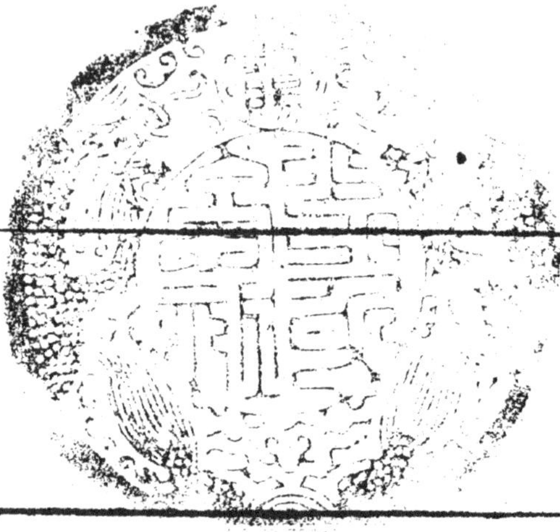

衍蘇內

侯三子
毓日
字升卿號
執朴生於
乾隆庚申
年二月二
十日丑時
於嘉慶辛
未年四月
二十六日
巳時沒葬
配吳氏生

生子一 圖
西

日長子
傳忽
生於乾隆
丙戌年八
月二十八
日午時沒
葬缺
配黃氏生
於乾隆丁
未年十月
初六日巳
時於嘉慶

於乾隆辛酉年十月初八日寅時於嘉慶辛未年四月十四日未時沒公葬崙仔頭辰戌巽乾

生子四囝

忽鶴

亥卜

庚午年十一月初三日丑時沒

葬

生子一囝

部殤

日亥子

傳鶴

字伯算號贊文生於乾隆庚寅年正月初八日卯時於嘉慶己

衍蘇內

巳年二月
二十二日
辰時沒葬
石壟頂大
嶺上丑未
艮坤
配張氏故
節
生子一名
榜鴻
日
三子
傳亥
生於乾隆
癸巳年間

三月十五
日辰時於
乾隆癸丑
年九月二
十五日子
時沒葬石
人山大崙
仔壬丙巳
亥

日四子

傳卜

往呂經營
未回

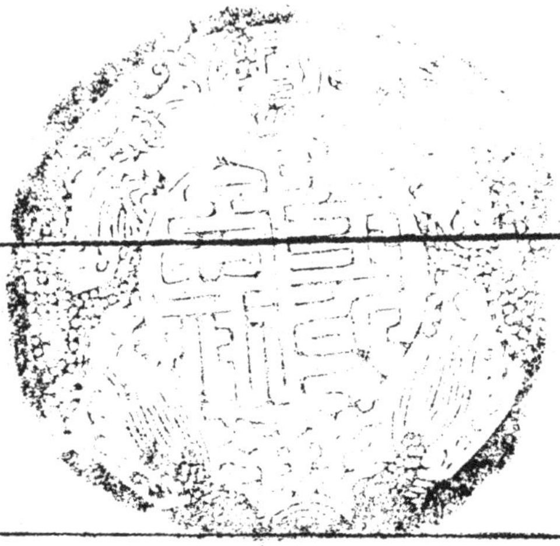

團四子 **興佐** 字君弼號非山生於康熙丙戌年二月初九日卯時沒缺 配桂氏生於康熙戊子年七月初七日卯時沒缺

佐長子 **毓順** 生於雍正癸丑年二月十六日亥時沒缺

佐次子 **毓買** 生於乾隆丙寅年七月十八日未時沒缺

買子 **傳矜** 君台灣

衍蘇內

武城曾氏重修族譜　貞鑑房系　家晉江　十二

生子二圂　順　買

圂五子
興伍
字君雄號際廷生於

配吳氏生於乾隆庚午年十二月二十八日巳時沒缺出居台灣咬狗的庄
生子一圂　砂

伍長子
毓悅
字差卿號惠齋生於

悅長子
傳知
生沒失考

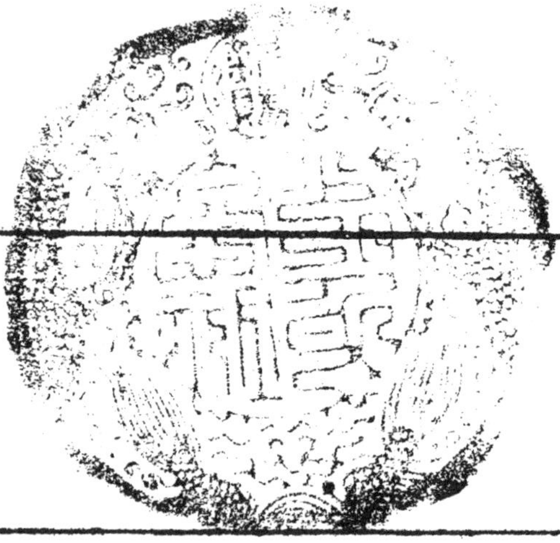

康熙己丑年二月初九日寅時
歿缺

配吳氏生於康熙乙未年四月二十六日辰時於乾隆癸酉年六月二十六日午時
歿葬

繼配呂氏

衍蘇內

雍正乙卯年八月二十五日亥時於嘉慶癸酉年十二月二十七日亥時
歿葬

配呂氏生於乾隆丙辰年四月初八日辰時於乾隆戊子年六月初五日

生於康熙丁酉年八月二十八日於乾隆戊子年八月初九日丑時沒合葬曾林嶺楊厝山甲庚卯酉向中壙以待翁百歲後進葬
生子四图
悅 暖

寅時沒葬
繼配林氏
生沒失考
生子三图
知
嬌出承
毓屯
虎出承
溪東房

伍次子
毓暖
字德卿號文吉生於

暖長子
傳在
字伯自號仁泉生於

衍蘇內

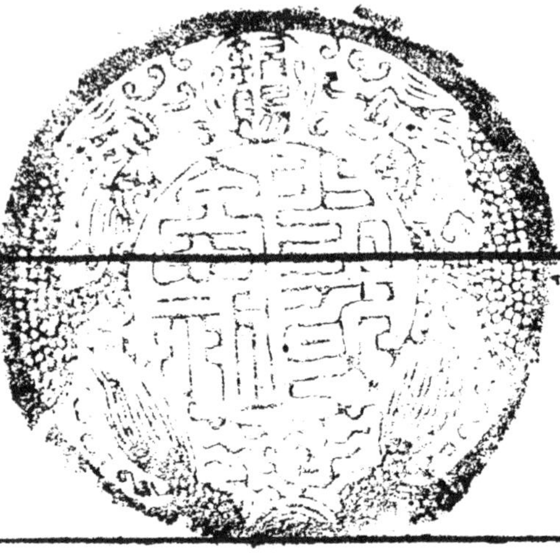

屯桂

乾隆　未年二月廿九日亥時於嘉慶乙丑年十月初三日午時沒葬

配葉氏生於乾隆庚午年十月十四日午時於道光辛卯年十月初三日亥時沒葬

乾隆乙丑年十月二十五日辰時於嘉慶辛酉年五月初八日酉時沒葬

配李氏生於乾隆丙申年六月二十日午時於嘉慶己未年五月十六日酉時沒葬

生子五名
在
尋出承
三引房
巢 示
一
賡葡

大田縣
生子一名
艮

暖次子
傳尋
字伯熙號仁捜生於乾隆丙申年二月初六日辰時於道光戊戌年十二月二十七日卯時沒

衍蘇內

葬
配呂氏生
於乾隆戊
戌年七月
初一日辰
時於咸豐
二年正月
十七日寅
時沒葬
生子五名
全　坃
棻殤
科殤
笞殤

暖三子

傳蕖

字伯令生於乾隆己亥年三月二十六日卯時於咸豐戊午年六月十五日沒葬

配呂氏生於乾隆丁巳年十二月二十四

衍蘇內

日戌時於
道光庚戌
年五月初
七日未時
沒葬

生子一名
蕀錫

腰四子
傳示
字伯指生
於乾隆壬
寅年五月
十四日辰
時於道光

戊申年五月十九日卯時沒葬

配郭氏生於乾隆庚戌年四月二十四日午時於嘉慶己卯年閏四月十九日酉時沒葬

繼配陳氏生於道光

衍蘇內

伍三子

毓屯

字卦卿號仁齋生於乾隆丙辰年正月十九日亥時於乾隆乙未年四月

元年五月二十一日辰時沒嗣

生子二图

耆殤鏡

屯子

傳嬌

生於乾隆乙未年七月初八日巳時沒缺

配　氏

初三日丑
時沒闕
配　氏
子一國
嬌承毓
悅子

伍四子
毓桂
字花卿號
明惠生於
乾隆己卯
年二月十

子二國
默　丙
均出養

桂次子
傳炮
生於乾隆
壬子年閏
四月初六
日酉時於

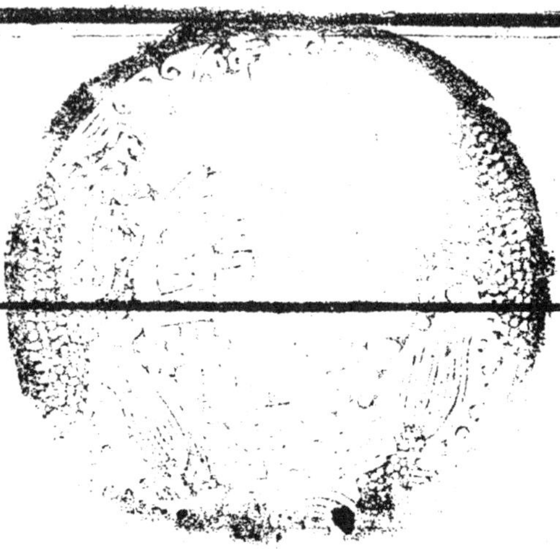

衍蘇內

六日寅時於嘉慶丙子年四月三十日未時沒葬

配陳氏生於乾隆丁亥年八月初一日巳時於道光壬午年十月二十四日酉時沒

缺

生子六名

道光癸巳年五月十三日沒葬長埔林北南

子一名捌承傳

滕子

桂三子

傳蕙

生於乾隆丙辰年十月二十日卯時於道光戊子年

龍（殤）炮
惹抄
滕扶

九月二十六日申時沒葬長坡林

桂四子
傳抄
字伯篤生於嘉慶庚申年八月初三日未時於道光丁酉年八月初八日午時沒葬後山

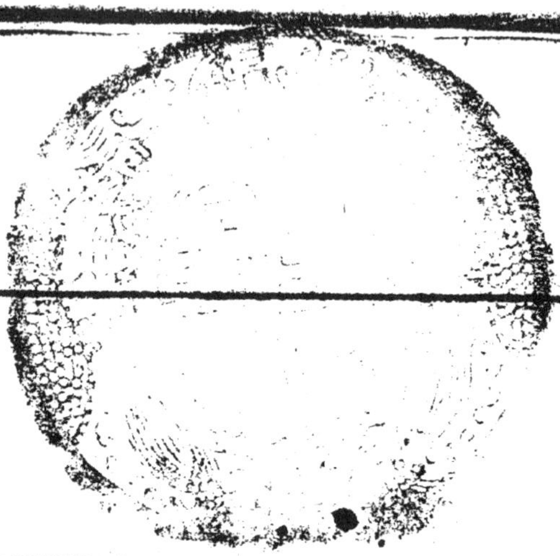

衍蘇內

桂五子

傳滕

字伯甫生於嘉慶癸亥年七月二十九日申時於道光丁未年九月十一日沒葬在洋下

配柯氏生鈌於咸豐元年九月十七日未

時浚葬

予三圖

捌出繼

傳炮

粿𡨴

桂六子

傳扶

字伯持生於嘉慶丙寅年七月十七日午時於光緒壬午年十二月二十

衍蘇內

九日巳時
沒葬
配楊氏生
於嘉慶庚
戌年七月
十五日午
時於光緒
丁酉年二
月初一日
午時沒葬
生子二囝
寅　珠

團六子
興添
字君益生於康熙甲午年三月初十日寅時沒關
配吳氏生於康熙丁酉年四月十八日亥時出居台灣竣狗的庄

添長子
毓寬
生於乾隆辛酉年五月初二日辰時居台灣

添次子
毓審
生於乾隆丙寅年閏二月十六日亥時居

生子三名
寬
審
自

台

深三子
毓自
生於乾隆
己巳年五
月二十五
日未時居
台

衍蘇內

貞銛房系

接上璿公房系

六十六派

銛長子 倚鴻 生沒失考

六十七派

六十八派

六十九派

七十派

貞科房系

接上瑨公房系

六十六派　六十七派　六十八派　六十九派　七十派

科長子 **尚讓** 字宗寔號仁德生於康熙己酉年二月二十六日寅時於康熙己　年十

讓子 **衍曾** 字允祥生於康熙戊戌年三月二十五日於乾隆甲戌年十一月十九日

普子 **興起** 字君雲號朴齋生於乾隆丙寅年九月二十二日巳時於嘉慶丙寅年

起長子 **毓見** 生沒失考

起次子 **毓捷**

一月初八日辰時沒葬
配丁氏改節
生子一𡨴普

沒葬
配蔡氏生於康熙壬寅年四月十六日丑時於乾隆庚午年六月初六日酉時沒葬
繼配李氏生於康熙壬寅年八月初十日子時沒闕

月十七日亥時沒葬
配王氏生於乾隆戊辰年七月十一日未時於乾隆己丑年九月初十日子時沒葬
繼配莊氏生於乾隆戊寅年三月二十日

生沒失考
起三子
毓洪
生沒失考

徙蘇內

武城曾氏重修族譜　貞科房系　家晉江　二

秫次子

尚悌

字宗孝生
於康熙丁
巳年二月
二十三日

悌子

衍

與景岳公
媽及父尚
讓公叔父
尚悌合葬
後山乾巽
戌辰
生子一圖
起

悌孫

興因

申時於嘉
慶癸亥年
二月初六
日巳時沒
葬
生子三圖
見　撻
洪

生於雍正
乙卯年十
一月二十
六日巳時

丑時
配李氏生
於康熙甲
申年三月
初一日
與伯讓公
合葬後山
氏政節
孫　一圖
因承衍
併子

於乾隆庚
子年三月
十五日辰
時歿葬後
山巽乾辰
戌
配吳氏生
於乾隆甲
子六月十
五日巳時
歿葬

貞科房系　家晋江　三

科三子
尙世
字謹　號尙愼生於康熙辛酉年四月十五日卯時於康熙癸巳年閏五月十二月戌時沒葬

配張氏生於康熙癸亥年七月

世子
衍餙
號峰山字光礪生於康熙甲申年九月初八日酉時於乾隆戊寅年五月初五日巳時沒葬

配黃氏生於　乙酉年十月

餙長子
興開
生於雍正戊申年八月二十三日辰時於乾隆己巳年十月初一日寅時沒葬州庵後乾巽戌辰

餙三子
興宗

十五日申時於乾隆庚午年十一月二十日未時沒葬氏守節恬篤念夫兒乞嗣爲養男雖三世一身後母必是熾昌報氏之德也乾隆己丑修譜元孫齊賢

十六日巳時於乾隆己卯年閏六月初六日辰時沒仝公合葬長坡林癸丁子午墳合葬在姑庵艮坤丑未

生子五名
開因
宗節
富出承
尚傑爲孫

生沒失考

代四子
興節
生於乾隆己未年三月十八日巳時出居台灣

代五子
興富
生於乾隆

衍蘇內

生嘉共節
特爲之立
贊云美貞
刺淫風詩
昭然矣予
嫂張氏之
節曷爲至
今流傳也
當日予幼
家貧念其
孤之隻於
抱養一嗣
以奉乃夫
之兄嗣其
義如此況
清如玉壺

壬戌年八
月二十九
日戌時於
乾隆乙酉
年正月初
三日卯時
沒葬後山
戌長乾巽

之冰遵敬
姜之訓宅
身足慶待
入足紀故
昔譜其恬
篤今揭其
貞操夫子
是言亦祇
以矣
生子一名
俗

衍蘇內

貞式房系

接上琲公房系

六十六派

六十七派

六十八派

六十九派

七十派

式長子

倚聘

生於己丑年十一月二十六日於　年七月十五日歿葬

武城曾氏重修族譜

貞式房系

晉江

一

式次子
尚鯤
字宗海號
宗國生於
康熙己未
年七月十
三日寅時
於康熙
年　月
十九日酉
時歿葬
配蔡氏生
於　丁
未年十月

鯤長子
衍勸
生於康熙
丙寅年於
康熙庚辰
年歿葬

鯤次子
衍陽
生於康熙
丁酉年十
月初九日
巳時於乾

衍蘇內

初五日戌時於雍正年　月二十七日沒與夫及興勸興陽合葬後山坐北向南
生子二囝
勸
陽承侚
賢子

隆己未年五月二十六日沒與父及兄合葬後山坐北向南

來公房系

接上瑨公房系

六十六派

六十七派

六十八派

六十九派

七十派

來孫 倘賢 號德輝生於康熙乙卯年九月初八日戌時於雍正乙卯年十一月初一

賢長子 衍連 號時恩生於康熙辛卯年六月二十八日辰時於乾隆辛酉年九月初四

衍蘇內

日辰時沒
葬
配蘇氏生
於庚
申年閏八
月二十三
日戌時於
乾隆乙丑
年八月初
二日巳時
沒葬
生子三圖
連
歸出繼
向鯤花

日辰時沒
葬
配呂氏生
沒缺
生子一圖
順舅
賢亥子
衍花
生於康熙
辛丑年正
月初七日
寅時沒缺

貞聰房系

接上瓚公房系

六十六派

六十七派

六十八派

六十九派

七十派

聰長子 **倚法**

字宗度號愚聚生於康熙壬戌年九月二十二日寅時於乾隆辛未年正

法長子 **衍禽**

號文賢生於康熙丁酉年六月十八日午時於乾隆丙戌年八月二十三

禽長子 **興栳**

生於乾隆戊辰年五月初五日寅時沒缺

月二十五日寅時沒葬

配陳氏生於康熙戊辰年正月十九日丑時於乾隆戊寅年十一月二十八日丑時沒合葬長坔口土丙亥巳

生子三囝

日沒葬臺灣

配張氏生於康熙辛丑年二月初三日辰時沒缺

生子四囝

綣　亢

綜　椿

興綜　禽亥子

生於乾隆癸酉年正月十四日子時沒缺

興亢　禽三子

生於乾隆丁丑年五月二十八日巳時沒缺

衍蘇內

禽增

省

法亥子

衍增

生於康熙庚子年十月初六日辰時

禽五子

興[忄存]

生於乾隆甲申年二月十五日子時沒闕

增長子

興僧

生於乾隆丁丑年八月初四日寅時沒闕

貞聰房系

家晉江

二

配吳氏生
於雍正甲
辰年三月
初八日辰
時公媽沒
葬闕

生子二圖
管　溓

十三法
衍省
號玉興生
於雍正甲
辰年七月

增次子
興溓
生於乾隆
庚辰年十
一月十二
日戌時沒
闕

省長子
興挺
生於乾隆
己巳年九
月二十二

衍蘇內

十八日丑
時於乾隆
癸未年七
月十一日
未時沒葬
石人山辛
乙酉卯
配陳氏生
於雍正己
酉年八月
初六日申
時沒闕
生子四圖
挺拾
慨鬆

日巳時沒
缺

省次子
興拾
生於乾隆
壬申年八
月初八日
辰時沒缺

省三子
興慨
生於乾隆
丙子年七

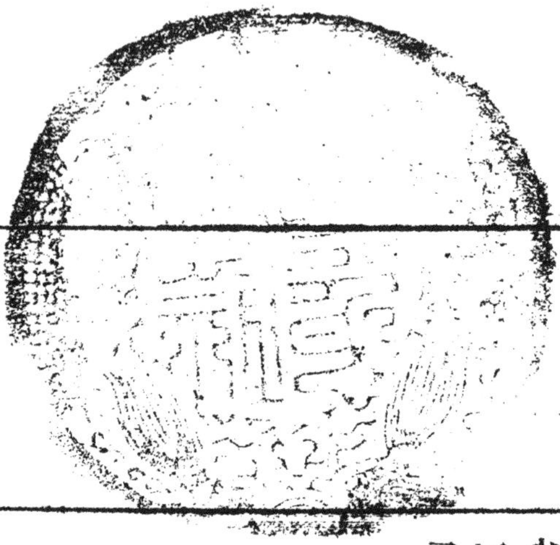

月初五日
未時沒鈌
省
四
子
興縣
生於乾隆
庚辰年三
月十一日
巳時沒鈌

衍蘇內

貞睿房系

接上瑨公房系

六十六派

六十七派

六十八派

六十九派

七十派

睿長子

尙仁

字宗愨號艮德生於康熙己巳年二月十三日寅時於雍正己酉年閏七

仁子

衍助

字允輔生於康熙甲午年八月初二日未時沒闕

配吳氏生

助長子

興論

生於乾隆丁卯年七月初五日卯時沒闕

月二十九日未時沒葬石人山後大嵩尾艮坤寅申配陳氏生於康熙癸酉年六月初六日於乾隆丁巳年二月初五日巳時沒葬石人山嵩仔頭丙壬巳亥生子一囝

於康熙戊戌年八月十一日子時沒闕

生子三囝
論
篇
執

助次子
興篇
生於乾隆庚午年四月二十七日寅時沒缺

助三子
興執
生於乾隆庚辰年四月十四日辰時沒缺

衍蘇內

助

膺欣子

尚禮

字宗儀生於康熙乙亥年十一月二十六日巳時沒缺

配朱氏生於康熙壬午年七月初八日巳時沒缺

禮長子

衍標

生於雍正甲辰年八月十七日巳時沒缺

配安氏生於雍正戊申年七月二十五日於乾隆辛巳年四月初八日卯

標子

興向

生於乾隆乙亥年八月十七日巳時沒缺

貞膺房系　家晉江　二

生子三圖
標　城
香

時沒葬長
殳尾癸丁
子午
生子二图
向

禮次子
衍城
字允高生
於雍正辛
亥年十二
月初五日
巳時沒缺
配蔡氏生
於乾隆丙

城長子
興皆
生於乾隆
丁丑年正
月十一日
辰時沒闕

城次子
興宣

衍蘇內

武城曾氏重修族譜　貞齋房系　家晉江　三

辰年四月初八日辰時沒闕
生子三名
曾　宣
朝

生於乾隆庚辰年七月十八日丑時沒缺

城三子
興朝
生於乾隆壬午年九月二十三日卯時沒闕

禮三子

衍秀

生於雍正乙卯年七月二十六日午時沒缺

配莊生於乾隆己未年七月初六日於乾隆辛巳年二月初七日午時

秀子

興串

生於乾隆己丑年三月初四日酉時沒闕

衍蘇內

歿葬長坡尾王丙亥巳
配蔡氏生於乾隆甲子年五月初三日子時歿闕
生子一啚串

貞京房系

接上瑎公房系

六十六派

六十七派

六十八派

六十九派

七十派

京長子

倘立

生於康熙乙亥年八月初七日未時於己酉年七月初十日沒葬長

坡
配呂氏生
沒缺
繼配林氏
改節
生子一 圖
諱殤

康[illegible]子
尚泰
號誠高生
於康熙己
卯年七月
二十七日

泰子
衍復
生於乾隆
庚午年三
月二十五
日午時沒

衍麟丙

未時於乾隆甲戌年正月初六日未時沒葬崙仔頭子午壬丙配吳氏生於康熙甲午年九月初四日酉時沒缺生子一名復

闕

貞選房系

接上瓚公房系

六十六派

六十七派

六十八派

六十九派

七十派

選長子

倘淮

生於康熙壬辰年正月二十二日未時沒缺

配洪氏生

於康熙甲午年三月十六日子時於乾隆丙戌年七月初六日酉時沒葬臺灣陂狗的班廊口

選次子
尚琅
生於雍正甲辰年四月十四日沒缺

琅長子
衍斗
生於乾隆辛巳年三月十六日丑時沒缺

衍蘇內

配高氏生於乾隆己未年二月初七日卯時沒闕
生子三　斗升　水
住台灣咬狗的庄

住台

琅次子
衍升
生於乾隆甲申年四月初七日未時沒闕
住台

琅三子
衍水
生於乾隆

衍蘇內

選三子
尚沓
生於雍正丙午年九月二十八日午時沒
缺

選四子
尚沿

丁亥年五月二十七日亥時沒
闕在臺

生於雍正辛亥年五月二十七日巳時沒缺

配鄭氏生於乾隆壬申年九月初九日沒闕居合灣咬狗的庄

貞擇房系 接上瑋公房系

六十六派

六十七派

六十八派

六十九派

七十派

擇長子 倘送

生於康熙甲午年十一月二十七日卯時沒缺

配陳氏生

送長子 衍點

生於乾隆庚午年於乾隆戊子年九月初五日沒葬在台灣

於雍正甲辰年閏四月初七日辰時於乾隆丙子年閏九月二十六日巳時沒葬龜湖墓娶呂氏生於雍正己酉年六月初三日丑時沒缺

生子二

送亥予

衍桃

生於乾隆辛巳年六月十五日子時沒缺

點
桃

擇次子
侗廩
生於雍正壬子年三月二十一日酉時沒闕
配謝氏生於乾隆庚申年三月十七日丑時沒缺

廩長子
衍居
生於乾隆乙酉年四月十八日戌時沒缺

廩次子
衍串
生於乾隆戊子年九月十七日

生子二圀

店　串

戌時沒餘

衍蘇内

貞共房系

接上琗公房系

六十六派

六十七派

六十八派

六十九派

七十派

共長子
倘川
生於康熙己亥年六月初七日巳時沒缺

共次子
倘降

降子
衍艮

生於雍正甲辰年九月初七日午時於乾隆乙酉年十月十八日亥時沒
葬
配何氏生於雍正辛亥年十月初三日辰時於乾隆丙子年七月十二日

生於乾隆乙亥年二月二十八日戌時沒
闕

酉時没葬
繼配許氏
生於雍正
丁未年十
月初三日
巳時於乾
隆辛巳年
六月初三
日辰時没
葬長坡林
艮坤丑未
公葬台灣
南路中州
仔嶺頂丑
未

生子一圀

昃

共三子 尚臨

生於雍正
壬戌年十
一月十二
日戌時沒
缺

配柯氏生
於乾隆庚
申年十一
月初六日
未時沒闕

臨長子 衍儉

生於乾隆
癸未年十
一月十七
日辰時沒
闕

臨次子 衍巧

生於乾隆
丁亥年十

衍蘇內

生子二啚
儉　巧

二月二十七日戌時
沒缺

貞欽房系

接上琯公房系

六十六派

六十七派

六十八派

六十九派

七十派

欽長子
尙堯
生歿失考

欽次子
尙葵
生於乾隆

葵子
衍載
生於乾隆

丙子年十
一月十七
日午時沒
缺
配吳氏生
於乾隆庚
申年九月
二十七日
寅時沒缺
生子一圖
載

欽三子
尚洞

辛巳年十
月十一日
寅時於乾
隆庚寅年
四月
日沒葬

衍蘇內

生於乾隆己未年三月初十日巳時於乾隆庚辰年八月二十五日巳時歿葬長坡林垢園內

貞殿房系

接上琯公房系

六十六派

殿長子 尙充 生後失考 往台灣

殿次子 尙賓

六十七派

六十八派

六十九派

七十派

衍蘇內

生沒失考
任台灣

貞帝房系

接上琯公房系

六十六派

六十七派

六十八派

六十九派

七十派

帝長子 **侚乞**

生於康熙庚子年十二月初二日辰時沒缺

配翁氏生

乞子 **衍蓁**

生於乾隆甲戌年六月十四日寅時沒闕

於雍正己酉年閏七月十八日亥時沒闕

生子一　圖

帝亥子

衍來

生於雍正乙巳年正月十一日卯時沒缺

衍蘇內

帝三子
尚鼎
生於雍正乙巳年正月十一日卯時沒闕
配洪氏生於乾隆壬申年正月初四日子時沒闕

貞亮房系

接上琯公房系

六十六派

六十七派

六十八派

六十九派

七十派

亮子 侚立

生於庚申年於乙卯年六月日沒葬苦安

配魏氏生

立子 衍喜

生於庚戌年十一月十九日子時沒闕

於　庚
申年歿
乙卯年
九月二十
二日歿
大荊口王
丙
生子一圖
嘉

貞禮房系

接上琯公房系

六十六派

六十七派

六十八派

六十九派

七十派

禮子
尚黨
生於癸巳年五月十二日未時沒缺
配魏氏生於甲

黨長子
衍洪
生於乾隆壬戌年六月十五日未時沒闕

午年正月十三日午時沒闕

生子一衍泉

黨次子

衍泉

生於乾隆庚辰年九月十九日辰時沒闕

貞權房系

接上瑞章房系

六十六派

六十七派

六十八派

六十九派

七十派

權長子
尚變
生於庚寅年六月二十八日午時沒
闕
配魏氏生於　辛

變長子
衍安
生於乙酉年四月二十二日酉時沒
闕
配蔡氏生

安子
興德
生於乾隆　年沒
缺

卯年六月
十八日酉
時於
癸未年正
月二十日
辰時殁葬
後林圳頂
戌兼辛乙
生子四囝
發鎮
緞會

於　戊
午年十二
月二十五
日未時殁
缺
生子一囝
德
變炎子
衍鎮
生於雍正
甲寅年正
月二十五
日卯時殁

衍蘇內

缺

配吳氏生於乙丑年九月初二日歿缺

夔三子

衍綏

生於乾隆戊午年十二月二十日歿缺

配王氏生

於　丙
寅年九月
初二日沒
缺

燮四子
衍會
生於乾隆
丁卯年十
二月十八
日沒缺
配洪氏於
甲戌
年沒缺

衍蘇內

權次子
尚度
生沒失考

權三子
尚爍
生沒失考

權四子
尚盬

生沒考

禮五子

尚昇

生沒失考

衍蘇內

貞永房系 接上汝化房系

六十六派

六十七派

六十八派

六十九派

七十派

永子
倘鵬
生於辛卯年沒缺
配蔡氏生沒缺葬長埔林兆南
生子二囝

鵬長子
衍振
生於康熙年沒缺
配丁氏跋節

振
宣

鵬次子
衍宣
字允播生於康熙　年於乾隆　年沒葬
配丁氏生於康熙　年於康熙庚子年七月十四日午時沒葬黃厝山
生子一　圈學

宣子
興學
生於康熙甲午年十月二十七日巳時沒　缺
配　氏莫考
生子一　圈
失挈眷住台灣

衍
蘇
內

傳庚房系

接上貞東房系

七十一派

七十二派

七十三派

七十四派

七十五派

庚長子

紀鏘

生於民國甲子年九月初三日辰時

庚次子

紀書

生於[illegible]寅年四月初十四辰時

衍蘇內

傳帝房系

接上貞嘉房系

七十一派

七十二派

七十三派

七十四派

七十五派

帝長子

紀灶

乃傳平十三子入承生於嘉慶戊辰年七月初四日卯時於道光戊戌年元

月二十三
日亥時沒
葬
配許氏諱
娘生於嘉
慶壬申年
八月二十
二日[illegible]時
於咸豐辛
亥年九月
初五日巳
時沒葬

帝次子
紀續
係傳王三子入承生於嘉慶己巳年九月初十日時於同治甲子年九月十一日未時沒葬
配　氏名勤娘生於嘉慶壬申

續長子
廣睃
生

續次子
廣可
生

年元月初
十日巳時
於同治壬
戌年四月
十七日巳
時殁葬
生子二圖
暖　可
生女[illegible]饒
治適下後
林許江官

帝三子
紀正
生於道光

丁亥年十一月二十九日寅時
於道光庚戌年五月二十一日
戌時沒葬

配　　氏

承繼孫
昭倒

帝四子
紀碚
生於道光
庚寅年九
月初三日
巳時於光
緒丁酉年
四月十五
日巳時沒
葬
配楊氏糠
娘生於道
光甲午年
五月二十

碚長子
廣成
生於咸豐
癸丑年十
月初七日
申時於光
緒丁酉年
十月二十
四日酉時
沒葬
配許氏眉
娘生於同
治壬申年
七月十一

成長子
昭秦
生於光緒
辛卯年元
月初二日
寅時
配　氏生
嗣子一名
招

秦子
憲招
生於民國
己巳年四
月二十四
日酉時

二日午時於宣統己酉年十月初五卯時歿葬
生子六　成　文殤　助　監　勝　釣
生女二　治　進　治

日酉時於光緒丁酉年七月三十日酉時歿葬
生子三　秦　述　派　〇述　派　均　殤

碻　亥　子
廣文
生於咸豐

庚申年六月十六日酉時於光緒甲申年七月二十一日寅時沒葬

碩三子

廣助

生於同治壬戌年元月十三日午時於光

助子

昭賓

生沒未詳

緒己亥年四月初七日未時沒葬

配杏墩王氏生於同治甲戌年八月沒葬俟詳

生子一囝

貧

碕四子

廣監

生於同治戊辰年四月二十二日辰時沒葬

裕五子
廣勝
生於光緒甲戌年十二月初五日卯時
配　氏生

勝嗣子
昭酬
世系詳在本支

衍蘇內

嗣子一 酣

碚六子
廣鈞
生於光緒丁丑年元月二十日卯時於沒葬

傳石房系 接上貞舉房系

七十一派 七十二派 七十三派 七十四派 七十五派

石長子 紀在
生於乾隆甲寅年九月二十四日丑時於道光戊戌年閏四月初五日寅

在長子 賡面
生於嘉慶丁丑年九月二十四日戌時葬

時沒葬
配翁氏成
娘生於嘉
慶戊午年
十一月十
七日卯時
於道光戊
戌年閏四
月初七日
申時沒葬
生子三
面　欣
摳
以欣嗣

在三子

廣摳

生於道光
乙未年閏
六月二十
六日未時
於道光丁
酉年五月
二十日未
時沒葬

衍蘇內

紀市爲餞

石四子
紀老
生於嘉慶戊辰年七月二十八日亥時於光緒癸未年九月十六日寅時歿葬
配社店陳氏梅娘生

老次子
廣接
生於咸豐癸丑年八月二十四日辰時於光緒丙午年七月二十四日巳時歿葬
配何氏哖娘 於同

接四子
昭淹
生於光緒壬辰年十一月十八日戌時

於嘉慶戊
寅年十二
月廿一日
　時於同
治丙寅年
七月初九
日辰時沒
　葬
生子二囝
　焙接
◯以焙嗣
紀市爲後

治癸亥年
五月十六
日亥時於
光緒庚子
年十二月
十二日辰
時沒葬
生子四囝
樞　伐
棘殤淹
◯以伐嗣
[illegible]焙爲後

衍蘇內

石五子 **紀市**

生於嘉慶丙子年閏六月初六日午時於道光戊戌年四月十七日申時沒葬

配 氏

撫子二圖 欣 焙

市長子 **廣欣**

生於道光 年於 年沒葬

市次子 **廣焙**

生於道光戊戌年六月初四日丑時於 年

焙子 **昭伐**

生於 年九月初一日於 年六月

欣係撫入
綢在次子
㤥係撫入
紀來長子

沒葬
配　氏
撫子一名
代
係撫入
廣接次子

二十七日
沒葬

衍蘇內

傳湖房系

接上貞嘉房系

七十一派

七十二派

七十三派

七十四派

七十五派

湖長子

紀矜

生於嘉慶甲子年四月十八日午時於道光戊申年七月十三日酉時沒

務四子

廣闖

生於咸豐癸丑年七月初六日寅時於光緒己丑年八月二十九日酉時

闖長子

昭嬟

世系詳在本支

葬
配陳氏担
娘生於嘉
慶甲戌年
五月十八
日巳時於
光緒癸巳
年七月廿
六日丑時
沒葬
生子五名
愛碼
造碼
盤碼

沒葬
配李氏香
娘生於同
治戊辰年
七月初一
日卯時於
光緒丁酉
年十一月
十六日酉
時沒葬
生子一名
嫫　戲
○係蘇內
頂廳廣廣
之子入承

闞柳

湖次子 **紀赤**

生於嘉慶己巳年八月　日　時於咸豐庚申年十月十三日戌時沒　葬
配　氏生　沒無考

赤長子 **廣研**

生於道光己亥年十月廿日　時於光緒甲申年七月十八日未時沒葬

赤次子 **廣達**

[illegible]曾氏重修族譜

生子二囝
研達

湖三子
紀倫
生沒無考

生沒無考

衍蘇內

傳宰房系

接上貞舉房系

七十一派 七十二派 七十三派 七十四派 七十五派

峷長子 **紀科** 生於乾隆乙卯年三月十五日丑時於道光甲午年九月二十六日申時

科長子 **賡兩** 生於嘉慶乙亥年十月二十八日亥時於光緒辛巳年七月十一日寅時

兩子 **昭斟** 生於道光戊申年二月初二日辰時於光緒丁酉年十二月十五日午時

斟子 **憲睹** 生於光緒辛巳年四月二十六日子時葬

沒葬
配浦西劉氏蜂娘生於嘉慶丁巳年六月十二日酉時於道光丁酉年五月二十六日巳時沒葬
生子五囝

沒葬
配蔡氏展娘生於道光甲申年二月二十八日於光緒癸未年七月初三日午時沒葬
生子一囝 斟

沒葬
配蔡氏閏娘生於咸豐庚申年三月十五日　時於光緒己亥年三月十九日辰時沒葬
生子一囝 睹

衍蘇內

兩　拔
鏊　趣
志
○以氂嗣
紀跨爲俊
又以志嗣
紀渠爲後

科炎子
廣拔
生於道光
辛巳年四
月二十六
日　時於
年沒葬

科四子
廣趣
生於道光
庚寅年四
月十五日

宰亥子
紀跨
生於嘉慶丁巳年八月十三日亥時於　年沒葬酟西邊林

丑時於　年沒葬

跨子
廣鑒
生於道光癸未年十一月二十二日未時於　年沒葬

衍
蘇
內

氏洽娘生於嘉慶壬戌年九月三十日午時於道光乙酉年元月初六日巳時沒葬廣眉山金龜逆流撫予一圖

整

。係撫入紀科三予

宰三子
紀流
生於嘉慶
己巳年元
月初十日
卯時於　　年
沒葬

傳恪房系 接上貞肇房系

七十一派

恪長子
紀巳
生於嘉慶丁卯年五月十五日午時於嘉慶戊辰年七月初五日亥時沒

七十二派

七十三派

七十四派

七十五派

葬

恪次子
紀贊
生於嘉慶戊辰年八月二十三日時於嘉慶庚午年三月十五日殤

恪子
紀山

山子
賡商

商長子
昭趀

衍蘇內

生於乾隆丙午年七月初八日於嘉慶丁丑年三月十五日酉時沒葬

配李氏膳娘內塘人生於嘉慶丙辰年三月二十四日巳時於咸豐庚申年七月十

生於嘉慶庚辰年三月十五日午時於光緒戊寅年六月二十一日酉時沒葬

配翁氏盞娘生於道光辛巳年五月十一日　時於道光甲申年五月十八日午時

生於癸卯年二月初二日戌時於光緒辛巳年十一月十六日戌時沒葬

次子 **昭俗**

生沒俟詳

一日辰時
沒葬
生子一圖
商

沒葬
繼娶翁氏
鉗娘生於
道光壬午
年十二月
初六日未
時於光緒
癸未年六
月二十九
日　時沒
葬
生子二圖
趙　俗
俗係撫入
廣伏長子

衍蘇內

傳縷房系 接上貞舉房系

七十一派

縷次子 紀訓

生於嘉慶庚申年十一月二十九日子時於道光戊戌年四月初五日酉

七十二派

訓長子 廣朱

生於嘉慶庚辰年七月初八日申時於　年 溭葬

七十三派

朱子 昭戍

生

七十四派

七十五派

時沒葬
配田內陳
氏度娘生
於嘉慶壬
戌年七月
十一日巳
時於
年沒
葬
生子五图
朱泉
粒麥
穡

配英墩許
氏葉娘生
於道光壬
午年二月
十九日酉
時於咸豐
辛亥年八
月十五日
未時沒葬
生子一图
成

訓炎子
廣泉

生於道光癸未年五月二十二日酉時沒葬未詳

訓三子

廣粒

生於道光乙酉年八月二十一日丑時沒葬未詳

訓四子 廣麥
生於道光丁亥年十月初十日巳時没葬未詳

訓五子 廣橋
生於道光庚寅年閏四月二十四日辰時没葬未詳

衍蘇內

傳勇房系

接上貞學房系

七十一派

七十二派

七十三派

七十四派

七十五派

勇長子 **紀掞**

生於嘉慶甲子年八月三十日未時於道光壬辰年閏九月二十日午時

沒葬

配王氏旦娘生於嘉慶丁卯年九月十四日午時於道光壬辰年十月十八日未時沒葬

生子一圖

跳鳴

衍蘇內

勇荗子 **紀杯**

生於嘉慶丙子年二月二十七日寅時於道光戊申年三月初四日申時歿葬

配內宅王氏碟娘生於道光辛巳年五月

杯子 **賡返**

承祧兩房系詳下

二十七日
午時於道
光丙午年
十二月初
一日酉時
沒葬

嗣子一卽
返

衍蘇內

傳葛房系 接上貞舉房系

七十一派

七十二派

七十三派

七十四派

七十五派

葛長子 紀機

生於嘉慶壬申年四月初八日申時於嘉慶癸酉年六月十四日戌時卒

衍蘇內

葛次子
紀錢
生於嘉慶乙亥年九月二十六日丑時於嘉慶己卯年四月初一日卯時殤

葛三子
紀錐

錐長子
廣泮

生於嘉慶戊寅年六月二十二日辰時於光緒甲午年九月初十日未時歿葬

配柯氏諸娘生於嘉慶己卯年元月初五日　時於光緒己亥年三月二

生於道光己酉年元月十六日巳時於同治甲戌年九月初三日戌時歿葬

配　氏

撫子二囝

恰　鎮

均殤

十八日巳
時沒葬
生子三圖
泮　懇
河

錐次子
廣懇

生於咸豐
戊午年正
月初九日
時於光
緒庚子年
五月初七
日巳時沒
葬
配李氏掘
娘生於咸
豐己未年
六月初七
日酉時於

懇長子
昭切

生於光緒
戊寅年九
月二十七
日　時於
光緒丁未
年八月十
六日未時
沒葬
配蔡氏守
娘生於光
緒丙戌年
八月二十

切子
憲賜

生於光緒
丙午年九
月二十六
日戌時於
民國戊午
年十二月
十五日辰
時殤

光緒己亥
年五月初
五日巳時
沒葬
生子五囝
切 恰
鎮 鄹
彥
。以恰嗣
廣泮爲後
鄹彥均殤

錐三子
廣河

二日於光
緒壬寅年
二月二十
七日 時
沒葬
生子一囝
賜

生於道光
癸卯年七
月初九日
午時歿咸
豐戊午年
十月初六
日辰時歿
葬
配氏
撫子一圈
切
承祧兩房
系詳上

衍蕃內

葛四子
紀沓
生於嘉慶庚辰年九月十五日寅時於　年歿葬

葛五子
紀伴
生於道光庚寅年九

伴子
廣洴
生於同治甲子年六

洴長子
昭曝
生於光緒己亥年十

傳葛房系　晉江　四

月二十日
丑時於光
緒丁亥年
八月初四
日酉時沒
葬
配　氏
撫子一　圖
洪
○保撫入
紀綢亥子

月十五日
辰時於光
緒戊申年
四月二十
二日卯時
沒葬
配蔡氏黃
娘生於光
緒庚辰年
十二月二
十二日未
時於光緒
癸巳年六
月二十一
日未時沒

二月十七
日寅時於
宣統己酉
年十月二
十八日寅
時沒葬

洪亥子
昭洸
生於光緒
乙巳年八
月初八日
辰時於宣
統己酉年

葬
繼娶李氏
係娘生於
光緒庚辰
年十一月
十三日丑
時於光緒
丁未年十
月二十五
日酉時沒
葬

生子二圖
曝
洸

七月二十
九日申時
沒葬

傳奥房系 接上貞畢房系

七十一派　七十二派　七十三派　七十四派　七十五派

奥長子 紀綢
生於道光壬午年三月二十七日亥時於光緒丙戌年六月十二日卯時

綢長子 廣伏
生於咸豐丙辰年元月初四日酉時於光緒己丑年十一月十三酉時沒

伏次子 昭鉤
生

沒葬
配林氏申
娘生於道
光丙戌年
元月十九
日於光緒
丁酉年十
一月初一
日酉時沒
葬
生子三囝
伏　洴
墟
○以洴嗣
知仲爲後

葬
配柯氏生
於同治癸
亥年九月
初四日未
時於光緒
乙酉年六
月十三日
丑時沒葬
生子二囝
俗　鉤
○以俗嗣
廣商爲後

衍
蘇
內

淵三子
廣盐
生於同治戊辰年八月三十日時於民國癸亥年五月十三日巳時沒葬
配李氏益娘內塘人生於光緒辛巳年十

盐長子
昭講
生於光緒甲辰年六月二十三日巳時於年沒葬

鹽次子
昭安
生於光緒戊申年八月二十二

二月初二日寅時於光緒丁酉年八月十九日未時沒葬

繼娶陳氏妹娘生於光緒癸未年五月十七日於宣統己酉年十一月十五日申時沒葬

日巳時

衍蘇

奧次子
紹錠
生於道光甲申年十二月初五日亥時於光緒己丑年六月二十四日巳時沒葬

生子二圖
講　安
生女一適
治

錠長子
廣返
生於咸豐丁巳年十一月十八日子時於光緒戊戌年五月二十一日丑時沒葬

返長子
昭魯
生於光緒戊子年二月二十五日亥時於　年沒葬
承祧兩房

配[illegible]氏自娘生於道光戊子年十二月二十四日亥時於光緒丁丑年七月二十日辰時沒葬

生子三图

返

法殤

扎

配陳氏養娘生於同治丙寅年八月初四日亥時於光緒甲辰年五月二十七日戌時沒葬

生子二图

魯

草殤

衍蘇內

鋌次子

廣札

生於同治
壬戌年六
月十九日
亥時於光
緒癸卯年
九月初七
日未時沒
葬

配吳氏髻
娘生於同
治乙亥年
十月十五

亥時於光緒戊戌年元月二十二日申時沒葬業承予圖龜係廣返長予嗣入系詳志

銑三子

廣法

生於同治

衍蘇內

戊辰年七月初十日亥時於光緒癸未年十二月二十八日時殤

配　氏

又再承子魯

傳向房系
接上貞舉房系

七十一派

七十二派

七十三派

七十四派

七十五派

向長子 **紀渠**
生於嘉慶己巳年六月初九日未時於光緒辛巳年九月初十日酉時沒

渠次子 **廣志**
生於道光甲午年三月初五日於光緒丙申年元月三十日寅時沒葬

志子 **昭開**
生於同治甲戌年十月二十七日寅時於光緒己亥年沒葬

葬
配陳氏花
娘生於嘉
慶癸酉年
三月二十
八日時
於光緒己
丑年八月
初四日酉
時沒葬
生子二名
扳殤
志
志係撫入

配陳氏選
娘於道
光癸卯年
九月初十
日巳時於
咸豐己未
年六月初
二日未時
沒葬
繼娶翁氏
臉娘英厝
人生未詳
於光緒壬
午年三月

配林氏拌
娘生於光
緒丁丑年
元月十一
日　時於
光緒己亥
年三月十
七日卯時
沒葬

衍蘇內

紀科五子

向亥子

紀想

生於嘉慶壬申年八月十一日卯時於道

初一日未時沒葬

撫子一昭

開

○係撫入廣設之子

光辛卯年九月十一日卯時沒葬於咸豐辛亥年改葬

傳接房系 接上貞舉房系

七十一派

接長子
紀蘇
生於乾隆辛亥年　月　日
没葬未詳

七十二派

七十三派

七十四派

七十五派

傳能房系 接上貞嘉房系

七十一派

七十二派

七十三派

七十四派

七十五派

能長子

紀醒

生於嘉慶癸酉年元月二十二日丑時於道光丁酉年六月十二日酉時沒葬

接豕子

紀高

生於道光
乙亥年
月沒葬未
詳

衍蘇丙

傳括房系 接上貞畢房系

七十一派

七十二派

七十三派

七十四派

七十五派

括

紀旦

往外生沒未詳

子

傳撰房系 接上貞舉房系

七十一派

撰長子

紀兵

生於嘉慶甲戌年於光緒丁丑年九月十九日歿葬

七十二派

七十三派

七十四派

七十五派

撰炎子
紀昇高
生歿失記

撰三子
紀何
生歿失記

衍蘇內

傳許房系 接上貞舉房系

七十一派

七十二派

七十三派

七十四派

七十五派

許長子

紀笑

生於嘉慶乙丑年十月二十七日巳時於道光庚寅年十二月二十四日

時沒葬

許紀子

生於道光庚辰年九月初四日未時寄居洪宅安

衍蘇內

傳登房系

換上貞舉房系

七十一派

登長子

紀棹

生於嘉慶戊寅年八月十七日辰時於光緒乙未年五月十六日申時沒

七十二派

七十三派

七十四派

七十五派

葬林樹墓
朱丑

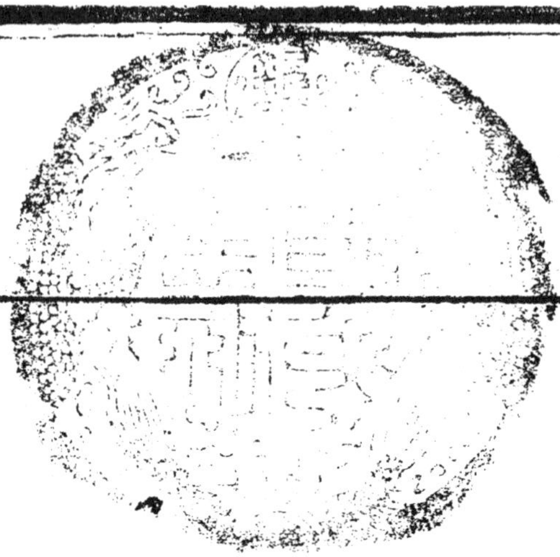

傳古房系

接上貞舉房系

七十一派

七十二派

七十三派

七十四派

七十五派

古長子

紀馬

生於道光丁亥年元月初一日亥時於　年

歿葬

古亥子
紀权
生於道光
辛卯年五
月初七日
丑時於　年
後葬

古四子
紀焉
生於道光
丁酉年十

衍
蘇
丙

一月十九
日未時於
年歿葬

傳黨房系
接上貞嘉房系

七十一派　七十二派　七十三派　七十四派　七十五派

黨長子
紀質
生於嘉慶己卯年二月十三日時於光緒辛巳年閏七月初五酉時沒

質長子
廣丕
生於道光甲辰年三月十七日亥時於光緒壬寅年六月二十五日丑時

丕長子
昭訂
生於光緒乙未年八月十二日未時於光緒甲辰年四月二十三日辰時

葬

配山後王氏千娘生於道光癸未年十二月十七日[illegible]時於同[illegible]甲子年二月初五日巳時沒葬

生子五圖

丕

爆[illegible]

沒葬

配何氏兼娘生於咸豐己未年八月十五日申時於光緒壬寅年六月十二日丑時沒葬

生子三圖

訂　熊

[金相]

生女二

沒葬

丕次子

昭熊

生於光緒己亥年三月十一日於光緒癸卯年八月十一日[illegible]

丕三子

昭[金相]

生於光緒

武城曾氏重修族譜 傳業房系 家晉江 二

不出養
勅
圭殤
生女一辦
治適金塘
林姓

黨次子
紀响

賡四子
廣勅
生於咸豐
丁巳年元
月十六日
時

响長子
廣岸

壬寅年五
月十一日
寅時殤

岸子
昭酣

衍蘇內

生於道光癸未年十一月十二日子時於咸豐庚申年六月二十二日卯時沒葬
配許氏匣娘生於道光丙申年十月初三日卯時於光緒甲午年八月初

生於同治壬申年七月初五日巳時於光緒乙巳年三月二十六日寅時沒葬
配楊氏潛娘生於光緒戊子年三月十五日戌時
生子三圖

生於光緒戊申年五月十一日巳時
配浯安洪氏麥娘生於民國甲寅年十月十四日時

五日未時歿葬

生子二 囝岸 挑

黨五子

紀富

生於道光甲午年三

酬葉 葬益[illegible]

响亥子

廣挑

生於光緒己卯年十一月十二未時於光緒丁酉年十一月初一巳時歿

月初三日
巳時於光
緒丁酉年
十月十七
巳時後葬
配□氏生
没無考□
生子三啚
□益蘊出
養□□桃
生女二長
須治次時
治適東洋
雙承男岸
●以桃嗣
紀响爲後

衍蘇內

黨六子 **紀碖**

生於道光丙申年十二月二十九日戌時於光緒癸卯年三月初九日酉時沒葬

配許氏生於道光己酉年三月十一日辰

碖長子 **廣醋**

生於同治戊辰年十一月二十一日巳時於光緒丁酉年十一月二十二日卯時沒葬

時於民國
甲寅年十
月初三日
酉時沒葬
嗣子[illegible]圖
生子二[illegible]圖
[illegible]
生女三

黨七
子　紀庭
生沒無考

衍蘇內

傳樓房系 接上貞學房系

七十一派

七十二派

七十三派

七十四派

七十五派

樓子 紀從 生於道光乙未年十一月初一日卯時於光緒丙戌年十一月十五日未

從長子 廣纂 生於同治丁卯年九月二十三日於光緒己亥年四月十三日辰時沒葬

時沒葬
配柯氏萬
娘生於道
光丁未年
三月十三
日卯時於
光緒癸巳
年十二月
二十八日
戌時沒葬
生子三名
纂
妹鷄
行出養

衍蘇內

傳褒房系 接上貞舉房系

七十一派

褒長子 紀托

生於嘉慶丙子年五月初七日亥時於同治乙丑年三月二十六日卯時

七十二派

七十三派

七十四派

七十五派

歿葬
配安呂
氏改娘生
於道光辛
巳年六月
十一日酉
時於光緒
丁酉年十
一月二十
五日時
歿葬
承孫一图
侯

衍蘇內

褒亥子

紀港

生於嘉慶己卯年四月初四日巳時於道光丁未年七月初四日亥時沒葬

配林口柯氏歸娘生於嘉慶辛巳年於道

光甲辰年十二月初七日酉時沒葬

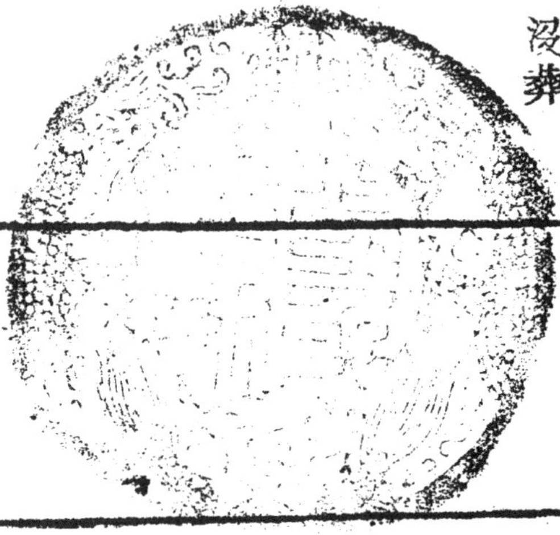

傳周房系 接上貞舉房系

七十一派　七十二派　七十三派　七十四派　七十五派

周次子 **紀淡**
生於嘉慶丁卯年元月初三日辰時於　年
歿葬

淡長子 **廣針**
生於道光戊戌年二月十五日午時於　年
歿葬

配贅浮橋陳氏罕娘生於嘉慶丙子年九月十八日辰時於　年歿葬生子二個針莫

周三子

紀涼

生於嘉慶乙亥年二

淡亥子

廣萸

生於

月十七日時於
年
沒葬

傳博房系

接上貞舉房系

七十一派　七十二派　七十三派　七十四派　七十五派

傳長子
紀蓮
生於嘉慶甲戌年閏二月十六日丑時於光緒丁丑年七月二十三日午

蓮長子
廣廸
生於道光壬寅年六月十三日子時於光緒己丑年六月十八日未時沒

廸長子
昭蒲
生於同治壬戌年十月十三日午時於光緒丙申年五月二十六日卯時

蒲子
憲泉
生於光緒丙午年六月二十三日申時
配西下尾

泉子
慶桂
原名桂林
生於民國庚午年八月二十二日未時

時沒葬
配柯氏荐
娘生於嘉
慶丁丑年
六月二十
七日亥時
於道光戊
戌年十二
月十三日
午時沒葬
繼娶陳氏
格娘洪宅
安人生於
嘉慶己卯

葬
配許氏樣
娘生於道
光壬寅年
元月十八
日於光緒
壬寅年二
月二十五
日巳時沒
葬
生子四图
浦盾
慶南

沒葬
配　氏
承繼子图
泉
係昭盾長
子入承

迪亥子
昭盾
生於同治
乙丑年七
月十五日
時於光

衍蔚內

林氏軟娘
生於民國
癸丑年二
月初九日
申時
生子一图
桂

盾子
憲闊
生於民國
癸丑年十
月二十七
日巳時

年十一月
十七日酉
時於光緒
己丑年七
月初八日
巳時沒葬
大石尾辛
乙兼戌辰
生子五囝
迪 槽
桼 啓
懯
。以懯嗣
紹高爲後

迪三子
昭慶

緒癸卯年
九月十七
日申時沒
葬
配李氏徙
娘生於光
緒甲申年
七月十九
日卯時
生子一囝
闊

慶一子
憲璽

衍齋內

生於同治癸酉年六月二十一日子時於光緒庚子年十月十二日未時沒葬

配　氏

承繼子圀

壐

生於民國　年　月　日　時

迪四子
昭南
生於光緒乙未年九月十四日午時
配李氏生於光緒　年　月　日　時
生子三囱
益　川
福

南長子
憲益
生

南次子
憲川
生

南三子
憲福
生

蓮次子 **廣槽**

生於道光丁未年元月十五日申時[illegible]光緒癸[illegible]年八月二十八日酉時歿葬

配柯氏蕊娘生於咸豐壬子年元月二十

槽長子 **昭聘**

生歿無考

配　氏

承繼子囝補

槽次子 **昭約**

生於光緒

聘子 **憲補**

生於民國己巳年九月十四日卯時

四日子時於光緒丁酉年十月二十五日亥時沒葬撫子二個

約聘

約保撫入廣言次子

蓮三子 **廣茶**

生於咸豐癸丑年七

丁亥年二月二十七日卯時於光緒己亥年三月十三日戌時殤

茶長子 **昭儀**

生於光緒癸未年九

儀長子 **憲義**

原名仁義

生於民國

月初六日巳時於民國辛酉年十月二十一日午時沒
葬
配洪氏腰娘浯安人生於咸豐戊午年六月初一日亥時於光緒癸卯年八月初六日酉時沒

月三十日巳時於民國己巳年八月初五日子時沒
葬
配山桊氏咽娘生於光緒戊子年元月初四日未時
生子四圖
義

丁巳年八月十七日未時

儀四子
憲森
生於民國丁巳年六月十八日子時

生子四名
儀邵
淵
遂殤
佮殤
北殤
森
生女三鴿
治適林口
雙治未字
葉治未字

荼次子
昭邵
生於光緒戊午年七月十四日亥時

邵次子
憲水
生於民國丙寅年八月三十日卯時

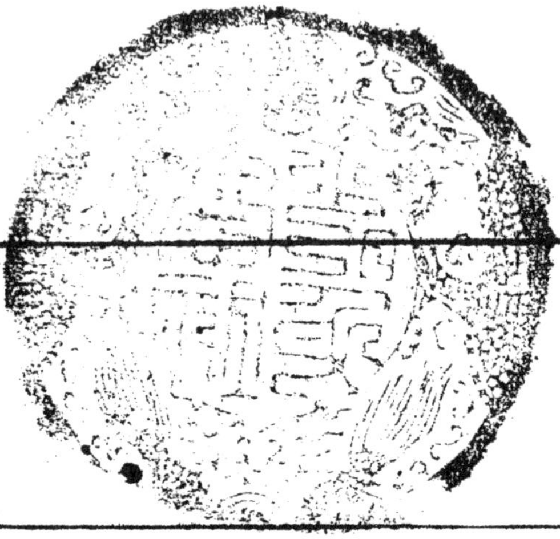

配內塘鄉
李氏久娘
生於光緒
壬寅年四
月二十四
日巳時
生子三圀
食氷
補
生女一杬
治

衍蘇內

卻三子
憲補
生於民國
己巳年九
月十四日
卯時

莯三子
昭淵
生於光緒辛卯年六月初七日午時
配李氏雪娘生於光緒己亥年十二月十七日時
生子一 圀樹
生女二 一四

淵子
憲樹
生於民國癸亥年十月初七日寅時

蓮四子
廣啟
生於咸豐己未年十月十四日時於民國丁卯年八月十五日午時沒葬
配洪氏梅娘生於同治戊辰年

治倫治

啟長子
昭詮
生於光緒庚寅年四月二十四日未時
配蔡氏鞋娘生於光緒壬寅年四月初四日卯時於民國辛酉

二月初六
日酉時於
光緒庚子
年十月十
四日丑時
沒葬
生子二圖
詮　諷

年九月十
六日卯時
沒葬

敬亥子
昭諷
生於光緒
丁酉年五
月初二日
午時
配李氏吉
碩山仔人
生於宣統

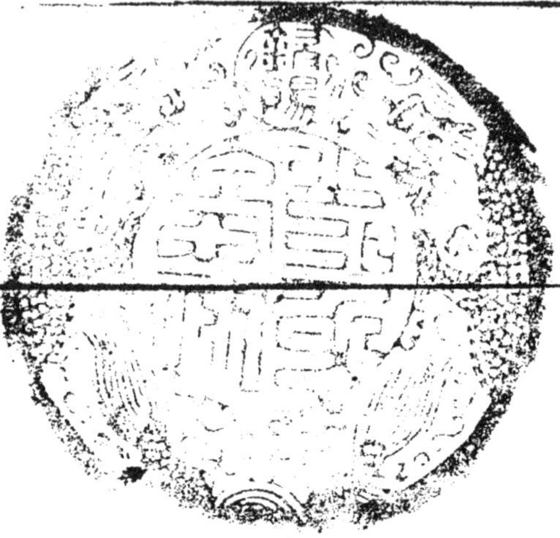

己酉年八月十九日寅時於民國乙丑年六月十六日卯時歿葬

繼娶黃氏瓊娘生於宣統辛亥年十月初六日寅時

生女一店治

蓮五子
廣憑
生於同治癸亥年三月二十五日　時於光緒甲辰年十一月十一日未時沒葬
配陳氏改節

憑三子
昭錯
生於光緒乙巳年六月十六日亥時於　年
鶴

衍蘇內

博文子
紀高
生於道光乙酉年於道光丙午年二月十五日巳時歿葬
配　氏

生子三名
濬殤
坦殤
錯

高長子
廣言
生於道光己丑年四月十八日戊時於光緒己亥年五月十九日巳時歿葬

言長子
昭琛
生於光緒戊寅年八月初二日　時

撫子一㘝
言
○係撫入
紀卜長子
承祧兩房
廣憑係紀
蓮五子入
承

配李氏喊
娘生於咸
豐己未年
七月初十
日巳時於
光緒丁亥
年二月二
十七日亥
時沒葬
生子二㘝
琛　約
○以約嗣
廣槽爲後

高亥子
廣憑
系詳上
配　氏
子一
錆

憑三子
昭錆
系詳上

博三子
紀卜
生於道光壬午年十

卜次子
廣寸
生於咸豐辛亥年十

寸長子
昭誥
生於光緒辛卯年四

月初六日巳時於同治壬戌年十月二十三日寅時沒葬
配張氏拚娘生於道光己丑年十一月二十四日未時於光緒庚寅年六月二十日

一月初二日巳時於民國壬戌年十月十五日辰時沒葬
配蔡氏逭娘生於同治辛未年三月十二日亥時於光緒丁酉年十月十三日未時沒葬

月二十四日巳時於光緒戊戌年七月二十九日午時沒葬

寸亥子
昭益
生於光緒丙申年八月十七日巳時

亥時沒葬
生子四名
言　寸　卜
□繼
以言嗣
紹高爲後
又以鶴嗣
紹由爲後

卜子
廣唋
生子二名
諳　盃
生於同治
壬戌年九
月十五日
時於宣
統己酉年
七月初十
日　時沒
葬
配紫氏要
娘生於同

唋長子
昭升
生於光緒
壬寅年十
月十五日
申時

治辛未年元月二十二日未時於光緒乙未年十二月十二日子時沒葬

繼娶山玉氏樓娘生於光緒己卯年七月二十五日酉時生子二圖

升 到

㖩 亥 子

昭到

生於光緒丁未年六月二十四日酉時於民國辛酉年二月二十六日酉時殤

傳學房系

接上貞擧房系

七十一派

七十二派

七十三派

七十四派

七十五派

學次子 **紀不**

生於嘉慶癸酉年九月二十九日巳時於光緒己丑年三月初八日戌時

不長子 **廣竹**

生於道光乙巳年八月初八日時於光緒壬午年七月二十九日時

竹長子 **昭丙**

生於同治壬申年元月初四日午時於光緒庚寅年六月十二日巳時沒

沒葬
配蔡氏研娘生於嘉慶辛巳年五月十八日酉時於光緒乙未年九月二十九日寅時沒葬
生子四名
竹　郄
歪
禩　弱

沒葬
配吳氏硯娘生於咸豐壬子年七月二十七日未時於光緒乙巳年[illegible]月十八日寅時沒葬
生子三名
丙　搓
例

葬
竹亥子
昭搓
生於光緒辛巳年七月二十七日巳時於民國甲寅年十月二十九日戌時沒葬

搓子
憲紬
系詳上

衍蘇內

○以[illegible]嗣
紀否爲後

配陳氏員
娘生於光
緒癸未年
十二月十
四日亥時
於光緒甲
辰年二月
三十日酉
時沒葬
東祀子一
名 絀

竹三子
昭例

丕三子
廣歪
生於道光辛亥年十月二十九日辰時於光緒壬寅年六月二十六日酉時沒葬
配蔡氏望娘山人

生

歪長子
昭梅
生於光緒丙子年四月十二日辰時於民國庚申年九月初四日巳時沒葬
配李氏續娘生於光

梅子
憲庚
生於民國　年　月　日　時

生於咸豐己未年五月二十六日辰時於民國癸亥年元月十九日辰時沒葬

生子五名

梅 愛

潛 熾

永

緒乙酉年七月三十日未時於光緒戊子年四月二十五日戌時沒葬

繼娶林氏欝娘生於光緒己丑年六月二十二日巳時

生子一名

衍蘇內

庚
生女

歪亥子
昭愛
生於光緒辛巳年七月二十四日寅時於宣統己酉年九月初一日酉時沒葬
配王氏

愛子
憲庚
系詳上

娘改節

東祀子一
庚

圖

丕三子
昭糍
生沒無考

丕四子
昭永
生沒無考

學三子
紀否
生於嘉慶丁丑年十月初五日辰時於咸

否長子
廣邶
生於道光戊申年六月二十二日辰時於

歪五子
昭潛
生於光緒辛卯年十二月初二日　時出君

邶次子
昭討
生於光緒辛卯年元月十五日辰時

討長子
憲中
生於民國丁巳年五月初八日巳時

豐乙卯年八月初五日丑時沒葬
配吳氏益娘生於道光丁亥年十二月十四日於光緒戊戌年十月二十七日午時沒葬
生子二圖

光緒癸巳年三月十二日亥時沒葬
配陳氏鎰娘生於同治癸亥年四月十七日卯時於民國壬戌年七月十五日申時沒葬
生子三圖

配林口柯氏嚳娘生於光緒丁酉年三月二十九日辰時於民國辛酉年十二月二十五日寅時沒葬
繼娶玉井姚氏經娘生於光緒甲辰年十一月日

訃亥子
憲發
生於民國丁卯年八月二十二日辰時葬

四子
憲殿
生於民國庚午年八月初六日申時

郜鷂
郜係撫入
祀不炎子
鵬係養入

明討
畋
明鵡
畋係養入
郎嗣鵬爲
後

西炎子
廣鵬
生於咸豐
庚申年十
一月初八
日申時於
民國壬戌
年七月十

時
生子四
中發
國　廢
國殤

鵑子
昭畋
生於光緒
壬寅年七
月初八日
辰時

學四子 紀丑 生於道光乙酉年八月二十五

丑長子 廣首 生於咸豐丁巳年十一月十七

首子 昭蟳 生於光緒 年

九日時 沒葬

配 氏

撫子一 图

歿

○保撫入廣却三子

日未時於
光緒甲午
年五月初
一日卯時
沒葬
配李氏企
娘生於道
光甲午年
十月初七
日丑時於
光緒甲午
年八月十
七日巳時
沒葬

時於光
緒丁酉年
十一月二
十八日辰
時沒葬
配許氏柳
娘生於光
緒戊寅年
九月二十
八日子時
於光緒丁
酉年十月
二十一日
寅時沒葬

生子二囝
首
[illegible]班鵝

生子一囝
蟳

傳讀房系

接上貞舉房系

七十一派

七十二派

七十三派

七十四派

七十五派

讀長子

紀鰍

生於道光戊子年十二月二十三日時
沒葬漳州岳嶺
配許氏賽

娘生於道光癸卯年於光緒丙子年歿葬

續次子

紀唱

生於道光癸巳年五月初一日卯時於咸豐甲寅年六月初四日辰時歿

唱長子

廣椅

生於咸豐壬子年七月二十二日戌時於光緒丁未年十月十三日酉時

葬

配李氏生於道光甲午年元月初一日卯時於咸豐戊午年八月初二日巳時沒葬山脚崙生子二名

椅

癖

沒葬

繼承孫名

兆

林

唱炎子

廣癖

生

傳焙房系 接上貞舉房系

七十一派

七十二派

七十三派

七十四派

七十五派

焙子 紀田

生於嘉慶戊寅年八月十八日午時於光緒庚寅年九月二十三日申時

田長子 廣鴒

生於咸豐丁巳年十月初十日酉時於光緒庚寅年五月初五日酉時沒

沒葬
配洪氏椒
娘生於嘉
慶庚辰年
三月十三
日卯時於
道光戊戌
年元月初
四日戌時
沒葬
繼娶呂氏
寬娘生於
道光己丑
年二月二

葬
田亥子
廣閭
生於同治
壬戌年三
月初五日
申時於光
緒丁未年
十一月初
四日巳時
沒葬
配陳氏覓
娘生於光

十一日
時於光緒
壬寅年六
月二十一
日時沒葬

生子二圖
咗闖
咗係撫入
卜四子

緒癸未年
月於民
國　年
閏五月二
十日沒葬

月初三日巳時於光緒丁酉年十月十七巳時後葬配□氏生後無考□生子三圖□益蘊出養□□桃生女二長須治亥時治適東洋雙承男崇●以桃嗣紀响爲後

衍蘇內

傳章房系 接上貞擧房系

七十一派 七十二派 七十三派 七十四派 七十五派

章長子 紀修 生於嘉慶乙亥年元月二十八日戌時於光緒癸未年元月十七日子時

修子 廣熙 生於同治癸亥年七月十三日寅時於宣統己酉年七月初四日申時沒

熙長子 昭甘 生沒失記 配氏 嗣子 圖樹

甘子 憲樹 系詳上

沒葬
配姚氏干
娘生於道
光壬午年
五月二十
一日戌時
於咸豐丁
巳年四月
十五日酉
時沒葬
撫子一名
熙
○保撫入
亂咤長子

葬
配李氏椒
娘林口人
生於同治
癸丑年四
月二十九
日辰時於
民國辛酉
年十月十
一日寅時
沒葬
生子二名
甘殤
淦殤

章亥子

紀蓴

生於道光癸未年十一月初五日卯時於同治丁卯年三月二十五日辰時沒葬

配施氏甲娘生於道

蓴子

承繼子囮 柴

廣利

生於同治丙寅年九月十九日申時於光緒丁丑年二月二十一日巳時沒葬

光　年
於咸豐辛
酉年十一
月十四日
時殁葬
撫子一固
利
係撫人
船扭亥子

衍蘇內

傳欺房系

接上貞畢房系

七十一派

七十二派

七十三派

七十四派

七十五派

欺次子

紀淨

生於嘉慶丁丑年四月十三日丑時於道光戊申年三月初四日申時

配　氏柳
娘生於道
光戊子年
七月初十
日卯時於
道光戊申
年元月二
十九日未
時沒葬

歎三子
紀戀
生於嘉慶
庚辰年十

戀長子
履況
生於

一月二十八日丑時於　年湲葬

配林氏霓娘生於道光甲申年三月十六日寅時於咸豐丁巳年十月初八日辰時湲葬

戀次子

廣激

生於

生子二图

况　徽

欺四子
紀隔

生於道光乙酉年五月十二日丑時於光緒丙申年六月十九日子時沒葬

配柯氏的娘生於道

隔長子
廣煎
生於

隔次子
廣乳
生

隔三子
廣炛
生

衍蘇內

光癸巳年
於光緒辛
丑年二月
十二日卯
時沒葬

生子三囝
煎　乳
烒

傳溪房系

接上貞學房系

七十一派

七十二派

七十三派

七十四派

七十五派

溪長子 **紀蕋**

生於嘉慶己卯年七月初五日於光緒戊寅年二月二十七日時沒葬

蕋子 **廣舥**

生於光緒己卯年十一月初十日時於光緒庚子年十二月初四日

舥子 **昭深**

生於光緒庚寅年三月初五日辰時於光緒戊戌年三月十五日亥時殤

配　氏
撫子一個
配
○係撫入
紀察亥子

時沒葬
配郭氏花
生於光緒
己卯年九
月初六日
辰時於光
緒戊戌年
閏十二月十
一日辰時
沒葬
撫子一名
深
○係撫入
廣窑三子

溪次子
紀察
生於道光丁亥年九月十六日時於光緒辛丑年七月十六日辰時沒葬
配郭氏縣娘生於道光戊戌年九月初一日辰時於

察長子
廣窐
生於
配許氏久娘生於同治丁卯年六月初一日辰時於光緒戊戌年三月二十九日亥時沒葬

窐次子
昭李
生於光緒年

光緒丁亥
年十二月
初九日寅
時沒葬
生子[illegible]
舊朏
以朏嗣
紀蒸爲後

繼娶郭氏
先娘生於
光緒己卯
年六月十
一午時於
光緒庚子
年四月廿
二日辰時
沒葬
生子四[illegible]
徙柑
深
○以深嗣
廣朏爲後
徙柑均殤

傳龍房系 接上貞嘉房系

七十一派

龍長子
紀忍
生於嘉慶辛酉年十一月二十二日巳時於光緒丙子年五月初九日未

七十二派

七十三派

七十四派

七十五派

時沒葬
配莊氏珍娘生於嘉慶庚申年十一月二十一日亥時於咸豐庚申年三月二十二日巳時沒葬
生子一 名 鈔殤

衍蘇內

龍次子
紀汪
生於嘉慶乙丑八年月初七日時於咸豐辛亥年四月初八日酉時沒葬
配泉城內金池廖氏香娘生於道光壬午

汪長子
廣算
生於道光乙巳年二月二十五日丑時於年沒葬
配陳氏罵娘生於同治乙亥年五月二十八日巳時於年沒葬

傳龍房系 家晉江 二

年七月初
五日巳時
生子二　圖
算
頊殤
於光緒戊
申年八月
十七日
時葬之

龍三子
紀鍺
生歿無考

衍
蘇內

傳王房系 接上貞嘉房系

七十一派

七十二派

七十三派

七十四派

七十五派

玉長子

紀土

生於嘉慶壬戌年十二月十五日亥時於道光壬辰年三月十三日酉時歿葬

王亥子 **紀士**

生於嘉慶丁卯年六月初五日亥時於光緒丙戌年八月十九日巳時沒葬

配柯氏隊娘生於嘉慶己卯年四月二十

士長子 **廣當**

生沒無考

士亥子 **廣令**

生於咸豐癸丑年二月十七日未時於光緒癸卯年閏五月十五日酉時沒葬

令長子 **昭炒**

生於光緒辛卯年十二月三十日子時於光緒己亥年四月二十一日酉時沒葬

六日時於光緒丁丑年三月十九日酉時沒葬

生子三囝當令樹

配何氏壁娘生於同治丁卯年五月二十一日巳時於光緒丁酉年五月二十三日午時沒葬

繼娶董氏喜娘生於咸豐己未年七月二十時於光緒癸卯

令次子昭銀生

令三子昭榮生

年九月初三日戌時殁葬

生子二名炒錦

嗣子一名榮策

士三子

廣樹

生於咸豐戊午年九月十四日子時於同治壬申年

十月十四日　時沒
葬

王四子
紀路
生於嘉慶壬申年元月十八日子時於光緒乙酉年四月十二日戌時沒
葬

路長子
廣準
生於道光癸卯年九月二十八日於道光　年六月十二日沒葬
嗣子二名

準長子
昭兌
生

準次子
昭挺
生

兗挺

賡秤

配柯氏痛娘生於道光壬寅年十二月二十四日卯時於光緒甲申年七月初七日巳時沒葬

生子一

準秤

生於咸豐丁巳年十二月十四日午時於民國甲寅年二月初四日沒葬

配何氏春娘張安人生於同治

秤六子

昭鑯

生於光緒甲午年五月初八日時沒葬

衍蘇內

己未年十一月初二日午時於光緒丙午年元月初三日卯時沒葬

生子六图

滌火

清兌

樸鐵

○以滌嗣出承紹挑爲孫

王五子

紀挑

生於嘉慶甲戌年十一月初九日戌時於道光丙申年六月十五日未時沒葬

配　氏

撫孫一昭

科長子

昭潒

出承紀挑爲孫生於光緒丙子年十一月十七日巳時於光緒癸卯年閏五月二十九日卯時沒葬

配柯氏顯娘生於光

衍蘇丙

緒庚午年
十月十八
日　時於
丁亥
年閏四月
二十二日
戌時沒葬

傳農房系 接上貞嘉房系

七十一派

農嗣子 **紀屋**

生於道光甲申年七月十八日午時於光緒戊寅年十月二十八日酉時

七十二派

屋子 **廣麗**

生於咸豐癸丑年十二月二十一日辰時於民國辛酉年九月二十七日

七十三派

麗長子 **昭練**

生於光緒丁丑年三月初八日亥時

配林口柯氏愛娘生

七十四派

練長子 **憲鏡**

生於光緒壬寅年四月初三日巳時

配內塘李氏猜娘生

七十五派

鏡長子 **慶添**

生於民國丙寅年八月二十九日亥時

沒葬
配黃氏園娘生於道光癸巳年七月十一日辰時於光緒乙亥年六月二十二日子時沒葬
生子一 圖
麗

午時沒葬
配蔡氏勝娘生於同治壬戌年四月二十日亥時光緒己亥年四月十八日亥時沒葬
生子六 圖
練 鑑殤 爐殤

於光緒丙戌年五月二十四日巳時於民國辛酉年十月二十九日巳時沒葬
生子五 圖
鏡 鴻 槐殤 櫜殤 燥殤
○以鴻嗣出承昭習爲後

於光緒丙午年 月 日 時
生子二 圖
滌 軾
生女一 隨
治

鏡次子
慶軾
生於民國己巳年二月初九日戌時

衍蘇內

習趕

生女一笑

治

麗四子

昭習

生於光緒乙酉年十一月二十一日亥時，於宣統庚戌年八月十一日巳時沒葬

配布林許氏珠娘，生於光緒癸巳年八月

習嗣子

憲鴻

生於光緒甲辰年七月初一日丑時

配萬坪鄉林氏西娘，生於民國癸丑年　月　日　時

生女一緣

治

衍蘇內

十一日巳
時於光緒
丙午年五
月十三日
巳時沒葬
嗣子一名
鴻
○係撫入
昭練亥子
入承

傳虎房系
接上貞嘉房系

七十一派

七十二派

七十三派

七十四派

七十五派

虎長子
紀玉
生於　年於
年二月初二日沒葬

配　氏於
年八月十
四日没葬

虎
家
紀璐
子
生没無考

衍蘇內

傳梢房系 接上貞嘉房系

七十一派 七十二派 七十三派 七十四派 七十五派

梢次子
紀鶴
生沒無考

傳釆房系 接上貞嘉房系

七十一派

七十二派

七十三派

七十四派

七十五派

釆長子

紀榜

生於嘉慶己卯年七月初十日午時於光緒己丑年十二月十四日酉時

殁葬
配　氏生
生子一召
闕

系次子
紀憲
生歿無考

系三子
紀垸

衍蘇內

生歿莫考

四子
紀蒜
生歿無考

傳誥房系

接上貞舉房系

七十一派

七十二派

七十三派

七十四派

七十五派

誥子 **紀詩**

生於乾隆丙申年三月十四日巳時於道光丁酉年二月十一日未時沒

詩長子 **廣篇**

生

葬清內埔
配浯安洪
氏養[illegible]全
廣[illegible]往漳
州
生子三圖
名[illegible]爛
[illegible]爛門養

衍蘇內

傳棟房系接上貞畢房系

七十一派

七十二派

七十三派

七十四派

七十五派

棟長子

紀水

生於嘉慶戊辰年二月初十日寅時於同治癸亥年月沒葬

棟次子
紀火
生於嘉慶
甲戌年八
月十一日
亥時於光
緒己卯年
九月二十
七日申時
沒葬
配　氏
承姪孫
俊

火子
廣文
生
配　氏例
不詳
生子一圖
侯

文子
昭侯
生於同治
丁卯年七
月二十三
日卯時於
光緒丁酉
年十月十
三日酉時
沒葬

衍蘇內

傳榮房系

接上貞舉房系

七十一派

七十二派

七十三派

七十四派

七十五派

榮長子
紀朋
生於乾隆戊戌年閏六月三十日午時於道光辛卯年三月二十二日亥

朋次子
廣張
生於嘉慶乙亥年七月二十五日未時於道光丙申年六月十四日未時

時沒葬清
埔內南北
配潛埭黃
氏笑娘生
於乾隆戊
申年於道
光壬辰年
六月二十
五日酉時
沒葬清埔
內南北
生子二圖
燦殤張

沒葬

衍
蘇內

榮亥子 **紀程**

生於乾隆丁巳年九月十一日辰時於咸豐甲寅年十一月初一日戌時沒葬

配後坑謝氏快娘生於乾隆辛亥年於咸

程子 **廣聽**

生於道光丁亥年六月十八日亥時於光緒壬午年五月初五日未時沒葬

配陳氏店娘生於道光辛卯年七月廿六

聽子 **昭秇**

生於同治丙寅年七月二十六日辰時於光緒丁酉年十月二十七日卯時沒葬

配　　氏

秇長子 **憲坂**

生於光緒壬寅年元月初九日申時

配上山林氏櫟娘生於光緒庚子年元月二十五日酉時

豐庚申年六月十二日子時沒葬
撫子一囝
聽
○係撫入紀二丙家子

日時於光緒乙未年十二月二十日時沒葬
撫子一囝
嵇
○係撫入廣盟次子

撫子一囝
坂
○係撫入昭貴長子

衍蘇內

傳顒房系

接上貞舉房系

七十一派

顒長子 紀云

生於乾隆己酉年十月十三日午時於道光丙申年六月二十一日戌時

七十二派

云長子 廣盥

生於嘉慶庚辰年九月十五日於光緒乙未年八月十五日未時沒葬

七十三派

盥長子 昭賚

生於同治壬戌年閏八月十五日戌時於光緒丁未年十一月初十日巳

七十四派

賚次子 憲旂

生於光緒甲辰年六月十三日子時於沒葬

七十五派

沒葬湖井
西東
配靈水吳
氏屘娘生
於嘉慶辛
酉年六月
初六日申
時於光緒
丁丑年七
月十七日
酉時沒葬
生子三囝
鹽　聽
拙

配翁氏疼
娘生於道
光庚子年
十二月十
九日午時
於光緒丙
戌年四月
十三日辰
時沒葬
生子四囝
賢　秳
諷　打
以秳嗣
出承賓聽

時沒葬
配王氏棘
娘生於光
緒辛巳年
五月二十
五日酉時
於光緒丁
未年十一
月初三日
酉時沒葬
生子二囝
坂　旂
以坂嗣
昭秳爲後

衍蘇內

○以聽嗣出承紀程爲後拙鴉

爲後又以打嗣紀甎爲孫

盥三子

昭諷

生於同治己巳年十二月初十日時於光緒癸卯年十二月初十日亥時没葬

配蔡氏啄娘生於光緒丁丑年二月十九

衍蘇內

顯亥子

紀佑

生於乾隆辛亥年六月二十三日辰時於年沒葬

日巳時於光緒丙申年元月二十三日亥時沒葬

配桃安張氏㓾娘生於嘉慶丙寅年於道光乙未年七月初一日沒葬肯埔內

顛三子
紀晬
生於嘉慶庚申年十一月十八日丑時於同治丙寅

晬三子
廣賜
生於道光壬寅年十月初五日丑時於光緒乙酉年

年十月二十七日巳時沒葬配吳氏富娘生於嘉慶戊辰年十一月二十五日巳時於光緒乙酉年十二月二十四日辰時沒葬

五月初五日子時沒葬

衍蘇內

顯四子
紀點
生子三圖
欽殤
豪　賜
生於嘉慶甲子年三月二十三日酉時於　年沒葬
嗣孫一圖
打
係撫入

點子
廣未

未子
昭打
名打廣盥四子入承點爲孫生於光緒丙子年五月二十五日巳時於民國癸亥年五月初八日未時沒

打子
憲賞
生於光緒辛亥年七月十七日午時於民國庚申年七月二十三日巳時沒葬

膺盥四子

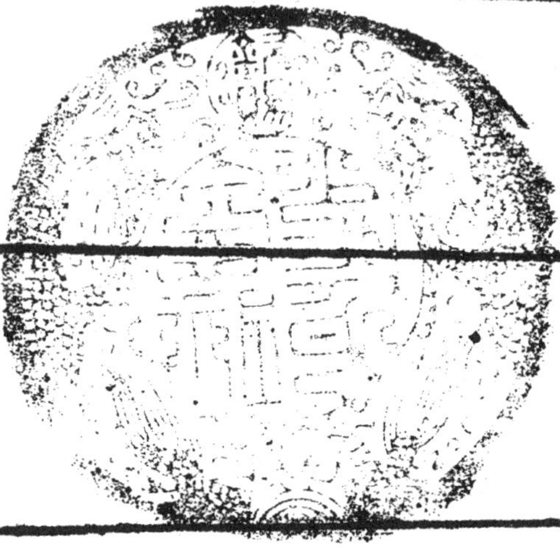

葬

配林氏菟
娘生於光
緒壬辰年
於民國丁
巳年五月
初十日酉
時沒葬
生子一囮
賞

衍蘇內

傳顔房系

接上貞學房系

七十一派

七十二派

七十三派

七十四派

七十五派

紀豹

顔亥子

生於嘉慶甲子年十月十八日午時於咸豐壬子年四月初二日寅時歿

廣敔

豹長子

生於道光乙酉年十一月初九日辰時於年歿葬

葬
配浯安[illegible]
氏[illegible]娘生
於嘉慶甲
子年五月
十三日酉
時於光緒
庚辰年元
月二十四
日未時歿
葬
生子五圖
破浮
設胸

豹次子
廣浮
生於道光
乙未年七
月十四日
子時於年
歿葬

豹四子
廣胸
生於嘉慶
丙子年六
月二十九
日辰時於

胸長子
昭滴
生於同治
辛未年五
月二十五
日於光緒

衍蘇內

磧
○以設嗣
長房紀善
爲後

光緒庚寅
年六月初
六日丑時
歿葬
配李氏揥
娘生於道
光丙戌年
十月初四
日辰時於
光緒庚寅
年十一月
十六日午
時歿葬
生子二囝

己亥年八
月初七日
卯時歿葬

晒亥子
昭輝
生於光緒
乙亥年五
月二十五
日巳時於
光緒丁酉
年十月二
十一日亥
時歿葬

滴輝

務五子
廣磽
生沒俟詳
配　氏
撫子一名
趧
●係撫入
長房廣設
次子為後

子
昭趧
生於同治己巳年七月初一日卯時於民國辛酉年十一月二十九日未時沒葬
配林氏歡娘生於光

衍蘇丙

緒甲申年七月二十八日辰時生子一名堯瑦

傳護房系

接上貞舉房系

七十一派

七十二派

七十三派

七十四派

七十五派

護長子 **紀象** 生於嘉慶庚申年五月十八日午時於光緒壬午年十月十五日辰時沒

象次子 **廣鐵** 生於道光甲申年二月二十八日卯時於光緒丁丑年七月二十五日午

鐵長子 **昭轉** 生於咸豐甲寅年六月二十一日辰時於民國丙辰年十二月初七日辰

轉次子 **憲印** 生於光緒丙戌年十二月初三日辰時於光緒丁未年五月十二日未時

葬
配□氏賜
娘生於嘉
慶辛酉年
六月初五
日寅時於
道光甲午
年七月十
九日辰時
沒葬
繼娶姚氏
教娘生於
嘉慶庚午
年十月初

時沒葬
配李氏探
娘生於道
光十四年
九月十六
日卯時於
光緒三年
七月二十
一日卯時
沒葬
生子四名
轉　虧
波　舵
以舵嗣

時沒
配陳氏蠦
娘生於同
治癸亥年
於光緒丁
酉年十月
二十七日
子時沒葬
生子四名
雙　印
錢　白
雙錢白均
殤

沒葬

衍蘇內

七日寅時於道光辛丑年七月初四日寅時沒葬

生子五 熊鐵 潭柱 敝 熊柱均殤

廣潭爲後

象三子
廣潭

轉次子
昭勵
生沒俟詳

轉三子
昭波
生沒俟詳

潭長子
昭森

生於道光丙戌年十月初二日於光緒辛卯年八月十九日戌時沒葬

配何氏初娘生於道光辛丑年五月十三日巳時於咸豐己未年五月初六日辰時

生

澤亥子

昭舵

生於同治甲子年八月初六日時於光緒辛丑年六月廿七日丑時沒葬

歿葬
繼娶陳氏
順娘生於
道光癸卯
年八月十
四日子時
於同治甲
戌年八月
十三日申
時歿葬
生子二圖
森 舵
舵係入承

衍蘇內

韻次子
紀獅
生於嘉慶丁卯年十月二十五日酉時於

象五子
廣廠
生於道光戊戌年三月廿三日丑時於　年沒葬

獅子
廣帕
生於道光甲午年十二月十一日午時於

道光戊戌年五月十三日午時沒葬

配普照蔡氏丕娘生於嘉慶庚午年二月初五日時於嘉慶癸酉年十一月二十六日巳時沒葬

沒葬

繼娶靈水
吳氏丹娘
生於嘉慶
辛未年六
月十一日
寅時於道
光己亥年
七月十九
日寅時歿
葬
生子一圖
帕

衍蘇內

傳甲房系

接上貞畢房系

七十一派

七十二派

七十三派

七十四派

七十五派

甲長子 紀龍 生於乾隆乙卯年三月初一日酉時於道光壬辰年三月二十九日酉時

龍長子 廣梭 生於嘉慶己卯年四月初十日於光緒丁丑年二月二十三日巳時沒葬

梭長子 昭耿 生於道光丙午年年九月二十三日酉時於光緒辛丑年三月二十九日沒

耿長子 憲衛 生於光緒己丑年十月十四日酉時於光緒丙申年元月十九日巳時沒

沒葬
配蔡氏僚
娘生於嘉
慶丁巳年
八月十九
日辰時於
光緒丙子
年八月二
十四日丑
時沒葬
生子三名
梭
彭　殤　智

配蔡氏錯
娘生於嘉
慶庚辰年
八月三十
五日於光
緒丁酉年
十月二十
五日沒葬
生子二名
歌　呼

葬
配陳氏問
娘生於咸
豐壬子年
於光緒癸
卯年八月
初三日沒
葬
生子二名
衞　子

葬
歌亥子
憲子
生沒無考

衍蘇內

梭次子 **昭呼**
生於道光己酉年六月二十五日於光緒己亥年九月十五日戌時沒葬
配蔡氏拿娘生於咸豐甲寅年十一月初二日辰時

呼子 **憲啞**
生於光緒丙子年於民國庚申年七月初三日沒葬
配黃氏該娘生於光緒丙戌年元月十六日於民國庚申年五月初十日

啞子 **慶山**
生於光緒戊戌年
配林氏底娘南安圭下人生於民國壬子年元月二十一日時

衍蘇內

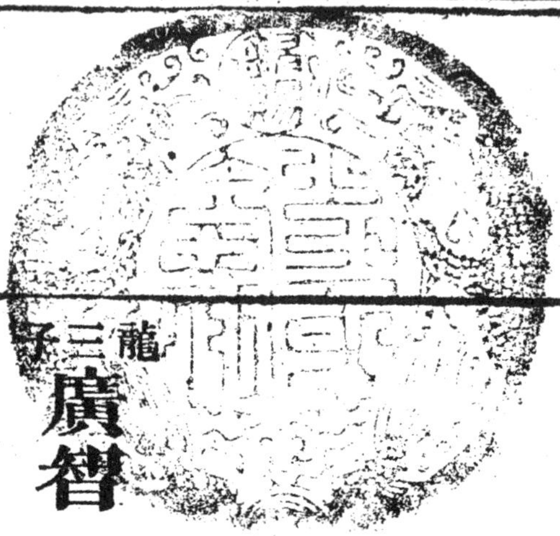

龍三子
廣智
生於道光壬午年八月十九日戌時於咸

生子六囝
串荐
砂粢
婆軋
均錦
養子一囝
啞

智長子
昭顧
生於咸豐己未年六月二十六日亥時於

卯時沒葬
生子一囝
山

顧長子
憲桓
生於光緒戊子年元月初九日未時

生女一龍
治

豐壬子年五月初三日寅時沒葬

配洪氏契娘生於道光丙戌年八月十八日於光緒丁酉年十月二十五日辰時沒葬

養子三 圖

民國壬戌年六月十六日辰時沒葬

配柯氏專娘生於同治辛未年年十一月初四日丑時

嗣子二 圖

桓 欸

配魏氏寶娘生於光緒庚寅年五月初七日丑時於民國癸丑年六月十七日未時沒葬

顧次子

燾炊

世系詳在本支

願及
竣以及嗣
○以及嗣
廣烘爲後
文以援嗣
廣官爲孫

智次子
昭及
世系詳在本支
配氏
生子一名
趑

及長子
憲趑
世系詳在本支
配氏
生子一名
模

趑子
慶模
世系詳在本支

衍蘇內

甲四子
紹朗
生於嘉慶戊午年七月初十日酉時於　年歿葬
配磁灶吳氏梅娘生於嘉慶庚申年八月二十六日巳時於

朗長子
廣灯
生於道光癸未年四月二十五日申時於道光戊子年三月十七日巳時歿葬

朗次子
廣娥

娥長子
昭遷

遷次子
憲俊

年沒葬生子三囝灯娥浸蘇

生於道光辛卯年四月初九日巳時於光緒己丑年十一月十八日卯時沒葬配柯氏迌娘生於道光庚子年八月十九日　時於光緒辛卯年十一月

生於道光癸亥年九月初六日酉時於民國己未年三月十九日寅時沒葬配柯氏琵娘生於光緒丙子年七月十六日辰時於光緒丁酉年十月二十四日丑

衍蘇丙

生於光緒乙巳年元月二十六日巳時配翁氏娘生於民國丙辰年　月　日　時

二十六日
戌時沒葬
生子三名
遷　奔
粉

時沒葬
繼娶翁氏
開娘生於
光緒辛巳
年十一月
二十二日
辰時於光
緒己亥年
四月十七
日　時沒
葬
三娶吳氏
字娘生於
同治癸酉

年十二月十二日卯時於宣統己酉年五月三十一日辰時沒

葬

生子二名

祝殤俊

娥亥子

昭奔

生於同治戊辰年十二月初四

徐蘇氏

武城曾氏重修族譜

傳甲房系

日　時於
光緒丙申
年元月二
十六日卯
時沒葬

娥三子
昭粉
生於同治
壬申年十
一月二十
四日　時
於
年　月

粉子
憲清
生於民國
丁卯年八
月　　日
時

衆晉江

六

衍蘇內

甲五子
紀糟
生於嘉慶
壬戌年十

糟長子
廣官
生於道光
乙酉年十

歿葬
配林氏鮭
娘生於光
緒戊子年
五月二十
九日酉時
養子一圀
清

官子
昭拔
生於同治
甲子年六

拔長子
憲梗
生於光緒
丁酉年元

梗長子
慶瞈
生於民國
丁卯年六

二月十四日戌時於年沒葬

配坳埔陳氏花娘生於嘉慶癸亥年元月初七日於道光戊戌年五月初二日寅時沒葬高州山腳辛乙

生子三囝

一月初八日　時於光緒己卯年二月二十八日酉時沒葬

配　氏

撫子一囝

拔

○係撫入續智三子

月十四日辰時於宣統己酉年七月十六日酉時沒葬

配許氏雪娘生於光緒乙亥年十月初七日辰時

生子五囝

梗　佛

扇磚

月二十一日戌時

配許氏悅娘生於光緒丁酉年元月二十一日　時於民國辛酉年十月二十三日　時沒葬

繼娶柯氏甫娘生於光緒戊申

月十四日辰時

官烘
抵

炊林
ㅁ以炊嗣
昭願爲後

衍謨
年月
日時
生子一図
爈

扳炊子

壼佛

生於光緒
己亥年十
二月二十
六日戌時
配林口柯
氏髻娘生
於光緒丁

未年二月二十八日酉時於民國丙寅年二月初六日未時歿

葬

子扶

繼娶林氏貨娘生於民國癸丑年七月十四日酉時

生子一图

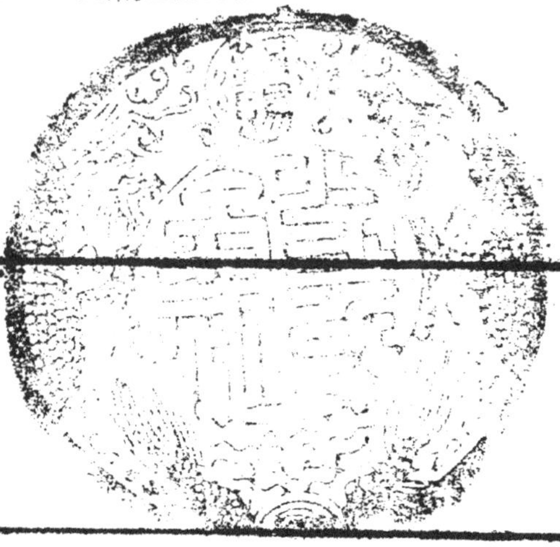

衍蘇內

援四子
憲炊　扶殤
生於光緒甲辰年二月初十日丑時
配蔡氏片娘生於民國癸丑年十一月初五日酉時

炊子
慶璋
生於民國庚午年八月二十八日戌時

生子一图
璋

授五子
憲林
生於光緒戊申年六月十五日未時
配 氏

糖次子 **廣烘**

生於道光己丑年八月二十九日未時於光緒癸巳年七月二十二日歿葬

配　氏

撫子一图

及

係撫入廣智次子

烘子 **昭及**

生於咸豐辛酉年九月十八日戌時

配蔡氏挽娘生於同治壬申年十月三十日時於光緒庚子年二月二十一日子時

及長子 **憲趣**

生於光緒癸巳年元月初二日午時

配柯氏差娘林口外家生於光緒乙未年十月二十五日　時於民國癸

趣長子 **慶模**

生於民國辛酉年九月二十七日午時

衍蘇內

沒葬
子一女一
繼娶鄭氏
綢娘生於
光緒丙子
年 月於
民國丁卯
年十月二
十三日巳
時沒葬
生子二囝
趍
昌鴉
生女一

亥年五月
十五日
時沒葬
繼娶蔡氏
生於光緒
癸卯年三
月二十七
日戌時沒
葬
生子一囝
模

果六子
紀府
生於嘉慶乙丑年九月十四日子時於同治辛未年十一月二十三日寅時殁葬
配許槑諱氏廳娘生於嘉慶乙丑年十一

府三子
廣郡
生於道光癸巳年九月十九日午時於光緒甲午年九月十五日殁葬
配李氏灰娘生於道光庚子年五月初十日辰時於

郡長子
昭磨
生於咸豐辛酉年十一月二十八日丑時於光緒庚子年九月十七日丑時殁葬
配禁氏嫌娘生於同治壬申年七月十九

磨長子
憲闕
生於光緒丁酉年三月二十七日辰時
配小鉛塘鄭氏來娘生於宣統己酉年九月初三日寅時於民國丁卯年十一月初

衍裔內

月十一日亥時於光緒丁丑年七月十八日巳時沒葬

生子七图

營盤

郡著

笔擇

漢

營盤均殤

民國辛酉年十一月十六日寅時沒葬

生子六图

磨　時

提殤

華殤

抱

讓殤

日辰時

生子二图

闞　癸

生女一

十日丑時沒葬

繼娶蔡氏信娘生於光緒甲辰年五月初八日丑時

磨次子

憲癸

生於光緒庚子年十月十五日辰時

癸子

慶發

生於民國　年　月　日　時

衍蘇內

郡交子

昭時

生於同治
丁卯年五

時嗣子

憲炎

配吳氏益
娘生於民
國壬子年
五月十二
日時

生子一名
發

世系詳在
本支

炎子

慶發

生於民國
年

月十八日
卯時於宣
統庚戌年
七月初一
日 時沒
葬
配高砂譴
王氏官長
女名桂娘
生於光緒
己卯年九
月初四日
戌時於光
緒己亥年
四月初二

配 氏
生子一 圖
義
時嗣子
憲侯
生於光緒
戊申年三
月十二日
卯時
配李漂娘
生於民國

月 時 日

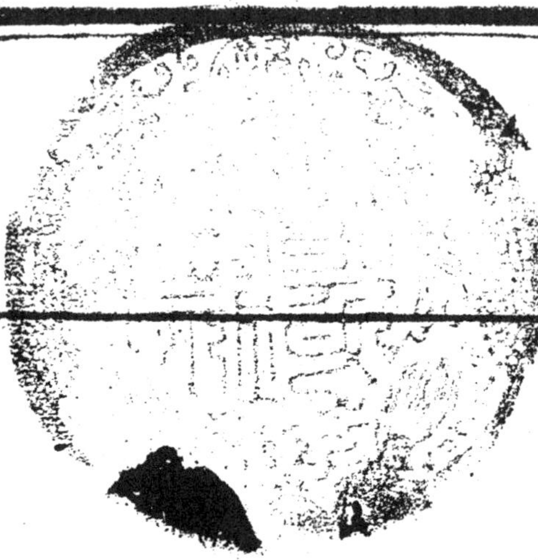

衍蘇內

日巳時後
葬
撫予一囝
癸
生子一囝
侯
癸係撫入
昭磨亥子

郡五子
昭抱
生於同治
甲戌年四
月十四日
申時於民

丁巳年七
月十六日
酉時

抱子
憲月
生於光緒
乙巳年六
月十六日
戌時葬

國年　月
日沒葬
配洪氏氣
娘生於光
緒甲申年
十一月初
九日未時
於宣統己
酉年五月
十四日丑
時沒葬
生子一圀
月
生女一柑

衍蘇內

府四子

廣箸

生於道光丙申年九月初四日亥時於[illegible]緒戊[illegible]四月初五日酉時沒葬

配李氏揀娘生於道光甲辰年

治

箸長子

昭瑛

生於同治甲子年九月十八日辰時於光緒癸未年七月初二日酉時沒葬

箸次子

昭評

九月十一日卯時於光緒癸未年五月二十一日寅時沒葬

生子五圖 瑛 評 醲殤 東 洛殤

生於同治己巳年元月十九日未時於民國庚申年九月初四日卯時沒葬

箸四子

昭東

生於光緒丁丑年十月十一日

衍蘇內

府五子
廣肇
生於道光
己亥年四
月十七日
辰時於光
緒辛卯年

子時於光
緒戊子年
元月十五
日辰時沒
葬

肇長子
昭汲
生於同治
庚午年十
二月初八
日午時於
光緒乙未

九月十五日酉時沒葬

配李氏德娘生於咸豐辛亥年六月十二日時於光緒戊申年七月初九日午時沒葬

生子七囝

年十二月二十三日申時沒葬

昭栒 筆三子

生於光緒己卯年元月初三日辰時於光緒己亥年四月十六日卯時沒葬大墓後

汲端
耕柾
者財
七
端出宗寄
居內塘李
姓

筆四子
昭柾
生於光緒辛巳年九月初三日辰時
配李氏娟娘生於光緒丙生於光緒丙申年八月初八日辰時於民國丙辰年十月

衍蘇內

柾長子
憲棟
生於宣統辛亥年八月初三日於民國丙寅年月十二日巳時沒葬

柾三子
憲清
生於民國

二十五日辰時沒葬
生子三囝
棟殤
盤殤
清養

筆五子
昭晢
生於光緒丁亥年八月初八日卯時於光緒己亥年五月初五

丁卯年九月初八日卯時

日寅時沒葬

箏六子

昭七

生於光緒庚寅年十二月十七日子時於光緒丁酉年十月二十三日未時沒葬

衍蘇內

栫六子 廣欅

生於道光癸卯年九月二十六日於光緒庚子年十一月初五日未時沒葬

配氏

撫子一名

欅子 昭堪

生於光緒辛巳年五月初八日巳時

配王氏生於光緒

撫十一名

坤

堪
係燕入
廣漢長子

府七子
廣漢
生於道光
戊申年五
月十二日
亥時於光
緒癸卯年
十月初三
日寅時沒
葬

漢次子
昭章
生於光緒
癸未年九
月初七日
亥時於光
緒壬寅年
元月十一
日辰時沒
葬

衍慶內

配郭氏秤娘生於同治壬戌年十二月十十二日午時於宣統己酉年九月三十日午時没葬

生子四　罔　堪　罩　梅　埭

○以堪嗣廣擧爲後

漢四子 昭梅

生於光緒戊子年九月初七日戌時於光緒丁酉年十一月二十九日亥時没葬

漢五子 昭埭

衍蘇內

生於光緒丙申年八月初八日巳時

圖書在版編目（CIP）數據

海上絲綢之路文獻集成．民間譜牒編．第一輯 / 林楓主編．-- 福州：福建人民出版社，2024.7.

ISBN 978-7-211-09477-6

Ⅰ. K203

中國國家版本館CIP數據核字第2024VG9321號

海上絲綢之路文獻集成·民間譜牒編（第一輯）

主　　編　林　楓

責任編輯　連天雄

助理編輯　陳慧子

美術編輯　白　玫

出版發行　福建人民出版社

電　　話　0591-87533169（發行部）

電子郵箱　fjpph7221@126.com

地　　址　福建省福州市東水路 76 號

經　　銷　福建新華發行（集團）有限責任公司

印刷裝訂　上海中華印刷有限公司

地　　址　上海市青浦區匯金路 889 號

電　　話　021-69213456

開　　本　787 毫米 ×1092 毫米　1/16

印　　張　280.75

版　　次　2024 年 7 月第 1 版第 1 次印刷

書　　號　ISBN 978-7-211-09477-6

定　　價　3200.00 元（共 8 册）